독일 소비자권리 법전

오윤식 편역

우리 소비자법제의 미래

Das deutsches Gesetzbuch betreffend die Verbraucherrechte

-Die Zukunft unserer Verbrauchergesetzgebung-

pnc publishing and culture
피앤씨미디어

머리말

‘소비자보호법(Verbraucherschutzgesetze; consumer protection laws)’이라는 말을 흔히들 사용한다. 이는 ‘소비자에 대한 법적 보호를 규정한 규범의 총체’를 일컫는 말이다. 그렇다면 소비자가 법적 보호를 받아야 할 마땅한 이유는 무엇인가? 소비자는 재화(財貨) 혹은 물품(物品)과 용역(用役)을 소비하는 주체로서 물품과 용역을 제공하거나 공급하는 생산자 내지 공급자에 비하여 해당 물품과 용역에 대한 정보가 빈약할 수밖에 없다. 해당 물품 또는 용역이 복잡한 내용을 담거나 이해하기 어려운 구조로 구성된 ‘금융상품’이나, 수많은 부품이나 구성품으로 구성된 ‘자동차’를 생각하면 이는 쉽게 이해될 것이다. 어느 물품 또는 용역을 선택하여 소비를 할 것인지에 대해 합리적 결정을 하기 위해서는 소비자가 주체적으로 그 물품 또는 용역에 대해 정보를 습득하려는 노력이 기본적으로 필요하기도 하지만, 그러한 노력은 해당 물품 또는 용역에 대해 ‘우월적 정보’를 갖고 있는 생산자 내지 공급자가 협조하지 않으면 달성하기 어렵다. 자본주의가 고도화(高度化)될수록 ‘복잡한 제품(製品) 또는 상품(商品)’에 대한, ‘소비자의 합리적 소비를 위한 적절한 사업자의 정보제공’은 더욱 필수적으로 요청될 것이다.

하지만, 생산자 내지 공급자로서의 사업자는 물품과 용역에 대한 매출이 극대화되면 될수록 취하는 순수익이 많아지게 되므로 그에 대한 오인유발적 표현으로 소비자를 현혹(眩惑)하거나 심지어는 적극적인 사술(詐術)이나 필요한 설명, 안내를 하지 않거나 제대로 하지 않는 소극적인 기망(欺罔)으로 소비자를 속이고자 하는 유혹을 느끼게 마련이다. 시장지배적 사업자인 경우에는 그런 유혹을 이겨내기 쉬우나, 시장에서 새롭게 진입하거나 ‘추격형 사업자’인 경우 이는 느끼기 쉬운 유혹일 것이다. 특히 물품 또는 용역으로 소비자의 소비를 유인하는 광고 또는 표시에서 이를 심심치 않게 목도하게 된다. 이러한 이기적(利己的)인, 때론 탐욕적(貪慾的)인 사업자의 욕망을 적절하게 제어해야만 소비자보호라는 목적도 달성함은 물론 안정적(安定的) 사회(社會) 및 경제체제(經濟體制)를 이룰 수 있을 것이다.

그럼에도 소비자보호라는 아주 큰 부문이익(部門利益)을 위해 어느 정도로 법이 개입하고 규제할 것인지는 한 나라의 경제발전 상황, 중시하는 사회적 가치, 법문화 등에 의해 결정될 것이다. 하지만 선진국일수록, 선진적 법제도를 구축할수록 소비자보호의 수준은 높아질 것이라는 것이 필자의 생각이다. 우리나라의 경우 제도로서, 문화로서 선진국이라고 단정해서 말할 수 없지만, 소비자보호 수준이 상당한 수준에 이른 것도 사실이다. 그럼에도 소비자보호를 강력하게 시행하는 경우 이는 사업자의 비용부담 증가를 가져오는 등 기업의 생산활동에 미치는 악영향이 상당하다는 인식이 팽배한 결과 소비자보호에 미흡한 부분이 있는 것도 사실이다. 대표적으로, 소비자집단소송으로서 소비자단체소송이 가능하도록 규정한 소비자기본법이 2007. 3. 28.부터 시행되고 있지만, 그로부터 13년이 지난 2020년 3/4분기까지 제기된 소비자단체소송 건수가 몇 건 되지 않을 뿐만 아니라 그 소송에서 1심부터 3심까지 통틀어 소비자측이 승소한 사례가 전무할 정도로, 마치 '그림의 떡'처럼 소비자단체소송에 관한 입법이 이뤄진 상황을 들 수 있을 것이다(최근의 소비자단체소송이 항소심까지 패소하여 대법원 2018다214746 등으로 계류 중임).

'추격형(追擊形) 경제'로서 선진국에 진입했다고 할 수 없는 우리 경제 및 사회가 소비자보호 수준에서 모범국가로 배우고 따라야 할 국가가 독일이라 생각한다. 세계최고의 제조업(製造業)을 기반으로 수준 높은 경제강국을 이룬 나라답게, 소비자보호도 상대적으로 높은 수준으로 달성하고 있다. 먼저 우리나라와 달리 소비자에 대한 강행적 보호를 규율하는 하는 대표적인 법률인 '약관규제법', '전자상거래법', '방문판매법' 및 '할부거래법'의 핵심적 내용이 우리 '민법'에 해당하는 민법전(Bürgerliches Gesetzbuch)에 편입되어 수많은 '편면적(片面的) 강행규정'을 통해 체계적이고도 통일적으로 소비자(내지 약자인 계약당사자)를 강하게 보호하고 있다(우리나라의 경우 각각의 그 단행 법률이 있음). 우리나라에서도 여행계약을 민법에 전형계약의 하나로 규율하고 있고 소비자에게 불리한 약관이나 개별 약정을 무효화시키는 편면적 강행규정을 규정하고 있지만, 독일의 여행계약에 비하면 그 규율내용은 약 1/10 수준에 불과한 실정이다. 특히 소비대차의 경우 '일반소비자소비대차', '부동산소비자소비대차'를 상세하게 규율하는 등 우리나라의 소비대차 규정에 비하여 아마도 50배는 넘는 분량의 방대한 내용이 독일 민법전에 규율되어 있다. 이뿐만이 아니다. 민법전의 위임에 따라 필요한 세부 내용 등을 규율하는 '민법전시행법(Einführungsgesetz zum Bürgerlichen Gesetzbuche)'의 부록(Anlage) 4~6, 부록 11~18으로, '소비자의 합리적 소비에 필요한 합당하고도 적절한 정보제공'으로서 소비자가 사업자와 '(일반, 부동산)소비자소비대차계약', '여행계약'을 체결하기 전에 제공받아야 할 상세한 정보가 그 계약의 유형별로 규율되어 있고, 그에 관한 각종 서식견본(Muster)도 마련되어 있다. 나아가, '소비자법 및 기타 법 위반시 금지소송에 관한 법률'(이른바 금지소송법) 제1조에서는 부당약관에 해당하는 보통거래약관의 사용 또는 사용권장에 대한 '금지청구권' 및 '철회청구권'을 규정하고 있고, 제2조에서는 보통거래약관의 사용 또는 사용권장 방법 이외의 방법으로 소비자보호법에 위반하는 경우에 '금지청구권과 결과제거청구권'을 규율하면서 그 소비자보호법의 범위를 포괄적이고도 광범위하게 열거하고 있다.

이처럼 독일법이 우리 법에 비하여 상대적으로 우수한 면을 여러 갖추고 있지만, 우리 법이 독일법에 비하여 우수한 지점도 있다. 대표적으로 허위(虛僞)·과장(誇張) 또는 기만적(欺瞞的) 내용의 광고 또는 표시에 대하여 포괄적으로 규제하고 이에 위반하는 경우 피해자의 직접적 손해배상청구권을 인정하는 '표시·광고의 공정화에 관한 법률'이 있으나, 독일에는 이와 같은 단행 법률이 존재하지 않는다는 점이다. 독일에서도 '부정경쟁방지법'(Gesetz gegen den unlauteren Wettbewerb)에서 일정한 사항에 대한 허위진술이나 그 사항에 관하여 사실인 것으로 부당하게 인상을 심어주는 행위 등을 금지하고 있지만 동법에서 그러한 행위를 한 자에 대한 피해자의 직접적(直接的)인 손해배상청구권을 규정하는 대신에, 그러한 행위로 얻은 부정한 이익에 대하여 소비자단체 등의 연방예산으로의 환수(還收)를 청구할 수 있는, 간접적(間接的)인 규제방식인 이익환수청구권이 인정될 뿐이다.

본 책은 그러한 금지소송법(Unterlassungsklagengesetz) 제2조 제2항에서 규정한, 소비자보호법에 해당하는 독일의 법률과 유럽연합에서 정한 규칙, 지침을 '제1부 소비자보호법'으로 하여 번역을 하였고(다만 책의 분량상 1-2가지 생략한 부분 있고, 다만 민법전은 그 중요성을 감안하고 유기적으로 연관된 법률 내용 체계적 이해를 위해 법인 부분을 제외한 '민법총칙편 전체'와 '채권편 전체'를 번역하였음), 그 위반행위에 대한 직접적인 금지청구권 등을 규정하고 있지는 아니하나 소비자보호와 밀접한 관련을 갖는, '제조물책임법'(우리나라 제조물책임법과 그 내용이 대동소이함), '가격명시법'(각종 물품과 서비스에 대한 대금의 명시 방법을 구체적으로 규율하는 법), '항공교통법'(항공운항에 있어 여객 또는 화물에 대한 사고시 배상 등을 몬트리올협약 등에 입각하여 규율한 법), '건강관련 소비자정보공개 향상을 위한 법률'[식료품·사료법전(Lebensmittel- und Futtermittelgesetzbuch)상의 제품(製品)과 제품안전법(Produktsicherheitsgesetz)상의 소비재(消費財)에 관한 행정관청 등이 보유하는 정보의 공개와 이에 대한 접근을 촉진하는 법], '부정경쟁방지법'(허위 진술, 오인유발 등에 의한 부정거래행위로부터 소비자 등 시장참여자를 보호하기 위한 법)을 '2부 소비자관련법(Verbraucherrechte)'으로 번역을 하였다.

본 책은 '자기연마(自己鍊磨)'로서의 학습의 일환이자 '지식(知識)의 사회화(社會化) 내지 사회환원(社會還元)'이라는 목적에 미력하게나마 일조하기 위한 것으로서, 주말, 휴일 등 근무시간 이외의 시간을 활용하여 1년여간 번역하여 만들어 낸 책이다. 본 책이 나오기까지 잊기 어려운, 많은 고마운 분들을 다시 상기하고자 한다. 소비자분쟁 해결로 우리 사회의 법적(法的) 평화(平和)의 실현을 위해 노력하시는 소비자분쟁조정위원회 위원장님, 상임위원님들 및 분쟁조정사무국 직원분들, 그리고 소비자보호를 위해 불철주야(不撤晝夜) 헌신하시는 한국소비자원의 원장님, 부원장님, 이사님들 및 직원분들, 무엇보다도 외로운 객지 생활임에도 본 책을 집필하는 1년 가까이 옆에서 불평 없이 응원해 준 아내를 잊을 수 없다. 또한 졸고(拙稿)를 멋진 책으로 출판해 주신 박노일 피앤씨미디어 대표님, 심성보 편집이사께도 특별히 감사의 말씀을 드리고자 한다. 피앤씨미디어의 사업 번창을 기원해 본다.

2020년 음성 맹동에서
편저자 씀

추천사

미국의 어느 인디언 시장에서 매일 양파를 팔고 있는 노인이 있었다. 지나가던 신사가 노인이 안쓰러워보여 양파 한 개에 얼마냐고 묻자 노인이 10센트라고 답했다. 그래서 '노인장, 좌판에 있는 양파를 모두 주시오. 한꺼번에 사겠소' 라고 하자, 그는 '그럴 수 없오, 나는 이 시장에 양파만 팔려고 나와 있는 게 아니오. 나는 시장에서 북적대는 사람과 햇빛, 친구들의 인사, 농사이야기를 즐기며 인생을 살고자 여기 나오는 거요. 이 양파를 한꺼번에 몽땅 팔아버리면 사랑하는 내 삶을 잃게 되는 것이오', 인간의 삶 속에서 일어나는 소비, 시장의 문제가 단순한 금전의 거래에 그치지 않고 그 안에 가치를 셈하기 힘든 삶이 담겨 있다는 것을 보여주는 우화다.

'권리를 위한 투쟁'에서 법의 목적은 평화이며 수단은 투쟁이라고 말한 루돌프 폰 예링이 영국 여행 중 마차값 바가지로 입은 몇실링의 손해를 되찾기 위해 독일로 돌아가기를 미루고 부득이 며칠 더 체류하면서 수십파운드를 지출해야 했던 것은, 권리위에 잠자지 않는 모습의 실천적 웅변을 위한 것만은 아니었을 것이다. 그는 결과적으로 시민의 일상 생활에서 일어나는 소비자문제가 개인간의 금전적 이해에 그치지 않으며, 심리적 불편감과 그 해소의 필요성을 넘어 사회정의와 평화의 문제에까지 이르고 있음을 보여주었다.

흔히 소비자 주권은 국민주권에 비견된다. 투표와 같은 주권행사에 의해 권력이 결정되는 것처럼, 소비자주권은 시장의 방향과 구조, 자원배분의 결정이 소비자의 구매와 선택에 의해 이루어짐을 의미한다. 그러나 현실에서 흔히 국민의 주권이 제약당하고 왜곡되는 것처럼, 소비자주권 역시 여러가지 이유로 제대로 구현되지 못하는 데, 그 대표적인 이유들은 공급자 위주의 시장구조, 사업자의 정보 독점과 비대칭, 소비자관련 법과 제도의 미비 등이다.

특히 한국사회는 개발독재와 성장우선주의를 거치면서 권력에 의해 움직이는 정치사회와 돈과 이익에 따라 움직이는 시장사회 위주로 법과 제도가 형성되었다. 반면, 생산과 소비가 일상에서 이루어지는 지역사회와 사람들간의 협동과 참여, 소통으로 이루어진 시민의 생활세계는 형해화되었고, 시민의 삶과 권리를 보호하고 일상에서의 평화를 지켜줄 소비자관련 법제는 권력의 무관심과 시장의 저항 속에 제대로 만들어지지 못했다. 그래서 한국에서의 소비자문제는 그리 크지않은 소비자피해를 해결하기위해 매우 큰 수고를 감당해야하고, 그래도 해결못해 부당한 피해를 감수하거나, 그 결과 선량한 시민의 삶에 균열을 일어키고 스트레스를 유발하는 일이 허다하다.

저자는 이 책에서 첫째 소비자 법 제도의 선진적 구축 여부가 한 사회경제체제의 발전과 성숙의 척도라는 점, 둘째 한국은 성숙한 선진국가로 이행해 가는 '추격형 경제'로 아직 소비자관련 법제에서는 미흡한 상태라는 점, 셋째 사업자의 욕망을 적절히 제어하면서 소비자 보호라는 목적을 달성함으로써 안정적인 사회 경제체제를 이루기 위해서, 한국이 소비자법제를 배워야 할 대상으로 독일을 들었다. 이미 고도소비사회를 구현하고 있는 한국사회의 균형적 성장을 고려할 때, 특히 소비자의 권리와 안정된 삶을 보장할 소비자관련법제의 미흡함을 보완하는 것이 시급함을 지적하고 있는 것이다.

저자는 소비자관련 법제의 보완과 발전을 통해 소비자주권의 실현, 시민생활세계와 시장의 평화를 회복하는 일에 기여하고자 업무시간 외 밤낮 시간을 쪼개어 편역에 집중적인 노력을 기울여왔다. 이는 법률가로서, 또 소비자분쟁조정기구의 임원으로서의 책무이기도 하겠으나 자신의 발걸음이 뒤이은 사람들에게 좋은 징검다리가 되기를 바라는 의지의 표현으로 읽혀 귀하고 감사하게 생각한다. 이 책이 소비자권리를 위한 투쟁의 길에 나선 이들에게 힘을 주는 자양분이 되고, 한국 소비자 법제의 발전에 훌륭한 이정표가 되기를 바란다.

소비자분쟁조정위원회 위원장 신종원

Inhaltsverzeichnis

Erste Abteilung : Verbraucherschutzgesetze

Gesetz über Unterlassungsklagen bei Verbraucherrechts- und anderen Verstößen (Unterlassungsklagengesetz - UKlaG)

Bürgerliches Gesetzbuch (BGB)

차 례

제1부 소비자보호법

소비자법 및 기타 법 위반시 금지소송에 관한 법률 (금지소송법; BGBl. I S. 1474)

민법전(民法典) (BGBl. I S. 541)

Einführungsgesetz zum Bürgerlichen Gesetzbuche

민법전시행법
(BGBl. I S. 569)

Gesetz zur Regelung von Verträgen über Wohnraum mit Pflege- oder Betreuungsleistungen (Wohn- und Betreuungsvertragsgesetz - WBVG)

Gesetz zum Schutz der Teilnehmer am Fernunterricht (Fernunterrichtsschutzgesetz - FernUSG)

보호서비스 또는 돌봄서비스가 제공되는 주거공간의 계약의 규제에 관한 법률 (주거계약·돌봄계약법, BGBl. I S. 1948)

원격강습(遠隔講習) 참가자(Teilnehmer)의 보호에 관한 법률 (원격강습법, BGBl. I S. 626)

Gesetz über außergerichtliche Rechtsdienstleistungen (Rechtsdienstleistungsgesetz – RDG)

Gesetz über die alternative Streitbeilegung in Verbrauchersachen (Verbraucherstreitbeilegungsgesetz – VSBG)

재판 외 법률서비스에 관한 법률
(법률서비스법; BGBl. I S. 1724)

소비자사건에 대한 대안적 분쟁해결에 관한 법률
(소비자분쟁해결법, BGBl. I S. 1474)

Gesetz über den Wertpapierhandel (Wertpapierhandelsgesetz – WpHG)

Gesetz über die Vergleichbarkeit von Zahlungskontoentgelten, den Wechsel von Zahlungskonten sowie den Zugang zu Zahlungskonten mit grundlegenden Funktionen (Zahlungskontengesetz – ZKG)

유가증권거래(有價證券去來)에 관한 법률 (유가증권거래법; BGBl. I S. 543)(일부)

지급계좌보수(支給計座報酬)의 비교가능성, 자금이체(資金移替)와, 기본적 기능을 제공하는 지급계좌(支給計座)의 이용에 관한 법률 (지급계좌법; BGBl. I S. 2446)

Richtlinie 2000/31/EG des Europäischen Parlaments und des Rates vom 8. Juni 2000 über bestimmte rechtliche Aspekte der Dienste der Informationsgesellschaft, insbesondere des elektronischen Geschäftsverkehrs, im Binnenmarkt ("Richtlinie über den elektronischen Geschäftsverkehr")

Verordnung (EU) Nr. 524/2013 des Europäischen Parlaments und des Rates vom 21. Mai 2013 über die Online-Beilegung verbraucherrechtlicher Streitigkeiten und zur Änderung der Verordnung (EG) Nr. 2006/2004 und der Richtlinie 2009/22/EG (Verordnung über Online-Streitbeilegung in Verbraucherangelegenheiten)

RICHTLINIE 2010/13/EU DES EUROPÄISCHEN PARLAMENTS UND DES RATES vom 10. März 2010 zur Koordinierung bestimmter Rechts- und Verwaltungsvorschriften der Mitgliedstaaten über die Bereitstellung audiovisueller Mediendienste (Richtlinie über audiovisuelle Mediendienste)

「유럽연합역내시장 내의, 정보사회서비스 특히 전자상거래에 대한 특정한 법적 관점에 관한 2000년 6월 8일 유럽연합 의회 및 이사회 2000/31/EG호 지침」
(“전자상거래에 관한 지침”)

「소비자분쟁의 온라인처리와 (EG) 2006/2004호 규칙과 2009/22/EG호 지침의 개정에 관한 2013년 5월 21일의 유럽연합 의회 및 이사회 (EU) 524/2013호 규칙」
[소비자사건에서의 온라인분쟁처리에 관한 규칙]

「시청각미디어서비스의 제공에 관한 회원국의 특정 법규명령 및 행정규칙의 규율에 관한 2010년 3월 10일의 유럽연합 의회 및 이사회 2010/13/EU호 지침」
(「시청각미디어서비스에 관한 지침」)

Zweite Abteilung : Verbraucherrechte

Gesetz über die Haftung für fehlerhafte Produkte (Produkthaftungsgesetz – ProdHaftG)

제2부 소비자 관련법

결함 있는 제조물의 책임에 관한 법률 (제조물책임법; BGBl. I S. 2421)

Preisangabenverordnung(PAngV)

가격명시법(PAngV; BGBl. I S. 2394)

Luftverkehrsgesetz(LuftVG)

Gesetz zur Verbesserung der gesundheitsbezogenen Verbraucherinformation (Verbraucherinformationsgesetz – VIG)

Gesetz gegen den unlauteren Wettbewerb(UWG)

항공교통법
(BGBl. I S. 1655)(일부)

건강관련 소비자정보공개 향상을 위한 법률
(소비자정보공개법, BGBl. I S. 3154)

부정경쟁방지법
(UWG; BGBl. I S. 466)

제1부 소비자보호법
Erste Abteilung : Verbraucherschutzgesetze

소비자법 및 기타 법 위반시 금지소송에 관한 법률

(금지소송법; BGBl. I S. 1474)

Gesetz über Unterlassungsklagen bei Verbraucherrechts- und anderen Verstößen

(Unterlassungsklagengesetz - UKlaG)

Gesetz über Unterlassungsklagen bei Verbraucherrechts- und anderen Verstößen (Unterlassungsklagengesetz - UKlaG)

http://www.gesetze-im-internet.de/uklag/BJNR317300001.html

Abschnitt 1 Ansprüche bei Verbraucherrechts- und anderen Verstößen

§ 1 Unterlassungs- und Widerrufsanspruch bei Allgemeinen Geschäftsbedingungen

Wer in Allgemeinen Geschäftsbedingungen Bestimmungen, die nach den §§ 307 bis 309 des Bürgerlichen Gesetzbuchs unwirksam sind, verwendet oder für den rechtsgeschäftlichen Verkehr empfiehlt, kann auf Unterlassung und im Fall des Empfehlens auch auf Widerruf in Anspruch genommen werden.

§ 1a Unterlassungsanspruch wegen der Beschränkung der Haftung bei Zahlungsverzug

Wer in anderer Weise als durch Verwendung oder Empfehlung von Allgemeinen Geschäftsbedingungen den Vorschriften des §r 271a Absatz 1 bis 3, des § 286 Absatz 5 oder des § 288 Absatz 6 des Bürgelichen Gesetzbuchs zuwiderhandelt, kann auf Unterlassung in Anspruch genommen werden.

§ 2 Ansprüche bei verbraucherschutzgesetzwidrigen Praktiken

(1) Wer in anderer Weise als durch Verwendung oder Empfehlung von Allgemeinen Geschäftsbedingungen Vorschriften zuwiderhandelt, die dem Schutz der Verbraucher dienen (Verbraucherschutzgesetze), kann im Interesse des Verbraucherschutzes auf Unterlassung und Beseitigung in Anspruch genommen werden. Werden die Zuwiderhandlungen in einem Unternehmen von einem Mitarbeiter oder Beauftragten begangen, so ist der Unterlassungsanspruch oder der Beseitigungsanspruch auch gegen den Inhaber des Unternehmens begründet. Bei Zuwiderhandlungen gegen die in Absatz 2 Satz 1 Nummer 11 genannten Vorschriften richtet sich der Beseitigungsanspruch nach den entsprechenden datenschutzrechtlichen Vorschriften.

(2) Verbraucherschutzgesetze im Sinne dieser Vorschrift sind insbesondere

1. die Vorschriften des Bürgerlichen Rechts, die für
   a) außerhalb von Geschäftsräumen geschlossene Verträge,
   b) Fernabsatzverträge,
   c) Verbrauchsgüterkäufe,
   d) Teilzeit-Wohnrechteverträge, Verträge über langfristige Urlaubsprodukte sowie Vermittlungsverträge und Tauschsystemverträge,

소비자법 및 기타 법 위반시 금지소송에 관한 법률(금지소송법; BGBl. I S. 1474)

법률공포일: 2001년 11월 26일
최근 법률개정일: 2020년 6월 25일(BGBl. I S. 1474)

제1장 소비자법 및 기타 법 위반시의 청구권

제1조 보통거래약관에서의 금지청구권 및 철회청구권

민법전 제307조 내지 제309조에 따라 효력이 없는 조항을 보통거래약관에서 사용한 자나, 법률행위에 의한 거래에 대하여 이러한 조항을 보통거래약관에서 사용하도록 권장한 자에 대하여 금지청구권[1](禁止請求權)을 행사할 수 있고, 그 사용권장(使用勸奬)의 경우에는 철회청구권(撤回請求權)도 행사할 수 있다(auch auf Widerruf in Anspruch genommen werden).

제1조a 지급지체시 책임 제한으로 인한 금지청구권

보통거래약관의 사용(使用) 또는 사용권장(使用勸奬) 이외의 다른 방법으로(in anderer Weise als durch Verwendung oder Empfehlung von Allgemeinen Geschäftsbedingungen), 민법전 제271조a 제1항 내지 제3항, 제286조 제5항, 제288조 제6항의 규정에 위반하는 자에 대해서도 금지청구권(禁止請求權)을 행사할 수 있다.

제2조 소비자보호법 위반행위시의 청구권

① 보통거래약관의 사용 또는 사용권장(使用勸奬) 이외의 방법으로, 소비자보호를 위한 규정들('소비자보호법'; Verbraucherschutzgesetze)에 위반하는 자에 대하여 소비자보호라는 이익을 위하여 금지청구권과 결과제거청구권(結果除去請求權)을 행사(im Interesse des Verbraucherschutzes auf Unterlassung und Beseitigung in Anspruch genommen werden)를 할 수 있다. 어느 사업에서 직원 또는 대리인(Mitarbeiter oder Beauftragten)이 그 위반행위를 행한 경우에 금지청구권 또는 결과제거청구권(結果除去請求權)이 '해당 사업(事業)의 보유자(保有者)'에 대해서도(auch gegen den Inhaber des Unternehmens) 성립한다. 제2항 제1문 제11호에 대한 위반행위의 경우 그 결과제거청구권(結果除去請求權)은 준용(準用)되는 정보보호법 규정(nach den entsprechenden datenschutzrechtlichen Vorschriften)에 따른다.

② 위와 같은 규정상의 소비자보호법은 특히 다음 각 호를 말한다,

1. 사업자와 소비자 간 적용되는 다음 각 목의 민법전 규정,
   a) 영업장 이외의 곳에서 체결된 계약,
   b) 통신판매계약,
   c) 소비재매매,
   d) 단기주거권계약, 장기휴가상품에 관한 계약, 주선(周旋)계약과 교환제계약(交換制契約),

e) Verbraucherdarlehensverträge, Finanzierungshilfen und Ratenlieferungsverträge,

f) Bauverträge,

g) Pauschalreiseverträge, die Reisevermittlung und die Vermittlung verbundener Reiseleistungen,

h) Darlehensvermittlungsverträge sowie

I) Zahlungsdiensteverträge

zwischen einem Unternehmer und einem Verbraucher gelten,

2. die Vorschriften zur Umsetzung der Artikel 5, 10 und 11 der Richtlinie 2000/31/EG des Europäischen Parlaments und des Rates vom 8. Juni 2000 über bestimmte rechtliche Aspekte der Dienste der Informationsgesellschaft, insbesondere des elektronischen Geschäftsverkehrs, im Binnenmarkt ("Richtlinie über den elektronischen Geschäftsverkehr", ABl. EG Nr. L 178 S. 1),

3. das Fernunterrichtsschutzgesetz,

4. die Vorschriften zur Umsetzung der Artikel 19 bis 26 der Richtlinie 2010/13/EU des Europäischen Parlaments und des Rates vom 10. März 2010 zur Koordinierung bestimmter Rechts- und Verwaltungsvorschriften der Mitgliedstaaten über die Bereitstellung audiovisueller Mediendienste (ABl. L 95 vom 15.4.2010, S. 1),

5. die entsprechenden Vorschriften des Arzneimittelgesetzes sowie Artikel 1 §§ 3 bis 13 des Gesetzes über die Werbung auf dem Gebiete des Heilwesens,

6. § 126 des Investmentgesetzes oder § 305 des Kapitalanlagegesetzbuchs,

7. die Vorschriften des Abschnitts 11 des Wertpapierhandelsgesetzes, die das Verhältnis zwischen einem Wertpapierdienstleistungsunternehmen und einem Kunden regeln,

8. das Rechtsdienstleistungsgesetz,

9. die §§ 59 und 60 Absatz 1, die §§ 78, 79 Absatz 2 und 3 sowie § 80 des Erneuerbare-Energien-Gesetzes,

10. das Wohn- und Betreuungsvertragsgesetz,

11. die Vorschriften, welche die Zulässigkeit regeln

a) der Erhebung personenbezogener Daten eines Verbrauchers durch einen Unternehmer oder

b) der Verarbeitung oder der Nutzung personenbezogener Daten, die über einen Verbraucher erhoben wurden, durch einen Unternehmer,

wenn die Daten zu Zwecken der Werbung, der Markt- und Meinungsforschung, des Betreibens einer Auskunftei, des Erstellens von Persönlichkeits- und Nutzungsprofilen, des Adresshandels, des sonstigen Datenhandels oder zu vergleichbaren kommerziellen Zwecken erhoben, verarbeitet oder genutzt werden,

12. § 2 Absatz 2 sowie die §§ 36 und 37 des Verbraucherstreitbeilegungsgesetzes vom 19. Februar 2016 (BGBl. I S. 254) und Artikel 14 Absatz 1 und 2 der Verordnung (EU) Nr. 524/2013 des Europäischen Parlaments und des Rates vom 21. Mai 2013 über die Online-Beilegung verbraucherrechtlicher Streitigkeiten und zur Änderung der Verordnung (EG) Nr. 2006/2004

e) 소비자소비대차계약, 신용부여(信用附與) 및 분할공급계약,

f) 건축계약,

g) 패키지여행계약, 여행주선 및 연계여행급부주선,

h) 소비대차중개계약,

i) 지급서비스계약,

2. 「유럽연합역내시장 내의, 정보사회서비스 특히 전자상거래에 대한 특정한 법적 관점(bestimmte rechtliche Aspekte der Dienste der Informationsgesellschaft, insbesondere des elektronischen Geschäftsverkehrs, im Binnenmarkt)에 관한 2000년 6월 8일 유럽연합 의회[2] 및 이사회[3] 2000/31/EG호 지침」(「전자상거래에 관한 지침」; ABl. EG Nr. L 178 S. 1[4]) 제5조, 제10조, 제11조의 시행을 위한 규정,

3. 원격강습법(遠隔講習法),

4. 「시청각미디어서비스의 제공(die Bereitstellung audiovisueller Mediendienste)에 관한 회원국의 특정 법규명령 및 행정규칙의 규율(Koordinierung)에 관한 2010년 3월 10일의 유럽연합 의회 및 이사회 2010/13/EU호 지침」(ABl. L 95 vom 15.4.2010, S. 1[5]) 제19 내지 제26조 시행을 규정,

5. 의료분야 광고에 관한 법률(Gesetzes über die Werbung auf dem Gebiete des Heilwesen) 제1조, 제3조 내지 제13조와 의약품법의 관련 규정,

6. 투자법전[6] 제126조 또는 자본투자법전(Kapitalanlagegesetzbuch) 제305조,

7. 유가증권서비스기업과 고객 간의 관계(die das Verhältnis zwischen einem Wertpapierdienstleistungsunternehmen und einem Kunden)를 규율하는 규정으로, 유가증권거래법 제11장의 규정,

8. 재판외법률서비스법,

9. 재생에너지법(Erneuerbare-Energien-Gesetzes) 제59조, 제60조 제1항, 제78조, 제79조 제2항, 제3항, 제80조,

10. 주거 · 돌봄계약법(Wohn- und Betreuungsvertragsgesetz),

11. 그 정보가 광고, 시장 · 의견조사, 신용조사기관, 소비이용성향(消費利用性向)프로파일링,[7] 주소거래 및 기타 정보거래의 목적 또는 이에 유사한 상업적 목적으로(zu Zwecken der Werbung, der Markt- und Meinungsforschung, des Betreibens einer Auskunftei, des Erstellens von Persönlichkeits- und Nutzungsprofilen, des Adresshandels, des sonstigen Datenhandels oder zu vergleichbaren kommerziellen Zwecken) 수집, 처리 또는 이용되는 경우에 있어, 다음 각 목의 허용을 규율하는 규정,

a) 기업의 소비자의 개인정보의 수집,

b) 소비자에 관하여 수집된 개인정보에 대한 사업자의 처리 또는 이용,

12. 「2016년 2월 19일의 소비자분쟁해결법」(BGBl. I S. 254) 제2조 제2항, 제36조, 제37조와, 「소비자법상 분쟁의 온라인처리와, (EG) 2006/2004호 규칙 및 2009/22/EG호 지침의 개정에 관한 2013년 5월 21일의 유럽연합 의회 및 이사회 (EU) 524/2013호 규칙」(ABl. L 165 vom

und der Richtlinie 2009/22/EG (ABl. L 165 vom 18.6.2013, S. 1) und

13. die Vorschriften des Zahlungskontengesetzes, die das Verhältnis zwischen einem Zahlungsdienstleister und einem Verbraucher regeln.

Eine Datenerhebung, Datenverarbeitung oder Datennutzung zu einem vergleichbaren kommerziellen Zweck im Sinne des Satzes 1 Nummer 11 liegt insbesondere nicht vor, wenn personenbezogene Daten eines Verbrauchers von einem Unternehmer ausschließlich für die Begründung, Durchführung oder Beendigung eines rechtsgeschäftlichen oder rechtsgeschäftsähnlichen Schuldverhältnisses mit dem Verbraucher erhoben, verarbeitet oder genutzt werden.

(3) (weggefallen)

§ 2a Unterlassungsanspruch nach dem Urheberrechtsgesetz

(1) Wer gegen § 95b Abs. 1 des Urheberrechtsgesetzes verstößt, kann auf Unterlassung in Anspruch genommen werden.

(2) Absatz 1 gilt nicht, soweit Werke und sonstige Schutzgegenstände der Öffentlichkeit auf Grund einer vertraglichen Vereinbarung in einer Weise zugänglich gemacht werden, dass sie Mitgliedern der Öffentlichkeit von Orten und zu Zeiten ihrer Wahl zugänglich sind.

(3) (weggefallen)

§ 2b Missbräuchliche Geltendmachung von Ansprüchen

Die Geltendmachung eines Anspruchs nach den §§ 1 bis 2a ist unzulässig, wenn sie unter Berücksichtigung der gesamten Umstände missbräuchlich ist, insbesondere wenn sie vorwiegend dazu dient, gegen den Anspruchsgegner einen Anspruch auf Ersatz von Aufwendungen oder Kosten der Rechtsverfolgung entstehen zu lassen. In diesen Fällen kann der Anspruchsgegner Ersatz der für seine Rechtsverteidigung erforderlichen Aufwendungen verlangen. Weitergehende Ersatzansprüche bleiben unberührt.

§ 3 Anspruchsberechtigte Stellen

(1) Die in den §§ 1 bis 2 bezeichneten Ansprüche auf Unterlassung, auf Widerruf und auf Beseitigung stehen zu:

1. qualifizierten Einrichtungen, die nachweisen, dass sie in der Liste qualifizierter Einrichtungen nach § 4 oder in dem Verzeichnis der Europäischen Kommission nach Artikel 4 Absatz 3 der Richtlinie 2009/22/EG des Europäischen Parlaments und des Rates vom 23. April 2009 über Unterlassungsklagen zum Schutz der Verbraucherinteressen (ABl. L 110 vom 1.5.2009, S. 30) eingetragen sind,
2. rechtsfähigen Verbänden zur Förderung gewerblicher oder selbständiger beruflicher Interessen, soweit ihnen eine erhebliche Zahl von Unternehmen angehört, die Waren oder Dienstleistungen gleicher oder verwandter Art auf demselben Markt vertreiben, wenn sie insbesondere nach

18.6.2013, S. 1) 제14조 제1항, 제2항,

13. 지급서비스제공자와 소비자 간의 관계를 규율하는 지급계좌법(Zahlungskontengesetz) 규정.

특히, 사업자의 소비자에 대한 개인정보가 오로지 소비자와의 법률관계 또는 준법률관계의 성립, 이행 또는 종료를 위하여 수집되거나 처리 또는 이용되는 경우에는(wenn personenbezogene Daten eines Verbrauchers von einem Unternehmer ausschließlich für die Begründung, Durchführung oder Beendigung eines rechtsgeschäftlichen oder rechtsgeschäftsähnlichen Schuldverhältnisses mit dem Verbraucher erhoben, verarbeitet oder genutzt werden) 제1문 제1호상의 유사한 상업적 목적의 정보수집(Datenerhebung), 정보처리 또는 정보이용에 해당하지 않는 것이다.

③ 삭제

제2조a 저작권법에 따른 금지청구권

① 저작권법(Urheberrechtsgesetz) 제95조b 제1항에 위반하는 자에 대하여는 금지청구권을 행사할 수 있다.

② 공중(公衆)이 저작물 및 기타 보호대상(Werke und sonstige Schutzgegenstände)을, 공중(公衆)의 일원에게 그의 선택한 장소 및 시간에서 이용하는 방식으로 계약상 합의에 기하여(auf Grund einer vertraglichen Vereinbarung) 이용하는 범위 내에서는 제1항은 적용하지 아니한다.

③ 삭제

제2조b 청구권 행사의 남용

그 행사가 제반사정을 고려했을 때 남용된 것으로 인정되는 경우, 특히 그 행사가 주로, 상대방에게 비용상환청구권 또는 권리행사비용상환청구권을 발생시키기 위한 경우에는(wenn sie vorwiegend dazu dient, gegen den Anspruchsgegner einen Anspruch auf Ersatz von Aufwendungen oder Kosten der Rechtsverfolgung entstehen zu lassen) 제1조 내지 제2조a에 따른 청구권의 행사는 허용되지 아니한다. 이러한 경우에 상대방은 자신의 권리방어에 필요한 비용(Ersatz der für seine Rechtsverteidigung erforderlichen Aufwendungen)의 상환을 청구할 수 있다. 추가적 배상청구권은 영향을 받지 아니한다.

제3조 청구권자(請求權者)

① 제1조 내지 제2조에 기재된 금지청구권(禁止請求權), 철회청구권(撤回請求權) 및 결과제거청구권(結果除去請求權)은 다음 각 호의 청구권자(請求權者)에 귀속된다:

1. 자격을 갖춘 단체로, 자신이 본 법 제4조에 따른 자격을 갖춘 단체들에 대한 명부(名簿) 또는 「소비자권익 보호를 위한 금지소송(Unterlassungsklagen zum Schutz der Verbraucherinteressen) 에 관한 2009년 4월 23일 유럽연합 의회 및 이사회 2009/22/EG호 지침」(ABl. L 110 vom 1.5.2009, S. 30) 제4조 제3항에 따른 유럽연합집행위원회[8]의 명부에 등재된 것을 증명한 그 단체,
2. 그 위반행위에 의해 그 회원의 이익이 영향을 받는 범위 내에서, 영업이익 또는 독립적 직업이익을 증진하기 위한 권리능력이 있는 사단, 다만, 그 사단은 특히 자신의 인적·물질적·재정적 여

ihrer personellen, sachlichen und finanziellen Ausstattung imstande sind, ihre satzungsmäßigen Aufgaben der Verfolgung gewerblicher oder selbständiger beruflicher Interessen tatsächlich wahrzunehmen, und soweit die Zuwiderhandlung die Interessen ihrer Mitglieder berührt,
3. den Industrie- und Handelskammern oder den Handwerkskammern.

Der Anspruch kann nur an Stellen im Sinne des Satzes 1 abgetreten werden.

(2) Die in Absatz 1 Satz 1 Nummer 1 bezeichneten Stellen können die folgenden Ansprüche nicht geltend machen:

1. Ansprüche nach § 1, wenn Allgemeine Geschäftsbedingungen gegenüber einem Unternehmer (§ 14 des Bürgerlichen Gesetzbuchs) oder einem öffentlichen Auftraggeber (§ 99 Nummer 1 bis 3 des Gesetzes gegen Wettbewerbsbeschränkungen) verwendet oder wenn Allgemeine Geschäftsbedingungen zur ausschließlichen Verwendung zwischen Unternehmern oder zwischen Unternehmern und öffentlichen Auftraggebern empfohlen werden,
2. Ansprüche nach § 1a, es sei denn, eine Zuwiderhandlung gegen § 288 Absatz 6 des Bürgerlichen Gesetzbuchs betrifft einen Anspruch eines Verbrauchers.

§ 3a Anspruchsberechtigte Verbände nach § 2a

Der in § 2a Abs. 1 bezeichnete Anspruch auf Unterlassung steht rechtsfähigen Verbänden zur nicht gewerbsmäßigen und nicht nur vorübergehenden Förderung der Interessen derjenigen zu, die durch § 95b Abs. 1 Satz 1 des Urheberrechtsgesetzes begünstigt werden. Der Anspruch kann nur an Verbände im Sinne des Satzes 1 abgetreten werden.

§ 4 Qualifizierte Einrichtungen

(1) Das Bundesamt für Justiz führt die Liste der qualifizierten Einrichtungen, die es auf seiner Internetseite in der jeweils aktuellen Fassung veröffentlicht und mit Stand 1. Januar eines jeden Jahres im Bundesanzeiger bekannt macht. Es übermittelt die Liste mit Stand zum 1. Januar und zum 1. Juli eines jeden Jahres an die Europäische Kommission unter Hinweis auf Artikel 4 Absatz 2 der Richtlinie 2009/22/EG.

(2) In die Liste werden auf Antrag rechtsfähige Vereine eingetragen, zu deren satzungsmäßigen Aufgaben es gehört, Interessen der Verbraucher durch nicht gewerbsmäßige Aufklärung und Beratung wahrzunehmen, wenn

1. sie mindestens drei Verbände, die im gleichen Aufgabenbereich tätig sind, oder mindestens 75 natürliche Personen als Mitglieder haben,
2. sie mindestens ein Jahr bestanden haben und
3. auf Grund ihrer bisherigen Tätigkeit gesichert erscheint, dass sie ihre satzungsmäßigen Aufgaben auch künftig dauerhaft wirksam und sachgerecht erfüllen werden.

Es wird unwiderleglich vermutet, dass Verbraucherzentralen und andere Verbraucherverbände, die

건에 좇아 영업이익 또는 독립적 직업이익의 추구라는 자신의 정관상의 임무를 실제로 수행할 수 있어야 하고, 동종 또는 유사한 종류의 물품 또는 서비스를 동일시장에서 판매(販賣)하는, 상당한 수의 기업을 회원으로 두고 있어야 한다.

3. 상공회의소(商工會議所) 또는 수공업회의소(手工業會議所).

그 청구권은 제1문상의 청구권자(請求權者)에게만 양도될 수 있다.

② 제1항 제1문 제1호상의 청구권자(請求權者)는 다음 각 호의 청구권을 행사(行使)할 수 없다:

1. 어느 사업자(민법전 제14조) 또는 공공발주자(경쟁제한금지법 제99조 제1호 내지 제3호)에 대하여 보통거래약관이 사용되거나, 보통거래약관이 오로지 사업자들 간 또는 사업자와 공공발주자 간의 사용에 권장(勸奬)된 경우에 있어(wenn Allgemeine Geschäftsbedingungen zur ausschließlichen Verwendung zwischen Unternehmern oder zwischen Unternehmern und öffentlichen Auftraggebern empfohlen werden), 제1조에 따른 청구권,
2. 제1조a에 따른 청구권, 다만 민법전 제288조 제6항에 대한 위반행위가 소비자의 청구권에 관련된 경우에는 그러하지 아니하다.

제3조a 제2조a에 따른 청구권자(請求權者)인 사단

제2조a 제1항상의 금지청구권은, 제95조b 제1항 제1문에 의해 장려되는 자의 이익에 대한 비영리적이고도 상시적인 증진(增進)을 추구하는(zur nicht gewerbsmäßigen und nicht nur vorübergehenden Förderung der Interessen) 권리능력이 있는 사단에 귀속된다. 그 청구권은 제1문상의 사단(社團)에게만(nur an Verbände im Sinne des Satzes 1) 양도(讓渡)될 수 있다.

제4조 자격을 갖춘 단체

① 연방법무청[9]은, 그 명부가 자신의 인터넷사이트에 그때그때 최신 버전으로 공표하는(die es auf seiner Internetseite in der jeweils aktuellen Fassung veröffentlicht) 자격을 갖춘 단체들의 명부를 작성하고 이를 매년 1월 1일의 현황 기준으로 연방관보에 공고한다. 연방법무청은 2009/22/EG호 지침[10] 제4조 제2항[11]을 참조하여(unter Hinweis auf) 매년 1월 1일과 7월 1일을 기준으로 하여 그 현황을 담은 명부(die Liste mit Stand)를 유럽연합집행위원회(die Europäische Kommission)에 전달한다.

② 비영리적 계도 및 상담에 의한 소비자 권익(權益)의 대변(Interessen der Verbraucher durch nicht gewerbsmäßige Aufklärung und Beratung wahrzunehmen)이 그 정관상의 임무에 속하는 권리능력이 있는 사단이, 다음의 경우에 그 신청에 따라 그 명부에 등재된다,

1. 동일한 임무범위에서 활동하는(die im gleichen Aufgabenbereich tätig sind) 3개 이상의 사단 또는 75명 이상의 자연인이 회원으로 있는 단체일 것,
2. 1년 이상 존속한 단체일 것, 그리고
3. 그 단체가 자신의 정관상의 임무를 장래에도 지속적으로 유효하고도 적절하게 수행할 것이라는 점이 종전(從前)의 그 활동에 의하여 확실하게 인정될 것.

공적 자금(資金)을 지원받는 주소비자(州消費者)센터 및 그 밖의 소비자단체는 위와 같은 요건

mit öffentlichen Mitteln gefördert werden, diese Voraussetzungen erfüllen. Die Eintragung in die Liste erfolgt unter Angabe von Namen, Anschrift, Registergericht, Registernummer und satzungsmäßigem Zweck. Sie ist mit Wirkung für die Zukunft aufzuheben, wenn

1. der Verband dies beantragt oder
2. die Voraussetzungen für die Eintragung nicht vorlagen oder weggefallen sind.

Ist auf Grund tatsächlicher Anhaltspunkte damit zu rechnen, dass die Eintragung nach Satz 4 zurückzunehmen oder zu widerrufen ist, so soll das Bundesamt für Justiz das Ruhen der Eintragung für einen bestimmten Zeitraum von längstens drei Monaten anordnen. Widerspruch und Anfechtungsklage haben im Fall des Satzes 5 keine aufschiebende Wirkung.

(2a) Qualifizierte Einrichtungen, die Ansprüche nach § 2 Absatz 1 wegen Zuwiderhandlungen gegen Verbraucherschutzgesetze nach § 2 Absatz 2 Satz 1 Nummer 11 durch Abmahnung oder Klage geltend gemacht haben, sind verpflichtet, dem Bundesamt für Justiz jährlich die Anzahl dieser Abmahnungen und erhobenen Klagen mitzuteilen und über die Ergebnisse der Abmahnungen und Klagen zu berichten. Das Bundesamt für Justiz berücksichtigt diese Berichte bei der Beurteilung, ob bei der qualifizierten Einrichtung die sachgerechte Aufgabenerfüllung im Sinne des Absatzes 2 Satz 1 Nummer 3 gesichert erscheint.

(3) Entscheidungen über Eintragungen erfolgen durch einen Bescheid, der dem Antragsteller zuzustellen ist. Das Bundesamt für Justiz erteilt den Verbänden auf Antrag eine Bescheinigung über ihre Eintragung in die Liste. Es bescheinigt auf Antrag Dritten, die daran ein rechtliches Interesse haben, dass die Eintragung eines Verbands in die Liste aufgehoben worden ist.

(4) Ergeben sich in einem Rechtsstreit begründete Zweifel an dem Vorliegen der Voraussetzungen nach Absatz 2 bei einer eingetragenen Einrichtung, so kann das Gericht das Bundesamt für Justiz zur Überprüfung der Eintragung auffordern und die Verhandlung bis zu dessen Entscheidung aussetzen.

(5) Das Bundesministerium der Justiz und für Verbraucherschutz wird ermächtigt, durch Rechtsverordnung, die der Zustimmung des Bundesrates nicht bedarf, die Einzelheiten des Eintragungsverfahrens, insbesondere die zur Prüfung der Eintragungsvoraussetzungen erforderlichen Ermittlungen, sowie die Einzelheiten der Führung der Liste zu regeln.

§ 4a Unterlassungsanspruch bei innergemeinschaftlichen Verstößen

(1) Wer einen Verstoß im Sinne von Artikel 3 Nummer 5 der Verordnung (EU) 2017/2394 des Europäischen Parlaments und des Rates vom 12. Dezember 2017 über die Zusammenarbeit zwischen den für die Durchsetzung der Verbraucherschutzgesetze zuständigen nationalen Behörden und zur Aufhebung der Verordnung (EG) Nr. 2006/2004 (ABl. L 345 vom 27.12.2017, S. 1), die zuletzt durch die Richtlinie (EU) 2019/771 (ABl. L 136 vom 22.5.2019, S. 28) geändert worden ist, in der jeweils geltenden Fassung, begeht, kann auf Unterlassung in Anspruch genommen werden.

을 충족한 것으로 간주(看做)한다(Es wird unwiderleglich vermutet, dass). 그 명부에 대한 등재는 이름, 주소, 등기법원, 등기번호 및 정관상의 목적(satzungsmäßigem Zweck)을 기재하여 이뤄진다. 그 등재는 다음 각 호의 경우에는 장래효로써 말소되어야 한다,

1. 단체가 이를 신청하는 경우,
2. 등재에 대한 요건이 갖춰지지 않거나 소멸하는 경우.

실제적 판단기준에 의할 때(auf Grund tatsächlicher Anhaltspunkte damit zu rechnen) 제4문에 따른 등재가 취소(取消) 또는 철회(撤回)되어야 할 것으로 판단되는 경우에 연방법무청은 최대 3월 내의 일정한 기간 동안 그 등재(登載)의 중지(中止)를 명해야 한다. 제5문의 경우에 그에 대한 행정심판과 취소소송(Widerspruch und Anfechtungsklage)은 집행정지적 효력을 갖지 아니한다.

②a 제2조 제2항 제1문 제11호에 따른 소비자법에 대한 위반행위로 인한 제2조 제1항에 따른 청구권을 계고(戒告) 또는 소(訴)로써 행사한 자격을 갖춘 단체는 연방법무청에 매년 이러한 계고 및 제기된 소(訴)의 수, 그 계고(戒告) 및 소(訴)의 결론을 보고할 의무(jährlich die Anzahl dieser Abmahnungen und erhobenen Klagen mitzuteilen und über die Ergebnisse der Abmahnungen und Klagen zu berichten)를 진다. 연방법무청은 해당 자격을 갖춘 단체의 경우 제2항 제1문상의 적절한 임무수행이 확실하게 인정될 것인지 여부에 대한 판단에 있어 이러한 보고를 고려한다.

③ 등재에 대한 재판은 신청인에게 송달되어야 하는 결정으로써 행해진다. 연방법무청은 단체에게 그 신청에 따라 그 단체의 명부상 등재에 관한 증명서를 발급한다. 연방법무청은 어느 단체의 명부상 등재가 말소되는 데에 대해 법률상 이해관계를 가진(die daran ein rechtliches Interesse haben, dass die Eintragung eines Verbands in die Liste aufgehoben worden ist) 제3자에게 그 신청에 따라 증명서를 발급한다.

④ 등재된 어느 단체에 대해 제2항에 따른 요건의 존재(存在)에 관한 정당한 의문(begründete Zweifel an dem Vorliegen der Voraussetzungen nach Absatz 2)이 어느 소송에서 생기는 경우에 법원은, 연방법무청에게 등재에 대한 재심사를 요구할 수 있고 연방법무청의 결정시까지 변론을 연기할 수 있다.

⑤ 연방법무소비자부는, 연방참사원의 동의를 요하지 않는 법규명령으로(durch Rechtsverordnung, die der Zustimmung des Bundesrates nicht bedarf) 등재절차에 대한 세부사항, 특히 등재요건의 심사에 필요한 조사(insbesondere die zur Prüfung der Eintragungsvoraussetzungen erforderlichen Ermittlungen), 명부작성에 대한 세부사항을 규율할 권한(權限)을 갖는다.

제4조a 유럽연합 내 위반시의 금지청구권

① 「소비자보호법의 시행을 관할하는 회원국의 관청 간의 협력(über die Zusammenarbeit zwischen den für die Durchsetzung der Verbraucherschutzgesetze zuständigen nationalen Behörden)과, (EG) 2006/2004호 명령의 폐지에 관한 2017년 12월 12일 유럽연합 의회 및 이사회 (EU) 2017/2394호 명령(ABl. L 345 vom 27.12.2017, S. 1)으로, 최근 (EU) 2019/771호 지침에 의해 개정된, 각각 적용되는 형식의(in der jeweils geltenden Fassung) 명령 제3조 제5호상의 위반을 한 자에 대하여 금지청구권을 행사할 수 있다.

(2) Die Ansprüche stehen den Stellen nach § 3 Absatz 1 Satz 1 zu. Es wird unwiderleglich vermutet, dass ein nach § 7 Absatz 3 des EU-Verbraucherschutzdurchführungsgesetzes benannter Dritter eine Stelle nach Satz 1 ist. § 3 Absatz 1 Satz 2 ist entsprechend anzuwenden.

Abschnitt 2 Verfahrensvorschriften

Unterabschnitt 1 Allgemeine Vorschriften

§ 5 Anwendung der Zivilprozessordnung und anderer Vorschriften

Auf das Verfahren sind die Vorschriften der Zivilprozessordnung und § 12 Absatz 1, 2, 4 und 5 des Gesetzes gegen den unlauteren Wettbewerb anzuwenden, soweit sich aus diesem Gesetz nicht etwas anderes ergibt.

§ 6 Zuständigkeit

(1) Für Klagen nach diesem Gesetz ist das Landgericht ausschließlich zuständig, in dessen Bezirk der Beklagte seine gewerbliche Niederlassung oder in Ermangelung einer solchen seinen Wohnsitz hat. Hat der Beklagte im Inland weder eine gewerbliche Niederlassung noch einen Wohnsitz, so ist das Gericht des inländischen Aufenthaltsorts zuständig, in Ermangelung eines solchen das Gericht, in dessen Bezirk

1. die nach den §§ 307 bis 309 des Bürgerlichen Gesetzbuchs unwirksamen Bestimmungen in Allgemeinen Geschäftsbedingungen verwendet wurden,
2. gegen Verbraucherschutzgesetze verstoßen wurde oder
3. gegen § 95b Abs. 1 des Urheberrechtsgesetzes verstoßen wurde.

(2) Die Landesregierungen werden ermächtigt, zur sachdienlichen Förderung oder schnelleren Erledigung der Verfahren durch Rechtsverordnung einem Landgericht für die Bezirke mehrerer Landgerichte Rechtsstreitigkeiten nach diesem Gesetz zuzuweisen. Die Landesregierungen können die Ermächtigung durch Rechtsverordnung auf die Landesjustizverwaltungen übertragen.

(3) Die vorstehenden Absätze gelten nicht für Klagen, die einen Anspruch der in § 13 bezeichneten Art zum Gegenstand haben.

§ 7 Veröffentlichungsbefugnis

Wird der Klage stattgegeben, so kann dem Kläger auf Antrag die Befugnis zugesprochen werden, die Urteilsformel mit der Bezeichnung des verurteilten Beklagten auf dessen Kosten im Bundesanzeiger, im Übrigen auf eigene Kosten bekannt zu machen. Das Gericht kann die Befugnis zeitlich begrenzen.

Unterabschnitt 2 Besondere Vorschriften für Klagen nach § 1

② 제3조 제1항 제1호에 따른 청구권자에 제1항상의 청구권이 귀속한다. 유럽연합소비자보호시행법(EU-Verbraucherschutzdurchführungsgesetz) 제7조 제3항에 따라 수임을 받은 제3자는 제1문에 따른 청구권자(請求權者)인 것으로 간주된다. 제3조 제1항 제2문을 준용한다.

제2장 절차규정

제1절 총칙

제5조 민사소송법 및 그 밖의 규정의 적용

이 법에서 다른 정함이 없는 한, 그 절차에 대하여 민사소송법 규정(die Vorschriften der Zivilprozessordnung)과 부정경쟁방지법(Gesetz gegen den unlauteren Wettbewerb) 제12조 제1항, 제2항, 제4항 및 제5항은 적용한다.

제6조 관할

① 이 법에 따른 소(訴)는 피고가 자신의 영업소나, 그 영업소가 없는 경우 자신의 주소를 둔 곳을 관할하는(in dessen Bezirk der Beklagte seine gewerbliche Niederlassung oder in Ermangelung einer solchen seinen Wohnsitz hat) 주일반지방법원(州一般地方法院; Landgericht)이 전속적으로 관할한다. 피고가 독일에 영업소도 주소도 두지 않은 경우에 거소(居所)를 관할하는 독일 법원이, 그러한 거소(居所)가 없는 경우에 다음 각 호의 법원이 관할한다,

1. 민법전 제307조 내지 제309조에 따라 무효인, 보통거래약관조항(Bestimmungen in Allgemeinen Geschäftsbedingungen)이 사용된 곳을 관할하는 법원,
2. 소비자보호법에 위반된 곳을 관할하는 법원,
3. 저작권법 제95조b에 위반된 곳을 관할하는 법원.

② 주정부(州政府)는 적정한 절차촉진이나 절차의 신속한 처리를 위하여 법규명령으로, 하나의 주일반지방법원(Landgericht)이 여러 주일반지방법원(州一般地方法院; Landgerichte)들을 관할하는 것으로 하여 그 한 주일반지방법원(Landgericht)에 본 법에 따른 소송사건(Rechtsstreitigkeiten)을 배당할 권한을 갖는다. 주정부는 이러한 권한을 법규명령으로 주법무부(Landesjustizverwaltungen)에 이양(移讓)할 수 있다.

③ 위와 같은 조항들은 제13조상의 종류의 청구권(請求權)을 내용으로 하는 소(訴)에 대해서는 적용하지 아니한다.

제7조 공표권

그 소송이 인용된 경우에 원고에게 그 신청에 따라 인용판결을 선고받은 피고의 표시를 기재한 판결주문을, 연방관보에는 그 피고의 비용으로 공표할 권리가, 그 밖의 경우에는 원고 자신의 비용으로 공표할 권리가 부여된다.

제2절 제1조에 따른 소(訴)에 대한 특칙

§ 8 Klageantrag und Anhörung

(1) Der Klageantrag muss bei Klagen nach § 1 auch enthalten:

1. den Wortlaut der beanstandeten Bestimmungen in Allgemeinen Geschäftsbedingungen,
2. die Bezeichnung der Art der Rechtsgeschäfte, für die die Bestimmungen beanstandet werden.

(2) Das Gericht hat vor der Entscheidung über eine Klage nach § 1 die Bundesanstalt für Finanzdienstleistungsaufsicht zu hören, wenn Gegenstand der Klage

1. Bestimmungen in Allgemeinen Versicherungsbedingungen sind oder
2. Bestimmungen in Allgemeinen Geschäftsbedingungen sind, für die nach dem Bausparkassengesetz oder dem Kapitalanlagegesetzbuch eine Genehmigung vorgesehen ist.

§ 9 Besonderheiten der Urteilsformel

Erachtet das Gericht die Klage nach § 1 für begründet, so enthält die Urteilsformel auch:

1. die beanstandeten Bestimmungen der Allgemeinen Geschäftsbedingungen im Wortlaut,
2. die Bezeichnung der Art der Rechtsgeschäfte, für welche die den Unterlassungsanspruch begründenden Bestimmungen der Allgemeinen Geschäftsbedingungen nicht verwendet oder empfohlen werden dürfen,
3. das Gebot, die Verwendung oder Empfehlung inhaltsgleicher Bestimmungen in Allgemeinen Geschäftsbedingungen zu unterlassen,
4. für den Fall der Verurteilung zum Widerruf das Gebot, das Urteil in gleicher Weise bekannt zu geben, wie die Empfehlung verbreitet wurde.

§ 10 Einwendung wegen abweichender Entscheidung

Der Verwender, dem die Verwendung einer Bestimmung untersagt worden ist, kann im Wege der Klage nach § 767 der Zivilprozessordnung einwenden, dass nachträglich eine Entscheidung des Bundesgerichtshofs oder des Gemeinsamen Senats der Obersten Gerichtshöfe des Bundes ergangen ist, welche die Verwendung dieser Bestimmung für dieselbe Art von Rechtsgeschäften nicht untersagt, und dass die Zwangsvollstreckung aus dem Urteil gegen ihn in unzumutbarer Weise seinen Geschäftsbetrieb beeinträchtigen würde.

§ 11 Wirkungen des Urteils

Handelt der verurteilte Verwender einem auf § 1 beruhenden Unterlassungsgebot zuwider, so ist die Bestimmung in den Allgemeinen Geschäftsbedingungen als unwirksam anzusehen, soweit sich der betroffene Vertragsteil auf die Wirkung des Unterlassungsurteils beruft. Er kann sich jedoch auf die Wirkung des Unterlassungsurteils nicht berufen, wenn der verurteilte Verwender gegen das Urteil die Klage nach § 10 erheben könnte.

Unterabschnitt 3 Besondere Vorschriften für Klagen nach § 2

제8조 소장과 심문(審問)

① 제1조에 따른 소(訴)의 경우에 소장에는 다음 각 호의 사항도 포함되어야만 한다:

1. 이의가 제기된 보통거래약관조항의 원문(原文),
2. 그 조항에 대해 이의가 제기된(für die die Bestimmungen beanstandet werden) 법률행위 종류의 명칭.

② 그 청구의 목적이 다음 각 호에 해당하는 경우에는 법원은 제1조에 따른 소송에 관하여 판결을 선고하기 전에 연방금융서비스감독원[12]을 심문(審問)을 해야 한다,

1. 보통보험약관조항에 해당하는 경우,
2. 주택저축조합법 또는 자본투자법전에 따른 인가(認可)를 받아야 하는 보통거래약관상의 조항에 해당하는 경우.

제9조 판결주문에 대한 특칙

법원이 그 청구가 이유 있다고 인정하는 경우에 판결주문(Urteilsformel)에는 다음 각 호 사항도 포함되어야만 한다:

1. 이의가 제기된 보통거래약관조항의 원문,
2. 금지청구권을 성립시키는 보통거래약관조항의 사용 또는 사용권장(使用勸奬)가 허용되어서는 안 되는 법률행위 종류의 명칭,
3. 동일한 내용의 보통거래약관조항(inhaltsgleicher Bestimmungen in Allgemeinen Geschäftsbedingungen)의 사용 또는 사용권장(使用勸奬)를 금지한다는 명령,
4. 철회에 대한 인용판결의 경우에는(für den Fall der Verurteilung zum Widerruf) 사용권장(使用勸奬)가 전파(傳播)된 바와 동일한 방식으로 판결을 공고하라는 명령.

제10조 금지판결과 다른 내용으로 판결로 인한 이의제기

어느 약관조항의 사용에 대한 금지판결을 받은 사용자는, 연방일반대법원(聯邦一般大法院) 판결 또는 연방대법원(聯邦大法院)간의 공동재판부[13](Bundesgerichtshofs oder des Gemeinsamen Senats der Obersten Gerichtshöfe des Bundes)의 판결로 동일한 종류의 법률행위에 대하여 이러한 약관조항의 사용을 금지하지 않는 판결이 사후적으로 선고되고, 그 판결에 기한 자신에 대한 강제집행이 부당하게 그의 영업을 방해하는 때에는, 민사소송법 제767조에 따른 소[14]의 방식으로 이의를 제기할 수 있다.

제11조 판결의 효력

그 판결을 선고받은 사용자가 제1조에 기한 금지명령에 위반하는 경우에, 관련 계약당사자가 금지판결의 효력을 원용하는 범위 내에서(soweit sich der betroffene Vertragsteil auf die Wirkung des Unterlassungsurteils beruft) 그 보통거래약관조항은 무효인 것으로 본다. 그럼에도 그 판결을 선고받은 사용자가 금지판결에 대하여 제10조 따른 소(訴)를 제기할 수 있었던 때에는 그 계약당사자는 그 금지판결의 효력을 원용할 수 없다.

제3절 제2조에 따른 소(訴)에 대한 특칙

§ 12 Einigungsstelle

Für Klagen nach § 2 gelten § 15 des Gesetzes gegen den unlauteren Wettbewerb und die darin enthaltene Verordnungsermächtigung entsprechend.

§ 12a Anhörung der Datenschutzbehörden in Verfahren über Ansprüche nach § 2

Das Gericht hat vor einer Entscheidung in einem Verfahren über einen Anspruch nach § 2, das eine Zuwiderhandlung gegen ein Verbraucherschutzgesetz nach § 2 Absatz 2 Satz 1 Nummer 11 zum Gegenstand hat, die zuständige inländische Datenschutzbehörde zu hören. Satz 1 ist nicht anzuwenden, wenn über einen Antrag auf Erlass einer einstweiligen Verfügung ohne mündliche Verhandlung entschieden wird.

Abschnitt 3 Auskunft zur Durchsetzung von Ansprüchen

§ 13 Auskunftsanspruch der anspruchsberechtigten Stellen

(1) Wer geschäftsmäßig Post-, Telekommunikations- oder Telemediendienste erbringt oder an der Erbringung solcher Dienste mitwirkt, hat

1. qualifizierten Einrichtungen, die nachweisen, dass sie in die Liste gemäß § 4 oder in das Verzeichnis der Kommission der Europäischen Gemeinschaften gemäß Artikel 4 Absatz 3 der Richtlinie 2009/22/EG eingetragen sind,
2. rechtsfähigen Verbänden zur Förderung gewerblicher oder selbständiger beruflicher Interessen und
3. Industrie- und Handelskammern oder den Handwerkskammern

auf deren Verlangen den Namen und die zustellungsfähige Anschrift eines Beteiligten an Post-, Telekommunikations- oder Telemediendiensten mitzuteilen, wenn diese Stellen schriftlich versichern, dass sie die Angaben zur Durchsetzung ihrer Ansprüche nach den §§ 1 bis 2a oder nach § 4a benötigen und nicht anderweitig beschaffen können.

(2) Der Anspruch besteht nur, soweit die Auskunft ausschließlich anhand der bei dem Auskunftspflichtigen vorhandenen Bestandsdaten erteilt werden kann. Die Auskunft darf nicht deshalb verweigert werden, weil der Beteiligte, dessen Angaben mitgeteilt werden sollen, in die Übermittlung nicht einwilligt.

(3) Der Auskunftspflichtige kann von dem Auskunftsberechtigten einen angemessenen Ausgleich für die Erteilung der Auskunft verlangen. Der Auskunftsberechtigte kann von dem Beteiligten, dessen Angaben mitgeteilt worden sind, Erstattung des gezahlten Ausgleichs verlangen, wenn er gegen diesen Beteiligten einen Anspruch nach den §§ 1 bis 2a oder nach § 4a hat.

§ 13a Auskunftsanspruch sonstiger Betroffener

Wer von einem anderen Unterlassung der Lieferung unbestellter Sachen, der Erbringung

제12조 조정기관(調停機關)

제2조에 따른 소에 대하여 부정경쟁방지법 제15조와 이 조항에 포함된 명령제정권(die darin enthaltene Verordnungsermächtigung)을 준용한다.

제12조a 제2에 따른 청구권에 관한 소송절차에서의 정보보호청에 대한 심문(審問)

법원은 제2조에 따른 청구권으로 제2조 제2항 제11호에 따른 소비자보호법에 반하는 행위eine Zuwiderhandlung gegen ein Verbraucherschutzgesetz)를 대상으로 하는 청구권에 관한 소송절차에서 판결을 선고하기 전에(vor einer Entscheidung) 관할 독일정보보호청(die zuständige inländische Datenschutzbehörde)을 심문(審問)해야 한다. 구술변론이 행해지지 않는 가처분발령의 신청에 관하여 재판이 있는 경우에는 제1문은 적용하지 아니한다.

제3장 청구권 실현(實現)을 위한 정보제공

제13조 청구권자의 정보제공요구권

① 다음 각 호의 청구권자(請求權行使權者)가, 제1조 내지 제2조a 또는 제4조a에 따라 자신의 청구권 실현하는 데에 그 사항들이 필요하고 달리 이를 얻을 수 없다는 점(dass sie die Angaben zur Durchsetzung ihrer Ansprüche nach den §§ 1 bis 2a oder nach § 4a benötigen)을 서면으로 주장하는 때에는, 우편서비스, 원격통신서비스 또는 원격미디어서비스를 영업적으로 제공하거나 그러한 서비스 제공에 협력하는 자는,

1. 자신이 본 법 제4조에 따른 명부나 2009/22/EG호 지침 제4조 제3항에 따라 유럽공동체집행위원회의 명부에(in das Verzeichnis der Kommission der Europäischen Gemeinschaften) 등재되었음을 증명한 자격을 갖춘 단체,
2. 영업이익, 독립적 직업이익의 증진(增進)을 추구하는 권리능력 있는 사단,
3. 상공회의소(商工會議所) 또는 수공업회의소(手工業會議所),

위 청구권자에게 그 요구에 따라 우편서비스, 통신서비스 또는 원거리미디어서비스의 계약당사자의 이름, 송달할 수 있는 주소를 알려 주어야 한다.

② 그 청구권은, 그 정보(情報)가 오로지 정보제공의무자에게 현재의 서비스존속정보[15](vorhandenen Bestandsdaten)에 의해서만 제공될 수 있는 범위 내에서 한하여 인정된다. 그 정보제공은 그러한 사항이 통지되어야 하는 계약당사자가 그 제공(提供)에 동의하지 않는다는 이유로 거절되어서는 아니된다.

③ 정보제공의무자(情報提供義務者; Auskunftspflichtige)는 정보제공권리자(情報提供權利者; Auskunftsberechtigten)에게 정보제공에 대한 적절한 보상을 청구할 수 있다. 정보제공권리자는, 그러한 계약당사자에 대하여 제1조 내지 제2조a 또는 제4조a에 따른 청구권을 가지는 때에는, 그러한 사항에 대해 통지된 계약당사자에게 (자신이) 지급한 보상의 상환을 청구할 수 있다.

제13조a 기타 관계인의 정보제공청구권

상대방에게 주문하지 않은 물건의 공급이나 주문하지 않은 그 밖의 급부의 제공, 또는 요구하지

unbestellter sonstiger Leistungen oder der Zusendung oder sonstiger Übermittlung unverlangter Werbung verlangen kann, hat die Ansprüche gemäß § 13 mit der Maßgabe, dass an die Stelle eines Anspruchs nach den §§ 1 bis 2a oder nach § 4a sein Anspruch auf Unterlassung nach allgemeinen Vorschriften tritt.

Abschnitt 4 Außergerichtliche Schlichtung

§ 14 Schlichtungsverfahren und Verordnungsermächtigung

(1) Bei Streitigkeiten aus der Anwendung

1. der Vorschriften des Bürgerlichen Gesetzbuchs betreffend Fernabsatzverträge über Finanzdienstleistungen,
2. der §§ 491 bis 508, 511 und 655a bis 655d des Bürgerlichen Gesetzbuchs sowie Artikel 247a § 1 des Einführungsgesetzes zum Bürgerlichen Gesetzbuche,
3. der Vorschriften betreffend Zahlungsdiensteverträge in
   a) den §§ 675c bis 676c des Bürgerlichen Gesetzbuchs,
   b) der Verordnung (EG) Nr. 924/2009 des Europäischen Parlaments und des Rates vom 16. September 2009 über grenzüberschreitende Zahlungen in der Gemeinschaft und zur Aufhebung der Verordnung (EG) Nr. 2560/2001 (ABl. L 266 vom 9.10.2009, S. 11), die zuletzt durch Artikel 17 der Verordnung (EU) Nr. 260/2012 (ABl. L 94 vom 30.3.2012, S. 22) geändert worden ist, und
   c) der Verordnung (EU) Nr. 260/2012 des Europäischen Parlaments und des Rates vom 14. März 2012 zur Festlegung der technischen Vorschriften und der Geschäftsanforderungen für Überweisungen und Lastschriften in Euro und zur Änderung der Verordnung (EG) Nr. 924/2009 (ABl. L 94 vom 30.3.2012, S. 22), die durch die Verordnungen (EU) Nr. 248/2014 (ABl. L 84 vom 20.3.2014, S. 1) geändert worden ist,
   d) der Verordnung (EU) 2015/751 des Europäischen Parlaments und des Rates vom 29. April 2015 über Interbankenentgelte für kartengebundene Zahlungsvorgänge (ABl. L 123 vom 19.5.2015, S. 1),
4. der Vorschriften des Zahlungsdiensteaufsichtsgesetzes, soweit sie Pflichten von E-Geld-Emittenten oder Zahlungsdienstleistern gegenüber ihren Kunden begründen,
5. der Vorschriften des Zahlungskontengesetzes, die das Verhältnis zwischen einem Zahlungsdienstleister und einem Verbraucher regeln,
6. der Vorschriften des Kapitalanlagegesetzbuchs, wenn an der Streitigkeit Verbraucher beteiligt sind, oder
7. sonstiger Vorschriften im Zusammenhang mit Verträgen, die Bankgeschäfte nach § 1 Absatz 1 Satz 2 des Kreditwesengesetzes oder Finanzdienstleistungen nach § 1 Absatz 1a Satz 2 des

않은 광고의 전송 또는 그 밖의 전달에 대한 부작위(不作爲)를 청구할 수 있는 자는, 총칙(總則)에 따른 자신의 금지청구권(sein Anspruch auf Unterlassung nach allgemeinen Vorschriften)이 제1조 내지 제2조a 또는 제4조a에 따른 청구권(請求權)에 갈음한다는 기준하에 제13조에 따른 청구권을 갖는다.

제4장 대안적(代案的) 조정

제14조 조정절차와 명령제정권한

① 다음 각 호의 적용으로 인해 생긴 분쟁의 경우,

1. 금융서비스에 관한 통신판매에 관련된(betreffend Fernabsatzverträge über Finanzdienstleistungen) 민법전의 규정,
2. 민법전 제491조 내지 제508조, 제511조, 제655조a 내지 제655조d와 민법전시행법 제247항목a 제1조,
3. 다음 각 목상의 지급서비스계약에 관한 규정,
   a) 민법전 제675조c 내지 제676조c,
   b) 「유럽공동체 내의 국경을 초월한 지급(grenzüberschreitende Zahlungen in der Gemeinschaft)과 (EG) 2560/2001호 규칙 폐지에 관한 2009년 9월 16일 유럽연합 의회 및 이사회 (EG) 924/2009호 규칙」(ABl. L 266 vom 9.10.2009, S. 11)으로, 「260/2012호(EU) 규칙」(ABl. L 94 vom 30.3.2012, S. 22) 제17조에 의하여 최근에 개정된 규칙(規則),
   c) 「기술적 규정 설정과 유로화에 의한 자금이체 및 추심이체(推尋移替)에 대한 거래요구사항 설정(Festlegung der technischen Vorschriften und der Geschäftsanforderungen für Überweisungen und Lastschriften in Euro)과, (EG) 924/2009호 규칙 개정에 관한 2012년 3월 14일 유럽연합 의회 및 이사회 260/2012호(EU) 규칙」(ABl. L 94 vom 30.3.2012, S. 22)으로, 「248/2014호(EU) 규칙」(ABl. L 84 vom 20.3.2014, S. 1)에 의해 개정된 규칙,
   d) 「스마트카드사용에 기반한 지급과정에 대한 은행간수수료(Interbankenentgelte für kartengebundene Zahlungsvorgänge)에 관한 2015년 4월 29일 유럽연합 의회 및 이사회의 (EU) 2015/751호 규칙」(ABl. L 123 vom 19.5.2015, S. 1),
4. 그 규정에 의하여 전자화폐발행인 또는 지급서비스제공자의 자신의 고객에 대한 의무가 성립되는 범위 내에서의 지급서비스감독법 규정,
5. 지급서비스제공자와 소비자 간의 관계를 규율하는 지급계좌법의 규정(der Vorschriften des Zahlungskontengesetzes),
6. 소비자가 당사자로서 그 분쟁에 참여하는 경우에 있어서의 자본투자법전의 규정(der Vorschriften des Kapitalanlagegesetzbuchs)
7. 금융기관법 제1조 제1항 제2호에 따른 은행거래 또는 동법 제1조 제1항a 제2문에 따른 금융서비스에 관련된 계약으로, 소비자와 금융기관법의 감독을 받는 기업 간의(zwischen Verbrauchern

Kreditwesengesetzes betreffen, zwischen Verbrauchern und nach dem Kreditwesengesetz beaufsichtigten Unternehmen

können die Beteiligten unbeschadet ihres Rechts, die Gerichte anzurufen, eine vom Bundesamt für Justiz für diese Streitigkeiten anerkannte private Verbraucherschlichtungsstelle oder die bei der Deutschen Bundesbank oder die bei der Bundesanstalt für Finanzdienstleistungsaufsicht eingerichtete Verbraucherschlichtungsstelle anrufen. Die bei der Deutschen Bundesbank eingerichtete Verbraucherschlichtungsstelle ist für die Streitigkeiten nach Satz 1 Nummer 1 bis 5 zuständig; die bei der Bundesanstalt für Finanzdienstleistungsaufsicht eingerichtete Verbraucherschlichtungsstelle ist für die Streitigkeiten nach Satz 1 Nummer 6 und 7 zuständig. Diese behördlichen Verbraucherschlichtungsstellen sind nur zuständig, wenn es für die Streitigkeit keine zuständige anerkannte Verbraucherschlichtungsstelle gibt.

(2) Jede Verbraucherschlichtungsstelle nach Absatz 1 muss mit mindestens zwei Schlichtern besetzt sein, die die Befähigung zum Richteramt haben. Die Schlichter müssen unabhängig sein und das Schlichtungsverfahren fair und unparteiisch führen. Sie sollen ihre Schlichtungsvorschläge am geltenden Recht ausrichten und sie sollen insbesondere die zwingenden Verbraucherschutzgesetze beachten. Für das Schlichtungsverfahren kann von einem Verbraucher kein Entgelt verlangt werden.

(3) Das Bundesamt für Justiz erkennt auf Antrag eine Schlichtungsstelle als private Verbraucherschlichtungsstelle nach Absatz 1 Satz 1 an, wenn

1. der Träger der Schlichtungsstelle ein eingetragener Verein ist,
2. die Schlichtungsstelle für die Streitigkeiten nach Absatz 1 Satz 1 zuständig ist und
3. die Organisation, Finanzierung und Verfahrensordnung der Schlichtungsstelle den Anforderungen dieses Gesetzes und der Rechtsverordnung entspricht, die auf Grund dieses Gesetzes erlassen wurde.

Die Verfahrensordnung einer anerkannten Schlichtungsstelle kann nur mit Zustimmung des Bundesamts für Justiz geändert werden.

(4) Das Bundesamt für Justiz nimmt die Verbraucherschlichtungsstellen nach Absatz 1 in die Liste nach § 33 Absatz 1 des Verbraucherstreitbeilegungsgesetzes auf und macht die Anerkennung und den Widerruf oder die Rücknahme der Anerkennung im Bundesanzeiger bekannt.

(5) Das Bundesministerium der Justiz und für Verbraucherschutz regelt im Einvernehmen mit dem Bundesministerium der Finanzen durch Rechtsverordnung, die nicht der Zustimmung des Bundesrates bedarf, entsprechend den Anforderungen der Richtlinie 2013/11/EU des Europäischen Parlaments und des Rates vom 21. Mai 2013 über die alternative Beilegung verbraucherrechtlicher Streitigkeiten und zur Änderung der Verordnung (EG) Nr. 2006/2004 und der Richtlinie 2009/22/EG (ABl. L 165 vom 18.6.2013, S. 63)

und nach dem Kreditwesengesetz beaufsichtigten Unternehmen) 계약에 관한 기타 규정, 당사자들은 법원에 제소할 수 있는 권리와는 별개로(unbeschadet ihres Rechts, die Gerichte anzurufen), 연방법무청으로부터 이러한 분쟁에 대해 공인을 받은 민간소비자분쟁조정기구나 독일연방중앙은행 또는 연방금융서비스감독원에 설치된 소비자분쟁조정기구(anerkannte private Verbraucherschlichtungsstelle oder die bei der Deutschen Bundesbank oder die bei der Bundesanstalt für Finanzdienstleistungsaufsicht eingerichtete Verbraucherschlichtungsstelle)에 조정을 신청할 수 있다. 독일연방중앙은행에 설치된 소비자분쟁조정기구는 제1문 제1호 내지 제5호에 따른 분쟁을 관할한다; 연방금융서비스감독원에 설치된 소비자분쟁조정기구는 제1문 제6호, 제7호에 따른 분쟁을 관할한다. 이러한 공공기관에 설치된 소비자분쟁조정기구는, 그 분쟁을 관할하는 공인된 관할 소비자분쟁조정기구가 없는 경우(wenn es für die Streitigkeit keine zuständige anerkannte Verbraucherschlichtungsstelle gibt)에 한하여 그에 대해 관할한다.

② 판사직 자격을 가진(die die Befähigung zum Richteramt haben) 2명 이상의 조정위원이 제1항에 따른 각 소비자분쟁조정기구에 재임(在任)해야만 한다. 조정위원은 독립적이어야만 하고 조정절차를 공정하고도 중립적으로 진행해야(das Schlichtungsverfahren fair und unparteiisch führen)만 한다. 조정위원은 적용되는 법에 근거하여(am geltenden Recht) 자신의 조정안(調停案)을 제시(提示)해야 하고 특히 강행적(强行的) 소비자법(die zwingenden Verbraucherschutzgesetze)을 준수해야 한다. 조정절차와 관련하여 소비자에게 이용료(Entgelt)를 청구할 수 없다.

③ 다음 요건을 모두 갖춘 경우에 연방법무청은 어느 조정기구에 대해 그 신청에 따라 제1조 제1항에 따른 민간소비자분쟁조정기구로 공인한다,

1. 그 조정기구가 속한 주체(Träger der Schlichtungsstelle)가 등기된 사단일 것,
2. 그 조정기구가 제1항 제1문에 따른 분쟁에 대해(für die Streitigkeiten nach Absatz 1 Satz 1) 관할할 것,
3. 그 조정기구의 조직(組織; Organisation), 재정(財政; Finanzierung) 및 절차규정(節次規定; Verfahrensordnung)이 본 법과, 본 법에 기하여 제정된(die auf Grund dieses Gesetzes erlassen wurde) 법규명령의 요건에 부합한 것.

공인된 조정기구의 절차규정(Die Verfahrensordnung einer anerkannten Schlichtungsstelle)은 연방법무청의 동의가 있어야만 개정될 수 있다.

④ 연방법무청은 제1항에 따른 소비자분쟁조정기구를 소비자분쟁해결법 제33조 제1항에 따른 명부에 등재하고, 그 공인(公認)이나 공인(公認)의 철회 또는 취소(die Anerkennung und den Widerruf oder die Rücknahme der Anerkennung)를 연방관보(聯邦官報)에(im Bundesanzeiger) 공고한다.

⑤ 연방법무소비자부는, 「소비자법 관련 분쟁의 대안적 해결(die alternative Beilegung verbraucherrechtlicher Streitigkeiten)과, (EG) 2006/2004호 규칙 및 2009/22/EG호 지침의 개정에 관한 2013년 5월 21일 유럽연합 의회 및 이사회의 2013/11/EU호 지침」(ABl. L 165 vom 18.6.2013, S. 63)상의 요건에 따라 연방재무부의 협의하여(im Einvernehmen mit dem Bundesministerium der Finanzen) 연방참사원의 동의가 필요 없는 법규명령으로(durch Rechtsverordnung, die nicht der Zustimmung des Bundesrates bedarf) 다음 각 호에 대하여 규율한다,

1. die näheren Einzelheiten der Organisation und des Verfahrens der bei der Deutschen Bundesbank und der bei der Bundesanstalt für Finanzdienstleistungsaufsicht nach diesem Gesetz eingerichteten Verbraucherschlichtungsstellen, insbesondere auch die Kosten des Schlichtungsverfahrens für einen am Schlichtungsverfahren beteiligten Unternehmer,
2. die Voraussetzungen und das Verfahren für die Anerkennung einer privaten Verbraucherschlichtungsstelle und für die Aufhebung dieser Anerkennung sowie die Voraussetzungen und das Verfahren für die Zustimmung zur Änderung der Verfahrensordnung,
3. die Zusammenarbeit der behördlichen Verbraucherschlichtungsstellen und der privaten Verbraucherschlichtungsstellen mit
   a) staatlichen Stellen, insbesondere der Bundesanstalt für Finanzdienstleistungsaufsicht, und
   b) vergleichbaren Stellen zur außergerichtlichen Streitbeilegung in anderen Vertragsstaaten des Abkommens über den Europäischen Wirtschaftsraum.

Abschnitt 5 Anwendungsbereich

§ 15 Ausnahme für das Arbeitsrecht

Dieses Gesetz findet auf das Arbeitsrecht keine Anwendung.

Abschnitt 6 Überleitungsvorschriften

§ 16 Überleitungsvorschrift zum Gesetz zur Umsetzung der Richtlinie über alternative Streitbeilegung in Verbraucherangelegenheiten und zur Durchführung der Verordnung über Online-Streitbeilegung in Verbraucherangelegenheiten

(1) Bis zum Inkrafttreten der Rechtsverordnung nach § 14 Absatz 5 gelten ergänzend

1. für die Verbraucherschlichtungsstelle bei der Deutschen Bundesbank und für deren Verfahren die Schlichtungsstellenverfahrensverordnung,
2. für die Verbraucherschlichtungsstelle bei der Bundesanstalt für Finanzdienstleistungsaufsicht und für deren Verfahren die Kapitalanlageschlichtungsstellenverordnung.

Bei ergänzender Anwendung der Kapitalanlageschlichtungsstellenverordnung nach Satz 1 Nummer 2 treten an die Stelle der Streitigkeiten nach dem Kapitalanlagegesetzbuch die Streitigkeiten nach § 14 Absatz 1 Satz 1 Nummer 6 und 7. Schlichter, die für die Schlichtung von Streitigkeiten nach § 14 Absatz 1 Satz 1 Nummer 6 bestellt sind, dürfen nicht zugleich die Aufsicht über Unternehmen wahrnehmen, die den Vorschriften des Kreditwesengesetzes unterliegen. Vor der Bestellung von Schlichtern für Streitigkeiten nach § 14 Absatz 1 Satz 1 Nummer 6 sind abweichend von § 2 Absatz 2 Satz 1 der Kapitalanlageschlichtungsstellenverordnung der BVI Bundesverband Investment und Asset Management e. V. sowie die Ombudsstelle Geschlossene

1. 이 법에 따라 독일연방중앙은행과 연방금융서비스감독원에 설치된 소비자분쟁조정기구의 (der bei der Deutschen Bundesbank und der bei der Bundesanstalt für Finanzdienstleistungsaufsicht nach diesem Gesetz eingerichteten Verbraucherschlichtungsstellen) 조직(組織) 또는 절차(節次)의 세부사항, 특히 조정절차에 당사자로 참가한 사업자에 대한(für einen am Schlichtungsverfahren beteiligten Unternehmer) 조정절차비용,
2. 민간소비자분쟁조정기구에 대한 공인 및 그 공인의 소멸(消滅)에 대한 요건 및 절차(die Voraussetzungen und das Verfahren für die Anerkennung einer privaten Verbraucherschlichtungsstelle und für die Aufhebung dieser Anerkennung)와, 절차규정의 개정에 대한 동의에 대한 요건 및 절차,
3. 위 공공기관(公共機關)에 설치된 소비자분쟁조정기구 및 민간소비자분쟁조정기구의 다음 각 목의 기관과의 협력,
   a) 국가기관, 특히 연방금융서비스감독원,
   b) 「유럽경제권에 관한 협약」상의 독일 이외의 가입국 내에 있는, 대안적(代案的) 분쟁해결을 위한 유사한 기관(vergleichbaren Stellen zur außergerichtlichen Streitbeilegung).

제5장 적용범위

제15조 노동법에 대한 예외

이 법은 노동법에 대하여는 적용하지 아니한다.

제6장 경과규정

제16조 소비자사건에서의 대안적 분쟁해결에 관한 지침의 시행과 소비자사건에서의 온라인분쟁해결에 관한 명령의 시행에 관한(zur Durchführung der Verordnung über Online-Streitbeilegung in Verbraucherangelegenheiten) 법률에 대한 경과규정

① 제14조 제5항에 따른 법규명령의 발효 때까지(Bis zum Inkrafttreten der Rechtsverordnung) 다음 각 호의 규칙이 추가적으로 적용된다,

1. 독일연방중앙은행에 설치된 소비자분쟁조정기구와 그 절차에 대하여는 조정기구절차규칙,
2. 연방금융서비스감독원에 설치(設置)된(bei der Bundesanstalt für Finanzdienstleistungsaufsicht) 소비자분쟁조정기구와 그 절차에 대하여는 자본투자조정기구규칙.

제1문 제2호에 따른 자본투자조정기구규칙의 추가적 적용시 제14조 제1항 제1문 제6호, 제7호에 따른 분쟁이 자본투자법전에 따른 분쟁에 갈음한다. 제14조 제1항 제1문 제6호에 따른 분쟁에 대한 조정을 위해 선임(選任)된 조정위원은 동시에 자본투자법전의 규정을 적용받는 기업에 대한 감독권을 행사해서는 아니된다. 자본투자조정기구규칙 제2조 제2항 제1문과 달리 등기된 사단인 연방투자·자산관리협회(Bundesverband Investment und Asset Management e. V.; BVI)와 등기된 사단인 폐쇄형펀드옴브즈만협회(die Ombudsstelle Geschlossene Fonds e. V.)는 제14조 제1항 제1문 제

Fonds e. V. nicht zu beteiligen.

(2) Die Schlichtungsstellen der Verbände, denen die Schlichtungsaufgabe nach § 7 Absatz 1 und 2 der Schlichtungsstellenverfahrensverordnung oder nach § 11 Absatz 1 der Kapitalanlageschlichtungsstellenverordnung jeweils in der vor dem 26. Februar 2016 geltenden Fassung wirksam übertragen worden ist, gelten bis zum 1. Februar 2017 als anerkannte private Verbraucherschlichtungsstellen nach § 14 Absatz 1.

§ 17 Überleitungsvorschrift zum Gesetz zur Verbesserung der zivilrechtlichen Durchsetzung von verbraucherschützenden Vorschriften des Datenschutzrechts

§ 2 Absatz 2 Satz 1 Nummer 11 in der ab dem 24. Februar 2016 geltenden Fassung findet bis zum Ablauf des 30. September 2016 keine Anwendung auf Zuwiderhandlungen gegen § 4b des Bundesdatenschutzgesetzes, soweit die Datenübermittlung bis zum 6. Oktober 2015 auf der Grundlage der Entscheidung 2000/520/EG der Kommission vom 26. Juli 2000 gemäß der Richtlinie 95/46/EG des Europäischen Parlaments und des Rates über die Angemessenheit des von den Grundsätzen des "sicheren Hafens" und der diesbezüglichen "Häufig gestellten Fragen" (FAQ) gewährleisteten Schutzes, vorgelegt vom Handelsministerium der USA (ABl. L 215 vom 25.8.2000, S. 7) erfolgt ist.

6호에 따른 분쟁에 대한 조정위원의 선임에 참가해서는 아니된다.

② 조정기구절차규칙 제7조 제1항, 제2항이나 2006년 2월 26일의 전에 적용된 각각의 법형식 자본투자조정기구규칙 제11조 제1항에 따른 조정임무가 유효하게 이양(移讓)된(nach § 11 Absatz 1 der Kapitalanlageschlichtungsstellenverordnung jeweils in der vor dem 26. Februar 2016 geltenden Fassung wirksam übertragen worden is) 단체의 조정기구는 2017년 2월 1일까지 제14조 제1항에 따른 공인된 민간소비자분쟁조정기구로(als anerkannte private Verbraucherschlichtungsstellen nach § 14 Absatz 1) 본다.

제17조 정보보호법상의 소비자보호 규정의 사법(私法)적 실현의 개선(Verbesserung der zivilrechtlichen Durchsetzung)에 관한 법률에 대한 경과규정

「미국 상무부에 의해 발간된 '안전한 항구(港口)'라는 (프라이버시) 원칙 및 이에 관련된 '자주 제기되는 질문'(FAQ)에 의해 보장되는 보호의 적절성[die Angemessenheit des von den Grundsätzen des "sicheren Hafens" und der diesbezüglichen "Häufig gestellten Fragen" (FAQ) gewährleisteten Schutzes, vorgelegt vom Handelsministerium der USA]에 관한 유럽연합 의회 및 이사회 95/46/EG호 지침에 따른 2000년 7월 26일의 유럽연합집행위원회의 2000/520/EG호 결정」(ABl. L 215 vom 25.8.2000, S. 7)에 기하여 정보전달이 2015년 10월 6일까지 이뤄지는 경우에는, 2016년 2월 24일부터 적용되는 법률형식의 제2조 제2항 제1문 제11호는 2016년 9월 30일이 경과할 때까지 연방정보보호법 제4조b에 대한 위반행위에 대해 적용하지 아니한다.

민법전(民法典)

(BGBl. I S. 541)

Bürgerliches Gesetzbuch

(BGB)

Bürgerliches Gesetzbuch(BGB)

https://www.gesetze-im-internet.de/bgb/BJNR001950896.html

Buch 1 Allgemeiner Teil

Abschnitt 1 Personen

Titel 1 Natürliche Personen, Verbraucher, Unternehmer

§ 1 Beginn der Rechtsfähigkeit

Die Rechtsfähigkeit des Menschen beginnt mit der Vollendung der Geburt.

§ 2 Eintritt der Volljährigkeit

Die Volljährigkeit tritt mit der Vollendung des 18. Lebensjahres ein.

§§ 3 bis 6 (weggefallen)

§ 7 Wohnsitz; Begründung und Aufhebung

(1) Wer sich an einem Orte ständig niederlässt, begründet an diesem Ort seinen Wohnsitz.

(2) Der Wohnsitz kann gleichzeitig an mehreren Orten bestehen.

(3) Der Wohnsitz wird aufgehoben, wenn die Niederlassung mit dem Willen aufgehoben wird, sie aufzugeben.

§ 8 Wohnsitz nicht voll Geschäftsfähiger

Wer geschäftsunfähig oder in der Geschäftsfähigkeit beschränkt ist, kann ohne den Willen seines gesetzlichen Vertreters einen Wohnsitz weder begründen noch aufheben.

§ 9 Wohnsitz eines Soldaten

(1) Ein Soldat hat seinen Wohnsitz am Standort. Als Wohnsitz eines Soldaten, der im Inland keinen Standort hat, gilt der letzte inländische Standort.

(2) Diese Vorschriften finden keine Anwendung auf Soldaten, die nur auf Grund der Wehrpflicht Wehrdienst leisten oder die nicht selbständig einen Wohnsitz begründen können.

§ 10 (weggefallen)

§ 11 Wohnsitz des Kindes

Ein minderjähriges Kind teilt den Wohnsitz der Eltern; es teilt nicht den Wohnsitz eines Elternteils, dem das Recht fehlt, für die Person des Kindes zu sorgen. Steht keinem Elternteil das

민법전[16](民法典; BGBl. I S. 541)

법률공포일: 1896년 8월 18일
최근 법률개정일: 2020년 3월 19일(BGBl. I S. 541)

제1편 총칙

제1장 인(人)

제1절 자연인(自然人), 소비자(消費者), 사업자(事業者)

제1조 권리능력의 개시

사람의 권리능력은 출생(出生)의 완료(完了)로써 개시된다.

제2조 성년의 개시

만 18세에 도달함으로써 성년이 된다.

제3조 내지 제6조 삭제

제7조 주소; 설정과 소멸

① 어느 장소에 계속적으로 정주(定住)한 자는 그 장소에 자신의 주소(an diesem Ort seinen Wohnsitz)를 갖게 된다.

② 그 주소는 동시에 여러 장소에 있을 수 있다.

③ 정주(定住)가 이를 포기할 의사에 기해 소멸하는 경우에 주소는 소멸한다(Der Wohnsitz wird aufgehoben).

제8조 제한행위능력자의 주소

행위무능력자 또는 제한행위능력자는 자신의 법정대리인의 의사에 기하지 않고 주소를 설정(設定)할 수도 소멸(消滅)시킬 수도 없다.

제9조 군인의 주소

① 군인은 주둔지(駐屯地; am Standort)에 자신의 주소를 갖는다. 최종적 독일 내 주둔지(der letzte inländische Standort)를 독일 내에 주둔지가 없는 군인의 주소로 본다.

② 단지 국방의무에 기하여 병역의무를 이행하거나 독자적(獨自的)으로 주소를 설정할 수 없는 군인에 대하여 위와 같은 규정은 적용하지 아니한다.

제10조 삭제

제11조 자(子)의 주소

미성년인 자(子)는 부모의 주소를 공용(共用)한다; 미성년인 자(子)는 그 아동의 신체를 돌볼 권리

Recht zu, für die Person des Kindes zu sorgen, so teilt das Kind den Wohnsitz desjenigen, dem dieses Recht zusteht. Das Kind behält den Wohnsitz, bis es ihn rechtsgültig aufhebt.

§ 12 Namensrecht

Wird das Recht zum Gebrauch eines Namens dem Berechtigten von einem anderen bestritten oder wird das Interesse des Berechtigten dadurch verletzt, dass ein anderer unbefugt den gleichen Namen gebraucht, so kann der Berechtigte von dem anderen Beseitigung der Beeinträchtigung verlangen. Sind weitere Beeinträchtigungen zu besorgen, so kann er auf Unterlassung klagen.

§ 13 Verbraucher

Verbraucher ist jede natürliche Person, die ein Rechtsgeschäft zu Zwecken abschließt, die überwiegend weder ihrer gewerblichen noch ihrer selbständigen beruflichen Tätigkeit zugerechnet werden können.

§ 14 Unternehmer

*) (1) Unternehmer ist eine natürliche oder juristische Person oder eine rechtsfähige Personengesellschaft, die bei Abschluss eines Rechtsgeschäfts in Ausübung ihrer gewerblichen oder selbständigen beruflichen Tätigkeit handelt.

(2) Eine rechtsfähige Personengesellschaft[17)] ist eine Personengesellschaft, die mit der Fähigkeit ausgestattet ist, Rechte zu erwerben und Verbindlichkeiten einzugehen.

Amtlicher Hinweis:

Diese Vorschrift dient der Umsetzung der eingangs zu den Nummern 3, 4, 6, 7, 9 und 11 genannten Richtlinien.

Abschnitt 2 Sachen und Tiere

§ 90 Begriff der Sache

Sachen im Sinne des Gesetzes sind nur körperliche Gegenstände.

§ 90a Tiere

Tiere sind keine Sachen. Sie werden durch besondere Gesetze geschützt. Auf sie sind die für Sachen geltenden Vorschriften entsprechend anzuwenden, soweit nicht etwas anderes bestimmt ist.

§ 91 Vertretbare Sachen

Vertretbare Sachen im Sinne des Gesetzes sind bewegliche Sachen, die im Verkehr nach Zahl, Maß oder Gewicht bestimmt zu werden pflegen.

가 없는 부 또는 모의 주소를 공용(共用)할 수 없다. 그 자(子)의 신체를 돌볼 권리가 부 또는 모에게 없는 경우에 그 자(子)는 그러한 권리를 갖는 부 또는 모의 주소를 공용(共用)한다. 그 자(子)는 자신이 그 주소를 유효하게 소멸시킬 때까지 그 주소를 갖는다.

제12조 성명권

어느 성명을 사용할 권리(das Recht zum Gebrauch eines Namens)가 타인에 의해 권리자에 대하여 다퉈지거나, 타인이 권한 없이 동일한 성명을 사용함으로써 권리자의 이익이 침해되는 경우에 그 권리자는 타인에게 그 방해의 제거(除去; Beseitigung)를 청구할 수 있다. 계속적 방해가 우려되는 경우에(Sind weitere Beeinträchtigungen zu besorgen) 권리자는 금지(禁止)를 소구(訴求)할 수 있다.

제13조 소비자

소비자는, 주로 자신의 영업활동에도 자신의 독립적 직업활동에도(weder ihrer gewerblichen noch ihrer selbständigen beruflichen Tätigkeit) 포함되지 않는 목적으로 법률행위를 하는 모든 자연인(jede natürliche Person)을 말한다.

제14조 사업자

*) ① 사업자는, 자신의 영업활동 또는 독립적 직업활동의 일환으로 법률행위를 하는 법인, 자연인, 또는 권리능력 있는 인적회사(eine natürliche oder juristische Person oder eine rechtsfähige Personengesellschaft)를 말한다.

② 권리능력 있는 인적회사는, 권리를 취득하고 의무를 부담하는 능력을 갖춘(die mit der Fähigkeit ausgestattet ist, Rechte zu erwerben und Verbindlichkeiten einzugehen) 인적회사를 말한다.

*) 공식 주(注):

이러한 규정은 앞서 언급한 제3호, 제4호, 제6호, 제7호, 제9호, 제11호상의 지침의 시행에 기여한다.

제2장 물건과 동물

제90조 물건의 개념

본 법상의 물건은 유체물(有體物; körperliche Gegenstände)만을 말한다.

제90조a 동물

동물은 물건이 아니다. 동물은 특별법으로 보호된다. 다른 정함이 없는 범위 내에서(soweit nicht etwas anderes bestimmt ist) 동물(動物)에 대해 물건(物件)에 대해 적용하는 규정을 준용(準用)한다.

제91조 대체물

본 법상의 대체물(代替物; Vertretbare Sachen)은 거래에서 보통 수(數; Zahl), 양(量; Maß) 또는 중량(重量; Gewicht)로 정해지는 동산을 말한다.

§ 92 Verbrauchbare Sachen

(1) Verbrauchbare Sachen im Sinne des Gesetzes sind bewegliche Sachen, deren bestimmungsmäßiger Gebrauch in dem Verbrauch oder in der Veräußerung besteht.

(2) Als verbrauchbar gelten auch bewegliche Sachen, die zu einem Warenlager oder zu einem sonstigen Sachinbegriff gehören, dessen bestimmungsmäßiger Gebrauch in der Veräußerung der einzelnen Sachen besteht.

§ 93 Wesentliche Bestandteile einer Sache

Bestandteile einer Sache, die voneinander nicht getrennt werden können, ohne dass der eine oder der andere zerstört oder in seinem Wesen verändert wird (wesentliche Bestandteile), können nicht Gegenstand besonderer Rechte sein.

§ 94 Wesentliche Bestandteile eines Grundstücks oder Gebäudes

(1) Zu den wesentlichen Bestandteilen eines Grundstücks gehören die mit dem Grund und Boden fest verbundenen Sachen, insbesondere Gebäude, sowie die Erzeugnisse des Grundstücks, solange sie mit dem Boden zusammenhängen. Samen wird mit dem Aussäen, eine Pflanze wird mit dem Einpflanzen wesentlicher Bestandteil des Grundstücks.

(2) Zu den wesentlichen Bestandteilen eines Gebäudes gehören die zur Herstellung des Gebäudes eingefügten Sachen.

§ 95 Nur vorübergehender Zweck

(1) Zu den Bestandteilen eines Grundstücks gehören solche Sachen nicht, die nur zu einem vorübergehenden Zweck mit dem Grund und Boden verbunden sind. Das Gleiche gilt von einem Gebäude oder anderen Werk, das in Ausübung eines Rechts an einem fremden Grundstück von dem Berechtigten mit dem Grundstück verbunden worden ist.

(2) Sachen, die nur zu einem vorübergehenden Zweck in ein Gebäude eingefügt sind, gehören nicht zu den Bestandteilen des Gebäudes.

§ 96 Rechte als Bestandteile eines Grundstücks

Rechte, die mit dem Eigentum an einem Grundstück verbunden sind, gelten als Bestandteile des Grundstücks.

§ 97 Zubehör

(1) Zubehör sind bewegliche Sachen, die, ohne Bestandteile der Hauptsache zu sein, dem wirtschaftlichen Zwecke der Hauptsache zu dienen bestimmt sind und zu ihr in einem dieser Bestimmung entsprechenden räumlichen Verhältnis stehen. Eine Sache ist nicht Zubehör, wenn sie im Verkehr nicht als Zubehör angesehen wird.

(2) Die vorübergehende Benutzung einer Sache für den wirtschaftlichen Zweck einer anderen

제92조 소비물(消費物)

① 본 법상의 소비물(消費物)(Verbrauchbare Sachen im Sinne des Gesetzes)은, 소비(消費; Verbrauch) 또는 양도(讓渡; Veräußerung)가 그 용도(用途)에 좇은 사용(使用)(bestimmungsmäßiger Gebrauch)에 해당하는 동산을 말한다.

② 물품창고(Warenlager)에 있는 동산이나, 개별 물건의 양도가 그 용도(用度)에 좇은 사용(使用)에 해당하는 기타 집합물(Sachinbegriff)에 속하는 동산(bewegliche Sachen)도 소비물(消費物)로 본다.

제93조 물건의 본질적 구성부분

어느 물건 또는 다른 물건이 파괴되거나 그 본질이 변경되지 않고서는(ohne dass der eine oder der andere zerstört oder in seinem Wesen verändert wird) 서로 분리될 수 없는 물건의 구성부분('본질적 구성부분')은 개별적 권리의 대상이 될 수 없다.

제94조 토지 또는 건물의 본질적(本質的) 구성부분

① 토지(土地)에 정착(定着)한 물건, 특히 건물과, 지면(地面)에 붙어 있는 동안의 토지의 산출물(産出物)(die Erzeugnisse des Grundstücks, solange sie mit dem Boden zusammenhängen)은, 토지(土地)의 본질적(本質的) 구성부분(構成部分)(den wesentlichen Bestandteilen eines Grundstücks)에 속한다. 종자는 파종(播種)으로, 식물은 식재(植栽)로 토지의 본질적 구성부분이 된다.

② 건물의 완성을 위해 그에 부가(附加)된 물건(die zur Herstellung des Gebäudes eingefügten Sachen)은 건물의 본질적(本質的) 구성부분(構成部分)에 속한다.

제95조 오직 일시적인 목적

① 오직 일시적(一時的) 목적을 위하여 토지에 정착(定着)한 물건은 토지(土地)의 구성부분(構成部分)에 속하지 아니한다. 타인의 토지에 대한 권리의 행사의 일환으로 권리자가 토지(土地)에 결합시킨 건물(建物) 또는 그 밖의 공작물(工作物; anderen Werk)도 또한 같다.

② 오직 일시적 목적을 위하여 건물에 부가(附加)된 물건(物件)은 건물(建物)의 구성부분(構成部分)에 속하지 아니한다.

제96조 토지의 구성부분으로서의 권리

토지(土地)의 소유권(所有權; Eigentum)과 결합된 권리(權利)는 토지(土地)의 구성부분(構成部分)으로 본다.

제97조 종물(從物)

① 종물(從物; Zubehör)은, 주물(主物)의 구성부분이 아니면서 주물(主物)의 경제적(經濟的) 목적(目的)에 기여하기 위한 목적을 가진 것으로, 이러한 목적에 상응하는, 주물(主物)과 공간적(空間的) 관계(關係)에 있는 동산을 말한다. 어느 물건을 거래계에서 종물(從物)로 보지 않는 경우에는 그 물건은 종물(從物)이 아니다.

② 다른 물건의 경제적(經濟的) 목적(目的)을 위해 어느 물건을 일시적(一時的)으로 이용하는 것으로 인해 종물관계(從物關係; Zubehöreigenschaft)가 성립되지 아니한다. 어느 종물부분(從物部分;

begründet nicht die Zubehöreigenschaft. Die vorübergehende Trennung eines Zubehörstücks von der Hauptsache hebt die Zubehöreigenschaft nicht auf.

§ 98 Gewerbliches und landwirtschaftliches Inventar

Dem wirtschaftlichen Zwecke der Hauptsache sind zu dienen bestimmt:

1. bei einem Gebäude, das für einen gewerblichen Betrieb dauernd eingerichtet ist, insbesondere bei einer Mühle, einer Schmiede, einem Brauhaus, einer Fabrik, die zu dem Betrieb bestimmten Maschinen und sonstigen Gerätschaften,
2. bei einem Landgut das zum Wirtschaftsbetrieb bestimmte Gerät und Vieh, die landwirtschaftlichen Erzeugnisse, soweit sie zur Fortführung der Wirtschaft bis zu der Zeit erforderlich sind, zu welcher gleiche oder ähnliche Erzeugnisse voraussichtlich gewonnen werden, sowie der vorhandene, auf dem Gut gewonnene Dünger.

§ 99 Früchte

(1) Früchte einer Sache sind die Erzeugnisse der Sache und die sonstige Ausbeute, welche aus der Sache ihrer Bestimmung gemäß gewonnen wird.

(2) Früchte eines Rechts sind die Erträge, welche das Recht seiner Bestimmung gemäß gewährt, insbesondere bei einem Recht auf Gewinnung von Bodenbestandteilen die gewonnenen Bestandteile.

(3) Früchte sind auch die Erträge, welche eine Sache oder ein Recht vermöge eines Rechtsverhältnisses gewährt.

§ 100 Nutzungen

Nutzungen sind die Früchte einer Sache oder eines Rechts sowie die Vorteile, welche der Gebrauch der Sache oder des Rechts gewährt.

§ 101 Verteilung der Früchte

Ist jemand berechtigt, die Früchte einer Sache oder eines Rechts bis zu einer bestimmten Zeit oder von einer bestimmten Zeit an zu beziehen, so gebühren ihm, sofern nicht ein anderes bestimmt ist:

1. die in § 99 Abs. 1 bezeichneten Erzeugnisse und Bestandteile, auch wenn er sie als Früchte eines Rechts zu beziehen hat, insoweit, als sie während der Dauer der Berechtigung von der Sache getrennt werden,
2. andere Früchte insoweit, als sie während der Dauer der Berechtigung fällig werden; bestehen jedoch die Früchte in der Vergütung für die Überlassung des Gebrauchs oder des Fruchtgenusses, in Zinsen, Gewinnanteilen oder anderen regelmäßig wiederkehrenden Erträgen, so gebührt dem Berechtigten ein der Dauer seiner Berechtigung entsprechender Teil.

Zubehörstücks)의 주물(主物)에서의 일시적(一時的) 분리(分離)로 인해 종물관계(從物關係)가 소멸한다.

제98조 영업용재산목록과 농업용재산목록

다음 각 호는 주물(主物)의 경제적 목적에 기여하기 위한 목적을 가진 것들이다:

1. 건물(建物)의 경우에는, 영업(營業; gewerblichen Betrieb)을 위해 지속적으로 설치(設置)된 것, 특히 제분소, 대장간, 양조장(Brauhaus), 공장의 경우에 그 영업을 위한 기계 및 기타 기구(器具),
2. 농장(農場)의 경우에는, 그 농장을 위한 장치(裝置) 및 가축(家畜), 동일(同一)하거나 유사한 산출물(産出物)(gleiche oder ähnliche Erzeugnisse)의 수확(收穫)이 예상(豫想)될 때까지 그 계속적 운영(運營)을 위해(zur Fortführung der Wirtschaft) 필요한 범위 내의 농산물(農産物)과, 그 농장에서 얻은 현존하는 거름(der vorhandene, auf dem Gut gewonnene Dünger).

제99조 과실(果實)

① 물건의 과실(果實)은, 해당 물건의 산출물(産出物)과, 해당 물건의 용도에 좇아 그 물건에서 취득한 기타 수확물(收穫物)을 말한다.

② 권리의 과실(果實)은, 권리의 용법에 좇아 그 권리에서 생겨나는 이익(利益; Erträge)을 말하고, 특히 토지의 구성부분에서 취득하는 권리(einem Recht auf Gewinnung von Bodenbestandteilen)의 경우 취득한 구성부분(構成部分)을 말한다.

③ 법률관계(法律關係)에 기하여 어느 물건 또는 권리에서 생겨나는 이익(利益)도 과실(果實)에 해당한다.

제100조 수익

수익(收益)은 어느 물건 또는 권리의 과실(果實)과, 그 물건 또는 권리의 사용(使用)으로 인해 생겨난 이득(利得)을 말한다.

제101조 과실의 배분

어느 자가 어느 물건 또는 권리의 과실을 정해진 시기까지 또는 정해진 시기부터(bis zu einer bestimmten Zeit oder von einer bestimmten Zeit an) 수취할 권리를 가진 경우에 다른 정함이 없는 한, 다음 각 호의 부분은 그에게 귀속된다:

1. 그가 이를 권리의 과실로서 수취해야 할지라도, 그 권리기간(權利期間) 동안 물건에서 분리된 범위 내의, 제99조 제1항상의 산출물 및 구성부분
2. 그 권리기간(權利期間) 동안에 이행기가 도래한 범위 내의 그 밖의 과실; 그럼에도 과실이, 사용(使用) 또는 용익권(用益權)의 허락(許諾)에 대한 대가이거나(bestehen jedoch die Früchte in der Vergütung für die Überlassung des Gebrauchs oder des Fruchtgenusses), 이자, 배당 또는 그 밖의 정기적으로 반복해서 돌아오는 이익인 경우에 해당 권리자의 권리기간(權利期間)에 상응한 부분은 그 권리자에게 귀속된다.

§ 102 Ersatz der Gewinnungskosten

Wer zur Herausgabe von Früchten verpflichtet ist, kann Ersatz der auf die Gewinnung der Früchte verwendeten Kosten insoweit verlangen, als sie einer ordnungsmäßigen Wirtschaft entsprechen und den Wert der Früchte nicht übersteigen.

§ 103 Verteilung der Lasten

Wer verpflichtet ist, die Lasten einer Sache oder eines Rechts bis zu einer bestimmten Zeit oder von einer bestimmten Zeit an zu tragen, hat, sofern nicht ein anderes bestimmt ist, die regelmäßig wiederkehrenden Lasten nach dem Verhältnis der Dauer seiner Verpflichtung, andere Lasten insoweit zu tragen, als sie während der Dauer seiner Verpflichtung zu entrichten sind.

Abschnitt 3 Rechtsgeschäfte

Titel 1 Geschäftsfähigkeit

§ 104 Geschäftsunfähigkeit

Geschäftsunfähig ist:

1. wer nicht das siebente Lebensjahr vollendet hat,
2. wer sich in einem die freie Willensbestimmung ausschließenden Zustand krankhafter Störung der Geistestätigkeit befindet, sofern nicht der Zustand seiner Natur nach ein vorübergehender ist.

§ 105 Nichtigkeit der Willenserklärung

(1) Die Willenserklärung eines Geschäftsunfähigen ist nichtig.

(2) Nichtig ist auch eine Willenserklärung, die im Zustand der Bewusstlosigkeit oder vorübergehender Störung der Geistestätigkeit abgegeben wird.

§ 105a Geschäfte des täglichen Lebens

Tätigt ein volljähriger Geschäftsunfähiger ein Geschäft des täglichen Lebens, das mit geringwertigen Mitteln bewirkt werden kann, so gilt der von ihm geschlossene Vertrag in Ansehung von Leistung und, soweit vereinbart, Gegenleistung als wirksam, sobald Leistung und Gegenleistung bewirkt sind. Satz 1 gilt nicht bei einer erheblichen Gefahr für die Person oder das Vermögen des Geschäftsunfähigen.

§ 106 Beschränkte Geschäftsfähigkeit Minderjähriger

Ein Minderjähriger, der das siebente Lebensjahr vollendet hat, ist nach Maßgabe der §§ 107 bis 113 in der Geschäftsfähigkeit beschränkt.

제102조 수취비용의 상환

과실을 반환할 의무가 있는 자(Wer zur Herausgabe von Früchten)는, 그 수취(收取)가 적절한 관리관행에 부합하고(sie einer ordnungsmäßigen Wirtschaft entsprechen) 그 수취액(收取額)이 과실의 가액을 초과하지 않는 범위 내에서 과실의 수취에 소요된 비용(費用)에 대한 상환(償還)을 청구할 수 있다.

제103조 부담(負擔)의 배분

어느 물건 또는 권리에 대한 부담(負擔)을 정해진 시기까지 또는 정해진 시기부터 부담할 의무가 있는 자는, 다른 정함이 없는 한, 정기적으로 반복해서 돌아오는 부담(負擔)은 그 의무기간의 비율(比率)에 좇아(die regelmäßig wiederkehrenden Lasten nach dem Verhältnis der Dauer seiner Verpflichtung), 그 밖의 부담(負擔)은 그것이 그 의무기간 동안에 지급되어야 하는 범위 내에서 각각 책임을 진다.

제3장 법률행위

제1절 행위능력

제104조 행위무능력(行爲無能力)

다음 각 호의 자는 행위무능력자이다:

1. 만 7세에 달하지 않은 자,
2. 그 상태의 특성(特性)상 일시적(一時的)이지 않는 상태로, 자유로운 의사결정(die freie Willensbestimmung)을 막는, 병적(病的) 정신활동장애(精神活動障碍) 상태(Zustand krankhafter Störung der Geistestätigkeit)에 있는 자.

제105조 의사표시의 무효

① 행위무능력자의 의사표시는 무효이다.

② 무의식 상태나 일시적 정신활동장애(精神活動障碍) 상태(Zustand der Bewusstlosigkeit oder vorübergehender Störung der Geistestätigkeit)에서 행해진 의사표시도 무효이다.

제105조a 일상거래

성년의 행위무능력자(行無能力者)가 소액(少額)의 자금(資金)으로 이행될 수 있는 일상거래(日常去來)를 한 경우, 그가 그에 체결한 계약은, 급부에 대하여 유효한 것으로 간주하고, 또 합의가 있다면 급부(給付)와 반대급부(反對給付)가 이행된 때에는 반대급부에 대하여도 유효한 것으로 본다. 의사무능력자의 신체(身體) 또는 재산(財産)에 중대한 위험이 있는 경우(bei einer erheblichen Gefahr für die Person oder das Vermögen des Geschäftsunfähigen)에는 제1문을 적용하지 아니한다.

제106조 미성년자의 행위능력 제한

만 7세에 달한 미성년자는 제107조 내지 제113조의 기준에 따라 행위능력이 제한된다.

§ 107 Einwilligung des gesetzlichen Vertreters

Der Minderjährige bedarf zu einer Willenserklärung, durch die er nicht lediglich einen rechtlichen Vorteil erlangt, der Einwilligung seines gesetzlichen Vertreters.

§ 108 Vertragsschluss ohne Einwilligung

(1) Schließt der Minderjährige einen Vertrag ohne die erforderliche Einwilligung des gesetzlichen Vertreters, so hängt die Wirksamkeit des Vertrags von der Genehmigung des Vertreters ab.
(2) Fordert der andere Teil den Vertreter zur Erklärung über die Genehmigung auf, so kann die Erklärung nur ihm gegenüber erfolgen; eine vor der Aufforderung dem Minderjährigen gegenüber erklärte Genehmigung oder Verweigerung der Genehmigung wird unwirksam. Die Genehmigung kann nur bis zum Ablauf von zwei Wochen nach dem Empfang der Aufforderung erklärt werden; wird sie nicht erklärt, so gilt sie als verweigert.
(3) Ist der Minderjährige unbeschränkt geschäftsfähig geworden, so tritt seine Genehmigung an die Stelle der Genehmigung des Vertreters.

§ 109 Widerrufsrecht des anderen Teils

(1) Bis zur Genehmigung des Vertrags ist der andere Teil zum Widerruf berechtigt. Der Widerruf kann auch dem Minderjährigen gegenüber erklärt werden.
(2) Hat der andere Teil die Minderjährigkeit gekannt, so kann er nur widerrufen, wenn der Minderjährige der Wahrheit zuwider die Einwilligung des Vertreters behauptet hat; er kann auch in diesem Falle nicht widerrufen, wenn ihm das Fehlen der Einwilligung bei dem Abschluss des Vertrags bekannt war.

§ 110 Bewirken der Leistung mit eigenen Mitteln

Ein von dem Minderjährigen ohne Zustimmung des gesetzlichen Vertreters geschlossener Vertrag gilt als von Anfang an wirksam, wenn der Minderjährige die vertragsmäßige Leistung mit Mitteln bewirkt, die ihm zu diesem Zweck oder zu freier Verfügung von dem Vertreter oder mit dessen Zustimmung von einem Dritten überlassen worden sind.

§ 111 Einseitige Rechtsgeschäfte

Ein einseitiges Rechtsgeschäft, das der Minderjährige ohne die erforderliche Einwilligung des gesetzlichen Vertreters vornimmt, ist unwirksam. Nimmt der Minderjährige mit dieser Einwilligung ein solches Rechtsgeschäft einem anderen gegenüber vor, so ist das Rechtsgeschäft unwirksam, wenn der Minderjährige die Einwilligung nicht in schriftlicher Form vorlegt und der andere das Rechtsgeschäft aus diesem Grunde unverzüglich zurückweist. Die Zurückweisung ist ausgeschlossen, wenn der Vertreter den anderen von der Einwilligung in Kenntnis gesetzt hatte.

제107조 법정대리인의 동의

미성년자가 단지 법적 이익만을 얻는 것이 아닌 의사표시에 대하여 그 법정대리인의 동의(der Einwilligung seines gesetzlichen Vertreters)가 요구된다.

제108조 동의 없는 계약체결

① 미성년자가 법정대리인의 필요한 동의 없이(ohne die erforderliche Einwilligung des gesetzlichen Vertreters) 계약을 체결한 경우에 그 계약의 유효성은 법정대리인의 추인(Genehmigung des Vertreters)에 좌우된다.

② 상대방이 법정대리인에게 추인 여부에 관한 의사표시를 최고(催告)하는 경우에, 그 의사표시는 상대방에 대해서만 행해질 수 있다; 그 최고가 있기 전에 미성년자에게 표시된 추인 또는 추인거절의 의사표시(eine vor der Aufforderung dem Minderjährigen gegenüber erklärte Genehmigung oder Verweigerung der Genehmigung)는 무효이다. 그 추인은 그 최고 수령한 때로부터 2주가 경과하기 전까지만 표시될 수 있다; 추인이 표시되지 않은 경우에는 거절된 것으로 본다.

③ 미성년자가 완전한 행위능력을 갖게 된 때에는 미성년자의 추인(追認)이 법정대리인의 추인(der Genehmigung des Vertreters)에 갈음한다.

제109조 상대방의 철회권

① 계약에 대한 추인시까지 상대방은 철회할 수 있는 권리를 갖는다. 그 철회권은 미성년자에 대해서도(auch dem Minderjährigen gegenüber) 표시될 수 있다.

② 상대방이 미성년자임을 안 경우에는 그는, 미성년자가 법정대리인의 동의가 있는 것으로 진실에 반하여(der Wahrheit zuwider) 주장한 경우에 한하여 철회할 수 있다; 그가 계약체결 당시에 동의 결여를 안 때에는 그는 이러한 경우에 있어서도 철회할 수 없다.

제110조 자기재산에 의한 급부의 실현

미성년자가, 계약에 좇은 급부 목적 또는 임의의 처분을 위해 법정대리인이 미성년자에게 이전한 재산이나 제3자가 법정대리인의 동의를 얻어 미성년자에게 이전한(die ihm zu diesem Zweck oder zu freier Verfügung von dem Vertreter oder mit dessen Zustimmung von einem Dritten überlassen worden sind) 재산으로, 계약에 좇은 급부를 이행한 때에는, 미성년자가 법정대리인의 동의 없이 체결한 계약도 처음부터 유효한 것으로 본다.

제111조 단독행위

미성년자 필요한 법정대리인의 동의 없이 행한 단독행위는 무효이다. 미성년자가 법정대리인의 동의 없이 이러한 법률행위를 타인에 대하여 한 경우에 미성년자가 서면방식으로 동의를 제시하지 못하거나 그 타인이 이러한 이유에 기하여 지체 없이 그 법률행위를 거부한 때(wenn der Minderjährige die Einwilligung nicht in schriftlicher Form vorlegt und der andere das Rechtsgeschäft aus diesem Grunde unverzüglich zurückweist)에는 법률행위는 무효이다. 법정대리인이 타인에게 동의를 통지한 때에는 그 거부는 배제된다.

§ 112 Selbständiger Betrieb eines Erwerbsgeschäfts

(1) Ermächtigt der gesetzliche Vertreter mit Genehmigung des Familiengerichts den Minderjährigen zum selbständigen Betrieb eines Erwerbsgeschäfts, so ist der Minderjährige für solche Rechtsgeschäfte unbeschränkt geschäftsfähig, welche der Geschäftsbetrieb mit sich bringt. Ausgenommen sind Rechtsgeschäfte, zu denen der Vertreter der Genehmigung des Familiengerichts bedarf.

(2) Die Ermächtigung kann von dem Vertreter nur mit Genehmigung des Familiengerichts zurückgenommen werden.

§ 113 Dienst- oder Arbeitsverhältnis

(1) Ermächtigt der gesetzliche Vertreter den Minderjährigen, in Dienst oder in Arbeit zu treten, so ist der Minderjährige für solche Rechtsgeschäfte unbeschränkt geschäftsfähig, welche die Eingehung oder Aufhebung eines Dienst- oder Arbeitsverhältnisses der gestatteten Art oder die Erfüllung der sich aus einem solchen Verhältnis ergebenden Verpflichtungen betreffen. Ausgenommen sind Verträge, zu denen der Vertreter der Genehmigung des Familiengerichts bedarf.

(2) Die Ermächtigung kann von dem Vertreter zurückgenommen oder eingeschränkt werden.

(3) Ist der gesetzliche Vertreter ein Vormund, so kann die Ermächtigung, wenn sie von ihm verweigert wird, auf Antrag des Minderjährigen durch das Familiengericht ersetzt werden. Das Familiengericht hat die Ermächtigung zu ersetzen, wenn sie im Interesse des Mündels liegt.

(4) Die für einen einzelnen Fall erteilte Ermächtigung gilt im Zweifel als allgemeine Ermächtigung zur Eingehung von Verhältnissen derselben Art.

§§ 114, 115 (weggefallen)

Titel 2 Willenserklärung

§ 116 Geheimer Vorbehalt

Eine Willenserklärung ist nicht deshalb nichtig, weil sich der Erklärende insgeheim vorbehält, das Erklärte nicht zu wollen. Die Erklärung ist nichtig, wenn sie einem anderen gegenüber abzugeben ist und dieser den Vorbehalt kennt.

§ 117 Scheingeschäft

(1) Wird eine Willenserklärung, die einem anderen gegenüber abzugeben ist, mit dessen Einverständnis nur zum Schein abgegeben, so ist sie nichtig.

(2) Wird durch ein Scheingeschäft ein anderes Rechtsgeschäft verdeckt, so finden die für das verdeckte Rechtsgeschäft geltenden Vorschriften Anwendung.

제112조 영업의 독자적 운영

① 법정대리인이 가정법원의 허가를 얻어(mit Genehmigung des Familiengerichts) 미성년자에게 영업의 독자적 운영에 관한 권한을 부여한 경우에 그 미성년자는 영업운영에 수반된(welche der Geschäftsbetrieb mit sich bringt) 법률행위에 대해 완전한 행위능력을 갖는다. 법정대리인이 가정법원의 허가를 얻어야만 하는(zu denen der Vertreter der Genehmigung des Familiengerichts bedarf) 법률행위는 제외한다.

② 그 권한부여는 가정법원의 허가가 있는 경우에만(nur mit Genehmigung des Familiengerichts) 법정대리인에 의해 철회될 수 있다.

제113조 고용관계 또는 근로관계

① 법정대리인이 미성년자에게 고용 또는 노무에 종사하도록 권한을 부여한 경우에 그 미성년자는, 허가된 종류의 고용관계 또는 근로관계의 설정 또는 소멸(die Eingehung oder Aufhebung eines Dienst- oder Arbeitsverhältnisses der gestatteten Art)이나 그러한 관계에서 생긴 의무의 이행에 관련된 법률행위에 대해 완전한 행위능력을 갖는다. 법정대리인이 가정법원의 허가를 얻어야만 하는 계약은 제외된다.

② 그러한 권한 부여(Die Ermächtigung)는 법정대리인에 의하여 철회(撤回)되거나 제한(制限)될 수 있다.

③ 법정대리인이 후견인인 경우에, 법정대리인이 그 권한 부여를 거절한 때에는 권한 부여는 미성년자의 신청에 따라 가정법원이 대신하여 행할 수 있다. 그 권한부여에 피후견인의 이익이 있는 경우에(wenn sie im Interesse des Mündels liegt) 가정법원이 대신하여 권한을 부여한다.

④ 개별 사안에 대하여 행해진 권한 부여는 의심스러운 때에는 동일한 종류의 관계의 설정을 위한 일반적 권한 부여로 본다.

제114, 제115조 삭제

제2절 의사표시

제116조 심리유보(心裏留保)

표의자가 표시된 바를 의욕하지 않았다는 것을 내심(內心)에 유보하였다는 이유로 의사표시는 무효가 되지 아니한다. 그 의사표시가 타인에 대하여 행해지고 타인이 그 유보를 안(dieser den Vorbehalt kennt) 경우에 무효이다.

제117조 가장행위

① 타인에 대해 행해진 의사표시가 그 타인의 동의를 얻어 외관(外觀)상으로만(mit dessen Einverständnis nur zum Schein) 행해진 경우에 그 의사표시는 무효이다.

② 가장행위에 의해 다른 법률행위가 은폐된 경우에 은폐된 법률행위에 대해 적용되는 규정을 적용한다.

§ 118 Mangel der Ernstlichkeit

Eine nicht ernstlich gemeinte Willenserklärung, die in der Erwartung abgegeben wird, der Mangel der Ernstlichkeit werde nicht verkannt werden, ist nichtig.

§ 119 Anfechtbarkeit wegen Irrtums

(1) Wer bei der Abgabe einer Willenserklärung über deren Inhalt im Irrtum war oder eine Erklärung dieses Inhalts überhaupt nicht abgeben wollte, kann die Erklärung anfechten, wenn anzunehmen ist, dass er sie bei Kenntnis der Sachlage und bei verständiger Würdigung des Falles nicht abgegeben haben würde.

(2) Als Irrtum über den Inhalt der Erklärung gilt auch der Irrtum über solche Eigenschaften der Person oder der Sache, die im Verkehr als wesentlich angesehen werden.

§ 120 Anfechtbarkeit wegen falscher Übermittlung

Eine Willenserklärung, welche durch die zur Übermittlung verwendete Person oder Einrichtung unrichtig übermittelt worden ist, kann unter der gleichen Voraussetzung angefochten werden wie nach § 119 eine irrtümlich abgegebene Willenserklärung.

§ 121 Anfechtungsfrist

(1) Die Anfechtung muss in den Fällen der §§ 119, 120 ohne schuldhaftes Zögern (unverzüglich) erfolgen, nachdem der Anfechtungsberechtigte von dem Anfechtungsgrund Kenntnis erlangt hat. Die einem Abwesenden gegenüber erfolgte Anfechtung gilt als rechtzeitig erfolgt, wenn die Anfechtungserklärung unverzüglich abgesendet worden ist.

(2) Die Anfechtung ist ausgeschlossen, wenn seit der Abgabe der Willenserklärung zehn Jahre verstrichen sind.

§ 122 Schadensersatzpflicht des Anfechtenden

(1) Ist eine Willenserklärung nach § 118 nichtig oder auf Grund der §§ 119, 120 angefochten, so hat der Erklärende, wenn die Erklärung einem anderen gegenüber abzugeben war, diesem, andernfalls jedem Dritten den Schaden zu ersetzen, den der andere oder der Dritte dadurch erleidet, dass er auf die Gültigkeit der Erklärung vertraut, jedoch nicht über den Betrag des Interesses hinaus, welches der andere oder der Dritte an der Gültigkeit der Erklärung hat.

(2) Die Schadensersatzpflicht tritt nicht ein, wenn der Beschädigte den Grund der Nichtigkeit oder der Anfechtbarkeit kannte oder infolge von Fahrlässigkeit nicht kannte (kennen musste).

§ 123 Anfechtbarkeit wegen Täuschung oder Drohung

(1) Wer zur Abgabe einer Willenserklärung durch arglistige Täuschung oder widerrechtlich durch Drohung bestimmt worden ist, kann die Erklärung anfechten.

제118조 진지성의 결여

진지하게 표시되지 않은 의사표시로, 진지성 결여가 오인되지 않을 것이라는 기대하에서(in der Erwartung) 행해진 의사표시는 무효이다.

제119조 착오로 인한 취소

① 어느 의사표시(意思表示)를 함에 있어 그 내용에 관하여 착오했거나 그러한 내용의 의사표시를 하려고 전혀 의욕하지 않았던 자는, 자신이 그러한 사정을 알고서 그 사안에 대해 이성적으로 판단했더라면 그 의사표시(意思表示)를 하지 않았을 것으로 인정되는 때에는 그 의사표시를 취소할 수 있다.

② 사람 또는 물건에 대하여 거래상 본질적인 것으로 여겨지는(die im Verkehr als wesentlich angesehen werden) 성상(性狀)에 관한 착오는 의사표시 내용(內容)에 관한 착오로 본다.

제120조 그릇된 전달로 인한 취소

그 전달에 이용된 사람 또는 장치에 의하여 잘못 전달된(welche durch die zur Übermittlung verwendete Person oder Einrichtung unrichtig übermittelt worden ist) 의사표시는 착오로 행해진 의사표시와 마찬가지로 제119조와 동일한 요건(要件)하에서 취소할 수 있다.

제121조 취소기간

① 제119조, 제120조의 경우에 취소는 취소권자가 그 취소사유를 알게 된 후 책임 있는 지체를 하지 않고서('지체 없이'; (unverzüglich)(ohne schuldhaftes Zögern) 행해져야만 한다. 격지자(隔地者)에 대해 행해진 취소(Die einem Abwesenden gegenüber erfolgte Anfechtung)는, 그 의사표시(意思表示)가 지체 없이 발송(發送)된 때에 적시(適時)에 행해진 것으로 본다.

② 취소는, 그 의사표시를 한 때로부터 10년이 경과한 때에는 배제된다.

제122조 취소자의 손해배상의무

① 의사표시가 제118조에 따라 무효이거나 제119조, 제120조에 기하여 취소된 경우에 표의자(表意者; Erklärende)는, 타인에 대하여 의사표시가 행해진 때에는 그 타인에게, 그렇지 않으면 모든 제3자에게, 그 타인 또는 제3자가 의사표시의 유효함을 신뢰(信頼)함으로써 입은 손해로, 다만 그 타인 또는 제3자가 의사표시의 유효함에 대해 가진 이익 액수를 초과해서는 안 되는 손해(jedoch nicht über den Betrag des Interesses hinaus, welches der andere oder der Dritte an der Gültigkeit der Erklärung hat)를 배상해야 한다.

② 손해배상의무는, 피해자(der Beschädigte)가 무효 또는 취소의 사유(den Grund der Nichtigkeit oder der Anfechtbarkeit)를 알았거나 과실로 인하여 이를 알지 못한('알았어야만 했던'; kennen musste) 경우에는 발생하지 아니한다.

제123조 기망이나 강박으로 인한 취소

① 악의적 기망(欺罔)으로 인하여 의사표시를 하거나, 강박(强迫)으로 인하여 의사표시를 한 것이 위법(違法)한 것으로 평가된 자는 그 의사표시를 취소할 수 있다.

(2) Hat ein Dritter die Täuschung verübt, so ist eine Erklärung, die einem anderen gegenüber abzugeben war, nur dann anfechtbar, wenn dieser die Täuschung kannte oder kennen musste. Soweit ein anderer als derjenige, welchem gegenüber die Erklärung abzugeben war, aus der Erklärung unmittelbar ein Recht erworben hat, ist die Erklärung ihm gegenüber anfechtbar, wenn er die Täuschung kannte oder kennen musste.

§ 124 Anfechtungsfrist

(1) Die Anfechtung einer nach § 123 anfechtbaren Willenserklärung kann nur binnen Jahresfrist erfolgen.

(2) Die Frist beginnt im Falle der arglistigen Täuschung mit dem Zeitpunkt, in welchem der Anfechtungsberechtigte die Täuschung entdeckt, im Falle der Drohung mit dem Zeitpunkt, in welchem die Zwangslage aufhört. Auf den Lauf der Frist finden die für die Verjährung geltenden Vorschriften der §§ 206, 210 und 211 entsprechende Anwendung.

(3) Die Anfechtung ist ausgeschlossen, wenn seit der Abgabe der Willenserklärung zehn Jahre verstrichen sind.

§ 125 Nichtigkeit wegen Formmangels

Ein Rechtsgeschäft, welches der durch Gesetz vorgeschriebenen Form ermangelt, ist nichtig. Der Mangel der durch Rechtsgeschäft bestimmten Form hat im Zweifel gleichfalls Nichtigkeit zur Folge.

§ 126 Schriftform

(1) Ist durch Gesetz schriftliche Form vorgeschrieben, so muss die Urkunde von dem Aussteller eigenhändig durch Namensunterschrift oder mittels notariell beglaubigten Handzeichens unterzeichnet werden.

(2) Bei einem Vertrag muss die Unterzeichnung der Parteien auf derselben Urkunde erfolgen. Werden über den Vertrag mehrere gleichlautende Urkunden aufgenommen, so genügt es, wenn jede Partei die für die andere Partei bestimmte Urkunde unterzeichnet.

(3) Die schriftliche Form kann durch die elektronische Form ersetzt werden, wenn sich nicht aus dem Gesetz ein anderes ergibt.

(4) Die schriftliche Form wird durch die notarielle Beurkundung ersetzt.

§ 126a Elektronische Form

(1) Soll die gesetzlich vorgeschriebene schriftliche Form durch die elektronische Form ersetzt werden, so muss der Aussteller der Erklärung dieser seinen Namen hinzufügen und das elektronische Dokument mit einer qualifizierten elektronischen Signatur versehen.

(2) Bei einem Vertrag müssen die Parteien jeweils ein gleichlautendes Dokument in der in Absatz

② 제3자가 그 기망(欺罔)을 한 경우에 타인에 대해 행해진 의사표시는, 그 타인이 그 기망을 알았거나 알아야만 했던 경우(wenn dieser die Täuschung kannte oder kennen musste)에 한하여 취소할 수 있다. 그 의사표시가 행해진 상대방 이외의 자가 그 의사표시에 기하여 직접 권리를 취득한 경우에 그 의사표시는, 그 자가 그 기망을 알았거나 알아야만 했던 때에(wenn er die Täuschung kannte oder kennen musste)는 그 자에 대하여 취소(取消)될 수 있다.

제124조 취소기간

① 제123조에 따라 취소할 수 있는 의사표시에 대한 취소는 1년의 기간 내에만(nur binnen Jahresfrist) 행해질 수 있다.

② 그 기간은 악의적 기망의 경우에는 취소권자가 그 기망을 알게 된 때(in welchem der Anfechtungsberechtigte die Täuschung entdeckt)로부터, 강박의 경우에 그 강박상태가 중단된 때(im Falle der Drohung mit dem Zeitpunkt, in welchem die Zwangslage aufhört)로부터 기산한다. 그 기간의 경과에 대하여 소멸시효에 대하여 적용되는 제206조, 제210조, 제211조의 규정들은 준용한다.

③ 그 의사표시가 행해진 때로부터 10년이 경과한 때에는 그 취소(取消)는 배제된다(Die Anfechtung ist ausgeschlossen).

제125조 방식흠결로 인한 무효

법률로 규정된 방식이 흠결된(welches der durch Gesetz vorgeschriebenen Form ermangelt) 법률행위는 무효이다. 법률행위로 정해진 방식의 흠결은 의심스러운 때에는 마찬가지로 (해당 법률행위를) 무효로 한다.

제126조 서면방식

① 서면방식이 법률로 규정된 경우에는 서면에 그 작성자(作成者)가, 자필(自筆)에 의한 이름적기(Namensunterschrift)로 서명해야만 하거나 자필(自筆)에 의한 '공증인이 인증한 서명대체기호'로(mittels notariell beglaubigten Handzeichens) 서명해야만 한다.

② 계약서의 경우 당사자들의 서명은 동일한 서면에(die Unterzeichnung der Parteien auf derselben Urkunde) 행해져야 한다. 계약에 관하여 수통(數通)의 동일한 내용의 서면(gleichlautende Urkunden)이 작성된 경우에 상대방에게 제공되는 서면에 각각의 당사자가 서명한 것으로 충분하다.

③ 이 법에서 달리 정하지 않은 한, 서면방식은 전자방식으로 대체될 수 있다.

④ 서면방식은 공정증서의 작성으로 대체될 수 있다.

제126조a 전자방식

① 법률로 규정된 서면방식이 전자방식으로 대체되는 경우에 의사표시 작성자(作成者)는 해당 의사표시에 자신의 이름을 부가(附加)하여야만 하고 전자문서에는 공인된(qualifizierten)의 전자서명이 구비되어야만한다.

② 계약의 경우 당사자들은 동일한 내용의 문서(ein gleichlautendes Dokument)에 제1항상의 기재

1 bezeichneten Weise elektronisch signieren.

§ 126b Textform

Ist durch Gesetz Textform vorgeschrieben, so muss eine lesbare Erklärung, in der die Person des Erklärenden genannt ist, auf einem dauerhaften Datenträger abgegeben werden. Ein dauerhafter Datenträger ist jedes Medium, das

1. es dem Empfänger ermöglicht, eine auf dem Datenträger befindliche, an ihn persönlich gerichtete Erklärung so aufzubewahren oder zu speichern, dass sie ihm während eines für ihren Zweck angemessenen Zeitraums zugänglich ist, und
2. geeignet ist, die Erklärung unverändert wiederzugeben.

§ 127 Vereinbarte Form

(1) Die Vorschriften des § 126, des § 126a oder des § 126b gelten im Zweifel auch für die durch Rechtsgeschäft bestimmte Form.

(2) Zur Wahrung der durch Rechtsgeschäft bestimmten schriftlichen Form genügt, soweit nicht ein anderer Wille anzunehmen ist, die telekommunikative Übermittlung und bei einem Vertrag der Briefwechsel. Wird eine solche Form gewählt, so kann nachträglich eine dem § 126 entsprechende Beurkundung verlangt werden.

(3) Zur Wahrung der durch Rechtsgeschäft bestimmten elektronischen Form genügt, soweit nicht ein anderer Wille anzunehmen ist, auch eine andere als die in § 126a bestimmte elektronische Signatur und bei einem Vertrag der Austausch von Angebots- und Annahmeerklärung, die jeweils mit einer elektronischen Signatur versehen sind. Wird eine solche Form gewählt, so kann nachträglich eine dem § 126a entsprechende elektronische Signierung oder, wenn diese einer der Parteien nicht möglich ist, eine dem § 126 entsprechende Beurkundung verlangt werden.

§ 127a Gerichtlicher Vergleich

Die notarielle Beurkundung wird bei einem gerichtlichen Vergleich durch die Aufnahme der Erklärungen in ein nach den Vorschriften der Zivilprozessordnung errichtetes Protokoll ersetzt.

§ 128 Notarielle Beurkundung

Ist durch Gesetz notarielle Beurkundung eines Vertrags vorgeschrieben, so genügt es, wenn zunächst der Antrag und sodann die Annahme des Antrags von einem Notar beurkundet wird.

§ 129 Öffentliche Beglaubigung

(1) Ist durch Gesetz für eine Erklärung öffentliche Beglaubigung vorgeschrieben, so muss die Erklärung schriftlich abgefasst und die Unterschrift des Erklärenden von einem Notar beglaubigt werden. Wird die Erklärung von dem Aussteller mittels Handzeichens unterzeichnet, so ist die im § 126 Abs. 1 vorgeschriebene Beglaubigung des Handzeichens erforderlich und genügend.

방법으로 전자서명을 각각 해야만 한다.

제126조b 문면방식

문면방식이 법률에 의해 규정된 경우 표의자(表意者)의 신원이 언급된, 읽을 수 있는 의사표시가 지속적 정보저장매체로(auf einem dauerhaften Datenträger) 행해져야만 한다. 지속적 정보저장매체는 다음의 매체를 말한다,

1. 수령자가 그 의사표시 목적에 상응하는 기간 동안에 그 정보저장매체에 있는 의사표시로, 자신에게 직접 행해진 의사표시에 접근할 수 있도록 그러한 의사표시를 보관하고 저장할 수 있는 권한을 그 수령자에게 부여하고,
2. 그 의사표시가 변경 없이 재현되는 데 적합한 매체.

제127조 합의에 의한 방식

① 제126조, 제126조a 또는 제126조b의 규정은 의심스러운 때에는 법률행위로 정한 방식에도 적용한다.

② 다른 의사가 인정되지 않은 한, 법률행위로 정한 서면방식을 준수하는 데에 원격통신에 의한 전송(電送)로 충분하고, 계약의 경우에는 서신(書信)의 교환(交換)(der Briefwechsel)으로 충분하다. 이러한 방식이 선택된 경우에 나중에 제126조에 따른 서면작성이 요구될 수 있다.

③ 다른 의사가 인정되지 않은 한, 법률행위로 정한 전자방식을 준수하는 데에 제126조a에서 정한 전자서명 이외의 다른 전자서명으로도(auch eine andere als die in § 126a bestimmte elektronische Signatur) 충분하고, 계약의 경우에는 전자서명이 각각 구비된 청약의사표시 또는 승낙의사표시 교환으로 충분하다. 이러한 방식이 선택된 경우에 나중에 제126조a에 따른 전자서명(eine dem § 126a entsprechende elektronische Signierung)이 요구될 수 있거나, 이러한 전자서명이 당사자들 중 어느 당사자에게 불가능한 때에는 제126조에 따른 서면작성이 요구될 수 있다.

제127조a 재판상화해

공정증서(Die notarielle Beurkundung) 작성은 재판상화해의 경우에는 민사소송법의 규정에 좇아 작성된 조서에 의사표시를 기재함으로써 대체될 수 있다.

제128조 공정증서(公正證書) 작성

법률에 의해 어느 계약에 대한 공정증서(公正證書) 작성이 규정된 경우에(Ist durch Gesetz notarielle Beurkundung eines Vertrags vorgeschrieben), 먼저 청약이, 그 다음에 청약에 대한 승낙이 공증인에 의하여 서면에 기재되면 그것으로 충분한다.

제129조 공식인증(公式認證)

① 법률에 의해 어느 의사표시에 대해 공식인증(公式認證)이 규정된 경우에, 그 의사표시는 서면으로 작성된 다음 표의자(表意者)의 서명(die Unterschrift des Erklärenden)이 공증인에 의하여 인증되어야만 한다. 그 의사표시에 대하여 작성자(作成者)가 자신의 서명대체기호로 서명한 경우에, 제126조 제1항에 규정된 서명대체기호인증이 필요하고 그것으로 충분한다.

(2) Die öffentliche Beglaubigung wird durch die notarielle Beurkundung der Erklärung ersetzt.

§ 130 Wirksamwerden der Willenserklärung gegenüber Abwesenden

(1) Eine Willenserklärung, die einem anderen gegenüber abzugeben ist, wird, wenn sie in dessen Abwesenheit abgegeben wird, in dem Zeitpunkt wirksam, in welchem sie ihm zugeht. Sie wird nicht wirksam, wenn dem anderen vorher oder gleichzeitig ein Widerruf zugeht.

(2) Auf die Wirksamkeit der Willenserklärung ist es ohne Einfluss, wenn der Erklärende nach der Abgabe stirbt oder geschäftsunfähig wird.

(3) Diese Vorschriften finden auch dann Anwendung, wenn die Willenserklärung einer Behörde gegenüber abzugeben ist.

§ 131 Wirksamwerden gegenüber nicht voll Geschäftsfähigen

(1) Wird die Willenserklärung einem Geschäftsunfähigen gegenüber abgegeben, so wird sie nicht wirksam, bevor sie dem gesetzlichen Vertreter zugeht.

(2) Das Gleiche gilt, wenn die Willenserklärung einer in der Geschäftsfähigkeit beschränkten Person gegenüber abgegeben wird. Bringt die Erklärung jedoch der in der Geschäftsfähigkeit beschränkten Person lediglich einen rechtlichen Vorteil oder hat der gesetzliche Vertreter seine Einwilligung erteilt, so wird die Erklärung in dem Zeitpunkt wirksam, in welchem sie ihr zugeht.

§ 132 Ersatz des Zugehens durch Zustellung

(1) Eine Willenserklärung gilt auch dann als zugegangen, wenn sie durch Vermittlung eines Gerichtsvollziehers zugestellt worden ist. Die Zustellung erfolgt nach den Vorschriften der Zivilprozeßordnung.

(2) Befindet sich der Erklärende über die Person desjenigen, welchem gegenüber die Erklärung abzugeben ist, in einer nicht auf Fahrlässigkeit beruhenden Unkenntnis oder ist der Aufenthalt dieser Person unbekannt, so kann die Zustellung nach den für die öffentliche Zustellung geltenden Vorschriften der Zivilprozeßordnung erfolgen. Zuständig für die Bewilligung ist im ersteren Fall das Amtsgericht, in dessen Bezirk der Erklärende seinen Wohnsitz oder in Ermangelung eines inländischen Wohnsitzes seinen Aufenthalt hat, im letzteren Falle das Amtsgericht, in dessen Bezirk die Person, welcher zuzustellen ist, den letzten Wohnsitz oder in Ermangelung eines inländischen Wohnsitzes den letzten Aufenthalt hatte.

§ 133 Auslegung einer Willenserklärung

Bei der Auslegung einer Willenserklärung ist der wirkliche Wille zu erforschen und nicht an dem buchstäblichen Sinne des Ausdrucks zu haften.

§ 134 Gesetzliches Verbot

② 공식인증(公式認證)은 의사표시에 대한 공정증서 작성으로 대체될 수 있다.

제130조 격지자(隔地者)에 대한 의사표시의 효력발생

① 타인에 대하여 행해져야 하는 의사표시가 그 타인의 부재 중에 행해지는 때에는 그 의사표시는 그에게 도달하는 때에 유효(有效)하게 된다. 그 의사표시는, 타인(他人)에게 사전에 또는 동시에 철회(撤回)가 도달한 때에(wenn dem anderen vorher oder gleichzeitig ein Widerruf zugeht)는 무효(無效)이다.

② 표의자(表意者)가 그 표시 후에 사망하거나 의사무능력자로 되더라도 그것은 그 의사표시의 유효성에 대하여 영향을 미치지 못한다.

③ 이러한 규정들은 의사표시가 관청에 행해져야 하는 경우(wenn die Willenserklärung einer Behörde gegenüber abzugeben ist)에도 적용한다.

제131조 완전한 행위능력자가 아닌 자에 대한 효력

① 의사표시가 행위무능력자에 대하여 행해져야 할 경우에 그 의사표시는, 그것이 법정대리인에게 도달하기 전에는 효력이 없다.

② 제한행위능력자에 대하여(einer in der Geschäftsfähigkeit beschränkten Person gegenüber) 의사표시가 행해져야 할 경우에도 또한 같다. 그럼에도 제한행위능력자가 그 의사표시로 인하여 단지 법적 이익만을 얻거나 그 법정대리인이 그 동의를 한 경우는 그 의사표시는, 그것이 그들에게 도달한 때에 유효하게 된다.

제132조 송달에 의한 도달의 대체

① 어느 의사표시가 집행관의 배송(配送)으로 송달(送達)된 때에도 그 의사표시는 도달한 것으로 본다. 그 송달(送達)은 민사소송법(民事訴訟法) 규정에 좇아(nach den Vorschriften der Zivilprozeßordnung) 행해진다.

② 표의자(表意者)가 의사표시가 행해져야 하는 상대방의 신원(身元)에 관하여 과실 없이 알지 못하거나 이러한 사람의 거소(居所)를 알지 못하는 경우에 그 송달은, 공시송달(公示送達)에 대하여 적용되는 민사소송법 규정에 좇아(nach den für die öffentliche Zustellung geltenden Vorschriften der Zivilprozeßordnung) 행해진다. 전자의 경우에 있어 표의자(表意者)가 자신의 주소(住所)를 두거나, 독일 내 주소지가 없는 경우에 자신의 거소(居所)를 둔 지역을 관할하는 지방법원이 그 허가(許可)에 관하여 관할하고, 후자의 경우에 있어 송달받을 자가 마지막 주소(住所)나, 독일 내 주소(住所)가 없는 경우에 마지막 거소(居所)를 둔 지역을 관할하는 일반구법원(一般區法院)이를 관할(管轄)한다.

제133조 의사표시의 해석

의사표시의 해석에 있어 진정(眞正)한 의사(der wirkliche Wille)를 찾아내야 하고 그 표현의 문자상(文字上)의 의미(意味)에 얽매여서는 아니된다.

제134 법률상 금지

Ein Rechtsgeschäft, das gegen ein gesetzliches Verbot verstößt, ist nichtig, wenn sich nicht aus dem Gesetz ein anderes ergibt.

§ 135 Gesetzliches Veräußerungsverbot

(1) Verstößt die Verfügung über einen Gegenstand gegen ein gesetzliches Veräußerungsverbot, das nur den Schutz bestimmter Personen bezweckt, so ist sie nur diesen Personen gegenüber unwirksam. Der rechtsgeschäftlichen Verfügung steht eine Verfügung gleich, die im Wege der Zwangsvollstreckung oder der Arrestvollziehung erfolgt.

(2) Die Vorschriften zugunsten derjenigen, welche Rechte von einem Nichtberechtigten herleiten, finden entsprechende Anwendung.

§ 136 Behördliches Veräußerungsverbot

Ein Veräußerungsverbot, das von einem Gericht oder von einer anderen Behörde innerhalb ihrer Zuständigkeit erlassen wird, steht einem gesetzlichen Veräußerungsverbot der in § 135 bezeichneten Art gleich.

§ 137 Rechtsgeschäftliches Verfügungsverbot

Die Befugnis zur Verfügung über ein veräußerliches Recht kann nicht durch Rechtsgeschäft ausgeschlossen oder beschränkt werden. Die Wirksamkeit einer Verpflichtung, über ein solches Recht nicht zu verfügen, wird durch diese Vorschrift nicht berührt.

§ 138 Sittenwidriges Rechtsgeschäft; Wucher

(1) Ein Rechtsgeschäft, das gegen die guten Sitten verstößt, ist nichtig.

(2) Nichtig ist insbesondere ein Rechtsgeschäft, durch das jemand unter Ausbeutung der Zwangslage, der Unerfahrenheit, des Mangels an Urteilsvermögen oder der erheblichen Willensschwäche eines anderen sich oder einem Dritten für eine Leistung Vermögensvorteile versprechen oder gewähren lässt, die in einem auffälligen Missverhältnis zu der Leistung stehen.

§ 139 Teilnichtigkeit

Ist ein Teil eines Rechtsgeschäfts nichtig, so ist das ganze Rechtsgeschäft nichtig, wenn nicht anzunehmen ist, dass es auch ohne den nichtigen Teil vorgenommen sein würde.

§ 140 Umdeutung

Entspricht ein nichtiges Rechtsgeschäft den Erfordernissen eines anderen Rechtsgeschäfts, so gilt das letztere, wenn anzunehmen ist, dass dessen Geltung bei Kenntnis der Nichtigkeit gewollt sein würde.

§ 141 Bestätigung des nichtigen Rechtsgeschäfts

(1) Wird ein nichtiges Rechtsgeschäft von demjenigen, welcher es vorgenommen hat, bestätigt, so

법률상 금지에 반하는(das gegen ein gesetzliches Verbot verstößt) 법률행위는 이 법률에서 달리 정하지 않은 한 무효이다.

제135조 법률상 양도금지

① 어느 목적물에 관한 처분이 일정한 사람들의 보호만을 목적으로 하는(das nur den Schutz bestimmter Personen bezweckt) 법률상 양도금지에 위반되는 경우에 그 처분은 이러한 사람들에 대해서만 무효이다. 법률행위에 의한 처분은 강제집행 또는 압류집행의 방법으로 행해지는(die im Wege der Zwangsvollstreckung oder der Arrestvollziehung erfolgt) 처분과 동일시된다.

② 무권리자에게서 권리를 취득한(welche Rechte von einem Nichtberechtigten herleiten) 자를 위한 규정을 준용한다.

제136조 관청의 양도금지

법원 또는 그 밖의 관청에 의하여 그 관한 범위 내에서 발령된(das von einem Gericht oder von einer anderen Behörde innerhalb ihrer Zuständigkeit erlassen wird) 양도금지는 제135조에 기재된 법률행위를 한 것으로 본다.

② 무효인 계약이 당사자들에 의하여 추인된 경우에(Wird ein nichtiger Vertrag von den Parteien bestätigt) 그 당사자들은 의심스러운 때는 계약이 처음부터 유효했더라면 그 당사자들이 취득했을 것을 상호간에 제공할 의무를 진다.

제137조 법률행위에 의한 양도금지

양도할 수 있는 권리에 관한 처분권(處分權)(Die Befugnis zur Verfügung über ein veräußerliches Recht)은 법률행위에 의하여 배제되거나 제한될 수 없다. 양도할 수 있는 권리를 보유 못하게 하는(über ein solches Recht nicht zu verfügen) 의무의 유효성은 이러한 규정에 의하여 영향을 받지 아니한다.

제138조 양속위반의 법률행위; 폭리

① 선량(善良)한 풍속(風俗)에 반하는 법률행위는 무효이다.

② 어느 자가 특히 타인의 궁박(窮迫), 무경험(無經驗), 판단능력(判斷能力)의 결여(缺如) 또는 현저한 의사박약(意思薄弱)(Mangels an Urteilsvermögen oder der erheblichen Willensschwäche)을 악용(惡用)하여 자신에게 또는 제3자에게 어느 급여(給與)에 대하여, 그 급여와 현저한 불비례에 있는(die in einem auffälligen Missverhältnis zu der Leistung stehen) 재산상 이익을 약속하거나 이를 주게 하는 법률행위는 무효이다.

제139조 일부무효

법률행의 일부가 무효인 경우에, 그 무효 부분이 없더라도(auch ohne den nichtigen Teil) 그 법률행위가 행해졌을 것으로 인정되지 않은 때에는 법률행위 전부가 무효이다.

제140조 무효행위 전환

무효인 법률행위가 다른 법률행위의 요건을 갖춘 경우에 무효임을 알았더라면 다른 법률행위의

ist die Bestätigung als erneute Vornahme zu beurteilen.

(2) Wird ein nichtiger Vertrag von den Parteien bestätigt, so sind diese im Zweifel verpflichtet, einander zu gewähren, was sie haben würden, wenn der Vertrag von Anfang an gültig gewesen wäre.

§ 142 Wirkung der Anfechtung

(1) Wird ein anfechtbares Rechtsgeschäft angefochten, so ist es als von Anfang an nichtig anzusehen.

(2) Wer die Anfechtbarkeit kannte oder kennen musste, wird, wenn die Anfechtung erfolgt, so behandelt, wie wenn er die Nichtigkeit des Rechtsgeschäfts gekannt hätte oder hätte kennen müssen.

§ 143 Anfechtungserklärung

(1) Die Anfechtung erfolgt durch Erklärung gegenüber dem Anfechtungsgegner.

(2) Anfechtungsgegner ist bei einem Vertrag der andere Teil, im Falle des § 123 Abs. 2 Satz 2 derjenige, welcher aus dem Vertrag unmittelbar ein Recht erworben hat.

(3) Bei einem einseitigen Rechtsgeschäft, das einem anderen gegenüber vorzunehmen war, ist der andere der Anfechtungsgegner. Das Gleiche gilt bei einem Rechtsgeschäft, das einem anderen oder einer Behörde gegenüber vorzunehmen war, auch dann, wenn das Rechtsgeschäft der Behörde gegenüber vorgenommen worden ist.

(4) Bei einem einseitigen Rechtsgeschäft anderer Art ist Anfechtungsgegner jeder, der auf Grund des Rechtsgeschäfts unmittelbar einen rechtlichen Vorteil erlangt hat. Die Anfechtung kann jedoch, wenn die Willenserklärung einer Behörde gegenüber abzugeben war, durch Erklärung gegenüber der Behörde erfolgen; die Behörde soll die Anfechtung demjenigen mitteilen, welcher durch das Rechtsgeschäft unmittelbar betroffen worden ist.

§ 144 Bestätigung des anfechtbaren Rechtsgeschäfts

(1) Die Anfechtung ist ausgeschlossen, wenn das anfechtbare Rechtsgeschäft von dem Anfechtungsberechtigten bestätigt wird.

(2) Die Bestätigung bedarf nicht der für das Rechtsgeschäft bestimmten Form.

Titel 3 Vertrag

§ 145 Bindung an den Antrag

Wer einem anderen die Schließung eines Vertrags anträgt, ist an den Antrag gebunden, es sei denn, dass er die Gebundenheit ausgeschlossen hat.

효력을 의욕하였을 것으로(dass dessen Geltung bei Kenntnis der Nichtigkeit gewollt sein würde) 인정되는 경우에는 다른 법률행위의 효력이 발생한다.

제141조 무효인 법률행위의 추인

① 무효인 법률행위가 이를 한 자에 의해 추인(追認)된 경우에 그 추인(die Bestätigung)은 새로운

제142조 취소의 효력

① 취소할 수 있는 법률행위가 취소된 경우에(Wird ein anfechtbares Rechtsgeschäft angefochten) 그 법률행위는 처음부터 무효인 것으로 본다.

② 그 취소가능성을 알았거나 알았어야만 했던 자는, 취소가 이뤄진 때에는 그 자가 해당 법률행위의 무효(die Nichtigkeit des Rechtsgeschäfts)를 알았었거나 알았었어야만 했던 것처럼 취급된다. 종류의 법률상 양도금지와 동일시된다.

제143조 취소의 의사표시

① 취소는 취소상대방에 대한 의사표시로 행한다.

② 취소상대방은 계약의 경우 상대방이, 제123조 제2항 제2문의 경우에는 계약에 기하여 직접 권리를 취득한(welcher aus dem Vertrag unmittelbar ein Recht erworben hat) 자가 된다.

③ 타인에 대하여 해야 했던 단독행위의 경우(Bei einem einseitigen Rechtsgeschäft, das einem anderen gegenüber vorzunehmen war)에 그 타인이 취소상대방이다. 다른 사람 또는 관청에 대하여 해야 했던 법률행위의 경우에 있어 그 법률행위가 관청에 대해서 행해졌을지라도 또한 같다(auch dann, wenn das Rechtsgeschäft der Behörde gegenüber vorgenommen worden ist).

④ 다른 종류의 단독행위의 경우에 있어 법률행위에 기하여 직접 법적 이익을 얻은(der auf Grund des Rechtsgeschäfts unmittelbar einen rechtlichen Vorteil erlangt hat) 모든 자가 취소상대방이다. 그럼에도 의사표시가 관청에 대하여 행해져야 했던 경우에 취소는 관청에 대한 의사표시로(durch Erklärung gegenüber der Behörde) 행해질 수 있다; 그 관청은 법률행위에 직접 관련된(welcher durch das Rechtsgeschäft unmittelbar betroffen worden ist) 자에게 그 취소를 통지해야 한다.

제144조 취소할 수 있는 법률행위의 추인

① 취소할 수 있는 법률행위가 취소권자에 의해 추인된 경우에는(wenn das anfechtbare Rechtsgeschäft von dem Anfechtungsberechtigten bestätigt wird) 그 취소는 배제된다.

② 그 취소에는 그 법률행위에 대하여 정해진 방식이 요구되지 아니한다.

제3절 계약

제145조 청약의 구속력

타인에게 어느 계약의 체결을 청약한 자는 그 청약에 구속되고, 다만 그 자가 그 구속(die Gebundenheit)을 배제한 경우는 그러하지 아니하다.

§ 146 Erlöschen des Antrags

Der Antrag erlischt, wenn er dem Antragenden gegenüber abgelehnt oder wenn er nicht diesem gegenüber nach den §§ 147 bis 149 rechtzeitig angenommen wird.

§ 147 Annahmefrist

(1) Der einem Anwesenden gemachte Antrag kann nur sofort angenommen werden. Dies gilt auch von einem mittels Fernsprechers oder einer sonstigen technischen Einrichtung von Person zu Person gemachten Antrag.

(2) Der einem Abwesenden gemachte Antrag kann nur bis zu dem Zeitpunkt angenommen werden, in welchem der Antragende den Eingang der Antwort unter regelmäßigen Umständen erwarten darf.

§ 148 Bestimmung einer Annahmefrist

Hat der Antragende für die Annahme des Antrags eine Frist bestimmt, so kann die Annahme nur innerhalb der Frist erfolgen.

§ 149 Verspätet zugegangene Annahmeerklärung

Ist eine dem Antragenden verspätet zugegangene Annahmeerklärung dergestalt abgesendet worden, dass sie bei regelmäßiger Beförderung ihm rechtzeitig zugegangen sein würde, und musste der Antragende dies erkennen, so hat er die Verspätung dem Annehmenden unverzüglich nach dem Empfang der Erklärung anzuzeigen, sofern es nicht schon vorher geschehen ist. Verzögert er die Absendung der Anzeige, so gilt die Annahme als nicht verspätet.

§ 150 Verspätete und abändernde Annahme

(1) Die verspätete Annahme eines Antrags gilt als neuer Antrag.

(2) Eine Annahme unter Erweiterungen, Einschränkungen oder sonstigen Änderungen gilt als Ablehnung verbunden mit einem neuen Antrag.

§ 151 Annahme ohne Erklärung gegenüber dem Antragenden

Der Vertrag kommt durch die Annahme des Antrags zustande, ohne dass die Annahme dem Antragenden gegenüber erklärt zu werden braucht, wenn eine solche Erklärung nach der Verkehrssitte nicht zu erwarten ist oder der Antragende auf sie verzichtet hat. Der Zeitpunkt, in welchem der Antrag erlischt, bestimmt sich nach dem aus dem Antrag oder den Umständen zu entnehmenden Willen des Antragenden.

§ 152 Annahme bei notarieller Beurkundung

Wird ein Vertrag notariell beurkundet, ohne dass beide Teile gleichzeitig anwesend sind, so kommt der Vertrag mit der nach § 128 erfolgten Beurkundung der Annahme zustande, wenn nicht ein anderes bestimmt ist. Die Vorschrift des § 151 Satz 2 findet Anwendung.

제146조 청약의 효력상실

청약이 청약자(Antragenden)에 대하여 거절되거나, 청약이 청약자에 대하여 제147조 내지 제149조에 좇아 적시에 승낙이 행해지지 않은 경우에는 그 청약은 효력을 상실한다.

제147조 승낙기간

① 대화자(對話者)에게 한 청약에 대하여(Der einem Anwesenden gemachte Antrag)는 즉시 승낙이 행해질 수 있을 뿐이다. 전화기나 사람과 사람을 이어주는 기타 기술적 장치로 청약이 행해진 경우도 또한 같다.

② 격지자(隔地者)에게 한 청약에 대하여(Der einem Abwesenden gemachte Antrag)는 청약자가 그 답신의 도달을 통상적 사정하에서(unter regelmäßigen Umständen) 기대할 수 있는 시기까지만 승낙이 행해질 수 있다.

제148조 승낙기간의 설정

청약자가 청약의 승낙에 대하여 어느 기간(für die Annahme des Antrags eine Frist)을 정한 경우에 그 기간 내에만 승낙이 행해질 수 있다.

제149조 연착(延着)한 승낙의 의사표시

청약자에게 연착(延着)한 승낙의 의사표시가 통상적 배달(配達)이 있었다면 청약자에게 적시에 도달하도록(dass sie bei regelmäßiger Beförderung ihm rechtzeitig zugegangen sein würde) 그 의사표시가 그에게 발송되었고 또 청약자가 틀림없이 이를 인식했던 경우에, 청약자는, 그 통지가 사전에 행해진 경우를 제외하고(sofern es nicht schon vorher geschehen ist) 승낙자에게 그 의사표시 수령 후 지체 없이 그 지체를 통지해야 한다. 청약자가 그 통지의 발송을 지체한 경우에 승낙은 연착되지 않은 것으로 본다.

제150조 연착한 승낙과 변경된 승낙

① 연착(延着)한 승낙은 새로운 청약으로 본다.

② 확장(Erweiterungen), 제한(Einschränkungen), 기타 변경이 가해진 승낙(承諾)은 새로운 청약(請約)을 부가해서 행한 청약의 거절(拒絶)로 본다.

제151조 청약자에 대한 의사표시가 없는 승낙

그 계약은 청약에 대한 승낙에 의해 성립되고, 다만 승낙의 의사표시가 거래관행상 기대될 수 없거나 청약자가 승낙의 의사표시를 포기한 경우에는 승낙이 청약자에 대하여 표시될 필요 없이 계약은 청약에 대한 승낙에 의해 성립한다. 청약이 그 효력을 상실한 시기는, 청약 또는 제사정(諸事情)에 의할 때 추단되는 청약자의 의사에 따라 정해진다.

제152조 공정증서 작성시의 승낙

양 당사자가 동시에 임석(臨席)하지 않은 채 계약이 공정증서 작성으로 이뤄져야 하는 경우에 달리 정해지지 않는 한, 제128조에 좇아 행해진 승낙에 대한 그 문서작성에 의해 계약이 성립한다. 제151조 제2문의 규정을 적용한다.

§ 153 Tod oder Geschäftsunfähigkeit des Antragenden

Das Zustandekommen des Vertrags wird nicht dadurch gehindert, dass der Antragende vor der Annahme stirbt oder geschäftsunfähig wird, es sei denn, dass ein anderer Wille des Antragenden anzunehmen ist.

§ 154 Offener Einigungsmangel; fehlende Beurkundung

(1) Solange nicht die Parteien sich über alle Punkte eines der Erklärung auch nur einer Partei eine Vereinbarung getroffen werden soll, ist im Zweifel der Vertrag nicht geschlossen. Die Verständigung über einzelne Punkte ist auch dann nicht bindend, wenn eine Aufzeichnung stattgefunden hat.

(2) Ist eine Beurkundung des beabsichtigten Vertrags verabredet worden, so ist im Zweifel der Vertrag nicht geschlossen, bis die Beurkundung erfolgt ist.

§ 155 Versteckter Einigungsmangel

Haben sich die Parteien bei einem Vertrag, den sie als geschlossen ansehen, über einen Punkt, über den eine Vereinbarung getroffen werden sollte, in Wirklichkeit nicht geeinigt, so gilt das Vereinbarte, sofern anzunehmen ist, dass der Vertrag auch ohne eine Bestimmung über diesen Punkt geschlossen sein würde.

§ 156 Vertragsschluss bei Versteigerung

Bei einer Versteigerung kommt der Vertrag erst durch den Zuschlag zustande. Ein Gebot erlischt, wenn ein Übergebot abgegeben oder die Versteigerung ohne Erteilung des Zuschlags geschlossen wird.

§ 157 Auslegung von Verträgen

Verträge sind so auszulegen, wie Treu und Glauben mit Rücksicht auf die Verkehrssitte es erfordern.

Titel 4 Bedingung und Zeitbestimmung

§ 158 Aufschiebende und auflösende Bedingung

(1) Wird ein Rechtsgeschäft unter einer aufschiebenden Bedingung vorgenommen, so tritt die von der Bedingung abhängig gemachte Wirkung mit dem Eintritt der Bedingung ein.Vertrags geeinigt haben, über die nach

(2) Wird ein Rechtsgeschäft unter einer auflösenden Bedingung vorgenommen, so endigt mit dem Eintritt der Bedingung die Wirkung des Rechtsgeschäfts; mit diesem Zeitpunkt tritt der frühere Rechtszustand wieder ein.

제153조 청약자의 사망 또는 행위무능력

계약의 성립은, 청약자가 승낙을 받기 전에 사망하거나 행위무능력자가 됨으로써 저지되지 아니하나, 청약자의 다른 의사가 인정되는 경우(dass ein anderer Wille des Antragenden anzunehmen ist)에는 그러하지 아니하다.

제154조 공연(公然)한 합의흠결(合意欠缺); 문서작성의 결여

① 어느 당사자 일방만의 의사표시에 따르더라도 합의(Vereinbarung)가 이뤄져야 하는(über die nach der Erklärung auch nur einer Partei eine Vereinbarung getroffen werden soll), 계약의 일체의 사항에 관하여 당사자들이 아직 합의(合意)에 이르지 못한 동안에는 의심스러운 때에 계약(契約)이 성립(成立)하지 아니한다. 개별 사항에 관한 합치(合致; Verständigung)는, 그에 대해 기재가 이뤄졌더라도 구속력이 없다.

② 의도하는 계약에 대한 문서작성이 합의된 경우에는 의심스러운 때에는 문서작성이 이뤄질 때까지 계약은 성립되지 아니한다.

제155조 숨은 합의흠결

당사자들이 합의가 이뤄져야 했던 어느 사항에 관하여 합의가 된 것으로 본 계약에 있어, 당사자들이 실제로 합의에 이르지 못한 경우에, 계약이 이러한 사항에 관한 정함이 없더라도 체결되었을 것으로 인정되는 때(dass der Vertrag auch ohne eine Bestimmung über diesen Punkt geschlossen sein würde)에는 그 합의된 것이 그 효력을 갖게 된다.

제156조 경매에서의 계약 성립

경매의 경우 매각(賣却)에 의하여 비로소(erst durch den Zuschlag) 계약은 성립한다. 보다 높은 가격의 매수신고가 행해지거나 경매가 매각대금의 지급 없이 종료된 경우에는 매수신고는 효력을 상실한다.

제157조 계약의 해석

거래관행을 고려한 신의성실에 좇아(wie Treu und Glauben mit Rücksicht auf die Verkehrssitte es erfordern) 계약을 해석해야 한다.

제4절 조건과 기한

제158조 정지조건 및 해제조건 조건

① 어느 법률행위(法律行爲)가 정지조건(停止條件)이 부가되어(unter einer aufschiebenden Bedingung vorgenommen) 행해지는 경우에 그 조건에 좌우되는 효력은 조건이 성취됨으로써(mit dem Eintritt der Bedingung) 발생한다.

② 어느 법률행위가 해제조건(解除條件)이 부가되어(unter einer auflösenden Bedingung) 행해지는 경우에 그 법률행위의 효력은 조건이 성취됨으로써 소멸한다; 종전의 법적상태가 이러한 시기에 회복된다.

§ 159 Rückbeziehung

Sollen nach dem Inhalt des Rechtsgeschäfts die an den Eintritt der Bedingung geknüpften Folgen auf einen früheren Zeitpunkt zurückbezogen werden, so sind im Falle des Eintritts der Bedingung die Beteiligten verpflichtet, einander zu gewähren, was sie haben würden, wenn die Folgen in dem früheren Zeitpunkt eingetreten wären.

§ 160 Haftung während der Schwebezeit

(1) Wer unter einer aufschiebenden Bedingung berechtigt ist, kann im Falle des Eintritts der Bedingung Schadensersatz von dem anderen Teil verlangen, wenn dieser während der Schwebezeit das von der Bedingung abhängige Recht durch sein Verschulden vereitelt oder beeinträchtigt.

(2) Den gleichen Anspruch hat unter denselben Voraussetzungen bei einem unter einer auflösenden Bedingung vorgenommenen Rechtsgeschäft derjenige, zu dessen Gunsten der frühere Rechtszustand wieder eintritt.

§ 161 Unwirksamkeit von Verfügungen während der Schwebezeit

(1) Hat jemand unter einer aufschiebenden Bedingung über einen Gegenstand verfügt, so ist jede weitere Verfügung, die er während der Schwebezeit über den Gegenstand trifft, im Falle des Eintritts der Bedingung insoweit unwirksam, als sie die von der Bedingung abhängige Wirkung vereiteln oder beeinträchtigen würde. Einer solchen Verfügung steht eine Verfügung gleich, die während der Schwebezeit im Wege der Zwangsvollstreckung oder der Arrestvollziehung oder durch den Insolvenzverwalter erfolgt.

(2) Dasselbe gilt bei einer auflösenden Bedingung von den Verfügungen desjenigen, dessen Recht mit dem Eintritt der Bedingung endigt.

(3) Die Vorschriften zugunsten derjenigen, welche Rechte von einem Nichtberechtigten herleiten, finden entsprechende Anwendung.

§ 162 Verhinderung oder Herbeiführung des Bedingungseintritts

(1) Wird der Eintritt der Bedingung von der Partei, zu deren Nachteil er gereichen würde, wider Treu und Glauben verhindert, so gilt die Bedingung als eingetreten.

(2) Wird der Eintritt der Bedingung von der Partei, zu deren Vorteil er gereicht, wider Treu und Glauben herbeigeführt, so gilt der Eintritt als nicht erfolgt.

§ 163 Zeitbestimmung

Ist für die Wirkung eines Rechtsgeschäfts bei dessen Vornahme ein Anfangs- oder ein Endtermin bestimmt worden, so finden im ersteren Falle die für die aufschiebende, im letzteren Falle die für die auflösende Bedingung geltenden Vorschriften der §§ 158, 160, 161 entsprechende Anwendung.

제159조 소급효

조건의 성취에 결부된 효과(效果)가 법률행위 내용상 좇아 과거의 시기로 소급되어야 하는 경우에(Sollen nach dem Inhalt des Rechtsgeschäfts die an den Eintritt der Bedingung geknüpften Folgen auf einen früheren Zeitpunkt zurückbezogen werden), 조건이 성취(成就)된 때에는 당사자들은, 자신들이 그 효과가 과거의 시기에 발생했더라면 가졌을 것을 상호간 제공할 의무를 진다.

제160조 조건성취미정(未定) 중의 책임

① 정지조건부로 권리를 갖는 자는, 상대방이 조건성취미정(未定) 중에(während der Schwebezeit) 조건에 좌우되는 권리(das von der Bedingung abhängige Recht)를 상대방의 과책(過責)으로 무효화하거나 침해하는 경우에는 그 조건이 성취된 때에 상대방에게 손해배상을 청구할 권리를 갖는다.

② 해제조건부로 행해진 법률행위에 있어 종전의 법적상태가 자신을 위하여 회복된 사람(zu dessen Gunsten der frühere Rechtszustand wieder eintritt)은 같은 요건하에 동일한 청구권(請求權)을 갖는다.

제161조 조건성취미정 중에 행한 처분의 무효

① 어느 자가 정지조건부로 어떤 목적물을 처분한 경우에 그가 조건성취미정(未定) 중에 목적물에 대하여 행하는 모든 추가적 처분은, 그 조건이 성취된 때에는 그 처분이 그 조건에 좌우되는 효력으로 인해 무효화되거나 침해된(als sie die von der Bedingung abhängige Wirkung vereiteln oder beeinträchtigen würde) 범위 내에서 무효이다. 조건성취미정 중에 강제집행(强制執行) 또는 압류집행(押留執行)의 방법(方法)으로(im Wege der Zwangsvollstreckung oder der Arrestvollziehung) 또는 파산관재인(破産管財人)에 의하여 행해진 처분은 그러한 처분과 동일시된다.

② 해제조건(解除條件)의 경우에 있어(bei einer auflösenden Bedingung) 그 조건의 성취로써 권리가 소멸하는 자의 처분에 대하여도 또한 같다.

③ 무권리자에게서 권리를 취득한 자를 위한 규정을 준용한다.

제162조 조건의 성취의 방해 또는 초래

① 조건(條件)의 성취(成就)가 자신에게 불이익(不利益)이 되는 당사자에 의하여 신의성실에 반하여 방해받은 경우에는 그 조건은 성취(成就)된 것으로 본다.

② 조건(條件)의 성취(成就)가 자신에게 이익(利益)이 되는 당사자에 의하여 그 조건(條件)의 성취(成就)가 신의성실에 반하여 이뤄진 경우에는 그 조건은 불성취(不成就)된 것으로 본다.

제163조 기한

어느 법률행위를 함에 있어 그 법률행위의 효력에 대하여 시기(始期) 또는 종기(終期)가 정해진 경우에 전자의 경우에는 제158조, 제160조, 제161조 규정 중에서 정지조건(停止條件)에 대해 적용하는 규정을, 후자의 경우에는 그 규정들 중에서 해제조건(解除條件)에 대해 적용하는 규정을 준용한다.

Titel 5 Vertretung und Vollmacht

§ 164 Wirkung der Erklärung des Vertreters

(1) Eine Willenserklärung, die jemand innerhalb der ihm zustehenden Vertretungsmacht im Namen des Vertretenen abgibt, wirkt unmittelbar für und gegen den Vertretenen. Es macht keinen Unterschied, ob die Erklärung ausdrücklich im Namen des Vertretenen erfolgt oder ob die Umstände ergeben, dass sie in dessen Namen erfolgen soll.

(2) Tritt der Wille, in fremdem Namen zu handeln, nicht erkennbar hervor, so kommt der Mangel des Willens, im eigenen Namen zu handeln, nicht in Betracht.

(3) Die Vorschriften des Absatzes 1 finden entsprechende Anwendung, wenn eine gegenüber einem anderen abzugebende Willenserklärung dessen Vertreter gegenüber erfolgt.

§ 165 Beschränkt geschäftsfähiger Vertreter

Die Wirksamkeit einer von oder gegenüber einem Vertreter abgegebenen Willenserklärung wird nicht dadurch beeinträchtigt, dass der Vertreter in der Geschäftsfähigkeit beschränkt ist.

§ 166 Willensmängel; Wissenszurechnung

(1) Soweit die rechtlichen Folgen einer Willenserklärung durch Willensmängel oder durch die Kenntnis oder das Kennenmüssen gewisser Umstände beeinflusst werden, kommt nicht die Person des Vertretenen, sondern die des Vertreters in Betracht.

(2) Hat im Falle einer durch Rechtsgeschäft erteilten Vertretungsmacht (Vollmacht) der Vertreter nach bestimmten Weisungen des Vollmachtgebers gehandelt, so kann sich dieser in Ansehung solcher Umstände, die er selbst kannte, nicht auf die Unkenntnis des Vertreters berufen. Dasselbe gilt von Umständen, die der Vollmachtgeber kennen musste, sofern das Kennenmüssen der Kenntnis gleichsteht.

§ 167 Erteilung der Vollmacht

(1) Die Erteilung der Vollmacht erfolgt durch Erklärung gegenüber dem zu Bevollmächtigenden oder dem Dritten, dem gegenüber die Vertretung stattfinden soll.

(2) Die Erklärung bedarf nicht der Form, welche für das Rechtsgeschäft bestimmt ist, auf das sich die Vollmacht bezieht.

§ 168 Erlöschen der Vollmacht

Das Erlöschen der Vollmacht bestimmt sich nach dem ihrer Erteilung zugrunde liegenden Rechtsverhältnis. Die Vollmacht ist auch bei dem Fortbestehen des Rechtsverhältnisses widerruflich, sofern sich nicht aus diesem ein anderes ergibt. Auf die Erklärung des Widerrufs findet die Vorschrift des § 167 Abs. 1 entsprechende Anwendung.

제5절 대리와 임의대리권

제164조 대리인의 의사표시의 효력

① 어느 자가 자신에게 귀속된 대리권의 범위 내에서 본인(本人) 이름으로(im Namen des Vertretenen) 한 의사표시는 본인에 유리하게 또 본인(本人)에 불리하게(für und gegen den Vertretenen) 직접 효력을 미친다. 의사표시가 명시적으로 본인의 이름으로 행해졌는지 여부, 아니면 제사정(諸事情)에 의할 때 의사표시가 본인의 이름으로 행해진 것으로 인정되는지 여부는 차이가 없다.

② 타인의 이름으로(in fremdem Namen) 행위를 하려는 의사가 인식할 수 있게 나타나지 않는 경우에, 자신의 이름으로 행위를 하려는 의사의 흠결은 고려되지 아니한다.

③ 타인에 대하여 행해져야 하는 의사표시(eine gegenüber einem anderen abzugebende Willenserklärung)가 그 타인의 대리인에 대하여(dessen Vertreter gegenüber) 행해진 경우에 제1항의 규정을 준용한다.

제165조 행위능력이 있는 대리인의 제한

대리인이 행해야 하거나 대리인에 대하여 행해져야 하는 의사표시의 효력(Die Wirksamkeit einer von oder gegenüber einem Vertreter abgegebenen Willenserklärung)은 그 대리인의 행위능력이 제한됨으로써 방해를 받지 아니한다.

제166조 의사의 흠결; 의사의 귀속

① 의사표시의 법적 효과가, 의사의 흠결로 인하거나 영향을 받거나 어떤 사정을 알거나 알아야만 하는 것에 의해 영향을 받는 경우에, 본인이라는 자(者)가 아니라 대리인이라는 자(者)가 고려된다.

② 법률행위로 부여된 대리권('임의대리권'; Vollmacht)의 경우에 있어 대리인이 본인이 정한 지시에 좇아 행위를 한 경우에, 본인은 자신이 직접 안 사정에 대하여 대리인의 부지(不知)를 주장할(auf die Unkenntnis des Vertreters berufen) 수 없다. 알아야만 하는 것이 안 것과 동일시되는 한, 본인이 알아야만 했던 사정에 대해서(von Umständen, die der Vollmachtgeber kennen musste, sofern das Kennenmüssen der Kenntnis gleichsteht)도 또한 같다.

제167조 임의대리권의 수여(授與)

① 임의대리권의 수여(授與)(Die Erteilung der Vollmacht)는, 수권을 받을 자(gegenüber dem zu Bevollmächtigenden) 또는 대리행위(代理行爲)가 행해질 제3자에 대한 의사표시로 이뤄진다.

② 그 의사표시는, 임의대리권에 관련된 법률행위에 대해 정해진 방식이 요구되지 아니한다.

제168조 임의대리권의 소멸

임의대리권의 소멸은 임의대리권 수여의 기초가 되는 법률관계(nach dem ihrer Erteilung zugrunde liegenden Rechtsverhältnis)에 따라 정해진다. 그 법률관계에서 달리 정해지지 않은 한 임의대리권(任意代理權)은 법률관계가 지속되더라도 철회될 수 있다(Die Vollmacht ist auch bei dem Fortbestehen des Rechtsverhältnisses widerruflich). 철회의 의사표시에 대하여(Auf die Erklärung des Widerrufs) 제167조 제1항의 규정을 준용한다.

§ 169 Vollmacht des Beauftragten und des geschäftsführenden Gesellschafters

Soweit nach den §§ 674, 729 die erloschene Vollmacht eines Beauftragten oder eines geschäftsführenden Gesellschafters als fortbestehend gilt, wirkt sie nicht zugunsten eines Dritten, der bei der Vornahme eines Rechtsgeschäfts das Erlöschen kennt oder kennen muss.

§ 170 Wirkungsdauer der Vollmacht

Wird die Vollmacht durch Erklärung gegenüber einem Dritten erteilt, so bleibt sie diesem gegenüber in Kraft, bis ihm das Erlöschen von dem Vollmachtgeber angezeigt wird.

§ 171 Wirkungsdauer bei Kundgebung

(1) Hat jemand durch besondere Mitteilung an einen Dritten oder durch öffentliche Bekanntmachung kundgegeben, dass er einen anderen bevollmächtigt habe, so ist dieser auf Grund der Kundgebung im ersteren Falle dem Dritten gegenüber, im letzteren Falle jedem Dritten gegenüber zur Vertretung befugt.

(2) Die Vertretungsmacht bleibt bestehen, bis die Kundgebung in derselben Weise, wie sie erfolgt ist, widerrufen wird.

§ 172 Vollmachtsurkunde

(1) Der besonderen Mitteilung einer Bevollmächtigung durch den Vollmachtgeber steht es gleich, wenn dieser dem Vertreter eine Vollmachtsurkunde ausgehändigt hat und der Vertreter sie dem Dritten vorlegt.

(2) Die Vertretungsmacht bleibt bestehen, bis die Vollmachtsurkunde dem Vollmachtgeber zurückgegeben oder für kraftlos erklärt wird.

§ 173 Wirkungsdauer bei Kenntnis und fahrlässiger Unkenntnis

Die Vorschriften des § 170, des § 171 Abs. 2 und des § 172 Abs. 2 finden keine Anwendung, wenn der Dritte das Erlöschen der Vertretungsmacht bei der Vornahme des Rechtsgeschäfts kennt oder kennen muss.

§ 174 Einseitiges Rechtsgeschäft eines Bevollmächtigten

Ein einseitiges Rechtsgeschäft, das ein Bevollmächtigter einem anderen gegenüber vornimmt, ist unwirksam, wenn der Bevollmächtigte eine Vollmachtsurkunde nicht vorlegt und der andere das Rechtsgeschäft aus diesem Grunde unverzüglich zurückweist. Die Zurückweisung ist ausgeschlossen, wenn der Vollmachtgeber den anderen von der Bevollmächtigung in Kenntnis gesetzt hatte.

§ 175 Rückgabe der Vollmachtsurkunde

Nach dem Erlöschen der Vollmacht hat der Bevollmächtigte die Vollmachtsurkunde dem Vollmachtgeber zurückzugeben; ein Zurückbehaltungsrecht steht ihm nicht zu.

제169조 수임인과 업무집행조합원의 임의대리권

제674조, 제729조에 따라 소멸한, 수임인 또는 업무집행조합원의 임의대리권이 유지되는 것으로 보는 범위 내에서, 그 임의대리권은 그 법률행위를 함에 있어 그 소멸을 알거나 알아야만 하는(der bei der Vornahme eines Rechtsgeschäfts das Erlöschen kennt oder kennen muss) 제3자를 위하여 효력을 갖지 아니한다.

제170조 임의대리권의 유효기간(有效期間)

임의대리권이 제3자에 대한 의사표시로 수여(授與)된 경우에 그 임의대리권은, 그 제3자가 본인에 의해 그 소멸을 통지받을 때까지(bis ihm das Erlöschen von dem Vollmachtgeber angezeigt wird) 제3자에 대하여 효력을 갖는다.

제171조 알림의 유효기간

① 어느 자가 제3자에 대한 '특별한 통지'를 통하여 또는 '공고(公告)'를 통하여, 자신이 타인에게 수권(授權)을 했다는 점을 알린 경우에 그 타인은, 그러한 알림에 기하여 전자의 경우에는 그 제3자에 대하여, 후자의 경우에는 모든 제3자에 대하여 대리에 관한 권한을 부여받은 것이다.

② 이러한 표시가 행해진 동일한 방식으로 그 알림이 철회될 때까지 대리권은 존속한다.

제172조 대리권증서

① 본인이 대리인에게 대리권증서(代理權證書)를 교부하고 그 대리인이 이를 제3자에게 제시한 경우에 이것은 본인에 의한 수권(授權)에 대한 특별한 통지(Der besonderen Mitteilung einer Bevollmächtigung durch den Vollmachtgeber)와 동일시된다.

② 대리권(代理權)은, 대리권증서가 본인에게 반환되거나 효력이 없는 것으로 선언(宣言)될 때까지 존속한다.

제173조 지(知)와 과실에 기한 부지(不知)의 경우에 있어 그 유효기간

제3자가 그 법률행위(法律行爲)를 함에 있어 대리권의 소멸(das Erlöschen der Vertretungsmacht)을 알거나 알아야만 하는 경우에는 제170조, 제171조 제2항, 제172조 제2항의 규정은 적용하지 아니한다.

제174조 대리인의 단독행위

대리인이 타인에 대하여 하는(das ein Bevollmächtigter einem anderen gegenüber vornimmt) 단독행위는, 대리인이 대리권증서(代理權證書)를 제시하지 아니하고 타인이 이러한 이유에 기하여 지체없이 해당 법률행위를 거부하는 때에는 무효이다. 그 거부는 본인이 타인에게 수권(授權)에 대해 통지한 때에는 배제된다.

제175조 대리권증서의 반환

임의대리권 소멸 후에 대리인은 대리권증서(代理權證書)를 본인에게 반환해야 한다; 그 이행거절권은 대리인에게 귀속되지 아니한다.

§ 176 Kraftloserklärung der Vollmachtsurkunde

(1) Der Vollmachtgeber kann die Vollmachtsurkunde durch eine öffentliche Bekanntmachung für kraftlos erklären; die Kraftloserklärung muss nach den für die öffentliche Zustellung einer Ladung geltenden Vorschriften der Zivilprozessordnung veröffentlicht werden. Mit dem Ablauf eines Monats nach der letzten Einrückung in die öffentlichen Blätter wird die Kraftloserklärung wirksam.

(2) Zuständig für die Bewilligung der Veröffentlichung ist sowohl das Amtsgericht, in dessen Bezirk der Vollmachtgeber seinen allgemeinen Gerichtsstand hat, als das Amtsgericht, welches für die Klage auf Rückgabe der Urkunde, abgesehen von dem Wert des Streitgegenstands, zuständig sein würde.

(3) Die Kraftloserklärung ist unwirksam, wenn der Vollmachtgeber die Vollmacht nicht widerrufen kann.

§ 177 Vertragsschluss durch Vertreter ohne Vertretungsmacht

(1) Schließt jemand ohne Vertretungsmacht im Namen eines anderen einen Vertrag, so hängt die Wirksamkeit des Vertrags für und gegen den Vertretenen von dessen Genehmigung ab.

(2) Fordert der andere Teil den Vertretenen zur Erklärung über die Genehmigung auf, so kann die Erklärung nur ihm gegenüber erfolgen; eine vor der Aufforderung dem Vertreter gegenüber erklärte Genehmigung oder Verweigerung der Genehmigung wird unwirksam. Die Genehmigung kann nur bis zum Ablauf von zwei Wochen nach dem Empfang der Aufforderung erklärt werden; wird sie nicht erklärt, so gilt sie als verweigert.

§ 178 Widerrufsrecht des anderen Teils

Bis zur Genehmigung des Vertrags ist der andere Teil zum Widerruf berechtigt, es sei denn, dass er den Mangel der Vertretungsmacht bei dem Abschluss des Vertrags gekannt hat. Der Widerruf kann auch dem Vertreter gegenüber erklärt werden.

§ 179 Haftung des Vertreters ohne Vertretungsmacht

(1) Wer als Vertreter einen Vertrag geschlossen hat, ist, sofern er nicht seine Vertretungsmacht nachweist, dem anderen Teil nach dessen Wahl zur Erfüllung oder zum Schadensersatz verpflichtet, wenn der Vertretene die Genehmigung des Vertrags verweigert.

(2) Hat der Vertreter den Mangel der Vertretungsmacht nicht gekannt, so ist er nur zum Ersatz desjenigen Schadens verpflichtet, welchen der andere Teil dadurch erleidet, dass er auf die Vertretungsmacht vertraut, jedoch nicht über den Betrag des Interesses hinaus, welches der andere Teil an der Wirksamkeit des Vertrags hat.

(3) Der Vertreter haftet nicht, wenn der andere Teil den Mangel der Vertretungsmacht kannte oder kennen musste. Der Vertreter haftet auch dann nicht, wenn er in der Geschäftsfähigkeit beschränkt

제176조 대리권증서의 실권선언(失權宣言)

① 본인은 공고(公告)에 의하여 대리권증서가 실권된 것으로 선언할 수 있다; 그 실권선언(失權宣言)은 소환(召喚)에 관한 공시송달에 대해 적용되는 민사소송법 규정에 좇아(nach den für die öffentliche Zustellung einer Ladung geltenden Vorschriften der Zivilprozessordnung) 공표되어야만 한다. 관보(官報)에 최종 등재된 후 1개월이 경과함으로써 실권선언은 효력을 갖게 된다.

② 본인이 자신의 보통재판적(普通裁判籍) 가지는 지역을 관할하는 일반구법원(一般區法院)도 공고에 대한 허가(許可)를 관할(管轄)하고, 소가(訴價)에 상관없이(abgesehen von dem Wert des Streitgegenstands) 증서반환(證書返還)의 소(訴)를 관할하게 될 일반구법원(一般區法院)도 이를 관할한다.

③ 본인이 임의대리권을 철회할 수 없는 경우에는(wenn der Vollmachtgeber die Vollmacht nicht widerrufen kann) 실권선언은 무효이다.

제177조 무권대리인(無權代理人)에 의한 계약체결

① 어느 자가 대리권 없이 타인의 이름으로 계약을 체결한 경우에, 본인에 유리하고도 불리한 계약의 효력(die Wirksamkeit des Vertrags für und gegen den Vertretenen)은 본인의 추인에 의해 좌우된다.

② 타인이 본인에게 그 추인에 관한 의사표시에 대하여(zur Erklärung über die Genehmigung) 최고(催告)한 경우에, 그 의사표시는 타인에 대해서만 행해질 수 있다; 그 최고가 있기 전에 대리인에 대하여 표시된 추인 또는 추인거절은 무효이다. 추인은 그 최고를 수령한 때로부터 2주가 경과할 때까지만(nur bis zum Ablauf von zwei Wochen nach dem Empfang der Aufforderung) 표시될 수 있다; 그 추인이 표시되지 않은 경우에 그 추인은 거절된 것으로 본다.

제178조 상대방의 철회권

상대방은 그 계약에 대한 추인이 있을 때까지 철회할 권리를 갖고, 다만 상대방이 대리권(代理權)의 흠결(欠缺)을 계약체결 당시에 안 경우(dass er den Mangel der Vertretungsmacht bei dem Abschluss des Vertrags gekannt hat)에는 그러하지 아니하다. 그 철회는 대리인에 대해서도 표시될 수 있다.

제179조 무권대리인(無權代理人)의 책임

① 대리인으로서 계약을 체결한 자는, 자신이 대리권을 증명하지 못하고 본인이 추인을 거절하는 경우에는, 상대방의 선택에 좇아 상대방에게 이행하거나 손해배상(損害賠償)을 할 의무를(dem anderen Teil nach dessen Wahl zur Erfüllung oder zum Schadensersatz verpflichtet) 진다.

② 대리인이 대리권의 흠결(den Mangel der Vertretungsmacht)을 모른 경우에 그는 상대방이 대리권을 신뢰함으로써 입은 손해, 다만 상대방이 계약이 유효함에 대해 갖는 이익을 초과(超過)해서는 안 되는 손해(jedoch nicht über den Betrag des Interesses hinaus, welches der andere Teil an der Wirksamkeit des Vertrags hat)를 배상(賠償)할 의무(義務)를 진다.

③ 상대방이 대리권 흠결을 알았거나 알아야만 했던 경우에는 대리인은 책임(責任)을 지지 아니한

war, es sei denn, dass er mit Zustimmung seines gesetzlichen Vertreters gehandelt hat.

§ 180 Einseitiges Rechtsgeschäft

Bei einem einseitigen Rechtsgeschäft ist Vertretung ohne Vertretungsmacht unzulässig. Hat jedoch derjenige, welchem gegenüber ein solches Rechtsgeschäft vorzunehmen war, die von dem Vertreter behauptete Vertretungsmacht bei der Vornahme des Rechtsgeschäfts nicht beanstandet oder ist er damit einverstanden gewesen, dass der Vertreter ohne Vertretungsmacht handele, so finden die Vorschriften über Verträge entsprechende Anwendung. Das Gleiche gilt, wenn ein einseitiges Rechtsgeschäft gegenüber einem Vertreter ohne Vertretungsmacht mit dessen Einverständnis vorgenommen wird.

§ 181 Insichgeschäft

Ein Vertreter kann, soweit nicht ein anderes ihm gestattet ist, im Namen des Vertretenen mit sich im eigenen Namen oder als Vertreter eines Dritten ein Rechtsgeschäft nicht vornehmen, es sei denn, dass das Rechtsgeschäft ausschließlich in der Erfüllung einer Verbindlichkeit besteht.

Titel 6 Einwilligung und Genehmigung

§ 182 Zustimmung

(1) Hängt die Wirksamkeit eines Vertrags oder eines einseitigen Rechtsgeschäfts, das einem anderen gegenüber vorzunehmen ist, von der Zustimmung eines Dritten ab, so kann die Erteilung sowie die Verweigerung der Zustimmung sowohl dem einen als dem anderen Teil gegenüber erklärt werden.

(2) Die Zustimmung bedarf nicht der für das Rechtsgeschäft bestimmten Form.

(3) Wird ein einseitiges Rechtsgeschäft, dessen Wirksamkeit von der Zustimmung eines Dritten abhängt, mit Einwilligung des Dritten vorgenommen, so finden die Vorschriften des § 111 Satz 2, 3 entsprechende Anwendung.

§ 183 Widerruflichkeit der Einwilligung

Die vorherige Zustimmung (Einwilligung) ist bis zur Vornahme des Rechtsgeschäfts widerruflich, soweit nicht aus dem ihrer Erteilung zugrunde liegenden Rechtsverhältnis sich ein anderes ergibt. Der Widerruf kann sowohl dem einen als dem anderen Teil gegenüber erklärt werden.

§ 184 Rückwirkung der Genehmigung

(1) Die nachträgliche Zustimmung (Genehmigung) wirkt auf den Zeitpunkt der Vornahme des Rechtsgeschäfts zurück, soweit nicht ein anderes bestimmt ist.

(2) Durch die Rückwirkung werden Verfügungen nicht unwirksam, die vor der Genehmigung über den Gegenstand des Rechtsgeschäfts von dem Genehmigenden getroffen worden oder im Wege

다. 그 대리인은 자신의 행위능력이 제한된 경우에도 책임을 지지 아니하고, 다만 자신의 법정대리인의 동의를 얻어 행위를 한 경우에는 그러하지 아니하다.

제180조 단독행위

단독행위의 경우 무권대리(無勸代理)는 허용되지 아니한다. 그럼에도 그러한 법률행위가 행해져야 했던 상대방이 그 법률행위를 함에 있어 대리인이 주장한 대리권에 대해 이의를 제기하지 않거나, 그 상대방이 대리인이 대리권 없이 행위를 하는 것에 동의를 한 경우에는, 계약에 관한 규정을 준용한다. 단독행위가 무권대리인에 대하여 그의 동의를 얻어 행해지는 때에도 또한 같다.

제181조 자기대리행위(自己代理行爲)

대리인에게 달리 허용되지 않은 한, 대리인은, 자신의 이름으로나 제3자의 대리인으로서 본인의 이름으로 자신과의 법률행위를 할(im Namen des Vertretenen mit sich im eigenen Namen oder als Vertreter eines Dritten ein Rechtsgeschäft nicht vornehmen) 수 없고, 다만 법률행위가 오로지 채무의 이행(履行)인 경우에는 그러하지 아니하다.

제6절 동의와 추인

제182조 동의

① 어느 계약의 효력이나 타인에 대해 행해져야 하는 그 밖의 단독행위(eines einseitigen Rechtsgeschäfts, das einem anderen gegenüber vorzunehmen ist)의 효력이 제3자의 동의에 의해 좌우되는 경우에 그 동의의 부여 및 거절은 어느 당사자뿐만 아니라 그 상대방에 대해서도(sowohl dem einen als dem anderen Teil gegenüber) 표시될 수 있다.

② 그 동의는 법률행위에 대해 정해진 방식이 요구되지 아니한다.

③ 그 효력이 제3자의 동의에 의해 좌우되는 단독행위(ein einseitiges Rechtsgeschäft, dessen Wirksamkeit von der Zustimmung eines Dritten abhängt)가 제3자의 동의를 얻어 행해지는 경우 제111조 제2문, 제3문의 규정을 준용한다.

제183조 동의의 철회가능성

사전적(事前的) 동의('동의'; Einwilligung)는, 그 부여의 기초가 되는 법률행위에서 달리 정함이 없는 한, 그 법률행위를 하기 전까지 철회할 수 있다. 철회는 어느 당사자뿐만 아니라 그 상대방에 대해서도 표시될 수 있다.

제184조 추인의 소급효

① 사후적(事後的) 동의['추인(追認)'; Genehmigung]는 달리 정함이 없는 한, 그 법률행위를 한 때로 소급한다.

② 소급효에 의하여, 추인이 있기 전에 법률행위의 목적물에 관하여 추인을 받을 자(dem Genehmigenden)에 의해 행해진 처분이나 강제집행 또는 압류집행의 방법으로(im Wege der

der Zwangsvollstreckung oder der Arrestvollziehung oder durch den Insolvenzverwalter erfolgt sind.

§ 185 Verfügung eines Nichtberechtigten

(1) Eine Verfügung, die ein Nichtberechtigter über einen Gegenstand trifft, ist wirksam, wenn sie mit Einwilligung des Berechtigten erfolgt.

(2) Die Verfügung wird wirksam, wenn der Berechtigte sie genehmigt oder wenn der Verfügende den Gegenstand erwirbt oder wenn er von dem Berechtigten beerbt wird und dieser für die Nachlassverbindlichkeiten unbeschränkt haftet. In den beiden letzteren Fällen wird, wenn über den Gegenstand mehrere miteinander nicht in Einklang stehende Verfügungen getroffen worden sind, nur die frühere Verfügung wirksam.

Abschnitt 4 Fristen, Termine

§ 186 Geltungsbereich

Für die in Gesetzen, gerichtlichen Verfügungen und Rechtsgeschäften enthaltenen Frist- und Terminsbestimmungen gelten die Auslegungsvorschriften der §§ 187 bis 193.

§ 187 Fristbeginn

(1) Ist für den Anfang einer Frist ein Ereignis oder ein in den Lauf eines Tages fallender Zeitpunkt maßgebend, so wird bei der Berechnung der Frist der Tag nicht mitgerechnet, in welchen das Ereignis oder der Zeitpunkt fällt.

(2) Ist der Beginn eines Tages der für den Anfang einer Frist maßgebende Zeitpunkt, so wird dieser Tag bei der Berechnung der Frist mitgerechnet. Das Gleiche gilt von dem Tage der Geburt bei der Berechnung des Lebensalters.

§ 188 Fristende

(1) Eine nach Tagen bestimmte Frist endigt mit dem Ablauf des letzten Tages der Frist.

(2) Eine Frist, die nach Wochen, nach Monaten oder nach einem mehrere Monate umfassenden Zeitraum - Jahr, halbes Jahr, Vierteljahr - bestimmt ist, endigt im Falle des § 187 Abs. 1 mit dem Ablauf desjenigen Tages der letzten Woche oder des letzten Monats, welcher durch seine Benennung oder seine Zahl dem Tage entspricht, in den das Ereignis oder der Zeitpunkt fällt, im Falle des § 187 Abs. 2 mit dem Ablauf desjenigen Tages der letzten Woche oder des letzten Monats, welcher dem Tage vorhergeht, der durch seine Benennung oder seine Zahl dem Anfangstag der Frist entspricht.

(3) Fehlt bei einer nach Monaten bestimmten Frist in dem letzten Monat der für ihren Ablauf maßgebende Tag, so endigt die Frist mit dem Ablauf des letzten Tages dieses Monats.

Zwangsvollstreckung oder der Arrestvollziehung) 행해지거나 파산관재인에 의해 행해진 처분이 무효가 되지 아니한다.

제185조 무권리자의 처분

① 무권리자가 어느 목적물에 관하여 행한 처분은 권리자의 동의를 얻어 행한 경우에는 유효하다.

② 권리자가 해당 처분에 대해 추인하는 경우, 처분자가 목적물을 취득한 경우와, 처분자가 그 권리자를 상속하고 상속채무에 대해 무한(無限)의 책임을 지는 경우에는 그 처분은 유효하다. 뒤에서 첫 번째 및 두 번째의 경우에 있어(In den beiden letzteren Fällen) 그 목적물에 관하여 서로 일치하지 않은 여러 개의 처분이 행해진 때(wenn über den Gegenstand mehrere miteinander nicht in Einklang stehende Verfügungen getroffen worden sind)에는 그 먼저 행해진 처분만이 유효하다.

제4장 기간, 기일

제186조 적용범위

법률, 법원의 처분 그리고 법률행위에 포함된 기간규정 및 기일규정(Frist- und Terminsbestimmungen)에 대하여 제187조 내지 제193조의 해석규정(解釋規定)(Auslegungsvorschriften)을 적용한다.

제187조 기간의 개시점

① 어느 사건이 기간 개시의 기준이 되거나, 어느 날의 경과 도중에 발생한 시점이 기간 개시의 기준이 되는(ein in den Lauf eines Tages fallender Zeitpunkt maßgebend) 경우에 그 사건 또는 시점이 발생한 날은 기간산정에서 산입하지 아니한다.

② 어느 날의 시작점[18)]이 어느 기간의 개시의 기준이 되는 시점이 되는 경우에(Ist der Beginn eines Tages der für den Anfang einer Frist maßgebende Zeitpunkt) 이런 날은 기간산정에서 산입한다. 연령의 산정에 있어 출생일에 대해서도 또한 같다.

제188조 기간의 만료

① 일(日)로 정해진 기간은 기간의 마지막 날의 경과로써(mit dem Ablauf des letzten Tages der Frist) 만료한다.

② 주(週), 월(月), 수개월을 포함하는 기간- 연(年), 반년(半年), 분기(分期)로 정해지는 기간(Eine Frist, die nach Wochen, nach Monaten oder nach einem mehrere Monate umfassenden Zeitraum - Jahr, halbes Jahr, Vierteljahr - bestimmt ist)은, 제187조 제1항의 경우에는 그 날의 명칭 또는 일수(日數)에 의할 때(durch seine Benennung oder seine Zahl) 마지막 주(週) 또는 마지막 월(月) 중 그 사건 또는 시점이 발생한 날에 상응하는 날의 경과로써 만료하고, 제187조 제2항의 경우에는 그 날의 명칭 또는 일수(日數)에 의할 때 마지막 주(週) 또는 마지막 월(月) 중 그 기간의 초일에 상응하는 날의 전(前)날의 경과로써 만료한다.

③ 월로 정해지는 기간에 있어 그 기간의 경과에 대해 적용되는 날이 마지막 월에서 없는 경우에 그 기간은 이러한 월의 마지막 날의 경과로(mit dem Ablauf des letzten Tages dieses Monats) 만료된다.

§ 189 Berechnung einzelner Fristen

(1) Unter einem halben Jahr wird eine Frist von sechs Monaten, unter einem Vierteljahr eine Frist von drei Monaten, unter einem halben Monat eine Frist von 15 Tagen verstanden.

(2) Ist eine Frist auf einen oder mehrere ganze Monate und einen halben Monat gestellt, so sind die 15 Tage zuletzt zu zählen.

§ 190 Fristverlängerung

Im Falle der Verlängerung einer Frist wird die neue Frist von dem Ablauf der vorigen Frist an berechnet.

§ 191 Berechnung von Zeiträumen

Ist ein Zeitraum nach Monaten oder nach Jahren in dem Sinne bestimmt, dass er nicht zusammenhängend zu verlaufen braucht, so wird der Monat zu 30, das Jahr zu 365 Tagen gerechnet.

§ 192 Anfang, Mitte, Ende des Monats

Unter Anfang des Monats wird der erste, unter Mitte des Monats der 15., unter Ende des Monats der letzte Tag des Monats verstanden.

§ 193 Sonn- und Feiertag; Sonnabend

Ist an einem bestimmten Tage oder innerhalb einer Frist eine Willenserklärung abzugeben oder eine Leistung zu bewirken und fällt der bestimmte Tag oder der letzte Tag der Frist auf einen Sonntag, einen am Erklärungs- oder Leistungsort staatlich anerkannten allgemeinen Feiertag oder einen Sonnabend, so tritt an die Stelle eines solchen Tages der nächste Werktag.

Abschnitt 5 Verjährung

Titel 1 Gegenstand und Dauer der Verjährung

§ 194 Gegenstand der Verjährung

(1) Das Recht, von einem anderen ein Tun oder Unterlassen zu verlangen (Anspruch), unterliegt der Verjährung.

(2) Ansprüche aus einem familienrechtlichen Verhältnis unterliegen der Verjährung nicht, soweit sie auf die Herstellung des dem Verhältnis entsprechenden Zustands für die Zukunft oder auf die Einwilligung in eine genetische Untersuchung zur Klärung der leiblichen Abstammung gerichtet sind.

§ 195 Regelmäßige Verjährungsfrist

Die regelmäßige Verjährungsfrist beträgt drei Jahre.

제189조 각 기간의 산정

① 반년(半年)은 6개월의 기간(期間), 분기(分期)는 3개월의 기간(期間), 반월(半月)은 15일의 기간(期間)을 의미한다(unter einem halben Monat eine Frist von 15 Tagen verstanden).

② 어느 기간이 1월 또는 수개월과 하나의 반월(半月)로 정해진 경우에는 그 15일은 마지막으로 계산한다.

제190조 기간의 연장

기간의 연장의 경우에 있어 새로운 기간(die neue Frist)은 이전 기간이 경과(經過)시로부터 산정(算定)한다.

제191조 기간의 산정

어느 기간이 연속적으로 경과할 필요가 없는(dass er nicht zusammenhängend zu verlaufen braucht) 의미에서 월(月) 또는 년(年)으로 정해진 경우에 월(月)은 30일로, 년(年)은 365일로 산정한다.

제192조 월의 초, 중간, 말

월의 초는 1일, 월의 중간은 15일, 월의 말은 월의 마지막 날(der letzte Tag des Monats)을 의미한다.

제193조 일요일 및 축일; 토요일

특정한 날 또는 기간 내에, 의사표시가 행해져야 하거나 급부가 실현되어야 하고 그 특정일이나 기간의 마지막 날이 일요일이거나(fällt der bestimmte Tag oder der letzte Tag der Frist auf einen Sonntag), 의사표시의 장소 또는 이행지에서 국가적으로 인정되는 일반 축일(einen am Erklärungs- oder Leistungsort staatlich anerkannten allgemeinen Feiertag)이나 토요일인 경우에 그 다음 평일이 그러한 날에 갈음한다.

제5장 소멸시효

제1절 소멸시효의 대상 및 기간

제194조 소멸시효의 대상

① 타인에게 작위 또는 부작위(ein Tun oder Unterlassen)를 청구할 수 있는 권리('청구권')은 소멸시효에 걸린다.

② 친족법관계에서 기인한 청구권이 장래를 향해 친족법 관계에 상응하는 상태의 회복을 위한 것이거나 생물학적 혈통(血統)의 규명을 위한 유전인자(遺傳因子) 검사[19]에 대한 동의(die Einwilligung in eine genetische Untersuchung zur Klärung der leiblichen Abstammung)를 위한 것인 경우에는 그러한 청구권은 소멸시효에 걸리지 아니한다.

제195조 일반소멸시효기간

일반소멸시효기간은 3년이다.

§ 196 Verjährungsfrist bei Rechten an einem Grundstück

Ansprüche auf Übertragung des Eigentums an einem Grundstück sowie auf Begründung, Übertragung oder Aufhebung eines Rechts an einem Grundstück oder auf Änderung des Inhalts eines solchen Rechts sowie die Ansprüche auf die Gegenleistung verjähren in zehn Jahren.

§ 197 Dreißigjährige Verjährungsfrist

(1) In 30 Jahren verjähren, soweit nicht ein anderes bestimmt ist,

1. Schadensersatzansprüche, die auf der vorsätzlichen Verletzung des Lebens, des Körpers, der Gesundheit, der Freiheit oder der sexuellen Selbstbestimmung beruhen,
2. Herausgabeansprüche aus Eigentum, anderen dinglichen Rechten, den §§ 2018, 2130 und 2362 sowie die Ansprüche, die der Geltendmachung der Herausgabeansprüche dienen,
3. rechtskräftig festgestellte Ansprüche,
4. Ansprüche aus vollstreckbaren Vergleichen oder vollstreckbaren Urkunden,
5. Ansprüche, die durch die im Insolvenzverfahren erfolgte Feststellung vollstreckbar geworden sind, und
6. Ansprüche auf Erstattung der Kosten der Zwangsvollstreckung.

(2) Soweit Ansprüche nach Absatz 1 Nr. 3 bis 5 künftig fällig werdende regelmäßig wiederkehrende Leistungen zum Inhalt haben, tritt an die Stelle der Verjährungsfrist von 30 Jahren die regelmäßige Verjährungsfrist.

§ 198 Verjährung bei Rechtsnachfolge

Gelangt eine Sache, hinsichtlich derer ein dinglicher Anspruch besteht, durch Rechtsnachfolge in den Besitz eines Dritten, so kommt die während des Besitzes des Rechtsvorgängers verstrichene Verjährungszeit dem Rechtsnachfolger zugute.

§ 199 Beginn der regelmäßigen Verjährungsfrist und Verjährungshöchstfristen

(1) Die regelmäßige Verjährungsfrist beginnt, soweit nicht ein anderer Verjährungsbeginn bestimmt ist, mit dem Schluss des Jahres, in dem

1. der Anspruch entstanden ist und
2. der Gläubiger von den den Anspruch begründenden Umständen und der Person des Schuldners Kenntnis erlangt oder ohne grobe Fahrlässigkeit erlangen müsste.

(2) Schadensersatzansprüche, die auf der Verletzung des Lebens, des Körpers, der Gesundheit oder der Freiheit beruhen, verjähren ohne Rücksicht auf ihre Entstehung und die Kenntnis oder grob fahrlässige Unkenntnis in 30 Jahren von der Begehung der Handlung, der Pflichtverletzung oder dem sonstigen, den Schaden auslösenden Ereignis an.

(3) Sonstige Schadensersatzansprüche verjähren

1. ohne Rücksicht auf die Kenntnis oder grob fahrlässige Unkenntnis in zehn Jahren von ihrer

제196조 토지에 대한 권리에서의 소멸시효기간

토지에 대한 소유권이전청구권, 토지에 대한 권리의 설정(設定), 이전(移轉) 또는 소멸(消滅)에 대한 청구권 또는 그러한 권리에 대한 내용의 변경청구권(變更請求權; auf Änderung des Inhalts eines solchen Rechts)과, 그 반대급부청구권(die Ansprüche auf die Gegenleistung)은 10년의 소멸시효에 걸린다.

제197조 30년의 소멸시효기간

① 달리 정함이 없는 한, 다음 각 호의 권리는 30년의 소멸시효에 걸린다.

1. 생명(生命), 신체(身體), 건강(健康), 자유(自由), 성적자기결정권(性的自己決定權)(Lebens, des Körpers, der Gesundheit, der Freiheit oder der sexuellen Selbstbestimmung)의 고의적 침해를 원인으로 하는 손해배상청구권,
2. 소유권(所有權), 그 밖의 물권(物權), 제2018조, 제2130조, 제2162조에서 기인(起因)하는 반환청구권(返還請求權)과, 그 반환청구권(返還請求權)의 행사(行事)를 위한(die der Geltendmachung der Herausgabeansprüche dienen) 청구권(請求權),
3. 기판력(旣判力) 있게 확정된 청구권,
4. 강제집행을 할 수 있는 화해(和解) 또는 증서(證書)에 기인한 청구권,
5. 파산절차(破産節次)에서 행해진 채권확정(債權確定)에 의해 강제집행을 할 수 있게 된 청구권,
6. 강제집행비용 반환청구권.

② 제1항 제3호 내지 제5호에 따른 청구권이 반복적으로 돌아오는, 장래에 이행기가 도래하는 급부를 내용으로 하는 경우에 일반소멸시효기간이 30년의 소멸시효기간에 갈음한다.

제198조 권리승계시의 소멸시효

그 물건에 대하여 물권적 청구권이 성립하는 물건이 권리승계로 제3자의 점유로 된 경우에는 권리피승계인의 점유 동안에(während des Besitzes des Rechtsvorgängers) 경과한 소멸시효기간은 권리승계인에 대하여 이익으로 작용한다.

제199조 일반소멸시효기간과 소멸시효최장기간의 기산

① 달리 정함이 없는 한, 일반소멸시효기간은 다음의 연도(年度)의 경과로써 기산한다,

1. 청구권이 발생하고,
2. 채권자가 그 청구권을 성립시키는 사정 및 채무자의 신원(身元)을 알게 되거나 중과실 없이 알았어야만 했던[20] 연도.

② 생명, 신체, 건강 또는 자유의 침해를 원인으로 하는 손해배상청구권은 그 발생 및 그 지(知) 또는 중과실에 기한 부지(不知)에 상관없이, 그 행위, 의무위반 또는 손해를 발생시키는 기타 사건의 있었던 때로부터 30년(30 Jahren von der Begehung der Handlung, der Pflichtverletzung oder dem sonstigen, den Schaden auslösenden Ereignis an)의 소멸시효에 걸린다.

③ 기타 손해배상청구권은,

1. 그 지(知) 또는 중과실에 기한 부지(不知)에 상관없이 그 청구권 발생시로부터 10년의 소멸시효

Entstehung an und

2. ohne Rücksicht auf ihre Entstehung und die Kenntnis oder grob fahrlässige Unkenntnis in 30 Jahren von der Begehung der Handlung, der Pflichtverletzung oder dem sonstigen, den Schaden auslösenden Ereignis an.

Maßgeblich ist die früher endende Frist.

(3a) Ansprüche, die auf einem Erbfall beruhen oder deren Geltendmachung die Kenntnis einer Verfügung von Todes wegen voraussetzt, verjähren ohne Rücksicht auf die Kenntnis oder grob fahrlässige Unkenntnis in 30 Jahren von der Entstehung des Anspruchs an.

(4) Andere Ansprüche als die nach den Absätzen 2 bis 3a verjähren ohne Rücksicht auf die Kenntnis oder grob fahrlässige Unkenntnis in zehn Jahren von ihrer Entstehung an.

(5) Geht der Anspruch auf ein Unterlassen, so tritt an die Stelle der Entstehung die Zuwiderhandlung.

§ 200 Beginn anderer Verjährungsfristen

Die Verjährungsfrist von Ansprüchen, die nicht der regelmäßigen Verjährungsfrist unterliegen, beginnt mit der Entstehung des Anspruchs, soweit nicht ein anderer Verjährungsbeginn bestimmt ist. § 199 Abs. 5 findet entsprechende Anwendung.

§ 201 Beginn der Verjährungsfrist von festgestellten Ansprüchen

Die Verjährung von Ansprüchen der in § 197 Abs. 1 Nr. 3 bis 6 bezeichneten Art beginnt mit der Rechtskraft der Entscheidung, der Errichtung des vollstreckbaren Titels oder der Feststellung im Insolvenzverfahren, nicht jedoch vor der Entstehung des Anspruchs. § 199 Abs. 5 findet entsprechende Anwendung.

§ 202 Unzulässigkeit von Vereinbarungen über die Verjährung

(1) Die Verjährung kann bei Haftung wegen Vorsatzes nicht im Voraus durch Rechtsgeschäft erleichtert werden.

(2) Die Verjährung kann durch Rechtsgeschäft nicht über eine Verjährungsfrist von 30 Jahren ab dem gesetzlichen Verjährungsbeginn hinaus erschwert werden.

Titel 2 Hemmung, und Neubeginn der Verjährung

§ 203 Hemmung der Verjährung bei Verhandlungen

Schweben zwischen dem Schuldner und dem Gläubiger Verhandlungen über den Anspruch oder die den Anspruch begründenden Umstände, so ist die Verjährung gehemmt, bis der eine oder der andere Teil die Fortsetzung der Verhandlungen verweigert. Die Verjährung tritt frühestens drei Monate nach dem Ende der Hemmung ein.

에 걸리고,

2. 그 발생 및 그 지(知) 또는 중과실에 기한 부지(不知)에 상관없이, 그 행위, 의무위반 또는 손해를 발생시키는 기타 사건이 있었던 때부터(dem sonstigen, den Schaden auslösenden Ereignis) 30년의 소멸시효에 걸린다.

먼저 만료하는 기간을 적용한다.

③의a 상속개시에 기인하는 청구권 또는 그 청구권의 행사가 사인처분(死因處分; Verfügung von Todes wegen)에 대한 앎을 요건으로 하는 청구권은, 그 지(知) 또는 중과실에 기한 부지(不知)에 상관없이(ohne Rücksicht auf die Kenntnis oder grob fahrlässige Unkenntnis) 그 청구권이 발생한 때로부터 30년의 소멸시효에 걸린다.

④ 제2항 내지(知) 제3항a 이외의 청구권(Andere Ansprüche als die nach den Absätzen 2 bis 3a)은, 그 악의 또는 중과실에 기한 선의에 상관없이 그 청구권 발생시로부터 10년의 소멸시효에 걸린다.

⑤ 부작위에 대한 청구권의 경우에는 그 위반행위가 그 발생에 갈음한다.

제200조 다른 소멸시효기간의 기산

달리 정함이 없는 한, 일반소멸시효기간의 적용을 받지 아니하는 청구권의 소멸시효기간은 그 발생시로부터(mit der Entstehung des Anspruchs) 기산(起算)한다. 제199조 제5항을 준용한다.

제201조 확정된 청구권의 소멸시효기간 기산

제197조 제3호 내지 제6호상의 종류의 청구권의 소멸시효는 재판의 확정으로써, 강제집행이 가능한 권원 또는 파산절차에서의 채권확정의 성취(Errichtung)로써 기산하되, 그 청구권 발생 전에는 기산하지 아니한다(nicht jedoch vor der Entstehung des Anspruchs). 제199조 제5항을 준용한다.

제202조 소멸시효 약정에 관한 불허(不許)사항

① 소멸시효는 고의로 인한 책임에 있어(bei Haftung wegen Vorsatzes) 사전에 법률행위로 단축될 수 없다.

② 소멸시효는 법률행위에 의해 법정 소멸시효기산시로부터 기산한 30년을 초과하게 하여 가중될 수 없다.

제2절 소멸시효의 정지(停止), 완성유예(完成猶豫) 및 재개시(再開始)

제203조 교섭시의 소멸시효의 정지

채무자와 채권자 간에 청구권 또는 청구권을 성립시키는 사정에 관한 교섭이 진행 중인 경우에(Schweben zwischen dem Schuldner und dem Gläubiger Verhandlungen über den Anspruch oder die den Anspruch begründenden Umstände) 소멸시효는, 일방 당사자 또는 상대방이 그 교섭(交涉)의 계속(繼續)을 거절할 때까지 정지(停止)된다. 그 소멸시효는 빨라야 정지가 종료된 때로부터 3개월 후에 소멸시효가 완성한다.

§ 204 Hemmung der Verjährung durch Rechtsverfolgung

(1) Die Verjährung wird gehemmt durch

1. die Erhebung der Klage auf Leistung oder auf Feststellung des Anspruchs, auf Erteilung der Vollstreckungsklausel oder auf Erlass des Vollstreckungsurteils,

1a. die Erhebung einer Musterfeststellungsklage für einen Anspruch, den ein Gläubiger zu dem zu der Klage geführten Klageregister wirksam angemeldet hat, wenn dem angemeldeten Anspruch derselbe Lebenssachverhalt zugrunde liegt wie den Feststellungszielen der Musterfeststellungsklage,

2. die Zustellung des Antrags im vereinfachten Verfahren über den Unterhalt Minderjähriger,

3. die Zustellung des Mahnbescheids im Mahnverfahren oder des Europäischen Zahlungsbefehls im Europäischen Mahnverfahren nach der Verordnung (EG) Nr. 1896/2006 des Europäischen Parlaments und des Rates vom 12. Dezember 2006 zur Einführung eines Europäischen Mahnverfahrens (ABl. EU Nr. L 399 S. 1),

4. die Veranlassung der Bekanntgabe eines Antrags, mit dem der Anspruch geltend gemacht wird, bei einer

   a) staatlichen oder staatlich anerkannten Streitbeilegungsstelle oder

   b) anderen Streitbeilegungsstelle, wenn das Verfahren im Einvernehmen mit dem Antragsgegner betrieben wird;

die Verjährung wird schon durch den Eingang des Antrags bei der Streitbeilegungsstelle gehemmt, wenn der Antrag demnächst bekannt gegeben wird,

5. die Geltendmachung der Aufrechnung des Anspruchs im Prozess,

6. die Zustellung der Streitverkündung,

6a. die Zustellung der Anmeldung zu einem Musterverfahren für darin bezeichnete Ansprüche, soweit diesen der gleiche Lebenssachverhalt zugrunde liegt wie den Feststellungszielen des Musterverfahrens und wenn innerhalb von drei Monaten nach dem rechtskräftigen Ende des Musterverfahrens die Klage auf Leistung oder Feststellung der in der Anmeldung bezeichneten Ansprüche erhoben wird,

7. die Zustellung des Antrags auf Durchführung eines selbständigen Beweisverfahrens,

8. den Beginn eines vereinbarten Begutachtungsverfahrens,

9. die Zustellung des Antrags auf Erlass eines Arrests, einer einstweiligen Verfügung oder einer einstweiligen Anordnung, oder, wenn der Antrag nicht zugestellt wird, dessen Einreichung, wenn der Arrestbefehl, die einstweilige Verfügung oder die einstweilige Anordnung innerhalb eines Monats seit Verkündung oder Zustellung an den Gläubiger dem Schuldner zugestellt wird,

10. die Anmeldung des Anspruchs im Insolvenzverfahren oder im Schifffahrtsrechtlichen Verteilungsverfahren,

제204조 법적권리행사에 의한 소멸시효의 정지

① 소멸시효는 다음 각 호에 의하여 정지된다.

1. 청구권이행(請求權履行) 또는 청구권확인(請求權確認)의 소(訴), 집행문의 부여의 소(訴) 또는 강제집행발령판결(auf Erlass des Vollstreckungsurteils)의 소(訴)의 제기,

1a. 어느 신고한 청구권이 표준확인소송(標準確認訴訟)의 확정대상과 동일한 생활사실관계(Lebenssachverhalt)을 기초로 하는 경우에 어느 채권자가 그 표준소송에 관하여 작성된 소송등록부에 유효하게 신고한 청구권에 대한 표준확인소송(標準確認訴訟)의 제기(die Erhebung einer Musterfeststellungsklage für einen Anspruch),

2. 미성년자의 부양에 관한 간이절차(簡易節次)에서의 신청서의 송달(die Zustellung des Antrags),

3. 독촉절차(督促節次)에서의 독촉결정(督促決定)의 송달이나, 유럽연합 독촉절차의 도입에 관한 2006년 12월 12일의 유럽연합 및 이사회의 1896/2006호 명령(EG)(ABl. EU Nr. L 399 S. 1)에 따른 유럽연합독촉절차에서의 유럽연합독촉명령의 송달,

4. 다음 각 목의 분쟁처리기관의 경우에 있어 그 청구권이 주장된 신청에 대한 공고(公告)의 촉탁(囑託),

   a) 국가의 분쟁처리기관 또는 국가의 공인을 받은 분쟁처리기관,

   b) 절차가 피신청인과의 합의에 따라(im Einvernehmen mit dem Antragsgegner) 진행되는 그 밖의 분쟁처리기관;

그 신청이 그 즉시 통지되는 경우에 그 소멸시효는 분쟁처리기관에 대하여 신청의 접수(接受)로써(chon durch den Eingang des Antrags) 정지된다.

5. 소송에서 청구권에 대한 상계권(相計權)의 행사,

6. 소송고지서(訴訟告知書)의 송달,

6a. 그 청구권이 확인대상과 동일한 생활사실관계를 기초로 하고, 표준확인소송절차(標準確認訴訟節次)가 기판력 있게 종료한 때로부터 3개월 이내에 그 참가신청에 기재된 청구권에 대한 이행(履行)의 소 또는 확인(確認)의 소(die Klage auf Leistung oder Feststellung der in der Anmeldung bezeichneten Ansprüche)가 제기된 경우에, 신고서에 기재된 청구권에 대한 표준확인소송(標準確認訴訟)에 관한 그 신고서의 송달,

7. 독립적 증거절차(證據節次)의 개시에 관한 신청서의 송달(送達),

8. 합의에 의한 감정절차(鑑定節次)의 개시,

9. 압류명령(押留命令), 가처분(假處分) 또는 가압류(假押留)의 발령(發令)을 구하는(auf Erlass eines Arrests, einer einstweiligen Verfügung oder einer einstweiligen Anordnung) 신청서의 송달(送達), 또는 그 신청서가 송달되지 않는다면 압류명령, 가처분 또는 가압류의 발령명령서가 채권자에 대한 고지(告知) 또는 송달(送達)된 때로부터 1개월 이내에 채무자에게 송달되는 경우에 있어 신청서(申請書)의 제출,

10. 파산절차(破産節次)에서의 채권(債權) 신고(申告) 또는 해상법(海商法)상 배당절차에서의 채권(債權) 신고(申告),

11. den Beginn des schiedsrichterlichen Verfahrens,
12. die Einreichung des Antrags bei einer Behörde, wenn die Zulässigkeit der Klage von der Vorentscheidung dieser Behörde abhängt und innerhalb von drei Monaten nach Erledigung des Gesuchs die Klage erhoben wird; dies gilt entsprechend für bei einem Gericht oder bei einer in Nummer 4 bezeichneten Streitbeilegungsstelle zu stellende Anträge, deren Zulässigkeit von der Vorentscheidung einer Behörde abhängt,
13. die Einreichung des Antrags bei dem höheren Gericht, wenn dieses das zuständige Gericht zu bestimmen hat und innerhalb von drei Monaten nach Erledigung des Gesuchs die Klage erhoben oder der Antrag, für den die Gerichtsstandsbestimmung zu erfolgen hat, gestellt wird, und
14. die Veranlassung der Bekanntgabe des erstmaligen Antrags auf Gewährung von Prozesskostenhilfe oder Verfahrenskostenhilfe; wird die Bekanntgabe demnächst nach der Einreichung des Antrags veranlasst, so tritt die Hemmung der Verjährung bereits mit der Einreichung ein.

(2) Die Hemmung nach Absatz 1 endet sechs Monate nach der rechtskräftigen Entscheidung oder anderweitigen Beendigung des eingeleiteten Verfahrens. Die Hemmung nach Absatz 1 Nummer 1a endet auch sechs Monate nach der Rücknahme der Anmeldung zum Klageregister. Gerät das Verfahren dadurch in Stillstand, dass die Parteien es nicht betreiben, so tritt an die Stelle der Beendigung des Verfahrens die letzte Verfahrenshandlung der Parteien, des Gerichts oder der sonst mit dem Verfahren befassten Stelle. Die Hemmung beginnt erneut, wenn eine der Parteien das Verfahren weiter betreibt.

(3) Auf die Frist nach Absatz 1 Nr. 6a, 9, 12 und 13 finden die §§ 206, 210 und 211 entsprechende Anwendung.

§ 205 Hemmung der Verjährung bei Leistungsverweigerungsrecht

Die Verjährung ist gehemmt, solange der Schuldner auf Grund einer Vereinbarung mit dem Gläubiger vorübergehend zur Verweigerung der Leistung berechtigt ist.

§ 206 Hemmung der Verjährung bei höherer Gewalt

Die Verjährung ist gehemmt, solange der Gläubiger innerhalb der letzten sechs Monate der Verjährungsfrist durch höhere Gewalt an der Rechtsverfolgung gehindert ist.

§ 207 Hemmung der Verjährung aus familiären und ähnlichen Gründen

(1) Die Verjährung von Ansprüchen zwischen Ehegatten ist gehemmt, solange die Ehe besteht. Das Gleiche gilt für Ansprüche zwischen

1. Lebenspartnern, solange die Lebenspartnerschaft besteht,
2. dem Kind und
   a) seinen Eltern oder

11. 중재절차(仲裁節次)의 개시,
12. 그 소의 적법(適法)이 어느 관청의 사전결정에 좌우되고 신청을 처리한 때로부터 3개월 이내에 소송(訴訟)이 제기된 경우에, 신청서(申請書)의 그 관청(官廳)에 대한 제출(die Einreichung des Antrags bei einer Behörde); 그 적법(適法)이 그 관청의 사전결정에 좌우되는(deren Zulässigkeit von der Vorentscheidung einer Behörde abhängt) 법원(法院) 또는 제4호상의 분쟁처리기관에 제기된 신청(申請)에 대하여 이를 준용한다,
13. 상급법원이 관할법원(管轄法院)을 지정해야 하고 그 관할법원(管轄法院)이 이를 결정해야 하며, 그 신청을 처리한 때로부터 3개월 이내에 소(訴)가 제기되거나 관할법원(管轄法院)을 지정하기 위한 대상인 청구(請求)가 제기된 경우에 있어, 상급 법원에 대한 그 신청서(申請書)의 제출,
14. 소송비용지원금 또는 절차비용지원금의 지급(支給)에 대한 최초의 신청에 대한 공고(公告)의 촉탁(囑託); 그 공고가 그 신청서 제출 직후에 촉탁(囑託)되는 경우에(wird die Bekanntgabe demnächst nach der Einreichung des Antrags veranlasst) 소멸시효의 정지는 그 신청서의 제출 시로부터 발생한다.

② 제1항에 따른 시효정지는 재판이 기판력 있게 종료된 때 또는 개시된 절차의 다른 형태에 의한 종료된 때로부터 6개월 후에(sechs Monate nach der rechtskräftigen Entscheidung oder anderweitigen Beendigung des eingeleiteten Verfahrens) 종료한다. 제1항 제1항a에 따른 시효정지는 소송등록부에 대한 신청을 철회한 때로부터 6개월 후에 종료한다. 그 절차가, 당사자들이 이를 진행하지 않음으로써 중단된 경우에는 당사자들에 대한 최종심리나, 법원 또는 그 절차를 다룬 그 밖의 기관의 최종심리가 그 절차의 종료에 갈음한다. 시효정지는 당사자들 중 한 당사자가 그 절차를 계속 진행하는 경우에(wenn eine der Parteien das Verfahren weiter betreibt) 새롭게 이뤄진다.

③ 제1항 제6호a, 제9호, 제12호, 제13호에 대하여 제206조, 제210조, 제211조를 준용한다.

제205조 급부거절권에 있어서의 소멸시효의 정지

소멸시효는, 채무자가 채권자와의 합의에 기하여 일시적으로 급부를 거절할 권리를 가지고 있는 동안에는 정지된다.

제206조 불가항력시 소멸시효의 정지

소멸시효는, 채권자가 불가항력으로 인하여 소멸시효기간 완성 전(前) 최종 6개월 이내에 권리행사를 하지 못하는 동안에 정지된다.

제207조 가족상의 이유 또는 이에 유사한 이유에 기한 소멸시효의 정지

① 배우자 간의 청구권에 대한 소멸시효는 혼인이 성립하는 동안에는 정지된다. 다음 각 호의 관계에 의한 청구권에 대하여도 다음과 같이 소멸시효가 정지된다,
1. 동성혼배우자 간에는 동성혼배우자관계가 존속하는 동안,
2. 자(子)와,
   a) 그 부모(父母) 간 또는

b) dem Ehegatten oder Lebenspartner eines Elternteils
bis zur Vollendung des 21. Lebensjahres des Kindes,
3. dem Vormund und dem Mündel während der Dauer des Vormundschaftsverhältnisses,
4. dem Betreuten und dem Betreuer während der Dauer des Betreuungsverhältnisses und
5. dem Pflegling und dem Pfleger während der Dauer der Pflegschaft.

Die Verjährung von Ansprüchen des Kindes gegen den Beistand ist während der Dauer der Beistandschaft gehemmt.

(2) § 208 bleibt unberührt.

§ 208 Hemmung der Verjährung bei Ansprüchen wegen Verletzung der sexuellen Selbstbestimmung

Die Verjährung von Ansprüchen wegen Verletzung der sexuellen Selbstbestimmung ist bis zur Vollendung des 21. Lebensjahrs des Gläubigers gehemmt. Lebt der Gläubiger von Ansprüchen wegen Verletzung der sexuellen Selbstbestimmung bei Beginn der Verjährung mit dem Schuldner in häuslicher Gemeinschaft, so ist die Verjährung auch bis zur Beendigung der häuslichen Gemeinschaft gehemmt.

§ 209 Wirkung der Hemmung

Der Zeitraum, während dessen die Verjährung gehemmt ist, wird in die Verjährungsfrist nicht eingerechnet.

§ 210 Ablaufhemmung bei nicht voll Geschäftsfähigen

(1) Ist eine geschäftsunfähige oder in der Geschäftsfähigkeit beschränkte Person ohne gesetzlichen Vertreter, so tritt eine für oder gegen sie laufende Verjährung nicht vor dem Ablauf von sechs Monaten nach dem Zeitpunkt ein, in dem die Person unbeschränkt geschäftsfähig oder der Mangel der Vertretung behoben wird. Ist die Verjährungsfrist kürzer als sechs Monate, so tritt der für die Verjährung bestimmte Zeitraum an die Stelle der sechs Monate.

(2) Absatz 1 findet keine Anwendung, soweit eine in der Geschäftsfähigkeit beschränkte Person prozessfähig ist.

§ 211 Ablaufhemmung in Nachlassfällen

Die Verjährung eines Anspruchs, der zu einem Nachlass gehört oder sich gegen einen Nachlass richtet, tritt nicht vor dem Ablauf von sechs Monaten nach dem Zeitpunkt ein, in dem die Erbschaft von dem Erben angenommen oder das Insolvenzverfahren über den Nachlass eröffnet wird oder von dem an der Anspruch von einem oder gegen einen Vertreter geltend gemacht werden kann. Ist die Verjährungsfrist kürzer als sechs Monate, so tritt der für die Verjährung bestimmte Zeitraum an die Stelle der sechs Monate.

b) 부(父) 또는 모(母)의 배우자 또는 동성혼배우자 간에는,
그 자(子)가 만 21세가 될 때까지,

3. 후견인(後見人)과 피후견인(被後見人) 간에는 후견관계기간 동안(während der Dauer des Vormundschaftsverhältnisses),
4. 관리인(管理人)과 피관리인(被管理人) 간에는 관리관계기간(während der Dauer des Betreuungsverhältnisses) 동안,
5. 보호자와 피보호자 간에는 보호관계기간 동안.

자(子)의 법적보호자에 대한 청구권의 소멸시효는 법적보호관계기간 동안(während der Dauer der Beistandschaft) 정지된다.

② 제208조는 영향을 받지 아니한다.

제208조 성적자기결정권의 침해로 인한 청구권의 소멸시효의 정지

성적자기결정권의 침해로 인한 청구권의 소멸시효(Die Verjährung von Ansprüchen wegen Verletzung der sexuellen Selbstbestimmung)는 채권자가 만 21세가 될 때까지 정지된다. 성적자기결정권의 침해로 인한 청구권에 대한 채권자가 소멸시효 개시 당시에 가족공동체에서 채무자와 함께 생활하는 경우에도 가정공동체가 종료될 때까지(auch bis zur Beendigung der häuslichen Gemeinschaft) 소멸시효가 정지된다.

제209조 소멸시효정지의 효과

소멸시효가 정지된 동안의 기간은 소멸시효기간에 산입하지 아니한다(wird in die Verjährungsfrist nicht eingerechnet).

제210조 완전한 행위능력자 아닌 경우에 있어 시효완성유예(完成猶豫)(Ablaufhemmung)

① 행위무능력자이거나 제한행위능력자에 대해 법정대리인이 없는 경우에(Ist eine geschäftsunfähige oder in der Geschäftsfähigkeit beschränkte Person ohne gesetzlichen Vertreter) 그 자를 위하거나 그 자에 대하여 진행 중인 소멸시효는 그 자가 완전한 행위능력자가 되거나 대리인의 결여가 극복된 된 때로부터 6개월 전에는 완성하지 아니한다. 소멸시효가 6개월보다 단기인 경우에는(Ist die Verjährungsfrist kürzer als sechs Monate) 소멸시효에 정해진 기간이 6개월에 갈음한다.

② 제한행위능력자가 소송능력이 있는 범위 내에서는(soweit eine in der Geschäftsfähigkeit beschränkte Person prozessfähig ist) 제1항을 적용하지 아니한다.

제211조 상속재산사건에서의 시효완성유예(完成猶豫)

상속재산에 속한 청구권 또는 상속재산을 대상으로 하는(der zu einem Nachlass gehört oder sich gegen einen Nachlass richtet) 청구권의 소멸시효는, 상속인이 상속을 승인하거나 상속재산에 대해 파산절차가 개시된 때나, 대리인에 의해 또는 대리인에 대해 청구권이 행사될 수 없는 때로부터 6개월이 경과하기 전(前)는 완성되지 아니한다. 소멸시효기간이 6개월보다 단기(短期)인 경우에는 소멸시효(消滅時效)에 정해진 기간이 그 6개월에 갈음한다.

§ 212 Neubeginn der Verjährung

(1) Die Verjährung beginnt erneut, wenn

1. der Schuldner dem Gläubiger gegenüber den Anspruch durch Abschlagszahlung, Zinszahlung, Sicherheitsleistung oder in anderer Weise anerkennt oder
2. eine gerichtliche oder behördliche Vollstreckungshandlung vorgenommen oder beantragt wird.

(2) Der erneute Beginn der Verjährung infolge einer Vollstreckungshandlung gilt als nicht eingetreten, wenn die Vollstreckungshandlung auf Antrag des Gläubigers oder wegen Mangels der gesetzlichen Voraussetzungen aufgehoben wird.

(3) Der erneute Beginn der Verjährung durch den Antrag auf Vornahme einer Vollstreckungshandlung gilt als nicht eingetreten, wenn dem Antrag nicht stattgegeben oder der Antrag vor der Vollstreckungshandlung zurückgenommen oder die erwirkte Vollstreckungshandlung nach Absatz 2 aufgehoben wird.

§ 213 Hemmung, Ablaufhemmung und erneuter Beginn der Verjährung bei anderen Ansprüchen

Die Hemmung, die Ablaufhemmung und der erneute Beginn der Verjährung gelten auch für Ansprüche, die aus demselben Grunde wahlweise neben dem Anspruch oder an seiner Stelle gegeben sind.

Titel 3 Rechtsfolgen der Verjährung

§ 214 Wirkung der Verjährung

(1) Nach Eintritt der Verjährung ist der Schuldner berechtigt, die Leistung zu verweigern.

(2) Das zur Befriedigung eines verjährten Anspruchs Geleistete kann nicht zurückgefordert werden, auch wenn in Unkenntnis der Verjährung geleistet worden ist. Das Gleiche gilt von einem vertragsmäßigen Anerkenntnis sowie einer Sicherheitsleistung des Schuldners.

§ 215 Aufrechnung und Zurückbehaltungsrecht nach Eintritt der Verjährung

Die Verjährung schließt die Aufrechnung und die Geltendmachung eines Zurückbehaltungsrechts nicht aus, wenn der Anspruch in dem Zeitpunkt noch nicht verjährt war, in dem erstmals aufgerechnet oder die Leistung verweigert werden konnte.

§ 216 Wirkung der Verjährung bei gesicherten Ansprüchen

(1) Die Verjährung eines Anspruchs, für den eine Hypothek, eine Schiffshypothek oder ein Pfandrecht besteht, hindert den Gläubiger nicht, seine Befriedigung aus dem belasteten Gegenstand zu suchen.

(2) Ist zur Sicherung eines Anspruchs ein Recht verschafft worden, so kann die Rückübertragung nicht auf Grund der Verjährung des Anspruchs gefordert werden. Ist das Eigentum vorbehalten,

제212조 소멸시효의 재개시(再開始)

① 다음 각 호의 경우에 소멸시효는 다시 진행한다,

1. 채무자가 채권자에게 분할지급, 이자지급, 담보제공 또는 그 밖의 방법으로 그 청구권을 승인하는 경우,
2. 법원(法源) 또는 관청(官廳)의 강제집행조치(强制執行措置)(eine gerichtliche oder behördliche Vollstreckungshandlung)가 개시되거나 신청되는 경우.

② 그 강제집행조치가 채권자의 신청에 의하여 또는 법정 요건의 흠결로 인해(auf Antrag des Gläubigers oder wegen Mangels der gesetzlichen Voraussetzungen) 실효된 경우에는 강제집행조치로 인한 소멸시효의 재개시(再開始)는 이뤄지지 않은 것으로 본다.

③ 그 신청이 불허(不許)되거나 강제집행조치 전에 그 신청인 철회되거나 성취한 강제집행조치가 제2항에 따라 실효된 경우에는 강제집행조치의 착수 신청에 의한 소멸시효의 재개시(再開始)는 이뤄지지 않은 것으로 본다.

제213조 기타 청구권에 있어 소멸시효의 정지, 완성정지 및 재개시(再開始)

동일한 원인에 기하여 그 청구권과 함께 선택적으로 또는 그 청구권에 갈음하여 존재하는 청구권에 대해서도 소멸시효의 정지, 완성정지 또는 재개시(再開始)(Die Hemmung, die Ablaufhemmung und der erneute Beginn der Verjährung)가 적용된다.

제3절 소멸시효완성의 법률효과

제214조 소멸시효완성의 효력

① 소멸시효 완성 후에 채무자는 급부를 거절할(die Leistung zu verweigern) 권리(權利)를 갖는다.

② 소멸시효가 완성된 청구권의 변제를 위해 이행된 것(Das zur Befriedigung eines verjährten Anspruchs Geleistete)은, 소멸시효 완성을 모르고 이행되었다 하더라도, 반환청구를 할 수 없다. 계약에 좇은 승인(einem vertragsmäßigen Anerkenntnis)과, 채무자의 담보제공에 대해서도 또한 같다.

제215조 소멸시효 완성 후의 상계권과 급부거절권

당초 상계될 수 있었거나 급부(給付)가 거절될 수 있었던 때에 아직 그 청구권이 시효로 소멸되지 않은 경우에는 소멸시효로 인해 상계권(相計權)과 급부거절권 행사가 배제(排除)되지 아니한다.

제216조 담보제공된 청구권의 경우에 있어 소멸시효완성의 효력

① 저당권, 선박저당권 또는 질권이 설정된(für den eine Hypothek, eine Schiffshypothek oder ein Pfandrecht besteht) 청구권의 소멸시효 완성으로 인해 채권자가 담보로 제공된 목적물에서 자신의 청구권의 만족을 추구하는 것이 방해받지 아니한다.

② 어느 청구권을 담보하기 위하여 어느 권리가 이전된 경우에 그 청구권의 소멸시효 완성을 이유로(auf Grund der Verjährung des Anspruchs) 그 권리의 반환(Rückübertragung) 이 청구될 수 없다.

so kann der Rücktritt vom Vertrag auch erfolgen, wenn der gesicherte Anspruch verjährt ist.
(3) Die Absätze 1 und 2 finden keine Anwendung auf die Verjährung von Ansprüchen auf Zinsen und andere wiederkehrende Leistungen.

§ 217 Verjährung von Nebenleistungen
Mit dem Hauptanspruch verjährt der Anspruch auf die von ihm abhängenden Nebenleistungen, auch wenn die für diesen Anspruch geltende besondere Verjährung noch nicht eingetreten ist.

§ 218 Unwirksamkeit des Rücktritts
(1) Der Rücktritt wegen nicht oder nicht vertragsgemäß erbrachter Leistung ist unwirksam, wenn der Anspruch auf die Leistung oder der Nacherfüllungsanspruch verjährt ist und der Schuldner sich hierauf beruft. Dies gilt auch, wenn der Schuldner nach § 275 Absatz 1 bis 3, § 439 Absatz 4 oder § 635 Absatz 3 nicht zu leisten braucht und der Anspruch auf die Leistung oder der Nacherfüllungsanspruch verjährt wäre. § 216 Abs. 2 Satz 2 bleibt unberührt.
(2) § 214 Abs. 2 findet entsprechende Anwendung.

Abschnitt 6 Ausübung der Rechte, Selbstverteidigung, Selbsthilfe

§ 226 Schikaneverbot
Die Ausübung eines Rechts ist unzulässig, wenn sie nur den Zweck haben kann, einem anderen Schaden zuzufügen.

§ 227 Notwehr
(1) Eine durch Notwehr gebotene Handlung ist nicht widerrechtlich.
(2) Notwehr ist diejenige Verteidigung, welche erforderlich ist, um einen gegenwärtigen rechtswidrigen Angriff von sich oder einem anderen abzuwenden.

§ 228 Notstand
Wer eine fremde Sache beschädigt oder zerstört, um eine durch sie drohende Gefahr von sich oder einem anderen abzuwenden, handelt nicht widerrechtlich, wenn die Beschädigung oder die Zerstörung zur Abwendung der Gefahr erforderlich ist und der Schaden nicht außer Verhältnis zu der Gefahr steht. Hat der Handelnde die Gefahr verschuldet, so ist er zum Schadensersatz verpflichtet.

§ 229 Selbsthilfe
Wer zum Zwecke der Selbsthilfe eine Sache wegnimmt, zerstört oder beschädigt oder wer zum Zwecke der Selbsthilfe einen Verpflichteten, welcher der Flucht verdächtig ist, festnimmt oder den Widerstand des Verpflichteten gegen eine Handlung, die dieser zu dulden verpflichtet ist, beseitigt,

소유권이 유보된 경우에 담보가 제공된 청구권이 소멸시효가 완성되더라도 계약을 해제할 수 있다.
③ 제1항, 제2항은 이자청구권 및 그 밖의 반복적으로 돌아오는 급부의 청구권에 대한 소멸시효에는 적용하지 아니한다.

제217조 부가급부의 소멸시효
그 청구권에 종속된 부가급부에 대한 청구권은, 이러한 급부에 대한 청구권에 대하여 적용되는 특별한 소멸시효가 아직 완성되지 않았더라도 주청구권(主請求權)과 함께 소멸시효가 완성한다.

제218조 해제의 무효
① 급부청구권 또는 사후보완이행청구권이 소멸시효가 완성되고 채무자가 이를 원용할 수 있을 때에는 급부를 이행하지 않거나 계약에 좇아 이행하지 않음으로 인한 해제는 무효이다. 채무자가 제275조 제1항 내지 제3항, 제39조 제4항 또는 제635조 제3항에 따라 급부를 이행할 필요가 없거나 급부청구권 또는 사후보완이행청구권의 소멸시효가 완성된(der Anspruch auf die Leistung oder der Nacherfüllungsanspruch verjährt wäre) 경우에도 또한 같다. 제216조 제2항 제2문은 영향을 받지 아니한다.
② 제214조 제2항을 준용한다.

제6장 권리행사, 자기방어, 자력구조

제226조 가해목적권리행사(加害目的權利行事)의 금지
어느 권리행사에 타인에게 손해를 가할 목적만이 있는 경우에 그 권리행사는 허용되지 아니한다.

제227조 긴급피난
① 정당방위에 필요한 행위는 위법하지 않다.
② 정당방위는, 현재의 위법한 침해(einen gegenwärtigen rechtswidrigen Angriff)로부터 자신 또는 타인을 지키기 위해 필요한 방어행위이다.

제228조 긴급피난
타인의 물건으로 인한 임박한 위험으로부터 자신 또는 타인을 지키기 위하여 그 물건을 손상하거나 파괴하는 자는, 그 위험의 방지를 위해 그 손상 또는 파괴가 필요하고(wenn die Beschädigung oder die Zerstörung zur Abwendung der Gefahr erforderlich ist) 손해가 그 위험에 대한 비례에서 벗어나지 않은 때에는 위법하게 행위를 한 것이 아니다. 행위자가 그 위험에 책임이 있는 경우에는 그는 손해배상을 할 의무를 부담한다.

제229조 자력구제(自力救濟)
자력구조의 목적으로 물건을 탈취(奪取)하거나 파괴(破壞)하거나 또는 이를 손상(損傷)한 자나, 자력구조(自力救濟)의 목적으로, 도망할 염려가 있는 의무자(義務者)를 체포(逮捕)하거나 의무자가 수인(受忍)해야 하는 행위에 대한 의무자의 반항(反抗)을 제압(制壓)한 자는, 당국의 조력(助

handelt nicht widerrechtlich, wenn obrigkeitliche Hilfe nicht rechtzeitig zu erlangen ist und ohne sofortiges Eingreifen die Gefahr besteht, dass die Verwirklichung des Anspruchs vereitelt oder wesentlich erschwert werde.

§ 230 Grenzen der Selbsthilfe

(1) Die Selbsthilfe darf nicht weiter gehen, als zur Abwendung der Gefahr erforderlich ist.

(2) Im Falle der Wegnahme von Sachen ist, sofern nicht Zwangsvollstreckung erwirkt wird, der dingliche Arrest zu beantragen.

(3) Im Falle der Festnahme des Verpflichteten ist, sofern er nicht wieder in Freiheit gesetzt wird, der persönliche Sicherheitsarrest bei dem Amtsgericht zu beantragen, in dessen Bezirk die Festnahme erfolgt ist; der Verpflichtete ist unverzüglich dem Gericht vorzuführen.

(4) Wird der Arrestantrag verzögert oder abgelehnt, so hat die Rückgabe der weggenommenen Sachen und die Freilassung des Festgenommenen unverzüglich zu erfolgen.

§ 231 Irrtümliche Selbsthilfe

Wer eine der im § 229 bezeichneten Handlungen in der irrigen Annahme vornimmt, dass die für den Ausschluss der Widerrechtlichkeit erforderlichen Voraussetzungen vorhanden seien, ist dem anderen Teil zum Schadensersatz verpflichtet, auch wenn der Irrtum nicht auf Fahrlässigkeit beruht.

Abschnitt 7 Sicherheitsleistung

§ 232 Arten

(1) Wer Sicherheit zu leisten hat, kann dies bewirken

durch Hinterlegung von Geld oder Wertpapieren,

durch Verpfändung von Forderungen, die in das Bundesschuldbuch oder in das Landesschuldbuch eines Landes eingetragen sind,

durch Verpfändung beweglicher Sachen,

durch Bestellung von Schiffshypotheken an Schiffen oder Schiffsbauwerken, die in einem deutschen Schiffsregister oder Schiffsbauregister eingetragen sind,

durch Bestellung von Hypotheken an inländischen Grundstücken,

durch Verpfändung von Forderungen, für die eine Hypothek an einem inländischen Grundstück besteht, oder durch Verpfändung von Grundschulden oder Rentenschulden an inländischen Grundstücken.

(2) Kann die Sicherheit nicht in dieser Weise geleistet werden, so ist die Stellung eines tauglichen Bürgen zulässig.

力)(obrigkeitliche Hilfe)을 적시에 받지 못하고 즉각적으로 개입하지 않는다면 청구권의 실현(實現)이 좌절(挫折)되거나 현저하게 곤란(困難)해질 위험이 있는(dass die Verwirklichung des Anspruchs vereitelt oder wesentlich erschwert werde) 때에는 위법하게 행위를 한 것이 아니다.

제230조 자력구제의 한계

① 자력구제는 위험을 방지하기 위해 필요한 범위를 넘어서(als zur Abwendung der Gefahr erforderlich ist) 계속적으로 행해서는 아니된다.

② 물건을 탈취한 경우에 있어, 강제집행이 실시되지 않는 한, 물건의 가압류(der dingliche Arrest)가 신청되어야 한다.

③ 의무자의 체포의 경우에 있어, 의무자가 다시 자유롭게 되지 않는 한, 예방적 인신구금(豫防的人身拘禁)을 일반구법원(一般區法院)에 신청해야(der persönliche Sicherheitsarrest bei dem Amtsgericht zu beantragen) 한다; 의무자는 지체 없이 일반구법원(一般區法院)에 인도되어야 한다.

④ 그 신청이 지연(遲延)되거나 거절(拒否)되는 경우에 탈취한 물건의 반환(返還)과 체포된 자의 석방(釋放)(die Rückgabe der weggenommenen Sachen und die Freilassung des Festgenommenen)이 지체 없이 행해져야 한다.

제231조 착오에 의한 자력구제

제229조상의 행위를 위법성의 조각에 필요한 요건이 존재하는 것으로(dass die für den Ausschluss der Widerrechtlichkeit erforderlichen Voraussetzungen vorhanden seien) 잘못된 가정에서 한 자는, 착오가 과실에 기인한 것이 아닐지라도 상대방에게 손해배상을 할 의무를 진다.

제7장 담보제공

제232조 종류

① 담보를 제공해야 하는 자는, 이를 다음과 같이 이행할 수 있다,

금전 또는 유가증권의 공탁으로,

연방채무등록부 또는 주의 주채무등록부에(in das Bundesschuldbuch oder in das Landesschuldbuch eines Landes) 등재된 채권에 대한 질권설정으로,

동산에 대한 질권설정으로,

선박등기부이나 건조중선박등기부에 등재된 선박 또는 건조 중인 선박에 대한 선박저당권의 설정으로,

독일 내 토지에 대한 저당권 설정으로,

독일 내 토지에 대한 저당권이 설정된 채권에 대한 질권설정으로나 독일 내 토지에 대한 토지채무 또는 정기토지채무에 대한 질권설정으로(durch Verpfändung von Grundschulden oder Rentenschulden an inländischen Grundstücken).

② 위와 같은 방법으로 담보가 제공될 수 없는 경우에 합당한 보증(tauglichen Bürgen)인을 세우는 것이 허용된다.

§ 233 Wirkung der Hinterlegung

Mit der Hinterlegung erwirbt der Berechtigte ein Pfandrecht an dem hinterlegten Geld oder an den hinterlegten Wertpapieren und, wenn das Geld oder die Wertpapiere in das Eigentum des Fiskus oder der als Hinterlegungsstelle bestimmten Anstalt übergehen, ein Pfandrecht an der Forderung auf Rückerstattung.

§ 234 Geeignete Wertpapiere

(1) Wertpapiere sind zur Sicherheitsleistung nur geeignet, wenn sie auf den Inhaber lauten, einen Kurswert haben und einer Gattung angehören, in der Mündelgeld angelegt werden darf. Den Inhaberpapieren stehen Orderpapiere gleich, die mit Blankoindossament versehen sind.

(2) Mit den Wertpapieren sind die Zins-, Renten-, Gewinnanteil- und Erneuerungsscheine zu hinterlegen.

(3) Mit Wertpapieren kann Sicherheit nur in Höhe von drei Vierteln des Kurswerts geleistet werden.

§ 235 Umtauschrecht

Wer durch Hinterlegung von Geld oder von Wertpapieren Sicherheit geleistet hat, ist berechtigt, das hinterlegte Geld gegen geeignete Wertpapiere, die hinterlegten Wertpapiere gegen andere geeignete Wertpapiere oder gegen Geld umzutauschen.

§ 236 Buchforderungen

Mit einer Schuldbuchforderung gegen den Bund oder ein Land kann Sicherheit nur in Höhe von drei Vierteln des Kurswerts der Wertpapiere geleistet werden, deren Aushändigung der Gläubiger gegen Löschung seiner Forderung verlangen kann.

§ 237 Bewegliche Sachen

Mit einer beweglichen Sache kann Sicherheit nur in Höhe von zwei Dritteln des Schätzungswerts geleistet werden. Sachen, deren Verderb zu besorgen oder deren Aufbewahrung mit besonderen Schwierigkeiten verbunden ist, können zurückgewiesen werden.

§ 238 Hypotheken, Grund- und Rentenschulden

(1) Eine Hypothekenforderung, eine Grundschuld oder eine Rentenschuld ist zur Sicherheitsleistung nur geeignet, wenn sie den Voraussetzungen entspricht, unter denen am Orte der Sicherheitsleistung Mündelgeld in Hypothekenforderungen, Grundschulden oder Rentenschulden angelegt werden darf.

(2) Eine Forderung, für die eine Sicherungshypothek besteht, ist zur Sicherheitsleistung nicht geeignet.

제233조 공탁의 효력

공탁으로 권리자는 공탁된 금전 또는 유가증권에 대한 질권(ein Pfandrecht an dem hinterlegten Geld oder an den hinterlegten Wertpapieren)을 취득하고, 금전 또는 유가증권의 소유권이 국고 또는 공탁소로 정해진 기관으로 이전되는 경우에는(wenn das Geld oder die Wertpapiere in das Eigentum des Fiskus oder der als Hinterlegungsstelle bestimmten Anstalt übergehen) 반환채권에 대한 질권을 취득한다.

제234조 담보에 적합한 유가증권

① 유가증권은, 이것이 무기명이고 시가(市價)가 있으며 통화로 신탁금(信託金)이 투자되어도 돼는 종류에 속하는(einer Gattung angehören, in der Mündelgeld angelegt werden darf) 경우에 한하여 담보제공에 적합하다. 백지식배서(Blankoindossament)가 구비된 지시증서는 무기명증서와 동일시된다.

② 이자증서(利子證書), 연금증서(年金證書), 배당금증서(配當金證書) 및 차환증서(借換證書)는 해당 유가증권과 함께 공탁되어야 한다.

③ 유가증권은 그 시가(市價)의 3/4의 한도 내에서만(nur in Höhe von drei Vierteln des Kurswerts) 담보로 제공될 수 있다.

제235조 교환권

금전 또는 유가증권의 공탁에 의해 담보를 제공한 자는, 공탁된 금전을 담보에 적합한 유가증권으로(das hinterlegte Geld gegen geeignete Wertpapiere), 공탁된 유가증권을 담보에 적합한 다른 유가증권 또는 금전으로 교환할 권리를 갖는다.

제236조 장부채권(帳簿債權)

연방채무등록부 또는 주의 주채무등록부에 등재된 채권(Mit einer Schuldbuchforderung gegen den Bund oder ein Land)은, 그 발행이 채권자에게 그 채권자의 채권 소멸과 상환으로 청구될 수 있는 유가증권 시세의 3/4의 한도 내에서만 담보로 제공될 수 있다.

제237조 동산

동산은 평가가치의 2/3의 한도 내에서만 담보로 제공될 수 있다. 부패할 우려가 있거나 그 보관에 특별한 어려움이 수반되는(deren Verderb zu besorgen oder deren Aufbewahrung mit besonderen Schwierigkeiten verbunden ist) 동산의 담보제공은 거부될 수 있다.

제238조 저당권, 토지채무와 정기토지채무

① 저당권채권, 토지채무 또는 정기토지채무(Eine Hypothekenforderung, eine Grundschuld oder eine Rentenschuld)는, 신탁금이 담보제공지에서 저당권채권, 토지채무 또는 정기토지채무에 투자될 수 있는 요건에 부합한 경우에 한하여 담보제공에 적합하다(ist zur Sicherheitsleistung nur geeignet).

② 보전저당권이 설정된(für die eine Sicherungshypothek besteht) 채권은 담보제공으로 적합하지 않다.

§ 239 Bürge

(1) Ein Bürge ist tauglich, wenn er ein der Höhe der zu leistenden Sicherheit angemessenes Vermögen besitzt und seinen allgemeinen Gerichtsstand im Inland hat.

(2) Die Bürgschaftserklärung muss den Verzicht auf die Einrede der Vorausklage enthalten.

§ 240 Ergänzungspflicht

Wird die geleistete Sicherheit ohne Verschulden des Berechtigten unzureichend, so ist sie zu ergänzen oder anderweitige Sicherheit zu leisten.

제239조 보증인

① 보증인(保證人)이 이행해야 할 담보액수에 상응하는 재산을 보유하고 독일 내에 보통재판적을 둔 (seinen allgemeinen Gerichtsstand im Inland hat) 경우에 그는 보증인으로서 적합하다.

② 보증의 의사표시에 선소(先訴)의 항변의 포기(den Verzicht auf die Einrede der Vorausklage)가 포함되어야만 한다.

제240조 담보물보충의무

이행된 담보가 권리자의 과책 없이 불충분하게 된 경우에 그 담보는 보충해야 하거나 다른 형태의 담보를 제공해야 한다.

Buch 2 Recht der Schuldverhältnisse

Abschnitt 1 Inhalt der Schuldverhältnisse
Titel 1 Verpflichtung zur Leistung

§ 241 Pflichten aus dem Schuldverhältnis

(1) Kraft des Schuldverhältnisses ist der Gläubiger berechtigt, von dem Schuldner eine Leistung zu fordern. Die Leistung kann auch in einem Unterlassen bestehen.

(2) Das Schuldverhältnis kann nach seinem Inhalt jeden Teil zur Rücksicht auf die Rechte, Rechtsgüter und Interessen des anderen Teils verpflichten.

§ 241a Unbestellte Leistungen

*) (1) Durch die Lieferung beweglicher Sachen, die nicht auf Grund von Zwangsvollstreckungsmaßnahmen oder anderen gerichtlichen Maßnahmen verkauft werden (Waren), oder durch die Erbringung sonstiger Leistungen durch einen Unternehmer an den Verbraucher wird ein Anspruch gegen den Verbraucher nicht begründet, wenn der Verbraucher die Waren oder sonstigen Leistungen nicht bestellt hat.

(2) Gesetzliche Ansprüche sind nicht ausgeschlossen, wenn die Leistung nicht für den Empfänger bestimmt war oder in der irrigen Vorstellung einer Bestellung erfolgte und der Empfänger dies erkannt hat oder bei Anwendung der im Verkehr erforderlichen Sorgfalt hätte erkennen können.

(3) Von den Regelungen dieser Vorschrift darf nicht zum Nachteil des Verbrauchers abgewichen werden. Die Regelungen finden auch Anwendung, wenn sie durch anderweitige Gestaltungen umgangen werden.

*) Amtlicher Hinweis:

Diese Vorschrift dient der Umsetzung von Artikel 9 der Richtlinie 97/7/EG des Europäischen Parlaments und des Rates vom 20. Mai 1997 über den Verbraucherschutz bei Vertragsabschlüssen im Fernabsatz (ABl. EG Nr. L 144 S. 19).

§ 242 Leistung nach Treu und Glauben

Der Schuldner ist verpflichtet, die Leistung so zu bewirken, wie Treu und Glauben mit Rücksicht auf die Verkehrssitte es erfordern.

§ 243 Gattungsschuld

(1) Wer eine nur der Gattung nach bestimmte Sache schuldet, hat eine Sache von mittlerer Art und Güte zu leisten.

(2) Hat der Schuldner das zur Leistung einer solchen Sache seinerseits Erforderliche getan, so beschränkt sich das Schuldverhältnis auf diese Sache.

제2편 채권관계법

제1장 채권관계의 내용

제1절 급부의무

제241조 채권관계에 기한 의무

① 채권관계에 기하여(Kraft des Schuldverhältnisses) 채권자는 채무자에게 급부를 청구할 권리가 있다. 부작위도 급부가 될 수 있다.

② 채권관계에 기하여 각 당사자는 그 채권관계의 내용에 좇아 상대방의 권리(權利; Rechte), 법익(法益; Rechtsgüter) 및 이익(利益; Interessen)을 배려해야 하는 의무를 부담할 수 있다.

제241조a 주문하지 않은 급부

*) ① 소비자가 그 물품 또는 그 밖의 급부를 주문하지 않은 경우에는, 강제집행 또는 그 밖의 법원의 조치(措置)에 기하여 매도되지 않는(nicht auf Grund von Zwangsvollstreckungsmaßnahmen oder anderen gerichtlichen Maßnahmen) 동산('물품'; Waren)의 인도에 의하거나, 사업자의 소비자에 대한 기타 급부의 이행에 기하여(durch die Erbringung sonstiger Leistungen durch einen Unternehmer an den Verbraucher) 소비자에 대한 청구권(ein Anspruch gegen den Verbraucher)은 성립하지 않는다.

② 급부가 수령인에게 제공된 것이 아니거나 주문이 있는 것으로 잘못 생각하고서 행해졌는데(wenn die Leistung nicht für den Empfänger bestimmt war oder in der irrigen Vorstellung einer Bestellung erfolgte und) 수령인이 이를 알았거나 또는 거래계에서 필요한 주의의무를 기울이면 이를 알 수 있었던 경우에는 법정청구권은 배제되지 않는다.

③ 소비자의 불이익으로 위 규정들의 다르게 약정되어서는 아니된다. 그 규율(規律)은 다른 방법으로 회피되는 경우(wenn sie durch anderweitige Gestaltungen umgangen werden)에도 적용된다.

*) 공식 주(注):

위 규정들은, 「통신판매에 의한 계약체결시 소비자보호에 관한(über den Verbraucherschutz bei Vertragsabschlüssen im Fernabsatz) 1997년 5월 20일의 유럽연합 의회(議會) 및 이사회(理事會)의 97/7/EG호 지침」(Richtlinie)(ABl. EG Nr. L 144 S. 19) 제9항의 시행(施行)에 이바지한다.

제242조 신의성실에 좇은 급부

채무자는 거래관행을 고려한 신의성실에 좇아(wie Treu und Glauben mit Rücksicht auf die Verkehrssitte es erfordern) 급부를 실현할 의무를 진다.

제243조 종류채무

① 특정한 물건의 종류만으로 채무를 정한 자는 중등의 종류 및 품질을 가진 물건(eine Sache von mittlerer Art und Güte)을 이행해야 한다.

② 채무자가 그러한 물건의 급부를 위해 자신이 필요로 하는 바를 한 경우에는 채권관계는 이러한 물건에 국한된다.

§ 244 Fremdwährungsschuld

(1) Ist eine in einer anderen Währung als Euro ausgedrückte Geldschuld im Inland zu zahlen, so kann die Zahlung in Euro erfolgen, es sei denn, dass Zahlung in der anderen Währung ausdrücklich vereinbart ist.

(2) Die Umrechnung erfolgt nach dem Kurswert, der zur Zeit der Zahlung für den Zahlungsort maßgebend ist.

§ 245 Geldsortenschuld

Ist eine Geldschuld in einer bestimmten Münzsorte zu zahlen, die sich zur Zeit der Zahlung nicht mehr im Umlauf befindet, so ist die Zahlung so zu leisten, wie wenn die Münzsorte nicht bestimmt wäre.

§ 246 Gesetzlicher Zinssatz

Ist eine Schuld nach Gesetz oder Rechtsgeschäft zu verzinsen, so sind vier vom Hundert für das Jahr zu entrichten, sofern nicht ein anderes bestimmt ist.

§ 247 Basiszinssatz

*) (1) Der Basiszinssatz beträgt 3,62 Prozent. Er verändert sich zum 1. Januar und 1. Juli eines jeden Jahres um die Prozentpunkte, um welche die Bezugsgröße seit der letzten Veränderung des Basiszinssatzes gestiegen oder gefallen ist. Bezugsgröße ist der Zinssatz für die jüngste Hauptrefinanzierungsoperation der Europäischen Zentralbank vor dem ersten Kalendertag des betreffenden Halbjahrs.

(2) Die Deutsche Bundesbank gibt den geltenden Basiszinssatz unverzüglich nach den in Absatz 1 Satz 2 genannten Zeitpunkten im Bundesanzeiger bekannt.

*) Amtlicher Hinweis:

Diese Vorschrift dient der Umsetzung von Artikel 3 der Richtlinie 2000/35/EG des Europäischen Parlaments und des Rates vom 29. Juni 2000 zur Bekämpfung von Zahlungsverzug im Geschäftsverkehr (ABl. EG Nr. L 200 S. 35).

§ 248 Zinseszinsen

(1) Eine im Voraus getroffene Vereinbarung, dass fällige Zinsen wieder Zinsen tragen sollen, ist nichtig.

(2) Sparkassen, Kreditanstalten und Inhaber von Bankgeschäften können im Voraus vereinbaren, dass nicht erhobene Zinsen von Einlagen als neue verzinsliche Einlagen gelten sollen. Kreditanstalten, die berechtigt sind, für den Betrag der von ihnen gewährten Darlehen verzinsliche Schuldverschreibungen auf den Inhaber auszugeben, können sich bei solchen Darlehen die Verzinsung rückständiger Zinsen im Voraus versprechen lassen.

제244조 외화채무

① 유로화 이외의 다른 통화로 표시된 금전채무(eine in einer anderen Währung als Euro ausgedrückte Geldschuld)를 독일에서 지급해야 하는 경우에는 그 지급은 유로화로 행해질 수 있으되, 다른 통화에 의한 지급이 명시적으로 합의된 경우에는 그러하지 아니하다.

② 지급시를 기준으로 지급지에서 적용되는 환산시세에 따라(nach dem Kurswert) 환산을 한다.

제245조 금종채무(金種債務)

지급시를 기준으로 더 이상 유통되지 아니하는 특정한 통화의 종류로 금전채무를 지급해야 하는 경우에는 그 통화의 종류가 정해지지 않았던 것처럼(wie wenn die Münzsorte nicht bestimmt wäre) 그 지급을 이행해야 한다.

제246조 법정이율

법률 또는 법률행위에 따라(nach Gesetz oder Rechtsgeschäft) 채무에 이자를 가산하여 지급해야 하는 경우에 다른 정함이 없는 한, 연 4%의 이자를 지급해야 한다.

제247조 기본이율

*) ① 기본이율은 3,62%이다. 이는 매년 1월 1일과 7월 1일을 기준으로 기본이율이 최근 변경된 후 오르거나 떨어진 기준이율의 백분율만큼(um die Prozentpunkte, um welche die Bezugsgröße seit der letzten Veränderung des Basiszinssatzes gestiegen oder gefallen ist) 변경된다. 기준이율은 해당 반기(半期)의 최초의 역일(曆日)의 전일(前日) 기준으로 한, 유럽중앙은행의 기본재할인거래(Hauptrefinanzierungsoperation)에 대한 이율이다.

② 독일연방중앙은행은 제1항 제2문상의 시점 후 지체 없이 연방관보에 적용되는 기본이율(Basiszinssatz)을 공고한다.

*) 공식 주(注):

이 규정은, 「상거래에서의 지급지체에 대처하기 위한(zur Bekämpfung von Zahlungsverzug im Geschäftsverkehr) 2000년 6월 29일의 유럽연합 의회 및 이사회 2000/35/EG호의 지침」(ABl. EG Nr. L 200 S. 35) 제3항의 시행에 이바지한다.

제248조 복리

① 이행기가 도래한 이자에 이자를 붙이기로 하는 사전에 체결된 약정(Eine im Voraus getroffene Vereinbarung)은 무효이다.

② 저축은행, 금융기관과 은행업주는 이자가 붙지 않은 예금에 대해 새롭게 이자가 지급되는 예금으로 간주하기로(dass nicht erhobene Zinsen von Einlagen als neue verzinsliche Einlagen gelten sollen) 사전에 약정할 수 있다. 자신이 시행한 소비대차액에 대해 이자가 붙은 무기명채권증서(verzinsliche Schuldverschreibungen auf den Inhaber)를 발행할 자격이 있는 금융기관은 그러한 소비대차에 있어(bei solchen Darlehen) 연체이자에 대해 이자를 붙이기로 사전에 약정할 수 있다.

§ 249 Art und Umfang des Schadensersatzes

(1) Wer zum Schadensersatz verpflichtet ist, hat den Zustand herzustellen, der bestehen würde, wenn der zum Ersatz verpflichtende Umstand nicht eingetreten wäre.

(2) Ist wegen Verletzung einer Person oder wegen Beschädigung einer Sache Schadensersatz zu leisten, so kann der Gläubiger statt der Herstellung den dazu erforderlichen Geldbetrag verlangen. Bei der Beschädigung einer Sache schließt der nach Satz 1 erforderliche Geldbetrag die Umsatzsteuer nur mit ein, wenn und soweit sie tatsächlich angefallen ist.

§ 250 Schadensersatz in Geld nach Fristsetzung

Der Gläubiger kann dem Ersatzpflichtigen zur Herstellung eine angemessene Frist mit der Erklärung bestimmen, dass er die Herstellung nach dem Ablauf der Frist ablehne. Nach dem Ablauf der Frist kann der Gläubiger den Ersatz in Geld verlangen, wenn nicht die Herstellung rechtzeitig erfolgt; der Anspruch auf die Herstellung ist ausgeschlossen.

§ 251 Schadensersatz in Geld ohne Fristsetzung

(1) Soweit die Herstellung nicht möglich oder zur Entschädigung des Gläubigers nicht genügend ist, hat der Ersatzpflichtige den Gläubiger in Geld zu entschädigen.

(2) Der Ersatzpflichtige kann den Gläubiger in Geld entschädigen, wenn die Herstellung nur mit unverhältnismäßigen Aufwendungen möglich ist. Die aus der Heilbehandlung eines verletzten Tieres entstandenen Aufwendungen sind nicht bereits dann unverhältnismäßig, wenn sie dessen Wert erheblich übersteigen.

§ 252 Entgangener Gewinn

Der zu ersetzende Schaden umfasst auch den entgangenen Gewinn. Als entgangen gilt der Gewinn, welcher nach dem gewöhnlichen Lauf der Dinge oder nach den besonderen Umständen, insbesondere nach den getroffenen Anstalten und Vorkehrungen, mit Wahrscheinlichkeit erwartet werden konnte.

§ 253 Immaterieller Schaden

(1) Wegen eines Schadens, der nicht Vermögensschaden ist, kann Entschädigung in Geld nur in den durch das Gesetz bestimmten Fällen gefordert werden.

(2) Ist wegen einer Verletzung des Körpers, der Gesundheit, der Freiheit oder der sexuellen Selbstbestimmung Schadensersatz zu leisten, kann auch wegen des Schadens, der nicht Vermögensschaden ist, eine billige Entschädigung in Geld gefordert werden.

§ 254 Mitverschulden

(1) Hat bei der Entstehung des Schadens ein Verschulden des Beschädigten mitgewirkt, so hängt die Verpflichtung zum Ersatz sowie der Umfang des zu leistenden Ersatzes von den Umständen,

제249조 손해배상의 종류와 범위

① 손해배상을 할 의무를 부담하는 자는, 손해배상을 해야 할 상태가 발생하지 않았더라면 존재했을 상태로 원상회복해야 한다.

② 신체 침해 도는 물건 훼손으로 인하여 손해배상을 해야 하는 경우에 채권자는 원상회복에 갈음하여 이에 필요한 금액(statt der Herstellung den dazu erforderlichen Geldbetrag)을 청구할 수 있다. 물건의 훼손시 부가가치세는 실제로 발생한 경우에 그 범위 내에서만(wenn und soweit sie tatsächlich angefallen ist) 제1문에 따라 필요한 금액(金額)에 가산하여 포함된다.

제250조 기간설정에 따른 금전배상

채권자는 자신이 그 기간의 경과 후에 원상회복을 거부할 수 있다는 의사표시가 붙은, 원상회복을 위한 상당한 기간을 원상회복의무자에게 설정해 줄 수 있다. 원상회복이 적시에 행해지지 않은 경우에는(wenn nicht die Herstellung rechtzeitig erfolgt) 그 기간의 경과 후에 채권자는 금전배상을 청구할 수 있다; 원상회복청구권(der Anspruch auf die Herstellung)은 배제되지 않는다.

제251조 기간설정이 없는 금전배상

① 원상회복이 불가능하거나 원상회복이 채권자에 대한 배상으로 충분하지 않은 경우에 배상의무자는 채권자에게 금전으로(in Geld) 배상해야 한다.

② 과도한 비용을 들여서만(nur mit unverhältnismäßigen Aufwendungen) 원상회복이 가능한 경우에는 배상의무자는 채권자에게 금전으로 배상할 수 있다. 부상을 입은 동물의 치료로 발생한 비용은, 그것이 동물의 가치를 현저하게 초과하더라도 과도한 것은 아니다.

제252조 일실이익

일실이익(逸失利益)도 배상해야 할 손해에 포함된다. 사물의 통상적인 경과나 특별한 사정(nach dem gewöhnlichen Lauf der Dinge oder nach den besonderen Umständen), 특히 취해진 준비(準備) 또는 대책(對策)에 의할 때 기대하는 것이 개연성이 있는 이익(利益)은 일실이익(逸失利益)으로 본다.

제253조 비재산적 손해

① 본 법에 정해진 경우에 한하여 재산상 손해가 아닌 손해에 대하여 금전배상(Entschädigung in Geld)을 청구할 수 있다.

② 신체, 건강, 자유 또는 성적 자기결정권(der sexuellen Selbstbestimmung)의 침해로 인하여 손해를 배상해야 하는 경우에 재산상 손해가 아닌 손해(auch wegen des Schadens, der nicht Vermögensschaden ist)에 대하여도 상당한 금전배상을 청구할 수 있다.

제254조 공동과책

① 피해자의 과책이 손해의 발생(bei der Entstehung des Schadens)에 기여한 경우에는 손해배상의무와 그 배상 범위(die Verpflichtung zum Ersatz sowie der Umfang des zu leistenden Ersatzes)는

insbesondere davon ab, inwieweit der Schaden vorwiegend von dem einen oder dem anderen Teil verursacht worden ist.
(2) Dies gilt auch dann, wenn sich das Verschulden des Beschädigten darauf beschränkt, dass er unterlassen hat, den Schuldner auf die Gefahr eines ungewöhnlich hohen Schadens aufmerksam zu machen, die der Schuldner weder kannte noch kennen musste, oder dass er unterlassen hat, den Schaden abzuwenden oder zu mindern. Die Vorschrift des § 278 findet entsprechende Anwendung.

§ 255 Abtretung der Ersatzansprüche

Wer für den Verlust einer Sache oder eines Rechts Schadensersatz zu leisten hat, ist zum Ersatz nur gegen Abtretung der Ansprüche verpflichtet, die dem Ersatzberechtigten auf Grund des Eigentums an der Sache oder auf Grund des Rechts gegen Dritte zustehen.

§ 256 Verzinsung von Aufwendungen

Wer zum Ersatz von Aufwendungen verpflichtet ist, hat den aufgewendeten Betrag oder, wenn andere Gegenstände als Geld aufgewendet worden sind, den als Ersatz ihres Wertes zu zahlenden Betrag von der Zeit der Aufwendung an zu verzinsen. Sind Aufwendungen auf einen Gegenstand gemacht worden, der dem Ersatzpflichtigen herauszugeben ist, so sind Zinsen für die Zeit, für welche dem Ersatzberechtigten die Nutzungen oder die Früchte des Gegenstands ohne Vergütung verbleiben, nicht zu entrichten.

§ 257 Befreiungsanspruch

Wer berechtigt ist, Ersatz für Aufwendungen zu verlangen, die er für einen bestimmten Zweck macht, kann, wenn er für diesen Zweck eine Verbindlichkeit eingeht, Befreiung von der Verbindlichkeit verlangen. Ist die Verbindlichkeit noch nicht fällig, so kann ihm der Ersatzpflichtige, statt ihn zu befreien, Sicherheit leisten.

§ 258 Wegnahmerecht

Wer berechtigt ist, von einer Sache, die er einem anderen herauszugeben hat, eine Einrichtung wegzunehmen, hat im Falle der Wegnahme die Sache auf seine Kosten in den vorigen Stand zu setzen. Erlangt der andere den Besitz der Sache, so ist er verpflichtet, die Wegnahme der Einrichtung zu gestatten; er kann die Gestattung verweigern, bis ihm für den mit der Wegnahme verbundenen Schaden Sicherheit geleistet wird.

§ 259 Umfang der Rechenschaftspflicht

(1) Wer verpflichtet ist, über eine mit Einnahmen oder Ausgaben verbundene Verwaltung Rechenschaft abzulegen, hat dem Berechtigten eine die geordnete Zusammenstellung der Einnahmen oder der Ausgaben enthaltende Rechnung mitzuteilen und, soweit Belege erteilt zu

제사정(諸事情), 특히 손해가 주로 일방 당사자 또는 타방 당사자에 의해 어느 정도 초래되었는지에 따라 결정된다.

② 피해자의 과책(das Verschulden des Beschädigten)이, 채무자가 알 수 없었고 알 필요도 없었던(die der Schuldner weder kannte noch kennen musste), 이례적인 높은 손해(損害) 위험(危險)에 대해 피해자(被害子)가 채무자(債務者)에게 경고(警告)하지 않거나 그 손해를 방지(防止)하거나 감소(減少)시키지 않은 것(dass er unterlassen hat, den Schaden abzuwenden oder zu mindern)에 국한(局限)되는 경우에도 전항을 적용한다. 제278조의 규정을 준용한다.

제255조 손해배상청구권의 양도

물건 소실(消失) 또는 권리 상실(喪失)에 대한 손해배상을 해야 하는 자는, 물건에 대한 소유권에 기하여 또는 제3자에 대한 권리에 기하여 배상청구권자에게 귀속되는 청구권(請求權)의 양도(讓渡)에 대해서만 배상할(zum Ersatz nur gegen Abtretung der Ansprüche) 의무(義務)를 부담한다.

제256조 비용에 대한 이자가산

비용에 대해 상환할 의무를 지는 자(Wer zum Ersatz von Aufwendungen verpflichtet ist)는 지출한 금액, 또는 금전 이외의 다른 목적물이 지출된 경우에는 그 가치의 상환으로서 지출 당시 기준으로 지급해야 할 금전에 대해 이자를 가산해야 한다. 비용이 배상의무자에게 반환된 목적물에 지출된 경우에는, 목적물의 수익(收益; Nutzungen) 또는 과실(果實; Früchte)이 배상청구권자에게 무상(無償)으로(ohne Vergütung) 귀속되는 동안에는 이자는 지급할 필요가 없다.

제257조 면책청구권

자신이 특정한 목적을 위해 들인 비용의 상환을 청구할 권리가 있는 자는, 이러한 목적을 위해 의무를 부담하는 때(wenn er für diesen Zweck eine Verbindlichkeit eingeht)에는, 그 의무로부터 면책(Befreiung von der Verbindlichkeit)을 청구할 수 있다. 의무의 이행기가 아직 도래하지 않은 경우에는 배상의무자는 그러한 면책(免責)에 갈음하여, 그에게 담보를 제공할 수 있다.

제258조 수거권(Wegnahmerecht)

자신이 제3자에게 반환해야 하는 물건으로부터 어느 설비(設備)를 수거할 권리가 있는 자(Wer berechtigt ist, von einer Sache, die er einem anderen herauszugeben hat, eine Einrichtung wegzunehmen)는, 그 수거의 경우에 있어 그 물건을 자신의 비용으로 이전의 상태(auf seine Kosten in den vorigen Stand)로 회복해야 한다. 제3자가 물건의 점유를 취득한 경우에는 그 제3자는 설비의 수거를 허락할 할 의무를 진다; 제3자는, 자신에게 그 수거로 인해 발생할 손해에 위하여 담보(擔保)가 제공될 때까지 그 동의를 거절할 수 있다.

제259조 보고의무의 범위

① 수입 또는 지출에 수반하는 관리에 관하여 보고할(über eine mit Einnahmen oder Ausgaben verbundene Verwaltung Rechenschaft abzulegen) 의무를 자는, 청구권자에게 수입 또는 지출에 대한 총괄보고서가 포함된 회계(會計)에 관하여 보고할 의무를 지고, 보통 영수증이 제공되는 경우에

werden pflegen, Belege vorzulegen.

(2) Besteht Grund zu der Annahme, dass die in der Rechnung enthaltenen Angaben über die Einnahmen nicht mit der erforderlichen Sorgfalt gemacht worden sind, so hat der Verpflichtete auf Verlangen zu Protokoll an Eides statt zu versichern, dass er nach bestem Wissen die Einnahmen so vollständig angegeben habe, als er dazu imstande sei.

(3) In Angelegenheiten von geringer Bedeutung besteht eine Verpflichtung zur Abgabe der eidesstattlichen Versicherung nicht.

§ 260 Pflichten bei Herausgabe oder Auskunft über Inbegriff von Gegenständen

(1) Wer verpflichtet ist, einen Inbegriff von Gegenständen herauszugeben oder über den Bestand eines solchen Inbegriffs Auskunft zu erteilen, hat dem Berechtigten ein Verzeichnis des Bestands vorzulegen.

(2) Besteht Grund zu der Annahme, dass das Verzeichnis nicht mit der erforderlichen Sorgfalt aufgestellt worden ist, so hat der Verpflichtete auf Verlangen zu Protokoll an Eides statt zu versichern, dass er nach bestem Wissen den Bestand so vollständig angegeben habe, als er dazu imstande sei.

(3) Die Vorschrift des § 259 Abs. 3 findet Anwendung.

§ 261 Änderung der eidesstattlichen Versicherung; Kosten

(1) Das Gericht kann eine den Umständen entsprechende Änderung der eidesstattlichen Versicherung beschließen.

(2) Die Kosten der Abnahme der eidesstattlichen Versicherung hat derjenige zu tragen, welcher die Abgabe der Versicherung verlangt.

§ 262 Wahlschuld; Wahlrecht

Werden mehrere Leistungen in der Weise geschuldet, dass nur die eine oder die andere zu bewirken ist, so steht das Wahlrecht im Zweifel dem Schuldner zu.

§ 263 Ausübung des Wahlrechts; Wirkung

(1) Die Wahl erfolgt durch Erklärung gegenüber dem anderen Teil.

(2) Die gewählte Leistung gilt als die von Anfang an allein geschuldete.

§ 264 Verzug des Wahlberechtigten

(1) Nimmt der wahlberechtigte Schuldner die Wahl nicht vor dem Beginn der Zwangsvollstreckung vor, so kann der Gläubiger die Zwangsvollstreckung nach seiner Wahl auf die eine oder auf die andere Leistung richten; der Schuldner kann sich jedoch, solange nicht der Gläubiger die gewählte Leistung ganz oder zum Teil empfangen hat, durch eine der übrigen Leistungen von seiner Verbindlichkeit befreien.

는 그 영수증을 제출해야 한다.

② 수입에 관하여 그 회계에 포함된 사항에 대해 필요한 주의의무를 다하지 않은 것으로(dass die in der Rechnung enthaltenen Angaben über die Einnahmen nicht mit der erforderlichen Sorgfalt gemacht worden sind) 추단(推斷)할 근거(根據)가 있는 경우에는, 그 의무자는 그 청구가 있는 경우 자신이 아는 한도 내에서(nach bestem Wissen) 가능한 한 완벽하게 기재했다는 점을 선서에 갈음하여 조서에 보증해야 한다.

③ 선서에 갈음하는 보증을 제공할 의무(eine Verpflichtung zur Abgabe der eidesstattlichen Versicherung)는 사소한 의미를 지니는 사항에는 성립하지 아니한다.

제260조 집합물의 반환의무 또는 이에 대한 보고의무

① 집합물을 반환할 의무를 지거나 그러한 집합물의 재고에 관하여 보고할(über den Bestand eines solchen Inbegriffs Auskunft zu erteilen) 의무를 지는 자는 권리자에게 그 재고 목록을 제출해야 한다.

② 그 목록 작성에 대해 필요한 주의의무(der erforderlichen Sorgfalt)를 다하지 않은 것으로 추단할 근거가 있는 경우에는, 그 의무자는 그 청구가 있는 경우 자신이 아는 한도 내에서가능한 한 완벽하게 재고에 대해 기재했다는 점(dass er nach bestem Wissen den Bestand so vollständig angegeben habe, als er dazu imstande sei)을 선서에 갈음하여 조서에 보증해야 한다.

③ 제259조 제3항을 적용한다.

제261조 선서에 갈음하는 보증의 변경; 비용

① 법원은 제반사정에 따라 선서에 갈음하는 보증의 변경(eine den Umständen entsprechende Änderung der eidesstattlichen Versicherung)을 결정할 수 있다.

② 선서에 갈음하는 보증을 하는 비용은 그 보증의 제공을 청구할 수 있는 사람이 부담해야 한다.

제262조 선택채무; 선택권

어느 급부 또는 다른 급부만이 실현되어야 하는 방식으로 여러 급부의무를 이행할 의무를 지는 경우에는 의심스러운 때에는 채무자에게 그 선택권이 귀속한다.

제263조 선택권의 행사; 효력

① 선택은 상대방에 대한 의사표시로 한다.

② 선택된 급부는 처음부터 단독으로 부담하는 급부(die von Anfang an allein geschuldete)로 본다.

제264조 선택권자의 지체

① 선택권을 가진 채무자가 강제집행 개시 전에 그 선택하지 않은 경우에, 채권자는 그 선택에 좇아 어느 한 급부 또는 다른 급부에 대하여 강재집행을 실시할 수 있다(so kann der Gläubiger die Zwangsvollstreckung nach seiner Wahl auf die eine oder auf die andere Leistung richten); 그럼에도 채무자는, 채권자가 선택된 급부의 전부를 또는 일부를 수령하지 않은 동안에는, 나머지 급부 중 하나를 이행으로써 자신의 의무로부터 면책을 청구할 수 있다.

(2) Ist der wahlberechtigte Gläubiger im Verzug, so kann der Schuldner ihn unter Bestimmung einer angemessenen Frist zur Vornahme der Wahl auffordern. Mit dem Ablauf der Frist geht das Wahlrecht auf den Schuldner über, wenn nicht der Gläubiger rechtzeitig die Wahl vornimmt.

§ 265 Unmöglichkeit bei Wahlschuld

Ist eine der Leistungen von Anfang an unmöglich oder wird sie später unmöglich, so beschränkt sich das Schuldverhältnis auf die übrigen Leistungen. Die Beschränkung tritt nicht ein, wenn die Leistung infolge eines Umstands unmöglich wird, den der nicht wahlberechtigte Teil zu vertreten hat.

§ 266 Teilleistungen

Der Schuldner ist zu Teilleistungen nicht berechtigt.

§ 267 Leistung durch Dritte

(1) Hat der Schuldner nicht in Person zu leisten, so kann auch ein Dritter die Leistung bewirken. Die Einwilligung des Schuldners ist nicht erforderlich.

(2) Der Gläubiger kann die Leistung ablehnen, wenn der Schuldner widerspricht.

§ 268 Ablösungsrecht des Dritten

(1) Betreibt der Gläubiger die Zwangsvollstreckung in einen dem Schuldner gehörenden Gegenstand, so ist jeder, der Gefahr läuft läuft, durch die Zwangsvollstreckung ein Recht an dem Gegenstand zu verlieren, berechtigt, den Gläubiger zu befriedigen. Das gleiche Recht steht dem Besitzer einer Sache zu, wenn er Gefahr läuft, durch die Zwangsvollstreckung den Besitz zu verlieren.

(2) Die Befriedigung kann auch durch Hinterlegung oder durch Aufrechnung erfolgen.

(3) Soweit der Dritte den Gläubiger befriedigt, geht die Forderung auf ihn über. Der Übergang kann nicht zum Nachteil des Gläubigers geltend gemacht werden.

§ 269 Leistungsort

(1) Ist ein Ort für die Leistung weder bestimmt noch aus den Umständen, insbesondere aus der Natur des Schuldverhältnisses, zu entnehmen, so hat die Leistung an dem Ort zu erfolgen, an

(2) Ist die Verbindlichkeit im Gewerbebetrieb des Schuldners entstanden, so tritt, wenn der Schuldner seine gewerbliche Niederlassung an einem anderen Ort hatte, der Ort der Niederlassung an die Stelle des Wohnsitzes.

(3) Aus dem Umstand allein, dass der Schuldner die Kosten der Versendung übernommen hat, ist nicht zu entnehmen, dass der Ort, nach welchem die Versendung zu erfolgen hat, der Leistungsort sein soll.

② 선택권을 가진 채무자가 그 선택을 지체하는 경우에 채무자는 그 채권자에게 상당한 기간을 정해 주면서(unter Bestimmung einer angemessenen Frist) 선택(選擇)을 하도록 요구할 수 있다. 채권자가 적시에 선택하지 않은 경우에는 그 기간의 경과로써 그 선택권은 채무자에게 이전한다.

제265조 선택채무에서의 불능

그 급부 중 어느 급부가 처음부터 불능이거나 나중에 불능으로 된 경우에는 채권관계는 나머지 급부에 국한된다. 선택권을 가지지 않은 당사자에게 책임이 없는 사정으로 인하여 급부가 불가능하게 된 때에는 그러한 국한은 발생하지 아니한다.

제266조 일부급부

채무자는 일부급부를 할 권리가 없다.

제267조 제3자에 의한 급부

① 채무자가 직접 급부를 실현해야 할 필요가 없는 경우에는 제3자도 급부를 이행할 수 있다. 채무자의 동의(Die Einwilligung des Schuldners)는 요구되지 아니한다.

② 채권자는, 채무자가 이의를 제기한 때에는 그 급부를 거절할 수 있다.

제268조 제3자의 변제권

① 채권자가 채무자가 소유하는 목적물에 대해 강제집행을 실시하는 경우에는 강제집행으로 그 목적물에 대해 권리를 상실하는 위험을 부담하는 자(jeder, der Gefahr läuft, durch die Zwangsvollstreckung ein Recht an dem Gegenstand zu verlieren)는 채권자를 만족시킬 권리를 갖는다. 어느 물건의 점유자가 강제집행으로 점유를 상실한 위험을 부담하는 경우에 그 점유자 동일한 권리가 귀속된다.

② 그 만족은 공탁 또는 상계에 의해서도 이뤄질 수 있다.

③ 제3자가 채권자를 만족시키는 범위 내에서 채권이 제3자에게 이전한다. 그 이전(Der Übergang)은 그 채권의 불이익으로 주장할 수 없다.

제269조 이행지

① 이행을 위한 장소가 정해지지도 않고 제사정(諸事情)에 의해, 특히 채권관계의 성질에 의하여 추단될 수도 없는 경우에는, 채무자는 채권관계의 발생을 기준으로 자신의 주소를 둔(an welchem welchem der Schuldner zur Zeit der Entstehung des Schuldverhältnisses seinen Wohnsitz hatte. der Schuldner zur Zeit der Entstehung des Schuldverhältnisses seinen Wohnsitz hatte) 장소에서 급부를 이행해야 한다.

② 채무가 채무자의 영업으로 발생한 경우에 채무자가 자신의 영업소를 다른 장소에 둔 때에는 (wenn der Schuldner seine gewerbliche Niederlassung an einem anderen Ort hatt), 그 영업소의 소재지가 그 주소를 대신한다.

③ 채무자가 송부비용을 부담한 사정만으로는 송부가 행해져야 하는 장소가 이행지가 되어야 한다는 점을 추단할 수 없다.

§ 270 Zahlungsort

(1) Geld hat der Schuldner im Zweifel auf seine Gefahr und seine Kosten dem Gläubiger an dessen Wohnsitz zu übermitteln.

(2) Ist die Forderung im Gewerbebetrieb des Gläubigers entstanden, so tritt, wenn der Gläubiger seine gewerbliche Niederlassung an einem anderen Ort hat, der Ort der Niederlassung an die Stelle des Wohnsitzes.

(3) Erhöhen sich infolge einer nach der Entstehung des Schuldverhältnisses eintretenden Änderung des Wohnsitzes oder der gewerblichen Niederlassung des Gläubigers die Kosten oder die Gefahr der Übermittlung, so hat der Gläubiger im ersteren Falle die Mehrkosten, im letzteren Falle die Gefahr zu tragen.

(4) Die Vorschriften über den Leistungsort bleiben unberührt.

§ 270a Vereinbarungen über Entgelte für die Nutzung bargeldloser Zahlungsmittel

Eine Vereinbarung, durch die der Schuldner verpflichtet wird, ein Entgelt für die Nutzung einer SEPA-Basislastschrift, einer SEPA-Firmenlastschrift, einer SEPA-Überweisung oder einer Zahlungskarte zu entrichten, ist unwirksam. Satz 1 gilt für die Nutzung von Zahlungskarten nur bei Zahlungsvorgängen mit Verbrauchern, wenn auf diese Kapitel II der Verordnung (EU) 2015/751 des Europäischen Parlaments und des Rates vom 29. April 2015 über Interbankenentgelte für kartengebundene Zahlungsvorgänge (ABl. L 123 vom 19.5.2015, S. 1) anwendbar ist.

§ 271 Leistungszeit

(1) Ist eine Zeit für die Leistung weder bestimmt noch aus den Umständen zu entnehmen, so kann der Gläubiger die Leistung sofort verlangen, der Schuldner sie sofort bewirken.

(2) Ist eine Zeit bestimmt, so ist im Zweifel anzunehmen, dass der Gläubiger die Leistung nicht vor dieser Zeit verlangen, der Schuldner aber sie vorher bewirken kann.

§ 271a Vereinbarungen über Zahlungs-, Überprüfungs- oder Abnahmefristen

(1) Eine Vereinbarung, nach der der Gläubiger die Erfüllung einer Entgeltforderung erst nach mehr als 60 Tagen nach Empfang der Gegenleistung verlangen kann, ist nur wirksam, wenn sie ausdrücklich getroffen und im Hinblick auf die Belange des Gläubigers nicht grob unbillig ist. Geht dem Schuldner nach Empfang der Gegenleistung eine Rechnung oder gleichwertige Zahlungsaufstellung zu, tritt der Zeitpunkt des Zugangs dieser Rechnung oder Zahlungsaufstellung an die Stelle des in Satz 1 genannten Zeitpunkts des Empfangs der Gegenleistung. Es wird bis zum Beweis eines anderen Zeitpunkts vermutet, dass der Zeitpunkt des Zugangs der Rechnung oder Zahlungsaufstellung auf den Zeitpunkt des Empfangs der Gegenleistung fällt; hat der Gläubiger einen späteren Zeitpunkt benannt, so tritt dieser an die Stelle des Zeitpunkts des

제270조 지급지

① 채무자는 의심스러운 때에는 자신의 위험부담으로 또 자신의 비용부담으로 채권자의 주소에서 채권자에게 금전을 교부해야 한다.

② 채권이 채권자의 영업으로 발생한 경우에 채권자가 자신의 영업소를 다른 장소에 둔 때에는 영업소의 소재지가 그 주소를 대신한다.

③ 채권관계 발생 후에 생긴, 채권자의 주소 또는 영업소의 소재지의 변경으로 인하여 그 교부의 비용 또는 위험이 증가하는 경우에는, 채권자는 전자의 경우에 그러한 비용증가분(im ersteren Falle die Mehrkosten)을, 후자의 경우에는 그 위험(im letzteren Falle die Gefahr)을 부담해야 한다.

④ 이행지에 관한 위 규정들은 영향을 받지 아니한다.

제270조a 현금을 이용하지 않은 지급수단수단에 대한 대가에 관한 약정

채무자가 '단일유로지급지역[21] 기본추심이체', '단일유로지급지역 회사추심이체', '단일유로지급지역 자금이체' 또는 '지급카드'의 이용에 대가를 지급할(ein Entgelt für die Nutzung einer SEPA-Basislastschrift, einer SEPA-Firmenlastschrift, einer SEPA-Überweisung oder einer Zahlungskarte zu entrichten) 의무를 부담하게 하는 약정은 무효이다. 「스마트카드사용에 기반한 지급과정에 대한 은행간수수료에 관한 2015년 4월 29일의 유럽연합 의회 및 이사회 (EU) 2015/751호 규칙」(ABl. L 123 vom 19.5.2015, S. 1) 제2장이 그 사용에 적용될 수 있는 경우에는, 소비자와의 지급과정시에 한정된 결재카드의 사용에 대하여는 제1문을 적용하지 않는다.

제271조 이행기

① 이행기(履行期)가 정해지지도 제사정(諸事情)에 기하여 이를 추단할 수도 없는 경우에는(Ist eine Zeit für die Leistung weder bestimmt noch aus den Umständen zu entnehmen) 채권자는 그 급부를 즉시 청구할 수 있고, 채무자는 이를 즉시 실현할 수 있다.

② 이행기가 정해진 경우에 의심스러운 때에는 그 이행기에 앞서 급부를 청구할 수 없지만, 채무자는 이를 사전에 이행할 수 있는 것으로 추정한다.

제271조a 이행기간, 검수기간 또는 수령기간에 관한 약정

① 채권자가 반대급부의 수령시로부터 60일 초과한 기간이 지난 후에 비로소 대가채권(對價債權; Entgeltforderung)의 이행을 청구할 수 있는 약정은, 그 약정이 명시적으로 체결되고 채권자의 이익과 관련하여 현저하게 불공평하지 않는(im Hinblick auf die Belange des Gläubigers nicht grob unbillig ist) 경우에 한하여 유효하다. 청구서 또는 동등한 지급요구서가 반대급부 수령 후에 채무자에게 도달되는 경우에는 이러한 청구서 또는 지급방식의 도달시(der Zeitpunkt des Zugangs dieser Rechnung oder Zahlungsaufstellung)가 제1문상의 반대급부의 수령시를 대신한다. 그 청구서 또는 지급요구서의 도달시와 반대급부의 수령시기가 일치하는 것으로 그와 다른 시기가 증명될 때가지 추정한다(Es wird bis zum Beweis eines anderen Zeitpunkts vermutet); 채권자가 그보다 나중의 시기를 지정(指定)한 경우에는(hat der Gläubiger einen späteren Zeitpunkt benannt) 그 시기

Empfangs der Gegenleistung.

(2) Ist der Schuldner ein öffentlicher Auftraggeber im Sinne von § 99 Nummer 1 bis 3 des Gesetzes gegen Wettbewerbsbeschränkungen, so ist abweichend von Absatz 1

1. eine Vereinbarung, nach der der Gläubiger die Erfüllung einer Entgeltforderung erst nach mehr als 30 Tagen nach Empfang der Gegenleistung verlangen kann, nur wirksam, wenn die Vereinbarung ausdrücklich getroffen und aufgrund der besonderen Natur oder der Merkmale des Schuldverhältnisses sachlich gerechtfertigt ist;
2. eine Vereinbarung, nach der der Gläubiger die Erfüllung einer Entgeltforderung erst nach mehr als 60 Tagen nach Empfang der Gegenleistung verlangen kann, unwirksam.

Absatz 1 Satz 2 und 3 ist entsprechend anzuwenden.

(3) Ist eine Entgeltforderung erst nach Überprüfung oder Abnahme der Gegenleistung zu erfüllen, so ist eine Vereinbarung, nach der die Zeit für die Überprüfung oder Abnahme der Gegenleistung mehr als 30 Tage nach Empfang der Gegenleistung beträgt, nur wirksam, wenn sie ausdrücklich getroffen und im Hinblick auf die Belange des Gläubigers nicht grob unbillig ist.

(4) Ist eine Vereinbarung nach den Absätzen 1 bis 3 unwirksam, bleibt der Vertrag im Übrigen wirksam.

(5) Die Absätze 1 bis 3 sind nicht anzuwenden auf

1. die Vereinbarung von Abschlagszahlungen und sonstigen Ratenzahlungen sowie
2. ein Schuldverhältnis, aus dem ein Verbraucher die Erfüllung der Entgeltforderung schuldet.

(6) Die Absätze 1 bis 3 lassen sonstige Vorschriften, aus denen sich Beschränkungen für Vereinbarungen über Zahlungs-, Überprüfungs- oder Abnahmefristen ergeben, unberührt.

Fußnote

(+++ § 271a: Zur Anwendung vgl. § 34 BGBEG +++)

§ 272 Zwischenzinsen

Bezahlt der Schuldner eine unverzinsliche Schuld vor der Fälligkeit, so ist er zu einem Abzug wegen der Zwischenzinsen nicht berechtigt.

§ 273 Zurückbehaltungsrecht

(1) Hat der Schuldner aus demselben rechtlichen Verhältnis, auf dem seine Verpflichtung beruht, einen fälligen Anspruch gegen den Gläubiger, so kann er, sofern nicht aus dem Schuldverhältnis sich ein anderes ergibt, die geschuldete Leistung verweigern, bis die ihm gebührende Leistung bewirkt wird (Zurückbehaltungsrecht).

(2) Wer zur Herausgabe eines Gegenstands verpflichtet ist, hat das gleiche Recht, wenn ihm ein fälliger Anspruch wegen Verwendungen auf den Gegenstand oder wegen eines ihm durch diesen verursachten Schadens zusteht, es sei denn, dass er den Gegenstand durch eine vorsätzlich

가 반대급부의 수령시를 대신한다.

② 채무자(債務者)가 경쟁제한금지법(Gesetzes gegen Wettbewerbsbeschränkungen) 제99조 제1호 내지 제3호상의 공공발주자(ein öffentlicher Auftraggeber)인 경우에는 제1항과 달리,

1. 채권자가 반대급부의 수령시로부터 30일을 초과하는 기간이 지난 후에 비로소 대가채권(對價債權; Entgeltforderung)의 이행을 청구할 수 있는 약정은, 그것이 명시적(明示的)으로 체결되고 채권관계의 특별한 성질 또는 구성요소에 기하여 객관적으로 정당화되는 경우에 한하여 유효하고,
2. 채권자가 반대급부의 수령시로부터 60일을 초과하는 기간이 지난 후에 비로소(erst nach mehr als 60 Tagen nach Empfang der Gegenleistung) 대가채권(對價債權; Entgeltforderung)의 이행을 청구할 수 있는 약정은 무효이다.

제1항 제2문, 제3문을 준용한다.

③ 반대급부의 검수(檢受) 또는 수령(受領) 후에 비로소 대가채권(對價債權; Entgeltforderung)을 이행해야 하는 경우에 반대급부에 대한 검수 또는 수령의 시기가 반대급부의 수령시로부터 30일을 초과하는 기간이 지난 후로 정해진 약정은, 그것이 명시적으로 체결되고 채권자의 이익과 관련하여 현저하게 불공평하지 않은 때에 한하여 유효하다.

④ 그 약정이 제1항 내지 제3항에 따라 무효이더라도 나머지 계약부분은 유효하다.

⑤ 다음 각 호의 경우에 제1항 내지 제3항은 적용하지 않는다,

1. 분할지급약정 또는 기타 할부지급(Ratenzahlungen)약정,
2. 소비자가 대가채권(對價債權) 이행(die Erfüllung der Entgeltforderung)의 의무를 부담하는 채권관계.

⑥ 제1항 내지 제3항으로 인하여 이행기간, 검수기간 또는 수령기간에 관한(Vereinbarungen über Zahlungs-, Überprüfungs- oder Abnahmefristen) 약정에 대해 제한하는 기타 규정은 영향을 받지 아니한다.

각주

(제271조a: 그 적용과 관련하여 민법전시행법 제34항목을 참조하라)

제272조 중간이자

채무자가 이행기 전에 이자를 정하지 않은 채무를 지급하는 경우에 채무자는 중간이자로 인한 공제를 받을 권리가 없다.

제273조 이행거절권

① 채무자가 자신의 의무가 발생하는 동일한 법률관계에 기하여 채권자에 대하여 이행기가 도래한 청구권을 갖는 경우에, 채무자는 그 채권관계에서 다르게 정하지 않는 한, 자신에게 귀속되어야 할 급부가 이행될 때까지(bis die ihm gebührende Leistung bewirkt wird) 이행의무를 부담하는 급부를 거절할 수 있다('이행거절권'; Zurückbehaltungsrecht).

② 목적물의 반환의무를 지는 자는, 목적물의 사용으로 인하거나 그 사용으로 그 목적물에 야기된 손해로 인한, 이행기가 도래한 청구권이 그 자에게 귀속되는 경우에는 위와 동일한 권리를 갖되,

begangene unerlaubte Handlung erlangt hat.

(3) Der Gläubiger kann die Ausübung des Zurückbehaltungsrechts durch Sicherheitsleistung abwenden. Die Sicherheitsleistung durch Bürgen ist ausgeschlossen.

§ 274 Wirkungen des Zurückbehaltungsrechts

(1) Gegenüber der Klage des Gläubigers hat die Geltendmachung des Zurückbehaltungsrechts nur die Wirkung, dass der Schuldner zur Leistung gegen Empfang der ihm gebührenden Leistung (Erfüllung Zug um Zug) zu verurteilen ist.

(2) Auf Grund einer solchen Verurteilung kann der Gläubiger seinen Anspruch ohne Bewirkung der ihm obliegenden Leistung im Wege der Zwangsvollstreckung verfolgen, wenn der Schuldner im Verzug der Annahme ist.

§ 275 Ausschluss der Leistungspflicht

*) (1) Der Anspruch auf Leistung ist ausgeschlossen, soweit diese für den Schuldner oder für jedermann unmöglich ist.

(2) Der Schuldner kann die Leistung verweigern, soweit diese einen Aufwand erfordert, der unter Beachtung des Inhalts des Schuldverhältnisses und der Gebote von Treu und Glauben in einem groben Missverhältnis zu dem Leistungsinteresse des Gläubigers steht. Bei der Bestimmung der dem Schuldner zuzumutenden Anstrengungen ist auch zu berücksichtigen, ob der Schuldner das Leistungshindernis zu vertreten hat.

(3) Der Schuldner kann die Leistung ferner verweigern, wenn er die Leistung persönlich zu erbringen hat und sie ihm unter Abwägung des seiner Leistung entgegenstehenden Hindernisses mit dem Leistungsinteresse des Gläubigers nicht zugemutet werden kann.

(4) Die Rechte des Gläubigers bestimmen sich nach den §§ 280, 283 bis 285, 311a und 326.

*) Amtlicher Hinweis:

Diese Vorschrift dient auch der Umsetzung der Richtlinie 1999/44/EG des Europäischen Parlaments und des Rates vom 25. Mai 1999 zu bestimmten Aspekten des Verbrauchsgüterkaufs und der Garantien für Verbrauchsgüter (ABl. EG Nr. L 171 S. 12).

§ 276 Verantwortlichkeit des Schuldners

(1) Der Schuldner hat Vorsatz und Fahrlässigkeit zu vertreten, wenn eine strengere oder mildere Haftung weder bestimmt noch aus dem sonstigen Inhalt des Schuldverhältnisses, insbesondere aus der Übernahme einer Garantie oder eines Beschaffungsrisikos zu entnehmen ist. Die Vorschriften der §§ 827 und 828 finden entsprechende Anwendung.

(2) Fahrlässig handelt, wer die im Verkehr erforderliche Sorgfalt außer Acht lässt.

(3) Die Haftung wegen Vorsatzes kann dem Schuldner nicht im Voraus erlassen werden.

그 자가 고의로 행한 불법행위에 의해 목적물을 취득한 경우에는 그러하지 아니하다.
③ 채권자는 담보제공으로(durch Sicherheitsleistung) 이행거절권의 행사를 저지(沮止)할 수 있다. 보증인(保證人)에 의한 담보제공(擔保提供)은 배제된다.

제274조 이행거절권의 행사의 효과
① 이행거절권의 행사는 채권자의 소(訴)에 관련하여, 채무자가 자신에게 귀속되어야 할 급부와 상환(相換)으로써 자신의 급부를 이행하도록 하는['동시이행(同時履行)'; Erfüllung Zug um Zug] 판결을 선고하도록 하는 효력만을 갖는다.
② 그러한 선고로 인하여 채권자는 채무자가 이행지체에 빠진 때에, 자신이 이행할 의무를 부담하는 급부의 이행 없이도 자신의 청구권을 강제집행의 방식으로 행사할 수 있다.

제275조 급부의무의 배제
*) ① 급부청구권(Der Anspruch auf Leistung)은, 그 급부가 채무자에게 불능이거나 누구에게도 불능인 범위 내에서 배제된다.
② 채무자는, 채권관계의 내용과 신의성실의 명령을 고려했을 때(unter Beachtung des Inhalts des Schuldverhältnisses und der Gebote von Treu und Glauben) 채권자의 이행이익과 현저한 불균형(不均衡)을 이루는 비용이 급부에 필요한 범위 내에서 그 급부(給付)를 거절(拒絶)할 수 있다. 채무자에게서 기대하는 노력을 정함에 있어 급부장애(給付障碍; Leistungshindernis)의 채무자에게 책임이 있는지 여부(ob der Schuldner das Leistungshindernis zu vertreten hat)도 고려해야 한다.
③ 또한 채무자가 자신의 급부를 직접 이행해야 하고(wenn er die Leistung persönlich zu erbringen hat), 또 채무자의 급부에 대한 급부장애와 채권자의 급부이익을 형량(衡量)했을 때 채무자에게서 자신의 급부(給付)를 기대할 수 없는 경우에는 채무자는 자신의 급부(給付)를 거절할 수 있다.
④ 채권자(債權者)의 권리(權利)는 제280조, 제283조 내지 제285조, 제311조a, 제326조에 의하여 정해진다.
*) 공식 주(注):
위와 같은 규정은, 「소비재매매와 소비재에 대한 보증에 대한 특정한 관점에 관한(zu bestimmten Aspekten des Verbrauchsgüterkaufs und der Garantien für Verbrauchsgüter) 1999년 5월 25일의 유럽연합 의회 및 이사회의 1999/44/EG호 지침」(ABl. EG Nr. L 171 S. 12)의 시행에도 이바지한다.

제276조 채무자의 책임
① 보다 엄격하거나 완화된 책임(eine strengere oder mildere Haftung)을 정하지도 않고, 채권관계의 기타 내용에 기하여, 특히 보증(保證) 또는 취득위험의 인수(Übernahme einer Garantie oder eines Beschaffungsrisikos)에 기하여 이를 추단(推斷)할 수도 없는 경우에는, 채무자는 고의(故意; Vorsatz) 및 과실(過失; Fahrlässigkeit)에 대해 책임을 진다. 제827조, 제828조의 규정을 준용한다.
② 거래계(去來界)에서 요구되는 주의의무를 게을리한 자는 과실로 행위한 것이다.
③ 고의로 인한 책임(Die Haftung wegen Vorsatzes)은 채무자에 대하여 사전에(im Voraus) 면책할 수 없다.

§ 277 Sorgfalt in eigenen Angelegenheiten

Wer nur für diejenige Sorgfalt einzustehen hat, welche er in eigenen Angelegenheiten anzuwenden pflegt, ist von der Haftung wegen grober Fahrlässigkeit nicht befreit.

§ 278 Verantwortlichkeit des Schuldners für Dritte

Der Schuldner hat ein Verschulden seines gesetzlichen Vertreters und der Personen, deren er sich zur Erfüllung seiner Verbindlichkeit t, in gleichem Umfang zu vertreten wie eigenes Verschulden. Die Vorschrift des § 276 Abs. 3 findet keine Anwendung.

§ 279 (weggefallen)

§ 280 Schadensersatz wegen Pflichtverletzung

(1) Verletzt der Schuldner eine Pflicht aus dem Schuldverhältnis, so kann der Gläubiger Ersatz des hierdurch entstehenden Schadens verlangen. Dies gilt nicht, wenn der Schuldner die Pflichtverletzung nicht zu vertreten hat.

(2) Schadensersatz wegen Verzögerung der Leistung kann der Gläubiger nur unter der zusätzlichen Voraussetzung des § 286 verlangen.

(3) Schadensersatz statt der Leistung kann der Gläubiger nur unter den zusätzlichen Voraussetzungen des § 281, des § 282 oder des § 283 verlangen.

§ 281 Schadensersatz statt der Leistung wegen nicht oder nicht wie geschuldet erbrachter Leistung

(1) Soweit der Schuldner die fällige Leistung nicht oder nicht wie geschuldet erbringt, kann der Gläubiger unter den Voraussetzungen des § 280 Abs. 1 Schadensersatz statt der Leistung verlangen, wenn er dem Schuldner erfolglos eine angemessene Frist zur Leistung oder Nacherfüllung bestimmt hat. Hat der Schuldner eine Teilleistung bewirkt, so kann der Gläubiger Schadensersatz statt der ganzen Leistung nur verlangen, wenn er an der Teilleistung kein Interesse hat. Hat der Schuldner die Leistung nicht wie geschuldet bewirkt, so kann der Gläubiger Schadensersatz statt der ganzen Leistung nicht verlangen, wenn die Pflichtverletzung unerheblich ist.

(2) Die Fristsetzung ist entbehrlich, wenn der Schuldner die Leistung ernsthaft und endgültig verweigert oder wenn besondere Umstände vorliegen, die unter Abwägung der beiderseitigen Interessen die sofortige Geltendmachung des Schadensersatzanspruchs rechtfertigen.

(3) Kommt nach der Art der Pflichtverletzung eine Fristsetzung nicht in Betracht, so tritt an deren Stelle eine Abmahnung.

(4) Der Anspruch auf die Leistung ist ausgeschlossen, sobald der Gläubiger statt der Leistung Schadensersatz verlangt hat.

(5) Verlangt der Gläubiger Schadensersatz statt der ganzen Leistung, so ist der Schuldner zur

제277조 자기사무에 대한 주의의무

보통 자신의 사무에 대해(in eigenen Angelegenheiten) 적용되는 주의의무에 대하여만 책임을 지는 사람은 중과실로 인한 책임에서(von der Haftung wegen grober Fahrlässigkeit) 면책되지 아니한다.

제278조 채무자의 제3자에 대한 책임

채무자는, 자신의 법정대리인 과책과, 채무자가 자신의 채무의 이행을 위하여 사용(使用)하는(deren er sich zur Erfüllung seiner Verbindlichkeit bedient) 사람의 과책에 대하여 자신의 과책과 동일한 범위 내에서(in gleichem Umfang zu vertreten wie eigenes) 책임을 진다. 제276조 제3항의 규정은 적용하지 아니한다.

제279조 삭제

제280조 의무위반으로 인한 손해배상

① 채무자가 채권관계에 기한 의무를 위반하는 경우에는 채권자는 이로 인하여 발생한 손해의 배상(Ersatz des hierdurch entstehenden Schadens)을 청구할 수 있다. 채무자에게 의무위반에 대하여 책임이 경우에는 그러하지 아니하다.

② 채권자는 제286조상의 추가적인 요건이 갖춰진 때에만 이행지체로 인한 손해배상(Schadensersatz wegen Verzögerung der Leistung)을 청구할 수 있다.

③ 채권자는 제281, 제282 또는 제283조상의 추가적인 요건이 갖춰진 때에만 급부에 갈음하여 손해배상을 청구할 수 있다.

제281조 급부의 불이행 또는 채무에 좇아 이행하지 않은 급부로 인한, 급부에 갈음하는 손해배상

① 채무자가 이행기가 도래한 급부를 불이행하거나 채무에 좇아 이행하지 않은 경우에, 채권자는, 채권자가 채무자에게 이행 또는 사후보완이행을 위해 정해 준 상당한 기간이 무익하게 도과된 된 때에(wenn er dem Schuldner erfolglos eine angemessene Frist zur Leistung oder Nacherfüllung bestimmt hat) 제280조 제1항의 요건하에 급부(給付)에 갈음하여 손해배상을 청구할 수 있다. 채무자가 일부급부를 이행한 경우에 채권자는, 일부급부가 자신에게 이익이 되지 않은 때에 한하여 급부 전부에 갈음하여 손해배상을 청구할 있다. 채무자가 채무에 좇은 급부를 이행하지 않은 경우에 채권자는, 의무위반이 사소한 때에는(wenn die Pflichtverletzung unerheblich ist) 급부 전부에 갈음하여 손해배상을 청구할 수 없다.

② 채무자가 진지하고도 종국적으로 급부를 거절하거나, 양 당사자의 이익을 형량했을 때 손해배상청구권(損害賠償請求權)의 즉각적인 행사(行使)(die sofortige Geltendmachung des Schadensersatzanspruchs)가 정당화되는 특별한 사정이 있는 경우에는 기간설정은 요구되지 아니한다.

③ 의무위반의 성질에 따라(nach der Art der Pflichtverletzung) 기간설정이 고려되지 아니한 경우에 계고가 그 기간설정에 갈음한다.

④ 채권자가 급부에 갈음하여 손해배상을 청구한 한 때에는 그 즉시 급부청구권은 배제된다.

⑤ 채권자가 급부 전부에 갈음하여 손해배상을 청구한 경우에는 채무자는 제346조 내지 제348조

Rückforderung des Geleisteten nach den §§ 346 bis 348 berechtigt.

§ 282 Schadensersatz statt der Leistung wegen Verletzung einer Pflicht nach § 241 Abs. 2
Verletzt der Schuldner eine Pflicht nach § 241 Abs. 2, kann der Gläubiger unter den Voraussetzungen des § 280 Abs. 1 Schadensersatz statt der Leistung verlangen, wenn ihm die Leistung durch den Schuldner nicht mehr zuzumuten ist.

§ 283 Schadensersatz statt der Leistung bei Ausschluss der Leistungspflicht
Braucht der Schuldner nach § 275 Abs. 1 bis 3 nicht zu leisten, kann der Gläubiger unter den Voraussetzungen des § 280 Abs. 1 Schadensersatz statt der Leistung verlangen. § 281 Abs. 1 Satz 2 und 3 und Abs. 5 findet entsprechende Anwendung.

§ 284 Ersatz vergeblicher Aufwendungen
Anstelle des Schadensersatzes statt der Leistung kann der Gläubiger Ersatz der Aufwendungen verlangen, die er im Vertrauen auf den Erhalt der Leistung gemacht hat und billigerweise machen durfte, es sei denn, deren Zweck wäre auch ohne die Pflichtverletzung des Schuldners nicht erreicht worden.

§ 285 Herausgabe des Ersatzes
(1) Erlangt der Schuldner infolge des Umstands, auf Grund dessen er die Leistung nach § 275 Abs. 1 bis 3 nicht zu erbringen braucht, für den geschuldeten Gegenstand einen Ersatz oder einen Ersatzanspruch, so kann der Gläubiger Herausgabe des als Ersatz Empfangenen oder Abtretung des Ersatzanspruchs verlangen.
(2) Kann der Gläubiger statt der Leistung Schadensersatz verlangen, so mindert sich dieser, wenn er von dem in Absatz 1 bestimmten Recht Gebrauch macht, um den Wert des erlangten Ersatzes oder Ersatzanspruchs.

§ 286 Verzug des Schuldners
*) (1) Leistet der Schuldner auf eine Mahnung des Gläubigers nicht, die nach dem Eintritt der Fälligkeit erfolgt, so kommt er durch die Mahnung in Verzug. Der Mahnung stehen die Erhebung der Klage auf die Leistung sowie die Zustellung eines Mahnbescheids im Mahnverfahren gleich.
(2) Der Mahnung bedarf es nicht, wenn
1. für die Leistung eine Zeit nach dem Kalender bestimmt ist,
2. der Leistung ein Ereignis vorauszugehen hat und eine angemessene Zeit für die Leistung in der Weise bestimmt ist, dass sie sich von dem Ereignis an nach dem Kalender berechnen lässt,
3. der Schuldner die Leistung ernsthaft und endgültig verweigert,
4. aus besonderen Gründen unter Abwägung der beiderseitigen Interessen der sofortige Eintritt des Verzugs gerechtfertigt ist.

에 따라 이행된 급부의 반환을 청구할 권리를 갖는다.

제282조 제241조 제2항에 따른 의무위반으로 인한 급부에 갈음하는 손해배상

채무자가 제241조 제2항에 따른 의무를 위반한 경우에 채권자는, 채무자에 의한 급부를 채권자에게서 더 이상 기대할 수 없을 때에는 제280조 제1항의 요건하에(unter den Voraussetzungen des § 280 Abs. 1) 급부에 갈음하여 손해배상을 청구할 수 있다.

제283조 급부의무 배제시 급부에 갈음하는 손해배상

제275조 제1항 내지 제3항에 따라 채무자가 급부를 이행할 필요가 없는 경우에, 채권자(債權者)는 제280조 제1항의 요건(要件)하에 급부(給付)에 갈음하여 손해배상(損害賠償)을 청구(Schadensersatz statt der Leistung verlangen)할 수 있다. 제281조 제1항 제2문, 제3문 제5항을 준용(準用)한다.

제284조 무익하게 된 비용의 상환

채권자는, 자신이 급부의 취득을 믿고서(im Vertrauen auf den Erhalt der Leistung) 지출했는데 그 지출이 정당하게 허용되는 비용의 상환을 급부에 갈음하여 청구할 수 있고, 다만 채무자의 의무위반이 없더라도(auch ohne die Pflichtverletzung des Schuldners) 비용의 목적을 달성할 수 없었던 경우에는 그러하지 아니하다.

제285조 대상의 인도

① 채무자로 하여금 제275조 제1항 내지 제3항에 따라 급부를 이행할 필요를 없게 하는 사정으로 인하여 채무자가, 이행해야 하는 목적물에 대하여 대상(代償; Ersatz) 또는 대상청구권(代償請求權; Ersatzanspruch)을 취득하는 경우에, 채권자는 대상으로 수령한 것의 반환이나 대상청구권의 양도(Herausgabe des als Ersatz Empfangenen oder Abtretung des Ersatzanspruchs)를 청구할 수 있다.

② 채권자가 급부에 갈음하여 손해배상을 청구할 수 있는 경우에, 채권자가 제1항상의 권리를 행사하는 때에는, 손해배상은 취득한 대상 또는 대상청구권의 가치만큼(um den Wert des erlangten Ersatzes oder Ersatzanspruchs) 감축된다.

제286조 채무자지체

*) ① 채권자의 이행기의 도래 후에 행해진 최고에도 채무자가 급부를 이행하지 않은 경우에, 채무자는 그 최고로써 수령지체 빠진다(so kommt er durch die Mahnung in Verzug). 이행의 소의 제기와 독촉절차에서의 독촉결정의 송달은 그 최고와 동일시된다.

② 다음 각 호의 경우에는 최고는 요구되지 아니한다,

1. 급부에 대해 역(曆)에 따라 시기가 정해진 경우,
2. 급부가 어떤 사실 후에 이행되어야 하고, 급부에 대한 상당한 기간이, 그 사실이 발생한 때부터 역(曆)에 따라 산정되는 방식으로 정해진 경우,
3. 채무자가 진지하고도 종국적으로 급부를 거절하는 경우,
4. 양 당사자의 이익을 형량했을 때 특별한 사정으로 인하여(aus besonderen Gründen) 그 지체의 즉각적인 발생이 정당화되는 경우.

(3) Der Schuldner einer Entgeltforderung kommt spätestens in Verzug, wenn er nicht innerhalb von 30 Tagen nach Fälligkeit und Zugang einer Rechnung oder gleichwertigen Zahlungsaufstellung leistet; dies gilt gegenüber einem Schuldner, der Verbraucher ist, nur, wenn auf diese Folgen in der Rechnung oder Zahlungsaufstellung besonders hingewiesen worden ist. Wenn der Zeitpunkt des Zugangs der Rechnung oder Zahlungsaufstellung unsicher ist, kommt der Schuldner, der nicht Verbraucher ist, spätestens 30 Tage nach Fälligkeit und Empfang der Gegenleistung in Verzug.

(4) Der Schuldner kommt nicht in Verzug, solange die Leistung infolge eines Umstands unterbleibt, den er nicht zu vertreten hat.

(5) Für eine von den Absätzen 1 bis 3 abweichende Vereinbarung über den Eintritt des Verzugs gilt § 271a Absatz 1 bis 5 entsprechend.

*) Amtlicher Hinweis:

Diese Vorschrift dient zum Teil auch der Umsetzung der Richtlinie 2000/35/EG des Europäischen Parlaments und des Rates vom 29. Juni 2000 zur Bekämpfung von Zahlungsverzug im Geschäftsverkehr (ABl. EG Nr. L 200 S. 35).

Fußnote

(+++ § 286: Zur Anwendung vgl. § 34 BGBEG +++)

§ 287 Verantwortlichkeit während des Verzugs

Der Schuldner hat während des Verzugs jede Fahrlässigkeit zu vertreten. Er haftet wegen der Leistung auch für Zufall, es sei denn, dass der Schaden auch bei rechtzeitiger Leistung eingetreten sein würde.

§ 288 Verzugszinsen und sonstiger Verzugsschaden

*) (1) Eine Geldschuld ist während des Verzugs zu verzinsen. Der Verzugszinssatz beträgt für das Jahr fünf Prozentpunkte über dem Basiszinssatz.

(2) Bei Rechtsgeschäften, an denen ein Verbraucher nicht beteiligt ist, beträgt der Zinssatz für Entgeltforderungen neun Prozentpunkte über dem Basiszinssatz.

(3) Der Gläubiger kann aus einem anderen Rechtsgrund höhere Zinsen verlangen.

(4) Die Geltendmachung eines weiteren Schadens ist nicht ausgeschlossen.

(5) Der Gläubiger einer Entgeltforderung hat bei Verzug des Schuldners, wenn dieser kein Verbraucher ist, außerdem einen Anspruch auf Zahlung einer Pauschale in Höhe von 40 Euro. Dies gilt auch, wenn es sich bei der Entgeltforderung um eine Abschlagszahlung oder sonstige Ratenzahlung handelt. Die Pauschale nach Satz 1 ist auf einen geschuldeten Schadensersatz anzurechnen, soweit der Schaden in Kosten der Rechtsverfolgung begründet ist.

(6) Eine im Voraus getroffene Vereinbarung, die den Anspruch des Gläubigers einer Entgeltforderung auf Verzugszinsen ausschließt, ist unwirksam. Gleiches gilt für eine

③ 그가 이행기로부터 30일 이내에 이행하지 않거나 청구서 또는 동등한 지급요구서 도달시로부터 30일 이내에 급부를 이행하지 않은 경우에, 대가채권(對價債權; Entgeltforderung)의 채무자는 늦어도 그때에 이행지체에 빠진다; 청구서 또는 지급요구서에서 이러한 효과가 특별히 언급된 경우(wenn auf diese Folgen in der Rechnung oder Zahlungsaufstellung besonders hingewiesen worden ist)에 한하여 소비자인 채무자에 대하여도 또한 같다. 청구서 또는 지급요구서의 도달시가 불확정인 경우에는 소비자가 아닌 채무자는 늦어도 이행기와 반대급부의 수령시로부터 30일 후에(spätestens 30 Tage nach Fälligkeit und Empfang der Gegenleistung) 이행지체에 빠진다.

④ 채무자는, 급부가 채무자에 책임이 없는 사정으로 인하여 이행되지 않은 동안에는 이행지체에 빠지지 아니한다.

⑤ 이행지체의 개시에 관하여 제1항 내지 제3항과 다르게 체결한 약정에 대해 제271조a 제1항 내지 제5항을 준용한다.

*) 공식 주(注):

이 규정들은, 「상거래에서의 지급지체에 대처하기 위한(zur Bekämpfung von Zahlungsverzug im Geschäftsverkehr) 2000년 6월 29일 유럽연합 의회 및 이사회 2000/35/EG호의 지침」(ABl. EG Nr. L 200 S. 35)의 시행에도 부분적으로 이바지한다.

각주

(제286조: 그 적용과 관련하여 민법전시행법 제34항목을 참조하라)

제287조 지체 중의 과책

채무자는 지체 중에는 일체의 과실(jede Fahrlässigkeit)에 대해 책임을 진다. 채무자는 급부와 관련하여 우연적 사고에 대해서도(wegen der Leistung auch für Zufall) 책임을 지되, 적시의 이행을 했더라도 손해가 발생했을 경우에는 그러하지 아니하다.

제288조 지연이자와 기타 지체손해

*) ① 금전에 대하여 지체가 있는 동안에(während des Verzugs) 지연이자를 가산하여 지급한다. 지연이자율은 연 기준으로 기본이율에 5%를 가산한 것이다.

② 소비자가 당사자로 참가하지 않은 법률행위에 있어 대가채권(對價債權; Entgeltforderung)의 지연이자는 기본이율에 9%를 가산한 것이다.

③ 채권자는 다른 법적 근거에 기하여 보다 높은 지연이자를 청구할 수 있다.

④ 추가적인 손해배상의 행사는 배제되지 아니한다.

⑤ 게다가 대가채권(對價債權; Entgeltforderung)의 채권자는 채무자의 지체에 있어, 그 채권자가 소비자가 아닌 경우에는 40유로의 한도 내에서 정액지급청구권도 갖는다. 대가채권(對價債權; Entgeltforderung)이 분할지급채권(割賦債權) 또는 기타 할부지급채권(eine Abschlagszahlung oder sonstige Ratenzahlung)에 해당하는 경우에도 또한 같다. 그 손해가 권리행사비용에 대해 인정되는 범위 내에서 제1문에 따른 정액(定額)은 이행해야 하는 손해배상에 산입해야 한다.

⑥ 채권자의 대가채권청구권(對價債權請求權)에 대해 지연이자를 배제하는, 사전에 체결된 약정은 무효이다. 이러한 청구권을 제한하거나, 채권자의 대가청구권(對價債權請求權)을 제5항에 따른 정

Vereinbarung, die diesen Anspruch beschränkt oder den Anspruch des Gläubigers einer Entgeltforderung auf die Pauschale nach Absatz 5 oder auf Ersatz des Schadens, der in Kosten der Rechtsverfolgung begründet ist, ausschließt oder beschränkt, wenn sie im Hinblick auf die Belange des Gläubigers grob unbillig ist. Eine Vereinbarung über den Ausschluss der Pauschale nach Absatz 5 oder des Ersatzes des Schadens, der in Kosten der Rechtsverfolgung begründet ist, ist im Zweifel als grob unbillig anzusehen. Die Sätze 1 bis 3 sind nicht anzuwenden, wenn sich der Anspruch gegen einen Verbraucher richtet.

*) Amtlicher Hinweis:

Diese Vorschrift dient zum Teil auch der Umsetzung der Richtlinie 2000/35/EG des Europäischen Parlaments und des Rates vom 29. Juni 2000 zur Bekämpfung von Zahlungsverzug im Geschäftsverkehr (ABl. EG Nr. L 200 S. 35).

Fußnote

(+++ § 288: Zur Anwendung vgl. § 34 BGBEG +++)

§ 289 Zinseszinsverbot

Von Zinsen sind Verzugszinsen nicht zu entrichten. Das Recht des Gläubigers auf Ersatz des durch den Verzug entstehenden Schadens bleibt unberührt.

§ 290 Verzinsung des Wertersatzes

Ist der Schuldner zum Ersatz des Wertes eines Gegenstands verpflichtet, der während des Verzugs untergegangen ist oder aus einem während des Verzugs eingetretenen Grund nicht herausgegeben werden kann, so kann der Gläubiger Zinsen des zu ersetzenden Betrags von dem Zeitpunkt an verlangen, welcher der Bestimmung des Wertes zugrunde gelegt wird. Das Gleiche gilt, wenn der Schuldner zum Ersatz der Minderung des Wertes eines während des Verzugs verschlechterten Gegenstands verpflichtet ist.

§ 291 Prozesszinsen

Eine Geldschuld hat der Schuldner von dem Eintritt der Rechtshängigkeit an zu verzinsen, auch wenn er nicht im Verzug ist; wird die Schuld erst später fällig, so ist sie von der Fälligkeit an zu verzinsen. Die Vorschriften des § 288 Abs. 1 Satz 2, Abs. 2, Abs. 3 und des § 289 Satz 1 finden entsprechende Anwendung.

§ 292 Haftung bei Herausgabepflicht

(1) Hat der Schuldner einen bestimmten Gegenstand herauszugeben, so bestimmt sich von dem Eintritt der Rechtshängigkeit an der Anspruch des Gläubigers auf Schadensersatz wegen Verschlechterung, Untergangs oder einer aus einem anderen Grunde eintretenden Unmöglichkeit der Herausgabe nach den Vorschriften, welche für das Verhältnis zwischen dem Eigentümer und

액이나 권리행사비용에 대해 인정되는 손해의 배상으로 배제하거나 제한하는 약정도, 그것이 채권자의 이익에 관하여 현저하게 불공평한 때에는(wenn sie im Hinblick auf die Belange des Gläubigers grob unbillig ist) 또한 같다. 제5항에 따른 정액지급을 배제하거나 권리행사비용에 대해 인정되는 손해의 배상을 배제하는 약정(Eine Vereinbarung über den Ausschluss der Pauschale nach Absatz 5 oder des Ersatzes des Schadens, der in Kosten der Rechtsverfolgung begründet ist)은 의심스러운 때에는 현저하게 불공평한 것으로 본다. 제1문 내지 제3문은, 청구권이 소비자에 대해 성립하는 때에는(wenn sich der Anspruch gegen einen Verbraucher richtet) 적용하지 아니한다.

*) 공식 주(注):

위 규정들은, 「상거래에서의 지급지체에 대처하기 위한(zur Bekämpfung von Zahlungsverzug im Geschäftsverkehr) 2000년 6월 29일 유럽연합 의회 및 이사회 2000/35/EG호의 지침」(ABl. EG Nr. L 200 S. 35)의 시행에도 부분적으로 이바지한다.

각주

(제288조: 그 적용과 관련하여 민법전시행법 제34항목을 참조하라)

제289조 복리금지

지연이자(遲延利子)에 대해 이자(利子)를 붙일 수 없다. 지체로 인하여 발생한 손해에 대한 채권자의 배상청구권은 영향을 받지 아니한다.

제290조 가액배상에 대한 이자

채무자가, 그 지체 중에 멸실하거나 또는 지체 중에 발생한 사유에 인하여 반환할 수 없는 목적물의 가액을 배상할 의무를 지는 경우에, 채권자는 가액 결정의 기초가 된(welcher der Bestimmung des Wertes zugrunde gelegt wird) 때로부터 배상해야 할 금전에 대해 이자를 청구할 수 있다. 채무자가 지체(遲滯) 중에 훼손된 목적물(目的物)에 대한 가치(價値)의 감소분(減少分)을 배상할 의무를 지는 경우에도 또한 같다.

제291조 소송이자

채무자는, 지체에 빠지지 않더라도(auch wenn er nicht im Verzug ist) 금전채무에 대해 소송계속의 발생시로부터 이자를 가산하여 지급해야 한다; 그 채무가 나중에 비로소 이행기가 도래한 경우에는 그 채무에 대해 그 이행기시로부터 이자를 가산하여 지급해야 한다. 제288조 제1항 제2문, 제2항, 제3항, 제289조 제1문을 준용한다.

제292조 반환의무에 있어 책임

① 채무자가 어느 특정물(einen bestimmten Gegenstand)을 반환해야 하는 경우에, 그 훼손, 멸실로 인하거나, 그 밖의 사유에 인하여 발생한 반환의무의 불능(einer aus einem anderen Grunde eintretenden Unmöglichkeit der Herausgabe)으로 인한 채권자의 손해배상청구권은, 그러한 채권관계 또는 채무자의 지체에 기하여 채권자에게 유리한 다른 정함이 없는 한(soweit nicht aus dem

dem Besitzer von dem Eintritt der Rechtshängigkeit des Eigentumsanspruchs an gelten, soweit nicht aus dem Schuldverhältnis oder dem Verzug des Schuldners sich zugunsten des Gläubigers ein anderes ergibt.
(2) Das Gleiche gilt von dem Anspruch des Gläubigers auf Herausgabe oder Vergütung von Nutzungen und von dem Anspruch des Schuldners auf Ersatz von Verwendungen.

Titel 2 Verzug des Gläubigers

§ 293 Annahmeverzug
Der Gläubiger kommt in Verzug, wenn er die ihm angebotene Leistung nicht annimmt.

§ 294 Tatsächliches Angebot
Die Leistung muss dem Gläubiger so, wie sie zu bewirken ist, tatsächlich angeboten werden.

§ 295 Wörtliches Angebot
Ein wörtliches Angebot des Schuldners genügt, wenn der Gläubiger ihm erklärt hat, dass er die Leistung nicht annehmen werde, oder wenn zur Bewirkung der Leistung eine Handlung des Gläubigers erforderlich ist, insbesondere wenn der Gläubiger die geschuldete Sache abzuholen hat. Dem Angebot der Leistung steht die Aufforderung an den Gläubiger gleich, die erforderliche Handlung vorzunehmen.

§ 296 Entbehrlichkeit des Angebots
Ist für die von dem Gläubiger vorzunehmende Handlung eine Zeit nach dem Kalender bestimmt, so bedarf es des Angebots nur, wenn der Gläubiger die Handlung rechtzeitig vornimmt. Das Gleiche gilt, wenn der Handlung ein Ereignis vorauszugehen hat und eine angemessene Zeit für die Handlung in der Weise bestimmt ist, dass sie sich von dem Ereignis an nach dem Kalender berechnen lässt.

§ 297 Unvermögen des Schuldners
Der Gläubiger kommt nicht in Verzug, wenn der Schuldner zur Zeit des Angebots oder im Falle des § 296 zu der für die Handlung des Gläubigers bestimmten Zeit außerstande ist, die Leistung zu bewirken.

§ 298 Zug-um-Zug-Leistungen
Ist der Schuldner nur gegen eine Leistung des Gläubigers zu leisten verpflichtet, so kommt der Gläubiger in Verzug, wenn er zwar die angebotene Leistung anzunehmen bereit ist, die verlangte Gegenleistung aber nicht anbietet.

Schuldverhältnis oder dem Verzug des Schuldners sich zugunsten des Gläubigers ein anderes ergibt), 소유자와 점유자 간의 관계에 대해 소유권에 기한 반환청구권의 소송계속 발생시부터(von dem Eintritt der Rechtshängigkeit an) 적용되는 규정에 따라 그 소송계속 발생시부터 정해진다.
② 채권자의 수익반환청구권 또는 수익보상청구권(Anspruch des Gläubigers auf Herausgabe oder Vergütung von Nutzungen)과 사용에 대한 채무자의 비용상환청구권에도 또한 같다.

제2절 채권자지체

제293조 수령지체

채권자는 자신에게 제공된 급부를 수령하지 않은 때에(wenn er die ihm angebotene Leistung nicht annimmt) 지체에 빠진다.

제294조 현실제공(現實提供)

급부는 실현되어야 하는 바대로(wie sie zu bewirken ist) 채권자에게 현실적으로 제공되어야만 한다.

제295조 구두제공(口頭提供)

채권자가 채무자에게 자신은 그 급부를 수령하지 않겠다는 의사를 표시한 경우나 그 급부를 실현하는 데 채권자의 행위가 필요한 경우(wenn zur Bewirkung der Leistung eine Handlung des Gläubigers erforderlich ist), 특히 채권자가 이행할 의무를 진 물건을 수령해 가야 하는 경우에 채무자의 구두제공으로 족하다. 필요한 행위를 하도록die erforderliche Handlung vorzunehmen) 채권자에게 최고(催告)하는 것은 급부(給付)의 제공(Dem Angebot der Leistung)과 동일시된다.

제296조 그 제공(提供)의 불요(不要)

채권자가 해야 하는 행위에 대해 역(曆)에 따라 시기가 정해진 경우에 채권자가 적시에 그 행위를 한 경우(wenn der Gläubiger die Handlung rechtzeitig vornimmt)에 한하여 그 제공이 요구된다. 그 행위가 어느 사건 후에 행해져야 하고, 그 행위에 대해 그 사건시로부터 역(曆)에 따라 산정되는 방식으로 상당한 기간이 정해진(eine angemessene Zeit für die Handlung in der Weise bestimmt ist, dass sie sich von dem Ereignis an nach dem Kalender berechnen lässt) 경우에도 또한 같다.

제297조 채무자의 불능(不能)

채무자가 그 제공 당시에 또는 제296조의 경우에 채권자의 행위에 대해 정해진 시기에(im Falle des § 296 zu der für die Handlung des Gläubigers bestimmten Zeit) 급부를 실현할 수 없는 경우에 채권자는 지체에 빠지지 아니한다.

제298조 동시이행

채무자가 채권자의 급부와 상환(相換)으로만 이행할 의무를 지는 경우에 채권자는, 자신은 제공된 급부를 수령할 준비를 했더라도 청구된 반대급부(反對給付)를 제공하지 않은 때(die verlangte Gegenleistung aber nicht anbietet)에는 지체에 빠진다.

§ 299 Vorübergehende Annahmeverhinderung

Ist die Leistungszeit nicht bestimmt oder ist der Schuldner berechtigt, vor der bestimmten Zeit zu leisten, so kommt der Gläubiger nicht dadurch in Verzug, dass er vorübergehend an der Annahme der angebotenen Leistung verhindert ist, es sei denn, dass der Schuldner ihm die Leistung eine angemessene Zeit vorher angekündigt hat.

§ 300 Wirkungen des Gläubigerverzugs

(1) Der Schuldner hat während des Verzugs des Gläubigers nur Vorsatz und grobe Fahrlässigkeit zu vertreten.

(2) Wird eine nur der Gattung nach bestimmte Sache geschuldet, so geht die Gefahr mit dem Zeitpunkt auf den Gläubiger über, in welchem er dadurch in Verzug kommt, dass er die angebotene Sache nicht annimmt.

§ 301 Wegfall der Verzinsung

Von einer verzinslichen Geldschuld hat der Schuldner während des Verzugs des Gläubigers Zinsen nicht zu entrichten.

§ 302 Nutzungen

Hat der Schuldner die Nutzungen eines Gegenstands herauszugeben oder zu ersetzen, so beschränkt sich seine Verpflichtung während des Verzugs des Gläubigers auf die Nutzungen, welche er zieht.

§ 303 Recht zur Besitzaufgabe

Ist der Schuldner zur Herausgabe eines Grundstücks oder eines eingetragenen Schiffs oder Schiffsbauwerks verpflichtet, so kann er nach dem Eintritt des Verzugs des Gläubigers den Besitz aufgeben. Das Aufgeben muss dem Gläubiger vorher angedroht werden, es sei denn, dass die Androhung untunlich ist.

§ 304 Ersatz von Mehraufwendungen

Der Schuldner kann im Falle des Verzugs des Gläubigers Ersatz der Mehraufwendungen verlangen, die er für das erfolglose Angebot sowie für die Aufbewahrung und Erhaltung des geschuldeten Gegenstands machen musste.

Abschnitt 2 Gestaltung rechtsgeschäftlicher Schuldverhältnisse durch Allgemeine Geschäftsbedingungen

*) Amtlicher Hinweis:

Dieser Abschnitt dient auch der Umsetzung der Richtlinie 93/13/EWG des Rates vom 5. April

제299조 일시적 수령장애(受領障碍)

이행기가 정해지지 않거나 채무자가 그 정해진 시기 전에 이행할 권리를 갖는 경우에 채권자는 일시적으로 제공된 급부의 수령에 대한 장애(障碍)에 있음으로써 지체(遲滯)에 빠지지 아니하고, 다만 채무자가 채권자에게 상당한 기간 전에 급부(給付)에 대해 통지한 경우에는 그러하지 아니하다(es sei denn, dass der Schuldner ihm die Leistung eine angemessene Zeit vorher angekündigt hat).

제300조 채권자지체의 효과

① 채무자는 채권자지체 중에 고의 또는 중과실에 한하여(nur Vorsatz und grobe Fahrlässigkeit) 책임을 진다.

② 종류만으로 정해진 물건을 이행할 의무가 있는 경우에(Wird eine nur der Gattung nach bestimmte Sache geschuldet) 위험은 채권자가 제공된 물건을 수령하지 않음으로써 지체에 빠지는 때에 채권자로 이전한다.

제301조 이자가산의 소멸

이자가 붙은 금전채무에 대하여(Von einer verzinslichen Geldschuld) 채무자는 채권자 이행지체중에 이자를 지급할 필요가 없다.

제302조 수익

채무자가 어느 목적물의 수익을 반환(返還)해야 하거나 상환(償還)해야 하는 경우에 채무자의 의무는 채권자지체 중에는(während des Verzugs des Gläubigers) 그가 수취(收取)한 수익(收益)에 한정된다.

제303조 점유포기권

채무자가 어느 토지, 등기된 선박 또는 건조 중인 선박의 반환할(zur Herausgabe eines Grundstücks oder eines eingetragenen Schiffs oder Schiffsbauwerks) 의무를 지는 경우에 그는 채권자지체 발생 후에 점유를 포기할 수 있다. 그 포기는 채권자에게 미리 경고(警告)되어야만 하고, 다만 경고(警告)가 필요 없는 경우에는 그러하지 아니하다.

제304조 비용증가분의 상환

채무자는 채권자지체의 경우에 그가 무익하게 된 제공과 이행할 의무를 진 목적물의 보관 및 관리에 대하여(für die Aufbewahrung und Erhaltung des geschuldeten Gegenstands) 지출한 비용증가분(Mehraufwendungen)의 상환을 청구할 수 있다.

제2장 보통거래약관에 기한 법률행위에 의한 채권관계 형성

*) 공식 주(注):

본 장은, 「소비자계약에서의 불공정 약관조항 관한 1993년 4월 5일의 유럽연합이사회의

1993 über missbräuchliche Klauseln in Verbraucherverträgen (ABl. EG Nr. L 95 S. 29).

§ 305 Einbeziehung Allgemeiner Geschäftsbedingungen in den Vertrag

(1) Allgemeine Geschäftsbedingungen sind alle für eine Vielzahl von Verträgen vorformulierten Vertragsbedingungen, die eine Vertragspartei (Verwender) der anderen Vertragspartei bei Abschluss eines Vertrags stellt. Gleichgültig ist, ob die Bestimmungen einen äußerlich gesonderten Bestandteil des Vertrags bilden oder in die Vertragsurkunde selbst aufgenommen werden, welchen Umfang sie haben, in welcher Schriftart sie verfasst sind und welche Form der Vertrag hat. Allgemeine Geschäftsbedingungen liegen nicht vor, soweit die Vertragsbedingungen zwischen den Vertragsparteien im Einzelnen ausgehandelt sind.

(2) Allgemeine Geschäftsbedingungen werden nur dann Bestandteil eines Vertrags, wenn der Verwender bei Vertragsschluss

1. die andere Vertragspartei ausdrücklich oder, wenn ein ausdrücklicher Hinweis wegen der Art des Vertragsschlusses nur unter unverhältnismäßigen Schwierigkeiten möglich ist, durch deutlich sichtbaren Aushang am Ort des Vertragsschlusses auf sie hinweist und
2. der anderen Vertragspartei die Möglichkeit verschafft, in zumutbarer Weise, die auch eine für den Verwender erkennbare körperliche Behinderung der anderen Vertragspartei angemessen berücksichtigt, von ihrem Inhalt Kenntnis zu nehmen,

und wenn die andere Vertragspartei mit ihrer Geltung einverstanden ist.

(3) Die Vertragsparteien können für eine bestimmte Art von Rechtsgeschäften die Geltung bestimmter Allgemeiner Geschäftsbedingungen unter Beachtung der in Absatz 2 bezeichneten Erfordernisse im Voraus vereinbaren.

§ 305a Einbeziehung in besonderen Fällen

Auch ohne Einhaltung der in § 305 Abs. 2 Nr. 1 und 2 bezeichneten Erfordernisse werden einbezogen, wenn die andere Vertragspartei mit ihrer Geltung einverstanden ist,

1. die mit Genehmigung der zuständigen Verkehrsbehörde oder auf Grund von internationalen Übereinkommen erlassenen Tarife und Ausführungsbestimmungen der Eisenbahnen und die nach Maßgabe des Personenbeförderungsgesetzes genehmigten Beförderungsbedingungen der Straßenbahnen, Obusse und Kraftfahrzeuge im Linienverkehr in den Beförderungsvertrag,
2. die im Amtsblatt der Bundesnetzagentur für Elektrizität, Gas, Telekommunikation, Post und Eisenbahnen veröffentlichten und in den Geschäftsstellen des Verwenders bereitgehaltenen Allgemeinen Geschäftsbedingungen

a) in Beförderungsverträge, die außerhalb von Geschäftsräumen durch den Einwurf von Postsendungen in Briefkästen abgeschlossen werden,

b) in Verträge über Telekommunikations-, Informations- und andere Dienstleistungen, die

93/13/EWG호 지침」(ABl. EG Nr. L 95 S. 29)의 시행에도 이바지한다.

제305조 보통거래약관의 계약 편입

① 보통거래약관(Allgemeine Geschäftsbedingungen)은, 여러 개의 계약체결을 위하여 사전에 마련한 계약조건으로(alle für eine Vielzahl von Verträgen vorformulierten Vertragsbedingungen), 어느 계약당사자(‘약관사용자’; Verwender)가 계약상대방에게 계약체결시에 제안하는 일체의 계약조건(契約條件)이다. 그 약관조항(die Bestimmungen)이 외형적으로 별도의 계약 구성부분으로 되어 있는지 여부, 아니면 그 약관조항이 계약서 자체에 기재되었는지 여부, 그 약관조항이 어느 정도의 내용을 담고 있는지, 그 약관조항이 어떤 서체(書體)로 작성되었는지, 그리고 계약에 어떤 방식(方式)이 요구되는지는 중요하지 않다. 계약조건은 계약당사자들 간에 개별적으로 교섭되는 범위 내에서 보통거래약관에 해당하지 않는다.

② 약관사용자가 계약체결시에,

1. 계약상대방에게 보통거래약관에 대해 명시(明示)하거나, 또는 계약체결의 성질로 인하여 명시(明示)가 현저한 어려움 하에서만 가능한 때에는 계약체결의 장소에서의 분명하게 볼 수 있게 게시함으로써 보통거래약관에 대해 밝혀야 하고(durch deutlich sichtbaren Aushang am Ort des Vertragsschlusses auf sie hinweist),
2. 약관사용자가 인식할 수 있는 계약상대방의 신체장애(körperliche Behinderung der anderen Vertragspartei)도 적절하게 고려하는 합리적 방식으로, 계약상대방에게 보통거래약관 내용을 알 수 있는 가능성을 제공하며,

계약상대방이 그 보통거래약관의 적용에 대해 동의한(die andere Vertragspartei mit ihrer Geltung einverstanden ist) 경우에 한하여, 보통거래약관은 계약의 구성부분이 된다.

제305조a 특별한 경우에 있어 편입

제305조 제2항 제1호, 제2호에 기재된 요건을 준수하지 않더라도, 계약상대방이 보통거래약관의 적용에 대해 동의를 한 때에는(wenn die andere Vertragspartei mit ihrer Geltung einverstanden ist), 다음과 같이,

1. 관할 교통당국이 인가하거나 국제조약에 기하여 제정된, 철도의 요금 및 운송조항(Tarife und Ausführungsbestimmungen)과, 여객운송법의 기준에 따라(nach Maßgabe des Personenbeförderungsgesetzes genehmigten Beförderungsbedingungen) 인가된, 시가전차·무궤도버스·정기운행차량의 운송조건은 운송계약에(in den Beförderungsvertrag) 편입(編入)되고,
2. 전기, 가스, 통신, 우편, 철도에 대한 연방망관리청의 관보에 공표되고(die im Amtsblatt der Bundesnetzagentur für Elektrizität, Gas, Telekommunikation, Post und Eisenbahnen veröffentlichten) 약관사용자의 영업소에 비치된 보통거래약관은,
   a) 영업장(營業場) 밖에서 우편함(郵便函)에 우편물(郵便物)을 투입함으로써(durch den Einwurf von Postsendungen in Briefkästen) 체결되는 우편배달계약에 편입되고,
   b) 계약상대방이 현저한 어려움을 겪고서야만 계약체결 전에 보통거래약관에 접근할 수 있을

unmittelbar durch Einsatz von Fernkommunikationsmitteln und während der Erbringung einer Telekommunikationsdienstleistung in einem Mal erbracht werden, wenn die Allgemeinen Geschäftsbedingungen der anderen Vertragspartei nur unter unverhältnismäßigen Schwierigkeiten vor dem Vertragsschluss zugänglich gemacht werden können.

§ 305b Vorrang der Individualabrede

Individuelle Vertragsabreden haben Vorrang vor Allgemeinen Geschäftsbedingungen.

§ 305c Überraschende und mehrdeutige Klauseln

(1) Bestimmungen in Allgemeinen Geschäftsbedingungen, die nach den Umständen, insbesondere nach dem äußeren Erscheinungsbild des Vertrags, so ungewöhnlich sind, dass der Vertragspartner des Verwenders mit ihnen nicht zu rechnen braucht, werden nicht Vertragsbestandteil.

(2) Zweifel bei der Auslegung Allgemeiner Geschäftsbedingungen gehen zu Lasten des Verwenders.

§ 306 Rechtsfolgen bei Nichteinbeziehung und Unwirksamkeit

(1) Sind Allgemeine Geschäftsbedingungen ganz oder teilweise nicht Vertragsbestandteil geworden oder unwirksam, so bleibt der Vertrag im Übrigen wirksam.

(2) Soweit die Bestimmungen nicht Vertragsbestandteil geworden oder unwirksam sind, richtet sich der Inhalt des Vertrags nach den gesetzlichen Vorschriften.

(3) Der Vertrag ist unwirksam, wenn das Festhalten an ihm auch unter Berücksichtigung der nach Absatz 2 vorgesehenen Änderung eine unzumutbare Härte für eine Vertragspartei darstellen würde.

§ 306a Umgehungsverbot

Die Vorschriften dieses Abschnitts finden auch Anwendung, wenn sie durch anderweitige Gestaltungen umgangen werden.

§ 307 Inhaltskontrolle

(1) Bestimmungen in Allgemeinen Geschäftsbedingungen sind unwirksam, wenn sie den Vertragspartner des Verwenders entgegen den Geboten von Treu und Glauben unangemessen benachteiligen. Eine unangemessene Benachteiligung kann sich auch daraus ergeben, dass die Bestimmung nicht klar und verständlich ist.

(2) Eine unangemessene Benachteiligung ist im Zweifel anzunehmen, wenn eine Bestimmung

1. mit wesentlichen Grundgedanken der gesetzlichen Regelung, von der abgewichen wird, nicht zu vereinbaren ist oder
2. wesentliche Rechte oder Pflichten, die sich aus der Natur des Vertrags ergeben, so einschränkt, dass die Erreichung des Vertragszwecks gefährdet ist.

(3) Die Absätze 1 und 2 sowie die §§ 308 und 309 gelten nur für Bestimmungen in Allgemeinen

때에는, 원거리통신수단의 사용에 의해 직접적으로 또 통신서비스가 제공되는 동안에 동시에 중단되지 않고서 제공되는(die unmittelbar durch Einsatz von Fernkommunikationsmitteln und während der Erbringung einer Telekommunikationsdienstleistung in einem Mal erbracht werden), 통신서비스, 정보제공서비스 또는 기타 서비스에 관한 계약에 편입된다.

제305조b 개별 약정의 우선

개별적 계약상의 합의(Individuelle Vertragsabreden)는 보통거래약관에 우선한다.

제305조c 기습조항 및 다의적 조항

① 제사정(諸事情)에 의할 때, 특히 계약의 외양(外樣)에 의할 때(insbesondere nach dem äußeren Erscheinungsbild des Vertrags), 이례적이어서 약관사용자의 상대방당사자가 이를 고려할 필요가 없는 보통거래약관조항은, 계약의 구성부분(Vertragsbestandteil)이 되지 아니한다.

② 보통거래약관의 해석에 있어 어떤 의문(Zweifel bei der Auslegung Allgemeiner Geschäftsbedingungen)은 약관사용자의 불이익으로 해소(解消)한다.

제306조 불편입과 무효시의 법률효과

① 보통거래약관의 전부(全部) 또는 일부(一部)(Allgemeine Geschäftsbedingungen ganz oder teilweise)가 계약의 구성부분이 되지 않거나 무효인 경우에 나머지 계약 부분(der Vertrag im Übrigen)은 유효하다.

② 그 약관조항이 계약의 구성부분이 되지 아니하거나 무효인 범위 내에서 계약내용(der Inhalt des Vertrags)은 법률상 규정에 따라 정해진다.

③ 제2항에 따라 규정된 수정을 고려하더라도 계약의 고수가 어느 계약당사자에 대한 부당한 어려움(eine unzumutbare Härte für eine Vertragspartei)을 의미하는 때에는 계약은 (전체가) 무효이다.

제306조a 회피금지

이 장의 규정들은, 그것이 다른 방법으로 회피되는 경우에도 적용한다.

제307조 내용통제

① 보통거래약관조항이 신의성실의 명령에 반하여 약관사용자의 상대방당사자를 부당하게 불리하게 하는 경우에 그 보통거래약관조항은 무효이다. 부당한 불리함은 그 약관조항이 명료하지 않고 이해하기 어려운 것(dass die Bestimmung nicht klar und verständlich ist)에서도 생겨난다.

② 어느 보통거래약관조항이 다음 각 호에 해당하는 경우에는 의심스러운 때에는 부당한 불리함이 있는 것으로 추정한다,

1. 다르게 약정될 수 없는 법률상 규정의 근본적(根本的) 기본사상(基本思想)(wesentlichen Grundgedanken der gesetzlichen Regelung)과 배치(背馳)되는 경우,
2. 계약의 성질에서 도출되는(die sich aus der Natur des Vertrags ergeben) 중요한 권리 또는 의무가 제한되어 계약목적 달성이 위태로워지는 경우.

③ 제1항, 제2항, 제308조, 제309조는, 법규정과 다른 내용으로 약정되거나 법규정에 추가적으로

Geschäftsbedingungen, durch die von Rechtsvorschriften abweichende oder diese ergänzende Regelungen vereinbart werden. Andere Bestimmungen können nach Absatz 1 Satz 2 in Verbindung mit Absatz 1 Satz 1 unwirksam sein.

§ 308 Klauselverbote mit Wertungsmöglichkeit

In Allgemeinen Geschäftsbedingungen ist insbesondere unwirksam

1. (Annahme- und Leistungsfrist)

eine Bestimmung, durch die sich der Verwender unangemessen lange oder nicht hinreichend bestimmte Fristen für die Annahme oder Ablehnung eines Angebots oder die Erbringung einer Leistung vorbehält; ausgenommen hiervon ist der Vorbehalt, erst nach Ablauf der Widerrufsfrist nach § 355 Absatz 1 und 2 zu leisten;

1a. (Zahlungsfrist)

eine Bestimmung, durch die sich der Verwender eine unangemessen lange Zeit für die Erfüllung einer Entgeltforderung des Vertragspartners vorbehält; ist der Verwender kein Verbraucher, ist im Zweifel anzunehmen, dass eine Zeit von mehr als 30 Tagen nach Empfang der Gegenleistung oder, wenn dem Schuldner nach Empfang der Gegenleistung eine Rechnung oder gleichwertige Zahlungsaufstellung zugeht, von mehr als 30 Tagen nach Zugang dieser Rechnung oder Zahlungsaufstellung unangemessen lang ist;

1b. (Überprüfungs- und Abnahmefrist)

eine Bestimmung, durch die sich der Verwender vorbehält, eine Entgeltforderung des Vertragspartners erst nach unangemessen langer Zeit für die Überprüfung oder Abnahme der Gegenleistung zu erfüllen; ist der Verwender kein Verbraucher, ist im Zweifel anzunehmen, dass eine Zeit von mehr als 15 Tagen nach Empfang der Gegenleistung unangemessen lang ist;

2. (Nachfrist)

eine Bestimmung, durch die sich der Verwender für die von ihm zu bewirkende Leistung abweichend von Rechtsvorschriften eine unangemessen lange oder nicht hinreichend bestimmte Nachfrist vorbehält;

3. (Rücktrittsvorbehalt)

die Vereinbarung eines Rechts des Verwenders, sich ohne sachlich gerechtfertigten und im Vertrag angegebenen Grund von seiner Leistungspflicht zu lösen; dies gilt nicht für Dauerschuldverhältnisse;

4. (Änderungsvorbehalt)

die Vereinbarung eines Rechts des Verwenders, die versprochene Leistung zu ändern oder von ihr abzuweichen, wenn nicht die Vereinbarung der Änderung oder Abweichung unter Berücksichtigung der Interessen des Verwenders für den anderen Vertragsteil zumutbar ist;

적용되는 것으로 약정된 보통거래약관조항(Bestimmungen in Allgemeinen Geschäftsbedingungen)에 대하여만 적용한다. 그 밖의 보통거래약관조항은 제1항 제1문과 연결된 제1항 제2문에 따라 무효가 될 수 있다.

제308조 평가가능성이 유보된 금지약관조항

보통거래약관에서 특히 다음 각 호의 약관조항은 무효이다,

1. 수령기간 및 급부기간

그 제공의 수령 또는 거절이나 급부의 제공에 대해 부당하게 장기의 기간 또는 상당하지 않게 정해진 기간(期間)을 약관사용자에게 유보(留保)해 둔 약관조항(eine Bestimmung): 제355조 제1항, 제2항에 따라 철회기간의 도과 후에 비로소 이행하는 유보조항은 여기서 제외된다;

1a. 이행기간

상대방당사자의 대가채권(對價債權; Entgeltforderung)을 이행하는 것에 대해 부당하게 장기의 기간을 약관사용자에게 유보해 둔 약관조항; 약관사용자가 소비자가 아닌 경우에 의심스러운 때에는 반대급부의 수령시로부터 30일을 초과하는 기간(eine Zeit von mehr als 30 Tagen nach Empfang der Gegenleistung)이나, 청구서 또는 다른 지급요구서가 반대급부의 수령 후에 송달된 경우에는 이러한 청구서 또는 지급요구서 도달시로부터 30일을 초과하는 기간은 부당하게 장기인 것으로 추정한다;

1b. 검수기간 및 수령기간

반대급부의 검수 또는 수령에 대한 부당하게 장기의 기간 경과 후 비로소(erst nach unangemessen langer Zeit für die Überprüfung oder Abnahme der Gegenleistung) 상대방당사자의 대가채권(對價債權; Entgeltforderung)을 이행하는 것을 약관사용자에게 유보해 둔 약관조항; 약관사용자가 소비자가 아닌 경우에 의심스러운 때에는 반대급부 수령시로부터 15일을 초과하는 기간은 부당하게 장기인 것으로 추정한다.

2. 사후보완이행

약관사용자가 실현해야 하는 급부에 대하여 법규정과 달리 부당하게 장기의 사후보완이행이나 상당하게 않게 정해진 사후보완이행(eine unangemessen lange oder nicht hinreichend bestimmte Nachfrist)을 약관사용자에게 유보해 둔 약관조항;

3. 해제권유보

객관적으로 정당한 사유 없이 또 계약에서 명시된 사유 없이(ohne sachlich gerechtfertigten und im Vertrag angegebenen Grund) 약관사용자의 급부의무를 면하게 해 주는, 약관사용자의 권리에 대한 약정조항; 계속적 채권관계에는 이는 적용하지 아니한다;

4. 변경권유보

약관사용자의 이익을 고려했을 때(unter Berücksichtigung der Interessen des Verwenders) 계약상대방이 그 변경 약정이나 다른 내용의 급부 약정을 해 주는 것을 기대할 수 없는 경우를 대비하여 사전에 약정된 급부를 변경하거나 이와 다른 내용의 급부를 할 수 있게 해 주는, 약관사용자의 권리에 대한 약정조항

5. (Fingierte Erklärungen)
   eine Bestimmung, wonach eine Erklärung des Vertragspartners des Verwenders bei Vornahme oder Unterlassung einer bestimmten Handlung als von ihm abgegeben oder nicht abgegeben gilt, es sei denn, dass
   a) dem Vertragspartner eine angemessene Frist zur Abgabe einer ausdrücklichen Erklärung eingeräumt ist und
   b) der Verwender sich verpflichtet, den Vertragspartner bei Beginn der Frist auf die vorgesehene Bedeutung seines Verhaltens besonders hinzuweisen;
6. (Fiktion des Zugangs)
   eine Bestimmung, die vorsieht, dass eine Erklärung des Verwenders von besonderer Bedeutung dem anderen Vertragsteil als zugegangen gilt;
7. (Abwicklung von Verträgen)
   eine Bestimmung, nach der der Verwender für den Fall, dass eine Vertragspartei vom Vertrag zurücktritt oder den Vertrag kündigt,
   a) eine unangemessen hohe Vergütung für die Nutzung oder den Gebrauch einer Sache oder eines Rechts oder für erbrachte Leistungen oder
   b) einen unangemessen hohen Ersatz von Aufwendungen verlangen kann;
8. (Nichtverfügbarkeit der Leistung)
   die nach Nummer 3 zulässige Vereinbarung eines Vorbehalts des Verwenders, sich von der Verpflichtung zur Erfüllung des Vertrags bei Nichtverfügbarkeit der Leistung zu lösen, wenn sich der Verwender nicht verpflichtet,
   a) den Vertragspartner unverzüglich über die Nichtverfügbarkeit zu informieren und
   b) Gegenleistungen des Vertragspartners unverzüglich zu erstatten.

Fußnote

(+++ § 308: Zur Anwendung vgl. § 34 BGBEG +++)

§ 309 Klauselverbote ohne Wertungsmöglichkeit

Auch soweit eine Abweichung von den gesetzlichen Vorschriften zulässig ist, ist in Allgemeinen Geschäftsbedingungen unwirksam

1. (Kurzfristige Preiserhöhungen)
   eine Bestimmung, welche die Erhöhung des Entgelts für Waren oder Leistungen vorsieht, die innerhalb von vier Monaten nach Vertragsschluss geliefert oder erbracht werden sollen; dies gilt nicht bei Waren oder Leistungen, die im Rahmen von Dauerschuldverhältnissen geliefert oder erbracht werden;
2. (Leistungsverweigerungsrechte)

5. 의제된 의사표시
특정한 행위를 하거나 하지 않는다면(bei Vornahme oder Unterlassung einer bestimmten Handlung) 이를 약관사용자의 상대방당사자에 대한 의사표시에 관련하여 그 상대방에 대해 한 것으로 보거나 하지 않은 것으로 보게 하는 약관조항, 다음 각 목의 경우에는 그러하지 아니하다.
a) 계약상대방에게 명시적 의사표시를 하도록 상당한 기간(eine angemessene Frist zur Abgabe einer ausdrücklichen Erklärung)을 인정해 주는 경우,
b) 약관사용자가, 그 기간의 개시에 있어 계약상대방의 행위의 정해진 의미에 대해 특별히 계약상대방에게 언급해 줄 의무를 지는 경우;
6. 도달의 의제
특별한 의미를 지니는 약관사용자의 의사표시(eine Erklärung des Verwenders von besonderer Bedeutung)가 계약상대방에 도달한 것으로 보도록 규정한 약관조항;
7. 계약의 해소
어느 계약당사자가 계약을 해제하거나 해지하는 경우를 대비하여 약관사용자가 다음 각 목을 청구할 수 있게 해 주는 약관조항,
a) 물건이나 권리의 이용 또는 사용(die Nutzung oder den Gebrauch einer Sache oder eines Rechts)이나 이행된 급부(erbrachte Leistungen)에 대한 부당하게 많은 대가,
b) 부당하게 많은 비용의 상환(hohen Ersatz von Aufwendungen).
8. 급부의 무용(無用)
제3호에 따라 허용된, 약관사용자의 유보권에 대한 약정조항으로, 급부가 무용(無用)한 때에(bei Nichtverfügbarkeit der Leistung) 계약의 이행의무에서 면하게 해 주는 약정조항, 다만 약관사용자가 다음 각 목의 의무를 부담하는 경우는 제외한다.
a) 상대방당사자에게 그 무용에 대해 지체 없이(unverzüglich über die Nichtverfügbarkeit) 알릴 의무과,
b) 상대방당사자의 반대급부를 지체 없이 상환할 의무.

각주
(제308조: 그 적용에 대하여 민법전시행법 제34조 항목을 참조하라)

제309조 평가가능성이 유보되지 않은 금지약관조항
법규정과 다른 내용의 약정이 허용될지라도 다음 각 호의 경우의 약관은 무효이다.
1. 단기(短期)의 가격인상
계약체결시로부터 4개월 이내에 인도되거나 이행되어야 하는 물품 또는 용역에 대한 대가(die Erhöhung des Entgelts für Waren oder Leistungen)의 인상을 정하는 약관조항; 계속적 채권관계 일환으로(im Rahmen von Dauerschuldverhältnissen) 인도되거나 이행되는 물품 또는 용역의 경우에는 그러하지 아니하다.
2. 급부거절권

eine Bestimmung, durch die

a) das Leistungsverweigerungsrecht, das dem Vertragspartner des Verwenders nach § 320 zusteht, ausgeschlossen oder eingeschränkt wird oder

b) ein dem Vertragspartner des Verwenders zustehendes Zurückbehaltungsrecht, soweit es auf demselben Vertragsverhältnis beruht, ausgeschlossen oder eingeschränkt, insbesondere von der Anerkennung von Mängeln durch den Verwender abhängig gemacht wird;

3. (Aufrechnungsverbot)

eine Bestimmung, durch die dem Vertragspartner des Verwenders die Befugnis genommen wird, mit einer unbestrittenen oder rechtskräftig festgestellten Forderung aufzurechnen;

4. (Mahnung, Fristsetzung)

eine Bestimmung, durch die der Verwender von der gesetzlichen Obliegenheit freigestellt wird, den anderen Vertragsteil zu mahnen oder ihm eine Frist für die Leistung oder Nacherfüllung zu setzen;

5. (Pauschalierung von Schadensersatzansprüchen)

die Vereinbarung eines pauschalierten Anspruchs des Verwenders auf Schadensersatz oder Ersatz einer Wertminderung, wenn

a) die Pauschale den in den geregelten Fällen nach dem gewöhnlichen Lauf der Dinge zu erwartenden Schaden oder die gewöhnlich eintretende Wertminderung übersteigt oder

b) dem anderen Vertragsteil nicht ausdrücklich der Nachweis gestattet wird, ein Schaden oder eine Wertminderung sei überhaupt nicht entstanden oder wesentlich niedriger als die Pauschale;

6. (Vertragsstrafe)

eine Bestimmung, durch die dem Verwender für den Fall der Nichtabnahme oder verspäteten Abnahme der Leistung, des Zahlungsverzugs oder für den Fall, dass der andere Vertragsteil sich vom Vertrag löst, Zahlung einer Vertragsstrafe versprochen wird;

7. (Haftungsausschluss bei Verletzung von Leben, Körper, Gesundheit und bei grobem Verschulden)

a) (Verletzung von Leben, Körper, Gesundheit)

ein Ausschluss oder eine Begrenzung der Haftung für Schäden aus der Verletzung des Lebens, des Körpers oder der Gesundheit, die auf einer fahrlässigen Pflichtverletzung des Verwenders oder einer vorsätzlichen oder fahrlässigen Pflichtverletzung eines gesetzlichen Vertreters oder Erfüllungsgehilfen des Verwenders beruhen;

b) (Grobes Verschulden)

ein Ausschluss oder eine Begrenzung der Haftung für sonstige Schäden, die auf einer grob fahrlässigen Pflichtverletzung des Verwenders oder auf einer vorsätzlichen oder grob

다음 각 목에 해당하는 약관조항,

a) 제320조에 따라 약관사용자의 상대방당사자에게 귀속되는 급부거절권(das Leistungsverweigerungsrecht)이 배제되거나 제한되는 경우,

b) 이행거절권이 동일한 계약관계에서 생겨나는 범위 내에서 약관사용자의 계약상대방에게 귀속되는 이행거절권이 배제되거나 제한되거나, 특히 약관사용자에 의한 하자의 인정에 좌우되는 경우;

3. 상계금지

다툼이 없는 채권이나 기판력 있게 확정된 채권으로 상계하는 권리를 약관사용자의 상대방당사자에게서 박탈하는 하는 약관조항

4. 최고, 기간설정

약관사용자를, 계약상대방에게 최고하거나 이행 또는 사후보완이행을 위한 기간을 설정해 줄 법적 의무로부터 해방시키는 약관조항;

5. 정액손해배상청구권(定額損害賠償請求權)

다음의 각 목의 경우에 약관사용자의 정액손해배상구권(定額損害賠償請求權) 또는 정액가치감소분배상청구권(定額價值減少分賠償請求權)에 대한 약정조항,

a) 정액이 규율된 경우에 있어 정액이 사물의 통상적 경과에 따라 기대될 수 있는 손해나 통상적으로 생기는 가치감소분을 초과하는 경우,

b) 손해나 가치감소분(ein Schaden oder eine Wertminderung)이 전혀 발생하지 않았거나 정액보다 현저하게 적다는 증명(der Nachweis)을 계약상대방에게 명시적(明示的)으로 허용하지 않는 경우;

6. 위약금

급부의 불수령(不受領) 또는 지체된 수령의 경우(für den Fall der Nichtabnahme oder verspäteten Abnahme der Leistung) 또는 지급지체(Zahlungsverzug)의 경우나 계약상대방이 계약을 해소(解消)하는 경우에 있어 약관사용자가 위약금의 지급을 받도록 약정해 주는 약관조항;

7. 생명, 신체, 건강의 침해시(bei Verletzung von Leben, Körper, Gesundheit)의 책임배제나 중과실이 있는 경우의 책임배제

a) 생명, 신체, 건강의 침해

약관사용자의 과실에 의한 의무위반이나 약관사용자의 법정대리인 또는 이행보조자(gesetzlichen Vertreters oder Erfüllungsgehilfen des Verwenders)의 고의 또는 과실에 의한 의무위반에서 기인하는, 생명, 신체 또는 건강의 침해로 생긴 손해에 대한 책임의 배제 또는 제한(ein Ausschluss oder eine Begrenzung der Haftung für Schäden aus der Verletzung des Lebens, des Körpers oder der Gesundheit);

b) 중과실

약관사용자의 중과실(重過失)에 의한 위무위반이나 약관사용자의 법정대리인 또는 이행보조자의 고의(故意) 또는 중과실(重過失)에 의한 의무위반(auf einer vorsätzlichen oder grob

fahrlässigen Pflichtverletzung eines gesetzlichen Vertreters oder Erfüllungsgehilfen des Verwenders beruhen;
die Buchstaben a und b gelten nicht für Haftungsbeschränkungen in den nach Maßgabe des Personenbeförderungsgesetzes genehmigten Beförderungsbedingungen und Tarifvorschriften der Straßenbahnen, Obusse und Kraftfahrzeuge im Linienverkehr, soweit sie nicht zum Nachteil des Fahrgasts von der Verordnung über die Allgemeinen Beförderungsbedingungen für den Straßenbahn- und Obusverkehr sowie den Linienverkehr mit Kraftfahrzeugen vom 27. Februar 1970 abweichen; Buchstabe b gilt nicht für Haftungsbeschränkungen für staatlich genehmigte Lotterie- oder Ausspielverträge;

8. (Sonstige Haftungsausschlüsse bei Pflichtverletzung)
   a) (Ausschluss des Rechts, sich vom Vertrag zu lösen)
   eine Bestimmung, die bei einer vom Verwender zu vertretenden, nicht in einem Mangel der Kaufsache oder des Werkes bestehenden Pflichtverletzung das Recht des anderen Vertragsteils, sich vom Vertrag zu lösen, ausschließt oder einschränkt; dies gilt nicht für die in der Nummer 7 bezeichneten Beförderungsbedingungen und Tarifvorschriften unter den dort genannten Voraussetzungen;
   b) (Mängel)
   eine Bestimmung, durch die bei Verträgen über Lieferungen neu hergestellter Sachen und über Werkleistungen
      aa) (Ausschluss und Verweisung auf Dritte)
      die Ansprüche gegen den Verwender wegen eines Mangels insgesamt oder bezüglich einzelner Teile ausgeschlossen, auf die Einräumung von Ansprüchen gegen Dritte beschränkt oder von der vorherigen gerichtlichen Inanspruchnahme Dritter abhängig gemacht werden;
      bb) (Beschränkung auf Nacherfüllung)
      die Ansprüche gegen den Verwender insgesamt oder bezüglich einzelner Teile auf ein Recht auf Nacherfüllung beschränkt werden, sofern dem anderen Vertragsteil nicht ausdrücklich das Recht vorbehalten wird, bei Fehlschlagen der Nacherfüllung zu mindern oder, wenn nicht eine Bauleistung Gegenstand der Mängelhaftung ist, nach seiner Wahl vom Vertrag zurückzutreten;
      cc) (Aufwendungen bei Nacherfüllung)
      die Verpflichtung des Verwenders ausgeschlossen oder beschränkt wird, die zum Zweck der Nacherfüllung erforderlichen Aufwendungen nach § 439 Absatz 2 und 3 oder § 635 Absatz 2 zu tragen oder zu ersetzen;
      dd) (Vorenthalten der Nacherfüllung)

fahrlässigen Pflichtverletzung eines gesetzlichen Vertreters oder Erfüllungsgehilfen des Verwenders)에 기인하는 기타 손해에 대한 책임의 배제 또는 제한;

여객운송법의 기준에 따라 시가전차, 무궤도버스 및 정기운행차량에 대하여 인가된 운송조건 및 요금조항상의 책임제한에 대하여는(für Haftungsbeschränkungen in den nach Maßgabe des Personenbeförderungsgesetzes genehmigten Beförderungsbedingungen und Tarifvorschriften der Straßenbahnen, Obusse und Kraftfahrzeuge im Linienverkehr), 그것[22]이 「시가전차 및 무궤도버스 교통과 정기운행차량교통에 대한 표준적 운송조건에 관한 1970년 2월 27일의 명령」과 다른 내용으로 승객에게 불이익하게 정해지지 않는 범위 내에서 a목 또는 b목을 적용하지 아니한다; 국가에 의해 인가된 복권계약(福券契約) 또는 당첨계약(當籤契約)에 대한 책임제한에 대하여는 b)목을 적용하지 아니한다.

8. 의무위반시 기타 책임배제

a) 계약을 해소할 권리의 배제

약관사용자에게 책임 있는 의무위반으로, 매매물건 또는 일의 하자와 관련 없는 의무위반이 있는 경우(bei einer vom Verwender zu vertretenden, nicht in einem Mangel der Kaufsache oder des Werkes bestehenden Pflichtverletzung)에 계약을 해소할 계약상대방의 권리를 배제하거나 제한하게 하는 약관조항; 제7호상의 운송조건 및 요금조항에 대하여는 거기서 언급된 요건의 충족하는 경우에 적용하지 아니한다.

b) 하자

신조품(新造品)의 인도(Lieferungen neu hergestellter Sachen)에 관한 계약과 도급급부에 관한 계약에 있어, 다음 각 목에 해당하는 약관조항,

aa) 배제와 제3자에 대한 언급

하자로 인한 약관사용자에 대한 청구권을, 전체적으로 또는 개별 부분과 관련하여 배제하거나, 제3자에 대한 청구권의 인정으로 제한하거나 제3자의 사전의 재판상 청구권행사에 좌우되게 하는 약관조항;

bb) 사후보완이행의 제한

사후보완이행의 실패시 감액청구를 할 수 있는 권리(bei Fehlschlagen der Nacherfüllung zu mindern), 또는 건축급부가 담보책임의 대상이 아닌 경우에 계약상대방의 선택에 좇아 계약을 해제할 수 있는 권리가 명시적으로 계약상대방에게 유보되어 있지 않는 한, 하자로 인한 약관사용자에 대한 청구권을, 전체적으로 또는 개별 부분과 관련하여 사후보완이행청구권으로 제한하는 약관조항;

cc) 사후보완이행에 있어 비용

제439조 제2항, 제3항 또는 제635조 제2항에 따라 사후보완이행의 목적에 필요한 비용(zum Zweck der Nacherfüllung erforderlichen Aufwendungen)을 부담하거나 상환해야 하는 약관사용자의 의무를 배제하거나 제한하는 약관조항;

dd) 사후보완이행의 금지

der Verwender die Nacherfüllung von der vorherigen Zahlung des vollständigen Entgelts oder eines unter Berücksichtigung des Mangels unverhältnismäßig hohen Teils des Entgelts abhängig macht;

ee) (Ausschlussfrist für Mängelanzeige)

der Verwender dem anderen Vertragsteil für die Anzeige nicht offensichtlicher Mängel eine Ausschlussfrist setzt, die kürzer ist als die nach dem Doppelbuchstaben ff zulässige Frist;

ff) (Erleichterung der Verjährung)

die Verjährung von Ansprüchen gegen den Verwender wegen eines Mangels in den Fällen des § 438 Abs. 1 Nr. 2 und des § 634a Abs. 1 Nr. 2 erleichtert oder in den sonstigen Fällen eine weniger als ein Jahr betragende Verjährungsfrist ab dem gesetzlichen Verjährungsbeginn erreicht wird;

9. (Laufzeit bei Dauerschuldverhältnissen)

bei einem Vertragsverhältnis, das die regelmäßige Lieferung von Waren oder die regelmäßige Erbringung von Dienst- oder Werkleistungen durch den Verwender zum Gegenstand hat,

a) eine den anderen Vertragsteil länger als zwei Jahre bindende Laufzeit des Vertrags,

b) eine den anderen Vertragsteil bindende stillschweigende Verlängerung des Vertragsverhältnisses um jeweils mehr als ein Jahr oder

c) zu Lasten des anderen Vertragsteils eine längere Kündigungsfrist als drei Monate vor Ablauf der zunächst vorgesehenen oder stillschweigend verlängerten Vertragsdauer;

dies gilt nicht für Verträge über die Lieferung als zusammengehörig verkaufter Sachen sowie für Versicherungsverträge;

10. (Wechsel des Vertragspartners)

eine Bestimmung, wonach bei Kauf-, Darlehens-, Dienst- oder Werkverträgen ein Dritter anstelle des Verwenders in die sich aus dem Vertrag ergebenden Rechte und Pflichten eintritt oder eintreten kann, es sei denn, in der Bestimmung wird

a) der Dritte namentlich bezeichnet oder

b) dem anderen Vertragsteil das Recht eingeräumt, sich vom Vertrag zu lösen;

11. (Haftung des Abschlussvertreters)

eine Bestimmung, durch die der Verwender einem Vertreter, der den Vertrag für den anderen Vertragsteil abschließt,

a) ohne hierauf gerichtete ausdrückliche und gesonderte Erklärung eine eigene Haftung oder Einstandspflicht oder

b) im Falle vollmachtsloser Vertretung eine über § 179 hinausgehende Haftung auferlegt;

12. (Beweislast)

eine Bestimmung, durch die der Verwender die Beweislast zum Nachteil des anderen

약관사용자가 사후보완이행을, 대가 전액의 선급(先給)이나 하자를 고려했을 때 과도하게 많은 대가 일부의 선급(先給)에 좌우되게 하는 것을 인정하는 약관조항;

ee) 하자광고에 대한 제척기간

약관사용자가 계약상대방에게 명백하지 않은 하자의 통지에 대하여(für die Anzeige nicht offensichtlicher Mängel) ff)에 따라 허용된 기한보다 짧은 제척기간을 설정해 주는 것을 인정하는 약관조항;

ff) 소멸시효의 단축

제438조 제1항 제2호, 제643조a 제1항 제2호의 경우에 하자로 인한 약관사용자에 대한 청구권의 소멸시효를 단축하거나, 기타의 경우에 법정 소멸시효기산점으로부터 기산하여 1년 내에 소멸시효기간이 완성되게(eine weniger als ein Jahr betragende Verjährungsfrist ab dem gesetzlichen Verjährungsbeginn erreicht wird) 하는 약관조항;

9. 계속적 채권관계의 경우에 있어 계약기간

약관사용자에 의한, 물품의 정기적 인도나 고용급부 또는 도급급부의 정기적 제공(die regelmäßige Erbringung von Dienst- oder Werkleistungen)을 계약내용으로 하는 계약관계에 있어,

a) 계약상대방을 2년을 초과하는 기간(期間) 동안에 구속(拘束)되게 하는 계약기간(Laufzeit des Vertrags) 약관조항,

b) 계약상대방을, 1년 초과한 기간 경과시마다(um jeweils mehr als ein Jahr) 계약관계의 묵시적 갱신에 매번 구속되게 하는 약관조항,

c) 최초의 정해진 계약기간 또는 묵시적으로 갱신된 계약기간의 만료 전으로부터 3개월을 초과하는 해지기간을 계약상대방의 불이익으로 인정하는 약관조항:

일체(一體)로 매도된 물건의 인도에 관한 계약(die Lieferung als zusammengehörig verkaufter Sachen)과 보험계약에 대하여는 그러하지 아니하다.

10. 계약당사자의 교체

매매계약, 소비대차계약, 고용계약 또는 도급계약의 경우에 있어 제3자가 약관사용자에 갈음하여(ein Dritter anstelle des Verwenders) 계약상의 권리 및 의무를 승계하거나 승계할 수 있게 하는 약관조항, 다만, 다음 각 목의 약관조항은 그러하지 아니하다,

a) 제3자가 기명으로 표시되어 있는 약관조항,

b) 계약상대방에게 계약을 해소할 권리를 인정해 주는 약관조항;

11. 체약대리인(締約代理人)의 책임

약관사용자가 계약상대방을 위하여 계약을 체결하는 대리인에게, 다음 각 목의 책임을 부과하게 하는 것을 인정하는 약관조항,

a) 그 효과(效果)에 대해 명시적인 별도의 설명 없이 대리인 자신의 본인에 대한 책임 또는 보증의무(保證義務)(eine eigene Haftung oder Einstandspflicht),

b) 무권대리의 경우에(im Falle vollmachtsloser Vertretung) 제179조를 넘는 책임;

12. 증명책임

약관사용자가 증명책임을 계약상대방의 불이익으로 변경하게 하는 것을 인정하는 약관조항,

Vertragsteils ändert, insbesondere indem er

a) diesem die Beweislast für Umstände auferlegt, die im Verantwortungsbereich des Verwenders liegen, oder

b) den anderen Vertragsteil bestimmte Tatsachen bestätigen lässt;

Buchstabe b gilt nicht für Empfangsbekenntnisse, die gesondert unterschrieben oder mit einer gesonderten qualifizierten elektronischen Signatur versehen sind;

13. (Form von Anzeigen und Erklärungen)

eine Bestimmung, durch die Anzeigen oder Erklärungen, die dem Verwender oder einem Dritten gegenüber abzugeben sind, gebunden werden

a) an eine strengere Form als die schriftliche Form in einem Vertrag, für den durch Gesetz notarielle Beurkundung vorgeschrieben ist oder

b) an eine strengere Form als die Textform in anderen als den in Buchstabe a genannten Verträgen oder

c) an besondere Zugangserfordernisse;

14. (Klageverzicht)

eine Bestimmung, wonach der andere Vertragsteil seine Ansprüche gegen den Verwender gerichtlich nur geltend machen darf, nachdem er eine gütliche Einigung in einem Verfahren zur außergerichtlichen Streitbeilegung versucht hat;

15. (Abschlagszahlungen und Sicherheitsleistung)

eine Bestimmung, nach der der Verwender bei einem Werkvertrag

a) für Teilleistungen Abschlagszahlungen vom anderen Vertragsteil verlangen kann, die wesentlich höher sind als die nach § 632a Absatz 1 und § 650m Absatz 1 zu leistenden Abschlagszahlungen, oder

b) die Sicherheitsleistung nach § 650m Absatz 2 nicht oder nur in geringerer Höhe leisten muss.

§ 310 Anwendungsbereich

(1) § 305 Absatz 2 und 3, § 308 Nummer 1, 2 bis 8 und § 309 finden keine Anwendung auf Allgemeine Geschäftsbedingungen, die gegenüber einem Unternehmer, einer juristischen Person des öffentlichen Rechts oder einem öffentlich-rechtlichen Sondervermögen verwendet werden. § 307 Abs. 1 und 2 findet in den Fällen des Satzes 1 auch insoweit Anwendung, als dies zur Unwirksamkeit von in § 308 Nummer 1, 2 bis 8 und § 309 genannten Vertragsbestimmungen führt; auf die im Handelsverkehr geltenden Gewohnheiten und Gebräuche ist angemessen Rücksicht zu nehmen. In den Fällen des Satzes 1 finden § 307 Absatz 1 und 2 sowie § 308 Nummer 1a und 1b auf Verträge, in die die Vergabe- und Vertragsordnung für Bauleistungen Teil B (VOB/B) in der jeweils zum Zeitpunkt des Vertragsschlusses geltenden Fassung ohne inhaltliche

특히 약관사용자가 다음과 같이 함으로써 그와 같이 인정하는 약관조항,

a) 약관사용자의 증명책임영역(證明責任領域)에 있는(die im Verantwortungsbereich des Verwenders liegen) 사정에 대한 증명책임을 계약상대방에게 부과하는 것,

b) 계약상대방에게 특정한 사실을 확인하게 하는 것;

별로의 서명(署名)이 있는 수령인정 또는 별도로 권한(權限)이 부여된 전자서명(電子署名)이 구비된 수령인정(Empfangsbekenntnisse)에 대하여는 b)목을 적용하지 아니한다.

13. 통지 및 의사표시의 방식

약관사용자에게 또는 제3자에 대하여 행해져야 하는 통지 또는 의사표시(die Anzeigen oder Erklärungen)를 다음 각 목과 결부시키는 것을 인정하는 약관조항,

a) 법률에 의하여 공정증서 작성이 규정된 계약(契約)에서 서명방식(署名方式)보다 엄격(嚴格)한 방식,

b) a목상의 계약 이외의 다른 계약에서 문면방식보다 엄격한 방식,

c) 특별한 도달요건.

14. 제소 포기

계약상대방이 대안적(代案的) 분쟁해결 절차를 통한 원만한 해결(eine gütliche Einigung in einem Verfahren zur außergerichtlichen Streitbeilegung)을 시도한 후에만, 계약상대방에게 그의 약관사용자에 대한 청구권을 제소(提訴)로써 행사하도록 허용하는 약관조항,

15. 분할보수지급과 담보제공

약관사용자가 도급계약에서,

a) 일부급부와 관련하여 제632조a 제1항, 제650조m 제1항에 따라 이행해야 하는 분할보수지급보다 현저하게 많은 분할보수지급(Abschlagszahlungen)을 계약상대방에게 청구할 수 있게 하는 약관조항,

b) 제650조m 제2항에 따라 담보를 제공할 필요를 없게 하거나 보다 적은 금액만을 담보하도록 담보를 제공해야만 하는 약관조항.

제310조 적용범위

① 제305조 제2항, 제3항, 제308조 제1호, 제2호 내지 제8호, 제309조는 사업자, 공법상 법인 또는 공법상 특별재산(einem Unternehmer, einer juristischen Person des öffentlichen Rechts oder einem öffentlich-rechtlichen Sondervermögen)에 대하여 사용되는 보통거래약관에는 적용하지 아니한다. 제1문의 경우에 제307조 제1항, 제2항은, 이에 의하여 제308조 제1호, 제2호 내지 제8호, 제309조상의 계약조항이 무효가 되는(als dies zur Unwirksamkeit von in § 308 Nummer 1, 2 bis 8 und § 309 genannten Vertragsbestimmungen führt) 범위 내에서 적용한다; 상거래에서 적용되는 관습 및 관행(die im Handelsverkehr geltenden Gewohnheiten und Gebräuche)는 적절하게 고려해야 한다. 제1문의 경우에 제307조 제1항, 제2항, 제308조 제1호a, 제1호b는, 각각의 계약체결시를 기준으로 적용되는 법률형식의 「건축급부의 발주 및 계약 규정의 B편(VOB/B)」[die Vergabe- und Vertragsordnung für Bauleistungen Teil B (VOB/B)]이 내용적 변용 없이(ohne inhaltliche

Abweichungen insgesamt einbezogen ist, in Bezug auf eine Inhaltskontrolle einzelner Bestimmungen keine Anwendung.

(2) Die §§ 308 und 309 finden keine Anwendung auf Verträge der Elektrizitäts-, Gas-, Fernwärme- und Wasserversorgungsunternehmen über die Versorgung von Sonderabnehmern mit elektrischer Energie, Gas, Fernwärme und Wasser aus dem Versorgungsnetz, soweit die Versorgungsbedingungen nicht zum Nachteil der Abnehmer von Verordnungen über Allgemeine Bedingungen für die Versorgung von Tarifkunden mit elektrischer Energie, Gas, Fernwärme und Wasser abweichen. Satz 1 gilt entsprechend für Verträge über die Entsorgung von Abwasser.

(3) Bei Verträgen zwischen einem Unternehmer und einem Verbraucher (Verbraucherverträge) finden die Vorschriften dieses Abschnitts mit folgenden Maßgaben Anwendung:

1. Allgemeine Geschäftsbedingungen gelten als vom Unternehmer gestellt, es sei denn, dass sie durch den Verbraucher in den Vertrag eingeführt wurden;
2. § 305c Abs. 2 und die §§ 306 und 307 bis 309 dieses Gesetzes sowie Artikel 46b des Einführungsgesetzes zum Bürgerlichen Gesetzbuche finden auf vorformulierte Vertragsbedingungen auch dann Anwendung, wenn diese nur zur einmaligen Verwendung bestimmt sind und soweit der Verbraucher auf Grund der Vorformulierung auf ihren Inhalt keinen Einfluss nehmen konnte;
3. bei der Beurteilung der unangemessenen Benachteiligung nach § 307 Abs. 1 und 2 sind auch die den Vertragsschluss begleitenden Umstände zu berücksichtigen.

(4) Dieser Abschnitt findet keine Anwendung bei Verträgen auf dem Gebiet des Erb-, Familien- und Gesellschaftsrechts sowie auf Tarifverträge, Betriebs- und Dienstvereinbarungen. Bei der Anwendung auf Arbeitsverträge sind die im Arbeitsrecht geltenden Besonderheiten angemessen zu berücksichtigen; § 305 Abs. 2 und 3 ist nicht anzuwenden. Tarifverträge, Betriebs- und Dienstvereinbarungen stehen Rechtsvorschriften im Sinne von § 307 Abs. 3 gleich.

Fußnote

(+++ § 310: Zur Anwendung vgl. § 34 BGBEG +++)

Abschnitt 3 Schuldverhältnisse aus Verträgen

Titel 1 Begründung, Inhalt und Beendigung

Untertitel 1 Begründung

§ 311 Rechtsgeschäftliche und rechtsgeschäftsähnliche Schuldverhältnisse

(1) Zur Begründung eines Schuldverhältnisses durch Rechtsgeschäft sowie zur Änderung des Inhalts eines Schuldverhältnisses ist ein Vertrag zwischen den Beteiligten erforderlich, soweit nicht

Abweichungen) 전체적으로 편입된 계약에 대하여는 개별 조항의 내용통제에 관련해서 적용하지 아니한다.

② 공급조건이 「전기, 가스, 지역난방, 물의 요금표사용고객에 대한 공급에 관련한 일반계약조건에 관한 명령」(Verordnungen über Allgemeine Bedingungen für die Versorgung von Tarifkunden mit elektrischer Energie, Gas, Fernwärme und Wasser)과 다른 내용으로 고객의 불이익으로 약정되는 않는 범위 내에서, 제308조, 제309조는, 공급망을 통한 공급으로, 전기, 가스, 지역난방 및 물의 특별고객(Sonderabnehmern)에 대한 공급에 관한, 전기회사, 가스회사, 지역난방회사 및 수도(水道)회사의 계약에는 적용하지 아니한다. 하수도 쓰레기처리에 관한 계약에 대하여 제1문을 준용한다.

③ 사업자와 소비자 간의 계약(Verträgen zwischen einem Unternehmer und einem Verbraucher) ('소비자계약'; Verbraucherverträge)에 있어 본 장의 규정들은 다음 각 호와 같은 기준하에 적용한다:

1. 보통거래약관은 사업자가 제안한 것으로 보되, 보통거래약관이 소비자에 의해 계약에 편입된 경우에는 그러하지 아니하다;
2. 사전에 마련한 계약조건(vorformulierte Vertragsbedingungen)이 1회의 사용을 위한 것이더라도, 소비자가 그러한 작성으로 인하여 그 작성 내용에 영향을 미칠 수 없었던 경우에는, 본 법의 제305조c 제2항, 제306조, 제307조 내지 제309조와 민법전시행법(Einführungsgesetzes zum Bürgerlichen Gesetzbuch) 제46조항목b은 그 계약조건에도 적용한다;
3. 계약체결에 수반하는 제사정(諸事情)도 제307조 제1항, 제2항에 따른 부당한 불이익의 판단에서 (bei der Beurteilung der unangemessenen Benachteiligung) 고려해야 한다.

④ 본 장은 상속법, 가족법, 회사법의 영역에서의 계약(Verträgen auf dem Gebiet des Erb-, Familien- und Gesellschaftsrechts)과 단체협약, 사업협정 및 근무협정(Tarifverträge, Betriebs- und Dienstvereinbarungen)에 대하여는 적용하지 아니한다. 근로계약에 대한 적용에 있어(Bei der Anwendung auf Arbeitsverträge) 노동법에 적용되는 특수성을 적절하게 고려해야 한다: 제305조 제2항, 제3항은 적용하지 아니한다. 단체협약, 사업협정 및 근무협정은 제307조 제3항상의 법규정과 동일시된다.

각주

(제310조: 그 적용과 관련하여 민법전시행법 제34항목을 참조하라)

제3장 계약에 기한 채권관계

제1절 성립, 내용 및 종료

제1관 성립

제311조 법률행위와 준법률행위에 의한 채권관계

① 이 법에서 달리 규정하지 않은 한, 법률행위에 의한 채권관계의 성립(Begründung eines Schuldverhältnisses durch Rechtsgeschäft)과 채권관계의 내용 변경하기 위해서는 당사자 간의 합

das Gesetz ein anderes vorschreibt.

(2) Ein Schuldverhältnis mit Pflichten nach § 241 Abs. 2 entsteht auch durch

1. die Aufnahme von Vertragsverhandlungen,
2. die Anbahnung eines Vertrags, bei welcher der eine Teil im Hinblick auf eine etwaige rechtsgeschäftliche Beziehung dem anderen Teil die Möglichkeit zur Einwirkung auf seine Rechte, Rechtsgüter und Interessen gewährt oder ihm diese anvertraut, oder
3. ähnliche geschäftliche Kontakte.

(3) Ein Schuldverhältnis mit Pflichten nach § 241 Abs. 2 kann auch zu Personen entstehen, die nicht selbst Vertragspartei werden sollen. Ein solches Schuldverhältnis entsteht insbesondere, wenn der Dritte in besonderem Maße Vertrauen für sich in Anspruch nimmt und dadurch die Vertragsverhandlungen oder den Vertragsschluss erheblich beeinflusst.

§ 311a Leistungshindernis bei Vertragsschluss

(1) Der Wirksamkeit eines Vertrags steht es nicht entgegen, dass der Schuldner nach § 275 Abs. 1 bis 3 nicht zu leisten braucht und das Leistungshindernis schon bei Vertragsschluss vorliegt.

(2) Der Gläubiger kann nach seiner Wahl Schadensersatz statt der Leistung oder Ersatz seiner Aufwendungen in dem in § 284 bestimmten Umfang verlangen. Dies gilt nicht, wenn der Schuldner das Leistungshindernis bei Vertragsschluss nicht kannte und seine Unkenntnis auch nicht zu vertreten hat. § 281 Abs. 1 Satz 2 und 3 und Abs. 5 findet entsprechende Anwendung.

§ 311b Verträge über Grundstücke, das Vermögen und den Nachlass

(1) Ein Vertrag, durch den sich der eine Teil verpflichtet, das Eigentum an einem Grundstück zu übertragen oder zu erwerben, bedarf der notariellen Beurkundung. Ein ohne Beachtung dieser Form geschlossener Vertrag wird seinem ganzen Inhalt nach gültig, wenn die Auflassung und die Eintragung in das Grundbuch erfolgen.

(2) Ein Vertrag, durch den sich der eine Teil verpflichtet, sein künftiges Vermögen oder einen Bruchteil seines künftigen Vermögens zu übertragen oder mit einem Nießbrauch zu belasten, ist nichtig.

(3) Ein Vertrag, durch den sich der eine Teil verpflichtet, sein gegenwärtiges Vermögen oder einen Bruchteil seines gegenwärtigen Vermögens zu übertragen oder mit einem Nießbrauch zu belasten, bedarf der notariellen Beurkundung.

(4) Ein Vertrag über den Nachlass eines noch lebenden Dritten ist nichtig. Das Gleiche gilt von einem Vertrag über den Pflichtteil oder ein Vermächtnis aus dem Nachlass eines noch lebenden Dritten.

(5) Absatz 4 gilt nicht für einen Vertrag, der unter künftigen gesetzlichen Erben über den gesetzlichen Erbteil oder den Pflichtteil eines von ihnen geschlossen wird. Ein solcher Vertrag

의가 필요하다.

② 제241조 제2항에 따른 의무가 있는 채권관계는 다음 각 호에 의해서도 발생한다,

1. 계약교섭의 개시,
2. 어느 당사자가 성립할 수 있는 법률행위에 의한 관계에 관련하여 상대방에게 그의 권리, 법익 및 이익(seine Rechte, Rechtsgüter und Interessen)에 대하여 영향을 미칠 가능성을 부여하거나 이러한 가능성을 그 상대방에게 위탁한 어느 계약의 개시(die Anbahnung eines Vertrags),
3. 위와 유사한 계약적 접촉.

③ 제241조 제2항에 따른 의무가 있는 채권관계는 직접 계약당사자가 되지 못하는 사람에 대해서도 발생할 수 있다. 특히, 제3자가 특별한 정도로 자신을 위해 신뢰를 남용하고(der Dritte in besonderem Maße Vertrauen für sich in Anspruch nimmt), 이를 통해 계약교섭 또는 계약체결에 대해 중대하게 영향을 미치는 경우에도 그러한 채권관계는 발생한다.

제311조a 계약체결시의 급부장애

① 계약의 효력은 채무자가 제275조 제1항 내지 제3항에 따라 급부를 이행할 필요가 없고 그 급부장애가 이미 계약체결시에 존재하는(das Leistungshindernis schon bei Vertragsschluss vorliegt) 점과 양립할 수 있다.

② 채권자는 자신의 선택에 좇아 급부에 갈음하는 손해배상이나 제284조가 정한 범위 내의 자신이 들인 비용의 상환(Ersatz seiner Aufwendungen in dem in § 284 bestimmten Umfang)을 청구할 수 있다. 채권자가 계약체결시 급부장애를 알 수 없었고 자신의 부지(不知)에 책임이 있지 않은 경우에는 그러하지 아니하다. 제281조 제1항 제2문, 제3문, 제5항을 준용한다.

제311조b 토지, 재산과 상속재산에 관한 계약

① 계약당사자가 토지에 대한 소유권을 이전하거나 이를 취득할 의무를 지게 하는 계약은 공정증서 작성(der notariellen Beurkundung)이 요구된다. 이러한 형식을 준수하지 아니하고 체결된 계약은, 소유권이전합의와 토지등기부(die Auflassung und die Eintragung)에 등기(登記)된 후에 그 내용(內容) 전체가 유효(有效)하게 된다.

② 계약당사자가 장래 재산이나 그 장래 재산의 지분(einen Bruchteil seines künftigen Vermögens)을 이전할 의무를 지거나 그에 용익권을 설정할 의무를 부담하게 하는(mit einem Nießbrauch zu belasten) 계약은 무효이다.

③ 계약당사자가 현재 자신의 재산이나 현재의 재산의 지분(einen Bruchteil seines gegenwärtigen Vermögens)을 이전할 의무를 부담하거나 이에 용익권을 설정할 의무를 부담하는 계약은 공정증서 작성이 요구된다.

④ 아직 생존해 있는 제3자의 상속재산에 관한 계약은 무효이다. 아직 살아 있는 제3자의 상속재산에서 유래한 유류분 또는 유증(den Pflichtteil oder ein Vermächtnis)에 관한 계약도 또한 같다.

⑤ 제4항은, 장래의 법정상속인들 간에 법정상속인 중 1명의 법정상속분 또는 유류분(den gesetzlichen Erbteil oder den Pflichtteil)에 관하여 체결된 계약에 적용하지 아니한다. 그 계약은

bedarf der notariellen Beurkundung.

Fußnote

(+++ § 311b Abs. 2: Zur Anwendung vgl. § 184 Satz 2 KAGB +++)

§ 311c Erstreckung auf Zubehör

Verpflichtet sich jemand zur Veräußerung oder Belastung einer Sache, so erstreckt sich diese Verpflichtung im Zweifel auch auf das Zubehör der Sache.

Untertitel 2 Grundsätze bei Verbraucherverträgen und besondere Vertriebsformen

Kapitel 1 Anwendungsbereich und Grundsätze bei Verbraucherverträgen

§ 312 Anwendungsbereich

(1) Die Vorschriften der Kapitel 1 und 2 dieses Untertitels sind nur auf Verbraucherverträge im Sinne des § 310 Absatz 3 anzuwenden, die eine entgeltliche Leistung des Unternehmers zum Gegenstand haben.

(2) Von den Vorschriften der Kapitel 1 und 2 dieses Untertitels ist nur § 312a Absatz 1, 3, 4 und 6 auf folgende Verträge anzuwenden:

1. notariell beurkundete Verträge

a) über Finanzdienstleistungen, die außerhalb von Geschäftsräumen geschlossen werden,

b) die keine Verträge über Finanzdienstleistungen sind; für Verträge, für die das Gesetz die notarielle Beurkundung des Vertrags oder einer Vertragserklärung nicht vorschreibt, gilt dies nur, wenn der Notar darüber belehrt, dass die Informationspflichten nach § 312d Absatz 1 und das Widerrufsrecht nach § 312g Absatz 1 entfallen,

2. Verträge über die Begründung, den Erwerb oder die Übertragung von Eigentum oder anderen Rechten an Grundstücken,

3. Verbraucherbauverträge nach § 650i Absatz 1,

4. (weggefallen)

5. Verträge über die Beförderung von Personen,

6. Verträge über Teilzeit-Wohnrechte, langfristige Urlaubsprodukte, Vermittlungen und Tauschsysteme nach den §§ 481 bis 481b,

7. Behandlungsverträge nach § 630a,

8. Verträge über die Lieferung von Lebensmitteln, Getränken oder sonstigen Haushaltsgegenständen des täglichen Bedarfs, die am Wohnsitz, am Aufenthaltsort oder am Arbeitsplatz eines Verbrauchers von einem Unternehmer im Rahmen häufiger und regelmäßiger Fahrten geliefert werden,

9. Verträge, die unter Verwendung von Warenautomaten und automatisierten Geschäftsräumen

공정증서 작성이 요구된다.

각주

(제311조b 제2항: 그 적용에 관하여 자본투자법전 제184조 제2문을 참조하라)

제311조c 종물에 대한 확장

어느 자가 어느 물건의 양도나 이에 부담설정의 의무를 지는 경우에 의심스러운 때에는 그 물건의 종물에도 이러한 의무가 확장된다.

제2관 소비자계약과 특수한 거래형식에 있어서의 원칙

제1항 소비자계약의 적용범위와 원칙

제312조 적용범위

① 본 관의 제1항, 제2항의 규정들은 사업자의 유상급부를 그 내용으로 하는(die eine entgeltliche Leistung des Unternehmers zum Gegenstand haben), 제310조 제3항상의 소비자계약에만 적용한다.

② 본 관의 제1항, 제2항의 규정들 중에서 제312조a 제1항, 제3항, 제4항, 제6항만을 다음 각 호의 계약에 적용한다:

1. 다음 각 목에 관하여 공증증서로 작성된 계약,
   a) 영업장 이외의 곳에서 체결된(die außerhalb von Geschäftsräumen geschlossen werden) 금융서비스,
   b) 금융서비스에 관한 계약이 아닌 계약; 본 법이 계약 또는 계약상의 의사표시에 대한 공정증서 작성(die notarielle Beurkundung des Vertrags oder einer Vertragserklärung)을 규정하지 아니한 계약에 대하여는, 공증인이 제312조d 제1항에 따른 정보제공의무와 제312조g 제1항에 따른 철회권이 소멸했다는 점을 알려주는 경우에 한하여 이를 적용한다.
2. 토지에 대한 소유권 또는 그 밖의 권리의 설정, 취득 또는 이전(die Begründung, den Erwerb oder die Übertragung)에 관한 계약
3. 제650조i 제1항에 따른 소비자건축계약,
4. 삭제,
5. 여객운송계약,
6. 제481조 내지 제481조b에 따른 단기주거권(Teilzeit-Wohnrechte), 장기휴가상품(langfristige Urlaubsprodukte), 주선 및 교환제(Tauschsysteme)에 관한 계약
7. 제630조a에 따른 진료계약
8. 소비자의 주소, 거소 또는 직장에 사업자가 정례적이고도 잦은 운송에 의해 공급하는 생필품, 음료 또는 일상적 필요에 공하는 기타 생활용품(生活用品)의 공급(die Lieferung von Lebensmitteln, Getränken oder sonstigen Haushaltsgegenständen des täglichen Bedarfs)에 관한 계약,
9. 자동판매기(自動販賣機)와 자동화(自動化)된 영업장(營業場)(Warenautomaten und automatisierten

geschlossen werden,

10. Verträge, die mit Betreibern von Telekommunikationsmitteln mit Hilfe öffentlicher Münz- und Kartentelefone zu deren Nutzung geschlossen werden,
11. Verträge zur Nutzung einer einzelnen von einem Verbraucher hergestellten Telefon-, Internet- oder Telefaxverbindung,
12. außerhalb von Geschäftsräumen geschlossene Verträge, bei denen die Leistung bei Abschluss der Verhandlungen sofort erbracht und bezahlt wird und das vom Verbraucher zu zahlende Entgelt 40 Euro nicht überschreitet, und
13. Verträge über den Verkauf beweglicher Sachen auf Grund von Zwangsvollstreckungsmaßnahmen oder anderen gerichtlichen Maßnahmen.

(3) Auf Verträge über soziale Dienstleistungen, wie Kinderbetreuung oder Unterstützung von dauerhaft oder vorübergehend hilfsbedürftigen Familien oder Personen, einschließlich Langzeitpflege, sind von den Vorschriften der Kapitel 1 und 2 dieses Untertitels nur folgende anzuwenden:

1. die Definitionen der außerhalb von Geschäftsräumen geschlossenen Verträge und der Fernabsatzverträge nach den §§ 312b und 312c,
2. § 312a Absatz 1 über die Pflicht zur Offenlegung bei Telefonanrufen,
3. § 312a Absatz 3 über die Wirksamkeit der Vereinbarung, die auf eine über das vereinbarte Entgelt für die Hauptleistung hinausgehende Zahlung gerichtet ist,
4. § 312a Absatz 4 über die Wirksamkeit der Vereinbarung eines Entgelts für die Nutzung von Zahlungsmitteln,
5. § 312a Absatz 6,
6. § 312d Absatz 1 in Verbindung mit Artikel 246a § 1 Absatz 2 und 3 des Einführungsgesetzes zum Bürgerlichen Gesetzbuche über die Pflicht zur Information über das Widerrufsrecht und
7. § 312g über das Widerrufsrecht.

(4) Auf Verträge über die Vermietung von Wohnraum sind von den Vorschriften der Kapitel 1 und 2 dieses Untertitels nur die in Absatz 3 Nummer 1 bis 7 genannten Bestimmungen anzuwenden. Die in Absatz 3 Nummer 1, 6 und 7 genannten Bestimmungen sind jedoch nicht auf die Begründung eines Mietverhältnisses über Wohnraum anzuwenden, wenn der Mieter die Wohnung zuvor besichtigt hat.

(5) Bei Vertragsverhältnissen über Bankdienstleistungen sowie Dienstleistungen im Zusammenhang mit einer Kreditgewährung, Versicherung, Altersversorgung von Einzelpersonen, Geldanlage oder Zahlung (Finanzdienstleistungen), die eine erstmalige Vereinbarung mit daran anschließenden aufeinanderfolgenden Vorgängen oder eine daran anschließende Reihe getrennter, in einem zeitlichen Zusammenhang stehender Vorgänge gleicher Art umfassen, sind die Vorschriften der

Geschäftsräumen)의 이용에 의해 체결되는 계약,

10. 통신사업자와 사이에 공중 동전이용전화기 및 전화카드이용전화기를 통해 체결되는 계약으로, 그 전화기의 이용에 관한 계약
11. 소비자가 설치한 전화, 인터넷 또는 팩시밀리에 의한 개별적 연결(連結)의 이용(利用)에 관한 계약,
12. 영업자 이외의 곳에서 체결된 계약으로, 교섭의 종료시에 급부가 즉각적으로 이행되고 이에 대해 대가가 지급되며 소비자가 지급해야 할 대가가 40유로를 초과하지 않은(das vom Verbraucher zu zahlende Entgelt 40 Euro nicht überschreitet) 계약.
13. 강제집행 또는 그 밖의 법원의 조치(Zwangsvollstreckungsmaßnahmen oder anderen gerichtlichen Maßnahmen)에 기한 동산의 매각에 관한 계약.

③ 아이돌봄이나, 장기돌봄을 포함하여(einschließlich Langzeitpflege) 지속적 또는 일시적으로 도움을 필요로 하는 가족 또는 사람에 대한 지원과 같은, 사회서비스(soziale Dienstleistungen)에 관한 계약에 대하여는 본 관의 제1항, 제2항의 규정들 중에서 다음 각 호만을 적용한다:

1. 제312조b, 제312조c에 따른 영업장 이외의 곳에서 체결된 계약(der außerhalb von Geschäftsräumen geschlossenen Verträge)과 통신판매계약의 정의,
2. 전화걸기에 있어 신원명시의무에 관한 제312조a 제1항,
3. 주급부(主給付)에 대한 약정한 보수를 넘는 지급을 목적으로 한 약정의 효력(die Wirksamkeit der Vereinbarun)에 관한 제312조a 제3항,
4. 지급지급수단의 이용에 관한 대가(Entgelts für die Nutzung von Zahlungsmitteln)에 관한 약정의 효력에 관한 제312조a 제4항,
5. 제312조a 제6항,
6. 철회권(撤回權)에 관한 정보제공의무에 관한(über die Pflicht zur Information über das Widerrufsrecht) 민법전시행법 제246항목a 제1조 제2항, 제3항과 연결(連結)된 제312조d 제1항,
7. 철회권에 관한 제312조g.

④ 거주공간의 임대에 관한 계약에 대하여는(Auf Verträge über die Vermietung von Wohnraum) 본 관의 제1항, 제2항의 규정들 중에서 제3항 제1호 내지 제7호상의 규정들만 적용한다. 그럼에도 제3항의 제1호, 제6호, 제7호상의 규정들은, 임차인이 사전에 거주공간을 살펴본 경우에는(wenn der Mieter die Wohnung zuvor besichtigt hat) 거주공간에 관한 임대차계약관계의 성립(die Begründung eines Mietverhältnisses über Wohnraum)에 대하여는 적용하지 아니한다.

⑤ 은행서비스(Bankdienstleistungen)와, 여신(與信; Kreditgewährung), 보험(保險; Versicherung), 개인노령연금(Altersversorgung von Einzelpersonen), 투자(投資; Geldanlage) 또는 지급(Zahlung)와 관련된 서비스('금융서비스'; Finanzdienstleistungen)로, 최초의 약정과 이에 이어진 연속적 거래들이나 최초의 약정에 이어진 일련의 별도의 거래들로, 시간적으로 관련이 있는 동종의 거래들(eine daran anschließende Reihe getrennter, in einem zeitlichen Zusammenhang stehender Vorgänge gleicher Art)을 포함하는 서비스의 경우에 본 관의 제1항, 제2항은 최초의 약정(die erste

Kapitel 1 und 2 dieses Untertitels nur auf die erste Vereinbarung anzuwenden. § 312a Absatz 1, 3, 4 und 6 ist daneben auf jeden Vorgang anzuwenden. Wenn die in Satz 1 genannten Vorgänge ohne eine solche Vereinbarung aufeinanderfolgen, gelten die Vorschriften über Informationspflichten des Unternehmers nur für den ersten Vorgang. Findet jedoch länger als ein Jahr kein Vorgang der gleichen Art mehr statt, so gilt der nächste Vorgang als der erste Vorgang einer neuen Reihe im Sinne von Satz 3.

(6) Von den Vorschriften der Kapitel 1 und 2 dieses Untertitels ist auf Verträge über Versicherungen sowie auf Verträge über deren Vermittlung nur § 312a Absatz 3, 4 und 6 anzuwenden.

(7) Auf Pauschalreiseverträge nach den §§ 651a und 651c sind von den Vorschriften dieses Untertitels nur § 312a Absatz 3 bis 6, die §§ 312i, 312j Absatz 2 bis 5 und § 312k anzuwenden;

§ 312a Allgemeine Pflichten und Grundsätze bei Verbraucherverträgen; Grenzen der Vereinbarung von Entgelten

(1) Ruft der Unternehmer oder eine Person, die in seinem Namen oder Auftrag handelt, den Verbraucher an, um mit diesem einen Vertrag zu schließen, hat der Anrufer zu Beginn des Gesprächs seine Identität und gegebenenfalls die Identität der Person, für die er anruft, sowie den geschäftlichen Zweck des Anrufs offenzulegen.

(2) Der Unternehmer ist verpflichtet, den Verbraucher nach Maßgabe des Artikels 246 des Einführungsgesetzes zum Bürgerlichen Gesetzbuche zu informieren. Der Unternehmer kann von dem Verbraucher Fracht-, Liefer- oder Versandkosten und sonstige Kosten nur verlangen, soweit er den Verbraucher über diese Kosten entsprechend den Anforderungen aus Artikel 246 Absatz 1 Nummer 3 des Einführungsgesetzes zum Bürgerlichen Gesetzbuche informiert hat. Die Sätze 1 und 2 sind weder auf außerhalb von Geschäftsräumen geschlossene Verträge noch auf Fernabsatzverträge noch auf Verträge über Finanzdienstleistungen anzuwenden.

(3) Eine Vereinbarung, die auf eine über das vereinbarte Entgelt für die Hauptleistung hinausgehende Zahlung des Verbrauchers gerichtet ist, kann ein Unternehmer mit einem Verbraucher nur ausdrücklich treffen. Schließen der Unternehmer und der Verbraucher einen Vertrag im elektronischen Geschäftsverkehr, wird eine solche Vereinbarung nur Vertragsbestandteil, wenn der Unternehmer die Vereinbarung nicht durch eine Voreinstellung herbeiführt.

(4) Eine Vereinbarung, durch die ein Verbraucher verpflichtet wird, ein Entgelt dafür zu zahlen, dass er für die Erfüllung seiner vertraglichen Pflichten ein bestimmtes Zahlungsmittel nutzt, ist unwirksam, wenn

1. für den Verbraucher keine gängige und zumutbare unentgeltliche Zahlungsmöglichkeit besteht oder

Vereinbarung)에 대해서만 적용한다. 또한 제312조a 제1항, 제3항, 제4항, 제6항은 최초의 약정 이외에 모든 그 거래에 적용한다. 제1문상의 거래가 그러한 합의 없이 이어진 경우에는 최초의 거래에 대하여만 사업자의 정보제공의무에 관한 규정을 적용한다. 그럼에도 동종의 거래가 1년을 넘는 기간 동안에 더 이상 이뤄지지 않는 경우에 다음 거래를 제3문상의 일련의 새로운 거래들 중 최초의 거래(der erste Vorgang einer neuen Reihe im Sinne von Satz 3)로 본다.

⑥ 본 관의 제1항, 제2항의 규정들 중에서 보험계약(Versicherungen)과 그 중개계약(Verträge über deren Vermittlung)에 대하여는 제312조a 제3항, 제4항, 제6만을 적용(適用)한다.

⑦ 제651조a, 제651조c에 따른 패키지여행계약에 대하여는(Auf Pauschalreiseverträge), 본 관의 규정들 중에서 제312조a 제3항 내지 제6항, 제312조i, 제312조j 제2항 내지 제5항, 제312조k만을 적용한다; 이러한 규정들은 여행자가 소비자가 아니더라도(wenn der Reisende kein Verbraucher ist) 적용한다. 여행자가 소비자인 경우에 영업장 이외의 곳에서 체결된(die außerhalb von Geschäftsräumen geschlossen worden sind), 제651조a에 따른 패키지여행계약에 대하여 제312조g 제1항도 적용하되, 계약체결의 기초가 되는 구두교섭(die mündlichen Verhandlungen, auf denen der Vertragsschluss beruht)이 소비자의 이전의 주문에 따라 행해진 경우에는 그러하지 아니하다.

제312조a 소비자계약에서의 일반적 의무와 원칙; 보수 합의의 한계

① 사업자의 이름으로 행위하거나 사업자의 위임에 기하여 행위하는(die in seinem Namen oder Auftrag handelt) 자가 그 사업자와 계약을 체결하기 위하여 소비자에게 전화를 하는 경우에, 그 전화를 건 자는 대화 개시시에 자신의 신원(新元; Identität)과 필요하면 자신이 전화로써 일하고 있는 자의 신원과 전화를 건 거래목적(geschäftlichen Zweck des Anrufs)을 밝혀야 한다.

② 사업자는 민법전시행법 제246항목의 기준에 따라 정보를 제공해야 할 의무를 진다. 사업자는, 민법전시행법 제246항목 제1항 제3호상의 요구사항에 좇아 이러한 비용에 대해 정보를 제공한 범위 내에서 소비자에게 운송비용, 배송비용 또는 발송비용과 그 밖의 비용(Fracht-, Liefer- oder Versandkosten und sonstige Kosten)을 청구할 수 있다. 제1문, 제2문은 영업장 이외의 곳에서 체결된 계약에도, 통신판매계약에도, 금융서비스에 관한 계약(weder auf außerhalb von Geschäftsräumen geschlossene Verträge noch auf Fernabsatzverträge noch auf Verträge über Finanzdienstleistungen)에도 적용하지 아니한다.

③ 주급부(主給付)에 대해 약정한 보수를 초과하는 소비자의 지급을 목적으로 한 약정은 사업자가 소비자에게 이에 대해 명시한 경우에 한하여 소비자와 체결할 수 있다. 사업자와 소비자가 전자상거래로 어느 계약을 체결하는 경우에 사업자가 그러한 약정을 채무불이행의 선택사항으로 초래한 것이 아닌 때(wenn der Unternehmer die Vereinbarung nicht durch eine Voreinstellung herbeiführt)에 한하여 그 약정(約定)은 계약(契約)의 구성부분 (Vertragsbestandteil)이 된다.

④ 소비자가 자신의 계약상 의무를 이행하기 위하여(für die Erfüllung seiner vertraglichen Pflichten) 특정의 지급지급수단을 이용하는 것에 대해 보수를 지급할 의무를 지게 하는 약정은 다음 각 호의 경우에는 무효이다,

1. 소비자가 일상적이고도 합리적인 무료 지급수단을 이용할 수 없는 경우,

2. das vereinbarte Entgelt über die Kosten hinausgeht, die dem Unternehmer durch die Nutzung des Zahlungsmittels entstehen.

(5) Eine Vereinbarung, durch die ein Verbraucher verpflichtet wird, ein Entgelt dafür zu zahlen, dass der Verbraucher den Unternehmer wegen Fragen oder Erklärungen zu einem zwischen ihnen geschlossenen Vertrag über eine Rufnummer anruft, die der Unternehmer für solche Zwecke bereithält, ist unwirksam, wenn das vereinbarte Entgelt das Entgelt für die bloße Nutzung des Telekommunikationsdienstes übersteigt. Ist eine Vereinbarung nach Satz 1 unwirksam, ist der Verbraucher auch gegenüber dem Anbieter des Telekommunikationsdienstes nicht verpflichtet, ein Entgelt für den Anruf zu zahlen. Der Anbieter des Telekommunikationsdienstes ist berechtigt, das Entgelt für die bloße Nutzung des Telekommunikationsdienstes von dem Unternehmer zu verlangen, der die unwirksame Vereinbarung mit dem Verbraucher geschlossen hat.

(6) Ist eine Vereinbarung nach den Absätzen 3 bis 5 nicht Vertragsbestandteil geworden oder ist sie unwirksam, bleibt der Vertrag im Übrigen wirksam.

Kapitel 2 Außerhalb von Geschäftsräumen geschlossene Verträge und Fernabsatzverträge

§ 312b Außerhalb von Geschäftsräumen geschlossene Verträge

(1) Außerhalb von Geschäftsräumen geschlossene Verträge sind Verträge,

1. die bei gleichzeitiger körperlicher Anwesenheit des Verbrauchers und des Unternehmers an einem Ort geschlossen werden, der kein Geschäftsraum des Unternehmers ist,
2. für die der Verbraucher unter den in Nummer 1 genannten Umständen ein Angebot abgegeben hat,
3. die in den Geschäftsräumen des Unternehmers oder durch Fernkommunikationsmittel geschlossen werden, bei denen der Verbraucher jedoch unmittelbar zuvor außerhalb der Geschäftsräume des Unternehmers bei gleichzeitiger körperlicher Anwesenheit des Verbrauchers und des Unternehmers persönlich und individuell angesprochen wurde, oder
   contracts are concluded on the business premises of the trader or through any means of distance communication, but where, immediately prior to such conclusion, the consumer had been personally and individually addressed, in a place which is not the business premises of the trader, in the simultaneous physical presence of the consumer and the trader,
4. die auf einem Ausflug geschlossen werden, der von dem Unternehmer oder mit seiner Hilfe organisiert wurde, um beim Verbraucher für den Verkauf von Waren oder die Erbringung von Dienstleistungen zu werben und mit ihm entsprechende Verträge abzuschließen.

Dem Unternehmer stehen Personen gleich, die in seinem Namen oder Auftrag handeln.

(2) Geschäftsräume im Sinne des Absatzes 1 sind unbewegliche Gewerberäume, in denen der Unternehmer seine Tätigkeit dauerhaft ausübt, und bewegliche Gewerberäume, in denen der Unternehmer seine Tätigkeit für gewöhnlich ausübt. Gewerberäume, in denen die Person, die im

2. 약정한 대가가 지급수단의 이용으로(durch die Nutzung des Zahlungsmittels) 사업자에게 발생하는 비용을 초과하는 경우.

⑤ 소비자가, 소비자와 사업자 간에 체결된 계약에 관한 질문(質問) 또는 설명(說明) 때문에, 사업자가 그러한 목적을 위해 마련한 어느 전화회선(電話回線)으로 사업자에게 전화를 거는 것(dass der Verbraucher den Unternehmer wegen Fragen oder Erklärungen zu einem zwischen ihnen geschlossenen Vertrag über eine Rufnummer anruft, die der Unternehmer für solche Zwecke bereithält)에 대하여 소비자에게 대가를 지급할 의무를 지우는 약정은, 약정한 대가가 순수한 통신서비스이용료를 초과하는 경우에는(wenn das vereinbarte Entgelt das Entgelt für die bloße Nutzung des Telekommunikationsdienstes übersteigt) 무효이다. 제1문에 따라 약정이 무효인 경우에 소비자는 통신서비스제공자에 대하여도 전화이용료(ein Entgelt für den Anruf)를 지급할 의무가 없다. 통신서비스 제공자는 순수한 통신서비스이용료(das Entgelt für die bloße Nutzung des Telekommunikationsdienstes)를 소비자와 무효인 약정을 체결한 사업자에게 청구할 권리를 가진다.

⑥ 제1항 내지 제5항에 따라 그 합의가 계약의 구성부분이 되지 못하거나 무효인 경우에 나머지 계약 부분(der Vertrag im Übrigen)은 유효하다.

제2항 영업장 이외의 곳에서 체결된 계약(Außerhalb von Geschäftsräumen geschlossene Verträge)과 통신판매계약

제312조b 영업장 이외의 곳에서 체결된 계약

다음 각 호 경우의 계약은 영업장 이외의 곳에서 체결된 계약이다,

1. 사업자의 영업장이 아닌 곳에서 소비자와 사업자가 '직접 대면(對面)'하여[23](bei gleichzeitiger körperlicher Anwesenheit des Verbrauchers und des Unternehmers) 체결된 경우,
2. 소비자가 제1호상의 사정하에 해당 계약에 대한 청약을 한(ein Angebot abgegeben hat) 경우,
3. 사업자의 영업장에서 체결되거나 원거리통신수단에 의해 체결되었으나, '그 체결 직전에'(unmittelbar zuvor) 소비자가 사업자의 영업장 이외의 곳에서 소비자와 사업자가 '직접 대면(對面)'하여(bei gleichzeitiger körperlicher Anwesenheit des Verbrauchers und des Unternehmers) 직접적이고도 개별적으로(persönlich und individuell) 계약에 대해 제안을 받았던 경우,
4. 소비자에게 물품의 판매 또는 서비스 제공을 홍보한 다음(um beim Verbraucher für den Verkauf von Waren oder die Erbringung von Dienstleistungen zu werben und) 그 소비자와 관련 계약을 체결하기 위하여, 사업자가 조직하거나 사업자의 도움으로 조직된 단기단체여행(短期團體旅行; Ausflug) 중에 체결된 계약.

사업자의 이름으로 행위하거나 사업자의 위임에 기하여 행위하는(die in seinem Namen oder Auftrag handelt) 자는 그 사업자와 동일시된다.

② 제1항상의 영업장은 사업자가 자신의 활동을 '지속적으로' 수행하는 '이동 불가능한' 영업장과, 사업자가 자신의 활동을 '통상적으로' 수행하는 '이동 가능한' 영업장(bewegliche Gewerberäume, in denen der Unternehmer seine Tätigkeit für gewöhnlich ausübt)를 말한다. 사업자의 이름으로

Namen oder Auftrag des Unternehmers handelt, ihre Tätigkeit dauerhaft oder für gewöhnlich ausübt, stehen Räumen des Unternehmers gleich.

§ 312c Fernabsatzverträge

(1) Fernabsatzverträge sind Verträge, bei denen der Unternehmer oder eine in seinem Namen oder Auftrag handelnde Person und der Verbraucher für die Vertragsverhandlungen und den Vertragsschluss ausschließlich Fernkommunikationsmittel verwenden, es sei denn, dass der Vertragsschluss nicht im Rahmen eines für den Fernabsatz organisierten Vertriebs- oder Dienstleistungssystems erfolgt.

(2) Fernkommunikationsmittel im Sinne dieses Gesetzes sind alle Kommunikationsmittel, die zur Anbahnung oder zum Abschluss eines Vertrags eingesetzt werden können, ohne dass die Vertragsparteien gleichzeitig körperlich anwesend sind, wie Briefe, Kataloge, Telefonanrufe, Telekopien, E-Mails, über den Mobilfunkdienst versendete Nachrichten (SMS) sowie Rundfunk und Telemedien.

§ 312d Informationspflichten

(1) Bei außerhalb von Geschäftsräumen geschlossenen Verträgen und bei Fernabsatzverträgen ist der Unternehmer verpflichtet, den Verbraucher nach Maßgabe des Artikels 246a des Einführungsgesetzes zum Bürgerlichen Gesetzbuche zu informieren. Die in Erfüllung dieser Pflicht gemachten Angaben des Unternehmers werden Inhalt des Vertrags, es sei denn, die Vertragsparteien haben ausdrücklich etwas anderes vereinbart.

(2) Bei außerhalb von Geschäftsräumen geschlossenen Verträgen und bei Fernabsatzverträgen über Finanzdienstleistungen ist der Unternehmer abweichend von Absatz 1 verpflichtet, den Verbraucher nach Maßgabe des Artikels 246b des Einführungsgesetzes zum Bürgerlichen Gesetzbuche zu informieren.

§ 312e Verletzung von Informationspflichten über Kosten

Der Unternehmer kann von dem Verbraucher Fracht-, Liefer- oder Versandkosten und sonstige Kosten nur verlangen, soweit er den Verbraucher über diese Kosten entsprechend den Anforderungen aus § 312d Absatz 1 in Verbindung mit Artikel 246a § 1 Absatz 1 Satz 1 Nummer 4 des Einführungsgesetzes zum Bürgerlichen Gesetzbuche informiert hat.

§ 312f Abschriften und Bestätigungen

(1) Bei außerhalb von Geschäftsräumen geschlossenen Verträgen ist der Unternehmer verpflichtet, dem Verbraucher alsbald auf Papier zur Verfügung zu stellen

1. eine Abschrift eines Vertragsdokuments, das von den Vertragsschließenden so unterzeichnet wurde, dass ihre Identität erkennbar ist, oder

행위하거나 사업자의 위임에 의하여 행위하는 자가 자신의 활동을 지속적으로 또는 통상적으로 수행하는 영업장은 그 사업자의 영업장과 동일시된다.

제312조c 통신판매계약

① 통신판매계약, 사업자나, 사업자의 이름으로 행위하거나 사업자의 위임에 기하여 행위하는(die in seinem Namen oder Auftrag handelt) 자와 소비자가 계약교섭과 계약체결을 위해 오로지 원거리통신수단을 사용하는 계약을 말하고, 다만 계약 체결이 통신판매를 위하여 구축된 판매조직 또는 서비스제공조직의 범위 내에서 이뤄지지 않은 경우는 그러하지 아니하다.

② 본 법상의 원거리통신수단은, 서신, 카탈로그(Kataloge), 전화통화(Telefonanrufe), 팩스통신, 이메일, 이동무선서비스로 전송되는 소식(über den Mobilfunkdienst versendete Nachrichten)(SMS)과 방송(Rundfunk), 텔레서비스[24](Telemedien)와 같이, 계약당사자들이 직접 대면(對面)하지 않은 채, 어느 계약의 개시 또는 체결을 위해 사용된 일체의 통신수단을 말한다.

제312조d 정보제공의무

① 영업장 이외의 곳에서 체결된 계약과 통신판매계약의 경우에 사업자는 소비자에게 민법전시행법 제246항목a의 기준에 좇아(nach Maßgabe des Artikels 246a des Einführungsgesetzes zum Bürgerlichen Gesetzbuche) 소비자에게 정보를 제공할 의무를 진다. 이러한 의무의 이행 도중에 사업자가 제공한 정보(情報)(Die in Erfüllung dieser Pflicht gemachten Angaben des Unternehmers)는 계약의 내용이 되고, 다만 계약당사들이 명시적으로 다르게 약정한 경우에는 그러하지 아니하다.

② 금융서비스에 관한, 영업장 이외의 곳에서 체결된 계약과 통신판매계약의 경우에 사업자는 제1항과 달리 민법전시행법 제246항목b의 기준에 좇아(nach Maßgabe des Artikels 246b des Einführungsgesetzes zum Bürgerlichen Gesetzbuche) 소비자에게 정보(情報)를 제공할 의무를 부담한다.

제312조e 비용에 관한 정보제공의무 위반

사업자는, 민법전시행법 제246항목a 제1조 제1항 제4호와 연결된 제312조d상의(aus § 312d Absatz 1 in Verbindung mit Artikel 246a § 1 Absatz 1 Satz 1 Nummer 4 des Einführungsgesetzes zum Bürgerlichen) 요구사항에 좇아 운송비용, 배송비용 또는 발송비용과 그 밖의 비용(Fracht-, Liefer- oder Versandkosten und sonstige Kosten)에 관하여 소비자에게 정보를 제공한 범위 내에서만 그 소비자에게 그러한 비용을 청구할 수 있다.

제312조f 사본과 확인서

① 영업장 이외의 곳에서 체결된 계약의 경우 사업자(事業者)는, 소비자(消費者)에게 다음 각 호를 서면으로 하여 지체 없이 제공할(alsbald auf Papier zur Verfügung zu stellen) 의무(義務)를 진다,

1. 계약체결당사자가 서명(署名)을 해서 그들의 신원(新元; Identitä)을 알 수 있는 계약서(契約書)의 사본(eine Abschrift eines Vertragsdokuments),

2. eine Bestätigung des Vertrags, in der der Vertragsinhalt wiedergegeben ist.

Wenn der Verbraucher zustimmt, kann für die Abschrift oder die Bestätigung des Vertrags auch ein anderer dauerhafter Datenträger verwendet werden. Die Bestätigung nach Satz 1 muss die in Artikel 246a des Einführungsgesetzes zum Bürgerlichen Gesetzbuche genannten Angaben nur enthalten, wenn der Unternehmer dem Verbraucher diese Informationen nicht bereits vor Vertragsschluss in Erfüllung seiner Informationspflichten nach § 312d Absatz 1 auf einem dauerhaften Datenträger zur Verfügung gestellt hat.

(2) Bei Fernabsatzverträgen ist der Unternehmer verpflichtet, dem Verbraucher eine Bestätigung des Vertrags, in der der Vertragsinhalt wiedergegeben ist, innerhalb einer angemessenen Frist nach Vertragsschluss, spätestens jedoch bei der Lieferung der Ware oder bevor mit der Ausführung der Dienstleistung begonnen wird, auf einem dauerhaften Datenträger zur Verfügung zu stellen. Die Bestätigung nach Satz 1 muss die in Artikel 246a des Einführungsgesetzes zum Bürgerlichen Gesetzbuche genannten Angaben enthalten, es sei denn, der Unternehmer hat dem Verbraucher diese Informationen bereits vor Vertragsschluss in Erfüllung seiner Informationspflichten nach § 312d Absatz 1 auf einem dauerhaften Datenträger zur Verfügung gestellt.

(3) Bei Verträgen über die Lieferung von nicht auf einem körperlichen Datenträger befindlichen Daten, die in digitaler Form hergestellt und bereitgestellt werden (digitale Inhalte), ist auf der Abschrift oder in der Bestätigung des Vertrags nach den Absätzen 1 und 2 gegebenenfalls auch festzuhalten, dass der Verbraucher vor Ausführung des Vertrags

1. ausdrücklich zugestimmt hat, dass der Unternehmer mit der Ausführung des Vertrags vor Ablauf der Widerrufsfrist beginnt, und
2. seine Kenntnis davon bestätigt hat, dass er durch seine Zustimmung mit Beginn der Ausführung des Vertrags sein Widerrufsrecht verliert.

(4) Diese Vorschrift ist nicht anwendbar auf Verträge über Finanzdienstleistungen.

§ 312g Widerrufsrecht

(1) Dem Verbraucher steht bei außerhalb von Geschäftsräumen geschlossenen Verträgen und bei Fernabsatzverträgen ein Widerrufsrecht gemäß § 355 zu.

(2) Das Widerrufsrecht besteht, soweit die Parteien nichts anderes vereinbart haben, nicht bei folgenden Verträgen:

1. Verträge zur Lieferung von Waren, die nicht vorgefertigt sind und für deren Herstellung eine individuelle Auswahl oder Bestimmung durch den Verbraucher maßgeblich ist oder die eindeutig auf die persönlichen Bedürfnisse des Verbrauchers zugeschnitten sind,
2. Verträge zur Lieferung von Waren, die schnell verderben können oder deren Verfallsdatum schnell überschritten würde,
3. Verträge zur Lieferung versiegelter Waren, die aus Gründen des Gesundheitsschutzes oder der

2. 계약내용이 반영된 계약의 확인서(eine Bestätigung des Vertrags).

소비자가 동의한 때에는 계약서의 사본이나 계약의 확인서의 제공에 대하여 그 밖의 지속적 정보저장매체도(für die Abschrift oder die Bestätigung des Vertrags auch ein anderer dauerhafter Datenträger) 이용될 수 있다. 사업자가 계약체결 전에 제312조d 제1항에 좇은 자신의 정보제공의무의 이행 과정에서(vor Vertragsschluss in Erfüllung seiner Informationspflichten nach § 312d Absatz 1) 이러한 정보를 지속적 정보저장매체로 제공한 적이 없는 경우에는 제1문에 따른 확인서에는 민법전시행법 제246항목a상의 사항이 포함되어야만 한다.

② 통신판매계약의 경우에 사업자는, 계약체결 후 상당한 기간 내에, 늦어도 물품의 인도 또는 용역의 실행이 개시되기 전에 소비자에게 계약내용이 반영된 계약의 확인서를 지속적 정보저장매체로 제공할 의무를 진다. 제1문에 따는 확인서에는 민법전시행법 제246항목a상의 사항(die in Artikel 246a des Einführungsgesetzes zum Bürgerlichen Gesetzbuche genannten Angaben)이 포함해야만 하고, 다만 사업자가 계약체결 전에 제312조d 제1항에 좇은 자신의 정보제공의무의 이행 과정에서 소비자(消費者)에게 이러한 정보(情報)를 이미 지속적 정보저장매체로(auf einem dauerhaften Datenträger) 제공한 경우에는 그러하지 아니하다.

③ 유형적(類型的) 정보저장매체에 담기지 않은 정보로, 디지털 방식으로 제작되어 제공되는 정보(die Lieferung von nicht auf einem körperlichen Datenträger befindlichen Daten, die in digitaler Form hergestellt und bereitgestellt werden)('디지털콘텐츠'; digitale Inhalte)의 공급에 관한 계약의 경우, 제1항, 제2항에 따른 계약서사본 또는 계약의 확인서로, 필요하면 다음 사항도 확인해야 한다,

1. 사업자가 철회기간의 경과 전에 계약의 실행을 개시한다는 것에 대해 소비자가 계약 실행 전에 명시적으로 동의한 했다는 것,
2. 소비자가 계약의 실행의 개시에 동의함으로써 자신의 철회권을 상실한다는 점에 대하여 소비자가 알았다는 것을 계약 실행 전에 확인하는 것.

④ 위와 같은 규정들은 금융서비스계약에 대하여는 적용하지 아니한다.

제312조g 철회권

① 영업장 이외의 곳에서 체결된 계약과 통신판매계약의 경우에 제355조에 따른 철회권(ein Widerrufsrecht gemäß § 355)이 소비자에게 귀속된다.

② 계약당사자들이 달리 약정하지 않는 한, 철회권은 다음 각 호의 계약(bei folgenden Verträgen)에는 인정되지 아니한다:

1. 사전에 제작되지 아니하고 그 제작에 대해 개별적 선택 또는 소비자의 결정이 적용되거나(für deren Herstellung eine individuelle Auswahl oder Bestimmung durch den Verbraucher maßgeblich ist), 소비자의 개인적 필요에 맞춰 제작되는 것이 명백한 물품의 공급계약,
2. 쉽게 부패할 수 있고 그 유통기한 빠르게 경과하는(deren Verfallsdatum schnell überschritten würde) 물품의 공급계약,
3. 건강보호 또는 위생상의 이유에서 그 반환이 적합하지 않은 밀봉(密封)된 물품의 공급계약, 다

Hygiene nicht zur Rückgabe geeignet sind, wenn ihre Versiegelung nach der Lieferung entfernt wurde,

4. Verträge zur Lieferung von Waren, wenn diese nach der Lieferung auf Grund ihrer Beschaffenheit untrennbar mit anderen Gütern vermischt wurden,
5. Verträge zur Lieferung alkoholischer Getränke, deren Preis bei Vertragsschluss vereinbart wurde, die aber frühestens 30 Tage nach Vertragsschluss geliefert werden können und deren aktueller Wert von Schwankungen auf dem Markt abhängt, auf die der Unternehmer keinen Einfluss hat,
6. Verträge zur Lieferung von Ton- oder Videoaufnahmen oder Computersoftware in einer versiegelten Packung, wenn die Versiegelung nach der Lieferung entfernt wurde,
7. Verträge zur Lieferung von Zeitungen, Zeitschriften oder Illustrierten mit Ausnahme von Abonnement-Verträgen,
8. Verträge zur Lieferung von Waren oder zur Erbringung von Dienstleistungen, einschließlich Finanzdienstleistungen, deren Preis von Schwankungen auf dem Finanzmarkt abhängt, auf die der Unternehmer keinen Einfluss hat und die innerhalb der Widerrufsfrist auftreten können, insbesondere Dienstleistungen im Zusammenhang mit Aktien, mit Anteilen an offenen Investmentvermögen im Sinne von § 1 Absatz 4 des Kapitalanlagegesetzbuchs und mit anderen handelbaren Wertpapieren, Devisen, Derivaten oder Geldmarktinstrumenten,
9. Verträge zur Erbringung von Dienstleistungen in den Bereichen Beherbergung zu anderen Zwecken als zu Wohnzwecken, Beförderung von Waren, Kraftfahrzeugvermietung, Lieferung von Speisen und Getränken sowie zur Erbringung weiterer Dienstleistungen im Zusammenhang mit Freizeitbetätigungen, wenn der Vertrag für die Erbringung einen spezifischen Termin oder Zeitraum vorsieht,
10. Verträge, die im Rahmen einer Vermarktungsform geschlossen werden, bei der der Unternehmer Verbrauchern, die persönlich anwesend sind oder denen diese Möglichkeit gewährt wird, Waren oder Dienstleistungen anbietet, und zwar in einem vom Versteigerer durchgeführten, auf konkurrierenden Geboten basierenden transparenten Verfahren, bei dem der Bieter, der den Zuschlag erhalten hat, zum Erwerb der Waren oder Dienstleistungen verpflichtet ist (öffentlich zugängliche Versteigerung),
11. Verträge, bei denen der Verbraucher den Unternehmer ausdrücklich aufgefordert hat, ihn aufzusuchen, um dringende Reparatur- oder Instandhaltungsarbeiten vorzunehmen; dies gilt nicht hinsichtlich weiterer bei dem Besuch erbrachter Dienstleistungen, die der Verbraucher nicht ausdrücklich verlangt hat, oder hinsichtlich solcher bei dem Besuch gelieferter Waren, die bei der Instandhaltung oder Reparatur nicht unbedingt als Ersatzteile benötigt werden,
12. Verträge zur Erbringung von Wett- und Lotteriedienstleistungen, es sei denn, dass der

만, 그 밀봉이 인도 후에 제거된 경우에 한함(wenn ihre Versiegelung nach der Lieferung entfernt wurde),

4. 그 인도 후에 그 성상으로 인하여 다른 재화와 분리될 수 없게 혼합된(auf Grund ihrer Beschaffenheit untrennbar mit anderen Gütern vermischt) 물품의 공급계약,
5. 계약체결시 그 가격이 약정되었으나, 빨라야 계약체결한 때로부터 30일 후에 공급될 수 있으며 그 실제 가치가 사업자가 영향을 미칠 수 없는, 시장의 시세변동에 좌우되는(deren aktueller Wert von Schwankungen auf dem Markt abhängt, auf die der Unternehmer keinen Einfluss hat) 알콜음료의 공급계약,
6. 밀봉된 포장에 담긴 녹음물, 녹화물 또는 컴퓨터소프트웨어의 공급계약(Verträge zur Lieferung vonTon- oder Videoaufnahmen oder Computersoftware), 그 밀봉이 인도 후에 제거된 경우에 한함,
7. 그 정기구독계약을 제외하고(mit Ausnahme von Abonnement-Verträgen) 신문, 잡지 또는 화보잡지(畵報雜誌)의 공급계약,
8. 금융서비스를 포함하여 그 가격이 사업자가 영향을 미칠 수 없고 철회기간 내에 나타날 수 있는 시장의 시세변동에 의해 좌우되는 물품공급계약 또는 용역제공계약, 특히 주식, 자본투법전 제1조 제4항상의 공개투자자산에 대한 지분과 거래할 수 있는 그 밖의 유가증권, 외환, 파생상품 또는 단기금융상품과 관련된(m Zusammenhang mit Aktien, mit Anteilen an offenen Investmentvermögen im Sinne von § 1 Absatz 4 des Kapitalanlagegesetzbuchs und mit anderen handelbaren Wertpapieren, Devisen, Derivaten oder Geldmarktinstrumenten) 용역제공계약,
9. 거주목적 이외의 다른 목적으로 쓰이는 숙소의 영역 내의 용역의 제공, 물품의 운송, 차량임대, 음식 및 음료의 공급에 관한 계약과, 여가활동과 관련된 기타 용역의 제공(Erbringung weiterer Dienstleistungen im Zusammenhang mit Freizeitbetätigungen)에 관한 계약으로, 그 제공에 대해 특정한 기일 또는 기간이 규정된 계약(wenn der Vertrag für die Erbringung einen spezifischen Termin oder Zeitraum vorsieht),
10. 사업자가, 그에 직접 참석하거나 이러한 가능성이 부여된 소비자에게, 물품 또는 용역을 공급하는 판매방식의 일환으로(im Rahmen einer Vermarktungsform) 체결된 계약으로, 경매주최자가 시행한, 경쟁요청에 기반한 투명한 절차로, 낙찰에 성공한 경매참가자가 물품 또는 서비스를 취득할 의무를 지는(bei dem der Bieter, der den Zuschlag erhalten hat, zum Erwerb der Waren oder Dienstleistungen verpflichtet ist) 절차['공중(公衆)이 접근할 수 있는 경매'; öffentlich zugängliche Versteigerung]를 통해 체결된 계약,
11. 소비자가, 사업자가 긴급한 수리 · 정비작업(修理 · 整備作業)을 시행하도록 사업자의 방문을 명시적으로 요구한 계약: 소비자가 명시적으로 요구하지 않은, 방문시에 제공된 추가적인 서비스와, 정비시 또는 유지시 부품으로 반드시 필요하지 않은, 방문시에 공급된 그러한 물품에 대하여는 그러하지 아니하다.
12. 도박서비스 및 복권서비스의 제공에 관한 계약, 소비자가 그 계약의사표시를 전자적으로 한

Verbraucher seine Vertragserklärung telefonisch abgegeben hat oder der Vertrag außerhalb von Geschäftsräumen geschlossen wurde, und

13. notariell beurkundete Verträge; dies gilt für Fernabsatzverträge über Finanzdienstleistungen nur, wenn der Notar bestätigt, dass die Rechte des Verbrauchers aus § 312d Absatz 2 gewahrt sind.

(3) Das Widerrufsrecht besteht ferner nicht bei Verträgen, bei denen dem Verbraucher bereits auf Grund der §§ 495, 506 bis 513 ein Widerrufsrecht nach § 355 zusteht, und nicht bei außerhalb von Geschäftsräumen geschlossenen Verträgen, bei denen dem Verbraucher bereits nach § 305 Absatz 1 bis 6 des Kapitalanlagegesetzbuchs ein Widerrufsrecht zusteht.

§ 312h Kündigung und Vollmacht zur Kündigung

Wird zwischen einem Unternehmer und einem Verbraucher nach diesem Untertitel ein Dauerschuldverhältnis begründet, das ein zwischen dem Verbraucher und einem anderen Unternehmer bestehendes Dauerschuldverhältnis ersetzen soll, und wird anlässlich der Begründung des Dauerschuldverhältnisses von dem Verbraucher

1. die Kündigung des bestehenden Dauerschuldverhältnisses erklärt und der Unternehmer oder ein von ihm beauftragter Dritter zur Übermittlung der Kündigung an den bisherigen Vertragspartner des Verbrauchers beauftragt oder
2. der Unternehmer oder ein von ihm beauftragter Dritter zur Erklärung der Kündigung gegenüber dem bisherigen Vertragspartner des Verbrauchers bevollmächtigt,

bedarf die Kündigung des Verbrauchers oder die Vollmacht zur Kündigung der Textform.

Kapitel 3 Verträge im elektronischen Geschäftsverkehr

§ 312i Allgemeine Pflichten im elektronischen Geschäftsverkehr

(1) Bedient sich ein Unternehmer zum Zwecke des Abschlusses eines Vertrags über die Lieferung von Waren oder über die Erbringung von Dienstleistungen der Telemedien (Vertrag im elektronischen Geschäftsverkehr), hat er dem Kunden

1. angemessene, wirksame und zugängliche technische Mittel zur Verfügung zu stellen, mit deren Hilfe der Kunde Eingabefehler vor Abgabe seiner Bestellung erkennen und berichtigen kann,
2. die in Artikel 246c des Einführungsgesetzes zum Bürgerlichen Gesetzbuche bestimmten Informationen rechtzeitig vor Abgabe von dessen Bestellung klar und verständlich mitzuteilen,
3. den Zugang von dessen Bestellung unverzüglich auf elektronischem Wege zu bestätigen und
4. die Möglichkeit zu verschaffen, die Vertragsbestimmungen einschließlich der Allgemeinen Geschäftsbedingungen bei Vertragsschluss abzurufen und in wiedergabefähiger Form zu speichern.

경우(dass der Verbraucher seine Vertragserklärung telefonisch abgegeben hat) 또는 계약이 영업자 이외의 곳에서 체결된 경우에는 그러하지 아니하다,

13. 공증증서로 작성된 계약: 공증인이 제312조d 제2항상의 소비자 권리가 부여되었다는 점을 확인하는 경우에 한(限)한 경우로 금융서비스에 관한 통신판매계약에는 적용한다.

③ 또한 철회권은, 제495조, 제506조 내지 제513조에 기하여 제355조에 따른 철회권이 소비자가 이미 귀속된 계약과, 자본투자법전 제305조 제1항 내지 제6항에 따라 소비자에게 철회권이 이미 귀속된 계약으로 영업장 이외의 장소에서 체결된 계약에서 인정되지 아니한다.

제312조h 해지와 해지에 관한 대리

① 사업자와 소비자 간에 이 절에 따라 소비자와 다른 사업자 간에 존재하는 계속적 채권관계를 대체하는(das ein zwischen dem Verbraucher und einem anderen Unternehmer bestehendes Dauerschuldverhältnis ersetzen soll) 계속적 채권관계 성립하고, 그러한 계속적 채권관계의 성립에 기하여,

1. 소비자가 유효하게 존재하는 계속적 채권관계에 대해 해지의 의사표시를 하고, 사업자 또는 그에게서 수임을 받는 제3자에게 종전의 소비자의 계약당사자에 대한 그 해지의 전달에 관하여 위임하거나,
2. 소비자가 사업자 또는 사업자에게서 수임을 받는 제3자에게 소비자의 종전의 계약당사자에 대한해지의 의사표시에 관한 대리권을 부여한 경우에는,

소비자의 해지나 그 해지에 관한 대리권은 문면방식이 요구된다.

제3항 전자상거래에서의 계약

제312조i 전자상거래에서의 일반적 의무

① 사업자가 물품의 제공이나 용역제공(用役提供)(die Lieferung von Waren oder über die Erbringung von Dienstleistungen)에 관한 계약체결을 목적으로 텔레서비스 이용하는 경우('전자상거래계약'; Vertrag im elektronischen Geschäftsverkehr)에 그는 고객에게,

1. 적절하고, 유효하며 접근할 수 있는 기술적 수단으로, 고객이 자신의 주문을 하기 전에 입력오류(Eingabefehler)를 인식하고서 정정할 수 있게 해 주는 기술적 수단(technische Mittel)을 제공해야 하고,
2. 민법전시행법 제246항목c에서 정한 정보(die in Artikel 246c des Einführungsgesetzes zum Bürgerlichen Gesetzbuche bestimmten Informationen)를 고객의 주문의 주문 전의 적시에 명료하고 이해가 쉽게 통지해야 하고,
3. 고객의 주문의 도달을 지체 없이 전자적 방식으로(auf elektronischem Wege) 확인해야 하며,
4. 계약체결시에 보통거래약관을 포함하여 계약조항(die Vertragsbestimmungen)을 불러오고 재현(再現)이 가능한 형태로 저장할(in wiedergabefähiger Form zu speichern) 가능성(die Möglichkeit)을 제공해 줘야 한다.

Bestellung und Empfangsbestätigung im Sinne von Satz 1 Nummer 3 gelten als zugegangen, wenn die Parteien, für die sie bestimmt sind, sie unter gewöhnlichen Umständen abrufen können.
(2) Absatz 1 Satz 1 Nummer 1 bis 3 ist nicht anzuwenden, wenn der Vertrag ausschließlich durch individuelle Kommunikation geschlossen wird. Absatz 1 Satz 1 Nummer 1 bis 3 und Satz 2 ist nicht anzuwenden, wenn zwischen Vertragsparteien, die nicht Verbraucher sind, etwas anderes vereinbart wird.
(3) Weitergehende Informationspflichten auf Grund anderer Vorschriften bleiben unberührt.

§ 312j Besondere Pflichten im elektronischen Geschäftsverkehr gegenüber Verbrauchern
(1) Auf Webseiten für den elektronischen Geschäftsverkehr mit Verbrauchern hat der Unternehmer zusätzlich zu den Angaben nach § 312i Absatz 1 spätestens bei Beginn des Bestellvorgangs klar und deutlich anzugeben, ob Lieferbeschränkungen bestehen und welche Zahlungsmittel akzeptiert werden.
(2) Bei einem Verbrauchervertrag im elektronischen Geschäftsverkehr, der eine entgeltliche Leistung des Unternehmers zum Gegenstand hat, muss der Unternehmer dem Verbraucher die Informationen gemäß Artikel 246a § 1 Absatz 1 Satz 1 Nummer 1, 4, 5, 11 und 12 des Einführungsgesetzes zum Bürgerlichen Gesetzbuche, unmittelbar bevor der Verbraucher seine Bestellung abgibt, klar und verständlich in hervorgehobener Weise zur Verfügung stellen.
(3) Der Unternehmer hat die Bestellsituation bei einem Vertrag nach Absatz 2 so zu gestalten, dass der Verbraucher mit seiner Bestellung ausdrücklich bestätigt, dass er sich zu einer Zahlung verpflichtet. Erfolgt die Bestellung über eine Schaltfläche, ist die Pflicht des Unternehmers aus Satz 1 nur erfüllt, wenn diese Schaltfläche gut lesbar mit nichts anderem als den Wörtern "zahlungspflichtig bestellen" oder mit einer entsprechenden eindeutigen Formulierung beschriftet ist.
(4) Ein Vertrag nach Absatz 2 kommt nur zustande, wenn der Unternehmer seine Pflicht aus Absatz 3 erfüllt.
(5) Die Absätze 2 bis 4 sind nicht anzuwenden, wenn der Vertrag ausschließlich durch individuelle Kommunikation geschlossen wird. Die Pflichten aus den Absätzen 1 und 2 gelten weder für Webseiten, die Finanzdienstleistungen betreffen, noch für Verträge über Finanzdienstleistungen.

Kapitel 4 Abweichende Vereinbarungen und Beweislast

§ 312k Abweichende Vereinbarungen und Beweislast
(1) Von den Vorschriften dieses Untertitels darf, soweit nichts anderes bestimmt ist, nicht zum Nachteil des Verbrauchers oder Kunden abgewichen werden. Die Vorschriften dieses Untertitels finden, soweit nichts anderes bestimmt ist, auch Anwendung, wenn sie durch anderweitige

제1문 제3문상의 주문 및 그 수령확인은, 이에 관련된 당사자들이 통상적인 상황하에 이를 불러올 수 있는 때에는 행해진 것으로 본다.

② 계약이 전적으로 개인통신(個人通信)에 의하여(durch individuelle Kommunikation) 체결된 경우에는 제1항 제1문 제1호 내지 제3호는 적용하지 아니한다. 소비자가 아닌 당사자들(Vertragsparteien, die nicht Verbraucher sind) 간에 달리 약정하지 않는 한, 제1항 제1문 제1호 내지 제3호, 제2문은 적용하지 아니한다.

③ 다른 규정에 기한 추가적인 정보제공의무는 영향을 받지 아니한다.

제312조j 전자상거래에서의(im elektronischen Geschäftsverkehr) 소비자에 대한 특별한 의무(義務)

① 소비자와의 전자상거래를 위한 웹사이트에서 사업자는 제312조i에 따른 사항에 추가하여 늦어도 주문절차의 개시시에 공급제한이 있는지 여부, 어떤 지급수단이 채택되었는지(ob Lieferbeschränkungen bestehen und welche Zahlungsmittel akzeptiert werden)에 대해 명료하고 명확하게 명시해야 한다.

② 사업자의 유상급부를 목적으로 하는, 전자상거래에 의한 소비자계약의 경우에(Bei einem Verbrauchervertrag im elektronischen Geschäftsverkehr, der eine entgeltliche Leistung des Unternehmers zum Gegenstand hat), 사업자는 소비자에게 민법전시행법 제246항목a 제1조 제1항 제1문 제1호, 제4호, 제5호, 제11호, 제12호에 따른 정보를, 소비자가 자신의 주문을 하기 직전에 명료하고 이해하가 쉬우며 눈에 잘 띄는 방식으로(klar und verständlich in hervorgehobener Weise) 제공해야만 한다.

③ 사업자는 소비자가 자신의 주문(mit seiner Bestellung)에 의해 그에 대해 지급을 할 의무를 진다는 점을 명확하게 확인하도록 제2항에 따른 계약에서의 주문현황(注文現況; die Bestellsituation)의 형태를 만들어야만 한다. 주문이 클릭을 통해 이뤄지는 경우에, 제1문에 기한 사업자의 의무는, "지급의무가 있는 주문"이라는 문구 이외의 다른 것이 없거나 이에 상응하는 명료한 표현이 있어(mit nichts anderem als den Wörtern "zahlungspflichtig bestellen") 잘 읽을 수 있게 이러한 주문클릭이 기재된 때에 한하여 충족된 것이다.

④ 제2항에 따른 계약은 사업자가 제3항에 기한 자신의 의무를 이행한 때에(wenn der Unternehmer seine Pflicht aus Absatz 3 erfüllt) 한하여 성립된다.

⑤ 제2항 내지 제4항은 계약이 전적으로 개인통신(個人通信)으로 체결된 경우에는 적용하지 아니한다. 제1항, 제2항에 기한 의무는 금융서비스에 관련된 웹사이트에도 금융서비스에 관한 계약에도(weder für Webseiten, die Finanzdienstleistungen betreffen, noch für Verträge über Finanzdienstleistungen) 적용하지 아니한다.

제4항 다른 게 한 약정과 증명책임

제312조k 다른 합의와 증명책임

① 다른 정함이 없는 한, 소비자 또는 고객의 불이익으로(zum Nachteil des Verbrauchers oder Kunden) 본 관의 규정과 다르게 약정할 수 없다. 다른 정함이 없는 한, 본 관의 규정은 다른 방법으

Gestaltungen umgangen werden.
(2) Der Unternehmer trägt gegenüber dem Verbraucher die Beweislast für die Erfüllung der in diesem Untertitel geregelten Informationspflichten.

Untertitel 3 Anpassung und Beendigung von Verträgen

§ 313 Störung der Geschäftsgrundlage

(1) Haben sich Umstände, die zur Grundlage des Vertrags geworden sind, nach Vertragsschluss schwerwiegend verändert und hätten die Parteien den Vertrag nicht oder mit anderem Inhalt geschlossen, wenn sie diese Veränderung vorausgesehen hätten, so kann Anpassung des Vertrags verlangt werden, soweit einem Teil unter Berücksichtigung aller Umstände des Einzelfalls, insbesondere der vertraglichen oder gesetzlichen Risikoverteilung, das Festhalten am unveränderten Vertrag nicht zugemutet werden kann.
(2) Einer Veränderung der Umstände steht es gleich, wenn wesentliche Vorstellungen, die zur Grundlage des Vertrags geworden sind, sich als falsch herausstellen.
(3) Ist eine Anpassung des Vertrags nicht möglich oder einem Teil nicht zumutbar, so kann der benachteiligte Teil vom Vertrag zurücktreten. An die Stelle des Rücktrittsrechts tritt für Dauerschuldverhältnisse das Recht zur Kündigung.
Fußnote
(+++ § 313: Zur Nichtanwendung vgl. § 10 Abs. 5 KredWG +++)

§ 314 Kündigung von Dauerschuldverhältnissen aus wichtigem Grund

(1) Dauerschuldverhältnisse kann jeder Vertragsteil aus wichtigem Grund ohne Einhaltung einer Kündigungsfrist kündigen. Ein wichtiger Grund liegt vor, wenn dem kündigenden Teil unter Berücksichtigung aller Umstände des Einzelfalls und unter Abwägung der beiderseitigen Interessen die Fortsetzung des Vertragsverhältnisses bis zur vereinbarten Beendigung oder bis zum Ablauf einer Kündigungsfrist nicht zugemutet werden kann.
(2) Besteht der wichtige Grund in der Verletzung einer Pflicht aus dem Vertrag, ist die Kündigung erst nach erfolglosem Ablauf einer zur Abhilfe bestimmten Frist oder nach erfolgloser Abmahnung zulässig. Für die Entbehrlichkeit der Bestimmung einer Frist zur Abhilfe und für die Entbehrlichkeit einer Abmahnung findet § 323 Absatz 2 Nummer 1 und 2 entsprechende Anwendung. Die Bestimmung einer Frist zur Abhilfe und eine Abmahnung sind auch entbehrlich, wenn besondere Umstände vorliegen, die unter Abwägung der beiderseitigen Interessen die sofortige Kündigung rechtfertigen.
(3) Der Berechtigte kann nur innerhalb einer angemessenen Frist kündigen, nachdem er vom Kündigungsgrund Kenntnis erlangt hat.

로 회피되는 경우에 적용한다.

② 사업자는 본 관에 규정된 정보제공의무(Informationspflichten)에 관한 증명책임(die Beweislast)을 소비자에 대하여 부담한다.

제3관 계약의 수정(修正) 및 종료(終了)

제313조 행위기초의 장애

① 계약의 기초가 된 사정(Umstände, die zur Grundlage des Vertrags geworden sind)이 계약체결 후 현저하게 변경되었고 계약당사자들이, 이러한 변경을 예상했더라면 그 계약을 체결하지 않았거나 다른 내용으로 체결했을 경우에는, 개별사안의 제반사정, 특히 계약상 또는 법률상 위험분배를 고려했을 때(einem Teil unter Berücksichtigung aller Umstände des Einzelfalls, insbesondere der vertraglichen oder gesetzlichen Risikoverteilung) 원래의 계약의 지속을 어느 당사자에게서 기대할 수 없는 범위 내에서 계약의 수정(修正)을 청구할 수 있다.

② 계약의 기초가 된 본질적인 표상(表象)(wesentliche Vorstellungen, die zur Grundlage des Vertrags geworden sind)이 잘못된 것으로 드러난 경우에도 그것은 사정변경(事情變更)과 동일시된다.

③ 계약의 수정이 불가능하거나 어느 당사자에게서 기대할 수 없는 경우에는 불이익을 입은 당사자(der benachteiligte Teil)는 계약을 해제할 수 있다. 계속적 채권관계에서 해지권(解止權)이 해제권(解除權)을 대신한다.

각주

(제313조: 그 부적용(不適用)에 관하여 금융기관법 제10조 제5항을 참조하라)

제314조 중대한 사유에 기한 계속적 채권관계의 해지

① 계속적 채권관계는 각 계약당사자가 중대한 사유에 기하여 해지기간을 준수하지 않고서해지할 수 있다. 개별사안의 제반사정을 고려하고 양 당사자의 이익을 형량했을 때(unter Berücksichtigung aller Umstände des Einzelfalls und unter Abwägung der beiderseitigen Interessen) 해지하는 당사자에게서 합의된 계약 종료시까지 또는 해지기간의 경과시까지의 계약관계의 지속을 기대할 수 없는 경우에 중대한 사유가 있는 것이다.

② 중대한 사유가 계약에 기한 의무위반인 경우에 그 시정(是正)에 정해진 기간이 무익하게 도과된 후에나 계고가 무익하게 된 후에 비로소(erst nach erfolglosem Ablauf einer zur Abhilfe bestimmten Frist oder nach erfolgloser Abmahnung) 해지가 허용된다. 그 시정에 대하여 기간설정이 요구되지 않는 것과 계고가 행해지 않은 것에 대하여 제323조 제2항 제1호, 제2호를 준용한다. 시정에 대한 기간설정과 계고는, 양 당사자의 이익을 형량했을 때 즉시해지를 정당화하는 특별한 사정이 있는 때에는 요구되지 아니한다.

③ 그 해지권자는, 해지사유를 알게 된 후(nachdem er vom Kündigungsgrund Kenntnis erlangt hat) 상당한 기간 내에만 해지할 수 있다.

(4) Die Berechtigung, Schadensersatz zu verlangen, wird durch die Kündigung nicht ausgeschlossen.

Fußnote

(+++ § 314: Zur Nichtanwendung vgl. § 10 Abs. 5 KredWG +++)

Untertitel 4 Einseitige Leistungsbestimmungsrechte

§ 315 Bestimmung der Leistung durch eine Partei

(1) Soll die Leistung durch einen der Vertragschließenden bestimmt werden, so ist im Zweifel anzunehmen, dass die Bestimmung nach billigem Ermessen zu treffen ist.

(2) Die Bestimmung erfolgt durch Erklärung gegenüber dem anderen Teil.

(3) Soll die Bestimmung nach billigem Ermessen erfolgen, so ist die getroffene Bestimmung für den anderen Teil nur verbindlich, wenn sie der Billigkeit entspricht. Entspricht sie nicht der Billigkeit, so wird die Bestimmung durch Urteil getroffen; das Gleiche gilt, wenn die Bestimmung verzögert wird.

§ 316 Bestimmung der Gegenleistung

Ist der Umfang der für eine Leistung versprochenen Gegenleistung nicht bestimmt, so steht die Bestimmung im Zweifel demjenigen Teil zu, welcher die Gegenleistung zu fordern hat.

§ 317 Bestimmung der Leistung durch einen Dritten

(1) Ist die Bestimmung der Leistung einem Dritten überlassen, so ist im Zweifel anzunehmen, dass sie nach billigem Ermessen zu treffen ist.

(2) Soll die Bestimmung durch mehrere Dritte erfolgen, so ist im Zweifel Übereinstimmung aller erforderlich; soll eine Summe bestimmt werden, so ist, wenn verschiedene Summen bestimmt werden, im Zweifel die Durchschnittssumme maßgebend.

§ 318 Anfechtung der Bestimmung

(1) Die einem Dritten überlassene Bestimmung der Leistung erfolgt durch Erklärung gegenüber einem der Vertragschließenden.

(2) Die Anfechtung der getroffenen Bestimmung wegen Irrtums, Drohung oder arglistiger Täuschung steht nur den Vertragschließenden zu; Anfechtungsgegner ist der andere Teil. Die Anfechtung muss unverzüglich erfolgen, nachdem der Anfechtungsberechtigte von dem Anfechtungsgrund Kenntnis erlangt hat. Sie ist ausgeschlossen, wenn 30 Jahre verstrichen sind, nachdem die Bestimmung getroffen worden ist.

§ 319 Unwirksamkeit der Bestimmung; Ersetzung

(1) Soll der Dritte die Leistung nach billigem Ermessen bestimmen, so ist die getroffene

④ 손해배상청구권(Die Berechtigung, Schadensersatz zu verlangen)은 해지에 의하여 배제되지 아니한다.
각주
(제314조: 그 부적용에 관하여 금융기관법 제10조 제5항을 참조하라)

제4관 일방적인 급부지정권

제315조 어느 당사자에 의한 급부의 지정
① 계약체결당사자 중 어느 당사자(einen der Vertragschließenden)에 의하여 급부가 지정되어야 하는 경우에 의심스러운 때에는 공평한 재량에 좇아(nach billigem Ermessen) 그 지정이 이뤄져야 하는 것으로 추정한다.
② 그러한 지정은 상대방에 대한 의사표시로 행해진다.
③ 그 지정이 공평한 재량에 좇아 행해져야 하는 경우에 행해진 지정은, 공평에 부합하는 경우(wenn sie der Billigkeit entspricht)에 한하여 상대방에게 구속력이 있다. 그 지정이 공평에 부합하지 않은 경우에는 판결로 그 지정이 행해진다; 그 지정이 지체되는 경우에도 또한 같다.

제316조 반대급부의 지정
어느 급부에 대하여 약정된 반대급부의 범위(der Umfang der für eine Leistung versprochenen Gegenleistung)가 정해지지 않은 경우에 의심스러운 때에는 반대급부를 청구해야 하는 그 당사자에게 지정권이 귀속된다.

제317조 제3자에 의한 급부의 지정
① 급부의 지정이 제3자에게 이전된 경우에 의심스러운 때에는 제3자가 공평한 재량에 좇아 이를 행해야 하는 것으로 추정된다.
② 수인(數人)의 제3자에 의하여 그 지정이 이뤄져야 하는 경우에 의심스러운 때에는 그 모든 제3자의 합의가 요구된다; 금액이 지정되어야 하는 경우에 금액에 차이가 있게 지정된 때에는 의심스러우면 평균금액(die Durchschnittssumme)을 적용한다.

제318조 지정의 취소
① 제3자에게 이전된 급부지정(Die einem Dritten überlassene Bestimmung der Leistung)은 계약체결당사자 중 어느 당사자에 대한 의사표시로 행한다.
② 착오, 강박 또는 악의적 기망으로 인한 행해진 지정의 취소권은 계약체결당사에게만 귀속된다: 계약상대방이 취소상대방(Anfechtungsgegner)이 된다. 그 취소권자가 그 취소사유를 알게 된 때에는 지체 없이 그 취소(取消)를 행사해야만 한다. 지정이 이뤄진 때로부터(nachdem die Bestimmung getroffen worden ist) 30년이 경과한 때에는 취소는 배제(排除)된다.

제319조 지정의 무효; 대체(代替)
① 제3자가 공평한 재량에 좇아 지정해야 하는 경우에 이뤄진 지정은, 그것이 공평하지 않음이 명

Bestimmung für die Vertragschließenden nicht verbindlich, wenn sie offenbar unbillig ist. Die Bestimmung erfolgt in diesem Falle durch Urteil; das Gleiche gilt, wenn der Dritte die Bestimmung nicht treffen kann oder will oder wenn er sie verzögert.

(2) Soll der Dritte die Bestimmung nach freiem Belieben treffen, so ist der Vertrag unwirksam, wenn der Dritte die Bestimmung nicht treffen kann oder will oder wenn er sie verzögert.

Titel 2 Gegenseitiger Vertrag

§ 320 Einrede des nicht erfüllten Vertrags

(1) Wer aus einem gegenseitigen Vertrag verpflichtet ist, kann die ihm obliegende Leistung bis zur Bewirkung der Gegenleistung verweigern, es sei denn, dass er vorzuleisten verpflichtet ist. Hat die Leistung an mehrere zu erfolgen, so kann dem einzelnen der ihm gebührende Teil bis zur Bewirkung der ganzen Gegenleistung verweigert werden. Die Vorschrift des § 273 Abs. 3 findet keine Anwendung.

(2) Ist von der einen Seite teilweise geleistet worden, so kann die Gegenleistung insoweit nicht verweigert werden, als die Verweigerung nach den Umständen, insbesondere wegen verhältnismäßiger Geringfügigkeit des rückständigen Teils, gegen Treu und Glauben verstoßen würde.

§ 321 Unsicherheitseinrede

(1) Wer aus einem gegenseitigen Vertrag vorzuleisten verpflichtet ist, kann die ihm obliegende Leistung verweigern, wenn nach Abschluss des Vertrags erkennbar wird, dass sein Anspruch auf die Gegenleistung durch mangelnde Leistungsfähigkeit des anderen Teils gefährdet wird. Das Leistungsverweigerungsrecht entfällt, wenn die Gegenleistung bewirkt oder Sicherheit für sie geleistet wird.

(2) Der Vorleistungspflichtige kann eine angemessene Frist bestimmen, in welcher der andere Teil Zug um Zug gegen die Leistung nach seiner Wahl die Gegenleistung zu bewirken oder Sicherheit zu leisten hat. Nach erfolglosem Ablauf der Frist kann der Vorleistungspflichtige vom Vertrag zurücktreten. § 323 findet entsprechende Anwendung.

§ 322 Verurteilung zur Leistung Zug-um-Zug

(1) Erhebt aus einem gegenseitigen Vertrag der eine Teil Klage auf die ihm geschuldete Leistung, so hat die Geltendmachung des dem anderen Teil zustehenden Rechts, die Leistung bis zur Bewirkung der Gegenleistung zu verweigern, nur die Wirkung, dass der andere Teil zur Erfüllung Zug um Zug zu verurteilen ist.

백한 때에는(wenn sie offenbar unbillig ist) 계약체결당사자에게 구속력이 없다. 이러한 경우에 판결로 지정이 이뤄진다(Die Bestimmung erfolgt in diesem Falle durch Urteil); 제3자가 지정을 할 수 없거나 하지 않으려고 하는 경우 또는 제3자가 지정을 지체하는 경우에도 또한 같다.
② 제3자가 임의대로 지정을 해야 하는 경우에(Soll der Dritte die Bestimmung nach freiem Belieben treffen) 계약은, 제3자가 지정을 할 수 없거나 하지 않으려고 하는 경우 또는 제3자가 지정을 지체하는 경우에는 무효이다.

제2절 쌍무계약(雙務契約)

제320조 동시이행항변권(Einrede des nicht erfüllten Vertrags)

① 쌍무계약에 기하여 의무를 지는 자는 자신이 이행해야 할 급부를 반대급부의 이행시까지(bis zur Bewirkung der Gegenleistung) 거절할 수 있고, 다만 그 자가 선이행(先履行)해야 할 의무를 부담하는 경우에는 그러하지 아니하다. 급부가 수인(數人)에 대하여 행해져야 할 경우에 각인(各人)은 자신에게 귀속되어야 할 부분을 반대급부 전체의 이행시까지 거절할 수 있다. 제273조 제3항의 규정은 적용하지 아니한다.
② 당사자 일방에 의해 일부 급부가 행해진 경우에 반대급부는, 제반사정에 따라 판단할 때, 특히 미이행된 부분이 상당히 경미해서 그 거절이 신의성실에 반하게 된(insbesondere wegen verhältnismäßiger Geringfügigkeit des rückständigen Teils, gegen Treu und Glauben verstoßen würde) 범위 내에서 거절할 수 없다.

제321조 불안의 항변권

① 쌍무계약에 기하여 선이행의 급부를 할 의무를 부담하는 자는, 계약체결 후 자신의 반대급부에 대한 청구권이 상대방의 급부능력의 결여로 인하여 위태롭게 된 것(dass sein Anspruch auf die Gegenleistung durch mangelnde Leistungsfähigkeit des anderen Teils gefährdet wird)을 알게 된 때에는 그가 이행해야 할 급부를 거절할 수 있다. 그 급부거절권은 반대급부가 이행되거나 반대급부에 대해 담보가 제공된 때에는 소멸한다.
② 그 선이행급부의무자(Der Vorleistungspflichtige)는, 상대방이 그 선택에 좇아 그 급부와 동시이행으로 반대급부를 실현해야(Zug um Zug gegen die Leistung nach seiner Wahl die Gegenleistung zu bewirken) 하거나 담보를 제공해야 하는 상당한 기간을 정할 수 있다. 그 기간이 무익하게 도과된 후에(Nach erfolglosem Ablauf der Frist) 그 선이행급부의무자는 계약을 해제할 수 있다. 제323조를 준용한다.

제322조 동시이행판결

① 쌍무계약에 기하여 어느 당사사가 자신에 이행되어야 할 급부에 대한 이행소송을 제기한 경우에(Erhebt aus einem gegenseitigen Vertrag der eine Teil Klage auf die ihm geschuldete Leistung), 상대방에게 귀속되는 권리로, 반대급부의 이행시까지 해당 급부를 거절할 수 있는 권리의 행사에는 상대방이 동시이행으로 급부를 이행하도록 인용하는 효력만이 있다.

(2) Hat der klagende Teil vorzuleisten, so kann er, wenn der andere Teil im Verzug der Annahme ist, auf Leistung nach Empfang der Gegenleistung klagen.
(3) Auf die Zwangsvollstreckung findet die Vorschrift des § 274 Abs. 2 Anwendung.

§ 323 Rücktritt wegen nicht oder nicht vertragsgemäß erbrachter Leistung

*) (1) Erbringt bei einem gegenseitigen Vertrag der Schuldner eine fällige Leistung nicht oder nicht vertragsgemäß, so kann der Gläubiger, wenn er dem Schuldner erfolglos eine angemessene Frist zur Leistung oder Nacherfüllung bestimmt hat, vom Vertrag zurücktreten.
(2) Die Fristsetzung ist entbehrlich, wenn
1. der Schuldner die Leistung ernsthaft und endgültig verweigert,
2. der Schuldner die Leistung bis zu einem im Vertrag bestimmten Termin oder innerhalb einer im Vertrag bestimmten Frist nicht bewirkt, obwohl die termin- oder fristgerechte Leistung nach einer Mitteilung des Gläubigers an den Schuldner vor Vertragsschluss oder auf Grund anderer den Vertragsabschluss begleitenden Umstände für den Gläubiger wesentlich ist, oder
3. im Falle einer nicht vertragsgemäß erbrachten Leistung besondere Umstände vorliegen, die unter Abwägung der beiderseitigen Interessen den sofortigen Rücktritt rechtfertigen.

(3) Kommt nach der Art der Pflichtverletzung eine Fristsetzung nicht in Betracht, so tritt an deren Stelle eine Abmahnung.
(4) Der Gläubiger kann bereits vor dem Eintritt der Fälligkeit der Leistung zurücktreten, wenn offensichtlich ist, dass die Voraussetzungen des Rücktritts eintreten werden.
(5) Hat der Schuldner eine Teilleistung bewirkt, so kann der Gläubiger vom ganzen Vertrag nur zurücktreten, wenn er an der Teilleistung kein Interesse hat. Hat der Schuldner die Leistung nicht vertragsgemäß bewirkt, so kann der Gläubiger vom Vertrag nicht zurücktreten, wenn die Pflichtverletzung unerheblich ist.
(6) Der Rücktritt ist ausgeschlossen, wenn der Gläubiger für den Umstand, der ihn zum Rücktritt berechtigen würde, allein oder weit überwiegend verantwortlich ist oder wenn der vom Schuldner nicht zu vertretende Umstand zu einer Zeit eintritt, zu welcher der Gläubiger im Verzug der Annahme ist.

*) Amtlicher Hinweis:
Diese Vorschrift dient auch der Umsetzung der Richtlinie 1999/44/EG des Europäischen Parlaments und des Rates vom 25. Mai 1999 zu bestimmten Aspekten des Verbrauchsgüterkaufs und der Garantien für Verbrauchsgüter (ABl. EG Nr. L 171 S. 12).

§ 324 Rücktritt wegen Verletzung einer Pflicht nach § 241 Abs. 2

Verletzt der Schuldner bei einem gegenseitigen Vertrag eine Pflicht nach § 241 Abs. 2, so kann der Gläubiger zurücktreten, wenn ihm ein Festhalten am Vertrag nicht mehr zuzumuten ist.

② 제소한 당사자가 선이행의 급부를 이행해야 하는 경우에 그는 상대방이 수령지체에 빠진 때에만 반대급부의 수령 후 (상대방에 대해 갖는) 급부를 이행하도록 소구(訴求)할 수 있다.

③ 강제집행에 대하여 제274조 제2항의 규정을 적용한다.

제323조 급부불이행 또는 계약에 좇아 이행되지 않은 급부로 인한 해제

*) ① 쌍무계약에서 채무자가 이행기가 도래한 급부를 이행하지 않거나 계약에 좇아 이행하지 않은 경우에 채권자는, 채권자가 채무자에게 이행 또는 사후보완이행을 위해 정해 준 상당한 기간이 무익하게 도과된 때에는 계약을 해제할 수 있다.

② 그 기간설정은 다음 각 호의 경우에는 요구되지 아니한다,

1. 채무자가 그 급부를 진지하고도 종국적으로 거절한 경우,
2. 채무자에 대한 채권자의 통지에 따라 또는 계약체결에 수반하는 그 밖의 사정으로 인하여 그 기일 또는 기간을 지킨 급부이행이 채권자에게 중요함에도, 채무자가 계약에서 정해진 기일까지나 계약에서 정해진 기간 이내에 그 급부를 이행하지 않은 경우(der Schuldner die Leistung bis zu einem im Vertrag bestimmten Termin oder innerhalb einer im Vertrag bestimmten Frist nicht bewirkt),
3. 계약에 좇아 이행되지 않은 급부의 경우(im Falle einer nicht vertragsgemäß erbrachten Leistung)에 양 당사자의 이익을 형량했을 때 즉시 계약해제를 정당화하는 특별한 사정이 있는 경우.

③ 의무위반의 성질에 따라 기간설정이 고려되지 아니하는 경우에는 계고(eine Abmahnung)가 그 기간설정을 대신한다.

④ 해제의 요건이 충족될 것임이 명백해진 때에는 채권자는 급부의 이행기(履行期)가 도래하기 전에 계약을 해제할 수 있다.

⑤ 채무자가 일부급부를 이행한 경우 채권자는, 그 일부급부가 자신에게 이익이 되지 않은 때에 한하여 계약 전체를 해제할 수 있다. 채무자가 계약에 좇아 급부를 이행하지 아니한 경우에 채권자는, 그 의무위반이 사소한 때에는 계약을 해제할 수 없다.

⑥ 채권자가, 해제할 수 있는 권리를 갖게 한 사정에 대해 전적으로 또는 거의 전적으로 책임이 있거나, 채무자에게 책임 없는 사정(der vom Schuldner nicht zu vertretende Umstand)이 채권자가 수령지체에 빠진 때에 발생한 경우에는 그 해제권은 배제된다.

*) 공식 주(注):
위와 같은 규정은, 「소비재매매와 소비재에 대한 보증에 대한 특정한 관점(bestimmten Aspekten des Verbrauchsgüterkaufs und der Garantien für Verbrauchsgüter)에 대한 1999년 5월 25일의 유럽연합 의회 및 이사회의 1999/44/EG호 지침」(ABl. EG Nr. L 171 S. 12)의 시행에도 이바지한다.

제324조 제241조 제2항에 따른 의무위반으로 인한 해제

채무자가 쌍무계약에서 제241조 제2항에 따른 의무를 위반하는 경우 채권자는, 계약의 고수를 더 이상 기대할 수 없을 때에는(wenn ihm ein Festhalten am Vertrag nicht mehr zuzumuten ist) 계약을 해제할 수 있다.

§ 325 Schadensersatz und Rücktritt

Das Recht, bei einem gegenseitigen Vertrag Schadensersatz zu verlangen, wird durch den Rücktritt nicht ausgeschlossen.

§ 326 Befreiung von der Gegenleistung und Rücktritt beim Ausschluss der Leistungspflicht

*) (1) Braucht der Schuldner nach § 275 Abs. 1 bis 3 nicht zu leisten, entfällt der Anspruch auf die Gegenleistung; bei einer Teilleistung findet § 441 Abs. 3 entsprechende Anwendung. Satz 1 gilt nicht, wenn der Schuldner im Falle der nicht vertragsgemäßen Leistung die Nacherfüllung nach § 275 Abs. 1 bis 3 nicht zu erbringen braucht.

(2) Ist der Gläubiger für den Umstand, auf Grund dessen der Schuldner nach § 275 Abs. 1 bis 3 nicht zu leisten braucht, allein oder weit überwiegend verantwortlich oder tritt dieser vom Schuldner nicht zu vertretende Umstand zu einer Zeit ein, zu welcher der Gläubiger im Verzug der Annahme ist, so behält der Schuldner den Anspruch auf die Gegenleistung. Er muss sich jedoch dasjenige anrechnen lassen, was er infolge der Befreiung von der Leistung erspart oder durch anderweitige Verwendung seiner Arbeitskraft erwirbt oder zu erwerben böswillig unterlässt.

(3) Verlangt der Gläubiger nach § 285 Herausgabe des für den geschuldeten Gegenstand erlangten Ersatzes oder Abtretung des Ersatzanspruchs, so bleibt er zur Gegenleistung verpflichtet. Diese mindert sich jedoch nach Maßgabe des § 441 Abs. 3 insoweit, als der Wert des Ersatzes oder des Ersatzanspruchs hinter dem Wert der geschuldeten Leistung zurückbleibt.

(4) Soweit die nach dieser Vorschrift nicht geschuldete Gegenleistung bewirkt ist, kann das Geleistete nach den §§ 346 bis 348 zurückgefordert werden.

(5) Braucht der Schuldner nach § 275 Abs. 1 bis 3 nicht zu leisten, kann der Gläubiger zurücktreten; auf den Rücktritt findet § 323 mit der Maßgabe entsprechende Anwendung, dass die Fristsetzung entbehrlich ist.

*) Amtlicher Hinweis:

Diese Vorschrift dient auch der Umsetzung der Richtlinie 1999/44/EG des Europäischen Parlaments und des Rates vom 25. Mai 1999 zu bestimmten Aspekten des Verbrauchsgüterkaufs und der Garantien für Verbrauchsgüter (ABl. EG Nr. L 171 S. 12).

§ 327 (weggefallen)

Titel 3 Versprechen der Leistung an einen Dritten

§ 328 Vertrag zugunsten Dritter

(1) Durch Vertrag kann eine Leistung an einen Dritten mit der Wirkung bedungen werden, dass der Dritte unmittelbar das Recht erwirbt, die Leistung zu fordern.

제325조 손해배상과 해제

쌍무계약에서 손해배상(損害賠償)을 청구(請求)할 수 있는(bei einem gegenseitigen Vertrag Schadensersatz zu verlangen) 권리는 해제에 의하여 배제되지 아니한다.

제326조 반대급부의 면제와 급부의무배제시의 계약해제(Rücktritt beim Ausschluss der Leistungspflicht)

*) ① 채무자가 제275조 제1항 내지 제3항에 따라 급부를 이행할 필요가 없는 경우에 반대급부청구권은 소멸한다; 일부급부에 있어 제441조 제3항을 준용한다. 채무자가 계약에 좇은 급부를 이행(履行)하지 않은 경우에 제275조 제1항 내지 제3항에 따른 사후보완이행(事後補完履行; die Nacherfüllung nach § 275 Abs. 1 bis 3)을 할 필요가 없는 경우에는 제1문을 적용하지 아니한다.

② 채권자가, 채무자로 하여금 제275조 제1항 내지 제3항에 따라 급부를 이행할 필요를 없게 하는 사정에 대하여 전적으로 또는 거의 전적으로 책임이 있거나, 채무자에게 책임이 없는 이러한 사정이 채권자가 수령지체에 빠진 때에 발생한 경우에는, 채무자는 반대급부청구권을 보유한다. 그럼에도 채권자는, 자신이 급부를 면함으로써 절약하거나 자신의 노동력을 다른 데 사용함으로써 얻거나 또는 악의적으로 그 취득을 하지 않은(durch anderweitige Verwendung seiner Arbeitskraft erwirbt oder zu erwerben böswillig unterlässt) 것이 공제되도록 해야 한다.

③ 채권자가 제285조에 따라 약정한 목적물 대해 취득한 대상(代償)의 반환 또는 대상청구권의 양도를 청구하는 경우에 그는 반대급부를 이행할 의무를 진다. 그럼에도 이러한 의무는, 그 대상 또는 대상청구권의 가치가 이행해야 할 급부의 가치에 미달한 때는 그 범위 내에서 제441조의 기준에 따라 감축된다.

④ 위와 같은 규정에 따라 이행해야 할 급부가 이행되지 않은 경우에는 이행된 급부(das Geleistete)에 대하여 제346조 내지 제348조에 따라 반환청구할 수 있다.

⑤ 제275조 제1항 내지 제3항에 따라 채무자가 급부를 이행할 필요가 없는 경우 채권자는 계약을 해제할 수 있다. 그 해제에 대해 그 기간설정은 요구되지 않는다는 기준하에 제323조를 준용한다.

*)공식 주(注):

위와 같은 규정은, 「소비재매매와 소비재에 대한 보증에 대한 특정한 관점(bestimmten Aspekten des Verbrauchsgüterkaufs und der Garantien für Verbrauchsgüter)에 대한 1999년 5월 25일의 유럽연합 의회 및 이사회의 1999/44/EG호 지침」(ABl. EG Nr. L 171 S. 12)의 시행에도 이바지한다.

제327조 삭제

제3절 제3자에 대한 급부의 약정

제328조 제3자를 위한 계약

① 계약에 의해 제3자가 직접 급부를 청구할 수 있는 권리를 취득하는 효력을 지닌, 제3자에 대한 급부가 약정될 수 있다.

(2) In Ermangelung einer besonderen Bestimmung ist aus den Umständen, insbesondere aus dem Zwecke des Vertrags, zu entnehmen, ob der Dritte das Recht erwerben, ob das Recht des Dritten sofort oder nur unter gewissen Voraussetzungen entstehen und ob den Vertragschließenden die Befugnis vorbehalten sein soll, das Recht des Dritten ohne dessen Zustimmung aufzuheben oder zu ändern.

§ 329 Auslegungsregel bei Erfüllungsübernahme

Verpflichtet sich in einem Vertrag der eine Teil zur Befriedigung eines Gläubigers des anderen Teils, ohne die Schuld zu übernehmen, so ist im Zweifel nicht anzunehmen, dass der Gläubiger unmittelbar das Recht erwerben soll, die Befriedigung von ihm zu fordern.

§ 330 Auslegungsregel bei Leibrentenvertrag

Wird in einem Leibrentenvertrag die Zahlung der Leibrente an einen Dritten vereinbart, ist im Zweifel anzunehmen, dass der Dritte unmittelbar das Recht erwerben soll, die Leistung zu fordern. Das Gleiche gilt, wenn bei einer unentgeltlichen Zuwendung dem Bedachten eine Leistung an einen Dritten auferlegt oder bei einer Vermögens- oder Gutsübernahme von dem Übernehmer eine Leistung an einen Dritten zum Zwecke der Abfindung versprochen wird.

§ 331 Leistung nach Todesfall

(1) Soll die Leistung an den Dritten nach dem Tode desjenigen erfolgen, welchem sie versprochen wird, so erwirbt der Dritte das Recht auf die Leistung im Zweifel mit dem Tode des Versprechensempfängers.

(2) Stirbt der Versprechensempfänger vor der Geburt des Dritten, so kann das Versprechen, an den Dritten zu leisten, nur dann noch aufgehoben oder geändert werden, wenn die Befugnis dazu vorbehalten worden ist.

§ 332 Änderung durch Verfügung von Todes wegen bei Vorbehalt

Hat sich der Versprechensempfänger die Befugnis vorbehalten, ohne Zustimmung des Versprechenden an die Stelle des in dem Vertrag bezeichneten Dritten einen anderen zu setzen, so kann dies im Zweifel auch in einer Verfügung von Todes wegen geschehen.

§ 333 Zurückweisung des Rechts durch den Dritten

Weist der Dritte das aus dem Vertrag erworbene Recht dem Versprechenden gegenüber zurück, so gilt das Recht als nicht erworben.

§ 334 Einwendungen des Schuldners gegenüber dem Dritten

Einwendungen aus dem Vertrag stehen dem Versprechenden auch gegenüber dem Dritten zu.

§ 335 Forderungsrecht des Versprechensempfängers

② 특별한 규정이 없는 경우에는, 제3자가 권리를 취득하는지 여부, 그 제3자의 권리가 즉시 또는 일정한 요건 충족하에서만 생기는지 여부, 그리고 계약체결당사자들에게 제3자의 동의 없이 제3자의 권리를 실효시키거나 변경할 수 있는 권한이 유보되어 있는지 여부(ob den Vertragschließenden die Befugnis vorbehalten sein soll, das Recht des Dritten ohne dessen Zustimmung aufzuheben oder zu ändern)는 제사정(諸事情), 특히 계약의 목적에서 추단해야 한다.

제329조 이행인수시 해석원칙

계약에 따라 어느 당사자가 채무를 인수함이 없이 상대방의 채권자를 만족시킬 의무가 있는 경우에는 의심스러운 때에는 그 채권자가 그 어느 당사자에게 만족시킬 것을 권리를 직접 취득한 것으로 추정하지 아니한다.

제330조 종신연금계약의 해석원칙

종신연금계약에 따라 제3자에 대한 종신연금지급이 약정된 경우 의심스러운 때에는 제3자가 직접 그 급부를 청구할 권리를 취득한 것으로 추정한다. 무상의 출연(出捐)에 있어 제3자에 대한 급부가 수증자에게 부과되거나, 자산인수 또는 토지인수에 있어 인수자가 제3자에 대한 급부를 보상 목적으로 약정한 경우에도 또한 같다.

제331조 사망 후의 급부

① 급부에 대해 약정을 받은 자의 사망 후 제3자에 대한 급부가 이행되어야 하는 경우에, 의심스러운 때에는 제3자는 급부에 대한 권리를 그 요약자(要約者)의 사망으로써(mit dem Tode des Versprechensempfängers) 취득한다.

② 그 요약자가 제3자의 출생 전에 사망한 경우에 제3자에 대해 이행해야 할 약정은, 이에 대한 권한이 유보되어 있는 때에 경우에 한하여 실효되거나 변경된다.

제332조 유보된 경우에 있어 사인처분에 의한 변경

낙약자(諾約者)의 동의 없더라도 계약에 표시된 제3자를 다른 제3자로 대체한다는(ohne Zustimmung des Versprechenden an die Stelle des in dem Vertrag bezeichneten Dritten einen anderen zu setzen) 권리가 요약자에게 유보된 경우에 의심스러운 때에는 이는 사인처분에 의해서도 이뤄질 수 있다.

제333조 제3자에 의한 권리의 거절

제3자가 계약에 기하여 취득한 권리(das aus dem Vertrag erworbene Recht)를 낙약자(諾約者)에 대하여 거절한 경우에 그 권리는 취득되지 않은 것으로 본다.

제334조 제3자에 대한 채무자의 항변권

계약에서 발생한 항변권(抗辯權; Einwendungen)은 제3자에 대해서도 낙약자(諾約者; Versprechenden)에게 귀속한다.

제335조 요약자의 청구권

Der Versprechensempfänger kann, sofern nicht ein anderer Wille der Vertragschließenden anzunehmen ist, die Leistung an den Dritten auch dann fordern, wenn diesem das Recht auf die Leistung zusteht.

Titel 4 Draufgabe, Vertragsstrafe

§ 336 Auslegung der Draufgabe

(1) Wird bei der Eingehung eines Vertrags etwas als Draufgabe gegeben, so gilt dies als Zeichen des Abschlusses des Vertrags.

(2) Die Draufgabe gilt im Zweifel nicht als Reugeld.

§ 337 Anrechnung oder Rückgabe der Draufgabe

(1) Die Draufgabe ist im Zweifel auf die von dem Geber geschuldete Leistung anzurechnen oder, wenn dies nicht geschehen kann, bei der Erfüllung des Vertrags zurückzugeben.

(2) Wird der Vertrag wieder aufgehoben, so ist die Draufgabe zurückzugeben.

§ 338 Draufgabe bei zu vertretender Unmöglichkeit der Leistung

Wird die von dem Geber geschuldete Leistung infolge eines Umstands, den er zu vertreten hat, unmöglich oder verschuldet der Geber die Wiederaufhebung des Vertrags, so ist der Empfänger berechtigt, die Draufgabe zu behalten. Verlangt der Empfänger Schadensersatz wegen Nichterfüllung, so ist die Draufgabe im Zweifel anzurechnen oder, wenn dies nicht geschehen kann, bei der Leistung des Schadensersatzes zurückzugeben.

§ 339 Verwirkung der Vertragsstrafe

Verspricht der Schuldner dem Gläubiger für den Fall, dass er seine Verbindlichkeit nicht oder nicht in gehöriger Weise erfüllt, die Zahlung einer Geldsumme als Strafe, so ist die Strafe verwirkt, wenn er in Verzug kommt. Besteht die geschuldete Leistung in einem Unterlassen, so tritt die Verwirkung mit der Zuwiderhandlung ein.

§ 340 Strafversprechen für Nichterfüllung

(1) Hat der Schuldner die Strafe für den Fall versprochen, dass er seine Verbindlichkeit nicht erfüllt, so kann der Gläubiger die verwirkte Strafe statt der Erfüllung verlangen. Erklärt der Gläubiger dem Schuldner, dass er die Strafe verlange, so ist der Anspruch auf Erfüllung ausgeschlossen.

(2) Steht dem Gläubiger ein Anspruch auf Schadensersatz wegen Nichterfüllung zu, so kann er die verwirkte Strafe als Mindestbetrag des Schadens verlangen. Die Geltendmachung eines weiteren Schadens ist nicht ausgeschlossen.

요약자는, 계약체결당사자의 다른 의사가 인정되지 않는 한(sofern nicht ein anderer Wille der Vertragschließenden anzunehmen ist), 제3자에게 급부청구권이 귀속될지라도 제3자에 대한 급부를 청구할 수 있다.

제4절 계약금, 위약금

제336조

① 계약의 체결시(bei der Eingehung eines Vertrags)에 계약금으로 어떤 것이 지급된 경우 이는 계약체결의 증표(證票)로 본다.

② 계약금은 의심스러운 때에는 해약금으로 추정하지 아니한다.

제337조 계약금의 상계 또는 반환

① 계약금은 의심스러운 때에는 지급인이 지급할 의무가 있는 급부(die von dem Geber geschuldete Leistung)에 산입(算入)시키거나, 이것을 할 수 없는 경우에는 계약의 이행시에 반환되어야 한다.

② 계약이 효력을 상실한 경우에는 계약금을 반환해야 한다.

제338조 유책한 급부불능의 경우에 있어 계약금

지급인이 이행해야 할 급부가 지급인에게 책임 있는 사정으로 인하여 불능이 되거나 지급인이 계약의 효력상실에 책임이 있는(verschuldet der Geber die Wiederaufhebung des Vertrags) 경우에, 수령인은 계약금을 가질 권리가 있다. 수령인이 채무불이행으로 인하여 손해배상을 청구한 경우 계약금은 의심스러운 때에는 그에 산입시키거나 이를 할 수 없는 때에는 손해배상의 이행시에 반환해야(wenn dies nicht geschehen kann, bei der Leistung des Schadensersatzes zurückzugeben) 한다.

제339조 위약금의 몰취(沒取)

채무자가 자신의 채무를 이행하지 않거나 적절한 방식으로 이행하지 아니할 경우를 대비하여 채무자가 채권자에게 위약금으로서 일정 금액의 지급을 약정한 때에는 그 위약금은, 채무자가 이행지체에 빠진 때에 몰취(沒取)된다. 이행해야 할 급부가 부작위인 경우에는(Besteht die geschuldete Leistung in einem Unterlassen) 위반행위로써(mit der Zuwiderhandlung) 몰취가 이뤄진다.

제340조 채무불이행에 대한 위약금약정

① 채무자가 자신의 채무를 이행하지 않을 경우를 대비하여 위약금을 약정한 경우에는 채권자는 이행에 갈음하여 몰취된 위약금(die verwirkte Strafe)을 청구할 수 있다. 채권자가 채무자에게 위약금을 청구한다는 의사를 표한 경우에(Erklärt der Gläubiger dem Schuldner, dass er die Strafe verlange) 이행청구권은 배제된다.

② 채무불이행으로 인한 손해배상청구권이 채권자에게 귀속되는 경우에 채권자는 손해의 최소금액으로서 몰취된 위약금(die verwirkte Strafe als Mindestbetrag des Schadens)을 청구할 수 있다. 추가적인 손해에 대한 권리행사는 배제되지 아니한다.

§ 341 Strafversprechen für nicht gehörige Erfüllung

(1) Hat der Schuldner die Strafe für den Fall versprochen, dass er seine Verbindlichkeit nicht in gehöriger Weise, insbesondere nicht zu der bestimmten Zeit, erfüllt, so kann der Gläubiger die verwirkte Strafe neben der Erfüllung verlangen.

(2) Steht dem Gläubiger ein Anspruch auf Schadensersatz wegen der nicht gehörigen Erfüllung zu, so findet die Vorschrift des § 340 Abs. 2 Anwendung.

(3) Nimmt der Gläubiger die Erfüllung an, so kann er die Strafe nur verlangen, wenn er sich das Recht dazu bei der Annahme vorbehält.

§ 342 Andere als Geldstrafe

Wird als Strafe eine andere Leistung als die Zahlung einer Geldsumme versprochen, so finden die Vorschriften der §§ 339 bis 341 Anwendung; der Anspruch auf Schadensersatz ist ausgeschlossen, wenn der Gläubiger die Strafe verlangt.

§ 343 Herabsetzung der Strafe

(1) Ist eine verwirkte Strafe unverhältnismäßig hoch, so kann sie auf Antrag des Schuldners durch Urteil auf den angemessenen Betrag herabgesetzt werden. Bei der Beurteilung der Angemessenheit ist jedes berechtigte Interesse des Gläubigers, nicht bloß das Vermögensinteresse, in Betracht zu ziehen. Nach der Entrichtung der Strafe ist die Herabsetzung ausgeschlossen.

(2) Das Gleiche gilt auch außer in den Fällen der §§ 339, 342, wenn jemand eine Strafe für den Fall verspricht, dass er eine Handlung vornimmt oder unterlässt.

§ 344 Unwirksames Strafversprechen

Erklärt das Gesetz das Versprechen einer Leistung für unwirksam, so ist auch die für den Fall der Nichterfüllung des Versprechens getroffene Vereinbarung einer Strafe unwirksam, selbst wenn die Parteien die Unwirksamkeit des Versprechens gekannt haben.

§ 345 Beweislast

Bestreitet der Schuldner die Verwirkung der Strafe, weil er seine Verbindlichkeit erfüllt habe, so hat er die Erfüllung zu beweisen, sofern nicht die geschuldete Leistung in einem Unterlassen besteht.

Titel 5 Rücktritt; Widerrufsrecht bei Verbraucherverträgen

Untertitel 1 Rücktritt

*) Amtlicher Hinweis:

제341조 적절하지 않은 이행에 대한 위약금약정

① 채무자가 자신의 채무를 적절한 방식, 특히 정해진 기간에 이행하지 않은 경우를 대비하여 위약금을 약정한 경우에, 채권자는 급부이행과 함께 몰취된 위약금(die verwirkte Strafe neben der Erfüllung)을 청구할 수 있다.

② 적절하지 않은 이행으로 인한 손해배상청구권이 채권자에게 귀속되는 경우에 제340조 제2항의 규정을 적용한다.

③ 채권자가 이행을 수령한 경우에 그는, 수령시에 위약금에 대한 권리를 유보(留保)해 둔 때에(wenn er sich das Recht dazu bei der Annahme vorbehält) 한하여 위약금을 청구할 수 있다.

제342조 금전위약금 이외의 위약금

위약금으로 금전지급 이외의 다른 급부(eine andere Leistung als die Zahlung einer Geldsumme)가 약정된 경우에 제339조 내지 제341조의 규정을 적용한다; 손해배상청구권은 채권자가 위약금을 청구할 때에 배제된다.

제343조 위약금의 감액

① 몰취된 위약금이 과도하게 많은 경우에 채무자의 청구가 있는 경우 그 위약금은 판결에 의해 상당한 금원으로(auf den angemessenen Betrag) 감액된다. 상당한 금원의 판단에 있어 재산상의 이익만이 아니라 채권자의 정당한 일체의 이익을 고래해야 한다(ist jedes berechtigte Interesse des Gläubigers, nicht bloß das Vermögensinteresse, in Betracht zu ziehen). 위약금의 지급 후 감액은 배제된다.

② 어느 자가 자신이 어느 행위를 행하거나 행하지 않은 경우를 대비하여 위약금을 약정한 경우에는 제339조, 제342조의 경우를 제외하고 위와 같다.

제344조 무효인 위약금 약정

법에 따라 급부의 약정이 무효가 된 경우에(Erklärt das Gesetz das Versprechen einer Leistung für unwirksam) 약정된 불이행의 경우를 대비하여 체결된 이뤄진 위약금의 약정은, 당사자들이 그 약정의 무효를 알았더라도(selbst wenn die Parteien die Unwirksamkeit des Versprechens gekannt haben) 무효이다.

제345조 증명책임

채무자가 자신의 의무를 이행했다며 위약금의 몰취에 대하여 다투는 경우에 채무자는 이행해야 할 급부가 부작위가 아닌 한, 그 이행에 대해 증명을 해야 한다.

제5절 해제; 소비자계약에서의 철회권

제1관 해제

*) 공식 주(注):

Dieser Untertitel dient auch der Umsetzung der Richtlinie 1999/44/EG des Europäischen Parlaments und des Rates vom 25. Mai 1999 zu bestimmten Aspekten des Verbrauchsgüterkaufs und der Garantien für Verbrauchsgüter (ABl. EG Nr. L 171 S. 12).

§ 346 Wirkungen des Rücktritts

(1) Hat sich eine Vertragspartei vertraglich den Rücktritt vorbehalten oder steht ihr ein gesetzliches Rücktrittsrecht zu, so sind im Falle des Rücktritts die empfangenen Leistungen zurückzugewähren und die gezogenen Nutzungen herauszugeben.

(2) Statt der Rückgewähr oder Herausgabe hat der Schuldner Wertersatz zu leisten, soweit

1. die Rückgewähr oder die Herausgabe nach der Natur des Erlangten ausgeschlossen ist,
2. er den empfangenen Gegenstand verbraucht, veräußert, belastet, verarbeitet oder umgestaltet hat,
3. der empfangene Gegenstand sich verschlechtert hat oder untergegangen ist; jedoch bleibt die durch die bestimmungsgemäße Ingebrauchnahme entstandene Verschlechterung außer Betracht.

Ist im Vertrag eine Gegenleistung bestimmt, ist sie bei der Berechnung des Wertersatzes zugrunde zu legen; ist Wertersatz für den Gebrauchsvorteil eines Darlehens zu leisten, kann nachgewiesen werden, dass der Wert des Gebrauchsvorteils niedriger war.

(3) Die Pflicht zum Wertersatz entfällt,

1. wenn sich der zum Rücktritt berechtigende Mangel erst während der Verarbeitung oder Umgestaltung des Gegenstandes gezeigt hat,
2. soweit der Gläubiger die Verschlechterung oder den Untergang zu vertreten hat oder der Schaden bei ihm gleichfalls eingetreten wäre,
3. wenn im Falle eines gesetzlichen Rücktrittsrechts die Verschlechterung oder der Untergang beim Berechtigten eingetreten ist, obwohl dieser diejenige Sorgfalt beobachtet hat, die er in eigenen Angelegenheiten anzuwenden pflegt.

   Eine verbleibende Bereicherung ist herauszugeben.

(4) Der Gläubiger kann wegen Verletzung einer Pflicht aus Absatz 1 nach Maßgabe der §§ 280 bis 283 Schadensersatz verlangen.

§ 347 Nutzungen und Verwendungen nach Rücktritt

(1) Zieht der Schuldner Nutzungen entgegen den Regeln einer ordnungsmäßigen Wirtschaft nicht, obwohl ihm das möglich gewesen wäre, so ist er dem Gläubiger zum Wertersatz verpflichtet. Im Falle eines gesetzlichen Rücktrittsrechts hat der Berechtigte hinsichtlich der Nutzungen nur für diejenige Sorgfalt einzustehen, die er in eigenen Angelegenheiten anzuwenden pflegt.

(2) Gibt der Schuldner den Gegenstand zurück, leistet er Wertersatz oder ist seine Wertersatzpflicht gemäß § 346 Abs. 3 Nr. 1 oder 2 ausgeschlossen, so sind ihm notwendige Verwendungen zu ersetzen. Andere Aufwendungen sind zu ersetzen, soweit der Gläubiger durch

본 관은, 「소비재매매와 소비재에 대한 보증에 대한 특정한 관점(bestimmten Aspekten des Verbrauchsgüterkaufs und der Garantien für Verbrauchsgüter)에 대한 1999년 5월 25일의 유럽연합 의회 및 이사회의 1999/44/EG호 지침」(ABl. EG Nr. L 171 S. 12)의 시행에도 이바지한다.

제346조 해제의 효과

① 어느 계약당사자가 약정해제권(約定解除權)을 보유하거나, 법정해제권이 자신에게 귀속되는 경우에 해제를 하면, 수령한 급부를 반환해야 하고 취득한 이익은 인도(引渡)해야 한다.

② 다음 각 호의 범위 내에서 그 반환(返還) 또는 인도(引渡)에 갈음하여(Statt der Rückgewähr oder Herausgabe) 채무자는 가액을 배상해야 한다,

1. 그 반환 또는 인도가 취득한 것의 성질에 따라(nach der Natur des Erlangten) 배제되는 범위,
2. 채무자가 수령한 목적물을 소비하거나 양도하거나 그에 부담을 설정하거나 가공 또는 변형을 한 범위,
3. 수령한 목적물이 훼손되거나 멸실된 범위; 그럼에도 규정에 따른 사용으로 인하여 발생한 훼손에 대하여는 고려하지 아니한다.

계약에서 반대급부가 정해진 경우에(Ist im Vertrag eine Gegenleistung bestimmt) 그 반대급부는 가액배상 산정의 기초가 되어야 한다. 소비대차의 사용이익에 대한 가액을 배상해야 하는 경우에 사용이익의 가치가 더 적다는 점(dass der Wert des Gebrauchsvorteils niedriger war)을 증명할 수 있다.

③ 다음 각 호와 같이 가액배상의무는 소멸한다,

1. 해제를 가능하게 하는 하자(der zum Rücktritt berechtigende Mangel)가 목적물의 가공 또는 변형 도중에 비로소 나타난 경우,
2. 채권자가 훼손 또는 멸실에 대해 책임이 있거나, 그 목적물이 채무자에게 있다고 하더라도 손해가 발생할 경우 그 범위 내에서,
3. 법정해제권의 경우에 있어 그 해제권자가 보통 자신의 사무에 사용하는(die er in eigenen Angelegenheiten anzuwenden pflegt) 정도의 주의의무를 기울였음에도 훼손 또는 멸실이 해제권자에게 발생한 경우.

④ 채권자는 제1항에 기한 의무위반으로 인하여 제280조 내지 제283조의 기준에 따라 손해배상을 청구할 수 있다.

제347조 해제에 따른 수익과 비용

① 그것이 채무자에게 가능했었음에도 채무자가 적절한 관리규칙에 반하여 수익을 얻지 아니한 경우에, 채무자는 가액배상을 할 의무를 진다. 법정해제권의 경우에(Im Falle eines gesetzlichen Rücktrittsrechts) 해제권자는 그 수익에 대하여 통상적으로 자신의 사무에 사용한 정도의 주의의무에 한하여 책임을 진다.

② 채무자가 목적물을 반환(盤還)하거나 가액을 배상하거나, 제346조 제3항 제1호 또는 제2호에 따라 그의 가액배상의무가 소멸(消滅)한 경우에 그 채무자에게 필요비가 상환되어야 한다. 그 밖의

diese bereichert wird.

§ 348 Erfüllung Zug-um-Zug

Die sich aus dem Rücktritt ergebenden Verpflichtungen der Parteien sind Zug um Zug zu erfüllen. Die Vorschriften der §§ 320, 322 finden entsprechende Anwendung.

§ 349 Erklärung des Rücktritts

Der Rücktritt erfolgt durch Erklärung gegenüber dem anderen Teil.

§ 350 Erlöschen des Rücktrittsrechts nach Fristsetzung

Ist für die Ausübung des vertraglichen Rücktrittsrechts eine Frist nicht vereinbart, so kann dem Berechtigten von dem anderen Teil für die Ausübung eine angemessene Frist bestimmt werden. Das Rücktrittsrecht erlischt, wenn nicht der Rücktritt vor dem Ablauf der Frist erklärt wird.

§ 351 Unteilbarkeit des Rücktrittsrechts

Sind bei einem Vertrag auf der einen oder der anderen Seite mehrere beteiligt, so kann das Rücktrittsrecht nur von allen und gegen alle ausgeübt werden. Erlischt das Rücktrittsrecht für einen der Berechtigten, so erlischt es auch für die übrigen.

§ 352 Aufrechnung nach Nichterfüllung

Der Rücktritt wegen Nichterfüllung einer Verbindlichkeit wird unwirksam, wenn der Schuldner sich von der Verbindlichkeit durch Aufrechnung befreien konnte und unverzüglich nach dem Rücktritt die Aufrechnung erklärt.

§ 353 Rücktritt gegen Reugeld

Ist der Rücktritt gegen Zahlung eines Reugeldes vorbehalten, so ist der Rücktritt unwirksam, wenn das Reugeld nicht vor oder bei der Erklärung entrichtet wird und der andere Teil aus diesem Grunde die Erklärung unverzüglich zurückweist. Die Erklärung ist jedoch wirksam, wenn das Reugeld unverzüglich nach der Zurückweisung entrichtet wird.

§ 354 Verwirkungsklausel

Ist ein Vertrag mit dem Vorbehalt geschlossen, dass der Schuldner seiner Rechte aus dem Vertrag verlustig sein soll, wenn er seine Verbindlichkeit nicht erfüllt, so ist der Gläubiger bei dem Eintritt dieses Falles zum Rücktritt von dem Vertrag berechtigt.

Untertitel 2 Widerrufsrecht bei Verbraucherverträgen

§ 355 Widerrufsrecht bei Verbraucherverträgen

(1) Wird einem Verbraucher durch Gesetz ein Widerrufsrecht nach dieser Vorschrift eingeräumt,

비용은 채권자가 그 비용으로 이득한 범위 내에서 상환(償還)되어야 한다.

제348조 동시이행

해제로 인하여 생긴 당사자들의 의무(Die sich aus dem Rücktritt ergebenden Verpflichtungen der Parteien)는 동시이행으로 이행해야 한다. 제320조, 제322조를 준용한다.

제349조 해제의 의사표시

해제는 상대방에 대한 의사표시로써 행해진다.

제350조 기간설정 후의 해제권의 소멸

약정해제권의 행사에 대하여 기간이 약정되지 않은 경우에 상대방은 해제권자에게 그 행사를 위하여 상당한 기간(für die Ausübung eine angemessene Frist)을 정해 줄 수 있다. 그 기간 도과 전에 해제의 의사표시가 이뤄지지 않은 때에는(wenn nicht der Rücktritt vor dem Ablauf der Frist erklärt wird) 그 해제권은 소멸한다.

제351조 해제권의 불가분성

하나의 계약에서 어느 당사자 또는 상대방이 수인(數人)인 경우에 해제권은 수인(數人)에 의해서만 또는 수인(數人)에 대해서만 행사될 수 있다. 해제권이 해제권자 중 1인에 대하여 소멸하는 경우에 나머지 해제권자에 대한 해제권도 소멸한다.

제352조 채무불이행 후 상계

채무자가 상계로 그 채무에서 면책될 수 있었고(wenn der Schuldner sich von der Verbindlichkeit durch Aufrechnung befreien konnte) 해제 후 지체 없이 상계의 의사표시를 한 때에는 채무불이행으로 인한 해제는 무효이다.

제353조 해약금에 의한 해제

해약금의 지급으로써 해제권이 유보된 경우에, 해약금이 해제의 의사표시 전에 또는 해제의 의사표시 당시에 지급되지 아니하고 상대방이 이러한 사유에 기하여 지체 없이 해제의 의사표시를 거부한 때에는, 그 해제는 무효이다. 그럼에도 해약금이 그 거부 후에 지체 없이 지급(支給)된 때에는 (wenn das Reugeld unverzüglich nach der Zurückweisung entrichtet wird) 그 해제의 의사표시는 효력을 갖는다.

제354조 실권(失權)조항

채무자가, 자신의 채무를 이행하지 않은 때에는 계약에 기한 자신의 권리를 상실한다는 유보가 있는 계약이 체결된 경우에, 채권자는 이러한 사정이 발생한 때에는 계약을 해제할 권리를 갖는다.

제2관 소비자계약에서의 철회권

제355조 소비자계약에서의 철회권

① 본 규정에 따른 철회권이 법에 의해 소비자에게 인정되는 경우에 소비자가 자신의 의사표시를

so sind der Verbraucher und der Unternehmer an ihre auf den Abschluss des Vertrags gerichteten Willenserklärungen nicht mehr gebunden, wenn der Verbraucher seine Willenserklärung fristgerecht widerrufen hat. Der Widerruf erfolgt durch Erklärung gegenüber dem Unternehmer. Aus der Erklärung muss der Entschluss des Verbrauchers zum Widerruf des Vertrags eindeutig hervorgehen. Der Widerruf muss keine Begründung enthalten. Zur Fristwahrung genügt die rechtzeitige Absendung des Widerrufs.

(2) Die Widerrufsfrist beträgt 14 Tage. Sie beginnt mit Vertragsschluss, soweit nichts anderes bestimmt ist.

(3) Im Falle des Widerrufs sind die empfangenen Leistungen unverzüglich zurückzugewähren. Bestimmt das Gesetz eine Höchstfrist für die Rückgewähr, so beginnt diese für den Unternehmer mit dem Zugang und für den Verbraucher mit der Abgabe der Widerrufserklärung. Ein Verbraucher wahrt diese Frist durch die rechtzeitige Absendung der Waren. Der Unternehmer trägt bei Widerruf die Gefahr der Rücksendung der Waren.

§ 356 Widerrufsrecht bei außerhalb von Geschäftsräumen geschlossenen Verträgen und Fernabsatzverträgen

(1) Der Unternehmer kann dem Verbraucher die Möglichkeit einräumen, das Muster-Widerrufsformular nach Anlage 2 zu Artikel 246a § 1 Absatz 2 Satz 1 Nummer 1 des Einführungsgesetzes zum Bürgerlichen Gesetzbuche oder eine andere eindeutige Widerrufserklärung auf der Webseite des Unternehmers auszufüllen und zu übermitteln. Macht der Verbraucher von dieser Möglichkeit Gebrauch, muss der Unternehmer dem Verbraucher den Zugang des Widerrufs unverzüglich auf einem dauerhaften Datenträger bestätigen.

(2) Die Widerrufsfrist beginnt

1. bei einem Verbrauchsgüterkauf,
   a) der nicht unter die Buchstaben b bis d fällt, sobald der Verbraucher oder ein von ihm benannter Dritter, der nicht Frachtführer ist, die Waren erhalten hat,
   b) bei dem der Verbraucher mehrere Waren im Rahmen einer einheitlichen Bestellung bestellt hat und die Waren getrennt geliefert werden, sobald der Verbraucher oder ein von ihm benannter Dritter, der nicht Frachtführer ist, die letzte Ware erhalten hat,
   c) bei dem die Ware in mehreren Teilsendungen oder Stücken geliefert wird, sobald der Verbraucher oder ein vom Verbraucher benannter Dritter, der nicht Frachtführer ist, die letzte Teilsendung oder das letzte Stück erhalten hat,
   d) der auf die regelmäßige Lieferung von Waren über einen festgelegten Zeitraum gerichtet ist, sobald der Verbraucher oder ein von ihm benannter Dritter, der nicht Frachtführer ist, die erste Ware erhalten hat,

기간 내에 철회한 때에는, 소비자와 사업자는 계약체결을 목적으로 한 자신들의 의사표시(ihre auf den Abschluss des Vertrags gerichteten Willenserklärungen)에 더 이상 구속되지 않는다. 그 철회는 사업자에 대한 표시(表示)로 한다. 계약의 철회에 관한 소비자의 결정(der Entschluss des Verbrauchers zum Widerruf des Vertrags)은 그 표시(表示)에서 분명하게 드러나야만 한다. 그 철회에 근거를 제시할 필요가 없다(Der Widerruf muss keine Begründung enthalten). 그 기간준수를 하는 데(Zur Fristwahrung) 철회의 적시의 발송(發送)으로 족하다.

② 철회기간은 14일이다. 그 기간은, 다른 정함이 없는 한 계약체결시로부터(mit Vertragsschluss) 기산한다.

③ 철회가 된 경우 수령한 급부(die empfangenen Leistungen)는 지체 없이 반환해야 한다. 법에서 반환의 상한기간(eine Höchstfrist für die Rückgewähr)이 정해진 경우에 그 기간은 사업자에 대하여는 도달로써, 소비자에 대하여는 철회의사표시(撤回意思表示)를 함으로써 기산한다. 소비자(消費者)는 그 물품을 적시에 송부(送付)함으로써 이러한 기간(期間)을 준수하게 된다. 철회에 있어 사업자(事業者)는 물품의 반송의 위험(die Gefahr der Rücksendung der Waren)을 부담한다.

第356조 영업장 이외의 곳에서 체결된 계약과 통신판매계약의 경우에 철회권

① 사업자가 소비자에게, 민법전시행법 제246항목a 제1조 제2항 제1문 제1호의 부록에 따른 철회서식견본(撤回書式見本)을 기재하여 사업자의 웹사이트에 올린 후 전송하거나 그 밖의 분명한 철회의사표시를 사업자의 웹사이트에 기재한 후 전송할 가능성(die Möglichkeit)을 부여(附與)할 수 있다. 소비자가 이러한 가능성을 행사하는 경우에 사업자는 소비자에게 철회의 도달을 지체 없이 지속적 정보저장매체로 확인해 주어야만 한다(muss der Unternehmer dem Verbraucher den Zugang des Widerrufs unverzüglich auf einem dauerhaften Datenträger bestätigen).

② 철회기간은 다음 각 호의 시점으로부터 기산한다,

1. 소비재매매의 경우,
   a) b목 내지 d목에 해당하지 않은 경우에는, 소비자나 소비자가 지정한, 운송인이 아닌 제3자가 그 물품을 수령한 때,
   b) 소비자가 하나의 주문으로 여러 개의 물품을 주문했으나 그 물품이 각각 인도된 경우(bei dem der Verbraucher mehrere Waren im Rahmen einer einheitlichen Bestellung bestellt hat und die Waren getrennt geliefert werden)에는, 소비자나 소비자가 지정한, 운송인이 아닌 제3자가 최종 물품을 수령한 때,
   c) 물품이 수회의 부분배송이나 여러 개의 부분(部分)으로 인도된 경우(bei dem die Ware in mehreren Teilsendungen oder Stücken geliefert wird)에는, 소비자나 소비자가 지정한, 운송인이 아닌 제3자가 최종 배송물 또는 최종 부분을 수령한 때,
   d) 정해진 기간 동안에 정기적인 물품공급을 목적으로 한 경우(der auf die regelmäßige Lieferung von Waren über einen festgelegten Zeitraum gerichtet ist)에는, 소비자나 소비자가 지정한, 운송인이 아닌 제3자가 최초 물품을 수령한 때,

2. bei einem Vertrag, der die nicht in einem begrenzten Volumen oder in einer bestimmten Menge angebotene Lieferung von Wasser, Gas oder Strom, die Lieferung von Fernwärme oder die Lieferung von nicht auf einem körperlichen Datenträger befindlichen digitalen Inhalten zum Gegenstand hat, mit Vertragsschluss.

(3) Die Widerrufsfrist beginnt nicht, bevor der Unternehmer den Verbraucher entsprechend den Anforderungen des Artikels 246a § 1 Absatz 2 Satz 1 Nummer 1 oder des Artikels 246b § 2 Absatz 1 des Einführungsgesetzes zum Bürgerlichen Gesetzbuche unterrichtet hat. Das Widerrufsrecht erlischt spätestens zwölf Monate und 14 Tage nach dem in Absatz 2 oder § 355 Absatz 2 Satz 2 genannten Zeitpunkt. Satz 2 ist auf Verträge über Finanzdienstleistungen nicht anwendbar.

(4) Das Widerrufsrecht erlischt bei einem Vertrag zur Erbringung von Dienstleistungen auch dann, wenn der Unternehmer die Dienstleistung vollständig erbracht hat und mit der Ausführung der Dienstleistung erst begonnen hat, nachdem der Verbraucher dazu seine ausdrückliche Zustimmung gegeben hat und gleichzeitig seine Kenntnis davon bestätigt hat, dass er sein Widerrufsrecht bei vollständiger Vertragserfüllung durch den Unternehmer verliert. Bei einem außerhalb von Geschäftsräumen geschlossenen Vertrag muss die Zustimmung des Verbrauchers auf einem dauerhaften Datenträger übermittelt werden. Bei einem Vertrag über die Erbringung von Finanzdienstleistungen erlischt das Widerrufsrecht abweichend von Satz 1, wenn der Vertrag von beiden Seiten auf ausdrücklichen Wunsch des Verbrauchers vollständig erfüllt ist, bevor der Verbraucher sein Widerrufsrecht ausübt.

(5) Das Widerrufsrecht erlischt bei einem Vertrag über die Lieferung von nicht auf einem körperlichen Datenträger befindlichen digitalen Inhalten auch dann, wenn der Unternehmer mit der Ausführung des Vertrags begonnen hat, nachdem der Verbraucher

1. ausdrücklich zugestimmt hat, dass der Unternehmer mit der Ausführung des Vertrags vor Ablauf der Widerrufsfrist beginnt, und
2. seine Kenntnis davon bestätigt hat, dass er durch seine Zustimmung mit Beginn der Ausführung des Vertrags sein Widerrufsrecht verliert.

§ 356a Widerrufsrecht bei Teilzeit-Wohnrechteverträgen, Verträgen über ein langfristiges Urlaubsprodukt, bei Vermittlungsverträgen und Tauschsystemverträgen

(1) Der Widerruf ist in Textform zu erklären.

(2) Die Widerrufsfrist beginnt mit dem Zeitpunkt des Vertragsschlusses oder des Abschlusses eines Vorvertrags. Erhält der Verbraucher die Vertragsurkunde oder die Abschrift des Vertrags erst nach Vertragsschluss, beginnt die Widerrufsfrist mit dem Zeitpunkt des Erhalts.

(3) Sind dem Verbraucher die in § 482 Absatz 1 bezeichneten vorvertraglichen Informationen oder das in Artikel 242 § 1 Absatz 2 des Einführungsgesetzes zum Bürgerlichen Gesetzbuche

2. 제한된 용적(容積) 또는 일정한 양(量)으로 공급되지 않는 물, 가스 또는 전기(Wasser, Gas oder Strom)의 공급이나, 지역난방 공급 또는 유형적(類型的) 정보저장매체에 담기지 않은 디지털콘텐츠의 공급을 목적으로 하는(die Lieferung von nicht auf einem körperlichen Datenträger befindlichen digitalen Inhalten zum Gegenstand hat) 계약(契約)의 경우에는 계약체결시(契約締結時).

③ 철회기간은, 사업자가 소비자에게 민법전시행법전 제246항목a 제1조 제2항 제1문 제1호 또는 제246항목b 제2조 제1항상의 요구사항에 좇아 통지를 하기 전에는 기산되지 아니한다. 철회권은 늦어도 제2항 또는 제355조 제2항 제2문상의 시기로부터 12개월 14일 후에 소멸한다(Das Widerrufsrecht erlischt spätestens zwölf Monate und 14 Tage nach dem in Absatz 2 oder § 355 Absatz 2 Satz 2 genannten Zeitpunkt). 제2문은 금융서비스에 관한 계약(契約)에는 적용하지 아니한다.

④ 용역 제공에 관한 계약에 있어, 사업자가 그 용역을 완전하게 제공한 때(wenn der Unternehmer die Dienstleistung vollständig erbracht hat)와, 소비자가 자신의 철회권이 사업자의 완전한 계약의 이행시에 상실된다는 점(dass er sein Widerrufsrecht bei vollständiger Vertragserfüllung durch den Unternehmer verliert)에 대해 명시적으로 동의를 하고 동시에 소비자가 그 점을 알았다는 점을 확인한 후에 비로소, 사업자가 용역 실행을 개시한 때에도 철회권은 소멸한다. 영업장 이외의 곳에서 체결된 계약의 경우에(Bei einem außerhalb von Geschäftsräumen geschlossenen Vertrag) 소비자의 동의는 지속적 정보저장매체로 전달되어야만 한다. 금융서비스 제공에 관한 계약의 경우에 제1문과 달리 철회권은, 소비자가 철회권을 행사하기 이전에 소비자의 명시적 요구에 따라 양 당사자가 계약을 완전히 이행된 때(wenn der Vertrag von beiden Seiten auf ausdrücklichen Wunsch des Verbrauchers vollständig erfüllt ist, bevor der Verbraucher sein Widerrufsrecht ausübt)에 소멸한다.

⑤ 유형적(類型的) 정보저장매체에 담기지 않은 디지털콘텐츠의 공급에 관한 계약에 있어, 소비자가 다음 모두를 한 다음, 사업자가 계약 실행을 개시한 때에 철회권은 소멸한다.

1. 사업자가 철회기간 경과 전에(vor Ablauf der Widerrufsfrist) 계약의 실행을 개시한다 점에 대한 명시적으로 동의하는 것,
2. 소비자가 계약의 실행의 개시에 동의함으로써 자신의 철회권을 상실한다는 점에 대하여 자신이 알았다는 것을 확인하는 것.

제356조a 단기주거권계약, 장기휴가상품계약, 주선계약(周旋契約) 및 교환제계약(bei Vermittlungsverträgen und Tauschsystemverträgen)에서의 철회권

① 철회는 문면방식으로 표시되어야 한다.

② 철회기간은 계약체결시점으로부터 또는 예약체결시점으로부터(mit dem Zeitpunkt des Vertragsschlusses oder des Abschlusses eines Vorvertrags) 기산한다. 소비자가 계약서원본 또는 계약서사본을 계약체결 후 비로소 수령한 경우에 철회기간(撤回期間)은 그 수령시점으로부터 기산한다.

③ 민법전 제482조 제1항상의 계약 전 정보(die in § 482 Absatz 1 bezeichneten vorvertraglichen Informationen) 또는 민법전시행법 제242항목 제1조 제2항상의 서식이 소비자에게 계약체결 전에

bezeichnete Formblatt vor Vertragsschluss nicht, nicht vollständig oder nicht in der in § 483 Absatz 1 vorgeschriebenen Sprache überlassen worden, so beginnt die Widerrufsfrist abweichend von Absatz 2 erst mit dem vollständigen Erhalt der vorvertraglichen Informationen und des Formblatts in der vorgeschriebenen Sprache. Das Widerrufsrecht erlischt spätestens drei Monate und 14 Tage nach dem in Absatz 2 genannten Zeitpunkt.

(4) Ist dem Verbraucher die in § 482a bezeichnete Widerrufsbelehrung vor Vertragsschluss nicht, nicht vollständig oder nicht in der in § 483 Absatz 1 vorgeschriebenen Sprache überlassen worden, so beginnt die Widerrufsfrist abweichend von Absatz 2 erst mit dem vollständigen Erhalt der Widerrufsbelehrung in der vorgeschriebenen Sprache. Das Widerrufsrecht erlischt gegebenenfalls abweichend von Absatz 3 Satz 2 spätestens zwölf Monate und 14 Tage nach dem in Absatz 2 genannten Zeitpunkt.

(5) Hat der Verbraucher einen Teilzeit-Wohnrechtevertrag und einen Tauschsystemvertrag abgeschlossen und sind ihm diese Verträge zum gleichen Zeitpunkt angeboten worden, so beginnt die Widerrufsfrist für beide Verträge mit dem nach Absatz 2 für den Teilzeit-Wohnrechtevertrag geltenden Zeitpunkt. Die Absätze 3 und 4 gelten entsprechend.

§ 356b Widerrufsrecht bei Verbraucherdarlehensverträgen

(1) Die Widerrufsfrist beginnt auch nicht, bevor der Darlehensgeber dem Darlehensnehmer eine für diesen bestimmte Vertragsurkunde, den schriftlichen Antrag des Darlehensnehmers oder eine Abschrift der Vertragsurkunde oder seines Antrags zur Verfügung gestellt hat.

(2) Enthält bei einem Allgemein-Verbraucherdarlehensvertrag die dem Darlehensnehmer nach Absatz 1 zur Verfügung gestellte Urkunde die Pflichtangaben nach § 492 Absatz 2 nicht, beginnt die Frist erst mit Nachholung dieser Angaben gemäß § 492 Absatz 6. Enthält bei einem Immobiliar-Verbraucherdarlehensvertrag die dem Darlehensnehmer nach Absatz 1 zur Verfügung gestellte Urkunde die Pflichtangaben zum Widerrufsrecht nach § 492 Absatz 2 in Verbindung mit Artikel 247 § 6 Absatz 2 des Einführungsgesetzes zum Bürgerlichen Gesetzbuche nicht, beginnt die Frist erst mit Nachholung dieser Angaben gemäß § 492 Absatz 6. In den Fällen der Sätze 1 und 2 beträgt die Widerrufsfrist einen Monat. Das Widerrufsrecht bei einem Immobiliar-Verbraucherdarlehensvertrag erlischt spätestens zwölf Monate und 14 Tage nach dem Vertragsschluss oder nach dem in Absatz 1 genannten Zeitpunkt, wenn dieser nach dem Vertragsschluss liegt.

(3) Die Widerrufsfrist beginnt im Falle des § 494 Absatz 7 bei einem Allgemein-Verbraucherdarlehensvertrag erst, wenn der Darlehensnehmer die dort bezeichnete Abschrift des Vertrags erhalten hat.

§ 356c Widerrufsrecht bei Ratenlieferungsverträgen

전달되지 않거나 완전하게 전달되지 않거나 민법전 제483조 제1항에 규정된 언어로(nicht in der in § 483 Absatz 1 vorgeschriebenen Sprache) 전달되지 아니한 경우에, 철회기간은 제2항과 달리 그와 같이 규정된 언어로 된 계약 전 정보 및 서식의 완전한 수령시로부터(mit dem vollständigen Erhalt der vorvertraglichen Informationen und des Formblatts in der vorgeschriebenen Sprache) 비로소 기산한다. 그 철회권은 늦어도 제2항상의 시기로부터 3개월 14일 후에 소멸한다.

④ 소비자에게 제482조a상의 철회 통지가 계약 전에 전달하지 않거나 완전하게 전달하지 않거나 제483조 제1항에 규정된 언어로 전달하지 않은 경우에, 철회기간은 제2항과 달리 그와 같이 규정된 언어로 된 철회 통지의 완전한 수령시로부터 비로소(erst mit dem vollständigen Erhalt der Widerrufsbelehrung in der vorgeschriebenen Sprache) 기산한다. 또한 철회권은 사안에 따라서는 제3항 제2문과 달리 늦어도 제2항에 기재된 시점으로부터 12개월 14일 후에 소멸한다.

⑤ 소비자가 단기주거권계약과 교환제계약(交換制契約)을 체결했는데 자신에게 이러한 계약들이 동시에 제공된 경우에 양 계약에 대한 철회기간은 제2항에 따라 단기주거권계약에 대해 적용되는 시점으로부터 기산한다. 제3항, 제4항을 준용한다.

제356조b 소비자소비대차계약에서의 철회권

① 대주가 차주에게 철회권에 대해 정한 계약서원본이나 차주의 청약서원본 혹은 계약서사본이나 차주의 청약서사본(eine für diesen bestimmte Vertragsurkunde, den schriftlichen Antrag des Darlehensnehmers oder eine Abschrift der Vertragsurkunde oder seines Antrags)을 제공하기 전에는 철회기간은 기산하지 아니한다.

② 일반소비자소비대차계약에 있어(bei einem Allgemein-Verbraucherdarlehensvertrag) 차주에게 제1항에 따라 제공된 서류에 제492조 제2항에 따른 의무적 정보제공이 포함되지 아니한 경우에, 이러한 사항이 제492조 제6항에 따라 보완된 때에 비로소 그 기간은 기산한다(beginnt die Frist erst mit Nachholung dieser Angaben gemäß § 492 Absatz 6). 부동산소비대차계약의 경우에 있어(bei einem Immobiliar-Verbraucherdarlehensvertrag) 차주에게 제1항에 따라 제공된 서류에 민법전 시행법 제247항목 제6조 제2항과 연결된 제492조 제2항에 따른 철회권에 관한 의무적 정보제공이 포함되지 아니한 경우에, 이러한 사항이 제492조 제6항에 따라 보완된 때에 비로소 그 기간은 기산한다(beginnt die Frist erst mit Nachholung dieser Angaben gemäß § 492 Absatz 6). 제1문과 제2문의 경우(In den Fällen der Sätze 1 und 2)에 철회기간은 1개월이다. 부동산소비자소비대차계약에서의 철회권(Das Widerrufsrecht bei einem Immobiliar-Verbraucherdarlehensvertrag)은, 그 철회권이 계약 후에 인정되는 경우(wenn dieser nach dem Vertragsschluss liegt)에는 늦어도 계약체결시로부터 또는 제1항에 기재된 시점으로부터 12개월 14일 후에 소멸한다.

③ 일반소비자소비대차계약에 있어 제494조 제7항의 경우에 철회기간은 차주가 그 조항에서 기재된 계약서사본을 수령한 때(wenn der Darlehensnehmer die dort bezeichnete Abschrift des Vertrags erhalten hat)에 비로소 기산한다.

제356c 분할공급계약에서의 철회권

(1) Bei einem Ratenlieferungsvertrag, der weder im Fernabsatz noch außerhalb von Geschäftsräumen geschlossenen wird, beginnt die Widerrufsfrist nicht, bevor der Unternehmer den Verbraucher gemäß Artikel 246 Absatz 3 des Einführungsgesetzes zum Bürgerlichen Gesetzbuche über sein Widerrufsrecht unterrichtet hat.

(2) § 356 Absatz 1 gilt entsprechend. Das Widerrufsrecht erlischt spätestens zwölf Monate und 14 Tage nach dem in § 355 Absatz 2 Satz 2 genannten Zeitpunkt.

§ 356d Widerrufsrecht des Verbrauchers bei unentgeltlichen Darlehensverträgen und unentgeltlichen Finanzierungshilfen

Bei einem Vertrag, durch den ein Unternehmer einem Verbraucher ein unentgeltliches Darlehen oder eine unentgeltliche Finanzierungshilfe gewährt, beginnt die Widerrufsfrist abweichend von § 355 Absatz 2 Satz 2 nicht, bevor der Unternehmer den Verbraucher entsprechend den Anforderungen des § 514 Absatz 2 Satz 3 über dessen Widerrufsrecht unterrichtet hat. Das Widerrufsrecht erlischt spätestens zwölf Monate und 14 Tage nach dem Vertragsschluss oder nach dem in Satz 1 genannten Zeitpunkt, wenn dieser nach dem Vertragsschluss liegt.

§ 356e Widerrufsrecht bei Verbraucherbauverträgen

Bei einem Verbraucherbauvertrag (§ 650i Absatz 1) beginnt die Widerrufsfrist nicht, bevor der Unternehmer den Verbraucher gemäß Artikel 249 § 3 des Einführungsgesetzes zum Bürgerlichen Gesetzbuche über sein Widerrufsrecht belehrt hat. Das Widerrufsrecht erlischt spätestens zwölf Monate und 14 Tage nach dem in § 355 Absatz 2 Satz 2 genannten Zeitpunkt.

§ 357 Rechtsfolgen des Widerrufs von außerhalb von Geschäftsräumen geschlossenen Verträgen und Fernabsatzverträgen mit Ausnahme von Verträgen über Finanzdienstleistungen

(1) Die empfangenen Leistungen sind spätestens nach 14 Tagen zurückzugewähren.

(2) Der Unternehmer muss auch etwaige Zahlungen des Verbrauchers für die Lieferung zurückgewähren. Dies gilt nicht, soweit dem Verbraucher zusätzliche Kosten entstanden sind, weil er sich für eine andere Art der Lieferung als die vom Unternehmer angebotene günstigste Standardlieferung entschieden hat.

(3) Für die Rückzahlung muss der Unternehmer dasselbe Zahlungsmittel verwenden, das der Verbraucher bei der Zahlung verwendet hat. Satz 1 gilt nicht, wenn ausdrücklich etwas anderes vereinbart worden ist und dem Verbraucher dadurch keine Kosten entstehen.

(4) Bei einem Verbrauchsgüterkauf kann der Unternehmer die Rückzahlung verweigern, bis er die Waren zurückerhalten hat oder der Verbraucher den Nachweis erbracht hat, dass er die Waren abgesandt hat. Dies gilt nicht, wenn der Unternehmer angeboten hat, die Waren abzuholen.

(5) Der Verbraucher ist nicht verpflichtet, die empfangenen Waren zurückzusenden, wenn der Unternehmer angeboten hat, die Waren abzuholen.

① 통신판매로도 영업장 이외의 곳에서도 체결되지 않은 분할공급계약의 경우(Bei einem Ratenlieferungsvertrag, der weder im Fernabsatz noch außerhalb von Geschäftsräumen geschlossenen wird)에 사업자가 소비자에게 민법전시행법 제246항목 제3항에 따라 그 철회권에 관하여 통지해 주기 전에는 철회기간은 기산되지 아니한다.

② 제356조 제1항을 준용한다. 그 철회권은 늦어도 제355조 제2항 제2문상의 시점으로부터 12개월 14일 후에는 소멸한다.

제356d 무상의 소비대차계약 및 신용부여(信用附與)에서의 소비자의 철회권

사업자가 소비자에게 무상의 소비대차나 무상의 신용부여를 시행하는 계약의 경우, 제355조 제2항 제2문과 달리 사업자가 소비자에게 제514조 제2항 제3문상의 요구사항에 좇아 그 철회권(entsprechend den Anforderungen des § 514 Absatz 2 Satz 3 über dessen Widerrufsrecht)에 관하여 통지를 하기 전에는 철회기간은 기산하지 아니한다. 그 철회권이 계약체결 후에 인정되는 경우에는(wenn dieser nach dem Vertragsschluss liegt) 철회권은 늦어도 계약체결시로부터 또는 제1문상의 시점으로부터 12개월 14일에 소멸한다.

제356조e 소비자건축계약에서의 철회권

소비자건축계약(제650조i)의 경우[Bei einem Verbraucherbauvertrag (§ 650i Absatz 1)]에 사업자가 소비자에게 민법전시행법 제249항목 제3조에 따라 소비자의 철회권에 관하여 통지헤 주기 전에는 그 철회기간은 기산하지 아니한다. 그 철회기간 늦어도 제355조 제2항 제2문상의 시점으로부터 12개월 14일 후에(spätestens zwölf Monate und 14 Tage nach dem in § 355 Absatz 2 Satz 2 genannten Zeitpunkt) 소멸한다.

제357조 금융서비스계약을 제외한 영업장 이외의 곳에서 체결된 계약과 통신판매계약(von außerhalb von Geschäftsräumen geschlossenen Verträgen und Fernabsatzverträgen)의 철회권행사의 효과

① 수령한 급부는 늦어도 그로부터 14일까지 반환되어야 한다.

② 사업자는 공급에 대하여 소비자의 어떤 지급금(支給金; auch etwaige Zahlungen des Verbrauchers für die Lieferung)도 반환해야만 한다. 소비자가 사업자가 제공한 가장 유리한 유형(類型)의 표준공급품 이외의 다른 유형의 공급품을 선택해서 소비자에게 추가적인 비용이 발생한 범위 내에서는 그러하지 아니하다.

③ 사업자(事業者)는 그 환급(還給)에 있어(Für die Rückzahlung) 소비자가 지급시에 이용한 '동일한 지급수단'(dasselbe Zahlungsmittel)을 이용해야만 한다. 명시적으로 달리 약정되고 소비자(消費者)에게 그 환급(還給)으로써 비용(費用)이 발생하지 아니한 경우에는 그러하지 아니하다.

④ 소비재매매의 경우에 사업자는, 그 물품을 돌려받았거나 소비자자가 자신이 그 물품을 송부했다는 것에 대한 증명을 제공할 때까지 그 환급(還給)을 거절할 수 있다. 사업자가 물품을 회수해 가기로 제안한 경우에는 그러하지 아니하다.

⑤ 사업자가 물품을 회수해 가기로 제안한 경우에는 소비자는 수령한 물품을 반송(返送)할 의무를 지지 아니한다.

(6) Der Verbraucher trägt die unmittelbaren Kosten der Rücksendung der Waren, wenn der Unternehmer den Verbraucher nach Artikel 246a § 1 Absatz 2 Satz 1 Nummer 2 des Einführungsgesetzes zum Bürgerlichen Gesetzbuche von dieser Pflicht unterrichtet hat. Satz 1 gilt nicht, wenn der Unternehmer sich bereit erklärt hat, diese Kosten zu tragen. Bei außerhalb von Geschäftsräumen geschlossenen Verträgen, bei denen die Waren zum Zeitpunkt des Vertragsschlusses zur Wohnung des Verbrauchers geliefert worden sind, ist der Unternehmer verpflichtet, die Waren auf eigene Kosten abzuholen, wenn die Waren so beschaffen sind, dass sie nicht per Post zurückgesandt werden können.

(7) Der Verbraucher hat Wertersatz für einen Wertverlust der Ware zu leisten, wenn

1. der Wertverlust auf einen Umgang mit den Waren zurückzuführen ist, der zur Prüfung der Beschaffenheit, der Eigenschaften und der Funktionsweise der Waren nicht notwendig war, und
2. der Unternehmer den Verbraucher nach Artikel 246a § 1 Absatz 2 Satz 1 Nummer 1 des Einführungsgesetzes zum Bürgerlichen Gesetzbuche über sein Widerrufsrecht unterrichtet hat.

(8) Widerruft der Verbraucher einen Vertrag über die Erbringung von Dienstleistungen oder über die Lieferung von Wasser, Gas oder Strom in nicht bestimmten Mengen oder nicht begrenztem Volumen oder über die Lieferung von Fernwärme, so schuldet der Verbraucher dem Unternehmer Wertersatz für die bis zum Widerruf erbrachte Leistung, wenn der Verbraucher von dem Unternehmer ausdrücklich verlangt hat, dass dieser mit der Leistung vor Ablauf der Widerrufsfrist beginnt. Der Anspruch aus Satz 1 besteht nur, wenn der Unternehmer den Verbraucher nach Artikel 246a § 1 Absatz 2 Satz 1 Nummer 1 und 3 des Einführungsgesetzes zum Bürgerlichen Gesetzbuche ordnungsgemäß informiert hat. Bei außerhalb von Geschäftsräumen geschlossenen Verträgen besteht der Anspruch nach Satz 1 nur dann, wenn der Verbraucher sein Verlangen nach Satz 1 auf einem dauerhaften Datenträger übermittelt hat. Bei der Berechnung des Wertersatzes ist der vereinbarte Gesamtpreis zu Grunde zu legen. Ist der vereinbarte Gesamtpreis unverhältnismäßig hoch, ist der Wertersatz auf der Grundlage des Marktwerts der erbrachten Leistung zu berechnen.

(9) Widerruft der Verbraucher einen Vertrag über die Lieferung von nicht auf einem körperlichen Datenträger befindlichen digitalen Inhalten, so hat er keinen Wertersatz zu leisten.

§ 357a Rechtsfolgen des Widerrufs von Verträgen über Finanzdienstleistungen

(1) Die empfangenen Leistungen sind spätestens nach 30 Tagen zurückzugewähren.

(2) Im Falle des Widerrufs von außerhalb von Geschäftsräumen geschlossenen Verträgen oder Fernabsatzverträgen über Finanzdienstleistungen ist der Verbraucher zur Zahlung von Wertersatz für die vom Unternehmer bis zum Widerruf erbrachte Dienstleistung verpflichtet, wenn er

1. vor Abgabe seiner Vertragserklärung auf diese Rechtsfolge hingewiesen worden ist und
2. ausdrücklich zugestimmt hat, dass der Unternehmer vor Ende der Widerrufsfrist mit der

⑥ 사업자가 민법전시행법 제246a항목 제2항 제1문 제2호에 좇아 소비자에게 그 의무에 관하여 통지한 경우에는 소비자가 물품 반송의 직접비용(die unmittelbaren Kosten der Rücksendung der Waren)을 부담한다. 사업자가 비용을 이러한 비용을 부담하겠다는 의사를 이미 밝힌 경우에는 그러하지 아니하다. 영업장 이외의 곳에서 체결된 계약으로, 계약체결당시 그 물품이 소비자의 집으로 배송된(bei denen die Waren zum Zeitpunkt des Vertragsschlusses zur Wohnung des Verbrauchers geliefert worden sind) 계약의 경우에, 사업자는 그 성질로 인해 물품이 우편을 통해 반송될 수 없을 때에는(wenn die Waren so beschaffen sind, dass sie nicht per Post zurückgesandt werden können) 자신의 비용부담으로 그 물건을 회수해 갈 의무를 부담한다.

⑦ 다음의 경우에는 소비자는 물품의 가치감소분(價値減少分)에 대해 가액배상을 해야 한다,

1. 물품의 성상, 성질 및 기능의 검사(檢査)에 필요하지 않은 물품의 취급으로 인하여 그 가치감소가 발생했고,
2. 사업자가 민법전시행법전 제246항목a 제2항 제1문 제1호에 좇아 소비자에게 소비자의 철회권에 관하여 통지를 한 경우.

⑧ 소비자가 용역제공 계약이나 한정된 용적(容積) 또는 일정한 양(量)으로 공급되지 않는, 물· 가스·전기 또는 지역난방의 공급에 관한 계약을 철회한 경우에, 소비자가 사업자에게 사업자가 철회기간 경과 전에 그 급부 이행을 개시하도록 명시적으로 요구한 때에는(wenn der Verbraucher von dem Unternehmer ausdrücklich verlangt hat, dass dieser mit der Leistung vor Ablauf der Widerrufsfrist beginnt) 소비자는 사업자에게 철회시까지 공급된 급부에 대한 가액배상(Wertersatz für die bis zum Widerruf erbrachte Leistung)을 할 의무를 부담한다. 제1문에 기한 청구권은, 사업자가 민법전시행법 제246a항목 제1조 제2항 제1문 제1호에 좇아 소비자에게 그 규정에 맞게 정보를 제공한 경우에 한하여 인정된다. 영업장 이외의 곳에서 체결된 계약의 경우 제1문에 기한 청구권은, 소비자가 제1문에 따라 지속적 정보저장매체로 자신의 요구를 전달한 경우에 한하여 인정된다. 약정한 총대금(der vereinbarte Gesamtpreis)은 가액배상의 산정의 그 기초가 되어야 한다. 약정한 총대금이 지나치게 큰 경우에는(Ist der vereinbarte Gesamtpreis unverhältnismäßig hoch) 이행된 급부의 시장가치를 기초로 하여 가액배상(Wertersatz)을 산정(算定)해야 한다.

⑨ 소비자가 유형적(類型的) 정보저장매체에 담기지 않은 디지털콘텐츠의 공급(die Lieferung von nicht auf einem körperlichen Datenträger befindlichen digitalen Inhalten)에 관한 계약을 철회한 경우 그는 가액배상을 할 필요가 없다.

제357조a 금융서비스에 관한 계약의 철회의 법률효과

① 수령된 급부는 늦어도 30일 후에 반환해야 한다.

② 금융서비스에 관하여 영업장 이외의 곳에서 체결된 계약 또는 통신판매계약이 철회된 경우에 다음의 때에는, 소비자는 사업자가 철회시까지 제공한 용역(用役)에 대한 가액배상을 지급할 의무를 진다,

1. 소비자가 계약의 의사표시를 하기 전에 이러한 법률효과에 대하여 언급을 받고,
2. 사업자가 철회기간의 경과 전에 용역의 실행을 개시하는 데에 소비자가 명시적(明示的)으로 동

Ausführung der Dienstleistung beginnt.

Im Falle des Widerrufs von Verträgen über eine entgeltliche Finanzierungshilfe, die von der Ausnahme des § 506 Absatz 4 erfasst sind, gilt auch § 357 Absatz 5 bis 8 entsprechend. Ist Gegenstand des Vertrags über die entgeltliche Finanzierungshilfe die Lieferung von nicht auf einem körperlichen Datenträger befindlichen digitalen Inhalten, hat der Verbraucher Wertersatz für die bis zum Widerruf gelieferten digitalen Inhalte zu leisten, wenn er

1. vor Abgabe seiner Vertragserklärung auf diese Rechtsfolge hingewiesen worden ist und
2. ausdrücklich zugestimmt hat, dass der Unternehmer vor Ende der Widerrufsfrist mit der Lieferung der digitalen Inhalte beginnt.

Ist im Vertrag eine Gegenleistung bestimmt, ist sie bei der Berechnung des Wertersatzes zu Grunde zu legen. Ist der vereinbarte Gesamtpreis unverhältnismäßig hoch, ist der Wertersatz auf der Grundlage des Marktwerts der erbrachten Leistung zu berechnen.

(3) Im Falle des Widerrufs von Verbraucherdarlehensverträgen hat der Darlehensnehmer für den Zeitraum zwischen der Auszahlung und der Rückzahlung des Darlehens den vereinbarten Sollzins zu entrichten. Bei einem Immobiliar-Verbraucherdarlehen kann nachgewiesen werden, dass der Wert des Gebrauchsvorteils niedriger war als der vereinbarte Sollzins. In diesem Fall ist nur der niedrigere Betrag geschuldet. Im Falle des Widerrufs von Verträgen über eine entgeltliche Finanzierungshilfe, die nicht von der Ausnahme des § 506 Absatz 4 erfasst sind, gilt auch Absatz 2 entsprechend mit der Maßgabe, dass an die Stelle der Unterrichtung über das Widerrufsrecht die Pflichtangaben nach Artikel 247 § 12 Absatz 1 in Verbindung mit § 6 Absatz 2 des Einführungsgesetzes zum Bürgerlichen Gesetzbuche, die das Widerrufsrecht betreffen, treten. Darüber hinaus hat der Darlehensnehmer dem Darlehensgeber nur die Aufwendungen zu ersetzen, die der Darlehensgeber gegenüber öffentlichen Stellen erbracht hat und nicht zurückverlangen kann.

§ 357b Rechtsfolgen des Widerrufs von Teilzeit-Wohnrechteverträgen, Verträgen über ein langfristiges Urlaubsprodukt, Vermittlungsverträgen und Tauschsystemverträgen

(1) Der Verbraucher hat im Falle des Widerrufs keine Kosten zu tragen. Die Kosten des Vertrags, seiner Durchführung und seiner Rückabwicklung hat der Unternehmer dem Verbraucher zu erstatten. Eine Vergütung für geleistete Dienste sowie für die Überlassung von Wohngebäuden zur Nutzung ist ausgeschlossen.

(2) Der Verbraucher hat für einen Wertverlust der Unterkunft im Sinne des § 481 nur Wertersatz zu leisten, soweit der Wertverlust auf einer nicht bestimmungsgemäßen Nutzung der Unterkunft beruht.

§ 357c Rechtsfolgen des Widerrufs von weder im Fernabsatz noch außerhalb von Geschäftsräumen

의한 한 때.

제506조 제4항의 예외에 대하여 기재된, 유상의 신용부여(信用附與)에 관한 계약의 철회의 경우에 제357조 제5항 내지 제8항도 준용한다. 유상의 신용부여(信用附與)에 관한 계약의 대상이 유형적(類型的) 정보저장매체에 담기지 않은 디지털콘텐츠의 공급인 경우에 소비자는 다음의 때에 철회시까지 공급된 디지털콘텐츠에 대하여 가액배상을 해야 한다.

1. 소비자가 계약의 의사표시를 하기 전에(vor Abgabe seiner Vertragserklärung) 이러한 법률효과에 대하여 언급을 받고,
2. 사업자가 철회기간의 경과 전에 디지털콘텐츠의 실행을 개시하는 데에 소비자가 명시적(明示的)으로 동의한 한 때.

반대급부가 그 계약에서 정해진 경우 반대급부는 가액배상 산정의 기초가 되어야 한다. 약정한 총대금이 지나치게 큰 경우에(Ist der vereinbarte Gesamtpreis unverhältnismäßig hoch) 제공된 급부의 시장가치(Marktwerts der erbrachten Leistung)를 기초로 하여 가액배상을 산정해야 한다.

③ 소비자소비대차계약을 철회한 경우에, 차주는 소비대차금 실행과 상환(Auszahlung und der Rückzahlung des Darlehens) 사이의 기간에 대하여 약정한 이율에 의한 금원을 지급해야 한다. 부동산소비대차의 경우 사용이익의 가치가 약정한 이율에 의한 금원보다 적다는 점(dass der Wert des Gebrauchsvorteils niedriger war als der vereinbarte Sollzins)이 증명될 수 있다. 이러한 경우보다 적은 금원만을 지급할 의무가 있다. 제506조 제4항의 예외에 대하여 기재된, 유상의 신용부여(信用附與)에 관한 계약을 철회한 경우(Im Falle des Widerrufs von Verträgen über eine entgeltliche Finanzierungshilfe, die nicht von der Ausnahme des § 506 Absatz 4 erfasst sind)에, 민법전시행법 제247항목 제6조 제2항과 연결된, 철회권에 관련된 제247항목 제12조 제1항에 따른, 철회권에 관한 의무적 정보제공이 철회권에 관한 통지를 대신한다(dass an die Stelle der Unterrichtung über das Widerrufsrecht die Pflichtangaben nach Artikel 247 § 12 Absatz 1 in Verbindung mit § 6 Absatz 2 des Einführungsgesetzes zum Bürgerlichen Gesetzbuche, die das Widerrufsrecht betreffen, treten)는 기준하에 제2항도 준용한다. 나아가 차주는 대주에게 대주가 공공기관에 지급했고 반환청구를 할 수 없는 비용만을 상환해야 한다.

제357b 단기주거권계약, 장기휴가상품계약, 주선계약과 교환제계약(交換制契約)(ein langfristiges Urlaubsprodukt, Vermittlungsverträgen und Tauschsystemverträgen)의 철회의 법률효과

① 철회를 한 경우에 소비자는 비용을 부담할 필요가 없다. 계약체결비용, 계약실행비용, 계약원상회복비용(Die Kosten des Vertrags, seiner Durchführung und seiner Rückabwicklung)은 사업자가 소비자에게 상환(償還)해야 한다. 이행된 노무에 대한 대가와 이용을 위해 주거용건물의 인도에 대한 대가는 제외된다.

② 소비자는, 그 가치감소가 규정에 맞지 않는 숙소의 이용에서 기인하는 범위 내에서만 제481조상의 숙소(宿所)의 가치감소에 대하여(für einen Wertverlust der Unterkunft) 가액배상을 해야 한다.

제357조c 통신판매로도 영업장 이외의 곳에서도 체결되지 않은 분할공급계약 (Ratenlieferungsverträgen)

geschlossenen Ratenlieferungsverträgen

Für die Rückgewähr der empfangenen Leistungen gilt § 357 Absatz 1 bis 5 entsprechend. Der Verbraucher trägt die unmittelbaren Kosten der Rücksendung der empfangenen Sachen, es sei denn, der Unternehmer hat sich bereit erklärt, diese Kosten zu tragen. § 357 Absatz 7 ist mit der Maßgabe entsprechend anzuwenden, dass an die Stelle der Unterrichtung nach Artikel 246a § 1 Absatz 2 Satz 1 Nummer 1 des Einführungsgesetzes zum Bürgerlichen Gesetzbuche die Unterrichtung nach Artikel 246 Absatz 3 des Einführungsgesetzes zum Bürgerlichen Gesetzbuche tritt.

§ 357d Rechtsfolgen des Widerrufs bei Verbraucherbauverträgen

Ist die Rückgewähr der bis zum Widerruf erbrachten Leistung ihrer Natur nach ausgeschlossen, schuldet der Verbraucher dem Unternehmer Wertersatz. Bei der Berechnung des Wertersatzes ist die vereinbarte Vergütung zugrunde zu legen. Ist die vereinbarte Vergütung unverhältnismäßig hoch, ist der Wertersatz auf der Grundlage des Marktwertes der erbrachten Leistung zu berechnen.

§ 358 Mit dem widerrufenen Vertrag verbundener Vertrag

(1) Hat der Verbraucher seine auf den Abschluss eines Vertrags über die Lieferung einer Ware oder die Erbringung einer anderen Leistung durch einen Unternehmer gerichtete Willenserklärung wirksam widerrufen, so ist er auch an seine auf den Abschluss eines mit diesem Vertrag verbundenen Darlehensvertrags gerichtete Willenserklärung nicht mehr gebunden.

(2) Hat der Verbraucher seine auf den Abschluss eines Darlehensvertrags gerichtete Willenserklärung auf Grund des § 495 Absatz 1 oder des § 514 Absatz 2 Satz 1 wirksam widerrufen, so ist er auch nicht mehr an diejenige Willenserklärung gebunden, die auf den Abschluss eines mit diesem Darlehensvertrag verbundenen Vertrags über die Lieferung einer Ware oder die Erbringung einer anderen Leistung gerichtet ist.

(3) Ein Vertrag über die Lieferung einer Ware oder über die Erbringung einer anderen Leistung und ein Darlehensvertrag nach den Absätzen 1 oder 2 sind verbunden, wenn das Darlehen ganz oder teilweise der Finanzierung des anderen Vertrags dient und beide Verträge eine wirtschaftliche Einheit bilden. Eine wirtschaftliche Einheit ist insbesondere anzunehmen, wenn der Unternehmer selbst die Gegenleistung des Verbrauchers finanziert, oder im Falle der Finanzierung durch einen Dritten, wenn sich der Darlehensgeber bei der Vorbereitung oder dem Abschluss des Darlehensvertrags der Mitwirkung des Unternehmers bedient. Bei einem finanzierten Erwerb eines Grundstücks oder eines grundstücksgleichen Rechts ist eine wirtschaftliche Einheit nur anzunehmen, wenn der Darlehensgeber selbst dem Verbraucher das Grundstück oder das grundstücksgleiche Recht verschafft oder wenn er über die Zurverfügungstellung von Darlehen hinaus den Erwerb des Grundstücks oder grundstücksgleichen Rechts durch Zusammenwirken mit

의 철회의 법률효과

수령한 급부의 반환에 대하여 제357조 제1항 내지 제5항을 준용한다. 소비자는 수령한 물건반송의 직접비용을 부담하고, 다만 사업자가 이러한 비용을 부담하겠다는 의사를 이미 밝힌 경우에는 그러하지 아니하다. 민법전시행법 제246항목 제3항에 따른 통지가 동법 제246항목a 제1조 제2항 제1문 제1호에 따른 통지를 대신한다(dass an die Stelle der Unterrichtung nach Artikel 246a § 1 Absatz 2 Satz 1 Nummer 1 des Einführungsgesetzes zum Bürgerlichen Gesetzbuche die Unterrichtung nach Artikel 246 Absatz 3 des Einführungsgesetzes zum Bürgerlichen Gesetzbuche tritt)는 기준하에 제357조 제7항을 준용한다.

제357조d 소비자건축계약의 철회의 법적 효과

철회시까지 이행된 급부의 반환이 급부의 성질로 인하여 배제되는 경우(Ist die Rückgewähr der bis zum Widerruf erbrachten Leistung ihrer Natur nach ausgeschlossen)에 소비자는 사업자에게 가액배상을 할 의무를 진다. 약정한 보수(die vereinbarte Vergütung)는 그 가액의 산정의 기초가 되어야 한다. 약정한 보수가 지나치게 큰 경우에 이행된 급부의 시장가치를 기초로 가액배상을 산정해야 한다.

제358조 철회된 계약과 결합된 계약

① 소비자가 물품의 공급 또는 사업자에 의한 그 밖의 급부에 관한 계약의 체결을 목적으로 한 자신의 의사표시를 유효하게 철회한 경우에, 그는 이러한 계약과 결합된 소비대차계약의 체결을 목적으로 한 자신의 의사표시에도 더 이상 구속(拘束)되지 아니한다.

② 소비자가 제495조 제1항 또는 제514조 제2항 제1문에 기하여 소비대차계약을 목적으로 한 자신의 의사표시를 유효하게 철회한 경우에, 그는 이러한 소비대차와 결합된, 물품의 공급 또는 기타 급부의 제공에 관한 계약의 체결을 목적으로 한(die auf den Abschluss eines mit diesem Darlehensvertrag verbundenen Vertrags über die Lieferung einer Ware oder die Erbringung einer anderen Leistung gerichtet ist) 의사표시에도 더 이상 구속되지 아니한다.

③ 소비대차가 전체적으로 또는 부분적으로 다른 계약의 자금조달에 기여하고 양 계약이 경제적 단일성을 이루는(beide Verträge eine wirtschaftliche Einheit bilden) 경우에는 물품의 공급 또는 그 밖의 급부 제공에 관한 계약과 제1항, 제2항에 따른 소비대차계약은 결합된 것이다. 특히 사업자가 소비자의 반대급부에 직접 자금조달을 해 주는 경우(wenn der Unternehmer selbst die Gegenleistung des Verbrauchers finanziert)에는 경제적 단일성은 있는 것으로 보고, 제3자에 의한 자금조달의 경우에 대주가 소비대차계약의 준비시 또는 체결시에 그 사업자와의 협력을 이용하는 경우에는 경제적 단일성이 있는 것으로 본다. 토지와 이와 동일시되는 권리의 취득에 자금을 대준 경우(Bei einem finanzierten Erwerb eines Grundstücks oder eines grundstücksgleichen Rechts)에는, 대주가 직접 소비자에게 토지 또는 토지와 동일시되는 권리를 공급해 주는 경우에 한하여 경제적 단일성이 있는 것으로 보고, 대주가 그 양도이익을 전체적으로 또는 부분적으로 향유하거나 사업의 기획, 광고, 시행에 있어 양도인의 기능을 인수하거나 또는 양도인에게 일방적으로 혜택

dem Unternehmer fördert, indem er sich dessen Veräußerungsinteressen ganz oder teilweise zu Eigen macht, bei der Planung, Werbung oder Durchführung des Projekts Funktionen des Veräußerers übernimmt oder den Veräußerer einseitig begünstigt.

(4) Auf die Rückabwicklung des verbundenen Vertrags sind unabhängig von der Vertriebsform § 355 Absatz 3 und, je nach Art des verbundenen Vertrags, die §§ 357 bis 357b entsprechend anzuwenden. Ist der verbundene Vertrag ein Vertrag über die Lieferung von nicht auf einem körperlichen Datenträger befindlichen digitalen Inhalten und hat der Unternehmer dem Verbraucher eine Abschrift oder Bestätigung des Vertrags nach § 312f zur Verfügung gestellt, hat der Verbraucher abweichend von § 357 Absatz 9 unter den Voraussetzungen des § 356 Absatz 5 zweiter und dritter Halbsatz Wertersatz für die bis zum Widerruf gelieferten digitalen Inhalte zu leisten. Ist der verbundene Vertrag ein im Fernabsatz oder außerhalb von Geschäftsräumen geschlossener Ratenlieferungsvertrag, ist neben § 355 Absatz 3 auch § 357 entsprechend anzuwenden; im Übrigen gelten für verbundene Ratenlieferungsverträge § 355 Absatz 3 und § 357c entsprechend. Im Falle des Absatzes 1 sind jedoch Ansprüche auf Zahlung von Zinsen und Kosten aus der Rückabwicklung des Darlehensvertrags gegen den Verbraucher ausgeschlossen. Der Darlehensgeber tritt im Verhältnis zum Verbraucher hinsichtlich der Rechtsfolgen des Widerrufs in die Rechte und Pflichten des Unternehmers aus dem verbundenen Vertrag ein, wenn das Darlehen dem Unternehmer bei Wirksamwerden des Widerrufs bereits zugeflossen ist.

(5) Die Absätze 2 und 4 sind nicht anzuwenden auf Darlehensverträge, die der Finanzierung des Erwerbs von Finanzinstrumenten dienen.

§ 359 Einwendungen bei verbundenen Verträgen

(1) Der Verbraucher kann die Rückzahlung des Darlehens verweigern, soweit Einwendungen aus dem verbundenen Vertrag ihn gegenüber dem Unternehmer, mit dem er den verbundenen Vertrag geschlossen hat, zur Verweigerung seiner Leistung berechtigen würden. Dies gilt nicht bei Einwendungen, die auf einer Vertragsänderung beruhen, welche zwischen diesem Unternehmer und dem Verbraucher nach Abschluss des Darlehensvertrags vereinbart wurde. Kann der Verbraucher Nacherfüllung verlangen, so kann er die Rückzahlung des Darlehens erst verweigern, wenn die Nacherfüllung fehlgeschlagen ist.

(2) Absatz 1 ist nicht anzuwenden auf Darlehensverträge, die der Finanzierung des Erwerbs von Finanzinstrumenten dienen, oder wenn das finanzierte Entgelt weniger als 200 Euro beträgt.

§ 360 Zusammenhängende Verträge

(1) Hat der Verbraucher seine auf den Abschluss eines Vertrags gerichtete Willenserklärung wirksam widerrufen und liegen die Voraussetzungen für einen verbundenen Vertrag nicht vor, so ist er auch an seine auf den Abschluss eines damit zusammenhängenden Vertrags gerichtete

을 줌으로써, 대주가 소비대차금의 제공(提供)을 넘어서 그 사업자와의 협력에 의하여 토지 또는 이와 동일시되는 권리의 취득을 촉진하는 경우에 한하여 경제적(經濟的) 단일성(單一性)이 있는 것으로 본다.

④ 결합된 계약의 원상회복에 대하여는 거래형식을 불문하고 제355조 제3항을 준용하고 또 결합된 계약의 종류에 따라(je nach Art des verbundenen Vertrags)제357조 내지 제357조b를 준용한다. 결합된 계약이 유형적(類型的) 정보저장매체에 담기지 않은 디지털콘텐츠의 공급에 관한 계약이고 사업자가 소비자에게 제312조f에 따라 계약서사본 또는 계약확인서를 제공한 경우에는 소비자는 제357조 제9항과 달리 제356조 제5항 둘째소문(小文), 셋째소문(小文)의 요건하에 철회시까지 공급된 디지털콘텐츠에 대하여 가액배상(Wertersatz für die bis zum Widerruf gelieferten digitalen Inhalte)을 해야 한다. 결합된 계약이 통신판매로 체결되거나 영업장 이외의 곳에서 체결된 분할공급계약인 경우에(Ist der verbundene Vertrag ein im Fernabsatz oder außerhalb von Geschäftsräumen geschlossener Ratenlieferungsvertrag), 제355조 제3항뿐만 아니라 제357조도 준용한다; 그 밖의 경우에 결합된 분할공급계약에 대하여 제355조 제3항, 제357조c를 준용한다. 그럼에도 제1항의 경우에 소비대차계약의 원상회복에 기한, 소비자에 대한 이자 및 비용 지급청구권(Ansprüche auf Zahlung von Zinsen und Kosten aus der Rückabwicklung des Darlehensvertrags gegen den Verbraucher)은 배제된다. 철회가 유효한 경우에 소비대차금이 이미 사업자에게 환급된 때에는 대주는, 철회의 법률효과에 관련한 소비자와의 관계에서 그 결합된 계약에 기한 사업자의 권리의무를 승계한다.

⑤ 제2항 제4항은 금융상품의 취득에 대한 자금조달에 기여하는 소비대차계약에 대하여 적용하지 아니한다.

제359조 결합된 계약에서의 항변권

① 소비자는, 소비대차와 결합된 계약에 기한 항변권(Einwendungen aus dem verbundenen Vertrag ihn)으로, 소비자와 결합계약을 체결한 사업자에 대한 항변권에 기하여 그 급부의 거절할 권리를 범위 내에서, 소비대차금의 상환(die Rückzahlung des Darlehens)을 거절할 수 있다. 이러한 사업자와 소비자 간에 소비대차계약체결 후 합의된 계약변경에 기하여 생긴 항변권에 대하여는 그러하지 아니하다. 소비자가 사후보완이행을 청구할 수 있는 경우에(Kann der Verbraucher Nacherfüllung verlangen) 사후보완이행이 실패로 귀착된 때에(wenn die Nacherfüllung fehlgeschlagen ist) 비로소 소비대차금의 상환(償還)을 거절(拒絶)할 수 있다.

② 제1항은, 금융상품의 취득에 대한 자금조달을 기여하거나 자금지원을 받은 보수가 200유로 미만인 경우에는 소비대차계약에 대하여 적용하지 아니한다.

제360조 연관된 계약

① 소비자가 계약체결을 목적으로 한 자신의 의사표시를 유효하게 철회했는데 결합계약에 대한 요건이 인정되지 아니한(liegen die Voraussetzungen für einen verbundenen Vertrag nicht vor) 경우에는 그는 그 계약과 연관된 계약의 체결을 목적으로 한 자신의 의사표시(seine auf den

Willenserklärung nicht mehr gebunden. Auf die Rückabwicklung des zusammenhängenden Vertrags ist § 358 Absatz 4 Satz 1 bis 3 entsprechend anzuwenden. Widerruft der Verbraucher einen Teilzeit-Wohnrechtevertrag oder einen Vertrag über ein langfristiges Urlaubsprodukt, hat er auch für den zusammenhängenden Vertrag keine Kosten zu tragen; § 357b Absatz 1 Satz 2 und 3 gilt entsprechend.

(2) Ein zusammenhängender Vertrag liegt vor, wenn er einen Bezug zu dem widerrufenen Vertrag aufweist und eine Leistung betrifft, die von dem Unternehmer des widerrufenen Vertrags oder einem Dritten auf der Grundlage einer Vereinbarung zwischen dem Dritten und dem Unternehmer des widerrufenen Vertrags erbracht wird. Ein Darlehensvertrag ist auch dann ein zusammenhängender Vertrag, wenn das Darlehen, das ein Unternehmer einem Verbraucher gewährt, ausschließlich der Finanzierung des widerrufenen Vertrags dient und die Leistung des Unternehmers aus dem widerrufenen Vertrag in dem Darlehensvertrag genau angegeben ist.

§ 361 Weitere Ansprüche, abweichende Vereinbarungen und Beweislast

(1) Über die Vorschriften dieses Untertitels hinaus bestehen keine weiteren Ansprüche gegen den Verbraucher infolge des Widerrufs.

(2) Von den Vorschriften dieses Untertitels darf, soweit nicht ein anderes bestimmt ist, nicht zum Nachteil des Verbrauchers abgewichen werden. Die Vorschriften dieses Untertitels finden, soweit nichts anderes bestimmt ist, auch Anwendung, wenn sie durch anderweitige Gestaltungen umgangen werden.

(3) Ist der Beginn der Widerrufsfrist streitig, so trifft die Beweislast den Unternehmer.

Abschnitt 4 Erlöschen der Schuldverhältnisse

Titel 1 Erfüllung

§ 362 Erlöschen durch Leistung

(1) Das Schuldverhältnis erlischt, wenn die geschuldete Leistung an den Gläubiger bewirkt wird.

(2) Wird an einen Dritten zum Zwecke der Erfüllung geleistet, so finden die Vorschriften des § 185 Anwendung.

§ 363 Beweislast bei Annahme als Erfüllung

Hat der Gläubiger eine ihm als Erfüllung angebotene Leistung als Erfüllung angenommen, so trifft ihn die Beweislast, wenn er die Leistung deshalb nicht als Erfüllung gelten lassen will, weil sie eine andere als die geschuldete Leistung oder weil sie unvollständig gewesen sei.

§ 364 Annahme an Erfüllungs statt

Abschluss eines damit zusammenhängenden Vertrags gerichtete Willenserklärung)에도 더 이상 구속되지 아니한다. 그 연관된 계약의 원상회복에 대하여 제358조 제4항 제1문 내지 제3문을 준용한다. 소비자가 단기주거권계약 또는 장기우대계약을 철회하는 경우에 그는 연관(聯關)된 계약에 대하여도 비용(auch für den zusammenhängenden Vertrag keine Kosten)을 부담(負擔)하지 아니한다; 제357조b 제1항 제2문, 제3문을 준용한다.

② 계약이 철회된 계약과 관계가 있고, 사업자에 의해 철회된 계약에 제공된 급부나 제3자와 사업자 간의 철회된 계약의 약정에 기하여 제3자에게 제공된 급부에 관련된(einem Dritten auf der Grundlage einer Vereinbarung zwischen dem Dritten und dem Unternehmer des widerrufenen Vertrags erbracht wird) 경우에 그 계약은 연관된 계약이다. 사업자가 소비자에게 지급한(das ein Unternehmer einem Verbraucher gewährt) 소비대차가 오로지 철회된 계약의 자금조달을 위한 것이고 철회된 계약에 기한 사업자의 급부가 그 소비대차계약에서 충분히 명시된(die Leistung des Unternehmers aus dem widerrufenen Vertrag in dem Darlehensvertrag genau angegeben ist) 경우에도 소비대차계약(消費貸借契約)은 연관된 계약이다.

제361조 그 밖의 청구권, 규정과 다르게 체결한 약정과 증명책임

① 철회로 인한 소비자에 대한 그 밖의 청구권(weiteren Ansprüche gegen den Verbraucher infolge des Widerrufs)은 본 관의 규정에 넘어서 인정되지 아니한다.

② 달리 규정되어 있지 않는 한, 소비자에게 불이익으로 본 관의 규정과 다르게 약정되어서는 안된다. 달리 규정되어 있지 않는 한(soweit nichts anderes bestimmt ist), 본 관의 규정들은 다른 방법으로 회피되는 경우(wenn sie durch anderweitige Gestaltungen umgangen werden)에도 적용한다.

③ 철회기간의 개시에 다툼이 있는 경우에 사업자가 그에 대하여 증명책임을 부담한다.

제4장 채권의 소멸

제1절 변제

제362조 급부에 의한 소멸

① 채권관계(Das Schuldverhältnis)는 이행해야 하는 급부(die geschuldete Leistung)가 채권자에게 이행된 때 소멸한다.

② 변제의 목적으로 제3자에 대해 이행된 경우에는 제185조의 규정을 적용한다.

제363조 변제로서 수령시의 증명책임

채권자가 자신에게 변제로서 제공된 급부를 변제로서 수령한 경우에는, 급부가 이행해야 하는 급부 이외의 급부이거나 불완전 한 것이어서 그가 그 급부를 변제로서 수용하지 않으려고 하는 때에는 이에 대한 증명책임을 부담한다.

제364조 대물변제

(1) Das Schuldverhältnis erlischt, wenn der Gläubiger eine andere als die geschuldete Leistung an Erfüllungs statt annimmt.

(2) Übernimmt der Schuldner zum Zwecke der Befriedigung des Gläubigers diesem gegenüber eine neue Verbindlichkeit, so ist im Zweifel nicht anzunehmen, dass er die Verbindlichkeit an Erfüllungs statt übernimmt.

§ 365 Gewährleistung bei Hingabe an Erfüllungs statt

Wird eine Sache, eine Forderung gegen einen Dritten oder ein anderes Recht an Erfüllungs statt gegeben, so hat der Schuldner wegen eines Mangels im Recht oder wegen eines Mangels der Sache in gleicher Weise wie ein Verkäufer Gewähr zu leisten.

§ 366 Anrechnung der Leistung auf mehrere Forderungen

(1) Ist der Schuldner dem Gläubiger aus mehreren Schuldverhältnissen zu gleichartigen Leistungen verpflichtet und reicht das von ihm Geleistete nicht zur Tilgung sämtlicher Schulden aus, so wird diejenige Schuld getilgt, welche er bei der Leistung bestimmt.

(2) Trifft der Schuldner keine Bestimmung, so wird zunächst die fällige Schuld, unter mehreren fälligen Schulden diejenige, welche dem Gläubiger geringere Sicherheit bietet, unter mehreren gleich sicheren die dem Schuldner lästigere, unter mehreren gleich lästigen die ältere Schuld und bei gleichem Alter jede Schuld verhältnismäßig getilgt.

§ 367 Anrechnung auf Zinsen und Kosten

(1) Hat der Schuldner außer der Hauptleistung Zinsen und Kosten zu entrichten, so wird eine zur Tilgung der ganzen Schuld nicht ausreichende Leistung zunächst auf die Kosten, dann auf die Zinsen und zuletzt auf die Hauptleistung angerechnet.

(2) Bestimmt der Schuldner eine andere Anrechnung, so kann der Gläubiger die Annahme der Leistung ablehnen.

§ 368 Quittung

Der Gläubiger hat gegen Empfang der Leistung auf Verlangen ein schriftliches Empfangsbekenntnis (Quittung) zu erteilen. Hat der Schuldner ein rechtliches Interesse, dass die Quittung in anderer Form erteilt wird, so kann er die Erteilung in dieser Form verlangen.

§ 369 Kosten der Quittung

(1) Die Kosten der Quittung hat der Schuldner zu tragen und vorzuschießen, sofern nicht aus dem zwischen ihm und dem Gläubiger bestehenden Rechtsverhältnis sich ein anderes ergibt.

(2) Treten infolge einer Übertragung der Forderung oder im Wege der Erbfolge an die Stelle des ursprünglichen Gläubigers mehrere Gläubiger, so fallen die Mehrkosten den Gläubigern zur Last.

① 채권관계는 채권자가 이행해야 하는 급부 이외의 급부를 변제(辨濟)에 갈음하여 수령한 때에 소멸한다.

② 채무자가 채권자에 대한 만족 목적으로 채권자에 대하여 새로운 채무를 부담한 경우에, 의심스러운 때에는 채무자는 그 채무를 변제에 갈음하여 부담(負擔)한 것으로 보지 아니한다.

제365조 대물변제시의 담보책임

물건, 제3자에 대한 채권 또는 다른 권리가 변제에 갈음하여 이행된 경우에는 채무자는 권리하자 또는 물건하자로 인하여(wegen eines Mangels im Recht oder wegen eines Mangels der Sache) 매도인과 같은 방식으로(in gleicher Weise wie ein Verkäufer) 담보책임을 진다.

제366조 수개의 채권에 대한 변제충당

① 채무자가 채권자에게 수개의 채권관계에 기하여 동종(同種)의 급부를 이행할 의무가 있고 채권자에게 이행된 급부가 채무 전체의 변제에 충분하지 않은(reicht das von ihm Geleistete nicht zur Tilgung sämtlicher Schulden) 경우에는 채무자가 이행시에 지정한 채무에 충당된다.

② 채무자가 그 지정을 하지 아니한 경우에, 먼저 이행기가 도래한 채무에 충당되고, 이행기가 도래한 수개의 채무 중에서는 채권자에게 보다 적은 담보를 제공한 채무에 충당되고, 동일한 담보가 제공된 수개의 채무 중에서는 채무자에게 보다 과중한 부담이 되는 채무에 충당되고, 동일한 부담이 되는 수개의 채무 중에서는 먼저 성립한 채무에 충당되고 성립시기도 동일한 경우에는 각 채무에 비례적으로 충당된다.

제367조 이자와 비용에 대한 충당

① 채무자가 주채무 이외에 이자 및 비용을 지급해야 하는 경우에 채무 전체를 소멸시키기 충분하지 않은 급부(eine zur Tilgung der ganzen Schuld nicht ausreichende Leistung)는 먼저 비용에 충당되고 나서 이자에 충당되며 그후 주채무에 충당된다.

② 채무자가 제1항과 다른 충당을 지정한 경우에는 채권자는 급부의 수령(die Annahme der Leistung)을 거절할 수 있다.

제368조 영수증

채권자는 그 요구가 있는 경우에 변제의 수령에 대하여(gegen Empfang der Leistung) 서면에 의한 수령인정서(영수증)을 발급해야 한다. 채무자가 다른 방식의 영수증이 발급되는 데에 대해 법률상 이해관계를 가진 경우에는 채무자는 이러한 방식의 영수증의 발급을 청구할 수 있다.

제369조 영수증의 비용

① 채무자와 채권자 사이에 존재하는 법률관계에서 달리 정하지 않은 한, 영수증의 비용은 채무자가 부담하고 이를 선불(先拂)로 지급해야(der Schuldner zu tragen und vorzuschießen) 한다.

② 채권양도로 인하여 또는 상속이 이뤄지는 과정에서(infolge einer Übertragung der Forderung oder im Wege der Erbfolge) 본래의 채권자에 갈음하여 수인의 채권자가 생긴 경우에는 채권자가 그 초과비용을 부담한다.

§ 370 Leistung an den Überbringer der Quittung

Der Überbringer einer Quittung gilt als ermächtigt, die Leistung zu empfangen, sofern nicht die dem Leistenden bekannten Umstände der Annahme einer solchen Ermächtigung entgegenstehen.

§ 371 Rückgabe des Schuldscheins

Ist über die Forderung ein Schuldschein ausgestellt worden, so kann der Schuldner neben der Quittung Rückgabe des Schuldscheins verlangen. Behauptet der Gläubiger, zur Rückgabe außerstande zu sein, so kann der Schuldner das öffentlich beglaubigte Anerkenntnis verlangen, dass die Schuld erloschen sei.

Titel 2 Hinterlegung

§ 372 Voraussetzungen

Geld, Wertpapiere und sonstige Urkunden sowie Kostbarkeiten kann der Schuldner bei einer dazu bestimmten öffentlichen Stelle für den Gläubiger hinterlegen, wenn der Gläubiger im Verzug der Annahme ist. Das Gleiche gilt, wenn der Schuldner aus einem anderen in der Person des Gläubigers liegenden Grund oder infolge einer nicht auf Fahrlässigkeit beruhenden Ungewissheit über die Person des Gläubigers seine Verbindlichkeit nicht oder nicht mit Sicherheit erfüllen kann.

§ 373 Zug-um-Zug-Leistung

Ist der Schuldner nur gegen eine Leistung des Gläubigers zu leisten verpflichtet, so kann er das Recht des Gläubigers zum Empfang der hinterlegten Sache von der Bewirkung der Gegenleistung abhängig machen.

§ 374 Hinterlegungsort; Anzeigepflicht

(1) Die Hinterlegung hat bei der Hinterlegungsstelle des Leistungsorts zu erfolgen; hinterlegt der Schuldner bei einer anderen Stelle, so hat er dem Gläubiger den daraus entstehenden Schaden zu ersetzen.

(2) Der Schuldner hat dem Gläubiger die Hinterlegung unverzüglich anzuzeigen; im Falle der Unterlassung ist er zum Schadensersatz verpflichtet. Die Anzeige darf unterbleiben, wenn sie untunlich ist.

§ 375 Rückwirkung bei Postübersendung

Ist die hinterlegte Sache der Hinterlegungsstelle durch die Post übersendet worden, so wirkt die Hinterlegung auf die Zeit der Aufgabe der Sache zur Post zurück.

§ 376 Rücknahmerecht

(1) Der Schuldner hat das Recht, die hinterlegte Sache zurückzunehmen.

(2) Die Rücknahme ist ausgeschlossen:

제370조 영수증의 소지자에 대한 급부

급부자에게 알려진 사정이 급부를 수령할 권한 있는 것으로 보는 것과 모순되지 않은 한, 영수증 소지자는 급부를 수령할 권한이 있는 것으로 본다.

제371조 채무증서의 반환

채권에 대하여 채무증서가 발행된 경우에(Ist über die Forderung ein Schuldschein ausgestellt worden), 채무자는 영수증과 함께 채무증서의 반환을 청구할 수 있다. 채권자가 이를 반환할 수 없음을 주장하는 경우 채무자는 채무가 소멸했다(dass die Schuld erloschen sei)는 공식인증된 인정서를 청구할 수 있다.

제2절 공탁

제372조 요건

채권자가 수령지체에 빠진 때에는 채무자는 이에 관하여 지정된 공식기관에 채권자를 위하여 금전, 유가증권, 기타증서 및 고가물(高價物)(Geld, Wertpapiere und sonstige Urkunden sowie Kostbarkeiten)을 공탁(供託)할 수 있다. 채무자가, 채권자의 일신상의 사유 이외 사유로 이하여 자신의 채무를 이행할 수 없거나, 자신의 채무의 채권자의 신상에 관한, 과실에 기하지 않은 부지(不知)로 인하여 이를 이행할 수 없거나, 확실하게 이행할 수 없는 때에도 또한 같다.

제373조 동시이행급부

채무자가 채권자의 급부와 상환으로만 급부를 이행할 의무를 지는 경우에는 채무자는 공탁된 물건의 수령에 관한 채권자의 권리(das Recht des Gläubigers zum Empfang der hinterlegten Sache)를 반대급부의 이행에 좌우되게 할 수 있다.

제374조 공탁지; 통지의무

① 공탁은 이행지의 공탁소(Hinterlegungsstelle)에 해야 한다; 채무자가 다른 공탁소에 공탁하는 경우 그는 채권자에게 이로 인한 손해를 배상해야 한다.

② 채무자는 공탁사실을 채권자에게 지체 없이 통지해야 한다. 이를 하지 않은 경우에 채무자는 손해배상을 할 의무를 진다. 통지가 실행 불가능한 경우에는(wenn sie untunlich ist) 통지를 하지 않아도 된다.

제375조 우편공탁의 경우에 있어 소급효

공탁물이 우편에 의하여 공탁소에 송부된 경우 공탁은 그 공탁물이 우편(郵便)에 맡긴 때로 소급한다.

제376조 회수권

① 채무자는 공탁물을 회수할 권리를 갖는다.

② 회수는 다음 각 호의 경우에 배제된다:

1. wenn der Schuldner der Hinterlegungsstelle erklärt, dass er auf das Recht zur Rücknahme verzichte,
2. wenn der Gläubiger der Hinterlegungsstelle die Annahme erklärt,
3. wenn der Hinterlegungsstelle ein zwischen dem Gläubiger und dem Schuldner ergangenes rechtskräftiges Urteil vorgelegt wird, das die Hinterlegung für rechtmäßig erklärt.

§ 377 Unpfändbarkeit des Rücknahmerechts

(1) Das Recht zur Rücknahme ist der Pfändung nicht unterworfen.

(2) Wird über das Vermögen des Schuldners das Insolvenzverfahren eröffnet, so kann während des Insolvenzverfahrens das Recht zur Rücknahme auch nicht von dem Schuldner ausgeübt werden.

§ 378 Wirkung der Hinterlegung bei ausgeschlossener Rücknahme

Ist die Rücknahme der hinterlegten Sache ausgeschlossen, so wird der Schuldner durch die Hinterlegung von seiner Verbindlichkeit in gleicher Weise befreit, wie wenn er zur Zeit der Hinterlegung an den Gläubiger geleistet hätte.

§ 379 Wirkung der Hinterlegung bei nicht ausgeschlossener Rücknahme

(1) Ist die Rücknahme der hinterlegten Sache nicht ausgeschlossen, so kann der Schuldner den Gläubiger auf die hinterlegte Sache verweisen.

(2) Solange die Sache hinterlegt ist, trägt der Gläubiger die Gefahr und ist der Schuldner nicht verpflichtet, Zinsen zu zahlen oder Ersatz für nicht gezogene Nutzungen zu leisten.

(3) Nimmt der Schuldner die hinterlegte Sache zurück, so gilt die Hinterlegung als nicht erfolgt.

§ 380 Nachweis der Empfangsberechtigung

Soweit nach den für die Hinterlegungsstelle geltenden Bestimmungen zum Nachweis der Empfangsberechtigung des Gläubigers eine diese Berechtigung anerkennende Erklärung des Schuldners erforderlich oder genügend ist, kann der Gläubiger von dem Schuldner die Abgabe der Erklärung unter denselben Voraussetzungen verlangen, unter denen er die Leistung zu fordern berechtigt sein würde, wenn die Hinterlegung nicht erfolgt wäre.

§ 381 Kosten der Hinterlegung

Die Kosten der Hinterlegung fallen dem Gläubiger zur Last, sofern nicht der Schuldner die hinterlegte Sache zurücknimmt.

§ 382 Erlöschen des Gläubigerrechts

Das Recht des Gläubigers auf den hinterlegten Betrag erlischt mit dem Ablauf von 30 Jahren nach dem Empfang der Anzeige von der Hinterlegung, wenn nicht der Gläubiger sich vorher bei der Hinterlegungsstelle meldet; der Schuldner ist zur Rücknahme berechtigt, auch wenn er auf das Recht zur Rücknahme verzichtet hat.

1. 채무자가 공탁소에 회수권을 포기한다는 의사를 표한 경우,
2. 채권자가 공탁소에 그 수령의 의사표시를 한 경우,
3. 채권자와 채무자 간에 선고된 확정판결(ein zwischen dem Gläubiger und dem Schuldner ergangenes rechtskräftiges Urteil)로, 공탁이 정당하다고 판시한 판결이 공탁소에 제출된 때.

제377조 회수권의 압류금지

① 회수권은 압류할 수 없다.

② 채무자의 재산에 대하여(über das Vermögen des Schuldners) 파산절차(破産節次)가 개시된 때에는 파산절차 중에는 회수권(das Recht zur Rücknahme)은 채무자에 의해서도 행사될 수 없다.

제388조 회수권 배제시의 공탁의 효력

공탁물에 대한 회수가 배제된 경우에는 채무자는, 마치 자신이 채권자에 대한 공탁 당시에 이행한 것(wie wenn er zur Zeit der Hinterlegung an den Gläubiger geleistet hätte)처럼 동일하게 공탁에 의하여 자신의 채무에서 면책된다.

제379조 회수권 배제되지 않는 경우에 있어 공탁의 효력

① 공탁물에 대해 회수가 배제되지 아니한 경우에 채무자는 채권자에게 공탁물을 수령하도록 언급할 수 있다.

② 물건이 공탁된 동안에는 채권자가 위험을 부담하고, 채무자는 이자를 지급하거나 수취되지 아니한 수익에 대한 상환을 할 의무를 지지(Zinsen zu zahlen oder Ersatz für nicht gezogene Nutzungen zu leisten) 아니한다.

③ 채무자가 공탁물을 회수한 때(Nimmt der Schuldner die hinterlegte Sache zurück)는 공탁은 행해지지 않은 것으로 간주된다.

제380조 수령권의 증명

공탁소에 적용되는 규정에 좇아(nach den für die Hinterlegungsstelle geltenden Bestimmungen) 채권자의 수령권의 증명하는 데에 이러한 권리를 인정하는 채무자의 의사표시가 필요하거나 그러한 의사표시로 충분한 경우에는 채권자는, 공탁이 행해지지 않은 때에 채무자가 급부를 청구할 권리가 있는 것(unter denen er die Leistung zu fordern berechtigt sein würde, wenn die Hinterlegung nicht erfolgt wäre)과 동일한 요건하에 그 의사표시를 할 것을 채무자에게 요구할 수 있다.

제381조 공탁 비용

채무자가 공탁물을 회수하지 않는 한, 공탁 비용(Die Kosten der Hinterlegung)은 채권자가 부담한다.

제382조 채권자 권리의 소멸

채권자가 공탁소에 사전에 신고하지 않는 한, 공탁금(供託金; den hinterlegten Betrag)에 대한 채권자의 권리는 공탁에 대한 통지를 수령한 때로부터 30년이 경과함으로써 소멸한다; 이 경우 채무자가 회수권을 포기했을지라도(auch wenn er auf das Recht zur Rücknahme verzichtet hat) 채무자는 이를 회수할 권리가 있다.

§ 383 Versteigerung hinterlegungsunfähiger Sachen

(1) Ist die geschuldete bewegliche Sache zur Hinterlegung nicht geeignet, so kann der Schuldner sie im Falle des Verzugs des Gläubigers am Leistungsort versteigern lassen und den Erlös hinterlegen. Das Gleiche gilt in den Fällen des § 372 Satz 2, wenn der Verderb der Sache zu besorgen oder die Aufbewahrung mit unverhältnismäßigen Kosten verbunden ist.

(2) Ist von der Versteigerung am Leistungsort ein angemessener Erfolg nicht zu erwarten, so ist die Sache an einem geeigneten anderen Orte zu versteigern.

(3) Die Versteigerung hat durch einen für den Versteigerungsort bestellten Gerichtsvollzieher oder zu Versteigerungen befugten anderen Beamten oder öffentlich angestellten Versteigerer öffentlich zu erfolgen (öffentliche Versteigerung). Zeit und Ort der Versteigerung sind unter allgemeiner Bezeichnung der Sache öffentlich bekannt zu machen.

(4) Die Vorschriften der Absätze 1 bis 3 gelten nicht für eingetragene Schiffe und Schiffsbauwerke.

§ 384 Androhung der Versteigerung

(1) Die Versteigerung ist erst zulässig, nachdem sie dem Gläubiger angedroht worden ist; die Androhung darf unterbleiben, wenn die Sache dem Verderb ausgesetzt und mit dem Aufschub der Versteigerung Gefahr verbunden ist.

(2) Der Schuldner hat den Gläubiger von der Versteigerung unverzüglich zu benachrichtigen; im Falle der Unterlassung ist er zum Schadensersatz verpflichtet.

(3) Die Androhung und die Benachrichtigung dürfen unterbleiben, wenn sie untunlich sind.

§ 385 Freihändiger Verkauf

Hat die Sache einen Börsen- oder Marktpreis, so kann der Schuldner den Verkauf aus freier Hand durch einen zu solchen Verkäufen öffentlich ermächtigten Handelsmäkler oder durch eine zur öffentlichen Versteigerung befugte Person zum laufenden Preis bewirken.

§ 386 Kosten der Versteigerung

Die Kosten der Versteigerung oder des nach § 385 erfolgten Verkaufs fallen dem Gläubiger zur Last, sofern nicht der Schuldner den hinterlegten Erlös zurücknimmt.

Titel 3 Aufrechnung

§ 387 Voraussetzungen

Schulden zwei Personen einander Leistungen, die ihrem Gegenstand nach gleichartig sind, so kann jeder Teil seine Forderung gegen die Forderung des anderen Teils aufrechnen, sobald er die ihm gebührende Leistung fordern und die ihm obliegende Leistung bewirken kann.

제383조 공탁에 적합하지 않은 물건의 경매

① 이행해야 할 동산(die geschuldete bewegliche Sache)이 공탁에 적합하지 않은 때에는 채무자는 채권자가 수령지체에 빠진 경우에 그 부동산을 이행지(履行地; Leistungsort)에서 경매할 수 있다. 물건의 부패(腐敗)가 우려되거나 보관에 과도한 비용이 발생하는 경우에는 제372조 제2문의 경우에 또한 같다.

② 이행지에서 경매의 적절한 성공이 예상되지 않은 경우에 그 물건을 적당한 다른 장소에서 경매를 해야 한다.

③ 경매는 경매지에서 임명된 집행관(Gerichtsvollzieher) 또는 경매할 권한이 있는 그 밖의 공무원이나 공식적으로 지정된 경매주최인에 의하여 공개적으로 시행되어야 한다['공경매'(公競買); öffentliche Versteigerung)]. 경매의 시간 및 장소(Zeit und Ort der Versteigerung)는 물건을 일반적으로 표시(表示)하여 공시해야(öffentlich bekannt zu machen) 한다.

④ 제1항 내지 제3항의 규정은 등기된 선박과 건조 중인 선박에는 적용하지 아니한다.

제384조 경매의 예고

① 경매는 채권자에게 예고된 후에 비로소 허용된다; 물건이 부패할 우려가 있고 경매의 연기로 인해 그 위험이 발생한 때에는 예고를 하지 않아도 된다.

② 채무자는 채권자에게 지체 없이 경매에 대해 통지해야 한다; 이를 하지 않은 경우 손해배상을 할 의무를 진다.

③ 예고와 통지(Die Androhung und die Benachrichtigung)는 이를 실행할 수 없는 경우에는 하지 않아도 된다.

제385조 임의매각

물건에 거래소 가격 또는 시장가격이 있는 경우에는 채무자는 그러한 매각에 공식적으로 권한이 부여된 중개인 또는 공경매에 공적으로 권한을 부여받은 자를 통하여 시세(時勢)로 임의매각을 할 수 있다.

제386조 경매 비용

채무자가 공탁된 수익(hinterlegten Erlös)을 회수하지 아니한 경매 비용 또는 제385조에 따라 시행된 매각의 비용은 채권자가 부담한다.

제3절 상계

제387조 요건

2명이 상호간에 급부 목적상 동종인(die ihrem Gegenstand nach gleichartig sind) 급부를 할 의무를 지는 경우에, 일방 당사자가 자신에게 귀속되는 급부를 청구할 수 있고 자신이 부담하는 급부를 실현할 수 있는 때에는, 그 일방 당사자는 상대방의 채권에 대하여 자신의 채권으로 상계할 수 있다.

§ 388 Erklärung der Aufrechnung

Die Aufrechnung erfolgt durch Erklärung gegenüber dem anderen Teil. Die Erklärung ist unwirksam, wenn sie unter einer Bedingung oder einer Zeitbestimmung abgegeben wird.

§ 389 Wirkung der Aufrechnung

Die Aufrechnung bewirkt, dass die Forderungen, soweit sie sich decken, als in dem Zeitpunkt erloschen gelten, in welchem sie zur Aufrechnung geeignet einander gegenübergetreten sind.

§ 390 Keine Aufrechnung mit einredebehafteter Forderung

Eine Forderung, der eine Einrede entgegensteht, kann nicht aufgerechnet werden.

§ 391 Aufrechnung bei Verschiedenheit der Leistungsorte

(1) Die Aufrechnung wird nicht dadurch ausgeschlossen, dass für die Forderungen verschiedene Leistungs- oder Ablieferungsorte bestehen. Der aufrechnende Teil hat jedoch den Schaden zu ersetzen, den der andere Teil dadurch erleidet, dass er infolge der Aufrechnung die Leistung nicht an dem bestimmten Orte erhält oder bewirken kann.

(2) Ist vereinbart, dass die Leistung zu einer bestimmten Zeit an einem bestimmten Orte erfolgen soll, so ist im Zweifel anzunehmen, dass die Aufrechnung einer Forderung, für die ein anderer Leistungsort besteht, ausgeschlossen sein soll.

§ 392 Aufrechnung gegen beschlagnahmte Forderung

Durch die Beschlagnahme einer Forderung wird die Aufrechnung einer dem Schuldner gegen den Gläubiger zustehenden Forderung nur dann ausgeschlossen, wenn der Schuldner seine Forderung nach der Beschlagnahme erworben hat oder wenn seine Forderung erst nach der Beschlagnahme und später als die in Beschlag genommene Forderung fällig geworden ist.

§ 393 Keine Aufrechnung gegen Forderung aus unerlaubter Handlung

Gegen eine Forderung aus einer vorsätzlich begangenen unerlaubten Handlung ist die Aufrechnung nicht zulässig.

§ 394 Keine Aufrechnung gegen unpfändbare Forderung

Soweit eine Forderung der Pfändung nicht unterworfen ist, findet die Aufrechnung gegen die Forderung nicht statt. Gegen die aus Kranken-, Hilfs- oder Sterbekassen, insbesondere aus Knappschaftskassen und Kassen der Knappschaftsvereine, zu beziehenden Hebungen können jedoch geschuldete Beiträge aufgerechnet werden.

§ 395 Aufrechnung gegen Forderungen öffentlich-rechtlicher Körperschaften

Gegen eine Forderung des Bundes oder eines Landes sowie gegen eine Forderung einer Gemeinde oder eines anderen Kommunalverbands ist die Aufrechnung nur zulässig, wenn die Leistung an

제388조 상계의 의사표시

상계는 상대방에 대한 의사표시로써 행한다. 의사표시가 조건부(條件附) 또는 시기부(時期附)로 (unter einer Bedingung oder einer Zeitbestimmung) 행해지는 경우에 그 의사표시는 무효이다.

제389조 상계의 효력

상계로 인하여 채권들이 상응하는 범위 내에서, 그 채권들이 상계에 적합하게 서로 대립하는 (in welchem sie zur Aufrechnung geeignet einander gegenübergetreten sind) 시기에 소멸한 것으로 본다.

제390조 항변권의 대항을 받는 채권의 상계 금지

항변권에 의해 대항(對抗)을 받는 채권에 대하여는 상계할 수 없다.

제391조 이행지가 다른 경우의 상계

① 상계는 채권에 대해 다른 이행지 또는 송부지가 있음으로 인하여 상계가 금지되지 아니한다. 그럼에도 상계하는 당사자는, 상대방이 그 상계로 인하여 급부를 정해진 장소에서 받을 수 없거나 이를 실현할 수 없게 됨(dass er infolge der Aufrechnung die Leistung nicht an dem bestimmten Orte erhält oder bewirken kann)으로써 입은 손해(損害)를 배상해야 한다.

② 급부가 특정한 시기에 특정한 장소에서 행해져야 하는 것(dass die Leistung zu einer bestimmten Zeit an einem bestimmten Orte erfolgen soll)으로 합의된 경우에, 의심스러운 때에는 다른 이행지가 있는 채권의 상계는 배제된 것으로 추정한다.

제392조 압류된 채권과의 상계

채무자가 자신의 채권을 압류 후에 취득한 경우나, 자신의 채권의 이행기가 압류 후 비로소 도래하고 또 압류된 채권보다 더 늦게 이행기가 도래한(wenn seine Forderung erst nach der Beschlagnahme und später als die in Beschlag genommene Forderung fällig geworden ist) 경우에 한하여, 채무자가 채권자에 대하여 가지는 어느 채권의 상계는 그 채권에 대한 압류로 인하여 배제된다.

제393조 불법행위로 생긴 채권과의 상계 금지

고의로 자행된 불법행위로 생긴 채권에 대한 상계는 허용되지 아니한다.

제394조 압류할 수 없는 채권에 대한 상계 금지

압류할 수 없는 채권의 범위 내에서 그 채권에 대한 상계를 할 수 없다. 그럼에도 납부할 의무를 진 보험료는, 의료보험기금, 원호기금 또는 장례기금, 특히 광부의료보험기금 및 광부협회의료보험기금에서 지급받을 급여액(Gegen die aus Kranken-, Hilfs- oder Sterbekassen, insbesondere aus Knappschaftskassen und Kassen der Knappschaftsvereine, zu beziehenden Hebungen)에 대하여 상계할 수 있다.

제395조 공법상 단체의 채권에 대한 상계

상계자의 채권이 지급되어야 할 동일한 기금에 대하여 급부가 행해져야 하는 경우에 한하여 연방 또는 주, 게마인데, 그 밖의 코뮨연합의 채권에 대한(gegen eine Forderung einer Gemeinde oder

dieselbe Kasse zu erfolgen hat, aus der die Forderung des Aufrechnenden zu berichtigen ist.

§ 396 Mehrheit von Forderungen

(1) Hat der eine oder der andere Teil mehrere zur Aufrechnung geeignete Forderungen, so kann der aufrechnende Teil die Forderungen bestimmen, die gegeneinander aufgerechnet werden sollen. Wird die Aufrechnung ohne eine solche Bestimmung erklärt oder widerspricht der andere Teil unverzüglich, so findet die Vorschrift des § 366 Abs. 2 entsprechende Anwendung.

(2) Schuldet der aufrechnende Teil dem anderen Teil außer der Hauptleistung Zinsen und Kosten, so findet die Vorschrift des § 367 entsprechende Anwendung.

Titel 4 Erlass

§ 397 Erlassvertrag, negatives Schuldanerkenntnis

(1) Das Schuldverhältnis erlischt, wenn der Gläubiger dem Schuldner durch Vertrag die Schuld erlässt.

(2) Das Gleiche gilt, wenn der Gläubiger durch Vertrag mit dem Schuldner anerkennt, dass das Schuldverhältnis nicht bestehe.

Abschnitt 5 Übertragung einer Forderung

§ 398 Abtretung

Eine Forderung kann von dem Gläubiger durch Vertrag mit einem anderen auf diesen übertragen werden (Abtretung). Mit dem Abschluss des Vertrags tritt der neue Gläubiger an die Stelle des bisherigen Gläubigers.

§ 399 Ausschluss der Abtretung bei Inhaltsänderung oder Vereinbarung

Eine Forderung kann nicht abgetreten werden, wenn die Leistung an einen anderen als den ursprünglichen Gläubiger nicht ohne Veränderung ihres Inhalts erfolgen kann oder wenn die Abtretung durch Vereinbarung mit dem Schuldner ausgeschlossen ist.

§ 400 Ausschluss bei unpfändbaren Forderungen

Eine Forderung kann nicht abgetreten werden, soweit sie der Pfändung nicht unterworfen ist.

§ 401 Übergang der Neben- und Vorzugsrechte

(1) Mit der abgetretenen Forderung gehen die Hypotheken, Schiffshypotheken oder Pfandrechte, die für sie bestehen, sowie die Rechte aus einer für sie bestellten Bürgschaft auf den neuen Gläubiger über.

(2) Ein mit der Forderung für den Fall der Zwangsvollstreckung oder des Insolvenzverfahrens

eines anderen Kommunalverbands) 상계가 허용된다.

제396조 수개의 채권

① 어느 당사자 또는 상대방이 상계에 적합한 수개의 채권을 가지는 경우(Hat der eine oder der andere Teil mehrere zur Aufrechnung geeignete Forderungen)에 상계하는 자는, 서로 상계되어야 할 채권을 지정할 수 있다. 그러한 지정 없이 상계의 의사표시가 행해지거나 상대방이 지체 없이 이의를 제기한 경우에 제366조 제2항을 준용한다.

② 상계하는 자가 상대방에게 주 채무 이외에 이자, 비용을 지급할 의무를 지는 경우에 제367조의 규정을 준용한다.

제4절 채무면제

제397조 면제계약, 소극적 채무승인

① 채권자(債權者)가 계약으로(durch Vertrag) 채무자(債務者)에게 채무를 면제한 때에 채권관계는 소멸한다.

② 채권자가 채무자와의 계약으로 채권관계(債權關係)가 존재하지 않는다는 것을 인정한 때에도 또한 같다.

제5장 채권양도

제398조 채권양도

채권은 제3자와의 계약으로 채권자에서 그 제3자에게 이전할 수 있다('채권양도'; Abtretung). 그 계약의 체결(Mit dem Abschluss des Vertrags)로 채권양수인이 채권양도인(bisherigen Gläubigers)을 대신한다.

제399조 계약내용의 변경 또는 합의에 있어 양도의 배제

그 급부내용의 변경이 없이는 급부가 본래의 채권자 이외의 다른 제3자에게 행해질 수 없는 경우(wenn die Leistung an einen anderen als den ursprünglichen Gläubiger nicht ohne Veränderung ihres Inhalts erfolgen)나, 채무자와의 합의에 의하여 양도가 배제된 경우에는 채권은 양도될 수 없다.

제400 압류할 수 없는 채권의 경우 양도의 배제

채권은 이를 압류할 수 없는 범위 내에서 양도할 수 없다.

제401조 종(從)된 권리 및 우선권

① 채권을 위해 설정된 저당권, 선박저당권, 질권과, 채권을 위해 설정된 보증에서 파생하는 권리(die Rechte aus einer für sie bestellten Bürgschaft)는 양도된 채권과 함께 채권양수인에게 이전한다.

② 강제집행 또는 파산절차의 경우에 있어 채권에서 파생한 우선권(Ein mit der Forderung für den verbundenes Vorzugsrecht kann auch der neue Gläubiger geltend machen.

§ 402 Auskunftspflicht; Urkundenauslieferung

Der bisherige Gläubiger ist verpflichtet, dem neuen Gläubiger die zur Geltendmachung der Forderung nötige Auskunft zu erteilen und ihm die zum Beweis der Forderung dienenden Urkunden, soweit sie sich in seinem Besitz befinden, auszuliefern.

§ 403 Pflicht zur Beurkundung

Der bisherige Gläubiger hat dem neuen Gläubiger auf Verlangen eine öffentlich beglaubigte Urkunde über die Abtretung auszustellen. Die Kosten hat der neue Gläubiger zu tragen und vorzuschießen.

§ 404 Einwendungen des Schuldners

Der Schuldner kann dem neuen Gläubiger die Einwendungen entgegensetzen, die zur Zeit der Abtretung der Forderung gegen den bisherigen Gläubiger begründet waren.

§ 405 Abtretung unter Urkundenvorlegung

Hat der Schuldner eine Urkunde über die Schuld ausgestellt, so kann er sich, wenn die Forderung unter Vorlegung der Urkunde abgetreten wird, dem neuen Gläubiger gegenüber nicht darauf berufen, dass die Eingehung oder Anerkennung des Schuldverhältnisses nur zum Schein erfolgt oder dass die Abtretung durch Vereinbarung mit dem ursprünglichen Gläubiger ausgeschlossen sei, es sei denn, dass der neue Gläubiger bei der Abtretung den Sachverhalt kannte oder kennen musste.

§ 406 Aufrechnung gegenüber dem neuen Gläubiger

Der Schuldner kann eine ihm gegen den bisherigen Gläubiger zustehende Forderung auch dem neuen Gläubiger gegenüber aufrechnen, es sei denn, dass er bei dem Erwerb der Forderung von der Abtretung Kenntnis hatte oder dass die Forderung erst nach der Erlangung der Kenntnis und später als die abgetretene Forderung fällig geworden ist.

§ 407 Rechtshandlungen gegenüber dem bisherigen Gläubiger

(1) Der neue Gläubiger muss eine Leistung, die der Schuldner nach der Abtretung an den bisherigen Gläubiger bewirkt, sowie jedes Rechtsgeschäft, das nach der Abtretung zwischen dem Schuldner und dem bisherigen Gläubiger in Ansehung der Forderung vorgenommen wird, gegen sich gelten lassen, es sei denn, dass der Schuldner die Abtretung bei der Leistung oder der Vornahme des Rechtsgeschäfts kennt.

(2) Ist in einem nach der Abtretung zwischen dem Schuldner und dem bisherigen Gläubiger anhängig gewordenen Rechtsstreit ein rechtskräftiges Urteil über die Forderung ergangen, so muss

Fall der Zwangsvollstreckung oder des Insolvenzverfahrens verbundenes Vorzugsrecht)은 채권양수인도 행사할 수 있다.

제402조 정보제공의무; 증서교부

채권양도인은, 채권양수인에게 채권의 행사하는 데 필요한 정보를 제공해야 할 의무를 부담하고, 이를 소지하고 있는 범위 내에서(soweit sie sich in seinem Besitz befinden) 그에게 채권의 증명하기 위한 증서(die zum Beweis der Forderung dienenden Urkunden)를 교부해야 한다.

제403조 증서작성의무

채권양도인은 채권양수인에게 그 요구에 따라 채권양도에 관하여 공식인증이 된 증서(eine öffentlich beglaubigte Urkunde über die Abtretung)를 발행해 주어야 한다. 그 비용은 채권양수인이 부담하고 이를 선불로 지급해야 한다.

제404조 채무자의 항변권

채무자는 채권양도시에 채권양도인에 대하여 성립된(die zur Zeit der Abtretung der Forderung gegen den bisherigen Gläubiger begründet waren) 항변권으로 채권양수인에게 대항할 수 있다.

제405조 증서제시하의 채권양도

채무자가 채권양도에 관하여 증서를 발행한 경우에, 채권이 증서의 제시하에 양도된 때에는 그는 채권양수인에 대하여 채권관계의 발생이나 이에 대한 승인이 외관(外觀)상으로만 행해졌다는 점(dass die Eingehung oder Anerkennung des Schuldverhältnisses nur zum Schein erfolgt)이나, 본래의 채무자와의 약정으로 채권양도가 배제되었다는 점을 주장할 수 없으나, 채권양수인가 그 사실을 알았거나 알아야만 했던 경우에는(dass der neue Gläubiger bei der Abtretung den Sachverhalt kannte oder kennen musste) 그러하지 아니하다.

제406조 채권양수인에 대한 상계

채무자는 채권양도인에 대하여 자신이 가지고 있는 채권을 채권양수인에 대해서도 상계할 수 있으나, 채무자가 그 채권 취득시에 양도사실을 알았던 경우나, 이를 알게 된 후 비로소 채권의 이행기가 도래하고 또 양도된 채권보다 더 늦게 이행기가 도래한 경우(dass die Forderung erst nach der Erlangung der Kenntnis und später als die abgetretene Forderung fällig geworden ist)에는 그러하지 아니하다.

제407조 채권양도인에 대한 법률행위

① 채권양수인은, 채권양도 후 채무자가 채권양도인에게 이행하는 급부와, 채권양도 후 채무자와 채권양도인 사이에 해당 채권에 대하여 행해진 각 법률행위를 자신에 대하여 효력이 미치는 것으로 수용해야(gegen sich gelten lassen)만 하고, 다만 채무자(債務者)가 그 이행시나 그 법률행위를 할 당시에 채권양도를 알고 있는 경우에는 그러하지 아니하다.

② 채무자와 채권양도인 사이의 채권 양도 후에 계속 중인 소송에서 확정판결이 채권에 대하여 선고되는 경우에는 채권양수인은 그 판결을 자신에 대하여 효력이 미치는 것으로 수용해야만 하

der neue Gläubiger das Urteil gegen sich gelten lassen, es sei denn, dass der Schuldner die Abtretung bei dem Eintritt der Rechtshängigkeit gekannt hat.

§ 408 Mehrfache Abtretung

(1) Wird eine abgetretene Forderung von dem bisherigen Gläubiger nochmals an einen Dritten abgetreten, so finden, wenn der Schuldner an den Dritten leistet oder wenn zwischen dem Schuldner und dem Dritten ein Rechtsgeschäft vorgenommen oder ein Rechtsstreit anhängig wird, zugunsten des Schuldners die Vorschriften des § 407 dem früheren Erwerber gegenüber entsprechende Anwendung.

(2) Das Gleiche gilt, wenn die bereits abgetretene Forderung durch gerichtlichen Beschluss einem Dritten überwiesen wird oder wenn der bisherige Gläubiger dem Dritten gegenüber anerkennt, dass die bereits abgetretene Forderung kraft Gesetzes auf den Dritten übergegangen sei.

§ 409 Abtretungsanzeige

(1) Zeigt der Gläubiger dem Schuldner an, dass er die Forderung abgetreten habe, so muss er dem Schuldner gegenüber die angezeigte Abtretung gegen sich gelten lassen, auch wenn sie nicht erfolgt oder nicht wirksam ist. Der Anzeige steht es gleich, wenn der Gläubiger eine Urkunde über die Abtretung dem in der Urkunde bezeichneten neuen Gläubiger ausgestellt hat und dieser sie dem Schuldner vorlegt.

(2) Die Anzeige kann nur mit Zustimmung desjenigen zurückgenommen werden, welcher als der neue Gläubiger bezeichnet worden ist.

§ 410 Aushändigung der Abtretungsurkunde

(1) Der Schuldner ist dem neuen Gläubiger gegenüber zur Leistung nur gegen Aushändigung einer von dem bisherigen Gläubiger über die Abtretung ausgestellten Urkunde verpflichtet. Eine Kündigung oder eine Mahnung des neuen Gläubigers ist unwirksam, wenn sie ohne Vorlegung einer solchen Urkunde erfolgt und der Schuldner sie aus diesem Grunde unverzüglich zurückweist.

(2) Diese Vorschriften finden keine Anwendung, wenn der bisherige Gläubiger dem Schuldner die Abtretung schriftlich angezeigt hat.

§ 411 Gehaltsabtretung

Tritt eine Militärperson, ein Beamter, ein Geistlicher oder ein Lehrer an einer öffentlichen Unterrichtsanstalt den übertragbaren Teil des Diensteinkommens, des Wartegelds oder des Ruhegehalts ab, so ist die auszahlende Kasse durch Aushändigung einer von dem bisherigen Gläubiger ausgestellten, öffentlich oder amtlich beglaubigten Urkunde von der Abtretung zu benachrichtigen. Bis zur Benachrichtigung gilt die Abtretung als der Kasse nicht bekannt.

§ 412 Gesetzlicher Forderungsübergang

고, 다만 채무자(債務者)가 소송계속 발생시에 채권양도를 알았던 경우(dass der Schuldner die Abtretung bei dem Eintritt der Rechtshängigkeit gekannt hat)에는 그러하지 아니하다.

제408조 채권의 이중양도

① 양도된 채권이 채권양도인에서 제3자에게 다시 양도된 경우에, 채무자가 그 제3자에 대하여 이행하는 때나, 채무자와 제3자 간에 새로운 법률행위가 행해지거나 소송이 계속되는 때에는(wenn zwischen dem Schuldner und dem Dritten ein Rechtsgeschäft vorgenommen oder ein Rechtsstreit anhängig wird) 채무자를 위하여(zugunsten des Schuldners) 제407조의 규정을 제1의 양수인에 대하여 준용한다.

② 이미 양도된 채권이 법원의 결정에 의하여 제3자에게 이전되거나, 채권양도인이 제3자에 대하여 이미 양도된 채권이 법률에 기하여 제3자에게 이전된 점(dass die bereits abgetretene Forderung kraft Gesetzes auf den Dritten übergegangen sei)을 인정하는 경우에도 또한 같다.

제409조 채권양도 통지

① 채권자가 채무자에게, 자신이 채권을 양도했다는 점을 통지한 경우에(Zeigt der Gläubiger dem Schuldner an, dass er die Forderung abgetreten habe) 채권자는, 채권양도가 이뤄지지 않거나 효력이 없을지라도 채무자에게 통지된 채권양도를 자신에 대하여 효력이 미치는 것으로 수용해야만 한다. 채권자가 채권양도에 관한 증서를 증서에 표시된 채권양수인에게 발행해 주고 그 채권자가 이를 채무자에게 제시한 경우에 이는 그 통지와 동일시된다.

② 통지는 채권양수인로서 표시된(welcher als der neue Gläubiger bezeichnet worden ist) 사람의 동의가 있어야만 철회될 수 있다.

제410조 채권양도증서의 교부

① 채무자는 채권양수인에게, 채권양도인이 채권양도에 관하여 발행한 증서와 상환으로만 이행할 의무를 진다. 채권양수인에 대한 해지 또는 최고(Eine Kündigung oder eine Mahnung des neuen Gläubigers)는, 그러한 증서의 제시 없이 행해지고 채무자가 이러한 이유에서 지체 없이 이를 거부한 경우(der Schuldner sie aus diesem Grunde unverzüglich zurückweist)에는 효력이 없다

② 채권양도인이 채무자에게 채권양도를 서면으로 통지한 경우에는 제1항의 규정을 적용하지 아니한다.

제411조 보수채권의 양도

군인, 공무원, 성직자(聖職者) 또는 공공 교육기관의 교사(eine Militärperson, ein Beamter, ein Geistlicher oder ein Lehrer an einer öffentlichen Unterrichtsanstalt)가 봉급(俸給), 대기수당 또는 퇴직금의 양도 가능한 부분을 양도한 경우에, 이를 지급해야 하는 기금은 채권양도인이 발행하거나, 공식인증이 되거나 관청이 인증한 증서의 교부에 의하여 채권양도에 관하여 통지를 받아야 한다. 그러한 통지시까지 그 기금이 채권양도를 알지 못한 것으로(als der Kasse nicht bekannt) 본다.

제412조 법률에 의한 채권양도

Auf die Übertragung einer Forderung kraft Gesetzes finden die Vorschriften der §§ 399 bis 404, 406 bis 410 entsprechende Anwendung.

§ 413 Übertragung anderer Rechte

Die Vorschriften über die Übertragung von Forderungen finden auf die Übertragung anderer Rechte entsprechende Anwendung, soweit nicht das Gesetz ein anderes vorschreibt.

Abschnitt 6 Schuldübernahme

§ 414 Vertrag zwischen Gläubiger und Übernehmer

kann von einem Dritten durch Vertrag mit dem Gläubiger in der Weise übernommen werden, dass der Dritte an die Stelle des bisherigen Schuldners tritt.

§ 415 Vertrag zwischen Schuldner und Übernehmer

(1) Wird die Schuldübernahme von dem Dritten mit dem Schuldner vereinbart, so hängt ihre Wirksamkeit von der Genehmigung des Gläubigers ab. Die Genehmigung kann erst erfolgen, wenn der Schuldner oder der Dritte dem Gläubiger die Schuldübernahme mitgeteilt hat. Bis zur Genehmigung können die Parteien den Vertrag ändern oder aufheben.

(2) Wird die Genehmigung verweigert, so gilt die Schuldübernahme als nicht erfolgt. Fordert der Schuldner oder der Dritte den Gläubiger unter Bestimmung einer Frist zur Erklärung über die Genehmigung auf, so kann die Genehmigung nur bis zum Ablauf der Frist erklärt werden; wird sie nicht erklärt, so gilt sie als verweigert.

(3) Solange nicht der Gläubiger die Genehmigung erteilt hat, ist im Zweifel der Übernehmer dem Schuldner gegenüber verpflichtet, den Gläubiger rechtzeitig zu befriedigen. Das Gleiche gilt, wenn der Gläubiger die Genehmigung verweigert.

§ 416 Übernahme einer Hypothekenschuld

(1) Übernimmt der Erwerber eines Grundstücks durch Vertrag mit dem Veräußerer eine Schuld des Veräußerers, für die eine Hypothek an dem Grundstück besteht, so kann der Gläubiger die Schuldübernahme nur genehmigen, wenn der Veräußerer sie ihm mitteilt. Sind seit dem Empfang der Mitteilung sechs Monate verstrichen, so gilt die Genehmigung als erteilt, wenn nicht der Gläubiger sie dem Veräußerer gegenüber vorher verweigert hat; die Vorschrift des § 415 Abs. 2 Satz 2 findet keine Anwendung.

(2) Die Mitteilung des Veräußerers kann erst erfolgen, wenn der Erwerber als Eigentümer im Grundbuch eingetragen ist. Sie muss schriftlich geschehen und den Hinweis enthalten, dass der Übernehmer an die Stelle des bisherigen Schuldners tritt, wenn nicht der Gläubiger die Verweigerung innerhalb der sechs Monate erklärt.

법률에 의한 채권양도에 대하여 제399조 내지 제404조, 제406조 내지 제410조의 규정을 준용한다.

제413조 기타 권리의 양도

이 법률이 달리 규정하지 않는 한(soweit nicht das Gesetz ein anderes vorschreibt), 채권 양도에 관한 규정을 그 밖의 권리의 양도에 대하여(auf die Übertragung anderer Rechte entsprechende Anwendung) 준용한다.

제6장 채무인수

제414조 채권자와 채무인수인 간의 계약

채무(Eine Schuld)는, 제3자가 종전의 채무자에 갈음하는(dass der Dritte an die Stelle des bisherigen Schuldners tritt) 방식에 의한 채권자와의 계약에 의하여 제3자가 이를 인수할 수 있다.

제415조 채무자와 채무인수인간의 계약

① 채무인수가 채무자와 제3자 간에 의무를 진 경우에 채권자의 추인(追認)에 의하여 그 좌우된다. 채무자 또는 제3자가 채권자에게 채무인수를 통지한 때에 비로소 그 추인은 행해질 수 있다. 각 당사자는 추인시까지(Bis zur Genehmigung) 그 계약을 변경하거나 실효시킬 수 있다.

② 추인이 거절된 경우 채무인수는 행해지지 않은 것으로 간주된다. 채무자 또는 제3자가 채권자에게 기간의 설정 하에 추인(追認) 여부에 대한 의사표시를 최고한 요구한 경우에, 그 기간의 경과할 때까지에 한하여 추인의 의사표시가 행해질 수있다(so kann die Genehmigung nur bis zum Ablauf der Frist erklärt werden; wird sie nicht erklärt) ; 그 의사표시가 행해지지 않은 경우에 추인은 거절된 것으로 본다.

③ 채권자가 추인을 하지 않은 동안에 의심스러운 때에는 채무인수인이 채무자에 대하여, 적시에 채권자를 만족시킬 의무를 진다. 채권자가 채무인수를 거절하는 경우에도 또한 같다.

제416조 저당채무의 인수

① 토지의 취득자가 양도인과의 계약으로 토지에 대하여 저당권이 설정된 양도인의 채무를 인수하는 경우에 채권자는, 양도인이 자신에게 이를 통지한 경우에(wenn der Veräußerer sie ihm mitteilt) 한하여 채무인수를 추인할 수 있다. 채권자가 양도인에 대하여 사전에 추인을 거절하지 않은 때에는(wenn nicht der Gläubiger sie dem Veräußerer gegenüber vorher verweigert hat), 통지를 받은 때로부터 6개월이 경과한 경우에(Sind seit dem Empfang der Mitteilung sechs Monate verstrichen) 추인이 행해진 것으로 본다; 제415조 제2항 제2문의 규정을 적용한다.

② 양도인의 통지는 토지취득자가가 소유권자로 토지등기부에 등재된 경우에 한하여 비로소 행해질 수 있다. 그 통지는 서면으로 행해져야만 하고, 채무인수인이 채권자가 6개월 이내에 거절의 의사표시를 하지 않은 한 종전의 채무자를 갈음한다(dass der Übernehmer an die Stelle des bisherigen Schuldners tritt, wenn nicht der Gläubiger die Verweigerung innerhalb der sechs Monate erklärt)는 언급이 포함되어야만 한다.

(3) Der Veräußerer hat auf Verlangen des Erwerbers dem Gläubiger die Schuldübernahme mitzuteilen. Sobald die Erteilung oder Verweigerung der Genehmigung feststeht, hat der Veräußerer den Erwerber zu benachrichtigen.

§ 417 Einwendungen des Übernehmers

(1) Der Übernehmer kann dem Gläubiger die Einwendungen entgegensetzen, welche sich aus dem Rechtsverhältnis zwischen dem Gläubiger und dem bisherigen Schuldner ergeben. Eine dem bisherigen Schuldner zustehende Forderung kann er nicht aufrechnen.
(2) Aus dem der Schuldübernahme zugrunde liegenden Rechtsverhältnis zwischen dem Übernehmer und dem bisherigen Schuldner kann der Übernehmer dem Gläubiger gegenüber Einwendungen nicht herleiten.

§ 418 Erlöschen von Sicherungs- und Vorzugsrechten

(1) Infolge der Schuldübernahme erlöschen die für die Forderung bestellten Bürgschaften und Pfandrechte. Besteht für die Forderung eine Hypothek oder eine Schiffshypothek, so tritt das Gleiche ein, wie wenn der Gläubiger auf die Hypothek oder die Schiffshypothek verzichtet. Diese Vorschriften finden keine Anwendung, wenn der Bürge oder derjenige, welchem der verhaftete Gegenstand zur Zeit der Schuldübernahme gehört, in diese einwilligt.
(2) Ein mit der Forderung für den Fall des Insolvenzverfahrens verbundenes Vorzugsrecht kann nicht im Insolvenzverfahren über das Vermögen des Übernehmers geltend gemacht werden.

§ 419 (weggefallen)

Abschnitt 7 Mehrheit von Schuldnern und Gläubigern

§ 420 Teilbare Leistung

Schulden mehrere eine teilbare Leistung oder haben mehrere eine teilbare Leistung zu fordern, so ist im Zweifel jeder Schuldner nur zu einem gleichen Anteil verpflichtet, jeder Gläubiger nur zu einem gleichen Anteil berechtigt.

§ 421 Gesamtschuldner

Schulden mehrere eine Leistung in der Weise, dass jeder die ganze Leistung zu bewirken verpflichtet, der Gläubiger aber die Leistung nur einmal zu fordern berechtigt ist (Gesamtschuldner), so kann der Gläubiger die Leistung nach seinem Belieben von jedem der Schuldner ganz oder zu einem Teil fordern. Bis zur Bewirkung der ganzen Leistung bleiben sämtliche Schuldner verpflichtet.

§ 422 Wirkung der Erfüllung

③ 양도인은 취득자의 요구가 있는 경우 채무자에게 채무인수를 통지해야 한다. 추인 혹은 추인의 거절이 정해지자마자(Sobald die Erteilung oder Verweigerung der Genehmigung feststeht) 양도인의 취득자에게 이를 통지해야 한다.

제417조 채무인수인의 항변권

① 채무인수인은 채권자에게 채권자와 종전의 채무자 사이의 법률관계에서 발생한(welche sich aus dem Rechtsverhältnis zwischen dem Gläubiger und dem bisherigen Schuldner ergeben) 항변권으로 대항할 수 있다. 채무인수인은 종전의 채무자에게 귀속된 채권으로 상계할 수 없다.

② 채무인수인은 채무인수의 기초가 되는 채무인수인과 종전의 채무자 간의 법률관계로부터(aus dem der Schuldübernahme zugrunde liegenden Rechtsverhältnis zwischen dem Übernehmer und dem bisherigen Schuldner) 채권자에 대한 항변을 도출할 수 없다.

제418조 담보권과 우선권의 소멸

① 채무인수로 인하여 채권에 대하여 설정된 보증 및 질권이 소멸한다. 저당권 또는 서박저당권이 채권에 설정된 경우에 채권자가 저당권 또는 선박저당권을 포기한 것과 같은 동일한 효과가 발생한다(so tritt das Gleiche ein, wie wenn der Gläubiger auf die Hypothek oder die Schiffshypothek verzichtet). 보증인 또는 채무인수시를 기준으로 담보물이 귀속된(welchem der verhaftete Gegenstand zur Zeit der Schuldübernahme gehört), 자가 이에 대하여 동의를 하지 않은 경우에는 이러한 규정은 적용하지 아니한다.

② 파산절자의 경우에 채권으로 인해 생긴 우선권(優先權)은 채무인수인의 재산에 관한 파산절차에서(im Insolvenzverfahren über das Vermögen des Übernehmers) 행사(行使)될 수 없다.

제419조 삭제

제7장 수인의 채무자 및 채권자

제420조 가분적(可分的) 급부

수인(數人)이 가분급부(可分給付)를 이행할 의무가 있거나 수인이 가분급부(可分給付)를 청구해야 하는 경우에 의심스러운 때에는 각 채무자는 균등한 비율만을 이행할 의무를 지고, 각 채권자는 균등한 비율만을 청구할 권리가 있다.

제421조 연대채무자

각자가 급부 전체를 실현할 의무를 지지만, 채권자는 급부(給付) 전체(全體)로 한 번만 청구할 권리가 있는 방식으로, 수인이 급부를 이행할 의무를 지는 경우(연대채무자; Gesamtschuldner)에, 채권자는 자신의 임의대로 각 채무자에게 전체 또는 일부의 급부를 청구할 수 있다. 급부 전체가 이행될 때까지(Bis zur Bewirkung der ganzen Leistung) 채무자 전원이 의무를 진다.

제422조 변제의 효과

(1) Die Erfüllung durch einen Gesamtschuldner wirkt auch für die übrigen Schuldner. Das Gleiche gilt von der Leistung an Erfüllungs statt, der Hinterlegung und der Aufrechnung.
(2) Eine Forderung, die einem Gesamtschuldner zusteht, kann nicht von den übrigen Schuldnern aufgerechnet werden.

§ 423 Wirkung des Erlasses
Ein zwischen dem Gläubiger und einem Gesamtschuldner vereinbarter Erlass wirkt auch für die übrigen Schuldner, wenn die Vertragschließenden das ganze Schuldverhältnis aufheben wollten.

§ 424 Wirkung des Gläubigerverzugs
Der Verzug des Gläubigers gegenüber einem Gesamtschuldner wirkt auch für die übrigen Schuldner.

§ 425 Wirkung anderer Tatsachen
(1) Andere als die in den §§ 422 bis 424 bezeichneten Tatsachen wirken, soweit sich nicht aus dem Schuldverhältnis ein anderes ergibt, nur für und gegen den Gesamtschuldner, in dessen Person sie eintreten.
(2) Dies gilt insbesondere von der Kündigung, dem Verzug, dem Verschulden, von der Unmöglichkeit der Leistung in der Person eines Gesamtschuldners, von der Verjährung, deren Neubeginn, Hemmung und Ablaufhemmung, von der Vereinigung der Forderung mit der Schuld und von dem rechtskräftigen Urteil.

§ 426 Ausgleichungspflicht, Forderungsübergang
(1) Die Gesamtschuldner sind im Verhältnis zueinander zu gleichen Anteilen verpflichtet, soweit nicht ein anderes bestimmt ist. Kann von einem Gesamtschuldner der auf ihn entfallende Beitrag nicht erlangt werden, so ist der Ausfall von den übrigen zur Ausgleichung verpflichteten Schuldnern zu tragen.
(2) Soweit ein Gesamtschuldner den Gläubiger befriedigt und von den übrigen Schuldnern Ausgleichung verlangen kann, geht die Forderung des Gläubigers gegen die übrigen Schuldner auf ihn über. Der Übergang kann nicht zum Nachteil des Gläubigers geltend gemacht werden.

§ 427 Gemeinschaftliche vertragliche Verpflichtung
Verpflichten sich mehrere durch Vertrag gemeinschaftlich zu einer teilbaren Leistung, so haften sie im Zweifel als Gesamtschuldner.

§ 428 Gesamtgläubiger
Sind mehrere eine Leistung in der Weise zu fordern berechtigt, dass jeder die ganze Leistung fordern kann, der Schuldner aber die Leistung nur einmal zu bewirken verpflichtet ist

① 연대채무자 1인에 의한 변제는 나머지 채무자에 대해서도 효력이 있다. 대물변제, 공탁 또는 상계가 행해진 경우에도 또한 같다.
② 연대채무자 1인에게 귀속된 채권으로(Eine Forderung, die einem Gesamtschuldner zusteht) 나머지 채권자는 상계할 수 없다.

제423조 채무면제의 효과
채권자와 연대채무자 1인 간에 합의된 채무면제는, 계약당사자들이 채권관계 전체를 실효시키고자 한 때에는 나머지 채무자들에 대해서도 효력이 있다.

제424조 채권자지체의 효과
연대채무자 1인에 대한 채권자지체는 나머지 채무자들에 대해서도(auch für die übrigen Schuldner) 효력이 있다.

제425조 그 밖의 사실의 효력
① 제422조 내지 제424조에 언급된 사실 이외의 사실은 채권관계에서 달리 정하지 않는 범위 내에서(soweit sich nicht aus dem Schuldverhältnis ein anderes ergibt), 그 사실이 발생한 연대채무자를 위해서만 또 그 사실이 발생한 연대채무자에 대해서만 효력이 있다.
② 특히 해지, 지체, 과책, 연대채무자 1인에 대한 급부불능, 소멸시효, 재개시(再開始)·정지(停止)·완성유예(完成猶豫), 채무와 채권의 혼동 그리고 확정판결에 대해서도(von der Vereinigung der Forderung mit der Schuld und von dem rechtskräftigen Urteil) 또한 제1항과 같다.

제426조 구상채무, 채권이전
① 달리 정함이 없는 한, 연대채무자는 상호간 비율에 있어 균등한 비율을 부담한다. 연대채무자 1인에 배정된 분담액에 대해 그 1인에게서 만족을 얻을 수 없는 경우에(Kann von einem Gesamtschuldner der auf ihn entfallende Beitrag nicht erlangt werden) 그 부족부분을 구상채무를 부담하는 나머지 연대채무자들이 부담한다.
② 연대채무자 1인이 채권자를 만족시키고 나머지 연대채무자들에 대하여 구상할(von den übrigen Schuldnern Ausgleichung verlangen) 수 있는 범위 내에서, 나머지 채무자들에 대한 채권자의 채권은 그 연대채무자 1인에게 이전한다. 그 이전은 채권자의 불이익으로(zum Nachteil des Gläubigers) 이뤄질 수 없다.

제427조 공동의 계약상 채무
수인이 계약에 의해 공동으로 가분적(可分的) 급부를 이행할 의무를 부담하는 경우에 의심스러운 때에는 그들은 연대채무자로서 이에 대해 책임을 진다.

제428조 연대채권자
각자가 급부(給付) 전체(全體)를 청구할 수 있지만, 채무자는 급부(給付) 전체(全體)로 한 번만 실현하는 방식으로 수인이 급부를 청구할 권리를 갖는 경우('연대채권자'; Gesamtgläubiger)에, 채무자

(Gesamtgläubiger), so kann der Schuldner nach seinem Belieben an jeden der Gläubiger leisten. Dies gilt auch dann, wenn einer der Gläubiger bereits Klage auf die Leistung erhoben hat.

§ 429 Wirkung von Veränderungen

(1) Der Verzug eines Gesamtgläubigers wirkt auch gegen die übrigen Gläubiger.

(2) Vereinigen sich Forderung und Schuld in der Person eines Gesamtgläubigers, so erlöschen die Rechte der übrigen Gläubiger gegen den Schuldner.

(3) Im Übrigen finden die Vorschriften der §§ 422, 423, 425 entsprechende Anwendung. Insbesondere bleiben, wenn ein Gesamtgläubiger seine Forderung auf einen anderen überträgt, die Rechte der übrigen Gläubiger unberührt.

§ 430 Ausgleichungspflicht der Gesamtgläubiger

Die Gesamtgläubiger sind im Verhältnis zueinander zu gleichen Anteilen berechtigt, soweit nicht ein anderes bestimmt ist.

§ 431 Mehrere Schuldner einer unteilbaren Leistung

Schulden mehrere eine unteilbare Leistung, so haften sie als Gesamtschuldner.

§ 432 Mehrere Gläubiger einer unteilbaren Leistung

(1) Haben mehrere eine unteilbare Leistung zu fordern, so kann, sofern sie nicht Gesamtgläubiger sind, der Schuldner nur an alle gemeinschaftlich leisten und jeder Gläubiger nur die Leistung an alle fordern. Jeder Gläubiger kann verlangen, dass der Schuldner die geschuldete Sache für alle Gläubiger hinterlegt oder, wenn sie sich nicht zur Hinterlegung eignet, an einen gerichtlich zu bestellenden Verwahrer abliefert.

(2) Im Übrigen wirkt eine Tatsache, die nur in der Person eines der Gläubiger eintritt, nicht für und gegen die übrigen Gläubiger.

Abschnitt 8 Einzelne Schuldverhältnisse

Titel 1 Kauf, Tausch

*) Amtlicher Hinweis:

Dieser Titel dient der Umsetzung der Richtlinie 1999/44/EG des Europäischen Parlaments und des Rates vom 25. Mai 1999 zu bestimmten Aspekten des Verbrauchsgüterkaufs und der Garantien für Verbrauchsgüter (ABl. EG Nr. L 171 S. 12).

Untertitel 1 Allgemeine Vorschriften

는 자신의 임의대로(nach seinem Belieben) 각 채권자(債權者)에게 급부(給付)를 실현할 수 있다. 채권자 중 1인이 이미 이행의 소(訴)(Klage auf die Leistung)를 제기한 경우에도 또한 같다.

제429조 변동의 효력

① 연대채권자(連帶債權者) 1인의 지체(遲滯)는 나머지 연대채권자들에 대해서도 효력(效力)이 있다.

② 연대채권자 1인에 대하여 채권 및 채무가 혼동된 경우에 채무자에 대한 나머지 채권자들의 권리도 소멸한다.

③ 그 밖에 제422조, 제423조, 제425조의 규정을 준용한다. 특히 연대채권자 1인이 자신의 채권을 다른 연대채권자 1인에게 이전하는 경우에 나머지 연대채권자들의 권리는 영향을 받지 아니한다(die Rechte der übrigen Gläubiger unberührt).

제430조 연대채권자들의 구상채무

달리 정함이 없는 한, 연대채권자들은 상호간 비율에 있어 균등한 비율로(im Verhältnis zueinander zu gleichen Anteilen) 권리를 갖는다.

제431조 하나의 불가분급부에 대한 수인의 채무자들

수인이 불가분급부를 이행할 의무를 부담하는 경우 그들은 연대채무자로서 책임을 진다.

제432조 하나의 불가분급부에 대한 수인의 채권자들

① 수인이 하나의 불가분급부를 청구해야 하는 경우에, 수인이 연대채권자가 아닌 한, 채무자들은 모든 채권자들에 대하여 공동으로만 급부를 이행하고 각 채권자는 급부를 모든 채권자에 대하여 청구할 수 있다. 각 채권자는 채무자가 의무를 진 물건을 모든 채권자를 위하여 공탁할 것을(dass der Schuldner die geschuldete Sache für alle Gläubiger hinterlegt) 청구할 수 있고, 그 물건이 공탁에 적합하지 않은 경우에는 법원이 지정한 보관인에게 송부할 것을 청구할 수 있다.

② 그 밖의 경우에 채권자 1인에게만 발생한 사실은 나머지 채권자들을 위하여 또 나머지 채권자들에 대하여 효력이 없다.

제8장 개별 채권관계

제1절 매매·교환

*) 공식 주(注):

이 절은, 「소비재매매와, 소비재에 대한 보증에 대한 특정 관점(bestimmten Aspekten des Verbrauchsgüterkaufs und der Garantien für Verbrauchsgüter)에 관한 1999. 5. 25.의 유럽연합 의회 및 이사회 1999/44/EG호 지침」(ABl. EG Nr. L 171 S. 12)의 시행(施行)에 기여한다.

제1관 총칙

§ 433 Vertragstypische Pflichten beim Kaufvertrag

(1) Durch den Kaufvertrag wird der Verkäufer einer Sache verpflichtet, dem Käufer die Sache zu übergeben und das Eigentum an der Sache zu verschaffen. Der Verkäufer hat dem Käufer die Sache frei von Sach- und Rechtsmängeln zu verschaffen.

(2) Der Käufer ist verpflichtet, dem Verkäufer den vereinbarten Kaufpreis zu zahlen und die gekaufte Sache abzunehmen.

§ 434 Sachmangel

(1) Die Sache ist frei von Sachmängeln, wenn sie bei Gefahrübergang die vereinbarte Beschaffenheit hat. Soweit die Beschaffenheit nicht vereinbart ist, ist die Sache frei von Sachmängeln,

1. wenn sie sich für die nach dem Vertrag vorausgesetzte Verwendung eignet, sonst
2. wenn sie sich für die gewöhnliche Verwendung eignet und eine Beschaffenheit aufweist, die bei Sachen der gleichen Art üblich ist und die der Käufer nach der Art der Sache erwarten kann.

Zu der Beschaffenheit nach Satz 2 Nr. 2 gehören auch Eigenschaften, die der Käufer nach den öffentlichen Äußerungen des Verkäufers, des Herstellers (§ 4 Abs. 1 und 2 des Produkthaftungsgesetzes) oder seines Gehilfen insbesondere in der Werbung oder bei der Kennzeichnung über bestimmte Eigenschaften der Sache erwarten kann, es sei denn, dass der Verkäufer die Äußerung nicht kannte und auch nicht kennen musste, dass sie im Zeitpunkt des Vertragsschlusses in gleichwertiger Weise berichtigt war oder dass sie die Kaufentscheidung nicht beeinflussen konnte.

(2) Ein Sachmangel ist auch dann gegeben, wenn die vereinbarte Montage durch den Verkäufer oder dessen Erfüllungsgehilfen unsachgemäß durchgeführt worden ist. Ein Sachmangel liegt bei einer zur Montage bestimmten Sache ferner vor, wenn die Montageanleitung mangelhaft ist, es sei denn, die Sache ist fehlerfrei montiert worden.

(3) Einem Sachmangel steht es gleich, wenn der Verkäufer eine andere Sache oder eine zu geringe Menge liefert.

§ 435 Rechtsmangel

Die Sache ist frei von Rechtsmängeln, wenn Dritte in Bezug auf die Sache keine oder nur die im Kaufvertrag übernommenen Rechte gegen den Käufer geltend machen können. Einem Rechtsmangel steht es gleich, wenn im Grundbuch ein Recht eingetragen ist, das nicht besteht.

§ 436 Öffentliche Lasten von Grundstücken

(1) Soweit nicht anders vereinbart, ist der Verkäufer eines Grundstücks verpflichtet, Erschließungsbeiträge und sonstige Anliegerbeiträge für die Maßnahmen zu tragen, die bis zum

제433조 매매계약에서의 전형적 의무

① 매매계약으로 물건의 매도인은 매수인에게 그 물건을 인도할 의무를 부담하고 또 그 물건에 대한 소유권을 이전할(das Eigentum an der Sache zu verschaffen) 의무를 부담한다. 매도인은 매수인에게 물건하자 및 권리하자 없는 물건(을 이전해야 한다.

② 매수인은 매도인에게 약정한 매매대금을 지급할 의무를 지고 또 매수한 물건을 수령(die gekaufte Sache abzunehmen)할 의무를 진다.

제434조 물건하자

① 해당 물건이 위험이전시에 약정한 성상을 가진 경우에는 물건에 하자가 없는 것이다. 성상이 약정되지 않은 경우에는(Soweit die Beschaffenheit nicht vereinbart ist) 다음 각 호에 물건에 하자가 없는 것이다,

1. 해당 물건이 계약에 좇아 전제된 용도(für die nach dem Vertrag vorausgesetzte Verwendung)에 적합한 경우,
2. 그러한 전제된 용도가 없는 경우에는 해당 물건이 통상적 용도(für die gewöhnliche Verwendung)에 적합하고 동종의 물건(物件)에 통상적으로 존재하며 매수인이 그 (동종의) 물건의 성질상(nach der Art der Sache) 기대할 수 있는 성상(性狀)을 갖춘 경우.

매수인이 매도인, 제조자(제조물책임법 제4조 제1항, 제2항) 또는 그 보조인의 공식적(公式的) 진술(陳述)에 따라, 특히 물건의 일정한 성질(性質)에 관한 광고(廣告) 또는 표시(標示)로 기대할 수 있는 성질(性質)도 제2문 제2호의 성상에 포함되나, 매도인이 그 진술을 알 수 없었고 알 필요도 없었던 경우(dass der Verkäufer die Äußerung nicht kannte und auch nicht kennen musste), 그 진술이 계약체결 당시에 동등(同等)한 방식에 의해 정정된 경우, 그 진술이 매매결정에 영향을 미칠 수 없었던 경우는 그러하지 아니하다.

② 약정한 조립(die vereinbarte Montage)이 매도인 또는 그 이행보조자에 의해 부적절하게 시행된 경우에도 물건하자가 있는 것이다. 또한 조립안내에 하자가 있는 경우도 일정한 물건의 조립에 있어 물건하자가 있는 것(Ein Sachmangel liegt bei einer zur Montage bestimmten Sache ferner vor)이나, 물건이 하자 없이 조립된 경우에는 그러하지 아니하다.

③ 매도인에게 다른 물건 또는 과소한 양(量)을 인도한 경우에도 물건하자와 동일시된다.

제435조 권리하자

제3자가 물건에 관련하여 매수인에 대해, 권리를 행사할 수 없거나 매매계약으로 이전된 권리만을 행사할 수 있을 뿐인(nur die im Kaufvertrag übernommenen Rechte gegen den Käufer geltend machen können) 경우에는 권리하자가 없는 것이다. 존재하지 않은 권리가 토지등기부에 등기된 경우에는 권리하자와 동일시된다.

제436조 토지에 대한 공적부담

① 달리 약정되지 않는 한, 토지의 매도인은, 그 금액채무의 발생시기를 불문하고(unabhängig vom Zeitpunkt des Entstehens der Beitragsschuld), 공공서비스개발부담금(Erschließungsbeiträge)과 계

Tage des Vertragsschlusses bautechnisch begonnen sind, unabhängig vom Zeitpunkt des Entstehens der Beitragsschuld.

(2) Der Verkäufer eines Grundstücks haftet nicht für die Freiheit des Grundstücks von anderen öffentlichen Abgaben und von anderen öffentlichen Lasten, die zur Eintragung in das Grundbuch nicht geeignet sind.

§ 437 Rechte des Käufers bei Mängeln

Ist die Sache mangelhaft, kann der Käufer, wenn die Voraussetzungen der folgenden Vorschriften vorliegen und soweit nicht ein anderes bestimmt ist,

1. nach § 439 Nacherfüllung verlangen,
2. nach den §§ 440, 323 und 326 Abs. 5 von dem Vertrag zurücktreten oder nach § 441 den Kaufpreis mindern und
3. nach den §§ 440, 280, 281, 283 und 311a Schadensersatz oder nach § 284 Ersatz vergeblicher Aufwendungen verlangen.

§ 438 Verjährung der Mängelansprüche

(1) Die in § 437 Nr. 1 und 3 bezeichneten Ansprüche verjähren

1. in 30 Jahren, wenn der Mangel
   a) in einem dinglichen Recht eines Dritten, auf Grund dessen Herausgabe der Kaufsache verlangt werden kann, oder
   b) in einem sonstigen Recht, das im Grundbuch eingetragen ist,

besteht,

2. in fünf Jahren
   a) bei einem Bauwerk und
   b) bei einer Sache, die entsprechend ihrer üblichen Verwendungsweise für ein Bauwerk verwendet worden ist und dessen Mangelhaftigkeit verursacht hat, und
3. im Übrigen in zwei Jahren.

(2) Die Verjährung beginnt bei Grundstücken mit der Übergabe, im Übrigen mit der Ablieferung der Sache.

(3) Abweichend von Absatz 1 Nr. 2 und 3 und Absatz 2 verjähren die Ansprüche in der regelmäßigen Verjährungsfrist, wenn der Verkäufer den Mangel arglistig verschwiegen hat. Im Falle des Absatzes 1 Nr. 2 tritt die Verjährung jedoch nicht vor Ablauf der dort bestimmten Frist ein.

(4) Für das in § 437 bezeichnete Rücktrittsrecht gilt § 218. Der Käufer kann trotz einer Unwirksamkeit des Rücktritts nach § 218 Abs. 1 die Zahlung des Kaufpreises insoweit verweigern, als er auf Grund des Rücktritts dazu berechtigt sein würde. Macht er von diesem Recht Gebrauch,

약체결시까지 건축이 개시된 조치에 대한 그 밖의 공과금(sonstige Anliegerbeiträge für die Maßnahmen)을 부담할 의무를 진다.

② 토지 매도인은, 토지등기부 등기에 적합하지 않은 그 밖의 공공부담금 및 공공부담이 그 토지에 대해 존재하지 않는다는 것(für die Freiheit des Grundstücks von anderen öffentlichen Abgaben und von anderen öffentlichen Lasten)을 책임지지 않는다.

제437조 하자시 매수인의 권리

물건에 하자가 있는 경우 매수인은 다음 규정의 요건(die Voraussetzungen der folgenden Vorschriften)이 존재하고 또 다른 정함이 없는 한,

1. 제439조에 따라 사후보완이행을 청구할 수 있고,
2. 제440조, 제323조, 제326조 제5항에 따라 계약을 해제하거나 제441조에 따라 매매대금의 감액을 청구할 수 있으며,
3. 제440조, 제280조, 제281조, 제283조, 제311조a에 따라 손해배상을 청구하거나 제284조에 따라 무익하게 된 비용의 상환을 청구할 수 있다.

제438조 하자로 인한 청구권의 소멸시효

① 제437조 제1호, 제3호상의 청구권은,

1. 다음의 경우에 30년의 소멸시효에 걸린다,
   a) 하자가 매매물건의 반환이 청구될 수 있는 근거가 되는 제3자의 물권에 존재하는 경우, 또는
   b) 하자가 토지등기부에 등기된 그 밖의 권리에 존재하는 경우(in einem sonstigen Recht, das im Grundbuch eingetragen ist),
2. 다음의 경우에는 3년의 소멸시효에 걸린다,
   a) 건축물의 경우,
   b) 그 물건의 통상적인 용도에 따라 건축물에 사용되어 그 건축물의 하자를 야기한(die entsprechend ihrer üblichen Verwendungsweise für ein Bauwerk verwendet worden ist und dessen Mangelhaftigkeit verursacht hat) 물건의 경우
2. 그 밖의 경우에는 2년의 소멸시효에 걸린다.

② 소멸시효는 토지의 경우 그 소유권 이전시부터(bei Grundstücken mit der Übergabe) 기산하고, 그 밖의 경우에는 해당 물건의 인도시부터 기간한다.

③ 매도인이 하자를 알고서도 묵비한 경우에는 제1항 제2호, 제3호, 제2항과 달리 그 청구권은 일반 소멸시효기간에 걸린다. 그럼에도 제1항 제2호의 경우에 그 조항에서 정한 기간의 경과 전에는 소멸시효는 완성되지 않는다(tritt die Verjährung jedoch nicht vor Ablauf der dort bestimmten Frist ein).

④ 제437조상의 해제권에 대하여는 제218조를 적용한다. 매수인은 제218조에 따라 해제가 무효임에도 불구하고(trotz einer Unwirksamkeit des Rücktritts nach § 218 Abs. 1), 그 해제에 기하여 매수인이 매매대금의 지급을 거절할 수 있을 범위 내에서 매매대금의 지급을 거절할 수 있다. 매수인

kann der Verkäufer vom Vertrag zurücktreten.
(5) Auf das in § 437 bezeichnete Minderungsrecht finden § 218 und Absatz 4 Satz 2 entsprechende Anwendung.

§ 439 Nacherfüllung
(1) Der Käufer kann als Nacherfüllung nach seiner Wahl die Beseitigung des Mangels oder die Lieferung einer mangelfreien Sache verlangen.
(2) Der Verkäufer hat die zum Zwecke der Nacherfüllung erforderlichen Aufwendungen, insbesondere Transport-, Wege-, Arbeits- und Materialkosten zu tragen.
(3) Hat der Käufer die mangelhafte Sache gemäß ihrer Art und ihrem Verwendungszweck in eine andere Sache eingebaut oder an eine andere Sache angebracht, ist der Verkäufer im Rahmen der Nacherfüllung verpflichtet, dem Käufer die erforderlichen Aufwendungen für das Entfernen der mangelhaften und den Einbau oder das Anbringen der nachgebesserten oder gelieferten mangelfreien Sache zu ersetzen. § 442 Absatz 1 ist mit der Maßgabe anzuwenden, dass für die Kenntnis des Käufers an die Stelle des Vertragsschlusses der Einbau oder das Anbringen der mangelhaften Sache durch den Käufer tritt.
(4) Der Verkäufer kann die vom Käufer gewählte Art der Nacherfüllung unbeschadet des § 275 Abs. 2 und 3 verweigern, wenn sie nur mit unverhältnismäßigen Kosten möglich ist. Dabei sind insbesondere der Wert der Sache in mangelfreiem Zustand, die Bedeutung des Mangels und die Frage zu berücksichtigen, ob auf die andere Art der Nacherfüllung ohne erhebliche Nachteile für den Käufer zurückgegriffen werden könnte. Der Anspruch des Käufers beschränkt sich in diesem Fall auf die andere Art der Nacherfüllung; das Recht des Verkäufers, auch diese unter den Voraussetzungen des Satzes 1 zu verweigern, bleibt unberührt.
(5) Liefert der Verkäufer zum Zwecke der Nacherfüllung eine mangelfreie Sache, so kann er vom Käufer Rückgewähr der mangelhaften Sache nach Maßgabe der §§ 346 bis 348 verlangen.

§ 440 Besondere Bestimmungen für Rücktritt und Schadensersatz
Außer in den Fällen des § 281 Absatz 2 und des § 323 Absatz 2 bedarf es der Fristsetzung auch dann nicht, wenn der Verkäufer beide Arten der Nacherfüllung gemäß § 439 Absatz 4 verweigert oder wenn die dem Käufer zustehende Art der Nacherfüllung fehlgeschlagen oder ihm unzumutbar ist. Eine Nachbesserung gilt nach dem erfolglosen zweiten Versuch als fehlgeschlagen, wenn sich nicht insbesondere aus der Art der Sache oder des Mangels oder den sonstigen Umständen etwas anderes ergibt.

§ 441 Minderung
(1) Statt zurückzutreten, kann der Käufer den Kaufpreis durch Erklärung gegenüber dem Verkäufer mindern. Der Ausschlussgrund des § 323 Abs. 5 Satz 2 findet keine Anwendung.

이 이러한 권리를 행사하는 경우에 매도인은 계약을 해제(vom Vertrag zurücktreten)할 수 있다.
⑤ 제437조상의 대금감액권(Minderungsrecht)에 대하여 제218조, 제438조 제4항 제2문을 준용한다.

제439조 사후보완이행

① 매수인은 자신의 선택에 좇아(nach seiner Wahl) 사후보완이행으로 하자의 제거 또는 하자 없는 물건의 인도를 청구할 수 있다.
② 매도인은 사후보완이행의 목적에 필요한 비용, 특히 운송비, 도로비, 노무비 및 재료비(Transport-, Wege-, Arbeits- und Materialkosten)를 부담한다.
③ 매수인이 하자 있는 물건을 그 물건의 종류 및 용도에 좇아(gemäß ihrer Art und ihrem Verwendungszweck) 다른 물건에 장착하거나 탑재한 경우에, 매도인은 사후이행의 일환으로(im Rahmen der Nacherfüllung) 매수인에게 하자 있는 물건의 제거에 필요한 비용과 수리된 물건 또는 하자 없는 물건의 장착 또는 탑재에 필요한 비용을 상환(償還)할 의무를 진다. 매수인이 안 경우에 있어 매수인에 의한 하자 없는 '물건의 탑재 또는 장착'이 '계약체결'을 갈음한다는 기준하에 제442조 제1항을 적용한다.
④ 매수인이 선택한 사후보완이행방식(gewählte Art der Nacherfüllung)이 과도한 비용을 들여서만 가능한 경우에는(wenn sie nur mit unverhältnismäßigen Kosten möglich ist) 매도인은 제275조 제2항, 제3항에도 불구하고 이를 거절할 수 있다. 이 경우에 특히 하자 없는 상태의 물건의 가치(der Wert der Sache in mangelfreiem Zustand), 하자의 중요도(重要度)(die Bedeutung des Mangels), 매수인에 대한 중대한 불이익 없이도(ohne erhebliche Nachteile) 다른 사후보완이행방식이 취해질 수 있는지 하는 문제(die Frage)를 고려해야 한다. 이러한 경우에 매도인의 청구권은 다른 사후보완이행방식(auf die andere Art der Nacherfüllung)으로 제한된다; 제1문의 요건하에서 이를 거절할 수 있는 매도인의 권리는 영향을 받지 않는다.
⑤ 매도인이 사후보완이행의 목적으로 하자 없는 물건을 인도한 경우에 매도인은 매수인에게 제346조 내지 제348조의 기준(基準)에 따라 하자(瑕疵) 있는 물건(物件)의 반환(Rückgewähr der mangelhaften Sache)을 청구할 수 있다.

제440조 해제와 손해배상에 대한 특칙

매도인이 두 가지의 사후보완이행방식을 제439조 제4항에 따라 거절하거나 매수인에게 귀속된 사후보완이행방식이 실패하거나 이를 기대할 없는 경우에는 제281조 제2항, 제323조 제2항의 경우 이외의 경우에 기간설정을 필요로 하지 않는다. 특히 물건 또는 하자의 성질이나 그 밖의 사정에 의해(aus der Art der Sache oder des Mangels oder den sonstigen Umständen) 다른 결론이 도출되지 않는 한, 수리는 두 번째 시도가 성과 없이 끝난 후에는 실패한 것으로 본다.

제441조 대금감액

① 매수인은 해제에 갈음하여 매도인에 대한 의사표시로 매매대금(賣買代金)의 감액을 청구할 수 있다. 제323조 제5항 제2문의 배제사유(Ausschlussgrund)는 적용하지 않는다.

(2) Sind auf der Seite des Käufers oder auf der Seite des Verkäufers mehrere beteiligt, so kann die Minderung nur von allen oder gegen alle erklärt werden.
(3) Bei der Minderung ist der Kaufpreis in dem Verhältnis herabzusetzen, in welchem zur Zeit des Vertragsschlusses der Wert der Sache in mangelfreiem Zustand zu dem wirklichen Wert gestanden haben würde. Die Minderung ist, soweit erforderlich, durch Schätzung zu ermitteln.
(4) Hat der Käufer mehr als den geminderten Kaufpreis gezahlt, so ist der Mehrbetrag vom Verkäufer zu erstatten. § 346 Abs. 1 und § 347 Abs. 1 finden entsprechende Anwendung.

§ 442 Kenntnis des Käufers

(1) Die Rechte des Käufers wegen eines Mangels sind ausgeschlossen, wenn er bei Vertragsschluss den Mangel kennt. Ist dem Käufer ein Mangel infolge grober Fahrlässigkeit unbekannt geblieben, kann der Käufer Rechte wegen dieses Mangels nur geltend machen, wenn der Verkäufer den Mangel arglistig verschwiegen oder eine Garantie für die Beschaffenheit der Sache übernommen hat.
(2) Ein im Grundbuch eingetragenes Recht hat der Verkäufer zu beseitigen, auch wenn es der Käufer kennt.

§ 443 Garantie[25)26)]

(1) Geht der Verkäufer, der Hersteller oder ein sonstiger Dritter in einer Erklärung oder einschlägigen Werbung, die vor oder bei Abschluss des Kaufvertrags verfügbar war, zusätzlich zu der gesetzlichen Mängelhaftung insbesondere die Verpflichtung ein, den Kaufpreis zu erstatten, die Sache auszutauschen, nachzubessern oder in ihrem Zusammenhang Dienstleistungen zu erbringen, falls die Sache nicht diejenige Beschaffenheit aufweist oder andere als die Mängelfreiheit betreffende Anforderungen nicht erfüllt, die in der Erklärung oder einschlägigen Werbung beschrieben sind (Garantie), stehen dem Käufer im Garantiefall unbeschadet der gesetzlichen Ansprüche die Rechte aus der Garantie gegenüber demjenigen zu, der die Garantie gegeben hat (Garantiegeber).
(2) Soweit der Garantiegeber eine Garantie dafür übernommen hat, dass die Sache für eine bestimmte Dauer eine bestimmte Beschaffenheit behält (Haltbarkeitsgarantie), wird vermutet, dass ein während ihrer Geltungsdauer auftretender Sachmangel die Rechte aus der Garantie begründet.

§ 444 Haftungsausschluss

Auf eine Vereinbarung, durch welche die Rechte des Käufers wegen eines Mangels ausgeschlossen oder beschränkt werden, kann sich der Verkäufer nicht berufen, soweit er den Mangel arglistig verschwiegen oder eine Garantie für die Beschaffenheit der Sache übernommen hat.

§ 445 Haftungsbegrenzung bei öffentlichen Versteigerungen

② 매수인 또는 매도인이 수인인 경우에는 오로지 전원에 의해서만 또는 전원에 대해서만(nur von allen oder gegen alle) 대감감액의 의사가 표해질 수 있다.
③ 계약체결을 기준으로 하자 없는 상태의 물건의 가치(der Wert der Sache in mangelfreiem Zustand)의 실제 가치에 대한 비율로 대금감액시 매매대금을 감액해야 한다(der Kaufpreis in dem Verhältnis herabzusetzen). 필요하면 감정(鑑定)을 통해 대금감액분을 산정한다.
④ 매수인 감액된 매매대금보다 더 많이 지급한 경우에는 매도인은 그 초과분을 상환해야 한다. 제346조 제1항, 제47조 제1항을 준용한다.

제442조 매수인의 앎
① 매수인이 계약체결시에 하자를 안 경우에는 하자로 인한 매수인의 권리는 배제된다. 매수인이 중과실로 인하여 알지 못한 경우에는(Ist dem Käufer ein Mangel infolge grober Fahrlässigkeit unbekannt geblieben), 매수인은 매도인이 하자를 알고서도 묵비하거나 물건의 성상에 대하여 보증(eine Garantie für die Beschaffenheit der Sache)을 한 경우에만 하자로 인한 권리를 주장할 수 있다.
② 토지등기부에 등기된 권리는 매수인이 이를 알지라도(auch wenn es der Käufer kennt) 매도인이 이를 제거해야 한다.

제443조 보증
① 매도인, 제조자 또는 그 밖의 제3자가, 그 물건이 의사표시 또는 계약의 체결 전이나 계약 체결시에 접(接)할 수 있었던(die vor oder bei Abschluss des Kaufvertrags verfügbar war) 관련 광고(einschlägigen Werbung)에서 기술된 성상(性狀)을 갖추지 못하거나 무하자에 관련된 요구사항 이외의 요구사항을 충족하지 못한(andere als die Mängelfreiheit betreffende Anforderungen nicht erfüllt) 때에는, 그러한 의사표시 또는 관련 광고에서 법정 하자담보책임에 추가적으로, 특히, 대금을 환급하거나 물건을 교환 또는 수선하거나, 물건에 관련한 용역급부를 제공하는 의무를 부담하기로 하는 경우(보증)에, 그러한 보증사안에 있어 법정 청구권과 별개로 보증을 한 자('보증제공자'; Garantiegeber)에 대한 그 보증에 기한 권리(Ansprüche die Rechte aus der Garantie gegenüber demjenigen zu, der die Garantie gegeben hat)가 매수인에게 귀속된다.
② 보증제공자가 물건이 특정 기간 동안에 특정(特定) 성상을 가지는 것에 대하여 보증을 한 경우('내구성보증'; Haltbarkeitsgarantie)에는 보증의 유효기간 동안에 발생한 물건하자(ein während ihrer Geltungsdauer auftretender Sachmangel)는 그 보증에 기한 권리를 성립시키는 것으로 추정한다.

제444조 책임의 배제
매도인이 하자를 알고서도 묵비하거나 물건의 성상에 대해 보증을 한 범위 내에서는(soweit er den Mangel arglistig verschwiegen oder eine Garantie für die Beschaffenheit der Sache übernommen hat) 매도인은 하자로 인한 매수인의 권리(權利)를 배제하거나 제한하는 약정을 원용(援用)할 수 없다.

제445조 공경매(öffentlichen Versteigerungen)에 있어 책임의 제한

Wird eine Sache auf Grund eines Pfandrechts in einer öffentlichen Versteigerung unter der Bezeichnung als Pfand verkauft, so stehen dem Käufer Rechte wegen eines Mangels nur zu, wenn der Verkäufer den Mangel arglistig verschwiegen oder eine Garantie für die Beschaffenheit der Sache übernommen hat.

§ 445a Rückgriff des Verkäufers

(1) Der Verkäufer kann beim Verkauf einer neu hergestellten Sache von dem Verkäufer, der ihm die Sache verkauft hatte (Lieferant), Ersatz der Aufwendungen verlangen, die er im Verhältnis zum Käufer nach § 439 Absatz 2 und 3 sowie § 475 Absatz 4 und 6 zu tragen hatte, wenn der vom Käufer geltend gemachte Mangel bereits beim Übergang der Gefahr auf den Verkäufer vorhanden war.

(2) Für die in § 437 bezeichneten Rechte des Verkäufers gegen seinen Lieferanten bedarf es wegen des vom Käufer geltend gemachten Mangels der sonst erforderlichen Fristsetzung nicht, wenn der Verkäufer die verkaufte neu hergestellte Sache als Folge ihrer Mangelhaftigkeit zurücknehmen musste oder der Käufer den Kaufpreis gemindert hat.

(3) Die Absätze 1 und 2 finden auf die Ansprüche des Lieferanten und der übrigen Käufer in der Lieferkette gegen die jeweiligen Verkäufer entsprechende Anwendung, wenn die Schuldner Unternehmer sind.

(4) § 377 des Handelsgesetzbuchs bleibt unberührt.

§ 445b Verjährung von Rückgriffsansprüchen

(1) Die in § 445a Absatz 1 bestimmten Aufwendungsersatzansprüche verjähren in zwei Jahren ab Ablieferung der Sache.

(2) Die Verjährung der in den §§ 437 und 445a Absatz 1 bestimmten Ansprüche des Verkäufers gegen seinen Lieferanten wegen des Mangels einer verkauften neu hergestellten Sache tritt frühestens zwei Monate nach dem Zeitpunkt ein, in dem der Verkäufer die Ansprüche des Käufers erfüllt hat. Diese Ablaufhemmung endet spätestens fünf Jahre nach dem Zeitpunkt, in dem der Lieferant die Sache dem Verkäufer abgeliefert hat.

(3) Die Absätze 1 und 2 finden auf die Ansprüche des Lieferanten und der übrigen Käufer in der Lieferkette gegen die jeweiligen Verkäufer entsprechende Anwendung, wenn die Schuldner Unternehmer sind.

§ 446 Gefahr- und Lastenübergang

Mit der Übergabe der verkauften Sache geht die Gefahr des zufälligen Untergangs und der zufälligen Verschlechterung auf den Käufer über. Von der Übergabe an gebühren dem Käufer die Nutzungen und trägt er die Lasten der Sache. Der Übergabe steht es gleich, wenn der Käufer im Verzug der Annahme ist.

물건이 담보권(擔保權)에 기하여 공경매에서 담보물(擔保物)로 표시되어 매각되는 경우(Wird eine Sache auf Grund eines Pfandrechts in einer öffentlichen Versteigerung unter der Bezeichnung als Pfand verkauft) 매도인이 하자를 알고서도 묵비하거나 그 물건의 성상에 대한 보증을 한 때에 한하여 하자로 인한 권리가 매수인에게 귀속된다.

제455조a 매도인의 상환청구(償還請求)

① 매도인은, 신조품(新造品)의 매도에 있어 매수인이 주장한 하자가 매도인에 대한 위험의 이전시에 이미 존재한 경우에는(wenn der vom Käufer geltend gemachte Mangel bereits beim Übergang der Gefahr auf den Verkäufer vorhanden war), 그 물건을 자신에게 판 매도인('공급자'; Lieferant)에게 매도인이 매수인과의 관계에서 제439조 제2항, 제3항 제475조 제4항, 제6항에 따라 부담했어야 하는 비용의 상환을 청구할 수 있다.

② 매도인이 매도된 신조품(新造品)을 그 하자의 결과로 회수(回收)해야만 했거나 매수인에게 매매대금을 감액해 준 경우에는 다른 경우와 달리, 제437조상의 매도인의 공급자에 대한 권리에 대하여(Für die in § 437 bezeichneten Rechte des Verkäufers gegen seinen Lieferanten) 매수인이 주장한 하자로 인하여 필요한 기간설정(Fristsetzung)이 요구(要求)되지 않는다.

③ 제1항, 제2항은, 그 채무자가 사업자인 경우에(wenn die Schuldner Unternehmer sind) 공급자의 매도인에 대한 청구권과, 연쇄적 공급관계에 있는 기타 매수인의 각 매도인에 대한 청구권에 대하여 준용한다.

④ 상법전 제377조는 영향을 받지 않는다.

제455조b 상환청구권의 소멸시효

① 제445조a 제1항에 규정된 비용상환청구권은 물건의 인도시로부터(ab Ablieferung der Sache) 2년의 소멸시효에 걸린다.

② 제437조, 제445조a에 규정된 것으로, 매도된 신조품(新造品)의 하자로 인한 매도인의 자신의 공급자에 대한 청구권의 소멸시효는 빨라야 매도인이 매수인의 청구권을 이행한(in dem der Verkäufer die Ansprüche des Käufers erfüllt hat) 때로부터 2개월 후에 완성한다. 이와 같은 시효완성유예(時效完成猶豫; Ablaufhemmung)는 늦어도 그 공급자가 그 매도인에게 물건을 인도한(in dem der Lieferant die Sache dem Verkäufer abgeliefert hat) 때로부터 5년 후에는 종료된다.

③ 제1항, 제2항은, 그 채무자가 사업자인 경우에(wenn die Schuldner Unternehmer sind) 공급자의 매도인에 대한 청구권과, 연쇄적 공급관계에 있는 기타 매수인의 각 매도인에 대한 청구권에 대하여 준용한다.

제446 위험·부담의 이전

우연한 멸실 및 훼손의 위험은 매도인 물건의 인도로써(Mit der Übergabe der verkauften Sache) 매수인에게 이전한다. 그 인도시부터(Von der Übergabe an), 수익은 매수인에게 귀속되고 매수인은 물건의 부담을 진다. 매도인이 수령지체에 빠진 경우에는(wenn der Käufer im Verzug der Annahme ist) 인도와 동일시된다.

§ 447 Gefahrübergang beim Versendungskauf

(1) Versendet der Verkäufer auf Verlangen des Käufers die verkaufte Sache nach einem anderen Ort als dem Erfüllungsort, so geht die Gefahr auf den Käufer über, sobald der Verkäufer die Sache dem Spediteur, dem Frachtführer oder der sonst zur Ausführung der Versendung bestimmten Person oder Anstalt ausgeliefert hat.

(2) Hat der Käufer eine besondere Anweisung über die Art der Versendung erteilt und weicht der Verkäufer ohne dringenden Grund von der Anweisung ab, so ist der Verkäufer dem Käufer für den daraus entstehenden Schaden verantwortlich.

§ 448 Kosten der Übergabe und vergleichbare Kosten

(1) Der Verkäufer trägt die Kosten der Übergabe der Sache, der Käufer die Kosten der Abnahme und der Versendung der Sache nach einem anderen Ort als dem Erfüllungsort.

(2) Der Käufer eines Grundstücks trägt die Kosten der Beurkundung des Kaufvertrags und der Auflassung, der Eintragung ins Grundbuch und der zu der Eintragung erforderlichen Erklärungen.

§ 449 Eigentumsvorbehalt

(1) Hat sich der Verkäufer einer beweglichen Sache das Eigentum bis zur Zahlung des Kaufpreises vorbehalten, so ist im Zweifel anzunehmen, dass das Eigentum unter der aufschiebenden Bedingung vollständiger Zahlung des Kaufpreises übertragen wird (Eigentumsvorbehalt).

(2) Auf Grund des Eigentumsvorbehalts kann der Verkäufer die Sache nur herausverlangen, wenn er vom Vertrag zurückgetreten ist.

(3) Die Vereinbarung eines Eigentumsvorbehalts ist nichtig, soweit der Eigentumsübergang davon abhängig gemacht wird, dass der Käufer Forderungen eines Dritten, insbesondere eines mit dem Verkäufer verbundenen Unternehmens, erfüllt.

§ 450 Ausgeschlossene Käufer bei bestimmten Verkäufen

(1) Bei einem Verkauf im Wege der Zwangsvollstreckung dürfen der mit der Vornahme oder Leitung des Verkaufs Beauftragte und die von ihm zugezogenen Gehilfen einschließlich des Protokollführers den zu verkaufenden Gegenstand weder für sich persönlich oder durch einen anderen noch als Vertreter eines anderen kaufen.

(2) Absatz 1 gilt auch bei einem Verkauf außerhalb der Zwangsvollstreckung, wenn der Auftrag zu dem Verkauf auf Grund einer gesetzlichen Vorschrift erteilt worden ist, die den Auftraggeber ermächtigt, den Gegenstand für Rechnung eines anderen verkaufen zu lassen, insbesondere in den Fällen des Pfandverkaufs und des in den §§ 383 und 385 zugelassenen Verkaufs, sowie bei einem Verkauf aus einer Insolvenzmasse.

§ 451 Kauf durch ausgeschlossenen Käufer

제447조 송부매매(送付賣買)에서의 위험이전

① 매도인이 매수인의 요구에 의해(auf Verlangen des Käufers) 매도된 물건을 본래의 이행지 이외의 다른 장소로(nach einem anderen Ort als dem Erfüllungsort) 송부하는 경우에는, 매도인이 그 물건을 운송주선인, 운송인, 송부의 실행을 위해 그 밖에 지정된 자 또는 시설에 인도한 때로부터 그 위험이 매도인에게 이전한다.

② 매수인이 송부의 방법에 관하여 특별한 지시를 했는데 매도인이 긴급한 사유 없이 그 지시를 어긴(weicht der Verkäufer ohne dringenden Grund von der Anweisung ab) 경우에는 매도인은 매수인에 대해 이로 인하여 발생한 손해를 책임진다.

제448조 인도비용과 이와 유사한 비용

① 매도인은 물건의 인도비용(die Kosten der Übergabe der Sache)을 부담하고, 매수인은 수령비용과 본래 이행지 이외의 장소로 물건을 송부하는 비용(der Versendung der Sache nach einem anderen Ort als dem Erfüllungsort)을 부담한다.

② 토지 매수인은 매매계약의 작성비용, 토지소유권이전합의 비용, 등기비용, 등기에 필요한 의사표시 비용을 부담한다.

제449조 소유권유보부매매

① 동산의 매도인에게 그 소유권이 매매대금의 지급시까지 유보된 경우에는 의심스런 때에는 그 소유권은 매매대금의 완불(完拂)을 정지조건으로 하여 이전되는 것('소유권유보부매매'; Eigentumsvorbehalt)으로 추정한다.

② 매도인은 매매계약을 해제한 때(wenn er vom Vertrag zurückgetreten ist)에 한하여 소유권유보부매매에 기하여 물건의 반환을 청구할 수 있다.

③ 소유권 이전을 매수인이 제3자의 채권, 특히 매도인의 결합기업의 채권을 이행하는 것과 결부(結付)시키는 경우에는 소유권유보부매매의 약정은 무효이다.

제450조 특정 매매에 있어 매수인의 배제(Ausgeschlossene Käufer)

① 강제집행의 방법에 의한 매도에 있어 매매의 실행 또는 관리를 위임받은 자(der mit der Vornahme oder Leitung des Verkaufs Beauftragte)와, 조서작성인을 포함하여 그 자가 참여시킨 보조인(und die von ihm zugezogenen Gehilfen)은 매도된 목적물을 자신이 직접 또는 타인(他人)를 통해서 매수할 수도 없고, 이를 타인(他人)의 대리인으로도 매수할 수 없다.

② 매도에 대한 위임이, 위임인에게 타인(他人)의 계산으로 그 목적물을 매도하게 하는 권한을 부여하는(die den Auftraggeber ermächtigt, den Gegenstand für Rechnung eines anderen verkaufen zu lassen) 법률상 규정에 기하여 이뤄진 경우, 특히 담보물매각의 경우, 제383조와 제385조에 허용된 매각의 경우 그리고 파산재단에 속하는 재산의 매각의 경우에는 강제집행에 의한 매도 이외의 매도에 있어서도 제1항을 적용한다.

제451조 배제된 매수인에 의한 매수

(1) Die Wirksamkeit eines dem § 450 zuwider erfolgten Kaufs und der Übertragung des gekauften Gegenstandes hängt von der Zustimmung der bei dem Verkauf als Schuldner, Eigentümer oder Gläubiger Beteiligten ab. Fordert der Käufer einen Beteiligten zur Erklärung über die Genehmigung auf, so findet § 177 Abs. 2 entsprechende Anwendung.

(2) Wird infolge der Verweigerung der Genehmigung ein neuer Verkauf vorgenommen, so hat der frühere Käufer für die Kosten des neuen Verkaufs sowie für einen Mindererlös aufzukommen.

§ 452 Schiffskauf

Die Vorschriften dieses Untertitels über den Kauf von Grundstücken finden auf den Kauf von eingetragenen Schiffen und Schiffsbauwerken entsprechende Anwendung.

§ 453 Rechtskauf

(1) Die Vorschriften über den Kauf von Sachen finden auf den Kauf von Rechten und sonstigen Gegenständen entsprechende Anwendung.

(2) Der Verkäufer trägt die Kosten der Begründung und Übertragung des Rechts.

(3) Ist ein Recht verkauft, das zum Besitz einer Sache berechtigt, so ist der Verkäufer verpflichtet, dem Käufer die Sache frei von Sach- und Rechtsmängeln zu übergeben.

Untertitel 2 Besondere Arten des Kaufs

Kapitel 1 Kauf auf Probe

§ 454 Zustandekommen des Kaufvertrags

(1) Bei einem Kauf auf Probe oder auf Besichtigung steht die Billigung des gekauften Gegenstandes im Belieben des Käufers. Der Kauf ist im Zweifel unter der aufschiebenden Bedingung der Billigung geschlossen.

(2) Der Verkäufer ist verpflichtet, dem Käufer die Untersuchung des Gegenstandes zu gestatten.

§ 455 Billigungsfrist

Die Billigung eines auf Probe oder auf Besichtigung gekauften Gegenstandes kann nur innerhalb der vereinbarten Frist und in Ermangelung einer solchen nur bis zum Ablauf einer dem Käufer von dem Verkäufer bestimmten angemessenen Frist erklärt werden. War die Sache dem Käufer zum Zwecke der Probe oder der Besichtigung übergeben, so gilt sein Schweigen als Billigung.

Kapitel 2 Wiederkauf

§ 456 Zustandekommen des Wiederkaufs

(1) Hat sich der Verkäufer in dem Kaufvertrag das Recht des Wiederkaufs vorbehalten, so kommt

① 제450조에 반하여 이뤄진 매매의 효력과 매수한 목적물의 인도의 효력은 그 매도시의 채무자, 소유권자, 채무자로서 그 매도에 참여한 당사자들의 추인(Zustimmung der bei dem Verkauf als Schuldner, Eigentümer oder Gläubiger Beteiligten)에 의해 좌우된다. 매수인이 어느 당사자에게 추인에 관한 의사표시에 대하여 최고(催告)하는 경우에 제177조 제2항을 준용한다.
② 추인의 거절로 인하여(infolge der Verweigerung der Genehmigung) 새로운 매도가 실행된 경우에 종전의 매수인은 새로운 매도의 비용과 매매대금 감소분을 부담해야 한다.

제452조 선박매매
토지매매에 관한 이 관의 규정은 등기된 선박과 건조중인 선박(den Kauf von eingetragenen Schiffen und Schiffsbauwerken)의 매매에 대해 준용한다.

제453조 권리매매
① 물건의 매매에 관한 규정은 권리 및 그 밖의 목적물의 매매(den Kauf von Rechten und sonstigen Gegenständen)에 대해 준용한다.
② 매도인은 권리의 설정(設定) 및 이전(移轉) 비용을 부담한다.
③ 물건을 점유할 수 있는 권리가 매도된 경우 매도인은 매수인에게 물건하자 및 권리하자 없는 물건(die Sache frei von Sach- und Rechtsmängeln)을 이전(移轉)해 줄 의무(義務)를 부담한다.

제2관 특수한 종류의 매매

제1항 시험매매

제454조 매매계약의 성립
① 시험매매(試驗賣買) 또는 검수매매(檢收賣買)의 경우 매수한 목적물에 대한 승인(承認)은 매수인의 임의(任意)로 한다. 그 매매는 의심스러운 때에는 승인을 정지조건부로 하여(unter der aufschiebenden Bedingung der Billigung) 체결된 것이다.
② 매도인은 매수인에게 목적물의 검사(檢査)를 허락할 의무를 진다.

제455조
시험부(試驗附) 또는 검수부(檢收附)로 매수한 목적물의 승인의 의사표시는 약정한 기간 내에만 또는 그러한 약정이 없는 경우에 매도인이 매수인에게 정해 준 상당한 기간이 경과하기 전까지(nur bis zum Ablauf einer dem Käufer von dem Verkäufer bestimmten angemessenen Frist)만 이뤄질 수 있다. 그 물건이 매수인에게 시험 또는 검수의 목적으로 인도된 경우에 매수인의 침묵은 승인으로 본다.

제2항 환매(還賣)

제456조 환매(還賣)의 성립
매도인이 매매계약으로 환매의 권리를 보유하는 경우에는 매도인이 환매권을 행사한다는 매도인

der Wiederkauf mit der Erklärung des Verkäufers gegenüber dem Käufer, dass er das Wiederkaufsrecht ausübe, zustande. Die Erklärung bedarf nicht der für den Kaufvertrag bestimmten Form.

(2) Der Preis, zu welchem verkauft worden ist, gilt im Zweifel auch für den Wiederkauf.

§ 457 Haftung des Wiederverkäufers

(1) Der Wiederverkäufer ist verpflichtet, dem Wiederkäufer den gekauften Gegenstand nebst Zubehör herauszugeben.

(2) Hat der Wiederverkäufer vor der Ausübung des Wiederkaufsrechts eine Verschlechterung, den Untergang oder eine aus einem anderen Grund eingetretene Unmöglichkeit der Herausgabe des gekauften Gegenstandes verschuldet oder den Gegenstand wesentlich verändert, so ist er für den daraus entstehenden Schaden verantwortlich. Ist der Gegenstand ohne Verschulden des Wiederverkäufers verschlechtert oder ist er nur unwesentlich verändert, so kann der Wiederkäufer Minderung des Kaufpreises nicht verlangen.

§ 458 Beseitigung von Rechten Dritter

Hat der Wiederverkäufer vor der Ausübung des Wiederkaufsrechts über den gekauften Gegenstand verfügt, so ist er verpflichtet, die dadurch begründeten Rechte Dritter zu beseitigen. Einer Verfügung des Wiederverkäufers steht eine Verfügung gleich, die im Wege der Zwangsvollstreckung oder der Arrestvollziehung oder durch den Insolvenzverwalter erfolgt.

§ 459 Ersatz von Verwendungen

Der Wiederverkäufer kann für Verwendungen, die er auf den gekauften Gegenstand vor dem Wiederkauf gemacht hat, insoweit Ersatz verlangen, als der Wert des Gegenstandes durch die Verwendungen erhöht ist. Eine Einrichtung, mit der er die herauszugebende Sache versehen hat, kann er wegnehmen.

§ 460 Wiederkauf zum Schätzungswert

Ist als Wiederkaufpreis der Schätzungswert vereinbart, den der gekaufte Gegenstand zur Zeit des Wiederkaufs hat, so ist der Wiederverkäufer für eine Verschlechterung, den Untergang oder die aus einem anderen Grund eingetretene Unmöglichkeit der Herausgabe des Gegenstandes nicht verantwortlich, der Wiederkäufer zum Ersatz von Verwendungen nicht verpflichtet.

§ 461 Mehrere Wiederkaufsberechtigte

Steht das Wiederkaufsrecht mehreren gemeinschaftlich zu, so kann es nur im Ganzen ausgeübt werden. Ist es für einen der Berechtigten erloschen oder übt einer von ihnen sein Recht nicht aus, so sind die übrigen berechtigt, das Wiederkaufsrecht im Ganzen auszuüben.

의 매수인에 대한 의사표시로써(mit der Erklärung des Verkäufers gegenüber dem Käufer, dass er das Wiederkaufsrecht ausübe) 환매(還賣)가 성립한다. 그 의사표시는 매매계약에서 정한 방식이 요구되지 아니한다.

② 원매도(原賣渡) 당시의 매매대금은 의심스러운 때에는 환매에도 적용된다.

제457조 환매도인(還賣渡人)의 책임

① 환매도인(還賣渡人)은 환매수인(還買受人)에게 부속물과 함께(nebst Zubehör) 환매목적물(還賣目的物) 인도할 의무를 진다.

② 환매도인(還賣渡人)이 환매권 행사 전에 훼손, 멸실 또는 그 밖의 사유에 기하여 생긴, 환매목적물의 인도불능에 책임이 있거나 그 목적물을 중대하게 변경한 경우에, 환매도인(還賣渡人)은 이로 인한 손해를 책임진다(so ist er für den daraus entstehenden Schaden verantwortlich). 환매도인(還賣渡人)의 과책 없이 그 목적물이 훼손되거나(Ist der Gegenstand ohne Verschulden des Wiederverkäufers verschlechter), 그 목적물이 사소하게만 변경된(ist er nur unwesentlich verändert) 경우에 환매도인(還賣渡人)은 대금감액(代金減額)을 청구(請求)할 수 없다.

제458조 제3자의 권리의 제거

환매도인(還賣渡人)이 환매권 행사 전에 환매목적물을 처분한 경우에 환매도인(還賣渡人)은 이로써 성립한 제3자의 권리(die dadurch begründeten Rechte Dritter)를 제거할 의무를 진다. 환매도인(還賣渡人)의 처분은 강제집행(强制執行) 또는 압류집행(押留執行)의 방식으로 또는 파산관재인에 의해 행해진(die im Wege der Zwangsvollstreckung oder der Arrestvollziehung oder durch den Insolvenzverwalter erfolgt) 처분과 동일시된다.

제459조 비용의 상환

환매도인(還賣渡人)은 자신이 환매 전에 환매목적물에 들인 비용에 대하여 그 비용으로 그 목적물의 가치가 높아진(als der Wert des Gegenstandes durch die Verwendungen erhöht ist) 범위 내에서 상환을 청구할 수 있다. 환매도인(還賣渡人)이 인도해야 하는 목적물에 부가(附加)한 설비(設備)는 그가 수거(收去)할 수 있다.

제460조 평가가치에 의한 환매

환매할 당시 환매목적물이 가진 평가가액을 환매대금으로 약정한 경우에 환매도인(還賣渡人)은 훼손, 멸실 또는 그 밖의 사유로 발생한 목적물 인도불능(引渡不能)에 대하여 책임을 지지 아니하고, 환매수인(還買受人)은 비용상환 의무를 지지 아니한다.

제461조 수인(數人)의 환매권자

환매권이 수인에게 공동으로 귀속되는 경우에 환매권은 일체로만(nur im Ganzen) 행사될 수 있다. 환매권자 중 어느 자가 환매권을 상실하거나 환매권자 중 어느 자가 자신의 권리를 행사하지 아니한 경우에 나머지 환매권자(die übrigen)는 환매권(還買權)은 일체로 행사할 권리를 갖는다.

§ 462 Ausschlussfrist

Das Wiederkaufsrecht kann bei Grundstücken nur bis zum Ablauf von 30, bei anderen Gegenständen nur bis zum Ablauf von drei Jahren nach der Vereinbarung des Vorbehalts ausgeübt werden. Ist für die Ausübung eine Frist bestimmt, so tritt diese an die Stelle der gesetzlichen Frist.

Kapitel 3 Vorkauf

§ 463 Voraussetzungen der Ausübung

Wer in Ansehung eines Gegenstandes zum Vorkauf berechtigt ist, kann das Vorkaufsrecht ausüben, sobald der Verpflichtete mit einem Dritten einen Kaufvertrag über den Gegenstand geschlossen hat.

§ 464 Ausübung des Vorkaufsrechts

(1) Die Ausübung des Vorkaufsrechts erfolgt durch Erklärung gegenüber dem Verpflichteten. Die Erklärung bedarf nicht der für den Kaufvertrag bestimmten Form.

(2) Mit der Ausübung des Vorkaufsrechts kommt der Kauf zwischen dem Berechtigten und dem Verpflichteten unter den Bestimmungen zustande, welche der Verpflichtete mit dem Dritten vereinbart hat.

§ 465 Unwirksame Vereinbarungen

Eine Vereinbarung des Verpflichteten mit dem Dritten, durch welche der Kauf von der Nichtausübung des Vorkaufsrechts abhängig gemacht oder dem Verpflichteten für den Fall der Ausübung des Vorkaufsrechts der Rücktritt vorbehalten wird, ist dem Vorkaufsberechtigten gegenüber unwirksam.

§ 466 Nebenleistungen

Hat sich der Dritte in dem Vertrag zu einer Nebenleistung verpflichtet, die der Vorkaufsberechtigte zu bewirken außerstande ist, so hat der Vorkaufsberechtigte statt der Nebenleistung ihren Wert zu entrichten. Lässt sich die Nebenleistung nicht in Geld schätzen, so ist die Ausübung des Vorkaufsrechts ausgeschlossen; die Vereinbarung der Nebenleistung kommt jedoch nicht in Betracht, wenn der Vertrag mit dem Dritten auch ohne sie geschlossen sein würde.

§ 467 Gesamtpreis

Hat der Dritte den Gegenstand, auf den sich das Vorkaufsrecht bezieht, mit anderen Gegenständen zu einem Gesamtpreis gekauft, so hat der Vorkaufsberechtigte einen verhältnismäßigen Teil des Gesamtpreises zu entrichten. Der Verpflichtete kann verlangen, dass der Vorkauf auf alle Sachen erstreckt wird, die nicht ohne Nachteil für ihn getrennt werden können.

제462조 제척기간

환매권은 부동산의 경우 그 보유약정시로부터 30년이 경과할 때까지만, 그 밖의 목적물의 경우 그 약정시로부터 3년이 경과할 때까지만(nur bis zum Ablauf von drei Jahren nach der Vereinbarung des Vorbehalts) 행사될 수 있다. 그 행사에 대해 기간이 정해진 경우(Ist für die Ausübung eine Frist bestimmt) 그 기간이 법정 기간에 갈음한다.

제3항 선매(先買)

제463조 행사 요건

어느 목적물에 대하여 선매(先買)할 권리를 갖는 자(Wer in Ansehung eines Gegenstandes zum Vorkauf berechtigt ist)는, 선매의무자가 제3자와 목적물에 관하여 매매계약을 체결한 때에는 즉시 선매권을 행사할 수 있다.

제464조 선매권의 행사

① 선매권(先買權)의 행사(行使)는 선매의무자에 대한 의사표시로(durch Erklärung gegenüber dem Verpflichteten) 이뤄진다. 그 의사표시는 매매계약에서 정한 방식이 요구되지 아니한다.

② 선매권의 행사로써 선매의무자가 제3자와 합의한(welche der Verpflichtete mit dem Dritten vereinbart hat) 조건으로(unter den Bestimmungen) 선매권리자와 선매의무자 간에 매매계약이 성립한다.

제465조 무효인 약정

매매가 선매권의 불행사에 의해 좌우되거나 선매권의 행사시 선매의무자에게 해제권이 유보된(dem Verpflichteten für den Fall der Ausübung des Vorkaufsrechts der Rücktritt vorbehalten wird), 선매의무자의 제3자와의 약정(Eine Vereinbarung des Verpflichteten mit dem Dritten)은 선매권리자에 대하여 무효이다.

제466조 부가급부

제3자가 계약에서 선매권리자가 실현할 수 없는 부가급부를 이행할 의무를 진 경우에 선매권리자는 부가급부에 갈음하여 그 가액(statt der Nebenleistung ihren Wert)을 지급해야 한다. 부가급부가 금전으로 평가될 수 없는 경우에(Lässt sich die Nebenleistung nicht in Geld schätzen) 선매권의 행사는 배제된다; 그럼에도 부가급부 약정은, 제3자와의 계약이 부가급부가 없었더라도 체결되었을 경우에는(wenn der Vertrag mit dem Dritten auch ohne sie geschlossen sein würde) 고려되지 아니한다.

제467조 전체대금

제3자가 선매권이 적용되는 목적물을 다른 목적물과 함께 전체대금을 매겨 매수한 경우에 선매권리자는 전체가격에 대한 비율적 부분(einen verhältnismäßigen Teil des Gesamtpreises)을 지급(支給)해야 한다. 선매의무자는 자신에 대해 불이익(不利益) 없이는 분리될 수 없는(die nicht ohne Nachteil für ihn getrennt werden können) 모든 목적물을 선매(先買)하도록 요구할 수 있다.

§ 468 Stundung des Kaufpreises

(1) Ist dem Dritten in dem Vertrag der Kaufpreis gestundet worden, so kann der Vorkaufsberechtigte die Stundung nur in Anspruch nehmen, wenn er für den gestundeten Betrag Sicherheit leistet.

(2) Ist ein Grundstück Gegenstand des Vorkaufs, so bedarf es der Sicherheitsleistung insoweit nicht, als für den gestundeten Kaufpreis die Bestellung einer Hypothek an dem Grundstück vereinbart oder in Anrechnung auf den Kaufpreis eine Schuld, für die eine Hypothek an dem Grundstück besteht, übernommen worden ist. Entsprechendes gilt, wenn ein eingetragenes Schiff oder Schiffsbauwerk Gegenstand des Vorkaufs ist.

§ 469 Mitteilungspflicht, Ausübungsfrist

(1) Der Verpflichtete hat dem Vorkaufsberechtigten den Inhalt des mit dem Dritten geschlossenen Vertrags unverzüglich mitzuteilen. Die Mitteilung des Verpflichteten wird durch die Mitteilung des Dritten ersetzt.

(2) Das Vorkaufsrecht kann bei Grundstücken nur bis zum Ablauf von zwei Monaten, bei anderen Gegenständen nur bis zum Ablauf einer Woche nach dem Empfang der Mitteilung ausgeübt werden. Ist für die Ausübung eine Frist bestimmt, so tritt diese an die Stelle der gesetzlichen Frist.

§ 470 Verkauf an gesetzlichen Erben

Das Vorkaufsrecht erstreckt sich im Zweifel nicht auf einen Verkauf, der mit Rücksicht auf ein künftiges Erbrecht an einen gesetzlichen Erben erfolgt.

§ 471 Verkauf bei Zwangsvollstreckung oder Insolvenz

Das Vorkaufsrecht ist ausgeschlossen, wenn der Verkauf im Wege der Zwangsvollstreckung oder aus einer Insolvenzmasse erfolgt.

§ 472 Mehrere Vorkaufsberechtigte

Steht das Vorkaufsrecht mehreren gemeinschaftlich zu, so kann es nur im Ganzen ausgeübt werden. Ist es für einen der Berechtigten erloschen oder übt einer von ihnen sein Recht nicht aus, so sind die übrigen berechtigt, das Vorkaufsrecht im Ganzen auszuüben.

§ 473 Unübertragbarkeit

Das Vorkaufsrecht ist nicht übertragbar und geht nicht auf die Erben des Berechtigten über, sofern nicht ein anderes bestimmt ist. Ist das Recht auf eine bestimmte Zeit beschränkt, so ist es im Zweifel vererblich.

Untertitel 3 Verbrauchsgüterkauf

제468조 매매대금의 지급연기(支給延期)

① 계약으로 매매대금의 제3자에 대한 지급이 연기된 경우에 선매권자는 자신이 지급연기가 된 금액에 대해 담보를 제공한 때에 한하여(wenn er für den gestundeten Betrag Sicherheit leistet) 지급연기가 된 선매목적물을 청구할 수 있다.

② 선매의 목적물이 토지인 경우에, 지급연기된 매매대금을 보전하기 위하여 토지에 대한 저당권 설정이 약정되거나 토지에 대하여 저당권이 설정된 채무가 매매대금의 산입되어 인수된(in Anrechnung auf den Kaufpreis eine Schuld, für die eine Hypothek an dem Grundstück besteht, übernommen worden ist) 범위 내에서 담보제공이 요구되지 아니한다. 등기된 선박 도는 건조중인 선박(ein eingetragenes Schiff oder Schiffsbauwerk)이 선매의 목적물인 경우에 이를 준용한다.

제469조 통지의무, 행사기간

① 선매의무자는 선매권리자에게 제3자와 체결된 계약의 내용(den Inhalt des mit dem Dritten geschlossenen Vertrags)을 지체 없이 통지해야 한다. 선매의무자의 통지는 제3자의 통지로 대체된다.

② 선매권은 부동산의 경우 그 통지를 수령한 때로부터 2개월이 경과할 때까지만, 그 밖의 목적물의 경우에 그로부터 1주일이 경과할 때까지만(nur bis zum Ablauf einer Woche nach dem Empfang der Mitteilung) 행사될 수 있다. 그 행사에 대하여 기간이 정해진 경우에는 그 기간이 법정 기간에 갈음한다.

제470조 법정상속인에 대한 매도

선매권은 의심스러운 때에는(im Zweifel) 장래의 상속권을 고려하여 법정상속인에 대하여 이뤄지는 매도에는 미치지 아니한다.

제471조 강제집행시 또는 파산시의 매도

매도가 강제집행의 방식으로 이뤄지거나 파산재단에 기하여 이뤄지는(aus einer Insolvenzmasse erfolgt) 경우에는 선매권은 배제된다.

제472조 수인(數人)의 선매권자

선매권(das Vorkaufsrecht)이 수인에게 공동으로 귀속되는 경우에 그 선매권은 일체로만 행사될 수 있다. 그 선매권자 중 어느 자에 대하여 선매권이 소멸하거나 그 선매권자들 중에서 어느 자가 자신의 권리를 행사하지 않는 경우에 나머지 선매권자들(die übrigen)이 일체로 선매권을 행사할 권리를 갖는다.

제473조 양도불가능성

다른 정함이 없는 한, 선매권은 양도할 수 없고 선매권리자의 상속인에게 이전되지 아니한다. 그 권리가 일정한 기간으로 제한된 경우에(Ist das Recht auf eine bestimmte Zeit beschränkt) 의심스러운 때에는 그 선매권은 상속된다.

제3관 소비재매매

§ 474 Verbrauchsgüterkauf

(1) Verbrauchsgüterkäufe sind Verträge, durch die ein Verbraucher von einem Unternehmer eine bewegliche Sache kauft. Um einen Verbrauchsgüterkauf handelt es sich auch bei einem Vertrag, der neben dem Verkauf einer beweglichen Sache die Erbringung einer Dienstleistung durch den Unternehmer zum Gegenstand hat.

(2) Für den Verbrauchsgüterkauf gelten ergänzend die folgenden Vorschriften dieses Untertitels. Dies gilt nicht für gebrauchte Sachen, die in einer öffentlich zugänglichen Versteigerung verkauft werden, an der der Verbraucher persönlich teilnehmen kann.

§ 475 Anwendbare Vorschriften

(1) Ist eine Zeit für die nach § 433 zu erbringenden Leistungen weder bestimmt noch aus den Umständen zu entnehmen, so kann der Gläubiger diese Leistungen abweichend von § 271 Absatz 1 nur unverzüglich verlangen. Der Unternehmer muss die Sache in diesem Fall spätestens 30 Tage nach Vertragsschluss übergeben. Die Vertragsparteien können die Leistungen sofort bewirken.

(2) § 447 Absatz 1 gilt mit der Maßgabe, dass die Gefahr des zufälligen Untergangs und der zufälligen Verschlechterung nur dann auf den Käufer übergeht, wenn der Käufer den Spediteur, den Frachtführer oder die sonst zur Ausführung der Versendung bestimmte Person oder Anstalt mit der Ausführung beauftragt hat und der Unternehmer dem Käufer diese Person oder Anstalt nicht zuvor benannt hat.

(3) § 439 Absatz 5 ist mit der Maßgabe anzuwenden, dass Nutzungen nicht herauszugeben oder durch ihren Wert zu ersetzen sind. Die §§ 445 und 447 Absatz 2 sind nicht anzuwenden.

(4) Ist die eine Art der Nacherfüllung nach § 275 Absatz 1 ausgeschlossen oder kann der Unternehmer diese nach § 275 Absatz 2 oder 3 oder § 439 Absatz 4 Satz 1 verweigern, kann er die andere Art der Nacherfüllung nicht wegen Unverhältnismäßigkeit der Kosten nach § 439 Absatz 4 Satz 1 verweigern. Ist die andere Art der Nacherfüllung wegen der Höhe der Aufwendungen nach § 439 Absatz 2 oder Absatz 3 Satz 1 unverhältnismäßig, kann der Unternehmer den Aufwendungsersatz auf einen angemessenen Betrag beschränken. Bei der Bemessung dieses Betrages sind insbesondere der Wert der Sache in mangelfreiem Zustand und die Bedeutung des Mangels zu berücksichtigen.

(5) § 440 Satz 1 ist auch in den Fällen anzuwenden, in denen der Verkäufer die Nacherfüllung gemäß Absatz 4 Satz 2 beschränkt.

(6) Der Verbraucher kann von dem Unternehmer für Aufwendungen, die ihm im Rahmen der Nacherfüllung gemäß § 439 Absatz 2 und 3 entstehen und die vom Unternehmer zu tragen sind, Vorschuss verlangen.

§ 476 Abweichende Vereinbarungen

제474조 소비재매매

① 소비재매매는 소비자가 사업자에게서 동산을 매수하는 계약이다. 동산의 매도와 함께 사업자에 의한 용역급부의 제공도 내용으로 하는(der neben dem Verkauf einer beweglichen Sache die Erbringung einer Dienstleistung durch den Unternehmer zum Gegenstand hat) 계약도 소비재매매에 해당한다.

② 이 관의 다음 규정들(die folgenden Vorschriften dieses Untertitels)은 소비재매매에 대해 추가적으로 적용한다. 공중(公衆)이 접근할 수 있는 경매로 소비자가 직접 참여할 수 있는 경매를 통해 매도된 중고 물건(gebrauchte Sachen)에 대해는 그러하지 아니하다.

제475조 적용규정

① 제433조에 따라 이행해야 하는 급부에 대한 기간이 정해지지도 제반사정에 의해서 이를 추단할 수도 없는 경우에(Ist eine Zeit für die nach § 433 zu erbringenden Leistungen weder bestimmt noch aus den Umständen zu entnehmen), 채권자는 제271조 제1항과 달리 이러한 급부를 즉시 청구할 수 있다. 이러한 경우에 사업자는 계약체결시로부터 늦어도 30일 내에 물건을 인도해야만 한다. 계약당사자는 그 급부를 즉시 실현할 수 있다.

② (매도인인) 사업자가 매수인에게 이러한 자 또는 시설을 사전에 지정해 주지 않았음에도 매수인이 운선주선인, 운송인 송부의 실행을 위해 그 밖에 지정된 자 또는 시설에 그 실행을 위임한 경우에 한하여 (매도인이 매수인의 요구에 따라 이러한 자 또는 시설에게 물건을 인도한 때로부터) 우연한 멸실 또는 훼손의 위험이 매수인에게 이전한다는 기준하에 제447조 제1항을 적용한다.

③ 제439조 제5항은 수익을 반환하지 않거나 수익의 가액을 상환(償還)하지 않는다(dass Nutzungen nicht herauszugeben oder durch ihren Wert zu ersetzen sind)는 기준하에 적용한다. 제445조, 제447조 제2항은 적용하지 않는다.

④ 사후보완이행방식이 제275조 제1항에 따라 배제되거나 사업자가 제275조 제2항이나 제3항 또는 제439조 제4항 제1문에 따라 이를 거절한 경우에는, 사업자는 제439조 제4항 제1문에 따른 비용의 과다함을 이유로(wegen Unverhältnismäßigkeit der Kosten) 다른 사후보완이행방식을 거절할 수 없다. 다른 사후보완이행방식이 제439조 제2항 또는 제3항 제1문에 따른 비용액으로 인하여 부당한 경우에는 사업자는 비용상환을 적절한 금액으로 제한(den Aufwendungsersatz auf einen angemessenen Betrag beschränken)할 수 있다. 이러한 금액의 산정에 있어 특히 하자 없는 상태의 물건의 가치(價値)와 그 하자의 중요도(重要度)(der Wert der Sache in mangelfreiem Zustand und die Bedeutung des Mangels)를 고려(考慮)해야 한다.

⑤ 제440조 제1문은 매도인이 제4항 제2문에 따라 사후보완이행을 제한(制限)하는 경우에도 적용한다.

⑥ 소비자(Der Verbraucher)는, 제439조 제2항, 제3항에 따른 사후보완이행의 일환(一環)으로 자신에게 발생하고 사업자가 부담(負擔)해야 하는 비용에 대해 사업자에게 선급(先給; Vorschuss)으로 청구할 수 있다.

제476조 다른 약정

(1) Auf eine vor Mitteilung eines Mangels an den Unternehmer getroffene Vereinbarung, die zum Nachteil des Verbrauchers von den §§ 433 bis 435, 437, 439 bis 443 sowie von den Vorschriften dieses Untertitels abweicht, kann der Unternehmer sich nicht berufen. Die in Satz 1 bezeichneten Vorschriften finden auch Anwendung, wenn sie durch anderweitige Gestaltungen umgangen werden.

(2) Die Verjährung der in § 437 bezeichneten Ansprüche kann vor Mitteilung eines Mangels an den Unternehmer nicht durch Rechtsgeschäft erleichtert werden, wenn die Vereinbarung zu einer Verjährungsfrist ab dem gesetzlichen Verjährungsbeginn von weniger als zwei Jahren, bei gebrauchten Sachen von weniger als einem Jahr führt.

(3) Die Absätze 1 und 2 gelten unbeschadet der §§ 307 bis 309 nicht für den Ausschluss oder die Beschränkung des Anspruchs auf Schadensersatz.

§ 477 Beweislastumkehr

Zeigt sich innerhalb von sechs Monaten seit Gefahrübergang ein Sachmangel, so wird vermutet, dass die Sache bereits bei Gefahrübergang mangelhaft war, es sei denn, diese Vermutung ist mit der Art der Sache oder des Mangels unvereinbar.

§ 478 Sonderbestimmungen für den Rückgriff des Unternehmers

(1) Ist der letzte Vertrag in der Lieferkette ein Verbrauchsgüterkauf (§ 474), findet § 477 in den Fällen des § 445a Absatz 1 und 2 mit der Maßgabe Anwendung, dass die Frist mit dem Übergang der Gefahr auf den Verbraucher beginnt.

(2) Auf eine vor Mitteilung eines Mangels an den Lieferanten getroffene Vereinbarung, die zum Nachteil des Unternehmers von Absatz 1 sowie von den §§ 433 bis 435, 437, 439 bis 443, 445a Absatz 1 und 2 sowie von § 445b abweicht, kann sich der Lieferant nicht berufen, wenn dem Rückgriffsgläubiger kein gleichwertiger Ausgleich eingeräumt wird. Satz 1 gilt unbeschadet des § 307 nicht für den Ausschluss oder die Beschränkung des Anspruchs auf Schadensersatz. Die in Satz 1 bezeichneten Vorschriften finden auch Anwendung, wenn sie durch anderweitige Gestaltungen umgangen werden.

(3) Die Absätze 1 und 2 finden auf die Ansprüche des Lieferanten und der übrigen Käufer in der Lieferkette gegen die jeweiligen Verkäufer entsprechende Anwendung, wenn die Schuldner Unternehmer sind.

§ 479 Sonderbestimmungen für Garantien

(1) Eine Garantieerklärung (§ 443) muss einfach und verständlich abgefasst sein. Sie muss enthalten:

1. den Hinweis auf die gesetzlichen Rechte des Verbrauchers sowie darauf, dass sie durch die Garantie nicht eingeschränkt werden, und
2. den Inhalt der Garantie und alle wesentlichen Angaben, die für die Geltendmachung der

① 사업자에 대한 하자의 통지 전에 체결된 약정(eine vor Mitteilung eines Mangels an den Unternehmer getroffene Vereinbarung)으로, 소비자의 불이익으로 제433조 내지 제435조, 제437조, 제439조 내지 제443조와 이 관의 규정들과 다르게 체결된 약정은 사업자가 원용(援用)할 수 없다. 그 규정들이 다른 방법으로 회피되는 경우(wenn sie durch anderweitige Gestaltungen umgangen werden)에도 제1문에 기재된 규정들을 적용한다.

② 약정에 의해 소멸시효기간이 법률상의 소멸시효기산점으로부터 2년 미만으로 되고, 중고 물건의 경우에 소멸시효기간이 법률상의 소멸시효기산점으로부터 1년 미만으로 되는 경우에는 제437조에 기재된 청구권의 소멸시효는 사업자에 대한 하자의 통지 전에 법률행위에 의해(vor Mitteilung eines Mangels an den Unternehmer nicht durch Rechtsgeschäft) 단축할 수 없다.

③ 제1항, 제2항은 제307조 내지 제308조에 상관없이 손해배상청구권의 배제 또는 제한에 대하여 적용하지 아니한다.

제477조 증명책임의 전환

물건하자가 위험이전시로부터 6개월 이내에 나타나는 경우에는 위험이전시에 이미 그 물건에 하자가 있었던 것으로 추정하되, 이러한 추정이 물건의 성질이나 하자의 성질(der Art der Sache oder des Mangels)과 모순(矛盾)되는 경우에는 그러하지 아니하다.

제478조 사업자의 상환청구(償還請求)에 대한 특칙

① 소비재매매(제474조)가 연쇄적 공급관계에서 최종 계약인 경우에는 제445조a 제1항, 제2항의 경우에 그 기간이 소비자에 대한 위험이전으로써 기산한다는 기준하에 제477조를 적용한다.

② 상환채권자에게 동등(同等)한 보상이 인정되지 않는 경우에는(wenn dem Rückgriffsgläubiger kein gleichwertiger Ausgleich eingeräumt wird) 공급자는, 공급자에 대한 하자의 통지 전에 체결된 약정으로, 소비자의 불이익으로 제1항과 제433조 내지 제435조, 제437조, 제439조 내지 제443조, 제445조a 제1항, 제2항, 제445조b와 다르게 체결된 약정을 원용(援用)할 수 없다. 제307조에 상관없이 손해배상청구권의 배제 또는 제한(den Ausschluss oder die Beschränkung des Anspruchs auf Schadensersatz)에 대하여 제1문을 적용하지 않는다. 제1문에 기재상의 규정들이 다른 방법으로 회피된 경우(wenn sie durch anderweitige Gestaltungen umgangen werden)에도 이를 적용한다.

③ 제1항, 제2항은, 그 채무자가 사업자인 경우에(wenn die Schuldner Unternehmer sind) 공급자의 매도인에 대한 청구권과, 연쇄적 공급관계에 있는 기타 매수인의 각 매도인에 대한 청구권에 대하여 준용한다.

제479조 보증에 대한 특칙

① 보증의 의사표시(제433조)는 간명하고 이해가 쉽게 서면으로 작성되야만 한다. 그 의사표시에는 다음 각 호가 포함되어야만 한다:

1. 소비자의 법률상 권리 언급과 그 권리가 보증(保證)에 의해 제한되지 아니한다(dass sie durch die Garantie nicht eingeschränkt werden)는 언급,
2. 보증 내용과 보증을 행사하는 데 필요한 모든 중요한 사항(alle wesentlichen Angaben, die für

Garantie erforderlich sind, insbesondere die Dauer und den räumlichen Geltungsbereich des Garantieschutzes sowie Namen und Anschrift des Garantiegebers.
(2) Der Verbraucher kann verlangen, dass ihm die Garantieerklärung in Textform mitgeteilt wird.
(3) Die Wirksamkeit der Garantieverpflichtung wird nicht dadurch berührt, dass eine der vorstehenden Anforderungen nicht erfüllt wird.

Untertitel 4 Tausch

§ 480 Tausch
Auf den Tausch finden die Vorschriften über den Kauf entsprechende Anwendung.

Titel 2 Teilzeit-Wohnrechteverträge, Verträge über langfristige Urlaubsprodukte, Vermittlungsverträge und Tauschsystemverträge

§ 481 Teilzeit-Wohnrechtevertrag
(1) Ein Teilzeit-Wohnrechtevertrag ist ein Vertrag, durch den ein Unternehmer einem Verbraucher gegen Zahlung eines Gesamtpreises das Recht verschafft oder zu verschaffen verspricht, für die Dauer von mehr als einem Jahr ein Wohngebäude mehrfach für einen bestimmten oder zu bestimmenden Zeitraum zu Übernachtungszwecken zu nutzen. Bei der Berechnung der Vertragsdauer sind sämtliche im Vertrag vorgesehenen Verlängerungsmöglichkeiten zu berücksichtigen.
(2) Das Recht kann ein dingliches oder anderes Recht sein und insbesondere auch durch eine Mitgliedschaft in einem Verein oder einen Anteil an einer Gesellschaft eingeräumt werden. Das Recht kann auch darin bestehen, aus einem Bestand von Wohngebäuden ein Wohngebäude zur Nutzung zu wählen.
(3) Einem Wohngebäude steht ein Teil eines Wohngebäudes gleich, ebenso eine bewegliche, als Übernachtungsunterkunft gedachte Sache oder ein Teil derselben.

§ 481a Vertrag über ein langfristiges Urlaubsprodukt
Ein Vertrag über ein langfristiges Urlaubsprodukt ist ein Vertrag für die Dauer von mehr als einem Jahr, durch den ein Unternehmer einem Verbraucher gegen Zahlung eines Gesamtpreises das Recht verschafft oder zu verschaffen verspricht, Preisnachlässe oder sonstige Vergünstigungen in Bezug auf eine Unterkunft zu erwerben. § 481 Absatz 1 Satz 2 gilt entsprechend.

§ 481b Vermittlungsvertrag, Tauschsystemvertrag
(1) Ein Vermittlungsvertrag ist ein Vertrag, durch den sich ein Unternehmer von einem Verbraucher ein Entgelt versprechen lässt für den Nachweis der Gelegenheit zum Abschluss eines Vertrags oder für die Vermittlung eines Vertrags, durch den die Rechte des Verbrauchers aus

die Geltendmachung der Garantie erforderlich sind), 특히 보증보호의 기간 및 공간적 적용범위(適用範圍)와 보증제공자의 이름 및 주소(住所)(Namen und Anschrift des Garantiegebers).

② 소비자는 자신에게 보증의 의사표시를 문면방식으로(in Textform) 통지할 것을 청구할 수 있다.

③ 보증책임의 유효성은, 전술한 요구사항 중 어느 요구사항이 충족되지 않는다는(dass eine der vorstehenden Anforderungen nicht erfüllt wird) 점에 영향을 받지 아니한다.

제4관 교환

제480조 교환

매매에 관한 규정을 교환에 준용한다.

제2절 단기주거권계약, 장기휴가상품에 관한 계약, 주선계약과 교환제계약(交換制契約; Tauschsystemverträge)

제481조 단기주거권계약

① 단기주거권계약(Ein Teilzeit-Wohnrechtevertrag)은, 사업자가 소비자에게 대금전액과 상환(相換)으로(gegen Zahlung eines Gesamtpreises) 어느 주거용건물(Wohngebäude)에 대하여 1년을 초과하여 정한 기간 중 일정한 기간(期間)이나 일정하게 정할 기간(期間) 동안 수회(數回) 숙박(宿泊)목적으로(zu Übernachtungszwecken) 이용할 권리를 부여하거나 부여하기로 약정하는 계약을 말한다. 계약기간의 산정시 계약에 규정된 일체의 연장가능성(sämtliche im Vertrag vorgesehenen Verlängerungsmöglichkeiten)을 고려해야 한다.

② 그 권리는 물권 또는 그 밖이 권리일 수 있고 특히 어느 사단 내 회원제로도 또는 조합에 대한 지분으로도 인정될 수 있다. 그 권리는 주거용건물들 중에서 하나의 주거용건물에 대한 이용을 선택하는 권리일 수도 있다.

③ 주거용건물의 일부는 하나의 주거용건물과 동일시되고, 숙박시설로 여겨지는 동산이나 숙박시설 일부도 마찬가지이다.

제481조a 장기휴가상품에 관한 계약

장기휴가상품에 관한 계약(Ein Vertrag über ein langfristiges Urlaubsprodukt)은, 1년을 초과하는 기간 체결된 계약으로서 사업자가 소비자에게 대금전액과 상환으로, 숙박(宿泊)에 관련하여 할인(割引) 또는 그 밖의 혜택(惠澤)을 취득하는 권리를 부여하거나 부여하기로 약정하는 계약을 말한다. 제481조 제1항 제2문을 준용한다.

제481조b 주선계약, 교환제계약(交換制契約)

① 주선계약(Ein Vermittlungsvertrag)은, 단기주거권계약 또는 장기휴가상품에 관한 계약에 기한 소비자의 권리가 취득하거나 양도하는(durch den die Rechte des Verbrauchers aus einem Teilzeit-Wohnrechtevertrag oder einem Vertrag über ein langfristiges Urlaubsprodukt erworben

einem Teilzeit-Wohnrechtevertrag oder einem Vertrag über ein langfristiges Urlaubsprodukt erworben oder veräußert werden sollen.

(2) Ein Tauschsystemvertrag ist ein Vertrag, durch den sich ein Unternehmer von einem Verbraucher ein Entgelt versprechen lässt für den Nachweis der Gelegenheit zum Abschluss eines Vertrags oder für die Vermittlung eines Vertrags, durch den einzelne Rechte des Verbrauchers aus einem Teilzeit-Wohnrechtevertrag oder einem Vertrag über ein langfristiges Urlaubsprodukt getauscht oder auf andere Weise erworben oder veräußert werden sollen.

§ 482 Vorvertragliche Informationen, Werbung und Verbot des Verkaufs als Geldanlage

(1) Der Unternehmer hat dem Verbraucher rechtzeitig vor Abgabe von dessen Vertragserklärung zum Abschluss eines Teilzeit-Wohnrechtevertrags, eines Vertrags über ein langfristiges Urlaubsprodukt, eines Vermittlungsvertrags oder eines Tauschsystemvertrags vorvertragliche Informationen nach Artikel 242 § 1 des Einführungsgesetzes zum Bürgerlichen Gesetzbuche in Textform zur Verfügung zu stellen. Diese müssen klar und verständlich sein.

(2) In jeder Werbung für solche Verträge ist anzugeben, dass vorvertragliche Informationen erhältlich sind und wo diese angefordert werden können. Der Unternehmer hat bei der Einladung zu Werbe- oder Verkaufsveranstaltungen deutlich auf den gewerblichen Charakter der Veranstaltung hinzuweisen. Dem Verbraucher sind auf solchen Veranstaltungen die vorvertraglichen Informationen jederzeit zugänglich zu machen.

(3) Ein Teilzeit-Wohnrecht oder ein Recht aus einem Vertrag über ein langfristiges Urlaubsprodukt darf nicht als Geldanlage beworben oder verkauft werden.

§ 482a Widerrufsbelehrung

Der Unternehmer muss den Verbraucher vor Vertragsschluss in Textform auf das Widerrufsrecht einschließlich der Widerrufsfrist sowie auf das Anzahlungsverbot nach § 486 hinweisen. Der Erhalt der entsprechenden Vertragsbestimmungen ist vom Verbraucher schriftlich zu bestätigen. Die Einzelheiten sind in Artikel 242 § 2 des Einführungsgesetzes zum Bürgerlichen Gesetzbuche geregelt.

§ 483 Sprache des Vertrags und der vorvertraglichen Informationen

(1) Der Teilzeit-Wohnrechtevertrag, der Vertrag über ein langfristiges Urlaubsprodukt, der Vermittlungsvertrag oder der Tauschsystemvertrag ist in der Amtssprache oder, wenn es dort mehrere Amtssprachen gibt, in der vom Verbraucher gewählten Amtssprache des Mitgliedstaats der Europäischen Union oder des Vertragsstaats des Abkommens über den Europäischen Wirtschaftsraum abzufassen, in dem der Verbraucher seinen Wohnsitz hat. Ist der Verbraucher Angehöriger eines anderen Mitgliedstaats, so kann er statt der Sprache seines Wohnsitzstaats auch

oder veräußert werden sollen) 계약의 체결 기회의 알선(斡旋) 또는 주선(周旋)에 대하여 사업자가 소비자에게 보수(ein Entgelt)를 약정(約定)하는 계약(契約)을 말한다.

② 교환제계약(交換制契約; Ein Tauschsystemvertrag)은, 단기주거권계약 또는 장기휴가상품에 관한 계약에 기한(aus einem Teilzeit-Wohnrechtevertrag oder einem Vertrag über ein langfristiges Urlaubsprodukt) 소비자의 개별적 권리를 교환하거나 그 밖의 방식에 의한 취득 또는 양도하는 계약의 체결 기회의 알선 또는 주선에 대하여(für den Nachweis der Gelegenheit zum Abschluss eines Vertrags oder für die Vermittlung eines Vertrags) 사업자가 소비자에게 보수(ein Entgelt)를 약정(約定)하는 계약을 말한다.

제482조 계약 전 정보제공, 광고와 투자로서 판매 금지(Verbot des Verkaufs als Geldanlage)

① 사업자는 소비자에게, 단기주거권계약, 장기휴가상품에 관한 계약, 주선계약, 교환제계약(交換制契約)의 체결에 관한 자신의 계약의사표시를 하기 전의(vor Abgabe von dessen Vertragserklärung zum Abschluss eines Teilzeit-Wohnrechtevertrags, eines Vertrags über ein langfristiges Urlaubsprodukt, eines Vermittlungsvertrags oder eines Tauschsystemvertrags) 적시에 민법전시행법 제242항목 제1조에 따른 계약 전(前) 정보제공을 문면방식으로 제공해야 한다. 이는 간명하고 이해하기 쉽게 행해져야 한다.

② 그러한 광고에 대한 모든 광고에서(In jeder Werbung für solche Verträge) 계약체결 전 정보제공이 포함되어야 하고 그러한 정보제공을 요구할 수 있다는 점이 명시되어야 한다. 사업자는 광고행사 또는 판매행사로 초대시(bei der Einladung zu Werbe- oder Verkaufsveranstaltungen) 그 행사의 상업적 성격(den gewerblichen Charakter)을 분명하게 언급해야 한다. 그러한 행사에서 계약체결 전 정보제공은 소비자에게 언제든지 이뤄져야 한다.

③ 단기주거권 또는 장기휴가상품에 관한 계약에 기한 권리는 투자(投資; Geldanlage)로 광고되거나 판매되어서는 아니된다.

제482조a 철회에 관한 통지

사업자는 소비자에게 계약체결 전에 문명방식으로 철회기간을 포함하여 철회권(das Widerrufsrecht einschließlich der Widerrufsfrist)과 제486조에 따른 선금금지(先金禁止)에 관하여 명시해야 한다. 이와 관련된 계약조항의 수령(Der Erhalt der entsprechenden Vertragsbestimmungen)은 소비자가 서면으로 확인되어야 한다. 세부사항은 민법전시행법 제242항목 제2조에 따라 규율된다.

제483조 계약언어와 계약체결 전 정보제공

① 단기주거권계약서, 장기휴가상품에 관한 계약서, 주선계약서 또는 교환제계약서(交換制契約書)는 (독일) 공용어로, 거기에 수개 공용어가 있는 경우에는 소비자가 선택한 유럽연합회원국 또는 「유럽경제권에 관한 협약」의 가입국(加入國)의 공용어로(in der vom Verbraucher gewählten Amtssprache des Mitgliedstaats der Europäischen Union oder des Vertragsstaats des Abkommens über den Europäischen Wirtschaftsraum), 소비자가 주소를 둔 국가의 공용어로 작성되어야 한다. 소비자가 독일 이외의 회원국의 국적자인 경우에 소비자는 그 주소지국가의 언어 대신에 자신의

die oder eine der Amtssprachen des Staats, dem er angehört, wählen. Die Sätze 1 und 2 gelten auch für die vorvertraglichen Informationen und für die Widerrufsbelehrung.
(2) Ist der Vertrag von einem deutschen Notar zu beurkunden, so gelten die §§ 5 und 16 des Beurkundungsgesetzes mit der Maßgabe, dass dem Verbraucher eine beglaubigte Übersetzung des Vertrags in der von ihm nach Absatz 1 gewählten Sprache auszuhändigen ist.
(3) Verträge, die Absatz 1 Satz 1 und 2 oder Absatz 2 nicht entsprechen, sind nichtig.

§ 484 Form und Inhalt des Vertrags

(1) Der Teilzeit-Wohnrechtevertrag, der Vertrag über ein langfristiges Urlaubsprodukt, der Vermittlungsvertrag oder der Tauschsystemvertrag bedarf der schriftlichen Form, soweit nicht in anderen Vorschriften eine strengere Form vorgeschrieben ist.
(2) Die dem Verbraucher nach § 482 Absatz 1 zur Verfügung gestellten vorvertraglichen Informationen werden Inhalt des Vertrags, soweit sie nicht einvernehmlich oder einseitig durch den Unternehmer geändert wurden. Der Unternehmer darf die vorvertraglichen Informationen nur einseitig ändern, um sie an Veränderungen anzupassen, die durch höhere Gewalt verursacht wurden. Die Änderungen nach Satz 1 müssen dem Verbraucher vor Abschluss des Vertrags in Textform mitgeteilt werden. Sie werden nur wirksam, wenn sie in die Vertragsdokumente mit dem Hinweis aufgenommen werden, dass sie von den nach § 482 Absatz 1 zur Verfügung gestellten vorvertraglichen Informationen abweichen. In die Vertragsdokumente sind aufzunehmen:
1. die vorvertraglichen Informationen nach § 482 Absatz 1 unbeschadet ihrer Geltung nach Satz 1,
2. die Namen und ladungsfähigen Anschriften beider Parteien sowie
3. Datum und Ort der Abgabe der darin enthaltenen Vertragserklärungen.
(3) Der Unternehmer hat dem Verbraucher die Vertragsurkunde oder eine Abschrift des Vertrags zu überlassen. Bei einem Teilzeit-Wohnrechtevertrag hat er, wenn die Vertragssprache und die Amtssprache des Mitgliedstaats der Europäischen Union oder des Vertragsstaats des Abkommens über den Europäischen Wirtschaftsraum, in dem sich das Wohngebäude befindet, verschieden sind, eine beglaubigte Übersetzung des Vertrags in einer Amtssprache des Staats beizufügen, in dem sich das Wohngebäude befindet. Die Pflicht zur Beifügung einer beglaubigten Übersetzung entfällt, wenn sich der Teilzeit-Wohnrechtevertrag auf einen Bestand von Wohngebäuden bezieht, die sich in verschiedenen Staaten befinden.

§ 485 Widerrufsrecht

Dem Verbraucher steht bei einem Teilzeit-Wohnrechtevertrag, einem Vertrag über ein langfristiges Urlaubsprodukt, einem Vermittlungsvertrag oder einem Tauschsystemvertrag ein Widerrufsrecht nach § 355 zu.

국적국(國籍國)의 공용어 또는 공용어들 중 한 공용어도(auch die oder eine der Amtssprachen des Staats, dem er angehört) 선택할 수 있다. 제1문, 제2문은 계약체결 전 정보제공과 철회에 관한 통지에(auch für die vorvertraglichen Informationen und für die Widerrufsbelehrung)도 적용한다.
② 계약이 독일 공증인에 의해 공증되어야 하는 경우에, 소비자에게 제1항에 따라 그가 선택한 언어로 된 계약서의 공증된 번역본(eine beglaubigte Übersetzung des Vertrags in der von ihm nach Absatz 1 gewählten Sprache)이 교부되어야 한다는 기준하에 공증법 제5조, 제16조를 적용한다.
③ 제1항 제1문, 제2문 또는 제2항에 따르지 않은(die Absatz 1 Satz 1 und 2 oder Absatz 2 nicht entsprechen) 계약은 무효이다.

제484조 계약의 방식과 내용
① 다른 규정에서 보다 엄격한 방식이 규정되어 있지 않는 한(soweit nicht in anderen Vorschriften eine strengere Form vorgeschrieben ist), 단기주거권계약, 장기휴가상품에 관한 계약, 주선계약 또는 교환제계약(交換制契約)(der Vermittlungsvertrag oder der Tauschsystemvertrag)는 서면방식이 요구된다.
② 제482조 제1항에 따라 소비자에게 제공된 계약체결 전 정보제공(Die dem Verbraucher nach § 482 Absatz 1 zur Verfügung gestellten vorvertraglichen Informationen)은, 그것이 합의에 의해 또는 사업자에 의해 일방적으로 변경되지 않은 범위 내에서 계약의 내용이 된다. 사업자는 계약체결 전 정보제공은 이를 불가항력으로 초래된(die durch höhere Gewalt verursacht wurden) 변경에 맞추기 위한 경우에 한하여 일방적으로 변경할 수 있다. 제1문에 따른 변경은 소비자에게 계약체결 전에 문면방식으로 통지되어야만 한다. 그 변경은, 그것이 제482조 제1항에 따라 제공된 계약체결 전 정보제공과 다르게 되었다(dass sie von den nach § 482 Absatz 1 zur Verfügung gestellten vorvertraglichen Informationen abweichen)는 언급을 하여 그 변경을 계약서에 기재한 경우에 한하여 유효하다. 그 계약서에는 다음 각 호 사항이 기재되어야 한다:
1. 제1문에 따른 그 효력에 상관없이 제482조 제1항에 따른 계약체결 전 정보제공,
2. 양 당사자의 이름 또는 도달 가능한 주소,
3. 계약서 포함된 계약의사표시를 한 날짜 및 장소.
③ 사업자는 소비자에게 계약서원본 또는 계약서사본(die Vertragsurkunde oder eine Abschrift des Vertrags)을 교부해야 한다. 단기거주권계약의 경우에 있어, 계약언어(die Vertragssprache)와, 해당 주거용건물이 있는, 유럽연합회원국 또는 「유럽경제권에 관한 협약」의 가입국(加入國)의 공용어가 다른 때에는 그 주거용건물이 있는 국가의 공용어로 된 공증된 계약번역문(eine beglaubigte Übersetzung des Vertrags in einer Amtssprache des Staats)이 단기거주권계약에 첨부되어야 한다. 단기주거권계약이 여러 국가들에 있는 주거용건물들에 적용되는 경우에는(wenn sich der Teilzeit-Wohnrechtevertrag auf einen Bestand von Wohngebäuden bezieht, die sich in verschiedenen Staaten befinden) 공증된 계약번역문의 첨부의무(Die Pflicht zur Beifügung einer beglaubigten Übersetzung)는 면제된다.

제485조 철회권
단기주거권계약, 장기휴가상품에 관한 계약, 주선계약 또는 교환제계약(交換制契約)의 경우에 있어 제355조에 따른 철회권이 소비자에게 귀속된다.

§ 486 Anzahlungsverbot

(1) Der Unternehmer darf Zahlungen des Verbrauchers vor Ablauf der Widerrufsfrist nicht fordern oder annehmen.

(2) Es dürfen keine Zahlungen des Verbrauchers im Zusammenhang mit einem Vermittlungsvertrag gefordert oder angenommen werden, bis der Unternehmer seine Pflichten aus dem Vermittlungsvertrag erfüllt hat oder diese Vertragsbeziehung beendet ist.

§ 486a Besondere Vorschriften für Verträge über langfristige Urlaubsprodukte

(1) Bei einem Vertrag über ein langfristiges Urlaubsprodukt enthält das in Artikel 242 § 1 Absatz 2 des Einführungsgesetzes zum Bürgerlichen Gesetzbuche bezeichnete Formblatt einen Ratenzahlungsplan. Der Unternehmer darf von den dort genannten Zahlungsmodalitäten nicht abweichen. Er darf den laut Formblatt fälligen jährlichen Teilbetrag vom Verbraucher nur fordern oder annehmen, wenn er den Verbraucher zuvor in Textform zur Zahlung dieses Teilbetrags aufgefordert hat. Die Zahlungsaufforderung muss dem Verbraucher mindestens zwei Wochen vor Fälligkeit des jährlichen Teilbetrags zugehen.

(2) Ab dem Zeitpunkt, der nach Absatz 1 für die Zahlung des zweiten Teilbetrags vorgesehen ist, kann der Verbraucher den Vertrag innerhalb von zwei Wochen ab Zugang der Zahlungsaufforderung zum Fälligkeitstermin gemäß Absatz 1 kündigen.

§ 487 Abweichende Vereinbarungen

Von den Vorschriften dieses Titels darf nicht zum Nachteil des Verbrauchers abgewichen werden. Die Vorschriften dieses Titels finden, soweit nicht ein anderes bestimmt ist, auch Anwendung, wenn sie durch anderweitige Gestaltungen umgangen werden.

Titel 3 Darlehensvertrag; Finanzierungshilfen und Ratenlieferungsverträge zwischen einem Unternehmer und einem Verbraucher

*) Amtlicher Hinweis:

Dieser Titel dient der Umsetzung der Richtlinie 87/102/EWG des Rates zur Angleichung der Rechts- und Verwaltungsvorschriften der Mitgliedstaaten über den Verbraucherkredit (ABl. EG Nr. L 42 S. 48), zuletzt geändert durch die Richtlinie 98/7/EG des Europäischen Parlaments und des Rates vom 16. Februar 1998 zur Änderung der Richtlinie 87/102/EWG zur Angleichung der Rechts- und Verwaltungsvorschriften der Mitgliedstaaten über den Verbraucherkredit (ABl. EG Nr. L 101 S. 17).

Untertitel 1 Darlehensvertrag

Kapitel 1 Allgemeine Vorschriften

제486조 선금(先金)금지

① 사업자는 철회기간 경과 전에 소비자의 지급(Zahlungen des Verbrauchers)을 요구해서도 수령해서도 아니된다.

② 사업자가 주선계약에 기한 자신의 의무를 이행하거나 이러한 계약관계가 종료될 때까지(bis der Unternehmer seine Pflichten aus dem Vermittlungsvertrag erfüllt hat oder diese Vertragsbeziehung beendet ist) 주선계약에 관련하여 소비자의 지급이 요구되거나 수령되어서도 아니된다.

제486조a 장기휴가상품에 관한 계약에 대한 특칙

① 장기휴가상품에 관한 계약의 경우(Bei einem Vertrag über ein langfristiges Urlaubsprodukt)에 민법전시행법 제242항목 제1조 제2항에 기재된 서식(書式; Formblatt)에 할부지급계획(Ratenzahlungsplan)이 포함된다. 사업자는 거기서 언급된 지급조건(den dort genannten Zahlungsmodalitäten)에 위반되어서는 아니된다. 사업자가 소비자에게 사전에 이러한 일부금액의 지급에 관하여 문면방식으로 청구한 경우에 한하여 사업자는 서식(書式; Formblatt)에 따라 이행기가 도래한 연간 분할금을 청구하거나 수령할 수 있다. 그 지급청구는 소비자에게 최소한 연간 분할금의 이행기로부터 2주전에(mindestens zwei Wochen vor Fälligkeit des jährlichen Teilbetrags) 도달해야만 한다.

② 제1항에 따라 제2회 분할금의 지급에 대하여 규정된 시기부터 소비자는, 제1항에 따른 이행기에 관한 지급청구서의 도달시로부터(ab Zugang der Zahlungsaufforderung zum Fälligkeitstermin gemäß Absatz 1) 2주 이내에 계약을 해지할 수 있다.

제487조 다른 약정

소비자의 불이익으로(zum Nachteil des Verbrauchers) 이 절의 규정과 다르게 약정되어서는 아니된다. 그 규정들이 다른 방법으로 회피되는 경우에(wenn sie durch anderweitige Gestaltungen umgangen werden)도 다른 정함이 없는 한, 이 절의 규정(Die Vorschriften dieses Titels)을 적용한다.

제3절 소비대차계약; 사업자와 소비자 간의 신용부여(信用附與) 및 분할공급계약

*) 공식 주(注):

이 절은, 「소비자신용에 관한 회원국의 법규명령 및 행정규칙의 일치에 관한 유럽연합이사회 87/102/EWG호 지침」(ABl. EG Nr. L 42 S. 48)으로, 「소비자신용에 관한 회원국의 법규명령 및 행정규칙의 통일적(統一的) 규율(規律)에 관한(zur Angleichung der Rechts- und Verwaltungsvorschriften der Mitgliedstaaten über den Verbraucherkredit) 87/102/EWG호 지침 개정을 위한 1998년 2월 16일 유럽연합 의회 및 이사회의 98/7/EG호 지침」(ABl. EG Nr. L 101 S. 17)에 의해 최근(最近) 개정된 지침의 시행(施行)에 기여(寄與)한다.

제1관 소비대차계약

제1항 총칙

§ 488 Vertragstypische Pflichten beim Darlehensvertrag

(1) Durch den Darlehensvertrag wird der Darlehensgeber verpflichtet, dem Darlehensnehmer einen Geldbetrag in der vereinbarten Höhe zur Verfügung zu stellen. Der Darlehensnehmer ist verpflichtet, einen geschuldeten Zins zu zahlen und bei Fälligkeit das zur Verfügung gestellte Darlehen zurückzuzahlen.

(2) Die vereinbarten Zinsen sind, soweit nicht ein anderes bestimmt ist, nach dem Ablauf je eines Jahres und, wenn das Darlehen vor dem Ablauf eines Jahres zurückzuzahlen ist, bei der Rückzahlung zu entrichten.

(3) Ist für die Rückzahlung des Darlehens eine Zeit nicht bestimmt, so hängt die Fälligkeit davon ab, dass der Darlehensgeber oder der Darlehensnehmer kündigt. Die Kündigungsfrist beträgt drei Monate. Sind Zinsen nicht geschuldet, so ist der Darlehensnehmer auch ohne Kündigung zur Rückzahlung berechtigt.

§ 489 Ordentliches Kündigungsrecht des Darlehensnehmers

(1) Der Darlehensnehmer kann einen Darlehensvertrag mit gebundenem Sollzinssatz ganz oder teilweise kündigen,

1. wenn die Sollzinsbindung vor der für die Rückzahlung bestimmten Zeit endet und keine neue Vereinbarung über den Sollzinssatz getroffen ist, unter Einhaltung einer Kündigungsfrist von einem Monat frühestens für den Ablauf des Tages, an dem die Sollzinsbindung endet; ist eine Anpassung des Sollzinssatzes in bestimmten Zeiträumen bis zu einem Jahr vereinbart, so kann der Darlehensnehmer jeweils nur für den Ablauf des Tages, an dem die Sollzinsbindung endet, kündigen;
2. in jedem Fall nach Ablauf von zehn Jahren nach dem vollständigen Empfang unter Einhaltung einer Kündigungsfrist von sechs Monaten; wird nach dem Empfang des Darlehens eine neue Vereinbarung über die Zeit der Rückzahlung oder den Sollzinssatz getroffen, so tritt der Zeitpunkt dieser Vereinbarung an die Stelle des Zeitpunkts des Empfangs.

(2) Der Darlehensnehmer kann einen Darlehensvertrag mit veränderlichem Zinssatz jederzeit unter Einhaltung einer Kündigungsfrist von drei Monaten kündigen.

(3) Eine Kündigung des Darlehensnehmers gilt als nicht erfolgt, wenn er den geschuldeten Betrag nicht binnen zwei Wochen nach Wirksamwerden der Kündigung zurückzahlt.

(4) Das Kündigungsrecht des Darlehensnehmers nach den Absätzen 1 und 2 kann nicht durch Vertrag ausgeschlossen oder erschwert werden. Dies gilt nicht bei Darlehen an den Bund, ein Sondervermögen des Bundes, ein Land, eine Gemeinde, einen Gemeindeverband, die Europäischen Gemeinschaften oder ausländische Gebietskörperschaften.

(5) Sollzinssatz ist der gebundene oder veränderliche periodische Prozentsatz, der pro Jahr auf das in Anspruch genommene Darlehen angewendet wird. Der Sollzinssatz ist gebunden, wenn für die

제488조 소비대차계약에서의 전형적 의무

① 소비대차계약에 의하여 대주(貸主)는 차주(借主)에게 약정한 액수의 금액을 제공할 의무가 있다. 차주(借主)는 약정한 이자(einen geschuldeten Zins)를 지급하고 변제기(辨濟期)에 제공된 소비대차금(das zur Verfügung gestellte Darlehen)을 반환(返還)할 의무(義務)를 부담(負擔)한다.

② 달리 다른 정함이 없는 한, 약정한 이자는 1년이 경과할 때마다 지급되어야 하고, 1년이 경과하기 전에 소비대차금이 반환되는 경우에는(wenn das Darlehen vor dem Ablauf eines Jahres zurückzuzahlen ist) 반환시에 지급되어야 한다.

③ 소비대차금의 반환에 대하여 시기가 정해지지 않은 경우에는 변제기는 대주 또는 차주(der Darlehensgeber oder der Darlehensnehmer)가 해지하는 것에 결정된다. 해지기간은 3개월이다. 이자가 약정되지 않은 경우에 차주는 해지를 하지 않더라도(auch ohne Kündigung) 반환할 권리를 갖는다.

제489조 차주의 통상해지권

① 다음 각 호와 같이, 차주는 고정여신금리(gebundenem Sollzinssatz)부(附)소비대차는 전부 또는 부분적으로(ganz oder teilweise),

1. 여신금리고정기간(die Sollzinsbindung)이 그 반환시기 전에 만료되고 여신금리에 관한 새로운 합의가 이뤄지지 않은 경우에는 1개월의 해지기간을 두고서 빨라도 여신금리고정기간이 만료되는 날의 경과로 해지의 효력이 발생하도록 해지할 수 있다; 여신금리 조정(調停)이 1년 이내의 일정한 시기에 하기로 약정한 경우에, 대주는 여신금리고정기간의 경과로 해지의 효력이 발생하도록 해서만 해지할 수 있다;
2. 소비대차금 전액 수령이 있는 때로부터 10년 경과 후에는 6개월의 해지기간을 두고서 언제든지 해지될 수 있다(in jedem Fall nach Ablauf von zehn Jahren nach dem vollständigen Empfang unter Einhaltung einer Kündigungsfrist von sechs Monaten); 소비대차금 수령 후에 반환시기 또는 여신금리에 관한 새로운 약정이 체결된 경우에는 이러한 약정상의 시기가 수령시기를 대신한다.

② 차주는 변동여신금리부(附) 소비대차(einen Darlehensvertrag mit veränderlichem Zinssatz)를 3개월의 해지기간을 두고서 언제든지 해지할 수 있다.

③ 차주가 해지의 효력이 발생한 때로부터 2주 이내에약정한 금액을 반환하지 아니한 경우에는 차주의 해지는 행해지지 않은 것으로 본다.

④ 제1항, 제2항에 따른 차주의 해지권(Das Kündigungsrecht des Darlehensnehmers)은 계약으로 배제되거나 그 행사 요건이 가중될 수 없다. 이는 연방정부, 연방의 특별재산, 주정부, 게마인데, 게마인데연합, 유럽공동체(die Europäischen Gemeinschaften) 또는 외국의 지역행정기구(ausländische Gebietskörperschaften)에 대한 소비대차(消費貸借)에는 적용(適用)하지 아니한다.

⑤ 여신금리는 고정되거나 기간별로 변동하는 백분율로, 청구된 소비대차금에 매년 적용되는 백분율로 한다. 계약기간 전체에 대해 하나의 여신금리나 특정한 백분율로 표시된, 여러 개의 여신금리

gesamte Vertragslaufzeit ein Sollzinssatz oder mehrere Sollzinssätze vereinbart sind, die als feststehende Prozentzahl ausgedrückt werden. Ist für die gesamte Vertragslaufzeit keine Sollzinsbindung vereinbart, gilt der Sollzinssatz nur für diejenigen Zeiträume als gebunden, für die er durch eine feste Prozentzahl bestimmt ist.

Fußnote

(+++ § 489: Zur Nichtanwendung vgl. § 10 Abs. 5 KredWG +++)

§ 490 Außerordentliches Kündigungsrecht

(1) Wenn in den Vermögensverhältnissen des Darlehensnehmers oder in der Werthaltigkeit einer für das Darlehen gestellten Sicherheit eine wesentliche Verschlechterung eintritt oder einzutreten droht, durch die die Rückzahlung des Darlehens, auch unter Verwertung der Sicherheit, gefährdet wird, kann der Darlehensgeber den Darlehensvertrag vor Auszahlung des Darlehens im Zweifel stets, nach Auszahlung nur in der Regel fristlos kündigen.

(2) Der Darlehensnehmer kann einen Darlehensvertrag, bei dem der Sollzinssatz gebunden und das Darlehen durch ein Grund- oder Schiffspfandrecht gesichert ist, unter Einhaltung der Fristen des § 488 Abs. 3 Satz 2 vorzeitig kündigen, wenn seine berechtigten Interessen dies gebieten und seit dem vollständigen Empfang des Darlehens sechs Monate abgelaufen sind. Ein solches Interesse liegt insbesondere vor, wenn der Darlehensnehmer ein Bedürfnis nach einer anderweitigen Verwertung der zur Sicherung des Darlehens beliehenen Sache hat. Der Darlehensnehmer hat dem Darlehensgeber denjenigen Schaden zu ersetzen, der diesem aus der vorzeitigen Kündigung entsteht (Vorfälligkeitsentschädigung).

(3) Die Vorschriften der §§ 313 und 314 bleiben unberührt.

Fußnote

(+++ § 490: Zur Nichtanwendung vgl. § 10 Abs. 5 KredWG +++)

Kapitel 2 Besondere Vorschriften für Verbraucherdarlehensverträge

§ 491 Verbraucherdarlehensvertrag

(1) Die Vorschriften dieses Kapitels gelten für Verbraucherdarlehensverträge, soweit nichts anderes bestimmt ist. Verbraucherdarlehensverträge sind Allgemein-Verbraucherdarlehensverträge und Immobiliar-Verbraucherdarlehensverträge.

(2) Allgemein-Verbraucherdarlehensverträge sind entgeltliche Darlehensverträge zwischen einem Unternehmer als Darlehensgeber und einem Verbraucher als Darlehensnehmer. Keine Allgemein-Verbraucherdarlehensverträge sind Verträge,

1. bei denen der Nettodarlehensbetrag (Artikel 247 § 3 Abs. 2 des Einführungsgesetzes zum Bürgerlichen Gesetzbuche) weniger als 200 Euro beträgt,

가 약정된 경우에 그 여신금리는 고정된 것이다. 계약기간 전체에 대하여 여신금리고정기간이 약정되지 않은 경우에 대출이율이 일정한 백분율로 정해진 시기에 대해서만 대출이율이 고정된 것으로 간주한다.

각주

(제489조: 그 부적용에 관하여 금융기관법 제10조 제5항을 참조하라)

제490조 특별해지권

① 담보물을 현금화(現金化)하더라도 소비대차금의 반환이 위태로운 중대한 악화가 차주의 재산관계에서 또는 소비대차금에 대해 제공된 담보의 가치에서(in den Vermögensverhältnissen des Darlehensnehmers oder in der Werthaltigkeit einer für das Darlehen gestellten Sicherheit) 발생하거나 발생할 우려가 있는 경우에는 대주는 소비대차금의 실행(實行) 전에 의심스러울 때는 언제든지 즉시해지를 할 수 있고, 그 실행(實行) 후에는 통상적으로만 소비대차계약을 즉시해지(卽時解止)를 할 수 있다.

② 차주의 정당한 이익상 이것이 요구되고 소비대차금 전액의 수령시로부터 6개월이 지난 경우에(wenn seine berechtigten Interessen dies gebieten und seit dem vollständigen Empfang des Darlehens sechs Monate abgelaufen sind) 차주는, 여신금리가 고정식이고 소비대차금이 토지담보권 또는 선박담보권에 의해 담보된 소비대차계약을 제488조 제3항 제2문의 기간을 두고서 기한(期限) 전에(vorzeitig) 해지(解止)할 수 있다. 특히 차주(借主)에게 그 소비대차금에 담보로 제공한 물건의 다른 형태의 환가(換價)에 대한 필요성(必要性)이 있는 때에는 그러한 이익이 있는 것이다. 차주(借主)는 대주에게 기한(期限) 전 해지로 발생하는 손해를 배상해야 한다[Vorfälligkeitsentschädigung; 기한(期限) 전(前) 반환으로 인한 손해배상(損害賠償)].

③ 제313조 내지 제314조의 규정은 영향을 받지 아니한다.

각주

(제490조: 그 부적용에 관하여 금융기관법 제10조 제5항을 참조하라)

제2항 소비자소비대차계약에 대한 특칙

제491조 소비자소비대차계약

① 다른 정함이 없는 한(soweit nichts anderes bestimmt ist), 본 항의 규정은 소비자소비대차계약에 대해 적용한다. 소비자소비대차계약은 일반소비자소비대차계약(Allgemein-Verbraucherdarlehensverträge)과 부동산소비자소비대차계약(Immobiliar-Verbraucherdarlehensverträge)을 말한다.

② 일반소비자소비대차계약은 대주로서 사업자와 차주로서 소비자 간(zwischen einem Unternehmer als Darlehensgeber und einem Verbraucher als Darlehensnehmer)의 유상의 소비대차계약을 말한다. 다음 각 호의 계약은 일반소비자소비대차계약이 아니다,

1. 순수소비대차금액(Nettodarlehensbetrag, 민법전시행법 제247항목 제3조 제2항[27])이 200유로 미만인 계약,

2. bei denen sich die Haftung des Darlehensnehmers auf eine dem Darlehensgeber zum Pfand übergebene Sache beschränkt,
3. bei denen der Darlehensnehmer das Darlehen binnen drei Monaten zurückzuzahlen hat und nur geringe Kosten vereinbart sind,
4. die von Arbeitgebern mit ihren Arbeitnehmern als Nebenleistung zum Arbeitsvertrag zu einem niedrigeren als dem marktüblichen effektiven Jahreszins (§ 6 der Preisangabenverordnung) abgeschlossen werden und anderen Personen nicht angeboten werden,
5. die nur mit einem begrenzten Personenkreis auf Grund von Rechtsvorschriften in öffentlichem Interesse abgeschlossen werden, wenn im Vertrag für den Darlehensnehmer günstigere als marktübliche Bedingungen und höchstens der marktübliche Sollzinssatz vereinbart sind,
6. bei denen es sich um Immobiliar-Verbraucherdarlehensverträge oder Immobilienverzehrkreditverträge gemäß Absatz 3 handelt.

(3) Immobiliar-Verbraucherdarlehensverträge sind entgeltliche Darlehensverträge zwischen einem Unternehmer als Darlehensgeber und einem Verbraucher als Darlehensnehmer, die
1. durch ein Grundpfandrecht oder eine Reallast besichert sind oder
2. für den Erwerb oder die Erhaltung des Eigentumsrechts an Grundstücken, an bestehenden oder zu errichtenden Gebäuden oder für den Erwerb oder die Erhaltung von grundstücksgleichen Rechten bestimmt sind.

Keine Immobiliar-Verbraucherdarlehensverträge sind Verträge gemäß Absatz 2 Satz 2 Nummer 4. Auf Immobiliar-Verbraucherdarlehensverträge gemäß Absatz 2 Satz 2 Nummer 5 ist nur § 491a Absatz 4 anwendbar. Keine Immobiliar-Verbraucherdarlehensverträge sind Immobilienverzehrkreditverträge, bei denen der Kreditgeber
1. pauschale oder regelmäßige Zahlungen leistet oder andere Formen der Kreditauszahlung vornimmt und im Gegenzug nur einen Betrag aus dem künftigen Erlös des Verkaufs einer Wohnimmobilie erhält oder ein Recht an einer Wohnimmobilie erwirbt und
2. erst nach dem Tod des Verbrauchers eine Rückzahlung fordert, außer der Verbraucher verstößt gegen die Vertragsbestimmungen, was dem Kreditgeber erlaubt, den Vertrag zu kündigen.

(4) § 358 Abs. 2 und 4 sowie die §§ 491a bis 495 und 505a bis 505e sind nicht auf Darlehensverträge anzuwenden, die in ein nach den Vorschriften der Zivilprozessordnung errichtetes gerichtliches Protokoll aufgenommen oder durch einen gerichtlichen Beschluss über das Zustandekommen und den Inhalt eines zwischen den Parteien geschlossenen Vergleichs festgestellt sind, wenn in das Protokoll oder den Beschluss der Sollzinssatz, die bei Abschluss des Vertrags in Rechnung gestellten Kosten des Darlehens sowie die Voraussetzungen aufgenommen worden sind, unter denen der Sollzinssatz oder die Kosten angepasst werden können.

§ 491a Vorvertragliche Informationspflichten bei Verbraucherdarlehensverträgen

2. 차주의 책임이 대주에게 담보물로 양도된 물건(eine dem Darlehensgeber zum Pfand übergebene Sache)에 제한되는 계약,
3. 차주가 소비대차금을 3개월 이내에 반환해야 하고 적은 비용만이 약정된 계약,
4. 사용자(使用者)와 그의 근로자(勤勞者) 간의 근로계약(勤勞契約)상의 부수적 급부(給付)로 현행 시장이율[가격명시법(Preisangabenverordnung) 제6조]보다 저리(低利)로(zu einem niedrigeren als dem marktüblichen effektiven Jahreszins) 체결되고 다른 사람에게 제공되지 아니한 계약,
5. 차주에 대하여 현행 시장조건(marktübliche Bedingungen)보다 유리한 여신금리가 약정되고 높아야 시장에서 통상적인 여신금리로 계약으로 약정된 경우에 있어 공공이익에 대한 법규명령에 기하여 제한된 인적 범위의 사람들에 한하여 체결된 계약,
6. 제3항에 따른 부동산소비자소비대차계약 또는 부동산소비신용계약(不動産消費信用契約)(Immobilienverzehrkreditverträge)에 해당하는 계약.

③ 부동산소비자소비대차계약은 대주로서 사업자와 차주로서 소비자 간(zwischen einem Unternehmer als Darlehensgeber und einem Verbraucher als Darlehensnehmer)의 유상의 계약으로,
1. 토지담보권 또는 물적담보권에 의해 담보되는 계약을 말하거나,
2. 토지나 현존하거나 건축해야 하는 건물(bestehenden oder zu errichtenden Gebäuden) 에 대한 소유권의 취득(取得) 또는 보유(保有)에 대하여 또는 토지와 동일한 권리의 취득(取得) 또는 보유(保有)에 대하여 정해지는 계약을 말한다.

제2항 제2문 제4호에 따른 계약(契約)은 부동산소비자소비대차계약(Immobiliar-Verbraucherdarlehensverträge)이 아니다. 제2항 제2문 제5호에 따른 부동산소비자소비대차계약에 대하여 제491조a 제4항만을 적용한다. 다음의 부동산소비자신용계약(Immobilienverzehrkreditverträge)은 부동산소비자소비대차계약(不動産消費者消費貸借契約)이 아니다,
1. 신용제공자가, 총액 지급 또는 정기적 지급으로 이행하거나 다른 방식의 대출금지급이 실행되고 장래의 주택(住宅)의 매각 대금에서 나오는 금액만(nur einen Betrag aus dem künftigen Erlös des Verkaufs einer Wohnimmobilie)을 그 대가로 받거나 주택에 대한 권리를 취득하고,
2. 신용제공자로 하여금 계약(契約)을 해지(解止)하는 것을 허용(許容)하는 계약조항(die Vertragsbestimmungen, was dem Kreditgeber erlaubt, den Vertrag zu kündigen)을 소비자가 위반하는 경우를 제외하고, 소비자의 사후(死後)에 비로소 그 반환을 청구하는 계약.

④ 여신금리, 계약의 체결시에 고려된 소비대차비용과, 여신금리 또는 비용이 조정될 수 있는 요건이 그 조서 또는 결정에 기재되어 있는 경우에 제358조 제2항, 제4항, 제491조a 내지 제495조, 제505조a 내지 제505조e는, 민사소송법의 규정에 따라 작성된 법원의 조서에 포함되거나, 당사자 간에 이뤄진 화해의 성립 및 내용에 관한 법원의 결정으로 확인된(die in ein nach den Vorschriften der Zivilprozessordnung errichtetes gerichtliches Protokoll aufgenommen oder durch einen gerichtlichen Beschluss über das Zustandekommen und den Inhalt eines zwischen den Parteien geschlossenen Vergleichs festgestellt sind) 소비대차계약에 적용하지 아니한다.

제491조a 소비자소비대차계약에서의 계약체결 전 정보제공의무

(1) Der Darlehensgeber ist verpflichtet, den Darlehensnehmer nach Maßgabe des Artikels 247 des Einführungsgesetzes zum Bürgerlichen Gesetzbuche zu informieren.

(2) Der Darlehensnehmer kann vom Darlehensgeber einen Entwurf des Verbraucherdarlehensvertrags verlangen. Dies gilt nicht, solange der Darlehensgeber zum Vertragsabschluss nicht bereit ist. Unterbreitet der Darlehensgeber bei einem Immobiliar-Verbraucherdarlehensvertrag dem Darlehensnehmer ein Angebot oder einen bindenden Vorschlag für bestimmte Vertragsbestimmungen, so muss er dem Darlehensnehmer anbieten, einen Vertragsentwurf auszuhändigen oder zu übermitteln; besteht kein Widerrufsrecht nach § 495, ist der Darlehensgeber dazu verpflichtet, dem Darlehensnehmer einen Vertragsentwurf auszuhändigen oder zu übermitteln.

(3) Der Darlehensgeber ist verpflichtet, dem Darlehensnehmer vor Abschluss eines Verbraucherdarlehensvertrags angemessene Erläuterungen zu geben, damit der Darlehensnehmer in die Lage versetzt wird, zu beurteilen, ob der Vertrag dem von ihm verfolgten Zweck und seinen Vermögensverhältnissen gerecht wird. Hierzu sind gegebenenfalls die vorvertraglichen Informationen gemäß Absatz 1, die Hauptmerkmale der vom Darlehensgeber angebotenen Verträge sowie ihre vertragstypischen Auswirkungen auf den Darlehensnehmer, einschließlich der Folgen bei Zahlungsverzug, zu erläutern. Werden mit einem Immobiliar-Verbraucherdarlehensvertrag Finanzprodukte oder -dienstleistungen im Paket angeboten, so muss dem Darlehensnehmer erläutert werden, ob sie gesondert gekündigt werden können und welche Folgen die Kündigung hat.

(4) Bei einem Immobiliar-Verbraucherdarlehensvertrag entsprechend § 491 Absatz 2 Satz 2 Nummer 5 ist der Darlehensgeber verpflichtet, den Darlehensnehmer rechtzeitig vor Abgabe von dessen Vertragserklärung auf einem dauerhaften Datenträger über die Merkmale gemäß den Abschnitten 3, 4 und 13 des in Artikel 247 § 1 Absatz 2 Satz 2 des Einführungsgesetzes zum Bürgerlichen Gesetzbuche genannten Musters zu informieren. Artikel 247 § 1 Absatz 2 Satz 6 des Einführungsgesetzes zum Bürgerlichen Gesetzbuche findet Anwendung.

§ 492 Schriftform, Vertragsinhalt

(1) Verbraucherdarlehensverträge sind, soweit nicht eine strengere Form vorgeschrieben ist, schriftlich abzuschließen. Der Schriftform ist genügt, wenn Antrag und Annahme durch die Vertragsparteien jeweils getrennt schriftlich erklärt werden. Die Erklärung des Darlehensgebers bedarf keiner Unterzeichnung, wenn sie mit Hilfe einer automatischen Einrichtung erstellt wird.

(2) Der Vertrag muss die für den Verbraucherdarlehensvertrag vorgeschriebenen Angaben nach Artikel 247 §§ 6 bis 13 des Einführungsgesetzes zum Bürgerlichen Gesetzbuche enthalten.

(3) Nach Vertragsschluss stellt der Darlehensgeber dem Darlehensnehmer eine Abschrift des Vertrags zur Verfügung. Ist ein Zeitpunkt für die Rückzahlung des Darlehens bestimmt, kann der Darlehensnehmer vom Darlehensgeber jederzeit einen Tilgungsplan nach Artikel 247 § 14 des

① 대주(Der Darlehensgeber)는 차주에게(den Darlehensnehmer) 민법전시행법 제247항목의 기준에 좇아 정보를 제공할 의무를 진다.

② 차주는 대주에게 소비자소비대차계약의 초안(草案)에 대한 정보제공을 청구할 수 있다. 대주가 계약체결을 할 준비가 되어 있지 않은 동안에는 그러하지 아니하다. 부동산소비자소비대차계약의 경우(bei einem Immobiliar-Verbraucherdarlehensvertrag) 대주는 차주에게 특정한 계약조항에 대하여 제안을 하거나 구속력 있는 제안(ein Angebot oder einen bindenden Vorschlag für bestimmte Vertragsbestimmungen)을 하는 경우에 대주는 차주에게 계약서초안의 교부 또는 제공을 제안해야만 한다; 제495조에 따른 철회권(Widerrufsrecht)이 없는 경우에는 대주는 차주에게 계약서 초안의 교부 또는 전달을 할 의무를 진다.

③ 대주는, 차주가 자신이 추구하는 목적과 자신의 재산관계가 계약서에 반영되어 있는지를 판단할 수 있도록 차주에게 소비자대차계약의 체결 전에 적절하게 설명을 할(dem Darlehensnehmer vor Abschluss eines Verbraucherdarlehensvertrags angemessene Erläuterungen zu geben) 의무를 진다. 이를 위해 필요하면 반환지연(Zahlungsverzug)의 효과를 포함하여 제1항에 따른 계약체결 전 정보제공, 대주가 제안한 계약의 주요 구성요소와 그 계약의 차주에 대한 계약상 영향(die Hauptmerkmale der vom Darlehensgeber angebotenen Verträge sowie ihre vertragstypischen Auswirkungen auf den Darlehensnehmer)이 설명되어야 한다. 부동산소비자소비대차계약과 금융상품 또는 금융서비스가 패키지로 제공된 경우에 차주에게, 이를 별도로 해지할 수 있는지, 그 해지의 효과가 어떤 것인지에 관하여(ob sie gesondert gekündigt werden können und welche Folgen die Kündigung hat) 설명을 해야만 한다.

④ 제491조 제2항 제5호에 따른 부동산소비자소비대차계약(Immobiliar-Verbraucherdarlehensvertrag)의 경우에 대주는, 차주에게 지속적 정보저장매체로, 그 계약의 의사표시를 하기 전(前)의 적시에 민법전시행법 제247항목 제1조 제2항 제2문상의 견본 제3장, 제4장, 제13장에 따른 구성요소(die Merkmale gemäß den Abschnitten 3, 4 und 13 des in Artikel 247 § 1 Absatz 2 Satz 2 des Einführungsgesetzes zum Bürgerlichen Gesetzbuche genannten Musters)에 관한 정보를 제공할 의무를 진다. 민법전시행법 제247항목 제1조 제2항 제6문을 적용한다.

제492조 서면방식, 계약내용

① 소비자대차계약은 보다 엄격한 형식이 규정되어 있지 않은 한, 서면으로 체결해야 한다. 청약과 승낙(Antrag und Annahme)이 계약당사자들에 의해 각각 별도로 서면으로 표시되는 경우에 그 서면방식은 그것으로 충분하다. 대주의 의사표시(Die Erklärung des Darlehensgebers)가 자동장치의 도움으로 처리되는 경우에는 그 의사표시(意思表示)에 서명이 요구되지 아니한다.

② 계약은 민법전시행법 제247항목 제6조 내지 제13조에 따라 소비자소비대차계약에 대하여 규정된 사항(die für den Verbraucherdarlehensvertrag vorgeschriebenen Angaben)을 포함해야만 한다.

③ 계약 체결 후 대주(貸主)는 차주(借主)에게 계약서 사본(eine Abschrift des Vertrags)을 제공(提供)한다. 소비대차금의 반환(返還) 시기(時期)가 정해진 경우에(Ist ein Zeitpunkt für die Rückzahlung des Darlehens bestimmt) 차주(借主)는 대주(貸主)에게 민법전시행법 제247항목 제14조에 따라 상

Einführungsgesetzes zum Bürgerlichen Gesetzbuche verlangen.

(4) Die Absätze 1 und 2 gelten auch für die Vollmacht, die ein Darlehensnehmer zum Abschluss eines Verbraucherdarlehensvertrags erteilt. Satz 1 gilt nicht für die Prozessvollmacht und eine Vollmacht, die notariell beurkundet ist.

(5) Erklärungen des Darlehensgebers, die dem Darlehensnehmer gegenüber nach Vertragsabschluss abzugeben sind, müssen auf einem dauerhaften Datenträger erfolgen.

(6) Enthält der Vertrag die Angaben nach Absatz 2 nicht oder nicht vollständig, können sie nach wirksamem Vertragsschluss oder in den Fällen des § 494 Absatz 2 Satz 1 nach Gültigwerden des Vertrags auf einem dauerhaften Datenträger nachgeholt werden. Hat das Fehlen von Angaben nach Absatz 2 zu Änderungen der Vertragsbedingungen gemäß § 494 Absatz 2 Satz 2 bis Absatz 6 geführt, kann die Nachholung der Angaben nur dadurch erfolgen, dass der Darlehensnehmer die nach § 494 Absatz 7 erforderliche Abschrift des Vertrags erhält. In den sonstigen Fällen muss der Darlehensnehmer spätestens im Zeitpunkt der Nachholung der Angaben eine der in § 356b Absatz 1 genannten Unterlagen erhalten. Mit der Nachholung der Angaben nach Absatz 2 ist der Darlehensnehmer auf einem dauerhaften Datenträger darauf hinzuweisen, dass die Widerrufsfrist von einem Monat nach Erhalt der nachgeholten Angaben beginnt.

(7) Die Vereinbarung eines veränderlichen Sollzinssatzes, der sich nach einem Index oder Referenzzinssatz richtet, ist nur wirksam, wenn der Index oder Referenzzinssatz objektiv, eindeutig bestimmt und für Darlehensgeber und Darlehensnehmer verfügbar und überprüfbar ist.

§ 492a Kopplungsgeschäfte bei Immobiliar-Verbraucherdarlehensverträgen

(1) Der Darlehensgeber darf den Abschluss eines Immobiliar-Verbraucherdarlehenvertrags unbeschadet des § 492b nicht davon abhängig machen, dass der Darlehensnehmer oder ein Dritter weitere Finanzprodukte oder -dienstleistungen erwirbt (Kopplungsgeschäft). Ist der Darlehensgeber zum Abschluss des Immobiliar-Verbraucherdarlehensvertrags bereit, ohne dass der Verbraucher weitere Finanzprodukte oder -dienstleistungen erwirbt, liegt ein Kopplungsgeschäft auch dann nicht vor, wenn die Bedingungen für den Immobiliar-Verbraucherdarlehensvertrag von denen abweichen, zu denen er zusammen mit den weiteren Finanzprodukten oder -dienstleistungen angeboten wird.

(2) Soweit ein Kopplungsgeschäft unzulässig ist, sind die mit dem Immobiliar-Verbraucherdarlehensvertrag gekoppelten Geschäfte nichtig; die Wirksamkeit des Immobiliar-Verbraucherdarlehensvertrags bleibt davon unberührt.

§ 492b Zulässige Kopplungsgeschäfte

(1) Ein Kopplungsgeschäft ist zulässig, wenn der Darlehensgeber den Abschluss eines Immobiliar-Verbraucherdarlehensvertrags davon abhängig macht, dass der Darlehensnehmer, ein

환계획서[28](償還計劃書; einen Tilgungsplan)를 언제든지 요구(要求)할 수 있다.

④ 제1항, 제2항은 차주(借主)가 소비자소비대차계약의 체결(締結)에 관하여 부여한(die ein Darlehensnehmer zum Abschluss eines Verbraucherdarlehensvertrags erteilt) 대리권에 대해서도 적용한다. 제1문은 소송대리권과 공증증서로 작성된 대리권에는 적용하지 아니한다.

⑤ 계약체결 후 차주에 대하여 행해져야 하는(die dem Darlehensnehmer gegenüber nach Vertragsabschluss abzugeben sind) 대주의 의사표시는 지속적 정보저장매체로 이뤄져야만 한다.

⑥ 계약에 제2항에 따른 사항이 포함되어 있지 않거나 불완전하게 포함된 경우에(Enthält der Vertrag die Angaben nach Absatz 2 nicht oder nicht vollständig), 그 사항은 유효한 계약체결 후나, 제494조 제2항 제1문의 경우에는 계약의 효력발생 후에(nach Gültigwerden des Vertrags) 지속적 정보저장매체로 보완될 수 있다. 제2항에 따른 사항의 오류로 인하여 제494조 제2항 제2문 내지 제6항에 따른 계약조건의 변경(Änderungen der Vertragsbedingungen)에 이른 경우에 그러한 사항의 보완은, 차주가 제494조 제7항에 따라 필요한 계약서 사본을 받는 것으로만 이뤄질 수 있다. 그 밖의 경우에(In den sonstigen Fällen) 차주는 늦어도 그 사항의 보완시까지(spätestens im Zeitpunkt der Nachholung der Angaben) 제356조b 제1항상의 서류 중 한 서류를 수령해야만 한다. 보완된 사항을 수령한 때부터 1개월의 철회권이 기산한다는 점이 제2항에 따른 사항의 보완과 함께(Mit der Nachholung der Angaben nach Absatz 2) 차주(借主)에게 지속적 정보저장매체로 언급되어야 한다.

⑦ 어느 지표(指標) 또는 기준이율에 따라 결정되는 변동여신금리의 약정은, 그 지표 또는 기준이율이 객관적이고도 명확하게 정해지고 대주 및 차주가 이를 입수해서 검증할 수 있는(für Darlehensgeber und Darlehensnehmer verfügbar und überprüfbar ist) 경우에 한하여 유효하다.

제492조a 부동산소비자소비대차계약에서의 결합거래

① 제492조b에도 불구하고, 대주는 부동산소비자소비대차계약의 체결(den Abschluss eines Immobiliar-Verbraucherdarlehenvertrags)을 차주 또는 제3자가 추가적인 금융상품 또는 금융서비스를 취득하는 것(dass der Darlehensnehmer oder ein Dritter weitere Finanzprodukte oder -dienstleistungen erwirbt)과 결부시켜서는 안 된다('결합거래'; Kopplungsgeschäft). 대주가 소비자가 추가적인 금융상품 또는 금융서비스를 취득하지 않더라도 부동산소비자소비대차를 체결하려고 하는 경우에, 부동산소비자소비대차계약에 대한 조건이 이와 함께 소비자가 추가적인 금융상품 또는 금융서비스를 제안받는 조건과 다른 때(wenn die Bedingungen für den Immobiliar-Verbraucherdarlehensvertrag von denen abweichen, zu denen er zusammen mit den weiteren Finanzprodukten oder -dienstleistungen angeboten wird)에도 결합거래가 아니다.

② 부동산소비자소비대차계약(不動産消費者消費貸借契約)에 결합(結合)된 거래(die mit dem Immobiliar-Verbraucherdarlehensvertrag gekoppelten Geschäfte)는 결합거래가 불허되는 범위 내에서 무효이다; 부동산소비자소비대차계약의 효력은 이에 영향을 받지 아니한다.

제492조b 허용되는 결합거래

① 대주가 부동산소비자소비대차계약의 체결을 차주, 차주의 어느 가족구성원 또는 양인(兩人)이 함께(dass der Darlehensnehmer, ein Familienangehöriger des Darlehensnehmers oder beide

Familienangehöriger des Darlehensnehmers oder beide zusammen

1. ein Zahlungs- oder ein Sparkonto eröffnen, dessen einziger Zweck die Ansammlung von Kapital ist, um
   a) das Immobiliar-Verbraucherdarlehen zurückzuzahlen oder zu bedienen,
   b) die erforderlichen Mittel für die Gewährung des Darlehens bereitzustellen oder
   c) als zusätzliche Sicherheit für den Darlehensgeber für den Fall eines Zahlungsausfalls zu dienen;
2. ein Anlageprodukt oder ein privates Rentenprodukt erwerben oder behalten, das
   a) in erster Linie als Ruhestandseinkommen dient und
   b) bei Zahlungsausfall als zusätzliche Sicherheit für den Darlehensgeber dient oder das der Ansammlung von Kapital dient, um damit das Immobiliar-Verbraucherdarlehen zurückzuzahlen oder zu bedienen oder um damit die erforderlichen Mittel für die Gewährung des Darlehens bereitzustellen;
3. einen weiteren Darlehensvertrag abschließen, bei dem das zurückzuzahlende Kapital auf einem vertraglich festgelegten Prozentsatz des Werts der Immobilie beruht, die diese zum Zeitpunkt der Rückzahlung oder Rückzahlungen des Kapitals (Darlehensvertrag mit Wertbeteiligung) hat.

(2) Ein Kopplungsgeschäft ist zulässig, wenn der Darlehensgeber den Abschluss eines Immobiliar-Verbraucherdarlehensvertrags davon abhängig macht, dass der Darlehensnehmer im Zusammenhang mit dem Immobiliar-Verbraucherdarlehensvertrag eine einschlägige Versicherung abschließt und dem Darlehensnehmer gestattet ist, diese Versicherung auch bei einem anderen als bei dem vom Darlehensgeber bevorzugten Anbieter abzuschließen.

(3) Ein Kopplungsgeschäft ist zulässig, wenn die für den Darlehensgeber zuständige Aufsichtsbehörde die weiteren Finanzprodukte oder -dienstleistungen sowie deren Kopplung mit dem Immobiliar-Verbraucherdarlehensvertrag nach § 18a Absatz 8a des Kreditwesengesetzes genehmigt hat.

§ 493 Informationen während des Vertragsverhältnisses

(1) Ist in einem Verbraucherdarlehensvertrag der Sollzinssatz gebunden und endet die Sollzinsbindung vor der für die Rückzahlung bestimmten Zeit, unterrichtet der Darlehensgeber den Darlehensnehmer spätestens drei Monate vor Ende der Sollzinsbindung darüber, ob er zu einer neuen Sollzinsbindungsabrede bereit ist. Erklärt sich der Darlehensgeber hierzu bereit, muss die Unterrichtung den zum Zeitpunkt der Unterrichtung vom Darlehensgeber angebotenen Sollzinssatz enthalten.

(2) Der Darlehensgeber unterrichtet den Darlehensnehmer spätestens drei Monate vor Beendigung eines Verbraucherdarlehensvertrags darüber, ob er zur Fortführung des Darlehensverhältnisses bereit ist. Erklärt sich der Darlehensgeber zur Fortführung bereit, muss die Unterrichtung die zum

zusammen), 다음과 같이 하는 것에 결부(結付)시키는 결합거래(結合去來)는 허용된다,

1. 다음 각 목(目)의 목적을 위하여 그 유일한 목적이 자본의 축척에 있는 지급계좌 또는 저축성예금계좌(ein Zahlungs- oder ein Sparkonto)를 개설하는 것,
   a) 부동산소비자소비대차금을 반환하거나 그에 대한 이자를 지급할 목적,
   b) 그 소비대차금의 지급에 대해 필요자금을 준비할 목적,
   c) 지급불능 사태에 대비하여(für den Fall eines Zahlungsausfalls) 대주에 대한 추가적인 담보로 이용할 목적;
2. 다음의 투자상품 또는 개인연금상품을 취득하거나 이를 보유하는 것,
   a) 우선적으로 퇴직소득으로 기여하고,
   b) 지급불능시 대주에 대한 추가적인 담보로 이용되거나, 부동산소비자소비대차금의 반환 또는 그 이자의 지급을 위하거나 그 소비대차금의 지급에 대한 필요자금을 준비하기 위한(um damit die erforderlichen Mittel für die Gewährung des Darlehens bereitzustellen) 자본축적에 기여하는 상품;
3. 반환해야 하는 원금이, 원금의 1회의 반환 또는 수회의 반환의 시기의 부동산의 가액에 대하여 계약상 정해진 백분율로 결정되는 그 밖의 소비대차계약(einen weiteren Darlehensvertrag)('부동산가액비율에 의한 소비대차계약'; Darlehensvertrag mit Wertbeteiligung)을 체결하는 것.

② 차주가 부동산소비자소비대차계약에 대하여 관련 보험계약을 체결하고, 대주가 우선권을 부여한 제공자 이외의 제공자와도 이러한 보험계약을 체결하는(dem Darlehensnehmer gestattet ist, diese Versicherung auch bei einem anderen als bei dem vom Darlehensgeber bevorzugten Anbieter abzuschließen) 것이 차주(借主)에게 허용되는 것과 부동산소비자소비대차계약의 체결(締結)을 결부(結付)시키는 경우에 결합거래(Ein Kopplungsgeschäft)는 허용된다.

③ 대주를 관할하는 감독관청(die für den Darlehensgeber zuständige Aufsichtsbehörde)이 추가적(追加的) 금융상품 또는 금융서비스(die weiteren Finanzprodukte oder -dienstleistungen)를 인가하고 또 금융기관법 제18조a 제8항a에 따른 부동산소비자소비대차계약과 그것의 결부를 인가하는 경우에 결합거래는 허용된다.

제493조 계약관계 도중의 정보제공

① 소비자소비대차계약에서 여신금리가 고정되어 있고 반환에 대해 정해진 시기 전에 여신금리고정기간이 만료된 경우에 대주는, 차주에게 늦어도 여신금리고정기간이 만료하기 전 3개월 전까지 자신이 새로운 여신금리고정기간약정(neuen Sollzinsbindungsabrede)을 체결하려고 하는지 여부(ob er zu einer neuen Sollzinsbindungsabrede bereit ist)에 관하여 통지한다. 대주가 그 약정을 체결하려고 하는 의사를 표한 경우에 그 통지시에 대주가 제안하는 여신금리가 그 통지(通知)에 포함되어야만 한다.

② 대주는, 차주에게 늦어도 소비자소비대차계약이 만료되기 전 3개월 전까지 자신이 소비대차관계의 지속을 하려고 하는지 여부(ob er zur Fortführung des Darlehensverhältnisses bereit ist)에 관하여 통지한다. 대주가 자신은 이를 지속하는 것으로 의사를 표한 경우에 그 통지시에 적용되는,

Zeitpunkt der Unterrichtung gültigen Pflichtangaben gemäß § 491a Abs. 1 enthalten.

(3) Die Anpassung des Sollzinssatzes eines Verbraucherdarlehensvertrags mit veränderlichem Sollzinssatz wird erst wirksam, nachdem der Darlehensgeber den Darlehensnehmer über die Einzelheiten unterrichtet hat, die sich aus Artikel 247 § 15 des Einführungsgesetzes zum Bürgerlichen Gesetzbuche ergeben. Abweichende Vereinbarungen über die Wirksamkeit sind im Rahmen des Artikels 247 § 15 Absatz 2 und 3 des Einführungsgesetzes zum Bürgerlichen Gesetzbuche zulässig.

(4) Bei einem Vertrag über ein Immobiliar-Verbraucherdarlehen in Fremdwährung gemäß § 503 Absatz 1 Satz 1, auch in Verbindung mit Satz 3, hat der Darlehensgeber den Darlehensnehmer unverzüglich zu informieren, wenn der Wert des noch zu zahlenden Restbetrags oder der Wert der regelmäßigen Raten in der Landeswährung des Darlehensnehmers um mehr als 20 Prozent gegenüber dem Wert steigt, der bei Zugrundelegung des Wechselkurses bei Vertragsabschluss gegeben wäre. Die Information

1. ist auf einem dauerhaften Datenträger zu übermitteln,
2. hat die Angabe über die Veränderung des Restbetrags in der Landeswährung des Darlehensnehmers zu enthalten,
3. hat den Hinweis auf die Möglichkeit einer Währungsumstellung aufgrund des § 503 und die hierfür geltenden Bedingungen und gegebenenfalls die Erläuterung weiterer Möglichkeiten zur Begrenzung des Wechselkursrisikos zu enthalten und
4. ist so lange in regelmäßigen Abständen zu erteilen, bis die Differenz von 20 Prozent wieder unterschritten wird.

Die Sätze 1 und 2 sind entsprechend anzuwenden, wenn ein Immobiliar- Verbraucherdarlehensvertrag in der Währung des Mitgliedstaats der Europäischen Union, in dem der Darlehensnehmer bei Vertragsschluss seinen Wohnsitz hat, geschlossen wurde und der Darlehensnehmer zum Zeitpunkt der maßgeblichen Kreditwürdigkeitsprüfung in einer anderen Währung überwiegend sein Einkommen bezieht oder Vermögenswerte hält, aus denen das Darlehen zurückgezahlt werden soll.

(5) Wenn der Darlehensnehmer eines Immobiliar-Verbraucherdarlehensvertrags dem Darlehensgeber mitteilt, dass er eine vorzeitige Rückzahlung des Darlehens beabsichtigt, ist der Darlehensgeber verpflichtet, ihm unverzüglich die für die Prüfung dieser Möglichkeit erforderlichen Informationen auf einem dauerhaften Datenträger zu übermitteln. Diese Informationen müssen insbesondere folgende Angaben enthalten:

1. Auskunft über die Zulässigkeit der vorzeitigen Rückzahlung,
2. im Fall der Zulässigkeit die Höhe des zurückzuzahlenden Betrags und
3. gegebenenfalls die Höhe einer Vorfälligkeitsentschädigung.

제491조a에 따른 의무적 정보제공(Pflichtangaben)이 그 통지(通知)에 포함되어야만 한다.
③ 변동여신금리부 소비자소비대차계약상의 여신금리의 조정(Die Anpassung des Sollzinssatzes)은, 대주가 차주에게 민법전시행법 제247항목 제15조에서 열거된 세부사항을 통지한 후에(nachdem der Darlehensgeber den Darlehensnehmer über die Einzelheiten unterrichtet hat) 비로소 유효하다. 그 유효성에 관한 다른 내용의 약정(Abweichende Vereinbarungen über die Wirksamkeit)은 민법전시행법 제247항목 제15조 제2항, 제3항의 범위 내에서 허용된다.
④ 제3문과 연결된 경우를 포함하여 제503조 제1항 제1문에 따른 외국통화에 의한 부동산소비자소비대차계약의 경우(Bei einem Vertrag über ein Immobiliar-Verbraucherdarlehen in Fremdwährung)에 차주(借主)의 자국통화(自國通貨)로 계산해서, 반환해야 할 잔존액 또는 정기적 분할변제액(der Wert des noch zu zahlenden Restbetrags oder der Wert der regelmäßigen Raten)이, 계약체결시의 환율로 산정한(der bei Zugrundelegung des Wechselkurses bei Vertragsabschluss gegeben wäre) 그 액수에 비하여 20프로를 초과하여 오른 때에는 대주는 차주에게 지체 없이 정보를 제공해야 한다. 그 정보는,

1. 지속적 정보저장매체로 통지되어야 하고,
2. 차주(借主)의 자국통화(自國通貨)로 산정한 잔존액수의 변동에 관한 사항(die Angabe über die Veränderung des Restbetrags)을 포함해야 하고,
3. 제503조에 기한 '차주(借主)의 자국통화(自國通貨)에 의한 환산'(Währungsumstellung)의 가능성에 대한 안내와, 그 환산에 대하여 적용되는 조건, 그리고 필요하면 환율변동위험(換率變動危險)을 제한하기 위한 그 밖의 가능성에 대한 설명이 포함되어야 하며,
4. 그 차이가 20프로 이내로 다시 떨어질 때까지(bis die Differenz von 20 Prozent wieder unterschritten wird) 정기적 간격으로 제공되어야 한다.

차주가 계약체결시에 주소지를 둔 유럽연합 회원국의 통화에 의한 부동산소비자소비대차계약이 체결되고, 차주가 신용도심사를 적용하는 시기에 그 밖의 통화로 주로 자신의 소득을 받거나 그 소비대차금이 반환되는 자금(資金)이 되어야 하는 자산(資産)을 보유한(der Darlehensnehmer zum Zeitpunkt der maßgeblichen Kreditwürdigkeitsprüfung in einer anderen Währung überwiegend sein Einkommen bezieht oder Vermögenswerte hält, aus denen das Darlehen zurückgezahlt werden soll) 경우에 제1문, 제2문은 준용(準用)한다.
⑤ 부동산소비자소비대차계약의 차주가 대주에게 소비대차금을 기한(期限) 전(前)에 반환하고자 한다는 것(dass er eine vorzeitige Rückzahlung des Darlehens beabsichtigt)을 통지하는 경우에 대주는, 차주에게 지체 없이 이러한 가능성(可能性)을 검토하는 데에 필요한 정보(die für die Prüfung dieser Möglichkeit erforderlichen Informationen)를 지속적 정보저장매체로 제공해 주어야 한다. 이러한 정보(情報)에 다음 사항(folgende Angaben)이 포함되어야만 한다:

1. 기한(期限) 전(前) 반환의 허용 여부에 관한 정보,
2. 그것이 허용되는 경우에 반환해야 할 금액,
3. 필요하면 기한(期限) 전(前) 반환으로 인한 손해배상액수.

Soweit sich die Informationen auf Annahmen stützen, müssen diese nachvollziehbar und sachlich gerechtfertigt sein und als solche dem Darlehensnehmer gegenüber offengelegt werden.
(6) Wurden Forderungen aus dem Darlehensvertrag abgetreten, treffen die Pflichten aus den Absätzen 1 bis 5 auch den neuen Gläubiger, wenn nicht der bisherige Darlehensgeber mit dem neuen Gläubiger vereinbart hat, dass im Verhältnis zum Darlehensnehmer weiterhin allein der bisherige Darlehensgeber auftritt.

§ 494 Rechtsfolgen von Formmängeln

(1) Der Verbraucherdarlehensvertrag und die auf Abschluss eines solchen Vertrags vom Verbraucher erteilte Vollmacht sind nichtig, wenn die Schriftform insgesamt nicht eingehalten ist oder wenn eine der in Artikel 247 §§ 6 und 10 bis 13 des Einführungsgesetzes zum Bürgerlichen Gesetzbuche für den Verbraucherdarlehensvertrag vorgeschriebenen Angaben fehlt.
(2) Ungeachtet eines Mangels nach Absatz 1 wird der Verbraucherdarlehensvertrag gültig, soweit der Darlehensnehmer das Darlehen empfängt oder in Anspruch nimmt. Jedoch ermäßigt sich der dem Verbraucherdarlehensvertrag zugrunde gelegte Sollzinssatz auf den gesetzlichen Zinssatz, wenn die Angabe des Sollzinssatzes, des effektiven Jahreszinses oder des Gesamtbetrags fehlt.
(3) Ist der effektive Jahreszins zu niedrig angegeben, so vermindert sich der dem Verbraucherdarlehensvertrag zugrunde gelegte Sollzinssatz um den Prozentsatz, um den der effektive Jahreszins zu niedrig angegeben ist.
(4) Nicht angegebene Kosten werden vom Darlehensnehmer nicht geschuldet. Ist im Vertrag nicht angegeben, unter welchen Voraussetzungen Kosten oder Zinsen angepasst werden können, so entfällt die Möglichkeit, diese zum Nachteil des Darlehensnehmers anzupassen.
(5) Wurden Teilzahlungen vereinbart, ist deren Höhe vom Darlehensgeber unter Berücksichtigung der verminderten Zinsen oder Kosten neu zu berechnen.
(6) Fehlen im Vertrag Angaben zur Laufzeit oder zum Kündigungsrecht, ist der Darlehensnehmer jederzeit zur Kündigung berechtigt. Fehlen Angaben zu Sicherheiten, so können Sicherheiten nicht gefordert werden; dies gilt nicht bei Allgemein-Verbraucherdarlehensverträgen, wenn der Nettodarlehensbetrag 75 000 Euro übersteigt. Fehlen Angaben zum Umwandlungsrecht bei Immobiliar-Verbraucherdarlehen in Fremdwährung, so kann das Umwandlungsrecht jederzeit ausgeübt werden.
(7) Der Darlehensgeber stellt dem Darlehensnehmer eine Abschrift des Vertrags zur Verfügung, in der die Vertragsänderungen berücksichtigt sind, die sich aus den Absätzen 2 bis 6 ergeben.

§ 495 Widerrufsrecht; Bedenkzeit

(1) Dem Darlehensnehmer steht bei einem Verbraucherdarlehensvertrag ein Widerrufsrecht nach § 355 zu.

정보가 추정에 근거하는 경우(Soweit sich die Informationen auf Annahmen stützen)에 그 정보는 이해할 수 있고 객관적으로 타당해야 하고 차주에 대하여 그러한 추정이라는 점이 명시(明示)되어야만 한다.

⑥ 소비대차계약에 기한 채권이 양도된 경우에 종전 대주만이 차주와의 관계에서 계속적으로 당사자가 되는 것(dass im Verhältnis zum Darlehensnehmer weiterhin allein der bisherige Darlehensgeber auftritt)으로 양수인과 합의를 하지 못한 때에는 양수인도 제1항 내지 제5항상의 의무를 부담한다.

제494조 방식흠결의 법률효과

① 서면방식이 전체적으로 준수되지 않거나, 민법전시행법 제247항목 제6조, 제10조 내지 제13조에서 소비자소비대차계약에 대하여 규정된 사항이 흠결(欠缺)된 경우에는 소비자소비대차계약과 그 계약(契約)의 체결(締結)에 관하여 소비자(消費者)가 부여한 대리권(Der Verbraucherdarlehensvertrag und die auf Abschluss eines solchen Vertrags vom Verbraucher erteilte Vollmacht)은 무효이다.

② 제1항에 따른 흠결에도 불구하고 소비자소비대차계약은 차주가 소비대차금을 수령하거나 청구한 범위 내에서(soweit der Darlehensnehmer das Darlehen empfängt oder in Anspruch nimmt) 유효하다. 그럼에도 여신금리, 연이율 또는 전체금액에 대한 언급이 결여된 경우에는 소비자소비대차계약에서 정해진 여신금리는 법정이율로 감축된다.

③ 연이율(der effektive Jahreszins)이 낮게 언급된 경우 소비자소비대차계약에서 정해진 여신금리는, 연이율이 낮게 언급된 백분율만큼(um den der effektive Jahreszins zu niedrig angegeben ist) 감축된다.

④ 언급되지 아니한 비용은 차주가 지급할 의무를 부담하지 아니한다. 계약에서 어떤 요건 하에서 비용 및 이자가 조정될 수 있는지에 관하여 언급되지 않은 경우에(Ist im Vertrag nicht angegeben, unter welchen Voraussetzungen Kosten oder Zinsen angepasst werden können) 차주의 불이익으로 이것이 조정될 가능성은 소멸한다.

⑤ 분할상환이 약정된 경우에 대주는 감축된 이자 및 비용을 고려하여 그 분할상환액수를 새롭게 산정해야 한다.

⑥ 계약에서 유효기간 또는 해지권에 관한 사항이 결여된 경우에(Fehlen im Vertrag Angaben zur Laufzeit oder zum Kündigungsrecht) 차주는 언제든지 해지할 권리를 갖는다. 담보에 관한 사항이 결여된 경우에 담보는 청구될 수 없다; 순수소비대차금액이 75,000유로를 초과하는 일반소비자소비대차의 경우에는 그러하지 아니하다. 외국통화에 의한 부동산소비자소비대차계약에서의 환산권(換算權)에 관한 사항이 결여된 경우에(Fehlen Angaben zum Umwandlungsrecht bei Immobiliar-Verbraucherdarlehen in Fremdwährung) 언제든지 그 환산권(換算權)이 행사될 수 있다.

⑦ 대주는 차주에게 제2항 내지 제6항에서 생긴 계약내용변경이 반영된 계약서의 사본을 제공한다.

제495조 철회권; 숙려기간

① 소비자소비대차계약의 경우(bei einem Verbraucherdarlehensvertrag) 차주에게 제355조에 따른 철회권이 귀속된다.

(2) Ein Widerrufsrecht besteht nicht bei Darlehensverträgen,

1. die einen Darlehensvertrag, zu dessen Kündigung der Darlehensgeber wegen Zahlungsverzugs des Darlehensnehmers berechtigt ist, durch Rückzahlungsvereinbarungen ergänzen oder ersetzen, wenn dadurch ein gerichtliches Verfahren vermieden wird und wenn der Gesamtbetrag (Artikel 247 § 3 des Einführungsgesetzes zum Bürgerlichen Gesetzbuche) geringer ist als die Restschuld des ursprünglichen Vertrags,
2. die notariell zu beurkunden sind, wenn der Notar bestätigt, dass die Rechte des Darlehensnehmers aus den §§ 491a und 492 gewahrt sind, oder
3. die § 504 Abs. 2 oder § 505 entsprechen.

(3) Bei Immobiliar-Verbraucherdarlehensverträgen ist dem Darlehensnehmer in den Fällen des Absatzes 2 vor Vertragsschluss eine Bedenkzeit von zumindest sieben Tagen einzuräumen. Während des Laufs der Frist ist der Darlehensgeber an sein Angebot gebunden. Die Bedenkzeit beginnt mit der Aushändigung des Vertragsangebots an den Darlehensnehmer.

§ 496 Einwendungsverzicht, Wechsel- und Scheckverbot

(1) Eine Vereinbarung, durch die der Darlehensnehmer auf das Recht verzichtet, Einwendungen, die ihm gegenüber dem Darlehensgeber zustehen, gemäß § 404 einem Abtretungsgläubiger entgegenzusetzen oder eine ihm gegen den Darlehensgeber zustehende Forderung gemäß § 406 auch dem Abtretungsgläubiger gegenüber aufzurechnen, ist unwirksam.

(2) Wird eine Forderung des Darlehensgebers aus einem Verbraucherdarlehensvertrag an einen Dritten abgetreten oder findet in der Person des Darlehensgebers ein Wechsel statt, ist der Darlehensnehmer unverzüglich darüber sowie über die Kontaktdaten des neuen Gläubigers nach Artikel 246b § 1 Absatz 1 Nummer 1, 3 und 4 des Einführungsgesetzes zum Bürgerlichen Gesetzbuche zu unterrichten. Die Unterrichtung ist bei Abtretungen entbehrlich, wenn der bisherige Darlehensgeber mit dem neuen Gläubiger vereinbart hat, dass im Verhältnis zum Darlehensnehmer weiterhin allein der bisherige Darlehensgeber auftritt. Fallen die Voraussetzungen des Satzes 2 fort, ist die Unterrichtung unverzüglich nachzuholen.

(3) Der Darlehensnehmer darf nicht verpflichtet werden, für die Ansprüche des Darlehensgebers aus dem Verbraucherdarlehensvertrag eine Wechselverbindlichkeit einzugehen. Der Darlehensgeber darf vom Darlehensnehmer zur Sicherung seiner Ansprüche aus dem Verbraucherdarlehensvertrag einen Scheck nicht entgegennehmen. Der Darlehensnehmer kann vom Darlehensgeber jederzeit die Herausgabe eines Wechsels oder Schecks, der entgegen Satz 1 oder 2 begeben worden ist, verlangen. Der Darlehensgeber haftet für jeden Schaden, der dem Darlehensnehmer aus einer solchen Wechsel- oder Scheckbegebung entsteht.

§ 497 Verzug des Darlehensnehmers

② 철회권은 다음 각 호의 소비대차계약의 경우에는 인정되지 아니한다,

1. 차주의 반환지연(Zahlungsverzug)으로 인하여 대주가 그 계약을 해지할 권리를 갖는 소비대차계약을 상환약정으로 보완하거나 대체되는 소비자소비대차계약으로서, 이렇게 함으로써 법원의 절차가 방지되고 또한 (보완 또는 대체되는 소비대차계약상의) 소비대차총액(민법전시행법 제247항목 제3조)이 원래의 소비대차계약상의 잔여채무보다 적게 되는[wenn der Gesamtbetrag geringer ist als die Restschuld des ursprünglichen Vertrags] 소비대차계약[29],
2. 공증증서로 작성되어야 하는 소비대차계약으로, 공증인이 제491조a, 제492조에서 파생하는 차주의 권리보장가 된다는 점을 확인하는 소비자소비대차계약,
3. 제504조 제2항 또는 제505조에 부합하는 소비대차계약.

③ 부동산소비자소비대차계약의 경우(Bei Immobiliar-Verbraucherdarlehensverträgen) 제2항의 경우에 있어 최소한 7일의 숙려기간(eine Bedenkzeit von zumindest sieben Tagen)이 차주에게 계약체결 전에 인정되어야 한다. 그 기간이 경과 도중에 대주는 자신의 제안에 구속된다. 숙려기간은 계약제안서를 차주에게 교부한 때로부터(mit der Aushändigung des Vertragsangebots an den Darlehensnehmer) 기산한다.

제496조 항변권의 포기, 어음·수표의 금지

① 차주가 대주에 대하여 자신에 귀속된 항변권으로, 제404조에 따라 채권양수인에 대하여 대항할 수 있거나, 대주에 대하여 차주가 갖는 채권을 제406조에 따라 채권양수인에 대해서도 상계할 수 있는(eine ihm gegen den Darlehensgeber zustehende Forderung gemäß § 406 auch dem Abtretungsgläubiger gegenüber aufzurechnen) 항변권, 즉 권리를 포기하게 하는 약정은 무효이다.

② 소비자소비대차계약에서 파생한 대주의 제3자에 대한 채권이 양도되거나, 대주의 명의로 어음이 발행된 경우에(Wird eine Forderung des Darlehensgebers aus einem Verbraucherdarlehensvertrag an einen Dritten abgetreten oder findet in der Person des Darlehensgebers ein Wechsel statt), 차주에게 지체 없이 그에 대하여 또 민법전시행법 제246항목b 제1조 제1항 제1호, 제3호, 제4호에 따른 새로운 채권자의 연락처를 통지해야 한다. 종전의 대주만이 차주와의 관계에서 당사자가 되는 것으로 종전의 대주가 양수인과 합의를 한 채권양도의 경우에는 그 통지는 요구되지 아니한다. 제2문의 요건이 더 이상 갖춰지지 않은 경우에, 그 통지는 지체 없이 보완되어 시행되어어야 한다.

③ 차주는 소비자소비대차계약에서 파생하는 대주의 청구권에 대하여 어음채무를 부담할(für die Ansprüche des Darlehensgebers aus dem Verbraucherdarlehensvertrag eine Wechselverbindlichkeit einzugehen) 의무를 져서는 아니된다. 대주는 소비자소비대차계약에서 파생하는 자신의 청구권의 확보하기 위하여 차주에게서 수표를 교부받아서는 아니된다. 차주는 대주에게 제1문 또는 제2문에 반하여 교부된 어음 또는 수표의 반환을 언제든지 청구할 수 있다. 대주는 그러한 어음교부 또는 수표의 교부로 차주에게 생긴(der dem Darlehensnehmer aus einer solchen Wechsel- oder Scheckbegebung entsteht) 일체의 손해에 대하여 책임을 진다.

제497조 차주의 반환지연

(1) Soweit der Darlehensnehmer mit Zahlungen, die er auf Grund des Verbraucherdarlehensvertrags schuldet, in Verzug kommt, hat er den geschuldeten Betrag nach § 288 Abs. 1 zu verzinsen. Im Einzelfall kann der Darlehensgeber einen höheren oder der Darlehensnehmer einen niedrigeren Schaden nachweisen.
(2) Die nach Eintritt des Verzugs anfallenden Zinsen sind auf einem gesonderten Konto zu verbuchen und dürfen nicht in ein Kontokorrent mit dem geschuldeten Betrag oder anderen Forderungen des Darlehensgebers eingestellt werden. Hinsichtlich dieser Zinsen gilt § 289 Satz 2 mit der Maßgabe, dass der Darlehensgeber Schadensersatz nur bis zur Höhe des gesetzlichen Zinssatzes (§ 246) verlangen kann.
(3) Zahlungen des Darlehensnehmers, die zur Tilgung der gesamten fälligen Schuld nicht ausreichen, werden abweichend von § 367 Abs. 1 zunächst auf die Kosten der Rechtsverfolgung, dann auf den übrigen geschuldeten Betrag (Absatz 1) und zuletzt auf die Zinsen (Absatz 2) angerechnet. Der Darlehensgeber darf Teilzahlungen nicht zurückweisen. Die Verjährung der Ansprüche auf Darlehensrückzahlung und Zinsen ist vom Eintritt des Verzugs nach Absatz 1 an bis zu ihrer Feststellung in einer in § 197 Abs. 1 Nr. 3 bis 5 bezeichneten Art gehemmt, jedoch nicht länger als zehn Jahre von ihrer Entstehung an. Auf die Ansprüche auf Zinsen findet § 197 Abs. 2 keine Anwendung. Die Sätze 1 bis 4 finden keine Anwendung, soweit Zahlungen auf Vollstreckungstitel geleistet werden, deren Hauptforderung auf Zinsen lautet.
(4) Bei Immobiliar-Verbraucherdarlehensverträgen beträgt der Verzugszinssatz abweichend von Absatz 1 für das Jahr 2,5 Prozentpunkte über dem Basiszinssatz. Die Absätze 2 und 3 Satz 1, 2, 4 und 5 sind auf Immobiliar-Verbraucherdarlehensverträge nicht anzuwenden.

§ 498 Gesamtfälligstellung bei Teilzahlungsdarlehen

(1) Der Darlehensgeber kann den Verbraucherdarlehensvertrag bei einem Darlehen, das in Teilzahlungen zu tilgen ist, wegen Zahlungsverzugs des Darlehensnehmers nur dann kündigen, wenn

1. der Darlehensnehmer
   a) mit mindestens zwei aufeinander folgenden Teilzahlungen ganz oder teilweise in Verzug ist,
   b) bei einer Vertragslaufzeit bis zu drei Jahren mit mindestens 10 Prozent oder bei einer Vertragslaufzeit von mehr als drei Jahren mit mindestens 5 Prozent des Nennbetrags des Darlehens in Verzug ist und
2. der Darlehensgeber dem Darlehensnehmer erfolglos eine zweiwöchige Frist zur Zahlung des rückständigen Betrags mit der Erklärung gesetzt hat, dass er bei Nichtzahlung innerhalb der Frist die gesamte Restschuld verlange.

Der Darlehensgeber soll dem Darlehensnehmer spätestens mit der Fristsetzung ein Gespräch über die Möglichkeiten einer einverständlichen Regelung anbieten.

① 차주는 자신이 소비자소비대차계약에 기하여 자신이 이행해야 하는 반환을 지체하는 범위 내에서 지급의무를 지는 금액에 대하여(den geschuldeten Betrag) 제288조 제1항에 따라 이자(利子)를 가산하여 지급해야 한다. 개별사안에서 대주는 더 많은 손해를, 차주는 더 적은 손해를 증명할 수 있다.
② 반환지체 발생 후에 발생한 이자는 별도의 계좌(計座)로 기장되어야 하고 지급의무를 지는 금액 또는 대주의 그 밖의 채권과 함께 그 당좌계정(當座計定)에 기재해서는 아니된다(dürfen nicht in ein Kontokorrent mit dem geschuldeten Betrag oder anderen Forderungen des Darlehensgebers eingestellt werden) 이러한 이자에 대하여대주가 법정이율(제246조) 한도(限度) 내에서 손해배상(損害賠償)을 청구할 수 있다는 기준(基準)하에 제289조 제2문을 적용한다.
③ 이행기가 도래한 채무 전액의 변제에 충분하지 않은 차주의 반환은, 제367조 제1항과 달리, 먼저 권리행사비용에 충당되고 나서, 나머지 약정된 채무액(제1항)에 충당된 후 이자(제2항)에 충당된다[zunächst auf die Kosten der Rechtsverfolgung, dann auf den übrigen geschuldeten Betrag (Absatz 1) und zuletzt auf die Zinsen (Absatz 2) angerechnet] 대주는 분할상환을 거절해서는 아니된다. 소비대차금반환 및 이자에 대한 청구권의 소멸시효는 제1항에 따라 반환지체가 발생한 때로부터 제197조 제1항 제3호 내지 제5호상의 종류의 하나에 의해 그 확정시까지 정지되나, 그 발생시로부터 10년보다 길게 정지되지 아니한다. 이자에 대한 청구권에 대하여 제197조 제2항은 적용하지 아니한다. 그 주채권이 이자인 집행권원에 기하여 반환이 이뤄진 범위 내에서는(soweit Zahlungen auf Vollstreckungstitel geleistet werden, deren Hauptforderung auf Zinsen lautet) 제1문 내지 제4문은 적용(適用)하지 아니한다.
④ 부동산소비자소비대차계약의 경우(Bei Immobiliar-Verbraucherdarlehensverträgen) 제1항과 달리, 지연이율은 기초이율에 연 2.5프로를 가산한 것으로 한다 제2항, 제3항 제1문, 제2문, 제4문, 제5문(Die Absätze 2 und 3 Satz 1, 2, 4 und 5)은 부동산소비자소비대차계약에 적용하지 아니한다.

제498조 분할상환소비대차에서의 전액(全額)의 상환

① 대주는, 분할상환으로 변제되어야 하는 소비자소비대차의 경우에 있어 다음과 같은 경우에 한하여 차주의 반환지연(Zahlungsverzug)을 이유로 하여(wegen Zahlungsverzugs des Darlehensnehmers) 소비자소비대차계약을 해지할 수 있다,

1. 차주가,
   a) 최소 2차례 연속하여 분할상환금(mindestens zwei aufeinander folgenden Teilzahlungen_의 전부 또는 일부를 연체하고,
   b) 3년 이하의 계약기간의 경우에는 순수소비대차금의 최소 10프로나, 3년 초과의 계약기간의 경우에는 순수소비대차금의 5% 이상을 연체하고(mit mindestens 5 Prozent des Nennbetrags des Darlehens in Verzug ist),
2. 대주가, 차주가 그 기간 내에 지급하지 않으면 잔여채무 전액을 청구할 것이라는 의사를 부가해서, 차주에게 연체금액의 반환을 위해 설정해 준 2주간의 기간이 무익하게 도과된(erfolglos) 경우.

대주는 차주에게 늦어도 그 기간설정시까지 합의 규율의 가능성에 관한 협상(Gespräch über die Möglichkeiten einer einverständlichen Regelung)을 제안해야 한다.

(2) Bei einem Immobiliar-Verbraucherdarlehensvertrag muss der Darlehensnehmer abweichend von Absatz 1 Satz 1 Nummer 1 Buchstabe b mit mindestens 2,5 Prozent des Nennbetrags des Darlehens in Verzug sein.

§ 499 Kündigungsrecht des Darlehensgebers; Leistungsverweigerung

(1) In einem Allgemein-Verbraucherdarlehensvertrag ist eine Vereinbarung über ein Kündigungsrecht des Darlehensgebers unwirksam, wenn eine bestimmte Vertragslaufzeit vereinbart wurde oder die Kündigungsfrist zwei Monate unterschreitet.

(2) Der Darlehensgeber ist bei entsprechender Vereinbarung berechtigt, die Auszahlung eines Allgemein-Verbraucherdarlehens, bei dem eine Zeit für die Rückzahlung nicht bestimmt ist, aus einem sachlichen Grund zu verweigern. Beabsichtigt der Darlehensgeber dieses Recht auszuüben, hat er dies dem Darlehensnehmer unverzüglich mitzuteilen und ihn über die Gründe möglichst vor, spätestens jedoch unverzüglich nach der Rechtsausübung zu unterrichten. Die Unterrichtung über die Gründe unterbleibt, soweit hierdurch die öffentliche Sicherheit oder Ordnung gefährdet würde.

(3) Der Darlehensgeber kann einen Verbraucherdarlehensvertrag nicht allein deshalb kündigen, auf andere Weise beenden oder seine Änderung verlangen, weil die vom Darlehensnehmer vor Vertragsschluss gemachten Angaben unvollständig waren oder weil die Kreditwürdigkeitsprüfung des Darlehensnehmers nicht ordnungsgemäß durchgeführt wurde. Satz 1 findet keine Anwendung, soweit der Mangel der Kreditwürdigkeitsprüfung darauf beruht, dass der Darlehensnehmer dem Darlehensgeber für die Kreditwürdigkeitsprüfung relevante Informationen wissentlich vorenthalten oder diese gefälscht hat.

§ 500 Kündigungsrecht des Darlehensnehmers; vorzeitige Rückzahlung

(1) Der Darlehensnehmer kann einen Allgemein-Verbraucherdarlehensvertrag, bei dem eine Zeit für die Rückzahlung nicht bestimmt ist, ganz oder teilweise kündigen, ohne eine Frist einzuhalten. Eine Vereinbarung über eine Kündigungsfrist von mehr als einem Monat ist unwirksam.

(2) Der Darlehensnehmer kann seine Verbindlichkeiten aus einem Verbraucherdarlehensvertrag jederzeit ganz oder teilweise vorzeitig erfüllen. Abweichend von Satz 1 kann der Darlehensnehmer eines Immobiliar-Verbraucherdarlehensvertrags, für den ein gebundener Sollzinssatz vereinbart wurde, seine Verbindlichkeiten im Zeitraum der Sollzinsbindung nur dann ganz oder teilweise vorzeitig erfüllen, wenn hierfür ein berechtigtes Interesse des Darlehensnehmers besteht.

§ 501 Kostenermäßigung

Soweit der Darlehensnehmer seine Verbindlichkeiten vorzeitig erfüllt oder die Restschuld vor der vereinbarten Zeit durch Kündigung fällig wird, vermindern sich die Gesamtkosten (§ 6 Abs. 3 der Preisangabenverordnung) um die Zinsen und sonstigen laufzeitabhängigen Kosten, die bei gestaffelter Berechnung auf die Zeit nach der Fälligkeit oder Erfüllung entfallen.

② 부동산소비자소비대차의 경우에는 차주는 제1항 제1문 제1호 b목과 달리 순수소비대차금의 최소 2.5%를 연체해야만(mit mindestens 2,5 Prozent des Nennbetrags des Darlehens in Verzug sein) 한다.

제499조 대주의 해지권; 급부거절

① 일반소비자소비대차계약에 있어 대주의 해지권에 관한 약정(eine Vereinbarung über ein Kündigungsrecht des Darlehensgebers)은, 일정한 계약유효기간이 합의되었거나 해지기간이 2개월에 미달하는(die Kündigungsfrist zwei Monate unterschreitet) 경우에는 무효(無效)이다.
② 대주는, 그 반환에 대하여 시기가 정해지지 않은 일반소비자소비대차금의 실행(實行)을 거절할 권리를 갖는 약정이 있는 경우 이러한 약정에 따라 객관적 사유에 기하여 그 지급을 거절할 권리를 갖는다. 대주가 이러한 권리를 행사하려고 하는 경우에(Beabsichtigt der Darlehensgeber dieses Recht auszuüben) 그는 이를 차주에게 지체 없이 통지해야 하고, 가능한 한 권리행사 전에, 늦어도 권리행사 후 지체 없이 그 사유에 관하여 차주에게 통지해야 한다. 그 통지에 의하여 공공의 안녕 또는 질서가 위태롭게 되는 경우에는그 사유에 관한 통지는 하지 않는다.
③ 대주는, 차주가 계약체결 전에 한 언급이 불완전하거나 차주의 신용도심사가 규정에 맞게 실시되지 않았다는 이유(weil die vom Darlehensnehmer vor Vertragsschluss gemachten Angaben unvollständig waren oder weil die Kreditwürdigkeitsprüfung des Darlehensnehmers nicht ordnungsgemäß durchgeführt wurde)만으로는 소비자소비대차계약을 해지하거나 그 밖의 방법으로 이를 종료시키거나 또는 그 변경을 청구할 수 없다. 신용도심사상의 하자(der Mangel der Kreditwürdigkeitsprüfung)가 차주가 대주에게 신용도심사를 위한 관련 정보를 고의로 제공하지 않거나 이를 고의로 조작한 것에서 기인하는 범위 내에서는 제1문을 적용하지 아니한다.

제500조 차주의 해지권; 기한 전 반환

① 차주는, 해지기간을 두고 않고서, 반환에 대하여 시기가 정해지지 않은 일반소비자소비대차계약의 전부를 해지하거나 이를 부분적으로 해지할 수 있다. 1개월을 초과하는 해지기간을 두기로 하는 약정(Eine Vereinbarung über eine Kündigungsfrist von mehr als einem Monat)은 무효이다.
② 차주는 소비자소비대차계약에서 기한 자신의 채무의 전부 또는 일부를 기한 전에 언제든지 이행할 수 있다. 제1문과 달리, 고정여신금리가 약정된 부동산소비자소비대차계약의 차주(der Darlehensnehmer eines Immobiliar-Verbraucherdarlehensvertrags, für den ein gebundener Sollzinssatz vereinbart wurde)는, 이에 관한 정당한 차주(借主)의 이익(利益)이 있는 경우에 한하여 여신금리고정기간 중에 자신의 채무의 전부 또는 일부를 기한 전에 이행할 수 있다.

제501조 비용감축

차주가 자신의 채무를 기한 전에 이행하거나 잔존채무의 이행기가 해지로 인하여 약정된 시기 전에 도래한 경우에는 총비용(가격명시법 제6조 제3항)은, 이자 및 계약유효기간에 종속하는 그 밖의 비용으로, 단계별 산정에 있어 이행기 후 또는 변제 후의 기간에 배정된(die bei gestaffelter Berechnung auf die Zeit nach der Fälligkeit oder Erfüllung entfallen) 이자 및 비용만큼 감축된다.

§ 502 Vorfälligkeitsentschädigung

(1) Der Darlehensgeber kann im Fall der vorzeitigen Rückzahlung eine angemessene Vorfälligkeitsentschädigung für den unmittelbar mit der vorzeitigen Rückzahlung zusammenhängenden Schaden verlangen, wenn der Darlehensnehmer zum Zeitpunkt der Rückzahlung Zinsen zu einem gebundenen Sollzinssatz schuldet. Bei Allgemein-Verbraucherdarlehensverträgen gilt Satz 1 nur, wenn der gebundene Sollzinssatz bei Vertragsabschluss vereinbart wurde.

(2) Der Anspruch auf Vorfälligkeitsentschädigung ist ausgeschlossen, wenn

1. die Rückzahlung aus den Mitteln einer Versicherung bewirkt wird, die auf Grund einer entsprechenden Verpflichtung im Darlehensvertrag abgeschlossen wurde, um die Rückzahlung zu sichern, oder
2. im Vertrag die Angaben über die Laufzeit des Vertrags, das Kündigungsrecht des Darlehensnehmers oder die Berechnung der Vorfälligkeitsentschädigung unzureichend sind.

(3) Bei Allgemein-Verbraucherdarlehensverträgen darf die Vorfälligkeitsentschädigung folgende Beträge jeweils nicht überschreiten:

1. 1 Prozent des vorzeitig zurückgezahlten Betrags oder, wenn der Zeitraum zwischen der vorzeitigen und der vereinbarten Rückzahlung ein Jahr nicht überschreitet, 0,5 Prozent des vorzeitig zurückgezahlten Betrags,
2. den Betrag der Sollzinsen, den der Darlehensnehmer in dem Zeitraum zwischen der vorzeitigen und der vereinbarten Rückzahlung entrichtet hätte.

§ 503 Umwandlung bei Immobiliar-Verbraucherdarlehen in Fremdwährung

(1) Bei einem nicht auf die Währung des Mitgliedstaats der Europäischen Union, in dem der Darlehensnehmer bei Vertragsschluss seinen Wohnsitz hat (Landeswährung des Darlehensnehmers), geschlossenen Immobiliar-Verbraucherdarlehensvertrag (Immobiliar-Verbraucherdarlehensvertrag in Fremdwährung) kann der Darlehensnehmer die Umwandlung des Darlehens in die Landeswährung des Darlehensnehmers verlangen. Das Recht auf Umwandlung besteht dann, wenn der Wert des ausstehenden Restbetrags oder der Wert der regelmäßigen Raten in der Landeswährung des Darlehensnehmers auf Grund der Änderung des Wechselkurses um mehr als 20 Prozent über dem Wert liegt, der bei Zugrundelegung des Wechselkurses bei Vertragsabschluss gegeben wäre. Im Darlehensvertrag kann abweichend von Satz 1 vereinbart werden, dass die Landeswährung des Darlehensnehmers ausschließlich oder ergänzend die Währung ist, in der er zum Zeitpunkt der maßgeblichen Kreditwürdigkeitsprüfung überwiegend sein Einkommen bezieht oder Vermögenswerte hält, aus denen das Darlehen zurückgezahlt werden soll.

(2) Die Umstellung des Darlehens hat zu dem Wechselkurs zu erfolgen, der dem am Tag des Antrags auf Umstellung geltenden Marktwechselkurs entspricht. Satz 1 gilt nur, wenn im Darlehensvertrag nicht etwas anderes vereinbart wurde.

제502조 기한 전 반환으로 인한 손해배상

① 기한 전 반환의 경우에 있어, 차주가 그 지급시를 기준으로 고정여신금리에 의한 이자를 지급할 의무가 있는 경우에는(wenn der Darlehensnehmer zum Zeitpunkt der Rückzahlung Zinsen zu einem gebundenen Sollzinssatz schuldet) 대주는 기한 전 반환과 직접적으로 관련된 손해에 대하여 그 기한 전 반환으로 인한 상당한 손해배상을 청구할 수 있다. 일반소비자소비대차계약의 경우에는 고정여신금리가 계약체결시에 약정된 경우에 한하여 제1문을 적용한다.

② 기한 전 반환으로 인한 손해배상청구권은 다음 각 호의 경우에 배제된다,

1. 그 반환을 확보하기 위하여 관련 소비대차계약상의 의무에 기하여 체결된 보험계약상의 자금(資金)에 기하여 그 반환이 이뤄지는(die Rückzahlung aus den Mitteln einer Versicherung bewirkt wird) 경우,
2. 계약의 유효기간, 차주의 해지권 또는 기한 전 반환으로 인한 손해배상의 산정(die Berechnung der Vorfälligkeitsentschädigung)에 관한 진술이 계약에서 부실(不實)하게 된 경우.

③ 일반소비자소비대차의 경우에 기한 전 반환으로 인한 손해배상은 다음의 금액을 각각 초과해서는 아니된다:

1. 기한 전에 반환하는 금액의 1%, 그 기한 전 반환 시점과 약정된 반환 시점과의 간격이 1년을 넘지 않은 때에는 기한 전에 반환하는 금액의 0.5%(0,5 Prozent des vorzeitig zurückgezahlten Betrags),
2. 차주가 그 기한 전 반환 시점과 약정된 반환 시점과의 기간 동안에(in dem Zeitraum zwischen der vorzeitigen und der vereinbarten Rückzahlung) 지급해야 했던 이율에 의한 금액.

제503조 외국통화에 의한 부동산소비자소비대차의 경우에 있어 환산(換算)

① 차주가 계약체결시에 자신의 주소지를 둔 유럽연합 회원국의 통화['차주(借主)의 자국통화(自國通貨)'; Landeswährung des Darlehensnehmers]로 체결되지 않은 부동산소비자소비대차계약['외국통화(外國通貨)에 의한 부동산소비자소비대차계약(不動産消費者消費貸借契約)'; Immobiliar-Verbraucherdarlehensvertrag in Fremdwährung]의 경우에 있어, 차주는 차주(借主)의 자국통화(自國通貨)에 의한 소비대차금의 환산(換算)(die 조직재편 des Darlehens in die Landeswährung des Darlehensnehmers)을 청구할 수 있다. 차주(借主)의 자국통화(自國通貨)로 산정한, 이행기가 도래한 잔존액 또는 정기적 분할변제액이, 환율 변동으로 인하여 계약체결시의 환율로 산정한 그 액수에 비하여 20프로를 초과하여 오른 때에는 그러한 환산권(換算權)이 인정된다. 차주가 신용도심사에 적용되는 시기에 주로 자신의 소득을 얻는 통화나, 그 소비대차금이 반환되는 자금이 되어야 하는 자산(資産)을 보유하는(in der er zum Zeitpunkt der maßgeblichen Kreditwürdigkeitsprüfung überwiegend sein Einkommen bezieht oder Vermögenswerte hält, aus denen das Darlehen zurückgezahlt werden soll) 통화가 전적으로 또는 추가적으로 차주(借主)의 자국통화(自國通貨)가 되는 것으로 제1문과 다르게 소비대차계약에서 약정할 수 있다.

② 소비대차금의 환산(換算)은 그 청구가 있는 날을 기준으로 그 환산에 적용되는 시장환율(Marktwechselkurs)에 좇은 환율로 행해져야 한다. 소비대차계약에서 다른 정함이 없었던 경우에 한하여 제1문을 적용한다.

§ 504 Eingeräumte Überziehungsmöglichkeit

(1) Ist ein Verbraucherdarlehen in der Weise gewährt, dass der Darlehensgeber in einem Vertragsverhältnis über ein laufendes Konto dem Darlehensnehmer das Recht einräumt, sein Konto in bestimmter Höhe zu überziehen (Überziehungsmöglichkeit), hat der Darlehensgeber den Darlehensnehmer in regelmäßigen Zeitabständen über die Angaben zu unterrichten, die sich aus Artikel 247 § 16 des Einführungsgesetzes zum Bürgerlichen Gesetzbuche ergeben. Ein Anspruch auf Vorfälligkeitsentschädigung aus § 502 ist ausgeschlossen. § 493 Abs. 3 ist nur bei einer Erhöhung des Sollzinssatzes anzuwenden und gilt entsprechend bei einer Erhöhung der vereinbarten sonstigen Kosten. § 499 Abs. 1 ist nicht anzuwenden.

(2) Ist in einer Überziehungsmöglichkeit in Form des Allgemein-Verbraucherdarlehensvertrags vereinbart, dass nach der Auszahlung die Laufzeit höchstens drei Monate beträgt oder der Darlehensgeber kündigen kann, ohne eine Frist einzuhalten, sind § 491a Abs. 3, die §§ 495, 499 Abs. 2 und § 500 Abs. 1 Satz 2 nicht anzuwenden. § 492 Abs. 1 ist nicht anzuwenden, wenn außer den Sollzinsen keine weiteren laufenden Kosten vereinbart sind, die Sollzinsen nicht in kürzeren Zeiträumen als drei Monaten fällig werden und der Darlehensgeber dem Darlehensnehmer den Vertragsinhalt spätestens unverzüglich nach Vertragsabschluss auf einem dauerhaften Datenträger mitteilt.

§ 504a Beratungspflicht bei Inanspruchnahme der Überziehungsmöglichkeit

(1) Der Darlehensgeber hat dem Darlehensnehmer eine Beratung gemäß Absatz 2 anzubieten, wenn der Darlehensnehmer eine ihm eingeräumte Überziehungsmöglichkeit ununterbrochen über einen Zeitraum von sechs Monaten und durchschnittlich in Höhe eines Betrags in Anspruch genommen hat, der 75 Prozent des vereinbarten Höchstbetrags übersteigt. Wenn der Rechnungsabschluss für das laufende Konto vierteljährlich erfolgt, ist der maßgebliche Zeitpunkt für das Vorliegen der Voraussetzungen nach Satz 1 der jeweilige Rechnungsabschluss. Das Beratungsangebot ist dem Darlehensnehmer in Textform auf dem Kommunikationsweg zu unterbreiten, der für den Kontakt mit dem Darlehensnehmer üblicherweise genutzt wird. Das Beratungsangebot ist zu dokumentieren.

(2) Nimmt der Darlehensnehmer das Angebot an, ist eine Beratung zu möglichen kostengünstigen Alternativen zur Inanspruchnahme der Überziehungsmöglichkeit und zu möglichen Konsequenzen einer weiteren Überziehung des laufenden Kontos durchzuführen sowie gegebenenfalls auf geeignete Beratungseinrichtungen hinzuweisen. Die Beratung hat in Form eines persönlichen Gesprächs zu erfolgen. Für dieses können auch Fernkommunikationsmittel genutzt werden. Der Ort und die Zeit des Beratungsgesprächs sind zu dokumentieren.

(3) Nimmt der Darlehensnehmer das Beratungsangebot nicht an oder wird ein Vertrag über ein geeignetes kostengünstigeres Finanzprodukt nicht geschlossen, hat der Darlehensgeber das

제504조 당좌대월계약(當座貸越契約)의 인정

① 대주가 당좌계정(當座計定)에 관한 계약관계에서(in einem Vertragsverhältnis über ein laufendes Konto) 차주에게 차주의 계좌에서 일정한 액수를 초과하여 인출하는 권리를 인정해 준 방식으로 소비자소비대차가 시행된['당좌대월계약'(當座貸越契約; Überziehungsmöglichkeit] 경우에, 대주는 차주에게 민법전시행법 제247항목 제16조에서 파생하는(die sich aus Artikel 247 § 16 des Einführungsgesetzes zum Bürgerlichen Gesetzbuche ergeben) 사항을 정기적 간격으로 통지해야 한다. 제502조에 근거한 기한 전 반환으로 인한 손해배상청구권(Ein Anspruch auf Vorfälligkeitsentschädigung aus § 502)은 배제된다. 여신금리의 상승에 한하여 제493조 제3항을 적용하고, 약정된 그 밖의 비용의 증가에 있어(bei einer Erhöhung der vereinbarten sonstigen Kosten) 그 조항을 준용한다. 제499조 제1항을 적용하지 아니한다.

② 일반소비자소비대차계약(一般消費者消費貸借契約) 형식의 당좌대월계약(當座貸越契約)(in einer Überziehungsmöglichkeit in Form des Allgemein-Verbraucherdarlehensvertrags)에서 그 실행(實行) 후에 계약유효기간이 최대 3개월에 달하거나 대주가 해지기간을 두지 않고서 해지할 수 있는 것(dass nach der Auszahlung die Laufzeit höchstens drei Monate beträgt oder der Darlehensgeber kündigen kann)으로 약정된 경우에, 제491조a 제3항, 제495조, 제499조 제2항, 제500조 제1항 제2문을 적용하지 아니한다. 여신금리 이외에 추가적인 경상비(經常費; laufende Kosten)가 약정되지 아니하고, 3개월 미만의 기간에는 여신금리의 이행기가 도래하지 아니하며, 대주가 차주에게 늦어도 계약내용을 계약체결 후 지체 없이 지속적 정보저장매체로 통지한 경우에는 제492조 제1항은 적용하지 아니한다.

제504조a 당좌대월계약(當座貸越契約)의 이용에 있어 상담의무

① 차주(借主)가 6개월을 초과하는 기간 동안에 계속하여 평균해서 약정된 상한액의 75프로를 넘는 금액을 대주(貸主)에게 인정된 당좌대월계약을 통해 이용한 경우(wenn der Darlehensnehmer eine ihm eingeräumte Überziehungsmöglichkeit ununterbrochen über einen Zeitraum von sechs Monaten und durchschnittlich in Höhe eines Betrags in Anspruch genommen hat, der 75 Prozent des vereinbarten Höchstbetrags übersteigt)에, 대주는 차주에게 제2항에 따른 상담을 제공해야 한다. 당좌계정에 대한 결산이 분기별로 행해지는 경우에 제1문에 따른 요건의 존재 여부에 대한 기준시기는 각각의 결산시이다. 상담제안은 차주에게 차주와의 접촉을 위해 통상적으로 이용되는 통신경로를 통하여 문면방식으로 전달되어야 한다. 그 상담제안은 문서로 기록되어야 한다.

② 차주가 그 제안을 수용한 경우에, 당좌대월계약(當座貸越契約)의 이용에 관한 비용이 유리한 가능한 대안과 당좌계정(當座計定)에 대한 계속적인 당좌대월이 가질 수 있는 효과(zu möglichen kostengünstigen Alternativen zur Inanspruchnahme der Überziehungsmöglichkeit und zu möglichen Konsequenzen einer weiteren Überziehung des laufenden Kontos durchzuführen)에 관하여 상담이 실시되어야 하고, 필요하면 적절한 상담시설이 언급되어야 한다. 상담은 직접대화방식으로 행해져야 한다. 이를 위해 원격통신수단도 이용될 수 있다. 상담대화의 장소 및 시기는 문서로 기록되어야 한다.

③ 차주가 상담제안을 수용하지 않거나 비용이 보다 유리한 적합한 금융상품에 관한 계약(ein Vertrag über ein geeignetes kostengünstigeres Finanzprodukt)이 체결되지 않은 경우에, 대주는 제1

Beratungsangebot bei erneutem Vorliegen der Voraussetzungen nach Absatz 1 zu wiederholen. Dies gilt nicht, wenn der Darlehensnehmer ausdrücklich erklärt, keine weiteren entsprechenden Beratungsangebote erhalten zu wollen.

§ 505 Geduldete Überziehung

(1) Vereinbart ein Unternehmer in einem Vertrag mit einem Verbraucher über ein laufendes Konto ohne eingeräumte Überziehungsmöglichkeit ein Entgelt für den Fall, dass er eine Überziehung des Kontos duldet, müssen in diesem Vertrag die Angaben nach Artikel 247 § 17 Abs. 1 des Einführungsgesetzes zum Bürgerlichen Gesetzbuche auf einem dauerhaften Datenträger enthalten sein und dem Verbraucher in regelmäßigen Zeitabständen auf einem dauerhaften Datenträger mitgeteilt werden. Satz 1 gilt entsprechend, wenn ein Darlehensgeber mit einem Darlehensnehmer in einem Vertrag über ein laufendes Konto mit eingeräumter Überziehungsmöglichkeit ein Entgelt für den Fall vereinbart, dass er eine Überziehung des Kontos über die vertraglich bestimmte Höhe hinaus duldet.

(2) Kommt es im Fall des Absatzes 1 zu einer erheblichen Überziehung von mehr als einem Monat, unterrichtet der Darlehensgeber den Darlehensnehmer unverzüglich auf einem dauerhaften Datenträger über die sich aus Artikel 247 § 17 Abs. 2 des Einführungsgesetzes zum Bürgerlichen Gesetzbuche ergebenden Einzelheiten. Wenn es im Fall des Absatzes 1 zu einer ununterbrochenen Überziehung von mehr als drei Monaten gekommen ist und der durchschnittliche Überziehungsbetrag die Hälfte des durchschnittlichen monatlichen Geldeingangs innerhalb der letzten drei Monate auf diesem Konto übersteigt, so gilt § 504a entsprechend. Wenn der Rechnungsabschluss für das laufende Konto vierteljährlich erfolgt, ist der maßgebliche Zeitpunkt für das Vorliegen der Voraussetzungen nach Satz 1 der jeweilige Rechnungsabschluss.

(3) Verstößt der Unternehmer gegen Absatz 1 oder Absatz 2, kann der Darlehensgeber über die Rückzahlung des Darlehens hinaus Kosten und Zinsen nicht verlangen.

(4) Die §§ 491a bis 496 und 499 bis 502 sind auf Allgemein-Verbraucherdarlehensverträge, die unter den in Absatz 1 genannten Voraussetzungen zustande kommen, nicht anzuwenden.

§ 505a Pflicht zur Kreditwürdigkeitsprüfung bei Verbraucherdarlehensverträgen

(1) Der Darlehensgeber hat vor dem Abschluss eines Verbraucherdarlehensvertrags die Kreditwürdigkeit des Darlehensnehmers zu prüfen. Der Darlehensgeber darf den Verbraucherdarlehensvertrag nur abschließen, wenn aus der Kreditwürdigkeitsprüfung hervorgeht, dass bei einem Allgemein-Verbraucherdarlehensvertrag keine erheblichen Zweifel daran bestehen und dass es bei einem Immobiliar-Verbraucherdarlehensvertrag wahrscheinlich ist, dass der Darlehensnehmer seinen Verpflichtungen, die im Zusammenhang mit dem Darlehensvertrag stehen, vertragsgemäß nachkommen wird.

항에 따른 요건이 다시 충족되면, 상담제안을 다시 해야 한다. 차주가 추가적 관련 상담을 받지 않겠다는 의사를 명시적으로 표시한 경우(wenn der Darlehensnehmer ausdrücklich erklärt, keine weiteren entsprechenden Beratungsangebote erhalten zu wollen)에는 그러하지 아니하다.

제505조 당좌대월의 용인(容認)

① 사업자가 당좌대월계약(當座貸越契約)가 인정되지 않는 당좌계정(當座計定)에 관한 소비자와의 계약에서, 소비자가 그 계좌의 당좌대월을 용인(容認)하는 경우를 대비하여 대가(ein Entgelt für den Fall, dass er eine Überziehung des Kontos duldet)를 약정하는 경우에, 민법전시행법 제247항목 제17조 제1항에 따른 사항이 그 계약에서 지속적 정보저장매체로 담겨야만 하고, 소비자에게 정기적 간격으로(in regelmäßigen Zeitabständen) 지속적 정보저장매체로(auf einem dauerhaften Datenträger) 통지되어야만 한다. 대주가 당좌대월계약(當座貸越契約)이 인정되지 않은 당좌계정(當座計定)에 관한 차주와의 계약에서, 차주가 계약상 정해진 금액을 초과하는 그 계좌의 당좌대월을 용인(容認)하는 경우를 대비하여 대가를 약정하는 경우에, 제1문을 준용한다.

② 제1항의 경우에 있어 1개월을 초과하는 기간 동안에 한도를 뚜렷하게 넘는 당좌대월(當座貸越)이 이뤄지는 경우(Kommt es im Fall des Absatzes 1 zu einer erheblichen Überziehung von mehr als einem Monat)에 대주는 차주에게 지체 없이 지속적 정보저장매체로 민법전시행법 제247항목 제17조 제2항에서 열거된 세부사항에 관하여 통지한다. 제1항의 경우에 3개월을 초과하는 기간 동안에 계속적인 당좌대월이 이뤄지고, 평균적인 당좌대월액이 이러한 계좌에서의 최근 3개월간 평균적인 월 입금액의 절반을 초과하는(der durchschnittliche Überziehungsbetrag die Hälfte des durchschnittlichen monatlichen Geldeingangs innerhalb der letzten drei Monate auf diesem Konto übersteigt) 경우에는 제504조a를 준용한다. 당좌계정(當座計定)에 대한 결산이 분기별로 이뤄지는 경우에 제1문에 따른 요건의 존재(存在) 여부(與否)에 대한 기준시기(基準時期)는 각각의 결산시(der jeweilige Rechnungsabschluss)이다.

③ 사업자가 제1항 또는 제2항을 위반하는 경우에 대주는 소비대차금의 반환을 넘어서는 비용 및 이자(über die Rückzahlung des Darlehens hinaus Kosten und Zinsen)를 청구(請求)할 수 없다.

④ 제491조a 내지 제496조, 제499조 내지 제502조는 제1항상의 요건하에 성립된 일반소비자소비대차계약에 대하여는 적용하지 아니한다.

제505조a 소비자소비대차계약에서의 신용도심사의무

① 대주는 소비자소비대차계약의 체결 전에 차주의 신용도(die Kreditwürdigkeit des Darlehensnehmers)를 심사해야 한다. 일반소비자소비대차계약의 경우에 그 계약에 대한 뚜렷한 의문이 없는 것으로, 부동산소비자소비대차계약의 경우에 차주가 그 소비대차계약에 관련된 자신의 의무를 계약에 좇아 이행할 것이라는 점이 개연성이 있는 것으로(dass es bei einem Immobiliar-Verbraucherdarlehensvertrag wahrscheinlich ist, dass der Darlehensnehmer seinen Verpflichtungen, die im Zusammenhang mit dem Darlehensvertrag stehen, vertragsgemäß nachkommen wird) 신용도심사 결과가 나온 경우에 한하여 그 소비자소비대차계약을 체결할 수 있다.

(2) Wird der Nettodarlehensbetrag nach Abschluss des Darlehensvertrags deutlich erhöht, so ist die Kreditwürdigkeit auf aktualisierter Grundlage neu zu prüfen, es sei denn, der Erhöhungsbetrag des Nettodarlehens wurde bereits in die ursprüngliche Kreditwürdigkeitsprüfung einbezogen.

(3) Bei Immobiliar-Verbraucherdarlehensverträgen, die

1. im Anschluss an einen zwischen den Vertragsparteien abgeschlossenen Darlehensvertrag ein neues Kapitalnutzungsrecht zur Erreichung des von dem Darlehensnehmer mit dem vorangegangenen Darlehensvertrag verfolgten Zweckes einräumen oder
2. einen anderen Darlehensvertrag zwischen den Vertragsparteien zur Vermeidung von Kündigungen wegen Zahlungsverzugs des Darlehensnehmers oder zur Vermeidung von Zwangsvollstreckungsmaßnahmen gegen den Darlehensnehmer ersetzen oder ergänzen,

bedarf es einer erneuten Kreditwürdigkeitsprüfung nur unter den Voraussetzungen des Absatzes 2. Ist danach keine Kreditwürdigkeitsprüfung erforderlich, darf der Darlehensgeber den neuen Immobiliar-Verbraucherdarlehensvertrag nicht abschließen, wenn ihm bereits bekannt ist, dass der Darlehensnehmer seinen Verpflichtungen, die im Zusammenhang mit diesem Darlehensvertrag stehen, dauerhaft nicht nachkommen kann. Bei Verstößen gilt § 505d entsprechend.

§ 505b Grundlage der Kreditwürdigkeitsprüfung bei Verbraucherdarlehensverträgen

(1) Bei Allgemein-Verbraucherdarlehensverträgen können Grundlage für die Kreditwürdigkeitsprüfung Auskünfte des Darlehensnehmers und erforderlichenfalls Auskünfte von Stellen sein, die geschäftsmäßig personenbezogene Daten, die zur Bewertung der Kreditwürdigkeit von Verbrauchern genutzt werden dürfen, zum Zweck der Übermittlung erheben, speichern, verändern oder nutzen.

(2) Bei Immobiliar-Verbraucherdarlehensverträgen hat der Darlehensgeber die Kreditwürdigkeit des Darlehensnehmers auf der Grundlage notwendiger, ausreichender und angemessener Informationen zu Einkommen, Ausgaben sowie anderen finanziellen und wirtschaftlichen Umständen des Darlehensnehmers eingehend zu prüfen. Dabei hat der Darlehensgeber die Faktoren angemessen zu berücksichtigen, die für die Einschätzung relevant sind, ob der Darlehensnehmer seinen Verpflichtungen aus dem Darlehensvertrag voraussichtlich nachkommen kann. Die Kreditwürdigkeitsprüfung darf sich nicht hauptsächlich darauf stützen, dass der Wert der Wohnimmobilie den Darlehensbetrag übersteigt, oder auf die Annahme, dass der Wert der Wohnimmobilie zunimmt, es sei denn, der Darlehensvertrag dient zum Bau oder zur Renovierung der Wohnimmobilie.

(3) Der Darlehensgeber ermittelt die gemäß Absatz 2 erforderlichen Informationen aus einschlägigen internen oder externen Quellen, wozu auch Auskünfte des Darlehensnehmers gehören. Der Darlehensgeber berücksichtigt auch die Auskünfte, die einem Darlehensvermittler erteilt wurden. Der Darlehensgeber ist verpflichtet, die Informationen in angemessener Weise zu

② 순수소비대차금액이 소비대차계약 체결 후에 뚜렷하게 증가한 경우에 신용도는 업데이트된 사정에 기초하여 다시 심사되어야 하고, 다만 순수소비대차금액의 증가액이 이미 원래의 신용도심사에서 반영된 경우에는 그러하지 아니한다.

③ 다음 각 호의 부동산소비자소비대차계약의 경우에,

1. 계약당사자들 간에 체결된 소비대차계약에 이어서 차주가 종전의 소비대차계약으로 추구하고자 한 목적 달성을 위하여(zur Erreichung des von dem Darlehensnehmer mit dem vorangegangenen Darlehensvertrag verfolgten Zweckes) 새로운 자본이용권을 인정하는 계약,
2. 차주의 반환지연(Zahlungsverzug)으로 인한 해지나 차주에 대한 강제집행을 방지하기 위하여(zur Vermeidung von Zwangsvollstreckungsmaßnahmen gegen den Darlehensnehmer) 계약당사자들 간의 그 밖의 소비대차계약을 대체(代替)하거나 보충(補充)하는 계약,

제2항의 요건이 있는 경우에 한하여(nur unter den Voraussetzungen des Absatzes 2) 새로운 신용도심사가 요구된다. 이에 따라 신용도심사가 필요한 경우에 대주가, 차주가 이러한 소비대차계약에 관련된 자신의 채무를 계속적으로 이행할 수 없다는 점을 이미 안 경우에는, 그는 새로운 부동산소비자소비대차계약(不動産消費者消費貸借契約)(den neuen Immobiliar-Verbraucherdarlehensvertrag)을 체결해서는 아니된다. 이에 위반하는 경우(Bei Verstößen)에 제505조d를 준용한다.

제505조b 소비자소비대차계약의 경우에 있어 신용도심사의 토대

① 일반소비자소비대차계약의 경우에 대주의 정보와, 필요한 경우에는 소비자의 신용도평가를 위해 이용될 수 있는(die zur Bewertung der Kreditwürdigkeit von Verbrauchern genutzt werden dürfen) 개인정보를 상업적 배포 목적으로 수집(蒐集), 저장(貯藏), 가공(加工) 또는 이용(利用)하는 기관의 정보(情報)가 신용도심사의 토대(Grundlage für die Kreditwürdigkeitsprüfung)가 될 수 있다.

② 부동산소비자소비대차계약의 경우에 대주는 필요하고도 충분하며 적절한 정보로 차주의 소득, 지출 및 그 밖의 재정적·경제적 상황 정보에 기반하여(auf der Grundlage notwendiger, ausreichender und angemessener Informationen zu Einkommen, Ausgaben sowie anderen finanziellen und wirtschaftlichen Umständen des Darlehensnehmers) 철저하게 차주의 신용도를 심사해야 한다. 이 경우 대주는, 차주가 소비대차계약상의 자신의 채무를 이행할 수 있는 것으로 예상되는지 여부의 평가에 관련된(die für die Einschätzung relevant sind, ob der Darlehensnehmer seinen Verpflichtungen aus dem Darlehensvertrag voraussichtlich nachkommen kann) 요소들을 적절하게 고려해야 한다. 신용도평가는 주택의 가액이 소비대차금액수를 초과한다는 점에 주로 근거해서는 안 되고, 또 주택의 가액이 증가할 것이라는 가정에 근거해서는 안 되나, 소비대차계약이 주택의 신축 또는 수리를 위해 행해지는 경우에는 그러하지 아니하다.

③ 대주는, 내부 및 외부의 관련 출처로 차주의 정보도 포함되어 있는 출처에서 나오는 정보로(einschlägigen internen oder externen Quellen, wozu auch Auskünfte des Darlehensnehmers gehören) 제2항에 따라 필요한 정보를 조사한다. 대주는 소비대차중개업자에게 제공된 정보도 고려한다. 대주는 적절한 방법으로 정보를 심사할 의무를 지고, 필요한 경우 독립적으로 심사할 수 있

überprüfen, soweit erforderlich auch durch Einsichtnahme in unabhängig nachprüfbare Unterlagen.
(4) Bei Immobiliar-Verbraucherdarlehensverträgen ist der Darlehensgeber verpflichtet, die Verfahren und Angaben, auf die sich die Kreditwürdigkeitsprüfung stützt, festzulegen, zu dokumentieren und die Dokumentation aufzubewahren.
(5) Die Bestimmungen zum Schutz personenbezogener Daten bleiben unberührt.

§ 505c Weitere Pflichten bei grundpfandrechtlich oder durch Reallast besicherten Immobiliar-Verbraucherdarlehensverträgen

Darlehensgeber, die grundpfandrechtlich oder durch Reallast besicherte Immobiliar- Verbraucherdarlehen vergeben, haben

1. bei der Bewertung von Wohnimmobilien zuverlässige Standards anzuwenden und
2. sicherzustellen, dass interne und externe Gutachter, die Immobilienbewertungen für sie vornehmen, fachlich kompetent und so unabhängig vom Darlehensvergabeprozess sind, dass sie eine objektive Bewertung vornehmen können, und
3. Bewertungen für Immobilien, die als Sicherheit für Immobiliar-Verbraucherdarlehen dienen, auf einem dauerhaften Datenträger zu dokumentieren und aufzubewahren.

§ 505d Verstoß gegen die Pflicht zur Kreditwürdigkeitsprüfung

(1) Hat der Darlehensgeber gegen die Pflicht zur Kreditwürdigkeitsprüfung verstoßen, so ermäßigt sich

1. ein im Darlehensvertrag vereinbarter gebundener Sollzins auf den marktüblichen Zinssatz am Kapitalmarkt für Anlagen in Hypothekenpfandbriefe und öffentliche Pfandbriefe, deren Laufzeit derjenigen der Sollzinsbindung entspricht und
2. ein im Darlehensvertrag vereinbarter veränderlicher Sollzins auf den marktüblichen Zinssatz, zu dem europäische Banken einander Anleihen in Euro mit einer Laufzeit von drei Monaten gewähren.

Maßgeblicher Zeitpunkt für die Bestimmung des marktüblichen Zinssatzes gemäß Satz 1 ist der Zeitpunkt des Vertragsschlusses sowie gegebenenfalls jeweils der Zeitpunkt vertraglich vereinbarter Zinsanpassungen. Der Darlehensnehmer kann den Darlehensvertrag jederzeit fristlos kündigen; ein Anspruch auf eine Vorfälligkeitsentschädigung besteht nicht. Der Darlehensgeber stellt dem Darlehensnehmer eine Abschrift des Vertrags zur Verfügung, in der die Vertragsänderungen berücksichtigt sind, die sich aus den Sätzen 1 bis 3 ergeben. Die Sätze 1 bis 4 finden keine Anwendung, wenn bei einer ordnungsgemäßen Kreditwürdigkeitsprüfung der Darlehensvertrag hätte geschlossen werden dürfen.
(2) Kann der Darlehensnehmer Pflichten, die im Zusammenhang mit dem Darlehensvertrag stehen, nicht vertragsgemäß erfüllen, so kann der Darlehensgeber keine Ansprüche wegen Pflichtverletzung geltend machen, wenn die Pflichtverletzung auf einem Umstand beruht, der bei ordnungsgemäßer

는 서류에 대한 열람을 통해서도(auch durch Einsichtnahme in unabhängig nachprüfbare Unterlagen) 이를 심사할 의무를 진다.

④ 부동산소비자소비대차의 경우에 대주는 신용도심사가 근거하는 절차 및 사항을 확인하고 문서로 기록하며 그 문서를 보관할(festzulegen, zu dokumentieren und die Dokumentation aufzubewahren) 의무를 진다.

⑤ 인적적보의 보호에 관한 규정은 영향을 받지 아니한다.

제505조c 부동산저당권 또는 물적담보에 의해 담보되는 부동산소비자소비대차계약에서의 추가적인 의무

토지담보권 또는 물적담보권에 의해 담보되는(grundpfandrechtlich oder durch Reallast besicherte) 부동산소비자소비대차금을 제공하는 대주는,

1. 주택의 평가시에 허용되는 신뢰할 만한 기준을 적용해야 하고,
2. 대주를 위해 부동산평가를 수행하는 내부 및 외부의 감정인들이 전문적으로 능력을 갖추고서 그 대차금제공절차와 무관하게 객관적 평가를 할 수 있도록(fachlich kompetent und so unabhängig vom Darlehensvergabeprozess sind, dass sie eine objektive Bewertung vornehmen können) 보장해야 하며,
3. 부동산소비자소비대차금의 담보로 제공되는 부동산에 대한 평가(Bewertungen für Immobilien)를 지속적 정보저장매체로(auf einem dauerhaften Datenträger) 기록하고 보관해야 한다.

제505조d 신용도심사의무에 대한 위반

① 대주가 신용도심사의무에 대하여 위반한 경우에,

1. 소비대차계약에서 약정된 고정여신금리(ein im Darlehensvertrag vereinbarter gebundener Sollzins)는, 그 유효기간이 여신금리고정기간의 유효기간과 일치하는 저당담보증서(抵當擔保證書) 및 공공담보증서에 의한 투자에 대한 자본시장의 현행 이율로 감축되고,
2. 소비대차계약에서 약정된 변동여신금리는, 현행 시장이율(den marktüblichen Zinssatz)로, 유럽연합의 은행들이 상호간에 3개월의 유효기간에 의한 유로화 대출을 실행하는 이율로 감축된다.

제1문에 따른 현행 시장이율(marktüblichen Zinssatzes)에 대한 규정의 기준시기(Maßgeblicher Zeitpunkt für die Bestimmung des marktüblichen Zinssatzes gemäß Satz 1)는 계약체결시와 필요하면 계약으로 약정된 이자조정시기이다. 차주는 해지기간을 두지 않고서 언제든지 그 소비대차계약을 해지할 수 있다; 기한 전 반환으로 인한 손해배상청구권(ein Anspruch auf eine Vorfälligkeitsentschädigung)은 인정되지 아니한다. 대주는 차주에게 제1문 내지 제3문에서 생기는 계약내용변경이 반영된 계약서의 사본을 제공한다. 규정에 맞는 신용도심사가 있었더라면 그 소비대차계약이 체결될 수 있었던 경우(wenn bei einer ordnungsgemäßen Kreditwürdigkeitsprüfung der Darlehensvertrag hätte geschlossen werden dürfen)에는 제1문 내지 제4문을 적용하지 아니한다.

② 차주가 소비대차계약에 관련된 의무를 계약에 좇아 이행할 수 없는 경우에, 규정에 맞는 신용도심사가 있었더라면 그것으로 인하여 그 소비대차계약이 체결될 수 없었던(der bei ordnungsgemäßer Kreditwürdigkeitsprüfung dazu geführt hätte, dass der Darlehensvertrag nicht hätte geschlossen

Kreditwürdigkeitsprüfung dazu geführt hätte, dass der Darlehensvertrag nicht hätte geschlossen werden dürfen.

(3) Die Absätze 1 und 2 finden keine Anwendung, soweit der Mangel der Kreditwürdigkeitsprüfung darauf beruht, dass der Darlehensnehmer dem Darlehensgeber vorsätzlich oder grob fahrlässig Informationen im Sinne des § 505b Absatz 1 bis 3 unrichtig erteilt oder vorenthalten hat.

§ 505e Verordnungsermächtigung

Das Bundesministerium der Finanzen und das Bundesministerium der Justiz und für Verbraucherschutz werden ermächtigt, durch gemeinsame Rechtsverordnung ohne Zustimmung des Bundesrates Leitlinien zu den Kriterien und Methoden der Kreditwürdigkeitsprüfung bei Immobiliar-Verbraucherdarlehensverträgen nach den §§ 505a und 505b Absatz 2 bis 4 festzulegen. Durch die Rechtsverordnung können insbesondere Leitlinien festgelegt werden

1. zu den Faktoren, die für die Einschätzung relevant sind, ob der Darlehensnehmer seinen Verpflichtungen aus dem Darlehensvertrag voraussichtlich nachkommen kann,
2. zu den anzuwendenden Verfahren und der Erhebung und Prüfung von Informationen.

Untertitel 2 Finanzierungshilfen zwischen einem Unternehmer und einem Verbraucher

§ 506 Zahlungsaufschub, sonstige Finanzierungshilfe

(1) Die für Allgemein-Verbraucherdarlehensverträge geltenden Vorschriften der §§ 358 bis 360 und 491a bis 502 sowie 505a bis 505e sind mit Ausnahme des § 492 Abs. 4 und vorbehaltlich der Absätze 3 und 4 auf Verträge entsprechend anzuwenden, durch die ein Unternehmer einem Verbraucher einen entgeltlichen Zahlungsaufschub oder eine sonstige entgeltliche Finanzierungshilfe gewährt. Bezieht sich der entgeltliche Zahlungsaufschub oder die sonstige entgeltliche Finanzierungshilfe auf den Erwerb oder die Erhaltung des Eigentumsrechts an Grundstücken, an bestehenden oder zu errichtenden Gebäuden oder auf den Erwerb oder die Erhaltung von grundstücksgleichen Rechten oder ist der Anspruch des Unternehmers durch ein Grundpfandrecht oder eine Reallast besichert, so sind die für Immobiliar-Verbraucherdarlehensverträge geltenden, in Satz 1 genannten Vorschriften sowie § 503 entsprechend anwendbar. Ein unentgeltlicher Zahlungsaufschub gilt als entgeltlicher Zahlungsaufschub gemäß Satz 2, wenn er davon abhängig gemacht wird, dass die Forderung durch ein Grundpfandrecht oder eine Reallast besichert wird.

(2) Verträge zwischen einem Unternehmer und einem Verbraucher über die entgeltliche Nutzung eines Gegenstandes gelten als entgeltliche Finanzierungshilfe, wenn vereinbart ist, dass

1. der Verbraucher zum Erwerb des Gegenstandes verpflichtet ist,
2. der Unternehmer vom Verbraucher verlangen kann oder

werden dürfen) 사정에서 그 의무위반이 기인하는 때에는, 대주는 그러한 의무위반으로 인한 청구권(Ansprüche wegen Pflichtverletzung)을 행사하지 못한다.
③ 신용도심사의 하자가, 차주가 대주에게 고의 또는 중과실로(vorsätzlich oder grob fahrlässig) 제505조b 제1항 내지 제3항상의 정보를 제공하거나 이를 제공하지 않은 것에 기인하는 범위 내에서(soweit der Mangel der Kreditwürdigkeitsprüfung darauf beruht) 제1항, 제2항은 적용하지 아니한다.

제505조e 명령제정권
연방재무부와 연방법무·소비자보호부는, 연방참사원의 동의가 필요 없는 공동의 법규명령으로 제505조a, 제505조b 제2항 내지 제4항에 따른 부동산소비자소비대차의 경우에 있어 신용도심사의 기준 및 방법에 관한 지침(Leitlinien zu den Kriterien und Methoden der Kreditwürdigkeitsprüfung bei Immobiliar-Verbraucherdarlehensverträgen)을 제정할 권한을 갖는다. 그 법규명령에 의해(Durch die Rechtsverordnung) 특히 다음 각 호에 관한 지침을 제정할 수 있다,
1. 차주가 자신의 소비대차계약상 채무를 이행할 수 있는 것으로 예상되는지 여부에 관한 평가와 관련된 요소,
2. 적용되어야 하는 절차와 정보의 수집 및 심사(der Erhebung und Prüfung von Informationen).

제2관 사업자와 소비자 간의 신용부여(信用附與)

제506조 지급연기(支給延期), 그 밖의 신용부여(信用附與)
① 일반소비자소비대차계약에 대해 적용되는 제358조 내지 제360조, 제491조a 내지 제502조, 제505조a 내지 제505조e의 규정은, 제492조 제4항을 제외하고 또 제506조 제3항, 제4항을 제외하고, 사업자가 소비자에게 유상의 지급연기(支給延期) 또는 그 밖의 유상의 신용부여(信用附與)를 하는(durch die ein Unternehmer einem Verbraucher einen entgeltlichen Zahlungsaufschub oder eine sonstige entgeltliche Finanzierungshilfe gewährt) 계약에 준용한다. 유상의 지급연기(支給延期) 또는 그 밖의 유상의 신용부여(信用附與)가 토지나 현존하거나 건축해야 할 건물에 대한 소유권의 취득 또는 보유에 관련되거나, 토지와 동일한 권리의 취득 또는 유지에 관련되거나, 토지담보권 또는 물적담보권에 의해 사업자의 청구권이 담보되는 경우에, 부동산소비자소비대차에 적용되는, 제1문에서 언급된 규정들과 제503조가 준용된다. 무상의 지급연기(支給延期)가, 그 채권이 토지담보권 또는 물적담보권에 의해 담보되는 점에 결정되는 경우(wenn er davon abhängig gemacht wird, dass die Forderung durch ein Grundpfandrecht oder eine Reallast besichert wird)에 그 무상의 지급연기(支給延期)는 제2문에 따른 유상의 지급연기(entgeltlicher Zahlungsaufschub gemäß Satz 2)로 본다.
② 다음 각 호와 같이 합의된, 목적물에 대한 '유상이용'에 관한 사업자와 소비자 간의 계약은 유상의 신용부여(信用附與)로 본다,
1. 소비자가 목적물을 취득할 의무를 부담하는 것,
2. 사업자(事業者)가 소비자에게 목적물의 취득(den Erwerb des Gegenstandes)을 청구할 수 있는 것,

3. der Verbraucher bei Beendigung des Vertrags für einen bestimmten Wert des Gegenstandes einzustehen hat.

Auf Verträge gemäß Satz 1 Nr. 3 sind § 500 Abs. 2 und § 502 nicht anzuwenden.

(3) Für Verträge, die die Lieferung einer bestimmten Sache oder die Erbringung einer bestimmten anderen Leistung gegen Teilzahlungen zum Gegenstand haben (Teilzahlungsgeschäfte), gelten vorbehaltlich des Absatzes 4 zusätzlich die in den §§ 507 und 508 geregelten Besonderheiten.

(4) Die Vorschriften dieses Untertitels sind in dem in § 491 Absatz 2 Satz 2 Nummer 1 bis 5, Absatz 3 Satz 2 und Absatz 4 bestimmten Umfang nicht anzuwenden. Soweit nach der Vertragsart ein Nettodarlehensbetrag (§ 491 Absatz 2 Satz 2 Nummer 1) nicht vorhanden ist, tritt an seine Stelle der Barzahlungspreis oder, wenn der Unternehmer den Gegenstand für den Verbraucher erworben hat, der Anschaffungspreis.

§ 507 Teilzahlungsgeschäfte

(1) § 494 Abs. 1 bis 3 und 6 Satz 2 zweiter Halbsatz ist auf Teilzahlungsgeschäfte nicht anzuwenden. Gibt der Verbraucher sein Angebot zum Vertragsabschluss im Fernabsatz auf Grund eines Verkaufsprospekts oder eines vergleichbaren elektronischen Mediums ab, aus dem der Barzahlungspreis, der Sollzinssatz, der effektive Jahreszins, ein Tilgungsplan anhand beispielhafter Gesamtbeträge sowie die zu stellenden Sicherheiten und Versicherungen ersichtlich sind, ist auch § 492 Abs. 1 nicht anzuwenden, wenn der Unternehmer dem Verbraucher den Vertragsinhalt spätestens unverzüglich nach Vertragsabschluss auf einem dauerhaften Datenträger mitteilt.

(2) Das Teilzahlungsgeschäft ist nichtig, wenn die vorgeschriebene Schriftform des § 492 Abs. 1 nicht eingehalten ist oder im Vertrag eine der in Artikel 247 §§ 6, 12 und 13 des Einführungsgesetzes zum Bürgerlichen Gesetzbuche vorgeschriebenen Angaben fehlt. Ungeachtet eines Mangels nach Satz 1 wird das Teilzahlungsgeschäft gültig, wenn dem Verbraucher die Sache übergeben oder die Leistung erbracht wird. Jedoch ist der Barzahlungspreis höchstens mit dem gesetzlichen Zinssatz zu verzinsen, wenn die Angabe des Gesamtbetrags oder des effektiven Jahreszinses fehlt. Ist ein Barzahlungspreis nicht genannt, so gilt im Zweifel der Marktpreis als Barzahlungspreis. Ist der effektive Jahreszins zu niedrig angegeben, so vermindert sich der Gesamtbetrag um den Prozentsatz, um den der effektive Jahreszins zu niedrig angegeben ist.

(3) Abweichend von den §§ 491a und 492 Abs. 2 dieses Gesetzes und von Artikel 247 §§ 3, 6 und 12 des Einführungsgesetzes zum Bürgerlichen Gesetzbuche müssen in der vorvertraglichen Information und im Vertrag der Barzahlungspreis und der effektive Jahreszins nicht angegeben werden, wenn der Unternehmer nur gegen Teilzahlungen Sachen liefert oder Leistungen erbringt. Im Fall des § 501 ist der Berechnung der Kostenermäßigung der gesetzliche Zinssatz (§ 246) zugrunde zu legen. Ein Anspruch auf Vorfälligkeitsentschädigung ist ausgeschlossen.

3. 소비자가 계약의 종료시(bei Beendigung des Vertrags) 목적물의 일정한 가치를 보장해야 하는 것. 제1문 제3호에 따른 계약에 대하여 제500조 제2항, 제502조는 적용하지 아니한다.

③ 할부금의 지급과 상환(相換)으로 특정 물건의 공급이나 그 밖의 특정 급부의 제공을 목적으로 하는 계약('할부거래'; Teilzahlungsgeschäfte)에 대하여 제506조 제4항을 제외하고 추가적으로 제507조, 제508조에서 규정된 특칙(die in den §§ 507 und 508 geregelten Besonderheiten)을 적용한다.

④ 본 관의 규정(Die Vorschriften dieses Untertitels)은 제491조 제2항 제2문 제1호 내지 제5호, 제3항 제2문, 제4항에서 정해진 범위에서는 적용하지 아니한다. 계약종류에 따라 순수소비대차금액(ein Nettodarlehensbetrag, 제491조 제2항 제2문 제1호)이 없는 경우에 현금가(現金價)나, 사업자가 소비자를 위해 목적물을 취득한 때에는 그 취득가(取得價)(wenn der Unternehmer den Gegenstand für den Verbraucher erworben hat, der Anschaffungspreis) 이를 대신한다.

제507조 할부거래

① 제494조 제1항 내지 제3항, 제6항 제2문 둘째 소문(小文)은 할부거래에 적용하지 아니한다. 소비자가, 현금가(現金價), 여신금리, 연이율, 견본총액에 기한 지급일정(支給日程), 제공해야 하는 담보와 보험이 명시된(aus dem der Barzahlungspreis, der Sollzinssatz, der effektive Jahreszins, ein Tilgungsplan anhand beispielhafter Gesamtbeträge sowie die zu stellenden Sicherheiten und Versicherungen ersichtlich sind) 판매안내책자 또는 유사한 전자매체에 기한 통신판매의 계약체결에 관한 청약을 받은 경우에 사업자가 소비자에게 늦어도 계약체결 후 지체 없이 지속적 정보저장매체로(auf einem dauerhaften Datenträger) 계약내용(契約內容)을 통지(通知)하는 때에는 제492조 제1항도 적용(適用)하지 아니한다.

② 제492조 제1항상의 규정된 서면방식이 준수되지 않거나, 민법전시행법 제247항목 제6조, 제12조, 제13조 중 어느 조항에서 규정된 사항이 계약에서 결여된 경우(im Vertrag eine der in Artikel 247 §§ 6, 12 und 13 des Einführungsgesetzes zum Bürgerlichen Gesetzbuche vorgeschriebenen Angaben fehlt)에는 할부거래는 무효이다. 제1문에 따른 하자에도 불구하고 소비자에게 물건이 인도되거나 급부가 제공된 경우에는 할부거래는 유효하다. 그럼에도 총액 또는 연이율의 사항이 결여된 경우(wenn die Angabe des Gesamtbetrags oder des effektiven Jahreszinses fehlt)에는 현금가에 최대 법정이율에 의한 이자를 가산해야 한다. 현금가가 언급되지 않은 경우에 의심스러운 때에는 시장가를 본다. 연이율이 너무 낮게 언급된 경우(Ist der effektive Jahreszins zu niedrig angegeben)에 연이율이 너무 낮게 언급된 백분율만큼 총액(der Gesamtbetrag um den Prozentsatz, um den der effektive Jahreszins zu niedrig angegeben ist)이 감축된다.

③ 사업자가 할부금의 상환으로만 물건을 공급하거나 급부를 제공한 경우(wenn der Unternehmer nur gegen Teilzahlungen Sachen liefert oder Leistungen erbringt)에는, 민법전 제491조a, 제492조와 민법전시행법 제247항목 제3조, 제6조, 제12조와 달리, 계약체결 전의 정보와 계약에서 현금가, 연이율이 언급될 필요가 없다. 제501조 제1항의 경우에 비용경감의 계산은 법정이율(제246조)을 기초로 이뤄져야 한다(ist der Berechnung der Kostenermäßigung der gesetzliche Zinssatz (§ 246) zugrunde zu legen) 기한 전 반환으로 인한 손해배상청구권은 배제된다.

§ 508 Rücktritt bei Teilzahlungsgeschäften

Der Unternehmer kann von einem Teilzahlungsgeschäft wegen Zahlungsverzugs des Verbrauchers nur unter den in § 498 Absatz 1 Satz 1 bezeichneten Voraussetzungen zurücktreten. Dem Nennbetrag entspricht der Gesamtbetrag. Der Verbraucher hat dem Unternehmer auch die infolge des Vertrags gemachten Aufwendungen zu ersetzen. Bei der Bemessung der Vergütung von Nutzungen einer zurückzugewährenden Sache ist auf die inzwischen eingetretene Wertminderung Rücksicht zu nehmen. Nimmt der Unternehmer die auf Grund des Teilzahlungsgeschäfts gelieferte Sache wieder an sich, gilt dies als Ausübung des Rücktrittsrechts, es sei denn, der Unternehmer einigt sich mit dem Verbraucher, diesem den gewöhnlichen Verkaufswert der Sache im Zeitpunkt der Wegnahme zu vergüten. Satz 5 gilt entsprechend, wenn ein Vertrag über die Lieferung einer Sache mit einem Verbraucherdarlehensvertrag verbunden ist (§ 358 Absatz 3) und wenn der Darlehensgeber die Sache an sich nimmt; im Fall des Rücktritts bestimmt sich das Rechtsverhältnis zwischen dem Darlehensgeber und dem Verbraucher nach den Sätzen 3 und 4.

§ 509 (weggefallen)

Untertitel 3 Ratenlieferungsverträge zwischen einem Unternehmer und einem Verbraucher

§ 510 Ratenlieferungsverträge

(1) Der Vertrag zwischen einem Verbraucher und einem Unternehmer bedarf der schriftlichen Form, wenn der Vertrag

1. die Lieferung mehrerer als zusammengehörend verkaufter Sachen in Teilleistungen zum Gegenstand hat und das Entgelt für die Gesamtheit der Sachen in Teilzahlungen zu entrichten ist,
2. die regelmäßige Lieferung von Sachen gleicher Art zum Gegenstand hat oder
3. die Verpflichtung zum wiederkehrenden Erwerb oder Bezug von Sachen zum Gegenstand hat.

Dies gilt nicht, wenn dem Verbraucher die Möglichkeit verschafft wird, die Vertragsbestimmungen einschließlich der Allgemeinen Geschäftsbedingungen bei Vertragsschluss abzurufen und in wiedergabefähiger Form zu speichern. Der Unternehmer hat dem Verbraucher den Vertragsinhalt in Textform mitzuteilen.

(2) Dem Verbraucher steht vorbehaltlich des Absatzes 3 bei Verträgen nach Absatz 1, die weder im Fernabsatz noch außerhalb von Geschäftsräumen geschlossen werden, ein Widerrufsrecht nach § 355 zu.

(3) Das Widerrufsrecht nach Absatz 2 gilt nicht in dem in § 491 Absatz 2 Satz 2 Nummer 1 bis 5, Absatz 3 Satz 2 und Absatz 4 bestimmten Umfang. Dem in § 491 Absatz 2 Satz 2 Nummer 1 genannten Nettodarlehensbetrag entspricht die Summe aller vom Verbraucher bis zum frühestmöglichen Kündigungszeitpunkt zu entrichtenden Teilzahlungen.

제508조 할부거래에서의 해제권

사업자는 제498조 제1항 제1문상의 요건이 있는 경우에 한하여(nur unter den in § 498 Absatz 1 Satz 1 bezeichneten Voraussetzungen) 소비자의 지급지연(Zahlungsverzug)를 이유로 할부거래를 해제할 수 있다. 총액(總額)은 명목금액(名目金額)에 상응한다. 소비자는 사업자에게 계약으로 인하여 발생한 비용도 배상해야 한다. 반환해야 할 물건의 수익에 대한 대가 산정에 있어 그 동안 발생한 가치감소분도 고려해야 한다(ist auf die inzwischen eingetretene Wertminderung Rücksicht zu nehmen) 사업자가 할부거래에 기하여 공급된 물건을 다시 회수하는 경우에 이는 해제권 행사로 보고, 다만 사업자가 소비자에게 물건의 통상적 판매가를 그 회수시에 보상(補償)하기로 소비자(消費者)와 약정한 경우(der Unternehmer einigt sich mit dem Verbraucher, diesem den gewöhnlichen Verkaufswert der Sache im Zeitpunkt der Wegnahme zu vergüten)에는 그러하지 아니하다. 물건의 공급에 관한 계약이 소비자소비대차계약과 결합된(제358조 제3항) 경우와 대주가 그 물건(物件)을 회수(回收)한 경우(wenn der Darlehensgeber die Sache an sich nimmt)에 제5문을 준용한다; 해제권(解除權)을 행사한 경우에 대주와 차주(借主) 간의 법률관계(das Rechtsverhältnis zwischen dem Darlehensgeber und dem Verbraucher)는 제3문, 제4문에 따라 정해진다.

제509조 삭제

제3관 사업자와 소비자 간의 분할공급계약

제510조 분할공급계약

① 다음 각 호의 소비자와 사업자 간의 계약(Der Vertrag zwischen einem Verbraucher und einem Unternehmer)은 서면방식이 요구된다,

1. 일체로 매각되는 여러 개의 물건의 공급을 분할급부로써 공급하는 것을 목적으로 하고(die Lieferung mehrerer als zusammengehörend verkaufter Sachen in Teilleistungen zum Gegenstand hat), 물건 전체에 대한 대가를 할부(割賦)로 지급하기로 하는 계약,
2. 동종의 물건의 정기적 공급을 목적으로 하는 계약,
3. 주기적으로 되풀이되는 물건의 취득 또는 구입(wiederkehrenden Erwerb oder Bezug)에 관한 의무를 목적으로 하는 계약.

계약체결시에 보통거래약관을 포함하여 계약조항을 불러온 후 이를 재현(再現)할 수 있는 방식으로 이를 저장할 수 있는(in wiedergabefähiger Form zu speichern) 가능성이 소비자에게 가능성이 부여된 경우에는 그러하지 아니하다. 사업자는 소비자에게 계약내용을 문면방식으로 통지해야 한다.

② 제1항에 따른 계약으로, 통신판매로도 영업장 이외의 곳에서도 체결되지 않은 계약의 경우에 제3항을 제외하고, 소비자에게 제355조에 따른 철회권(ein Widerrufsrecht nach § 355)이 귀속된다.

③ 제2항에 따른 철회권은 제491조 제2항 제2문 제1호 내지 제5호, 제3항 제2문, 제4항에 정해진 범위 내에서는(in dem in § 491 Absatz 2 Satz 2 Nummer 1 bis 5, Absatz 3 Satz 2 und Absatz 4 bestimmten Umfang) 적용되지 아니한다. 가장 빨리 해지할 수 있는 시기까지 소비자가 지급해야 하는 할부금총액은 제491조 제2항 제2문 제1호상의 순수소비대차금액에 상응한다.

Untertitel 4 Beratungsleistungen bei Immobiliar-Verbraucherdarlehensverträgen

§ 511 Beratungsleistungen bei Immobiliar-Verbraucherdarlehensverträgen

(1) Bevor der Darlehensgeber dem Darlehensnehmer individuelle Empfehlungen zu einem oder mehreren Geschäften erteilt, die im Zusammenhang mit einem Immobiliar-Verbraucherdarlehensvertrag stehen (Beratungsleistungen), hat er den Darlehensnehmer über die sich aus Artikel 247 § 18 des Einführungsgesetzes zum Bürgerlichen Gesetzbuche ergebenden Einzelheiten in der dort vorgesehenen Form zu informieren.

(2) Vor Erbringung der Beratungsleistung hat sich der Darlehensgeber über den Bedarf, die persönliche und finanzielle Situation sowie über die Präferenzen und Ziele des Darlehensnehmers zu informieren, soweit dies für eine passende Empfehlung eines Darlehensvertrags erforderlich ist. Auf Grundlage dieser aktuellen Informationen und unter Zugrundelegung realistischer Annahmen hinsichtlich der Risiken, die für den Darlehensnehmer während der Laufzeit des Darlehensvertrags zu erwarten sind, hat der Darlehensgeber eine ausreichende Zahl an Darlehensverträgen zumindest aus seiner Produktpalette auf ihre Geeignetheit zu prüfen.

(3) Der Darlehensgeber hat dem Darlehensnehmer auf Grund der Prüfung gemäß Absatz 2 ein geeignetes oder mehrere geeignete Produkte zu empfehlen oder ihn darauf hinzuweisen, dass er kein Produkt empfehlen kann. Die Empfehlung oder der Hinweis ist dem Darlehensnehmer auf einem dauerhaften Datenträger zur Verfügung zu stellen.

Untertitel 5 Unabdingbarkeit, Anwendung auf Existenzgründer

§ 512 Abweichende Vereinbarungen

Von den Vorschriften der §§ 491 bis 511, 514 und 515 darf, soweit nicht ein anderes bestimmt ist, nicht zum Nachteil des Verbrauchers abgewichen werden. Diese Vorschriften finden auch Anwendung, wenn sie durch anderweitige Gestaltungen umgangen werden.

§ 513 Anwendung auf Existenzgründer

Die §§ 491 bis 512 gelten auch für natürliche Personen, die sich ein Darlehen, einen Zahlungsaufschub oder eine sonstige Finanzierungshilfe für die Aufnahme einer gewerblichen oder selbständigen beruflichen Tätigkeit gewähren lassen oder zu diesem Zweck einen Ratenlieferungsvertrag schließen, es sei denn, der Nettodarlehensbetrag oder Barzahlungspreis übersteigt 75 000 Euro.

Untertitel 6 Unentgeltliche Darlehensverträge und unentgeltliche Finanzierungshilfen zwischen einem Unternehmer und einem Verbraucher

제4관 부동산소비자소비대차계약에서의 상담서비스

제511조 부동산소비자소비대차계약에서의 상담서비스

① 대주가 차주에게 부동산소비자소비대차계약에 관련된, 1개 또는 여러 거래에 관한 각각의 추천을 하기 전('상담서비스'; Beratungsleistungen)에 대주는 차주에게 민법전시행법 제247항목 제18조에서 열거된 세부사항에 관하여 거기서 규정된 방식대로(über die sich aus Artikel 247 § 18 des Einführungsgesetzes zum Bürgerlichen Gesetzbuche ergebenden Einzelheiten in der dort vorgesehenen Form) 정보(情報)를 제공(提供)해야 한다.

② 상당서비스를 제공하기 전에(Vor Erbringung der Beratungsleistung) 대주는, 이것이 소비대차계약의 적절한 추천에 필요한 범위 내에서(soweit dies für eine passende Empfehlung eines Darlehensvertrags erforderlich ist), 필요, 개인적·재정적 상황과 차주의 선호 및 목표에 관하여 정보를 제공받아야 한다. 이와 같은 실질적 정보제공에 기초하여 또 소비대차계약의 유효기간 도중에 차주에게 예상되는 위험에 관한 실질적인 인수에 기반하여, 대주는 최소한 자신의 상품일람표(商品一覽表; Produktpalette)에서 나오는, 충분한 수의 소비대차계약의 적절성을 검토해야 한다(hat der Darlehensgeber eine ausreichende Zahl an Darlehensverträgen zumindest aus seiner Produktpalette auf ihre Geeignetheit zu prüfen).

③ 대주는 차주에게 제2항에 따른 검토에 기하여, 적절한 1개 또는 여러 상품을 추천해야 하거나 자신이 상품을 추천할 수 없다는 점을 안내해야 한다(ein geeignetes oder mehrere geeignete Produkte zu empfehlen oder ihn darauf hinzuweisen, dass er kein Produkt empfehlen kann) 그 추천 또는 안내는 차주에게 지속적 정보저장매체로 제공되어야 한다.

제5관 강행규정성, 창업자(創業者)에 대한 적용

제512조 다른 내용의 약정

다른 정함이 없는 한, 소비자의 불이익으로(zum Nachteil des Verbrauchers) 제491조 내지 제511조, 제514조, 제515조과 다르게 약정되어서는 아니된다. 이러한 규정들은 다른 방법에 의해 회피되는 경우(wenn sie durch anderweitige Gestaltungen umgangen werden)에도 적용한다.

제513조 창업자(創業者)에 대한 적용

영리활동 또는 독립적 직업활동의 개시에 대하여(für die Aufnahme einer gewerblichen oder selbständigen beruflichen Tätigkeit) 소비대차, 지급연기(支給延期) 또는 그 밖의 신용부여(信用附與)을 받거나 이러한 목적을 위하여 분할공급계약을 체결하는 자연인에 대해서도(auch für natürliche Personen) 제491조 내지 제512조를 적용하되, 순수소비대차금액 또는 현금가가 75,000 유로를 초과하는 경우에는 그러하지 아니하다.

제6관 무상의 소비대차계약, 사업자와 소비자 간의 무상의 신용부여(信用附與)

§ 514 Unentgeltliche Darlehensverträge

(1) § 497 Absatz 1 und 3 sowie § 498 und die §§ 505a bis 505c sowie 505d Absatz 2 und 3 sowie § 505e sind entsprechend auf Verträge anzuwenden, durch die ein Unternehmer einem Verbraucher ein unentgeltliches Darlehen gewährt. Dies gilt nicht in dem in § 491 Absatz 2 Satz 2 Nummer 1 bestimmten Umfang.

(2) Bei unentgeltlichen Darlehensverträgen gemäß Absatz 1 steht dem Verbraucher ein Widerrufsrecht nach § 355 zu. Dies gilt nicht, wenn bereits ein Widerrufsrecht nach § 312g Absatz 1 besteht, und nicht bei Verträgen, die § 495 Absatz 2 Nummer 1 entsprechen. Der Unternehmer hat den Verbraucher rechtzeitig vor der Abgabe von dessen Willenserklärung gemäß Artikel 246 Absatz 3 des Einführungsgesetzes zum Bürgerlichen Gesetzbuche über sein Widerrufsrecht zu unterrichten. Der Unternehmer kann diese Pflicht dadurch erfüllen, dass er dem Verbraucher das in der Anlage 9 zum Einführungsgesetz zum Bürgerlichen Gesetzbuche vorgesehene Muster für die Widerrufsbelehrung ordnungsgemäß ausgefüllt in Textform übermittelt.

§ 515 Unentgeltliche Finanzierungshilfen

§ 514 sowie die §§ 358 bis 360 gelten entsprechend, wenn ein Unternehmer einem Verbraucher einen unentgeltlichen Zahlungsaufschub oder eine sonstige unentgeltliche Finanzierungshilfe gewährt.

Titel 4 Schenkung

§ 516 Begriff der Schenkung

(1) Eine Zuwendung, durch die jemand aus seinem Vermögen einen anderen bereichert, ist Schenkung, wenn beide Teile darüber einig sind, dass die Zuwendung unentgeltlich erfolgt.

(2) Ist die Zuwendung ohne den Willen des anderen erfolgt, so kann ihn der Zuwendende unter Bestimmung einer angemessenen Frist zur Erklärung über die Annahme auffordern. Nach dem Ablauf der Frist gilt die Schenkung als angenommen, wenn nicht der andere sie vorher abgelehnt hat. Im Falle der Ablehnung kann die Herausgabe des Zugewendeten nach den Vorschriften über die Herausgabe einer ungerechtfertigten Bereicherung gefordert werden.

§ 517 Unterlassen eines Vermögenserwerbs

Eine Schenkung liegt nicht vor, wenn jemand zum Vorteil eines anderen einen Vermögenserwerb unterlässt oder auf ein angefallenes, noch nicht endgültig erworbenes Recht verzichtet oder eine Erbschaft oder ein Vermächtnis ausschlägt.

§ 518 Form des Schenkungsversprechens

제514조 무상의 소비대차계약

① 제497조 제1항, 제3항, 제498조, 제505조a 내지 제505조c, 제505조d 제2항, 제3항, 제 505조e는, 사업자가 소비자에게 무상으로 소비대차금을 주는(durch die ein Unternehmer einem Verbraucher ein unentgeltliches Darlehen gewährt) 계약에 대해 준용한다. 제491조 제2항 제2문 제1호에 정해진 범위에서는 그러하지 아니하다.

② 제1항에 따른 무상의 소비대차계약의 경우에 소비자에게 제355조에 따른 철회권이 귀속된다. 제312조g 제1항에 따른 철회권이 이미 존재하는 경우(wenn bereits ein Widerrufsrecht nach § 312g Absatz 1 besteht)와 제495조 제2항 제1호에 부합하는 계약의 경우에는 그러하지 아니하다. 사업자는 소비자에게 민법전시행법 제246항목 제3항에 따라 자신의 의사표시를 하기 전(前)의 적시에 그 철회권에 관하여(über sein Widerrufsrecht) 통지해야 한다. 사업자는, 자신이 소비자에게 민법전시행법 부록 9에서 규정된, 철회권통지에 대한 견본을 규정에 맞게 작성하여 문면방식으로 통지함으로써(dass er dem Verbraucher das in der Anlage 9 zum Einführungsgesetz zum Bürgerlichen Gesetzbuche vorgesehene Muster für die Widerrufsbelehrung ordnungsgemäß ausgefüllt in Textform übermittelt) 이러한 의무를 이행할 수 있다.

제515조 무상의 신용부여(信用附與)

사업자가 소비자에게 무상의 지급연기(支給延期) 또는 그 밖의 무상의 신용부여(信用附與)(einen unentgeltlichen Zahlungsaufschub oder eine sonstige unentgeltliche Finanzierungshilfe)를 하는 경우에 제514조, 제358조 내지 제360조를 준용한다.

제4절 증여(贈與)

제516조 증여의 개념

① 양 당사자가 그 출연이 무상(無償)으로 행해지는 것에 합의한 때에는 어느 자가 자신의 재산으로 타인에게 이득을 주는 출연(出捐; Zuwendung)은 증여이다.

② 타인이 의사에 기하지 아니하고 출연이 행해지는 경우에 증여자(贈與者)는 의사를 위한 상당한 기간을 정해서(unter Bestimmung einer angemessenen Frist zur Erklärung) 그 승낙에 여부에 관하여 요구할 수 있다. 그 기간의 경과 후에 증여는 타인이 사전에 이를 거절하지 않은 한 승낙한 것으로 본다. 거절한 경우에 부당이득에 관한 규정에 좇아(nach den Vorschriften über die Herausgabe einer ungerechtfertigten Bereicherung) 증여된 것(die Herausgabe des Zugewendeten)의 반환을 청구할 수 있다.

제517조 재산취득의 부작위

어느 자가 타인의 이익으로 재산취득을 하지 않거나 자신에게 귀속되었으나 아직 종국적으로 취득하지 않은 권리를 포기하거나 상속 또는 유증을 포기한 경우에는 증여에 해당하지 아니한다.

제518조 증여약정의 방식

(1) Zur Gültigkeit eines Vertrags, durch den eine Leistung schenkweise versprochen wird, ist die notarielle Beurkundung des Versprechens erforderlich. Das Gleiche gilt, wenn ein Schuldversprechen oder ein Schuldanerkenntnis der in den §§ 780, 781 bezeichneten Art schenkweise erteilt wird, von dem Versprechen oder der Anerkennungserklärung.
(2) Der Mangel der Form wird durch die Bewirkung der versprochenen Leistung geheilt.

§ 519 Einrede des Notbedarfs
(1) Der Schenker ist berechtigt, die Erfüllung eines schenkweise erteilten Versprechens zu verweigern, soweit er bei Berücksichtigung seiner sonstigen Verpflichtungen außerstande ist, das Versprechen zu erfüllen, ohne dass sein angemessener Unterhalt oder die Erfüllung der ihm kraft Gesetzes obliegenden Unterhaltspflichten gefährdet wird.
(2) Treffen die Ansprüche mehrerer Beschenkten zusammen, so geht der früher entstandene Anspruch vor.

§ 520 Erlöschen eines Rentenversprechens
Verspricht der Schenker eine in wiederkehrenden Leistungen bestehende Unterstützung, so erlischt die Verbindlichkeit mit seinem Tode, sofern nicht aus dem Versprechen sich ein anderes ergibt.

§ 521 Haftung des Schenkers
Der Schenker hat nur Vorsatz und grobe Fahrlässigkeit zu vertreten.

§ 522 Keine Verzugszinsen
Zur Entrichtung von Verzugszinsen ist der Schenker nicht verpflichtet.

§ 523 Haftung für Rechtsmängel
(1) Verschweigt der Schenker arglistig einen Mangel im Recht, so ist er verpflichtet, dem Beschenkten den daraus entstehenden Schaden zu ersetzen.
(2) Hatte der Schenker die Leistung eines Gegenstandes versprochen, den er erst erwerben sollte, so kann der Beschenkte wegen eines Mangels im Recht Schadensersatz wegen Nichterfüllung verlangen, wenn der Mangel dem Schenker bei dem Erwerb der Sache bekannt gewesen oder infolge grober Fahrlässigkeit unbekannt geblieben ist. Die für die Haftung des Verkäufers für Rechtsmängel geltenden Vorschriften des § 433 Abs. 1 und der §§ 435, 436, 444, 452, 453 finden entsprechende Anwendung.

§ 524 Haftung für Sachmängel
(1) Verschweigt der Schenker arglistig einen Fehler der verschenkten Sache, so ist er verpflichtet, dem Beschenkten den daraus entstehenden Schaden zu ersetzen.
(2) Hatte der Schenker die Leistung einer nur der Gattung nach bestimmten Sache versprochen,

① 어느 급부에 대해 증여로 약정한 계약이 유효하기 위해서는 그 약정에 대한 공정증서 작성(die notarielle Beurkundung des Versprechens)이 요구된다. 제780조, 제781조상의 방식의 채무약정 또는 채무승인이 증여로 행해진 경우에 그 약정 또는 승인의사표시에 대해서도 또한 같다.
② 방식흠결은 약정된 급부의 이행으로(durch die Bewirkung der versprochenen Leistung) 치유된다.

제519조 긴급한 필요의 항변
① 증여자는, 자신의 그 밖의 의무를 고려했을 때 자신의 적절한 생계(生計) 또는 법률에 기해 자신에게 귀속된 부양의무가 위태로워지지 않고서는(ohne dass sein angemessener Unterhalt oder die Erfüllung der ihm kraft Gesetzes obliegenden Unterhaltspflichten gefährdet wird) 그 약정을 이행할 수 없는 범위 내에서 증여하기로 한 약정의 이행(die Erfüllung eines schenkweise erteilten Versprechens)을 거절할 권리를 갖는다.
② 수인의 수증자의 청구권이 경합하는 경우에 먼저 발생한 청구권이 우선한다.

제520조 정기급부약정의 소멸
증여자가 반복적으로 돌아오는 급부인 부양(扶養)을 약정한 경우에 그 약정에서 다른 정함이 없는 한(sofern nicht aus dem Versprechen sich ein anderes ergibt) 증여자의 사망으로써 그 채무는 소멸한다.

제521조 증여자의 책임
증여자는 고의 또는 중과실에 대해서만 책임을 진다.

제522조 지연이자의 무가산(無加算)
증여자는 지연이자를 가산하여 지급할 의무를 지지 아니한다.

제523조 권리하자에 대한 책임
① 증여자가 알고서도 권리하자를 묵비한 경우에 증여자는 수증자에게 이로 인해 발생한 손해(den daraus entstehenden Schaden)를 배상할 의무를 진다.
② 증여자가 자신이 장차 취득해야 하는 목적물의 급부를 약정한 경우에 수증자는, 증여자가 그 물건의 취득시에 그 하자를 알았거나 중과실로 알지 못한 때(wenn der Mangel dem Schenker bei dem Erwerb der Sache bekannt gewesen oder infolge grober Fahrlässigkeit unbekannt geblieben ist)에는 권리하자로 인하여 채무불이행으로 인한 손해배상을 청구할 수 있다. 권리하자시 매도인의 책임에 대해 적용되는(Die für die Haftung des Verkäufers für Rechtsmängel geltenden Vorschriften) 제433조 제1항, 제435조, 제436조, 제444조, 제452조, 제453조의 규정은 준용한다.

제524조 물건하자
① 증여자가 알고서도 증여물(贈與物)의 하자를 묵비한 경우에 그는 수증자에게 이로 인한 손해를 배상할 의무를 진다.
② 수증자가 자신이 장차 취득해야 하는 특정한 물건의 종류만으로 급부를 약정한 경우에 수증자

die er erst erwerben sollte, so kann der Beschenkte, wenn die geleistete Sache fehlerhaft und der Mangel dem Schenker bei dem Erwerb der Sache bekannt gewesen oder infolge grober Fahrlässigkeit unbekannt geblieben ist, verlangen, dass ihm anstelle der fehlerhaften Sache eine fehlerfreie geliefert wird. Hat der Schenker den Fehler arglistig verschwiegen, so kann der Beschenkte statt der Lieferung einer fehlerfreien Sache Schadensersatz wegen Nichterfüllung verlangen. Auf diese Ansprüche finden die für die Gewährleistung wegen Fehler einer verkauften Sache geltenden Vorschriften entsprechende Anwendung.

§ 525 Schenkung unter Auflage

(1) Wer eine Schenkung unter einer Auflage macht, kann die Vollziehung der Auflage verlangen, wenn er seinerseits geleistet hat.

(2) Liegt die Vollziehung der Auflage im öffentlichen Interesse, so kann nach dem Tod des Schenkers auch die zuständige Behörde die Vollziehung verlangen.

§ 526 Verweigerung der Vollziehung der Auflage

Soweit infolge eines Mangels im Recht oder eines Mangels der verschenkten Sache der Wert der Zuwendung die Höhe der zur Vollziehung der Auflage erforderlichen Aufwendungen nicht erreicht, ist der Beschenkte berechtigt, die Vollziehung der Auflage zu verweigern, bis der durch den Mangel entstandene Fehlbetrag ausgeglichen wird. Vollzieht der Beschenkte die Auflage ohne Kenntnis des Mangels, so kann er von dem Schenker Ersatz der durch die Vollziehung verursachten Aufwendungen insoweit verlangen, als sie infolge des Mangels den Wert der Zuwendung übersteigen.

§ 527 Nichtvollziehung der Auflage

(1) Unterbleibt die Vollziehung der Auflage, so kann der Schenker die Herausgabe des Geschenkes unter den für das Rücktrittsrecht bei gegenseitigen Verträgen bestimmten Voraussetzungen nach den Vorschriften über die Herausgabe einer ungerechtfertigten Bereicherung insoweit fordern, als das Geschenk zur Vollziehung der Auflage hätte verwendet werden müssen.

(2) Der Anspruch ist ausgeschlossen, wenn ein Dritter berechtigt ist, die Vollziehung der Auflage zu verlangen.

§ 528 Rückforderung wegen Verarmung des Schenkers

(1) Soweit der Schenker nach der Vollziehung der Schenkung außerstande ist, seinen angemessenen Unterhalt zu bestreiten und die ihm seinen Verwandten, seinem Ehegatten, seinem Lebenspartner oder seinem früheren Ehegatten oder Lebenspartner gegenüber gesetzlich obliegende Unterhaltspflicht zu erfüllen, kann er von dem Beschenkten die Herausgabe des Geschenkes nach den Vorschriften über die Herausgabe einer ungerechtfertigten Bereicherung fordern. Der

는, 증여자가 그 물건의 취득시에 하자 있게 이행된 물건과 그 하자를 알았거나 중과실로 알지 못한 때(wenn die geleistete Sache fehlerhaft und der Mangel dem Schenker bei dem Erwerb der Sache bekannt gewesen oder infolge grober Fahrlässigkeit unbekannt geblieben ist)에는, 하자 있는 물건에 갈음하여 자신에게 하자 없는 물건이 인도되도록 청구할 수 있다. 증여자가 그 하자를 알고서도 묵비한 경우에 수증자는 하자 없는 물건의 인도에 갈음하여 채무불이행으로 인한 손해배상을 청구할 수 있다. 매도된 물건의 하자로 인한 담보책임에 대해 적용되는 규정을 이러한 청구권에 준용한다.

제525조 부담부증여(負擔附贈與)

① 부담부증여(負擔附贈與)(eine Schenkung unter einer Auflage)를 한 자는, 자신이 이를 이행한 때에는 그 부담의 이행(Vollziehung)을 청구할 수 있다.

② 그 부담의 이행에 공공의 이익(öffentlichen Interesse)이 있는 경우에 증여자의 사망 후에는 관할 관청이 그 이행을 청구할 수 있다.

제526조 부담 이행의 거절

수증자는, 하자로 인해 발생한 부족액이 전보(塡補)될 때까지(bis der durch den Mangel entstandene Fehlbetrag ausgeglichen wird) 권리하자 또는 증여물의 하자로 인하여 출연가치가 부담을 이행하는 데 필요한 비용액에 미치지 못하는 범위 내에서 그 부담의 이행을 거절할 권리를 갖는다. 수증자가 하자를 알지 못한 채 부담을 이행한 경우에(Vollzieht der Beschenkte die Auflage ohne Kenntnis des Mangels) 그는, 부담이 하자로 인하여 출연액을 초과하는(als sie infolge des Mangels den Wert der Zuwendung übersteigen) 범위 내에서 증여자에게 이행으로 발생한 비용의 상환(Ersatz der durch die Vollziehung verursachten Aufwendungen)을 청구할 수 있다.

제527조 부담의 불이행

① 부담이 불이행되는 경우에 증여자는, 쌍무계약에서의 해제권에 대해 정한 요건하에(unter den für das Rücktrittsrecht bei gegenseitigen Verträgen bestimmten Voraussetzungen) 부당이득반환에 관한 규정에 좇아, 이행한 부분이 부담을 이행하는 데 사용되었어야만 했던 범위 내에서 이행한 부분의 반환을 청구할 수 있다.

② 제3자가 부담의 이행을 청구할(die Vollziehung der Auflage zu verlangen) 권리를 갖는 경우에 그 청구권은 배제된다.

제528조 증여자의 곤궁으로 인한 반환청구권

① 증여자는, 자신이 증여의 이행 후 자신의 적절한 생계를 유지할 수 없거나, 자신의 친척, 배우자, 동성혼배우자 또는 종전 배우자 혹은 종전 동성혼배우자에 대하여 법률상 부담하는 부양의무를 이행할 수 없는(die ihm seinen Verwandten, seinem Ehegatten, seinem Lebenspartner oder seinem früheren Ehegatten oder Lebenspartner gegenüber gesetzlich obliegende Unterhaltspflicht zu erfüllen) 범위 내에서 수증자에게 부당이득반환 규정에 좇아 이행된 부분의 반환을 청구(請求)할

Beschenkte kann die Herausgabe durch Zahlung des für den Unterhalt erforderlichen Betrags abwenden. Auf die Verpflichtung des Beschenkten findet die Vorschrift des § 760 sowie die für die Unterhaltspflicht der Verwandten geltende Vorschrift des § 1613 und im Falle des Todes des Schenkers auch die Vorschrift des § 1615 entsprechende Anwendung.

(2) Unter mehreren Beschenkten haftet der früher Beschenkte nur insoweit, als der später Beschenkte nicht verpflichtet ist.

§ 529 Ausschluss des Rückforderungsanspruchs

(1) Der Anspruch auf Herausgabe des Geschenkes ist ausgeschlossen, wenn der Schenker seine Bedürftigkeit vorsätzlich oder durch grobe Fahrlässigkeit herbeigeführt hat oder wenn zur Zeit des Eintritts seiner Bedürftigkeit seit der Leistung des geschenkten Gegenstandes zehn Jahre verstrichen sind.

(2) Das Gleiche gilt, soweit der Beschenkte bei Berücksichtigung seiner sonstigen Verpflichtungen außerstande ist, das Geschenk herauszugeben, ohne dass sein standesmäßiger Unterhalt oder die Erfüllung der ihm kraft Gesetzes obliegenden Unterhaltspflichten gefährdet wird.

§ 530 Widerruf der Schenkung

(1) Eine Schenkung kann widerrufen werden, wenn sich der Beschenkte durch eine schwere Verfehlung gegen den Schenker oder einen nahen Angehörigen des Schenkers groben Undanks schuldig macht.

(2) Dem Erben des Schenkers steht das Recht des Widerrufs nur zu, wenn der Beschenkte vorsätzlich und widerrechtlich den Schenker getötet oder am Widerruf gehindert hat.

§ 531 Widerrufserklärung

(1) Der Widerruf erfolgt durch Erklärung gegenüber dem Beschenkten.

(2) Ist die Schenkung widerrufen, so kann die Herausgabe des Geschenks nach den Vorschriften über die Herausgabe einer ungerechtfertigten Bereicherung gefordert werden.

§ 532 Ausschluss des Widerrufs

Der Widerruf ist ausgeschlossen, wenn der Schenker dem Beschenkten verziehen hat oder wenn seit dem Zeitpunkt, in welchem der Widerrufsberechtigte von dem Eintritt der Voraussetzungen seines Rechts Kenntnis erlangt hat, ein Jahr verstrichen ist. Nach dem Tode des Beschenkten ist der Widerruf nicht mehr zulässig.

§ 533 Verzicht auf Widerrufsrecht

Auf das Widerrufsrecht kann erst verzichtet werden, wenn der Undank dem Widerrufsberechtigten bekannt geworden ist.

수 있다. 수증자는 생계(生計)에 필요한 금액을 지급함으로써 그 반환을 저지(沮止)할 수 있다. 수증자의 의무에 대하여(Auf die Verpflichtung des Beschenkten) 제760조의 규정, 친척에 대한 부양의무에 대해 적용되는 제1613조 규정과, 증여자가 사망(死亡)한 경우에는 제1615조의 규정도 준용한다.

② 수인의 수증자 중에서 앞선 수증자는 나중의 수증자가 의무를 부담하지 아니한 범위 내에서만 책임을 진다.

제529조 반환청구권의 배제

① 수증자가 고의 또는 중과실에 기하여 자신의 필요성을 초래하거나, 그 필요성이 나타날 당시에 증여된 목적물의 이행한 때로부터 10년이 경과한 때(wenn zur Zeit des Eintritts seiner Bedürftigkeit seit der Leistung des geschenkten Gegenstandes zehn Jahre verstrichen sind)에는 이행된 부분의 반환청구권은 배제된다.

② 수증자가 자신의 그 밖의 의무를 고려했을 때 자신의 적절한 생계 또는 법률에 기하여 자신이 부담하는 부양의무의 이행(die Erfüllung der ihm kraft Gesetzes obliegenden Unterhaltspflichte)이 위태로워지지 않고서는 이행된 부분의 반환을 할 수 없는 범위 내에서 또한 같다.

제530조 증여의 철회

① 수증자가 증여자 또는 증여자의 근친에 대한 중대한 비행으로(durch eine schwere Verfehlung) 중대한 망은행위(忘恩行爲)(groben Undanks)을 유책하게 자행하는 경우에는 증여는 청회될 수 있다.

② 수증자가 고의로 위법하게 증여자를 살해하거나 철회를 방해한 경우에 한하여 증여자의 상속인에게 철회권이 귀속된다(Dem Erben des Schenkers steht das Recht des Widerrufs nur zu).

제531조 철회의 의사표시

① 철회는 수증자에 대한 의사표시로 행한다.

② 증여가 철회된 경우 부당이득에 관한 규정에 좇아 이행된 부분의 반환(die Herausgabe des Geschenks)을 청구할 수 있다.

제532조 철회의 배제

증여자가 수증자를 용서하거나, 철회권자가 자신의 권리의 요건(要件)의 발생(發生)에 대해 알게 된(in welchem der Widerrufsberechtigte von dem Eintritt der Voraussetzungen seines Rechts Kenntnis erlangt hat) 때로부터 1년이 경과한 때에는 철회권은 배제된다. 수증자의 사망 후에(Nach dem Tode des Beschenkten) 철회(撤回)는 더 이상 허용(許容)되지 아니한다.

제533조 철회권의 포기

철회권자가 망은행위(忘恩行爲; Undank)를 알게 된 때로부터 비로소 철회권(撤回權)은 포기할 수 있다.

§ 534 Pflicht- und Anstandsschenkungen

Schenkungen, durch die einer sittlichen Pflicht oder einer auf den Anstand zu nehmenden Rücksicht entsprochen wird, unterliegen nicht der Rückforderung und dem Widerruf.

Titel 5 Mietvertrag, Pachtvertrag

Untertitel 1 Allgemeine Vorschriften für Mietverhältnisse

§ 535 Inhalt und Hauptpflichten des Mietvertrags

(1) Durch den Mietvertrag wird der Vermieter verpflichtet, dem Mieter den Gebrauch der Mietsache während der Mietzeit zu gewähren. Der Vermieter hat die Mietsache dem Mieter in einem zum vertragsgemäßen Gebrauch geeigneten Zustand zu überlassen und sie während der Mietzeit in diesem Zustand zu erhalten. Er hat die auf der Mietsache ruhenden Lasten zu tragen.

(2) Der Mieter ist verpflichtet, dem Vermieter die vereinbarte Miete zu entrichten.

§ 536 Mietminderung bei Sach- und Rechtsmängeln

(1) Hat die Mietsache zur Zeit der Überlassung an den Mieter einen Mangel, der ihre Tauglichkeit zum vertragsgemäßen Gebrauch aufhebt, oder entsteht während der Mietzeit ein solcher Mangel, so ist der Mieter für die Zeit, in der die Tauglichkeit aufgehoben ist, von der Entrichtung der Miete befreit. Für die Zeit, während der die Tauglichkeit gemindert ist, hat er nur eine angemessen herabgesetzte Miete zu entrichten. Eine unerhebliche Minderung der Tauglichkeit bleibt außer Betracht.

(1a) Für die Dauer von drei Monaten bleibt eine Minderung der Tauglichkeit außer Betracht, soweit diese auf Grund einer Maßnahme eintritt, die einer energetischen Modernisierung nach § 555b Nummer 1 dient.

(2) Absatz 1 Satz 1 und 2 gilt auch, wenn eine zugesicherte Eigenschaft fehlt oder später wegfällt.

(3) Wird dem Mieter der vertragsgemäße Gebrauch der Mietsache durch das Recht eines Dritten ganz oder zum Teil entzogen, so gelten die Absätze 1 und 2 entsprechend.

(4) Bei einem Mietverhältnis über Wohnraum ist eine zum Nachteil des Mieters abweichende Vereinbarung unwirksam.

§ 536a Schadens- und Aufwendungsersatzanspruch des Mieters wegen eines Mangels

(1) Ist ein Mangel im Sinne des § 536 bei Vertragsschluss vorhanden oder entsteht ein solcher Mangel später wegen eines Umstands, den der Vermieter zu vertreten hat, oder kommt der Vermieter mit der Beseitigung eines Mangels in Verzug, so kann der Mieter unbeschadet der Rechte aus § 536 Schadensersatz verlangen.

(2) Der Mieter kann den Mangel selbst beseitigen und Ersatz der erforderlichen Aufwendungen

제534조 의무에 기한 증여와 예의범절에 따른 증여

도덕적 의무나 고려되어야 하는 예의범절(禮儀凡節)에 부합하는 증여에 대하여는 반환청구와 철회를 할 수 없다.

제5절 사용임대차계약, 용익임대차계약

제1관 사용임대차관계에 대한 총칙

제535조 사용임대차계약의 내용 및 주의무(主義務)

① 사용임대차계약에 의해 사용임대인은 사용임차인에게 임대목적물을 임대차기간 동안에 사용하게 해 줄 의무가 있다. 사용임대인은 임대목적물을 사용임차인에게 계약에 좇은 사용에 적합한 상태로(in einem zum vertragsgemäßen Gebrauch geeigneten Zustand) 인도해야 하고 이에 대하여 임대차기간 동안에 이러한 상태를 유지해야 한다. 그 사용임대인은 임대목적물에 부과된 부담(die auf der Mietsache ruhenden Lasten)을 져야 한다.

② 사용임차인은 사용임대인에게 약정한 차임(die vereinbarte Miete)을 지급할 의무가 있다.

제536조 물건하자 또는 권리하자시 차임의 감액

① 사용임차인에 인도 당시에 임대목적물에 계약에 좇은 사용에 대한 그 유용성(ihre Tauglichkeit zum vertragsgemäßen Gebrauch)을 소멸시킨 하자가 있거나, 임대기간 동안에 그러한 하자가 발생한 경우에 임차인은 그 유용성이 소멸한 기간 동안에 대해 차임의 지급을 면제받는다. 그는 그 유용성이 감소된 동안에 적절하게 감액된 차임만(nur eine angemessen herabgesetzte Miete)을 지급해야 한다. 유용성(有用性)의 사소한 감소는 고려(考慮)되지 않는다.

①a 유용성의 감소가 제555조b에 따른 에너지효율개선에 기여하는 조치에 의해 발생한 경우에는 그 감소는 3개월 기간 동안에는 고려되지 아니한다.

② 보증한 특성(eine zugesicherte Eigenschaft)이 결여되어 있거나 나중에 소멸한 경우에도 제1조 제1문, 제2문을 적용한다.

③ 임대목적물의 계약에 좇은 사용이 제3자의 권리에 의해 전부 또는 부분적으로 사용임차인에게서 박탈된 경우에는 제1항, 제2항을 준용(準用)한다.

④ 주거공간에 대한(über Wohnraum) 사용임대차관계의 경우 사용임차인의 불이익으로 위 규정과 다른 내용의 약정은 무효이다.

제536조a 하자로 인한 사용임차인의 손해배상청구권 및 비용상환청구권

① 제536조상의 하자가 계약체결시에 있거나, 그러한 하자가 사용임대인에 책임이 있는 사정으로 인해 나중에 발생하거나 또는 사용임대인이 이러한 하자의 제거에 대하여 지체에 빠진 경우에 임차인은 제536조에 기한 권리에도 불구하고(unbeschadet der Rechte aus § 536) 손해배상(Schadensersatz)을 청구할 수 있다.

② 다음 각 호의 경우에 사용임차인은 이러한 하자를 스스로 제거한 다음 이에 필요한 비용의 상환

verlangen, wenn
1. der Vermieter mit der Beseitigung des Mangels in Verzug ist oder
2. die umgehende Beseitigung des Mangels zur Erhaltung oder Wiederherstellung des Bestands der Mietsache notwendig ist.

§ 536b Kenntnis des Mieters vom Mangel bei Vertragsschluss oder Annahme

Kennt der Mieter bei Vertragsschluss den Mangel der Mietsache, so stehen ihm die Rechte aus den §§ 536 und 536a nicht zu. Ist ihm der Mangel infolge grober Fahrlässigkeit unbekannt geblieben, so stehen ihm diese Rechte nur zu, wenn der Vermieter den Mangel arglistig verschwiegen hat. Nimmt der Mieter eine mangelhafte Sache an, obwohl er den Mangel kennt, so kann er die Rechte aus den §§ 536 und 536a nur geltend machen, wenn er sich seine Rechte bei der Annahme vorbehält.

§ 536c Während der Mietzeit auftretende Mängel; Mängelanzeige durch den Mieter

(1) Zeigt sich im Laufe der Mietzeit ein Mangel der Mietsache oder wird eine Maßnahme zum Schutz der Mietsache gegen eine nicht vorhergesehene Gefahr erforderlich, so hat der Mieter dies dem Vermieter unverzüglich anzuzeigen. Das Gleiche gilt, wenn ein Dritter sich ein Recht an der Sache anmaßt.

(2) Unterlässt der Mieter die Anzeige, so ist er dem Vermieter zum Ersatz des daraus entstehenden Schadens verpflichtet. Soweit der Vermieter infolge der Unterlassung der Anzeige nicht Abhilfe schaffen konnte, ist der Mieter nicht berechtigt,
1. die in § 536 bestimmten Rechte geltend zu machen,
2. nach § 536a Abs. 1 Schadensersatz zu verlangen oder
3. ohne Bestimmung einer angemessenen Frist zur Abhilfe nach § 543 Abs. 3 Satz 1 zu kündigen.

§ 536d Vertraglicher Ausschluss von Rechten des Mieters wegen eines Mangels

Auf eine Vereinbarung, durch die die Rechte des Mieters wegen eines Mangels der Mietsache ausgeschlossen oder beschränkt werden, kann sich der Vermieter nicht berufen, wenn er den Mangel arglistig verschwiegen hat.

§ 537 Entrichtung der Miete bei persönlicher Verhinderung des Mieters

(1) Der Mieter wird von der Entrichtung der Miete nicht dadurch befreit, dass er durch einen in seiner Person liegenden Grund an der Ausübung seines Gebrauchsrechts gehindert wird. Der Vermieter muss sich jedoch den Wert der ersparten Aufwendungen sowie derjenigen Vorteile anrechnen lassen, die er aus einer anderweitigen Verwertung des Gebrauchs erlangt.

(2) Solange der Vermieter infolge der Überlassung des Gebrauchs an einen Dritten außerstande ist, dem Mieter den Gebrauch zu gewähren, ist der Mieter zur Entrichtung der Miete nicht

을 청구할 수 있다,

1. 사용임대인이 그 하자의 제거에 대해(mit der Beseitigung) 지체에 빠진 경우,
2. 그 하자의 즉각적인 제거(die umgehende Beseitigung des Mangels)가 임대목적물의 상태 유지 또는 회복에 필요한 경우.

제536조b 계약체결시 또는 수령시 하자에 대한 사용임차인의 앎

사용임차인이 계약체결시 임대목적물의 하자(den Mangel der Mietsache)를 안 경우에 제536조, 제536조a에 기한 권리는 그에게 귀속되지 아니한다. 중과실로 인하여(infolge grober Fahrlässigkeit) 사용임차인이 하자를 알지 못한 경우에는 이러한 권리는, 임대인이 그 하자를 알고서도 묵비한 경우에 한하여 그에게 귀속된다. 사용임차인이 그 하자를 알면서도 하자 있는 임대목적물을 수령한 경우에 그는, 자신이 그 수령시에 자신의 권리를 유보한 경우에 한하여 제536조, 제536조a에 기한 권리를 행사할 수 있다.

제536조c 임대차기간 동안에 발생한 하자; 사용임차인에 의한 하자의 통지

① 임대차기간 도중에 임대목적물의 하자가 발생하거나 불측의 위험으로부터 임대목적물을 보호하기 위하여(zum Schutz der Mietsache gegen eine nicht vorhergesehene Gefahr) 조치가 필요하게 된 경우에 사용임차인은 사용임대인에게 이를 지체 없이 통지해야 한다. 제3자가 그 물건에 대하여 권리(權利)를 주장(主張)하는 때에도 또한 같다.

② 사용임차인이 그 통지를 하지 않은 경우에 그는 사용임대인에게 이로 인하여 발생한 손해를 배상할 의무를(zum Ersatz des daraus entstehenden Schadens) 진다. 그 통지를 하지 않음으로 인하여 사용임대인이 시정할 수 없었던(nicht Abhilfe schaffen konnte) 경우에 사용임차인은 다음 각 호의 권리를 갖지 못한다,

1. 제536조에 규정된 권리를 행사할 권리,
2. 제536조a에 따라 손해배상을 청구할 권리,
3. 시정을 위한 상당한 기간을 지키지 아니하고 제543조 제3항 제1문에 따라 해지할 권리.

제536조d 하자로 인한 사용임차인 권리의 계약에 의한 배제

사용임대인은. 자신이 그 하자를 알고서 묵비한 경우에는 임대목적물의 하자로 인한 사용임차인의 권리를 배제하게 하거나 제한하게 하는 약정을 주장할 수 없다.

제537조 사용임차인의 개인적 지장시 차임의 지급

① 사용임차인은, 자신의 일신상 사유로 인하여(durch einen in seiner Person liegenden Grund) 그 사용권(seines Gebrauchsrechts)의 행사에 지장을 받음으로써 차임의 지급을 면제받지 아니한다. 그럼에도 사용임대인은 절약한 비용액과, 그가 목적물을 달리 사용함으로써 얻은(die er aus einer anderweitigen Verwertung des Gebrauchs erlangt) 이익이 공제되도록 해야만 한다.

② 사용임대인이 제3자에게로 그 사용을 넘겨줌으로써(infolge der Überlassung des Gebrauchs) 사용임차인에게 그 사용을 해 줄 수 없게 된 동안에는 사용임차인은 차임의 지급을 할 의무를 지지

verpflichtet.

§ 538 Abnutzung der Mietsache durch vertragsgemäßen Gebrauch

Veränderungen oder Verschlechterungen der Mietsache, die durch den vertragsgemäßen Gebrauch herbeigeführt werden, hat der Mieter nicht zu vertreten.

§ 539 Ersatz sonstiger Aufwendungen und Wegnahmerecht des Mieters

(1) Der Mieter kann vom Vermieter Aufwendungen auf die Mietsache, die der Vermieter ihm nicht nach § 536a Abs. 2 zu ersetzen hat, nach den Vorschriften über die Geschäftsführung ohne Auftrag ersetzt verlangen.

(2) Der Mieter ist berechtigt, eine Einrichtung wegzunehmen, mit der er die Mietsache versehen hat.

§ 540 Gebrauchsüberlassung an Dritte

(1) Der Mieter ist ohne die Erlaubnis des Vermieters nicht berechtigt, den Gebrauch der Mietsache einem Dritten zu überlassen, insbesondere sie weiter zu vermieten. Verweigert der Vermieter die Erlaubnis, so kann der Mieter das Mietverhältnis außerordentlich mit der gesetzlichen Frist kündigen, sofern nicht in der Person des Dritten ein wichtiger Grund vorliegt.

(2) Überlässt der Mieter den Gebrauch einem Dritten, so hat er ein dem Dritten bei dem Gebrauch zur Last fallendes Verschulden zu vertreten, auch wenn der Vermieter die Erlaubnis zur Überlassung erteilt hat.

§ 541 Unterlassungsklage bei vertragswidrigem Gebrauch

Setzt der Mieter einen vertragswidrigen Gebrauch der Mietsache trotz einer Abmahnung des Vermieters fort, so kann dieser auf Unterlassung klagen.

§ 542 Ende des Mietverhältnisses

(1) Ist die Mietzeit nicht bestimmt, so kann jede Vertragspartei das Mietverhältnis nach den gesetzlichen Vorschriften kündigen.

(2) Ein Mietverhältnis, das auf bestimmte Zeit eingegangen ist, endet mit dem Ablauf dieser Zeit, sofern es nicht

1. in den gesetzlich zugelassenen Fällen außerordentlich gekündigt oder
2. verlängert wird.

§ 543 Außerordentliche fristlose Kündigung aus wichtigem Grund

(1) Jede Vertragspartei kann das Mietverhältnis aus wichtigem Grund außerordentlich fristlos kündigen. Ein wichtiger Grund liegt vor, wenn dem Kündigenden unter Berücksichtigung aller Umstände des Einzelfalls, insbesondere eines Verschuldens der Vertragsparteien, und unter

아니한다.

제538조 계약에 좇은 사용에 의한 임대목적물의 소모(消耗)

계약에 좇은 사용으로 인해(durch den vertragsgemäßen Gebrauch) 초래된 임대목적물의 변경 또는 훼손(Veränderungen oder Verschlechterungen)에 대하여 사용임차인은 책임(責任)을 지지 아니한다.

제539조 그 밖의 비용상환과 사용임차인의 수거권

① 사용임차인은, 사무관리에 관한 규정에 좇아(nach den Vorschriften über die Geschäftsführung ohne Auftrag) 사용임대인이 자신에게 제536조a 제2항에 따라 상환할 필요가 없는, 임대차목적물에 대한 비용의 상환을 청구할 수 있다.

② 사용임차인은, 자신이 임대목적물에 부속(附屬)시킨(mit der er die Mietsache versehen hat) 설비를 수거할 권리를 갖는다.

제540조 제3자에 대한 사용의 이전

① 사용임차인이 사용임대인의 허락 없이는 임대목적물의 사용을 제3자에게 넘겨줄 권리를 갖지 못하고, 특히 이를 전대(轉貸)할 권리를 갖지 못한다. 사용임대인이 그 허락을 거절한 경우에 사용임차인은, 제3자의 신상(身上)에 중대한 사유가 없는 한(sofern nicht in der Person des Dritten ein wichtiger Grund vorliegt), 사용임대차관계를 법정해지기간을 두고서(mit der gesetzlichen Frist) 특별해지를 할 수 있다.

② 사용임차인이 그 사용을 제3자에게 이전한 경우에 그 사용임차인은, 사용임대인이 그 이전에 허락을 했을지라도, 그 사용시 제3자가 부담하는 과책에 대해 책임을 진다.

제541조 계약에 반하는 사용시 금지소송

사용임차인이 사용임대인의 계고(戒告)에도 불구하고 임대목적물에 대해 계약에 반한 사용을 계속하는 경우에 사용임대인은 금지소송을 제기할 수 있다.

제542조 사용임대차관계의 종료

① 임대차기간이 정해지지 않은 경우에 각 계약당사자는 법률 규정에 좇아 사용임대차관계(das Mietverhältnis)를 해지할 수 있다.

② 다음 각 호의 경우가 아닌 한, 기간부(其間附; auf bestimmte Zeit)로 개시된 사용임대차관계는 그 기간의 경과로써 종료된다.

1. 그 임대차가 법률상 허용된 경우에 특별해지가 되지 않은 경우,
2. 그 임대차가 갱신되지 않은 경우,

제543조 중대한 사유에 기한 즉시특별해지(卽時特別解止)

① 각 계약당사자는 중대한 사유에 기하여(aus wichtigem Grund) 사용임대차관계를 즉시특별해지를 할 수 있다. 개별사안의 제반사정(aller Umstände des Einzelfalls), 특히 계약당사자의 과책(eines Verschuldens der Vertragsparteien)을 고려(考慮)하고 또 양 당사자의 이익을 형량했을 때(unter

Abwägung der beiderseitigen Interessen die Fortsetzung des Mietverhältnisses bis zum Ablauf der Kündigungsfrist oder bis zur sonstigen Beendigung des Mietverhältnisses nicht zugemutet werden kann.

(2) Ein wichtiger Grund liegt insbesondere vor, wenn

1. dem Mieter der vertragsgemäße Gebrauch der Mietsache ganz oder zum Teil nicht rechtzeitig gewährt oder wieder entzogen wird,
2. der Mieter die Rechte des Vermieters dadurch in erheblichem Maße verletzt, dass er die Mietsache durch Vernachlässigung der ihm obliegenden Sorgfalt erheblich gefährdet oder sie unbefugt einem Dritten überlässt oder
3. der Mieter
   a) für zwei aufeinander folgende Termine mit der Entrichtung der Miete oder eines nicht unerheblichen Teils der Miete in Verzug ist oder
   b) in einem Zeitraum, der sich über mehr als zwei Termine erstreckt, mit der Entrichtung der Miete in Höhe eines Betrages in Verzug ist, der die Miete für zwei Monate erreicht.

Im Falle des Satzes 1 Nr. 3 ist die Kündigung ausgeschlossen, wenn der Vermieter vorher befriedigt wird. Sie wird unwirksam, wenn sich der Mieter von seiner Schuld durch Aufrechnung befreien konnte und unverzüglich nach der Kündigung die Aufrechnung erklärt.

(3) Besteht der wichtige Grund in der Verletzung einer Pflicht aus dem Mietvertrag, so ist die Kündigung erst nach erfolglosem Ablauf einer zur Abhilfe bestimmten angemessenen Frist oder nach erfolgloser Abmahnung zulässig. Dies gilt nicht, wenn

1. eine Frist oder Abmahnung offensichtlich keinen Erfolg verspricht,
2. die sofortige Kündigung aus besonderen Gründen unter Abwägung der beiderseitigen Interessen gerechtfertigt ist oder
3. der Mieter mit der Entrichtung der Miete im Sinne des Absatzes 2 Nr. 3 in Verzug ist.

(4) Auf das dem Mieter nach Absatz 2 Nr. 1 zustehende Kündigungsrecht sind die §§ 536b und 536d entsprechend anzuwenden. Ist streitig, ob der Vermieter den Gebrauch der Mietsache rechtzeitig gewährt oder die Abhilfe vor Ablauf der hierzu bestimmten Frist bewirkt hat, so trifft ihn die Beweislast.

§ 544 Vertrag über mehr als 30 Jahre

Wird ein Mietvertrag für eine längere Zeit als 30 Jahre geschlossen, so kann jede Vertragspartei nach Ablauf von 30 Jahren nach Überlassung der Mietsache das Mietverhältnis außerordentlich mit der gesetzlichen Frist kündigen. Die Kündigung ist unzulässig, wenn der Vertrag für die Lebenszeit des Vermieters oder des Mieters geschlossen worden ist.

§ 545 Stillschweigende Verlängerung des Mietverhältnisses

Abwägung der beiderseitigen Interessen), 해지하는 자에게 해지기간의 경과시까지 또는 그 밖의 임대차관계 종료시까지 사용임대차관계의 지속(die Fortsetzung des Mietverhältnisses)을 기대(期待)할 수 없는 때에는 중대한 사유가 존재하는 것이다.

② 특히 다음 각 호의 경우에는 중대한 사유가 있는 것이다,

1. 사용임차인에게 임대목적물의 계약에 좇은 사용이 적시에 전부 또는 부분적으로 허용되지 않거나 다시 박탈된 경우,
2. 사용임차인이, 자신의 의무가 된 주의의무를 해태하여(durch Vernachlässigung der ihm obliegenden Sorgfalt) 임대목적물을 중대하게 위태롭게 하거나 이를 무단으로 제3자에게 이전함으로써 사용임대인의 권리를 중대하게 침해하는 경우,
3. 사용임차인이,
   a) 연속된 2기(期) 동안(für zwei aufeinander folgende Termine)에 차임(借賃)의 전부(全部) 또는 중요한 일부(一部)의 지급을 지체한 경우,
   b) 2기(期)를 초과한(der sich über mehr als zwei Termine erstreckt) 기간 동안에 2개월의 차임에 달하는(der die Miete für zwei Monate erreicht) 차임액(借賃額) 지급을 지체한 경우.

사용임대인이 그 이전에(vorher) 차임을 지급받은 때에는 제1문 제3호의 경우에 해지는 배제된다. 사용임차인이 상계에 의해 자신의 채무를 면(免)할 수 있었는데 해지 후 지체 없이 상계의 의사표시를 한 때(unverzüglich nach der Kündigung die Aufrechnung erklärt)에는 그 해지는 무효이다.

③ 사용임대차계약상의 의무 위반이 중대한 사유인 경우에 해지는, 시정을 위해 정해진 상당한 기간이 무익하게 도과된 후(nach erfolglosem Ablauf einer zur Abhilfe bestimmten angemessenen Frist) 또는 계고(戒告)가 무익하게 된 후에 비로소 허용된다. 다음 각 호의 경우에는 그러하지 아니하다.

1. 기간 또는 계고의 성공 가망성(可望性)이 없음이 명백한 경우,
2. 특별한 사유에 기한 즉시 해지(die sofortige Kündigung aus besonderen Gründen)가 양 당사자측의 이해관계를 고려했을 때 정당화되는 경우,
3. 임차인이 제2항 제3호상의 차임의 지급을 지체한 경우.

④ 제536조b, 제536조d는 제2항 제1호에 따라 사용임차인에게 귀속된 해지권에 대하여 적용하지 아니한다. 사용임대인이 임대목적물의 사용을 적시에 하게 해 주었는지 여부 또는 이에 관하여 정해진 기간의 경과 전에 시정을 했는지 여부가 다툼이 있는 경우에는 사용임대인이 이를 증명한다.

제544조 30년을 초과하는 계약

사용임대차계약이 30년보다 장기의 기간으로 하여 체결된 경우에 각 계약당사자는 임대목적물을 인도한 때로부터 30년이 경과한 후에 사용임대차관계를 법정해지기간을 두고서(mit der gesetzlichen Frist) 특별해지를 할 수 있다. 사용임대인 또는 사용임차인의 종신(終身)으로 하여 그 계약이 체결된 때에는 그 해지는 허용되지 아니한다.

제545조 사용임대차관계의 묵시의 갱신

Setzt der Mieter nach Ablauf der Mietzeit den Gebrauch der Mietsache fort, so verlängert sich das Mietverhältnis auf unbestimmte Zeit, sofern nicht eine Vertragspartei ihren entgegenstehenden Willen innerhalb von zwei Wochen dem anderen Teil erklärt. Die Frist beginnt

1. für den Mieter mit der Fortsetzung des Gebrauchs,
2. für den Vermieter mit dem Zeitpunkt, in dem er von der Fortsetzung Kenntnis erhält.

§ 546 Rückgabepflicht des Mieters

(1) Der Mieter ist verpflichtet, die Mietsache nach Beendigung des Mietverhältnisses zurückzugeben.

(2) Hat der Mieter den Gebrauch der Mietsache einem Dritten überlassen, so kann der Vermieter die Sache nach Beendigung des Mietverhältnisses auch von dem Dritten zurückfordern.

§ 546a Entschädigung des Vermieters bei verspäteter Rückgabe

(1) Gibt der Mieter die Mietsache nach Beendigung des Mietverhältnisses nicht zurück, so kann der Vermieter für die Dauer der Vorenthaltung als Entschädigung die vereinbarte Miete oder die Miete verlangen, die für vergleichbare Sachen ortsüblich ist.

(2) Die Geltendmachung eines weiteren Schadens ist nicht ausgeschlossen.

§ 547 Erstattung von im Voraus entrichteter Miete

(1) Ist die Miete für die Zeit nach Beendigung des Mietverhältnisses im Voraus entrichtet worden, so hat der Vermieter sie zurückzuerstatten und ab Empfang zu verzinsen. Hat der Vermieter die Beendigung des Mietverhältnisses nicht zu vertreten, so hat er das Erlangte nach den Vorschriften über die Herausgabe einer ungerechtfertigten Bereicherung zurückzuerstatten.

(2) Bei einem Mietverhältnis über Wohnraum ist eine zum Nachteil des Mieters abweichende Vereinbarung unwirksam.

§ 548 Verjährung der Ersatzansprüche und des Wegnahmerechts

(1) Die Ersatzansprüche des Vermieters wegen Veränderungen oder Verschlechterungen der Mietsache verjähren in sechs Monaten. Die Verjährung beginnt mit dem Zeitpunkt, in dem er die Mietsache zurückerhält. Mit der Verjährung des Anspruchs des Vermieters auf Rückgabe der Mietsache verjähren auch seine Ersatzansprüche.

(2) Ansprüche des Mieters auf Ersatz von Aufwendungen oder auf Gestattung der Wegnahme einer Einrichtung verjähren in sechs Monaten nach der Beendigung des Mietverhältnisses.

(3) (aufgehoben)

Untertitel 2 Mietverhältnisse über Wohnraum

사용임차인이 임대차기간 경과 후에도(nach Ablauf der Mietzeit) 임대목적물의 사용을 계속하는 경우에 어느 당사자가 2주 이내에 반대의 의사를 상대방에게 표시하지 않는 한, 그 사용임대차관계는 기간의 정함이 없는 것으로 하여 갱신된다. 그 기간은 다음 각 호부터 기산한다,

1. 사용임차인이 그 사용을 계속한 때,
2. 사용임대인이 그 계속(繼續)을 알게 된(in dem er von der Fortsetzung Kenntnis erhält) 시기.

제546조 사용임차인의 반환의무

① 사용임차인은 사용임대차관계 종료 후(nach Beendigung des Mietverhältnisses) 임대목적물을 반환할 의무를 진다.

② 사용임차인이 임대목적물의 사용을 제3자에게 이전한 경우에는 사용임대인이 사용임대차관계 종료 후 제3자에게도(auch von dem Dritten) 그 목적물의 반환(返還)을 청구(請求)할 수 있다.

제546조a 반환의 지체시 사용임대인에 대한 배상

① 사용임차인이 사용임대차관계 종료 후 임대목적물을 반환하지 않은 경우에 사용임대인은 그 지체 기간에 대한 배상(Entschädigung)으로서 약정한 차임(die vereinbarte Miete) 또는 (임대목적물과) 유사한 물건에 대한 해당 지역에서 통상적인 차임을 청구할 수 있다.

② 추가적인 손해배상의 청구는 배제되지 아니한다.

제547조 선급으로 지급된 차임의 반환

① 차임이 사용임대차관계 종료 후의 기간에 대해(für die Zeit nach Beendigung des Mietverhältnisses) 선급으로 지급된 경우에 사용임대인은 이를 반환해야 하고, 수령시부터 그에 이자를 가산해야 한다. 사용임대인에게 사용임대차관계 종료에 대해 책임이 없는 경우에 그는 부당이득반환 규정에 좇아 이득한 것(das Erlangte)을 반환해야 한다.

② 주거공간에 대한 사용임대차의 경우 사용임차인의 불이익으로(zum Nachteil des Mieters) 위 규정과 다르게 맺은 약정은 무효이다.

제548조 배상청구권과 수거권의 소멸시효

① 임대목적물의 변경 또는 훼손으로 인한 사용임대인의 배상청구권(Die Ersatzansprüche des Vermieters)은 6년의 소멸시효에 걸린다. 그 소멸시효는 사용임대인이 그 임대목적물을 반환받은 때에 기산한다. 사용임대인의 임대목적물의 반환청구권의 소멸시효와 함께(Mit der Verjährung des Anspruchs des Vermieters auf Rückgabe der Mietsache) 그 배상청구권도 소멸시효에 걸린다.

② 사용임차인의 비용상환청구권 또는 설비수거수인청구권(設備受忍收去請求權)(auf Gestattung der Wegnahme einer Einrichtung)은 사용임대차관계가 종료한 때로부터 6월의(in sechs Monaten nach der Beendigung des Mietverhältnisses) 소멸시효에 걸린다.

③ 삭제

제2관 주거공간에 대한 사용임대차관계

Kapitel 1 Allgemeine Vorschriften

§ 549 Auf Wohnraummietverhältnisse anwendbare Vorschriften

(1) Für Mietverhältnisse über Wohnraum gelten die §§ 535 bis 548, soweit sich nicht aus den §§ 549 bis 577a etwas anderes ergibt.

(2) Die Vorschriften über die Miethöhe bei Mietbeginn in Gebieten mit angespannten Wohnungsmärkten (§§ 556d bis 556g), über die Mieterhöhung (§§ 557 bis 561) und über den Mieterschutz bei Beendigung des Mietverhältnisses sowie bei der Begründung von Wohnungseigentum (§ 568 Abs. 2, §§ 573, 573a, 573d Abs. 1, §§ 574 bis 575, 575a Abs. 1 und §§ 577, 577a) gelten nicht für Mietverhältnisse über

1. Wohnraum, der nur zum vorübergehenden Gebrauch vermietet ist,
2. Wohnraum, der Teil der vom Vermieter selbst bewohnten Wohnung ist und den der Vermieter überwiegend mit Einrichtungsgegenständen auszustatten hat, sofern der Wohnraum dem Mieter nicht zum dauernden Gebrauch mit seiner Familie oder mit Personen überlassen ist, mit denen er einen auf Dauer angelegten gemeinsamen Haushalt führt,
3. Wohnraum, den eine juristische Person des öffentlichen Rechts oder ein anerkannter privater Träger der Wohlfahrtspflege angemietet hat, um ihn Personen mit dringendem Wohnungsbedarf zu überlassen, wenn sie den Mieter bei Vertragsschluss auf die Zweckbestimmung des Wohnraums und die Ausnahme von den genannten Vorschriften hingewiesen hat.

(3) Für Wohnraum in einem Studenten- oder Jugendwohnheim gelten die §§ 556d bis 561 sowie die §§ 573, 573a, 573d Abs. 1 und §§ 575, 575a Abs. 1, §§ 577, 577a nicht.

§ 550 Form des Mietvertrags

Wird der Mietvertrag für längere Zeit als ein Jahr nicht in schriftlicher Form geschlossen, so gilt er für unbestimmte Zeit. Die Kündigung ist jedoch frühestens zum Ablauf eines Jahres nach Überlassung des Wohnraums zulässig.

§ 551 Begrenzung und Anlage von Mietsicherheiten

(1) Hat der Mieter dem Vermieter für die Erfüllung seiner Pflichten Sicherheit zu leisten, so darf diese vorbehaltlich des Absatzes 3 Satz 4 höchstens das Dreifache der auf einen Monat entfallenden Miete ohne die als Pauschale oder als Vorauszahlung ausgewiesenen Betriebskosten betragen.

(2) Ist als Sicherheit eine Geldsumme bereitzustellen, so ist der Mieter zu drei gleichen monatlichen Teilzahlungen berechtigt. Die erste Teilzahlung ist zu Beginn des Mietverhältnisses fällig. Die weiteren Teilzahlungen werden zusammen mit den unmittelbar folgenden Mietzahlungen fällig.

제1항 총칙

제549조 주거공간사용임대차관계에 대한 적용규정

① 제549조 내지 제577조a에서 달리 정하지 않은 한, 주거공간에 대한 사용임대차관계에 대하여 제538조 내지 제548조를 적용한다.

② 공급이 부족한 주거시장이 있는 지역에서의 임대차개시시(賃貸借開始時) 차임상한(Miethöhe bei Mietbeginn in Gebieten mit angespannten Wohnungsmärkten)에 관한 규정(제556조d 내지 제556조g), 차임인상에 관한 규정(제557조 내지 제561조), 사용임대차관계 종료와 주택구분소유권의 성립시 차임보호에 관한 규정(제568조 제2항, 제573조, 제573조a, 제573조d 제1항, 제574조 내지 제575조, 제575조a 제1항, 제577조, 제577조a)은 다음 각 호에 관한 사용임대차에 대하여 적용하지 아니한다,

1. 단지 일시적 사용을 위해서 임대된 주거공간,
2. 사용임대인이 스스로 사는 주거(住居)의 일부이고 사용임대인이 주로 가구(家具)를 설치한 주거공간으로, 사용임차인에게 지속적인 사용을 위해 그 가족 또는 사용임차인이 장기간 공동생활을 영위하는 자에게 인도되지 않은 주거공간,
3. 공법상 법인 또는 인가된 민간사회복지주체(ein anerkannter privater Träger der Wohlfahrtspflege)가 긴급한 주거수요가 있는 자에게 이를 인도하기 위해(um ihn Personen mit dringendem Wohnungsbedarf zu überlassen) 임대한 주거공간으로, 이러한 자들이 임차인에게 계약체결시에 주거공간(居住空間)에 대한 해당 목적(die Zweckbestimmung)과 위와 같은 규정에 대한 예외에 대해 명시한 주거공간,

③ 학생기숙사 또는 청소년기숙사(Studenten- oder Jugendwohnheim)에 있는 주거공간에 대하여는 제556조 내지 제561조, 제573조, 제573조a, 제573조d 제1항, 제575조, 제575조a 제1항, 제577조, 제577조a를 적용하지 아니한다.

제550조 사용임대차계약의 방식

1년보다 장기의 사용임대차계약이 서면방식으로(in schriftlicher Form) 체결되지 않은 경우에 그 계약은 기간의 정함이 없이 체결된 것으로 본다. 그럼에도 해지는 일러도 주거공간을 인도한 때로부터 1년이 경과한 후에 가능하다.

제551조 임대차보증금의 한계와 예치

① 사용임차인이 사용임대인에게 자신의 의무 이행에 대한 보증금을 지급한 경우에 이 보증금은 제3항, 제4항을 제외하고(vorbehaltlich), 일시급(一時給)로 또는 선급(先給)으로 명시된 관리비를 포함하지 아니하고(ohne die als Pauschale oder als Vorauszahlung ausgewiesenen Betriebskosten) 1개월에 부과된 월세의 3배액을 한도로 허용된다.

② 보증금이 금액으로 지급되는 경우 사용임차인은 동일한 3회 월부금(月賦金)으로(drei gleichen monatlichen Teilzahlungen) 지급할 권리가 있다. 1회 월부금은 사용임대차관계 개시시에 이행기가 도래한다. 그 다음 월부금은 바로 다음 차임지급과 함께 이행기가 도래한다.

(3) Der Vermieter hat eine ihm als Sicherheit überlassene Geldsumme bei einem Kreditinstitut zu dem für Spareinlagen mit dreimonatiger Kündigungsfrist üblichen Zinssatz anzulegen. Die Vertragsparteien können eine andere Anlageform vereinbaren. In beiden Fällen muss die Anlage vom Vermögen des Vermieters getrennt erfolgen und stehen die Erträge dem Mieter zu. Sie erhöhen die Sicherheit. Bei Wohnraum in einem Studenten- oder Jugendwohnheim besteht für den Vermieter keine Pflicht, die Sicherheitsleistung zu verzinsen.
(4) Eine zum Nachteil des Mieters abweichende Vereinbarung ist unwirksam.

§ 552 Abwendung des Wegnahmerechts des Mieters

(1) Der Vermieter kann die Ausübung des Wegnahmerechts (§ 539 Abs. 2) durch Zahlung einer angemessenen Entschädigung abwenden, wenn nicht der Mieter ein berechtigtes Interesse an der Wegnahme hat.
(2) Eine Vereinbarung, durch die das Wegnahmerecht ausgeschlossen wird, ist nur wirksam, wenn ein angemessener Ausgleich vorgesehen ist.

§ 553 Gestattung der Gebrauchsüberlassung an Dritte

(1) Entsteht für den Mieter nach Abschluss des Mietvertrags ein berechtigtes Interesse, einen Teil des Wohnraums einem Dritten zum Gebrauch zu überlassen, so kann er von dem Vermieter die Erlaubnis hierzu verlangen. Dies gilt nicht, wenn in der Person des Dritten ein wichtiger Grund vorliegt, der Wohnraum übermäßig belegt würde oder dem Vermieter die Überlassung aus sonstigen Gründen nicht zugemutet werden kann.
(2) Ist dem Vermieter die Überlassung nur bei einer angemessenen Erhöhung der Miete zuzumuten, so kann er die Erlaubnis davon abhängig machen, dass der Mieter sich mit einer solchen Erhöhung einverstanden erklärt.
(3) Eine zum Nachteil des Mieters abweichende Vereinbarung ist unwirksam.

§ 554 (weggefallen)

§ 554a Barrierefreiheit

(1) Der Mieter kann vom Vermieter die Zustimmung zu baulichen Veränderungen oder sonstigen Einrichtungen verlangen, die für eine behindertengerechte Nutzung der Mietsache oder den Zugang zu ihr erforderlich sind, wenn er ein berechtigtes Interesse daran hat. Der Vermieter kann seine Zustimmung verweigern, wenn sein Interesse an der unveränderten Erhaltung der Mietsache oder des Gebäudes das Interesse des Mieters an einer behindertengerechten Nutzung der Mietsache überwiegt. Dabei sind auch die berechtigten Interessen anderer Mieter in dem Gebäude zu berücksichtigen.
(2) Der Vermieter kann seine Zustimmung von der Leistung einer angemessenen zusätzlichen

③ 사용임대인은 자신에게 임대차보증금으로 건네진 금액을 해지기간이 3개월인 저축성예금(Spareinlagen)으로 하여 통상적 이율로 금융기관(Kreditinstitut)에 예치해야 한다. 계약당사자는 다른 예치방식에 대해 합의할 수 있다. 이러한 두 가지 경우에(In beiden Fällen) 그 예치(預置; die Anlage)는 사용임대인의 자산과 분리하여 이뤄져야만 하고 수익금(die Erträge)은 사용임차인에게 귀속되어야만 한다. 그 수익금은 임대차보증금에 누적(累積)된다. 학생기숙사 또는 청소년기숙사에 있는 주거공간의 경우 사용임대인을 위해 임대차보증금에 이자를 가산시킬 의무가 없다.
④ 사용임차인의 불이익으로 위와 다르게 한 약정은 무효이다.

제552조 사용임차인의 수거권의 방지
① 사용임차인이 수거에 대한 정당한 이익을 갖지 못하는 경우에 사용임대인은 상당한 보상을 지급함으로써(durch Zahlung einer angemessenen Entschädigung) 수거권 행사(제539조 제2항)를 저지할 수 있다.
② 수거권을 배제하게 하는 약정은, 상당한 보상(ein angemessener Ausgleich)이 규정된 때에 한하여 유효하다.

제553조 제3자에 대한 사용이전의 승낙
① 사용임대차 체결 후(nach Abschluss des Mietvertrags) 제3자에게 주거공간의 일부의 사용을 이전할 정당한 이익(ein berechtigtes Interesse)이 사용임차인에게 생긴 경우에 사용임차인은 이에 관한 승낙을 요구할 수 있다. 제3자의 신상(身上)에 중대한 사유가 있거나, 주거공간이 과도하게 밀집(密集)될 거 같거나(der Wohnraum übermäßig belegt würde) 또는 사용임대인에게 그 밖의 사유에 기한 그 이전을 기대할 수 없는 경우에는 그러하지 아니하다.
② 차임의 상당한 증액시에만(nur bei einer angemessenen Erhöhung der Miete) 사용임대인에게 그 이전을 기대할 수 있는 경우에 그는 승낙을 사용임차인이 그러한 증액(solchen Erhöhung)에 동의의 의사표시를 하는 것에 결부시킬 수 있다.
③ 사용임차인의 불이익으로 위와 다르게 한 약정은 무효이다.

제554조 삭제

제554조a 접근친화성(接近親和性)
① 사용임차인은, 자신이 그에 대한 정당한 이익을 갖는 한, 사용임대인에게 임대차목적물에 대한 장애인친화적 이용(eine behindertengerechte Nutzung der Mietsache) 또는 그 목적물의 이용에 필요한 구조변경 또는 그 밖의 시설(施設; Einrichtungen)에 대한 동의를 구할 수 있다. 임대목적물 또는 해당 건물의 변경 없는 유지에 대한 이익이 임대목적물에 대한 장애인친화적 이용에 대한 사용임차인의 이익(das Interesse des Mieters an einer behindertengerechten Nutzung der Mietsache)보다 우월한 때에는 사용임대인은 그 동의를 거절할 수 있다. 이 경우 해당 건물에서의 다른 사용임차인의 정당한 이익(die berechtigten Interessen anderer Mieter)도 고려해야 한다.
② 사용임차인은, 원상태로의 원상회복을 위한(für die Wiederherstellung des ursprünglichen

Sicherheit für die Wiederherstellung des ursprünglichen Zustandes abhängig machen. § 551 Abs. 3 und 4 gilt entsprechend.
(3) Eine zum Nachteil des Mieters von Absatz 1 abweichende Vereinbarung ist unwirksam.

§ 555 Unwirksamkeit einer Vertragsstrafe
Eine Vereinbarung, durch die sich der Vermieter eine Vertragsstrafe vom Mieter versprechen lässt, ist unwirksam.

Kapitel 1a Erhaltungs- und Modernisierungsmaßnahmen

§ 555a Erhaltungsmaßnahmen
(1) Der Mieter hat Maßnahmen zu dulden, die zur Instandhaltung oder Instandsetzung der Mietsache erforderlich sind (Erhaltungsmaßnahmen).
(2) Erhaltungsmaßnahmen sind dem Mieter rechtzeitig anzukündigen, es sei denn, sie sind nur mit einer unerheblichen Einwirkung auf die Mietsache verbunden oder ihre sofortige Durchführung ist zwingend erforderlich.
(3) Aufwendungen, die der Mieter infolge einer Erhaltungsmaßnahme machen muss, hat der Vermieter in angemessenem Umfang zu ersetzen. Auf Verlangen hat er Vorschuss zu leisten.
(4) Eine zum Nachteil des Mieters von Absatz 2 oder 3 abweichende Vereinbarung ist unwirksam.

§ 555b Modernisierungsmaßnahmen
Modernisierungsmaßnahmen sind bauliche Veränderungen,
1. durch die in Bezug auf die Mietsache Endenergie nachhaltig eingespart wird (energetische Modernisierung),
2. durch die nicht erneuerbare Primärenergie nachhaltig eingespart oder das Klima nachhaltig geschützt wird, sofern nicht bereits eine energetische Modernisierung nach Nummer 1 vorliegt,
3. durch die der Wasserverbrauch nachhaltig reduziert wird,
4. durch die der Gebrauchswert der Mietsache nachhaltig erhöht wird,
5. durch die die allgemeinen Wohnverhältnisse auf Dauer verbessert werden,
6. die auf Grund von Umständen durchgeführt werden, die der Vermieter nicht zu vertreten hat, und die keine Erhaltungsmaßnahmen nach § 555a sind, oder
7. durch die neuer Wohnraum geschaffen wird.

§ 555c Ankündigung von Modernisierungsmaßnahmen
(1) Der Vermieter hat dem Mieter eine Modernisierungsmaßnahme spätestens drei Monate vor ihrem Beginn in Textform anzukündigen (Modernisierungsankündigung). Die Modernisierungsankündigung muss Angaben enthalten über:

Zustandes) 보증금의 추가적 지급과 자신의 동의(seine Zustimmung)를 결부시킬 수 있다. 제551조 제3항, 제4항을 준용한다.

③ 사용임차인의 불이익으로(zum Nachteil des Mieters) 제1과 다르게 한 약정(Vereinbarung)은 무효이다.

제555조 위약금의 무효

사용임대인이 사용임차인에게서 위약금을 약속받는(durch die sich der Vermieter eine Vertragsstrafe vom Mieter versprechen lässt) 약정은 무효이다.

제1항a 보존조치 및 주거개선조치

제555조a 보존조치

① 사용임차인은 임대목적물의 유지(維持) 또는 관리(管理)에 필요(必要)한 조치('보존조치'; Erhaltungsmaßnahmen)를 수인해야 한다.

② 보존조치는 사용임차인에게 적시에 통지되어야 하되, 그 보존조치로 임대차목적물에 대한 사소한 영향이 발생하거나 그 즉각적 시행(ihre sofortige Durchführung)이 반드시(zwingend) 필요한 경우에는 그러하지 아니하다.

③ 사용임차인이 보존조치로 인해 들여야만 하는 비용은 사용임대인이 상당한 범위 내에서 상환해야 한다. 그 비용은 그 요구가 있는 경우 선급(先給)으로(Vorschuss) 지급되어야 한다.

④ 사용임차인의 불이익으로 제3항 또는 제3항과 다르게 한 약정은 무효이다.

제555조b 주거개선조치

주거개선조치는 다음 각 호의 구조적 변경을 말한다,

1. 임대차목적물에 대한 최종에너지[30]가 지속적으로 절약되는 경우('에너지효율개선'; energetische Modernisierung),
2. 제1호에 따른 에너지효율개선이 아직 취해지지 않은 경우로, 재생 불가능한 1차에너지[31](die nicht erneuerbare Primärenergie)가 지속적으로 절약되거나 기후(氣候)가 지속적으로 보호되는 것,
3. 물사용이 지속적으로 감소되는 경우,
4. 임대차목적물의 사용가치가 지속적으로 증가하는 경우,
5. 일반적 거주여건(居住與件; Wohnverhältnisse)이 지속적으로 개선되는 경우,
6. 사용임대인에게 책임이 없는 사정에 기하여 시행되는 경우로, 제555조a에 따른 보존조치가 아닌 경우,
7. 새로운 주거공간이 공급되는 경우.

제555조c 주거개선조치의 통지

① 사용임대인은 사용임차인에게 늦어도 그 개시시로부터 3개월 전까지 문면방식으로 주거개선조치를 통지해야 한다('주거개선조치의 통지': Modernisierungsankündigung). 그 주거개선조치의 통지에 다음 각 호에 관한 사항이 포함되어야만 한다:

1. die Art und den voraussichtlichen Umfang der Modernisierungsmaßnahme in wesentlichen Zügen,
2. den voraussichtlichen Beginn und die voraussichtliche Dauer der Modernisierungsmaßnahme,
3. den Betrag der zu erwartenden Mieterhöhung, sofern eine Erhöhung nach § 559 oder § 559c verlangt werden soll, sowie die voraussichtlichen künftigen Betriebskosten.

(2) Der Vermieter soll den Mieter in der Modernisierungsankündigung auf die Form und die Frist des Härteeinwands nach § 555d Absatz 3 Satz 1 hinweisen.

(3) In der Modernisierungsankündigung für eine Modernisierungsmaßnahme nach § 555b Nummer 1 und 2 kann der Vermieter insbesondere hinsichtlich der energetischen Qualität von Bauteilen auf allgemein anerkannte Pauschalwerte Bezug nehmen.

(4) Die Absätze 1 bis 3 gelten nicht für Modernisierungsmaßnahmen, die nur mit einer unerheblichen Einwirkung auf die Mietsache verbunden sind und nur zu einer unerheblichen Mieterhöhung führen.

(5) Eine zum Nachteil des Mieters abweichende Vereinbarung ist unwirksam.

§ 555d Duldung von Modernisierungsmaßnahmen, Ausschlussfrist

(1) Der Mieter hat eine Modernisierungsmaßnahme zu dulden.

(2) Eine Duldungspflicht nach Absatz 1 besteht nicht, wenn die Modernisierungsmaßnahme für den Mieter, seine Familie oder einen Angehörigen seines Haushalts eine Härte bedeuten würde, die auch unter Würdigung der berechtigten Interessen sowohl des Vermieters als auch anderer Mieter in dem Gebäude sowie von Belangen der Energieeinsparung und des Klimaschutzes nicht zu rechtfertigen ist. Die zu erwartende Mieterhöhung sowie die voraussichtlichen künftigen Betriebskosten bleiben bei der Abwägung im Rahmen der Duldungspflicht außer Betracht; sie sind nur nach § 559 Absatz 4 und 5 bei einer Mieterhöhung zu berücksichtigen.

(3) Der Mieter hat dem Vermieter Umstände, die eine Härte im Hinblick auf die Duldung oder die Mieterhöhung begründen, bis zum Ablauf des Monats, der auf den Zugang der Modernisierungsankündigung folgt, in Textform mitzuteilen. Der Lauf der Frist beginnt nur, wenn die Modernisierungsankündigung den Vorschriften des § 555c entspricht.

(4) Nach Ablauf der Frist sind Umstände, die eine Härte im Hinblick auf die Duldung oder die Mieterhöhung begründen, noch zu berücksichtigen, wenn der Mieter ohne Verschulden an der Einhaltung der Frist gehindert war und er dem Vermieter die Umstände sowie die Gründe der Verzögerung unverzüglich in Textform mitteilt. Umstände, die eine Härte im Hinblick auf die Mieterhöhung begründen, sind nur zu berücksichtigen, wenn sie spätestens bis zum Beginn der Modernisierungsmaßnahme mitgeteilt werden.

(5) Hat der Vermieter in der Modernisierungsankündigung nicht auf die Form und die Frist des Härteeinwands hingewiesen (§ 555c Absatz 2), so bedarf die Mitteilung des Mieters nach Absatz

1. 본질적인(in wesentlichen Zügen), 주거개선조치의 종류 및 예상되는 범위(die Art und den voraussichtlichen Umfang),
2. 주거개선조치의 예상되는 개시시 및 기간,
3. 제559조 또는 제559조c에 따른 차임인상이 청구되는 경우에, 예상되는 차임인상액(den Betrag der zu erwartenden Mieterhöhung)과 예상되는 장래의 관리비.

② 사용임대인은 사용임차인에게 주거개선조치의 통지에 있어 제555조d 제3항 제1문에 따른 어려움에 기한 이의(Härteeinwands)의 방식 및 기간에 대해 안내해야 한다.

③ 제555조b 제1호 제2호에 따른 주거개선조치에 대한 그 통지에 있어 사용임대인은 일반적으로 승인된 표준치(標準値)에 대하여, 특히 에너지 효율의 용어로 건축 부품(部品)의 품질(品質)에 대하여 언급할 수 있다.

④ 제1항 내지 제3항은, 임대차목적물에 사소한 영향만을 끼치고 사소한 차임인상을 가져오는 주거개선조치에 적용하지 아니한다.

⑤ 사용임차인의 불이익으로 위와 다르게 한 약정은 무효이다.

제555조d 주거개선조치의 수인, 제척기간

① 사용임차인은 주거개선조치를 수인해야 한다.

② 주거개선조치가 사용임차인, 그 가족이나 그의 세대구성원에 대한 어려움으로, 사용임대인뿐만 아니라 해당 건물의 다른 임차인(sowohl des Vermieters als auch anderer Mieter in dem Gebäude)의 정당한 이익과 에너지절약과 기후보호라는 이익(von Belangen der Energieeinsparung und des Klimaschutzes)을 고려했을 때에도 정당화될 수 없는 어려움을 의미하는 것일 때에는 제1항에 따른 수인의무는 인정되지 아니한다. 예상되는 차임인상과 예상되는 장래의 관리비(Die zu erwartende Mieterhöhung sowie die voraussichtlichen künftigen Betriebskosten)는 이러한 수인의무에 대한 형량시(衡量時)(bei der Abwägung im Rahmen der Duldungspflicht) 고려되지 아니한다; 그것들은 차임인상시(bei einer Mieterhöhung) 제559조 제4항, 제5항에 좇아서만 고려한다.

③ 사용임차인은 사용임대인에게 주거개선조치의 통지가 도달한 달의 다음달이 경과할 때까지(bis zum Ablauf des Monats, der auf den Zugang der Modernisierungsankündigung folgt) 그 수인 또는 차임인상과 관련한 어려움을 발생시키는 사정을 문면방식으로 통지해야 한다. 주거개선조치의 통지(die Modernisierungsankündigung)가 제555조c의 규정에 부합할 때에 한하여 그 기간의 진행은 개시된다.

④ 사용임차인이 과책 없이 그 기간을 준수하지 못하였고(an der Einhaltung der Frist gehindert war) 사용임대인에게 그 사정과 지연사유(die Umstände sowie die Gründe der Verzögerung)를 지체 없이 문면방식으로 통지한 때에는 그 기간의 경과 후에도(Nach Ablauf der Frist) 수인 또는 차임인상과 관련한 어려움을 발생시키는 사정(事情)을 고려(考慮)해야 한다. 차임인상과 관련한 어려움을 발생시키는 사정(事情)은, 그것이 늦어도 주거개선조치의 개시시까지(spätestens bis zum Beginn der Modernisierungsmaßnahme) 통지된 경우에 한하여 고려해야 한다.

⑤ 사용임대인이 주거개선조치의 통지에 있어 어려움에 기한 이의의 방식 및 기간(제555조c 제2항)을 명시하지 않은 경우에 제3항 제1문에 따른 사용임차인의 통지에 그 조항에서 규정한 방식

3 Satz 1 nicht der dort bestimmten Form und Frist. Absatz 4 Satz 2 gilt entsprechend.
(6) § 555a Absatz 3 gilt entsprechend.
(7) Eine zum Nachteil des Mieters abweichende Vereinbarung ist unwirksam.

§ 555e Sonderkündigungsrecht des Mieters bei Modernisierungsmaßnahmen
(1) Nach Zugang der Modernisierungsankündigung kann der Mieter das Mietverhältnis außerordentlich zum Ablauf des übernächsten Monats kündigen. Die Kündigung muss bis zum Ablauf des Monats erfolgen, der auf den Zugang der Modernisierungsankündigung folgt.
(2) § 555c Absatz 4 gilt entsprechend.
(3) Eine zum Nachteil des Mieters abweichende Vereinbarung ist unwirksam.

§ 555f Vereinbarungen über Erhaltungs- oder Modernisierungsmaßnahmen
Die Vertragsparteien können nach Abschluss des Mietvertrags aus Anlass von Erhaltungs- oder Modernisierungsmaßnahmen Vereinbarungen treffen, insbesondere über die
1. zeitliche und technische Durchführung der Maßnahmen,
2. Gewährleistungsrechte und Aufwendungsersatzansprüche des Mieters,
3. künftige Höhe der Miete.

Kapitel 2 Die Miete

Unterkapitel 1 Vereinbarungen über die Miete

§ 556 Vereinbarungen über Betriebskosten
(1) Die Vertragsparteien können vereinbaren, dass der Mieter Betriebskosten trägt. Betriebskosten sind die Kosten, die dem Eigentümer oder Erbbauberechtigten durch das Eigentum oder das Erbbaurecht am Grundstück oder durch den bestimmungsmäßigen Gebrauch des Gebäudes, der Nebengebäude, Anlagen, Einrichtungen und des Grundstücks laufend entstehen. Für die Aufstellung der Betriebskosten gilt die Betriebskostenverordnung vom 25. November 2003 (BGBl. I S. 2346, 2347) fort. Die Bundesregierung wird ermächtigt, durch Rechtsverordnung ohne Zustimmung des Bundesrates Vorschriften über die Aufstellung der Betriebskosten zu erlassen.
(2) Die Vertragsparteien können vorbehaltlich anderweitiger Vorschriften vereinbaren, dass Betriebskosten als Pauschale oder als Vorauszahlung ausgewiesen werden. Vorauszahlungen für Betriebskosten dürfen nur in angemessener Höhe vereinbart werden.
(3) Über die Vorauszahlungen für Betriebskosten ist jährlich abzurechnen; dabei ist der Grundsatz der Wirtschaftlichkeit zu beachten. Die Abrechnung ist dem Mieter spätestens bis zum Ablauf des zwölften Monats nach Ende des Abrechnungszeitraums mitzuteilen. Nach Ablauf dieser Frist ist die Geltendmachung einer Nachforderung durch den Vermieter ausgeschlossen, es sei denn, der

및 형식(der dort bestimmten Form und Frist)이 요구되지 아니한다. 제4항 제2문을 준용(準用)한다.
⑥ 제555조a 제3항을 준용한다.
⑦ 사용임차인의 불이익으로 위와 다르게 한 약정은 무효이다.

제555조e 주거개선조치에서의 사용임차인의 특별해지권
① 주거개선조치의 통지가 도달한 후에 사용임차인은, 사용임대차관계에 대해 그 다음다음 달의 경과로써(zum Ablauf des übernächsten Monats) 특별해지를 할 수 있다. 그 해지는 그 주거개선조치의 통지가 도달한 달의 다음달 경과시까지 이뤄져야만 한다.
② 제555조c 제4항을 준용한다.
③ 사용임차인의 불이익으로 위와 다르게 한 약정은 무효이다.

제555조f 보존조치 또는 주거개선조치에 관한 합의
계약당사자는 사용임대차계약 체결 후에 보존조치 또는 주거개선조치를 계기로 하여, 특히 다음 각 호에 관한 조치를 취할 수 있다,
1. 그 조치의 시간적·기술적 시행,
2. 사용임차인의 담보책임법상의 권리(Gewährleistungsrechte)과 비용상환청구권
3. 장래의 차임액.

제2항 차임

제1목 차임에 관한 약정

제556조 관리비에 관한 약정
① 계약당사자들은 사용임차인이 관리비(Betriebskosten)를 부담하는 것으로 합의할 수 있다. 관리비는, 건물의 소유권 또는 지상권(das Eigentum oder das Erbbaurecht am Grundstück)에 의해 또는 해당 건물, 부속건물, 시설(Anlagen), 설비(Einrichtungen) 및 토지의 계획적 사용에 의하여 소유권자(所有權者) 또는 지상권자(地上權者)에게(dem Eigentümer oder Erbbauberechtigten) 일상적으로(laufend) 발생한 비용을 말한다. 관리비의 산정에 대하여 2003년 11월 25일의 관리비명령(Betriebskostenverordnung)(BGBl. I S. 2346, 2347)을 계속적으로 적용한다. 연방정부는 연방참사원의 동의가 필요 없는 법규명령으로 관리비의 산정에 관한 규정을 제정할 권한을 갖는다.
② 계약당사자는 다른 규정을 제외하고 관리비가 일시급 또는 선급(先給)으로 명시되도록(dass Betriebskosten als Pauschale oder als Vorauszahlung ausgewiesen werden) 합의할 수 있다. 관리비(管理費)의 선급(先給)은 적절한 액수로만(nur in angemessener Höhe) 합의될 수 있다.
③ 관리비의 선급(先給)에 관하여 매년 정산(精算)되어야 한다; 이 경우 경제적(經濟的) 효율(效率)의 원칙(Grundsatz der Wirtschaftlichkeit)을 고려해야 한다. 그 정산은 사용임차인에게 늦어도 정산기의 종료시로부터(nach Ende des Abrechnungszeitraums) 12개월이 경과할 때까지 통지되어야 한다. 이러한 기간의 경과 후에는 사용임대인이 추가적 요구를 하는 것은 배제되나, 사용임대인에

Vermieter hat die verspätete Geltendmachung nicht zu vertreten. Der Vermieter ist zu Teilabrechnungen nicht verpflichtet. Einwendungen gegen die Abrechnung hat der Mieter dem Vermieter spätestens bis zum Ablauf des zwölften Monats nach Zugang der Abrechnung mitzuteilen. Nach Ablauf dieser Frist kann der Mieter Einwendungen nicht mehr geltend machen, es sei denn, der Mieter hat die verspätete Geltendmachung nicht zu vertreten.
(4) Eine zum Nachteil des Mieters von Absatz 1, Absatz 2 Satz 2 oder Absatz 3 abweichende Vereinbarung ist unwirksam.

§ 556a Abrechnungsmaßstab für Betriebskosten

(1) Haben die Vertragsparteien nichts anderes vereinbart, sind die Betriebskosten vorbehaltlich vorbehaltlich anderweitiger Vorschriften nach dem Anteil der Wohnfläche umzulegen. Betriebskosten, die von einem erfassten Verbrauch oder einer erfassten Verursachung durch die Mieter abhängen, sind nach einem Maßstab umzulegen, der dem unterschiedlichen Verbrauch oder der unterschiedlichen Verursachung Rechnung trägt.
(2) Haben die Vertragsparteien etwas anderes vereinbart, kann der Vermieter durch Erklärung in Textform bestimmen, dass die Betriebskosten zukünftig abweichend von der getroffenen Vereinbarung ganz oder teilweise nach einem Maßstab umgelegt werden dürfen, der dem erfassten unterschiedlichen Verbrauch oder der erfassten unterschiedlichen Verursachung Rechnung trägt. Die Erklärung ist nur vor Beginn eines Abrechnungszeitraums zulässig. Sind die Kosten bislang in der Miete enthalten, so ist diese entsprechend herabzusetzen.
(3) Eine zum Nachteil des Mieters von Absatz 2 abweichende Vereinbarung ist unwirksam.

§ 556b Fälligkeit der Miete, Aufrechnungs- und Zurückbehaltungsrecht

(1) Die Miete ist zu Beginn, spätestens bis zum dritten Werktag der einzelnen Zeitabschnitte zu entrichten, nach denen sie bemessen ist.
(2) Der Mieter kann entgegen einer vertraglichen Bestimmung gegen eine Mietforderung mit einer Forderung auf Grund der §§ 536a, 539 oder aus ungerechtfertigter Bereicherung wegen zu viel gezahlter Miete aufrechnen oder wegen einer solchen Forderung ein Zurückbehaltungsrecht ausüben, wenn er seine Absicht dem Vermieter mindestens einen Monat vor der Fälligkeit der Miete in Textform angezeigt hat. Eine zum Nachteil des Mieters abweichende Vereinbarung ist unwirksam.

§ 556c Kosten der Wärmelieferung als Betriebskosten, Verordnungsermächtigung

(1) Hat der Mieter die Betriebskosten für Wärme oder Warmwasser zu tragen und stellt der Vermieter die Versorgung von der Eigenversorgung auf die eigenständig gewerbliche Lieferung durch einen Wärmelieferanten (Wärmelieferung) um, so hat der Mieter die Kosten der

게 그 행사의 지체에 대해 책임이 없는 경우에는 그러하지 아니하다. 사용임대인은 일부정산(Teilabrechnungen)을 할 의무를 부담하지 아니한다. 정산에 대한 이의는 사용임차인이 사용임대인에게 늦어도 정산서가 도달한 때로부터 12개월이 경과할 때까지 통지해야 한다. 이러한 기간의 경과 후에는 사용임차인은 더 이상 이의를 제기할 수 없으나, 사용임차인에게 그 행사의 지체(die verspätete Geltendmachung)에 대해 책임이 없는 경우에는 그러하지 아니하다.

④ 사용임차인의 불이익으로(zum Nachteil des Mieters) 제1항, 제2항 제2문 또는 제3항과 다르게 한 약정은 무효이다.

제556조a 관리비 정산기준

① 계약당사자가 달리 약정(約定)하지 않은 한, 관리비(管理費)는 다른 규정(糾正)을 제외하고, anderweitiger Vorschriften) 거주면적의 비율(nach dem Anteil der Wohnfläche)에 따라 부과되어야 한다. 사용임차인이 기록한 소비 또는 원인(einem erfassten Verbrauch oder einer erfassten Verursachung)에 달려 있는 관리비는, 소비 또는 원인의 상이함(dem unterschiedlichen Verbrauch oder der unterschiedlichen Verursachung)을 고려한 기준에 따라 부과되어야 한다.

② 계약당사자가 달리 약정하지 않은 한, 사용임대인은 문면방식에 의한 의사표시로, 관리비가 체결된 약정과 달리 향후 전부 또는 부분적으로 소비 또는 원인의 상이함(dem unterschiedlichen Verbrauch oder der unterschiedlichen Verursachung)을 고려한 기준에 따라 부과될 수 있다는 점을 정할 수 있다. 그 의사표시는 정산기의 개시 전에만(nur vor Beginn eines Abrechnungszeitraums) 허용된다. 비용이 지금까지 차임에 포함된 경우에는 그 비용은 그에 상응(相應)하여 감액(減額)되어야 한다(so ist diese entsprechend herabzusetzen).

③ 사용임차인의 불이익으로(zum Nachteil des Mieters) 제2항과 다르게 한 약정(約定)은 무효이다.

제556조b 차임의 이행기, 상계권 및 이행거절권

① 차임이 산정된(nach denen sie bemessen ist) 각각의 기간 개시시에, 늦어도 그러한 각각의 기간의 셋째 평일까지 차임을 지급해야 한다.

② 사용임차인은, 사용임대인에게 최소한 차임의 이행기로부터 1개월 전에 문면으로 자신의 의사를 통지한 때에는, 계약 규정에 반하여(entgegen einer vertraglichen Bestimmung) 차임채권에 대하여(gegen eine Mietforderung) 제536조a, 제539조에 기한 채권이나 과다하게 지급된 차임을 원인으로 한(wegen zu viel gezahlter Miete) 부당이득에 기한 채권으로 상계하거나, 그러한 채권을 이유로 이행거절권(wegen einer solchen Forderung ein Zurückbehaltungsrecht)을 행사할 수 있다. 사용임차인의 불이익으로 이와 다르게 체결한 약정은 무효이다.

제556조c 관리비로서의 난방공급비, 명령제정권한

① 사용임차인이 난방 또는 온수에 대한 관리비를 부담해야 하고 사용임대인이 자급자족(自給自足) 공급(Versorgung von der Eigenversorgung)을 난방공급업자를 통한 영업적 독자공급으로 전환을 요청하는 때에('난방공급'; Wärmelieferung)에 사용임차인은, 다음의 경우 난방공급비용을 관리비로(als Betriebskosten) 부담해야 한다,

Wärmelieferung als Betriebskosten zu tragen, wenn

1. die Wärme mit verbesserter Effizienz entweder aus einer vom Wärmelieferanten errichteten neuen Anlage oder aus einem Wärmenetz geliefert wird und
2. die Kosten der Wärmelieferung die Betriebskosten für die bisherige Eigenversorgung mit Wärme oder Warmwasser nicht übersteigen.

Beträgt der Jahresnutzungsgrad der bestehenden Anlage vor der Umstellung mindestens 80 Prozent, kann sich der Wärmelieferant anstelle der Maßnahmen nach Nummer 1 auf die Verbesserung der Betriebsführung der Anlage beschränken.

(2) Der Vermieter hat die Umstellung spätestens drei Monate zuvor in Textform anzukündigen (Umstellungsankündigung).

(3) Die Bundesregierung wird ermächtigt, durch Rechtsverordnung ohne Zustimmung des Bundesrates Vorschriften für Wärmelieferverträge, die bei einer Umstellung nach Absatz 1 geschlossen werden, sowie für die Anforderungen nach den Absätzen 1 und 2 zu erlassen. Hierbei sind die Belange von Vermietern, Mietern und Wärmelieferanten angemessen zu berücksichtigen.

(4) Eine zum Nachteil des Mieters abweichende Vereinbarung ist unwirksam.

Unterkapitel 1a Vereinbarungen über die Miethöhe bei Mietbeginn in Gebieten mit angespannten Wohnungsmärkten

§ 556d Zulässige Miethöhe bei Mietbeginn; Verordnungsermächtigung

(1) Wird ein Mietvertrag über Wohnraum abgeschlossen, der in einem durch Rechtsverordnung nach Absatz 2 bestimmten Gebiet mit einem angespannten Wohnungsmarkt liegt, so darf die Miete zu Beginn des Mietverhältnisses die ortsübliche Vergleichsmiete (§ 558 Absatz 2) höchstens um 10 Prozent übersteigen.

(2) Die Landesregierungen werden ermächtigt, Gebiete mit angespannten Wohnungsmärkten durch Rechtsverordnung für die Dauer von höchstens fünf Jahren zu bestimmen. Gebiete mit angespannten Wohnungsmärkten liegen vor, wenn die ausreichende Versorgung der Bevölkerung mit Mietwohnungen in einer Gemeinde oder einem Teil der Gemeinde zu angemessenen Bedingungen besonders gefährdet ist. Dies kann insbesondere dann der Fall sein, wenn

1. die Mieten deutlich stärker steigen als im bundesweiten Durchschnitt,
2. die durchschnittliche Mietbelastung der Haushalte den bundesweiten Durchschnitt deutlich übersteigt,
3. die Wohnbevölkerung wächst, ohne dass durch Neubautätigkeit insoweit erforderlicher Wohnraum geschaffen wird, oder
4. geringer Leerstand bei großer Nachfrage besteht.

1. 효율이 높아진 난방(die Wärme mit verbesserter Effizienz)이 난방공급업자에로 연결된 새로운 시설 혹은 난방망(Wärmenetz)을 통해 공급되고,
2. 난방공급비가 지금까지의 자급자족에 의한 난방 및 온수 관리비(Betriebskosten für die bisherige Eigenversorgung mit Wärme oder Warmwasser)를 초과하지 않은 경우.

현재 시설의 연간이용효율(der Jahresnutzungsgrad der bestehenden Anlage)이 전환 전의(vor der Umstellung) 80% 이상인 경우에 난방공급업자는 제1호에 따른 조치를 취하는 대신에 그 시설의 운용의 개선(die Verbesserung der Betriebsführung der Anlage)을 취할 수 있다.

② 사용임대인은 그 전환을 늦어도 그로부터 3개월 전까지 문면방식으로 통지해야 한다('전환의 통지'; Umstellungsankündigung)

③ 연방정부는 연방참사원의 동의가 필요 없는 법규명령으로(durch Rechtsverordnung ohne Zustimmung des Bundesrates) 제1항에 따른 전환시 체결된 난방공급계약에 관한 규정(Vorschriften für Wärmelieferverträge)과, 제1항, 제2항에 따른 요구사항에 관한 규정을 제정할 수 있다. 이 경우 사용임대인, 사용임차인 및 난방공급자의 이익을 적절하게 고려해야 한다.

④ 사용임차인의 불이익으로 위와 다르게 한 약정은 무효이다.

제1목a 공급이 부족한 주거시장이 있는 지역에서(in Gebieten mit angespannten Wohnungsmärkten)의 임대차개시시 차임에 관한 약정

제556조d 임대차개시시 허용된 차임액; 명령제정권한

① 제2항에 따른 법규명령으로 정해진 지역으로, 공급이 부족한 주거시장이 있는 지역에 소재한 주거공간에 관한 사용임대차계약이 체결된 경우에 사용임대차관계 개시시의 차임은, 해당 지역의 통상적 비교차임(die ortsübliche Vergleichsmiete)(제558조 제2항)의 최대 10%까지(höchstens um 10 Prozent) 초과할 수 있다.

② 주(州)정부는 법규명령으로 최대 5년 동안(für die Dauer von höchstens fünf Jahren) 공급이 부족한 주거시장이 있는 지역(Gebiete mit angespannten Wohnungsmärkten)으로 지정할 권한이 있다. 어느 게마인데 또는 게마인데 일부지역에서(in einer Gemeinde oder einem Teil der Gemeinde) 주민들에게 임대차주택(Mietwohnungen)을 적절한 조건으로(zu angemessenen Bedingungen) 충분하게 공급하는 것이 특히 어려워진 때에는 공급이 부족한 주거시장이 있는 지역에 해당한다. 특히 다음 각 호의 경우가 이러한 경우에 해당한 수 있다,

1. 차임이 연방전역(bundesweiten Durchschnitt)의 평균보다 현저히 높게 인상되는 경우,
2. 가계의 평균적 차임부담(die durchschnittliche Mietbelastung der Haushalte)이 연방전역의 평균을 현저하게 넘는 경우,
3. 새로운 건설활동에 의해(durch Neubautätigkeit) 필요한 주거공간(erforderlicher Wohnraum)이 공급되지 않은 채 거주인구가 그에 비하여 증가하는 경우,
4. (주거공간) 수요가 많음에도 공실율(空室率; Leerstand)이 낮은 경우.

Eine Rechtsverordnung nach Satz 1 muss spätestens am 31. Dezember 2020 in Kraft treten. Sie muss begründet werden. Aus der Begründung muss sich ergeben, auf Grund welcher Tatsachen ein Gebiet mit einem angespannten Wohnungsmarkt im Einzelfall vorliegt. Ferner muss sich aus der Begründung ergeben, welche Maßnahmen die Landesregierung in dem nach Satz 1 durch die Rechtsverordnung jeweils bestimmten Gebiet und Zeitraum ergreifen wird, um Abhilfe zu schaffen.

Fußnote

(+++ § 556d: Zur Nichtanwendung vgl. § 556f +++)

(+++ § 556d: Zur Anwendung vgl. §§ 557a, 557b +++)

(+++ § 556d: Zur Nichtanwendung vgl. § 35 BGBEG +++)

§ 556e Berücksichtigung der Vormiete oder einer durchgeführten Modernisierung

(1) Ist die Miete, die der vorherige Mieter zuletzt schuldete (Vormiete), höher als die nach § 556d Absatz 1 zulässige Miete, so darf eine Miete bis zur Höhe der Vormiete vereinbart werden. Bei der Ermittlung der Vormiete unberücksichtigt bleiben Mietminderungen sowie solche Mieterhöhungen, die mit dem vorherigen Mieter innerhalb des letzten Jahres vor Beendigung des Mietverhältnisses vereinbart worden sind.

(2) Hat der Vermieter in den letzten drei Jahren vor Beginn des Mietverhältnisses Modernisierungsmaßnahmen im Sinne des § 555b durchgeführt, so darf die nach § 556d Absatz 1 zulässige Miete um den Betrag überschritten werden, der sich bei einer Mieterhöhung nach § 559 Absatz 1 bis 3a und § 559a Absatz 1 bis 4 ergäbe. Bei der Berechnung nach Satz 1 ist von der ortsüblichen Vergleichsmiete (§ 558 Absatz 2) auszugehen, die bei Beginn des Mietverhältnisses ohne Berücksichtigung der Modernisierung anzusetzen wäre.

Fußnote

(+++ § 556e: Zur Nichtanwendung vgl. § 556f +++)

(+++ § 556e: Zur Anwendung vgl. §§ 557a, 557b +++)

(+++ § 556e: Zur Nichtanwendung vgl. § 35 BGBEG +++)

§ 556f Ausnahmen

§ 556d ist nicht anzuwenden auf eine Wohnung, die nach dem 1. Oktober 2014 erstmals genutzt und vermietet wird. Die §§ 556d und 556e sind nicht anzuwenden auf die erste Vermietung nach umfassender Modernisierung.

Fußnote

(+++ § 556f: Zur Anwendung vgl. §§ 557a, 557b +++)

(+++ § 556f: Zur Nichtanwendung vgl. § 35 BGBEG +++)

제1문의 법규명령은 늦어도 2020년 12월 31일에 발효된다. 그 법규명령에 그 이유가 기재되어야만 한다. 그 이유기재에서 공급이 부족한 주거시장이 있는 지역이 어떤 사실에 기하여 개별적으로 인정되는지가 나타나야만 한다. 또한 그 이유기재에서 주(州)정부가 제1문에 따른 법규명령으로 정한 각 지역에서 또 그러한 각 기간 동안에(in dem nach Satz 1 durch die Rechtsverordnung jeweils bestimmten Gebiet und Zeitraum) 그 대책을 강구(講究)하기 위해 어떤 조치(措置)를 취할 것인지가 나타나야만 한다.

각주

(제556조d: 그 부적용에 대하여 제556조f를 참조하라)

(제556조d: 그 적용에 대하여 제557조a, 제557조b를 참조하라)

(제556조d: 그 부적용에 대하여 민법전시행법 제35항을 참조하라)

제556조e 전차임(前借賃)의 고려나 주거개선조치의 시행의 고려

① 전(前) 사용임차인이 최종적으로 지급할 의무가 있는 차임[전차임(前借賃)]이 제556조d 제1항에 따라 허용된 차임보다 많은 경우에 차임은 전차임액까지(前借賃額; bis zur Höhe der Vormiete) 약정할 수 있다. 전차임(前借賃)의 조사시(調査時) 차임인하(借賃引下; minderungen)와 종전의 사용임차인과 용임대차 종료시의 직전 해에 약정된 그러한 차임인상(借賃引上; Mieterhöhungen)은 고려(考慮)되지 아니한다.

② 사용임대인이 사용임대차관계 개시시로부터 최근 3년 동안(in den letzten drei Jahren vor Beginn des Mietverhältnisses)에 제555조b상의 주거개선조치를 시행한 경우에 제556조d 제1항에 따라 허용된 차임은, 제559조 제1항 내지 제3항a, 제559조a 제1항 내지 제4항에 따른 차임인상시 산정될 수 있는 금액까지(um den Betrag) 초과할 수 있다. 해당 지역의 통상적 비교차임(제558조 제2항)(von der ortsüblichen Vergleichsmiete)은 주거개선조치에 상관없이 사용임대차 개시시에 산정된 것이라는 점을 전제로 하여 제1문에 따른 금액을 산정한다.

각주

(제556조e: 그 부적용에 대하여 제556조f를 참조하라)

(제556조e: 그 적용에 대하여 제557조a, 제557조b를 참조하라)

(제556조e: 그 부적용에 대하여 민법전시행법 제35항을 참조하라)

제556조f 예외

제556조d는 2014년 10월 1일 지나서 최초로 이용되고 임대되는 주거(住居; Wohnung)에 대하여 적용하지 아니한다. 포괄적인 주거개선조치 후 최초의 임대(die erste Vermietung nach umfassender Modernisierung에 대하여는 제556조, 제556조e)를 적용하지 아니한다.

각주

(제556조f: 그 적용에 관하여 제557조a, 제557조b를 참조하라)

(제556조f: 그 부적용에 관하여 민법전시행법 제35항을 참조하라)

§ 556g Rechtsfolgen; Auskunft über die Miete

(1) Eine zum Nachteil des Mieters von den Vorschriften dieses Unterkapitels abweichende Vereinbarung ist unwirksam. Für Vereinbarungen über die Miethöhe bei Mietbeginn gilt dies nur, soweit die zulässige Miete überschritten wird. Der Vermieter hat dem Mieter zu viel gezahlte Miete nach den Vorschriften über die Herausgabe einer ungerechtfertigten Bereicherung herauszugeben. Die §§ 814 und 817 Satz 2 sind nicht anzuwenden.

(1a) Soweit die Zulässigkeit der Miete auf § 556e oder § 556f beruht, ist der Vermieter verpflichtet, dem Mieter vor dessen Abgabe der Vertragserklärung über Folgendes unaufgefordert Auskunft zu erteilen:

1. im Fall des § 556e oder § 556f Absatz 1 darüber, wie hoch die Vormiete ein Jahr vor Beendigung des Vormietverhältnisses war,
2. im Fall des § 556e Absatz 2 darüber, dass in den letzten drei Jahren vor Beginn des Mietverhältnisses Modernisierungsmaßnahmen durchgeführt wurden,
3. im Fall des § 556f Satz 1 darüber, dass die Wohnung nach dem 1. Oktober 2014 erstmals genutzt und vermietet wurde,
4. im Fall des § 556f Satz 2 darüber, dass es sich um die erste Vermietung nach umfassender Modernisierung handelt.

Soweit der Vermieter die Auskunft nicht erteilt hat, kann er sich nicht auf eine nach § 556e oder § 556f zulässige Miete berufen. Hat der Vermieter die Auskunft nicht erteilt und hat er diese in der vorgeschriebenen Form nachgeholt, kann er sich erst zwei Jahre nach Nachholung der Auskunft auf eine nach § 556e oder § 556f zulässige Miete berufen. Hat der Vermieter die Auskunft nicht in der vorgeschriebenen Form erteilt, so kann er sich auf eine nach § 556e oder § 556f zulässige Miete erst dann berufen, wenn er die Auskunft in der vorgeschriebenen Form nachgeholt hat.

(2) Der Mieter kann von dem Vermieter eine nach den §§ 556d und 556e nicht geschuldete Miete nur zurückverlangen, wenn er einen Verstoß gegen die Vorschriften dieses Unterkapitels gerügt hat und die zurückverlangte Miete nach Zugang der Rüge fällig geworden ist. Hat der Vermieter eine Auskunft nach Absatz 1a Satz 1 erteilt, so muss die Rüge sich auf diese Auskunft beziehen.

(3) Der Vermieter ist auf Verlangen des Mieters verpflichtet, Auskunft über diejenigen Tatsachen zu erteilen, die für die Zulässigkeit der vereinbarten Miete nach den Vorschriften dieses Unterkapitels maßgeblich sind, soweit diese Tatsachen nicht allgemein zugänglich sind und der Vermieter hierüber unschwer Auskunft geben kann. Für die Auskunft über Modernisierungsmaßnahmen (§ 556e Absatz 2) gilt § 559b Absatz 1 Satz 2 und 3 entsprechend.

(4) Sämtliche Erklärungen nach den Absätzen 1a bis 3 bedürfen der Textform.

Fußnote

제556조g 법률효과; 차임에 대한 정보제공

① 사용임차인의 불이익으로 본 목의 규정(den Vorschriften dieses Unterkapitels)과 다르게 한 약정은 무효이다. 그것이 허용된 차임을 초과할 때에 한하여 임대차개시시의 차임액에 관한 합의에 대하여(Für Vereinbarungen über die Miethöhe bei Mietbeginn) 이를 적용한다. 사용임대인은 사용임차인에게 과도하게 지급된 차임(zu viel gezahlte Miete)을 부당이득반환(die Herausgabe einer ungerechtfertigten Bereicherung)에 관한 규정에 좇아 반환해야 한다. 제814조, 제817조 제2항을 적용하지 아니한다.

(1a) 차임의 허용이 제556조e 또는 제556조f에 근거하는 경우에 사용임대인은 사용임차인에게 계약의사표시를 하기 전에 다음 각 호에 관하여 그 요구가 없더라도 정보를 제공할 의무를 부담한다,

1. 제556조 또는 제556조f 제1항의 경우에 전차임(前借賃)이 전임대차관계(前賃貸借關係; Vormietverhältnisses) 종료 전 1년 동안 얼마나 되는지,
2. 제556조e 제2항의 경우에 사용임대차관계 개시로부터 최근 3년 동안에 주거개선조치가 실행되었는지 여부,
3. 제556조f 제1문의 경우에 주거(住居)가 2014년 10월 1일 후에 이용(利用)되고 임대(賃貸)되었는지 여부,
4. 제556조f 제2문의 경우에 포괄적인 주거개선조치 후의 최초의 임대(die erste Vermietung nach umfassender Modernisierung)에 해당하는지 여부.

사용임대인이 위 정보를 제공하지 않은 경우에 그는 제556조e 또는 제556조f에 따라 허용된 차임(eine nach § 556e oder § 556f zulässige Miete)을 주장할 수 없다. 사용임대인이 그 정보를 제공하지 않았는데 규정된 방식으로 이를 보완하여 제공한 경우에는, 그는 그 정보의 보완 제공시로부터 2년 후에 비로소(erst zwei Jahre nach Nachholung der Auskunft) 제556조 또는 제556조f에 따라 허용된 차임을 주장할 수 있다. 사용임대인이 규정된 방식으로 그 정보를 제공하지 않은 경우에 그는 제556조e 또는 제556조f에 따라 허용된 차임을, 그가 규정된 방식으로 그 정보를 보완하여 제공한 후 비로소 주장할 수 있다.

② 사용임차인은, 자신이 이 목의 규정에 대한 위반을 이의를 제기했고 그 반환청구한 차임의 이행기가 이의 제기 도달 후에 도래한 때에 한하여 사용임대인에게 제556d, 556조e에 따라 지급할 의무를 지지 않은 차임을 반환청구를 할 수 있다. 사용임대인이 제1항a 제1문에 따라 정보를 제공한 경우에 이의제기(異議提起; die Rüge)는 이러한 정보(情報)에 관련되어야만 한다.

③ 이러한 사실에 일반적으로 접근할 수 없고(nicht allgemein zugänglich sind) 사용임대인이 이에 관하여 어렵지 않게(unschwer) 정보(情報)를 제공할 수 있는 한, 사용임대인은 사용임차인의 요구가 있는 경우에(auf Verlangen des Mieters) 이 목의 규정에 따른, 약정한 차임의 허용에 대해 적용되는 그 사실(diejenigen Tatsachen)에 관한 정보(情報)를 제공할 의무를 진다. 주거개선조치에 대한 정보(제556조e 제2항)에 대하여 제559조b 제1항 제2문, 제3문을 준용한다.

④ 제1항a 내지 제3하에 따른 일체의 의사표시는 문면방식을 필요로 한다.

각주

(+++ § 556g: Zur Anwendung vgl. §§ 557a, 557b +++)
(+++ § 556g: Zur Nichtanwendung vgl. § 35 BGBEG +++)
(+++ § 556g: Zur Anwendung vgl. Art. 229 § 49 Abs. 2 BGBEG +++)

Unterkapitel 2 Regelungen über die Miethöhe

§ 557 Mieterhöhungen nach Vereinbarung oder Gesetz

(1) Während des Mietverhältnisses können die Parteien eine Erhöhung der Miete vereinbaren.
(2) Künftige Änderungen der Miethöhe können die Vertragsparteien als Staffelmiete nach § 557a oder als Indexmiete nach § 557b vereinbaren.
(3) Im Übrigen kann der Vermieter Mieterhöhungen nur nach Maßgabe der §§ 558 bis 560 verlangen, soweit nicht eine Erhöhung durch Vereinbarung ausgeschlossen ist oder sich der Ausschluss aus den Umständen ergibt.
(4) Eine zum Nachteil des Mieters abweichende Vereinbarung ist unwirksam.
Fußnote
(+++ § 557: Zur Anwendung vgl. § 578 Abs. 3 Satz 1 +++)

§ 557a Staffelmiete

(1) Die Miete kann für bestimmte Zeiträume in unterschiedlicher Höhe schriftlich vereinbart werden; in der Vereinbarung ist die jeweilige Miete oder die jeweilige Erhöhung in einem Geldbetrag auszuweisen (Staffelmiete).
(2) Die Miete muss jeweils mindestens ein Jahr unverändert bleiben. Während der Laufzeit einer Staffelmiete ist eine Erhöhung nach den §§ 558 bis 559b ausgeschlossen.
(3) Das Kündigungsrecht des Mieters kann für höchstens vier Jahre seit Abschluss der Staffelmietvereinbarung ausgeschlossen werden. Die Kündigung ist frühestens zum Ablauf dieses Zeitraums zulässig.
(4) Die §§ 556d bis 556g sind auf jede Mietstaffel anzuwenden. Maßgeblich für die Berechnung der nach § 556d Absatz 1 zulässigen Höhe der zweiten und aller weiteren Mietstaffeln ist statt des Beginns des Mietverhältnisses der Zeitpunkt, zu dem die erste Miete der jeweiligen Mietstaffel fällig wird. Die in einer vorangegangenen Mietstaffel wirksam begründete Miethöhe bleibt erhalten.
5) Eine zum Nachteil des Mieters abweichende Vereinbarung ist unwirksam.
Fußnote
(+++ § 557a Abs. 1 bis 3, 5: Zur Anwendung vgl. § 578 Abs. 3 Satz 1 +++)
(+++ § 557a Abs. 4: Zur Nichtanwendung vgl. § 35 BGBEG +++)

(제556조g: 그 부적용에 대하여 제557조a, 제557조b를 참조하라)
(제556조g: 그 부적용에 대하여 민법전시행법 제35항을 참조하라)
(제556조g: 그 적용에 대하여 민법전시행법 제229항목 제49조 제2항을 참조하라)

제2목 차임액에 대한 규율

제557조 약정 또는 법률에 기한 차임인상

① 사용임대차 기간 중에 당사자는 차임의 인상(eine Erhöhung der Miete)을 약정(約定)할 수 있다.

② 장래의 차임 변경은 계약당사자들이 제557조a에 따른 계단식 차임(als Staffelmiete) 또는 제557조b 물가연동차임(Indexmiete)으로 약정할 수 있다.

③ 그 밖의 경우에 차임인상이 약정에 의해 배제되지 않거나 제반사정에 기하여 그 배제가 인정되지 않는 한, 사용임대인은 제558조 내지 제560조의 기준에만 근거한(nur nach Maßgabe der §§ 558 bis 560) 차임인상을 청구할 수 있다.

④ 사용임차인의 불이익으로 위와 다르게 한 약정은 무효이다.

각주

(제557조: 그 적용에 관하여 제578조 제3항 제1문을 참조하라)

제557조a 계단식 차임

① 차임은 정해진 기간 동안에 대하여 상이한 액수로 하여(in unterschiedlicher Höhe) 서면에 의해 약정할 수 있다; 그 합의에서 각각의 차임 또는 차임인상(引上)은 금액으로 명시되어야 한다('계단식 차임'; Staffelmiete).

② 그 차임은 최소 1년씩 변경되지 않고 유지되어야 한다. 계단식 차임이 적용되는 기간 동안에(Während der Laufzeit einer Staffelmiete) 제558 내지 제559조b에 따른 차임인상은 배제(排除)된다.

③ 사용임차인의 해지권은 계단식 차임약정을 체결한 때로부터 최대 4년간(für höchstens vier Jahre seit Abschluss der Staffelmietvereinbarung) 배제될 수 있다. 그 해지는 일러도 이러한 기간이 경과한 때에 허용된다.

④ 제556조d 내지 제556조g는 각 차임구간(借賃區間; jede Mietstaffel)에 대하여는 적용하지 아니한다. 각 차임구간(借賃區間)의 1회 차임의 이행기가 도래하는 시기가, 사용임대차관계의 개시의 대신에 제556조d 제1항에 따라 허용된 액수로, 2차 차임구간 및 나머지 모든 차임구간의 액수(Höhe der zweiten und aller weiteren Mietstaffeln)의 산정에 대한 기준이 된다. 이전의 차임구간(in einer vorangegangenen Mietstaffel)서 유효하게 성립된 차임액은 존속(存續)한다.

⑤ 사용임차인의 불이익으로 위와 다르게 한 약정은 무효이다.

각주

(제557조a 제1항 내지 제3항, 제5항: 그 적용에 관하여 제578조 제3항 제1문을 참조하라)
(제557조a 제4항: 그 부적용에 관하여 민법전시행법 제35항을 참조하라)

§ 557b Indexmiete

(1) Die Vertragsparteien können schriftlich vereinbaren, dass die Miete durch den vom Statistischen Bundesamt ermittelten Preisindex für die Lebenshaltung aller privaten Haushalte in Deutschland bestimmt wird (Indexmiete).

(2) Während der Geltung einer Indexmiete muss die Miete, von Erhöhungen nach den §§ 559 bis 560 abgesehen, jeweils mindestens ein Jahr unverändert bleiben. Eine Erhöhung nach § 559 kann nur verlangt werden, soweit der Vermieter bauliche Maßnahmen auf Grund von Umständen durchgeführt hat, die er nicht zu vertreten hat. Eine Erhöhung nach § 558 ist ausgeschlossen.

(3) Eine Änderung der Miete nach Absatz 1 muss durch Erklärung in Textform geltend gemacht werden. Dabei sind die eingetretene Änderung des Preisindexes sowie die jeweilige Miete oder die Erhöhung in einem Geldbetrag anzugeben. Die geänderte Miete ist mit Beginn des übernächsten Monats nach dem Zugang der Erklärung zu entrichten.

(4) Die §§ 556d bis 556g sind nur auf die Ausgangsmiete einer Indexmietvereinbarung anzuwenden.

(5) Eine zum Nachteil des Mieters abweichende Vereinbarung ist unwirksam.

Fußnote

(+++ § 557b Abs. 1 bis 3, 5: Zur Anwendung vgl. § 578 Abs. 3 Satz 1 +++)

(+++ § 557b Abs. 4: Zur Nichtanwendung vgl. § 35 BGBEG +++)

§ 558 Mieterhöhung bis zur ortsüblichen Vergleichsmiete

(1) Der Vermieter kann die Zustimmung zu einer Erhöhung der Miete bis zur ortsüblichen Vergleichsmiete verlangen, wenn die Miete in dem Zeitpunkt, zu dem die Erhöhung eintreten soll, seit 15 Monaten unverändert ist. Das Mieterhöhungsverlangen kann frühestens ein Jahr nach der letzten Mieterhöhung geltend gemacht werden. Erhöhungen nach den §§ 559 bis 560 werden nicht berücksichtigt.

(2) Die ortsübliche Vergleichsmiete wird gebildet aus den üblichen Entgelten, die in der Gemeinde oder einer vergleichbaren Gemeinde für Wohnraum vergleichbarer Art, Größe, Ausstattung, Beschaffenheit und Lage einschließlich der energetischen Ausstattung und Beschaffenheit in den letzten sechs Jahren vereinbart oder, von Erhöhungen nach § 560 abgesehen, geändert worden sind. Ausgenommen ist Wohnraum, bei dem die Miethöhe durch Gesetz oder im Zusammenhang mit einer Förderzusage festgelegt worden ist.

(3) Bei Erhöhungen nach Absatz 1 darf sich die Miete innerhalb von drei Jahren, von Erhöhungen nach den §§ 559 bis 560 abgesehen, nicht um mehr als 20 vom Hundert erhöhen (Kappungsgrenze). Der Prozentsatz nach Satz 1 beträgt 15 vom Hundert, wenn die ausreichende Versorgung der Bevölkerung mit Mietwohnungen zu angemessenen Bedingungen in einer Gemeinde oder einem Teil einer Gemeinde besonders gefährdet ist und diese Gebiete nach Satz

제557조b 물가연동차임

① 계약당사자는, 차임이 연방통계청이 조사한 물가지수(物價指數; Preisindex)로, 독일 내 모든 민간 가계의 생계비에 대한(für die Lebenshaltung) 물가지수에 의해 정해지는 것으로 서면으로 약정할 수 있다('물가연동차임; Indexmiete).

② 물가연동차임(Indexmiete)이 적용되는 동안에 차임은, 제559조 내지 제560조에 따른 차임인상을 제외하고(von Erhöhungen nach den §§ 559 bis 560 abgesehen), 최소 1년씩 변경 없이 유지되어야만 한다. 제559조에 따른 차임인상은, 사용임대인이 자신에게 책임이 없는 사정(事情)에 기하여 건축조치를 시행(施行)한 때에만 청구(請求)될 수 있다. 제558조에 기한 차임인상은 배제(排除)된다.

③ 제1항에 따른 차임 변경은 문면방식에 의한 의사표시로 단행(斷行)되어야만 한다. 이 경우 생긴 물가지수 변동과 각각의 차임 또는 차임인상(die jeweilige Miete oder die Erhöhung)은 금액으로 명시되어야 한다. 변경된 차임은, 그 의사표시가 도달한 때로부터 다음다음 달 개시시부터 지급되어야 한다.

④ 제556조d 내지 제556조g는 물가연동차임약정의 개시차임(開始借賃; Ausgangsmiete einer Indexmietvereinbarung)에 대해서만 적용한다.

⑤ 사용임차인의 불이익으로 위와 다르게 한 약정은 무효이다.

각주

(제557조 제1항 내지 제3항, 제5항: 그 적용에 관하여 제578조 제3항 제1문을 참조하라)

(제557조b 제4항: 그 부적용에 관하여 민법전시행법 제35항을 참조하라)

제558조 해당 지역의 통상적 비교차임 이내의 차임인상

① 차임인상이 이뤄져야 하는 때로부터 15개월간(個月間)(in dem Zeitpunkt, zu dem die Erhöhung eintreten soll, seit 15 Monaten) 차임이 변경되지 않은 경우에 사용임차인은 해당 지역의 통상적 비교차임 이내의(bis zur ortsüblichen Vergleichsmiete) 차임인상에 대한 동의를 구할 수 있다. 그 차임인상요구는 빨라도 최근 차임인상이 있은 때로부터 1년 후 행해질 수 있다. 제559조 내지 제560조에 따른 차임인상은 고려되지 아니한다.

② 해당 게마인데 또는 유사한 게마인데에서 에너지 설비 및 특성을 포함하여 유사한 종류, 크기, 설비, 성상 및 위치의 주거공간에 대해(für Wohnraum vergleichbarer Art, Größe, Ausstattung, Beschaffenheit und Lage einschließlich der energetischen Ausstattung und Beschaffenheit) 최근 6년간[32] 약정되거나 변경된(제560조에 따른 차임인상을 제외함) 통상적 차임을 기초로 해당 지역의 통상적 비교차임은 산정된다. 차임액이 법률에 의해 규정되거나 자금지원약정에 관련되어 규정된 주거공간은 제외된다.

③ 제1항에 따른 차임인상의 경우 차임은, 제559조 내지 제560조에 따른 차임인상을 제외하고 3년간(innerhalb von drei Jahren) 20%를 초과하여(um mehr als 20 vom Hundert) 인상될 수 없다('차임인상한도'; 'Kappungsgrenze'). 어느 게마인데 또는 게마인데 일부지역에서(in einer Gemeinde oder einem Teil der Gemeinde) 주민들에게 임대차주택을 적절한 조건으로 충분하게 공급하는 것

3 bestimmt sind. Die Landesregierungen werden ermächtigt, diese Gebiete durch Rechtsverordnung für die Dauer von jeweils höchstens fünf Jahren zu bestimmen.

(4) Die Kappungsgrenze gilt nicht,

1. wenn eine Verpflichtung des Mieters zur Ausgleichszahlung nach den Vorschriften über den Abbau der Fehlsubventionierung im Wohnungswesen wegen des Wegfalls der öffentlichen Bindung erloschen ist und
2. soweit die Erhöhung den Betrag der zuletzt zu entrichtenden Ausgleichszahlung nicht übersteigt.

Der Vermieter kann vom Mieter frühestens vier Monate vor dem Wegfall der öffentlichen Bindung verlangen, ihm innerhalb eines Monats über die Verpflichtung zur Ausgleichszahlung und über deren Höhe Auskunft zu erteilen. Satz 1 gilt entsprechend, wenn die Verpflichtung des Mieters zur Leistung einer Ausgleichszahlung nach den §§ 34 bis 37 des Wohnraumförderungsgesetzes und den hierzu ergangenen landesrechtlichen Vorschriften wegen Wegfalls der Mietbindung erloschen ist.

(5) Von dem Jahresbetrag, der sich bei einer Erhöhung auf die ortsübliche Vergleichsmiete ergäbe, sind Drittmittel im Sinne des § 559a abzuziehen, im Falle des § 559a Absatz 1 mit 8 Prozent des Zuschusses.

(6) Eine zum Nachteil des Mieters abweichende Vereinbarung ist unwirksam.

Fußnote

(+++ § 558: Zur Anwendung vgl. § 578 Abs. 3 Satz 1 +++)

§ 558a Form und Begründung der Mieterhöhung

(1) Das Mieterhöhungsverlangen nach § 558 ist dem Mieter in Textform zu erklären und zu begründen.

(2) Zur Begründung kann insbesondere Bezug genommen werden auf

1. einen Mietspiegel (§§ 558c, 558d),
2. eine Auskunft aus einer Mietdatenbank (§ 558e),
3. ein mit Gründen versehenes Gutachten eines öffentlich bestellten und vereidigten Sachverständigen,
4. entsprechende Entgelte für einzelne vergleichbare Wohnungen; hierbei genügt die Benennung von drei Wohnungen.

(3) Enthält ein qualifizierter Mietspiegel (§ 558d Abs. 1), bei dem die Vorschrift des § 558d Abs. 2 eingehalten ist, Angaben für die Wohnung, so hat der Vermieter in seinem Mieterhöhungsverlangen diese Angaben auch dann mitzuteilen, wenn er die Mieterhöhung auf ein anderes Begründungsmittel nach Absatz 2 stützt.

(4) Bei der Bezugnahme auf einen Mietspiegel, der Spannen enthält, reicht es aus, wenn die verlangte Miete innerhalb der Spanne liegt. Ist in dem Zeitpunkt, in dem der Vermieter seine Erklärung abgibt, kein Mietspiegel vorhanden, bei dem § 558c Abs. 3 oder § 558d Abs. 2

이 어려워졌고 이러한 지역이 제3문에 따라 정해진 때에는 제1문에 따른 그 비율은 15프로이다. 주(州)정부는 법규명령으로 각각 최대 5년 동안이러한 지역으로 지정할 권한이 있다.

④ 다음의 경우에는 그 차임인상한도는 적용하지 아니한다,

1. 주택제도 내 보조금지급 오류의 제거(den Abbau der Fehlsubventionierung) 규정에 따른 보상금지급(Ausgleichszahlung)에 관한 사용임차인의 의무가 공적 통제의 해제로 인해(wegen des Wegfalls der öffentlichen Bindung) 소멸하고,
2. 그 차임인상분(借賃引上分)이 최근에 지급해야 하는 보상금지급액(Betrag der zuletzt zu entrichtenden Ausgleichszahlung)을 초과하지 않는 경우.

사용임대인은 사용임차인에게 빨라도 그 공적 의무의 해제시로부터 4개월 전에(vier Monate vor dem Wegfall der öffentlichen Bindung), 자신에게 1개월 이내에 보상금지급에 관한 의무와 그 액수에 관하여 정보를 제공해줄 것을 요구할 수 있다. 주거공간촉진법(Wohnraumförderungsgesetz) 제34조 내지 제37조와 이에 관하여 제정된 주법의 규정에 따른 보상금지급의 이행에 관한 사용임차인의 의무가 차임통제의 해제로 인하여 소멸한 때에도 제1문을 준용한다.

⑤ 해당지역 통상적 비교차임(die ortsübliche Vergleichsmiete)에 의한 차임인상시에 생기는 연간 액수에서, 제559조a상의 제3자의 자금을 차감해야 하고, 제559조a 제1항의 경우에 해당 보조금의 8%을 차감해야 한다.

⑥ 사용임차인의 불이익으로 위와 다르게 한 약정은 무효이다.

각주

(제558조: 그 적용에 관하여 제578조 제3항 제1문을 참조하라)

제558조a 차임인상의 방식과 그에 대한 이유제시

① 제558조에 따른 차임인상요구는 사용임차인에게 문면방식으로 표시되어야 하고 그 이유가 제시되어야 한다.

② 그 이유제시에 대해 특히 다음 각 호 사항이 언급된다,

1. 대표차임일람표(제558조c, 제558조d),
2. 차임데이터베이스에서 나온 정보(제558조e),
3. 공식적으로 선임(選任)되고 선서를 한 감정인의 이유를 기재한 감정서,
4. 각각의 유사한 주거에 대한 차임으로, 해당 차임에 상응하는 차임; 이 경우 3채의 주거의 언급(die Benennung)으로 족하다.

③ 제558d 제2항의 규정이 지켜져야 하는, 전문(專門)대표차임일람표(제558d 제1항)에 주거에 대한 사항이 포함된 경우에 사용임대인은, 자신이 차임인상을 제2항에 따른 다른 이유제시수단에(auf ein anderes Begründungsmittel nach Absatz 2) 근거하는 경우에도 자신의 차임인상요구에서 이러한 사항을 통지해야 한다.

④ 차임범위(Spannen)가 포함되어 있는 대표차임일람표 인용시(Bei der Bezugnahme auf einen Mietspiegel) 요구된 차임이 그 범위 안에 포함되어 있다면 그것으로 충분하다. 사용임대인이 자신의 의사표시를 한 때에 제558조c 제3항 또는 제558조d 제2항이 준수되어야 하는 대표차임일람표

eingehalten ist, so kann auch ein anderer, insbesondere ein veralteter Mietspiegel oder ein Mietspiegel einer vergleichbaren Gemeinde verwendet werden.
(5) Eine zum Nachteil des Mieters abweichende Vereinbarung ist unwirksam.

§ 558b Zustimmung zur Mieterhöhung

(1) Soweit der Mieter der Mieterhöhung zustimmt, schuldet er die erhöhte Miete mit Beginn des dritten Kalendermonats nach dem Zugang des Erhöhungsverlangens.
(2) Soweit der Mieter der Mieterhöhung nicht bis zum Ablauf des zweiten Kalendermonats nach dem Zugang des Verlangens zustimmt, kann der Vermieter auf Erteilung der Zustimmung klagen. Die Klage muss innerhalb von drei weiteren Monaten erhoben werden.
(3) Ist der Klage ein Erhöhungsverlangen vorausgegangen, das den Anforderungen des § 558a nicht entspricht, so kann es der Vermieter im Rechtsstreit nachholen oder die Mängel des Erhöhungsverlangens beheben. Dem Mieter steht auch in diesem Fall die Zustimmungsfrist nach Absatz 2 Satz 1 zu.
(4) Eine zum Nachteil des Mieters abweichende Vereinbarung ist unwirksam.

§ 558c Mietspiegel

(1) Ein Mietspiegel ist eine Übersicht über die ortsübliche Vergleichsmiete, soweit die Übersicht von der Gemeinde oder von Interessenvertretern der Vermieter und der Mieter gemeinsam erstellt oder anerkannt worden ist.
(2) Mietspiegel können für das Gebiet einer Gemeinde oder mehrerer Gemeinden oder für Teile von Gemeinden erstellt werden.
(3) Mietspiegel sollen im Abstand von zwei Jahren der Marktentwicklung angepasst werden.
(4) Gemeinden sollen Mietspiegel erstellen, wenn hierfür ein Bedürfnis besteht und dies mit einem vertretbaren Aufwand möglich ist. Die Mietspiegel und ihre Änderungen sollen veröffentlicht werden.
(5) Die Bundesregierung wird ermächtigt, durch Rechtsverordnung mit Zustimmung des Bundesrates Vorschriften über den näheren Inhalt und das Verfahren zur Aufstellung und Anpassung von Mietspiegeln zu erlassen.

§ 558d Qualifizierter Mietspiegel

(1) Ein qualifizierter Mietspiegel ist ein Mietspiegel, der nach anerkannten wissenschaftlichen Grundsätzen erstellt und von der Gemeinde oder von Interessenvertretern der Vermieter und der Mieter anerkannt worden ist.
(2) Der qualifizierte Mietspiegel ist im Abstand von zwei Jahren der Marktentwicklung anzupassen. Dabei kann eine Stichprobe oder die Entwicklung des vom Statistischen Bundesamt ermittelten Preisindexes für die Lebenshaltung aller privaten Haushalte in Deutschland zugrunde

가 없는 경우에 특히 다른 오래된 대표차임일람표(ein veralteter Mietspiegel) 또는 유사한 게마인데의 대표차임일람표도 이용될 수 있다.

⑤ 사용임차인의 불이익으로 다르게 한 약정은 무효이다.

제558조b 차임인상에 대한 동의

① 사용임차인이 차임인상에 동의하는 경우 그는 차임인상요구가 도달한 때로부터 세 번째 역월(曆月; Kalendermonat) 개시시(開始時)부터(mit) 인상된 차임을 지급할 의무를 부담한다.

② 사용임차인이 차임인상요구가 도달한 때로부터 두 번째 역월의 경과시까지 차임인상에 대해 동의를 하지 않은 경우에 사용임대인은 동의를 구하는 소(訴)를 제기할 수 있다. 그 소는 그로부터 3개월 안에(innerhalb von drei weiteren Monaten) 내에 제기되어야 한다.

③ 그 소가 제558조a상의 요구사항에 부합하지 않은 차임인상요구에 선행(先行)하는 경우에 사용임대인은 그 소송에서(im Rechtsstreit) 이를 보완(補完)하거나 차임인상요구의 하자를 시정(是正)할 수 있다. 이러한 경우에도 제2조 제1항 제1문에 따른 동의기간(die Zustimmungsfrist)이 사용임차인에게 권리로 부여된다.

④ 사용임차인의 불이익으로 위와 다르게 한 약정은 무효이다.

제558조c 대표차임일람표

① 대표차임일람표는, 게마인데 또는 사용임대인 및 사용임차인의 이익대표자(Interessenvertretern)가 공동으로 작성하거나 승인한, 해당 지역의 통상적 비교차임에 관한 개관 (eine Übersicht über die ortsübliche Vergleichsmiete)을 말한다.

② 대표차임일람표는 한 또는 여러 게마인데의 전체지역(das Gebiet)에 대하여 또는 게마인데 일부지역(Teile)에 대하여 작성될 수 있다.

③ 대표차임일람표는 2년의 간격(間隔)으로 시장의 추이(Marktentwicklung)를 반영(反映)해야 한다.

④ 그에 대한 수요가 있고 이것이 합리적 비용에 의해(mit einem vertretbaren Aufwand) 가능한 때에는 게마인데는 대표차임일람표를 작성해야 한다. 대표차임일람표와 수정된 대표차임일람표(ihre Änderungen)는 공간(公刊)되어야 한다.

⑤ 연방정부는, 연방참사원의 동의가 필요 없는 법규명령으로 대표차임일람표의 작성 및 조정(調停)에 관한 세부적 내용 및 절차(den näheren Inhalt und das Verfahren zur Aufstellung und Anpassung von Mietspiegeln)에 관한 규정을 제정할 수 있다.

제558조d 전문(專門)대표차임일람표

① 전문(專門)대표차임일람표는, 공인된 학술원리(anerkannten wissenschaftlichen Grundsätzen) 좇아 따라 작성되고 게마인데 또는 사용임대인 및 사용임차인이 공동으로 승인한 대표차임일람표를 말한다.

② 전문(專門)대표차임일람표(der qualifizierte Mietspiegel)는 2년 간격(間隔)으로 시장의 추이(推移)를 반영(反映)해야 한다. 이 경우 연방통계청이 조사한 물가지수(物價指數; Preisindex)로, 독일 내 모든 민간 가계의 생계비에 대한(für die Lebenshaltung) 물가지수의 샘플 또는 추이가 그 기초

gelegt werden. Nach vier Jahren ist der qualifizierte Mietspiegel neu zu erstellen.
(3) Ist die Vorschrift des Absatzes 2 eingehalten, so wird vermutet, dass die im qualifizierten Mietspiegel bezeichneten Entgelte die ortsübliche Vergleichsmiete wiedergeben.

§ 558e Mietdatenbank

Eine Mietdatenbank ist eine zur Ermittlung der ortsüblichen Vergleichsmiete fortlaufend geführte Sammlung von Mieten, die von der Gemeinde oder von Interessenvertretern der Vermieter und der Mieter gemeinsam geführt oder anerkannt wird und aus der Auskünfte gegeben werden, die für einzelne Wohnungen einen Schluss auf die ortsübliche Vergleichsmiete zulassen.

§ 559 Mieterhöhung nach Modernisierungsmaßnahmen

(1) Hat der Vermieter Modernisierungsmaßnahmen im Sinne des § 555b Nummer 1, 3, 4, 5 oder 6 durchgeführt, so kann er die jährliche Miete um 8 Prozent der für die Wohnung aufgewendeten Kosten erhöhen.
(2) Kosten, die für Erhaltungsmaßnahmen erforderlich gewesen wären, gehören nicht zu den aufgewendeten Kosten nach Absatz 1; sie sind, soweit erforderlich, durch Schätzung zu ermitteln.
(3) Werden Modernisierungsmaßnahmen für mehrere Wohnungen durchgeführt, so sind die Kosten angemessen auf die einzelnen Wohnungen aufzuteilen.
(3a) Bei Erhöhungen der jährlichen Miete nach Absatz 1 darf sich die monatliche Miete innerhalb von sechs Jahren, von Erhöhungen nach § 558 oder § 560 abgesehen, nicht um mehr als 3 Euro je Quadratmeter Wohnfläche erhöhen. Beträgt die monatliche Miete vor der Mieterhöhung weniger als 7 Euro pro Quadratmeter Wohnfläche, so darf sie sich abweichend von Satz 1 nicht um mehr als 2 Euro je Quadratmeter Wohnfläche erhöhen.
(4) Die Mieterhöhung ist ausgeschlossen, soweit sie auch unter Berücksichtigung der voraussichtlichen künftigen Betriebskosten für den Mieter eine Härte bedeuten würde, die auch unter Würdigung der berechtigten Interessen des Vermieters nicht zu rechtfertigen ist. Eine Abwägung nach Satz 1 findet nicht statt, wenn
1. die Mietsache lediglich in einen Zustand versetzt wurde, der allgemein üblich ist, oder
2. die Modernisierungsmaßnahme auf Grund von Umständen durchgeführt wurde, die der Vermieter nicht zu vertreten hatte.
(5) Umstände, die eine Härte nach Absatz 4 Satz 1 begründen, sind nur zu berücksichtigen, wenn sie nach § 555d Absatz 3 bis 5 rechtzeitig mitgeteilt worden sind. Die Bestimmungen über die Ausschlussfrist nach Satz 1 sind nicht anzuwenden, wenn die tatsächliche Mieterhöhung die angekündigte um mehr als 10 Prozent übersteigt.
(6) Eine zum Nachteil des Mieters abweichende Vereinbarung ist unwirksam.
Fußnote

(基礎)로 사용된다. 4년 후에 전문(專門)대표차임일람표는 새롭게 작성되어야 한다.

③ 제2항의 규정이 준수된 경우에 전문(專門)대표차임일람표에 표시된 차임(die im qualifizierten Mietspiegel bezeichneten Entgelte)이 해당지역의 통상적 비교차임을 반영한 것으로 추정된다.

제558조e 차임데이터베이스

차임데이터베이스는, 해당 지역의 통상적 비교차임을 결정하기 위해 지속적으로 관리된 차임수집물인데, 이는 게마인데 또는 사용임대인 및 사용임차인의 이익대표자에 의해 공동으로 관리되거나 승인되고, 이 차임데이터베이스에 기하여, 개별 주거에 대하여 해당 지역의 통상적 비교차임에 관한 결론을 도출하는 정보가 제공된다.

제559조 주거개선조치에 따른 차임인상

① 사용임대인이 제555조b 제1호, 제3호, 제4호, 제5호 또는 제6호상의 주거개선조치를 시행한 경우에 그는 해당 주거에 들인 비용의 8%까지(um 8 Prozent der für die Wohnung aufgewendeten Kosten) 연차임(年借賃)을 인상할 수 있다.

② 보호조치에 들어가야 할 비용은 제1항에 따른 그 소요비용(den aufgewendeten Kosten)에 포함되지 아니한다; 그 비용은 필요하면 감정에 의해(durch Schätzung) 조사한다.

③ 여러 주거(住居)에 대해 주거개선조치가 시행된 경우에 그 비용은 각각의 주거에 대하여(auf die einzelnen Wohnungen) 적절하게 할당한다.

③a 제1항에 따른 연차임의 인상에 있어 월차임은 제558조 또는 제560조를 제외하고 6년간 주거면적 평방미터당 3유로를 초과하여(um mehr als 3 Euro je Quadratmeter Wohnfläche) 인상할 수 없다. 인상 전의 월차임이 주거면적 평방미터당 7유로 미만인 경우에 그 차임은 제1문과 달리 주거면적 평방미터당 2유로를 초과하여 인상할 수 없다.

④ 그 차임인상은, 그것이 예상되는 장래의 관리비를 고려하더라도(auch unter Berücksichtigung der voraussichtlichen künftigen Betriebskosten) 사용임차인에 대하여 사용임대인의 정당한 이익을 고려했을 때에도 정당화될 수 없는 곤란을 의미하는 경우에는 배제된다. 다음 각 호의 경우에 제1문에 따른 형량(衡量)은 행해지지 않는다,

1. 임대차목적물이 단지 일반적으로 통상적(der allgemein üblich ist) 상태로(in einen Zustand) 바뀐 경우,
2. 주거개선조치가 사용임대인에게 책임이 없었던 사정으로 인하여(auf Grund von Umständen) 시행된 경우.

⑤ 제4항 제1문 따른 어려움을 발생시키는 사정은, 그것이 제555조d 제3항 내지 제5항에 따라 적시에 통지된 경우에 한하여 고려해야 한다. 실제 차임인상(die tatsächliche Mieterhöhung)이 통지된 차임인상(die angekündigte)의 10%를 넘어서(um mehr als 10 Prozent) 초과한 때에는 제1문에 따른 제척기간에 관한 규정(Die Bestimmungen über die Ausschlussfrist)을 적용(適用)하지 아니하다.

⑥ 사용임차인의 불이익으로 다르게 한 약정은 무효이다.

각주

(+++ § 559: Zur Anwendung vgl. § 578 Abs. 3 Satz 1 +++)

(+++ § 559 Abs. 4: Zur Nichtanwendung vgl. § 559c Abs. 1 Satz 3 +++)

§ 559a Anrechnung von Drittmitteln

(1) Kosten, die vom Mieter oder für diesen von einem Dritten übernommen oder die mit Zuschüssen aus öffentlichen Haushalten gedeckt werden, gehören nicht zu den aufgewendeten Kosten im Sinne des § 559.

(2) Werden die Kosten für die Modernisierungsmaßnahmen ganz oder teilweise durch zinsverbilligte oder zinslose Darlehen aus öffentlichen Haushalten gedeckt, so verringert sich der Erhöhungsbetrag nach § 559 um den Jahresbetrag der Zinsermäßigung. Dieser wird errechnet aus dem Unterschied zwischen dem ermäßigten Zinssatz und dem marktüblichen Zinssatz für den Ursprungsbetrag des Darlehens. Maßgebend ist der marktübliche Zinssatz für erstrangige Hypotheken zum Zeitpunkt der Beendigung der Modernisierungsmaßnahmen. Werden Zuschüsse oder Darlehen zur Deckung von laufenden Aufwendungen gewährt, so verringert sich der Erhöhungsbetrag um den Jahresbetrag des Zuschusses oder Darlehens.

(3) Ein Mieterdarlehen, eine Mietvorauszahlung oder eine von einem Dritten für den Mieter erbrachte Leistung für die Modernisierungsmaßnahmen stehen einem Darlehen aus öffentlichen Haushalten gleich. Mittel der Finanzierungsinstitute des Bundes oder eines Landes gelten als Mittel aus öffentlichen Haushalten.

(4) Kann nicht festgestellt werden, in welcher Höhe Zuschüsse oder Darlehen für die einzelnen Wohnungen gewährt worden sind, so sind sie nach dem Verhältnis der für die einzelnen Wohnungen aufgewendeten Kosten aufzuteilen.

(5) Eine zum Nachteil des Mieters abweichende Vereinbarung ist unwirksam.

Fußnote

(+++ § 559a: Zur Anwendung vgl. § 578 Abs. 3 Satz 1 +++)

(+++ § 559a Abs. 2 Satz 1 bis 3: Zur Nichtanwendung vgl. § 559c Abs. 1 Satz 3 +++)

§ 559b Geltendmachung der Erhöhung, Wirkung der Erhöhungserklärung

(1) Die Mieterhöhung nach § 559 ist dem Mieter in Textform zu erklären. Die Erklärung ist nur wirksam, wenn in ihr die Erhöhung auf Grund der entstandenen Kosten berechnet und entsprechend den Voraussetzungen der §§ 559 und 559a erläutert wird. § 555c Absatz 3 gilt entsprechend.

(2) Der Mieter schuldet die erhöhte Miete mit Beginn des dritten Monats nach dem Zugang der Erklärung. Die Frist verlängert sich um sechs Monate, wenn

1. der Vermieter dem Mieter die Modernisierungsmaßnahme nicht nach den Vorschriften des § 555c Absatz 1 und 3 bis 5 angekündigt hat oder

(제559조: 그 적용에 관하여 제578조 제3항 제1문을 참조하라)
(제559조 제4항: 그 부적용에 관하여 제559조c 제1항 제3문을 참조하라)

제559조a 제3자의 자금의 산입

① 사용임차인이 인수하거나 그를 위해 제3자가 인수한 비용 또는 공공회계에서 나온 보조금으로 전보(塡補)되는 비용(die mit Zuschüssen aus öffentlichen Haushalten gedeckt werden)은 제559조상의 소요비용에 포함되지 아니한다.

② 주거개선조치를 위한 비용이 전부 또는 부분적으로 공공예산으로 조성(造成)된, 보조금이 지급된 소비대차금 또는 무이자 소비대차금(zinsverbilligte oder zinslose Darlehen)으로 전보되는 경우에 제559조에 따른 차임인상은 연간이자 할인액만큼(um den Jahresbetrag der Zinsermäßigung) 감축된다. 그 차임인상분(借賃引上分)은 원래의 소비대차금액에 대한 할인된 이율과 현행 시장이율(marktüblichen Zinssatz) 간의 차액으로 산정된다. 현대화조치 종료시의 1순위 저당권에 대한 현행 시장이율(der marktübliche Zinssatz für erstrangige Hypotheken)이 그 기준이 된다. 통상적 비용을 전보(塡補)하기 위한 보조금 또는 소비대차금이 지급된 경우에 차임인상분(借賃引上分) 보조금 또는 소비대차금의 연간액수만큼(um den Jahresbetrag des Zuschusses oder Darlehens) 줄어든다.

③ 임차인소비대차금(Mieterdarlehen), 차임선급(Mietvorauszahlung) 또는 제3자가 사용임차인을 위해 제공한 주거개선조치에 대한 급부(Leistung)는 공공예산으로 조성된 소비대차금(einem Darlehen aus öffentlichen Haushalten)과 동일시된다. 연방 또는 주의 금융지원기관의 자금은 공공예산으로 조성(造成)된 자금으로 본다.

④ 얼마만큼의 보조금 또는 소비대차금이 각각의 주거에 지급된 것인지가 확정될 수 없는 경우에 이는 각각의 주거에 지출된 비용의 비율에 따라(nach dem Verhältnis der für die einzelnen Wohnungen aufgewendeten Kosten) 할당된다.

⑤ 사용임차인의 불이익으로 다르게 한 약정은 무효이다.

각주

(제559조a: 그 적용에 관하여 제578조 제3항 제1문을 참조하라)
[제559조 제2항 제1문 내지 제3문: 그 부적용에 관하여(Zur Nichtanwendung) 제559조c 제1항 제3문을 참조하라]

제559조b 차임인상의 단행, 그 인상 의사표시의 효과

① 제559조에 따른 차임인상은 문면방식으로 사용임차인에게 그 표시가 되어야 한다. 그 의사표시는, 그 인상이 발생하는 비용에 근거하여 그 의사표시에서 산정되어 있고 제559조, 제559조a의 요건에 따라 설명된 때에 한하여 효력이 있다. 제555조c 제3항을 준용한다.

② 사용임차인은 인상된 차임을 그 의사표시가 도달한 때로부터 세 번째 달의 개시시부터 지급할 의무를 부담한다. 다음 각 호의 경우에 그 기간은 6개월만큼 연장된다,

1. 사용임대인이 사용임차인에게 제555조c 제1항, 제3항 내지 제5항의 규정에 좇아 주거개선조치를 통지하지 않은 경우,

2. die tatsächliche Mieterhöhung die angekündigte um mehr als 10 Prozent übersteigt.

(3) Eine zum Nachteil des Mieters abweichende Vereinbarung ist unwirksam.

Fußnote

(+++ § 559b: Zur Anwendung vgl. § 578 Abs. 3 Satz 1 +++)

§ 559c Vereinfachtes Verfahren

(1) Übersteigen die für die Modernisierungsmaßnahme geltend gemachten Kosten für die Wohnung vor Abzug der Pauschale nach Satz 2 10 000 Euro nicht, so kann der Vermieter die Mieterhöhung nach einem vereinfachten Verfahren berechnen. Als Kosten, die für Erhaltungsmaßnahmen erforderlich gewesen wären (§ 559 Absatz 2), werden pauschal 30 Prozent der nach Satz 1 geltend gemachten Kosten abgezogen. § 559 Absatz 4 und § 559a Absatz 2 Satz 1 bis 3 finden keine Anwendung.

(2) Hat der Vermieter die Miete in den letzten fünf Jahren bereits nach Absatz 1 oder nach § 559 erhöht, so mindern sich die Kosten, die nach Absatz 1 Satz 1 für die weitere Modernisierungsmaßnahme geltend gemacht werden können, um die Kosten, die in diesen früheren Verfahren für Modernisierungsmaßnahmen geltend gemacht wurden.

(3) § 559b gilt für das vereinfachte Verfahren entsprechend. Der Vermieter muss in der Mieterhöhungserklärung angeben, dass er die Mieterhöhung nach dem vereinfachten Verfahren berechnet hat.

(4) Hat der Vermieter eine Mieterhöhung im vereinfachten Verfahren geltend gemacht, so kann er innerhalb von fünf Jahren nach Zugang der Mieterhöhungserklärung beim Mieter keine Mieterhöhungen nach § 559 geltend machen. Dies gilt nicht,

1. soweit der Vermieter in diesem Zeitraum Modernisierungsmaßnahmen auf Grund einer gesetzlichen Verpflichtung durchzuführen hat und er diese Verpflichtung bei Geltendmachung der Mieterhöhung im vereinfachten Verfahren nicht kannte oder kennen musste,
2. sofern eine Modernisierungsmaßnahme auf Grund eines Beschlusses von Wohnungseigentümern durchgeführt wird, der frühestens zwei Jahre nach Zugang der Mieterhöhungserklärung beim Mieter gefasst wurde.

(5) Für die Modernisierungsankündigung, die zu einer Mieterhöhung nach dem vereinfachten Verfahren führen soll, gilt § 555c mit den Maßgaben, dass

1. der Vermieter in der Modernisierungsankündigung angeben muss, dass er von dem vereinfachten Verfahren Gebrauch macht,
2. es der Angabe der voraussichtlichen künftigen Betriebskosten nach § 555c Absatz 1 Satz 2 Nummer 3 nicht bedarf.

Fußnote

(+++ § 559c: Zur Anwendung vgl. § 578 Abs. 3 Satz 1 +++)

2. 실제 차임인상분(tatsächliche Mieterhöhung)이 통지된 차임인상분의 10%를 넘어서 초과한 경우.

③ 사용임차인의 불이익으로 다르게 한 약정은 무효이다.

각주

(제559조b: 그 적용에 관하여 제578조 제3항 제1문을 참조하라)

제559조c 간소화된 절차

① 해당 주거에 대한 주저개선조치에 들어간 비용(die für die Modernisierungsmaßnahme geltend gemachten Kosten)이 제2문에 따른 총액을 공제하기 전 기준으로(vor Abzug der Pauschale) 10,000유로를 초과하지 않은 경우에 사용임대인이 간소화된 절차에 따라(nach einem vereinfachten Verfahren) 차임인상분(借賃引上分)을 산정할 수 있다. 제1문에 따라 들어갈 비용의 총(總) 30%(pauschal 30 Prozent der nach Satz 1)가 보존조치에 들어갈 비용(제559조 제2항)으로서 공제될 수 있다. 제559조 제4항, 제559조a 제2항 제1문 내지 제3문은 적용하지 아니한다.

② 사용임대인이 차임을 최근 5년간(in den letzten fünf Jahren) 제1항 또는 제559조에 따라 이미 인상(引上)한 경우에 제1항 제1문에 따라 추가적 주거개선조치에(für die weitere Modernisierungsmaßnahme) 들어갈 수 있는 비용(費用)이 이러한 이전 절차(節次)에서(in diesen früheren Verfahren) 주거개선조치에 들어간 비용만큼(um die Kosten) 차감(差減)될 수 있다.

③ 제559조b를 간소화된 절차에 준용한다. 사용임대인은 차임인상 의사표시에서(in der Mieterhöhungserklärung) 자신이 간소화된 절차에 따라 차임인상분(借賃引上分)을 산정했다는 점을 명시(明示)해야만 한다.

④ 사용임대인이 간소화된 절차로(im vereinfachten Verfahren) 차임인상을 단행한 경우에 그는 차임인상 의사표시가 도달한 때로부터 5년간(年間) 사용임대인에 대해 제559조에 따른 차임인상을 단행할 수 없다. 다음 각 호의 경우에는 그러하지 아니하다,

1. 사용임대인이 이러한 기간 동안에 법률상 의무에 기하여 주거현대화조치를 수행했는데 그가 간소화된 절차에 의한 차임인상 단행시(bei Geltendmachung der Mieterhöhung im vereinfachten Verfahren) 이러한 의무를 알지 못했거나 알 필요가 없었던 경우,
2. 주거개선조치가 주택구분소유권자의 결정으로, 일러도 차임인상 의사표시가 사용임차인에 대해 도달한 때로부터 2년 후에(frühestens zwei Jahre nach Zugang der Mieterhöhungserklärung) 취해진 결정에 기하여 시행된 경우

⑤ 간소화된 절차에 따라 차임인상을 가져온 주거개선조치의 통지에 대하여 다음 각 호와 같은 기준하에 제555조c를 적용한다,

1. 사용임대인이 주거개선조치의 통지에서 자신이 간소화된 절차를(von dem vereinfachten Verfahren) 이용한다는 점을 명시할 것,
2. 제555조c 제1항 제2문 제3호에 따른 장래의 예상 관리비의 명시가 요구되지 않을 것.

각주

(제559조c: 그 적용에 관하여 제578조 제3항 제1문을 참조하라)

(+++ § 559c: Zur Anwendung vgl. Art. 229 § 49 Abs. 1 Satz 3 BGBEG +++)

§ 559d Pflichtverletzungen bei Ankündigung oder Durchführung einer baulichen Veränderung

Es wird vermutet, dass der Vermieter seine Pflichten aus dem Schuldverhältnis verletzt hat, wenn

1. mit der baulichen Veränderung nicht innerhalb von zwölf Monaten nach deren angekündigtem Beginn oder, wenn Angaben hierzu nicht erfolgt sind, nach Zugang der Ankündigung der baulichen Veränderung begonnen wird,
2. in der Ankündigung nach § 555c Absatz 1 ein Betrag für die zu erwartende Mieterhöhung angegeben wird, durch den die monatliche Miete mindestens verdoppelt würde,
3. die bauliche Veränderung in einer Weise durchgeführt wird, die geeignet ist, zu erheblichen, objektiv nicht notwendigen Belastungen des Mieters zu führen, oder
4. die Arbeiten nach Beginn der baulichen Veränderung mehr als zwölf Monate ruhen.

Diese Vermutung gilt nicht, wenn der Vermieter darlegt, dass für das Verhalten im Einzelfall ein nachvollziehbarer objektiver Grund vorliegt.

Fußnote

(+++ § 559d: Zur Anwendung vgl. § 578 Abs. 3 Satz 1 +++)

(+++ § 559d: Zur Anwendung vgl. Art. 229 § 49 Abs. 1 Satz 4 BGBEG +++)

§ 560 Veränderungen von Betriebskosten

(1) Bei einer Betriebskostenpauschale ist der Vermieter berechtigt, Erhöhungen der Betriebskosten durch Erklärung in Textform anteilig auf den Mieter umzulegen, soweit dies im Mietvertrag vereinbart ist. Die Erklärung ist nur wirksam, wenn in ihr der Grund für die Umlage bezeichnet und erläutert wird.

(2) Der Mieter schuldet den auf ihn entfallenden Teil der Umlage mit Beginn des auf die Erklärung folgenden übernächsten Monats. Soweit die Erklärung darauf beruht, dass sich die Betriebskosten rückwirkend erhöht haben, wirkt sie auf den Zeitpunkt der Erhöhung der Betriebskosten, höchstens jedoch auf den Beginn des der Erklärung vorausgehenden Kalenderjahres zurück, sofern der Vermieter die Erklärung innerhalb von drei Monaten nach Kenntnis von der Erhöhung abgibt.

(3) Ermäßigen sich die Betriebskosten, so ist eine Betriebskostenpauschale vom Zeitpunkt der Ermäßigung an entsprechend herabzusetzen. Die Ermäßigung ist dem Mieter unverzüglich mitzuteilen.

(4) Sind Betriebskostenvorauszahlungen vereinbart worden, so kann jede Vertragspartei nach einer Abrechnung durch Erklärung in Textform eine Anpassung auf eine angemessene Höhe vornehmen.

(5) Bei Veränderungen von Betriebskosten ist der Grundsatz der Wirtschaftlichkeit zu beachten.

(6) Eine zum Nachteil des Mieters abweichende Vereinbarung ist unwirksam.

(제559조c: 그 적용에 관하여 민법전시행법 제229항목 제49조 제1항 제3문을 참조하라)

제559조d 구조 변경의 통지 또는 시행에 있어서의(bei Ankündigung oder Durchführung einer baulichen Veränderung) 의무위반

다음 각 호의 경우에 사용임대인이 채권관계에서 파생한(aus dem Schuldverhältnis) 자신의 의무를 위반 한 것으로 추정된다,

1. 구조변경 그 통지된 개시시로부터 12개월간 또는 이에 관하여 명시되지 않은 때에는 구조변경의 통지의 도달시로부터 12개월간 그 구조변경이 착수되지 아니한 경우,
2. 제555조c 제1항에 따른 통지에서 예상되는 그 액수로 두 배 이상으로 인상될 차임인상 액수가 명시된 경우,
3. 개관적으로 중대하고도 불필요한 사용임차인의 부담(Belastungen des Mieters)을 초래하는 데 적합한 방식으로 구조변경이 방식으로 시행된 경우,
4. 구조변경 착수 후 그 작업(die Arbeiten)이 12개월을 초과하여 중단된 경우,

사용임대인이 개별사안에서의 행위에 대해 합리적이고도 객관적(nachvollziehbarer objektiver) 사유가 있다고 명시한 경우에는 이러한 추정은 적용하지 아니한다.

각주

(559조d: 그 적용에 관하여 제578조 제3항 제1문을 참조하라)

(제559조d: 그 적용에 관하여 민법전시행법 제229항목 제49조 제1항 제4문을 참조하라)

제560조 관리비의 변경

① 관리비공제에 있어 사용임대인은, 이것이 사용임대차계약에서 약정된 경우에 문면방식에 의한 의사표시로(durch Erklärung in Textform) 관리비 인상분(引上分)(Erhöhungen der Betriebskosten)을 비율적으로 사용임차인에게 할당할 권리가 있다. 그 의사표시에서 할당에 대한 이유가 기재되고 설명된 때에 한하여 그 의사표시는 유효하다.

② 사용임차인은 그 의사표시시(意思表示時)의 다음달의 다음다음 달(auf die Erklärung folgenden übernächsten Monats)의 개시시부터 자신에게 할당된 배정액 일부를 지급할 의무를 부담한다. 관리비가 소급적으로 인상되었다는 점에 그 의사표시가 근거한 경우에 이러한 의사표시는, 사용임대인이 그 인상에 대해 알게 된 때로부터 3월 이내에 의사표시를 한 때에는 관리비 인상시로, 그 의사표시가 행해진 때의 직전 역년(歷年)의 개시시(auf den Beginn Beginn des der Erklärung vorausgehenden Kalenderjahres)로 소급한다.

③ 관리비가 인하된 경우에 관리비공제는 그 인하시부터(vom Zeitpunkt der Ermäßigung an) 그에 상응하여 감축된다. 그 감축(Die Ermäßigung)은 지체 없이 사용임차인에게 통지되어야 한다.

④ 관리비선급이 약정된 경우에 각 당사자는, 문면방식에 의한 의사표시로 하는 정산에 따라(nach einer Abrechnung durch Erklärung in Textform) 적정한 금액으로 조정을 할 수 있다.

⑤ 관리비의 변경시 경제적 효율의 원칙(der Grundsatz der Wirtschaftlichkeit)이 준수되어야 한다.

⑥ 사용임차인의 불이익으로 다르게 한 약정은 무효이다.

§ 561 Sonderkündigungsrecht des Mieters nach Mieterhöhung

(1) Macht der Vermieter eine Mieterhöhung nach § 558 oder § 559 geltend, so kann der Mieter bis zum Ablauf des zweiten Monats nach dem Zugang der Erklärung des Vermieters das Mietverhältnis außerordentlich zum Ablauf des übernächsten Monats kündigen. Kündigt der Mieter, so tritt die Mieterhöhung nicht ein.

(2) Eine zum Nachteil des Mieters abweichende Vereinbarung ist unwirksam.

Fußnote

(+++ § 561: Zur Anwendung vgl. § 578 Abs. 3 Satz 1 +++)

Kapitel 3 Pfandrecht des Vermieters

§ 562 Umfang des Vermieterpfandrechts

(1) Der Vermieter hat für seine Forderungen aus dem Mietverhältnis ein Pfandrecht an den eingebrachten Sachen des Mieters. Es erstreckt sich nicht auf die Sachen, die der Pfändung nicht unterliegen.

(2) Für künftige Entschädigungsforderungen und für die Miete für eine spätere Zeit als das laufende und das folgende Mietjahr kann das Pfandrecht nicht geltend gemacht werden.

§ 562a Erlöschen des Vermieterpfandrechts

Das Pfandrecht des Vermieters erlischt mit der Entfernung der Sachen von dem Grundstück, außer wenn diese ohne Wissen oder unter Widerspruch des Vermieters erfolgt. Der Vermieter kann nicht widersprechen, wenn sie den gewöhnlichen Lebensverhältnissen entspricht oder wenn die zurückbleibenden Sachen zur Sicherung des Vermieters offenbar ausreichen.

§ 562b Selbsthilferecht, Herausgabeanspruch

(1) Der Vermieter darf die Entfernung der Sachen, die seinem Pfandrecht unterliegen, auch ohne Anrufen des Gerichts verhindern, soweit er berechtigt ist, der Entfernung zu widersprechen. Wenn der Mieter auszieht, darf der Vermieter diese Sachen in seinen Besitz nehmen.

(2) Sind die Sachen ohne Wissen oder unter Widerspruch des Vermieters entfernt worden, so kann er die Herausgabe zum Zwecke der Zurückschaffung auf das Grundstück und, wenn der Mieter ausgezogen ist, die Überlassung des Besitzes verlangen. Das Pfandrecht erlischt mit dem Ablauf eines Monats, nachdem der Vermieter von der Entfernung der Sachen Kenntnis erlangt hat, wenn er diesen Anspruch nicht vorher gerichtlich geltend gemacht hat.

§ 562c Abwendung des Pfandrechts durch Sicherheitsleistung

Der Mieter kann die Geltendmachung des Pfandrechts des Vermieters durch Sicherheitsleistung abwenden. Er kann jede einzelne Sache dadurch von dem Pfandrecht befreien, dass er in Höhe

제561조 차임인상에 따른 사용임차인의 특별해지권

① 사용임대인이 제558조 또는 제559조에 따라 차임인상을 단행하는 경우에 사용임차인은 사용임대인의 의사표시가 도달한 때로부터 두 번째 달이 경과할 때까지 사용임대차관계에 대해 다음다음 달이 경과로써 효력이 생기는 특별해지(außerordentlich zum Ablauf des übernächsten Monats kündigen)를 할 수 있다. 사용임차인이 해지를 하는 경우 차임인상은 발생하지 아니한다.

② 사용임차인의 불이익으로 다르게 한 약정은 무효이다.

각주

(제561조: 그 적용에 관하여 제578조 제3항 제1문을 참조하라)

제3항 사용임대인의 질권(質權)

제562조 사용임대인의 질권의 범위

① 사용임대인은 임대차관계에 기한 자신의 채권을 위하여 보관하고 있는 사용임차인의 물건에 대한(an den eingebrachten Sachen des Mieters) 질권을 갖는다. 이 권리는 압류되지 아니하는 물건에 대하여는 미치지 아니한다(erstreckt sich nicht auf).

② 장래의 배상청구권과 현재 및 다음의 사용년도(使用借貸; Mietjahr)보다 더 늦은 시기의 차임(die Miete für eine spätere Zeit als das laufende und das folgende Mietjahr)을 위해서는 질권이 행사될 수 없다.

제562조a 사용임대인의 질권의 소멸

그 분리가 사용임대인이 알지 못한 채 이뤄지지 않거나 사용임대인의 이의제기에도 불구하고 시행되지 않는 한, 사용임대인의 질권은 해당 물건이 토지에서 분리됨으로써 소멸한다. 그 분리가 통상적인 생활사실관계에 부합하거나, (분리되지 않고) 남아 있는 물건(die zurückbleibenden Sachen)이 사용임대인의 담보로 충분한 것이 명백한 때에는 사용임대인은 이의를 제기할 수 없다.

제562조b 자력구제권, 인도청구권

① 사용임대인은, 그 분리에 이의를 제기할 권리를 가지는 때에는 자신의 질권이 적용되지 않는 물건의 분리(die Entfernung der Sachen)를 법원에 제소 없이 저지할 수 있다. 사용임차인이 퇴거(退去)한 경우에는 사용임대인은 이러한 물건을 자신의 점유로(in seinen Besitz) 할 수 있다.

② 그 물건이 사용임대인이 알지 못한 채 분리되거나 사용임대인의 이의제기에도 불구하고 (ohne Wissen oder unter Widerspruch des Vermieters) 분리된 경우에는 사용임대인은 토지로 이를 반환을 위하여 그 인도를 청구할 수 있고, 사용임차인이 퇴거(退去)한 때에는 점유의 이전을 청구할 수 있다. 질권은, 그가 이러한 청구권을 그 전(前)에 소(訴)로써 행사하지 않은 경우에는 사용임대인이 물건의 분리를 알게 된 후 1개월이 경과함으로써 소멸한다.

제562조c 담보 제공에 의한 질권의 회피

사용임차인은 담보 제공으로써 사용임대인의 질권의 행사(Geltendmachung)를 저지할 수 있다. 사용임차인은, 자신이 그 가치액의 담보를 제공(in Höhe ihres Wertes Sicherheit leistet)함으로써 각

ihres Wertes Sicherheit leistet.

§ 562d Pfändung durch Dritte

Wird eine Sache, die dem Pfandrecht des Vermieters unterliegt, für einen anderen Gläubiger gepfändet, so kann diesem gegenüber das Pfandrecht nicht wegen der Miete für eine frühere Zeit als das letzte Jahr vor der Pfändung geltend gemacht werden.

Kapitel 4 Wechsel der Vertragsparteien

§ 563 Eintrittsrecht bei Tod des Mieters

(1) Der Ehegatte oder Lebenspartner, der mit dem Mieter einen gemeinsamen Haushalt führt, tritt mit dem Tod des Mieters in das Mietverhältnis ein.

(2) Leben in dem gemeinsamen Haushalt Kinder des Mieters, treten diese mit dem Tod des Mieters in das Mietverhältnis ein, wenn nicht der Ehegatte oder Lebenspartner eintritt. Andere Familienangehörige, die mit dem Mieter einen gemeinsamen Haushalt führen, treten mit dem Tod des Mieters in das Mietverhältnis ein, wenn nicht der Ehegatte oder der Lebenspartner eintritt. Dasselbe gilt für Personen, die mit dem Mieter einen auf Dauer angelegten gemeinsamen Haushalt führen.

(3) Erklären eingetretene Personen im Sinne des Absatzes 1 oder 2 innerhalb eines Monats, nachdem sie vom Tod des Mieters Kenntnis erlangt haben, dem Vermieter, dass sie das Mietverhältnis nicht fortsetzen wollen, gilt der Eintritt als nicht erfolgt. Für geschäftsunfähige oder in der Geschäftsfähigkeit beschränkte Personen gilt § 210 entsprechend. Sind mehrere Personen in das Mietverhältnis eingetreten, so kann jeder die Erklärung für sich abgeben.

(4) Der Vermieter kann das Mietverhältnis innerhalb eines Monats, nachdem er von dem endgültigen Eintritt in das Mietverhältnis Kenntnis erlangt hat, außerordentlich mit der gesetzlichen Frist kündigen, wenn in der Person des Eingetretenen ein wichtiger Grund vorliegt.

(5) Eine abweichende Vereinbarung zum Nachteil des Mieters oder solcher Personen, die nach Absatz 1 oder 2 eintrittsberechtigt sind, ist unwirksam.

§ 563a Fortsetzung mit überlebenden Mietern

(1) Sind mehrere Personen im Sinne des § 563 gemeinsam Mieter, so wird das Mietverhältnis beim Tod eines Mieters mit den überlebenden Mietern fortgesetzt.

(2) Die überlebenden Mieter können das Mietverhältnis innerhalb eines Monats, nachdem sie vom Tod des Mieters Kenntnis erlangt haben, außerordentlich mit der gesetzlichen Frist kündigen.

(3) Eine abweichende Vereinbarung zum Nachteil der Mieter ist unwirksam.

§ 563b Haftung bei Eintritt oder Fortsetzung

개별 물건을 질권으로부터 해방시킬 수 있다.

제562조d 제3자의 압류

다른 채권자가 사용임대인의 질권의 적용을 받지 않는 물건을 압류한 경우에 그 다른 채권자에 대하여 그 질권은 압류 직전 해보다 빠른 시기의 차임(wegen der Miete für eine frühere Zeit als das letzte Jahr vor der Pfändung)을 원인으로 행사될 수 없다.

제4항 계약당사자의 교체

제563조 사용임차인의 사망시 승계권

① 사용임차인과 공동의 생활을 영위하는 배우자 또는 동성혼배우자(Lebenspartner)는, 사용임차인의 사망으로써 해당 사용임대차관계를 승계한다.

② 사용임차인의 자(子)가 공동의 생활을 영위(營爲)하는 경우(Leben in dem gemeinsamen Haushalt)에 그 자(子)는, 그 배우자 또는 동성혼배우자가 승계하지 않은 때에는 사용임차인의 사망으로써 해당 사용임대차관계를 승계한다. 사용임차인과 공동의 생활을 영위하는 다른 가족구성원은, 그 배우자 또는 동성혼배우자가 승계하지 않은 때에는 사용임차인의 사망으로써 해당 사용임대차관계를 승계(承繼)한다. 사용임차인과 장기간 공동(共同)의 생활(einen auf Dauer angelegten gemeinsamen Haushalt)을 영위(營爲)하는 자에 대해서도 또한 같다(Dasselbe gilt).

③ 제1항 또는 제2항상의 당사자로 참가하는 자는, 자신이 사용임대인의 사망(Tod des Mieters)을 알게 된 후 1개월 이내에 사용임대인에게 해당 사용임대차관계를 지속하려고 하지 않는다(dass sie das Mietverhältnis nicht fortsetzen wollen)는 의사를 표시한 경우에 승계(der Eintritt)는 이뤄지지 않은 것으로 본다. 수인(mehrere Personen)이 해당 임대차관계를 승계(承繼)하는 경우에 각자 자신을 위한 그 의사표시(die Erklärung für sich)를 할 수 있다.

④ 사용임대인은, 중대한 사유가 해당 승계자에게 있는 때에는(wenn in der Person des Eingetretenen ein wichtiger Grund vorliegt), 자신이 해당 사용임대차관계에 대한 최종적 승계를 알게 된 후 1개월 이내에 법정해지기간을 두고서 그 사용임대차관계에 대해 특별해지를 할 수 있다.

⑤ 사용임차인 또는 제1항 또는 제2항에 따라 승계권을 가진 그러한 자의 불이익으로 위와 다르게 한 약정은 무효이다.

제563조a 생존한 사용임차인과의 (그 임대차관계의) 지속

① 제563조에 해당하는 수인이 공동의 사용임차인인 경우에 해당 사용임대차관계는 어느 사용임차인의 사망시 생존한 사용임차인과(mit den überlebenden Mietern) 지속된다.

② 생존한 사용임차인은 자신이 사용임차인의 사망을 알게 된 후 1월 이내에 해당 사용임대차관계에 대해 법정해지기간을 두고서 특별해지를 할 수 있다.

③ 사용임차인의 불이익으로 위와 다르게 한 약정은 무효이다.

제563조b 승계 또는 지속시의 책임

(1) Die Personen, die nach § 563 in das Mietverhältnis eingetreten sind oder mit denen es nach § 563a fortgesetzt wird, haften neben dem Erben für die bis zum Tod des Mieters entstandenen Verbindlichkeiten als Gesamtschuldner. Im Verhältnis zu diesen Personen haftet der Erbe allein, soweit nichts anderes bestimmt ist.
(2) Hat der Mieter die Miete für einen nach seinem Tod liegenden Zeitraum im Voraus entrichtet, sind die Personen, die nach § 563 in das Mietverhältnis eingetreten sind oder mit denen es nach § 563a fortgesetzt wird, verpflichtet, dem Erben dasjenige herauszugeben, was sie infolge der Vorausentrichtung der Miete ersparen oder erlangen.
(3) Der Vermieter kann, falls der verstorbene Mieter keine Sicherheit geleistet hat, von den Personen, die nach § 563 in das Mietverhältnis eingetreten sind oder mit denen es nach § 563a fortgesetzt wird, nach Maßgabe des § 551 eine Sicherheitsleistung verlangen.

§ 564 Fortsetzung des Mietverhältnisses mit dem Erben, außerordentliche Kündigung
Treten beim Tod des Mieters keine Personen im Sinne des § 563 in das Mietverhältnis ein oder wird es nicht mit ihnen nach § 563a fortgesetzt, so wird es mit dem Erben fortgesetzt. In diesem Fall ist sowohl der Erbe als auch der Vermieter berechtigt, das Mietverhältnis innerhalb eines Monats außerordentlich mit der gesetzlichen Frist zu kündigen, nachdem sie vom Tod des Mieters und davon Kenntnis erlangt haben, dass ein Eintritt in das Mietverhältnis oder dessen Fortsetzung nicht erfolgt sind.

§ 565 Gewerbliche Weitervermietung
(1) Soll der Mieter nach dem Mietvertrag den gemieteten Wohnraum gewerblich einem Dritten zu Wohnzwecken weitervermieten, so tritt der Vermieter bei der Beendigung des Mietverhältnisses in die Rechte und Pflichten aus dem Mietverhältnis zwischen dem Mieter und dem Dritten ein. Schließt der Vermieter erneut einen Mietvertrag zur gewerblichen Weitervermietung ab, so tritt der Mieter anstelle der bisherigen Vertragspartei in die Rechte und Pflichten aus dem Mietverhältnis mit dem Dritten ein.
(2) Die §§ 566a bis 566e gelten entsprechend.
(3) Eine zum Nachteil des Dritten abweichende Vereinbarung ist unwirksam.

§ 566 Kauf bricht nicht Miete
(1) Wird der vermietete Wohnraum nach der Überlassung an den Mieter von dem Vermieter an einen Dritten veräußert, so tritt der Erwerber anstelle des Vermieters in die sich während der Dauer seines Eigentums aus dem Mietverhältnis ergebenden Rechte und Pflichten ein.
(2) Erfüllt der Erwerber die Pflichten nicht, so haftet der Vermieter für den von dem Erwerber zu ersetzenden Schaden wie ein Bürge, der auf die Einrede der Vorausklage verzichtet hat. Erlangt der Mieter von dem Übergang des Eigentums durch Mitteilung des Vermieters Kenntnis, so wird

① 第563조에 따라 해당 임대차관계를 승계한 자 또는 第563조a에 따라 임대차관계를 지속한 자는, 상속인과 함께 사용임차인의 사망시까지 발생한 채무(die bis zum Tod des Mieters entstandenen Verbindlichkeiten)에 대해 연대채무자로서 책임을 진다. 이러한 자들에 대한 관계에서는 다른 정함이 없는 한 상속인만(der Erbe allein)이 책임을 진다.

② 사용임차인이 차임을 그 사망 후에 남은 기간에 대해서(für einen nach seinem Tod liegenden Zeitraum) 선급(先給)한 경우에 第563조에 따라 해당 임대차관계를 승계한 자 또는 第563조a에 따라 임대차관계를 지속한 자는 그 상속인에게 자신이 그 차임의 선급으로인해 차임(借賃)을 절약하거나 얻은 것을 반환할 의무를 진다.

③ 사망한 사용임차인이 담보를 제공하지 않은 경우에(falls der verstorbene Mieter keine Sicherheit geleistet hat) 사용임대인은, 第563조에 따라 해당 임대차관계를 승계하거나 第563조a에 따라 임대차관계를 지속한 자에게 第551조의 기준에 따라 담보제공을 청구할 수 있다.

第564조 그 상속인과 사용임대차관계의 지속, 특별해지

사용임차인의 사망시 第563조상의 자가 해당 사용임대차관계를 승계하지 아니하거나 第563조a에 따른 자와(mit ihnen nach § 563a) 사용임대차관계가 지속되지 않은 경우에 그 사용임대차관계는 그 상속인과 지속된다. 이러한 경우 그 상속인뿐만 아니라 사용임대인도, 그들이 사용임차인의 사망(vom Tod des Mieters)과, 해당 임대차관계의 승계 또는 그 지속이 이뤄지지 않은 점에 대해 알게 된 후 1개월 이내에 그 사용임대차를 법정해지기간을 두고서 특별해지를 할 권리를 갖는다.

第565조 영업적 전대(轉貸; Weitervermietung)

① 사용임차인이 사용임대차계약 후 임대된 주거를 영업적으로 제3자에게 거주목적의 전대를 한 경우에 그 사용임대인은 사용임대차관계 종료시 사용임차인과 제3자 간의 전대관계에 기한 권리의무(die Rechte und Pflichten aus dem Mietverhältnis)를 승계한다. 사용임대인이 다시 영업적 전대(轉貸)를 위한 사용임대차계약(Mietvertrag zur gewerblichen Weitervermietung)을 체결한 경우에 그 사용임차인은 이전의 계약당사자에 갈음하여 제3자와의 전대관계에 기한 권리의무(die Rechte und Pflichten aus dem Mietverhältnis mit dem Dritten)를 승계한다.

② 第566조 내지 第566조e를 준용한다.

③ 제3자의 불이익으로 위와 다르게 한 약정은 무효이다.

第566조 매매는 임대차를 깨지 않는다.

① 임대된 주거공간이 사용임차인에게 인도된 후 사용임대인에 의해 양도된 경우에 양수인(Erwerber)은 사용임대인에 갈음하여 그 소유권 유지 동안에 해당 사용임대차관계에서 생긴 권리·의무(die sich während der Dauer seines Eigentums aus dem Mietverhältnis ergebenden Rechte und Pflichten)를 승계한다.

② 양수인은 그 의무를 이행하지 않은 경우에 사용임대인은 양수인이 배상해야 할 손해(den von dem Erwerber zu ersetzenden Schaden)에 대해 선소(先訴)의 항변(die Einrede der Vorausklage)을 포기한 보증인처럼 책임을 진다. 사용임차인이 사용임대인의 통지에 의해 소유권의 이전에 대해

der Vermieter von der Haftung befreit, wenn nicht der Mieter das Mietverhältnis zum ersten Termin kündigt, zu dem die Kündigung zulässig ist.

§ 566a Mietsicherheit

Hat der Mieter des veräußerten Wohnraums dem Vermieter für die Erfüllung seiner Pflichten Sicherheit geleistet, so tritt der Erwerber in die dadurch begründeten Rechte und Pflichten ein. Kann bei Beendigung des Mietverhältnisses der Mieter die Sicherheit von dem Erwerber nicht erlangen, so ist der Vermieter weiterhin zur Rückgewähr verpflichtet.

§ 566b Vorausverfügung über die Miete

(1) Hat der Vermieter vor dem Übergang des Eigentums über die Miete verfügt, die auf die Zeit der Berechtigung des Erwerbers entfällt, so ist die Verfügung wirksam, soweit sie sich auf die Miete für den zur Zeit des Eigentumsübergangs laufenden Kalendermonat bezieht. Geht das Eigentum nach dem 15. Tag des Monats über, so ist die Verfügung auch wirksam, soweit sie sich auf die Miete für den folgenden Kalendermonat bezieht.

(2) Eine Verfügung über die Miete für eine spätere Zeit muss der Erwerber gegen sich gelten lassen, wenn er sie zur Zeit des Übergangs des Eigentums kennt.

§ 566c Vereinbarung zwischen Mieter und Vermieter über die Miete

Ein Rechtsgeschäft, das zwischen dem Mieter und dem Vermieter über die Mietforderung vorgenommen wird, insbesondere die Entrichtung der Miete, ist dem Erwerber gegenüber wirksam, soweit es sich nicht auf die Miete für eine spätere Zeit als den Kalendermonat bezieht, in welchem der Mieter von dem Übergang des Eigentums Kenntnis erlangt. Erlangt der Mieter die Kenntnis nach dem 15. Tag des Monats, so ist das Rechtsgeschäft auch wirksam, soweit es sich auf die Miete für den folgenden Kalendermonat bezieht. Ein Rechtsgeschäft, das nach dem Übergang des Eigentums vorgenommen wird, ist jedoch unwirksam, wenn der Mieter bei der Vornahme des Rechtsgeschäfts von dem Übergang des Eigentums Kenntnis hat.

§ 566d Aufrechnung durch den Mieter

Soweit die Entrichtung der Miete an den Vermieter nach § 566c dem Erwerber gegenüber wirksam ist, kann der Mieter gegen die Mietforderung des Erwerbers eine ihm gegen den Vermieter zustehende Forderung aufrechnen. Die Aufrechnung ist ausgeschlossen, wenn der Mieter die Gegenforderung erworben hat, nachdem er von dem Übergang des Eigentums Kenntnis erlangt hat, oder wenn die Gegenforderung erst nach der Erlangung der Kenntnis und später als die Miete fällig geworden ist.

§ 566e Mitteilung des Eigentumsübergangs durch den Vermieter

(1) Teilt der Vermieter dem Mieter mit, dass er das Eigentum an dem vermieteten Wohnraum auf

(von dem Übergang des Eigentums) 알게 된 경우 사용임대인은, 사용임차인이 그 사용임대차를 해지가 허용된(zu dem die Kündigung zulässig ist) 첫 날에 해지하지 않은 때에 그 책임을 면(免)한다.

제566조a 임대차보증금

양도된 주거공간의 사용임차인이 사용임대인에게 자신의 의무 이행을 위해 담보를 제공한 경우 양수인은 그 담보로 성립된 권리의무(die dadurch begründeten Rechte und Pflichten) 를 승계한다. 사용임차인이 사용임대차관계 종료시(bei Beendigung des Mietverhältnisses) 담보를 양수인(讓受人)에게서 돌려받지 못한 경우에 사용임대인도 이를 반환할(zur Rückgewähr) 의무를 진다.

제566조b 차임에 대한 선처분(先處分)

① 사용임대인이 소유권 이전 전에 양수인의 권리보유기간(auf die Zeit der Berechtigung des Erwerbers)에 할당된 차임에 관하여 처분을 한 경우 그 처분은, 그 차임이 소유권 이전 당시의 현재의 역월(den zur Zeit des Eigentumsübergangs laufenden Kalendermonat)에 대한 차임에 관련된 한도 내에서 유효하다. 그 달로부터 15일 후에 소유권이 이전하는 경우에 그 처분도, 그 차임이 다음 역월(曆月)에 대한 차임(die Miete für den folgenden Kalendermonat)에 관련되는 범위 내에서 유효하다.

② 양수인은, 자신이 소유권 이전 당시 그 처분을 안 경우에는 그보다 뒤의 기간의 차임에 대한 처분을 자신에 대해 효력이 있는 것으로 수용해야만 한다(der Erwerber gegen sich gelten lassen).

제566조c 사용임차인과 사용임대인 간의 차임에 관한 약정

사용임차인과 사용임대인 간의 차임채권, 특히 차임지급에 관하여 한 법률행위는, 그것이 사용임차인이 그 소유권(所有權) 이전(移轉)을 알게 된 역월보다 뒤의 기간의 차임(die Miete für eine spätere Zeit als den Kalendermonat)에 관련되는 범위 내에서 양수인에 대하여도 효력이 있다. 사용임차인이 그 달로부터 15일 후에 알게 된 때에는 그 법률행위도, 그것이 다음 역월의 차임에 대해 관련되는 범위 내에서(soweit es sich auf die Miete für den folgenden Kalendermonat bezieht) 효력이 있다. 그럼에도 소유권 이전 후에 행해진 법률행위는, 사용임차인이 법률행위를 할 당시에 그 소유권(所有權) 이전(移轉)에 대해 안 때에는(wenn der Mieter bei der Vornahme des Rechtsgeschäfts von dem Übergang des Eigentums Kenntnis hat) 효력이 없다.

제566조d 사용임차인에 의한 상계

사용임대인에 대한 차임지급이 제566조c에 따라 양수인에 대해 효력이 있는 경우에 사용임차인은 양수인의 채권에 대해, 사용임대인에 대해 자신에게 귀속된 채권으로(eine ihm gegen den Vermieter zustehende Forderung) 상계할 수 있다. 사용임차인이 소유권 이전에 대해 안 후 반대채권을 취득한 때 또는 반대채권이 그와 같이 안 후에 비로소 이행기가 도래하고 또 차임보다 나중에 이행기가 도래한 때에는 그 상계는 배제된다.

제566조e 사용임대인에 의한 소유권 이전의 통지

① 사용임대인이 사용임차인에게 자신이 임대된 주거공간에 대한 소유권을 제3자에게 이전했음을

einen Dritten übertragen hat, so muss er in Ansehung der Mietforderung dem Mieter gegenüber die mitgeteilte Übertragung gegen sich gelten lassen, auch wenn sie nicht erfolgt oder nicht wirksam ist.
(2) Die Mitteilung kann nur mit Zustimmung desjenigen zurückgenommen werden, der als der neue Eigentümer bezeichnet worden ist.

§ 567 Belastung des Wohnraums durch den Vermieter
Wird der vermietete Wohnraum nach der Überlassung an den Mieter von dem Vermieter mit dem Recht eines Dritten belastet, so sind die §§ 566 bis 566e entsprechend anzuwenden, wenn durch die Ausübung des Rechts dem Mieter der vertragsgemäße Gebrauch entzogen wird. Wird der Mieter durch die Ausübung des Rechts in dem vertragsgemäßen Gebrauch beschränkt, so ist der Dritte dem Mieter gegenüber verpflichtet, die Ausübung zu unterlassen, soweit sie den vertragsgemäßen Gebrauch beeinträchtigen würde.

§ 567a Veräußerung oder Belastung vor der Überlassung des Wohnraums
Hat vor der Überlassung des vermieteten Wohnraums an den Mieter der Vermieter den Wohnraum an einen Dritten veräußert oder mit einem Recht belastet, durch dessen Ausübung der vertragsgemäße Gebrauch dem Mieter entzogen oder beschränkt wird, so gilt das Gleiche wie in den Fällen des § 566 Abs. 1 und des § 567, wenn der Erwerber dem Vermieter gegenüber die Erfüllung der sich aus dem Mietverhältnis ergebenden Pflichten übernommen hat.

§ 567b Weiterveräußerung oder Belastung durch Erwerber
Wird der vermietete Wohnraum von dem Erwerber weiterveräußert oder belastet, so sind § 566 Abs. 1 und die §§ 566a bis 567a entsprechend anzuwenden. Erfüllt der neue Erwerber die sich aus dem Mietverhältnis ergebenden Pflichten nicht, so haftet der Vermieter dem Mieter nach § 566 Abs. 2.

Kapitel 5 Beendigung des Mietverhältnisses

Unterkapitel 1 Allgemeine Vorschriften

§ 568 Form und Inhalt der Kündigung
(1) Die Kündigung des Mietverhältnisses bedarf der schriftlichen Form.
(2) Der Vermieter soll den Mieter auf die Möglichkeit, die Form und die Frist des Widerspruchs nach den §§ 574 bis 574b rechtzeitig hinweisen.
Fußnote
(+++ § 568 Abs. 1: Zur Anwendung vgl. § 578 Abs. 3 Satz 1 +++)

통지한 경우에 사용임대인은, 그 이전이 행해지지 않거나 효력이 없더라도, 사용임차인에게 통지된 그 이전(die mitgeteilte Übertragung)을 차임채권에 관련하여(in Ansehung der Mietforderung) 자신에 대해 효력이 있는 것으로 수용해야만 한다.

③ 그 통지는 새로운 소유권자로 표시된 자의 동의가 있는 경우에 한하여 철회할 수 있다.

제567조 사용임차인에 의한 주거공간에 대한 부담설정

임대된 주거공간에 대해 사용임대인에게 인도된 후 사용임차인이 제3자의 권리에 의한 부담을 설정한 경우에 그 권리의 행사로 인하여(durch die Ausübung des Rechts) 그 계약에 좇은 사용(der vertragsgemäße Gebrauch)이 사용임차인에게서 박탈된 때에는 제566조 내지 제566조e를 준용한다. 사용임차인이 그 권리 행사로 인하여 계약에 좇은 사용에 있어 제한을 받은(in dem vertragsgemäßen Gebrauch beschränkt) 경우에 제3자는 사용임차인에 대하여 그 행사가 계약에 좇은 사용을 침해하는 범위 내에서 그 행사를 하지 않을(die Ausübung zu unterlassen) 의무를 진다.

제567조a 주거공간의 인도 전의 양도 또는 부담설정

임대된 주거공간의 사용임차인에 대한 인도 전에(vor der Überlassung des vermieteten Wohnraums an den Mieter) 사용임대인이 주거공간을 제3자에게 양도하거나, 그 행사로 인하여 계약에 좇은 사용이 사용임차인에게 박탈되거나 제한되게 하는 권리에 의해 이에 대하여 부담이 설정된 경우에, 양수인이 사용임대인에 대하여 해당 사용임대차관계에서 생긴 의무의 이행(die Erfüllung der sich aus dem Mietverhältnis ergebenden Pflichten)을 인수한 때에는 제566조 제1항, 제567조의 경우와 같이 적용된다.

제567조b 양수인에 의한 재양도 또는 부담

양수인이 양도된 주거공간을 재양도하거나 이에 대해 부담을 설정한(weiterveräußert oder belastet) 경우에 제566조 제1항, 제566조a 내지 제567조a를 적용한다. 새로운 양수인이 해당 사용임대차관계에서 생긴 의무 (die sich aus dem Mietverhältnis ergebenden Pflichten)를 이행하지 않는 경우에 사용임대인이 제566조 제2항에 따른 사용임차인에게 책임(責任)을 진다.

제5항 사용임대차관계의 종료

제1목 총칙

제568조 해지의 방식과 내용

① 사용임대차관계의 해지는 서면방식이 요구된다.

② 사용임대인은 사용임차인에게 제574조 내지 제574조b에 따른 이의제기의 가능성, 방식과 기간에 대해 적시에 안내해 주어야 한다.

각주

(제568조 제1항: 그 적용에 관하여 제578조 제3항 제1문을 참조하라)

§ 569 Außerordentliche fristlose Kündigung aus wichtigem Grund

(1) Ein wichtiger Grund im Sinne des § 543 Abs. 1 liegt für den Mieter auch vor, wenn der gemietete Wohnraum so beschaffen ist, dass seine Benutzung mit einer erheblichen Gefährdung der Gesundheit verbunden ist. Dies gilt auch, wenn der Mieter die Gefahr bringende Beschaffenheit bei Vertragsschluss gekannt oder darauf verzichtet hat, die ihm wegen dieser Beschaffenheit zustehenden Rechte geltend zu machen.

(2) Ein wichtiger Grund im Sinne des § 543 Abs. 1 liegt ferner vor, wenn eine Vertragspartei den Hausfrieden nachhaltig stört, so dass dem Kündigenden unter Berücksichtigung aller Umstände des Einzelfalls, insbesondere eines Verschuldens der Vertragsparteien, und unter Abwägung der beiderseitigen Interessen die Fortsetzung des Mietverhältnisses bis zum Ablauf der Kündigungsfrist oder bis zur sonstigen Beendigung des Mietverhältnisses nicht zugemutet werden kann.

(2a) Ein wichtiger Grund im Sinne des § 543 Absatz 1 liegt ferner vor, wenn der Mieter mit einer Sicherheitsleistung nach § 551 in Höhe eines Betrages im Verzug ist, der der zweifachen Monatsmiete entspricht. Die als Pauschale oder als Vorauszahlung ausgewiesenen Betriebskosten sind bei der Berechnung der Monatsmiete nach Satz 1 nicht zu berücksichtigen. Einer Abhilfefrist oder einer Abmahnung nach § 543 Absatz 3 Satz 1 bedarf es nicht. Absatz 3 Nummer 2 Satz 1 sowie § 543 Absatz 2 Satz 2 sind entsprechend anzuwenden.

(3) Ergänzend zu § 543 Abs. 2 Satz 1 Nr. 3 gilt:

1. Im Falle des § 543 Abs. 2 Satz 1 Nr. 3 Buchstabe a ist der rückständige Teil der Miete nur dann als nicht unerheblich anzusehen, wenn er die Miete für einen Monat übersteigt. Dies gilt nicht, wenn der Wohnraum nur zum vorübergehenden Gebrauch vermietet ist.
2. Die Kündigung wird auch dann unwirksam, wenn der Vermieter spätestens bis zum Ablauf von zwei Monaten nach Eintritt der Rechtshängigkeit des Räumungsanspruchs hinsichtlich der fälligen Miete und der fälligen Entschädigung nach § 546a Abs. 1 befriedigt wird oder sich eine öffentliche Stelle zur Befriedigung verpflichtet. Dies gilt nicht, wenn der Kündigung vor nicht länger als zwei Jahren bereits eine nach Satz 1 unwirksam gewordene Kündigung vorausgegangen ist.
3. Ist der Mieter rechtskräftig zur Zahlung einer erhöhten Miete nach den §§ 558 bis 560 verurteilt worden, so kann der Vermieter das Mietverhältnis wegen Zahlungsverzugs des Mieters nicht vor Ablauf von zwei Monaten nach rechtskräftiger Verurteilung kündigen, wenn nicht die Voraussetzungen der außerordentlichen fristlosen Kündigung schon wegen der bisher geschuldeten Miete erfüllt sind.

(4) Der zur Kündigung führende wichtige Grund ist in dem Kündigungsschreiben anzugeben.

(5) Eine Vereinbarung, die zum Nachteil des Mieters von den Absätzen 1 bis 3 dieser Vorschrift

제569조 중대한 사유에 기한 특별즉시해지

① 임차한 주거공간의 성상이 그 이용으로 건강에 대한 중대한 위해가 발생할(dass seine Benutzung mit einer erheblichen Gefährdung der Gesundheit verbunden ist) 정도인 때에는 제543조 제1항상의 중대한 사유가 사용임차인에게 있는 것이다. 사용임차인이 계약체결시 위해를 발생시키는 성상을 알았거나, 이러한 성상으로 자신에게 귀속된 권리(ihm wegen dieser Beschaffenheit zustehenden Rechte)를 행사(行使)하는 것을 포기한 때에도 또한 같다.

② 또한 개별사안의 제반사정, 특히 계약당사자의 과책을 고려했을 때 또 양 당사자측의 이익을 고려했을 때 해지기간 경과시까지 또는 그 밖의 임대차관계의 종료시까지의 사용임대차관계의 지속(die Fortsetzung des Mietverhältnisses bis zum Ablauf der Kündigungsfrist oder bis zur sonstigen Beendigung des Mietverhältnisses)이 기대될 수 없을 정도로 계약당사자가 주거평온(Hausfrieden)을 지속적으로 방해받은 때에는 제543조 제1항상의 중대한 사유(事由)가 있는 것이다.

②a 또한 월차임 2배에 상응하는 금액에 대한 제551조에 따른 담보제공(mit einer Sicherheitsleistung nach § 551 in Höhe eines Betrages)을 지체한 때에는 제543조 제1항상의 중대한 사유가 있는 것이다. 일시급 또는 선급으로 명시된 관리비(Die als Pauschale oder als Vorauszahlung ausgewiesenen Betriebskosten)는 제1항에 따른 월차임 산정시 고려하지 아니한다. 그 중대한 사유에는 제543조 제3항에 따른 시정기간 또는 계고기간(Einer Abhilfefrist oder einer Abmahnung)가 요구되지 아니한다. 제3항 제1호 제1문, 제543조 제2항 제2문을 준용한다.

③ 제543조 제2항 제1문에 대하여 다음 각 호와 같이 추가적으로 적용된다:

1. 제543조 제2항 제1문 제3호 a목의 경우에 연체된 차임분(借賃分)(der rückständige Teil der Miete)은, 그것이 1개월의 차임을 초과하는 때에 한하여 중대(重大)한 것으로 본다. 주거공간이 일시적 사용만을 위해(nur zum vorübergehenden Gebrauch) 임대된 경우에는 그러하지 아니하다.
2. 사용임대인이 늦어도 퇴거청구권(退去請求權)의 소송계속이 발생한(nach Eintritt der Rechtshängigkeit des Räumungsanspruchs) 때로부터 2개월이 경과할 때까지 이행기가 도래한 차임과 이행기가 도래한 제546조 제1에 따른 배상에 대하여 변제를 받지 못하거나 공공기관이 그에 대해 변제를 할(zur Befriedigung) 의무를 지는 때에도 그 해지는 무효이다. 제1문에 따라 무효가 된 해지(eine nach Satz 1 unwirksam gewordene Kündigung)가 그 해지 전으로부터 2년을 넘지 않은 시기에(vor nicht länger als zwei Jahren) 이미 행해진 때에는 그러하지 아니하다.
3. 사용임차인이 제558조 내지 제560조에 따른 인상된 차임을 지급하는 인용판결이 확정된 경우에 사용임대인은, 이전에 지급할 의무가 있는 차임으로 인하여(wegen der bisher geschuldeten Miete) 특별즉시해지(特別卽時解止)의 요건(die Voraussetzungen der außerordentlichen fristlosen Kündigung)이 충족되지 않은 때에는 확정 판결시로부터 2개월의 경과하기 전(vor Ablauf von zwei Monaten nach rechtskräftiger Verurteilung)에 해당 사용임대차관계를 해지할 수 없다.

④ 해지를 가져오는 중대한 사유는 해지서면에 명시(明示)되어야 한다.

⑤ 사용임차인의 불이익으로(zum Nachteil des Mieters) 제1항 내지 제3항 또는 제543조와 다르게

oder von § 543 abweicht, ist unwirksam. Ferner ist eine Vereinbarung unwirksam, nach der der Vermieter berechtigt sein soll, aus anderen als den im Gesetz zugelassenen Gründen außerordentlich fristlos zu kündigen.

Fußnote

(+++ § 569 Abs. 3 bis 5: Zur Anwendung vgl. § 578 Abs. 3 Satz 1 +++)

§ 570 Ausschluss des Zurückbehaltungsrechts

Dem Mieter steht kein Zurückbehaltungsrecht gegen den Rückgabeanspruch des Vermieters zu.

§ 571 Weiterer Schadensersatz bei verspäteter Rückgabe von Wohnraum

(1) Gibt der Mieter den gemieteten Wohnraum nach Beendigung des Mietverhältnisses nicht zurück, so kann der Vermieter einen weiteren Schaden im Sinne des § 546a Abs. 2 nur geltend machen, wenn die Rückgabe infolge von Umständen unterblieben ist, die der Mieter zu vertreten hat. Der Schaden ist nur insoweit zu ersetzen, als die Billigkeit eine Schadloshaltung erfordert. Dies gilt nicht, wenn der Mieter gekündigt hat.

(2) Wird dem Mieter nach § 721 oder § 794a der Zivilprozessordnung eine Räumungsfrist gewährt, so ist er für die Zeit von der Beendigung des Mietverhältnisses bis zum Ablauf der Räumungsfrist zum Ersatz eines weiteren Schadens nicht verpflichtet.

(3) Eine zum Nachteil des Mieters abweichende Vereinbarung ist unwirksam.

§ 572 Vereinbartes Rücktrittsrecht; Mietverhältnis unter auflösender Bedingung

(1) Auf eine Vereinbarung, nach der der Vermieter berechtigt sein soll, nach Überlassung des Wohnraums an den Mieter vom Vertrag zurückzutreten, kann der Vermieter sich nicht berufen.

(2) Ferner kann der Vermieter sich nicht auf eine Vereinbarung berufen, nach der das Mietverhältnis zum Nachteil des Mieters auflösend bedingt ist.

Unterkapitel 2 Mietverhältnisse auf unbestimmte Zeit

§ 573 Ordentliche Kündigung des Vermieters

(1) Der Vermieter kann nur kündigen, wenn er ein berechtigtes Interesse an der Beendigung des Mietverhältnisses hat. Die Kündigung zum Zwecke der Mieterhöhung ist ausgeschlossen.

(2) Ein berechtigtes Interesse des Vermieters an der Beendigung des Mietverhältnisses liegt insbesondere vor, wenn

1. der Mieter seine vertraglichen Pflichten schuldhaft nicht unerheblich verletzt hat,
2. der Vermieter die Räume als Wohnung für sich, seine Familienangehörigen oder Angehörige seines Haushalts benötigt oder
3. der Vermieter durch die Fortsetzung des Mietverhältnisses an einer angemessenen wirtschaftlichen

한 약정은 무효이다. 사용임대인이 이 법에서 허용된 사유 이외의 사유에 기하여(aus anderen als den im Gesetz zugelassenen Gründen) 특별즉시해지를 할 권리를 갖게 하는 약정도 무효이다.
각주
(제569조 제3항 내지 제5항: 그 적용에 관하여 제578조 제3항 제1문을 참조하라)

제570조 이행거절권의 배제
사용임대인의 반환청구권에 대한 이행거절권(Zurückbehaltungsrecht)이 사용임차인에게 귀속되지 아니한다.

제571조 주거공간의 반환 지연시 추가적 손해배상
① 사용임차인이 임차한 거주광간을 사용임대차관계 종료 후 사용임대인에게 반환하지 아니한 경우에 사용임대인은, 그 반환이 사용임차인에게 책임이 없는(die der Mieter zu vertreten hat) 사정으로 인하여 행해지지 않은 때에 한하여 제546조 제2항상의 추가적 손해배상을 행사할 수 있다. 그 손해는, 공평상(公平上) 배상이 요구되는(als die Billigkeit eine Schadloshaltung erfordert) 범위 내에서 배상되어야 한다. 사용임차인이 해지를 한 때에는 그러하지 아니하다.
② 퇴거기간이 사용임차인에게 민사소송법(Zivilprozessordnung) 제721조 또는 제794조a에 따라 부여되는 경우에 그는 사용임대차관계가 종료된 기간과 관련하여 퇴거기간의 경과시까지(bis zum Ablauf der Räumungsfrist) 추가적 손해를 할 의무를 부담하지 아니한다.
③ 사용임차인의 불이익으로 위와 다르게 한 약정은 무효이다.

제572조 약정해제권; 해제조건부 사용임대차관계
① 사용임대인은 주거공간의 사용임차인에 대한 임대 후 계약을 해제할(nach Überlassung des Wohnraums an den Mieter vom Vertrag zurückzutreten) 권리를 갖게 하는 약정을 주장할 수 없다.
② 또한 사용임대인은 사용임대차관계에 대해 사용임차인의 불이익으로 해제조건부 조건이 붙게 하는 약정을 주장할 수 없다.

제2목 기간의 정함이 없는 사용임대차관계

제573조 사용임대인의 통상해지
① 사용임대인은, 자신이 사용임대차관계의 종료에 대한 정당한 이익을 가진 때에 한하여 해지할 수 있다. 차임인상을 위한 해지는 배제된다.
② 특히 다음 각 호의 경우에 사용임대차 종료에 대한 사용임차인의 정당한 이익(Ein berechtigtes Interesse)이 있는 것이다,
1. 사용임차인이 계약상 자신의 의무를 유책하게 중대하게 위반한 경우,
2. 사용임대인이 자기 자신, 자기 가족구성원 또는 세대구성원(Angehörige seines Haushalts)을 위해 주거 공간을 필요로 하는 경우,
3. 사용임대인이 사용임대차관계의 지속으로 인해 토지의 적절한 경제적 이용에 지장(支障)을 받고

Verwertung des Grundstücks gehindert und dadurch erhebliche Nachteile erleiden würde; die Möglichkeit, durch eine anderweitige Vermietung als Wohnraum eine höhere Miete zu erzielen, bleibt außer Betracht; der Vermieter kann sich auch nicht darauf berufen, dass er die Mieträume im Zusammenhang mit einer beabsichtigten oder nach Überlassung an den Mieter erfolgten Begründung von Wohnungseigentum veräußern will.

(3) Die Gründe für ein berechtigtes Interesse des Vermieters sind in dem Kündigungsschreiben anzugeben. Andere Gründe werden nur berücksichtigt, soweit sie nachträglich entstanden sind.

(4) Eine zum Nachteil des Mieters abweichende Vereinbarung ist unwirksam.

Fußnote

(+++ § 573: Zur Anwendung vgl. § 578 Abs. 3 Satz 1 +++)

§ 573a Erleichterte Kündigung des Vermieters

(1) Ein Mietverhältnis über eine Wohnung in einem vom Vermieter selbst bewohnten Gebäude mit nicht mehr als zwei Wohnungen kann der Vermieter auch kündigen, ohne dass es eines berechtigten Interesses im Sinne des § 573 bedarf. Die Kündigungsfrist verlängert sich in diesem Fall um drei Monate.

(2) Absatz 1 gilt entsprechend für Wohnraum innerhalb der vom Vermieter selbst bewohnten Wohnung, sofern der Wohnraum nicht nach § 549 Abs. 2 Nr. 2 vom Mieterschutz ausgenommen ist.

(3) In dem Kündigungsschreiben ist anzugeben, dass die Kündigung auf die Voraussetzungen des Absatzes 1 oder 2 gestützt wird.

(4) Eine zum Nachteil des Mieters abweichende Vereinbarung ist unwirksam.

Fußnote

(+++ § 573a: Zur Anwendung vgl. § 578 Abs. 3 Satz 1 +++)

§ 573b Teilkündigung des Vermieters

(1) Der Vermieter kann nicht zum Wohnen bestimmte Nebenräume oder Teile eines Grundstücks ohne ein berechtigtes Interesse im Sinne des § 573 kündigen, wenn er die Kündigung auf diese Räume oder Grundstücksteile beschränkt und sie dazu verwenden will,

1. Wohnraum zum Zwecke der Vermietung zu schaffen oder
2. den neu zu schaffenden und den vorhandenen Wohnraum mit Nebenräumen oder Grundstücksteilen auszustatten.

(2) Die Kündigung ist spätestens am dritten Werktag eines Kalendermonats zum Ablauf des übernächsten Monats zulässig.

(3) Verzögert sich der Beginn der Bauarbeiten, so kann der Mieter eine Verlängerung des Mietverhältnisses um einen entsprechenden Zeitraum verlangen.

이로로 인하여 상당한 불이익(erhebliche Nachteile)을 입은 경우; 주거공간으로서의 임대 이외의 다른 임대로(durch eine anderweitige Vermietung als Wohnraum) 보다 많은 차임을 얻으려고 하는 가능성은 고려되지 아니한다; 사용임대인은, 자신이 주택구분소유권의 계획적 성립에 관련하거나 사용임차인에 대한 인도 후 이뤄진 주택구분소유권의 성립에 관련하여 해당 임차목적물을 양도하려고 한다는 점도 주장할 수 없다.

③ 사용임대인의 정당한 이익에 대한 사유(Die Gründe für ein berechtigtes Interesse)는 해지서면에서(in dem Kündigungsschreiben)는 명시되어야 한다. (그처럼 제시된 사유 이외의) 다른 사유는, 그것이 사후적으로 발생한 경우에 한하여 고려된다.

④ 사용임차인의 불이익으로 다르게 한 약정은 무효이다.

각주

(제573조: 그 적용에 관하여 제578조 제3항 제1문을 참조하라)

제573조a 사용임대인의 완화해지(緩和解止; Erleichterte Kündigung)

① 사용임대인은, 사용임대인 직접 거주하는 건물로, 2채를 초과하지 않은 주거가 있는 건물(einem vom Vermieter selbst bewohnten Gebäude mit nicht mehr als zwei Wohnungen) 내의 한 주거에 대한 사용임대차에 대해, 제573조상의 정당한 이익이 없더라도 해지할 수 있다. 이러한 경우에 그 해지기간은 3개월만큼 연장된다.

② 사용임대인이 직접 사는 주택 내의 주거공간으로, 제549조 제2항 제2호에 따라 차임보호에서 제외되지 않은 주거공간에 대하여 제1항을 준용한다.

③ 그 해지가 제1항 또는 제2항의 요건에 근거한다는 점을 그 해지서면으로(In dem Kündigungsschreiben) 명시한다.

④ 사용임차인의 불이익으로 위와 다르게 한 약정은 무효이다.

각주

(제573조a: 그 적용에 관하여 제578조 제3항 제1문을 참조하라)

제573조b 사용임대인의 부분해지

① 사용임대인은, 해지를 이러한 공간이나 토지일부로 국한(局限)한 다음 이를 다음 각 호의 목적으로 사용하려고 하는 경우에는, 제573조상의 정당한 이익이 없이는 주거에 정해진 부수공간 또는 토지일부에 대하여 해지할 수 없다,

1. 임대를 위해 주거공간을 공급하려는 목적,
2. 새롭게 공급하는 주거공간과 현재의 주거공간(neu zu schaffenden und den vorhandenen Wohnraum)에 부수공간 또는 토지일부를 마련해 주려는 목적.

② 어느 역월(曆月)의 늦어도 세 번째 평일까지 해지가 행해지는 경우 그 해지는 그 다음다음 역월의 경과로써 효력이 발생하도록 허용된다.

③ 건축작업의 착수가 지연되는 경우에 사용임차인은, 그에 상응하는 기간만큼(um einen entsprechenden Zeitraum) 사용임대차관계의 연장을 청구할 수 있다.

(4) Der Mieter kann eine angemessene Senkung der Miete verlangen.
(5) Eine zum Nachteil des Mieters abweichende Vereinbarung ist unwirksam.
Fußnote
(+++ § 573b: Zur Anwendung vgl. § 578 Abs. 3 Satz 1 +++)

§ 573c Fristen der ordentlichen Kündigung

(1) Die Kündigung ist spätestens am dritten Werktag eines Kalendermonats zum Ablauf des übernächsten Monats zulässig. Die Kündigungsfrist für den Vermieter verlängert sich nach fünf und acht Jahren seit der Überlassung des Wohnraums um jeweils drei Monate.
(2) Bei Wohnraum, der nur zum vorübergehenden Gebrauch vermietet worden ist, kann eine kürzere Kündigungsfrist vereinbart werden.
(3) Bei Wohnraum nach § 549 Abs. 2 Nr. 2 ist die Kündigung spätestens am 15. eines Monats zum Ablauf dieses Monats zulässig.
(4) Eine zum Nachteil des Mieters von Absatz 1 oder 3 abweichende Vereinbarung ist unwirksam.
Fußnote
(+++ § 573c: Zur Anwendung vgl. § 578 Abs. 3 Satz 1 +++)

§ 573d Außerordentliche Kündigung mit gesetzlicher Frist

(1) Kann ein Mietverhältnis außerordentlich mit der gesetzlichen Frist gekündigt werden, so gelten mit Ausnahme der Kündigung gegenüber Erben des Mieters nach § 564 die §§ 573 und 573a entsprechend.
(2) Die Kündigung ist spätestens am dritten Werktag eines Kalendermonats zum Ablauf des übernächsten Monats zulässig, bei Wohnraum nach § 549 Abs. 2 Nr. 2 spätestens am 15. eines Monats zum Ablauf dieses Monats (gesetzliche Frist). § 573a Abs. 1 Satz 2 findet keine Anwendung.
(3) Eine zum Nachteil des Mieters abweichende Vereinbarung ist unwirksam.
Fußnote
(+++ § 573d: Zur Anwendung vgl. § 578 Abs. 3 Satz 1 +++)

§ 574 Widerspruch des Mieters gegen die Kündigung

(1) Der Mieter kann der Kündigung des Vermieters widersprechen und von ihm die Fortsetzung des Mietverhältnisses verlangen, wenn die Beendigung des Mietverhältnisses für den Mieter, seine Familie oder einen anderen Angehörigen seines Haushalts eine Härte bedeuten würde, die auch unter Würdigung der berechtigten Interessen des Vermieters nicht zu rechtfertigen ist. Dies gilt nicht, wenn ein Grund vorliegt, der den Vermieter zur außerordentlichen fristlosen Kündigung berechtigt.

④ 사용임차인은 차임의 적절한 인하를 청구할 수 있다.
⑤ 사용임차인의 불이익으로 위와 다르게 한 약정은 무효이다.
각주
(제573조b: 그 적용에 관하여 제578조 제3항 제1문을 참조하라)

제573조c 통상해지기간
① 어느 역월의 늦어도 세 번째 평일까지 해지가 행해지는 경우 그 해지는 그 다음다음 역월의 경과로써 효력이 발생하도록 허용된다. 사용임대인에 대한 해지기간은 주거공간의 인도시로부터 5년과 8년의 경과를 기준으로 각각 3개월씩 연장[33]된다.
② 일시적인 사용목적으로만 임대된 주거공간의 경우에 그보다 더 단기의 해지기간(eine kürzere Kündigungsfrist)이 약정될 수 있다.
③ 제549조 제2항 제2호의 따른 주거공간의 경우에는 어느 역월(曆月)의 늦어도 15일까지 해지가 행해지는 경우 그 해지는 그 달의 경과로써 효력이 발생하도록 허용된다.
④ 사용임차인의 불이익으로(Eine zum Nachteil des Mieters) 제1항 또는 제3항과 다르게 한 약정은 무효이다.
각주
(제573조c: 그 적용에 관하여 제578조 제3항 제1문을 참조하라)

제573조d 법정해지기간 두고서 하는 특별해지
① 사용임대차가 법정해지기간을 두고서 특별해지될 수 있는 경우에 제564조에 따른 사용임차인의 상속인에 대한 해지를 제외하고(mit Ausnahme der Kündigung gegenüber Erben des Mieters) 제573조, 제573조a를 준용한다.
② 어느 역월(曆月)의 늦어도 세 번째 평일까지 해지가 행해지는 경우 그 해지는 그 다음다음 역월의 경과로써 효력이 발생하도록 허용되고, 제549조 제2항 제2호에 따른 주거공간의 경우에는 어느 역월(曆月)의 늦어도 15일까지 해지가 행해지는 경우 그 해지는 그 달의 경과로써 효력이 발생하도록 허용된다('법정해지기간'; 'gesetzliche Frist').
③ 사용임차인의 불이익으로 위와 다르게 한 약정은 무효이다.
주석
(제573조d: 그 적용에 관하여 제578조 제3항 제1문을 참조하라)

제574조 해지에 대한 사용임차인의 이의제기
① 사용임대차관계의 종료가 사용임차인, 그 가족이나 그 밖의 세대구성원에 대해, 사용임대인의 정당한 이익을 고려하더라도(auch unter Würdigung der berechtigten Interessen des Vermieters) 정당화될 수 없는 곤란을 의미하는 경우에는, 사용임차인은 사용임대인의 해지에 대해 이의를 제기할 수 있고 사용임대인에 대해 사용임대차관계의 지속을 청구할 수 있다. 사용임대인이 특별즉시해지를 할 권리를 가지는 사유가 있는 경우에는 그러하지 아니한다.

(2) Eine Härte liegt auch vor, wenn angemessener Ersatzwohnraum zu zumutbaren Bedingungen nicht beschafft werden kann.
(3) Bei der Würdigung der berechtigten Interessen des Vermieters werden nur die in dem Kündigungsschreiben nach § 573 Abs. 3 angegebenen Gründe berücksichtigt, außer wenn die Gründe nachträglich entstanden sind.
(4) Eine zum Nachteil des Mieters abweichende Vereinbarung ist unwirksam.

§ 574a Fortsetzung des Mietverhältnisses nach Widerspruch

(1) Im Falle des § 574 kann der Mieter verlangen, dass das Mietverhältnis so lange fortgesetzt wird, wie dies unter Berücksichtigung aller Umstände angemessen ist. Ist dem Vermieter nicht zuzumuten, das Mietverhältnis zu den bisherigen Vertragsbedingungen fortzusetzen, so kann der Mieter nur verlangen, dass es unter einer angemessenen Änderung der Bedingungen fortgesetzt wird.
(2) Kommt keine Einigung zustande, so werden die Fortsetzung des Mietverhältnisses, deren Dauer sowie die Bedingungen, zu denen es fortgesetzt wird, durch Urteil bestimmt. Ist ungewiss, wann voraussichtlich die Umstände wegfallen, auf Grund derer die Beendigung des Mietverhältnisses eine Härte bedeutet, so kann bestimmt werden, dass das Mietverhältnis auf unbestimmte Zeit fortgesetzt wird.
(3) Eine zum Nachteil des Mieters abweichende Vereinbarung ist unwirksam.

§ 574b Form und Frist des Widerspruchs

(1) Der Widerspruch des Mieters gegen die Kündigung ist schriftlich zu erklären. Auf Verlangen des Vermieters soll der Mieter über die Gründe des Widerspruchs unverzüglich Auskunft erteilen.
(2) Der Vermieter kann die Fortsetzung des Mietverhältnisses ablehnen, wenn der Mieter ihm den Widerspruch nicht spätestens zwei Monate vor der Beendigung des Mietverhältnisses erklärt hat. Hat der Vermieter nicht rechtzeitig vor Ablauf der Widerspruchsfrist auf die Möglichkeit des Widerspruchs sowie auf dessen Form und Frist hingewiesen, so kann der Mieter den Widerspruch noch im ersten Termin des Räumungsrechtsstreits erklären.
(3) Eine zum Nachteil des Mieters abweichende Vereinbarung ist unwirksam.

§ 574c Weitere Fortsetzung des Mietverhältnisses bei unvorhergesehenen Umständen

(1) Ist auf Grund der §§ 574 bis 574b durch Einigung oder Urteil bestimmt worden, dass das Mietverhältnis auf bestimmte Zeit fortgesetzt wird, so kann der Mieter dessen weitere Fortsetzung nur verlangen, wenn dies durch eine wesentliche Änderung der Umstände gerechtfertigt ist oder wenn Umstände nicht eingetreten sind, deren vorgesehener Eintritt für die Zeitdauer der Fortsetzung bestimmend gewesen war.

② 적절한 대체공간(angemessener Ersatzwohnraum)이 합리적 조건으로 공급될 수 없는 때에도 그 어려움이 있는 것이다.
③ 사용임대인의 정당한 이익의 평가에 있어(Bei der Würdigung der berechtigten Interessen des Vermieters) 제573조 제3항에 따라 해지서면에서 명시된 사유만이 고려되나, 그 사유가 사후적으로 생긴 경우에는 그러하지 아니하다.
④ 사용임차인의 불이익으로 위와 다르게 한 약정은 무효이다.

제574조a 이의제기에 따른 사용임대차관계의 지속
① 제574조의 경우에 사용임차인은, 사용임대차관계가 제반사정을 고려했을 때(unter Berücksichtigung aller Umstände) 상당한 기간만큼 지속되도록 청구할 수 있다. 사용임대인에게 그 사용임대차관계를 종전의 계약조건으로 지속하는 것을 기대할 수 없는 경우에 사용임차인은 그 임대차관계가 조건의 적절한 변경하에서만 지속되도록 청구할 수 있다.
② 합의가 성사되지 않은 경우에 사용임대차관계의 지속, 사용임대차관계의 기간과 그 관계가 지속되는 조건(deren Dauer sowie die Bedingungen, zu denen es fortgesetzt wird)은 법원의 판결로써 결정된다. 사용임대차관계의 종료가 어려움을 의미하게 하는 사정이 언제 소멸할지 하는 예상하기 어려운 경우에(Ist ungewiss, wann voraussichtlich die Umstände wegfallen) 그 사용임대차관계는 기간의 정함이 없이(auf unbestimmte Zeit) 지속되는 것으로 정해질 수 있다.
③ 사용임차인의 불이익으로 위와 다르게 한 약정은 무효이다.

제574조b 이의제기의 방식과 기간
① 사용임차인의 해지에 대한 이의제기는 서면으로 그 의사가 표시되어야 한다. 사용임대인의 요구가 있는 경우 사용임차인은 이의제기의 사유에 관하여 지체 없이 통지해야 한다.
② 사용임차인은, 사용임차인이 자신에게 늦어도 사용임대차관계 종료시로부터 2개월 전까지(spätestens zwei Monate vor der Beendigung des Mietverhältnisses) 이의제기의 의사표시를 하지 않은 경우에는 사용임차인의 지속(Der Vermieter kann die Fortsetzung des Mietverhältnisses)을 거부할 수 있다. 사용임차인이 그 이의제기 기관 경과 전의 적시에 이의제기의 가능성과 그 방식 및 기간을 언급한 경우에는 사용임차인은 퇴거권소송(退去權訴訟)의 첫 기일에서도 이의제기의 의사표시를 할 수 있다.
③ 사용임차인의 불이익으로 위와 다르게 한 약정은 무효이다.

제574조c 예상할 수 없는 사정이 있는 경우에 있어 사용임대차관계의 추가적 지속
① 제574조 내지 제547조에 기하여 합의 또는 판결로, 기간의 정함이 있는 사용임대차관계로 지속되는 것으로 정해진 경우에 사용임차인은, 이것이 중대한 사정변경으로 정당화되거나, 그 예상된 발생이 그 사용임대차관계의 지속 기간에 대해 결정적인(deren vorgesehener Eintritt für die Zeitdauer der Fortsetzung bestimmend gewesen war) 사정이 발생하지 않은 때에는 한하여 사용임대차관계의 추가적 지속(dessen weitere Fortsetzung)을 청구할 수 있다.

(2) Kündigt der Vermieter ein Mietverhältnis, dessen Fortsetzung auf unbestimmte Zeit durch Urteil bestimmt worden ist, so kann der Mieter der Kündigung widersprechen und vom Vermieter verlangen, das Mietverhältnis auf unbestimmte Zeit fortzusetzen. Haben sich die Umstände verändert, die für die Fortsetzung bestimmend gewesen waren, so kann der Mieter eine Fortsetzung des Mietverhältnisses nur nach § 574 verlangen; unerhebliche Veränderungen bleiben außer Betracht.

(3) Eine zum Nachteil des Mieters abweichende Vereinbarung ist unwirksam.

Unterkapitel 3 Mietverhältnisse auf bestimmte Zeit

§ 575 Zeitmietvertrag

(1) Ein Mietverhältnis kann auf bestimmte Zeit eingegangen werden, wenn der Vermieter nach Ablauf der Mietzeit

1. die Räume als Wohnung für sich, seine Familienangehörigen oder Angehörige seines Haushalts nutzen will,
2. in zulässiger Weise die Räume beseitigen oder so wesentlich verändern oder instand setzen will, dass die Maßnahmen durch eine Fortsetzung des Mietverhältnisses erheblich erschwert würden, oder
3. die Räume an einen zur Dienstleistung Verpflichteten vermieten will

und er dem Mieter den Grund der Befristung bei Vertragsschluss schriftlich mitteilt. Anderenfalls gilt das Mietverhältnis als auf unbestimmte Zeit abgeschlossen.

(2) Der Mieter kann vom Vermieter frühestens vier Monate vor Ablauf der Befristung verlangen, dass dieser ihm binnen eines Monats mitteilt, ob der Befristungsgrund noch besteht. Erfolgt die Mitteilung später, so kann der Mieter eine Verlängerung des Mietverhältnisses um den Zeitraum der Verspätung verlangen.

(3) Tritt der Grund der Befristung erst später ein, so kann der Mieter eine Verlängerung des Mietverhältnisses um einen entsprechenden Zeitraum verlangen. Entfällt der Grund, so kann der Mieter eine Verlängerung auf unbestimmte Zeit verlangen. Die Beweislast für den Eintritt des Befristungsgrundes und die Dauer der Verzögerung trifft den Vermieter.

(4) Eine zum Nachteil des Mieters abweichende Vereinbarung ist unwirksam.

Fußnote

(+++ § 575: Zur Anwendung vgl. § 578 Abs. 3 Satz 1 +++)

§ 575a Außerordentliche Kündigung mit gesetzlicher Frist

(1) Kann ein Mietverhältnis, das auf bestimmte Zeit eingegangen ist, außerordentlich mit der gesetzlichen Frist gekündigt werden, so gelten mit Ausnahme der Kündigung gegenüber Erben des

② 사용임대인이 판결에 의해 기간의 정함이 없이 그 지속이 되는 것으로 정해진 사용임대차관계를 해지한 경우에 사용임차인은 그 해지에 대해 이의를 제기할 수 있고 또 그 사용임대차관계가 기간의 정함이 없이(auf unbestimmte Zeit) 지속되는 것으로 사용임대인에게 청구할 수 있다. 그 지속에 결정적인(die für die Fortsetzung bestimmend gewesen waren) 사정이 변경된 경우에 사용임차인의 사용임대차관계의 지속을 제574조에 기해서만 청구할 수 있다; 사소한 변경(變更)은 고려되지 아니한다(unerhebliche Veränderungen bleiben außer Betracht).

③ 사용임차인의 불이익으로 위와 다르게 한 약정은 무효이다.

제3목 기간의 정함이 있는 사용임대차관계

제575조 기간제사용임대차계약

① 사용임대인이 임대차기간의 경과 후에 다음 각 호와 같이 하려고 하고 또 사용임차인에게 계약체결시에 기간설정의 사유를 서면으로 통지한 경우에는, 사용임대차관계는 기간이 설정되어 개시될 수 있다,

1. 그 공간을 자신, 자신의 가족구성원 또는 세대구성원(seine Familienangehörigen oder Angehörige seines Haushalts)을 위한 주거로 이용하려는 경우,
2. 허용된 방식으로 그 공간을 없애려고 하거나, 그 조치가 사용임대차관계의 지속에 의해 현저하게 어려워질 정도로 그 공간을 중대하게 변경 또는 수선하려고 하는 경우,
3. 노무제공의무자에 대해 그 공간을 임대하려고 하는 경우,

그 밖의 경우에는 사용임대차관계는 기간의 정함이 없이(auf unbestimmte Zeit abgeschlossen) 체결된 것으로 본다.

② 사용임차인은 사용임대인에게 빨라도 그 설정기간의 경과시로부터 4개월 전에(frühestens vier Monate vor Ablauf der Befristung) 사용임대인이 자신에게 1개월 이내에 기간설정사유가 여전히 있는지 여부에 대해 통지할 것을 청구할 수 있다. 그 통지가 그 보다 후에 이뤄진 경우에 사용임차인은 지연된 기간만큼(um den Zeitraum der Verspätung) 사용임대차관계의 연장을 청구할 수 있다.

③ 기간설정사유가 그 보다 후에 비로소 발생하는 경우에 사용임차인은 그에 상응하는 기간만큼(um einen entsprechenden Zeitraum) 사용임대차관계의 연장을 청구할 수 있다. 그 사유가 소멸된 경우에 사용임차인은 기간의 정함이 없는 그 관계 연장을 청구할 있다. 기간설정사유의 발생과 지연된 기간에 대한 증명책임(Beweislast)은 사용임대인이 부담한다.

④ 사용임차인의 불이익으로 위와 다르게 한 약정은 무효이다.

주석

(제575조: 그 적용에 관하여 제578조 제3항 제1문을 참조하라)

제575조a 법정해지기간을 두고서 하는 특별해지

① 기간이 설정되어 개시된 사용임대차관계를 법정해지기간을 두고서 특별해지를 할 수 있는 경우에 제564조에 따른 사용임차인의 상속인에 대해 한 해지(mit Ausnahme der Kündigung)를 제외하

Mieters nach § 564 die §§ 573 und 573a entsprechend.

(2) Die §§ 574 bis 574c gelten entsprechend mit der Maßgabe, dass die Fortsetzung des Mietverhältnisses höchstens bis zum vertraglich bestimmten Zeitpunkt der Beendigung verlangt werden kann.

(3) Die Kündigung ist spätestens am dritten Werktag eines Kalendermonats zum Ablauf des übernächsten Monats zulässig, bei Wohnraum nach § 549 Abs. 2 Nr. 2 spätestens am 15. eines Monats zum Ablauf dieses Monats (gesetzliche Frist). § 573a Abs. 1 Satz 2 findet keine Anwendung.

(4) Eine zum Nachteil des Mieters abweichende Vereinbarung ist unwirksam.

Fußnote

(+++ § 575a Abs. 1, 3, 4: Zur Anwendung vgl. § 578 Abs. 3 Satz 1 +++)

Unterkapitel 4 Werkwohnungen

§ 576 Fristen der ordentlichen Kündigung bei Werkmietwohnungen

(1) Ist Wohnraum mit Rücksicht auf das Bestehen eines Dienstverhältnisses vermietet, so kann der Vermieter nach Beendigung des Dienstverhältnisses abweichend von § 573c Abs. 1 Satz 2 mit folgenden Fristen kündigen:

1. bei Wohnraum, der dem Mieter weniger als zehn Jahre überlassen war, spätestens am dritten Werktag eines Kalendermonats zum Ablauf des übernächsten Monats, wenn der Wohnraum für einen anderen zur Dienstleistung Verpflichteten benötigt wird;
2. spätestens am dritten Werktag eines Kalendermonats zum Ablauf dieses Monats, wenn das Dienstverhältnis seiner Art nach die Überlassung von Wohnraum erfordert hat, der in unmittelbarer Beziehung oder Nähe zur Arbeitsstätte steht, und der Wohnraum aus dem gleichen Grund für einen anderen zur Dienstleistung Verpflichteten benötigt wird.

(2) Eine zum Nachteil des Mieters abweichende Vereinbarung ist unwirksam.

§ 576a Besonderheiten des Widerspruchsrechts bei Werkmietwohnungen

(1) Bei der Anwendung der §§ 574 bis 574c auf Werkmietwohnungen sind auch die Belange des Dienstberechtigten zu berücksichtigen.

(2) Die §§ 574 bis 574c gelten nicht, wenn

1. der Vermieter nach § 576 Abs. 1 Nr. 2 gekündigt hat;
2. der Mieter das Dienstverhältnis gelöst hat, ohne dass ihm von dem Dienstberechtigten gesetzlich begründeter Anlass dazu gegeben war, oder der Mieter durch sein Verhalten dem Dienstberechtigten gesetzlich begründeten Anlass zur Auflösung des Dienstverhältnisses gegeben hat.

고 제573조, 제573조a를 준용한다.

② 제574조 내지 제574조c는, 사용임대차관계의 지속은 최대 계약상 정해진 종료시기까지(höchstens bis zum vertraglich bestimmten Zeitpunkt der Beendigung) 청구될 수 있다는 기준하에 준용한다.

③ 어느 역월(曆月)의 늦어도 세 번째 평일까지 해지가 행해지는 경우 그 해지는 그 다음다음 역월 경과로써 효력이 발생하도록 허용되고, 제549조 제2항 제2호에 따른 주거공간의 경우에는 어느 역월(曆月)의 늦어도 15일까지 해지가 행해지는 경우 그 해지는 그 달의 경과로써 효력이 발생하도록 허용된다('법정해지기간'; 'gesetzliche Frist'). 제573조a 제1항 제2문은 적용하지 아니한다.

④ 사용임차인의 불이익으로 위와 다르게 한 약정은 무효이다.

각주

(제575조a 제1항, 제3항, 제4항: 그 적용에 관하여 제578조 제3항 제1문을 참조하라)

제4목 사택(社宅)

제576조 사택(社宅)임대시 통상해지기간

① 주거공간이 고용관계의 존속을 고려하여 임대된 경우에 사용임대인은 고용관계의 종료 후 제573조c 제1항 제2문과 달리 다음과 같은 해지기간을 두고서 해지할 수 있다:

1. 사용임차인에게 2년 미만으로 제공된 주거공간의 경우에 그 주거공간이 다른 노무제공의무자를 위해 필요한 때에는, 어느 역월(曆月)의 늦어도 세 번째 평일까지 해지가 행해지는 경우 그 해지는 그 다음다음 역월 경과로써 효력이 발생하도록 하여(spätestens am dritten Werktag eines Kalendermonats zum Ablauf des übernächsten Monats),
2. 그 고용관계에 그 종류에 따라 일터와 직접 접(接)해 있거나 근처(近處)에 있는(der in unmittelbarer Beziehung oder Nähe zur Arbeitsstätte steht) 주거공간의 제공이 필요성이 있고 또한 주거공간이 그 동일한 사유에 기하여 다른 근무제공자를 위해 필요한 때에는, 어느 역월(曆月)의 늦어도 세 번째 평일까지 해지가 행해지는 경우 그 해지는 그 달의 경과로써 효력이 발생하도록 하여,

② 사용임차인의 불이익으로 위와 다르게 한 약정은 무효이다.

제576조a 사택(社宅)임대시 이의제기권에 대한 특칙

① 사택임대에 대하여 제574조 내지 제574조c를 적용함에 있어 노무권리자의 이익(Belange des Dienstberechtigten)도 고려해야 한다.

② 다음 각 호의 경우에 제574조 내지 제574조c는 적용하지 아니한다,

1. 사용임대인이 제576조 제1항 제2호에 따라 해지한 경우,
2. 노무권리자가 사용임차인에게 법률상 정당한 그 해소의 원인을 제공하지 않았는데(ohne dass ihm von dem Dienstberechtigten gesetzlich begründeter Anlass dazu gegeben war) 사용임차인이 고용관계를 해소했거나, 사용임차인이 노무권리자에게 자신의 행태에 의해 법률상 정당한, 고용관계 해소에 대한 원인을 제공한 경우,

(3) Eine zum Nachteil des Mieters abweichende Vereinbarung ist unwirksam.

§ 576b Entsprechende Geltung des Mietrechts bei Werkdienstwohnungen

(1) Ist Wohnraum im Rahmen eines Dienstverhältnisses überlassen, so gelten für die Beendigung des Rechtsverhältnisses hinsichtlich des Wohnraums die Vorschriften über Mietverhältnisse entsprechend, wenn der zur Dienstleistung Verpflichtete den Wohnraum überwiegend mit Einrichtungsgegenständen ausgestattet hat oder in dem Wohnraum mit seiner Familie oder Personen lebt, mit denen er einen auf Dauer angelegten gemeinsamen Haushalt führt.

(2) Eine zum Nachteil des Mieters abweichende Vereinbarung ist unwirksam.

Kapitel 6 Besonderheiten bei der Bildung von Wohnungseigentum an vermieteten Wohnungen

§ 577 Vorkaufsrecht des Mieters

(1) Werden vermietete Wohnräume, an denen nach der Überlassung an den Mieter Wohnungseigentum begründet worden ist oder begründet werden soll, an einen Dritten verkauft, so ist der Mieter zum Vorkauf berechtigt. Dies gilt nicht, wenn der Vermieter die Wohnräume an einen Familienangehörigen oder an einen Angehörigen seines Haushalts verkauft. Soweit sich nicht aus den nachfolgenden Absätzen etwas anderes ergibt, finden auf das Vorkaufsrecht die Vorschriften über den Vorkauf Anwendung.

(2) Die Mitteilung des Verkäufers oder des Dritten über den Inhalt des Kaufvertrags ist mit einer Unterrichtung des Mieters über sein Vorkaufsrecht zu verbinden.

(3) Die Ausübung des Vorkaufsrechts erfolgt des Mieters gegenüber dem Verkäufer.

(4) Stirbt der Mieter, so geht das Vorkaufsrecht auf diejenigen über, die in das Mietverhältnis nach § 563 Abs. 1 oder 2 eintreten.

(5) Eine zum Nachteil des Mieters abweichende Vereinbarung ist unwirksam.

Fußnote

(+++ § 577: Zur Anwendung vgl. § 578 Abs. 3 Satz 1 +++)

§ 577a Kündigungsbeschränkung bei Wohnungsumwandlung

(1) Ist an vermieteten Wohnräumen nach der Überlassung an den Mieter Wohnungseigentum begründet und das Wohnungseigentum veräußert worden, so kann sich ein Erwerber auf berechtigte Interessen im Sinne des § 573 Abs. 2 Nr. 2 oder 3 erst nach Ablauf von drei Jahren seit der Veräußerung berufen.

(1a) Die Kündigungsbeschränkung nach Absatz 1 gilt entsprechend, wenn vermieteter Wohnraum nach der Überlassung an den Mieter

1. an eine Personengesellschaft oder an mehrere Erwerber veräußert worden ist oder
2. zu Gunsten einer Personengesellschaft oder mehrerer Erwerber mit einem Recht belastet worden

③ 사용임차인의 불이익으로 위와 다르게 한 약정은 무효이다.

제576조b 준사택(準社宅; Werkdienstwohnungen)에 있어 임대차법의 준용

① 주거공간이 고용관계와 관련하여(im Rahmen eines Dienstverhältnisses) 제공된 경우에 노무제공의무자가 주로 주거공간에 가정용품을 마련하거나 주거공간에 자신의 가족 또는 장기간 공동생활을 영위하는 자(mit denen er einen auf Dauer angelegten gemeinsamen Haushalt führt)와 함께 사는 때에는, 그 주거공간에 대한 법률관계의 종료에 대하여(für die Beendigung des Rechtsverhältnisses hinsichtlich des Wohnraums) 사용임대차관계에 관한 규정을 준용한다.

② 사용임차인의 불이익으로 위와 다르게 한 약정은 무효이다.

제6항 임대된 주거에 대한 주택구분소유권의 성립시 특칙

제577조 사용임차인의 선매권(先買權; Vorkaufsrecht)

① 사용임차에 인도 후 주택구분소유권이 그에 대해 성립되거나 성립되어야 하는 임대된 주거공간이 제3자에 매도된 경우 사용임차인은 (이를) 선매(先買)(zum Vorkauf)할 권리를 갖는다. 사용임대인이 자신의 가족구성원 또는 세대구성원에게(an einen Familienangehörigen oder an einen Angehörigen seines Haushalts) 그 주거공간(die Wohnräume)을 매도(賣渡)한 경우에는 그러하지 아니하다. 다음 조항들에서 달리 정하지 않은 한, 선매권에 대하여(auf das Vorkaufsrecht) 선매매(先買)에 관한 규정(die Vorschriften über den Vorkauf)을 적용한다.

② 매매계약의 내용에 관한 매도인 또는 제3자에 대한 통지(Die Mitteilung des Verkäufers oder des Dritten)는 자신의 선매권에 관한 사용임차인의 통지와 결합되어 행해져야 한다.

③ 선매권의 행사는 매도인에 대한 사용임차인의 서면 의사표시로 행해져야 한다.

④ 사용임차인이 사망한 경우 그 선매권은 제563조 제1항 또는 제2항에 따른 해당 사용임대차관계를 승계한 자에게 이전한다.

⑤ 사용임차인의 불이익으로 위와 다르게 한 약정은 무효이다.

각주

(제577조: 그 적용에 관하여 제578조 제3항 제1문을 참조하라)

제577조a 주거전환시 해지권의 제한

① 임대된 주거공간이 사용임차인에게 인도 후 주택구분소유권이 성립되고 그 주택구분소유권이 양도된 경우에 양수인은 그 양도가 있었던 때로부터 3년이 경과한 후에 비로소 제573조 제2항 제2호, 제3호상의 정당(正當)한 이익을 주장할 수 있다.

①a 임대된 거주공간이 사용임차인에 인도된 후 다음과 같은 경우에, 제1항에 따른 해지권의 제한을 준용한다,

1. 한 인적회사 또는 여러 양수인(eine Personengesellschaft oder an mehrere Erwerber)에게 양도된 경우,
2. 한 인적회사 또는 여러 양수인의 이익을 위해 계약에 좇은 사용이 그 행사로 인해 사용임차인에

ist, durch dessen Ausübung dem Mieter der vertragsgemäße Gebrauch entzogen wird.
Satz 1 ist nicht anzuwenden, wenn die Gesellschafter oder Erwerber derselben Familie oder demselben Haushalt angehören oder vor Überlassung des Wohnraums an den Mieter Wohnungseigentum begründet worden ist.

(2) Die Frist nach Absatz 1 oder nach Absatz 1a beträgt bis zu zehn Jahre, wenn die ausreichende Versorgung der Bevölkerung mit Mietwohnungen zu angemessenen Bedingungen in einer Gemeinde oder einem Teil einer Gemeinde besonders gefährdet ist und diese Gebiete nach Satz 2 bestimmt sind. Die Landesregierungen werden ermächtigt, diese Gebiete und die Frist nach Satz 1 durch Rechtsverordnung für die Dauer von jeweils höchstens zehn Jahren zu bestimmen.

(2a) Wird nach einer Veräußerung oder Belastung im Sinne des Absatzes 1a Wohnungseigentum begründet, so beginnt die Frist, innerhalb der eine Kündigung nach § 573 Absatz 2 Nummer 2 oder 3 ausgeschlossen ist, bereits mit der Veräußerung oder Belastung nach Absatz 1a.

(3) Eine zum Nachteil des Mieters abweichende Vereinbarung ist unwirksam.

Fußnote

(+++ § 577a: Zur Anwendung vgl. § 578 Abs. 3 Satz 1 +++)

Untertitel 3 Mietverhältnisse über andere Sachen

§ 578 Mietverhältnisse über Grundstücke und Räume

(1) Auf Mietverhältnisse über Grundstücke sind die Vorschriften der §§ 550, 562 bis 562d, 566 bis 567b sowie 570 entsprechend anzuwenden.

(2) Auf Mietverhältnisse über Räume, die keine Wohnräume sind, sind die in Absatz 1 genannten Vorschriften sowie § 552 Abs. 1, § 555a Absatz 1 bis 3, §§ 555b, 555c Absatz 1 bis 4, § 555d Absatz 1 bis 6, § 555e Absatz 1 und 2, § 555f und § 569 Abs. 2 entsprechend anzuwenden. § 556c Absatz 1 und 2 sowie die auf Grund des § 556c Absatz 3 erlassene Rechtsverordnung sind entsprechend anzuwenden, abweichende Vereinbarungen sind zulässig. Sind die Räume zum Aufenthalt von Menschen bestimmt, so gilt außerdem § 569 Abs. 1 entsprechend.

(3) Auf Verträge über die Anmietung von Räumen durch eine juristische Person des öffentlichen Rechts oder einen anerkannten privaten Träger der Wohlfahrtspflege, die geschlossen werden, um die Räume Personen mit dringendem Wohnungsbedarf zum Wohnen zu überlassen, sind die in den Absätzen 1 und 2 genannten Vorschriften sowie die §§ 557, 557a Absatz 1 bis 3 und 5, § 557b Absatz 1 bis 3 und 5, die §§ 558 bis 559d, 561, 568 Absatz 1, § 569 Absatz 3 bis 5, die §§ 573 bis 573d, 575, 575a Absatz 1, 3 und 4, die §§ 577 und 577a entsprechend anzuwenden. Solche Verträge können zusätzlich zu den in § 575 Absatz 1 Satz 1 genannten Gründen auch dann auf bestimmte Zeit geschlossen werden, wenn der Vermieter die Räume nach Ablauf der Mietzeit für ihm obliegende oder ihm übertragene öffentliche Aufgaben nutzen will. Solche Verträge

계서 박탈되는 권리에 의해 부담이 설정된 경우,

그 사원(社員) 또는 양수인이 동일한 가족 또는 세대(世帶)(derselben Familie oder demselben Haushalt)에 속하거나 사용임차인에 대한 주거공간의 인도 전에 주택구분소유권이 성립된 경우에는 제1문을 적용하지 아니한다.

② 어느 게마인데 또는 게마인데 일부지역에서(in einer Gemeinde oder einem Teil der Gemeinde) 주민들에게 임대차주택(Mietwohnungen)을 적절한 조건으로(zu angemessenen Bedingungen) 충분하게 공급하는 것이 어려워졌고 이러한 지역이 제2문에 따라 지정된 경우에는 제1항 또는 제1항a에 따른 기간은 10년까지이다. 주정부는, 법규명령으로 제1문에 따른 지역 또는 기간(diese Gebiete und die Frist nach Satz 1)에 대해 각각 최대 10년 동안 정할 권한(權限)을 갖는다.

(2a) 주택구분소유권이 제1항a상의 양도 또는 부담 후에(nach einer Veräußerung oder Belastung im Sinne des Absatzes 1a) 성립된 경우에 제573조 제2항 제2호 또는 제3호에 따른 해지가 배제(排除)된 기간(其間)은, 제1항a에 따른 그 양도(讓渡) 또는 부담(負擔)으로써 이미 개시한다.

③ 사용임차인의 불이익으로 위와 다르게 한 약정은 무효이다.

각주

(제577조a: 그 적용에 관하여 제578조 제3항 제1문을 참조하라)

제3관 그 밖의 물건에 대한 사용임대차

제578조 토지와 공간에 대한 사용임대차관계

① 토지에 대한 사용임대차에 대하여 제550조, 제562조 내지 제562조d, 제566조 내지 제567조, 제570조를 준용한다.

② 주거공간이 아닌 공간에 대한 사용임대차에 대하여(Auf Mietverhältnisse über Räume, die keine Wohnräume sind) 제1상의 규정들, 제552조 제1항, 제555조a 제1항 내지 제3항, 제555조b, 제555조c 제1항 내지 제4항, 제555조d 제1항 내지 제6항, 제555조e 제1항, 제2항, 제555조f, 제569조 제2항을 준용한다. 제556조c 제1항, 제2항, 제556조c 제3항에 기하여 제정된 법규명령은 준용하고, 이와 다르게 한 약정은 허용된다. 공간이 인간의 체재(滯在)를 위해 제공된 경우(Sind die Räume zum Aufenthalt von Menschen bestimmt) 제569제 그 밖에 제1항을 준용한다.

③ 공법상 법인 또는 민간사회복지주체(einen anerkannten privaten Träger der Wohlfahrtspflege)에 의한 임대차에 관한 계약으로, 긴급한 주거에 대한 거주수요가 있는 사람에게 공간을 제공하기 위하여(um die Räume Personen mit dringendem Wohnungsbedarf zum Wohnen zu überlassen) 체결된 계약에 대하여(Auf Verträge), 제1항, 제2항상의 규정들(die in den Absätzen 1 und 2 genannten Vorschriften)과 제557조, 제557조a 제1항 내지 제3항, 제5항, 제557조b 제1항 내지 제3항, 제5항, 제 558조 내지 제559조d, 제561조, 제568조 제1항, 제569조 제3항 내지 제5항, 제573조 내지 제57조3d, 제575조, 제575조a 제1항, 제3항, 제4항, 제577조, 제577조a를 준용(準用)한다. 사용임대인이 자신이 이행해야 하거나 위탁(委託)된 공법상 임무를 위한 임대차의 기간이 경과 한 후에 그 공간을 이용하려고 하는 때에도(wenn der Vermieter die Räume nach Ablauf der Mietzeit für ihm

können zusätzlich zu den in § 575 Absatz 1 Satz 1 genannten Gründen auch dann auf bestimmte Zeit geschlossen werden, wenn der Vermieter die Räume nach Ablauf der Mietzeit für ihm obliegende oder ihm übertragene öffentliche Aufgaben nutzen will.
Fußnote
(+++ § 578 Abs. 3: Zur Nichtanwendung vgl. Art. 229 § 49 Abs. 3 BGBEG +++)

§ 578a Mietverhältnisse über eingetragene Schiffe
(1) Die Vorschriften der §§ 566, 566a, 566e bis 567b gelten im Falle der Veräußerung oder Belastung eines im Schiffsregister eingetragenen Schiffs entsprechend.
(2) Eine Verfügung, die der Vermieter vor dem Übergang des Eigentums über die Miete getroffen hat, die auf die Zeit der Berechtigung des Erwerbers entfällt, ist dem Erwerber gegenüber wirksam. Das Gleiche gilt für ein Rechtsgeschäft, das zwischen dem Mieter und dem Vermieter über die Mietforderung vorgenommen wird, insbesondere die Entrichtung der Miete; ein Rechtsgeschäft, das nach dem Übergang des Eigentums vorgenommen wird, ist jedoch unwirksam, wenn der Mieter bei der Vornahme des Rechtsgeschäfts von dem Übergang des Eigentums Kenntnis hat. § 566d gilt entsprechend.

§ 579 Fälligkeit der Miete
(1) Die Miete für ein Grundstück und für bewegliche Sachen ist am Ende der Mietzeit zu entrichten. Ist die Miete nach Zeitabschnitten bemessen, so ist sie zu entrichten. Die Miete für ein Grundstück ist, sofern sie nicht nach kürzeren Zeitabschnitten bemessen ist, jeweils nach Ablauf eines Kalendervierteljahrs am ersten Werktag des folgenden Monats zu entrichten.
(2) Für Mietverhältnisse über Räume gilt § 556b Abs. 1 entsprechend.

§ 580 Außerordentliche Kündigung bei Tod des Mieters
Stirbt der Mieter, so ist sowohl der Erbe als auch der Vermieter berechtigt, das Mietverhältnis innerhalb eines Monats, nachdem sie vom Tod des Mieters Kenntnis erlangt haben, außerordentlich mit der gesetzlichen Frist zu kündigen.

§ 580a Kündigungsfristen
(1) Bei einem Mietverhältnis über Grundstücke, über Räume, die keine Geschäftsräume sind, ist die ordentliche Kündigung zulässig,
1. wenn die Miete nach Tagen bemessen ist, an jedem Tag zum Ablauf des folgenden Tages;
2. wenn die Miete nach Wochen bemessen ist, spätestens am ersten Werktag einer Woche zum Ablauf des folgenden Sonnabends;
3. wenn die Miete nach Monaten oder längeren Zeitabschnitten bemessen ist, spätestens am dritten Werktag eines Kalendermonats zum Ablauf des übernächsten Monats, bei einem Mietverhältnis

obliegende oder ihm übertragene öffentliche Aufgaben nutzen will) 그러한 계약은 제575조 제1항 제1문상의 사유(事由) 이외의 사유로(zusätzlich zu den in § 575 Absatz 1 Satz 1 genannten Gründen) 기간이 설정되어(auf bestimmte Zeit) 체결(締結)될 수 있다.

각주

(제578조 제3항: 그 적용에 관하여 민법전시행법 제229항목 제49조 제3항을 참조하라)

제578조a 등기된 선박에 대한 사용임대차

① 선박등기부에 등기된 선박의 양도 또는 이에 대한 부담의 경우에 제566조, 제566조a, 제566조e 내지 제567조b의 규정을 준용한다.

② 사용임대인치 그 소유권 이전 전(前)에 양수인의 권리보유기간에 할당된(die auf die Zeit der Berechtigung des Erwerbers entfällt) 차임에 관하여 한 처분은, 양수인에 대하여 효력을 갖는다. 사용임차인과 사용임대인 간에 차임채권, 특히 차임 지급에 관하여 행해진 법률행위(das zwischen dem Mieter und dem Vermieter über die Mietforderung vorgenommen wird, insbesondere die Entrichtung der Miete)에 대해서도 또한 같다; 그럼에도 소유권 이전 후 행해진 법률행위는, 사용임차인이 그 법률행위를 할 당시에 소유권 이전에 관하여 안 때에는 무효이다. 제566조d를 준용한다.

제579조 차임의 이행기

① 토지와 부동산에 대한 차임은 임대차기간 종료시에 지급되어야 한다. 차임이 차임기(借賃期)에 따라 산정된 경우에 그 차임은 각 차임기(借賃期) 경과 후에 지급되어야 한다. 토지에 대한 차임은, (역에 의한 분기)보다 짧은 차임기(借賃期)에 따라 산정되지 않는 한, 각각 역(曆)에 의한 분기의 경과한 후의 다음 달 첫째 평일에 지급되어야 한다.

② 공간에 관한 사용임대차에 대하여 제556조 제1항을 준용한다.

제580조 사용임차인의 사망시 특별해지

사용임차인이 사망한 경우 그 상속인뿐만 아니라 사용임대인도 사용임차인의 사망을 안 후 1개월 이내에 사용임대차관계를 법정해지기간을 두고서 특별해지를 할 권리를 갖는다.

제580조a 해지기간

① 토지나 영업장이 아닌 공간(Räume, die keine Geschäftsräume sind)에 관한 사용임대차에 있어 다음 각 호와 같이 통상해지가 허용된다,

1. 날에 따라 차임이 산정된 경우에는 각 날에 해지를 하는 경우 그 해지는 다음날 경과로 효력이 발생하도록;
2. 주에 따라 차임이 산정된 경우에는 어느 주의 첫째 평일에 해지를 하는 경우 그 해지는 다음 토요일의 경과로 해지의 효력이 발생하도록;
3. 차임이 월 또는 그 보다 긴 차임기(借賃期)에 따라 산정된 경우에는, 어느 달의 세 번째 평일에 해지를 하는 경우 그 해지는 다음다음 달의 경과로 효력이 발생하도록, 영업적으로 이용되는

über gewerblich genutzte unbebaute Grundstücke jedoch nur zum Ablauf eines Kalendervierteljahrs.

(2) Bei einem Mietverhältnis über Geschäftsräume ist die ordentliche Kündigung spätestens am dritten Werktag eines Kalendervierteljahres zum Ablauf des nächsten Kalendervierteljahrs zulässig.

(3) Bei einem Mietverhältnis über bewegliche Sachen ist die ordentliche Kündigung zulässig,

1. wenn die Miete nach Tagen bemessen ist, an jedem Tag zum Ablauf des folgenden Tages;
2. wenn die Miete nach längeren Zeitabschnitten bemessen ist, spätestens am dritten Tag vor dem Tag, mit dessen Ablauf das Mietverhältnis enden soll.

(4) Absatz 1 Nr. 3, Absatz 2 und 3 Nr. 2 sind auch anzuwenden, wenn ein Mietverhältnis außerordentlich mit der gesetzlichen Frist gekündigt werden kann.

Untertitel 4 Pachtvertrag

§ 581 Vertragstypische Pflichten beim Pachtvertrag

(1) Durch den Pachtvertrag wird der Verpächter verpflichtet, dem Pächter den Gebrauch des verpachteten Gegenstands und den Genuss der Früchte, soweit sie nach den Regeln einer ordnungsmäßigen Wirtschaft als Ertrag anzusehen sind, während der Pachtzeit zu gewähren. Der Pächter ist verpflichtet, dem Verpächter die vereinbarte Pacht zu entrichten.

(2) Auf den Pachtvertrag mit Ausnahme des Landpachtvertrags sind, soweit sich nicht aus den §§ 582 bis 584b etwas anderes ergibt, die Vorschriften über den Mietvertrag entsprechend anzuwenden.

§ 582 Erhaltung des Inventars

(1) Wird ein Grundstück mit Inventar verpachtet, so obliegt dem Pächter die Erhaltung der einzelnen Inventarstücke.

(2) Der Verpächter ist verpflichtet, Inventarstücke zu ersetzen, die infolge eines vom Pächter nicht zu vertretenden Umstands in Abgang kommen. Der Pächter hat jedoch den gewöhnlichen Abgang der zum Inventar gehörenden Tiere insoweit zu ersetzen, als dies einer ordnungsmäßigen Wirtschaft entspricht.

§ 582a Inventarübernahme zum Schätzwert

(1) Übernimmt der Pächter eines Grundstücks das Inventar zum Schätzwert mit der Verpflichtung, es bei Beendigung des Pachtverhältnisses zum Schätzwert zurückzugewähren, so trägt er die Gefahr des zufälligen Untergangs und der zufälligen Verschlechterung des Inventars. Innerhalb der Grenzen einer ordnungsmäßigen Wirtschaft kann er über die einzelnen Inventarstücke verfügen.

(2) Der Pächter hat das Inventar in dem Zustand zu erhalten und in dem Umfang laufend zu ersetzen, der den Regeln einer ordnungsmäßigen Wirtschaft entspricht. Die von ihm angeschafften

나대지(裸垈地; unbebaute Grundstücke)에 관한 사용임대차의 경우에는 어느 달의 세 번째 평일에 해지를 하는 경우 그 해지는 역에 의한 분기의 경과시에만 효력이 발생하도록.

② 영업장에 관한 사용임대차의 경우에 늦어도 어느 역에 의한 분기의 세 번째 평일에 통상해지를 하는 경우에 그 해지는 다음 그 다음다음 역에 의한 분기의 경과로 효력이 발생하도록 허용된다.

③ 동산에 관한 사용임대차에 있어 다음 각 호와 같이 통상해지가 허용된다,

1. 날에 따라 차임이 산정된 경우에는 각 날에 해지를 하는 경우 그 해지는 다음날 경과로 효력이 발생하도록;
2. 그 보다 더 긴 차임기에 따라 차임이 산정된 경우에는 늦어도 그 경과로써 사용임대차관계가 종료되어야 하는 날부터 세 번째날 전에.

④ 사용임대차관계가 법정해지기간을 두고서(mit der gesetzlichen Frist) 해지될 수 있는 경우에도 제1항 제2호, 제2항, 제3항 제2호를 적용한다.

제4관 용익임대차계약

제581조 용익임대차계약에서의 전형적 계약상 의무

① 용익임대차계약으로 용익임대인은, 임대차기간 동안 용익임차인에게 임대된 목적물의 사용과, 그것에 대해 적절한 관리규칙에 따른 수익으로 볼 수 있는 범위 내에서(soweit sie nach den Regeln einer ordnungsmäßigen Wirtschaft als Ertrag anzusehen sind) 과실의 수취(收取)를 하게 해 줄 의무를 부담한다. 용익임차인은 용익임대인에게 약정한 차임을 지급할 의무를 진다.

② 토지용익임대차계약을 제외하고 제582조 내지 제584조b에서 달리 정하지 않은 한, 용익임대차계약에 대하여 사용임대차에 관한 규정(die Vorschriften über den Mietvertrag)을 준용(準用)한다.

제582조 부속물(附屬物; Inventar)의 관리

① 부속물(附屬物)이 있는 토지가 임대된 경우에 용익임차인은 각각의 부속품목(附屬品目)의 관리를 할 의무(die Erhaltung der einzelnen Inventarstücke)를 진다.

② 용익임대인이 용익임차인에게 책임이 없는 사정으로 인하여(infolge eines vom Pächter nicht zu vertretenden Umstands) 소실(消失)된 부속물(附屬物)을 보충할 의무를 진다. 그럼에도 용익임차인은 부속물(附屬物)에 속하는 가축(家畜; Tiere)의 통상적 소실(消失)에 대해, 이것이 통상적 관리규칙에 부합하는 범위 내에서 보충해야 한다.

제582조a 감정평가를 위한 부속물(附屬物)의 인수

① 어느 토지의 용익임차인이, 용익임대차관계 종료시 그 가치평가액에(zum Schätzwert) 해당 부속물을 반환할 의무를 부담한 채 그 가치평가액에(zum Schätzwer) 그 부속물을 건네받은 경우에, 그 용익임차인은 부속물의 우연한 멸실 또는 훼손의 위험을 부담한다. 그 용익임차인은 적절한 관리의 한계 내에서 각각의 부속품목(Inventarstück)을 처분할 수 있다.

② 용익임차인이 부속물을 적절한 관리규칙에 부합하는 상태대로 관리해야 하고 적절한 관리규칙에 부합하는 범위 내에서 이를 일상적으로 보충해야 한다. 용익임차인이 마련한 품목은 부속물에

Stücke werden mit der Einverleibung in das Inventar Eigentum des Verpächters.

(3) Bei Beendigung des Pachtverhältnisses hat der Pächter das vorhandene Inventar dem Verpächter zurückzugewähren. Der Verpächter kann die Übernahme derjenigen von dem Pächter angeschafften Inventarstücke ablehnen, welche nach den Regeln einer ordnungsmäßigen Wirtschaft für das Grundstück überflüssig oder zu wertvoll sind; mit der Ablehnung geht das Eigentum an den abgelehnten Stücken auf den Pächter über. Besteht zwischen dem des übernommenen und dem des zurückzugewährenden Inventars ein Unterschied, so ist dieser in Geld auszugleichen. Den Schätzwerten sind die Preise im Zeitpunkt der Beendigung des Pachtverhältnisses zugrunde zu legen.

§ 583 Pächterpfandrecht am Inventar

(1) Dem Pächter eines Grundstücks steht für die Forderungen gegen den Verpächter, die sich auf das mitgepachtete Inventar beziehen, ein Pfandrecht an den in seinen Besitz gelangten Inventarstücken zu.

(2) Der Verpächter kann die Geltendmachung des Pfandrechts des Pächters durch Sicherheitsleistung abwenden. Er kann jedes einzelne Inventarstück dadurch von dem Pfandrecht befreien, dass er in Höhe des Wertes Sicherheit leistet.

§ 583a Verfügungsbeschränkungen bei Inventar

Vertragsbestimmungen, die den Pächter eines Betriebs verpflichten, nicht oder nicht ohne Einwilligung des Verpächters über Inventarstücke zu verfügen oder Inventar an den Verpächter zu veräußern, sind nur wirksam, wenn sich der Verpächter verpflichtet, das Inventar bei der Beendigung des Pachtverhältnisses zum Schätzwert zu erwerben.

§ 584 Kündigungsfrist

(1) Ist bei dem Pachtverhältnis über ein Grundstück oder ein Recht die Pachtzeit nicht bestimmt, so ist die Kündigung nur für den Schluss eines Pachtjahrs zulässig; sie hat spätestens am dritten Werktag des halben Jahres zu erfolgen, mit dessen Ablauf die Pacht enden soll.

(2) Dies gilt auch, wenn das Pachtverhältnis außerordentlich mit der gesetzlichen Frist gekündigt werden kann.

§ 584a Ausschluss bestimmter mietrechtlicher Kündigungsrechte

(1) Dem Pächter steht das in § 540 Abs. 1 bestimmte Kündigungsrecht nicht zu.

(2) Der Verpächter ist nicht berechtigt, das Pachtverhältnis nach § 580 zu kündigen.

§ 584b Verspätete Rückgabe

Gibt der Pächter den gepachteten Gegenstand nach der Beendigung des Pachtverhältnisses nicht zurück, so kann der Verpächter für die Dauer der Vorenthaltung als Entschädigung die vereinbarte

편입됨으로써(mit der Einverleibung in das Inventar) 용익임대인의 소유권으로 된다.

③ 용익임대차관계의 종료시 용익임차인은 현상태(現常態)의 부속물(das vorhandene Inventar)을 용익임대인에게 반환해야 한다. 용익임대인은 용임인차인이 마련한 부속품목(Inventarstück)으로, 적절한 관리규칙에 의할 때 그 토지에 대해 과잉이거나 지나치게 값비싼(für das Grundstück überflüssig oder zu wertvoll sind) 부속품목의 인수를 거부할 수 있다; 거부된 품목의 소유권(das Eigentum an den abgelehnten Stücken)은 거부에 의하여 용익임차인에게 이전한다. 인수한 부속물의 전체가치평가액(Gesamtschätzwert)과 반환한 부속물의 전체가치평가액의 차이가 있는 경우에 그 차이는 금전으로 보상되어야 한다(so ist dieser in Geld auszugleichen). 용익임대차 종료시의 가격은 그 평가액(Den Schätzwerten)의 기초가 되어야 한다.

제583조 부속물에 대한 용익임차인의 질권

① 용익임차인이 점유를 취득한 부속품목에 대한 질권(ein Pfandrecht an den in seinen Besitz gelangten Inventarstücken)이 용익임대인에 대한 채권으로, 함께 임차된 부속물에 관련된 채권을 보전하기 위하여 토지의 용익임차인에게 귀속된다.

② 용임임대인은 담보 제공으로써(durch Sicherheitsleistung) 용익임차인의 질권의 행사를 저지할 수 있다. 용익임대인은, 그 가치액 상당의 담보(in Höhe des Wertes Sicherheit)를 제공함으로써 각각의 개별 부속품목을 질권으로부터 해방시킬 수 있다.

제583조a 부속물에 있어 처분제한

어느 농장의 용익임차인에게(den Pächter eines Betriebs), 부속품목을 처분하지 못하거나 용익임대인에게 부속물을 양도하지 못하게 의무를 지우거나 용익임대인의 동의 없이 이를 하지 못하게 의무를 지우는 계약조항은, 용익임대인이 용익임대차 종료시 그 가치평가액에 부속물을 취득할 의무가 있는 때에 한하여 효력이 있다.

제584조 해지기간

① 어느 토지 또는 권리에 관한 용익임대차관계에서 임대차기간이 정해지지 않은 경우 해지는 1년의 용익년도(用益年度; Pachtjahrs)가 경과하는 때에 한하여(nur für den Schluss eines Pachtjahrs) 허용된다; 그 해지는 늦어도 반용익년도(半用益年度)의 세 번째 평일까지 행해져야 하는데, 그 반용익년도(半用益年度) 경과로써 그 용익임대차가 소멸하게 된다.

② 용익임대차관계가 법정해지기간을 두고서 특별해지될 수 있는 경우에도 위와 같다.

제584조a 특정한 사용임대차법에 의한 해지권의 배제

① 제540조 제1항에서 규정한 특별해지권은 용익임차인에게 귀속하지 아니한다.

② 용익임대인은 제580조에 따른 용익임대차관계를 해지할 권리를 갖지 못한다.

제584조b 반환의 지연

용익임차인이 임차한 목적물을 용익임대차관계 종료 후에 반환하지 않는 경우에 용익임대인은 그 지연 기간 동안에 대한 손해배상으로 약정한 차임을, 용익임차인이 이러한 기간 동안에 수취하거

Pacht nach dem Verhältnis verlangen, in dem die Nutzungen, die der Pächter während dieser Zeit gezogen hat oder hätte ziehen können, zu den Nutzungen des ganzen Pachtjahrs stehen. Die Geltendmachung eines weiteren Schadens ist nicht ausgeschlossen.

Untertitel 5 Landpachtvertrag

§ 585 Begriff des Landpachtvertrags

(1) Durch den Landpachtvertrag wird ein Grundstück mit den seiner Bewirtschaftung dienenden Wohn- oder Wirtschaftsgebäuden (Betrieb) oder ein Grundstück ohne solche Gebäude überwiegend zur Landwirtschaft verpachtet. Landwirtschaft sind die Bodenbewirtschaftung und die mit der Bodennutzung verbundene Tierhaltung, um pflanzliche oder tierische Erzeugnisse zu gewinnen, sowie die gartenbauliche Erzeugung.

(2) Für Landpachtverträge gelten § 581 Abs. 1 und die §§ 582 bis 583a sowie die nachfolgenden besonderen Vorschriften.

(3) Die Vorschriften über Landpachtverträge gelten auch für Pachtverhältnisse über forstwirtschaftliche Grundstücke, wenn die Grundstücke zur Nutzung in einem überwiegend landwirtschaftlichen Betrieb verpachtet werden.

§ 585a Form des Landpachtvertrags

Wird der Landpachtvertrag für längere Zeit als zwei Jahre nicht in schriftlicher Form geschlossen, so gilt er für unbestimmte Zeit.

§ 585b Beschreibung der Pachtsache

(1) Der Verpächter und der Pächter sollen bei Beginn des Pachtverhältnisses gemeinsam eine Beschreibung der Pachtsache anfertigen, in der ihr Umfang sowie der Zustand, in dem sie sich bei der Überlassung befindet, festgestellt werden. Dies gilt für die Beendigung des Pachtverhältnisses entsprechend. Die Beschreibung soll mit der Angabe des Tages der Anfertigung versehen werden und ist von beiden Teilen zu unterschreiben.

(2) Weigert sich ein Vertragsteil, bei der Anfertigung einer Beschreibung mitzuwirken, oder ergeben sich bei der Anfertigung Meinungsverschiedenheiten tatsächlicher Art, so kann jeder Vertragsteil verlangen, dass eine Beschreibung durch einen Sachverständigen angefertigt wird, es sei denn, dass seit der Überlassung der Pachtsache mehr als neun Monate oder seit der Beendigung des Pachtverhältnisses mehr als drei Monate verstrichen sind; der Sachverständige wird auf Antrag durch das Landwirtschaftsgericht ernannt. Die insoweit entstehenden Kosten trägt jeder Vertragsteil zur Hälfte.

나 수취할 수 있었던 수익(收益)이 용익년도 전체의 수익에서 차지하는 비율에 따라 청구할 수 있다. 추가적 손해배상의 청구는 배제되지 아니한다(Die Geltendmachung eines weiteren Schadens ist nicht ausgeschlossen).

제5관 농지용익임대차계약

제585조 농지임대차계약의 개념

① 농지임대차계약으로 그 토지의 관리를 위한 주택 내지 농장건물('농장'; 'Betrieb')(den seiner Bewirtschaftung dienenden Wohn- oder Wirtschaftsgebäuden)이 있는 토지나 그러한 건물이 없는 토지가 주로 농업을 위해 용익임대가 이뤄진다. 농업은 농작물(農作物pflanzliche Erzeugnisse)이나 축산물(畜産物; tierische Erzeugnisse)을 얻기 위한 '경작지관리' (耕作地管理) 및 경작지용익(耕作地用益)에 수반하는 '가축관리'(Tierhaltung)와, '원예작물(園藝作物) 생산'(gartenbauliche Erzeugung)을 말한다.

② 농지용익임대차계약에 대하여 제581조 제1항, 제582조 내지 제583조a와, 다음의 특칙(die nachfolgenden besonderen Vorschriften)을 적용한다.

③ 농지용익임대차에 관한 규정은 임야(林野; forstwirtschaftliche Grundstücke)로, 주로 농업용 농장의 용익(用益)을 위해(zur Nutzung in einem überwiegend landwirtschaftlichen Betrieb) 용익임대되는 임야에 관한 용익임대차관계에도 적용한다.

제585조a 농지용익임대차계약의 방식

2년을 초과하는 기간의 농지용익임대차계약이 서면으로 체결되지 않은 경우에 그 계약은 기간의 정함이 없는 것으로 본다.

제585조b 용익목적물 기술서

① 용익임대인과 용익임차인은 용익임대차관계 개시시에 용익목적물에 대한 공동의 기술서(gemeinsam eine Beschreibung der Pachtsache)로, 인도시에 그 용익목적물이 존재하는 그 범위 및 상태가 정해져야 하는 기술서를 작성해야 한다. 용익임대차관계의 종료에 대하여도(für die Beendigung des Pachtverhältnisses) 또한 같다. 이러한 기술서에 작성일이 기재되어야 하고(mit der Angabe des Tages der Anfertigung versehen werden) 양 당사자가 이에 서명해야 한다.

② 어느 계약당사자가 기술서의 작성에(bei der Anfertigung einer Beschreibung) 협력하는 것을 거절하거나 그 작성시 사실적 종류에 대한 의견대립이 발생하는 경우에 각 계약당사자는 감정인이 기술서를 작성하도록(dass eine Beschreibung durch einen Sachverständigen angefertigt wird) 청구할 수 있으되, 용익목적물의 인도시로부터 9개월 이상 경과하거나 용익임대차관계의 종료시로부터 3개월 이상 경과한 경우에는 그러하지 아니하다; 감정인(der Sachverständige)은 신청에 따라 농업법원에 의해(durch das Landwirtschaftsgericht) 지정된다. 그 범위 내에서 발생한 비용(Die insoweit entstehenden Kosten)은 각 계약당사자가 절반씩(zur Hälfte) 부담한다.

(3) Ist eine Beschreibung der genannten Art angefertigt, so wird im Verhältnis der Vertragsteile zueinander vermutet, dass sie richtig ist.

§ 586 Vertragstypische Pflichten beim Landpachtvertrag

(1) Der Verpächter hat die Pachtsache dem Pächter in einem zu der vertragsmäßigen Nutzung geeigneten Zustand zu überlassen und sie während der Pachtzeit in diesem Zustand zu erhalten. Der Pächter hat jedoch die gewöhnlichen Ausbesserungen der Pachtsache, insbesondere die der Wohn- und Wirtschaftsgebäude, der Wege, Gräben, Dränungen und Einfriedigungen, auf seine Kosten durchzuführen. Er ist zur ordnungsmäßigen Bewirtschaftung der Pachtsache verpflichtet.
(2) Für die Haftung des Verpächters für Sach- und Rechtsmängel der Pachtsache sowie für die Rechte und Pflichten des Pächters wegen solcher Mängel gelten die Vorschriften des § 5entsprechend.

§ 586a Lasten der Pachtsache

Der Verpächter hat die auf der Pachtsache ruhenden Lasten zu tragen.

§ 587 Fälligkeit der Pacht; Entrichtung der Pacht bei persönlicher Verhinderung des Pächters

(1) Die Pacht ist am Ende der Pachtzeit zu entrichten. Ist die Pacht nach Zeitabschnitten bemessen, so ist sie am ersten Werktag nach dem Ablauf der einzelnen Zeitabschnitte zu entrichten.
(2) Der Pächter wird von der Entrichtung der Pacht nicht dadurch befreit, dass er durch einen in seiner Person liegenden Grund an der Ausübung des ihm zustehenden Nutzungsrechts verhindert ist. § 537 Abs. 1 Satz 2 und Abs. 2 gilt entsprechend.

§ 588 Maßnahmen zur Erhaltung oder Verbesserung

(1) Der Pächter hat Einwirkungen auf die Pachtsache zu dulden, die zu ihrer Erhaltung erforderlich sind.
(2) Maßnahmen zur Verbesserung der Pachtsache hat der Pächter zu dulden, es sei denn, dass die Maßnahme für ihn eine Härte bedeuten würde, die auch unter Würdigung der berechtigten Interessen des Verpächters nicht zu rechtfertigen ist. Der Verpächter hat die dem Pächter durch die Maßnahme entstandenen Aufwendungen und entgangenen Erträge in einem den Umständen nach angemessenen Umfang zu ersetzen. Auf Verlangen hat der Verpächter Vorschuss zu leisten.
(3) Soweit der Pächter infolge von Maßnahmen nach Absatz 2 Satz 1 höhere Erträge erzielt oder bei ordnungsmäßiger Bewirtschaftung erzielen könnte, kann der Verpächter verlangen, dass der Pächter in eine angemessene Erhöhung der Pacht einwilligt, es sei denn, dass dem Pächter eine Erhöhung der Pacht nach den Verhältnissen des Betriebs nicht zugemutet werden kann.
(4) Über Streitigkeiten nach den Absätzen 1 und 2 entscheidet auf Antrag das

③ 위에서 위와 같은 방식의 기술서가 작성된 경우에 그 기술서는 계약당사자 간의 상호관계에 있어 올바르게 된 것으로 추정된다.

제586조 농지용익임대차계약시 계약 전형적 의무

① 용익임대인은 용임임차인에게 용익목적물을 계약에 좇은 용익(用益)에 적합한 상태로 인도해야 하고 용익임대차기간 동안에 이러한 상태로 이를 관리해야 한다. 그럼에도 용익임차인은 용익목적물, 특히 주택 또는 농장건물(der Wohn- und Wirtschaftsgebäude), 도로, 도랑(Gräben), 배수시설(排水施設; Dränungen), 방책(防柵)의 통상적 개량(Ausbesserungen)을 자신의 비용으로 수행해야 한다. 용익임차인은 용익목적물의 적절하게 관리할 의무를 진다.

② 용익목적물의 물건하자 또는 권리하자와 관련한 용익임대인의 책임과 그러한 하자를 원인으로 한 용익임차인의 권리의무에 대하여 제536조 제1항 내지 제3항, 제536조a 내지 제536조d의 규정을 준용한다.

제586조a 용익목적물에 대한 부담

용익임대인은 용익목적물에 부과된 부담을 책임져야 한다.

제587조 차임의 이행기; 용익임차인의 신체장애시 차임의 지급

① 차임은 임대차기간 종료시에 지급해야 한다. 차임이 차임기(借賃期)에 따라 산정된 경우에 그 차임은 각 차임기의 경과 후 첫 번째 평일에 지급되어야 한다.

② 용익임차인은, 자신의 일신상 사유로 인하여(durch einen in seiner Person liegenden Grund) 자신에게 귀속된 용익권의 행사에 지장을 받는 것으로 인하여(an der Ausübung des ihm zustehenden Nutzungsrechts verhindert ist) 차임지급을 면할 수 없다. 제537조 제1항 제2문, 제2항을 준용(準用)한다.

제588조 보존조치 또는 개선조치

① 용익임차인은 임대차목적물에 대한 영향으로, 그 목적물의 보존(保存)에 필요한 영향을 수인해야 한다.

② 사용임차인은 임대차목적물을 개선하기 위한 조치(Maßnahmen zur Verbesserung der Pachtsache)를 수인해야 하고, 그 조치가 용익임차인에게 정당한 용익임대인의 이익을 고려하더라도 정당화될 수 없는 어려움을 의미하는 경우에는 그러하지 아니하다. 용익임대인은 용익임차인에게 그 초지로 인하여 발생한 비용과 수취한 수익금(die Erträge)은 제반사정에 의할 때 적절한 범위 내에서 상환해야 한다. 그 요구가 있는 경우 사용임대인은 (이를) 선급해야 한다(Auf Verlangen hat der Verpächter Vorschuss zu leisten).

③ 용익임차인이 제2항 제1문에 따른 조치로 인하여 보다 많은 수익을 얻거나 적절한 관리가 있었더라면 이를 얻을 수도 있었던 경우에(bei ordnungsmäßiger Bewirtschaftung erzielen könnte) 용익임대인은 용익임차인이 차임의 적절한 인상에 동의할 것을 요구할 수 있으되, 용익임차인에게 해당 농장 여건(與件)상 차임의 인상을 기대할 수 없는 경우에는 그러하지 아니하다.

④ 제1항 제2항에 따른 분쟁에 관하여(Über Streitigkeiten nach den Absätzen 1 und 2)신청에 따라

Landwirtschaftsgericht. Verweigert der Pächter in den Fällen des Absatzes 3 seine Einwilligung, so kann sie das Landwirtschaftsgericht auf Antrag des Verpächters ersetzen.

§ 589 Nutzungsüberlassung an Dritte

(1) Der Pächter ist ohne Erlaubnis des Verpächters nicht berechtigt,

1. die Nutzung der Pachtsache einem Dritten zu überlassen, insbesondere die Sache weiter zu verpachten,
2. die Pachtsache ganz oder teilweise einem landwirtschaftlichen Zusammenschluss zum Zwecke der gemeinsamen Nutzung zu überlassen.

(2) Überlässt der Pächter die Nutzung der Pachtsache einem Dritten, so hat er ein Verschulden, das dem Dritten bei der Nutzung zur Last fällt, zu vertreten, auch wenn der Verpächter die Erlaubnis zur Überlassung erteilt hat.

§ 590 Änderung der landwirtschaftlichen Bestimmung oder der bisherigen Nutzung

(1) Der Pächter darf die landwirtschaftliche Bestimmung der Pachtsache nur mit vorheriger Erlaubnis des Verpächters ändern.

(2) Zur Änderung der bisherigen Nutzung der Pachtsache ist die vorherige Erlaubnis des Verpächters nur dann erforderlich, wenn durch die Änderung die Art der Nutzung über die Pachtzeit hinaus beeinflusst wird. Der Pächter darf Gebäude nur mit vorheriger Erlaubnis des Verpächters errichten. Verweigert der Verpächter die Erlaubnis, so kann sie auf Antrag des Pächters durch das Landwirtschaftsgericht ersetzt werden, soweit die Änderung zur Erhaltung oder nachhaltigen Verbesserung der Rentabilität des Betriebs geeignet erscheint und dem Verpächter bei Berücksichtigung seiner berechtigten Interessen zugemutet werden kann. Dies gilt nicht, wenn der Pachtvertrag gekündigt ist oder das Pachtverhältnis in weniger als drei Jahren endet. Das Landwirtschaftsgericht kann die Erlaubnis unter Bedingungen und Auflagen ersetzen, insbesondere eine Sicherheitsleistung anordnen sowie Art und Umfang der Sicherheit bestimmen. Ist die Veranlassung für die Sicherheitsleistung weggefallen, so entscheidet auf Antrag das Landwirtschaftsgericht über die Rückgabe der Sicherheit; § 109 der Zivilprozessordnung gilt entsprechend.

(3) Hat der Pächter das nach § 582a zum Schätzwert übernommene Inventar im Zusammenhang mit einer Änderung der Nutzung der Pachtsache wesentlich vermindert, so kann der Verpächter schon während der Pachtzeit einen Geldausgleich in entsprechender Anwendung des § 582a Abs. 3 verlangen, es sei denn, dass der Erlös der veräußerten Inventarstücke zu einer zur Höhe des Erlöses in angemessenem Verhältnis stehenden Verbesserung der Pachtsache nach § 591 verwendet worden ist.

§ 590a Vertragswidriger Gebrauch

농업법원이 재판한다. 제3항의 경우 용익임차인이 그 동의를 거절하는 때에는 농업법원이 용익임대인의 신청에 따라(auf Antrag des Verpächters) 그 동의를 대신 부여할 수 있다.

제589조 제3자에 대한 용익권의 이전

① 용익임차인은 용익임차인의 동의 없이는 다음 각 호의 권리를 갖지 못한다,

1. 용익목적물의 용익을 제3자에 이전할 권리, 특히 그 목적물을 전대할 권리(die Sache weiter zu verpachten),
2. 용익목적물의 전부(全部) 또는 일부(一部)를 공동의 용익(用益)을 위하여 농업협회(einem landwirtschaftlichen Zusammenschluss)에 이전하는 권리

② 용익임차인이 용익목적물의 용익을 제3자에게 이전하는 경우 그 용익임차인은, 용익임대인이 그 이전에 대해 승낙을 했더라도 제3자가 그 용익시 부담하는(das dem Dritten bei der Nutzung zur Last fällt) 과책에 대해 책임을 진다.

제590조 농업의 목적 또는 종전(從前) 용익의 변경

① 용익임차인이 용익임대인의 사전 승낙이 있어야만(nur mit vorheriger Erlaubnis des Verpächters) 용익목적물의 농업의 목적을 변경할 수 있다.

② 그 변경으로 인하여 용익 방법이 임대차기간을 초과하여(über die Pachtzeit hinaus) 영향을 받는 경우에 한하여 용익목적물의 이전 용익을 변경하는 데에 대한(Zur Änderung der bisherigen Nutzung der Pachtsache) 용익임대인의 사전 승낙이 필요하다. 용익임차인은 용익임대인의 서전 승낙이 있어야만(nur mit vorheriger Erlaubnis) 건물을 세울 수 있다. 용익임대인이 그 승낙을 거절하는 경우에 그 승낙은, 그 변경이 농장의 수익성의 유지 또는 지속적인 개선하는 데 적합한 것으로 보이고(die Änderung zur Erhaltung oder nachhaltigen Verbesserung der Rentabilität des Betriebs geeignet erscheint) 그 정당한 이익을 고려할 때 그 변경이 용익임대인에게 기대될 수 있는 경우에 용익임차인의 신청에 따라 농업법원이 대신 부여할 수 있다. 용익임대차계약이 해지되거나 용익임대차관계가 3년 이내에 종료되는(das Pachtverhältnis in weniger als drei Jahren endet) 경우에는 그러하지 아니하다. 농업법원은 조건과 부담(unter Bedingungen und Auflagen)을 붙여 대신 승낙할 수 있고, 특히 담보제공을 명령할 수 있으며 담보의 종류 및 범위(Art und Umfang der Sicherheit)를 정할 수 있다. 담보제공의 이유가 소멸한 경우에 농업법원은 그 신청에 따라 담보의 반환에 관하여(über die Rückgabe der Sicherheit) 결정한다; 민사소송법 제109조를 준용한다.

③ 용익임차인이 제582조a에 따라 그 가치평가액으로 인수한 부속물(附屬物)(das nach § 582a zum Schätzwert übernommene Inventar)을 용익목적물의 용익을 변경함으로써 중대하게 축소시킨 경우에 용익임대인은 임대차기간 동안에 제582조a 제3항의 준용에 의한 금전보상을 청구할 수 있으되, 그 수익액과 적절한 비율이 유지된 용익목적물의 개선을 위해(zu einer zur Höhe des Erlöses in angemessenem Verhältnis stehenden Verbesserung der Pachtsache) 양도된 부속품목의 수익(der Erlös der veräußerten Inventarstücke)을 제591조에 따라 사용한 경우에는 그러하지 아니하다.

제590조a 계약에 반하는 사용

Macht der Pächter von der Pachtsache einen vertragswidrigen Gebrauch und setzt er den Gebrauch ungeachtet einer Abmahnung des Verpächters fort, so kann der Verpächter auf Unterlassung klagen.

§ 590b Notwendige Verwendungen

Der Verpächter ist verpflichtet, dem Pächter die notwendigen Verwendungen auf die Pachtsache zu ersetzen.

§ 591 Wertverbessernde Verwendungen

(1) Andere als notwendige Verwendungen, denen der Verpächter zugestimmt hat, hat er dem Pächter bei Beendigung des Pachtverhältnisses zu ersetzen, soweit die Verwendungen den Wert der Pachtsache über die Pachtzeit hinaus erhöhen (Mehrwert).

(2) Weigert sich der Verpächter, den Verwendungen zuzustimmen, so kann die Zustimmung auf Antrag des Pächters durch das Landwirtschaftsgericht ersetzt werden, soweit die Verwendungen zur Erhaltung oder nachhaltigen Verbesserung der Rentabilität des Betriebs geeignet sind und dem Verpächter bei Berücksichtigung seiner berechtigten Interessen zugemutet werden können. Dies gilt nicht, wenn der Pachtvertrag gekündigt ist oder das Pachtverhältnis in weniger als drei Jahren endet. Das Landwirtschaftsgericht kann die Zustimmung unter Bedingungen und Auflagen ersetzen.

(3) Das Landwirtschaftsgericht kann auf Antrag auch über den Mehrwert Bestimmungen treffen und ihn festsetzen. Es kann bestimmen, dass der Verpächter den Mehrwert nur in Teilbeträgen zu ersetzen hat, und kann Bedingungen für die Bewilligung solcher Teilzahlungen festsetzen. Ist dem Verpächter ein Ersatz des Mehrwerts bei Beendigung des Pachtverhältnisses auch in Teilbeträgen nicht zuzumuten, so kann der Pächter nur verlangen, dass das Pachtverhältnis zu den bisherigen Bedingungen so lange fortgesetzt wird, bis der Mehrwert der Pachtsache abgegolten ist. Kommt keine Einigung zustande, so entscheidet auf Antrag das Landwirtschaftsgericht über eine Fortsetzung des Pachtverhältnisses.

§ 591a Wegnahme von Einrichtungen

Der Pächter ist berechtigt, eine Einrichtung, mit der er die Sache versehen hat, wegzunehmen. Der Verpächter kann die Ausübung des Wegnahmerechts durch Zahlung einer angemessenen Entschädigung abwenden, es sei denn, dass der Pächter ein berechtigtes Interesse an der Wegnahme hat. Eine Vereinbarung, durch die das Wegnahmerecht des Pächters ausgeschlossen wird, ist nur wirksam, wenn ein angemessener Ausgleich vorgesehen ist.

§ 591b Verjährung von Ersatzansprüchen

(1) Die Ersatzansprüche des Verpächters wegen Veränderung oder Verschlechterung der

용익임차인이 용익목적물을 계약에 반하여 사용하고 용익임대인의 계고에도 불구하고(ungeachtet einer Abmahnung des Verpächters) 그 사용을 지속하는 경우에 용익임대인의 금지소송을 제기할 수 있다.

제590조b 필요비

용익임대인은 용익임차인에게 용익목적물(用益目的物)에 대한 필요비(必要費; die notwendigen Verwendungen)을 상환할 의무를 진다.

제591조 유익비(Wertverbessernde Verwendungen)

① 용익임대인은, 그 비용이 임대차기간을 초과하여 용익목적물의 가치를 증가시킨 범위 내에서('가치증가분': 'Mehrwert'), 자신이 동의를 한 필요비 이외의 비용(Andere als notwendige Verwendungen)을 용익임차인에게 용익임대차 종료시에 상환해야 한다.

② 그 비용이 해당 농장의 수익성의 유지 또는 지속적 개선에 적합하고(zur Erhaltung oder nachhaltigen Verbesserung der Rentabilität des Betriebs geeignet sind) 그 정당한 이익을 고려했을 때 용임임대인에게 기대될 수 있는 경우에 용익임대인이 필요비에 대해 동의하는 것을 거절하는 때에는 농업법원이 용익임차인의 신청에 따라(auf Antrag des Pächters) 그 동의를 대신 부여한다. 용익임대차계약이 해지되거나 용익임대차관계가 3년 이내에 종료된 경우에는 그러하지 아니하다. 농업법원은 조건과 부담을 붙여(unter Bedingungen und Auflagen) 동의를 대신 부여할 수 있다.

③ 농업법원은 그 신청에 따라 가치증가분(價値增加分; Mehrwert)에 대해서도 정할 수 있고 이에 대해 확정할 수 있다. 그 법원은 용익임대인이 가치증가분(價値增加分)을 일부금액으로만(nur in Teilbeträgen) 상환해야 하는 것으로 정할 수 있고 그러한 일부상환의 동의에 대한 조건(Bedingungen für die Bewilligung solcher Teilzahlungen)을 정할 수 있다. 가치증가분(價値增加分)의 상환(ein Ersatz des Mehrwerts)을 용익임대차 종료시 용익임대인에게서 일부금액으로도(auch in Teilbeträgen) 기대할 수 없는 경우에 용익임차인은, 용익임대차관계가 종전의 조건으로(zu den bisherigen Bedingungen) 그 가치증가분이 소진될 때까지 지속되는 것으로만 청구할 수 있다. 합의가 성사되지 않은 경우에 농업법원이 그 신청에 따라 용익임대차관계의 지속에 관해 결정한다.

제591조a 시설의 수거

용익임차인은 자신이 용익목적물에 부가(附加)한 시설(eine Einrichtung)을 수거할 권리를 갖는다. 용익임대인은 상당한 배상의 지급으로써(durch Zahlung einer angemessenen Entschädigung) 그 수거권의 행사를 저지할 수 있으되, 용익임차인이 그 수거에 대한 정당한 이익을 갖는 때에는(dass der Pächter ein berechtigtes Interesse an der Wegnahme hat) 그러하지 아니하다. 용익임차인의 수거권을 배제되게 하는 합의는 상당한 보상이 규정된 경우에 한하여 유효하다.

제591조b 상환청구권의 소멸시효

① 임대된 목적물의 변경 또는 훼손으로 인한 용익임대인의 상환청구권과 용익임차인의 비용상환

verpachteten Sache sowie die Ansprüche des Pächters auf Ersatz von Verwendungen oder auf Gestattung der Wegnahme einer Einrichtung verjähren in sechs Monaten.
(2) Die Verjährung der Ersatzansprüche des Verpächters beginnt mit dem Zeitpunkt, in welchem er die Sache zurückerhält. Die Verjährung der Ansprüche des Pächters beginnt mit der Beendigung des Pachtverhältnisses.
(3) Mit der Verjährung des Anspruchs des Verpächters auf Rückgabe der Sache verjähren auch die Ersatzansprüche des Verpächters.

§ 592 Verpächterpfandrecht

Der Verpächter hat für seine Forderungen aus dem Pachtverhältnis ein Pfandrecht an den eingebrachten Sachen des Pächters sowie an den Früchten der Pachtsache. Für künftige Entschädigungsforderungen kann das Pfandrecht nicht geltend gemacht werden. Mit Ausnahme der in § 811 Abs. 1 Nr. 4 der Zivilprozessordnung genannten Sachen erstreckt sich das Pfandrecht nicht auf Sachen, die der Pfändung nicht unterworfen sind. Die Vorschriften der §§ 562a bis 562c gelten entsprechend.

§ 593 Änderung von Landpachtverträgen

(1) Haben sich nach Abschluss des Pachtvertrags die Verhältnisse, die für die Festsetzung der Vertragsleistungen maßgebend waren, nachhaltig so geändert, dass die gegenseitigen Verpflichtungen in ein grobes Missverhältnis zueinander geraten sind, so kann jeder Vertragsteil eine Änderung des Vertrags mit Ausnahme der Pachtdauer verlangen. Verbessert oder verschlechtert sich infolge der Bewirtschaftung der Pachtsache durch den Pächter deren Ertrag, so kann, soweit nichts anderes vereinbart ist, eine Änderung der Pacht nicht verlangt werden.
(2) Eine Änderung kann frühestens zwei Jahre nach Beginn des Pachtverhältnisses oder nach dem Wirksamwerden der letzten Änderung der Vertragsleistungen verlangt werden. Dies gilt nicht, wenn verwüstende Naturereignisse, gegen die ein Versicherungsschutz nicht üblich ist, das Verhältnis der Vertragsleistungen grundlegend und nachhaltig verändert haben.
(3) Die Änderung kann nicht für eine frühere Zeit als für das Pachtjahr verlangt werden, in dem das Änderungsverlangen erklärt wird.
(4) Weigert sich ein Vertragsteil, in eine Änderung des Vertrags einzuwilligen, so kann der andere Teil die Entscheidung des Landwirtschaftsgerichts beantragen.
(5) Auf das Recht, eine Änderung des Vertrags nach den Absätzen 1 bis 4 zu verlangen, kann nicht verzichtet werden. Eine Vereinbarung, dass einem Vertragsteil besondere Nachteile oder Vorteile erwachsen sollen, wenn er die Rechte nach den Absätzen 1 bis 4 ausübt oder nicht ausübt, ist unwirksam.

청구권 또는 설비수거수인청구권(設備受忍收去請求權)(die Ansprüche des Pächters auf Ersatz von Verwendungen oder auf Gestattung der Wegnahme einer Einrichtung)은 6개월의 소멸시효에 걸린다.
② 용익임대인의 상환청구권의 소멸시효는, 그가 그 목적물을 반환받은(in welchem er die Sache zurückerhält) 때에 기산한다. 용익임차인의 청구권의 소멸시효는 용익임대차 종료시에(mit der Beendigung des Pachtverhältnisses) 기산한다.
③ 용익임대인의 상환청구권은 용익임대인의 물건반환청구권의 소멸시효와 함께 소멸시효에 걸린다.

제592조 용익임대인의 질권
용익임대인이 용익임대차관계에서 나오는 자신의 채권을 보전하기 위하여(für seine Forderungen aus dem Pachtverhältnis) 자신이 보관하는 용익임차인 물건과 용익목적물의 과실에 대한 질권을 갖는다. 장래의 배상채권을 보전하기 위하여(Für künftige Entschädigungsforderungen) 질권은 행사될 수 없다. 민사소송법(Zivilprozessordnung) 제811조 제1항 제4호상의 물건을 제외하고, 질권은 압류할 수 없는 물건(Sachen, die der Pfändung nicht unterworfen sind)에 대해서는 미치지 아니한다. 제562조a 내지 제562조c의 규정을 준용한다.

제593조 농지용익임대차계약의 수정
① 용익임대차계약 체결 후 계약급부의 지속에 대해 적용되는 사정이, 상호간의 의무가 서로에 대하여 중대하게 부적당하게 될 정도로(dass die gegenseitigen Verpflichtungen in ein grobes Missverhältnis zueinander geraten sind) 지속적으로 변경된 경우에 각 계약당사자는 임대차기간을 제외하고 그 계약의 수정을 청구할 수 있다. 용익임차인에 의한 용익목적물의 관리로 인하여 그 목적물의 수익이 개선되거나 악화된 경우에(Verbessert oder verschlechtert sich infolge der Bewirtschaftung der Pachtsache durch den Pächter deren Ertrag) 다른 정함이 없는 한, 용익임대차의 수정이 청구될 수 없다.
② 그 수정은 빨라도 용익임대차관계의 개시시 또는 계약급부의 최근 변경의 효력 발생한 때(nach dem Wirksamwerden der letzten Änderung der Vertragsleistungen)로부터 2년 후에 청구될 수 있다. 보험보호가 되지 않는 압도적인 불가항력이 계약급부 관계(das Verhältnis der Vertragsleistungen)로 근본적이고도 지속적으로(grundlegend und nachhaltig) 변경된 때에는 그러하지 아니하다.
③ 그 수정은, 변경청구의 의사가 표시된 용익년도(用益年度)보다 더 이전 기간 동안(für eine frühere Zeit als für das Pachtjahr)에 청구될 수 없다.
④ 어느 계약당사자가 그 계약 수정에 대한 동의를 거절하는 경우에 상대방(der andere Teil)이 농업법원의 결정을 신청할 수 있다.
⑤ 제1항 내지 제4항에 따라 계약의 수정을 청구할 수 있는 권리는 포기될 수 없다. 어느 계약당사자가 제1항 내지 제4항에 따른 권리를 행사하거나 행사하지 않으면, 그 계약당사자에게 특별한 불이익 또는 이익을 주는(dass einem Vertragsteil besondere Nachteile oder Vorteile erwachsen sollen) 계약은 무효이다.

§ 593a Betriebsübergabe

Wird bei der Übergabe eines Betriebs im Wege der vorweggenommenen Erbfolge ein zugepachtetes Grundstück, das der Landwirtschaft dient, mit übergeben, so tritt der Übernehmer anstelle des Pächters in den Pachtvertrag ein. Der Verpächter ist von der Betriebsübergabe jedoch unverzüglich zu benachrichtigen. Ist die ordnungsmäßige Bewirtschaftung der Pachtsache durch den Übernehmer nicht gewährleistet, so ist der Verpächter berechtigt, das Pachtverhältnis außerordentlich mit der gesetzlichen Frist zu kündigen.

§ 593b Veräußerung oder Belastung des verpachteten Grundstücks

Wird das verpachtete Grundstück veräußert oder mit dem Recht eines Dritten belastet, so gelten die §§ 566 bis 567b entsprechend.

§ 594 Ende und Verlängerung des Pachtverhältnisses

Das Pachtverhältnis endet mit dem Ablauf der Zeit, für die es eingegangen ist. Es verlängert sich bei Pachtverträgen, die auf mindestens drei Jahre geschlossen worden sind, auf unbestimmte Zeit, wenn auf die Anfrage eines Vertragsteils, ob der andere Teil zur Fortsetzung des Pachtverhältnisses bereit ist, dieser nicht binnen einer Frist von drei Monaten die Fortsetzung ablehnt. Die Anfrage und die Ablehnung bedürfen der schriftlichen Form. Die Anfrage ist ohne Wirkung, wenn in ihr nicht auf die Folge der Nichtbeachtung ausdrücklich hingewiesen wird und wenn sie nicht innerhalb des drittletzten Pachtjahrs gestellt wird.

§ 594a Kündigungsfristen

(1) Ist die Pachtzeit nicht bestimmt, so kann jeder Vertragsteil das Pachtverhältnis spätestens am dritten Werktag eines Pachtjahrs für den Schluss des nächsten Pachtjahrs kündigen. Im Zweifel gilt das Kalenderjahr als Pachtjahr. Die Vereinbarung einer kürzeren Frist bedarf der Schriftform.

(2) Für die Fälle, in denen das Pachtverhältnis außerordentlich mit der gesetzlichen Frist vorzeitig gekündigt werden kann, ist die Kündigung nur für den Schluss eines Pachtjahrs zulässig; sie hat spätestens am dritten Werktag des halben Jahres zu erfolgen, mit dessen Ablauf die Pacht enden soll.

§ 594b Vertrag über mehr als 30 Jahre

Wird ein Pachtvertrag für eine längere Zeit als 30 Jahre geschlossen, so kann nach 30 Jahren jeder Vertragsteil das Pachtverhältnis spätestens am dritten Werktag eines Pachtjahrs für den Schluss des nächsten Pachtjahrs kündigen. Die Kündigung ist nicht zulässig, wenn der Vertrag für die Lebenszeit des Verpächters oder des Pächters geschlossen ist.

§ 594c Kündigung bei Berufsunfähigkeit des Pächters

Ist der Pächter berufsunfähig im Sinne der Vorschriften der gesetzlichen Rentenversicherung geworden, so kann er das Pachtverhältnis außerordentlich mit der gesetzlichen Frist kündigen,

제593조a 농장의 이전

사전상속의 방식에 의한(im Wege der vorweggenommenen Erbfolge) 어느 농장의 이전시 농업을 하기 위한 임대된 토지(ein zugepachtetes Grundstück)가 그와 함께 이전된 경우에 인수인은 용익임차인에 갈음하여 그 계약을 승계한다. 용익임대인이 농장이전에 대하여 지체 없이 통지를 받아야 한다. 인수인에 의한 용익목적물의 적절한 관리(die ordnungsmäßige Bewirtschaftung der Pachtsache durch den Übernehmer)가 보장되지 않은 경우에 용익임대인은 용익임대차관계를 법정해지기간을 두고서(mit der gesetzlichen Frist) 특별해지를 할 권리를 갖는다.

제593조b 임대된 토지의 양도 또는 이에 대한 부담

임대된 토지가 양도되거나 이에 대해 제3자의 권리에 의해(mit dem Recht eines Dritten) 부담이 설정된 경우에 제566조 내지 제567조b를 준용한다.

제594조 용익임대차관계의 종료 및 연장

용익임대차관계는 임대차관계가 존속한(für die es eingegangen ist) 기간의 경과로써 종료된다. 3년 이상 체결된 용익임대차계약에 있어, 상대방이 용익임대차관계의 지속할 의향(意向)이 있는지에 관한, 어느 계약당사자의 문의(問議)에 대하여 그 상대방이 3월의 기간 내에 그 지속을 거부하는 때에는 용익임대차관계는 기간의 정함이 없이 연장된다. 그 문의(問議) 및 거부(Die Anfrage und die Ablehnung)에 서면방식이 요구된다. 그 문의에 그 부준수(不遵守)의 효과에 대해 명시적으로 언급되지 않거나, 그 문의가 최근 3년간의 용익년도(用益年度)에 대해 제기되지 않은 경우(wenn sie nicht innerhalb des drittletzten Pachtjahrs gestellt wird) 그 문의는 효력이 없다.

제594조a 해지기간

① 임대기간이 정해지지 않은 경우에 각 계약당사자는, 늦어도 어느 용익년도의 세 번째 평일까지 다음 용익년도가 경과함으로써 해지의 효력이 발생하도록(für den Schluss des nächsten Pachtjahrs) 그 용익임대차관계를 해지할 수 있다. 의심스러울 때에는 역년(曆年)을 용익년도(用益年度)로 본다. 보다 단기의 합의에 서면방식이 요구된다.

② 용익임대차관계가 법정해지기간을 두고서 사전에 해지될 수 있는 경우에 어느 용익년도가 경과하는 경우에만 효력이 발생하도록 하는 해지가 허용된다; 해지는 늦어도 그 경과로써 용익임대차가 종료되어야 하는 반용익년도(半用益年度; halben Jahres)의 세 번째 평일에 이뤄져야만 한다.

제594조b 30년을 초과하는 계약

용익임대차계약이 30년을 초과하여 체결된 경우에 30년 후에 각 계약당사자는 늦어도 어느 용익년도의 세 번째 평일까지 다음 용익년도가 경과함으로써 해지의 효력이 발생하도록(für den Schluss des nächsten Pachtjahrs) 그 용익임대차관계를 해지할 수 있다. 그 계약이 용익임대인 또는 용익임차인의의 종신(終身) 동안 체결된 경우에는 그 해지는 허용되지 아니한다.

제594조c 용익임차인의 직업수행불능시의 해지

용익임차인이 법정연금보험 규정상의(im Sinne der Vorschriften der gesetzlichen Rentenversicherung) 직업수행이 불가능하게 된 경우에 용익임대인이 제3자의 용익을 위한 그 용익임대물의 인도에 이

wenn der Verpächter der Überlassung der Pachtsache zur Nutzung an einen Dritten, der eine ordnungsmäßige Bewirtschaftung gewährleistet, widerspricht. Eine abweichende Vereinbarung ist unwirksam.

§ 594d Tod des Pächters

(1) Stirbt der Pächter, so sind sowohl seine Erben als auch der Verpächter innerhalb eines Monats, nachdem sie vom Tod des Pächters Kenntnis erlangt haben, berechtigt, das Pachtverhältnis mit einer Frist von sechs Monaten zum Ende eines Kalendervierteljahrs zu kündigen.

(2) Die Erben können der Kündigung des Verpächters widersprechen und die Fortsetzung des Pachtverhältnisses verlangen, wenn die ordnungsmäßige Bewirtschaftung der Pachtsache durch sie oder durch einen von ihnen beauftragten Miterben oder Dritten gewährleistet erscheint. Der Verpächter kann die Fortsetzung des Pachtverhältnisses ablehnen, wenn die Erben den Widerspruch nicht spätestens drei Monate vor Ablauf des Pachtverhältnisses erklärt und die Umstände mitgeteilt haben, nach denen die weitere ordnungsmäßige Bewirtschaftung der Pachtsache gewährleistet erscheint. Die Widerspruchserklärung und die Mitteilung bedürfen der schriftlichen Form. Kommt keine Einigung zustande, so entscheidet auf Antrag das Landwirtschaftsgericht.

(3) Gegenüber einer Kündigung des Verpächters nach Absatz 1 ist ein Fortsetzungsverlangen des Erben nach § 595 ausgeschlossen.

§ 594e Außerordentliche fristlose Kündigung aus wichtigem Grund

(1) Die außerordentliche fristlose Kündigung des Pachtverhältnisses ist in entsprechender Anwendung der §§ 543, 569 Abs. 1 und 2 zulässig.

(2) Abweichend von § 543 Abs. 2 Nr. 3 Buchstabe a und b liegt ein wichtiger Grund insbesondere vor, wenn der Pächter mit der Entrichtung der Pacht oder eines nicht unerheblichen Teils der Pacht länger als drei Monate in Verzug ist. Ist die Pacht nach Zeitabschnitten von weniger als einem Jahr bemessen, so ist die Kündigung erst zulässig, wenn der Pächter für zwei aufeinander folgende Termine mit der Entrichtung der Pacht oder eines nicht unerheblichen Teils der Pacht in Verzug ist.

§ 594f Schriftform der Kündigung

Die Kündigung bedarf der schriftlichen Form.

§ 595 Fortsetzung des Pachtverhältnisses

(1) Der Pächter kann vom Verpächter die Fortsetzung des Pachtverhältnisses verlangen, wenn

1. bei einem Betriebspachtverhältnis der Betrieb seine wirtschaftliche Lebensgrundlage bildet,
2. bei dem Pachtverhältnis über ein Grundstück der Pächter auf dieses Grundstück zur Aufrechterhaltung

의를 제기하지 않은 때에는 용익임차인은 그 용익임대차관계를 법정해지기간(法定解止期間)을 두고서 특별해지 할 수 있다. 이와 다르게 한 약정(Eine abweichende Vereinbarung)은 무효(無效)이다.

제594조d 용익임차인의 사망

① 용익임차인이 사망하는 경우에 그 상속인뿐만 아니라 용익임대인은, 자신들이 용익임차인의 사망을 안 후 1개월 이내에 6개월의 해지기간을 두고서 역에 의한 분기의 경과시에 효력이 발생하도록그 용익임대차관계를 해지할 권리를 갖는다.

② 그 상속인들은, 용익목적물의 적절한 관리가 그 상속인들 또는 그 상속인들의 위임을 받은 공동상속인 1인 또는 제3자에 의해(durch sie oder durch einen von ihnen beauftragten Miterben oder Dritten) 보장된 것으로 보이는 때에는 용익임대인의 해지에 이의를 제기한 후 용익임대차관계의 지속을 청구할 수 있다. 그 상속인들이 늦어도 해당 용익임대차관계의 만료 3개월 전까지 이의의 의사표시를 하지 아니하고 추가적인 적절한 용익목적물의 관리가 보장된 것으로 보이게 하는(nach denen die weitere ordnungsmäßige Bewirtschaftung der Pachtsache gewährleistet erscheint) 사정을 통지한 때에는 용익임대인은 용익임대차관계의 지속을 거부할 수 있다. 그 이의의 의사표시와 통지(Die Widerspruchserklärung und die Mitteilung)에 서면방식이 요구된다. 합의가 성사되지 않은 경우에 신청에 따라 농법법원이 결정한다.

③ 제1항에 따른 용익임대인의 해지에 대하여(Gegenüber einer Kündigung des Verpächters) 제595조에 따른 상속인의 지속청구는 배제된다.

제594조e 중대한 사유에 기한 특별즉시해지

① 용익임대차관계의 특별즉시해지는 제543조, 제569조 제1항, 제2항의 준용하여(in entsprechender Anwendung) 허용된다.

② 용익임차인이 차임 전부의 지급을 지체하거나 3개월 초과하는 차임의 중대한 일부의 지급을(mit der Entrichtung der Pacht oder eines nicht unerheblichen Teils der Pacht länger als drei Monate) 지체하는 때에는 제543조 제2항 제3호 a목, b목과 달리 중대한 사유가 있는 것이다. 차임이 1년 미만의 차임기(借賃期)에 의해 산정되는 경우에 용익임차인이 연속된 2기(期) 동안의 차임 전부 또는 그 중요한 일부를 지체한 때에 비로소 해지가 허용된다.

제594조f 해지의 방식

해지는 서면방식을 필요로 한다.

제595조 용익임대차관계의 지속

① 다음 각 호의 경우에 해당하고,

1. 상업적 용익임대차의 경우 농장이 자신의 경제적 생활기반(seine wirtschaftliche Lebensgrundlage)을 이루는 경우,
2. 토지에 관한 용익임대차의 경우 용익임차인이 자신의 경제적 생활기반을 이루는(der seine

seines Betriebs, der seine wirtschaftliche Lebensgrundlage bildet, angewiesen ist und die vertragsmäßige Beendigung des Pachtverhältnisses für den Pächter oder seine Familie eine Härte bedeuten würde, die auch unter Würdigung der berechtigten Interessen des Verpächters nicht zu rechtfertigen ist. Die Fortsetzung kann unter diesen Voraussetzungen wiederholt verlangt werden.

(2) Im Falle des Absatzes 1 kann der Pächter verlangen, dass das Pachtverhältnis so lange fortgesetzt wird, wie dies unter Berücksichtigung aller Umstände angemessen ist. Ist dem Verpächter nicht zuzumuten, das Pachtverhältnis nach den bisher geltenden Vertragsbedingungen fortzusetzen, so kann der Pächter nur verlangen, dass es unter einer angemessenen Änderung der Bedingungen fortgesetzt wird.

(3) Der Pächter kann die Fortsetzung des Pachtverhältnisses nicht verlangen, wenn

1. er das Pachtverhältnis gekündigt hat,
2. der Verpächter zur außerordentlichen fristlosen Kündigung oder im Falle des § 593a zur außerordentlichen Kündigung mit der gesetzlichen Frist berechtigt ist,
3. die Laufzeit des Vertrags bei einem Pachtverhältnis über einen Betrieb, der Zupachtung von Grundstücken, durch die ein Betrieb entsteht, oder bei einem Pachtverhältnis über Moor- und Ödland, das vom Pächter kultiviert worden ist, auf mindestens 18 Jahre, bei der Pacht anderer Grundstücke auf mindestens zwölf Jahre vereinbart ist,
4. der Verpächter die nur vorübergehend verpachtete Sache in eigene Nutzung nehmen oder zur Erfüllung gesetzlicher oder sonstiger öffentlicher Aufgaben verwenden will.

(4) Die Erklärung des Pächters, mit der er die Fortsetzung des Pachtverhältnisses verlangt, bedarf der schriftlichen Form. Auf Verlangen des Verpächters soll der Pächter über die Gründe des Fortsetzungsverlangens unverzüglich Auskunft erteilen.

(5) Der Verpächter kann die Fortsetzung des Pachtverhältnisses ablehnen, wenn der Pächter die Fortsetzung nicht mindestens ein Jahr vor Beendigung des Pachtverhältnisses vom Verpächter verlangt oder auf eine Anfrage des Verpächters nach § 594 die Fortsetzung abgelehnt hat. Ist eine zwölfmonatige oder kürzere Kündigungsfrist vereinbart, so genügt es, wenn das Verlangen innerhalb eines Monats nach Zugang der Kündigung erklärt wird.

(6) Kommt keine Einigung zustande, so entscheidet auf Antrag das Landwirtschaftsgericht über eine Fortsetzung und über die Dauer des Pachtverhältnisses sowie über die Bedingungen, zu denen es fortgesetzt wird. Das Gericht kann die Fortsetzung des Pachtverhältnisses jedoch nur bis zu einem Zeitpunkt anordnen, der die in Absatz 3 Nr. 3 genannten Fristen, ausgehend vom Beginn des laufenden Pachtverhältnisses, nicht übersteigt. Die Fortsetzung kann auch auf einen Teil der Pachtsache beschränkt werden.

wirtschaftliche Lebensgrundlage bildet) 그 농장을 유지하는 데에 그 토지에 의존하는 경우, 계약에 따른 용익임대차관계의 종료가 용익임차인 또는 그 가족에게 용익임대인의 정당한 이익을 고려하더라도 정당화될 수 없는(die auch unter Würdigung der berechtigten Interessen des Verpächters nicht zu rechtfertigen ist) 어려움을 의미하는 때에는 용익임차인은 용익임대인에 대하여 용익임대차관계의 지속을 청구할 수 있다. 그 지속은 이러한 요건하에서 반복적으로(wiederholt) 청구될 수 있다.

② 제1항의 경우 용익임차인은 용익임대차관계가 제반사정을 고려했을 때(unter Berücksichtigung aller Umstände) 적절한 만큼 지속되도록 청구할 수 있다. 용익임대인에게 용익임대차가 이전에 적용된 계약조건에 따라(nach den bisher geltenden Vertragsbedingungen) 지속되는 것을 기대할 수 없는 경우에 용익임차인은, 그 용익임대차가 그 조건의 적절한 변경하에서만(unter einer angemessenen Änderung der Bedingungen) 지속되도록 청구할 수 있다.

③ 다음 각 호의 경우에 용익임차인은 용익임대차관계이 지속을 청구할 수 없다,

1. 용익임차인이 용익임대차관계를 해지한 경우,
2. 용익임대인이 특별즉시해지를 할 수 있거나 제593조a의 경우에 법정해지기간을 두고서 특별즉시해지를 할 수 있는 경우,
3. 어느 농장에 관한 용익임대차관계, 농장이 기반한 토지에 대한 용익임대차 설정(der Zupachtung von Grundstücken, durch die ein Betrieb entsteht)이나, 용익임차인이 개간(開墾)한 습지 및 황무지에 관한(Moor- und Ödland, das vom Pächter kultiviert worden ist) 용익임대차의 경우 계약기간이 최소 18년간, 그 밖의 토지의 용익임대차의 경우 계약기간이 최소 12년간 합의된 경우,
4. 용익임대인이 단지 일시적으로 임대된 물건을 자신의 용익을 위해 이용하거나 법률상 의무 또는 그 밖의 공법상 임무의 이행을 위해(zur Erfüllung gesetzlicher oder sonstiger öffentlicher Aufgaben) 이용하려고 하는 경우.

④ 용익임대차관계의 지속을 청구하는, 용익임차인의 의사표시는 서면방식을 필요로 한다. 용익임대인의 청구가 있는 경우 용익임차인은 그 지속청구의 사유에 관하여 지체 없이 통지해야 한다.

⑤ 용익임차인이 최소 용익임대차관계의 종료시로부터 1년 전까지 용익임대인에게 그 지속을 청구하지 않거나 제594조에 따른 용익임대인의 문의에 대하여(auf eine Anfrage des Verpächters nach § 594) 그 지속 거부로 답한 때에는 용익임대인은 용익임대차관계의 지속을 거부할 수 있다. 해지기간이 12개월 또는 그 보다 짧게 합의된 경우에 그 청구의 의사표시가 해지 도달한 때로부터 1개월 이내에 이뤄진다면 그것으로 족하다.

⑥ 합의가 성사되지 않은 경우에 그 신청에 따라 농업법원이 그 지속 여부 및 용익임대차관계의 기간, 지속된 기간의 계약조건에 관하여(über die Dauer des Pachtverhältnisses sowie über die Bedingungen, zu denen es fortgesetzt wird) 결정한다. 그 법원은, 현재의 용익임대차관계의 개시시로부터 기산하여 제3항 제3호상의 기간을 초과하지 않는 기간(der die in Absatz 3 Nr. 3 genannten Fristen, ausgehend vom Beginn des laufenden Pachtverhältnisses, nicht übersteigt) 내에서만 용익임대차관계의 지속을 명할 수 있다. 그 지속은 임대차목적물의 일부로 국한될 수 있다.

(7) Der Pächter hat den Antrag auf gerichtliche Entscheidung spätestens neun Monate vor Beendigung des Pachtverhältnisses und im Falle einer zwölfmonatigen oder kürzeren Kündigungsfrist zwei Monate nach Zugang der Kündigung bei dem Landwirtschaftsgericht zu stellen. Das Gericht kann den Antrag nachträglich zulassen, wenn es zur Vermeidung einer unbilligen Härte geboten erscheint und der Pachtvertrag noch nicht abgelaufen ist.

(8) Auf das Recht, die Verlängerung eines Pachtverhältnisses nach den Absätzen 1 bis 7 zu verlangen, kann nur verzichtet werden, wenn der Verzicht zur Beilegung eines Pachtstreits vor Gericht oder vor einer berufsständischen Pachtschlichtungsstelle erklärt wird. Eine Vereinbarung, dass einem Vertragsteil besondere Nachteile oder besondere Vorteile erwachsen sollen, wenn er die Rechte nach den Absätzen 1 bis 7 ausübt oder nicht ausübt, ist unwirksam.

§ 595a Vorzeitige Kündigung von Landpachtverträgen

(1) Soweit die Vertragsteile zur außerordentlichen Kündigung eines Landpachtverhältnisses mit der gesetzlichen Frist berechtigt sind, steht ihnen dieses Recht auch nach Verlängerung des Landpachtverhältnisses oder Änderung des Landpachtvertrags zu.

(2) Auf Antrag eines Vertragsteils kann das Landwirtschaftsgericht Anordnungen über die Abwicklung eines vorzeitig beendeten oder eines teilweise beendeten Landpachtvertrags treffen. Wird die Verlängerung eines Landpachtvertrags auf einen Teil der Pachtsache beschränkt, kann das Landwirtschaftsgericht die Pacht für diesen Teil festsetzen.

(3) Der Inhalt von Anordnungen des Landwirtschaftsgerichts gilt unter den Vertragsteilen als Vertragsinhalt. Über Streitigkeiten, die diesen Vertragsinhalt betreffen, entscheidet auf Antrag das Landwirtschaftsgericht.

§ 596 Rückgabe der Pachtsache

(1) Der Pächter ist verpflichtet, die Pachtsache nach Beendigung des Pachtverhältnisses in dem Zustand zurückzugeben, der einer bis zur Rückgabe fortgesetzten ordnungsmäßigen Bewirtschaftung entspricht.

(2) Dem Pächter steht wegen seiner Ansprüche gegen den Verpächter ein Zurückbehaltungsrecht am Grundstück nicht zu.

(3) Hat der Pächter die Nutzung der Pachtsache einem Dritten überlassen, so kann der Verpächter die Sache nach Beendigung des Pachtverhältnisses auch von dem Dritten zurückfordern.

§ 596a Ersatzpflicht bei vorzeitigem Pachtende

(1) Endet das Pachtverhältnis im Laufe eines Pachtjahrs, so hat der Verpächter dem Pächter den Wert der noch nicht getrennten, jedoch nach den Regeln einer ordnungsmäßigen Bewirtschaftung vor dem Ende des Pachtjahrs zu trennenden Früchte zu ersetzen. Dabei ist das Ernterisiko angemessen zu berücksichtigen.

⑦ 용익임차인은 늦어도 임대차관계종료시로부터 9개월 전까지 또는 해지기간이 12개월 또는 그보다 짧게 된 경우에는 해지 도달시로부터 2개월 이내에 농업법원에 법원의 재판에 대한 신청을 제기해야 한다. 그 법원은, 그것이 불공평한 어려움의 방지를 위해 필요해 보이고 용익임대차계약이 아직 진행 중인 경우에는(wenn es zur Vermeidung einer unbilligen Härte geboten erscheint und der Pachtvertrag noch nicht abgelaufen ist) 그 후에도(nachträglich) 그 신청을 허가할 수 있다.
⑧ 제1항 내지 제7항에 따른 용익임대차관계의 연장을 청구할 수 있는 권리는, 그 포기의 의사표시가 법 용익임대차분쟁의 해결 위해 법원 또는 전문 용익임대차조정기구(vor Gericht oder vor einer berufsständischen Pachtschlichtungsstelle)에서 이뤄진 경우에 한하여 포기될 수 있다. 어느 계약당사자가 제1항 내지 제7항에 따른 권리를 행사하거나 행사하지 않으면 그 계약당사자에게 특별한 불이익 또는 이익(besondere Nachteile oder besondere Vorteile)을 주기로 한 합의는, 무효이다.

제595조a 농지용익임대차계약의 기간 전 해지
① 계약당사자가 법정해지기간을 두고서 농지용익임대차계약의 특별해지를 할 권리를 갖는 때에는 농지용익임대차관계의 연장 또는 농지용익임대차계약의 수정에 따른 이러한 권리도(auch nach Verlängerung des Landpachtverhältnisses oder Änderung des Landpachtvertrags) 그에게 귀속된다.
② 계약당사자의 신청에 의하여 농업법원은 기간 전에 전부 또는 부분적으로 종료된 용익임대차계약의 해소(解消)(die Abwicklung eines vorzeitig beendeten oder eines teilweise beendeten Landpachtvertrags)에 관한 명령을 발할 수 있다. 용임임대차계약의 연장이 임대차목적물의 일부에 국한된 경우에 농업법원은 이러한 부분에 대한 차임(die Pacht für diesen Teil)을 정할 수 있다.
③ 농법법원의 명령 내용은 계약의 일부 내용으로 본다(gilt unter den Vertragsteilen als Vertragsinhalt). 이러한 계약내용에 관련된 분쟁(分爭)에 관하여 그 신청에 따라 농업법원(das Landwirtschaftsgericht)이 결정한다.

제596조 임대차목적물의 반환
① 용익임차인은, 용익임대차관계의 종료 후 임대차목적물을 그 반환시까지 계속적으로 적절하게 관리에 좇은 상태대로 반환할 의무를 진다.
② 토지에 대한 유치권이 용익임대인에 대한 용익임차인의 청구권에 기하여 용익임차인에게 귀속하지 아니한다.
③ 용익임차인이 용익목적물의 용익을 제3자에게 이전한 경우에 용익임대인은 그 용익임대차관계 종료 후에 그 목적물의 반환을 제3자에게도 청구할 수 있다.

제596조a 기간 전 임대차종료시 배상의무
① 어느 용익년도(用益年度) 경과 중에 용익임대차관계가 종료된 경우에 용익임대인은 용익임차인에게 아직 분리되지 않았으나 나적절한 관리규칙에 따라 그 용익년도의 종료 전에 분리될 과실의 가액을(Wert der noch nicht getrennten, jedoch nach den Regeln einer ordnungsmäßigen Bewirtschaftung vor dem Ende des Pachtjahrs zu trennenden Frücht) 배상해야 한다. 이 경우 수취위험(Ernterisiko)은 적절하게 고려되어야 한다.

(2) Lässt sich der in Absatz 1 bezeichnete Wert aus jahreszeitlich bedingten Gründen nicht feststellen, so hat der Verpächter dem Pächter die Aufwendungen auf diese Früchte insoweit zu ersetzen, als sie einer ordnungsmäßigen Bewirtschaftung entsprechen.
(3) Absatz 1 gilt auch für das zum Einschlag vorgesehene, aber noch nicht eingeschlagene Holz. Hat der Pächter mehr Holz eingeschlagen, als bei ordnungsmäßiger Nutzung zulässig war, so hat er dem Verpächter den Wert der die normale Nutzung übersteigenden Holzmenge zu ersetzen. Die Geltendmachung eines weiteren Schadens ist nicht ausgeschlossen.

§ 596b Rücklassungspflicht
(1) Der Pächter eines Betriebs hat von den bei Beendigung des Pachtverhältnisses vorhandenen landwirtschaftlichen Erzeugnissen so viel zurückzulassen, wie zur Fortführung der Wirtschaft bis zur nächsten Ernte nötig ist, auch wenn er bei Beginn des Pachtverhältnisses solche Erzeugnisse nicht übernommen hat.
(2) Soweit der Pächter nach Absatz 1 Erzeugnisse in größerer Menge oder besserer Beschaffenheit zurückzulassen verpflichtet ist, als er bei Beginn des Pachtverhältnisses übernommen hat, kann er vom Verpächter Ersatz des Wertes verlangen.

§ 597 Verspätete Rückgabe
Gibt der Pächter die Pachtsache nach Beendigung des Pachtverhältnisses nicht zurück, so kann der Verpächter für die Dauer der Vorenthaltung als Entschädigung die vereinbarte Pacht verlangen. Die Geltendmachung eines weiteren Schadens ist nicht ausgeschlossen.

Titel 6 Leihe

§ 598 Vertragstypische Pflichten bei der Leihe
Durch den Leihvertrag wird der Verleiher einer Sache verpflichtet, dem Entleiher den Gebrauch der Sache unentgeltlich zu gestatten.

§ 599 Haftung des Verleihers
Der Verleiher hat nur Vorsatz und grobe Fahrlässigkeit zu vertreten.

§ 600 Mängelhaftung
Verschweigt der Verleiher arglistig einen Mangel im Recht oder einen Fehler der verliehenen Sache, so ist er verpflichtet, dem Entleiher den daraus entstehenden Schaden zu ersetzen.

§ 601 Verwendungsersatz
(1) Der Entleiher hat die gewöhnlichen Kosten der Erhaltung der geliehenen Sache, bei der Leihe eines Tieres insbesondere die Fütterungskosten, zu tragen.

② 제1항에 기재된 가액이 시기상 정해진 사유로 인하여(aus jahreszeitlich bedingten Gründen) 확정될 수 없는 경우에 용익임대인은 용익임차인에게 적절한 관리에 좇아 행해진 범위 내의 이러한 과실수취에 대한 비용을 상환해야 한다.
③ 벌채용 목재이나 아직 벌채되지 않은 목재에 대해서도 제1항은 적용한다. 용익임차인은 적절한 용익시 허가된 것보다 더 많은 목재를 벌채한 경우에 그는 용익임대인에게 정상적 용익을 초과한 목재량의 가액(den Wert der die normale Nutzung übersteigenden Holzmenge)을 상환해야 한다. 추가적 손해배상청구(Die Geltendmachung eines weiteren Schadens)는 배제되지 아니한다.

제596조b 남겨둘 의무
① 어느 농장의 용익임차인은, 그가 용익임대차관계의 개시시 그러한 생산물을 인수하지 않았더라도 용익임대차관계의 종료시 현존하는 농업 생산물을 다음 수확시까지 관리의 지속을 위하여 필요한(wie zur Fortführung der Wirtschaft bis zur nächsten Ernte nötig ist) 만큼을 남겨둬야 한다.
② 용익임차인이 용익임대차관계 개시시에 인수한 것보다 많은 양 또는 그보다 개선된 상태로(in größerer Menge oder besserer Beschaffenheit) 제1항에 따라 생산물을 남겨둬야 할 의무를 지는 경우에 그는 용익임대인에게 그 가액의 상환(Ersatz des Wertes)을 청구할 수 있다.

제597조 반환의 지연
용익임차인이 용익임대차관계의 종료시 임대차목적물을 반환하지 않은 경우네 용익임대인은 그 지연된 기간 동안에 대한 손해배상으로 약정한 차임(für die Dauer der Vorenthaltung als Entschädigung die vereinbarte Pacht)을 청구할 수 있다. 추가적 손해배상청구는 배제되지 아니한다.

제6절 사용대차

제598조 사용대차시 전형적 의무
사용대차계약에 기하여 어느 물건의 대주(貸主)는 차주(借主)에게 무상으로 이를 사용하게 할 의무를 진다.

제599조 대주의 책임
대주(貸主)는 고의 또는 중과실에 대해서만 (그에 대한) 책임은 진다.

제600조 하자담보책임
대주가 차용물에 대한 권리의 하자나 그 차용물 하자(einen Mangel im Recht oder einen Fehler der verliehenen Sache)를 알고서도 묵비한 경우에 그는 차주에게 이로 인하여 발생한 손해를 배상할 의무를 진다.

제601조 비용상환
① 차주가 차용물의 통상적 보존비용(die gewöhnlichen Kosten der Erhaltung der geliehenen Sache), 동물의 사용대차의 경우 특히 사료비를 부담해야 한다.

(2) Die Verpflichtung des Verleihers zum Ersatz anderer Verwendungen bestimmt sich nach den Vorschriften über die Geschäftsführung ohne Auftrag. Der Entleiher ist berechtigt, eine Einrichtung, mit der er die Sache versehen hat, wegzunehmen.

§ 602 Abnutzung der Sache

Veränderungen oder Verschlechterungen der geliehenen Sache, die durch den vertragsmäßigen Gebrauch herbeigeführt werden, hat der Entleiher nicht zu vertreten.

§ 603 Vertragsmäßiger Gebrauch

Der Entleiher darf von der geliehenen Sache keinen anderen als den vertragsmäßigen Gebrauch machen. Er ist ohne die Erlaubnis des Verleihers nicht berechtigt, den Gebrauch der Sache einem Dritten zu überlassen.

§ 604 Rückgabepflicht

(1) Der Entleiher ist verpflichtet, die geliehene Sache nach dem Ablauf der für die Leihe bestimmten Zeit zurückzugeben.

(2) Ist eine Zeit nicht bestimmt, so ist die Sache zurückzugeben, nachdem der Entleiher den sich aus dem Zweck der Leihe ergebenden Gebrauch gemacht hat. Der Verleiher kann die Sache schon vorher zurückfordern, wenn so viel Zeit verstrichen ist, dass der Entleiher den Gebrauch hätte machen können.

(3) Ist die Dauer der Leihe weder bestimmt noch aus dem Zweck zu entnehmen, so kann der Verleiher die Sache jederzeit zurückfordern.

(4) Überlässt der Entleiher den Gebrauch der Sache einem Dritten, so kann der Verleiher sie nach der Beendigung der Leihe auch von dem Dritten zurückfordern.

(5) Die Verjährung des Anspruchs auf Rückgabe der Sache beginnt mit der Beendigung der Leihe.

§ 605 Kündigungsrecht

Der Verleiher kann die Leihe kündigen:

1. wenn er infolge eines nicht vorhergesehenen Umstandes der verliehenen Sache bedarf,
2. wenn der Entleiher einen vertragswidrigen Gebrauch von der Sache macht, insbesondere unbefugt den Gebrauch einem Dritten überlässt, oder die Sache durch Vernachlässigung der ihm obliegenden Sorgfalt erheblich gefährdet,
3. wenn der Entleiher stirbt.

§ 606 Kurze Verjährung

Die Ersatzansprüche des Verleihers wegen Veränderungen oder Verschlechterungen der verliehenen Sache sowie die Ansprüche des Entleihers auf Ersatz von Verwendungen oder auf Gestattung der Wegnahme einer Einrichtung verjähren in sechs Monaten. Die Vorschriften des §

② 대주의 그 밖의 비용상환의무는 사무관리 규정(den Vorschriften über die Geschäftsführung ohne Auftrag)에 따라 정해진다. 차주는 차용물에 부속된 설비(eine Einrichtung, mit der er die Sache versehen hat)를 수거할 권리를 갖는다.

제602조 차용물의 소모(消耗)

계약에 좇은 사용(使用)으로 인하여 생긴 차용물(借用物)의 변경(變更) 또는 훼손(毁損)(Veränderungen oder Verschlechterungen der geliehenen Sache)에 대하여 차주가 책임지지 아니한다.

제603조 계약에 좇은 사용

차주는 차용물에 대해 계약에 좇은 사용 이외의 사용을 할 수 없다. 그는 대주의 승낙 없이는 차용물의 사용을 제3자에게(den Gebrauch der Sache einem Dritten) 이전할 권리를 갖지 못한다.

제604조 반환의무(返還義務)

① 차주는 사용대차를 위해 정해진 기간 경과 후에(nach dem Ablauf der für die Leihe bestimmten Zeit) 차용물을 반환할 의무를 진다.

② 기간이 정해지지 않은 경우 차주가 사용대자 목적에 좇은 사용을 마친 후 차용물은 반환되어야 한다. 대주는, 차주가 그 사용을 할 수 있는 상당한 시간이 경과한 때에는(wenn so viel Zeit verstrichen ist, dass der Entleiher den Gebrauch hätte machen können) 그 차용물을 사전에 반환청구할 수 있다.

③ 사용대차의기간이 정해지지도 않고 그 목적에서 도출될 수도 없는 경우에 대주는 언제든지 차용물의 반환을 청구할 수 있다.

④ 차주가 차용물의 사용을 제3자에게 이전하는 경우에 대주는 사용대차의 종료 후에는 그 제3자에게도 그 반환을 청구할 수 있다.

⑤ 차용물의 반환청구권의 소멸시효는 사용대차의 종료시로부터(mit der Beendigung der Leihe) 기산한다.

제605조 해지권

대주는 사용대차를 다음과 같이 해지할 수 있다:

1. 대주는 예상할 수 없는 사정으로 인하여(infolge eines nicht vorhergesehenen Umstandes) 차용물을 필요로 하는 경우,
2. 차주가 차용물에 대해 계약에 반하는 사용을 하는 경우, 특히 승낙 없이 제3자에게 그 사용을 이전하거나, 차용물이 차주의 의무로 된 주의의무 해태로 인하여 현저하게 위태롭게 된 경우,
3. 차주가 사망한 경우.

제606조 단기소멸시효

차용물의 변경(變更) 또는 악화(惡化)로 인한 대주의 상환청구권(償還請求權)과 차주의 비용상환청구권 또는 설비수거수인청구권(設備受忍收去請求權)(die Ansprüche des Entleihers auf Ersatz von Verwendungen oder auf Gestattung der Wegnahme einer Einrichtung)은 6개월의 소멸시효(消滅時

548 Abs. 1 Satz 2 und 3, Abs. 2 finden entsprechende Anwendung.

Titel 7 Sachdarlehensvertrag

§ 607 Vertragstypische Pflichten beim Sachdarlehensvertrag

(1) Durch den Sachdarlehensvertrag wird der Darlehensgeber verpflichtet, dem Darlehensnehmer eine vereinbarte vertretbare Sache zu überlassen. Der Darlehensnehmer ist zur Zahlung eines Darlehensentgelts und bei Fälligkeit zur Rückerstattung von Sachen gleicher Art, Güte und Menge verpflichtet.

(2) Die Vorschriften dieses Titels finden keine Anwendung auf die Überlassung von Geld.

§ 608 Kündigung

(1) Ist für die Rückerstattung der überlassenen Sache eine Zeit nicht bestimmt, hängt die Fälligkeit davon ab, dass der Darlehensgeber oder der Darlehensnehmer kündigt.

(2) Ein auf unbestimmte Zeit abgeschlossener Sachdarlehensvertrag kann, soweit nicht ein anderes vereinbart ist, jederzeit vom Darlehensgeber oder Darlehensnehmer ganz oder teilweise gekündigt werden.

§ 609 Entgelt

Ein Entgelt hat der Darlehensnehmer spätestens bei Rückerstattung der überlassenen Sache zu bezahlen.

§ 610 (weggefallen)

Titel 8 Dienstvertrag und ähnliche Verträge

*) Amtlicher Hinweis:

Dieser Titel dient der Umsetzung

1. der Richtlinie 76/207/EWG des Rates vom 9. Februar 1976 zur Verwirklichung des Grundsatzes der Gleichbehandlung von Männern und Frauen hinsichtlich des Zugangs zur Beschäftigung, zur Berufsbildung und zum beruflichen Aufstieg sowie in Bezug auf die Arbeitsbedingungen (ABl. EG Nr. L 39 S. 40) und
2. der Richtlinie 77/187/EWG des Rates vom 14. Februar 1977 zur Angleichung der Rechtsvorschriften der Mitgliedstaaten über die Wahrung von Ansprüchen der Arbeitnehmer beim Übergang von Unternehmen, Betrieben oder Betriebsteilen (ABl. EG Nr. L 61 S. 26).

Untertitel 1 Dienstvertrag

걸린다. 제548조 제1항 제2문, 제3문, 제2항의 규정(規定)을 준용한다.

제7절 물건소비대차계약

제607조 물건소비대차계약에서의 전형적 의무

① 물건소비대차계약에 기하여 대주(貸主)는 차주(借主)에게 약정한 대체물(代替物)(eine vereinbarte vertretbare Sache)을 이전할 의무를 진다. 대주는 대차대가를 지급하고 그 이행기에 동종의 품질 및 수량의 물건을 반환(Rückerstattung von Sachen gleicher Art, Güte und Menge)할 의무를 진다.

② 이 절의 규정은 금전의 이전에 대하여는 적용하지 아니한다.

제608조 해지

① 이전한 물건 반환(返還)에 대하여 기간(期間)이 정해지지 않은 경우에 그 이행기는 대주 또는 차주가 해지한 것(dass der Darlehensgeber oder der Darlehensnehmer kündigt)에 좌우된다.

② 다른 정함이 없는 한, 기간의 정함이 없이 체결된 물건소비대차계약(Ein auf unbestimmte Zeit abgeschlossener Sachdarlehensvertrag)은 대주 또는 차주가 언제든지 전부 또는 일부를 해지할 수 있다.

제609조 대가

대가는 차주가 늦어도 이전한 물건의 반환시(bei Rückerstattung der überlassenen Sache) 에 지급해야 한다.

제610조 삭제

제8절 고용계약(雇傭契約)과 이에 유사한 계약

*) 공식 주(注):

본 절은 다음의 시행에 기여한다,

1. 「고용·직업훈련·승진의 기회와 근로조건에 관한 남녀균등대우원칙의 실현(實現)을 위한(zur Verwirklichung des Grundsatzes der Gleichbehandlung von Männern und Frauen) 1976년 2월 9일 유럽공동체이사회의 76/207/EWG호 지침(指針)」(ABl. EG Nr. L 39 S. 40)과,
2. 「기업, 사업, 일부사업에서의 근로자의 청구권 보호에 관한 회원국의 법규정의 통일적 규율을 위한(zur Angleichung der Rechtsvorschriften der Mitgliedstaaten über die Wahrung von Ansprüchen der Arbeitnehmer) 1977년 2월 14일 유럽공동체 77/187/EWG호 지침」(ABl. EG Nr. L 61 S. 26).

제1관 고용계약

§ 611 Vertragstypische Pflichten beim Dienstvertrag

(1) Durch den Dienstvertrag wird derjenige, welcher Dienste zusagt, zur Leistung der versprochenen Dienste, der andere Teil zur Gewährung der vereinbarten Vergütung verpflichtet.
(2) Gegenstand des Dienstvertrags können Dienste jeder Art sein.

§ 611a Arbeitsvertrag

(1) Durch den Arbeitsvertrag wird der Arbeitnehmer im Dienste eines anderen zur Leistung weisungsgebundener, fremdbestimmter Arbeit in persönlicher Abhängigkeit verpflichtet. Das Weisungsrecht kann Inhalt, Durchführung, Zeit und Ort der Tätigkeit betreffen. Weisungsgebunden ist, wer nicht im Wesentlichen frei seine Tätigkeit gestalten und seine Arbeitszeit bestimmen kann. Der Grad der persönlichen Abhängigkeit hängt dabei auch von der Eigenart der jeweiligen Tätigkeit ab. Für die Feststellung, ob ein Arbeitsvertrag vorliegt, ist eine Gesamtbetrachtung aller Umstände vorzunehmen. Zeigt die tatsächliche Durchführung des Vertragsverhältnisses, dass es sich um ein Arbeitsverhältnis handelt, kommt es auf die Bezeichnung im Vertrag nicht an.
(2) Der Arbeitgeber ist zur Zahlung der vereinbarten Vergütung verpflichtet.

§ 611b (weggefallen)

§ 612 Vergütung

(1) Eine Vergütung gilt als stillschweigend vereinbart, wenn die Dienstleistung den Umständen nach nur gegen eine Vergütung zu erwarten ist.
(2) Ist die Höhe der Vergütung nicht bestimmt, so ist bei dem Bestehen einer Taxe die taxmäßige Vergütung, in Ermangelung einer Taxe die übliche Vergütung als vereinbart anzusehen.
(3) (weggefallen)

§ 612a Maßregelungsverbot

Der Arbeitgeber darf einen Arbeitnehmer bei einer Vereinbarung oder einer Maßnahme nicht benachteiligen, weil der Arbeitnehmer in zulässiger Weise seine Rechte ausübt.

§ 613 Unübertragbarkeit

Der zur Dienstleistung Verpflichtete hat die Dienste im Zweifel in Person zu leisten. Der Anspruch auf die Dienste ist im Zweifel nicht übertragbar.

§ 613a Rechte und Pflichten bei Betriebsübergang

(1) Geht ein Betrieb oder Betriebsteil durch Rechtsgeschäft auf einen anderen Inhaber über, so tritt dieser in die Rechte und Pflichten aus den im Zeitpunkt des Übergangs bestehenden Arbeitsverhältnissen ein. Sind diese Rechte und Pflichten durch Rechtsnormen eines Tarifvertrags oder durch eine Betriebsvereinbarung geregelt, so werden sie Inhalt des Arbeitsverhältnisses

제611 고용계약에서의 전형적 의무

① 고용계약에 의하여 노무(勞務)를 약정한 자는 약정한 노무를 제공할(zur Leistung der versprochenen Dienste) 의무를 지고, 상대방은 약정한 보수를 지급할(zur Gewährung der vereinbarten Vergütung) 의무를 진다.

② 모든 종류의 노무가 고용계약의 목적이 될 수 있다.

제611조a 근로계약

① 근로계약에 기하여 근로자는 타인의 노무에 있어 인적 종속성하에서 지시권에 구속되고 타인결정적 노동을 제공할 의무가 있다. 이러한 지시권은 그 활동의 내용·이행·시간·장소(Inhalt, Durchführung, Zeit und Ort der Tätigkeit)에 미칠 수 있다. 통상적으로 자유롭게, 자신의 활동을 형성할 수 없고 노동시간을 결정할 수 없는 사람(wer nicht im Wesentlichen frei seine Tätigkeit gestalten und seine Arbeitszeit bestimmen kann)은 지시구속적이다. 이 경우 인적 종속성의 정도 a(Der Grad der persönlichen Abhängigkeit)는 각각의 활동의 고유한 특성에 의해서도 좌우된다. 제반 사정을 종합적으로 고려하여 근로계약인지 여부를 결정해야 한다. 계약관계 이행의 실제가 근로계약에 해당한다는 점을 징표하는 경우에는 그 명칭은 중요한 것이 아니다.

② 사용자는 약정한 보수를 지급할 의무가 있다.

제611조b 삭제

제612조 보수

① 제사정(諸事情)에 의할 때 보수가 지급되어야만(nur gegen eine Vergütung) 노무급부가 기대되는 경우에는 보수는 묵시적으로 약정된 것으로 본다.

② 보수액은 요율표가 있는 경우에는 요율표에 의한 보수가, 요율표가 없는 경우에는 통상적 보수가 약정된 것으로 본다.

③ 삭제

제612조a 징벌(懲罰)의 금지

사용자는, 근로자가 허용된 방식으로 자신의 권리를 행사하였다는 이유로 약정 또는 처분에 있어 근로자에 대하여 불이익하게 대우해서는 아니된다.

제613조 양도금지성

노무급부의무자(Der zur Dienstleistung Verpflichtete)는 의심스러운 때에는 노무를 직접 제공해야 한다. 노무청구권은 의심스러운 때에는 양도할 수 없다.

제613a 사업양도시 권리의무

① 사업의 전부 또는 일부(ein Betrieb oder Betriebsteil)가 법률행위에 의해 사업양수인에게 양도되는 경우에 그 사업양수인은 양도 당시에 존재하는 근로관계에서 파생하는 권리의무(die Rechte und Pflichten aus den im Zeitpunkt des Übergangs bestehenden Arbeitsverhältnissen)를 승계한다.

zwischen dem neuen Inhaber und dem Arbeitnehmer und dürfen nicht vor Ablauf eines Jahres nach dem Zeitpunkt des Übergangs zum Nachteil des Arbeitnehmers geändert werden. Satz 2 gilt nicht, wenn die Rechte und Pflichten bei dem neuen Inhaber durch Rechtsnormen eines anderen Tarifvertrags oder durch eine andere Betriebsvereinbarung geregelt werden. Vor Ablauf der Frist nach Satz 2 können die Rechte und Pflichten geändert werden, wenn der Tarifvertrag oder die Betriebsvereinbarung nicht mehr gilt oder bei fehlender beiderseitiger Tarifgebundenheit im Geltungsbereich eines anderen Tarifvertrags dessen Anwendung zwischen dem neuen Inhaber und dem Arbeitnehmer vereinbart wird.

(2) Der bisherige Arbeitgeber haftet neben dem neuen Inhaber für Verpflichtungen nach Absatz 1, soweit sie vor dem Zeitpunkt des Übergangs entstanden sind und vor Ablauf von einem Jahr nach diesem Zeitpunkt fällig werden, als Gesamtschuldner. Werden solche Verpflichtungen nach dem Zeitpunkt des Übergangs fällig, so haftet der bisherige Arbeitgeber für sie jedoch nur in dem Umfang, der dem im Zeitpunkt des Übergangs abgelaufenen Teil ihres Bemessungszeitraums entspricht.

(3) Absatz 2 gilt nicht, wenn eine juristische Person oder eine durch Umwandlung erlischt.

(4) Die Kündigung des Arbeitsverhältnisses eines Arbeitnehmers durch den bisherigen Arbeitgeber oder durch den neuen Inhaber wegen des Übergangs eines Betriebs oder eines Betriebsteils ist unwirksam. Das Recht zur Kündigung des Arbeitsverhältnisses aus anderen Gründen bleibt unberührt.

(5) Der bisherige Arbeitgeber oder der neue Inhaber hat die von einem Übergang betroffenen Arbeitnehmer vor dem Übergang in Textform zu unterrichten über:

1. den Zeitpunkt oder den geplanten Zeitpunkt des Übergangs,
2. den Grund für den Übergang,
3. die rechtlichen, wirtschaftlichen und sozialen Folgen des Übergangs für die Arbeitnehmer und
4. die hinsichtlich der Arbeitnehmer in Aussicht genommenen Maßnahmen.

(6) Der Arbeitnehmer kann dem Übergang des Arbeitsverhältnisses innerhalb eines Monats nach Zugang der Unterrichtung nach Absatz 5 schriftlich widersprechen. Der Widerspruch kann gegenüber dem bisherigen Arbeitgeber oder dem neuen Inhaber erklärt werden.

Fußnote

(+++ § 613a: Zur Anwendung im beigetretenen Gebiet vgl. BGBEG Art. 232 § 5 +++)

§ 614 Fälligkeit der Vergütung

Die Vergütung ist nach der Leistung der Dienste zu entrichten. Ist die Vergütung nach Zeitabschnitten bemessen, so ist sie nach dem Ablauf der einzelnen Zeitabschnitte zu entrichten.

§ 615 Vergütung bei Annahmeverzug und bei Betriebsrisiko

이러한 권리의무가 어느 단체협약의 법규범이나 어느 사업협정에 의하여 규율된 경우에 그것은 사업양수인과 근로자 간의 근로관계 내용이 되고, 그 양도시로부터 1년이 경과하기 전에는 근로자의 불이익으로 변경되어서는 아니된다. 그 권리의무가 사업양수인에 있어 다른 단체협약의 법규범이나 다른 사업협정에 의해 규율되는 경우에는 제2문을 적용하지 아니한다. 그 단체협약 또는 사업협정이 더 이상 적용되지 않거나, 쌍방이 해당 단체협약을 적용받지 않는 경우에 있어 다른 단체협약의 적용범위 내에서 사업양수인과 근로자 간에 그 다른 단체협약 적용이 (개별 약정으로) 합의된 때에는 제2문에 따른 기간의 경과 전에 권리의무가 변경될 수 있다.

② 제1항에 따른 채무가 그 양도 당시 전에 발생했고 양도 당시로부터 1년이 경과 전에 그 이행기가 도래하는 범위 내에서, 사업양도인은 사업양수인과 함께 연대채무자로서(als Gesamtschuldner) 그 채무를 책임진다. 그럼에도 그러한 채무의 이행기가 양도 당시 후에 도래한 경우에는 사업양도인(der bisherige Arbeitgeber)은, 그 채무(債務)에 대하여 그 채무의 산정기간 중 그 양도(讓渡) 당시 경과(經過)한 부분에 상응하는 범위 내에서만 책임을 진다.

③ 법인 또는 상사인적회사(Personenhandelsgesellschaft)가 조직재편(組織再編; Umwandlung)으로 소멸한 때에는 제2항을 적용하지 아니한다.

④ 사업양도인 또는 사업양수인이 사업의 전부 또는 일부의 양도를 이유로 하여(wegen des Übergangs eines Betriebs oder eines Betriebsteils) 어느 근로자에 대한 근로관계를 해지하는 것은 무효이다. 그 밖의 사유에 기한 근로관계 해지권(Das Recht zur Kündigung des Arbeitsverhältnisses aus anderen Gründen)은 영향을 받지 아니한다.

⑤ 사업양수인 또는 사업양수인은 그 양도 전에 양도에 관련된 근로자들에게 문면방식으로 다음 각 호에 관하여 통지해야 한다:

1. 양도시기 또는 양도 예정시기,
2. 양도 이유,
3. 근로자들에 대한 양도의 법적·경제적·사회적 영향(die rechtlichen, wirtschaftlichen und sozialen Folgen des Übergangs),
4. 근로자들에 대하여 예상되는 조치.

⑥ 근로자는 제5항에 따른 통지를 받은 때로부터 1개월 이내에 근로관계의 이전(dem Übergang des Arbeitsverhältnisses)에 대하여 서면으로 이의를 제기할 수 있다. 그 이의제기는 사업양도인 또는 사업양수인에 대한 의사표시로 한다.

각주

(제613a: 포함되는 범위의 적용과 관련하여 민법전시행법 제232항목 제5조를 참조하라)

제614조 보수의 지급시기

보수는 노무제공 후에 지급되어야 한다. 보수가 기간에 따라 산정되는 경우에(Ist die Vergütung nach Zeitabschnitten bemessen) 각각의 기간의 경과 후에 보수가 지급되어야 한다.

제615조 수령지체시와 사업위험시의 보수

Kommt der Dienstberechtigte mit der Annahme der Dienste in Verzug, so kann der Verpflichtete für die infolge des Verzugs nicht geleisteten Dienste die vereinbarte Vergütung verlangen, ohne zur Nachleistung verpflichtet zu sein. Er muss sich jedoch den Wert desjenigen anrechnen lassen, was er infolge des Unterbleibens der Dienstleistung erspart oder durch anderweitige Verwendung seiner Dienste erwirbt oder zu erwerben böswillig unterlässt. Die Sätze 1 und 2 gelten entsprechend in den Fällen, in denen der Arbeitgeber das Risiko des Arbeitsausfalls trägt.

§ 616 Vorübergehende Verhinderung

Der zur Dienstleistung Verpflichtete wird des Anspruchs auf die Vergütung nicht dadurch verlustig, dass er für eine verhältnismäßig nicht erhebliche Zeit durch einen in seiner Person liegenden Grund ohne sein Verschulden an der Dienstleistung verhindert wird. Er muss sich jedoch den Betrag anrechnen lassen, welcher ihm für die Zeit der Verhinderung aus einer auf Grund gesetzlicher Verpflichtung bestehenden Kranken- oder Unfallversicherung zukommt.

§ 617 Pflicht zur Krankenfürsorge

(1) Ist bei einem dauernden Dienstverhältnis, welches die Erwerbstätigkeit des Verpflichteten vollständig oder hauptsächlich in Anspruch nimmt, der Verpflichtete in die häusliche Gemeinschaft aufgenommen, so hat der Dienstberechtigte ihm im Falle der Erkrankung die erforderliche Verpflegung und ärztliche Behandlung bis zur Dauer von sechs Wochen, jedoch nicht über die Beendigung des Dienstverhältnisses hinaus, zu gewähren, sofern nicht die Erkrankung von dem Verpflichteten vorsätzlich oder durch grobe Fahrlässigkeit herbeigeführt worden ist. Die Verpflegung und ärztliche Behandlung kann durch Aufnahme des Verpflichteten in eine Krankenanstalt gewährt werden. Die Kosten können auf die für die Zeit der Erkrankung geschuldete Vergütung angerechnet werden. Wird das Dienstverhältnis wegen der Erkrankung von dem Dienstberechtigten nach § 626 gekündigt, so bleibt die dadurch herbeigeführte Beendigung des Dienstverhältnisses außer Betracht.

(2) Die Verpflichtung des Dienstberechtigten tritt nicht ein, wenn für die Verpflegung und ärztliche Behandlung durch eine Versicherung oder durch eine Einrichtung der öffentlichen Krankenpflege Vorsorge getroffen ist.

§ 618 Pflicht zu Schutzmaßnahmen

(1) Der Dienstberechtigte hat Räume, Vorrichtungen oder Gerätschaften, die er zur Verrichtung der Dienste zu beschaffen hat, so einzurichten und zu unterhalten und Dienstleistungen, die unter seiner Anordnung oder seiner Leitung vorzunehmen sind, so zu regeln, dass der Verpflichtete gegen Gefahr für Leben und Gesundheit soweit geschützt ist, als die Natur der Dienstleistung es gestattet.

(2) Ist der Verpflichtete in die häusliche Gemeinschaft aufgenommen, so hat der Dienstberechtigte in Ansehung des Wohn- und Schlafraums, der Verpflegung sowie der Arbeits- und Erholungszeit

노무권리자가 노무수령을 지체하는 때에는 노무의무자는, 추후급부(Nachleistung)를 할 의무를 부담하지 않고서(ohne zur Nachleistung verpflichtet zu sein) 그 지체로 인하여 제공하지 못한 않은 노무에 대하여 약정한 보수를 청구할 수 있다. 그럼에도 노무의무자는, 노무급부의 불이행으로 절약하거나 자신의 노무의 다른 사용에 의해 취득하거나 악의적으로 취득하지 않은 것의 가액이 공제되도록 해야만 한다. 제1문, 제2문은 사용자가 근로시간결손위험(勤勞時間缺損危險)을 부담하는 경우에 대해 준용한다.

제616조 일시적인 급부장애

노무급부의무자가 비교적 길지 않은 시간 동안에(für eine verhältnismäßig nicht erhebliche Zeit) 노무급부에 대한 자신의 과책이 없는 일신상의 사유로 인하여 급부장애에 빠지더라도 그는 보수청구권을 상실하지 아니한다. 그럼에도 그는, 자신이 급부장애 동안에 법률상의 의무에 기하여 성립한 질병보험(疾病保險) 또는 재해보험(災害保險)에서(aus einer auf Grund gesetzlicher Verpflichtung bestehenden Kranken- oder Unfallversicherung) 수령(受領)한 금액(金額)이 공제(控除)되도록 해야만 한다.

제617조 질병자보호의무(疾病者保護義務)

① 노무의무자의 생계활동이 전부 또는 주로 의존하는 계속적 고용관계에 있어(bei einem dauernden Dienstverhältnis, welches die Erwerbstätigkeit des Verpflichteten vollständig oder hauptsächlich in Anspruch nimmt) 노무의무자가 가정공동체로 수용된 경우에 발병(發病)한 때에 그 발병이 노무의무자의 고의 또는 중과실로 초래된 것이 아닌 한, 노무권리자는 그 노무의무자에게 필요한 양식(糧食)과 의사의 진료를 6주 기간 내에서, 다만 고용관계의 종료를 초과하지 않은 기간 동안에 제공해야 한다. 그 양식과 의사의 진료(Die Verpflegung und ärztliche Behandlung)는 노무의무자를 병원에 입원시키는 것으로(durch Aufnahme des Verpflichteten in eine Krankenanstalt) 제공될 수 있다. 그 비용은 그 발병 기간 동안에 지급해야 할 보수에서 공제될 수 있다. 고용관계가 그 발병으로 인하여(wegen der Erkrankung) 노무권리자에 의해 제626조에 따라 해지된 경우에 이로써 발생한 고용관계의 종료(die dadurch herbeigeführte Beendigung des Dienstverhältnisses)는 고려하지 않는다.

② 그 양식과 의사의 진료가 보험회사 또는 공공의료기관 의해(durch eine Versicherung oder durch eine Einrichtung der öffentlichen Krankenpflege) 마련되는 경우에는 노무권리자의 의무는 발생하지 아니한다.

제618조 보호조치의무

① 노무권리자는, 노무급부의 성질이 이를 허용하는 범위 내에서 노무의무자가 생명 또는 건강에 대한 위험으로부터 보호되도록, 자신이 노무수행을 위해 제공해야 하는 공간, 장치 또는 설비를 설치해야 하고 이를 관리해야 하며 또 자신의 명령 또는 지휘하에 수행되어야 하는 노무급부를 규율해야 한다.

② 노무의무자가 가정공동체로 수용된 경우에 노무권리자는, 주거공간 및 취침공간, 양식, 근로시간(勤勞時間) 및 휴식시간(休息時間)(Arbeits- und Erholungszeit)에 대하여 노무의무자의 건강, 도

diejenigen Einrichtungen und Anordnungen zu treffen, welche mit Rücksicht auf die Gesundheit, die Sittlichkeit und die Religion des Verpflichteten erforderlich sind.
(3) Erfüllt der Dienstberechtigte die ihm in Ansehung des Lebens und der Gesundheit des Verpflichteten obliegenden Verpflichtungen nicht, so finden auf seine Verpflichtung zum Schadensersatz die für unerlaubte Handlungen geltenden Vorschriften der §§ 842 bis 846 entsprechende Anwendung.

§ 619 Unabdingbarkeit der Fürsorgepflichten

Die dem Dienstberechtigten nach den §§ 617, 618 obliegenden Verpflichtungen können nicht im Voraus durch Vertrag aufgehoben oder beschränkt werden.

§ 619a Beweislast bei Haftung des Arbeitnehmers

Abweichend von § 280 Abs. 1 hat der Arbeitnehmer dem Arbeitgeber Ersatz für den aus der Verletzung einer Pflicht aus dem Arbeitsverhältnis entstehenden Schaden nur zu leisten, wenn er die Pflichtverletzung zu vertreten hat.

§ 620 Beendigung des Dienstverhältnisses

(1) Das Dienstverhältnis endigt mit dem Ablauf der Zeit, für die es eingegangen ist.
(2) Ist die Dauer des Dienstverhältnisses weder bestimmt noch aus der Beschaffenheit oder dem Zwecke der Dienste zu entnehmen, so kann jeder Teil das Dienstverhältnis nach Maßgabe der §§ 621 bis 623 kündigen.
(3) Für Arbeitsverträge, die auf bestimmte Zeit abgeschlossen werden, gilt das Teilzeit- und Befristungsgesetz.

§ 621 Kündigungsfristen bei Dienstverhältnissen

Bei einem Dienstverhältnis, das kein Arbeitsverhältnis im Sinne des § 622 ist, ist die Kündigung zulässig,

1. wenn die Vergütung nach Tagen bemessen ist, an jedem Tag für den Ablauf des folgenden Tages;
2. wenn die Vergütung nach Wochen bemessen ist, spätestens am ersten Werktag einer Woche für den Ablauf des folgenden Sonnabends;
3. wenn die Vergütung nach Monaten bemessen ist, spätestens am 15. eines Monats für den Schluss des Kalendermonats;
4. wenn die Vergütung nach Vierteljahren oder längeren Zeitabschnitten bemessen ist, unter Einhaltung einer Kündigungsfrist von sechs Wochen für den Schluss eines Kalendervierteljahrs;
5. wenn die Vergütung nicht nach Zeitabschnitten bemessen ist, jederzeit; bei einem die Erwerbstätigkeit des Verpflichteten vollständig oder hauptsächlich in Anspruch nehmenden

덕 및 종교를 고려하여 필요한(welche mit Rücksicht auf die Gesundheit, die Sittlichkeit und die Religion des Verpflichteten erforderlich sind) 시설을 갖춰야 하고 규율을 해야 한다.

③ 노무권리자가 노무의무자의 생명, 건강과 관련하여(in Ansehung des Lebens und der Gesundheit des Verpflichteten) 자신이 부담하는 의무를 이행하지 않은 경우에 노무권리자의 손해배상의무에 대하여(auf seine Verpflichtung zum Schadensersatz) 불법행위에 대해 적용되는 제842조 내지 제846조의 규정을 준용한다.

제619조 보호의무의 강행규정성

제617조, 제618조에 따라 노무권리자가 부담하는 의무(義務)는 계약으로 사전(事前)에 소멸(消滅)되거나 제한(制限)될 수 없다.

제619조a 근로자 책임에 있어 증명책임

제280조 제1항과 달리 근로자는, 자신에게 위무위반에 대해 책임이 있는 경우(wenn er die Pflichtverletzung zu vertreten hat)에 한하여 근로관계상의 의무위반으로 인하여 발생한 손해에 대해 사용자에게 배상해 주어야 한다.

제620조 근로관계의 종료

① 고용관계에 설정된 기간이 경과함으로써 그 고용관계는 종료된다.

② 고용관계의 기간이 정해지지도, 노무의 성질 또는 목적에 의해서도 추단될(aus der Beschaffenheit oder dem Zwecke der Dienste zu entnehmen) 수도 없는 경우에, 각 당사자는 제621조 내지 제623조의 기준에 따라 근로관계를 해지할 수 있다.

③ 일정한 기간 동안 체결된 근로관계에 대하여는 단시간·기간제법(Teilzeit- und Befristungsgesetz)이 적용된다.

제621조 고용관계에서의 해지기간

제622조상의 '근로관계'가 아닌 '고용관계'에 있어 해지는 다음 각 호와 같이 해지(解止)가 허용된다,

1. 보수가 일급(日給)으로 책정된 경우에는 각 날에 해지를 하면 그 다음날의 경과로 해지의 효력이 발생하도록;
2. 보수가 주급(週給)으로 책정된 경우에는 어느 주(週)의 첫 번째 근무일까지 해지하면 그 다음주 토요일의 경과로 해지의 효력이 발생하도록;
3. 보수가 월급(月給)으로 책정된 경우에는 어느 역월(歷月)의 15일까지 해지하면 해당 역월(歷月)의 경과로 해지의 효력이 발생하도록;
4. 보수가 분기급(分期給) 또는 그 보다 긴 기간으로 책정된 경우에는 6주의 해지기간을 두고서 해지를 하면의 경과로 해지의 효력이 발생되도록;
5. 보수가 기간에 따라 책정되지 않은 경우에는 언제든지; 그럼에도 노무의무자의 생계활동이 전부 또는 주로(vollständig oder hauptsächlich) 의존하는 고용관계(雇用關係)의 경우 2주의 해지기간

Dienstverhältnis ist jedoch eine Kündigungsfrist von zwei Wochen einzuhalten.

§ 622 Kündigungsfristen bei Arbeitsverhältnissen

(1) Das Arbeitsverhältnis eines Arbeiters oder eines Angestellten (Arbeitnehmers) kann mit einer Frist von vier Wochen zum Fünfzehnten oder zum Ende eines Kalendermonats gekündigt werden.

(2) Für eine Kündigung durch den Arbeitgeber beträgt die Kündigungsfrist, wenn das Arbeitsverhältnis in dem Betrieb oder Unternehmen

1. zwei Jahre bestanden hat, einen Monat zum Ende eines Kalendermonats,
2. fünf Jahre bestanden hat, zwei Monate zum Ende eines Kalendermonats,
3. acht Jahre bestanden hat, drei Monate zum Ende eines Kalendermonats,
4. zehn Jahre bestanden hat, vier Monate zum Ende eines Kalendermonats,
5. zwölf Jahre bestanden hat, fünf Monate zum Ende eines Kalendermonats,
6. 15 Jahre bestanden hat, sechs Monate zum Ende eines Kalendermonats,
7. 20 Jahre bestanden hat, sieben Monate zum Ende eines Kalendermonats.

(3) Während einer vereinbarten Probezeit, längstens für die Dauer von sechs Monaten, kann das Arbeitsverhältnis mit einer Frist von zwei Wochen gekündigt werden.

(4) Von den Absätzen 1 bis 3 abweichende Regelungen können durch Tarifvertrag vereinbart werden. Im Geltungsbereich eines solchen Tarifvertrags gelten die abweichenden tarifvertraglichen Bestimmungen zwischen nicht tarifgebundenen Arbeitgebern und Arbeitnehmern, wenn ihre Anwendung zwischen ihnen vereinbart ist.

(5) Einzelvertraglich kann eine kürzere als die in Absatz 1 genannte Kündigungsfrist nur vereinbart werden,

1. wenn ein Arbeitnehmer zur vorübergehenden Aushilfe eingestellt ist; dies gilt nicht, wenn das Arbeitsverhältnis über die Zeit von drei Monaten hinaus fortgesetzt wird;
2. wenn der Arbeitgeber in der Regel nicht mehr als 20 Arbeitnehmer ausschließlich der zu ihrer Berufsbildung Beschäftigten beschäftigt und die Kündigungsfrist vier Wochen nicht unterschreitet.

Bei der Feststellung der Zahl der beschäftigten Arbeitnehmer sind teilzeitbeschäftigte Arbeitnehmer mit einer regelmäßigen wöchentlichen Arbeitszeit von nicht mehr als 20 Stunden mit 0,5 und nicht mehr als 30 Stunden mit 0,75 zu berücksichtigen. Die einzelvertragliche Vereinbarung längerer als der in den Absätzen 1 bis 3 genannten Kündigungsfristen bleibt hiervon unberührt.

(6) Für die Kündigung des Arbeitsverhältnisses durch den Arbeitnehmer darf keine längere Frist vereinbart werden als für die Kündigung durch den Arbeitgeber.

§ 623 Schriftform der Kündigung

Die Beendigung von Arbeitsverhältnissen durch Kündigung oder Auflösungsvertrag bedürfen zu

이 설정(設定)되어야 한다.

제622조 근로관계에서의 해지기간

① 현업근로자 또는 사무직 근로자('근로자'; Arbeitnehmers)의 근로관계는 4주의 기간을 두고서 해지를 하면 어느 역월(歷月)의 15일 또는 말일(末日)에 해지의 효력이 발생되도록 해지될 수 있다.

② 당해 사업 또는 기업에서의 근로관계가 다음과 같은 경우에, 사용자에 의한 해지의 경우, 다음과 같이 해지의 효력이 발생하도록 해지될 수 있다,

1. 2년간 성립한 경우에는, 1개월의 기간을 두고서 해지하면 어느 역월의 말일(末日)에,
2. 5년간 성립한 경우에는, 2개월의 기간을 두고서 해지하면 어느 역월의 말일(末日)에,
3. 8년간 성립한 경우에는, 3개월의 기간을 두고서 해지하면 어느 역월의 말일(末日)에,
4. 10년간 성립한 경우에는, 4개월의 기간을 두고서 해지하면 어느 역월의 말일(末日)에,
5. 12년간 성립한 경우에는, 5개월의 기간을 두고서 해지하면 어느 역월의 말일(末日)에,
6. 15년간 성립한 경우에는, 6개월의 기간을 두고서 해지하면 어느 역월의 말일(末日)에,
7. 20년간 성립한 경우에는, 7개월의 기간을 두고서 해지하면 어느 역월의 말일(末日)에.

③ 길어야 6개월 기간으로 약정한 시용기간(試用其間) 도중(Während einer vereinbarten Probezeit)에는 근로관계(勤勞關係)는 2주의 기간을 두고서(mit einer Frist von zwei Wochen 해지(解止)될 수 있다.

④ 제1항 내지 제3항과 다른 규율이 단체협약으로(durch Tarifvertrag) 합의될 수 있다. 단체협약이 적용되지 않는 사용자 및 근로자 간에 그 적용에 관하여 (개별 약정으로) 합의된 경우에, 그와 같이 다른 단체협약상의 규정이 그러한 단체협약의 적용범위 내에서 그들 간에 적용된다.

⑤ 다음 각 호의 경우에 한하여 제1항상의 해지기간보다 단기의 해지기간이 개별약정으로 합의될 수 있다,

1. 근로자(勤勞者)가 임시직(臨時職)으로 고용(雇用)된 경우(wenn ein Arbeitnehmer zur vorübergehenden Aushilfe eingestellt ist); 3개월을 초과하여 근로관계가 계속된 경우에는 그러하지 아니하다;
2. 사용자(使用者)가 직업교육종사자를 제외하고(ausschließlich der zu ihrer Berufsbildung Beschäftigten) 상시적으로 20명 이하의 근로자를 고용하고 해지기간이 4주에 미달하지 않은(die Kündigungsfrist vier Wochen nicht unterschreitet) 경우.

고용된 근로자수의 확정에 있어 통상 1주간 근로시간이 20시간 이하인 단시간근로자들의 경우 그 근로자들의 0.5를, 통상 1주간 근로시간이 30시간 이하인 단시간근로자의 경우에는 그 근로자들의 0.75를 고려한다. 제1항 내지 제3항의 해지기간보다 긴 개별계약에 의한 합의는 이에 영향을 받지 아니한다.

⑥ 근로자에 의한 근로관계 해지의 경우에 대하여 사용자에 의한 해지의 경우의 기간보다 긴 기간으로 합의되어서는 아니된다.

제623조 해지의 서면방식

해지 또는 해소계약에 의한 근로관계의 종료의 경우 그 종료가 효력을 갖기 위해서는 서면방식이

ihrer Wirksamkeit der Schriftform; die elektronische Form ist ausgeschlossen.

§ 624 Kündigungsfrist bei Verträgen über mehr als fünf Jahre

Ist das Dienstverhältnis für die Lebenszeit einer Person oder für längere Zeit als fünf Jahre eingegangen, so kann es von dem Verpflichteten nach dem Ablauf von fünf Jahren gekündigt werden. Die Kündigungsfrist beträgt sechs Monate.

§ 625 Stillschweigende Verlängerung

Wird das Dienstverhältnis nach dem Ablauf der Dienstzeit von dem Verpflichteten mit Wissen des anderen Teiles fortgesetzt, so gilt es als auf unbestimmte Zeit verlängert, sofern nicht der andere Teil unverzüglich widerspricht.

§ 626 Fristlose Kündigung aus wichtigem Grund

(1) Das Dienstverhältnis kann von jedem Vertragsteil aus wichtigem Grund ohne Einhaltung einer Kündigungsfrist gekündigt werden, wenn Tatsachen vorliegen, auf Grund derer dem Kündigenden unter Berücksichtigung aller Umstände des Einzelfalles und unter Abwägung der Interessen beider Vertragsteile die Fortsetzung des Dienstverhältnisses bis zum Ablauf der Kündigungsfrist oder bis zu der vereinbarten Beendigung des Dienstverhältnisses nicht zugemutet werden kann.

(2) Die Kündigung kann nur innerhalb von zwei Wochen erfolgen. Die Frist beginnt mit dem Zeitpunkt, in dem der Kündigungsberechtigte von den für die Kündigung maßgebenden Tatsachen Kenntnis erlangt. Der Kündigende muss dem anderen Teil auf Verlangen den Kündigungsgrund unverzüglich schriftlich mitteilen.

§ 627 Fristlose Kündigung bei Vertrauensstellung

(1) Bei einem Dienstverhältnis, das kein Arbeitsverhältnis im Sinne des § 622 ist, ist die Kündigung auch ohne die in § 626 bezeichnete Voraussetzung zulässig, wenn der zur Dienstleistung Verpflichtete, ohne in einem dauernden Dienstverhältnis mit festen Bezügen zu stehen, Dienste höherer Art zu leisten hat, die auf Grund besonderen Vertrauens übertragen zu werden pflegen.

(2) Der Verpflichtete darf nur in der Art kündigen, dass sich der Dienstberechtigte die Dienste anderweit beschaffen kann, es sei denn, dass ein wichtiger Grund für die unzeitige Kündigung vorliegt. Kündigt er ohne solchen Grund zur Unzeit, so hat er dem Dienstberechtigten den daraus entstehenden Schaden zu ersetzen.

§ 628 Teilvergütung und Schadensersatz bei fristloser Kündigung

(1) Wird nach dem Beginn der Dienstleistung das Dienstverhältnis auf Grund des § 626 oder des § 627 gekündigt, so kann der Verpflichtete einen seinen bisherigen Leistungen entsprechenden Teil der Vergütung verlangen. Kündigt er, ohne durch vertragswidriges Verhalten des anderen Teiles

요구된다; 전자적 방식은 배제된다.

제624조 5년을 초과하는 계약에서의 해지기간

고용계약관계가 어느 사람의 종신으로 유지되거나 5년보다 장기의 기간 동안으로 유지되는 경우에는 그 고용관계는 5년이 경과한 후에는(nach dem Ablauf von fünf Jahren) 노무의무자에 의하여 해지될 수 있다. 해지기간은 6개월이다.

제625조 묵시적 갱신

고용기간의 도과 후에도 고용관계가 노무의무자에 의하여 계속되고 이를 상대방이 안 경우(mit Wissen des anderen Teiles)에는 그 고용관계는, 상대방이 지체 없이 이의를 제기하지 않은 한, 기간의 정함이 없이 갱신된 것으로 본다.

제626조 중대한 사유에 기한 즉시해지

① 개별사안의 제반사정을 고려하고 또 양 당사자의 이익을 형량하여(unter Berücksichtigung aller Umstände des Einzelfalles und unter Abwägung der Interessen beider Vertragsteile), 해지자에게서 고용관계의 계속을 해지기간 경과시까지 또는 약정한 근로관계 종료시까지 기대할 수 없는 사정이 있는 때에 고용관계는 각 당사자에 의해 중대한 사유에 기하여 해지기간을 두지 않고서 해지될 수 있다.

② 그 해지는 2주 이내에만 행해질 수 있다. 그 기간은 해지권자가 그 해지의 기준이 되는 사정(den für die Kündigung maßgebenden Tatsachen)에 대해 알게 된 때로부터 기산한다. 해지자는 상대방에게 그 요구에 따라 해지사유(den Kündigungsgrund)를 지체 없이 서면(書面)으로 통지해야만 한다.

제627조 신임직(信任職)에서의 즉시해지

① 제622조상의 근로관계가 아닌 고용관계에 있어, 노무급부의무자가 고정된 보수를 받는 계속적 고용관계에 있지 않고서(der zur Dienstleistung Verpflichtete, ohne in einem dauernden Dienstverhältnis mit festen Bezügen zu stehen), 보통 특별한 신임(信任)에 기하여 맡겨지는 고등(高等)의 노무(Dienste höherer Art)를 제공해야 경우에는, 제626조상의 요건이 갖추지 않더라도 해지가 허용된다.

② 그 노무의무자는, 노무권리자가 그 노무를 다른 방법으로 제공받을 수 있는 방식으로만 해지할 수 있으나, 불리한 시기의 해지(die unzeitige Kündigung)에 대한 중대한 사유가 있는 경우에는 그러하지 아니하다. 노무의무자가 불리한 시기에 대한 그러한 사유 없이 해지를 하는 경우에 그는 노무권리자에게 이로 인하여 발생한 손해를 배상해야 한다.

제628조 즉시해지에서의 부분보수와 손해배상

① 고용관계가 노무급부 개시 후에 제626조 또는 제627조에 기하여 해지되는 경우에, 노무의무자는 지금까지의 자신의 급부에 상응하는 부분보수(einen seinen bisherigen Leistungen entsprechenden Teil der Vergütung)를 청구할 수 있다. 노무의무자가 상대방의 계약위반 행위로 인하여 해지가 유

dazu veranlasst zu sein, oder veranlasst er durch sein vertragswidriges Verhalten die Kündigung des anderen Teiles, so steht ihm ein Anspruch auf die Vergütung insoweit nicht zu, als seine bisherigen Leistungen infolge der Kündigung für den anderen Teil kein Interesse haben. Ist die Vergütung für eine spätere Zeit im Voraus entrichtet, so hat der Verpflichtete sie nach Maßgabe des § 346 oder, wenn die Kündigung wegen eines Umstands erfolgt, den er nicht zu vertreten hat, nach den Vorschriften über die Herausgabe einer ungerechtfertigten Bereicherung zurückzuerstatten.

(2) Wird die Kündigung durch vertragswidriges Verhalten des anderen Teiles veranlasst, so ist dieser zum Ersatz des durch die Aufhebung des Dienstverhältnisses entstehenden Schadens verpflichtet.

§ 629 Freizeit zur Stellungssuche

Nach der Kündigung eines dauernden Dienstverhältnisses hat der Dienstberechtigte dem Verpflichteten auf Verlangen angemessene Zeit zum Aufsuchen eines anderen Dienstverhältnisses zu gewähren.

§ 630 Pflicht zur Zeugniserteilung

Bei der Beendigung eines dauernden Dienstverhältnisses kann der Verpflichtete von dem anderen Teil ein schriftliches Zeugnis über das Dienstverhältnis und dessen Dauer fordern. Das Zeugnis ist auf Verlangen auf die Leistungen und die Führung im Dienst zu erstrecken. Die Erteilung des Zeugnisses in elektronischer Form ist ausgeschlossen. Wenn der Verpflichtete ein Arbeitnehmer ist, findet § 109 der Gewerbeordnung Anwendung.

Untertitel 2 Behandlungsvertrag

§ 630a Vertragstypische Pflichten beim Behandlungsvertrag

(1) Durch den Behandlungsvertrag wird derjenige, welcher die medizinische Behandlung eines Patienten zusagt (Behandelnder), zur Leistung der versprochenen Behandlung, der andere Teil (Patient) zur Gewährung der vereinbarten Vergütung verpflichtet, soweit nicht ein Dritter zur Zahlung verpflichtet ist.

(2) Die Behandlung hat nach den zum Zeitpunkt der Behandlung bestehenden, allgemein anerkannten fachlichen Standards zu erfolgen, soweit nicht etwas anderes vereinbart ist.

§ 630b Anwendbare Vorschriften

Auf das Behandlungsverhältnis sind die Vorschriften über das Dienstverhältnis, das kein Arbeitsverhältnis im Sinne des § 622 ist, anzuwenden,

발되지 않고서(ohne durch vertragswidriges Verhalten des anderen Teiles dazu veranlasst zu sein) 해지를 하거나, 노무의무자가 자신의 계약위반 행위로 상대방의 해지를 유발하지 않고서 해지를 하는 경우에, 자신의 지금까지의 급부가 그 해지로 인하여 상대방에게 이익이 되지 않은 범위 내에서 그 보수청구권이 그 노무의무자에게 귀속되지 아니한다. 해지시 보다 나중의 보수가 미리 지급된 경우에(Ist die Vergütung für eine spätere Zeit im Voraus entrichtet) 노무의무자는 제346조의 기준에 좇아, 그에게 책임이 없는 사정에 기하여 해지가 이뤄지는 경우에는 부당이득반환규정에 좇아 그 보수를 반환(返還)해야 한다.

② 상대방의 계약위반 행태로 인하여 해지가 유발된 경우에는 그 상대방은 고용관계 소멸로 인하여 발생한 손해(durch die Aufhebung des Dienstverhältnisses entstehenden Schadens)를 배상할 의무를 진다.

제629조 구직휴가

계속적 고용관계 해지 후에 노무권리자는 노무의무자에게 그의 요구에 따라 다른 고용관계를 구하기 위한 상당한 기간(angemessene Zeit zum Aufsuchen eines anderen Dienstverhältnisses)을 부여해야 한다.

제630조 증명서발급의무

계속적 고용관계의 종료시 노무의무자는 상대방에게 고용관계와 그 기간에 관한 서면증명서(ein schriftliches Zeugnis über das Dienstverhältnis und dessen Dauer)를 청구할 수 있다. 그 증명서는 그 요구가 있는 경우에는 근무실적(勤務實績)와 근무태도(勤務態度)(die Leistungen und die Führung im Dienst)를 포함해야 한다. 전자적 방식에 의한 증명서 발급은 배제된다. 노무의무자가 근로자인 경우에는(Wenn der Verpflichtete ein Arbeitnehmer ist) 영업법 제109조를 적용한다.

제2관 진료계약(診療契約)

제630조a 진료계약에서의 전형적 의무

① 진료계약에 의하여 환자에 대한 진료(診療)(die medizinische Behandlung eines Patienten)를 약정한 자('의료인'; Behandelnder)는 약정한 진료를 제공할 의무를 지고, 상대방('환자'; Patient)은, 제3자가 그 지급(支給)할 의무(義務)를 부담하지 않은 한, 약정한 보수(報酬)를 지급할 의무(義務)를 진다.

② 다른 정함이 없는 한, 그 진료는 그 당시에 존재하는 일반적으로 승인된 전문적 기준에 좇아 행해져야 한다.

제630조b 적용규정

본 관에서 다른 정함이 없는 범위 내에서(soweit nicht in diesem Untertitel etwas anderes bestimmt ist) 진료관계에 대하여 제622조상의 노동관계가 아닌 고용관계에 관한 규정을 적용한다.

§ 630c Mitwirkung der Vertragsparteien; Informationspflichten

(1) Behandelnder und Patient sollen zur Durchführung der Behandlung zusammenwirken.

(2) Der Behandelnde ist verpflichtet, dem Patienten in verständlicher Weise zu Beginn der Behandlung und, soweit erforderlich, in deren Verlauf sämtliche für die Behandlung wesentlichen Umstände zu erläutern, insbesondere die Diagnose, die voraussichtliche gesundheitliche Entwicklung, die Therapie und die zu und nach der Therapie zu ergreifenden Maßnahmen. Sind für den Behandelnden Umstände erkennbar, die die Annahme eines Behandlungsfehlers begründen, hat er den Patienten über diese auf Nachfrage oder zur Abwendung gesundheitlicher Gefahren zu informieren. Ist dem Behandelnden oder einem seiner in § 52 Absatz 1 der Strafprozessordnung bezeichneten Angehörigen ein Behandlungsfehler unterlaufen, darf die Information nach Satz 2 zu Beweiszwecken in einem gegen den Behandelnden oder gegen seinen Angehörigen geführten Straf- oder Bußgeldverfahren nur mit Zustimmung des Behandelnden verwendet werden.

(3) Weiß der Behandelnde, dass eine vollständige Übernahme der Behandlungskosten durch einen Dritten nicht gesichert ist oder ergeben sich nach den Umständen hierfür hinreichende Anhaltspunkte, muss er den Patienten vor Beginn der Behandlung über die voraussichtlichen Kosten der Behandlung in Textform informieren. Weitergehende Formanforderungen aus anderen Vorschriften bleiben unberührt.

(4) Der Information des Patienten bedarf es nicht, soweit diese ausnahmsweise aufgrund besonderer Umstände entbehrlich ist, insbesondere wenn die Behandlung unaufschiebbar ist oder der Patient auf die Information ausdrücklich verzichtet hat.

§ 630d Einwilligung

(1) Vor Durchführung einer medizinischen Maßnahme, insbesondere eines Eingriffs in den Körper oder die Gesundheit, ist der Behandelnde verpflichtet, die Einwilligung des Patienten einzuholen. Ist der Patient einwilligungsunfähig, ist die Einwilligung eines hierzu Berechtigten einzuholen, soweit nicht eine Patientenverfügung nach § 1901a Absatz 1 Satz 1 die Maßnahme gestattet oder untersagt. Weitergehende Anforderungen an die Einwilligung aus anderen Vorschriften bleiben unberührt. Kann eine Einwilligung für eine unaufschiebbare Maßnahme nicht rechtzeitig eingeholt werden, darf sie ohne Einwilligung durchgeführt werden, wenn sie dem mutmaßlichen Willen des Patienten entspricht.

(2) Die Wirksamkeit der Einwilligung setzt voraus, dass der Patient oder im Fall des Absatzes 1 Satz 2 der zur Einwilligung Berechtigte vor der Einwilligung nach Maßgabe von § 630e Absatz 1 bis 4 aufgeklärt worden ist.

(3) Die Einwilligung kann jederzeit und ohne Angabe von Gründen formlos widerrufen werden.

§ 630e Aufklärungspflichten

제630조c 계약당사자의 협력; 정보제공의무

① 의료인과 환자는 진료의 수행(隨行)을 위해(zur Durchführung der Behandlung) 협력해야 한다.

② 의료인은 환자가 이해하기 쉬운 방식으로 진료 개시시에, 필요하면 진료 과정 중에도, 진료에 중요한 일체의 사정(sämtliche für die Behandlung wesentlichen Umstände), 특히 진단, 예상되는 건강상의 추이, 치료법, 치료시 및 치료 후에 행해지는 처치(die Diagnose, die voraussichtliche gesundheitliche Entwicklung, die Therapie und die zu und nach der Therapie zu ergreifenden Maßnahmen)에 대해 설명할 의무를 부담한다. 의료인은 진료과오(診療過誤)의 추정(die Annahme eines Behandlungsfehlers)을 성립시키는 사정을 알 수 있는 경우에는 그는 환자에게 그 요구에 따라 또는 건강상 위험을 방지(防止)하기 위하여 그 사정에 관한 정보를 제공해야 한다. 의료인 또는 형사소송법 제52조 제1항상의 의료인의 가족 중 한 사람(einem seiner in § 52 Absatz 1 der Strafprozessordnung bezeichneten Angehörigen)이 진료과오(診療過誤)를 범한 경우에는 제2문에 따른 정보는 의료인의 동의를 얻는 경우에 한하여 의료인 또는 그 가족에 대하여 진행되는 형사소송절차 또는 범칙금절차에서 증명목적으로 이용될 수 있다.

③ 의료인이 진료비의 완전한 인수가 제3자에 의해 확보되지 않는다는 점을 알거나, 제사정(諸事情)에 의할 때 이러한 점에 대한 상당한 근거(hierfür hinreichende Anhaltspunkte)가 발생하는 경우에, 의료인은 진료 개시 전에 환자에게 예상 진료비(die voraussichtlichen Kosten der Behandlung)에 관하여 문명방식으로 정보를 제공해야 한다. 다른 규정에 기한 추가적인 방식요구사항(Weitergehende Formanforderungen)은 영향을 받지 아니한다.

④ 환자에 대한 정보제공은, 그것이 예외적으로 특별한 사정에 기하여 불필요한 경우에(soweit diese ausnahmsweise aufgrund besonderer Umstände entbehrlich ist), 특히 진료를 미룰 수 없거나 환자가 정보 제공받는 것을 명시적으로(ausdrücklich) 포기(抛棄)한 경우에는 요구되지 아니한다.

제630조d 동의

① 의료적 처치의 실행(Durchführung einer medizinischen Maßnahme) 전에, 특히, 신체 또는 건강에 대한 침습행위 실행 전에 의료인은 환자의 동의를 얻을 의무를 진다. 환자가 동의능력이 없는 경우에, 제1901조a 제1항 제1문에 따른 '존엄사사전의향서[34]'에서 그 처치[35]가 허용되지 않았거나 금지되어 있는 한(soweit nicht eine Patientenverfügung nach § 1901a Absatz 1 Satz 1 die Maßnahme gestattet oder untersagt), 이에 관한 권리자의 동의를 얻어야 한다. 다른 규정에 기한, 동의에 대한 추가적 요구사항은 영향을 받지 아니한다. 미룰 수 없는 처치에 대한 동의를 적시에 얻을 수 없는 경우에 그 처치가 환자의 추정적 의사에 부합하는 때에는(wenn sie dem mutmaßlichen Willen des Patienten entspricht) 그 처치는 동의가 없더라도 실행될 수 있다.

② 그 동의의 유효성은, 환자 또는 제1항 제2문의 경우에는 동의권자가 그 동의 전에 제630조e 제1항 내지 제4항의 기준에 따라 설명을 받는다는 점을 전제로 한다.

③ 그 동의는 언제든지 또 이유를 제시하지 않고서(ohne Angabe von Gründen) 형식을 갖추지 않고서 철회될 수 있다.

제630조e 설명의무

(1) Der Behandelnde ist verpflichtet, den Patienten über sämtliche für die Einwilligung wesentlichen Umstände aufzuklären. Dazu gehören insbesondere Art, Umfang, Durchführung, zu erwartende Folgen und Risiken der Maßnahme sowie ihre Notwendigkeit, Dringlichkeit, Eignung und Erfolgsaussichten im Hinblick auf die Diagnose oder die Therapie. Bei der Aufklärung ist auch auf Alternativen zur Maßnahme hinzuweisen, wenn mehrere medizinisch gleichermaßen indizierte und übliche Methoden zu wesentlich unterschiedlichen Belastungen, Risiken oder Heilungschancen führen können.

(2) Die Aufklärung muss

1. mündlich durch den Behandelnden oder durch eine Person erfolgen, die über die zur Durchführung der Maßnahme notwendige Ausbildung verfügt; ergänzend kann auch auf Unterlagen Bezug genommen werden, die der Patient in Textform erhält,
2. so rechtzeitig erfolgen, dass der Patient seine Entscheidung über die Einwilligung wohlüberlegt treffen kann,
3. für den Patienten verständlich sein.

Dem Patienten sind Abschriften von Unterlagen, die er im Zusammenhang mit der Aufklärung oder Einwilligung unterzeichnet hat, auszuhändigen.

(3) Der Aufklärung des Patienten bedarf es nicht, soweit diese ausnahmsweise aufgrund besonderer Umstände entbehrlich ist, insbesondere wenn die Maßnahme unaufschiebbar ist oder der Patient auf die Aufklärung ausdrücklich verzichtet hat.

(4) Ist nach § 630d Absatz 1 Satz 2 die Einwilligung eines hierzu Berechtigten einzuholen, ist dieser nach Maßgabe der Absätze 1 bis 3 aufzuklären.

(5) Im Fall des § 630d Absatz 1 Satz 2 sind die wesentlichen Umstände nach Absatz 1 auch dem Patienten entsprechend seinem Verständnis zu erläutern, soweit dieser aufgrund seines Entwicklungsstandes und seiner Verständnismöglichkeiten in der Lage ist, die Erläuterung aufzunehmen, und soweit dies seinem Wohl nicht zuwiderläuft. Absatz 3 gilt entsprechend.

§ 630f Dokumentation der Behandlung

(1) Der Behandelnde ist verpflichtet, zum Zweck der Dokumentation in unmittelbarem zeitlichen Zusammenhang mit der Behandlung eine Patientenakte in Papierform oder elektronisch zu führen. Berichtigungen und Änderungen von Eintragungen in der Patientenakte sind nur zulässig, wenn neben dem ursprünglichen Inhalt erkennbar bleibt, wann sie vorgenommen worden sind. Dies ist auch für elektronisch geführte Patientenakten sicherzustellen.

(2) Der Behandelnde ist verpflichtet, in der Patientenakte sämtliche aus fachlicher Sicht für die derzeitige und künftige Behandlung wesentlichen Maßnahmen und deren Ergebnisse aufzuzeichnen, insbesondere die Anamnese, Diagnosen, Untersuchungen, Untersuchungsergebnisse, Befunde, Therapien und ihre Wirkungen, Eingriffe und ihre Wirkungen, Einwilligungen und

① 의료인은 환자에게 위 동의를 얻는 데 중요한 일체의 사정을 설명할 의무를 부담한다. 특히, 처치(處置)의 종류·범위·실행, 처치의 예후(豫後) 및 위험(Art, Umfang, Durchführung, zu erwartende Folgen und Risiken der Maßnahme) 처치의 필요성(必要性; Notwendigkeit), 진단(診斷) 또는 치료(治療)에 관한 긴급성(緊急性; Dringlichkeit), 적절성(適切性; Eignung) 및 성공가능성(成功可能性; Erfolgsaussichten)이 이러한 의무에 포함된다. 의학적으로 동등하게 보이는 여러 통상적 처치방법이 현저하게 다른 부담(負擔), 위험(危險) 또는 치료가능성(治療可能性)을 가져올 수 있는 경우에는 그러한 설명에 있어 그 처치의 대안(代案)도 언급되어야 한다.

② 그 설명은,

1. 의료인 또는 해당 처치를 실행하는 데 필요한 교육을 받은(die über die zur Durchführung der Maßnahme notwendige Ausbildung verfügt) 사람에 의해 구두로 (mündlich) 행해져야만 한다; 환자(患者)가 문면방식으로 받은 서류도 추가적으로 언급될 수 있다,
2. 환자가 동의에 관하여 신중하게 자신의 결정을 할 수 있도록 적시에(rechtzeitig) 행해져야만 한다,
3. 환자가 이해하기 쉽게 행해져야만 한다.

환자가 그 설명 또는 동의와 관련하여 서명한 서류사본(Abschriften von Unterlagen)이 그 환자에게 교부되어야 한다.

③ 이것이 예외적으로 특별한 사정에 기하여 필요하지 않은 경우(soweit diese ausnahmsweise aufgrund besonderer Umstände entbehrlich ist), 특히 진료를 미룰 수 없거나 환자가 설명받기를 명시적으로(ausdrücklich) 포기한 경우에는 요구되지 아니한다.

④ 제630조d 제1항 제2문에 따라 이에 관한 동의권자의 동의를 얻어야 하는 경우에 그 동의권자는 제1항 내지 제3항의 기준에 따라 설명을 받아야 한다.

⑤ 제630조d 제1항 제2문의 경우에 있어, 그 환자가 자신의 발달상태 및 이해가능성에 기하여 설명을 수용할 수 있고, 또 그러한 설명이 환자의 복리에 반하지 않는 경우(soweit dies seinem Wohl nicht zuwiderläuft)에는, 제1항에 따른 중요한 사정은 환자의 이해력에 상응하여 그 환자에게 설명되어야 한다. 제3항을 준용한다.

제630조f 진료의 기록

① 의료인은, 기록의 목적으로, 진료와 시간적 직접적 관련성이 있게(in unmittelbarem zeitlichen Zusammenhang mit der Behandlung) 진료기록부(診療記錄簿; Patientenakte)를 서면방식 또는 전자적 방식으로 관리할 의무를 진다. 진료기록부의 등재의 정정 또는 변경은, 원래의 내용과 더불어 언제 그 정정 또는 변경이 이뤄졌는지를 알 수 있는 경우에 한하여 허용된다. 이러한 점은 전자적으로 작성된 진료기록부에서도 보장되어야 한다.

② 의료인은 전문가의 시각에서 볼 때 그 당시 또는 향후의 진료에 대해 중요한 일체의 처치(處置) 및 그 처치의 결과(結果), 특히 병력(病歷; Anamnese), 진단(診斷), 진찰(診察; Untersuchungen), 진찰결과(診察結果), 소견(所見; Befunde), 치료(治療), 치료의 효과(效果), 침습행위(侵襲行爲) 및 그 영향(影向)(Eingriffe und ihre Wirkungen), 동의(同議) 그리고 설명(說明)을 진료기록부에 기재할

Aufklärungen. Arztbriefe sind in die Patientenakte aufzunehmen.
(3) Der Behandelnde hat die Patientenakte für die Dauer von zehn Jahren nach Abschluss der Behandlung aufzubewahren, soweit nicht nach anderen Vorschriften andere Aufbewahrungsfristen bestehen.

§ 630g Einsichtnahme in die Patientenakte

(1) Dem Patienten ist auf Verlangen unverzüglich Einsicht in die vollständige, ihn betreffende Patientenakte zu gewähren, soweit der Einsichtnahme nicht erhebliche therapeutische Gründe oder sonstige erhebliche Rechte Dritter entgegenstehen. Die Ablehnung der Einsichtnahme ist zu begründen. § 811 ist entsprechend anzuwenden.
(2) Der Patient kann auch elektronische Abschriften von der Patientenakte verlangen. Er hat dem Behandelnden die entstandenen Kosten zu erstatten.
(3) Im Fall des Todes des Patienten stehen die Rechte aus den Absätzen 1 und 2 zur Wahrnehmung der vermögensrechtlichen Interessen seinen Erben zu. Gleiches gilt für die nächsten Angehörigen des Patienten, soweit sie immaterielle Interessen geltend machen. Die Rechte sind ausgeschlossen, soweit der Einsichtnahme der ausdrückliche oder mutmaßliche Wille des Patienten entgegensteht.

§ 630h Beweislast bei Haftung für Behandlungs- und Aufklärungsfehler

(1) Ein Fehler des Behandelnden wird vermutet, wenn sich ein allgemeines Behandlungsrisiko verwirklicht hat, das für den Behandelnden voll beherrschbar war und das zur Verletzung des Lebens, des Körpers oder der Gesundheit des Patienten geführt hat.
(2) Der Behandelnde hat zu beweisen, dass er eine Einwilligung gemäß § 630d eingeholt und entsprechend den Anforderungen des § 630e aufgeklärt hat. Genügt die Aufklärung nicht den Anforderungen des § 630e, kann der Behandelnde sich darauf berufen, dass der Patient auch im Fall einer ordnungsgemäßen Aufklärung in die Maßnahme eingewilligt hätte.
(3) Hat der Behandelnde eine medizinisch gebotene wesentliche Maßnahme und ihr Ergebnis entgegen § 630f Absatz 1 oder Absatz 2 nicht in der Patientenakte aufgezeichnet oder hat er die Patientenakte entgegen § 630f Absatz 3 nicht aufbewahrt, wird vermutet, dass er diese Maßnahme nicht getroffen hat.
(4) War ein Behandelnder für die von ihm vorgenommene Behandlung nicht befähigt, wird vermutet, dass die mangelnde Befähigung für den Eintritt der Verletzung des Lebens, des Körpers oder der Gesundheit ursächlich war.
(5) Liegt ein grober Behandlungsfehler vor und ist dieser grundsätzlich geeignet, eine Verletzung des Lebens, des Körpers oder der Gesundheit der tatsächlich eingetretenen Art herbeizuführen, wird vermutet, dass der Behandlungsfehler für diese Verletzung ursächlich war. Dies gilt auch

의무를 부담한다. 의료지시서(Arztbriefe)는 진료기록부에 편철되어야 한다.

③ 다른 규정에 따라 다른 보관기간이 정해지지 않은 한, 의료인은 진료기록부를 진료가 종료된 때로부터 10년간(für die Dauer von zehn Jahren nach Abschluss der Behandlung) 보관해야 한다.

제630조g 진료기록부의 열람

① 그 열람이 중대한 치료상의 이유 또는 그 밖에 제3자의 중요한 권리에 배치되지 않은 범위 내에서, 환자에게 그 요구가 있는 경우 지체 없이 그 환자에 관한 진료기록부 전체(die vollständige, ihn betreffende Patientenakte)에 대한 열람이 허용되어야 한다. 열람 거부에는 이유를 제시해야 한다. 제811조를 준용한다.

② 환자는 진료기록부의 전자적 사본도 청구할 수 있다. 그는 의료인에게 발생한 비용을 상환해야 한다.

③ 환자가 죽은 경우에 제1항, 제2항에 따른 권리는 재산법상의 이익(利益)을 지키기 위하여 그 상속인에게 귀속한다. 환자의 최근친(最近親)이 비재산적 이익을 주장하는 경우에 그들에 대해서도 또한 같다. 그 열람이 환자의 명시적 또는 추정적 의사에 배치되는 범위 내에서(soweit der Einsichtnahme der ausdrückliche oder mutmaßliche Wille des Patienten entgegensteht) 그 권리(權利)는 배제된다.

제630조h 진료과오(診療過誤)와 설명하자에서의 증명책임

① 의료인이 충분하게 관리할 수 있었음에도 환자의 생명, 신체 또는 건강의 침해를 유발한(das zur Verletzung des Lebens, des Körpers oder der Gesundheit des Patienten geführt hat) 일반적 진료위험(ein allgemeines Behandlungsrisiko)이 현실화된 때에는 의료인의 과오(過誤)는 추정된다.

② 의료인은, 자신이 제630조d에 따른 동의를 얻었고 또 제630조e의 요건에 따라 설명을 했다는 점을 증명해야 한다. 그 설명이 제630조e상의 요구사항에 부합하지 않은 경우에 의료인은, 환자가 그 규정에 맞는 설명을 받았더라도 그 처치에 대해 동의했을 것이라는 점(dass der Patient auch im Fall einer ordnungsgemäßen Aufklärung in die Maßnahme eingewilligt hätte)을 주장할 수 있다.

③ 의료인이 제630조f 제1항 또는 제2항에 반하여 의학적으로 필요한 중요한 처치와 그 결과를 진료기록부에 기재하지 않거나, 제630조f 제3항에 반하여 진료기록부를 보관하지 않은 경우에, 의료인이 이러한 조치(措置)를 하지 않은 것(dass er diese Maßnahme nicht getroffen hat)으로 추정된다.

④ 의료인이 자신이 실행한 진료를 대한 능력을 가지고 있지 않았던 경우에(War ein Behandelnder für die von ihm vorgenommene Behandlung nicht befähigt), 그 능력 결여는 생명, 신체 또는 건강의 침해의 발생에 대하여 원인이 된 것으로 추정된다.

⑤ 중대한 의료과오가 있고 이러한 과오가 실제로 발생한 종류의, 생명, 신체 또는 건강의 침해를 야기하는 데 상당히 적합한 경우에는 그 의료과오가 이러한 침해의 원인이 된 것으로(dass der Behandlungsfehler für diese Verletzung ursächlich war) 추정된다. 의학적으로 필요한 소견(所見)에

dann, wenn es der Behandelnde unterlassen hat, einen medizinisch gebotenen Befund rechtzeitig zu erheben oder zu sichern, soweit der Befund mit hinreichender Wahrscheinlichkeit ein Ergebnis erbracht hätte, das Anlass zu weiteren Maßnahmen gegeben hätte, und wenn das Unterlassen solcher Maßnahmen grob fehlerhaft gewesen wäre

Titel 9 Werkvertrag und ähnliche Verträge

Untertitel 1 Werkvertrag

Kapitel 1 Allgemeine Vorschriften

§ 631 Vertragstypische Pflichten beim Werkvertrag

(1) Durch den Werkvertrag wird der Unternehmer zur Herstellung des versprochenen Werkes, der Besteller zur Entrichtung der vereinbarten Vergütung verpflichtet.

(2) Gegenstand des Werkvertrags kann sowohl die Herstellung oder Veränderung einer Sache als auch ein anderer durch Arbeit oder Dienstleistung herbeizuführender Erfolg sein.

§ 632 Vergütung

(1) Eine Vergütung gilt als stillschweigend vereinbart, wenn die Herstellung des Werkes den Umständen nach nur gegen eine Vergütung zu erwarten ist.

(2) Ist die Höhe der Vergütung nicht bestimmt, so ist bei dem Bestehen einer Taxe die taxmäßige Vergütung, in Ermangelung einer Taxe die übliche Vergütung als vereinbart anzusehen.

(3) Ein Kostenanschlag ist im Zweifel nicht zu vergüten.

§ 632a Abschlagszahlungen

(1) Der Unternehmer kann von dem Besteller eine Abschlagszahlung in Höhe des Wertes der von ihm erbrachten und nach dem Vertrag geschuldeten Leistungen verlangen. Sind die erbrachten Leistungen nicht vertragsgemäß, kann der Besteller die Zahlung eines angemessenen Teils des Abschlags verweigern. Die Beweislast für die vertragsgemäße Leistung verbleibt bis zur Abnahme beim Unternehmer. § 641 Abs. 3 gilt entsprechend. Die Leistungen sind durch eine Aufstellung nachzuweisen, die eine rasche und sichere Beurteilung der Leistungen ermöglichen muss. Die Sätze 1 bis 5 gelten auch für erforderliche Stoffe oder Bauteile, die angeliefert oder eigens angefertigt und bereitgestellt sind, wenn dem Besteller nach seiner Wahl Eigentum an den Stoffen oder Bauteilen übertragen oder entsprechende Sicherheit hierfür geleistet wird.

(2) Die Sicherheit nach Absatz 1 Satz 6 kann auch durch eine Garantie oder ein sonstiges Zahlungsversprechen eines im Geltungsbereich dieses Gesetzes zum Geschäftsbetrieb befugten Kreditinstituts oder Kreditversicherers geleistet werden.

따른 조처를 시행하면 그것으로 인해 추가적 처치를 시행하게 되었을 것이라는 점이 상당히 개연성이 있고 또 그러한 처치를 하지 않은 것이 중대한 과오로 인정되는 범위 내에서, 의료인이 그 필요한 소견에 따른 조처를 적시에 시행하지 않거나 취하지 않은 경우에도 또한 같다.

제9절 도급계약과 이에 유사한 계약

제1관 도급계약

제1항 통칙

제631조 도급계약에서의 전형적 의무

① 도급계약에 의하여 수급인(受給人; Unternehmer)은 약정한 일을 완성(Herstellung des versprochenen Werkes)할 의무를 부담하고 도급인(都給人)은 약정한 보수를 지급(Entrichtung der vereinbarten Vergütung)할 의무가 있다.

② 물건의 제조 또는 변경(變更)도 노동 또는 노무급부에 의해 달성되는 그 밖의 결과(ein anderer durch Arbeit oder Dienstleistung herbeizuführender Erfolg)도 도급계약의 목적이 될 수 있다.

제632조 보수

① 일의 완성이 제사정(諸事情)에 의할 때 보수의 지급으로써만(nur gegen eine Vergütung) 기대될 수 있는 경우에는 보수는 묵시적으로(stillschweigend) 약정된 것으로 본다.

② 보수액이 정해지지 않은 경우에는 요율표가 있는 때에는 요율표에 의한 보수가, 요율표가 없는 경우에는 통상적 보수(in Ermangelung einer Taxe die übliche Vergütung)가 약정된 것으로 본다.

③ 비용견적(Ein Kostenanschlag)에 대하여는 의심스러운 때는 보수가 지급되지 아니한다.

제632조a 분할보수지급(Abschlagszahlungen)

① 수급인은 자신이 제공한 급부의 가액 또 계약에 좇아 이행해야 할 의무를 진 급부의 가액에 의한(in Höhe des Wertes der von ihm erbrachten und nach dem Vertrag geschuldeten Leistungen) 분할보수지급을 도급인에게 청구할 수 있다. 제공된 급부가 계약에 좇은 것이 아닐 경우에 도급인은 상응하는 분할보수의 지급을 거절할 수 있다. 계약에 좇은 급부인지에 대한 증명책임은 수취시(受取時)까지는 도급인에게 있다. 제641조 제3항을 준용한다. 급부는 이에 대한 신속하고 확실한 판단을 가능하게 해 주는 명세서(明細書)에 의하여(durch eine Aufstellung) 증명되어야 한다. 도급인에게 그의 선택에 좇아 그러한 자재(資材) 또는 건축부품에 대한 소유권이 이전되거나 이에 관하여 상응하는 담보가 제공된 때에는 제1문 내지 제5문을, 공급받거나 수급인 자신이 직접 제조하여 공여(供與)한 필수한 재료 또는 건축자재에도 적용한다.

② 본 법의 적용범위 내에서 영업을 하도록 인가된 금융기관 또는 신용보증사(Kreditinstituts oder Kreditversicherers)의 보증서 또는 그 밖의 지급약정서(ein sonstiges Zahlungsversprechen)에 의해서도 제1항 제6문에 따른 담보가 제공될 수 있다.

§ 633 Sach- und Rechtsmangel

(1) Der Unternehmer hat dem Besteller das Werk frei von Sach- und Rechtsmängeln zu verschaffen.

(2) Das Werk ist frei von Sachmängeln, wenn es die vereinbarte Beschaffenheit hat. Soweit die Beschaffenheit nicht vereinbart ist, ist das Werk frei von Sachmängeln,

1. wenn es sich für die nach dem Vertrag vorausgesetzte, sonst
2. für die gewöhnliche Verwendung eignet und eine Beschaffenheit aufweist, die bei Werken der gleichen Art üblich ist und die der Besteller nach der Art des Werkes erwarten kann.

Einem Sachmangel steht es gleich, wenn der Unternehmer ein anderes als das bestellte Werk oder das Werk in zu geringer Menge herstellt.

(3) Das Werk ist frei von Rechtsmängeln, wenn Dritte in Bezug auf das Werk keine oder nur die im Vertrag übernommenen Rechte gegen den Besteller geltend machen können.

§ 634 Rechte des Bestellers bei Mängeln

Ist das Werk mangelhaft, kann der Besteller, wenn die Voraussetzungen der folgenden Vorschriften vorliegen und soweit nicht ein anderes bestimmt ist,

1. nach § 635 Nacherfüllung verlangen,
2. nach § 637 den Mangel selbst beseitigen und Ersatz der erforderlichen Aufwendungen verlangen,
3. nach den §§ 636, 323 und 326 Abs. 5 von dem Vertrag zurücktreten oder nach § 638 die Vergütung mindern und
4. nach den §§ 636, 280, 281, 283 und 311a Schadensersatz oder nach § 284 Ersatz vergeblicher Aufwendungen verlangen.

§ 634a Verjährung der Mängelansprüche

(1) Die in § 634 Nr. 1, 2 und 4 bezeichneten Ansprüche verjähren

1. vorbehaltlich der Nummer 2 in zwei Jahren bei einem Werk, dessen Erfolg in der Herstellung, Wartung oder Veränderung einer Sache oder in der Erbringung von Planungs- oder Überwachungsleistungen hierfür besteht,
2. in fünf Jahren bei einem Bauwerk und einem Werk, dessen Erfolg in der Erbringung von Planungs- oder Überwachungsleistungen hierfür besteht, und
3. im Übrigen in der regelmäßigen Verjährungsfrist.

(2) Die Verjährung beginnt in den Fällen des Absatzes 1 Nr. 1 und 2 mit der Abnahme.

(3) Abweichend von Absatz 1 Nr. 1 und 2 und Absatz 2 verjähren die Ansprüche in der regelmäßigen Verjährungsfrist, wenn der Unternehmer den Mangel arglistig verschwiegen hat. Im Fall des Absatzes 1 Nr. 2 tritt die Verjährung jedoch nicht vor Ablauf der dort bestimmten Frist

제633조 물건하자 및 권리하자

① 수급인은 물건하자 및 권리하자가 없게 일(das Werk frei von Sach- und Rechtsmängeln)을 완성해 주어야 한다.

② 완성된 일이 약정한 성상(性狀)을 갖춘 경우에는 물건하자가 없는 것이다. 성상(性狀)이 약정되지 아니한 경우에 완성된 일은 다음 각 호의 경우에 물건하자가 없는 것이다,

1. 완성된 일이 계약에 좇아 전제된 용도(用途)에 적합한 경우,
2. 그렇지 않으면, 완성된 일이 통상적인 용도(用途)에 적합하고, 동종의 일에 통상적으로 존재하며 도급인이 그 (동종의) 일의 성질상 기대할 수 있는(die der Besteller nach der Art des Werkes erwarten kann) 성상(性狀)을 갖춘 경우.

도급인이 발주한 일 이외의 일 또는 과소한 양의 일을 완성한 경우에는 물건의 하자와 동일시된다.

③ 제3자가 일에 관련하여 도급인에 대해, 권리를 주장할 수 없거나 계약으로 인수한 권리만(nur die im Vertrag übernommenen Rechte)을 주장할 수 있는 경우에는 일에 권리하자가 없는 것이다.

제634조 하자가 있는 경우에 있어 도급인의 권리

일에 하자가 있는 경우 다음 규정상의 요건이 존재하고 다른 정함이 없는 때(soweit nicht ein anderes bestimmt ist)에, 도급인은,

1. 제635조에 따라 사후보완이행을 청구할 수 있고,
2. 제637조에 따라 하자를 직접 제거한 다음 그에 필요한 비용(費用)의 상환(償還)을 청구할 있으며,
3. 제636조, 제323조, 제326조 제5항에 따라 계약을 해제할 수 있거나 제638조에 따라 보수를 감액할 수 있으며,
4 제636조, 제280조, 제281조, 제283조, 제311조a에 따라 손해배상을 청구할 수 있거나 제284조에 따라 무익하게 된 비용의 상환을 배상을 청구할 수 있다.

제643조a 하자로 인한 청구권의 소멸시효

① 제634조 제1호, 제2호 및 제4호상의 청구권은 다음과 같이 소멸시효에 걸린다,

1. 제2호를 제외하고, 물건의 제조, 정비 또는 변경에 있거나 이를 위한 계획급부 또는 감독급부의 제공(der Erbringung von Planungs- oder Überwachungsleistungen hierfür) 이 그 결과에 해당하는 일의 경우에는 2년,
2. 건축과, 이를 위한 계획급부 또는 감독급부의 제공(Erbringung von Planungs- oder Überwachungsleistungen hierfür)이 그 결과에 해당하는 일의 경우에는 5년,
3. 그 밖에 일반적인 소멸시효기간.

② 소멸시효(消滅時效)는 제1항 제1호, 제2호의 경우에 수취시로부터 기산(起算)한다.

③ 수급인이 그 하자를 알고서도 묵비한 경우에는 그 청구권은 제1항 제1호, 제2호, 제2항과 달리 일반적 소멸시효(der regelmäßigen Verjährungsfrist)에 걸린다. 그럼에도 제1항 제2호의 경우에 그에 정해진 기간의 경과 전(vor Ablauf der dort bestimmten Frist)에는 소멸시효가 완성하지 아니

ein.

(4) Für das in § 634 bezeichnete Rücktrittsrecht gilt § 218. Der Besteller kann trotz einer Unwirksamkeit des Rücktritts nach § 218 Abs. 1 die Zahlung der Vergütung insoweit verweigern, als er auf Grund des Rücktritts dazu berechtigt sein würde. Macht er von diesem Recht Gebrauch, kann der Unternehmer vom Vertrag zurücktreten.

(5) Auf das in § 634 bezeichnete Minderungsrecht finden § 218 und Absatz 4 Satz 2 entsprechende Anwendung.

§ 635 Nacherfüllung

(1) Verlangt der Besteller Nacherfüllung, so kann der Unternehmer nach seiner Wahl den Mangel beseitigen oder ein neues Werk herstellen.

(2) Der Unternehmer hat die zum Zwecke der Nacherfüllung erforderlichen Aufwendungen, insbesondere Transport-, Wege-, Arbeits- und Materialkosten zu tragen.

(3) Der Unternehmer kann die Nacherfüllung unbeschadet des § 275 Abs. 2 und 3 verweigern, wenn sie nur mit unverhältnismäßigen Kosten möglich ist.

(4) Stellt der Unternehmer ein neues Werk her, so kann er vom Besteller Rückgewähr des mangelhaften Werkes nach Maßgabe der §§ 346 bis 348 verlangen.

§ 636 Besondere Bestimmungen für Rücktritt und Schadensersatz

Außer in den Fällen der § 281 Abs. 2 und 323 Abs. 2 bedarf es der Fristsetzung auch dann nicht, wenn der Unternehmer die Nacherfüllung gemäß § 635 Abs. 3 verweigert oder wenn die Nacherfüllung fehlgeschlagen oder dem Besteller unzumutbar ist.

§ 637 Selbstvornahme

(1) Der Besteller kann wegen eines Mangels des Werkes nach erfolglosem Ablauf einer von ihm zur Nacherfüllung bestimmten angemessenen Frist den Mangel selbst beseitigen und Ersatz der erforderlichen Aufwendungen verlangen, wenn nicht der Unternehmer die Nacherfüllung zu Recht verweigert.

(2) § 323 Abs. 2 findet entsprechende Anwendung. Der Bestimmung einer Frist bedarf es auch dann nicht, wenn die Nacherfüllung fehlgeschlagen oder dem Besteller unzumutbar ist.

(3) Der Besteller kann von dem Unternehmer für die zur Beseitigung des Mangels erforderlichen Aufwendungen Vorschuss verlangen.

§ 638 Minderung

(1) Statt zurückzutreten, kann der Besteller die Vergütung durch Erklärung gegenüber dem Unternehmer mindern. Der Ausschlussgrund des § 323 Abs. 5 Satz 2 findet keine Anwendung.

(2) Sind auf der Seite des Bestellers oder auf der Seite des Unternehmers mehrere beteiligt, so

한다.

④ 제634조상의 해제권에 대하여 제218조를 적용한다. 도급인은 해제가 무효이더라도 제218조 제1항에 따라 그가 해제에 기하여 이를 할 권리가 있는(als er auf Grund des Rücktritts dazu berechtigt sein würde) 범위 내에서 보수의 지급을 거절할 수 있다. 도급인이 이러한 권리를 행사하는 경우(Macht er von diesem Recht Gebrauch)에, 수급인은 계약을 해제할 수 있다.

⑤ 제634조상의 감액청구권에 대하여(Auf das in § 634 bezeichnete Minderungsrecht) 제218조, 제634조a 제4항 제2문을 준용한다.

제635조 사후보완이행

① 도급인이 사후보완이행을 청구하는 경우에 수급인은 자신의 선택에 좇아 하자를 제거하거나 새롭게 일을 완성할 수 있다.

② 수급인은 사후보완이행에 필요한 비용, 특히 운송비, 도로비, 노무비 및 재료비(Transport-, Wege-, Arbeits- und Materialkosten)를 부담해야 한다.

③ 사후보완이행이 과도한 비용이 들어야만 가능하더라도 수급인은 제275조 제2항 제3항에 에 상관없이 사후보완이행을 청구할 수 있다.

④ 수급인 새로운 일을 완성해 준 경우에 도급인은 제346조 내지 제348조의 기준에 좇아 하자 있는 일의 반환(Rückgewähr des mangelhaften Werkes)을 청구할 수 있다.

제636조 해제와 손해배상에 대한 특칙

제281조 제2항, 제323조 제2항의 경우 이외의 경우에, 수급인이 제635조 제3항에 따라 사후보완이행을 거절하거나 사후보완이행이 실패하거나 도급인이 이를 기대할 수 없는 경우(wenn die Nacherfüllung fehlgeschlagen oder dem Besteller unzumutbar ist)에도 기간설정이 요구되지 아니한다.

제637조 자구조치(自救措置)

① 수급인이 사후보완이행을 정당하게 거절하지 못하는 경우에 도급인은 자신이 사후보완이행을 위해 정한 상당한 기간이 무익하게 도과된 후에(nach erfolglosem Ablauf einer von ihm zur Nacherfüllung bestimmten angemessenen Frist) 직접 하자를 제거한 다음 그에 필요한 비용의 상환을 청구할 수 있다.

② 제323조 제2항을 준용한다. 사후보완이행이 실패하거나 도급인이 이를 기대할 수 없는 경우에도 기간의 설정은 요구되지 아니한다.

③ 도급인은 수급인에게 하자의 제거에 필요한 비용für die zur Beseitigung des Mangels erforderlichen Aufwendungen)을 선급(先給)으로 청구할 수 있다.

제638조 보수감액

① 해제에 갈음하여, 도급인은 수급인에 대한 의사표시로(durch Erklärung gegenüber dem Unternehmer) 보수를 감액할 수 있다. 제323조상의 배제사유(Ausschlussgrund)는 적용하지 아니한다.

② 도급인 또는 수급인이 수인인 경우에 전원(全員)에 의해서만 또는 전원(全員) 대해서만 감액의

kann die Minderung nur von allen oder gegen alle erklärt werden.

(3) Bei der Minderung ist die Vergütung in dem Verhältnis herabzusetzen, in welchem zur Zeit des Vertragsschlusses der Wert des Werkes in mangelfreiem Zustand zu dem wirklichen Wert gestanden haben würde. Die Minderung ist, soweit erforderlich, durch Schätzung zu ermitteln.

(4) Hat der Besteller mehr als die geminderte Vergütung gezahlt, so ist der Mehrbetrag vom Unternehmer zu erstatten. § 346 Abs. 1 und § 347 Abs. 1 finden entsprechende Anwendung.

§ 639 Haftungsausschluss

Auf eine Vereinbarung, durch welche die Rechte des Bestellers wegen eines Mangels ausgeschlossen oder beschränkt werden, kann sich der Unternehmer nicht berufen, soweit er den Mangel arglistig verschwiegen oder eine Garantie für die Beschaffenheit des Werkes übernommen hat.

§ 640 Abnahme

(1) Der Besteller ist verpflichtet, das vertragsmäßig hergestellte Werk abzunehmen, sofern nicht nach der Beschaffenheit des Werkes die Abnahme ausgeschlossen ist. Wegen unwesentlicher Mängel kann die Abnahme nicht verweigert werden.

(2) Als abgenommen gilt ein Werk auch, wenn der Unternehmer dem Besteller nach Fertigstellung des Werks eine angemessene Frist zur Abnahme gesetzt hat und der Besteller die Abnahme nicht innerhalb dieser Frist unter Angabe mindestens eines Mangels verweigert hat. Ist der Besteller ein Verbraucher, so treten die Rechtsfolgen des Satzes 1 nur dann ein, wenn der Unternehmer den Besteller zusammen mit der Aufforderung zur Abnahme auf die Folgen einer nicht erklärten oder ohne Angabe von Mängeln verweigerten Abnahme hingewiesen hat; der Hinweis muss in Textform erfolgen.

(3) Nimmt der Besteller ein mangelhaftes Werk gemäß Absatz 1 Satz 1 ab, obschon er den Mangel kennt, so stehen ihm die in § 634 Nr. 1 bis 3 bezeichneten Rechte nur zu, wenn er sich seine Rechte wegen des Mangels bei der Abnahme vorbehält.

§ 641 Fälligkeit der Vergütung

(1) Die Vergütung ist bei der Abnahme des Werkes zu entrichten. Ist das Werk in Teilen abzunehmen und die Vergütung für die einzelnen Teile bestimmt, so ist die Vergütung für jeden Teil bei dessen Abnahme zu entrichten.

(2) Die Vergütung des Unternehmers für ein Werk, dessen Herstellung der Besteller einem Dritten versprochen hat, wird spätestens fällig,

1. soweit der Besteller von dem Dritten für das versprochene Werk wegen dessen Herstellung seine Vergütung oder Teile davon erhalten hat,

의사표시를 할 수 있다.

③ 감액에 있어 계약체결시를 기준으로 하자 없는 상태의 일의 가치가 실제의 가치에 대한(in welchem zur Zeit des Vertragsschlusses der Wert des Werkes in mangelfreiem Zustand zu dem wirklichen Wert gestanden haben würde) 비율로 감액시 보수를 감액해야 한다. 감액은 필요한 경에 감정에 의해 산정된다.

④ 도급인이 감액한 보수보다 더 많은 보수를 지급한 경우에는 초과지급분(der Mehrbetrag)은 수급인이 반환해야 한다. 제346조 제1항, 제347조 제1항을 준용한다.

제639조 책임의 배제

수급인은, 자신이 하자를 알고서도 묵비하거나 일의 성상에 대해 보증을 한 범위 내에서(soweit er den Mangel arglistig verschwiegen oder eine Garantie für die Beschaffenheit des Werkes übernommen hat), 하자로 인한 도급인의 권리를 배제하게 하거나 이를 제한하게 하는 약정을 원용할 수 없다.

제640조 수취

① 일의 성상에 의할 때 수취가 배제되지 않는 한, 도급인이 계약에 좇아 완성된 일을 수취할 (das vertragsmäßig hergestellte Werk abzunehmen) 의무가 있다. 사소한 하자로 인하여 수취는 거절될 수 없다.

② 수급인이 도급인에게 일의 완성 후 수취를 위한 상당한 기간을 설정해 주었는데 한 가지 이상의 하자를 언급하면서 도급인이 그 기간 내에 수취를 거절하지 않은(der Besteller die Abnahme nicht innerhalb dieser Frist unter Angabe mindestens eines Mangels verweigert hat) 경우에도 일은 수취된 것으로 본다. 도급인이 소비자인 경우에, 수취를 최고(催告)하면서 그 의사가 표시되지 않은 수취 또는 하자의 언급 없이 거절되지 않은 수취의 결과에 대하여(auf die Folgen einer nicht erklärten oder ohne Angabe von Mängeln verweigerten Abnahme) 언급한 때에 한하여 제1문의 법률 효과가 발생한다; 그 언급은 문면방식으로 행해져야만 한다.

③ 도급인이 하자를 알고 있음에도 그가 하자 없는 일을 제1항 제1문에 따라 수취한 경우에, 도급인이 수취시에 그 하자로 인한 자신의 권리를 유보해 둔 때에 한하여 제634조 제1호 내지 제3호상의 권리가 도급인에게 귀속된다.

제641조 보수의 이행기

① 보수는 일의 수취시에 지급되어야 한다. 일을 일부(一部)만을 수취하고 각각의 일부(一部)에 대한 보수가 정해진 경우에는(Ist das Werk in Teilen abzunehmen und die Vergütung für die einzelnen Teile bestimmt) 그 수취시에 각 일부에 대한 보수가 지급되어야 한다.

② 도급인이 그 완성을 제3자에게 약정해 준, 일에 대한 수급인의 보수는 늦어도 다음 각 호와 같이 늦어도 그 이행가 도래한다,

1. 도급인이 약정한 일에 대하여 그 완성으로 인하여 자신의 보수 전부 또 일부를 제3자에게서 지급받은 범위 내에서,

2. soweit das Werk des Bestellers von dem Dritten abgenommen worden ist oder als abgenommen gilt oder
3. wenn der Unternehmer dem Besteller erfolglos eine angemessene Frist zur Auskunft über die in den Nummern 1 und 2 bezeichneten Umstände bestimmt hat.

Hat der Besteller dem Dritten wegen möglicher Mängel des Werks Sicherheit geleistet, gilt Satz 1 nur, wenn der Unternehmer dem Besteller entsprechende Sicherheit leistet.

(3) Kann der Besteller die Beseitigung eines Mangels verlangen, so kann er nach der Fälligkeit die Zahlung eines angemessenen Teils der Vergütung verweigern; angemessen ist in der Regel das Doppelte der für die Beseitigung des Mangels erforderlichen Kosten.

(4) Eine in Geld festgesetzte Vergütung hat der Besteller von der Abnahme des Werkes an zu verzinsen, sofern nicht die Vergütung gestundet ist.

§ 641a (weggefallen)

§ 642 Mitwirkung des Bestellers

(1) Ist bei der Herstellung des Werkes eine Handlung des Bestellers erforderlich, so kann der Unternehmer, wenn der Besteller durch das Unterlassen der Handlung in Verzug der Annahme kommt, eine angemessene Entschädigung verlangen.

(2) Die Höhe der Entschädigung bestimmt sich einerseits nach der Dauer des Verzugs und der Höhe der vereinbarten Vergütung, andererseits nach demjenigen, was der Unternehmer infolge des Verzugs an Aufwendungen erspart oder durch anderweitige Verwendung seiner Arbeitskraft erwerben kann.

§ 643 Kündigung bei unterlassener Mitwirkung

Der Unternehmer ist im Falle des § 642 berechtigt, dem Besteller zur Nachholung der Handlung eine angemessene Frist mit der Erklärung zu bestimmen, dass er den Vertrag kündige, wenn die Handlung nicht bis zum Ablauf der Frist vorgenommen werde. Der Vertrag gilt als aufgehoben, wenn nicht die Nachholung bis zum Ablauf der Frist erfolgt.

§ 644 Gefahrtragung

(1) Der Unternehmer trägt die Gefahr bis zur Abnahme des Werkes. Kommt der Besteller in Verzug der Annahme, so geht die Gefahr auf ihn über. Für den zufälligen Untergang und eine zufällige Verschlechterung des von dem Besteller gelieferten Stoffes ist der Unternehmer nicht verantwortlich.

(2) Versendet der Unternehmer das Werk auf Verlangen des Bestellers nach einem anderen Ort als dem Erfüllungsort, so finden die für den Kauf geltenden Vorschriften des § 447 entsprechende Anwendung.

2. 도급인의 일(das Werk des Bestellers)이 제3자에 의해 수취되거나 수취된 것으로 간주된 범위 내에서,
3. 수급인이 도급인에게 제1호, 제2호상의 사정에 관한 통지를 위한 상당한 기간을 정해 주었음에도 그 기간이 무익하게 도과된 경우,

도급인이 제3자에게 있을 수도 있는 일의 하자로 인하여 담보를 제공하는 경우에 수급인이 도급인에게 상응하는 담보를 제공한 경우에 한하여 제1문을 적용한다.

③ 도급인이 하자의 제거를 청구할 수 있는 경우에, 도급인은 이행기 후에 상응하는 보수일부의 지급(die Zahlung eines angemessenen Teils der Vergütung)을 거절할 수 있다; 통상적으로 하자의 제거에 필요한 비용의 2배(das Doppelte der für die Beseitigung des Mangels erforderlichen Kosten)가 상응한 보수이다.

④ 그 보수의 지급이 연기되지 않은 한, 도급인은 금전으로 정해진 보수에 대하여 일의 수취시부터(von der Abnahme des Werkes an) 이자를 가산하여 지급해야 한다.

제641a 삭제

제642조 도급인의 협력

① 일의 완성에 있어 도급인의 행위가 필요한 경우에(Ist bei der Herstellung des Werkes eine Handlung des Bestellers erforderlich), 도급인이 그 행위를 하지 않음으로써 수령지체에 빠진 때에는 수급인은 상당한 손해배상을 청구할 수 있다.

② 손해배상액은 한편으로는 수령지체의 기간, 약정한 보수액에 따라(einerseits nach der Dauer des Verzugs und der Höhe der vereinbarten Vergütung), 또 한편으로는 수령지체로 인하여 수급인이 비용에 대해 절약할 수 있거나 자신의 노동력을 다른 데 사용함으로써 얻을 수 있는 것에 따라 정해진다.

제643조 협력을 하지 않은 경우의 해지

제642조의 경우에, 그 기간의 경과시까지 그 행위가 행해지지 않는다면 계약을 해지한다는, 의사표시를 붙여, 수급인은 도급인에게 그 행위의 실행을 위하여(zur Nachholung der Handlung) 상당한 기간을 정해 줄 수 있다. 그 기간의 경과시까지 그 행위가 실행되지 않을 때에는(wenn nicht die Nachholung bis zum Ablauf der Frist erfolgt) 계약은 실효된 것으로 본다.

제644조 위험부담

① 수급인은 일의 수취시까지(bis zur Abnahme des Werkes) 위험(die Gefahr)을 부담한다. 도급인이 수령지체에 빠진 때에는 그 위험은 도급인에게 이전한다. 도급인이 제공한 재료의 우연한 멸실 또는 훼손에 대하여는(Für den zufälligen Untergang und eine zufällige Verschlechterung) 수급인이 책임지지 아니한다.

② 수급인이 도급인의 요구에 따라 본래의 이행지 이외의 다른 장소로(nach einem anderen Ort als dem Erfüllungsort) 완성한 목적물(das Werk)을 송부한 경우에 매매에 적용되는 제447조의 규정을 준용한다.

§ 645 Verantwortlichkeit des Bestellers

(1) Ist das Werk vor der Abnahme infolge eines Mangels des von dem Besteller gelieferten Stoffes oder infolge einer von dem Besteller für die Ausführung erteilten Anweisung untergegangen, verschlechtert oder unausführbar geworden, ohne dass ein Umstand mitgewirkt hat, den der Unternehmer zu vertreten hat, so kann der Unternehmer einen der geleisteten Arbeit entsprechenden Teil der Vergütung und Ersatz der in der Vergütung nicht inbegriffenen Auslagen verlangen. Das Gleiche gilt, wenn der Vertrag in Gemäßheit des § 643 aufgehoben wird.

(2) Eine weitergehende Haftung des Bestellers wegen Verschuldens bleibt unberührt.

§ 646 Vollendung statt Abnahme

Ist nach der Beschaffenheit des Werkes die Abnahme ausgeschlossen, so tritt in den Fällen des § 634a Abs. 2 und der §§ 641, 644 und 645 an die Stelle der Abnahme die Vollendung des Werkes.

§ 647 Unternehmerpfandrecht

Der Unternehmer hat für seine Forderungen aus dem Vertrag ein Pfandrecht an den von ihm hergestellten oder ausgebesserten beweglichen Sachen des Bestellers, wenn sie bei der Herstellung oder zum Zwecke der Ausbesserung in seinen Besitz gelangt sind.

§ 647a Sicherungshypothek des Inhabers einer Schiffswerft

Der Inhaber einer Schiffswerft kann für seine Forderungen aus dem Bau oder der Ausbesserung eines Schiffes die Einräumung einer Schiffshypothek an dem Schiffsbauwerk oder dem Schiff des Bestellers verlangen. Ist das Werk noch nicht vollendet, so kann er die Einräumung der Schiffshypothek für einen der geleisteten Arbeit entsprechenden Teil der Vergütung und für die in der Vergütung nicht inbegriffenen Auslagen verlangen. § 647 findet keine Anwendung.

§ 648 Kündigungsrecht des Bestellers

Der Besteller kann bis zur Vollendung des Werkes jederzeit den Vertrag kündigen. Kündigt der Besteller, so ist der Unternehmer berechtigt, die vereinbarte Vergütung zu verlangen; er muss sich jedoch dasjenige anrechnen lassen, was er infolge der Aufhebung des Vertrags an Aufwendungen erspart oder durch anderweitige Verwendung seiner Arbeitskraft erwirbt oder zu erwerben böswillig unterlässt. Es wird vermutet, dass danach dem Unternehmer 5 vom Hundert der auf den noch nicht erbrachten Teil der Werkleistung entfallenden vereinbarten Vergütung zustehen.

§ 648a Kündigung aus wichtigem Grund

(1) Beide Vertragsparteien können den Vertrag aus wichtigem Grund ohne Einhaltung einer Kündigungsfrist kündigen. Ein wichtiger Grund liegt vor, wenn dem kündigenden Teil unter Berücksichtigung aller Umstände des Einzelfalls und unter Abwägung der beiderseitigen Interessen die Fortsetzung des Vertragsverhältnisses bis zur Fertigstellung des Werks nicht zugemutet werden

제645조 도급인의 책임

① 도급인이 제공한 재료의 하자로 인하거나 도급인이 그 수행에 대해 한 지시의 하자로 인하여 완성한 일이 수취 전에 멸실하거나 훼손되거나 또는 더 수행할 수 없는 경우에는, 수급인은 제공한 노동에 상응하는 보수일부(einen der geleisteten Arbeit entsprechenden Teil der Vergütung)와 보수에 포함되지 않은 경비(經費)의 상환을 청구할 수 있고, 다만 수급인에게 책임이 있는 사정이 기여한 경우는 그러하지 아니하다(ohne dass ein Umstand mitgewirkt hat, den der Unternehmer zu vertreten hat). 제643조의 규정에 따라 계약이 실효(失效)된 경우에도 또한 같다.

② 과책으로 인한 도급인의 그 밖의 책임은 영향을 받지 아니한다.

제646조 수취에 갈음하는 일의 완성

일의 성질상 수취가 불가능한 경우에는, 제634조a 제2항, 제641조, 제644조, 제645조의 경우에 있어 일의 완성이 그 수취를 대신한다.

제647조 수급인의 질권

수급인이 그 제조시에 또는 수리 목적으로(bei der Herstellung oder zum Zwecke der Ausbesserung) 자신이 제조하거나 수리한 도급인의 동산의 점유를 취득한 경우에는, 수급인은 그 계약에서 파생한 채권을 보전하기 위하여(für seine Forderungen aus dem Vertrag) 그 동산에 대하여 질권을 갖는다.

제647조a 조선소 소유자의 보전저당권

조선소 보유자는 선박의 건조(建造) 또는 수리(修理)에서 파생하는 자신의 채권을 보전하기 위하여(für seine Forderungen aus dem Bau oder der Ausbesserung eines Schiffes) 건조 중인 선박이나 도급인의 선박에 대하여 선박저당권의 설정을 청구할 수 있다. 선박이 아직 완성되지 아니한 경우에 그는 제공한 노동에 대해 상응하는 일부보수와 보수에 포함되지 않은 경비(經費)를 보전하기 위하여 선박저당권의 설정을 청구할 수 있다. 제647조는 적용하지 아니한다.

제648조 도급인의 해지권

도급인의 일의 완성까지 언제든지 계약을 해지할 수 있다. 도급인이 해지를 하는 경우에 수급인은 약정한 보수를 청구할 권리를 갖는다; 그럼에도 수급인은 자신이 계약의 실효로 인하여 절약하거나 자신의 노동력을 다른 데에 사용함으로써 취득하거나 또는 악의적으로 취득을 하지 않은 것이 공제되도록 해야만 한다. 아직 이행되지 않은 도급급부 부분에 배정된 약정 보수(der auf den noch nicht erbrachten Teil der Werkleistung entfallenden vereinbarten Vergütung)의 5%가 이에 따라 수급인에게 귀속된 것으로 추정한다.

제648조a 중대한 사유에 기한 해지

① 양 계약당사자는 중대한 사유에 기하여 해지기간을 준수하지 않고서 계약을 해지할 수 있다. 개별사안의 제반사정을 고려하고 또 양 당사자의 이익을 형량했을 때(unter Berücksichtigung aller Umstände des Einzelfalls und unter Abwägung der beiderseitigen Interessen) 해지하는 당사자에게서 일의 완성시까지(bis zur Fertigstellung des Werks) 계약관계의 지속을 기대할 수 없는 경우에는

kann.
(2) Eine Teilkündigung ist möglich; sie muss sich auf einen abgrenzbaren Teil des geschuldeten Werks beziehen.
(3) § 314 Absatz 2 und 3 gilt entsprechend.
(4) Nach der Kündigung kann jede Vertragspartei von der anderen verlangen, dass sie an einer gemeinsamen Feststellung des Leistungsstandes mitwirkt. Verweigert eine Vertragspartei die Mitwirkung oder bleibt sie einem vereinbarten oder einem von der anderen Vertragspartei innerhalb einer angemessenen Frist bestimmten Termin zur Leistungsstandfeststellung fern, trifft sie die Beweislast für den Leistungsstand zum Zeitpunkt der Kündigung. Dies gilt nicht, wenn die Vertragspartei infolge eines Umstands fernbleibt, den sie nicht zu vertreten hat und den sie der anderen Vertragspartei unverzüglich mitgeteilt hat.
(5) Kündigt eine Vertragspartei aus wichtigem Grund, ist der Unternehmer nur berechtigt, die Vergütung zu verlangen, die auf den bis zur Kündigung erbrachten Teil des Werks entfällt.
(6) Die Berechtigung, Schadensersatz zu verlangen, wird durch die Kündigung nicht ausgeschlossen.

§ 649 Kostenanschlag

(1) Ist dem Vertrag ein Kostenanschlag zugrunde gelegt worden, ohne dass der Unternehmer die Gewähr für die Richtigkeit des Anschlags übernommen hat, und ergibt sich, dass das Werk nicht ohne eine wesentliche Überschreitung des Anschlags ausführbar ist, so steht dem Unternehmer, wenn der Besteller den Vertrag aus diesem Grund kündigt, nur der im § 645 Abs. 1 bestimmte Anspruch zu.
(2) Ist eine solche Überschreitung des Anschlags zu erwarten, so hat der Unternehmer dem Besteller unverzüglich Anzeige zu machen.

§ 650 Anwendung des Kaufrechts

*) Auf einen Vertrag, der die Lieferung herzustellender oder zu erzeugender beweglicher Sachen zum Gegenstand hat, finden die Vorschriften über den Kauf Anwendung. § 442 Abs. 1 Satz 1 findet bei diesen Verträgen auch Anwendung, wenn der Mangel auf den vom Besteller gelieferten Stoff zurückzuführen ist. Soweit es sich bei den herzustellenden oder zu erzeugenden beweglichen Sachen um nicht vertretbare Sachen handelt, sind auch die §§ 642, 643, 645, 648 und 649 mit der Maßgabe anzuwenden, dass an die Stelle der Abnahme der nach den §§ 446 und 447 maßgebliche Zeitpunkt tritt.

*) Amtlicher Hinweis:
Diese Vorschrift dient der Umsetzung der Richtlinie 1999/44/EG des Europäischen Parlaments und des Rates vom 25. Mai 1999 zu bestimmten Aspekten des Verbrauchsgüterkaufs und der Garantien

중대한 사유(Ein wichtiger Grund)가 있는 것이다.

② 일부해지도 가능하다: 일부해지는 이행해야 할 일의 가분(可分) 가능한 부분(einen abgrenzbaren Teil)에 대하여 적용되어야만 한다.

③ 제314조 제2항, 제3항을 준용한다.

④ 해지 후 각 계약당사자는 상대방에게 급부상태의 공동 확정에 협력할 것을 청구할 수 있다. 어느 계약당사자가가 그 협력을 거절하거나 급부상태확정을 위해 약정한 기간이나 상대방이 급부상태확정을 위해 정해 준 상당한 기간 내에 협력을 하지 않는 경우에 그 계약당사자는 해지 당시의 급부사정에 대한 증명책임을 부담한다. 그 계약당사자

에게 책임이 없고(den sie nicht zu vertreten hat) 그가 상대방에게 지체 없이 통지한 사정으로 인하여 그 계약당사자가 협력하지 않은 경우에도 또한 같다.

⑤ 어느 계약당사자가 중대한 사유에 기하여 해지하는 경우에(Kündigt eine Vertragspartei aus wichtigem Grund) 수급인은, 해지시까지 제공된 일의 부분에 배정된 보수를 청구할 권리를 갖는다.

⑥ 손해배상을 청구할 권리(Die Berechtigung, Schadensersatz zu verlangen)는 해지로 인하여 배제되지 아니한다.

제649조 견적

① 수급인이 비용견적의 적정성(適正性)에 대한 보증(保證)을 한 경우를 제외하고(ohne dass der Unternehmer die Gewähr für die Richtigkeit des Anschlags übernommen hat), 그 견적이 계약의 기초를 이루고 그 견적을 현저히 초과하지 않고서는 일을 수행할 수 없는 것으로 드러난 경우에, 도급인이 이러한 사유에 기하여 계약을 해지한 때에는 수급인에게 제645조 제1항에서 규정한 청구권만이 귀속된다.

② 그 견적의 그러한 초과(eine solche Überschreitung des Anschlags)가 예상되는 경우에 수급인은 도급인에게 지체 없이 통지를 해야 한다.

제650조 매매법의 적용

*) 제조(製造) 또는 제작(制作)해야 할 동산의 공급을 목적으로 하는(der die Lieferung herzustellender oder zu erzeugender beweglicher Sachen zum Gegenstand hat) 계약에 대하여 매매에 관한 규정을 적용한다. 하자가 도급(인都給人)이 공급(供給)한 재료(材料)에 기인(起因)하는 경우에도(wenn der Mangel auf den vom Besteller gelieferten Stoff zurückzuführen ist) 제442조 제1항 제1문을 이러한 계약에 대해 적용한다. 제조하거나 제작한 동산이 부대체물인 경우에 제446조, 제447조에 따라 적용되는 시점이 수취를 대신한다(dass an die Stelle der Abnahme der nach den §§ 446 und 447 maßgebliche Zeitpunkt tritt)는 기준하에 제642조, 제643조, 제645조, 제648조, 제649조도 적용(適用)한다.

*) 공식 주(注):

위 규정은, 「소비재매매와 소비재의 보증에 대한 특정한 관점에 관한(zu bestimmten Aspekten des Verbrauchsgüterkaufs und der Garantien für Verbrauchsgüter) 1999년 5월 25일 유럽연합 의회 및

für Verbrauchsgüter (ABl. EG Nr. L 171 S. 12).

Kapitel 2 Bauvertrag

§ 650a Bauvertrag

(1) Ein Bauvertrag ist ein Vertrag über die Herstellung, die Wiederherstellung, die Beseitigung oder den Umbau eines Bauwerks, einer Außenanlage oder eines Teils davon. Für den Bauvertrag gelten ergänzend die folgenden Vorschriften dieses Kapitels.

(2) Ein Vertrag über die Instandhaltung eines Bauwerks ist ein Bauvertrag, wenn das Werk für die Konstruktion, den Bestand oder den bestimmungsgemäßen Gebrauch von wesentlicher Bedeutung ist.

§ 650b Änderung des Vertrags; Anordnungsrecht des Bestellers

(1) Begehrt der Besteller

1. eine Änderung des vereinbarten Werkerfolgs (§ 631 Absatz 2) oder
2. eine Änderung, die zur Erreichung des vereinbarten Werkerfolgs notwendig ist,

streben die Vertragsparteien Einvernehmen über die Änderung und die infolge der Änderung zu leistende Mehr- oder Mindervergütung an. Der Unternehmer ist verpflichtet, ein Angebot über die Mehr- oder Mindervergütung zu erstellen, im Falle einer Änderung nach Satz 1 Nummer 1 jedoch nur, wenn ihm die Ausführung der Änderung zumutbar ist. Macht der Unternehmer betriebsinterne Vorgänge für die Unzumutbarkeit einer Anordnung nach Absatz 1 Satz 1 Nummer 1 geltend, trifft ihn die Beweislast hierfür. Trägt der Besteller die Verantwortung für die Planung des Bauwerks oder der Außenanlage, ist der Unternehmer nur dann zur Erstellung eines Angebots über die Mehr- oder Mindervergütung verpflichtet, wenn der Besteller die für die Änderung erforderliche Planung vorgenommen und dem Unternehmer zur Verfügung gestellt hat. Begehrt der Besteller eine Änderung, für die dem Unternehmer nach § 650c Absatz 1 Satz 2 kein Anspruch auf Vergütung für vermehrten Aufwand zusteht, streben die Parteien nur Einvernehmen über die Änderung an; Satz 2 findet in diesem Fall keine Anwendung.

(2) Erzielen die Parteien binnen 30 Tagen nach Zugang des Änderungsbegehrens beim Unternehmer keine Einigung nach Absatz 1, kann der Besteller die Änderung in Textform anordnen. Der Unternehmer ist verpflichtet, der Anordnung des Bestellers nachzukommen, einer Anordnung nach Absatz 1 Satz 1 Nummer 1 jedoch nur, wenn ihm die Ausführung zumutbar ist. Absatz 1 Satz 3 gilt entsprechend.

§ 650c Vergütungsanpassung bei Anordnungen nach § 650b Absatz 2

(1) Die Höhe des Vergütungsanspruchs für den infolge einer Anordnung des Bestellers nach § 650b Absatz 2 vermehrten oder verminderten Aufwand ist nach den tatsächlich erforderlichen

이사회의 1999/44/EG호 지침」(ABl. EG Nr. L 171 S. 12)의 시행에 기여한다.

제2항 건축계약

제650조a 건축계약

① 건축계약은, 건축물(建築物), 외부시설(外部施設) 또는 이것들의 부분의 신축(新築), 재축(再築), 철거(撤去) 또는 개축(改築)에 관한 계약이다. 건축계약에 대하여 이 항의 다음의 규정들이 추가적으로 적용된다.

② 건축물의 유지에 관한 계약은, 그 일이 구조, 존립 또는 규정에 맞는 사용에 있어 중요한 경우에는 건축계약이다.

제650조b 계약의 변경; 도급인의 지시권

① 도급인이,

1. 약정한 일의 결과(제631조 제2항)의 변경,

2. 약정한 일의 결과의 달성에 필요한 변경을

요구하는 경우에, 계약당사자는 그러한 변경과 그 변경으로 인하여 이행해야 하는 보수증액 또는 보수감액(die Änderung und die infolge der Änderung zu leistende Mehr- oder Mindervergütung에 관한 합의)을 위해 노력한다. 그럼에도 제1문 제1호에 따른 변경의 경우에 있어 수급인에게서 그 변경의 실행을 기대할 수 없는 경우(wenn ihm die Ausführung der Änderung zumutbar ist)에 한하여, 수급인은 보수증액 또는 보수감액에 관한 제안을 할 의무가 있다. 수급인이 제1항 제1문 제1호에 따른 요구의 기대불가능성에 대한 회사 내부적 사건(betriebsinterne Vorgänge)을 주장하는 경우에 수급인은 그에 대한 증명책임을 부담한다. 도급인이 건축물 또는 외부시설의 설계에 대해 책임을 지는 경우에 도급인이 그 변경에 필요한 설계를 했고 이를 수급인에게 제공한 때에 한하여(wenn der Besteller die für die Änderung erforderliche Planung vorgenommen und dem Unternehmer zur Verfügung gestellt hat), 수급인은 보수증액 또는 보수감액에 관한 제안을 할 의무를 진다. 수급인에게 제650조c 제1항 제2문에 따라 비용증가분에 대한 상환청구권이 귀속되지 않는 변경을 도급인이 요구하는 경우에, 당사자들은 그 변경에 관한 합의를 위해 노력한다; 이 경우에 있어 제2문을 적용하지 아니한다.

② 당사자들이 변경요구서가 수급인에 도달한 후 30일 이내에 제1항에 따른 합의를 이루지 못한 경우에(Erzielen die Parteien binnen 30 Tagen nach Zugang des Änderungsbegehrens beim Unternehmer keine Einigung nach Absatz 1), 도급인은 문면방식으로 변경을 지시할 수 있다. 수급인은 도급인의 지시를 따를 의무가 있고, 제1항 제1문 제1호에 따른 지시는 수급인에게서 그 실행을 기대할 수 있는 경우에 한하여 따를 의무가 있다. 제1항 제3문을 준용한다.

제650조c 제650조b 제2항에 따른 지시에 있어 보수의 조정

① 제650조b 제2항에 따른 도급인의 지시로 말미암아 증가되거나 감소된 비용에 대한 보수청구권 금액은, 일반 사업비, 위험 및 이윤에 대한 상당한 증가분을 더한 실제 필요한 비용에 따라(nach den

Kosten mit angemessenen Zuschlägen für allgemeine Geschäftskosten, Wagnis und Gewinn zu ermitteln. Umfasst die Leistungspflicht des Unternehmers auch die Planung des Bauwerks oder der Außenanlage, steht diesem im Fall des § 650b Absatz 1 Satz 1 Nummer 2 kein Anspruch auf Vergütung für vermehrten Aufwand zu.

(2) Der Unternehmer kann zur Berechnung der Vergütung für den Nachtrag auf die Ansätze in einer vereinbarungsgemäß hinterlegten Urkalkulation zurückgreifen. Es wird vermutet, dass die auf Basis der Urkalkulation fortgeschriebene Vergütung der Vergütung nach Absatz 1 entspricht.

(3) Bei der Berechnung von vereinbarten oder gemäß § 632a geschuldeten Abschlagszahlungen kann der Unternehmer 80 Prozent einer in einem Angebot nach § 650b Absatz 1 Satz 2 genannten Mehrvergütung ansetzen, wenn sich die Parteien nicht über die Höhe geeinigt haben oder keine anderslautende gerichtliche Entscheidung ergeht. Wählt der Unternehmer diesen Weg und ergeht keine anderslautende gerichtliche Entscheidung, wird die nach den Absätzen 1 und 2 geschuldete Mehrvergütung erst nach der Abnahme des Werks fällig. Zahlungen nach Satz 1, die die nach den Absätzen 1 und 2 geschuldete Mehrvergütung übersteigen, sind dem Besteller zurückzugewähren und ab ihrem Eingang beim Unternehmer zu verzinsen. § 288 Absatz 1 Satz 2, Absatz 2 und § 289 Satz 1 gelten entsprechend.

§ 650d Einstweilige Verfügung

Zum Erlass einer einstweiligen Verfügung in Streitigkeiten über das Anordnungsrecht gemäß § 650b oder die Vergütungsanpassung gemäß § 650c ist es nach Beginn der Bauausführung nicht erforderlich, dass der Verfügungsgrund glaubhaft gemacht wird.

§ 650e Sicherungshypothek des Bauunternehmers

Der Unternehmer kann für seine Forderungen aus dem Vertrag die Einräumung einer Sicherungshypothek an dem Baugrundstück des Bestellers verlangen. Ist das Werk noch nicht vollendet, so kann er die Einräumung der Sicherungshypothek für einen der geleisteten Arbeit entsprechenden Teil der Vergütung und für die in der Vergütung nicht inbegriffenen Auslagen verlangen.

§ 650f Bauhandwerkersicherung

(1) Der Unternehmer kann vom Besteller Sicherheit für die auch in Zusatzaufträgen vereinbarte und noch nicht gezahlte Vergütung einschließlich dazugehöriger Nebenforderungen, die mit 10 Prozent des zu sichernden Vergütungsanspruchs anzusetzen sind, verlangen. Satz 1 gilt in demselben Umfang auch für Ansprüche, die an die Stelle der Vergütung treten. Der Anspruch des Vergütung unberücksichtigt, es sei denn, sie sind unstreitig oder rechtskräftig festgestellt. Die Sicherheit ist auch dann als ausreichend anzusehen, wenn sich der Sicherungsgeber das Recht Unternehmers auf Sicherheit wird nicht dadurch ausgeschlossen, dass der Besteller Erfüllung

tatsächlich erforderlichen Kosten mit angemessenen Zuschlägen für allgemeine Geschäftskosten, Wagnis und Gewinn) 산정해야 한다. 수급인의 급부의무에 건축물 또는 외부시설의 설계(auch die Planung des Bauwerks oder der Außenanlage)도 포함된 경우에 제650조b 제1항 제1문 제2호의 경우에 있어서는 그 수급인에게 비용증가분에 대한 보수청구권이 귀속되지 아니한다.

② 수급인이 추가분에 대한 보수의 산정을 위하여 약정에 좇아 기록된 원계산(原計算) 내 계정(計定)을 이용(zur Berechnung der Vergütung für den Nachtrag auf die Ansätze in einer vereinbarungsgemäß hinterlegten Urkalkulation zurückgreifen)할 수 있다. 원계산의 기초에 따라 산정된 보수는 제1항에 따른 보수에 부합하는 것으로 추정한다.

③ 당사자들이 금액에 관하여 합의하지 못했거나 법원의 다른 재판이 행해지지 않은 경우에는, 수급인은 약정되거나 제632조a에 따라 지급할 의무를 진 분할보수의 산정에 있어, 제650조b 제1항 제2문에 따른 제안에 의한 보수증액분의 80%로(80 Prozent einer in einem Angebot nach § 650b Absatz 1 Satz 2 genannten Mehrvergütung) 산정할 수 있다. 수급인이 이러한 방식을 선택하고 법원의 다른 재판이 행해지지 않은 경우에 제1항, 제2항에 따라 지급해야 할 보수증액분은 완성한 일의 수취 후에 비로소 이행기가 도래한다. 제1문에 따른 지급액으로 제1항, 제2항에 따라 이행해야 할 보수증액분을 초과하는 지급액은 도급인에게 반환되어야 하고 수급인이 지급받은 때부터(ab ihrem Eingang beim Unternehmer) 이자를 가산하여 지급해야 한다. 제288조 제1항 제2문, 제2항 제289조 제1문을 준용한다.

제650조d 가처분

제650조b에 따른 지시권(指示權) 또는 제650조c에 따른 보수조정(報酬調停)에 관한 소송에 있어(in Streitigkeiten über das Anordnungsrecht gemäß § 650b oder die Vergütungsanpassung gemäß § 650c) 가처분의 발령을 위하여 건축실행의 개시 후에는 그 가처분사유가 소명(昭明)될 것이 요구되지 아니한다.

제650조e 건축수급인의 보전저당권

그 수급인은 계약에서 생긴 자신의 채권을 보전하기 위하여 도급인의 건축부지에 대한 보전저당권의 설정을 청구할 수 있다. 일이 아직 완성되지 않은 경우에 제공한 노동에 상응하는 보수일부와 보수에 포함되지 않은 경비(經費)을 보전하기 위하여 보전저당권의 설정을 청구할 수 있다.

제650조f 건축업자를 위한 담보

① 추가적 발주에서 약정한 보수뿐만 아니라 미지급된 보수와, 이와 같은 보수에 관련된 부수채권(附隨債券)으로 담보를 제공받아야 하는 그러한 보수의 10%로 산정한 부수채권(附隨債券)을 위한 담보를 청구할 수 있다. 보수에 갈음하는 청구권에 대해서도 동일한 범위 내에서 제1문을 적용한다. 수급인의 담보청구권은, 도급인이 급부이행을 청구할 수 있거나 완성된 일을 수취함으로써 배제되지 아니한다. 도급인이 수급인의 보수청구권에 대하여 상계할 수 있는 청구권은 그 보수 산정 시 고려되지 않고, 다만 그 청구권에 다툼이 없거나 그 청구권이 기판력 있게 확정된 경우에는 그러하지 아니하다(es sei denn, sie sind unstreitig oder rechtskräftig festgestellt). 담보제공자가, 도급인

verlangen kann oder das Werk abgenommen hat. Ansprüche, mit denen der Besteller gegen den Anspruch des Unternehmers auf Vergütung aufrechnen kann, bleiben bei der Berechnung der Vergütung unberücksichtigt, es sei denn, sie sind unstreitig oder rechtskräftig festgestellt. Die Sicherheit ist auch dann als ausreichend anzusehen, wenn sich der Sicherungsgeber das Recht vorbehält, sein Versprechen im Falle einer wesentlichen Verschlechterung der Vermögensverhältnisse des Bestellers mit Wirkung für Vergütungsansprüche aus Bauleistungen zu widerrufen, die der Unternehmer bei Zugang der Widerrufserklärung noch nicht erbracht hat.

(2) Die Sicherheit kann auch durch eine Garantie oder ein sonstiges Zahlungsversprechen eines im Geltungsbereich dieses Gesetzes zum Geschäftsbetrieb befugten Kreditinstituts oder Kreditversicherers geleistet werden. Das Kreditinstitut oder der Kreditversicherer darf Zahlungen an den Unternehmer nur leisten, soweit der Besteller den Vergütungsanspruch des Unternehmers anerkennt oder durch vorläufig vollstreckbares Urteil zur Zahlung der Vergütung verurteilt worden ist und die Voraussetzungen vorliegen, unter denen die Zwangsvollstreckung begonnen werden darf.

(3) Der Unternehmer hat dem Besteller die üblichen Kosten der Sicherheitsleistung bis zu einem Höchstsatz von 2 Prozent für das Jahr zu erstatten. Dies gilt nicht, soweit eine Sicherheit wegen Einwendungen des Bestellers gegen den Vergütungsanspruch des Unternehmers aufrechterhalten werden muss und die Einwendungen sich als unbegründet erweisen.

(4) Soweit der Unternehmer für seinen Vergütungsanspruch eine Sicherheit nach Absatz 1 oder 2 erlangt hat, ist der Anspruch auf Einräumung einer Sicherungshypothek nach § 650e ausgeschlossen.

(5) Hat der Unternehmer dem Besteller erfolglos eine angemessene Frist zur Leistung der Sicherheit nach Absatz 1 bestimmt, so kann der Unternehmer die Leistung verweigern oder den Vertrag kündigen. Kündigt er den Vertrag, ist der Unternehmer berechtigt, die vereinbarte Vergütung zu verlangen; er muss sich jedoch dasjenige anrechnen lassen, was er infolge der Aufhebung des Vertrages an Aufwendungen erspart oder durch anderweitige Verwendung seiner Arbeitskraft erwirbt oder böswillig zu erwerben unterlässt. Es wird vermutet, dass danach dem Unternehmer 5 Prozent der auf den noch nicht erbrachten Teil der Werkleistung entfallenden vereinbarten Vergütung zustehen.

(6) Die Absätze 1 bis 5 finden keine Anwendung, wenn der Besteller

1. eine juristische Person des öffentlichen Rechts oder ein öffentlich-rechtliches Sondervermögen ist, über deren Vermögen ein Insolvenzverfahren unzulässig ist, oder
2. Verbraucher ist und es sich um einen Verbraucherbauvertrag nach § 650i oder um einen Bauträgervertrag nach § 650u handelt.

Satz 1 Nummer 2 gilt nicht bei Betreuung des Bauvorhabens durch einen zur Verfügung über die

재산관계의 현저(顯著)한 악화(惡化)의 경우에 있어 그 철회(撤回)의 의사표시(意思表示) 도달(到達)시 수급인(受給人)이 아직 미이행한 건축급부(建築給付)에서 생긴 보수청구권(報酬請求權)에 대하여 효력(效力)이 미치는 것으로 하여, 자신의 (담보제공) 약정(約定)을 철회할 있는 권리(sein Versprechen im Falle einer wesentlichen Verschlechterung der Vermögensverhältnisse des Bestellers mit Wirkung für Vergütungsansprüche aus Bauleistungen zu widerrufen)를 유보해 둔 때에도 그 담보는 충분한 것으로 본다.

② 담보는, 본 법의 적용 범위 내에서 영업을 하도록 인가된 금융기관 또는 신용보증사의 보증서 또는 그 밖의 지급약정서에 의해서도(auch durch eine Garantie oder ein sonstiges Zahlungsversprechen) 제공될 수 있다. 그 금융기관 또는 신용보증사는, 도급인이 수급인의 보수청구권을 승인하거나, 보수지급을 명하는 가집행판결이 선고되고 강제집행이 개시될 수 있는 요건이 존재하는(durch vorläufig vollstreckbares Urteil zur Zahlung der Vergütung verurteilt worden ist und die Voraussetzungen vorliegen, unter denen die Zwangsvollstreckung begonnen werden darf) 범위 내에서만 수급인에 대한 지급을 할 수 있다.

③ 수급인은 도급인에게 연 2%의 상한비율 범위 내에서(bis zu einem Höchstsatz von 2 Prozent für das Jahr) 통상적인 담보제공비용(die üblichen Kosten der Sicherheitsleistung)을 반환해야 한다. 수급인의 보수청구권에 대한 도급인의 항변(抗辯)으로 인하여 담보가 유지되어야만 했으나 그 항변이 이유 없는 것으로 드러난 경우에는 그러하지 아니하다.

④ 제650조e의 보전저당권의 설정청구권은(der Anspruch auf Einräumung einer Sicherungshypothek nach § 650e), 수급인이 자신의 청구권에 대하여 제1항 또는 제2항에 따라 담보를 취득한 범위 내에서 배제된다.

⑤ 수급인이 도급인에게 제1항에 따른 담보의 제공을 위한 상당한 기간을 정해 주었으나 그 기간이 무익하게 도과된 경우에(Hat der Unternehmer dem Besteller erfolglos eine angemessene Frist zur Leistung der Sicherheit nach Absatz 1 bestimmt) 수급인은 급부를 거절하거나 계약을 해지할 수 있다. 수급인이 계약을 해지한 경우에 그는 약정한 보수를 청구할 권리를 갖는다; 그럼에도 수급인은 그 계약의 실효로 인하여 자신이 비용에 대해 절약하거나 자신의 노동을 다른 데 사용함으로써 취득하거나 또는 악의적으로 취득을 하지 않은 것이 공제되도록 해야만 한다. 여전히 미이행된 도급급부 부분에 배정된 약정 보수의 5%가 이에 따라 수급인에게 귀속(歸屬)된 것으로 추정(推定)한다.

⑥ 다음 각 호의 경우에는 제1항 내지 제5항은 적용하지 아니한다,

1. 도급인이, 그 재산에 관하여 파산절차가 허용되지 않는(über deren Vermögen ein Insolvenzverfahren unzulässig ist) 공법상(公法上) 법인(法人)이나 공법상(公法上) 특별재산(ein öffentlich-rechtliches Sondervermögen)인 경우,
2. 도급인이 소비자이고 제650조i에 따른 소비자건축계약 또는 제650조u에 따른 건축계약에 해당하는 경우.

도급인의 자금조달수단에 관한 처분에 대한 권한을 부여받은 건축자금지원자에 의한 건축계획에

Finanzierungsmittel des Bestellers ermächtigten Baubetreuer.

(7) Eine von den Absätzen 1 bis 5 abweichende Vereinbarung ist unwirksam.

§ 650g Zustandsfeststellung bei Verweigerung der Abnahme; Schlussrechnung

(1) Verweigert der Besteller die Abnahme unter Angabe von Mängeln, hat er auf Verlangen des Unternehmers an einer gemeinsamen Feststellung des Zustands des Werks mitzuwirken. Die gemeinsame Zustandsfeststellung soll mit der Angabe des Tages der Anfertigung versehen werden und ist von beiden Vertragsparteien zu unterschreiben.

(2) Bleibt der Besteller einem vereinbarten oder einem von dem Unternehmer innerhalb einer angemessenen Frist bestimmten Termin zur Zustandsfeststellung fern, so kann der Unternehmer die Zustandsfeststellung auch einseitig vornehmen. Dies gilt nicht, wenn der Besteller infolge eines Umstands fernbleibt, den er nicht zu vertreten hat und den er dem Unternehmer unverzüglich mitgeteilt hat. Der Unternehmer hat die einseitige Zustandsfeststellung mit der Angabe des Tages der Anfertigung zu versehen und sie zu unterschreiben sowie dem Besteller eine Abschrift der einseitigen Zustandsfeststellung zur Verfügung zu stellen.

(3) Ist das Werk dem Besteller verschafft worden und ist in der Zustandsfeststellung nach Absatz 1 oder 2 ein offenkundiger Mangel nicht angegeben, wird vermutet, dass dieser nach der Zustandsfeststellung entstanden und vom Besteller zu vertreten ist. Die Vermutung gilt nicht, wenn der Mangel nach seiner Art nicht vom Besteller verursacht worden sein kann.

(4) Die Vergütung ist zu entrichten, wenn

1. der Besteller das Werk abgenommen hat oder die Abnahme nach § 641 Absatz 2 entbehrlich ist und
2. der Unternehmer dem Besteller eine prüffähige Schlussrechnung erteilt hat.

Die Schlussrechnung ist prüffähig, wenn sie eine übersichtliche Aufstellung der erbrachten Leistungen enthält und für den Besteller nachvollziehbar ist. Sie gilt als prüffähig, wenn der Besteller nicht innerhalb von 30 Tagen nach Zugang der Schlussrechnung begründete Einwendungen gegen ihre Prüffähigkeit erhoben hat.

§ 650h Schriftform der Kündigung

Die Kündigung des Bauvertrags bedarf der schriftlichen Form.

Kapitel 3 Verbraucherbauvertrag

§ 650i Verbraucherbauvertrag

(1) Verbraucherbauverträge sind Verträge, durch die der Unternehmer von einem Verbraucher zum Bau eines neuen Gebäudes oder zu erheblichen Umbaumaßnahmen an einem bestehenden Gebäude verpflichtet wird.

대한 자금지원에 대하여는 제1문 제2호를 적용하지 아니한다.

⑦ 제1항 내지 제5항과 다른 내용으로 한 약정은 무효이다.

제650조g 수취의 거절시 상태의 확정; 최종청구서

① 도급인이 하자를 언급하면서 수취를 거절하는 경우에 도급인은 수급인의 요구가 있는 때에는 일의 상태에 대한 공동 확정에(an einer gemeinsamen Feststellung des Zustands des Werks) 협력해야 한다. 공동의 상태확정서에는 작성일이 기재되어야 하고 양 당사자가 서명을 해야 한다.

② 도급인이 상태확정을 위한 약정한 기간이나 수급인이 상태확정을 위해 정해 준 기간 내에(einem vereinbarten oder einem von dem Unternehmer innerhalb einer angemessenen Frist bestimmten Termin zur Zustandsfeststellung) 협력을 하지 않는 경우에, 수급인은 일방적으로도 상태확정을 행할 수 있다. 도급인이 자신에게 책임 없고 도급인이 수급인에게 지체 없이 통지를 한 사정으로 말미암아 협력을 하지 않은 경우에는 그러하지 아니하다. 수급인은 일방적인 상태확정서에 작성일을 기재해야 하고 서명을 해야 하며 도급인에게 일방적인 상태확정서의 사본을 제공해야(eine Abschrift der einseitigen Zustandsfeststellung zur Verfügung zu stellen) 한다.

③ 완성된 일이 도급인에게 제공되었고 제1항 내지 제2항의 상태확정서에 명백한 하자가 언급되지 않은 경우에, 그 하자는 상태확정 후에 발생했고 도급인에게 책임이 있었던 것으로 추정한다. 하자가 그 성질상 도급인에 의해 야기될 수 없는 경우에는(wenn der Mangel nach seiner Art nicht vom Besteller verursacht worden sein kann) 그 추정은 적용하지 아니한다.

④ 보수는 다음 각 호의 시기에 지급되어야 한다,

1. 도급인이 완성된 일을 수취하거나 제641조 제2항에 따라 그 수취(die Abnahme nach § 641 Absatz 2)가 요구되지 아니한 때,
2. 수급인인 도급인에게 검증 가능한 최종청구서(Schlussrechnung)를 교부한 때.

최종청구서에 제공된 급부에 대한 일목요연한 목록이 포함되어 있고 도급인이 이를 이해할 수 있는 경우에는(wenn sie eine übersichtliche Aufstellung der erbrachten Leistungen enthält und für den Besteller nachvollziehbar ist) 최종청구서는 검증 가능한 것이다. 도급인이 최종청구서가 도달한 때로부터 30일 이내에 그 검증가능성에 대해 정당한 이의를 제기하지 않은 경우에는 회계를 검증할 수 있는 것으로 본다.

제650조h 해지의 서면방식

건축계약의 해지는 서면방식이 요구된다.

제3항 소비자건축계약

제650조i 소비자건축계약

① 소비자건축계약은, 사업자가 소비자에게 새로운 건물의 건축 또는 현존하는 건물에 대한 중대한 개축조치(改築措置)(zum Bau eines neuen Gebäudes oder zu erheblichen Umbaumaßnahmen an einem bestehenden Gebäude)를 할 의무를 부담하는 계약이다.

(2) Der Verbraucherbauvertrag bedarf der Textform.

(3) Für Verbraucherbauverträge gelten ergänzend die folgenden Vorschriften dieses Kapitels.

§ 650j Baubeschreibung

Der Unternehmer hat den Verbraucher über die sich aus Artikel 249 des Einführungsgesetzes zum Bürgerlichen Gesetzbuche ergebenden Einzelheiten in der dort vorgesehenen Form zu unterrichten, es sei denn, der Verbraucher oder ein von ihm Beauftragter macht die wesentlichen Planungsvorgaben.

§ 650k Inhalt des Vertrags

(1) Die Angaben der vorvertraglich zur Verfügung gestellten Baubeschreibung in Bezug auf die Bauausführung werden Inhalt des Vertrags, es sei denn, die Vertragsparteien haben ausdrücklich etwas anderes vereinbart.

(2) Soweit die Baubeschreibung unvollständig oder unklar ist, ist der Vertrag unter Berücksichtigung sämtlicher vertragsbegleitender Umstände, insbesondere des Komfort- und Qualitätsstandards nach der übrigen Leistungsbeschreibung, auszulegen. Zweifel bei der Auslegung des Vertrags bezüglich der vom Unternehmer geschuldeten Leistung gehen zu dessen Lasten.

(3) Der Bauvertrag muss verbindliche Angaben zum Zeitpunkt der Fertigstellung des Werks oder, wenn dieser Zeitpunkt zum Zeitpunkt des Abschlusses des Bauvertrags nicht angegeben werden kann, zur Dauer der Bauausführung enthalten. Enthält der Vertrag diese Angaben nicht, werden die vorvertraglich in der Baubeschreibung übermittelten Angaben zum Zeitpunkt der Fertigstellung des Werks oder zur Dauer der Bauausführung Inhalt des Vertrags.

§ 650l Widerrufsrecht

Dem Verbraucher steht ein Widerrufsrecht gemäß § 355 zu, es sei denn, der Vertrag wurde notariell beurkundet. Der Unternehmer ist verpflichtet, den Verbraucher nach Maßgabe des Artikels 249 § 3 des Einführungsgesetzes zum Bürgerlichen Gesetzbuche über sein Widerrufsrecht zu belehren.

§ 650m Abschlagszahlungen; Absicherung des Vergütungsanspruchs

(1) Verlangt der Unternehmer Abschlagszahlungen nach § 632a, darf der Gesamtbetrag der Abschlagszahlungen 90 Prozent der vereinbarten Gesamtvergütung einschließlich der Vergütung für Nachtragsleistungen nach § 650c nicht übersteigen.

(2) Dem Verbraucher ist bei der ersten Abschlagszahlung eine Sicherheit für die rechtzeitige Herstellung des Werks ohne wesentliche Mängel in Höhe von 5 Prozent der vereinbarten Gesamtvergütung zu leisten. Erhöht sich der Vergütungsanspruch infolge einer Anordnung des Verbrauchers nach den §§ 650b und 650c oder infolge sonstiger Änderungen oder Ergänzungen

② 소비자건축계약은 문면방식이 요구된다.

③ 소비자건축계약에 대하여 본 항의 다음 규정들이 추가적으로 적용된다.

제650조j 시방서(示方書)

사업자는 소비자에게 민법전시행법 제249항목에서 열거된 세부사항에 관하여 거기서 규정된 방식대로 통지해 주어야 하나, 소비자 또는 그로부터 수임을 받은 자가 중요한 설계계침을 마련하는 경우(der Verbraucher oder ein von ihm Beauftragter macht die wesentlichen Planungsvorgaben)에는 그러하지 아니하다.

제650조k 계약의 내용

① 계약 체결 전에 제공된, 건축수행에 관한 시방서(示方書)의 사항은 계약의 내용이 되고, 다만 당사자가 명시적으로 다르게 약정한 경우(die Vertragsparteien haben ausdrücklich etwas anderes vereinbart)에는 그러하지 아니하다.

② 시방서(示方書)가 불완전하거나 모호한 경우에 계약에 수반되는 제반사정, 특히 그 밖의 급부설명서에 따른 편익표준(便益標準) 및 품질표준(品質標準)(insbesondere des Komfort- und Qualitätsstandards nach der übrigen Leistungsbeschreibung)을 고려하여 계약을 해석해야 한다. 사업자가 이행해야 할 급부에 관한 계약의 해석에 대한 어떤 의문은 사업자의 불이익으로 해소(解消)한다.

③ 건축계약에 일의 완성시기에 관한 구속력 있는 사항이, 이러한 시기가 건축계약체결시에 명시될 수 없는 경우에는 건축수행의 기간에 관한 구속력 있는 사항이 포함되어야만 한다. 이러한 사항이 계약서에 포함되어 있지 않은 경우에 일의 완성 시기에 관한 사항 또는 건축수행의 기간에 관한 사항으로 계약체결 전에 시방서(示方書)에 기재된 사항(die vorvertraglich in der Baubeschreibung übermittelten Angaben zum Zeitpunkt der Fertigstellung des Werks oder zur Dauer der Bauausführung)이 계약내용이 된다.

제650조l 철회권

제355조에 따라 철회권이 소비자에게 귀속되고, 다만 계약서가 공증증서로 작성된 경우(der Vertrag wurde notariell beurkundet)에는 그러하지 아니한다. 사업자는 민법전시행법전 제249항목 제3조의 기준에 좇아 소비자에게 그 철회권에 관하여 통지할(über sein Widerrufsrecht zu belehren) 의무를 진다.

제650조m 분할보수지급; 보수청구권의 보장

① 사업자가 제632조a에 따라 분할보수지급을 청구할 수 있는 경우에 분할보수지급 총액(der Gesamtbetrag der Abschlagszahlungen)이 제650조c에 따른 추가급부에 대한 보수를 포함하여 약정한 보수총액의 90%(90 Prozent der vereinbarten Gesamtvergütung)를 초과해서는 아니된다.

② 제1회 분할보수지급시 중대한 하자 없는 일의 적시의 완성에 대한 담보(eine Sicherheit für die rechtzeitige Herstellung des Werks ohne wesentliche Mängel)로, 약정한 보수총액의 5% 금액의 담보가 소비자에게 제공되어야 한다. 제650조b, 제650조c에 따른 소비자의 지시로 인하여 또는 계약의 그 밖의 변경 또는 보충으로 인하여 보수청구권이 10%를 초과하여 증액된 경우에, 소비자에게

des Vertrags um mehr als 10 Prozent, ist dem Verbraucher bei der nächsten Abschlagszahlung eine weitere Sicherheit in Höhe von 5 Prozent des zusätzlichen Vergütungsanspruchs zu leisten. Auf Verlangen des Unternehmers ist die Sicherheitsleistung durch Einbehalt dergestalt zu erbringen, dass der Verbraucher die Abschlagszahlungen bis zu dem Gesamtbetrag der geschuldeten Sicherheit zurückhält.

(3) Sicherheiten nach Absatz 2 können auch durch eine Garantie oder ein sonstiges Zahlungsversprechen eines im Geltungsbereich dieses Gesetzes zum Geschäftsbetrieb befugten Kreditinstituts oder Kreditversicherers geleistet werden.

(4) Verlangt der Unternehmer Abschlagszahlungen nach § 632a, ist eine Vereinbarung unwirksam, die den Verbraucher zu einer Sicherheitsleistung für die vereinbarte Vergütung verpflichtet, die die nächste Abschlagszahlung oder 20 Prozent der vereinbarten Vergütung übersteigt. Gleiches gilt.

§ 650n Erstellung und Herausgabe von Unterlagen

(1) Rechtzeitig vor Beginn der Ausführung einer geschuldeten Leistung hat der Unternehmer diejenigen Planungsunterlagen zu erstellen und dem Verbraucher herauszugeben, die dieser benötigt, um gegenüber Behörden den Nachweis führen zu können, dass die Leistung unter Einhaltung der einschlägigen öffentlich-rechtlichen Vorschriften ausgeführt werden wird. Die Pflicht besteht nicht, soweit der Verbraucher oder ein von ihm Beauftragter die wesentlichen Planungsvorgaben erstellt.

(2) Spätestens mit der Fertigstellung des Werks hat der Unternehmer diejenigen Unterlagen zu erstellen und dem Verbraucher herauszugeben, die dieser benötigt, um gegenüber Behörden den Nachweis führen zu können, dass die Leistung unter Einhaltung der einschlägigen öffentlich-rechtlichen Vorschriften ausgeführt worden ist.

(3) Die Absätze 1 und 2 gelten entsprechend, wenn ein Dritter, etwa ein Darlehensgeber, Nachweise für die Einhaltung bestimmter Bedingungen verlangt und wenn der Unternehmer die berechtigte Erwartung des Verbrauchers geweckt hat, diese Bedingungen einzuhalten.

Kapitel 4 Unabdingbarkeit

§ 650o Abweichende Vereinbarungen

Von § 640 Absatz 2 Satz 2, den §§ 650i bis 650l und 650n kann nicht zum Nachteil des Verbrauchers abgewichen werden. Diese Vorschriften finden auch Anwendung, wenn sie durch anderweitige Gestaltungen umgangen werden.

Untertitel 2 Architektenvertrag und Ingenieurvertrag

§ 650p Vertragstypische Pflichten aus Architekten- und Ingenieurverträgen

제2회 분할보수지급시 증액된 보수청구권의 5%의 금액의 추가적인 담보(eine weitere Sicherheit in Höhe von 5 Prozent des zusätzlichen Vergütungsanspruchs)가 제공되어야 하다. 사업자의 요구에 따라 담보제공은, 소비자가 이행해야 할 담보의 총액 내에서 분할보수지급을 미루는(dass der Verbraucher die Abschlagszahlungen bis zu dem Gesamtbetrag der geschuldeten Sicherheit zurückhält) 유보방식(留保方式)으로 행해질 수 있다.

③ 제2항에 따른 담보제공은 본 법의 적용 범위 내에서 영업을 하도록 인가된 금융기관 또는 신용보증사의 보증서 또는 그 밖의 지급약정서에 의해서도(auch durch eine Garantie oder ein sonstiges Zahlungsversprechen) 이뤄질 수 있다.

④ 사업자가 제632조a에 따라 분할보수지급을 청구하는 경우에(Verlangt der Unternehmer Abschlagszahlungen nach § 632a), 소비자에게 약정한 보수에 대해 차회 분할보수지급이나 약정한 보수의 20%를 초과하는 담보제공을 할 의무를 지게 하는 약정은 무효이다. 당사자들이 분할보수지급을 약정한 경우(wenn die Parteien Abschlagszahlungen vereinbart haben)에도 또한 같다.

제650조n 서류의 작성과 교부

① 이행해야 할 급부의 이행 개시 전(前)의 적시에 사업자는, 관청에 대하여 그 급부가 관련 공법상 규정을 준수하며 이행되고 있다는 점(dass die Leistung unter Einhaltung der einschlägigen öffentlich-rechtlichen Vorschriften ausgeführt werden wird)을 증명할 수 있는 데에 필요한 설계서류를 작성해야 하고 이를 소비자에게 교부해야 한다. 소비자 또는 소비자에게서 수임을 받은 자가 중요한 설계지침을 마련하는 경우에는(soweit der Verbraucher oder ein von ihm Beauftragter die wesentlichen Planungsvorgaben erstellt) 이러한 의무는 인정되지 아니한다.

② 늦어도 일의 완성과 함께(Spätestens mit der Fertigstellung des Werks), 사업자는 관청에 대하여 그 급부가 관련 공법상 규정을 준수하며 이행되고 있다는 점(dass die Leistung unter Einhaltung der einschlägigen öffentlich-rechtlichen Vorschriften ausgeführt worden ist)을 증명할 수 있는 데에 필요한 서류를 작성해야 하고 이를 소비자에게 교부해야 한다.

④ 제3자, 예컨대 대주가 특정한 조건의 준수에 대한 증명을 요구한 경우 또는 사업자가 이러한 조건을 준수할 것이라는, 소비자의 정당한 기대를 야기한 경우(wenn der Unternehmer die berechtigte Erwartung des Verbrauchers geweckt hat, diese Bedingungen einzuhalten)에 제1항, 제2항을 준용한다.

제4항 강행규정성

제650조o 다른 약정

소비자에게 불이익으로 제640조 제2항 제2문, 제650조i 내지 제650조l, 제650조n과 다르게 약정할 수 없다. 이 규정들이 다른 방법으로 회피되는 경우(wenn sie durch anderweitige Gestaltungen umgangen werden)에도 이 규정들을 적용한다.

제2관 건축사계약 및 기사계약

제650조p 건축사계약 및 기사계약에서의 전형적 의무

(1) Durch einen Architekten- oder Ingenieurvertrag wird der Unternehmer verpflichtet, die Leistungen zu erbringen, die nach dem jeweiligen Stand der Planung und Ausführung des Bauwerks oder der Außenanlage erforderlich sind, um die zwischen den Parteien vereinbarten Planungs- und Überwachungsziele zu erreichen.

(2) Soweit wesentliche Planungs- und Überwachungsziele noch nicht vereinbart sind, hat der Unternehmer zunächst eine Planungsgrundlage zur Ermittlung dieser Ziele zu erstellen. Er legt dem Besteller die Planungsgrundlage zusammen mit einer Kosteneinschätzung für das Vorhaben zur Zustimmung vor.

§ 650q Anwendbare Vorschriften

(1) Für Architekten- und Ingenieurverträge gelten die Vorschriften des Kapitels 1 des Untertitels 1 sowie die §§ 650b, 650e bis 650h entsprechend, soweit sich aus diesem Untertitel nichts anderes ergibt.

(2) Für die Vergütungsanpassung im Fall von Anordnungen nach § 650b Absatz 2 gelten die Entgeltberechnungsregeln der Honorarordnung für Architekten und Ingenieure in der jeweils geltenden Fassung, soweit infolge der Anordnung zu erbringende oder entfallende Leistungen vom Anwendungsbereich der Honorarordnung erfasst werden. Im Übrigen ist die Vergütungsanpassung für den vermehrten oder verminderten Aufwand auf Grund der angeordneten Leistung frei vereinbar. Soweit die Vertragsparteien keine Vereinbarung treffen, gilt § 650c entsprechend.

§ 650r Sonderkündigungsrecht

(1) Nach Vorlage von Unterlagen gemäß § 650p Absatz 2 kann der Besteller den Vertrag kündigen. Das Kündigungsrecht erlischt zwei Wochen nach Vorlage der Unterlagen, bei einem Verbraucher jedoch nur dann, wenn der Unternehmer ihn bei der Vorlage der Unterlagen in Textform über das Kündigungsrecht, die Frist, in der es ausgeübt werden kann, und die Rechtsfolgen der Kündigung unterrichtet hat.

(2) Der Unternehmer kann dem Besteller eine angemessene Frist für die Zustimmung nach § 650p Absatz 2 Satz 2 setzen. Er kann den Vertrag kündigen, wenn der Besteller die Zustimmung verweigert oder innerhalb der Frist nach Satz 1 keine Erklärung zu den Unterlagen abgibt.

(3) Wird der Vertrag nach Absatz 1 oder 2 gekündigt, ist der Unternehmer nur berechtigt, die Vergütung zu verlangen, die auf die bis zur Kündigung erbrachten Leistungen entfällt.

§ 650s Teilabnahme

Der Unternehmer kann ab der Abnahme der letzten Leistung des bauausführenden Unternehmers oder der bauausführenden Unternehmer eine Teilabnahme der von ihm bis dahin erbrachten Leistungen verlangen.

§ 650t Gesamtschuldnerische Haftung mit dem bauausführenden Unternehmer

① 건축사계약 또는 기사계약에 의하여 수급인은, 당사자들 간에 약정한 설계목표 및 감리(監理)목표를 달성하기 위하여 건축물 또는 외부시설의 설계 및 작업수행의 그때그때의 상황에 좇아(nach dem jeweiligen Stand der Planung und Ausführung des Bauwerks oder der Außenanlage) 필요한 급부를 제공할 의무를 진다.
② 중요한 설계목표 및 감리목표가 약정되지 않은 경우에, 수급인은 먼저 이러한 목표의 조사를 위해 설계지침을 작성해야(eine Planungsgrundlage zur Ermittlung dieser Ziele zu erstellen) 한다. 수급인(受給人)은 도급인(都給人)에게 그 계획(計劃)에 대한 비용개산서(費用概算書)(Kosteneinschätzung für das Vorhaben)과 함께 설계지침에 대해 동의를 얻기 위하여 제출한다.

제650q 적용규정
① 이 관에서 달리 정하지 않는 한(soweit sich aus diesem Untertitel nichts anderes ergibt), 건축사계약 및 기사계약에 대하여 제1관 제1항의 규정들, 제650조b, 제650조e 내지 제650조h를 준용한다.
② 제650조b 제2항에 따른 지시의 경우의 보수조정에 대하여, 그 지시로 인하여 이행되어야 하거나 배정되어야 할 급부가 보수령의 적용범위에 속하는 범위 내에서, 건축사 및 기사에 대하여 각각 적용되는 형식의 보수령상의 보수산정규정을 적용한다. 그 밖의 경우에 지시된 급부에 기한 비용의 증액 또는 감액으로 인한 보수조정(die Vergütungsanpassung für den vermehrten oder verminderten Aufwand auf Grund der angeordneten Leistung)은 자유롭게 합의될 수 있다. 계약당사들이 합의에 이르지 못하는 경우에, 제650조c를 준용한다.

제650조r 특별해지권
① 도급인은 제650조p 제2항에 따른 서류의 제출 후에도 계약을 해지할 수 있다. 특별해지권은 그 서류를 제출한 때로부터 2주후에는 소멸하고, 다만 소비자의 경우 수급인이 그 제출시 소비자에게 특별해지권, 그 특별해지권이 행사될 수 있는 기간과 그 해지의 법적효과에 관하여 문면방식으로(in Textform über das Kündigungsrecht, die Frist, in der es ausgeübt werden kann, und die Rechtsfolgen der Kündigung) 통지하는 경우에 한하여 특별해지권이 소멸한다.
② 수급인은 도급인에게 제650조p 제2항 제2문에 따른 동의를 얻기 위한 상당한 기간을 정해줄 수 있다. 도급인이 그 동의를 거절하거나 제1문에 따른 기간 내에 그 서류에 관한 의사표시를 하지 않은 경우에 수급인은 계약을 해지할 수 있다.
③ 제1항 또는 제2에 따라 계약이 해지되는 경우에 수급인은 해지시까지 제공한 급부에 배정된(die auf die bis zur Kündigung erbrachten Leistungen entfällt) 보수(報酬)를 청구할 수 있다.

제650s 일부수취
수급인은 공사를 실행하는 하수급인 또는 하수급들의 최종 급부의 수취시(ab der Abnahme der letzten Leistung des bauausführenden Unternehmers oder der bauausführenden Unternehmer)부터 그때까지 자신이 제공한 급부의 일부수취를 청구할 수 있다.

제650조t 공사를 실행하는 하수급인과의 연대책임

Nimmt der Besteller den Unternehmer wegen eines Überwachungsfehlers in Anspruch, der zu einem Mangel an dem Bauwerk oder an der Außenanlage geführt hat, kann der Unternehmer die Leistung verweigern, wenn auch der ausführende Bauunternehmer für den Mangel haftet und der Besteller dem bauausführenden Unternehmer noch nicht erfolglos eine angemessene Frist zur Nacherfüllung bestimmt hat.

Untertitel 3 Bauträgervertrag

§ 650u Bauträgervertrag; anwendbare Vorschriften

(1) Ein Bauträgervertrag ist ein Vertrag, der die Errichtung oder den Umbau eines Hauses oder eines vergleichbaren Bauwerks zum Gegenstand hat und der zugleich die Verpflichtung des Unternehmers enthält, dem Besteller das Eigentum an dem Grundstück zu übertragen oder ein Erbbaurecht zu bestellen oder zu übertragen. Hinsichtlich der Errichtung oder des Umbaus finden die Vorschriften des Untertitels 1 Anwendung, soweit sich aus den nachfolgenden Vorschriften nichts anderes ergibt. Hinsichtlich des Anspruchs auf Übertragung des Eigentums an dem Grundstück oder auf Übertragung oder Bestellung des Erbbaurechts finden die Vorschriften über den Kauf Anwendung.

(2) Keine Anwendung finden die §§ 648, 648a, 650b bis 650e, 650k Absatz 1 sowie die §§ 650l und 650m Absatz 1.

§ 650v Abschlagszahlungen

Der Unternehmer kann von dem Besteller Abschlagszahlungen nur verlangen, soweit sie gemäß einer Verordnung auf Grund von Artikel 244 des Einführungsgesetzes zum Bürgerlichen Gesetzbuche vereinbart sind.

Untertitel 4 Pauschalreisevertrag, Reisevermittlung und Vermittlung verbundener Reiseleistungen

§ 651a Vertragstypische Pflichten beim Pauschalreisevertrag

(1) Durch den Pauschalreisevertrag wird der Unternehmer (Reiseveranstalter) verpflichtet, dem Reisenden eine Pauschalreise zu verschaffen. Der Reisende ist verpflichtet, dem Reiseveranstalter zu zahlen.

(2) Eine Pauschalreise ist eine Gesamtheit von mindestens zwei verschiedenen Arten von Reiseleistungen für den Zweck derselben Reise. Eine Pauschalreise liegt auch dann vor, wenn

1. die von dem Vertrag umfassten Reiseleistungen auf Wunsch des Reisenden oder entsprechend seiner Auswahl zusammengestellt wurden oder
2. der Reiseveranstalter dem Reisenden in dem Vertrag das Recht einräumt, die Auswahl der Reiseleistungen aus seinem Angebot nach Vertragsschluss zu treffen.

도급인이, 건축물 또는 외부시설에 대한 하자를 초래한 감독상의 하자로 인하여 수급인에 대하여 청구권을 갖는 경우에, 공사를 실행하는 하수급인도 그 하자에 대하여 책임을 져야 하고 도급인아 공사를 실행하는 하수급인에게 사후보완이행을 위해 상당한 기간을 정해 주었으나 아직 그 기간이 무익하게 도과되지 않은(der Besteller dem bauausführenden Unternehmer noch nicht erfolglos eine angemessene Frist zur Nacherfüllung bestimmt hat) 때에는 수급인은 그 급부를 거절할 수 있다.

제3관 건축분양계약

제650조u 주택분양계약; 적용규정

① 주택분양계약은, 주택 또는 이와 유사한 건축물의 신축(新築) 또는 개축(改築)을 목적으로 하는 계약으로, 또한 도급인에게 토지에 대한 소유권을 이전하거나 지상권의 설정 또는 이전을 할(dem Besteller das Eigentum an dem Grundstück zu übertragen oder ein Erbbaurecht zu bestellen oder zu übertragen) 수급인의 채무가 포함된 계약이다. 다음 규정에서 달리 규정되어 있지 않은 한, 그 신축 또는 개축에 대하여 제1관의 규정들을 적용한다. 토지에 대한 소유권이전청구권 또는 지상권의 설정 또는 이전 청구권에 대하여(Hinsichtlich des Anspruchs auf Übertragung des Eigentums an dem Grundstück oder auf Übertragung oder Bestellung des Erbbaurechts) 매매에 관한 규정(規定)들을 적용한다.

② 제648조, 제648조a, 제650조b 내지 제650조e, 제650조k 제1항, 제650조l, 제650조m 제1항은 적용하지 아니한다.

제650조v 분할보수지급

수급인은 민법전 시행법 제244항목에 기한 명령에 좇아(gemäß einer Verordnung auf Grund von Artikel 244 des Einführungsgesetzes zum Bürgerlichen Gesetzbuche) 분할보수지급이 약정된 경우에 범위 내에서만 도급인에게 분할보수지급을 청구할 수 있다.

제4관 패키지여행계약, 여행주선 및 연계여행급부주선

제651조a 패키지여행계약에서의 전형적 의무

① 패키지여행계약에 의해 사업자('여행주최자'; Reiseveranstalter)는 여행자에게 패키지여행을 제공할 의무를 지게 된다. 여행자(Der Reisende)는 여행주최자에게 약정한 여행대금(den vereinbarten Reisepreis)을 지급할 의무가 있다.

② '패키지여행'은 동일한 여행목적을 위해 두 가지 이상의 다른 유형의 여행급부가 결합된 것(eine Gesamtheit von mindestens zwei verschiedenen Arten von Reiseleistungen für den Zweck derselben Reise)이다. 다음 각 호의 경우에도 패키지여행에 해당한다,

1. 여행계약에 포함된 여행급부가 여행자의 요청에 의하거나 여행자의 선택에 따라(auf Wunsch des Reisenden oder entsprechend seiner Auswahl) 구성된 경우,

(3) Reiseleistungen im Sinne dieses Gesetzes sind
1. die Beförderung von Personen,
2. die Beherbergung, außer wenn sie Wohnzwecken dient,
3. die Vermietung
   a) von vierrädrigen Kraftfahrzeugen gemäß § 3 Absatz 1 der EG-Fahrzeuggenehmigungsverordnung vom 3. Februar 2011 (BGBl. I S. 126), die zuletzt durch Artikel 7 der Verordnung vom 23. März 2017 (BGBl. I S. 522) geändert worden ist, und
   b) von Krafträdern der Fahrerlaubnisklasse A gemäß § 6 Absatz 1 der Fahrerlaubnis-Verordnung vom 13. Dezember 2010 (BGBl. I S. 1980), die zuletzt durch Artikel 4 der Verordnung vom 18. Mai 2017 (BGBl. I S. 1282) geändert worden ist,
4. jede touristische Leistung, die nicht Reiseleistung im Sinne der Nummern 1 bis 3 ist.

Nicht als Reiseleistungen nach Satz 1 gelten Reiseleistungen, die wesensmäßig Bestandteil einer anderen Reiseleistung sind.

(4) Keine Pauschalreise liegt vor, wenn nur eine Art von Reiseleistung im Sinne des Absatzes 3 Satz 1 Nummer 1 bis 3 mit einer oder mehreren touristischen Leistungen im Sinne des Absatzes 3 Satz 1 Nummer 4 zusammengestellt wird und die touristischen Leistungen
1. keinen erheblichen Anteil am Gesamtwert der Zusammenstellung ausmachen und weder ein wesentliches Merkmal der Zusammenstellung darstellen noch als solches beworben werden oder
2. erst nach Beginn der Erbringung einer Reiseleistung im Sinne des Absatzes 3 Satz 1 Nummer 1 bis 3 ausgewählt und vereinbart werden.

Touristische Leistungen machen im Sinne des Satzes 1 Nummer 1 keinen erheblichen Anteil am Gesamtwert der Zusammenstellung aus, wenn auf sie weniger als 25 Prozent des Gesamtwertes entfallen.

(5) Die Vorschriften über Pauschalreiseverträge gelten nicht für Verträge über Reisen, die
1. nur gelegentlich, nicht zum Zwecke der Gewinnerzielung und nur einem begrenzten Personenkreis angeboten werden,
2. weniger als 24 Stunden dauern und keine Übernachtung umfassen (Tagesreisen) und deren Reisepreis 500 Euro nicht übersteigt oder
3. auf der Grundlage eines Rahmenvertrags für die Organisation von Geschäftsreisen mit einem Reisenden, der Unternehmer ist, für dessen unternehmerische Zwecke geschlossen werden.

§ 651b Abgrenzung zur Vermittlung

(1) Unbeschadet der §§ 651v und 651w gelten für die Vermittlung von Reiseleistungen die allgemeinen Vorschriften. Ein Unternehmer kann sich jedoch nicht darauf berufen, nur Verträge mit den Personen zu vermitteln, welche alle oder einzelne Reiseleistungen ausführen sollen (Leistungserbringer), wenn dem Reisenden mindestens zwei verschiedene Arten von

③ 이 법상의 여행급부는 다음 각 호를 말한다,

1. 사람의 운송,
2. 숙박이 거주목적으로 제공되는 경우 이외의 숙박,
3. 다음 각 목의 임대,
   a) 「2011년 2월 3일 유럽연합-차량승인규칙」(EG-Fahrzeuggenehmigungsverordnung, BGBl. I S. 126)으로, 2017년 3월 23일 규칙 제7조에 의하여 최근에 개정된 그 규칙(BGBl. I S. 522) 제3조 제1항에 따른 4륜차량(von vierrädrigen Kraftfahrzeugen gemäß § 3 Absatz 1),
   b) 「2010년 12월 13일 운전면허규칙」(Fahrerlaubnis-Verordnung BGBl. I S. 1980)으로, 2017년 5월 18일자 규칙(BGBl. I S. 522) 제4조에 의해 최근에 개정된 그 규칙(規則) 제6조 제1항에 따른 'A 운전면허등급'의 오토바이(von Krafträdern der Fahrerlaubnisklasse A).
4. 제3항 제1호 내지 제3호상의 여행급부에 해당하지 않는 각 관광급부.

다른 여행급부의 고유한 구성부분이 된 여행급부는 제1문에 따른 여행급부로 보지 않는다.

④ 제3항 제1문 제1호 내지 제3호상의 한 가지 유형의 여행급부만이 제3항 제1문 제4호상의 한 또는 여러 관광급부(einer oder mehreren touristischen Leistungen im Sinne des Absatzes 3 Satz 1 Nummer 4)와 함께 구성되고, 그 관광급부가 다음 각 호에 해당하는 경우에는 패키지여행에 해당하지 않는다,

1. 그 관광급부가 구성된 급부의 전체여행가치에서 중요한 몫을 차지하지 않고, 구성의 본질적 구성요소(ein wesentliches Merkmal der Zusammenstellung)도 나타내지 못하고 그러한 구성요소로서 홍보되지도 않은 경우,
2. 그 관광급부가 제3항 제1문 제1호 내지 제3호상의 여행급부의 제공 개시가 이뤄진 후에 비로소 선택되어 합의된 경우.

관광급부에 전체여행가치의 25% 미만의 가치가 배정된 경우에는 관광급부가 제1문 제1호상의 의미에서 구성된 급부의 전체여행가치의 중요한 몫을 차지하는 것이 아니다.

⑤ 패키지여행에 관한 규정이 다음 각 호의 여행계약에는 적용되지 아니한다,

1. 영리취득이 아닌 목적으로(nicht zum Zwecke der Gewinnerzielung) 제한된 인적범위에 대해서만 간헐적으로만 제공되는 여행계약,
2. 24시간 이내에서 지속되고 숙박을 포함하지 않으며('당일여행'; Tagesreisen), 그 여행대금이 500유로를 초과하지 않는 여행계약,
3. 사업자인 여행자와의 상업여행의 조직을 위한 기본계약에 근거하여 그 기본계약의 사업상 목적을 위해 체결된 여행계약.

제651조b 여행주선과의 구별

제651조v 및 제651조w에도 불구하고, 총칙규정을 여행주선에 대하여(für die Vermittlung von Reiseleistungen) 적용한다. 그럼에도, 여행자에게 두 가지 이상의 다른 유형의 여행급부가 동일한 여행 목적을 위해 제공되어야 하고, 또 다음 각 호에 해당하는 경우에는, 사업자는 일체의 여행급부나 개별적(個別的) 여행급부(旅行給付)를 실행해야 하는 자('급부제공자'; Leistungserbringer)와

Reiseleistungen für den Zweck derselben Reise erbracht werden sollen und

1. der Reisende die Reiseleistungen in einer einzigen Vertriebsstelle des Unternehmers im Rahmen desselben Buchungsvorgangs auswählt, bevor er sich zur Zahlung verpflichtet,
2. der Unternehmer die Reiseleistungen zu einem Gesamtpreis anbietet oder zu verschaffen verspricht oder in Rechnung stellt oder
3. der Unternehmer die Reiseleistungen unter der Bezeichnung "Pauschalreise" oder unter einer ähnlichen Bezeichnung bewirbt oder auf diese Weise zu verschaffen verspricht.

In diesen Fällen ist der Unternehmer Reiseveranstalter. Der Buchungsvorgang im Sinne des Satzes 2 Nummer 1 beginnt noch nicht, wenn der Reisende hinsichtlich seines Reisewunsches befragt wird und zu Reiseangeboten lediglich beraten wird.

(2) Vertriebsstellen im Sinne dieses Gesetzes sind

1. unbewegliche und bewegliche Gewerberäume,
2. Webseiten für den elektronischen Geschäftsverkehr und ähnliche Online-Verkaufsplattformen,
3. Telefondienste.

Wird bei mehreren Webseiten und ähnlichen Online-Verkaufsplattformen nach Satz 1 Nummer 2 der Anschein eines einheitlichen Auftritts begründet, handelt es sich um eine Vertriebsstelle.

§ 651c Verbundene Online-Buchungsverfahren

(1) Ein Unternehmer, der mittels eines Online-Buchungsverfahrens mit dem Reisenden einen Vertrag über eine Reiseleistung geschlossen hat oder ihm auf demselben Weg einen solchen Vertrag vermittelt hat, ist als Reiseveranstalter anzusehen, wenn

1. er dem Reisenden für den Zweck derselben Reise mindestens einen Vertrag über eine andere Art von Reiseleistung vermittelt, indem er den Zugriff auf das Online-Buchungsverfahren eines anderen Unternehmers ermöglicht,
2. er den Namen, die Zahlungsdaten und die E-Mail-Adresse des Reisenden an den anderen Unternehmer übermittelt und
3. der weitere Vertrag spätestens 24 Stunden nach der Bestätigung des Vertragsschlusses über die erste Reiseleistung geschlossen wird.

(2) Kommen nach Absatz 1 ein Vertrag über eine andere Art von Reiseleistung oder mehrere Verträge über mindestens eine andere Art von Reiseleistung zustande, gelten vorbehaltlich des § 651a Absatz 4 die vom Reisenden geschlossenen Verträge zusammen als ein Pauschalreisevertrag im Sinne des § 651a Absatz 1.

(3) § 651a Absatz 5 Nummer 2 ist unabhängig von der Höhe des Reisepreises anzuwenden.

§ 651d Informationspflichten; Vertragsinhalt

(1) Der Reiseveranstalter ist verpflichtet, den Reisenden, bevor dieser seine Vertragserklärung

의 계약만을 주선한다고 주장할 수 없다.

1. 여행자가, 사업자의 독점판매상(獨占販賣商)을 통해(in einer einzigen Vertriebsstelle des Unternehmer) 동일한 예약절차 내에서 여행급부를 선택한 다음, 지급할 의무를 지는 경우,
2. 사업자가 일괄여행대금(Gesamtpreis)에 여행급부를 제공하거나 제공하기로 약정한 경우 또는 여행급부에 대해 일괄여행대금을 매긴 경우
3. 사업자가 '패키지여행'이라는 명칭으로 또는 이에 유사한 명칭으로 여행급부를 홍보하거나 이러한 방식으로 이를 제공하기로 약정한 경우

위와 같은 경우에 사업자는 여행주최자가 된다. 여행자가 자신의 여행요구에 대하여 (hinsichtlich seines Reisewunsches) 질문을 받고 여행제안에 관해 오로지 상담만을 한 경우에는 제2항 제1호상의 예약절차가 아직 개시된 것이 아니다.

② 이 법상의 판매상(販賣商)은 다음 각 호를 말한다,

1. 비이동 영업소, 이동 영업소,
2. 전자상거래를 위한 웹사이트와 이와 유사한 온라인 판매플랫폼(Online-Verkaufsplattformen),
3. 전화판매업자.

제1문 제2호에 따른 여러 웹사이트 및 이와 유사한 온라인판매플랫폼에 있어 단일한 판매무대의 외관이 인정되는 경우에는 그것은 하나의 영업소에 해당한다.

제651조c 연계 온라인예약절차

온라인예약절차를 통하여 여행자와 1개의 여행급부에 관한 1개의 계약을 체결했거나 동일한 방식으로 여행자에게 그러한 계약을 주선해 준(ihm auf demselben Weg einen solchen Vertrag vermittelt hat) 해당 사업자는 다음 경우에 여행주최자로 본다,

1. 해당 사업자가 다른 사업자의 온라인예약절차에 대한 접근을 가능하게 함으로써 동일한 여행목적을 위하여 다른 유형(類型)의 여행급부에 관한 1개 이상의 계약을 주선하고,
2. 해당 사업자가 여행자의 성명, 지급정보 및 이메일 주소(die Zahlungsdaten und die E-Mail-Adresse)를 다른 사업자에게 제공하며,
3. 최초 여행급부에 관한 계약체결 확인시로부터 늦어도 24시간 이내에 추가적인 계약(der weitere Vertrag)이 체결된 경우.

② 제1항에 따라 다른 유형(類型)의 여행급부 관한 1개의 계약이나 최소 1가지 다른 유형의 여행급부에 관한 여러 계약이 성립된 경우에(Kommen nach Absatz 1 ein Vertrag über eine andere Art von Reiseleistung oder mehrere Verträge über mindestens eine andere Art von Reiseleistung zustande), 제651a조 제4항을 제외하고 여행자가 체결한 계약들을 통틀어 제651a조 제1항상의 하나의 패키지여행계약으로 본다.

③ 제651a조 제5항 제2호는 여행대금액과 무관하게 적용한다.

제651조d 정보제공의무; 계약내용

① 여행주최자는 자신의 여행계약 의사표시를 하기 전에 민법전시행법 제250항목 제1조 내지 제3

abgibt, nach Maßgabe des Artikels 250 §§ 1 bis 3 des Einführungsgesetzes zum Bürgerlichen Gesetzbuche zu informieren. Er erfüllt damit zugleich die Verpflichtungen des Reisevermittlers aus § 651v Absatz 1 Satz 1.

(2) Dem Reisenden fallen zusätzliche Gebühren, Entgelte und sonstige Kosten nur dann zur Last, wenn er über diese vor Abgabe seiner Vertragserklärung gemäß Artikel 250 § 3 Nummer 3 des Einführungsgesetzes zum Bürgerlichen Gesetzbuche informiert worden ist.

(3) Die gemäß Artikel 250 § 3 Nummer 1, 3 bis 5 und 7 des Einführungsgesetzes zum Bürgerlichen Gesetzbuche gemachten Angaben werden Inhalt des Vertrags, es sei denn, die Vertragsparteien haben ausdrücklich etwas anderes vereinbart. Der Reiseveranstalter hat dem Reisenden bei oder unverzüglich nach Vertragsschluss nach Maßgabe des Artikels 250 § 6 des Einführungsgesetzes zum Bürgerlichen Gesetzbuche eine Abschrift oder Bestätigung des Vertrags zur Verfügung zu stellen. Er hat dem Reisenden rechtzeitig vor Reisebeginn gemäß Artikel 250 § 7 des Einführungsgesetzes zum Bürgerlichen Gesetzbuche die notwendigen Reiseunterlagen zu übermitteln.

(4) Der Reiseveranstalter trägt gegenüber dem Reisenden die Beweislast für die Erfüllung seiner Informationspflichten.

(5) Bei Pauschalreiseverträgen nach § 651c gelten für den als Reiseveranstalter anzusehenden Unternehmer sowie für jeden anderen Unternehmer, dem nach § 651c Absatz 1 Nummer 2 Daten übermittelt werden, die besonderen Vorschriften des Artikels 250 §§ 4 und 8 des Einführungsgesetzes zum Bürgerlichen Gesetzbuche. Im Übrigen bleiben die vorstehenden Absätze unberührt.

§ 651e Vertragsübertragung

(1) Der Reisende kann innerhalb einer angemessenen Frist vor Reisebeginn auf einem dauerhaften Datenträger erklären, dass statt seiner ein Dritter in die Rechte und Pflichten aus dem Pauschalreisevertrag eintritt. Die Erklärung ist in jedem Fall rechtzeitig, wenn sie dem Reiseveranstalter nicht später als sieben Tage vor Reisebeginn zugeht.

(2) Der Reiseveranstalter kann dem Eintritt des Dritten widersprechen, wenn dieser die vertraglichen Reiseerfordernisse nicht erfüllt.

(3) Tritt ein Dritter in den Vertrag ein, haften er und der Reisende dem Reiseveranstalter als Gesamtschuldner für den Reisepreis und die durch den Eintritt des Dritten entstehenden Mehrkosten. Der Reiseveranstalter darf eine Erstattung von Mehrkosten nur fordern, wenn und soweit diese angemessen und ihm tatsächlich entstanden sind.

(4) Der Reiseveranstalter hat dem Reisenden einen Nachweis darüber zu erteilen, in welcher Höhe durch den Eintritt des Dritten Mehrkosten entstanden sind.

조의 기준에 따라 여행자(旅行者)에게 정보(情報)를 제공해야 할 의무를 진다. 이로써 여행주최자는 동시에 제651조v 제1항 제1문에 기한 여행주선업자(旅行周旋業者)의 의무(義務)를 이행(履行)하는 것이다.

② 여행자는, 자신의 계약의사표시(意思表示)를 하기 전에(vor Abgabe seiner Vertragserklärung) 민법전시행법 제250항목 제3조 제3호에 따라 추가적인 요금·대가 및 기타 비용(zusätzliche Gebühren, Entgelte und sonstige Kosten)에 관하여 정보를 받은 경우에는 그에 대하여 부담한다.

③ 민법전시행법 제250항목 제3조 제1호, 제5호 내지 제5호, 제7호에 따라 정보제공이 이뤄진 사항은 계약내용이 되고, 다만 여행당사자가 명시적으로 다르게 약정한 경우(die Vertragsparteien haben ausdrücklich etwas anderes vereinbart)에는 그러하지 아니하다. 여행주최자는 민법전시행법 제250항목 제6조의 기준에 따른 계약체결시 또는 그러한 계약체결 후 지체 없이(bei oder unverzüglich nach Vertragsschluss) 여행자에게 계약서의 사본 또는 계약확인서(eine Abschrift oder Bestätigung des Vertrags)를 제공해야 한다. 여행주최자는 여행 개시 전(前)의 적시에(rechtzeitig vor Reisebeginn) 여행자(旅行者)에게 민법전시행법 제250항목 제7조에 따라 필수적인 여행서류(die notwendigen Reiseunterlagen)를 제공해야 한다.

④ 여행주최자는 자신의 정보제공의무의 이행에 대한 증명책임(die Beweislast für die Erfüllung seiner Informationspflichten)을 여행자에게 부담한다.

⑤ 제651조c에 따른 패키지여행계약에 있어 민법전시행법 제250항목 제4조, 제8조의 특별규정은 여행주최자로 간주되는 사업자와 제651조c 제1항 제2호에 따른 정보(情報)를 제공받는 일체의 다른 사업자에 대하여(für jeden anderen Unternehmer, dem nach § 651c Absatz 1 Nummer 2 Daten übermittelt werden) 적용한다. 그 밖의 경우에 전항(前項)의 규정(規定)들은 영향(影響)을 받지 아니한다.

제651조e 계약이전

① 여행자는 여행개시로부터 상당한 기간 전(前) 이내에 지속적인 정보저장매체를 통하여, 제3자가 자신에 갈음하여 패키지여행계약에 기한 권리의무를 승계한다는 의사표시를 할 수 있다. 의사표시가 여행주최자에게 여행개시 7일 전(前)보다 전(前)에 도달한 경우에는 그 의사표시는 아무튼 적시에 행해진 것이다.

② 여행주최자는 제3자가 여행계약상의 여행요건(die vertraglichen Reiseerfordernisse)을 충족하지 못한 경우에는 제3자의 승계(承繼)에 이의를 제기할 수 있다.

③ 제3자가 계약을 승계하는 경우에 제3자와 여행자는 연대채무자로서 여행주최자에게 여행대금과 제3자의 승계로 발생한 비용증가분에 대해 책임을 진다. 여행주최자는, 비용증가분이 적절하고 자신에게 실제로 발생한 경우에 한하여 그러한 범위 내에서만 그 비용증가분의 상환(償還)을 청구할 수 있다.

④ 여행주최자는 제3자의 승계로 비용증가분이 어느 정도 발생했는지에 관한 증거를 여행자에게 제공해야 한다.

§ 651f Änderungsvorbehalte; Preissenkung

(1) Der Reiseveranstalter kann den Reisepreis einseitig nur erhöhen, wenn

1. der Vertrag diese Möglichkeit vorsieht und zudem einen Hinweis auf die Verpflichtung des Reiseveranstalters zur Senkung des Reisepreises nach Absatz 4 Satz 1 sowie die Angabe enthält, wie Änderungen des Reisepreises zu berechnen sind, und
2. die Erhöhung des Reisepreises sich unmittelbar ergibt aus einer nach Vertragsschluss erfolgten
   a) Erhöhung des Preises für die Beförderung von Personen aufgrund höherer Kosten für Treibstoff oder andere Energieträger,
   b) Erhöhung der Steuern und sonstigen Abgaben für vereinbarte Reiseleistungen, wie Touristenabgaben, Hafen- oder Flughafengebühren, oder
   c) Änderung der für die betreffende Pauschalreise geltenden Wechselkurse.

Der Reiseveranstalter hat den Reisenden auf einem dauerhaften Datenträger klar und verständlich über die Preiserhöhung und deren Gründe zu unterrichten und hierbei die Berechnung der Preiserhöhung mitzuteilen. Eine Preiserhöhung ist nur wirksam, wenn sie diesen Anforderungen entspricht und die Unterrichtung des Reisenden nicht später als 20 Tage vor Reisebeginn erfolgt.

(2) Andere Vertragsbedingungen als den Reisepreis kann der Reiseveranstalter einseitig nur ändern, wenn dies im Vertrag vorgesehen und die Änderung unerheblich ist. Der Reiseveranstalter hat den Reisenden auf einem dauerhaften Datenträger klar, verständlich und in hervorgehobener Weise über die Änderung zu unterrichten. Eine Änderung ist nur wirksam, wenn sie diesen Anforderungen entspricht und vor Reisebeginn erklärt wird.

(3) § 308 Nummer 4 und § 309 Nummer 1 sind auf Änderungsvorbehalte nach den Absätzen 1 und 2, die durch vorformulierte Vertragsbedingungen vereinbart werden, nicht anzuwenden.

(4) Sieht der Vertrag die Möglichkeit einer Erhöhung des Reisepreises vor, kann der Reisende eine Senkung des Reisepreises verlangen, wenn und soweit sich die in Absatz 1 Satz 1 Nummer 2 genannten Preise, Abgaben oder Wechselkurse nach Vertragsschluss und vor Reisebeginn geändert haben und dies zu niedrigeren Kosten für den Reiseveranstalter führt. Hat der Reisende mehr als den hiernach geschuldeten Betrag gezahlt, ist der Mehrbetrag vom Reiseveranstalter zu erstatten. Der Reiseveranstalter darf von dem zu erstattenden Mehrbetrag die ihm tatsächlich entstandenen Verwaltungsausgaben abziehen. Er hat dem Reisenden auf dessen Verlangen nachzuweisen, in welcher Höhe Verwaltungsausgaben entstanden sind.

§ 651g Erhebliche Vertragsänderungen

(1) Übersteigt die im Vertrag nach § 651f Absatz 1 vorbehaltene Preiserhöhung 8 Prozent des Reisepreises, kann der Reiseveranstalter sie nicht einseitig vornehmen. Er kann dem Reisenden jedoch eine entsprechende Preiserhöhung anbieten und verlangen, dass der Reisende innerhalb einer vom Reiseveranstalter bestimmten Frist, die angemessen sein muss,

제651조f 계약변경권의 유보; 여행대금의 감액

① 여행주최자는 다음의 경우에 한하여 일방적으로 여행대금을 인상할 수 있다,

1. 이러한 가능성이 여행계약에 규정되어 있고 또한 제4항 제1문에 따른 여행대금의 감액에 관한 여행주최자의 의무에 대한 안내와, 여행대금의 변경이 어떻게 산정될 것인지(wie Änderungen des Reisepreises zu berechnen sind)에 관한 사항이 그 여행계약에 포함되어 있고,
2. 여행대금의 인상(die Erhöhung des Reisepreises)이 계약체결 후 행해진 다음 각목에서 직접적으로 기인하여 이뤄진 경우,
   a) 연료비나 기타 에너지비용의 증가로 인한 사람 운송비의 증가에 의한 여행대금의 인상,
   b) 세금의 증가와 관광요금, 항구이용료 또는 공항이용료와 같은(wie Touristenabgaben, Hafen- oder Flughafengebühren) 약정한 여행급부에 대한 기타 공과금의 증가
   c) 해당 여행요금에 대하여 적용되는 환율의 변동.

여행주최자는 지속적 정보저장매체를 통하여 여행대금 인상 및 그 사유에 대하여 여행자에게 명료하고도 이해하기 쉽게 통지해야 하고 이런 경우 여행대금 인상의 산정에 대해서도 통지해야 한다. 여행대금 인상은, 그것이 이러한 요구사항에 부합하고 여행자에 대한 통지가 여행개시 20일 전(前)보다 전(前)에 행해지는 경우에 한하여 유효하다.

② 여행주최자는, 그것이 계약에서 규정되어 있고 그 변경이 사소한 경우에 한하여 여행대금 이외의 계약조건(Andere Vertragsbedingungen als den Reisepreis)을 일방적으로 변경할 수 있다. 여행주최자는 지속적인 정보저장매체를 통하여 여행자에게 명료하고도 눈에 띄는 방식으로 이해하기 쉽게(klar, verständlich und in hervorgehobener Weise) 그 변경에 대해 통지해야 한다. 그 변경은 이러한 요건에 부합하고 여행개시 전에 표시(表示)된 경우에 한하여 유효하다.

③ 제308조 제4호, 제309조 제1호는 제1항, 제2항에 따른 계약변경권유보로 사전에 마련된 계약조건에 의해 합의된 계약변경권유보에 대해 적용하지 않는다.

④ 제1항 제1문 제2호상의 가격, 공과금 또는 환율이 계약체결 후로 여행개시 전에(nach Vertragsschluss und vor Reisebeginn) 변경되고, 이것이 여행주최자에게 비용 인하를 가져온 경우에 그러한 범위 내에서, 계약에 여행대금의 인상의 가능성이 규정되어 있는 경우에 여행자는 여행대금의 감액(eine Senkung des Reisepreises)을 청구할 수 있다. 여행자가 이에 따라 부담해야 할 금액보다 많은 금액을 지급한 경우에 그 초과분을 여행주최자는 반환해야 한다. 여행주최자는 상환해야 하는 초과분에서 그에게 실제로 생긴 관리비용(die ihm tatsächlich entstandenen Verwaltungsausgaben)을 공제(控除)할 수 있다. 여행주최자는 여행자의 요구가 있는 경우 관리비용이 얼마나 발생했는지를 증명해야 한다.

제651조g 중대한 계약내용변경

① 제651조f 제1항에 따라 계약에 유보해둔 여행대금 인상이 여행대금의 8%를 초과하는 경우에는 여행주최자는 그 인상을 일방적으로 행할 수 없다. 그럼에도 그는 여행자에게 발생한 여행비용 인상을 제안할 수 있고, 여행자가 여행주최자가 정한 기간으로, 적정해야만 하는 기간 내에, 다음 각호를 하도록 청구할 수 있다.

1. das Angebot zur Preiserhöhung annimmt oder
2. seinen Rücktritt vom Vertrag erklärt.

Satz 2 gilt für andere Vertragsänderungen als Preiserhöhungen entsprechend, wenn der Reiseveranstalter die Pauschalreise aus einem nach Vertragsschluss eingetretenen Umstand nur unter erheblicher Änderung einer der wesentlichen Eigenschaften der Reiseleistungen (Artikel 250 § 3 Nummer 1 des Einführungsgesetzes zum Bürgerlichen Gesetzbuche) oder nur unter Abweichung von besonderen Vorgaben des Reisenden, die Inhalt des Vertrags geworden sind, verschaffen kann. Das Angebot zu einer Preiserhöhung kann nicht später als 20 Tage vor Reisebeginn, das Angebot zu sonstigen Vertragsänderungen nicht nach Reisebeginn unterbreitet werden.

(2) Der Reiseveranstalter kann dem Reisenden in einem Angebot zu einer Preiserhöhung oder sonstigen Vertragsänderung nach Absatz 1 wahlweise auch die Teilnahme an einer anderen Pauschalreise (Ersatzreise) anbieten. Der Reiseveranstalter hat den Reisenden nach Maßgabe des Artikels 250 § 10 des Einführungsgesetzes zum Bürgerlichen Gesetzbuche zu informieren. Nach dem Ablauf der vom Reiseveranstalter bestimmten Frist gilt das Angebot zur Preiserhöhung oder sonstigen Vertragsänderung als angenommen.

(3) Tritt der Reisende vom Vertrag zurück, findet § 651h Absatz 1 Satz 2 und Absatz 5 entsprechende Anwendung; Ansprüche des Reisenden nach § 651i Absatz 3 Nummer 7 bleiben unberührt. Nimmt er das Angebot zur Vertragsänderung oder zur Teilnahme an einer Ersatzreise an und ist die Pauschalreise im Vergleich zur ursprünglich geschuldeten nicht von mindestens gleichwertiger Beschaffenheit, gilt § 651m entsprechend; ist sie von gleichwertiger Beschaffenheit, aber für den Reiseveranstalter mit geringeren Kosten verbunden, ist im Hinblick auf den Unterschiedsbetrag § 651m Absatz 2 entsprechend anzuwenden.

§ 651h Rücktritt vor Reisebeginn

(1) Vor Reisebeginn kann der Reisende jederzeit vom Vertrag zurücktreten. Tritt der Reisende vom Vertrag zurück, verliert der Reiseveranstalter den Anspruch auf den vereinbarten Reisepreis. Der Reiseveranstalter kann jedoch eine angemessene Entschädigung verlangen.

(2) Im Vertrag können, auch durch vorformulierte Vertragsbedingungen, angemessene Entschädigungspauschalen festgelegt werden, die sich nach Folgendem bemessen:

1. Zeitraum zwischen der Rücktrittserklärung und dem Reisebeginn,
2. zu erwartende Ersparnis von Aufwendungen des Reiseveranstalters und
3. zu erwartender Erwerb durch anderweitige Verwendung der Reiseleistungen.

Werden im Vertrag keine Entschädigungspauschalen festgelegt, bestimmt sich die Höhe der Entschädigung nach dem Reisepreis abzüglich des Werts der vom Reiseveranstalter ersparten Aufwendungen sowie abzüglich dessen, was er durch anderweitige Verwendung der

1. 여행대금 인상에 관한 제안의 수용(受容) 또는,
2. 계약해제의 의사표시.

여행계약 체결 후 발생한 사정으로 인하여 여행주최자가, 여행급부의 중대한 특성의 중대한 변경(민법전시행법 제250항목 제3조 제1호)을 해야만(nur unter erheblicher Änderung einer der wesentlichen Eigenschaften der Reiseleistungen), 또는 계약내용이 된, 여행자에 대한 특별한 계약조건에서 벗어나야만(nur unter Abweichung von besonderen Vorgaben des Reisenden, die Inhalt des Vertrags geworden sind) 패키지여행을 제공할 수 있는 경우에는 제2문을 여행대금 인상 이외의 계약내용 변경에 대해 준용한다. 여행대금 인상에 관한 제안은 여행개시 20일 전(前)보다 후에는 행해질 수 없고, 기타 여행내용의 변경에 관한 제안(das Angebot zu sonstigen Vertragsänderungen)이 여행개시 후에는 행해질 수 없다.

② 여행주최자가 제1항에 따른 여행대금의 인상 또는 그 밖의 여행내용 변경에 관한 제안에서 다른 패키지여행('대체여행'; 'Ersatzreise')에 참가도(auch die Teilnahme an einer anderen Pauschalreise)도 여행자에게 선택적(選擇的)으로 제안할 수 있다. 여행주최자는 민법전시행법 제250항목 제10조의 기준에 따라 여행자에게 정보를 제공해야 한다. 여행주최자가 정한 기간이 경과한 후에는 여행대금 인상(引上) 또는 그 밖의 여행내용 변경(變更)에 관한 제안(das Angebot zur Preiserhöhung oder sonstigen Vertragsänderung)은 수용(受容)된 것으로 본다.

③ 여행자(旅行者)가 계약(契約)을 해제(解除)한 경우에는 제651조h 제1항 제2문, 제5항을 준용한다; 제651조i 제3항 제7호에 따른 여행자의 청구권은 영향을 받지 않는다. 여행자가 계약내용의 변경 또는 대체여행의 참가를 수용하고, 그 패키지여행이 당초 이행할 의무를 지는 패키지여행과 비교했을 때 최소한 동등한의 성상(性狀)을 지니는 경우에, 제651조m을 준용한다; 그 패키지여행이 동등(同等)한 성상(性狀)을 지녔으나, 여행주최자에게 보다 적은 비용을 발생시킨(aber für den Reiseveranstalter mit geringeren Kosten verbunden) 경우에 그 차액에 대하여 제651조m 제2항을 준용한다.

제651조h 여행개시 전의 계약해제

① 여행개시 전에(Vor Reisebeginn) 여행자는 언제든지 계약을 해제할 수 있다. 여행자가 계약을 해제한 경우에 여행주최자는 약정한 여행대금청구권을 상실(喪失)한다. 그럼에도 여행주최자는 상당한 보상(eine angemessene Entschädigung)을 청구할 수 있다.

② 계약으로, 사전에 마련된 계약조항으로도(Im Vertrag können, auch durch vorformulierte Vertragsbedingungen) 다음 각 호에 따라 산정되는 상당한 정액보상(定額補償)을 정할 수 있다,
1. 해제 의사표시와 여행개시 전(前) 사이의 기간,
2. 예상되는, 여행주최자의 비용절감,
3. 여행급부를 달리 사용함으로써 예상되는 이익(利益; Erwerb).

계약으로 정액보상(定額補償)이 정하지 않은 경우에 여행대금에서 여행주최자의 비용절감 가치분과 여행급부를 달리 사용함으로써 얻을 가치분(abzüglich dessen, was er durch anderweitige Verwendung der Reiseleistungen erwirbt)을 공제하고 남은 여행대금에 따라 보상액이 정해진다. 여

Reiseleistungen erwirbt. Der Reiseveranstalter ist auf Verlangen des Reisenden verpflichtet, die Höhe der Entschädigung zu begründen.

(3) Abweichend von Absatz 1 Satz 3 kann der Reiseveranstalter keine Entschädigung verlangen, wenn am Bestimmungsort oder in dessen unmittelbarer Nähe unvermeidbare, außergewöhnliche Umstände auftreten, die die Durchführung der Pauschalreise oder die Beförderung von Personen an den Bestimmungsort erheblich beeinträchtigen. Umstände sind unvermeidbar und außergewöhnlich im Sinne dieses Untertitels, wenn sie nicht der Kontrolle der Partei unterliegen, die sich hierauf beruft, und sich ihre Folgen auch dann nicht hätten vermeiden lassen, wenn alle zumutbaren Vorkehrungen getroffen worden wären.

(4) Der Reiseveranstalter kann vor Reisebeginn in den folgenden Fällen vom Vertrag zurücktreten:

1. für die Pauschalreise haben sich weniger Personen als die im Vertrag angegebene Mindestteilnehmerzahl angemeldet; in diesem Fall hat der Reiseveranstalter den Rücktritt innerhalb der im Vertrag bestimmten Frist zu erklären, jedoch spätestens
   a) 20 Tage vor Reisebeginn bei einer Reisedauer von mehr als sechs Tagen,
   b) sieben Tage vor Reisebeginn bei einer Reisedauer von mindestens zwei und höchstens sechs Tagen,
   c) 48 Stunden vor Reisebeginn bei einer Reisedauer von weniger als zwei Tagen,
2. der Reiseveranstalter ist aufgrund unvermeidbarer, außergewöhnlicher Umstände an der Erfüllung des Vertrags gehindert; in diesem Fall hat er den Rücktritt unverzüglich nach Kenntnis von dem Rücktrittsgrund zu erklären.

Tritt der Reiseveranstalter vom Vertrag zurück, verliert er den Anspruch auf den vereinbarten Reisepreis.

(5) Wenn der Reiseveranstalter infolge eines Rücktritts zur Rückerstattung des Reisepreises verpflichtet ist, hat er unverzüglich, auf jeden Fall aber innerhalb von 14 Tagen nach dem Rücktritt zu leisten.

§ 651i Rechte des Reisenden bei Reisemängeln

(1) Der Reiseveranstalter hat dem Reisenden die Pauschalreise frei von Reisemängeln zu verschaffen.

(2) Die Pauschalreise ist frei von Reisemängeln, wenn sie die vereinbarte Beschaffenheit hat. Soweit die Beschaffenheit nicht vereinbart ist, ist die Pauschalreise frei von Reisemängeln,

1. wenn sie sich für den nach dem Vertrag vorausgesetzten Nutzen eignet, ansonsten
2. wenn sie sich für den gewöhnlichen Nutzen eignet und eine Beschaffenheit aufweist, die bei Pauschalreisen der gleichen Art üblich ist und die der Reisende nach der Art der Pauschalreise erwarten kann.

Ein Reisemangel liegt auch vor, wenn der Reiseveranstalter Reiseleistungen nicht oder mit

행주최자는 여행자(旅行者)의 요구(要求)가 있는 경우 보상액(補償額)에 대해 근거(根據)를 제시할 (die Höhe der Entschädigung zu begründen) 의무를 부담한다.

③ 목적지(目的地; Bestimmungsort)나 그 인근(隣近)에서, 불가피한 이례적 사정으로 패키지여행의 실행이나 목적지(目的地)로의 사람의 운송을 현저하게 방해하는 사정이 발생한 경우에, 제1조 제3문과 달리 여행주최자는 보상을 청구할 수 없다. 그 사정이 이에 관하여 주장하는 당사자의 통제하에 놓여 있지 아니하고, 또한 합리적 모든 대책을 취했더라도 그 사정의 결과를 피할 수 없었을 경우(wenn sie nicht der Kontrolle der Partei unterliegen, die sich hierauf beruft, und sich ihre Folgen auch dann nicht hätten vermeiden lassen, wenn alle zumutbaren Vorkehrungen getroffen worden wären)에는 이 관에서 말하는 불가피하고도 이례적인 것이다.

④ 여행주최자는 다음 각 호의 경우에(in den folgenden Fällen) 여행개시 전에 계약을 해제할 수 있다:

1. 그 패키지여행과 관련하여 계약에서 언급한 최소참가인원수보다 적은 사람들(weniger Personen als die im Vertrag angegebene Mindestteilnehmerzahl)이 참가 신청을 한 경우; 이 경우에 여행주최자는 계약으로 정한 기간으로, 늦어도 다음 각 목의 기간 내에 해제의 의사표시를 해야 한다,
   a) 6일을 초과하는 여행기간의 경우에 여행개시 20일 전(前),
   b) 2일 이상 6일 이내의 여행기간의 경우(bei einer Reisedauer von mindestens zwei und höchstens sechs Tagen)에 여행개시 7일 전(前),
   c) 2일 미만의 여행기간의 경우에 여행개시 48시간 전(前),
2. 여행주최자가 불가피한 이례적 사정으로 인하여 계약의 이행을 방해받은 경우; 이 경우 여행주최자는 그 해제사유를 안 후 지체 없이(unverzüglich nach Kenntnis von dem Rücktrittsgrund) 해제의 의사표시를 해야 한다.

여행주최자가 계약을 해제한 경우에 여행주최자는 약정한 여행대금청구권(den Anspruch auf den vereinbarten Reisepreis)을 상실한다.

⑤ 여행주최자가 계약해제로 인하여 여행대금을 반환할 의무를 지는 경우에 그는 지체 없이, 어떤 경우라도 해제시로부터 14일 이내에 이를 이행해야 한다.

제651조i 여행하자시 여행자의 권리

① 여행주최자는 하자(瑕疵) 없는 패키지여행을 제공해야 한다.

② 해당 패키지여행이 합의한 성상(性狀)을 갖추는 경우에는 그 패키지여행에 하자가 없는 것이다. 그 성상(性狀)이 합의되지 않은 경우에는(Soweit die Beschaffenheit nicht vereinbart ist), 다음 각 호의 경우에 해당 패키지여행에 하자가 없는 것이다,

1. 해당 패키지여행이 여행계약에서 전제된 편익(便益)(für den nach dem Vertrag vorausgesetzten Nutzen)에 적합한 경우, 그렇지 않으면,
2. 해당 패키지여행이 통상의 편익에 적합하고, 또 동종의 패키지여행에 통상적으로 존재하며 여행자가 그 (동종의) 패키지여행의 성질상 기대할 수 있는 성상(性狀)이 그 패키지여행에 있는 경우.

여행주최자가 여행급부를 제공하지 않거나 상당하지 않은 지체 후(mit unangemessener Verspätung)

unangemessener Verspätung verschafft.

(3) Ist die Pauschalreise mangelhaft, kann der Reisende, wenn die Voraussetzungen der folgenden Vorschriften vorliegen und soweit nichts anderes bestimmt ist,

1. nach § 651k Absatz 1 Abhilfe verlangen,
2. nach § 651k Absatz 2 selbst Abhilfe schaffen und Ersatz der erforderlichen Aufwendungen verlangen,
3. nach § 651k Absatz 3 Abhilfe durch andere Reiseleistungen (Ersatzleistungen) verlangen,
4. nach § 651k Absatz 4 und 5 Kostentragung für eine notwendige Beherbergung verlangen,
5. den Vertrag nach § 651l kündigen,
6. die sich aus einer Minderung des Reisepreises (§ 651m) ergebenden Rechte geltend machen und
7. nach § 651n Schadensersatz oder nach § 284 Ersatz vergeblicher Aufwendungen verlangen.

§ 651j Verjährung

Die in § 651i Absatz 3 bezeichneten Ansprüche des Reisenden verjähren in zwei Jahren. Die Verjährungsfrist beginnt mit dem Tag, an dem die Pauschalreise dem Vertrag nach enden sollte.

§ 651k Abhilfe

(1) Verlangt der Reisende Abhilfe, hat der Reiseveranstalter den Reisemangel zu beseitigen. Er kann die Abhilfe nur verweigern, wenn sie

1. unmöglich ist oder
2. unter Berücksichtigung des Ausmaßes des Reisemangels und des Werts der betroffenen Reiseleistung mit unverhältnismäßigen Kosten verbunden ist.

(2) Leistet der Reiseveranstalter vorbehaltlich der Ausnahmen des Absatzes 1 Satz 2 nicht innerhalb einer vom Reisenden bestimmten angemessenen Frist Abhilfe, kann der Reisende selbst Abhilfe schaffen und Ersatz der erforderlichen Aufwendungen verlangen. Der Bestimmung einer Frist bedarf es nicht, wenn die Abhilfe vom Reiseveranstalter verweigert wird oder wenn sofortige Abhilfe notwendig ist.

(3) Kann der Reiseveranstalter die Beseitigung des Reisemangels nach Absatz 1 Satz 2 verweigern und betrifft der Reisemangel einen erheblichen Teil der Reiseleistungen, hat der Reiseveranstalter Abhilfe durch angemessene Ersatzleistungen anzubieten. Haben die Ersatzleistungen zur Folge, dass die Pauschalreise im Vergleich zur ursprünglich geschuldeten nicht von mindestens gleichwertiger Beschaffenheit ist, hat der Reiseveranstalter dem Reisenden eine angemessene Herabsetzung des Reisepreises zu gewähren; die Angemessenheit richtet sich nach § 651m Absatz 1 Satz 2. Sind die Ersatzleistungen nicht mit den im Vertrag vereinbarten Leistungen vergleichbar oder ist die vom Reiseveranstalter angebotene Herabsetzung des Reisepreises nicht angemessen,

이를 제공한 경우에도 여행하자가 있는 것이다.

③ 패키지여행에 하자가 있는 경우에(Ist die Pauschalreise mangelhaft) 다음 규정의 요건이 있고 다른 정함이 없는 때에는, 여행자는,

1. 제651조k 제1항에 따른 시정을 청구할 수 있고,
2. 제651조k 제2항에 따라 직접 시정을 한 다음 필요한 비용(費用)의 상환(償還)을 청구할 수 있으며,
3. 제651조k 제3항에 따라 다른 여행급부에 의한 시정('대체여행급부'; Ersatzleistungen)을 청구할 수 있고,
4. 제651조k 제4항 및 제5항에 따라 필요한 숙박비의 비용부담을 청구할 수 있고,
5. 제651조l에 따라 여행계약을 해지할 수 있고,
6. 여행대금의 감액(제651조m)에서 생긴 권리를 행사할 수 있으며,
7. 제651n에 따른 손해배상 또는 제284조에 따라 무익하게 쓰인 비용의 상환을 청구(請求)할 수 있다.

제651j 소멸시효

제651조i 제3항상의 여행자의 청구권은 2년의 소멸시효에 걸린다. 소멸시효기간은 계약에 따라 패키지여행이 종료되어야 하는 날로부터 기산한다.

제651조k 시정

① 여행자가 시정을 청구한 경우 여행주최자는 여행하자를 제거해야 한다. 여행주최자는 다음 각 호에 한하여 그 시정을 거부할 수 있다,

1. 그 시정이 불가능한 경우,
2. 여행하자의 정도와 해당 여행급부의 가치(des Werts der betroffenen Reiseleistung)를 고려했을 때 그 시정에 과도한 비용이 발생하는 경우.

② 여행주최자가 제1항 제2문의 예외를 제외하고, 여행자가 정한 상당한 기간 내에(innerhalb einer vom Reisenden bestimmten angemessenen Frist) 시정을 하지 않는 경우에는, 여행자가 직접 시정을 한 다음 그에 필요한 비용의 상환(償還)을 청구할 수 있다. 그 시정이 여행주최자에 의해 거절되거나 즉각적인 시정이 필요한 경우에는 그 기간의 설정은 요구되지 아니한다.

③ 여행주최자가 제1항 제2문에 따라 여행하자의 시정을 거절할 수 있고 그 여행하자가 여행급부의 중요한 부분에 관련된 경우에는, 여행주최자는 적절한 대체여행급부에 의한 시정(Abhilfe durch angemessene Ersatzleistungen)을 해야 한다. 그 대체여행급부에 의한 패키지여행이 당초의 이행할 의무를 진 패키지여행과 비교했을 때 최소한 동등한 성상을 갖추지 못한 때에는 여행주최자는 여행자에게 적절하게 여행대금의 감액(eine angemessene Herabsetzung des Reisepreises)을 해 줘야 한다; 그 적절함(die Angemessenheit)은 제651조m 제1항 제2문에 따른다. 대체여행급부가 약정한 여행급부와 유사하지 않거나 여행주최자가 해 준 여행대금 감액이 적절하지 않은 경우에는(Sind die Ersatzleistungen nicht mit den im Vertrag vereinbarten Leistungen vergleichbar oder ist die

kann der Reisende die Ersatzleistungen ablehnen. In diesem Fall oder wenn der Reiseveranstalter außerstande ist, Ersatzleistungen anzubieten, ist § 651l Absatz 2 und 3 mit der Maßgabe anzuwenden, dass es auf eine Kündigung des Reisenden nicht ankommt.

(4) Ist die Beförderung des Reisenden an den Ort der Abreise oder an einen anderen Ort, auf den sich die Parteien geeinigt haben (Rückbeförderung), vom Vertrag umfasst und aufgrund unvermeidbarer, außergewöhnlicher Umstände nicht möglich, hat der Reiseveranstalter die Kosten für eine notwendige Beherbergung des Reisenden für einen höchstens drei Nächte umfassenden Zeitraum zu tragen, und zwar möglichst in einer Unterkunft, die der im Vertrag vereinbarten gleichwertig ist.

(5) Der Reiseveranstalter kann sich auf die Begrenzung des Zeitraums auf höchstens drei Nächte gemäß Absatz 4 in folgenden Fällen nicht berufen:

1. der Leistungserbringer hat nach unmittelbar anwendbaren Regelungen der Europäischen Union dem Reisenden die Beherbergung für einen längeren Zeitraum anzubieten oder die Kosten hierfür zu tragen,
2. der Reisende gehört zu einem der folgenden Personenkreise und der Reiseveranstalter wurde mindestens 48 Stunden vor Reisebeginn von den besonderen Bedürfnissen des Reisenden in Kenntnis gesetzt:
   a) Personen mit eingeschränkter Mobilität im Sinne des Artikels 2 Buchstabe a der Verordnung (EG) Nr. 1107/2006 des Europäischen Parlaments und des Rates vom 5. Juli 2006 über die Rechte von behinderten Flugreisenden und Flugreisenden mit eingeschränkter Mobilität (ABl. L 204 vom 26.7.2006, S. 1; L 26 vom 26.1.2013, S. 34) und deren Begleitpersonen,
   b) Schwangere,
   c) unbegleitete Minderjährige,
   d) Personen, die besondere medizinische Betreuung benötigen.

§ 651l Kündigung

(1) Wird die Pauschalreise durch den Reisemangel erheblich beeinträchtigt, kann der Reisende den Vertrag kündigen. Die Kündigung ist erst zulässig, wenn der Reiseveranstalter eine ihm vom Reisenden bestimmte angemessene Frist hat verstreichen lassen, ohne Abhilfe zu leisten; § 651k Absatz 2 Satz 2 gilt entsprechend.

(2) Wird der Vertrag gekündigt, so behält der Reiseveranstalter hinsichtlich der erbrachten und nach Absatz 3 zur Beendigung der Pauschalreise noch zu erbringenden Reiseleistungen den Anspruch auf den vereinbarten Reisepreis; Ansprüche des Reisenden nach § 651i Absatz 3 Nummer 6 und 7 bleiben unberührt. Hinsichtlich der nicht mehr zu erbringenden Reiseleistungen entfällt der Anspruch des Reiseveranstalters auf den vereinbarten Reisepreis; insoweit bereits geleistete Zahlungen sind dem Reisenden vom Reiseveranstalter zu erstatten.

vom Reiseveranstalter angebotene Herabsetzung des Reisepreises nicht angemessen), 여행자는 그 대체여행급부를 거절할 수 있다. 이러한 경우 또는 여행주최가가 대체여행급부를 제공할 수 없는 경우에는, 여행자의 해지는 문제되지 않는다는 기준하에 제651조l 제2항, 제3항을 적용한다.

④ 출발지 또는 당사자들이 합의한 다른 장소로 여행자를 운송하는 것('귀환운송'; Rückbeförderung)이 여행계약에 포함되어 있지만 불가피한 이례적 사정으로 인하여(aufgrund unvermeidbarer, außergewöhnlicher Umstände) 불가능한 경우에는, 여행주최자는 최대 3박(泊)이 포함된 기간에 대한 여행자의 숙박필요경비를 부담해야 하고(hat der Reiseveranstalter die Kosten für eine notwendige Beherbergung des Reisenden für einen höchstens drei Nächte umfassenden Zeitraum zu tragen), 가능한 한 여행계약에서 합의된 숙박과 동등한 숙박의 비용을 부담해야 한다.

⑤ 여행주최자는 다음 각 호의 경우에는 제4항에 따른 최대 3박(泊)의 기간 한도(auf die Begrenzung des Zeitraums auf höchstens drei Nächte)를 주장할 수 없다:

1. 급부제공자가 유럽연합의 직접 적용규정에 따라 여행자에게 그보다 장기의 숙박(die Beherbergung für einen längeren Zeitraum)을 제공해야하거나 이에 대한 비용(費用)을 부담(負擔)해야 하는 경우,
2. 여행자가 다음 각 목의 인적범위에 속하고, 여행주최자가 여행개시 최소 48시간 전(前)에 여행자의 특별한 필요를 알게 된(von den besonderen Bedürfnissen des Reisenden in Kenntnis gesetzt) 경우:
   a) 「장애가 있거나 이동에 제한이 있는 비행기이용여행자의 권리(Rechte von behinderten Flugreisenden und Flugreisenden mit eingeschränkter Mobilität)에 관한 유럽연합 의회 및 이사회 2006년 7월 5일 1107/2006호(EG) 규칙」(ABl. L 204 vom 26.7.2006, S. 1; L 26 vom 26.1.2013, S. 34) 제2조 a목상의 이동(移動)에 제한(制限)이 있는 사람과 그 동행인,
   b) 임산부,
   c) 동행인이 없는 미성년자,
   d) 특별한 의료적 보호(besondere medizinische Betreuung)를 필요로 하는 사람.

제651조l 계약해지

① 패키지여행이 여행하자에 의해 중대하게 방해받는 경우에(Wird die Pauschalreise durch den Reisemangel erheblich beeinträchtigt) 여행자는 여행계약을 해지할 수 있다. 그 해지는, 여행주최자가 그 시정을 하지 않은 채 여행자가 정해 준 상당한 기간(eine ihm vom Reisenden bestimmte angemessene Frist)이 경과한 때에 비로소 가능하다; 제651k 제2항 제2문을 준용한다.

② 계약이 해지된 경우 여행주최자는, 제공된 급부 및 제3항에 따라 패키지여행의 종료를 위해 여전히 제공해야 하는 여행급부와 관련하여(hinsichtlich der erbrachten und nach Absatz 3 zur Beendigung der Pauschalreise noch zu erbringenden Reiseleistungen) 약정한 여행대금청구권을 보유한다; 제651i 제3항 제6호, 제7호에 따른 여행자의 청구권은 영향을 받지 않는다. 더 이상 제공할 필요가 없는 여행급부와 관련하여 여행주최자의 약정한 여행대금청구권은 소멸한다; 여행주최자는 이미 이행한 지급 범위 내에서 여행자에게 상환(償還)해야 한다.

(3) Der Reiseveranstalter ist verpflichtet, die infolge der Aufhebung des Vertrags notwendigen Maßnahmen zu treffen, insbesondere, falls der Vertrag die Beförderung des Reisenden umfasste, unverzüglich für dessen Rückbeförderung zu sorgen; das hierfür eingesetzte Beförderungsmittel muss dem im Vertrag vereinbarten gleichwertig sein. Die Mehrkosten für die Rückbeförderung fallen dem Reiseveranstalter zur Last.

§ 651m Minderung

(1) Für die Dauer des Reisemangels mindert sich der Reisepreis. Bei der Minderung ist der Reisepreis in dem Verhältnis herabzusetzen, in welchem zur Zeit des Vertragsschlusses der Wert der Pauschalreise in mangelfreiem Zustand zu dem wirklichen Wert gestanden haben würde. Die Minderung ist, soweit erforderlich, durch Schätzung zu ermitteln.

(2) Hat der Reisende mehr als den geminderten Reisepreis gezahlt, so ist der Mehrbetrag vom Reiseveranstalter zu erstatten. § 346 Absatz 1 und § 347 Absatz 1 finden entsprechende Anwendung.

§ 651n Schadensersatz

(1) Der Reisende kann unbeschadet der Minderung oder der Kündigung Schadensersatz verlangen, es sei denn, der Reisemangel

1. ist vom Reisenden verschuldet,
2. ist von einem Dritten verschuldet, der weder Leistungserbringer ist noch in anderer Weise an der Erbringung der von dem Pauschalreisevertrag umfassten Reiseleistungen beteiligt ist, und war für den Reiseveranstalter nicht vorhersehbar oder nicht vermeidbar oder
3. wurde durch unvermeidbare, außergewöhnliche Umstände verursacht.

(2) Wird die Pauschalreise vereitelt oder erheblich beeinträchtigt, kann der Reisende auch wegen nutzlos aufgewendeter Urlaubszeit eine angemessene Entschädigung in Geld verlangen.

(3) Wenn der Reiseveranstalter zum Schadensersatz verpflichtet ist, hat er unverzüglich zu leisten.

§ 651o Mängelanzeige durch den Reisenden

(1) Der Reisende hat dem Reiseveranstalter einen Reisemangel unverzüglich anzuzeigen.

(2) Soweit der Reiseveranstalter infolge einer schuldhaften Unterlassung der Anzeige nach Absatz 1 nicht Abhilfe schaffen konnte, ist der Reisende nicht berechtigt,

1. die in § 651m bestimmten Rechte geltend zu machen oder
2. nach § 651n Schadensersatz zu verlangen.

§ 651p Zulässige Haftungsbeschränkung; Anrechnung

(1) Der Reiseveranstalter kann durch Vereinbarung mit dem Reisenden seine Haftung für solche Schäden auf den dreifachen Reisepreis beschränken, die

③ 여행주최자는 여행계약의 소멸로 인하여 필요하게 된 조치를 취할 의무가 있고, 만일 여행계약에 여행자의 운송이 포함되어 있다면, 지체 없이 그의 귀환운송을 제공해야 한다(unverzüglich für dessen Rückbeförderung zu sorgen); 이를 위해 이용된 운송수단은 여행계약에서 합의된 것과 동등한 것이어야만 한다. 비용증가분(費用增加分; Die Mehrkosten für die Rückbeförderung)은 여행주최자가 부담한다.

제651조m 여행대금 감액

① 여행하자 기간에 대하여(Für die Dauer des Reisemangels) 여행대금이 감액된다. 계약체결시를 기준으로 하자 없는 상태의 패키지여행의 가치가 실제의 그 가치에 대해 (der Wert der Pauschalreise in mangelfreiem Zustand zu dem wirklichen Wert) 차지하는 비율로 그 감액시 여행대금이 감액된다. 그 감액은 필요한 범위 내에서(soweit erforderlich) 감정에 의해 조사되어야 한다.

② 여행자가 감액된 여행대금보다 더 많이 지급한 경우에(Hat der Reisende mehr als den geminderten Reisepreis gezahlt), 여행주최자는 그 초과분(Mehrbetrag)을 반환해야 한다. 제346조 제1항, 제347조 제1항을 준용한다.

제651조n 손해배상

① 여행자는 여행대금 감액 또는 해지와 별도로, 손해배상을 청구할 수 있지만, 다음 각 호의 경우에는 그러하지 아니하다,

1. 여행자가 여행하자에 책임이 있는 경우,
2. 급부제공자도 아니고, 패키지여행계약에 포함된 여행급부의 이행에 다른 방법으로 당사자로서 참가하지 않은 제3자가 여행하자에 책임이 있고, 또한 여행주최자가 그 여행하자를 예견할 수 없었거나 회피할 수 없었던경우,
3. 여행하자가 불가피한 이례적 사정으로 초래된 경우.

② 패키지여행이 좌절(挫折)되거나 중대하게 방해된 경우에는 여행자는 무익하게 쓴 휴가기간에 대해서도 상당한 금전배상(金錢賠償; Entschädigung in Geld)을 청구할 수 있다.

③ 여행주최자가 손해배상의무를 지는 경우에 그는 지체 없이 이행해야 한다.

제651조o 여행자의 여행하자의 통지

① 여행자(旅行者)는 여행주최자에게 여행하자(einen Reisemangel)를 지체 없이 통지(通知)해야 한다.

② 여행자는, 여행주최자가 제1항에 따른 통지를 유책하게 하지 않음으로 인하여 그 시정을 할 수 없었던 범위 내에서 다음 각 호의 권리를 갖지 못한다,

1. 제651조m에서 정해진 권리를 행사하는 것,
2. 제651n에 따라 손해배상을 청구하는 것.

제651조p 책임제한의 허용; 공제

① 여행주최자는 여행자와의 합의로 다음의 손해에 대한 자신의 배상책임을 여행대금의 3배로(auf den dreifachen Reisepreis) 제한할 수 있다,

1. keine Körperschäden sind und
2. nicht schuldhaft herbeigeführt werden.

(2) Gelten für eine Reiseleistung internationale Übereinkünfte oder auf solchen beruhende gesetzliche Vorschriften, nach denen ein Anspruch auf Schadensersatz gegen den Leistungserbringer nur unter bestimmten Voraussetzungen oder Beschränkungen entsteht oder geltend gemacht werden kann oder unter bestimmten Voraussetzungen ausgeschlossen ist, so kann sich auch der Reiseveranstalter gegenüber dem Reisenden hierauf berufen.

(3) Hat der Reisende gegen den Reiseveranstalter Anspruch auf Schadensersatz oder auf Erstattung eines infolge einer Minderung zu viel gezahlten Betrages, so muss sich der Reisende den Betrag anrechnen lassen, den er aufgrund desselben Ereignisses als Entschädigung oder als Erstattung infolge einer Minderung nach Maßgabe internationaler Übereinkünfte oder von auf solchen beruhenden gesetzlichen Vorschriften erhalten hat oder nach Maßgabe

1. der Verordnung (EG) Nr. 261/2004 des Europäischen Parlaments und des Rates vom 11. Februar 2004 über eine gemeinsame Regelung für Ausgleichs- und Unterstützungsleistungen für Fluggäste im Fall der Nichtbeförderung und bei Annullierung oder großer Verspätung von Flügen und zur Aufhebung der Verordnung (EWG) Nr. 295/91 (ABl. L 46 vom 17.2.2004, S. 1),
2. der Verordnung (EG) Nr. 1371/2007 des Europäischen Parlaments und des Rates vom 23. Oktober 2007 über die Rechte und Pflichten der Fahrgäste im Eisenbahnverkehr (ABl. L 315 vom 3.12.2007, S. 14),
3. der Verordnung (EG) Nr. 392/2009 des Europäischen Parlaments und des Rates vom 23. April 2009 über die Unfallhaftung von Beförderern von Reisenden auf See (ABl. L 131 vom 28.5.2009, S. 24),
4. der Verordnung (EU) Nr. 1177/2010 des Europäischen Parlaments und des Rates vom 24. November 2010 über die Fahrgastrechte im See- und Binnenschiffsverkehr und zur Änderung der Verordnung (EG) Nr. 2006/2004 (ABl. L 334 vom 17.12.2010, S. 1) oder
5. der Verordnung (EU) Nr. 181/2011 des Europäischen Parlaments und des Rates vom 16. Februar 2011 über die Fahrgastrechte im Kraftomnibusverkehr und zur Änderung der Verordnung (EG) Nr. 2006/2004 (ABl. L 55 vom 28.2.2011, S. 1).

Hat der Reisende vom Reiseveranstalter bereits Schadensersatz erhalten oder ist ihm infolge einer Minderung vom Reiseveranstalter bereits ein Betrag erstattet worden, so muss er sich den erhaltenen Betrag auf dasjenige anrechnen lassen, was ihm aufgrund desselben Ereignisses als Entschädigung oder als Erstattung infolge einer Minderung nach Maßgabe internationaler Übereinkünfte oder von auf solchen beruhenden gesetzlichen Vorschriften oder nach Maßgabe der in Satz 1 genannten Verordnungen geschuldet ist.

1. 인신손해(人身損害; Körperschäden)가 아니고
2. (자신의) 유책사유 없이 야기된 손해.

② 급부제공자에 대한 손해배상청구권(ein Anspruch auf Schadensersatz gegen den Leistungserbringer)이 일정한 요건 또는 제한하에서만 발생될 수 있게 하거나 행사될 수 있게 하거나 또는 일정한 요건하에서 배제되게 하는 국제적 합의 또는 이에 기한 법규정이 어느 여행급부에 적용되는 경우(Gelten für eine Reiseleistung internationale Übereinkünfte oder auf solchen beruhende gesetzliche Vorschriften)에는 여행주최자도 여행자에 대하여 이를 원용할 수 있다.

③ 여행자가 여행주최자에 대하여 손해배상청구권을 가지거나 여행대금 감액으로 인하여 과다하게 지급한 금액의 반환청구권을 가지는 경우에는, 여행자가 국제적 합의나 이에 기한 법규정의 기준 또는 다음 각 호의 기준에 좇아 동일한 사건에 기하여 손해배상으로서 또는 여행대금 감액으로 인한 반환청구(返還請求)로서 지급받은 금원(金員)은, 여행자의 그 청구권에서 공제(控除)되어야만 한다.

1. 「항공기 불운송의 경우나 항공기의 결항 또는 현저한 연착의 경우에 있어 항공기승객에 대한 보상 및 지원 급부에 대한 공동의 규율과 (EWG) 295/91호 규칙(ABl. L 46 vom 17.2.2004, S. 1)의 폐지에 관한 2004년 2월 11일 유렵연합 의회 및 이사회 (EG) 261/2004호 규칙」(ABl. L 46 vom 17.2.2004, S. 1),
2. 「철도교통에 있어 승객의 권리의무(die Rechte und Pflichten der Fahrgäste im Eisenbahnverkehr)에 관한 2007년 10월 23일 유럽연합 의회 및 이사회 (EG) 1371/2007호 규칙」(ABl. L 315 vom 3.12.2007, S. 14)
3. 「해상운송인의 여행객에 대한 사고책임(die Unfallhaftung von Beförderern von Reisenden auf See)에 관한 2009년 4월 23일 유럽연합 의회 및 이사회 (EG) 392/2009호 규칙」(ABl. L 131 vom 28.5.2009, S. 24),
4. 「해상교통(海上交通) 및 내륙수운(內陸水運)에서의 승객의 권리(über die Fahrgastrechte im See- und Binnenschiffsverkehr)와 (EG) 2006/2004호 규칙 개정에 관한 2010년 11월 24일 유럽연합 의회 및 이사회의 (EU) 1177/2010호 규칙」(ABl. L 334 vom 17.12.2010, S. 1),
5. 「버스교통에서의 승객(乘客)의 권리(權利)(die Fahrgastrechte im Kraftomnibusverkehr)와 (EG) 2006/2004호 규칙의 개정에 관한 2011년 2월 16일 유럽연합 의회 및 이사회(EG) 181/2011 규칙」(ABl. L 55 vom 28.2.2011, S. 1).

여행자가 여행주최자에게서 이미, 손해배상을 받거나 여행대금 감액으로 인하여 금원을 반환받은 경우에(Hat der Reisende vom Reiseveranstalter bereits Schadensersatz erhalten oder ist ihm infolge einer Minderung vom Reiseveranstalter bereits ein Betrag erstattet worden), 국제적 합의 또는 이에 기한 법규정의 기준에 좇거나 제1문상의 규칙의 기준에 좇아(nach Maßgabe der in Satz 1 genannten Verordnungen) 동일한 사건에 기하여 손해배상으로 또는 여행대금 감액으로 인한 반환청구로 여행자에게 이행할 의무를 지는 것에서, 그와 같이 받은 금원은 공제(控除)되어야만 한다.

§ 651q Beistandspflicht des Reiseveranstalters

(1) Befindet sich der Reisende im Fall des § 651k Absatz 4 oder aus anderen Gründen in Schwierigkeiten, hat der Reiseveranstalter ihm unverzüglich in angemessener Weise Beistand zu gewähren, insbesondere durch

1. Bereitstellung geeigneter Informationen über Gesundheitsdienste, Behörden vor Ort und konsularische Unterstützung,
2. Unterstützung bei der Herstellung von Fernkommunikationsverbindungen und
3. Unterstützung bei der Suche nach anderen Reisemöglichkeiten; § 651k Absatz 3 bleibt unberührt.

(2) Hat der Reisende die den Beistand erfordernden Umstände schuldhaft selbst herbeigeführt, kann der Reiseveranstalter Ersatz seiner Aufwendungen verlangen, wenn und soweit diese angemessen und ihm tatsächlich entstanden sind.

§ 651r Insolvenzsicherung; Sicherungsschein

(1) Der Reiseveranstalter hat sicherzustellen, dass dem Reisenden der gezahlte Reisepreis erstattet wird, soweit im Fall der Zahlungsunfähigkeit des Reiseveranstalters

1. Reiseleistungen ausfallen oder
2. der Reisende im Hinblick auf erbrachte Reiseleistungen Zahlungsaufforderungen von Leistungserbringern nachkommt, deren Entgeltforderungen der Reiseveranstalter nicht erfüllt hat.

Umfasst der Vertrag auch die Beförderung des Reisenden, hat der Reiseveranstalter zudem die vereinbarte Rückbeförderung und die Beherbergung bis zum Zeitpunkt der Rückbeförderung sicherzustellen. Der Zahlungsunfähigkeit stehen die Eröffnung des Insolvenzverfahrens über das Vermögen des Reiseveranstalters und die Abweisung eines Eröffnungsantrags mangels Masse gleich.

(2) Die Verpflichtungen nach Absatz 1 kann der Reiseveranstalter nur erfüllen

1. durch eine Versicherung bei einem im Geltungsbereich dieses Gesetzes zum Geschäftsbetrieb befugten Versicherungsunternehmen oder
2. durch ein Zahlungsversprechen eines im Geltungsbereich dieses Gesetzes zum Geschäftsbetrieb befugten Kreditinstituts.

Der Reiseveranstalter muss ohne Rücksicht auf den Wohnsitz des Reisenden, den Ort der Abreise und den Ort des Vertragsschlusses Sicherheit leisten.

(3) Der Versicherer oder das Kreditinstitut (Kundengeldabsicherer) kann dem Reisenden die Fortsetzung der Pauschalreise anbieten. Verlangt der Reisende eine Erstattung nach Absatz 1, hat der Kundengeldabsicherer den Anspruch unverzüglich zu erfüllen. Er kann seine Haftung für die von ihm in einem Geschäftsjahr insgesamt nach diesem Gesetz zu erstattenden Beträge auf 110 Millionen Euro begrenzen. Übersteigen die in einem Geschäftsjahr von einem Kundengeldabsicherer

제651조q 여행주최자의 도움제공의무

① 제651조k 제4항의 경우 또는 다른 사유에 의하여 여행자가 어려움에 처해 있는 경우에 여행주최자는 지체 없이 여행자에게 상당한 방법으로 도움을 제공해야 하고, 특히 다음 각 호에 의한 도움을 제공해야 한다,

1. 보건서비스, 현지 당국과 영사 지원(konsularische Unterstützung)에 관한 적절(適切)한 정보제공(情報提供),
2. 원거리통신연결의 복구에 있어서의 지원,
3. 다른 여행(가능성旅行可能性)에 대한 모색(摸索)에 있어서(bei der Suche nach anderen Reisemöglichkeiten)의 지원; 제651조k 제3항은 영향을 받지 아니한다.

② 여행자가 도움이 필요한 상황을 유책하게 직접 야기한 경우에는 여행주최자는, 그 비용이 적절하고 실제로 여행주최자에게 발생한 경우 그러한 범위 내에서 도움제공 비용의 상환(償還)을 청구할 수 있다.

제651조r 파산보장; 보장증서

① 여행주최자의 파산시(im Fall der Zahlungsunfähigkeit des Reiseveranstalters) 다음 각 호의 범위 내에서 여행주최자는 여행자가 지급한 여행대금을 반환받을 수 있다는 점을 보장해야 한다,

1. 여행급부가 불이행된 경우,
2. 여행자가 제공된 여행급부에 대한(im Hinblick auf erbrachte Reiseleistungen) 급부제공자의 지급요구(Zahlungsaufforderungen)를 이행했는데, 여행주최자가 그 급부제공자의 보수채권을 이행하지 않은 경우.

계약에 여행자의 운송도 포함된 경우에 여행주최자는 약정한 귀환운송과 귀환운송시까지의 숙박(die vereinbarte Rückbeförderung und die Beherbergung bis zum Zeitpunkt der Rückbeförderung)도 보장해야 한다. 여행주최자의 재산에 관한 파산절차 개시와 자산부족으로 인한 파산신청의 기각(die Abweisung eines Eröffnungsantrags mangels Masse)은 파산과 동일시된다.

② 제1항에 따른 의무에 대해 여행주최자는 다음 각 호에 의해서만 이행할 수 있다,

1. 이 법의 적용범위 내에서 영업을 하도록 인가된 보험회사(im Geltungsbereich dieses Gesetzes zum Geschäftsbetrieb befugten Versicherungsunternehmen)의 보험,
2. 이 법의 적용범위 내에서 영업을 하도록 인가된 금융기관(im Geltungsbereich dieses Gesetzes zum Geschäftsbetrieb befugten Kreditinstituts)의 지급보증(支給保證).

여행주최자는 여행자의 주소, 출발지와 계약체결지에 상관없이 보증(保證)을 제공해야만 한다.

③ 보험자 또는 금융기관('고객지급보장자'; Kundengeldabsicherer)은 여행자에게 패키지여행의 계속을 제안할 수 있다. 여행자가 제1항에 따른 반환을 청구하는 경우에 고객지급보장자는 지체 없이 그 청구권을 이행해야 한다. 고객지급보장자는, 자신이 이 법에 따라 사업연도에 반환해야 할 총 금액에 대한 자신의 책임을 1억 천만 유로로(seine Haftung für die von ihm in einem Geschäftsjahr insgesamt nach diesem Gesetz zu erstattenden Beträge auf 110 Millionen Euro) 제한할 수 있다. 고객지급보장자가 사업연도에 이 법에 따라 상환해야 할 총 금액이 제3문상의 상한액을 초과하는

insgesamt nach diesem Gesetz zu erstattenden Beträge den in Satz 3 genannten Höchstbetrag, so verringern sich die einzelnen Erstattungsansprüche in dem Verhältnis, in dem ihr Gesamtbetrag zum Höchstbetrag steht.

(4) Zur Erfüllung seiner Verpflichtungen nach Absatz 1 hat der Reiseveranstalter dem Reisenden einen unmittelbaren Anspruch gegen den Kundengeldabsicherer zu verschaffen und durch eine von diesem oder auf dessen Veranlassung gemäß Artikel 252 des Einführungsgesetzes zum Bürgerlichen Gesetzbuche ausgestellte Bestätigung (Sicherungsschein) nachzuweisen. Der im Vertrag gemäß Artikel 250 § 6 Absatz 2 Nummer 3 des Einführungsgesetzes zum Bürgerlichen Gesetzbuche genannte Kundengeldabsicherer kann sich gegenüber dem Reisenden weder auf Einwendungen aus dem Kundengeldabsicherungsvertrag noch auf dessen Beendigung berufen, wenn die Beendigung nach Abschluss des Pauschalreisevertrags erfolgt ist. In den Fällen des Satzes 2 geht der Anspruch des Reisenden gegen den Reiseveranstalter auf den Kundengeldabsicherer über, soweit dieser den Reisenden befriedigt.

§ 651s Insolvenzsicherung der im Europäischen Wirtschaftsraum niedergelassenen Reiseveranstalter

Hat der Reiseveranstalter im Zeitpunkt des Vertragsschlusses seine Niederlassung im Sinne des § 4 Absatz 3 der Gewerbeordnung in einem anderen Mitgliedstaat der Europäischen Union oder in einem sonstigen Vertragsstaat des Abkommens über den Europäischen Wirtschaftsraum, so genügt er seiner Verpflichtung zur Insolvenzsicherung auch dann, wenn er dem Reisenden Sicherheit in Übereinstimmung mit den Vorschriften dieses anderen Staates zur Umsetzung des Artikels 17 der Richtlinie (EU) 2015/2302 des Europäischen Parlaments und des Rates vom 25. November 2015 über Pauschalreisen und verbundene Reiseleistungen, zur Änderung der Verordnung (EG) Nr. 2006/2004 und der Richtlinie 2011/83/EU des Europäischen Parlaments und des Rates sowie zur Aufhebung der Richtlinie 90/314/EWG des Rates (ABl. L 326 vom 11.12.2015, S. 1) leistet.

§ 651t Vorauszahlungen

Der Reiseveranstalter darf Zahlungen des Reisenden auf den Reisepreis vor Beendigung der Pauschalreise nur fordern oder annehmen, wenn

1. ein wirksamer Kundengeldabsicherungsvertrag besteht oder, in den Fällen des § 651s, der Reiseveranstalter nach § 651s Sicherheit leistet und
2. dem Reisenden klar, verständlich und in hervorgehobener Weise Name und Kontaktdaten des Kundengeldabsicherers oder, in den Fällen des § 651s, Name und Kontaktdaten der Einrichtung, die den Insolvenzschutz bietet, sowie gegebenenfalls der Name und die Kontaktdaten der von dem betreffenden Staat benannten zuständigen Behörde zur Verfügung gestellt wurden.

§ 651u Gastschulaufenthalte

(1) Für einen Vertrag, der einen mindestens drei Monate andauernden und mit dem geregelten

경우에는(Übersteigen die in einem Geschäftsjahr von einem Kundengeldabsicherer insgesamt nach diesem Gesetz zu erstattenden Beträge den in Satz 3 genannten Höchstbetrag), 각 반환청구권은 상한액에 대한 그 청구권의 총액의 비율로 감축된다.

④ 여행주최자는 제1항에 따른 자신의 책임을 이행하기 위하여, 고객지급보장자에 대한 직접청구권을 여행자에게 보장해 주어야 하고 여행주최자가 발급하거나 여행주최자의 요구에 의해 민법전시행법 제252항목에 따라 발급된 확인서('보장증서'; Sicherungsschein)에 의해 이를 증명해야 한다. 민법전시행법 제250항목 제6조 제2항 제3호에 따라 계약에서 언급된 고객지급보장자(Der im Vertrag gemäß Artikel 250 § 6 Absatz 2 Nummer 3 des Einführungsgesetzes zum Bürgerlichen Gesetzbuche genannte Kundengeldabsicherer)는, 패키지여행의 체결 후에 고객지급보장계약의 종료가 이뤄지더라도 여행자에 대하여 고객지급보장계약에 기한 항변권도, 그 계약의 종료도(weder auf Einwendungen aus dem Kundengeldabsicherungsvertrag noch auf dessen Beendigung) 주장할 수 없다. 이 제2문의 경우에 여행자의 여행주최자에 대한 청구권은, 고객지급보장자가 여행자를 만족시킨 범위 내에서 고객지급보장자에게 이전한다.

제651조s 유럽경제권에서 지사(支社)를 둔 여행주최자의 파산보장

여행주최자가 계약체결 기준으로 유럽연합 회원국 중 독일 이외의 다른 국가나 「유럽경제권에 관한 협약」상의 독일 이외의 가입국(加入國)에 영업법 제4조 제3항상의 자신의 지점을 둔 경우에는(Hat der Reiseveranstalter im Zeitpunkt des Vertragsschlusses seine Niederlassung im Sinne des § 4 Absatz 3 der Gewerbeordnung in einem anderen Mitgliedstaat der Europäischen Union oder in einem sonstigen Vertragsstaat des Abkommens über den Europäischen Wirtschaftsraum), 「패키지여행과 연계여행급부, 유럽연합 의회·이사회 2006/2004호(EU) 규칙 및 유럽연합 의회·이사회 2011/83/EU호 지침의 개정과, 90/314/EWG 지침 폐지에 관한 2015년 11월 25일 유럽연합 의회 및 이사회 2015/2302호(EU) 지침」(ABl. L 326 vom 11.12.2015, S. 1) 제17조의 시행을 위한 규정으로, 이러한 독일 이외의 다른 국가들의 규정에 따라 그 여행주최자가 여행자에게 보증(保證)을 제공한 때에도, 파산보장에 관한 자신의 의무(義務)를 이행한 것이다.

제651조t 선급(先給)

다음의 경우에 한하여 여행주최자는 패키지여행의 종료 이전에 여행대금을 청구하거나 이를 수령할 수 있다,

1. 유효한 고객지급보장계약이 있거나, 제651조s의 경우에 여행주최자가 제651조s에 따라 보증(保證)을 제공하고,
2. 여행자에게 명료하고도 눈에 띄는 방식으로 이해하기 쉽게 고객지급보장자의 상호 및 연락정보나, 제651조s의 경우에 파산보호를 제공하는 기관의 상호 및 연락정보, 그리고 필요하면 해당 국가에 의해 지정된 관할 관청의 명칭 및 연락처가 제공된 경우.

제651조u 유학생기숙(留學生寄宿)

① 3개월 이상 지속되고 규칙적인 학교 방문과 연계된 체류로, 다른 국가['수용국(受容國)';

Besuch einer Schule verbundenen Aufenthalt des Gastschülers bei einer Gastfamilie in einem anderen Staat (Aufnahmeland) zum Gegenstand hat, gelten § 651a Absatz 1, 2 und 5, die §§ 651b, 651d Absatz 1 bis 4 und die §§ 651e bis 651t entsprechend sowie die nachfolgenden Absätze. Für einen Vertrag, der einen kürzeren Gastschulaufenthalt (Satz 1) oder einen mit der geregelten Durchführung eines Praktikums verbundenen Aufenthalt bei einer Gastfamilie im Aufnahmeland zum Gegenstand hat, gelten diese Vorschriften nur, wenn dies vereinbart ist.

(2) Der Anbieter des Gastschulaufenthalts ist als Reiseveranstalter bei Mitwirkung des Gastschülers verpflichtet,

1. für eine nach den Verhältnissen des Aufnahmelands angemessene Unterkunft, Beaufsichtigung und Betreuung des Gastschülers in einer Gastfamilie zu sorgen und
2. die Voraussetzungen für einen geregelten Schulbesuch des Gastschülers im Aufnahmeland zu schaffen.

(3) Tritt der Reisende vor Reisebeginn vom Vertrag zurück, findet § 651h Absatz 1 Satz 3, Absatz 2 nur Anwendung, wenn der Reiseveranstalter den Reisenden auf den Aufenthalt angemessen vorbereitet und spätestens zwei Wochen vor Antritt der Reise jedenfalls über Folgendes informiert hat:

1. Name und Anschrift der für den Gastschüler nach Ankunft bestimmten Gastfamilie und
2. Name und Erreichbarkeit eines Ansprechpartners im Aufnahmeland, bei dem auch Abhilfe verlangt werden kann.

(4) Der Reisende kann den Vertrag bis zur Beendigung der Reise jederzeit kündigen. Kündigt der Reisende, ist der Reiseveranstalter berechtigt, den vereinbarten Reisepreis abzüglich der ersparten Aufwendungen zu verlangen. Der Reiseveranstalter ist verpflichtet, die infolge der Kündigung notwendigen Maßnahmen zu treffen, insbesondere, falls der Vertrag die Beförderung des Gastschülers umfasste, für dessen Rückbeförderung zu sorgen. Die Mehrkosten fallen dem Reisenden zur Last. Die vorstehenden Sätze gelten nicht, wenn der Reisende nach § 651l kündigen kann.

§ 651v Reisevermittlung

(1) Ein Unternehmer, der einem Reisenden einen Pauschalreisevertrag vermittelt (Reisevermittler), ist verpflichtet, den Reisenden nach Maßgabe des Artikels 250 §§ 1 bis 3 des Einführungsgesetzes zum Bürgerlichen Gesetzbuche zu informieren. Er erfüllt damit zugleich die Verpflichtungen des Reiseveranstalters aus § 651d Absatz 1 Satz 1. Der Reisevermittler trägt gegenüber dem Reisenden die Beweislast für die Erfüllung seiner Informationspflichten.

(2) Für die Annahme von Zahlungen auf den Reisepreis durch den Reisevermittler gilt § 651t

Aufnahmeland)에 있는 기숙가정(寄宿家庭)에서의 유학생의 체류(einen mindestens drei Monate andauernden und mit dem geregelten Besuch einer Schule verbundenen Aufenthalt des Gastschülers bei einer Gastfamilie in einem anderen Staat)를 목적으로 하는 계약에 대하여 제651조a 제1항, 제2항, 제5항, 제651조b, 제651조d 제1항 내지 제4항, 제651조e 내지 제651조t를 준용하고 또 다음 조항을 적용한다. 제1문보다 단기의 유학생기숙(留學生寄宿)을 목적으로 하거나 규칙적인 실습수행과 결합된 체류로, 수용국에 있는 기숙가정(寄宿家庭)에서의 체류를 목적으로 하는 계약에 대하여 이러한 규정들은 그 합의가 있는 경우에 한하여 적용한다.

② 유학생기숙(留學生寄宿)의 제공자는 유학생의 참가에 있어 여행주최자로서 다음 각 호의 의무를 진다.

1. 수용국의 여건(與件)에 좇아 유학생의 기숙가정(寄宿家庭) 내의 적절한 숙박·감독·보호(angemessene Unterkunft, Beaufsichtigung und Betreuung)를 제공할 의무,
2. 수용국 내에서 유학생의 규칙적인 학교방문에 대한 필요조건을 조성(造成)할 의무.

③ 여행자가 여행개시 전에 계약을 해제한 경우에, 여행주최자가 여행자에게 기숙가정에서(寄宿家庭) 체류하도록 준비해 주고(der Reiseveranstalter den Reisenden auf den Aufenthalt angemessen vorbereitet), 늦어도 여행 개시 2주 전(前)에 다음 각 호에 관한 정보를 제공한 때에 한하여, 제651조h 제1항 제3문, 제2항을 적용한다,

1. 도착 후 유학생에 대해 정해진 기숙가정(寄宿家庭)의 이름 및 주소,
2. 수용국에 있는, 시정요구도 받을 수 있는 사업상대방(事業相對方; Ansprechpartner)의 이름 및 연락방법.

④ 여행자는 여행의 종료 전까지(bis zur Beendigung der Reise) 언제든지 계약을 해지할 수 있다. 여행자가 해지한 경우에 여행주최자는 약정한 여행대금에서 절약된 비용을 공제한 금원을 청구할 권리를 갖는다. 여행주최자는 해지로 인하여 필요하게 된 조치를 취할 의무, 특히 유학생의 운송이 계약에 포함된 경우에는 그의 귀환운송을 제공할(insbesondere, falls der Vertrag die Beförderung des Gastschülers umfasste, für dessen Rückbeförderung zu sorgen) 의무를 진다. 비용증가분(Die Mehrkosten)은 여행자가 부담한다. 제651조l에 따라 여행자가 계약을 해지할 수 있는 경우에는 이러한 규정들은 적용하지 아니한다.

제651조v 여행주선

① 여행자에게 패키지여행을 주선해 준(der einem Reisenden einen Pauschalreisevertrag vermittelt) 사업자('여행주선업자'; Reisevermittler)는 민법전시행법 제250항목 제1조 내지 제3조의 기준에 따라 정보를 제공할 의무를 진다. 이로써 여행주선업자는 동시에 제651조d 제1항 제1문상의 여행주최자의 의무도 이행하는 것이다. 여행주선업자는 여행자에 대하여 자신의 정보제공의무의 이행에 관한 증명책임(gegenüber dem Reisenden die Beweislast für die Erfüllung seiner Informationspflichten)을 부담한다.

② 여행주선업자가 여행대금을 수령하는 데에 대해 제651조t 제2호를 준용한다. 여행주선업자가

Nummer 2 entsprechend. Ein Reisevermittler gilt als vom Reiseveranstalter zur Annahme von Zahlungen auf den Reisepreis ermächtigt, wenn er dem Reisenden eine den Anforderungen des Artikels 250 § 6 des Einführungsgesetzes zum Bürgerlichen Gesetzbuche entsprechende Abschrift oder Bestätigung des Vertrags zur Verfügung stellt oder sonstige dem Reiseveranstalter zuzurechnende Umstände ergeben, dass er von diesem damit betraut ist, Pauschalreiseverträge für ihn zu vermitteln. Dies gilt nicht, wenn die Annahme von Zahlungen durch den Reisevermittler in hervorgehobener Form gegenüber dem Reisenden ausgeschlossen ist.

(3) Hat der Reiseveranstalter im Zeitpunkt des Vertragsschlusses seinen Sitz nicht in einem Mitgliedstaat der Europäischen Union oder einem anderen Vertragsstaat des Abkommens über den Europäischen Wirtschaftsraum, treffen den Reisevermittler die sich aus den §§ 651i bis 651t ergebenden Pflichten des Reiseveranstalters, es sei denn, der Reisevermittler weist nach, dass der Reiseveranstalter seine Pflichten nach diesen Vorschriften erfüllt.

(4) Der Reisevermittler gilt als vom Reiseveranstalter bevollmächtigt, Mängelanzeigen sowie andere Erklärungen des Reisenden bezüglich der Erbringung der Reiseleistungen entgegenzunehmen. Der Reisevermittler hat den Reiseveranstalter unverzüglich von solchen Erklärungen des Reisenden in Kenntnis zu setzen.

§ 651w Vermittlung verbundener Reiseleistungen

(1) Ein Unternehmer ist Vermittler verbundener Reiseleistungen, wenn er für den Zweck derselben Reise, die keine Pauschalreise ist,

1. dem Reisenden anlässlich eines einzigen Besuchs in seiner Vertriebsstelle oder eines einzigen Kontakts mit seiner Vertriebsstelle Verträge mit anderen Unternehmern über mindestens zwei verschiedene Arten von Reiseleistungen vermittelt und der Reisende diese Leistungen getrennt auswählt und
   a) getrennt bezahlt oder
   b) sich bezüglich jeder Leistung getrennt zur Zahlung verpflichtet oder
2. dem Reisenden, mit dem er einen Vertrag über eine Reiseleistung geschlossen hat oder dem er einen solchen Vertrag vermittelt hat, in gezielter Weise mindestens einen Vertrag mit einem anderen Unternehmer über eine andere Art von Reiseleistung vermittelt und der weitere Vertrag spätestens 24 Stunden nach der Bestätigung des Vertragsschlusses über die erste Reiseleistung geschlossen wird.

Eine Vermittlung in gezielter Weise im Sinne des Satzes 1 Nummer 2 liegt insbesondere dann nicht vor, wenn der Unternehmer den Reisenden lediglich mit einem anderen Unternehmer in Kontakt bringt. Im Übrigen findet auf Satz 1 § 651a Absatz 4 Satz 1 Nummer 1, Satz 2 und Absatz 5 Nummer 1 und 3 entsprechende Anwendung. § 651a Absatz 5 Nummer 2 ist unabhängig

민법전시행법 제250항목 제6조상의 요구사항에 따른 계약서의 사본 또는 계약확인서(Abschrift oder Bestätigung des Vertrags)를 여행자에게 제공하거나, 여행주최자에게 귀속시킬 그 밖의 사정에 의해 여행주선업자가 여행주최자에게서 그를 위해 패키지여행을 주선하는 임무를 부여받았다는 사실이 드러난(Bestätigung des Vertrags zur Verfügung stellt oder sonstige dem Reiseveranstalter zuzurechnende Umstände ergeben, dass er von diesem damit betraut ist, Pauschalreiseverträge für ihn zu vermitteln) 경우에는 여행주선업자는 여행주최자에게서 여행대금 지급을 수령하는 것에 대한 권한을 부여받은 것으로 본다. 그 지급 수령이 여행주선업자에 의해 여행자에 대하여 눈에 띄는 형식으로 배제된 경우에는 그러하지 아니하다.

③ 여행주최자가 계약체결시를 기준으로 유럽연합원국이나 「유럽경제권에 관한 협약」의 그 회원국 이외의 가입국(加入國)에 본사를 두지 아니한 경우에는, 여행주선업자가 제651조i 내지 제651조t에서 파생한 여행주최자의 의무(義務)를 부담하되, 여행주최자가 이러한 규정(規定)에 따른 자신의 의무를 이행(履行)한다는 점을 증명(證明)한 경우(der Reisevermittler weist nach, dass der Reiseveranstalter seine Pflichten nach diesen Vorschriften erfüllt)에는 그러하지 아니하다.

④ 여행주선업자는 여행주최자에게서 하자통지와 여행급부에 관한 여행자의 그 밖의 의사표시(andere Erklärungen des Reisenden bezüglich der Erbringung der Reiseleistungen)를 수령하는 권한을 수여받은 것으로 본다. 여행주선업자는 여행주최자에게 지체 없이 여행자의 그러한 의사표시를 알려야(von solchen Erklärungen des Reisenden in Kenntnis zu setzen) 한다.

제651조w 연계여행급부의 주선

① 해당 사업자가 패키지여행이 아닌 동일한 여행 목적을 위하여, 다음 각 호와 같이 한 경우에는 해당 사업자는 연계여행급부주선업자(連繫旅行給付周旋業者)이다,

1. 자신의 판매상(販賣商)에 대한 유일한 방문 또는 자신의 판매상(販賣商)과 유일한 접촉을 계기로 두 가지 이상의 다른 유형(類型)의 여행급부에 관한(über mindestens zwei verschiedene Arten von Reiseleistungen) 다른 사업자들과의 계약들을 여행자에게 주선해 주고, 여행자가 이러한 급부를 각각 선택한 다음,
   a) 각각 그 대금을 지급하거나,
   b) 각 여행급부에 대해 각각 대금을 지급할 의무를 부담한 경우,
2. 해당 사업자가 1개의 여행급부에 관한 1개의 계약을 체결하거나 그러한 계약 1개를 주선해 준 여행자에게, 다른 유형(類型)의 급부에 관한, 다른 사업자 1명과의 1개 이상의 계약을 목적지향적 방법으로 주선해 주고, 늦어도 최초의 여행급부에 관한 계약체결 확인 후 24시간 내에 추가적인 계약이 체결된(der weitere Vertrag spätestens 24 Stunden nach der Bestätigung des Vertragsschlusses über die erste Reiseleistung geschlossen wird) 경우.

특히 그 사업자가 여행자에게 다른 사업자 1명과 단순히 연결해 준 것에 불과한 경우(wenn der Unternehmer den Reisenden lediglich mit einem anderen Unternehmer in Kontakt bringt)에는 제1문 제2호상의 목적지향적 방법에 의한 주선에 해당하지 않는다. 그밖의 경우에 제651조a 제4항 제1문 제1호, 제2문, 제5항 제1호, 제3호를 준용한다. 제651조a 제5항 제2호는 여행대금액에 상관

von der Höhe des Reisepreises entsprechend anzuwenden.

(2) Der Vermittler verbundener Reiseleistungen ist verpflichtet, den Reisenden nach Maßgabe des Artikels 251 des Einführungsgesetzes zum Bürgerlichen Gesetzbuche zu informieren.

(3) Nimmt der Vermittler verbundener Reiseleistungen Zahlungen des Reisenden auf Vergütungen für Reiseleistungen entgegen, hat er sicherzustellen, dass diese dem Reisenden erstattet werden, soweit Reiseleistungen von dem Vermittler verbundener Reiseleistungen selbst zu erbringen sind oder Entgeltforderungen anderer Unternehmer im Sinne des Absatzes 1 Satz 1 noch zu erfüllen sind und im Fall der Zahlungsunfähigkeit des Vermittlers verbundener Reiseleistungen

1. Reiseleistungen ausfallen oder
2. der Reisende im Hinblick auf erbrachte Reiseleistungen Zahlungsaufforderungen nicht befriedigter anderer Unternehmer im Sinne des Absatzes 1 Satz 1 nachkommt.

Hat sich der Vermittler verbundener Reiseleistungen selbst zur Beförderung des Reisenden verpflichtet, hat er zudem die vereinbarte Rückbeförderung und die Beherbergung bis zum Zeitpunkt der Rückbeförderung sicherzustellen. Der Zahlungsunfähigkeit stehen die Eröffnung des Insolvenzverfahrens über das Vermögen des Vermittlers verbundener Reiseleistungen und die Abweisung eines Eröffnungsantrags mangels Masse gleich. § 651r Absatz 2 bis 4 sowie die §§ 651s und 651t sind entsprechend anzuwenden.

(4) Erfüllt der Vermittler verbundener Reiseleistungen seine Pflichten aus den Absätzen 2 und 3 nicht, finden auf das Rechtsverhältnis zwischen ihm und dem Reisenden § 312 Absatz 7 Satz 2 sowie die §§ 651e, 651h bis 651q und 651v Absatz 4 entsprechende Anwendung.

(5) Kommen infolge der Vermittlung nach Absatz 1 ein oder mehrere Verträge über Reiseleistungen mit dem Reisenden zustande, hat der jeweilige andere Unternehmer den Vermittler verbundener Reiseleistungen über den Umstand des Vertragsschlusses zu unterrichten. Die Pflicht nach Satz 1 besteht nicht, wenn der Vermittler verbundener Reiseleistungen den Vertrag als Vertreter des anderen Unternehmers geschlossen hat.

§ 651x Haftung für Buchungsfehler

Der Reisende hat Anspruch auf Ersatz des Schadens,

1. der ihm durch einen technischen Fehler im Buchungssystem des Reiseveranstalters, Reisevermittlers, Vermittlers verbundener Reiseleistungen oder eines Leistungserbringers entsteht, es sei denn, der jeweilige Unternehmer hat den technischen Fehler nicht zu vertreten,
2. den einer der in Nummer 1 genannten Unternehmer durch einen Fehler während des Buchungsvorgangs verursacht hat, es sei denn, der Fehler ist vom Reisenden verschuldet oder wurde durch unvermeidbare, außergewöhnliche Umstände verursacht.

§ 651y Abweichende Vereinbarungen

없이(unabhängig von der Höhe des Reisepreises) 준용(準用)한다.

② 연계여행급부주선업자(Der Vermittler verbundener Reiseleistungen)는 여행자에게(den Reisenden) 민법전시행법 제251항목의 기준(基準)에 따라 정보(情報)를 제공할 의무(義務)를 진다.

③ 연계여행급부주선업자가 여행급부에 대한 여행자의 대가 지급을 수령하는 경우에(Nimmt der Vermittler verbundener Reiseleistungen Zahlungen des Reisenden auf Vergütungen für Reiseleistungen entgegen), 연계여행주선업자의 직접 여행급부를 제공해야 하거나 제1항 제1문의 다른 사업자의 보수채권이 여전히 이행되어야 하고, 연계여행급부주선업자의 파산시 다음 각 호의 범위 내에서, 연계여행주선업자는 그 지급이 여행자에게 반환된다는 점을 보장해야 한다,

1. 여행급부가 불이행된 경우,
2. 여행자가 제공된 여행급부와 관련하여(im Hinblick auf erbrachte Reiseleistungen) 제1항 제1문상의 대가(對價)를 지급(支給)받지 못한 다른 사업자(事業者)의 대금지급요구 (Zahlungsaufforderungen)에 따른 경우.

또한 연계여행급부주선업자가 직접 여행자를 운송할 의무를 부담하는 경우에 그는 약정한 귀환운송과 귀환운송시까지의 숙박(die vereinbarte Rückbeförderung und die Beherbergung bis zum Zeitpunkt der Rückbeförderung)도 보장해야 한다. 연계여행급부주선업자의 재산에 대한 파산절차의 개시와 자산부족으로 인한 파산신청의 기각(die Eröffnung des Insolvenzverfahrens über das Vermögen des Vermittlers verbundener Reiseleistungen und die Abweisung eines Eröffnungsantrags mangels Masse)은 파산과 동일시된다. 제 651조r 제2항 내지 제4항, 제651조s, 651조t를 준용한다.

④ 연계여행급부주선업자가 제2항, 제3항상의 자신의 의무를 이행하지 않은 경우에, 그와 여행자의 법률관계에 대해 제312조 제7항 제2문, 제651조e, 제651조h 내지 제651조q, 제651조v 제4항을 준용한다.

⑤ 제1항에 따른 여행주선에 의하여 여행급부에 관한 한 또는 여러 여행자와의 계약이 성립 경우에(Kommen infolge der Vermittlung nach Absatz 1 ein oder mehrere Verträge über Reiseleistungen mit dem Reisenden zustande), 각각의 다른 사업자는 연계여행급부주선업자에게 계약체결 상황에 관하여 통지해야 한다. 연계여행급부주선업자가 다른 사업자의 대리인(代理人)으로서 계약을 체결한 경우에는 제1문에 따른 의무(義務)는 인정되지 아니한다.

제651조x 예약하자에 대한 책임

여행자는 다음 각 호의 손해에 대한 배상청구권을 갖는다,

1. 여행주최자, 여행주선업자, 연계여행급부주선업자 또는 급부제공자의 예약시스템상의 기술적 하자로 인하여 여행자에게 발생한 손해, 각 그 사업자가 기술적 하자에 대해 책임이 없는 경우(der jeweilige Unternehmer hat den technischen Fehler nicht zu vertreten)에는 그러하지 아니하다,
2. 제1문상의 사업자 중 어느 사업자가 예약절차 도중의 하자로 야기한 손해, 하자가 여행자에게 책임이 있거나 불가피한 이례적 사정에 기인한 경우에는 그러하지 아나하다.

제651조y 다른 약정

Von den Vorschriften dieses Untertitels darf, soweit nichts anderes bestimmt ist, nicht zum Nachteil des Reisenden abgewichen werden. Die Vorschriften dieses Untertitels finden, soweit nichts anderes bestimmt ist, auch Anwendung, wenn sie durch anderweitige Gestaltungen umgangen werden.

Titel 10 Mäklervertrag

Untertitel 1 Allgemeine Vorschriften

§ 652 Entstehung des Lohnanspruchs

(1) Wer für den Nachweis der Gelegenheit zum Abschluss eines Vertrags oder für die Vermittlung eines Vertrags einen Mäklerlohn verspricht, ist zur Entrichtung des Lohnes nur verpflichtet, wenn der Vertrag infolge des Nachweises oder infolge der Vermittlung des Mäklers zustande kommt. Wird der Vertrag unter einer aufschiebenden Bedingung geschlossen, so kann der Mäklerlohn erst verlangt werden, wenn die Bedingung eintritt.

(2) Aufwendungen sind dem Mäkler nur zu ersetzen, wenn es vereinbart ist. Dies gilt auch dann, wenn ein Vertrag nicht zustande kommt.

§ 653 Mäklerlohn

(1) Ein Mäklerlohn gilt als stillschweigend vereinbart, wenn die dem Mäkler übertragene Leistung den Umständen nach nur gegen eine Vergütung zu erwarten ist.

(2) Ist die Höhe der Vergütung nicht bestimmt, so ist bei dem Bestehen einer Taxe der taxmäßige Lohn, in Ermangelung einer Taxe der übliche Lohn als vereinbart anzusehen.

§ 654 Verwirkung des Lohnanspruchs

Der Anspruch auf den Mäklerlohn und den Ersatz von Aufwendungen ist ausgeschlossen, wenn der Mäkler dem Inhalt des Vertrags zuwider auch für den anderen Teil tätig gewesen ist.

§ 655 Herabsetzung des Mäklerlohns

Ist für den Nachweis der Gelegenheit zum Abschluss eines Dienstvertrags oder für die Vermittlung eines solchen Vertrags ein unverhältnismäßig hoher Mäklerlohn vereinbart worden, so kann er auf Antrag des Schuldners durch Urteil auf den angemessenen Betrag herabgesetzt werden. Nach der Entrichtung des Lohnes ist die Herabsetzung ausgeschlossen.

Untertitel 2 Vermittlung von Verbraucherdarlehensverträgen und entgeltlichen Finanzierungshilfen

§ 655a Darlehensvermittlungsvertrag

(1) Für einen Vertrag, nach dem es ein Unternehmer unternimmt, einem Verbraucher

1. gegen eine vom Verbraucher oder einem Dritten zu leistende Vergütung einen Verbraucherdarlehensvertrag

다른 정함이 없는 한, 여행자의 불이익으로 본 관과 다르게 약정되어서는(zum Nachteil des Reisenden abgewichen) 아니된다. 달리 정하지 않는 한, 이 관의 규정은 다른 방법(方法)으로 회피되는 경우(wenn sie durch anderweitige Gestaltungen umgangen werden)에도 적용한다.

제10절 중개계약

제1관 총칙

제652조 보수청구권의 발생

① 계약의 체결 기회의 소개(紹介; Nachweis)에 대하여 또는 계약의 중개에 대하여 중개수수료(Mäklerlohn)를 약정한 자는, 그 소개 또는 중개인의 중개로 인하여(infolge des Nachweises oder infolge der Vermittlung des Mäklers) 계약이 체결된 때에는 그 수수료를 지급할 의무를 진다. 정지조건부로 계약이 체결된 경우에(Wird der Vertrag unter einer aufschiebenden Bedingung geschlossen) 중개수수료는 조건이 성취된 때에(wenn die Bedingung eintritt) 비로소 청구될 수 있다.

② 비용(Aufwendungen)은, 그것이 약정된 경우에 한하여 중개인에게 상환되어야 한다. 계약이 체결되지 않은 경우에도 또한 같다.

제653조 중개수수료

① 중개수수료는, 중개인에게 위탁된 급부가 제반사정에 의할 때 보수를 상환(相換)으로만 기대될 수 있는 경우에는 묵시적으로 약정된 것으로 본다.

② 중개수수료액수가 정해지지 않은 경우에 요율에 의한 수수료가 있는 때에는 그 요율수수료가, 요율에 의한 수수료가 없는 때에는 통상적 수수료가 약정된 것으로 본다.

제654조 중개수수료의 실현

중개수수료청구권과 비용상환청구권(Der Anspruch auf den Mäklerlohn und den Ersatz von Aufwendungen)은, 중개인이 계약의 내용에 반하여 다른 당사자를 위해서도 활동한 때에는 배제된다.

제655조 중개수수료 감액

고용계약의 체결 기회의 소개에 대하여 또는 그러한 계약의 중개에 대하여 과도한 고액의 중개수수료(ein unverhältnismäßig hoher Mäklerlohn)가 약정된 경우에 채무자의 신청에 따라 판결에 의하여(auf Antrag des Schuldners durch Urteil) 그 수수료는 적정한 금액으로(auf den angemessenen Betrag) 감액될 수 있다. 중개수수료의 지급 후에는 그 감액은 배제된다.

제2관 소비자소비대차계약과 유상신용부여(有償信用附與; entgeltlichen Finanzierungshilfen)

제655조a 소비대차중개계약

① 사업자가 소비자에게 하는 다음 각 호와 같은 내용을 인수하는 계약에 대하여,

1. 소비자(消費者) 또는 제3자가 이행(履行)해야 하는 보수(報酬)를 상환(償還)으로

oder eine entgeltliche Finanzierungshilfe zu vermitteln,
2. die Gelegenheit zum Abschluss eines Vertrags nach Nummer 1 nachzuweisen oder
3. auf andere Weise beim Abschluss eines Vertrags nach Nummer 1 behilflich zu sein,
gelten vorbehaltlich des Satzes 2 die folgenden Vorschriften dieses Untertitels. Bei entgeltlichen Finanzierungshilfen, die den Ausnahmen des § 491 Absatz 2 Satz 2 Nummer 1 bis 5 und Absatz 3 Satz 2 entsprechen, gelten die Vorschriften dieses Untertitels nicht.
(2) Der Darlehensvermittler ist verpflichtet, den Verbraucher nach Maßgabe des Artikels 247 § 13 Absatz 2 und § 13b Absatz 1 des Einführungsgesetzes zum Bürgerlichen Gesetzbuche zu informieren. Der Darlehensvermittler ist gegenüber dem Verbraucher zusätzlich wie ein Darlehensgeber gemäß § 491a verpflichtet. Satz 2 gilt nicht für Warenlieferanten oder Dienstleistungserbringer, die in lediglich untergeordneter Funktion als Darlehensvermittler von Allgemein-Verbraucherdarlehen oder von entsprechenden entgeltlichen Finanzierungshilfen tätig werden, etwa indem sie als Nebenleistung den Abschluss eines verbundenen Verbraucherdarlehensvertrags vermitteln.
(3) Bietet der Darlehensvermittler im Zusammenhang mit der Vermittlung eines Immobiliar-Verbraucherdarlehensvertrags oder entsprechender entgeltlicher Finanzierungshilfen Beratungsleistungen gemäß § 511 Absatz 1 an, so gilt § 511 entsprechend. § 511 Absatz 2 Satz 2 gilt entsprechend mit der Maßgabe, dass der Darlehensvermittler eine ausreichende Zahl von am Markt verfügbaren Darlehensverträgen zu prüfen hat. Ist der Darlehensvermittler nur im Namen und unter der unbeschränkten und vorbehaltlosen Verantwortung nur eines Darlehensgebers oder einer begrenzten Zahl von Darlehensgebern tätig, die am Markt keine Mehrheit darstellt, so braucht der Darlehensvermittler abweichend von Satz 2 nur Darlehensverträge aus der Produktpalette dieser Darlehensgeber zu berücksichtigen.

§ 655b Schriftform bei einem Vertrag mit einem Verbraucher

(1) Der Darlehensvermittlungsvertrag mit einem Verbraucher bedarf der schriftlichen Form. Der Vertrag darf nicht mit dem Antrag auf Hingabe des Darlehens verbunden werden. Der Darlehensvermittler hat dem Verbraucher den Vertragsinhalt in Textform mitzuteilen.
(2) Ein Darlehensvermittlungsvertrag mit einem Verbraucher, der den Anforderungen des Absatzes 1 Satz 1 und 2 nicht genügt oder vor dessen Abschluss die Pflichten aus Artikel 247 § 13 Abs. 2 sowie § 13b Absatz 1 und 3 des Einführungsgesetzes zum Bürgerlichen Gesetzbuche nicht erfüllt worden sind, ist nichtig.

§ 655c Vergütung

Der Verbraucher ist zur Zahlung der Vergütung für die Tätigkeiten nach § 655a Absatz 1 nur verpflichtet, wenn infolge der Vermittlung, des Nachweises oder auf Grund der sonstigen Tätigkeit

소비자소비대차계약 또는 유상신용부여(有償信用附與)을 중개하는 것,

2. 제1호에 따른 계약 체결의 기회(die Gelegenheit zum Abschluss eines Vertrags)를 주선하는 것,
3. 제1호에 따른 계약의 체결시 그 밖의 방법으로(auf andere Weise) 도움을 주는(behilflich zu sein) 것.

제2문을 제외하고 이 관의 다음의 규정(die folgenden Vorschriften dieses Untertitels)을 적용한다. 제491조 제2항 제2문 제1호 내지 제5호, 제3항 제2문의 예외(例外)에 부합(符合)하는 유상신용부여(有償信用附與)의 경우 이 관의 규정(die Vorschriften dieses Untertitels)을 적용하지 아니한다.

② 소비대차중개인은 소비자에게 민법전시행법(Einführungsgesetz) 제247항목 제13조 제2항, 제13조b 제1항의 기준에 따라 정보를 제공할 의무를 진다. 소비대차중개인은 소비자에 대하여 제491조a에 따른 대주와 같이 추가적으로 의무를 진다. 예를 들어, 부가급부로 결합 소비자소비대차계약의 체결을 중개함으로써 단지 부수적 기능을 수행하는 것처럼(etwa indem sie als Nebenleistung den Abschluss eines verbundenen Verbraucherdarlehensvertrags vermitteln), 일반소비자소비대차계약의 중개인이나 관련 유상신용부여의 중개인으로서 단지 부수적 기능만을 수행하는 물품공급자 또는 급부제공자에 대하여는 제2문을 적용하지 아니한다.

③ 소비대차중개인이 부동산소비자소비대차계약 또는 준용되는 유상신용부여의 중개와 관련하여(im Zusammenhang mit der Vermittlung eines Immobiliar-Verbraucherdarlehensvertrags) oder entsprechender entgeltlicher Finanzierungshilfen 제511조 제1항에 따른 상담서비스를 제공하는 경우에 제511조를 준용한다. 소비대차중개인이 시장에서 사용 가능한 충분한 수의 소비대차계약을 검토해야 한다는 기준하에 제511조 제2항 제2문을 준용한다. 소비대차중개인이 대주 1인이나 제한된 수의 대주의 명의로만 또 그들의 제한 없는 무조건적 책임하에(nur im Namen und unter der unbeschränkten und vorbehaltlosen Verantwortung nur eines Darlehensgebers oder einer begrenzten Zahl von Darlehensgebern) 행위를 하는 경우에, 소비대차중개인은 제2문과 달리 이러한 대주의 상품일람표(商品一覽表; Produktpalette)에서 나오는 소비대차계약만을 고려해도 된다.

제655조b 소비사와의 계약시 서면방식

① 소비자와의 소비대차중개계약은 서면방식(der schriftlichen Form)이 요구된다. 그 계약은 소비대차의 시행에 대한 청약(mit dem Antrag auf Hingabe des Darlehens)과 결부되어서는 아니된다. 소비대차중개인은 소비자(消費者)에게 계약내용을 문면방식으로(in Textform) 통지해야 한다.

② 제1항 제1문, 제2문의 요건이 충족되지 않거나, 민법전시행법 제247항목 제13조 제2항, 제13조b 제1항, 제3항에 기한 의무(die Pflichten aus Artikel 247 § 13 Abs. 2 sowie § 13b Absatz 1 und 3 des Einführungsgesetzes zum Bürgerlichen Gesetzbuche)가 그 계약(契約) 체결(締結) 전에 이행(履行)되지 않는 소비자와의 소비대차중개계약은 무효이다.

제655조c 보수

소비대차중개인의 중개, 소개로 인하거나 그 밖의 활동에 기하여 소비자에 대한 소비대차가 시행되고 제355조에 따른 소비자의 철회권의 행사가 더 이상 불가능한 때에는 소비자는 제655조a

des Darlehensvermittlers das Darlehen an den Verbraucher geleistet wird und ein Widerruf des Verbrauchers nach § 355 nicht mehr möglich ist. Soweit der Verbraucherdarlehensvertrag mit Wissen des Darlehensvermittlers der vorzeitigen Ablösung eines anderen Darlehens (Umschuldung) dient, entsteht ein Anspruch auf die Vergütung nur, wenn sich der effektive Jahreszins nicht erhöht; bei der Berechnung des effektiven Jahreszinses für das abzulösende Darlehen bleiben etwaige Vermittlungskosten außer Betracht.

§ 655d Nebenentgelte

Der Darlehensvermittler darf für Leistungen, die mit der Vermittlung des Verbraucherdarlehensvertrags oder dem Nachweis der Gelegenheit zum Abschluss eines Verbraucherdarlehensvertrags zusammenhängen, außer der Vergütung nach § 655c Satz 1 sowie eines gegebenenfalls vereinbarten Entgelts für Beratungsleistungen ein Entgelt nicht vereinbaren. Jedoch kann vereinbart werden, dass dem Darlehensvermittler entstandene, erforderliche Auslagen zu erstatten sind. Dieser Anspruch darf die Höhe oder die Höchstbeträge, die der Darlehensvermittler dem Verbraucher gemäß Artikel 247 § 13 Absatz 2 Satz 1 Nummer 4 des Einführungsgesetzes zum Bürgerlichen Gesetzbuche mitgeteilt hat, nicht übersteigen.

§ 655e Abweichende Vereinbarungen, Anwendung auf Existenzgründer

(1) Von den Vorschriften dieses Untertitels darf nicht zum Nachteil des Verbrauchers abgewichen werden. Die Vorschriften dieses Untertitels finden auch Anwendung, wenn sie durch anderweitige Gestaltungen umgangen werden.

(2) Existenzgründer im Sinne des § 513 stehen Verbrauchern in diesem Untertitel gleich.

Untertitel 3 Ehevermittlung

§ 656 Heiratsvermittlung

(1) Durch das Versprechen eines Lohnes für den Nachweis der Gelegenheit zur Eingehung einer Ehe oder für die Vermittlung des Zustandekommens einer Ehe wird eine Verbindlichkeit nicht begründet. Das auf Grund des Versprechens Geleistete kann nicht deshalb zurückgefordert werden, weil eine Verbindlichkeit nicht bestanden hat.

(2) Diese Vorschriften gelten auch für eine Vereinbarung, durch die der andere Teil zum Zwecke der Erfüllung des Versprechens dem Mäkler gegenüber eine Verbindlichkeit eingeht, insbesondere für ein Schuldanerkenntnis.

Titel 11 Auslobung

§ 657 Bindendes Versprechen

제1항에 따른 활동에 대한 보수의 지급할 의무가 있다. 소비자소비대차계약이 다른 소비대차의 조기 상환을 목적으로 하는 것[대환대출(貸還貸出)]을 소비대차중개인이 안 때에는(Soweit der Verbraucherdarlehensvertrag mit Wissen des Darlehensvermittlers der vorzeitigen Ablösung eines anderen Darlehens (Umschuldung) dient) 연이율(der effektive Jahreszins)이 인상되지 않는 경우에 한하여 보수청구권은 발생한다; 대환대출되는 소비대차에 대한 연이율의 산정시 우발적으로 발생할 수 있는 중개비용(etwaige Vermittlungskosten)은 고려하지 않는다.

제655d 추가보수

소비대차중개인은 소비자소비대차계약의 중개 또는 소비자소비대차계약의 체결 기회의 소개와 결부된 급부에 대하여 제655조c 제1문에 따른 보수(報酬)와 필요한 경우 상담(相談)서비스에 대한 약정한 보수 이외의 보수(außer der Vergütung nach § 655c Satz 1 sowie eines gegebenenfalls vereinbarten Entgelts für Beratungsleistungen ein Entgelt)를 약정할 수 없다. 그럼에도 소비대차중개인에게 발생한 필수적 경비(經費)가 상환되도록 약정될 수 있다. 이러한 청구권은, 소비대차중개인(Darlehensvermittler)이 소비자에게 민법전시행법(Einführungsgesetzes zum Bürgerlichen Gesetzbuche) 제247항목 제13조 제2항 제1문에 따라 통지(通知)를 한 액수 또는 한도액(die Höhe oder die Höchstbeträge)을 초과(超過)해서는 아니된다.

제6655조e 위와 다른 약정, 창업자(創業者)에 대한 적용

① 소비자의 불이익으로(zum Nachteil des Verbrauchers) 이 관의 규정과 다르게 약정되어서는 아니된다. 이 관의 규정은 다른 형태에 의해(durch anderweitige Gestaltungen) 회피되는 경우에도 적용한다.

② 제513조의 창업자는 이 관의 소비자(消費者)와 동일시된다.

제3관 혼인중개

제656조 혼인중개

① 혼인 성립의 기회의 소개(für den Nachweis der Gelegenheit zur Eingehung einer Ehe) 또는 혼인의 성립의 중개에 대한(für die Vermittlung des Zustandekommens einer Ehe) 보수의 약정에 의하여 채무가 성립되지 아니한다. 그 약정에 기하여 이행된 급부(Das auf Grund des Versprechens Geleistete)는, 채무가 성립되지 않았다는 이유로(weil eine Verbindlichkeit nicht bestanden hat) 반환청구될 수 없다.

② 이 규정은, 상대방으로 하여금 그 약정 이행을 위하여 중개인에 대한 채무를 부담시키는(durch die der andere Teil zum Zwecke der Erfüllung des Versprechens dem Mäkler gegenüber eine Verbindlichkeit eingeht) 약정, 특히 채무승인에도 적용된다.

제11절 현상광고

제657조 약정의 구속력

Wer durch öffentliche Bekanntmachung eine Belohnung für die Vornahme einer Handlung, insbesondere für die Herbeiführung eines Erfolges, aussetzt, ist verpflichtet, die Belohnung demjenigen zu entrichten, welcher die Handlung vorgenommen hat, auch wenn dieser nicht mit Rücksicht auf die Auslobung gehandelt hat.

§ 658 Widerruf

(1) Die Auslobung kann bis zur Vornahme der Handlung widerrufen werden. Der Widerruf ist nur wirksam, wenn er in derselben Weise wie die Auslobung bekannt gemacht wird oder wenn er durch besondere Mitteilung erfolgt.
(2) Auf die Widerruflichkeit kann in der Auslobung verzichtet werden; ein Verzicht liegt im Zweifel in der Bestimmung einer Frist für die Vornahme der Handlung.

§ 659 Mehrfache Vornahme

(1) Ist die Handlung, für welche die Belohnung ausgesetzt ist, mehrmals vorgenommen worden, so gebührt die Belohnung demjenigen, welcher die Handlung zuerst vorgenommen hat.
(2) Ist die Handlung von mehreren gleichzeitig vorgenommen worden, so gebührt jedem ein gleicher Teil der Belohnung. Lässt sich die Belohnung wegen ihrer Beschaffenheit nicht teilen oder soll nach dem Inhalt der Auslobung nur einer die Belohnung erhalten, so entscheidet das Los.

§ 660 Mitwirkung mehrerer

(1) Haben mehrere zu dem Erfolg mitgewirkt, für den die Belohnung ausgesetzt ist, so hat der Auslobende die Belohnung unter Berücksichtigung des Anteils eines jeden an dem Erfolg nach billigem Ermessen unter sie zu verteilen. Die Verteilung ist nicht verbindlich, wenn sie offenbar unbillig ist; sie erfolgt in einem solchen Fall durch Urteil.
(2) Wird die Verteilung des Auslobenden von einem der Beteiligten nicht als verbindlich anerkannt, so ist der Auslobende berechtigt, die Erfüllung zu verweigern, bis die Beteiligten den Streit über ihre Berechtigung unter sich ausgetragen haben; jeder von ihnen kann verlangen, dass die Belohnung für alle hinterlegt wird.
(3) Die Vorschrift des § 659 Abs. 2 Satz 2 findet Anwendung.

§ 661 Preisausschreiben

(1) Eine Auslobung, die eine Preisbewerbung zum Gegenstand hat, ist nur gültig, wenn in der Bekanntmachung eine Frist für die Bewerbung bestimmt wird.
(2) Die Entscheidung darüber, ob eine innerhalb der Frist erfolgte Bewerbung der Auslobung entspricht oder welche von mehreren Bewerbungen den Vorzug verdient, ist durch die in der Auslobung bezeichnete Person, in Ermangelung einer solchen durch den Auslobenden zu treffen. Die Entscheidung ist für die Beteiligten verbindlich.

공공연한 광고(廣告)에 의하여 어느 행위의 실행, 특히 어느 결과의 성취(成就)에 대해(insbesondere für die Herbeiführung eines Erfolges) 보수를 약정(約定)한 자는 그 행위를 실행(實行)한 자에게, 그 자가 현상광고(懸賞廣告; Auslobung)를 고려하지 않고서 행동을 했을지라도 보수를 지급할 의무를 진다.

제658조 철회

① 현상금은 그 행위의 실행시까지 철회될 수 있다. 그 철회는, 그 철회가 현상광고와 같은 방식으로 광고되거나 특별한 통지에 의해 이뤄지는 경우에 한하여 유효하다.
② 철회가능성은 현상광고에서 포기될 수 있다; 포기는 의심스러운 때에는 그 행위의 실행에 대한 기간의 설정에서 드러난다.

제659조 수인의 실행

① 보수가 약정된(für welche die Belohnung ausgesetzt ist) 행위가 수인에 의해 완료된 경우에 최초로 그 행위를 완료한 자(welcher die Handlung zuerst vorgenommen hat)에게 그 보수는 귀속된다.
② 수인이 동시에 그 행위를 한 경우에 균등한 비율(ein gleicher Teil)이 각인(各人)에게 귀속된다. 그 특성으로 인하여 보수가 분할되지 않거나 현상광고의 내용에 의할 때 1인만이 보수를 받아야 하는 경우에 추첨으로 결정한다.

제660조 수인의 협력

① 수인이 현상금이 약정된 결과(結果)에 협력한 경우에 광고자(der Auslobende)는, 각인의 결과에 대한 기여를 고려하여 공평한 재량에 따라(unter Berücksichtigung des Anteils eines jeden an dem Erfolg nach billigem Ermessen) 그들에게 분배해야 한다. 그 분배가 불공평한 것이 명백한 때에는 그 분배는 구속력이 없다; 그러한 경우 그 분배는 판결에 의해(durch Urteil) 행해진다.
② 그 참가자 중 1인이 광고자의 분배를 구속력 있는 것으로 인정하지 않은 경우에 광고자는, 참가자들이 자신들의 권리에 관한 분쟁을 해결할 때가지(bis die Beteiligten den Streit über ihre Berechtigung unter sich ausgetragen haben) 그 이행을 거절할 권리를 갖는다; 그들 중 각자는 보수가 모두를 위해 공탁되도록(dass die Belohnung für alle hinterlegt wird) 청구할 수 있다.
③ 제659조 제2항 제2문의 규정을 적용한다.

제661조 우수현상광고

① 우수 응모자에게 보수를 지급하는 것을 내용으로 하는(die eine Preisbewerbung zum Gegenstand hat) 현상광고는, 그 광고에서 응모자들 중 제1의 응모자(eine Frist für die Bewerbung)가 정해진 경우에 한하여 유효하다.
② 기간 내에 행해진 응모가 현상광고에 부합하는지 여부, 수인의 응모자 중에서 누가 우선권을 갖는지에 관한 결정은 현상광고에서 표시된 자가, 그러한 자가 없는 경우에 광고자가(durch die in der Auslobung bezeichnete Person, in Ermangelung einer solchen durch den Auslobenden) 행해야 한다. 그 결정은 응모자들에 대하여(für die Beteiligten) 구속력이 있다.

(3) Bei Bewerbungen von gleicher Würdigkeit findet auf die Zuerteilung des Preises die Vorschrift des § 659 Abs. 2 Anwendung.
(4) Die Übertragung des Eigentums an dem Werk kann der Auslobende nur verlangen, wenn er in der Auslobung bestimmt hat, dass die Übertragung erfolgen soll.

§ 661a Gewinnzusagen
Ein Unternehmer, der Gewinnzusagen oder vergleichbare Mitteilungen an Verbraucher sendet und durch die Gestaltung dieser Zusendungen den Eindruck erweckt, dass der Verbraucher einen Preis gewonnen hat, hat dem Verbraucher diesen Preis zu leisten.

Titel 12 Auftrag, Geschäftsbesorgungsvertrag und Zahlungsdienste

Untertitel 1 Auftrag

§ 662 Vertragstypische Pflichten beim Auftrag
Durch die Annahme eines Auftrags verpflichtet sich der Beauftragte, ein ihm von dem Auftraggeber übertragenes Geschäft für diesen unentgeltlich zu besorgen.

§ 663 Anzeigepflicht bei Ablehnung
Wer zur Besorgung gewisser Geschäfte öffentlich bestellt ist oder sich öffentlich erboten hat, ist, wenn er einen auf solche Geschäfte gerichteten Auftrag nicht annimmt, verpflichtet, die Ablehnung dem Auftraggeber unverzüglich anzuzeigen. Das Gleiche gilt, wenn sich jemand dem Auftraggeber gegenüber zur Besorgung gewisser Geschäfte erboten hat.

§ 664 Unübertragbarkeit; Haftung für Gehilfen
(1) Der Beauftragte darf im Zweifel die Ausführung des Auftrags nicht einem Dritten übertragen. Ist die Übertragung gestattet, so hat er nur ein ihm bei der Übertragung zur Last fallendes Verschulden zu vertreten. Für das Verschulden eines Gehilfen ist er nach § 278 verantwortlich.
(2) Der Anspruch auf Ausführung des Auftrags ist im Zweifel nicht übertragbar.

§ 665 Abweichung von Weisungen
Der Beauftragte ist berechtigt, von den Weisungen des Auftraggebers abzuweichen, wenn er den Umständen nach annehmen darf, dass der Auftraggeber bei Kenntnis der Sachlage die Abweichung billigen würde. Der Beauftragte hat vor der Abweichung dem Auftraggeber Anzeige zu machen und dessen Entschließung abzuwarten, wenn nicht mit dem Aufschub Gefahr verbunden ist.

§ 666 Auskunfts- und Rechenschaftspflicht
Der Beauftragte ist verpflichtet, dem Auftraggeber die erforderlichen Nachrichten zu geben, auf

③ 동등한 가치를 지닌 응모자들의 경우 보수의 분배에 대하여(auf die Zuerteilung des Preises) 제659조 제2항의 규정을 적용한다.

④ 광고자는, 자신이 현상광고에서 그 이전이 이뤄져야 한다는 점을 정한 경우에 한하여 응모작(應募作)에 대한 소유권 이전(Die Übertragung des Eigentums an dem Werk)을 청구할 수 있다.

제661조a 당첨통지

당첨통지(當籤通知; Gewinnzusagen) 또는 유사한 통지를 소비자에게 발송하고 이러한 발송 형태(形態)에 의하여 소비자가 당첨되었다는 인상을 심어주는 사업자는 소비자에게 이러한 당첨(當籤)을 이행해야 한다.

제12절 위임, 사무처리계약과 지급서비스

제1관 위임

제662조 위임계약에서의 전형적 의무

위임계약의 승낙에 의하여(Durch die Annahme eines Auftrags) 수임인은 위임인이 자신에게 맡긴 사무를 위임인을 위하여 무상으로 처리할 의무를 진다.

제663조 거부시의 통지의무

어떤 사무를 처리하도록 공식적으로(öffentlich) 선임되거나 이를 하겠다고 공공연하게 자청(自請)한 자(sich öffentlich erboten hat)는, 자신이 그러한 사무에 대한 위임(einen auf solche Geschäfte gerichteten Auftrag)을 승낙하지 않는 때에는, 지체 없이 위임인에게 거부를 통지할 의무를 부담한다. 누군가 위임인 대하여 어느 사무처리를 하겠다고 자청한 경우에도 또한 같다.

제664조 무상성(無償性); 보조인에 대한 책임

① 수임인은 의심스러울 때에는 사무처리를 제3자에게 위탁해서는 아니된다. 그 위탁이 허용되는 경우에는 수임인은 위탁시 자신이 부담하는 과책에 대해서만 책임을 부담한다. 보조인의 과책에 대하여는 제278조에 따라 책임을 부담한다.

② 위임사무처리청구권은 의심스러울 때는 양도될 수 없다.

제665조 지시 위반

수임인은, 제반사정에 비춰 위임인이 그 사정을 안다면(bei Kenntnis der Sachlage) 그 위반을 승낙할 것이라고 가정할 수 있을 때에는 수임인의 지시를 위반할 권리를 갖는다. 수임인은 지체로 인하여 위험이 발생하지 않은 한, 그 위반 전에(vor der Abweichung) 위임인에게(dem Auftraggeber) 통지를 해야 하고 그 결정을 기다려야 한다(dessen Entschließung abzuwarten).

제666조 정보제공의무와 보고의무

수임인은 위임인에게 필요한 정보를 제공할 의무를 부담하고(die erforderlichen Nachrichten zu

Verlangen über den Stand des Geschäfts Auskunft zu erteilen und nach der Ausführung des Auftrags Rechenschaft abzulegen.

§ 667 Herausgabepflicht

Der Beauftragte ist verpflichtet, dem Auftraggeber alles, was er zur Ausführung des Auftrags erhält und was er aus der Geschäftsbesorgung erlangt, herauszugeben.

§ 668 Verzinsung des verwendeten Geldes

Verwendet der Beauftragte Geld für sich, das er dem Auftraggeber herauszugeben oder für ihn zu verwenden hat, so ist er verpflichtet, es von der Zeit der Verwendung an zu verzinsen.

§ 669 Vorschusspflicht

Für die zur Ausführung des Auftrags erforderlichen Aufwendungen hat der Auftraggeber dem Beauftragten Vorschuss zu leisten.

§ 670 Ersatz von Aufwendungen

Macht der Beauftragte zum Zwecke der Ausführung des Auftrags Aufwendungen, die er den Umständen nach für erforderlich halten darf, so ist der Auftraggeber zum Ersatz verpflichtet.

§ 671 Widerruf; Kündigung

(1) Der Auftrag kann von dem Auftraggeber jederzeit widerrufen, von dem Beauftragten jederzeit gekündigt werden.

(2) Der Beauftragte darf nur in der Art kündigen, dass der Auftraggeber für die Besorgung des Geschäfts anderweit Fürsorge treffen kann, es sei denn, dass ein wichtiger Grund für die unzeitige Kündigung vorliegt. Kündigt er ohne solchen Grund zur Unzeit, so hat er dem Auftraggeber den daraus entstehenden Schaden zu ersetzen.

(3) Liegt ein wichtiger Grund vor, so ist der Beauftragte zur Kündigung auch dann berechtigt, wenn er auf das Kündigungsrecht verzichtet hat.

§ 672 Tod oder Geschäftsunfähigkeit des Auftraggebers

Der Auftrag erlischt im Zweifel nicht durch den Tod oder den Eintritt der Geschäftsunfähigkeit des Auftraggebers. Erlischt der Auftrag, so hat der Beauftragte, wenn mit dem Aufschub Gefahr verbunden ist, die Besorgung des übertragenen Geschäfts fortzusetzen, bis der Erbe oder der gesetzliche Vertreter des Auftraggebers anderweit Fürsorge treffen kann; der Auftrag gilt insoweit als fortbestehend.

§ 673 Tod des Beauftragten

Der Auftrag erlischt im Zweifel durch den Tod des Beauftragten. Erlischt der Auftrag, so hat der Erbe des Beauftragten den Tod dem Auftraggeber unverzüglich anzuzeigen und, wenn mit dem

geben) 또 그 요구에 따라 사무의 현황(über den Stand des Geschäfts)에 관한 정보를 제공하며 위임사무의 처리 후 그에 관하여 보고할 의무를 부담한다.

제667조 인도의무

수임인은 자신이 위임사무처리를 위해 받은 것(was er zur Ausführung des Auftrags erhält) 일체와 사무처리에 기하여 얻은 것 일체를 위임인에게 인도할 의무를 진다.

제668조 사용한 돈에 대한 이자가산

수임인이, 자신이 위임인에게 인도해야 하거나 위임인을 위해 사용해야 하는 금전을 자신을 위해 사용한 때에는 그는 그 사용시부터(von der Zeit der Verwendung an) 이자를 가산할 의무를 진다.

제669조 선급의무(先給義務)

위임사무처리를 하는 데 필요한 비용에 대하여 위임인은 수임인에게 그 요구에 따라(auf Verlangen) 선급해야 한다.

제670조 비용의 상환

수임인이 위임사무처리를 위해(zum Zwecke der Ausführung des Auftrags), 그가 제반사정에 비춰 필요한 것으로 여긴 비용을 사용한 경우에 위임인은 이를 상환할 의무(義務)를 진다.

제671조 철회; 해지

① 위임은 위임인에 의해(von dem Auftraggeber) 언제든지 철회될 수 있고 수임인에 의해 언제든지 해지될 수 있다.

② 수임인은, 위임인이 위임사무처리에 대하여 달리 대책을 강구할 수 있는 방식으로만 해지할 수 있으되, 불리한 시기의 해지에 대한 중대한 사유(ein wichtiger Grund für die unzeitige Kündigung)가 있는 경우에는 그러하지 아니하다. 수임인이 불리한 시기에 대한 사유 없이 해지를 한 경우에 그는 위임인에게 이로 인하여 생긴 손해(den daraus entstehenden Schaden)를 배상해야 한다.

③ 중대한 사유가 있는 경우에 수임인은, 해지권을 포기했을지라도(wenn er auf das Kündigungsrecht verzichtet hat) 해지할 권리를 갖는다.

제672조 위임인의 사망 또는 무능력

위임은 의심스러울 때에는 위임인의 사망 또는 무능력의 발생으로 인하여(durch den Tod oder den Eintritt der Geschäftsunfähigkeit des Auftraggebers) 종료하지 않는다. 위임이 종료한 경우에 수임인은, 그 지체로 인하여 위험이 발생하는 때에는(wenn mit dem Aufschub Gefahr verbunden ist) 위임인의 상속인 또는 법정대리인이 달리 대책을 강구할 때까지 위임받는 사무처리를 계속해야 한다; 그 계속이 있는 범위 내에서 위임이 적용된다(der Auftrag gilt insoweit als fortbestehend).

제673조 수임인의 사망

위임은 의심스러울 때에는 수임인의 사망으로(durch den Tod des Beauftragten) 종료한다. 위임이 종료된 때에 수임인의 상속인은 위임인에게 그 사망을 지체 없이 통지를 해야 하고, 그 지체로 인

Aufschub Gefahr verbunden ist, die Besorgung des übertragenen Geschäfts fortzusetzen, bis der Auftraggeber anderweit Fürsorge treffen kann; der Auftrag gilt insoweit als fortbestehend.

§ 674 Fiktion des Fortbestehens

Erlischt der Auftrag in anderer Weise als durch Widerruf, so gilt er zugunsten des Beauftragten gleichwohl als fortbestehend, bis der Beauftragte von dem Erlöschen Kenntnis erlangt oder das Erlöschen kennen muss.

Untertitel 2 Geschäftsbesorgungsvertrag

*) Amtlicher Hinweis:

Dieser Untertitel dient der Umsetzung

1. der Richtlinie 97/5/EG des Europäischen Parlaments und des Rates vom 27. Januar 1997 über grenzüberschreitende Überweisungen (ABl. EG Nr. L 43 S. 25) und
2. Artikel 3 bis 5 der Richtlinie 98/26/EG des Europäischen Parlaments und des Rates über die Wirksamkeit von Abrechnungen in Zahlungs- und Wertpapierliefer- und -abrechnungssystemen vom 19. Mai 1998 (ABl. EG Nr. L 166 S. 45).

§ 675 Entgeltliche Geschäftsbesorgung

(1) Auf einen Dienstvertrag oder einen Werkvertrag, der eine Geschäftsbesorgung zum Gegenstand hat, finden, soweit in diesem Untertitel nichts Abweichendes bestimmt wird, die Vorschriften der §§ 663, 665 bis 670, 672 bis 674 und, wenn dem Verpflichteten das Recht zusteht, ohne Einhaltung einer Kündigungsfrist zu kündigen, auch die Vorschriften des § 671 Abs. 2 entsprechende Anwendung.

(2) Wer einem anderen einen Rat oder eine Empfehlung erteilt, ist, unbeschadet der sich aus einem Vertragsverhältnis, einer unerlaubten Handlung oder einer sonstigen gesetzlichen Bestimmung ergebenden Verantwortlichkeit, zum Ersatz des aus der Befolgung des Rates oder der Empfehlung entstehenden Schadens nicht verpflichtet.

(3) Ein Vertrag, durch den sich der eine Teil verpflichtet, die Anmeldung oder Registrierung des anderen Teils zur Teilnahme an Gewinnspielen zu bewirken, die von einem Dritten durchgeführt werden, bedarf der Textform.

§ 675a Informationspflichten

Wer zur Besorgung von Geschäften öffentlich bestellt ist oder sich dazu öffentlich erboten hat, stellt für regelmäßig anfallende standardisierte Geschäftsvorgänge (Standardgeschäfte) unentgeltlich Informationen über Entgelte und Auslagen der Geschäftsbesorgung in Textform zur Verfügung, soweit nicht eine Preisfestsetzung nach § 315 erfolgt oder die Entgelte und Auslagen gesetzlich

하여 위험이 발생하는 때에는 위임인이 달리 대책을 강구할 수 있을 때까지 위임받은 사무처리를 계속해야 한다. 그 계속이 있는 범위 내에서 위임이 적용된다.

제674조 그 계속의 의제(擬制)

위임이 철회 이외의 방식으로 종료되는 경우에 위임은 수임인의 이익으로(zugunsten des Beauftragten) 수임인이 그 종료에 대해 알게 되거나 알아야만 할(das Erlöschen kennen muss) 때까지 계속된 것으로 본다.

제2관 사무처리계약

*) 공식 주(注):

본 관은 다음의 시행에 기여한다,

1. 「국경(國境)을 초월(超越)하는 자금이체(grenzüberschreitende Überweisungen)에 관한 1997년 1월 27일의 유럽연합 의회 및 이사회 지침」(Richtlinie) 97/5/EG호(ABl. EG Nr. L 43 S. 25),
2. 「1998년 5월 19일의 지급정산시스템 및 유가증권양도·정산시스템(Zahlungs- und Wertpapierliefer- und -abrechnungssystemen)에서의 지급의 유효성에 관한 유럽연합 의회 및 이사회 98/26/EG호 지침」(ABl. EG Nr. L 166 S. 45) 제3조 내지 제5조.

제675조 유상의 사무처리

① 이 관에서 다른 정함이 없는 한, 사무처리를 내용으로 하는 고용계약 또는 도급계약에 대하여 적용한다. 제663조, 제665조 내지 제670조, 제672조 내지 제674조의 규정을 준용하고 해지기간의 준수 없이 해지할 수 있는(ohne Einhaltung einer Kündigungsfrist zu kündigen) 권리가 의무자(Verpflichteten)에게 귀속되는 경우에 제671조 제2항의 규정도 준용한다.

② 타인에게 조언 또는 추천을 하는 자는, 계약관계 또는 불법행위 그 밖의 법률상 규정에서 생긴 책임을 부담하는지에 상관없이(unbeschadet der sich aus einem Vertragsverhältnis, einer unerlaubten Handlung oder einer sonstigen gesetzlichen Bestimmung ergebenden Verantwortlichkeit), 그 또는 추천 조언을 따름으로 인하여 생긴 손해를 배상할 의무를 지지 아니한다.

③ 어느 당사자로 하여금 제3자가 수행하는, 운에 좌우되는 게임에 참여하기 위하여 상대방의 신고 또는 등록(die Anmeldung oder Registrierung des anderen Teils)을 시행할 의무를 지게 하는 계약은 문면방식(Textform)을 요한다.

제675조a 정보제공의무

사무처리를 위해 공식적으로(öffentlich) 선임되거나 이를 하겠다고 공공연하게 자청한 자(sich dazu öffentlich erboten hat)는, 제315조에 따른 대가책정이 행해지지 않거나 보수 및 경비(經費)가 법률상 구속력 있게 규율되지 않는 한, 통상적으로 발생하는 표준화된 사무처리('표준사무'; Standardgeschäfte) 관련한 사무처리의 보수 및 경비에 관한 정보(Informationen über Entgelte und

verbindlich geregelt sind.

§ 675b Aufträge zur Übertragung von Wertpapieren in Systemen

Der Teilnehmer an Wertpapierlieferungs- und Abrechnungssystemen kann einen Auftrag, der die Übertragung von Wertpapieren oder Ansprüchen auf Herausgabe von Wertpapieren im Wege der Verbuchung oder auf sonstige Weise zum Gegenstand hat, von dem in den Regeln des Systems bestimmten Zeitpunkt an nicht mehr widerrufen.

Untertitel 3 Zahlungsdienste

Kapitel 1 Allgemeine Vorschriften

§ 675c Zahlungsdienste und E-Geld

(1) Auf einen Geschäftsbesorgungsvertrag, der die Erbringung von Zahlungsdiensten zum Gegenstand hat, sind die §§ 663, 665 bis 670 und 672 bis 674 entsprechend anzuwenden, soweit in diesem Untertitel nichts Abweichendes bestimmt ist.

(2) Die Vorschriften dieses Untertitels sind auch auf einen Vertrag über die Ausgabe und Nutzung von E-Geld anzuwenden.

(3) Die Begriffsbestimmungen des Kreditwesengesetzes und des Zahlungsdiensteaufsichtsgesetzes sind anzuwenden.

(4) Die Vorschriften dieses Untertitels sind mit Ausnahme von § 675d Absatz 2 Satz 2 sowie Absatz 3 nicht auf einen Vertrag über die Erbringung von Kontoinformationsdiensten anzuwenden.

§ 675d Unterrichtung bei Zahlungsdiensten

(1) Zahlungsdienstleister haben Zahlungsdienstnutzer bei der Erbringung von Zahlungsdiensten über die in Artikel 248 §§ 1 bis 12, 13 Absatz 1, 3 bis 5 und §§ 14 bis 16 des Einführungsgesetzes zum Bürgerlichen Gesetzbuche bestimmten Umstände in der dort vorgesehenen Form zu unterrichten.

(2) Zahlungsauslösedienstleister haben Zahler ausschließlich über die in Artikel 248 § 13 Absatz 1 bis 3 und § 13a des Einführungsgesetzes zum Bürgerlichen Gesetzbuche bestimmten Umstände in der Form zu unterrichten, die in Artikel 248 §§ 2 und 12 des Einführungsgesetzes zum Bürgerlichen Gesetzbuche vorgesehen ist. Kontoinformationsdienstleister haben Zahlungsdienstnutzer über die in Artikel 248 §§ 4 und 13 Absatz 1 des Einführungsgesetzes zum Bürgerlichen Gesetzbuche bestimmten Umstände zu unterrichten; sie können die Form und den Zeitpunkt der Unterrichtung mit dem Zahlungsdienstnutzer vereinbaren.

(3) Ist die ordnungsgemäße Unterrichtung streitig, so trifft die Beweislast den

Auslagen der Geschäftsbesorgung)를 문면방식에 의해 무상으로 제공한다.

제675조b 시스템 내 유가증권 이전에 관한 위임

유가증권양도·정산시스템 참가자(Der Teilnehmer an Wertpapierlieferungs- und Abrechnungssystemen)는, 그 시스템 규칙에서 정해진 시기부터는(von dem in den Regeln des Systems bestimmten Zeitpunkt an) 기장(記帳) 또는 그 밖의 방식에 의한 유가증권 또는 유가증권인도청구권의 이전을 내용으로 하는 위임을 더 이상 철회할 수 없다.

제3관 지급서비스

제1항 총칙

제675조c 지급서비스와 전자화폐

① 이 관에서 달리 정하지 않은 한, 지급서비스의 수행을 내용으로 하는 사무처리계약에 대하여(Auf einen Geschäftsbesorgungsvertrag, der die Erbringung von Zahlungsdiensten zum Gegenstand hat), 제663조, 제665조 내지 제670조, 제672조 내지 제674조를 준용(準用)한다.

② 이 관의 규정은 전자화폐의 발행 및 이용(die Ausgabe und Nutzung von E-Geld)에 관한 계약에 대하여도 적용한다.

③ 금융기관법(Kreditwesengesetz)과 지급서비스감독법(Zahlungsdiensteaufsichtsgesetz)상의 정의규정을 적용한다.

④ 이 관의 규정은 제675조d 제2항 제2문, 제3항을 제외하고, 계좌정보제공서비스의 제공에 관한 계약(Vertrag über die Erbringung von Kontoinformationsdiensten)에 대해서는 적용하지 아니한다.

제675조d 지급서비스에서의 통지

① 지급서비스제공자(Zahlungsdienstleister)는 지급서비스의 처리시 지급서비스이용자(Zahlungsdienstnutzer)에게 민법전시행법(Einführungsgesetzes zum Bürgerlichen Gesetzbuche) 제248항목 제1조 내지 제12조, 제13조 제1항, 제3항 내지 제5항, 제14조 내지 제16조에서 정해진 내용(Umstände)에 관하여 그러한 조항들에서 정해진 방식(方式)으로 통지(通知)해야 한다.

② 지급서비스중개자(Zahlungsauslösedienstleister)는 지급인(Zahler)에게 민법전시행법 제248항목 제13조 제1항 내지 제3항, 제13조a에서 정해진 내용에 관해서만(ausschließlich über die in Artikel 248 § 13 Absatz 1 bis 3 und § 13a des Einführungsgesetzes zum Bürgerlichen Gesetzbuche bestimmten Umstände) 민법전시행법 제248항목 제2조, 제12조에서 규정된 방식으로 통지해야 한다. 계좌정보서비스제공자(Kontoinformationsdienstleister)는 지급서비스이용자(Zahlungsdienstnutzer)에게 제248항목 제4조, 제13조 제1항에서 정해진 내용에 관하여 통지해야 한다; 그는 통지의 방식 및 시기에 관하여 지급서비스이용자와 약정할 수 있다.

③ 규정에 맞는 통지(die ordnungsgemäße Unterrichtung)인지 여부에 대해 다툼이 있는 경우에 그

Zahlungsdienstleister.

(4) Für die Unterrichtung darf der Zahlungsdienstleister mit dem Zahlungsdienstnutzer nur dann ein Entgelt vereinbaren, wenn die Information auf Verlangen des Zahlungsdienstnutzers erbracht wird und der Zahlungsdienstleister

1. diese Information häufiger erbringt, als in Artikel 248 §§ 1 bis 16 des Einführungsgesetzes zum Bürgerlichen Gesetzbuche vorgesehen,
2. eine Information erbringt, die über die in Artikel 248 §§ 1 bis 16 des Einführungsgesetzes zum Bürgerlichen Gesetzbuche vorgeschriebenen hinausgeht, oder
3. diese Information mithilfe anderer als der im Zahlungsdiensterahmenvertrag vereinbarten Kommunikationsmittel erbringt.

Das Entgelt muss angemessen und an den tatsächlichen Kosten des Zahlungsdienstleisters ausgerichtet sein.

(5) Zahlungsempfänger, Dienstleister, die Bargeldabhebungsdienste erbringen, und Dritte unterrichten über die in Artikel 248 §§ 17 bis 18 des Einführungsgesetzes zum Bürgerlichen Gesetzbuche bestimmten Umstände. Der Zahler ist nur dann verpflichtet, die Entgelte gemäß Artikel 248 § 17 Absatz 2 und § 18 des Einführungsgesetzes zum Bürgerlichen Gesetzbuche zu entrichten, wenn deren volle Höhe vor der Auslösung des Zahlungsvorgangs bekannt gemacht wurde.

(6) Die Absätze 1 bis 5 sind nicht anzuwenden auf

1. die Bestandteile eines Zahlungsvorgangs, die außerhalb des Europäischen Wirtschaftsraums getätigt werden, wenn
   a) der Zahlungsvorgang in der Währung eines Staates außerhalb des Europäischen Wirtschaftsraums erfolgt und sowohl der Zahlungsdienstleister des Zahlers als auch der Zahlungsdienstleister des Zahlungsempfängers innerhalb des Europäischen Wirtschaftsraums belegen ist oder
   b) bei Beteiligung mehrerer Zahlungsdienstleister an dem Zahlungsvorgang von diesen Zahlungsdienstleistern mindestens einer innerhalb und mindestens einer außerhalb des Europäischen Wirtschaftsraums belegen ist;
2. Zahlungsvorgänge, bei denen keiner der beteiligten Zahlungsdienstleister innerhalb des Europäischen Wirtschaftsraums belegen ist.

In den Fällen des Satzes 1 Nummer 1 sind die Informationspflichten nach Artikel 248 § 4 Absatz 1 Nummer 2 Buchstabe e, § 6 Nummer 1 sowie § 13 Absatz 1 Satz 1 Nummer 2 des Einführungsgesetzes zum Bürgerlichen Gesetzbuche auch auf die innerhalb des Europäischen Wirtschaftsraums getätigten Bestandteile des Zahlungsvorgangs nicht anzuwenden. Gleiches gilt im

에 대한 증명책임은 지급서비스제공자가 부담한다.

④ 정보가 지급서비스이용자의 요구에 따라 제공되고, 또 다음 각 호에 한하여, 그 통지에 있어(Für die Unterrichtung) 지급서비스제공자는 지급서비스이용자와 보수에 관하여(ein Entgelt) 약정할 수 있다,

1. 지급서비스제공자가 민법전시행법 제248항목 제1조 내지 제16조에서 규정된 것보다 더 자주(häufiger) 이러한 정보를 제공하는 경우,
2. 지급서비스제공자가 민법전시행법 제248항목 제1조 내지 제16조에서 규정된 정보를 넘어서는 정보를 제공하는 경우,
3. 지급서비스제공자가 지급서비스기본계약에서 약정한 통신수단 이외의 다른 통신수단(Kommunikationsmittel)으로 이러한 정보를 제공하는 경우.

그 보수는 적절해야 하고 지급서비스제공자의 실제 비용(an den tatsächlichen Kosten des Zahlungsdienstleisters)에 상응해야만 한다.

⑤ 수취인, 현금인출업무를 제공하는 서비스제공자와 제3자(Zahlungsempfänger, Dienstleister, die Bargeldabhebungsdienste erbringen, und Dritte)는 민법전시행법 제248항목 제17조 내지 제18조에서 정해진 내용에 관하여 통지를 한다. 지급인(Der Zahler)은, 지급과정 개시 전에(vor der Auslösung des Zahlungsvorgangs) 그 보수 전액(deren volle Höhe)이 알려진 경우에 한하여, 민법전시행법 제248항목 제17조 제2항, 제18조에 따라 그 보수(報酬)를 지급(支給)할 의무(義務)가 있다.

⑥ 제1항 내지 제5항은, 다음 각 호에 대하여 적용하지 아니한다,

1. 다음 각 목에 해당하는, 유럽경제권 밖에서 행해지는 지급과정의 일환(一環)(die Bestandteile eines Zahlungsvorgangs),
   a) 지급과정이 유럽경제권 이외의 국가(國家)의 통화(通貨)로 이뤄지고 지급인의 지급서비스제공자뿐만 아니라 수취인(受取人)의 지급서비스제공자(sowohl der Zahlungsdienstleister des Zahlers als auch der Zahlungsdienstleister des Zahlungsempfängers)도 유럽경제권 내에 있는 경우;
   b) 여러 지급서비스제공자의 지급서비스에 대한 여러 지급서비스제공자가 참가하는 경우(bei Beteiligung mehrerer Zahlungsdienstleister)에는 유럽경제권 내에 1 이상의 지급서비스처리자와 유럽경제권 밖에 1 이상의 지급서비스제공자가 있는 경우;
2. 당사자인 지급서비스제공자 중 누구도(keiner der beteiligten Zahlungsdienstleister) 유럽경제권 내에 있지 아니한 지급과정.

제1문 제1호의 경우에 민법전시행법 제248항목 제4조 제1항 제2호 e목, 제6조 제1호, 제13조 제1항 제1문 제2호에 따른 정보제공의무(die Informationspflichten)는 유럽경제권 내에서 행해지는 지급과정의 일환(一環)에 대해서도(auch auf die innerhalb des Europäischen Wirtschaftsraums getätigten Bestandteile des Zahlungsvorgangs) 적용하지 아니한다. 제1문 제1호 b목의 경우에(im

Fall des Satzes 1 Nummer 1 Buchstabe b für die Informationspflicht nach Artikel 248 § 4 Absatz 1 Nummer 5 Buchstabe g des Einführungsgesetzes zum Bürgerlichen Gesetzbuche.

§ 675e Abweichende Vereinbarungen

(1) Soweit nichts anderes bestimmt ist, darf von den Vorschriften dieses Untertitels nicht zum Nachteil des Zahlungsdienstnutzers abgewichen werden.

(2) In den Fällen des § 675d Absatz 6 Satz 1 Nummer 1 und 2

1. sind § 675s Absatz 1, § 675t Absatz 2, § 675x Absatz 1, § 675y Absatz 1 bis 4 sowie § 675z Satz 3 nicht anzuwenden;
2. darf im Übrigen zum Nachteil des Zahlungsdienstnutzers von den Vorschriften dieses Untertitels abgewichen werden.

(3) Für Zahlungsvorgänge, die nicht in Euro erfolgen, können der Zahlungsdienstnutzer und sein Zahlungsdienstleister vereinbaren, dass § 675t Abs. 1 Satz 3 und Abs. 2 ganz oder teilweise nicht anzuwenden ist.

(4) Handelt es sich bei dem Zahlungsdienstnutzer nicht um einen Verbraucher, so können die Parteien vereinbaren, dass § 675d Absatz 1 bis 5, § 675f Absatz 5 Satz 2, die §§ 675g, 675h, 675j Absatz 2, die §§ 675p sowie 675v bis 676 ganz oder teilweise nicht anzuwenden sind; sie können auch andere als die in § 676b Absatz 2 und 4 vorgesehenen Fristen vereinbaren.

Kapitel 2 Zahlungsdienstevertrag

§ 675f Zahlungsdienstevertrag

(1) Durch einen Einzelzahlungsvertrag wird der Zahlungsdienstleister verpflichtet, für die Person, die einen Zahlungsdienst als Zahler, Zahlungsempfänger oder in beiden Eigenschaften in Anspruch nimmt (Zahlungsdienstnutzer), einen Zahlungsvorgang auszuführen.

(2) Durch einen Zahlungsdiensterahmenvertrag wird der Zahlungsdienstleister verpflichtet, für den Zahlungsdienstnutzer einzelne und aufeinander folgende Zahlungsvorgänge auszuführen sowie gegebenenfalls für den Zahlungsdienstnutzer ein auf dessen Namen oder die Namen mehrerer Zahlungsdienstnutzer lautendes Zahlungskonto zu führen. Ein Zahlungsdiensterahmenvertrag kann auch Bestandteil eines sonstigen Vertrags sein oder mit einem anderen Vertrag zusammenhängen.

(3) Der Zahlungsdienstnutzer ist berechtigt, einen Zahlungsauslösedienst[36)] oder einen Kontoinformationsdienst zu nutzen, es sei denn, das Zahlungskonto des Zahlungsdienstnutzers ist für diesen nicht online zugänglich. Der kontoführende Zahlungsdienstleister darf die Nutzung dieser Dienste durch den Zahlungsdienstnutzer nicht davon abhängig machen, dass der Zahlungsauslösedienstleister oder der Kontoinformationsdienstleister zu diesem Zweck einen Vertrag mit dem kontoführenden Zahlungsdienstleister abschließt.

Fall des Satzes 1 Nummer 1 Buchstabe b) 민법전시행법 제248항목 제4조 제1항 제5호 g목에 따른 정보제공의무에 대해서도(für die Informationspflicht) 또한 같다.

제675조e 법규정과 다른 약정

① 다른 정함이 없는 한, 지급서비스이용자의 불이익으로(zum Nachteil des Zahlungsdienstnutzers) 이 관의 규정과 다르게 약정할 수 없다.

② 제675조d 제6항 제1문 제1호, 제2호의 경우에,

1. 제675조s 제1항, 제675조t 제2항, 제675조x 제1항, 제675조y 제1항 내지 제4항, 제675조z 제3문은 적용하지 아니한다;
2. 그 밖의 경우에는 지급서비스이용자의 불이익으로(zum Nachteil des Zahlungsdienstnutzers) 이 관의 규정과 다르게 약정할 수 있다.

③ 유럽연합 내에서 행해지지 않는 지급과정에 대하여(Für Zahlungsvorgänge, die nicht in Euro erfolgen) 지급서비스제공자와 그 지급서비스이용자는 제675조t 제1항 제3문, 제2항이 전부 또는 부분적으로 적용되지 않는 것으로 약정할 수 있다.

④ 지급서비스이용자가 소비자가 아닌 경우에 당사자들은 제675조d 제1항 내지 제5항, 제675조f 제5항 제2문, 제675조g, 제675조h, 제675조j 제2항, 제675조, 제675조v 내지 제676조가 전부 또는 부분적으로 적용되지 않는 것으로 약정할 수 있다; 당사자들은 제676조b 제2항, 제4항에 규정된 기간 이외의 기간에 대해서도 약정할 수 있다.

제2항 지급서비스계약

제675조f 지급서비스계약

① 개별지급서비스계약에 의해 지급서비스제공자는 지급인이나 수취인으로서 또는 양자의 자격에서(als Zahler, Zahlungsempfänger oder in beiden Eigenschaften) 지급서비스를 이용하는 자('지급서비스이용자'; Zahlungsdienstnutzer)에게 지급과정을 수행(隨行)해 줄 의무를 부담한다.

② 지급서비스기본계약에 의하여 지급서비스제공자는, 지급서비스이용자에게 개별적이고도 연속된 지급과정을 수행해 줄 의무를 부담하고, 필요하면 지급서비스이용자에게 그 이름으로 또는 여러 지급서비스이용자의 이름으로 개설(開設)된 지급계좌(ein auf dessen Namen oder die Namen mehrerer Zahlungsdienstnutzer lautendes Zahlungskonto)를 관리할 의무를 부담한다. 지급서비스기본계약은 다른 계약의 구성부분일수도 있고, 다른 계약과 결합될 수 있다.

③ 지급서비스이용자는 지급중개서비스 또는 계좌정보제공서비스(einen Zahlungsauslösedienst oder einen Kontoinformationsdienst)를 이용할 권리가 있고, 다만 지급서비스이용자가 자신의 지급계좌에 대해 온라인으로 접근할 수 없는 경우에는 그러하지 아니하다. 계좌를 관리하는 지급서비스제공자는, 지급서비스이용자에 의한 이러한 서비스의 이용과, 지급서비스중개자 또는 계좌정보서비스제공자가 이러한 목적을 위해 계좌를 관리하는 지급서비스제공자(kontoführenden Zahlungsdienstleister)와의 계약 체결과 결부시켜서는 아니된다.

(4) Zahlungsvorgang ist jede Bereitstellung, Übermittlung oder Abhebung eines Geldbetrags, unabhängig von der zugrunde liegenden Rechtsbeziehung zwischen Zahler und Zahlungsempfänger. Zahlungsauftrag ist jeder Auftrag, den ein Zahler seinem Zahlungsdienstleister zur Ausführung eines Zahlungsvorgangs entweder unmittelbar oder mittelbar über einen Zahlungsauslösedienstleister oder den Zahlungsempfänger erteilt.
(5) Der Zahlungsdienstnutzer ist verpflichtet, dem Zahlungsdienstleister das für die Erbringung eines Zahlungsdienstes vereinbarte Entgelt zu entrichten. Für die Erfüllung von Nebenpflichten nach diesem Untertitel hat der Zahlungsdienstleister nur dann einen Anspruch auf ein Entgelt, sofern dies zugelassen und zwischen dem Zahlungsdienstnutzer und dem Zahlungsdienstleister vereinbart worden ist; dieses Entgelt muss angemessen und an den tatsächlichen Kosten des Zahlungsdienstleisters ausgerichtet sein.
(6) In einem Zahlungsdiensterahmenvertrag zwischen dem Zahlungsempfänger und seinem Zahlungsdienstleister darf das Recht des Zahlungsempfängers, dem Zahler für die Nutzung eines bestimmten Zahlungsinstruments eine Ermäßigung oder einen anderweitigen Anreiz anzubieten, nicht ausgeschlossen werden.

§ 675g Änderung des Zahlungsdiensterahmenvertrags

(1) Eine Änderung des Zahlungsdiensterahmenvertrags auf Veranlassung des Zahlungsdienstleisters setzt voraus, dass dieser die beabsichtigte Änderung spätestens zwei Monate vor dem vorgeschlagenen Zeitpunkt ihres Wirksamwerdens dem Zahlungsdienstnutzer in der in Artikel 248 §§ 2 und 3 des Einführungsgesetzes zum Bürgerlichen Gesetzbuche vorgesehenen Form anbietet.
(2) Der Zahlungsdienstleister und der Zahlungsdienstnutzer können vereinbaren, dass die Zustimmung des Zahlungsdienstnutzers zu einer Änderung nach Absatz 1 als erteilt gilt, wenn dieser dem Zahlungsdienstleister seine Ablehnung nicht vor dem vorgeschlagenen Zeitpunkt des Wirksamwerdens der Änderung angezeigt hat. Im Fall einer solchen Vereinbarung ist der Zahlungsdienstnutzer auch berechtigt, den Zahlungsdiensterahmenvertrag vor dem vorgeschlagenen Zeitpunkt des Wirksamwerdens der Änderung fristlos zu kündigen. Der Zahlungsdienstleister ist verpflichtet, den Zahlungsdienstnutzer mit dem Angebot zur Vertragsänderung auf die Folgen seines Schweigens sowie auf das Recht zur kostenfreien und fristlosen Kündigung hinzuweisen.
(3) Änderungen von Zinssätzen oder Wechselkursen werden unmittelbar und ohne vorherige Benachrichtigung wirksam, soweit dies im Zahlungsdiensterahmenvertrag vereinbart wurde und die Änderungen auf den dort vereinbarten Referenzzinssätzen oder Referenzwechselkursen beruhen. Referenzzinssatz ist der Zinssatz, der bei der Zinsberechnung zugrunde gelegt wird und aus einer öffentlich zugänglichen und für beide Parteien eines Zahlungsdienstevertrags überprüfbaren Quelle stammt. Referenzwechselkurs ist der Wechselkurs, der bei jedem Währungsumtausch zugrunde gelegt und vom Zahlungsdienstleister zugänglich gemacht wird oder aus einer öffentlich

④ 지급과정은, 지급인과 수취인 간의 법률관계의 기초가 무엇이든지 불문하고, 금액의 각 제공(Bereitstellung)·이체(Übermittlung)이나 각 인출(Abhebung)을 말한다. 지급인이, 자신의 지급서비스제공자가 직접적으로 혹은 지급서비스중개자를 통하여 간접적으로 지급과정을 수행하도록 지급서비스제공자에게(seinem Zahlungsdienstleister zur Ausführung eines Zahlungsvorgangs) 또는 수취인(Zahlungsempfänger)에게는 하는 일체의 위탁을 '지급지시'라 한다.

⑤ 지급서비스이용자는 지급서비스제공자에게 지급서비스 수행에 대하여 약정한 보수(das für die Erbringung eines Zahlungsdienstes vereinbarte Entgelt)를 지급할 의무를 부담한다. 이것이 허용되고 지급서비스이용자와 지급서비스제공자 간에 약정된 경우에 한하여 지급서비스제공자는 이 관에 따른 부수적 의무의 이행에 대하여(Für die Erfüllung von Nebenpflichten nach diesem Untertitel) 보수청구권을 갖는다; 이러한 보수는 적절해야 하고 지급서비스제공자의 실제 비용(an den tatsächlichen Kosten des Zahlungsdienstleisters)에 상응해야만 한다.

⑥ 수취인과 수취인의 지급서비스제공자 간의 지급서비스기본계약에서 지급인에게 정해진 지급수단(支給手段)의 이용에 대해(für die Nutzung eines bestimmten Zahlungsinstruments) 할인을 제공하거나 다른 유인책을 제공하는(eine Ermäßigung oder einen anderweitigen Anreiz anzubieten) 수취인의 권리가 배제되어서는 아니된다.

제675조g

① 지급서비스제공자의 요구에 의한 지급서비스기본계약의 변경은, 그가 늦어도 그 효력 발생시(發生時)로 제안된 시기 2개월 전까지(spätestens zwei Monate vor dem vorgeschlagenen Zeitpunkt ihres Wirksamwerdens) 지급서비스이용자에게 계획하는 변경안(die beabsichtigte Änderung)을 민법전시행법 제248항목 제2조, 제3조에서 규정된 방식으로 제안한다는 점이 전제(前提)된다.

② 지급서비스제공자와 지급서비스이용자는, 지급서비스이용자가 그 변경안의 효력발생시로 제안된 시기 전까지(vor dem vorgeschlagenen Zeitpunkt des Wirksamwerdens der Änderung) 지급서비스제공자에게 자신의 거부를 통지하지 않은 때에는 제1항에 따른 개정안에 대한 지급서비스이용자의 동의가 행해진 것으로 보는 것으로 약정할 수 있다. 그러한 약정이 있는 경우에(Im Fall einer solchen Vereinbarung) 지급서비스이용자는 그 변경안의 효력발생시로 제안된 시기 전까지 지급서비스기본계약을 즉시 해지할 수 있는 권리를 갖는다. 지급서비스제공자는, 그 계약변경을 제안하면서(mit dem Angebot zur Vertragsänderung) 그 침묵의 효과(die Folgen seines Schweigens)와 비용이 들지 않는 즉시 해지에 관한 권리(das Recht zur kostenfreien und fristlosen Kündigung)에 대해 명시(明示)할 의무를 부담한다.

③ 이것이 지급서비스기본계약에서 약정되었고 그 변경이 거기서 약정한 기준이율 또는 기준환율에서(auf den dort vereinbarten Referenzzinssätzen oder Referenzwechselkursen) 기인하는 경우에는, 이율 또는 환율의 변경은 사전 예고 없이도(ohne vorherige Benachrichtigung) 직접적으로 효력을 갖는다. 기준이율은, 이율산정에서 기초가 되고 공중(公衆)이 접근할 수 있고 지급서비스계약의 양 당사자가 검증할 수 있는 원천에서 생긴 이율을 말한다. 기준환율은, 각 환율(換率; bei jedem Währungsumtausch)의 기초가 되고 지급서비스제공자가 접근할 수 있거나 공중(公衆)이 접근할 수

zugänglichen Quelle stammt.
(4) Der Zahlungsdienstnutzer darf durch Vereinbarungen zur Berechnung nach Absatz 3 nicht benachteiligt werden.

§ 675h Ordentliche Kündigung eines Zahlungsdiensterahmenvertrags

(1) Der Zahlungsdienstnutzer kann den Zahlungsdiensterahmenvertrag, auch wenn dieser für einen bestimmten Zeitraum geschlossen ist, jederzeit ohne Einhaltung einer Kündigungsfrist kündigen, sofern nicht eine Kündigungsfrist vereinbart wurde. Die Vereinbarung einer Kündigungsfrist von mehr als einem Monat ist unwirksam.
(2) Der Zahlungsdienstleister kann den Zahlungsdiensterahmenvertrag nur kündigen, wenn der Vertrag auf unbestimmte Zeit geschlossen wurde und das Kündigungsrecht vereinbart wurde. Die Kündigungsfrist darf zwei Monate nicht unterschreiten. Die Kündigung ist in der in Artikel 248 §§ 2 und 3 des Einführungsgesetzes zum Bürgerlichen Gesetzbuche vorgesehenen Form zu erklären.
(3) Im Fall der Kündigung sind regelmäßig erhobene Entgelte nur anteilig bis zum Zeitpunkt der Beendigung des Vertrags zu entrichten. Im Voraus gezahlte Entgelte, die auf die Zeit nach Beendigung des Vertrags fallen, sind anteilig zu erstatten.
(4) Der Zahlungsdienstleister darf mit dem Zahlungsdienstnutzer für die Kündigung des Zahlungsdiensterahmenvertrags kein Entgelt vereinbaren.

§ 675i Ausnahmen für Kleinbetragsinstrumente und E-Geld

(1) Ein Zahlungsdienstevertrag kann die Überlassung eines Kleinbetragsinstruments an den Zahlungsdienstnutzer vorsehen. Ein Kleinbetragsinstrument ist ein Mittel,
1. mit dem nur einzelne Zahlungsvorgänge bis höchstens 30 Euro ausgelöst werden können,
2. das eine Ausgabenobergrenze von 150 Euro hat oder
3. das Geldbeträge speichert, die zu keiner Zeit 150 Euro übersteigen.

In den Fällen der Nummern 2 und 3 erhöht sich die Betragsgrenze auf 200 Euro, wenn das Kleinbetragsinstrument nur für inländische Zahlungsvorgänge genutzt werden kann.
(2) Im Fall des Absatzes 1 können die Parteien vereinbaren, dass
1. der Zahlungsdienstleister Änderungen der Vertragsbedingungen nicht in der in § 675g Abs. 1 vorgesehenen Form anbieten muss,
2. § 675l Absatz 1 Satz 2, § 675m Absatz 1 Satz 1 Nummer 3 und 5 sowie Satz 2 und § 675v Absatz 5 nicht anzuwenden sind, wenn das Kleinbetragsinstrument nicht gesperrt oder eine weitere Nutzung nicht verhindert werden kann,
3. die §§ 675u, 675v Absatz 1 bis 3 und 5, die §§ 675w und 676 nicht anzuwenden sind, wenn die Nutzung des Kleinbetragsinstruments keinem Zahlungsdienstnutzer zugeordnet werden kann

있는 원천에서 생긴 환율을 말한다.

④ 지급서비스이용자는 제3항에 따른 산정을 위한 약정으로 인해(durch Vereinbarungen zur Berechnung) 불이익을 받아서는 아니된다.

제675조h 지급서비스기본계약의 통상적 해지

① 해지기간(Kündigungsfrist)이 약정되어 있지 않은 한, 지급서비스이용자는, 지급서비스기본계약이 일정한 기간 동안에 체결되었을지라도, 해지기간을 지키지 아니하고 언제든지(jederzeit ohne Einhaltung einer Kündigungsfrist) 지급서비스기본계약을 해지할 있다. 1개월을 초과하는 해지기간(Die Vereinbarung einer Kündigungsfrist von mehr als einem Monat)의 약정은 무효이다.

② 지급서비스제공자(Der Zahlungsdienstleister)는, 그 계약이 기간의 정함이 없이(auf unbestimmte Zeit) 체결되고 해지권이 약정된 경우에 한하여 지급서비스기본계약을 해지할 수 있다. 해지기간은 2개월을 초과해서는 아니된다. 해지의 의사표시(意思表示)는 민법전시행법 제248항목 제2조, 제3항에서 규정된 방식(方式)대로(in der in Artikel 248 §§ 2 und 3 des Einführungsgesetzes zum Bürgerlichen Gesetzbuche vorgesehenen Form) 행해져야 한다.

③ 해지가 행해진 경우 규칙적으로 수취되는 보수(regelmäßig erhobene Entgelte)는, 계약의 종료시까지의 비율에 의해서만 지급되어야 한다. 계약의 종료시까지로 하여 책정되어 선급으로 지급된 보수(Im Voraus gezahlte Entgelte)는 비율적으로 계산되어 상환되어야 한다.

④ 지급서비스제공자는, 지급서비스이용자와 보수를 지급받아야만 지급서비스기본계약을 해지할 수 있는 것으로 약정해서는 아니된다.

제675조i 소액지급수단과 전자화폐에 대한 예외

① 지급서비스계약으로 소액지급수단의 지급서비스이용자에 대한 이전을 정할 수 있다. 소액지급수단은, 다음 각 호를 말한다,

1. 최대 30유로 이내의 개별적 지급과정만을 개시될 수 있게 하는 자금,
2. 지출한도가 150유로인 자금,
3. 결코 150유로를 넘지 않는 금액이 예치(預置)되어 있는 자금.

소액지급수단이 독일 내 지급과정에서만 이용될 수 있는 경우에는 제2호, 제3호의경우에 금액한도가 200유로로 증가한다.

② 제1항의 경우에 당사자들은 다음 각 호에 대하여 약정할 수 있다,

1. 지급서비스제공자가 계약조건의 변경안을 제675조g 제1항에서 규정된 방식으로 제안할 필요가 없다는 점,
2. 소액지급수단(das Kleinbetragsinstrument)이 지급정지될 수 없거나 추가적 이용(eine weitere Nutzung)이 저지될 수 없는 경우에 제675조l 제1항 제2문, 제675조m 제1항 제1문 제3호, 제5호, 제2문, 제675조v 제5항을 적용하지 않는다는 점,
3. 소액지급수단의 이용의 원인을 지급서비스이용자에게 돌릴 수 없거나 소액지급수단 자체에 기인하는(die in dem Kleinbetragsinstrument selbst angelegt sind) 그 밖의 이유에서 (aus anderen

oder der Zahlungsdienstleister aus anderen Gründen, die in dem Kleinbetragsinstrument selbst angelegt sind, nicht nachweisen kann, dass ein Zahlungsvorgang autorisiert war,

4. der Zahlungsdienstleister abweichend von § 675o Abs. 1 nicht verpflichtet ist, den Zahlungsdienstnutzer von einer Ablehnung des Zahlungsauftrags zu unterrichten, wenn die Nichtausführung aus dem Zusammenhang hervorgeht,
5. der Zahler abweichend von § 675p den Zahlungsauftrag nach dessen Übermittlung oder nachdem er dem Zahlungsempfänger seine Zustimmung zum Zahlungsauftrag erteilt hat, nicht widerrufen kann, oder
6. andere als die in § 675s bestimmten Ausführungsfristen gelten.

(3) Die §§ 675u und 675v sind für E-Geld nicht anzuwenden, wenn der Zahlungsdienstleister des Zahlers nicht die Möglichkeit hat, das Zahlungskonto, auf dem das E-Geld gespeichert ist, oder das Kleinbetragsinstrument zu sperren. Satz 1 gilt nur für Zahlungskonten, auf denen das E-Geld gespeichert ist, oder Kleinbetragsinstrumente mit einem Wert von höchstens 200 Euro.

Kapitel 3 Erbringung und Nutzung von Zahlungsdiensten

Unterkapitel 1 Autorisierung von Zahlungsvorgängen; Zahlungsinstrumente; Verweigerung des Zugangs zum Zahlungskonto

§ 675j Zustimmung und Widerruf der Zustimmung

(1) Ein Zahlungsvorgang ist gegenüber dem Zahler nur wirksam, wenn er diesem zugestimmt hat (Autorisierung). Die Zustimmung kann entweder als Einwilligung oder, sofern zwischen dem Zahler und seinem Zahlungsdienstleister zuvor vereinbart, als Genehmigung erteilt werden. Art und Weise der Zustimmung sind zwischen dem Zahler und seinem Zahlungsdienstleister zu vereinbaren. Insbesondere kann vereinbart werden, dass die Zustimmung mittels eines bestimmten Zahlungsinstruments erteilt werden kann.

(2) Die Zustimmung kann vom Zahler durch Erklärung gegenüber dem Zahlungsdienstleister so lange widerrufen werden, wie der Zahlungsauftrag widerruflich ist (§ 675p). Auch die Zustimmung zur Ausführung mehrerer Zahlungsvorgänge kann mit der Folge widerrufen werden,

§ 675k Begrenzung der Nutzung eines Zahlungsinstruments; Verweigerung des Zugangs zum Zahlungskonto

(1) In Fällen, in denen die Zustimmung mittels eines Zahlungsinstruments erteilt wird, können der Zahler und der Zahlungsdienstleister Betragsobergrenzen für die Nutzung dieses Zahlungsinstruments vereinbaren.

(2) Zahler und Zahlungsdienstleister können vereinbaren, dass der Zahlungsdienstleister das Recht

Gründen) 지급서비스제공자가 지급과정에 대한 수권(授權)이 있었음을 증명할 수 없는 경우에는 제675조u, 제675조v 제1항 내지 제3항, 제5항, 제675조w, 제676조를 적용하지 않는다는 점,
4. 전후(前後) 사정(事情)에 의할 때(aus dem Zusammenhang) 그 불이행(Nichtausführung)이 예상되는 경우에 지급서비스제공자가 제675조o 제1항과 달리, 지급서비스이용자에게 지급지시의 거부에 관하여 통지를 할 의무를 부담하지 않는다는 점,
5. 지급인은 제675조p와 달리 그 지급지시 전송 후에는(nach dessen Übermittlung) 지급지시(den Zahlungsauftrag)를 철회할 수 없거나, 지급인은 자신이 수취인에게 지급지시에 대하여 동의를 한 후에는 이를 철회할 수 없다는 점,
6. 제675조s에서 정해진 수행기간 이외의 수행기간을 적용한다는 점.

③ 지급인의 지급서비스제공자가 전자화폐가 저장되어 있는 지급계좌 또는 소액지급수단(das Kleinbetragsinstrument)의 지급정지를 할 가능성을 갖지 못하는 경우에는 제675조u, 제675조v는 전자화폐에 대하여는 적용하지 아니한다. 제1문은 전자화폐가 저장되어 있는 지급계좌 또는 최대 200유로 이하의 금액에 의한 소액지급수단에 대해서만 적용한다.

제3항 지급서비스의 수행 및 이용

제1목 지급과정에 대한 수권(授權); 지급수단(支給手段); 지급계좌의 이용의 거절(Verweigerung des Zugangs zum Zahlungskonto)

제675조j 동의와 동의의 철회

① 지급과정은, 지급인이 이에 대해 동의를 한 때[‘수권(授權)’; ‘Autorisierung’]에 한하여 지급인에 대해여 효력을 갖는다. 그 동의는 사전동의로(als Einwilligung)도 행해지거나, 혹은 지급인과 그 지급서비스제공자가 사전에(zuvor) 약정(約定)한 경우에는 추인(追認)으로(als Genehmigung)도 행해질 수 있다. 동의 방식과 방법(Art und Weise der Zustimmung)은 지급인과 지급인의 지급서비스제공자 간에 약정되어야 한다. 특히 특정한 지급수단(支給手段)을 통하여(mittels eines bestimmten Zahlungsinstruments) 동의(同意)가 부여될 수 있는 것으로 약정할 수 있다.

② 그 동의는, 지급지시가 철회될 수 있는 동안(제675조p)에 지급인의 지급서비스제공자에 대한 의사표시로써 철회(撤回)될 수 있다. 후행의 모든 지급과정에 대해 더 이상 수권(授權)을 하지 않는다는 효과를 부여하여(mit der Folge) 여러 지급과정의 수행에 대한 동의도 철회될 수 있다.

제675조k 지급수단(支給手段)의 이용의 한계; 지급계좌의 이용의 거절(Verweigerung des Zugangs zum Zahlungskonto)

① 어느 지급수단(支給手段)을 통하여 동의가 부여되는 경우에 지급인과 지급서비스제공자는 이러한 지급수단(支給手段)의 이용에 대한 한도액(Betragsobergrenzen für die Nutzung dieses Zahlungsinstruments)을 약정할 수 있다.

② 지급인과 지급서비스제공자는, 다음 각 호의 경우에 지급서비스제공자가 지급수단(支給手段)을

hat, ein Zahlungsinstrument zu sperren, wenn

1. sachliche Gründe im Zusammenhang mit der Sicherheit des Zahlungsinstruments dies rechtfertigen,
2. der Verdacht einer nicht autorisierten oder einer betrügerischen Verwendung des Zahlungsinstruments besteht oder
3. bei einem Zahlungsinstrument mit Kreditgewährung ein wesentlich erhöhtes Risiko besteht, dass der Zahler seiner Zahlungspflicht nicht nachkommen kann.

In diesem Fall ist der Zahlungsdienstleister verpflichtet, den Zahler über die Sperrung des Zahlungsinstruments möglichst vor, spätestens jedoch unverzüglich nach der Sperrung zu unterrichten. In der Unterrichtung sind die Gründe für die Sperrung anzugeben. Die Angabe von Gründen darf unterbleiben, soweit der Zahlungsdienstleister hierdurch gegen gesetzliche Verpflichtungen verstoßen würde. Der Zahlungsdienstleister ist verpflichtet, das Zahlungsinstrument zu entsperren oder dieses durch ein neues Zahlungsinstrument zu ersetzen, wenn die Gründe für die Sperrung nicht mehr gegeben sind. Der Zahlungsdienstnutzer ist über eine Entsperrung unverzüglich zu unterrichten.

(3) Hat der kontoführende Zahlungsdienstleister einem Zahlungsauslöse- oder Kontoinformationsdienstleister den Zugang zum Zahlungskonto des Zahlungsdienstnutzers verweigert, ist er verpflichtet, den Zahlungsdienstnutzer in einer im Zahlungsdiensterahmenvertrag zu vereinbarenden Form über die Gründe zu unterrichten. Die Unterrichtung muss möglichst vor, spätestens jedoch unverzüglich nach der Verweigerung des Zugangs erfolgen. Die Angabe von Gründen darf unterbleiben, soweit der kontoführende Zahlungsdienstleister hierdurch gegen gesetzliche Verpflichtungen verstoßen würde.

§ 675l Pflichten des Zahlungsdienstnutzers in Bezug auf Zahlungsinstrumente

(1) Der Zahlungsdienstnutzer ist verpflichtet, unmittelbar nach Erhalt eines Zahlungsinstruments alle zumutbaren Vorkehrungen zu treffen, um die personalisierten Sicherheitsmerkmale vor unbefugtem Zugriff zu schützen. Er hat dem Zahlungsdienstleister oder einer von diesem benannten Stelle den Verlust, den Diebstahl, die missbräuchliche Verwendung oder die sonstige nicht autorisierte Nutzung eines Zahlungsinstruments unverzüglich anzuzeigen, nachdem er hiervon Kenntnis erlangt hat. Für den Ersatz eines verlorenen, gestohlenen, missbräuchlich verwendeten oder sonst nicht autorisiert genutzten Zahlungsinstruments darf der Zahlungsdienstleister mit dem Zahlungsdienstnutzer ein Entgelt vereinbaren, das allenfalls die ausschließlich und unmittelbar mit dem Ersatz verbundenen Kosten abdeckt.

(2) Eine Vereinbarung, durch die sich der Zahlungsdienstnutzer gegenüber dem Zahlungsdienstleister verpflichtet, Bedingungen für die Ausgabe und Nutzung eines Zahlungsinstruments einzuhalten, ist nur insoweit wirksam, als diese Bedingungen sachlich,

차단할 수 있는 권리를 갖는 것으로 약정할 수 있다,

1. 지급수단(支給手段)의 보안(der Sicherheit des Zahlungsinstruments)에 관련된 객관적 사유(sachliche Gründe)에 의해 이것이 정당화되는 경우,
2. 지급수단(支給手段)의 무단 이용 또는 사기적 이용(betrügerischen Verwendung)이라는 의심이 드는 경우,
3. 여신(與信)에 의한 지급수단(支給手段)의 경우 지급인이 자신의 지급의무를 이행하지 않을 수 있다는 현저하게 증가된 위험(ein wesentlich erhöhtes Risiko)이 생긴 경우.

이러한 경우에 지급서비스제공자는 가능한 한 그 차단 전에, 늦어도 그 차단 후에 지체 없이(möglichst vor, spätestens jedoch unverzüglich nach der Sperrung) 지급인에게 지급수단(支給手段)의 차단에 관하여 통지할 의무를 부담한다. 그 통지에서 차단에 대한 사유가 명시되어야 한다. 지급서비스제공자가 그 명시에 의하여 법률상 의무에(gegen gesetzliche Verpflichtungen) 저촉되는 경우에는 그 사유의 명시는 생략될 수 있다. 그 차단에 대한 사유가 더 이상 없는 때에는 지급서비스제공자는 지급수단(支給手段)의 차단을 풀거나(das Zahlungsinstrument zu entsperren) 새로운 지급수단(支給手段)으로 이를 대체할 의무를 부담한다. 지급서비스이용자에게 그 차단해제에 관하여(über eine Entsperrung) 지체(遲滯) 없이 통지를 해야 한다.

③ 계좌를 관리하는 지급서비스제공자가 지급서비스중개자 또는 계좌정보서비스제공자에게 지급서비스이용자의 계좌의 이용을 거절한 경우에 그는 그 지급서비스이용자에게 지급서비스기본계약에서 약정(約定)한 방식(方式) 중 한 방식(方式)대로 그 사유에 관하여 통지할 의무를 부담한다. 그 통지는 가능한 한 그 거절 전에, 늦어도 그 이용의 거절 후에 지체 없이 행해져야만 한다. 계좌를 관리하는 지급서비스제공자(der kontoführende Zahlungsdienstleister)가 그 명시에 의하여 법률상 의무에 저촉되는 경우에는 그 사유의 명시(Die Angabe von Gründen)를 생략할 수 있다.

제675조l 지급수단(支給手段)에 관련한 지급서비스이용자의 의무

① 지급서비스이용자(Zahlungsdienstnutzer)는, 개인화된 보안장치(die personalisierten Sicherheitsmerkmale)를 무단 접근으로부터 보호하기 위하여 지급수단(支給手段)을 수령한 직후에 모든 합당한 대책을 강구할 의무가 있다. 그는, 이에 관하여 알게 된 후 지체 없이 지급서비스제공자 또는 그 지급서비스제공자에 의해 지정된 기관 중 한 기관에 지급수단(支給手段)의 분실(紛失; Verlust), 도난(盜難; Diebstahl), 오용(誤用)(missbräuchliche Verwendung) 또는 그 밖의 권한이 없는 사용(sonstige nicht autorisierte Nutzung)에 대해 신고해야 한다. 지급서비스제공자는, 지급수단(支給手段)의 분실, 도난, 오용(誤用) 또는 그 밖의 권한이 없는 사용에 대한 배상에 관련하여(Für den Ersatz) 지급서비스이용자와, 그 배상에 관련된 비용에 한하여 직접적으로 전보(塡補)하는 대가(對價)를 지급하기로(ein Entgelt) 약정(約定)할 수 있다.

② 지급서비이용자로 하여금 지급서비스제공자에 대해 지급수단(支給手段)의 발급 및 이용에 대한 조건을 준수할 의무를 부담하게 하는 약정은, 이러한 조건(條件)이 객관적(客觀的)이고 균형(均衡)이 잡혔으며 비차별적인(sachlich, verhältnismäßig und nicht benachteiligend sind) 범위(範圍) 내에

verhältnismäßig und nicht benachteiligend sind.

§ 675m Pflichten des Zahlungsdienstleisters in Bezug auf Zahlungsinstrumente; Risiko der Versendung

(1) Der Zahlungsdienstleister, der ein Zahlungsinstrument ausgibt, ist verpflichtet,

1. unbeschadet der Pflichten des Zahlungsdienstnutzers gemäß § 675l Absatz 1 sicherzustellen, dass die personalisierten Sicherheitsmerkmale des Zahlungsinstruments nur der zur Nutzung berechtigten Person zugänglich sind,
2. die unaufgeforderte Zusendung von Zahlungsinstrumenten an den Zahlungsdienstnutzer zu unterlassen, es sei denn, ein bereits an den Zahlungsdienstnutzer ausgegebenes Zahlungsinstrument muss ersetzt werden,
3. sicherzustellen, dass der Zahlungsdienstnutzer durch geeignete Mittel jederzeit die Möglichkeit hat, eine Anzeige gemäß § 675l Absatz 1 Satz 2 vorzunehmen oder die Aufhebung der Sperrung gemäß § 675k Absatz 2 Satz 5 zu verlangen,
4. dem Zahlungsdienstnutzer eine Anzeige gemäß § 675l Absatz 1 Satz 2 kostenfrei zu ermöglichen und
5. jede Nutzung des Zahlungsinstruments zu verhindern, sobald eine Anzeige gemäß § 675l Absatz 1 Satz 2 erfolgt ist.

Hat der Zahlungsdienstnutzer den Verlust, den Diebstahl, die missbräuchliche Verwendung oder die sonstige nicht autorisierte Nutzung eines Zahlungsinstruments angezeigt, stellt sein Zahlungsdienstleister ihm auf Anfrage bis mindestens 18 Monate nach dieser Anzeige die Mittel zur Verfügung, mit denen der Zahlungsdienstnutzer beweisen kann, dass eine Anzeige erfolgt ist.

(2) Die Gefahr der Versendung eines Zahlungsinstruments und der Versendung personalisierter Sicherheitsmerkmale des Zahlungsinstruments an den Zahlungsdienstnutzer trägt der Zahlungsdienstleister.

(3) Hat ein Zahlungsdienstleister, der kartengebundene Zahlungsinstrumente ausgibt, den kontoführenden Zahlungsdienstleister des Zahlers um Bestätigung ersucht, dass ein für die Ausführung eines kartengebundenen Zahlungsvorgangs erforderlicher Betrag auf dem Zahlungskonto verfügbar ist, so kann der Zahler von seinem kontoführenden Zahlungsdienstleister verlangen, ihm die Identifizierungsdaten dieses Zahlungsdienstleisters und die erteilte Antwort mitzuteilen.

Unterkapitel 2 Ausführung von Zahlungsvorgängen

§ 675n Zugang von Zahlungsaufträgen

(1) Ein Zahlungsauftrag wird wirksam, wenn er dem Zahlungsdienstleister des Zahlers zugeht.

서만 효력(效力)이 있다.

제675조m 지급수단(支給手段)에 관련한 지급서비스제공자의 의무; 배송(配送) 위험(Risiko der Versendung)

① 지급수단(支給手段)을 발급하는 지급서비스제공자는 다음 각 호의 의무를 부담한다,

1. 제675조l에 따른 지급서비스제공자의 의무에 상관없이 개인화된, 지급수단(支給手段)에 대한 보안장치(die personalisierten Sicherheitsmerkmale des Zahlungsinstruments)에 권한을 부여받은 자만이 접근할 수 있다는 점을 보장할 의무,
2. 지급서비스이용자에 대하여 지급수단(支給手段)의 요구가 없는 송부(die unaufgeforderte Zusendung)를 하지 않을 의무, 다만, 지급서비스이용자에 대하여 이미 발급된 지급수단(支給手段)이 대체되어야만 하는 경우는 그러하지 아니하다,
3. 지급서비스이용자가 적절한 수단에 의해 언제든지(durch geeignete Mittel jederzeit), 제675조l 제1항 제2문에 따라 신고를 하거나 제675조k 제2항 제5문에 따라 그 지급정지의 해제를 청구할 기회를 갖는다는 점을 보장할 의무,
4. 지급서비스이용자로 하여금 제675조l 제1항 제2문에 따른 신고(eine Anzeige)를 비용부담 없이 하게 할 의무,
5. 제675조l 제1항 제2문에 따른 신고가 행해진 때에 지급수단(支給手段)의 일체의 사용(使用)을 방지할 의무.

지급서비스이용자가 지급수단(支給手段)의 분실, 도난, 오용(誤用) 또는 그 밖의 권한이 없는 사용을 신고한 경우에 그 지급서비스제공자는, 그 지급서비스이용자에게 그 요구에 따라 이러한 신고 후 최소 18개월까지(bis mindestens 18 Monate nach dieser Anzeige) 지급서비스이용자가 그 신고가 행해졌다는 점(dass eine Anzeige erfolgt ist)을 증명(證明)할 수 있는 수단을 제공한다.

② 지급수단(支給手段)과 지급수단(支給手段)에 대한 개인화된 보안장치(personalisierter Sicherheitsmerkmale des Zahlungsinstruments)를 지급서비스이용자에게 발송함으로 인한 위험은 지급서비스제공자가 부담한다.

③ 카드사용이 필요한 지급수단(支給手段)을 발급한 지급서비스제공자가 지급인의 계좌를 관리하는 지급서비스제공자에게 스마트카드사용에 기반한 지급과정의 수행에 필요한 금액(ein für die Ausführung eines kartengebundenen Zahlungsvorgangs erforderlicher Betrag)이 지급계좌에 입금되어 있는지 확인을 구하는 경우에 지급인은, 자신의 계좌를 관리하는 지급서비스제공자에 대하여, 자신에게 이러한 지급서비스제공자의 신원확인정보와 행해진 답변(die Identifizierungsdaten dieses Zahlungsdienstleisters und die erteilte Antwort)을 통지할 것을 요구할 수 있다.

제2목 지급과정의 수행

제675조n 지급지시의 도달

① 지급지시(Ein Zahlungsauftrag)는, 그것이 지급인의 지급서비스제공자에게 도달하는 때에 효력

Fällt der Zeitpunkt des Zugangs nicht auf einen Geschäftstag des Zahlungsdienstleisters des Zahlers, gilt der Zahlungsauftrag als am darauf folgenden Geschäftstag zugegangen. Der Zahlungsdienstleister kann festlegen, dass Zahlungsaufträge, die nach einem bestimmten Zeitpunkt nahe am Ende eines Geschäftstags zugehen, für die Zwecke des § 675s Abs. 1 als am darauf folgenden Geschäftstag zugegangen gelten. Geschäftstag ist jeder Tag, an dem der an der Ausführung eines Zahlungsvorgangs beteiligte Zahlungsdienstleister den für die Ausführung von Zahlungsvorgängen erforderlichen Geschäftsbetrieb unterhält.

(2) Vereinbaren der Zahlungsdienstnutzer, der einen Zahlungsvorgang auslöst oder über den ein Zahlungsvorgang ausgelöst wird, und sein Zahlungsdienstleister, dass die Ausführung des Zahlungsauftrags an einem bestimmten Tag oder am Ende eines bestimmten Zeitraums oder an dem Tag, an dem der Zahler dem Zahlungsdienstleister den zur Ausführung erforderlichen Geldbetrag zur Verfügung gestellt hat, beginnen soll, so gilt der vereinbarte Termin für die Zwecke des § 675s Abs. 1 als Zeitpunkt des Zugangs. Fällt der vereinbarte Termin nicht auf einen Geschäftstag des Zahlungsdienstleisters des Zahlers, so gilt für die Zwecke des § 675s Abs. 1 der darauf folgende Geschäftstag als Zeitpunkt des Zugangs.

§ 675o Ablehnung von Zahlungsaufträgen

(1) Lehnt der Zahlungsdienstleister die Ausführung oder Auslösung eines Zahlungsauftrags ab, ist er verpflichtet, den Zahlungsdienstnutzer hierüber unverzüglich, auf jeden Fall aber innerhalb der Fristen gemäß § 675s Abs. 1 zu unterrichten. In der Unterrichtung sind, soweit möglich, die Gründe für die Ablehnung sowie die Möglichkeiten anzugeben, wie Fehler, die zur Ablehnung geführt haben, berichtigt werden können. Die Angabe von Gründen darf unterbleiben, soweit sie gegen sonstige Rechtsvorschriften verstoßen würde. Der Zahlungsdienstleister darf mit dem Zahlungsdienstnutzer im Zahlungsdiensterahmenvertrag ein Entgelt für den Fall vereinbaren, dass er die Ausführung eines Zahlungsauftrags berechtigterweise ablehnt.

(2) Der Zahlungsdienstleister des Zahlers ist nicht berechtigt, die Ausführung eines autorisierten Zahlungsauftrags abzulehnen, wenn die im Zahlungsdiensterahmenvertrag festgelegten Ausführungsbedingungen erfüllt sind und die Ausführung nicht gegen sonstige Rechtsvorschriften verstößt.

(3) Für die Zwecke der §§ 675s, 675y und 675z gilt ein Zahlungsauftrag, dessen Ausführung berechtigterweise abgelehnt wurde, als nicht zugegangen.

§ 675p Unwiderruflichkeit eines Zahlungsauftrags

(1) Der Zahlungsdienstnutzer kann einen Zahlungsauftrag vorbehaltlich der Absätze 2 bis 4 nach dessen Zugang beim Zahlungsdienstleister des Zahlers nicht mehr widerrufen.

(2) Wurde der Zahlungsvorgang über einen Zahlungsauslösedienstleister, vom Zahlungsempfänger

이 발생한다. 도달 일시가 지급인의 지급서비스제공자의 영업일이 아닌 경우에는 그 지급지시는 다음 영업일에 도달한 것으로(als am darauf folgenden Geschäftstag zugegangen) 본다. 지급서비스제공자는, 어느 영업일 종료 직후의 어느 시기에 도달한(die nach einem bestimmten Zeitpunkt nahe am Ende eines Geschäftstags zugehen) 지급지시가 제675조s 제1항의 목적을 위하여 그 다음 영업일의 도달로 보는 것으로 정할 수 있다. 영업일은, 지급과정의 수행에 당사자로서 참여한 지급서비스제공자가 그 지급과정의 수행을 위해 필요한 영업(den für die Ausführung von Zahlungsvorgängen erforderlichen Geschäftsbetrieb)을 수행하는 일체의 날이다.

② 지급과정을 개시하는 지급서비스이용자나 지급과정이 자신을 통해 개시되는 지급서비스이용자와 그 지급서비스제공자(sein Zahlungsdienstleister)가, 지급지시의 수행(die Ausführung des Zahlungsauftrags)이, 특정한 날 또는 특정한 시기가 종료한 때 혹은 지급인이 지급서비스제공자에게 그 수행에 필요한 금액(den zur Ausführung erforderlichen Geldbetrag)을 제공한 날에 개시되어야 하는 것으로 약정한 경우에, 제675조s 목적을 위하여(für die Zwecke des § 675s Abs. 1) 그 약정한 기일을 그 도달시로 간주한다. 그 약정한 기일(der vereinbarte Termin)이 지급인의 지급서비스제공자의 영업일이 아닌 경우에는 제675조s 목적을 위하여 그 다음 영업일(der darauf folgende Geschäftstag)을 도달시(Zeitpunkt des Zugangs)로 간주(看做)한다.

제675조o 지급지시의 거부

① 지급서비스제공자가 지급지시의 수행 또는 개시(die Ausführung oder Auslösung eines Zahlungsauftrags)를 거부하는 경우에 그는, 지급서비스이용자에게 지체 없이, 다만 제675조s 제1항에 따른 기간 내에 이에 관하여 통지할 의무를 부담한다. 그 통지에서 가능한 한, 거부 사유와, 그 거부에 이르게 한 실수가 어떻게 시정될 수 있는지에 관한 가능성이 명시되어야 한다. 그 명시가 그 밖의 법규정에 저촉되는 경우에는 그 사유의 명시(Die Angabe von Gründen)는 생략될 수 있다. 지급서비스제공자는 지급서비스기본계약으로 지급서비스이용자와, 지급서비스제공자가 지급지시의 수행을 정당하게 거부하는 경우에 있어서의 보수에 관하여(ein Entgelt für den Fall) 약정할 수 있다.

② 지급서비스기본계약에서 정해진 그 수행조건(die im Zahlungsdiensterahmenvertrag festgelegten Ausführungsbedingungen)이 충족되고 그 수행이 그 밖의 법규정에 저촉되지 않는 때에는 지급인의 지급서비스제공자는 수권(授權)된 지급지시의 수행을 거부할 권리가 없다.

③ 제675조s, 제675조y, 제675조z의 목적을 위하여 그 수행이 정당하게 거부된 지급지시는 도달되지 않은 것으로 본다.

제675조p 지급지시의 철회불가능성

① 지급서비스이용자는, 그 지급지시가 지급인의 지급서비스제공자에게 도달한 후에는, 제2항 내지 제4항을 제외하고 지급지시를 더 이상 철회할 수 없다.

② 지급과정이 어느 지급서비스중개자를 통하여 또는 수취인에 의해(über einen

oder über diesen ausgelöst, so kann der Zahler den Zahlungsauftrag nicht mehr widerrufen, nachdem er dem Zahlungsauslösedienstleister die Zustimmung zur Auslösung des Zahlungsvorgangs oder dem Zahlungsempfänger die Zustimmung zur Ausführung des Zahlungsvorgangs erteilt hat. Im Fall einer Lastschrift kann der Zahler den Zahlungsauftrag jedoch unbeschadet seiner Rechte gemäß § 675x bis zum Ende des Geschäftstags vor dem vereinbarten Fälligkeitstag widerrufen.

(3) Ist zwischen dem Zahlungsdienstnutzer und seinem Zahlungsdienstleister ein bestimmter Termin für die Ausführung eines Zahlungsauftrags (§ 675n Abs. 2) vereinbart worden, kann der Zahlungsdienstnutzer den Zahlungsauftrag bis zum Ende des Geschäftstags vor dem vereinbarten Tag widerrufen.

(4) Nach den in den Absätzen 1 bis 3 genannten Zeitpunkten kann der Zahlungsauftrag nur widerrufen werden, wenn der Zahlungsdienstnutzer und der jeweilige Zahlungsdienstleister dies vereinbart haben. In den Fällen des Absatzes 2 ist zudem die Zustimmung des Zahlungsempfängers zum Widerruf erforderlich. Der Zahlungsdienstleister darf mit dem Zahlungsdienstnutzer im Zahlungsdiensterahmenvertrag für die Bearbeitung eines solchen Widerrufs ein Entgelt vereinbaren.

(5) Der Teilnehmer an Zahlungsverkehrssystemen kann einen Auftrag zugunsten eines anderen Teilnehmers von dem in den Regeln des Systems bestimmten Zeitpunkt an nicht mehr widerrufen.

§ 675q Entgelte bei Zahlungsvorgängen

(1) Der Zahlungsdienstleister des Zahlers sowie sämtliche an dem Zahlungsvorgang beteiligte zwischengeschaltete Stellen sind verpflichtet, den Betrag, der Gegenstand des Zahlungsvorgangs ist (Zahlungsbetrag), ungekürzt an den Zahlungsdienstleister des Zahlungsempfängers zu übermitteln.

(2) Der Zahlungsdienstleister des Zahlungsempfängers darf ihm zustehende Entgelte vor Erteilung der Gutschrift nur dann von dem übermittelten Betrag abziehen, wenn dies mit dem Zahlungsempfänger vereinbart wurde. In diesem Fall sind der vollständige Betrag des Zahlungsvorgangs und die Entgelte in den Informationen gemäß Artikel 248 §§ 8 und 15 des Einführungsgesetzes zum Bürgerlichen Gesetzbuche für den Zahlungsempfänger getrennt auszuweisen.

(3) Zahlungsempfänger und Zahler tragen jeweils die von ihrem Zahlungsdienstleister erhobenen Entgelte, wenn sowohl der Zahlungsdienstleister des Zahlers als auch der Zahlungsdienstleister des Zahlungsempfängers innerhalb des Europäischen Wirtschaftsraums belegen ist.

(4) Wenn einer der Fälle des § 675d Absatz 6 Satz 1 Nummer 1 vorliegt,

1. ist § 675q Absatz 1 auf die innerhalb des Europäischen Wirtschaftsraums getätigten Bestandteile des Zahlungsvorgangs nicht anzuwenden und

Zahlungsauslösedienstleister, vom Zahlungsempfänger) 개시되거나 그 수취인을 통해 개시된 경우에 지급인은, 자신이 지급서비스중개자에게 지급과정의 개시에 대한 동의(die Zustimmung zur Auslösung des Zahlungsvorgangs)를 하거나, 수취인에게 지급과정의 수행에 대한 동의를 한 후에는 지급지시를 더 이상 철회할 수 없다. 그럼에도 출금기장의 경우(Im Fall einer Lastschrift)에 지급인은, 제675조x에 따른 자신의 권리에도 불구하고 약정한 이행기일 전의 영업일의 종료시까지(bis zum Ende des Geschäftstags vor dem vereinbarten Fälligkeitstag) 지급지시를 철회할 수 있다.
③ 지급지시의 수행에 대한 특정한 기일이 지급서비스이용자와 그 지급서비스제공자 간에 약정된 경우(제675조n 제2항)에 지급서비스이용자는 그 약정된 날 직전의 영업일(bis zum Ende des Geschäftstags vor dem vereinbarten Tag)이 종료할 때까지 지급지시를 철회(撤回)할 수 있다.
④ 제1항 내지 제3항에서 언급된 시기 후에는 지급지시는, 지급서비스이용자와 각 지급서비스제공자(der Zahlungsdienstnutzer und der jeweilige Zahlungsdienstleister)가 이에 관하여 약정한 경우에 한하여 철회될 수 있다. 또한 제2항의 경우에 그 철회에 관한 수취인의 동의(die Zustimmung des Zahlungsempfängers zum Widerruf)가 요구된다. 지급서비스제공자는, 지급서비스기본계약으로(im Zahlungsdiensterahmenvertrag) 지급서비스이용자와 그러한 철회의 처리에 대한 보수에 관하여(für die Bearbeitung eines solchen Widerrufs ein Entgelt) 약정(約定)할 수 있다.
⑤ 지급거래시스템의 참가자는, 그 시스템규칙으로 정한 시기부터는(von dem in den Regeln des Systems bestimmten Zeitpunkt an) 다른 참가자를 위하여 어느 위탁을 더 이상 철회할 수 없다.

제675조q 지급과정의 보수

(1) Der Zahlungsdienstleister des Zahlers ist verpflichtet sicherzustellen, dass der Zahlungsbetrag
① 지급인의 지급서비스제공자와 지급과정에 당사자로서 참가하는 일체의 중개기관(sämtliche an dem Zahlungsvorgang beteiligte zwischengeschaltete Stellen)은, 지급과정의 대상이 되는 금액('지급금액'; Zahlungsbetrag)을 차감 없이 수취인의 지급서비스제공자(an den Zahlungsdienstleister des Zahlungsempfängers)에게 이체(移替)할 의무를 부담한다.
② 수취인의 지급서비스제공자는, 이것이 수취인과 약정된 경우에 한하여 입금기장(入金記帳) 처리 전에(vor Erteilung der Gutschrift) 자신에 귀속되는 보수(ihm zustehende Entgelte)를 이체된 금액에서 차감할 수 있다. 이러한 경우에 지급과정의 금액 전액(der vollständige Betrag des Zahlungsvorgangs)과 그 보수(die Entgelte)는, 민법전시행법 제248항목 제8조, 제15조에 따른 정보제공에서 수취인을 위해 별도로(für den Zahlungsempfänger getrennt) 명시(明示)되어야 한다.
③ 지급인의 지급서비스제공자뿐만 아니라 수취인의 지급서비스제공자도 유럽경제권 내에 있는 경우에는 수취인과 지급인은 각각의 자신의 지급서비스제공자가 부과하는 보수(jeweils die von ihrem Zahlungsdienstleister erhobenen Entgelte)를 부담한다.
④ 제675조d 제6항 제1문 제1호의 경우 중 어느 경우에,
1. 제675조q 제1항은 유럽경제권 내에서 행해진 지급과정의 일환에 대하여는 적용하지 아니하고,

2. kann von § 675q Absatz 2 für die innerhalb des Europäischen Wirtschaftsraums getätigten Bestandteile des Zahlungsvorgangs abgewichen werden.

§ 675r Ausführung eines Zahlungsvorgangs anhand von Kundenkennungen

(1) Die beteiligten Zahlungsdienstleister sind berechtigt, einen Zahlungsvorgang ausschließlich anhand der von dem Zahlungsdienstnutzer angegebenen Kundenkennung auszuführen. Wird ein Zahlungsauftrag in Übereinstimmung mit dieser Kundenkennung ausgeführt, so gilt er im Hinblick auf den durch die Kundenkennung bezeichneten Zahlungsempfänger als ordnungsgemäß ausgeführt.

(2) Eine Kundenkennung ist eine Abfolge aus Buchstaben, Zahlen oder Symbolen, die dem Zahlungsdienstnutzer vom Zahlungsdienstleister mitgeteilt wird und die der Zahlungsdienstnutzer angeben muss, damit ein anderer am Zahlungsvorgang beteiligter Zahlungsdienstnutzer oder dessen Zahlungskonto für einen Zahlungsvorgang zweifelsfrei ermittelt werden kann.

(3) Ist eine vom Zahler angegebene Kundenkennung für den Zahlungsdienstleister des Zahlers erkennbar keinem Zahlungsempfänger oder keinem Zahlungskonto zuzuordnen, ist dieser verpflichtet, den Zahler unverzüglich hierüber zu unterrichten und ihm gegebenenfalls den Zahlungsbetrag wieder herauszugeben.

§ 675s Ausführungsfrist für Zahlungsvorgänge

(1) Der Zahlungsdienstleister des Zahlers ist verpflichtet sicherzustellen, dass der Zahlungsbetrag spätestens am Ende des auf den Zugangszeitpunkt des Zahlungsauftrags folgenden Geschäftstags beim Zahlungsdienstleister des Zahlungsempfängers eingeht. Für Zahlungsvorgänge innerhalb des Europäischen Wirtschaftsraums, die nicht in Euro erfolgen, können ein Zahler und sein Zahlungsdienstleister eine Frist von maximal vier Geschäftstagen vereinbaren. Für in Papierform ausgelöste Zahlungsvorgänge können die Fristen nach Satz 1 um einen weiteren Geschäftstag verlängert werden.

(2) Bei einem vom oder über den Zahlungsempfänger ausgelösten Zahlungsvorgang ist der Zahlungsdienstleister des Zahlungsempfängers verpflichtet, den Zahlungsauftrag dem Zahlungsdienstleister des Zahlers innerhalb der zwischen dem Zahlungsempfänger und seinem Zahlungsdienstleister vereinbarten Fristen zu übermitteln. Im Fall einer Lastschrift ist der Zahlungsauftrag so rechtzeitig zu übermitteln, dass die Verrechnung an dem vom Zahlungsempfänger mitgeteilten Fälligkeitstag ermöglicht wird.

(3) Wenn einer der Fälle des § 675d Absatz 6 Satz 1 Nummer 1 vorliegt, ist § 675s Absatz 1 Satz 1 und 3 auf die innerhalb des Europäischen Wirtschaftsraums getätigten Bestandteile des Zahlungsvorgangs nicht anzuwenden. Wenn ein Fall des § 675d Absatz 6 Satz 1 Nummer 1 Buchstabe a vorliegt,

2. 유럽경제권 내에서 행해진 지급과정의 일환(一環)에 대하여 제675조q 제2항과 다르게 약정할 수 있다.

제675조r 고객식별자에 기한 지급과정의 처리

① 당사자인 지급서비스제공자는, 지급서비스이용자가 밝힌 고객식별자(使用者識別子[37]; Kundenkennungen)에 기해서만 지급과정을 처리할 권리가 있다. 지급지시가 이러한 고객식별자와 일치하게 처리되는 경우에 그 지급지시는 고객식별자에 의해 표시된 수취인에 관련하여(im Hinblick auf den durch die Kundenkennung bezeichneten Zahlungsempfänger) 적절하게 처리된 것으로 본다.

② 고객식별자는, 철자, 숫자 또는 기호로 연속된 조합물(eine Abfolge)로, 지급서비스제공자가 지급서비스이용자에게 알려 주고, 그 지급서비스이용자가가, 지급과정에 당사자로 참가한 다른 지급서비스이용자(ein anderer am Zahlungsvorgang beteiligter Zahlungsdienstnutzer) 또는 지급과정을 위한 그 지급서비스이용자의 지급계좌가 분명하게 확인될 수 있도록 밝혀야만 하는 것이다.

③ 지급인의 지급서비스제공자가 지급인이 밝힌 고객식별자(eine vom Zahler angegebene Kundenkennung)를 수취인 또는 지급계좌로 배정(配定)한 것을 인식할 수 없는 경우에 수취인은 지급인에게 지체 없이 이에 관하여 통지할 의무가 있고, 사안에 따라서는 그 지급인에게 지급금액(den Zahlungsbetrag)을 다시 반환할 의무가 있다.

제675조s 지급과정 처리기간

① 지급인의 지급서비스제공자는 지급금액이 늦어도 지급지시의 도달시의 다음 영업일의 종료시까지(am Ende des auf den Zugangszeitpunkt des Zahlungsauftrags folgenden Geschäftstags) 수취인의 지급서비스제공자에게 입금되도록 보장할 의무를 진다. 유럽경제권 내에서의 지급과정로, 유로화로 행해지지 않는 지급과정에 대하여 지급인과 그 지급서비스제공자는 최대 4영업일 기간으로(eine Frist von maximal vier Geschäftstagen) 약정할 수 있다. 서면방식으로 개시된 지급과정에 대하여(Für in Papierform ausgelöste Zahlungsvorgänge) 제1문에 따른 기간은 1일의 영업일이 추가되어(um einen weiteren Geschäftstag) 연장될 수 있다.

② 수취인에 의해서 또는 수취인을 통해서 개시된 지급과정의 경우(Bei einem vom oder über den Zahlungsempfänger ausgelösten Zahlungsvorgang) 수취인의 지급서비스제공자는 지급인의 지급서비스제공자에게 수취인과 그 지급서비스제공자 간에 약정한 기간(der zwischen dem Zahlungsempfänger und seinem Zahlungsdienstleister vereinbarten Fristen) 내에 지급지시를 전달할 의무를 진다. '출금기장'의 경우(Im Fall einer Lastschrift) 지급지시는, 그 계산(die Verrechnung)이 수취인에 의해 통지된 이행기일에 가능하도록 적시에 통지되어야 한다.

③ 제675조d 제6항 제1문 제1호의 경우 중 어느 경우에는 제675조s 제1항 제1문, 제3문은 유럽경제권 내에서 행해진 지급과정의 일환(一環)(die innerhalb des Europäischen Wirtschaftsraums getätigten Bestandteile des Zahlungsvorgangs)에 대하여는 적용하지 아니한다. 제675조d 제6항 제1문 제1호의 경우 중 어느 경우에는,

1. ist auch § 675s Absatz 1 Satz 2 auf die innerhalb des Europäischen Wirtschaftsraums getätigten Bestandteile des Zahlungsvorgangs nicht anzuwenden und
2. kann von § 675s Absatz 2 für die innerhalb des Europäischen Wirtschaftsraums getätigten Bestandteile des Zahlungsvorgangs abgewichen werden.

§ 675t Wertstellungsdatum und Verfügbarkeit von Geldbeträgen; Sperrung eines verfügbaren Geldbetrags

(1) Der Zahlungsdienstleister des Zahlungsempfängers ist verpflichtet, dem Zahlungsempfänger den Zahlungsbetrag unverzüglich verfügbar zu machen, nachdem der Betrag auf dem Konto des Zahlungsdienstleisters eingegangen ist, wenn dieser

1. keine Währungsumrechnung vornehmen muss oder
2. nur eine Währungsumrechnung zwischen dem Euro und einer Währung eines Vertragsstaates des Abkommens über den Europäischen Wirtschaftsraum oder zwischen den Währungen zweier Vertragsstaaten des Abkommens über den Europäischen Wirtschaftsraum vornehmen muss.

Sofern der Zahlungsbetrag auf einem Zahlungskonto des Zahlungsempfängers gutgeschrieben werden soll, ist die Gutschrift, auch wenn sie nachträglich erfolgt, so vorzunehmen, dass der Zeitpunkt, den der Zahlungsdienstleister für die Berechnung der Zinsen bei Gutschrift oder Belastung eines Betrags auf einem Zahlungskonto zugrunde legt (Wertstellungsdatum), spätestens der Geschäftstag ist, an dem der Zahlungsbetrag auf dem Konto des Zahlungsdienstleisters des Zahlungsempfängers eingegangen ist. Satz 1 gilt auch dann, wenn der Zahlungsempfänger kein

(2) Zahlt ein Verbraucher Bargeld auf ein Zahlungskonto bei einem Zahlungsdienstleister in der

Zahlungskonto unterhält.

Währung des betreffenden Zahlungskontos ein, so stellt dieser Zahlungsdienstleister sicher, dass der Betrag dem Zahlungsempfänger unverzüglich nach dem Zeitpunkt der Entgegennahme verfügbar gemacht und wertgestellt wird. Ist der Zahlungsdienstnutzer kein Verbraucher, so muss dem Zahlungsempfänger der Geldbetrag spätestens an dem auf die Entgegennahme folgenden Geschäftstag verfügbar gemacht und wertgestellt werden.

(3) Eine Belastung auf dem Zahlungskonto des Zahlers ist so vorzunehmen, dass das Wertstellungsdatum frühestens der Zeitpunkt ist, an dem dieses Zahlungskonto mit dem Zahlungsbetrag belastet wird. Das Zahlungskonto des Zahlers darf nicht belastet werden, bevor der Zahlungsauftrag seinem Zahlungsdienstleister zugegangen ist.

(4) Unbeschadet sonstiger gesetzlicher oder vertraglicher Rechte ist der Zahlungsdienstleister des Zahlers im Fall eines kartengebundenen Zahlungsvorgangs berechtigt, einen verfügbaren Geldbetrag auf dem Zahlungskonto des Zahlers zu sperren, wenn

1. der Zahlungsvorgang vom oder über den Zahlungsempfänger ausgelöst worden ist und
2. der Zahler auch der genauen Höhe des zu sperrenden Geldbetrags zugestimmt hat.

1. 제675조s 제1항 제2문도 유럽경제권 내에서 행해진 지급과정의 일환(一環)(die innerhalb des Europäischen Wirtschaftsraums getätigten Bestandteile des Zahlungsvorgangs)에 대하여는 적용하지 아니하고
2. 유럽경제권 내에서 행해진 지급과정의 일환(一環)에 대하여는 제675조s 제2항과 다르게 약정할 수 있다.

제675조t 금액의 지급일과 처분가능성; 처분가능한 금액의 지급정지

① 그 금액이 그 지급서비스제공자의 계좌에(auf dem Konto des Zahlungsdienstleisters) 입금된 후, 다음 각 호의 경우에 수취인의 지급서비스제공자는 지체 없이 수취인이 지급금액을 사용할 수 있도록 해 줄 의무가 있다,

1. 외화환산[38](外貨換算; Währungsumrechnung)을 할 필요가 없는 경우,
2. 유로화와 「유럽경제권에 관한 협약」의 어느 가입국(加入國)의 통화(einer Währung eines Vertragsstaates des Abkommens über den Europäischen Wirtschaftsraum) 간의 환산 또는 「유럽경제권에 관한 협약」의 두 가입국(加入國)의 통화(通貨) 간의 환산(換算)만을 해야 할 필요가 있는 경우.

그 금액이 수취인의 지급계좌에 입금기장이 경우에, 그것이 나중에 행해질지라도(auch wenn sie nachträglich erfolgt), 늦어도 그 금액이 수취인의 지급서비스제공자의 계좌에 입금된 영업일이, 지급서비스제공자가 입금계좌에서의 이자산정이나 지급계좌상에서의 어느 금액에 대한 출금기장(出金記帳)의 기초로 삼은 시기['지급일(支給日)'; 'Wertstellungsdatum']가 되도록 입금기장(入金記帳)이 처리되어야 한다. 수취인(受取人) 이 지급계좌(支給計座)를 보유하지 않은 경우에도 또한 같다.

② 소비자가 현금을 지급서비스제공자의 지급계좌에 해당 지급계좌의 통화로 입금하는 경우에 이러한 지급서비스제공자는, 그 금액은 그 수령한 때로부터 지체 없이(unverzüglich nach dem Zeitpunkt der Entgegennahme) 수취인이 사용할 수 있도록 해 주고 또 그에 대해 입금기장이 되도록(verfügbar gemacht und wertgestellt wird) 해야 한다. 지급서비스이용자가 소비자가 아닌 경우에 수취인이 그 금액을 늦어도 이를 수령한 날의 다음 영업일에 사용할 수 있도록 하고 또 그에 대해 입금기장이 처리되어야 한다.

③ 지급인의 지급계좌상에서의 출금기장(出金記帳)은, 빨라도 그 금액이 있는 이러한 지급계좌에 대해 출금기장이 이뤄지는(an dem dieses Zahlungskonto mit dem Zahlungsbetrag belastet wird) 시기가 지급일이 되도록 행한다. 지급지시가 그 지급서비스제공자에게 도달하기 전에는 지급인의 지급계좌에 대하여 출금기장이 되어서는 아니된다.

④ 그 밖의 법률상 또는 계약상 권리에 상관없이, 스마트카드사용에 기반한 지급과정의 경우에 지급인의 지급서비스제공자는, 다음의 때에는 지급인의 지급계좌에서 사용 가능한 금액의 지급을 정지할(einen verfügbaren Geldbetrag auf dem Zahlungskonto des Zahlers zu sperren) 권리가 있다.

1. 수취인에 의하여 또는 수취인을 통하여 지급과정의 개시가 이뤄지고,
2. 지급인이 차단해야 하는 정확한 금액에 대해서도 동의한 때.

Den gesperrten Geldbetrag gibt der Zahlungsdienstleister des Zahlers unbeschadet sonstiger gesetzlicher oder vertraglicher Rechte unverzüglich frei, nachdem ihm entweder der genaue Zahlungsbetrag mitgeteilt worden oder der Zahlungsauftrag zugegangen ist.

(5) Wenn ein Fall des § 675d Absatz 6 Satz 1 Nummer 1 Buchstabe a vorliegt,

1. kann von § 675t Absatz 1 Satz 3 für die innerhalb des Europäischen Wirtschaftsraums getätigten Bestandteile des Zahlungsvorgangs abgewichen werden und
2. ist § 675t Absatz 2 auf die innerhalb des Europäischen Wirtschaftsraums getätigten Bestandteile des Zahlungsvorgangs nicht anzuwenden.

Unterkapitel 3 Haftung

§ 675u Haftung des Zahlungsdienstleisters für nicht autorisierte Zahlungsvorgänge

Im Fall eines nicht autorisierten Zahlungsvorgangs hat der Zahlungsdienstleister des Zahlers gegen diesen keinen Anspruch auf Erstattung seiner Aufwendungen. Er ist verpflichtet, dem Zahler den Zahlungsbetrag unverzüglich zu erstatten und, sofern der Betrag einem Zahlungskonto belastet worden ist, dieses Zahlungskonto wieder auf den Stand zu bringen, auf dem es sich ohne die Belastung durch den nicht autorisierten Zahlungsvorgang befunden hätte. Diese Verpflichtung ist unverzüglich, spätestens jedoch bis zum Ende des Geschäftstags zu erfüllen, der auf den Tag folgt, an welchem dem Zahlungsdienstleister angezeigt wurde, dass der Zahlungsvorgang nicht autorisiert ist, oder er auf andere Weise davon Kenntnis erhalten hat. Hat der Zahlungsdienstleister einer zuständigen Behörde berechtigte Gründe für den Verdacht, dass ein betrügerisches Verhalten des Zahlers vorliegt, schriftlich mitgeteilt, hat der Zahlungsdienstleister seine Verpflichtung aus Satz 2 unverzüglich zu prüfen und zu erfüllen, wenn sich der Betrugsverdacht nicht bestätigt. Wurde der Zahlungsvorgang über einen Zahlungsauslösedienstleister ausgelöst, so treffen die Pflichten aus den Sätzen 2 bis 4 den kontoführenden Zahlungsdienstleister.

§ 675v Haftung des Zahlers bei missbräuchlicher Nutzung eines Zahlungsinstruments

(1) Beruhen nicht autorisierte Zahlungsvorgänge auf der Nutzung eines verloren gegangenen, gestohlenen oder sonst abhandengekommenen Zahlungsinstruments oder auf der sonstigen missbräuchlichen Verwendung eines Zahlungsinstruments, so kann der Zahlungsdienstleister des Zahlers von diesem den Ersatz des hierdurch entstandenen Schadens bis zu einem Betrag von 50 Euro verlangen.

(2) Der Zahler haftet nicht nach Absatz 1, wenn

1. es ihm nicht möglich gewesen ist, den Verlust, den Diebstahl, das Abhandenkommen oder eine sonstige missbräuchliche Verwendung des Zahlungsinstruments vor dem nicht autorisierten Zahlungsvorgang zu bemerken, oder

지급인의 지급서비스제공자는, 자신에게 정확한 지급금액(der genaue Zahlungsbetrag)이 통지되거나 혹은 지급지시가 도달한 후에는 지체 없이 그 밖의 법률상 또는 계약상 권리에도 불구하고, 지급정지된 금액에 대해(Den gesperrten Geldbetrag) 지급정지(支給停止)를 해제(解除)한다.

⑤ 제675조d 제6항 제1문 제1호 a목의 경우에,

1. 유럽경제권 내에서 행해진 지급과정의 일환(一環)(die innerhalb des Europäischen Wirtschaftraums getätigten Bestandteile des Zahlungsvorgangs)에 대하여 제675조t 제1항 제3문과 다르게 약정할 수 있고,
2. 제675조t 제2항(§ 675t Absatz 2)은 유럽경제권 내에서 행해진 지급과정의 일환(一環)에 대하여 적용하지 아니한다.

제3목 책임

제675조u 수권이 없는 지급과정에 대한 지급서비스제공자의 책임

수권(授權)이 없는 지급과정의 경우에 지급인의 지급서비스제공자는 지급인에 대하여 자신의 비용상환청구권을 갖지 못한다. 그 지급서비스제공자는 지급인에게 지급금액을 지체 없이 상환해야 하고, 그 금액이 지급계좌의 출금기장이 된 경우에 이러한 지급계좌를 수권이 없는 지급과정으로 인한 출금기장이 없었더라면 존재했었을 상태로 다시 회복해야 한다. 이러한 의무는 지체 없이, 늦어도 지급과정에 대해 수권이 없었다는 점이 지급서비스제공자에게 통지된 날 또는 그가 이에 관하여 달리 알게 된(er auf andere Weise davon Kenntnis erhalten hat) 날의 다음 영업일이 종료할 때까지 이행되어야 한다. 지급서비스제공자가 관할 관청에게(einer zuständigen Behörde), 지급인의 사기행위가 있었다는 의혹에 대한 정당한 근거(berechtigte Gründe für den Verdacht, dass ein betrügerisches Verhalten des Zahlers vorliegt)를 서면으로 신고한 경우에 지급서비스제공자는, 사기혐의가 확인되지 않은 때에는(wenn sich der Betrugsverdacht nicht bestätigt) 제2문에 기한 자신의 의무(seine Verpflichtung)를 지체 없이 검토한 후 이를 이행해야 한다. 지급서비스중개자를 통하여 지급과정이 개시된 경우에 계좌를 관리하는 지급서비스제공자(den kontoführenden Zahlungsdienstleister)가 제2문 내지 제4문에 기한 의무를 부담한다.

제675조v 지급수단(支給手段)의 오용(誤用)시 지급인의 책임

① 수권이 없는 지급과정이 분실되거나 도난당하거나 또는 그 밖에 유실된 지급수단(支給手段)의 사용에서 기인하여 이뤄지거나, 지급수단(支給手段)의 그 밖의 오용(der sonstigen missbräuchlichen Verwendung)에서 기인하여 이뤄지는 경우에 지급인의 지급서비스제공자는 지급인에게 이로 인하여 발생한 손해의 배상을 50유로 한도액 내에서 청구할 수 있다.

② 다음 각 호의 경우에 지급인은 제1항에 따른 책임을 지지 아니한다,

1. 그가 수권이 없는 지급과정 전에(vor dem nicht autorisierten Zahlungsvorgang) 지급수단(支給手段)의 분실, 도난, 유실 또는 그 밖의 오용(den Verlust, den Diebstahl, das Abhandenkommen oder eine sonstige missbräuchliche Verwendung)을 인식하는 것이 불가능했던 경우,

2. der Verlust des Zahlungsinstruments durch einen Angestellten, einen Agenten, eine Zweigniederlassung eines Zahlungsdienstleisters oder eine sonstige Stelle, an die Tätigkeiten des Zahlungsdienstleisters ausgelagert wurden, verursacht worden ist.

(3) Abweichend von den Absätzen 1 und 2 ist der Zahler seinem Zahlungsdienstleister zum Ersatz des gesamten Schadens verpflichtet, der infolge eines nicht autorisierten Zahlungsvorgangs entstanden ist, wenn der Zahler

1. in betrügerischer Absicht gehandelt hat oder
2. den Schaden herbeigeführt hat durch vorsätzliche oder grob fahrlässige Verletzung
   a) einer oder mehrerer Pflichten gemäß § 675l Absatz 1 oder
   b) einer oder mehrerer vereinbarter Bedingungen für die Ausgabe und Nutzung des Zahlungsinstruments.

(4) Abweichend von den Absätzen 1 und 3 ist der Zahler seinem Zahlungsdienstleister nicht zum Schadensersatz verpflichtet, wenn

1. der Zahlungsdienstleister des Zahlers eine starke Kundenauthentifizierung im Sinne des § 1 Absatz 24 des Zahlungsdiensteaufsichtsgesetzes nicht verlangt oder
2. der Zahlungsempfänger oder sein Zahlungsdienstleister eine starke Kundenauthentifizierung im Sinne des § 1 Absatz 24 des Zahlungsdiensteaufsichtsgesetzes nicht akzeptiert.

Satz 1 gilt nicht, wenn der Zahler in betrügerischer Absicht gehandelt hat. Im Fall von Satz 1 Nummer 2 ist derjenige, der eine starke Kundenauthentifizierung nicht akzeptiert, verpflichtet, dem Zahlungsdienstleister des Zahlers den daraus entstehenden Schaden zu ersetzen.

(5) Abweichend von den Absätzen 1 und 3 ist der Zahler nicht zum Ersatz von Schäden verpflichtet, die aus der Nutzung eines nach der Anzeige gemäß § 675l Absatz 1 Satz 2 verwendeten Zahlungsinstruments entstanden sind. Der Zahler ist auch nicht zum Ersatz von Schäden im Sinne des Absatzes 1 verpflichtet, wenn der Zahlungsdienstleister seiner Pflicht gemäß § 675m Abs. 1 Nr. 3 nicht nachgekommen ist. Die Sätze 1 und 2 sind nicht anzuwenden, wenn der Zahler in betrügerischer Absicht gehandelt hat.

§ 675w Nachweis der Authentifizierung

Ist die Autorisierung eines ausgeführten Zahlungsvorgangs streitig, hat der Zahlungsdienstleister nachzuweisen, dass eine Authentifizierung erfolgt ist und der Zahlungsvorgang ordnungsgemäß aufgezeichnet, verbucht sowie nicht durch eine Störung beeinträchtigt wurde. Eine Authentifizierung ist erfolgt, wenn der Zahlungsdienstleister die Nutzung eines bestimmten Zahlungsinstruments, einschließlich seiner personalisierten Sicherheitsmerkmale, mit Hilfe eines Verfahrens überprüft hat. Wurde der Zahlungsvorgang mittels eines Zahlungsinstruments ausgelöst, reicht die Aufzeichnung der Nutzung des Zahlungsinstruments einschließlich der Authentifizierung durch den Zahlungsdienstleister und gegebenenfalls einen Zahlungsauslösedienstleister allein nicht

2. 지급서비스제공자의 직원, 대리인 또는 지점이나 그 지급서비스제공자의 업무가 외주화(外注化) 된 그 밖의 기관(eine sonstige Stelle, an die Tätigkeiten des Zahlungsdienstleisters ausgelagert wurden)에 의해 지급수단(支給手段)의 분실이 야기(惹起)된 경우

③ 제1항, 제2항과 달리, 다음 각 호의 경우에 지급인은 자신의 지급서비스제공자에게 수권이 없는 지급과정으로 인하여 발생한(der infolge eines nicht autorisierten Zahlungsvorgangs entstanden ist) 손해 전체를 배상할 의무가 있다,

1. 그 지급인이 사기 목적을 가지고서 행위를 한 경우,
2. 그 지급인이 고의 또는 중과실에 기한 다음 각 목의 위반에 의하여 그 손해를 초래(招來)한 경우,
   a) 제675조l에 따른 한 가지 또는 여러 가지의 의무,
   b) 지급수단(支給手段)의 발급 또는 사용에 대한(für die Ausgabe und Nutzung des Zahlungsinstruments) 한 가지 또는 여러 가지의 약정한 조건.

④ 다음 각 호의 경우에 제1항, 제3항과 달리, 지급인은 자신의 지급서비스제공자에 대하여 손해배상을 할 의무를 부담하지 아니한다,

1. 지급인의 지급서비스제공자가 지급서비스감독법 제1조 제24항상의 강력한 고객확인절차(eine starke Kundenauthentifizierung)를 요구하지 않은 경우,
2. 수취인 또는 그 지급서비스제공자(der Zahlungsempfänger oder sein Zahlungsdienstleister)가 지급서비스감독법 제1조 제24항상의 강화된 고객확인절차를 수용하지 않은 경우

지급인이 사기 목적을 가지고서(in betrügerischer Absicht) 행위를 한 경우에는 제1문을 적용하지 아니한다. 제1문 제2호의 경우에 강력한 고객확인절차를 수용하지 아니한 자는 이로 인하여 발생한 손해(den daraus entstehenden Schaden)를 지급인의 지급서비스제공자에게 배상할 의무를 진다.

⑤ 제1항, 제3항과 달리, 지급인은 제675조l 제1항 제2문에 따른 신고 후에 사용된 지급수단(支給手段)의 사용으로 인하여(aus der Nutzung eines nach der Anzeige gemäß § 675l Absatz 1 Satz 2 verwendeten Zahlungsinstruments) 생긴 손해를 배상할 의무를 지지 아니한다. 지급서비스제공자가 제675조m 제1항 제3호에 따른 자신의 의무(seiner Pflicht gemäß § 675m Abs. 1 Nr. 3)를 이행하지 않은 경우에 그 지급인은 제1항상의 손해도 배상할 의무를 지지 아니한다. 지급인이 사기 목적(目的)을 가지고서 행위를 한 경우에는 제1문, 제2문을 적용하지 아니한다.

제675조w 신원확인의 증명

수행된 지급과정에 대한 수권(授權) 여부에 대해 다툼이 있는 경우 신원확인(Authentifizierung)이 행해졌고 지급과정이 적절하게 기재(記載)되었고, 기장(記帳)되었으며 장애에 의해 지장을 받지 않았다(nicht durch eine Störung beeinträchtigt wurde)는 점에 대해 지급서비스제공자가 증명해야 한다. 지급서비스제공자가 개인화된 그 보안장치를 포함하여 특정한 지급수단(支給手段)의 이용을 절차의 도움으로(mit Hilfe eines Verfahrens) 검증한 때에는 신원확인이 이뤄진 것이다. 지급수단(支給手段)을 통해 지급과정이 개시된 경우에, 지급서비스제공자에 의한 신원확인(Authentifizierung), 필요하면 지급서비스중개자에 의한 신원확인(Authentifizierung)을 포함하여 지급수단의 사용(使用)의 기록은, 그 자체만으로는 다음 각 호를 증명하는 데에 꼭 충분한 것이 아니

notwendigerweise aus, um nachzuweisen, dass der Zahler

1. den Zahlungsvorgang autorisiert,
2. in betrügerischer Absicht gehandelt,
3. eine oder mehrere Pflichten gemäß § 675l Absatz 1 verletzt oder
4. vorsätzlich oder grob fahrlässig gegen eine oder mehrere Bedingungen für die Ausgabe und Nutzung des Zahlungsinstruments verstoßen

hat. Der Zahlungsdienstleister muss unterstützende Beweismittel vorlegen, um Betrug, Vorsatz oder grobe Fahrlässigkeit des Zahlungsdienstnutzers nachzuweisen.

§ 675x Erstattungsanspruch bei einem vom oder über den Zahlungsempfänger ausgelösten autorisierten Zahlungsvorgang

(1) Der Zahler hat gegen seinen Zahlungsdienstleister einen Anspruch auf Erstattung eines belasteten Zahlungsbetrags, der auf einem autorisierten, vom oder über den Zahlungsempfänger ausgelösten Zahlungsvorgang beruht, wenn

1. bei der Autorisierung der genaue Betrag nicht angegeben wurde und
2. der Zahlungsbetrag den Betrag übersteigt, den der Zahler entsprechend seinem bisherigen Ausgabeverhalten, den Bedingungen des Zahlungsdiensterahmenvertrags und den jeweiligen Umständen des Einzelfalls hätte erwarten können; mit einem etwaigen Währungsumtausch zusammenhängende Gründe bleiben außer Betracht, wenn der zwischen den Parteien vereinbarte Referenzwechselkurs zugrunde gelegt wurde.

Ist der Zahlungsbetrag einem Zahlungskonto belastet worden, so ist die Gutschrift des Zahlungsbetrags auf diesem Zahlungskonto so vorzunehmen, dass das Wertstellungsdatum spätestens der Geschäftstag der Belastung ist. Auf Verlangen seines Zahlungsdienstleisters hat der Zahler nachzuweisen, dass die Voraussetzungen des Satzes 1 Nummer 1 und 2 erfüllt sind.

(2) Unbeschadet des Absatzes 3 hat der Zahler bei SEPA-Basislastschriften und SEPA-Firmenlastschriften ohne Angabe von Gründen auch dann einen Anspruch auf Erstattung gegen seinen Zahlungsdienstleister, wenn die Voraussetzungen für eine Erstattung nach Absatz 1 nicht erfüllt sind.

(3) Der Zahler kann mit seinem Zahlungsdienstleister vereinbaren, dass er keinen Anspruch auf Erstattung hat, wenn er seine Zustimmung zur Ausführung des Zahlungsvorgangs direkt seinem Zahlungsdienstleister erteilt hat und er, sofern vereinbart, über den anstehenden Zahlungsvorgang mindestens vier Wochen vor dem Fälligkeitstermin vom Zahlungsdienstleister oder vom Zahlungsempfänger unterrichtet wurde.

(4) Ein Anspruch des Zahlers auf Erstattung ist ausgeschlossen, wenn er ihn nicht innerhalb von acht Wochen ab dem Zeitpunkt der Belastung des betreffenden Zahlungsbetrags gegenüber seinem Zahlungsdienstleister geltend macht.

다(allein nicht notwendigerweise aus, um nachzuweisen, dass),

1. 지급인이 지급과정에 대해 수권(授權)을 한 점,
2. 지급인이 사기 목적을 가지고 행위를 한 점,
3. 지급인이 제675조l 제1항에 따른 한 가지 또는 여러 가지의 의무를 침해한 점,
4. 지급인이 고의 또는 중과실에 기하여 지급수단(支給手段)의 발급 및 이용에 대한 한 가지 또는 여러 가지의 조건에 위반했다는 점.

지급서비스제공자는, 지급서비스이용자의 사기, 고의 또는 중과실을 증명하기 위해서는 보강증거방법(unterstützende Beweismittel)을 제출해야만 한다.

제675조x 수취인에 의하거나 또는 수취인을 통해 수권(授權)이 이뤄진 지급과정에서의 상환청구권(償還請求權; Erstattungsanspruch)

① 다음의 경우에 지급인은, 자신의 지급서비스제공자에 대하여 출금기장이 된 지급금액에 대한 것으로, 수취인에 의해서 또는 수취인을 통해 수권이 이뤄져 개시가 된 지급과정에서 기인하는 상환청구권을 갖는다,

1. 정확한 금액이 그 수권(授權)에서 명시되지 않았고,
2. 지급금액이 지급인이 이전의 자신의 지출행태(Ausgabeverhalten), 지급서비스기본계약상의 조건(den Bedingungen)과 개별사안의 각각의 제사정(諸事情)(den jeweiligen Umständen des Einzelfalls)에 따라 기대할 수 있는 금액을 초과한 경우; 당사자들 간에 약정한 기준환율(Referenzwechselkurs)의 기초가 마련된 경우에는 행해질 수 있는 외화환산과 연관된 사유(mit einem etwaigen Währungsumtausch zusammenhängende Gründe)는 고려되지 아니한다.

지급금액이 지급계좌의 출금기장(出金記帳)이 된 경우에 늦어도 그 출금기장의 영업일이 지급일이 되도록 이러한 지급계좌상에서의 지급금액의 입금기장(die Gutschrift des Zahlungsbetrags auf diesem Zahlungskonto)을 행해야 한다. 지급인은 자신의 지급서비스제공자의 요구가 있는 때에는 제1문 제1호, 제2호의 요건이 충족되었음을 증명(證明)해야 한다.

② 제3항에도 불구하고 지급인은, 제1항에 따른 상환의 요건이 충족되지 않더라도, 단일유로지급지역[39] 기본추심이체'과 '단일유로지급지역 회사추심이체'의 경우에 있어 이유를 제시하지 아니하고(ohne Angabe von Gründen) 자신의 지급서비스제공자에 대한(gegen seinen Zahlungsdienstleister) 상환청구권을 갖는다.

③ 지급인은, 그가 지급과정 수행에 대한 동의(seine Zustimmung zur Ausführung des Zahlungsvorgangs)를 직접 자신의 지급서비스제공자에 대해 하였고 또 약정이 있는 한, 지급서비스제공자 또는 수취인이 이행기일로부터 최소 4주전까지(mindestens vier Wochen vor dem Fälligkeitstermin) 임박한 지급과정에 관하여(über den anstehenden Zahlungsvorgang) 통지를 한 때에는 자신이 상환청구권을 갖지 않는 것으로 그 지급서비스제공자와 약정할 수 있다.

④ 지급인이 해당 지급금액에 대한 출금기장시로부터 8주(acht Wochen ab dem Zeitpunkt der Belastung des betreffenden Zahlungsbetrags) 이내에 자신의 지급서비스제공자에 대하여 그 상환을 주장하지 않은 경우에는 지급인의 상환청구권은 배제된다.

(5) Der Zahlungsdienstleister ist verpflichtet, innerhalb von zehn Geschäftstagen nach Zugang eines Erstattungsverlangens entweder den vollständigen Betrag des Zahlungsvorgangs zu erstatten oder dem Zahler die Gründe für die Ablehnung der Erstattung mitzuteilen. Im Fall der Ablehnung hat der Zahlungsdienstleister auf die Beschwerdemöglichkeiten gemäß den §§ 60 bis 62 des Zahlungsdiensteaufsichtsgesetzes und auf die Möglichkeit, eine Schlichtungsstelle gemäß § 14 des Unterlassungsklagengesetzes anzurufen, hinzuweisen. Das Recht des Zahlungsdienstleisters, eine innerhalb der Frist nach Absatz 4 geltend gemachte Erstattung abzulehnen, erstreckt sich nicht auf den Fall nach Absatz 2.

(6) Wenn ein Fall des § 675d Absatz 6 Satz 1 Nummer 1 Buchstabe b vorliegt,

1. ist § 675x Absatz 1 auf die innerhalb des Europäischen Wirtschaftsraums getätigten Bestandteile des Zahlungsvorgangs nicht anzuwenden und
2. kann von § 675x Absatz 2 bis 5 für die innerhalb des Europäischen Wirtschaftsraums getätigten Bestandteile des Zahlungsvorgangs abgewichen werden.

§ 675y Haftung der Zahlungsdienstleister bei nicht erfolgter, fehlerhafter oder verspäteter Ausführung eines Zahlungsauftrags; Nachforschungspflicht

(1) Wird ein Zahlungsvorgang vom Zahler ausgelöst, kann dieser von seinem Zahlungsdienstleister im Fall einer nicht erfolgten oder fehlerhaften Ausführung des Zahlungsauftrags die unverzügliche und ungekürzte Erstattung des Zahlungsbetrags verlangen. Wurde der Betrag einem Zahlungskonto des Zahlers belastet, ist dieses Zahlungskonto wieder auf den Stand zu bringen, auf dem es sich ohne den fehlerhaft ausgeführten Zahlungsvorgang befunden hätte. Wird ein Zahlungsvorgang vom Zahler über einen Zahlungsauslösedienstleister ausgelöst, so treffen die Pflichten aus den Sätzen 1 und 2 den kontoführenden Zahlungsdienstleister. Soweit vom Zahlungsbetrag entgegen § 675q Abs. 1 Entgelte abgezogen wurden, hat der Zahlungsdienstleister des Zahlers den abgezogenen Betrag dem Zahlungsempfänger unverzüglich zu übermitteln. Weist der Zahlungsdienstleister des Zahlers nach, dass der Zahlungsbetrag ungekürzt beim Zahlungsdienstleister des Zahlungsempfängers eingegangen ist, entfällt die Haftung nach diesem Absatz.

(2) Wird ein Zahlungsvorgang vom oder über den Zahlungsempfänger ausgelöst, kann dieser im Fall einer nicht erfolgten oder fehlerhaften Ausführung des Zahlungsauftrags verlangen, dass sein Zahlungsdienstleister diesen Zahlungsauftrag unverzüglich, gegebenenfalls erneut, an den Zahlungsdienstleister des Zahlers übermittelt. Weist der Zahlungsdienstleister des Zahlungsempfängers nach, dass er die ihm bei der Ausführung des Zahlungsvorgangs obliegenden Pflichten erfüllt hat, hat der Zahlungsdienstleister des Zahlers dem Zahler gegebenenfalls unverzüglich den ungekürzten Zahlungsbetrag entsprechend Absatz 1 Satz 1 und 2 zu erstatten. Soweit vom Zahlungsbetrag entgegen § 675q Abs. 1 und 2 Entgelte abgezogen wurden, hat der Zahlungsdienstleister des Zahlungsempfängers den abgezogenen Betrag dem Zahlungsempfänger

⑤ 지급서비스제공자는 상환청구가 도달한 때로부터 10일의 영업일 이내에(innerhalb von zehn Geschäftstagen nach Zugang eines Erstattungsverlangens) 지급금액 전액을 상환하거나 혹은 상환 거부에 대한 이유를 지급인에게 통지할 의무를 진다. 이를 거부하는 경우에 지급서비스제공자는 지급서비스감독법 제60조 내지 제62조에 따른 불복가능성과, 금지소송법 제14조에 따라 조정기관에 조정을 신청할 수 있는 가능성(die Möglichkeit, eine Schlichtungsstelle gemäß § 14 des Unterlassungsklagengesetzes anzurufen)을 언급해야 한다. 제4항에 따른 기간 내에 주장된 상환청구(eine innerhalb der Frist nach Absatz 4 geltend gemachte Erstattung)를 거부할 수 있는 지급서비스제공자의 권리는 제2항에 따른 경우에는 적용되지 아니한다.
⑥ 제675조d 제6항 제1문 제1호 b목의 경우에,
1. 제675조x 제1항은 유럽경제권 내에서 행진 지급과정의 일환(一環)에 대하여용(適用)하지 아니하고
2. 유럽경제권 내에서 행해진 지급과정의 일환(一環)에 대하여 제675조x 제2항 내지 제5항과 다르게 약정(約定)할 수 있다.

제675조y 지급지시의 불이행, 불완전이행 또는 지연이행시 지급서비스제공자의 책임; 조사의무(Nachforschungspflicht)
① 지급과정이 지급인에 의해 개시되는 경우 지급인은, 자신의 지급서비스제공자에게 지급지시의 불이행 또는 불완전이행이 있는 때에는 지급금액의 즉각적이고도 차감(差減)되지 않은 상환을 청구할 수 있다. 그 금액에 대해 지급인의 지급계좌에 출금기장이 된 경우에 이러한 지급계좌는, 지급과정의 불완전이행이 없었더라면(ohne den fehlerhaft ausgeführten) 있었을 상태로 다시 회복되어야 한다. 지급과정이 지급인에 의해 지급서비스중개자를 통해 개시된 경우에 계좌를 관리하는 지급서비스제공자(den kontoführenden Zahlungsdienstleister)가 제1문, 제2문에 따른 의무를 부담한다. 보수가 제675조q 제1항에 위반하여 지급금액에서 차감된 경우에, 지급인의 지급서비스제공자는 수취인에게 지체 없이 차감된 그 금액(den abgezogenen Betrag)을 이체해야 한다. 지급인의 지급서비스제공자가 그 지급금액이 차감 없이(ungekürzt) 수취인의 지급서비스제공자에(beim Zahlungsdienstleister des Zahlungsemp- fängers) 입금되었다는 점을 증명한 때에는 위와 같은 책임은 소멸한다(entfällt die Haftung nach diesem Absatz).
② 지급과정이 수취인에 의해 또는 수취인을 통해 개시된 경우에 수취인은, 지급지시의 불이행 또는 불완전이행이 있는 때에는 자신의 지급서비스제공자가 이러한 지급지시를 지체 없이, 필요하면 다시(unverzüglich, gegebenenfalls erneut) 지급인의 지급서비스제공자에게 전달하도록 요구할 수 있다. 수취인의 지급서비스제공자가 지급과정의 수행에서 자신에게 부과된 의무(die ihm bei der Ausführung des Zahlungsvorgangs obliegenden Pflichten)를 이행했다는 점을 증명한 경우에, 지급인의 지급서비스제공자는 지급인에게 필요하면 지체 없이(gegebenenfalls unverzüglich), 제1항 제1문, 제1문에 따라 차감되지 않은 지급금액을 상환해야 한다. 보수가 제675조q 제1항, 제2항에 위반하여 지급금액에서 차감된 경우에 수취인(受取人)의 지급서비스제공자는 수취인에게 지체 없이 차감(差減)된 금액(金額)(den abgezogenen Betrag)은 이를 사용(使用)할 수 있도록 해 주어야 한다.

unverzüglich verfügbar zu machen.

(3) Wird ein Zahlungsvorgang vom Zahler ausgelöst, kann dieser im Fall einer verspäteten Ausführung des Zahlungsauftrags verlangen, dass sein Zahlungsdienstleister gegen den Zahlungsdienstleister des Zahlungsempfängers den Anspruch nach Satz 2 geltend macht. Der Zahlungsdienstleister des Zahlers kann vom Zahlungsdienstleister des Zahlungsempfängers verlangen, die Gutschrift des Zahlungsbetrags auf dem Zahlungskonto des Zahlungsempfängers so vorzunehmen, als sei der Zahlungsvorgang ordnungsgemäß ausgeführt worden. Wird ein Zahlungsvorgang vom Zahler über einen Zahlungsauslösedienstleister ausgelöst, so trifft die Pflicht aus Satz 1 den kontoführenden Zahlungsdienstleister. Weist der Zahlungsdienstleister des Zahlers nach, dass der Zahlungsbetrag rechtzeitig beim Zahlungsdienstleister des Zahlungsempfängers eingegangen ist, entfällt die Haftung nach diesem Absatz.

(4) Wird ein Zahlungsvorgang vom oder über den Zahlungsempfänger ausgelöst, kann dieser im Fall einer verspäteten Übermittlung des Zahlungsauftrags verlangen, dass sein Zahlungsdienstleister die Gutschrift des Zahlungsbetrags auf dem Zahlungskonto des Zahlungsempfängers so vornimmt, als sei der Zahlungsvorgang ordnungsgemäß ausgeführt worden. Weist der Zahlungsdienstleister des Zahlungsempfängers nach, dass er den Zahlungsauftrag rechtzeitig an den Zahlungsdienstleister des Zahlers übermittelt hat, ist der Zahlungsdienstleister des Zahlers verpflichtet, dem Zahler gegebenenfalls unverzüglich den ungekürzten Zahlungsbetrag nach Absatz 1 Satz 1 und 2 zu erstatten. Dies gilt nicht, wenn der Zahlungsdienstleister des Zahlers nachweist, dass der Zahlungsbetrag lediglich verspätet beim Zahlungsdienstleister des Zahlungsempfängers eingegangen ist. In diesem Fall ist der Zahlungsdienstleister des Zahlungsempfängers verpflichtet, den Zahlungsbetrag entsprechend Satz 1 auf dem Zahlungskonto des Zahlungsempfängers gutzuschreiben.

(5) Ansprüche des Zahlungsdienstnutzers gegen seinen Zahlungsdienstleister nach Absatz 1 Satz 1 und 2 sowie Absatz 2 Satz 2 bestehen nicht, soweit der Zahlungsauftrag in Übereinstimmung mit der vom Zahlungsdienstnutzer angegebenen fehlerhaften Kundenkennung ausgeführt wurde. In diesem Fall kann der Zahler von seinem Zahlungsdienstleister jedoch verlangen, dass dieser sich im Rahmen seiner Möglichkeiten darum bemüht, den Zahlungsbetrag wiederzuerlangen. Der Zahlungsdienstleister des Zahlungsempfängers ist verpflichtet, dem Zahlungsdienstleister des Zahlers alle für die Wiedererlangung des Zahlungsbetrags erforderlichen Informationen mitzuteilen. Ist die Wiedererlangung des Zahlungsbetrags nach den Sätzen 2 und 3 nicht möglich, so ist der Zahlungsdienstleister des Zahlers verpflichtet, dem Zahler auf schriftlichen Antrag alle verfügbaren Informationen mitzuteilen, damit der Zahler einen Anspruch auf Erstattung des Zahlungsbetrags geltend machen kann. Der Zahlungsdienstleister kann mit dem Zahlungsdienstnutzer im Zahlungsdiensterahmenvertrag ein Entgelt für Tätigkeiten nach den

③ 지급과정이 지급인에 의해 개시된 경우에는 지급인은 지급지시의 지연이행이 있는 때에(im Fall einer verspäteten Ausführung des Zahlungsauftrags) 자신의 지급서비스제공자가 수취인의 지급서비스제공자에 대하여(gegen den Zahlungsdienstleister des Zahlungsempfängers) 제2문에 따른 청구권(請求權)을 행사하도록 요구할 수 있다. 지급인의 지급서비스제공자는 그 지급과정이 적절하게 이뤄진 것처럼(als sei der Zahlungsvorgang ordnungsgemäß ausgeführt worden) 수취인의 지급서비스제공자에게 수취인의 지급계좌상에서 그 지급금액의 입금기장을 하도록 요구할 수 있다. 지급과정이 지급인에 의해 지급서비스제공자를 통해 개시된 경우에 계좌를 관리(管理)하는 지급서비스제공자가 제1문에 따른 의무를 부담한다. 지급인의 지급서비스제공자가 그 지급금액이 적시에 수취인의 지급서비스제공자에(rechtzeitig beim Zahlungsdienstleister des Zahlungsempfängers) 입금된 점을 증명한 때에는 위와 같은 책임은 소멸한다.
④ 지급과정이 수취인에 의해 또는 수취인을 통해(vom oder über den Zahlungsempfänger) 개시(開始)된 경우에 수취인은 지급지시의 지연된 전달이 있는 때에(im Fall einer verspäteten Übermittlung des Zahlungsauftrags) 자신의 지급서비스제공자가 지급과정이 적절하게 이뤄진 것처럼(als sei der Zahlungsvorgang ordnungsgemäß ausgeführt worden) 수취인의 지급계좌상에서 지급금액의 입금기장(入金記帳)을 하도록 요구할 수 있다. 수취인의 지급서비스제공자가 자신이 지급지시를 적시에 지급인의 지급서비스제공자에게 전달했다는 점을 증명한 경우에 지급인의 지급서비스제공자는 지급인에게 필요한 경우 지체 없이 제1항 제1문, 제2문에 따른 차감되지 않은 지급금액(den ungekürzten Zahlungsbetrag nach Absatz 1 Satz 1 und 2)을 상환할 의무를 진다. 지급인의 지급서비스제공자가 그 지급금액이 단지 수취인의 지급서비스제공자에 지연되어 입금되었을 뿐이라는 점을 증명한 경우에는 그러하지 아니하다. 이러한 경우에 수취인의 지급서비스제공자는 그 금액을 제1문에 따라 수취인의 지급계좌상에서(auf dem Zahlungs- konto des Zahlungsempfängers) 입금기장을 할 의무를 진다.
⑤ 지급지시가 지급서비스이용자가 밝힌 하자 있는 고객식별자(顧客識別子)와 일치하여(in Übereinstimmung mit der vom Zahlungsdienstnutzer angegebenen fehlerhaften Kundenkennung) 수행된 경우에는 제1항 제1문, 제1문과 제2항 제2문에 따른 지급서비스이용자의 자신의 지급서비스제공자에 대한 청구권이 인정되지 아니한다. 그럼에도 이러한 경우에 지급인은 자신의 지급서비스제공자에게 그 제공자가 가능한 범위 내에서 그 금액을 되찾아오는 데 노력하도록(dass dieser sich im Rahmen seiner Möglichkeiten darum bemüht, den Zahlungsbetrag wiederzuerlangen) 요구할 수 있다. 수취인의 지급서비스제공자는 지급인의 지급서비스제공자에게 지급금액의 환수에 필요한 일체의 정보(alle für die Wiedererlangung des Zahlungsbetrags erforderlichen Informationen)를 알려 줄 의무가 있다. 제2문, 제3문에 따른 지급금액의 환수가 불가능한 경우에 지급인의 지급서비스제공자는, 지급인에게 그 서면에 의한 요구가 있는 때에는(auf schriftlichen Antrag) 지급인이 지급금액의 상환청구권을 행사할 수 있도록 이용 가능한 일체의 정보(alle verfügbaren Informationen)를 알려 줄 의무를 부담한다. 그 지급서비스제공자는 지급서비스기본계약으로 지급서비스제공자와(mit dem Zahlungsdienstnutzer im Zahlungsdiensterahmenvertrag) 제2문 내지 제4문에 따른 활동

Sätzen 2 bis 4 vereinbaren.

(6) Ein Zahlungsdienstnutzer kann von seinem Zahlungsdienstleister über die Ansprüche nach den Absätzen 1 und 2 hinaus die Erstattung der Entgelte und Zinsen verlangen, die der Zahlungsdienstleister ihm im Zusammenhang mit der nicht erfolgten oder fehlerhaften Ausführung des Zahlungsvorgangs in Rechnung gestellt oder mit denen er dessen Zahlungskonto belastet hat.

(7) Wurde ein Zahlungsauftrag nicht oder fehlerhaft ausgeführt, hat der Zahlungsdienstleister desjenigen Zahlungsdienstnutzers, der einen Zahlungsvorgang ausgelöst hat oder über den ein Zahlungsvorgang ausgelöst wurde, auf Verlangen seines Zahlungsdienstnutzers den Zahlungsvorgang nachzuvollziehen und seinen Zahlungsdienstnutzer über das Ergebnis zu unterrichten.

(8) Wenn ein Fall des § 675d Absatz 6 Satz 1 Nummer 1 Buchstabe b vorliegt, ist § 675y Absatz 1 bis 4 auf die innerhalb des Europäischen Wirtschaftsraums getätigten Bestandteile des Zahlungsvorgangs nicht anzuwenden.

§ 675z Sonstige Ansprüche bei nicht erfolgter, fehlerhafter oder verspäteter Ausführung eines Zahlungsauftrags oder bei einem nicht autorisierten Zahlungsvorgang

Die §§ 675u und 675y sind hinsichtlich der dort geregelten Ansprüche eines Zahlungsdienstnutzers abschließend. Die Haftung eines Zahlungsdienstleisters gegenüber seinem Zahlungsdienstnutzer für einen wegen nicht erfolgter, fehlerhafter oder verspäteter Ausführung eines Zahlungsauftrags entstandenen Schaden, der nicht bereits von § 675y erfasst ist, kann auf 12 500 Euro begrenzt werden; dies gilt nicht für Vorsatz und grobe Fahrlässigkeit, den Zinsschaden und für Gefahren, die der Zahlungsdienstleister besonders übernommen hat. Zahlungsdienstleister haben hierbei ein Verschulden, das einer zwischengeschalteten Stelle zur Last fällt, wie eigenes Verschulden zu vertreten, es sei denn, dass die wesentliche Ursache bei einer zwischengeschalteten Stelle liegt, die der Zahlungsdienstnutzer vorgegeben hat. In den Fällen von Satz 3 zweiter Halbsatz haftet die von dem Zahlungsdienstnutzer vorgegebene zwischengeschaltete Stelle anstelle des Zahlungsdienstleisters des Zahlungsdienstnutzers. § 675y Absatz 5 Satz 1 ist auf die Haftung eines Zahlungsdienstleisters nach den Sätzen 2 bis 4 entsprechend anzuwenden. Wenn ein Fall des § 675d Absatz 6 Satz 1 Nummer 1 Buchstabe b vorliegt, ist § 675z Satz 3 auf die innerhalb des Europäischen Wirtschaftsraums getätigten Bestandteile des Zahlungsvorgangs nicht anzuwenden.

§ 676 Nachweis der Ausführung von Zahlungsvorgängen

Ist zwischen dem Zahlungsdienstnutzer und seinem Zahlungsdienstleister streitig, ob der Zahlungsvorgang ordnungsgemäß ausgeführt wurde, muss der Zahlungsdienstleister nachweisen, dass der Zahlungsvorgang ordnungsgemäß aufgezeichnet und verbucht sowie nicht durch eine Störung beeinträchtigt wurde.

에 대한 보수에 관하여 약정할 수 있다.

⑥ 지급서비스이용자는 자신의 지급서비스제공자에게 제1항, 제2항에 따른 청구권뿐만 아니라 보수와 이자의 상환에 관하여, 지급서비스제공자가 그 지급서비스이용자에게 지급과정의 불이행 또는 불완전이행에 관하여 보수를 청구하거나 그 지급서비스제공자가 자신의 지급계좌에 출금기장을 하도록 요구할 수 있다.

⑦ 지급지시가 불이행되거나 불완전하게 이행된 경우에 지급과정을 개시했거나 자신을 통하여 지급과정이 개시된 지급서비스이용자의 지급서비스제공자는, 그 지급서비스이용자의 요구가 있는 때에는 지급과정을 다시 이행하거나(den Zahlungsvorgang nachzuvollziehen) 그 결과(結果)에 대해(über das Ergebnis) 자신의 지급서비스제공자에게(seinen Zahlungsdienstnutzer) 통지(通知)해야 한다.

⑧ 제675조d 제6항 제1문 제1호 b목의 경우에 제675조y 제1항 내지 제4항은 유럽경제권 내에서 행해지는 지급과정의 일환(一環)에 대하여는 적용하지 아니한다.

제675조z 지급지시의 불이행, 불완전이행 또는 지연이행시 또는 수권(授權)이 없는 지급과정시의 그 밖의 청구권

제675조u, 제675조y는 그 조항들에서 규정한 지급서비스이용자 청구권에 대하여 종국적으로 적용된다(abschließend). 지급지시의 불이행, 불완전이행 또는 지연이행으로 인해 발생한 손해로, 제675조y에 의해 전보되지 아니한 손해(Schaden, der nicht bereits von § 675y erfasst ist)에 관련한 지급서비스제공자의 자신의 지급서비스이용자에 대한 책임(Die Haftung eines Zahlungsdienstleisters gegenüber seinem Zahlungsdienstnutzer)은 12,500유로를 한도로 제한될 수 있다. 고의 또는 중과실(Vorsatz und grobe Fahrlässigkeit), 이자손해(den Zinsschaden)와, 지급서비스제공자가 특별히 인수한 위험에 대하여는 그러하지 아니하다. 지급서비스제공자는 이와 관련하여(hierbei) 중개기관이 부담하는 과책(ein Verschulden, das einer zwischengeschalteten Stelle zur Last fällt)을 자신의 과책처럼 책임을 져야 하되, 그 중대한 원인(die wesentliche Ursache)이 지급서비스이용자가 그 이용을 정한(die der Zahlungsdienstnutzer vorgegeben hat) 중개기관에 있는 경우에는 그러하지 아니하다. 제3문 후단의 경우에 지급서비스이용자가 그 이용을 정한 중개기관(die von dem Zahlungsdienstnutzer vorgegebene zwischengeschaltete Stelle)이 지급서비스이용자의 지급서비스제공자에 갈음하여 책임을 진다. 제675조y 제5항 제1문은 제2문 내지 제4문에 따른 책임에 대하여 준용(準用)한다. 제675조d 제6항 제1문 제1호 b목의 경우에 제675조z 제3문은 유럽경제권 내에서 행해진 지급과정의 일환(一環)에 대하여는 적용하지 아니한다.

제676조 지급과정 수행에 대한 증명

지급서비스이용자와 그 지급서비스제공자 간에 지급과정이 적절하게 수행되었는지 여부에 대하여 다툼이 있는 경우에 지급서비스제공자는 지급과정이 적절하게 기재되었고 기장(記帳)되었으며 장애로 인하여 지장(支障)을 받지 않았다(nicht durch eine Störung beeinträchtigt wurde)는 점을 증명(證明)해야만 한다.

§ 676a Ausgleichsanspruch

(1) Liegt die Ursache für die Haftung eines Zahlungsdienstleisters gemäß den §§ 675u, 675y und 675z im Verantwortungsbereich eines anderen Zahlungsdienstleisters, eines Zahlungsauslösedienstleisters oder einer zwischengeschalteten Stelle, so kann der Zahlungsdienstleister von dem anderen Zahlungsdienstleister, dem Zahlungsauslösedienstleister oder der zwischengeschalteten Stelle den Ersatz des Schadens verlangen, der ihm aus der Erfüllung der Ansprüche eines Zahlungsdienstnutzers gemäß den §§ 675u, 675y und 675z entsteht.

(2) Ist zwischen dem kontoführenden Zahlungsdienstleister des Zahlers und einem Zahlungsauslösedienstleister streitig, ob ein ausgeführter Zahlungsvorgang autorisiert wurde, muss der Zahlungsauslösedienstleister nachweisen, dass in seinem Verantwortungsbereich eine Authentifizierung erfolgt ist und der Zahlungsvorgang ordnungsgemäß aufgezeichnet sowie nicht durch eine Störung beeinträchtigt wurde.

(3) Ist zwischen dem kontoführenden Zahlungsdienstleister des Zahlers und einem Zahlungsauslösedienstleister streitig, ob ein Zahlungsvorgang ordnungsgemäß ausgeführt wurde, muss der Zahlungsauslösedienstleister nachweisen, dass

1. der Zahlungsauftrag dem kontoführenden Zahlungsdienstleister gemäß § 675n zugegangen ist und
2. der Zahlungsvorgang im Verantwortungsbereich des Zahlungsauslösedienstleisters ordnungsgemäß aufgezeichnet sowie nicht durch eine Störung beeinträchtigt wurde.

§ 676b Anzeige nicht autorisierter oder fehlerhaft ausgeführter Zahlungsvorgänge

(1) Der Zahlungsdienstnutzer hat seinen Zahlungsdienstleister unverzüglich nach Feststellung eines nicht autorisierten oder fehlerhaft ausgeführten Zahlungsvorgangs zu unterrichten.

(2) Ansprüche und Einwendungen des Zahlungsdienstnutzers gegen den Zahlungsdienstleister nach diesem Unterkapitel sind ausgeschlossen, wenn dieser seinen Zahlungsdienstleister nicht spätestens 13 Monate nach dem Tag der Belastung mit einem nicht autorisierten oder fehlerhaft ausgeführten Zahlungsvorgang hiervon unterrichtet hat. Der Lauf der Frist beginnt nur, wenn der Zahlungsdienstleister den Zahlungsdienstnutzer über die den Zahlungsvorgang betreffenden Angaben gemäß Artikel 248 §§ 7, 10 oder § 14 des Einführungsgesetzes zum Bürgerlichen Gesetzbuche unterrichtet hat; anderenfalls ist für den Fristbeginn der Tag der Unterrichtung maßgeblich.

(3) Für andere als die in § 675z Satz 1 genannten Ansprüche des Zahlungsdienstnutzers gegen seinen Zahlungsdienstleister wegen eines nicht autorisierten oder fehlerhaft ausgeführten Zahlungsvorgangs gilt Absatz 2 mit der Maßgabe, dass der Zahlungsdienstnutzer diese Ansprüche auch nach Ablauf der Frist geltend machen kann, wenn er ohne Verschulden an der Einhaltung der Frist verhindert war.

제676조a 구상청구권

① 제675조u, 제675조y, 제675조z에 따른 어느 지급서비스제공자의 책임의 원인이 다른 지급서비스제공자나 지급서비스중개자 또는 중개기관의 책임영역(im Verantwortungsbereich eines anderen Zahlungsdienstleisters, eines Zahlungsauslösedienstleisters oder einer zwischengeschalteten Stelle)에 있는 경우에 해당 지급서비스제공자는 다른 지급서비스제공자나 지급서비스중개자 또는 중개기관에 대하여 제675조u, 제675조y, 제675조z에 따른 지급서비스이용자의 청구권 이행으로 인하여 그들에게 발생한 손해의 배상을 청구할 수 있다.

② 지급인의 계좌를 관리하는 지급서비스제공자(dem kontoführenden Zahlungsdienstleister des Zahlers)와 지급서비스중개자 간에 수행된 지급과정에 대하여 수권(授權)이 있었는지 여부(ob ein ausgeführter Zahlungsvorgang autorisiert wurde)에 대하여 다툼이 있는 경우에 지급서비스중개자는 인증확인(eine Authentifizierung)이 자신의 책임영역에서(in seinem Verantwortungsbereich) 이뤄졌고 지급과정이 적절하게 기재되었고 장애로 지장을 받지 않았다는 점을 증명해야만 한다.

③ 지급인의 계좌를 관리하는 지급서비스제공자(dem kontoführenden Zahlungsdienstleister des Zahlers)와 지급서비스중개자 간에 지급과정이 적절하게 수행되었는지에 대하여 다툼이 있는 경우에, 지급서비스중개자는 다음 각 호를 증명해야만 한다,

1. 지급지시가 계좌를 관리하는 제675조n에 따라 지급서비스제공자에게 도달했다는 점,
2. 지급과정이 지급서비스중개자의 책임영역에서 적절하게 기재되었고 장애(障碍)로 인하여 지장(支障)을 받지 않았다는 점.

제676조b 수권(授權)이 없거나 불완전하게 이행된 지급과정에 대한 통지

① 지급서비스이용자는 수권(授權)이 없거나 불완전하게 이행된 지급과정을 확인 후 지체 없이 자신의 지급서비스제공자에게 통지해야 한다.

② 그 지급서비스이용자가 자신의 지급서비스제공자에게 수권(授權)이 없거나 불완전하게 이행된 지급과정에 대한 출금기장이 행해진 때로부터(nach dem Tag der Belastung mit einem nicht autorisierten oder fehlerhaft ausgeführten Zahlungsvorgang) 늦어도 13개월까지 그에 관하여 통지를 하지 않은 때에는 이 목에 좇은, 지급서비스이용자의 지급서비스제공자에 대한 청구권 및 항변권은 배제된다. 지급서비스제공자가 지급서비스이용자에게 민법전시행법 제248항목 제7조, 제10조, 또는 제14조에 따른, 지급과정에 관련된 사항(über die den Zahlungsvorgang betreffenden Angaben)에 관하여 통지를 한 때에 한하여 그 기간의 진행은 개시된다; 그 이외의 경우에는(anderenfalls) 그 통지가 그 날의 기간개시에 대한(für den Fristbeginn der Tag) 기준이 된다.

③ 제675조z 제1문상의 청구권 이외의 지급서비스이용자의 지급서비스제공자에 대한 청구권으로, 수권(授權)이 없거나 불완전하게 이행된 지급과정으로 인하여 생긴 청구권에 대하여, 지급서비스이용자가, 그가 과책 없이 그 기간의 준수를 하지 못한 경우에는(wenn er ohne Verschulden an der Einhaltung der Frist verhindert war) 그 기간의 경과 후에도(auch nach Ablauf der Frist)도 이러한 청구권(請求權)을 행사(行使)할 수 있다는 기준하에 제2항을 적용한다.

(4) Wurde der Zahlungsvorgang über einen Zahlungsauslösedienstleister ausgelöst, sind Ansprüche und Einwendungen des Zahlungsdienstnutzers gegen seinen kontoführenden Zahlungsdienstleister ausgeschlossen, wenn der Zahlungsdienstnutzer den kontoführenden Zahlungsdienstleister nicht spätestens 13 Monate nach dem Tag der Belastung mit einem nicht autorisierten oder fehlerhaften Zahlungsvorgang hiervon unterrichtet hat. Der Lauf der Frist beginnt nur, wenn der kontoführende Zahlungsdienstleister den Zahlungsdienstnutzer über die den Zahlungsvorgang betreffenden Angaben gemäß Artikel 248 §§ 7, 10 oder § 14 des Einführungsgesetzes zum Bürgerlichen Gesetzbuche unterrichtet hat; anderenfalls ist für den Fristbeginn der Tag der Unterrichtung durch den kontoführenden Zahlungsdienstleister maßgeblich.

(5) Für andere als die in § 675z Satz 1 genannten Ansprüche des Zahlungsdienstnutzers gegen seinen kontoführenden Zahlungsdienstleister oder gegen den Zahlungsauslösedienstleister wegen eines nicht autorisierten oder fehlerhaft ausgeführten Zahlungsvorgangs gilt Absatz 4 mit der Maßgabe, dass

1. die Anzeige an den kontoführenden Zahlungsdienstleister auch zur Erhaltung von Ansprüchen und Einwendungen des Zahlungsdienstnutzers gegen den Zahlungsauslösedienstleister genügt und
2. der Zahlungsdienstnutzer seine Ansprüche gegen den kontoführenden Zahlungsdienstleister oder gegen den Zahlungsauslösedienstleister auch nach Ablauf der Frist geltend machen kann, wenn er ohne Verschulden an der Einhaltung der Frist verhindert war.

§ 676c Haftungsausschluss

Ansprüche nach diesem Kapitel sind ausgeschlossen, wenn die einen Anspruch begründenden Umstände

1. auf einem ungewöhnlichen und unvorhersehbaren Ereignis beruhen, auf das diejenige Partei, die sich auf dieses Ereignis beruft, keinen Einfluss hat, und dessen Folgen trotz Anwendung der gebotenen Sorgfalt nicht hätten vermieden werden können, oder
2. vom Zahlungsdienstleister auf Grund einer gesetzlichen Verpflichtung herbeigeführt wurden.

Titel 13 Geschäftsführung ohne Auftrag

§ 677 Pflichten des Geschäftsführers

Wer ein Geschäft für einen anderen besorgt, ohne von ihm beauftragt oder ihm gegenüber sonst dazu berechtigt zu sein, hat das Geschäft so zu führen, wie das Interesse des Geschäftsherrn mit Rücksicht auf dessen wirklichen oder mutmaßlichen Willen es erfordert.

§ 678 Geschäftsführung gegen den Willen des Geschäftsherrn

Steht die Übernahme der Geschäftsführung mit dem wirklichen oder dem mutmaßlichen Willen des Geschäftsherrn in Widerspruch und musste der Geschäftsführer dies erkennen, so ist er dem

④ 지급과정이 어느 지급서비스중개자를 통하여 개시된 경우에 지급서비스이용자의 계좌를 관리하는 자신의 지급서비스제공자에 대한 청구권과 항변권(Ansprüche und Einwendungen des Zahlungsdienstnutzers gegen seinen kontoführenden Zahlungsdienstleister)은, 그 지급서비스이용자 계좌를 관리하는 지급서비스제공자에게 수권(授權)이 없거나 불완전하게 이행된 지급과정에 대한 출금기장이 행해진 때로부터 늦어도 13개월까지 그에 관하여 통지를 하지 않은 때에 배제된다. 계좌를 관리하는 지급서비스제공자가 지급서비스이용자에게 민법전시행법 제248항목 제7조, 제10조, 또는 제14조에 따른, 지급과정에 관련된 사항(über die den Zahlungsvorgang betreffenden Angaben)에 관하여 통지를 한 때에 한하여 그 기간의 진행은 진행된다; 그 이외의 경우에는 계좌를 관리하는 지급서비스제공자에 의한 통지(der Unterrichtung durch den kontoführenden Zahlungsdienstleister)가 그 날의 기간개시의 기준이 된다.

⑤ 제675조z 제1문상의 청구권 이외의 지급서비스이용자의 계좌를 관리하는 자신의 지급서비스제공자 또는 지급서비스중개자에 대한 청구권으로, 수권(授權)이 없거나 불완전하게 이행된 지급과정으로 인하여 생긴 청구권에 대하여 다음 각 호의 기준하에 제4항을 적용한다,

1. 지급서비스이용자의 지급서비스중개자에 대한 청구권 및 항변권을 지키는 데에 계좌를 관리하는 지급서비스제공자에 대한 통지로 충분하다는 점,
2. 지급서비스이용자가 과책 없이(ohne Verschulden) 그 기간을 준수하지 못한 경우에는 그는 계좌를 관리하는 지급서비스제공자 또는 지급서비스중개자에 대한 자신의 청구권을 그 기간의 경과 후에도 행사할 수 있다는(auch nach Ablauf der Frist geltend machen kann) 점.

제676조c 책임의 배제

이 항에 따른 청구권은, 다음 각 호의 경우에 배제된다.

1. 청구권을 성립시킨 사정이 이례적이고 예상할 수 없는 사건으로, 이러한 사건을 주장하는 당사자가 영향을 끼칠 수 없는 사건에 기인하고, 필요한 주의의무를 기울였더라도 그 사건(事件)의 결과(結果)를 회피(回避)할 수 없었던 경우,
2. 청구권을 성립시킨 사정이 지급서비스제공자가 법률상 의무로 인해(auf Grund einer gesetzlichen Verpflichtung) 초래한 경우

제13절 사무관리

제677조 사무관리자의 의무

타인의 위임(委任)을 받지 못하거나 그렇지 않으면 타인에게서 어느 사무에 관하여 권한(權限)을 받지 못한 채 타인을 위해 그 사무를 처리하는 자는, 본인의 진정한 또는 추정적 의사를 고려한 본인의 이익이 요구하는 바대로 사무를 관리해야 한다.

제678조 본인의 의사에 반한 사무관리

사무관리의 인수(引受)가 본인의 진정(眞正)한 또는 추정적(推定的) 의사(意思)에 반하고 사무관리자가 이를 알았어야만 했던 경우에 사무관리자는, 사무관리자가 그 밖의 과책(ein sonstiges

Geschäftsherrn zum Ersatz des aus der Geschäftsführung entstehenden Schadens auch dann verpflichtet, wenn ihm ein sonstiges Verschulden nicht zur Last fällt.

§ 679 Unbeachtlichkeit des entgegenstehenden Willens des Geschäftsherrn

Ein der Geschäftsführung entgegenstehender Wille des Geschäftsherrn kommt nicht in Betracht, wenn ohne die Geschäftsführung eine Pflicht des Geschäftsherrn, deren Erfüllung im öffentlichen Interesse liegt, oder eine gesetzliche Unterhaltspflicht des Geschäftsherrn nicht rechtzeitig erfüllt werden würde.

§ 680 Geschäftsführung zur Gefahrenabwehr

Bezweckt die Geschäftsführung die Abwendung einer dem Geschäftsherrn drohenden dringenden Gefahr, so hat der Geschäftsführer nur Vorsatz und grobe Fahrlässigkeit zu vertreten.

§ 681 Nebenpflichten des Geschäftsführers

Der Geschäftsführer hat die Übernahme der Geschäftsführung, sobald es tunlich ist, dem Geschäftsherrn anzuzeigen und, wenn nicht mit dem Aufschub Gefahr verbunden ist, dessen Entschließung abzuwarten. Im Übrigen finden auf die Verpflichtungen des Geschäftsführers die für einen Beauftragten geltenden Vorschriften der §§ 666 bis 668 entsprechende Anwendung.

§ 682 Fehlende Geschäftsfähigkeit des Geschäftsführers

Ist der Geschäftsführer geschäftsunfähig oder in der Geschäftsfähigkeit beschränkt, so ist er nur nach den Vorschriften über den Schadensersatz wegen unerlaubter Handlungen und über die Herausgabe einer ungerechtfertigten Bereicherung verantwortlich.

§ 683 Ersatz von Aufwendungen

Entspricht die Übernahme der Geschäftsführung dem Interesse und dem wirklichen oder dem mutmaßlichen Willen des Geschäftsherrn, so kann der Geschäftsführer wie ein Beauftragter Ersatz seiner Aufwendungen verlangen. In den Fällen des § 679 steht dieser Anspruch dem Geschäftsführer zu, auch wenn die Übernahme der Geschäftsführung mit dem Willen des Geschäftsherrn in Widerspruch steht.

§ 684 Herausgabe der Bereicherung

Liegen die Voraussetzungen des § 683 nicht vor, so ist der Geschäftsherr verpflichtet, dem Geschäftsführer alles, was er durch die Geschäftsführung erlangt, nach den Vorschriften über die Herausgabe einer ungerechtfertigten Bereicherung herauszugeben. Genehmigt der Geschäftsherr die Geschäftsführung, so steht dem Geschäftsführer der in § 683 bestimmte Anspruch zu.

§ 685 Schenkungsabsicht

(1) Dem Geschäftsführer steht ein Anspruch nicht zu, wenn er nicht die Absicht hatte, von dem

Verschulden)을 부담하지 아니하는 때에는 본인에게 사무관리(事務管理)로 인하여 생긴 손해(損害)를 배상(賠償)할 의무를 진다.

제679조 본인이 반대하는 의사의 불고려(Unbeachtlichkeit)

사무관리가 행해지지 않는다면, 그 이행이 공공의 이익에 부합하는 본인의 의무가 적시에 이행되지 않거나, 본인의 법률상 부양의무(eine gesetzliche Unterhaltspflicht des Geschäftsherrn)가 적시에 이행되지 않을 때에는 사무관리(事務管理)에 반대하는 본인(本人)의 의사는 고려(考慮)되지 아니한다.

제680조 위험방지를 위한 사무관리

사무관리가 본인에게 임박한 위험의 방지를 목적으로 하는 경우에 사무관리자는 고의 또는 중과실에 기해서만 책임을 부담한다.

제681조 사무관리자의 부수적(附隨的) 의무

사무관리자는 가능한 한 빨리(sobald es tunlich ist) 사무관리의 인수를 본인에게 통지해야 하고, 그 지체로 인해 위험이 발생하지 않는 때에는(wenn nicht mit dem Aufschub Gefahr verbunden ist) 본인의 결정의 결정을 기다려야 한다. 그 밖의 경우에 수임인에 대해 적용하는 제666조 내지 제668조의 규정을 사무관리자의 과책에 대해 준용한다.

제682조 본인 능력의 하자(Fehlende Geschäftsfähigkeit)

사무관리자가 무능력자이거나 제한능력자인 경우에(Ist der Geschäftsführer geschäftsunfähig oder in der Geschäftsfähigkeit beschränkt) 그는 불법행위로 인한 손해배상 또는 부당이득반환(die Herausgabe einer ungerechtfertigten Bereicherung)에 관한 규정에 의해서만 책임을 부담한다.

제683조 비용의 상환

사무관리의 인수가 본인의 이익과 진정한 또는 추정적 의사에 부합하는 경우에 사무관리자는 수임인과 같이 자신의 비용 상환(wie ein Beauftragter Ersatz seiner Aufwendungen)을 청구할 수 있다. 제679조의 경우에 사무관리의 인수가 본인의 의사에 반할지라도(auch wenn die Übernahme der Geschäftsführung mit dem Willen des Geschäftsherrn in Widerspruch steht) 이러한 청구권은 사무관리자에게 귀속된다.

제684조 이득의 반환

제683조의 요건이 인정되지 아니한 경우에 본인은 사무관리자에게 본인이 사무관리로 취득한 모든 것(alles, was er durch die Geschäftsführung erlangt)을 부당이득반환에 관한 규정에 좇아 반환할 의무를 진다. 본인이 사무관리에 대해 추인을 하는 경우에(Genehmigt der Geschäftsherr die Geschäftsführung), 제683조에 규정된 청구권이 사무관리자에게 귀속된다.

제685조 증여의도

① 사무관리자가 본인에게 상환을 청구할 의도를 가지지 않았을 때에는 청구권(ein Anspruch)이

Geschäftsherrn Ersatz zu verlangen.

(2) Gewähren Eltern oder Voreltern ihren Abkömmlingen oder diese jenen Unterhalt, so ist im Zweifel anzunehmen, dass die Absicht fehlt, von dem Empfänger Ersatz zu verlangen.

§ 686 Irrtum über Person des Geschäftsherrn

Ist der Geschäftsführer über die Person des Geschäftsherrn im Irrtum, so wird der wirkliche Geschäftsherr aus der Geschäftsführung berechtigt und verpflichtet.

§ 687 Unechte Geschäftsführung

(1) Die Vorschriften der §§ 677 bis 686 finden keine Anwendung, wenn jemand ein fremdes Geschäft in der Meinung besorgt, dass es sein eigenes sei.

(2) Behandelt jemand ein fremdes Geschäft als sein eigenes, obwohl er weiß, dass er nicht dazu berechtigt ist, so kann der Geschäftsherr die sich aus den §§ 677, 678, 681, 682 ergebenden Ansprüche geltend machen. Macht er sie geltend, so ist er dem Geschäftsführer nach § 684 Satz 1 verpflichtet.

Titel 14 Verwahrung

§ 688 Vertragstypische Pflichten bei der Verwahrung

Durch den Verwahrungsvertrag wird der Verwahrer verpflichtet, eine ihm von dem Hinterleger übergebene bewegliche Sache aufzubewahren.

§ 689 Vergütung

Eine Vergütung für die Aufbewahrung gilt als stillschweigend vereinbart, wenn die Aufbewahrung den Umständen nach nur gegen eine Vergütung zu erwarten ist.

§ 690 Haftung bei unentgeltlicher Verwahrung

Wird die Aufbewahrung unentgeltlich übernommen, so hat der Verwahrer nur für diejenige Sorgfalt einzustehen, welche er in eigenen Angelegenheiten anzuwenden pflegt.

§ 691 Hinterlegung bei Dritten

Der Verwahrer ist im Zweifel nicht berechtigt, die hinterlegte Sache bei einem Dritten zu hinterlegen. Ist die Hinterlegung bei einem Dritten gestattet, so hat der Verwahrer nur ein ihm bei dieser Hinterlegung zur Last fallendes Verschulden zu vertreten. Für das Verschulden eines Gehilfen ist er nach § 278 verantwortlich.

§ 692 Änderung der Aufbewahrung

Der Verwahrer ist berechtigt, die vereinbarte Art der Aufbewahrung zu ändern, wenn er den Umständen nach annehmen darf, dass der Hinterleger bei Kenntnis der Sachlage die Änderung 사

무관리자에게 귀속되지 아니한다.

② 부모나 그 존속(尊屬; Voreltern)이 그들의 비속(卑屬; Abkömmlingen)을 부양하거나 그 비속이 이들을 부양하는 경우에 의심스러운 때에는 수령인에게 상환을 청구할 의도가 결여된 것(dass die Absicht fehlt, von dem Empfänger Ersatz zu verlangen)으로 추정한다.

제686조 본인의 동일성에 관한 착오

사무관리자가 본인의 동일성(Person)에 관하여 착오를 한 때에는 진정한 본인이 사무관리에 기하여(aus der Geschäftsführung) 권리(權利)를 가지고 의무(義務)를 부담한다.

제687조 부진정사무관리

① 누군가 타인의 사무가 자신의 사무라고(dass es sein eigenes sei) 생각하고 이를 처리하는 경우에는 제677조 내지 제686조의 규정은 적용하지 아니한다.

② 누군가, 자신이 이에 관하여 권한을 받지 못했다는 점을 알았음에도(obwohl er weiß, dass er nicht dazu berechtigt ist) 타인의 사무를 자신의 사무로 취급하는 경우에는 본인은 제677조, 제678조, 제681조, 제682조에 기하여 발생한 청구권은 행사할 수 있다. 본인이 이를 행사하는 경우에 그는 사무관리자에게 데684조 제1문에 따라 의무를 부담한다.

제14절 임치

제688조 임치에서의 전형적 의무

임치계약에 기하여 수치인(受置人; Verwahrer)은, 임치인(任置人; Hinterleger)이 자신에게 맡긴 동산을 보관할 의무를 진다.

제689조 보수

그 보관이 제반사정에 의할 때 보수를 지급받고서만 기대되는 경우에는 그 보관에 대한 보수는(Eine Vergütung für die Aufbewahrung) 묵시적으로 약정된 것으로 본다.

제690조 무상임치시(無償任置時)의 책임

그 보관이 무상으로 인수된 경우에 수취인은 자신의 사무에 기울이곤 하는(welche er in eigenen Angelegenheiten anzuwenden pflegt) 주의의무에 한하여(nur für diejenige Sorgfalt) 책임을 진다.

제691조 제3자의 임치

수치인은 의심스러운 때에는 수치물(受置物)을 제3자에게 임치할 권리가 없다. 제3자에 대한 임치가 허용되는 경우에 수치인(受置人; Verwahrer)은 이러한 임치시 자신이 부담하는 과책에 한하여 책임을 부담한다. 수치인은 보조인의 과책에 대해서는 제278조에 따라 책임을 진다.

제692조 보관의 변경

제반사정에 의할 때 임치인이 그 사정을 알았더라면(bei Kenntnis der Sachlage) 동의하였을 것으로 인정되는 경우에는 수치인은 약정한 보관의 종류(die vereinbarte Art der Aufbewahrung)를 변

billigen würde. Der Verwahrer hat vor der Änderung dem Hinterleger Anzeige zu machen und dessen Entschließung abzuwarten, wenn nicht mit dem Aufschub Gefahr verbunden ist.

§ 693 Ersatz von Aufwendungen

Macht der Verwahrer zum Zwecke der Aufbewahrung Aufwendungen, die er den Umständen nach für erforderlich halten darf, so ist der Hinterleger zum Ersatz verpflichtet.

§ 694 Schadensersatzpflicht des Hinterlegers

Der Hinterleger hat den durch die Beschaffenheit der hinterlegten Sache dem Verwahrer entstehenden Schaden zu ersetzen, es sei denn, dass er die Gefahr drohende Beschaffenheit der Sache bei der Hinterlegung weder kennt noch kennen muss oder dass er sie dem Verwahrer angezeigt oder dieser sie ohne Anzeige gekannt hat.

§ 695 Rückforderungsrecht des Hinterlegers

Der Hinterleger kann die hinterlegte Sache jederzeit zurückfordern, auch wenn für die Aufbewahrung eine Zeit bestimmt ist. Die Verjährung des Anspruchs auf Rückgabe der Sache beginnt mit der Rückforderung.

§ 696 Rücknahmeanspruch des Verwahrers

Der Verwahrer kann, wenn eine Zeit für die Aufbewahrung nicht bestimmt ist, jederzeit die Rücknahme der hinterlegten Sache verlangen. Ist eine Zeit bestimmt, so kann er die vorzeitige Rücknahme nur verlangen, wenn ein wichtiger Grund vorliegt. Die Verjährung des Anspruchs beginnt mit dem Verlangen auf Rücknahme.

§ 697 Rückgabeort

Die Rückgabe der hinterlegten Sache hat an dem Ort zu erfolgen, an welchem die Sache aufzubewahren war; der Verwahrer ist nicht verpflichtet, die Sache dem Hinterleger zu bringen.

§ 698 Verzinsung des verwendeten Geldes

Verwendet der Verwahrer hinterlegtes Geld für sich, so ist er verpflichtet, es von der Zeit der Verwendung an zu verzinsen.

§ 699 Fälligkeit der Vergütung

(1) Der Hinterleger hat die vereinbarte Vergütung bei der Beendigung der Aufbewahrung zu entrichten. Ist die Vergütung nach Zeitabschnitten bemessen, so ist sie nach dem Ablauf der einzelnen Zeitabschnitte zu entrichten.

(2) Endigt die Aufbewahrung vor dem Ablauf der für sie bestimmten Zeit, so kann der Verwahrer einen seinen bisherigen Leistungen entsprechenden Teil der Vergütung verlangen, sofern nicht aus der Vereinbarung über die Vergütung sich ein anderes ergibt.

경할 권리를 갖는다. 수치인은 그 변경 전에 임치인에게 통지를 해야 하고 그 지체로 위험이 발생하지 않은 한(wenn nicht mit dem Aufschub Gefahr verbunden ist), 그 결정을 기다려야 한다.

제693조 비용의 상환

임치인이 보관을 위하여 제반사정에 의할 때 필요한 것으로 인정할 수 있는(die er den Umständen nach für erforderlich halten darf) 비용을 지출한 경우에 수치인은 이를 상환할 의무를 진다.

제694조 임치인의 손해배상의무

임치인은 수치물(受置物)의 특성으로 인하여 수치인에게 발생한 손해를 배상해야 하되, 임치인이 임치시 위험이 임박한 수치물의 특성(die Gefahr drohende Beschaffenheit der Sache)을 알지도 못했고 알 필요도 없었던 경우(weder kennt noch kennen muss) 또는 임치인이 이를 수취인에게 통지(通知)했거나 수치인이 이를 통지(通知) 없이도 안 경우에는 그러하지 아니하다.

제695조 임치인의 반환청구권

임치인은, 그 보관에 대하여 기간이 정해졌을지라도 언제든지 수치물(受置物)(die hinterlegte Sache)을 반환청구할 수 있다. 수치물의 반환청구권의 소멸시효는 반환청구시로부터 기산(起算)한다.

제696조 임치인의 회수청구권

수치인은 그 임치에 대해 기간이 정해지지 않은 경우에 언제든지 수치물의 회수(回收)(die Rücknahme der hinterlegten Sache)를 청구할 수 있다. 기간이 정해진 경우에 중대한 사유가 있는 때에만 수치인은 기한 전(前) 회수(die vorzeitige Rücknahme)를 청구할 수 있다. 그 청구권의 소멸시효는 회수청구시(回收請求時)로부터(mit dem Verlangen auf Rücknahme) 기산(起算)한다.

제697조 반환장소

수치물의 반환은 그 물관이 보관된(an welchem die Sache aufzubewahren war) 장소에서 이뤄져야 한다; 수치인은 임치인에게 수치물을 가져다줄 의무를 지지 아니한다.

제698조 사용한 금전에 대한 이자가산

수치인이 수치된 금전을 자신을 위해 사용한 경우에 그는 그 사용시로부터(von der Zeit der Verwendung an) 그 금전에 이자를 가산할 의무를 진다.

제699조 보수의 이행기

① 임치인은 그 보관 종료시에(bei der Beendigung der Aufbewahrung) 약정한 보수를 지급해야 한다. 기간에 따라 보수가 책정된 경우에 그 보수는 각 기간이 경과한 때에(nach dem Ablauf der einzelnen Zeitabschnitte) 지급되어야 한다.

② 그 보관이 정해진 기간의 경과 전에 종료한 경우에 수치인은, 보수에 관한 약정에서 다른 정함이 없는 한(sofern nicht aus der Vereinbarung über die Vergütung sich ein anderes ergib)t, 지금까지의 자신의 급부에 상응하는 일부보수를 청구할 수 있다.

§ 700 Unregelmäßiger Verwahrungsvertrag

(1) Werden vertretbare Sachen in der Art hinterlegt, dass das Eigentum auf den Verwahrer übergehen und dieser verpflichtet sein soll, Sachen von gleicher Art, Güte und Menge zurückzugewähren, so finden bei Geld die Vorschriften über den Darlehensvertrag, bei anderen Sachen die Vorschriften über den Sachdarlehensvertrag Anwendung. Gestattet der Hinterleger dem Verwahrer, hinterlegte vertretbare Sachen zu verbrauchen, so finden bei Geld die Vorschriften über den Darlehensvertrag, bei anderen Sachen die Vorschriften über den Sachdarlehensvertrag von dem Zeitpunkt an Anwendung, in welchem der Verwahrer sich die Sachen aneignet. In beiden Fällen bestimmen sich jedoch Zeit und Ort der Rückgabe im Zweifel nach den Vorschriften über den Verwahrungsvertrag.

(2) Bei der Hinterlegung von Wertpapieren ist eine Vereinbarung der im Absatz 1 bezeichneten Art nur gültig, wenn sie ausdrücklich getroffen wird.

Titel 15 Einbringung von Sachen bei Gastwirten

§ 701 Haftung des Gastwirts

(1) Ein Gastwirt, der gewerbsmäßig Fremde zur Beherbergung aufnimmt, hat den Schaden zu ersetzen, der durch den Verlust, die Zerstörung oder die Beschädigung von Sachen entsteht, die

(2) Als eingebracht gelten

1. Sachen, welche in der Zeit, in der der Gast zur Beherbergung aufgenommen ist, in die Gastwirtschaft oder an einen von dem Gastwirt oder dessen Leuten angewiesenen oder von dem Gastwirt allgemein hierzu bestimmten Ort außerhalb der Gastwirtschaft gebracht oder sonst außerhalb der Gastwirtschaft von dem Gastwirt oder dessen Leuten in Obhut genommen sind,
2. Sachen, welche innerhalb einer angemessenen Frist vor oder nach der Zeit, in der der Gast zur Beherbergung aufgenommen war, von dem Gastwirt oder seinen Leuten in Obhut genommen sind.

Im Falle einer Anweisung oder einer Übernahme der Obhut durch Leute des Gastwirts gilt dies jedoch nur, wenn sie dazu bestellt oder nach den Umständen als dazu bestellt anzusehen waren.

(3) Die Ersatzpflicht tritt nicht ein, wenn der Verlust, die Zerstörung oder die Beschädigung von dem Gast, einem Begleiter des Gastes oder einer Person, die der Gast bei sich aufgenommen hat, oder durch die Beschaffenheit der Sachen oder durch höhere Gewalt verursacht wird.

(4) Die Ersatzpflicht erstreckt sich nicht auf Fahrzeuge, auf Sachen, die in einem Fahrzeug belassen worden sind, und auf lebende Tiere.

제700조 비통상적(非通常的) 임치약정

① 대체물이 그 소유권이 수치인에게 이전되고 수치인이 동종의 같은 품질, 같은 수량의 물건을 반환할(Sachen von gleicher Art, Güte und Menge zurückzugewähren) 의무를 지는 방식으로 임치된 경우에 금전의 경우 소비대차계약에 관한 규정을, 그 밖의 물건의 경우 물건소비대차에 관한 규정(bei Geld die Vorschriften über den Darlehensvertrag, bei anderen Sachen die Vorschriften über den Sachdarlehensvertrag)을 적용한다. 임치인이 수치인에게 수치된 대체물(hinterlegte vertretbare Sachen)을 소비하는 것을 허용하는 경우에 금전의 경우 금전소비대차에 관한 규정을, 그 밖의 물건의 경우 물건소비대차에 관한 규정을 수치인이 그 수치물을 소비한(in welchem der Verwahrer sich die Sachen aneignet) 때로부터 적용한다. 그럼에도 이러한 두 경우에 그 반환의 시기와 장소는 의심스러울 때에는 임치계약에 관한 규정에 따라 정해진다.

② 유가증권의 임치의 경우에 있어 제1항에 기재된 종류의 약정은, 그것이 명시적으로 체결된 경우에 한하여 유효하다.

제15절 숙박업소에서의 물건의 반입

제701조 숙박업자의 책임

영업적으로 숙박(宿泊)을 위해 타인을 수용한 숙박업자(Ein Gastwirt)는, 이러한 업종(業種)의 영업장에 투숙한 고객(ein im Betrieb dieses Gewerbes aufgenommener Gast)이 반입한 물건의 분실, ein im Betrieb dieses Gewerbes aufgenommener Gast eingebracht hat.
멸실 또는 손상으로 생긴 손해를 배상해야 한다.

② 다음 각 호의 물건은 반입한 것으로 본다,

1. 투숙객이 투숙한 시간 동안에, 숙박업소로 가져온 물건 또는 숙박업자 또는 그의 고용인(雇傭人)이 지정하거나 숙박업자가 이를 위해 일반적(一般的)으로 정한, 숙박업소 밖의 장소에 가져온 물건, 그렇지 않으면 숙박업자 또는 그 고용인(雇傭人)이 숙박업소 밖에서 보관하는(sonst außerhalb der Gastwirtschaft von dem Gastwirt oder dessen Leuten in Obhut genommen sind) 물건(物件),
2. 투숙객이 투숙한 시간 전후의 상당한 기간 동안(innerhalb einer angemessenen Frist vor oder nach der Zeit) 숙박업자 또는 그의 고용인(雇傭人)이 보관하는(von dem Gastwirt oder seinen Leuten in Obhut genommen sind) 물건.

숙박업자의 고용인(雇傭人)에 의한 보관의 지정 또는 인수의 경우에(Im Falle einer Anweisung oder einer Übernahme der Obhut) 그 고용인(雇傭人)이 이에 관하여 주문을 받거나 제반사정에 의할 때 이에 관하여 주문을 받은 것으로 볼 수 있는 경우에 한하여 이를 적용한다.

③ 분실, 멸실, 손상이 투숙객, 투숙객의 동반자 또는 투숙객과 함께 투숙한 사람에 의해 야기되거나 물건의 특성으로 인하거나 불가항력으로 인해 야기된 경우에는 배상의무가 발생하지 아니한다.

④ 배상의무(Die Ersatzpflicht)는 차량(車輛), 차량(車輛)에 실린 물건과 살아 있는 동물에는 미치지 않는다.

§ 702 Beschränkung der Haftung; Wertsachen

(1) Der Gastwirt haftet auf Grund des § 701 nur bis zu einem Betrag, der dem Hundertfachen des Beherbergungspreises für einen Tag entspricht, jedoch mindestens bis zu dem Betrag von 600 Euro und höchstens bis zu dem Betrag von 3.500 Euro; für Geld, Wertpapiere und Kostbarkeiten tritt an die Stelle von 3.500 Euro der Betrag von 800 Euro.

(2) Die Haftung des Gastwirts ist unbeschränkt,

1. wenn der Verlust, die Zerstörung oder die Beschädigung von ihm oder seinen Leuten verschuldet ist,
2. wenn es sich um eingebrachte Sachen handelt, die er zur Aufbewahrung übernommen oder deren Übernahme zur Aufbewahrung er entgegen der Vorschrift des Absatzes 3 abgelehnt hat.

(3) Der Gastwirt ist verpflichtet, Geld, Wertpapiere, Kostbarkeiten und andere Wertsachen zur Aufbewahrung zu übernehmen, es sei denn, dass sie im Hinblick auf die Größe oder den Rang der Gastwirtschaft von übermäßigem Wert oder Umfang oder dass sie gefährlich sind. Er kann verlangen, dass sie in einem verschlossenen oder versiegelten Behältnis übergeben werden.

§ 702a Erlass der Haftung

(1) Die Haftung des Gastwirts kann im Voraus nur erlassen werden, soweit sie den nach § 702 Abs. 1 maßgeblichen Höchstbetrag übersteigt. Auch insoweit kann sie nicht erlassen werden für den Fall, dass der Verlust, die Zerstörung oder die Beschädigung von dem Gastwirt oder von Leuten des Gastwirts vorsätzlich oder grob fahrlässig verursacht wird oder dass es sich um Sachen handelt, deren Übernahme zur Aufbewahrung der Gastwirt entgegen der Vorschrift des § 702 Abs. 3 abgelehnt hat.

(2) Der Erlass ist nur wirksam, wenn die Erklärung des Gastes schriftlich erteilt ist und wenn sie keine anderen Bestimmungen enthält.

§ 703 Erlöschen des Schadensersatzanspruchs

Der dem Gast auf Grund der §§ 701, 702 zustehende Anspruch erlischt, wenn nicht der Gast unverzüglich, nachdem er von dem Verlust, der Zerstörung oder der Beschädigung Kenntnis erlangt hat, dem Gastwirt Anzeige macht. Dies gilt nicht, wenn die Sachen von dem Gastwirt zur Aufbewahrung übernommen waren oder wenn der Verlust, die Zerstörung oder die Beschädigung von ihm oder seinen Leuten verschuldet ist.

§ 704 Pfandrecht des Gastwirts

Der Gastwirt hat für seine Forderungen für Wohnung und andere dem Gast zur Befriedigung seiner Bedürfnisse gewährte Leistungen, mit Einschluss der Auslagen, ein Pfandrecht an den eingebrachten Sachen des Gastes. Die für das Pfandrecht des Vermieters geltenden Vorschriften des § 562 Abs. 1 Satz 2 und der §§ 562a bis 562d finden entsprechende Anwendung.

제702조 책임의 제한; 귀중품

① 숙박업자는 제701조에 근거한 경우 1일 숙박료의 100배에 상응하는 금액 한도 내에서 책임을 지되, 600유로 이상 3,500유로 이내에서(jedoch mindestens bis zu dem Betrag von 600 Euro und höchstens bis zu dem Betrag von 3.500 Euro) 그 책임을 진다; 금전, 유가증권, 고가물(高價物)의 경우(für Geld, Wertpapiere und Kostbarkeiten) 800유로가 3,500유로를 대신한다.

② 숙박업자의 책임은 다음 각 호의 경우에는 제한되지 아니한다,

1. 분실, 멸실, 손상(der Verlust, die Zerstörung oder die Beschädigung)이 숙박업자 또는 그 고용인(雇傭人)에 의해 유책하게 야기된 경우,
2. 숙박업자가 보관을 인수하거나 그 보관의 인수를 제3항의 규정 반하여 거부한 반입(搬入) 물건인 경우.

③ 숙박업자는 금전, 유가증권, 귀중품 또는 그 밖의 귀품(貴品)의 보관을 인수할 의무를 지되, 그 보관이 숙박업소의 규모나 등급에 비하여(im Hinblick auf die Größe oder den Rang der Gastwirtschaft) 지나친 가치 또는 정도를 지니거나 위험한 경우에는 그러하지 아니하다. 숙박업자는 밀폐되거나 밀봉된 용기에 넣어서 이를 인도할 것을 요구할 수 있다.

제702조a 면책(免責)

① 숙박업자의 책임은, 제702조 제1항에 따라 적용되는 한도액을 초과하는 범위 내에서만 사전에(im Voraus) 면책될 수 있다. 분실, 멸실, 손상(der Verlust, die Zerstörung oder die Beschädigung)이 숙박업자 또는 숙박업자의 고용인(雇傭人)이 고의 또는 중과실로 야기된 경우 또는 숙박업자가 그 보관의 인수를 제702조 제3항의 규정 반하여 거부한(deren Übernahme zur Aufbewahrung der Gastwirt entgegen der Vorschrift des § 702 Abs. 3 abgelehnt hat) 물건인 경우에는 그 한도 내에서도 면책되지 아니한다(Auch insoweit kann sie nicht erlassen werden für den Fall).

② 투숙객의 의사표시가 서면으로 이뤄지고 그 의사표시에 다른 정함이 없는(wenn sie keine anderen Bestimmungen enthält) 경우에 한하여 그 면책은 유효하다

제703조 손해배상청구권의 소멸

제701조, 제702조에 기하여 투숙객에 귀속되는 청구권은, 그 투숙객이 그 분실, 멸실, 또는 손상을 안 후 지체 없이 숙박업자에게 통지를 하지 않은 경우에는 소멸한다. 물건이 숙박업자가 보관을 위해 인수하거나 그러한 분실, 멸실 또는 손상이 숙박업자 또는 그 고용인(雇傭人)에 의해 유책하게 야기된 경우(wenn der Verlust, die Zerstörung oder die Beschädigung von ihm oder seinen Leuten verschuldet ist)에는 그러하지 아니하다.

제704조 숙박업자의 질권

경비(經費)를 포함하여, 투숙(投宿; Wohnung)과 투숙객 필요를 충족시키기 위해 그에게 지급한 그 밖의 급부(andere dem Gast zur Befriedigung seiner Bedürfnisse gewährte Leistungen)에 대한 자신의 채권의 보전을 위하여 투숙객의 반입 물건에 대해 질권을 갖는다. 사용임대인의 질권에 대해 적용하는 제562조 제1항 제2문, 제562조a 내지 제562조d의 규정을 준용한다.

Titel 16 Gesellschaft

§ 705 Inhalt des Gesellschaftsvertrags

Durch den Gesellschaftsvertrag verpflichten sich die Gesellschafter gegenseitig, die Erreichung eines gemeinsamen Zweckes in der durch den Vertrag bestimmten Weise zu fördern, insbesondere die vereinbarten Beiträge zu leisten.

§ 706 Beiträge der Gesellschafter

(1) Die Gesellschafter haben in Ermangelung einer anderen Vereinbarung gleiche Beiträge zu leisten.

(2) Sind vertretbare oder verbrauchbare Sachen beizutragen, so ist im Zweifel anzunehmen, dass sie gemeinschaftliches Eigentum der Gesellschafter werden sollen. Das Gleiche gilt von nicht vertretbaren und nicht verbrauchbaren Sachen, wenn sie nach einer Schätzung beizutragen sind, die nicht bloß für die Gewinnverteilung bestimmt ist.

(3) Der Beitrag eines Gesellschafters kann auch in der Leistung von Diensten bestehen.

§ 707 Erhöhung des vereinbarten Beitrags

Zur Erhöhung des vereinbarten Beitrags oder zur Ergänzung der durch Verlust verminderten Einlage ist ein Gesellschafter nicht verpflichtet.

§ 708 Haftung der Gesellschafter

Ein Gesellschafter hat bei der Erfüllung der ihm obliegenden Verpflichtungen nur für diejenige Sorgfalt einzustehen, welche er in eigenen Angelegenheiten anzuwenden pflegt.

§ 709 Gemeinschaftliche Geschäftsführung

(1) Die Führung der Geschäfte der Gesellschaft steht den Gesellschaftern gemeinschaftlich zu; für jedes Geschäft ist die Zustimmung aller Gesellschafter erforderlich.

(2) Hat nach dem Gesellschaftsvertrag die Mehrheit der Stimmen zu entscheiden, so ist die Mehrheit im Zweifel nach der Zahl der Gesellschafter zu berechnen.

§ 710 Übertragung der Geschäftsführung

Ist in dem Gesellschaftsvertrag die Führung der Geschäfte einem Gesellschafter oder mehreren Gesellschaftern übertragen, so sind die übrigen Gesellschafter von der Geschäftsführung ausgeschlossen. Ist die Geschäftsführung mehreren Gesellschaftern übertragen, so findet die Vorschrift des § 709 entsprechende Anwendung.

§ 711 Widerspruchsrecht

Steht nach dem Gesellschaftsvertrag die Führung der Geschäfte allen oder mehreren

제16절 조합

제705조 조합계약의 내용

조합계약에 기하여 조합원은 상호간에 조합계약으로 정한 방식에 의한(in der durch den Vertrag bestimmten Weise) 공동의 목적 달성을 촉진할 의무, 특히 약정한 출자(出資)를 이행할 의무를 진다.

제706조 조합원의 출자

① 조합원은 다른 약정이 없는 한(in Ermangelung einer anderen Vereinbarung) 균등하게 출자(gleiche Beiträge)를 이행해야 한다.

② 대체물 또는 소비물을 출자해야 하는 경우에 의심스러운 때에는 그것은 조합원의 공동소유가 된 것으로 추정한다. 단지 이익분배를 위해 정해진 것이 아닌 감정(鑑定)에 따라 그것이 출자되어야 하는 부대체물로 비소비물(von nicht vertretbaren und nicht verbrauchbaren Sachen)에 대해서도 또한 같다.

③ 노무(勞務)의 이행(auch in der Leistung von Diensten)도 조합원(組合員)의 출자(出資)가 될 수 있다.

제707조 약정한 출자의 인상

조합원은 약정한 출자를 증가시키거나(Zur Erhöhung des vereinbarten Beitrags) 손실로 감축된 출자를 보충할 의무를 지지 아니한다.

제708조 조합원의 책임

조합원은 자신에게 귀속된 의무의 이행에 있어(bei der Erfüllung der ihm obliegenden Verpflichtungen) 자신의 사무에 기울이곤 하는 그러한 주의의무에 한하여 책임을 진다.

제709조 공동의 업무집행

① 조합원의 업무집행(Die Führung der Geschäfte der Gesellschaft)은 조합원들에게 공동으로 귀속(歸屬)된다; 각 업무에 대하여(für jedes Geschäft) 모든 조합원의 동의를 필요로 한다.

② 조합계약에 따라 투표의 과반수로 결정해야 하는 경우에 의심스러울 때에는 조합원수에 따라(nach der Zahl der Gesellschafter) 과반수를 산정한다.

제710조 업무집행의 위탁

조합계약에 업무집행이 1인의 조합원 또는 수인의 조합원들에게(einem Gesellschafter oder mehreren Gesellschaftern) 위탁된 경우에 나머지 조합원들(die übrigen Gesellschafter)은 업무집행에서 배제된다. 업무집행이 수인의 조합원들에게 위탁된 경우에(Ist die Geschäftsführung mehreren Gesellschaftern übertragen) 제709조의 규정(規定)을 준용(準用)한다.

제711조 이의제출권

조합계약에 따라 업무집행이 각자 단독으로 행위를 할 권리가 있는 방식으로(in der Art zu, dass

Gesellschaftern in der Art zu, dass jeder allein zu handeln berechtigt ist, so kann jeder der Vornahme eines Geschäfts durch den anderen widersprechen. Im Falle des Widerspruchs muss das Geschäft unterbleiben.

§ 712 Entziehung und Kündigung der Geschäftsführung

(1) Die einem Gesellschafter durch den Gesellschaftsvertrag übertragene Befugnis zur Geschäftsführung kann ihm durch einstimmigen Beschluss oder, falls nach dem Gesellschaftsvertrag die Mehrheit der Stimmen entscheidet, durch Mehrheitsbeschluss der übrigen Gesellschafter entzogen werden, wenn ein wichtiger Grund vorliegt; ein solcher Grund ist insbesondere grobe Pflichtverletzung oder Unfähigkeit zur ordnungsmäßigen Geschäftsführung.

(2) Der Gesellschafter kann auch seinerseits die Geschäftsführung kündigen, wenn ein wichtiger Grund vorliegt; die für den Auftrag geltende Vorschrift des § 671 Abs. 2, 3 findet entsprechende Anwendung.

§ 713 Rechte und Pflichten der geschäftsführenden Gesellschafter

Die Rechte und Verpflichtungen der geschäftsführenden Gesellschafter bestimmen sich nach den für den Auftrag geltenden Vorschriften der §§ 664 bis 670, soweit sich nicht aus dem Gesellschaftsverhältnis ein anderes ergibt.

§ 714 Vertretungsmacht

Soweit einem Gesellschafter nach dem Gesellschaftsvertrag die Befugnis zur Geschäftsführung zusteht, ist er im Zweifel auch ermächtigt, die anderen Gesellschafter Dritten gegenüber zu vertreten.

§ 715 Entziehung der Vertretungsmacht

Ist im Gesellschaftsvertrag ein Gesellschafter ermächtigt, die anderen Gesellschafter Dritten gegenüber zu vertreten, so kann die Vertretungsmacht nur nach Maßgabe des § 712 Abs. 1 und, wenn sie in Verbindung mit der Befugnis zur Geschäftsführung erteilt worden ist, nur mit dieser entzogen werden.

§ 716 Kontrollrecht der Gesellschafter

(1) Ein Gesellschafter kann, auch wenn er von der Geschäftsführung ausgeschlossen ist, sich von den Angelegenheiten der Gesellschaft persönlich unterrichten, die Geschäftsbücher und die Papiere der Gesellschaft einsehen und sich aus ihnen eine Übersicht über den Stand des Gesellschaftsvermögens anfertigen.

(2) Eine dieses Recht ausschließende oder beschränkende Vereinbarung steht der Geltendmachung des Rechts nicht entgegen, wenn Grund zu der Annahme unredlicher Geschäftsführung besteht.

jeder allein zu handeln berechtigt ist) 모든 조합원 또는 수인의 조합원에게 귀속된 경우에 각 조합원은 다른 사람의 업무집행에 대해 이의를 제기할 수 있다. 이의제기가 있는 경우에(Im Falle des Widerspruchs) 업무를 중단되어야만 한다.

제712조 업무집행의 박탈과 해지

① 조합계약에 따라 어느 조합원에게 위탁된 업무집행권(Die einem Gesellschafter durch den Gesellschaftsvertrag übertragene Befugnis zur Geschäftsführung)은, 중대한 사유가 있는 때에는(wenn ein wichtiger Grund vorliegt) 나머지 조합원들의 만장일치에 의한 결정, 또는 조합계약에 따라 투표의 과반수로 결정할 수 있는 경우에는 나머지 조합원들의 과반수결정으로 박탈될 수 있다; 특히 중대한 의무위반 또는 원활한 업무집행의 불은 그러한 사유에 해당한다.

② 중대한 사유가 있는 때에는(wenn ein wichtiger Grund vorliegt) 조합원은 단독으로도(auch seinerseits) 업무집행을 해지(解止)할 수 있다; 위임에 대해 적용되는 제671조제2항, 제3항의 규정을 준용한다.

제713조 업무집행조합원의 권리의무

조합관계에서 다른 정함이 없는 한(soweit sich nicht aus dem Gesellschaftsverhältnis ein anderes ergibt), 업무집행조합원의 권리의무(權利義務)는 위임에 대해 정해지는 제664조 내지 제670조에 따라 정해진다.

제714조 대리권

조합계약에 따라 어느 조합원에게 업무집행권이 귀속되는 범위 내에서 그 조합원은 의심스러운 때에는, 제3자에 대하여 나머지 조합원들을 대리할(die anderen Gesellschafter Dritten gegenüber zu vertreten) 권한도 부여받은 것이다.

제715조 대리권의 박탈

조합계약으로 어느 조합원이 제3자에 대하여 다른 조합원들을 대리할 권한이 주어진 경우에 그 대리권은 제712조 제1항의 기준에 의해서만, 그러한 권한이 업무집행권과 연계되어 부여된 경우에 오직 그 업무집행권과 함께(sie in Verbindung mit der Befugnis zur Geschäftsführung erteilt worden ist, nur mit dieser) 박탈될 수 있다.

제716조 조합원의 감독권(監督權)

① 어느 조합원은 그가 업무집행에서 배제되어 있을지라도, 조합사무에 관하여 직접 보고를 받고, 조합의 회계장부와 서류를 검사하고 이들 서류(書類)에 기하여 조합재산의 현황(現況)에 관한 목록을 작성(sich aus ihnen eine Übersicht über den Stand des Gesellschaftsvermögens anfertigen)할 수 있다.

② 이러한 권리를 배제하거나 제한하는 약정은, 불성실한 업무집행이 있는 것으로 추정(推定)되는 사유가 있는 때에는 그 권리행사와 배치되지 아니한다.

§ 717 Nichtübertragbarkeit der Gesellschafterrechte

Die Ansprüche, die den Gesellschaftern aus dem Gesellschaftsverhältnis gegeneinander zustehen, sind nicht übertragbar. Ausgenommen sind die einem Gesellschafter aus seiner Geschäftsführung zustehenden Ansprüche, soweit deren Befriedigung vor der Auseinandersetzung verlangt werden kann, sowie die Ansprüche auf einen Gewinnanteil oder auf dasjenige, was dem Gesellschafter bei der Auseinandersetzung zukommt.

§ 718 Gesellschaftsvermögen

(1) Die Beiträge der Gesellschafter und die durch die Geschäftsführung für die Gesellschaft erworbenen Gegenstände werden gemeinschaftliches Vermögen der Gesellschafter (Gesellschaftsvermögen).

(2) Zu dem Gesellschaftsvermögen gehört auch, was auf Grund eines zu dem Gesellschaftsvermögen gehörenden Rechts oder als Ersatz für die Zerstörung, Beschädigung oder Entziehung eines zu dem Gesellschaftsvermögen gehörenden Gegenstands erworben wird.

§ 719 Gesamthänderische Bindung

(1) Ein Gesellschafter kann nicht über seinen Anteil an dem Gesellschaftsvermögen und an den einzelnen dazu gehörenden Gegenständen verfügen; er ist nicht berechtigt, Teilung zu verlangen.

(2) Gegen eine Forderung, die zum Gesellschaftsvermögen gehört, kann der Schuldner nicht eine ihm gegen einen einzelnen Gesellschafter zustehende Forderung aufrechnen.

§ 720 Schutz des gutgläubigen Schuldners

Die Zugehörigkeit einer nach § 718 Abs. 1 erworbenen Forderung zum Gesellschaftsvermögen hat der Schuldner erst dann gegen sich gelten zu lassen, wenn er von der Zugehörigkeit Kenntnis erlangt; die Vorschriften der §§ 406 bis 408 finden entsprechende Anwendung.

§ 721 Gewinn- und Verlustverteilung

(1) Ein Gesellschafter kann den Rechnungsabschluss und die Verteilung des Gewinns und Verlustes erst nach der Auflösung der Gesellschaft verlangen.

(2) Ist die Gesellschaft von längerer Dauer, so hat der Rechnungsabschluss und die Gewinnverteilung im Zweifel am Schluss jedes Geschäftsjahrs zu erfolgen.

§ 722 Anteile am Gewinn und Verlust

(1) Sind die Anteile der Gesellschafter am Gewinn und Verlust nicht bestimmt, so hat jeder Gesellschafter ohne Rücksicht auf die Art und die Größe seines Beitrags einen gleichen Anteil am Gewinn und Verlust.

(2) Ist nur der Anteil am Gewinn oder am Verlust bestimmt, so gilt die Bestimmung im Zweifel für Gewinn und Verlust.

제717조 조합원의 권리의 양도불가능성

조합관계에 기하여(aus dem Gesellschaftsverhältnis) 조합원 상호간에 귀속된 청구권은 양도할 수 없다. 그 업무집행에 기하여 어느 조합원에게 귀속된 권리로, 그 만족이 조합재산분할 전에 청구될 수 있는 권리(soweit deren Befriedigung vor der Auseinandersetzung verlangt werden kann), 이익배당청구권과 조합재산분할시 조합원에게 귀속되는 것에 대한 청구권은 예외로 한다.

제718조 조합재산

① 조합원의 출자와, 조합을 위한 업무집행으로 취득한 재산품목(die durch die Geschäftsführung für die Gesellschaft erworbenen Gegenstände)은 조합원들의 공동재산('조합재산'; 'Gesellschaftsvermögen')이 된다.

② 조합재산에 속하는 권리에 기하여 취득하거나 조합재산에 속하는 재산품목의 멸실, 손상 또는 박탈에 대한 배상으로(als Ersatz für die Zerstörung, Beschädigung oder Entziehung eines zu dem Gesellschaftsvermögen gehörenden Gegenstands) 취득한 것도 조합재산에 속한다.

제719조 합수적(合手的) 구속

① 어느 조합원은 조합재산과 이에 속하는 개별 재산품목(an den einzelnen dazu gehörenden Gegenständen)에 대한 자신의 지분(持分)을 처분할 수 없다; 그는 분배를 청구할 권리가 없다.

② 채무자는 조합재산에 속하는 채권에 대하여 개별 조합원과 관련하여 자신에게 귀속된 채권(eine ihm gegen einen einzelnen Gesellschafter zustehende Forderung)으로 상계할 수 없다.

제720조 선의(善意)의 채무자의 보호

제718조 제1항에 따라 취득한 채권의 조합재산에 대한 귀속은, 채무자가 그 귀속에 대하여 안 때에(wenn er von der Zugehörigkeit Kenntnis erlangt) 비로소 자신에 대해 적용하도록 해야 한다. 제406조 내지 제408조의 규정을 준용한다.

제721조 이익·손실의 분배

① 조합원은 조합의 해산 후에 비로소 이익 및 손실의 결산 및 분배(Rechnungsabschluss und die Verteilung des Gewinns und Verlustes)를 청구할 수 있다.

② 조합이 장기간 존속하는 경우에 그 결산 및 분배는 의심스러운 때에는 각 사업년도의 경과시에(am Schluss jedes Geschäftsjahrs) 행해져야 한다.

제722조 이익과 손실의 비율

① 조합원의 이익과 손실에 대한 비율이 정해지지 않은 경우에 각 조합원은 자신의 출자의 종류 및 규모를 불문하고(ohne Rücksicht auf die Art und die Größe seines Beitrags) 이익 및 손실에 대한 균등한 비율을 갖는다.

② 이익 또는 손실에 대한 비율만이 정해진 경우에 그 정함은 의심스러운 때에는 이익 또는 손실에 대하여(für Gewinn und Verlust)도 적용한다.

§ 723 Kündigung durch Gesellschafter

(1) Ist die Gesellschaft nicht für eine bestimmte Zeit eingegangen, so kann jeder Gesellschafter sie jederzeit kündigen. Ist eine Zeitdauer bestimmt, so ist die Kündigung vor dem Ablauf der Zeit zulässig, wenn ein wichtiger Grund vorliegt. Ein wichtiger Grund liegt insbesondere vor,

1. wenn ein anderer Gesellschafter eine ihm nach dem Gesellschaftsvertrag obliegende wesentliche Verpflichtung vorsätzlich oder aus grober Fahrlässigkeit verletzt hat oder wenn die Erfüllung einer solchen Verpflichtung unmöglich wird,
2. wenn der Gesellschafter das 18. Lebensjahr vollendet hat.

Der volljährig Gewordene kann die Kündigung nach Nummer 2 nur binnen drei Monaten von dem Zeitpunkt an erklären, in welchem er von seiner Gesellschafterstellung Kenntnis hatte oder haben musste. Das Kündigungsrecht besteht nicht, wenn der Gesellschafter bezüglich des Gegenstands der Gesellschaft zum selbständigen Betrieb eines Erwerbsgeschäfts gemäß § 112 ermächtigt war oder der Zweck der Gesellschaft allein der Befriedigung seiner persönlichen Bedürfnisse diente. Unter den gleichen Voraussetzungen ist, wenn eine Kündigungsfrist bestimmt ist, die Kündigung ohne Einhaltung der Frist zulässig.

(2) Die Kündigung darf nicht zur Unzeit geschehen, es sei denn, dass ein wichtiger Grund für die unzeitige Kündigung vorliegt. Kündigt ein Gesellschafter ohne solchen Grund zur Unzeit, so hat er den übrigen Gesellschaftern den daraus entstehenden Schaden zu ersetzen.

(3) Eine Vereinbarung, durch welche das Kündigungsrecht ausgeschlossen oder diesen Vorschriften zuwider beschränkt wird, ist nichtig.

Fußnote

(+++ § 723: Zur Nichtanwendung vgl. § 10 Abs. 5 KredWG +++)

§ 724 Kündigung bei Gesellschaft auf Lebenszeit oder fortgesetzter Gesellschaft

Ist eine Gesellschaft für die Lebenszeit eines Gesellschafters eingegangen, so kann sie in gleicher Weise gekündigt werden wie eine für unbestimmte Zeit eingegangene Gesellschaft. Dasselbe gilt, wenn eine Gesellschaft nach dem Ablauf der bestimmten Zeit stillschweigend fortgesetzt wird.

Fußnote

(+++ § 724: Zur Nichtanwendung vgl. § 10 Abs. 5 KredWG +++)

§ 725 Kündigung durch Pfändungspfandgläubiger

(1) Hat ein Gläubiger eines Gesellschafters die Pfändung des Anteils des Gesellschafters an dem Gesellschaftsvermögen erwirkt, so kann er die Gesellschaft ohne Einhaltung einer Kündigungsfrist kündigen, sofern der Schuldtitel nicht bloß vorläufig vollstreckbar ist.

(2) Solange die Gesellschaft besteht, kann der Gläubiger die sich aus dem Gesellschaftsverhältnis ergebenden Rechte des Gesellschafters, mit Ausnahme des Anspruchs auf einen Gewinnanteil,

제723조 조합원에 의한 해지

① 조합에 일정한 존속기간이 없는 경우에 각 조합원은 언제든지 이를 해지할 수 있다. 존속기간이 정해진 경우에 그 기간의 경과 이전에 해지는, 중대한 사유가 있는 때에는 허용된다. 특히 다음 각 호의 경우에 중대한 사유가 있는 것이다,

1. 다른 조합원이 조합계약에 따라 자신에게 귀속된 중대한 의무를 고의 또는 중과실에 기하여 (vorsätzlich oder aus grober Fahrlässigkeit) 위반(違反)하거나 그러한 의무 이행이 불가능한 경우,
2. 그 조합원이 만 18세에 달한 경우,

그 연령 도달자는, 조합원이 지위를 알았거나 알아야만 했던(in welchem er von seiner Gesellschafterstellung Kenntnis hatte oder haben musste) 때로부터 3개월 이내에만 제2문에 따른 해지의 의사표시를 할 수 있다. 조합원이 조합재산품목에 관련하여 제112조에 따른 영업의 독자적 운영에 관한 수권을 받거나 조합원 자신의 개인적 필요(必要)의 충족만을 조합의 목적으로 하는 (der Zweck der Gesellschaft allein der Befriedigung seiner persönlichen Bedürfnisse diente) 경우에는 해지권은 인정되지 아니한다. 해지기간이 정해지지 않은 경우에는 해지는 동일한 요건(要件) 하에서(Unter den gleichen Voraussetzungen) 이러한 기간(期間)을 준수하지 않고서 허용된다.

② 해지권은 불리한 시기에는 발생하지 아니하되, 불리한 시기에 대한 중대한 사유 가 있는 경우에 그러하지 아니하다. 조합원이 불리한 시기에 대한 그러한 사유 없이 해지하는 경우에 그는 나머지 조합원들에게 이로 인하여 발생한 손해를 배생해야 한다.

③ 해지권을 제한하거나 위와 같은 규정에 반하여 제한하는 약정(Eine Vereinbarung)은 무효(無效)이다.

각주

(제723조 : 그 부적용에 관하여 금융기관법 제10조 제5항을 참조하라)

제724조 종신으로 된 조합 또는 묵시적으로 계속된 조합에서의 해지

어느 조합원의 종신 동안 조합이 유지되는 경우에(Ist eine Gesellschaft für die Lebenszeit eines Gesellschafters eingegangen) 그 조합은, 기간의 정함이 없이 개시된 조합과(wie eine für unbestimmte Zeit eingegangene Gesellschaft) 동일한 방식으로 해지될 수 있다. 일정한 기간의 경과 후에도 조합이 묵시적으로 계속된 경우에도 또한 같다.

각주

(제724조 : 그 부적용에 관하여 금융기관법 제10조 제5항을 참조하라)

제725조 압류채권자의 해지

① 어느 조합원의 채권자가 그 조합원의 조합재산에 대한 지분(Anteils des Gesellschafters an dem Gesellschaftsvermögen)에 압류를 한 경우에 그 채권자는 집행권원이 본집행을 할 수 있는 것인 한 해지기간을 지키지 않더라도 조합을 해지할 수 있다.

② 조합(組合)이 존속하는 동안에 그 채권자는, 이익배당청구권을 제외하고(mit Ausnahme des Anspruchs auf einen Gewinnanteil) 조합관계(組合關係)에서 발생하는 조합원의 권리(權利)를 행사

nicht geltend machen.

Fußnote

(+++ § 725: Zur Nichtanwendung vgl. § 10 Abs. 5 KredWG +++)

§ 726 Auflösung wegen Erreichens oder Unmöglichwerdens des Zweckes

Die Gesellschaft endigt, wenn der vereinbarte Zweck erreicht oder dessen Erreichung unmöglich geworden ist.

§ 727 Auflösung durch Tod eines Gesellschafters

(1) Die Gesellschaft wird durch den Tod eines der Gesellschafter aufgelöst, sofern nicht aus dem Gesellschaftsvertrag sich ein anderes ergibt.

(2) Im Falle der Auflösung hat der Erbe des verstorbenen Gesellschafters den übrigen Gesellschaftern den Tod unverzüglich anzuzeigen und, wenn mit dem Aufschub Gefahr verbunden ist, die seinem Erblasser durch den Gesellschaftsvertrag übertragenen Geschäfte fortzuführen, bis die übrigen Gesellschafter in Gemeinschaft mit ihm anderweit Fürsorge treffen können. Die übrigen Gesellschafter sind in gleicher Weise zur einstweiligen Fortführung der ihnen übertragenen Geschäfte verpflichtet. Die Gesellschaft gilt insoweit als fortbestehend.

Fußnote

(+++ § 727: Zur Nichtanwendung vgl. § 10 Abs. 5 KredWG +++)

§ 728 Auflösung durch Insolvenz der Gesellschaft oder eines Gesellschafters

(1) Die Gesellschaft wird durch die Eröffnung des Insolvenzverfahrens über das Vermögen der Gesellschaft aufgelöst. Wird das Verfahren auf Antrag des Schuldners eingestellt oder nach der Bestätigung eines Insolvenzplans, der den Fortbestand der Gesellschaft vorsieht, aufgehoben, so können die Gesellschafter die Fortsetzung der Gesellschaft beschließen.

(2) Die Gesellschaft wird durch die Eröffnung des Insolvenzverfahrens über das Vermögen eines Gesellschafters aufgelöst. Die Vorschrift des § 727 Abs. 2 Satz 2, 3 findet Anwendung.

Fußnote

(+++ § 728: Zur Nichtanwendung vgl. § 10 Abs. 5 KredWG +++)

§ 729 Fortdauer der Geschäftsführungsbefugnis

Wird die Gesellschaft aufgelöst, so gilt die Befugnis eines Gesellschafters zur Geschäftsführung zu seinen Gunsten gleichwohl als fortbestehend, bis er von der Auflösung Kenntnis erlangt oder die Auflösung kennen muss. Das Gleiche gilt bei Fortbestand der Gesellschaft für die Befugnis zur Geschäftsführung eines aus der Gesellschaft ausscheidenden Gesellschafters oder für ihren Verlust in sonstiger Weise.

§ 730 Auseinandersetzung; Geschäftsführung

할 수 없다.
각주
(제725조 : 그 부적용에 관하여 금융기관법 제10조 제5항을 참조하라)

제726조 목적 도달 또는 도달불능으로 인한 해산
조합은, 약정한 목적에 도달하거나 그 목적 도달이 불가능하게 된(dessen Erreichung unmöglich geworden ist) 때에는 종료한다.

제727조 어느 조합원의 사망으로 인한 해산
① 조합계약에서 다른 정함이 없는 한, 조합은 어느 조합원의 사망으로 인해(durch den Tod eines der Gesellschafter) 해산된다.
② 그 해산의 경우에(Im Falle der Auflösung) 사망한 조합의 상속인은, 나머지 조합원들에게 그 사망을 지체 없이 알려야 하고 그 지체로 위험이 발생하는 경우에는 나머지 조합원들이 공동으로 다른 대책을 강구할 수 있을 때까지 조합계약에 의해 피상속인에게 위탁된 사무를 계속적으로 수행해야 한다. 나머지 조합원들은 자신에게 위탁된 사무를 동일한 방식으로 잠정적으로 계속적 수행할 의무를 부담한다. 조합은 그와 같이 계속된 범위 내에서 존속(存續)한다.
각주
(제727조 : 그 부적용에 관하여 금융기관법 제10조 제5항을 참조하라)

제728조 조합의 파산 또는 어느 조합원의 파산으로 인한 해산
① 조합은 조합재산에 관한 파산절차의 개시에 의해(durch die Eröffnung des Insolvenzverfahrens) 해산한다. 채무자의 신청에 의하여 그 절차가 중지되거나 조합의 지속을 규정한 파산계획 확정 후에(nach der Bestätigung eines Insolvenzplans) 파산이 폐지된 경우에 조합원들은 조합의 지속을 결정할 수 있다.
② 조합은 어느 조합원의 재산에 관한 파산절차의 개시에 의해 해산한다. 제727조 제2항 제2문, 제3문을 적용한다.
각주
(제728조 : 그 부적용에 관하여 금융기관법 제10조 제5항을 참조하라)

제729조 업무집행권의 지속
조합이 해산되더라도 어느 조합원의 업무집행권은, 그 조합원이 해산을 알게 되거나 그 해산을 알아야만 하는 때까지 그 조합원을 위해 지속된 것으로 본다. 조합의 지속시(bei Fortbestand der Gesellschaft) 조합에서 탈퇴한 조합원의 업무집행권(für die Befugnis zur Geschäftsführung eines aus der Gesellschaft ausscheidenden Gesellschafters)이나 그 밖의 형태에 의한 그 권한의 상실에 대해서도(für ihren Verlust in sonstiger Weise) 또한 같다.

제730조 조합재산분할; 업무집행

(1) Nach der Auflösung der Gesellschaft findet in Ansehung des Gesellschaftsvermögens die Auseinandersetzung unter den Gesellschaftern statt, sofern nicht über das Vermögen der
(2) Für die Beendigung der schwebenden Geschäfte, für die dazu erforderliche Eingehung neuer Geschäfte sowie für die Erhaltung und Verwaltung des Gesellschaftsvermögens gilt die Gesellschaft als fortbestehend, soweit der Zweck der Auseinandersetzung es erfordert. Die einem Gesellschafter nach dem Gesellschaftsvertrag zustehende Befugnis zur Geschäftsführung erlischt jedoch, wenn nicht aus dem Vertrag sich ein anderes ergibt, mit der Auflösung der Gesellschaft; die Geschäftsführung steht von der Auflösung an allen Gesellschaftern gemeinschaftlich zu.

§ 731 Verfahren bei Auseinandersetzung

Die Auseinandersetzung erfolgt in Ermangelung einer anderen Vereinbarung in Gemäßheit der §§ 732 bis 735. Im Übrigen gelten für die Teilung die Vorschriften über die Gemeinschaft.

§ 732 Rückgabe von Gegenständen

Gegenstände, die ein Gesellschafter der Gesellschaft zur Benutzung überlassen hat, sind ihm zurückzugeben. Für einen durch Zufall in Abgang gekommenen oder verschlechterten Gegenstand kann er nicht Ersatz verlangen.

§ 733 Berichtigung der Gesellschaftsschulden; Erstattung der Einlagen

(1) Aus dem Gesellschaftsvermögen sind zunächst die gemeinschaftlichen Schulden mit Einschluss derjenigen zu berichtigen, welche den Gläubigern gegenüber unter den Gesellschaftern geteilt sind oder für welche einem Gesellschafter die übrigen Gesellschafter als Schuldner haften. Ist eine Schuld noch nicht fällig oder ist sie streitig, so ist das zur Berichtigung Erforderliche zurückzubehalten.
(2) Aus dem nach der Berichtigung der Schulden übrig bleibenden Gesellschaftsvermögen sind die Einlagen zurückzuerstatten. Für Einlagen, die nicht in Geld bestanden haben, ist der Wert zu ersetzen, den sie zur Zeit der Einbringung gehabt haben. Für Einlagen, die in der Leistung von Diensten oder in der Überlassung der Benutzung eines Gegenstands bestanden haben, kann nicht Ersatz verlangt werden.
(3) Zur Berichtigung der Schulden und zur Rückerstattung der Einlagen ist das Gesellschaftsvermögen, soweit erforderlich, in Geld umzusetzen.

§ 734 Verteilung des Überschusses

Verbleibt nach der Berichtigung der gemeinschaftlichen Schulden und der Rückerstattung der Einlagen ein Überschuss, so gebührt er den Gesellschaftern nach dem Verhältnis ihrer Anteile am Gewinn.

§ 735 Nachschusspflicht bei Verlust

① 조합재산에 대해 파산절차가 개시되지 않는 한, 조합의 해산 후에(Nach der Auflösung der Gesellschaft) 조합재산에 대하여 조합원들 간의 분할이 시행된다(findet in Ansehung des Gesellschaftsvermögens die Auseinandersetzung unter den Gesellschaftern statt).

② 진행 중인 업무의 종료, 이를 위해 필요한 새로운 사무의 개시와 조합재산의 보전 및 관리에 대하여 그것이 조합재산분할 목적에 필요한 범위 내에서(soweit der Zweck der Auseinandersetzung es erfordert), 조합이 지속된 것으로 본다. 그럼에도 조합계약에서 다른 정함이 없는 한, 그 조합계약에 따라 어느 조합원에게 귀속된 업무집행권은 조합의 해산으로써(mit der Auflösung der Gesellschaft) 소멸한다; 업무집행은 그 해산시부터(von der Auflösung an) 모든 조합원들에게 공동으로(allen Gesellschaftern gemeinschaftlich) 귀속된다.

제731조 조합재산분할시의 절차

조합재산분할은 다른 약정이 없는 한 제732조 내지 제735조에 따라(in Gemäßheit der §§ 732 bis 735) 행해진다. 그 밖의 경우에(Im Übrigen) 그 분할에 대하여 공동소유에 관한 규정을 적용한다.

제732조 재산품목의 반환

조합의 조합원이 그 이용을 위하여(zur Benutzung) 인도한 재산품목은 그 조합원에게 반환되어야 한다. 우연한 사건으로 소실(消失)되거나 훼손된 재산품목에 대하여 그 조합원은 배상을 청구할 수 없다.

제733조 조합채무의 통지; 출자의 상환

① 채권자에 대하여 조합원들 간에 분할된 채무(welche den Gläubigern gegenüber unter den Gesellschaftern geteilt sind) 또는 어느 조합원에게 나머지 조합원들이 채무자로서 책임을 지는 채무를 포함하여 공동의 채무는 먼저 조합재산에서 변제되어야 한다. 채무의 이행기가 아직 도래하지 않거나 채무에 대해 다툼이 있는 경우에 그 변제에 필요한 것(das zur Berichtigung Erforderliche)은 유보(留保)되어야 한다.

② 출자는 채무의 지급 후에 남겨진 조합재산에서 상환되어야 한다. 금전이 아닌 출자(Für Einlagen, die nicht in Geld bestanden haben)는 출자할 당시의(den sie zur Zeit der Einbringung gehabt haben) 가액을 상환해야 한다. 노무 급부 또는 어느 재산품목의 이용권의 이전인 출자에 대해여는(Für Einlagen, die in der Leistung von Diensten oder in der Überlassung der Benutzung eines Gegenstands bestanden haben) 상환을 청구할 수 없다.

③ 채무의 변제(辨濟)와 출자(出資)의 반환을 위하여 조합재산은 필요하면 금전으로 환가(換價)되어야 한다.

제734조 잉여물의 분배

공동의 채무의 변제와 출자의 반환 후에 잉여물(ein Überschuss)이 남은 경우 그 잉여물은 이익에 대한 각자의 지분비율대로(nach dem Verhältnis ihrer Anteile am Gewinn) 조합원들에게 귀속된다.

제735조 손실시의 추가출자의무(追加出資義務)

Reicht das Gesellschaftsvermögen zur Berichtigung der gemeinschaftlichen Schulden und zur Rückerstattung der Einlagen nicht aus, so haben die Gesellschafter für den Fehlbetrag nach dem Verhältnis aufzukommen, nach welchem sie den Verlust zu tragen haben. Kann von einem Gesellschafter der auf ihn entfallende Beitrag nicht erlangt werden, so haben die übrigen Gesellschafter den Ausfall nach dem gleichen Verhältnis zu tragen.

§ 736 Ausscheiden eines Gesellschafters, Nachhaftung

(1) Ist im Gesellschaftsvertrag bestimmt, dass, wenn ein Gesellschafter kündigt oder stirbt oder wenn das Insolvenzverfahren über sein Vermögen eröffnet wird, die Gesellschaft unter den übrigen Gesellschaftern fortbestehen soll, so scheidet bei dem Eintritt eines solchen Ereignisses der Gesellschafter, in dessen Person es eintritt, aus der Gesellschaft aus.

(2) Die für Personenhandelsgesellschaften geltenden Regelungen über die Begrenzung der Nachhaftung gelten sinngemäß.

§ 737 Ausschluss eines Gesellschafters

Ist im Gesellschaftsvertrag bestimmt, dass, wenn ein Gesellschafter kündigt, die Gesellschaft unter den übrigen Gesellschaftern fortbestehen soll, so kann ein Gesellschafter, in dessen Person ein die übrigen Gesellschafter nach § 723 Abs. 1 Satz 2 zur Kündigung berechtigender Umstand eintritt, aus der Gesellschaft ausgeschlossen werden. Das Ausschließungsrecht steht den übrigen Gesellschaftern gemeinschaftlich zu. Die Ausschließung erfolgt durch Erklärung gegenüber dem auszuschließenden Gesellschafter.

§ 738 Auseinandersetzung beim Ausscheiden

(1) Scheidet ein Gesellschafter aus der Gesellschaft aus, so wächst sein Anteil am Gesellschaftsvermögen den übrigen Gesellschaftern zu. Diese sind verpflichtet, dem Ausscheidenden die Gegenstände, die er der Gesellschaft zur Benutzung überlassen hat, nach Maßgabe des § 732 zurückzugeben, ihn von den gemeinschaftlichen Schulden zu befreien und ihm dasjenige zu zahlen, was er bei der Auseinandersetzung erhalten würde, wenn die Gesellschaft zur Zeit seines Ausscheidens aufgelöst worden wäre. Sind gemeinschaftliche Schulden noch nicht fällig, so können die übrigen Gesellschafter dem Ausscheidenden, statt ihn zu befreien, Sicherheit leisten.

(2) Der Wert des Gesellschaftsvermögens ist, soweit erforderlich, im Wege der Schätzung zu ermitteln.

§ 739 Haftung für Fehlbetrag

Reicht der Wert des Gesellschaftsvermögens zur Deckung der gemeinschaftlichen Schulden und der Einlagen nicht aus, so hat der Ausscheidende den übrigen Gesellschaftern für den Fehlbetrag

조합재산이 공동의 채무 변제와 출자 반환을 하는 데에(zur Berichtigung der gemeinschaftlichen Schulden und zur Rückerstattung der Einlagen) 부족한 경우에 조합원들은 손실에 대배 부담해야 하는(nach welchem sie den Verlust zu tragen haben) 비율대로 부족한 금원을 부담해야 한다. 어느 조합원에게 배정된 금원(der auf ihn entfallende Beitrag)을 그 조합원이 이행하지 않는 경우에 나머지 조합원들이 그 부족분을 균등한 비율로 부담해야 한다.

제736조 조합원의 탈퇴, 책임

① 조합계약으로, 조합원이 해지하거나 사망하거나 또는 그 재산에 대하여 파산절차가 개시된 경우에 나머지 조합원들 간에 조합(組合)이 존속해야 하는(die Gesellschaft unter den übrigen Gesellschaftern fortbestehen soll) 것으로 정해진 경우에 그러한 사건(事件)의 발생시(發生時)에 그 사건이 발생한(in dessen Person es eintritt) 조합원(組合員)은 조합에서(aus der Gesellschaft) 탈퇴(脫退)한다.

② 상사인적회사(商事人的會社)에 대하여 적용되는, 추가책임(追加責任)의 한계에 관한 규정(Regelungen über die Begrenzung der Nachhaftung) 준용한다.

제737조 어느 조합원의 제명

조합계약으로, 어느 조합원이 해지하는 경우에 조합이 나머지 조합원들 간에 존속해야 하는 것으로 정해진 경우에, 나머지 조합원들이 제723조 제1항 제2문에 따라 해지를 할 수 있는 사정이 발생한(in dessen Person ein die übrigen Gesellschafter nach § 723 Abs. 1 Satz 2 zur Kündigung berechtigender Umstand eintritt) 어느 조합원은 조합에서 제명될 수 있다. 제명권은 나머지 조합원들에게 공동으로 귀속된다. 제명은 제명해야 하는 조합원에 대한 의사표시로(durch Erklärung gegenüber dem auszuschließenden Gesellschafter) 이뤄진다.

제738조 탈퇴시의 조합재산분할

① 어느 조합원이 조합에서 탈퇴하는 경우에 나머지 조합원들의 조합재산에 대한 지분(sein Anteil am Gesellschaftsvermögen den übrigen Gesellschaftern)이 증가한다. 나머지 조합원들은 탈퇴하는 조합원에게 그가 이용을 위해 조합에 인도한 재산품목을 제732조에 따라 반환할 의무를 지고, 공동의 채무에서 그를 면책시키며, 조합이 그 탈퇴시에 해산되는 경우에 그가 조합재산분할시 받을 것(was er bei der Auseinandersetzung erhalten würde, wenn die Gesellschaft zur Zeit seines Ausscheidens aufgelöst worden wäre)을 그에게 지급할 의무를 진다. 공동의 채무의 이행기가 아직 도래하지 않은 경우에 나머지 조합원들은, 탈퇴하는 조합원을 면책시키는 대신에(statt ihn zu befreien) 그 탈퇴하는 조합원에게 담보(擔保)를 제공할 수 있다.

② 조합재산의 가액은 필요하면 감정(鑑定)의 방식으로 조사(調査)되어야 한다.

제739조 부족한 금원에 대한 책임

조합재산의 가액이 공동의 채무와 출자를 전보(塡補)하는 데에(zur Deckung der gemeinschaftlichen Schulden und der Einlagen) 부족한 경우에 탈퇴하는 조합원은 나머지 조합원들에 대하여 손

nach dem Verhältnis seines Anteils am Verlust aufzukommen.

§ 740 Beteiligung am Ergebnis schwebender Geschäfte

(1) Der Ausgeschiedene nimmt an dem Gewinn und dem Verlust teil, welcher sich aus den zur Zeit seines Ausscheidens schwebenden Geschäften ergibt. Die übrigen Gesellschafter sind berechtigt, diese Geschäfte so zu beendigen, wie es ihnen am vorteilhaftesten erscheint.

(2) Der Ausgeschiedene kann am Schluss jedes Geschäftsjahrs Rechenschaft über die inzwischen beendigten Geschäfte, Auszahlung des ihm gebührenden Betrags und Auskunft über den Stand der noch schwebenden Geschäfte verlangen.

Titel 17 Gemeinschaft

§ 741 Gemeinschaft nach Bruchteilen

Steht ein Recht mehreren gemeinschaftlich zu, so finden, sofern sich nicht aus dem Gesetz ein anderes ergibt, die Vorschriften der §§ 742 bis 758 Anwendung (Gemeinschaft nach Bruchteilen).

§ 742 Gleiche Anteile

Im Zweifel ist anzunehmen, dass den Teilhabern gleiche Anteile zustehen.

§ 743 Früchteanteil; Gebrauchsbefugnis

(1) Jedem Teilhaber gebührt ein seinem Anteil entsprechender Bruchteil der Früchte.

(2) Jeder Teilhaber ist zum Gebrauch des gemeinschaftlichen Gegenstands insoweit befugt, als nicht der Mitgebrauch der übrigen Teilhaber beeinträchtigt wird.

§ 744 Gemeinschaftliche Verwaltung

(1) Die Verwaltung des gemeinschaftlichen Gegenstands steht den Teilhabern gemeinschaftlich zu.

(2) Jeder Teilhaber ist berechtigt, die zur Erhaltung des Gegenstands notwendigen Maßregeln ohne Zustimmung der anderen Teilhaber zu treffen; er kann verlangen, dass diese ihre Einwilligung zu einer solchen Maßregel im Voraus erteilen.

§ 745 Verwaltung und Benutzung durch Beschluss

(1) Durch Stimmenmehrheit kann eine der Beschaffenheit des gemeinschaftlichen Gegenstands entsprechende ordnungsmäßige Verwaltung und Benutzung beschlossen werden. Die Stimmenmehrheit ist nach der Größe der Anteile zu berechnen.

(2) Jeder Teilhaber kann, sofern nicht die Verwaltung und Benutzung durch Vereinbarung oder durch Mehrheitsbeschluss geregelt ist, eine dem Interesse aller Teilhaber nach billigem Ermessen entsprechende Verwaltung und Benutzung verlangen.

(3) Eine wesentliche Veränderung des Gegenstands kann nicht beschlossen oder verlangt werden. Das Recht des einzelnen Teilhabers auf einen seinem Anteil entsprechenden Bruchteil der

실에 대한 자신의 지분비율대로 부족한 금원을 책임져야 한다.

제740조 진행 중인 업무의 결과에 대한 참여

① 탈퇴하는 조합원은, 그 탈퇴 당시의 진행 중인 업무에서 생기는 이익과 손실(an dem Gewinn und dem Verlust)에 참여할 수 있다. 나머지 조합원들은, 그것이 최대한 유리하게 자신들에게 보이는 바대로(wie es ihnen am vorteilhaftesten erscheint) 이러한 업무를 종료시킬 권리(權利)를 갖는다.

② 탈퇴하는 조합원은 각 사업년도의 종료시에 그 사업년도에 종료된 업무, 자신에게 귀속된 금전의 지출에 관한 보고와, 아직 직행 중인 업무에 대한 통지를 청구할 수 있다.

제17절 공동소유

제741조 지분에 의한 공동소유

어느 권리가 수인(數人)에게 공동으로 귀속(歸屬)되는 경우에 본 법에서 다른 정함이 없는 한, 제742조 내지 제758조의 규정('지분에 의한 공동소유'; Gemeinschaft nach Bruchteilen)을 적용한다.

제742조 균등한 지분

의심스러운 때에는 균등한 지분이 지분권자들에게 귀속되는 것으로 추정한다.

제743조 과실비율(果實比率); 사용권

① 각 지분권자에게 그 지분에 상응하는 과실의 지분이 귀속된다.

② 각 지분권자는, 나머지 지분권자들의 공동사용이 방해받지 않은 범위 내에서 공동의 목적물을 사용할(zum Gebrauch des gemeinschaftlichen Gegenstands) 권능(權能)을 갖는다.

제744조 공동의 관리

① 공동의 목적물의 관리는 지분권자들에게 공동으로 귀속된다.

② 각 지분권자는, 다른 지분권자들의 동의 없이 그 목적물의 보존을 위해 필요한 처분을 할 권리가 있다; 각 지분권자는 다른 지분권자들이 이러한 처분에 대한 동의(ihre Einwilligung zu einer solchen Maßrege)를 사전에 하도록 청구할 수 있다.

제745조 결의에 의한 관리 및 이용

① 과반수로 공동의 목적물의 특성에 따른 적절한 관리 및 이용(ordnungsmäßige Verwaltung und Benutzung)을 결정이 결의될 수 있다. 과반수는 지분의 비율에 따라 산정해야 한다.

② 각 지분권자는, 그 관리 및 이용이 약정 또는 과반수결의로 규정되어 있지 않는 한, 공평한 재량에 좇은 모든 지분권자의 이익에 따른 관리 및 이용(eine dem Interesse aller Teilhaber nach billigem Ermessen entsprechende Verwaltung und Benutzung)을 청구할 수 있다.

③ 목적물의 중대한 변경은 결의되거나 청구될 수 없다. 각 지분권자의 자신의 지분에 상응(相應)하는, 수익의 지분에 대한 권리(Das Recht des einzelnen Teilhabers auf einen seinem Anteil

Nutzungen kann nicht ohne seine Zustimmung beeinträchtigt werden.

§ 746 Wirkung gegen Sondernachfolger

Haben die Teilhaber die Verwaltung und Benutzung des gemeinschaftlichen Gegenstands geregelt, so wirkt die getroffene Bestimmung auch für und gegen die Sondernachfolger.

§ 747 Verfügung über Anteil und gemeinschaftliche Gegenstände

Jeder Teilhaber kann über seinen Anteil verfügen. Über den gemeinschaftlichen Gegenstand im Ganzen können die Teilhaber nur gemeinschaftlich verfügen.

§ 748 Lasten- und Kostentragung

Jeder Teilhaber ist den anderen Teilhabern gegenüber verpflichtet, die Lasten des gemeinschaftlichen Gegenstands sowie die Kosten der Erhaltung, der Verwaltung und einer gemeinschaftlichen Benutzung nach dem Verhältnis seines Anteils zu tragen.

§ 749 Aufhebungsanspruch

(1) Jeder Teilhaber kann jederzeit die Aufhebung der Gemeinschaft verlangen.

(2) Wird das Recht, die Aufhebung zu verlangen, durch Vereinbarung für immer oder auf Zeit ausgeschlossen, so kann die Aufhebung gleichwohl verlangt werden, wenn ein wichtiger Grund vorliegt. Unter der gleichen Voraussetzung kann, wenn eine Kündigungsfrist bestimmt wird, die Aufhebung ohne Einhaltung der Frist verlangt werden.

(3) Eine Vereinbarung, durch welche das Recht, die Aufhebung zu verlangen, diesen Vorschriften zuwider ausgeschlossen oder beschränkt wird, ist nichtig.

§ 750 Ausschluss der Aufhebung im Todesfall

Haben die Teilhaber das Recht, die Aufhebung der Gemeinschaft zu verlangen, auf Zeit ausgeschlossen, so tritt die Vereinbarung im Zweifel mit dem Tode eines Teilhabers außer Kraft.

§ 751 Ausschluss der Aufhebung und Sondernachfolger

Haben die Teilhaber das Recht, die Aufhebung der Gemeinschaft zu verlangen, für immer oder auf Zeit ausgeschlossen oder eine Kündigungsfrist bestimmt, so wirkt die Vereinbarung auch für und gegen die Sondernachfolger. Hat ein Gläubiger die Pfändung des Anteils eines Teilhabers erwirkt, so kann er ohne Rücksicht auf die Vereinbarung die Aufhebung der Gemeinschaft verlangen, sofern der Schuldtitel nicht bloß vorläufig vollstreckbar ist.

§ 752 Teilung in Natur

Die Aufhebung der Gemeinschaft erfolgt durch Teilung in Natur, wenn der gemeinschaftliche Gegenstand oder, falls mehrere Gegenstände gemeinschaftlich sind, diese sich ohne Verminderung

entsprechenden Bruchteil der Nutzungen)는 자신의 동의 없이 침해(侵害)될 수 없다.

제746조 특정승계인(特定承繼人)에 대한 효력

지분권자가 공동의 목적물의 관리 및 이용을 규정한 경우에 정해진 결정은 특정승계인(特定承繼人)의 이익으로도 불이익으로도(auch für und gegen die Sondernachfolger) 효력(效力)을 미친다.

제747조 지분과 공동의 목적물에 대한 처분

각 지분권자는 자신의 지분을 처분할 수 있다. 지분권자는 공동으로만 공동의 목적물을 일체로(一體; im Ganzen) 처분을 할 수 있다.

제748조 부담 및 비용의 분배

각 지분권자는, 다른 지분권자들에 대하여 공동의 목적물에 대한 부담과 보존비(保存費), 관리비(管理費) 및 공동의 이용 비용(die Kosten der Erhaltung, der Verwaltung und einer gemeinschaftlichen Benutzung)을 각 지분비율대로(nach dem Verhältnis seines Anteils) 부담할 의무를 진다.

제749조 공동소유해소청구권

① 각 지분권자는 언제든지 공동소유의 해소(Aufhebung)를 청구할 수 있다.

② 그 해소청구권이 약정에 의해 영구히 또는 일시적으로(durch Vereinbarung für immer oder auf Zeit ausgeschlossen) 배제되더라도 그 해소는, 중대한 사유가 있는 때에는 청구될 수 있다. 해소기간이 정해진 경우(wenn eine Kündigungsfrist bestimmt wird) 동일한 요건하에[40](Unter der gleichen Voraussetzung) 해소기간을 준수하지 않고서 그 해소가 청구될 수 있다.

③ 그 해소를 청구할 수 있는 권리를 위와 같은 규정에 반하여 배제(排除)하거나 제한(制限)하는 약정은 무효이다.

제750조 사망에 있어 그 해소의 배제

지분권자가 공동소유의 해소를 청구할 권리가 일시적으로(auf Zeit) 배제(排除)된 경우에 의심스러운 때에는 어느 지분권자의 사망으로(mit dem Tode eines Teilhabers) 그 약정은 무효가 된다.

제751조 해소의 배제와 특정승계인

지분권자가 공동소유의 해소(解消)를 청구할 권리를 영구히 또는 일시적으로 배제하거나 해소기간을 정한 경우에 그 약정은 특정승계인의 이익으로도 불이익으로도(auch für und gegen die Sondernachfolger) 효력을 미친다. 채권자가 어느 지분권자의 지분을 압류한 경우에 집행권원이 본집행을 할 수 있는 것인 한(sofern der Schuldtitel nicht bloß vorläufig vollstreckbar ist), 그 지분권자는 그 약정에도 불구하고(ohne Rücksicht auf die Vereinbarung) 공동소유의 해소를 청구할 수 있다.

제752조 현물분할(現物分割)

공동의 목적물 또는 여러 목적물이 공동소유인 경우에 이 여러 목적물이 가치의 감소 없이 각 지분권자의 지분에 따라 동종의 부분(in gleichartige, den Anteilen der Teilhaber entsprechende Teile)으

des Wertes in gleichartige, den Anteilen der Teilhaber entsprechende Teile zerlegen lassen. Die Verteilung gleicher Teile unter die Teilhaber geschieht durch das Los.

§ 753 Teilung durch Verkauf

(1) Ist die Teilung in Natur ausgeschlossen, so erfolgt die Aufhebung der Gemeinschaft durch Verkauf des gemeinschaftlichen Gegenstands nach den Vorschriften über den Pfandverkauf, bei Grundstücken durch Zwangsversteigerung und durch Teilung des Erlöses. Ist die Veräußerung an einen Dritten unstatthaft, so ist der Gegenstand unter den Teilhabern zu versteigern.

(2) Hat der Versuch, den Gegenstand zu verkaufen, keinen Erfolg, so kann jeder Teilhaber die Wiederholung verlangen; er hat jedoch die Kosten zu tragen, wenn der wiederholte Versuch misslingt.

§ 754 Verkauf gemeinschaftlicher Forderungen

Der Verkauf einer gemeinschaftlichen Forderung ist nur zulässig, wenn sie noch nicht eingezogen werden kann. Ist die Einziehung möglich, so kann jeder Teilhaber gemeinschaftliche Einziehung

§ 755 Berichtigung einer Gesamtschuld

(1) Haften die Teilhaber als Gesamtschuldner für eine Verbindlichkeit, die sie in Gemäßheit des § 748 nach dem Verhältnis ihrer Anteile zu erfüllen haben oder die sie zum Zwecke der Erfüllung einer solchen Verbindlichkeit eingegangen sind, so kann jeder Teilhaber bei der Aufhebung der Gemeinschaft verlangen, dass die Schuld aus dem gemeinschaftlichen Gegenstand berichtigt wird.

(2) Der Anspruch kann auch gegen die Sondernachfolger geltend gemacht werden.

(3) Soweit zur Berichtigung der Schuld der Verkauf des gemeinschaftlichen Gegenstands erforderlich ist, hat der Verkauf nach § 753 zu erfolgen.

§ 756 Berichtigung einer Teilhaberschuld

Hat ein Teilhaber gegen einen anderen Teilhaber eine Forderung, die sich auf die Gemeinschaft gründet, so kann er bei der Aufhebung der Gemeinschaft die Berichtigung seiner Forderung aus dem auf den Schuldner entfallenden Teil des gemeinschaftlichen Gegenstands verlangen. Die Vorschriften des § 755 Abs. 2, 3 finden Anwendung.

§ 757 Gewährleistung bei Zuteilung an einen Teilhaber

Wird bei der Aufhebung der Gemeinschaft ein gemeinschaftlicher Gegenstand einem der Teilhaber zugeteilt, so hat wegen eines Mangels im Recht oder wegen eines Mangels der Sache jeder der übrigen Teilhaber zu seinem Anteil in gleicher Weise wie ein Verkäufer Gewähr zu leisten.

§ 758 Unverjährbarkeit des Aufhebungsanspruchs

Der Anspruch auf Aufhebung der Gemeinschaft unterliegt nicht der Verjährung.

로 분할될 수 있는 때에 공동소유의 해소는 현물분할(Teilung in Natur)로 시행한다. 동일한 부분의 배정(Die Verteilung gleicher Teile)은 지분권자들 간의 추첨으로(durch das Los) 행해진다.

제753조 매각에 의한 분할

① 현물분할이 배제된 경우에 공동소유의 해소는 질물매각에 관한 규정에 좇은 공동의 목적물의 매각에 의해, 부동산의 경우 강제경매와 매각대금의 분배에 의해(bei Grundstücken durch Zwangsversteigerung und durch Teilung des Erlöses) 행해진다. 제3자에 대한 양도가 금지된 경우에 그 목적물은 지분권자들 사이에서 경매가 이뤄져야 한다.

② 그 목적물을 매각하려는 시도가 성공하지 못한 경우에 각 지분권자는 재매각을 청구할 수 있다; 그럼에도 각 지분권자는, 재매각(再賣却)이 실패하는 경우에는 그 비용을 부담해야 한다.

제754조 공동의 채권의 매각

공동의 채권의 매각은, 그 채권을 추심(推尋)할 수 없는 경우에 한하여 허용된다. 추심(推尋)이 가능한 경우에는(Ist die Einziehung möglich) 각 지분권자(持分權者)는 추심(推尋)을 청구(請求)할 수 verlangen.

제755조 연대채무의 변제

① 지분권자가 그 지분권자가 제748조에 따라 그 지분의 비율대로 이행해야 하는 채무나 지분권자가 그러한 채무의 이행을 위하여 부담한 채무에 대해 연대채무자로서 책임을 지는 경우에 각 지분권자는 공동소유의 해소에 있어 그 채무가 공동의 목적물로 변제(辨濟)되도록(dass die Schuld aus dem gemeinschaftlichen Gegenstand berichtigt wird) 청구할 수 있다.

② 그 청구권은 특정승계인에 대해서도 행사될 수 있다.

③ 그 채무의 변제를 위하여 공동의 목적물의 매각이 필요한 범위 내에서 제753조에 따른 매각이 이뤄져야 한다.

제756조 지분권자의 채무의 변제

어느 지분권자가 다른 지분권자에 대하여(gegen einen anderen Teilhab) 공동소유에 기하여 성립한 채권을 갖는 경우에 그 지분권자는 공동소유의 해소시 그 채무자에 대해 배정된 공동의 목적물 부분로(aus dem auf den Schuldner entfallenden Teil des gemeinschaftlichen Gegenstands) 자신의 채권이 변제되도록 청구할 수 있다. 제755조 제2항, 제3항의 규정을 적용한다.

제757조 어느 지분권자에 대한 배정(配定)시 담보책임

공동소유의 해소시 공동의 목적물이 어느 지분권자에게 배정(配定)되는 경우에 권리하자나 물건하자로 인하여(wegen eines Mangels im Recht oder wegen eines Mangels der Sache) 나머지 지분권자들은 매도인과 동일한 방식에 의해 그 지분대로 담보책임(擔保責任)을 부담한다.

제758조 공유물해소청구권의 소멸시효에 걸리지 않음

공동소유의 해소청구권은 소멸시효(der Verjährung)에 걸리지 아니한다.

Titel 18 Leibrente

§ 759 Dauer und Betrag der Rente

(1) Wer zur Gewährung einer Leibrente verpflichtet ist, hat die Rente im Zweifel für die Lebensdauer des Gläubigers zu entrichten.

(2) Der für die Rente bestimmte Betrag ist im Zweifel der Jahresbetrag der Rente.

§ 760 Vorauszahlung

(1) Die Leibrente ist im Voraus zu entrichten.

(2) Eine Geldrente ist für drei Monate vorauszuzahlen; bei einer anderen Rente bestimmt sich der Zeitabschnitt, für den sie im Voraus zu entrichten ist, nach der Beschaffenheit und dem Zwecke der Rente.

(3) Hat der Gläubiger den Beginn des Zeitabschnitts erlebt, für den die Rente im Voraus zu entrichten ist, so gebührt ihm der volle auf den Zeitabschnitt entfallende Betrag.

있다.

§ 761 Form des Leibrentenversprechens

Zur Gültigkeit eines Vertrags, durch den eine Leibrente versprochen wird, ist, soweit nicht eine andere Form vorgeschrieben ist, schriftliche Erteilung des Versprechens erforderlich. Die Erteilung des Leibrentenversprechens in elektronischer Form ist ausgeschlossen, soweit das Versprechen der Gewährung familienrechtlichen Unterhalts dient.

Titel 19 Unvollkommene Verbindlichkeiten

§ 762 Spiel, Wette

(1) Durch Spiel oder durch Wette wird eine Verbindlichkeit nicht begründet. Das auf Grund des Spieles oder der Wette Geleistete kann nicht deshalb zurückgefordert werden, weil eine Verbindlichkeit nicht bestanden hat.

(2) Diese Vorschriften gelten auch für eine Vereinbarung, durch die der verlierende Teil zum Zwecke der Erfüllung einer Spiel- oder einer Wettschuld dem gewinnenden Teil gegenüber eine Verbindlichkeit eingeht, insbesondere für ein Schuldanerkenntnis.

§ 763 Lotterie- und Ausspielvertrag

Ein Lotterievertrag oder ein Ausspielvertrag ist verbindlich, wenn die Lotterie oder die Ausspielung staatlich genehmigt ist. Anderenfalls finden die Vorschriften des § 762 Anwendung.

§ 764 (weggefallen)

Titel 20 Bürgschaft

제18절 종신정기금

제759조 종신정기금의 기간 및 금액

① 종신정기금을 지급할 의무가 있는 자는 의심스러운 때에는 정기금을 채권자의 평생 동안(für die Lebensdauer des Gläubigers) 지급해야 한다.

② 정기금에 대해 정해진 금액은 의심스러운 때에는 정기금의 연간금액이다.

제760조 선급(先給)

① 종신정기금은 선급(先給)으로 지급될 수 있다.

② 금전에 의한 정기금은 3개월치를 선급으로 지급할 수 있다; 그 밖의 정기금의 경우 선급으로 지급될 수 있는 기간은 종신정기금의 목적과 특성에 따라 정해진다.

③ 채권자가 정기금이 선급으로 지급될 수 있는 기간의 개시시에 생존해 있는 경우에 그 기간에 배정된 금액 전액(der volle auf den Zeitabschnitt entfallende Betrag)이 그 채권자에게 귀속된다.

제761조 종신정기금 약정의 방식

다른 방식이 규정되지 않은 한, 종신정기금을 약정한 계약이 유효하기 위해서는 서면에 의한 그 약정의 체결(schriftliche Erteilung des Versprechens)이 요구된다. 그 약정이 가족법상의 부양의 이행을 위한 것인 경우에는(soweit das Versprechen der Gewährung familienrechtlichen Unterhalts dient) 전자방식에 의한 종신정기금약정의 체결은 배제된다.

제19절 불완전채무

제762조 도박, 내기

① 도박 또는 내기에 의하여(Durch Spiel oder durch Wette) 채무가 성립하지 아니한다. 도박 또는 내기에 기하여 이행된 급부(Das auf Grund des Spieles oder der Wette Geleistete)는 채무가 성립되지 않았음을 이유로 반환청구할 수 없다.

② 위와 같은 규정은, 진 당사자가 도박채무 또는 내기채무의 이행을 위하여(zum Zwecke der Erfüllung einer Spiel- oder einer Wettschuld) 이긴 당사자에게(dem gewinnenden Teil gegenüber) 채무를 부담하게 하는 약정, 특히 채무승인에도(insbesondere für ein Schuldanerkenntnis) 적용한다.

제763조 복권·당첨계약

복권(福券)계약 또는 당첨(當籤)계약(Ein Lotterievertrag oder ein Ausspielvertrag)은, 그 복권 또는 당첨이 국가에 의해 승인을 받은 경우에는 구속력이 있다. 그 이외의 경우에는 제762조의 규정을 준용한다.

제764조 삭제

제20절 보증

§ 765 Vertragstypische Pflichten bei der Bürgschaft

(1) Durch den Bürgschaftsvertrag verpflichtet sich der Bürge gegenüber dem Gläubiger eines Dritten, für die Erfüllung der Verbindlichkeit des Dritten einzustehen.
(2) Die Bürgschaft kann auch für eine künftige oder eine bedingte Verbindlichkeit übernommen werden.

§ 766 Schriftform der Bürgschaftserklärung

Zur Gültigkeit des Bürgschaftsvertrags ist schriftliche Erteilung der Bürgschaftserklärung erforderlich. Die Erteilung der Bürgschaftserklärung in elektronischer Form ist ausgeschlossen. Soweit der Bürge die Hauptverbindlichkeit erfüllt, wird der Mangel der Form geheilt.

§ 767 Umfang der Bürgschaftsschuld

(1) Für die Verpflichtung des Bürgen ist der jeweilige Bestand der Hauptverbindlichkeit maßgebend. Dies gilt insbesondere auch, wenn die Hauptverbindlichkeit durch Verschulden oder Verzug des Hauptschuldners geändert wird. Durch ein Rechtsgeschäft, das der Hauptschuldner nach der Übernahme der Bürgschaft vornimmt, wird die Verpflichtung des Bürgen nicht erweitert.
(2) Der Bürge haftet für die dem Gläubiger von dem Hauptschuldner zu ersetzenden Kosten der Kündigung und der Rechtsverfolgung.

§ 768 Einreden des Bürgen

(1) Der Bürge kann die dem Hauptschuldner zustehenden Einreden geltend machen. Stirbt der Hauptschuldner, so kann sich der Bürge nicht darauf berufen, dass der Erbe für die Verbindlichkeit nur beschränkt haftet.
(2) Der Bürge verliert eine Einrede nicht dadurch, dass der Hauptschuldner auf sie verzichtet.

§ 769 Mitbürgschaft

Verbürgen sich mehrere für dieselbe Verbindlichkeit, so haften sie als Gesamtschuldner, auch wenn sie die Bürgschaft nicht gemeinschaftlich übernehmen.

§ 770 Einreden der Anfechtbarkeit und der Aufrechenbarkeit

(1) Der Bürge kann die Befriedigung des Gläubigers verweigern, solange dem Hauptschuldner das Recht zusteht, das seiner Verbindlichkeit zugrunde liegende Rechtsgeschäft anzufechten.
(2) Die gleiche Befugnis hat der Bürge, solange sich der Gläubiger durch Aufrechnung gegen eine fällige Forderung des Hauptschuldners befriedigen kann.

§ 771 Einrede der Vorausklage

Der Bürge kann die Befriedigung des Gläubigers verweigern, solange nicht der Gläubiger eine Zwangsvollstreckung gegen den Hauptschuldner ohne Erfolg versucht hat (Einrede der

제765조 보증에서의 전형적 의무

① 보증계약에 기하여 보증인(der Bürge)은 제3자의 채권자에 대하여(gegenüber dem Gläubiger eines Dritten) 제3자의 채무의 이행을 책임질 의무를 부담한다.

② 보증으로 장래의 채무 또는 조건부 채무에 대해서도 인수할 수 있다.

제766조 보증 의사표시의 방식

보증계약이 유효하기 위하여 서면에 의한 보증 의사표시를 할 것이 요구된다. 전자적 방식에 의해 보증 의사표시를 하는 것(Die Erteilung der Bürgschaftserklärung in elektronischer Form)은 배제된다. 보증인이 주채무를 이행하는 경우에 방식의 흠결(der Mangel der Form)은 치유된다.

제767조 보증채무의 범위

① 보증인의 채무에 대하여 주채무(Hauptverbindlichkeit)의 그때그때의 현황이 기준(基準)이 된다. 주채무가 주채무자의 과책 또는 지체로 변경되는 경우에도 또한 같다. 주채무자가 보증의 인수 후 행하는 법률행위에 의하여(Durch ein Rechtsgeschäft, das der Hauptschuldner nach der Übernahme der Bürgschaft vornimmt) 보증인의 채무(債務)가 확대(擴大)되지 아니한다.

② 보증인은 주채무가 채권자에게 상환해야 할 해지비용 및 권리행사비용(Kosten der Kündigung und der Rechtsverfolgung)을 책임진다.

제768조 보증인의 항변

① 보증인은 주채무자가 갖는 항변(抗辯)을 행사(行使)할 수 있다. 주채무자가 사망한 경우 보증인은, 상속인이 채무에 대해 제한적으로만 책임을 진다(dass der Erbe für die Verbindlichkeit nur beschränkt haftet)는 주장을 할 수 없다.

② 보증인은 주채무자가 그 항변을 포기함으로써(dadurch, dass der Hauptschuldner auf sie verzichtet) 항변을 상실하지 아니한다.

제769조 공동보증

수인(數人)이 동일한 채무를 보증하는 경우에 그들은 보증을 공동으로 인수하지 않았더라도(auch wenn sie die Bürgschaft nicht gemeinschaftlich übernehmen) 연대채무자로서 책임을 진다.

제770조 취소 및 상계의 항변

① 보증인은, 주채무자에게 그 채무의 기초가 된 법률행위를 취소할 수 있는 권리가 귀속되는 동안에는 채무자의 만족을 거절할 수 있다.

② 보증인은, 채권자가 주채무자의 이행기가 도래한 채권에 대한 상계로써 만족을 얻을 있는 동안에 위와 동일한 권리(Die gleiche Befugnis)를 갖는다.

제771조 선소(先訴)의 항변

보증인은, 채권자가 주채무자에 대한 강제집행을 시도했으나 성공하지 못할 동안에 채권자의 만족을 거절할 수 있다('선소의 항변'; Einrede der Vorausklage). 보증인이 선소의 항변을 제기하는

Vorausklage). Erhebt der Bürge die Einrede der Vorausklage, ist die Verjährung des Anspruchs des Gläubigers gegen den Bürgen gehemmt, bis der Gläubiger eine Zwangsvollstreckung gegen den Hauptschuldner ohne Erfolg versucht hat.

§ 772 Vollstreckungs- und Verwertungspflicht des Gläubigers

(1) Besteht die Bürgschaft für eine Geldforderung, so muss die Zwangsvollstreckung in die beweglichen Sachen des Hauptschuldners an seinem Wohnsitz und, wenn der Hauptschuldner an einem anderen Orte eine gewerbliche Niederlassung hat, auch an diesem Orte, in Ermangelung eines Wohnsitzes und einer gewerblichen Niederlassung an seinem Aufenthaltsort versucht werden.
(2) Steht dem Gläubiger ein Pfandrecht oder ein Zurückbehaltungsrecht an einer beweglichen Sache des Hauptschuldners zu, so muss er auch aus dieser Sache Befriedigung suchen. Steht dem Gläubiger ein solches Recht an der Sache auch für eine andere Forderung zu, so gilt dies nur, wenn beide Forderungen durch den Wert der Sache gedeckt werden.

§ 773 Ausschluss der Einrede der Vorausklage

(1) Die Einrede der Vorausklage ist ausgeschlossen:
1. wenn der Bürge auf die Einrede verzichtet, insbesondere wenn er sich als Selbstschuldner verbürgt hat,
2. wenn die Rechtsverfolgung gegen den Hauptschuldner infolge einer nach der Übernahme der Bürgschaft eingetretenen Änderung des Wohnsitzes, der gewerblichen Niederlassung oder des Aufenthaltsorts des Hauptschuldners wesentlich erschwert ist,
3. wenn über das Vermögen des Hauptschuldners das Insolvenzverfahren eröffnet ist,
4. wenn anzunehmen ist, dass die Zwangsvollstreckung in das Vermögen des Hauptschuldners nicht zur Befriedigung des Gläubigers führen wird.

(2) In den Fällen der Nummern 3, 4 ist die Einrede insoweit zulässig, als sich der Gläubiger aus einer beweglichen Sache des Hauptschuldners befriedigen kann, an der er ein Pfandrecht oder ein Zurückbehaltungsrecht hat; die Vorschrift des § 772 Abs. 2 Satz 2 findet Anwendung.

§ 774 Gesetzlicher Forderungsübergang

(1) Soweit der Bürge den Gläubiger befriedigt, geht die Forderung des Gläubigers gegen den Hauptschuldner auf ihn über. Der Übergang kann nicht zum Nachteil des Gläubigers geltend gemacht werden. Einwendungen des Hauptschuldners aus einem zwischen ihm und dem Bürgen bestehenden Rechtsverhältnis bleiben unberührt.
(2) Mitbürgen haften einander nur nach § 426.

§ 775 Anspruch des Bürgen auf Befreiung

(1) Hat sich der Bürge im Auftrag des Hauptschuldners verbürgt oder stehen ihm nach den

경우에 보증인에 대한 채권자의 청구권의 소멸시효가, 채권자가 주채무자에 대한 강제집행을 시도했으나 성공하지 못한 기간까지(bis der Gläubiger eine Zwangsvollstreckung gegen den Hauptschuldner ohne Erfolg versucht hat) 정지된다.

제772조 채권자의 강제집행의무 및 매각의무

① 금전채권의 보전을 위해 보증이 성립된 경우에 강제집행은 주채무자의 주소에 있는 동산에 대하여, 주채무자가 그 밖의 장소에 영업소를 둔 경우에는 이러한 장소에 있는 동산에 대하여도 시도되어야만 하고, 그 주소 및 영업소가 없는 때에는(in Ermangelung eines Wohnsitzes und einer gewerblichen Niederlassung) 주채무자의 주거에 대해(an seinem Aufenthaltsort) 시도되어야만 한다.

② 주채무자의 동산에 대한 질권 또는 유치권이 채권자에게 귀속된 경우에 채권자는 이러한 물건의 기해서도(auch aus dieser Sach) 만족을 시도해야만 한다. 그 물건에 대한 그러한 권리가 다른 채권을 위해서도 채권자에게 귀속되는 경우에는 물건의 가액이 양 채권을 전보하는 때에 한하여(nur, wenn beide Forderungen durch den Wert der Sache gedeckt werden) 이를 적용한다.

제773조 선소의 항변의 배제

① 다음 각 호의 경우에는 선소의 항변이 배제된다,

1. 보증인이 항변을 포기한 경우, 특히 보증인이 주채무자(主債務者; Selbstschuldner)로서 보증을 한 경우,
2. 주채무자에 대한 권리행사(die Rechtsverfolgung gegen den Hauptschuldner)가 보증의 인수 후 발생한 주채무자의 주소 영업소 또는 거소의 변경으로 인하여 현저하게 곤란해진 경우,
3. 주채무자의 재산에 관하여 파산절차가 개시된 경우,
4. 주채무자의 재산에 대한 강제집행(die Zwangsvollstreckung in das Vermögen des Hauptschuldners)이 채권자의 만족에 이르지 못할 것으로 인정되는 경우,

② 제3호, 제4호의 경우에(In den Fällen der Nummern 3, 4) 주채무자의 채권자가, 자신이 질권 또는 유치권을 갖는(an der er ein Pfandrecht oder ein Zurückbehaltungsrecht hat) 동산에 기하여 만족을 얻을 수 있는 범위 내에서는 항변(抗辯)은 허용된다; 제772조 제2항 제2문의 규정(規定)을 적용한다.

제774조 법률상 채권이전

① 보증인이 채권자를 만족시키는 범위 내에서 채권자의 주채무자에 대한 채권은 보증인에게 이전한다. 그 이전은 채권자의 불이익으로 행사될 수 없다. 주채무자와 보증인 간에 존재하는 법률관계에 기한(aus einem zwischen ihm und dem Bürgen bestehenden Rechtsverhältnis) 주채무자(主債務者)의 항변(Einwendungen des Hauptschuldners)은 영향을 받지 아니한다.

② 공동보증인은 제426조에 따라서만 상호간에 책임을 부담한다.

제775조 보증인의 보증해방청구권(保證解放請求權)

① 보증인이 주채무자의 위임으로 보증을 서거나, 수임인의 주채무자에 대한 권리가 보증의 인수

Vorschriften über die Geschäftsführung ohne Auftrag wegen der Übernahme der Bürgschaft die Rechte eines Beauftragten gegen den Hauptschuldner zu, so kann er von diesem Befreiung von der Bürgschaft verlangen:

1. wenn sich die Vermögensverhältnisse des Hauptschuldners wesentlich verschlechtert haben,
2. wenn die Rechtsverfolgung gegen den Hauptschuldner infolge einer nach der Übernahme der Bürgschaft eingetretenen Änderung des Wohnsitzes, der gewerblichen Niederlassung oder des Aufenthaltsorts des Hauptschuldners wesentlich erschwert ist,
3. wenn der Hauptschuldner mit der Erfüllung seiner Verbindlichkeit im Verzug ist,
4. wenn der Gläubiger gegen den Bürgen ein vollstreckbares Urteil auf Erfüllung erwirkt hat.

(2) Ist die Hauptverbindlichkeit noch nicht fällig, so kann der Hauptschuldner dem Bürgen, statt ihn zu befreien, Sicherheit leisten.

§ 776 Aufgabe einer Sicherheit

Gibt der Gläubiger ein mit der Forderung verbundenes Vorzugsrecht, eine für sie bestehende Hypothek oder Schiffshypothek, ein für sie bestehendes Pfandrecht oder das Recht gegen einen Mitbürgen auf, so wird der Bürge insoweit frei, als er aus dem aufgegebenen Recht nach § 774 hätte Ersatz erlangen können. Dies gilt auch dann, wenn das aufgegebene Recht erst nach der Übernahme der Bürgschaft entstanden ist.

§ 777 Bürgschaft auf Zeit

(1) Hat sich der Bürge für eine bestehende Verbindlichkeit auf bestimmte Zeit verbürgt, so wird er nach dem Ablauf der bestimmten Zeit frei, wenn nicht der Gläubiger die Einziehung der Forderung unverzüglich nach Maßgabe des § 772 betreibt, das Verfahren ohne wesentliche Verzögerung fortsetzt und unverzüglich nach der Beendigung des Verfahrens dem Bürgen anzeigt, dass er ihn in Anspruch nehme. Steht dem Bürgen die Einrede der Vorausklage nicht zu, so wird er nach dem Ablauf der bestimmten Zeit frei, wenn nicht der Gläubiger ihm unverzüglich diese Anzeige macht.

(2) Erfolgt die Anzeige rechtzeitig, so beschränkt sich die Haftung des Bürgen im Falle des Absatzes 1 Satz 1 auf den Umfang, den die Hauptverbindlichkeit zur Zeit der Beendigung des Verfahrens hat, im Falle des Absatzes 1 Satz 2 auf den Umfang, den die Hauptverbindlichkeit bei dem Ablauf der bestimmten Zeit hat.

§ 778 Kreditauftrag

Wer einen anderen beauftragt, im eigenen Namen und auf eigene Rechnung einem Dritten ein Darlehen oder eine Finanzierungshilfe zu gewähren, haftet dem Beauftragten für die aus dem Darlehen oder der Finanzierungshilfe entstehende Verbindlichkeit des Dritten als Bürge.

로 인하여 사무관리규정에 좇아 보증인에게 귀속되는 경우에 다음 각 호의 때에는 보증인은 주채무자에 대하여 보증의 해방(解放)을 청구할 수 있다:

1. 주채무자의 재산관계(die Vermögensverhältnisse des Hauptschuldners)가 현저하게 악화된 경우,
2. 주채무자에 대한 권리행사가 주채무자에 대한 권리행사(die Rechtsverfolgung gegen den Hauptschuldner)가 보증의 인수 후 발생한 주채무자의 주소 영업소 또는 거소의 변경(Änderung des Wohnsitzes, der gewerblichen Niederlassung oder des Aufenthaltsorts des Hauptschuldners)으로 인하여 현저하게 곤란해진 경우,
3. 주채무자가 자신의 채무 이행의 지체에 빠진 경우,
4. 채권자가 보증인에 대하여 강제집행을 할 수 있는 이행판결(gegen den Bürgen ein vollstreckbares Urteil auf Erfüllung)을 선고받은 경우.

② 주채무의 이행기가 도래하지 않은 경우에 주채무자는 보증인에게 보증의 해방 대신에 담보제공을 제공할 수 있다.

제776조 담보의 포기

채권자가, 채권에 수반된 우선권, 그 채권을 보전하기 위해 설정된 저당권 또는 선박저당권(eine für sie bestehende Hypothek oder Schiffshypothek), 그 채권을 보전하기 위하여 설정된 질권 또는 공동보증인에 대한 권리를 포기하는 경우에, 보증인은 제774조에 따라 포기된 권리에 기하여 상환을 받을 수 있었던 범위 내에서 면책된다. 포기된 권리가 보증의 인수 후에 비로소 발생하는 경우에도 또한 같다.

제777조 기간부(期間附) 보증

① 보증인이 존재하는 채무를 위하여 일정한 기간 동안 보증을 한 경우에, 채권자가 제772조의 기준에 좇아 지체 없이 채권의 추심에 착수하지 아니하고, 그 절차를 중대한 지체 없이 속행(續行)하지 않으며, 그 절차의 종료 후 지체 없이 보증인에게 자신은 보증인에게 청구한다는 통지를 하지 않은(unverzüglich nach der Beendigung des Verfahrens dem Bürgen anzeigt, dass er ihn in Anspruch nehme) 때에는 그는 일정한 기간이 경과 후에는 면책된다. 보증인에게 선소(先訴)의 항변이 귀속되지 않은 경우에 보증인은 일정한 기간 경과 후에 채권자가 보증인에게 지체 없이 이러한 통지를 하지 않은 때에는 면책된다.

② 그 통지가 적시에 행해진 경우에 보증인의 책임은, 제1항 제1문의 경우에는 그 절차 종료 당시의 주채무의 범위로, 제1항 제2문의 경우에는 기간 경과 시의 주채무의 범위로 제한된다.

제778조 신용의 위임(Kreditauftrag)

다른 사람에게 자신의 이름과 자신의 계산으로 제3자에게 소비대차 또는 신용부여를 시행하도록 위임한 자는, 그 소비대차 또는 신용부여으로 인하여 생긴 제3자의 채무에 대하여(für die aus dem Darlehen oder der Finanzierungshilfe entstehende Verbindlichkeit des Dritten) 수임인에게 보증인으로서 책임을 진다.

Titel 21 Vergleich

§ 779 Begriff des Vergleichs, Irrtum über die Vergleichsgrundlage

(1) Ein Vertrag, durch den der Streit oder die Ungewissheit der Parteien über ein Rechtsverhältnis im Wege gegenseitigen Nachgebens beseitigt wird (Vergleich), ist unwirksam, wenn der nach dem Inhalt des Vertrags als feststehend zugrunde gelegte Sachverhalt der Wirklichkeit nicht entspricht und der Streit oder die Ungewissheit bei Kenntnis der Sachlage nicht entstanden sein würde.

(2) Der Ungewissheit über ein Rechtsverhältnis steht es gleich, wenn die Verwirklichung eines Anspruchs unsicher ist.

Titel 22 Schuldversprechen, Schuldanerkenntnis

§ 780 Schuldversprechen

Zur Gültigkeit eines Vertrags, durch den eine Leistung in der Weise versprochen wird, dass das Versprechen die Verpflichtung selbständig begründen soll (Schuldversprechen), ist, soweit nicht eine andere Form vorgeschrieben ist, schriftliche Erteilung des Versprechens erforderlich. Die Erteilung des Versprechens in elektronischer Form ist ausgeschlossen.

§ 781 Schuldanerkenntnis

Zur Gültigkeit eines Vertrags, durch den das Bestehen eines Schuldverhältnisses anerkannt wird (Schuldanerkenntnis), ist schriftliche Erteilung der Anerkennungserklärung erforderlich. Die Erteilung der Anerkennungserklärung in elektronischer Form ist ausgeschlossen. Ist für die Begründung des Schuldverhältnisses, dessen Bestehen anerkannt wird, eine andere Form vorgeschrieben, so bedarf der Anerkennungsvertrag dieser Form.

§ 782 Formfreiheit bei Vergleich

Wird ein Schuldversprechen oder ein Schuldanerkenntnis auf Grund einer Abrechnung oder im Wege des Vergleichs erteilt, so ist die Beobachtung der in den §§ 780, 781 vorgeschriebenen schriftlichen Form nicht erforderlich.

Titel 23 Anweisun

§ 783 Rechte aus der Anweisung

Händigt jemand eine Urkunde, in der er einen anderen anweist, Geld, Wertpapiere oder andere vertretbare Sachen an einen Dritten zu leisten, dem Dritten aus, so ist dieser ermächtigt, die Leistung bei dem Angewiesenen im eigenen Namen zu erheben; der Angewiesene ist ermächtigt, für Rechnung des Anweisenden an den Anweisungsempfänger zu leisten.

제21절 화해

제779조 화해의 개념, 화해의 기초에 관한 착오

① 당사자 간의 법률관계에 관한 분쟁(分爭) 또는 불확실성(不確實性)을 상호간의 양보를 통해 제거하기로 하는 계약('화해'; Vergleich)은, 그 계약의 내용에 의할 때 확정된 것으로 그 (계약의) 기초가 된 사실관계가 진실에 부합하지 아니하고(der nach dem Inhalt des Vertrags als feststehend zugrunde gelegte Sachverhalt der Wirklichkeit nicht entspricht) 이러한 사정을 안다면 그 분쟁 또는 불확실성이 발생하지 않았을 경우에는 무효이다.

② 어느 청구권 실현이 불확실한 경우 그것은 어느 법률관계에 대한 불확실성(Der Ungewissheit über ein Rechtsverhältnis)과 동일시된다.

제22절 채무약정, 채무승인

제780조 채무약정

다른 방식이 규정되지 않은 한, 어느 급부(給付)가 그 약정에 의해 채무가 독립적(獨立的)으로 성립되어야 하는 방식으로 약정하는 계약('채무약정'; Schuldversprechen)이 유효하기 위해서는 서면에 의한 약정체결(schriftliche Erteilung des Versprechens)이 요구된다. 전자적 방식에 의한 약정의 체결(Die Erteilung des Versprechens in elektronischer Form)은 배제(排除)된다.

제781조 채무승인

채권관계의 성립을 인정하는 계약('채무승인'; Schuldanerkenntnis)이 유효하기 위해서는 서면에 의한 서면에 의한 승인의사표시를 하는 것이 요구된다. 전자적 방식에 의해 승인의사표시를 하는 것(Die Erteilung der Anerkennungserklärung in elektronischer Form)은 배제된다. 그 성립이 인정되는 채권관계의 성립에 대하여(für die Begründung des Schuldverhältnisses) 다른 방식이 규정된 경우에 이러한 방식의 승인계약이 필요하다(bedarf der Anerkennungsvertrag dieser Form).

제782조 화해의 무형식성(無形式成)

채무약정 또는 채무승인이 정산(精算)에 기하여 또는 화해방식으로 행해지는 경우에 제780조, 제781조에서 규정된 서면방식이 준수(die Beobachtung der in den §§ 780, 781 vorgeschriebenen schriftlichen Form)가 요구되지 아니한다.

제23절 지시

제783조 지시(指示)에 기한 권리

어느 자(者)가 금전, 유가증권 또는 그 밖의 대체물을 제3자에게 급부를 이행할 것을 다른 사람에게 지시하는 증서를 제3자에게 교부하는 경우에 그 제3자는 자신의 이름으로 피지시인(被指示人)에게서(bei dem Angewiesenen) 그 급부를 수령할 자격을 갖는다; 피지시인(被指示人)는, 지시인(指示人; Anweisenden)의 계산(計算)으로 지시수취인(指示受取人)에게 급부를 이행할 권리가 있다.

§ 784 Annahme der Anweisung

(1) Nimmt der Angewiesene die Anweisung an, so ist er dem Anweisungsempfänger gegenüber zur Leistung verpflichtet; er kann ihm nur solche Einwendungen entgegensetzen, welche die Gültigkeit der Annahme betreffen oder sich aus dem Inhalt der Anweisung oder dem Inhalt der Annahme ergeben oder dem Angewiesenen unmittelbar gegen den Anweisungsempfänger zustehen.

(2) Die Annahme erfolgt durch einen schriftlichen Vermerk auf der Anweisung. Ist der Vermerk auf die Anweisung vor der Aushändigung an den Anweisungsempfänger gesetzt worden, so wird die Annahme diesem gegenüber erst mit der Aushändigung wirksam.

§ 785 Aushändigung der Anweisung

Der Angewiesene ist nur gegen Aushändigung der Anweisung zur Leistung verpflichtet.

§ 786 (weggefallen)

§ 787 Anweisung auf Schuld

(1) Im Falle einer Anweisung auf Schuld wird der Angewiesene durch die Leistung in deren Höhe von der Schuld befreit.

(2) Zur Annahme der Anweisung oder zur Leistung an den Anweisungsempfänger ist der Angewiesene dem Anweisenden gegenüber nicht schon deshalb verpflichtet, weil er Schuldner des Anweisenden ist.

§ 788 Valutaverhältnis

Erteilt der Anweisende die Anweisung zu dem Zwecke, um seinerseits eine Leistung an den Anweisungsempfänger zu bewirken, so wird die Leistung, auch wenn der Angewiesene die Anweisung annimmt, erst mit der Leistung des Angewiesenen an den Anweisungsempfänger bewirkt.

§ 789 Anzeigepflicht des Anweisungsempfängers

Verweigert der Angewiesene vor dem Eintritt der Leistungszeit die Annahme der Anweisung oder verweigert er die Leistung, so hat der Anweisungsempfänger dem Anweisenden unverzüglich Anzeige zu machen. Das Gleiche gilt, wenn der Anweisungsempfänger die Anweisung nicht geltend machen kann oder will.

§ 790 Widerruf der Anweisung

Der Anweisende kann die Anweisung dem Angewiesenen gegenüber widerrufen, solange nicht der Angewiesene sie dem Anweisungsempfänger gegenüber angenommen oder die Leistung bewirkt hat. Dies gilt auch dann, wenn der Anweisende durch den Widerruf einer ihm gegen den

제784조 지시의 수령

① 피지시인(被指示人)이 지시를 받은 경우 그는 지시수취인(dem Anweisungsempfänger gegenüber)에 대하여 급부를 이행할 의무를 진다; 피지시인(被指示人)은 지시수취인에게, 그 수령의 유효성에 관련되거나 그 지시의 내용 또는 그 수령 내용에서 발생한(sich aus dem Inhalt der Anweisung oder dem Inhalt der Annahme ergeben) 항변이나 지시수취인에 대하여 피지시인(被指示人)에게 직접적으로 귀속되는 항변만(nur solche Einwendungen)을 제기할 수 있다.

② 그 수령은 지시에 대해 서면에 의한 표기(表記)에 의해 이뤄진다. 지시수취인에 대한 교부 전에(vor der Aushändigung an den Anweisungsempfänger) 지시에 대한 표기(表記)가 이뤄진 경우에 그 영수는 그 교부로써 비로소(erst mit der Aushändigung) 지시수취인에게 효력을 갖게 된다.

제785조 지시증서의 교부

피지시인은 지시증서(指示證書)의 교부와 상환(相換)에 의해서만 급부를 이행할 의무를 진다.

제786조 삭제

제787조 채무지시증서

① 채무지시증서의 경우에 피지시인(被指示人)은 급부에 의해 그 급부액의 채무에서(in deren Höhe von der Schuld) 면책된다.

② 피지시인(被指示人)은, 자신이 지시인(指示人)의 채무자라는 이유만으로 지시인(指示人)에게 지시를 수령할 의무 또는 지시수취인에 대해 급부를 이행할 의무(Zur Annahme der Anweisung oder zur Leistung an den Anweisungsempfänger)를 지지 아니한다.

제788조 대가관계(Valutaverhältnis)

지시인(指示人)이 자기로서는 지시수취인에게 급부를 실현할(zu dem Zwecke, um seinerseits eine Leistung an den Anweisungsempfänger zu bewirken) 목적으로 지시를 한 경우에 그 급부는, 피지시인(被指示人)이 지시를 수령할지라도, 지시수취인에게 피지시인이 급부를 이행함으로써 비로소(erst mit der Leistung des Angewiesenen) 이행된다.

제789조 지시수취인의 통지의무

피지시인(被指示人)이 이행기 도래 전에 지시의 수령을 거절하거나 급부 이행을 거절하는 경우에 지시수취인은 지시인(指示人)에게 지체 없이(der Anweisungsempfänger dem Anweisenden unverzüglich) 통지를 해야 한다. 지시수취인이 지시를 행사할 수 없거나 행사하려고 하지 않은 때에도 또한 같다.

제790조 지시의 철회

지시인(指示人)이 지시수취인에 대하여(dem Anweisungsempfänger gegenüber) 지시를 수령하지 않거나 급부를 이행하지 않은 동안에 그 지시인(指示人)은 피지시인에게(dem Angewiesenen gegenüber) 지시를 철회할 수 있다. 지시인(指示人)이 그 철회에 의하여 지시수취인에 대하여 부담

Anweisungsempfänger obliegenden Verpflichtung zuwiderhandelt.

§ 791 Tod oder Geschäftsunfähigkeit eines Beteiligten

Die Anweisung erlischt nicht durch den Tod oder den Eintritt der Geschäftsunfähigkeit eines der Beteiligten.

§ 792 Übertragung der Anweisung

(1) Der Anweisungsempfänger kann die Anweisung durch Vertrag mit einem Dritten auf diesen übertragen, auch wenn sie noch nicht angenommen worden ist. Die Übertragungserklärung bedarf der schriftlichen Form. Zur Übertragung ist die Aushändigung der Anweisung an den Dritten erforderlich.

(2) Der Anweisende kann die Übertragung ausschließen. Die Ausschließung ist dem Angewiesenen gegenüber nur wirksam, wenn sie aus der Anweisung zu entnehmen ist oder wenn sie von dem Anweisenden dem Angewiesenen mitgeteilt wird, bevor dieser die Anweisung annimmt oder die Leistung bewirkt.

(3) Nimmt der Angewiesene die Anweisung dem Erwerber gegenüber an, so kann er aus einem zwischen ihm und dem Anweisungsempfänger bestehenden Rechtsverhältnis Einwendungen nicht herleiten. Im Übrigen finden auf die Übertragung der Anweisung die für die Abtretung einer Forderung geltenden Vorschriften entsprechende Anwendung.

Titel 24 Schuldverschreibung auf den Inhaber

§ 793 Rechte aus der Schuldverschreibung auf den Inhaber

(1) Hat jemand eine Urkunde ausgestellt, in der er dem Inhaber der Urkunde eine Leistung verspricht (Schuldverschreibung auf den Inhaber), so kann der Inhaber von ihm die Leistung nach Maßgabe des Versprechens verlangen, es sei denn, dass er zur Verfügung über die Urkunde nicht berechtigt ist. Der Aussteller wird jedoch auch durch die Leistung an einen nicht zur Verfügung berechtigten Inhaber befreit.

(2) Die Gültigkeit der Unterzeichnung kann durch eine in die Urkunde aufgenommene Bestimmung von der Beobachtung einer besonderen Form abhängig gemacht werden. Zur Unterzeichnung genügt eine im Wege der mechanischen Vervielfältigung hergestellte Namensunterschrift.

§ 794 Haftung des Ausstellers

(1) Der Aussteller wird aus einer Schuldverschreibung auf den Inhaber auch dann verpflichtet, wenn sie ihm gestohlen worden oder verloren gegangen oder wenn sie sonst ohne seinen Willen in den Verkehr gelangt ist.

하는 자신의 의무에 위반하는 때에도 또한 같다.

제791조 당사자의 사망 또는 행위무능력

지시는 당사자들 중 어느 당사자의 사망 또는 무능력의 발생으로(durch den Tod oder den Eintritt der Geschäftsunfähigkeit eines der Beteiligten) 소멸하지 아니한다.

제792조 지시의 이전

① 지시수취인은, 그 지시를 아직 수령하지 않았더라도 제3자와의 계약에 의하여(durch Vertrag mit einem Dritten) 지시를 그 제3자에게 이전할 수 있다. 그 이전의 의사표시는 서면의 방식을 필요로 한다. 그 이전을 위하여 제3자에 대한 지시증서의 교부(die Aushändigung der Anweisung an den Dritten)가 요구된다.

② 지시인(指示人)은 그 이전을 배제할 수 있다. 그 지시에 기하여 배제가 추단되거나, 피지시인(被指示人)이 그 지시를 수령하거나 급부를 이행하기 전에(bevor dieser die Anweisung annimmt oder die Leistung bewirkt) 그 지시가 지시인(指示人)에 의해 그 피지신인에게 통지되는 때에 한하여 그 배제가 피지시인에 대하여 유효하다.

③ 피지시인이 지시수취인에 대하여 그 지시를 수령하는 경우에 피지시인은 자신과 지시수취인 간에 존재하는 법률관계에서(aus einem zwischen ihm und dem Anweisungsempfänger bestehenden Rechtsverhältnis) 항변을 도출할 수 없다. 그 밖의 경우에 채권의 양도에 대하여 적용하는 규정(die für die Abtretung einer Forderung geltenden Vorschriften)을 지시에 준용한다.

제24절 무기명채권증서

제793조 무기명채권증서에 기한 권리

① 어느 자가 자신이 그 증서의 소지인에게 급부를 약정한 증서('무기명채권증서'; Schuldverschreibung auf den Inhaber)를 발행한 경우에 소지인은 그에게 약정의 기준에 따른 급부를 청구할 수 있으되, 그 소지인이 증서에 관해 처분할 권리를 가지지 않은 경우(es sei denn, dass er zur Verfügung über die Urkunde nicht berechtigt ist)에는 그러하지 아니하다. 그럼에도 발행인은 그 처분할 권리를 가지지 않은 소지인에 대한 급부(die Leistung an einen nicht zur Verfügung berechtigten Inhaber)에 의해서도 면책된다.

② 서명의 유효성은 증서에 포함된 규정으로, 특별한 방식의 준수에 관한 규정에 의해(durch eine in die Urkunde aufgenommene Bestimmung von der Beobachtung einer besonderen Form) 좌우될 수 있다. 기계적 재현 방식으로(im Wege der mechanischen Vervielfältigung) 만들어진 기명(記名; Namensunterschrift)이 그 서명으로 충분하다.

제794조 발행인의 책임

① 발행인은, 그 증서가 도난당하거나 분실되거나 그 밖에 자신의 의사에 기하지 아니하고 유통될지라도 무기명채권증서에 기하여 의무를 부담한다.

(2) Auf die Wirksamkeit einer Schuldverschreibung auf den Inhaber ist es ohne Einfluss, wenn die Urkunde ausgegeben wird, nachdem der Aussteller gestorben oder geschäftsunfähig geworden ist.

§ 795 (weggefallen)

§ 796 Einwendungen des Ausstellers

Der Aussteller kann dem Inhaber der Schuldverschreibung nur solche Einwendungen entgegensetzen, welche die Gültigkeit der Ausstellung betreffen oder sich aus der Urkunde ergeben oder dem Aussteller unmittelbar gegen den Inhaber zustehen.

§ 797 Leistungspflicht nur gegen Aushändigung

Der Aussteller ist nur gegen Aushändigung der Schuldverschreibung zur Leistung verpflichtet. Mit der Aushändigung erwirbt er das Eigentum an der Urkunde, auch wenn der Inhaber zur Verfügung über sie nicht berechtigt ist.

§ 798 Ersatzurkunde

Ist eine Schuldverschreibung auf den Inhaber infolge einer Beschädigung oder einer Verunstaltung zum Umlauf nicht mehr geeignet, so kann der Inhaber, sofern ihr wesentlicher Inhalt und ihre Unterscheidungsmerkmale noch mit Sicherheit erkennbar sind, von dem Aussteller die Erteilung einer neuen Schuldverschreibung auf den Inhaber gegen Aushändigung der beschädigten oder verunstalteten verlangen. Die Kosten hat er zu tragen und vorzuschießen.

§ 799 Kraftloserklärung

(1) Eine abhanden gekommene oder vernichtete Schuldverschreibung auf den Inhaber kann, wenn nicht in der Urkunde das Gegenteil bestimmt ist, im Wege des Aufgebotsverfahrens für kraftlos erklärt werden. Ausgenommen sind Zins-, Renten- und Gewinnanteilscheine sowie die auf Sicht zahlbaren unverzinslichen Schuldverschreibungen.

(2) Der Aussteller ist verpflichtet, dem bisherigen Inhaber auf Verlangen die zur Erwirkung des Aufgebots oder der Zahlungssperre erforderliche Auskunft zu erteilen und die erforderlichen Zeugnisse auszustellen. Die Kosten der Zeugnisse hat der bisherige Inhaber zu tragen und vorzuschießen.

§ 800 Wirkung der Kraftloserklärung

Ist eine Schuldverschreibung auf den Inhaber für kraftlos erklärt, so kann derjenige, welcher den Ausschließungsbeschluss erwirkt hat, von dem Aussteller, unbeschadet der Befugnis, den Anspruch aus der Urkunde geltend zu machen, die Erteilung einer neuen Schuldverschreibung auf den Inhaber anstelle der für kraftlos erklärten verlangen. Die Kosten hat er zu tragen und

② 그 발행인이 사망하거나 무능력자가 된 후에 그 증서가 발행된 경우에도 그것은 무기명채권증서의 유효성에 대하여(Auf die Wirksamkeit einer Schuldverschreibung auf den Inhaber) 영향을 미치지 아니한다(ist es ohne Einfluss).

第795조 삭제

第796조 발행인의 항변

발행인은 그 증서의 소지인에게 발행의 유효성에 관련되거나(die Gültigkeit der Ausstellung betreffen) 그 증서에서 생긴 항변이나, 그 소지인에 대하여 직접적으로 발행인에게 귀속되는(dem Aussteller unmittelbar gegen den Inhaber zustehen) 항변(抗辯)만을 제기(提起)할 수 있다.

第797조 증서의 상환에 의해서만 인정되는 급부의무

발행인은 채권증서의 교부와 상환(相換)에 의해서만(nur gegen Aushändigung der Schuldverschreibung) 급부를 이행할 의무를 진다. 소지인이 그 증서에 관해 처분할 권리를 가지지 않을지라도 발행인은 그 교부로써 증서에 대한 소유권을 취득한다.

第798조 대체증서

무기명채권증서가 훼손 또는 손상으로 인하여 더 이상 유통에 적합하지 아니한 때에는 그 소지인은, 그 증서의 중요한 내용 및 식별표지를 여전히 확실하게 알아볼 수 있는 한(sofern ihr wesentlicher Inhalt und ihre Unterscheidungsmerkmale noch mit Sicherheit erkennbar sind), 발행인에게 훼손되거나 손상된 증서와 상환(相換)으로(gegen Aushändigung der beschädigten oder verunstalteten) 새로운 무기명증서의 발행을 청구할 수 있다. 그 비용은 소지인이 부담해야 하고 선납해야 한다.

第799조 실권선언(失權宣言)

① 분실되거나 완전히 훼손된 무기명채권증서(Eine abhanden gekommene oder vernichtete Schuldverschreibung auf den Inhaber)는 그 증서에 다른 정함이 없는 한, 공시최고절차의 방식으로 실효된 것으로 선언될 수 있다. 이자증서, 연금증서, 배당증서와 무이자부(無利子附) 일람출급채권증서(一覽出給債券證書)은 예외로 한다.

② 발행인은 종전의 소지인에게 그 청구에 따라 공시최고 또는 지급정지(支給停止)를 얻어내는 데에 필요한 정보(die zur Erwirkung des Aufgebots oder der Zahlungssperre erforderliche Auskunft)를 알려줄 의무가 있고 필요한 증서를 발행할 의무가 있다. 그 증서의 비용은 종전 소지인이 부담해야 하고 선납(先納)해야 한다.

第800조 실권선언(失權宣言)의 효력

무기명채권증서에 대해 실효된 것으로 선언된 경우에 그 제권결정을 얻어낸자는, 증서에 기하여 청구권을 행사할 수 있는 권리에도 불구하고, 실효로 선언된 증서에 갈음하여 새로운 무기명채권증서의 발행(die Erteilung einer neuen Schuldverschreibung auf den Inhaber anstelle der für kraftlos erklärten)을 발행인(發行人)에게 청구할 수 있다. 그 비용(費用)은 그 자가 부담해야 하고

vorzuschießen.

§ 801 Erlöschen; Verjährung

(1) Der Anspruch aus einer Schuldverschreibung auf den Inhaber erlischt mit dem Ablauf von 30 Jahren nach dem Eintritt der für die Leistung bestimmten Zeit, wenn nicht die Urkunde vor dem Ablauf der 30 Jahre dem Aussteller zur Einlösung vorgelegt wird. Erfolgt die Vorlegung, so verjährt der Anspruch in zwei Jahren von dem Ende der Vorlegungsfrist an. Der Vorlegung steht die gerichtliche Geltendmachung des Anspruchs aus der Urkunde gleich.
(2) Bei Zins-, Renten- und Gewinnanteilscheinen beträgt die Vorlegungsfrist vier Jahre. Die Frist beginnt mit dem Schluss des Jahres, in welchem die für die Leistung bestimmte Zeit eintritt.
(3) Die Dauer und der Beginn der Vorlegungsfrist können von dem Aussteller in der Urkunde anders bestimmt werden.

§ 802 Zahlungssperre

Der Beginn und der Lauf der Vorlegungsfrist sowie der Verjährung werden durch die Zahlungssperre zugunsten des Antragstellers gehemmt. Die Hemmung beginnt mit der Stellung des Antrags auf Zahlungssperre; sie endigt mit der Erledigung des Aufgebotsverfahrens und, falls die Zahlungssperre vor der Einleitung des Verfahrens verfügt worden ist, auch dann, wenn seit der Beseitigung des der Einleitung entgegenstehenden Hindernisses sechs Monate verstrichen sind und nicht vorher die Einleitung beantragt worden ist. Auf diese Frist finden die Vorschriften der §§ 206, 210, 211 entsprechende Anwendung.

§ 803 Zinsscheine

(1) Werden für eine Schuldverschreibung auf den Inhaber Zinsscheine ausgegeben, so bleiben die Scheine, sofern sie nicht eine gegenteilige Bestimmung enthalten, in Kraft, auch wenn die Hauptforderung erlischt oder die Verpflichtung zur Verzinsung aufgehoben oder geändert wird.
(2) Werden solche Zinsscheine bei der Einlösung der Hauptschuldverschreibung nicht zurückgegeben, so ist der Aussteller berechtigt, den Betrag zurückzubehalten, den er nach Absatz 1 für die Scheine zu zahlen verpflichtet ist.

§ 804 Verlust von Zins- oder ähnlichen Scheinen

(1) Ist ein Zins-, Renten- oder Gewinnanteilschein abhanden gekommen oder vernichtet und hat der bisherige Inhaber den Verlust dem Aussteller vor dem Ablauf der Vorlegungsfrist angezeigt, so kann der bisherige Inhaber nach dem Ablauf der Frist die Leistung von dem Aussteller verlangen. Der Anspruch ist ausgeschlossen, wenn der abhanden gekommene Schein dem Aussteller zur Einlösung vorgelegt oder der Anspruch aus dem Schein gerichtlich geltend gemacht worden ist, es sei denn, dass die Vorlegung oder die gerichtliche Geltendmachung nach dem

선납해야 한다.

제801조 소멸; 소멸시효

① 무기명채권증서에 기한 청구권은, 그 증서가 30년의 경과 전에 발행인에게 지급(支給)을 위해 제시되지 않은 경우에는(wenn nicht die Urkunde vor dem Ablauf der 30 Jahre dem Aussteller zur Einlösung vorgelegt wird) 그 급부에 대해 정해진 기간이 발생한 때로부터 30년이 경과함으로써 소멸한다. 그 제시가 이뤄진 경우에 청구권은 제시기간의 경과시로부터 2년의 소멸시효에 걸린다. 그 증서에 기한 재판상 청구권 행사는 제시와 동일시된다.

② 이자증서, 연금증서 및 배당증서(Zins-, Renten- und Gewinnanteilscheinen)의 경우 제시기간이 4년이다. 그 기간은 그 급부에 대해 정해진 기간이 개시되는 해가 경과(經過)함으로써 기산(起算)한다.

③ 제시기간의 기간과 기산(Die Dauer und der Beginn der Vorlegungsfrist)은 발행인에 의해 증서에 달리 정해질 수 있다.

제802 지급정지

제시기간 및 소멸시효의 기산과 진행(Der Beginn und der Lauf der Vorlegungsfrist)은 그 신청인을 위하여 정지된다. 그 정지는 지급정지의 신청의 제기로써 개시된다; 그 정지는 공시최고절차의 종결로써 종료되고, 그 절차의 개시 전에 지급정지가 발령(發令)된 경우에 그 개시를 방해하는 장애가 제거된 때로부터 6개월이 경과하고(wenn seit der Beseitigung des der Einleitung entgegenstehenden Hindernisses sechs Monate verstrichen sind) 그 경과 전에 그 개시가 신청되지 않은(und nicht vorher die Einleitung beantragt worden ist) 때에도 그 정지가 종료된다. 이러한 기간에 대하여는 제206조, 제210조, 제211조를 준용(entsprechende Anwendung)한다.

제803조 이자증서(利子證書)

① 무기명채권증서에 대해 이자증서가 발행된 경우에 그 증서는, 이에 다른 정함이 없는 한, 주채권이 소멸하거나 이자지급의무가 소멸하거나 변경될지라도(auch wenn die Hauptforderung erlischt oder die Verpflichtung zur Verzinsung aufgehoben oder geändert wird) 유효하다.

② 주채무증서에 대한 지급시(bei der Einlösung der Hauptschuldverschreibung) 그러한 이자증서가 반환되지 않은 경우에 발행인은 그가 제1항에 따라 그 이자증서에 대해 지급할 의무가 있는 금액의 지급을 유보할 수 있다.

제804 이자증서 또는 이와 유사한 증서의 분실

① 이자증서, 연금증서 또는 배당증서가 분실되거나 완전히 훼손되고(Ist ein Zins-, Renten- oder Gewinnanteilschein abhanden gekommen oder vernichtet) 종전 소지인가 제시기간 경과하기 이전에 발행인에게 그 분실에 대해 통지를 한 경우에 종전 소지인(der bisherige Inhaber)은 그 기간 경과 후에 발행인에게 그 급부를 청구할 수 있다. 분실된 증서(der abhanden gekommene Schein)가 발행인에게 지급을 위해 제시되거나 그 증서에 기한 청구권이 재판상 행사된 경우에는 그 청구권은 배제되나, 그 제시(提示) 또는 재판상 행사(行使)가 그 기간 경과 후에 이뤄진 경우에는 그러하

Ablauf der Frist erfolgt ist. Der Anspruch verjährt in vier Jahren.
(2) In dem Zins-, Renten- oder Gewinnanteilschein kann der im Absatz 1 bestimmte Anspruch ausgeschlossen werden.

§ 805 Neue Zins- und Rentenscheine
Neue Zins- oder Rentenscheine für eine Schuldverschreibung auf den Inhaber dürfen an den Inhaber der zum Empfang der Scheine ermächtigenden Urkunde (Erneuerungsschein) nicht ausgegeben werden, wenn der Inhaber der Schuldverschreibung der Ausgabe widersprochen hat. Die Scheine sind in diesem Falle dem Inhaber der Schuldverschreibung auszuhändigen, wenn er die Schuldverschreibung vorlegt.

§ 806 Umschreibung auf den Namen
Die Umschreibung einer auf den Inhaber lautenden Schuldverschreibung auf den Namen eines bestimmten Berechtigten kann nur durch den Aussteller erfolgen. Der Aussteller ist zur Umschreibung nicht verpflichtet.

§ 807 Inhaberkarten und -marken
Werden Karten, Marken oder ähnliche Urkunden, in denen ein Gläubiger nicht bezeichnet ist, von dem Aussteller unter Umständen ausgegeben, aus welchen sich ergibt, dass er dem Inhaber zu einer Leistung verpflichtet sein will, so finden die Vorschriften des § 793 Abs. 1 und der §§ 794, 796, 797 entsprechende Anwendung.

§ 808 Namenspapiere mit Inhaberklausel
(1) Wird eine Urkunde, in welcher der Gläubiger benannt ist, mit der Bestimmung ausgegeben, dass die in der Urkunde versprochene Leistung an jeden Inhaber bewirkt werden kann, so wird der Schuldner durch die Leistung an den Inhaber der Urkunde befreit. Der Inhaber ist nicht berechtigt, die Leistung zu verlangen.
(2) Der Schuldner ist nur gegen Aushändigung der Urkunde zur Leistung verpflichtet. Ist die Urkunde abhanden gekommen oder vernichtet, so kann sie, wenn nicht ein anderes bestimmt ist, im Wege des Aufgebotsverfahrens für kraftlos erklärt werden. Die in § 802 für die Verjährung gegebenen Vorschriften finden Anwendung.

Titel 25 Vorlegung von Sachen

§ 809 Besichtigung einer Sache
Wer gegen den Besitzer einer Sache einen Anspruch in Ansehung der Sache hat oder sich Gewissheit verschaffen will, ob ihm ein solcher Anspruch zusteht, kann, wenn die Besichtigung der Sache aus diesem Grunde für ihn von Interesse ist, verlangen, dass der Besitzer ihm die Sache

지 아니하다. 그 청구권은 4년의 소멸시효에 걸린다.

② 제1항상의 청구권(der im Absatz 1 bestimmte Anspruch)은 이자증서, 연금증서 또는 배당증서에서 배제될 수 있다.

제805조 새로운 이자증서 및 연금증서

그 채권증서 소지인이 그 발행에 대해 이의를 제기한 경우에는(wenn der Inhaber der Schuldverschreibung der Ausgabe widersprochen hat) 무기명채권증서에 대한 새로운 이자증서 또는 연금증서는 그 증서를 수령할 자격을 부여하는 증서('갱신증서'; Erneuerungsschein)의 소지인에 대하여 발행되어서는 아니된다. 이러한 경우에 채권증서 소지인이 그 채권증서를 제시한 때에는 그러한 (새로운) 증서는 그 소지인에게 교부되어야 한다.

제806조 기명증서로의 개서(改書)

무기명(無記名)으로 기재된 채권증서의 특정한 권리자 명의로의(auf den Namen eines bestimmten Berechtigten) 개서(改書)는 발행인에 의해서만 이뤄질 수 있다. 그 발행인은 그 개서를 할 의무를 지지 아니한다.

제807조 무기명권(無記名券)과 무기명우표

채권자가 기재되지 않은 티켓, 우표 또는 이와 유사한 증서가, 발행인이 소지인에게 급부를 할 의무를 지려고 한다고 인정되는 제반사정하에 그 발행인에 의해 발행되는 경우에 제793조 제1항, 제794조, 제796조, 제797조의 규정을 준용한다.

제808조 소지인출급조항이 있는 기명증권

① 채권자가 지정된 증서가, 증서에 약정된 급부가 각 소지인에 대해 이행될 수 있다(dass die in der Urkunde versprochene Leistung an jeden Inhaber bewirkt werden kann)는 정함을 두어 발행된 경우에 채무자는 그 증서의 소지인에 대한 급부로써 면책된다. 그 소지인은 급부를 청구할 권리를 가지지 못한다.

② 채무자는 증서의 교부와 상환(相換)으로만 급부를 이행할 의무를 진다. 증서가 분실되거나 완전히 훼손된 경우에(Ist die Urkunde abhanden gekommen oder vernichtet) 그 증서는 달리 정함이 없는 한, 공시최고절차의 방식으로 실권된 것으로 선언될 수 있다. 소멸시효에 대해 제808조로 정한 규정(Die in § 802 für die Verjährung gegebenen Vorschriften)을 적용한다.

제25절 물건의 제출

제809조 물건의 검사

물건의 점유자에 대하여 그 물건에 관한 청구권을 갖는 자나 자신에게 그러한 청구권이 귀속되는지 여부에 대한 확신을 얻으려고 하는 자는, 자신이 물건의 검사에 대해 이러한 이유에서 이해관계를 가지는 때에는(wenn die Besichtigung der Sache aus diesem Grunde für ihn von Interesse ist) 점유자가 자신에게 검사를 위해 그 물건을 제출(提出)하거나 검사(檢査)를 수인할 것을 청구(請求)

zur Besichtigung vorlegt oder die Besichtigung gestattet.

§ 810 Einsicht in Urkunden

Wer ein rechtliches Interesse daran hat, eine in fremdem Besitz befindliche Urkunde einzusehen, kann von dem Besitzer die Gestattung der Einsicht verlangen, wenn die Urkunde in seinem Interesse errichtet oder in der Urkunde ein zwischen ihm und einem anderen bestehendes Rechtsverhältnis beurkundet ist oder wenn die Urkunde Verhandlungen über ein Rechtsgeschäft enthält, die zwischen ihm und einem anderen oder zwischen einem von beiden und einem gemeinschaftlichen Vermittler gepflogen worden sind.

§ 811 Vorlegungsort, Gefahr und Kosten

(1) Die Vorlegung hat in den Fällen der §§ 809, 810 an dem Orte zu erfolgen, an welchem sich die vorzulegende Sache befindet. Jeder Teil kann die Vorlegung an einem anderen Orte verlangen, wenn ein wichtiger Grund vorliegt.

(2) Die Gefahr und die Kosten hat derjenige zu tragen, welcher die Vorlegung verlangt. Der Besitzer kann die Vorlegung verweigern, bis ihm der andere Teil die Kosten vorschießt und wegen der Gefahr Sicherheit leistet.

Titel 26 Ungerechtfertigte Bereicherung

§ 812 Herausgabeanspruch

(1) Wer durch die Leistung eines anderen oder in sonstiger Weise auf dessen Kosten etwas ohne rechtlichen Grund erlangt, ist ihm zur Herausgabe verpflichtet. Diese Verpflichtung besteht auch dann, wenn der rechtliche Grund später wegfällt oder der mit einer Leistung nach dem Inhalt des Rechtsgeschäfts bezweckte Erfolg nicht eintritt.

(2) Als Leistung gilt auch die durch Vertrag erfolgte Anerkennung des Bestehens oder des Nichtbestehens eines Schuldverhältnisses.

§ 813 Erfüllung trotz Einrede

(1) Das zum Zwecke der Erfüllung einer Verbindlichkeit Geleistete kann auch dann zurückgefordert werden, wenn dem Anspruch eine Einrede entgegenstand, durch welche die Geltendmachung des Anspruchs dauernd ausgeschlossen wurde. Die Vorschrift des § 214 Abs. 2 bleibt unberührt.

(2) Wird eine betagte Verbindlichkeit vorzeitig erfüllt, so ist die Rückforderung ausgeschlossen; die Erstattung von Zwischenzinsen kann nicht verlangt werden.

§ 814 Kenntnis der Nichtschuld

Das zum Zwecke der Erfüllung einer Verbindlichkeit Geleistete kann nicht zurückgefordert

할 수 있다.

제810조 증서에 대한 열람

타인이 점유하는 증서를 열람할 법률상 이해관계를 가지는 자(Wer ein rechtliches Interesse daran hat, eine in fremdem Besitz befindliche Urkunde einzusehen)는, 그 증서가 자신의 이익을 위해 발행되거나, 그 증서로 자신과 타인 간의 법률관계가 공증되는 때 또는 그 증서에 법률행위에 관한 교섭으로, 자신과 타인 간 또는 그 양인(兩人) 중 1인과 공동의 중개인 간의 행해진(die zwischen ihm und einem anderen oder zwischen einem von beiden und einem gemeinschaftlichen Vermittler gepflogen worden sind) 교섭이 포함된 때에는 열람의 용인을 그 점유자에게 청구할 수 있다.

제811조 제출의 장소, 위험과 비용

① 제809조, 제810조의 경우에 그 제출은, 제출하는 물건이 있는(an welchem sich die vorzulegende Sache befindet) 장소에서 이뤄진다. 각 당사자는, 중대한 사유가 있는 때에는 다른 장소에서의 제출을 청구할 수 있다.

② 그 위험과 비용은 그 제출을 청구한 자가 부담해야 한다. 점유자는, 상대방이 자신에게 비용을 선납(先納)하고 위험으로 인한 담보를 제공할 때까지(bis ihm der andere Teil die Kosten vorschießt und wegen der Gefahr Sicherheit leistet) 그 제출을 거절할 수 있다.

제26절 부당이득(不當利得)

제812조 반환청구권

① 타인의 급부 또는 그 밖의 방법에 의하여 타인의 손실로 법적 원인 없이 어떤 것을 취득한 자는, 그 타인에게 반환할 의무를 진다. 법적 원인이 나중에 소멸하거나, 법률행위의 내용에 좇은 급부에 의해 달성하고자 한 결과(der mit einer Leistung nach dem Inhalt des Rechtsgeschäfts bezweckte Erfolg)가 발생하지 아니한 경우에도 그 의무는 성립한다.

② 계약으로 이뤄진 채권관계의 존재(存在) 또는 부존재(不存在)(Bestehens oder des Nichtbestehens eines Schuldverhältnisses)의 승인도 급부로 본다.

제813조 항변권에도 불구하고 행한 변제

① 채무의 변제 목적으로 행해진 급부(Das zum Zwecke der Erfüllung einer Verbindlichkeit Geleistete)는, 청구권 행사를 영구적으로 배제하는 항변권(抗辯權)이 그 청구권(請求權)에 반하여 있더라도 반환청구(返還請求)를 할 수 있다. 제214조 제2항의 규정은 영향(影響)을 받지 아니한다.

② 기한이 정해진 채무가 그 기한 전(vorzeitig)에 변제된 경우에 반환청구는 배제된다; 중간이자의 상환(die Erstattung von Zwischenzinsen)은 청구될 수 없다.

제814조 비채(非債)에 대한 알게 됨

급부자가 자신이 급부를 행할 의무가 없었다는 것을 알았거나(wenn der Leistende gewusst hat,

werden, wenn der Leistende gewusst hat, dass er zur Leistung nicht verpflichtet war, oder wenn die Leistung einer sittlichen Pflicht oder einer auf den Anstand zu nehmenden Rücksicht entsprach.

§ 815 Nichteintritt des Erfolgs

Die Rückforderung wegen Nichteintritts des mit einer Leistung bezweckten Erfolgs ist ausgeschlossen, wenn der Eintritt des Erfolgs von Anfang an unmöglich war und der Leistende dies gewusst hat oder wenn der Leistende den Eintritt des Erfolgs wider Treu und Glauben verhindert hat.

§ 816 Verfügung eines Nichtberechtigten

(1) Trifft ein Nichtberechtigter über einen Gegenstand eine Verfügung, die dem Berechtigten gegenüber wirksam ist, so ist er dem Berechtigten zur Herausgabe des durch die Verfügung Erlangten verpflichtet. Erfolgt die Verfügung unentgeltlich, so trifft die gleiche Verpflichtung denjenigen, welcher auf Grund der Verfügung unmittelbar einen rechtlichen Vorteil erlangt.

(2) Wird an einen Nichtberechtigten eine Leistung bewirkt, die dem Berechtigten gegenüber wirksam ist, so ist der Nichtberechtigte dem Berechtigten zur Herausgabe des Geleisteten verpflichtet.

§ 817 Verstoß gegen Gesetz oder gute Sitten

War der Zweck einer Leistung in der Art bestimmt, dass der Empfänger durch die Annahme gegen ein gesetzliches Verbot oder gegen die guten Sitten verstoßen hat, so ist der Empfänger zur Herausgabe verpflichtet. Die Rückforderung ist ausgeschlossen, wenn dem Leistenden gleichfalls ein solcher Verstoß zur Last fällt, es sei denn, dass die Leistung in der Eingehung einer Verbindlichkeit bestand; das zur Erfüllung einer solchen Verbindlichkeit Geleistete kann nicht zurückgefordert werden.

§ 818 Umfang des Bereicherungsanspruchs

(1) Die Verpflichtung zur Herausgabe erstreckt sich auf die gezogenen Nutzungen sowie auf dasjenige, was der Empfänger auf Grund eines erlangten Rechts oder als Ersatz für die Zerstörung, Beschädigung oder Entziehung des erlangten Gegenstands erwirbt.

(2) Ist die Herausgabe wegen der Beschaffenheit des Erlangten nicht möglich oder ist der Empfänger aus einem anderen Grunde zur Herausgabe außerstande, so hat er den Wert zu ersetzen.

(3) Die Verpflichtung zur Herausgabe oder zum Ersatz des Wertes ist ausgeschlossen, soweit der Empfänger nicht mehr bereichert ist.

(4) Von dem Eintritt der Rechtshängigkeit an haftet der Empfänger nach den allgemeinen

dass er zur Leistung nicht verpflichtet war), 급부가 양속상의 의무나 고려되어야 하는 도덕(einer auf den Anstand zu nehmenden Rücksicht)에 부합하는 경우에는 채무의 변제 목적으로 행해진 급부는 반환청구를 할 수 없다.

第815条 결과의 불발생

결과발생이 처음부터 불가능했는데 급부자가 이를 알았거나, 급부자가 신의성실(信義誠實)에 반하여 결과 발생을 방해한 경우에는, 급부(給付)로 달성(達成)하고자 한 결과가 생기지 않음으로 인한 반환청구권(Die Rückforderung wegen Nichteintritts des mit einer Leistung bezweckten Erfolgs)은 배제된다.

第816条 무권리자의 처분

① 무권리자가 어느 목적물에 대하여 권리자에게 유효한 처분을 한 경우에 무권리자는 권리자에게 그 처분으로 취득한 것을 반환할(zur Herausgabe des durch die Verfügung Erlangten) 의무를 진다. 그 처분이 무상으로 행해진 경우에 그 처분에 기하여 직접적으로 법적 이익을 얻는 자는 동일한 의무를 부담한다(so trifft die gleiche Verpflichtung denjenigen).

② 무권리자에게 이행된 급부가 권리자에 대하여 유효하게 된 경우(Wird an einen Nichtberechtigten eine Leistung bewirkt, die dem Berechtigten gegenüber wirksam ist)에 무권리자는 권리자에게 행해진 급부를 반환할 의무를 진다.

第817条 법률 또는 양속의 위반

급부의 목적이, 수령자가 그 수령에 의하여 법률상 금지 또는 양속을 위반하는(dass der Empfänger durch die Annahme gegen ein gesetzliches Verbot oder gegen die guten Sitten verstoßen hat) 방식으로 정해진 경우에는 그 수령자는 반환할 의무를 진다. 급부자가 마찬가지로 그러한 위반을 하게 된 경우(wenn dem Leistenden gleichfalls ein solcher Verstoß zur Last fällt)에는 반환청구는 배제되나, 급부가 채무의 부담인 경우에는 그러하지 아니하다; 그러한 채무의 변제를 위하여 행해진 급부는 반환청구를 할 수 없다.

第818条 부당이득반환청구권의 범위

① 반환의무는 수취한 수익(die gezogenen Nutzungen)과, 수령인이 취득한 권리에 기하여 취득한 것 또는 수령인이 취득한 목적물의 멸실(滅失), 훼손(毁損) 또는 침탈(侵奪)에 대한 배상으로 얻는(als Ersatz für die Zerstörung, Beschädigung oder Entziehung des erlangten Gegenstands erwirbt) 것에 미친다.

② 취득한 것의 성질로 인해(wegen der Beschaffenheit des Erlangten) 반환이 불가능하거나 수령자가 그 밖의 사유로 인하여 반환할 수 없는 경우에 수령자는 그 가액(價額; Wert)을 배상해야 한다.

③ 그 반환의무 또는 가액배상의무는 수령자가 더 이상 이득하지 아니한 범위 내에서(soweit der Empfänger nicht mehr bereichert ist) 배제된다.

④ 소송계속이 발생한 때부터(Von dem Eintritt der Rechtshängigkeit) 수령자는 일반 규정에 좇아

Vorschriften.

§ 819 Verschärfte Haftung bei Kenntnis und bei Gesetzes- oder Sittenverstoß

(1) Kennt der Empfänger den Mangel des rechtlichen Grundes bei dem Empfang oder erfährt er ihn später, so ist er von dem Empfang oder der Erlangung der Kenntnis an zur Herausgabe verpflichtet, wie wenn der Anspruch auf Herausgabe zu dieser Zeit rechtshängig geworden wäre.

(2) Verstößt der Empfänger durch die Annahme der Leistung gegen ein gesetzliches Verbot oder gegen die guten Sitten, so ist er von dem Empfang der Leistung an in der gleichen Weise verpflichtet.

§ 820 Verschärfte Haftung bei ungewissem Erfolgseintritt

(1) War mit der Leistung ein Erfolg bezweckt, dessen Eintritt nach dem Inhalt des Rechtsgeschäfts als ungewiss angesehen wurde, so ist der Empfänger, falls der Erfolg nicht eintritt, zur Herausgabe so verpflichtet, wie wenn der Anspruch auf Herausgabe zur Zeit des Empfangs rechtshängig geworden wäre. Das Gleiche gilt, wenn die Leistung aus einem Rechtsgrund, dessen Wegfall nach dem Inhalt des Rechtsgeschäfts als möglich angesehen wurde, erfolgt ist und der Rechtsgrund wegfällt.

(2) Zinsen hat der Empfänger erst von dem Zeitpunkt an zu entrichten, in welchem er erfährt, dass der Erfolg nicht eingetreten oder dass der Rechtsgrund weggefallen ist; zur Herausgabe von Nutzungen ist er insoweit nicht verpflichtet, als er zu dieser Zeit nicht mehr bereichert ist.

§ 821 Einrede der Bereicherung

Wer ohne rechtlichen Grund eine Verbindlichkeit eingeht, kann die Erfüllung auch dann verweigern, wenn der Anspruch auf Befreiung von der Verbindlichkeit verjährt ist.

§ 822 Herausgabepflicht Dritter

Wendet der Empfänger das Erlangte unentgeltlich einem Dritten zu, so ist, soweit infolgedessen die Verpflichtung des Empfängers zur Herausgabe der Bereicherung ausgeschlossen ist, der Dritte zur Herausgabe verpflichtet, wie wenn er die Zuwendung von dem Gläubiger ohne rechtlichen Grund erhalten hätte.

Titel 27 Unerlaubte Handlungen

§ 823 Schadensersatzpflicht

(1) Wer vorsätzlich oder fahrlässig das Leben, den Körper, die Gesundheit, die Freiheit, das Eigentum oder ein sonstiges Recht eines anderen widerrechtlich verletzt, ist dem anderen zum Ersatz des daraus entstehenden Schadens verpflichtet.

책임을 진다.

제819조 안 경우와 법률위반 또는 양속위반시의 책임 가중

① 수령자가 법적 원인의 흠결을 그 수령시에 알았거나(Kennt der Empfänger den Mangel des rechtlichen Grundes bei dem Empfang) 이를 나중에 알게 된 경우에 그 수령시부터 또는 그처럼 알게 된 때부터 반환청구권에 대해 이러한 때부터 소송계속이 생긴 것처럼 수령자는 반환할 의무를 진다.

② 수령자가 그 급부의 수령에 의하여 법률상 금지 또는 양속에 위반하게 된 경우에는 수령자는 그 급부 수령시부터 위와 동일하게 책임을 진다.

제820조 결과 발생이 불확실한 경우의 책임의 가중

① 그 발생이 법률행위의 내용에 의할 때 불확실한 것으로 보이는 어느 결과를, 급부로 달성하려고 한 경우에 수령자는 그 결과가 발생하지 않는 때에는, 반환청구권에 대해 그 수령시부터 소송계속이 발생한 것처럼(wie wenn der Anspruch auf Herausgabe zur Zeit des Empfangs rechtshängig geworden wäre) 반환할 의무를 진다. 법률행위의 내용에 의할 때 그 소멸이 가능한 것으로 보이는(dessen Wegfall nach dem Inhalt des Rechtsgeschäfts als möglich angesehen wurde) 법적 원인에 기하여 그 급부가 행해지고 그후에 법적 원인이 소멸하는 경우에도 또한 같다.

② 수령자는 그 결과의 불발생 또는 법적 원인의 소멸(dass der Erfolg nicht eingetreten oder dass der Rechtsgrund weggefallen ist)을 알게 된 때부터 비로소 이자를 지급해야 한다; 수령인이 그 당시에 더 이상 이득(利得)을 하지 않은 범위 내에서 수익(受益)을 반환할 의무를 지지 아니한다.

제821조 부당이득의 항변

법적 원인 없이 채무를 부담한 자는, 채무에 대한 면제청구권이 시효로 소멸한 경우(wenn der Anspruch auf Befreiung von der Verbindlichkeit verjährt ist)에도 그 이행을 거절할 수 있다.

제822조 반환의무가 있는 제3자

수령인이 수령한 것을 무상으로(das Erlangte unentgeltlich) 제3자에게 출연한 경우에 있어 이로 인하여 부당이득반환의무가 배제되는 범위 내에서 제3자는, 자신이 법률상 원인 없이 채권자에게서 그 출연을 얻은 것처럼(wie wenn er die Zuwendung von dem Gläubiger ohne rechtlichen Grund erhalten hätte) 반환의무를 진다.

제27절 불법행위(不法行爲)

제823조 손해배상의무

① 고의 또는 과실로 타인의 생명, 신체, 건강, 자유, 소유권 또는 그 밖의 권리를 위법하게 침해한 자는 그 타인에게 이로 인하여 발생한 손해를 배상할(zum Ersatz des daraus entstehenden Schadens) 의무를 진다.

(2) Die gleiche Verpflichtung trifft denjenigen, welcher gegen ein den Schutz eines anderen bezweckendes Gesetz verstößt. Ist nach dem Inhalt des Gesetzes ein Verstoß gegen dieses auch ohne Verschulden möglich, so tritt die Ersatzpflicht nur im Falle des Verschuldens ein.

§ 824 Kreditgefährdung

(1) Wer der Wahrheit zuwider eine Tatsache behauptet oder verbreitet, die geeignet ist, den Kredit eines anderen zu gefährden oder sonstige Nachteile für dessen Erwerb oder Fortkommen herbeizuführen, hat dem anderen den daraus entstehenden Schaden auch dann zu ersetzen, wenn er die Unwahrheit zwar nicht kennt, aber kennen muss.

(2) Durch eine Mitteilung, deren Unwahrheit dem Mitteilenden unbekannt ist, wird dieser nicht zum Schadensersatz verpflichtet, wenn er oder der Empfänger der Mitteilung an ihr ein berechtigtes Interesse hat.

§ 825 Bestimmung zu sexuellen Handlungen

Wer einen anderen durch Hinterlist, Drohung oder Missbrauch eines Abhängigkeitsverhältnisses zur Vornahme oder Duldung sexueller Handlungen bestimmt, ist ihm zum Ersatz des daraus entstehenden Schadens verpflichtet.

§ 826 Sittenwidrige vorsätzliche Schädigung

Wer in einer gegen die guten Sitten verstoßenden Weise einem anderen vorsätzlich Schaden zufügt, ist dem anderen zum Ersatz des Schadens verpflichtet.

§ 827 Ausschluss und Minderung der Verantwortlichkeit

Wer im Zustand der Bewusstlosigkeit oder in einem die freie Willensbestimmung ausschließenden Zustand krankhafter Störung der Geistestätigkeit einem anderen Schaden zufügt, ist für den Schaden nicht verantwortlich. Hat er sich durch geistige Getränke oder ähnliche Mittel in einen vorübergehenden Zustand dieser Art versetzt, so ist er für einen Schaden, den er in diesem Zustand widerrechtlich verursacht, in gleicher Weise verantwortlich, wie wenn ihm Fahrlässigkeit zur Last fiele; die Verantwortlichkeit tritt nicht ein, wenn er ohne Verschulden in den Zustand geraten ist.

§ 828 Minderjährige

(1) Wer nicht das siebente Lebensjahr vollendet hat, ist für einen Schaden, den er einem anderen zufügt, nicht verantwortlich.

(2) Wer das siebente, aber nicht das zehnte Lebensjahr vollendet hat, ist für den Schaden, den er bei einem Unfall mit einem Kraftfahrzeug, einer Schienenbahn oder einer Schwebebahn einem anderen zufügt, nicht verantwortlich. Dies gilt nicht, wenn er die Verletzung vorsätzlich herbeigeführt hat.

② 타인의 보호를 목적으로 하는 법률(ein den Schutz eines anderen bezweckendes Gesetz)에 위반한 자는 위와 동일한 의무(Die gleiche Verpflichtung)를 진다. 법률의 내용에 따라 과책 없이도 그 법률의 위반이 가능한 경우에는 과책(過責; Verschulden)이 있는 경우에만 배상의무가 발생한다.

제824조 신용위태화

① 타인의 신용을 위태롭게 하거나 타인의 영업 또는 생계에 대한 그 밖의 불이익을 야기한 하는(sonstige Nachteile für dessen Erwerb oder Fortkommen herbeizuführen) 데 적합한 사실을 진실에 반하여 주장하거나 유포한 자는, 허위임을 알지 못했으나 이를 알아야만 했던 경우에는 그 타인에게 이로 인하여 발생한 손해를 배상해야 한다.

② 통지자 또는 통지의 수령인이 그 통지에 대해 정당한 이익을 갖는 경우에는 통지자는 자신이 허위임을 모르고서 한 통지로 인하여 손해배상을 할 의무를 지지 아니한다.

제825조 성행위의 유발

간계(奸計; Hinterlist), 협박(脅迫; Drohung) 또는 종속관계의 남용(濫用)(Missbrauch eines Abhängigkeitsverhältnisses)로 타인이 성행위를 하거나 성행위를 수인하도록 유발(誘發)한 자는 그 타인에게 이로 인하여 발생한 손해를 배상할 의무를 진다.

제826조 양속에 반하는 고의의 가해

양속에 위반하는 방법으로(in einer gegen die guten Sitten verstoßenden Weise) 타인에게 고의로 손해를 끼친 자는 그 손해를 배상할 의무를 진다.

제827조 책임의 배제 및 경감

무의식 상태에서 또는 자유로운 의사결정이 배제된, 정신활동의 병적 장애의 상태에서(im Zustand der Bewusstlosigkeit oder in einem die freie Willensbestimmung ausschließenden Zustand krankhafter Störung der Geistestätigkeit) 타인에게 손해를 끼친 자는 그 손해에 대해 책임을 지지 아니한다. 그가 알콜 음료나 이와 유사한 물질(物質)(durch geistige Getränke oder ähnliche Mittel)에 의해 일시적으로 이러한 상태에 스스로 빠진 경우에는 그는 이러한 상태에서 위법하게 야기한 손해에 대해 과실로 책임을 지는 것과 같은 정도로 책임을 진다; 그가 그 상태에 빠지는 데 과책이 없는 경우에는 책임을 지지 아니한다.

제828조 미성년자

① 만 7세에 달하지 못한 자(Wer nicht das siebente Lebensjahr vollendet hat)는 자신이 타인에게 가한 손해에 대해 책임을 지지 아니한다.

② 만 7세 이상 10세 미만의 자(Wer das siebente, aber nicht das zehnte Lebensjahr vollendet hat)는 자동차, 궤도차, 케이블카에 의한 사고시(bei einem Unfall mit einem Kraftfahrzeug, einer Schienenbahn oder einer Schwebebahn) 타인에게 끼친 손해에 대해 책임을 지지 아니한다. 그가 사고를 고의로 야기한 경우에는 그러하지 아니하다.

(3) Wer das 18. Lebensjahr noch nicht vollendet hat, ist, sofern seine Verantwortlichkeit nicht nach Absatz 1 oder 2 ausgeschlossen ist, für den Schaden, den er einem anderen zufügt, nicht verantwortlich, wenn er bei der Begehung der schädigenden Handlung nicht die zur Erkenntnis der Verantwortlichkeit erforderliche Einsicht hat.

§ 829 Ersatzpflicht aus Billigkeitsgründen

Wer in einem der in den §§ 823 bis 826 bezeichneten Fälle für einen von ihm verursachten Schaden auf Grund der §§ 827, 828 nicht verantwortlich ist, hat gleichwohl, sofern der Ersatz des Schadens nicht von einem aufsichtspflichtigen Dritten erlangt werden kann, den Schaden insoweit zu ersetzen, als die Billigkeit nach den Umständen, insbesondere nach den Verhältnissen der Beteiligten, eine Schadloshaltung erfordert und ihm nicht die Mittel entzogen werden, deren er zum angemessenen Unterhalt sowie zur Erfüllung seiner gesetzlichen Unterhaltspflichten bedarf.

§ 830 Mittäter und Beteiligte

(1) Haben mehrere durch eine gemeinschaftlich begangene unerlaubte Handlung einen Schaden verursacht, so ist jeder für den Schaden verantwortlich. Das Gleiche gilt, wenn sich nicht ermitteln lässt, wer von mehreren Beteiligten den Schaden durch seine Handlung verursacht hat.

(2) Anstifter und Gehilfen stehen Mittätern gleich.

§ 831 Haftung für den Verrichtungsgehilfen

(1) Wer einen anderen zu einer Verrichtung bestellt, ist zum Ersatz des Schadens verpflichtet, den der andere in Ausführung der Verrichtung einem Dritten widerrechtlich zufügt. Die Ersatzpflicht tritt nicht ein, wenn der Geschäftsherr bei der Auswahl der bestellten Person und, sofern er Vorrichtungen oder Gerätschaften zu beschaffen oder die Ausführung der Verrichtung zu leiten hat, bei der Beschaffung oder der Leitung die im Verkehr erforderliche Sorgfalt beobachtet oder wenn der Schaden auch bei Anwendung dieser Sorgfalt entstanden sein würde.

(2) Die gleiche Verantwortlichkeit trifft denjenigen, welcher für den Geschäftsherrn die Besorgung eines der im Absatz 1 Satz 2 bezeichneten Geschäfte durch Vertrag übernimmt.

§ 832 Haftung des Aufsichtspflichtigen

(1) Wer kraft Gesetzes zur Führung der Aufsicht über eine Person verpflichtet ist, die wegen Minderjährigkeit oder wegen ihres geistigen oder körperlichen Zustands der Beaufsichtigung bedarf, ist zum Ersatz des Schadens verpflichtet, den diese Person einem Dritten widerrechtlich zufügt. Die Ersatzpflicht tritt nicht ein, wenn er seiner Aufsichtspflicht genügt oder wenn der Schaden auch bei gehöriger Aufsichtsführung entstanden sein würde.

(2) Die gleiche Verantwortlichkeit trifft denjenigen, welcher die Führung der Aufsicht durch Vertrag übernimmt.

③ 만 18세에 달하지 못한 자(Wer das 18. Lebensjahr noch nicht vollendet hat)가 제1항 내지 제2항에 따라 책임이 배제되지 않는 경우에, 그에게 가해행위를 할 당시에(bei der Begehung der schädigenden Handlung) 책임변식능력(責任辨識能力)(die zur Erkenntnis der Verantwortlichkeit erforderliche Einsicht[41]))이 없는 때에는 그가 타인에게 가한 손해에 대하여 책임을 지지 아니한다.

제829조 형평상 이유에 기한 배상의무

제823조 내지 제826조상의 경우 중 어느 경우에 있어 자신이 초래한 손해에 대하여 제827조, 제828조에 기하여 책임을 지지 아니하는(für einen von ihm verursachten Schaden auf Grund der §§ 827, 828 nicht verantwortlich ist) 자는, 감독의무가 있는 제3자에게서 손해배상을 받을 수 없는 한, 제사정(諸事情), 특히 당사자들의 사정에 의할 때(nach den Verhältnissen der Beteiligten) 형평상 손해배상이 요구되고 적절한 생계유지 및 그 법률상 부양의무의 이행에 필요한 자력이 자신에게서 박탈당하지 않는 범위 내에서 마찬가지로 손해를 배상해야 한다.

제830조 공동행위자와 관련자

① 수인(數人)이 공동으로 자행한 불법행위로 손해를 발생시킨 경우에 그 각인(各人)은 그 손해 전부에 대해 책임을 진다. 수인(數人)의 관련자 (Beteiligte) 중 누구의 행위로 손해가 발생했는지가 밝혀지지 않은 경우에도 또한 같다.

② 교사자와 방조범은 공동행위자와 동일시된다.

제831조 사무보조인의 책임

① 타인을 어느 사무에 종사하게 한 자(Wer einen anderen zu einer Verrichtung bestellt)는, 그 타인이 그 사무의 처리 중에(in Ausführung der Verrichtung) 제3자에게 위법하게 끼친 손해를 배상할 의무를 진다. 사용자가 그 종사자의 선발에 있어 거래계에서 요구되는 주의의무를 다하거나, 사용자가 기기 또는 장비를 공급해야 하거나 사무처리를 지휘해야 하는 경우에 그 공급 또는 지휘에 있어 거래계에서 요구되는 주의의무를 다한 때 또는 이러한 주의의무를 다했을지라도(auch bei Anwendung dieser Sorgfalt) 손해가 발생한 때에는 배상의무는 발생하지 아니한다.

② 사용자를 위해 제1항 제2문상의 업무의 처리(die Besorgung eines der im Absatz 1 Satz 2 bezeichneten Geschäfte)를 계약으로(durch Vertrag) 인수한 자는 동일한 책임(責任; Verantwortlichkeit)을 부담한다.

제832조 감독의무자(Aufsichtspflichtigen)의 책임

① 미성년 또는 정신적 또는 신체적 상태로 인하여 감독을 필요로 하는(die wegen Minderjährigkeit oder wegen ihres geistigen oder körperlichen Zustands der Beaufsichtigung bedarf) 사람에 대한 감독을 수행할 의무를 법률에 기하여 지는 자는, 이러한 사람이 제3자에 위법하게 끼친 손해를 배상을 할 의무를 진다. 그 자가 자신의 감독의무를 충분히 행한 경우 또는 상당한 감독을 했더라도 손해가 발생한 경우에는 배상의무가 발생하지 아니한다.

② 계약으로 감독업무의 수행을 인수한 자도 위와 동일한 책임을 진다

§ 833 Haftung des Tierhalters

Wird durch ein Tier ein Mensch getötet oder der Körper oder die Gesundheit eines Menschen verletzt oder eine Sache beschädigt, so ist derjenige, welcher das Tier hält, verpflichtet, dem Verletzten den daraus entstehenden Schaden zu ersetzen. Die Ersatzpflicht tritt nicht ein, wenn der Schaden durch ein Haustier verursacht wird, das dem Beruf, der Erwerbstätigkeit oder dem Unterhalt des Tierhalters zu dienen bestimmt ist, und entweder der Tierhalter bei der Beaufsichtigung des Tieres die im Verkehr erforderliche Sorgfalt beobachtet oder der Schaden auch bei Anwendung dieser Sorgfalt entstanden sein würde.

§ 834 Haftung des Tieraufsehers

Wer für denjenigen, welcher ein Tier hält, die Führung der Aufsicht über das Tier durch Vertrag übernimmt, ist für den Schaden verantwortlich, den das Tier einem Dritten in der im § 833 bezeichneten Weise zufügt. Die Verantwortlichkeit tritt nicht ein, wenn er bei der Führung der Aufsicht die im Verkehr erforderliche Sorgfalt beobachtet oder wenn der Schaden auch bei Anwendung dieser Sorgfalt entstanden sein würde.

§ 835 (weggefallen)

§ 836 Haftung des Grundstücksbesitzers

(1) Wird durch den Einsturz eines Gebäudes oder eines anderen mit einem Grundstück verbundenen Werkes oder durch die Ablösung von Teilen des Gebäudes oder des Werkes ein Mensch getötet, der Körper oder die Gesundheit eines Menschen verletzt oder eine Sache beschädigt, so ist der Besitzer des Grundstücks, sofern der Einsturz oder die Ablösung die Folge fehlerhafter Errichtung oder mangelhafter Unterhaltung ist, verpflichtet, dem Verletzten den daraus entstehenden Schaden zu ersetzen. Die Ersatzpflicht tritt nicht ein, wenn der Besitzer zum Zwecke der Abwendung der Gefahr die im Verkehr erforderliche Sorgfalt beobachtet hat.

(2) Ein früherer Besitzer des Grundstücks ist für den Schaden verantwortlich, wenn der Einsturz oder die Ablösung innerhalb eines Jahres nach der Beendigung seines Besitzes eintritt, es sei denn, dass er während seines Besitzes die im Verkehr erforderliche Sorgfalt beobachtet hat oder ein späterer Besitzer durch Beobachtung dieser Sorgfalt die Gefahr hätte abwenden können.

(3) Besitzer im Sinne dieser Vorschriften ist der Eigenbesitzer.

§ 837 Haftung des Gebäudebesitzers

Besitzt jemand auf einem fremden Grundstück in Ausübung eines Rechts ein Gebäude oder ein anderes Werk, so trifft ihn anstelle des Besitzers des Grundstücks die im § 836 bestimmte Verantwortlichkeit.

§ 838 Haftung des Gebäudeunterhaltungspflichtigen

제833조 동물보유자의 책임

동물에 의하여, 인간이 사망하거나 인간의 신체 또는 건강이 침해되거나 또는 물건이 훼손된 경우에 그 동물을 보유하는 자(derjenige, welcher das Tier hält)는 피해자에게 이로 인하여 생긴 손해를 배상해야 한다. 가축보유자의 직업, 영리활동 또는 생계에 도움을 주기 위한 가축에 의하여 손해가 발생했는데(wenn der Schaden durch ein Haustier verursacht wird, das dem Beruf, der Erwerbstätigkeit oder dem Unterhalt des Tierhalters zu dienen bestimmt ist, und) 가축보유자가 가축감독에 있어 거래계에서 요구되는 주의의무를 다했거나 이러한 주의의무를 다했을지라도 손해가 발생한 경우에는 배상의무가 발생하지 아니한다.

제834조 동물감독자의 책임

동물을 보유하는 자를 위하여 그 동물에 대한 감독수행을 계약으로 인수한 자(Wer für denjenigen, welcher ein Tier hält, die Führung der Aufsicht über das Tier durch Vertrag übernimmt)는, 동물이 제833조상의 양태(樣態)로 제3자에게 끼친 손해에 대해 책임을 진다. 그 자가 그 감독수행에 있어 거래계에서 요구되는 주의의무를 다했거나 이러한 주의의무(注意義務)를 다했더라도 손해가 발생한 경우에는 그 책임은 발생하지 아니한다.

제835조 삭제

제836조 토지점유자의 책임

① 건물 또는 토지에 정착한 그 밖의 공작물의 붕괴나 그 건물 또는 공작물의 일부의 이탈(離脫)로 인하여(durch den Einsturz eines Gebäudes oder eines anderen mit einem Grundstück verbundenen Werkes oder durch die Ablösung von Teilen des Gebäudes oder des Werkes) 사람이 사망하거나 사람의 신체 또는 건강이 침해되거나 물건이 훼손된 경우에, 하자 있는 공사 또는 하자 있는 관리로 인하여 그러한 붕괴 또는 이탈이 발생한 한, 그 토지의 점유자는 피해자에게 이로 인하여 발생한 손해를 배상할 의무를 진다. 점유자가 그 위험을 방지하기 위하여 거래계에서 요구되는 주의의무를 다한 경우에는 배상책임은 발생하지 아니한다.

② 토지의 전(前) 점유자는, 자신의 점유의 종료 후로부터 1년 이내에 그 붕괴 또는 이탈이 발생한 경우에는 그 손해에 대해 책임을 지되, 자신의 점유 동안에 거래계에서 요구되는 주의의무를 다한 경우 또는 후속점유자(ein späterer Besitzer)가 이러한 주의의무를 다함으로써 그 위험을 방지할 수 있었던 경우에는 그러하지 아니하다.

③ 위와 같은 규정상의 점유자는 자주점유자(der Eigenbesitzer)를 말한다.

제837조 건물점유자의 책임

어느 자가 권리를 행사함에 있어 타인의 토지 위에 건물(建物) 또는 다른 공작물(工作物)을 점유하는 경우에 그 자는 토지의 점유자에 갈음하여(anstelle des Besitzers des Grundstücks) 제836조상의 책임을 진다.

제838조 건물관리의무자(Gebäudeunterhaltungspflichtigen)의 책임

Wer die Unterhaltung eines Gebäudes oder eines mit einem Grundstück verbundenen Werkes für den Besitzer übernimmt oder das Gebäude oder das Werk vermöge eines ihm zustehenden Nutzungsrechts zu unterhalten hat, ist für den durch den Einsturz oder die Ablösung von Teilen verursachten Schaden in gleicher Weise verantwortlich wie der Besitzer.

§ 839 Haftung bei Amtspflichtverletzung

(1) Verletzt ein Beamter vorsätzlich oder fahrlässig die ihm einem Dritten gegenüber obliegende Amtspflicht, so hat er dem Dritten den daraus entstehenden Schaden zu ersetzen. Fällt dem Beamten nur Fahrlässigkeit zur Last, so kann er nur dann in Anspruch genommen werden, wenn der Verletzte nicht auf andere Weise Ersatz zu erlangen vermag.

(2) Verletzt ein Beamter bei dem Urteil in einer Rechtssache seine Amtspflicht, so ist er für den daraus entstehenden Schaden nur dann verantwortlich, wenn die Pflichtverletzung in einer Straftat besteht. Auf eine pflichtwidrige Verweigerung oder Verzögerung der Ausübung des Amts findet diese Vorschrift keine Anwendung.

(3) Die Ersatzpflicht tritt nicht ein, wenn der Verletzte vorsätzlich oder fahrlässig unterlassen hat, den Schaden durch Gebrauch eines Rechtsmittels abzuwenden.

§ 839a Haftung des gerichtlichen Sachverständigen

(1) Erstattet ein vom Gericht ernannter Sachverständiger vorsätzlich oder grob fahrlässig ein unrichtiges Gutachten, so ist er zum Ersatz des Schadens verpflichtet, der einem Verfahrensbeteiligten durch eine gerichtliche Entscheidung entsteht, die auf diesem Gutachten beruht.

(2) § 839 Abs. 3 ist entsprechend anzuwenden.

§ 840 Haftung mehrerer

(1) Sind für den aus einer unerlaubten Handlung entstehenden Schaden mehrere nebeneinander verantwortlich, so haften sie als Gesamtschuldner.

(2) Ist neben demjenigen, welcher nach den §§ 831, 832 zum Ersatz des von einem anderen verursachten Schadens verpflichtet ist, auch der andere für den Schaden verantwortlich, so ist der andere allein, im Falle des § 829 der Aufsichtspflichtige allein verpflichtet.

(3) Ist neben demjenigen, welcher nach den §§ 833 bis 838 zum Ersatz des Schadens verpflichtet ist, ein Dritter für den Schaden verantwortlich, so ist in ihrem Verhältnis zueinander der Dritte allein verpflichtet.

§ 841 Ausgleichung bei Beamtenhaftung

Ist ein Beamter, der vermöge seiner Amtspflicht einen anderen zur Geschäftsführung für einen Dritten zu bestellen oder eine solche Geschäftsführung zu beaufsichtigen oder durch Genehmigung

건물 또는 토지에 정착한 공작물의 관리를 점유자를 위하여 인수하거나 자신에게 귀속된 용익권에 기하여 건물 또는 그 공작물을 관리해야 하는(das Gebäude oder das Werk vermöge eines ihm zustehenden Nutzungsrechts zu unterhalten hat) 자는 그 일부의 붕괴 또는 이탈로 인하여 발생한 손해에 대하여 점유자와 동일하게 책임을 부담한다.

제839조 직무상의무 위반시(bei Amtspflichtverletzung)의 책임

① 공무원이 고의 또는 과실로 제3자에 대하여 자신에게 부과된 직무상의무(die ihm einem Dritten gegenüber obliegende Amtspflicht)를 위반한 경우에 공무원은 제3자에게 이로 인하여 발생한 손해를 배상해야 한다. 공무원이 과실만(nur Fahrlässigkeit)을 범한 경우에 피해자가 별도로(auf andere Weise) 배상을 받을 수 없는 때에 한하여 공무원(公務員)에 대하여 배상이 청구될 수 있다.

② 공무원이 법률상의 쟁송에 대한 판결시(bei dem Urteil in einer Rechtssache) 자신의 의무를 위반한 경우에 그 의무위반이 범죄행위에 해당하는 경우에 한하여 그는 이로 인하여 발생한 손해를 책임진다. 의무에 반하여, 직무수행을 거절하거나 이를 지연하는 것에 대하여 이 규정을 적용하지 아니한다.

③ 피해자가 고의 또는 과실에 기하여 법적 수단의 사용으로(durch Gebrauch eines Rechtsmittels) 손해를 방지하지 않은 경우에는 배상의무는 발생하지 아니한다.

제839조a 법원의 감정인의 책임

① 법원에 의하여 선임(選任)된 감정인이 고의 또는 중과실로 부당한 감정(vorsätzlich oder grob fahrlässig ein unrichtiges Gutachten)을 행한 경우에 그는 이러한 감정에 기하여(die auf diesem Gutachten beruht) 행한 법원 재판으로 소송당사자에게(einem Verfahrensbeteiligten) 발생한 손해를 배상할 의무를 진다.

② 제839조 제3항을 준용한다.

제840조 수인(數人)의 책임

① 불법행위에 기하여 발생한 손해에 대하여 병렬적으로(nebeneinander) 책임을 부담하는 경우에 그들은 연대채무자로서 책임을 진다.

② 제831조, 제832조에 따라 타인에 의하여 발생한 손해의 배상할 의무가 있는 사람과 함께 그 타인도 손해에 대해 책임을 부담하는 경우에 그들 상호 간의 관계에 있어(in ihrem Verhältnis zueinander) 그 타인만이, 제829조의 경우에 감독의무자만이 책임을 진다.

③ 제833조 내지 제838조에 따라 손해를 배상할 의무를 지는 자과 함께 제3자도 손해에 대해 책임을 부담하는(ein Dritter für den Schaden verantwortlich) 경우에 그들 상호 간의 관계에 있어 제3자만이 책임을 부담한다.

제841조 공무원책임에 있어 구상

자신의 직무상의무에 기하여 타인을 제3자를 위한 사무처리에 종사하게 하거나 그러한 사무처리를 감독하거나 법률행위에 대한 승인(承認)을 통해 그 사무처리에 협력하는(durch Genehmigung von

von Rechtsgeschäften bei ihr mitzuwirken hat, wegen Verletzung dieser Pflichten neben dem anderen für den von diesem verursachten Schaden verantwortlich, so ist in ihrem Verhältnis zueinander der andere allein verpflichtet.

§ 842 Umfang der Ersatzpflicht bei Verletzung einer Person

Die Verpflichtung zum Schadensersatz wegen einer gegen die Person gerichteten unerlaubten Handlung erstreckt sich auf die Nachteile, welche die Handlung für den Erwerb oder das Fortkommen des Verletzten herbeiführt.

§ 843 Geldrente oder Kapitalabfindung

(1) Wird infolge einer Verletzung des Körpers oder der Gesundheit die Erwerbsfähigkeit des Verletzten aufgehoben oder gemindert oder tritt eine Vermehrung seiner Bedürfnisse ein, so ist dem Verletzten durch Entrichtung einer Geldrente Schadensersatz zu leisten.

(2) Auf die Rente finden die Vorschriften des § 760 Anwendung. Ob, in welcher Art und für welchen Betrag der Ersatzpflichtige Sicherheit zu leisten hat, bestimmt sich nach den Umständen.

(3) Statt der Rente kann der Verletzte eine Abfindung in Kapital verlangen, wenn ein wichtiger Grund vorliegt.

(4) Der Anspruch wird nicht dadurch ausgeschlossen, dass ein anderer dem Verletzten Unterhalt zu gewähren hat.

§ 844 Ersatzansprüche Dritter bei Tötung

(1) Im Falle der Tötung hat der Ersatzpflichtige die Kosten der Beerdigung demjenigen zu ersetzen, welchem die Verpflichtung obliegt, diese Kosten zu tragen.

(2) Stand der Getötete zur Zeit der Verletzung zu einem Dritten in einem Verhältnis, vermöge dessen er diesem gegenüber kraft Gesetzes unterhaltspflichtig war oder unterhaltspflichtig werden konnte, und ist dem Dritten infolge der Tötung das Recht auf den Unterhalt entzogen, so hat der Ersatzpflichtige dem Dritten durch Entrichtung einer Geldrente insoweit Schadensersatz zu leisten, als der Getötete während der mutmaßlichen Dauer seines Lebens zur Gewährung des Unterhalts verpflichtet gewesen sein würde; die Vorschriften des § 843 Abs. 2 bis 4 finden entsprechende Anwendung. Die Ersatzpflicht tritt auch dann ein, wenn der Dritte zur Zeit der Verletzung gezeugt, aber noch nicht geboren war.

(3) Der Ersatzpflichtige hat dem Hinterbliebenen, der zur Zeit der Verletzung zu dem Getöteten in einem besonderen persönlichen Näheverhältnis stand, für das dem Hinterbliebenen zugefügte seelische Leid eine angemessene Entschädigung in Geld zu leisten. Ein besonderes persönliches Näheverhältnis wird vermutet, wenn der Hinterbliebene der Ehegatte, der Lebenspartner, ein Elternteil oder ein Kind des Getöteten war.

Rechtsgeschäften bei ihr mitzuwirken hat) 공무원이 이러한 의무에 반하여 제3자와 함께 그 제3자가 발생시킨 손해에 대해 책임을 지는 경우에 그들 상호 간의 관계에 있어(in ihrem Verhältnis zueinander) 그 타인만(der andere allein)이 책임(責任)을 진다.

제842조 신체 침해시 배상범위

신체(身體)에 대해 지향된 불법행위로 인하여 인한 손해배상의무는 그 불법행위가 피해자의 영업 또는 생계에 대해 초래한(welche die Handlung für den Erwerb oder das Fortkommen des Verletzten herbeiführt) 불이익에 미친다.

제843조 정기금 또는 일시배상금

① 신체 또는 건강의 침해로 인하여 피해자의 노동능력이 상실되거나 감소하거나 또는 피해자의 필요(必要)가 증가하게 된(tritt eine Vermehrung seiner Bedürfnisse ein) 경우에는 피해자에게 정기금(定期金) 지급에 의하여(durch Entrichtung einer Geldrente) 손해(損害)를 배상(賠償)해야 한다.

② 제760조의 규정을 그러한 정기금에 적용한다. 어느 종류의 담보를 배상의무자의 어떤 금액에 대해 제공해야 할지는 제반사정에 따라 정해진다.

③ 중대한 사유가 있는 경우에는 피해자는 정기금에 갈음하여 일시배상금(eine Abfindung in Kapital)을 청구할 수 있다.

④ 그 청구권은 타인이 피해자를 부양을 행함으로써(dass ein anderer dem Verletzten Unterhalt zu gewähren hat) 배제되지 아니한다.

제844조 사망시의 제3자의 손해배상청구권

① 사망의 경우에 있어 배상의무자는 장례비(die Kosten der Beerdigung)를 부담할 의무가 있는 사람에게 그 비용을 배상해야 한다.

② 그 침해 당시 사망자가 법률에 기하여 제3자에 대하여 부양의무가 있거나 있을 수 있었던(vermöge dessen er diesem gegenüber kraft Gesetzes unterhaltspflichtig war oder unterhaltspflichtig werden konnte) 관계가 사망자와 제3자 간에 있었고 그 사망으로 인하여 부양권이 상실된 경우에는 배상의무자는 그 제3자에게, 사망자가 제3자의 기대여명 동안에 부양이행을 할 의무가 있었던 것처럼(als der Getötete während der mutmaßlichen Dauer seines Lebens zur Gewährung des Unterhalts verpflichtet gewesen sein würde) 그 범위 내에서 손해를 배상해야 한다; 제843조 제2항 내지 제4항의 규정을 준용한다. 제3자가 그 침해 당시에 포태(胞胎)되었으나 아직 출생하지 않은 경우에도 배상의무가 발생한다.

③ 배상의무자는 그 침해 당시에 사망자와 특별한 인적 근친관계(近親關係)에 있었던 유족에게(dem Hinterbliebenen, der zur Zeit der Verletzung zu dem Getöteten in einem besonderen persönlichen Näheverhältnis stand) 그 유족에게 가해진 정신적 고통에 대해(für das dem Hinterbliebenen zugefügte seelische Leid) 상당한 금전배상(金錢賠償)을 해야 한다. 유족이 사망자의 배우자, 동성혼배우자, 부모 또는 자식인 경우에는 특별한 인적 근친관계가 추정된다.

§ 845 Ersatzansprüche wegen entgangener Dienste

Im Falle der Tötung, der Verletzung des Körpers oder der Gesundheit sowie im Falle der Freiheitsentziehung hat der Ersatzpflichtige, wenn der Verletzte kraft Gesetzes einem Dritten zur Leistung von Diensten in dessen Hauswesen oder Gewerbe verpflichtet war, dem Dritten für die entgehenden Dienste durch Entrichtung einer Geldrente Ersatz zu leisten. Die Vorschrift des § 843 Abs. 2 bis 4 findet entsprechende Anwendung.

§ 846 Mitverschulden des Verletzten

Hat in den Fällen der §§ 844, 845 bei der Entstehung des Schadens, den der Dritte erleidet, ein Verschulden des Verletzten mitgewirkt, so finden auf den Anspruch des Dritten die Vorschriften des § 254 Anwendung.

§ 847 (weggefallen)

§ 848 Haftung für Zufall bei Entziehung einer Sache

Wer zur Rückgabe einer Sache verpflichtet ist, die er einem anderen durch eine unerlaubte Handlung entzogen hat, ist auch für den zufälligen Untergang, eine aus einem anderen Grunde eintretende zufällige Unmöglichkeit der Herausgabe oder eine zufällige Verschlechterung der Sache verantwortlich, es sei denn, dass der Untergang, die anderweitige Unmöglichkeit der Herausgabe oder die Verschlechterung auch ohne die Entziehung eingetreten sein würde.

§ 849 Verzinsung der Ersatzsumme

Ist wegen der Entziehung einer Sache der Wert oder wegen der Beschädigung einer Sache die Wertminderung zu ersetzen, so kann der Verletzte Zinsen des zu ersetzenden Betrags von dem Zeitpunkt an verlangen, welcher der Bestimmung des Wertes zugrunde gelegt wird.

§ 850 Ersatz von Verwendungen

Macht der zur Herausgabe einer entzogenen Sache Verpflichtete Verwendungen auf die Sache, so stehen ihm dem Verletzten gegenüber die Rechte zu, die der Besitzer dem Eigentümer gegenüber wegen Verwendungen hat.

§ 851 Ersatzleistung an Nichtberechtigten

Leistet der wegen der Entziehung oder Beschädigung einer beweglichen Sache zum Schadensersatz Verpflichtete den Ersatz an denjenigen, in dessen Besitz sich die Sache zur Zeit der Entziehung oder der Beschädigung befunden hat, so wird er durch die Leistung auch dann befreit, wenn ein Dritter Eigentümer der Sache war oder ein sonstiges Recht an der Sache hatte, es sei denn, dass ihm das Recht des Dritten bekannt oder infolge grober Fahrlässigkeit unbekannt ist.

§ 852 Herausgabeanspruch nach Eintritt der Verjährung

제845조 일실된 노무로 인한 손해배상청구권

사망, 신체 또는 건강의 침해시의 경우에 있어 또 자유박탈의 경우에 있어 배상의무자는, 피해자가 법률에 기하여 제3자에게 그 가사(家事) 또는 영업에서의 노무급부를 할 의무가 있었던 경우에는(wenn der Verletzte kraft Gesetzes einem Dritten zur Leistung von Diensten in dessen Hauswesen oder Gewerbe verpflichtet war), 그 제3자에게 상실된 노무에 대해 정기금 지급에 의하여(durch Entrichtung einer Geldrente) 손해를 배상해야 한다. 제843조 제2항 내지 제4항을 준용한다.

제846조 피해자의 공동과책

제844조, 제845조의 경우에 피해자의 과책(ein Verschulden des Verletzten)이 제3자가 입은 손해의 발생에(bei der Entstehung des Schadens) 기여한 경우에 제254조의 규정을 제3자의 청구권에 대하여 적용한다.

제847조 삭제

제848조 물건의 침탈시 우연한 사고에 대한 책임

자신이 타인에게서 불법행위로 침탈한 물건을 반환할 의무를 지는 자가 그 물건의 우연한 멸실, 기타 사정에 기하여 발생한 우연한 그 물건의 반환불능이나 그 물건의 우연한 훼손에 대하여도 책임을(auch für den zufälligen Untergang, eine aus einem anderen Grunde eintretende zufällige Unmöglichkeit der Herausgabe oder eine zufällige Verschlechterung der Sache) 지되, 멸실, 다른 형태의 반환불능 또는 훼손이 그 침탈이 없더라도 발생했던 경우에는 그러하지 아니하다.

제849조 손해배상금에 대한 이자가산

물건의 침탈로 인하여 그 가액이, 물건의 훼손으로 인하여 가액감소분(wegen der Beschädigung einer Sache die Wertminderung)이 배상되어야 하는 경우에 피해자는 그 가액의 결정의 기준이 되는 시점부터 그 배상액에 대한 이자(Zinsen des zu ersetzenden Betrags)를 청구할 수 있다.

제850조 비용 배상

침탈된 물건의 반환 의무를 있는 자가 그 물건에 비용을 들인 경우에 점유자가 소유자에 대하여 비용으로 인하여 가지는(die der Besitzer dem Eigentümer gegenüber wegen Verwendungen hat) 것과 같은 권리로, 침해자에 대한 권리가 그 자에게 귀속된다.

제851조 무권리자에 대한 배상

동산의 침탈 또는 손상으로 인하여 손해를 배상해야 하는 자가 그 침탈 또는 훼손 당시에 그 물건을 점유한 자에 대한 배상을 하는 경우에 그 자는, 제3자가 그 물건의 소유자이거나 그 물건에 대한 그 밖의 권리를 가졌던 때에도 그 배상에 의해 면책하되, 제3자의 권리임을 그 자가 알았거나 중과실로 인해 알지 못했던 경우에는 그러하지 아니하다.

제852조 소멸시효 완성 후의 반환청구권

Hat der Ersatzpflichtige durch eine unerlaubte Handlung auf Kosten des Verletzten etwas erlangt, so ist er auch nach Eintritt der Verjährung des Anspruchs auf Ersatz des aus einer unerlaubten Handlung entstandenen Schadens zur Herausgabe nach den Vorschriften über die Herausgabe einer ungerechtfertigten Bereicherung verpflichtet. Dieser Anspruch verjährt in zehn Jahren von seiner Entstehung an, ohne Rücksicht auf die Entstehung in 30 Jahren von der Begehung der Verletzungshandlung oder dem sonstigen, den Schaden auslösenden Ereignis an.

§ 853 Arglisteinrede

Erlangt jemand durch eine von ihm begangene unerlaubte Handlung eine Forderung gegen den Verletzten, so kann der Verletzte die Erfüllung auch dann verweigern, wenn der Anspruch auf Aufhebung der Forderung verjährt ist.

배상의무자가 불법행위로 피해자의 비용으로 어떤 것을 취득하게 된 경우에 그 배상의무자는 불법행위로 생긴 손해의 배상청구권의 소멸시효가 완성되었을지라도(auch nach Eintritt der Verjährung des Anspruchs auf Ersatz des aus einer unerlaubten Handlung entstandenen Schadens) 부당이득반환에 관한 규정에 좇아 그 반환할 의무를 진다. 그 청구권은 그 청구권의 발생시로부터 10년의 소멸시효에 걸리고, 그 발생에 상관없이(ohne Rücksicht auf die Entstehung) 침해행위 또는 손해를 야기한 사건가 있었던 때로부터 30년의 소멸시효에 걸린다.

제853조 악의의 항변

어느 자가 자신이 자행한 불법행위로 피해자에 대해 청구권을 취득하게 된 경우에는 그 피해자는 채권소멸청구권이 시효로 소멸했더라도(wenn der Anspruch auf Aufhebung der Forderung verjährt ist) 그 이행을 거절할 수 있다.

민법전시행법

(BGBl. I S. 569)

Einführungsgesetz zum Bürgerlichen Gesetzbuche

Einführungsgesetz zum Bürgerlichen Gesetzbuche

https://www.gesetze-im-internet.de/bgbeg/BJNR006049896.html

Erster Teil Allgemeine Vorschriften

Erstes Kapitel Inkrafttreten. Vorbehalt für Landesrecht. Gesetzesbegriff

Art 1

(1) Das Bürgerliche Gesetzbuch tritt am 1. Januar 1900 gleichzeitig mit einem Gesetz, betreffend Änderungen des Gerichtsverfassungsgesetzes, der Zivilprozeßordnung und der Konkursordnung, einem Gesetz über die Zwangsversteigerung und die Zwangsverwaltung, einer Grundbuchordnung und einem Gesetz über die Angelegenheiten der freiwilligen Gerichtsbarkeit in Kraft.

(2) Soweit in dem Bürgerlichen Gesetzbuch oder in diesem Gesetz die Regelung den Landesgesetzen vorbehalten oder bestimmt ist, daß landesgesetzliche Vorschriften unberührt bleiben oder erlassen werden können, bleiben die bestehenden landesgesetzlichen Vorschriften in Kraft und können neue landesgesetzliche Vorschriften erlassen werden.

Art 2

Gesetz im Sinne des Bürgerlichen Gesetzbuchs und dieses Gesetzes ist jede Rechtsnorm.

Zweites Kapitel Internationales Privatrecht

Erster Abschnitt Allgemeine Vorschriften

Art 3 Anwendungsbereich; Verhältnis zu Regelungen der Europäischen Union und zu völkerrechtlichen Vereinbarungen

Soweit nicht

1. unmittelbar anwendbare Regelungen der Europäischen Union in ihrer jeweils geltenden Fassung, insbesondere
   a) die Verordnung (EG) Nr. 864/2007 des Europäischen Parlaments und des Rates vom 11. Juli 2007 über das auf außervertragliche Schuldverhältnisse anzuwendende Recht (Rom II),
   b) die Verordnung (EG) Nr. 593/2008 des Europäischen Parlaments und des Rates vom 17. Juni 2008 über das auf vertragliche Schuldverhältnisse anzuwendende Recht (Rom I),

민법전시행법(BGBl. I S. 569)

법률공포일: 1896년 8월 18일
최근 법률개정일: 2020년 3월 27일(BGBl. I S. 569).

제1편 총칙

제1장 시행, 주법에 대한 유보, 법률의 개념

제1항목

① 민법전은, 법원조직법, 민사소송법 및 파산법의 개정에 관한 법률(einem Gesetz, betreffend Änderungen des Gerichtsverfassungsgesetzes, der Zivilprozeßordnung und der Konkursordnung), 강제경매 및 강제관리에 관한 법률, 토지등기법과, 비송사건에 관한 법률(einem Gesetz über die Angelegenheiten der freiwilligen Gerichtsbarkeit)과 함께 1990년 1월 1일에 시행된다.

② 민법전 또는 이 법률이 주법에 규정을 유보하거나, 주법률 규정이 영향을 받지 않거나 제정될 수 있는 것으로 정해진(bestimmt ist, daß landesgesetzliche Vorschriften unberührt bleiben oder erlassen werden können) 범위 내에서, 현행 주법 규정은 유효하고(bleiben die bestehenden landesgesetzlichen Vorschriften in Kraft) 새로운 주법 규정은 제정될 수 있다.

제2항목

민법전과 본 법률상의 법률은 각 법규범을 말한다.

제2장 국제사법

제1절 총칙

제3항목 적용범위; 유럽연합법 규정 및 국제조약과의 관계(Verhältnis zu Regelungen der Europäischen Union und zu völkerrechtlichen Vereinbarungen)

1. 그 각각 적용되는 형식의 유럽연합법의 직접 적용되는 규정, 특히
   a) 「계약 이외의 채권관계에 대한 준거법(das auf außervertragliche Schuldverhältnisse anzuwendende Recht)에 관한 2007년 7월 11일 유럽연합 의회 및 이사회의 (EG) 864/2007호 규칙」(로마제2조약),
   b) 「계약(契約)상 채권관계(債券關係)에 대한 준거법(das auf vertragliche Schuldverhältnisse anzuwendende Recht)에 관한 2008년 6월 17일 유럽연합 의회 및 이사회의 (EG) 593/2008호 규칙」(로마제1조약),

c) Artikel 15 der Verordnung (EG) Nr. 4/2009 des Rates vom 18. Dezember 2008 über die Zuständigkeit, das anwendbare Recht, die Anerkennung und Vollstreckung von Entscheidungen und die Zusammenarbeit in Unterhaltssachen in Verbindung mit dem Haager Protokoll vom 23. November 2007 über das auf Unterhaltspflichten anzuwendende Recht,
d) die Verordnung (EU) Nr. 1259/2010 des Rates vom 20. Dezember 2010 zur Durchführung einer Verstärkten Zusammenarbeit im Bereich des auf die Ehescheidung und Trennung ohne Auflösung des Ehebandes anzuwendenden Rechts,
e) die Verordnung (EU) Nr. 650/2012 des Europäischen Parlaments und des Rates vom 4. Juli 2012 über die Zuständigkeit, das anzuwendende Recht, die Anerkennung und Vollstreckung von Entscheidungen und die Annahme und Vollstreckung öffentlicher Urkunden in Erbsachen sowie zur Einführung eines Europäischen Nachlasszeugnisses,
f) die Verordnung (EU) 2016/1103 des Rates vom 24. Juni 2016 zur Durchführung einer Verstärkten Zusammenarbeit im Bereich der Zuständigkeit, des anzuwendenden Rechts und der Anerkennung und Vollstreckung von Entscheidungen in Fragen des ehelichen Güterstands sowie
g) die Verordnung (EU) 2016/1104 des Rates vom 24. Juni 2016 zur Durchführung der Verstärkten Zusammenarbeit im Bereich der Zuständigkeit, des anzuwendenden Rechts und der Anerkennung und Vollstreckung von Entscheidungen in Fragen güterrechtlicher Wirkungen eingetragener Partnerschaften oder

2. Regelungen in völkerrechtlichen Vereinbarungen, soweit sie unmittelbar anwendbares innerstaatliches Recht geworden sind,

maßgeblich sind, bestimmt sich das anzuwendende Recht bei Sachverhalten mit einer Verbindung zu einem ausländischen Staat nach den Vorschriften dieses Kapitels (Internationales Privatrecht).

Art 4 Verweisung

(1) Wird auf das Recht eines anderen Staates verwiesen, so ist auch dessen Internationales Privatrecht anzuwenden, sofern dies nicht dem Sinn der Verweisung widerspricht. Verweist das Recht des anderen Staates auf deutsches Recht zurück, so sind die deutschen Sachvorschriften anzuwenden.

(2) Verweisungen auf Sachvorschriften beziehen sich auf die Rechtsnormen der maßgebenden Rechtsordnung unter Ausschluss derjenigen des Internationalen Privatrechts. Soweit die Parteien das Recht eines Staates wählen können, können sie nur auf die Sachvorschriften verweisen.

(3) Wird auf das Recht eines Staates mit mehreren Teilrechtsordnungen verwiesen, ohne die maßgebende zu bezeichnen, so bestimmt das Recht dieses Staates, welche Teilrechtsordnung anzuwenden ist. Fehlt eine solche Regelung, so ist die Teilrechtsordnung anzuwenden, mit welcher der Sachverhalt am engsten verbunden ist.

c) 「부양의무에 적용되는 권리에 관한 2007년 11월 23일의 헤이그의정서에 관련한 부양사건에서의 관할, 준거법(準據法), 판결의 승인·집행 및 협력(die Zusammenarbeit in Unterhaltssachen in Verbindung mit dem Haager Protokoll vom 23. November 2007 über das auf Unterhaltspflichten anzuwendende Recht)에 관한 2008년 12월 18일 유럽연합이사회 (EG) 4/2009호 규칙」 제15조,
d) 「이혼과 사실혼해소에 적용되는 법 분야에서의 협력 강화(Verstärkten Zusammenarbeit im Bereich des auf die Ehescheidung und Trennung ohne Auflösung des Ehebandes anzuwendenden Rechts)의 실현을 위한 2010년 12월 20일 유럽연합이사회 (EU) 1259/2010호 규칙」,
e) 「관할, 준거법(準據法), 판결의 승인·집행(die Anerkennung und Vollstreckung von Entscheidungen), 상속사건에서의 공문서의 승인·집행(die Annahme und Vollstreckung öffentlicher Urkunden in Erbsachen)과, 유럽연합상속증서의 도입(zur Einführung eines Europäischen Nachlasszeugnisses)에 관한 2012년 7월 4일 유럽연합 의회 및 이사회의 (EU) 650/2012호 규칙」,
f) 「부부재산제 문제에 있어서(in Fragen des ehelichen Güterstands)의 관할, 준거법(準據法) 및 판결의 승인·집행(der Anerkennung und Vollstreckung von Entscheidungen)의 분야에서의 협력 강화(强化) 실현을 위한 2016년 6월 24일 유럽연합이사회의 (EU) 2016/1103호 규칙」,
g) 「등기된 합명회사의 부부재산제 효력의 문제에 있어서의 관할, 준거법(準據法) 및 판결의 승인·집행(der Anerkennung und Vollstreckung von Entscheidungen)의 분야에서의 협력 강화(强化) 실현(Durchführung der Verstärkten Zusammenarbeit)을 위한 2016년 6월 24일 유럽연합이사회의 (EU) 2016/1104호 규칙」,

2. 그것이 직접적으로 적용되는 국내법이 된 범위 내(soweit sie unmittelbar anwendbares innerstaatliches Recht geworden sind)의 국제조약상의 규정이,

적용되지 않은 범위 내에서, 외국과 관련 있는 사안의 경우(bei Sachverhalten mit einer Verbindung zu einem ausländischen Staat) 준거법은 본 장의 규정에 따라 정해진다('국제사법'; Internationales Privatrecht).

제4항목 적용

① 다른 국가의 법이 적용되는 경우에 그 국가의 국제사법도, 적용의 목적과 모순되지 않은 한 적용된다. 다른 국가의 법이 독일법을 다시 적용하는 경우에(Verweist das Recht des anderen Staates auf deutsches Recht zurück), 독일의 실체법규정(die deutschen Sachvorschriften)을 적용한다.

② 실체법규정의 적용은, 국제사법의 법규정을 제외하고 적용되는 법제도상의 법규정(die Rechtsnormen der maßgebenden Rechtsordnung)에 관련된다. 당사자들이 어느 국가의 법을 선택하는 범위 내에서(Soweit die Parteien das Recht eines Staates wählen können) 당사자들은 실체법규정만을 적용할 수 있다.

③ 여러 부문법제도가 있는(mit mehreren Teilrechtsordnungen) 어느 국가의 부문법제도를 표시하지 않고서 적용되는 경우에, 그 국가의 법에 의해 어느 부문법제도가 적용되는지(welche Teilrechtsordnung anzuwenden ist)가 정해진다. 그러한 규정이 없는 경우에 사안이 가장 밀접한 관련을 갖는(mit welcher der Sachverhalt am engsten verbunden ist) 부문법제도가 적용된다.

Art 5 Personalstatut

(1) Wird auf das Recht des Staates verwiesen, dem eine Person angehört, und gehört sie mehreren Staaten an, so ist das Recht desjenigen dieser Staaten anzuwenden, mit dem die Person am engsten verbunden ist, insbesondere durch ihren gewöhnlichen Aufenthalt oder durch den Verlauf ihres Lebens. Ist die Person auch Deutscher, so geht diese Rechtsstellung vor.

(2) Ist eine Person staatenlos oder kann ihre Staatsangehörigkeit nicht festgestellt werden, so ist das Recht des Staates anzuwenden, in dem sie ihren gewöhnlichen Aufenthalt oder, mangels eines solchen, ihren Aufenthalt hat.

(3) Wird auf das Recht des Staates verwiesen, in dem eine Person ihren Aufenthalt oder ihren gewöhnlichen Aufenthalt hat, und ändert eine nicht voll geschäftsfähige Person den Aufenthalt ohne den Willen des gesetzlichen Vertreters, so führt diese Änderung allein nicht zur Anwendung eines anderen Rechts.

Art 6 Öffentliche Ordnung (ordre public)

Eine Rechtsnorm eines anderen Staates ist nicht anzuwenden, wenn ihre Anwendung zu einem Ergebnis führt, das mit wesentlichen Grundsätzen des deutschen Rechts offensichtlich unvereinbar ist. Sie ist insbesondere nicht anzuwenden, wenn die Anwendung mit den Grundrechten unvereinbar ist.

Fußnote

(+++ Art. 6: Zur Anwendung vgl. Art. 17 Abs. 2 Nr. 5 BGBEG +++)

Zweiter Abschnitt Recht der natürlichen Personen und der Rechtsgeschäfte

Art 7 Rechtsfähigkeit und Geschäftsfähigkeit

(1) Die Rechtsfähigkeit und die Geschäftsfähigkeit einer Person unterliegen dem Recht des Staates, dem die Person angehört. Dies gilt auch, soweit die Geschäftsfähigkeit durch Eheschließung erweitert wird.

(2) Eine einmal erlangte Rechtsfähigkeit oder Geschäftsfähigkeit wird durch Erwerb oder Verlust der Rechtsstellung als Deutscher nicht beeinträchtigt.

Art 8 Gewillkürte Stellvertretung

(1) Auf die gewillkürte Stellvertretung ist das vom Vollmachtgeber vor der Ausübung der Vollmacht gewählte Recht anzuwenden, wenn die Rechtswahl dem Dritten und dem Bevollmächtigten bekannt ist. Der Vollmachtgeber, der Bevollmächtigte und der Dritte können das anzuwendende Recht jederzeit wählen. Die Wahl nach Satz 2 geht derjenigen nach Satz 1 vor.

제5항목 속인법(屬人法)

① 어느 자가 국적을 가진 본국법이 적용되고, 그 자가 다수의 국적을 가진 경우에 그 자가 특히 자신의 상거소(常居所) 또는 생활의 이력(履歷)에 의해 가장 밀접한 관련을 갖는 국가의 법을 적용한다. 그 자가 독일 국적도 가진 경우(Ist die Person auch Deutscher)에, 독일의 법적 지위가 우선한다.

② 어느 자의 국적이 없거나 그 국적을 정할 수 없는 경우에 자신의 상거소(常居所)를 두거나, 상거소가 없는 경우 거소를 둔 국가의 법(in dem sie ihren gewöhnlichen Aufenthalt oder, mangels eines solchen, ihren Aufenthalt hat)을 적용한다.

③ 어느 자가 자신의 거소 또는 상(常)거소를 둔 국가의 법을 적용받는데 완전한 행위능력을 갖지 못한 자가 법정대리인의 의사 없이 그 거소를 변경한(ändert eine nicht voll geschäftsfähige Person den Aufenthalt ohne den Willen des gesetzlichen Vertreters) 경우에 이러한 변경만으로는 인해 다른 국가의 법이 적용되지 아니한다.

제6항목 공서양속

다른 국가의 법규범은, 그 적용으로 인해 독일법의 본질적 법원칙에 합치하지 않는 결과에 이른 경우에는 적용하지 아니한다. 다른 국가의 법규범은 특히 그 적용이 기본법과 합치하지 않는 경우에(wenn die Anwendung mit den Grundrechten unvereinbar ist) 적용(適用)하지 아니한다.

각주

(제6항목: 그 적용에 관하여 민법전시행법 제17항목 제2항 제5호를 참조하라)

제2절 자연인 및 법률행위에 대한 준거법

제7항목 권리능력과 행위능력

① 어느 자의 권리능력 및 행위능력(Die Rechtsfähigkeit und die Geschäftsfähigkeit einer Person)은, 그 자가 국적을 가진 국가의 법을 적용받는다. 혼인에 의해 행위능력이 확장된 경우에도 또한 같다.

② 한 번 취득한 권리능력 또는 행위능력은 독일인으로서의 법적지위의 취득 또는 상실에 의하여 영향을 받지 아니한다.

제8항목 임의대리

① 그 준거법선택이 제3자 및 대리인에 알려진 경우에(wenn die Rechtswahl dem Dritten und dem Bevollmächtigten bekannt ist) 임의대리에 대하여 본인(本人)이 임의대리권 행사 전에 선택한 준거법을 적용한다. 본인, 대리인 및 제3자는 준거법(準據法; das anzuwendende Recht)을 언제든지 선택할 수 있다. 제2문에 따른 선택은 제1문에 따른 선택에 우선한다.

(2) Ist keine Rechtswahl nach Absatz 1 getroffen worden und handelt der Bevollmächtigte in Ausübung seiner unternehmerischen Tätigkeit, so sind die Sachvorschriften des Staates anzuwenden, in dem der Bevollmächtigte im Zeitpunkt der Ausübung der Vollmacht seinen gewöhnlichen Aufenthalt hat, es sei denn, dieser Ort ist für den Dritten nicht erkennbar.
(3) Ist keine Rechtswahl nach Absatz 1 getroffen worden und handelt der Bevollmächtigte als Arbeitnehmer des Vollmachtgebers, so sind die Sachvorschriften des Staates anzuwenden, in dem der Vollmachtgeber im Zeitpunkt der Ausübung der Vollmacht seinen gewöhnlichen Aufenthalt hat, es sei denn, dieser Ort ist für den Dritten nicht erkennbar.
(4) Ist keine Rechtswahl nach Absatz 1 getroffen worden und handelt der Bevollmächtigte weder in Ausübung seiner unternehmerischen Tätigkeit noch als Arbeitnehmer des Vollmachtgebers, so sind im Falle einer auf Dauer angelegten Vollmacht die Sachvorschriften des Staates anzuwenden, in dem der Bevollmächtigte von der Vollmacht gewöhnlich Gebrauch macht, es sei denn, dieser Ort ist für den Dritten nicht erkennbar.
(5) Ergibt sich das anzuwendende Recht nicht aus den Absätzen 1 bis 4, so sind die Sachvorschriften des Staates anzuwenden, in dem der Bevollmächtigte von seiner Vollmacht im Einzelfall Gebrauch macht (Gebrauchsort). Mussten der Dritte und der Bevollmächtigte wissen, dass von der Vollmacht nur in einem bestimmten Staat Gebrauch gemacht werden sollte, so sind die Sachvorschriften dieses Staates anzuwenden. Ist der Gebrauchsort für den Dritten nicht erkennbar, so sind die Sachvorschriften des Staates anzuwenden, in dem der Vollmachtgeber im Zeitpunkt der Ausübung der Vollmacht seinen gewöhnlichen Aufenthalt hat.
(6) Auf die gewillkürte Stellvertretung bei Verfügungen über Grundstücke oder Rechte an Grundstücken ist das nach Artikel 43 Absatz 1 und Artikel 46 zu bestimmende Recht anzuwenden.
(7) Dieser Artikel findet keine Anwendung auf die gewillkürte Stellvertretung bei Börsengeschäften und Versteigerungen.
(8) Auf die Bestimmung des gewöhnlichen Aufenthalts im Sinne dieses Artikels ist Artikel 19 Absatz 1 und 2 erste Alternative der Verordnung (EG) Nr. 593/2008 mit der Maßgabe anzuwenden, dass an die Stelle des Vertragsschlusses die Ausübung der Vollmacht tritt. Artikel 19 Absatz 2 erste Alternative der Verordnung (EG) Nr. 593/2008 ist nicht anzuwenden, wenn der nach dieser Vorschrift maßgebende Ort für den Dritten nicht erkennbar ist.

Art 9 Todeserklärung

Die Todeserklärung, die Feststellung des Todes und des Todeszeitpunkts sowie Lebens- und Todesvermutungen unterliegen dem Recht des Staates, dem der Verschollene in dem letzten

② 제1항에 따른 준거법선택이 행해지지 않았는데 대리인이 자신의 상행위(商行爲)의 수행에 있어 행위하는 경우에, 대리인이 대리권 행사 당시에 자신의 상(常)거소를 둔(in dem der Bevollmächtigte im Zeitpunkt der Ausübung der Vollmacht seinen gewöhnlichen Aufenthalt hat) 국가의 실체법규정을 적용하고, 다만 이 상(常)거소를 제3자가 알지 못하는 경우에 그러하지 아니하다.

③ 제1항에 따른 준거법선택이 행해지지 않았는데 대리인이 본인(本人)의 근로자로서 행위하는 경우에, 본인이 대리권 행사 당시에 자신의 상(常)거소를 둔(in dem der Vollmachtgeber im Zeitpunkt der Ausübung der Vollmacht seinen gewöhnlichen Aufenthalt hat) 국가의 실체법규정을 적용하고, 다만 이 상(常)거소를 제3자가 알지 못하는 경우에 그러하지 아니하다.

④ 제1항에 따른 준거법선택이 행해지지 않았는데(Ist keine Rechtswahl nach Absatz 1 getroffen worden) 대리인이 자신의 상행위(商行爲)의 수행에서도(in Ausübung seiner unternehmerischen Tätigkeit) 본인(本人)의 근로자로서도 행위하지 않는 경우에, 계속적 임의대리에 있어 대리인이 임의대리권을 통상적으로 행사하는 국가의 실체법규정을 적용하고, 다만 이러한 국가를 제3자가 알지 못하는 경우에 그러하지 아니하다(es sei denn, dieser Ort ist für den Dritten nicht erkennbar).

⑤ 준거법이 제1항 내지 제4항에 따라 정해지지 않은 경우에, 대리인이 개별사안에서 자신의 임의대리권을 행사하는 국가['Gebrauchsort'; 행사지(行使地)]의 실체법규정(die Sachvorschriften des Staates)을 적용한다. 제3자와 대리인이 대리권이 특정한 국가에서만 행사되어야 한다는 점(dass von der Vollmacht nur in einem bestimmten Staat Gebrauch gemacht werden sollte)을 알았음이 틀림없는 경우에, 이러한 국가의 실체법규정을 적용한다. 행사지를 제3자가 알지 못한 경우에(Ist der Gebrauchsort für den Dritten nicht erkennbar), 본인이 임의대리권 행사 당시에 자신의 상(常)거소를 둔 국가의 실체법규정을 적용한다.

⑥ 토지 또는 토지에 대한 권리의 처분시의 임의대리에 대하여(Auf die gewillkürte Stellvertretung bei Verfügungen über Grundstücke oder Rechte an Grundstücken) 제43항목 제1항, 제46항목에 따라 정해진 법을 적용한다.

⑦ 제8항목은 거래소거래와 경매에서의 임의대리(die gewillkürte Stellvertretung bei Börsengeschäften und Versteigerungen)에 대하여 적용하지 아니한다.

⑧ 기준하에 제8항목상의 상(常)거소의 결정에 대하여(Auf die Bestimmung des gewöhnlichen Aufenthalts im Sinne dieses Artikels), 임의대리권 행사가 계약체결을 대신한다는 기준하에 (EG) 593/2008호 규칙 제19조 제1항, 제2항의 첫째 사항(erste Alternative)을 적용한다. (EG) 593/2008호 규칙 제19조 제2항의 첫째 사항(erste Alternative)은, 본 규정에 따라 정해지는 장소를 제3자가 알지 못하는 경우에는(wenn der nach dieser Vorschrift maßgebende Ort für den Dritten nicht erkennbar ist) 적용하지 아니한다.

제9항목 사망선고

사망 및 그 시기의 결정과 생존추정 및 사망추정은, 그 실종자가 접근 가능한 소식에 의할 때 여전히 살아 있던 최후 시기에 국적을 가진(dem der Verschollene in dem letzten Zeitpunkt angehörte,

Zeitpunkt angehörte, in dem er nach den vorhandenen Nachrichten noch gelebt hat. War der Verschollene in diesem Zeitpunkt Angehöriger eines fremden Staates, so kann er nach deutschem Recht für tot erklärt werden, wenn hierfür ein berechtigtes Interesse besteht.

Art 10 Name

(1) Der Name einer Person unterliegt dem Recht des Staates, dem die Person angehört.

(2) Ehegatten können bei oder nach der Eheschließung gegenüber dem Standesamt ihren künftig zu führenden Namen wählen

1. nach dem Recht eines Staates, dem einer der Ehegatten angehört, ungeachtet des Artikels 5 Abs. 1, oder
2. nach deutschem Recht, wenn einer von ihnen seinen gewöhnlichen Aufenthalt im Inland hat.

Nach der Eheschließung abgegebene Erklärungen müssen öffentlich beglaubigt werden. Für die Auswirkungen der Wahl auf den Namen eines Kindes ist § 1617c des Bürgerlichen Gesetzbuchs sinngemäß anzuwenden.

(3) Der Inhaber der Sorge kann gegenüber dem Standesamt bestimmen, daß ein Kind den Familiennamen erhalten soll

1. nach dem Recht eines Staates, dem ein Elternteil angehört, ungeachtet des Artikels 5 Abs. 1,
2. nach deutschem Recht, wenn ein Elternteil seinen gewöhnlichen Aufenthalt im Inland hat, oder
3. nach dem Recht des Staates, dem ein den Namen Erteilender angehört.

Nach der Beurkundung der Geburt abgegebene Erklärungen müssen öffentlich beglaubigt werden.

(4) (weggefallen)

Art 11 Form von Rechtsgeschäften

(1) Ein Rechtsgeschäft ist formgültig, wenn es die Formerfordernisse des Rechts, das auf das seinen Gegenstand bildende Rechtsverhältnis anzuwenden ist, oder des Rechts des Staates erfüllt, in dem es vorgenommen wird.

(2) Wird ein Vertrag zwischen Personen geschlossen, die sich in verschiedenen Staaten befinden, so ist er formgültig, wenn er die Formerfordernisse des Rechts, das auf das seinen Gegenstand bildende Rechtsverhältnis anzuwenden ist, oder des Rechts eines dieser Staaten erfüllt.

(3) Wird der Vertrag durch einen Vertreter geschlossen, so ist bei Anwendung der Absätze 1 und 2 der Staat maßgebend, in dem sich der Vertreter befindet.

in dem er nach den vorhandenen Nachrichten noch gelebt hat) 본국법의 적용을 받는다. 실종자 이러한 시기에 외국의 국적을 가진 경우에 사망선언과 관련하여 정당한 이익이 있는 때에는(wenn hierfür ein berechtigtes Interesse besteht) 그는 독일법에 따라 사망한 것으로 선언받는다.

제10항목 이름

① 어느 자의 이름은 그 자가 국적을 가진(dem die Person angehört) 본국법(本國法)을 적용받는다.

② 부부는 혼인시 또는 혼인 후에 가족관계관관청에 대하여 장차 사용할 자신의 이름을 다음과 같이 선택할 수 있다,

1. 제5항목 제1항에도 불구하고(ungeachtet des Artikels 5 Abs. 1), 부부 중 한 사람이 국적을 가진 본국법(本國法)에 따라, 또는
2. 부부 중 한 사람이 자신의 상(常)거소(seinen gewöhnlichen Aufenthalt)를 독일에 둔 경우에 독일법에 따라,

혼인 후에 행한 의사표시(Nach der Eheschließung abgegebene Erklärungen)는 공식적으로 인증되어야만 한다. 자(子)의 이름의 선택의 효과에 대하여(Für die Auswirkungen der Wahl auf den Namen eines Kindes) 민법전 제1617조c를 준용한다.

③ 자(子)의 보호자는 가족관계관리청에 대하여 자(子)가 다음과 같이 성씨를 가져야 하는 것으로 정할 수 있다,

1. 제5항목 제1항에도 불구하고, 부모 중 어느 한 사람이 국적을 가진 본국법(本國法)에 따라,
2. 부모 중 한 사람이 자신의 상(常)거소를 독일에 둔 경우에 독일법에 따라, 또는,
3. 이름을 지어준 사람이 국적을 가진 본국법(本國法)에 따라.

출생서류의 작성 후에 행해진 의사표시(Nach der Beurkundung der Geburt abgegebene Erklärungen)는 공식적으로 인증되어야만 한다.

④ 삭제

제11항목 법률행위의 방식

① 어느 법률행위가, 법률행위의 내용을 이루는 법률관계에 대해 적용되는 법의 방식요건이나 그 법률행위가 행해진 국가의 법의 방식요건을 충족한 경우에는 그 법률행위의 방식(方式)은 유효하다.

② 여러 국가에 있는 자들 사이의 계약이 체결된 경우에, 법률행위의 내용을 이루는 법률관계에 대해 적용되는(das auf das seinen Gegenstand bildende Rechtsverhältnis anzuwenden is) 법의 방식요건이나 그 법률행위가 행해진 국가의 법의 방식요건을 충족한 경우에는 그 계약의 방식은 유효하다.

③ 대리인에 의하여 계약이 체결된 경우에, 제1항, 제2항의 적용에 있어 대리인이 있는 국가가 기준이 된다.

(4) Ein Rechtsgeschäft, durch das ein Recht an einer Sache begründet oder über ein solches Recht verfügt wird, ist nur formgültig, wenn es die Formerfordernisse des Rechts erfüllt, das auf das seinen Gegenstand bildende Rechtsverhältnis anzuwenden ist.

Art 12 Schutz des anderen Vertragsteils

Wird ein Vertrag zwischen Personen geschlossen, die sich in demselben Staat befinden, so kann sich eine natürliche Person, die nach den Sachvorschriften des Rechts dieses Staates rechts-, geschäfts- und handlungsfähig wäre, nur dann auf ihre aus den Sachvorschriften des Rechts eines anderen Staates abgeleitete Rechts-, Geschäfts- und Handlungsunfähigkeit berufen, wenn der andere Vertragsteil bei Vertragsabschluß diese Rechts-, Geschäfts- und Handlungsunfähigkeit kannte oder kennen mußte. Dies gilt nicht.

Dritter Abschnitt Familienrecht

Vierter Abschnitt Erbrecht

Fünfter Abschnitt Außervertragliche Schuldverhältnisse

Art 27 bis 37 (weggefallen)

Art 38 Ungerechtfertigte Bereicherung

(1) Bereicherungsansprüche wegen erbrachter Leistung unterliegen dem Recht, das auf das Rechtsverhältnis anzuwenden ist, auf das die Leistung bezogen ist.

(2) Ansprüche wegen Bereicherung durch Eingriff in ein geschütztes Interesse unterliegen dem Recht des Staates, in dem der Eingriff geschehen ist.

(3) In sonstigen Fällen unterliegen Ansprüche aus ungerechtfertigter Bereicherung dem Recht des Staates, in dem die Bereicherung eingetreten ist.

Art 39 Geschäftsführung ohne Auftrag

(1) Gesetzliche Ansprüche aus der Besorgung eines fremden Geschäfts unterliegen dem Recht des Staates, in dem das Geschäft vorgenommen worden ist.

(2) Ansprüche aus der Tilgung einer fremden Verbindlichkeit unterliegen dem Recht, das auf die Verbindlichkeit anzuwenden ist.

④ 어느 물건에 대한 권리를 설정하거나 그러한 권리를 보유하게 하는 법률행위의 방식은, 그 법률행위의 대상에 기하여 형성된 법률관계에 적용되는 국가의 법의 방식요건(die Formerfordernisse des Rechts)을 충족한 경우에 유효하다.

제12항목 계약상대방의 보호

어느 계약이 동일한 국가 내에 있는 자들 간에 체결된 경우에 이러한 국가의 실체법규정에 따라 권리능력, 행위능력을 가진(die nach den Sachvorschriften des Rechts dieses Staates rechts-, geschäfts- und handlungsfähig wäre) 자연인은, 계약 상대방이 계약체결시 이러한 권리능력 및 행위능력을 알았거나 알았어야만 했던 경우에(wenn der andere Vertragsteil bei Vertragsabschluß diese Rechts-, Geschäfts- und Handlungsunfähigkeit kannte oder kennen mußte) 한하여 다른 국가의 실체법규정에 기하여 도출된 자신의 권리능력 및 행위능력을 원용할 수 있다. 가족법·상속법상의 법률행위와 다른 국가에서 있는 토지의 처분에 대하여는(für familienrechtliche und erbrechtliche Rechtsgeschäfte sowie für Verfügungen über ein in einem anderen Staat belegenes Grundstück) 적용하지 아니한다.

제3절 가족법: 생략

제4절 상속법: 생략

제5절 계약 이외의 채권관계

제24항목 내지 제37항목 생략

제38항목 부당이득

① 제공한 급부로 인한 부당이득반환청구권은, 그 급부에 관련된 법률관계에 적용되는 법을 적용받는다.

② 보호받는 이익에 대한 침해로 인한 부당이득반환청구권은 그 침해가 발생한 국가의 법의 적용받는다.

③ 그 밖의 경우에 부당이득반환청구권(Ansprüche aus ungerechtfertigter Bereicherung) 은 이득이 발생한 국가의 법을 적용받는다.

제39항목 사무관리

① 타인의 사무의 처리에 기한 법정청구권은 그 사무가 행해진(in dem das Geschäft vorgenommen worden ist) 국가의 법을 적용받는다.

② 타인의 채무의 변제로 인한 청구권(Ansprüche aus der Tilgung einer fremden Verbindlichkeit)은 그 채무에 대해 적용되는 법을 적용받는다.

Art 40 Unerlaubte Handlung

(1) Ansprüche aus unerlaubter Handlung unterliegen dem Recht des Staates, in dem der Ersatzpflichtige gehandelt hat. Der Verletzte kann verlangen, daß anstelle dieses Rechts das Recht des Staates angewandt wird, in dem der Erfolg eingetreten ist. Das Bestimmungsrecht kann nur im ersten Rechtszug bis zum Ende des frühen ersten Termins oder dem Ende des schriftlichen Vorverfahrens ausgeübt werden.

(2) Hatten der Ersatzpflichtige und der Verletzte zur Zeit des Haftungsereignisses ihren gewöhnlichen Aufenthalt in demselben Staat, so ist das Recht dieses Staates anzuwenden. Handelt es sich um Gesellschaften, Vereine oder juristische Personen, so steht dem gewöhnlichen Aufenthalt der Ort gleich, an dem sich die Hauptverwaltung oder, wenn eine Niederlassung beteiligt ist, an dem sich diese befindet.

(3) Ansprüche, die dem Recht eines anderen Staates unterliegen, können nicht geltend gemacht werden, soweit sie

1. wesentlich weiter gehen als zur angemessenen Entschädigung des Verletzten erforderlich,
2. offensichtlich anderen Zwecken als einer angemessenen Entschädigung des Verletzten dienen oder
3. haftungsrechtlichen Regelungen eines für die Bundesrepublik Deutschland verbindlichen Übereinkommens widersprechen.

(4) Der Verletzte kann seinen Anspruch unmittelbar gegen einen Versicherer des Ersatzpflichtigen geltend machen, wenn das auf die unerlaubte Handlung anzuwendende Recht oder das Recht, dem der Versicherungsvertrag unterliegt, dies vorsieht.

Art 41 Wesentlich engere Verbindung

(1) Besteht mit dem Recht eines Staates eine wesentlich engere Verbindung als mit dem Recht, das nach den Artikeln 38 bis 40 Abs. 2 maßgebend wäre, so ist jenes Recht anzuwenden.

(2) Eine wesentlich engere Verbindung kann sich insbesondere ergeben

1. aus einer besonderen rechtlichen oder tatsächlichen Beziehung zwischen den Beteiligten im Zusammenhang mit dem Schuldverhältnis oder
2. in den Fällen des Artikels 38 Abs. 2 und 3 und des Artikels 39 aus dem gewöhnlichen Aufenthalt der Beteiligten in demselben Staat im Zeitpunkt des rechtserheblichen Geschehens; Artikel 40 Abs. 2 Satz 2 gilt entsprechend.

Art 42 Rechtswahl

Nach Eintritt des Ereignisses, durch das ein außervertragliches Schuldverhältnis entstanden ist, können die Parteien das Recht wählen, dem es unterliegen soll. Rechte Dritter bleiben unberührt.

제40항목 불법행위

① 불법행위로 인한 청구권은 배상의무자가 행위를 한 국가의 법을 적용받는다. 피해자는 이러한 법 대신에 결과가 발생한 국가의 법이 적용되도록(daß anstelle dieses Rechts das Recht des Staates angewandt wird, in dem der Erfolg eingetreten ist) 요구할 수 있다. 그 결정권은 1심에 한하여 1회 기일의 종료시까지나 서면에 의한 사전절차 종료시까지 행사될 수 있다.

② 배상의무자와 피해자가 책임질 사건의 당시에 자신들의 상(常)거소를 동일한 국가에 둔 경우에(Hatten der Ersatzpflichtige und der Verletzte zur Zeit des Haftungsereignisses ihren gewöhnlichen Aufenthalt in demselben Staat), 이러한 국가의 법을 적용한다. 조합, 사단 또는 법인인 경우에(Handelt es sich um Gesellschaften, Vereine oder juristische Personen), 주사무소가 있는 곳 또는 어느 영업소가 관련된 경우에 이러한 영업소가 있는 곳이 상(常)거소와 동일시된다.

③ 다른 국가의 법(法)을 적용받은 청구권(請求權)은, 다음 각 호의 범위 내에서, 행사(行使)될 수 없다.

1. 그 청구권이 피해자에 대한 적절한 배상을 위해 필요한 것을 현저하게 초과하는 범위 내에서,
2. 그 청구권이 피해자에 대한 적절한 배상 이외의 다른 목적을 위한 것임이 명백한 범위 내에서,
3. 그 청구권이 독일연방공화국이 구속되는 조약상의 책임법상 규정(haftungsrechtlichen Regelungen)에 모순되는 범위 내에서.

④ 불법행위에 적용되는 법 또는 보험계약이 적용되는 법이 이를 규정하는(das Recht, dem der Versicherungsvertrag unterliegt, dies vorsieht) 경우에 피해자는 배상의무자의 보험자에 대하여(gegen einen Versicherer des Ersatzpflichtigen) 직접 자신의 청구권을 행사할 수 있다.

제41항목 상당히 밀접한 관련

① 어느 국가의 법이 제38항목 내지 제40항목 제2항에 따라 적용되는(das nach den Artikeln 38 bis 40 Abs. 2 maßgebend wäre) 법보다 상당히 밀접한 관련을 갖는 경우에 그 법을 적용한다.

② 상당히 밀접한 관련은 특히 다음 각 호에 기하여 인정된다,

1. 채권관계와 관련한 당사자들 간의 법적 또는 사실적 특별관계에 기하여(aus einer besonderen rechtlichen oder tatsächlichen Beziehung),
2. 제38항목 제2항, 제3항, 제39항목의 경우에 법적으로 관련된 사건 당시에 동일한 국가 내의 당사자들의 상(常)거소에 기하여(aus dem gewöhnlichen Aufenthalt der Beteiligten in demselben Staat); 제40항목 제2항 제2문을 준용한다.

제42항목 준거법의 선택

계약 이외의 채권관계를 성립하게 한 사건이 발생한 후에(Nach Eintritt des Ereignisses, durch das ein außervertragliches Schuldverhältnis entstanden ist), 당사자들은 준거법(準據法)을 선택할 수 있다. 제3자의 권리는 영향을 미치지 아니한다.

Sechster Abschnitt Sachenrecht

Siebter Abschnitt Besondere Vorschriften zur Durchführung und Umsetzung international-privatrechtlicher Regelungen der Europäischen Union

Erster Unterabschnitt Durchführung der Verordnung (EG) Nr. 864/2007

Art 46a Umweltschädigungen

Die geschädigte Person kann das ihr nach Artikel 7 der Verordnung (EG) Nr. 864/2007 zustehende Recht, ihren Anspruch auf das Recht des Staates zu stützen, in dem das schadensbegründende Ereignis eingetreten ist, nur im ersten Rechtszug bis zum Ende des frühen ersten Termins oder dem Ende des schriftlichen Vorverfahrens ausüben.

Zweiter Unterabschnitt Umsetzung international-privatrechtlicher Regelungen im Verbraucherschutz

Art 46b Verbraucherschutz für besondere Gebiete

(1) Unterliegt ein Vertrag auf Grund einer Rechtswahl nicht dem Recht eines Mitgliedstaats der Europäischen Union oder eines anderen Vertragsstaats des Abkommens über den Europäischen Wirtschaftsraum, weist der Vertrag jedoch einen engen Zusammenhang mit dem Gebiet eines dieser Staaten auf, so sind die im Gebiet dieses Staates geltenden Bestimmungen zur Umsetzung der Verbraucherschutzrichtlinien gleichwohl anzuwenden.

(2) Ein enger Zusammenhang ist insbesondere anzunehmen, wenn der Unternehmer

1. in dem Mitgliedstaat der Europäischen Union oder einem anderen Vertragsstaat des Abkommens über den Europäischen Wirtschaftsraum, in dem der Verbraucher seinen gewöhnlichen Aufenthalt hat, eine berufliche oder gewerbliche Tätigkeit ausübt oder
2. eine solche Tätigkeit auf irgendeinem Wege auf diesen Mitgliedstaat der Europäischen Union oder einen anderen Vertragsstaat des Abkommens über den Europäischen Wirtschaftsraum oder auf mehrere Staaten, einschließlich dieses Staates, ausrichtet

und der Vertrag in den Bereich dieser Tätigkeit fällt.

(3) Verbraucherschutzrichtlinien im Sinne dieser Vorschrift sind in ihrer jeweils geltenden Fassung:

1. die Richtlinie 93/13/EWG des Rates vom 5. April 1993 über missbräuchliche Klauseln in Verbraucherverträgen (ABl. L 95 vom 21.4.1993, S. 29);
2. die Richtlinie 1999/44/EG des Europäischen Parlaments und des Rates vom 25. Mai 1999 zu bestimmten Aspekten des Verbrauchsgüterkaufs und der Garantien für Verbrauchsgüter (ABl. L

제6절 물권법: 생략

제7절 유럽연합 국제사법 규정(international-privatrechtlicher Regelungen der Europäischen Union)의 집행과 시행에 관한 특칙

제1관 (EG) 864/2007호 규칙의 집행

제46항목a 환경피해

그 피해자는 (EG) 864/2007호 규칙 제7조에 따라 자신에게 귀속된 권리를, 자신의 청구권을, 손해를 성립시키는 사건이 발생한 국가의 법에 근거하여 1심에 한하여 1회에 기일 종료시까지나 서면에 의한 사전절차 종료시까지(nur im ersten Rechtszug bis zum Ende des frühen ersten Termins oder dem Ende des schriftlichen Vorverfahrens) 행사(行使)할 수 있다.

제2관 소비자보호에 있어 국제사법규정의 시행(Umsetzung international-privatrechtlicher Regelungen)

제46항목b 특별한 영토에서의 소비자보호

① 어느 계약이 준거법선택에 기하여 어느 유럽연합회원국의 법이나 「유럽경제권에 관한 협약」 가입국 중 유럽연합회원국 이외의 어느 가입국의 법을 적용받지 않지만, 그 계약이 이러한 국가의 영토와 밀접한 관련을 갖는(weist der Vertrag jedoch einen engen Zusammenhang mit dem Gebiet eines dieser Staaten auf) 경우에는, 이러한 국가들 중 어느 국가의 영토에서 적용되는, 소비자보호지침의 시행을 위한 규정(die im Gebiet dieses Staates geltenden Bestimmungen zur Umsetzung der Verbraucherschutzrichtlinien)을 적용한다.

② 사업자가,

1. 소비자가 자신의 상(常)거소를 둔, 어느 유럽연합회원국 또는 「유럽경제권에 관한 협약」 가입국 중 유럽연합회원국 이외의 어느 가입국(in dem Mitgliedstaat der Europäischen Union oder einem anderen Vertragsstaat des Abkommens über den Europäischen Wirtschaftsraum)에서 직업활동 또는 영업활동을 수행하거나,
2. 사업자(事業者)가 어느 유럽연합회원국 또는 「유럽경제권에 관한 협약」 가입국 중 유럽연합회원국 이외의 어느 가입국이나, 이러한 국가(國家)를 포함해서 여러 국가(國家)에서 그러한 활동(活動)을 어떤 방식으로든(eine solche Tätigkeit auf irgendeinem Wege) 수행(遂行)하고,

계약이 그러한 활동의 범위에 포함되는 경우에 특히 밀접한 관련이 인정된다.

③ 본 항목상의 소비자보호지침은 각각 적용되는 형식의 다음 각 호를 말한다:

1. 「소비자계약에서의 불공정 약관조항에 관한 1993년 4월 5일 유럽연합이사회 93/13/EWG호 지침」(ABl. L 95 vom 21.4.1993, S. 29);
2. 「소비재매매와 소비재에 대한 보증의 특정한 관점에 관한(zu bestimmten Aspekten des Verbrauchsgüterkaufs und der Garantien für Verbrauchsgüter) 1999년 5월 25일 유럽연합 의회 및

171 vom 7.7.1999, S. 12);

3. die Richtlinie 2002/65/EG des Europäischen Parlaments und des Rates vom 23. September 2002 über den Fernabsatz von Finanzdienstleistungen an Verbraucher und zur Änderung der Richtlinie 90/619/EWG des Rates und der Richtlinien 97/7/EG und 98/27/EG (ABl. L 271 vom 9.10.2002, S. 16);
4. die Richtlinie 2008/48/EG des Europäischen Parlaments und des Rates vom 23. April 2008 über Verbraucherkreditverträge und zur Aufhebung der Richtlinie 87/102/EWG des Rates (ABl. L 133 vom 22.5.2008, S. 66).

(4) Unterliegt ein Teilzeitnutzungsvertrag, ein Vertrag über ein langfristiges Urlaubsprodukt, ein Wiederverkaufsvertrag oder ein Tauschvertrag im Sinne von Artikel 2 Absatz 1 Buchstabe a bis d der Richtlinie 2008/122/EG des Europäischen Parlaments und des Rates vom 14. Januar 2009 über den Schutz der Verbraucher im Hinblick auf bestimmte Aspekte von Teilzeitnutzungsverträgen, Verträgen über langfristige Urlaubsprodukte sowie Wiederverkaufs- und Tauschverträgen (ABl. L 33 vom 3.2.2009, S. 10) nicht dem Recht eines Mitgliedstaats der Europäischen Union oder eines anderen Vertragsstaats des Abkommens über den Europäischen Wirtschaftsraum, so darf Verbrauchern der in Umsetzung dieser Richtlinie gewährte Schutz nicht vorenthalten werden, wenn

1. eine der betroffenen Immobilien im Hoheitsgebiet eines Mitgliedstaats der Europäischen Union oder eines anderen Vertragsstaats des Abkommens über den Europäischen Wirtschaftsraum belegen ist oder
2. im Falle eines Vertrags, der sich nicht unmittelbar auf eine Immobilie bezieht, der Unternehmer eine gewerbliche oder berufliche Tätigkeit in einem Mitgliedstaat der Europäischen Union oder einem anderen Vertragsstaat des Abkommens über den Europäischen Wirtschaftsraum ausübt oder diese Tätigkeit auf irgendeine Weise auf einen solchen Staat ausrichtet und der Vertrag in den Bereich dieser Tätigkeit fällt.

Art 46c Pauschalreisen und verbundene Reiseleistungen

(1) Hat der Reiseveranstalter im Zeitpunkt des Vertragsschlusses seine Niederlassung im Sinne des § 4 Absatz 3 der Gewerbeordnung weder in einem Mitgliedstaat der Europäischen Union noch in einem anderen Vertragsstaat des Abkommens über den Europäischen Wirtschaftsraum und

1. schließt der Reiseveranstalter in einem Mitgliedstaat der Europäischen Union oder einem anderen Vertragsstaat des Abkommens über den Europäischen Wirtschaftsraum Pauschalreiseverträge oder bietet er in einem dieser Staaten an, solche Verträge zu schließen, oder
2. richtet der Reiseveranstalter seine Tätigkeit im Sinne der Nummer 1 auf einen Mitgliedstaat der Europäischen Union oder einen anderen Vertragsstaat des Abkommens über den Europäischen Wirtschaftsraum aus,

이사회의 1999/44/EG호 지침」(ABl. L 171 vom 7.7.1999, S. 12);

3. 「소비자에 대한 금융서비스의 통신판매(den Fernabsatz von Finanzdienstleistungen an Verbraucher)와, 유럽연합이사회의 90/619/EWG호 지침과, 97/7/EG호 및 98/27/EG호 지침의 개정에 관한 2002년 9월 23일 유럽연합 의회 및 이사회의 2002/65/EG호 지침」(ABl. L 271 vom 9.10.2002, S. 16);

4. 「소비자신용계약(Verbraucherkreditverträge)과, 유럽연합이사회의 87/102/EWG호 지침의 폐지에 관한 2008년 4월 23일 유럽연합 의회 및 이사회의 2008/48/EG호 지침」(ABl. L 133 vom 22.5.2008, S. 66).

④ 「단기이용계약, 장기휴가상품계약과 재판매계약 및 교환계약의 특정한 관점에 관련한 소비자의 보호에 관한 2009년 1월 14일의 유럽연합 의회 및 이사회의 2008/122/EG호 지침」(ABl. L 33 vom 3.2.2009, S. 10) 제2조 제1항 a목 내지 d목상의 단기이용계약, 장기휴가상품계약, 재판매계약 또는 교환계약이 어느 유럽연합회원국의 법이나 「유럽경제권에 관한 협약」 가입국 중 유럽연합회원국 이외의 어느 가입국의 법을 적용받지 않는 경우에, 다음 각 호의 때에 소비자에게서 위와 같은 지침의 시행에서 주어진 보호를 박탈해서는 아니된다,

1. 관련 부동산 중 어느 부동산(eine der betroffenen Immobilien)이 어느 유럽연합회원국의 영토나 「유럽경제권에 관한 협약」 가입국 중 유럽연합회원국 이외의 어느 가입국(加入國)의 영토(領土)에 있는 때,

2. 어느 부동산에 직접적 적용되지 않는 계약의 경우에 있어(im Falle eines Vertrags, der sich nicht unmittelbar auf eine Immobilie bezieht), 사업자가 어느 유럽연합회원국 또는 「유럽경제권에 관한 협약」 가입국 중 유럽연합회원국 이외의 어느 가입국에서 영업활동 또는 직업활동(eine gewerbliche oder berufliche Tätigkeit)을 수행하거나 이러한 활동을 어떤 방식으로든 그러한 국가에서 수행하고 계약이 이러한 활동의 범위에 포함된(der Vertrag in den Bereich dieser Tätigkeit fällt) 때.

제46항목c 패키지여행과 연계여행급부

① 여행주최자가 계약 체결 당시에(im Zeitpunkt des Vertragsschlusses) 영업법 제4조 제3항상의 자신의 지점(seine Niederlassung im Sinne des § 4 Absatz 3 der Gewerbeordnung)을 어느 유럽연합회원국에도, 「유럽경제권에 관한 협약」 가입국 중 유럽연합회원국 이외의 어느 가입국에도 두지 않고,

1. 그 여행주최자가 어느 유럽연합회원국 또는 「유럽경제권에 관한 협약」 가입국 중 유럽연합회원국 이외의 어느 가입국에서 패키지여행을 체결하거나 그가 이러한 국가들에서 그러한 계약 체결에 대한 청약을 하는 경우(bietet er in einem dieser Staaten an, solche Verträge zu schließen)나,

2. 그 여행주최자가 제1호상의 자신의 활동(seine Tätigkeit im Sinne der Nummer 1)을 어느 유럽연합회원국 또는 「유럽경제권에 관한 협약」 가입국 중 유럽연합회원국 이외의 어느 가입국에서 수행하는 경우에,

so sind die sachrechtlichen Vorschriften anzuwenden, die der in Nummer 1 oder Nummer 2 genannte Staat zur Umsetzung des Artikels 17 der Richtlinie (EU) 2015/2302 des Europäischen Parlaments und des Rates vom 25. November 2015 über Pauschalreisen und verbundene Reiseleistungen, zur Änderung der Verordnung (EG) Nr. 2006/2004 und der Richtlinie 2011/83/EU des Europäischen Parlaments und des Rates sowie zur Aufhebung der Richtlinie 90/314/EWG des Rates (ABl. L 326 vom 11.12.2015, S. 1) erlassen hat, sofern der Vertrag in den Bereich dieser Tätigkeit fällt.

(2) Hat der Vermittler verbundener Reiseleistungen im Zeitpunkt des Vertragsschlusses seine Niederlassung im Sinne des § 4 Absatz 3 der Gewerbeordnung weder in einem Mitgliedstaat der Europäischen Union noch einem anderen Vertragsstaat des Abkommens über den Europäischen Wirtschaftsraum und

1. vermittelt er verbundene Reiseleistungen in einem Mitgliedstaat der Europäischen Union oder einem anderen Vertragsstaat des Abkommens über den Europäischen Wirtschaftsraum oder bietet er sie dort zur Vermittlung an oder
2. richtet er seine Vermittlungstätigkeit auf einen Mitgliedstaat der Europäischen Union oder einen anderen Vertragsstaat des Abkommens über den Europäischen Wirtschaftsraum aus,

so sind die sachrechtlichen Vorschriften anzuwenden, die der in Nummer 1 oder Nummer 2 genannte Staat zur Umsetzung des Artikels 19 Absatz 1 in Verbindung mit Artikel 17 und des Artikels 19 Absatz 3 der Richtlinie (EU) 2015/2302 erlassen hat, sofern der Vertrag in den Bereich dieser Tätigkeit fällt.

(3) Hat der Vermittler verbundener Reiseleistungen in dem nach Artikel 251 § 1 maßgeblichen Zeitpunkt seine Niederlassung im Sinne des § 4 Absatz 3 der Gewerbeordnung weder in einem Mitgliedstaat der Europäischen Union noch in einem anderen Vertragsstaat des Abkommens über den Europäischen Wirtschaftsraum und richtet er seine Vermittlungstätigkeit auf einen Mitgliedstaat der Europäischen Union oder einen anderen Vertragsstaat des Abkommens über den Europäischen Wirtschaftsraum aus, so sind die sachrechtlichen Vorschriften anzuwenden, die der Staat, auf den die Vermittlungstätigkeit ausgerichtet ist, zur Umsetzung des Artikels 19 Absatz 2 und 3 der Richtlinie (EU) 2015/2302 erlassen hat, sofern der in Aussicht genommene Vertrag in den Bereich dieser Tätigkeit fällt.

Dritter Unterabschnitt Durchführung der Verordnung (EG) Nr. 593/2008

Art 46d Pflichtversicherungsverträge

(1) Ein Versicherungsvertrag über Risiken, für die ein Mitgliedstaat der Europäischen Union oder ein anderer Vertragsstaat des Abkommens über den Europäischen Wirtschaftsraum eine

그 계약(契約)이 이러한 활동 영역에 포함되는 한(sofern der Vertrag in den Bereich dieser Tätigkeit fällt), 「패키지여행 및 연계여행급부(Pauschalreisen und verbundene Reiseleistungen)와, 유럽연합 의회·이사회의 (EG) 2006/2004호 규칙 및 2011/83/EU호 지침의 개정, 그리고 유럽연합 이사회 90/314/EWG호 지침의 폐지(廢止)(Aufhebung der Richtlinie 90/314/EWG des Rates)에 관한 2015년 11월 25일의 유럽연합 의회 및 이사회의 (EU) 2015/2302호 지침」(ABl. L 326 vom 11.12.2015, S. 1) 제17조의 시행(施行)을 위해 제1호 또는 제2호상의 국가가 제정한 실체법규정(die sachrechtlichen Vorschriften)을 적용(適用)한다.

② 연계여행급부주선업자(連繫旅行給付周旋業者)가 계약 체결 당시에 영업법 제4조 제3항상의 자신의 영업소를 어느 유럽연합회원국에도 「유럽경제권에 관한 협약」 가입국 중 유럽연합회원국 이외의 어느 가입국에도 두지 않고,

1. 그 연계여행급부주선업자(連繫旅行給付周旋業者)가 어느 유럽연합회원국 또는 「유럽경제권에 관한 협약」 가입국 중 유럽연합회원국 이외의 어느 가입국에서, 연계여행급부를 주선하거나 그 주선에 관하여 청약을 하는 경우나,
2. 그 연계여행급부주선업자(連繫旅行給付周旋業者)가 자신(自身)의 주선활동(周旋活動)(seine Vermittlungstätigkeit)을 어느 유럽연합회원국 또는 「유럽경제권에 관한 협약」 가입국 중 유럽연합회원국 이외의 어느 가입국에서 수행하는 경우에,

그 계약(契約)이 이러한 활동 영역에 포함되는 한(sofern der Vertrag in den Bereich dieser Tätigkeit fällt), 제1호 또는 제2호상의 국가가 (EU) 2015/2302호 지침 제17조와 연결된 제19조 제1항과, 제19조 제3항의 시행을 위해 제정한 실체법규정(die sachrechtlichen Vorschriften)을 적용한다.

③ 연계여행급부주선업자(連繫旅行給付周旋業者)가, 제251항목 제1조에 따라 적용되는 시기에 영업법 제4조 제3항상의 자신의 영업소를 어느 유럽연합회원국에도, 「유럽경제권에 관한 협약」 가입국 중 유럽연합회원국 이외의 어느 가입국에도(weder in einem Mitgliedstaat der Europäischen Union noch in einem anderen Vertragsstaat des Abkommens über den Europäischen Wirtschaftsraum) 두지 않고 자신의 주선활동(seine Vermittlungstätigkeit)을 어느 유럽연합회원국 또는 「유럽경제권에 관한 협약」 가입국 중 유럽연합회원국 이외의 어느 가입국에서 수행하는 경우에, 고려하고 있는 계약이 이러한 활동의 범위에 포함되는 한(sofern der in Aussicht genommene Vertrag in den Bereich dieser Tätigkeit fällt), 주선활동이 이뤄진 국가(der Staat, auf den die Vermittlungstätigkeit ausgerichtet ist)가 (EU) 2015/2302호 지침 제19조 제2항, 제3항의 시행을 위하여 제정한 실체법규정(die sachrechtlichen Vorschriften)을 적용한다.

제3관 (EG) 593/2008호 규칙의 시행

제46항목d 강제보험계약

① 어느 유럽연합회원국 또는 「유럽경제권에 관한 협약」 가입국 중 유럽연합회원국 이외의 어느 가입국이 보험의무를 규율한 위험에 관한 보험계약(Ein Versicherungsvertrag über Risiken)은, 이

Versicherungspflicht vorschreibt, unterliegt dem Recht dieses Staates, sofern dieser dessen Anwendung vorschreibt.

(2) Ein über eine Pflichtversicherung abgeschlossener Vertrag unterliegt deutschem Recht, wenn die gesetzliche Verpflichtung zu seinem Abschluss auf deutschem Recht beruht.

Vierter Unterabschnitt Durchführung der Verordnung (EU) Nr. 1259/2010

Art 46e Rechtswahl

(1) Eine Rechtswahlvereinbarung nach Artikel 5 der Verordnung (EU) Nr. 1259/2010 ist notariell zu beurkunden.

(2) Die Ehegatten können die Rechtswahl nach Absatz 1 auch noch bis zum Schluss der mündlichen Verhandlung im ersten Rechtszug vornehmen. § 127a des Bürgerlichen Gesetzbuchs gilt entsprechend.

Drittes Kapitel Angleichung; Wahl eines in einem anderen Mitgliedstaat der Europäischen Union erworbenen Namens

Art 47 Vor- und Familiennamen

(1) Hat eine Person nach einem anwendbaren ausländischen Recht einen Namen erworben und richtet sich ihr Name fortan nach deutschem Recht, so kann sie durch Erklärung gegenüber dem Standesamt

1. aus dem Namen Vor- und Familiennamen bestimmen,
2. bei Fehlen von Vor- oder Familiennamen einen solchen Namen wählen,
3. Bestandteile des Namens ablegen, die das deutsche Recht nicht vorsieht,
4. die ursprüngliche Form eines nach dem Geschlecht oder dem Verwandtschaftsverhältnis abgewandelten Namens annehmen,
5. eine deutschsprachige Form ihres Vor- oder ihres Familiennamens annehmen; gibt es eine solche Form des Vornamens nicht, so kann sie neue Vornamen annehmen.

Ist der Name Ehename oder Lebenspartnerschaftsname, so kann die Erklärung während des Bestehens der Ehe oder Lebenspartnerschaft nur von beiden Ehegatten oder Lebenspartnern abgegeben werden.

(2) Absatz 1 gilt entsprechend für die Bildung eines Namens nach deutschem Recht, wenn dieser von einem Namen abgeleitet werden soll, der nach einem anwendbaren ausländischen Recht erworben worden ist.

(3) § 1617c des Bürgerlichen Gesetzbuchs gilt entsprechend.

(4) Die Erklärungen nach den Absätzen 1 und 2 müssen öffentlich beglaubigt oder beurkundet

러한 국가가 그 법의 적용을 규율한 경우에(sofern dieser dessen Anwendung vorschreib) 이러한 국가의 법을 적용받는다.

② 강제보험에 관하여 체결된 계약(Ein über eine Pflichtversicherung abgeschlossener Vertrag)은, 그 계약의 체결에 관한 법정의무가 독일법에 근거하는 경우에 독일법의 적용을 받는다.

제4관 (EU) 1259/2010호 규칙의 시행

제46항목e 준거법선택

① (EU) 1259/2010호 규칙 제5조에 따른 준거법선택약정(Eine Rechtswahlvereinbarung)은 공정증서로 작성되어야 한다.

② 부부는 1심의 구술변론 종결 전까지도(auch noch bis zum Schluss der mündlichen Verhandlung im ersten Rechtszug) 제1항에 따른 준거법선택을 할 수 있다. 민법전 127조a를 준용한다.

제3장 통일적(統一的) 규율(規律): 독일 이외의 어느 유럽연합회원국에서 취득한 이름의 선택

제47항목 이름과 성씨

① 어느 사람이 외국의 준거법에 따라 이름을 짓고 장차 그 이름에 대해 독일법을 적용하려고 하는 경우에, 그 사람은 가족관계관리청에 대한 의사표시로,

1. 그 이름에 기하여 (독일법에 따른) 이름 및 성씨를 결정할 수 있고,
2. (독일법에 따른) 성씨 또는 이름이 없는 경우 그러한 이름을 선택할 수 있으며,
3. 독일법이 규율하지 않는 이름의 구성부분을 버릴 수 있다.
4. 성(性) 또는 친족관계(Verwandtschaftsverhältnis)에 따라 수정한 이름의 원래 형식을 수용할 수 있으며,
5. 독일어 형식의 자신의 이름 또는 성씨를 수용할 수 있다; 그러한 형식의 이름이 없는 경우에 (gibt es eine solche Form des Vornamens nicht) 그 사람은 새로운 이름을 수용할 수 있다.

그 이름이 혼인명 또는 동성혼인명(同性婚姻名)인 경우에(Ist der Name Ehename oder Lebenspartnerschaftsname), 혼인 또는 동성혼관계의 존재하는 동안에 부부 또는 동성혼관계의 두 사람 모두에 의해서만 그 의사표시를 할 수 있다.

② 제1항은, 외국의 준거법(準據法)에 따라 지어진(der nach einem anwendbaren ausländischen Recht erworben worden ist) 이름에서 유래하는 해당 이름에 대한 독일법 따른 작명(作名)에 대하여 준용한다.

③ 민법전 제1617조c를 준용한다.

④ 제1항, 제2항에 따른 의사표시(Die Erklärungen nach den Absätzen 1 und 2)는, 그것이 혼인시 또

werden, wenn sie nicht bei der Eheschließung oder bei der Begründung der Lebenspartnerschaft gegenüber einem deutschen Standesamt abgegeben werden.

Art 48 Wahl eines in einem anderen Mitgliedstaat der Europäischen Union erworbenen Namens

Unterliegt der Name einer Person deutschem Recht, so kann sie durch Erklärung gegenüber dem Standesamt den während eines gewöhnlichen Aufenthalts in einem anderen Mitgliedstaat der Europäischen Union erworbenen und dort in ein Personenstandsregister eingetragenen Namen wählen, sofern dies nicht mit wesentlichen Grundsätzen des deutschen Rechts offensichtlich unvereinbar ist. Die Namenswahl wirkt zurück auf den Zeitpunkt der Eintragung in das Personenstandsregister des anderen Mitgliedstaats, es sei denn, die Person erklärt ausdrücklich, dass die Namenswahl nur für die Zukunft wirken soll. Die Erklärung muss öffentlich beglaubigt oder beurkundet werden. Artikel 47 Absatz 1 und 3 gilt entsprechend.

Art 49 (Änderung anderer Vorschriften)

Zweiter Teil Verhältnis des Bürgerlichen Gesetzbuchs zu den Reichsgesetzen

Art 50

Die Vorschriften der Reichsgesetze bleiben in Kraft. Sie treten jedoch insoweit außer Kraft, als sich aus dem Bürgerlichen Gesetzbuch oder aus diesem Gesetz die Aufhebung ergibt.

Art 51

Soweit in dem Gerichtsverfassungsgesetz, der Zivilprozeßordnung, der Strafprozeßordnung, der Insolvenzordnung und in dem Anfechtungsgesetz an die Verwandtschaft oder die Schwägerschaft rechtliche Folgen geknüpft sind, finden die Vorschriften des Bürgerlichen Gesetzbuchs oder des Lebenspartnerschaftsgesetzes über Verwandtschaft oder Schwägerschaft Anwendung.

Art 52

Ist auf Grund eines Reichsgesetzes dem Eigentümer einer Sache wegen der im öffentlichen Interesse erfolgenden Entziehung, Beschädigung oder Benutzung der Sache oder wegen Beschränkung des Eigentums eine Entschädigung zu gewähren und steht einem Dritten ein Recht an der Sache zu, für welches nicht eine besondere Entschädigung gewährt wird, so hat der Dritte, soweit sein Recht beeinträchtigt wird, an dem Entschädigungsanspruch dieselben Rechte, die ihm im Falle des Erlöschens seines Rechts durch Zwangsversteigerung an dem Erlös zustehen.

는 동성혼관계 성립시에(bei der Eheschließung oder bei der Begründung der Lebenspartnerschaft) 독일의 가족관계관리청에 표시되지 않은 경우에 공식적으로 인증되거나 공증되어야만 한다.

제48항목 독일 이외의 어느 유럽연합회원국에서 지은 이름(eines in einem anderen Mitgliedstaat der Europäischen Union erworbenen Namens)의 선택

어느 사람의 이름이 독일법을 적용받는 경우에(Unterliegt der Name einer Person deutschem Recht) 그 사람은, 이것이 독일법의 근본 원칙과 합치되는 것이 명백한 경우에, 그 가족관계관리청에 대한 의사표시로 상(常)거소가 있는 동안에 독일 이외의 어느 유럽연합회원국에서 짓고 그 회원국에서 가족관계등록부에 등재한 이름을 선택할 수 있다. 이름선택은 독일 이외의 유럽연합회원국의 가족관계등록부에 등재된 시점으로 소급하되, 그 사람이 명시적으로, 장래에만 그 이름선택이 효력을 갖는 것으로 의사를 표시한 경우에는 그러하지 아니하다(es sei denn, die Person erklärt ausdrücklich, dass die Namenswahl nur für die Zukunft wirken soll. Die Erklärung muss öffentlich beglaubigt oder beurkundet werden). 그 의사표시는 공식적으로 인증되거나 공증되어야만 한다. 제47항목 제1항, 제3항을 준용한다.

제49항목 다른 규정에 의한 개정

제2편 제국법에 대한 민법전의 관계(Verhältnis des Bürgerlichen Gesetzbuchs)

제50항목

제국법 규정은 효력을 갖는다. 그럼에도 제국법 규정은 민법전 또는 본 법률에 기하여 그 폐지가 이뤄진(als sich aus dem Bürgerlichen Gesetzbuch oder aus diesem Gesetz die Aufhebung ergibt) 범위 내에서 효력이 없다.

제51항목

법원조직법, 민사소송법, 형사소송법, 파산법과 취소법[42](Anfechtungsgesetz)에서 친족관계(Verwandtschaft) 또는 인척관계(姻戚關係)에 대한 법적 효과가 결부된 범위 내에서, 친족관계 또는 인척관계에 관한 민법전 또는 동성혼관계법[43]의 규정(die Vorschriften des Bürgerlichen Gesetzbuchs oder des Lebenspartnerschaftsgesetzes über Verwandtschaft oder Schwägerschaft)을 적용한다.

제52항목

제국법에 기하여 공공의 이익을 위해 행해진, 물건의 수용(收用), 훼손 또는 사용으로 인하거나 소유권의 제한으로 인한 물건의 소유권에 대하여 손실보상을 해야 하고(Ist auf Grund eines Reichsgesetzes dem Eigentümer einer Sache wegen der im öffentlichen Interesse erfolgenden Entziehung, Beschädigung oder Benutzung der Sache oder wegen Beschränkung des Eigentums eine Entschädigung zu gewähren), 그 물건에 대하여 특별한 손실보상이 주어지지 않는 권리가 제3자에게 귀속되는 경우에, 제3자는 손실보상청구권에 관련하여, 강제경매로 자신의 권리를 상실하

soweit sein Recht beeinträchtigt wird, an dem Entschädigungsanspruch dieselben Rechte, die ihm im Falle des Erlöschens seines Rechts durch Zwangsversteigerung an dem Erlös zustehen.

Art 53

(1) Ist in einem Falle des Artikel 52 die Entschädigung dem Eigentümer eines Grundstücks zu gewähren, so finden auf den Entschädigungsanspruch die Vorschriften des § 1128 des Bürgerlichen Gesetzbuchs entsprechende Anwendung. Erhebt ein Berechtigter innerhalb der im § 1128 bestimmten Frist Widerspruch gegen die Zahlung der Entschädigung an den Eigentümer, so kann der Eigentümer und jeder Berechtigte die Eröffnung eines Verteilungsverfahrens nach den für die Verteilung des Erlöses im Falle der Zwangsversteigerung geltenden Vorschriften beantragen. Die Zahlung hat in diesem Fall an das für das Verteilungsverfahren zuständige Gericht zu erfolgen.
(2) Ist das Recht des Dritten eine Reallast, eine Hypothek, eine Grundschuld oder eine Rentenschuld, so erlischt die Haftung des Entschädigungsanspruchs, wenn der beschädigte Gegenstand wiederhergestellt oder für die entzogene bewegliche Sache Ersatz beschafft ist. Ist die Entschädigung wegen Benutzung des Grundstücks oder wegen Entziehung oder Beschädigung von Früchten oder von Zubehörstücken zu gewähren, so finden die Vorschriften des § 1123 Abs. 2 Satz 1 und des § 1124 Abs. 1 und 3 des Bürgerlichen Gesetzbuchs entsprechende Anwendung.

Art 53a

(1) Ist in einem Falle des Artikels 52 die Entschädigung dem Eigentümer eines eingetragenen Schiffs oder Schiffsbauwerks zu gewähren, so sind auf den Entschädigungsanspruch die Vorschriften der §§ 32 und 33 des Gesetzes über Rechte an eingetragenen Schiffen und Schiffsbauwerken vom 15. November 1940 (Reichsgesetzbl. I S. 1499) entsprechend anzuwenden.
(2) Artikel 53 Abs. 1 Satz 2 und 3 gilt entsprechend.

Art 54 (gegenstandslos)

Siebter Teil Durchführung des Bürgerlichen Gesetzbuchs, Verordnungsermächtigungen, Länderöffnungsklauseln, Informationspflichten

Art 238 (weggefallen)

Art 239 Länderöffnungsklausel

Die Länder können durch Gesetz bestimmen, dass der Antrag auf Erteilung eines Erbscheins der notariellen Beurkundung bedarf und die Versicherung an Eides statt nach § 352 Absatz 3 Satz 3 des Gesetzes über das Verfahren in Familiensachen und in den Angelegenheiten der freiwilligen Gerichtsbarkeit und nach § 36 Absatz 2 Satz 1 des Internationalen Erbrechtsverfahrensgesetzes vom 29. Juni 2015 (BGBl. I S. 1042) nur vor einem Notar abzugeben ist.

는 경우 매각대금에 대하여 제3자에게 귀속되는 동일한 권리를 자신의 권리가 침해된 범위 내에서 취득한다.

제53항목

① 제52항목의 경우에 손실보상이 토지의 소유자에게 행해져야 하는 경우에, 손실보상청구권에 대하여 민법전 제1128조의 규정을 준용한다. 권리자가 제1128조에서 정해진 기간 내에 소유자에 대한 손실보상금의 지급에 대하여 이의를 제기한 경우에(Erhebt ein Berechtigter innerhalb der im § 1128 bestimmten Frist Widerspruch gegen die Zahlung der Entschädigung an den Eigentümer), 소유자와 각 권리자는 강제경매의 경우에 매각대금의 분배에 대하여 적용된 규정에 좇아(nach den für die Verteilung des Erlöses im Falle der Zwangsversteigerung geltenden Vorschriften) 분배절차의 개시를 신청할 수 있다. 이러한 경우 그 지급은 그 분배절차를 관할하는 법원(das für das Verteilungsverfahren zuständige Gericht)에서 행해져야 한다.

② 제3자의 권리가 물적담보권, 근저당, 토지채무 또는 정기토지채무인 경우에 피해 목적물이 원상회복되거나 수용(收用)된 동산에 대해 배상이 행해진 때에는 손실보상청구권의 책임은 소멸한다. 토지의 사용으로 인하거나 과실(果實) 또는 종물부분의 수용(收用) 또는 훼손으로 인하여 손실보상이 행해져야 하는 경우에(Ist die Entschädigung wegen Benutzung des Grundstücks oder wegen Entziehung oder Beschädigung von Früchten oder von Zubehörstücken zu gewähren), 민법전 제1123조 제2항 제1문의 규정과, 제1124조 제1항 및 제3항의 규정을 준용한다.

제53항목a

① 제52항목의 경우에 손실보상이 등기된 선박이나 건조중인 선박의 소유자에게 행해지는 경우에(Ist in einem Falle des Artikels 52 die Entschädigung dem Eigentümer eines eingetragenen Schiffs oder Schiffsbauwerks zu gewähren), 그 손실보상청구권에 대하여 1940년 11월 15일의 등기된 선박 및 건조중인 선박에 대한 권리에 관한 법률(제국법률관보 제I권 1499면) 제32조, 제33조의 규정을 준용한다.

② 제53항목 제1항 제2문, 제3문을 준용한다.

제54항목 삭제

제7편 민법전 시행, 명령제정권한, 주결정조항, 정보제공의무44)

제238항목 삭제

제239항목 주결정조항(州決定條項)

주는 법률에 의하여, 상속증서의 발급 신청에 대하여, 공정증서 작성이 요구되고 가사사건 및 비송사건의 절차에 관한 법률 제352조 제3항 제3문과, 2015년 6월 29일의 국제상속권절차법 제36조 제2항 제1문에 좇아 선서에 갈음한 보장이 공증인 면전에서만 행해져야 하는 것으로 규정할 수 있다.

Art 240 Vertragsrechtliche Regelungen aus Anlass der COVID-19-Pandemie

§ 1 Moratorium

(1) Ein Verbraucher hat das Recht, Leistungen zur Erfüllung eines Anspruchs, der im Zusammenhang mit einem Verbrauchervertrag steht, der ein Dauerschuldverhältnis ist und vor dem 8. März 2020 geschlossen wurde, bis zum 30. Juni 2020 zu verweigern, wenn dem Verbraucher infolge von Umständen, die auf die Ausbreitung der Infektionen mit dem SARS-CoV-2-Virus (COVID-19-Pandemie) zurückzuführen sind, die Erbringung der Leistung ohne Gefährdung seines angemessenen Lebensunterhalts oder des angemessenen Lebensunterhalts seiner unterhaltsberechtigten Angehörigen nicht möglich wäre. Das Leistungsverweigerungsrecht besteht in Bezug auf alle wesentlichen Dauerschuldverhältnisse. Wesentliche Dauerschuldverhältnisse sind solche, die zur Eindeckung mit Leistungen der angemessenen Daseinsvorsorge erforderlich sind.

(2) Ein Kleinstunternehmen im Sinne der Empfehlung 2003/361/EG der Kommission vom 6. Mai 2003 betreffend die Definition der Kleinstunternehmen sowie der kleinen und mittleren Unternehmen (ABl. L 124 vom 20.5.2003, S. 36) hat das Recht, Leistungen zur Erfüllung eines Anspruchs, der im Zusammenhang mit einem Vertrag steht, der ein Dauerschuldverhältnis ist und vor dem 8. März 2020 geschlossen wurde, bis zum 30. Juni 2020 zu verweigern, wenn infolge von Umständen, die auf die COVID-19-Pandemie zurückzuführen sind,

1. das Unternehmen die Leistung nicht erbringen kann oder
2. dem Unternehmen die Erbringung der Leistung ohne Gefährdung der wirtschaftlichen Grundlagen seines Erwerbsbetriebs nicht möglich wäre.

Das Leistungsverweigerungsrecht besteht in Bezug auf alle wesentlichen Dauerschuldverhältnisse. Wesentliche Dauerschuldverhältnisse sind solche, die zur Eindeckung mit Leistungen zur angemessenen Fortsetzung seines Erwerbsbetriebs erforderlich sind.

(3) Absatz 1 gilt nicht, wenn die Ausübung des Leistungsverweigerungsrechts für den Gläubiger seinerseits unzumutbar ist, da die Nichterbringung der Leistung die wirtschaftliche Grundlage seines Erwerbsbetriebs gefährden würde. Absatz 2 gilt nicht, wenn die Ausübung des Leistungsverweigerungsrechts für den Gläubiger unzumutbar ist, da die Nichterbringung der Leistung zu einer Gefährdung seines angemessenen Lebensunterhalts oder des angemessenen Lebensunterhalts seiner unterhaltsberechtigten Angehörigen oder der wirtschaftlichen Grundlagen seines Erwerbsbetriebs führen würde. Wenn das Leistungsverweigerungsrecht nach Satz 1 oder 2 ausgeschlossen ist, steht dem Schuldner das Recht zur Kündigung zu.

(4) Die Absätze 1 und 2 gelten ferner nicht im Zusammenhang

1. mit Miet- und Pachtverträgen nach § 2, mit Darlehensverträgen sowie

제240항목 코로나19 대유행전염병을 이유로 한 계약법상 규율[45]

제1조 지급유예(支給猶豫)

① '사스코로나2 바이러스'(SARS-CoV-2-Virus)에 의한 전염병(傳染病)의 확산(擴散)('코로나19 대유행전염병'; COVID-19-Pandemie)에 기인하는 상황(狀況)으로 인하여 소비자가, 자신의 적절한 생계(生計) 또는 자신의 부양가족의 적절한 생계에 대한 위험을 무릅써야만 급부 이행을 할 수 있는(die Erbringung der Leistung ohne Gefährdung seines angemessenen Lebensunterhalts oder des angemessenen Lebensunterhalts seiner unterhaltsberechtigten Angehörigen nicht möglich wäre) 경우에 그 소비자는, 계속적 채권관계이고 2020년 3월 8일 전에 체결된 소비자계약과 관련된 '청구권 이행에 관한 급부'를 2020년 6월 30일까지 거절할 권리를 갖는다. 급부거절권은 일체의 필요불가결한 계속적 채권관계에 관련하여 인정된다. 필요불가결한 계속적 채권관계는, 적절한 생존배려(生存配慮)의 급부를 제공하기 위해 필요한 채권관계[46](die zur Eindeckung mit Leistungen der angemessenen Daseinsvorsorge erforderlich sind)를 말한다.

② 「소기업 및 중소기업의 정의에 관한 2013년 5월 6일 유럽연합집행위원회의 2003/361/EG호 권고」(ABl. L 124 vom 20.5.2003, S. 36)상의 소기업[47](小企業)은, 코로나19 대유행전염병으로 기인한 상황으로 인한 다음 각 호에 해당하는 때에, 계속적 채권관계이고, 2020년 3월 8일 전에 체결된 계약과 관련한 청구권 이행에 관한 급부(Leistungen zur Erfüllung eines Anspruchs, der im Zusammenhang mit einem Vertrag steht, der ein Dauerschuldverhältnis ist und vor dem 8. März 2020 geschlossen wurde)를 2020년 6월 30일까지 거절할 권리를 갖는다,

1. 그 소기업이 그 급부를 이행할 수 없는 경우,
2. 그 소기업이 자신의 사업운영(Erwerbsbetriebs)의 경제적 기반에 대한 위험을 무릅써야만 급부 제공을 할 수 있는 경우.

그 급부거절권은 일체의 필요불가결한 계속적 채권관계에 관련하여 인정된다. 필요불가결한 계속적 채권관계는, 자신의 '사업운영을 적절하게 지속하기 위한 급부'를 제공하기 위해 필요한 채권관계[48](die zur Eindeckung mit Leistungen zur angemessenen Fortsetzung seines Erwerbsbetriebs erforderlich sind)를 말한다.

③ 급부불이행이 채권자의 사업운영의 경제적 기반을 위태롭게 하기 때문에 급부거절권의 행사를 채권자로서는 기대할 수 없는 제1항은 적용하지 아니한다. 급부불이행으로 인하여 채권자의 적절한 생계 또는 채권자의 부양가족의 적절한 생계에 대한 위험이나 채권자의 사업운영의 경제적 기반에 위험이 초래되기 때문에(da die Nichterbringung der Leistung zu einer Gefährdung seines angemessenen Lebensunterhalts oder des angemessenen Lebensunterhalts seiner unterhaltsberechtigten Angehörigen oder der wirtschaftlichen Grundlagen seines Erwerbsbetriebs führen würde) 급부거절권의 행사를 채권로서는 기대할 수 없는 경우에는 제2항을 적용하지 아니한다. 제1문 또는 제2문에 따른 급부거절권이 배제된 경우에 채무자에게 해지권이 귀속된다.

④ 또한 제1항, 제2항은 다음 각 호와 관련하여 적용하지 아니한다,

1. 제2조에 따른 사용임대차계약 및 용익임대차계약과, 소비대차계약,

2. mit arbeitsrechtlichen Ansprüchen.

(5) Von den Absätzen 1 und 2 kann nicht zum Nachteil des Schuldners abgewichen werden.

§ 2 Beschränkung der Kündigung von Miet- und Pachtverhältnissen

(1) Der Vermieter kann ein Mietverhältnis über Grundstücke oder über Räume nicht allein aus dem Grund kündigen, dass der Mieter im Zeitraum vom 1. April 2020 bis 30. Juni 2020 trotz Fälligkeit die Miete nicht leistet, sofern die Nichtleistung auf den Auswirkungen der COVID-19-Pandemie beruht. Der Zusammenhang zwischen COVID-19-Pandemie und Nichtleistung ist glaubhaft zu machen. Sonstige Kündigungsrechte bleiben unberührt.

(2) Von Absatz 1 kann nicht zum Nachteil des Mieters abgewichen werden.

(3) Die Absätze 1 und 2 sind auf Pachtverhältnisse entsprechend anzuwenden.

(4) Die Absätze 1 bis 3 sind nur bis zum 30. Juni 2022 anzuwenden.

§ 3 Regelungen zum Darlehensrecht

(1) Für Verbraucherdarlehensverträge, die vor dem 15. März 2020 abgeschlossen wurden, gilt, dass Ansprüche des Darlehensgebers auf Rückzahlung, Zins- oder Tilgungsleistungen, die zwischen dem 1. April 2020 und dem 30. Juni 2020 fällig werden, mit Eintritt der Fälligkeit für die Dauer von drei Monaten gestundet werden, wenn der Verbraucher aufgrund der durch Ausbreitung der COVID-19-Pandemie hervorgerufenen außergewöhnlichen Verhältnisse Einnahmeausfälle hat, die dazu führen, dass ihm die Erbringung der geschuldeten Leistung nicht zumutbar ist. Nicht zumutbar ist ihm die Erbringung der Leistung insbesondere dann, wenn sein angemessener Lebensunterhalt oder der angemessene Lebensunterhalt seiner Unterhaltsberechtigten gefährdet ist. Der Verbraucher ist berechtigt, in dem in Satz 1 genannten Zeitraum seine vertraglichen Zahlungen zu den ursprünglich vereinbarten Leistungsterminen weiter zu erbringen. Soweit er die Zahlungen vertragsgemäß weiter leistet, gilt die in Satz 1 geregelte Stundung als nicht erfolgt.

(2) Die Vertragsparteien können von Absatz 1 abweichende Vereinbarungen, insbesondere über mögliche Teilleistungen, Zins- und Tilgungsanpassungen oder Umschuldungen treffen.

(3) Kündigungen des Darlehensgebers wegen Zahlungsverzugs, wegen wesentlicher Verschlechterung der Vermögensverhältnisse des Verbrauchers oder der Werthaltigkeit einer für das Darlehen gestellten Sicherheit sind im Fall des Absatzes 1 bis zum Ablauf der Stundung ausgeschlossen. Hiervon darf nicht zu Lasten des Verbrauchers abgewichen werden.

(4) Der Darlehensgeber soll dem Verbraucher ein Gespräch über die Möglichkeit einer einverständlichen Regelung und über mögliche Unterstützungsmaßnahmen anbieten. Für dieses können auch Fernkommunikationsmittel genutzt werden.

2. 노동법적 청구권.

⑤ 채무자의 불이익으로(zum Nachteil des Schuldners) 제1항, 제2항과 다른 내용으로 정할 수 없다.

제2조 사용임대차관계 및 용익임대차관계의 해지의 제한

① 사용임대인은, 그 미지급이 코로나19 대유행전염병에의 영향에 기인하는 한, 2020년 4월 1일부터 6월 30일까지의 기간 동안에 사용임차인이 차임의 이행기 도래에도 불구하고 이를 지급하지 않았다는 이유만으로 토지 또는 주거공간에 관한 사용임대차관계를 해지할 수 없다. 코로나19 대유행전염병과 그 미지급 사이에 연관성은 소명(疎明)되어야 한다(Der Zusammenhang zwischen COVID-19-Pandemie und Nichtleistung ist glaubhaft zu machen). 그 밖의 해지권은 영향을 받지 아니한다.

② 사용임차인의 불이익으로 제1항과 다른 내용으로 정할 수 없다.

③ 제1항, 제2항은 용익임대차관계에 대하여 준용한다.

④ 제1항 내지 제3항은 2022년 6월 30일까지에 한하여 적용한다.

제3조 소비대차법에 대한 규율

① 2020년 3월 15일 전에 체결된 소비자소비대차와 관련하여, 코로로19 대유행의 확산으로 발생한 이례적인 사정(事情)으로 인한 소득상실(Einnahmeausfälle)로, 소비자에게서 의무가 있는 급부 이행을 기대할 수 없는 점에 이른 소득상실이 소비자에게 있는 경우에(wenn der Verbraucher aufgrund der durch Ausbreitung der COVID-19-Pandemie hervorgerufenen außergewöhnlichen Verhältnisse Einnahmeausfälle hat, die dazu führen, dass ihm die Erbringung der geschuldeten Leistung nicht zumutbar ist), 2020년 4월 1일부터 6월 30일까지 기간에 이행기가 도래하는, 대주(貸主)의 상환청구권(償還請求權), 이자지급청구권(利子支給請求權) 또는 원금지급청구권(元金支給請求權)은, 그 이행기 도래시로부터 3개월간(mit Eintritt der Fälligkeit für die Dauer von drei Monaten) 유예되는 것으로 본다. 특히, 소비자 자신의 적절한 생계 또는 소비자의 부양가족의 적절한 생계가 위태로워진 때에는 소비자에게서 급부 이행을 기대할 수 없는 경우이다. 소비자는 제1문상의 기간 동안에 자신의 계약상 지급을 약정한 원래의 기일에 계속적으로 이행할 권리를 갖는다. 소비자가 계약에 좇아 계속적으로 이행한 범위 내에서 제1문에서 규율된 유예는 행해지지 않은 것으로 본다.

② 계약당사자들은 제1항과 다른 약정, 특히 가능한 일부변제, 이자 및 원금 조정 또는 채무조정[49](mögliche Teilleistungen, Zins- und Tilgungsanpassungen oder Umschuldungen)을 할 수 있다.

③ 제1항의 경우에 있어, 지급지체로 인한 대주의 해지나, 소비자의 재산상태 또는 소비대차에 제공된 담보가치의 현저한 악화로 인한(wegen wesentlicher Verschlechterung der Vermögensverhältnisse des Verbrauchers oder der Werthaltigkeit einer für das Darlehen gestellten Sicherheit) 대주의 해지는 유예기간 경과시까지 배제된다. 소비자의 불이익으로 이와 다른 내용으로 정해서는 아니된다.

④ 대주는 소비자에게 합의에 의한 규율의 가능성과 가능한 지원조치에 관한 논의(über mögliche Unterstützungsmaßnahmen)를 제의해야만 한다. 이를 위해 원격통신수단도 사용될 수 있다.

(5) Kommt eine einverständliche Regelung für den Zeitraum nach dem 30. Juni 2020 nicht zustande, verlängert sich die Vertragslaufzeit um drei Monate. Die jeweilige Fälligkeit der vertraglichen Leistungen wird um diese Frist hinausgeschoben. Der Darlehensgeber stellt dem Verbraucher eine Abschrift des Vertrags zur Verfügung, in der die vereinbarten Vertragsänderungen oder die sich aus Satz 1 sowie aus Absatz 1 Satz 1 ergebenden Vertragsänderungen berücksichtigt sind.

(6) Die Absätze 1 bis 5 gelten nicht, wenn dem Darlehensgeber die Stundung oder der Ausschluss der Kündigung unter Berücksichtigung aller Umstände des Einzelfalls einschließlich der durch die COVID-19-Pandemie verursachten Veränderungen der allgemeinen Lebensumstände unzumutbar ist.

(7) Die Absätze 1 bis 6 gelten entsprechend für den Ausgleich und den Rückgriff unter Gesamtschuldnern nach § 426 des Bürgerlichen Gesetzbuchs.

(8) Die Bundesregierung wird ermächtigt, durch Rechtsverordnung mit Zustimmung des Bundestages und ohne Zustimmung des Bundesrates den personellen Anwendungsbereich der Absätze 1 bis 7 zu ändern und insbesondere Kleinstunternehmen im Sinne von Artikel 2 Absatz 3 des Anhangs der Empfehlung 2003/361/EG der Kommission vom 6. Mai 2003 betreffend die Definition der Kleinstunternehmen sowie der kleinen und mittleren Unternehmen in den Anwendungsbereich einzubeziehen.

§ 4 Verordnungsermächtigung

(1) Die Bundesregierung wird ermächtigt, durch Rechtsverordnung ohne Zustimmung des Bundesrates

1. die Dauer des Leistungsverweigerungsrechts nach § 1 bis längstens zum 30. September 2020 zu verlängern,
2. die in § 2 Absatz 1 und 3 enthaltene Kündigungsbeschränkung auf Zahlungsrückstände zu erstrecken, die im Zeitraum vom 1. Juli 2020 bis längstens zum 30. September 2020 entstanden sind,
3. den in § 3 Absatz 1 genannten Zeitraum bis zum 30. September 2020 und die in § 3 Absatz 5 geregelte Verlängerung der Vertragslaufzeit auf bis zu zwölf Monate zu erstrecken,

wenn zu erwarten ist, dass das soziale Leben, die wirtschaftliche Tätigkeit einer Vielzahl von Unternehmen oder die Erwerbstätigkeit einer Vielzahl von Menschen durch die COVID-19-Pandemie weiterhin in erheblichem Maße beeinträchtigt bleibt.

(2) Die Bundesregierung wird ermächtigt, durch Rechtsverordnung mit Zustimmung des Bundestages und ohne Zustimmung des Bundesrates die in Absatz 1 genannten Fristen über den 30. September 2020 hinaus zu verlängern, wenn die Beeinträchtigungen auch nach Inkrafttreten der Rechtsverordnung nach Absatz 1 fortbestehen.

⑤ 2020년 6월 30일 후의 기간에 대한 합의에 의한 규율이 성사되지 않은 경우에(Kommt eine einverständliche Regelung für den Zeitraum nach dem 30. Juni 2020 nicht zustande) 계약기간이 3개월간 추가로 연장된다. 계약상 급부의 각 이행기는 이러한 기간만큼 유예된다. 대주는 소비자에게 합의에 의한 계약변경이나 제1문 또는 제1항 제1문에 기하여 이뤄진 계약변경이 반영된(in der die vereinbarten Vertragsänderungen oder die sich aus Satz 1 sowie aus Absatz 1 Satz 1 ergebenden Vertragsänderungen berücksichtigt sind) 계약서 사본은 제공한다.

⑥ 코로나19 대유행전염병으로 인해 초래된 일반적인 생활조건을 포함하여(einschließlich der durch die COVID-19-Pandemie verursachten Veränderungen der allgemeinen Lebensumstände) 개별사안의 제반사정을 고려했을 때 지급유예 또는 해지의 배제를 대주에게서 기대할 수 없는 경우에 제1항 내지 제5항은 적용하지 아니한다.

⑦ 제1항 내지 제6항은, 민법전 제426조에 따른 연대채무자들 간의 조정과 상환청구에 대하여 준용한다.

⑧ 연방정부는 연방의회의 동의를 얻어야 하고 연방참사원의 동의가 필요가 없는 법규명령으로(durch Rechtsverordnung mit Zustimmung des Bundestages und ohne Zustimmung des Bundesrates), 제1항 내지 제7항의 인적(人的) 적용범위(den personellen Anwendungsbereich der Absätze 1 bis 7)를 변경할 권한을 갖고, 특히 「소기업 및 중소기업의 정의에 관한 2013년 5월 6일 유럽연합집행위원회의 2003/361/EG호 권고」의 부록 제2조 제3항상의 소기업(小企業)을 적용범위에 포함시킬(in den Anwendungsbereich einzubeziehen) 권한을 갖는다.

제4조 명령제정권한

① 연방정부는, 사회적 생활, 수많은 기업의 경제활동(經濟活動) 또는 수많은 사람들의 생계활동(生計活動)(das soziale Leben, die wirtschaftliche Tätigkeit einer Vielzahl von Unternehmen oder die Erwerbstätigkeit einer Vielzahl von Menschen)이 코로나19 대유행전염병으로 인해 계속적으로 중대하게 방해를 받을 것으로 예상되는 경우에, 연방참사원의 동의가 필요 없는 법규명령으로,

1. 제1조에 따른 급부거절권의 기간(die Dauer des Leistungsverweigerungsrechts nach § 1)을 최장 2020년 9월 30일까지 연장할 권한을 갖고,
2. 제2조 제1항, 제3항에 포함된 해지제한을, 2020년 7월 1일부터 최장 2020년 9월 30일까지의 기간 동안에 발생한(die im Zeitraum vom 1. Juli 2020 bis längstens zum 30. September 2020 entstanden sind) 미지급채무로 확대할 권한을 갖으며,
3. 제3조 제1항상의 기간을 2020년 9월 30일까지 연장하고, 제3조 제5항에서 규정된 기간연장(die in § 3 Absatz 5 geregelte Verlängerung der Vertragslaufzeit)을 12개월로 연장할 권한을 갖는다.

② 연방정부는, 제1항에 따른 법규명령 시행 후에도 그 방해가 지속되는 경우에는(wenn die Beeinträchtigungen auch nach Inkrafttreten der Rechtsverordnung nach Absatz 1 fortbestehen), 연방의회의 동의를 얻어야 하고 참사원의 동의가 필요 없는 법규명령으로 제1항의 기간을 2020년 9월 30일의 기간을 넘어서(über den 30. September 2020 hinaus) 연장할 권한을 갖는다.

Art 241 (weggefallen)

Art 242 Informationspflichten bei Teilzeit-Wohnrechteverträgen, Verträgen über langfristige Urlaubsprodukte, Vermittlungsverträgen sowie Tauschsystemverträgen

§ 1 Vorvertragliche und vertragliche Pflichtangaben

(1) Als vorvertragliche Informationen nach § 482 Absatz 1 des Bürgerlichen Gesetzbuchs für den Abschluss eines Teilzeit-Wohnrechtevertrags, eines Vertrags über ein langfristiges Urlaubsprodukt, eines Vermittlungsvertrags oder eines Tauschsystemvertrags sind die Angaben nach den Anhängen der Richtlinie 2008/122/EG des Europäischen Parlaments und des Rates vom 14. Januar 2009 über den Schutz der Verbraucher im Hinblick auf bestimmte Aspekte von Teilzeitnutzungsverträgen, Verträgen über langfristige Urlaubsprodukte sowie Wiederverkaufs- und Tauschverträgen (ABl. L 33 vom 3.2.2009, S. 10) in leicht zugänglicher Form zur Verfügung zu stellen, und zwar

1. für einen Teilzeit-Wohnrechtevertrag die Angaben nach Anhang I der Richtlinie,
2. für einen Vertrag über ein langfristiges Urlaubsprodukt die Angaben nach Anhang II der Richtlinie,
3. für einen Vermittlungsvertrag die Angaben nach Anhang III der Richtlinie,
4. für einen Tauschsystemvertrag die Angaben nach Anhang IV der Richtlinie.

(2) Die Angaben in den Teilen 1 und 2 der Anhänge nach Absatz 1 Nummer 1 bis 4 sind in einem Formblatt nach den in den Anhängen enthaltenen Mustern zur Verfügung zu stellen. Die Angaben nach Teil 3 des Anhangs können in das Formblatt aufgenommen oder auf andere Weise zur Verfügung gestellt werden. Werden sie nicht in das Formblatt aufgenommen, ist auf dem Formblatt darauf hinzuweisen, wo die Angaben zu finden sind.

§ 2 Informationen über das Widerrufsrecht

Einem Teilzeit-Wohnrechtevertrag, einem Vertrag über ein langfristiges Urlaubsprodukt, einem Vermittlungsvertrag oder einem Tauschsystemvertrag ist ein Formblatt gemäß dem Muster in Anhang V der Richtlinie 2008/122/EG des Europäischen Parlaments und des Rates vom 14. Januar 2009 über den Schutz der Verbraucher im Hinblick auf bestimmte Aspekte von Teilzeitnutzungsverträgen, Verträgen über langfristige Urlaubsprodukte sowie Wiederverkaufs- und Tauschverträgen (ABl. L 33 vom 3.2.2009, S. 10) in der Sprache nach § 483 Absatz 1 des Bürgerlichen Gesetzbuchs beizufügen, in das die einschlägigen Informationen zum Widerrufsrecht deutlich und verständlich eingefügt sind.

Art 243 Ver- und Entsorgungsbedingungen

Das Bundesministerium für Wirtschaft und Energie kann im Einvernehmen mit dem

제241항목 삭제

제242항목 단기주거권계약, 장기휴가상품계약, 주선계약(周旋契約) 및 교환제계약(bei Vermittlungsverträgen sowie Tauschsystemverträgen)에서의 정보제공의무

제1조 계약 전 의무적 정보제공과 계약시 의무적 정보제공

① 「단기이용계약, 장기휴가상품계약과 재판매계약 및 교환계약의 특정한 관점에 관련한 소비자의 보호에 관한 2009년 1월 14일의 유럽연합 의회 및 이사회의 2008/122/EG호 지침」(ABl. L 33 vom 3.2.2009, S. 10)의 부록에 따른 사항이, 단기주거권계약, 장기휴가상품계약, 주선계약(周旋契約) 및 교환제계약의 체결에 대한 민법전 제482조 제1항에 따른 계약 전 정보제공으로서(Als vorvertragliche Informationen nach § 482 Absatz 1 des Bürgerlichen Gesetzbuchs für den Abschluss eines Teilzeit-Wohnrechtevertrags, eines Vertrags über ein langfristiges Urlaubsprodukt, eines Vermittlungsvertrags oder eines Tauschsystemvertrags), 쉽게 접근할 수 있는 방식으로 제공되어야 하되, 다음 각 호와 같이 제공된다,

1. 단기주거권계약에 대하여는 그 지침 부록 I에 따른 사항이,
2. 장기휴가상품계약(einen Vertrag über ein langfristiges Urlaubsprodukt)에 대하여는 그 지침 부록 Ⅱ에 따른 사항이,
3. 주선계약에 대하여는 그 지침 부록 Ⅲ에 따른 사항이,
4. 교환제계약에 대하여는 그 지침 부록 Ⅳ에 따른 사항이.

② 제1항 제1호 내지 제4호에 따른 부록 1파트 및 2파트상의 사항(Die Angaben in den Teilen 1 und 2 der Anhänge nach Absatz 1 Nummer 1 bis 4)은 부록에 포함된 견본에 따른 서식으로(in einem Formblatt nach den in den Anhängen enthaltenen Mustern) 제공되어야 한다. 부록 3파트에 따른 사항은 그 서식에 포함될 수 있거나 그 밖의 방식으로 제공될 수 있다. 부록 3파트에 따른 사항이 그 서식에 포함되지 않은 경우에 그 사항이 기재된 서식에서 그 사항이 언급되어야 한다.

제2조 철회권에 관한 정보제공

「단기이용계약, 장기휴가상품계약과 재판매계약 및 교환계약의 특정 해석에 관련한 소비자의 보호에 관한 2009년 1월 14일 유럽연합 의회 및 이사회의 2008/122/EG호 지침」(ABl. L 33 vom 3.2.2009, S. 10)의 부록 Ⅴ의 견본에 따른 서식으로, 철회권에 관한 관련 정보가 명료하고 이해하기 쉽게 부가된(in das die einschlägigen Informationen zum Widerrufsrecht deutlich und verständlich eingefügt sind) 서식이 단기주거권계약, 장기휴가상품계약, 주선계약(周旋契約) 및 교환제계약(Einem Teilzeit-Wohnrechtevertrag, einem Vertrag über ein langfristiges Urlaubsprodukt, einem Vermittlungsvertrag oder einem Tauschsystemvertrag ist)에 민법번 제483조 제1항에 따른 언어로 첨부되어야 한다.

제243항목 공급조건 및 배출조건

연방 경제에너지부는 연방법무소비자부와 협의하여 연방참사원의 동의를 필요로 하는 법규명령으

Bundesministerium der Justiz und für Verbraucherschutz durch Rechtsverordnung mit Zustimmung des Bundesrates die Allgemeinen Bedingungen für die Versorgung mit Wasser und Fernwärme sowie die Entsorgung von Abwasser einschließlich von Rahmenregelungen über die Entgelte ausgewogen gestalten und hierbei unter angemessener Berücksichtigung der beiderseitigen Interessen

1. die Bestimmungen der Verträge einheitlich festsetzen,
2. Regelungen über den Vertragsschluss, den Gegenstand und die Beendigung der Verträge treffen sowie
3. die Rechte und Pflichten der Vertragsparteien festlegen.

Satz 1 gilt entsprechend für Bedingungen öffentlich-rechtlich gestalteter Ver- und Entsorgungsverhältnisse mit Ausnahme der Regelung des Verwaltungsverfahrens.

Art 244 Abschlagszahlungen beim Hausbau

Das Bundesministerium der Justiz und für Verbraucherschutz wird ermächtigt, im Einvernehmen mit dem Bundesministerium für Wirtschaft und Energie durch Rechtsverordnung ohne Zustimmung des Bundesrates auch unter Abweichung von § 632a oder § 650m des Bürgerlichen Gesetzbuchs zu regeln, welche Abschlagszahlungen bei Werkverträgen verlangt werden können, die die Errichtung oder den Umbau eines Hauses oder eines vergleichbaren Bauwerks zum Gegenstand haben, insbesondere wie viele Abschläge vereinbart werden können, welche erbrachten Gewerke hierbei mit welchen Prozentsätzen der Gesamtbausumme angesetzt werden können, welcher Abschlag für eine in dem Vertrag enthaltene Verpflichtung zur Verschaffung des Eigentums angesetzt werden kann und welche Sicherheit dem Besteller hierfür zu leisten ist.

Art 245 (weggefallen)

Art 246 Informationspflichten beim Verbrauchervertrag

(1) Der Unternehmer ist, sofern sich diese Informationen nicht aus den Umständen ergeben, nach § 312a Absatz 2 des Bürgerlichen Gesetzbuchs verpflichtet, dem Verbraucher vor Abgabe von dessen Vertragserklärung folgende Informationen in klarer und verständlicher Weise zur Verfügung zu stellen:

1. die wesentlichen Eigenschaften der Waren oder Dienstleistungen in dem für den Datenträger und die Waren oder Dienstleistungen angemessenen Umfang,
2. seine Identität, beispielsweise seinen Handelsnamen und die Anschrift des Ortes, an dem er niedergelassen ist, sowie seine Telefonnummer,
3. den Gesamtpreis der Waren und Dienstleistungen einschließlich aller Steuern und Abgaben oder in den Fällen, in denen der Preis auf Grund der Beschaffenheit der Ware oder Dienstleistung vernünftigerweise nicht im Voraus berechnet werden kann, die Art der Preisberechnung sowie

로, 이용료에 관한 기본규정을 포함하여 수도 및 난방의 공급에 대한 일반조건과 하수도배출에 대한 일반조건(die Allgemeinen Bedingungen für die Versorgung mit Wasser und Fernwärme sowie die Entsorgung von Abwasser einschließlich von Rahmenregelungen über die Entgelte)을 균형 있게 정할 수 있고, 여기서 양 당사자의 이익의 적절하게 고려하여,

1. 그 계약 조항을 통일적으로 정할 수 있고,
2. 계약체결, 그 목적과 계약종료(den Vertragsschluss, den Gegenstand und die Beendigung der Verträge)에 관하여 규정할 수 있으며,
3. 계약당사자의 권리의무를 규율할 수 있다.

제1문은, 행정절차에 관한 규정을 제외하고 공법적으로 형성된 공급관계 및 배출관계의 조건에 대하여 준용한다.

제244항목 주택건축에서의 분할지급

연방법무소비자부는, 연방경제에너지부와 협의하여 연방참사원의 동의가 필요 없는 법규명령으로, 주택의 신축 또는 개축이나 이에 유사한 건축물을 목적으로 하는 도급계약에서 어떻게 분할지급이 청구될 수 있는지, 특히 분할지급횟수가 몇 번으로 약정될 수 있는지, 분할지급시 기성(旣成)의 일에 대하여 건축비총액 중 몇 퍼센트의 지급을 정할 수 있는지(welche erbrachten Gewerke hierbei mit welchen Prozentsätzen der Gesamtbausumme angesetzt werden können), 계약에 포함된 소유권이전의무에 대하여 몇 번의 분할지급횟수가 정해질 수 있는지(welcher Abschlag für eine in dem Vertrag enthaltene Verpflichtung zur Verschaffung des Eigentums angesetzt werden kann), 그리고 어떤 담보물이 도급인에게 분할지급과 관련하여 제공되어야 하는지(welche Sicherheit dem Besteller hierfür zu leisten ist)에 대하여, 민법전 제632조a 또는 제650조m과 다른 내용으로도 규율할 권한을 갖는다.

제245항목 삭제

제246항목 소비자계약에서의 정보제공의무

① 사업자는, 제사정에 기하여 이러한 정보제공이 도출되지 않는 한, 민법전 제312조a 제2항에 좇아 소비자가 자신의 계약의사표시를 하기 전에 소비자에게 다음 각 호의 정보를 명료하고도 이해가 쉬운 방식으로 제공해야 할 의무를 진다:

1. 정보저장매체와 물품 또는 용역에 대해 적절한 범위 내에서의 물품(物品) 또는 용역(用役)의 중요한 특성;
2. 사업자 신원, 예를 들어 사업자의 상호, 영업소를 둔 곳의 주소(die Anschrift des Ortes, an dem er niedergelassen ist)와, 사업자의 전화번호,
3. 일체의 세금 및 공과금을 포함하여 물품 또는 용역의 총가격이나, 물품 또는 용역의 성상으로 인하여 가격을 사전에 합리적으로 산정할 수 없는 경우에 가격산정의 방식과, 필요하면 추가적 운송비, 배송비 또는 발송비(alle zusätzlichen Fracht-, Liefer- oder Versandkosten)와 그 밖의 일체

gegebenenfalls alle zusätzlichen Fracht-, Liefer- oder Versandkosten und alle sonstigen Kosten oder in den Fällen, in denen diese Kosten vernünftigerweise nicht im Voraus berechnet werden können, die Tatsache, dass solche zusätzlichen Kosten anfallen können,

4. gegebenenfalls die Zahlungs-, Liefer- und Leistungsbedingungen, den Termin, bis zu dem sich der Unternehmer verpflichtet hat, die Waren zu liefern oder die Dienstleistungen zu erbringen, sowie das Verfahren des Unternehmers zum Umgang mit Beschwerden,
5. das Bestehen eines gesetzlichen Mängelhaftungsrechts für die Waren und gegebenenfalls das Bestehen und die Bedingungen von Kundendienstleistungen und Garantien,
6. gegebenenfalls die Laufzeit des Vertrags oder die Bedingungen der Kündigung unbefristeter Verträge oder sich automatisch verlängernder Verträge,
7. gegebenenfalls die Funktionsweise digitaler Inhalte, einschließlich anwendbarer technischer Schutzmaßnahmen für solche Inhalte, und
8. gegebenenfalls, soweit wesentlich, Beschränkungen der Interoperabilität und der Kompatibilität digitaler Inhalte mit Hard- und Software, soweit diese Beschränkungen dem Unternehmer bekannt sind oder bekannt sein müssen.

(2) Absatz 1 ist nicht anzuwenden auf Verträge, die Geschäfte des täglichen Lebens zum Gegenstand haben und bei Vertragsschluss sofort erfüllt werden.

(3) Steht dem Verbraucher ein Widerrufsrecht zu, ist der Unternehmer verpflichtet, den Verbraucher in Textform über sein Widerrufsrecht zu belehren. Die Widerrufsbelehrung muss deutlich gestaltet sein und dem Verbraucher seine wesentlichen Rechte in einer dem benutzten Kommunikationsmittel angepassten Weise deutlich machen. Sie muss Folgendes enthalten:

1. einen Hinweis auf das Recht zum Widerruf,
2. einen Hinweis darauf, dass der Widerruf durch Erklärung gegenüber dem Unternehmer erfolgt und keiner Begründung bedarf,
3. den Namen und die ladungsfähige Anschrift desjenigen, gegenüber dem der Widerruf zu erklären ist, und
4. einen Hinweis auf Dauer und Beginn der Widerrufsfrist sowie darauf, dass zur Fristwahrung die rechtzeitige Absendung der Widerrufserklärung genügt.

Art 246a Informationspflichten bei außerhalb von Geschäftsräumen geschlossenen Verträgen und Fernabsatzverträgen mit Ausnahme von Verträgen über Finanzdienstleistungen

§ 1 Informationspflichten

(1) Der Unternehmer ist nach § 312d Absatz 1 des Bürgerlichen Gesetzbuchs verpflichtet, dem Verbraucher folgende Informationen zur Verfügung zu stellen:

1. die wesentlichen Eigenschaften der Waren oder Dienstleistungen in dem für das

추가 비용, 혹은 이러한 비용을 사전에 합리적으로 산정할 수 없는 경우에 그러한 추가 비용이 발생할 수 있다는 사실(in den Fällen, in denen diese Kosten vernünftigerweise nicht im Voraus berechnet werden können, die Tatsache, dass solche zusätzlichen Kosten anfallen können),

4. 필요하면, 지급조건, 인도조건 및 이행조건, 사업자가 물품을 인도하거나 용역을 제공할 의무가 설정된 기일(den Termin, bis zu dem sich der Unternehmer verpflichtet hat, die Waren zu liefern oder die Dienstleistungen zu erbringen)과, 불만처리에 관한 사업자의 절차,
5. 물품에 대한 법정하자담보책임에 따른 권리의 존재와, 필요하면 애프터서비스 및 보증의 존재 및 조건(das Bestehen und die Bedingungen von Kundendienstleistungen und Garantien),
6. 필요하면 계약기간 또는 기간의 정함이 없는 계약의 해지조건이나 자동으로 갱신되는 계약조항,
7. 필요하면 디지털콘텐츠에 대한 적용 가능한 기술적 보호조치를 포함하여 디지털콘텐츠의 작동방법,
8. 필요하고 이것이 중요한 경우에, 하드웨어 및 소프트웨어 의한, 디지털콘텐츠의 상호운영성(相互運用性; Interoperabilität) 및 호환성(互換性; Kompatibilität)의 제한, 이러한 제한을 사업자가 알고 있거나 알아야만 하는 범위 내에서 한함.

② 제1항은, 일상거래(日常去來)를 목적으로 하고 계약 체결시 즉시 이행되는 계약에 대하여 적용하지 아니한다.

③ 소비자에게 철회권이 귀속된 경우에, 사업자는 소비자에게 문면방식으로 소비자의 철회권에 관하여 알릴 의무를 진다. 철회통지는 명료하게 이뤄져야만 하고 소비자에게 자신의 중요한 권리임을 사용된 통신수단에 맞는 방식으로 분명하게 알려야만 한다. 철회통지에 다음 각 호가 포함되어야만 한다:

1. 철회권에 대한 안내,
2. 사업자에 대한 의사표시로 철회가 행해지고 이유제시(Begründung)가 요구되지 않는다는 점에 대한 언급,
3. 철회가 표시되어야 하는(gegenüber dem der Widerruf zu erklären ist) 상대방의 성명 및 도달가능한 주소,
4. 철회기간의 기간 및 개시의 언급과, 철회의사표시의 적시의 발송으로 그 기간 준수에 충분하다는 점에 대한 언급.

제246항목a 금융서비스에 관한 계약을 제외한(mit Ausnahme von Verträgen über Finanzdienstleistungen), 영업장 이외의 곳에서 체결된 계약과 통신판매계약에서의 정보제공의무

제1조 정보제공의무

① 사업자는 민법전 제312조d 제1항에 좇아 소비자에게 다음 각 호의 정보를 제공할 의무를 진다:

1. 통신수단과 물품(物品) 또는 용역(用役)에 적절한 범위 내에서(in dem für das Kommunikations-

Kommunikationsmittel und für die Waren und Dienstleistungen angemessenen Umfang,

2. seine Identität, beispielsweise seinen Handelsnamen sowie die Anschrift des Ortes, an dem er niedergelassen ist, seine Telefonnummer und gegebenenfalls seine Telefaxnummer und E-Mail-Adresse sowie gegebenenfalls die Anschrift und die Identität des Unternehmers, in dessen Auftrag er handelt,
3. zusätzlich zu den Angaben gemäß Nummer 2 die Geschäftsanschrift des Unternehmers und gegebenenfalls die Anschrift des Unternehmers, in dessen Auftrag er handelt, an die sich der Verbraucher mit jeder Beschwerde wenden kann, falls diese Anschrift von der Anschrift unter Nummer 2 abweicht,
4. den Gesamtpreis der Waren oder Dienstleistungen einschließlich aller Steuern und Abgaben, oder in den Fällen, in denen der Preis auf Grund der Beschaffenheit der Waren oder Dienstleistungen vernünftigerweise nicht im Voraus berechnet werden kann, die Art der Preisberechnung sowie gegebenenfalls alle zusätzlichen Fracht-, Liefer- oder Versandkosten und alle sonstigen Kosten, oder in den Fällen, in denen diese Kosten vernünftigerweise nicht im Voraus berechnet werden können, die Tatsache, dass solche zusätzlichen Kosten anfallen können,
5. im Falle eines unbefristeten Vertrags oder eines Abonnement-Vertrags den Gesamtpreis; dieser umfasst die pro Abrechnungszeitraum anfallenden Gesamtkosten und, wenn für einen solchen Vertrag Festbeträge in Rechnung gestellt werden, ebenfalls die monatlichen Gesamtkosten; wenn die Gesamtkosten vernünftigerweise nicht im Voraus berechnet werden können, ist die Art der Preisberechnung anzugeben,
6. die Kosten für den Einsatz des für den Vertragsabschluss genutzten Fernkommunikationsmittels, sofern dem Verbraucher Kosten berechnet werden, die über die Kosten für die bloße Nutzung des Fernkommunikationsmittels hinausgehen,
7. die Zahlungs-, Liefer- und Leistungsbedingungen, den Termin, bis zu dem der Unternehmer die Waren liefern oder die Dienstleistung erbringen muss, und gegebenenfalls das Verfahren des Unternehmers zum Umgang mit Beschwerden,
8. das Bestehen eines gesetzlichen Mängelhaftungsrechts für die Waren,
9. gegebenenfalls das Bestehen und die Bedingungen von Kundendienst, Kundendienstleistungen und Garantien,
10. gegebenenfalls bestehende einschlägige Verhaltenskodizes gemäß Artikel 2 Buchstabe f der Richtlinie 2005/29/EG des Europäischen Parlaments und des Rates vom 11. Mai 2005 über unlautere Geschäftspraktiken im binnenmarktinternen Geschäftsverkehr zwischen Unternehmen und Verbrauchern und zur Änderung der Richtlinie 84/450/EWG des Rates, der Richtlinien 97/7/EG, 98/27/EG und 2002/65/EG des Europäischen Parlaments und des Rates sowie der Verordnung (EG) Nr. 2006/2004 des Europäischen Parlaments und des Rates (ABl. L 149 vom 11.6.2005, S.

mittel und für die Waren und Dienstleistungen angemessenen Umfang)의 물품 또는 용역의 중요한 특성,

2. 해당 사업자의 신원, 예를 들어 자신의 상호(商號), 영업소를 둔 곳의 주소(die Anschrift des Ortes, an dem er niedergelassen ist), 해당 사업자 전화번호와, 필요하면 해당 사업자의 팩스번호 및 이메일주소와, 필요한 경우 해당 사업자가 위임에 기하여 일하는 사업자의 주소 및 신원,
3. 제2호의 사항에 추가적으로, 해당 사업자의 사업장주소와, 필요하면 해당 사업자가 위임에 기하여 일하는 사업자의 주소로, 소비자가 각각의 불만을 제기할 수 있는 주소, 이러한 주소가 제2호의 주소와 다른 경우에 한함(falls diese Anschrift von der Anschrift unter Nummer 2 abweicht),
4. 일체의 세금 및 공과금을 포함하여 물품 또는 용역의 총가격이나, 물품 또는 용역의 성상으로 인하여 가격을 사전에 합리적으로 산정할 수 없는 경우에 가격산정의 방식과, 필요하면 추가적 운송비, 배송비 또는 발송비(alle zusätzlichen Fracht-, Liefer- oder Versandkosten)와 그 밖의 일체 추가 비용, 혹은 이러한 비용을 사전에 합리적으로 산정할 수 없는 경우에 그러한 추가 비용이 발생할 수 있다는 사실(in den Fällen, in denen diese Kosten vernünftigerweise nicht im Voraus berechnet werden können, die Tatsache, dass solche zusätzlichen Kosten anfallen können),
5. 기간의 정함이 없는 계약 또는 정기구독계약의 경우에 총가격; 이러한 총가격에 정산기(精算期)마다 발생한 총비용과, 그러한 계약에 대하여 고정금액이 청구되는 경우에 매월 총비용도(die pro Abrechnungszeitraum anfallenden Gesamtkosten und, wenn für einen solchen Vertrag Festbeträge in Rechnung gestellt werden, ebenfalls die monatlichen Gesamtkosten) 포함된다; 총비용이 사전에 합리적으로 산정될 수 없는 경우에 총비용산정방식도 명시되어야 한다.
6. 원격통신수단의 순수한 이용에 대한 비용을 초과하는 비용이 소비자에게 청구되는 경우에(sofern dem Verbraucher Kosten berechnet werden, die über die Kosten für die bloße Nutzung des Fernkommunikationsmittels hinausgehen), 계약 체결에 사용된 원격통신수단의 사용비,
7. 지급조건, 인도조건 및 이행조건, 사업자가 물품을 인도하거나 용역을 제공해야만 하는 것으로 설정된 기일과, 필요하면 불만처리에 관한 사업자의 절차(gegebenenfalls das Verfahren des Unternehmers zum Umgang mit Beschwerden),
8. 물품에 대한 법정하자담보책임에 기한 권리의 존재,
9. 필요하면 고객서비스, 애프터서비스 및 보증(Kundendienst, Kundendienstleistungen und Garantien)의 존재 및 조건,
10. 필요하면, 「사업자와 소비자 간의 유럽연합역내시장 내의 불공정거래행위(unlautere Geschäftspraktiken im binnenmarktinternen Geschäftsverkehr zwischen Unternehmen und Verbrauchern), 그리고 유럽연합이사회 84/450/EWG호 지침과, 유럽연합 의회 및 이사회의 97/7/EG호, 98/27/EG호 및 2002/65/EG호 지침의 개정, 유럽연합 의회 및 이사회의 (EG) 2006/2004호 규칙의 개정에 관한 2005년 5월 11일 유럽연합 의회 및 이사회 2005/29/EG호 지침」(ABl. L 149 vom 11.6.2005, S. 22) 제2조 f목에 따른 시행 중인 관련 행위수칙(bestehende einschlägige

22) und wie Exemplare davon erhalten werden können,

11. gegebenenfalls die Laufzeit des Vertrags oder die Bedingungen der Kündigung unbefristeter Verträge oder sich automatisch verlängernder Verträge,
12. gegebenenfalls die Mindestdauer der Verpflichtungen, die der Verbraucher mit dem Vertrag eingeht,
13. gegebenenfalls die Tatsache, dass der Unternehmer vom Verbraucher die Stellung einer Kaution oder die Leistung anderer finanzieller Sicherheiten verlangen kann, sowie deren Bedingungen,
14. gegebenenfalls die Funktionsweise digitaler Inhalte, einschließlich anwendbarer technischer Schutzmaßnahmen für solche Inhalte,
15. gegebenenfalls, soweit wesentlich, Beschränkungen der Interoperabilität und der Kompatibilität digitaler Inhalte mit Hard- und Software, soweit diese Beschränkungen dem Unternehmer bekannt sind oder bekannt sein müssen, und
16. gegebenenfalls, dass der Verbraucher ein außergerichtliches Beschwerde- und Rechtsbehelfsverfahren, dem der Unternehmer unterworfen ist, nutzen kann, und dessen Zugangsvoraussetzungen.

Wird der Vertrag im Rahmen einer öffentlich zugänglichen Versteigerung geschlossen, können anstelle der Angaben nach Satz 1 Nummer 2 und 3 die entsprechenden Angaben des Versteigerers zur Verfügung gestellt werden.

(2) Steht dem Verbraucher ein Widerrufsrecht nach § 312g Absatz 1 des Bürgerlichen Gesetzbuchs zu, ist der Unternehmer verpflichtet, den Verbraucher zu informieren

1. über die Bedingungen, die Fristen und das Verfahren für die Ausübung des Widerrufsrechts nach § 355 Absatz 1 des Bürgerlichen Gesetzbuchs sowie das Muster-Widerrufsformular in der Anlage 2,
2. gegebenenfalls darüber, dass der Verbraucher im Widerrufsfall die Kosten für die Rücksendung der Waren zu tragen hat, und bei Fernabsatzverträgen zusätzlich über die Kosten für die Rücksendung der Waren, wenn die Waren auf Grund ihrer Beschaffenheit nicht auf dem normalen Postweg zurückgesendet werden können, und
3. darüber, dass der Verbraucher dem Unternehmer bei einem Vertrag über die Erbringung von Dienstleistungen oder über die nicht in einem bestimmten Volumen oder in einer bestimmten Menge vereinbarte Lieferung von Wasser, Gas, Strom oder die Lieferung von Fernwärme einen angemessenen Betrag nach § 357 Absatz 8 des Bürgerlichen Gesetzbuchs für die vom Unternehmer erbrachte Leistung schuldet, wenn der Verbraucher das Widerrufsrecht ausübt, nachdem er auf Aufforderung des Unternehmers von diesem ausdrücklich den Beginn der Leistung vor Ablauf der Widerrufsfrist verlangt hat.

Verhaltenskodizes)과, 그 행위수칙에서 어떻게 사례를 얻을 수 있는지에 관한 사항,

11. 필요하면 계약기간 또는 기간의 정함이 없는 계약의 해지조건이나 자동적으로 갱신되는 계약 조항,
12. 필요하면 소비자가 계약을 유지해야 하는(die der Verbraucher mit dem Vertrag eingeht) 최소 의무기간,
13. 필요하면 사업자가 소비자에게 보증금 또는 그 밖의 금전적 담보의 제공(die Stellung einer Kaution oder die Leistung anderer finanzieller Sicherheiten)을 요구할 수 있다는 사실과, 그 조건
14. 필요하면 디지털콘텐츠에 대한 적용 가능한 기술적 보호조치를 포함하여 디지털콘텐츠의 작동 방법,
15. 필요하고 이것이 중요한 경우에, 하드웨어 및 소프트웨어 의한, 디지털콘텐츠의 상호운영성(相互運用性; Interoperabilität) 및 호환성(互換性; Kompatibilität)의 제한, 이러한 제한을 사업자가 알고 있거나 알아야만 하는 범위 내에서 한함,
16. 필요하면 소비자가 사업자가 참가할 의무를 지는 대안적 신청절차 및 법적구제절차(ein außergerichtliches Beschwerde- und Rechtsbehelfsverfahren, dem der Unternehmer unterworfen ist)를 이용할 수 있다는 것과 그 절차의 이용요건.

계약이 공중(公衆)이 접근할 수 있는 경매 도중에 체결된 경우에, 제1문 제2호, 제3호의 사항 대신에 경매주최자에 대한 그 해당 사항(die entsprechenden Angaben des Versteigerers)이 제공될 수 있다.

② 민법전 제312조g에 따라 철회권이 소비자에게 귀속되는 경우에 사업자(der Unternehmer)는 소비자에게 다음 각 호에 관하여 정보를 제공할(den Verbraucher zu informieren) 의무를 진다,

1. 민법전 제355조 제1항에 따른 철회권 행사에 대한 조건, 기간 및 절차(die Bedingungen, die Fristen und das Verfahren)와, 부록 2에 있는 철회견본서식(das Muster-Widerrufsformular in der Anlage 2),
2. 필요하면 소비자가 철회하는 경우에 물품 반송비를 부담한다는 점(dass der Verbraucher im Widerrufsfall die Kosten für die Rücksendung der Waren zu tragen hat)과, 통신판매의 경우에 물품의 성상으로 인하여 물품이 보통의 우편으로 반송될 수 없는 경우에(wenn die Waren auf Grund ihrer Beschaffenheit nicht auf dem normalen Postweg zurückgesendet werden können) 물품 반송비,
3. 용역의 제공에 관한 계약이나 특정한 용적(容積) 또는 양(量)으로 약정되지 않은 수도, 가스, 전기 또는 난방에 관한 계약에 있어, 소비자가, 사업자의 요구에 따라 사업자에게 철회권기간 경과 전에 급부 개시를 청구한 다음에 철회권을 행사하는 경우에는(wenn der Verbraucher das Widerrufsrecht ausübt, nachdem er auf Aufforderung des Unternehmers von diesem ausdrücklich den Beginn der Leistung vor Ablauf der Widerrufsfrist verlangt hat, 그 소비자는 사업자가 제공한 급부에 대하여(für die vom Unternehmer erbrachte Leistung) 민법전 제357조 제8항에 따른 적절한 금액을 사업자에게 지급할 의무가 있다는 점.

Der Unternehmer kann diese Informationspflichten dadurch erfüllen, dass er das in der Anlage 1 vorgesehene Muster für die Widerrufsbelehrung zutreffend ausgefüllt in Textform übermittelt.

(3) Der Unternehmer hat den Verbraucher auch zu informieren, wenn

1. dem Verbraucher nach § 312g Absatz 2 Nummer 1, 2, 5 und 7 bis 13 des Bürgerlichen Gesetzbuchs ein Widerrufsrecht nicht zusteht, dass der Verbraucher seine Willenserklärung nicht widerrufen kann, oder
2. das Widerrufsrecht des Verbrauchers nach § 312g Absatz 2 Nummer 3, 4 und 6 sowie § 356 Absatz 4 und 5 des Bürgerlichen Gesetzbuchs vorzeitig erlöschen kann, über die Umstände, unter denen der Verbraucher ein zunächst bestehendes Widerrufsrecht verliert.

§ 2 Erleichterte Informationspflichten bei Reparatur- und Instandhaltungsarbeiten

(1) Hat der Verbraucher bei einem Vertrag über Reparatur- und Instandhaltungsarbeiten, der außerhalb von Geschäftsräumen geschlossen wird, bei dem die beiderseitigen Leistungen sofort erfüllt werden und die vom Verbraucher zu leistende Vergütung 200 Euro nicht übersteigt, ausdrücklich die Dienste des Unternehmers angefordert, muss der Unternehmer dem Verbraucher lediglich folgende Informationen zur Verfügung stellen:

1. die Angaben nach § 1 Absatz 1 Satz 1 Nummer 2 und
2. den Preis oder die Art der Preisberechnung zusammen mit einem Kostenvoranschlag über die Gesamtkosten.

(2) Ferner hat der Unternehmer dem Verbraucher folgende Informationen zur Verfügung zu stellen:

1. die wesentlichen Eigenschaften der Waren oder Dienstleistungen in dem für das Kommunikationsmittel und die Waren oder Dienstleistungen angemessenen Umfang,
2. gegebenenfalls die Bedingungen, die Fristen und das Verfahren für die Ausübung des Widerrufsrechts sowie das Muster-Widerrufsformular in der Anlage 2 und
3. gegebenenfalls die Information, dass der Verbraucher seine Willenserklärung nicht widerrufen kann, oder die Umstände, unter denen der Verbraucher ein zunächst bestehendes Widerrufsrecht vorzeitig verliert.

(3) Eine vom Unternehmer zur Verfügung gestellte Abschrift oder Bestätigung des Vertrags nach § 312f Absatz 1 des Bürgerlichen Gesetzbuchs muss alle nach § 1 zu erteilenden Informationen enthalten.

§ 3 Erleichterte Informationspflichten bei begrenzter Darstellungsmöglichkeit

Soll ein Fernabsatzvertrag mittels eines Fernkommunikationsmittels geschlossen werden, das nur begrenzten Raum oder begrenzte Zeit für die dem Verbraucher zu erteilenden Informationen bietet, ist der Unternehmer verpflichtet, dem Verbraucher mittels dieses Fernkommunikationsmittels

사업자는, 부록 1에 규정된, 철회통지에 대한 견본(das in der Anlage 1 vorgesehene Muster für die Widerrufsbelehrung)을 정확하게 기입한 후 문면방식으로 제공함으로써 이러한 의무를 이행할 수 있다.

③ 사업자는 소비자에게,

1. 민법전 제312조g 제2항 제1호, 제2호, 제5호, 제7호 내지 제13호에 따라 소비자에게 철회권이 귀속되지 아니한 경우에도 소비자가 자신의 의사표시를 철회할 수 없다는 점에 관한 정보를 제공해야 하거나,
2. 민법전 제312조g 제2항 제3호, 제4호, 제6호, 제356조 제4항, 제5항에 따른 소비자의 철회권이 그 기간 경과 전에 소멸할 수 있는 경우에도 소비자가 당초 성립한 철회권을 상실하는 사정(die Umstände, unter denen der Verbraucher ein zunächst bestehendes Widerrufsrecht verliert)에 관하여 정보를 제공해야 한다.

제2조 수리·정비작업(修理·整備作業)에서의 정보제공의무의 경감

① 소비자가, 영업장 이외의 곳에서 체결되고 양 당사자의 급부가 즉시 이행되고 소비자가 지급해야 할 보수가 200유로를 초과하지 않은 수리·정비작업(修理·整備作業)에 관한 계약에 있어 사업자의 작업개시를 명시적으로 요구한 경우에, 사업자는 소비자에게 다음 각 호에 한하여 정보를 제공해야만 한다:

1. 제1항 제1문 제1호에 따른 사항,
2. 총비용의 견적서와 함께 가격 또는 가격산정의 방식(den Preis oder die Art der Preisberechnung).

② 또한 사업자는 소비자에게 다음 각 호의 정보를 제공해야 한다:

1. 통신수단과 물품(物品) 또는 용역(用役)에 적절한 범위 내에서의 물품 또는 용역의 중요한 특성
2. 필요하면 그 철회권 행사에 대한 조건, 기간 및 절차(die Bedingungen, die Fristen und das Verfahren)와, 부록 2에 있는 철회견본서식(das Muster-Widerrufsformular in der Anlage 2),
3. 필요하면 소비자가 자신의 의사표시를 철회할 수 없다는 정보 또는 소비자가 당초 성립한 철회권을 상실하는 사정(die Umstände, unter denen der Verbraucher ein zunächst bestehendes Widerrufsrecht verliert)

③ 사업자가 제공한, 제312조f 제1항에 따른 계약서 사본 또는 계약확인서(Abschrift oder Bestätigung)에 제1조에 따라 제공해야 하는 모든 정보(alle nach § 1 zu erteilenden Informationen)가 포함되어야만 한다.

제3조 설명가능성이 제한된 경우에 있어 정보제공의무의 경감

소비자에게 제공해야할 정보에 대하여 제한된 공간 또는 시간에만 제공하는(as nur begrenzten Raum oder begrenzte Zeit für die dem Verbraucher zu erteilenden Informationen bietet) 원격통신수단을 통해 통신판매계약이 체결된 경우에 사업자는 소비자에게 이러한 원격통신수단을 통해 다

zumindest folgende Informationen zur Verfügung zu stellen:

1. die wesentlichen Eigenschaften der Waren oder Dienstleistungen,
2. die Identität des Unternehmers,
3. den Gesamtpreis oder in den Fällen, in denen der Preis auf Grund der Beschaffenheit der Waren oder Dienstleistungen vernünftigerweise nicht im Voraus berechnet werden kann, die Art der Preisberechnung,
4. gegebenenfalls das Bestehen eines Widerrufsrechts und
5. gegebenenfalls die Vertragslaufzeit und die Bedingungen für die Kündigung eines Dauerschuldverhältnisses.

Die weiteren Angaben nach § 1 hat der Unternehmer dem Verbraucher in geeigneter Weise unter Beachtung von § 4 Absatz 3 zugänglich zu machen.

§ 4 Formale Anforderungen an die Erfüllung der Informationspflichten

(1) Der Unternehmer muss dem Verbraucher die Informationen nach den §§ 1 bis 3 vor Abgabe von dessen Vertragserklärung in klarer und verständlicher Weise zur Verfügung stellen.

(2) Bei einem außerhalb von Geschäftsräumen geschlossenen Vertrag muss der Unternehmer die Informationen auf Papier oder, wenn der Verbraucher zustimmt, auf einem anderen dauerhaften Datenträger zur Verfügung stellen. Die Informationen müssen lesbar sein. Die Person des erklärenden Unternehmers muss genannt sein. Der Unternehmer kann die Informationen nach § 2 Absatz 2 in anderer Form zur Verfügung stellen, wenn sich der Verbraucher hiermit ausdrücklich einverstanden erklärt hat.

(3) Bei einem Fernabsatzvertrag muss der Unternehmer dem Verbraucher die Informationen in einer den benutzten Fernkommunikationsmitteln angepassten Weise zur Verfügung stellen. Soweit die Informationen auf einem dauerhaften Datenträger zur Verfügung gestellt werden, müssen sie lesbar sein, und die Person des erklärenden Unternehmers muss genannt sein. Abweichend von Satz 1 kann der Unternehmer dem Verbraucher die in § 3 Satz 2 genannten Informationen in geeigneter Weise zugänglich machen.

Art 246b Informationspflichten bei außerhalb von Geschäftsräumen geschlossenen Verträgen und Fernabsatzverträgen über Finanzdienstleistungen

§ 1 Informationspflichten

(1) Der Unternehmer ist nach § 312d Absatz 2 des Bürgerlichen Gesetzbuchs verpflichtet, dem Verbraucher rechtzeitig vor Abgabe von dessen Vertragserklärung klar und verständlich und unter Angabe des geschäftlichen Zwecks, bei Fernabsatzverträgen in einer dem benutzten Fernkommunikationsmittel angepassten Weise, folgende Informationen zur Verfügung zu stellen:

1. seine Identität, anzugeben ist auch das öffentliche Unternehmensregister, bei dem der

음 각 호의 정보(情報)를 최소한으로 제공할 의무(義務)를 진다,

1. 물품 또는 용역의 중요한 특성,
2. 사업자의 신원.
3. 총가격(den Gesamtpreis)이나, 물품 또는 용역의 성상으로 인하여(auf Grund der Beschaffenheit der Waren oder Dienstleistungen) 가격을 사전에 합리적으로 산정할 수 없는 경우에 가격산정의 방식(die Art der Preisberechnung),
4. 필요하면 철회권의 존재,
5. 필요하면 계약의 유효기간과 계속적 채권관계의 해지에 대한 조건(die Bedingungen für die Kündigung eines Dauerschuldverhältnisses).

제1항에 따른 사항 이외의 추가 사항은 사업자가 소비자에게 제4조 제3항의 준수하여 적절한 방법으로 접근할 수 있게 해 준다.

제4조 정보제공 이행에 대한 공식적 요구사항

① 사업자는 소비자가 계약의사표시를 하기 전에(vor Abgabe von dessen Vertragserklärung) 제1조 내지 제3호에 따른 정보를 명료하고 이해가 쉬운 방식으로 소비자에게 제공해야 한다.

② 영업장 이외의 곳에서 체결된 계약의 경우 사업자는 서면이나, 소비자가 이에 동의한 경우에 그 이외의 지속적 정보저장매체로 제공해야만(auf einem anderen dauerhaften Datenträger zur Verfügung stellen) 한다. 그 정보제공은 읽을 수 있어야만 한다. 의사표시를 하는 사업자의 사람은 지정되어야만 한다. 사업자는, 소비자가 이에 대하여 명시적으로 동의를 표시한 경우에는(wenn sich der Verbraucher hiermit ausdrücklich einverstanden erklärt hat) 제2조 제2항에 따른 정보를 그 밖의 방식으로(anderer Form) 제공할 수 있다.

③ 통신판매의 경우 사업자는 소비자에게 사용한 통신수단에 맞는 방식으로(in einer den benutzten Fernkommunikationsmitteln angepassten Weise) 정보를 제공해야만 한다. 정보가 지속적 정보저장매체로 제공되는 경우에(Soweit die Informationen auf einem dauerhaften Datenträger zur Verfügung gestellt werden) 정보는 읽을 수 있어야만 하고, 또 의사표시를 하는 사업자의 사람은 지정되어야만 한다. 제1문과 달리 사업자는 소비자에게 적당한 방법으로 제3조 제2문상의 정보(die in § 3 Satz 2 genannten Informationen)에 접근할 수 있게 해 준다.

제246항목b 금융서비스에 관한, 영업장 이외의 곳에서 체결된 계약과 통신판매계약에 있어서의 정보제공의무

제1조 정보제공의무

① 사업자는 민법전 제312조d에 좇아 소비자에게 소비자가 계약의사표시를 하기 전의 적시에 명료하고 이해가 쉽게 거래목적 목적을 밝히면서(unter Angabe des geschäftlichen Zwecks), 통신판매의 경우 사용한 원격통신판매수단에 맞게(bei Fernabsatzverträgen in einer dem benutzten Fernkommunikationsmittel angepassten Weise) 다음 각 호 정보를 제공해야만 한다:

1. 사업자 신원, 즉 권리주체가 등재된 공식 기업등록부(das öffentliche Unternehmensregister)와,

Rechtsträger eingetragen ist, und die zugehörige Registernummer oder gleichwertige Kennung,
2. die Hauptgeschäftstätigkeit des Unternehmers und die für seine Zulassung zuständige Aufsichtsbehörde,
3. die Identität des Vertreters des Unternehmers in dem Mitgliedstaat, in dem der Verbraucher seinen Wohnsitz hat, wenn es einen solchen Vertreter gibt, oder die Identität einer anderen gewerblich tätigen Person als dem Anbieter, wenn der Verbraucher mit dieser Person geschäftlich zu tun hat, und die Eigenschaft, in der diese Person gegenüber dem Verbraucher tätig wird,
4. die ladungsfähige Anschrift des Unternehmers und jede andere Anschrift, die für die Geschäftsbeziehung zwischen diesem, seinem Vertreter oder einer anderen gewerblich tätigen Person nach Nummer 3 und dem Verbraucher maßgeblich ist, bei juristischen Personen, Personenvereinigungen oder Personengruppen auch den Namen des Vertretungsberechtigten,
5. die wesentlichen Merkmale der Finanzdienstleistung sowie Informationen darüber, wie der Vertrag zustande kommt,
6. den Gesamtpreis der Finanzdienstleistung einschließlich aller damit verbundenen Preisbestandteile sowie alle über den Unternehmer abgeführten Steuern oder, wenn kein genauer Preis angegeben werden kann, seine Berechnungsgrundlage, die dem Verbraucher eine Überprüfung des Preises ermöglicht,
7. gegebenenfalls zusätzlich anfallende Kosten sowie einen Hinweis auf mögliche weitere Steuern oder Kosten, die nicht über den Unternehmer abgeführt oder von ihm in Rechnung gestellt werden,
8. gegebenenfalls den Hinweis, dass sich die Finanzdienstleistung auf Finanzinstrumente bezieht, die wegen ihrer spezifischen Merkmale oder der durchzuführenden Vorgänge mit speziellen Risiken behaftet sind oder deren Preis Schwankungen auf dem Finanzmarkt unterliegt, auf die der Unternehmer keinen Einfluss hat, und dass in der Vergangenheit erwirtschaftete Erträge kein Indikator für künftige Erträge sind,
9. eine Befristung der Gültigkeitsdauer der zur Verfügung gestellten Informationen, beispielsweise die Gültigkeitsdauer befristeter Angebote, insbesondere hinsichtlich des Preises,
10. Einzelheiten hinsichtlich der Zahlung und der Erfüllung,
11. alle spezifischen zusätzlichen Kosten, die der Verbraucher für die Benutzung des Fernkommunikationsmittels zu tragen hat, wenn solche zusätzlichen Kosten durch den Unternehmer in Rechnung gestellt werden,
12. das Bestehen oder Nichtbestehen eines Widerrufsrechts sowie die Bedingungen, Einzelheiten der Ausübung, insbesondere Name und Anschrift desjenigen, gegenüber dem der Widerruf zu erklären ist, und die Rechtsfolgen des Widerrufs einschließlich Informationen über den Betrag, den

등재된 등록번호 또는 이와 동등한 표시(die zugehörige Registernummer oder gleichwertige Kennung)도 명시되어야 한다,

2. 기업의 주요영업활동과 이에 대한 허가를 담당하는 관할 관청(die für seine Zulassung zuständige Aufsichtsbehörde),
3. 소비자가 주소를 둔 유럽연합회원국 내의 사업자의 대리인이 있는 경우에 그러한 대리인의 신원(die Identität des Vertreters des Unternehmers)이나, 소비자가 제공자로서 영업상 활동하는 그 밖의 자와 거래를 해야 하는 경우에 이러한 자의 신원과, 이러한 자가 소비자에 대하여 행하는 자격(die Eigenschaft, in der diese Person gegenüber dem Verbraucher tätig wird),
4. 도달 가능한 사업자의 주소와 사업자, 사업자의 대리인 혹은 그 밖의 영업상 활동을 하는, 제3호에 따른 자와 소비자 간의 거래관계에 대해 적용되는 그 밖의 각 주소, 법인(法人), 인적결사체[50] 또는 인적모임의 경우에는 대표권을 가진 자(Vertretungsberechtigten)의 이름도 포함됨(bei juristischen Personen, Personenvereinigungen oder Personengruppen auch den Namen des Vertretungsberechtigten),
5. 금융서비스의 주요 구성요소와 어떻게 계약(契約)이 체결되는지에 관한 정보(Informationen darüber, wie der Vertrag zustande kommt),
6. 금융서비스에 결부된 일체의 가격구성부분과 사업자를 통해 (국가에) 지급되는 일체의 세금을 포함하여 금융서비스의 총가격이나, 정확한 가격을 산정할 수 없는 경우에(wenn kein genauer Preis angegeben werden kann) 소비자에게 그 가격에 대한 재검토를 가능하게 해주는 가격 산정기초,
7. 필요하면, 사업자를 통해 (국가에) 지급되거나 사업자가 청구하는 추가적으로 발생하는 비용과, 발생할 수 있는 것으로, 사업자를 통해 지급되거나 사업자가 청구하는 추가적 조세 또는 비용에 대한 안내,
8. 필요하면, 금융서비스가, 그 특별한 구성요소나 처리해야 할 특별한 위험이 수반된 거래로 인하여 책임이 발생하거나(wegen ihrer spezifischen Merkmale oder der durchzuführenden Vorgänge mit speziellen Risiken behaftet sind) 그 금융서비스의 가격이 사업자가 영향을 미칠 수 없는 금융시장에서의 시세변동에 좌우되는 금융상품에 관련된다는 언급과, 과거에 얻은 수익이 미래의 수익(收益)에 대한 지표(指標)가 되지 않는다는 언급,
9. 제공된 정보의 유효기간의 설정, 예컨대 기간이 설정된 제공의 유효기간(die Gültigkeitsdauer befristeter Angebote), 특히 가격에 관하여 기간이 설정된 제공의 유효기간,
10. 지급과 변제에 관한 세부사항,
11. 소비자가 원격통신수단의 사용에 대하여 부담해야 하는 특별한 추가 제용비(諸費用), 다만 사업자가 그러한 추가비용을 청구하는 경우에 한함(wenn solche zusätzlichen Kosten durch den Unternehmer in Rechnung gestellt werden),
12. 철회권의 존재 여부와, 민법전 제357조a에 따라 철회하는 경우 소비자가 이행된 급부에 대하여 지급해야 하는 금액에 관한 정보를 포함하여 철회의 조건 및 행사 세부사항, 특히 철회가 표시되어야 하는 상대방의 이름 및 주소와, 철회의 법적 효과(die Rechtsfolgen des Widerrufs

der Verbraucher im Falle des Widerrufs nach § 357a des Bürgerlichen Gesetzbuchs für die erbrachte Leistung zu zahlen hat,

13. die Mindestlaufzeit des Vertrags, wenn dieser eine dauernde oder regelmäßig wiederkehrende Leistung zum Inhalt hat,
14. die vertraglichen Kündigungsbedingungen einschließlich etwaiger Vertragsstrafen,
15. die Mitgliedstaaten der Europäischen Union, deren Recht der Unternehmer der Aufnahme von Beziehungen zum Verbraucher vor Abschluss des Vertrags zugrunde legt,
16. eine Vertragsklausel über das auf den Vertrag anwendbare Recht oder über das zuständige Gericht,
17. die Sprachen, in welchen die Vertragsbedingungen und die in dieser Vorschrift genannten Vorabinformationen mitgeteilt werden, sowie die Sprachen, in welchen sich der Unternehmer verpflichtet, mit Zustimmung des Verbrauchers die Kommunikation während der Laufzeit dieses Vertrags zu führen,
18. gegebenenfalls, dass der Verbraucher ein außergerichtliches Beschwerde- und Rechtsbehelfsverfahren, dem der Unternehmer unterworfen ist, nutzen kann, und dessen Zugangsvoraussetzungen und
19. das Bestehen eines Garantiefonds oder anderer Entschädigungsregelungen, die weder unter die Richtlinie 94/19/EG des Europäischen Parlaments und des Rates vom 30. Mai 1994 über Einlagensicherungssysteme (ABl. L 135 vom 31.5.1994, S. 5) noch unter die Richtlinie 97/9/EG des Europäischen Parlaments und des Rates vom 3. März 1997 über Systeme für die Entschädigung der Anleger (ABl. L 84 vom 26.3.1997, S. 22) fallen.

(2) Bei Telefongesprächen hat der Unternehmer nur folgende Informationen zur Verfügung zu stellen:

1. die Identität der Kontaktperson des Verbrauchers und deren Verbindung zum Unternehmer,
2. die Beschreibung der Hauptmerkmale der Finanzdienstleistung,
3. den Gesamtpreis, den der Verbraucher dem Unternehmer für die Finanzdienstleistung schuldet, einschließlich aller über den Unternehmer abgeführten Steuern, oder, wenn kein genauer Preis angegeben werden kann, die Grundlage für die Berechnung des Preises, die dem Verbraucher eine Überprüfung des Preises ermöglicht,
4. mögliche weitere Steuern und Kosten, die nicht über den Unternehmer abgeführt oder von ihm in Rechnung gestellt werden, und
5. das Bestehen oder Nichtbestehen eines Widerrufsrechts sowie für den Fall, dass ein Widerrufsrecht besteht, auch die Widerrufsfrist und die Bedingungen, Einzelheiten der Ausübung und die Rechtsfolgen des Widerrufs einschließlich Informationen über den Betrag, den der Verbraucher im Falle des Widerrufs nach § 357a des Bürgerlichen Gesetzbuchs für die erbrachte

einschließlich Informationen über den Betrag, den der Verbraucher im Falle des Widerrufs nach § 357a des Bürgerlichen Gesetzbuchs für die erbrachte Leistung zu zahlen hat),

13. 계약이 계속적 급부나 정기적으로 되돌아오는 급부를 목적으로 하는 경우에 계약의 최소유지 기간,
14. 발생할 수 있는 위약금을 포함하여 약정해지조건(die vertraglichen Kündigungsbedingungen)
15. 사업자가 해당 계약 체결 전에 소비자와의 관계 개시에 대하여 그 근거를 둔(deren Recht der Unternehmer der Aufnahme von Beziehungen zum Verbraucher vor Abschluss des Vertrags zugrunde legt) 유럽연합회원국,
16. 해당 계약에 대한 준거법(das auf den Vertrag anwendbare Recht) 또는 관할 법원에 관한 계약 조항,
17. 계약조건과 본 규정상의 사전정보가 통지에 사용되는 언어와, 사업자가 소비자의 동의하에 이러한 계약기간 동안에 의사연락의 의무적으로 하는 데에 사용되는 언어(in welchen sich der Unternehmer verpflichtet, mit Zustimmung des Verbrauchers die Kommunikation während der Laufzeit dieses Vertrags zu führen),
18. 필요하면 소비자가 사업자가 참가할 의무를 지는 대안적 신청절차 및 법적구제절차(ein außergerichtliches Beschwerde- und Rechtsbehelfsverfahren)를 이용할 수 있다는 점과, 그 절차 이용요건
19. 「예금보장제(Einlagensicherungssysteme)에 관한 1994년 5월 30일 유럽연합 의회 및 이사회 94/19/EG 지침」(ABl. L 135 vom 31.5.1994, S. 5)도, 「투자자배상제(Systeme für die Entschädigung der Anleger)에 관한 1997년 3월 3일의 유럽연합 의회 및 이사회 97/9/EG호 지침」(ABl. L 84 vom 26.3.1997, S. 22)도 적용받지 않는 보장기금 또는 그 밖의 배상규칙의 존재(das Bestehen eines Garantiefonds oder anderer Entschädigungsregelungen),

② 전화이용판매시 사업자는 다음 각 호에 한하여 정보를 제공해야 한다:

1. 소비자의 연락담당자의 신원, 그 담당자의 사업자와의 관계(deren Verbindung zum Unternehmer),
2. 금융서비스의 주요 구성요소의 기술,
3. 사업자를 통해 (국가에) 지급하는 일체의 세금을 포함하여(einschließlich aller über den Unternehmer abgeführten Steuern) 소비자(消費者)가 사업자(事業者)에게 해당 금융서비스에 대해 의무를 지는 총가격이나, 정확한 가격을 산정할 수 없는 경우에(wenn kein genauer Preis angegeben werden kann) 소비자에게 그 가격에 대한 재검토를 가능하게 해주는 가격 산정기초,
4. 사업자를 통해 (국가에) 지급하거나 사업자가 청구하는, 발생할 수 있는 세금 및 비용(mögliche weitere Steuern und Kosten),
5. 철회권의 존재 여부와, 철회권이 존재하는 경우에 있어, 민법전 제357조a에 따라 철회하는 경우 소비자가 이행된 급부에 대하여 지급해야 하는 금액에 관한 정보를 포함하여(Informationen über den Betrag, den der Verbraucher im Falle des Widerrufs nach § 357a des Bürgerlichen

Leistung zu zahlen hat.

Satz 1 gilt nur, wenn der Unternehmer den Verbraucher darüber informiert hat, dass auf Wunsch weitere Informationen übermittelt werden können und welcher Art diese Informationen sind, und der Verbraucher ausdrücklich auf die Übermittlung der weiteren Informationen vor Abgabe seiner Vertragserklärung verzichtet hat.

§ 2 Weitere Informationspflichten

(1) Der Unternehmer hat dem Verbraucher rechtzeitig vor Abgabe von dessen Vertragserklärung die folgenden Informationen auf einem dauerhaften Datenträger mitzuteilen:

1. die Vertragsbestimmungen einschließlich der Allgemeinen Geschäftsbedingungen und
2. die in § 1 Absatz 1 genannten Informationen.

Wird der Vertrag auf Verlangen des Verbrauchers telefonisch oder unter Verwendung eines anderen Fernkommunikationsmittels geschlossen, das die Mitteilung auf einem dauerhaften Datenträger vor Vertragsschluss nicht gestattet, hat der Unternehmer dem Verbraucher abweichend von Satz 1 die Informationen unverzüglich nach Abschluss des Fernabsatzvertrags zu übermitteln.

(2) Der Verbraucher kann während der Laufzeit des Vertrags vom Unternehmer jederzeit verlangen, dass dieser ihm die Vertragsbedingungen einschließlich der Allgemeinen Geschäftsbedingungen in Papierform zur Verfügung stellt.

(3) Zur Erfüllung seiner Informationspflicht nach Absatz 1 Satz 1 Nummer 2 in Verbindung mit § 1 Absatz 1 Nummer 12 über das Bestehen eines Widerrufsrechts kann der Unternehmer dem Verbraucher das in der Anlage 3 vorgesehene Muster für die Widerrufsbelehrung bei Finanzdienstleistungsverträgen zutreffend ausgefüllt in Textform übermitteln.

Art 246c Informationspflichten bei Verträgen im elektronischen Geschäftsverkehr

Bei Verträgen im elektronischen Geschäftsverkehr muss der Unternehmer den Kunden unterrichten

1. über die einzelnen technischen Schritte, die zu einem Vertragsschluss führen,
2. darüber, ob der Vertragstext nach dem Vertragsschluss von dem Unternehmer gespeichert wird und ob er dem Kunden zugänglich ist,
3. darüber, wie er mit den nach § 312i Absatz 1 Satz 1 Nummer 1 des Bürgerlichen Gesetzbuchs zur Verfügung gestellten technischen Mitteln Eingabefehler erkennen und berichtigen kann,
4. über die für den Vertragsschluss zur Verfügung stehenden Sprachen und
5. über sämtliche einschlägigen Verhaltenskodizes, denen sich der Unternehmer unterwirft, sowie über die Möglichkeit eines elektronischen Zugangs zu diesen Regelwerken.

Gesetzbuchs für die erbrachte Leistung zu zahlen hat) 철회의 조건, 행사 세부사항 및 법적 효과, 사업자가 소비자에게 그 정보제공 요구에 따라 추가적 정보가 제공될 수 있고 그 정보가 어떤 방법으로 제공된다는 점을 알렸으나, 소비자가 자신의 계약의사를 표시하기 전에 명시적으로 추가적 정보제공을 포기한(der Verbraucher ausdrücklich auf die Übermittlung der weiteren Informationen vor Abgabe seiner Vertragserklärung verzichtet hat) 경우에 한하여 제1문을 적용한다.

제2조 추가적 정보제공의무

① 사업자는 소비자가 자신의 계약의사표시를 하기 전의 적시에 다음 각 호의 정보를 지속적 정보저장매체로 제공한다:

1. 보통거래약관을 포함하여(einschließlich der Allgemeinen Geschäftsbedingungen) 계약조항,
2. 제1조 제1항상의 정보.

계약이 소비자의 요구로 전화를 이용하여 체결되거나, 그 계약체결 전에 지속적 정보저장매체로 그 제공이 허용되지 않는(das die Mitteilung auf einem dauerhaften Datenträger vor Vertragsschluss nicht gestattet) 그 밖의 원격통신수단을 사용하여 체결된 경우에 사업자는 소비자에게 제1문과 달리 통신판매계약 체결 직후에 지체 없이(unverzüglich nach Abschluss des Fernabsatzvertrags) 그 정보를 제공해야 한다.

③ 소비자는 계약기간 중에(während der Laufzeit des Vertrags) 사업자에게 언제든지 자신에게 보통거래약관을 포함하여(einschließlich der Allgemeinen Geschäftsbedingungen) 거래조건을 서면방식으로 제공하도록 청구할 수 있다.

④ 철회권의 존재에 관한 제1조 제1항 제12호와 연결된 제1항 제1문 제2호에 따른 사업자의 정보제공의무를 이행하기 위하여 사업자는 소비자에게 부록 3에 규정된, 금융서비스계약에서 철회통지에 대한 견본(das in der Anlage 3 vorgesehene Muster für die Widerrufsbelehrung bei Finanzdienstleistungsverträgen)을 정확하게 기입한 후 문면방식으로 제공한다.

제246항목c 전자상거래계약에서의 정보제공의무

전자상거래계약의 경우 사업자는 고객에게 다음 각 호에 관하여 정보를 제공해야만 한다,

1. 계약체결을 가져오는 개별 기술적 조치,
2. 계약원문이 계약체결 후 사업자에 의해 저장되는지 여부와 고객이 그 원문에 접근할 수 있는지 여부,
3. 민법전 312조i 제1항 제1문 제1호에 따라 제공된 기술적 수단에 의하여 계약의사표시 전에(vor Abgabe der Vertragserklärung) 입력오류를 어떻게 인식하여 이를 어떻게 시정할 수 있는지,
4. 계약 체결에 이용된 언어,
5. 사업자가 준수해야 하는(denen sich der Unternehmer unterwirft) 관련 제반 행동수칙과 이러한 규정집에 대한 전자적 접근 가능성(die Möglichkeit eines elektronischen Zugangs zu diesen Regelwerken).

Art 247 Informationspflichten bei Verbraucherdarlehensverträgen, entgeltlichen Finanzierungshilfen und Darlehensvermittlungsverträgen

§ 1 Vorvertragliche Informationen bei Immobiliar-Verbraucherdarlehensverträgen

(1) Bei einem Immobiliar-Verbraucherdarlehensvertrag muss der Darlehensgeber dem Darlehensnehmer mitteilen, welche Informationen und Nachweise er innerhalb welchen Zeitraums von ihm benötigt, um eine ordnungsgemäße Kreditwürdigkeitsprüfung durchführen zu können. Er hat den Darlehensnehmer darauf hinzuweisen, dass eine Kreditwürdigkeitsprüfung für den Abschluss des Darlehensvertrags zwingend ist und nur durchgeführt werden kann, wenn die hierfür benötigten Informationen und Nachweise richtig sind und vollständig beigebracht werden.

(2) Der Darlehensgeber muss dem Darlehensnehmer die vorvertraglichen Informationen in Textform übermitteln, und zwar unverzüglich nachdem er die Angaben gemäß Absatz 1 erhalten hat und rechtzeitig vor Abgabe der Vertragserklärung des Darlehensnehmers. Dafür muss der Darlehensgeber das entsprechend ausgefüllte Europäische Standardisierte Merkblatt gemäß dem Muster in Anlage 6 (ESIS-Merkblatt) verwenden. Der Darlehensgeber hat das ESIS-Merkblatt auch jedem Vertragsangebot und jedem Vertragsvorschlag, an dessen Bedingungen er sich bindet, beizufügen. Dies gilt nicht, wenn der Darlehensnehmer bereits ein Merkblatt erhalten hat, das über die speziellen Bedingungen des Vertragsangebots oder Vertragsvorschlags informiert. Jeder bindende Vertragsvorschlag ist dem Darlehensnehmer in Textform zur Verfügung zu stellen. Ist der Darlehensvertrag zugleich ein außerhalb von Geschäftsräumen geschlossener Vertrag oder ein Fernabsatzvertrag, gelten mit der Übermittlung des ESIS-Merkblatts auch die Anforderungen des § 312d Absatz 2 des Bürgerlichen Gesetzbuchs als erfüllt.

(3) Weitere vorvertragliche Informationen sind, soweit nichts anderes bestimmt ist, in einem gesonderten Dokument zu erteilen, das dem ESIS-Merkblatt beigefügt werden kann. Die weiteren vorvertraglichen Informationen müssen auch einen deutlich gestalteten Hinweis darauf enthalten, dass der Darlehensgeber Forderungen aus dem Darlehensvertrag ohne Zustimmung des Darlehensnehmers abtreten und das Vertragsverhältnis auf einen Dritten übertragen darf, soweit nicht die Abtretung im Vertrag ausgeschlossen wird oder der Darlehensnehmer der Übertragung zustimmen muss.

(4) Wenn der Darlehensgeber entscheidet, den Darlehensvertrag nicht abzuschließen, muss er dies dem Darlehensnehmer unverzüglich mitteilen.

§ 2 Form, Zeitpunkt und Muster der vorvertraglichen Informationen bei Allgemein-Verbraucherdarlehensverträgen

제247항목 소비자소비대차계약, 유상신용부여(信用附與)와 소비대차중개계약에서의 정보제공의무

제1조 부동산소비자소비대차계약에서의 계약 전 정보제공

① 부동산소비자소비대차계약 경우(Bei einem Immobiliar-Verbraucherdarlehensvertrag) 대주는 차주에게, 적절한 신용도심사를 처리하기 위하여 자신이 어떤 정보와 증빙서류를 어느 기간 내에 차주에게서 필요로 하는지를 통지해야 한다. 대주는 차주에게 신용도심사가 계약체결을 위해 필수적이고 신용도심사에 필요한 정보와 증빙서류가 정확하고 또 이것이 완전하게 제공되는 경우에 한하여 신용도심사가 처리될 수 있다는 점(dass eine Kreditwürdigkeitsprüfung für den Abschluss des Darlehensvertrags zwingend ist und nur durchgeführt werden kann, wenn die hierfür benötigten Informationen und Nachweise richtig sind und vollständig beigebracht werden)을 언급해야 한다.

② 대주는, 자신이 제1항에 따른 사항을 수령한 직후 지체 없이, 또 차주의 계약의사표시 전의 적시에 차주에게 계약 전 정보를 문면방식으로 제공해야만 한다. 이를 위해 차주는 부록 6에 있는 견본에 따른 유럽연합의 표준적 정보제공서('유럽연합표준정보제공서'; ESIS-Merkblatt)를 적절하게 기입한 후 사용해야만[das entsprechend ausgefüllte Europäische Standardisierte Merkblatt gemäß dem Muster in Anlage 6 (ESIS-Merkblatt) verwenden] 한다. 대주는, 자신이 그 조건에 구속되는 각 계약 청약 및 계약 제안에서도(auch jedem Vertragsangebot und jedem Vertragsvorschlag) 유럽연합정보표준제공서를 첨부해야 한다. 차주가 이미 계약 청약 또는 계약 제안의 특별한 조건에 관하여 안내하는 그 정보제공서를 수령한 경우에는 그러하지 아니하다. 각 구속력이 있는 계약 제안은 차주에게 문명방식으로 제공되어야 한다. 소비대차가 동시에 영업장 이외의 곳에서 체결된 계약에도 해당하거나, 또는 통신판매에도 해당하는 경우에(Ist der Darlehensvertrag zugleich ein außerhalb von Geschäftsräumen geschlossener Vertrag oder ein Fernabsatzvertrag), 유럽연합표준정보제공서의 제공에 의하여 민법전 제312조d 제2항의 요구사항(auch die Anforderungen des § 312d Absatz 2 des Bürgerlichen Gesetzbuchs)도 충족된 것으로 본다.

③ 추가적 계약 전 정보제공은 다른 정함이 없는 범위 내에서(soweit nichts anderes bestimmt ist), 유럽연합표준정보제공서에 첨부될 수 있는 별도의 문서로 이뤄져야 한다. 채권양도가 계약에서 배제되지 않거나 차주가 그 계약관계 이전에 동의를 할 필요가 없는 경우에는(soweit nicht die Abtretung im Vertrag ausgeschlossen wird oder der Darlehensnehmer der Übertragung zustimmen muss) 대주가 소비대차계약에 기한 채권을 차주의 동의 없이 제3자에게 양도하고 계약관계가 제3자에게로 이전시킬 수 있다는 점에 대한 명료하게 행해진 안내가 추가적 계약 전 정보제공(Die weiteren vorvertraglichen Informationen)에 포함되어야만 한다.

④ 대주가 소비대차계약을 체결하지 않은 경우에는 대주는 차주에게 지체 없이 이를 통지해야만 한다.

제2조 일반소비자소비대차에서의 계약 전 정보제공의 방식, 시기 및 견본(Form, Zeitpunkt und Muster)

(1) Bei einem Allgemein-Verbraucherdarlehensvertrag muss der Darlehensgeber den Darlehensnehmer über die Einzelheiten nach den §§ 3 bis 5 und 8 bis 13 unterrichten, und zwar rechtzeitig vor Abgabe der Vertragserklärung des Darlehensnehmers. Die Unterrichtung erfolgt in Textform.

(2) Für die Unterrichtung nach Absatz 1 ist vorbehaltlich des Absatzes 3 die Europäische Standardinformation für Verbraucherkredite gemäß dem Muster in Anlage 4 zu verwenden.

(3) Soll ein Allgemein-Verbraucherdarlehensvertrag gemäß § 495 Absatz 2 Nummer 1 oder § 504 Absatz 2 des Bürgerlichen Gesetzbuchs abgeschlossen werden, kann der Darlehensgeber zur Unterrichtung die Europäische Verbraucherkreditinformation gemäß dem Muster in Anlage 5 verwenden. Verwendet der Darlehensgeber das Muster nicht, hat er bei der Unterrichtung alle nach den §§ 3 bis 5 und 8 bis 13 erforderlichen Angaben gleichartig zu gestalten und hervorzuheben.

(4) Die Verpflichtung zur Unterrichtung nach § 491a Abs. 1 des Bürgerlichen Gesetzbuchs gilt als erfüllt, wenn der Darlehensgeber dem Darlehensnehmer das ordnungsgemäß ausgefüllte Muster in Textform übermittelt hat. Ist der Darlehensvertrag zugleich ein Fernabsatzvertrag oder ein außerhalb von Geschäftsräumen geschlossener Vertrag, gelten mit der Übermittlung des entsprechenden ausgefüllten Musters auch die Anforderungen des § 312d Absatz 2 des Bürgerlichen Gesetzbuchs als erfüllt. Die in diesem Absatz genannten Verpflichtungen gelten bis 31. Dezember 2010 auch bei Übermittlung des Musters in den Anlagen 4 und 5 in der Fassung des Gesetzes zur Umsetzung der Verbraucherkreditrichtlinie, des zivilrechtlichen Teils der Zahlungsdiensterichtlinie sowie zur Neuordnung der Vorschriften über das Widerrufs- und Rückgaberecht vom 29. Juli 2009 (BGBl. I S. 2355) als erfüllt.

§ 3 Inhalt der vorvertraglichen Information bei Allgemein-Verbraucherdarlehensverträgen

(1) Die Unterrichtung vor Vertragsschluss muss folgende Informationen enthalten:

1. den Namen und die Anschrift des Darlehensgebers,
2. die Art des Darlehens,
3. den effektiven Jahreszins,
4. den Nettodarlehensbetrag,
5. den Sollzinssatz,
6. die Vertragslaufzeit,
7. Betrag, Zahl und Fälligkeit der einzelnen Teilzahlungen,
8. den Gesamtbetrag,
9. die Auszahlungsbedingungen

① 일반소비자소비대차계약의 경우 대주는 차주의 계약의사표시 전의 적시에(rechtzeitig vor Abgabe der Vertragserklärung des Darlehensnehmers) 차주(借主)에게 제3조 내지 제5조, 제8조 내지 제18조에 따른 세부사항에 관하여 정보를 제공해야만 한다. 그 정보제공은 문면방식으로 행해진다.
② 제1하에 따른 정보제공에 대하여 제3항을 제외하고 부록 4의 견본에 따른 소비자여신시의 유럽연합 표준정보제공(die Europäische Standardinformation für Verbraucherkredite)을 이용한다.
③ 일반소비자소비대차가 민법전 제495조 제2항 또는 제504조 제2항에 따라 체결되어야 하는 경우에, 대주는 그 정보제공를 위하여 부록 5의 견본에 따른 소비자여신시의 유럽연합정보제공(die Europäische Verbraucherkreditinformation gemäß dem Muster in Anlage 5)을 이용할 수 있다. 대주가 그 견본을 이용하지 않는 경우에 그 정보제공시 제3조 내지 제5조, 제8조 내지 제13조에 따라 필요한 일체의 사항을 유사하게 구성해서 강조해야(er bei der Unterrichtung alle nach den §§ 3 bis 5 und 8 bis 13 erforderlichen Angaben gleichartig zu gestalten und hervorzuheben) 한다.
④ 대주가 차주에게 적절하게 기입한 견본을 문면방식으로 제공한 경우에(wenn der Darlehensgeber dem Darlehensnehmer das ordnungsgemäß ausgefüllte Muster in Textform übermittelt hat), 민법전 491조a 제1항에 따른 정보제공의무를 이행된 것으로 본다. 소비대차가 동시에 영업장 이외의 곳에서 체결된 계약에도 해당하거나, 또는 통신판매에도 해당하는 경우에(Ist der Darlehensvertrag zugleich ein außerhalb von Geschäftsräumen geschlossener Vertrag oder ein Fernabsatzvertrag), 유럽연합표준정보제공서의 제공에 의하여 민법전 제312조d 제2항의 요구사항(auch die Anforderungen des § 312d Absatz 2 des Bürgerlichen Gesetzbuchs)도 충족된 것으로 본다. 「2009년 7월 29일의 소비자여신지침 및 지급업무지침 중 민사법 부분의 시행과, 철회권 및 반환권에 관한 규정의 개정(Umsetzung der Verbraucherkreditrichtlinie, des zivilrechtlichen Teils der Zahlungsdiensterichtlinie sowie zur Neuordnung der Vorschriften über das Widerrufs- und Rückgaberecht)에 관한 법률」(BGBl. I S. 2355)의 형식의 부록 4, 부록 5에 있는 견본을 제공하는 경우에도 본 항상의 의무는 이행된 것으로 본다.

제3조 일반소비자소비대차계약에서의 계약 전 정보제공의 내용(Inhalt der vorvertraglichen Information)
① 계약 체결 전의 정보제공에 다음 각 호의 정보가 포함되어야만 한다:
1. 대주의 이름 및 주소,
2. 소비대차의 종류,
3. 연이율,
4. 순수소비대차금액,
5. 여신금리,
6. 계약기간,
7. 각 분할상환의 금액, 횟수 및 이행기,
8. 소비대차총액,
9. 대출실행조건,

10. alle sonstigen Kosten, insbesondere in Zusammenhang mit der Auszahlung oder der Verwendung eines Zahlungsinstruments, mit dem sowohl Zahlungsvorgänge als auch Abhebungen getätigt werden können, sowie die Bedingungen, unter denen die Kosten angepasst werden können,
11. den Verzugszinssatz und die Art und Weise seiner etwaigen Anpassung sowie gege
12. einen Warnhinweis zu den Folgen ausbleibender Zahlungen,
13. das Bestehen oder Nichtbestehen eines Widerrufsrechts,
14. das Recht des Darlehensnehmers, das Darlehen vorzeitig zurückzuzahlen,
15. die sich aus § 491a Abs. 2 des Bürgerlichen Gesetzbuchs ergebenden Rechte,
16. die sich aus § 29 Abs. 7 des Bundesdatenschutzgesetzes ergebenden Rechte.

benenfalls anfallende Verzugskosten,

(2) Gesamtbetrag ist die Summe aus Nettodarlehensbetrag und Gesamtkosten. Nettodarlehensbetrag ist der Höchstbetrag, auf den der Darlehensnehmer aufgrund des Darlehensvertrags Anspruch hat. Die Gesamtkosten und der effektive Jahreszins sind nach § 6 der Preisangabenverordnung zu berechnen.

(3) Der Gesamtbetrag und der effektive Jahreszins sind anhand eines repräsentativen Beispiels zu erläutern. Dabei sind sämtliche in die Berechnung des effektiven Jahreszinses einfließenden Annahmen anzugeben und die vom Darlehensnehmer genannten Wünsche zu einzelnen Vertragsbedingungen zu berücksichtigen. Der Darlehensgeber hat darauf hinzuweisen, dass sich der effektive Jahreszins unter Umständen erhöht, wenn der Verbraucherdarlehensvertrag mehrere Auszahlungsmöglichkeiten mit unterschiedlichen Kosten oder Sollzinssätzen vorsieht und die Berechnung des effektiven Jahreszinses auf der Vermutung beruht, dass die für die Art des Darlehens übliche Auszahlungsmöglichkeit vereinbart werde.

(4) Die Angabe zum Sollzinssatz muss die Bedingungen und den Zeitraum für seine Anwendung sowie die Art und Weise seiner Anpassung enthalten. Ist der Sollzinssatz von einem Index oder Referenzzinssatz abhängig, sind diese anzugeben. Sieht der Verbraucherdarlehensvertrag mehrere Sollzinssätze vor, sind die Angaben für alle Sollzinssätze zu erteilen. Sind im Fall des Satzes 3 Teilzahlungen vorgesehen, ist anzugeben, in welcher Reihenfolge die ausstehenden Forderungen des Darlehensgebers, für die unterschiedliche Sollzinssätze gelten, durch die Teilzahlungen getilgt werden.

§ 4 Weitere Angaben bei der vorvertraglichen Information bei Allgemein- Verbraucherdarlehensverträgen

(1) Die Unterrichtung muss bei Allgemein-Verbraucherdarlehensverträgen folgende Angaben enthalten, soweit sie für den in Betracht kommenden Vertragsabschluss erheblich sind:

1. einen Hinweis, dass der Darlehensnehmer infolge des Vertragsabschlusses Notarkosten zu tragen hat,

10. 기타 제비용, 특히 대출실행비용이나, 지급과정뿐만 아니라 인출시 사용될 수 있는(mit dem sowohl Zahlungsvorgänge als auch Abhebungen getätigt werden können) 지급수단의 사용에 관련된 비용과, 비용이 조정될 수 있는 조건(die Bedingungen, unter denen die Kosten angepasst werden können),
11. 지연이자와 지연이자에 대한 있을 수 있는 조정의 유형 및 방식(die Art und Weise seiner etwaigen Anpassung)과, 필요하면 발생하는 지연비용,
12. 연체의 법적 효과에 대한 경고,
13. 철회권의 존부(存否),
14. 소비대차금을 기한 전에 상환할 수 있는 차주의 권리,
15. 민법전 제491조a 제2항에서 발생한 권리,
16. 연방정보보호법 제29조 제7항에서 발생한 권리.

② 소비대차총액은 순수차용금액과 총비용을 합한 금액이다(Gesamtbetrag ist die Summe aus Nettodarlehensbetrag und Gesamtkosten). 순수차용금액은, 차주가 소비대차계약에 기하여 청구권을 갖는 상한액(Höchstbetrag)을 말한다. 총비용과 연이율은 가격명시령 제6조에 따라 산정된다.

③ 소비대차총액과 연이율에 대하여는 대표적 예시를 들어 설명을 해야 한다. 이 경우 연이율의 산정에서 고려되는 일체의 전제(前提)가 명시되어야 하고 차주가 언급한, 개별 계약조건에 관한 요구를 고려해야 한다. 소비자소비대차계약에서 다양한 비용 또는 연이율에 의해 여러 소비대차가능성이 규정되어 있고 연이율 산정이, 해당 소비대차의 종류에 통상적인 소비대차가능성이 약정될 것이라는 전제(前提)에 기반하는 경우에(wenn der Verbraucherdarlehensvertrag mehrere Auszahlungsmöglichkeiten mit unterschiedlichen Kosten oder Sollzinssätzen vorsieht und die Berechnung des effektiven Jahreszinses auf der Vermutung beruht, dass die für die Art des Darlehens übliche Auszahlungsmöglichkeit vereinbart werde) 그러한 사정(事情)하에 여신금리가 상승할 것이라는 점을 대주(貸主)는 언급해야 한다.

④ 여신금리에 관한 명시에 여신금리 적용의 조건 및 기간과 여신금리 조정의 유형과 방식이 포함되어야 한다. 여신금리가 지표(指標) 또는 기준이율에 좌우되는 경우에 이러한 사항들이 명시되어야 한다. 소비자소비대차계약에서 여러 이율이 규정된 경우에 모든 이율에 대한 사항을 명시해야 한다. 제2문의 경우에 분할상환이 규정된 경우에, 이행기가 도래한 대주의 채권으로, 다른 여신금리가 적용되는 채권이 분할상환에 의해 어느 순서로 변제충당된다는 점(in welcher Reihenfolge die ausstehenden Forderungen des Darlehensgebers, für die unterschiedliche Sollzinssätze gelten, durch die Teilzahlungen getilgt werden)을 명시해야 한다.

제4조 일반소비자소비대차에서의(bei Allgemein-Verbraucherdarlehensverträgen) 계약 전 정보제공시 추가적 사항

일반소비자소비대차에서의 정보제공은, 그것이 문제가 되는 계약체결에서(für den in Betracht kommenden Vertragsabschluss) 중요한 범위 내에서 다음 각 호 사항을 포함해야만 한다:
1. 차주가 계약체결로 인하여 공증비용을 부담해야 한다는 안내,

2. Sicherheiten, die der Darlehensgeber verlangt,
3. den Anspruch auf Vorfälligkeitsentschädigung und dessen Berechnungsmethode, soweit der Darlehensgeber diesen Anspruch geltend macht, falls der Darlehensnehmer das Darlehen vorzeitig zurückzahlt,
4. gegebenenfalls den Zeitraum, für den sich der Darlehensgeber an die übermittelten Informationen bindet.

(2) Weitere Hinweise des Darlehensgebers müssen räumlich getrennt von den Angaben nach Absatz 1 und nach den §§ 3 und 8 bis 13a übermittelt werden.

(3) Wird in einem Allgemein-Verbraucherdarlehensvertrag auf einen Referenzwert im Sinne des Artikels 3 Absatz 1 Nummer 3 der Verordnung (EU) 2016/1011 des Europäischen Parlaments und des Rates vom 8. Juni 2016 über Indizes, die bei Finanzinstrumenten und Finanzkontrakten als Referenzwert oder zur verwendet werden, und zur Änderung der Richtlinien 2008/48/EG und 2014/17/EU sowie der Verordnung (EU) Nr. 596/2014 (ABl. L 171 vom 29.6.2016, S. 1) Bezug genommen, teilt der Darlehensgeber dem Darlehensnehmer in einem gesonderten Dokument, das dem Formular "Europäische Standardinformationen für Verbraucherkredite" beigefügt werden kann, die Bezeichnung des Referenzwerts und den Namen des Administrators sowie die möglichen Auswirkungen auf den Darlehensnehmer mit.

§ 5 Information bei besonderen Kommunikationsmitteln

(1) Wählt der Darlehensnehmer für die Vertragsanbahnung bei Allgemein-Verbraucherdarlehensverträgen Kommunikationsmittel, die die Übermittlung der vorstehenden Informationen in der in § 2 vorgesehenen Form nicht gestatten, ist die vollständige Unterrichtung nach § 2 unverzüglich nachzuholen. Bei Telefongesprächen muss die Beschreibung der wesentlichen Merkmale nach Artikel 246b § 1 Absatz 1 Nummer 5 zumindest die Angaben nach § 3 Abs. 1 Nr. 3 bis 9, Abs. 3 und 4 enthalten.

(2) Bei Telefongesprächen, die sich auf Immobiliar-Verbraucherdarlehensverträge beziehen, muss die Beschreibung der wesentlichen Merkmale nach Artikel 246b § 1 Absatz 1 Nummer 5 zumindest die Angaben nach Teil A Abschnitt 3 bis 6 des ESIS-Merkblatts gemäß dem Muster in Anlage 6 enthalten.

§ 6 Vertragsinhalt

(1) Der Verbraucherdarlehensvertrag muss klar und verständlich folgende Angaben enthalten:
1. die in § 3 Abs. 1 Nr. 1 bis 14 und Abs. 4 genannten Angaben,
2. den Namen und die Anschrift des Darlehensnehmers,

2. 대주가 청구하는 담보,
3. 만일 차주가 소비대차금을 기한 전에 상환한다면(falls der Darlehensnehmer das Darlehen vorzeitig zurückzahlt) 대주가 기한 전 상환으로 인한 손해배상청구권을 주장하는 범위 내에서의 그 청구권 산정방법,
4. 필요하면, 제공된 정보에 대주가 구속되는(für den sich der Darlehensgeber an die übermittelten Informationen bindet) 기간,

② 대주의 추가적 언급은 제1항에 따른 사항 및 제3조, 제8조 내지 13조a에 따른 사항과 공간적으로 분리하여 제공되어야만 한다.

③ 일반소비자소비대차에서, 「금융상품과 금융계약에서 기준값으로 활용되거나 투자펀드의 가액추이의 측정(Messung der Wertentwicklung eines Investmentfonds)에 활용되는 지수(指數)와, 2008/48/EG호 지침, 2014/17/EU호 지침 및 (EU) 596/2014호 규칙의 개정에 관한 2016년 6월 8일 유럽연합 의회 및 이사회의 (EU) 2016/1011호 규칙」(ABl. L 171 vom 29.6.2016, S. 1) 제3조 제1항 제3호상의 기준값이 이용되는 경우에, 대주는 차주에게 "소비자여신시의 유럽연합 표준정보제공"이라는 서식에 첨부될 수 있는 별도의 문서로(in einem gesonderten Dokument, das dem Formular "Europäische Standardinformationen für Verbraucherkredite" beigefügt werden kann), 기준값 표시, 그 관리자의 이름과, 차주에 대해 있을 수 있는 그 영향(die Bezeichnung des Referenzwerts und den Namen des Administrators sowie die möglichen Auswirkungen auf den Darlehensnehmer)에 관하여 정보를 제공해야 한다.

제5조 특수한 통신수단의 경우 정보제공

① 차주가 일반소비자소비대차에서 계약 개시에 대한 통신수단으로, 위와 같은 정보의 제공이 제2조에서 규정된 방식으로 이뤄지는(die die Übermittlung der vorstehenden Informationen in der in § 2 vorgesehenen Form nicht gestatten) 통신수단을 선택하는 경우에 제2조에 따른 완전한 정보제공이 지체 없이 보완되어 시행되어야(die vollständige Unterrichtung nach § 2 unverzüglich nachzuholen) 한다. 전화이용판매의 경우에 제246항목b 제1조 제1항 제5호에 따른 주요 구성요소에 대한 설명에 제3조 제1항 제3호 내지 제9호, 제3항, 제4항에 따른 사항이 최소한으로 포함되어야만 한다.

② 부동산소비자소비대차와 관련된 전화통신판매의 경우에 제246항목b 제1조 제1항 제5호에 따른 주요 구성요소에 대한 설명(die Beschreibung der wesentlichen Merkmale)에 유럽연합표준정보제공서(ESIS-Merkblatts)의 제3장 내지 제6장 A파트에 따른 사항이 최소한으로 포함되어야만 한다.

제6조 계약내용

① 소비자소비대차계약은 명료하고 이해가 쉬운 다음 각 호의 사항이 포함되어야만 한다:
1. 제3조 제1항 제1호 내지 제14호, 제4항상의 사항
2. 차주의 이름 및 주소,

3. die für den Darlehensgeber zuständige Aufsichtsbehörde,
4. einen Hinweis auf den Anspruch des Darlehensnehmers auf einen Tilgungsplan nach § 492 Abs. 3 Satz 2 des Bürgerlichen Gesetzbuchs,
5. das einzuhaltende Verfahren bei der Kündigung des Vertrags,
6. sämtliche weitere Vertragsbedingungen.

Bei einem Immobiliar-Verbraucherdarlehensvertrag sind abweichend von Satz 1 nur die in § 3 Absatz 1 Nummer 1 bis 7, 10 und 13 sowie Absatz 4 genannten Angaben zwingend. Abweichend von § 3 Absatz 1 Nummer 7 ist die Anzahl der Teilzahlungen nicht anzugeben, wenn die Laufzeit des Darlehensvertrags von dem Zeitpunkt der Zuteilung eines Bausparvertrags abhängt.

(2) Besteht ein Widerrufsrecht nach § 495 des Bürgerlichen Gesetzbuchs, müssen im Vertrag Angaben zur Frist und zu anderen Umständen für die Erklärung des Widerrufs sowie ein Hinweis auf die Verpflichtung des Darlehensnehmers enthalten sein, ein bereits ausbezahltes Darlehen zurückzuzahlen und Zinsen zu vergüten. Der pro Tag zu zahlende Zinsbetrag ist anzugeben. Enthält der Verbraucherdarlehensvertrag eine Vertragsklausel in hervorgehobener und deutlich gestalteter Form, die bei Allgemein-Verbraucherdarlehensverträgen dem Muster in Anlage 7 und bei Immobiliar-Verbraucherdarlehensverträgen dem Muster in Anlage 8 entspricht, genügt diese Vertragsklausel den Anforderungen der Sätze 1 und 2. Dies gilt bis zum Ablauf des 4. November 2011 auch bei entsprechender Verwendung dieses Musters in der Fassung des Gesetzes zur Einführung einer Musterwiderrufsinformation für Verbraucherdarlehensverträge, zur Änderung der Vorschriften über das Widerrufsrecht bei Verbraucherdarlehensverträgen und zur Änderung des Darlehensvermittlungsrechts vom 24. Juli 2010 (BGBl. I S. 977). Der Darlehensgeber darf unter Beachtung von Satz 3 in Format und Schriftgröße jeweils von dem Muster abweichen.

(3) Bei Allgemein-Verbraucherdarlehensverträgen hat die Angabe des Gesamtbetrags und des effektiven Jahreszinses unter Angabe der Annahmen zu erfolgen, die zum Zeitpunkt des Abschlusses des Vertrags bekannt sind und die in die Berechnung des effektiven Jahreszinses einfließen.

§ 7 Weitere Angaben im Vertrag

(1) Der Allgemein-Verbraucherdarlehensvertrag muss folgende klar und verständlich formulierte weitere Angaben enthalten, soweit sie für den Vertrag bedeutsam sind:
1. einen Hinweis, dass der Darlehensnehmer Notarkosten zu tragen hat,
2. die vom Darlehensgeber verlangten Sicherheiten und Versicherungen, im Fall von entgeltlichen Finanzierungshilfen insbesondere einen Eigentumsvorbehalt,
3. die Berechnungsmethode des Anspruchs auf Vorfälligkeitsentschädigung, soweit der

3. 대주를 관할하는 감독관청,
4. 민법전 제492조 제3항 제2문에 따른 상환계획(償還返還; einen Tilgungsplan)의 요구에 대한 안내,
5. 계약 해지시 준수해야 할 절차,
6. 기타 제반 계약조건,

부동산소비자소비대차의 경우 제1문과 달리 제3조 제1항 제1호 내지 제7호, 제10호, 제13호, 제4항 상의 사항만이 필수사항이다. 계약기간이 건축계약의 배정 시기에 좌우되는 경우에(wenn die Laufzeit des Darlehensvertrags von dem Zeitpunkt der Zuteilung eines Bausparvertrags abhängt) 제3조 제1항 제7호와 달리 분할상환횟수(Anzahl der Teilzahlungen)를 명시하지 않아도 된다.

② 민법전 제495조에 따른 철회권이 존재하는 경우에, 기간에 관한 사항과 철회 표시를 위한 그 밖의 사정에 관한 사항과, 이미 실행된 소비대차금을 상환하거나 이자를 지급할 차주의 의무에 관한 안내(Angaben zur Frist und zu anderen Umständen für die Erklärung des Widerrufs sowie ein Hinweis auf die Verpflichtung des Darlehensnehmers enthalten sein, ein bereits ausbezahltes Darlehen zurückzuzahlen und Zinsen zu vergüten)이 계약에 포함되어야만 한다. 매일 지급해야 할 이자금액도 명시되어야 한다. 소비자소비대차계약에 일반소비자소비대차계약의 경우 부록 7의 견본이, 부동산소비자소비대차의 경우 부록 8의 견본에 부합하는, 강조되고 명료하게 된 방식의 계약조항이 포함된 경우에(Enthält der Verbraucherdarlehensvertrag eine Vertragsklausel in hervorgehobener und deutlich gestalteter Form, die bei Allgemein-Verbraucherdarlehensverträgen dem Muster in Anlage 7 und bei Immobiliar-Verbraucherdarlehensverträgen dem Muster in Anlage 8 entspricht), 이러한 계약조항은 제1문, 제2문의 요구사항을 충족하는 것이다「2010년 7월 24일의 소비자소비대차계약에 있어 철회안내서견본의 도입, 소비자소비대차계약에서의 철회권의 규정의 개정과, 소비대차중개법의 개정에 관한 법률」(BGBl. I S. 977) 형식에 있는 이러한 견본을 적절하게 이용하는 경우에도 2011년 11월 4일 경과시까지 이를 적용한다. 대주는 제3문을 준수하여 서식판형(版型)과 서체크기에 있어 각각 견본과 다르게 정할 수 있다.

③ 일반소비자소비대차의 경우에 소비대차총액과 연이율의 사항은 계약 체결 당시에 알려지고 연이율 산정에 고려되는(die zum Zeitpunkt des Abschlusses des Vertrags bekannt sind und die in die Berechnung des effektiven Jahreszinses einfließen) 전제(前提)을 명시하여 시행되어야 한다.

제7조 계약에서의 추가 사항

① 일반소비자소비대차계약에 명료하고 이해가 쉽게 마련된 다음 각 호의 추가 사항(folgende klar und verständlich formulierte weitere Angaben)이, 계약에서 중요한 의미를 갖는 범위 내에서 포함되어야만 한다:

1. 차주가 공증비용을 부담해야 한다는 안내,
2. 유상신용부여의 경우 특히 소유권유보부매매의 경우에 대주가 요구한 담보 및 보험(die vom Darlehensgeber verlangten Sicherheiten und Versicherungen),
3. 만일 차주가 소비대차금을 기한 전에 상환한다면(falls der Darlehensnehmer das Darlehen

Darlehensgeber beabsichtigt, diesen Anspruch geltend zu machen, falls der Darlehensnehmer das Darlehen vorzeitig zurückzahlt,

4. den Zugang des Darlehensnehmers zu einem außergerichtlichen Beschwerde- und Rechtsbehelfsverfahren und gegebenenfalls die Voraussetzungen für diesen Zugang.

(2) Der Immobiliar-Verbraucherdarlehensvertrag muss folgende klar und verständlich formulierte weitere Angaben enthalten, soweit sie für den Vertrag bedeutsam sind:

1. die Voraussetzungen und die Berechnungsmethode für den Anspruch auf Vorfälligkeitsentschädigung, soweit der Darlehensgeber beabsichtigt, diesen Anspruch geltend zu machen, falls der Darlehensnehmer das Darlehen vorzeitig zurückzahlt, und die sich aus § 493 Absatz 5 des Bürgerlichen Gesetzbuchs ergebenden Pflichten,
2. bei einem Immobiliar-Verbraucherdarlehensvertrag in Fremdwährung auch die sich aus den §§ 503 und 493 Absatz 4 des Bürgerlichen Gesetzbuchs ergebenden Rechte des Darlehensnehmers.

§ 8 Verträge mit Zusatzleistungen

(1) Verlangt der Darlehensgeber zum Abschluss eines Allgemein-Verbraucherdarlehensvertrags, dass der Darlehensnehmer zusätzliche Leistungen des Darlehensgebers annimmt oder einen weiteren Vertrag abschließt, insbesondere einen Versicherungsvertrag oder Kontoführungsvertrag, hat der Darlehensgeber dies zusammen mit der vorvertraglichen Information anzugeben. In der vorvertraglichen Information sind Kontoführungsgebühren sowie die Bedingungen, unter denen sie angepasst werden können, anzugeben.

(3) Dienen die vom Darlehensnehmer geleisteten Zahlungen nicht der unmittelbaren Darlehenstilgung, sind die Zeiträume und Bedingungen für die Zahlung der Sollzinsen und der damit verbundenen wiederkehrenden und nicht wiederkehrenden Kosten im Verbraucherdarlehensvertrag aufzustellen. Verpflichtet sich der Darlehensnehmer mit dem Abschluss eines Verbraucherdarlehensvertrags auch zur Vermögensbildung, muss aus der vorvertraglichen Information und aus dem Verbraucherdarlehensvertrag klar und verständlich hervorgehen, dass weder die während der Vertragslaufzeit fälligen Zahlungsverpflichtungen noch die Ansprüche, die der Darlehensnehmer aus der Vermögensbildung erwirbt, die Tilgung des Darlehens gewährleisten, es sei denn, dies wird vertraglich vereinbart.

(2) Werden im Zusammenhang mit einem Verbraucherdarlehensvertrag Kontoführungsgebühren erhoben, so sind diese sowie die Bedingungen, unter denen die Gebühren angepasst werden können, im Vertrag anzugeben.

§ 9 (weggefallen)

vorzeitig zurückzahlt) 대주가 기한 전 상환으로 인한 손해배상청구권 청구권을 주장하려고 하는 범위 내에서의 그 산정방법,

4. 대안적 신청절차 및 법적구제절차의 차주의 이용과 필요하면 이러한 절차의 이용 요건(gegebenenfalls die Voraussetzungen für diesen Zugang).

② 부동산소비자소비대차계약에 명료하고 이해가 쉽게 마련된 다음 각 호의 추가 사항이, 계약에서 중요한 의미를 갖는 범위 내에서 포함되어야만 한다:

1. 만일 차주가 소비대차금을 기한 전에 상환한다면(falls der Darlehensnehmer das Darlehen vorzeitig zurückzahlt) 대주가 기한 전 상환으로 인한 손해배상청구권을 주장하려고 하는 범위 내에서의 그 요건 및 산정방법과, 민법전 제493조 제5항에서 발생한 의무(die sich aus § 493 Absatz 5 des Bürgerlichen Gesetzbuchs ergebenden Pflichten).
2. 외국통화(外國通貨)에 의한 부동산소비자소비대차계약의 경우(bei einem Immobiliar-Verbraucherdarlehensvertrag in Fremdwährung)에는 민법전 제503조, 제493조 제4항에서 발생한 차주의 의무도 포함됨.

제8조 추가급부가 있는 계약

① 대주가 일반소비자소비대차계약의 체결을 위하여 차주가 대주의 부가급부를 수용하거나 추가적 계약, 특히 보험계약 또는 계좌관리계약을 체결하도록(dass der Darlehensnehmer zusätzliche Leistungen des Darlehensgebers annimmt oder einen weiteren Vertrag abschließt, insbesondere einen Versicherungsvertrag oder Kontoführungsvertrag) 요구하는 경우에 대주는 계약 전 정보제공과 함께 이를 명시해야 한다. 계약 전 정보제공에서(In der vorvertraglichen Information) 계좌관리이용료와 계좌관리이용료가 조정될 수 있는 조건을 명시해야 한다.

② 소비자소비대차계약과 관련하여 계좌관리이용료가 증액되는 되는 경우에 계좌관리이용료와, 계좌관리이용료가 조정될 수 있는(unter denen die Gebühren angepasst werden können) 조건을 계약에서 명시되어야 한다.

③ 차주가 이행한 지급이 직접적인 소비대차원금상환을 위한 것이 아닌 경우에, 이자 지급의 기간 및 조건과 이와 결부된, 반복해서 돌아오거나 돌아오지 않는 비용은 소비자소비대차계약에서 공식적으로 규정되어야 한다. 차주가 소비자소비대차계약의 체결과 함께 재산형성의무도 지는 경우에, 계약기간 중에 이행기가 도래한 지급의무도 재산형성에 기하여 차주가 얻은 청구권도 소비대차원금상환을 보장하는 것이 아니고, 다만 이것이 계약에서 합의된 경우에는 예외로 한다는 점(dass weder die während der Vertragslaufzeit fälligen Zahlungsverpflichtungen noch die Ansprüche, die der Darlehensnehmer aus der Vermögensbildung erwirbt, die Tilgung des Darlehens gewährleisten, es sei denn, dies wird vertraglich vereinbart)이 계약 전 정보제공과 소비자소비대차계약에서 명료하고도 이해하기 쉽게 드러나야만 한다.

제9조 삭제

§ 10 Abweichende Mitteilungspflichten bei Überziehungsmöglichkeiten gemäß § 504 Abs. 2 des Bürgerlichen Gesetzbuchs

(1) Bei Überziehungsmöglichkeiten im Sinne des § 504 Abs. 2 des Bürgerlichen Gesetzbuchs sind abweichend von den §§ 3, 4 und 6 nur anzugeben:

1. in der vorvertraglichen Information
   a) die Angaben nach § 3 Absatz 1 Nummer 1 bis 6, 10, 11 und 16, Absatz 3 und 4 sowie gegebenenfalls nach § 4 Abs. 1 Nr. 4,
   b) die Bedingungen zur Beendigung des Darlehensverhältnisses und
   c) der Hinweis, dass der Darlehensnehmer jederzeit zur Rückzahlung des gesamten Darlehensbetrags aufgefordert werden kann, falls ein entsprechendes Kündigungsrecht für den Darlehensgeber vereinbart werden soll;
2. im Vertrag
   a) die Angaben nach § 6 Abs. 1 Nr. 1 in Verbindung mit § 3 Abs. 1 Nr. 1 bis 6, 9 und 10, Abs. 4,
   b) die Angaben nach § 6 Abs. 1 Nr. 2 und 5,
   c) die Gesamtkosten sowie
   d) gegebenenfalls der Hinweis nach Nummer 1 Buchstabe c.

(2) In den Fällen des § 5 Absatz 1 muss die Beschreibung der wesentlichen Merkmale nach Artikel 246b § 1 Absatz 1 Nummer 5 zumindest die Angaben nach § 3 Absatz 1 Nummer 3 bis 5, 10, Absatz 3 und 4 sowie nach Absatz 1 Nr. 1 Buchstabe c enthalten.

(3) Die Angabe des effektiven Jahreszinses ist entbehrlich, wenn der Darlehensgeber außer den Sollzinsen keine weiteren Kosten verlangt und die Sollzinsen nicht in kürzeren Zeiträumen als drei Monaten fällig werden.

§ 11 Abweichende Mitteilungspflichten bei Allgemein-Verbraucherdarlehensverträgen zur Umschuldung gemäß § 495 Absatz 2 Nummer 1 des Bürgerlichen Gesetzbuchs

(1) Bei Allgemein-Verbraucherdarlehensverträgen zur Umschuldung gemäß § 495 Absatz 2 Nummer 1 des Bürgerlichen Gesetzbuchs sind abweichend von den §§ 3, 4 und 6 nur anzugeben:

1. in der vorvertraglichen Information
   a) die Angaben nach § 3 Abs. 1 Nr. 1 bis 7, 10, 11, 14 und 16, Abs. 3 und 4,
   b) die Angaben nach § 4 Abs. 1 Nr. 3,
   c) die Angaben nach § 10 Abs. 1 Nr. 1 Buchstabe b sowie
   d) gegebenenfalls die Angaben nach § 4 Abs. 1 Nr. 4;
2. im Vertrag
   a) die Angaben nach § 6 Abs. 1 Nr. 1 in Verbindung mit § 3 Abs. 1 Nr. 1 bis 9, 11 und 14,

제10조 민법전 제504조에 따른 당좌대월계약(當座貸越契約; Überziehungsmöglichkeiten)에서의 다른 정보제공의무

① 민법전 제504조 제2항상의 당좌대월계약(當座貸越契約; Überziehungsmöglichkeiten)의 경우 제3조, 제4호, 제6호와 달리 다음 각 호와 같이 명시해야 한다:

1. 계약 전 정보제공에서,
   a) 제3조 제1항 제1호 내지 제6호, 제10호, 제11호, 제16호, 제2항, 제4항에 따른 사항과, 필요하면 제4조 제1항 제4호에 따른 사항,
   b) 소비대차관계의 종료에 관한 조건,
   c) 만일 대주를 위한 관련 해지권이 약정되는 경우에(falls ein entsprechendes Kündigungsrecht für den Darlehensgeber vereinbart werden soll), 차주에 대해 언제든지 소비대차금 전액의 상환을 요구할 수 있다는 안내;
2. 계약에서,
   a) 제3조 제1항 제1호 내지 제6호, 제9호, 제10호, 제4항과 연결된(in Verbindung mit) 제6조 제1항 제1호에 따른 사항,
   b) 제6조 제1항 제2호, 제5호에 따른 사항,
   c) 총비용,
   d) 필요하면 제1호 c목에 따른 언급.

② 제5조 제1항의 경우에 민법전 제246항목b 제1조 제1항 제5호에 따른 주요 구성요소에 대한 설명(die Beschreibung der wesentlichen Merkmale nach Artikel 246b § 1 Absatz 1 Nummer 5)에 제3조 제1항 제3호 내지 제5호, 제10호, 제3항, 제4항, 제1항 제1호 c목에 따른 사항을 최소한으로 포함해야만 한다.

③ 대주가 이자 이외에 추가지 비용을 청구하지 않고 그 이자가 3개월보다 단기의 기간 동안에 이행기가 도래하지 않는(die Sollzinsen nicht in kürzeren Zeiträumen als drei Monaten fällig werden) 경우에는 연이율에 관한 사항은 요구되지 않는다.

제11조 민법전 제495조 제1항 제1호에 따른 채무조정을 위한 일반소비자소비대차계약에서의 다른 정보제공의무

① 민법전 제495항목 제1항 제1호에 따른 채무조정을 위한 일반소비자소비대차계약의 경우 제3조, 제4호, 제6호와 달리 다음 각 호와 같이 명시해야 한다:

1. 계약 전 정보제공에서,
   a) 제3조 제1항 제1호 내지 제7호, 제10호, 제11호, 제14호, 제16호, 제3항, 제4항에 따른 사항,
   b) 제4조 제1항 제3호에 따른 사항,
   c) 제10조 제1항 제1호 b목,
   d) 필요하면 제4조 제1항 제4호에 따른 사항;
2. 계약에서,
   a) 제3조 제1항 제1호 내지 제9호, 제11호, 제14호, 제3항, 제4항과 연결된(in Verbindung mit)

Abs. 3 und 4 sowie

b) die Angaben nach § 6 Abs. 1 Nr. 2 bis 4 und 6.

(2) In den Fällen des § 5 Absatz 1 muss die Beschreibung der wesentlichen Merkmale nach Artikel 246b § 1 Absatz 1 Nummer 5 zumindest die Angaben nach § 3 Abs. 1 Nr. 3 bis 6, 10 sowie Abs. 3 und 4 enthalten.

(3) Wird ein Verbraucherdarlehensvertrag gemäß § 495 Absatz 2 Nummer 1 des Bürgerlichen Gesetzbuchs als Überziehungsmöglichkeit im Sinne des § 504 Abs. 2 Satz 1 des Bürgerlichen Gesetzbuchs abgeschlossen, gilt § 10. Die Absätze 1 und 2 sind nicht anzuwenden.

§ 12 Verbundene Verträge und entgeltliche Finanzierungshilfen

(1) Die §§ 1 bis 11 gelten entsprechend für die in § 506 Absatz 1 des Bürgerlichen Gesetzbuchs bezeichneten Verträge über entgeltliche Finanzierungshilfen. Bei diesen Verträgen oder Verbraucherdarlehensverträgen, die mit einem anderen Vertrag gemäß § 358 des Bürgerlichen Gesetzbuchs verbunden sind oder in denen eine Ware oder Leistung gemäß § 360 Absatz 2 Satz 2 des Bürgerlichen Gesetzbuchs angegeben ist, muss enthalten:

1. die vorvertragliche Information, auch in den Fällen des § 5, den Gegenstand und den Barzahlungspreis,
2. der Vertrag
   a) den Gegenstand und den Barzahlungspreis sowie
   b) Informationen über die sich aus den §§ 358 und 359 oder § 360 des Bürgerlichen Gesetzbuchs ergebenden Rechte und über die Bedingungen für die Ausübung dieser Rechte.

Enthält der Verbraucherdarlehensvertrag eine Vertragsklausel in hervorgehobener und deutlich gestalteter Form, die bei Allgemein-Verbraucherdarlehensverträgen dem Muster in Anlage 7 und bei Immobiliar-Verbraucherdarlehensverträgen dem Muster in Anlage 8 entspricht, genügt diese Vertragsklausel bei verbundenen Verträgen sowie Geschäften gemäß § 360 Absatz 2 Satz 2 des Bürgerlichen Gesetzbuchs den in Satz 2 Nummer 2 Buchstabe b gestellten Anforderungen. Dies gilt bis zum Ablauf des 4. November 2011 auch bei entsprechender Verwendung dieses Musters in der Fassung des Gesetzes zur Einführung einer Musterwiderrufsinformation für Verbraucherdarlehensverträge, zur Änderung der Vorschriften über das Widerrufsrecht bei Verbraucherdarlehensverträgen und zur Änderung des Darlehensvermittlungsrechts vom 24. Juli 2010 (BGBl. I S. 977). Bei Verträgen über eine entgeltliche Finanzierungshilfe treten diese Rechtsfolgen nur ein, wenn die Informationen dem im Einzelfall vorliegenden Vertragstyp angepasst sind. Der Darlehensgeber darf unter Beachtung von Satz 3 in Format und Schriftgröße von dem Muster abweichen.

(2) Bei Verträgen gemäß § 506 Absatz 2 Satz 1 Nummer 3 des Bürgerlichen Gesetzbuchs sind die Angaben nach § 3 Abs. 1 Nr. 14, § 4 Abs. 1 Nr. 3 und § 7 Nummer 3 entbehrlich. § 14

제6조 제1항 제1호에 따른 사항,

b) 제6조 제1항 제2호 내지 제4호, 제6호에 따른 사항.

② 제5조 제1항의 경우에 제246항목b 제1조 제1항 제5호에 따른 주요 구성요소에 대한 설명(說明)에 제3조 제1항 제3호 내지 제6호, 제10호, 제3항, 제4항에 따른 사항을 최소한으로 포함해야만 한다.

③ 민법전 제495항목 제2항 제1호에 따른 소비자소비대차계약이 민법전 제504조 제2항 제1문상의 당좌대월계약으로(als Überziehungsmöglichkeit im Sinne des § 504 Abs. 2 Satz 1 des Bürgerlichen Gesetzbuchs) 체결된 경우에 제10조를 적용한다. 제1항, 제2항을 적용하지 아니한다.

제12조 결합계약과 유상신용부여

② 제1조 내지 제11조는 민법전 제506조 제1항에 기재된, 유상신용부여계약에 대하여 준용한다. 이러한 계약 또는 민법전 제358조에 따라 다른 계약과 결합되거나 민법전 제360조 제2항 제2문에 따른 물품 또는 용역이 명시된(die mit einem anderen Vertrag gemäß § 358 des Bürgerlichen Gesetzbuchs verbunden sind oder in denen eine Ware oder Leistung gemäß § 360 Absatz 2 Satz 2 des Bürgerlichen Gesetzbuchs angegeben ist) 소비자소비대차계약의 경우에 다음 각 호와 같이 포함되어야만 한다:

1. 제5조의 경우를 포함하여 계약 전 정보제공에서는 대상 및 현금가,
2. 계약에서
   a) 대상 및 현금가,
   b) 민법전 제358조, 제359조 또는 제360조에서 파생(派生)된 권리(權利)와 이러한 권리(權利)의 행사(行使) 조건(條件)에 관한 정보(die Bedingungen für die Ausübung dieser Rechte).

일반소비자소비대차계약의 경우 부록 7에 있는 견본, 부동사소비자소비대차계약의 경우 부록 8에 있는 견본에 부합하는, 강조되고 명료하게 마련된 형식으로 된 계약조항이 소비자소비대차계약에 포함되는 경우에(Enthält der Verbraucherdarlehensvertrag eine Vertragsklausel in hervorgehobener und deutlich gestalteter Form, die bei Allgemein-Verbraucherdarlehensverträgen dem Muster in Anlage 7 und bei Immobiliar-Verbraucherdarlehensverträgen dem Muster in Anlage 8 entspricht), 결합계약과, 민법전 제360조 제2항 제2문에 따른 거래에 있어 이러한 계약조항은 제2문 제2호 b목에서 명시된 요건을 충족한다. 「2010년 7월 24일의 소비자소비대차계약에 있어 철회안내서견본의 도입, 소비자소비대차계약에서의 철회권의 규정의 개정과, 소비대차중개법의 개정에 관한 법률」(BGBl. I S. 977)의 형식에 있는 이러한 양식을 적절하게 이용하는 경우에도 2011년 11월 4일이 경과할 때까지 이를 적용한다. 유상신용부여계약의 경우 이러한 정보가 개별 사안에서 위 계약유형(契約類型)에 적합한 경우에(wenn die Informationen dem im Einzelfall vorliegenden Vertragstyp angepasst sind) 한하여 이러한 법적 효과가 발생한다. 대주는 제3문을 준수하여 서식 판형(版型)과 서체크기에 있어 각각 견본과 다르게 정할 수 있다.

② 민법전 제506조 제2항 제1문 제3호에 따른 계약의 경우에(Bei Verträgen gemäß § 506 Absatz 2 Satz 1 Nummer 3 des Bürgerlichen Gesetzbuchs) 제3조 제1항 제14호, 제조4 제1항 제3호, 제7

Abs. 1 Satz 2 ist nicht anzuwenden. Hat der Unternehmer den Gegenstand für den Verbraucher erworben, tritt an die Stelle des Barzahlungspreises der Anschaffungspreis.

§ 13 Darlehensvermittler bei Verbraucherdarlehensverträgen

(1) Ist bei der Anbahnung oder beim Abschluss eines Verbraucherdarlehensvertrags oder eines Vertrags über eine entgeltliche Finanzierungshilfe ein Darlehensvermittler beteiligt, so ist der Vertragsinhalt nach § 6 Abs. 1 um den Namen und die Anschrift des beteiligten Darlehensvermittlers zu ergänzen.

(2) Wird der Darlehensvermittlungsvertrag im Sinne des § 655a des Bürgerlichen Gesetzbuchs mit einem Verbraucher abgeschlossen, so hat der Darlehensvermittler den Verbraucher rechtzeitig vor Abschluss des Darlehensvermittlungsvertrags auf einem dauerhaften Datenträger zu unterrichten über

1. die Höhe einer vom Verbraucher verlangten Vergütung,
2. die Tatsache, ob er für die Vermittlung von einem Dritten ein Entgelt oder sonstige Anreize erhält sowie gegebenenfalls die Höhe,
3. den Umfang seiner Befugnisse, insbesondere, ob er ausschließlich für einen oder mehrere bestimmte Darlehensgeber oder unabhängig tätig wird, und
4. gegebenenfalls weitere vom Verbraucher verlangte Nebenentgelte sowie deren Höhe, soweit diese zum Zeitpunkt der Unterrichtung bekannt ist, andernfalls einen Höchstbetrag.

Wird der Darlehensvermittlungsvertrag im Sinne des § 655a des Bürgerlichen Gesetzbuchs ausschließlich mit einem Dritten abgeschlossen, so hat der Darlehensvermittler den Verbraucher rechtzeitig vor Abschluss eines vermittelten Vertrags im Sinne von Absatz 1 auf einem dauerhaften Datenträger über die Einzelheiten gemäß Satz 1 Nummer 2 und 3 zu unterrichten.

(3) Der Darlehensvermittler hat dem Darlehensgeber die Höhe der von ihm verlangten Vergütung vor der Annahme des Auftrags mitzuteilen. Darlehensvermittler und Darlehensgeber haben sicherzustellen, dass die andere Partei eine Abschrift des Vertrags im Sinne von Absatz 1 erhält.

(4) Wirbt der Darlehensvermittler gegenüber einem Verbraucher für den Abschluss eines Verbraucherdarlehensvertrags oder eines Vertrags über eine entgeltliche Finanzierungshilfe, so hat er hierbei die Angaben nach Absatz 2 Satz 1 Nummer 3 einzubeziehen.

§ 13a Besondere Regelungen für Darlehensvermittler bei Allgemein-Verbraucherdarlehensverträgen

Ist bei der Anbahnung oder beim Abschluss eines Allgemein-Verbraucherdarlehensvertrags oder eines Vertrags über eine entsprechende entgeltliche Finanzierungshilfe ein Darlehensvermittler beteiligt, so sind die vorvertraglichen Informationen nach § 3 Absatz 1 Nummer 1 um den Namen und die Anschrift des beteiligten Darlehensvermittlers zu ergänzen.

조 제3호에 따른 사항은 요구되지 아니한다. 제14조 제1항 제2문을 적용하지 아니한다. 사업자가 소비자를 위해 물건을 취득한 경우에 취득가(取得價)가 현금가에 갈음한다.

제13조 소비자소비대차계약의 소비대차중개인

① 소비자소비대차계약 또는 유상신용부여계약의 개시시 또는 체결시에 소비대차중개인이 관여하는 경우에 제6조 제1항에 따른 계약내용에 참가한 소비대차중개인의 이름 및 주소도 추가로 보충되어야(ist der Vertragsinhalt nach § 6 Abs. 1 um den Namen und die Anschrift des beteiligten Darlehensvermittlers zu ergänzen) 한다.

② 민법전 제655조a상의 소비대차계약(der Darlehensvermittlungsvertrag im Sinne des § 655a des Bürgerlichen Gesetzbuch)이 소비자와 체결된 경우에 소비대차중개인은 소비자에게 소비대차중개계약 체결 전의 적시에 지속적 정보저장매체로 다음 각 호에 관하여 정보를 제공해야 한다:

1. 소비자에게 청구한 보수액,
2. 소비대차중개인이 제3자에 대한 중개에 대하여 보수 또는 그 밖의 성과급을 받는다는 사실과 필요하면 그 액수,
3. 소비대차중개인 권한의 범위, 특히 소비재차중개인이 한 또는 여러 특정한 대주만을 위해서 활동하는지, 아니면 독립적으로 활동하는지 여부,
4. 필요하면, 그 정보제공 당시 이것이 알려진 범위 내에서 소비자에게 청구하는 그 밖의 부가보수 및 그 액수(weitere vom Verbraucher verlangte Nebenentgelte sowie deren Höhe), 그렇지 않으면 상한액.

민법전 제655조a상의 소비자소비대차중개계약이 제3자와만 체결된 경우에(Wird der Darlehensvermittlungsvertrag im Sinne des § 655a des Bürgerlichen Gesetzbuchs ausschließlich mit einem Dritten abgeschlossen), 소비대차중개인이 제1항상의 중개하는 계약의 체결 전의 적시에 지속적 정보저장매체로 제1문 제2호, 제3호에 따른 세부사항에 관하여 정보를 제공해야 한다.

③ 소비대차중개인이 대주에게 자신이 청구한 보수액을 그 위임의 승낙 전에 통지해야 한다. 소비대차중개인과 대주는 계약상대방이 제1항상의 계약서 사본을 받도록(dass die andere Partei eine Abschrift des Vertrags im Sinne von Absatz 1 erhält) 보장해야 한다.

④ 소비대차중개인이 소비자에 대하여 소비자소비대차계약 또는 유상신용부여계약의 체결에 대하여(für den Abschluss eines Verbraucherdarlehensvertrags oder eines Vertrags über eine entgeltliche Finanzierungshilfe) 광고를 하는 경우 제2항 제1문 제3호에 따른 사항을 그 광고에 포함해야 한다.

제13조a 일반소비자소비대차계약에서의 소비대차중개인에 대한 특칙

소비자소비대차계약 또는 유상신용부여계약의 개시시 또는 체결시에 소비대차중개인이 관여하는 경우에, 제3조 제1항에 따른 계약 전 정보제공에 관여한 소비대차중개인의 이름 및 주소가 추가적으로 보충되어야(so sind die vorvertraglichen Informationen nach § 3 Absatz 1 Nummer 1 um den Namen und die Anschrift des beteiligten Darlehensvermittlers zu ergänzen) 한다.

§ 13b Besondere Regelungen für Darlehensvermittler bei Immobiliar-Verbraucherdarlehensverträgen

(1) Bei der Vermittlung von Immobiliar-Verbraucherdarlehensverträgen muss der Darlehensvermittler mit der Unterrichtung nach § 13 Absatz 2 Folgendes zusätzlich mitteilen:

1. seine Identität und Anschrift,
2. in welches Register er eingetragen wurde, gegebenenfalls die Registrierungsnummer, und auf welche Weise der Registereintrag eingesehen werden kann,
3. ob er an einen oder mehrere Darlehensgeber gemäß § 655a Absatz 3 Satz 3 des Bürgerlichen Gesetzbuchs gebunden oder ausschließlich für einen oder mehrere Darlehensgeber tätig ist, und wenn ja, die Namen der Darlehensgeber,
4. ob er Beratungsleistungen anbietet,
5. die Methode, nach der seine Vergütung berechnet wird, falls die Höhe noch nicht genau benannt werden kann,
6. welche interne Verfahren für Beschwerden von Verbrauchern oder anderen interessierten Parteien über Darlehensvermittler zur Verfügung stehen sowie einen möglichen Zugang des Verbrauchers zu einem außergerichtlichen Beschwerde- und Rechtsbehelfsverfahren,
7. ob ihm für seine im Zusammenhang mit dem Darlehensvertrag stehende Dienstleistung Provisionen oder sonstige Anreize von einem Dritten gewährt werden, und wenn ja, in welcher Höhe; ist die Höhe noch nicht bekannt, so ist mitzuteilen, dass der tatsächliche Betrag zu einem späteren Zeitpunkt im ESIS-Merkblatt angegeben wird.

Beginnt der Darlehensvermittler seine Vermittlungstätigkeit vor Abschluss des Vermittlungsvertrags, so sind die Informationspflichten gemäß Satz 1 rechtzeitig vor Ausübung der Vermittlungstätigkeit zu erteilen.

(2) Bei Immobiliar-Verbraucherdarlehensverträgen hat der Darlehensvermittler dem Darlehensgeber die Informationen gemäß § 1 Absatz 1, die er von dem Darlehensnehmer erhalten hat, zum Zweck der Kreditwürdigkeitsprüfung richtig und vollständig zu übermitteln.

(3) Bietet der Darlehensvermittler im Zusammenhang mit der Vermittlung eines Immobiliar-Verbraucherdarlehensvertrags Beratungsleistungen an, gilt § 18 entsprechend.

§ 14 Tilgungsplan

(1) Verlangt der Darlehensnehmer nach § 492 Abs. 3 Satz 2 des Bürgerlichen Gesetzbuchs einen Tilgungsplan, muss aus diesem hervorgehen, welche Zahlungen in welchen Zeitabständen zu leisten sind und welche Bedingungen für diese Zahlungen gelten. Dabei ist aufzuschlüsseln, in welcher Höhe die Teilzahlungen auf das Darlehen, die nach dem Sollzinssatz berechneten Zinsen

제13조b 일반소비자소비대차계약에서(bei Immobiliar-Verbraucherdarlehensverträgen)의 소비대차중개인에 대한 특칙

① 부동산소비자소비대차계약의 중개의 경우에(Bei der Vermittlung von Immobiliar-Verbraucherdarlehensverträgen) 대주는 제13조 제2항에 따른 정보제공과 함께 다음 각 호 사항에 관하여 추가적으로 정보제공을 해야만 한다:

1. 소비대차중개인의 신원 및 주소;
2. 어떤 등록부에 등재되었는지, 필요하면 등록번호와, 등재를 어떤 방법(方法)으로 열람할 수 있는지,
3. 소비대차중개인이 민법전 제655조a 제3항 제3문에 따라 한 또는 여러 대주에 전속되어 있거나, 오로지 한 또는 여러 대주만을 위해 활동하는지 여부, 만일 긍정된다면 그 대주의 이름,
4. 소비대차중개인이 상담서비스를 제공하는지 여부,
5. 만일 그 보수액이 정확하게 정해질 수 없는 경우에 소비대자중개인의 보수가 산정되는 방식(die Methode),
6. 소비대차중개인을 통해 소비자 또는 그 밖의 이해당사자의 불만제기에 대하여 어떤 내부적 절차가 제공되는지와, 소비자의 대안적 신청절차 또는 법적구제절차에 대한 이용 가능성(einen möglichen Zugang des Verbrauchers zu einem außergerichtlichen Beschwerde- und Rechtsbehelfsverfahren),
7. 소비대차계약과 관련 있는 소비대차중개인의 급부에 대한 수수료 또는 그 밖의 성과급이 제3자에 의해 소비대차중개인에게 지급되는지 여부와, 만일 긍정된다면 그 액수; 그 액수를 아직 정할 수 없는 경우에 실제 금액이 나중의 시기에 유럽연합표준정보제공서로 명시된다는 점(dass der tatsächliche Betrag zu einem späteren Zeitpunkt im ESIS-Merkblatt angegeben wird)이 통지되어야 한다.

소비대차중개인이 중개계약 체결 전에 자신의 중개활동(seine Vermittlungstätigkeit vor Abschluss des Vermittlungsvertrags)을 개시한 경우에 제1문에 따른 정보제공의무는 중개활동 수행 도중의 적시에 행해져야 한다.

② 부동산소비자소비대차계약의 경우(Bei Immobiliar-Verbraucherdarlehensverträgen)에 소비대차중개인은 대주에게 제1조 제1항에 따른, 자신이 차주에게서 얻은 정보를 신용도심사를 위하여 정확하게 완전하게 제공해야(zum Zweck der Kreditwürdigkeitsprüfung richtig und vollständig zu übermitteln) 한다.

③ 소비대차중개인이 부동산소비자소비대차계약의 중개와 관련하여 상담서비스를 제공하는 경우에 제18조를 준용한다.

제14조 상환계획서(償還計劃書)

① 차주가 민법전 제492조 제3항 제2문에 따라 상환계획서(償還計劃書)를 요구해야 하는 경우에, 어느 기간에 어떤 지급이 이뤄져야 하는지, 이러한 지급에 대하여 어떤 조건이 적용되는지(welche Zahlungen in welchen Zeitabständen zu leisten sind und welche Bedingungen für diese Zahlungen gelten)가 이러한 상환계획서에서 나타나야만 한다. 이 경우 분할상환액이 소비대차원금, 여신금리

und die sonstigen Kosten angerechnet werden.

(2) Ist der Sollzinssatz nicht gebunden oder können die sonstigen Kosten angepasst werden, ist in dem Tilgungsplan in klarer und verständlicher Form anzugeben, dass die Daten des Tilgungsplans nur bis zur nächsten Anpassung des Sollzinssatzes oder der sonstigen Kosten gelten.

(3) Der Tilgungsplan ist dem Darlehensnehmer auf einem dauerhaften Datenträger zur Verfügung zu stellen. Der Anspruch erlischt nicht, solange das Vertragsverhältnis besteht.

§ 15 Unterrichtungen bei Zinsanpassungen

(1) Eine Zinsanpassung in einem Verbraucherdarlehensvertrag oder einem Vertrag über eine entgeltliche Finanzierungshilfe wird erst wirksam, nachdem der Darlehensgeber den Darlehensnehmer über

1. den angepassten Sollzinssatz,
2. die angepasste Höhe der Teilzahlungen und
3. die Zahl und die Fälligkeit der Teilzahlungen, sofern sich diese ändern,

unterrichtet hat.

(2) Geht die Anpassung des Sollzinssatzes auf die Änderung eines Referenzzinssatzes zurück, können die Vertragsparteien einen von Absatz 1 abweichenden Zeitpunkt für die Wirksamkeit der Zinsanpassung vereinbaren. In diesen Fällen muss der Vertrag eine Pflicht des Darlehensgebers vorsehen, den Darlehensnehmer nach Absatz 1 in regelmäßigen Zeitabständen zu unterrichten. Bei einem Immobiliar-Verbraucherdarlehensvertrag muss der Vertrag ferner die Pflicht vorsehen, auch über den neuen Referenzzinssatz zu unterrichten. Außerdem muss der Darlehensnehmer die Höhe des Referenzzinssatzes in den Geschäftsräumen des Darlehensgebers einsehen können.

(3) Werden bei einem Immobiliar-Verbraucherdarlehensvertrag Änderungen des Sollzinssatzes im Wege der Versteigerung auf den Kapitalmärkten festgelegt und kann der Darlehensgeber den Darlehensnehmer daher nicht vor dem Wirksamwerden der Änderung über diese in Kenntnis setzen, so hat der Darlehensgeber den Darlehensnehmer abweichend von Absatz 1 rechtzeitig vor der Versteigerung über das bevorstehende Verfahren zu unterrichten und darauf hinzuweisen, wie sich die Versteigerung auf den Sollzinssatz auswirken könnte.

§ 16 Unterrichtung bei Überziehungsmöglichkeiten

Die Unterrichtung nach § 504 Abs. 1 Satz 1 des Bürgerlichen Gesetzbuchs muss folgende Angaben enthalten:

1. den genauen Zeitraum, auf den sie sich bezieht,
2. Datum und Höhe der an den Darlehensnehmer ausbezahlten Beträge,
3. Saldo und Datum der vorangegangenen Unterrichtung,

에 따라 산정된 이자와 그 밖의 비용에 대하여 얼마만큼 충당되는지가 항목별로 기술되어야 한다.

② 여신금리가 변동여신금리이거나 그 밖의 비용이 조정될 수 있는 경우에, 상환계획 정보(情報)가 여신금리 또는 비용의 다음 조정일까지만 적용된다는 점(dass die Daten des Tilgungsplans nur bis zur nächsten Anpassung des Sollzinssatzes oder der sonstigen Kosten gelten)이 상환계획서에 명료하고도 이해가 쉬운 방식으로 명시되어야 한다.

③ 상환계획서는 차주에게 지속적 정보저장매체로(auf einem dauerhaften Datenträger) 제공되어야 한다. 그 청구권은 계약관계가 존재하는 동안에는(solange das Vertragsverhältnis besteht) 소멸하지 아니한다.

제15조 이율조정시의 통지

① 소비자소비대차계약 또는 유상신용부여계약(Vertrag über eine entgeltliche Finanzierungshilfe)에서의 이율조정은, 대주가 차주에게 다음 각 호에 관하여 통지한 다음에 비로소 효력이 발생한다,

1. 조정된 이율,
2. 조정된 분할상환액,
3. 분할상환 횟수 및 이행기(die Zahl und die Fälligkeit der Teilzahlungen)가 변경된 경우 그 횟수 및 이행기.

② 여신금리의 조정이 기준기율의 변경에 기인하는 경우에(Geht die Anpassung des Sollzinssatzes auf die Änderung eines Referenzzinssatzes zurück), 계약당사자들은 이율조정의 효력발생에 대하여 제1항과 다른 시기를 약정할 수 있다. 이러한 경우에 제1항에 따라 차주에게 정기적 시기에 통지를 해야 할(den Darlehensnehmer nach Absatz 1 in regelmäßigen Zeitabständen zu unterrichten) 대주의 의무는 계약에 규정되어야만 한다. 또한 부동산소비자소비대차의 경우에 새로운 기준이율에 관하여도(auch über den neuen Referenzzinssatz zu unterrichten) 통지해야 할 의무도 계약에 규정되어야만 한다. 더욱이 차주는 차주의 영업장에서 기준이율액(die Höhe des Referenzzinssatzes)을 열람(閱覽)할 수 있다.

③ 부동산소비자소비대차의 경우에 여신금리의 변경이 자본시장에서의 경매 방식으로 정해져서(Werden bei einem Immobiliar-Verbraucherdarlehensvertrag Änderungen des Sollzinssatzes im Wege der Versteigerung auf den Kapitalmärkten festgelegt), 대주가 그 변경의 효력 발생 전에 그 변경에 관하여 통지할 수 없는 경우에, 대주는 제1항과 달리 경매 전의 적시에 진행 중인 절차에 관하여 통지하고 여신금리가 그 경매로 어떻게 영향을 받을 수 있는지(hinzuweisen, wie sich die Versteigerung auf den Sollzinssatz auswirken könnte)를 언급해야 한다.

제16조 당좌대월(當座貸越)계약에서의 통지

민법전 제504조 제1항 제1호에 따른 통지에 다음 각 호 사항이 포함되어야만 한다,

1. 당좌대월계약이 적용된 정확한 시기,
2. 차주에 대하여 대출실행된 날짜와 그 액수,
3. 직전 통지 당시의 잔액과 그 날짜,

4. den neuen Saldo,
5. Datum und Höhe der Rückzahlungen des Darlehensnehmers,
6. den angewendeten Sollzinssatz,
7. die erhobenen Kosten und
8. den gegebenenfalls zurückzuzahlenden Mindestbetrag.

§ 17 Angaben bei geduldeten Überziehungen

(1) Die Unterrichtung nach § 505 Abs. 1 des Bürgerlichen Gesetzbuchs muss folgende Angaben enthalten:

1. den Sollzinssatz, die Bedingungen für seine Anwendung und, soweit vorhanden, Indizes oder Referenzzinssätze, auf die sich der Sollzinssatz bezieht,
2. sämtliche Kosten, die ab dem Zeitpunkt der Überziehung anfallen, sowie die Bedingungen, unter denen die Kosten angepasst werden können.

(2) Die Unterrichtung nach § 505 Abs. 2 des Bürgerlichen Gesetzbuchs muss folgende Angaben enthalten:

1. das Vorliegen einer Überziehung,
2. den Betrag der Überziehung,
3. den Sollzinssatz und
4. etwaige Vertragsstrafen, Kosten und Verzugszinsen.

§ 18 Vorvertragliche Informationen bei Beratungsleistungen für Immobiliar-Verbraucherdarlehensverträge

(1) Bevor der Darlehensgeber Beratungsleistungen für einen Immobiliar-Verbraucherdarlehensvertrag erbringt oder einen entsprechenden Beratungsvertrag schließt, hat er den Darlehensnehmer darüber zu informieren,

1. wie hoch das Entgelt ist, sofern ein solches für die Beratungsleistungen verlangt wird,
2. ob der Darlehensgeber seiner Empfehlung
   a) nur oder im Wesentlichen eigene Produkte zugrunde legt oder
   b) neben eigenen Produkten auch eine größere Anzahl von Produkten anderer Anbieter zugrunde legt.

Lässt sich die Höhe des Entgelts nach Satz 1 Nummer 1 noch nicht bestimmen, ist über die Methode zu informieren, die für die Berechnung verwendet wird.

(2) Die Informationen sind auf einem dauerhaften Datenträger zu übermitteln; sie können in der gleichen Art und Weise wie weitere vorvertragliche Informationen gemäß § 1 Absatz 3 Satz 1 erteilt werden.

Art 247a Allgemeine Informationspflichten bei Verbraucherdarlehensverträgen, Verträgen über entgeltliche Finanzierungshilfen und deren Vermittlung

4. 새로운 잔액,
5. 차주의 상환일 및 상환액,
6. 적용된 여신금리,
7. 증가된 비용,
8. 필요하면 상환해야 할 최소금액.

제17조 용인된 당좌대월에서의 통지사항

① 제505조 제1항에 따른 통지사항에 다음 각 호 사항(folgende Angaben)이 포함되어야만 한다:

1. 여신금리, 여신금리 적용 조건과, 이용될 수 있는 한, 여신금리에 적용되는 지표(指標) 또는 기준이율,
2. 그 당좌대월 당시부터 발생한 총비용과, 그 비용이 조정될 수 있는 조건(die Bedingungen, unter denen die Kosten angepasst werden können),

② 민법전 제505조 제2항에 따른 통지에 다음 각 호 사항(folgende Angaben)이 포함되어야만 한다:

1. 당좌대월의 존재,
2. 당좌대월액,
3. 여신금리,
4. 발생할 수 있는 위약금, 비용 및 지연이자.

제18조 부동산소비자소비대차계약을 위한 상담서비스에서의 계약 전 정보제공(Vorvertragliche Informationen)

① 대주가 부동산소비자소비대차계약에 대한 상담서비스를 제공하기 전 또는 관련 상담계약을 체결하기 전에, 대주는 차주에게 다음 각 호에 관하여 정보를 제공해야 한다,

1. 해당 상담서비스에 대한 보수가 청구되는 한(sofern ein solches für die Beratungsleistungen verlangt wird), 보수가 얼마나 되는지,
2. 대주가 자신의 추천을,
   a) 자신의 상품에 통상적으로 근거했거나 자신의 상품에만 근거했는지 여부,
   b) 자신의 상품과 함께 다른 제공자의 상당수의 상품에(auch eine größere Anzahl von Produkten anderer Anbieter)도 근거했는지 여부.

제1문 제1호에 따른 보수액이 미처 정해질 수 없는 경우에 그 산정에 적용되는 방식에 관하여 정보를 제공해야 한다.

② 그 정보는 지속적 정보저장매체로(auf einem dauerhaften Datenträger) 제공되어야 한다; 그 정보는 제1조 제1항 제문에 따른 추가적 계약 전 정보제공과 동일한 유형과 방식으로 제공될 수 있다.

제247항목a 소비자소비대차계약, 유상신용부여계약과 그 중개에 있어서의 일반적 정보제공의무(Allgemeine Informationspflichten)

§ 1 Allgemeine Informationspflichten bei Immobiliar-Verbraucherdarlehensverträgen und entsprechenden Finanzierungshilfen

(1) Unternehmer, die den Abschluss von Immobiliar-Verbraucherdarlehensverträgen oder deren Vermittlung durch gebundene Darlehensvermittler gemäß § 655a Absatz 3 Satz 3 des Bürgerlichen Gesetzbuchs anbieten, stellen für Standardgeschäfte nach § 675a des Bürgerlichen Gesetzbuchs schriftlich, in geeigneten Fällen auch elektronisch, unentgeltlich Informationen über Entgelte und Auslagen der Geschäftsbesorgung zur Verfügung, soweit nicht eine Preisfestsetzung nach § 315 des Bürgerlichen Gesetzbuchs erfolgt oder die Entgelte und Auslagen gesetzlich verbindlich geregelt sind.

(2) Die Informationen nach Absatz 1 müssen zumindest folgende Angaben enthalten:

1. die Identität und Anschrift des Darlehensgebers oder Darlehensvermittlers,
2. die Zwecke, für die das Darlehen verwendet werden kann,
3. die möglichen Formen von Sicherheiten, gegebenenfalls einschließlich eines Hinweises darauf, dass die Grundstücke oder grundstücksgleichen Rechte, an denen die Sicherheiten bestellt werden, in einem anderen Mitgliedstaat der Europäischen Union belegen sein dürfen,
4. die möglichen Laufzeiten der Darlehensverträge,
5. die angebotenen Arten von Sollzinssätzen, jeweils mit dem Hinweis, ob diese als feste oder veränderliche Zinssätze oder in beiden Varianten angeboten werden; die Merkmale eines festen und eines veränderlichen Zinssatzes, einschließlich der sich hieraus ergebenden Konsequenzen für den Darlehensnehmer, sind kurz darzustellen,
6. ein repräsentatives Beispiel des Nettodarlehensbetrags, der Gesamtkosten, des Gesamtbetrags und des effektiven Jahreszinses,
7. einen Hinweis auf mögliche weitere, im Zusammenhang mit einem Darlehensvertrag anfallende Kosten, die nicht in den Gesamtkosten des Darlehens enthalten sind,
8. die verschiedenen möglichen Optionen zur Rückzahlung des Darlehens einschließlich der Anzahl, Häufigkeit und Höhe der regelmäßigen Rückzahlungsraten,
9. gegebenenfalls einen klaren und prägnanten Hinweis darauf, dass die Einhaltung der Bedingungen des Darlehensvertrags nicht in jedem Fall gewährleistet, dass damit der in Anspruch genommene Darlehensbetrag vollständig zurückgezahlt werden wird,
10. die Bedingungen, die für eine vorzeitige Rückzahlung gelten,
11. Auskunft darüber, ob für den Vertragsschluss eine Bewertung des Werts des belasteten

제1조 부동산소비자소비대차계약과 관련한 유상신용부여계약에서의 일반적 정보제공의무(Allgemeine Informationspflichten)

① 부동산소비자소비대차계약이나 민법전 제655조a 제3항 제3문에 따른 연계된 소비대차중개인에 의한 부동산소비자소비대차계약의 중개계약을 청약하는 사업자는, 민법전 제675조a에 따른 표준사무에 대하여, 가격책정이 민법전 제315조에 따라 행해지지 않거나 그러한 보수 및 경비(經費)가 법률상 구속력이 있게 규율되지 않은 범위 내에서(soweit nicht eine Preisfestsetzung nach § 315 des Bürgerlichen Gesetzbuchs erfolgt oder die Entgelte und Auslagen gesetzlich verbindlich geregelt sind) 서면으로, 그것이 적합한 경우에는 전자적으로 행하는 무상 정보로, 사무처리의 보수 및 경비에 관한 정보를 제공한다.

② 제1항에 따른 정보에 다음 각 호의 사항(folgende Angaben)이 최소한으로 포함되어야만 한다:

1. 대주 또는 차주의 신원 및 주소,
2. 해당 소비대차에 대해 적용될 수 있는 목적,
3. 필요하면, 담보가 설정되는 토지 또는 토지와 동등한 권리(die Grundstücke oder grundstücksgleichen Rechte)가 유럽연합회원국 중 독일 이외의 회원국에 있어도 된다(in einem anderen Mitgliedstaat der Europäischen Union belegen sein dürfen)는 안내를 포함하여, 담보의 이용 가능한 방식,
4. 소비자대차계약의 이용 가능한 기간,
5. 여신금리가 고정여신금리 또는 변동여신금리로 또는 양자의 혼합형으로 제안된 것인지 하는(ob diese als feste oder veränderliche Zinssätze oder in beiden Varianten angeboten werden) 각각의 안내를 포함하여 제안된 여신금리 종류; 고정여신금리 또는 변동여신금리의 구성요소(die Merkmale eines festen und eines veränderlichen Zinssatzes)(이로 인하여 발생한 차주에 대한 영향이 포함됨)가 간결하게 명시되어야 한다.
6. 순수소비대차금액, 총비용, 소비대차총액의 대표적 예시와 연이율의 대표적 예시(ein repräsentatives Beispiel),
7. 소비대차계약과 관련하여 발생할 수 있는 추가 비용으로, 소비대차의 총비용에 포함되지 않은(die nicht in den Gesamtkosten des Darlehens enthalten sind) 비용(費用)에 대한 안내,
8. 정기적 분할상환의 횟수, 빈도 및 액수(der Anzahl, Häufigkeit und Höhe der regelmäßigen Rückzahlungsraten)를 포함하여 소비대차금의 상환에 관한 가능한 여러 선택,
9. 필요하면, 소비대차계약 조건의 준수로써 이용된 소비대차금액이 완전히 상환된다는 점이 그 준수에 의해 전혀 보장되지 않는다는 점(dass damit der in Anspruch genommene Darlehensbetrag vollständig zurückgezahlt werden wird)에 대한 명료하고 정확한 안내en klaren und prägnanten Hinweis),
10. 기한 전 상환에 대 적용되는 조건,
11. 담보로 제공된 토지의 가치의 평가나, 취득하거나 인수해야 할 토지, 건물 또는 토지와 동등한

Grundstücks oder des Werts des zu erwerbenden oder zu erhaltenden Grundstücks, Gebäudes oder grundstücksgleichen Rechts erforderlich ist und, falls ja, wer dafür verantwortlich ist, dass die Bewertung durchgeführt wird, sowie Informationen darüber, ob dem Darlehensnehmer hierdurch Kosten entstehen,

12. Auskunft über die Nebenleistungen, die der Darlehensnehmer erwerben muss, damit ihm das Darlehen überhaupt oder nach den vorgesehenen Vertragsbedingungen gewährt wird, und gegebenenfalls einen Hinweis darauf, dass die Nebenleistungen von einem anderen Anbieter als dem Darlehensgeber erworben werden können,
13. eine allgemeine Warnung vor möglichen Konsequenzen für den Fall, dass der Darlehensnehmer die mit dem Darlehensvertrag eingegangenen Verpflichtungen nicht einhält, und
14. falls Verträge angeboten werden, in denen auf einen Referenzwert im Sinne des Artikels 3 Absatz 1 Nummer 3 der Verordnung (EU) 2016/1011 Bezug genommen wird, die Bezeichnungen der Referenzwerte und die Namen der Administratoren sowie die möglichen Auswirkungen auf den Darlehensnehmer.

Werden Verträge in einer anderen Währung als der Landeswährung des Darlehensnehmers nach § 503 Absatz 1 Satz 1 des Bürgerlichen Gesetzbuchs angeboten, so sind die in Betracht kommenden ausländischen Währungen anzugeben sowie die möglichen Konsequenzen eines Darlehens in Fremdwährung für den Darlehensnehmer zu erläutern.

(3) Die Absätze 1 und 2 gelten entsprechend, wenn der Abschluss von Verträgen über entgeltliche Finanzierungshilfen gemäß § 506 Absatz 1 Satz 2 und 3 des Bürgerlichen Gesetzbuchs oder deren Vermittlung durch gebundene Darlehensvermittler gemäß § 655a Absatz 3 Satz 3 des Bürgerlichen Gesetzbuchs angeboten wird.

§ 2 Allgemeine Informationspflichten bei Überziehungsmöglichkeiten und Entgeltvereinbarungen für die Duldung einer Überziehung

(1) Unternehmer, die den Abschluss von Verträgen über die Einräumung von Überziehungsmöglichkeiten gemäß § 504 des Bürgerlichen Gesetzbuchs oder deren Vermittlung durch gebundene Darlehensvermittler gemäß § 655a Absatz 3 Satz 3 des Bürgerlichen Gesetzbuchs anbieten, stellen für Standardgeschäfte nach § 675a des Bürgerlichen Gesetzbuchs schriftlich, in geeigneten Fällen auch elektronisch, unentgeltlich Informationen über Entgelte und Auslagen der Geschäftsbesorgung zur Verfügung, soweit nicht eine Preisfestsetzung nach § 315 des Bürgerlichen Gesetzbuchs erfolgt oder die Entgelte und Auslagen gesetzlich verbindlich geregelt sind.

(2) Der Sollzinssatz, der für die Überziehungsmöglichkeit berechnet wird, ist in den nach Absatz 1 zur Verfügung zu stellenden Informationen klar, eindeutig und in auffallender Weise anzugeben.

권리의 가치(Werts des zu erwerbenden oder zu erhaltenden Grundstücks, Gebäudes oder grundstücksgleichen Rechts)의 평가가 계약체결을 위해 필요한지에 관한 정보, 만일 긍정된다면, 그 평가가 시행되는 것에 대해 누가 책임을 지는지에 관한 정보와, 차주에게 이로 인하여 비용이 발생하는지 여부에 관한 정보,

12. 소비대차금이 차주에게 한꺼번에 지급되거나 규정된 계약조건에 좇아 지급되도록 하기 위하여 차주가 취득해야만 부가급부에 관한 정보와, 필요하면 부가급부를 대주로서 다른 제공자가 취득할 수 있다는(gegebenenfalls einen Hinweis darauf, dass die Nebenleistungen von einem anderen Anbieter als dem Darlehensgeber erworben werden können) 안내

13. 차주가 소비대차계약으로 발생한 의무를 준수하지 않는 경우에 발생할 수 있는 영향에 대한 일반적 경고(eine allgemeine Warnung vor möglichen Konsequenzen für den Fall),

14. 만일 (EU) 2016/1011호 규칙 제3조 제1항 제3호상의 기준값이 활용되는 계약이 청약되는 경우에, 기준값의 표시와 그 관리자의 이름과, 차주에 대한 있을 수 있는 그 영향(die Bezeichnungen der Referenzwerte und die Namen der Administratoren sowie die möglichen Auswirkungen auf den Darlehensnehmer).

계약이 민법전 제503조 제1항 제1문에 따른 '차주(借主)의 자국통화(自國通貨)' 이외의 다른 통화로(in einer anderen Währung als der Landeswährung des Darlehensnehmers nach § 503 Absatz 1 Satz 1 des Bürgerlichen Gesetzbuchs) 청약되는 경우에, 문제가 되고 있는 외국통화가 명시되어야 하고 외국통화에 의한 소비대차의 차주에 대한 있을 수 있는 영향이 설명되어야 한다.

③ 민법전 제506조 제1항 제2문, 제3문에 따른 유상신용부여계약(Verträgen über entgeltliche Finanzierungshilfen)의 체결이나 동법 제655조a 제3항 제3문에 따른 연계된 소비대차중개인에 의한, 유상신용부여계약의 중개계약(deren Vermittlung durch gebundene Darlehensvermittler gemäß § 655a Absatz 3 Satz 3 des Bürgerlichen Gesetzbuchs)의 체결이 청약된 경우에 제1항, 제2항을 준용한다.

제2조 당좌대월계약(當座貸越契約; Überziehungsmöglichkeiten)과 당좌대월의 요인에 대한 대가약정

① 민법전 제504조에 따른 당좌대월의 인정에 관한 계약(Verträgen über die Einräumung von Überziehungsmöglichkeiten)의 체결 또는 민법전 제655조a 제3항 제3문에 따른 연계된 소비대차중개인에 의한 당좌대월 중개계약의 체결을 청약한 사업자는 민법전 제675조a에 따른 표준사무에 대하여, 가격책정이 민법전 제315조에 따라 행해지지 않거나 그러한 대가 및 경비(經費)가 법률상 구속력이 있게 규율되지 않은 범위 내에서(soweit nicht eine Preisfestsetzung nach § 315 des Bürgerlichen Gesetzbuchs erfolgt oder die Entgelte und Auslagen gesetzlich verbindlich geregelt sind) 서면으로, 그것이 적합한 경우에는 전자적으로 행하는 무상 정보로, 사무처리의 대가 및 경비에 관한 정보(Informationen über Entgelte und Auslagen der Geschäftsbesorgung)를 제공한다.

② 당좌대월계약에 대해 산정된 여신금리는 제1항에 따라 제공된 정보에서 명료하고 명확하며 눈에 띄는 방식으로 명시되어야 한다. 제1항에 따라 정보를 제공해야 하는 자가 인터넷웹사이트를 통해 대가지급을 약정한 경우에(Verfügt derjenige, der gemäß Absatz 1 Informationen

Verfügt derjenige, der gemäß Absatz 1 Informationen bereitzustellen hat, über einen Internetauftritt, so ist der Sollzinssatz in entsprechender Weise auch dort anzugeben.

(3) Die Absätze 1 und 2 gelten entsprechend für Unternehmer, die den Abschluss von Entgeltvereinbarungen für die Duldung von Überziehungen gemäß § 505 des Bürgerlichen Gesetzbuchs anbieten.

Art 248 Informationspflichten bei der Erbringung von Zahlungsdienstleistungen

Abschnitt 1 Allgemeine Vorschriften

§ 1 Konkurrierende Informationspflichten

Ist der Zahlungsdienstevertrag zugleich ein Fernabsatzvertrag oder ein außerhalb von Geschäftsräumen geschlossener Vertrag, so werden die Informationspflichten nach Artikel 246b § 1 Absatz 1 durch die Informationspflichten nach den §§ 2 bis 13 und 14 bis 16 ersetzt. Dies gilt bei Fernabsatzverträgen nicht für die in Artikel 246b § 1 Absatz 1 Nummer 7 bis 12, 15 und 19 und bei außerhalb von Geschäftsräumen geschlossenen Verträgen nicht für die in Artikel 246b § 1 Absatz 1 Nummer 12 genannten Informationspflichten.

§ 2 Allgemeine Form

Die Informationen und Vertragsbedingungen sind in einer Amtssprache des Mitgliedstaats der Europäischen Union oder des Vertragsstaats des Abkommens über den Europäischen Wirtschaftsraum, in dem der Zahlungsdienst angeboten wird, oder in einer anderen zwischen den Parteien vereinbarten Sprache in leicht verständlichen Worten und in klarer und verständlicher Form abzufassen.

Abschnitt 2 Zahlungsdiensterahmenverträge

§ 3 Besondere Form

Bei Zahlungsdiensterahmenverträgen (§ 675f Abs. 2 des Bürgerlichen Gesetzbuchs) hat der Zahlungsdienstleister dem Zahlungsdienstnutzer die in den §§ 4 bis 9 genannten Informationen und Vertragsbedingungen auf einem dauerhaften Datenträger mitzuteilen.

§ 4 Vorvertragliche Informationen

(1) Die folgenden vorvertraglichen Informationen und Vertragsbedingungen müssen rechtzeitig vor Abgabe der Vertragserklärung des Zahlungsdienstnutzers mitgeteilt werden:

1. zum Zahlungsdienstleister

bereitzustellen hat, über einen Internetauftritt), 여신금리는 이를 준용한 방식에 따라 인터넷웹사이트에서도 명시되어야 한다.

③ 제1항, 제2항은 민법전 제505조에 따라 당좌대월의 용인에 대한 대가약정의 체결(den Abschluss von Entgeltvereinbarungen für die Duldung von Überziehungen)을 청약한 사업자에 대하여 준용한다.

제248항목 지급서비스의 제공에 있어서의 정보제공의무

제1절 총칙

제1조 경합적 정보제공의무

지급서비스계약이 동시에 통신판매계약 또는 사업장 이외의 곳에서 체결된 계약에 해당하는 경우에(Ist der Zahlungsdienstevertrag zugleich ein Fernabsatzvertrag oder ein außerhalb von Geschäftsräumen geschlossener Vertrag) 민법전 제246항목b 제1조에 따른 정보제공의무는, 제248항목 제2조 내지 제13조, 제14조 내지 제16조에 따른 정보제공의무로 대체된다. 통신판매의 경우에는 제246항목b 제1조 제1항 제7호 내지 제12호, 제15호, 제19호상의 정보제공의무와, 영업장 이외의 곳에서 체결된 계약의 경우에는 제246항목b 제1조 제1항 제12호상의 정보제공의무에 대하여 또한 같다.

제2조 일반적 방식

정보와 계약조건은, 지급서비스가 제공되는 유럽연합회원국 또는 「유럽경제권에 관한 협약」의 공용어로(in einer Amtssprache des Mitgliedstaats der Europäischen Union oder des Vertragsstaats des Abkommens über den Europäischen Wirtschaftsraum) 또는 당사자들 간에 합의된 언어로(in einer anderen zwischen den Parteien vereinbarten Sprache) 이해하기 쉬운 단어와 명료하고 이해하기 쉬운 방식으로 기재되어야 한다.

제2절 지급서비스기본계약

제3조 특별 방식

민법전 제675조f 제2항상의 지급서비스기본계약의 경우 지급서비스제공자는 지급서비스이용자에게 제4조 내지 제9조상의 정보 및 계약조건(die in den §§ 4 bis 9 genannten Informationen und Vertragsbedingungen)을 지속적 정보제공매체로(auf einem dauerhaften Datenträger) 제공해야 한다.

제4조 계약 전 정보제공

① 다음 각 호의 계약 전 정보 및 계약조건이 지급서비스이용자가 계약의사표시를 하기 전에 제공되어야만 한다:

1. 지급서비스제공자에 관련하여,

a) den Namen, die ladungsfähige Anschrift seiner Hauptverwaltung und gegebenenfalls seines Agenten oder seiner Zweigniederlassung in dem Mitgliedstaat, in dem der Zahlungsdienst angeboten wird, sowie alle anderen Anschriften einschließlich E-Mail-Adresse, die für die Kommunikation mit dem Zahlungsdienstleister von Belang sind, und

b) die für den Zahlungsdienstleister zuständigen Aufsichtsbehörden und das bei der Bundesanstalt für Finanzdienstleistungsaufsicht geführte Register oder jedes andere relevante öffentliche Register, in das der Zahlungsdienstleister als zugelassen eingetragen ist, sowie seine Registernummer oder eine gleichwertige in diesem Register verwendete Kennung,

2. zur Nutzung des Zahlungsdienstes

a) eine Beschreibung der wesentlichen Merkmale des zu erbringenden Zahlungsdienstes,

b) Informationen oder Kundenkennungen, die für die ordnungsgemäße Auslösung oder Ausführung eines Zahlungsauftrags erforderlich sind,

c) die Art und Weise der Zustimmung zur Auslösung eines Zahlungsauftrags oder zur Ausführung eines Zahlungsvorgangs und des Widerrufs eines Zahlungsauftrags gemäß den §§ 675j und 675p des Bürgerlichen Gesetzbuchs,

d) den Zeitpunkt, ab dem ein Zahlungsauftrag gemäß § 675n Abs. 1 des Bürgerlichen Gesetzbuchs als zugegangen gilt, und gegebenenfalls den vom Zahlungsdienstleister gemäß § 675n Abs. 1 Satz 3 festgelegten Zeitpunkt,

e) die maximale Ausführungsfrist für die zu erbringenden Zahlungsdienste,

f) die Angabe, ob die Möglichkeit besteht, Betragsobergrenzen für die Nutzung eines Zahlungsinstruments gemäß § 675k Abs. 1 des Bürgerlichen Gesetzbuchs zu vereinbaren, und

g) im Falle von kartengebundenen Zahlungsinstrumenten, die mehrere Zahlungsmarken tragen, die Rechte des Zahlungsdienstnutzers gemäß Artikel 8 der Verordnung (EU) 2015/751 des Europäischen Parlaments und des Rates vom 29. April 2015 über Interbankenentgelte für kartengebundene Zahlungsvorgänge (ABl. L 123 vom 19.5.2015, S. 1),

3. zu Entgelten, Zinsen und Wechselkursen

a) alle Entgelte, die der Zahlungsdienstnutzer an den Zahlungsdienstleister zu entrichten hat, einschließlich derjenigen, die sich danach richten, wie und wie oft über die geforderten Informationen zu unterrichten ist, sowie gegebenenfalls eine Aufschlüsselung dieser Entgelte,

b) gegebenenfalls die zugrunde gelegten Zinssätze und Wechselkurse oder, bei Anwendung von Referenzzinssätzen und -wechselkursen, die Methode für die Berechnung der tatsächlichen Zinsen sowie der maßgebliche Stichtag und der Index oder die Grundlage für die Bestimmung des Referenzzinssatzes oder -wechselkurses, und

a) 지급서비스제공자의 이름 및 도달 가능한 주소와, 필요하면 지급서비스가 제공되는 회원국에 있는 지급서비스제공자의 대리점 또는 지점의 이름 및 도달 가능한 주소와, 이메일주소를 포함하여(einschließlich E-Mail-Adresse, die für die Kommunikation mit dem Zahlungsdienstleister von Belang sind) 지급서비스와의 연락에 관련된 그 밖의 일체의 주소,

b) 지급서비스제공자를 관할하는 감독관청과 연방금융서비스감독원에서 관리하는 등록부 또는 지급서비스제공자가 허가받은 지급서비스제공자로 등재된 그 밖의 관련 공공등록부와, 지급서비스제공자의 등록번호 또는 이러한 등록부에서 사용된 이와 동등한 표시(seine Registernummer oder eine gleichwertige in diesem Register verwendete Kennung),

2. 지급서비스의 이용과 관련하여,

a) 제공되는 지급서비스의 주요 구성요소(wesentlichen Merkmale des zu erbringenden Zahlungsdienstes)의 기술,

b) 지급지시의 적절한 개시 또는 수행에 필요한 정보 또는 고객식별자(顧客識別子(Informationen oder Kundenkennungen),

c) 지급지시의 개시에 관한 동의 또는 지급과정의 처리에 관한 동의의 유형 및 방법(die Art und Weise der Zustimmung)과, 민법전 제675조j, 제675조p에 따른 철회 처리에 관한 동의의 유형 및 방법,

d) 민법전 제675조n에 따른 지급지시가 도달된 것으로 보는 시기와, 필요하면 지급서비스제공자가 제675조n 제1항 제3문에 따라 정한 시기(gegebenenfalls den vom Zahlungsdienstleister gemäß § 675n Abs. 1 Satz 3 festgelegten Zeitpunkt),

e) 제공해야 할 지급서비스에 대한 최대한의 처리기간,

f) 지급수단의 이용에 대한 한도액(Betragsobergrenzen für die Nutzung eines Zahlungsinstruments)이 민법전 제675조k 제1항에 따라 약정할 가능성이 있는지 여부에 관한 진술,

g) 여러 지급표시(支給表示)가 내장된 스마트카드사용에 기반한 지급수단의 경우에 있어, 「스마트카드사용에 기반한 지급과정에 대한 은행간수수료(Interbankenentgelte für kartengebundene Zahlungsvorgänge)에 관한 2015년 4월 29일 유럽연합 의회 및 이사회의 (EU) 2015/751호 규칙」(ABl. L 123 vom 19.5.2015, S. 1) 제8조에 따른 지급서비스이용자의 권리,

3. 대가, 이자, 환율에 관련하여,

a) 요구된 정보에 대하여 어떻게, 얼마나 자주 통지되어야 하는지에 따라 정해지는(die sich danach richten, wie und wie oft über die geforderten Informationen zu unterrichten ist) 대가를 포함하여 지급서비스이용자가 지급서비스제공자에게 지급해야 하는 일체의 대가와, 필요하면 이러한 대가의 항목별 기재,

b) 필요하면 기초가 된 이율 또는 환율(gegebenenfalls die zugrunde gelegten Zinssätze und Wechselkurse)이나, 기준이율 또는 기준환율을 사용하는 경우에 실제 이자의 산정 방법과, 기준이율 또는 기준환율의 결정일, 지표 또는 기초(der maßgebliche Stichtag und der Index oder die Grundlage für die Bestimmung des Referenzzinssatzes oder -wechselkurses),

c) soweit vereinbart, das unmittelbare Wirksamwerden von Änderungen des Referenzzinssatzes oder -wechselkurses gemäß § 675g Absatz 3 des Bürgerlichen Gesetzbuchs,

4. zur Kommunikation

a) die Kommunikationsmittel, deren Nutzung zwischen den Parteien für die Informationsübermittlung und Anzeigepflichten vereinbart wird, einschließlich der technischen Anforderungen an die Ausstattung und die Software des Zahlungsdienstnutzers,

b) Angaben dazu, wie und wie oft die nach diesem Artikel geforderten Informationen mitzuteilen oder zugänglich zu machen sind,

c) die Sprache oder Sprachen, in der oder in denen der Vertrag zu schließen ist und in der oder in denen die Kommunikation für die Dauer des Vertragsverhältnisses erfolgen soll, und

d) einen Hinweis auf das Recht des Zahlungsdienstnutzers gemäß § 5, Informationen und Vertragsbedingungen in einer Urkunde zu erhalten,

5. zu den Schutz- und Abhilfemaßnahmen

a) gegebenenfalls eine Beschreibung, wie der Zahlungsdienstnutzer ein Zahlungsinstrument sicher aufbewahrt und wie er seine Anzeigepflicht gegenüber dem Zahlungsdienstleister gemäß § 675l Absatz 1 Satz 2 des Bürgerlichen Gesetzbuchs erfüllt,

b) eine Beschreibung des sicheren Verfahrens zur Unterrichtung des Zahlungsdienstnutzers durch den Zahlungsdienstleister im Falle vermuteten oder tatsächlichen Betrugs oder bei Sicherheitsrisiken,

c) soweit vereinbart, die Bedingungen, unter denen sich der Zahlungsdienstleister das Recht vorbehält, ein Zahlungsinstrument gemäß § 675k Abs. 2 des Bürgerlichen Gesetzbuchs zu sperren,

d) Informationen zur Haftung des Zahlers gemäß § 675v des Bürgerlichen Gesetzbuchs einschließlich Angaben zum Höchstbetrag,

e) Angaben dazu, wie und innerhalb welcher Frist der Zahlungsdienstnutzer dem Zahlungsdienstleister nicht autorisierte oder fehlerhaft ausgelöste oder ausgeführte Zahlungsvorgänge gemäß § 676b des Bürgerlichen Gesetzbuchs anzeigen muss, sowie Informationen über die Haftung des Zahlungsdienstleisters bei nicht autorisierten Zahlungsvorgängen gemäß § 675u des Bürgerlichen Gesetzbuchs,

f) Informationen über die Haftung des Zahlungsdienstleisters bei der Auslösung oder Ausführung von Zahlungsvorgängen gemäß § 675y des Bürgerlichen Gesetzbuchs und

c) 그 약정이 있는 경우에, 민법전 제675조g 제3항에 따른 기준이율 또는 기준환율의 변동의 직접적 효력발생(das unmittelbare Wirksamwerden von Änderungen des Referenzzinssatzes oder -wechselkurses),

4. 통신과 관련하여,

a) 지급이용자의 장비와 소프트웨어에 대한 기술적 요구사항을 포함하여(einschließlich der technischen Anforderungen an die Ausstattung und die Software des Zahlungsdienstnutzers) 당사자들 간에 정보제공과 통지의무에 대해 그 이용이 약정한 통신수단,

b) 요구된 정보가 본 항목에 따라 어떻게, 얼마나 자주 제공되는지, 이용되어야 하는지에 관한 정보,

c) 계약 체결시 사용된 언어(들)(die Sprache oder Sprachen, in der oder in denen der Vertrag zu schließen ist)과, 계약관계 기간 동안(für die Dauer des Vertragsverhältnisses) 통신에 사용되는 언어(들),

d) 정보 및 계약조건을 문서로 수령할(Iinformationen und Vertragsbedingungen in einer Urkunde zu erhalten), 제5조에 따른 지급서비스이용자의 권리에 대한 안내

5. 보호조치 및 시정조치와 관련하여,

a) 필요하면 어떻게 지급서비스이용자가 지급수단을 안전하게 보관하고(wie der Zahlungsdienstnutzer ein Zahlungsinstrument sicher aufbewahrt), 어떻게 지급서비스이용자가 지급서비스제공자에 대한 자신의 통지의무를 민법전 제675조l 제1항 제2문에 따라 이행하는지에 관한 기술,

b) 실제 사기의 경우나 사기로 추정되는 경우 또는 보안위험의 경우에 있어(im Falle vermuteten oder tatsächlichen Betrugs oder bei Sicherheitsrisiken), 지급서비스제공자에 의한 지급서비스이용자에 대한 안전한 정보제공절차의 기술,

c) 그 약정이 있는 경우에, 지급서비스이용자가 민법전 제675조k 제2항에 따라 지급수단을 차단할(ein Zahlungsinstrument gemäß § 675k Abs. 2 des Bürgerlichen Gesetzbuchs zu sperren) 자신의 권리를 유보해 둔 조건,

d) 그 한도액에 대한 사항을 포함하여(einschließlich Angaben zum Höchstbetrag) 민법전 675조v에 따른 지급인의 책임에 관한 정보,

e) 지급이용자가 어느 정도 기간 내에 어떻게 지급서비스제공자에게 권한이 없거나 하자가 있게 개시되거나 처리된, 제676조b에 따른 지급과정을 통지해야만 하는지에 관한 정보와, 권한 없는 지급과정에 있어 지급서비스제공자의 민법전 제675조u에 따른 책임에 관한 정보(Informationen über die Haftung des Zahlungsdienstleisters bei nicht autorisierten Zahlungsvorgängen gemäß § 675u des Bürgerlichen Gesetzbuchs),

f) 지급과정의 개시 또는 처리에 있어(bei der Auslösung oder Ausführung von Zahlungsvorgängen) 민법전 675조y에 따른 지급서비스제공자의 책임(責任)에 관한 정보(Informationen),

g) die Bedingungen für Erstattungen gemäß § 675x des Bürgerlichen Gesetzbuchs,

6. zu Änderungen der Bedingungen und Kündigung des Zahlungsdiensterahmenvertrags
   a) soweit vereinbart, die Angabe, dass die Zustimmung des Zahlungsdienstnutzers zu einer Änderung der Vertragsbedingungen gemäß § 675g des Bürgerlichen Gesetzbuchs als erteilt gilt, wenn er dem Zahlungsdienstleister seine Ablehnung nicht vor dem Zeitpunkt angezeigt hat, zu dem die geänderten Vertragsbedingungen in Kraft treten sollen,
   b) die Laufzeit des Zahlungsdiensterahmenvertrags und
   c) einen Hinweis auf das Recht des Zahlungsdienstnutzers, den Vertrag zu kündigen, sowie auf sonstige kündigungsrelevante Vereinbarungen gemäß § 675g Abs. 2 und § 675h des Bürgerlichen Gesetzbuchs,
7. die Vertragsklauseln über das auf den Zahlungsdiensterahmenvertrag anwendbare Recht oder über das zuständige Gericht und
8. einen Hinweis auf die Beschwerdeverfahren gemäß den §§ 60 bis 62 des Zahlungsdiensteaufsichtsgesetzes sowie auf das außergerichtliche Rechtsbehelfsverfahren gemäß § 14 des Unterlassungsklagengesetzes.

(2) Wenn auf Verlangen des Zahlungsdienstnutzers der Zahlungsdiensterahmenvertrag unter Verwendung eines Fernkommunikationsmittels geschlossen wird, das dem Zahlungsdienstleister die Mitteilung der in Absatz 1 bestimmten Informationen und Vertragsbedingungen auf einem dauerhaften Datenträger nicht gestattet, hat der Zahlungsdienstleister dem Zahlungsdienstnutzer diese unverzüglich nach Abschluss des Vertrags in der in den §§ 2 und 3 vorgesehenen Form mitzuteilen.

(3) Die Pflichten gemäß Absatz 1 können auch erfüllt werden, indem eine Abschrift des Vertragsentwurfs übermittelt wird, die die nach Absatz 1 erforderlichen Informationen und Vertragsbedingungen enthält.

§ 5 Zugang zu Vertragsbedingungen und vorvertraglichen Informationen während der Vertragslaufzeit

Während der Vertragslaufzeit kann der Zahlungsdienstnutzer jederzeit die Übermittlung der Vertragsbedingungen sowie der in § 4 genannten Informationen in Papierform oder auf einem anderen dauerhaften Datenträger verlangen.

§ 6 Informationen vor Ausführung einzelner Zahlungsvorgänge

Vor Ausführung eines einzelnen vom Zahler ausgelösten Zahlungsvorgangs teilt der Zahlungsdienstleister auf Verlangen des Zahlers Folgendes mit:

1. die maximale Ausführungsfrist,

g) 민법전 제675조x에 따른 상환 조건,

6. 지급서비스기본계약의 조건(條件)의 변경 및 해지와 관련하여,
   a) 그 약정이 있는 경우에 있어, 지급서비스이용자가 지급서비스제공자에게 이러한 변경된 계약조건이 효력을 갖게 되는 시기 전에 자신의 거절표시를 통지하지 않은 때에는 민법전 제675조g에 따른 계약조건의 변경에 관한 지급서비스이용자의 동의가 있는 것으로 간주된다(dass die Zustimmung des Zahlungsdienstnutzers zu einer Änderung der Vertragsbedingungen gemäß § 675g des Bürgerlichen Gesetzbuchs als erteilt gilt)는 진술,
   b) 지급서비스기본계약의 유효기간,
   c) 계약을 해지할 수 있는 지급서비스이용자의 권리에 대한 안내(Hinweis auf das Recht des Zahlungsdienstnutzers, den Vertrag zu kündigen)과, 민법전 제675조g 제2항, 제675조h에 따른 기타 해지관련 약정에 관한 안내
7. 지급서비스기본계약에 대한 준거법(das auf den Zahlungsdiensterahmenvertrag anwendbare Recht) 또는 관할 법원에 관한 계약조항,
8. 지급서비스감독법 제60조 제62조에 따른 불만처리절차에 대한 언급과 금지소송법 제14조에 따른 대안적 법적구제절차(das außergerichtliche Rechtsbehelfsverfahren gemäß § 14 des Unterlassungsklagengesetzes)에 대한 안내

② 지급서비스이용자의 요구에 따라 지급서비스기본계약이, 제1항에서 정한 정보 및 계약조건의 제공을 지급서비스제공자에게 지속적 정보저장매체로 허용하지 않는 원격통신수단의 사용에 의하여(unter Verwendung eines Fernkommunikationsmittels) 체결되는 경우에, 지급서비스제공자는 지급서비스이용자에게 이를 계약체결 후 지체 없이 제2조, 제3조에 규정된 방식으로 제공해야(hat der Zahlungsdienstleister dem Zahlungsdienstnutzer diese unverzüglich nach Abschluss des Vertrags in der in den §§ 2 und 3 vorgesehenen Form mitzuteilen) 한다.

③ 제1항에 따른 의무는, 제1항에 따라 필요한 정보 및 계약조건이 포함된(die die nach Absatz 1 erforderlichen Informationen und Vertragsbedingungen enthält) 계약안 사본이 제공됨으로써 이행될 수도 있다.

제5조 계약기간 중에 계약조건 및 계약 전 정보에 대한 접근

계약기간 중에 지급서비스이용자는 언제든지 계약조건 및 제4조상의 정보의 제공(die Übermittlung der Vertragsbedingungen sowie der in § 4 genannten Informationen) 을 서면방식으로 또는 그 밖의 지속적 정보저장매체로 청구할 수 있다.

제6조 개별 지급과정의 처리 전의 정보제공

지급인에 의해 개시된 개별 지급과정의 처리 전에 지급서비스제공자는 지급인의 요구가 있는 경우 다음 각 호의 사항을 제공한다:

1. 최대 처리기간,

2. die dem Zahler in Rechnung zu stellenden Entgelte und
3. gegebenenfalls die Aufschlüsselung der Entgelte nach Nummer 2.

§ 7 Informationen an den Zahler bei einzelnen Zahlungsvorgängen

Nach Belastung des Kontos des Zahlers mit dem Zahlungsbetrag eines einzelnen Zahlungsvorgangs oder, falls der Zahler kein Zahlungskonto verwendet, nach Zugang des Zahlungsauftrags teilt der Zahlungsdienstleister des Zahlers diesem unverzüglich die folgenden Informationen mit:

1. eine dem Zahlungsvorgang zugeordnete Kennung, die dem Zahler die Identifizierung des betreffenden Zahlungsvorgangs ermöglicht, sowie gegebenenfalls Angaben zum Zahlungsempfänger,
2. den Zahlungsbetrag in der Währung, in der das Zahlungskonto des Zahlers belastet wird, oder in der Währung, die im Zahlungsauftrag verwendet wird,
3. die für den Zahlungsvorgang zu entrichtenden Entgelte und gegebenenfalls eine Aufschlüsselung der Beträge dieser Entgelte oder die vom Zahler zu entrichtenden Zinsen,
4. gegebenenfalls den Wechselkurs, den der Zahlungsdienstleister des Zahlers dem Zahlungsvorgang zugrunde gelegt hat, und den Betrag, der nach dieser Währungsumrechnung Gegenstand des Zahlungsvorgangs ist, und
5. das Wertstellungsdatum der Belastung oder das Datum des Zugangs des Zahlungsauftrags.

§ 8 Informationen an den Zahlungsempfänger bei einzelnen Zahlungsvorgängen

Nach Ausführung eines einzelnen Zahlungsvorgangs teilt der Zahlungsdienstleister des Zahlungsempfängers diesem unverzüglich die folgenden Informationen mit:

1. eine dem Zahlungsvorgang zugeordnete Kennung, die dem Zahlungsempfänger die Identifizierung des Zahlungsvorgangs und des Zahlers ermöglicht, sowie alle weiteren mit dem Zahlungsvorgang übermittelten Angaben,
2. den Zahlungsbetrag in der Währung, in der dieser Betrag auf dem Zahlungskonto des Zahlungsempfängers gutgeschrieben wird,
3. den Betrag der für den Zahlungsvorgang zu entrichtenden Entgelte und gegebenenfalls deren Aufschlüsselung oder der vom Zahlungsempfänger zu entrichtenden Zinsen,
4. gegebenenfalls den Wechselkurs, den der Zahlungsdienstleister des Zahlungsempfängers dem Zahlungsvorgang zugrunde gelegt hat, und den Betrag, der vor dieser Währungsumrechnung Gegenstand des Zahlungsvorgangs war, und
5. das Wertstellungsdatum der Gutschrift.

§ 9 Sonstige Informationen während des Vertragsverhältnisses

Während des Vertragsverhältnisses ist der Zahlungsdienstleister verpflichtet, den Zahlungsdienstnutzer unverzüglich zu unterrichten, wenn

2. 지급인에게 청구되는 대가,
3. 필요하면 제2호에 따른 대가의 항목별 기재.

제7조 개별 지급과정에서의 지급인에 대한 정보제공

개별 지급과정 지급액의 지급인 계좌에 대한 출금기장(出金記帳) 후(Nach Belastung des Kontos des Zahlers mit dem Zahlungsbetrag eines einzelnen Zahlungsvorgangs)나, 만일 지급인이 지급계좌를 이용하지 않으면 지급지시의 도달 후에 지급인의 지급서비스제공자는 지급인에게 지체 없이 다음 각 호의 정보를 제공한다:

1. 지급인에게 해당 지급과정의 동일성확인을 가능하게 해주는 지급과정에 속한 식별자(識別子)(eine dem Zahlungsvorgang zugeordnete Kennung)와 필요하면 수취인(受取人)에 관한 사항,
2. 지급인의 지급계좌에 대해 출금기장이 되는 통화(通貨)에 의한 지급액이나, 지급지시에 이용되는 통화(通貨),
3. 지급과정에 대해 지급해야 하는 대가(die für den Zahlungsvorgang zu entrichtenden Entgelte)와, 필요하면 이러한 대가의 금액의 항목별 기재나 지급인(支給人)이 지급해야 하는 이자,
4. 필요하면, 지급인의 지급서비스제공자가 지급과정에 대해 기초를 두는 환율과, 이러한 외화환산(外貨換算) 후에 지급과정의 목적이 되는 금액(den Betrag, der nach dieser Währungsumrechnung Gegenstand des Zahlungsvorgangs ist),
5. 출금기장의 처리일 또는 지급지시의 도달일(das Datum des Zugangs des Zahlungsauftrags).

제8조 개별 지급과정에서의 수취인에 대한 정보

1. 수취인에게 지급과정의 동일성확인 및 지급인의 동일성확인을 가능하게 해주는 지급과정에 속한 식별자(識別子)(eine dem Zahlungsvorgang zugeordnete Kennung)와, 지급과정에 의해 제공된 일체의 추가 사항,
2. 이러한 금액에 대해 수취인의 지급계좌에 입금기장이 된 통화(通貨)에 의한 지급액(den Zahlungsbetrag in der Währung),
3. 지급과정에 대하여 지급해야 하는 대가금액과, 필요하면 그 대가금액의 항목별 기재 또는 수취인(受取人)이 지급해야 하는 이자(der vom Zahlungsempfänger zu entrichtenden Zinsen),
4. 필요하면, 수취인의 지급서비스제공자가 기초를 둔 환율(換率), 이러한 외화환산 전에 지급과정의 목적이 됐던 금액(der vor dieser Währungsumrechnung Gegenstand des Zahlungsvorgangs war),
5. 입금기장의 처리일.

제9조 계약관계 중의 그 밖의 정보제공

다음 각 호의 경우에 지급서비스제공자는 계약관계 중에 지급서비스이용자에게 지체 없이 정보를 제공할 의무를 진다,

1. sich Umstände, über die gemäß § 4 Abs. 1 Nr. 1 unterrichtet wurde, ändern oder
2. zum Nachteil des Zahlungsdienstnutzers Änderungen von Zinssätzen wirksam geworden sind.

§ 10 Abweichende Vereinbarungen

Für die in den §§ 7, 8 und 9 Nr. 2 genannten Informationen können Zahlungsdienstleister und Zahlungsdienstnutzer eine andere Häufigkeit und eine von § 3 abweichende Form oder ein abweichendes Verfahren vereinbaren. Über die in den §§ 7 und 8 genannten Informationen hat der Zahlungsdienstleister jedoch mindestens einmal monatlich so zu unterrichten, dass der Zahlungsdienstnutzer die Informationen unverändert aufbewahren und wiedergeben kann.

§ 11 Ausnahmen für Kleinbetragsinstrumente und E-Geld

(1) Bei Zahlungsdiensteverträgen über die Überlassung eines Kleinbetragsinstruments (§ 675i Abs. 1 des Bürgerlichen Gesetzbuchs) teilt der Zahlungsdienstleister dem Zahlungsdienstnutzer abweichend von den §§ 4 und 6 nur Folgendes mit:

1. die wesentlichen Merkmale des Zahlungsdienstes, einschließlich der Nutzungsmöglichkeiten des Kleinbetragsinstruments,
2. Haftungshinweise,
3. die anfallenden Entgelte und
4. die anderen für den Zahlungsdienstnutzer wesentlichen Vertragsinformationen.

Ferner gibt der Zahlungsdienstleister an, wo die weiteren gemäß § 4 vorgeschriebenen Informationen und Vertragsbedingungen in leicht zugänglicher Form zur Verfügung gestellt sind.

(2) Bei Verträgen nach Absatz 1 können die Vertragsparteien abweichend von den §§ 7 und 8 vereinbaren, dass der Zahlungsdienstleister dem Zahlungsdienstnutzer nach Ausführung eines Zahlungsvorgangs

1. nur eine dem Zahlungsvorgang zugeordnete Kennung mitteilen oder zur Verfügung stellen muss, die es ermöglicht, den betreffenden Zahlungsvorgang, seinen Betrag sowie die erhobenen Entgelte zu identifizieren, und im Fall mehrerer gleichartiger Zahlungsvorgänge an den selben Zahlungsempfänger eine Information, die den Gesamtbetrag und die erhobenen Entgelte für diese Zahlungsvorgänge enthält,
2. die unter Nummer 1 genannten Informationen nicht mitteilen oder zur Verfügung stellen muss, wenn die Nutzung des Kleinbetragsinstruments keinem Zahlungsdienstnutzer zugeordnet werden kann oder wenn der Zahlungsdienstleister auf andere Weise technisch nicht in der Lage ist, diese Informationen mitzuteilen; in diesem Fall hat der Zahlungsdienstleister dem Zahlungsdienstnutzer eine Möglichkeit anzubieten, die gespeicherten Beträge zu überprüfen.

1. 제4조 제1항 제1호에 따라 통지받은(über die gemäß § 4 Abs. 1 Nr. 1 unterrichtet wurde) 사정이 변경된 경우,
2. 지급서비스이용자의 불이익으로(zum Nachteil des Zahlungsdienstnutzers) 이율 변경의 효력이 생긴 경우,

제10조 다른 내용의 약정

제7조, 제8조, 제9조 제2호상의 정보에 대하여, 지급서비스제공자와 지급서비스이용자는 제3조와 다른 빈도와 제3조와 다른 방식 또는 절차(eine andere Häufigkeit und eine von § 3 abweichende Form oder ein abweichendes Verfahren)에 대하여 약정할 수 있다. 그럼에도 지급서비스제공자는 지급서비스이용자가 정보를 그대로 보관하고 이를 재현할 수 있도록(dass der Zahlungsdienstnutzer die Informationen unverändert aufbewahren und wiedergeben kann) 제7조, 제8조상의 정보에 관하여 최소 매월 1차례를 통지해야 한다.

제11조 소액지급수단과 전자화폐에 대한 예외

① 민법전 제675조i 제1항상의 소액지급수단의 이전에 관한 지급서비스계약의 경우(Bei Zahlungsdiensteverträgen über die Überlassung eines Kleinbetragsinstruments)에 지급서비스제공자는 지급이용자에게 제4조, 제6조와 달리 다음 각 호 사항만(nur Folgendes)을 제공한다:
1. 소액지급수단의 이용가능성을 포함하여 지급서비스의 주요 구성요소,
2. 책임에 대한 언급,
3. 발생하는 대가,
4. 지급서비스이용자에 대해 중요한 추가적 계약정보.

지급서비스제공자는 제4조에 따라 규정된 추가적 정보 및 계약조건에 대해(die weiteren gemäß § 4 vorgeschriebenen Informationen und Vertragsbedingungen) 쉽게 접근할 수 있는 방식으로 제공되는 곳에서 이를 제공한다.

② 제1항에 따른 계약의 경우(Bei Verträgen nach Absatz 1) 계약당사자들은 제7조, 제8조와 달리, 지급서비스제공자(der Zahlungsdienstleister)가 지급과정의 처리 후 지급서비스이용자에게,
1. 지급과정에 속한 식별자(識別子)로, 해당 지급과정, 그 지급액 및 청구되는 대가를 확인하게 해주는 식별자만을 공여하거나 제공해야만 하고, 동일한 수취인에 대한, 동종의 여러 지급과정의 경우에(im Fall mehrerer gleichartiger Zahlungsvorgänge an den selben Zahlungsempfänger) 총액 및 이러한 지급과정에 대해 청구되는 대가가 포함된(die den Gesamtbetrag und die erhobenen Entgelte für diese Zahlungsvorgänge enthält) 정보를 공여하거나 제공해야만 한다,
2. 지급서비스이용자가 소액지급수단의 이용을 할 수 없는 경우(wenn die Nutzung des Kleinbetragsinstruments keinem Zahlungsdienstnutzer zugeordnet werden kann) 또는 지급서비스제공자가 다른 방식에 의해 기술적으로 이러한 정보를 제공할 수 없는 경우에는 제1호상의 정보를 공여하거나 제공할 필요가 없다; 이러한 경우에 지급서비스제공자는 지급서비스이용자에게 저장된 금액을 점검할(die gespeicherten Beträge zu überprüfen) 기회를 제공해야 한다.

Abschnitt 3 Einzelzahlungsverträge

§ 12 Besondere Form

Bei einem Einzelzahlungsvertrag, der nicht Gegenstand eines Zahlungsdiensterahmenvertrags ist, hat der Zahlungsdienstleister dem Zahlungsdienstnutzer die in § 13 genannten Informationen und Vertragsbedingungen hinsichtlich der von ihm zu erbringenden Zahlungsdienste in leicht zugänglicher Form zur Verfügung zu stellen. Auf Verlangen des Zahlungsdienstnutzers stellt ihm der Zahlungsdienstleister die Informationen und Vertragsbedingungen in Papierform oder auf einem anderen dauerhaften Datenträger zur Verfügung.

§ 13 Vorvertragliche Informationen

(1) Die folgenden vorvertraglichen Informationen und Vertragsbedingungen sind rechtzeitig vor Abgabe der Vertragserklärung des Zahlungsdienstnutzers zur Verfügung zu stellen:

1. die vom Zahlungsdienstnutzer mitzuteilenden Informationen oder Kundenkennungen, die für die ordnungsgemäße Auslösung oder Ausführung eines Zahlungsauftrags erforderlich sind,
2. die maximale Ausführungsfrist für den zu erbringenden Zahlungsdienst,
3. alle Entgelte, die der Zahlungsdienstnutzer an den Zahlungsdienstleister zu entrichten hat, und gegebenenfalls ihre Aufschlüsselung,
4. gegebenenfalls der dem Zahlungsvorgang zugrunde zu legende tatsächliche Wechselkurs oder Referenzwechselkurs.

(2) Ein Zahlungsauslösedienstleister hat dem Zahler rechtzeitig vor der Auslösung des Zahlungsvorgangs auch die folgenden Informationen zur Verfügung zu stellen:

1. den Namen des Zahlungsauslösedienstleisters, die Anschrift seiner Hauptverwaltung und gegebenenfalls die Anschrift seines Agenten oder seiner Zweigniederlassung in dem Mitgliedstaat, in dem der Zahlungsauslösedienst angeboten wird, sowie alle anderen Kontaktdaten einschließlich der E-Mail-Adresse, die für die Kommunikation mit dem Zahlungsauslösedienstleister von Belang sind, und
2. die Kontaktdaten der zuständigen Behörde.

(3) Die anderen in § 4 Absatz 1 genannten Informationen sind, soweit sie für den Einzelzahlungsvertrag erheblich sind, dem Zahlungsdienstnutzer ebenfalls zur Verfügung zu stellen.

(4) Wenn auf Verlangen des Zahlungsdienstnutzers der Einzelzahlungsvertrag unter Verwendung eines Fernkommunikationsmittels geschlossen wird, das dem Zahlungsdienstleister die Informationsunterrichtung nach Absatz 1 nicht gestattet, hat der Zahlungsdienstleister den Zahlungsdienstnutzer unverzüglich nach Ausführung des Zahlungsvorgangs in der Form zu

제3절 개별지급약정

제12조 특별 방식

지급서비스기본계약의 목적이 아닌 개별지급계약의 경우에(Bei einem Einzelzahlungsvertrag, der nicht Gegenstand eines Zahlungsdiensterahmenvertrags ist), 지급서비스제공자는 지급서비스이용자에게 제13조상의 지급서비스제공자가 제공해야 하는 지급서비스에 관한 정보 및 계약조건(die in § 13 genannten Informationen und Vertragsbedingungen hinsichtlich der von ihm zu erbringenden Zahlungsdienste)을 쉽게 접근할 수 있는 방식으로 제공해야 한다. 지급서비스이용자의 요구가 있는 경우에 지급서비스제공자는 지급서비스이용자에게 그 정보 및 계약조건을 서면방식으로 또는 그 밖의 지속적 정보저장매체로 제공한다.

제13조 계약 전 정보제공

① 다음 각 호의 계약 전 정보 및 계약조건(Die folgenden vorvertraglichen Informationen und Vertragsbedingungen)은 지급서비스이용자가 계약의사표시를 하기 전의 적시에 제공되어야 한다:

1. 지급서비스이용자가 제공한 것으로, 지급지시의 적절한 개시 또는 처리에 필요한 정보 또는 고객식별자(顧客識別子)
2. 제공해야 하는 지급서비스의 최대 처리기간,
3. 지급서비스이용자가 지급서비스제공자에게 지급해야 하는 일체의 대가와, 필요하면 그 대가의 항목별 기재,
4. 필요하면 지급과정이 기초를 두는 실제 환율 또는 기준이율(tatsächliche Wechselkurs oder Referenzwechselkurs).

② 지급서비스제공자는 지급인(支給人)에게 지급과정의 개시 전에 다음 각 호의 정보도 제공해야 한다:

1. 지급서비스중개자의 이름, 지급서비스중개자의 본점의 주소와, 필요하면 지급서비스중개서비스가 제공되는 회원국에 있는(in dem Mitgliedstaat, in dem der Zahlungsauslösedienst angeboten wird), 지급서비스중개자의 대리점 또는 지점의 주소, 그리고 이메일주소를 포함하여 지급서비스중개자와의 연락에 관련된 그 밖의 일체의 연락정보(alle anderen Kontaktdaten einschließlich der E-Mail-Adresse, die für die Kommunikation mit dem Zahlungsauslösedienstleister von Belang sind),
2. 관할 감독관청의 연락정보.

③ 제4조 제1항상의 그 밖의 정보는, 그것이 개별지급계약에 중요한 범위 내에서(soweit sie für den Einzelzahlungsvertrag erheblich sind), 지급서비스제공자에게 마찬가지로 제공되어야 한다.

④ 지급서비스이용자의 요구에 따라 개별지급계약이 지급서비스제공자에게 제1항에 따른 정보제공을 허용하지 않는 원격통신수단을 사용하여 체결되는 경우에, 지급서비스제공자는 지급서비스이용자에게 지급과정의 처리 후 지체 없이 제1조, 제12조에서 규정된 방식으로 통지해야(der Zahlungsdienstleister den Zahlungsdienstnutzer unverzüglich nach Ausführung des Zahlungsvorgangs

unterrichten, die in den §§ 2 und 12 vorgesehen ist.

(5) Die Pflichten gemäß Absatz 1 können auch erfüllt werden, indem eine Abschrift des Vertragsentwurfs übermittelt wird, die die nach Absatz 1 erforderlichen Informationen und Vertragsbedingungen enthält.

§ 13a Informationen an den Zahler und den Zahlungsempfänger nach Auslösung des Zahlungsauftrags über einen Zahlungsauslösedienstleister

Ein Zahlungsauslösedienstleister unterrichtet den Zahler und gegebenenfalls den Zahlungsempfänger unmittelbar nach der Auslösung des Zahlungsauftrags über

1. die erfolgreiche Auslösung des Zahlungsauftrags beim kontoführenden Zahlungsdienstleister des Zahlers,
2. die dem Zahlungsvorgang zugeordnete Kennung, die dem Zahler und dem Zahlungsempfänger die Identifizierung des Zahlungsvorgangs und dem Zahlungsempfänger gegebenenfalls die Identifizierung des Zahlers ermöglicht, sowie jede weitere mit dem Zahlungsvorgang übermittelte Angabe,
3. den Zahlungsbetrag,
4. gegebenenfalls die Höhe aller an den Zahlungsauslösedienstleister für den Zahlungsvorgang zu entrichtenden Entgelte sowie gegebenenfalls deren Aufschlüsselung.

§ 14 Informationen an den Zahler nach Zugang des Zahlungsauftrags

Nach Zugang des Zahlungsauftrags unterrichtet der Zahlungsdienstleister des Zahlers diesen hinsichtlich der von ihm zu erbringenden Zahlungsdienste unverzüglich über

1. die dem Zahlungsvorgang zugeordnete Kennung, die dem Zahler die Identifizierung des betreffenden Zahlungsvorgangs ermöglicht, sowie gegebenenfalls Angaben zum Zahlungsempfänger,
2. den Zahlungsbetrag in der im Zahlungsauftrag verwendeten Währung,
3. die Höhe der vom Zahler für den Zahlungsvorgang zu entrichtenden Entgelte und gegebenenfalls deren Aufschlüsselung,
4. gegebenenfalls den Wechselkurs, den der Zahlungsdienstleister des Zahlers dem Zahlungsvorgang zugrunde gelegt hat, oder einen Verweis darauf, sofern dieser Kurs von dem in § 13 Abs. 1 Nr. 4 genannten Kurs abweicht, und den Betrag, der nach dieser Währungsumrechnung Gegenstand des Zahlungsvorgangs ist, und
5. das Datum des Zugangs des Zahlungsauftrags.

in der Form zu unterrichten, die in den §§ 2 und 12 vorgesehen ist) 한다.

⑤ 제1항에 따른 의무는, 제1항에 따라 필요한 정보 및 계약조건이 포함된(die die nach Absatz 1 erforderlichen Informationen und Vertragsbedingungen enthält) 계약안 사본이 제공됨으로써 이행될 수도 있다.

제13조a 지급서비스중개자를 통한(über einen Zahlungsauslösedienstleister) 지급지시 개시 후 지급인 및 수취인에 대한 정보제공

지급서비스중개자는 지급인과 필요하면 수취인에게 지급지시 개시 직후에 다음 각 호에 관하여 정보를 제공한다,

1. 지급인(支給人)의 계좌(計座)를 관리(管理)하는 지급서비스제공자에 대한 지급지시의 성공적 개시(die erfolgreiche Auslösung des Zahlungsauftrags),
2. 지급인과 수취인에게 지급과정의 동일성확인을 가능하게 해주고 또 지수취인에게 지급인의 확인을 가능하게 해주는, 지급과정에 속한 식별자(識別子)(die dem Zahlungsvorgang zugeordnete Kennung)와, 지급과정에서 제공된 추가적 모든 정보(jede weitere mit dem Zahlungsvorgang übermittelte Angabe),
3. 지급금액,
4. 필요하면 지급과정에 관련하여 지급서비스제공자(Zahlungsauslösedienstleister)에게 지급해야 하는 일체의 대가금액과, 필요하면 그 대가금액의 항목별 기재.

제14조 지급지시의 도달 후 지급인에 대한 정보제공

지급지시의 도달 후에 지급인의 지급서비스제공자는 지급인에게 자신이 제공해야 하는 지급서비스에 관련하여(hinsichtlich der von ihm zu erbringenden Zahlungsdienste) 지체 없이 다음 각 호에 관하여 정보를 제공한다,

1. 지급에게 해당 지급과정의 동일성확인을 가능하게 해주는 지급과정에 속한 식별자(識別子)와, 필요하면 수취인에 관한 정보,
2. 지급지시에서 사용된 통화(通貨)에 의한 지급금액,
3. 지급인이 지급과정에 대하여 지급해야 하는 대가금액과 필요하면 그 대가금액의 항목별 기재(gegebenenfalls deren Aufschlüsselung),
4. 필요하면 지급인의 지급서비스제공자가 지급과정에 대해 기초를 둔 환율이나, 이러한 환율이 제13조 제1항 제4호상의 환율과 다른 경우에 그 환율에 대한 적용(einen Verweis darauf, sofern dieser Kurs von dem in § 13 Abs. 1 Nr. 4 genannten Kurs abweicht, und den Betrag)과, 이러한 외화환산 후에 지급과정의 목적이 된(der nach dieser Währungsumrechnung Gegenstand des Zahlungsvorgangs ist) 금액,
5. 지급지시의 처리일.

§ 15 Informationen an den Zahlungsempfänger nach Ausführung des Zahlungsvorgangs

Nach Ausführung des Zahlungsvorgangs unterrichtet der Zahlungsdienstleister des Zahlungsempfängers diesen hinsichtlich der von ihm erbrachten Zahlungsdienste unverzüglich über

1. die dem Zahlungsvorgang zugeordnete Kennung, die dem Zahlungsempfänger die Identifizierung des betreffenden Zahlungsvorgangs und gegebenenfalls des Zahlers ermöglicht, sowie jede weitere mit dem Zahlungsvorgang übermittelte Angabe,
2. den Zahlungsbetrag in der Währung, in der er dem Zahlungsempfänger zur Verfügung steht,
3. die Höhe aller vom Zahlungsempfänger für den Zahlungsvorgang zu entrichtenden Entgelte und gegebenenfalls deren Aufschlüsselung,
4. gegebenenfalls den Wechselkurs, den der Zahlungsdienstleister des Zahlungsempfängers dem Zahlungsvorgang zugrunde gelegt hat, und den Betrag, der vor dieser Währungsumrechnung Gegenstand des Zahlungsvorgangs war, und
5. das Wertstellungsdatum der Gutschrift.

§ 16 Informationen bei Einzelzahlung mittels rahmenvertraglich geregelten Zahlungsinstruments

Wird ein Zahlungsauftrag für eine Einzelzahlung über ein rahmenvertraglich geregeltes Zahlungsinstrument übermittelt, so ist nur der Zahlungsdienstleister, der Partei des Zahlungsdiensterahmenvertrags ist, verpflichtet, den Zahlungsdienstnutzer nach Maßgabe des Abschnitts 2 zu unterrichten.

Abschnitt 4 Informationspflichten von Zahlungsempfängern, Bargeldabhebungsdienstleistern und Dritten

§ 17 Informationspflichten des Zahlungsempfängers

(1) Sollen Zahlungen mittels eines Zahlungsinstruments in einer anderen Währung als Euro erfolgen und wird vor der Auslösung des Zahlungsvorgangs vom Zahlungsempfänger eine Währungsumrechnung angeboten, muss der Zahlungsempfänger dem Zahler alle damit verbundenen Entgelte sowie den der Währungsumrechnung zugrunde gelegten Wechselkurs offenlegen.

(2) Verlangt der Zahlungsempfänger für die Nutzung eines bestimmten Zahlungsinstruments ein Entgelt oder bietet er eine Ermäßigung an, so teilt er dies dem Zahler vor Auslösung des Zahlungsvorgangs mit.

§ 17a Informationspflichten des Bargeldabhebungsdienstleisters

Ein Dienstleister, der Bargeldabhebungsdienste erbringt, ist verpflichtet, den Kunden über alle Entgelte für eine Geldabhebung entsprechend § 13 Absatz 1 und 3, den §§ 14, 15 sowie 17 Absatz 1 sowohl vor der Abhebung als auch auf der Quittung nach dem Erhalt des Bargeldes zu unterrichten.

제15조 지급과정 처리 후 수취인에 대한 정보제공

지급과정 처리 후 수취인의 지급서비스제공자는 수취인에게 자신이 제공한 지급서비스와 관련하여 지체 없이 다음 각 호에 관하여 정보를 제공한다,

1. 수취인에게 해당 지급과정의 동일성확인을 가능하게 해주고 필요하면 지급인의 동일성확인을 가능하게 해주는 지급과정에 속한 식별자(識别子)(die dem Zahlungsvorgang zugeordnete Kennung)와, 지급과정에 의해 제공된 일체의 추가 정보,
2. 그 지급서비스제공자가 수취인에게 제공하는 통화(通貨)에 의한 지급금액(den Zahlungsbetrag in der Währung),
3. 수취인이 지급과정에 대하여 지급해야 하는 일체의 대가금액과, 필요하면 그 대가금액의 항목별 기재,
4. 필요하면, 수취인의 지급서비스제공자가 지급과정에 대하여 기초를 둔 환율과, 이러한 외화환산 전에 지급과정의 목적인 되었던(den Betrag, der vor dieser Währungsumrechnung Gegenstand des Zahlungsvorgangs war) 금액,
5. 입금기장의 처리일.

제16조 기본계약으로 규정된 지급수단을 통한 개별지급시의 정보제공

기본계약으로 규정된 지급수단을 통한 개별지급에 대한 지급지시가 전송된 경우에(Wird ein Zahlungsauftrag für eine Einzelzahlung über ein rahmenvertraglich geregeltes Zahlungsinstrument übermittelt), 지급기본계약의 당사자인 지급서비스제공자만이 제2절에 따른 기준에 좇아 지급서비스이용자에게 통지할 의무를 진다.

제4절 수취인, 현금인출서비스제공자 및 제3자에 대한 정보제공(Informationspflichten)

제17조 수취인의 정보제공의무

① 지급수단에 기한 지급이 유로화 이외의 다른 통화로 행해져야 하고 지급과정 개시 전에 수취인이 외화환산을 제공하는 경우에, 수취인은 지급인에게 이로 발생한 모든 대가와, 외화환산이 기초를 둔 환율(der Zahlungsempfänger dem Zahler alle damit verbundenen Entgelte sowie den der Währungsumrechnung zugrunde gelegten Wechselkurs)을 명시해야만 한다.

② 수취인이 특정한 결제수단의 이용에 대하여(für die Nutzung eines bestimmten Zahlungsinstruments), 대가를 청구하거나 감액(減額)을 제안하는 경우에, 수취인은 지급과정의 개시 전에 지급인에게 이를 통지한다.

제17조a 현금인출서비스제공자의 정보제공의무

현금인출서비스를 제공하는 서비스제공자는, 제13조 제1항, 제3항, 제14조, 제15조, 제17조 제1항에 따라 고객에게 현금인출에 대한 모든 대가에 관하여 그 인출 전(前)뿐만 아니라 현금 수령 후 영수증에 의해서도(sowohl vor der Abhebung als auch auf der Quittung nach dem Erhalt des Bargeldes) 정보를 제공할 의무를 진다.

§ 18 Informationspflichten Dritter

Verlangt ein Dritter, über welchen ein Zahlungsdienstnutzer einen Zahlungsvorgang auslösen kann, von diesem für die Nutzung eines bestimmten Zahlungsinstruments ein Entgelt, so teilt er dies dem Zahlungsdienstnutzer vor der Auslösung des Zahlungsvorgangs mit.

§ 19 Abweichende Vereinbarungen

Handelt es sich bei dem Zahlungsdienstnutzer nicht um einen Verbraucher, so können die Parteien vereinbaren, dass die §§ 17 und 18 ganz oder teilweise nicht anzuwenden sind.

Art 249 Informationspflichten bei Verbraucherbauverträgen

§ 1 Informationspflichten bei Verbraucherbauverträgen

Der Unternehmer ist nach § 650j des Bürgerlichen Gesetzbuchs verpflichtet, dem Verbraucher rechtzeitig vor Abgabe von dessen Vertragserklärung eine Baubeschreibung in Textform zur Verfügung zu stellen.

§ 2 Inhalt der Baubeschreibung

(1) In der Baubeschreibung sind die wesentlichen Eigenschaften des angebotenen Werks in klarer Weise darzustellen. Sie muss mindestens folgende Informationen enthalten:

1. allgemeine Beschreibung des herzustellenden Gebäudes oder der vorzunehmenden Umbauten, gegebenenfalls Haustyp und Bauweise,
2. Art und Umfang der angebotenen Leistungen, gegebenenfalls der Planung und der Bauleitung, der Arbeiten am Grundstück und der Baustelleneinrichtung sowie der Ausbaustufe,
3. Gebäudedaten, Pläne mit Raum- und Flächenangaben sowie Ansichten, Grundrisse und Schnitte,
4. gegebenenfalls Angaben zum Energie-, zum Brandschutz- und zum Schallschutzstandard sowie zur Bauphysik,
5. Angaben zur Beschreibung der Baukonstruktionen aller wesentlichen Gewerke,
6. gegebenenfalls Beschreibung des Innenausbaus,
7. gegebenenfalls Beschreibung der gebäudetechnischen Anlagen,
8. Angaben zu Qualitätsmerkmalen, denen das Gebäude oder der Umbau genügen muss,
9. gegebenenfalls Beschreibung der Sanitärobjekte, der Armaturen, der Elektroanlage, der Installationen, der Informationstechnologie und der Außenanlagen.

(2) Die Baubeschreibung hat verbindliche Angaben zum Zeitpunkt der Fertigstellung des Werks zu enthalten. Steht der Beginn der Baumaßnahme noch nicht fest, ist ihre Dauer anzugeben.

제18조 제3자의 정보제공의무

지급서비스이용자의 지급과정을 개시해 주는 제3자가 지급서비스이용자에게 특정한 지급수단의 이용에 대하여 대가를 요구하는 경우에 그 제3자는 지급서비스 개시 전에 지급서비스이용자에게 이에 관하여 정보를 제공해야 한다.

제19조 다른 약정

지급서비스이용자가 소비자에 해당하지 않는 경우에 당사자들은 제17조, 제18조의 전부 또는 일부를 적용하지 않는 것으로(dass die §§ 17 und 18 ganz oder teilweise nicht anzuwenden sind) 약정할 수 있다.

제249항목 소비자건축계약에서의 정보제공의무

제1조 소비자건축계약에서의 정보제공의무

사업자는, 민법전 제650조j에 따라 소비자가 계약의사표시를 하기 전의 적시에(rechtzeitig vor Abgabe von dessen Vertragserklärung) 소비자에게 건축시방서를 문명방식으로 제공할 의무를 진다.

제2조 시방서의 내용

① 시방서에 제공된 일의 중요한 특성(die wesentlichen Eigenschaften des angebotenen Werks)이 명료하게 기술되어야 한다. 시방서에 최소한 다음 각 호의 정보(情報)가 포함되어야만 한다:

1. 건축할 건물 또는 개축(改築)할 것의 일반적 기술, 필요하면 주택유형 및 건축방식 (gegebenenfalls Haustyp und Bauweise),
2. 제공된 급부의 유형 및 범위, 필요하면 설계, 공사감리(工事監理), 공사부지작업, 건축부지시설, 공사확장단계(der Arbeiten am Grundstück und der Baustelleneinrichtung sowie der Ausbaustufe),
3. 건물정보, 공간정보 및 부지정보가 있는 설계도와, 사진, 정면도(正面圖; Ansichten), 평면도(平面圖; Grundrisse) 및 단면도(斷面圖; Schnitte)
4. 필요하면 에너지수준·방화(防火)수준·방음(防音)수준에 관한 사항과 구조물리학(Bauphysik)에 관한 사항,
5. 모든 중요한 설비의 구조설계(構造設計)의 기술(記述)에 관한 사항,
6. 필요하면 실내장식의 기술(記述),
7. 필요하면 시설 장비(施設 裝備)의 기술(記述),
8. 해당 건축(建築; Gebäude) 및 개축(改築; Umbau)에 부합(附合)해야만 하는 품질표시(Qualitätsmerkmalen)에 관한 사항,
9. 필요하면 위생시설물(Sanitärobjekte), 가구(Armaturen), 전기설비(Elektroanlage), 장치(Installationen), 정보통신기술(Informationstechnologie) 및 외부시설(Außenanlagen)의 기술(記述).

② 시방서(示方書)에는 일의 완성시에 관한 구속력 있는 사항(verbindliche Angaben zum Zeitpunkt der Fertigstellung des Werks)이 포함되어야 한다. 착공(着工)이 아직 결정되지 않은 경우에 착공기간이 명시되어야 한다.

§ 3 Widerrufsbelehrung

(1) Steht dem Verbraucher ein Widerrufsrecht nach § 650l Satz 1 des Bürgerlichen Gesetzbuchs zu, ist der Unternehmer verpflichtet, den Verbraucher vor Abgabe von dessen Vertragserklärung in Textform über sein Widerrufsrecht zu belehren. Die Widerrufsbelehrung muss deutlich gestaltet sein und dem Verbraucher seine wesentlichen Rechte in einer an das benutzte Kommunikationsmittel angepassten Weise deutlich machen. Sie muss Folgendes enthalten:

1. einen Hinweis auf das Recht zum Widerruf,
2. einen Hinweis darauf, dass der Widerruf durch Erklärung gegenüber dem Unternehmer erfolgt und keiner Begründung bedarf,
3. den Namen, die ladungsfähige Anschrift und die Telefonnummer desjenigen, gegenüber dem der Widerruf zu erklären ist, gegebenenfalls seine Telefaxnummer und E-Mail-Adresse,
4. einen Hinweis auf die Dauer und den Beginn der Widerrufsfrist sowie darauf, dass zur Fristwahrung die rechtzeitige Absendung der Widerrufserklärung genügt, und
5. einen Hinweis darauf, dass der Verbraucher dem Unternehmer Wertersatz nach § 357d des Bürgerlichen Gesetzbuchs schuldet, wenn die Rückgewähr der bis zum Widerruf erbrachten Leistung ihrer Natur nach ausgeschlossen ist.

(2) Der Unternehmer kann seine Belehrungspflicht dadurch erfüllen, dass er dem Verbraucher das in Anlage 10 vorgesehene Muster für die Widerrufsbelehrung zutreffend ausgefüllt in Textform übermittelt.

Art 250 Informationspflichten bei Pauschalreiseverträgen

§ 1 Form und Zeitpunkt der vorvertraglichen Unterrichtung

(1) Die Unterrichtung des Reisenden nach § 651d Absatz 1 und 5 sowie § 651v Absatz 1 des Bürgerlichen Gesetzbuchs muss erfolgen, bevor dieser seine Vertragserklärung abgibt. Die Informationen sind klar, verständlich und in hervorgehobener Weise mitzuteilen; werden sie schriftlich erteilt, müssen sie leserlich sein.

(2) Änderungen der vorvertraglichen Informationen sind dem Reisenden vor Vertragsschluss klar, verständlich und in hervorgehobener Weise mitzuteilen.

§ 2 Formblatt für die vorvertragliche Unterrichtung

(1) Dem Reisenden ist gemäß dem in Anlage 11 enthaltenen Muster ein zutreffend ausgefülltes Formblatt zur Verfügung zu stellen.

(2) Bei Verträgen nach § 651u des Bürgerlichen Gesetzbuchs ist anstelle des Formblatts gemäß dem in Anlage 11 enthaltenen Muster das zutreffend ausgefüllte Formblatt gemäß dem in Anlage 12 enthaltenen Muster zu verwenden.

제3조 철회통지

① 소비자에게 민법전 제650조l 제1문에 따른 철회권이 귀속되는 경우에(Steht dem Verbraucher ein Widerrufsrecht nach § 650l Satz 1 des Bürgerlichen Gesetzbuchs zu), 사업자는 소비자에게 소비자가 계약의사표시를 하기 전에 문면방식으로 그의 철회권에 관하여 통지할 의무를 진다. 철회통지는 명료하게 이뤄져야만 하고 소비자에게 소비자의 중요한 권리를 이용된 통신수단에 맞게 설명해 주어야 한다. 철회통지서에는 다음 각 호 사항이 포함되어야만 한다:

1. 철회권에 관한 안내,
2. 철회가 사업자에 대한 의사표시로 행해지고 그에 대한 이유제시가 필요하지 않다는 점에 대한 안내,
3. 철회를 표시해야 하는 상대방의 이름, 도달 가능한 주소 및 전화번호와, 필요하면 그 상대방의 팩스번호 및 이메일주소(gegebenenfalls seine Telefaxnummer und E-Mail-Adresse),
4. 철회기간의 길이 및 개시(die Dauer und den Beginn der Widerrufsfrist)에 관한 언급과, 그 기간을 준수하는 데에 철회의사표시의 적시의 발송(die rechtzeitige Absendung der Widerrufserklärung)으로 족하다는 안내,
5. 철회시까지 제공된 급부의 반환(die Rückgewähr der bis zum Widerruf erbrachten Leistung)이 그 급부의 성질상 배제되는 경우에는 소비자가 사업자에 민법전 제357조d에 따라 가액배상을 해줄 의무를 진다는 안내.

② 사업자는, 소비자에게 부록 10에 규정된, 철회통지의 견본(das in Anlage 10 vorgesehene Muster für die Widerrufsbelehrung)에 정확하게 기입한 후 문명방식으로 제공함으로써 자신의 통지의무를 이행할 수 있다.

제250항목 패키지여행에서의 정보제공의무

제1조 계약 전 정보제공의 방식 및 시기

① 민법전 제651조d 제1항, 제5항, 제651조v 제1항에 따른 여행자에 대한 정보제공은, 여행자가 자신의 계약의사를 하기 전에(bevor dieser seine Vertragserklärung abgibt) 행해져야 한다. 그 정보제공은 명료하고 이해하기 쉬우며 눈에 띄는 방식으로(klar, verständlich und in hervorgehobener Weise) 이뤄져야 한다; 정보제공이 서면으로 행해지는 경우에 이를 읽을 수 있어야만 한다.

② 계약 전 정보제공의 변경은 여행자에게 계약 체결 전에 명료하고 이해하기 쉬우며 눈에 띄는 방식으로(klar, verständlich und in hervorgehobener Weise) 행해져야 한다.

제2조 계약 전 정보제공을 위한 서식

① 여행자에게 부록 11에 포함된 견본에 따라(gemäß dem in Anlage 11 enthaltenen Muster) 정확하게 기입된 서식이 제공되어야 한다.

② 민법전 제651조u에 따른 계약의 경우에 부록 11에 포함된 견본에 따른 서식 대신에 부록 12에 포함된 견본에 따라 정확하게 기입된 서식(das zutreffend ausgefüllte Formblatt gemäß dem in Anlage 12 enthaltenen Muster)을 사용한다.

(3) Soll ein Pauschalreisevertrag telefonisch geschlossen werden, können die Informationen aus dem jeweiligen Formblatt abweichend von den Absätzen 1 und 2 auch telefonisch zur Verfügung gestellt werden.

§ 3 Weitere Angaben bei der vorvertraglichen Unterrichtung

Die Unterrichtung muss folgende Informationen enthalten, soweit sie für die in Betracht kommende Pauschalreise erheblich sind:

1. die wesentlichen Eigenschaften der Reiseleistungen, und zwar
   a) Bestimmungsort oder, wenn die Pauschalreise mehrere Aufenthalte umfasst, die einzelnen Bestimmungsorte sowie die einzelnen Zeiträume (Datumsangaben und Anzahl der Übernachtungen),
   b) Reiseroute,
   c) Transportmittel (Merkmale und Klasse),
   d) Ort, Tag und Zeit der Abreise und der Rückreise oder, sofern eine genaue Zeitangabe noch nicht möglich ist, ungefähre Zeit der Abreise und Rückreise, ferner Orte und Dauer von Zwischenstationen sowie die dort zu erreichenden Anschlussverbindungen,
   e) Unterkunft (Lage, Hauptmerkmale und gegebenenfalls touristische Einstufung der Unterkunft nach den Regeln des jeweiligen Bestimmungslandes),
   f) Mahlzeiten,
   g) Besichtigungen, Ausflüge oder sonstige im Reisepreis inbegriffene Leistungen,
   h) sofern dies nicht aus dem Zusammenhang hervorgeht, die Angabe, ob eine der Reiseleistungen für den Reisenden als Teil einer Gruppe erbracht wird, und wenn dies der Fall ist, sofern möglich, die Angabe der ungefähren Gruppengröße,
   i) sofern die Nutzung touristischer Leistungen im Sinne des § 651a Absatz 3 Satz 1 Nummer 4 des Bürgerlichen Gesetzbuchs durch den Reisenden von einer wirksamen mündlichen Kommunikation abhängt, die Sprache, in der diese Leistungen erbracht werden, und
   j) die Angabe, ob die Pauschalreise im Allgemeinen für Personen mit eingeschränkter Mobilität geeignet ist, sowie auf Verlangen des Reisenden genaue Informationen über eine solche Eignung unter Berücksichtigung der Bedürfnisse des Reisenden,
2. die Firma oder den Namen des Reiseveranstalters, die Anschrift des Ortes, an dem er niedergelassen ist, die Telefonnummer und gegebenenfalls die E-Mail-Adresse; diese Angaben sind gegebenenfalls auch bezüglich des Reisevermittlers zu erteilen,
3. den Reisepreis einschließlich Steuern und gegebenenfalls aller zusätzlichen Gebühren, Entgelte und sonstigen Kosten, oder, wenn sich diese Kosten vor Vertragsschluss nicht bestimmen lassen, die Angabe der Art von Mehrkosten, für die der Reisende gegebenenfalls noch aufkommen muss,
4. die Zahlungsmodalitäten einschließlich des Betrags oder des Prozentsatzes des Reisepreises, der

③ 패지키여행계약이 전화로 체결되어야 하는 경우에, 제1항, 제2항과 달리(abweichend von den Absätzen 1 und 2) 각각의 서식에 기한 정보(die Informationen aus dem jeweiligen Formblatt)가 전화로 제공될 수 있다.

제3조 계약 전 정보제공시 추가적 사항

그 정보제공에는, 그것이 문제가 되는 패키지여행에 중요한 범위 내에서 다음 각 호의 정보가 포함되어야만 한다:

1. 다음 각 목과 같은 여행급부의 중요한 특성,
   a) 목적지나, 여행이 다수의 체류지를 포함하는 경우에는(wenn die Pauschalreise mehrere Aufenthalte umfasst 각각의 목적지 및 기간(날짜명시와 숙박일수; Datumsangaben und Anzahl der Übernachtungen),
   b) 여행경로,
   c) 운송수단(구성요소, 등급),
   d) 도착지, 도착일 및 도착시간과 출발지, 출발일 및 출발시각이나, 정확한 시간명시가 가능하지 않은 경우에는 도착 및 출발의 대략적 시간, 또한 기항지(寄港地)의 장소 및 체류기간과, 기항지(Zwischenstationen)에서 타야 할 연결편(連結便)(die dort zu erreichenden Anschlussverbindungen),
   e) 숙박(Unterkunft)[위치, 주요 구성요소와, 필요하면 각 목적지국가(目的地國家)의 규칙에 따른 숙업업소의 관광 등급],
   f) 식사,
   g) 시찰, 단기단체여행, 여행대금에 포함된 그 밖의 급부,
   h) 이것이 전후맥락에서 드러나지 않은 한, 여행자에 대한 여행급부 중 한 여행급부가 단체여행의 일부로 제공되는지에 관한 진술과, 이러한 경우에 해당하는 경우에 가능하다면 대략적인 단체여행객수 사항,
   i) 여행자의 민법전 제651조a 제3항 제1문 제4호상의 관광급부 이용(die Nutzung touristischer Leistungen)이 효과적인 구두 의사소통(wirksamen mündlichen Kommunikation)에 좌우되는 경우에, 이러한 급부가 제공되는 언어(die Sprache, in der diese Leistungen erbracht werden),
   j) 패키지여행이 통상적으로 장애인에게 적합한지 여부에 관한 정보(die Angabe, ob die Pauschalreise im Allgemeinen für Personen mit eingeschränkter Mobilität geeignet is), 여행자의 요구가 있는 경우 여행자의 필요를 고려한 그러한 적합성에 관한 정확한 정보,
2. 여행주최자의 상호 또는 이름, 여행주최자가 지점을 둔 장소의 주소(die Anschrift des Ortes, an dem er niedergelassen ist), 그 전화번호와, 필요하면 이메일주소(gegebenenfalls die E-Mail-Adresse); 필요하면 이러한 사항은 여행주선업자에 관한 것도 포함해야 한다,
3. 세금을 포함한 여행대금과, 필요하면 일체의 추가적 요금, 대가 및 기타 비용(gegebenenfalls aller zusätzlichen Gebühren, Entgelte und sonstigen Kosten)이나 이러한 비용이 계약체결 전에 정해질 수 없는 경우에 여행자가 경우에 따라서 부담해야만 하는 추가비용의 유형에 정보,
4. 보증금으로 지급되어야 하는 여행대금의 액수 또는 백분율과, 여행자의 잔금 지급 또는 재정보

als Anzahlung zu leisten ist, sowie des Zeitplans für die Zahlung des Restbetrags oder für die Stellung finanzieller Sicherheiten durch den Reisenden,

5. die für die Durchführung der Pauschalreise erforderliche Mindestteilnehmerzahl sowie die Angabe, bis zu welchem Zeitpunkt vor dem vertraglich vereinbarten Reisebeginn dem Reisenden die Rücktrittserklärung des Reiseveranstalters gemäß § 651h Absatz 4 Satz 1 Nummer 1 des Bürgerlichen Gesetzbuchs zugegangen sein muss,
6. allgemeine Pass- und Visumerfordernisse des Bestimmungslands, einschließlich der ungefähren Fristen für die Erlangung von Visa, sowie gesundheitspolizeiliche Formalitäten,
7. den Hinweis, dass der Reisende vor Reisebeginn gegen Zahlung einer angemessenen Entschädigung oder gegebenenfalls einer vom Reiseveranstalter verlangten Entschädigungspauschale jederzeit vom Vertrag zurücktreten kann,
8. den Hinweis auf den möglichen Abschluss einer Reiserücktrittskostenversicherung oder einer Versicherung zur Deckung der Kosten einer Unterstützung einschließlich einer Rückbeförderung bei Unfall, Krankheit oder Tod.

§ 4 Vorvertragliche Unterrichtung in den Fällen des § des Bürgerlichen Gesetzbuchs

Für Pauschalreiseverträge nach § 651c des Bürgerlichen Gesetzbuchs ist abweichend von § 2 Absatz 1 anstelle des Formblatts gemäß dem in Anlage 11 enthaltenen Muster das zutreffend ausgefüllte Formblatt gemäß dem in Anlage 13 enthaltenen Muster zu verwenden. Zur Unterrichtung nach § 3 sind verpflichtet

1. der als Reiseveranstalter anzusehende Unternehmer nur in Bezug auf die Reiseleistung, die er zu erbringen hat,
2. jeder andere Unternehmer, dem nach § 651c Absatz 1 Nummer 2 des Bürgerlichen Gesetzbuchs Daten übermittelt werden, in Bezug auf die von ihm zu erbringende Reiseleistung; er trägt gegenüber dem Reisenden die Beweislast für die Erfüllung seiner Informationspflichten.

§ 5 Gestaltung des Vertrags

Der Pauschalreisevertrag muss in einfacher und verständlicher Sprache abgefasst und, sofern er schriftlich geschlossen wird, leserlich sein.

§ 6 Abschrift oder Bestätigung des Vertrags

(1) Dem Reisenden ist bei oder unverzüglich nach Vertragsschluss auf einem dauerhaften Datenträger eine Abschrift oder Bestätigung des Vertrags zur Verfügung zu stellen. Der Reisende hat Anspruch auf eine Abschrift oder Bestätigung des Vertrags in Papierform, wenn der Vertragsschluss

증의 제공에 대한 일정(des Zeitplans für die Zahlung des Restbetrags oder für die Stellung finanzieller Sicherheiten durch den Reisenden)을 포함하여 지급조건(die Zahlungsmodalitäten),

5. 패키지여행 실시에 필요한 최소참가인원수(die für die Durchführung der Pauschalreise erforderliche Mindestteilnehmerzahl)와, 민법전 제651조h 제4항 제1문 제1호에 따른 여행주최자의 해제의사표시(die Rücktrittserklärung des Reiseveranstalters)가 여행객에게 계약상 합의된 여행개시 전(前)의 언제까지 도달해야 하는지에 관한 정보(情報),
6. 비자 취득에 대한 대략적 기간을 포함하여 목적지국가(目的地國家) 일반적 여권·비자요구사항(allgemeine Pass- und Visumerfordernisse des Bestimmungslands)과, 그 검역절차(檢疫節次; gesundheitspolizeiliche Formalitäten),
7. 여행자가 여갱개시 전에 상당한 손해배상의 지급하거나 경우에 따라서는 여행주최자가 요구하는 정액보상(定額補償)을 지급하고서(gegebenenfalls einer vom Reiseveranstalter verlangten Entschädigungspauschale) 언제든지 계약을 해제할 수 있다는 안내,
8. 사고, 질병 또는 사망의 경우에 귀환운송을 포함하여(einschließlich einer Rückbeförderung bei Unfall, Krankheit oder Tod) 여행해제수수료보험 또는 지원비용을 전보하기 위한 보험(Versicherung zur Deckung der Kosten einer Unterstützung)의 우발적 체결에 대한 언급.

제4조 민법전 651조c의 경우의(in den Fällen des § des Bürgerlichen Gesetzbuchs) 계약 전 정보제공

민법전 제651조c에 따른 패키지여행계약에 대하여는 제2조 제1항와 달리, 부록 11에 포함된 견본에 따른 서식 대신에 부록 13에 포함된 견본에 따라 정확하게 기입한 서식(anstelle des Formblatts gemäß dem in Anlage 11 enthaltenen Muster das zutreffend ausgefüllte Formblatt gemäß dem in Anlage 13 enthaltenen Muster)을 사용한다.

1. 여행주최자로서 간주되는 사업자는 자신이 제공한 급부에 대해서만 제3조에 따른 정보를 제공할 의무를 진다,
2. 민법전 제651조c 제1항 제2호에 따라 정보를 제공받은 그 밖의 사업자는 자신이 제공해야 하는 여행급부에 대해서 제3조에 따른 정보를 제공할 의무를 진다; 그 사업자가 여행자에 대하여 정보제공 이행에 대한 증명책임(die Beweislast für die Erfüllung seiner Informationspflichten)을 부담한다.

제5조 계약의 구성

패키지여행계약은 간단하고 이해하기 쉬운 언어로 기재되어야만 하고 그 계약이 서면으로 체결된 경우에는 읽을 수 있어야만 한다.

제6조 계약서 사본 또는 계약확인서

① 계약 체결시 또는 계약체결 직후에 지속적 정보저장매체로 여행자에게 계약서 사본 또는 계약확인서를 제공해야 한다. 여행자는 다음 각 호의 경우에 서면방식에 의한 계약서 사본 또는 계약확인서에 대한 청구권(Anspruch auf eine Abschrift oder Bestätigung des Vertrags in Papierform)을 갖는다,

1. bei gleichzeitiger körperlicher Anwesenheit der Vertragsschließenden erfolgte oder
2. außerhalb von Geschäftsräumen erfolgte (§ 312b des Bürgerlichen Gesetzbuchs); wenn der Reisende zustimmt, kann für die Abschrift oder die Bestätigung des Vertrags auch ein anderer dauerhafter Datenträger verwendet werden.

(2) Die Abschrift oder Bestätigung des Vertrags muss klar, verständlich und in hervorgehobener Weise den vollständigen Vertragsinhalt wiedergeben und außer den in § 3 genannten Informationen die folgenden Angaben enthalten:

1. besondere Vorgaben des Reisenden, denen der Reiseveranstalter zugestimmt hat,
2. den Hinweis, dass der Reiseveranstalter
   a) für die ordnungsgemäße Erbringung aller von dem Vertrag umfassten Reiseleistungen verantwortlich ist und
   b) gemäß § 651q des Bürgerlichen Gesetzbuchs zum Beistand verpflichtet ist, wenn sich der Reisende in Schwierigkeiten befindet,
3. den Namen des Kundengeldabsicherers sowie dessen Kontaktdaten einschließlich der Anschrift des Ortes, an dem er niedergelassen ist; im Fall des § 651s des Bürgerlichen Gesetzbuchs sind diese Angaben zu erteilen in Bezug auf die Einrichtung, die den Insolvenzschutz bietet, und gegebenenfalls in Bezug auf die zuständige Behörde,
4. Namen, Anschrift, Telefonnummer, E-Mail-Adresse und gegebenenfalls Faxnummer des Vertreters des Reiseveranstalters vor Ort, einer Kontaktstelle oder eines anderen Dienstes, an den oder die sich der Reisende wenden kann, um schnell mit dem Reiseveranstalter Verbindung aufzunehmen, wenn der Reisende
   a) Beistand nach § 651q des Bürgerlichen Gesetzbuchs benötigt oder
   b) einen aufgetretenen Reisemangel anzeigen will,
5. den Hinweis auf die Obliegenheit des Reisenden, dem Reiseveranstalter einen aufgetretenen Reisemangel unverzüglich anzuzeigen,
6. bei Minderjährigen, die ohne Begleitung durch einen Elternteil oder eine andere berechtigte Person reisen, Angaben darüber, wie eine unmittelbare Verbindung zu dem Minderjährigen oder zu dem an dessen Aufenthaltsort für ihn Verantwortlichen hergestellt werden kann; dies gilt nicht, wenn der Vertrag keine Beherbergung des Minderjährigen umfasst,
7. Informationen
   a) zu bestehenden internen Beschwerdeverfahren,
   b) gemäß § 36 des Verbraucherstreitbeilegungsgesetzes zur Teilnahme an alternativen Streitbeilegungsverfahren und

1. 계약체결자들의 대면(對面)으로(bei gleichzeitiger körperlicher Anwesenheit der Vertragsschließenden) 계약체결이 이뤄진 경우,
2. 민법전 제312조b상의 영업장 이외의 곳에서 체결된 경우; 여행자가 동의한 경우에는 계약서 사본 또는 계약확인서에 대하여(für die Abschrift oder die Bestätigung des Vertrags) 그 밖의 지속적 저장매체도 이용될 수 있다.

② 계약서 사본 또는 계약확인서는 명료하고 이해하기 쉬우며 눈에 띄는 방식으로 계약 내용 전체가 재현되어야만 하고 제3조상의 정보 이외에 다음 각 호의 사항(außer den in § 3 genannten Informationen die folgenden Angaben)도 포함해야만 한다:

1. 여행주최자가 동의한 여행자에 대한 특별한 계약조건,
2. 다음 각 목에 대한 안내,
   a) 여행주최자(旅行主催者)가 계약(契約)에 포함된 모든 여행급부(aller von dem Vertrag umfassten Reiseleistungen)의 적절한 제공에 대해 책임을 진다는 점,
   b) 여행자가 어려움에 처해 있는 경우 여행주최자가 민법전 제651조q에 따라 도움을 제공할 의무가 있다는 점,
3. 고객지급보장자가 지점을 둔 장소의 주소를 포함하여(einschließlich der Anschrift des Ortes, an dem er niedergelassen ist 고객지급보장자의 이름 및 연락정보; 민법전 제651조s의 경우에 이러한 정보는, 파산보호를 제공하는 기관에 관련해서(in Bezug auf die Einrichtung, die den Insolvenzschutz bietet) 제공되어야 하고, 필요하면 감독관청에 관련해서도 제공되어야 한다.
4. 다음 각 목의 경우에 여행자가 여행주최와 신속하게 연락을 취하기 위하여(um schnell mit dem Reiseveranstalter Verbindung aufzunehmen) 접촉할 수 있는 현지(現地) 여행주최자의 대리인이나 그와 같이 접촉할 수 있는 연락처(連絡處) 또는 그 밖의 접촉처(接觸處)의 이름, 주소, 전화번호, 이메일주소와, 필요하면 팩스번호,
   a) 여행자가 민법전 제651조q에 따른 도움제공을 필요한 경우,
   b) 여행자가 발생한 여행하자에 대해 통지하려고 하는 경우,
5. 여행주최자에게 발생한 여행하자(einen aufgetretenen Reisemangel)를 지체 없이 통지해야 하는 여행자의 의무에 관한 안내,
6. 부 또는 모나 그 밖의 권리자의 동반 없이 여행을 하는 미성년자의 경우에, 미성년자와의 직접 연락이나, 미성년자의 체류장소에서 미성년자에 대해 책임지는 자(dem an dessen Aufenthaltsort für ihn Verantwortlichen)와의 직접 연락이 어떻게 이뤄지는지에 관한 진술; 계약에 미성년자의 숙박이 포함되지 않은 경우에는(wenn der Vertrag keine Beherbergung des Minderjährigen umfasst) 그러하지 아니하다.
7. 각 목의 정보,
   a) 시행 중인 내부적 불만처리절차에 관한 정보,
   b) 소비자분쟁해결법 제36조에 따른 대안적 분쟁해결절차 참가(Teilnahme an alternativen Streitbeilegungsverfahren)에 관한 정보,

c) zur Online-Streitbeilegungsplattform gemäß Artikel 14 der Verordnung (EU) Nr. 524/2013 des Europäischen Parlaments und des Rates vom 21. Mai 2013 über die Online-Beilegung verbraucherrechtlicher Streitigkeiten und zur Änderung der Verordnung (EG) Nr. 2006/2004 und der Richtlinie 2009/22/EG (ABl. L 165 vom 18.6.2013, S. 1),

8. den Hinweis auf das Recht des Reisenden, den Vertrag gemäß § 651e des Bürgerlichen Gesetzbuchs auf einen anderen Reisenden zu übertragen.

§ 7 Reiseunterlagen, Unterrichtung vor Reisebeginn

(1) Der Reiseveranstalter hat dem Reisenden rechtzeitig vor Reisebeginn die notwendigen Reiseunterlagen zu übermitteln, insbesondere notwendige Buchungsbelege, Gutscheine, Beförderungsausweise und Eintrittskarten.

(2) Der Reiseveranstalter hat den Reisenden rechtzeitig vor Reisebeginn zu unterrichten über die Abreise- und Ankunftszeiten sowie gegebenenfalls die Zeiten für die Abfertigung vor der Beförderung, die Orte und Dauer von Zwischenstationen sowie die dort zu erreichenden Anschlussverbindungen. Eine besondere Mitteilung nach Satz 1 ist nicht erforderlich, soweit diese Informationen bereits in einer dem Reisenden zur Verfügung gestellten Abschrift oder Bestätigung des Vertrags gemäß § 6 oder in einer Information des Reisenden nach § 8 Absatz 2 enthalten sind und inzwischen keine Änderungen eingetreten sind.

§ 8 Mitteilungspflichten anderer Unternehmer und Information des Reisenden nach Vertragsschluss in den Fällen des § 651c des Bürgerlichen Gesetzbuchs

(1) Schließt ein Unternehmer, dem nach § 651c Absatz 1 Nummer 2 des Bürgerlichen Gesetzbuchs Daten übermittelt werden, mit dem Reisenden einen Vertrag über eine Reiseleistung ab, hat er den als Reiseveranstalter anzusehenden Unternehmer über den Umstand des Vertragsschlusses zu unterrichten und diesem in Bezug auf die von ihm zu erbringende Reiseleistung die Informationen zur Verfügung zu stellen, die zur Erfüllung der Verpflichtungen als Reiseveranstalter erforderlich sind.

(2) Der als Reiseveranstalter anzusehende Unternehmer hat dem Reisenden die in § 6 Absatz 2 Nummer 1 bis 8 genannten Angaben klar, verständlich und in hervorgehobener Weise auf einem dauerhaften Datenträger zur Verfügung zu stellen, sobald er von dem anderen Unternehmer gemäß Absatz 1 über den Umstand des Vertragsschlusses unterrichtet wurde.

§ 9 Weitere Informationspflichten bei Verträgen über Gastschulaufenthalte

Über die in § 6 Absatz 2 bestimmten Angaben hinaus hat der Reiseveranstalter dem Reisenden folgende Informationen zu erteilen:

1. Namen, Anschrift, Telefonnummer und gegebenenfalls E-Mail-Adresse der Gastfamilie, in welcher der Gastschüler untergebracht ist, einschließlich Veränderungen,

c) 「소비자법상 분쟁의 온라인처리(die Online-Beilegung verbraucherrechtlicher Streitigkeiten)와, (EG) 2006/2004호 규칙 및 2009/22/EG호 지침의 개정에 관한 2013년 5월 21일의 유럽연합 의회 및 이사회 (EU) 524/2013호 규칙」(ABl. L 165 vom 18.6.2013, S. 1) 제14조에 따른 온라인분쟁해결을 위한 유럽연합플랫폼 (Online-Streitbeilegungsplattform)에 관한 정보,

8. 민법전 제651조e에 따른 계약을 다른 여행자에게로 이전시키는 해당 여행자의 권리에 관한 안내

제7조 여행서류, 여행개시 전 정보제공

① 여행주최자는 여행개시 전의 적시에 여행자에게 필수적 여행서류를 제공해야 하고, 특히 필수적 예약서류, 쿠폰, 탑승권(搭乘券) 및 입장권(入場券)(notwendige Buchungsbelege, Gutscheine, Beförderungsausweise und Eintrittskarten)을 제공해야 한다.

② 여행주최자는 여행개시 전의 적시에 여행자에게 출발시각 및 도착시각, 필요하면 운송체크인시각(die Zeiten für die Abfertigung vor der Beförderung), 기착지의 장소 및 체류기간과, 기착지에서 타야 할 연결편(連結便)(die dort zu erreichenden Anschlussverbindungen)에 관하여 정보를 제공해야 한다. 이러한 정보가 이미 여행자들 중 한 사람에게 제6조에 따라 제공된 계약서 사본 또는 계약확인서에 포함되어 있거나 제8조 제2항에 따른 여행자 정보에 포함되어 있고, 중간에 변경되지 않은(inzwischen keine Änderungen eingetreten sind) 범위 내에서, 제1문에 따른 특별한 정보제공(情報提供)은 필요하지 않다.

제8조 민법전 제651조c의 경우에 있어 다른 사업자의 정보제공의무와 계약체결 후 여행자에 대한 정보제공

① 민법전 제651조c 제1항 제2호에 따른 정보를 제공받는 어느 사업자가 여행자와 여행급부에 관하여 계약을 체결한 경우에, 그 사업자는 여행주최자로 간주되는 사업자에게(den als Reiseveranstalter anzusehenden Unternehmer) 계약체결의 상황에 관하여 정보를 제공하고, 또한 자신이 제공하는 여행급부와 관련하여(in Bezug auf die von ihm zu erbringende Reiseleistung) 그 간주되는 사업자에게 여행주최자로서의 의무를 이행하는 데 필요한(die zur Erfüllung der Verpflichtungen als Reiseveranstalter erforderlich sind) 정보를 제공해야 한다.

② 여행주최자로 간주되는 사업자는, 제1항에 따라 다른 사업자에게서 여행체결에 관한 상황을 통지받자마자(sobald er von dem anderen Unternehmer gemäß Absatz 1 über den Umstand des Vertragsschlusses unterrichtet wurde), 여행자에게 제6조 제2항 제1호 내지 제8호상의 사항을 명료하고, 이해가 쉬우며 눈에 띄는 방식으로 지속적 정보저장매체로 제공해야 한다.

제9조 유학생기숙(留學生寄宿)에 관한 계약에서의 추가적 정보제공

여행주최자는 여행자에게 제6조 제2항에서 정해진 사항 이외의 추가로 다음 각 호의 정보를 제공해야 한다:

1. 유학생이 숙박하는(in welcher der Gastschüler untergebracht ist) 기숙가정(寄宿家庭; Gastfamilie)의 이름, 주소, 전화번호와 필요하면 이메일주소(E-Mail-Adresse)(이러한 사항들의 변동사항도 포함됨)

2. Namen und Erreichbarkeit eines Ansprechpartners im Aufnahmeland, bei dem auch Abhilfe verlangt werden kann, einschließlich Veränderungen, und
3. Abhilfeverlangen des Gastschülers und die vom Reiseveranstalter ergriffenen Maßnahmen.

§ 10 Unterrichtung bei erheblichen Vertragsänderungen

Beabsichtigt der Reiseveranstalter eine Vertragsänderung nach § 651g Absatz 1 des Bürgerlichen Gesetzbuchs, hat er den Reisenden unverzüglich nach Kenntnis von dem Änderungsgrund auf einem dauerhaften Datenträger klar, verständlich und in hervorgehobener Weise zu informieren über

1. die angebotene Vertragsänderung, die Gründe hierfür sowie

a) im Fall einer Erhöhung des Reisepreises über deren Berechnung,

b) im Fall einer sonstigen Vertragsänderung über die Auswirkungen dieser Änderung auf den Reisepreis gemäß § 651g Absatz 3 Satz 2 des Bürgerlichen Gesetzbuchs,

2. die Frist, innerhalb derer der Reisende ohne Zahlung einer Entschädigung vom Vertrag zurücktreten oder das Angebot zur Vertragsänderung annehmen kann,

3. den Umstand, dass das Angebot zur Vertragsänderung als angenommen gilt, wenn der Reisende sich nicht innerhalb der Frist erklärt, und

4. die gegebenenfalls als Ersatz angebotene Pauschalreise und deren Reisepreis.

Art 251 Informationspflichten bei Vermittlung verbundener Reiseleistungen

§ 1 Form und Zeitpunkt der Unterrichtung

Die Unterrichtung des Reisenden nach § 651w Absatz 2 des Bürgerlichen Gesetzbuchs muss erfolgen, bevor dieser eine Vertragserklärung betreffend einen Vertrag über eine Reiseleistung abgibt, dessen Zustandekommen bewirkt, dass eine Vermittlung verbundener Reiseleistungen erfolgt ist. Die Informationen sind klar, verständlich und in hervorgehobener Weise mitzuteilen.

§ 2 Formblatt für die Unterrichtung des Reisenden

Dem Reisenden ist gemäß den in den Anlagen 14 bis 17 enthaltenen Mustern ein zutreffend ausgefülltes Formblatt zur Verfügung zu stellen, und zwar

1. sofern der Vermittler verbundener Reiseleistungen ein Beförderer ist, mit dem der Reisende einen die Rückbeförderung umfassenden Beförderungsvertrag geschlossen hat:
   a) ein Formblatt gemäß dem Muster in Anlage 14, wenn die Vermittlung nach § 651w Absatz 1 Satz 1 Nummer 1 des Bürgerlichen Gesetzbuchs erfolgt,
   b) ein Formblatt gemäß dem Muster in Anlage 15, wenn die Vermittlung nach § 651w Absatz 1 Satz 1 Nummer 2 des Bürgerlichen Gesetzbuchs erfolgt,

2. 수용국에 있는, 시정요구도 받을 수 있는 사업상대방(事業相對方; Ansprechpartner)의 이름 및 연락방법(이러한 사항들의 변동사항도 포함됨).
3. 유학생의 시정요구와 여행주최자가 취한 조치(die vom Reiseveranstalter ergriffenen Maßnahmen).

제10조 중대한 계약변경시의 정보제공

여행주최자가 민법전 제651조g 제1항에 따라 계약내용을 변경하고자 하는 경우에 그는 여행자에게 변경사유를 인지한 후 지체 없이 지속적 정보저장매체로 명료하고, 이해가 쉬우며 눈에 띄는 방식으로 다음 각 호에 관하여 정보를 제공해야 한다,

1. 제안하는 계약변경, 이에 대한 근거와,
   a) 여행대금인상의 경우에 그 산정,
   b) 여행대금 이외의 경우에는(im Fall einer sonstigen Vertragsänderung) 민법전 제651조g 제3항 제2문에 따른 여행대금에 대한 여행대금 이외의 변경의 영향(die Auswirkungen dieser Änderung auf den Reisepreis),
2. 여행자가 손해배상금의 지급 없이 계약을 해제할 수 있거나 계약변경에 관한 제안을 수용할 수 있도록 제한된 기간,
3. 여행자가 그 기간 내에 의사표시를 하지 않은 경우에는 계약변경에 관한 제한이 수용된 것으로 본다는 내용,
4. 필요하면 대체물로 제안된 패키지여행과 그 여행대금.

제251항목 연계여행의 주선에서의 정보제공의무

제1조 정보제공의 방식과 시기

민법전 제651조w 제2항에 따른 여행자에 대한 정보제공은, 여행자가 그 계약의 체결로 인해 연계여행급부주선이 이뤄지는(dessen Zustandekommen bewirkt, dass eine Vermittlung verbundener Reiseleistungen erfolgt ist) 여행급부계약에 관한 계약의사표시를 하기 전에 시행되어야만 한다. 그 정보제공은 명료하고 이해가 쉬우며 눈에 띄는 방식(方式)으로 이뤄져야 한다.

제2조 여행자에 대한 정보제공 서식

부록 14 내지 부록 17에 포함된 견본에 따라 정확하게 기입한 서식(書式)이 여행자에게 제공되어야 하되,

1. 연계여행주선업자가, 여행자가 귀환운송을 포함하는 운송계약을 체결한(mit dem der Reisende einen die Rückbeförderung umfassenden Beförderungsvertrag geschlossen hat) 운송인인 한,
   a) 민법전 제651조w 제1항 제1문 제1호에 따른 주선(周旋)이 행해지는 경우에는 부록 14에 있는 견본에 따른 서식을 제공해야 하고,
   b) 민법전 제651조w 제1항 제1문 제2호에 따른 주선(周旋)이 행해지는 경우에는 부록 15에 있는 견본에 따른 서식을 제공해야 하며,

2. sofern es sich bei dem Vermittler verbundener Reiseleistungen nicht um einen Beförderer handelt, mit dem der Reisende einen die Rückbeförderung umfassenden Beförderungsvertrag geschlossen hat:
   a) ein Formblatt gemäß dem Muster in Anlage 16, wenn die Vermittlung nach § 651w Absatz 1 Satz 1 Nummer 1 des Bürgerlichen Gesetzbuchs erfolgt,
   b) ein Formblatt gemäß dem Muster in Anlage 17, wenn die Vermittlung nach § 651w Absatz 1 Satz 1 Nummer 2 des Bürgerlichen Gesetzbuchs erfolgt.

Erfolgt die Vermittlung verbundener Reiseleistungen in den Fällen von Satz 1 Nummer 1 und 2 Buchstabe b bei gleichzeitiger körperlicher Anwesenheit des Reisenden und des Vermittlers verbundener Reiseleistungen, hat der Vermittler verbundener Reiseleistungen abweichend von Satz 1 die in den betreffenden Formblättern enthaltenen Informationen in einer der Vermittlungssituation angepassten Weise zur Verfügung zu stellen. Entsprechendes gilt, wenn die Vermittlung verbundener Reiseleistungen weder bei gleichzeitiger körperlicher Anwesenheit des Reisenden und des Vermittlers verbundener Reiseleistungen noch online erfolgt.

Art 252 Sicherungsschein; Mitteilungspflicht des Kundengeldabsicherers

(1) Der Sicherungsschein nach § 651r Absatz 4 Satz 1, auch in Verbindung mit § 651w Absatz 3 Satz 4, des Bürgerlichen Gesetzbuchs ist gemäß dem in Anlage 18 enthaltenen Muster zu erstellen und dem Reisenden zutreffend ausgefüllt in Textform zu übermitteln. Von dem Muster darf in Format und Schriftgröße abgewichen werden. Auf dem Sicherungsschein darf die Firma oder ein Kennzeichen des Kundengeldabsicherers oder seines Beauftragten abgedruckt werden. Enthält die Urkunde neben dem Sicherungsschein weitere Angaben oder Texte, muss sich der Sicherungsschein deutlich hiervon abheben.

(2) Bei Pauschalreisen ist der Sicherungsschein der Bestätigung oder der Abschrift des Vertrags anzuheften oder auf ihrer Rückseite abzudrucken. Der Sicherungsschein kann auch elektronisch mit der Bestätigung oder Abschrift des Vertrags verbunden werden. Bei Pauschalreisen nach § 651c des Bürgerlichen Gesetzbuchs ist der Sicherungsschein zu übermitteln, sobald der als Reiseveranstalter anzusehende Unternehmer nach Artikel 250 § 8 Absatz 1 über den Umstand eines weiteren Vertragsschlusses unterrichtet worden ist.

(3) Bei Vermittlung verbundener Reiseleistungen ist der Sicherungsschein zu übermitteln, sobald der Vermittler verbundener Reiseleistungen nach § 651w Absatz 5 des Bürgerlichen Gesetzbuchs über den Umstand eines weiteren Vertragsschlusses unterrichtet worden ist.

(4) Ein Reisevermittler ist dem Reisenden gegenüber verpflichtet, den Sicherungsschein auf seine

2. 연계여행급부주선업자가, 여행자가 귀환운송을 포함하는 운송계약을 체결한(mit dem der Reisende einen die Rückbeförderung umfassenden Beförderungsvertrag geschlossen hat) 운송인에 해당하지 않는 한,
   a) 민법전 제651조w 제1항 제1문 제1호에 따른 주선이 행해지는 경우에는 부록 16에 있는 견본에 따른 서식을 제공해야 하고,
   b) 민법전 제651조w 제1항 제1문 제2호에 따른 주선이 행해지는 경우에는 부록 17에 있는 견본에 따른 서식을 제공해야 한다.

제1문 제1호, 제2호 b목의 경우에 있어 연계여행급부가 여행자와 연계여행급부주선업자와의 대면(對面)으로 행해지는 경우에(Erfolgt die Vermittlung verbundener Reiseleistungen in den Fällen von Satz 1 Nummer 1 und 2 Buchstabe b bei gleichzeitiger körperlicher Anwesenheit des Reisenden und des Vermittlers verbundener Reiseleistungen), 연계여행급부주선업자는 제1문과 달리 해당 서식에 포함된 정보를 주선상황에 맞는 방식으로(in einer der Vermittlungssituation angepassten Weise) 제공해야 한다. 연계여행급부가 여행자와 연계여행급부주선업자와의 대면(對面)으로도 온라인으로도(weder bei gleichzeitiger körperlicher Anwesenheit des Reisenden und des Vermittlers verbundener Reiseleistungen noch online) 행해지지 않은 경우에도 또한 같다.

제252항목 보장증서; 고객지급보장자의 통지의무

① 민법전 제651조w 제3항 제4문과 연결된 경우를 포함하여 제651조r 제4항 제1문에 따른 보장증서(Der Sicherungsschein nach § 651r Absatz 4 Satz 1, auch in Verbindung mit § 651w Absatz 3 Satz 4, des Bürgerlichen Gesetzbuchs)는 부록 18에 포함된 견본에 따라 마련되어야 하고 여행자에게 정확하게 기입해서 문면방식으로 제공해야 한다. 서식 판형(版型)과 서체크기에 있어 견본과 다르게 정할 수 있다. 고객지급보장자 또는 그 대리인의 상호 또는 식별표지(die Firma oder ein Kennzeichen des Kundengeldabsicherers oder seines Beauftragten)가 보장증서에 인쇄될 수 있다. 보장증서 함께 제공되는 증서에 추가적 사항 또는 내용이 포함된 경우에, 보장증서는 그 증서와 명확하게 구분되어야만 한다.

② 패키지여행의 경우 보장증서는 계약서 사본 또는 계약확인서에 편철하거나 그 서류들 뒷면에 인쇄되어야 한다. 민법전 제651조c에 따른 패키지여행의 경우에, 보장증서는 계약서 사본 또는 계약확인서와 전자적으로도 결합될 수 있다. 여행주최자로 간주되는 사업자가 민법전시행법 제250항목 제8조 제1항에 따라 추가적 계약체결에 관한 상황에 관하여 정보를 제공받자마자(sobald der als Reiseveranstalter anzusehende Unternehmer nach Artikel 250 § 8 Absatz 1 über den Umstand eines weiteren Vertragsschlusses unterrichtet worden ist), 보장증서가 제공되어야 한다.

③ 연계여행급부주선의 경우에(Bei Vermittlung verbundener Reiseleistunge) 보장증서는, 연계여행급부주선업자가 민법전 제651조w 제5항에 따라 추가적 계약정보에 관하여(über den Umstand eines weiteren Vertragsschlusses) 정보(情報)를 제공받자마자 제공(提供)되어야 한다.

④ 여행주선자는, 자신이 여행자에게 보장증서를 제공하는 경우에 여행자에 대하여 보장증서의 유

Gültigkeit hin zu überprüfen, wenn er ihn dem Reisenden übermittelt.

(5) Der Kundengeldabsicherer (§ 651r Absatz 3 des Bürgerlichen Gesetzbuchs) ist verpflichtet, die Beendigung des Kundengeldabsicherungsvertrags der zuständigen Behörde unverzüglich mitzuteilen.

Art 253 Zentrale Kontaktstelle

§ 1 Zentrale Kontaktstelle; Informationen über die Insolvenzsicherung

(1) Die Aufgaben der zentralen Kontaktstelle nach Artikel 18 Absatz 2 bis 4 der Richtlinie (EU) 2015/2302 nimmt das Bundesamt für Justiz wahr.

(2) Das Bundesamt für Justiz stellt den zentralen Kontaktstellen anderer Mitgliedstaaten oder sonstiger Vertragsstaaten des Abkommens über den Europäischen Wirtschaftsraum alle notwendigen Informationen über die gesetzlichen Anforderungen an die Verpflichtung von Reiseveranstaltern und Vermittlern verbundener Reiseleistungen zur Insolvenzsicherung (§§ 651r bis 651t, 651w Absatz 3 des Bürgerlichen Gesetzbuchs) zur Verfügung.

§ 2 Ausgehende Ersuchen

Das Bundesamt für Justiz leitet Auskunftsersuchen der zuständigen Behörden zur Klärung von Zweifeln, ob ein Reiseveranstalter oder ein Vermittler verbundener Reiseleistungen mit Sitz in einem anderen Mitgliedstaat oder in einem anderen Vertragsstaat des Abkommens über den Europäischen Wirtschaftsraum seiner Verpflichtung zur Insolvenzsicherung (§§ 651s, 651w Absatz 3 des Bürgerlichen Gesetzbuchs) nachgekommen ist, an die zentrale Kontaktstelle des Niederlassungsstaats weiter.

§ 3 Eingehende Ersuchen

(1) Auskunftsersuchen zentraler Kontaktstellen anderer Mitgliedstaaten oder sonstiger Vertragsstaaten des Abkommens über den Europäischen Wirtschaftsraum zur Klärung von Zweifeln, ob ein Reiseveranstalter oder ein Vermittler verbundener Reiseleistungen mit Sitz im Inland seiner Verpflichtung zur Insolvenzsicherung (§§ 651r, 651w Absatz 3 des Bürgerlichen Gesetzbuchs) nachgekommen ist, leitet das Bundesamt für Justiz unverzüglich an die zuständige Behörde weiter.

(2) Die zuständige Behörde ergreift unverzüglich die zur Klärung erforderlichen Maßnahmen und teilt dem Bundesamt für Justiz das Ergebnis mit. Das Bundesamt für Justiz leitet die Mitteilung der zuständigen Behörde unverzüglich an die zentrale Kontaktstelle des anderen Staats weiter.

(3) Sofern das Ersuchen innerhalb von 15 Arbeitstagen nach Eingang noch nicht abschließend beantwortet werden kann, erteilt das Bundesamt für Justiz der zentralen Kontaktstelle des anderen Staats innerhalb dieser Frist eine erste Antwort.

효성에 관하여 보장증서를 검사할(den Sicherungsschein auf seine Gültigkeit hin zu überprüfen) 의무를 진다.

⑤ 민법전 제651조r 제3항상의 고객지급보장자는 관할 관청에 지체 없이 고객지급보장계약의 종료(die Beendigung des Kundengeldabsicherungsvertrags)에 대하여 통지(通知)할 의무를 진다.

제253항목 중앙연락사무소

제1조 중앙연락사무소; 파산보장에 관한 정보제공

① 연방법무청이 (EU) 2015/2302호 지침 제18조 제2항 내지 제4항에 따른 중앙연락사무소의 임무를 수행한다.

② 연방법무청(Das Bundesamt für Justiz)은 독일 이외의 회원국 또는 「유럽경제권에 관한 협약」의 그 밖의 가입국(den zentralen Kontaktstellen anderer Mitgliedstaaten oder sonstiger Vertragsstaaten des Abkommens über den Europäischen Wirtschaftsraum)의 중앙연락사무소에 민법전 제651조r 내지 제651조t, 제651조w상의 파산보장에 관한, 여행주최자와 연계여행급부주선업자에 대한 법적 요구사항에 관한 일체의 필수적 정보(alle notwendigen Informationen)를 제공한다.

제2조 타국으로 접수되는 요구

연방법무부는, 독일 이외의 어느 유럽연합회원국 또는 「유럽경제권에 협약」 가입국 중 독일 이외의 한 가입국에 본점을 둔 여행주최자 또는 여행급부주선업자(ein Reiseveranstalter oder ein Vermittler verbundener Reiseleistungen)가 자신의 민법전 제651조s, 제651조w 제3항상의 파산보장에 관한 의무를 준수했는지 여부에 관한 의혹의 규명을 위한 관할 관청의 정보제공요구(Auskunftsersuchen der zuständigen Behörden zur Klärung von Zweifeln)를 지사를 둔 국가의 중앙연락사무소(die zentrale Kontaktstelle des Niederlassungsstaats)에 이첩한다.

제3조 독일로 접수되는 요구

① 독일에 본점을 둔 여행주최자 또는 여행급부주선업자가 자신의 민법전 제651조s, 제651조w 제3항상의 파산보장에 관한 의무를 준수했는지 여부에 관한 의혹의 해명을 위한, 독일 이외의 회원국 또는 「유럽경제권에 관한 협약」의 그 밖의 가입국의 중앙연락사무소의 정보제공요구(Auskunftsersuchen zentraler Kontaktstellen anderer Mitgliedstaaten oder sonstiger Vertragsstaaten des Abkommens über den Europäischen Wirtschaftsraum zur Klärung von Zweifeln)는 연방법무청이 관할 관청에 지체 없이 이첩한다.

② 관할 관청은 규명을 위한 필수적 조치(die zur Klärung erforderlichen Maßnahmen)를 지체 없이 취하고 연방법무청에 결과를 통지한다. 연방법무청은 관할 관청의 통지(die Mitteilung der zuständigen Behörde)를 지체 없이 독일 이외의 국가의 중앙연락사무소에 전달(傳達)한다.

③ 그 요구에 대해 접수된 후 15일의 근무일 이내에(innerhalb von 15 Arbeitstagen nach Eingang) 미처 종국적으로 회답(回答)할 수 없는 경우에, 연방법무청은 독일 이외의 국가의 중앙연락사무소(das Bundesamt für Justiz der zentralen Kontaktstelle des anderen Staats)에 그 기간 내에 최초의 회답(回答)을 행한다.

Anlage 1 (zu Artikel 246a § 1 Absatz 2 Satz 2)

Muster für die Widerrufsbelehrung bei außerhalb von Geschäftsräumen geschlossenen Verträgen und bei Fernabsatzverträgen mit Ausnahme von Verträgen über Finanzdienstleistungen (Fundstelle: BGBl. I 2013, S. 3663 – 3664)

Widerrufsbelehrung

Widerrufsrecht

Sie haben das Recht, binnen vierzehn Tagen ohne Angabe von Gründen diesen Vertrag zu widerrufen.

Die Widerrufsfrist beträgt vierzehn Tage ab dem Tag ①.

Um Ihr Widerrufsrecht auszuüben, müssen Sie uns (②) mittels einer eindeutigen Erklärung (z. B. ein mit der Post versandter Brief, Telefax oder E-Mail) über Ihren Entschluss, diesen Vertrag zu widerrufen, informieren. Sie können dafür das beigefügte Muster-Widerrufsformular verwenden, das jedoch nicht vorgeschrieben ist. ③

Zur Wahrung der Widerrufsfrist reicht es aus, dass Sie die Mitteilung über die Ausübung des Widerrufsrechts vor Ablauf der Widerrufsfrist absenden.

Folgen des Widerrufs

Wenn Sie diesen Vertrag widerrufen, haben wir Ihnen alle Zahlungen, die wir von Ihnen erhalten haben, einschließlich der Lieferkosten (mit Ausnahme der zusätzlichen Kosten, die sich daraus ergeben, dass Sie eine andere Art der Lieferung als die von uns angebotene, günstigste Standardlieferung gewählt haben), unverzüglich und spätestens binnen vierzehn Tagen ab dem Tag zurückzuzahlen, an dem die Mitteilung über Ihren Widerruf dieses Vertrags bei uns eingegangen ist. Für diese Rückzahlung verwenden wir dasselbe Zahlungsmittel, das Sie bei der ursprünglichen Transaktion eingesetzt haben, es sei denn, mit Ihnen wurde ausdrücklich etwas anderes vereinbart; in keinem Fall werden Ihnen wegen dieser Rückzahlung Entgelte berechnet. ④

⑤

⑥

Gestaltungshinweise:

① Fügen Sie einen der folgenden in Anführungszeichen gesetzten Textbausteine ein:

a) im Falle eines Dienstleistungsvertrags oder eines Vertrags über die Lieferung von Wasser, Gas oder Strom, wenn sie nicht in einem begrenzten Volumen oder in einer bestimmten

부록 1(제246항목a 제1조 제2항 제2문 관련)

금융서비스계약을 제외한, 영업장 이외의 곳에서 체결된 계약 및 통신판매계약의 경우에서의 철회통지에 대한 견본
(출처: 2013년 연방법률관보 1편 3663 – 3664면)

<table>
<tr><td>

철회통지

철회권

당신은 14일 이내에 이유 제시하지 않고서(ohne Angabe von Gründen) 본 계약을 철회할 권리를 갖습니다.

철회기간은 ①의 날로부터 14일입니다.

당신은 자신의 철회권을 행사하기 위하여(Um Ihr Widerrufsrecht auszuüben), 우리에게 (②) 명료한 의사표시로[예컨대 우편으로 보내는 서신, 팩스 또는 이메일(ein mit der Post versandter Brief, Telefax oder E-Mail)] 본 계약을 철회하는 당신의 결정에 관하여 알려야 합니다. 당신은 이를 위해 첨부한, 규정되지 않은 철회서식견본을 사용할 수 있습니다. ③

철회기간을 주순하는 데에는 당신이 철회기간 경과 전에 철회권의 행사에 관한 통지를 발송하는 것으로 충분합니다.

철회 효과

당신이 본 계약을 철회한다면, 우리는, 배송비를 포함하여(einschließlich der Lieferkosten), 당신에게서 받은 일체의 지급금[당신이 우리가 제공한 가장 유리한 표준배송 이외의 배송유형을 선택함으로써 발생한 추가 비용은 제외; mit Ausnahme der zusätzlichen Kosten, die sich daraus ergeben, dass Sie eine andere Art der Lieferung als die von uns angebotene, günstigste Standardlieferung gewählt haben)을 지체 없이, 늦어도 본 계약의 철회에 관한 당신의 통지가 우리에게 도달한 날로부터 14일 이내에 당신에게 환급해드립니다. 이러한 환급을 위해 우리는, 당신이 본래의 거래에 사용한 동일한 지급수단을 이용할 것이되, 당신과 명시적으로 달리 약정한 경우(mit Ihnen wurde ausdrücklich etwas anderes vereinbart)는 그러하지 아니합니다; 어느 경우에도 이러한 환급으로 인해 당신에 대하여 대가를 받지 아니합니다. ④

⑤

⑥

</td></tr>
</table>

구성안내(構成案內):

① 당신은 다음의 큰 따옴표로 표시한 부분(der folgenden in Anführungszeichen gesetzten Textbausteine) 중 하나를 골라 기입합니다:

a) 용역제공계약이나, 판매를 위해 제한된 용적(容積) 또는 양(量)으로 공급되지 않는 수도, 가스 또는 전기(Wasser, Gas oder Strom)의 공급이나 난방(Fernwärme) 공급에 관한 계약이나, 유형

Menge zum Verkauf angeboten werden, von Fernwärme oder von digitalen Inhalten, die nicht auf einem körperlichen Datenträger geliefert werden: “des Vertragsabschlusses.”;

b) im Falle eines Kaufvertrags: “an dem Sie oder ein von Ihnen benannter Dritter, der nicht der Beförderer ist, die Waren in Besitz genommen haben bzw. hat.”;

c) im Falle eines Vertrags über mehrere Waren, die der Verbraucher im Rahmen einer einheitlichen Bestellung bestellt hat und die getrennt geliefert werden: “an dem Sie oder ein von Ihnen benannter Dritter, der nicht der Beförderer ist, die letzte Ware in Besitz genommen haben bzw. hat.”;

d) im Falle eines Vertrags über die Lieferung einer Ware in mehreren Teilsendungen oder Stücken: “an dem Sie oder ein von Ihnen benannter Dritter, der nicht der Beförderer ist, die letzte Teilsendung oder das letzte Stück in Besitz genommen haben bzw. hat.”;

e) im Falle eines Vertrags zur regelmäßigen Lieferung von Waren über einen festgelegten Zeitraum hinweg: “an dem Sie oder ein von Ihnen benannter Dritter, der nicht der Beförderer ist, die erste Ware in Besitz genommen haben bzw. hat.”

② Fügen Sie Ihren Namen, Ihre Anschrift und, soweit verfügbar, Ihre Telefonnummer, Telefaxnummer und E-Mail-Adresse ein.

③ Wenn Sie dem Verbraucher die Wahl einräumen, die Information über seinen Widerruf des Vertrags auf Ihrer Webseite elektronisch auszufüllen und zu übermitteln, fügen Sie Folgendes ein: “Sie können das Muster-Widerrufsformular oder eine andere eindeutige Erklärung auch auf unserer Webseite [Internet-Adresse einfügen] elektronisch ausfüllen und übermitteln. Machen Sie von dieser Möglichkeit Gebrauch, so werden wir Ihnen unverzüglich (z. B. per E-Mail) eine Bestätigung über den Eingang eines solchen Widerrufs übermitteln.”

④ Im Falle von Kaufverträgen, in denen Sie nicht angeboten haben, im Falle des Widerrufs die Waren selbst abzuholen, fügen Sie Folgendes ein: “Wir können die Rückzahlung verweigern, bis wir die Waren wieder zurückerhalten haben oder bis Sie den Nachweis erbracht haben, dass Sie die Waren zurückgesandt haben, je nachdem, welches der frühere Zeitpunkt ist.”

⑤ Wenn der Verbraucher Waren im Zusammenhang mit dem Vertrag erhalten hat:

a) Fügen Sie ein:

- “Wir holen die Waren ab.” oder
- “Sie haben die Waren unverzüglich und in jedem Fall spätestens binnen vierzehn Tagen ab dem Tag, an dem Sie uns über den Widerruf dieses Vertrags unterrichten, an … uns oder an [hier sind gegebenenfalls der Name und die Anschrift der von Ihnen zur Entgegennahme der Waren ermächtigten Person einzufügen] zurückzusenden oder zu übergeben. Die Frist ist gewahrt, wenn Sie die Waren vor Ablauf der Frist von vierzehn Tagen absenden.”

적(類型的) 정보저장매체로 공급되지 않는(die nicht auf einem körperlichen Datenträger geliefert werden) 디지털콘텐츠의 공급에 관한 서비스계약 또는 계약의 경우: "계약체결일",

b) 매매계약의 경우; "당신이나 당신이 지정한 운송인이 아닌 제3자(Sie oder ein von Ihnen benannter Dritter, der nicht der Beförderer ist)가 해당 물품(物品)을 수령한 날",

c) 소비자가 하나의 주문으로 주문했으나 각각 인도된 수개의 물품에 관한 계약의 경우: 당신이나 당신이 지정한 운송인이 아닌 제3자(Sie oder ein von Ihnen benannter Dritter, der nicht der Beförderer ist)가 최종 물품(die letzte Ware)을 수령(受領)한 날",

d) 물품이 수회의 부분배송 또는 여러 개의 부분(部分)으로 된 하나의 물품의 인도에 관한 하나의 계약의 경우: 당신이나 당신이 지정한 운송인이 아닌 제3자(Sie oder ein von Ihnen benannter Dritter, der nicht der Beförderer ist)가 최종적 부분배송 또는 부분(部分)(die letzte Teilsendung oder das letzte Stück)을 수령한 날",

e) 정해진 기간 동안에 정기적인 물품공급을 목적으로 한 경우: "당신이나 당신이 지정한, 운송인이 아닌 제3자(Sie oder ein von Ihnen benannter Dritter, der nicht der Beförderer ist)가 최초 물품을 수령한 때".

② 당신의 이름, 주소와, 이용 가능하면 당신의 전화번호, 팩스번호 및 이메일 주소를 기입합니다.

③ 만일 당신이 소비자에게 본 계약의 소비자의 철회에 관한 정보를 당신의 웹사이트에서 전자적으로 기입하고 전송할 수 있는 선택권을 인정한다면(Wenn Sie dem Verbraucher die Wahl einräumen, die Information über seinen Widerruf des Vertrags auf Ihrer Webseite elektronisch auszufüllen und zu übermitteln), 다음과 같이 기입합니다: "당신은 철회서식견본이나 그 밖의 명료한 의사표시를 우리의 인터넷웹사이트(인터넷주소 기입)에서 전자적으로 기입하고 전송할 수 있습니다. 당신이 이러한 가능성을 이용한다면, 우리는 당신에게 지체 없이 그러한 철회의 도달에 관한 확인을 전송(예컨대 이메일로)할 것입니다."

④ 당신이 철회시에 물품을 직접 회수하기로 제안하지 않은 매매계약의 경우에, 당신은 다음과 같이 기입합니다: "우리는, 우리가 해당 물품을 다시 반환받을 때까지 또는 당신이 그 물품을 반송했다(dass Sie die Waren zurückgesandt haben)는 증명을 제공할 때까지 환급(還給)을 거절할 수 있고, 이는 그 시기의 전후에 따릅니다(je nachdem, welches der frühere Zeitpunkt ist)"

⑤ 소비자가 계약과 관련하여 물품을 수령했다면:

a) 다음과 같이 기입하시기 바랍니다:

- "우리가 그 물품을 회수합니다", 또는
- "당신은 그 물품을 지체 없이 또 어떤 경우에도 당신이 우리한테 본 계약의 철회에 관하여 통지를 받은 날로부터 늦어도 14일 이내에, 우리에게 또는 [여기에 필요하면 당신이 물품의 수령에 관하여 권한을 부여한 자를 기입함; hier sind gegebenenfalls der Name und die Anschrift der von Ihnen zur Entgegennahme der Waren ermächtigten Person einzufügen]에게 반송하거나 인도해야 합니다. 그 기간은 당신이 14일이 경과 전에 물품을 발송하면 준수됩니다.

b) fügen Sie ein:

- "Wir tragen die Kosten der Rücksendung der Waren.";
- "Sie tragen die unmittelbaren Kosten der Rücksendung der Waren.";
- Wenn Sie bei einem Fernabsatzvertrag nicht anbieten, die Kosten der Rücksendung der Waren zu tragen, und die Waren aufgrund ihrer Beschaffenheit nicht normal mit der Post zurückgesandt werden können: "Sie tragen die unmittelbaren Kosten der Rücksendung der Waren in Höhe von … EUR [Betrag einfügen].", oder, wenn die Kosten vernünftigerweise nicht im Voraus berechnet werden können: "Sie tragen die unmittelbaren Kosten der Rücksendung der Waren. Die Kosten werden auf höchstens etwa … EUR [Betrag einfügen] geschätzt." oder
- Wenn die Waren bei einem außerhalb von Geschäftsräumen geschlossenen Vertrag aufgrund ihrer Beschaffenheit nicht normal mit der Post zurückgesandt werden können und zum Zeitpunkt des Vertragsschlusses zur Wohnung des Verbrauchers geliefert worden sind: "Wir holen die Waren auf unsere Kosten ab." und

c) fügen Sie ein: "Sie müssen für einen etwaigen Wertverlust der Waren nur aufkommen, wenn dieser Wertverlust auf einen zur Prüfung der Beschaffenheit, Eigenschaften und Funktionsweise der Waren nicht notwendigen Umgang mit ihnen zurückzuführen ist."

⑥ Im Falle eines Vertrags zur Erbringung von Dienstleistungen oder der Lieferung von Wasser, Gas oder Strom, wenn sie nicht in einem begrenzten Volumen oder in einer bestimmten Menge zum Verkauf angeboten werden, oder von Fernwärme fügen Sie Folgendes ein: "Haben Sie verlangt, dass die Dienstleistungen oder Lieferung von Wasser/Gas/Strom/Fernwärme [Unzutreffendes streichen] während der Widerrufsfrist beginnen soll, so haben Sie uns einen angemessenen Betrag zu zahlen, der dem Anteil der bis zu dem Zeitpunkt, zu dem Sie uns von der Ausübung des Widerrufsrechts hinsichtlich dieses Vertrags unterrichten, bereits erbrachten Dienstleistungen im Vergleich zum Gesamtumfang der im Vertrag vorgesehenen Dienstleistungen entspricht."

b) 다음과 같이 기입하시기 바랍니다:
- "물품의 반송비는 우리가 부담합니다";
- "당신은 물품 반송의 직접비용을 부담합니다";
- 당신이 통신판매에서 물품반송비용을 부담하겠다는 제안을 하지 않고 그 물품이 그 성상으로 인해 우편으로 반송될 수 없는 것이 보통인 경우(die Waren aufgrund ihrer Beschaffenheit nicht normal mit der Post zurückgesandt werden können): "당신은 …유로[그 금액 기재] 한도 내에서 물품 반송의 직접비용(die unmittelbaren Kosten der Rücksendung der Waren)을 부담합니다", 또는 그 비용을 사전에 합리적으로 산정할 수 없는 경우: "당신은 물품 반송의 직접비용을 부담합니다. 그 비용은 최대 약 …유로[금액 기재]로 평가됩니다.", 또는
- 영업장 이외의 곳에서 체결된 계약의 경우(bei einem außerhalb von Geschäftsräumen geschlossenen Vertrag) 물품이 그 성성으로 인하여 우편으로 반송될 수 없는 것이 보통이고 계약 체결 당시 소비자의 집으로 배송된(zum Zeitpunkt des Vertragsschlusses zur Wohnung des Verbrauchers geliefert worden sind) 때: "우리가 우리의 비용부담으로 물품을 회수합니다."

c) 다음과 같이 기재하시기 바랍니다: "물품의 가치하락이 물품의 성상, 특성 및 기능의 검사(der Beschaffenheit, Eigenschaften und Funktionsweise der Waren)에 필요하지 않는 당신의 취급에 기인하는 경우에는 당신은 발생할 수 있는 물품의 가치감소분를 부담해야만 합니다."

⑥ 용역제공계약이나, 판매를 위해 제한된 용적(容積) 또는 양(量)으로 공급되지 않는 수도, 가스 또는 전기의 공급이나 난방 공급에 관한 계약에, 다음과 같이 기재하시기 바랍니다: 당신이 용역 또는 수도/가스/전기/난방의 공급[적용되지 않으면 생략; Unzutreffendes streichen]이 철회기간 중에 개시되도록 요구한 경우에 당신은 우리에게 계약에 규정된 급부의 총량에 대하여, 당신이 우리에게 본 계약에 관한 철회권의 행사에 관하여 통지를 한 시기까지 이미 제공된 급부의 비율에 상응한(der dem Anteil der bis zu dem Zeitpunkt, zu dem Sie uns von der Ausübung des Widerrufsrechts hinsichtlich dieses Vertrags unterrichten, bereits erbrachten Dienstleistungen im Vergleich zum Gesamtumfang der im Vertrag vorgesehenen Dienstleistungen entspricht) 적절한 금액(金額)을 지급해야 합니다.

Anlage 2 (zu Artikel 246a § 1 Absatz 2 Satz 1 Nummer 1 und § 2 Absatz 2 Nummer 2)

Muster für das Widerrufsformular
(Fundstelle: BGBl. I 2013, S. 3665)

Muster-Widerrufsformular

(Wenn Sie den Vertrag widerrufen wollen, dann füllen Sie bitte dieses Formular aus und senden Sie es zurück.)

- An [hier ist der Name, die Anschrift und gegebenenfalls die Telefaxnummer und E-Mail-Adresse des Unternehmers durch den Unternehmer einzufügen]:
- Hiermit widerrufe(n) ich/wir (*) den von mir/uns (*) abgeschlossenen Vertrag über den Kauf der folgenden Waren (*)/die Erbringung der folgenden Dienstleistung (*)
- Bestellt am (*)/erhalten am (*)
- Name des/der Verbraucher(s)
- Anschrift des/der Verbraucher(s)
- Unterschrift des/der Verbraucher(s) (nur bei Mitteilung auf Papier)
- Datum

(*) Unzutreffendes streichen.

Anlage 3 (zu Artikel 246b § 2 Absatz 3)

Muster für die Widerrufsbelehrung bei außerhalb von Geschäftsräumen geschlossenen Verträgen und bei Fernabsatzverträgen über Finanzdienstleistungen
(Fundstelle: BGBl. I 2013, S. 3666 – 3667)

Widerrufsbelehrung

Widerrufsrecht

Sie können Ihre Vertragserklärung innerhalb von 14 Tagen ohne Angabe von Gründen mittels einer eindeutigen Erklärung widerrufen. Die Frist beginnt nach Erhalt dieser Belehrung auf einem dauerhaften Datenträger.① Zur Wahrung der Widerrufsfrist genügt die rechtzeitige Absendung des Widerrufs, wenn die Erklärung auf einem dauerhaften Datenträger (z. B. Brief, Telefax, E-Mail) erfolgt. Der Widerruf ist zu richten an:

부록 2(제246항목a 제1조 제2항 제1문 제1호, 제2조 제2항 제2호 관련)

철회서식 견본
(출처; 2013년 연방법률관법 1편 3665면)

> **철회서식견본**
>
> (당신이 계약을 철회하고자 한다면(Wenn Sie den Vertrag widerrufen wollen), 이 서식을 기입해서 보내주시기 바랍니다.)
>
> – 여기에 사업자는 사업자(事業者)의 이름, 주소와 필요하면 사업자의 전화번호, 이메일주소를 기입해야 합니다:
>
> – 이로써 저/우리(*)는 제가 또는 우리(*)가 다음의(folgenden) 물품(物品)(*)의 매매(賣買)/다음의 용역(用役)(*)의 제공(提供)에 관하여 체결(締結)한 계약(契約)을 철회(撤回)합니다.
>
> – (*)를 주문함/(*)를 수령함
>
> – 소비자(들)의 이름
>
> – 소비자(들)의 주소
>
> – 소비자(들)의 서명(서면으로 통지하는 경우에만 기재)
>
> - 날짜
>
> (*) 해당되지 않으면 삭제함

부록 3(제246항목b 제2조 제3항과 관련)

금융서비스에 관한(über Finanzdienstleistungen), 영업장 이외의 곳에서 체결된 계약 및 통신판매계약에서의 철회통지 견본
(출처: 2013년 연방법률관법 1편 3666 - 3667면)

> **철회통지**
>
> 철회권
>
> 당신은 명료한 의사표시에 의해 이유 기재 없이 14일 이내에 당신의 계약의사표시를 철회할 수 있습니다. 그 기간은 지속적 정보저장매체로 이러한 통지를 수령한 날로부터 기산하고, ①. 그 의사표시가 지속적 정보저장매체(예컨대 서신, 팩스, 이메일)로 행해지는 경우에 철회기간의 준수하는 데 철회의 적시 발송으로 족합니다(Zur Wahrung der Widerrufsfrist genügt die rechtzeitige Absendung des Widerrufs). 철회는 다음의 자에 대해 하는 것입니다: ②

Widerrufsfolgen ③
Im Falle eines wirksamen Widerrufs sind die beiderseits empfangenen Leistungen zurückzugewähren. ④ Sie sind zur Zahlung von Wertersatz für die bis zum Widerruf erbrachte Dienstleistung verpflichtet, wenn Sie vor Abgabe Ihrer Vertragserklärung auf diese Rechtsfolge hingewiesen wurden und ausdrücklich zugestimmt haben, dass wir vor dem Ende der Widerrufsfrist mit der Ausführung der Gegenleistung beginnen. Besteht eine Verpflichtung zur Zahlung von Wertersatz, kann dies dazu führen, dass Sie die vertraglichen Zahlungsverpflichtungen für den Zeitraum bis zum Widerruf dennoch erfüllen müssen. Ihr Widerrufsrecht erlischt vorzeitig, wenn der Vertrag von beiden Seiten auf Ihren ausdrücklichen Wunsch vollständig erfüllt ist, bevor Sie Ihr Widerrufsrecht ausgeübt haben. Verpflichtungen zur Erstattung von Zahlungen müssen innerhalb von 30 Tagen erfüllt werden. Die Frist beginnt für Sie mit der Absendung Ihrer Widerrufserklärung, für uns mit deren Empfang.
⑤
Besondere Hinweise
⑥
⑦
(Ort), (Datum), (Unterschrift des Verbrauchers) ⑧

Gestaltungshinweise:

① Bei einem der nachstehenden Sonderfälle ist Folgendes einzufügen:
  a) Bei der Erbringung von Finanzdienstleistungen außer Zahlungsdiensten: "jedoch nicht vor Vertragsschluss und auch nicht vor Erfüllung unserer Informationspflichten gemäß Artikel 246b § 2 Absatz 1 in Verbindung mit Artikel 246b § 1 Absatz 1 EGBGB";
  b) Bei Abschluss von Verträgen über die Erbringung von Zahlungsdiensten im Fernabsatz:
    aa) bei Zahlungsdiensterahmenverträgen: "jedoch nicht vor Vertragsschluss und auch nicht vor Erfüllung unserer Informationspflichten gemäß Artikel 246b § 2 Absatz 1 in Verbindung mit § 1 Absatz 1 Nummer 7 bis 12, 15 und 19 sowie Artikel 248 § 4 Absatz 1 EGBGB";
    bb) bei Kleinbetragsinstrumenten im Sinne des § 675i Absatz 1 BGB: "jedoch nicht vor Vertragsschluss und auch nicht vor Erfüllung unserer Informationspflichten gemäß Artikel 246b § 2 Absatz 1 in Verbindung mit § 1 Absatz 1 Nummer 7 bis 12, 15 und 19 sowie Artikel 248 § 11 Absatz 1 EGBGB";

철회 효과 ③
유효한 철회시 양측에서 수령한 급부는 반환되어야 합니다. ④ 당신이 당신의 계약의사표시를 하기 전에 이러한 법률효과에 대하여 언급을 받았고 우리가 철회기간 만료 전에 반대급부의 이행을 개시한다는 점(dass wir vor dem Ende der Widerrufsfrist mit der Ausführung der Gegenleistung beginnen)에 대하여 명시적으로 동의를 한 경우에, 당신은 철회시까지 제공한 급부에 대하여 가액배상 지급(Zahlung von Wertersatz)을 할 의무를 집니다. 그럼에도 가액배상 지급의 의무가 성립된 경우에, 이로 인하여 당신이 철회기간 동안에 계약상 지급의무를 여전히 이행해야만(dass Sie die vertraglichen Zahlungsverpflichtungen für den Zeitraum bis zum Widerruf dennoch erfüllen müssen) 합니다. 당신이 당신의 철회권을 행사하기 전에 양 당사자가 자신들의 명시적 요구에 의하여 완전히 계약을 이행한 경우에는(wenn der Vertrag von beiden Seiten auf Ihren ausdrücklichen Wunsch vollständig erfüllt ist) 당신의 철회권은 철회기간 전에 소멸합니다. 지급금의 환급의무는 30일 이내에 이행되어야만 합니다. 그 기간은 당신이 자신의 철회의사표시를 발송함으로써, 우리가 그 의사표시를 수령함으로써 기산합니다.
⑤
특별한 안내
⑥
⑦

장소, 날짜, 소비자의 서명 ⑧

구성안내(構成案內):

① 다음과 같은 특별한 경우에(Bei einem der nachstehenden Sonderfälle) 다음과 같이 기재합니다:

a) 지급(支給)서비스 이외의 금융(金融)서비스의 제공(提供)의 경우(Bei der Erbringung von Finanzdienstleistungen außer Zahlungsdiensten): “다만 계약체결 전과, 민법전시행법 제246항목b 제1항과 연결된 제246항목b 제2조 제1항에 따른 우리의 정보제공의무 이행 전에는 기산하지 아니합니다”;

b) 통신판매에 의한 지급서비스(die Erbringung von Zahlungsdiensten im Fernabsatz)의 제공한 관한 계약 체결의 경우:

aa) 지급서비스기본계약(bei Zahlungsdiensterahmenverträgen): “다만 계약체결 전과 민법전 제246항목b 제1조 제1항 제7호 내지 제12, 제15, 제19호와 연결된 제246항목b 제2조 제1항과, 민법전시행법 제248항목 제11조 제 1항에 따른 우리의 정보제공의무를 이행(履行)하기 전(vor Erfüllung unserer Informationspflichten)에는 기산(起算)하지 아니합니다.”;

bb) 민법전 제675조i 제1항상의 소액지급수단(bei Kleinbetragsinstrumenten im Sinne des § 675i Absatz 1 BGB): “다만 계약체결 전과 민법전 제246항목b 제1조 제1항 제7호 내지 제12호와 연결된 제246항목b 제2조 제1항과, 민법전 제248항목 제11조 제1항에 따른 우

cc) bei Einzelzahlungsverträgen: "jedoch nicht vor Vertragsschluss und auch nicht vor Erfüllung unserer Informationspflichten gemäß Artikel 246b § 2 Absatz 1 in Verbindung mit § 1 Absatz 1 Nummer 7 bis 12, 15 und 19 sowie Artikel 248 § 13 Absatz 1 EGBGB".

c) Bei Abschluss von Verträgen über die Erbringung von Zahlungsdiensten außerhalb von Geschäftsräumen:

aa) bei Zahlungsdiensterahmenverträgen: "jedoch nicht vor Vertragsschluss und auch nicht vor Erfüllung unserer Informationspflichten gemäß Artikel 246b § 2 in Verbindung mit § 1 Absatz 1 Nummer 12 sowie Artikel 248 § 4 Absatz 1 EGBGB";

bb) bei Kleinbetragsinstrumenten im Sinne des § 675i Absatz 1 BGB: "jedoch nicht vor Vertragsschluss und auch nicht vor Erfüllung unserer Informationspflichten gemäß Artikel 246b § 2 in Verbindung mit § 1 Absatz 1 Nummer 12 sowie Artikel 248 § 11 Absatz 1 EGBGB";

cc) bei Einzelzahlungsverträgen: "jedoch nicht vor Vertragsschluss und auch nicht vor Erfüllung unserer Informationspflichten gemäß Artikel 246b § 2 in Verbindung mit § 1 Absatz 1 Nummer 12 sowie Artikel 248 § 13 Absatz 1 EGBGB".

Wird für einen Vertrag belehrt, der unter mehrere der vorstehenden Sonderfälle fällt, sind die jeweils zutreffenden Ergänzungen zu kombinieren. Soweit zu kombinierende Ergänzungen sprachlich identisch sind, sind Wiederholungen des Wortlauts nicht erforderlich.

② Einsetzen: Namen/Firma und ladungsfähige Anschrift des Widerrufsadressaten. Zusätzlich können angegeben werden: Telefaxnummer, E-Mail-Adresse und/oder, wenn der Verbraucher eine Bestätigung seiner Widerrufserklärung an den Unternehmer erhält, auch eine Internetadresse.

③ Dieser Absatz kann entfallen, wenn die beiderseitigen Leistungen erst nach Ablauf der Widerrufsfrist erbracht werden. Dasselbe gilt, wenn eine Rückabwicklung nicht in Betracht kommt (z. B. Hereinnahme einer Bürgschaft).

④ Bei der Vereinbarung eines Entgelts für die Duldung einer Überziehung im Sinne des § 505 BGB ist hier Folgendes einzufügen:

"Überziehen Sie Ihr Konto ohne eingeräumte Überziehungsmöglichkeit oder überschreiten Sie die Ihnen eingeräumte Überziehungsmöglichkeit, können wir von Ihnen über die Rückzahlung des Betrags der Überziehung oder Überschreitung hinaus weder Kosten noch Zinsen verlangen, wenn wir Sie nicht ordnungsgemäß über die Bedingungen und Folgen der Überziehung oder Überschreitung (z. B. anwendbarer Sollzinssatz, Kosten) informiert haben."

리의 정보제공의무를 이행하기 전에는 기산하지 아니합니다.";

cc) 개별지급서비스계약의 경우(bei Einzelzahlungsverträgen): "제246항목b 제1조 제1항 제7호 내지 제12호, 제15호, 제19호에 연결된 제246항목b 제2조 제1항과, 민법전시행법 제248항목 제13조 제1항에 따른 우리의 정보제공의무를 이행하기 전에는 기산(起算)하지 아니합니다.";

c) 지급서비스 제공(die Erbringung von Zahlungsdiensten)에 관한 영업장 이외의 곳에서의 계약 체결의 경우:

aa) 지급서비스기본계약: "다만 계약 체결 전과, 민법전 제246항목b 제1조 제1항 제12호와 연결된 제246항목b 제2조와, 민법전시행법 제248항목 제4조 제11항에 따른 우리의 정보제공의무를 이행하기 전에는 기산하지 아니합니다.";

bb) 민법전 제675조i 제1항상의 소액지급수단(bei Kleinbetragsinstrumenten im Sinne des § 675i Absatz 1 BGB): "다만 계약 체결 전과, 민법전 제246항목b 제1조 제1항 제12호와 연결된 제246항목b 제2조와, 민법전시행법 제248항목 제11조 제1에 따른 우리의 정보제공의무를 이행하기 전에는 기산하지 아니합니다.";

cc) 개별지급서비스계약의 경우(bei Einzelzahlungsverträgen): "제246항목b 제1조 제1항 제12호에 연결된 제246항목b 제2조와, 민법전시행법 제248항목 제13조 제1항에 따른 우리의 정보제공의무를 이행하기 전에는 기산(起算)하지 아니합니다.".

전술(前述)한 여러 특별한 경우에 해당하는 계약(契約)에 대하여 통지되는 경우에는 각각 적절한 보완이 되도록 연결합니다. 연결된 보완(補完)이 언어적으로 동일한 범위(範圍) 내에서Soweit zu kombinierende Ergänzungen sprachlich identisch sind) 그 문구의 반복은 불필요합니다.

② 다음과 같이 기재함: 철회 상대방의 이름/상호 및 도달 가능한 주소. 추가적으로 다음 사항을 기재합니다: 그 팩스번호, 이메일 주소와(또는), 소비자가 사업자가 한 자신의 철회의사표시에 대한 확인을 수령(受領)한 경우에는 인터넷주소도 포함(auch eine Internetadresse),

③ 양 당사자의 급부가 철회 기간 만료 후에 비로소 제공된 경우에는 그 단락은 생략합니다. 원상회복이 고려되지 아니한 경우(예컨대 보증이 있는 경우; Hereinnahme einer Bürgschaft))에도 또한 같습니다.

④ 민법전 제505조상의 당좌대월의 용인에 대한 대가의 약정의 경우에 여기에 다음과 같이 기입합니다:

"당신은 당좌대월제의 인정이 없더라도 당신의 계정(計定)에서 초과인출을 하거나 당신이 인정한 당좌대월제를 넘어 인출하는 경우(Überziehen Sie Ihr Konto ohne eingeräumte Überziehungsmöglichkeit oder überschreiten Sie die Ihnen eingeräumte Überziehungsmöglichkeit), 우리가 초과인출 또는 한도초과의 조건 및 효과(예컨대 적용 가능한 여신금리, 비용)에 관하여 적절하게 알리지 않았던 때에는 우리는 당신에게 초과인출금액 또는 한도초과액의 상환에 관하여 당신에게 비용도 이자도 청구할 수 없습니다."

⑤ Bei einem Vertrag über eine entgeltliche Finanzierungshilfe, der von der Ausnahme des § 506 Absatz 4 BGB erfasst ist, gilt Folgendes:

a) Ist Vertragsgegenstand die Überlassung einer Sache mit Ausnahme der Lieferung von Wasser, Gas oder Strom, die nicht in einem begrenzten Volumen oder in einer bestimmten Menge zum Verkauf angeboten werden, sind hier die konkreten Hinweise entsprechend Gestaltungshinweis ⑤ Buchstabe a bis c der Anlage 1 zu Artikel 246a § 1 Absatz 2 Satz 2 EGBGB zu geben.

b) Ist Vertragsgegenstand die Erbringung einer Dienstleistung, die nicht in der Überlassung einer Sache gemäß Buchstabe a oder in einer Finanzdienstleistung besteht, oder die Lieferung von Wasser, Gas oder Strom, wenn sie nicht in einem begrenzten Volumen oder in einer bestimmten Menge zum Verkauf angeboten werden, oder die Lieferung von Fernwärme, sind hier die konkreten Hinweise entsprechend Gestaltungshinweis ⑥ der Anlage 1 zu Artikel 246a § 1 Absatz 2 Satz 2 EGBGB zu geben.

c) Ist Vertragsgegenstand die Lieferung von nicht auf einem körperlichen Datenträger befindlichen digitalen Inhalten, ist hier folgender Hinweis zu geben:
"Sie sind zur Zahlung von Wertersatz für die bis zum Widerruf gelieferten digitalen Inhalte verpflichtet, wenn Sie vor Abgabe Ihrer Vertragserklärung auf diese Rechtsfolge hingewiesen wurden und ausdrücklich zugestimmt haben, dass wir vor dem Ende der Widerrufsfrist mit der Lieferung der digitalen Inhalte beginnen."

⑥ Der nachfolgende Hinweis für finanzierte Geschäfte kann entfallen, wenn kein verbundenes Geschäft vorliegt:

"Wenn Sie diesen Vertrag durch ein Darlehen finanzieren und ihn später widerrufen, sind Sie auch an den Darlehensvertrag nicht mehr gebunden, sofern beide Verträge eine wirtschaftliche Einheit bilden. Dies ist insbesondere dann anzunehmen, wenn wir gleichzeitig Ihr Darlehensgeber sind oder wenn sich Ihr Darlehensgeber im Hinblick auf die Finanzierung unserer Mitwirkung bedient. Wenn uns das Darlehen bei Wirksamwerden des Widerrufs oder bei der Rückgabe der Ware bereits zugeflossen ist, tritt Ihr Darlehensgeber im Verhältnis zu Ihnen hinsichtlich der Rechtsfolgen des Widerrufs oder der Rückgabe in unsere Rechte und Pflichten aus dem finanzierten Vertrag ein. Letzteres gilt nicht, wenn der vorliegende Vertrag den Erwerb von Finanzinstrumenten (z. B. von Wertpapieren, Devisen oder Derivaten) zum Gegenstand hat.

Wollen Sie eine vertragliche Bindung so weitgehend wie möglich vermeiden, machen Sie von Ihrem Widerrufsrecht Gebrauch und widerrufen Sie zudem den Darlehensvertrag, wenn Ihnen auch dafür ein Widerrufsrecht zusteht."

Bei einem finanzierten Erwerb eines Grundstücks oder eines grundstücksgleichen Rechts ist Satz 2 des vorstehenden Hinweises wie folgt zu ändern:

⑤ 민법전 제506조 제4항의 예외에 포함되지 않은 유상신용부여에 관한 계약의 경우에 다음이 적용됩니다:

a) 판매를 위해 제한된 용적(容積) 또는 양(量)으로 공급되지 않는 수도, 가스 또는 전기의 공급을 제외하고(mit Ausnahme der Lieferung von Wasser, Gas oder Strom), '물건의 인도'(die Überlassung einer Sache)가 계약목적(Vertragsgegenstand)인 경우에 여기에 제246항목a 제1조 제2항 제2문 관련 부록 1의 구성안내 ⑤ a목 내지 c목을 준용하여 구체적으로 언급(言及)합니다.

b) a목에 따른 물건의 인도에 해당하지 않거나 금융서비스에 해당하지 않는 용역의 제공이나, 판매를 위해 제한된 용적(容積) 또는 양(量)으로 공급되지 않는 수도, 가스 또는 전기의 공급이나, 난방의 공급이 계약의 목적인 경우에는, 제246항목a 제1조 제2항 제2문 관련 부록 1의 구성안내 ⑥을 준용하여 구체적으로 언급합니다(sind hier die konkreten Hinweise entsprechend Gestaltungshinweis ⑥ der Anlage 1 zu Artikel 246a § 1 Absatz 2 Satz 2 EGBGB zu geben).

c) 유형적 정보저장매체에 담겨 있지 않은 디지털콘텐츠의 공급이 계약목적인 경우에 여기에 다음과 같이 언급한다:
"만일 당신이 당신의 계약의사표시를 하기 전에 이러한 법적 효과에 대하여 언급을 받고 우리가 철회기간 만료 전에 디지털콘텐츠의 공급을 개시하는 점에 대해 명시적으로 동의를 한 경우에는, 당신은 철회시까지 공급받은 디지털콘텐츠에 대한 가액배상(Wertersatz für die bis zum Widerruf gelieferten digitalen Inhalte)을 지급할 의무가 있습니다."

⑥ 자금을 지원받은 거래에 대한 다음의 안내는 결합거래에 해당하지 않는 경우에 생략할 수 있습니다:

"만일 당신이 이러한 계약에 대해 소비대차에 의해 자금지원을 받는데 그 계약을 나중에 해지하는 경우에는 양 계약이 경제적 단일성을 이루는 한, 당신은 소비대차계약에도 더 이상 구속되지 않습니다. 특히 우리가 동시에 당신의 대주인 경우나, 당신의 대주가 금융지원과 관련하여 우리의 협력을 이용하는 경우에는 경제적 단일성이 인정됩니다. 만일 소비대차금이 철회의 효력발생시 또는 물품의 반환시 이미 실행되어 지급된 경우에는 당신의 대주는, 철회 또는 반환의 효과와 관한 당신과의 관계에 있어 자금지원을 받은 계약에 기한 우리의 권리의무를 승계합니다(tritt Ihr Darlehensgeber im Verhältnis zu Ihnen hinsichtlich der Rechtsfolgen des Widerrufs oder der Rückgabe in unsere Rechte und Pflichten aus dem finanzierten Vertrag ein). 위와 같은 계약이 금융상품(예컨대 유가증권, 외환 또는 금융파생상품)의 취득을 목적으로 하는 경우에는 후자는 적용하지 않습니다.

당신이 계약상 구속을 가능한 한 계속적으로 회피하고자 한다면, 당신은 당신의 철회권을 행사하고 또한 소비대차계약에 대해서도 당신에게 철회권이 귀속되는 경우에 소비대차계약을 철회하시기 바랍니다.

토지나 토지와 동동한 권리의 취득에 대해 자금을 지원받는 경우에 전술한 안내의 제2문은 다음과 같이 수정되어 기재합니다:

"Dies ist nur anzunehmen, wenn die Vertragspartner in beiden Verträgen identisch sind oder wenn der Darlehensgeber über die Zurverfügungstellung von Darlehen hinaus Ihr Grundstücksgeschäft durch Zusammenwirken mit dem Veräußerer fördert, indem er sich dessen Veräußerungsinteressen ganz oder teilweise zu eigen macht, bei der Planung, Werbung oder Durchführung des Projekts Funktionen des Veräußerers übernimmt oder den Veräußerer einseitig begünstigt."

⑦ Der nachfolgende Hinweis kann entfallen, wenn kein zusammenhängender Vertrag vorliegt: "Bei Widerruf dieses Vertrags sind Sie auch an einen mit diesem Vertrag zusammenhängenden Vertrag nicht mehr gebunden, wenn der zusammenhängende Vertrag eine Leistung betrifft, die von uns oder einem Dritten auf der Grundlage einer Vereinbarung zwischen uns und dem Dritten erbracht wird."

⑧ Ort, Datum und Unterschriftsleiste können entfallen. In diesem Fall sind diese Angaben entweder durch die Wörter "Ende der Widerrufsbelehrung" oder durch die Wörter "Ihr(e) (einsetzen: Firma des Unternehmers)" zu ersetzen.

Anlage 4 (zu Artikel 247 § 2)

Europäische Standardinformationen für Verbraucherkredite
(Fundstelle: BGBl. I 2009, S. 2393 - 2397; bezüglich der einzelnen Änderungen vgl. Fußnote)

1. Name und Kontaktangaben des Kreditgebers/Kreditvermittlers

Kreditgeber Anschrift Telefon*) E-Mail*) Fax*) Internet-Adresse*)	[Name] [Ladungsfähige Anschrift für Kontakte des Verbrauchers]
(falls zutreffend) Kreditvermittler Anschrift Telefon*) E-Mail*) Fax*) Internet-Adresse*)	[Name] [Anschrift für Kontakte mit dem Verbraucher]

“위 양 계약의 계약당사자가 동일한 경우나, 대주가 그 양도이익을 전체적으로 또는 부분적으로 향유하거나 사업의 기획, 광고, 시행에 있어 양도인의 기능을 인수하거나 또는 양도인에게 일방적으로 혜택을 줌으로써, 대주가 소비대차금의 제공을 넘어서 그 사업자와의 협력에 의하여 토지 또는 이와 동일시되는 권리의 취득을 촉진하는 경우(wenn der Darlehensgeber über die Zurverfügungstellung von Darlehen hinaus Ihr Grundstücksgeschäft durch Zusammenwirken mit dem Veräußerer fördert)에 한하여 경제적 단일성이 인정됩니다.”

⑦ 다음의 안내는, 연관된 계약이 아닌 경우에는 생략될 수 있습니다:

“연관된 계약이, 우리 또는 제3자가 우리와 제3자가의 약정에 기하여 제공하는(die von uns oder einem Dritten auf der Grundlage einer Vereinbarung zwischen uns und dem Dritten erbracht wird) 급부에 관련된 경우에는 이러한 계약의 철회의 경우에 당신은 연관된 계약에 더 이상 구속되지 않습니다.”

⑧ 장소, 날짜, 서명(Ort, Datum und Unterschriftsleiste)은 생략될 수 있습니다. 이러한 경우 “철회통지 끝”라는 문구 혹은 “당신(사업자의 상호를 기재함)의 아무개”라는 문구(文句)가 이러한 사항을 대신합니다.

부록 4(제247항목 제2조 관련)

유럽연합 소비자여신표준정보제공서

[출처: 2009년 연방법률관보 1편 2393 - 2397면; 개별 변경에 대하여는 각주 참조하라)]

1. 여신인(與信人)/여신중개인의 이름 및 연락정보

여신인(與信人) 주소 전화번호*) 이메일*) 팩스*) 인터넷주소*)	[이름] [소비자와의 연락을 위한 도달 가능한 주소]
(해당하는 경우 기재) 여신중개인 주소 전화번호*) 이메일*) 팩스*) 인터넷주소*)	[이름] [소비자와의 연락을 위한 도달 가능한 주소]

-----

*) Freiwillige Angaben des Kreditgebers
In allen Fällen, in denen "falls zutreffend" angegeben ist, muss der Kreditgeber das betreffende Kästchen ausfüllen, wenn die Information für den Kreditvertrag relevant ist, oder die betreffende Information bzw. die gesamte Zeile streichen, wenn die Information für die in Frage kommende Kreditart nicht relevant ist.
Die Vermerke in eckigen Klammern dienen zur Erläuterung und sind durch die entsprechenden Angaben zu ersetzen.

2. Beschreibung der wesentlichen Merkmale des Kredits

Kreditart	
Gesamtkreditbetrag Obergrenze oder Summe aller Beträge, die aufgrund des Kreditvertrags zur Verfügung gestellt wird	
Bedingungen für die Inanspruchnahme Gemeint ist, wie und wann Sie das Geld erhalten	
Laufzeit des Kreditvertrags	
Teilzahlungen und gegebenenfalls Reihenfolge, in der die Teilzahlungen angerechnet werden	Sie müssen folgende Zahlungen leisten: [Betrag, Anzahl und Periodizität der vom Verbraucher zu leistenden Zahlungen] Zinsen und/oder Kosten sind wie folgt zu entrichten:
Von Ihnen zu zahlender Gesamtbetrag Betrag des geliehenen Kapitals zuzüglich Zinsen und etwaiger Kosten im Zusammenhang mit Ihrem Kredit	[Summe des Gesamtkreditbetrags und der Gesamtkosten des Kredits]
(falls zutreffend) Der Kredit wird in Form eines Zahlungsaufschubs für eine Ware oder Dienstleistung gewährt oder ist mit der Lieferung bestimmter Waren oder der Erbringung einer Dienstleistung verbunden. Bezeichnung der Ware oder Dienstleistung Barzahlungspreis	

*) 여신인(與信人)에 대한 선택사항

"위 해당하는 경우 기재"이 기재되어야 하는 모든 경우에 있어, 해당 정보가 신용계약에 관련된 때에는 여신인(與信人)은 해당 칸을 기입(記入)해야만 하거나, 아니면 해당 정보가 문제가 되는 여신종류와 관련되지 않은 경우에는 해당 정보 내지 해당 행(行) 전체(die gesamte Zeile)를 삭제해야만 합니다.

네모칸 안의 '[]' 표시는 (좌측난의 해당사항에 대해) 설명하기 위한 것이고 그 해당 사항에 의해 대체된다.

2. 여신의 주요 구성요소의 기술(記述)

여신종류	
여신총액 여신계약에 기하여 제공된 전체 금액의 상한액(上限額) 또는 총액(總額)	
사용 조건 당신이 어떻게, 언제 금전을 수령하는지에 관한 기술	
여신의 기간	
분할상환과, 필요하면 그 분할상환이 변제충당(辨濟充當)되어야 하는 순서	당신은 다음과 같이 상환해야만 합니다: [소비자 상환금의 금액, 횟수 및 주기](Betrag, Anzahl und Periodizität der vom Verbraucher zu leistenden Zahlungen) 이자와(또는) 비용은 다음과 같이 지급되어야 합니다:
당신이 지급해야 할 총액 당신의 여신과 관련한 이자(利子) 및 발생할 수 있는 비용(費用)을 포함하여 여신원금액(Betrag des geliehenen Kapital)	여신총액과 여신총비용의 합계액
(해당하는 경우 기재) 여신이 물품 또는 용역에 대한 지급연기의 방식으로 시행되거나, 특정 물품의 공급이나 어느 용역의 제공(der Lieferung bestimmter Waren oder der Erbringung einer Dienstleistung)과 결합됩니다. 물품 또는 용역의 명칭 현금가	

(falls zutreffend) Verlangte Sicherheiten Beschreibung der von Ihnen im Zusammenhang mit dem Kreditvertrag zu stellenden Sicherheiten	[Art der Sicherheiten]
(falls zutreffend) Zahlungen dienen nicht der unmittelbaren Kapitaltilgung	

3. Kreditkosten

Sollzinssatz oder gegebenenfalls die verschiedenen Sollzinssätze, die für den Kreditvertrag gelten	[% – gebunden oder – veränderlich (mit dem Index oder Referenzzinssatz für den anfänglichen Sollzinssatz) – Zeiträume]
Effektiver Jahreszins Gesamtkosten ausgedrückt als jährlicher Prozentsatz des Gesamtkreditbetrags Diese Angabe hilft Ihnen dabei, unterschiedliche Angebote zu vergleichen.	[% Repräsentatives Beispiel unter Angabe sämtlicher in die Berechnung des Jahreszinses einfließender Annahmen]
Ist – der Abschluss einer Kreditversicherung oder – die Inanspruchnahme einer anderen mit dem Kreditvertrag zusammenhängenden Nebenleistung zwingende Voraussetzung dafür, dass der Kredit überhaupt oder nach den vorgesehenen Vertragsbedingungen gewährt wird? Falls der Kreditgeber die Kosten dieser Dienstleistungen nicht kennt, sind sie nicht im effektiven Jahreszins enthalten.	Ja/Nein [Falls ja, Art der Versicherung:] Ja/Nein [Falls ja, Art der Nebenleistung:]
Kosten im Zusammenhang mit dem Kredit	
(falls zutreffend) Die Führung eines oder mehrerer Konten ist für die Buchung der Zahlungsvorgänge und der in Anspruch genommenen Kreditbeträge erforderlich.	

(해당하는 경우 기재) 요구받은 담보 당신이 여신계약과 관련하여 제공해야 할 담보에 대한 기술	[담보의 종류]
(해당하는 경우 기재) 지급은 직접적 원금상환(der unmittelbaren Kapitaltilgung)을 위한 것이 아닙니다.	

3. 여신비용

여신금리 또는 필요하면 해당 여신에 대하여 적용되는 다른 여신금리	[% - 고정여신금리 또는 - 변동여신금리(최초 여신금리에 대해 지표(指標) 또는 기준이율에 결부된 것) - 기간]
연이율 여신총액에 대해 연간퍼센트(jährlicher Prozentsatz des Gesamtkreditbetrags) 표시된 총비용 이러한 사항은 다른 제안을 비교하는 경우에 당신에게 도움이 됩니다.	[연이율의 산정에서 포함되는 일체의 전제를 명시한 대표적 예시인 %]
- 여신보험계약의 체결이나, 여신계약과 연관된 그 밖의 부가급부의 행사(die Inanspruchnahme einer anderen mit dem Kreditvertrag zusammenhängenden Nebenleistung)가, 여신이 한꺼번에 지급되거나 규정된 계약조건에 좇아 지급되는 것(dass der Kredit überhaupt oder nach den vorgesehenen Vertragsbedingungen gewährt wird)에 대한 필수적 요건인가요? 만일 여신인(與信人)이 이러한 급부의 비용을 모른다면(Falls der Kreditgeber die Kosten dieser Dienstleistungen nicht kennt), 그 비용은 연이율에 포함되지 않습니다.	예/아니오 [만일 긍정인 경우에는 그 보험의 유형을 기재:] 예/아니오 [만일 긍정인 경우에는 그 부가급부의 유형을 기재:]
여신과 관련된 비용	
(해당하는 경우 기재) 한 또는 여러 계좌의 관리가 지급과정의 기장(記帳)과 이용되는 여신금액(Buchung der Zahlungsvorgänge und der in Anspruch genommenen Kreditbeträge)에 대해 필수적입이다.	

(falls zutreffend) Höhe der Kosten für die Verwendung eines bestimmten Zahlungsmittels (z. B. einer Kreditkarte)	
(falls zutreffend) Sonstige Kosten im Zusammenhang mit dem Kreditvertrag	
(falls zutreffend) Bedingungen, unter denen die vorstehend genannten Kosten im Zusammenhang mit dem Kreditvertrag geändert werden können	
(falls zutreffend) Verpflichtung zur Zahlung von Notarkosten	
Kosten bei Zahlungsverzug Ausbleibende Zahlungen können schwer wiegende Folgen für Sie haben (z. B. Zwangsverkauf) und die Erlangung eines Kredits erschweren.	Bei Zahlungsverzug wird Ihnen [… (anwendbarer Zinssatz und Regelungen für seine Anpassung sowie gegebenenfalls Verzugskosten)] berechnet.

4. Andere wichtige rechtliche Aspekte

Widerrufsrecht Sie haben das Recht, innerhalb von 14 Kalendertagen den Kreditvertrag zu widerrufen.	Ja/Nein
Vorzeitige Rückzahlung Sie haben das Recht, den Kredit jederzeit ganz oder teilweise vorzeitig zurückzuzahlen. (falls zutreffend) Dem Kreditgeber steht bei vorzeitiger Rückzahlung eine Entschädigung zu	[Festlegung der Entschädigung (Berechnungsmethode) gemäß § 502 BGB]
Datenbankabfrage Der Kreditgeber muss Sie unverzüglich und unentgeltlich über das Ergebnis einer Datenbankabfrage unterrichten, wenn ein Kreditantrag aufgrund einer solchen Abfrage abgelehnt wird. Dies gilt nicht, wenn eine entsprechende Unterrichtung durch die Rechtsvorschriften der Europäischen Union untersagt ist oder den Zielen der öffentlichen Ordnung oder Sicherheit zuwiderläuft.	

(해당하는 경우 기재) 특정한 지급수단(Zahlungsmittels)의 이용에 대한 비용액(예컨대 신용카드의 이용)	
(해당하는 경우 기재) 여신계약에 관련된 그 밖의 비용	
(해당하는 경우 기재) 여신계약과 관련한 전술(前述)한 비용(die vorstehend genannten Kosten im Zusammenhang mit dem Kreditvertrag)이 변경될 수 있는 조건	
(해당하는 경우 기재) 공증비용의 지급의무	
지급지체시의 비용 미지급으로 인해 당신은 중대한 효과를 받고(예컨대 강제매각) 또 여신 받는 것이 어려워지게 됩니다.	지급지체의 경우에 당신에 대해 […(적용 가능한 이율과 그 이율의 조정에 대한 규율과 필요하면 지체비용)]이 산정되게 됩니다.

4. 그 밖의 중요한 법적 사항

철회권 당신은 14일의 역일(暦日) 이내에 여신계약을 철회할 수 있는 권리를 갖습니다.	예/아니오
기한 전 상환 당신은 여신금액의 전부 또는 일부를 기한 전에 언제든지 상환할 수 있습니다 (해당하는 경우 기재) 기한 전 상환의 경우에 있어 그 손해배상을 받을 권리가 여신인(與信人)에게 귀속됩니다.	[민법전 제502조에 따른 그 손해배상의 정함 (산정방법)]
정보문의 그러한 문의에 기하여 여신신청이 거절되는 경우에 여신인(與信人)은 당신에게 지체 없이 무상으로 정보문의 결과(das Ergebnis einer Datenbankabfrage)를 통지해야 합니다. 그 해당 통지가 유럽연합의 법규정(die Rechtsvorschriften der Europäischen Union)에 의해 금지되거나 공공질서 또는 공공안녕의 목적(den Zielen der öffentlichen Ordnung oder Sicherheit)에 위배되는 경우 그러하지 아니합니다.	

Recht auf einen Kreditvertragsentwurf Sie haben das Recht, auf Verlangen unentgeltlich eine Kopie des Kreditvertragsentwurfs zu erhalten. Diese Bestimmung gilt nicht, wenn der Kreditgeber zum Zeitpunkt der Beantragung nicht zum Abschluss eines Kreditvertrags mit Ihnen bereit ist.	
(falls zutreffend) Zeitraum, während dessen der Kreditgeber an die vorvertraglichen Informationen gebunden ist	Diese Informationen gelten vom … bis …

5. Zusätzliche Informationen beim Fernabsatz von Finanzdienstleistungen

a) zum Kreditgeber	
(falls zutreffend) Vertreter des Kreditgebers in dem Mitgliedstaat, in dem Sie Ihren Wohnsitz haben Anschrift Telefon*) E-Mail*) Fax*) Internet-Adresse*) *) Freiwillige Angaben des Kreditgebers	[Name] [Ladungsfähige Anschrift für Kontakte des Verbrauchers]
(falls zutreffend) Eintrag im Handelsregister	[Handelsregister, in das der Kreditgeber eingetragen ist, und seine Handelsregisternummer oder eine gleichwertige in diesem Register verwendete Kennung]
(falls zutreffend) Zuständige Aufsichtsbehörde	

여신안에 대한 권리 당신은 요구에 따라 무상으로 여신안의 사본(eine Kopie des Kreditvertragsentwurfs)을 수령할 수 있습니다. 여신인(與信人)이 그 요구 당시에당신과의 여신계약의 체결(締結)할 준비(準備)가 되어 있지 않은 경우에는 이러한 규정은 적용하지 아니합니다.	
(해당하는 경우 기재) 여신인(與信人)이 계약 전 정보제공(die vorvertraglichen Informationen)에 구속되어야 하는 기간,	본 정보제공은 …부터 …까지 적용됩니다.

5. 금융서비스의 통신판매시의 추가적 정보제공

a) 여신인(與信人)에 관하여	
(해당하는 경우 기재) 당신이 당신의 주소를 둔 회원국 내 여신인(與信人)의 대리인 주소 전화번호*) 이메일*) 팩스*) 인터넷주소*) *) 여신인(與信人)의 선택사항(Freiwillige Angaben)	[이름] [소비자와의 연락을 위한 도달 가능한 주소]
(해당하는 경우 기재) 상업등기부 등재	[여신인(與信人)이 등재된 상업등기부와, 여신인(與信人)의 등기번호 또는 그 등기에서 사용된 이와 동등한 식별표시(seine Handelsregisternummer oder eine gleichwertige in diesem Register verwendete Kennung)]
(해당하는 경우 기재) 관할 감독청	

b) zum Kreditvertrag	
(falls zutreffend) Ausübung des Widerrufsrechts	[Praktische Hinweise zur Ausübung des Widerrufsrechts, darunter Widerrufsfrist, Angabe der Anschrift, an die die Widerruferklärung zu senden ist, sowie Folgen bei Nichtausübung dieses Rechts]
(falls zutreffend) Recht, das der Kreditgeber der Aufnahme von Beziehungen zu Ihnen vor Abschluss des Kreditvertrags zugrunde legt	
(falls zutreffend) Klauseln über das auf den Kreditvertrag anwendbare Recht und/oder das zuständige Gericht	[Entsprechende Klauseln hier wiedergeben]
(falls zutreffend) Wahl der Sprache	Die Informationen und Vertragsbedingungen werden in [Angabe der Sprache] vorgelegt. Mit Ihrer Zustimmung werden wir während der Laufzeit des Kreditvertrags in [Angabe der Sprache(n)] mit Ihnen Kontakt halten.
c) zu den Rechtsmitteln	
Verfügbarkeit außergerichtlicher Beschwerde- und Rechtsbehelfsverfahren und Zugang dazu	[Angabe, ob der Verbraucher, der Vertragspartei eines Fernabsatzvertrags ist, Zugang zu einem außergerichtlichen Beschwerde- und Rechtsbehelfsverfahren hat, und gegebenenfalls die Voraussetzungen für diesen Zugang]

b) 여신계약에 관하여	
(해당하는 경우 기재) 철회권 행사	철회기간, 철회의사표시가 송부되어야 하는 주소의 사항과, 철회권의 불행사의 효과(Folgen bei Nichtausübung dieses Rechts)가 언급된, 철회권 행사를 위한 실무적 안내(Praktische Hinweise)]
(해당하는 경우 기재) 여신인(與信人)이 여신계약 체결 전에(vor Abschluss des Kreditvertrags) 당신과의 관계의 개시에 대해 기초를 둔 권리	
(해당하는 경우 기재) 여신계약에 대한 준거법(anwendbare Recht) 과(또는) 관할 법원에 관한 약관조항	[여기에 해당 약관조항을 그대로 기재함]
(해당하는 경우 기재) 언어의 선택	정보와 계약조건이 [그 언어]로 제시된다. 당신이 동의한다면(Mit Ihrer Zustimmung), 우리는 여신계약의 기간 동안에(während der Laufzeit des Kreditvertrags) [그 언어(들)]로 당신과 연락을 할 것입니다.
c) 법적 구제수단에 관하여	
대안적(代案的) 신청절차(申請節次) 및 법적구제절차의 이용가능성(Verfügbarkeit) 과, 이에 대한 이용방법(Zugang dazu)	[통신판매계약의 당사자인 소비자가 대안적 신청절차 및 법적구제절차(außergerichtlichen Beschwerde- und Rechtsbehelfsverfahren)를 이용할 수 있는 여부에 관한 사항과, 필요하면 그 이용에 대한 요건(die Voraussetzungen für diesen Zugang)]

Anlage 5 (zu Artikel 247 § 2)

Europäische Verbraucherkreditinformationen bei
1. Überziehungskrediten
2. Umschuldungen
(Fundstelle: BGBl. I 2009, S. 2398 - 2401; bezüglich der einzelnen Änderungen vgl. Fußnote)

1. Name und Kontaktangaben des Kreditgebers/Kreditvermittlers

Kreditgeber Anschrift Telefon*) E-Mail*) Fax*) Internet-Adresse*)	[Name] [Ladungsfähige Anschrift für Kontakte des Verbrauchers]
(falls zutreffend) Kreditvermittler Anschrift Telefon*) E-Mail*) Fax*) Internet-Adresse*)	[Name] [Anschrift für Kontakte mit dem Verbraucher]

-----

*) Freiwillige Angaben des Kreditgebers

In allen Fällen, in denen "falls zutreffend" angegeben ist, muss der Kreditgeber das betreffende Kästchen ausfüllen, wenn die Information für den Kreditvertrag relevant ist, oder die betreffende Information bzw. die gesamte Zeile streichen, wenn die Information für die in Frage kommende Kreditart nicht relevant ist.

Die Vermerke in eckigen Klammern dienen zur Erläuterung und sind durch die entsprechenden Angaben zu ersetzen.

부록 5(제247항목 제2조 관련)

1. 당좌대월여신,
2. 채무조정의 경우에 있어
유럽연합 소비자여신정보제공
(출처: 2009년 연방법률관보 제1편 2398 - 2401면; 각각의 변경(der einzelnen Änderungen)에 관하여 각주를 참조하라)

1. 여신인(與信人)/여신중개인의 이름 및 연락정보

여신인(與信人) 주소 전화번호*) 이메일*) 팩스*) 인터넷주소*)	[이름] [소비자와의 연락을 위한 도달 가능한 주소]
(해당하는 경우 기재) 여신중개인 주소 전화번호*) 이메일*) 팩스*) 인터넷주소*)	[이름] [소비자와의 연락을 위한 도달 가능한 주소]

-----

*) 여신인(與信人)에 대한 선택사항
"위 해당하는 경우 기재"이 기재되어야 하는 모든 경우에 있어, 해당 정보가 신용계약에 관련된 때에는 여신인(與信人)은 해당 칸을 기입해야만 하거나, 아니면 해당 정보가 문제가 되는 여신종류와 관련되지 않은 경우에는 해당 정보 내지 해당 행(行) 전체(die gesamte Zeile)를 삭제(削除)해야만 합니다.
꺽쇠('[ ]') 안의 표시는 설명(說明)하기 위한 것이고 그 해당 사항으로 대체(代替)하여 기재(記載)된다.

2. Beschreibung der wesentlichen Merkmale des Kredits

Kreditart	
Gesamtkreditbetrag Obergrenze oder Summe aller Beträge, die aufgrund des Kreditvertrags zur Verfügung gestellt wird	
Laufzeit des Kreditvertrags	
(falls zutreffend) Sie können jederzeit zur Rückzahlung des gesamten Kreditbetrags aufgefordert werden.	

3. Kreditkosten

Sollzinssatz oder gegebenenfalls die verschiedenen Sollzinssätze, die für den Kreditvertrag gelten	[% – gebunden oder – veränderlich (mit dem Index oder Referenzzinssatz für den anfänglichen Sollzinssatz)]
(falls zutreffend) Effektiver Jahreszins*) Gesamtkosten ausgedrückt als jährlicher Prozentsatz des Gesamtkreditbetrags Diese Angabe hilft Ihnen dabei, unterschiedliche Angebote zu vergleichen.	[%. Repräsentatives Beispiel unter Angabe sämtlicher in die Berechnung des Jahreszinses einfließender Annahmen]
(falls zutreffend) Kosten (falls zutreffend) Bedingungen, unter denen diese Kosten geändert werden können	[Sämtliche vom Zeitpunkt des Vertragsabschlusses des Kreditvertrags an zu zahlende Kosten]
Kosten bei Zahlungsverzug	Bei Zahlungsverzug wird Ihnen [… (anwendbarer Zinssatz und Regelungen für seine Anpassung sowie gegebenenfalls Verzugskosten)] berechnet.

2. 여신의 주요 구성요소의 기술(記述)

여신종류	
여신총액 여신계약에 기하여 제공된 전체 금액의 상한액(上限額) 또는 총액(總額)	
여신의 기간	
(해당하는 경우 기재) 당신은 언제든지 여신금액 전액을 상환(Rückzahlung des gesamten Kreditbetrags)하도록 요구를 받을 수 있습니다.	

3. 비용

여신금리(金利) 또는 필요하면 해당 여신(信用貸出)에 대하여 적용되는(die für den Kreditvertrag gelten) 다른 여신금리(金利)	[% - 고정여신금리 또는 - 변동여신금리(최초 여신금리에 대해 지표(指標) 또는 기준이율에 결부된 것)]
(해당하는 경우 기재) 연이율*) 여신총액에 대해 연간퍼센트(jährlicher Prozentsatz des Gesamtkreditbetrags) 표시된 총비용 이러한 사항은 다른 제안을 비교하는 경우에 당신에게 도움이 됩니다.	[연이율의 산정에서 포함되는 일체의 전제를 명시한 대표적 예시인 %]
(해당하는 경우 기재) 비용 (해당하는 경우 기재) 이러한 비용이 변경될 수 있는(unter denen diese Kosten geändert werden können) 조건	[여신계약 체결 당시 지급해야 할 총비용]
지급지체시의 비용	지급지체의 경우(Bei Zahlungsverzug)에 당신에 대해 […(적용 가능한 이율과 그 이율의 조정에 대한 규율과 필요하면 지체비용]이 산정되게 됩니다.

4. Andere wichtige rechtliche Aspekte

Beendigung des Kreditvertrags	[Bedingungen und Verfahren zur Beendigung des Kreditvertrags]
Datenbankabfrage Der Kreditgeber muss Sie unverzüglich und unentgeltlich über das Ergebnis einer Datenbankabfrage unterrichten, wenn ein Kreditantrag aufgrund einer solchen Abfrage abgelehnt wird. Dies gilt nicht, wenn eine entsprechende Unterrichtung durch die Rechtsvorschriften der Europäischen Union untersagt ist oder den Zielen der öffentlichen Ordnung oder Sicherheit zuwiderläuft.	
(falls zutreffend) Zeitraum, während dessen der Kreditgeber an die vorvertraglichen Informationen gebunden ist	Diese Informationen gelten vom … bis …

(falls zutreffend)

5. Zusätzliche Informationen, die zu liefern sind, wenn die vorvertraglichen Informationen einen Verbraucherkredit für eine Umschuldung betreffen

Teilzahlungen und gegebenenfalls Reihenfolge, in der die Teilzahlungen angerechnet werden	Sie müssen folgende Zahlungen leisten: [Repräsentatives Beispiel für einen Ratenzahlungsplan unter Angabe des Betrags, der Anzahl und der Periodizität der vom Verbraucher zu leistenden Zahlungen]
Von Ihnen zu zahlender Gesamtbetrag	
Vorzeitige Rückzahlung Sie haben das Recht, den Kredit jederzeit ganz oder teilweise vorzeitig zurückzuzahlen. (falls zutreffend) Dem Kreditgeber steht bei vorzeitiger Rückzahlung eine Entschädigung zu.	[Festlegung der Entschädigung (Berechnungsmethode) gemäß § 502 BGB]

4. 그 밖의 중요한 법적 사항

여신계약의 종료	[여신계약의 종료에 관한 조건 및 절차 Bedingungen und Verfahren]
정보문의 그러한 문의에 기하여 여신신청이 거절되는 경우에 여신인(與信人)은 당신에게 지체 없이 무상으로 정보문의 결과(das Ergebnis einer Datenbankabfrage)를 통지해야 합니다. 그 해당 통지가 유럽연합의 법규정(die Rechtsvorschriften der Europäischen Union)에 의해 금지되거나 공공질서 또는 공공안녕의 목적(den Zielen der öffentlichen Ordnung oder Sicherheit)에 위배되는 경우 그러하지 아니합니다.	
(해당하는 경우 기재) 여신인(與信人)이 계약 전 정보제공(die vorvertraglichen Informationen)에 구속되어야 하는 기간,	본 정보제공은 …부터 …까지 적용됩니다.

(해당하는 경우 기재)

5. 계약 전 정보제공이 채무조정을 위한 소비자여신에 관련된 경우에 제공되어야 하는 추가적 정보제공

분할상환과, 필요하면 해당 분할상환에 대해 변제충당이 될(in der die Teilzahlungen angerechnet werden) 순서	당신은 다음과 같이 상환해야만 합니다: [소비자 상환금의 금액, 횟수 및 주기](Betrag, Anzahl und Periodizität der vom Verbraucher zu leistenden Zahlungen)를 명시한 분할상환지급계획에 대한 대표적 예시]
당신이 지급해야 할 총액(Gesamtbetrag)	
기한 전 상환 당신은 여신금액의 전부 또는 일부를 기한 전에 언제든지 상환할 수 있습니다. (해당하는 경우 기재) 기한 전 상환의 경우에 있어 손해배상을 받을 권리가 여신인(與信人)에게 귀속됩니다.	민법전 제502조에 따른 그 손해배상의 정함(산정방법)

6. Zusätzliche Informationen beim Fernabsatz von Finanzdienstleistungen

a) zum Kreditgeber	
(falls zutreffend) Vertreter des Kreditgebers in dem Mitgliedstaat, in dem Sie Ihren Wohnsitz haben Anschrift Telefon*) E-Mail*) Fax*) Internet-Adresse*) *) Freiwillige Angaben des Kreditgebers	[Name] [Ladungsfähige Anschrift für Kontakte des Verbrauchers]
(falls zutreffend) Eintrag im Handelsregister	[Handelsregister, in das der Kreditgeber eingetragen ist, und seine Handelsregisternummer oder eine gleichwertige in diesem Register verwendete Kennung]
(falls zutreffend) Zuständige Aufsichtsbehörde	
b) zum Kreditvertrag	
Widerrufsrecht Sie haben das Recht, innerhalb von 14 Kalendertagen den Kreditvertrag zu widerrufen. (falls zutreffend) Ausübung des Widerrufsrechts	[Praktische Hinweise zur Ausübung des Widerrufsrechts, darunter Widerrufsfrist, Angabe der Anschrift, an die die Widerruferklärung zu senden ist, sowie Folgen bei Nichtausübung dieses Rechts]
(falls zutreffend) Recht, das der Kreditgeber der Aufnahme von Beziehungen zu Ihnen vor Abschluss des Kreditvertrags zugrunde legt	
(falls zutreffend) Klauseln über das auf den Kreditvertrag anwendbare Recht und/oder das zuständige Gericht	[Entsprechende Klauseln hier wiedergeben]

6. 금융서비스의 통신판매시의 추가적 정보제공

a) 여신인(與信人)에 관하여	
(해당하는 경우 기재) 당신이 당신의 주소를 둔 회원국 내 여신인(與信人)의 대리인 주소 전화번호*) 이메일*) 팩스*) 인터넷주소*) *) 여신인(與信人)의 선택사항(Freiwillige Angaben)	[이름] [소비자와의 연락을 위한 도달 가능한 주소]
(해당하는 경우 기재) 상업등기부 등재	[여신인(與信人)이 등재된 상업등기부와, 여신인(與信人)의 등기번호 또는 그 등기에서 사용된 이와 동등한 식별표시]
(해당하는 경우 기재) 관할 감독청	
b) 여신계약에 관하여	
철회권 당신은 14일의 역일(曆日) 이내에 (innerhalb von 14 Kalendertagen) 여신계약을 철회할 권리를 갖습니다. (해당하는 경우 기재) 철회권 행사	철회기간, 철회의사표시가 송부되어야 하는 주소의 사항과, 철회권의 불행사의 효과(Folgen bei Nichtausübung dieses Rechts)가 언급된, 철회권 행사를 위한 실무적 안내(Praktische Hinweise)]
(해당하는 경우 기재) 여신인(與信人)이 여신계약 체결 전에(vor Abschluss des Kreditvertrags) 당신과의 관계의 개시에 대해 기초를 둔 권리	
(해당하는 경우 기재) 여신계약에 대한 준거법(anwendbare Recht)과(또는) 관할 법원에 관한 약관조항	[여기에 해당 약관조항을 그대로 기재함]

(falls zutreffend) Wahl der Sprache	Die Informationen und Vertragsbedingungen werden in [Angabe der Sprache] vorgelegt. Mit Ihrer Zustimmung werden wir während der Laufzeit des Kreditvertrags in [Angabe der Sprache(n)] mit Ihnen Kontakt halten.
c) zu den Rechtsmitteln	
Verfügbarkeit außergerichtlicher Beschwerde- und Rechtsbehelfsverfahren und Zugang dazu	[Angabe, ob der Verbraucher, der Vertragspartei eines Fernabsatzvertrags ist, Zugang zu einem außergerichtlichen Beschwerde- und Rechtsbehelfsverfahren hat, und gegebenenfalls die Voraussetzungen für diesen Zugang]

Anlage 6 (zu Artikel 247 § 1 Absatz 2)

Europäisches Standardisiertes Merkblatt (ESIS-Merkblatt)
(Fundstelle: BGBl. I 2016, S. 420 - 429)

Teil A

Das folgende Muster ist im selben Wortlaut in das ESIS-Merkblatt zu übernehmen. Text in eckigen Klammern ist durch die entsprechende Angabe zu ersetzen. Hinweise für den Kreditgeber oder gegebenenfalls den Kreditvermittler zum Ausfüllen des ESIS-Merkblatts finden sich in Teil B.

Teil B

Bei Angaben, denen der Text "falls zutreffend" vorangestellt ist, hat der Kreditgeber die erforderlichen Angaben zu machen, wenn sie für den Kreditvertrag relevant sind. Ist die betreffende Information nicht relevant, ist die entsprechende Rubrik bzw. der gesamte Abschnitt vom Kreditgeber zu streichen (beispielsweise wenn der Abschnitt nicht anwendbar ist). Wird der gesamte Abschnitt gestrichen, so ist die Nummerierung der einzelnen Abschnitte des ESIS-Merkblatts entsprechend anzupassen.

Die nachstehenden Informationen müssen in einem einzigen Dokument enthalten sein. Es ist eine gut lesbare Schriftgröße zu wählen. Zur Hervorhebung sind Fettdruck, Schattierung oder eine größere Schriftgröße zu verwenden. Sämtliche Warnhinweise sind optisch hervorzuheben.

(해당하는 경우 기재) 언어의 선택	정보와 계약조건이 [그 언어]로 제시된다. 당신의 동의가 있는 경우 우리는 여신계약의 기간 동안에(während der Laufzeit des Kreditvertrags) [그 언어(들)]로 당신과 연락을 할 것입니다.
c) 법적 구제수단에 관하여	
대안적(代案的) 신청절차(申請節次) 및 법적구제절차의 이용가능성(Verfügbarkeit)과, 이에 대한 이용방법(Zugang dazu)	[통신판매계약의 당사자인 소비자가 대안적 신청절차 및 법적구제절차(außergerichtlichen Beschwerde- und Rechtsbehelfsverfahren)를 이용할 수 있는 여부에 관한 사항과, 필요하면 그 이용에 대한 요건(die Voraussetzungen für diesen Zugang)]

부록 6(제247항목 제1조 제2항 관련)

유럽연합표준정보제공서(ESIS-Merkblatt)
(출처: 2016년 연방법률관보 제1편 420 - 429면)

A파트

다음의 견본은 유럽연합표준정보제공서 내 동일한 문구(文句)에서 인용합니다. 꺽쇠('[ ]') 안의 문구는(Text in eckigen Klammern) 해당 사항으로 대체하여 기재합니다. 유럽연합표준정보제공서의 기입에 관한(zum Ausfüllen des ESIS-Merkblatts) 여신인(與信人)의 안내나 필요하면 여신중개인의 그러한 안내는 B파트에서 보실 수 있습니다.

B파트

"해당하는 경우 기재"라는 문구가 글머리에 언급되는 정보의 경우에(Bei Angaben, denen der Text "falls zutreffend" vorangestellt ist), 필요한 정보가 여신계약과 관련된 경우에는 이를 기입합니다. 해당 정보가 관련성이 없는 경우[예컨대 그 장을 적용할 수 없는 경우)에 여신인(與信人)은 해당 난(欄) 또는 장 전체를 삭제합니다(ist die entsprechende Rubrik bzw. der gesamte Abschnitt vom Kreditgeber zu streichen]. 해당 장 전체가 삭제된 경우에(Wird der gesamte Abschnitt gestrichen) 순번(順番)은 유럽연합표준정보제공서의 개별 장에 따라 조정을 합니다.

다음의 정보는 한 장의 문서로 포함되어야만 합니다. 잘 읽을 수 있는 서체크기를 선택합니다. 강조를 위해 굵은 글씨체, 음영(陰影)넣기 또는 보다 큰 서체크기(Fettdruck, Schattierung oder eine größere Schriftgröße)를 이용합니다. 일체의 경고는 이를 선택해서 강조해야 합니다.

Muster für das ESIS-Merkblatt

(Vorbemerkungen)
Dieses Dokument wurde am [Datum] für [Name des Verbrauchers] erstellt. Das Dokument wurde auf der Grundlage der bereits von Ihnen gemachten Angaben sowie der aktuellen Bedingungen am Finanzmarkt erstellt. Die nachstehenden Informationen bleiben bis [Gültigkeitsdatum] gültig, (falls zutreffend) mit Ausnahme des Zinssatzes und anderer Kosten. Danach können sie sich je nach Marktbedingungen ändern. (falls zutreffend) Die Ausfertigung dieses Dokuments begründet für [Name des Kreditgebers] keinerlei Verpflichtung zur Gewährung eines Kredits.
1. Kreditgeber
[Name] [Telefon] [Anschrift] (Fakultativ) [E-Mail] (Fakultativ) [Faxnummer] (Fakultativ) [Internetadresse] (Fakultativ) [Kontaktperson/-stelle] (falls zutreffend, Informationen darüber, ob Beratungsdienstleistungen erbracht werden:) [Wir empfehlen nach Analyse Ihres Bedarfs und Ihrer Situation, dass Sie diesen Kredit aufnehmen. / Wir empfehlen Ihnen keinen bestimmten Kredit. Auf Grund Ihrer Antworten auf einige der Fragen erhalten Sie von uns jedoch Informationen zu diesem Kredit, damit Sie Ihre eigene Entscheidung treffen können.]
2. (falls zutreffend) Kreditvermittler
[Name] [Telefon] [Anschrift] (Fakultativ) [E-Mail] (Fakultativ) [Faxnummer] (Fakultativ) [Internetadresse] (Fakultativ) [Kontaktperson/-stelle] (falls zutreffend, Informationen darüber, ob Beratungsdienstleistungen erbracht werden:) [Wir empfehlen nach Analyse Ihres Bedarfs und Ihrer Situation, dass Sie diesen Kredit aufnehmen. / Wir empfehlen Ihnen keinen bestimmten Kredit. Auf Grund Ihrer Antworten auf einige der Fragen erhalten Sie von uns jedoch Informationen zu diesem Kredit, damit Sie Ihre eigene Entscheidung treffen können.] [Vergütung]

유럽연합표준정보제공서 견본

머리말
이 문서는 [소비자 이름 기재]을 위하여 [날짜 기재]에 작성되었습니다. 이 문서는 당신이 이미 제공한 정보(auf der Grundlage der bereits von Ihnen gemachten Angaben)와 금융시장의 최신 조건에 기초하여 작성되었습니다. (해당하는 경우 기재) 이율과 그 밖의 비용을 제외하고, 다음 정보는 [유효일 기재]까지 유효합니다. 따라서 그후에는 다음 정보는 시장조건에 따라 변경될 수 있습니다. (해당하는 경우 기재) 이 문서의 작성으로 인해 [여신인(與信人) 이름 기재]는 어떤 여신(與信)의 승인할 어떤 의무도 부담하지 않습니다.
1. 여신인(與信人)
[이름] [전화번호] [주소] (선택사항) [이메일] (선택사항) [팩스번호] (선택사항) [인터넷주소] (선택사항) [연락담당자/연락처] (해당하는 경우 기재, 상담서비스가 제공되는지에 관한 정보:)[우리는 당신의 요구와 상황에 대한 분석에 따라 당신이 본 여신(與信)을 수용할 것을 권고합니다. /우리는 당신에게 특정한 여신을 권하지 않습니다. 그럼에도 당신은 당신이 자신의 고유한 결정을 하도록 하기 위하여 몇몇 질문에 대한 당신의 대답(對答)에 기초하여 이러한 여신(與信)에 관한 정보(情報)를 우리에게서 수령(受領)합니다.
2. (해당하는 경우 기재) 여신중개인
[이름] [전화번호] [주소] (선택사항) [이메일] (선택사항) [팩스번호] (선택사항) [인터넷주소] (선택사항) [연락담당자/연락처] (해당하는 경우 기재, 상담서비스가 제공되는지에 관한 정보:)[우리는 당신의 요구와 상황에 대한 분석에 따라 당신이 이러한 여신을 수용할 것을 권고합니다. /우리는 당신에게 특정한 여신을 권하지 않습니다. 그럼에도 당신은 당신이 당신의 고유한 결정을 하도록 하기 위하여 몇몇 질문에 대한 당신의 대답에 기초하여 이러한 여신에 관한 정보를 우리에게서 수령합니다. [대가]

3. Hauptmerkmale des Kredits
Kreditbetrag und Währung: [Wert] [Währung] (falls zutreffend) Dieser Kredit lautet nicht auf [Landeswährung des Kreditnehmers]. (falls zutreffend) Der Wert Ihres Kredits in [Landeswährung des Kreditnehmers] kann sich ändern. (falls zutreffend) Wenn beispielsweise [Landeswährung des Kreditnehmers] gegenüber [Kreditwährung] um 20 % an Wert verliert, würde sich der Wert Ihres Kredits um [Betrag in der Landeswährung des Kreditnehmers] erhöhen. Allerdings könnte es sich auch um einen höheren Betrag handeln, falls [Landeswährung des Kreditnehmers] um mehr als 20 % an Wert verliert. (falls zutreffend) Der Wert Ihres Kredits beläuft sich auf maximal [Betrag in der Landeswährung des Kreditnehmers]. (falls zutreffend) Sie erhalten einen Warnhinweis, falls der Kreditbetrag [Betrag in der Landeswährung des Kreditnehmers] erreicht. (falls zutreffend) Sie haben die Möglichkeit, [Recht auf Neuverhandlung eines Fremdwährungskreditvertrags oder Recht, den Kredit in [einschlägige Währung] umzuwandeln, und Bedingungen]. Laufzeit des Kredits: [Laufzeit] [Kreditart] [Art des anwendbaren Zinssatzes] Zurückzuzahlender Gesamtbetrag: Dies bedeutet, dass Sie [Betrag] je geliehene(n) [Währungseinheit] zurückzuzahlen haben. (falls zutreffend) Bei dem gewährten Kredit/einem Teil des gewährten Kredits handelt es sich um einen endfälligen Kredit. Ihre Schuld nach Ablauf der Laufzeit des Kredits beträgt [Kreditbetrag nach Endfälligkeit]. (falls zutreffend) Für dieses Merkblatt zugrunde gelegter Schätzwert der Immobilie: [Betrag] (falls zutreffend) Beleihungsgrenze (maximale Höhe des Kredits im Verhältnis zum Wert der Immobilie): [Verhältnis] oder Mindestwert der Immobilie als Voraussetzung für die Aufnahme eines Kredits in der angegebenen Höhe: [Betrag] (falls zutreffend) [Sicherheit]
4. Zinssatz und andere Kosten
Der effektive Jahreszins entspricht den Gesamtkosten des Kredits, ausgedrückt als jährlicher Prozentsatz. Der effektive Jahreszins erleichtert den Vergleich verschiedener Angebote. Der für Ihren Kredit geltende effektive Jahreszins beträgt [effektiver Jahreszins]. Er setzt sich zusammen aus:

3. 여신의 주요 구성요소
여신액과 통화: [금액] [통화] (해당하는 경우 기재) 당신의 여신(與信)은 [여신받는 자의 자국통화(自國通貨)]로 표시되지 않습니다. (해당하는 경우 기재) 당신의 여신금액은 [여신받는 자의 자국통화]로 변경될 수 있습니다. (해당하는 경우 기재) 예컨대 [여신받는 자의 자국통화]가 여신금액 대비 20%만큼 평가절하(平價切下)된 경우에 당신의 여신금액은 [여신받는 자의 자국통화로 계산한 금액]만큼 증가합니다. 물론 만일 [여신받는 자의 자국통화] 여신금액의 20%를 초과한 만큼 평가절하(平價切下)된 경우에는(falls [Landeswährung des Kreditnehmers] um mehr als 20 % an Wert verliert) 더 많은 금액으로 증가할 수 있습니다. (해당하는 경우 기재) 당신의 여신금액(Der Wert Ihres Kredits)은 최대 [여신받는 자의 자국통화로 계산한 금액]입니다. (해당하는 경우 기재) 여신금액[여신받는 자의 자국통화로 계산한 금액]에 달한다면 당신은 그에 대한 경고를 수령하게 됩니다. (해당하는 경우 기재) 당신은, [외화(外貨)에 의한 여신(與信)의 새로운 교섭에 관한 권리(Recht auf Neuverhandlung eines Fremdwährungskreditvertrags) 또는 여신을 [관련 통화]로 환산할 권리와, 조건]을 갖습니다. 여신기간: [기간] [여신종류] [적용 이자율의 유형] 상환해야 할 여신총액: 이는, 당신이 여신(與信)이 승인된 [통화단위] [금액]씩을 상환(償還)해야 한다는 것을 의미(意味)합니다. (해당하는 경우 기재) 허용된 여신의 전부 또는 일부의 경우는 만기전액 일괄상환형여신에 해당합니다. 여신기간 경과 후에 당신이 채무는 [만기전액 일괄상환형여신금액]입니다. (해당하는 경우 기재) 본 견본이 기반한 부동산의 가치평가(Schätzwert der Immobilie): [금액] (해당하는 경우 기재) 여신한도(부동산 가액에 대비 최대 여신금액; maximale Höhe des Kredits im Verhältnis zum Wert der Immobilie): 위 기재된 한도액 내의 요건(要件)으로서 부동산에 대한 [비율]이나 부동산의 최소가액: [금액] (해당하는 경우 기재)[담보]
4. 이율과 그 밖의 비용
연이율은, 연간백분율로 표기된, 여신의 총비용(den Gesamtkosten des Kredits, ausgedrückt als jährlicher Prozentsatz)에 상응합니다. 연이율은 다양한 제안의 비교를 용이하게 합니다. 당신의 여신에 적용되는 연이율은 [연이율]입니다. 그 연이율은 다음과 같이 구성됩니다:

Zinssatz: [Wert in Prozent oder, falls zutreffend, Angabe eines Referenzzinssatzes und Prozentwerts der Zinsmarge des Kreditgebers] [sonstige Komponenten des effektiven Jahreszinses] Einmalige Kosten: (falls zutreffend) Für die Eintragung der Hypothek bzw. Grundschuld wird eine Gebühr fällig. [Gebühr, sofern bekannt, oder Grundlage für die Berechnung.] Regelmäßig anfallende Kosten: (falls zutreffend) Dieser effektive Jahreszins wird anhand des angenommenen Zinssatzes berechnet. (falls zutreffend) Da es sich bei Ihrem Kredit [einem Teil Ihres Kredits] um einen Kredit mit variablem Zinssatz handelt, kann der tatsächliche effektive Jahreszins von dem angegebenen effektiven Jahreszins abweichen, falls sich der Zinssatz Ihres Kredits ändert. Falls sich der Zinssatz beispielsweise auf [unter Teil B beschriebenes Szenario] erhöht, kann der effektive Jahreszins auf [Beispiel für den gemäß diesem Szenario fälligen effektiven Jahreszins] ansteigen. (falls zutreffend) Beachten Sie bitte, dass bei der Berechnung dieses effektiven Jahreszinses davon ausgegangen wird, dass der Zinssatz während der gesamten Vertragslaufzeit auf dem für den Anfangszeitraum festgelegten Niveau bleibt. (falls zutreffend) Die folgenden Kosten sind dem Kreditgeber nicht bekannt und sind daher im effektiven Jahreszins nicht enthalten: [Kosten] (falls zutreffend) Für die Eintragung der Hypothek bzw. Grundschuld wird eine Gebühr fällig. Bitte vergewissern Sie sich, dass Sie alle im Zusammenhang mit Ihrem Kredit anfallenden Kosten und Gebühren bedacht haben.
5. Häufigkeit und Anzahl der Ratenzahlungen
Häufigkeit der Ratenzahlungen: [Zahlungsintervall] Anzahl der Zahlungen: [Anzahl]
6. Höhe der einzelnen Raten
Betrag] [Währung] Ihre Einkommenssituation kann sich ändern. Prüfen Sie bitte, ob Sie Ihre [Zahlungsintervall] Raten auch dann noch zahlen können, wenn sich Ihr Einkommen verringern sollte.

연이율: [백분율에 의한 표시나 해당하는 경우 기준이율과 여신인(與信人)의 위험가산금리의 백분율의 기재함]
그 밖의 연이율 구성요소 비용
1회성 비용:
(해당하는 경우 기재) 근저당 또는 토지채무의 등기와 관련하여 수수료의 이행기가 도래할 것입니다. [알고 있는 경우 그 수수료나, 산정을 위한 기초를 기재]
정기적으로 이행기가 도래하는 비용:
(필요한 경우 기재) 위와 같은 연이율은 전제(前提)한 이율에 의해(anhand des angenommenen Zinssatzes) 산정합니다.
(해당하는 경우 기재) 당신의 여신 [여신 일부; einem Teil Ihres Kredits]은 변동여신금리에 의한 여신에 해당하기 때문에 실제 여신금리는 명시된 연이율(dem angegebenen effektiven Jahreszins)과 다를 수 있습니다. 예컨대 그 이율이 [파트 B에 기술된 시나리오 하에] ~ 인상되는 경우에 연이율은 [이러한 시나리오에 따라 이행기가 도래한 연이율의 예시] 로 인상됩니다.
(해당하는 경우 기재) 이러한 연이율의 산정시, 연이율이 계약 기간 동안에 개시시(開始時)에 대해 정해진 수준으로 유지된다는 점(dass der Zinssatz während der gesamten Vertragslaufzeit auf dem für den Anfangszeitraum festgelegten Niveau bleibt)이 전제된다는 점에 유의하시기 바랍니다.
(해당하는 경우 기재) 다음 비용은 여신인(與信人)에게 알려지지 않은 것이고 따라서 연이율에 포함되지 않습니다: [비용]
(해당하는 경우 기재) 근저당 또는 토지채무의 등기와 관련하여 수수료의 이행기가 도래할 것입니다. [알고 있는 경우 그 수수료나, 산정을 위한 기초를 기재]
당신의 여신과 관련한 일체의 이행기가 도래한 비용 및 수수료의 지급을 당신이 준수한다는 점을 보증해주시기 바랍니다.

5. 분할상환의 빈도 및 횟수

분할상환의 빈도: [상환간격]
분할상환횟수: [횟수]

6. 각 분할상환액

[금액] [통화]
당신의 소득형편(所得形便)은 변경될 수 있습니다. 당신의 소득이 감소하는 경우에(wenn sich Ihr Einkommen verringern sollte) 당신이 당신의 [상환간격] 분할상환을 여전히 상환할 수 있는지를 점검해주시기 바랍니다.

(falls zutreffend) Da es sich bei dem [gewährten Kredit/einem Teil des gewährten Kredits] um einen endfälligen Kredit handelt, müssen Sie eine gesonderte Regelung für die Tilgung der Schuld von [Kreditbetrag nach Endfälligkeit] nach Ablauf der Laufzeit des Kredits treffen. Berücksichtigen Sie dabei auch alle Zahlungen, die Sie zusätzlich zu der hier angegebenen Ratenhöhe leisten müssen. (falls zutreffend) Der Zinssatz dieses Kredits oder eines Teils davon kann sich ändern. Daher kann die Höhe Ihrer Raten steigen oder sinken. Falls sich der Zinssatz beispielsweise auf [unter Teil B beschriebenes Szenario] erhöht, können Ihre Ratenzahlungen auf [Angabe der Höhe der gemäß diesem Szenario fälligen Rate] ansteigen. (falls zutreffend) Die Höhe der [Zahlungsintervall] in [Landeswährung des Kreditnehmers] fälligen Zahlungen kann sich ändern. (falls zutreffend) Ihre pro [Zahlungsperiode] fälligen Zahlungen können sich auf [Höchstbetrag in der Landeswährung des Kreditnehmers] erhöhen. (falls zutreffend) Wenn beispielsweise [Landeswährung des Kreditnehmers] gegenüber [Kreditwährung] um 20 % an Wert verliert, müssten Sie pro [Zeitraum] [Betrag in der Landeswährung des Kreditnehmers] mehr zahlen. Ihre Zahlungen könnten auch um einen höheren Betrag ansteigen. (falls zutreffend) Bei der Umrechnung Ihrer in [Kreditwährung] geleisteten Rückzahlungen in [Landeswährung des Kreditnehmers] wird der von [Name der den Wechselkurs veröffentlichenden Einrichtung] am [Datum] veröffentlichte oder auf der Grundlage von [Bezeichnung der Bezugsgrundlage oder der Berechnungsmethode] am [Datum] errechnete Wechselkurs zugrunde gelegt. (falls zutreffend) [Spezifische Angaben zu verbundenen Sparprodukten und Krediten mit abgegrenztem Zins]
7. (falls zutreffend) Beispiel eines Tilgungsplans
Der folgenden Tabelle ist die Höhe des pro [Zahlungsintervall] zu zahlenden Betrags zu entnehmen. Die Raten (Spalte [Nummer]) setzen sich aus zu zahlenden Zinsen (Spalte [Nummer]) und, falls zutreffend, zu zahlender Tilgung (Spalte [Nummer]) sowie, falls zutreffend, sonstigen Kosten (Spalte [Nummer]) zusammen. (falls zutreffend) Die in der Spalte "sonstige Kosten" angegebenen Kosten betreffen [Aufzählung der Kosten]. Das Restkapital (Spalte [Nummer]) ist der nach einer Ratenzahlung noch verbleibende zurückzuzahlende Kreditbetrag. [Tabelle]

(해당하는 경우 기재) [허용된 여신의 전부 또는 일부]가 만기전액 일괄상환형여신에 해당해서 당신은, 여신기간 경과 후에 [만기전액 일괄상환형여신액; Kreditbetrag nach Endfälligkeit] 채무 상환에 대하여 별도로 규율해야만 합니다. 이 경우 당신이 여기에 명시된 분할상환액에 추가적으로 상환해야만 하는(die Sie zusätzlich zu der hier angegebenen Ratenhöhe leisten müssen) 일체의 금액을 고려해주시기 바랍니다. (해당하는 경우 기재) 본 여신의 이율이나 그 여신 일부의 이율은 변경될 수 있습니다. 그래서 당신의 분할상환액이 증가하거나 감소할 수 있습니다. 예컨대 그 이율이 [파트 B에 기술된 시나리오 하에] ~로 증가한다면 당신의 분할상환액은 [그 시나리오에 따라 이행기가 도래한 분할상환액 기재; Angabe der Höhe der gemäß diesem Szenario fälligen Rate]로 증가할 수 있습니다. (해당하는 경우 기재) [여신받는 자의 자국통화]로 계산한 이행기가 도래한 [상환간격] 상환금액은 변경될 수 있습니다. (해당하는 경우 기재) 당신의 [상환기]당 이행기가 도래한 상환금액은 [여신받는 자의 자국통화로 계산한 최대금액]으로 증가할 수 있습니다 (해당하는 경우 기재) 예컨대, [여신받는 자의 자국통화]가 [여신에 사용된 통화(通貨)]에 대비하여 20%만큼 평가절하(平價切下)된 경우에, 당신은 [상환기]당 [여신받는 자의 자국통화로 계산한 금액]만큼 더 지급해야만 할 것입니다. 당신의 상환금액은 더 많은 금액으로 증가할 수도 있을 것입니다(könnten auch um einen höheren Betrag ansteigen). (해당하는 경우 기재) [여신에 사용된 통화(通貨)]로 이행된 [여신받는 자의 자국통화]에 의한 상환에 있어서의 당신의 채무조정의 경우(Bei der Umrechnung Ihrer in [Kreditwährung] geleisteten Rückzahlungen in [Landeswährung des Kreditnehmers])에, [환율을 공표하는 기관의 이름]에 의해 [날짜]에 공표된 환율이나 [산정기초 또는 산정방법의 표시]에 의한 [날짜]에 산출된 환율이 그 기초가 됩니다. (해당하는 경우 기재) 결합된 저축상품, 별도의 이자가 있는 여신(zu verbundenen Sparprodukten und Krediten mit abgegrenztem Zins)에 관한 특별한 사항
7. (해당하는 경우 기재) 상환계획의 예시
다음은 표(Der folgenden Tabelle)는 [상환간격]당 상환해야 할 금액을 추출하여 기재합니다. (난(欄) [번호]) 분할상환은 지급해야 할 이자(난(欄) [번호])와, (해당하는 경우에 기재) 지급해야 할 상환액(난(欄) [번호]), 그리고 (해당하는 경우에 기재) 기타 비용(난(欄) [번호])로 구성됩니다. (해당하는 경우 기재) 해당 난에 그 밖의 비용으로 기재된 비용은 [비용의 표]에 관한 것입니다. 남은 원금(난 [번호])는 분할상환 후 여전히 상환해야 할 남은 여신금액입니다(der nach einer Ratenzahlung noch verbleibende zurückzuzahlende Kreditbetrag). [표]

8. Zusätzliche Auflagen
Der Kreditnehmer muss folgende Auflagen erfüllen, um in den Genuss der im vorliegenden Dokument genannten Kreditkonditionen zu kommen. [Auflagen] (falls zutreffend) Beachten Sie bitte, dass sich die in diesem Dokument genannten Kreditkonditionen (einschließlich Zinssatz) ändern können, falls Sie diese Auflagen nicht erfüllen. (falls zutreffend) Beachten Sie bitte die möglichen Konsequenzen einer späteren Kündigung der mit dem Kredit verbundenen Nebenleistungen: [Konsequenzen]
9. Vorzeitige Rückzahlung
Sie können den Kredit ganz oder teilweise vorzeitig zurückzahlen. (falls zutreffend) [Bedingungen] (falls zutreffend) Ablösungsentschädigung: [Betrag oder, sofern keine Angabe möglich ist, Berechnungsmethode] (falls zutreffend) Sollten Sie beschließen, den Kredit vorzeitig zurückzuzahlen, setzen Sie sich bitte mit uns in Verbindung, um die genaue Höhe der Ablösungsentschädigung zum betreffenden Zeitpunkt in Erfahrung zu bringen.
10. Flexible Merkmale
(falls zutreffend) [Information über Übertragbarkeit/Abtretung] Sie können den Kredit auf [einen anderen Kreditnehmer] [oder] [eine andere Immobilie] übertragen. [Bedingungen] (falls zutreffend) Sie können den Kredit nicht auf [einen anderen Kreditnehmer] [oder] [eine andere Immobilie] übertragen. (falls zutreffend) Zusätzliche Merkmale: [Erläuterung der in Teil B aufgelisteten zusätzlichen Merkmale und – fakultativ – aller weiteren Merkmale, die der Kreditgeber im Rahmen des Kreditvertrags anbietet und die nicht in den vorausgehenden Abschnitten genannt sind.]
11. Sonstige Rechte des Kreditnehmers
(falls zutreffend) Bevor Sie sich für die Aufnahme des Kredits entscheiden, haben Sie ab dem [Zeitpunkt, zu dem die Bedenkzeit beginnt] [Dauer der Bedenkzeit] Bedenkzeit. (falls zutreffend) Sobald Sie den Kreditvertrag vom Kreditgeber erhalten haben, können Sie diesen nicht vor Ablauf einer Frist von [Zeitraum der Bedenkzeit] annehmen.

8. 추가 경비
여신받는 자는, 본 문서상의 여신조건을 만족시키기 위하여 다음의 경비(folgende Auflagen)을 지급해야 합니다. [경비] (해당하는 경우 기재) 당신이 이 경비를 지급하지 않는다면(falls Sie diese Auflagen nicht erfüllen), 본 문서상의 여신조건(이자율 포함)이 변경될 수 있다는 점에 주의하시기 바랍니다: (해당하는 경우 기재) 본 여신에 수반하는 부가급부에 대하여 나중에 행하는 해지의 발생 가능한 효과에 주의하시기 바랍니다. [효과]
9. 기한 전 상환
당신은 여신금액의 전부 또는 일부를 기한 전에 상환할 수 있습니다. (해당하는 경우 기재) [조건] (해당하는 경우 기재) 중도상환수수료: [금액이나, 그 기재가 불가능한 경우에는 산정방법(Berechnungsmethode)] (해당하는 경우 기재) 당신이 여신금액을 기한 전에 상환하기로 결정했다면, 해당 기간에 대한 중도상환수수료(Ablösungsentschädigung)의 정확한 액수를 알기 위해서 우리에게 연락을 하시기 바랍니다.
10. 이전에 관한 구성요소(Flexible Merkmale)
(해당하는 경우 기재) [양도성/채권양도에 관한 정보] 당신은 본 여신을 [다른 여신받는 자]에게 [또는] [다른 부동산]으로 이전할 수 있습니다. (해당하는 경우 기재) 당신은 본 여신을 [다른 여신받는 자]에게 [또는] [다른 부동산]으로 이전할 수 없습니다. (해당하는 경우 기재) 추가적 구성요소: 파트 B에 목록으로 기재된 추가적 구성요소에 대한 설명(Erläuterung der in Teil B aufgelisteten zusätzlichen Merkmale)과, 선택적으로, 여신인(與信人)이 여신의 일환으로 제공하고 전술(前述)한 장에서 언급되지 않은 일체의 추가적 구성요소에 대한 설명]
11. 여신받는 자의 기타 권리
(해당하는 경우 기재) 당신이 여신 수용(收容)을 결정하기 전에 당신은 [숙고기간이 개시되는 기간]부터 [숙고기간 길이]까지 숙고기간을 갖습니다. (해당하는 경우 기재) 당신이 여신인(與信人)에게서 여신계약(與信契約)에 대한 청약을 받자마자(Sobald Sie den Kreditvertrag vom Kreditgeber erhalten haben) 당신은 [그 숙고기간]의 기간 경과 전에는 승낙(承諾)할 수 없습니다.

(falls zutreffend) Sie können während eines Zeitraums von [Dauer der Widerrufsfrist] ab [Zeitpunkt, zu dem die Widerruffrist beginnt] von Ihrem Widerrufsrecht Gebrauch machen. [Bedingungen] [Verfahren] (falls zutreffend) Sie können Ihr Widerrufsrecht verlieren, wenn Sie innerhalb dieses Zeitraums eine Immobilie erwerben oder veräußern, die im Zusammenhang mit diesem Kreditvertrag steht. (falls zutreffend) Sollten Sie beschließen, von Ihrem Recht auf Widerruf [des Kreditvertrags] Gebrauch zu machen, so prüfen Sie bitte, ob Sie durch andere [, in Abschnitt 8 genannte] Auflagen im Zusammenhang mit dem Kredit [einschließlich der mit dem Kredit verbundenen Nebenleistungen] weiter gebunden bleiben.
12. Beschwerden
Im Fall einer Beschwerde wenden Sie sich bitte an [interne Kontaktstelle und Informationsquelle zum weiteren Verfahren]. (falls zutreffend) Maximale Frist für die Bearbeitung der Beschwerde: [Zeitraum] (falls zutreffend) Sollten wir die Beschwerde nicht intern zu Ihrer Zufriedenheit beilegen, so können Sie sich auch an [Name der externen Stelle für außergerichtliche Beschwerde- und Rechtsbehelfsverfahren] wenden (falls zutreffend) oder Sie können weitere Informationen bei FIN-NET oder der entsprechenden Stelle in Ihrem eigenen Land erfragen.
13. Nichteinhaltung der aus dem Kreditvertrag erwachsenden Verpflichtungen: Konsequenzen für den Kreditnehmer
[Arten eines Verstoßes gegen die Verpflichtungen] [finanzielle und/oder rechtliche Folgen] Sollten Sie Schwierigkeiten haben, die [Zahlungsintervall] Zahlungen zu leisten, so nehmen Sie bitte umgehend Kontakt mit uns auf, damit nach möglichen Lösungen gesucht werden kann. (falls zutreffend) Kommen Sie Ihren Zahlungsverpflichtungen nicht nach, kann als letztes Mittel Ihre Immobilie zwangsversteigert werden.
(falls zutreffend) 14. Zusätzliche Informationen
(falls zutreffend) [auf den Kreditvertrag anwendbares Recht] (Sofern der Kreditgeber eine Sprache verwenden möchte, die sich von der Sprache des ESIS-Merkblatts unterscheidet:) Informationen und Vertragsbedingungen werden in [Angabe der Sprache] vorgelegt. Mit Ihrer Zustimmung werden wir während der Laufzeit des Kreditvertrags mit Ihnen in [Angabe der Sprache(n)] kommunizieren. [Hinweis betreffend das Recht, dass der Kreditvertrag gegebenenfalls im Entwurf vorgelegt oder dies angeboten wird].

(해당하는 경우 기재) 당신은 [철회기간이 개시된 시기]부터 [철회기간의 길이]까지의 철회기간 중에 당신의 철회권을 행사할 수 있습니다(von Ihrem Widerrufsrecht Gebrauch machen). [조건] [조건] [절차] (해당하는 경우 기재) 당신이 이러한 기간 내에 본 여신과 관련된 부동산을 취득하거나 양도하는 경우에는 당신은 당신의 철회권을 상실하게 됩니다. (해당하는 경우 기재) 당신이 [여신] 철회권(撤回權)를 행사(行使)하기로 결정(決定)했다면, 당신은 [제8장에 언급된] [본 여신에 수반된 부가급부를 포함하여; inschließlich der mit dem Kredit verbundenen Nebenleistungen] 본 여신과 관련된(im Zusammenhang mit dem Kredit) 추가적 경비(經費)에 의해 계속적으로 구속(拘束)되는지를 검토해주시기 바랍니다.
12. 불만제기
불만이 있는 경우에 당신은 [내부 연락처와 추가 절차에 관한 정보원]에 연락하시기 바랍니다. (해당하는 경우 기재) 불만 처리의 최대 기간: [기간] (해당하는 경우 기재) 우리가 당신이 당신의 만족 여부와 관련하여 내부적으로 처리하지 않는다면, 당신은 [대안적 신청절차 및 법적구제절차에 관한 외부기관의 이름]에 불만을 제기할 수 있거나, (해당하는 경우 기재) 당신은 자국에 있는 금융분쟁해결네트워크(Financial dispute resolution network) 또는 관련 기관에 추가적 정보를 문의할 수 있습니다.
13. 여신에서 파생된 의무 위반: 여신(與信)을 받는 자에 대한 효과(Konsequenzen für den Kreditnehmer)
[의무 위반의 유형] [금전적 및(또는) 법적 효과] 당신이 [상환간격] 상환금을 지급하기 어렵다면, 당신은 가능한 해결책을 찾기 위해서(damit nach möglichen Lösungen gesucht werden kann) 즉시 우리에게 연락해주시기 바랍니다. (해당하는 경우 기재) 당신이 당신의 상환의무를 준수하지 않는다면, 당신의 부동산은 최후의 수단으로 강제매각될 수 있습니다.
(해당하는 경우 기재) 14. 추가적 정보
(해당하는 경우 기재) [본 여신에 대한 준거법] (여신인(與信人)이 유럽연합표준정보제공서상의 언어와 다른 언어(:)를 사용하고자 한다면, 정보와 계약조건(Informationen und Vertragsbedingungen)은 [그 언어로 기재되어] 제공됩니다. 당신이 동의(同議)한다면(Mit Ihrer Zustimmung) 우리는 여신계약기간 중(während der Laufzeit des Kreditvertrags)에 [그 언어로 기재]하여 당신과 연락(連絡)할 것입니다. [여신계약이 필요하면 초안(草案)으로 제시되거나 이것이 제공된다는 것에 관련한 권리(權利)에 대한 언급]

15. Aufsichtsbehörde
Die Aufsicht über diesen Kreditgeber obliegt: [Bezeichnung(en) und Internetadresse(n) der Aufsichtsbehörde(n)]. (falls zutreffend) Die Aufsicht über diesen Kreditvermittler obliegt: [Bezeichnung und Internetadresse der Aufsichtsbehörde].

Teil C

Hinweise zum Ausfüllen des ESIS-Merkblatts

Beim Ausfüllen des ESIS-Merkblatts sind die folgenden Hinweise zu beachten:

Abschnitt "Vorbemerkungen"

Das Datum, bis zu dem die Angaben gelten, ist optisch angemessen hervorzuheben. Für die Zwecke dieses Abschnitts bezeichnet der Begriff "Gültigkeitsdatum" den Zeitraum, innerhalb dessen die im ESIS-Merkblatt enthaltenen Angaben, etwa der Sollzinssatz, unverändert bleiben und zur Anwendung kommen werden, falls der Kreditgeber beschließt, den Kredit innerhalb dieser Frist zu bewilligen. Hängt die Festlegung des anwendbaren Sollzinssatzes und anderer Kosten vom Ergebnis des Verkaufs zugrunde liegender Wertpapiere ab, so können der vertraglich vereinbarte Sollzinssatz und andere Kosten gegebenenfalls von diesen Angaben abweichen. Ausschließlich unter diesen Umständen ist auf die Tatsache, dass sich das Gültigkeitsdatum nicht auf den Sollzinssatz und andere Kosten bezieht, mit folgender Angabe hinzuweisen: "mit Ausnahme des Zinssatzes und anderer Kosten".

Abschnitt "1. Kreditgeber"

(1) Name, Telefonnummer und Anschrift des Kreditgebers müssen diejenigen Kontaktdaten sein, die der Verbraucher in der künftigen Kommunikation verwenden kann.

(2) Angaben zu E-Mail-Adresse, Faxnummer, Internetadresse und Kontaktperson oder -stelle sind fakultativ.

(3) Wird der Kreditvertrag im Rahmen eines Fernabsatzgeschäfts gemäß § 312c des Bürgerlichen Gesetzbuchs angeboten, muss der Kreditgeber hier gegebenenfalls gemäß Artikel 246b § 1 Absatz 1 Nummer 3 und 4 des Einführungsgesetzes zum Bürgerlichen Gesetzbuche Namen und Anschrift seines Vertreters in dem Mitgliedstaat der Europäischen Union, in dem der Verbraucher seinen Wohnsitz hat, angeben. Die Angabe von Telefonnummer, E-Mail-Adresse und Internetadresse des Vertreters des Kreditgebers ist fakultativ.

(4) Kommt Abschnitt 2 nicht zur Anwendung, so unterrichtet der Kreditgeber unter Verwendung der Formulierungen in Teil A den Verbraucher darüber, ob und auf welcher Grundlage Beratungsdienstleistungen (Beratungsleistungen gemäß § 511 des Bürgerlichen Gesetzbuchs) erbracht werden.

15. 감독관청
본 여신인(與信人)에 대한 감독(監督)은 다음의 기관에 의해 이뤄집니다: [감독관청(들)의 명칭과 인터넷주소] (해당하는 경우 기재) 여신중개인에 대한 감독은 다음의 기관에 의해 이뤄집니다: [감독관청(들)의 명칭과 인터넷주소].

C 파트

유럽연합표준정보제공서 견본의 기입에 대한 안내

유럽연합표준정보제공서 견본을 기입함에 있어 다음 안내에 유의(留意)해야 합니다:

서장(序章)

해당 사항들이 적용되는 기간까지의 날짜는 이를 선택해서 적절하게 강조해야 합니다. 여신인(與信人)이 그 기간 내에 여신을 승인하기로 결정한다면, 본 장의 목적을 위해 "효력일"의 개념을 기간에 표시하는데, 그 기간 내에 유럽연합표준정보제공서 견본에 포함된 사항, 예컨대 여신금리는 변하지 않고 그대로 유지되며 적용됩니다. 기반하는 유가증권의 판매 결과에 적용 여신금리 및 그 밖의 비용의 정함이 좌우되는 경우에(Hängt die Festlegung des anwendbaren Sollzinssatzes und anderer Kosten vom Ergebnis des Verkaufs zugrunde liegender Wertpapiere ab), 계약상 약정 여신금리 및 그 밖의 비용(der vertraglich vereinbarte Sollzinssatz und andere Kosten)은 경우에 따라서는 이러한 사항[51]과 달라질 수 있습니다. 오로지 이러한 사정하에 유효일이 여신금리 및 그 밖의 비용에 적용되지 않는다는 사실을 다음 사항과 함께 언급해야 합니다: "이율 및 그 밖의 비용을 제외하고"

제1장 "여신인(與信人)"

① 여신인(與信人)의 이름, 전화번화 및 주소는 소비자가 장래 연락할 때 이용할 수 있는(die der Verbraucher in der künftigen Kommunikation verwenden kann) 연락정보이어야만 합니다.

② 이메일, 팩스번호, 인터넷주소 그리고 연락담당자 혹은 연락처에 관한 사항은 선택적으로 기재합니다.

③ 여신계약(與信契約)에 대해 민법전 제312조c에 따라 통신판매거래 중에 청약되는 경우에(Wird der Kreditvertrag im Rahmen eines Fernabsatzgeschäfts gemäß § 312c des Bürgerlichen Gesetzbuchs angeboten), 여신인(與信人)은 여기에 민법전시행법 제246항목b 제1조 제1항 제3호, 제4호에 따라, 필요하면 소비자가 자신의 주소를 둔 유럽연합회원국에 내 여신인(與信人)의 대리인의 이름 및 주소를 명시해야만 합니다. 여신인(與信人)의 그 대리인의 전화번호, 이메일주소 및 인테넷주소에 관한 사항은 선택적으로 기재합니다.

④ 제2장이 적용되지 않는 경우에(Kommt Abschnitt 2 nicht zur Anwendung), 여신인(與信人)은 A파트 내의 표현을 활용하여 소비자에게 (민법전 제 511조에 따른 상담서비스급부; Beratungsleistungen gemäß § 511 des Bürgerlichen Gesetzbuchs) 상담서비스가 제공되는지 여부, 무엇에 기초하여 제공되는지에 관하여 정보를 제공합니다.

(falls zutreffend) Abschnitt 2. "Kreditvermittler"
Erhält der Verbraucher die Produktinformationen von einem Kreditvermittler, so erteilt dieser die folgenden Informationen:
(1) Name, Telefonnummer und Anschrift des Kreditvermittlers müssen diejenigen Kontaktdaten sein, die der Verbraucher in der künftigen Kommunikation verwenden kann.
(2) Angaben zu E-Mail-Adresse, Faxnummer, Internetadresse und Kontaktperson oder -stelle sind fakultativ.
(3) Der Kreditvermittler unterrichtet unter Verwendung der Formulierungen in Teil A den Verbraucher darüber, ob und auf welcher Grundlage Beratungsdienstleistungen (Beratungsleistungen gemäß § 511 des Bürgerlichen Gesetzbuchs) erbracht werden.
(4) Erläuterungen zur Art und Weise der Vergütung des Kreditvermittlers. Erhält dieser eine Provision vom Kreditgeber, so sind der Betrag und – sofern abweichend von der Angabe unter Abschnitt 1 – der Name des Kreditgebers anzugeben.

Abschnitt 3. "Hauptmerkmale des Kredits"
(1) In diesem Abschnitt sind die Hauptmerkmale des Kredits, einschließlich des Wertes, der Währung und der potenziellen Risiken, die mit dem Sollzinssatz (darunter die unter Nummer 8 genannten Risiken) und der Amortisationsstruktur verbunden sind, klar darzulegen.
(2) Handelt es sich bei der Kreditwährung nicht um die Landeswährung des Verbrauchers, so weist der Kreditgeber darauf hin, dass der Verbraucher einen regelmäßigen Warnhinweis erhält, sobald der Wechselkurs um mehr als 20 % schwankt, und dass er das Recht hat, die Währung des Kreditvertrags in seine Landeswährung umzuwandeln. Er weist auch auf alle sonstigen Regelungen, die dem Verbraucher zur Begrenzung des Wechselkursrisikos zur Verfügung stehen, hin. Ist im Kreditvertrag eine Bestimmung zur Begrenzung des Wechselkursrisikos vorgesehen, so gibt der Kreditgeber den Höchstbetrag an, den der Verbraucher gegebenenfalls zurückzuzahlen hat. Ist im Kreditvertrag keine Bestimmung vorgesehen, wonach das Wechselkursrisiko für den Verbraucher auf eine Wechselkursschwankung von weniger als 20 % begrenzt wird, so gibt der Kreditgeber ein anschauliches Beispiel dafür, wie sich ein Kursverfall der Landeswährung des Verbrauchers von 20 % gegenüber der Kreditwährung auf den Wert des Kredits auswirkt.
(3) Die Laufzeit des Kredits ist – je nach Relevanz – in Jahren oder Monaten auszudrücken. Kann sich die Kreditlaufzeit während der Geltungsdauer des Vertrags ändern, erläutert der Kreditgeber,

(해당하는 경우 기재) 제2장 “여신중개인”
소비자가 상품정보를 여신중개인에게서 수령하는 경우에, 그 여신중개인은 다음 정보(情報)를 제공합니다:
① 여신중개인의 이름, 전화번화 및 주소는 소비자가 장래 연락할 때 이용할 수 있는(die der Verbraucher in der künftigen Kommunikation verwenden kann) 연락정보이어야만 합니다.
② 이메일, 팩스번호, 인터넷주소 그리고 연락담당자 혹은 연락처에 관한 사항은 선택적으로 기재합니다.
③ 여신중개인은, A파트 내 표현을 활용하여(unter Verwendung der Formulierungen in Teil A) 소비자에게 (민법전 제 511조에 따른 상담서비스급부) 상담서비스가 제공되는지 여부, 무엇에 기초하여 제공되는지에 관하여 정보를 제공합니다.
④ 여신중개인의 보수의 유형과 방법에 관한 설명(Erläuterungen zur Art und Weise der Vergütung des Kreditvermittlers). 여신중개인이 여신인(與信人)에게서 수수료를 받는 경우에, 그 금액과, 제1장의 사항과 다른 한, 여신인(與信人)의 이름을 명시합니다.

제3장 “여신(與信)의 주요구성요소”
① 본 장에서 금액(Wert), 통화(Währung)와, 여신금리(그 여신금리에는 제8항에서 언급된 위험이 포함됨; darunter die unter Nummer 8 genannten Risiken)와 상환구조와 결부된 잠재적 위험(potenziellen Risiken)을 포함하여 여신의 주요구성요소(die Hauptmerkmale des Kredits)는 명확하게 명시되어야 합니다.
② 여신에 사용된 통화(通貨)가 소비자의 자국통화가 아닌 경우에 여신인(與信人)은, 환율이 20%을 초과하여 오르자마자 소비자가 정기적 경고를 받는다는 점과, 소비자가 여신계약의 통화를 자국통화로 환산할 권리를 갖는다는 점을 안내합니다. 여신인(與信人)은, 소비자가 환율위험 제한을 이용할 수 있는 그 밖의 일체의 규율을 안내합니다. 여신계약에 환율위험을 제한하기 위한 규율이 마련되어 있지 않은 경우에(Ist im Kreditvertrag eine Bestimmung zur Begrenzung des Wechselkursrisikos vorgesehen) 여신인(與信人)은 소비자가 경우에 따라서는 상환해야 하는 상한액을 명시합니다. 여신계약에 소비자에 대한 환율위험이 20% 미만의 환율등락으로 제한된다는 규정이 마련되어 있지 않은 경우에, 여신인(與信人)은, 여신에 사용된 통화(通貨) 대비 20%의 소비자 자국통화의 환율하락이 여신금액에 어떻게 영향을 미치는지에(wie sich ein Kursverfall der Landeswährung des Verbrauchers von 20 % gegenüber der Kreditwährung auf den Wert des Kredits auswirkt) 대한 명백한 예시를 제공합니다.
③ 여신기간은, 그 관련성에 따라 연 또는 월로 표시합니다. 여신기간이 계약의 유효기간 동안에 변경될 수 있는 경우에(Kann sich die Kreditlaufzeit während der Geltungsdauer des Vertrags

wann und unter welchen Bedingungen dies möglich ist. Handelt es sich um einen unbefristeten Kredit, etwa für eine gesicherte Kreditkarte, so ist dies vom Kreditgeber klar anzugeben.
(4) Die Art des Kredits ist genau anzugeben (z. B. grundpfandrechtlich besicherter Kredit, wohnungswirtschaftlicher Kredit, gesicherte Kreditkarte). Bei der Beschreibung der Kreditart ist klar anzugeben, wie Kapital und Zinsen während der Laufzeit des Kredits zurückzuzahlen sind (d. h. die Amortisationsstruktur) und ob der Kreditvertrag auf einer Kapitalrückzahlung oder auf der Endfälligkeit basiert oder eine Mischung von beidem ist.
(5) Handelt es sich bei dem gewährten Kredit oder einem Teil davon um einen endfälligen Kredit, so ist ein diesbezüglicher eindeutiger Hinweis unter Verwendung der Formulierung in Teil A deutlich sichtbar am Ende dieses Abschnitts einzufügen.
(6) In der Rubrik [Art des anwendbaren Zinssatzes] ist anzugeben, ob der Sollzinssatz fest oder variabel ist, sowie gegebenenfalls die Zeiträume, für die der Zinssatz festgeschrieben ist, wie häufig der Zinssatz in der Folge überprüft wird und inwieweit die Variabilität des Sollzinssatzes nach oben oder nach unten hin begrenzt ist. Die Formel für die Überprüfung des Sollzinssatzes und ihrer einzelnen Bestandteile (z. B. Referenzzinssatz, Zinsmarge) ist zu erläutern. Der Kreditgeber hat anzugeben, etwa mittels einer Internetadresse, wo weitere Informationen zu den in der Formel zugrunde gelegten Indizes oder Zinssätzen zu finden sind, z. B. EURIBOR-Satz oder Referenzzinssatz der Zentralbank.
(7) Gelten unter bestimmten Umständen unterschiedliche Sollzinssätze, so sind diese Angaben für alle anzuwendenden Sollzinssätze zu machen.
(8) Der "zurückzuzahlende Gesamtbetrag" entspricht dem Gesamtbetrag, den der Verbraucher zu zahlen hat. Er wird dargestellt als die Summe aus Nettodarlehensbetrag und Gesamtkosten des Kredits für den Verbraucher. Ist der Sollzinssatz für die Laufzeit des Vertrags nicht festgelegt, so ist optisch hervorzuheben, dass dieser Betrag lediglich Beispielcharakter hat und insbesondere bei einer Veränderung des Sollzinssatzes variieren kann.
(9) Wird der Kredit durch eine Hypothek auf die Immobilie oder durch eine andere vergleichbare Sicherheit oder ein Recht an einer Immobilie gesichert, hat der Kreditgeber den Verbraucher darauf hinzuweisen. Der Kreditgeber hat gegebenenfalls den geschätzten Wert der Immobilie oder der sonstigen Sicherheiten zu nennen, die zur Erstellung dieses Merkblatts herangezogen wurden.
(10) Der Kreditgeber gibt gegebenenfalls Folgendes an:

ändern) 여신인(與信人)은, 언제, 어떠한 조건 하에 이것이 가능한지를 설명합니다. 기간의 정함이 없는 여신, 가령 보증신용카드인 경우에, 이것은 여신인(與信人)에 의해 명시(明示)되어야 합니다.
④ 여신의 종류(예컨대, 부동산담보부여신, 주택자금여신, 보증신용카드; z. B. grundpfandrechtlich besicherter Kredit, wohnungswirtschaftlicher Kredit, gesicherte Kreditkarte)는 정확하게 명시해야 합니다. 여신의 종류 기술시 원금 및 이자가 여신기간 동안에 얼마나 상환되어야 하는지(즉, 상환구조)와 여신계약이 한 회의 원금상환(元金償還) 혹은 만기전액(滿期全額) 일괄상환(一括償還)에 기반하는지, 아니면 양자의 혼한형인지가 명시되어야 합니다.
⑤ 허용된 여신 전부 또는 일부가 만기전액 일괄상환형여신인 경우에(Handelt es sich bei dem gewährten Kredit oder einem Teil davon um einen endfälligen Kredit), A파트 내 표현을 활용하여 이에 대하여 명료한 안내를 읽을 수 있게 본 장의 말미에(am Ende dieses Abschnitts) 첨부합니다.
⑥ [적용 이율의 유형]의 난(欄)에, 여신금리가 고정여신금리인지 혹은 변동여신금리인지와, 필요하면 이율이 정해진 기간, 이율이 얼마나 자주 나중에 심사되는지, 여신금리의 가변성의 상한 및 하한으로 어느 정도 제한되는지가 명시(明示)되어야 합니다. 여신금리심사의 공식과 그 심사의 각 구성부분(예컨대, 기준이율, 위험가산금리)은 설명되어야 합니다. 여신인(與信人)은, 가령 인터넷주소를 통해, 그 공식이 기반한 지표 또는 이율에 관한 추가적 정보, 가령 유리보[52] 또는 중앙은행 기준이율을 어디에서 찾아볼 수 있는지(wo weitere Informationen zu den in der Formel zugrunde gelegten Indizes oder Zinssätzen zu finden sind, z. B. EURIBOR-Satz oder Referenzzinssatz der Zentralbank)를 명시해야 합니다.
⑦ 일정한 사정하에서 다양한 여신금리가 적용되는 경우에, 적용 여신금리에 대한 일체의 다양한 사항을 명시해야 합니다.
⑧ 상환해야 할 여신총액은, 소비자가 지급해야 할 총액에 상응합니다. 그 총액은, 소비자에 대한 여신의 순수여신액 및 총비용의 합계액으로 표시됩니다. 여신금리가 계약기간 동안에 대하여 정해지지 않은 경우에, 그 총액은 단지 예시에 불과하고 특히 여신금리변동시에 변동될 수 있다는 점(dass dieser Betrag lediglich Beispielcharakter hat und insbesondere bei einer Veränderung des Sollzinssatzes variieren kann)은 이를 선택해서 강조(强調)해야 합니다.
⑨ 여신(與信)이 부동산근저당에 의해 또는 그 밖의 이에 유사한 담보 또는 부동산에 대한 권리에 의해(durch eine andere vergleichbare Sicherheit oder ein Recht an einer Immobilie) 담보되는 경우에, 여신인(與信人)은 소비자에게 이를 언급해야 합니다. 여신인(與信人)은 필요하면 본 견본의 작성에 관련된 부동산평가액이 또는 기타 담보평가액을 언급해야 합니다.
⑩ 여신인(與信人)은 필요하면 다음 각 목을 명시합니다:

a) die "Beleihungsgrenze" (maximale Höhe des Kredits im Verhältnis zum Wert der Immobilie), die das Verhältnis zwischen Kredithöhe und Objektwert angibt; neben der entsprechenden Angabe ist ein konkretes Zahlenbeispiel für die Ermittlung des Höchstbetrags zu nennen, der bei einem bestimmten Immobilienwert als Kredit aufgenommen werden kann oder

b) den "Mindestwert der Immobilie, den der Kreditgeber für die Vergabe eines Kredits in der angegebenen Höhe voraussetzt".

(11) Bei mehrteiligen Krediten (z. B. zum Teil mit festem und zum Teil mit variablem Zinssatz) muss dies aus den Angaben zur Art des Kredits hervorgehen und die vorgeschriebenen Informationen müssen für jeden Teil des Kredits angegeben werden.

Abschnitt 4. "Zinssatz und andere Kosten"

(1) Der Begriff "Zinssatz" bezeichnet den Sollzinssatz oder die Sollzinssätze.

(2) Der Sollzinssatz ist als Prozentwert anzugeben. Handelt es sich um einen variablen Sollzinssatz auf Basis eines Referenzzinssatzes, so kann der Kreditgeber den Sollzinssatz in Form eines Referenzzinssatzes und eines Prozentwerts seiner Zinsmarge angeben. Der Kreditgeber muss allerdings den am Tag der Ausstellung des ESIS-Merkblatts geltenden Wert des Referenzzinssatzes angeben.

Im Falle eines variablen Sollzinssatzes ist Folgendes anzugeben:

a) die der Berechnung des effektiven Jahreszinses zugrunde gelegten Annahmen,

b) gegebenenfalls die geltenden Ober- und Untergrenzen sowie

c) ein Warnhinweis, dass sich die Variabilität negativ auf die tatsächliche Höhe des effektiven Jahreszinses auswirken könnte.

Der Warnhinweis hat in größerer Schrift deutlich sichtbar im Hauptteil des ESIS-Merkblatts zu erscheinen, damit die Aufmerksamkeit der Verbraucher darauf gelenkt wird. Der Warnhinweis ist durch ein anschauliches Beispiel zum effektiven Jahreszins zu ergänzen. Besteht eine Obergrenze für den Sollzinssatz, so basiert das Beispiel auf der Annahme, dass der Sollzinssatz bei frühestmöglicher Gelegenheit auf das höchste im Kreditvertrag vorgesehene Niveau ansteigt. Besteht keine Obergrenze, so bildet das Beispiel den effektiven Jahreszins beim höchsten Sollzinssatz der mindestens letzten 20 Jahre ab oder – falls die der Berechnung des Sollzinssatzes zugrunde liegenden Daten nur für einen Zeitraum von weniger als 20 Jahren vorliegen – des längsten Zeitraums, für den solche Daten vorliegen, und zwar ausgehend vom Höchststand des jeweiligen externen Referenzsatzes, der gegebenenfalls für die Berechnung des Sollzinssatzes herangezogen wurde oder vom Höchststand eines Benchmarkzinssatzes, der von einer zuständigen Behörde oder der Europäischen Bankenaufsichtsbehörde (EBA) festgesetzt wird, sofern der

a) 여신금액과 목적물가액 간의 비율을 명시한 “여신한도”(부동산가액의 비율에 의한 여신최대액; maximale Höhe des Kredits im Verhältnis zum Wert der Immobilie); 관련 사항과 함께 그 한도액의 산정(算定)에 대한 구체적 수치예시(數値例示; Zahlenbeispiel)로, 특정한 부동산가액에서 여신(與信)으로 수용될 수 있는 수치예시(數値例示)를 언급해야 합니다.

b) “여신인(與信人)이 명시한 한도액 내의 여신실행에 대해 전제(前提)한 부동산 최소가액(Mindestwert der Immobilie)”

⑪ 여러 부분으로 된 여신(Bei mehrteiligen Krediten)(예컨대 부분적으로는 고정이율에 의한 여신, 부분적으로 변동이율에 의한 여신)의 경우에 그 여신 유형에 관한 사항에서 이를 강조해야만 하고, 전술한 정보(die vorgeschriebenen Informationen)는 여신의 각 부분에 있어 명시되어야만 합니다.

제4장 “이율과 그 밖의 비용”

① 이율의 개념은 여신금리 또는 여신금리들을 의미합니다.

② 여신금리는 백분율로 명시되어야 합니다. 기준이율에 기초한 변동여신금리인 경우에 여신인(與信人)은 기준이율방식의 여신금리와, 기준이율에 대한 위험가산금리의 백분율방식의 여신금리(den Sollzinssatz in Form eines Referenzzinssatzes und eines Prozentwerts seiner Zinsmarge)를 명시할 수 있습니다. 여신인(與信人)은 물론 유럽연합표준정보제공서의 작성일에 적용되는 기준이율을 명시해야만 합니다. 변동여신금리에서 다음 각 목이 명시되어야 합니다.

a) 연이율의 산정이 기반한 전제,

b) 필요하면 적용되는 상한(上限) 및 하한(下限)

c) 그 변동성이 연이율의 실제수치(die tatsächliche Höhe des effektiven Jahreszinses)에 대해 부정적으로 영향을 미칠 수도 있다는 경고.

경고는 소비자가 이에 주목하도록 보다 큰 서체로 명료하게 보이이게 유럽연합표준정보제공서 견본의 주요 부분에서 나타나야만 합니다. 그 경고에 연이율에 관한 분명한 예시가 추가적으로 기재되어야 합니다. 여신금리에 대한 상한(上限)이 있는 경우에, 그 예시는 여신금리가 가능한 한 빨리 여신계약에 규정된 가장 높은 수준으로 인상된다는 전제(前提)에 기반합니다. 상한(上限)이 없는 경우에, 그 예시는 최소한 최근 20년간 가장 높은 여신금리의 연이율을 나타내거나, 만일 연이율산정이 기반한 정보가 20년 미만의 기간 동안만 존재하는 경우에는 그러한 자료가 존재하는 최장기간의 연이율을 나타내고, 다만 필요하면 여신금리의 산정에 있어 고려된, 각각의 외부 기준이율의 최고점에서 유래한 연이율을 나타내거나, 여신인(與信人)이 외부 기준이율의 사용하지 않는 경우에 관할감독청 또는 유럽연합은행감독청이 정한 기준금리의 최고점에서 유래한 연이율을 나타냅니다[zwar ausgehend vom Höchststand des jeweiligen externen Referenzsatzes, der gegebenenfalls für die Berechnung des Sollzinssatzes herangezogen wurde oder vom Höchststand eines Benchmarkzinssatzes, der von einer zuständigen Behörde oder der Europäischen Bankenaufsichtsbehörde (EBA) festgesetzt wird, sofern der Kreditgeber keinen externen Referenzsatz verwendet]. 이러한 요구사항은 여신인(與信人)과 소비자와 간의 교섭 후에 이어서 추

Kreditgeber keinen externen Referenzsatz verwendet. Diese Anforderung gilt nicht für Kreditverträge, bei denen für einen konkreten Anfangszeitraum von mindestens fünf Jahren ein fester Sollzinssatz vereinbart wurde, der anschließend nach Verhandlungen zwischen Kreditgeber und Verbraucher für einen weiteren Zeitraum festgeschrieben werden kann. Im Falle von Kreditverträgen, bei denen für einen konkreten Anfangszeitraum von mindestens fünf Jahren ein fester Sollzinssatz vereinbart wurde, der anschließend nach Verhandlungen zwischen Kreditgeber und Verbraucher für einen weiteren Zeitraum festgeschrieben werden kann, muss das Merkblatt einen Warnhinweis enthalten, dass der effektive Jahreszins auf der Grundlage des Sollzinssatzes für den Anfangszeitraum berechnet worden ist. Der Warnhinweis ist durch ein zusätzliches anschauliches Beispiel für den gemäß § 6 Absatz 2 bis 6 und 8 der Preisangabenverordnung errechneten effektiven Jahreszins zu ergänzen. Bei mehrteiligen Krediten (z. B. zugleich zum Teil mit festem und zum Teil mit variablem Zinssatz) sind die entsprechenden Informationen für jeden einzelnen Teil des Kredits zu erteilen.

(3) In der Rubrik "sonstige Komponenten des effektiven Jahreszinses" sind alle sonstigen im effektiven Jahreszins enthaltenen Kosten aufzuführen, einschließlich einmaliger Kosten – etwa Verwaltungsgebühren – sowie regelmäßige Kosten wie jährliche Verwaltungsgebühren. Der Kreditgeber listet die einzelnen Kosten nach Kategorien auf (einmalige Kosten, in den Raten enthaltene regelmäßig anfallende Kosten, in den Raten nicht enthaltene regelmäßig anfallende Kosten) und gibt die jeweiligen Beträge, den Zahlungsempfänger und den Zeitpunkt der Fälligkeit an. Dabei müssen die für Vertragsverletzungen anfallenden Kosten nicht enthalten sein. Ist die Höhe der Kosten nicht bekannt, so gibt der Kreditgeber, falls möglich, einen Näherungswert an; ist dies nicht möglich, so erläutert er, wie sich der Betrag berechnen wird, wobei ausdrücklich anzugeben ist, dass der genannte Betrag lediglich Hinweischarakter hat. Sind einzelne Kosten im effektiven Jahreszins nicht enthalten, weil sie dem Kreditgeber nicht bekannt sind, so ist dies optisch hervorzuheben. Hat der Verbraucher dem Kreditgeber seine Wünsche in Bezug auf eines oder mehrere Elemente seines Kredits mitgeteilt, beispielsweise in Bezug auf die Laufzeit des Kreditvertrags oder den Gesamtkreditbetrag, so muss der Kreditgeber diese Elemente soweit möglich aufgreifen; sofern ein Kreditvertrag unterschiedliche Verfahren der Inanspruchnahme mit jeweils unterschiedlichen Gebühren oder Sollzinssätzen vorsieht und der Kreditgeber die Annahmen nach der Anlage zu § 6 der Preisangabenverordnung zugrunde legt, so weist er darauf hin, dass andere Mechanismen der Inanspruchnahme bei dieser Art des Kreditvertrags zu einem höheren effektiven Jahreszins führen können. Falls die Bedingungen für die Inanspruchnahme in

가 기간 동안에 정해질 수 있는 고정여신금리가 최소한 정확히 5년의 최초기간에 대해 약정한 여신계약에 대하여는 적용하지 않습니다. 최소한 정확히 5년의 최초기간 동안에 여신인(與信人)과 소비자와 간의 교섭 후에 이어서 추가 기간 동안에 정해질 수 있는 고정여신금리가 약정한 여신계약의 경우에(Im Falle von Kreditverträgen, bei denen für einen konkreten Anfangszeitraum von mindestens fünf Jahren ein fester Sollzinssatz vereinbart wurde, der anschließend nach Verhandlungen zwischen Kreditgeber und Verbraucher für einen weiteren Zeitraum festgeschrieben werden kann), 연이율은 그 최초기간 동안의 여신금리에 기초하여 산정된다는 점이 경고가 그 견본에 포함되어야만 합니다. 그 경고에 가격명시법 제6조 제2항 내지 제6항, 제8항에 따른 분명한 예시에 의해 보충되어 기재됩니다(Der Warnhinweis ist durch ein zusätzliches anschauliches Beispiel für den gemäß § 6 Absatz 2 bis 6 und 8 der Preisangabenverordnung errechneten effektiven Jahreszins zu ergänzen). 여러 부분으로 된 여신의 경우(예컨대 동시에 부분적으로 고정이율로, 부분적으로는 변동이율로 된 경우; z. B. zugleich zum Teil mit festem und zum Teil mit variablem Zinssatz)에, 여신의 각각의 부분에 대한 관련 정보가 제공되어야 합니다.
③ "연이율의 그 밖의 구성요소"의 난(欄)에서 1회성 비용(예컨대 관리수수료)과 연간 관리수수료과 같은 정기적 비용을 포함하여 연이율에 포함된 일체의 기타 비용에 기재합니다(In der Rubrik "sonstige Komponenten des effektiven Jahreszinses" sind alle sonstigen im effektiven Jahreszins enthaltenen Kosten aufzuführen, einschließlich einmaliger Kosten – etwa Verwaltungsgebühren – sowie regelmäßige Kosten wie jährliche Verwaltungsgebühren). 대주는 범주(1회성 비용, 분할상환금에 포함된 정기적으로 발생하는 비용, 분할상환금에 포함되지 않은 정기적으로 발생하는 비용)에 따른 각각의 비용을 목록화하고, 각각의 금액, 수취인 및 이행기를 명시합니다. 비용액을 알 수 없는 경우에 여신인(與信人)은 가능하다면 근사치(近似値)를 명시합니다; 이것이 불가능하다면 여신인(與信人)은 언급된 금액이 예시에 불과하다는 점이 명확하게 명시해서 그 금액이 어떻게 산정되는지를 설명합니다(so gibt der Kreditgeber, falls möglich, einen Näherungswert an; ist dies nicht möglich, so erläutert er, wie sich der Betrag berechnen wird, wobei ausdrücklich anzugeben ist, dass der genannte Betrag lediglich Hinweischarakter hat). 각각의 비용을 여신인(與信人)이 알지 못해서 각각의 비용이 연이율에 포함되지 않는 경우에, 이것은 선택적으로 강조되어야 합니다. 소비자가 여신인(與信人)에게 자신의 여신의 한 또는 여러 구성요소와 관련하여, 예컨대 여신계약기간 또는 여신총액과 관련하여 자신의 요구사항을 알린 경우에, 여신인(與信人)은 이러한 구성요소를 가능한 범위 내에서 수용해야만 합니다; 여신계약이 각각의 다른 수수료 또는 여신금리가 있는 다른 행사절차를 규정하고 여신인(與信人)이 전제를 가격명시명령 제6조에 관한 부록에 따라 두는 경우에, 여신인(與信人)은 이러한 유형의 여신계약에서의 다른 행사메커니즘으로 인해 보다 높은 연이율에 이를 수 있다는 점을 언급합니다. 그 행사 조건이 연이율 산정에 포함되는 경우에 여신인(與信人)은 다른 행사 메커니즘으로 발생할 수 있는 수수료로, 그 메커니즘에 기하여 연이율이 산정된 것이 아닌 수수료는 이를 선택해서 강조합니다(Falls die Bedingungen für die Inanspruchnahme in die Berechnung des effektiven Jahreszinses einfließen, hebt der Kreditgeber

die Berechnung des effektiven Jahreszinses einfließen, hebt der Kreditgeber die Gebühren optisch hervor, die mit anderen Mechanismen der Inanspruchnahme verbunden sein können, welche nicht notwendigerweise diejenigen sind, anhand deren der effektive Jahreszins berechnet worden ist.
(4) Fällt eine Gebühr für die Eintragung einer Hypothek oder vergleichbaren Sicherheit an, so ist diese zusammen mit dem Betrag (sofern bekannt) in diesem Abschnitt anzugeben oder – falls dies nicht möglich ist – ist die Grundlage für die Festsetzung dieses Betrags anzugeben. Ist die Gebühr bekannt und wurde sie in den effektiven Jahreszins eingerechnet, so sind das Anfallen der Gebühr und deren Höhe unter "einmalige Kosten" auszuweisen. Ist dem Kreditgeber die Gebühr nicht bekannt und wurde diese daher nicht in den effektiven Jahreszins eingerechnet, so muss das Anfallen einer Gebühr klar und deutlich in der Liste der dem Kreditgeber nicht bekannten Kosten aufgeführt werden. In beiden Fällen ist die Standardformulierung gemäß Teil A unter der entsprechenden Rubrik zu verwenden.

Abschnitt 5. "Häufigkeit und Anzahl der Ratenzahlungen"
(1) Sind regelmäßige Zahlungen zu leisten, ist das Zahlungsintervall (z. B. monatlich) anzugeben. Sind Zahlungen in unregelmäßigen Abständen vorgesehen, ist dies dem Verbraucher klar zu erläutern.
(2) Es sind alle über die gesamte Kreditlaufzeit zu leistenden Zahlungen aufzuführen.

Abschnitt 6. "Höhe der einzelnen Raten"
(1) Es ist klar anzugeben, in welcher Währung der Kredit bereitgestellt wird und die Raten gezahlt werden.
(2) Kann sich die Höhe der Raten während der Kreditlaufzeit ändern, hat der Kreditgeber anzugeben, für welchen Zeitraum die anfängliche Ratenhöhe unverändert bleibt und wann und wie häufig sie sich in der Folge ändern wird.
(3) Handelt es sich bei dem gewährten Kredit oder einem Teil davon um einen endfälligen Kredit, so ist ein diesbezüglicher eindeutiger Hinweis unter Verwendung der Formulierung in Teil A deutlich sichtbar am Ende dieses Abschnitts einzufügen.
Muss der Verbraucher ein damit verbundenes Sparprodukt aufnehmen, um einen durch eine Hypothek oder eine vergleichbare Sicherheit gesicherten endfälligen Kredit zu erhalten, sind Betrag und Häufigkeit von Zahlungen für dieses Produkt anzugeben.

die Gebühren optisch hervor, die mit anderen Mechanismen der Inanspruchnahme verbunden sein können, welche nicht notwendigerweise diejenigen sind, anhand deren der effektive Jahreszins berechnet worden ist).

④ 근저당과 이와 유사한 담보의 등기수수료가 발생한 경우에, 이는 본 장의 금액(알려진 것)과 함께 명시되거나, 이것이 불가능한 경우에는 그 금액 결정의 기초가 명시되어야 합니다. 그수수료가 알려지고 그 수수료가 연이율의 산정에 포함된 경우에(Ist die Gebühr bekannt und wurde sie in den effektiven Jahreszins eingerechnet), 그 수수료의 발생과 그 금액은 "1회성 비용"으로 명시되어야 합니다. 여신인(與信人)이 그 수수료를 알지 못해서 그 수수료가 연이율의 산정에 포함되지 않은 경우에(Ist dem Kreditgeber die Gebühr nicht bekannt und wurde diese daher nicht in den effektiven Jahreszins eingerechnet) 수수료의 발생은 명료하고도 분명하게 여신인(與信人)이 알지 못하는 비용의 목록에 기재되어야만 합니다. 위 두 경우에 A파트에 따른 관련 난(欄)의 표준적 표현을 활용해야 한다(In beiden Fällen ist die Standardformulierung gemäß Teil A unter der entsprechenden Rubrik zu verwenden).

제5장 "분할상환의 빈도 및 횟수"

① 정기적 상환을 해야 하는 경우에(Sind regelmäßige Zahlungen zu leisten), 상환간격(예컨대 매월)을 명시해야 합니다. 부정기적 간격으로 상환이 규정된 경우에, 소비자는 이에 대하여 명확하게 설명을 받아야 합니다.

② 상환해야 할 여신전체기간에 관한 일체사항이 기재되어야 합니다.

제6장 "각 분할상환액"

① 여신이 어느 통화로 제공되는지, 여신에 대해 분할상환을 할 수 있는지가 명확하게 명시되어야 합니다.

② 여신기간 중에 분할상환액이 변경될 수 있는 경우에, 여신인(與信人)은 어느 기간 동안에 최초의 분할상환액이 변경되지 않고 유지되는지 또, 최초의 분할상환액이 언제, 얼마나 자주 나중에 변경되는지를 명시해야 합니다.

③ 허용된 여신 전부 또는 일부가 만기전액 일괄상환형 여신에 해당하는 경우에 A파트 내 표현을 활용한 이와 관련한 분명한 안내가(ein diesbezüglicher eindeutiger Hinweis unter Verwendung der Formulierung in Teil A) 명확하게 보이도록 본 장의 말미(末尾)에 첨부합니다.

근저당 또는 이와 유사한 담보에 의해 담보된 만기전액 일괄상환형 여신을 받기 위하여 소비자가가 이와 결부된 저축상품을 받아들여야만 하는 경우에 이러한 상품에 대한 지급액 및 지급빈도(Betrag und Häufigkeit von Zahlungen für dieses Produkt)를 명시해야 합니다.

(4) Im Falle eines variablen Sollzinssatzes muss das Merkblatt einen diesbezüglichen Hinweis enthalten, wobei die Formulierung unter Teil A zu verwenden und ein anschauliches Beispiel für die maximale Zahlungsrate anzuführen ist. Besteht eine Obergrenze, so muss in dem Beispiel die Höhe der Raten aufgezeigt werden, die fällig sind, falls der Sollzinssatz die Obergrenze erreicht. Besteht keine Obergrenze, so bildet der ungünstigste denkbare Verlauf die Höhe der Ratenzahlungen beim höchsten Sollzinssatz der letzten 20 Jahre ab oder – falls die der Berechnung des Sollzinssatzes zugrunde liegenden Daten nur für einen Zeitraum von weniger als 20 Jahren vorliegen – des längsten Zeitraums, für den solche Daten vorliegen, und zwar ausgehend vom Höchststand des jeweiligen externen Referenzsatzes, der gegebenenfalls für die Berechnung des Sollzinssatzes herangezogen wurde oder vom Höchststand eines Benchmarkzinssatzes, der von einer zuständigen Behörde oder der EBA festgesetzt wird, sofern der Kreditgeber keinen externen Referenzsatz verwendet. Die Anforderung, ein anschauliches Beispiel anzuführen, gilt nicht für Kreditverträge, bei denen ein fester Sollzinssatz für einen konkreten Anfangszeitraum von mindestens fünf Jahren vereinbart wurde, der anschließend nach Verhandlungen zwischen Kreditgeber und Verbraucher für einen weiteren Zeitraum festgelegt werden kann. Bei mehrteiligen Krediten (d. h. zugleich zum Teil mit festem und zum Teil mit variablem Zinssatz) sind die entsprechenden Informationen für jeden einzelnen Teil des Kredits und für den Gesamtkredit anzugeben.

(5) (falls zutreffend) Wird der Kredit in einer anderen Währung als der Landeswährung des Verbrauchers bereitgestellt oder ist er auf eine andere Währung als die Landeswährung des Verbrauchers indexiert, verdeutlicht der Kreditgeber – unter Verwendung der Formulierung unter Teil A – anhand eines Zahlenbeispiels, wie sich Änderungen des maßgeblichen Wechselkurses auf die Höhe der Raten auswirken können. Dieses Beispiel basiert auf einem Kursverlust der Landeswährung des Verbrauchers von 20 % und wird von einem Hinweis an hervorgehobener Stelle begleitet, dass die Raten um mehr als den in diesem Beispiel angenommenen Betrag steigen können. Besteht eine Obergrenze, die den Anstieg auf weniger als 20 % begrenzt, so ist stattdessen der Höchstwert der Zahlungen in der Landeswährung des Verbrauchers anzugeben und der Hinweis auf etwaige weitere Anstiege entfällt.

(6) Handelt es sich bei dem gesamten Kreditvertrag oder einem Teil davon um einen Kreditvertrag mit variablem Zinssatz und kommt ferner Nummer 5 zur Anwendung, so ist das Beispiel nach Nummer 4 auf der Grundlage der Ratenhöhe im Sinne von Nummer 1 anzugeben.

④ 변동여신금리의 경우에 그 견본에 A파트의 표현을 활용하고 최대 상환이율에 대한 명확한 예시가 기재된, 이와 관련한 안내가 포함되어야만 합니다. 상한(上限)이 있는 경우에 여신금리가 상한에 이른다면, 그 예시에서 이행기가 도래한 분할상환액이 제시되어야만 합니다. 상한(上限)이 없는 경우에 있을 수 있는 가장 불리한 경과(經過)가 최근 20년간 가장 높은 여신금리 중의 분할상환액을 나타내거나, 만일 연이율산정이 기반한 정보가 20년 미만의 기간 동안만 존재하는 경우에는 그러한 자료가 존재하는 최장 기간의 연이율을 나타내고, 다만 필요하면 여신금리의 산정에 있어 고려된, 각각의 외부 기준이율의 최고점에서 유래한 연이율을 나태내거나, 여신인(與信人)이 외부 기준이율의 사용하지 않는 경우에 관할감독청 또는 유럽연합은행감독청이 정한 기준금리의 최고점에서 유래한 연이율을 나타냅니다(zwar ausgehend vom Höchststand des jeweiligen externen Referenzsatzes, der gegebenenfalls für die Berechnung des Sollzinssatzes herangezogen wurde oder vom Höchststand eines Benchmarkzinssatzes, der von einer zuständigen Behörde oder der EBA festgesetzt wird, sofern der Kreditgeber keinen externen Referenzsatz verwendet). 명확한 예시를 명시해야 하는 이러한 요구사항은, 여신인(與信人)과 소비자와 간의 교섭 후에 이어서 추가 기간 동안에 정해질 수 있는 고정여신금리가 최소한 정확히 5년의 최초기간에 대해 약정한 여신계약에 대하여는 적용되지 않습니다. 여러 부분으로 된 여신의 경우(예컨대 동시에 부분적으로 고정이율로, 부분적으로는 변동이율로 된 경우; z. B. zugleich zum Teil mit festem und zum Teil mit variablem Zinssatz)에, 여신의 각각의 부분에 대한 관련 정보와 여신총액에 대한 관련 정보가 명시되어야 합니다.

⑤ (해당하는 경우 기재) 여신이 소비자의 자국통화 이외의 통화로 제공되거나, 여신이 소비자의 자국통화 이외의 통화로 표시된 경우에, 여신인(與信人)은 A파트의 표현을 활용하여 수치예시(數値例示)에 의하여 적용 환율의 변동이 분할상환액에 어떻게 영향을 미칠 수 있는지(wie sich Änderungen des maßgeblichen Wechselkurses auf die Höhe der Raten auswirken können)를 분명하게 나타내야 합니다. 이러한 예시는 소비자의 자국통화의 20%의 환율하락에 기반하고, 분할상환액이 본 예시에서 전제된 액수보다 많이 많아질 수 있다는 점이 눈에 띄는 자리에서의 안내에 의해 기재되어야 합니다(wird von einem Hinweis an hervorgehobener Stelle begleitet, dass die Raten um mehr als den in diesem Beispiel angenommenen Betrag steigen können). 그 상승을 20% 미만으로 제한하는 상한(上限)이 있는 경우에, 그 대신에 소비자의 자국통화에 의한 상환한도액을 명시해야 하고, 있을 수 있는 추가 상승에 대한 언급을 생략해야 합니다.

⑥ 여신계약의 전체 또는 일부가 변동이율에 의한 여신계약이고 또한 위 제5항이 이용되는 경우에, 위 제4항에 따른 예시가 제1호상의 분할상환액에 기초하여 명시되어야 합니다(so ist das Beispiel nach Nummer 4 auf der Grundlage der Ratenhöhe im Sinne von Nummer 1 anzugeben).

(7) Werden die Raten in einer anderen Währung als der Kreditwährung gezahlt oder hängt die Höhe der einzelnen in der Landeswährung des Verbrauchers ausgedrückten Raten von dem entsprechenden Betrag in einer anderen Währung ab, so sind in diesem Abschnitt der Termin, zu dem der anwendbare Wechselkurs berechnet wurde, sowie entweder der Wechselkurs oder die Grundlage für dessen Berechnung und die Häufigkeit der Anpassung desselben anzugeben. Gegebenenfalls ist dabei der Name der den Wechselkurs veröffentlichenden Einrichtung zu nennen.
(8) Handelt es sich um einen Kredit mit abgegrenztem Zins, bei dem der fällige Zins durch die Raten nicht vollständig zurückbezahlt und zum ausstehenden Gesamtkreditbetrag hinzuaddiert wird, so ist zu erläutern, wie und wann der abgegrenzte Zins als Barbetrag zu dem Kredit hinzuaddiert wird und wie sich dies auf die Restschuld des Verbrauchers auswirkt.

Abschnitt 7. "Beispiel eines Tilgungsplans"
(1) Dieser Abschnitt ist aufzunehmen, falls es sich um einen Kredit mit abgegrenztem Zins handelt, bei dem der fällige Zins durch die Raten nicht vollständig zurückbezahlt und zum ausstehenden Gesamtkreditbetrag hinzuaddiert wird, oder falls der Sollzinssatz für die Laufzeit des Kreditvertrags festgeschrieben ist. Der Abschnitt ist ferner aufzunehmen, wenn im Kreditvertrag ein Zeitpunkt für die Rückzahlung des Kredits bestimmt werden soll. Soll im Kreditvertrag ein Zeitpunkt für die Rückzahlung des Kredits bestimmt werden, ist der Verbraucher darauf hinzuweisen, dass er vom Kreditgeber jederzeit einen Tilgungsplan nach Artikel 247 § 14 des Einführungsgesetzes zum Bürgerlichen Gesetzbuche verlangen kann.
(2) Kann der Sollzinssatz während der Kreditlaufzeit variieren, so muss der Kreditgeber nach Angabe des Sollzinssatzes den Zeitraum nennen, während dessen der Anfangszinssatz unverändert bleibt, wenn dieser bekannt ist.
(3) Die Tabelle in diesem Abschnitt muss folgende Spalten enthalten: "Rückzahlungsplan" (z. B. Monat 1, Monat 2, Monat 3), "Ratenhöhe", "pro Rate zu zahlende Zinsen", "sonstige in der Rate enthaltene Kosten" (falls zutreffend), "pro Rate zurückgezahltes Kapital" und "nach der jeweiligen Ratenzahlung noch zurückzuzahlendes Kapital".
(4) Für das erste Jahr der Rückzahlung sind für jede einzelne Ratenzahlung die betreffenden Angaben und für jede einzelne Spalte die Zwischensumme am Ende des ersten Jahres anzugeben. Für die Folgejahre können die Angaben auf Jahresbasis gemacht werden. Am Ende der Tabelle ist eine Reihe mit den Gesamtbeträgen für alle Spalten anzufügen. Die vom Verbraucher gezahlte Gesamtsumme der Spalte "Höhe der Ratenzahlung" ist optisch deutlich hervorzuheben und als solche darzustellen.

⑦ 분할상환이 여신에 사용된 통화(通貨) 이외의 통화로 이뤄지거나, 소비자의 자국통화로 표시된 각각의 분할상환액이 그 이외의 통화에 의한 해당 금액에 좌우되는 경우에(hängt die Höhe der einzelnen in der Landeswährung des Verbrauchers ausgedrückten Raten von dem entsprechenden Betrag in einer anderen Währung ab), 본 장에서 적용 환율이 산정되는 기일과, 환율 혹은 환율의 산정에 대한 기초 및 환율 조정의 빈도를 명시해야 합니다. 이 경우 필요하면 환율을 공표하는 기관의 이름(der Name der den Wechselkurs veröffentlichenden Einrichtung)을 언급합니다.
⑧ 별도의 이자가 있는 여신으로, 이행기가 도래한 이자가 그 분할상환에 의해 완전히 변제되지 않고 이행기가 도래한 여신총액에 가산(加算)되는 경우에, 별도의 이자가 어떻게, 언제 현금액으로서 여신에 가산(加算)되고 이것이 어떻게 소비자의 잔존책무에 영향을 미치는지가 설명되어야 합니다.

제7장 "상환계획의 예시"
① 만일 별도의 이자가 있는 여신으로, 이행기가 도래한 이자가 그 분할상환에 의해 완전히 변제되지 않고 이행기가 도래한 여신총액에 가산(加算)되는 경우이거나, 여신금리가 여신계약기간에 대하여 정해진 경우에 본 장을 작성합니다. 또한 본 장은 여신계약에 여신의 상환의 시기가 정해진 경우에 작성합니다(Der Abschnitt ist ferner aufzunehmen). 여신계약에 여신의 상환의 시기가 정해진 경우에는(Soll im Kreditvertrag ein Zeitpunkt für die Rückzahlung des Kredits bestimmt werden) 소비자가 여신인(與信人)에게 민법전시행법 제247항목 제14조에 따른 상환계획서를 언제든지 요구할 수 있다는 점(dass er vom Kreditgeber jederzeit einen Tilgungsplan nach Artikel 247 § 14 des Einführungsgesetzes zum Bürgerlichen Gesetzbuche verlangen kann)을 소비자에게 언급해야 합니다.
② 여신금리가 여신기간 중에 변동할 수 있는 경우에(Kann der Sollzinssatz während der Kreditlaufzeit variieren), 여신인(與信人)은, 자신이 알고 있는 때에는 여신금리의 정보에 따라 여신금리의 개시이율이 변하지 않고 유지되는 동안의 기간을 언급해야만 합니다.
③ 본 장의 표는 다음의 항목을 포함해야 합니다: "상환계획"(예컨대, 첫째 달, 둘째 달, 셋째 달), "분할상환액", "분할상환당 지급해야 할 이자", "기타 분할상환에 포함된 비용", (필요한 경우에 기재), "분할상환당 변제된 원금", "각 분할상환 후에 여전히 변제해야 할 원금"("pro Rate zurückgezahltes Kapital" und "nach der jeweiligen Ratenzahlung noch zurückzuzahlendes Kapital").
④ 상환의 첫 해에 있어, 각 상환액에 대하여 관련 항목과 위 각 개별 항목에 대하여 첫해 말의 중간합계액(die Zwischensumme am Ende des ersten Jahres)을 명시해야 합니다. 다음해에 있어 그 항목들은 연간기초에 기반하여 명시됩니다. 표의 말미에 모든 사항에 대한 총액에 의하여 순번을 추가로 기재합니다. 소비자가 지급한 "분할상환액"의 항목의 총액은, 선택적으로 명료하게 강조하고 그것으로서 명시합니다(Die vom Verbraucher gezahlte Gesamtsumme der Spalte "Höhe der Ratenzahlung" ist optisch deutlich hervorzuheben und als solche darzustellen).

(5) Ist der Sollzinssatz Gegenstand einer Überprüfung und ist die Ratenhöhe nach einer solchen Überprüfung nicht bekannt, kann der Kreditgeber im Tilgungsplan für die gesamte Kreditlaufzeit dieselbe Ratenhöhe angeben. In diesem Fall macht der Kreditgeber den Verbraucher darauf aufmerksam, indem er den Unterschied zwischen bereits feststehenden Beträgen und hypothetischen Beträgen optisch verdeutlicht (z. B. durch Schriftgröße, Rahmen oder Schattierung). Außerdem ist in leicht verständlicher Form zu erläutern, für welche Zeiträume und aus welchen Gründen sich die in der Tabelle angegebenen Beträge ändern können.

Abschnitt 8. "Zusätzliche Auflagen"
(1) Der Kreditgeber nennt in diesem Abschnitt die mit der Kreditvergabe verbundenen Auflagen, so die Auflage, die Immobilie zu versichern, eine Lebensversicherung abzuschließen, das Gehalt auf ein bei dem Kreditgeber geführtes Konto überweisen zu lassen oder ein anderes Produkt oder eine andere Dienstleistung zu erwerben. Für jede dieser Auflagen gibt der Kreditgeber an, wem gegenüber die Verpflichtung besteht und bis wann ihr nachzukommen ist.
(2) Der Kreditgeber gibt die Dauer der Auflage an, z. B. bis zum Ablauf des Kreditvertrags. Der Kreditgeber gibt für jede Verpflichtung die dem Verbraucher entstehenden Kosten an, die im effektiven Jahreszins nicht berücksichtigt wurden.
(3) Der Kreditgeber teilt mit, ob der Verbraucher zum Erwerb etwaiger Nebenleistungen verpflichtet ist, um den Kredit zu den genannten Bedingungen zu erhalten, und ob der Verbraucher gegebenenfalls verpflichtet ist, diese vom bevorzugten Anbieter des Kreditgebers zu erwerben oder ob er diese von einem Anbieter seiner Wahl erwerben kann. Hängt eine solche Möglichkeit davon ab, dass die Nebenleistungen bestimmte Mindestmerkmale aufweisen, so sind diese in dieser Rubrik zu beschreiben.
Sofern der Kreditvertrag mit anderen Produkten gebündelt angeboten wird, nennt der Kreditgeber die wichtigsten Merkmale dieser anderen Produkte und gibt eindeutig an, ob der Verbraucher das Recht hat, den Kreditvertrag oder die an ihn geknüpften Produkte voneinander getrennt zu kündigen und zu welchen Bedingungen und mit welchen Folgen dies möglich ist sowie gegebenenfalls die möglichen Folgen der Kündigung der in Verbindung mit dem Kreditvertrag vorgeschriebenen Nebenleistungen.

Abschnitt 9. "Vorzeitige Rückzahlung"
(1) Der Kreditgeber nennt die etwaigen Bedingungen für eine vorzeitige vollständige oder teilweise Rückzahlung des Kredits.

⑤ 여신금리가 심사의 대상이고 그러한 심사에 따른 분할상환액을 알 수 없는 경우에(Ist der Sollzinssatz Gegenstand einer Überprüfung und ist die Ratenhöhe nach einer solchen Überprüfung nicht bekannt), 여신인(與信人)은 상환계획에서 여신전체기간에 대하여(für die gesamte Kreditlaufzeit) 동일한 분할상환액을 명시할 수 있습니다. 이러한 경우에 여신인(與信人)은 자신이 이미 정한 금액과 가정적 금액 간의 차이를 선택적으로 분명하게 함으로써(예컨대 서체크기, 테두리 또는 음영넣기; z. B. durch Schriftgröße, Rahmen oder Schattierung)로 이에 대하여 소비자의 주의를 환시킵니다(macht der Kreditgeber den Verbraucher darauf aufmerksam).

제8장 "추가적 경비"
① 여신인(與信人)은 본 장에서 여신시행(與信施行)으로 발생한 경비, 즉 부동산을 보험에 넣는 비용, 생명보험을 체결하는 비용, 여신인(與信人)이 관리하는 계좌로 급여를 송금하는 비용이나 다른 제품 또는 서비스를 획득하는 비용을 언급합니다. 이러한 각 경비와 관련하여 여신인(與信人)은 누가에게 그 의무가 성립하는지, 언제까지 그 의무가 지켜져야 하는지(wem gegenüber die Verpflichtung besteht und bis wann ihr nachzukommen ist)를 명시합니다.
② 여신인(與信人)은 경비의 기간, 예컨대 여신계약 만료시까지로(z. B. bis zum Ablauf des Kreditvertrags) 명시합니다. 여신인(與信人)은 각 의무에 관련하여 소비자에 발생한 비용으로, 연이율에서 고려되지 않는 비용을 명시합니다.
③ 여신인(與信人)은, 소비자가 언급한 조건으로 여신을 받기 위하여 어떤 부가급부를 취득할 의무를 지는지에 대하여 알리고, 또 소비자가 경우에 따라서는 우선권을 부여받은 여신인(與信人)의 제공자에게서 부가급부를 취득할 의무를 지거나, 소비자가 자신의 선택으로 어느 제공자에게서 부가급부를 취득할 수 있는지를 알립니다. 그러한 가능성이 부가급부가 특정한 최소구성요소를 갖춘다는 점에 좌우되는 경우에, 이것은 이러한 난에 기술되어야 합니다.
여신계약이 다른 제품과 결합되어 제공된 경우에(Sofern der Kreditvertrag mit anderen Produkten gebündelt angeboten wird), 여신인(與信人)은 이러한 제품의 가장 중요한 구성요소를 언급하고, 소비자가 여신계약 또는 여신계약과 결합된 상품을 분리하여 별도로 해지할 수 있는 권리를 갖는지, 어느 조건으로 또 어떤 효과에 의해 이것이 가능한지, 필요하면 여신계약과 관련하여 규정된 부가급부의 해지의 가능한 효과에 대하여 명료하게 명시해야 합니다.

제9장 "기한 전 상환"
① 여신인(與信人)은 기한 전의 여신의 전부 또는 일부의 상환(eine vorzeitige vollständige oder teilweise Rückzahlung des Kredits)에 대한 가능한 조건을 언급합니다.

(2) In der Rubrik "Ablöseentschädigung" weist der Kreditgeber den Verbraucher auf die im Falle einer vorzeitigen Rückzahlung mögliche Vorfälligkeitsentschädigung hin und gibt sofern möglich deren Höhe an. Der Kreditgeber erläutert, wie die Vorfälligkeitsentschädigung berechnet wird, und gibt den potenziellen Höchstbetrag der Entschädigung an oder – falls dies nicht möglich ist – macht dem Verbraucher in einem anschaulichen Beispiel deutlich, wie hoch die Entschädigung bei Zugrundelegung unterschiedlicher möglicher Szenarien ausfällt.

Abschnitt 10. "Flexible Merkmale"

(1) Gegebenenfalls erläutert der Kreditgeber die Möglichkeit und die Bedingungen für die Übertragung des Kredits auf einen anderen Kreditnehmer oder eine andere Immobilie.

(2) (falls zutreffend) Zusätzliche Merkmale: Wenn Produkte eines der unten unter Nummer 5 aufgelisteten Merkmale enthalten, muss dieser Abschnitt diese Merkmale auflisten und eine knappe Erläuterung der folgenden Punkte enthalten:

- die Bedingungen, unter denen der Verbraucher dieses Merkmal nutzen kann;
- jegliche mit dem Merkmal verbundenen Bedingungen;
- ob gewöhnlich mit dem Merkmal verbundene gesetzliche oder andere Schutzvorkehrungen für den Verbraucher wegfallen, wenn das Merkmal Bestandteil des durch eine Hypothek oder vergleichbare Sicherheit gesicherten Kredits ist, und
- die Firma, die das Merkmal anbietet (sofern mit dem Kreditgeber nicht identisch).

(3) Wenn das Merkmal zusätzliche Kredite umfasst, müssen dem Verbraucher in diesem Abschnitt die folgenden Punkte erläutert werden: der Gesamtkreditbetrag (einschließlich des Kredits, der durch die Hypothek oder vergleichbare Sicherheit gesichert ist); ob der zusätzliche Kredit besichert ist; die entsprechenden Sollzinssätze und ob er einer Regulierung unterliegt. Dieser zusätzliche Kreditbetrag ist entweder im Rahmen der ursprünglichen Kreditwürdigkeitsprüfung enthalten oder – wenn dies nicht der Fall ist – es wird in diesem Abschnitt klargestellt, dass die Verfügbarkeit des zusätzlichen Betrags von einer weiteren Prüfung der Fähigkeit des Verbrauchers, den Kredit zurückzuzahlen, abhängt.

(4) Wenn das Merkmal einen Träger für Spareinlagen umfasst, sind die entsprechenden Zinssätze zu erläutern.

(5) Die möglichen weiteren Merkmale sind:

- "Überzahlungen/Unterzahlungen" [es wird mehr oder weniger zurückgezahlt als die im Rahmen der Amortisationsstruktur vereinbarte normale Rate];
- "Zahlungsunterbrechungen" [Zeiträume, während denen der Verbraucher keine Zahlungen leisten muss];

② “중도해지수수료”라는 난(欄)에서 여신인(與信人)은 소비자에게 기한 전 상환의 경우에 가능한 기한(期限) 전(前) 상환으로 인한 손해배상을 언급하고, 그것이 가능한 경우 그 액수를 명시합니다. 여신인(與信人)은 기한 전 상환으로 인한 손해배상이 어떻게 산정되는지를 설명하고 그 손해배상 잠정적 한도액을 명시하거나, 이것이 불가능한 경우에는 가능한 여러 시나리오에 기반한 경우에 있어 그 손해배상이 어느 정도가 되는지는 분명한 예시로 소비자에게 명시합니다(macht dem Verbraucher in einem anschaulichen Beispiel deutlich, wie hoch die Entschädigung bei Zugrundelegung unterschiedlicher möglicher Szenarien ausfällt).

제10장 “이전(移轉)에 관한 구성요소”

① 필요하면 여신인(與信人)은 해당 여신의 다른 여신받는 자로의 이전이나 해당 여신의 다른 부동산으로 이전에 대한 가능성 및 조건을 설명합니다.

(2) (해당하는 경우 기재) 추가적 구성요소: 아래 제5항에 목록으로 기재된 구성요소 중 한 구성요소의 제품이 포함된다면, 본 장에 이러한 구성요소를 목록으로 기재하고 다음 사항에 대한 간결한 설명이 포함됩니다:

- 소비자가 이러한 구성요소를 이용할 수 있는 조건;
- 구성요소와 결합된 각 조건;
- 그 구성요소가 근저당 또는 이와 유사한 담보로 담보되는 여신(durch eine Hypothek oder vergleichbare Sicherheit gesicherten Kredits)의 구성부분인 경우에 구성요소와 결합된 법률상 또는 그 밖의 소비자 보호대책이 통상적으로 삭제되는지 여부, 그리고
- 구성요소를 제공하는 회사(여신인(與信人)과 동일하지 않는 경우)

③ 그 구성요소가 추가적 여신을 포함하는 경우에(Wenn das Merkmal zusätzliche Kredite umfasst), 소비자는 본 장에서 다음 사항에 대해 설명을 받아야만 합니다; 여신총액(근저당 또는 이와 유사한 담보에 의해 담보되는 여신을 포함하여); 추가적 여신에 대해 담보가 있는지 여부; 관련 여신금리와, 그 여신금리가 규제를 적용받는지 여부. 이러한 추가적 여신금액은 원래의 신용도심사의 범위 내에 포함되거나, 이것이 그러한 경우가 아닌 경우에는, 추가적 금액의 이용가능성은 여신을 상환할 소비자의 능력에 대한 추가적 심사에 의해 좌우된다는 점(dass die Verfügbarkeit des zusätzlichen Betrags von einer weiteren Prüfung der Fähigkeit des Verbrauchers, den Kredit zurückzuzahlen, abhängt)이 본 장에서 명시됩니다.

④ 구성요소가 저축예금에 대한 주체(einen Träger für Spareinlagen)를 포함하는 경우에 관련 이자율을 설명해야 합니다.

⑤ 가능한 추가적 구성요소는 다음과 같습니다:

- “초과지급/과소지급”[상환구조의 범위 내에서 약정한 정상적 분할상환보다 많이 지급하거나 적게 지급하는 것};
- “상환유예기간”(Zahlungsunterbrechungen)[소비자(消費者)가 상환(償還)할 필요가 없는 기간];

- "Rückdarlehen" [Möglichkeit für den Verbraucher, Beträge, die bereits in Anspruch genommen und zurückbezahlt wurden, erneut aufzunehmen];
- "verfügbare zusätzliche Kreditaufnahme ohne weitere Genehmigung";
- "zusätzliche besicherte oder unbesicherte Kreditaufnahme [in Übereinstimmung mit Nummer 3 oben] "Kreditkarte";
- "damit verbundenes Girokonto" sowie
- "damit verbundenes Sparkonto".

(6) Der Kreditgeber kann alle weiteren Merkmale erläutern, die er als Teil des Kreditvertrags anbietet und die nicht in den vorausgehenden Abschnitten genannt sind.

Abschnitt 11. "Sonstige Rechte des Kreditnehmers"

(1) Der Kreditgeber weist auf die bestehenden Rechte hin wie etwa ein Recht auf Widerruf oder Bedenkzeit oder gegebenenfalls andere Rechte wie etwa ein Recht auf Übertragbarkeit (einschließlich Abtretung), spezifiziert die Voraussetzungen für ihre Ausübung, die bei ihrer Ausübung vom Verbraucher einzuhaltenden Verfahren – unter anderem die Adresse, an die die Mitteilung über den Widerruf zu richten ist – sowie die entsprechenden Gebühren (falls zutreffend).

(2) Falls der Verbraucher ein Recht auf Bedenkzeit oder Widerruf hat, so wird deutlich darauf hingewiesen. Bei einem Widerrufsrecht nach § 495 des Bürgerlichen Gesetzbuchs kann für die Information zu dem "Zeitpunkt, zu dem die Frist beginnt", die Formulierung aus Satz 2 (gegebenenfalls mit Gestaltungshinweis [2]) des Musters in Anlage 8 zu Artikel 247 § 6 Absatz 2 und Artikel 247 § 12 Absatz 1 des Einführungsgesetzes zum Bürgerlichen Gesetzbuche verwandt werden.

(3) Wird der Kreditvertrag im Rahmen eines Fernabsatzgeschäfts angeboten und besteht kein Widerrufsrecht nach § 495 des Bürgerlichen Gesetzbuchs, ist der Verbraucher darüber zu unterrichten, ob er über ein Widerrufsrecht nach § 312g des Bürgerlichen Gesetzbuchs verfügt oder nicht. Im Falle des Bestehens eines solchen Widerrufsrechts ist der Verbraucher gemäß Artikel 246b § 1 Absatz 1 Satz 1 Nummer 12 des Einführungsgesetzes zum Bürgerlichen Gesetzbuche zu informieren. Für die Information zu dem "Zeitpunkt, zu dem die Frist beginnt", kann die Formulierung aus Satz 2 (gegebenenfalls mit Gestaltungshinweis [1]) des Musters in Anlage 3 zu Artikel 246b § 2 Absatz 3 des Einführungsgesetzes zum Bürgerlichen Gesetzbuche verwandt werden.

Abschnitt 12. "Beschwerden"

(1) In diesem Abschnitt werden die interne Kontaktstelle [Bezeichnung der einschlägigen Abteilung] und ein Weg zur Kontaktaufnahme mit dieser Beschwerdestelle [Anschrift] oder

- “재여신(再與信)”(Rückdarlehen)[소비자가 이미 청구되고 상환된 금액을 다시 대출할 수 있는 가능성];
- “추가적 승인 없이 이용할 수 있는 추가적 여신(與信)”;
- “담보가 있거나 없는 추가적 여신(與信)[위 제3항에 부합하는 것; in Übereinstimmung mit Nummer 3 oben], 신용카드”
- “이와 결합된 지로계좌” 그리고,
- “이와 결합된 저축계좌”.

⑥ 여신인은, 자신이 여신계약의 일부로 제공하고 전술(前述)한 장에서 언급되지 않은(die nicht in den vorausgehenden Abschnitten genannt sind) 일체의 추가 구성요소를 설명할 수 있습니다.

제11장 “여신받는 자의 기타 권리”

① 여신인(與信人)은 철회권 또는 숙고기간에 관한 권리나, 필요하면 예컨대 다른 이전에 관한 권리(채권양도 포함)와 같은 기타 권리와 같은 성립한 권리에 대하여 언급하고, 그 권리의 행사에 대한 요건, 그 권리의 행사시 소비자가 준수해야 할 절차- 특히 철회에 관한 통지가 배송될 주소(die bei ihrer Ausübung vom Verbraucher einzuhaltenden Verfahren – unter anderem die Adresse, an die die Mitteilung über den Widerruf zu richten ist)-, 그리고 관련 이용료(해당하는 경우 기재)를 규정합니다.

② 만일 소비자가 숙고기간 또는 철회에 관한 권리를 갖는 경우에(Falls der Verbraucher ein Recht auf Bedenkzeit oder Widerruf hat) 이에 대하여 명확하게 언급이 되어야 합니다. 민법전 제495조에 따른 철회권의 경우에, “철회권이 기산하는 시기”에 관한 정보와 관련하여(für die Information zu dem “Zeitpunkt, zu dem die Frist beginnt”), 민법전시행법 제247항목 제6조 제2항, 제247항목 제12조 제1항에 관한 부록 8에 있는 견본의 제2문(필요하면 구성안내 [2])에 기한 표현이 활용될 수 있습니다.

③ 여신계약이 통신판매거래 도중에 청약되고 민법전 제495조에 따른 철회권이 인정되지 않는 경우에(Wird der Kreditvertrag im Rahmen eines Fernabsatzgeschäfts angeboten und besteht kein Widerrufsrecht nach § 495 des Bürgerlichen Gesetzbuchs) 소비자는, 자신이 민법전 제312조g에 따른 철회권을 보유하는지 여부에 관하여 정보를 제공받아야 합니다. 그러한 철회권의 존재하는 경우에 소비자는 민법전시행법 제246항목b 제1조 제1항 제1문 제12호에 따라 정보를 제공받아야 합니다(ist der Verbraucher gemäß Artikel 246b § 1 Absatz 1 Satz 1 Nummer 12 des Einführungsgesetzes zum Bürgerlichen Gesetzbuche zu informieren). “그 기간이 기산하는 시기”에 관한 정보와 관련하여, 민법전시행법 제246항목b 제2조 제3항 관련 부록 3에 있는 견본의 제2문(필요하면 구성안내 [1])에 기한 표현이 활용될 수 있습니다.

제12장 “불만제기”

① 본 장에서 내부 연락처[관련 부서 명칭]와 이러한 불만처리기관 [주소], [전화번호], [연락담당자] 또는 [연락정보]과 연락을 위한 방법, 관련 웹사이트 또는 이와 유사한 정보원의 불만처리절차

[Telefonnummer] oder [eine Kontaktperson] [Kontaktangaben] sowie ein Link zu einem Beschwerdeverfahren auf der entsprechenden Seite einer Website oder ähnlichen Informationsquelle angegeben.

(2) Es wird der Name der externen Stelle für außergerichtliche Beschwerde- und Rechtsbehelfsverfahren angegeben und – falls die Nutzung des internen Beschwerdeverfahrens eine Voraussetzung für den Zugang zu dieser Stelle ist – wird unter Verwendung der Formulierung in Teil A auf diesen Umstand hingewiesen.

(3) Bei Kreditverträgen mit einem Verbraucher, der seinen Wohnsitz in einem anderen Mitgliedstaat hat, macht der Kreditgeber diesen auf das FIN-NET aufmerksam (http://ec.europa.eu/internal_market/fin-net/).

Abschnitt 13. "Nichteinhaltung der aus dem Kreditvertrag erwachsenden Verpflichtungen: Konsequenzen für den Kreditnehmer"

(1) Kann die Nichteinhaltung einer aus dem Kredit erwachsenden Verpflichtung durch den Verbraucher für diesen finanzielle oder rechtliche Konsequenzen haben, erläutert der Kreditgeber in diesem Abschnitt die wichtigsten Fälle (z. B. Zahlungsverzug/Zahlungsausfall, Nichteinhaltung der in Abschnitt 8 – "Zusätzliche Auflagen" – genannten Verpflichtungen) und gibt an, wo weitere Informationen hierzu eingeholt werden können.

(2) Der Kreditgeber gibt für jeden dieser Fälle in klarer, leicht verständlicher Form an, welche Sanktionen oder Konsequenzen daraus erwachsen können. Hinweise auf schwerwiegende Konsequenzen sind optisch hervorzuheben.

(3) Kann die zur Besicherung des Kredits verwendete Immobilie an den Kreditgeber zurückgegeben oder übertragen werden, falls der Verbraucher seinen Verpflichtungen nicht nachkommt, so ist in diesem Abschnitt unter Verwendung der Formulierung in Teil A auf diesen Umstand hinzuweisen.

Abschnitt 14. "Weitere Angaben"

(1) Im Falle von im Fernabsatz geschlossenen Verträgen enthält dieser Abschnitt sämtliche Angaben zu dem auf den Kreditvertrag anwendbaren Recht oder zur zuständigen Gerichtsbarkeit.

(2) Beabsichtigt der Kreditgeber, während der Vertragslaufzeit mit dem Verbraucher in einer anderen Sprache als der des ESIS-Merkblatts zu kommunizieren, wird dies ebenfalls erwähnt und die Sprache angegeben, in der kommuniziert werden soll. Die Verpflichtung zur vorvertraglichen Information bei Fernabsatzverträgen über die verwendete Sprache gemäß § 312d des Bürgerlichen Gesetzbuchs und Artikel 246b § 1 Absatz 1 Nummer 17 des Einführungsgesetzes zum Bürgerlichen Gesetzbuche bleibt hiervon unberührt.

(3) Der Kreditgeber oder der Kreditvermittler weisen auf das Recht des Verbrauchers hin, dass

에 대한 링크(ein Link zu einem Beschwerdeverfahren auf der entsprechenden Seite einer Website oder ähnlichen Informationsquelle)가 명시될 것입니다.
② 대안적 신청을 처리하는 외부기관(der externen Stelle für außergerichtliche Beschwerde)의 이름과, 법적구제절차가 명시되고, 만일 내부불만처리절차의 이용이 이러한 기관에 대한 이용의 요건인 경우에는 A파트의 표현을 활용하여(unter Verwendung der Formulierung in Teil A) 이러한 상황을 언급합니다.
③ 독일 이외의 유럽연합회원국에 자신의 주소를 둔 소비자와의 여신계약의 경우에 여신인(與信人)은 금융분쟁해결네트워크(http://ec.europa.eu/internal_market/fin-net/)에 대하여 그 소비자의 주의를 환시킵니다.

제13장 "예신계약에서 파생한 의무의 위반: 여신받는 자에 대한 효과(Konsequenzen für den Kreditnehmer)
① 소비자의, 여신계약에서 파생한 의무의 소비자에 대하여 위반이 금전적 또는 법적 효과를 미칠 수 있는 경우에, 여신인(與信人)은 본 장에서 가장 중요한 경우(예컨대, 지급지체/지급불능, 제8장의 "추가 경비"란에서 언급된 의무 위반; z. B. Zahlungsverzug/Zahlungsausfall, Nichteinhaltung der in Abschnitt 8 – "Zusätzliche Auflagen" – genannten Verpflichtungen)을 설명하고, 이에 관한 추가적 정보(情報)를 어디서 얻을 수 있는지를 명시합니다.
② 여신인(與信人)은 위 각 이러한 경우에 있어 그로부터 어떤 제재 또는 효과가 생길 수 있는지를 명료하고, 쉽게 이해가 되는 방식으로 명시합니다. 중요한 효과(效果)에 대한 언급은 선택적으로 강조합니다.
③ 여신에 대한 담보를 위해 이용된 부동산이 여신인(與信人)에게 반환될 수 있거나 이전될 수 있는데, 만일 소비자가 자신의 의무를 지키지 않는 때에는 본장에서 A파트의 표현을 활용하여(unter Verwendung der Formulierung in Teil A) 이러한 상황에 대하여(auf diesen Umstand) 언급합니다.

제14장 "추가적 정보"
① 통신판매로 체결된 계약의 경우에 본 장에서 해당 여신계약에 대한 준거법(準據法) 또는 관할재판권(dem auf den Kreditvertrag anwendbaren Recht oder zur zuständigen Gerichtsbarkeit)에 대한 일체의 정보가 포함됩니다.
② 여신인(與信人)이 계약기간 동안에 유럽연합표준정보제공서상의 언어 이외의 언어로 소비자와 연락하고자 하는 경우에(Beabsichtigt der Kreditgeber, während der Vertragslaufzeit mit dem Verbraucher in einer anderen Sprache als der des ESIS-Merkblatts zu kommunizieren), 이것도 언급되어야 하고 연락에 이용되는 언어도 명시됩니다(die Sprache angegeben, in der kommuniziert werden soll). 민법전 제312조d와 민법전시행법 제246항목b 제1조 제1항 제17호에 따라 사용된 언어를 통한 통신판매계약의에서의 계약상 정보제공의무는 이에 의하여 영향을 받지 않습니다.
③ 여신인(與信人) 또는 여신중개인은, 소비자가 필요하면 최소한 여신인(與信人)에게 구속력 있는 청약을 할 당시에(zumindest zum Zeitpunkt der Vorlage eines für den Kreditgeber verbindlichen

er gegebenenfalls zumindest zum Zeitpunkt der Vorlage eines für den Kreditgeber verbindlichen Angebots eine Ausfertigung des Kreditvertragsentwurfs erhält oder ihm dies angeboten wird.

Abschnitt 15. "Aufsichtsbehörde"
Es sind die Behörden anzugeben, die für die Überwachung des vorvertraglichen Stadiums der Kreditvergabe zuständig sind.

Anlage 7 (zu Artikel 247 § 6 Absatz 2 und § 12 Absatz 1)

Muster für eine Widerrufsinformation für Allgemein-Verbraucherdarlehensverträge
(Fundstelle: BGBl. I 2016, S. 430 – 432)

Widerrufsinformation
Widerrufsrecht Der Darlehensnehmer* kann seine Vertragserklärung innerhalb von 14 Tagen ohne Angabe von Gründen widerrufen. Die Frist beginnt nach Abschluss des Vertrags, aber erst, nachdem der Darlehensnehmer alle Pflichtangaben nach § 492 Absatz 2 BGB (z. B. Angabe zur Art des Darlehens, Angabe zum Nettodarlehensbetrag, Angabe zur Vertragslaufzeit) erhalten hat. Der Darlehensnehmer hat alle Pflichtangaben erhalten, wenn sie in der für den Darlehensnehmer bestimmten Ausfertigung seines Antrags oder in der für den Darlehensnehmer bestimmten Ausfertigung der Vertragsurkunde oder in einer für den Darlehensnehmer bestimmten Abschrift seines Antrags oder der Vertragsurkunde enthalten sind und dem Darlehensnehmer eine solche Unterlage zur Verfügung gestellt worden ist. Über in den Vertragstext nicht aufgenommene Pflichtangaben kann der Darlehensnehmer nachträglich auf einem dauerhaften Datenträger informiert werden; die Widerrufsfrist beträgt dann einen Monat. Der Darlehensnehmer ist mit den nachgeholten Pflichtangaben nochmals auf den Beginn der Widerrufsfrist hinzuweisen. Zur Wahrung der Widerrufsfrist genügt die rechtzeitige Absendung des Widerrufs, wenn die Erklärung auf einem dauerhaften Datenträger (z. B. Brief, Telefax, E-Mail) erfolgt. Der Widerruf ist zu richten an: ①
② ②-ⓐ ②-ⓑ ②-ⓒ

Angebots) 소비자계약초안의 작성본을 수령하거나 이것이 자신에게 제공되는 소비자의 권리에 대한 언급합니다.

제15장 “감독관청”
여신시행의 계약 전 단계에 대한 감독(die Überwachung des vorvertraglichen Stadiums der Kreditvergabe)을 관할하는 관청을 명시합니다.

부록 7(제247항목 제6조 제2항, 제12조 제1항 관련)

일반소비자소비대차계약에 대한 철안내서 견본
(출처: 2006년 연방법률관보 제1편 430 - 432면)

<table>
<tr><td>

철회안내서

철회권
차주*는 14일 이내에 이유 제시 없이(ohne Angabe von Gründen) 자신의 계약의사표시를 철회할 수 있습니다. 그 기간은 계약체결시로부터 기산하나, 차주가 민법전 제492조 제2항에 따른 일체의 의무적 정보제공(예컨대 소비대차의 종류에 관한 사항, 순수소비대차금에 관한 사항, 계약기간에 관한 사항)을 받은 후에 비로소 기산합니다. 의무적 정보제공이 차주에게 공여된 소비대차 청약서 정본 또는 차주에게 공여된 그 계약서 정본이나, 차주에게 공여된 소비대차 청약서 또는 계약서의 사본에 포함되고(wenn sie in der für den Darlehensnehmer bestimmten Ausfertigung seines Antrags oder in der für den Darlehensnehmer bestimmten Ausfertigung der Vertragsurkunde oder in einer für den Darlehensnehmer bestimmten Abschrift seines Antrags oder der Vertragsurkunde enthalten sind) 차주에게 그러한 서류들이 제공된 때에는 차주는 일체의 의무적 정보제공을 받은 것입니다. 차주는 계약 내용에 포함되지 않은 의무적 정보제공에 관하여(Über in den Vertragstext nicht aufgenommene Pflichtangaben) 추후 지속적 정보저장매체로 제공받습니다; 철회기간은 1개월입니다. 차주는 보완된 의무적 정보제공에 의해 철회기간의 기산에 대해 안내받아야 합니다. 그 의사표시가 지속적 정보저장매체(예컨대, 서신, 팩스, 이메일; z. B. Brief, Telefax, E-Mail)로 행해진 경우에는 철회의 적시 발송으로 철회기간의 준수하는 데 충분합니다. 철회는 다음의 자에게 행해진 것입니다: ①
</td></tr>
<tr><td>
②
②-ⓐ
②-ⓑ
②-ⓒ
</td></tr>
</table>

<table>
<tr><td>Widerrufsfolgen
Soweit das Darlehen bereits ausbezahlt wurde, hat es der Darlehensnehmer spätestens innerhalb von 30 Tagen zurückzuzahlen und für den Zeitraum zwischen der Auszahlung und der Rückzahlung des Darlehens den vereinbarten Sollzins zu entrichten. Die Frist beginnt mit der Absendung der Widerrufserklärung. Für den Zeitraum zwischen Auszahlung und Rückzahlung ist bei vollständiger Inanspruchnahme des Darlehens pro Tag ein Zinsbetrag in Höhe von ③ Euro zu zahlen. Dieser Betrag verringert sich entsprechend, wenn das Darlehen nur teilweise in Anspruch genommen wurde. ④</td></tr>
<tr><td>⑤
⑤-ⓐ
⑤-ⓑ
⑤-ⓒ
⑤-ⓓ
⑤-ⓔ
⑤-ⓕ
⑤-ⓖ</td></tr>
</table>

Gestaltungshinweise:

① Hier sind einzufügen: Name/Firma und ladungsfähige Anschrift des Widerrufsadressaten. Zusätzlich können angegeben werden: Telefaxnummer, E-Mail-Adresse und/oder, wenn der Darlehensnehmer eine Bestätigung seiner Widerrufserklärung an den Darlehensgeber erhält, auch eine Internet-Adresse.

② Bei Anwendung der Gestaltungshinweise ②-ⓐ, ②-ⓑ oder ②-ⓒ ist hier folgende Unterüberschrift einzufügen:

"Besonderheiten bei weiteren Verträgen".

②-ⓐ Bei einem verbundenen Vertrag nach § 358 BGB ist hier einzufügen:

a) Wenn der Vertrag nicht den Erwerb von Finanzinstrumenten zum Gegenstand hat:

- "Widerruft der Darlehensnehmer diesen Darlehensvertrag, so ist er auch an den [einsetzen: Bezeichnung des verbundenen Vertrags] (im Folgenden: verbundener Vertrag)** nicht mehr gebunden.
- Steht dem Darlehensnehmer in Bezug auf den [einsetzen***: verbundenen Vertrag] ein Widerrufsrecht zu, so ist er mit wirksamem Widerruf des [einsetzen***: verbundenen Vertrags] auch an den Darlehensvertrag nicht mehr gebunden. Für die Rechtsfolgen des Widerrufs sind die in dem [einsetzen***: verbundenen Vertrag] getroffenen Regelungen und die hierfür erteilte Widerrufsbelehrung maßgeblich."

철회효과 소비대차금이 이미 실행된 범위 내에서(Soweit das Darlehen bereits ausbezahlt wurde) 차주는 늦어도 30일 이내에 그 소비대차금을 반환해야 하고 그 실행과 반환 사이의 기간에 약정한 이자(für den Zeitraum zwischen der Auszahlung und der Rückzahlung des Darlehens den vereinbarten Sollzins)를 지급해야만 합니다. 그 기간은 철회의사표시의 발송으로 기산합니다. 소비대차금의 전액 이용시 대출실행과 반환 사이의 기간에 대하여 매일 ③ 유로 금액의 이자를 지급해야 합니다. 이 금액은 소비대차금이 부분적으로만 이용된 경우에는(wenn das Darlehen nur teilweise in Anspruch genommen wurde) 상응하여 감축됩니다. ④
⑤ ⑤-ⓐ ⑤-ⓑ ⑤-ⓒ ⑤-ⓓ ⑤-ⓔ ⑤-ⓕ ⑤-ⓖ

구성안내(構成案內):

① 여기에 다음사항을 기입합니다: 철회상대방의 이름/상호 및 도달 가능한 주소. 추가적으로 다음사항이 기입될 수 있습니다: 팩스번호, 이메일주소와(또는), 차주가 자신의 철회의사표시의 확인을 여신인(與信人)에게서 받은 경우에(wenn der Darlehensnehmer eine Bestätigung seiner Widerrufserklärung an den Darlehensgeber erhält)는 이메일 주소도 포함됨.

② ②-ⓐ, ②-ⓑ 또는 ②-ⓒ의 구성안내의 적용에 있어, 여기에 다음 부제(副題)를 기입(記入)합니다: "추가적 계약시 세부사항"

②-ⓐ 민법전 제358조에 따른 결합계약의 경우 여기에 다음과 같이 기입합니다:

a) 그 계약이 금융상품의 취득(den Erwerb von Finanzinstrumenten)을 목적으로 하지 않는다면,

- "차주가 본 소비대차계약을 철회하는 경우에(Widerruft der Darlehensnehmer diesen Darlehensvertrag), 차주는 [결합계약의 명칭 기재] (이하 결합계약)**에 더 이상 구속되지 않습니다.
- 차주에게 [결합계약 기재***]와 관련하여 철회권이 귀속되는 경우에(Steht dem Darlehensnehmer in Bezug auf den [einsetzen***: verbundenen Vertrag] ein Widerrufsrecht zu), 차주는 [결합계약 기재***]의 유효한 철회에 의하여 소비대차에도 더 이상 구속되지 않습니다(auch an den Darlehensvertrag nicht mehr gebunden). 철회의 효과와 관련하여(Für die Rechtsfolgen des Widerrufs sind), [결합계약 기재***]에 대한 규정과 이에 대해 행해진 철회통지가 적용됩니다."

b) Wenn der Vertrag den Erwerb von Finanzinstrumenten zum Gegenstand hat:

- "Widerruft der Darlehensnehmer den [einsetzen: Bezeichnung des verbundenen Vertrags], so ist er auch an den Darlehensvertrag nicht mehr gebunden."

②-ⓑ Bei einem Geschäft, dessen Vertragsgegenstand (die Leistung des Unternehmers) in dem Verbraucherdarlehensvertrag genau angegeben ist und das nicht gleichzeitig die Voraussetzungen eines verbundenen Vertrags gemäß § 358 BGB erfüllt, obwohl das Darlehen ausschließlich zu dessen Finanzierung dient (angegebenes Geschäft gemäß § 360 Absatz 2 Satz 2 BGB), ist hier Folgendes einzufügen:

- "Steht dem Darlehensnehmer in Bezug auf das [einsetzen: Bezeichnung des im Darlehensvertrag angegebenen Geschäfts] (im Folgenden: angegebenes Geschäft)** ein Widerrufsrecht zu, so ist er mit wirksamem Widerruf des angegebenen Geschäfts auch an diesen Darlehensvertrag nicht mehr gebunden."

②-ⓒ Bei einem mit einem Verbraucherdarlehensvertrag zusammenhängenden Vertrag (§ 360 BGB), der nicht gleichzeitig die Voraussetzungen eines verbundenen Vertrags gemäß § 358 BGB erfüllt, kann hier Folgendes eingefügt werden:

- "Steht dem Darlehensnehmer in Bezug auf diesen Darlehensvertrag ein Widerrufsrecht zu, so ist er mit wirksamem Widerruf des Darlehensvertrags auch an den [einsetzen: Bezeichnung des mit dem Darlehensvertrag zusammenhängenden Vertrags] (im Folgenden: zusammenhängender Vertrag)** nicht mehr gebunden."

③ Hier ist der genaue Zinsbetrag in Euro pro Tag einzufügen. Centbeträge sind als Dezimalstellen anzugeben.

④ Erbringt der Darlehensgeber gegenüber öffentlichen Stellen Aufwendungen gemäß § 357a Absatz 3 Satz 5 BGB und will er sich für den Fall des Widerrufs die Geltendmachung dieses Anspruchs vorbehalten, ist hier Folgendes einzufügen:

- "Der Darlehensnehmer hat dem Darlehensgeber auch die Aufwendungen zu ersetzen, die der Darlehensgeber gegenüber öffentlichen Stellen erbracht hat und nicht zurückverlangen kann."

⑤ Bei Anwendung der Gestaltungshinweise ⑤-ⓐ, ⑤-ⓑ, ⑤-ⓒ, ⑤-ⓓ, ⑤-ⓔ, ⑤-ⓕ oder ⑤-ⓖ ist hier als Unterüberschrift einzufügen:

"Besonderheiten bei weiteren Verträgen".

Dies gilt nicht, wenn bei einer entgeltlichen Finanzierungshilfe ausschließlich der Hinweis ⑤-ⓓ verwandt wird und weitere Verträge nicht vorliegen.

Liegen mehrere weitere Verträge nebeneinander vor, kann im Folgenden die Unterrichtung gemäß den anwendbaren Gestaltungshinweisen auch durch eine entsprechende, jeweils auf den konkreten Vertrag bezogene, wiederholte Nennung der Hinweise erfolgen.

b) 만일 계약이 금융상품 취득(den Erwerb von Finanzinstrumenten)을 목적으로 한다면:

- "차주가 [결합계약 기재]를 철회한다면 차주는 소비대차계약에도 더 이상 구속되지 않습니다(so ist er auch an den Darlehensvertrag nicht mehr gebunden)."

②-ⓑ 계약의 목적(사업자의 급부)이 소비자소비대차계약에서 정확하게 명시되고 동시에 민법전 제358조에 따른 결합계약의 요건을 충족하지 못한(das nicht gleichzeitig die Voraussetzungen eines verbundenen Vertrags gemäß § 358 BGB erfüllt) 계약의 경우에는, 소비대차가 오로지 그러한 계약에 대한 자금지원(資金支援)을 위한 것(민법전 제360조 제2항 제2문에 따라 명시된 거래)일지라도, 여기에 다음과 같이 기입(記入)합니다:

- 차주에게 [소비대차계약에서 명시된 거래의 명칭 기재] (이하 명시된 거래)**와 관련하여 철회권이 귀속되는 경우에, 차주는 그 명시된 거래의 유효한 철회에 의하여 본 소비대차계약에도 더 이상 구속되지 않습니다(so ist er mit wirksamem Widerruf des angegebenen Geschäfts auch an diesen Darlehensvertrag nicht mehr gebunden).

②-ⓒ 민법전 제360조상의 소비자소비대차계약과 연관된 계약으로 동시에 민법전 제358조의 결합계약의 요건을 충족하지 못한(der nicht gleichzeitig die Voraussetzungen eines verbundenen Vertrags gemäß § 358 BGB erfüllt) 계약의 경우에, 여기에 다음과 같이 기입할 수 있습니다.

- 차주에게 본 소비대차와 관련하여 철회권이 귀속되는 경우에(Steht dem Darlehensnehmer in Bezug auf diesen Darlehensvertrag ein Widerrufsrecht zu), 차주는 본 소비대차의 유효한 철회에 의하여(mit wirksamem Widerruf des Darlehensvertrags) [소비대차계약과 연관된 계약] (이하 연관된 계약)**에도 더 이상 구속되지 않습니다.

③ 여기에 하루당 정확한 이자액(der genaue Zinsbetrag in Euro pro Tag)을 기입합니다. 이자액은 소수점으로 명시합니다.

④ 여신인(與信人)이 공공기관에 대하여 민법전 제357조a 제3항 제5문에 따른 경비를 지급하고 철회의경우를 대비하여 이러한 청구권의 행사를 유보해 두고자 한(will er sich für den Fall des Widerrufs die Geltendmachung dieses Anspruchs vorbehalten) 경우에 여기에 다음과 같이 기입합니다:

- "차주가 여신인(與信人)에게 여신인(與信人)이 공공기관에 지급했고 반환청구를 할 수 없는(die der Darlehensgeber gegenüber öffentlichen Stellen erbracht hat und nicht zurückverlangen kann) 경비도 상환해야 합니다."

⑤ ⑤-ⓐ, ⑤-ⓑ, ⑤-ⓒ, ⑤-ⓓ, ⑤-ⓔ, ⑤-ⓕ 또는 ⑤-ⓖ의 구성안내의 적용의 경우에, 여기에 부제(副題)로 다음과 같이 기입합니다:

"추가적 계약시 세부사항"

유상신용부여의 경우(bei einer entgeltlichen Finanzierungshilfe)에 오로지 ⑤-ⓓ의 안내가 사용되고 추가적 계약(weitere Verträge)이 없는 경우에는 이를 적용하지 않습니다.

여러 개의 추가적 계약이 있는 경우에는, 적용되는 구성안내에 따른 정보제공이, 각각의 구체적 계약에 적용되고 반복된 관련 안내의 언급에 의해서도(auch durch eine entsprechende, jeweils auf den konkreten Vertrag bezogene, wiederholte Nennung der Hinweise) 다음과 같이 행해집니다.

⑤-ⓐ Bei einem verbundenen Vertrag nach § 358 BGB, der nicht den Erwerb von Finanzinstrumenten zum Gegenstand hat, ist hier Folgendes einzufügen:

- "Steht dem Darlehensnehmer in Bezug auf [einsetzen***: den verbundenen Vertrag] ein Widerrufsrecht zu, sind im Fall des wirksamen Widerrufs [einsetzen***: des verbundenen Vertrags] Ansprüche des Darlehensgebers auf Zahlung von Zinsen und Kosten aus der Rückabwicklung des Darlehensvertrags gegen den Darlehensnehmer ausgeschlossen."

⑤-ⓑ Bei einem verbundenen Vertrag nach § 358 BGB, der nicht den Erwerb von Finanzinstrumenten zum Gegenstand hat, oder bei einem zusammenhängenden Vertrag, wenn von Gestaltungshinweis ②-ⓒ Gebrauch gemacht wurde, ist hier Folgendes einzufügen:

- "Ist der Darlehensnehmer auf Grund des Widerrufs dieses Darlehensvertrags an [einsetzen***: den verbundenen Vertrag und/oder den zusammenhängenden Vertrag] nicht mehr gebunden, sind insoweit die beiderseits empfangenen Leistungen zurückzugewähren."

⑤-ⓒ Bei einem verbundenen Vertrag nach § 358 BGB über die Überlassung einer Sache oder bei einem zusammenhängenden Vertrag, gerichtet auf die Überlassung einer Sache, wenn von Gestaltungshinweis ②-ⓒ Gebrauch gemacht wurde, ist hier nachstehender Unterabsatz einzufügen:

- "Der Darlehensnehmer ist nicht verpflichtet, die Sache zurückzusenden, wenn der an [einsetzen***: dem verbundenen Vertrag oder dem zusammenhängenden Vertrag] beteiligte Unternehmer angeboten hat, die Sachen abzuholen. Grundsätzlich trägt der Darlehensnehmer die unmittelbaren Kosten der Rücksendung der Waren. Dies gilt nicht, wenn der an [einsetzen***: dem verbundenen Vertrag oder dem zusammenhängenden Vertrag] beteiligte Unternehmer sich bereit erklärt hat, diese Kosten zu tragen, oder er es unterlassen hat, den Verbraucher über die Pflicht, die unmittelbaren Kosten der Rücksendung zu tragen, zu unterrichten. Bei außerhalb von Geschäftsräumen geschlossenen Verträgen, bei denen die Waren zum Zeitpunkt des Vertragsschlusses zur Wohnung des Verbrauchers geliefert worden sind, ist der Unternehmer verpflichtet, die Waren auf eigene Kosten abzuholen, wenn die Waren so beschaffen sind, dass sie nicht per Post zurückgesandt werden können."

Der Unterabsatz kann wie folgt ergänzt werden:

"Wenn der Darlehensnehmer die auf Grund [einsetzen***: des verbundenen Vertrags oder des zusammenhängenden Vertrags] überlassene Sache nicht oder teilweise nicht oder nur in verschlechtertem Zustand zurückgewähren kann, hat er insoweit Wertersatz zu leisten. Dies kommt allerdings nur in Betracht, wenn der Wertverlust auf einen Umgang mit den Waren zurückzuführen ist, der zur Prüfung der Beschaffenheit, der Eigenschaften und der Funktionsweise der Waren nicht notwendig war."

⑤-ⓐ 민법전 제358조에 따른 결합계약으로 금융상품의 취득을 목적으로 하지 않은 경우에, 여기에 다음과 같이 기입합니다:

- 차주에게 [결합계약 기재***]와 관련하여 철회권이 귀속되는 경우에(Steht dem Darlehensnehmer in Bezug auf den [einsetzen***: verbundenen Vertrag] ein Widerrufsrecht zu), 차주는 [결합계약 기재***]의 유효한 철회가 있는 때에는 소비대차계약의 원상회복에 기한, 여신인(與信人)의 차주에 대한 이자 및 비용 상환청구권 (Ansprüche des Darlehensgebers auf Zahlung von Zinsen und Kosten)은 배제됩니다.

⑤-ⓑ 민법전 제358조에 따른 결합계약으로 금융상품의 취득을 목적으로 하지 않은 경우나, 연관된 계약의 경우에, ②-ⓒ의 구성안내가 적용된 때에는(wenn von Gestaltungshinweis ②-ⓒ Gebrauch gemacht wurde), 여기에 다음과 같이 기입합니다:

- "차주가 본 소비대차의 철회에 기하여 [결합계약과(또는) 연관된 계약 기재***]에 더 이상 구속되지 않는 경우에, 그 범위 내에서 양 당사자가 수령한 급부(給付)는 반환됩니다(sind insoweit die beiderseits empfangenen Leistungen zurückzugewähren)."

⑤-ⓒ 물건의 인도에 관한 민법전 제358조에 따른 결합계약이나, 물건의 인도에 관한 연관된 계약이 경우에, ②-ⓒ의 구성안내가 적용된 때에는(wenn von Gestaltungshinweis ②-ⓒ Gebrauch gemacht wurde), 여기에 다음과 같은 내용(nachstehender Unterabsatz)을 기입합니다:

- "[결합계약 또는 연관된 계약 기재***]의 당사자인 사업자가 물건을 회수하겠다고 제안한 경우에는 차주는 물건을 반환할 의무를 지지 않습니다. 원칙적으로 차주는 해당 물건 반송의 직접비용을 부담합니다. [결합계약 또는 연관된 계약 기재***]의 당사자인 사업자가 이러한 비용을 부담하겠다는 의사를 이미 표시하거나, 그 사업자가 그 반송의 직접지용을 부담하는 의무에 관하여 소비자에게 정보를 제공하지 않은(er es unterlassen hat, den Verbraucher über die Pflicht, die unmittelbaren Kosten der Rücksendung zu tragen, zu unterrichten) 때에는 이를 적용하지 않습니다. 영업장 이외의 곳에서 체결된 계약으로 계약 체결 당시에 소비자의 집으로 해당 물건이 배송된 경우에(Bei außerhalb von Geschäftsräumen geschlossenen Verträgen, bei denen die Waren zum Zeitpunkt des Vertragsschlusses zur Wohnung des Verbrauchers geliefert worden sind), 사업자는 그 성질로 인해 물품이 우편을 통해 반송될 수 없을 때에는 (wenn die Waren so beschaffen sind, dass sie nicht per Post zurückgesandt werden können) 자신의 비용부담으로 그 물건을 회수해 갈 의무를 부담합니다."

위 내용은 다음과 같이 보충될 수 있습니다:

"차주가 [결합계약 또는 연관된 계약 기재***]에 기하여 인도된 물건을 전부 또는 부분적으로 반환할 수 없거나 또는 악화된 상태만으로(nur in verschlechtertem Zustand) 반환할 수 있는 경우에, 차주는 그 범위 내에서 가액배상을 해야 합니다. 물품의 성상, 성질 및 기능의 검사(檢査)에 필요하지 않은(der zur Prüfung der Beschaffenheit, der Eigenschaften und der Funktionsweise der Waren nicht notwendig war) 물건의 취급으로 인하여 그 가치감소가 발생한 경우에는 이는 고려되지 않습니다."

⑤-ⓓ Bei einem Vertrag über eine entgeltliche Finanzierungshilfe gilt Folgendes:

a) Ist Vertragsgegenstand die Überlassung einer Sache mit Ausnahme der Lieferung von Wasser, Gas oder Strom, die nicht in einem begrenzten Volumen oder in einer bestimmten Menge zum Verkauf angeboten werden, sind hier die konkreten Hinweise entsprechend Gestaltungshinweis ⑤ Buchstabe a und b der Anlage 1 zu Artikel 246a § 1 Absatz 2 Satz 2 EGBGB zu geben.

Diese können durch die konkreten Hinweise entsprechend Gestaltungshinweis ⑤ Buchstabe c der Anlage 1 zu Artikel 246a § 1 Absatz 2 Satz 2 EGBGB ergänzt werden.

b) Ist Vertragsgegenstand die Erbringung einer Finanzdienstleistung, kann hier folgender Hinweis gegeben werden:

"Der Darlehensnehmer ist zur Zahlung von Wertersatz für die bis zum Widerruf erbrachte Dienstleistung verpflichtet, wenn er ausdrücklich zugestimmt hat, dass vor dem Ende der Widerrufsfrist mit der Ausführung der Gegenleistung begonnen wird. Besteht eine Verpflichtung zur Zahlung von Wertersatz, kann dies dazu führen, dass der Darlehensnehmer die vertraglichen Zahlungsverpflichtungen für den Zeitraum bis zum Widerruf dennoch erfüllen muss."

c) Ist Vertragsgegenstand die Erbringung einer Dienstleistung, die nicht in der Überlassung einer Sache gemäß Buchstabe a oder in einer Finanzdienstleistung besteht, oder die Lieferung von Wasser, Gas oder Strom, wenn sie nicht in einem begrenzten Volumen oder in einer bestimmten Menge zum Verkauf angeboten werden, oder die Lieferung von Fernwärme, können hier die konkreten Hinweise entsprechend Gestaltungshinweis ⑥ der Anlage 1 zu Artikel 246a § 1 Absatz 2 Satz 2 EGBGB gegeben werden.

d) Ist Vertragsgegenstand die Lieferung von nicht auf einem körperlichen Datenträger befindlichen digitalen Inhalten, kann hier folgender Hinweis gegeben werden:

"Der Darlehensnehmer ist zur Zahlung von Wertersatz für die bis zum Widerruf gelieferten digitalen Inhalte verpflichtet, wenn er ausdrücklich zugestimmt hat, dass vor dem Ende der Widerrufsfrist mit der Lieferung der digitalen Inhalte begonnen wird."

⑤-ⓔ Bei einem angegebenen Geschäft nach § 360 Absatz 2 Satz 2 BGB ist hier Folgendes einzufügen:

- "Ist der Darlehensnehmer auf Grund des Widerrufs des [einsetzen***: angegebenen Geschäfts] an den Darlehensvertrag nicht mehr gebunden, führt das hinsichtlich des Darlehensvertrags zu den gleichen Folgen, die eintreten würden, wenn der Darlehensvertrag selbst widerrufen worden wäre (vgl. oben unter "Widerrufsfolgen")."

⑤-ⓓ 유상신용부여계약의 경우에 다음과 같이 적용합니다:

a) 판매를 위해 제한된 용적(容積) 또는 양(量)으로 공급되지 않는 수도, 가스 또는 전기의 공급을 제외하고(mit Ausnahme der Lieferung von Wasser, Gas oder Strom, die nicht in einem begrenzten Volumen oder in einer bestimmten Menge zum Verkauf angeboten werden), 물건의 인도가 계약의 목적인 경우에 여기에 민법전시행법 제246항목a 제1조 제2항 제2문 관련 부록 1 구성안내 ⑤ a목 또는 b목을 준용하여 구체적으로 안내해야 합니다.

이는 민법전시행법 제246항목a 제1조 제2항 제2문 관련 부록 1 구성안내 ⑤ c목을 준용한 구체적 안내에 의하여(durch die konkreten Hinweise) 보충(補充)될 수 있습니다.

b) 금융서비스의 제공이 계약의 목적인 경우에 여기에 다음과 같은 안내가 행해질 수 있습니다:

"차주는, 자신이 철회기간 종료 전에 반대급부의 이행을 개시하는 것에 대하여 명시적으로 동의를 한 경우 철회할 때까지 제공된 급부에 대한 가액배상을 할 의무를 집니다. 가액배상을 할 의무가 성립한 경우에(Besteht eine Verpflichtung zur Zahlung von Wertersatz), 그럼에도 이로 인해 차주는 철회시까지의 기간 동안의 계약상 지급의무를 이행해야만 합니다(dass der Darlehensnehmer die vertraglichen Zahlungsverpflichtungen für den Zeitraum bis zum Widerruf dennoch erfüllen muss)."

c) a목에 따른 물건의 인도(引渡)가 아니거나 금융서비스가 아닌 급부(給付)의 제공이 계약의 목적인 경우이나, 판매를 위해 제한된 용적(容積) 또는 양(量)으로 공급되지 않는 수도, 가스 또는 전기의 공급이나 난방의 공급(die Lieferung von Wasser, Gas oder Strom, wenn sie nicht in einem begrenzten Volumen oder in einer bestimmten Menge zum Verkauf angeboten werden, oder die Lieferung von Fernwärme)이 계약의 목적인 경우에, 여기에 제246항목a 제1조 제2항 제2문 관련 부록 1 구성안내 ⑥을 준용하여 구체적(具體的)으로 안내(案內)해야 합니다.

d) 유형물(有形物)에 담기지 않은 디지털콘텐츠의 공급(die Lieferung von nicht auf einem körperlichen Datenträger befindlichen digitalen Inhalten)이 계약의 목적인 경우에 여기에 다음과 같이 안내합니다:

"차주는, 자신이 철회기간 만료 전에 디지털콘텐츠의 공급이 개시되는 것에 대하여 명시적으로 동의한 경우는 철회시까지의 공급된 디지털콘텐츠에 대하여 가액배상을 할(zur Zahlung von Wertersatz für die bis zum Widerruf gelieferten digitalen Inhalte) 의무를 집니다."

⑤-ⓔ 민법전 제360조 제2항 제2문에 따라 명시된 거래의 경우 여기에 다음과 같이 기입(記入)합니다:

- "차주가 [명시된 거래 기재***]의 철회에 기하여 소비대차계약에도 더 이상 구속되지 않는 경우에, 그 철회로 인하여 소비대차계약에 관련하여 소비대차계약이 직접 철회된 때(위 "철회의 효과"를 참조하라; vgl. oben unter "Widerrufsfolgen")에 발생했을(die eintreten würden, wenn der Darlehensvertrag selbst widerrufen worden wäre) 동일한 효과에 이르게 됩니다."

⑤-ⓕ Bei einem verbundenen Vertrag nach § 358 BGB, der nicht den Erwerb von Finanzinstrumenten zum Gegenstand hat, ist hier Folgendes einzufügen:

- "Wenn der Darlehensnehmer infolge des Widerrufs des Darlehensvertrags nicht mehr an den weiteren Vertrag gebunden ist oder infolge des Widerrufs des weiteren Vertrags nicht mehr an den Darlehensvertrag gebunden ist, gilt ergänzend Folgendes: Ist das Darlehen bei Wirksamwerden des Widerrufs dem Vertragspartner des Darlehensnehmers aus [einsetzen***: dem verbundenen Vertrag] bereits zugeflossen, tritt der Darlehensgeber im Verhältnis zum Darlehensnehmer hinsichtlich der Rechtsfolgen des Widerrufs in die Rechte und Pflichten des Vertragspartners aus dem weiteren Vertrag ein."

  Dieser Hinweis entfällt, wenn der Darlehensgeber zugleich Vertragspartner des Darlehensnehmers aus dem weiteren Vertrag ist.

⑤-ⓖ Bei einem verbundenen Vertrag nach § 358 BGB, der nicht den Erwerb von Finanzinstrumenten zum Gegenstand hat, sind hier folgende Überschrift und folgender Hinweis einzufügen:

"Einwendungen bei verbundenen Verträgen".

"Der Darlehensnehmer kann die Rückzahlung des Darlehens verweigern, soweit ihn Einwendungen berechtigen würden, seine Leistung gegenüber dem Vertragspartner aus dem verbundenen Vertrag zu verweigern. Dies gilt nicht, wenn das finanzierte Entgelt weniger als 200 Euro beträgt oder wenn der Rechtsgrund für die Einwendung auf einer Vereinbarung beruht, die zwischen dem Darlehensnehmer und dem anderen Vertragspartner nach dem Abschluss des Darlehensvertrags getroffen wurde. Kann der Darlehensnehmer von dem anderen Vertragspartner Nacherfüllung verlangen, so kann er die Rückzahlung des Darlehens erst verweigern, wenn die Nacherfüllung fehlgeschlagen ist."

Dieser Hinweis und die Überschrift können entfallen, wenn der Darlehensgeber weiß, dass das finanzierte Entgelt weniger als 200 Euro beträgt.

* Die Vertragsparteien können auch direkt angesprochen werden (z. B. "Sie", "Wir"). Es kann auch die weibliche Form der jeweiligen Bezeichnung und/oder die genaue Bezeichnung der Vertragsparteien verwendet werden. Es können auch die Bezeichnungen "Kreditnehmer" und "Kreditgeber" verwendet werden. Bei entgeltlichen Finanzierungshilfen sind die Bezeichnungen entsprechend anzupassen, beispielsweise mit "Leasinggeber" und "Leasingnehmer".

** Dieser Klammerzusatz entfällt bei durchgängiger genauer Bezeichnung des Vertrags/Geschäfts.

⑤-ⓕ 민법전 제358조에 따른 결합계약으로 금융상품의 취득을 목적으로 하지 않은 결합계약의 경우에 다음과 같이 기입을 합니다:

- "차주가 소비대차계약의 철회로 인하여 더 이상 추가적 계약에도 구속되지 않거나 추가적 계약의 철회로 인하여 더 이상 소비대차계약에도 구속되지 않은 경우에, 다음과 같이 보충하여 적용됩니다: 철회의 효력이 발생한 경우에(bei Wirksamwerden des Widerrufs) 소비대차금이 차주의 계약당사에게 [결합계약 기재***]에 기하여 이미 반환된 경우에, 여신인(與信人)은 철회의 효과와 관련하여 차주와의 관계에서 추가적 계약에 기한 계약당사자의 권리의무를 승계합니다(tritt der Darlehensgeber im Verhältnis zum Darlehensnehmer hinsichtlich der Rechtsfolgen des Widerrufs in die Rechte und Pflichten des Vertragspartners aus dem weiteren Vertrag ein)."

  여신인(與信人)이 동시에 추가적 계약에 기한 차주의 계약당사자인 경우에는 이러한 안내는 생략합니다.

⑤-ⓖ 민법전 제358조에 따른 결합계약으로, 금융상품의 취득을 목적으로 하지 않는 결합계약의 경우에, 여기에 다음의 부제(副題)와 다음의 안내(folgende Überschrift und folgender Hinweis)를 기입합니다:

"결합계약에서의 항변권"

"차주는, 결합계약에 기한 계약상대방에 대한 자신의 급부를 거절할 수 있는 항변권을 갖는 범위 내에서 소비대차의 상환을 거절할 수 있습니다. 자금지원을 받은 보수가 200유로 미만이거나, 항변권의 법적근거가 차주와 다른 계약상대방 간에 소비대차계약 체결 후에 이뤄진 약정에 기인한 경우에는(wenn das finanzierte Entgelt weniger als 200 Euro beträgt oder wenn der Rechtsgrund für die Einwendung auf einer Vereinbarung beruht, die zwischen dem Darlehensnehmer und dem anderen Vertragspartner nach dem Abschluss des Darlehensvertrags getroffen wurde) 그러하지 않습니다. 차주가 다른 계약상대방에게 사후보완이행을 요구하는 경우 차주는 소비대차의 상환을 사후보완이행이 실패로 귀착한 때에 비로소 거절할 수 있습니다."

본 안내 및 부제는 여신인(與信人)이 자금지원 받은 보수가 200유로 미만이라는 점(dass das finanzierte Entgelt weniger als 200 Euro beträgt)을 안 경우에는 생략할 수 있습니다.

* 계약당사자들은 직접적으로도 호칭될 수 있습니다(예컨대, "당신", "우리"). 계약당사자들의 각각의 호칭의 여성형과(또는) 정확한 명칭도 사용될 수 있습니다. "여신받는 자(Kreditnehmer)"과 "여신인(與信人; Kreditgeber)"이라는 명칭도 사용될 수 있습니다. 유상신용부여의 경우에, 상응하는 명칭으로, 예컨대 "신용부여인", "피신용부여인"으로 조정해야 합니다(Bei entgeltlichen Finanzierungshilfen sind die Bezeichnungen entsprechend anzupassen, beispielsweise mit "Leasinggeber" und "Leasingnehmer").

** 괄호안의 기재는 계약/거래의 정확한 일반적 명칭을 기재하는 경우(bei durchgängiger genauer Bezeichnung des Vertrags/Geschäfts)에 생략합니다.

*** Die Bezugnahme auf den betreffenden Vertrag/auf das betreffende Geschäft kann nach erstmaliger genauer Bezeichnung im Weiteren durch Verwendung der allgemeinen Bezeichnung des jeweiligen Vertrags/Geschäfts (verbundener Vertrag, angegebenes Geschäft, zusammenhängender Vertrag) erfolgen.

Anlage 8 (zu Artikel 247 § 6 Absatz 2 und § 12 Absatz 1)

Muster für eine Widerrufsinformation für Immobiliar-Verbraucherdarlehensverträge
(Fundstelle: BGBl. I 2016, S. 433 - 435)

Widerrufsinformation

Widerrufsrecht
Der Darlehensnehmer* kann seine Vertragserklärung innerhalb von 14 Tagen ohne Angabe von Gründen widerrufen. Die Frist beginnt nach Abschluss des Vertrags, aber erst, nachdem der Darlehensnehmer diese Widerrufsinformation erhalten hat. Der Darlehensnehmer hat diese Widerrufsinformation erhalten, wenn sie in der für den Darlehensnehmer bestimmten Ausfertigung seines Antrags oder in der für den Darlehensnehmer bestimmten Ausfertigung der Vertragsurkunde oder in einer für den Darlehensnehmer bestimmten Abschrift seines Antrags oder der Vertragsurkunde enthalten ist und dem Darlehensnehmer eine solche Unterlage zur Verfügung gestellt worden ist. Über eine in den Vertragstext nicht aufgenommene Angabe zum Widerrufsrecht kann der Darlehensnehmer nachträglich auf einem dauerhaften Datenträger informiert werden; die Widerrufsfrist beträgt dann einen Monat. Der Darlehensnehmer ist mit der nachgeholten Widerrufsinformation nochmals auf den Beginn der Widerrufsfrist hinzuweisen. Zur Wahrung der Widerrufsfrist genügt die rechtzeitige Absendung des Widerrufs, wenn die Erklärung auf einem dauerhaften Datenträger (z. B. Brief, Telefax, E-Mail) erfolgt. Der Widerruf ist zu richten an: ①

Information über das Erlöschen des Widerrufsrechts
Das Widerrufsrecht erlischt spätestens zwölf Monate und 14 Tage nach dem Zeitpunkt des Vertragsschlusses oder, sofern dieser Zeitpunkt nach dem Vertragsschluss liegt, dem Zeitpunkt zu dem dem Darlehensnehmer eine für ihn bestimmte Ausfertigung oder Abschrift seines Antrags oder der Vertragsurkunde zur Verfügung gestellt worden ist. Das Widerrufsrecht erlischt auch dann, wenn die Widerrufsinformation oder die Angaben hierzu im Vertrag fehlerhaft waren oder ganz unterblieben sind.

*** 관련 계약/관련 거래에 대한 기재(Die Bezugnahme auf den betreffenden Vertrag/auf das betreffende Geschäft)는, 최초의 정확한 명칭 사용 후 각각의 계약/거래의 일반적 명칭(결합계약, 명시된 거래, 연관된 계약; verbundener Vertrag, angegebenes Geschäft, zusammenhängender Vertrag)으로 계속해서 이뤄질 수 있습니다.

부록 8(제247항목 제6조 제2항, 제12조 제1항 관련)

부동산소비자소비대차계약의 철회안내서 견본
출처(2016년 연방법률관보 제1편, 433 - 435면)

철회안내서

철회권

차주*는 14일 이내에 이유 제시 없이(ohne Angabe von Gründen) 자신의 계약의사표시를 철회할 수 있습니다. 그 기간은 계약체결시로부터 기산하나, 차주가 본 철회안내서를 수령한 후에 비로소 기산합니다. 차주는, 본 철회안내가 차주에게 공여된 소비대차 청약서 정본 또는 차주에게 공여된 그 계약서 정본이나, 차주에게 공여된 소비대차 청약서 또는 계약서의 사본에 포함되고(wenn sie in der für den Darlehensnehmer bestimmten Ausfertigung seines Antrags oder in der für den Darlehensnehmer bestimmten Ausfertigung der Vertragsurkunde oder in einer für den Darlehensnehmer bestimmten Abschrift seines Antrags oder der Vertragsurkunde enthalten sind) 차주에게 그러한 서류가 제공된 때에는 본 철회안내서를 수령한 것입니다. 차주는 계약 내용에 포함되지 않은 철회권에 관한 사항에 관하여 추후 지속적 정보저장매체로 안내(案內)를 받습니다; 철회기간은 1개월입니다. 차주는 보완된 철회안내서에 의해 철회기간의 기산에 대해 안내받아야 합니다(Der Darlehensnehmer ist mit der nachgeholten Widerrufsinformation nochmals auf den Beginn der Widerrufsfrist hinzuweisen). 그 의사표시가 지속적 정보저장매체(예컨대, 서신, 팩스, 이메일; z. B. Brief, Telefax, E-Mail)로 행해진 경우에는 철회(撤回)의 적시 발송(發送)으로 철회기간의 준수(遵守)하는 데에 충분합니다. 철회(撤回)는 다음의 자에게 행해진 것입니다: ①

철회권 소멸에 관한 안내

철회권은 늦어도 계약체결시로부터(nach dem Zeitpunkt des Vertragsschlusses) 2개월 14일 후에나, 차주에게 그에게 공여된 소비대차 청약서 또는 계약서의 정본 또는 사본이 제공된 시기가 계약 체결 후에 있는 경우에는, 그러한 제공된 시기로부터 2개월 14일 후에 소멸합니다. 철회안내나 계약에서의 철회안내에 관한 사항이 하자가 있거나 이것이 전혀 행해지지 않은 경우에 비로소 철회권은 소멸합니다(Das Widerrufsrecht erlischt auch dann, wenn die Widerrufsinformation oder die Angaben hierzu im Vertrag fehlerhaft waren oder ganz unterblieben sind).

②
②-ⓐ
②-ⓑ
②-ⓒ
Widerrufsfolgen
Der Darlehensnehmer hat innerhalb von 30 Tagen das Darlehen, soweit es bereits ausbezahlt wurde, zurückzuzahlen und für den Zeitraum zwischen der Auszahlung und der Rückzahlung des Darlehens den vereinbarten Sollzins zu entrichten. Die Frist beginnt mit der Absendung der Widerrufserklärung. Für den Zeitraum zwischen Auszahlung und Rückzahlung ist bei vollständiger Inanspruchnahme des Darlehens pro Tag ein Zinsbetrag in Höhe von ③ Euro zu zahlen. Dieser Betrag verringert sich entsprechend, wenn das Darlehen nur teilweise in Anspruch genommen wurde. Wenn der Darlehensnehmer nachweist, dass der Wert seines Gebrauchsvorteils niedriger war als der Vertragszins, muss er nur den niedrigeren Betrag zahlen. Dies kann z. B. in Betracht kommen, wenn der marktübliche Zins geringer war als der Vertragszins. ④
⑤
⑤-ⓐ
⑤-ⓑ
⑤-ⓒ
⑤-ⓓ
⑤-ⓔ
⑤-ⓕ
⑤-ⓖ

Gestaltungshinweise:
① Hier sind einzufügen: Name/Firma und ladungsfähige Anschrift des Widerrufsadressaten. Zusätzlich können angegeben werden: Telefaxnummer, E-Mail-Adresse und/oder, wenn der Darlehensnehmer eine Bestätigung seiner Widerrufserklärung an den Darlehensgeber erhält, auch eine Internet-Adresse.
② Bei Anwendung der Gestaltungshinweise ②-ⓐ, ②-ⓑ oder ②-ⓒ ist hier folgende Unterüberschrift einzufügen:
“Besonderheiten bei weiteren Verträgen”.
②-ⓐ Bei einem verbundenen Vertrag nach § 358 BGB ist hier einzufügen:

②
②-ⓐ
②-ⓑ
②-ⓒ
철회효과
소비대차금이 이미 실행된 범위 내에서(Soweit das Darlehen bereits ausbezahlt wurde) 차주는 늦어도 30일 이내에 그 소비대차금을 반환해야 하고 그 실행과 반환 사이의 기간에 약정한 이자(für den Zeitraum zwischen der Auszahlung und der Rückzahlung des Darlehens den vereinbarten Sollzins)를 지급해야만 합니다. 그 기간은 철회의사표시의 발송으로 기산합니다. 소비대차금의 전액 이용시 대출실행과 반환 사이의 기간에 대하여 매일 ③ 유로 금액의 이자를 지급해야 합니다. 이 금액은 소비대차금이 부분적으로만 이용된 경우에는(wenn das Darlehen nur teilweise in Anspruch genommen wurde) 상응하여 감축됩니다. 차주가 계약상 이자보다 자신의 사용이익의 가치가 더 낮다는 것을 증명한 경우에, 차주는 더 낮은 금액만을 지급해야만 합니다. 예컨대, 현행 시장이율이 계약상 이자보다 낮은 경우에는 이는 고려될 수 있습니다. ④
⑤
⑤-ⓐ
⑤-ⓑ
⑤-ⓒ
⑤-ⓓ
⑤-ⓔ
⑤-ⓕ
⑤-ⓖ

구성안내(構成案內):
① 여기에 다음사항을 기입합니다: 철회상대방의 이름/상호 및 도달 가능한 주소. 추가적으로 다음사항이 기입될 수 있습니다: 팩스번호, 이메일주소와(또는), 차주가 자신의 철회의사표시의 확인을 여신인(與信人)에게서 받은 경우에(wenn der Darlehensnehmer eine Bestätigung seiner Widerrufserklärung an den Darlehensgeber erhält)는 이메일 주소도 포함됨.
② ②-ⓐ, ②-ⓑ 또는 ②-ⓒ의 구성안내의 적용에 있어, 여기에 다음 부제(副題)를 기입(記入)합니다:
“추가적 계약시 세부사항”
②-ⓐ 민법전 제358조에 따른 결합계약의 경우 여기에 다음과 같이 기입합니다:

a) Wenn der Vertrag nicht den Erwerb von Finanzinstrumenten zum Gegenstand hat:

- “Widerruft der Darlehensnehmer diesen Darlehensvertrag, so ist er auch an den [einsetzen: Bezeichnung des verbundenen Vertrags] (im Folgenden: verbundener Vertrag)** nicht mehr gebunden.
- Steht dem Darlehensnehmer in Bezug auf den [einsetzen***: verbundenen Vertrag] ein Widerrufsrecht zu, so ist er mit wirksamem Widerruf des [einsetzen***: verbundenen Vertrags] auch an den Darlehensvertrag nicht mehr gebunden. Für die Rechtsfolgen des Widerrufs sind die in dem [einsetzen***: verbundenen Vertrag] getroffenen Regelungen und die hierfür erteilte Widerrufsbelehrung maßgeblich.“

b) Wenn der Vertrag den Erwerb von Finanzinstrumenten zum Gegenstand hat:

- “Widerruft der Darlehensnehmer den [einsetzen: Bezeichnung des verbundenen Vertrags], so ist er auch an den Darlehensvertrag nicht mehr gebunden.“

②-ⓑ Bei einem Geschäft, dessen Vertragsgegenstand (die Leistung des Unternehmers) in dem Verbraucherdarlehensvertrag genau angegeben ist und das nicht gleichzeitig die Voraussetzungen eines verbundenen Vertrags gemäß § 358 BGB erfüllt, obwohl das Darlehen ausschließlich zu dessen Finanzierung dient (angegebenes Geschäft gemäß § 360 Absatz 2 Satz 2 BGB), ist hier Folgendes einzufügen:

- “Steht dem Darlehensnehmer in Bezug auf das [einsetzen: Bezeichnung des im Darlehensvertrag angegebenen Geschäfts] (im Folgenden: angegebenes Geschäft)** ein Widerrufsrecht zu, so ist er mit wirksamem Widerruf des angegebenen Geschäfts auch an diesen Darlehensvertrag nicht mehr gebunden.:

②-ⓒ Bei einem mit einem Verbraucherdarlehensvertrag zusammenhängenden Vertrag (§ 360 BGB), der nicht gleichzeitig die Voraussetzungen eines verbundenen Vertrags gemäß § 358 BGB erfüllt, kann hier Folgendes eingefügt werden:

- “Steht dem Darlehensnehmer in Bezug auf diesen Darlehensvertrag ein Widerrufsrecht zu, so ist er mit wirksamem Widerruf des Darlehensvertrags auch an den [einsetzen: Bezeichnung des mit dem Darlehensvertrag zusammenhängenden Vertrags] (im Folgenden: zusammenhängender Vertrag)** nicht mehr gebunden.”

③ Hier ist der genaue Zinsbetrag in Euro pro Tag einzufügen. Centbeträge sind als Dezimalstellen anzugeben.

④ Erbringt der Darlehensgeber gegenüber öffentlichen Stellen Aufwendungen gemäß § 357a Absatz 3 Satz 5 BGB und will er sich für den Fall des Widerrufs die Geltendmachung dieses Anspruchs vorbehalten, ist hier Folgendes einzufügen:

a) 그 계약이 금융상품의 취득을 목적으로 하지 않는다면,

- "차주가 본 소비대차계약을 철회하는 경우에(Widerruft der Darlehensnehmer diesen Darlehensvertrag), 차주는 [결합계약의 명칭 기재] (이하 결합계약)**에 더 이상 구속되지 않습니다.
- 차주에게 [결합계약 기재***]와 관련하여 철회권이 귀속되는 경우에(Steht dem Darlehensnehmer in Bezug auf den [einsetzen***: verbundenen Vertrag] ein Widerrufsrecht zu), 차주는 [결합계약 기재***]의 유효한 철회에 의하여 소비대차에도 더 이상 구속되지 않습니다(auch an den Darlehensvertrag nicht mehr gebunden). 철회의 효과와 관련하여(Für die Rechtsfolgen des Widerrufs sind), [결합계약 기재***]에 대한 규정과 이에 대해 행해진 철회통지가 적용됩니다."

b) 만일 계약이 금융상품 취득(den Erwerb von Finanzinstrumenten)을 목적으로 한다면:

- "차주가 [결합계약 기재]를 철회한다면 차주는 소비대차계약에도 더 이상 구속되지 않습니다(so ist er auch an den Darlehensvertrag nicht mehr gebunden)."

②-ⓑ 계약의 목적(사업자의 급부)이 소비자소비대차계약에서 정확하게 명시되고 동시에 민법전 제358조에 따른 결합계약의 요건을 충족하지 못한(das nicht gleichzeitig die Voraussetzungen eines verbundenen Vertrags gemäß § 358 BGB erfüllt) 계약의 경우에는, 소비대차가 오로지 그러한 계약에 대한 자금지원(資金支援)을 위한 것(민법전 제360조 제2항 제2문에 따라 명시된 거래)일지라도, 여기에 다음과 같이 기입(記入)합니다:

- 차주에게 [소비대차계약에서 명시된 거래의 명칭 기재] (이하 명시된 거래)**와 관련하여 철회권이 귀속되는 경우에, 차주는 그 명시된 거래의 유효한 철회에 의하여 본 소비대차계약에도 더 이상 구속되지 않습니다(so ist er mit wirksamem Widerruf des angegebenen Geschäfts auch an diesen Darlehensvertrag nicht mehr gebunden).

②-ⓒ 민법전 제360조상의 소비자소비대차계약과 연관된 계약으로 동시에 민법전 제358조의 결합계약의 요건을 충족하지 못한(der nicht gleichzeitig die Voraussetzungen eines verbundenen Vertrags gemäß § 358 BGB erfüllt) 계약의 경우에, 여기에 다음과 같이 기입할 수 있습니다.

- 차주에게 본 소비대차와 관련하여 철회권이 귀속되는 경우에(Steht dem Darlehensnehmer in Bezug auf diesen Darlehensvertrag ein Widerrufsrecht zu), 차주는 본 소비대차의 유효한 철회에 의하여(mit wirksamem Widerruf des Darlehensvertrags) [소비대차계약과 연관된 계약] (이하 연관된 계약)**에도 더 이상 구속되지 않습니다.

③ 여기에 하루당 정확한 이자액(der genaue Zinsbetrag in Euro pro Tag)을 기입합니다. 이자액은 소수점으로 명시합니다.

④ 여신인(與信人)이 공공기관에 대하여 민법전 제357조a 제3항 제5문에 따른 경비를 지급하고 철회의경우를 대비하여 이러한 청구권의 행사를 유보해 두고자 한(will er sich für den Fall des Widerrufs die Geltendmachung dieses Anspruchs vorbehalten) 경우에 여기에 다음과 같이 기입합니다:

- "Der Darlehensnehmer hat dem Darlehensgeber auch die Aufwendungen zu ersetzen, die der Darlehensgeber gegenüber öffentlichen Stellen erbracht hat und nicht zurückverlangen kann."

⑤ Bei Anwendung der Gestaltungshinweise ⑤-ⓐ, ⑤-ⓑ, ⑤-ⓒ, ⑤-ⓓ, ⑤-ⓔ, ⑤-ⓕ oder ⑤-ⓖ ist hier als Unterüberschrift einzufügen:

"Besonderheiten bei weiteren Verträgen."

Dies gilt nicht, wenn bei einer entgeltlichen Finanzierungshilfe ausschließlich der Hinweis ⑤-ⓓ verwandt wird und weitere Verträge nicht vorliegen.

Liegen mehrere weitere Verträge nebeneinander vor, kann im Folgenden die Unterrichtung gemäß den anwendbaren Gestaltungshinweisen auch durch eine entsprechende, jeweils auf den konkreten Vertrag bezogene, wiederholte Nennung der Hinweise erfolgen.

⑤-ⓐ Bei einem verbundenen Vertrag nach § 358 BGB, der nicht den Erwerb von Finanzinstrumenten zum Gegenstand hat, ist hier Folgendes einzufügen:

- "Steht dem Darlehensnehmer in Bezug auf [einsetzen***: den verbundenen Vertrag] ein Widerrufsrecht zu, sind im Fall des wirksamen Widerrufs [einsetzen***: des verbundenen Vertrags] Ansprüche des Darlehensgebers auf Zahlung von Zinsen und Kosten aus der Rückabwicklung des Darlehensvertrags gegen den Darlehensnehmer ausgeschlossen."

⑤-ⓑ Bei einem verbundenen Vertrag nach § 358 BGB, der nicht den Erwerb von Finanzinstrumenten zum Gegenstand hat, oder bei einem zusammenhängenden Vertrag, wenn von Gestaltungshinweis ②-ⓒ Gebrauch gemacht wurde, ist hier Folgendes einzufügen:

- "Ist der Darlehensnehmer auf Grund des Widerrufs dieses Darlehensvertrags an [einsetzen***: den verbundenen Vertrag und/oder den zusammenhängenden Vertrag] nicht mehr gebunden, sind insoweit die beiderseits empfangenen Leistungen zurückzugewähren."

⑤-ⓒ Bei einem verbundenen Vertrag nach § 358 BGB über die Überlassung einer Sache oder bei einem zusammenhängenden Vertrag, gerichtet auf die Überlassung einer Sache, wenn von Gestaltungshinweis ②-ⓒ Gebrauch gemacht wurde, ist hier nachstehender Unterabsatz einzufügen:

- "Der Darlehensnehmer ist nicht verpflichtet, die Sache zurückzusenden, wenn der an [einsetzen***: dem verbundenen Vertrag oder dem zusammenhängenden Vertrag] beteiligte Unternehmer angeboten hat, die Sachen abzuholen. Grundsätzlich trägt der Darlehensnehmer die unmittelbaren Kosten der Rücksendung der Waren. Dies gilt nicht, wenn der an [einsetzen***: dem verbundenen Vertrag oder dem zusammenhängenden Vertrag] beteiligte Unternehmer sich bereit erklärt hat, diese Kosten zu tragen, oder er es unterlassen hat, den Verbraucher über die Pflicht, die unmittelbaren Kosten der Rücksendung zu tragen, zu

- "차주가 여신인(與信人)에게 여신인(與信人)이 공공기관에 지급했고 반환청구를 할 수 없는 경비도 상환해야 합니다."

⑤ ⑤-ⓐ, ⑤-ⓑ, ⑤-ⓒ, ⑤-ⓓ, ⑤-ⓔ, ⑤-ⓕ 또는 ⑤-ⓖ의 구성안내의 적용의 경우에, 여기에 부제(副題)로 다음과 같이 기입합니다:

"추가적 계약시 세부사항"

유상신용부여의 경우(bei einer entgeltlichen Finanzierungshilfe)에 오로지 ⑤-ⓓ의 안내가 사용되고 추가적 계약(weitere Verträge)이 없는 경우에는 이를 적용하지 않습니다.

여러 개의 추가적 계약이 있는 경우에는, 적용되는 구성안내에 따른 정보제공이, 각각의 구체적 계약에 적용되고 반복된 관련 안내의 언급에 의해서도(auch durch eine entsprechende, jeweils auf den konkreten Vertrag bezogene, wiederholte Nennung der Hinweise) 다음과 같이 행해집니다.

⑤-ⓐ 민법전 제358조에 따른 결합계약으로 금융상품의 취득을 목적으로 하지 않은 경우에, 여기에 다음과 같이 기입합니다:

- "차주에게 [결합계약 기재***]와 관련하여 철회권이 귀속되는 경우에(Steht dem Darlehensnehmer in Bezug auf den [einsetzen***: verbundenen Vertrag] ein Widerrufsrecht zu), 차주는 [결합계약 기재***]의 유효한 철회가 있는 때에는 소비대차계약의 원상회복에 기한, 여신인(與信人)의 차주에 대한 이자 및 비용 상환청구권 (Ansprüche des Darlehensgebers auf Zahlung von Zinsen und Kosten)은 배제됩니다."

⑤-ⓑ 민법전 제358조에 따른 결합계약으로 금융상품의 취득을 목적으로 하지 않은 경우나, 연관된 계약의 경우에, ②-ⓒ의 구성안내가 적용된 때에는(wenn von Gestaltungshinweis ②-ⓒ Gebrauch gemacht wurde), 여기에 다음과 같이 기입합니다:

- "차주가 본 소비대차의 철회에 기하여 [결합계약과(또는) 연관된 계약 기재***]에 더 이상 구속되지 않는 경우에, 그 범위 내에서 양 당사자가 수령한 급부(給付)는 반환됩니다(sind insoweit die beiderseits empfangenen Leistungen zurückzugewähren)."

⑤-ⓒ 물건의 인도에 관한 민법전 제358조에 따른 결합계약이나, 물건의 인도에 관한 연관된 계약이 경우에, 구성안내가 적용된 때에는(wenn von Gestaltungshinweis ②-ⓒ Gebrauch gemacht wurde), 여기에 다음과 같은 내용(nachstehender Unterabsatz)을 기입합니다:

- "[결합계약 또는 연관된 계약 기재***]의 당사자인 사업자가 물건을 회수하겠다고 제안한 경우에는 차주는 물건을 반환할 의무를 지지 않습니다. 원칙적으로 차주는 해당 물건 반송의 직접비용을 부담합니다. [결합계약 또는 연관된 계약 기재***]의 당사자인 사업자가 이러한 비용을 부담하겠다는 의사를 이미 표시하거나, 그 사업자가 그 반송의 직접지용을 부담하는 의무에 관하여 소비자에게 정보를 제공하지 않은(er es unterlassen hat, den Verbraucher über die Pflicht, die unmittelbaren Kosten der Rücksendung zu tragen, zu unterrichten) 때에는 이를 적용하지 않습니다. 영업장 이외의 곳에서 체결된 계약으로 계약 체결 당시에 소비자의 집으로 해당 물건이 배송된 경우에(Bei außerhalb von Geschäftsräumen geschlossenen Verträgen, bei

unterrichten. Bei außerhalb von Geschäftsräumen geschlossenen Verträgen, bei denen die Waren zum Zeitpunkt des Vertragsschlusses zur Wohnung des Verbrauchers geliefert worden sind, ist der Unternehmer verpflichtet, die Waren auf eigene Kosten abzuholen, wenn die Waren so beschaffen sind, dass sie nicht per Post zurückgesandt werden können.“

Der Unterabsatz kann wie folgt ergänzt werden:

“Wenn der Darlehensnehmer die auf Grund [einsetzen***: des verbundenen Vertrags oder des zusammenhängenden Vertrags] überlassene Sache nicht oder teilweise nicht oder nur in verschlechtertem Zustand zurückgewähren kann, hat er insoweit Wertersatz zu leisten. Dies kommt allerdings nur in Betracht, wenn der Wertverlust auf einen Umgang mit den Waren zurückzuführen ist, der zur Prüfung der Beschaffenheit, der Eigenschaften und der Funktionsweise der Waren nicht notwendig war.”

⑤-ⓓ Bei einem Vertrag über eine entgeltliche Finanzierungshilfe gilt Folgendes:

a) Ist Vertragsgegenstand die Überlassung einer Sache mit Ausnahme der Lieferung von Wasser, Gas oder Strom, die nicht in einem begrenzten Volumen oder in einer bestimmten Menge zum Verkauf angeboten werden, sind hier die konkreten Hinweise entsprechend Gestaltungshinweis ⑤ Buchstabe a und b der Anlage 1 zu Artikel 246a § 1 Absatz 2 Satz 2 EGBGB zu geben.

Diese können durch die konkreten Hinweise entsprechend Gestaltungshinweis ⑤ Buchstabe c der Anlage 1 zu Artikel 246a § 1 Absatz 2 Satz 2 EGBGB ergänzt werden.

b) Ist Vertragsgegenstand die Erbringung einer Finanzdienstleistung, kann hier folgender Hinweis gegeben werden:

“Der Darlehensnehmer ist zur Zahlung von Wertersatz für die bis zum Widerruf erbrachte Dienstleistung verpflichtet, wenn er ausdrücklich zugestimmt hat, dass vor dem Ende der Widerrufsfrist mit der Ausführung der Gegenleistung begonnen wird. Besteht eine Verpflichtung zur Zahlung von Wertersatz, kann dies dazu führen, dass der Darlehensnehmer die vertraglichen Zahlungsverpflichtungen für den Zeitraum bis zum Widerruf dennoch erfüllen muss.”

c) Ist Vertragsgegenstand die Erbringung einer Dienstleistung, die nicht in der Überlassung einer Sache gemäß Buchstabe a oder in einer Finanzdienstleistung besteht, oder die Lieferung von Wasser, Gas oder Strom, wenn sie nicht in einem begrenzten Volumen oder in einer bestimmten Menge zum Verkauf angeboten werden, oder die Lieferung von Fernwärme, können hier die konkreten Hinweise entsprechend Gestaltungshinweis ⑥ der Anlage 1 zu Artikel 246a § 1 Absatz 2 Satz 2 EGBGB gegeben werden.

denen die Waren zum Zeitpunkt des Vertragsschlusses zur Wohnung des Verbrauchers geliefert worden sind), 사업자는 그 성질로 인해 물품이 우편을 통해 반송될 수 없을 때에는 (wenn die Waren so beschaffen sind, dass sie nicht per Post zurückgesandt werden können) 자신의 비용부담으로 그 물건을 회수해 갈 의무를 부담합니다."

위 내용은 다음과 같이 보충될 수 있습니다:

"차주가 [결합계약 또는 연관된 계약 기재***]에 기하여 인도된 물건을 전부 또는 부분적으로 반환할 수 없거나 또는 악화된 상태만으로(nur in verschlechtertem Zustand) 반환할 수 있는 경우에, 차주는 그 범위 내에서 가액배상을 해야 합니다. 물품의 성상, 성질 및 기능의 검사(檢査)에 필요하지 않은(der zur Prüfung der Beschaffenheit, der Eigenschaften und der Funktionsweise der Waren nicht notwendig war) 물건의 취급으로 인하여 그 가치감소가 발생한 경우에는 이는 고려되지 않습니다."

⑤-ⓓ 유상신용부여계약의 경우에 다음과 같이 적용합니다:

a) 판매를 위해 제한된 용적(容積) 또는 양(量)으로 공급되지 않는 수도, 가스 또는 전기의 공급을 제외하고(mit Ausnahme der Lieferung von Wasser, Gas oder Strom, die nicht in einem begrenzten Volumen oder in einer bestimmten Menge zum Verkauf angeboten werden), 물건의 인도가 계약의 목적인 경우에 여기에 민법전시행법 제246항목a 제1조 제2항 제2문 관련 부록 1 구성안내 ⑤ a목 또는 b목을 준용하여 구체적으로 안내해야 합니다.

   이는 민법전시행법 제246항목a 제1조 제2항 제2문 관련 부록 1 구성안내 ⑤ c목을 준용한 구체적 안내에 의하여(durch die konkreten Hinweise) 보충(補充)될 수 있습니다.

b) 금융서비스의 제공이 계약의 목적인 경우에 여기에 다음과 같은 안내가 행해질 수 있습니다:

   "차주는, 자신이 철회기간 종료 전에 반대급부의 이행을 개시하는 것에 대하여 명시적으로 동의를 한 경우 철회할 때까지 제공된 급부에 대한 가액배상을 할 의무를 집니다. 가액배상을 할 의무가 성립한 경우에(Besteht eine Verpflichtung zur Zahlung von Wertersatz), 그럼에도 이로 인해 차주는 철회시까지의 기간 동안의 계약상 지급의무를 이행해야만 합니다(dass der Darlehensnehmer die vertraglichen Zahlungsverpflichtungen für den Zeitraum bis zum Widerruf dennoch erfüllen muss)."

c) a목에 따른 물건의 인도(引渡)가 아니거나 금융서비스가 아닌 급부(給付)의 제공이 계약의 목적인 경우이나, 판매를 위해 제한된 용적(容積) 또는 양(量)으로 공급되지 않는 수도, 가스 또는 전기의 공급이나 난방의 공급(die Lieferung von Wasser, Gas oder Strom, wenn sie nicht in einem begrenzten Volumen oder in einer bestimmten Menge zum Verkauf angeboten werden, oder die Lieferung von Fernwärme)이 계약의 목적인 경우에, 여기에 제246항목a 제1조 제2항 제2문 관련 부록 1 구성안내 ⑥을 준용하여 구체적(具體的)으로 안내(案內)해야 합니다.

d) Ist Vertragsgegenstand die Lieferung von nicht auf einem körperlichen Datenträger befindlichen digitalen Inhalten, kann hier folgender Hinweis gegeben werden:

"Der Darlehensnehmer ist zur Zahlung von Wertersatz für die bis zum Widerruf gelieferten digitalen Inhalte verpflichtet, wenn er ausdrücklich zugestimmt hat, dass vor dem Ende der Widerrufsfrist mit der Lieferung der digitalen Inhalte begonnen wird."

⑤-ⓔ Bei einem angegebenen Geschäft nach § 360 Absatz 2 Satz 2 BGB ist hier Folgendes einzufügen:

- "Ist der Darlehensnehmer auf Grund des Widerrufs des [einsetzen***: angegebenen Geschäfts] an den Darlehensvertrag nicht mehr gebunden, führt das hinsichtlich des Darlehensvertrags zu den gleichen Folgen, die eintreten würden, wenn der Darlehensvertrag selbst widerrufen worden wäre (vgl. oben unter "Widerrufsfolgen")."

⑤-ⓕ Bei einem verbundenen Vertrag nach § 358 BGB, der nicht den Erwerb von Finanzinstrumenten zum Gegenstand hat, ist hier Folgendes einzufügen:

- "Wenn der Darlehensnehmer infolge des Widerrufs des Darlehensvertrags nicht mehr an den weiteren Vertrag gebunden ist oder infolge des Widerrufs des weiteren Vertrags nicht mehr an den Darlehensvertrag gebunden ist, gilt ergänzend Folgendes: Ist das Darlehen bei Wirksamwerden des Widerrufs dem Vertragspartner des Darlehensnehmers aus [einsetzen***: dem verbundenen Vertrag] bereits zugeflossen, tritt der Darlehensgeber im Verhältnis zum Darlehensnehmer hinsichtlich der Rechtsfolgen des Widerrufs in die Rechte und Pflichten des Vertragspartners aus dem weiteren Vertrag ein."

  Dieser Hinweis entfällt, wenn der Darlehensgeber zugleich Vertragspartner des Darlehensnehmers aus dem weiteren Vertrag ist.

⑤-ⓖ Bei einem verbundenen Vertrag nach § 358 BGB, der nicht den Erwerb von Finanzinstrumenten zum Gegenstand hat, sind hier folgende Überschrift und folgender Hinweis einzufügen:

"Einwendungen bei verbundenen Verträgen."

"Der Darlehensnehmer kann die Rückzahlung des Darlehens verweigern, soweit ihn Einwendungen berechtigen würden, seine Leistung gegenüber dem Vertragspartner aus dem verbundenen Vertrag zu verweigern. Dies gilt nicht, wenn das finanzierte Entgelt weniger als 200 Euro beträgt oder wenn der Rechtsgrund für die Einwendung auf einer Vereinbarung beruht, die zwischen dem Darlehensnehmer und dem anderen Vertragspartner nach dem Abschluss des Darlehensvertrags getroffen wurde. Kann der Darlehensnehmer von dem anderen Vertragspartner Nacherfüllung verlangen, so kann er die Rückzahlung des Darlehens erst verweigern, wenn die Nacherfüllung fehlgeschlagen ist."

d) 유형물(有形物)에 담기지 않은 디지털콘텐츠의 공급(die Lieferung von nicht auf einem körperlichen Datenträger befindlichen digitalen Inhalten)이 계약의 목적인 경우에 여기에 다음과 같이 안내합니다:

"차주는, 자신이 철회기간 만료 전에 디지털콘텐츠의 공급이 개시되는 것에 대하여 명시적으로 동의한 경우는 철회시까지의 공급된 디지털콘텐츠에 대하여 가액배상을 할(zur Zahlung von Wertersatz für die bis zum Widerruf gelieferten digitalen Inhalte) 의무를 집니다."

⑤-ⓔ 민법전 제360조 제2항 제2문에 따라 명시된 거래의 경우 여기에 다음과 같이 기입(記入)합니다:

- "차주가 [명시된 거래 기재***]의 철회에 기하여 소비대차계약에도 더 이상 구속되지 않는 경우에, 그 철회로 인하여 소비대차계약에 관련하여 소비대차계약이 직접 철회된 때(위 "철회의 효과"를 참조하라; vgl. oben unter "Widerrufsfolgen")에 발생했을(die eintreten würden, wenn der Darlehensvertrag selbst widerrufen worden wäre) 동일한 효과에 이르게 됩니다."

⑤-ⓕ 민법전 제358조에 따른 결합계약으로 금융상품의 취득을 목적으로 하지 않은 결합계약의 경우에 다음과 같이 기입을 합니다:

- "차주가 소비대차계약의 철회로 인하여 더 이상 추가적 계약에도 구속되지 않거나 추가적 계약의 철회로 인하여 더 이상 소비대차계약에도 구속되지 않은 경우에, 다음과 같이 보충하여 적용됩니다: 철회의 효력이 발생한 경우에(bei Wirksamwerden des Widerrufs) 소비대차금이 차주의 계약당사에게 [결합계약 기재***; einsetzen***: dem verbundenen Vertrag]에 기하여 이미 반환된 경우에, 여신인(與信人)은 철회의 효과와 관련하여 차주와의 관계에서 추가적 계약에 기한 계약당사자의 권리의무를 승계합니다(tritt der Darlehensgeber im Verhältnis zum Darlehensnehmer hinsichtlich der Rechtsfolgen des Widerrufs in die Rechte und Pflichten des Vertragspartners aus dem weiteren Vertrag ein)."

  여신인(與信人)이 동시에 추가적 계약에 기한 차주의 계약당사자인 경우에는 이러한 안내는 생략합니다.

⑤-ⓖ 민법전 제358조에 따른 결합계약으로, 금융상품의 취득을 목적으로 하지 않는 결합계약의 경우에, 여기에 다음의 부제(副題)와 다음의 안내(folgende Überschrift und folgender Hinweis)를 기입합니다:

"결합계약에서의 항변권"

"차주는, 결합계약에 기한 계약상대방에 대한 자신의 급부를 거절할 수 있는 항변권을 갖는 범위 내에서 소비대차의 상환을 거절할 수 있습니다. 자금지원을 받은 보수가 200유로 미만이거나, 항변권의 법적근거가 차주와 다른 계약상대방 간에 소비대차계약 체결 후에 이뤄진 약정에 기인한 경우에는(wenn das finanzierte Entgelt weniger als 200 Euro beträgt oder wenn der Rechtsgrund für die Einwendung auf einer Vereinbarung beruht, die zwischen dem Darlehensnehmer und dem anderen Vertragspartner nach dem Abschluss des Darlehensvertrags getroffen wurde) 그러하지 않습니다. 차주가 다른 계약상대방에게 사후보완이행을 요구하는 경우 차주는 소비대차의 상환을 사후보완이행이 실패로 귀착한 때에 비로소 거절할 수 있습니다."

Dieser Hinweis und die Überschrift können entfallen, wenn der Darlehensgeber weiß, dass das finanzierte Entgelt weniger als 200 Euro beträgt.

* Die Vertragsparteien können auch direkt angesprochen werden (z. B. "Sie", "Wir"). Es kann auch die weibliche Form der jeweiligen Bezeichnung und/oder die genaue Bezeichnung der Vertragsparteien verwendet werden. Es können auch die Bezeichnungen "Kreditnehmer" und "Kreditgeber" verwendet werden. Bei entgeltlichen Finanzierungshilfen sind die Bezeichnungen entsprechend anzupassen, beispielsweise mit "Leasinggeber" und "Leasingnehmer".

** Dieser Klammerzusatz entfällt bei durchgängiger genauer Bezeichnung des Vertrags/Geschäfts.

*** Die Bezugnahme auf den betreffenden Vertrag/auf das betreffende Geschäft kann nach erstmaliger genauer Bezeichnung im Weiteren durch Verwendung der allgemeinen Bezeichnung des jeweiligen Vertrags/Geschäfts (verbundener Vertrag, angegebenes Geschäft, zusammenhängender Vertrag) erfolgen.

Anlage 9 (zu Artikel 246 Absatz 3)

Muster für die Widerrufsbelehrung bei unentgeltlichen Darlehensverträgen zwischen einem Unternehmer als Darlehensgeber und einem Verbraucher als Darlehensnehmer
(Fundstelle: BGBl. I 2016, S. 436 - 438)

Widerrufsbelehrung

Widerrufsrecht

Der Darlehensnehmer* kann seine Vertragserklärung innerhalb von 14 Tagen ohne Angabe von Gründen widerrufen. Die Frist beginnt nach Abschluss des Vertrags, aber erst, nachdem der Darlehensnehmer diese Widerrufsbelehrung auf einem dauerhaften Datenträger erhalten hat. Zur Wahrung der Widerrufsfrist genügt die rechtzeitige Absendung des Widerrufs, wenn die Erklärung auf einem dauerhaften Datenträger (z. B. Brief, Telefax, E-Mail) erfolgt. Der Widerruf ist zu richten an: ①

②

②-ⓐ

②-ⓑ

②-ⓒ

본 안내 및 부제는 여신인(與信人)이 자금지원 받은 보수가 200유로 미만이라는 점(dass das finanzierte Entgelt weniger als 200 Euro beträgt)을 안 경우에는 생략할 수 있습니다.

* 계약당사자들은 직접적으로도 호칭될 수 있습니다(예컨대, “당신”, “우리”). 계약당사자들의 각각의 호칭의 여성형과(또는) 정확한 명칭도 사용될 수 있습니다. “여신받는 자(Kreditnehmer)”과 “여신인(與信人; Kreditgeber)”이라는 명칭도 사용될 수 있습니다. 유상신용부여의 경우에, 상응하는 명칭으로, 예컨대 “신용부여인”, “피신용부여인”으로 조정해야 합니다(Bei entgeltlichen Finanzierungshilfen sind die Bezeichnungen entsprechend anzupassen, beispielsweise mit “Leasinggeber” und “Leasingnehmer”).

** 괄호안의 기재는 계약/거래의 정확한 일반적 명칭을 기재하는 경우에 생략합니다.

*** 관련 계약/관련 거래에 대한 기재(Die Bezugnahme auf den betreffenden Vertrag/auf das betreffende Geschäft)는, 최초의 정확한 명칭 사용 후 각각의 계약/거래의 일반적 명칭(결합계약, 명시된 거래, 연관된 계약; verbundener Vertrag, angegebenes Geschäft, zusammenhängender Vertrag)으로 계속해서 이뤄질 수 있습니다.

부록 9(제246항목 제3항 관련)

대주로서 사업자와 차주로서 소비자 간의 무상 소비대차계약에서의 철회통지서(撤回通知書) 견본(見本)
(출처: 2016년 연방법률관보 제1편 436 - 438면)

철회통지서

철회권

차주*는 14일 이내에 이유 제시 없이(ohne Angabe von Gründen) 자신의 계약의사표시를 철회할 수 있습니다. 그 기간은 계약체결시로부터 기산하나(Die Frist beginnt nach Abschluss des Vertrags), 차주가 본 철회통지를 지속적 정보저장매체 수령한 후에 비로소 기산합니다. 그 의사표시(意思表示)가 지속적(持續的) 정보저장매체(예컨대, 서신, 팩스, 이메일; z. B. Brief, Telefax, E-Mail)로 행해진 경우에는 철회(撤回)의 적시 발송(發送)으로 철회기간의 준수(遵守)하는 데 충분(充分)합니다. 철회(撤回)는 다음의 자에게 행해진 것입니다: ①

②

②-ⓐ

②-ⓑ

②-ⓒ

Widerrufsfolgen
Soweit das Darlehen bereits ausbezahlt wurde, hat es der Darlehensnehmer spätestens innerhalb von 30 Tagen zurückzuzahlen. Die Frist beginnt mit der Absendung der Widerrufserklärung.
③
④
④-ⓐ
④-ⓑ
④-ⓒ
④-ⓓ
④-ⓔ
④-ⓕ

Gestaltungshinweise:
① Hier sind einzufügen: Name/Firma und ladungsfähige Anschrift des Widerrufsadressaten. Zusätzlich können angegeben werden: Telefaxnummer, E-Mail-Adresse und/oder, wenn der Darlehensnehmer eine Bestätigung seiner Widerrufserklärung an den Darlehensgeber erhält, auch eine Internet-Adresse.
② Bei Anwendung der Gestaltungshinweise ②-ⓐ, ②-ⓑ oder ②-ⓒ ist hier folgende Unterüberschrift einzufügen:
"Besonderheiten bei weiteren Verträgen".
②-ⓐ Bei einem verbundenen Vertrag nach § 358 BGB ist hier einzufügen:
a) Wenn der Vertrag nicht den Erwerb von Finanzinstrumenten zum Gegenstand hat:
- "Widerruft der Darlehensnehmer diesen Darlehensvertrag, so ist er auch an den [einsetzen: Bezeichnung des verbundenen Vertrags] (im Folgenden: verbundener Vertrag)** nicht mehr gebunden.
- Steht dem Darlehensnehmer in Bezug auf den [einsetzen***: verbundenen Vertrag] ein Widerrufsrecht zu, so ist er mit wirksamem Widerruf des [einsetzen***: verbundenen Vertrags] auch an den Darlehensvertrag nicht mehr gebunden. Für die Rechtsfolgen des Widerrufs sind die in dem [einsetzen***: verbundenen Vertrag] getroffenen Regelungen und die hierfür erteilte Widerrufsbelehrung maßgeblich."
b) Wenn der Vertrag den Erwerb von Finanzinstrumenten zum Gegenstand hat:
- "Widerruft der Darlehensnehmer den [einsetzen: Bezeichnung des verbundenen Vertrags], so ist er auch an den Darlehensvertrag nicht mehr gebunden."

철회효과 소비대차금이 이미 실행된 범위 내에서(Soweit das Darlehen bereits ausbezahlt wurde) 차주는 늦어도 30일 이내에 그 소비대차금을 반환해야 합니다. 그 기간은 철회의사표시의 발송으로 기산합니다. ③ ④ ④-ⓐ ④-ⓑ ④-ⓒ ④-ⓓ ④-ⓔ ④-ⓕ

구성안내(構成案內):

① 여기에 다음사항을 기입합니다: 철회상대방의 이름/상호 및 도달 가능한 주소. 추가적으로 다음 사항이 기입될 수 있습니다: 팩스번호, 이메일주소와(또는), 차주가 자신의 철회의사표시의 확인을 대주에게서 받은 경우에(wenn der Darlehensnehmer eine Bestätigung seiner Widerrufserklärung an den Darlehensgeber erhält)는 이메일 주소도 포함됨.

② ②-ⓐ, ②-ⓑ 또는 ②-ⓒ의 구성안내의 적용에 있어, 여기에 다음 부제(副題)를 기입(記入)합니다:

"추가적 계약시 세부사항"

②-ⓐ 민법전 제358조에 따른 결합계약의 경우 여기에 다음과 같이 기입합니다:

a) 그 계약이 금융상품의 취득을 목적으로 하지 않는다면,

- "차주가 본 소비대차계약을 철회하는 경우에(Widerruft der Darlehensnehmer diesen Darlehensvertrag), 차주는 [결합계약의 명칭 기재] (이하 결합계약)**에 더 이상 구속되지 않습니다.
- 차주에게 [결합계약 기재***]와 관련하여 철회권이 귀속되는 경우에(Steht dem Darlehensnehmer in Bezug auf den [einsetzen***: verbundenen Vertrag] ein Widerrufsrecht zu), 차주는 [결합계약 기재***]의 유효한 철회에 의하여 소비대차에도 더 이상 구속되지 않습니다(auch an den Darlehensvertrag nicht mehr gebunden). 철회의 효과와 관련하여(Für die Rechtsfolgen des Widerrufs sind), [결합계약 기재***]에 대한 규정과 이에 대해 행해진 철회통지가 적용됩니다."

b) 만일 계약이 금융상품 취득(den Erwerb von Finanzinstrumenten)을 목적으로 한다면:

- "차주가 [결합계약 기재]를 철회한다면 차주는 소비대차계약에도 더 이상 구속되지 않습니다(so ist er auch an den Darlehensvertrag nicht mehr gebunden)."

②-ⓑ Bei einem Geschäft, dessen Vertragsgegenstand (die Leistung des Unternehmers) in dem Darlehensvertrag genau angegeben ist und das nicht gleichzeitig die Voraussetzungen eines verbundenen Vertrags gemäß § 358 BGB erfüllt, obwohl das Darlehen ausschließlich zu dessen Finanzierung dient (angegebenes Geschäft gemäß § 360 Absatz 2 Satz 2 BGB), ist hier Folgendes einzufügen:

- "Steht dem Darlehensnehmer in Bezug auf das [einsetzen: Bezeichnung des im Darlehensvertrag angegebenen Geschäfts] (im Folgenden: angegebenes Geschäft)** ein Widerrufsrecht zu, so ist er mit wirksamem Widerruf des angegebenen Geschäfts auch an diesen Darlehensvertrag nicht mehr gebunden."

②-ⓒ Bei einem mit einem Darlehensvertrag zusammenhängenden Vertrag (§ 360 BGB), der nicht gleichzeitig die Voraussetzungen eines verbundenen Vertrags gemäß § 358 BGB erfüllt, kann hier Folgendes eingefügt werden:

- "Steht dem Darlehensnehmer in Bezug auf diesen Darlehensvertrag ein Widerrufsrecht zu, so ist er mit wirksamem Widerruf des Darlehensvertrags auch an den [einsetzen: Bezeichnung des mit dem Darlehensvertrag zusammenhängenden Vertrags] (im Folgenden: zusammenhängender Vertrag)** nicht mehr gebunden."

③ Erbringt der Darlehensgeber gegenüber öffentlichen Stellen Aufwendungen gemäß § 357a Absatz 3 Satz 5 BGB und will er sich für den Fall des Widerrufs die Geltendmachung dieses Anspruchs vorbehalten, ist hier Folgendes einzufügen:

- "Der Darlehensnehmer hat dem Darlehensgeber auch die Aufwendungen zu ersetzen, die der Darlehensgeber gegenüber öffentlichen Stellen erbracht hat und nicht zurückverlangen kann."

④ Bei Anwendung der Gestaltungshinweise ④-ⓐ, ④-ⓑ, ④-ⓒ, ④-ⓓ, ④-ⓔ oder ④-ⓕ ist hier als Unterüberschrift einzufügen:

"Besonderheiten bei weiteren Verträgen".

Dies gilt nicht, wenn bei einer entgeltlichen Finanzierungshilfe ausschließlich der Hinweis ④-ⓒ verwandt wird und weitere Verträge nicht vorliegen.

Liegen mehrere weitere Verträge nebeneinander vor, kann im Folgenden die Unterrichtung gemäß den anwendbaren Gestaltungshinweisen auch durch eine entsprechende, jeweils auf den konkreten Vertrag bezogene, wiederholte Nennung der Hinweise erfolgen.

④-ⓐ Bei einem verbundenen Vertrag nach § 358 BGB, der nicht den Erwerb von Finanzinstrumenten zum Gegenstand hat, oder bei einem zusammenhängenden Vertrag, wenn von Gestaltungshinweis ②-ⓒ Gebrauch gemacht wird, ist hier Folgendes einzufügen:

- "Ist der Darlehensnehmer auf Grund des Widerrufs dieses Darlehensvertrags an [einsetzen***: den verbundenen Vertrag und/oder den zusammenhängenden Vertrag] nicht mehr gebunden, sind insoweit die beiderseits empfangenen Leistungen zurückzugewähren."

②-ⓑ 계약의 목적(사업자의 급부)이 소비자소비대차계약에서 정확하게 명시되고 동시에 민법전 제358조에 따른 결합계약의 요건을 충족하지 못한(das nicht gleichzeitig die Voraussetzungen eines verbundenen Vertrags gemäß § 358 BGB erfüllt) 계약의 경우에는, 소비대차가 오로지 그러한 계약에 대한 자금지원(資金支援)을 위한 것(민법전 제360조 제2항 제2문에 따라 명시된 거래)일지라도, 여기에 다음과 같이 기입(記入)합니다:

- 차주에게 [소비대차계약에서 명시된 거래의 명칭 기재] (이하 명시된 거래)**와 관련하여 철회권이 귀속되는 경우에, 차주는 그 명시된 거래의 유효한 철회에 의하여 본 소비대차계약에도 더 이상 구속되지 않습니다(so ist er mit wirksamem Widerruf des angegebenen Geschäfts auch an diesen Darlehensvertrag nicht mehr gebunden).

②-ⓒ 민법전 제360조상의 소비자소비대차계약과 연관된 계약으로 동시에 민법전 제358조의 결합계약의 요건을 충족하지 못한(der nicht gleichzeitig die Voraussetzungen eines verbundenen Vertrags gemäß § 358 BGB erfüllt) 계약의 경우에, 여기에 다음과 같이 기입할 수 있습니다.

- 차주에게 본 소비대차와 관련하여 철회권이 귀속되는 경우에(Steht dem Darlehensnehmer in Bezug auf diesen Darlehensvertrag ein Widerrufsrecht zu), 차주는 본 소비대차의 유효한 철회에 의하여(mit wirksamem Widerruf des Darlehensvertrags) [소비대차계약과 연관된 계약] (이하 연관된 계약)**에도 더 이상 구속되지 않습니다.

③ 대주가 공공기관에 대하여 민법전 제357조a 제3항 제5문에 따른 경비를 지급하고 철회의경우를 대비하여 이러한 청구권의 행사를 유보해 두고자 한(will er sich für den Fall des Widerrufs die Geltendmachung dieses Anspruchs vorbehalten) 경우에 여기에 다음과 같이 기입합니다:

- "차주가 대주에게 대주가 공공기관에 지급했고 반환청구를 할 수 없는(die der Darlehensgeber gegenüber öffentlichen Stellen erbracht hat und nicht zurückverlangen kann) 경비도 상환해야 합니다."

④ ④-ⓐ, ④-ⓑ, ④-ⓒ, ④-ⓓ, ④-ⓔ, ④-ⓕ 또는 ④-ⓖ의 구성안내의 적용의 경우에, 여기에 부제(副題)로 다음과 같이 기입합니다:
"추가적 계약시 세부사항"
유상신용부여의 경우(bei einer entgeltlichen Finanzierungshilfe)에 오로지 ④-ⓒ의 안내가 사용되고 추가적 계약(weitere Verträge)이 없는 경우에는 이를 적용하지 않습니다.
여러 개의 추가적 계약이 있는 경우에는, 적용되는 구성안내에 따른 정보제공이, 각각의 구체적 계약에 적용되고 반복된 관련 안내의 언급에 의해서도(auch durch eine entsprechende, jeweils auf den konkreten Vertrag bezogene, wiederholte Nennung der Hinweise) 다음과 같이 행해집니다.
④-ⓐ 민법전 제358조에 따른 결합계약으로 금융상품의 취득을 목적으로 하지 않은 경우나, 연관된 계약의 경우에, ②-ⓒ의 구성안내가 적용된 때에는(wenn von Gestaltungshinweis ②-ⓒ Gebrauch gemacht wurde), 여기에 다음과 같이 기입합니다:

- "차주가 본 소비대차의 철회에 기하여 [결합계약과(또는) 연관된 계약 기재***]에 더 이상 구속되지 않는 경우에, 그 범위 내에서 양 당사자가 수령한 급부(給付)는 반환됩니다(sind insoweit die beiderseits empfangenen Leistungen zurückzugewähren)."

④-ⓑ Bei einem verbundenen Vertrag nach § 358 BGB über die Überlassung einer Sache oder bei einem zusammenhängenden Vertrag, gerichtet auf die Überlassung einer Sache, wenn von Gestaltungshinweis ②-ⓒ Gebrauch gemacht wurde, ist hier nachstehender Unterabsatz einzufügen:

- "Der Darlehensnehmer ist nicht verpflichtet, die Sache zurückzusenden, wenn der an [einsetzen***: dem verbundenen Vertrag oder dem zusammenhängenden Vertrag] beteiligte Unternehmer angeboten hat, die Sachen abzuholen. Grundsätzlich trägt der Darlehensnehmer die unmittelbaren Kosten der Rücksendung der Waren. Dies gilt nicht, wenn der an [einsetzen***: dem verbundenen Vertrag oder dem zusammenhängenden Vertrag] beteiligte Unternehmer sich bereit erklärt hat, diese Kosten zu tragen, oder er es unterlassen hat, den Verbraucher über die Pflicht, die unmittelbaren Kosten der Rücksendung zu tragen, zu unterrichten. Bei außerhalb von Geschäftsräumen geschlossenen Verträgen, bei denen die Waren zum Zeitpunkt des Vertragsschlusses zur Wohnung des Verbrauchers geliefert worden sind, ist der Unternehmer verpflichtet, die Waren auf eigene Kosten abzuholen, wenn die Waren so beschaffen sind, dass sie nicht per Post zurückgesandt werden können."

Der Unterabsatz kann wie folgt ergänzt werden:

"Wenn der Darlehensnehmer die auf Grund [einsetzen***: des verbundenen Vertrags oder des zusammenhängenden Vertrags] überlassene Sache nicht oder teilweise nicht oder nur in verschlechtertem Zustand zurückgewähren kann, hat er insoweit Wertersatz zu leisten. Dies kommt allerdings nur in Betracht, wenn der Wertverlust auf einen Umgang mit den Waren zurückzuführen ist, der zur Prüfung der Beschaffenheit, der Eigenschaften und der Funktionsweise der Waren nicht notwendig war."

④-ⓒ Bei einem Vertrag über eine unentgeltliche Finanzierungshilfe gilt Folgendes:

a) Ist Vertragsgegenstand die Überlassung einer Sache mit Ausnahme der Lieferung von Wasser, Gas oder Strom, die nicht in einem begrenzten Volumen oder in einer bestimmten Menge zum Verkauf angeboten werden, sind hier die konkreten Hinweise entsprechend Gestaltungshinweis ⑤ Buchstabe a und b der Anlage 1 zu Artikel 246a § 1 Absatz 2 Satz 2 EGBGB zu geben.

   Diese können durch die konkreten Hinweise entsprechend Gestaltungshinweis ⑤ Buchstabe c der Anlage 1 zu Artikel 246a § 1 Absatz 2 Satz 2 EGBGB ergänzt werden.

b) Ist Vertragsgegenstand die Erbringung einer Finanzdienstleistung, kann hier folgender Hinweis gegeben werden:

   "Der Darlehensnehmer ist zur Zahlung von Wertersatz für die bis zum Widerruf erbrachte Dienstleistung verpflichtet, wenn er ausdrücklich zugestimmt hat, dass vor dem Ende der Widerrufsfrist mit der Ausführung der Gegenleistung begonnen wird. Besteht eine Verpflichtung

④-ⓑ 물건의 인도에 관한 민법전 제358조에 따른 결합계약(Bei einem verbundenen Vertrag)이나, 물건의 인도에 관한 연관된 계약이 경우에, 구성안내가 적용된 때에는(wenn von Gestaltungshinweis ②-ⓒ Gebrauch gemacht wurde), 여기에 다음과 같은 내용(nachstehender Unterabsatz)을 기입합니다:

- "[결합계약 또는 연관된 계약 기재***]의 당사자인 사업자가 물건을 회수하겠다고 제안한 경우에는 차주는 물건을 반환할 의무를 지지 않습니다. 원칙적으로 차주는 해당 물건 반송의 직접비용을 부담합니다. [결합계약 또는 연관된 계약 기재***]의 당사자인 사업자가 이러한 비용을 부담하겠다는 의사를 이미 표시하거나, 그 사업자가 그 반송의 직접지용을 부담하는 의무에 관하여 소비자에게 정보를 제공하지 않은(er es unterlassen hat, den Verbraucher über die Pflicht, die unmittelbaren Kosten der Rücksendung zu tragen, zu unterrichten) 때에는 이를 적용하지 않습니다. 영업장 이외의 곳에서 체결된 계약으로 계약 체결 당시에 소비자의 집으로 해당 물건이 배송된 경우에(Bei außerhalb von Geschäftsräumen geschlossenen Verträgen, bei denen die Waren zum Zeitpunkt des Vertragsschlusses zur Wohnung des Verbrauchers geliefert worden sind), 사업자는 그 성질로 인해 물품이 우편을 통해 반송될 수 없을 때에는(wenn die Waren so beschaffen sind, dass sie nicht per Post zurückgesandt werden können) 자신의 비용부담으로 그 물건을 회수해 갈 의무를 부담합니다."

위 내용은 다음과 같이 보충될 수 있습니다:

"차주가 [결합계약 또는 연관된 계약 기재***]에 기하여 인도된 물건을 전부 또는 부분적으로 반환할 수 없거나 또는 악화된 상태만으로(nur in verschlechtertem Zustand) 반환할 수 있는 경우에, 차주는 그 범위 내에서 가액배상을 해야 합니다. 물품의 성상, 성질 및 기능의 검사(檢査)에 필요하지 않은(der zur Prüfung der Beschaffenheit, der Eigenschaften und der Funktionsweise der Waren nicht notwendig war) 물건의 취급으로 인하여 그 가치감소가 발생한 경우에는 이는 고려되지 않습니다."

④-ⓒ 유상신용부여계약의 경우에 다음과 같이 적용합니다:

a) 판매를 위해 제한된 용적(容積) 또는 양(量)으로 공급되지 않는 수도, 가스 또는 전기의 공급을 제외하고(mit Ausnahme der Lieferung von Wasser, Gas oder Strom, die nicht in einem begrenzten Volumen oder in einer bestimmten Menge zum Verkauf angeboten werden), 물건의 인도가 계약의 목적인 경우에 여기에 민법전시행법 제246항목a 제1조 제2항 제2문 관련 부록 1 구성안내 ⑤ a목 또는 b목을 준용하여 구체적으로 안내해야 합니다.

   이는 민법전시행법 제246항목a 제1조 제2항 제2문 관련 부록 1 구성안내 ⑤ c목을 준용한 구체적 안내에 의하여(durch die konkreten Hinweise) 보충(補充)될 수 있습니다.

b) 금융서비스의 제공이 계약의 목적인 경우에 여기에 다음과 같은 안내가 행해질 수 있습니다:

   "차주는, 자신이 철회기간 종료 전에 반대급부의 이행을 개시하는 것에 대하여 명시적으로 동의를 한 경우 철회할 때까지 제공된 급부에 대한 가액배상을 할 의무를 집니다. 가액배상을 할 의무가 성립한 경우에(Besteht eine Verpflichtung zur Zahlung von Wertersatz), 그럼에

zur Zahlung von Wertersatz, kann dies dazu führen, dass der Darlehensnehmer die vertraglichen Zahlungsverpflichtungen für den Zeitraum bis zum Widerruf dennoch erfüllen muss."

c) Ist Vertragsgegenstand die Erbringung einer Dienstleistung, die nicht in der Überlassung einer Sache gemäß Buchstabe a oder in einer Finanzdienstleistung besteht, oder die Lieferung von Wasser, Gas oder Strom, wenn sie nicht in einem begrenzten Volumen oder in einer bestimmten Menge zum Verkauf angeboten werden, oder die Lieferung von Fernwärme, können hier die konkreten Hinweise entsprechend Gestaltungshinweis der Anlage 1 zu Artikel 246a § 1 Absatz 2 Satz 2 EGBGB gegeben werden.

d) Ist Vertragsgegenstand die Lieferung von nicht auf einem körperlichen Datenträger befindlichen digitalen Inhalten, kann hier folgender Hinweis gegeben werden:

"Der Darlehensnehmer ist zur Zahlung von Wertersatz für die bis zum Widerruf gelieferten digitalen Inhalte verpflichtet, wenn er ausdrücklich zugestimmt hat, dass vor dem Ende der Widerrufsfrist mit der Lieferung der digitalen Inhalte begonnen wird."

④-ⓓ Bei einem angegebenen Geschäft nach § 360 Absatz 2 Satz 2 BGB ist hier Folgendes einzufügen:

- "Ist der Darlehensnehmer auf Grund des Widerrufs des [einsetzen***: angegebenen Geschäfts] an den Darlehensvertrag nicht mehr gebunden, führt das hinsichtlich des Darlehensvertrags zu den gleichen Folgen, die eintreten würden, wenn der Darlehensvertrag selbst widerrufen worden wäre (vgl. oben unter "Widerrufsfolgen")."

④-ⓔ Bei einem verbundenen Vertrag nach § 358 BGB, der nicht den Erwerb von Finanzinstrumenten zum Gegenstand hat, ist hier Folgendes einzufügen:

- "Wenn der Darlehensnehmer infolge des Widerrufs des Darlehensvertrags nicht mehr an den weiteren Vertrag gebunden ist oder infolge des Widerrufs des weiteren Vertrags nicht mehr an den Darlehensvertrag gebunden ist, gilt ergänzend Folgendes: Ist das Darlehen bei Wirksamwerden des Widerrufs dem Vertragspartner des Darlehensnehmers aus [einsetzen***: dem verbundenen Vertrag] bereits zugeflossen, tritt der Darlehensgeber im Verhältnis zum Darlehensnehmer hinsichtlich der Rechtsfolgen des Widerrufs in die Rechte und Pflichten des Vertragspartners aus dem weiteren Vertrag ein."

  Dieser Hinweis entfällt, wenn der Darlehensgeber zugleich Vertragspartner des Darlehensnehmers aus dem weiteren Vertrag ist.

도 이로 인해 차주는 철회시까지의 기간 동안의 계약상 지급의무를 이행해야만 합니다(dass der Darlehensnehmer die vertraglichen Zahlungsverpflichtungen für den Zeitraum bis zum Widerruf dennoch erfüllen muss).”

c) a목에 따른 물건의 인도가 아니거나 금융서비스가 아닌 급부의 제공이 계약의 목적인 경우이나, 판매를 위해 제한된 용적(容積) 또는 양(量)으로 공급되지 않는 수도, 가스 또는 전기의 공급이나 난방의 공급(die Lieferung von Wasser, Gas oder Strom, wenn sie nicht in einem begrenzten Volumen oder in einer bestimmten Menge zum Verkauf angeboten werden, oder die Lieferung von Fernwärme)이 계약의 목적인 경우에, 여기에 제246항목a 제1조 제2항 제2문 관련 부록 1 구성안내 ⑥을 준용하여 구체적(具體的)으로 안내(案內)해야 합니다.

d) 유형물(有形物)에 담기지 않은 디지털콘텐츠의 공급이 계약의 목적인 경우에 여기에 다음과 같이 안내합니다:

“차주는, 자신이 철회기간 만료 전에 디지털콘텐츠의 공급이 개시되는 것에 대하여 명시적으로 동의한 경우는 철회시까지의 공급된 디지털콘텐츠에 대하여 가액배상을 할(zur Zahlung von Wertersatz für die bis zum Widerruf gelieferten digitalen Inhalte) 의무를 집니다.”

④-ⓓ 민법전 제360조 제2항 제2문에 따라 명시된 거래의 경우 여기에 다음과 같이 기입(記入)합니다:

- “차주가 [명시된 거래 기재***]의 철회에 기하여 소비대차계약에도 더 이상 구속되지 않는 경우에, 그 철회로 인하여 소비대차계약에 관련하여 소비대차계약이 직접 철회된 때(위 ”철회의 효과“를 참조하라; vgl. oben unter “Widerrufsfolgen”)에 발생했을(die eintreten würden, wenn der Darlehensvertrag selbst widerrufen worden wäre) 동일한 효과에 이르게 됩니다.”

④-ⓔ 민법전 제358조에 따른 결합계약으로 금융상품의 취득을 목적으로 하지 않은 결합계약의 경우에 다음과 같이 기입을 합니다:

- “차주가 소비대차계약의 철회로 인하여 더 이상 추가적 계약에도 구속되지 않거나 추가적 계약의 철회로 인하여 더 이상 소비대차계약에도 구속되지 않은 경우에, 다음과 같이 보충하여 적용됩니다: 철회의 효력이 발생한 경우에(bei Wirksamwerden des Widerrufs) 소비대차금이 차주의 계약당사에게 [결합계약 기재***; einsetzen***: dem verbundenen Vertrag]에 기하여 이미 반환된 경우에, 대주는 철회의 효과와 관련하여 차주와의 관계에서 추가적 계약에 기한 계약당사자의 권리의무를 승계합니다(tritt der Darlehensgeber im Verhältnis zum Darlehensnehmer hinsichtlich der Rechtsfolgen des Widerrufs in die Rechte und Pflichten des Vertragspartners aus dem weiteren Vertrag ein).”

대주가 동시에 추가적 계약에 기한 차주의 계약당사자인 경우에는 이러한 안내는 생략합니다.

④-ⓕ Bei einem verbundenen Vertrag nach § 358 BGB, der nicht den Erwerb von Finanzinstrumenten zum Gegenstand hat, sind hier folgende Überschrift und folgender Hinweis einzufügen:

"Einwendungen bei verbundenen Verträgen".

"Der Darlehensnehmer kann die Rückzahlung des Darlehens verweigern, soweit ihn Einwendungen berechtigen würden, seine Leistung gegenüber dem Vertragspartner aus dem verbundenen Vertrag zu verweigern. Dies gilt nicht, wenn das finanzierte Entgelt weniger als 200 Euro beträgt oder wenn der Rechtsgrund für die Einwendung auf einer Vereinbarung beruht, die zwischen dem Darlehensnehmer und dem anderen Vertragspartner nach dem Abschluss des Darlehensvertrags getroffen wurde. Kann der Darlehensnehmer von dem anderen Vertragspartner Nacherfüllung verlangen, so kann er die Rückzahlung des Darlehens erst verweigern, wenn die Nacherfüllung fehlgeschlagen ist."

Dieser Hinweis und die Überschrift können entfallen, wenn der Darlehensgeber weiß, dass das finanzierte Entgelt weniger als 200 Euro beträgt.

* Die Vertragsparteien können auch direkt angesprochen werden (z. B. "Sie", "Wir"). Es kann auch die weibliche Form der jeweiligen Bezeichnung und/oder die genaue Bezeichnung der Vertragsparteien verwendet werden. Es können auch die Bezeichnungen "Kreditnehmer" und "Kreditgeber" verwendet werden. Bei unentgeltlichen Finanzierungshilfen sind die Bezeichnungen entsprechend anzupassen, beispielsweise mit "Leasinggeber" und "Leasingnehmer".

** Dieser Klammerzusatz entfällt bei durchgängiger genauer Bezeichnung des Vertrags/Geschäfts.

*** Die Bezugnahme auf den betreffenden Vertrag/auf das betreffende Geschäft kann nach erstmaliger genauer Bezeichnung im Weiteren durch Verwendung der allgemeinen Bezeichnung des jeweiligen Vertrags/Geschäfts (verbundener Vertrag, angegebenes Geschäft, zusammenhängender Vertrag) erfolgen.

Anlage 10 (zu Artikel 249 § 3)

Muster für die Widerrufsbelehrung bei Verbraucherbauverträgen
(Fundstelle: BGBl. I 2017, 979)

Widerrufsbelehrung

Widerrufsrecht

Sie haben das Recht, binnen 14 Tagen ohne Angabe von Gründen diesen Vertrag zu widerrufen.

④-ⓕ 민법전 제358조에 따른 결합계약으로, 금융상품의 취득을 목적으로 하지 않는 결합계약의 경우에, 여기에 다음의 부제(副題)와 다음의 안내(folgende Überschrift und folgender Hinweis)를 기입합니다:
"결합계약에서의 항변권"
"차주는, 결합계약에 기한 계약상대방에 대한 자신의 급부를 거절할 수 있는 항변권을 갖는 범위 내에서 소비대차의 상환을 거절할 수 있습니다. 자금지원을 받은 보수가 200유로 미만이거나, 항변권의 법적근거가 차주와 다른 계약상대방 간에 소비대차계약 체결 후에 이뤄진 약정에 기인한 경우에는(wenn das finanzierte Entgelt weniger als 200 Euro beträgt oder wenn der Rechtsgrund für die Einwendung auf einer Vereinbarung beruht, die zwischen dem Darlehensnehmer und dem anderen Vertragspartner nach dem Abschluss des Darlehensvertrags getroffen wurde) 그러하지 않습니다. 차주가 다른 계약상대방에게 사후보완이행을 요구하는 경우 차주는 소비대차의 상환을 사후보완이행이 실패로 귀착한 때에 비로소 거절할 수 있습니다."
본 안내 및 부제는 대주가 자금지원 받은 보수가 200유로 미만이라는 점(dass das finanzierte Entgelt weniger als 200 Euro beträgt)을 안 경우에는 생략할 수 있습니다.

* 계약당사자들은 직접적으로도 호칭될 수 있습니다(예컨대, "당신", "우리"). 계약당사자들의 각각의 호칭의 여성형과(또는) 정확한 명칭도 사용될 수 있습니다. "여신받는 자(Kreditnehmer)"과 "여신인(與信人; Kreditgeber)"이라는 명칭도 사용될 수 있습니다. 유상신용부여의 경우에, 상응하는 명칭으로, 예컨대 "신용부여인", "피신용부여인"으로 조정해야 합니다.

** 괄호안의 기재는 계약/거래의 정확한 일반적 명칭을 기재하는 경우(bei durchgängiger genauer Bezeichnung des Vertrags/Geschäfts)에 생략합니다.

*** 관련 계약/관련 거래에 대한 기재(Die Bezugnahme auf den betreffenden Vertrag/auf das betreffende Geschäft)는, 최초의 정확한 명칭 사용 후 각각의 계약/거래의 일반적 명칭(결합계약, 명시된 거래, 연관된 계약; verbundener Vertrag, angegebenes Geschäft, zusammenhängender Vertrag)으로 계속해서 이뤄질 수 있습니다.

부록 10(제249항목 제3조)

소비자건축계약에서의 철회통지서 견본
(출처: 2017년 연방법률관보 제1편 979면)

철회통지서

철회권
당신은 14일 이내에 이유 제시 없이(ohne Angabe von Gründen) 본 계약을 철회할 권리를 갖습니다.

Die Widerrufsfrist beträgt 14 Tage ab dem Tag des Vertragsabschlusses. Sie beginnt nicht zu laufen, bevor Sie diese Belehrung in Textform erhalten haben.
Um Ihr Widerrufsrecht auszuüben, müssen Sie uns (*) mittels einer eindeutigen Erklärung (z. B. Brief, Telefax oder E-Mail) über Ihren Entschluss, diesen Vertrag zu widerrufen, informieren. Zur Wahrung der Widerrufsfrist reicht es aus, dass Sie die Erklärung über die Ausübung des Widerrufsrechts vor Ablauf der Widerrufsfrist absenden.

Folgen des Widerrufs
Wenn Sie diesen Vertrag widerrufen, haben wir Ihnen alle Zahlungen, die wir von Ihnen erhalten haben, unverzüglich zurückzuzahlen.
Sie müssen uns im Falle des Widerrufs alle Leistungen zurückgeben, die Sie bis zum Widerruf von uns erhalten haben. Ist die Rückgewähr einer Leistung ihrer Natur nach ausgeschlossen, lassen sich etwa verwendete Baumaterialien nicht ohne Zerstörung entfernen, müssen Sie Wertersatz dafür bezahlen.

Gestaltungshinweis:
* Fügen Sie Ihren Namen oder den Namen Ihres Unternehmens, Ihre Anschrift und Ihre Telefonnummer ein. Sofern verfügbar sind zusätzlich anzugeben: Ihre Telefaxnummer und E-Mail-Adresse.
Nichtamtliches Inhaltsverzeichnis

Anlage 11 (zu Artikel 250 § 2 Absatz 1)

Muster für das Formblatt zur Unterrichtung des Reisenden bei einer Pauschalreise nach § 651a des Bürgerlichen Gesetzbuchs
(Fundstelle: BGBl. I 2017, 2409 — 2410)

Bei der Ihnen angebotenen Kombination von Reiseleistungen handelt es sich um eine Pauschalreise im Sinne der Richtlinie (EU) 2015/2302. ①
Daher können Sie alle EU-Rechte in Anspruch nehmen, die für Pauschalreisen gelten. Das

철회기간은 계약체결시로부터 14일입니다. 당신이 문면방식으로 된 본 철회통지를 수령하기 전에는 그 철회기간은 기산하지 않습니다.
당신은, 당신의 철회권을 행사하기 위하여 우리에게(*) 분명한 의사표시(가령, 서신, 팩스 또는 이메일; z. B. Brief, Telefax oder E-Mail)에 의하여 본 계약을 철회하는 당신의 결정에 관하여 알려야 합니다.
당신이 철회기간 경과 전에 철회권 행사에 관한 의사표시를 발송함으로써 철회기간의 준수(遵守)하는 데 충분(充分)합니다.

철회의 효과
당신이 본 계약을 철회한다면, 우리는 우리가 당신에게서 수령한 일체의 지급금(alle Zahlungen)을 지체 없이 반환해야 합니다.
철회한 경우에 당신은 철회시까지 우리에게서 수령한 일체의 급부를 반환해야만 합니다. 당신의 급부 반환이 급부 성질상 배제되는 경우, 즉 사용한 건축재료가 파손 없이는 분리될 수 없는 경우에는(lassen sich etwa verwendete Baumaterialien nicht ohne Zerstörung entfernen) 당신은 그에 대한 가액을 배상해야 합니다.

구성안내(構成案內)
* 당신의 이름 또는 사업의 이름, 당신의 주소 또는 전화번호를 기입해주시기 바랍니다. 추가적으로 이용 가능한 당신의 전화번호 및 이메일 주소(Ihre Telefaxnummer und E-Mail-Adresse)를 명시해야 합니다.

부록 11(제250항목 제2조 제1항 관련)

민법전 제651조a에 따른 패키지여행시 여행자에 대한 정보제공을 위한(zur Unterrichtung des Reisenden) 서식 견본
(출처: 2017년 연방법률관보 Ⅰ편 2409 — 2410면)

당신에 제공된 일체의 여행급부(Bei der Ihnen angebotenen Kombination von Reiseleistungen)는 (EU) 2015/2302호 지침상의 패키지여행에 해당합니다.①
따라서 당신은 패키지이용에 적용되는 일체의 유럽연합법을 원용(援用)할 수 있습니다. ② 사업자

Unternehmen ② trägt die volle Verantwortung für die ordnungsgemäße Durchführung der gesamten Pauschalreise.
Zudem verfügt das Unternehmen ② über die gesetzlich vorgeschriebene Absicherung für die Rückzahlung Ihrer Zahlungen und, falls der Transport in der Pauschalreise inbegriffen ist, zur Sicherstellung Ihrer Rückbeförderung im Fall seiner Insolvenz.*
③

④ Wichtigste Rechte nach der Richtlinie (EU) 2015/2302
- Die Reisenden erhalten alle wesentlichen Informationen über die Pauschalreise vor Abschluss des Pauschalreisevertrags.
- Es haftet immer mindestens ein Unternehmer für die ordnungsgemäße Erbringung aller im Vertrag inbegriffenen Reiseleistungen.
- Die Reisenden erhalten eine Notruftelefonnummer oder Angaben zu einer Kontaktstelle, über die sie sich mit dem Reiseveranstalter oder dem Reisebüro in Verbindung setzen können.
- Die Reisenden können die Pauschalreise – innerhalb einer angemessenen Frist und unter Umständen unter zusätzlichen Kosten – auf eine andere Person übertragen.
- Der Preis der Pauschalreise darf nur erhöht werden, wenn bestimmte Kosten (zum Beispiel Treibstoffpreise) sich erhöhen und wenn dies im Vertrag ausdrücklich vorgesehen ist, und in jedem Fall bis spätestens 20 Tage vor Beginn der Pauschalreise. Wenn die Preiserhöhung 8 % des Pauschalreisepreises übersteigt, kann der Reisende vom Vertrag zurücktreten. Wenn sich ein Reiseveranstalter das Recht auf eine Preiserhöhung vorbehält, hat der Reisende das Recht auf eine Preissenkung, wenn die entsprechenden Kosten sich verringern.
- Die Reisenden können ohne Zahlung einer Rücktrittsgebühr vom Vertrag zurücktreten und erhalten eine volle Erstattung aller Zahlungen, wenn einer der wesentlichen Bestandteile der Pauschalreise mit Ausnahme des Preises erheblich geändert wird. Wenn der für die Pauschalreise verantwortliche Unternehmer die Pauschalreise vor Beginn der Pauschalreise absagt, haben die Reisenden Anspruch auf eine Kostenerstattung und unter Umständen auf eine Entschädigung.
- Die Reisenden können bei Eintritt außergewöhnlicher Umstände vor Beginn der Pauschalreise ohne Zahlung einer Rücktrittsgebühr vom Vertrag zurücktreten, beispielsweise wenn am Bestimmungsort schwerwiegende Sicherheitsprobleme bestehen, die die Pauschalreise voraussichtlich beeinträchtigen.

는 패키지여행 전체의 적절한 실시(die ordnungsgemäße Durchführung der gesamten Pauschalreise)에 대한 완전한 책임을 부담합니다.
또한 ② 사업자는 당신의 지급금의 반환에 대한 법률상 규정된 대비책(die gesetzlich vorgeschriebene Absicherung für die Rückzahlung Ihrer Zahlungen)을 보유하고, 만일 해당 운송이 패키지여행에 포함된다면 사업자의 파산시 당신의 귀환운송 보장에 대한 법률상 규정된 대비책을 보유합니다.*
③

④ (EU) 2015/2302 지침에 따른 중요한 권리

- 여행자는 패키지여행계약 체결 전에 패키지여행에 관한 일체의 중요한 정보(alle wesentlichen Informationen)를 받습니다.
- 최소한 하나의 사업자가 계약에 포함된 일체의 여행급부의 적절한 제공에 대해 언제나 책임을 부담합니다.
- 여행자는 여행주최자 또는 여행사무실과 연락(連絡)할 수 있는 긴급전화번호 또는 연락처에 관한 사항(eine Notruftelefonnummer oder Angaben zu einer Kontaktstelle)을 받습니다.
- 여행자는, 적절한 기간 내에 또 제사정을 고려한 추가비용을 부담하고서(unter Umständen unter zusätzlichen Kosten), 패키지여행을 제3자에게 이전(移轉)할 수 있습니다.
- 패키지여행대금은, 특정 비용(예컨대 연료비)이 상승하고 계약에 이것이 명확하게 규정되어 있으며, 어떤 경우에도 늦어도 여행 개시 전(前) 20일 전(前)까지 통지된 경우에[wenn bestimmte Kosten (zum Beispiel Treibstoffpreise) sich erhöhen und wenn dies im Vertrag ausdrücklich vorgesehen ist, und in jedem Fall bis spätestens 20 Tage vor Beginn der Pauschalreise] 한하여 인상될 수 있습니다. 여행대금인상이 패키지여행대금의 8%를 초과하는 경우에 여행자는 계약을 해제할 수 있습니다. 여행주최자가 여행대금인상권을 유보하고 있는 경우에, 여행자는 관련 비용이 감소한 때에는 여행대금인하권을 갖습니다.
- 여행대금을 제외하고 패키지여행의 본질적 구성부분 중 한 구성부분이 중대하게 변경된 경우에는, 여행자는 해제수수료의 지급 없이 계약을 해제할 수 있고, 일체의 지급금 전액을 환급받을 수 있습니다. 패키지여행에 대해 책임을 지는 사업자가 여행 개시 전에 패키지여행을 취소하는 경우에(Wenn der für die Pauschalreise verantwortliche Unternehmer die Pauschalreise vor Beginn der Pauschalreise absagt), 여행자는 비용상환청구권과 제사정을 고려한 손해배상청구권(Anspruch auf eine Kostenerstattung und unter Umständen auf eine Entschädigung)을 갖습니다.
- 여행자는 이례적 상황이 발생한 경우, 예컨대 패지키여행을 방해할 것으로 예상되는(die die Pauschalreise voraussichtlich beeinträchtigen) 중대한 안전문제(schwerwiegende Sicherheitsprobleme)가 목적지에서 발생하는 경우에 여행 개시 전에 해제수수료의 지급 없이 계약을 해제할 수 있습니다.

- Zudem können die Reisenden jederzeit vor Beginn der Pauschalreise gegen Zahlung einer angemessenen und vertretbaren Rücktrittsgebühr vom Vertrag zurücktreten.
- Können nach Beginn der Pauschalreise wesentliche Bestandteile der Pauschalreise nicht vereinbarungsgemäß durchgeführt werden, so sind dem Reisenden angemessene andere Vorkehrungen ohne Mehrkosten anzubieten. Der Reisende kann ohne Zahlung einer Rücktrittsgebühr vom Vertrag zurücktreten (in der Bundesrepublik Deutschland heißt dieses Recht “Kündigung”), wenn Leistungen nicht gemäß dem Vertrag erbracht werden und dies erhebliche Auswirkungen auf die Erbringung der vertraglichen Pauschalreiseleistungen hat und der Reiseveranstalter es versäumt, Abhilfe zu schaffen.
- Der Reisende hat Anspruch auf eine Preisminderung und/oder Schadenersatz, wenn die Reiseleistungen nicht oder nicht ordnungsgemäß erbracht werden.
- Der Reiseveranstalter leistet dem Reisenden Beistand, wenn dieser sich in Schwierigkeiten befindet.
- Im Fall der Insolvenz des Reiseveranstalters oder – in einigen Mitgliedstaaten – des Reisevermittlers werden Zahlungen zurückerstattet. Tritt die Insolvenz des Reiseveranstalters oder, sofern einschlägig, des Reisevermittlers nach Beginn der Pauschalreise ein und ist die Beförderung Bestandteil der Pauschalreise, so wird die Rückbeförderung der Reisenden gewährleistet. ② hat eine Insolvenzabsicherung mit ⑤ abgeschlossen.* Die Reisenden können diese Einrichtung oder gegebenenfalls die zuständige Behörde (⑥) kontaktieren, wenn ihnen Leistungen aufgrund der Insolvenz von ② verweigert werden.*

⑦

Gestaltungshinweise:

① Bei Tagesreisen, deren Reisepreis 500 Euro übersteigt, ist anstelle des vorangegangenen Satzes der folgende Satz einzufügen: “Bei der Ihnen angebotenen Kombination von Reiseleistungen handelt es sich um eine Tagesreise, die nach den Vorschriften des Bürgerlichen Gesetzbuchs wie eine Pauschalreise im Sinne der Richtlinie (EU) 2015/2302 behandelt wird.”

② Hier ist die Firma/der Name des Reiseveranstalters einzufügen.

③ Werden die Informationen auf einer Webseite für den elektronischen Geschäftsverkehr zur Verfügung gestellt, ist hier die mit den Wörtern “Weiterführende Informationen zu Ihren wichtigsten Rechten nach der Richtlinie (EU) 2015/2302” beschriftete Hyperlink-Schaltfläche einzufügen, nach deren Betätigung die Informationen zu ④ zur Verfügung gestellt werden.

- 게다가 여행자는 여행 개시 전에 언제든지 적절하고 합당한 해제수수료를 지급하고서(gegen Zahlung einer angemessenen und vertretbaren Rücktrittsgebühr) 계약을 해제할 수 있습니다.
- 패키지여행 개시 후에 패키지여행의 본질적 구성부분이 계약에 좇아 실시될 수 없는 경우에, 여행자는 비용증가 없이 적절한 그 밖의 대비책이 제공받아야 합니다. 급부가 계약에 따라 제공되지 않고 이것이 계약상의 패키지여행급부의 제공에 중대한 영향을 미치며 여행주최자가 그 시정을 해태한 경우에는(wenn Leistungen nicht gemäß dem Vertrag erbracht werden und dies erhebliche Auswirkungen auf die Erbringung der vertraglichen Pauschalreiseleistungen hat und der Reiseveranstalter es versäumt, Abhilfe zu schaffen), 여행자는 해제수수료의 지급 없이 계약을 해제할 수 있습니다(독일연방공화국에서 이러한 권리를 "해지"라고 합니다).
- 여행자는, 여행급부가 제공되지 않거나 적절하게 제공되지 않은 경우에 여행대금감액청구권과 (또는) 손해배상청구권을 갖습니다.
- 여행주최자는, 여행자가 어려움에 처해 있는 경우에 여행자에게 도움(Beistand)을 제공합니다.
- 여행주최자의 파산이나, 몇몇 유럽연합회원국에서는 여행주선자 파산의 경우에 지급금이 환급됩니다. 여행주최자의 파산이나, 관련이 있는 한 여행주선자의 파산이 발생하고 운송이 패키지여행의 구성부분인 경우에(Tritt die Insolvenz des Reiseveranstalters oder, sofern einschlägig, des Reisevermittlers nach Beginn der Pauschalreise ein und ist die Beförderung Bestandteil der Pauschalreise), 여행자의 귀환운송은 보장됩니다. ②는 ⑤와 파산보장계약을 체결했습니다.* ②의 파산으로 인하여 그 급부가 거절되는 경우에, 여행자는 이러한 기관이나, 필요하면 관할 관청(die zuständige Behörde)(⑥)에 연락할 수 있습니다.*

⑦

구성안내(構成案內):

① 여행대금이 500유로를 초과하는 당일여행의 경우 전술(前述)한 문(文) 대신에 다음의 문(文)을 기입(記入)합니다: "당신에게 제공된 일체의 여행급부는, 민법전 규정에 따라 (EU) 2015/2302 지침상의 패키지여행처럼 취급되는[die nach den Vorschriften des Bürgerlichen Gesetzbuchs wie eine Pauschalreise im Sinne der Richtlinie (EU) 2015/2302 behandelt wird] 당일여행에 해당합니다."

② 여기에 여행주최자의 상호/이름을 기입(記入)합니다.

③ 정보가 전자상거래를 위한 인터넷웹사이트에서 제공되는 경우에(Werden die Informationen auf einer Webseite für den elektronischen Geschäftsverkehr zur Verfügung gestellt), 여기에 "(EU) 2015/2302호 지침에 따른 당시의 중요한 권리에 관한 정보를 제공함"라는 문구가 기재된 것으로, 이를 누르면 ④에 관한 정보가 제공되는 하이퍼링크버튼(Hyperlink-Schaltfläche)을 기입(記入)합니다.

④ Die Informationen über die wichtigsten Rechte nach der Richtlinie (EU) 2015/2302 werden entweder nach Betätigung der Hyperlink-Schaltfläche zu ③ zur Verfügung gestellt oder, wenn die Informationen nicht auf einer Webseite für den elektronischen Geschäftsverkehr zur Verfügung gestellt werden, den Informationen im ersten Kasten unmittelbar unterhalb des Kastens angefügt.

⑤ Hier ist einzufügen:

a) wenn ein Fall des § 651s des Bürgerlichen Gesetzbuchs vorliegt: Name der Einrichtung, die den Insolvenzschutz bietet,

b) in allen anderen Fällen: Name des Kundengeldabsicherers (§ 651r Absatz 3 des Bürgerlichen Gesetzbuchs).

⑥ Hier sind einzufügen:

a) wenn ein Fall des § 651s des Bürgerlichen Gesetzbuchs vorliegt: Kontaktdaten der Einrichtung, die den Insolvenzschutz bietet, und gegebenenfalls Name und Kontaktdaten der zuständigen Behörde, jeweils einschließlich der Anschrift des Ortes, an dem sie ihren Sitz hat, der E-Mail-Adresse und der Telefonnummer,

b) in allen anderen Fällen: Kontaktdaten des Kundengeldabsicherers (§ 651r Absatz 3 des Bürgerlichen Gesetzbuchs) einschließlich der Anschrift des Ortes, an dem er niedergelassen ist, der E-Mail-Adresse und der Telefonnummer.

⑦ Hier ist einzufügen:

a) wenn die Informationen auf einer Webseite für den elektronischen Geschäftsverkehr zur Verfügung gestellt werden: die mit den Wörtern "Richtlinie (EU) 2015/2302 in der in das nationale Recht umgesetzten Form" beschriftete Hyperlink-Schaltfläche, nach deren Betätigung eine Weiterleitung auf die Webseite www.umsetzung-richtlinie-eu2015-2302.de erfolgt,

b) wenn die Informationen nicht auf einer Webseite für den elektronischen Geschäftsverkehr zur Verfügung gestellt werden: "Webseite, auf der die Richtlinie (EU) 2015/2302 in der in das nationale Recht umgesetzten Form zu finden ist: www.umsetzung-richtlinie-eu2015-2302.de".

* Besteht gemäß § 651r Absatz 1 des Bürgerlichen Gesetzbuchs keine Verpflichtung des Reiseveranstalters zur Insolvenzsicherung, weil der Reiseveranstalter vor Beendigung der Pauschalreise keine Zahlungen des Reisenden auf den Reisepreis annimmt und der Vertrag keine Rückbeförderung des Reisenden umfasst, entfallen diese Sätze.

④ (EU) 2015/2302호 지침에 따른 중요한 권리에 관한 정보는, ③의 하이퍼링크버튼(Hyperlink-Schaltfläche)를 누르면 제공되거나, 그 정보가 전자상거래를 위한 인터넷웹사이트에 제공되지 않는 경우에는 첫 번째 박스 아래에 그 박스에 있는 정보 다음으로 기재됩니다(den Informationen im ersten Kasten unmittelbar unterhalb des Kastens angefügt).

⑤ 여기에 다음과 같이 기입(記入)합니다:

a) 민법전 제651조s의 사안에 해당하는 경우: 파산보호를 제공하는 기관의 이름(Name der Einrichtung, die den Insolvenzschutz bietet),

b) 그 밖의 경우: 민법전 제651조r 제3항상의 고객지급보장자의 이름(Name des Kundengeldabsicherers).

⑥ 여기에 다음과 같이 기입(記入)합니다:

a) 민법전 제651조s의 사안에 해당하는 경우: 파산보호를 제공하는 기관의 연락정보(Kontaktdaten der Einrichtung, die den Insolvenzschutz bietet)와, 필요하면 관할 관청의 이름 및 연락정보(그 기관들이 자신의 본사를 둔 장소의 주소, 그 이메일주소 및 전화번호가 각각 포함됨),

b) 그 밖의 경우: 민법전 제651조r 제3항상의 고객지급보장자의 연락정보(Kontaktdaten des Kundengeldabsicherers)(고객지급보장자가 지점을 둔 장소의 주소와, 이메일주소 및 전화번호 포함)

⑦ 여기에 다음과 같이 기입(記入)합니다:

a) 전자상거래를 위한 인터넷웹사이트에서(auf einer Webseite für den elektronischen Geschäftsverkehr) 그 정보가 제공되는 경우에 "(EU) 2015/2302호 지침을 독일법에 따라 시행 중인 방식에 찾아볼 수 있음"라는 문구가 기재된 것으로, 이를 누르면 'www.umsetzung-richtlinie-eu2015-2302.de'의 웹사이트에로의 연결이 이뤄지는 하이퍼링크버튼,

b) 전자상거래를 위한 인터넷웹사이트에서(auf einer Webseite für den elektronischen Geschäftsverkehr) 그 정보가 제공되지 않는 경우에, "(EU) 2015/2302호 지침을 독일법에 따라 시행 중인 방식에서 찾아 볼 수 있는 인터넷웹사이트: www.umsetzung-richtlinie-eu2015-2302.de"

* 여행주최가 패키지여행의 종료 전에 여행자의 여행대금의 지급을 수령하지 않고 그 계약에 여행자의 귀환운송이 포함되지 않아서, 민법전 제651조r 제1항에 따라 파산보장에 관한 여행주최자의 의무가 성립되지 않는 경우(Besteht gemäß § 651r Absatz 1 des Bürgerlichen Gesetzbuchs keine Verpflichtung des Reiseveranstalters zur Insolvenzsicherung)에, 위와 같은 해당 문(文)들은 삭제됩니다.

Anlage 12 (zu Artikel 250 § 2 Absatz 2)

Muster für das Formblatt zur Unterrichtung des Reisenden bei Verträgen über Gastschulaufenthalte nach § 651u des Bürgerlichen Gesetzbuchs
(Fundstelle: BGBl. I 2017, 2411 — 2412)

Auf den Ihnen angebotenen Vertrag finden die Vorschriften des Bürgerlichen Gesetzbuchs über Pauschalreisen entsprechende Anwendung.
Daher können Sie Rechte in Anspruch nehmen, die für Pauschalreisen gelten. Bei einem Gastschulaufenthalt gelten darüber hinaus die besonderen Bestimmungen des § 651u Absatz 2 bis 4 des Bürgerlichen Gesetzbuchs, insbesondere für den Rücktritt vom Vertrag vor Reisebeginn und für die Kündigung.
Das Unternehmen ① verfügt über die gesetzlich vorgeschriebene Absicherung für den Fall seiner Insolvenz.* Die Absicherung umfasst die Rückzahlung Ihrer Zahlungen und, falls der Vertrag die Beförderung umfasst, die Sicherstellung der Rückbeförderung.*
②

③ Ihre wichtigsten Rechte nach den Vorschriften des Bürgerlichen Gesetzbuchs

- Die Reisenden, d. h. in aller Regel nicht die Gastschüler selbst, sondern die Vertragspartner des Reiseveranstalters, erhalten alle wesentlichen Informationen über die Pauschalreise vor Abschluss des Vertrags.
- Es haftet immer mindestens ein Unternehmer für die ordnungsgemäße Erbringung der von dem Vertrag umfassten Reiseleistungen.
- Die Reisenden erhalten eine Notruftelefonnummer oder Angaben zu einer Kontaktstelle, über die sie sich mit dem Reiseveranstalter oder dem Reisebüro in Verbindung setzen können.
- Die Reisenden können die Pauschalreise – innerhalb einer angemessenen Frist und unter Umständen unter zusätzlichen Kosten – auf eine andere Person übertragen.
- Der Reisepreis darf nur erhöht werden, wenn bestimmte Kosten (zum Beispiel Treibstoffpreise) sich erhöhen und die Preiserhöhung im Vertrag ausdrücklich vorgesehen ist. Eine Preiserhöhung ist nur wirksam, wenn die Unterrichtung des Reisenden nicht später als 20 Tage vor Reisebeginn erfolgt. Übersteigt die Preiserhöhung 8 % des Reisepreises, kann der Reisende vom Vertrag zurücktreten. Wenn sich ein Reiseveranstalter das Recht auf eine Preiserhöhung vorbehält, hat der Reisende das Recht auf eine Preissenkung, wenn die entsprechenden Kosten sich verringern.

부록 12(제250항목 제2조 제2항 관련)

민법전 제651조u에 따른 유학생기숙(留學生寄宿)에 관한 계약시 여행자에 대한 정보제공에 위한 서식 견본
(출처: 2017년 연방법률관보 I 편 2411 — 2412면)

당신에게 청약된 계약에 대하여(Auf den Ihnen angebotenen Vertrag) 패키지여행에 관한 민법전 규정을 준용합니다.
따라서 당신은 패키지여행에 대해 적용하는 권리를 원용(援用)할 수 있습니다. 게다가 유학생기숙의 경우 민법전 제651조u 제2항 내지 제4항의 특칙, 특히 여행개시 전 계약해제에 대한 특칙과 해지에 대한 특칙(insbesondere für den Rücktritt vom Vertrag vor Reisebeginn und für die Kündigung)이 적용됩니다.
① 사업자는 자신의 파산의 경우를 대비한 법률상 규정된 대비책(die gesetzlich vorgeschriebene Absicherung für den Fall seiner Insolvenz)을 보유합니다.* 그 대비책은 당신의 지급금의 환급과, 계약에 운송이 포함된 경우에 귀환운송의 보장(保障)을 포함합니다.*
②

③ 민법전 규정에 따른 당신의 중요한 권리
- 여행자, 즉 대개는 유학생이 아니라 여행주최자의 계약상대방인 여행자는 그 계약 체결 전에 패키지여행에 관한 일체의 중요한 정보(alle wesentlichen Informationen über die Pauschalreise vor Abschluss des Vertrags)를 받습니다.
- 최소한 하나의 사업자가 계약에 포함된 일체의 여행급부의 적절한 제공에 대해 언제나 책임을 부담합니다.
- 여행자는 여행주최자 또는 여행사무실과 연락(連絡)할 수 있는 긴급전화번호 또는 연락처에 관한 사항(eine Notruftelefonnummer oder Angaben zu einer Kontaktstelle)을 받습니다.
- 여행자는, 적절한 기간 내에 또 제사정을 고려한 추가비용을 부담해서(innerhalb einer angemessenen Frist und unter Umständen unter zusätzlichen Kosten), 패키지여행을 제3자에 이전할 수 있습니다.
- 패키지여행대금은, 특정 비용(예컨대 연료비)이 상승하고 여행대금인상이 계약에 이것이 명확하게 규정된 경우[wenn bestimmte Kosten (zum Beispiel Treibstoffpreise) sich erhöhen und die Preiserhöhung im Vertrag ausdrücklich vorgesehen ist]에 한하여 인상될 수 있습니다. 여행자에 대한 정보제공이 여행 개시 20일 전(前)보다 전(前)에 행해지는 경우에 한하여 여행대금인상은 유효합니다. 여행대금인상이 여행대금의 8%를 초과하는 경우에 여행자는 계약을 해제할 수 있습니다. 여행주최자가 여행대금인상권을 유보한 경우에 여행자는 관련 비용이 감소한 경우에 여행대금인하권(das Recht auf eine Preissenkung)을 갖습니다.

- Die Reisenden können ohne Zahlung einer Rücktrittsgebühr vom Vertrag zurücktreten und erhalten eine volle Erstattung aller Zahlungen, wenn einer der wesentlichen Bestandteile der Pauschalreise mit Ausnahme des Preises erheblich geändert wird. Wenn der Reiseveranstalter die Pauschalreise vor Reisebeginn absagt, haben die Reisenden Anspruch auf eine Kostenerstattung und unter Umständen auf eine Entschädigung.
- Die Reisenden können bei Eintritt außergewöhnlicher Umstände vor Reisebeginn ohne Zahlung einer Rücktrittsgebühr vom Vertrag zurücktreten, beispielsweise wenn am Bestimmungsort schwerwiegende Sicherheitsprobleme bestehen, die die Pauschalreise voraussichtlich beeinträchtigen.
- Zudem können die Reisenden vor Reisebeginn jederzeit, d. h. ohne weitere Voraussetzungen, vom Vertrag zurücktreten, gegebenenfalls gegen Zahlung einer angemessenen Rücktrittsgebühr.
- Der Reisende kann den Vertrag bis zur Beendigung der Reise auch jederzeit kündigen. Der Reiseveranstalter ist dann berechtigt, den vereinbarten Reisepreis abzüglich ersparter Aufwendungen zu verlangen. Der Reiseveranstalter ist verpflichtet, die infolge der Kündigung notwendigen Maßnahmen zu treffen. Er hat insbesondere, falls der Vertrag die Beförderung des Gastschülers umfasst, für dessen Rückbeförderung zu sorgen. Die Mehrkosten trägt in diesem Fall der Reisende.
- Kann nach Reisebeginn ein erheblicher Teil der Reiseleistungen nicht vereinbarungsgemäß durchgeführt werden, so sind dem Reisenden ohne Mehrkosten angemessene Ersatzleistungen anzubieten. Der Reisende kann den Vertrag kostenfrei kündigen, wenn Leistungen nicht gemäß dem Vertrag erbracht werden, die Pauschalreise hierdurch erheblich beeinträchtigt wird und der Reiseveranstalter es versäumt, Abhilfe zu schaffen. In diesem Fall trägt der Reiseveranstalter die Mehrkosten für eine gegebenenfalls zu veranlassende Rückbeförderung des Gastschülers.
- Der Reisende hat Anspruch auf eine Preisminderung und/oder Schadenersatz, wenn die Leistungen nicht oder nicht ordnungsgemäß erbracht werden.
- Der Reiseveranstalter leistet dem Reisenden bzw. dem Gastschüler Beistand, wenn dieser sich in Schwierigkeiten befindet.
- Im Fall der Insolvenz des Reiseveranstalters werden Zahlungen zurückerstattet. Tritt die Insolvenz des Reiseveranstalters nach Reisebeginn ein und ist die Beförderung Bestandteil der Pauschalreise, so wird die Rückbeförderung des Gastschülers gewährleistet. ① hat eine Insolvenzabsicherung mit ④ abgeschlossen.* Die Reisenden können diese Einrichtung oder gegebenenfalls die zuständige Behörde (⑤) kontaktieren, wenn ihnen Leistungen aufgrund der Insolvenz von ① verweigert werden.*

⑥

- 여행대금을 제외하고 패키지여행의 본질적 구성부분 중 한 구성부분이 중대하게 변경된 경우에는, 여행자는 해제수수료의 지급 없이 계약을 해제할 수 있고, 일체의 지급금 전액을 환급받을 수 있습니다. 사업자가 여행 개시 전에 패키지여행을 취소하는 경우에(Wenn de rReiseveranstalter die Pauschalreise vor Beginn der Pauschalreise absagt), 여행자는 비용상환청구권과 제사정을 고려한 손해배상청구권(Anspruch auf eine Kostenerstattung und unter Umständen auf eine Entschädigung)을 갖습니다.
- 여행자는 이례적 상황이 발생한 경우, 예컨대 패지키여행을 방해할 것으로 예상되는(die die Pauschalreise voraussichtlich beeinträchtigen) 중대한 안전문제(schwerwiegende Sicherheitsprobleme)가 목적지에서 발생하는 경우에 여행 개시 전에 해제수수료의 지급 없이 계약을 해제할 수 있습니다.
- 게다가 여행자는 여행 개시 전에 언제든지, 즉 추가적 요건 없이(d. h. ohne weitere Voraussetzungen) 계약을 해제할 수 있고, 필요하면 적절한 해제수수료을 지급하고서 해제할 수 있습니다.
- 여행자는 여행 종료 전까지는 언제라도 계약을 해제할 수 있습니다. 여행주최자는 절약된 비용을 공제한 약정한 여행대금을 청구할 권리를 갖습니다. 여행주최자는 해지로 인하여 필요한 조치를 취할(die infolge der Kündigung notwendigen Maßnahmen zu treffen) 의무를 집니다. 여행주최자는, 특히 만일 계약에 유학생의 운송이 포함된 경우에(insbesondere, falls der Vertrag die Beförderung des Gastschülers umfasst) 그 유학생의 귀환운송을 제공할 의무를 집니다. 이러한 경우에 여행자가 비용증가분(Die Mehrkosten)을 부담합니다.
- 패키지여행 개시 후에 여행급부의 중요한 부분이 계약에 좇아 실시될 수 없는 경우에(Kann nach Reisebeginn ein erheblicher Teil der Reiseleistungen nicht vereinbarungsgemäß durchgeführt werden), 여행자는 비용증가 없이 적절한 대체급부를 제공받아야 합니다. 급부가 계약에 따라 제공되지 않고 이로 인하여 패키지여행이 중대하게 영향을 받으며 여행주최자가 그 시정을 해태한 경우에는 여행자는 계약을 해제할 수 있습니다. 이러한 경우 여행주최자가가 경우에 따라서 발생한 유학생의 귀환운송에 대한 비용증가분(die Mehrkosten für eine gegebenenfalls zu veranlassende Rückbeförderung des Gastschülers)을 부담합니다.
- 여행자는, 여행급부가 제공되지 않거나 적절하게 제공되지 않은 경우에 여행대금감액청구권과(또는) 손해배상청구권을 갖습니다.
- 여행주최자는, 여행자 또는 유학생이 어려움에 처해 있는 경우에 그들에게 도움(Beistand)을 제공합니다.
- 여행주최자의 파산의 경우 지급금이 환급됩니다. 여행개시 후 여행주최자의 파산이 발생하고 운송이 패키지여행의 구성부분인 경우에(Tritt die Insolvenz des Reiseveranstalters nach Reisebeginn ein und ist die Beförderung Bestandteil der Pauschalreise), 유학생의 귀환운송(die Rückbeförderung des Gastschülers)은 보장(保障)됩니다. ①은 ④와 파산보장계약을 체결했습니다.* ①의 파산으로 인하여 그 급부가 거절되는 경우에, 여행자는 이러한 기관이나, 필요하면 관할 관청(die zuständige Behörde)(⑤)에 연락할 수 있습니다.*

⑥

Gestaltungshinweise:

① Hier ist die Firma/der Name des Reiseveranstalters einzufügen.

② Werden die Informationen auf einer Webseite für den elektronischen Geschäftsverkehr zur Verfügung gestellt, ist hier die mit den Wörtern "Weiterführende Informationen zu Ihren wichtigsten Rechten nach den Vorschriften des Bürgerlichen Gesetzbuchs" beschriftete Hyperlink-Schaltfläche einzufügen, nach deren Betätigung die Informationen zu ③ zur Verfügung gestellt werden.

③ Die Informationen über die wichtigsten Rechte werden entweder nach Betätigung der Hyperlink-Schaltfläche zu ② zur Verfügung gestellt oder, wenn die Informationen nicht auf einer Webseite für den elektronischen Geschäftsverkehr zur Verfügung gestellt werden, den Informationen im ersten Kasten unmittelbar unterhalb des Kastens angefügt.

④ Hier ist einzufügen:

a) wenn ein Fall des § 651s des Bürgerlichen Gesetzbuchs vorliegt: Name der Einrichtung, die den Insolvenzschutz bietet,

b) in allen anderen Fällen: Name des Kundengeldabsicherers (§ 651r Absatz 3 des Bürgerlichen Gesetzbuchs).

⑤ Hier sind einzufügen:

a) wenn ein Fall des § 651s des Bürgerlichen Gesetzbuchs vorliegt: Kontaktdaten der Einrichtung, die den Insolvenzschutz bietet, und gegebenenfalls Name und Kontaktdaten der zuständigen Behörde, jeweils einschließlich der Anschrift des Ortes, an dem sie ihren Sitz hat, der E-Mail-Adresse und der Telefonnummer,

b) in allen anderen Fällen: Kontaktdaten des Kundengeldabsicherers (§ 651r Absatz 3 des Bürgerlichen Gesetzbuchs) einschließlich der Anschrift des Ortes, an dem er niedergelassen ist, der E-Mail-Adresse und der Telefonnummer.

⑥ Hier ist einzufügen:

a) wenn die Informationen auf einer Webseite für den elektronischen Geschäftsverkehr zur Verfügung gestellt werden: die mit den Wörtern "Weiterleitung zur Gesamtausgabe des Bürgerlichen Gesetzbuchs" beschriftete Hyperlink-Schaltfläche, nach deren Betätigung eine Weiterleitung auf die Webseite www.gesetze-im-internet.de/bgb erfolgt,

b) wenn die Informationen nicht auf einer Webseite für den elektronischen Geschäftsverkehr zur Verfügung gestellt werden: "Webseite, auf welcher die Gesamtausgabe des Bürgerlichen Gesetzbuchs zu finden ist: www.gesetze-im-internet.de/bgb".

* Besteht gemäß § 651r Absatz 1 des Bürgerlichen Gesetzbuchs keine Verpflichtung des Reiseveranstalters zur Insolvenzsicherung, weil der Reiseveranstalter vor Beendigung der Pauschalreise keine Zahlungen des Reisenden auf den Reisepreis annimmt und der Vertrag keine Rückbeförderung des Reisenden umfasst, entfallen diese Sätze.

구성안내(構成案內):
① 여기에 여행주최자의 상호/이름을 기입(記入)합니다.
② 정보가 전자상거래를 위한 인터넷웹사이트에 제공되는 경우에(Werden die Informationen auf einer Webseite für den elektronischen Geschäftsverkehr zur Verfügung gestellt), 여기에 “(EU) 2015/2302호 지침에 따른 당시의 중요한 권리에 관한 정보를 제공함(Weiterführende Informationen zu Ihren wichtigsten Rechten)”라는 문구가 기재된 것으로, 이를 누르면 ③에 관한 정보가 제공되는 하이퍼링크버튼(Hyperlink-Schaltfläche)을 기입(記入)합니다.
③ 그러한 중요한 권리에 관한 정보는, ②의 하이퍼링크버튼(Hyperlink-Schaltfläche)을 누르면 제공되거나, 그 정보가 전자상거래를 위한 인터넷웹사이트에 제공되지 않는 경우에는 (wenn die Informationen nicht auf einer Webseite für den elektronischen Geschäftsverkehr zur Verfügung gestellt werden) 첫 번째 박스 아래에 그 박스에 있는 정보 다음으로 기재됩니다.
④ 여기에 다음과 같이 기입(記入)합니다:
  a) 민법전 제651조s의 사안에 해당하는 경우: 파산보호를 제공하는 기관의 이름(Name der Einrichtung, die den Insolvenzschutz bietet),
  b) 그 밖의 경우: 민법전 제651조r 제3항상의 고객지급보장자의 이름(Name des Kundengeldabsicherers).
⑤ 여기에 다음과 같이 기입(記入)합니다:
  a) 민법전 제651조s의 사안에 해당하는 경우: 파산보호를 제공하는 기관의 연락정보(Kontaktdaten der Einrichtung, die den Insolvenzschutz bietet)와, 필요하면 관할 관청의 이름 및 연락정보(그 기관들이 자신의 본사를 둔 장소의 주소, 그 이메일주소 및 전화번호가 각각 포함됨),
  b) 그 밖의 경우: 민법전 제651조r 제3항상의 고객지급보장자의 연락정보(Kontaktdaten des Kundengeldabsicherers)(고객지급보장자가 지점을 둔 장소의 주소와, 이메일주소 및 전화번호 포함)
⑥ 여기에 다음과 같이 기입(記入)합니다:
  a) 전자상거래를 위한 인터넷웹사이트에서(auf einer Webseite für den elektronischen Geschäftsverkehr) 그 정보가 제공되는 경우에, “민법전의 전체 내용의 제공(Weiterleitung zur Gesamtausgabe des Bürgerlichen Gesetzbuchs)”라는 문구가 기재된 것으로, 이를 누르면 ‘www.gesetze-im-internet.de/bgb’라는 인터넷웹사이트에로의 연결이 이뤄지는 하이퍼링크버튼,
  b) 전자상거래를 위한 인터넷웹사이트에서(auf einer Webseite für den elektronischen Geschäftsverkehr) 그 정보가 제공되지 않는 경우에, “민법전의 전체 내용을 찾아볼 수 있는 (auf welcher die Gesamtausgabe des Bürgerlichen Gesetzbuchs zu finden ist 인터넷웹사이트: ‘www.gesetze-im-internet.de/bgb’”.

* 여행주최가 패키지여행의 종료 전에 여행자의 여행대금의 지급을 수령하지 않고 그 계약에 여행자의 귀환운송이 포함되지 않아서, 민법전 제651조r 제1항에 따라 파산보장에 관한 여행주최자의 의무가 성립되지 않는 경우(Besteht gemäß § 651r Absatz 1 des Bürgerlichen Gesetzbuchs keine Verpflichtung des Reiseveranstalters zur Insolvenzsicherung)에, 위와 같은 해당 문(文)들은 삭제됩니다.

Anlage 13 (zu Artikel 250 § 4)

Muster für das Formblatt zur Unterrichtung des Reisenden bei einer Pauschalreise nach § 651c des Bürgerlichen Gesetzbuchs
(Fundstelle: BGBl. I 2017, 2413 — 2414)

Wenn Sie innerhalb von 24 Stunden ab Eingang der Buchungsbestätigung des Unternehmens ① einen Vertrag mit dem Unternehmen ② schließen, handelt es sich bei den von ① und ② zu erbringenden Reiseleistungen um eine Pauschalreise im Sinne der Richtlinie (EU) 2015/2302. Daher können Sie alle EU-Rechte in Anspruch nehmen, die für Pauschalreisen gelten. Das Unternehmen ① trägt die volle Verantwortung für die ordnungsgemäße Durchführung der gesamten Pauschalreise.
Zudem verfügt das Unternehmen ① über die gesetzlich vorgeschriebene Absicherung für die Rückzahlung Ihrer Zahlungen und, falls der Transport in der Pauschalreise inbegriffen ist, zur Sicherstellung Ihrer Rückbeförderung im Fall seiner Insolvenz.*
③

④ Wichtigste Rechte nach der Richtlinie (EU) 2015/2302

- Die Reisenden erhalten alle wesentlichen Informationen über die Pauschalreise vor Abschluss des Pauschalreisevertrags.
- Es haftet immer mindestens ein Unternehmer für die ordnungsgemäße Erbringung aller im Vertrag inbegriffenen Reiseleistungen.
- Die Reisenden erhalten eine Notruftelefonnummer oder Angaben zu einer Kontaktstelle, über die sie sich mit dem Reiseveranstalter oder dem Reisebüro in Verbindung setzen können.
- Die Reisenden können die Pauschalreise – innerhalb einer angemessenen Frist und unter Umständen unter zusätzlichen Kosten – auf eine andere Person übertragen.
- Der Preis der Pauschalreise darf nur erhöht werden, wenn bestimmte Kosten (zum Beispiel Treibstoffpreise) sich erhöhen und wenn dies im Vertrag ausdrücklich vorgesehen ist, und in jedem Fall bis spätestens 20 Tage vor Beginn der Pauschalreise. Wenn die Preiserhöhung 8 % des Pauschalreisepreises übersteigt, kann der Reisende vom Vertrag zurücktreten. Wenn sich ein Reiseveranstalter das Recht auf eine Preiserhöhung vorbehält, hat der Reisende das Recht auf eine Preissenkung, wenn die entsprechenden Kosten sich verringern.
- Die Reisenden können ohne Zahlung einer Rücktrittsgebühr vom Vertrag zurücktreten und erhalten eine volle Erstattung aller Zahlungen, wenn einer der wesentlichen Bestandteile der

부록 13(제250항목 제4항 관련)

민법전 제651조c에 따른 패키지여행의 경우에 여행자에 대한 정보제공을 위한(zur Unterrichtung des Reisenden) 서식 견본
(출처: 연방법률관보 1편 2413 - 2414면)

당신이 ①사업자의 예약확인을 받은 때로부터(innerhalb von 24 Stunden ab Eingang der Buchungsbestätigung des Unternehmens ①) 24시간 이내에 ② 사업자와 계약을 체결한다면, ① 및 ②가 제공해야 하는 여행급부는 (EU) 2015/2302호 지침상의 패키지여행에 해당합니다.
따라서 당신은 패키지이용에 적용되는 일체의 유럽연합법을 원용(援用)할 수 있습니다. ①사업자는 패키지여행 전체의 적절한 실시(die ordnungsgemäße Durchführung der gesamten Pauschalreise)에 대한 완전한 책임을 부담합니다.
또한 ① 사업자는 당신의 지급금의 반환에 대한 법률상 규정된 대비책을 보유하고, 만일 해당 운송이 패키지여행에 포함된다면 사업자의 파산시 당신의 귀환운송 보장에 대한 법률상 규정된 대비책을 보유합니다.*
③

④ (EU) 2015/2302 지침에 따른 중요한 권리
- 여행자는 패키지여행계약 체결 전에 패키지여행에 관한 일체의 중요한 정보(alle wesentlichen Informationen)를 받습니다.
- 최소한 하나의 사업자가 계약에 포함된 일체의 여행급부의 적절한 제공에 대해 언제나 책임을 부담합니다.
- 여행자는 여행주최자 또는 여행사무실과 연락할 수 있는 긴급전화번호 또는 연락처에 관한 사항(eine Notruftelefonnummer oder Angaben zu einer Kontaktstelle)을 받습니다.
- 여행자는, 적절한 기간 내에 또 제사정을 고려한 추가비용을 부담하고서(unter Umständen unter zusätzlichen Kosten), 패키지여행을 제3자에게 이전(移轉)할 수 있습니다.
- 패키지여행대금은, 특정 비용(예컨대 연료비)이 상승하고 계약에 이것이 명확하게 규정되어 있으며, 어떤 경우에도 늦어도 여행 개시 전(前) 20일 전(前)까지 통지된 경우에[wenn bestimmte Kosten (zum Beispiel Treibstoffpreise) sich erhöhen und wenn dies im Vertrag ausdrücklich vorgesehen ist, und in jedem Fall bis spätestens 20 Tage vor Beginn der Pauschalreise] 한하여 인상될 수 있습니다. 여행대금인상이 패키지여행대금의 8%를 초과하는 경우에 여행자는 계약을 해제할 수 있습니다. 여행주최자가 여행대금인상권을 유보하고 있는 경우에, 여행자는 관련 비용이 감소한 때에는 여행대금인하권을 갖습니다.
- 여행대금을 제외하고 패키지여행의 본질적 구성부분 중 한 구성부분(der wesentlichen Bestandteile)이 중대하게 변경된 경우에는, 여행자는 해제수수료의 지급 없이 계약을 해제할

Pauschalreise mit Ausnahme des Preises erheblich geändert wird. Wenn der für die Pauschalreise verantwortliche Unternehmer die Pauschalreise vor Beginn der Pauschalreise absagt, haben die Reisenden Anspruch auf eine Kostenerstattung und unter Umständen auf eine Entschädigung.

- Die Reisenden können bei Eintritt außergewöhnlicher Umstände vor Beginn der Pauschalreise ohne Zahlung einer Rücktrittsgebühr vom Vertrag zurücktreten, beispielsweise wenn am Bestimmungsort schwerwiegende Sicherheitsprobleme bestehen, die die Pauschalreise voraussichtlich beeinträchtigen.
- Zudem können die Reisenden jederzeit vor Beginn der Pauschalreise gegen Zahlung einer angemessenen und vertretbaren Rücktrittsgebühr vom Vertrag zurücktreten.
- Können nach Beginn der Pauschalreise wesentliche Bestandteile der Pauschalreise nicht vereinbarungsgemäß durchgeführt werden, so sind dem Reisenden angemessene andere Vorkehrungen ohne Mehrkosten anzubieten. Der Reisende kann ohne Zahlung einer Rücktrittsgebühr vom Vertrag zurücktreten (in der Bundesrepublik Deutschland heißt dieses Recht "Kündigung"), wenn Leistungen nicht gemäß dem Vertrag erbracht werden und dies erhebliche Auswirkungen auf die Erbringung der vertraglichen Pauschalreiseleistungen hat und der Reiseveranstalter es versäumt, Abhilfe zu schaffen.
- Der Reisende hat Anspruch auf eine Preisminderung und/oder Schadenersatz, wenn die Reiseleistungen nicht oder nicht ordnungsgemäß erbracht werden.
- Der Reiseveranstalter leistet dem Reisenden Beistand, wenn dieser sich in Schwierigkeiten befindet.
- Im Fall der Insolvenz des Reiseveranstalters oder – in einigen Mitgliedstaaten – des Reisevermittlers werden Zahlungen zurückerstattet. Tritt die Insolvenz des Reiseveranstalters oder, sofern einschlägig, des Reisevermittlers nach Beginn der Pauschalreise ein und ist die Beförderung Bestandteil der Pauschalreise, so wird die Rückbeförderung der Reisenden gewährleistet. ① hat eine Insolvenzabsicherung mit ⑤ abgeschlossen.* Die Reisenden können diese Einrichtung oder gegebenenfalls die zuständige Behörde (⑥) kontaktieren, wenn ihnen Leistungen aufgrund der Insolvenz von ① verweigert werden.*

⑦

수 있고, 일체의 지급금 전액을 환급받을 수 있습니다. 패키지여행에 대해 책임을 지는 사업자가 여행 개시 전에 패키지여행을 취소하는 경우에(Wenn der für die Pauschalreise verantwortliche Unternehmer die Pauschalreise vor Beginn der Pauschalreise absagt), 여행자는 비용상환청구권과 제사정을 고려한 손해배상청구권을 갖습니다.

- 여행자는 이례적 상황이 발생한 경우, 예컨대 패지키여행을 방해할 것으로 예상되는(die die Pauschalreise voraussichtlich beeinträchtigen) 중대한 안전문제(schwerwiegende Sicherheitsprobleme)가 목적지에서 발생하는 경우에 여행 개시 전에 해제수수료의 지급 없이 계약을 해제할 수 있습니다.
- 게다가 여행자는 여행 개시 전에 언제든지 적절하고 합당한 해제수수료을 지급하고서(gegen Zahlung einer angemessenen und vertretbaren Rücktrittsgebühr) 계약을 해제할 수 있습니다.
- 패키지여행 개시 후에 패키지여행의 본질적 구성부분이 계약에 좇아 실시될 수 없는 경우에, 여행자는 비용증가 없이 적절한 그 밖의 대비책을 제공받습니다. 급부가 계약에 따라 제공되지 않고 이것이 계약상의 패키지여행급부의 제공에 중대한 영향을 미치며 여행주최자가 그 시정을 해태한 경우에는(wenn Leistungen nicht gemäß dem Vertrag erbracht werden und dies erhebliche Auswirkungen auf die Erbringung der vertraglichen Pauschalreiseleistungen hat und der Reiseveranstalter es versäumt, Abhilfe zu schaffen), 여행자는 해제수수료의 지급 없이 계약을 해제할 수 있습니다(독일연방공화국에서 이러한 권리를 "해지"라고 합니다).
- 여행자는, 여행급부가 제공되지 않거나 적절하게 제공되지 않은 경우에 여행대금감액청구권과(또는) 손해배상청구권을 갖습니다.
- 여행주최자는, 여행자가 어려움에 처해 있는 경우에 여행자에게 도움(Beistand)을 제공합니다.
- 여행주최자의 파산이나, 몇몇 유럽연합회원국에서는 여행주선자 파산의 경우에 지급금이 환급됩니다. 패키지여행 개시 후에, 여행주최자의 파산 또는 관련이 있는 한 여행주선자의 파산이 발생하고 운송이 패키지여행의 구성부분인 경우에(Tritt die Insolvenz des Reiseveranstalters oder, sofern einschlägig, des Reisevermittlers nach Beginn der Pauschalreise ein und ist die Beförderung Bestandteil der Pauschalreise), 여행자의 귀환운송은 보장됩니다. ①는 ⑤와 파산보장계약을 체결했습니다.* ①의 파산으로 인하여 그 급부가 거절되는 경우에, 여행자는 이러한 기관이나, 필요하면 관할 관청(die zuständige Behörde)(⑥)에 연락할 수 있습니다.*

⑦

Gestaltungshinweise:

① Hier ist die Firma/der Name des als Reiseveranstalter anzusehenden Unternehmers (§ 651c Absatz 1 des Bürgerlichen Gesetzbuchs) einzufügen.

② Hier ist die Firma/der Name jedes anderen Unternehmers einzutragen, dem nach § 651c Absatz 1 Nummer 2 des Bürgerlichen Gesetzbuchs Daten übermittelt werden.

③ Hier ist die mit den Wörtern “Weiterführende Informationen zu Ihren wichtigsten Rechten nach der Richtlinie (EU) 2015/2302” beschriftete Hyperlink-Schaltfläche einzufügen, nach deren Betätigung die Informationen zu ④ zur Verfügung gestellt werden.

④ Die Informationen über die wichtigsten Rechte nach der Richtlinie (EU) 2015/2302 werden nach Betätigung der Hyperlink-Schaltfläche zu ③ zur Verfügung gestellt.

⑤ Hier ist einzufügen:

a) wenn ein Fall des § 651s des Bürgerlichen Gesetzbuchs vorliegt: Name der Einrichtung, die den Insolvenzschutz bietet,

b) in allen anderen Fällen: Name des Kundengeldabsicherers (§ 651r Absatz 3 des Bürgerlichen Gesetzbuchs).

⑥ Hier sind einzufügen:

a) wenn ein Fall des § 651s des Bürgerlichen Gesetzbuchs vorliegt: Kontaktdaten der Einrichtung, die den Insolvenzschutz bietet, und gegebenenfalls Name und Kontaktdaten der zuständigen Behörde, jeweils einschließlich der Anschrift des Ortes, an dem sie ihren Sitz hat, der E-Mail-Adresse und der Telefonnummer,

b) in allen anderen Fällen: Kontaktdaten des Kundengeldabsicherers (§ 651r Absatz 3 des Bürgerlichen Gesetzbuchs) einschließlich der Anschrift des Ortes, an dem er niedergelassen ist, der E-Mail-Adresse und der Telefonnummer.

⑦ Hier ist die mit den Wörtern “Richtlinie (EU) 2015/2302 in der in das nationale Recht umgesetzten Form” beschriftete Hyperlink-Schaltfläche einzufügen, nach deren Betätigung eine Weiterleitung auf die Webseite www.umsetzung-richtlinie-eu2015-2302.de erfolgt.

* Besteht gemäß § 651r Absatz 1 des Bürgerlichen Gesetzbuchs keine Verpflichtung des als Reiseveranstalter anzusehenden Unternehmers zur Insolvenzsicherung, weil der als Reiseveranstalter anzusehende Unternehmer vor Beendigung der Pauschalreise keine Zahlungen des Reisenden auf den Reisepreis annimmt und der Vertrag keine Rückbeförderung des Reisenden umfasst, entfallen diese Sätze.

구성안내(構成案內):

① 여기에 민법전 제651조c 제1항상의 여행주최자로 간주되는 해당 사업자의 상호/이름을 기입(記入)합니다.

② 여기에 민법전 제651조c 제1항 제2호에 따라 정보(Daten)를 제공(提供)받는 다른 사업자(事業者)의 상호/이름(die Firma/der Name jedes anderen Unternehmers)을 기재(記載)합니다.

③ 여기에 "(EU) 2015/2302호 지침에 따른 당시의 중요한 권리에 관한 정보를 제공함"라는 문구가 기재된 것으로, 이를 누르면 ④에 관한 정보가 제공되는 하이퍼링크버튼(Hyperlink-Schaltfläche)을 기입(記入)합니다.

④ (EU) 2015/2302호 지침에 따른 중요한 권리에 관한 정보(Die Informationen über die wichtigsten Rechte)는, ③의 하이퍼링크버튼을 누르면(nach Betätigung der Hyperlink-Schaltfläche zu ③) 제공됩니다.

⑤ 여기에 다음과 같이 기입(記入)합니다:

a) 민법전 제651조s의 사안에 해당하는 경우: 파산보호를 제공하는 기관의 이름(Name der Einrichtung, die den Insolvenzschutz bietet),

b) 그 밖의 경우: 민법전 제651조r 제3항상의 고객지급보장자의 이름(Name des Kundengeldabsicherers).

⑥ 여기에 다음과 같이 기입(記入)합니다:

a) 민법전 제651조s의 사안에 해당하는 경우: 파산보호를 제공하는 기관의 연락정보(Kontaktdaten der Einrichtung, die den Insolvenzschutz bietet)와, 필요하면 관할 관청의 이름 및 연락정보(그 기관들이 자신의 본사를 둔 장소의 주소, 그 이메일주소 및 전화번호가 각각 포함됨),

b) 그 밖의 경우: 민법전 제651조r 제3항상의 고객지급보장자의 연락정보(Kontaktdaten des Kundengeldabsicherers)(고객지급보장자가 지점을 둔 장소의 주소와, 이메일주소 및 전화번호 포함).

⑦ 여기에 "(EU) 2015/2302호 지침을 독일법에 따라 시행 중인 방식에 찾아볼 수 있음"라는 문구(文句)가 기재된 것으로, 이를 누르면'www.umsetzung-richtlinie-eu2015-2302.de'라는 인터넷웹사이트에로의 연결이 이뤄지는 하이퍼링크버튼(Hyperlink-Schaltfläche)을 기입합니다.

* 여행주최자로 간주되는 사업자가 패키지여행 종료 전에 여행자의 여행대금의 지급을 수령하지 않고 그 계약에 여행자의 귀환운송이 포함되지 않아서, 민법전 제651조r 제1항에 따라 파산보장에 관한 여행주최자의 의무가 성립되지 않는 경우(Besteht gemäß § 651r Absatz 1 des Bürgerlichen Gesetzbuchs keine Verpflichtung des Reiseveranstalters zur Insolvenzsicherung)에, 위와 같은 해당 문(文)들은 삭제됩니다.

Anlage 14 (zu Artikel 251 § 2 Satz 1 Nummer 1 Buchstabe a)

Muster für das Formblatt zur Unterrichtung des Reisenden, wenn der Vermittler verbundener Reiseleistungen ein Beförderer ist, mit dem der Reisende einen die Rückbeförderung umfassenden Vertrag geschlossen hat, und die Vermittlung nach § 651w Absatz 1 Satz 1 Nummer 1 des Bürgerlichen Gesetzbuchs erfolgt
(Fundstelle: BGBl. I 2017, 2415)

Bei Buchung zusätzlicher Reiseleistungen für Ihre Reise über ① im Anschluss an die Auswahl und Zahlung einer Reiseleistung können Sie die nach der Richtlinie (EU) 2015/2302 für Pauschalreisen geltenden Rechte NICHT in Anspruch nehmen. Daher ist ① nicht für die ordnungsgemäße Erbringung solcher zusätzlichen Reiseleistungen verantwortlich. Bei Problemen wenden Sie sich bitte an den jeweiligen Leistungserbringer. Bei Buchung zusätzlicher Reiseleistungen bei demselben Besuch des Buchungsportals ② werden diese Reiseleistungen jedoch Teil verbundener Reiseleistungen. In diesem Fall verfügt ③ über die nach dem EU-Recht vorgeschriebene Absicherung für die Erstattung Ihrer Zahlungen an ③ für Dienstleistungen, die aufgrund der Insolvenz von ③ nicht erbracht wurden, sowie erforderlichenfalls für Ihre Rückbeförderung an den Abreiseort. Beachten Sie bitte, dass dies im Fall einer Insolvenz des betreffenden Leistungserbringers keine Erstattung bewirkt. ④

③ hat eine Insolvenzabsicherung mit ⑤ abgeschlossen. Die Reisenden können diese Einrichtung oder gegebenenfalls die zuständige Behörde (⑥) kontaktieren, wenn ihnen Reiseleistungen aufgrund der Insolvenz von ③ verweigert werden. Hinweis: Diese Insolvenzabsicherung gilt nicht für Verträge mit anderen Parteien als ③, die trotz der Insolvenz des Unternehmens ③ erfüllt werden können. ⑦

Gestaltungshinweise:

① Hier ist entweder “unser Unternehmen” oder “das Unternehmen (einsetzen: Firma/Name des Vermittlers verbundener Reiseleistungen)” einzufügen.

부록 14(제251항목 제2조 제1항 제1호 a목 관련)

연계여행여행주선업자가 여행자가 귀환운송이 포함된 계약을 체결한 운송인이고 민법전 제651조w 제1항 제1문 제1호에 따라 여행주선이 행해지는(die Vermittlung nach § 651w Absatz 1 Satz 1 Nummer 1 des Bürgerlichen Gesetzbuchs erfolgt) 경우의 여행자에 대한 정보제공을 위한 서식 견본
(출처: 2017년 연방법률관보 I 편 2415면)

여행급부의 선택 및 지급 후에 이어진, ①을 통한 당신의 여행에 대한 추가여행급부의 예약의 경우에 당신은 (EU) 2015/2302에 따라 여행급부에 대해 적용되는 권리[die nach der Richtlinie (EU) 2015/2302 für Pauschalreisen geltenden Rechte]를 원용(援用)할 수 없습니다. 따라서 ①은 그러한 추가급부의 적절한 제공에 대하여 책임을 부담하지 아니합니다. 문제가 발생한 경우 당신은 각각의 여행급부제공자에게 연락하시기 바랍니다. 그럼에도 ② 예약포털에 대한 동일한 방문시에 행해진 추가여행급부의 예약의 경우에(Bei Buchung zusätzlicher Reiseleistungen bei demselben Besuch des Buchungsportals ②), 이러한 여행급부는 연계여행급부의 일부가 됩니다. 이러한 경우 ③은, 유럽연합법에 규정된 것으로, ③의 파산으로 인하여 제공되지 않은 서비스에 관련된 ③에 대한 당신의 지급금의 환급에 대한 대비책과, 필요하면 도착지에서의 당신의 귀환운송에 대한 대비책을 보유합니다. 관련 급부제공자가 파산한 경우에는 환급이 이뤄질 수 없다는 점에 유의하시기 바랍니다. ④

③은 ⑤와 파산보장계약을 체결했습니다. 여행자는, ③의 파산으로 인하여 당신의 여행급부가 거절되는 경우에 이러한 기관 또는 필요하면 관할 관청(⑥)에 연락할 수 있습니다. 언급: ③ 이외의 다른 계약당사자와의 계약으로, ③의 사업의 파산에도 불구하고 이행될 수 있는 계약에 대하여는 이러한 파산보장은 적용하지 아니합니다. ⑦

구성안내(構成案內):
① 여기에 “우리 사업” 혹은 “당해 사업”(연계여행급부주선업자의 상호/이름을 사용함)을 기입(記入)합니다.

② Hier ist entweder "unseres Unternehmens" oder "des Unternehmens (einsetzen: Firma/Name des Vermittlers verbundener Reiseleistungen)" einzufügen.

③ Hier ist die Firma/der Name des Vermittlers verbundener Reiseleistungen einzufügen.

④ Hier ist die mit den Wörtern "Weiterführende Informationen zum Insolvenzschutz" beschriftete Hyperlink-Schaltfläche einzufügen, nach deren Betätigung die Informationen im zweiten Kasten zur Verfügung gestellt werden.

⑤ Hier ist einzufügen:

a) wenn ein Fall des § 651w Absatz 3 Satz 4 in Verbindung mit § 651s des Bürgerlichen Gesetzbuchs vorliegt: Name der Einrichtung, die den Insolvenzschutz bietet,

b) in allen anderen Fällen: Name des Kundengeldabsicherers (§ 651r Absatz 3 des Bürgerlichen Gesetzbuchs).

⑥ Hier sind einzufügen:

a) wenn ein Fall des § 651w Absatz 3 Satz 4 in Verbindung mit § 651s des Bürgerlichen Gesetzbuchs vorliegt: Kontaktdaten der Einrichtung, die den Insolvenzschutz bietet, und gegebenenfalls Name und Kontaktdaten der zuständigen Behörde, jeweils einschließlich der Anschrift des Ortes, an dem sie ihren Sitz hat, der E-Mail-Adresse und der Telefonnummer,

b) in allen anderen Fällen: Kontaktdaten des Kundengeldabsicherers (§ 651r Absatz 3 des Bürgerlichen Gesetzbuchs) einschließlich der Anschrift des Ortes, an dem er niedergelassen ist, der E-Mail-Adresse und der Telefonnummer.

⑦ Hier ist die mit den Wörtern "Richtlinie (EU) 2015/2302 in der in das nationale Recht umgesetzten Form" beschriftete Hyperlink-Schaltfläche einzufügen, nach deren Betätigung eine Weiterleitung auf die Webseite www.umsetzung-richtlinie-eu2015-2302.de erfolgt.

Anlage 15 (zu Artikel 251 § 2 Satz 1 Nummer 1 Buchstabe b)

Muster für das Formblatt zur Unterrichtung des Reisenden, wenn der Vermittler verbundener Reiseleistungen ein Beförderer ist, mit dem der Reisende einen die Rückbeförderung umfassenden Vertrag geschlossen hat, und die Vermittlung nach § 651w Absatz 1 Satz 1 Nummer 2 des Bürgerlichen Gesetzbuchs erfolgt
(Fundstelle: BGBl. I 2017, 2416)

Bei Buchung zusätzlicher Reiseleistungen für Ihre Reise über diesen Link oder diese Links können Sie die nach der Richtlinie (EU) 2015/2302 für Pauschalreisen geltenden Rechte NICHT in Anspruch nehmen.

② 여기에 "우리 사업" 혹은 "당해 사업"(연계여행급부주선업자의 상호/이름을 사용함)을 기입(記入)합니다.

③ 여기에 연계여행급부주선업자의 상호/이름을 기입(記入)합니다.

④ "파산보호에 관한 정보를 제공함(Weiterführende Informationen zum Insolvenzschutz)"이라는 문구가 기재된 하이퍼링크버튼으로, 이를 누르면 정보가 둘째 박스로 제공되는 하이퍼링크버튼을 기입(記入)합니다.

⑤ 여기에 다음과 같이 기입(記入)합니다:

a) 민법전 제651조s와 연결된 제651조w 제3항 제4문의 사안에 해당하는 경우: 파산보호(破産保護)를 제공하는 기관의 이름(Name der Einrichtung, die den Insolvenzschutz bietet),

b) 그 밖의 경우: 민법전 제651조r 제3항상의 고객지급보장자의 이름(Name des Kundengeldabsicherers).

⑥ 여기에 다음과 같이 기입(記入)합니다:

a) 민법전 제651조s와 연결된 제651조w 제3항 제4문의 사안에 해당하는 경우: 파산보호를 제공하는 기관의 연락정보(Kontaktdaten der Einrichtung, die den Insolvenzschutz bietet)와, 필요하면 관할 관청의 이름 및 연락정보(그 기관들이 자신의 본사를 둔 장소의 주소, 그 이메일주소 및 전화번호가 각각 포함됨),

b) 그 밖의 경우: 민법전 제651조r 제3항상의 고객지급보장자의 연락정보(Kontaktdaten des Kundengeldabsicherers)(고객지급보장자가 지점을 둔 장소의 주소와, 이메일주소 및 전화번호 포함).

⑦ 여기에 "(EU) 2015/2302호 지침을 독일법에 따라 시행 중인 방식에서 찾아볼 수 있음"이라는 문구가 기재된 하이퍼링크버튼으로, 이를 누르면 'www.umsetzung-richtlinie-eu2015-2302.'라는 인네넷웹사이트로의 연결이 이뤄지는 하이퍼링크버튼을 기입합니다.

부록 15(제251항목 제2조 제1항 제1호 b목 관련)

연계여행주선업자가 여행자가 귀환운송(歸還運送)이 포함된 계약을 체결한 운송인이고 민법전 제651조w 제1항 제1문 제2호에 따라 여행주선이 행해지는(die Vermittlung nach § 651w Absatz 1 Satz 1 Nummer 2 des Bürgerlichen Gesetzbuchs erfolgt) 경우의 여행자에 대한 정보제공을 위한 서식 견본

(출처: 2017년 연방법률관보 Ⅰ편 2416면)

본 링크를 통한 당신의 여행을 위한 추가여행급부의 예약의 경우(Bei Buchung zusätzlicher Reiseleistungen für Ihre Reise) 당신은 (EU) 2015/2302호 지침에 따라 패키지여행에 대해 적용되는 권리를 원용할 수 없습니다.

Daher ist ① nicht für die ordnungsgemäße Erbringung solcher zusätzlichen Reiseleistungen verantwortlich. Bei Problemen wenden Sie sich bitte an den jeweiligen Leistungserbringer.
Bei der Buchung zusätzlicher Reiseleistungen über diesen Link oder diese Links innerhalb von 24 Stunden nach Bestätigung Ihrer Buchung durch ① werden diese Reiseleistungen jedoch Teil verbundener Reiseleistungen. In diesem Fall verfügt ② über die nach dem EU-Recht vorgeschriebene Absicherung für die Erstattung Ihrer Zahlungen an ② für Dienstleistungen, die aufgrund der Insolvenz von ② nicht erbracht wurden, sowie erforderlichenfalls für Ihre Rückbeförderung an den Abreiseort. Beachten Sie bitte, dass dies im Fall einer Insolvenz des betreffenden Leistungserbringers keine Erstattung bewirkt.
③

② hat eine Insolvenzabsicherung mit ④ abgeschlossen.
Die Reisenden können diese Einrichtung oder gegebenenfalls die zuständige Behörde (⑤) kontaktieren, wenn ihnen Reiseleistungen aufgrund der Insolvenz von ② verweigert werden.
Hinweis: Diese Insolvenzabsicherung gilt nicht für Verträge mit anderen Parteien als ②, die trotz der Insolvenz des Unternehmens ② erfüllt werden können.
⑥

Gestaltungshinweise:
① Hier ist entweder "unser Unternehmen" oder "das Unternehmen (einsetzen: Firma/Name des Vermittlers verbundener Reiseleistungen)" einzufügen.
② Hier ist die Firma/der Name des Vermittlers verbundener Reiseleistungen einzufügen.
③ Hier ist die mit den Wörtern "Weiterführende Informationen zum Insolvenzschutz" beschriftete Hyperlink-Schaltfläche einzufügen, nach deren Betätigung die Informationen im zweiten Kasten zur Verfügung gestellt werden.
④ Hier ist einzufügen:
a) wenn ein Fall des § 651w Absatz 3 Satz 4 in Verbindung mit § 651s des Bürgerlichen Gesetzbuchs vorliegt: Name der Einrichtung, die den Insolvenzschutz bietet,
b) in allen anderen Fällen: Name des Kundengeldabsicherers (§ 651r Absatz 3 des Bürgerlichen Gesetzbuchs).

따라서 ①은 그러한 추가급부의 적절한 제공에 대하여(für die ordnungsgemäße Erbringung solcher zusätzlichen Reiseleistungen) 책임을 부담하지 아니합니다. 문제가 발생한 경우 당신은 각각의 여행급부제공자에게 연락하시기 바랍니다.
그럼에도 ①에 의한 당신의 예약을 확인한 후 24시간 이내에 본 링크를 통한 추가여행급부의 예약의 경우에(Bei der Buchung zusätzlicher Reiseleistungen über diesen Link oder diese Links innerhalb von 24 Stunden nach Bestätigung Ihrer Buchung durch ①), 이러한 여행급부는 연계여행급부의 일부가 됩니다. 이러한 경우 ②는, 유럽연합법에 규정된 것으로, ②의 파산으로 인하여 제공되지 않은 서비스에 관련된 ②에 대한 당신의 지급금의 환급에 대한 대비책과, 필요하면 도착지에서의 당신의 귀환운송에 대한 대비책을 보유합니다. 관련 급부제공자가 파산한 경우에는 그 환급이 이뤄질 수 없다는 점에 유의하시기 바랍니다.
③

②은 ④와 파산보장계약을 체결했습니다.
여행자는, ②의 파산으로 인하여 당신의 여행급부가 거절되는 경우에 이러한 기관 또는 필요하면 관할 관청(⑤)에 연락할 수 있습니다.
언급: ② 이외의 다른 계약당사자와의 계약으로, ②의 사업의 파산에도 불구하고 이행될 수 있는 계약에 대하여는 이러한 파산보장은 적용하지 아니합니다.
⑥

구성안내(構成案內):
① 여기에 "우리 사업" 혹은 "당해 사업"(연계여행급부주선업자의 상호/이름을 사용함)을 기입(記入)합니다.
② 여기에 연계여행급부주선업자의 상호/이름을 기입(記入)합니다.
③ "파산보호에 관한 정보를 제공함(Weiterführende Informationen zum Insolvenzschutz)"이라는 문구가 기재된 하이퍼링크버튼으로, 이를 누르면 정보가 둘째 박스로 제공되는 하이퍼링크버튼을 기입(記入)합니다.
④ 여기에 다음과 같이 기입(記入)합니다:
  a) 민법전 제651조s와 연결된 제651조w 제3항 제4문의 사안에 해당하는 경우: 파산보호(破産保護)를 제공하는 기관의 이름(Name der Einrichtung, die den Insolvenzschutz bietet),
  b) 그 밖의 경우: 민법전 제651조r 제3항상의 고객지급보장자의 이름(Name des Kundengeldabsicherers).

⑤ Hier sind einzufügen:
a) wenn ein Fall des § 651w Absatz 3 Satz 4 in Verbindung mit § 651s des Bürgerlichen Gesetzbuchs vorliegt: Kontaktdaten der Einrichtung, die den Insolvenzschutz bietet, und gegebenenfalls Name und Kontaktdaten der zuständigen Behörde, jeweils einschließlich der Anschrift des Ortes, an dem sie ihren Sitz hat, der E-Mail-Adresse und der Telefonnummer,
b) in allen anderen Fällen: Kontaktdaten des Kundengeldabsicherers (§ 651r Absatz 3 des Bürgerlichen Gesetzbuchs) einschließlich der Anschrift des Ortes, an dem er niedergelassen ist, der E-Mail-Adresse und der Telefonnummer.
⑥ Hier ist die mit den Wörtern "Richtlinie (EU) 2015/2302 in der in das nationale Recht umgesetzten Form" beschriftete Hyperlink-Schaltfläche einzufügen, nach deren Betätigung eine Weiterleitung auf die Webseite www.umsetzung-richtlinie-eu2015-2302.de erfolgt.

Anlage 16 (zu Artikel 251 § 2 Satz 1 Nummer 2 Buchstabe a)

Muster für das Formblatt zur Unterrichtung des Reisenden, wenn der Vermittler verbundener Reiseleistungen kein Beförderer ist, mit dem der Reisende einen die Rückbeförderung umfassenden Vertrag geschlossen hat, und die Vermittlung nach § 651w Absatz 1 Satz 1 Nummer 1 des Bürgerlichen Gesetzbuchs erfolgt
(Fundstelle: BGBl. I 2017, 2417 — 2418)

Bei Buchung zusätzlicher Reiseleistungen für Ihre Reise über ① im Anschluss an die Auswahl und Zahlung einer Reiseleistung können Sie die nach der Richtlinie (EU) 2015/2302 für Pauschalreisen geltenden Rechte NICHT in Anspruch nehmen. Daher ist ① nicht für die ordnungsgemäße Erbringung solcher zusätzlichen Reiseleistungen verantwortlich. Bei Problemen wenden Sie sich bitte an den jeweiligen Leistungserbringer. Bei Buchung zusätzlicher Reiseleistungen bei demselben Besuch ② werden diese Reiseleistungen jedoch Teil verbundener Reiseleistungen. In diesem Fall verfügt ③ über die nach dem EU-Recht vorgeschriebene Absicherung für die Erstattung Ihrer Zahlungen an ③ für Dienstleistungen, die aufgrund der Insolvenz von ③ nicht erbracht wurden. Beachten Sie bitte, dass dies im Fall einer Insolvenz des betreffenden Leistungserbringers keine Erstattung bewirkt.* ④*

⑤ 여기에 다음과 같이 기입(記入)합니다:

a) 민법전 제651조s와 연결된 제651조w 제3항 제4문의 사안에 해당하는 경우: 파산보호를 제공하는 기관의 연락정보(Kontaktdaten der Einrichtung, die den Insolvenzschutz bietet)와, 필요하면 관할 관청의 이름 및 연락정보(그 기관들이 자신의 본사를 둔 장소의 주소, 그 이메일주소 및 전화번호가 각각 포함됨),

b) 그 밖의 경우: 민법전 제651조r 제3항상의 고객지급보장자의 연락정보(Kontaktdaten des Kundengeldabsicherers)(고객지급보장자가 지점을 둔 장소의 주소와, 이메일주소 및 전화번호 포함).

⑥ 여기에 "(EU) 2015/2302호 지침을 독일법에 따라 시행 중인 방식에서 찾아볼 수 있음"이라는 문구가 기재된 하이퍼링크버튼으로, 이를 누르면 'www.umsetzung-richtlinie-eu2015-2302.'라는 인네넷웹사이트로의 연결이 이뤄지는 하이퍼링크버튼을 기입합니다.

부록 16(제251항목 제2조 제1항 제2호 a목 관련)

연계여행주선업자가 여행자가 귀환운송이 포함된 계약을 체결한 운송인이 아니고 민법전 제651조w 제1항 제1문 제1호에 따라 여행주선이 행해지는(die Vermittlung nach § 651w Absatz 1 Satz 1 Nummer 1 des Bürgerlichen Gesetzbuchs erfolgt) 경우의 여행자에 대한 정보제공을 위한 서식 견본

(출처: 2017년 연방법률관보 I 편 2417 - 2018면)

여행급부의 선택 및 지급 후에 이어진, ①을 통한 당신의 여행에 대한 추가여행급부의 예약의 경우에 당신은 (EU) 2015/2302에 따라 여행급부에 대해 적용되는 권리[die nach der Richtlinie (EU) 2015/2302 für Pauschalreisen geltenden Rechte]를 원용(援用)할 수 없습니다. 따라서 ①은 그러한 추가급부의 적절한 제공에 대하여 책임을 부담하지 아니합니다. 문제가 발생한 경우 당신은 각각의 여행급부제공자에게 연락하시기 바랍니다. 그럼에도 ②에 대한 동일한 방문시 행해진 추가여행급부의 예약의 경우에(Bei Buchung zusätzlicher Reiseleistungen bei demselben Besuch ②), 이러한 여행급부는 연계여행급부의 일부가 됩니다. 이러한 경우 ③은, 유럽연합법에 규정된 것으로, ③의 파산으로 인하여 제공되지 않은 서비스에 관련된 ③에 대한 당신의 지급금의 환급에 대한 대비책을 보유합니다. 관련 급부제공자가 파산한 경우에는 환급이 이뤄질 수 없다는 점에 유의하시기 바랍니다.* ④*

③ hat eine Insolvenzabsicherung mit ⑤ abgeschlossen.* Die Reisenden können diese Einrichtung oder gegebenenfalls die zuständige Behörde (⑥) kontaktieren, wenn ihnen Reiseleistungen aufgrund der Insolvenz von ③ verweigert werden.* Hinweis: Diese Insolvenzabsicherung gilt nicht für Verträge mit anderen Parteien als ③, die trotz der Insolvenz des Unternehmens ③ erfüllt werden können.* ⑦*

Gestaltungshinweise:

① Hier ist entweder “unser Unternehmen” oder “das Unternehmen (einsetzen: Firma/Name des Vermittlers verbundener Reiseleistungen)” einzufügen.

② Hier ist einzufügen:

a) wenn die Informationen auf einer Webseite für den elektronischen Geschäftsverkehr zur Verfügung gestellt werden: entweder “des Buchungsportals unseres Unternehmens” oder “des Buchungsportals des Unternehmens (einsetzen: Firma/Name des Vermittlers verbundener Reiseleistungen)”,

b) wenn die Informationen bei gleichzeitiger körperlicher Anwesenheit des Reisenden und des Vermittlers verbundener Reiseleistungen zur Verfügung gestellt werden: entweder “unseres Unternehmens oder bei demselben Kontakt mit diesem” oder “des Unternehmens (einsetzen: Firma/Name des Vermittlers verbundener Reiseleistungen) oder bei demselben Kontakt mit diesem”.

③ Hier ist die Firma/der Name des Vermittlers verbundener Reiseleistungen einzufügen.

④ Werden die Informationen auf einer Webseite für den elektronischen Geschäftsverkehr zur Verfügung gestellt, ist hier die mit den Wörtern “Weiterführende Informationen zum Insolvenzschutz” beschriftete Hyperlink-Schaltfläche einzufügen, nach deren Betätigung die Informationen im zweiten Kasten zur Verfügung gestellt werden. Werden die Informationen bei gleichzeitiger körperlicher Anwesenheit des Reisenden und des Vermittlers verbundener Reiseleistungen zur Verfügung gestellt, werden die Informationen im zweiten Kasten unmittelbar unterhalb des ersten Kastens angefügt.

⑤ Hier ist einzufügen:

a) wenn ein Fall des § 651w Absatz 3 Satz 4 in Verbindung mit § 651s des Bürgerlichen Gesetzbuchs vorliegt: Name der Einrichtung, die den Insolvenzschutz bietet,

b) in allen anderen Fällen: Name des Kundengeldabsicherers (§ 651r Absatz 3 des Bürgerlichen Gesetzbuchs).

③은 ⑤와 파산보장계약을 체결했습니다.*
여행자는, ③의 파산으로 인하여 당신의 여행급부가 거절되는 경우에 이러한 기관 또는 필요하면 관할 관청(⑥)에 연락할 수 있습니다.*
언급: ③ 이외의 다른 계약당사자와의 계약으로, ③의 사업의 파산에도 불구하고 이행될 수 있는 계약에 대하여는 이러한 파산보장은 적용하지 아니합니다.*
⑦*

구성안내(構成案內):
① 여기에 "우리 사업" 혹은 "당해 사업"(연계여행급부주선업자의 상호/이름을 사용함)을 기입(記入)합니다.
② 여기에 다음과 같이 기입합니다:
  a) 정보가 전자상거래를 위한 인터넷웹사이트에서(auf einer Webseite für den elektronischen Geschäftsverkehr) 제공되는 경우에는 "우리 사업의 예약포털 혹은 당해 사업의 예약포털(연계여행급부주선업자의 상호/이름을 사용함)(einsetzen: Firma/Name des Vermittlers verbundener Reiseleistungen)"
  b) 여행자와 연계여행급부주선업자의 동시적 대면(對面)에서(bei gleichzeitiger körperlicher Anwesenheit des Reisenden und des Vermittlers verbundener Reiseleistungen) 정보가 제공되는 경우에는, "우리 사업의 방문이나, 이러한 사업과 동일하게 접촉한 경우" 혹은 "당해 사업의 방문(연계여행급부주선업자의 상호/이름을 사용함) 또는 이러한 사업의 동일하게 접촉한 경우".
③ 여기에 연계여행급부주선업자의 상호/이름을 기입합니다.
④ 정보가 전자상거래를 위한 인터넷웹사이트에서 제공되는 경우에(Werden die Informationen auf einer Webseite für den elektronischen Geschäftsverkehr zur Verfügung gestellt), 여기에 "파산보호에 관한 정보를 제공함"이라는 문구가 기재된 하이퍼링크버튼으로, 이를 누르면 정보가 둘째 박스로 제공되는 하이퍼링크버튼을 기입(記入)합니다. 정보가 여행자와 연계여행급부주선업자의 동시적 대면에서 제공되는 경우에(Werden die Informationen bei gleichzeitiger körperlicher Anwesenheit des Reisenden und des Vermittlers verbundener Reiseleistungen zur Verfügung gestellt), 그 정보는 첫째 박스 바로 아래의 둘째 박스로 기재합니다.
⑤ 여기에 다음과 같이 기입(記入)합니다:
  a) 민법전 제651조s와 연결된 제651조w 제3항 제4문의 사안에 해당하는 경우: 파산보호(破産保護)를 제공하는 기관의 이름(Name der Einrichtung, die den Insolvenzschutz bietet),
  b) 그 밖의 경우: 민법전 제651조r 제3항상의 고객지급보장자의 이름(Name des Kundengeldabsicherers).

⑥ Hier sind einzufügen:

a) wenn ein Fall des § 651w Absatz 3 Satz 4 in Verbindung mit § 651s des Bürgerlichen Gesetzbuchs vorliegt: Kontaktdaten der Einrichtung, die den Insolvenzschutz bietet, und gegebenenfalls Name und Kontaktdaten der zuständigen Behörde, jeweils einschließlich der Anschrift des Ortes, an dem sie ihren Sitz hat, der E-Mail-Adresse und der Telefonnummer,

b) in allen anderen Fällen: Kontaktdaten des Kundengeldabsicherers (§ 651r Absatz 3 des Bürgerlichen Gesetzbuchs) einschließlich der Anschrift des Ortes, an dem er niedergelassen ist, der E-Mail-Adresse und der Telefonnummer.

⑦ Hier ist einzufügen:

a) wenn die Informationen auf einer Webseite für den elektronischen Geschäftsverkehr zur Verfügung gestellt werden: die mit den Wörtern "Richtlinie (EU) 2015/2302 in der in das nationale Recht umgesetzten Form" beschriftete Hyperlink-Schaltfläche, nach deren Betätigung eine Weiterleitung auf die Webseite www.umsetzung-richtlinie-eu2015-2302.de erfolgt,

b) wenn die Informationen bei gleichzeitiger körperlicher Anwesenheit des Reisenden und des Vermittlers verbundener Reiseleistungen zur Verfügung gestellt werden: "Webseite, auf der die Richtlinie (EU) 2015/2302 in der in das nationale Recht umgesetzten Form zu finden ist: www.umsetzung-richtlinie-eu2015-2302.de".

* Besteht gemäß § 651w Absatz 3 des Bürgerlichen Gesetzbuchs keine Verpflichtung des Vermittlers verbundener Reiseleistungen zur Insolvenzsicherung, weil er Zahlungen des Reisenden auf Vergütungen für Reiseleistungen nicht oder erst nach deren Erbringung annimmt, entfallen diese Absätze. Gleiches gilt, soweit solche Zahlungen aufgrund einer vom Leistungserbringer erteilten Inkassovollmacht des Vermittlers verbundener Reiseleistungen auf einem insolvenzfesten Treuhandkonto gutgeschrieben werden.

Anlage 17 (zu Artikel 251 § 2 Satz 1 Nummer 2 Buchstabe b)

Muster für das Formblatt zur Unterrichtung des Reisenden, wenn der Vermittler verbundener Reiseleistungen kein Beförderer ist, mit dem der Reisende einen die Rückbeförderung umfassenden Vertrag geschlossen hat, und die Vermittlung nach § 651w Absatz 1 Satz 1 Nummer 2 des Bürgerlichen Gesetzbuchs erfolgt

(Fundstelle: BGBl. I 2017, 2419)

⑥ 여기에 다음과 같이 기입(記入)합니다:

a) 민법전 제651조s와 연결된 제651조w 제3항 제4문의 사안에 해당하는 경우: 파산보호를 제공하는 기관의 연락정보(Kontaktdaten der Einrichtung, die den Insolvenzschutz bietet)와, 필요하면 관할 의 이름 및 연락정보(그 기관들이 자신의 본사를 둔 장소의 주소, 그 이메일주소 및 전화번호가 각각 포함됨),

b) 그 밖의 경우: 민법전 제651조r 제3항상의 고객지급보장자의 연락정보(Kontaktdaten des Kundengeldabsicherers)(고객지급보장자가 지점을 둔 장소의 주소와, 이메일주소 및 전화번호 포함).

⑦ 여기에 다음과 같이 기입합니다:

a) 정보가 전자상거래를 위한 인터넷웹사이트에서 제공되는 경우에(Werden die Informationen auf einer Webseite für den elektronischen Geschäftsverkehr zur Verfügung gestellt), "(EU) 2015/2302호 지침을 독일법에 따라 시행 중인 방식에서 찾을 수 있음"이라는 문구가 기재된 하이퍼링크버튼으로, 이를 누르면 'www.umsetzung-richtlinie-eu2015-2302.de'로의 연결이 이뤄지는 하이퍼링크버튼,

b) 정보가 여행자와 연계여행급부주선업자의 동시적 대면에서(bei gleichzeitiger körperlicher Anwesenheit) 제공되는 경우에, (EU) 2015/2302 지침을 독일법에 따라 시행중인 방식에서 찾아볼 수 있는 인터넷웹사이트: 'www.umsetzung-richtlinie-eu2015-2302.de'.

* 연계여행급부주선업자가 여행자의 여행급부에 대한 지급을 수령하지 않거나 자신의 급부 제공 후에 비로소 수령해서, 민법전 제651조w 제3항에 따라 파산보장에 관한 연계여행급부주선업자의 의무가 성립되지 않는 경우(Besteht gemäß § 651w Absatz 3 des Bürgerlichen Gesetzbuchs keine Verpflichtung des Vermittlers verbundener Reiseleistungen zur Insolvenzsicherung)에, 위와 같은 해당 문들은 삭제됩니다. 그러한 지급이 급부제공자가 부여한, 연계여행급부주선자의 현금추심권(現金推尋權)에 기하여 파산시 보호되는 에스크로계정(Treuhandkonto)으로 입금기장된 범위 내에서 또한 같습니다.

부록 17(제251항목 제2조 제1항 제2호 b목 관련)

연계여행주선업자가 여행자가 귀환운송이 포함된 계약을 체결한 운송인이 아니고 민법전 제651조w 제1항 제1문 제2호에 따라 여행주선이 행해지는(die Vermittlung nach § 651w Absatz 1 Satz 1 Nummer 2 des Bürgerlichen Gesetzbuchs erfolgt) 경우의 여행자에 대한 정보제공을 위한 서식견본

(출처: 2017년 연방법률관보 I 편 2419면)

Bei Buchung zusätzlicher Reiseleistungen für Ihre Reise über diesen Link oder diese Links können Sie die nach der Richtlinie (EU) 2015/2302 für Pauschalreisen geltenden Rechte NICHT in Anspruch nehmen.
Daher ist ① nicht für die ordnungsgemäße Erbringung solcher zusätzlichen Reiseleistungen verantwortlich. Bei Problemen wenden Sie sich bitte an den jeweiligen Leistungserbringer.
Bei der Buchung zusätzlicher Reiseleistungen über diesen Link oder diese Links innerhalb von 24 Stunden nach Bestätigung Ihrer Buchung durch ① werden diese Reiseleistungen jedoch Teil verbundener Reiseleistungen. In diesem Fall verfügt ② über die nach dem EU-Recht vorgeschriebene Absicherung für die Erstattung Ihrer Zahlungen an ② für Dienstleistungen, die aufgrund der Insolvenz von ② nicht erbracht wurden. Beachten Sie bitte, dass dies im Fall einer Insolvenz des betreffenden Leistungserbringers keine Erstattung bewirkt.*
③*

② hat eine Insolvenzabsicherung mit ④ abgeschlossen.*
Die Reisenden können diese Einrichtung oder gegebenenfalls die zuständige Behörde (⑤) kontaktieren, wenn ihnen Reiseleistungen aufgrund der Insolvenz von ② verweigert werden.*
Hinweis: Diese Insolvenzabsicherung gilt nicht für Verträge mit anderen Parteien als ②, die trotz der Insolvenz des Unternehmens ② erfüllt werden können.*
⑥*

Gestaltungshinweise:

① Hier ist entweder “unser Unternehmen” oder “das Unternehmen (einsetzen: Firma/Name des Vermittlers verbundener Reiseleistungen)” einzufügen.

② Hier ist die Firma/der Name des Vermittlers verbundener Reiseleistungen einzufügen.

③ Hier ist die mit den Wörtern “Weiterführende Informationen zum Insolvenzschutz” beschriftete Hyperlink-Schaltfläche einzufügen, nach deren Betätigung die Informationen im zweiten Kasten zur Verfügung gestellt werden.

④ Hier ist einzufügen:

본 링크를 통한 당신의 여행을 위한 추가여행급부의 예약의 경우(Bei Buchung zusätzlicher Reiseleistungen für Ihre Reise) 당신은 (EU) 2015/2302호 지침에 따라 패키지여행에 대해 적용되는 권리를 원용할 수 없습니다.
따라서 ①은 그러한 추가급부의 적절한 제공에 대하여 책임을 부담하지 아니합니다. 문제가 발생한 경우 당신은 각각의 여행급부제공자에게 연락하시기 바랍니다.
그럼에도 ①에 의한 당신의 예약을 확인한 후 24시간 이내에 본 링크를 통한 추가여행급부의 예약의 경우에(Bei der Buchung zusätzlicher Reiseleistungen über diesen Link oder diese Links innerhalb von 24 Stunden nach Bestätigung Ihrer Buchung durch ①), 이러한 여행급부는 연계여행급부의 일부가 됩니다. 이러한 경우 ②는, 유럽연합법에 규정된 것으로, ②의 파산으로 인하여 제공되지 않은 서비스에 관련된 ②에 대한 당신의 지급금의 환급에 대한 대비책을 보유합니다. 관련 급부제공자가 파산한 경우에는 그 환급이 이뤄질 수 없다는 점에 유의하시기 바랍니다.*
③*

②은 ④와 파산보장계약을 체결했습니다.*
여행자는, ②의 파산으로 인하여 당신의 여행급부가 거절되는 경우에(wenn ihnen Reiseleistungen aufgrund der Insolvenz von ② verweigert werden) 이러한 기관 또는 필요하면 관할 관청(⑤)에 연락할 수 있습니다.*
언급: ② 이외의 다른 계약당사자와의 계약으로, ②의 사업의 파산에도 불구하고 이행될 수 있는 계약에 대하여는 이러한 파산보장은 적용하지 아니합니다.*
⑥*

구성안내(構成案內):
① 여기에 "우리 사업" 혹은 "당해 사업"(연계여행급부주선업자의 상호/이름을 사용함)을 기입(記入)합니다.
② 여기에 연계여행급부주선업자의 상호/이름(die Firma/der Name des Vermittlers verbundener Reiseleistungen)을 기입(記入)합니다.
③ "파산보호에 관한 정보를 제공함(Weiterführende Informationen zum Insolvenzschutz)"이라는 문구가 기재된 하이퍼링크버튼으로, 이를 누르면 정보가 둘째 박스로 제공되는 하이퍼링크버튼을 기입(記入)합니다.
④ 여기에 다음과 같이 기입(記入)합니다:

a) wenn ein Fall des § 651w Absatz 3 Satz 4 in Verbindung mit § 651s des Bürgerlichen Gesetzbuchs vorliegt: Name der Einrichtung, die den Insolvenzschutz bietet,

b) in allen anderen Fällen: Name des Kundengeldabsicherers (§ 651r Absatz 3 des Bürgerlichen Gesetzbuchs).

⑤ Hier sind einzufügen:

a) wenn ein Fall des § 651w Absatz 3 Satz 4 in Verbindung mit § 651s des Bürgerlichen Gesetzbuchs vorliegt: Kontaktdaten der Einrichtung, die den Insolvenzschutz bietet, und gegebenenfalls Name und Kontaktdaten der zuständigen Behörde, jeweils einschließlich der Anschrift des Ortes, an dem sie ihren Sitz hat, der E-Mail-Adresse und der Telefonnummer,

b) in allen anderen Fällen: Kontaktdaten des Kundengeldabsicherers (§ 651r Absatz 3 des Bürgerlichen Gesetzbuchs) einschließlich der Anschrift des Ortes, an dem er niedergelassen ist, der E-Mail-Adresse und der Telefonnummer.

⑥ Hier ist die mit den Wörtern "Richtlinie (EU) 2015/2302 in der in das nationale Recht umgesetzten Form" beschriftete Hyperlink-Schaltfläche einzufügen, nach deren Betätigung eine Weiterleitung auf die Webseite www.umsetzung-richtlinie-eu2015-2302.de erfolgt.

* Besteht gemäß § 651w Absatz 3 des Bürgerlichen Gesetzbuchs keine Verpflichtung des Vermittlers verbundener Reiseleistungen zur Insolvenzsicherung, weil er Zahlungen des Reisenden auf Vergütungen für Reiseleistungen nicht oder erst nach deren Erbringung annimmt, entfallen diese Absätze. Gleiches gilt, soweit solche Zahlungen aufgrund einer vom Leistungserbringer erteilten Inkassovollmacht des Vermittlers verbundener Reiseleistungen auf einem insolvenzfesten Treuhandkonto gutgeschrieben werden.

Anlage 18 (zu Artikel 252 Absatz 1)

Muster für den Sicherungsschein
(Fundstelle: BGBl. I 2017, 2420)

(gegebenenfalls einsetzen Sicherungsscheinnummer)

Sicherungsschein für

① Pauschalreisen

gemäß ② § 651r des Bürgerlichen Gesetzbuchs

für ....

(einsetzen: Namen des Reisenden, die Wörter "den umseitig bezeichneten Reisenden" oder die Buchungsnummer) ③

a) 민법전 제651조s와 연결된 제651조w 제3항 제4문의 사안에 해당하는 경우: 파산보호(破産保護)를 제공하는 기관의 이름(Name der Einrichtung, die den Insolvenzschutz bietet),

b) 그 밖의 경우: 민법전 제651조r 제3항상의 고객지급보장자의 이름(Name des Kundengeldabsicherers).

⑤ 여기에 다음과 같이 기입(記入)합니다:

a) 민법전 제651조s와 연결된 제651조w 제3항 제4문의 사안에 해당하는 경우: 파산보호를 제공하는 기관의 연락정보(Kontaktdaten der Einrichtung, die den Insolvenzschutz bietet)와, 필요하면 관할 관청의 이름 및 연락정보(그 기관들이 자신의 본사를 둔 장소의 주소, 그 이메일주소 및 전화번호가 각각 포함됨),

b) 그 밖의 경우: 민법전 제651조r 제3항상의 고객지급보장자의 연락정보(Kontaktdaten des Kundengeldabsicherers)(고객지급보장자가 지점을 둔 장소의 주소와, 이메일주소 및 전화번호 포함).

⑥ 여기에 "(EU) 2015/2302호 지침을 독일법에 따라 시행 중인 방식에서 찾아볼 수 있음"이라는 문구가 기재된 하이퍼링크버튼으로, 이를 누르면 'www.umsetzung-richtlinie-eu2015-2302.'라는 인네넷웹사이트로의 연결이 이뤄지는 하이퍼링크버튼을 기입합니다.

* 연계여행급부주선업자가 여행자의 여행급부에 대한 지급을 수령하지 않거나 자신의 급부 제공 후에 비로소 수령해서, 민법전 제651조w 제3항에 따라 파산보장에 관한 연계여행급부주선업자의 의무가 성립되지 않는 경우(Besteht gemäß § 651w Absatz 3 des Bürgerlichen Gesetzbuchs keine Verpflichtung des Vermittlers verbundener Reiseleistungen zur Insolvenzsicherung)에, 위와 같은 해당 문(文)들은 삭제됩니다. 그러한 지급이 급부제공자가 부여한, 연계여행급부주선자의 현금추심권(現金推尋權)에 기하여 파산시 보호되는 에스크로계정으로 입금기장된 범위 내에서 또한 같습니다.

부록 18(제252항목 제1항 관련)

보장증서 견본

(출처: 2017년 연방법률관보 1편 2420면)

(필요하면 보장증서번호 기재함)

....에 관련한

민법전 제651조r ②에 따른

① 패키지여행에 대한

보장증서

([여행자의 이름, 이면(裏面)에 표시된 여행자의 단어 또는 예약번호를 기재함(die Buchungsnummer)] ③

(gegebenenfalls einsetzen: Geltungsdauer des Sicherungsscheins) ④
Dem Reisenden steht im Fall der Insolvenz ⑤ gegenüber dem unten angegebenen Kundengeldabsicherer unter den gesetzlichen Voraussetzungen ein unmittelbarer Anspruch im Sinne des § 651r Absatz 4 des Bürgerlichen Gesetzbuchs zu.
Die Haftung des Kundengeldabsicherers ist begrenzt. Er haftet für alle durch ihn in einem Geschäftsjahr insgesamt zu erstattenden Beträge nur bis zu einem Betrag von 110 Mio. Euro. Sollte diese Summe nicht für alle Reisenden ausreichen, so verringert sich der Erstattungsbetrag in dem Verhältnis, in dem ihr Gesamtbetrag zum Höchstbetrag steht. ⑥
Bei Rückfragen wenden Sie sich an: (mindestens einsetzen: Namen, Anschrift und Telefonnummer der anzusprechenden Stelle; falls diese nicht für die Schadensabwicklung zuständig ist, auch Namen, Anschrift und Telefonnummer der dafür zuständigen Stelle).
(einsetzen: Namen, ladungsfähige Anschrift des Kundengeldabsicherers)
Kundengeldabsicherer

Gestaltungshinweise:

① Hier ist bei einer Vermittlung verbundener Reiseleistungen (§ 651w des Bürgerlichen Gesetzbuchs) anstelle des nachfolgenden Wortes “Pauschalreisen” Folgendes einzufügen: “verbundene Reiseleistungen”.

② Hier ist bei einer Vermittlung verbundener Reiseleistungen (§ 651w des Bürgerlichen Gesetzbuchs) anstelle der nachfolgenden Angabe “§ 651r” Folgendes einzufügen: “den §§ 651r und 651w”.

③ Diese Angaben können entfallen. In diesem Falle ist folgender Satz einzufügen: “Dieser Sicherungsschein gilt für den Buchenden und alle Reiseteilnehmer.”

④ Falls der Sicherungsschein befristet ist, muss die Frist mindestens den Zeitraum vom Vertragsschluss bis zur Beendigung der Reise umfassen.

⑤ Hier ist einzufügen:

a) wenn ein Pauschalreisevertrag vorliegt: entweder die Wörter “des umseitig bezeichneten Reiseveranstalters” oder “der”/“des” und sodann Firma/Name und Anschrift des Reiseveranstalters,

b) wenn eine Vermittlung verbundener Reiseleistungen (§ 651w des Bürgerlichen Gesetzbuchs) vorliegt: “der”/“des” und sodann Firma/Name und Anschrift des Vermittlers verbundener Reiseleistungen.

⑥ Dieser Absatz entfällt bei Kundengeldabsicherungen, bei denen die Haftungsbeschränkung nach § 651r Absatz 3 des Bürgerlichen Gesetzbuchs nicht vereinbart wird.

(필요하면 보장증서의 유효기간을 기재함) ④
⑤의 파산의 경우에 법률상 요건하에 아래 기재된 고객지급보장자에 대한(gegenüber dem unten angegebenen Kundengeldabsicherer), 민법전 제651조r 제4항상의 직접청구권(ein unmittelbarer Anspruch im Sinne des § 651r Absatz 4 des Bürgerlichen Gesetzbuchs)이 여행자에게 귀속됩니다. 고객지급보장자의 책임(Die Haftung des Kundengeldabsicherers)은 한도가 제한되어 있습니다. 고객지급보장자는, 사업년도에 자신이 지급해야 할 일체의 금액에 대하여 1억 1천만 유로의 한도 내에서만 책임을 부담합니다. 이러한 금액이 모든 여행자에 대하여 충분하지 않는 경우에, 그 지급액은 한도액에 대한 각 총액에 대한 비율로 감축됩니다. ⑥
질문이 있는 경우에 문의하시기 바랍니다: [최소한 문의기관(問議機關)의 이름, 주소 및 전화번호 기재함; 만일 그 문의기관이 손해배상처리를 관할하지 않는 경우에(falls diese nicht für die Schadensabwicklung zuständig ist), 이를 관할하는 기관의 이름, 주소 및 전화번호도 기재함]
(고객지급보장자의 이름, 도달 가능한 주소를 기재함)
고객지급보장자

구성안내(構成案內):
① 여기에 민법전 제651조w상의 연계여행급부주선업자의 경우에 "패지티여행"라는 단어 대신에(anstelle des nachfolgenden Wortes "Pauschalreisen") 다음의 연계여행급부를 기입합니다.
② 여기에 민법전 제651조w상의 연계여행급부주선의 경우(bei einer Vermittlung verbundener Reiseleistungen)에 "제651조r"의 기재 대신에(anstelle der nachfolgenden Angabe "§ 651r") 제 651조, 제651조w를 기입합니다.
③ 이러한 사항은 생략할 수 있습니다. 이러한 경우 다음과 같은 문장, 즉 "본 보장증서는 예약자와 모든 여행참가자에 대하여 적용됩니다"라고 기입합니다.
④ 만일 보장증서에 기간이 설정된 경우에 그 기간은 최소한 계약체결시부터 여행 종료시까지의 기간을 포함해야만 합니다.
⑤ 여기에 다음과 같이 기입합니다:
a) 패키지여행에 해당하는 경우에(wenn ein Pauschalreisevertrag vorliegt), 이면(裏面)에 표시된 여행주최자의 단어와, 그 밖에 여행주최자의 상호/이름 및 주소(sodann Firma/Name und Anschrift des Reiseveranstalters),
b) 민법전 제651조w상의 연계여행급부주선업자에 해당하는 경우에[wenn eine Vermittlung verbundener Reiseleistungen (§ 651w des Bürgerlichen Gesetzbuchs) vorliegt], 연계여행급부주선업자와, 그 밖에 연계여행급부주선업자의 상호/이름 및 주소
⑥ 이러한 문장들은, 민법전 제651조r 제3항에 따라 한도제한이 약정되지 않은 고객지급보장에서 생략합니다.

보호서비스 또는 돌봄서비스가 제공되는 (mit Pflege- oder Betreuungsleistungen) 주거공간의 계약의 규제에 관한 법률

(주거계약·돌봄계약법, BGBl. I S. 1948)

Gesetz zur Regelung von Verträgen über Wohnraum mit Pflege- oder Betreuungsleistungen

(Wohn- und Betreuungsvertragsgesetz - WBVG)

Gesetz zur Regelung von Verträgen über Wohnraum mit Pflege- oder Betreuungsleistungen(Wohn- und Betreuungsvertragsgesetz - WBVG)

https://www.gesetze-im-internet.de/wbvg/BJNR231910009.html

§ 1 Anwendungsbereich

(1) Dieses Gesetz ist anzuwenden auf einen Vertrag zwischen einem Unternehmer und einem volljährigen Verbraucher, in dem sich der Unternehmer zur Überlassung von Wohnraum und zur Erbringung von Pflege- oder Betreuungsleistungen verpflichtet, die der Bewältigung eines durch Alter, Pflegebedürftigkeit oder Behinderung bedingten Hilfebedarfs dienen. Unerheblich ist, ob die Pflege- oder Betreuungsleistungen nach den vertraglichen Vereinbarungen vom Unternehmer zur Verfügung gestellt oder vorgehalten werden. Das Gesetz ist nicht anzuwenden, wenn der Vertrag neben der Überlassung von Wohnraum ausschließlich die Erbringung von allgemeinen Unterstützungsleistungen wie die Vermittlung von Pflege- oder Betreuungsleistungen, Leistungen der hauswirtschaftlichen Versorgung oder Notrufdienste zum Gegenstand hat.

(2) Dieses Gesetz ist entsprechend anzuwenden, wenn die vom Unternehmer geschuldeten Leistungen Gegenstand verschiedener Verträge sind und

1. der Bestand des Vertrags über die Überlassung von Wohnraum von dem Bestand des Vertrags über die Erbringung von Pflege- oder Betreuungsleistungen abhängig ist,
2. der Verbraucher an dem Vertrag über die Überlassung von Wohnraum nach den vertraglichen Vereinbarungen nicht unabhängig von dem Vertrag über die Erbringung von Pflege- oder Betreuungsleistungen festhalten kann oder
3. der Unternehmer den Abschluss des Vertrags über die Überlassung von Wohnraum von dem Abschluss des Vertrags über die Erbringung von Pflege- oder Betreuungsleistungen tatsächlich abhängig macht.

Dies gilt auch, wenn in den Fällen des Satzes 1 die Leistungen von verschiedenen Unternehmern geschuldet werden, es sei denn, diese sind nicht rechtlich oder wirtschaftlich miteinander verbunden.

§ 2 Ausnahmen vom Anwendungsbereich

Dieses Gesetz ist nicht anzuwenden auf Verträge über

1. Leistungen der Krankenhäuser, Vorsorge- oder Rehabilitationseinrichtungen im Sinne des § 107 des Fünften Buches Sozialgesetzbuch,

보호서비스 또는 돌봄서비스가 제공되는(mit Pflege- oder Betreuungsleistungen) 주거공간의 계약의 규제에 관한 법률(주거계약·돌봄계약법, BGBl. I S. 1948)

법률공포일: 2009. 7. 29.

최근 법률개정일: 2019. 11. 30(BGBl. I S. 1948).

제1조 적용범위

① 이 법률은 사업자와 성년의 소비자 간의 계약으로, 사업자가 주거공간를 인도할 의무와, 연령, 보호필요성 또는 장애로 생긴 조력(助力) 필요(必要)의 극복에 도움이 되는 보호서비스 또는 돌봄서비스를 제공할 의무를 지는 계약에 대하여 적용한다. 보호서비스 또는 돌봄서비스(die Pflege- oder Betreuungsleistungen)가 계약상 합의에 따라 사업자에 의해 제공되거나 유지되는지 여부는 상관없다. 해당 계약이 주거공간의 인도와 함께 보호서비스 또는 돌봄서비스의 주선, 가사도우미서비스 또는 긴급호출서비스의 주선과 같은 일반적 지원급부의 제공만을 목적으로 하는 경우에는(wenn der Vertrag neben der Überlassung von Wohnraum ausschließlich die Erbringung von allgemeinen Unterstützungsleistungen wie die Vermittlung von Pflege- oder Betreuungsleistungen, Leistungen der hauswirtschaftlichen Versorgung oder Notrufdienste zum Gegenstand hat) 본 법률을 적용하지 아니한다.

② 사업자가 이행해야 할 급부가 다른 계약들의 목적이 되고, 다음 각 호의 경우에 이 법률을 준용한다,

1. 주거공간의 인도에 관한 계약의 존속이 보호서비스 또는 돌봄서비스의 제공에 관한 계약의 존속에 의해 좌우되는(über die Erbringung von Pflege- oder Betreuungsleistungen abhängig ist) 경우,
2. 소비자가 보호서비스 또는 돌봄서비스의 제공에 관한 계약에 상관없이(unabhängig von dem Vertrag über die Erbringung von Pflege- oder Betreuungsleistungen) 계약상 합의에 따른 주거공간의 인도에 관한 계약을 지속할 없는 경우.
3. 사업자가 주거공간의 인도에 관한 계약의 체결을 보호서비스 또는 돌봄서비스의 제공에 관한 계약의 체결(von dem Abschluss des Vertrags über die Erbringung von Pflege- oder Betreuungsleistungen)에 실질적으로 좌우되게 하는 경우.

제1항의 경우에 있어 다른 사업자의 급부가 이행되어야 하는 경우에도 또한 같고, 다만 그 급부가 법적 또는 경제적으로 상호 연관되지 아니한 경우(diese sind nicht rechtlich oder wirtschaftlich miteinander verbunden)에는 그러하지 아니하다.

제2조 적용범위의 예외

이 법률은 다음 각 호의 계약에 관하여 적용하지 아니한다,

1. 사회법전 제5권상의 병원급부, 구호시설(救護施設)급부 및 재활시설(再活施設)급부(Vorsorge- oder Rehabilitationseinrichtungen),

2. Leistungen der Internate der Berufsbildungs- und Berufsförderungswerke,
3. Leistungen im Sinne des § 41 des Achten Buches Sozialgesetzbuch,
4. Leistungen, die im Rahmen von Kur- oder Erholungsaufenthalten erbracht werden.

§ 3 Informationspflichten vor Vertragsschluss

(1) Der Unternehmer hat den Verbraucher rechtzeitig vor Abgabe von dessen Vertragserklärung in Textform und in leicht verständlicher Sprache über sein allgemeines Leistungsangebot und über den wesentlichen Inhalt seiner für den Verbraucher in Betracht kommenden Leistungen zu informieren.

(2) Zur Information des Unternehmers über sein allgemeines Leistungsangebot gehört die Darstellung

1. der Ausstattung und Lage des Gebäudes, in dem sich der Wohnraum befindet, sowie der dem gemeinschaftlichen Gebrauch dienenden Anlagen und Einrichtungen, zu denen der Verbraucher Zugang hat, und gegebenenfalls ihrer Nutzungsbedingungen,
2. der darin enthaltenen Leistungen nach Art, Inhalt und Umfang,
3. der Ergebnisse der Qualitätsprüfungen, soweit sie nach § 115 Absatz 1a Satz 1 des Elften Buches Sozialgesetzbuch oder nach landesrechtlichen Vorschriften zu veröffentlichen sind.

(3) Zur Information über die für den Verbraucher in Betracht kommenden Leistungen gehört die Darstellung

1. des Wohnraums, der Pflege- oder Betreuungsleistungen, gegebenenfalls der Verpflegung als Teil der Betreuungsleistungen sowie der einzelnen weiteren Leistungen nach Art, Inhalt und Umfang,
2. des den Pflege- oder Betreuungsleistungen zugrunde liegenden Leistungskonzepts,
3. der für die in Nummer 1 benannten Leistungen jeweils zu zahlenden Entgelte, der nach § 82 Absatz 3 und 4 des Elften Buches Sozialgesetzbuch gesondert berechenbaren Investitionskosten sowie des Gesamtentgelts,
4. der Voraussetzungen für mögliche Leistungs- und Entgeltveränderungen,
5. des Umfangs und der Folgen eines Ausschlusses der Angebotspflicht nach § 8 Absatz 4, wenn ein solcher Ausschluss vereinbart werden soll.

Die Darstellung nach Satz 1 Nummer 5 muss in hervorgehobener Form erfolgen.

(4) Erfüllt der Unternehmer seine Informationspflichten nach den Absätzen 1 bis 3 nicht, ist § 6 Absatz 2 Satz 2 und 3 entsprechend anzuwenden. Weitergehende zivilrechtliche Ansprüche des Verbrauchers bleiben unberührt.

(5) Die sich aus anderen Gesetzen ergebenden Informationspflichten bleiben unberührt.

2. 직업교육센터 및 직업촉진센터의 기숙사급부,
3. 사회법전 제8권 제41조상의 급부,
4. 휴양(休養) 또는 휴가(休暇)의 일환(一環)으로(im Rahmen von Kur- oder Erholungsaufenthalten) 제공되는 급부.

제3조 계약 전 정보제공의무

① 사업자는 자신의 계약의사표시를 하기 전(前)의 적시에 소비자에게 문면방식으로 쉽게 이해할 수 있는 언어로 자신의 일반적 급부제공과 소비자를 위해 고려되는 자신의 급부의 중요한 내용(wesentlichen Inhalt seiner für den Verbraucher in Betracht kommenden Leistungen)에 관하여 정보를 제공해야 한다.

② 다음 각 호에 관한 명시(明示)가 사업자의 일반적 급부제공에 관한 사업자의 정보제공(Information des Unternehmers)에 속한다,

1. 주거공간이 있는 건물의 여건 및 상황과, 공동사용에 제공되는, 소비자가 이용권을 갖는 설비 및 시설(der dem gemeinschaftlichen Gebrauch dienenden Anlagen und Einrichtungen, zu denen der Verbraucher Zugang hat), 필요하면 그 이용조건
2. 거기에 포함된, 급부 특성, 급부 내용 및 급부 범위,
3. 사회법전 제11권 제115조 제1항a 제1문 또는 주법 규정에 따라 공표되는 범위 내의 품질검사 결과.

③ 다음 각 호에 관한 명시가 소비자를 위해 고려되는 급부(die für den Verbraucher in Betracht kommenden Leistungen)에 관한 정보제공에 속한다,

1. 주거공간, 보호서비스 또는 돌봄서비스, 필요하면 돌봄서비스의 일환으로 제공되는 급식(給食)과 그 밖의 각 급부의 특성, 급부 내용 및 급부 범위(der einzelnen weiteren Leistungen nach Art, Inhalt und Umfang),
2. 보호서비스 또는 돌봄서비스(Pflege- oder Betreuungsleistungen)의 기초를 이루는 급부개념,
3. 제1호상의 급부에 대하여 지급되어야 하는 이용료, 사회법전 제11권 제82조 제3항, 제4항에 따른 별도의 산정 가능한 투자비와 총이용료(gesondert berechenbaren Investitionskosten sowie des Gesamtentgelts),
4. 있을 수 있는 급부변경 및 이용료변경의 요건,
5. 그러한 배제가 약정되어야 하는 경우에(wenn ein solcher Ausschluss vereinbart werden soll) 제8조에 따른 제공의무의 배제의 범위 및 효과

제1문 제5호에 따른 명시는 눈에 띄는 방식으로 이뤄져야만 한다.

④ 사업자가 제1항 내지 제3항에 따른 자신의 정보제공의무를 이행한 경우에 제6조 제2항 제2문, 제3문을 준용한다. 소비자의 민사법상 그 밖의 청구권(Weitergehende zivilrechtliche Ansprüche des Verbrauchers)은 영향을 받지 아니한다.

⑤ 그 밖의 법률에서 생긴 정보제공의무는 영향을 받지 아니한다.

§ 4 Vertragsschluss und Vertragsdauer

(1) Der Vertrag wird auf unbestimmte Zeit geschlossen. Die Vereinbarung einer Befristung ist zulässig, wenn die Befristung den Interessen des Verbrauchers nicht widerspricht. Ist die vereinbarte Befristung nach Satz 2 unzulässig, gilt der Vertrag für unbestimmte Zeit, sofern nicht der Verbraucher seinen entgegenstehenden Willen innerhalb von zwei Wochen nach Ende der vereinbarten Vertragsdauer dem Unternehmer erklärt.

(2) War der Verbraucher bei Abschluss des Vertrags geschäftsunfähig, so hängt die Wirksamkeit des Vertrags von der Genehmigung eines Bevollmächtigten oder Betreuers ab. § 108 Absatz 2 des Bürgerlichen Gesetzbuchs ist entsprechend anzuwenden. In Ansehung einer bereits bewirkten Leistung und deren Gegenleistung gilt der Vertrag als wirksam geschlossen. Solange der Vertrag nicht wirksam geschlossen worden ist, kann der Unternehmer das Vertragsverhältnis nur aus wichtigem Grund für gelöst erklären; die §§ 12 und 13 Absatz 2 und 4 sind entsprechend anzuwenden.

(3) Mit dem Tod des Verbrauchers endet das Vertragsverhältnis zwischen ihm und dem Unternehmer. Die vertraglichen Bestimmungen hinsichtlich der Behandlung des in den Räumen oder in Verwahrung des Unternehmers befindlichen Nachlasses des Verbrauchers bleiben wirksam. Eine Fortgeltung des Vertrags kann für die Überlassung des Wohnraums gegen Fortzahlung der darauf entfallenden Entgeltbestandteile vereinbart werden, soweit ein Zeitraum von zwei Wochen nach dem Sterbetag des Verbrauchers nicht überschritten wird. In diesen Fällen ermäßigt sich das geschuldete Entgelt um den Wert der ersparten Aufwendungen des Unternehmers.

§ 5 Wechsel der Vertragsparteien

(1) Mit Personen, die mit dem Verbraucher einen auf Dauer angelegten gemeinsamen Haushalt führen und nicht Vertragspartner des Unternehmers hinsichtlich der Überlassung des Wohnraums sind, wird das Vertragsverhältnis beim Tod des Verbrauchers hinsichtlich der Überlassung des Wohnraums gegen Zahlung der darauf entfallenden Entgeltbestandteile bis zum Ablauf des dritten Kalendermonats nach dem Sterbetag des Verbrauchers fortgesetzt. Erklären Personen, mit denen das Vertragsverhältnis fortgesetzt wurde, innerhalb von vier Wochen nach dem Sterbetag des Verbrauchers dem Unternehmer, dass sie das Vertragsverhältnis nicht fortsetzen wollen, gilt die Fortsetzung des Vertragsverhältnisses als nicht erfolgt. Ist das Vertragsverhältnis mit mehreren Personen fortgesetzt worden, so kann jeder die Erklärung für sich abgeben.

(2) Wird der überlassene Wohnraum nach Beginn des Vertragsverhältnisses von dem Unternehmer an einen Dritten veräußert, gelten für die Rechte und Pflichten des Erwerbers hinsichtlich der Überlassung des Wohnraums die §§ 566 bis 567b des Bürgerlichen Gesetzbuchs entsprechend.

§ 6 Schriftform und Vertragsinhalt

제4조 계약체결 및 계약기간

① 계약은 기간의 정함이 없이 체결된다. 기간설정이 소비자의 이익에 반하지 않은 경우에 기간설정의 약정은 허용된다. 제2문에 따른 약정에 의한 기간설정이 불허되는 경우에 소비자가 약정한 계약기간의 종료 후 2주 이내에 사업자에게 자신의 반대 의사를 표시하지 않는 한(sofern nicht der Verbraucher seinen entgegenstehenden Willen innerhalb von zwei Wochen nach Ende der vereinbarten Vertragsdauer dem Unternehmer erklärt), 그 계약은 기간의 정함이 없는 것으로 본다.

② 소비자가 계약체결 당시에 무능력자인 경우에 그 계약의 효력은 법정대리인 또는 후견인의 추인(der Genehmigung eines Bevollmächtigten oder Betreuers)에 좌우된다. 민법전 제108조 제2항을 준용한다. 이미 이행된 급부와 그 반대급부에 대하여(In Ansehung einer bereits bewirkten Leistung und deren Gegenleistung) 그 계약은 유효하게 체결된 것으로 본다. 그 계약이 유효하게 체결되지 않은 동안에(Solange der Vertrag nicht wirksam geschlossen worden ist), 사업자는 중대한 사유에 기해서만(nur aus wichtigem Grund) 계약관계(das Vertragsverhältnis)의 해소의 의사를 표시할 수 있다; 제12조, 제13조 제2항, 제4항을 준용한다.

③ 소비자의 사망으로 소비자와 사업자 간의 계약관계는 종료한다. 사업자의 공간에 있거나 사업자가 임치하고 있는 상속재산의 처리(der Behandlung des in den Räumen oder in Verwahrung des Unternehmers befindlichen Nachlasses des Verbrauchers)에 관한 계약 조항은 효력을 유지한다. 소비자의 사망일로부터 2주 이내의 기간이 경과하지 아니하는 한, 주거공간의 인도에 관련한 계약의 효력지속에 대하여 주거공간에 배정된 이용료해당분(利用料該當分)의 계속 지급과 상환으로(gegen Fortzahlung der darauf entfallenden Entgeltbestandteile) 합의될 수 있다. 이러한 경우 지급해야 할 이용료는 사업자의 절약된 비용의 가액만큼 감축된다.

제5조 계약당사자의 교체

① 소비자의 사망시 해당 계약관계는, 주거공간에 배정된 이용료해당분(利用料該當分)의 지급과 상환으로(gegen Zahlung der darauf entfallenden Entgeltbestandteile) 소비자의 사망일로부터 세 번째 역월(曆月) 경과시까지(bis zum Ablauf des dritten Kalendermonats nach dem Sterbetag des Verbrauchers) 소비자와 장기간 공동생활을 영위하는 자(die mit dem Verbraucher einen auf Dauer angelegten gemeinsamen Haushalt führen)로, 주거공간의 인도와 관련하여 사업자의 계약파트너가 아닌 자와 지속된다. 그 계약관계가 지속적으로 유지되는 자가 소비자의 사망일로부터 4주 이내에(innerhalb von vier Wochen nach dem Sterbetag des Verbrauchers) 사업자에게 자신은 계약관계를 지속하지 않으려고 한다는 점을 표시한 경우에 계약관계의 지속은 이뤄지지 않은 것으로 본다. 계약관계가 여러 자(者)와 지속된 경우 각인(各人)이 자신을 위해 그 의사표시를 할 수 있다.

② 인도된 주거공간(der überlassene Wohnraum)이 계약관계 개시 후 사업자에 의해 제3자에게 양도된 경우에 주거공간의 인도와 관련한 양수인의 권리의무에 대하여(für die Rechte und Pflichten des Erwerbers hinsichtlich der Überlassung des Wohnraums) 민법전 제566조 내지 제567조b를 준용한다.

제6조 방식과 계약내용

(1) Der Vertrag ist schriftlich abzuschließen. Der Abschluss des Vertrags in elektronischer Form ist ausgeschlossen. Der Unternehmer hat dem Verbraucher eine Ausfertigung des Vertrags auszuhändigen.

(2) Wird der Vertrag nicht in schriftlicher Form geschlossen, sind zu Lasten des Verbrauchers von den gesetzlichen Regelungen abweichende Vereinbarungen unwirksam, auch wenn sie durch andere Vorschriften dieses Gesetzes zugelassen werden; im Übrigen bleibt der Vertrag wirksam. Der Verbraucher kann den Vertrag jederzeit ohne Einhaltung einer Frist kündigen. Ist der schriftliche Vertragsschluss im Interesse des Verbrauchers unterblieben, insbesondere weil zum Zeitpunkt des Vertragsschlusses beim Verbraucher Gründe vorlagen, die ihn an der schriftlichen Abgabe seiner Vertragserklärung hinderten, muss der schriftliche Vertragsschluss unverzüglich nachgeholt werden.

(3) Der Vertrag muss mindestens

1. die Leistungen des Unternehmers nach Art, Inhalt und Umfang einzeln beschreiben,
2. die für diese Leistungen jeweils zu zahlenden Entgelte, getrennt nach Überlassung des Wohnraums, Pflege- oder Betreuungsleistungen, gegebenenfalls Verpflegung als Teil der Betreuungsleistungen sowie den einzelnen weiteren Leistungen, die nach § 82 Absatz 3 und 4 des Elften Buches Sozialgesetzbuch gesondert berechenbaren Investitionskosten und das Gesamtentgelt angeben,
3. die Informationen des Unternehmers nach § 3 als Vertragsgrundlage benennen und mögliche Abweichungen von den vorvertraglichen Informationen gesondert kenntlich machen,
4. die Informationen nach § 36 Absatz 1 des Verbraucherstreitbeilegungsgesetzes vom 19. Februar 2016 (BGBl. I S. 254) geben; dies gilt auch, wenn der Unternehmer keine Webseite unterhält oder keine Allgemeinen Geschäftsbedingungen verwendet.

§ 7 Leistungspflichten

(1) Der Unternehmer ist verpflichtet, dem Verbraucher den Wohnraum in einem zum vertragsgemäßen Gebrauch geeigneten Zustand zu überlassen und während der vereinbarten Vertragsdauer in diesem Zustand zu erhalten sowie die vertraglich vereinbarten Pflege- oder Betreuungsleistungen nach dem allgemein anerkannten Stand fachlicher Erkenntnisse zu erbringen.

(2) Der Verbraucher hat das vereinbarte Entgelt zu zahlen, soweit dieses insgesamt und nach seinen Bestandteilen im Verhältnis zu den Leistungen angemessen ist. In Verträgen mit Verbrauchern, die Leistungen nach dem Elften Buch Sozialgesetzbuch in Anspruch nehmen, gilt die aufgrund der Bestimmungen des Siebten und Achten Kapitels des Elften Buches Sozialgesetzbuch festgelegte Höhe des Entgelts als vereinbart und angemessen. In Verträgen mit Verbrauchern, denen Hilfe in Einrichtungen nach dem Zwölften Buch Sozialgesetzbuch gewährt wird, gilt die aufgrund des Zehnten Kapitels des Zwölften Buches Sozialgesetzbuch festgelegte

① 계약은 서면으로 체결해야 한다. 전자방식에 의한 계약 체결(Der Abschluss des Vertrags in elektronischer Form)은 배제된다. 사업자는 소비자에게 계약서 정본(eine Ausfertigung des Vertrags)을 교부해야 한다.

② 계약서가 서면으로 체결되지 아니한 경우에, 소비자의 불이익으로 법률상 규정과 다르게 한 약정은, 그것이 이 법의 다른 규정에 의해 허용될지라도(auch wenn sie durch andere Vorschriften dieses Gesetzes zugelassen werden) 무효이다. 그 밖의 경우에 계약은 유효하다. 소비자는 해당 계약을 해지기간을 두지 않고서(ohne Einhaltung einer Frist) 언제든지 해지할 수 있다. 소비자(消費者)의 이익을 위하여, 특히 계약체결 당시에 소비자(消費者)가 자신의 계약(契約) 의사표시(意思表示)를 서면으로 하는 것을 방해받았다는 사유가 있어, 서면(書面)에 의한 계약체결이 이뤄지지 않은 경우에 서면에 의한 계약체결(der schriftliche Vertragsschluss)은 지체 없이 보완(補完)되어야만 한다.

③ 계약은 최소한,

1. 사업자의 급부 특성, 급부 내용 및 급부 범위가 개별적으로 명시되어야만 하고,
2. 이러한 급부에 대해 각각 지급해야 하는 이용료로, 주거공간의 인도, 보호서비스 또는 돌봄서비스로 구분한 이용료(die für diese Leistungen jeweils zu zahlenden Entgelte, getrennt nach Überlassung des Wohnraums, Pflege- oder Betreuungsleistungen), 필요하면 그 밖의 개별 급부, 돌보서비스의 일환으로 제공되는 급식, 사회법전 제12권 제82조 제3항, 제4항에 따라 별도로 산정 가능한 투자비와 총이용료가 명시되어야만 하며,
3. 제3조에 따른 사업자의 정보제공을 계약토대로 삼아야만 하고 계약 체결 전 정보제공과 달라진 것이 있는 경우 그 달라진 것을 별도로 표시해야만 하고,
4. 2016년 2월 19일의 소비자분쟁해결법(BGBl. I S. 254) 제36조 제1항에 따른 정보제공을 해야만 한다; 사업자(事業者)가 웹사이트를 이용하지 않거나 보통거래약관을 사용하지 않은 경우에도 또한 같다.

제7조 급부의무

① 사업자는 소비자에게 계약에 좇은 사용에 적합한 상태로(in einem zum vertragsgemäßen Gebrauch geeigneten Zustand) 주거공간을 인도할 의무를 지고 약정한 기간 동안에 이러한 상태로 유지할 의무를 지며, 계약으로 약정한 보호서비스 또는 돌봄서비스를 일반적으로 승인된, 전문 지식에 의한 기준에 좇아 제공할 의무를 진다.

② 소비자는, 이용료가 전체적으로 또 그 구성부분별로 급부에 대하여 적절한 범위 내에서(soweit dieses insgesamt und nach seinen Bestandteilen im Verhältnis zu den Leistungen angemessen ist) 약정한 이용료를 지급해야 한다. 사회법전 제11권에 따라 급부를 수급(受給)하는 소비자와의 계약에서, 사회법전 제7장 및 제8장의 규정에 근거하여 정해진 이용료(die aufgrund der Bestimmungen des Siebten und Achten Kapitels des Elften Buches Sozialgesetzbuch festgelegte Höhe des Entgelts)가 약정되고 적절한 것으로 본다. 시설 내 원조가 사회법전 제12권에 따라 행해지는 소비자와의 계약에서(In Verträgen mit Verbrauchern, denen Hilfe in Einrichtungen nach dem Zwölften

Höhe des Entgelts als vereinbart und angemessen. In Verträgen mit Verbrauchern, die Leistungen nach Teil 2 des Neunten Buches Sozialgesetzbuch in Anspruch nehmen, gilt die aufgrund der Bestimmungen des Teils 2 Kapitel 8 des Neunten Buches Sozialgesetzbuch festgelegte Höhe des Entgelts für diese Leistungen als vereinbart und angemessen.

(3) Der Unternehmer hat das Entgelt sowie die Entgeltbestandteile für die Verbraucher nach einheitlichen Grundsätzen zu bemessen. Eine Differenzierung ist zulässig, soweit eine öffentliche Förderung von betriebsnotwendigen Investitionsaufwendungen nur für einen Teil der Einrichtung erfolgt ist. Sie ist auch insofern zulässig, als Vergütungsvereinbarungen nach dem Zehnten Kapitel des Zwölften Buches Sozialgesetzbuch über Investitionsbeträge oder gesondert berechenbare Investitionskosten getroffen worden sind.

(4) Werden Leistungen unmittelbar zu Lasten eines Sozialleistungsträgers erbracht, ist der Unternehmer verpflichtet, den Verbraucher unverzüglich schriftlich unter Mitteilung des Kostenanteils hierauf hinzuweisen.

(5) Soweit der Verbraucher länger als drei Tage abwesend ist, muss sich der Unternehmer den Wert der dadurch ersparten Aufwendungen auf seinen Entgeltanspruch anrechnen lassen. Im Vertrag kann eine Pauschalierung des Anrechnungsbetrags vereinbart werden. In Verträgen mit Verbrauchern, die Leistungen nach dem Elften Buch Sozialgesetzbuch in Anspruch nehmen, ergibt sich die Höhe des Anrechnungsbetrags aus den in § 87a Absatz 1 Satz 7 des Elften Buches Sozialgesetzbuch genannten Vereinbarungen.

§ 8 Vertragsanpassung bei Änderung des Pflege- oder Betreuungsbedarfs

(1) Ändert sich der Pflege- oder Betreuungsbedarf des Verbrauchers, muss der Unternehmer eine entsprechende Anpassung der Leistungen anbieten. Der Verbraucher kann das Angebot auch teilweise annehmen. Die Leistungspflicht des Unternehmers und das vom Verbraucher zu zahlende angemessene Entgelt erhöhen oder verringern sich in dem Umfang, in dem der Verbraucher das Angebot angenommen hat.

(2) In Verträgen mit Verbrauchern, die Leistungen nach dem Elften Buch Sozialgesetzbuch in Anspruch nehmen oder denen Hilfe in Einrichtungen nach dem Zwölften Buch Sozialgesetzbuch gewährt wird, ist der Unternehmer berechtigt, bei einer Änderung des Pflege- oder Betreuungsbedarfs des Verbrauchers den Vertrag nach Maßgabe des Absatzes 1 Satz 3 durch einseitige Erklärung anzupassen. Absatz 3 ist entsprechend anzuwenden.

(3) Der Unternehmer hat das Angebot zur Anpassung des Vertrags dem Verbraucher durch Gegenüberstellung der bisherigen und der angebotenen Leistungen sowie der dafür jeweils zu entrichtenden Entgelte schriftlich darzustellen und zu begründen.

(4) Der Unternehmer kann die Pflicht, eine Anpassung anzubieten, durch gesonderte Vereinbarung mit dem Verbraucher bei Vertragsschluss ganz oder teilweise ausschließen. Der Ausschluss ist nur

Buch Sozialgesetzbuch gewährt wird), 사회법전 제10장의 규정에 근거하여 정해진 이용료가 약정되고 적절한 것으로 본다. 사회법전 제9권 제2편에 따라 급부를 수급(受給)하는 소비자와의 계약에서, 사회법전 제2편 제8장의 규정에 근거하여 정해진, 이러한 급부에 대해 이용료액수가 약정되고 적절한 것으로 본다.

③ 사업자는 소비자의 이용료와 이용료구성부분을 단일한 원칙에 따라 산정해야 한다. 사업상 필요한 투자비용에 대한 공공자금지원이 시설의 일부에 대해서만 행해지는 범위 내에서(soweit eine öffentliche Förderung von betriebsnotwendigen Investitionsaufwendungen nur für einen Teil der Einrichtung erfolgt ist) 별개의 산정(Eine Differenzierung)이 허용된다. 그 별개의 산정은, 사회법전 제12권 제10장에 따른 보수약정이 투자금액이나 별개로 산정 가능한 투자비에 관하여 체결된 범위 내에서도 허용된다.

④ 급부가 사회급부담당기관의 부담으로 (사업자에게) 직접 제공되는 경우에 사업자는 소비자에게 지체 없이 서면으로 비용부담액에 대해 통지하면서 이에 대하여 언급할 의무를 진다.

⑤ 소비자가 3일보다 장기간 부재한 경우에 사업자는 이로 인해 절약한 비용액(den Wert der dadurch ersparten Aufwendungen)을 자신의 이용료청구권에서 공제해야만 한다. 계약으로 공제액의 총액을 약정할 수 있다. 사회법전 제11권에 따라 급부를 수급(受給)하는 소비자와의 계약에서, 그 공제액은 사회법전 제11권 제87조a 제1항 제7문상의 약정에 기하여 산출된다(ergibt sich die Höhe des Anrechnungsbetrags aus den in § 87a Absatz 1 Satz 7 des Elften Buches Sozialgesetzbuch genannten Vereinbarungen).

제8조 보호필요 또는 돌봄필요의 변경시 계약조정

① 소비자의 보호필요 또는 돌봄필요가 변경된 경우에(Ändert sich der Pflege- oder Betreuungsbedarf des Verbrauchers) 사업자는 상응하는 급부 조정(eine entsprechende Anpassung der Leistungen)을 청약해야만 한다. 소비자가 그 청약을 부분적으로도 승낙할 수 있다. 사업자의 급부제공의무와 소비자의 상응하는 보수지급의무(Die Leistungspflicht des Unternehmers und das vom Verbraucher zu zahlende angemessene Entgelt)는 소비자가 그 청약을 승낙한 범위로 확대되거나 축소된다.

② 사회법전 제11권에 따른 급부를 수급(受給)하거나 사회법전 제12권에 따른 시설 내 원조를 받는(die Leistungen nach dem Elften Buch Sozialgesetzbuch in Anspruch nehmen oder denen Hilfe in Einrichtungen nach dem Zwölften Buch Sozialgesetzbuch gewährt wird) 소비자와의 계약에서, 사업자는 소비자의 보호필요 또는 돌봄필요의 변경시 제1항 제3문에 따른 기준에 일방적인 의사표시로(durch einseitige Erklärung) 좇아 계약을 조정할 권리를 갖는다.

③ 사업자는, 종전의 급부와 청약하는 급부를 대비(對比)하고 또 이에 대해 각각 지급해야하는 이용료의 대비(對比)하여 계약의 조정에 관한 청약을 서면으로 소비자에게 행해야 하고, 이유를 제시해야 한다.

④ 사업자는 계약체결시의 소비자와의 별도의 약정으로 계약조정을 청약할 의무를 전부 또는 부분적으로 배제할 수 있다. 그 배제는 사업자가 계약의 기초가 된 급부개념을 고려했을 때 그에 대한

wirksam, soweit der Unternehmer unter Berücksichtigung des dem Vertrag zugrunde gelegten Leistungskonzepts daran ein berechtigtes Interesse hat und dieses in der Vereinbarung begründet. Die Belange von Menschen mit Behinderungen sind besonders zu berücksichtigen. Die Vereinbarung bedarf zu ihrer Wirksamkeit der Schriftform; die elektronische Form ist ausgeschlossen.

§ 9 Entgelterhöhung bei Änderung der Berechnungsgrundlage

(1) Der Unternehmer kann eine Erhöhung des Entgelts verlangen, wenn sich die bisherige Berechnungsgrundlage verändert. Neben dem erhöhten Entgelt muss auch die Erhöhung selbst angemessen sein. Satz 2 gilt nicht für die in § 7 Absatz 2 Satz 2 bis 4 genannten Fälle. Entgelterhöhungen aufgrund von Investitionsaufwendungen sind nur zulässig, soweit sie nach der Art des Betriebs notwendig sind und nicht durch öffentliche Förderung gedeckt werden.

(2) Der Unternehmer hat dem Verbraucher die beabsichtigte Erhöhung des Entgelts schriftlich mitzuteilen und zu begründen. Aus der Mitteilung muss der Zeitpunkt hervorgehen, zu dem der Unternehmer die Erhöhung des Entgelts verlangt. In der Begründung muss er unter Angabe des Umlagemaßstabs die Positionen benennen, für die sich durch die veränderte Berechnungsgrundlage Kostensteigerungen ergeben, und die bisherigen Entgeltbestandteile den vorgesehenen neuen Entgeltbestandteilen gegenüberstellen. Der Verbraucher schuldet das erhöhte Entgelt frühestens vier Wochen nach Zugang des hinreichend begründeten Erhöhungsverlangens. Der Verbraucher muss rechtzeitig Gelegenheit erhalten, die Angaben des Unternehmers durch Einsichtnahme in die Kalkulationsunterlagen zu überprüfen.

§ 10 Nichtleistung oder Schlechtleistung

(1) Erbringt der Unternehmer die vertraglichen Leistungen ganz oder teilweise nicht oder weisen sie nicht unerhebliche Mängel auf, kann der Verbraucher unbeschadet weitergehender zivilrechtlicher Ansprüche bis zu sechs Monate rückwirkend eine angemessene Kürzung des vereinbarten Entgelts verlangen.

(2) Zeigt sich während der Vertragsdauer ein Mangel des Wohnraums oder wird eine Maßnahme zum Schutz des Wohnraums gegen eine nicht vorhergesehene Gefahr erforderlich, so hat der Verbraucher dies dem Unternehmer unverzüglich anzuzeigen.

(3) Soweit der Unternehmer infolge einer schuldhaften Unterlassung der Anzeige nach Absatz 2 nicht Abhilfe schaffen konnte, ist der Verbraucher nicht berechtigt, sein Kürzungsrecht nach Absatz 1 geltend zu machen.

(4) Absatz 1 ist nicht anzuwenden, soweit nach § 115 Absatz 3 des Elften Buches Sozialgesetzbuch wegen desselben Sachverhalts ein Kürzungsbetrag vereinbart oder festgesetzt worden ist.

정당한 이익을 갖고(soweit der Unternehmer unter Berücksichtigung des dem Vertrag zugrunde gelegten Leistungskonzepts daran ein berechtigtes Interesse hat) 그 약정에서 이에 대해 이유를 제시하는 범위 내에서만 유효하다. 장애인의 이익(Die Belange von Menschen mit Behinderungen)은 특별하게 고려되어야 한다. 약정이 유효하기 위해서는 약정은 서면방식이 요구된다; 전자방식은 배제된다.

제9조 산정토대의 변경시 보수증액

① 종전의 산정토대가 변경된 경우에 사업자는 이용료의 증액을 청구할 수 있다. 증액된 이용료뿐만 아니라 그 증액 자체도 적절해야만 한다. 제7조 제2항 제2문 내지 제4문의 경우에 대하여 제2문을 적용하지 아니한다. 투자비에 기한 이용료의 증액은, 이것이 사업의 성질상 필요하고 공공자금지원으로 전보되지 아니하는 범위 내에서만(soweit sie nach der Art des Betriebs notwendig sind und nicht durch öffentliche Förderung gedeckt werden) 허용된다.

② 사업자는 소비자에게 계획하는 이용료 증액(die beabsichtigte Erhöhung des Entgelts)을 서면으로 통지해야 하고 이유를 제시해야 한다. 이러한 통지에서 사업자가 이용료 증액을 청구하는 시기가 명시되어야만 한다. 그 이유에서 사업자는 부과금을 기재하여 변경된 산정토대에 의해 비용증가가 발생하는 위치를 지정해야만 하고, 종전의 이용료구성부분을 새롭게 정한 이용료구성부분(die bisherigen Entgeltbestandteile den vorgesehenen neuen Entgeltbestandteilen)과 대비(對比)해야 한다. 소비자는 일러도 상당하게 이유가 제기된 증액청구가 도달한 때로부터 4주 후에(frühestens vier Wochen nach Zugang des hinreichend begründeten Erhöhungsverlangens) 증액된 이용료를 지급할 의무를 부담한다. 소비자는 계산서류에 대해 열람함으로써 사업자의 정보를 점검할 기회를 적시에 제공받아야만 한다.

제10조 채무불이행 또는 불완전이행(Schlechtleistung)

① 사업자가 계약상의 급부의 전부 또는 일부를 제공하지 아니하거나 급부에 사소하지 않은 하자가 있는(weisen sie nicht unerhebliche Mängel auf) 경우에, 소비자는 민사법상 추가적 청구권과 별도로 6개월 전(前)까지 소급하여(bis zu sechs Monate rückwirkend) 약정한 보수의 상당한 감액을 청구할 수 있다.

② 계약기간 동안에 주거공간의 하자가 나타나거나, 어느 조치가 미리 정한 위험으로부터 주거공간을 보호하기 위하여 필요한(wird eine Maßnahme zum Schutz des Wohnraums gegen eine nicht vorhergesehene Gefahr erforderlich) 경우에 소비자는 사업자에게 지체 없이 이를 통지해야 한다.

③ 소비자는, 유책(有責)하게 제2항에 따른 통지를 하지 않음으로 인하여 사업자가 시정할 수 없었던 범위 내에서 제1항에 따른 자신의 감액권을 행사할(sein Kürzungsrecht nach Absatz 1 geltend zu machen) 권리를 갖지 못한다.

④ 사회법전 제11권 제115조 제3항에 따라 동일한 생활사실관계에 기하여(wegen desselben Sachverhalts) 이용료감액(ein Kürzungsbetrag)이 약정되거나 정해진 범위 내에서 제1항은 적용하지 아니한다.

(5) Bei Verbrauchern, denen Hilfe in Einrichtungen nach dem Zwölften Buch Sozialgesetzbuch gewährt wird, steht der Kürzungsbetrag nach Absatz 1 bis zur Höhe der erbrachten Leistungen vorrangig dem Träger der Sozialhilfe zu. Verbrauchern, die Leistungen nach dem Elften Buch Sozialgesetzbuch in Anspruch nehmen, steht der Kürzungsbetrag bis zur Höhe ihres Eigenanteils selbst zu; ein überschießender Betrag ist an die Pflegekasse auszuzahlen. Bei Verbrauchern, die Leistungen nach Teil 2 des Neunten Buches Sozialgesetzbuch in Anspruch nehmen, steht der Kürzungsbetrag nach Absatz 1 bis zur Höhe der erbrachten Leistungen vorrangig dem Träger der Eingliederungshilfe zu.

§ 11 Kündigung durch den Verbraucher

(1) Der Verbraucher kann den Vertrag spätestens am dritten Werktag eines Kalendermonats zum Ablauf desselben Monats schriftlich kündigen. Bei einer Erhöhung des Entgelts ist eine Kündigung jederzeit zu dem Zeitpunkt möglich, zu dem der Unternehmer die Erhöhung des Entgelts verlangt. In den Fällen des § 1 Absatz 2 Satz 1 Nummer 1 und 2 kann der Verbraucher nur alle Verträge einheitlich kündigen. Bei Verträgen im Sinne des § 1 Absatz 2 Satz 2 hat der Verbraucher die Kündigung dann gegenüber allen Unternehmern zu erklären.

(2) Innerhalb von zwei Wochen nach Beginn des Vertragsverhältnisses kann der Verbraucher jederzeit ohne Einhaltung einer Frist kündigen. Wird dem Verbraucher erst nach Beginn des Vertragsverhältnisses eine Ausfertigung des Vertrags ausgehändigt, kann der Verbraucher auch noch bis zum Ablauf von zwei Wochen nach der Aushändigung kündigen.

(3) Der Verbraucher kann den Vertrag aus wichtigem Grund jederzeit ohne Einhaltung einer Kündigungsfrist kündigen, wenn ihm die Fortsetzung des Vertrags bis zum Ablauf der Kündigungsfrist nicht zuzumuten ist.

(4) Die Absätze 2 und 3 sind in den Fällen des § 1 Absatz 2 auf jeden der Verträge gesondert anzuwenden. Kann der Verbraucher hiernach einen Vertrag kündigen, ist er auch zur Kündigung der anderen Verträge berechtigt. Er hat dann die Kündigung einheitlich für alle Verträge und zu demselben Zeitpunkt zu erklären. Bei Verträgen im Sinne des § 1 Absatz 2 Satz 2 hat der Verbraucher die Kündigung gegenüber allen Unternehmern zu erklären.

(5) Kündigt der Unternehmer in den Fällen des § 1 Absatz 2 einen Vertrag, kann der Verbraucher zu demselben Zeitpunkt alle anderen Verträge kündigen. Die Kündigung muss unverzüglich nach Zugang der Kündigungserklärung des Unternehmers erfolgen. Absatz 4 Satz 3 und 4 ist entsprechend anzuwenden.

§ 12 Kündigung durch den Unternehmer

(1) Der Unternehmer kann den Vertrag nur aus wichtigem Grund kündigen. Die Kündigung bedarf der Schriftform und ist zu begründen. Ein wichtiger Grund liegt insbesondere vor, wenn

⑤ 사회법전 제12권에 따라 시설 내 원조를 받는 소비자의 경우에 제1항에 따른 이용료감액이 사회부조담당기관에게 제공된 급부액 이내에서 우선적으로 귀속한다. 사회법전 제11권에 따라 급부를 수급(受給)하는 소비자에게 이용료감액이 청구권에 대한 자신의 지분액 내에서(bis zur Höhe ihres Eigenanteils) 직접 귀속한다; 초과하는 금액은 사회보호조합에 지급해야 한다(ein überschießender Betrag ist an die Pflegekasse auszuzahlen). 사회법전 제9권 제2편에 따라 급부를 수급(受給)하는 소비자의 경우에 제1항에 따른 이용료감액은 사회통합부조담당기관(dem Träger der Eingliederungshilfe)에게 우선적으로 제공된 급부액 내에서(bis zur Höhe der erbrachten Leistungen) 귀속한다.

제11조 소비자의 해지

① 소비자는 늦어도 어느 역월의 세 번째 평일까지(am dritten Werktag eines Kalendermonats zum Ablauf desselben Monats) 해지하는 경우에 같은 달 경과로 해지의 효력이 발생하는 해지를 서면으로 할 수 있다. 이용료의 증액의 경우Bei einer Erhöhung des Entgelts) 사업자가 이용료의 증액을 청구하는 시기에 해지의 효력이 발생하도록 해지가 언제든지 가능하다. 제1조 제2항 제1문 제1호, 제2호의 경우에 소비자는 모든 계약 전부를 해지할 수 있을 뿐이다. 제1항 제2항 제2문상의 계약의 경우에 소비자는 모든 사업자에 대하여 해지의 의사표시를 해야 한다.

② 소비자는 계약관계 개시 후 2주 이내에 해지기간을 두지 않고서(ohne Einhaltung einer Frist) 언제든지 해지할 수 있다. 계약서 정본이 소비자에게 계약관계 개시 후 비로소 교부된 경우에(Wird dem Verbraucher erst nach Beginn des Vertragsverhältnisses eine Ausfertigung des Vertrags ausgehändig), 소비자는 그 교부시로부터 2주가 경과할 때까지도 해지할 수 있다.

③ 해지기간의 경과시까지의 계약 지속을 소비자에게서 기대할 수 없는 경우에는 소비자는 중대한 사유에 기하여 해지기간을 두지 않고서 언제든지(aus wichtigem Grund jederzeit ohne Einhaltung einer Kündigungsfrist) 계약을 해지할 수 있다.

④ 제1조 제2항의 경우에 제2항, 제3항은 각 계약에 대하여 별도로 적용한다. 소비자가 이에 따라 어느 계약을 해지하는 경우에(Kann der Verbraucher hiernach einen Vertrag kündigen), 소비자는 다른 계약도 해지할 권리를 갖는다. 소비자는 모든 계약에 대해 동일한 시기에 해지의 효력이 발생하도록 통일적으로 해지의 의사표시를 해야 한다. 제1조 제2항 제2문상의 계약의 경우에 소비자는 모든 사업자에 대하여 해지의 의사표시를 해야 한다.

⑤ 제1조 제2항의 경우에 사업자가 어느 계약을 해지하는 때에는(Kündigt der Unternehmer in den Fällen des § 1 Absatz 2 einen Vertrag), 소비자는 동일한 시기에 해지의 효력이 발생하도록 다른 모든 계약을 해지할 수 있다. 그 해지는 사업자의 해지의사표시가 도달한 후 지체 없이 행해져야만 한다. 제4항 제3문, 제4문을 준용한다.

제12조 사업자의 해지

① 사업자는 중대한 사유에 기해서만 계약을 해지할 수 있다. 그 해지는 서면방식이 요구되고 이유가 제시되어야 한다. 특히 다음 각 호의 경우에 중대한 사유(Ein wichtiger Grund)가 있는 것이다,

1. der Unternehmer den Betrieb einstellt, wesentlich einschränkt oder in seiner Art verändert und die Fortsetzung des Vertrags für den Unternehmer eine unzumutbare Härte bedeuten würde,
2. der Unternehmer eine fachgerechte Pflege- oder Betreuungsleistung nicht erbringen kann, weil
   a) der Verbraucher eine vom Unternehmer angebotene Anpassung der Leistungen nach § 8 Absatz 1 nicht annimmt oder
   b) der Unternehmer eine Anpassung der Leistungen aufgrund eines Ausschlusses nach § 8 Absatz 4 nicht anbietet

und dem Unternehmer deshalb ein Festhalten an dem Vertrag nicht zumutbar ist,

3. der Verbraucher seine vertraglichen Pflichten schuldhaft so gröblich verletzt, dass dem Unternehmer die Fortsetzung des Vertrags nicht mehr zugemutet werden kann, oder
4. der Verbraucher
   a) für zwei aufeinander folgende Termine mit der Entrichtung des Entgelts oder eines Teils des Entgelts, der das Entgelt für einen Monat übersteigt, im Verzug ist oder
   b) in einem Zeitraum, der sich über mehr als zwei Termine erstreckt, mit der Entrichtung des Entgelts in Höhe eines Betrags in Verzug gekommen ist, der das Entgelt für zwei Monate erreicht.

Eine Kündigung des Vertrags zum Zwecke der Erhöhung des Entgelts ist ausgeschlossen.

(2) Der Unternehmer kann aus dem Grund des Absatzes 1 Satz 3 Nummer 2 Buchstabe a nur kündigen, wenn er zuvor dem Verbraucher gegenüber sein Angebot nach § 8 Absatz 1 Satz 1 unter Bestimmung einer angemessenen Annahmefrist und unter Hinweis auf die beabsichtigte Kündigung erneuert hat und der Kündigungsgrund durch eine Annahme des Verbrauchers im Sinne des § 8 Absatz 1 Satz 2 nicht entfallen ist.

(3) Der Unternehmer kann aus dem Grund des Absatzes 1 Satz 3 Nummer 4 nur kündigen, wenn er zuvor dem Verbraucher unter Hinweis auf die beabsichtigte Kündigung erfolglos eine angemessene Zahlungsfrist gesetzt hat. Ist der Verbraucher in den Fällen des Absatzes 1 Satz 3 Nummer 4 mit der Entrichtung des Entgelts für die Überlassung von Wohnraum in Rückstand geraten, ist die Kündigung ausgeschlossen, wenn der Unternehmer vorher befriedigt wird. Die Kündigung wird unwirksam, wenn der Unternehmer bis zum Ablauf von zwei Monaten nach Eintritt der Rechtshängigkeit des Räumungsanspruchs hinsichtlich des fälligen Entgelts befriedigt wird oder eine öffentliche Stelle sich zur Befriedigung verpflichtet.

(4) In den Fällen des Absatzes 1 Satz 3 Nummer 2 bis 4 kann der Unternehmer den Vertrag ohne Einhaltung einer Frist kündigen. Im Übrigen ist eine Kündigung bis zum dritten Werktag eines Kalendermonats zum Ablauf des nächsten Monats zulässig.

(5) Die Absätze 1 bis 4 sind in den Fällen des § 1 Absatz 2 auf jeden der Verträge gesondert anzuwenden. Der Unternehmer kann in den Fällen des § 1 Absatz 2 einen Vertrag auch dann

1. 사업자가 사업을 중단하거나 중대하게 축소(縮小)하거나 사업의 종류를 변경하고, 계약의 지속이 사업자에 대하여 감당하기 어려운 어려움(eine unzumutbare Härte)을 의미하는 경우,
2. 다음 각 목의 이유로 사업자에게서 계약의 지속을 기대할 수 없어, 사업자가 전문적인 보호서비스 또는 돌봄서비스(fachgerechte Pflege- oder Betreuungsleistung)를 제공할 수 없는 경우,
   a) 소비자가 사업자가 청약한 제8조 제1항에 따른 급부의 조정(eine vom Unternehmer angebotene Anpassung der Leistungen)을 승낙하지 않은 경우,
   b) 사업자가 제8조 제4항에 따른 배제사유에 기하여 급부의 조정(eine Anpassung der Leistungen)을 청약하지 아니한 경우,
3. 소비자가 자신의 계약상 의무(seine vertraglichen Pflichten)를 유책(有責)하게 중대하게 위반하여 사업자에게서 계약의 지속(die Fortsetzung des Vertrags)을 더 이상 기대할 수 없는 경우,
4. 소비자가,
   a) 2기(期) 연속하여 이용료의 지급(für zwei aufeinander folgende Termine mit der Entrichtung des Entgelts)이나 그 이용료가 1개월을 초과하는 이용료 일부의 지급의 지체에 빠진 경우,
   b) 2기(期)을 초과하여 걸친 기간 동안(in einem Zeitraum, der sich über mehr als zwei Termine erstreckt)에 이용료가 2개월치에 달하는 금액에 해당하는 이용료의 지급의 지체에 빠진 경우,

이용료 증액 목적의 계약의 해지는 배제된다.

② 사업자가 적절한 승낙기간을 정해 주고 또 계획하는 해지에 대해 언급하며(unter Bestimmung einer angemessenen Annahmefrist und unter Hinweis auf die beabsichtigte Kündigung) 소비자에 대하여 제8조 제1항 제1문에 따른 자신의 청약을 그 전(前)에 다시 했는데 해지사유가 제8조 제1항 제2문상의 소비자의 승낙으로(durch eine Annahme des Verbrauchers im Sinne des § 8 Absatz 1 Satz 2) 소멸하지 않은 경우에 한하여 사업자는 제1항 제3문 제2호 a목상의 중대한 사유에 기하여 해지할 수 있다.

③ 사업자가 계획하는 해지를 언급하면서 정해 준 적절한 지급기간이 그 전(前)에 무익하게 도과된 경우(wenn er zuvor dem Verbraucher unter Hinweis auf die beabsichtigte Kündigung erfolglos eine angemessene Zahlungsfrist gesetzt hat)에 한하여 사업자는 제1항 제3문 제4호상의 사유에 기하여 해지할 수 있다. 제1항 제3문 제4호의 경우에 소비자가 주거공간의 인도에 대한 이용료의 지체에 빠진 경우에, 사업자가 그 전(前)에 변제를 받은 경우에 해지는 배제된다. 이행기가 도래한 이용료에 대한 퇴거청구권의 소송계속 발생시로부터 2개월이 경과할 때까지 사업자가 변제를 받거나 공공기관 변제 의무를 지는 경우에는 그 해지는 무효이다.

④ 제1항 제3문 제2호 내지 제4호의 경우에 사업자는 해지기간을 두지 않고서(ohne Einhaltung einer Frist) 계약을 해지할 수 있다. 그 밖의 경우에는 어느 역월(曆月)의 세 번째 평일까지 해지는 하는 경우 해지의 효력이 그 다음 역월(曆月) 경과로 발생하도록 해지(解止)가 허용된다.

⑤ 제1조 제2항의 경우에 제1항 내지 제4항은 각 계약에 대하여 각각 적용한다. 제1조 제2항의 경우에 다른 계약이 해지되어 소비자(消費者)의 정당(正當)한 이익(利益)을 고려했을 때 어느 계약의 지속을 사업자에게서 기대할 수 없는 경우에 사업자(事業者)는 그 계약을 해지할 수 있다. 사업

kündigen, wenn ein anderer Vertrag gekündigt wird und ihm deshalb ein Festhalten an dem Vertrag unter Berücksichtigung der berechtigten Interessen des Verbrauchers nicht zumutbar ist. Er kann sein Kündigungsrecht nur unverzüglich nach Kenntnis von der Kündigung des anderen Vertrags ausüben. Dies gilt unabhängig davon, ob die Kündigung des anderen Vertrags durch ihn, einen anderen Unternehmer oder durch den Verbraucher erfolgt ist.

§ 13 Nachweis von Leistungsersatz und Übernahme von Umzugskosten

(1) Hat der Verbraucher nach § 11 Absatz 3 Satz 1 aufgrund eines vom Unternehmer zu vertretenden Kündigungsgrundes gekündigt, ist der Unternehmer dem Verbraucher auf dessen Verlangen zum Nachweis eines angemessenen Leistungsersatzes zu zumutbaren Bedingungen und zur Übernahme der Umzugskosten in angemessenem Umfang verpflichtet. § 115 Absatz 4 des Elften Buches Sozialgesetzbuch bleibt unberührt.

(2) Hat der Unternehmer nach § 12 Absatz 1 Satz 1 aus den Gründen des § 12 Absatz 1 Satz 3 Nummer 1 oder nach § 12 Absatz 5 gekündigt, so hat er dem Verbraucher auf dessen Verlangen einen angemessenen Leistungsersatz zu zumutbaren Bedingungen nachzuweisen. In den Fällen des § 12 Absatz 1 Satz 3 Nummer 1 hat der Unternehmer auch die Kosten des Umzugs in angemessenem Umfang zu tragen.

(3) Der Verbraucher kann den Nachweis eines angemessenen Leistungsersatzes zu zumutbaren Bedingungen nach Absatz 1 auch dann verlangen, wenn er noch nicht gekündigt hat.

(4) Wird in den Fällen des § 1 Absatz 2 ein Vertrag gekündigt, gelten die Absätze 1 bis 3 entsprechend. Der Unternehmer hat die Kosten des Umzugs in angemessenem Umfang nur zu tragen, wenn ein Vertrag über die Überlassung von Wohnraum gekündigt wird. Werden mehrere Verträge gekündigt, kann der Verbraucher den Nachweis eines angemessenen Leistungsersatzes zu zumutbaren Bedingungen und unter der Voraussetzung des Satzes 2 auch die Übernahme der Umzugskosten von jedem Unternehmer fordern, dessen Vertrag gekündigt ist. Die Unternehmer haften als Gesamtschuldner.

§ 14 Sicherheitsleistungen

(1) Der Unternehmer kann von dem Verbraucher Sicherheiten für die Erfüllung seiner Pflichten aus dem Vertrag verlangen, wenn dies im Vertrag vereinbart ist. Die Sicherheiten dürfen das Doppelte des auf einen Monat entfallenden Entgelts nicht übersteigen. Auf Verlangen des Verbrauchers können die Sicherheiten auch durch eine Garantie oder ein sonstiges Zahlungsversprechen eines im Geltungsbereich dieses Gesetzes zum Geschäftsbetrieb befugten Kreditinstituts oder Kreditversicherers oder einer öffentlich-rechtlichen Körperschaft geleistet werden.

자(事業者)는 다른 계약(契約)의 해지에 대해 알게 된 후 지체 없이(nur unverzüglich nach Kenntnis von der Kündigung des anderen Vertrags) 자신의 해지권(解止權)을 행사할 수 있을 뿐이다. 다른 계약의 해지(解止)가 해당 사업자, 다른 사업자(事業者) 또는 소비자(消費者)에 의해(durch ihn, einen anderen Unternehmer oder durch den Verbraucher) 행해졌는지 여부에 상관없이 이를 적용한다.

제13조 급부배상에 대한 증명과 이사비용의 인수

① 소비자가 제11조 제3항 제1문에 따라 사업자에게 책임 있는 해지사유에 기하여(aufgrund eines vom Unternehmer zu vertretenden Kündigungsgrundes) 해지를 한 경우에, 사업자는 소비자에게 소비자의 요구가 있는 경우 합리적 조건에 의한 상당한 급부배상에 대해 통지할(zum Nachweis eines angemessenen Leistungsersatzes zu zumutbaren Bedingungen) 의무를 지고, 또 적절한 범위 내에서 이사비를 부담할 의무를 진다. 사회법전 제11권 제115조 제4항은 영향을 받지 아니한다.

② 사업자가 제12조 제1항 제3문 제1호상의 사유에 기하여 제12조 제1항 제1문에 따라 또는 제2조 제5항에 따라 해지는 한 경우에 사업자는 소비자에게 소비자의 요구가 있는 경우 합리적 조건에 의한 상당한 급부배상을 통지해야(einen angemessenen Leistungsersatz zu zumutbaren Bedingungen nachzuweisen) 한다. 제12조 제1항 제3문 제1호의 경우에 사업자는 적절한 범위의 이사비도 부담해야(auch die Kosten des Umzugs in angemessenem Umfang zu tragen) 한다.

③ 소비자는 자신이 해지를 한 경우에도 제1항에 따른 합리적 조건에 의한 상당한 급부배상에 대한 통지(den Nachweis eines angemessenen Leistungsersatzes zu zumutbaren Bedingungen nach Absatz 1)를 요구할 수 있다.

④ 제1조 제2항의 경우에 계약이 해지된 때에는 제1항을 준용한다. 주거공간의 인도에 관한 계약이 해지된 경우에(wenn ein Vertrag über die Überlassung von Wohnraum gekündigt wird) 한하여 사업자는 적절한 범위의 이사비를 부담해야 한다. 여러 개의 계약이 해지된 경우에 소비자는 그 계약이 해지된 각 사업자에게(von jedem Unternehmer fordern, dessen Vertrag gekündigt ist), 합리적 조건에 의한 상당한 급부배상에 대한 통지(den Nachweis eines angemessenen Leistungsersatzes zu zumutbaren Bedingungen) 를 요구할 수 있고 또 제2문의 요건하에 해지된 이사비를 부담할 것도 요구할 수 있다. 그 사업자들은 연대채무자로서 책임을 진다.

제14조 담보제공

① 사업자는, 이것이 계약으로 합의된 경우에(wenn dies im Vertrag vereinbart ist), 소비자에게 계약상 자신의 의무의 이행에 대한 담보를 요구할 수 있다. 담보제공은 1개월에 배정된 이용료의 두 배를 초과해서는 아니된다. 소비자의 요구가 있는 경우 담보제공은, 이 법률의 적용범위 내에서 영업을 하도록 인가된 금융기관 또는 신용제공사의 보증서 또는 기타 지급약정서(eine Garantie oder ein sonstiges Zahlungsversprechen)나, 공법상 단체(öffentlich-rechtlichen Körperschaft)의 보증서(保證書) 또는 기타 지급약정서(支給約定書)로 이뤄질 수 있다.

(2) In den Fällen des § 1 Absatz 2 gilt Absatz 1 mit der Maßgabe, dass der Unternehmer von dem Verbraucher für die Erfüllung seiner Pflichten aus dem Vertrag nur Sicherheiten verlangen kann, soweit der Vertrag die Überlassung von Wohnraum betrifft.

(3) Ist als Sicherheit eine Geldsumme bereitzustellen, so kann diese in drei gleichen monatlichen Teilleistungen erbracht werden. Die erste Teilleistung ist zu Beginn des Vertragsverhältnisses fällig. Der Unternehmer hat die Geldsumme von seinem Vermögen getrennt für jeden Verbraucher einzeln bei einem Kreditinstitut zu dem für Spareinlagen mit dreimonatiger Kündigungsfrist marktüblichen Zinssatz anzulegen. Die Zinsen stehen, auch soweit ein höherer Zinssatz erzielt wird, dem Verbraucher zu und erhöhen die Sicherheit.

(4) Von Verbrauchern, die Leistungen nach den §§ 42 und 43 des Elften Buches Sozialgesetzbuch in Anspruch nehmen, oder Verbrauchern, denen Hilfe in Einrichtungen nach dem Zwölften Buch Sozialgesetzbuch gewährt wird, kann der Unternehmer keine Sicherheiten nach Absatz 1 verlangen. Von Verbrauchern, die Leistungen nach dem Dritten oder Vierten Kapitel des Zwölften Buches Sozialgesetzbuch erhalten und in einer besonderen Wohnform nach § 42a Absatz 2 Satz 1 Nummer 2 und Satz 3 des Zwölften Buches Sozialgesetzbuch leben, kann der Unternehmer keine Sicherheiten nach Absatz 1 verlangen, wenn das für die Überlassung von Wohnraum geschuldete Entgelt durch Direktzahlung des Sozialhilfeträgers an den Unternehmer geleistet wird. Von Verbrauchern, die Leistungen im Sinne des § 36 Absatz 1 Satz 1 des Elften Buches Sozialgesetzbuch in Anspruch nehmen, kann der Unternehmer nur für die Erfüllung der die Überlassung von Wohnraum betreffenden Pflichten aus dem Vertrag Sicherheiten verlangen.

§ 15 Besondere Bestimmungen bei Bezug von Sozialleistungen

(1) In Verträgen mit Verbrauchern, die Leistungen nach dem Elften Buch Sozialgesetzbuch in Anspruch nehmen, müssen die Vereinbarungen den Regelungen des Siebten und Achten Kapitels des Elften Buches Sozialgesetzbuch sowie den aufgrund des Siebten und Achten Kapitels des Elften Buches Sozialgesetzbuch getroffenen Regelungen entsprechen. Vereinbarungen, die diesen Regelungen nicht entsprechen, sind unwirksam.

(2) In Verträgen mit Verbrauchern, die Leistungen nach dem Zwölften Buch Sozialgesetzbuch in Anspruch nehmen, müssen die Vereinbarungen den aufgrund des Zehnten Kapitels des Zwölften Buches Sozialgesetzbuch getroffenen Regelungen entsprechen. Absatz 1 Satz 2 ist entsprechend anzuwenden.

(3) In Verträgen mit Verbrauchern, die Leistungen nach Teil 2 des Neunten Buches Sozialgesetzbuch in Anspruch nehmen, müssen die Vereinbarungen den aufgrund des Teils 2 Kapitel 8 des Neunten Buches Sozialgesetzbuch getroffenen Regelungen entsprechen. Absatz 1 Satz 2 ist entsprechend anzuwenden.

② 제1조 제2항의 경우에 사업자는, 소비자에게 계약이 주거공간의 인도에 관련된 범위 내에서(soweit der Vertrag die Überlassung von Wohnraum betrifft)만 계약상 자신의 의무 이행에 대한(für die Erfüllung seiner Pflichten) 담보제공을 요구할 수 있다는 기준하에 제1항을 적용한다.

③ 어느 금액이 담보로 제공된 경우에 그 금액은 3개월의 균등(均等)한 일부급부로 제공될 수 있다. 1회 일부급부는 계약의 개시에 이행기가 도래한다(Die erste Teilleistung ist zu Beginn des Vertragsverhältnisses fällig). 사업자는 그 금액을 자신의 재산과 구분하여 각 소비자를 위하여 3개월의 해지기간을 설정한 저축성예금으로 해서 시장이율로(zu dem für Spareinlagen mit dreimonatiger Kündigungsfrist marktüblichen Zinssatz) 금융기관에 개별적으로 예치해야 한다. 보다 높은 이율로 예치되더라도(auch soweit ein höherer Zinssatz erzielt wird) 이자는 소비자에게 귀속되고 담보가 증가한다.

④ 사업자는 사회법전 제11권 제42조, 제43조에 따라 급부를 수급(受給)하는 소비자 또는 사회법전 제12권에 따라 시설 내 원조를 받는 소비자에게는 제1항에 따른 담보를 요구할 수 없다. 주거공간의 인도에 대하여 지급해야 할 이용료가 사회부조담당기관의 사업자에 대한 직접지급에 의해 이행된 경우에는(wenn das für die Überlassung von Wohnraum geschuldete Entgelt durch Direktzahlung des Sozialhilfeträgers an den Unternehmer geleistet wird) 사업자는, 사회법전 제12권 제3장 또는 제4장에 따라 급부를 수령하고 사회법전 제12권 제42조a 제2항 제1문 제2호, 제3문에 따라 특별한 거주형태로 사는(die Leistungen nach dem Dritten oder Vierten Kapitel des Zwölften Buches Sozialgesetzbuch erhalten und in einer besonderen Wohnform nach § 42a Absatz 2 Satz 1 Nummer 2 und Satz 3 des Zwölften Buches Sozialgesetzbuch leben) 소비자에게 제1항에 따른 담보를 요구할 수 없다. 사업자는 사회법전 제11권 제36조 제1항 제1문상의 급부를 수급하는 소비자에게 주거공간의 인도에 관련된 계약상의 의무의 이행을 위해서만(nur für die Erfüllung der die Überlassung von Wohnraum betreffenden Pflichten aus dem Vertrag) 담보를 요구할 수 있다.

제15조 사회급부의 수령시 특칙

① 사회법전 제11권에 따라 급부를 수급하는 소비자와의 계약에서(In Verträgen mit Verbrauchern, die Leistungen nach dem Elften Buch Sozialgesetzbuch in Anspruch nehmen) 그 약정은 사회법전 제11권 제7장 및 제8장의 규율과 사회법전 제11권 제7장 및 제8장의 규율에 기하여 제정된 규정(den aufgrund des Siebten und Achten Kapitels des Elften Buches Sozialgesetzbuch getroffenen Regelungen)에 부합해야만 한다. 이러한 규정에 부합하지 않는 약정은 무효이다.

② 사회법전 제12권에 따라 급부를 수급하는 소비자와의 계약에서(In Verträgen mit Verbrauchern, die Leistungen nach dem Zwölften Buch Sozialgesetzbuch in Anspruch nehmen), 그 약정(約定)은 사회법전 제12권의 제10장에 근거하여 제정된 규정과 부합(符合)해야만 한다. 제1항 제2문을 준용한다.

③ 사회법전 제9권에 따라 급부를 수급하는 소비자와의 계약에서(In Verträgen mit Verbrauchern, die Leistungen nach Teil 2 des Neunten Buches Sozialgesetzbuch in Anspruch nehmen), 그 약정은 사회법전 제2편 제8장에 근거하여 제정된 규정(規定)에 부합해야만 한다. 제1항 제2문을 준용한다.

§ 16 Unwirksamkeit abweichender Vereinbarungen

Von den Vorschriften dieses Gesetzes zum Nachteil des Verbrauchers abweichende Vereinbarungen sind unwirksam.

§ 17 Übergangsvorschriften

(1) Auf Heimverträge im Sinne des § 5 Absatz 1 Satz 1 des Heimgesetzes, die vor dem 1. Oktober 2009 geschlossenen worden sind, sind bis zum 30. April 2010 die §§ 5 bis 9 und 14 Absatz 2 Nummer 4, Absatz 4, 7 und 8 des Heimgesetzes in ihrer bis zum 30. September 2009 geltenden Fassung anzuwenden. Ab dem 1. Mai 2010 richten sich die Rechte und Pflichten aus den in Satz 1 genannten Verträgen nach diesem Gesetz. Der Unternehmer hat den Verbraucher vor der erforderlichen schriftlichen Anpassung eines Vertrags in entsprechender Anwendung des § 3 zu informieren.

(2) Auf die bis zum 30. September 2009 geschlossenen Verträge, die keine Heimverträge im Sinne des § 5 Absatz 1 Satz 1 des Heimgesetzes sind, ist dieses Gesetz nicht anzuwenden.

(3) § 6 Absatz 3 Nummer 4 gilt nur für nach dem 31. März 2016 geschlossene Verträge.

제16조 다른 내용의 약정의 무효

소비자의 불이익으로(zum Nachteil des Verbrauchers) 본 법률의 규정과 다르게 한 약정은 무효(無效)이다.

제17조 경과규정

① 요양원법 제5조 제1항 제1문상의 요양계약으로, 2009년 10월 1일 전에 체결된 요양계약에 대하여 2020년 4월 30일까지 2009년 9월 30일까지 적용된 법률형식의 요양원법(des Heimgesetzes in ihrer bis zum 30. September 2009 geltenden Fassung) 제5조 내지 제9조, 제14조 제2항 제4호, 제4항, 제7항, 제8항을 적용한다. 2020년 5월 1일부터 제1문상의 계약상의 권리의무(die Rechte und Pflichten aus den in Satz 1 genannten Verträgen) 는 본 법률에 따라 정해진다. 사업자는 소비자에게 계약의 필요한 서면 조정 전에(vor der erforderlichen schriftlichen Anpassung eines Vertrags) 제3조의 준용에 의하여(in entsprechender Anwendung des § 3) 정보를 제공해야 한다.

② 2009년 9월 30일까지 체결된 계약으로, 요양원법 제5조 제1항 제1문상의 요양계약이 아닌 계약에 대하여 본 법률을 적용하지 아니한다.

③ 2016년 3월 31일 후에 체결된 계약에 대하여만 제6조 제3항 제4호를 적용한다.

원격강습(遠隔講習) 참가자(Teilnehmer)의 보호에 관한 법률

(원격강습법, BGBl. I S. 626)

Gesetz zum Schutz der Teilnehmer am Fernunterricht

(Fernunterrichtsschutzgesetz - FernUSG)

Gesetz zum Schutz der Teilnehmer am Fernunterricht (Fernunterrichtsschutzgesetz - FernUSG)

https://www.gesetze-im-internet.de/fernusg/BJNR025250976.html

§ 1 Anwendungsbereich

(1) Fernunterricht im Sinne dieses Gesetzes ist die auf vertraglicher Grundlage erfolgende, entgeltliche Vermittlung von Kenntnissen und Fähigkeiten, bei der

1. der Lehrende und der Lernende ausschließlich oder überwiegend räumlich getrennt sind und
2. der Lehrende oder sein Beauftragter den Lernerfolg überwachen.

(2) Dieses Gesetz findet auch auf unentgeltlichen Fernunterricht Anwendung, soweit dies ausdrücklich vorgesehen ist.

1. Abschnitt Fernunterrichtsvertrag

§ 2 Rechte und Pflichten der Vertragschließenden

(1) Durch den Fernunterrichtsvertrag verpflichtet sich der Veranstalter von Fernunterricht (Veranstalter), das Fernlehrmaterial einschließlich der vorgesehenen Arbeitsmittel in den vereinbarten Zeitabständen zu liefern, den Lernerfolg zu überwachen, insbesondere die eingesandten Arbeiten innerhalb angemessener Zeit sorgfältig zu korrigieren, und dem Teilnehmer am Fernunterricht (Teilnehmer) diejenigen Anleitungen zu geben, die er erkennbar benötigt.

(2) Der Teilnehmer ist verpflichtet, die vereinbarte Vergütung zu leisten. Die Vergütung ist in Teilleistungen jeweils für einen Zeitabschnitt von höchstens drei Monaten zu entrichten. Die einzelnen Teilleistungen dürfen den Teil der Vergütung nicht übersteigen, der im Verhältnis zur voraussichtlichen Dauer des Fernlehrgangs auf den Zeitabschnitt entfällt, für den die Teilleistung zu entrichten ist. Höhere Teilleistungen sowie Vorauszahlungen dürfen weder vereinbart noch gefordert werden.

(3) Von den Vorschriften des Absatzes 2 Satz 2 bis 4 kann abgewichen werden, soweit die Vergütung auf die Lieferung einer beweglichen Sache entfällt, die nicht Teil des schriftlichen oder audiovisuellen Fernlehrmaterials ist. Von den Vorschriften des Absatzes 2 Satz 3 kann abgewichen werden, soweit die Vertragsparteien vereinbart haben, dass auf Verlangen des Teilnehmers das Fernlehrmaterial in kürzeren oder längeren als den vereinbarten Zeitabständen zu liefern ist, der Teilnehmer die Lieferung in anderen als den vereinbarten Zeitabständen verlangt und die Änderung der Teilleistungen wegen der Änderung der Zeitabstände angemessen ist.

(4) Außer der vereinbarten Vergütung darf für Tätigkeiten, die mit dem Abschluss des

원격강습(遠隔講習) 참가자(Teilnehmer)의 보호에 관한 법률 (원격강습법, BGBl. I S. 626)

법률공포일: 1976년 8월 24일

최근 법률개정일: 2017년 3월 29일(BGBl. I S. 626)

제1조 적용범위

① 이 법상의 원격강습은 계약에 근거하여 다음과 같이 행해지는 지식(Kenntnissen) 및 기능(技能; Fähigkeiten)의 유상전수(有償傳授; entgeltliche Vermittlung)을 말한다,

1. 강사와 수강생(der Lehrende und der Lernende)이 전적으로 또는 주로 공간적으로 분리(分離)되고,
2. 강사 또는 그의 대리인이 학습성과(Lernerfolg)를 감독할 것.

② 그것이 명시적으로 규정되어 있는 범위 내에서 이 법은 무상의 원격강습에도 적용한다.

제1장 원격강습계약

제2조 계약당사자의 권리의무

① 원격강습계약에 의하여 원격강습주최자('강습주최자'; Veranstalter)는 정해진 학습장비를 포함하여 원격학습자료(Fernlehrmaterial)를 약정한 시간간격(Zeitabständen)으로 제공할 의무가 있고, 학습성과(Lernerfolg)를 감독할 의무가 있으며, 특히 전송한 작업(die eingesandten Arbeiten)을 적절한 시간 내에 주의 깊게 바로잡을 의무가 있으며, 또 원격강습참가자('강습참가자'; Teilnehmer)에게 그가 분명하게(erkennbar) 요구하는 그런 지도(指導; Anleitungen)를 행할 의무가 있다.

② 강습참가자는 약정한 보수(報酬)를 지급할 의무가 있다. 그 보수는 최대 3개월의 단위기간(Zeitabschnitt)에 대하여 각각 분할급부로 지급되어야 한다. 각 분할급부(Die einzelnen Teilleistungen)는, 그 분할급부가 지급되어야 하는 단위기간에 대한 예정된 원격학습과정기간의 비율로 하여 나눠 산정된 부분보수(Teil der Vergütung)를 초과해서는 안 된다. 더 많은 부분보수(Höhere Teilleistungen)와 선급(先給; Vorauszahlungen)은 약정할 수도 청구될 수도 없다.

③ 원격학습자료서류 또는 시청각 원격학습자료의 일부(Teil des schriftlichen oder audiovisuellen Fernlehrmaterials)가 아닌 '동산의 공급'(Lieferung einer beweglichen Sache)에 보수(일부)가 배정된 범위 내에서 제2항 제2문 내지 제4문의 규정과 달리 약정될 수 있다. 계약당사자들이, 강습참가자의 요구에 따라(auf Verlangen des Teilnehmers) 원격학습자료가 약정한 시간간격보다 단기 또는 장기의 간격으로(in kürzeren oder längeren als den vereinbarten Zeitabständen) 제공되는 것으로 합의하고, 강습참가자가 약정한 시간간격 이외의 시간간격으로(in anderen als den vereinbarten Zeitabständen) 그 공급을 요구하고 시간간격의 변경으로 인한 분할급부의 변경(Änderung der Teilleistungen)이 적절한 경우에는 제2항 제3문의 규정과 달리 약정될 수 있다.

④ 원격강습계약의 체결에 관련된 활동에 대하여 또 제공될 수 있는 부가급부에 대하여 약정한

Fernunterrichtsvertrags zusammenhängen, sowie für etwaige Nebenleistungen eine Vergütung irgendwelcher Art weder vereinbart noch gefordert oder angenommen werden. Dies gilt auch für Einschreibegebühren, Provisionen und Auslagenerstattungen.

(5) Unwirksam sind Vereinbarungen zu Lasten des Teilnehmers über

1. Vertragsstrafen,
2. die Festsetzung der Höhe eines Schadensersatzes in Pauschbeträgen,
3. den Ausschluss oder die Beschränkung von Schadensersatzansprüchen,
4. den Verzicht des Teilnehmers auf das Recht, im Falle der Abtretung der Ansprüche des Veranstalters an einen Dritten Einwendungen, die zur Zeit der Abtretung der Forderung gegen den Veranstalter begründet waren, dem neuen Gläubiger entgegenzusetzen.

Ebenfalls unwirksam ist eine Vereinbarung, durch die sich der Teilnehmer im Zusammenhang mit dem Abschluss des Fernunterrichtsvertrags verpflichtet, Waren zu erwerben oder den Gebrauch von Sachen oder Dienst- oder Werkleistungen in Anspruch zu nehmen, deren Erwerb oder deren Inanspruchnahme nicht den Zielen des Fernunterrichtsvertrags dient.

§ 3 Form und Inhalt des Fernunterrichtsvertrags

(1) Die auf den Vertragsschluss gerichtete Willenserklärung des Teilnehmers bedarf der schriftlichen Form.

(2) Bei einem Fernunterrichtsvertrag, der weder ein außerhalb von Geschäftsräumen geschlossener Vertrag nach § 312b des Bürgerlichen Gesetzbuchs noch ein Fernabsatzvertrag nach § 312c des Bürgerlichen Gesetzbuchs ist, gelten die Informationspflichten des § 312d Absatz 1 des Bürgerlichen Gesetzbuchs in Verbindung mit Artikel 246a des Einführungsgesetzes zum Bürgerlichen Gesetzbuche entsprechend.

(3) Bei einem Fernunterrichtsvertrag gehören zu den wesentlichen Eigenschaften, über die der Unternehmer den Verbraucher nach Artikel 246a § 1 Absatz 1 Satz 1 Nummer 1 des Einführungsgesetzes zum Bürgerlichen Gesetzbuche zu informieren hat, in der Regel insbesondere

1. die Art und Geltung des Lehrgangsabschlusses,
2. Ort, Dauer und Häufigkeit des begleitenden Unterrichts,
3. Angaben über die vereinbarten Zeitabstände für die Lieferung des Fernlehrmaterials,
4. wenn der Fernunterrichtsvertrag die Vorbereitung auf eine öffentlich-rechtliche oder sonstige externe Prüfung umfasst, auch die Angaben zu Zulassungsvoraussetzungen.

§ 4 Widerrufsrecht des Teilnehmers

Bei einem Fernunterrichtsvertrag nach § 3 Absatz 2 steht dem Teilnehmer ein Widerrufsrecht nach § 355 des Bürgerlichen Gesetzbuchs zu. Die §§ 356 und 357 des Bürgerlichen Gesetzbuchs sind entsprechend anzuwenden. Für finanzierte Fernunterrichtsverträge ist § 358 des Bürgerlichen

보수 이외의 어떤 종류의 보수(eine Vergütung irgendwelcher Art)도, 약정(約定)될 수도 청구(請求)될 수도 받을 수도 없다. 등록금(登錄金; Einschreibegebühren), 수수료(手數料; Provisionen) 및 경비상환(經費償還; Auslagenerstattungen)에 대하여도 또한 같다.

⑤ 다음 각 호에 관련하여 강습참가자에게 불리한(zu Lasten des Teilnehmers) 약정은 무효이다,

1. 위약금(Vertragsstrafen),
2. 일시불(in Pauschbeträgen)의 손해배상액의 약정(die Festsetzung),
3. 손해배상청구권의 배제 또는 제한,
4. 제3자에 대한 강습주최자의 채권의 양도의 경우에 있어, 채권양도 당시에 강습주최자에 대해 성립했던(die zur Zeit der Abtretung der Forderung gegen den Veranstalter begründet waren) 항변을 채권양수인(neuen Gläubiger)에게 제기할 수 있는 강습참가자의 권리의 포기.

강습참가자가, 원격강습계약의 체결에 관련하여(im Zusammenhang mit dem Abschluss des Fernunterrichtsvertrags) 물품을 취득할 의무를 부담하게 하거나 물건을 이용할 의무 또는 용역급부 또는 도급급부를 이용할 의무를 부담하게 하는 약정으로, 그 취득 또는 이용이 원격강습계약의 목적에 도움이 되지 않는 약정도 무효이다.

제3조 원격강습계약의 형식과 내용

① 계약체결을 위한 강습참가자의 의사표시(Willenserklärung)는 서면형식(der schriftlichen Form)이 요구된다.

② 민법전 제312조b에 따라 영업장 이외의 곳에서 체결(締結)된 계약(契約)(ein außerhalb von Geschäftsräumen geschlossener Vertrag)도 동법 제312조c에 따라 통신판매계약(通信販賣契約; Fernabsatzvertrag)도 아닌 원격강습계약(遠隔講習契約; Fernunterrichtsvertrag)의 경우에 민법전시행법(Einführungsgesetzes zum Bürgerlichen Gesetzbuche) 제246항목a과 연결된 민법전 제312조d 제1항의 정보제공의무(Informationspflichten)를 준용(準用)한다.

③ 원격강습계약의 경우 통상적으로 특히 다음 각 호 사항(in der Regel insbesondere)이, 사업자가 소비자에게 민법전시행법(Einführungsgesetzes zum Bürgerlichen Gesetzbuche) 제246항목a 제1항 제1문 제1호에 따라 정보를 제공해야 하는 중요한 특성(wesentlichen Eigenschaften)에 속한다,

1. 학습과정 수료(修了)(Lehrgangsabschlusses)의 종류 및 효력,
2. 함께 진행되는 강습의 장소, 기간 및 빈도,
3. 원격학습자료의 제공에 대한 약정한 시간간격(die vereinbarten Zeitabstände)에 관한 사항,
4. 원격강습계약이 공법상 또는 그 밖의 외부시험(eine öffentlich-rechtliche oder sonstige externe Prüfung)에 대한 준비를 포함하는 경우 그 허가요건(Zulassungsvoraussetzungen)에 관한 사항.

제4조 강습참가자의 철회권

제3조 제2항에 따른 원격강습계약의 경우에(Bei einem Fernunterrichtsvertrag) 민법전 제355조에 따른 철회권(ein Widerrufsrecht nach § 355 des Bürgerlichen Gesetzbuchs)이 강습참가자에게 귀속(歸屬)된다. 민법전 제356조, 제357조를 준용(準用)한다. 자금지원을 받은 원격강습계약(遠隔講習契

Gesetzbuchs entsprechend anzuwenden.

§ 5 Kündigung

(1) Der Teilnehmer kann den Fernunterrichtsvertrag ohne Angabe von Gründen erstmals zum Ablauf des ersten Halbjahres nach Vertragsschluss mit einer Frist von sechs Wochen, nach Ablauf des ersten Halbjahres jederzeit mit einer Frist von drei Monaten kündigen. Das Recht des Veranstalters und des Teilnehmers, den Vertrag aus wichtigem Grund zu kündigen, bleibt unberührt.

(2) Die Kündigung bedarf der schriftlichen Form.

(3) Im Falle der Kündigung hat der Teilnehmer nur den Anteil der Vergütung zu entrichten, der dem Wert der Leistungen des Veranstalters während der Laufzeit des Vertrags entspricht.

§ 6 Rechtsfolgen der Kündigung bei gemischten Verträgen

(1) Hat der Fernunterrichtsvertrag die Lieferung einer beweglichen Sache zum Gegenstand, die nicht Teil des schriftlichen oder audiovisuellen Fernlehrmaterials ist, so wird dieser Teil des Vertrags durch die Kündigung des Fernunterrichtsvertrags nicht berührt. Hat der Teilnehmer die Kündigung des Vertrags erklärt, so kann er jedoch innerhalb von zwei Wochen, nachdem die Kündigung wirksam geworden ist, durch schriftliche Erklärung gegenüber dem Veranstalter von diesem Teil des Vertrags zurücktreten, sofern die Lieferung der Sache infolge der Kündigung des Fernunterrichtsvertrags für ihn kein Interesse mehr hat. Zur Wahrung der Frist genügt die rechtzeitige Absendung der Rücktrittserklärung.

(2) Der Lauf der Frist beginnt erst, wenn der Veranstalter nach Zugang der Kündigungserklärung den Teilnehmer schriftlich auf das Rücktrittsrechts nach Absatz 1 hingewiesen hat. Ist streitig, ob oder zu welchem Zeitpunkt der Teilnehmer auf das Rücktrittsrecht hingewiesen worden ist, so trifft die Beweislast den Veranstalter. Unterbleibt der Hinweis, so erlischt das Rücktrittsrecht zu dem Zeitpunkt, zu dem der Veranstalter die Sache geliefert und der Teilnehmer den auf die Lieferung der Sache entfallenden Teil der Vergütung vollständig entrichtet hat.

(3) Auf das Rücktrittsrecht finden die §§ 346 bis 348 und 351 des Bürgerlichen Gesetzbuchs entsprechende Anwendung.

(4) Das Recht einer Vertragspartei, von dem Teil des Vertrags, der die Lieferung der Sache zum Gegenstand hat, wegen Nichterfüllung der der anderen Vertragspartei obliegenden Verpflichtungen zurückzutreten oder die Rückgängigmachung des Vertrags zu verlangen, bleibt unberührt. Für den Rücktritt des Veranstalters gelten die §§ 498 und 508 des Bürgerlichen Gesetzbuchs entsprechend.

§ 7 Nichtigkeit; Recht zur fristlosen Kündigung

(1) Ein Fernunterrichtsvertrag, der von einem Veranstalter ohne die nach § 12 Abs. 1 erforderliche Zulassung des Fernlehrgangs geschlossen wird, ist nichtig.

約)에 대하여(Für finanzierte Fernunterrichtsverträge) 민법전 제358조를 준용한다.

제5조 해지

① 강습참가자는 6주간의 해지기간을 두고서 계약체결시로부터 첫 반년(半年)이 경과시에 비로소 효력이 발생하도록, 첫 반년 경과 후에는 3개월의 해지기간을 두고서 언제든지 해지의 효력이 발생하도록(nach Ablauf des ersten Halbjahres jederzeit mit einer Frist von drei Monaten), 그 사유의 제시 없이도 원격강습계약을 해지할 수 있다. 강습주최자와 강습참가자의 중대한 사유에 기한 계약을 해지할 수 있는 권리는 영향을 받지 아니한다.

② 해지는 서면형식이 요구된다.

③ 해지가 행해진 경우에 강습참가자는 계약기간 중에(während der Laufzeit des Vertrags) 강습주최자가 제공한 급부의 가치에 상응하는 보수부분만을 지급해야 한다.

제6조 혼합계약시의 해지의 법률효과

① 원격강습계약이 서면 원격학습자료 또는 시청각 원격학습자료의 일부(Teil des schriftlichen oder audiovisuellen Fernlehrmaterials)가 아닌 동산의 공급도 그 내용으로 하는 경우에 원격강습계약의 해지에 의하여 그 계약의 이러한 부분(dieser Teil des Vertrags)은 영향을 받지 아니한다. 그럼에도 강습참가자가 계약 해지의 의사를 표시한 경우에 그는, 원격강습계약의 해지로 인하여 물건의 공급(Lieferung der Sache)이 그에게 더 이상 아무런 이익이 되지 않게 되는 한, 그 해지가 유효하게 이뤄진 때로부터 2주 이내에만 강습주최자에 대한 서면의 의사표시로 그 계약의 이러한 부분을(von diesem Teil des Vertrags) 해제(解除)할 수 있다. 기간 준수하는 데에 해제의 적시의 의사표시의 발송(rechtzeitige Absendung der Rücktrittserklärung)으로 족하다.

② 강습주최자가 해지(解止)의 의사표시가 도달한 후 강습참가자에게 서면으로 제1항에 따른 해제권에 관하여 언급한 때에 비로소 그 기간 경과가 개시된다. 강습참가자에게 해제권에 관하여 언급했는지 여부, 언제 언급했는지에 관하여 다툼이 있는 경우에 강습주최자가 그에 대한 증명책임을 부담한다(trifft die Beweislast den Veranstalter). 그 언급(言及)이 없는 경우에(Unterbleibt der Hinweis) 강습주최자가 물건을 공급하고 강습참가자가 물건의 공급에 배정된 부분보수를 전액 지급한 시기에 해제권(解除權)이 소멸(消滅)한다.

③ 해제권(解除權)에 대하여 민법전 제356조 내지 제348조, 제351조를 준용한다.

④ 계약 상대방이 부담하는 의무의 불이행으로 인하여(wegen Nichterfüllung der der anderen Vertragspartei obliegenden Verpflichtungen) 물건의 공급을 내용으로 하는 계약 부분을 해제하거나 해당 계약의 해제를 청구할 수 있는 계약당사자의 권리(權利)는 영향을 받지 아니한다. 강습주최자의 해제(解除)에 대하여는(Für den Rücktritt des Veranstalters) 민법전 제498조, 제508조를 준용한다.

제7조 무효; 즉시해지권

① 제12조에 따라 원격학습과정(Fernlehrgang)에 대한 필요한 허가(許可)를 받지 아니하고 강습주최자가 체결한 원격강습계약은 무효(無效)이다.

(2) Ist nach Vertragsschluss die Zulassung erloschen, widerrufen oder zurückgenommen worden, so kann der Teilnehmer den Fernunterrichtsvertrag ohne Einhaltung einer Kündigungsfrist kündigen. Die Kündigung muss innerhalb von zwei Wochen erfolgen. Der Lauf der Frist beginnt erst, wenn der Veranstalter dem Teilnehmer eine schriftliche Belehrung über das Recht des Teilnehmers zur fristlosen Kündigung des Vertrags und über das Erlöschen, den Widerruf oder die Rücknahme der Zulassung ausgehändigt hat. Zur Wahrung der Frist genügt die rechtzeitige Absendung der Kündigungserklärung. Ist streitig, ob oder zu welchem Zeitpunkt die Belehrung dem Teilnehmer ausgehändigt worden ist, so trifft die Beweislast den Veranstalter. Der Veranstalter hat die Belehrung nach dem Erlöschen, dem Widerruf oder der Rücknahme der Zulassung unverzüglich dem Teilnehmer auszuhändigen.
(3) Im Falle der Kündigung nach Absatz 2 finden § 5 Abs. 2 und 3 und § 6 entsprechende Anwendung.

§ 8 Umgehungsverbot
Die §§ 2 bis 7 finden auf Verträge, die darauf abzielen, die Zwecke eines Fernunterrichtsvertrags (§ 2) in einer anderen Rechtsform zu erreichen, entsprechende Anwendung.

§ 9 Widerrufsfrist bei Fernunterricht gegen Teilzahlungen
Wird der Fernunterricht gegen Teilzahlungen erbracht, bestimmt sich die Widerrufsfrist nach § 356b des Bürgerlichen Gesetzbuchs.

§ 10 Ausschluss abweichender Vereinbarungen
Von den §§ 2 bis 9 kann nicht zum Nachteil des Teilnehmers abgewichen werden.

§ 11 (weggefallen)

2. Abschnitt Veranstaltung von Fernunterricht

§ 12 Zulassung von Fernlehrgängen
(1) Fernlehrgänge bedürfen der Zulassung. Das gleiche gilt für wesentliche Änderungen zugelassener Fernlehrgänge. Keiner Zulassung bedürfen Fernlehrgänge, die nach Inhalt und Ziel ausschließlich der Freizeitgestaltung oder der Unterhaltung dienen. Der Vertrieb von Fernlehrgängen nach Satz 3 ist der zuständigen Behörde anzuzeigen.
(2) Die Zulassung eines Fernlehrgangs ist außer in den in § 13 Abs. 1 genannten Fällen insbesondere zu versagen, wenn

1. der Fernlehrgang nicht zur Erreichung des vom Veranstalter angegebenen Lehrgangsziels geeignet ist oder
2. Inhalt oder Zielsetzung des Fernlehrgangs gegen die öffentliche Sicherheit oder Ordnung

② 계약체결 후 그 허가가 소멸하거나 철회되거나 취소된 경우에는 강습참가자는 해지기간을 지키지 않더라도(ohne Einhaltung einer Kündigungsfrist) 원격강습계약(Fernunterrichtsvertrag)을 해지할 수 있다. 그 해지는 2주 이내에 행해져야만 한다. 강습주최자가 강습참가자에게 강습참가자의 즉시해지권(das Recht des Teilnehmers zur fristlosen Kündigung des Vertrags)과 허가의 소멸, 철회 또는 취소(das Erlöschen, den Widerruf oder die Rücknahme der Zulassung)에 관한 서면통지서를 교부한 때에 비로소 그 기간의 경과가 개시된다. 그 기간을 준수하는 데에(Zur Wahrung der Frist) 해지의사표시의 적시의 발송(rechtzeitige Absendung der Kündigungserklärung)으로 족하다. 그 통지서가 강습참가자에게 교부되었는지, 언제 교부되었는지가 다퉈지는 경우에는 강습주최자가 이에 대해 증명책임(die Beweislast)을 부담한다. 강습주최자는 허가의 소멸, 철회 또는 취소 후 지체 없이 강습참가자에게 그 통지서(die Belehrung)를 교부해야 한다.

③ 제2항에 따라 해지를 행한 경우(Im Falle der Kündigung nach Absatz 2) 제5조 제2항, 제3항, 제6조를 준용한다.

제8조 탈법행위금지

제2조 내지 제7조는 다른 법형식으로(in einer anderen Rechtsform) 원격강습계약(제2조)의 목적(die Zwecke eines Fernunterrichtsvertrags)을 달성(達成)하려는 계약(契約)에 대해 준용(準用)한다.

제9조 분할지급을 받는 원격강습에서의 철회기간

분할지급을 받는 원격강습(der Fernunterricht gegen Teilzahlungen)이 제공된 경우에 철회기간은 민법전 제356조b에 따라 정해진다.

제10조 다른 약정의 체결

강습참가자의 불이익으로\제2조 내지 제9조와 다르게 약정할 수 없다.

제11조 삭제

제2장 강습의 시행

제12조 원격학습과정의 허가

① 원격학습과정은 허가를 요한다. 허가된 원격학습과정의 중요한 변경(wesentliche Änderungen)에 대해서도 또한 같다. 내용과 목적에 의할 때 전적으로 여가활동(Freizeitgestaltung) 또는 오락활동(Unterhaltung)을 위한 원격학습과정은 허가를 요하지 아니한다. 제3문에 따른 원격학습과정의 판매(Der Vertrieb)는 관할 관청(der zuständigen Behörde)에 신고해야 한다.

② 다음 각 호의 경우에 원격학습과정의 허가는 제13조 제1항상의 경우 이외의 경우에는 거부되어야 한다,

1. 원격학습과정이 강습주최자가 명시한 학습과정목표의 달성에 부적합한(zur Erreichung des vom Veranstalter angegebenen Lehrgangsziels geeignet) 경우,
2. 학습과정의 내용 또는 목적이 공공의 안전 또는 질서에(gegen die öffentliche Sicherheit oder

verstoßen oder

3. der Veranstalter nicht den Nachweis erbringt, dass eine vollständige, zutreffende und den gesetzlichen Bestimmungen entsprechende Unterrichtung des Teilnehmers (§ 16) rechtzeitig vor Abgabe des Vertragsangebots vorgesehen ist, oder
4. die Ausgestaltung der vom Veranstalter vorgesehenen Vertragsbedingungen den gesetzlichen Anforderungen nicht entspricht.

Das Landesrecht kann weitere Versagungsgründe vorsehen und die näheren Einzelheiten über Inhalt und Umfang der Versagungsgründe nach Satz 1 bestimmen.

(3) Ein Fernlehrgang, dessen Lehrmaterial noch nicht vollständig vorliegt, soll vorläufig zugelassen werden, wenn

1. eine auf das Lehrgangsziel hinführende Lehrgangsplanung abgeschlossen ist,
2. die fertiggestellten Teile des Fernlehrgangs die Annahme rechtfertigen, dass nach Fertigstellung des Fernlehrgangs keine Versagungsgründe nach Absatz 2 Satz 1 Nr. 1 und 2, nach Landesrecht (Absatz 2 Satz 2) und nach § 13 Abs. 1 vorliegen werden,
3. der Veranstalter auf Grund seiner bisherigen Tätigkeit als Veranstalter oder auf Grund einer anderen Tätigkeit Gewähr dafür bietet, dass das Fernlehrmaterial den gesetzlichen Anforderungen entsprechend innerhalb angemessener Zeit fertiggestellt sein wird, und
4. keine Versagungsgründe nach Absatz 2 Satz 1 Nr. 3 und 4 vorliegen.

Die vorläufige Zulassung wird unter der Bedingung erteilt, dass das restliche Fernlehrmaterial innerhalb zu bestimmender Fristen vorgelegt wird; die Fristen sind so zu bestimmen, dass eine ordnungsgemäße Durchführung des Fernlehrgangs gewährleistet ist.

(4) Die Zulassung kann befristet, unter Bedingungen erteilt und mit Auflagen verbunden werden, die dem Schutz des Teilnehmers und der ordnungsgemäßen Durchführung dieses Gesetzes durch die zuständige Behörde dienen. Nachträgliche Auflagen sind zulässig. Änderungen der tatsächlichen Umstände, die für die Zulassung maßgebend sind, hat der Veranstalter unverzüglich mitzuteilen.

§ 12a Einheitliche Stelle, Genehmigungsfiktion

(1) Die Verfahren nach § 12 Absatz 1 können über eine einheitliche Stelle abgewickelt werden.

(2) Hat die zuständige Behörde nicht innerhalb einer Frist von drei Monaten entschieden, gilt die Zulassung als erteilt.

§ 13 Zulassung berufsbildender Fernlehrgänge

(1) Bei berufsbildenden Fernlehrgängen ist außer in den in § 12 Abs. 2 Satz 1 genannten Fällen die Zulassung nur zu versagen, wenn der Fernlehrgang nach Inhalt, Dauer oder Ziel und nach der Art seiner Durchführung mit den Zielen der beruflichen Bildung nach dem Berufsbildungsgesetz

Ordnung) 위반되는 경우,

3. 강습주최자가 법률 규정에 따른, 강습참가자에 대한 완전하고 정확한 정보제공(Unterrichtung)(제16조)이 계약청약을 하기 전(前)의 적시에 이뤄졌다는 증거를 제출하지 못한 경우,
4. 강습주최자가 정한 계약조건의 구성(Ausgestaltung der vom Veranstalter vorgesehenen Vertragsbedingungen)이 법률상 요구사항에 부합하지 않은 경우.

주법으로 추가적인 거부사유(weitere Versagungsgründe)를 규정할 수 있고 제1문에 따른 거부사유의 내용(內容) 및 범위(範圍)에 관한 세부사항(die näheren Einzelheiten)을 정할 수 있다.

③ 다음 각 호를 모두 갖춘 경우에 그 학습자료가 아직 완전하게 마련되지 않은 원격학습과정은 임시로 허가되어야 한다,

1. 학습과정목표에 이르는 학습과정계획(Lehrgangsplanung)이 완성될 것,
2. 원격학습과정의 완성 후에(nach Fertigstellung des Fernlehrgangs) 제2항 제1문 제1호, 제2호에 따른 거부사유, 주법에 따른 거부사유(제2항 제2문)과 제13조 제1항에 따른 거부사유가 없을 것이라는 점이 원격학습과정의 완성된 일부(die fertiggestellten Teile des Fernlehrgangs)에 의해 정당화화 될 것,
3. 강습주최자가 강습주최자로서 이전까지의 자신의 활동에 기하거나 다른 활동에 기하여 원격학습자료가 법률 요건에 따라 상당한 기간 내에(den gesetzlichen Anforderungen entsprechend innerhalb angemessener Zeit) 완성될 것이라는 점을 보증할 것(Gewähr dafür bietet, dass),
4. 제2항 제1문 제3호, 제4호에 따른 거부사유가 없을 것.

임시허가는 나머지 원격학습자료가 정해진 기간 내에 제출된다는 조건을 붙여 이뤄진다; 그 기간은 원격학습과정의 적절한 시행이 보장되도록(dass eine ordnungsgemäße Durchführung des Fernlehrgangs gewährleistet ist) 정해져야 한다.

④ 허가(Die Zulassung)는 기간부(期間附)로 행해질 수 있고, 강습참가자의 보호와 관할 관청에 의한 이 법의 원활한 집행(der ordnungsgemäßen Durchführung dieses Gesetzes)에 이바지하는 조건부(條件附) 또는 부담부(負擔附)로 행해질 수 있다. 사후적(事後的) 부담(Nachträgliche Auflagen)은 허용된다. 허가에 적용되는 실제 사정의 변경(Änderungen der tatsächlichen Umstände)을 강습주최자는 지체 없이 통지해야 한다.

제12조a 단일기관, 허가의제(Genehmigungsfiktion)

① 제12조 제1항에 따른 절차는 하나의 단일기관(單一機關)에 의하여 처리될 수 있다.

② 관할 관청이 3개월 기간 이내에 결정을 하지 않은 경우 허가(許可)가 부여된 것으로(als erteilt) 본다.

제13조 직업교육용 원격학습과정의 허가

① 직업교육용 원격학습과정에 있어, 제12조 제2항 제1문상의 경우 이외의 경우에는, 그 규정들이 원격강습에 대한 준용(eine entsprechende Anwendung auf den Fernunterrich)이 허용하는 범위 내에서, 내용, 기간 또는 목표에 의할 때 또 그 과정의 수행의 방식에 의할 때(nach Inhalt, Dauer

in der jeweils geltenden Fassung oder nach anderen Rechtsvorschriften der beruflichen Bildung nicht übereinstimmt oder diesen Vorschriften nicht entspricht, soweit sie eine entsprechende Anwendung auf den Fernunterricht zulassen.

(2) Das Bundesministerium für Bildung und Forschung kann durch Rechtsverordnung, die der Zustimmung des Bundesrates bedarf, den näheren Inhalt und Umfang der Versagungsgründe nach Absatz 1 bestimmen, soweit die Fernlehrgänge berufliche Bildung vermitteln, die Gegenstand bundesrechtlicher Regelungen, insbesondere des Berufsbildungsgesetzes, ist. Im Übrigen bestimmt das Landesrecht Inhalt und Umfang der Versagungsgründe nach Absatz 1.

§ 14 Rücknahme und Widerruf

(1) Die Zulassung eines Fernlehrgangs ist zurückzunehmen, wenn bei der Erteilung einer der in § 12 Abs. 2 und § 13 Abs. 1 genannten Versagungsgründe vorgelegen hat oder die Voraussetzungen des § 12 Abs. 3 Satz 1 nicht gegeben waren.

(2) Die Zulassung ist zu widerrufen, wenn einer der in § 12 Abs. 2 und § 13 Abs. 1 genannten Versagungsgründe nachträglich eingetreten ist oder die Voraussetzungen des § 12 Abs. 3 Satz 1 nachträglich weggefallen sind. Sie kann widerrufen werden, wenn der Veranstalter einer ihm auferlegten Pflicht nicht nachkommt. Vor dem Widerruf ist dem Veranstalter Gelegenheit zu geben, Abhilfe zu schaffen.

(3) Ist nach Abschluss des Fernunterrichtsvertrags die Zulassung erloschen, widerrufen oder zurückgenommen worden und hat der Teilnehmer den Fernunterrichtsvertrag nicht gekündigt (§ 7 Abs. 2), so bedarf der Veranstalter für die Erfüllung des Vertrags keiner Zulassung.

§ 15 Unentgeltliche berufsbildende Fernlehrgänge

(1) Fernlehrgänge, die auf vertraglicher Grundlage unentgeltlich durchgeführt werden und berufliche Bildung vermitteln, die Gegenstand bundesrechtlicher Regelungen, insbesondere des Berufsbildungsgesetzes, ist, können vom Bundesinstitut für Berufsbildung auf Antrag als geeignet anerkannt werden.

(2) Ein Fernlehrgang nach Absatz 1 ist anzuerkennen, wenn die in § 12 Abs. 2 Satz 1 Nr. 1 und 2 und § 13 Abs. 1 genannten Versagungsgründe nicht vorliegen. Ein Fernlehrgang nach Absatz 1 gilt als anerkannt, wenn er nach § 12 Abs. 1 zugelassen worden ist.

(3) § 12 Abs. 1 Satz 2 und Abs. 4 und § 14 Abs. 1 und 2 gelten entsprechend. Das Erlöschen, die Rücknahme und der Widerruf einer Anerkennung sind bekanntzumachen.

(4) Ist ein Fernlehrgang nach Absatz 1 als geeignet anerkannt worden, so ist die Zulassung dieses Fernlehrgangs nach § 12 Abs. 1 nur zu versagen, wenn einer der in § 12 Abs. 2 Satz 1 Nr. 3 und 4 genannten Versagungsgründe vorliegt.

§ 16 Werbung mit Informationsmaterial

oder Ziel und nach der Art seiner Durchführung) 그 원격학습과정이 각각의 법률형식의 직업교육법에 따른 직업교육의 목적이나 직업교육에 대한 그 밖의 법규정에 따른 직업교육의 목적과 부합하지 않거나 이러한 규정들에 위반되는 경우에 한하여 허가가 거부되어야 한다.

② 연방교육·학술부는, 원격학습과정이 연방법 규정, 특히 직업교육법 규정의 규율대상인(die Gegenstand bundesrechtlicher Regelungen, insbesondere des Berufsbildungsgesetzes, ist) 직업교육을 전수(傳授)하는 범위 내에서, 연방참사원의 동의를 요하지 않는 법규명령으로 제1항에 따른 거부사유의 상세한 내용 및 범위를 정할 수 있다. 그 밖의 경우에(Im Übrigen) 주법으로 제1항에 따른 거부사유의 내용 및 범위(Inhalt und Umfang der Versagungsgründe)를 정한다.

제14조 취소 및 철회

① 허가 부여시에(bei der Erteilung einer) 제12조 제2항과 제13조 제1항상의 거부사유가 존재했거나 제12조 제3항 제1문의 요건이 존재하지 않았던 때에 원격학습과정의 허가(許可)는 취소(取消)되어야 한다.

② 허가는, 제12조 제2항과 제13조 제1항상의 거부사유 중 하나가 사후적으로(nachträglich) 발생하거나 제12조 제3항 제1문의 요건이 사후적으로 소멸하는 경우에는 철회되어야 한다. 강습주최자가 자신에게 부과된 의무 중 하나라도(einer ihm auferlegten Pflicht) 이행하지 않은 때에는 허가는 철회될 수 있다. 철회 전에(Vor dem Widerruf) 이를 시정(是正)할 대책을 강구할 기회가 강습주최자에게 부여되어야 한다.

③ 원격강습계약 체결 후 허가가 소멸(消滅)하거나 철회(撤回)되거나 또는 취소(取消)되고 강습참가자가 원격강습계약을 해지(제7조 제2항)하지 않는 경우에는 강습주최자는 계약의 이행을 위해 허가(許可)를 필요하지 아니한다(bedarf der Veranstalter für die Erfüllung des Vertrags keiner Zulassung).

제15조 무상의 직업교육성 원격학습과정

① 계약에 근거하여 무상(無償)으로 실시되고 연방법 규정, 특히 직업교육법(Berufsbildungsgesetz) 규정의 규율대상인 직업교육을 전수(傳授)하는 원격학습과정은 그 신청에 따라(auf Antrag) 연방직업교육원에 의해(vom Bundesinstitut für Berufsbildung) 적합한 것으로 공인(公認)될 수 있다.

② 제1항에 따른 원격학습과정은, 제12조 제2항 제1문 제1호, 제2호와 제13조 제1항상의 거부사유가 없는 때에는 공인되어어 한다. 제1항에 따른 원격학습과정(Ein Fernlehrgang nach Absatz 1)은, 그것이 제12조 제1항에 따라 허가(許可)된 때에는 공인(公認)된 것으로 간주(看做)한다.

③ 제12조 제1항 제2문, 제4항, 제14조 제1항, 제2항을 준용(準用)한다. 공인(公認; Anerkennung)의 소멸(Das Erlöschen), 취소(die Rücknahme) 및 철회(der Widerruf)는 공고(公告)되어야 한다.

④ 제1항에 따른 원격학습과정이 적합한 것으로 공인된 경우에 제12조 제1항에 따른 이러한 원격학급과정에 대한 허가는, 제12조 제2항 제1문 제3호, 제4호상의 거부사유 중 하나가 있는 경우에 한하여 거부되어야 한다.

제16조 정보제공서에 의한 광고

(1) Der Veranstalter hat bei geschäftlicher Werbung für Fernlehrgänge durch Übermittlung von Informationsmaterial einen vollständigen Überblick über die Vertragsbedingungen und die Anforderungen an den Teilnehmer zu geben. Das Informationsmaterial muss insbesondere einen vollständigen Überblick über die in Artikel 246a § 1 Absatz 1 Satz 1 Nummer 1, 4 bis 7 und 11 des Einführungsgesetzes zum Bürgerlichen Gesetzbuche genannten Angaben, über die Gültigkeitsdauer des Angebots und über das Widerrufsrecht des Teilnehmers enthalten.
(2) Ist ein Fernlehrgang nur vorläufig zugelassen, so muss dies in dem Informationsmaterial deutlich gekennzeichnet sein.
(3) Die Anerkennung eines unentgeltlichen berufsbildenden Fernlehrgangs nach § 15 Abs. 1 darf nicht zur geschäftlichen Werbung für Fernlehrgänge verwendet werden.

§ 17 Vertreter, Berater

Der Veranstalter oder seine Beauftragten dürfen zum Zweck der Werbung oder der Beratung über Fernlehrgänge des Veranstalters oder des Vertragsabschlusses Personen nur dann aufsuchen, wenn diese

1. vorher Informationsmaterial, das den Anforderungen des § 16 entspricht, erhalten und
2. nach Erhalt des Informationsmaterials schriftlich darum gebeten haben.

Für eine Beratung nach Satz 1 sollen der Veranstalter oder seine Beauftragten die erforderliche Eignung besitzen.

§ 18 Ergänzende Fernlehrgänge

Auf Fernlehrgänge, deren Lehrgangsziel ausschließlich in der unselbständigen Ergänzung anderer, in sich abgeschlossener selbständiger Bildungsangebote besteht und die sich nur zu einer Nutzung in Verbindung mit anderen Bildungsangeboten eignen, finden die §§ 12 bis 14, 16 und 17 keine Anwendung. Der Vertrieb dieser Fernlehrgänge ist der zuständigen Behörde anzuzeigen.

3. Abschnitt Organisation; Auskunftspflicht; Ordnungswidrigkeiten

§ 19 Zentralstelle; Zulassungsentscheidung

(1) Soweit die Länder die Zulassung von Fernlehrgängen einer Zentralstelle übertragen, kann dieser nach Landesrecht die Aufgabe übertragen werden, ein jährlich zu veröffentlichendes Verzeichnis der zugelassenen Fernlehrgänge zu führen.
(2) Bei berufsbildenden Fernlehrgängen (§ 13 Abs. 1) trifft die zuständige Behörde die Entscheidung darüber, ob Versagungsgründe nach § 12 Abs. 2 Satz 1 Nr. 1 bis 3 und § 13 Abs. 1 vorliegen und ob die Zulassungsvoraussetzung nach § 12 Abs. 3 Satz 1 Nr. 1 und 2 erfüllt ist, unter Berücksichtigung der Ergebnisse der Forschung und Planung auf dem Gebiet der beruflichen

① 강습주최자는 정보제공서(Informationsmaterial)의 제공에 의한 원격학습과정에 대한 상업적 광고의 경우에 있어 계약조건과 강습참가자에 대한 요구사항(die Anforderungen an den Teilnehmer)에 관한 완전한 개요(概要; Überblick)를 제공해야 한다. 그 정보제공서(Informationsmaterial)는 특히 민법전시행법 제246항목a 제1조 제1항 제1문 제1호, 제4호 내지 제7호, 제11호상의 사항을 포함해야만 하고, 해당 청약의 유효기간(die Gültigkeitsdauer des Angebots)과 강습참가자의 철회권(das Widerrufsrecht des Teilnehmers)에 관한 사항을 포함해야만 한다.

② 원격학습과정(Fernlehrgang)이 임시로만 허가된 경우에 이를 정보제공서에서 명확하게 표시되어야만 한다.

③ 제15조 제1항에 따른 무상의 직업교육성 원격학습과정(berufsbildenden Fernlehrgangs)의 공인은 원격학습과정에 대한 상업적 광고에 이용해서는 아니된다.

제17조 대리인, 상담사

다음의 경우에 한하여, 강습주최자 또는 그 대리인은 광고목적으로 또는 강습주최자의 원격학습과정에 관한 상담(der Beratung über Fernlehrgänge des Veranstalters) 목적으로 또는 계약체결 목적으로 사람들을 모집(募集)할 수 있다,

1. 그 사람들이 제16조의 요구사항에 부합하는 정보제공서(Informationsmaterial)를 사전에 수령하고,
2. 정보제공서의 수령 후 서면으로 그에 관하여 요구한 경우.

제1문에 따른 상담을 위하여 강습주최자 또는 그 대리인은 필요한 자격(die erforderliche Eignung)을 보유해야 한다.

제18조 보충적 원격학습과정

그 학습과정목표가 전적으로 독립적이고도 독자적인 다른 교육기회의 종속적인 보충에 있거나, 단지 다른 교육기회와 관련된(in Verbindung mit) 이용에 적합한 원격학습과정에 대하여는 제12조 내지 제14조, 제16조, 제17조를 적용하지 아니한다. 이러한 원격학습과정의 판매는 관할 관청에 신고해야 한다.

제3장 조직; 정보제공의무; 질서위반행위

제19조 중앙기관; 허가결정

① 주(州)가 원격학습과정의 허가(die Zulassung von Fernlehrgängen)를 중앙기관에 이양하는 경우에 매년 발간해야 하는 원격학습과정 목록(veröffentlichendes Verzeichnis)에 관하여 작성할 임무(die Aufgabe)가 그 중앙기관에 주법에 따라(nach Landesrecht) 이양(移讓)된다.

② 직업교육용 원격학습과정의 경우(Bei berufsbildenden Fernlehrgängen)(제13조 제1항) 관할 관청(die zuständige Behörde)은, 직업교육 분야에서의 연구 및 계획 결과를 고려하여(unter Berücksichtigung der Ergebnisse der Forschung und Planung auf dem Gebiet der beruflichen Bildung) 제12조 제2항 제1문 제1호 내지 제3호와 제13조 제1항에 따른 불허가사유

Bildung. Das Landesrecht kann vorsehen, dass die zuständige Behörde die Entscheidung nach Satz 1 im Benehmen mit dem Bundesinstitut für Berufsbildung zu treffen hat. Das Landesrecht kann in diesem Falle bestimmen, dass die zuständige Behörde vor der Entscheidung nach Satz 1 eine schriftliche oder elektronische Stellungnahme des Bundesinstituts für Berufsbildung einzuholen und, falls sie beabsichtigt, von der Stellungnahme abzuweichen, dem Bundesinstitut für Berufsbildung unter Angabe der Gründe für die beabsichtigte Entscheidung erneut Gelegenheit zu einer Stellungnahme zu geben hat.

§ 20 Auskunftspflicht

(1) Der Veranstalter ist verpflichtet, der zuständigen Behörde und, sofern das Landesrecht nach § 19 Abs. 2 eine Entscheidung im Benehmen mit dem Bundesinstitut für Berufsbildung vorsieht, in den in dieser Vorschrift genannten Fällen auch dem Bundesinstitut für Berufsbildung auf Verlangen die zur Durchführung der Aufgaben dieser Behörden erforderlichen Auskünfte zu erteilen, die dafür notwendigen Unterlagen vollständig und fristgemäß vorzulegen und zum Zweck der Überprüfung der Einhaltung von Pflichten des Veranstalters nach § 2 Abs. 1 innerhalb der Geschäftszeit Besichtigungen der Betriebsgrundstücke und Geschäftsräume zu dulden, die der Veranstaltung von Fernunterricht einschließlich begleitendem Unterricht dienen. Die Auskunftspflicht erstreckt sich auch auf bereits zugelassene Fernlehrgänge. Die Auskünfte sind wahrheitsgemäß, vollständig, fristgemäß und, soweit nichts anderes bestimmt ist, unentgeltlich zu geben.

(2) Der Auskunftspflichtige kann die Auskunft auf solche Fragen verweigern, deren Beantwortung ihm selbst oder einem seiner in § 383 Abs. 1 Nr. 1 bis 3 der Zivilprozessordnung bezeichneten Angehörigen die Gefahr zuziehen würde, wegen einer Straftat oder einer Ordnungswidrigkeit verfolgt zu werden.

(3) Einzelangaben über persönliche oder sachliche Verhältnisse, die für Erhebungen und Untersuchungen der Behörden nach Absatz 1 Satz 1 gemacht werden, sind, soweit durch Rechtsvorschrift nichts anderes bestimmt ist, von diesen Behörden geheimzuhalten. Die §§ 93, 97, 105 Abs. 1, § 111 Abs. 5 in Verbindung mit § 105 Abs. 1 sowie § 116 Abs. 1 der Abgabenordnung vom 16. März 1976 (BGBl. I S. 613) gelten insoweit nicht. Veröffentlichungen dieser Behörden dürfen keine Einzelangaben über Veranstalter enthalten. Eine Zusammenfassung von Angaben mehrerer Auskunftspflichtiger ist keine Einzelangabe im Sinne dieses Absatzes.

§ 21 Ordnungswidrigkeiten

(1) Ordnungswidrig handelt, wer vorsätzlich oder fahrlässig

1. als Veranstalter einen Fernlehrgang, der nicht nach § 12 Abs. 1 Satz 1 oder dessen wesentliche Änderung nicht nach § 12 Abs. 1 Satz 2 zugelassen ist, vertreibt oder vertreiben lässt,

(Versagungsgründe)가 있는지 여부, 제12조 제3항 제1문 제1호, 제2호에 따른 허가요건(die Zulassungsvoraussetzung)이 충족되었는지 여부에 관하여 결정한다. 이러한 경우 주법으로 관할 관청이, 제1문에 따른 결정 전에 연방직업교육원의 서면에 의한 또는 전자문서에 의한 의견표명(eine schriftliche oder elektronische Stellungnahme)을 받아야 하고, 그 입장표명(表明立場)과 다른 결정(決定)을 하려고 한다면, 연방직업교육원에게(dem Bundesinstitut für Berufsbildung) 이유를 제시하지 않고서(unter Angabe der Gründe) 계획하는 결정에 대해(für die beabsichtigte Entscheidung) 새롭게 의견표명을 할 기회(機會)를 부여(賦與)해야 하는 것으로 정할 수 있다.

제20조 정보제공의무

① 강습주최자는 관할 관청에 이러한 관청의 임무 수행에 필요한 정보를 제공할 의무(die zur Durchführung der Aufgaben dieser Behörden erforderlichen Auskünfte)를 부담하고, 또 제19조 제2항에 따라 주법이 연방직업교육원과 협의에 의한 결정(eine Entscheidung im Benehmen mit dem Bundesinstitut für Berufsbildung)을 규정하고 있는 한, 이러한 규정에서 언급된 경우에 연방직업교육원에도 그 요청에 따라 그러한 정보를 제공하고, 이를 위해 필요한 서류를 완전하게 또 기간을 지켜 제출하며, 제2조에 따른 강습주최자의 의무 준수에 대한 점검(點檢)의 목적으로(zum Zweck der Überprüfung der Einhaltung von Pflichten des Veranstalters) 영업시간내에 사무실과 영업소에 대한 시찰(Besichtigungen der Betriebsgrundstücke und Geschäftsräume)로, 함께 진행하는 강습을 포함하여 원격강습의 개최(Veranstaltung)에 도움이 되는 시찰을 수인할 의무를 부담한다. 이러한 의무는 이미 허가된 원격학습과정에도 미친다. 정보는 사실대로 기간을 지켜 완전하게(wahrheitsgemäß, vollständig, fristgemäß) 또 다른 정함이 없는 한, 무상(無償)으로 제공되어야 한다.

② 정보제공의무자(Der Auskunftspflichtige)는, 그 대답으로 인하여 자기 자신 또는 형사소송법 제383조 제1항 제1호 내지 제3호상의 자신의 가족이 범죄 또는 질서위반행위로(wegen einer Straftat oder einer Ordnungswidrigkeit) 기소될 위험을 초래하는 그러한 질문에 대한 정보제공은 거부할 수 있다.

③ 제1항 제1문에 따른 관청의 조사 및 검사 동안에(für Erhebungen und Untersuchungen) 작성된 인적 또는 물적 사정(persönliche oder sachliche Verhältnisse)에 관한 개별진술은, 법규정에 의해 다른 정함이 없는 한, 이러한 관청(官廳)에 의해 비밀(秘密)로 관리되어야한다. 1976년 3월 16일의 조세기본법(Abgabenordnung)(BGBl. I S. 613) 제105조 제1항, 제116조 제1항과 연결된 제93조, 제97조, 제105조 제1항은 그 범위 내에서 적용하지 아니한다. 이러한 관청의 발간물(Veröffentlichungen)은 강습주최자에 대한 개별진술을 포함해서는 아니된다. 수인의 정보제공자의 진술의 종합(Eine Zusammenfassung)은 이러한 조항들상의 개별진술에 해당하지 않는다.

제21조 질서위반행위

① 고의 또는 과실로 다음 각 호를 한 자는 질서위반행위를 범한 자이다,

1. 강습주최자로서(als Veranstalter) 제12조 제1항 제1문에 따라 허가되지 않았거나 그 중요한 변경이 제12조 제1항 제2문에 따라 허가되지 않은 원격학습과정을 판매하거나 판매하게 한 자,

2. entgegen § 12 Abs. 1 Satz 4 den Vertrieb eines Fernlehrgangs, der nach Inhalt und Ziel ausschließlich der Freizeitgestaltung oder der Unterhaltung dient, oder entgegen § 18 Satz 2 den Vertrieb eines ergänzenden Fernlehrgangs nach § 18 Satz 1 nicht anzeigt,
3. a) entgegen § 16 Abs. 1 als Veranstalter Informationsmaterial übermittelt, das keinen vollständigen Überblick über die Vertragsbedingungen und die Anforderungen an den Teilnehmer gibt,
   b) entgegen § 16 Abs. 2 als Veranstalter in dem Informationsmaterial nicht deutlich kennzeichnet, dass der Fernlehrgang nur vorläufig zugelassen ist,
   c) entgegen § 16 Abs. 3 als Veranstalter die Anerkennung eines unentgeltlichen berufsbildenden Fernlehrgangs nach § 15 Abs. 1 zur geschäftlichen Werbung für Fernlehrgänge verwendet,
4. entgegen § 17 Satz 1 zum Zweck der Werbung, Beratung oder des Vertragsabschlusses Personen aufsucht, oder
5. entgegen § 20 Abs. 1 eine Auskunft nicht, nicht rechtzeitig, nicht richtig oder nicht vollständig erteilt, Unterlagen nicht, nicht rechtzeitig oder nicht vollständig vorlegt oder eine Besichtigung nicht duldet.

(2) Die Ordnungswidrigkeit kann in den Fällen des Absatzes 1 Nr. 1, 3 und 4 mit einer Geldbuße bis zu 10 000 Euro, in den Fällen des Absatzes 1 Nr. 2 und 5 mit einer Geldbuße bis zu 1 000 Euro geahndet werden.

4. Abschnitt Übergangsvorschriften; Änderung von Bundesgesetzen; Schlussvorschriften

§ 22 (weggefallen)

§ 23 (weggefallen)

§§ 24 und 25 (weggefallen)

§ 26 Gerichtsstand

(1) Für Streitigkeiten aus einem Fernunterrichtsvertrag oder über das Bestehen eines solchen Vertrags ist das Gericht ausschließlich zuständig, in dessen Bezirk der Teilnehmer seinen allgemeinen Gerichtsstand hat.

(2) Eine abweichende Vereinbarung ist nur zulässig, wenn sie ausdrücklich und schriftlich
1. nach dem Entstehen der Streitigkeit oder
2. für den Fall geschlossen wird, dass der Teilnehmer nach Vertragsschluss seinen Wohnsitz oder seinen gewöhnlichen Aufenthaltsort aus dem Geltungsbereich dieses Gesetzes verlegt oder sein Wohnsitz oder gewöhnlicher Aufenthaltsort im Zeitpunkt der Klageerhebung nicht bekannt ist.

§ 27 Übergangsvorschrift

2. 제12조 제1항 제4문에 위반하여 내용과 목적에 의할 때 오로지 여가활동 또는 오락활동(Freizeitgestaltung oder der Unterhaltung)을 위한 원격학습과정의 판매를 신고하지 않았거나, 제18조 제2문에 위반하여 제18조 제1문에 따른 보충적 원격학습과정의 판매를 신고하지 않은 자,
3. a) 제16조 제1항에 위반하여 강습주최자로서 계약조건과 강습참가자(die Vertragsbedingungen und die Anforderungen an den Teilnehmer)에 대한 요구사항에 관한 완전한 개요(概要)가 없는 정보제공서(Informationsmaterial)를 제공한 자,
   b) 제16조 제2항에 위반하여 강습주최자로서 정보제공서에 명확하게 해당 원격학습과정이 임시로만 허가를 받았다는 점을 명기하지 않은 자,
   c) 제16조 제3항에 위반하여 강습주최자로서 제15조 제1항에 따른 무상의 직업교육용 원격학습과정에 대한 공인을 원격학습과정에 대한 상업적 광고에 이용한 자,
4. 제17조 제1항에 위반하여 광고, 상담 또는 계약체결 목적으로(zum Zweck der Werbung, Beratung oder des Vertragsabschlusses) 사람을 모집한 자,
5. 제20조 제1항에 위반하여 정보를 제공하지 않거나 적시에 제공하지 않거나 올바르지 않게 제공하거나 또는 완전하게 제공하지 않은 자, 서류를 제공하지 않거나 적시에 제출하지 않거나 완전하게 제공하지 않은 자 또는 시찰을 수인하지 않은 자,

② 질서위반행위(Die Ordnungswidrigkeit)는 제1항 제1호, 제3호, 제4호의 경우에는 10,000유로 이하의 범칙금(Geldbuße)에, 제1항 제2호, 제5호의 경우에는 1,000유로 이하의 범칙금(Geldbuße)에 처할 수 있다.

제4장 경과규정; 연방법률의 개정; 종결규정

제22조 삭제

제23조 삭제

제24조, 제25조 삭제

제26조 재판적(裁判籍)

① 원격강습계약에서 생긴 분쟁(Streitigkeiten aus einem Fernunterrichtsvertrag) 또는 그러한 계약의 존재에 관한(über das Bestehen eines solchen Vertrags) 분쟁에 대하여 강습참가자가 자신의 보통재판적(普通裁判籍)을 둔 지역을 관할하는 법원이 전속적으로 관할한다.

② 본 법률과 다른 약정은, 그것이 명시적으로 또 서면으로, 다음 각 호의 경우에 한하여 허용된다.

1. 분쟁의 발생 후에 체결된 경우,
2. 강습참가자가 계약체결 후 자신의 주소 또는 상거소(常居所)를 이 법의 적용지역에서 이전하거나, 그 주소 또는 상거소(sein Wohnsitz oder gewöhnlicher Aufenthaltsort)가 소제기 당시에(im Zeitpunkt der Klageerhebung) 알려지지 않을 경우를 대비하여 (미리) 체결(締結)된 경우.

제27조 경과규정

(1) Auf Fernunterrichtsverträge, die vor dem 30. Juni 2000 abgeschlossen worden sind, ist dieses Gesetz in der bis dahin geltenden Fassung anzuwenden.

(2) Informationsmaterial, das vor dem 1. Oktober 2000 hergestellt wurde und das § 3 Abs. 2 und 3 nicht genügt, darf bis zum 31. März 2001 verwendet werden.

(3) § 17 ist in der seit dem 1. August 2002 geltenden Fassung auf Verträge anzuwenden, die nach dem 1. August 2002 abgeschlossen worden sind. Die Vorschrift findet auch auf Verträge Anwendung, die nach dem 31. Dezember 2001 abgeschlossen worden und zugleich Haustürgeschäfte sind.

§ 28 (Inkrafttreten)

-

① 2000년 6월 30일 전에 체결된 원격강습계약에 대하여는 그 때까지 적용된 법률형식(in der bis dahin geltenden Fassung)의 이 법을 적용한다.
② 2000년 10월 1일 전에 제작되거나 제3조 제2항, 제3항을 충족하지 못한 정보제공서는 2001년 3월 31일까지 사용될 수 있다.
③ 2002년 8월 1일부터 적용된 법률형식(法律形式; Fassung)의 이 법 제17조는 2002년 8월 1일 후에 체결(締結)된 계약(契約)에 대해 적용한다. 그 규정(Die Vorschrift)은 2001년 12월 31일 후에 체결되고 동시에 방문판매(zugleich Haustürgeschäfte sind)인 계약(契約)에 대해서도 적용(適用)한다.

제28조 시행

-

재판 외 법률서비스에 관한 법률

(법률서비스법; BGBl. I S. 1724)

Gesetz über außergerichtliche Rechtsdienstleistungen

(Rechtsdienstleistungsgesetz – RDG)

Gesetz über außergerichtliche Rechtsdienstleistungen (Rechtsdienstleistungsgesetz - RDG)

https://www.gesetze-im-internet.de/rdg/BJNR284010007.html

Teil 1 Allgemeine Vorschriften

§ 1 Anwendungsbereich

(1) Dieses Gesetz regelt die Befugnis, in der Bundesrepublik Deutschland außergerichtliche Rechtsdienstleistungen zu erbringen. Es dient dazu, die Rechtsuchenden, den Rechtsverkehr und die Rechtsordnung vor unqualifizierten Rechtsdienstleistungen zu schützen.

(2) Wird eine Rechtsdienstleistung ausschließlich aus einem anderen Staat heraus erbracht, gilt dieses Gesetz nur, wenn ihr Gegenstand deutsches Recht ist.

(3) Regelungen in anderen Gesetzen über die Befugnis, Rechtsdienstleistungen zu erbringen, bleiben unberührt.

§ 2 Begriff der Rechtsdienstleistung

(1) Rechtsdienstleistung ist jede Tätigkeit in konkreten fremden Angelegenheiten, sobald sie eine rechtliche Prüfung des Einzelfalls erfordert.

(2) Rechtsdienstleistung ist, unabhängig vom Vorliegen der Voraussetzungen des Absatzes 1, die Einziehung fremder oder zum Zweck der Einziehung auf fremde Rechnung abgetretener Forderungen, wenn die Forderungseinziehung als eigenständiges Geschäft betrieben wird (Inkassodienstleistung). Abgetretene Forderungen gelten für den bisherigen Gläubiger nicht als fremd.

(3) Rechtsdienstleistung ist nicht:

1. die Erstattung wissenschaftlicher Gutachten,
2. die Tätigkeit von Einigungs- und Schlichtungsstellen, Schiedsrichterinnen und Schiedsrichtern,
3. die Erörterung der die Beschäftigten berührenden Rechtsfragen mit ihren gewählten Interessenvertretungen, soweit ein Zusammenhang zu den Aufgaben dieser Vertretungen besteht,
4. die Mediation und jede vergleichbare Form der alternativen Streitbeilegung, sofern die Tätigkeit nicht durch rechtliche Regelungsvorschläge in die Gespräche der Beteiligten eingreift,
5. die an die Allgemeinheit gerichtete Darstellung und Erörterung von Rechtsfragen und Rechtsfällen in den Medien,

재판 외 법률서비스에 관한 법률(법률서비스법; BGBl. I S. 1724)

법률공포일: 2007. 12. 12.
최근 법률개정일: 2019. 11. 20(BGBl. I S. 1724).

제1편 총칙

제1조 적용범위

① 본 법률은 독일 연방공화국에서 재판 외 법률서비스를 제공하는 자격(資格)을 규율한다. 본 법률은 무자격의 법률서비스로부터 권리추구자들, 법적 거래 및 법질서를 보호하는 데 기여한다.

② 법률서비스가 오로지 다른 국가에서(aus einem anderen Staat heraus) 제공되는 경우에는 법률서비스의 대상이 독일법인 경우에 한하여 본 법률을 적용한다.

③ 법률서비스를 제공할 자격(die Befugnis, Rechtsdienstleistungen zu erbringen)에 관한 다른 법률의 규정은 영향을 받지 아니한다.

제2조 법률서비스의 개념

① 법률서비스는, 타인의 구체적 사무가 개별사안의 법적 검토를 필요로 한 때 그 사무에 대하여 행하는 일체의 활동을 말한다.

② 채권추심이 독립된 영업으로 운영되는 경우에, 제1항의 요건의 존재에 상관없이, 타인의 양도된 채권의 추심이나 타인의 계산의 추심 목적으로 하는 양도된 채권의 추심(die Einziehung (fremder oder) zum Zweck der Einziehung auf fremde Rechnung abgetretener Forderungen)('채권추심업'; Inkassodienstleistung)은 법률서비스에 해당한다. 양도된 채권은 양도인에 대하여는 타인으로 보지 아니한다.

③ 다음 각 호는 법률서비스에 해당하지 아니한다:

1. 학술적 감정서의 반환,
2. 합의기구 또는 조정기구, 중재인의 활동,
3. 직원들에 관련된 법률문제에 대하여 그 선출된 이익대표자와 이러한 대표자의 임무(任務)와 관련성(關聯性)이 있는 범위 내에서(soweit ein Zusammenhang zu den Aufgaben dieser Vertretungen besteht) 논의하는 것,
4. 그 활동이 법적 규율제안으로 당사자들의 협상에 개입하지 않는 한(sofern die Tätigkeit nicht durch rechtliche Regelungsvorschläge in die Gespräche der Beteiligten eingreift), 조정과 이에 유사한 일체의 방식의 대안적 분쟁해결,
5. 공중(公衆)을 대상으로 하여, 법률문제와 법률사건에 대해 미디어로 하는 설명과 논의(Darstellung und Erörterung von Rechtsfragen und Rechtsfällen in den Medien),

6. die Erledigung von Rechtsangelegenheiten innerhalb verbundener Unternehmen (§ 15 des Aktiengesetzes).

§ 3 Befugnis zur Erbringung außergerichtlicher Rechtsdienstleistungen
Die selbständige Erbringung außergerichtlicher Rechtsdienstleistungen ist nur in dem Umfang zulässig, in dem sie durch dieses Gesetz oder durch oder aufgrund anderer Gesetze erlaubt wird.

§ 4 Unvereinbarkeit mit einer anderen Leistungspflicht
Rechtsdienstleistungen, die unmittelbaren Einfluss auf die Erfüllung einer anderen Leistungspflicht haben können, dürfen nicht erbracht werden, wenn hierdurch die ordnungsgemäße Erbringung der Rechtsdienstleistung gefährdet wird.

§ 5 Rechtsdienstleistungen im Zusammenhang mit einer anderen Tätigkeit
(1) Erlaubt sind Rechtsdienstleistungen im Zusammenhang mit einer anderen Tätigkeit, wenn sie als Nebenleistung zum Berufs- oder Tätigkeitsbild gehören. Ob eine Nebenleistung vorliegt, ist nach ihrem Inhalt, Umfang und sachlichen Zusammenhang mit der Haupttätigkeit unter Berücksichtigung der Rechtskenntnisse zu beurteilen, die für die Haupttätigkeit erforderlich sind.
(2) Als erlaubte Nebenleistungen gelten Rechtsdienstleistungen, die im Zusammenhang mit einer der folgenden Tätigkeiten erbracht werden:
1. Testamentsvollstreckung,
2. Haus- und Wohnungsverwaltung,
3. Fördermittelberatung.

Teil 2 Rechtsdienstleistungen durch nicht registrierte Personen

§ 6 Unentgeltliche Rechtsdienstleistungen
(1) Erlaubt sind Rechtsdienstleistungen, die nicht im Zusammenhang mit einer entgeltlichen Tätigkeit stehen (unentgeltliche Rechtsdienstleistungen).
(2) Wer unentgeltliche Rechtsdienstleistungen außerhalb familiärer, nachbarschaftlicher oder ähnlich enger persönlicher Beziehungen erbringt, muss sicherstellen, dass die Rechtsdienstleistung durch eine Person, der die entgeltliche Erbringung dieser Rechtsdienstleistung erlaubt ist, durch eine Person mit Befähigung zum Richteramt oder unter Anleitung einer solchen Person erfolgt. Anleitung erfordert eine an Umfang und Inhalt der zu erbringenden Rechtsdienstleistungen ausgerichtete Einweisung und Fortbildung sowie eine Mitwirkung bei der Erbringung der Rechtsdienstleistung, soweit dies im Einzelfall erforderlich ist.

§ 7 Berufs- und Interessenvereinigungen, Genossenschaften
(1) Erlaubt sind Rechtsdienstleistungen, die

6. 결합기업(주식법 제15조) 내 법률사무(法律事務)의 처리(處理)(die Erledigung von Rechtsangelegenheiten).

제3조 재판외 법률서비스의 제공에 관한 자격

재판 외 법률서비스의 독립적 제공(Die selbständige Erbringung außergerichtlicher Rechtsdienstleistungen)은, 그것이 이 법률에 의해 또는 다른 법률에 근거하여 허가된 범위 내에서만 허용된다.

제4조 다른 급부의무와 모순

다른 급부의무의 이행(履行)에 대해 직접적인 영향(影響)을 끼칠 수 있는 법률서비스(Rechtsdienstleistungen, die unmittelbaren Einfluss auf die Erfüllung einer anderen Leistungspflicht haben können)는, 이에 의하여 적법한 법률서비스의 제공이 위태로워지는 경우에는 제공이 허용되지 아니한다.

제5조 다른 활동에 대한 법률서비스

① 법률서비스가 부가급부로서 직업 또는 활동에 속하는 경우에는 그 법률서비스는 다른 활동에 대하여 허용된다. 부가급부에 해당하는지 여부는 그 급부의 내용, 범위와 주된 활동과의 객관적 관련성에 따라(nach ihrem Inhalt, Umfang und sachlichen Zusammenhang mit der Haupttätigkeit) 주된 활동에 대하여 필요한 법적 지식을 고려하여(unter Berücksichtigung der Rechtskenntnisse) 판단한다.

② 다음 각 호이 활동에 대하여 제공되는 법률서비스는 허용된 부가급부로 본다:

1. 유언집행(遺言執行),
2. 주택관리 및 주거공간관리,
3. 보조금 상담.

제2편 무자격자(無資格者)에 의한 법률서비스

제6조 무상법률서비스

① 유상(有償)의 활동(活動)과 관계(關係)가 없는 법률서비스('무상법률서비스'; unentgeltliche Rechtsdienstleistungen)는 허용된다.

② 가족관계, 이웃관계 또는 이에 유사한 친밀한 인적관계 밖에서(außerhalb familiärer, nachbarschaftlicher oder ähnlich enger persönlicher Beziehungen) 무상법률서비스를 제공하는 자는, 유상법률서비스의 유상제공이 허가된 어느 자에 의해 법률서비스가 행해지거나, 법관 자격이 있는 자에 의하거나 그러한 자의 지도하에 법률서비스가 행해진다는 점을 보장해야만 한다. 그 지도에는, 개별사안에서 필요한 범위 내에서, 제공해야 하는 법률서비스의 범위 및 내용에 맞춘 자격부여 및 심화교육(深化教育)(eine an Umfang und Inhalt der zu erbringenden Rechtsdienstleistungen ausgerichtete Einweisung und Fortbildung)과, 법률서비스 제공시 협력이 요구된다.

제7조 직업단체 및 이익단체, 협동조합

① 다음 각 주체가,

1. berufliche oder andere zur Wahrung gemeinschaftlicher Interessen gegründete Vereinigungen und deren Zusammenschlüsse,
2. Genossenschaften, genossenschaftliche Prüfungsverbände und deren Spitzenverbände sowie genossenschaftliche Treuhandstellen und ähnliche genossenschaftliche Einrichtungen

im Rahmen ihres satzungsmäßigen Aufgabenbereichs für ihre Mitglieder oder für die Mitglieder der ihnen angehörenden Vereinigungen oder Einrichtungen erbringen, soweit sie gegenüber der Erfüllung ihrer übrigen satzungsmäßigen Aufgaben nicht von übergeordneter Bedeutung sind. Die Rechtsdienstleistungen können durch eine im alleinigen wirtschaftlichen Eigentum der in Satz 1 genannten Vereinigungen oder Zusammenschlüsse stehende juristische Person erbracht werden.

(2) Wer Rechtsdienstleistungen nach Absatz 1 erbringt, muss über die zur sachgerechten Erbringung dieser Rechtsdienstleistungen erforderliche personelle, sachliche und finanzielle Ausstattung verfügen und sicherstellen, dass die Rechtsdienstleistung durch eine Person, der die entgeltliche Erbringung dieser Rechtsdienstleistung erlaubt ist, durch eine Person mit Befähigung zum Richteramt oder unter Anleitung einer solchen Person erfolgt. § 6 Abs. 2 Satz 2 gilt entsprechend.

§ 8 Öffentliche und öffentlich anerkannte Stellen

(1) Erlaubt sind Rechtsdienstleistungen, die

1. gerichtlich oder behördlich bestellte Personen,
2. Behörden und juristische Personen des öffentlichen Rechts einschließlich der von ihnen zur Erfüllung ihrer öffentlichen Aufgaben gebildeten Unternehmen und Zusammenschlüsse,
3. nach Landesrecht als geeignet anerkannte Personen oder Stellen im Sinn des § 305 Abs. 1 Nr. 1 der Insolvenzordnung,
4. Verbraucherzentralen und andere mit öffentlichen Mitteln geförderte Verbraucherverbände,
5. Verbände der freien Wohlfahrtspflege im Sinn des § 5 des Zwölften Buches Sozialgesetzbuch, anerkannte Träger der freien Jugendhilfe im Sinn des § 75 des Achten Buches Sozialgesetzbuch und anerkannte Verbände zur Förderung der Belange von Menschen mit Behinderungen im Sinne des § 15 Absatz 3 des Behindertengleichstellungsgesetzes

im Rahmen ihres Aufgaben- und Zuständigkeitsbereichs erbringen.

(2) Für die in Absatz 1 Nr. 4 und 5 genannten Stellen gilt § 7 Abs. 2 entsprechend.

§ 9 Untersagung von Rechtsdienstleistungen

(1) Die für den Wohnsitz einer Person oder den Sitz einer Vereinigung zuständige Behörde kann den in den §§ 6, 7 Abs. 1 und § 8 Abs. 1 Nr. 4 und 5 genannten Personen und Vereinigungen die weitere Erbringung von Rechtsdienstleistungen für längstens fünf Jahre untersagen, wenn begründete Tatsachen die Annahme dauerhaft unqualifizierter Rechtsdienstleistungen zum Nachteil

1. 직업단체 또는 공동의 이익을 지키기 위해 설립된 그 밖의 단체(andere zur Wahrung gemeinschaftlicher Interessen gegründete Vereinigungen)와 그 연합체,
2. 협동조합, 회계협동조합단체, 협동조합정상단체, 신탁협동조합사무소과 이에 유사한 협동조합기관(genossenschaftliche Treuhandstellen und ähnliche genossenschaftliche Einrichtungen),

정관상 임무범위의 내에서 자신의 회원이나 이들이 속하는 연합체 또는 기관의 회원을 위하여 제공하는 법률서비스는, 이것이 나머지 자신의 정관상 임무 수행에 대하여 상위(上位)의 의미를 지니지 않는 범위 내에서 허용된다. 그 법률서비스는, 제1문상의 단체 또는 연합체의 일반적 경제 소유에 속하는 법인(eine im alleinigen wirtschaftlichen Eigentum der in Satz 1 genannten Vereinigungen oder Zusammenschlüsse stehende juristische Person)에 의해 제공될 수 있다.

② 제1항에 따른 법률서비스를 제공하는 자는, 이러한 법률서비스 적절하게 제공하는 데에 필요한 인적·물적·재정적 여건(die zur sachgerechten Erbringung dieser Rechtsdienstleistungen erforderliche personelle, sachliche und finanzielle Ausstattung)을 갖추고 있어야만 하고, 유상법률서비스의 유상제공이 허가된 어느 자에 의해 법률서비스가 행해지거나, 법관 자격이 있는 자에 의하거나 그러한 자의 지도하에 법률서비스가 행해진다 점을 보장해야만 한다. 제6조 제2항 제2문을 준용한다.

제8조 공공기관 및 공적으로 승인된 기관

① 다음 각 호의 주체가, 그 임무범위 및 관할범위 내에서(im Rahmen ihres Aufgaben- und Zuständigkeitsbereichs) 제공하는 법률서비스는 허용된다,

1. 법원에서 선임하거나 관청(官廳)에서 선임한 자,
2. 관청(官廳)과 공법상 법인, 이들에 의해 공법상 임무를 수행하기 위해 조직된 기업과 연합체를 포함함,
3. 주법(州法)에 따라 적합한 것으로 승인된, 파산법 제305조 제1항 제1호상의 자(者) 또는 기관(機關),
4. 소비자센터와 공적자금(公的資金)을 지원(支援)받는 소비자단체,
5. 사회법전 제12권 제5조상의 '자유사회복지연합', 사회법전 제8권 제75조상의 '자유청소년부조'에 대한 승인된 담당기관, 장애인균등처우법 제15조 제3항상의 장애인의 이익 신장을 위한 승인된 단체(anerkannte Verbände zur Förderung der Belange von Menschen mit Behinderungen im Sinne des § 15 Absatz 3 des Behindertengleichstellungsgesetzes),

② 제1항 제4호, 제5호상의 기관에 대하여 제7조 제2항을 준용한다.

제9조 법률서비스의 금지

① 근거가 있는 사실에 의해, 무자격의 법률서비스 계속적 제공이(dauerhaft unqualifizierter Rechtsdienstleistungen) 권리추구자 또는 법적 거래에 해(害)가 된다는 추정(推定; Annahme)이 정당화되는 경우에, 어느 자의 주소 또는 어느 단체의 주사무소를 관할하는 관청(官廳)은, 제6조, 제7조 제1항, 제8조 제1항 제4호와 제5호상의 자(者) 및 단체에 대하여 최장 5년 동안 법률서비스의

der Rechtsuchenden oder des Rechtsverkehrs rechtfertigen. Das ist insbesondere der Fall, wenn erhebliche Verstöße gegen die Pflichten nach § 6 Abs. 2, § 7 Abs. 2 oder § 8 Abs. 2 vorliegen.

(2) Die bestandskräftige Untersagung ist bei der zuständigen Behörde zu registrieren und im Rechtsdienstleistungsregister nach § 16 öffentlich bekanntzumachen.

(3) Von der Untersagung bleibt die Befugnis, unentgeltliche Rechtsdienstleistungen innerhalb familiärer, nachbarschaftlicher oder ähnlich enger persönlicher Beziehungen zu erbringen, unberührt.

Teil 3 Rechtsdienstleistungen durch registrierte Personen

§ 10 Rechtsdienstleistungen aufgrund besonderer Sachkunde

(1) Natürliche und juristische Personen sowie Gesellschaften ohne Rechtspersönlichkeit, die bei der zuständigen Behörde registriert sind (registrierte Personen), dürfen aufgrund besonderer Sachkunde Rechtsdienstleistungen in folgenden Bereichen erbringen:

1. Inkassodienstleistungen (§ 2 Abs. 2 Satz 1),
2. Rentenberatung auf dem Gebiet der gesetzlichen Renten- und Unfallversicherung, des sozialen Entschädigungsrechts, des übrigen Sozialversicherungs- und Schwerbehindertenrechts mit Bezug zu einer gesetzlichen Rente sowie der betrieblichen und berufsständischen Versorgung,
3. Rechtsdienstleistungen in einem ausländischen Recht; ist das ausländische Recht das Recht eines Mitgliedstaates der Europäischen Union, eines anderen Vertragsstaates des Abkommens über den Europäischen Wirtschaftsraum oder der Schweiz, darf auch auf dem Gebiet des Rechts der Europäischen Union und des Rechts des Europäischen Wirtschaftsraums beraten werden.

Die Registrierung kann auf einen Teilbereich der in Satz 1 genannten Bereiche beschränkt werden, wenn sich der Teilbereich von den anderen in den Bereich fallenden Tätigkeiten trennen lässt und der Registrierung für den Teilbereich keine zwingenden Gründe des Allgemeininteresses entgegenstehen.

(2) Die Registrierung erfolgt auf Antrag. Soll die Registrierung nach Absatz 1 Satz 2 für einen Teilbereich erfolgen, ist dieser im Antrag zu bezeichnen.

(3) Die Registrierung kann, wenn dies zum Schutz der Rechtsuchenden oder des Rechtsverkehrs erforderlich ist, von Bedingungen abhängig gemacht oder mit Auflagen verbunden werden. Im Bereich der Inkassodienstleistungen soll die Auflage angeordnet werden, fremde Gelder unverzüglich an eine empfangsberechtigte Person weiterzuleiten oder auf ein gesondertes Konto einzuzahlen. Auflagen können jederzeit angeordnet oder geändert werden. Ist die Registrierung auf einen Teilbereich beschränkt, muss der Umfang der beruflichen Tätigkeit den Rechtsuchenden gegenüber eindeutig angegeben werden.

추가적 제공을 금지할 수 있다. 특히 제6조 제2항, 제7조 제2항 또는 제8조 제2항에 따른 의무(義務)에 대한 중대한 위반(違反)이 있는 경우에 이는 그러한 경우에 해당한다.

② 존속력이 있는 금지(Die bestandskräftige Untersagung)는 관할 관청(官廳)(der zuständigen Behörde)에 등록되어야 하고 제16조에 따른 법률서비스등록부로 공고(公告)해야 한다.

③ 가족관계, 이웃관계 또는 이에 유사한 밀접한 인적관계 내에서(innerhalb familiärer, nachbarschaftlicher oder ähnlich enger persönlicher Beziehungen) 무상법률서비스를 제공하는 자격(資格; Befugnis)은 위와 같은 금지에 의해 영향을 받지 아니한다.

제3편 등록인(謄錄人)에 의한 법률서비스

제10조 특별한 전문지식에 기한 법률서비스

① 관할 관청에 등록된 자연인, 법인 및 법인격이 없는 조합(Natürliche und juristische Personen sowie Gesellschaften ohne Rechtspersönlichkeit)['등록자격인(登錄資格人)'; registrierte Personen]은 특별한 전문지식에 기하여(aufgrund besonderer Sachkunde) 다음 각 호의 영역에서 법률서비스를 제공할 수 있다,

1. 채권추심업(제2조 제2항 제2문),
2. 법률상 연금보험·재해보험, 사회보상법, 그 밖의 사회보험법·중증장애인법의 영역에서 법률상 연금과 회사급여 및 직업단체급여에 관한(mit Bezug zu einer gesetzlichen Rente sowie der betrieblichen und berufsständischen Versorgung) 수급상담(受給相談),
3. 외국법에 대한 법률서비스; 외국법이 유럽연합회원국, 「유럽경제권에 관한 협약」 그 회원국 이외의 가입국(加入國)과 스위스의 법률(das Recht eines Mitgliedstaates der Europäischen Union, eines anderen Vertragsstaates des Abkommens über den Europäischen Wirtschaftsraum oder der Schweiz)인 경우에 유럽연합회원국의 법과 유럽경제권의 법의 영역에서도 상담할 수 있다.

제1문 영역에 해당하는 다른 활동에 의해 일부영역이 구분(區分)되고(wenn sich der Teilbereich von den anderen in den Bereich fallenden Tätigkeiten trennen lässt), 일부영역에 대한 등록이 공중의 이익이라는 강행적 이유에 배치되지 않은 한, 등록은 제1문의 영역 중 일부영역으로 제한되어 행해질 수 있다.

② 등록은 신청에 따라 행해진다. 제1항 제2문에 따른 등록은 일부영역에 행해져야 하는 경우에 그 일부영역이 신청에 표시되어야 한다.

③ 등록은, 이것이 권리추구자 또는 법적 거래의 보호에 필요한 경우에(wenn dies zum Schutz der Rechtsuchenden oder des Rechtsverkehrs erforderlich ist), 조건(條件)에 좌우되거나 부담(負擔)이 부과되어 행해질 수 있다. 채권추심업의 영역에서 타인의 금전을 지체 없이 수령권자(受領權者)에 전달하거나 별도의 계좌로 입금하도록 하는(fremde Gelder unverzüglich an eine empfangsberechtigte Person weiterzuleiten oder auf ein gesondertes Konto einzuzahlen) 부담이 부과되어어야 한다. 등록이 일부영역으로 제한되어 행해지는 경우에 직업활동의 범위(der Umfang der beruflichen Tätigkeit)는 권리추구자에 대하여 명확하게 명시되어야만 한다.

§ 11 Besondere Sachkunde, Berufsbezeichnungen

(1) Inkassodienstleistungen erfordern besondere Sachkunde in den für die beantragte Inkassotätigkeit bedeutsamen Gebieten des Rechts, insbesondere des Bürgerlichen Rechts, des Handels-, Wertpapier- und Gesellschaftsrechts, des Zivilprozessrechts einschließlich des Zwangsvollstreckungs- und Insolvenzrechts sowie des Kostenrechts.

(2) Rentenberatung erfordert besondere Sachkunde im Recht der gesetzlichen Renten- und Unfallversicherung und in den übrigen Teilbereichen des § 10 Abs. 1 Satz 1 Nr. 2, für die eine Registrierung beantragt wird, Kenntnisse über Aufbau, Gliederung und Strukturprinzipien der sozialen Sicherung sowie Kenntnisse der gemeinsamen, für alle Sozialleistungsbereiche geltenden Rechtsgrundsätze einschließlich des sozialrechtlichen Verwaltungsverfahrens und des sozialgerichtlichen Verfahrens.

(3) Rechtsdienstleistungen in einem ausländischen Recht erfordern besondere Sachkunde in dem ausländischen Recht oder in den Teilbereichen des ausländischen Rechts, für die eine Registrierung beantragt wird.

(4) Berufsbezeichnungen, die den Begriff "Inkasso" enthalten, sowie die Berufsbezeichnung "Rentenberaterin" oder "Rentenberater" oder diesen zum Verwechseln ähnliche Bezeichnungen dürfen nur von entsprechend registrierten Personen geführt werden.

(5) Personen, die eine Berufsqualifikation im Sinne des § 12 Absatz 3 Satz 4 besitzen und nur für einen Teilbereich nach § 10 Absatz 1 Satz 2 registriert sind, haben ihre Berufstätigkeit unter der in die deutsche Sprache übersetzten Berufsbezeichnung ihres Herkunftsstaates auszuüben.

§ 11a Darlegungs- und Informationspflichten bei Inkassodienstleistungen

(1) Registrierte Personen, die Inkassodienstleistungen erbringen, müssen, wenn sie eine Forderung gegenüber einer Privatperson geltend machen, mit der ersten Geltendmachung folgende Informationen klar und verständlich übermitteln:

1. den Namen oder die Firma ihrer Auftraggeberin oder ihres Auftraggebers,
2. den Forderungsgrund, bei Verträgen unter konkreter Darlegung des Vertragsgegenstands und des Datums des Vertragsschlusses,
3. wenn Zinsen geltend gemacht werden, eine Zinsberechnung unter Darlegung der zu verzinsenden Forderung, des Zinssatzes und des Zeitraums, für den die Zinsen berechnet werden,
4. wenn ein Zinssatz über dem gesetzlichen Verzugszinssatz geltend gemacht wird, einen gesonderten Hinweis hierauf und die Angabe, aufgrund welcher Umstände der erhöhte Zinssatz gefordert wird,
5. wenn eine Inkassovergütung oder sonstige Inkassokosten geltend gemacht werden, Angaben zu deren Art, Höhe und Entstehungsgrund,
6. wenn mit der Inkassovergütung Umsatzsteuerbeträge geltend gemacht werden, eine Erklärung,

제11조 특별한 전문지식, 직업명(職業名)

① 채권추심업은, 위탁된 추심활동에 있어 중요한 분야에 대한 특별한 전문지식을 필요로 하고, 특히 강제집행법, 파산법과 비용법을 포함하여(einschließlich des Zwangsvollstreckungs- und Insolvenzrechts sowie des Kostenrechts) 민법, 상법, 유가증권법, 회사법 및 민사소송법에 대한 특별한 전문지식을 필요로 한다.

② 수급상담(受給相談)은, 법률상 연금보험·재해보험과, 제10조 제1항 제1문 제2호의 그 밖의 일부영역으로 등록이 신청된 일부영역에 대한 특별한 지식, 사회보험의 구성, 편성 및 구조원리에 관한 지식과, 사회보장법상의 행정절차, 사회법원의 소송절차를 포함하여 모든 사회급부영역에 적용되는 공동의 법원칙에 대한 지식(Kenntnisse der gemeinsamen, für alle Sozialleistungsbereiche geltenden Rechtsgrundsätze einschließlich des sozialrechtlichen Verwaltungsverfahrens und des sozialgerichtlichen Verfahrens)을 필요로 한다.

③ 외국법에 대한 법률서비스는 외국법에 대한 특별한 지식이나 등록이 신청된 외국법의 일부영역에 대한(in den Teilbereichen des ausländischen Rechts, für die eine Registrierung beantragt wird) 특별한 전문지식을 필요로 한다.

④ "추심"의 개념을 포함하는 직업명, "연금상담사"라는 직업명 또는 혼동을 야기하는 이와 유사한 명칭은 오직 등록자격인만이 적절하게 사용될 수 있을 뿐이다.

⑤ 제12조 제3항 제4문상의 직업자격을 보유하고 제10조 제1항 제2문에 따라 일부영역에 대해서만 등록한 자는, 자신의 출신국(出身國) 직업명을 독일어로 번역하여 이를 사용하여 (unter der in die deutsche Sprache übersetzten Berufsbezeichnung ihres Herkunftsstaates) 직업활동을 수행해야 한다.

제11조a 채권추심업에서의 명시의무 및 정보제공의무

① 채권추심을 수행도록 등록자격인은, 개인(個人)에 대한 채권을 청구하는 경우에(wenn sie eine Forderung gegenüber einer Privatperson geltend machen), 최초의 청구시부터 다음 각 호의 정보를 명료하고도 이해가 쉽게 제공해야 한다.

1. 추심위임인의 이름 또는 상호,
2. 채권근거, 계약의 대상과 계약체결일을 구체적으로 명시한(unter konkreter Darlegung des Vertragsgegenstands und des Datums des Vertragsschlusses) 계약,
3. 이자를 청구하는 경우에(wenn Zinsen geltend gemacht werden) 이자부채권, 이율과 이자가 계산되는 기간(des Zeitraums, für den die Zinsen berechnet werden)을 명시한 이자의 산정,
4. 법정 지연이자를 초과하는 이자가 청구하는 경우에 이에 대한 각각의 안내와, 어떤 사정에 기하여 높은 이자가 청구되는지에 대한 사항(die Angabe, aufgrund welcher Umstände der erhöhte Zinssatz gefordert wird),
5. 추심보수 또는 그 밖의 추심비용을 청구하는 경우에 그 종류, 금액과 발생근거에 대한 사항(Angaben zu deren Art, Höhe und Entstehungsgrund),
6. 추심보수에 의해 부가가치세액을 청구하는 경우에 추심위임인이 이러한 금액을 세전(稅前)으로

dass die Auftraggeberin oder der Auftraggeber diese Beträge nicht als Vorsteuer abziehen kann. Auf Anfrage sind der Privatperson folgende Informationen ergänzend mitzuteilen:

1. eine ladungsfähige Anschrift der Auftraggeberin oder des Auftraggebers, wenn nicht dargelegt wird, dass dadurch schutzwürdige Interessen der Auftraggeberin oder des Auftraggebers beeinträchtigt werden,
2. der Name oder die Firma desjenigen, in dessen Person die Forderung entstanden ist,
3. bei Verträgen die wesentlichen Umstände des Vertragsschlusses.

(2) Privatperson im Sinne des Absatzes 1 ist jede natürliche Person, gegen die eine Forderung geltend gemacht wird, die nicht im Zusammenhang mit ihrer gewerblichen oder selbständigen beruflichen Tätigkeit steht.

§ 12 Registrierungsvoraussetzungen

(1) Voraussetzungen für die Registrierung sind

1. persönliche Eignung und Zuverlässigkeit; die Zuverlässigkeit fehlt in der Regel,
   a) wenn die Person in den letzten drei Jahren vor Antragstellung wegen eines Verbrechens oder eines die Berufsausübung betreffenden Vergehens rechtskräftig verurteilt worden ist,
   b) wenn die Vermögensverhältnisse der Person ungeordnet sind,
   c) wenn in den letzten drei Jahren vor Antragstellung eine Registrierung nach § 14 oder eine Zulassung zur Rechtsanwaltschaft nach § 14 Abs. 2 Nr. 1 bis 3 und 7 bis 9 der Bundesrechtsanwaltsordnung widerrufen, die Zulassung zur Rechtsanwaltschaft nach § 14 Abs. 1 der Bundesrechtsanwaltsordnung zurückgenommen oder nach § 7 der Bundesrechtsanwaltsordnung versagt worden oder ein Ausschluss aus der Rechtsanwaltschaft erfolgt ist,
2. theoretische und praktische Sachkunde in dem Bereich oder den Teilbereichen des § 10 Abs. 1, in denen die Rechtsdienstleistungen erbracht werden sollen,
3. eine Berufshaftpflichtversicherung mit einer Mindestversicherungssumme von 250 000 Euro für jeden Versicherungsfall.

(2) Die Vermögensverhältnisse einer Person sind in der Regel ungeordnet, wenn über ihr Vermögen das Insolvenzverfahren eröffnet worden oder sie in das vom Vollstreckungsgericht zu führende Verzeichnis (§ 26 Abs. 2 der Insolvenzordnung, § 882b der Zivilprozessordnung) eingetragen ist. Ungeordnete Vermögensverhältnisse liegen nicht vor, wenn die Gläubigerversammlung einer Fortführung des Unternehmens auf der Grundlage eines Insolvenzplans zugestimmt und das Gericht den Plan bestätigt hat, oder wenn die Vermögensinteressen der Rechtsuchenden aus anderen Gründen nicht konkret gefährdet sind.

(3) Die theoretische Sachkunde ist gegenüber der zuständigen Behörde durch Zeugnisse nachzuweisen. Praktische Sachkunde setzt in der Regel eine mindestens zwei Jahre unter Anleitung erfolgte Berufsausübung oder praktische Berufsausbildung voraus. In der Regel müssen

공제할 수 없다(dass die Auftraggeberin oder der Auftraggeber diese Beträge nicht als Vorsteuer abziehen kann)는 사항.

그 개인(個人)은 문의(問議)를 하여 다음 각 호의 정보를 추가적으로 제공받아야 한다:

1. 이에 의하여 보호가치가 있는 추심위임인의 이익이 침해될 것(dass dadurch schutzwürdige Interessen der Auftraggeberin oder des Auftraggebers beeinträchtigt werden)으로 인정되지 않은 경우에 추심위임인의 배송 가능한 주소,
2. 채권이 발생한 자(in dessen Person die Forderung entstanden ist)의 이름 또는 상호(商號),
3. 계약의 경우 계약체결의 중요한 사정.

② 제1항상의 개인은, 채권을 청구받는 모든 자연인으로, 영업활동이나 독립된 직업활동과 관련성이 없는(die nicht im Zusammenhang mit ihrer gewerblichen oder selbständigen beruflichen Tätigkeit steht) 자연인을 말한다.

제12조 등록요건

① 등록에 대한 요건은 다음 각 호와 같다,

1. 인적 자격 및 신용(信用); 다음 각 목의 경우에 통상적으로 신용(信用)이 결여된 경우이다,
   a) 어느 자(者)가 신청 접수 전(前)으로부터 최근 3년 동안 어떤 중죄[53](重罪) 또는 직업수행에 관련된 어떤 경죄[54](輕罪)로 인한 유죄판결이 확정된 경우,
   b) 어느 자의 재산관계가 무질서한 경우,
   c) 신청 접수 전(前)으로부터 최근 3년 동안(in den letzten drei Jahren vor Antragstellung eine Registrierung) 제14조에 따른 등록이나 연방변호사법 제14조 제2항 제1호 내지 제3호, 제7호 내지 제9호에 따라 변호사직(辯護士職)에 인가(認可)가 철회된 경우, 연방변호사법 제14조 제1항 또는 연방변호사법 제7조에 따른 변호사직(辯護士職)에 대한 인가(認可)가 금지되거나 변호사직에서의 제명이 이뤄진(ein Ausschluss aus der Rechtsanwaltschaft erfolgt ist) 경우
2. 법률서비스가 제공되어야 하는(in denen die Rechtsdienstleistungen erbracht werden sollen), 제10조 제1항상의 영역 또는 일부영역에 대한 이론적·실무적 전문지식,
3. 각 보험사고(保險事故)에 대한 250,000유로의 최소보험금(Mindestversicherungssumme von 250 000 Euro für jeden Versicherungsfall)이 지급되는 직업책임보험.

② 그 재산에 관하여 파산절차가 개시되거나(wenn über ihr Vermögen das Insolvenzverfahren eröffnet worden), 어느 자가 집행법원이 작성한 채무목록(파산법 제26조 제2항, 민사소송법 제882조 b)에 등재된 경우에는 그 자의 재산관계는 무질서한 것이다. 파산개시가 된 경우에 채권자집회에서 파산계획에 기하여 기업의 계속경영에 대해 동의가 이뤄지고 법원의 그 계획을 인가한 경우, 또는 권리추구자의 재산관계가 그 밖의 사유에 기하여 구체적으로 위태롭지 않은 경우에는 무질서한 재산관계(Ungeordnete Vermögensverhältnisse)에 해당하지 아니한다.

③ 이론적 전문지식은 관할 관청에 대하여 증명서로 증명되어야 한다. 실무적 전문지식은 보통 최소 2년간 지도를 받으면서 행한 직업수행 또는 실무 직업교육(unter Anleitung erfolgte Berufsausübung oder praktische Berufsausbildung)을 요건으로 한다. 통상적으로 제10조 제1항 제1문 제1호의 경우에

im Fall des § 10 Absatz 1 Satz 1 Nummer 1 zumindest zwölf Monate, im Fall des § 10 Absatz 1 Satz 1 Nummer 2 zumindest 18 Monate der Berufsausübung oder -ausbildung im Inland erfolgen. Ist die Person berechtigt, in einem anderen Mitgliedstaat der Europäischen Union, einem anderen Vertragsstaat des Abkommens über den Europäischen Wirtschaftsraum oder der Schweiz einen der in § 10 Absatz 1 Satz 1 Nummer 1 oder 2 genannten Berufe oder einen vergleichbaren Beruf auszuüben, und liegen die Voraussetzungen des § 1 Absatz 2 und 3 des Gesetzes über die Tätigkeit europäischer Patentanwälte in Deutschland sinngemäß vor, so kann die Sachkunde unter Berücksichtigung der bestehenden Berufsqualifikation auch durch einen mindestens sechsmonatigen Anpassungslehrgang nachgewiesen werden. Das Berufsqualifikationsfeststellungsgesetz ist nicht anzuwenden.

(4) Juristische Personen und Gesellschaften ohne Rechtspersönlichkeit müssen mindestens eine natürliche Person benennen, die alle nach Absatz 1 Nr. 1 und 2 erforderlichen Voraussetzungen erfüllt (qualifizierte Person). Die qualifizierte Person muss in dem Unternehmen dauerhaft beschäftigt, in allen Angelegenheiten, die Rechtsdienstleistungen des Unternehmens betreffen, weisungsunabhängig und weisungsbefugt sowie zur Vertretung nach außen berechtigt sein. Registrierte Einzelpersonen können qualifizierte Personen benennen.

(5) Das Bundesministerium der Justiz und für Verbraucherschutz wird ermächtigt, durch Rechtsverordnung mit Zustimmung des Bundesrates die Einzelheiten zu den Voraussetzungen der Registrierung nach den §§ 11 und 12 zu regeln, insbesondere die Anforderungen an die Sachkunde und ihren Nachweis einschließlich der Anerkennung und Zertifizierung privater Anbieter von Sachkundelehrgängen, an die Anerkennung ausländischer Berufsqualifikationen und den Anpassungslehrgang sowie, auch abweichend von den Vorschriften des Versicherungsvertragsgesetzes für die Pflichtversicherung, an Inhalt und Ausgestaltung der Berufshaftpflichtversicherung.

§ 13 Registrierungsverfahren

(1) Der Antrag auf Registrierung ist an die für den Ort der inländischen Hauptniederlassung zuständige Behörde zu richten. Hat eine Person im Inland keine Niederlassung, so kann sie den Antrag an jede nach § 19 für die Durchführung dieses Gesetzes zuständige Behörde richten. Das Registrierungsverfahren kann auch über eine einheitliche Stelle nach den Vorschriften des Verwaltungsverfahrensgesetzes abgewickelt werden. Mit dem Antrag, der alle nach § 16 Absatz 2 Satz 1 Nummer 1 Buchstabe a bis d in das Rechtsdienstleistungsregister einzutragenden Angaben enthalten muss, sind zur Prüfung der Voraussetzungen nach § 12 Abs. 1 Nr. 1 und 2 sowie Abs. 4 beizubringen:

1. eine zusammenfassende Darstellung des beruflichen Ausbildungsgangs und der bisherigen Berufsausübung,
2. ein Führungszeugnis nach § 30 Abs. 5 des Bundeszentralregistergesetzes,

12개월 이상, 제10조 제1항 제1문 제2호의 경우에 18개월 이상 그러한 직업수행 또는 직업교육(der Berufsausübung oder -ausbildung)이 독일 내에서 행해져야 한다. 어느 자가, 독일 이외의 어느 유럽 회원국(einem anderen Mitgliedstaat der Europäischen Union)이나 「유럽경제권에 관한 협약」 그 회원국 이외의 어느 가입국(加入國) 또는 스위스에서 제10조 제1항 제1문 제1호 또는 제2호상의 직업이나 이에 유사한 직업을 수행할 자격을 가지고, 독일 내 유럽 변리사의 활동에 관한 본 법률의 제1조 제2항, 제3항의 요건이 준용되는 경우(liegen die Voraussetzungen des § 1 Absatz 2 und 3 des Gesetzes über die Tätigkeit europäischer Patentanwälte in Deutschland sinngemäß vor)에 현행의 직업자격을 고려하여 전문지식은 6개월 이상의 적응학습과정(Anpassungslehrgang)으로 증명(證明)될 수 있다. 직업자격확인법은 적용되지 아니한다.

④ 법인과 법인격 없는 조합은, 제1조 제1항, 제1호에 따라 필요한 일체의 요건을 충족한 1명 이상의 자연인('자격 있는 자'; qualifizierte Person)을 임명해야 한다. 그 자격 있는 자는, 기업에 계속적으로 고용되어야만 하고, 그 기업의 법률서비스가 관련된 모든 사무에서 지시에 독립적이고 지시할 권한이 있어야만 하며 대외적으로 대리할 자격을 갖추어야만 한다(in allen Angelegenheiten, die Rechtsdienstleistungen des Unternehmens betreffen, weisungsunabhängig und weisungsbefugt sowie zur Vertretung nach außen berechtigt sein). 등록된 개인은 자격 있는 자를 임명할 수 있다.

⑤ 연방법무소비자부는 연방참사원의 동의를 얻어야 하는 법규명령으로 제11조, 제12조에 따른 등록의 요건에 대한 세부사항을 규율할 권한을 갖고, 특히 전문지식교육과정의 민간제공자에 대한 승인 및 인증을 포함하여 전문지식에 대한 요구사항과 그 전문지식에 대한 증명, 외국 직업자격과 적응학습과정에 대한 요구사항과, 책임보험에 대한 보험계약법 규정과 다르게 규정한, 직업책임보험의 내용과 구성(構成)에 대한 요구사항(an die Anerkennung ausländischer Berufsqualifikationen und den Anpassungslehrgang sowie, auch abweichend von den Vorschriften des Versicherungsvertragsgesetzes für die Pflichtversicherung, an Inhalt und Ausgestaltung der Berufshaftpflichtversicherung)을 규율할 권한을 갖는다.

제13조 등록절차

① 등록 신청은 독일의 주사무소의 장소를 관할하는 관청에 제출되어야 한다. 어느 자가 독일 내에 사무소를 두지 않은 경우에 그 자는 제19조에 따라 본 법률의 시행을 관할하는 모든 관청에(an jede nach § 19 für die Durchführung dieses Gesetzes zuständige Behörde) 그 신청을 제출할 수 있다. 등록절차는 행정절차법의 규정에 따라 하나의 단일기관에 의해서도(auch über eine einheitliche Stelle) 처리될 수 있다. 제16조 제2항 제1문 제1호 a목 내지 d목에 따라 법률서비스등록부 등재해야 하는 일체의 사항을 포함해야 하는 신청과 함께(Mit dem Antrag, der alle nach § 16 Absatz 2 Satz 1 Nummer 1 Buchstabe a bis d in das Rechtsdienstleistungsregister einzutragenden Angaben enthalten muss), 다음 각 호 사항이 제12조 제1항 제1호, 제2호, 제4항에 따른 요건에 대한 심사를 위해 제출되어야 한다.

1. 직업 교육과정과 종전의 직업수행에 대한 종합적 기술,
2. 연방중앙등기법 제30조 제5항에 따른 신원조회서(Führungszeugnis),

3. eine Erklärung, ob ein Insolvenzverfahren anhängig oder in den letzten drei Jahren vor Antragstellung eine Eintragung in ein Schuldnerverzeichnis (§ 26 Abs. 2 der Insolvenzordnung, § 882b der Zivilprozessordnung) erfolgt ist,
4. eine Erklärung, ob in den letzten drei Jahren vor Antragstellung eine Registrierung oder eine Zulassung zur Rechtsanwaltschaft versagt, zurückgenommen oder widerrufen wurde oder ein Ausschluss aus der Rechtsanwaltschaft erfolgt ist, und, wenn dies der Fall ist, eine Kopie des Bescheids,
5. Unterlagen zum Nachweis der theoretischen und praktischen Sachkunde.

In den Fällen des § 12 Abs. 4 müssen die in Satz 3 genannten Unterlagen sowie Unterlagen zum Nachweis der in § 12 Abs. 4 Satz 2 genannten Voraussetzungen für jede qualifizierte Person gesondert beigebracht werden.

(2) Über den Antrag ist innerhalb einer Frist von drei Monaten zu entscheiden; § 42a Absatz 2 Satz 2 bis 4 des Verwaltungsverfahrensgesetzes gilt entsprechend. Wenn die Registrierungsvoraussetzungen nach § 12 Absatz 1 Nummer 1 und 2 sowie Absatz 4 vorliegen, fordert die zuständige Behörde den Antragsteller vor Ablauf der Frist nach Satz 1 auf, den Nachweis über die Berufshaftpflichtversicherung sowie über die Erfüllung von Bedingungen (§ 10 Absatz 3 Satz 1) zu erbringen. Sobald diese Nachweise erbracht sind, nimmt sie die Registrierung vor und veranlasst ihre öffentliche Bekanntmachung im Rechtsdienstleistungsregister.

(3) Registrierte Personen oder ihre Rechtsnachfolger müssen alle Änderungen, die sich auf die Registrierung oder den Inhalt des Rechtsdienstleistungsregisters auswirken, der zuständigen Behörde unverzüglich in Textform mitteilen. Diese veranlasst die notwendigen Registrierungen und ihre öffentliche Bekanntmachung im Rechtsdienstleistungsregister. Wirkt sich eine Verlegung der Hauptniederlassung auf die Zuständigkeit nach Absatz 1 Satz 1 aus, so gibt die Behörde den Vorgang an die Behörde ab, die für den Ort der neuen Hauptniederlassung zuständig ist. Diese unterrichtet die registrierte Person über die erfolgte Übernahme, registriert die Änderung und veranlasst ihre öffentliche Bekanntmachung im Rechtsdienstleistungsregister.

(4) Das Bundesministerium der Justiz und für Verbraucherschutz wird ermächtigt, durch Rechtsverordnung mit Zustimmung des Bundesrates die Einzelheiten des Registrierungsverfahrens zu regeln. Dabei sind insbesondere Aufbewahrungs- und Löschungsfristen vorzusehen.

§ 13a Aufsichtsmaßnahmen

(1) Die zuständige Behörde übt die Aufsicht über die Einhaltung dieses Gesetzes aus.

(2) Die zuständige Behörde trifft gegenüber Personen, die Rechtsdienstleistungen erbringen, Maßnahmen, um die Einhaltung dieses Gesetzes sicherzustellen. Sie kann insbesondere Auflagen nach § 10 Absatz 3 Satz 3 anordnen oder ändern.

(3) Die zuständige Behörde kann einer Person, die Rechtsdienstleistungen erbringt, den Betrieb

3. 파산절차가 계류중인지 여부(ob ein Insolvenzverfahren anhängig)나 신청 접수 전(前)으로부터 최근 3년 동안 채무목록(파산법 제26조 제2항, 민사소송법 제882조b)에 등재가 이뤄졌는지 여부에 대한 진술,
4. 신청 접수 전(前)으로부터 최근 3년 동안 등록이나 변호사직(辯護士職)의 인가가 거부되거나 취소되거나 또는 철회되었는지 여부 또는 변호사직(辯護士職)에서 제명되었는지 여부에 대한 진술, 만일 이러한 경우에 해당하는 경우에 결정서 사본(ein Ausschluss aus der Rechtsanwaltschaft erfolgt ist, und, wenn dies der Fall ist, eine Kopie des Bescheids),
5. 이론적·실무적 전문지식에 대한 증명에 관한 서류.

제12조 제4항의 경우에 제3문상의 서류와 제12조 제4항 제2문상의 요건에 대한 증명에 관한 서류(Unterlagen zum Nachweis der in § 12 Abs. 4 Satz 2 genannten Voraussetzungen)는 각 자격(資格) 있는 자별(者別)로 제출되어야만 한다.

② 그 신청에 관하여 3개월의 기간 이내에(innerhalb einer Frist von drei Monaten) 결정해야 한다; 행정절차법 제42조a 제2항 제2문 내지 제4문을 준용한다. 제12조 제1항 제1호, 제2호, 제4항에 따른 등록요건이 있는 경우에 관할 관청은 신청인에게 제1문에 따른 기간 경과 전에 직업책임보험과 조건(제10조 제3항 제1문)을 충족 여부에 대한 증명을 제출하도록[den Nachweis über die Berufshaftpflichtversicherung sowie über die Erfüllung von Bedingungen (§ 10 Absatz 3 Satz 1) zu erbringen] 요구한다. 이러한 증명이 제출된 때에는(Sobald diese Nachweise erbracht sind) 관할 관청은 등록을 수리(受理)한 다음 등록을 법률서비스등록부에 공시(公示)하도록 촉탁한다.

③ 등록자격인 또는 그 승계인은, 등록 또는 법률서비스등록부의 내용에 영향을 미치는 일체의 변경에 대하여 관할 관청에 지체 없이 문면방식으로 통지해야만 한다. 관할 관청은 필요한 등록과 등록의 법률서비스등록부에 대한 공시를 촉탁한다. 주사무소의 이전이 제1항 제1문에 따른 관할권에 영향을 미치는 경우에(Wirkt sich eine Verlegung der Hauptniederlassung auf die Zuständigkeit nach Absatz 1 Satz 1 aus), 그 관청은 새로운 주사무소의 장소를 관할하는(die für den Ort der neuen Hauptniederlassung zuständig ist) 관청에 사건을(Vorgang) 이첩(移牒)한다. 그 관청은 등록자격인에게 행해진 인수사항(die erfolgte Übernahme)에 관하여 통지하고 변경을 등록하며 그 변경을 법률서비스등록부에 공시하도록 촉탁한다.

④ 연방법무소비자부는 연방참사원의 동의를 얻어야 하는 법규명령으로 등록절차의 세부사항을 규율할 권한을 갖는다. 이 경우 특히 보관기간 및 삭제기간(Aufbewahrungs- und Löschungsfristen)을 규정(規定)해야 한다.

제13조a 감독조치

① 관할 관청은 본 법을 준수하는지에 관하여 감독을 한다.

② 관할 관청은 법률서비스를 제공하는 자에 대하여 본 법 준수의 확보를 위한(um die Einhaltung dieses Gesetzes sicherzustellen) 조치를 취한다. 그 관청은 특히 제10조 제2항 제3문에 따른 부담을 명령하거나 이를 변경할 수 있다.

③ 관할 관청은, 근거 있는 사실에 의해 다음 각 호의 추정(推定)이 정당화되는 경우에, 법률서비스

vorübergehend ganz oder teilweise untersagen, wenn begründete Tatsachen die Annahme rechtfertigen, dass

1. eine Voraussetzung für die Registrierung nach § 12 weggefallen ist oder
2. erheblich oder dauerhaft gegen Pflichten verstoßen wird.

(4) Soweit es zur Erfüllung der der zuständigen Behörde als Aufsichtsbehörde übertragenen Aufgaben erforderlich ist, hat die Person, die Rechtsdienstleistungen erbringt, der zuständigen Behörde und den in ihrem Auftrag handelnden Personen das Betreten der Geschäftsräume während der üblichen Betriebszeiten zu gestatten, auf Verlangen die in Betracht kommenden Bücher, Aufzeichnungen, Belege, Schriftstücke und sonstigen Unterlagen in geeigneter Weise zur Einsicht vorzulegen, auch soweit sie elektronisch geführt werden, Auskunft zu erteilen und die erforderliche Unterstützung zu gewähren. Der zur Erteilung einer Auskunft Verpflichtete kann die Auskunft verweigern, wenn er sich damit selbst oder einen der in § 383 Absatz 1 Nummer 1 bis 3 der Zivilprozessordnung bezeichneten Angehörigen der Gefahr der Verfolgung wegen einer Straftat oder eines Verfahrens nach dem Gesetz über Ordnungswidrigkeiten aussetzen würde. Er ist auf dieses Recht hinzuweisen.

§ 14 Widerruf der Registrierung

Die zuständige Behörde widerruft die Registrierung unbeschadet des § 49 des Verwaltungsverfahrensgesetzes oder entsprechender landesrechtlicher Vorschriften,

1. wenn begründete Tatsachen die Annahme rechtfertigen, dass die registrierte Person oder eine qualifizierte Person die erforderliche persönliche Eignung oder Zuverlässigkeit nicht mehr besitzt; dies ist in der Regel der Fall, wenn einer der in § 12 Abs. 1 Nr. 1 genannten Gründe nachträglich eintritt oder die registrierte Person beharrlich Änderungsmitteilungen nach § 13 Abs. 3 Satz 1 unterlässt,
2. wenn die registrierte Person keine Berufshaftpflichtversicherung nach § 12 Abs. 1 Nr. 3 mehr unterhält,
3. wenn begründete Tatsachen die Annahme dauerhaft unqualifizierter Rechtsdienstleistungen zum Nachteil der Rechtsuchenden oder des Rechtsverkehrs rechtfertigen; dies ist in der Regel der Fall, wenn die registrierte Person in erheblichem Umfang Rechtsdienstleistungen über die eingetragene Befugnis hinaus erbringt oder beharrlich gegen Auflagen oder Darlegungs- und Informationspflichten nach § 11a verstößt,
4. wenn eine juristische Person oder eine Gesellschaft ohne Rechtspersönlichkeit, die keine weitere qualifizierte Person benannt hat, bei Ausscheiden der qualifizierten Person nicht innerhalb von sechs Monaten eine qualifizierte Person benennt.

§ 14a Bestellung eines Abwicklers für Rentenberater

를 제공하는(die Rechtsdienstleistungen erbringt) 자에게 사업의 전부 또는 일부를 일시적으로 중단할 수 있다,

1. 제12조에 따른 등록의 요건이 소멸한 점,
2. 의무를 중대하게 또는 지속적으로 위반했을 것이라는 점.

④ 법률서비스를 제공하는 자는, 그것이 관할 관청에 감독청으로서 이양된 임무의 이행을 이해하는 데 필요한 범위 내에서, 관할 관청, 그 관청의 위임으로 행위하는 자, 통상적인 영업시간에 그 사업장에 출입하는 자에게, 그 요구가 있는 경우 문제가 되는, 책, 문서(文書), 증빙서류(證憑書類), 문건(文件) 및 그 밖의 서류(die in Betracht kommenden Bücher, Aufzeichnungen, Belege, Schriftstücke und sonstigen Unterlagen)를, 이것들이 전자적으로 작성되었을지라도, 적당한 방법으로 열람하도록 제시하는 것을 허용해야 하고, 이에 대하여 정보를 제공해야 하며 필요한 서명을 허용해야 한다. 그 정보를 제공할 의무를 부담하는 자(Der zur Erteilung einer Auskunft Verpflichtete)는, 그 정보제공으로써 자신 또는 민사소송법 제383조 제1항 제1호 내지 제3호상의 가족 중 한 사람에 범죄로 인한 형사소추의 위험이나 질서위반행위에 관한 법률에 따른 절차의 위험을 노출하게 하는(der Gefahr der Verfolgung wegen einer Straftat oder eines Verfahrens nach dem Gesetz über Ordnungswidrigkeiten aussetzen würde) 경우에는 그 정보제공을 거부할 수 있다.

제14조 등록의 철회

관할 관청은 행정절차법 제49조 또는 이에 상응하는 주법 규정에 상관없이 다음 각 호의 경우에 등록을 철회한다,

1. 등록자격인 또는 자격 있는 자가 필요한 인적 자격 또는 신용을 더 이상 보유하지 않는다는 추정(推定)이 근거 있는 사실에 의해 정당화되는 경우; 제12조 제1항 제1호상의 사유들 중 어느 사유(einer der in § 12 Abs. 1 Nr. 1 genannten Gründe)가 사후적으로 발생하거나 등록자격인이 제13조 제3항 제1문에 따른 변경통지를 완고하게(beharrlich) 하지 않은 경우는 보통 이런 경우에 해당한다.
2. 등록자격인이 제12조 제1항 제3호에 따른 직업책임보험(Berufshaftpflichtversicherung)에 더 이상 가입하지 않은 경우
3. 근거가 있는 사실에 의해, 무자격의 법률서비스 지속적 제공이 권리추구자 또는 법적 거래에 해(害)(zum Nachteil der Rechtsuchenden oder des Rechtsverkehrs)가 된다는 추정(推定)이 정당화되는 경우; 등록자격인이 등록된 자격을 현저하게 넘어서 법률서비스를 제공하거나 제11조a에 따른 부담 또는 명시의무 및 정보제공의무(Auflagen oder Darlegungs- und Informationspflichten nach § 11a)에 지속적으로 위반하는 경우는 보통 이런 경우에 해당한다.
4. 그 법인 또는 법인격 없는 조합(eine Gesellschaft ohne Rechtspersönlichkeit)이 자격 있는 자의 이탈(離脫)시(bei Ausscheiden der qualifizierten Person) 6개월 이내에(innerhalb von sechs Monaten) 추가적으로 자격 있는 자 1명(eine qualifizierte Person)을 임명하지 않은 경우.

제14조a 연금상담사의 청산인의 선임

(1) Ist eine als Rentenberater registrierte Person (§ 10 Absatz 1 Satz 1 Nummer 2) verstorben oder wurde ihre Registrierung zurückgenommen oder widerrufen, so kann die für die Registrierung zuständige Behörde einen Abwickler für ihre Praxis bestellen. Der Abwickler muss Rechtsanwalt sein oder eine Registrierung für denselben Bereich besitzen wie die registrierte Person, deren Praxis abzuwickeln ist.

(2) Für die Bestellung und Durchführung der Abwicklung gelten § 53 Absatz 5 Satz 3, Absatz 9 und 10 Satz 1 bis 6 sowie § 55 Absatz 1 Satz 4 und 5, Absatz 2 Satz 1 und 4, Absatz 3 Satz 2 und Absatz 4 der Bundesrechtsanwaltsordnung entsprechend mit der Maßgabe, dass an die Stelle des Vorstands der Rechtsanwaltskammer die Behörde tritt, die den Abwickler bestellt hat.

§ 15 Vorübergehende Rechtsdienstleistungen

(1) Natürliche und juristische Personen sowie Gesellschaften ohne Rechtspersönlichkeit, die in einem anderen Mitgliedstaat der Europäischen Union, in einem anderen Vertragsstaat des Abkommens über den Europäischen Wirtschaftsraum oder in der Schweiz zur Ausübung eines in § 10 Absatz 1 Satz 1 Nummer 1 oder 2 genannten oder eines vergleichbaren Berufs rechtmäßig niedergelassen sind, dürfen diesen Beruf in der Bundesrepublik Deutschland mit denselben Rechten und Pflichten wie eine nach § 10 Absatz 1 Satz 1 Nummer 1 oder 2 registrierte Person vorübergehend und gelegentlich ausüben (vorübergehende Rechtsdienstleistungen). Wenn weder der Beruf noch die Ausbildung zu diesem Beruf im Staat der Niederlassung reglementiert sind, gilt dies nur, wenn die Person oder Gesellschaft den Beruf in den in Satz 1 genannten Staaten während der vorhergehenden zehn Jahre mindestens ein Jahr ausgeübt hat. Ob Rechtsdienstleistungen vorübergehend und gelegentlich erbracht werden, ist insbesondere anhand ihrer Dauer, Häufigkeit, regelmäßigen Wiederkehr und Kontinuität zu beurteilen.

(2) Vorübergehende Rechtsdienstleistungen sind nur zulässig, wenn die Person oder Gesellschaft vor der ersten Erbringung von Dienstleistungen im Inland einer nach § 19 zuständigen Behörde in Textform eine Meldung mit dem Inhalt nach Satz 2 erstattet. Das Registrierungsverfahren kann auch über eine einheitliche Stelle nach den §§ 71a bis 71e des Verwaltungsverfahrensgesetzes abgewickelt werden. Die Meldung muss neben den nach § 16 Absatz 2 Satz 1 Nummer 1 Buchstabe a bis c im Rechtsdienstleistungsregister öffentlich bekanntzumachenden Angaben enthalten:

1. eine Bescheinigung darüber, dass die Person oder Gesellschaft in einem Mitgliedstaat der Europäischen Union, in einem anderen Vertragsstaat des Abkommens über den Europäischen Wirtschaftsraum oder in der Schweiz rechtmäßig zur Ausübung eines der in § 10 Absatz 1 Satz 1 Nummer 1 oder 2 genannten Berufe oder eines vergleichbaren Berufs niedergelassen ist und dass ihr die Ausübung dieser Tätigkeit zum Zeitpunkt der Vorlage der Bescheinigung nicht, auch nicht vorübergehend, untersagt ist,

① 연금상담사로 등록자격인(제10조 제1항 제2문)이 사망하거나 그 등록이 취소되거나 철회된 경우에 등록을 관할하는 관청은 그 업무를 담당할 청산인을 선임(選任)할 수 있다. 청상인은 변호사이어야만 하거나 그 업무가 청산될 등록자격인과 동일한 영역에 대한 등록을 보유해야만 (eine Registrierung für denselben Bereich besitzen wie die registrierte Person, deren Praxis abzuwickeln ist) 한다.

② 그 선임(選任)과 청산(淸算)의 실행(實行)에 대하여(Für die Bestellung und Durchführung der Abwicklung), 청산인을 선임한 관청이 변호사협회 이사회(Vorstands der Rechtsanwaltskammer)를 대신한다는 기준하에 연방변호사법 제53조 제5항 제3문, 제9항, 제10항 제1문 내지 제6문, 제55조 제1항 제4문, 제5문, 제2항 제1문, 제4문, 제3항 제2문, 제4항을 준용한다.

제15조 일시적 법률서비스

① 제10조 제1항 제1문 제1호 또는 제2호상의 직업이나 이와 유사한 직업의 수행을 위하여 독일 이외의 유럽연합회원국이나 「유럽경제권에 관한 협약」의 그 회원국 이외의 가입국(加入國) 또는 스위스에 합법적으로 지사(支社)를 둔(die in einem anderen Mitgliedstaat der Europäischen Union, in einem anderen Vertragsstaat des Abkommens über den Europäischen Wirtschaftsraum oder in der Schweiz zur Ausübung eines in § 10 Absatz 1 Satz 1 Nummer 1 oder 2 genannten oder eines vergleichbaren Berufs rechtmäßig niedergelassen sind) 자연인, 법인과 권리 능력 없는 조합은, 독일연방공화국에서 제10조 제1항 제1문 제1호 또는 제2호에 따라 등록자격인과 같은 동일한 권리 의무에 의해 일시적이고도 간헐적으로 이러한 직업을 수행할 수 있다(일시적 법률서비스). 이러한 직업도 그 직업에 관한 직업교육도 지사를 둔 국가에서 규제되지 않은 경우에, 위와 같은 자 또는 조합은 제1문상의 국가에서 과거 10년 동안 1년 이상 그 직업을 수행하는 경우에 한하여 이를 적용한다. 법률서비스가 일시적이고도 간헐적으로 제공되는지 여부는 특히 법률서비스의 기간, 빈도, 정기적 반복 및 계속성에 의해 판단해야 한다.

② 위와 같은 자 또는 조합이 최초의 서비스 제공 전에 독일에서 제19조에 따른 관할 관청 중 어느 관청에 문면방식으로 제2문에 따른 내용이 있는 신고를 한 경우에 한하여 일시적 법률서비스는 허가된다. 그 등록절차는 행정절차법 제71조a 내지 제71조e에 따른 하나의 단일기관에 의해서도(auch über eine einheitliche Stelle nach den §§ 71a bis 71e des Verwaltungsverfahrensgesetzes) 처리될 수 있다. 그 통지는 제16조 제2항 제1문 제1호 a목 내지 c목에 따라 법률서비스등록부로 공시(公示)된 사항 이외에도 다음 각 호 사항이 포함(包含)되어야만 한다:

1. 위와 같은 자 또는 조합이 독일 이외의 유럽연합회원국(einem Mitgliedstaat der Europäischen Union)이나 「유럽경제권에 관한 협약」의 그 회원국 이외의 가입국(加入國) 또는 스위스에서 제10조 제1항 제1문 제1호 또는 제2호상의 직업이나 이와 유사한 직업을 수행하기 위하여 합법적으로 지사를 두었다는 점과 그 직업 수행이 증명서 제출 당시에 일시적으로나마 금지되지 않았다는 점(ihr die Ausübung dieser Tätigkeit zum Zeitpunkt der Vorlage der Bescheinigung nicht, auch nicht vorübergehend, untersagt ist)에 관한 증명서(eine Bescheinigung),

2. einen Nachweis darüber, dass die Person oder Gesellschaft den Beruf in den in Nummer 1 genannten Staaten während der vorhergehenden zehn Jahre mindestens ein Jahr rechtmäßig ausgeübt hat, wenn der Beruf dort nicht reglementiert ist,
3. sofern der Beruf auf dem Gebiet der Bundesrepublik Deutschland ausgeübt wird, einen Nachweis über das Bestehen einer Berufshaftpflichtversicherung nach Absatz 5 oder Angaben dazu, warum der Abschluss einer solchen Versicherung nicht möglich oder unzumutbar ist; anderenfalls eine Erklärung darüber, dass der Beruf ausschließlich aus dem Niederlassungsstaat heraus ausgeübt wird,
4. die Angabe der Berufsbezeichnung, unter der die Tätigkeit im Inland zu erbringen ist.

§ 13 Abs. 3 Satz 1 gilt entsprechend. Die Meldung ist jährlich zu wiederholen, wenn die Person oder Gesellschaft nach Ablauf eines Jahres erneut vorübergehende Rechtsdienstleistungen im Inland erbringen will. In diesem Fall ist der Nachweis oder die Erklärung nach Satz 3 Nummer 3 erneut beizufügen.

(3) Sobald die Meldung nach Absatz 2 vollständig vorliegt, nimmt die zuständige Behörde eine vorübergehende Registrierung oder ihre Verlängerung um ein Jahr vor und veranlasst die öffentliche Bekanntmachung im Rechtsdienstleistungsregister. Das Verfahren ist kostenfrei.

(4) Vorübergehende Rechtsdienstleistungen sind unter der in der Sprache des Niederlassungsstaats für die Tätigkeit bestehenden Berufsbezeichnung zu erbringen. Eine Verwechslung mit den in § 11 Abs. 4 aufgeführten Berufsbezeichnungen muss ausgeschlossen sein.

(5) Vorübergehend registrierte Personen oder Gesellschaften, die ihren Beruf auf dem Gebiet der Bundesrepublik Deutschland ausüben, sind verpflichtet, eine Berufshaftpflichtversicherung zur Deckung der sich aus ihrer Berufstätigkeit in Deutschland ergebenden Haftpflichtgefahren für Vermögensschäden abzuschließen, die nach Art und Umfang den durch ihre berufliche Tätigkeit entstehenden Risiken angemessen ist. Ist der Person oder Gesellschaft der Abschluss einer solchen Versicherung nicht möglich oder unzumutbar, hat sie ihre Auftraggeberin oder ihren Auftraggeber vor ihrer Beauftragung auf diese Tatsache und deren Folgen in Textform hinzuweisen.

(6) Die zuständige Behörde kann einer vorübergehend registrierten Person oder Gesellschaft die weitere Erbringung von Rechtsdienstleistungen untersagen, wenn aufgrund begründeter Tatsachen anzunehmen ist, dass sie dauerhaft unqualifizierte Rechtsdienstleistungen zum Nachteil der Rechtsuchenden oder des Rechtsverkehrs erbringen wird oder wenn sie in erheblichem Maß gegen Berufspflichten verstoßen hat. Die Voraussetzungen nach Satz 1 sind regelmäßig erfüllt, wenn die Person oder Gesellschaft

1. im Staat der Niederlassung nicht mehr rechtmäßig niedergelassen ist oder ihr die Ausübung der Tätigkeit dort untersagt ist,
2. in erheblichem Umfang Rechtsdienstleistungen über die eingetragene Befugnis hinaus erbringt,

2. 그 직업이 제1호상의 국가에서 규제되지 않아, 위와 같은 자 또는 조합이 그 국가에서 직업을 과거 10년 동안 1년 이상(während der vorhergehenden zehn Jahre mindestens ein Jahr) 합법적으로 수행했다는 점에 관한 증명서,
3. 그 직업이 독일연방공화국 영토에서 수행되는 한, 제5항에 따른 직업책임보험에 가입이나, 그러한 보험계약 체결이 불가능하거나 기대할 수 없는 이유에 관한 사항(Angaben dazu, warum der Abschluss einer solchen Versicherung nicht möglich oder unzumutbar ist)에 관한 증명서; 그렇지 않으면 그 직업이 오로지 지사(支社)를 둔 국가(國家) 밖에서만 수행된다는 점에 관한 진술(陳述),
4. 독일 내 활동을 수행해야 하는(unter der die Tätigkeit im Inland zu erbringen ist) 직업명의 사항.

제13조 제3항 제1문을 준용한다. 위와 같은 자가 1년 경과 후에 다시 일시적 법률서비스를 독일에서 제공하고자 하는 경우에 그 신고는 매년 반복적으로 행해야 한다. 이러한 경우에 제3문 제3호에 따른 증명서 또는 진술(der Nachweis oder die Erklärung nach Satz 3 Nummer 3)은 다시 첨부되어야 한다.

③ 제2항에 따른 신고가 완전하게 행해지는 때에(Sobald die Meldung nach Absatz 2 vollständig vorliegt) 관할 관청은 일시적 등록을 하거나 1년의 등록 연장을 한 다음 법률서비스등록부에 대한 공시를 촉탁한다. 그 절차는 무료이다.

④ 일시적 법률서비스(Vorübergehende Rechtsdienstleistungen)는, 그 활동을 위해 지사를 둔 국가의 언어로 기재한 직업명하에 제공되어어야 한다. 제11조 제4항에 기재된 직업표시와 혼동(Eine Verwechslung mit den in § 11 Abs. 4 aufgeführten Berufsbezeichnungen)은 배제되어야만 한다.

⑤ 독일연방공화국 영토에서 그 직업을 수행하는 일시적으로 등록자격인 또는 조합은, 자신의 독일 내 직업활동에서 생기는 재산상손해에 대한 책임위험을 담보하기 위하여 그 종류 및 범위에 의할 때 그 직업활동으로 생기는 위험에 상당한 직업책임보험계약을 체결할 의무를 진다. 위와 같은 자 또는 조합에게 그러한 보험계약의 체결이 불가능하거나 기대할 수 없는 경우에(Ist der Person oder Gesellschaft der Abschluss einer solchen Versicherung nicht möglich oder unzumutbar), 위와 같은 자 또는 조합은 그 위임인에게 그 수임(授任) 전에 이러한 사실과 그 법적 효과에 대해 문면방식으로 언급해야 한다.

⑥ 근거 있는 사실에 의해, 일시적으로 등록자격인 또는 조합이 권리추구자 또는 법적 거래에 해(害)(zum Nachteil der Rechtsuchenden oder des Rechtsverkehrs)가 되게 계속적으로 무자격의 법률서비스를 제공할 것이라는 점이 인정되는 경우나, 그들이 직업상 의무를 중대하게 위반 경우(wenn sie in erheblichem Maß gegen Berufspflichten verstoßen hat)에 관할 관청은 일시적으로 등록자격인 또는 조합에 대해 법률서비스의 추가적 제공을 금지할 수 있다. 그 자 또는 조합이 다음 각 호를 하는 경우에, 제1문에 따른 요건(要件)은 보통 충족(充足)된다,

1. 지사를 둔 국가에서 더 이상 합법적으로 지사를 두지 않거나 그 국가에서 자신의 활동의 수행에 대해 금지된 경우,
2. 등록된 자격(die eingetragene Befugnis)을 현저하게 넘어서 법률서비스를 제공(提供)한 경우,

3. beharrlich gegen Darlegungs- und Informationspflichten nach § 11a verstößt,
4. nicht über die für die Ausübung der Berufstätigkeit im Inland erforderlichen deutschen Sprachkenntnisse verfügt,
5. beharrlich entgegen Absatz 4 eine unrichtige Berufsbezeichnung führt oder
6. beharrlich gegen die Vorgaben des Absatzes 5 über die Berufshaftpflichtversicherung verstößt.

(7) Natürliche und juristische Personen sowie Gesellschaften ohne Rechtspersönlichkeit, die in einem in Absatz 1 Satz 1 genannten Staat zur Erbringung von Rechtsdienstleistungen in einem ausländischen Recht (§ 10 Absatz 1 Satz 1 Nummer 3) rechtmäßig niedergelassen sind, dürfen diese Rechtsdienstleistungen in der Bundesrepublik Deutschland mit denselben Befugnissen wie eine nach § 10 Absatz 1 Satz 1 Nummer 3 registrierte Person vorübergehend und gelegentlich ausüben (vorübergehende Rechtsdienstleistungen). Absatz 1 Satz 2 und 3 sowie die Absätze 2 bis 6 gelten entsprechend.

§ 15a Statistik

Über Verfahren nach § 12 Absatz 3 Satz 4 und § 15 wird eine Bundesstatistik durchgeführt. § 17 des Berufsqualifikationsfeststellungsgesetzes ist anzuwenden.

§ 15b Betrieb ohne Registrierung

Werden Rechtsdienstleistungen ohne erforderliche Registrierung oder vorübergehende Registrierung erbracht, so kann die zuständige Behörde die Fortsetzung des Betriebs verhindern.

Teil 4 Rechtsdienstleistungsregister

§ 16 Inhalt des Rechtsdienstleistungsregisters

(1) Das Rechtsdienstleistungsregister dient der Information der Rechtsuchenden, der Personen, die Rechtsdienstleistungen anbieten, des Rechtsverkehrs und öffentlicher Stellen. Die Einsicht in das Rechtsdienstleistungsregister steht jedem unentgeltlich zu.

(2) Im Rechtsdienstleistungsregister werden unter Angabe der nach § 9 Abs. 1 oder § 13 Abs. 1 zuständigen Behörde und des Datums der jeweiligen Registrierung nur öffentlich bekanntgemacht:

1. die Registrierung von Personen, denen Rechtsdienstleistungen in einem oder mehreren der in § 10 Abs. 1 genannten Bereiche oder Teilbereiche erlaubt sind, unter Angabe
   a) ihres Familiennamens und Vornamens, ihres Namens oder ihrer Firma einschließlich ihrer gesetzlichen Vertreter sowie des Registergerichts und der Registernummer, unter der sie in das Handels-, Partnerschafts-, Genossenschafts- oder Vereinsregister eingetragen sind,
   b) ihres Gründungsjahres,
   c) ihrer Geschäftsanschrift einschließlich der Anschriften aller Zweigstellen,

3. 제11조a에 따른 명시의무 및 정보제공의무를 지속적으로 위반하는 경우,
4. 독일 내 직업활동의 수행에 필요한 독일어 지식(deutschen Sprachkenntnisse)을 보유하지 않은 경우,
5. 제4항에 반하여 잘못된 직업명을 고집스럽게 사용하는 경우,
6. 책임보험에 관한 제5항의 기준(基準)에 반하여 고집스럽게 위반하는 경우.

⑦ 제1항 제1문상의 국가에 외국법에 대한 법률서비스(제10조 제1항 제1문 제3호)를 제공하기 위하여 합법적으로 지사를 둔(die in einem in Absatz 1 Satz 1 genannten Staat zur Erbringung von Rechtsdienstleistungen in einem ausländischen Recht (§ 10 Absatz 1 Satz 1 Nummer 3) rechtmäßig niedergelassen sind) 자연인, 법인 및 법인격 없는 조합은, 제10조 제1항 제1문 제3호에 따라 등록자격인과 동일한 자격에 의하여 독일연방공화국 내에서 이러한 법률서비스를 일시적이고도 간헐적으로 제공할 수 있다(일시적 법률서비스). 제1항 제2문, 제3문, 제2항 내지 제6항을 준용한다.

제15조a 통계

연방통계청은 제12조 제3항 제4문, 제15조에 따른 절차에 관하여 수행한다. 직업자격확인법 제17조를 적용한다.

제15조b 무등록(無登錄) 사업

필요한 등록 또는 일시적 등록을 하지 아니하고 법률서비스가 제공된 경우에 관할 관청은 그 사업의 진행(進行)을 금지할 수 있다.

제4편 법률서비스등록부

제16조 법률서비스등록부의 내용

① 법률서비스등록부(Das Rechtsdienstleistungsregister)는 권리추구자, 법률서비스를 제공하는 자(der Personen, die Rechtsdienstleistungen anbieten), 법적 거래 및 공공기관에 대한 정보제공에 이바지한다. 법률서비스등록부 열람이 누구에게나 무료(無料)로 귀속된다.

② 법률서비스등록부로 제9조 제1항 또는 제13조 제1항에 따른 관할 관청과 각 등록의 정보(des Datums der jeweiligen Registrierung)에 대한 사항을 기재(記載)하여 다음 각 호가 공시(公示)될 뿐이다:

1. 제10조 제1항상의 한 또는 여러 영역 또는 일부영역에서 그 법률서비스를 허가받은 자에 대한 등록으로(die Registrierung von Personen), 다음 각 목을 기재한 등록(unter Angabe),
   a) 그 자의 법정대리인, 등록법원, 그것들이 상업등기부, 합명회사등기부, 협동조합등기부 또는 사단등기부에 등재된(unter der sie in das Handels-, Partnerschafts-, Genossenschafts- oder Vereinsregister eingetragen sind) 등록번호를 포함하여 그 자의 성과 이름 또는 상호,
   b) 그 자의 설립년도,
   c) 모든 분사무소(分事務所) 주소를 포함하여 그 자의 사무실 주소,

d) der für sie nach § 12 Abs. 4 benannten qualifizierten Personen unter Angabe des Familiennamens und Vornamens,

e) des Inhalts und Umfangs der Rechtsdienstleistungsbefugnis einschließlich erteilter Auflagen sowie der Angabe, ob es sich um eine vorübergehende Registrierung nach § 15 handelt und unter welcher Berufsbezeichnung die Rechtsdienstleistungen nach § 15 Abs. 4 im Inland zu erbringen sind,

2. die Registrierung von Personen oder Vereinigungen, denen die Erbringung von Rechtsdienstleistungen nach § 9 Abs. 1 bestandskräftig untersagt worden ist, unter Angabe

a) ihres Familiennamens und Vornamens, ihres Namens oder ihrer Firma einschließlich ihrer gesetzlichen Vertreter sowie des Registergerichts und der Registernummer, unter der sie in das Handels-, Partnerschafts-, Genossenschafts- oder Vereinsregister eingetragen sind,

b) ihres Gründungsjahres,

c) ihrer Anschrift,

d) der Dauer der Untersagung.

Bei öffentlichen Bekanntmachungen nach Satz 1 Nummer 1 werden mit der Geschäftsanschrift auch die Telefonnummer und die E-Mail-Adresse der registrierten Person veröffentlicht, wenn sie in die Veröffentlichung dieser Daten schriftlich eingewilligt hat. Wird ein Abwickler bestellt, ist auch dies unter Angabe von Familienname, Vorname und Anschrift des Abwicklers zu veröffentlichen.

(3) Die öffentliche Bekanntmachung erfolgt durch eine zentrale und länderübergreifende Veröffentlichung im Internet unter der Adresse www.rechtsdienstleistungsregister.de. Die nach § 9 Abs. 1 oder § 13 Abs. 1 zuständige Behörde trägt die datenschutzrechtliche Verantwortung für die von ihr im Rechtsdienstleistungsregister veröffentlichten Daten, insbesondere für die Rechtmäßigkeit ihrer Erhebung, die Zulässigkeit ihrer Veröffentlichung und ihre Richtigkeit. Das Bundesministerium der Justiz und für Verbraucherschutz wird ermächtigt, durch Rechtsverordnung mit Zustimmung des Bundesrates die Einzelheiten der öffentlichen Bekanntmachung im Internet zu regeln.

§ 17 Löschung von Veröffentlichungen

(1) Die im Rechtsdienstleistungsregister öffentlich bekanntgemachten Daten sind zu löschen

1. bei registrierten Personen mit dem Verzicht auf die Registrierung,

2. bei natürlichen Personen mit ihrem Tod,

3. bei juristischen Personen und Gesellschaften ohne Rechtspersönlichkeit mit ihrer Beendigung,

4. bei Personen, deren Registrierung zurückgenommen oder widerrufen worden ist, mit der Bestandskraft der Entscheidung,

5. bei Personen oder Vereinigungen, denen die Erbringung von Rechtsdienstleistungen nach § 9

d) 그 자를 위해 제12조 제4항에 따라 임명된, 성명(姓名)을 기재(記載)한(Angabe des Familiennamens und Vornamens) 자격 있는 자,

e) 부가된 부담과, 제15조에 따른 일시적 등록에 해당하는지 여부와 법률서비스가 어느 직업명하에 제15조 제4항에 따라 독일 내에서 제공되어야 하는지(unter welcher Berufsbezeichnung die Rechtsdienstleistungen nach § 15 Abs. 4 im Inland zu erbringen sind)에 대한 진술을 포함하여 법률서비스자격의 내용 및 범위,

2. 법률서비스 제공에 대해 제9조 제1항에 따라 존속력 있게 금지를 당한 자 또는 단체의 등록으로, 다음 각 목을 기재한 등록,

a) 그 법정대리인, 등록법원, 그것들이 상업등기부, 합명회사등기부, 협동조합등기부 또는 사단등기부에 등재된(unter der sie in das Handels-, Partnerschafts-, Genossenschafts- oder Vereinsregister eingetragen sind) 등록번호를 포함하여 그의 성·이름, 그 이름 또는 상호,

b) 그 설립년도,

c) 그 주소

d) 금지기간.

제1항 제1호에 따른 공시의 경우에 있어, 그 자가가 이러한 정보의 공표에 대해 서면으로 동의를 한 경우에(wenn sie in die Veröffentlichung dieser Daten schriftlich eingewilligt hat) 사무소 주소와 함께 등록자격인의 전화번호 및 이메일주소도 공표된다. 청산인이 선임(選任)된 경우에 청산인의 성, 이름 및 주소를 기재하여(unter Angabe von Familienname, Vorname und Anschrift des Abwicklers) 이것들도 공표되어야 한다.

③ 그 공시는 'www.rechtsdienstleistungsregister.de'의 주소로 인터넷에 의한 전국적이고도 주(州)를 초월한 공표로(durch eine zentrale und länderübergreifende Veröffentlichung im Internet) 행해진다. 제9조 제1항 또는 제13조 제1항에 따른 관할 관청은, 자신이 법률서비스등록부로 공표한 정보, 특히 정보 수집의 합법성, 정보 공표의 신뢰성 그리고 정보의 정확성(die Rechtmäßigkeit ihrer Erhebung, die Zulässigkeit ihrer Veröffentlichung und ihre Richtigkeit)에 대해 정보보호법상의 책임(die datenschutzrechtliche Verantwortung)을 부담한다. 연방법무소비자부는 연방참사원의 동의를 얻어야 하는 법규명령으로 인터넷에 의한 공표의 세부사항(die Einzelheiten der öffentlichen Bekanntmachung im Internet)을 규율한 권한을 갖는다.

제17조 공표의 삭제

① 법률서비스등록부로 공시된 정보(Die im Rechtsdienstleistungsregister öffentlich bekanntgemachten Daten)는 다음 각 호의 경우에 삭제되어야 한다,

1. 등록자격인의 경우 등록의 포기에 의하여,
2. 자연인의 경우 그 사망으로,
3. 법인과 법인격 없는 조합의 경우 그 소멸로,
4. 그 등록이 취소되거나 철회된 자의 경우 그 결정의 존속력(存續力)에 의해,
5. 제9조 제1항에 따라 법률서비스 제공에 대해 금지를 당한(denen die Erbringung von

Abs. 1 untersagt ist, nach Ablauf der Dauer der Untersagung,
6. bei Personen oder Gesellschaften nach § 15 mit Ablauf eines Jahres nach der vorübergehenden Registrierung oder ihrer letzten Verlängerung, im Fall der Untersagung nach § 15 Absatz 6 mit Bestandskraft der Untersagung.

Wird im Fall des Satzes 1 Nummer 2 oder 4 ein Abwickler bestellt, erfolgt eine Löschung erst nach Beendigung der Abwicklung.

(2) Das Bundesministerium der Justiz und für Verbraucherschutz wird ermächtigt, durch Rechtsverordnung mit Zustimmung des Bundesrates die Einzelheiten des Löschungsverfahrens zu regeln.

Teil 5 Datenübermittlung und Zuständigkeiten, Bußgeldvorschriften

§ 18 Umgang mit personenbezogenen Daten

(1) Die zuständigen Behörden dürfen einander und anderen für die Durchführung dieses Gesetzes zuständigen Behörden Daten über Registrierungen nach § 9 Abs. 2, § 10 Abs. 1 und § 15 Abs. 3 übermitteln, soweit die Kenntnis der Daten zur Durchführung dieses Gesetzes erforderlich ist. Sie dürfen die nach § 16 Abs. 2 öffentlich bekanntzumachenden Daten längstens für die Dauer von drei Jahren nach Löschung der Veröffentlichung zentral und länderübergreifend in einer Datenbank speichern und aus dieser im automatisierten Verfahren abrufen; § 16 Abs. 3 Satz 2 gilt entsprechend. Gerichte und Behörden dürfen der zuständigen Behörde personenbezogene Daten übermitteln, soweit deren Kenntnis für folgende Zwecke erforderlich ist:

1. die Registrierung oder die Rücknahme oder den Widerruf der Registrierung,
2. eine Untersagung nach § 9 Absatz 1 oder § 15 Absatz 6,
3. eine Aufsichtsmaßnahme nach § 13a,
4. eine Maßnahme nach § 15b oder
5. die europäische Verwaltungszusammenarbeit nach Absatz 2.

Satz 3 gilt nur, soweit durch die Übermittlung der Daten schutzwürdige Interessen der Person nicht beeinträchtigt werden oder soweit das öffentliche Interesse das Geheimhaltungsinteresse der Person überwiegt.

(2) Für die europäische Verwaltungszusammenarbeit gelten die §§ 8a bis 8e des Verwaltungsverfahrensgesetzes. Die zuständige Behörde nutzt für die europäische Verwaltungszusammenarbeit das Binnenmarkt-Informationssystem der Europäischen Union.

(2a) Wird in einem verwaltungsgerichtlichen Verfahren festgestellt, dass eine Person bei einem Antrag auf Anerkennung ihrer Berufsqualifikation nach der Richtlinie 2005/36/EG des Europäischen Parlaments und des Rates vom 7. September 2005 über die Anerkennung von Berufsqualifikationen (ABl. L 255 vom 30.9.2005, S. 22; L 271 vom 16.10.2007, S. 18; L 93 vom 4.4.2008, S. 28; L 33 vom 3.2.2009, S. 49; L 305 vom 24.10.2014, S. 115), die zuletzt durch

Rechtsdienstleistungen nach § 9 Abs. 1 untersagt ist) 자 또는 단체의 경우 그 금지기간의 경과로,

6. 제15조에 따른 자 또는 조합의 경우 일시적 등록시 또는 그 최종 갱신시(der vorübergehenden Registrierung oder ihrer letzten Verlängerung)로부터 1년이 경과함으로써, 제15조 제6항에 따른 금지의 경우 그 금지의 존속력(存續力)으로.

제1문 제2호, 제4호의 경우에 청산인이 선임(選任)된 때에는 삭제는 청산의 종료시 후(nach Beendigung der Abwicklung)에 비로소 행해진다.

② 연방법무소비자부는 연방참사원의 동의를 얻어야 하는 법규명령으로(durch Rechtsverordnung mit Zustimmung des Bundesrates) 삭제절차의 세부사항을 규율할 권한을 갖는다.

제5편 정보제공, 관할, 범칙금규정

제18조 개인정보의 처리

① 관할 관청들은, 본 법을 시행하는 데 정보를 알 필요가 있는 범위 내에서(soweit die Kenntnis der Daten zur Durchführung dieses Gesetzes erforderlich ist) 상호간에, 또 본 법의 시행을 관할하는 그 밖의 관청에 제9조 제2항, 제10조 제1항, 제15조 제3항에 따른 등록에 관한 정보를 본 법의 시행을 위하여 제공할 수 있다. 관할 관청은 공표 삭제시로부터 최장 3년의 기간 동안에(für die Dauer von drei Jahren nach Löschung der Veröffentlichung) 제16조 제2항에 따라 공시한 정보를 전국적이고도 주(州)를 초월하여 데이터뱅크에 저장하고 이에서 자동화된 절차를 통해(im automatisierten Verfahren) 불러올 수 있다; 제16조 제3항 제2문을 준용한다. 법원과 관청은 다음 목적을 위해 필요한 범위 내에서 관할 관청에 개인정보를 제공할 수 있다:

1. 등록이나 등록의 취소 또는 철회,
2. 제9조 제1항 또는 제15조 제6항에 따른 금지,
3. 제13조a에 따른 감독처분,
4. 제2항에 따른 유럽국가 간의 행정협력(die europäische Verwaltungszusammenarbeit),

정보제공에 의해 보호받을 개인 이익이 침해되지 않거나 공공이익이 개인의 비밀유지이익보다 우월한(soweit das öffentliche Interesse das Geheimhaltungsinteresse der Person überwiegt) 범위 내에서만 제3문을 적용한다.

② 유럽국가 간 행정협력에 대하여(Für die europäische Verwaltungszusammenarbeit) 행정절차법 제8조a 내지 제8조e를 적용한다. 관할(管轄) 관청(官廳)은 유럽국가 간 행정협력에 대하여 유럽연합 역내(域內) 정보시스템(das Binnenmarkt-Informationssystem der Europäischen Union)을 이용(利用)한다.

②a 「직업자격의 승인에 관한 2005년 10월 7일의 유럽연합 의회 및 이사회의 2005/36/EG호 지침」(ABl. L 255 vom 30.9.2005, S. 22; L 271 vom 16.10.2007, S. 18; L 93 vom 4.4.2008, S. 28; L 33 vom 3.2.2009, S. 49; L 305 vom 24.10.2014, S. 115)으로, 2013/55/EU에 의해 최근 개정된 지침으로서, 각각 적용되는 법형식에 의한 지침(ABl. L 354 vom 28.12.2013, S. 132; L 268 vom 15.10.2015, S. 35; L 95 vom 9.4.2016, S. 20)에 따른 그 직업자격의 승인에 대한 신청에 있어,

die Richtlinie 2013/55/EU (ABl. L 354 vom 28.12.2013, S. 132; L 268 vom 15.10.2015, S. 35; L 95 vom 9.4.2016, S. 20) geändert worden ist, in der jeweils geltenden Fassung einen gefälschten Berufsqualifikationsnachweis verwendet hat, hat die zuständige Behörde die Angaben zur Identität der Person und die Tatsache, dass sie einen gefälschten Berufsqualifikationsnachweis verwendet hat, binnen drei Tagen nach Rechtskraft der gerichtlichen Entscheidung über das Binnenmarkt-Informationssystem den anderen Mitgliedstaaten der Europäischen Union, den anderen Vertragsstaaten des Abkommens über den Europäischen Wirtschaftsraum und der Schweiz mitzuteilen. § 38 Absatz 2 des Gesetzes über die Tätigkeit europäischer Rechtsanwälte in Deutschland gilt entsprechend.

(3) Das Bundesministerium der Justiz und für Verbraucherschutz wird ermächtigt, die Einzelheiten des Umgangs mit personenbezogenen Daten, insbesondere der Veröffentlichung in dem Rechtsdienstleistungsregister, der Einsichtnahme in das Register, der Datenübermittlung einschließlich des automatisierten Datenabrufs und der Amtshilfe, durch Rechtsverordnung mit Zustimmung des Bundesrates zu regeln.

§ 19 Zuständigkeit und Übertragung von Befugnissen

(1) Zuständig für die Durchführung dieses Gesetzes sind die Landesjustizverwaltungen, die zugleich zuständige Stellen im Sinn des § 117 Abs. 2 des Gesetzes über den Versicherungsvertrag sind.

(2) Die Landesregierungen werden ermächtigt, die Aufgaben und Befugnisse, die den Landesjustizverwaltungen nach diesem Gesetz zustehen, durch Rechtsverordnung auf diesen nachgeordnete Behörden zu übertragen. Die Landesregierungen können diese Ermächtigung durch Rechtsverordnung auf die Landesjustizverwaltungen übertragen.

§ 20 Bußgeldvorschriften

(1) Ordnungswidrig handelt, wer

1. einer vollziehbaren Anordnung nach § 9 Absatz 1 Satz 1 oder § 15 Absatz 6 Satz 1, auch in Verbindung mit Absatz 7, zuwiderhandelt,
2. ohne Registrierung nach § 10 Absatz 1 eine dort genannte Rechtsdienstleistung erbringt,
3. einer vollziehbaren Auflage nach § 10 Absatz 3 Satz 1 zuwiderhandelt oder
4. entgegen § 11 Absatz 4 eine dort genannte Berufsbezeichnung oder Bezeichnung führt.

(2) Ordnungswidrig handelt, wer vorsätzlich oder fahrlässig

1. entgegen § 11a Absatz 1 Satz 1 eine dort genannte Information nicht, nicht richtig, nicht vollständig oder nicht rechtzeitig übermittelt,
2. entgegen § 11a Absatz 1 Satz 2 eine Mitteilung nicht, nicht richtig, nicht vollständig oder nicht rechtzeitig macht,

어느 자가 위조된 직업자격증명을 사용한 것으로 행정소송절차에서 확정된 경우에, 관할 관청은 법원의 재판이 확정된 후 3일 이내에 유럽연합 역내 시스템을 통해(binnen drei Tagen nach Rechtskraft der gerichtlichen Entscheidung über das Binnenmarkt-Informationssystem) 그 자의 신원에 관한 사항과 그 자가 위조된 자격증명을 사용한 사실(die Angaben zur Identität der Person und die Tatsache, dass sie einen gefälschten Berufsqualifikationsnachweis verwendet hat)을 독일 이외의 다른 유럽연합회원국, 「유럽경제권에 관한 협약」 그 회원국 이외의 조인(調印國)과 스위스(den anderen Mitgliedstaaten der Europäischen Union, den anderen Vertragsstaaten des Abkommens über den Europäischen Wirtschaftsraum und der Schweiz)에 통지해야 한다. 독일 내 유럽변호사의 활동에 관한 그 법률의 제38조 제2항을 준용(準用)한다.

③ 연방법무소비자부는 개인정보의 처리에 관한 세부사항, 특히 자동화된 정보불러오기와 행정원조를 포함하여(einschließlich des automatisierten Datenabrufs und der Amtshilfe) 법률서비스등록부에 의한 공표(公表), 그 등록부의 열람(閱覽), 정보제공을 연방참사원의 동의를 얻어야 하는 법규명령(法規命令)으로(durch Rechtsverordnung mit Zustimmung des Bundesrates) 규율한 권한(權限)을 갖는다.

제19조 관할과 자격의 양도

① 보험계약에 관한 법률 제117조 제2항상의 관할 기관도 되는(die zugleich zuständige Stellen im Sinn des § 117 Abs. 2 des Gesetzes über den Versicherungsvertrag sind) 주법무부가 본 법이 시행을 관할한다.

② 주정부는 이 법에 따라 주법무부에 귀속되는 임무 및 권한(die Aufgaben und Befugnisse, die den Landesjustizverwaltungen nach diesem Gesetz zustehen)을 법규명령으로 주법무부의 직상(直上) 행정기관으로(auf diesen nachgeordnete Behörden) 이양할 수 있다. 주정부는 법규명령으로 이러한 권한을(diese Ermächtigung durch Rechtsverordnung) 주법무부에 이양할 수 있다.

제20조 범칙금규정

① 다음 각 호의 자는 질서위반행위를 범한 것이다,

1. 제9조 제1항 또는 제15조 제7항과 연결된 경우도 포함하여 제15조 제6항 제1문에 따른 집행 가능한 명령에 위반한 자,
2. 제10조에 따른 등록을 하지 않고서 그 조항상의 법률서비스를 제공한 자,
3. 제10조 제3항 제1문에 따른 집행 가능한 부담에 위반한 자,
4. 제11조 제4항에 반하여 그 조항(條項)상의 직업명(職業命) 또는 명칭을 사용한 자.

② 고의 또는 과실로 다음 각 호를 한 자는 질서위반행위를 범한 것이다,

1. 제11조a 제1항 제1문에 반하여 그 조항상의 정보를 제공하지 않거나, 올바르게 제공하지 않거나 불완전하게 제공하거나 또는 적시에 제공하지 않은 자,
2. 제11조a 제1항 제2문에 반하여 정보를 제공하지 않거나, 올바르게 제공하지 않거나 불완전하게 제공하거나 또는 적시에 제공하지 않은 자,

3. entgegen § 15 Absatz 2 Satz 1, auch in Verbindung mit Absatz 7, eine vorübergehende Rechtsdienstleistung erbringt oder
4. entgegen § 15 Absatz 2 Satz 5, auch in Verbindung mit Absatz 7, eine dort genannte Meldung nicht, nicht richtig, nicht vollständig oder nicht rechtzeitig wiederholt.

(3) Die Ordnungswidrigkeit kann mit einer Geldbuße bis zu fünfzigtausend Euro geahndet werden.

3. 제15조 제7항과 연결된 경우를 포함하여 제15조 제2항 제1문에 반하여 일시적 법률서비스를 제공한 자,
4. 제15조 제7항과 연결된 경우를 포함하여 제15조 제2항 제5문에 반하여 그 조항들상의 신고를 반복하여 행하지 않거나, 올바르게 반복하여 행하지 않거나 불완전하게 반복하여 행하거나 또는 적시에 반복하여 행하지 않은 자,

③ 위와 같은 질서위반행위는 50,000유로의 이내의 범칙금(einer Geldbuße bis zu fünfzigtausend Euro)에 처해질 수 있다.

소비자사건에 대한 대안적 분쟁해결에 관한 법률

(소비자분쟁해결법, BGBl. I S. 1474)

Gesetz über die alternative Streitbeilegung in Verbrauchersachen

(Verbraucherstreitbeilegungsgesetz – VSBG)

Gesetz über die alternative Streitbeilegung in Verbrauchersachen (Verbraucherstreitbeilegungsgesetz - VSBG)

https://www.gesetze-im-internet.de/vsbg/BJNR025410016.html

Abschnitt 1 Allgemeine Vorschriften

§ 1 Anwendungsbereich

(1) Dieses Gesetz gilt für die außergerichtliche Beilegung von Streitigkeiten durch eine nach diesem Gesetz anerkannte private Verbraucherschlichtungsstelle oder durch eine nach diesem Gesetz eingerichtete behördliche Verbraucherschlichtungsstelle unabhängig von dem angewendeten Konfliktbeilegungsverfahren. Dieses Gesetz gilt auch für Verbraucherschlichtungsstellen, die auf Grund anderer Rechtsvorschriften anerkannt, beauftragt oder eingerichtet wurden, soweit diese anderen Rechtsvorschriften keine abweichende Regelung treffen; von den §§ 2 und 41 darf nicht abgewichen werden.

(2) Dieses Gesetz ist nicht anwendbar auf Kundenbeschwerdestellen oder auf sonstige Einrichtungen zur Beilegung von Streitigkeiten, die nur von einem einzigen Unternehmer oder von mit ihm verbundenen Unternehmen getragen oder finanziert werden oder die nur im Auftrag eines solchen Unternehmers oder von mit ihm verbundenen Unternehmen tätig werden.

§ 2 Verbraucherschlichtungsstelle

(1) Verbraucherschlichtungsstelle ist eine Einrichtung, die

1. Verfahren zur außergerichtlichen Beilegung zivilrechtlicher Streitigkeiten durchführt, an denen Verbraucher oder Unternehmer als Antragsteller oder Antragsgegner beteiligt sind, und
2. nach diesem Gesetz oder auf Grund anderer Rechtsvorschriften als Verbraucherschlichtungsstelle anerkannt, beauftragt oder eingerichtet worden ist.

(2) Eine Einrichtung, die nicht nach diesem Gesetz oder auf Grund anderer Rechtsvorschriften als Verbraucherschlichtungsstelle anerkannt, beauftragt oder eingerichtet ist, darf sich nicht als Verbraucherschlichtungsstelle bezeichnen. Sie darf von ihrem Träger nicht als Verbraucherschlichtungsstelle bezeichnet werden. Das Verbot in den Sätzen 1 und 2 gilt nicht, wenn die Einrichtung in einem anderen Vertragsstaat des Abkommens über den Europäischen Wirtschaftsraum nach der Richtlinie 2013/11/EU des Europäischen Parlaments und des Rates vom 21. Mai 2013 über die alternative Beilegung verbraucherrechtlicher Streitigkeiten und zur Änderung der Verordnung (EG) Nr. 2006/2004 und der Richtlinie 2009/22/EG (ABl. L 165 vom 18.6.2013, S. 63) anerkannt und in die von der Europäischen Kommission geführte Liste aller im Europäischen Wirtschaftsraum anerkannten Streitbeilegungsstellen aufgenommen worden ist.

소비자사건에 대한 대안적 분쟁해결에 관한 법률(소비자분쟁해결법, BGBl. I S. 1474)

법률공포일: 2016년 2월 19일

최근 법률개정일: 2019년 11월 30일(BGBl. I S. 1474)/

제1장 총칙

제1조 적용범위

① 이 법은, 적용되는 분쟁처리절차에 상관없이, 이 법에 따라 공인된 민간 소비자분쟁조정기구 또는 이 법에 따라 공공관서[55](公共官署)에 설치된 소비자분쟁조정기구에 의한 분쟁의 대안적(代案的) 해결(die außergerichtliche Beilegung von Streitigkeitendurch eine nach diesem Gesetz anerkannte private Verbraucherschlichtungsstelle oder durch eine nach diesem Gesetz eingerichtete behördliche Verbraucherschlichtungsstelle)에 대하여 적용한다. 이러한 법규정이 다른 정함이 없는 한, 이 법은 법규정에 기하여 공인되거나 임무가 부여되거나 또는 설치된 소비자분쟁조정기구에도 적용한다; 제2조 내지 제41조와 달리 규정되어서는 아니된다.

② 이 법은, 하나의 사업자(einem einzigen Unternehmer) 또는 그 사업자의 결합기업만이 비용을 부담하거나 재정을 지원하거나 또는 그러한 사업자의 위임에 의해서만 운영하거나 그러한 사업자의 결합기업과 함께 운영하는, 고객불만처리기관(Kundenbeschwerdestellen) 또는 그 밖의 분쟁처리기관(sonstige Einrichtungen zur Beilegung von Streitigkeiten)에 대해서는 적용할 수 없다.

제2조 소비자분쟁조정기구

① 소비자분쟁조정기구는 다음 각 호의 기관을 말한다,

1. 민사분쟁의 대안적 해결 절차로, 소비자 또는 사업자가 신청인 또는 피신청인으로서 당사자로 참가하는 절차를 진행하는 기관,
2. 이 법에 따라 또는 그 밖의 법규정에 기하여, 소비자분쟁조정기구로 공인되거나 임무가 부여되거나 또는 설치된 기관.

② 이 법에 따라 또는 그 밖의 법규정에 기하여 소비자분쟁조정기구로 공인도, 임무부여도 되지 않거나 설치도 되지 않은 기구(Eine Einrichtung, die nicht nach diesem Gesetz oder auf Grund anderer Rechtsvorschriften als Verbraucherschlichtungsstelle anerkannt, beauftragt oder eingerichtet ist)는, 자신을 소비자분쟁조정기구로 표시해서는 아니된다. 그 기구는 그 기구의 설치주체에 의해서도(von ihrem Träger) 소비자분쟁조정기구로 표시해서는 아니된다. 그 기구가 「유럽경제권에 관한 협약의 독일 이외의 가입국에서 소비자분쟁의 대안적 해결과 (EG) 2006/2004호 규칙 및 2009/22/EG 지침의 개정에 관한 2013년 5월 21일의 유럽연합의회 및 유럽연합이사회의 2013/11/EU 지침」(ABl. L 165 vom 18.6.2013, S. 63)에 따라 공인되고 유럽연합집행위원회에 의하여 관리되는 목록으로 모든 유럽경제권에서 공인(公認)된 분쟁해결기구의 목록(目錄) 등재(謄載)된 경우에는, 제1문 또는 제2문에 따른 금지(禁止)는 적용(適用)하지 않는다.

Abschnitt 2 Private Verbraucherschlichtungsstellen

§ 3 Träger der Verbraucherschlichtungsstelle

Träger der Verbraucherschlichtungsstelle muss ein eingetragener Verein sein. Nimmt der Träger Unternehmerinteressen oder Verbraucherinteressen wahr, oder wird der Träger von einem Verband, der Unternehmerinteressen oder Verbraucherinteressen wahrnimmt, finanziert, so muss für den Betrieb der Verbraucherschlichtungsstelle ein vom Haushalt des Trägers getrennter, zweckgebundener und ausreichender Haushalt zur Verfügung stehen.

§ 4 Zuständigkeit von Verbraucherschlichtungsstellen

(1) Die Verbraucherschlichtungsstelle führt auf Antrag eines Verbrauchers Verfahren zur außergerichtlichen Beilegung von Streitigkeiten aus einem Verbrauchervertrag nach § 310 Absatz 3 des Bürgerlichen Gesetzbuchs oder über das Bestehen eines solchen Vertragsverhältnisses durch; arbeitsvertragliche Streitigkeiten sind ausgenommen.

(2) Die Verbraucherschlichtungsstelle kann ihre Zuständigkeit auf bestimmte Wirtschaftsbereiche, Vertragstypen oder Unternehmer beschränken. Hat die Verbraucherschlichtungsstelle keine einschränkende Zuständigkeitsregelung getroffen, führt sie die Bezeichnung "Allgemeine Verbraucherschlichtungsstelle" und ist für Anträge nach Absatz 1 zuständig, mit Ausnahme von

1. Streitigkeiten aus Verträgen über
   a) nichtwirtschaftliche Dienstleistungen von allgemeinem Interesse,
   b) Gesundheitsdienstleistungen,
   c) Weiter- und Hochschulbildung durch staatliche Einrichtungen,
2. Streitigkeiten, für deren Beilegung Verbraucherschlichtungsstellen nach anderen Rechtsvorschriften anerkannt, beauftragt oder eingerichtet werden.

Die Allgemeine Verbraucherschlichtungsstelle kann ihre Zuständigkeit auf in einem Land niedergelassene Unternehmer beschränken; in diesem Fall führt sie die Bezeichnung "Allgemeine Verbraucherschlichtungsstelle" mit einem Zusatz, der das Land angibt, für das sie zuständig ist. Eine solche Zuständigkeitsbeschränkung kann sich auch auf mehrere Länder beziehen und muss dann dementsprechend angegeben werden.

(3) Die Verbraucherschlichtungsstelle kann ihre Tätigkeit auf die Beilegung sonstiger zivilrechtlicher Streitigkeiten, an denen Verbraucher oder Unternehmer als Antragsteller oder Antragsgegner beteiligt sind, erstrecken; arbeitsvertragliche Streitigkeiten sind ausgenommen.

(4) Die Verbraucherschlichtungsstelle kann ihre Zuständigkeit ausschließen für Verbraucher, die ihren Wohnsitz oder gewöhnlichen Aufenthalt nicht in einem Mitgliedstaat der Europäischen Union oder in einem anderen Vertragsstaat des Abkommens über den Europäischen Wirtschaftsraum haben, oder für Unternehmer, die nicht im Inland niedergelassen sind.

제2장 민간 소비자분쟁조정기구

제3조 소비자분쟁조정기구의 설치주체

소비자분쟁해결기구의 설치주체는 등기된 사단(ein eingetragener Verein)이어야만 한다. 그 설치주체가 사업자권익 또는 소비자권익을 대변하거나, 그 설치주체가 사업자권익 또는 소비자권익을 대변하는 단체에 의하여(von einem Verband) 재정지원을 받는 경우에, 그 소비자분쟁조정기구의 운영(運營)에 대하여(für den Betrieb der Verbraucherschlichtungsstelle) 그 설치주체의 예산과 분리되고 목적이 특정된 충분한 예산(ausreichender Haushalt)이 지출(持出)되어야 한다.

제4조 소비자분쟁조정기구의 관할

① 소비자분쟁조정기구는 소비자의 신청에 따라 민법전 제310조 제3항에 따른 소비자계약에서 기인한 분쟁(von Streitigkeiten aus einem Verbrauchervertrag nach § 310 Absatz 3 des Bürgerlichen Gesetzbuchs)과 그러한 계약관계의 존재에 관한 분쟁의 대안적(代案的) 해결을 위한 절차를 진행한다; 노동계약상의 분쟁은 이에서 제외한다.

② 소비자분쟁조정기구는 자신의 관할권을 특정한 경제영역, 계약유형 또는 사업자로 국한할 수 있다. 소비자분쟁조정기구가 관할을 제한하는 규정을 채택하지 않은 경우에 그 소비분쟁조정기구는 "보편적 소비자분쟁해결기구"(Allgemeine Verbraucherschlichtungsstelle)라는 명칭을 사용하고, 다음 각 호를 제외하고 제4조 제1항에 따른 신청을 관할한다,

1. 다음 각 목에 관련된 계약에서 기인한 분쟁,
   a) 일반적 이익에 관한 비경제적 서비스(nichtwirtschaftliche Dienstleistungen),
   b) 건강서비스,
   c) 국가기관에 의한 고등교육 및 단과대학교육(Weiter- und Hochschulbildung),
2. 소비자분쟁조정기구가 그 밖의 법규정에 따라 그 해결을 위하여 공인되거나 임무가 부여되거나 또는 설치된 분쟁.

보편적 소비자분쟁조정기구는 어느 주(州)에 지점을 둔 사업자로(auf in einem Land niedergelassene Unternehmer) 그 관할을 제한할 수 있다; 이러한 경우에 그 기구는 자신이 관할하는 주를 표시하는 추가문구가 기재된(mit einem Zusatz) "보편적 분쟁해결기구"라는 명칭을 사용한다. 이러한 관할제한(Eine solche Zuständigkeitsbeschränkung)은 여러 주(州)에 대해서도 할 수 있고, 이러한 경우 그에 상응하는(dementsprechend) 기재가 있어야만 한다.

③ 소비자분쟁조정기구는 소비자 또는 사업자가 신청인 또는 피신청인으로로서 당사자로 참가하는 기타 민사분쟁의 처리에서도(auf die Beilegung sonstiger zivilrechtlicher Streitigkeiten) 자신의 활동을 펼칠 수 있다; 노동계약상의 분쟁(arbeitsvertragliche Streitigkeiten)은 이에서 제외(除外)한다.

④ 소비자분쟁조정기구는 자신의 주소 또는 상거소(常居所)(ihren Wohnsitz oder gewöhnlichen Aufenthalt)를 유럽연합회원국 또는 「유럽경제권에 관한 협약」의 그 회원국 이외의 가입국(加入國)에 두지 않은 소비자나, 독일에 지점을 두지 않은 사업자에 대해(für Unternehmer, die nicht im Inland niedergelassen sind) 자신의 관할권(管轄權)을 배제할 수 있다.

Fußnote

(+++ § 4: Zur Anwendung vgl. § 28 +++)

§ 5 Verfahrensordnung

(1) Die Verbraucherschlichtungsstelle muss eine Verfahrensordnung haben. Die Verfahrensordnung bestimmt das Konfliktbeilegungsverfahren und regelt die Einzelheiten seiner Durchführung.

(2) Die Verbraucherschlichtungsstelle darf keine Konfliktbeilegungsverfahren durchführen, die dem Verbraucher eine verbindliche Lösung auferlegen oder die das Recht des Verbrauchers ausschließen, die Gerichte anzurufen.

Fußnote

(+++ § 5: Zur Anwendung vgl. § 28 +++)

§ 6 Streitmittler

(1) Die Verbraucherschlichtungsstelle ist mit mindestens einer Person zu besetzen, die mit der außergerichtlichen Streitbeilegung betraut und für die unparteiische und faire Verfahrensführung verantwortlich ist (Streitmittler). Ist nur ein Streitmittler bestellt, muss er einen Vertreter haben; auf den Vertreter des Streitmittlers sind Satz 1, die Absätze 2 und 3 sowie die §§ 7 bis 9 entsprechend anzuwenden.

(2) Der Streitmittler muss über die Rechtskenntnisse, insbesondere im Verbraucherrecht, das Fachwissen und die Fähigkeiten verfügen, die für die Beilegung von Streitigkeiten in der Zuständigkeit der Verbraucherschlichtungsstelle erforderlich sind. Der Streitmittler muss die Befähigung zum Richteramt besitzen oder zertifizierter Mediator sein.

(3) Der Streitmittler darf in den letzten drei Jahren vor seiner Bestellung nicht tätig gewesen sein

1. für einen Unternehmer, der sich zur Teilnahme an Streitbeilegungsverfahren der Verbraucherschlichtungsstelle verpflichtet hat oder auf Grund von Rechtsvorschriften zur Teilnahme verpflichtet ist,
2. für ein mit einem Unternehmer nach Nummer 1 verbundenes Unternehmen,
3. für einen Verband, dem ein Unternehmer nach Nummer 1 angehört und der Unternehmerinteressen in dem Wirtschaftsbereich wahrnimmt, für den die Verbraucherschlichtungsstelle zuständig ist,
4. für einen Verband, der Verbraucherinteressen in dem Wirtschaftsbereich wahrnimmt, für den die Verbraucherschlichtungsstelle zuständig ist.

Die Tätigkeit als Streitmittler für einen Verband nach Satz 1 Nummer 3 oder 4 steht einer erneuten Bestellung als Streitmittler nicht entgegen.

Fußnote

(+++ § 6 Abs. 3: Zur Nichtanwendung vgl. § 7 Abs. 5 +++)(§ 6: Zur Anwendung vgl. § 28 +++)

각주
(제4조: 그 적용에 대해 제28조를 참조하라)

제5조 조정절차규정

① 소비자분쟁조정기구는 조정절차규정(eine Verfahrensordnung)을 규율해야 한다. 그 조정절차규정은 분쟁해결절차를 정하고 그 절차의 진행의 상세한 내용을 규율한다.

② 소비자분쟁조정기구는 소비자에게 구속력 있는 해법을 제시하거나 법원에 제소하는 소비자의 권리를 박탈하는(die dem Verbraucher eine verbindliche Lösung auferlegen oder die das Recht des Verbrauchers ausschließen) 분쟁해결절차는 진행해서는 아니된다.

각주
(제5조: 그 적용에 관하여 제28조를 참조하라)

제6조 조정위원

① 소비자분쟁조정기구는, 대안적(代案的) 분쟁해결을 위탁받고 편파적이지 않고 공정한 절차진행을 책임지는(die mit der außergerichtlichen Streitbeilegung betraut und für die unparteiische und faire Verfahrensführung verantwortlich ist) 사람 1명 이상(조정위원)으로 구성되어야 한다. 1명의 조정위원만이 선임된 경우에(Ist nur ein Streitmittler bestellt) 그에게 1명의 직무대리인(einen Vertreter)이 있어야만 한다; 조정위원의 직무대리인에 대하여 제1문, 제6조 제2항, 제3항, 제7조 내지 제9호를 준용한다.

② 조정위원은 법률지식(die Rechtskenntnisse), 특히 소비자법에 대한 법률지식을 보유해야만 하고, 소비자분쟁조정기구가 관할하는 분쟁의 해결에 필요한(die für die Beilegung von Streitigkeiten in der Zuständigkeit der Verbraucherschlichtungsstelle erforderlich sind) 전문적 지식 및 능력을 갖춰야만 한다. 조정위원은 법관직 자격을 보유해야만 하거나 공인조정인(公認調停人)이어야만 한다.

③ 조정인은 선임되기 전 최근 3년간(in den letzten drei Jahren vor seiner Bestellung) 다음 각 호를 위해 활동해서는 아니된다,

1. 소비자분쟁조정기구의 분쟁해결절차에 참가할 의무가 있거나 법규정에 기하여 그에 참가할 의무가 있는 사업자,
2. 제1호에 따른 사업자의 결합기업,
3. 제1호에 따른 기업에 속하거나 소비자분쟁조정기구가 관할하는 경제영역에서(in dem Wirtschaftsbereich) 사업자권익을 대변하는 단체,
4. 소비자분쟁조정기구가 관할(管轄)하는 경제영역(經濟領域)에서 소비자권익을 대변하는(der Verbraucherinteressen in dem Wirtschaftsbereich wahrnimmt) 단체.

제1문 제3호 또는 제4호에 따른 단체를 위한 조정인으로서의 활동은 조정인으로서의 새로운 선임에 배치되지 않는다.

각주
(제6조 제3항: 그 부적용에 대하여 제7조 제5항을 참조하라)(제6조: 그 적용에 대하여 제28조를 참조하라)

§ 7 Unabhängigkeit und Unparteilichkeit des Streitmittlers

(1) Der Streitmittler ist unabhängig und an Weisungen nicht gebunden. Er muss Gewähr für eine unparteiische Streitbeilegung bieten.

(2) Der Streitmittler darf nicht nur von einem Unternehmer oder von nur mit einem Unternehmer verbundenen Unternehmen vergütet oder beschäftigt werden. Die Vergütung des Streitmittlers darf nicht mit dem Ergebnis von Streitbeilegungsverfahren in Zusammenhang stehen.

(3) Der Streitmittler ist verpflichtet, Umstände, die seine Unabhängigkeit oder Unparteilichkeit beeinträchtigen können, dem Träger der Verbraucherschlichtungsstelle unverzüglich offenzulegen.

(4) Der Streitmittler hat den Parteien alle Umstände offenzulegen, die seine Unabhängigkeit oder Unparteilichkeit beeinträchtigen können. Der Streitmittler darf bei Vorliegen solcher Umstände nur dann tätig werden, wenn die Parteien seiner Tätigkeit als Streitmittler ausdrücklich zustimmen.

(5) Ist die Aufgabe des Streitmittlers einem Gremium übertragen worden, dem sowohl Vertreter von Verbraucherinteressen als auch von Unternehmerinteressen angehören, so müssen beide Seiten in gleicher Anzahl vertreten sein. § 6 Absatz 3 ist auf Mitglieder des Gremiums, die Unternehmerinteressen oder Verbraucherinteressen vertreten, nicht anzuwenden.

Fußnote

(+++ § 7: Zur Anwendung vgl. § 6 Abs. 1 +++) (+++ § 7 Abs. 1, 3 bis 5: Zur Anwendung vgl. § 28 +++)

§ 8 Amtsdauer und Abberufung des Streitmittlers

(1) Der Streitmittler muss für eine angemessene Dauer bestellt werden. Die Amtsdauer soll drei Jahre nicht unterschreiten. Wiederbestellung ist zulässig.

(2) Der Streitmittler kann nur abberufen werden, wenn

1. Tatsachen vorliegen, die eine unabhängige und unparteiische Ausübung der Tätigkeit als Streitmittler nicht mehr erwarten lassen,
2. er nicht nur vorübergehend an der Ausübung der Tätigkeit als Streitmittler gehindert ist oder
3. ein anderer wichtiger Grund vorliegt.

Fußnote

(+++ § 8: Zur Anwendung vgl. § 6 Abs. 1 +++) (+++ § 8: Zur Anwendung vgl. § 28 +++)

§ 9 Beteiligung von Verbraucherverbänden und Unternehmerverbänden

(1) Ist der Träger der Verbraucherschlichtungsstelle ein Verband, der Unternehmerinteressen wahrnimmt, oder wird der Träger der Verbraucherschlichtungsstelle von einem solchen Verband finanziert, so bedürfen die Festlegung und die Änderung der Zuständigkeit der Verbraucherschlichtungsstelle, die Verfahrensordnung und die Bestellung oder Abberufung eines Streitmittlers der Beteiligung eines Verbands, der die Interessen von Verbrauchern wahrnimmt

제7조 조정위원의 독립성 및 공정성(Unabhängigkeit und Unparteilichkeit)

① 조정위원은 독립적이고 지시에 구속되지 아니한다. 그는 공정한 분쟁해결을 보장해야만(Gewähr für eine unparteiische Streitbeilegung bieten) 한다.

② 조정위원은 어느 사업자 또는 그 사업자의 결합기업에 의해서만 보수를 지급받거나 고용되어서는 안 될 뿐이다. 조정위원의 보수(Die Vergütung des Streitmittlers)가 분쟁해결의 결과에 결부(結付)되어서는 아니된다.

③ 조정위원은 그 독립성 또는 공정성을 침해할 수 있는 제사정(諸事情)을 소비자분쟁조정기구의 설치주체에 지체 없이 밝힐 의무를 진다.

④ 조정위원은 그 독립성 또는 공정성을 침해할 수 있는 일체의 사정을 당사자에게 밝혀야 한다. 그러한 사정이 있는 경우에 조정위원은, 당자가가 조정위원으로서 활동에 명시적으로 동의한 경우에 한하여 활동할 수 있다.

⑤ 조정위원의 임무가 소비자권익대표자와 사업자권익대표자가 모두 속하는(dem sowohl Vertreter von Verbraucherinteressen als auch von Unternehmerinteressen angehören) 전원위원회(Gremium)로 이양되는 경우에, 그 양측은 동수로(in gleicher Anzahl) 대표되어야만 한다. 제6조 제3항은 사업자권익 또는 소비자권익을 대표하는 전원위원회위원에 대하여 적용하지 않는다.

각주

(제7조: 그 적용에 관하여 제6조 제항을 참조하라)(제7조 제1항, 제3항 내지 제5항: 그 적용에 관하여 제28조를 참조하라)

제8조 조정위원의 임기와 해임

① 조정위원은 적절한 기간 동안에 대하여 선임되어야만 한다. 임기(Die Amtsdauer)는 3년을 초과해서는 아니된다. 재선임은 허용된다.

② 조정위원은 다음 각 호의 경우에 한하여 해임될 수 있다,

1. 독립성이 없고 불공정한 활동으로 인해 더 이상 조정위원으로서 활동을 기대할 수 없는 사정이 있는 경우,
2. 조정위원에게 조정위원으로서 활동 수행에 대한 지속적(nur vorübergehend) 장애가 발생한 경우,
3. 기타 중대한 사유가 있는 경우.

각주

(제8조: 그 적용에 관하여 제6조 제1항을 참조하라)(제8조: 그 적용에 관하여 제28조를 참조하라)

제9조 소비자단체 또는 사업자단체의 참가

① 소비자분쟁조정기구의 설치주체가 사업자권익을 대변하는 단체이거나 소비자분쟁조정기구의 설치주체가 그러한 단체에게서 재정지원을 받는 경우에, 소비자분쟁조정기구의 관할의 정함 및 변경, 조정절차규정과 조정위원의 선임 또는 해임(die Festlegung und die Änderung der Zuständigkeit der Verbraucherschlichtungsstelle, die Verfahrensordnung und die Bestellung oder Abberufung eines Streitmittlers)에 소비자단체의 이익을 대변하는 단체('소비자단체'; Verbraucherverband)의

(Verbraucherverband). Der Verbraucherverband muss eine qualifizierte Einrichtung nach § 3 Absatz 1 Satz 1 Nummer 1 des Unterlassungsklagengesetzes sein und sich für die Vertretung von Verbraucherinteressen im Zuständigkeitsbereich der Verbraucherschlichtungsstelle fachlich eignen. Die Beteiligung ist in den Regeln über die Organisation der Verbraucherschlichtungsstelle vorzusehen.

(2) Ist der Träger der Verbraucherschlichtungsstelle ein Verbraucherverband oder wird der Träger der Verbraucherschlichtungsstelle von einem Verbraucherverband finanziert, so gilt Absatz 1 Satz 1 und 3 entsprechend für die Beteiligung eines Verbands, der Unternehmerinteressen wahrnimmt (Unternehmerverband). Der Unternehmerverband muss sich für die Vertretung von Unternehmerinteressen im Zuständigkeitsbereich der Verbraucherschlichtungsstelle fachlich eignen.

Fußnote

(+++ § 9: Zur Anwendung vgl. § 6 Abs. 1 +++)

§ 10 Informationspflichten der Verbraucherschlichtungsstelle

(1) Die Verbraucherschlichtungsstelle unterhält eine Webseite, auf der die Verfahrensordnung und klare und verständliche Informationen zur Erreichbarkeit und zur Zuständigkeit der Verbraucherschlichtungsstelle sowie zu den Streitmittlern, zur Anerkennung als Verbraucherschlichtungsstelle sowie zum Ablauf und zu den Kosten des Streitbeilegungsverfahrens veröffentlicht sind.

(2) Auf Anfrage werden die Informationen nach Absatz 1 in Textform übermittelt.

Fußnote

(+++ § 10: Zur Anwendung vgl. § 28 +++)

Abschnitt 3 Streitbeilegungsverfahren

§ 11 Form von Mitteilungen

Der Antrag auf Durchführung eines Streitbeilegungsverfahrens, Stellungnahmen, Belege und sonstige Mitteilungen können der Verbraucherschlichtungsstelle in Textform übermittelt werden.

Fußnote

(+++ § 11: Zur Anwendung vgl. § 28 +++)

§ 12 Verfahrenssprache

(1) Verfahrenssprache ist Deutsch.

(2) Die Verfahrensordnung kann weitere Sprachen vorsehen, in denen ein Streitbeilegungsverfahren durchgeführt werden kann, wenn eine Partei dies beantragt und die andere Partei sich darauf einlässt. Der Streitmittler kann mit den Parteien durch Individualabrede auch eine nicht in der Verfahrensordnung vorgesehene Verfahrenssprache vereinbaren.

참가가 요구된다. 소비자단체는 금지소송법 제3조 제1항 제1문 제1호에 따른 자격을 갖춘 단체이어야만 하고, 소비자분쟁조정기구의 관할영역에서 소비자권익을 대변하기 위한(für die Vertretung von Verbraucherinteressen im Zuständigkeitsbereich der Verbraucherschlichtungsstelle) 전문적 능력을 갖춰야만 한다. 그 참가는 소비자분쟁조정기구의 조직에 관한 규정으로(in den Regeln über die Organisation der Verbraucherschlichtungsstelle) 규율되어야 한다.

② 소비자분쟁조정기구의 설치주체가 소비자단체이거나 설치주체가 소비자단체에게서 재정지원을 받는(wird der Träger der Verbraucherschlichtungsstelle von einem Verbraucherverband finanziert) 경우에, 사업자권익을 대변하는 단체('사업자단체'; Unternehmerverband)의 참가에 대하여 제9조 제1항 제1문, 제3문을 준용한다. 그 사업자단체는 소비자분쟁조정기구의 관할영역에서 사업자권익의 대변(die Vertretung von Unternehmerinteressen)을 하기 위한 전문적 능력을 갖춰야만 한다.

각주

(제9조: 그 적용에 관하여 제6조 제1항을 참조하라)

제10조 소비자분쟁조정기구의 정보제공의무

① 소비자분쟁조정기구는 조정절차규정과, 접근성(Erreichbarkeit), 소비자분쟁조정기구의 관할, 조정위원, 소비자분쟁조정기구로서의 공인과 분쟁해결절차의 기간·비용에 관하여(zu den Streitmittlern, zur Anerkennung als Verbraucherschlichtungsstelle sowie zum Ablauf und zu den Kosten des Streitbeilegungsverfahrens) 명료하게 이해할 수 있는 정보가 공표되는 웹사이트(eine Webseite)를 운영한다.

② 제1항에 따른 정보는 그 요구가 있는 경우에(Auf Anfrage) 문명방식으로(in Textform) 제공된다.

각주

(제10조: 그 적용에 관하여 제28조를 참조하라)

제3장 분쟁해결절차

제11조 통지의 방식

분쟁해결절차(紛爭解決節次)의 진행(進行) 신청, 의견진술, 증거와 그 밖의 통지는 문면방식으로(in Textform) 소비자분쟁조정기구에 행해질 수 있다.

각주

(제11조: 그 적용에 관하여 제28조를 참조하라)

제12조 조정절차의 언어

① 조정절차의 언어는 독일어이다.

② 어느 당사자가 이를 신청하고 타방 당사자가 이에 동의한 경우에(wenn eine Partei dies beantragt und die andere Partei sich darauf einlässt) 조정절차규정에 분쟁해결절차의 진행에 쓰일 수 있는 (독일어 이외의) 추가적 언어가 정해질 수 있다. 조정위원은 개별적 합의에 의하여(durch Individualabrede) 조정절차규정에서 정해지지 않은 조정절차언어에 대해서도 합의할 수 있다.

§ 13 Vertretung

(1) Die Parteien können sich im Streitbeilegungsverfahren durch einen Rechtsanwalt oder durch eine andere Person, soweit diese zur Erbringung außergerichtlicher Rechtsdienstleistungen befugt ist, vertreten lassen.

(2) Die Parteien dürfen nicht verpflichtet werden, sich im Streitbeilegungsverfahren vertreten zu lassen.

Fußnote

(+++ § 13: Zur Anwendung vgl. § 28 +++)

§ 14 Ablehnungsgründe

(1) Der Streitmittler lehnt die Durchführung eines Streitbeilegungsverfahrens ab, wenn

1. die Streitigkeit nicht in die Zuständigkeit der Verbraucherschlichtungsstelle fällt,
2. der streitige Anspruch nicht zuvor gegenüber dem Antragsgegner geltend gemacht worden ist oder
3. der Antrag offensichtlich ohne Aussicht auf Erfolg ist oder mutwillig erscheint, insbesondere weil
   a) der streitige Anspruch bei Antragstellung bereits verjährt war und der Unternehmer sich auf die Verjährung beruft,
   b) die Streitigkeit bereits beigelegt ist,
   c) zu der Streitigkeit ein Antrag auf Prozesskostenhilfe bereits mit der Begründung zurückgewiesen worden ist, dass die beabsichtigte Rechtsverfolgung keine hinreichende Aussicht auf Erfolg bietet oder mutwillig erscheint.
3. der Antrag offensichtlich ohne Aussicht auf Erfolg ist oder mutwillig erscheint,

(2) Die Verfahrensordnung kann vorsehen, dass der Streitmittler die Durchführung eines von einem Verbraucher eingeleiteten Streitbeilegungsverfahrens nach § 4 Absatz 1 in folgenden Fällen ablehnt:

1. eine Verbraucherschlichtungsstelle hat bereits ein Verfahren zur Beilegung der Streitigkeit durchgeführt oder die Streitigkeit ist bei einer anderen Verbraucherschlichtungsstelle anhängig,
2. ein Gericht hat zu der Streitigkeit bereits eine Sachentscheidung getroffen oder die Streitigkeit ist bei einem Gericht anhängig, es sei denn, das Gericht ordnet nach § 278a Absatz 2 der Zivilprozessordnung im Hinblick auf das Verfahren vor der Verbraucherschlichtungsstelle das Ruhen des Verfahrens an,
3. der Streitwert überschreitet oder unterschreitet eine bestimmte Höhe,
4. die Behandlung der Streitigkeit würde den effektiven Betrieb der Verbraucherschlichtungsstelle ernsthaft beeinträchtigen, insbesondere weil
   a) die Verbraucherschlichtungsstelle den Sachverhalt oder rechtliche Fragen nur mit einem

제13조 대리

① 당사자는, 자신들이 재판외 법률서비스의 수행을 할 자격이 있는 범위 내에서, 분쟁해결절차에서 변호사 또는 그 밖의 사람에 의하여(durch einen Rechtsanwalt oder durch eine andere Person) 대리될 수 있다.

② 당사자들은 분쟁해결절차에서 자신들을 대리하게 할(sich im Streitbeilegungsverfahren vertreten zu lassen) 의무를 져서는 아니된다.

각주

(제13조: 그 적용에 관하여 제28조를 참조하라)

제14조 거부사유

① 다음 각 호의 경우에 조정위원은 분쟁해결절차의 진행(die Durchführung eines Streitbeilegungsverfahrens)을 거부한다,

1. 그 분쟁이 그 소비자분쟁조정기구의 관할에 속하지 않은 경우,
2. 계쟁(係爭)청구권(der streitige Anspruch)이 사전에(zuvor) 피신청인에 대하여 행사되지 않은 경우,
3. 특히 다음 각 목으로 인해 그 신청의 인용 가능성이 없음이 명백하거나 그 신청이 해의적(害意的)으로 보이는 경우,
   a) 신청제기 당시에 이미 계쟁(係爭)청구권의 소멸시효가 완성되었고 사업자가 소멸시효완성을 주장하는 경우,
   b) 분쟁이 이미 해결된 경우,
   c) 의도하는 권리행사가 상당한 인용가능성을 보여주지 못하거나 그 권리행사가 해의적(害意的)으로 보인다는 이유로 그 분쟁에 관한 소송비용구조신청(ein Antrag auf Prozesskostenhilfe)이 이미 기각된 경우.

② 다음 각 호의 경우에 조정위원이 제4조 제1항에 따라 소비자에 의해 개시된 분쟁해결절차의 진행을 거부하는 것으로 조정절차규정으로 규정할 수 있다(Die Verfahrensordnung kann vorsehen, dass):

1. 어느 소비자분쟁조정기구가 이미 그 분쟁해결에 관한 절차를 진행했었거나 그 분쟁이 다른 소비자분쟁조정기구에 계속중인 경우,
2. 어느 법원이 그 분쟁에 대하여 이미 본안재판(Sachentscheidung)을 했거나 그 분쟁이 어느 법원에 계속중인 경우, 그 법원이 민사소송법 제278a조 제2항에 따라 그 소비자분쟁조정기구에서의 절차와 관련하여(im Hinblick auf das Verfahren vor der Verbraucherschlichtungsstelle) 해당 절차의 중지명령을 한 경우에는 그러하지 아니하다,
3. 계쟁물의 가액이 정해진 금액을 초과하거나 미달하는 경우,
4. 다음 각 목의 이유로 인해 그 분쟁의 처리가 소비자분쟁조정기구의 효율적인 운영을 중대하게 침해할 우려가 있는 경우,
   a) 소비자분쟁조정기구가 과도한 비용 지출에 의해서만(mit einem unangemessenen Aufwand)

unangemessenen Aufwand klären kann,

b) eine grundsätzliche Rechtsfrage, die für die Bewertung der Streitigkeit erheblich ist, nicht geklärt ist.

Die Ablehnungsgründe dürfen den Zugang von Verbrauchern zu dem Streitbeilegungsverfahren nicht erheblich beeinträchtigen. Für Anträge nach § 4 Absatz 3 gelten die in den Sätzen 1 und 2 vorgesehenen Beschränkungen der zulässigen Ablehnungsgründe nicht.

(3) Die Verbraucherschlichtungsstelle teilt dem Antragsteller und, sofern der Antrag bereits an den Antragsgegner übermittelt worden ist, auch dem Antragsgegner die Ablehnung in Textform und unter Angabe der Gründe mit. Sie übermittelt die Ablehnungsentscheidung innerhalb von drei Wochen nach Eingang des Antrags.

(4) Der Streitmittler kann die weitere Durchführung eines Streitbeilegungsverfahrens aus den in den Absätzen 1 und 2 aufgeführten Gründen ablehnen, wenn der Ablehnungsgrund erst während des Verfahrens eintritt oder bekannt wird. Der Ablehnungsgrund nach Absatz 1 Nummer 2 greift nicht, wenn der Antragsgegner in die Durchführung des Streitbeilegungsverfahrens einwilligt oder Erklärungen zur Sache abgibt. Absatz 3 Satz 1 ist anzuwenden.

(5) Der Streitmittler setzt das Streitbeilegungsverfahren aus, wenn der Antragsgegner geltend macht, dass seit der Geltendmachung des streitigen Anspruchs durch den Antragsteller gegenüber dem Antragsgegner nicht mehr als zwei Monate vergangen sind, und der Antragsgegner den streitigen Anspruch in dieser Zeit weder anerkannt noch abgelehnt hat. Der Streitmittler lehnt die weitere Durchführung des Streitbeilegungsverfahrens ab, wenn der Antragsgegner den streitigen Anspruch innerhalb von zwei Monaten seit dessen Geltendmachung vollständig anerkennt; Absatz 3 Satz 1 ist anzuwenden. Erkennt der Antragsgegner den streitigen Anspruch nicht innerhalb von zwei Monaten seit dessen Geltendmachung vollständig an, so setzt der Streitmittler das Verfahren nach Ablauf von zwei Monaten ab Geltendmachung des streitigen Anspruchs fort.

Fußnote

(+++ § 14: Zur Anwendung vgl. § 28 +++)

§ 15 Beendigung des Verfahrens auf Wunsch der Parteien

(1) Das Streitbeilegungsverfahren endet, wenn der Antragsteller seinen Antrag zurücknimmt oder der weiteren Durchführung des Verfahrens widerspricht.

(2) Erklärt der Antragsgegner, an dem Streitbeilegungsverfahren nicht teilnehmen oder es nicht fortsetzen zu wollen, so beendet der Streitmittler das Verfahren, es sei denn, Rechtsvorschriften, Satzungen oder vertragliche Abreden bestimmen etwas anderes.

(3) Das Recht einer Partei, das Streitbeilegungsverfahren bei Vorliegen eines erheblichen Verfahrensmangels zu beenden, darf nicht beschränkt werden.

Fußnote

사실 또는 법적 문제를 규명할 수 있는 경우,

b) 그 분쟁의 법적 평가에 있어 중요한 어떤 근본적인 법률문제(eine grundsätzliche Rechtsfrage) 가 규명되지 않는 경우.

거부사유로 인해 그 분쟁해결절차에 대한 소비자의 이용(den Zugang von Verbrauchern zu dem Streitbeilegungsverfahren)이 현저하게 방해되어서는 아니된다. 제4조 제3항에 따른 신청에 대하여 제1문, 제2문에 정해진, 허용되는 거부사유의 제한을 적용하지 않는다.

③ 소비자분쟁조정기구는 신청인에게, 그 신청인 피신청인에게 이미 송달된 경우에는 피신청인에게도 문면방식에 의한 거부에 대해 그 이유를 기재하여(die Ablehnung in Textform und unter Angabe der Gründe) 통지한다. 소비자분쟁조정기구는 그 신청을 접수한 때로부터 3주 내에 거부결정을 통지한다.

④ 그 거부사유가 절차도중에 비로소 발생하거나 알려진 경우에(wenn der Ablehnungsgrund erst während des Verfahrens eintritt oder bekannt wird), 조정위원은 제14조 제1항, 제2항에 기재된 사유에 기하여 분쟁해결절차의 속행(die weitere Durchführung eines Streitbeilegungsverfahren)을 거부할 수 있다. 피신청인이 분쟁해결절차의 진행에 동의를 하거나 해당 사건에 관하여 의사표시를 한 경우에는 제1항 제2호에 따른 거부사유는 적용하지 않는다. 제3항 제1문을 적용한다.

⑤ 피신청인이, 신청인의 피신청인에 대한 계쟁(係爭)청구권의 행사시로부터 두 달을 초과하여 경과하지 않았고(seit der Geltendmachung des streitigen Anspruchs durch den Antragsteller gegenüber dem Antragsgegner nicht mehr als zwei Monate vergangen sind) 또한 피신청인이 그 계쟁(係爭)청구권을 그 기간 동안에 긍정도 부인도 하지 않았다는 주장을 하는 경우에 조정위원은 분쟁해결절차를 중지한다(Der Streitmittler setzt das Streitbeilegungsverfahren aus). 중재위원은 피신청인이 그 행사를 한 때로부터 2개월 이내에 계쟁(係爭)청구권(den streitigen Anspruch) 전부에 대하여 인정한 경우에는 그 분쟁해결절차의 추가적인 진행을 거부한다; 제3항 제1문을 적용한다. 피신청인이 이를 행사한 때로부터 2개월 이내에 계쟁청구권 전부를 인정하지 않은 경우에, 중재위원은 계쟁(係爭)청구권의 행사한 때로부터 2개월이 경과한 후에 그 절차를 속행한다.

각주

(제14조: 그 적용에 대하여 제28조를 참조하라)

제15조 당사자의 요구에 따른 절차의 종료

① 신청인이 그 신청을 취하하거나 그 절차의 추가적 진행에 대해 이의를 제기하는 경우에는 분쟁해결절차는 종료된다.

② 피신청인이 분쟁해결절차에 참여하지 않겠다는 의사 또는 분쟁해결절차를 속행하려고 하지 않겠다는(es nicht fortsetzen zu wollen) 의사를 밝힌 경우에, 조정위원은 그 절차를 종결시키되, 법규정, 그 정관 또는 계약상 합의에 달리 정해진 경우에는 그러하지 아니하다.

③ 중대한 절차적 흠결이 있는 경우(bei Vorliegen eines erheblichen Verfahrensmangels)에 분쟁해결절차를 종결시키는 당사자의 권리는 제한되어서는 아니된다.

각주

(+++ § 15: Zur Anwendung vgl. § 28 +++)

§ 16 Unterrichtung der Parteien

(1) Die Verbraucherschlichtungsstelle muss den Antragsteller unverzüglich nach Eingang des Antrags auf Durchführung eines Streitbeilegungsverfahrens und den Antragsgegner zugleich mit der Übersendung des Antrags über Folgendes unterrichten:

1. dass das Verfahren nach der Verfahrensordnung durchgeführt wird und dass deren Wortlaut auf der Webseite der Verbraucherschlichtungsstelle verfügbar ist und auf Anfrage in Textform übermittelt wird,
2. dass die Parteien mit ihrer Teilnahme am Streitbeilegungsverfahren der Verfahrensordnung der Verbraucherschlichtungsstelle zustimmen,
3. dass das Ergebnis des Streitbeilegungsverfahrens von dem Ergebnis eines gerichtlichen Verfahrens abweichen kann,
4. dass sich die Parteien im Streitbeilegungsverfahren von einem Rechtsanwalt oder einer anderen Person, soweit diese zur Erbringung von Rechtsdienstleistungen befugt ist, beraten oder vertreten lassen können,
5. dass die Parteien im Streitbeilegungsverfahren nicht durch einen Rechtsanwalt oder durch eine andere Person vertreten sein müssen,
6. über die Möglichkeit einer Beendigung des Streitbeilegungsverfahrens nach § 15,
7. über die Kosten des Verfahrens und
8. über den Umfang der Verschwiegenheitspflicht des Streitmittlers und der weiteren in die Durchführung des Streitbeilegungsverfahrens eingebundenen Personen.

(2) Von der wiederholten Unterrichtung eines Unternehmers, der regelmäßig an Streitbeilegungsverfahren der Verbraucherschlichtungsstelle teilnimmt und auf weitere Unterrichtungen verzichtet hat, kann abgesehen werden.

Fußnote

(+++ § 16: Zur Anwendung vgl. § 28 +++)

§ 17 Rechtliches Gehör

(1) Die Parteien erhalten rechtliches Gehör und können Tatsachen und Bewertungen vorbringen. Die Verbraucherschlichtungsstelle kann den Parteien eine angemessene Frist zur Stellungnahme setzen. Die Frist beträgt in der Regel drei Wochen und kann auf Antrag verlängert werden.

(2) Der Streitmittler kann die Streitigkeit mit den Parteien mündlich erörtern, wenn diese Möglichkeit in der Verfahrensordnung der Verbraucherschlichtungsstelle vorgesehen ist und die Parteien zustimmen.

Fußnote

(제15조: 그 적용에 관하여 제28조를 참조하라)

제16조 당사자에 대한 통지

① 소비자분쟁조정기구(Die Verbraucherschlichtungsstelle)는 다음 각 호에 관하여(über Folgendes), 분쟁해결절차의 진행에 대한 신청을 접수받은 때로부터 지체 없이 신청인에게, 피신청인에게는 신청의 송달과 동시에(zugleich mit der Übersendung des Antrags) 통지해야만 한다:

1. 조정절차규정(Verfahrensordnung)에 따라 절차가 진행되고, 소비자분쟁조정기구의 웹사이트에 원문(Wortlaut)에 접근할 수 있으며 신청이 있는 경우에 문면방식으로(in Textform) 그 원문이 송달된다는 점,
2. 당사자는 그 분쟁해결절차에 참가함으로써 소비자분쟁조정기구의 조정절차규정에 동의한다는 점,
3. 분쟁조정절차의 결과(das Ergebnis des Streitbeilegungsverfahrens)가 재판절차의 결과와 다를 수 있다는 점,
4. 당사자는, 그들이 법률서비스를 제공할 자격이 있는 범위 내에서(soweit diese zur Erbringung von Rechtsdienstleistungen befugt ist), 분쟁해결절차에서 변호사 또는 다른 사람에게서 자문을 받거나 대리될 수 있다는 점,
5. 당사자는 분쟁해결절차에서 변호사 또는 그 밖의 사람에 의해(durch einen Rechtsanwalt oder durch eine andere Person) 대리되어야만 하는 것은 아니라는 점,
6. 제15조에 따른 분쟁해결절차의 종료 가능성,
7. 절차비용,
8. 조정위원(調停委員)과 분쟁해결절차의 진행(進行)에 관련된 기타 사람들의 비밀엄수(Verschwiegenheitspflicht)의 범위.

② 통상적으로 소비자분쟁조정기구의 분쟁해결절차에 참가하고 있고 추가적인 통지를 포기한 어느 사업자에 대한 추가적 통지(Von der wiederholten Unterrichtung eines Unternehmers)는 생략될 수 있다.

각주

(제16조: 그 적용에 관하여 제28조를 참조하라)

제17조 공정한 심문

① 당사자는 공정한 심문(審問)을 받고, 사실과 법적 평가(Tatsachen und Bewertungen)를 제출할 수 있다. 소비자분쟁조정기구는 당사자에게 의견진술을 위한 상당한 기간(eine angemessene Frist zur Stellungnahme)을 부여한다. 그 기간은 통상적으로 3주이고, 신청에 따라 연장될 수 있다.

② 이것이 소비자분쟁조정기구의 조정절차규정에 정해지고 당사자들이 동의한 경우에, 조정위원은 분쟁에 대하여 당사자(當事者)와 함께 구술로(die Streitigkeit mit den Parteien mündlich) 심문(審問)할 수 있다.

각주

(+++ § 17: Zur Anwendung vgl. § 28 +++)

§ 18 Mediation

Führt der Streitmittler nach der Verfahrensordnung der Verbraucherschlichtungsstelle eine Mediation durch, so sind die Vorschriften des Mediationsgesetzes mit Ausnahme des § 2 Absatz 1 des Mediationsgesetzes ergänzend anzuwenden.

Fußnote

(+++ § 18: Zur Anwendung vgl. § 28 +++)

§ 19 Schlichtungsvorschlag

(1) Hat der Streitmittler nach der Verfahrensordnung den Parteien einen Vorschlag zur Beilegung der Streitigkeit (Schlichtungsvorschlag) zu unterbreiten, so beruht dieser auf der sich aus dem Streitbeilegungsverfahren ergebenden Sachlage. Der Schlichtungsvorschlag soll am geltenden Recht ausgerichtet sein und soll insbesondere die zwingenden Verbraucherschutzgesetze beachten. Der Schlichtungsvorschlag ist mit einer Begründung zu versehen, aus der sich der zugrunde gelegte Sachverhalt und die rechtliche Bewertung des Streitmittlers ergeben.

(2) Die Verbraucherschlichtungsstelle übermittelt den Parteien den Schlichtungsvorschlag in Textform.

(3) Die Verbraucherschlichtungsstelle unterrichtet die Parteien mit der Übermittlung des Schlichtungsvorschlags über die rechtlichen Folgen einer Annahme des Vorschlags und darüber, dass der Vorschlag von dem Ergebnis eines gerichtlichen Verfahrens abweichen kann. Sie weist auf die Möglichkeit hin, den Vorschlag nicht anzunehmen und die Gerichte anzurufen. Die Verbraucherschlichtungsstelle setzt den Parteien eine angemessene Frist zur Annahme des Vorschlags.

(4) Von einer Unterrichtung des Unternehmers nach Absatz 3 ist abzusehen, wenn sich dieser dem Schlichtungsvorschlag bereits vorab unterworfen hat.

Fußnote

(+++ § 19: Zur Anwendung vgl. § 28 +++)

§ 20 Verfahrensdauer

(1) Die Verbraucherschlichtungsstelle benachrichtigt die Parteien, sobald sie keine weiteren Unterlagen und Informationen mehr benötigt (Eingang der vollständigen Beschwerdeakte). Der Eingang der vollständigen Beschwerdeakte ist in der Regel anzunehmen, wenn die Parteien nach § 17 Absatz 1 Gelegenheit zur Stellungnahme hatten.

(2) Die Verbraucherschlichtungsstelle übermittelt den Parteien den Schlichtungsvorschlag oder, sofern kein Schlichtungsvorschlag zu unterbreiten ist, den Inhalt der Einigung über die Beilegung der Streitigkeit oder den Hinweis auf die Nichteinigung innerhalb von 90 Tagen nach Eingang der

(제17조: 그 적용에 대하여 제28로를 참조하라)

제18조 조정

조정위원이 소비자분쟁조정기구의 절차에 따라 조정을 진행하는 경우(Führt der Streitmittler nach der Verfahrensordnung der Verbraucherschlichtungsstelle eine Mediation durch)에, 일반조정법(Mediationsgesetz) 제2조 제1항을 제외하고 일반조정법 규정을 추가적으로 적용한다.

각주

(제18조: 그 적용에 관하여 제28조를 참조하라)

제19조 조정안

① 조정위원이 조정절차규정에 따라 당사자에게 분쟁해결을 위한 안('조정안'; Schlichtungsvorschlag)을 제안하는 경우에 그 조정안(調停案)은 분쟁해결절차에서 생긴 사정에(auf der sich aus dem Streitbeilegungsverfahren ergebenden Sachlage) 근거한다. 조정안은 시행(施行) 중인 법(am geltenden Recht)에 부합하는 것이어야 하고 특히 강행적 소비자보호법(die zwingenden Verbraucherschutzgesetze)을 준수해야 한다. 조정안에는 기초하는 생활사실관계와 조정위원의 법적 평가에서 도출된 이유를 기재해야 한다.

② 소비자분쟁조정기구는 당사자에게 조정안(den Schlichtungsvorschlag)을 문면방식으로(in Textform) 통지한다.

③ 소비자기구는 당사자에게 조정안의 통지와 함께 조정안의 수락에 대한 법적 효과와, 조정안이 재판절차의 결과와 다를 수 있다는 점에 관하여(über die rechtlichen Folgen einer Annahme des Vorschlags und darüber, dass der Vorschlag von dem Ergebnis eines gerichtlichen Verfahrens abweichen kann) 통지한다. 소비자분쟁조정기구는 당사자에게 조정안을 수락하기 위한 적정한 기간(eine angemessene Frist zur Annahme des Vorschlags)을 부여한다.

④ 그 사업자가 조정안을 이미 사전에 수락한 경우에 제19조 제3항에 따른 사업자에 대한 통지는 생략될 수 있다.

각주

(제19조: 그 적용에 관하여 제28조를 참조하라)

제20조 절차진행기간

① 소비자분쟁조정기구(Die Verbraucherschlichtungsstelle)는 추가적인 서류 및 자료(Informationen)를 더 이상 필요로 하지 않게 된 때('조정서류의 접수 완결'; Eingang der vollständigen Beschwerdeakte)에는 즉시 당사자에게 이를 통지한다. 당사자가 제17조 제1항에 따라 의견진술의 기회를 가진 경우에는 조정서류의 접수 완결은 통상적으로(in der Regel) 인정되어야 한다.

② 소비자분쟁조정기구는 조정서류의 접수 완결 후 90일 이내에(innerhalb von 90 Tagen nach Eingang der vollständigen Beschwerdeakte) 당사자에게 조정안이나, 조정안이 제시되지 않은 경우에(sofern kein Schlichtungsvorschlag zu unterbreiten ist)는 분쟁해결에 관한 합의 내용 또는 불합의에 관한 안내(den Inhalt der Einigung über die Beilegung der Streitigkeit oder den Hinweis auf

vollständigen Beschwerdeakte.

(3) Die Verbraucherschlichtungsstelle kann die Frist von 90 Tagen bei besonders schwierigen Streitigkeiten oder mit Zustimmung der Parteien verlängern. Sie unterrichtet die Parteien über die Verlängerung der Frist.

Fußnote

(+++ § 20: Zur Anwendung vgl. § 28 +++)

§ 21 Abschluss des Verfahrens

(1) Die Verbraucherschlichtungsstelle übermittelt den Parteien das Ergebnis des Streitbeilegungsverfahrens in Textform mit den erforderlichen Erläuterungen. Mit dieser Mitteilung ist das Streitbeilegungsverfahren beendet.

(2) Kommt es nicht zu einer Einigung, ist die Mitteilung nach Absatz 1 als Bescheinigung über einen erfolglosen Einigungsversuch nach § 15a Absatz 3 Satz 3 des Gesetzes betreffend die Einführung der Zivilprozessordnung in der im Bundesgesetzblatt Teil III, Gliederungsnummer 310-2, veröffentlichten bereinigten Fassung, das zuletzt durch Artikel 3 des Gesetzes vom 5. Dezember 2014 (BGBl. I S. 1962) geändert worden ist, in der jeweils geltenden Fassung zu bezeichnen.

Fußnote

(+++ § 21: Zur Anwendung vgl. § 28 +++)

§ 22 Verschwiegenheit

Der Streitmittler und die weiteren in die Durchführung des Streitbeilegungsverfahrens eingebundenen Personen sind zur Verschwiegenheit verpflichtet, soweit durch Rechtsvorschrift nichts anderes geregelt ist. Die Pflicht bezieht sich auf alles, was ihnen in Ausübung ihrer Tätigkeit bekannt geworden ist. § 4 Satz 3 des Mediationsgesetzes gilt entsprechend.

Fußnote

(+++ § 22: Zur Anwendung vgl. § 28 +++)

§ 23 Entgelt

(1) Ist ein Unternehmer an dem Streitbeilegungsverfahren beteiligt, so kann von dem Verbraucher ein Entgelt nur erhoben werden, wenn der Antrag des Verbrauchers unter Berücksichtigung der gesamten Umstände als missbräuchlich anzusehen ist; in diesem Fall beträgt das Entgelt höchstens 30 Euro. In sonstigen Fällen kann die Verbraucherschlichtungsstelle vom Verbraucher ein angemessenes Entgelt verlangen, wenn

1. sie diesen unverzüglich nachdem ihr bekannt wurde, dass an dem Verfahren kein Unternehmer beteiligt ist, auf diese Kosten hingewiesen hat, und
2. der Verbraucher an dem Verfahren weiterhin teilnehmen wollte.

die Nichteinigung)를 통지한다.

③ 소비자분쟁조정기구는 특별히 어려운 분쟁의 경우 또는 당사자의 동의가 있는 경우(bei besonders schwierigen Streitigkeiten oder mit Zustimmung der Parteien)에 90일 기간을 연장할 수 있다. 소비자분쟁조정기구는 연장된 기간을 통지한다.

각주

(제20조: 그 적용에 관하여 제28조를 참조하라)

제21조 절차의 종료

① 소비자분쟁조정기구는 당사자에게 필요한 설명이 기재된(mit den erforderlichen Erläuterungen) 분쟁해결절차의 결과에 대해 문면방식으로 통지한다. 이러한 통지로써(Mit dieser Mitteilung) 분쟁해결절차는 종료된다.

② 합의가 성사되지 않은 경우에, 연방법령관보 Ⅲ권에 편제번호 310-2로 공표된 개정된 형식의 민사소송법 시행에 관한 법률(Gesetz betreffend die Einführung der Zivilprozessordnung)로, 최근에 2014년 12월 5일의 법률(BGBl. I S. 1962) 제3조에 의하여 개정된, 각각 적용되는 형식의 그 법률 제15a조 제3항 제3문에 따른 실패(失敗)한 합의시도(合意試圖)에 관한 통지서(als Bescheinigung über einen erfolglosen Einigungsversuch)로서 제1항에 따른 통지서(通知書)에 기재(記載)되어야 한다.

각주

(제21조: 그 적용에 관하여 제28조를 참조하라)

제22조 비밀엄수의무

법규정으로 달리 정하지 않은 한(soweit durch Rechtsvorschrift nichts anderes geregelt ist), 조정위원과 분쟁해결절차에 관련된 기타 사람들은 비밀엄수를 할 의무(zur Verschwiegenheit verpflichtet)를 갖는다. 그 의무는 그들이 그 활동 수행하면서 지득한 모든 것(alles, was ihnen in Ausübung ihrer Tätigkeit bekannt geworden ist)에 관련된다. 중재법 제4조 제3문을 준용한다.

각주

(제22조: 그 적용에 관하여 제28조를 참조하라)

제23조 이용료

① 사업자가 분쟁해결절차에 당사자로 참가한 경우에 제반사정을 고려할 때 소비자의 청구가 남용된 것으로 보는 때(wenn der Antrag des Verbrauchers unter Berücksichtigung der gesamten Umstände als missbräuchlich anzusehen ist)에 한하여 소비자에게 이용료를 징수할 수 있다; 이러한 경우 그 비용은 최대 30유로를 한도로 한다. 그 밖의 경우에 다음의 때에는 소비자분쟁조정기구는 소비자에게 적정한 이용료(ein angemessenes Entgelt)를 청구할 수 있다,

1. 소비자분쟁조정기구가 사업자가 그 절차에 당사자로 참가하지 않는다는 점이 소비자분쟁조정기구에 알려진 후에 지체 없이 소비자에게 그 비용에 관하여 언급했고,
2. 소비자가 그 절차에 계속적으로 참여하려고 했던 경우.

(2) Die Verbraucherschlichtungsstelle kann vom Unternehmer, der zur Teilnahme an dem Streitbeilegungsverfahren bereit ist oder verpflichtet ist, ein angemessenes Entgelt verlangen.

Abschnitt 4 Anerkennung privater Verbraucherschlichtungsstellen

§ 24 Anerkennung

Die zuständige Behörde erkennt auf Antrag eine Einrichtung als Verbraucherschlichtungsstelle an, wenn die Einrichtung die organisatorischen und fachlichen Anforderungen an die Streitbeilegung in Verbrauchersachen nach den Abschnitten 2 und 3 erfüllt, die Einrichtung ihren Sitz im Inland hat, auf Dauer angelegt ist und ihre Finanzierung tragfähig erscheint. Weitergehende Anforderungen an die Einrichtung, die sich aus anderen Rechtsvorschriften ergeben, bleiben unberührt.

§ 25 Antrag auf Anerkennung und Mitteilung von Änderungen

(1) Der Antrag auf Anerkennung als Verbraucherschlichtungsstelle ist zu begründen. Dem Antrag sind beizufügen:

1. die Verfahrensordnung der Einrichtung und
2. die Regeln über die Organisation und die Finanzierung der Einrichtung, einschließlich der Regeln über die Verfahrenskosten.

(2) Die Verbraucherschlichtungsstelle unterrichtet die zuständige Behörde unverzüglich über Änderungen der für die Anerkennung relevanten Umstände und sonstiger im Antrag mitgeteilter Angaben.

(3) Das Ergebnis einer nach § 9 erforderlichen Beteiligung eines Verbraucherverbands oder eines Unternehmerverbands ist der zuständigen Behörde zusammen mit den Angaben nach den Absätzen 1 oder 2 zu übermitteln. Abweichungen von Empfehlungen des beteiligten Verbands sind zu begründen, es sei denn, der Verband hat als Mitglied eines paritätisch besetzten Gremiums an der Entscheidung mitgewirkt.

§ 26 Widerruf der Anerkennung

(1) Erfüllt die Verbraucherschlichtungsstelle die für ihre Anerkennung notwendigen Voraussetzungen nicht mehr oder kommt sie in sonstiger Weise den Anforderungen an eine Verbraucherschlichtungsstelle in erheblichem Umfang nicht nach, so teilt die zuständige Behörde der Verbraucherschlichtungsstelle mit, welche Änderungen zur Aufrechterhaltung der Anerkennung erforderlich sind, und fordert sie auf, diese Änderungen innerhalb von drei Monaten durchzuführen.

(2) Die zuständige Behörde widerruft die Anerkennung, wenn die Verbraucherschlichtungsstelle die Änderungen nicht innerhalb von drei Monaten nach Zugang der Aufforderung nach Absatz 1

② 소비자분쟁조정기구는 분쟁해결절차에 이미 참가할 의향이 있거나 그에 참가할 의무를 지는 사업자에게 적정한 이용료를 청구할 수 있다.

제4장 민간 소비자분쟁조정기구의 공인

제24조 공인

그 단체가 제2장, 제3장에 따른 것으로, 소비자사건의 분쟁해결에 대한 조직적 및 전문적 요구사항을 충족하고(wenn die Einrichtung die organisatorischen und fachlichen Anforderungen an die Streitbeilegung in Verbrauchersachen nach den Abschnitten 2 und 3 erfüllt), 또한 그 단체가 독일에서 주소를 두고, 지속적으로 유지되며 그 재정을 감당할 능력이 있는 것으로 보이는 경우에, 관할 행정관청은 그 신청에 따라 그 단체를 소비자분쟁조정기구로 인정한다. 그 밖의 법규정에 기하여 생겨난 단체에 대한 추가적인 요구사항은 영향을 받지 않는다.

제25조 공인의 신청과 그 변경의 통지

① 소비자분쟁조정기구로서의 공인 신청은 이유를 기재해야 한다. 그 신청서에 다음이 첨부되어야 한다:

1. 단체의 조정절차규정과,
2. 조정절차비용에 관한 규정을 포함하여 단체의 조직과 재정(die Organisation und die Finanzierung der Einrichtung)에 관한 규정.

② 소비자분쟁조정기구는 관할 관청에 공인에 관련된 사정의 변경과 신청서에서 통지한 그 밖의 사항(Änderungen der für die Anerkennung relevanten Umstände und sonstiger im Antrag mitgeteilter Angaben)의 변경을 지체 없이 통지한다.

③ 제9조에 따라 필요한, 소비자단체 또는 사업자단체의 참가의 결과(Das Ergebnis einer nach § 9 erforderlichen Beteiligung eines Verbraucherverbands oder eines Unternehmerverbands)는 제25조 제1항 또는 제2항에 따른 사항을 기재하여 함께 관할 관청에 통지되어야 한다. 참가한 단체의 추천과 다른 사항은 그 이유를 기재하되, 단체가 동등하게 구성된 전원위원회의 구성원으로서 결정에 참가한 경우에는 그러하지 아니하다.

제26조 공인의 철회

① 소비자분쟁조정기구가 공인에 필요한 요건을 더 이상 충족하지 못하거나 기타의 방식으로 소비자분쟁조정기구에 대한 중요한 요구사항(den Anforderungen an eine Verbraucherschlichtungsstelle in erheblichem Umfang)을 중대하게 충족하지 못하는 경우에는, 관할 관청은 소비자분쟁조정기구에 공인의 유지에 관하여 어느 변경사항이 필요한지를 통지하고 그 기구에 이러한 변경사항을 3개월 이내에 이행하도록(diese Änderungen innerhalb von drei Monaten durchzuführen) 최고한다.

② 소비자분쟁조정기구가 제26조 제1항에 따른 최고(催告)가 도달한 때로부터 3개월 이내에 (innerhalb von drei Monaten nach Zugang der Aufforderung nach Absatz 1) 그 변경사항을 이행하

durchführt.

§ 27 Zuständige Behörde

(1) Zuständige Behörde ist, soweit nicht durch Bundesgesetz etwas anderes bestimmt ist, das Bundesamt für Justiz.

(2) Ist durch Bundesgesetz bestimmt, dass eine andere Behörde als das Bundesamt für Justiz für die Anerkennung einer Einrichtung als Verbraucherschlichtungsstelle zuständig ist, so ist diese andere Behörde im Verhältnis zum Bundesamt für Justiz ausschließlich zuständig. Die Anerkennung richtet sich nach den für die Anerkennung durch diese andere Behörde maßgeblichen Vorschriften, auch wenn die Zuständigkeit der Verbraucherschlichtungsstelle über den Anwendungsbereich der Vorschrift hinausgeht, der die Zuständigkeit dieser anderen Behörde begründet.

Abschnitt 5 Behördliche Verbraucherschlichtungsstellen

§ 28 Behördliche Verbraucherschlichtungsstellen

Für behördliche Verbraucherschlichtungsstellen gelten die §§ 4 bis 7 Absatz 1 und 3 bis 5, die §§ 8, 10 und 11 sowie 13 bis 22 sinngemäß. § 9 Absatz 1 ist nur anzuwenden, wenn die Verbraucherschlichtungsstelle bei einer Kammer eingerichtet ist. Anforderungen an behördliche Verbraucherschlichtungsstellen, die sich aus anderen Rechtsvorschriften ergeben, bleiben unberührt.

Abschnitt 6 Universalschlichtungsstellen der Länder

§ 29 Universalschlichtungsstelle und Verordnungsermächtigung

(1) Die Länder richten ergänzende Verbraucherschlichtungsstellen ein (Universalschlichtungsstelle des Landes).

(2) Das Land kann von der Einrichtung einer Universalschlichtungsstelle absehen, wenn ein ausreichendes Schlichtungsangebot besteht. Das Schlichtungsangebot ist ausreichend, wenn für jede Streitigkeit nach § 4 Absatz 2 Satz 2 mit einem in diesem Land niedergelassenen Unternehmer eine Verbraucherschlichtungsstelle zur Verfügung steht, deren Verfahren dem Unternehmer zur Teilnahme offensteht.

(3) Die Länder können

1. selbst eine behördliche Universalschlichtungsstelle einrichten,
2. eine geeignete anerkannte Verbraucherschlichtungsstelle mit der Aufgabe der Universalschlichtungsstelle einschließlich der Befugnis, für die Durchführung des Streitbeilegungsverfahrens Gebühren zu erheben, beleihen oder

지 못한 경우에 관할 관청은 그 공인을 철회한다.

제27조 관할 관청

① 관할 관청은 연방법률에서 다른 정함이 없는 한(soweit nicht durch Bundesgesetz etwas anderes bestimmt ist), 연방법무청이다.

② 연방법률에서 연방법무청 이외의 다른 관청이 소비자분쟁조정기구로서의 단체의 공인을 관할하는 것으로 정해진 경우에(Ist durch Bundesgesetz bestimmt, dass eine andere Behörde als das Bundesamt für Justiz für die Anerkennung einer Einrichtung als Verbraucherschlichtungsstelle zuständig ist), 연방법무청과의 관계에서 그 다른 관청은 전속적으로 이에 대하여 관할한다. 소비자분쟁조정기구의 관할(die Zuständigkeit der Verbraucherschlichtungsstelle)이 그 다른 관청의 관할이 성립하는 적용범위를 넘어서 미치더라도 그 공인은 이러한 다른 단체에 의한 공인에 대하여 적용하는 기준에 따른다.

제5장 공공관서(公共官署)의 소비자분쟁조정기구

제28조 공공관서(公共官署)의 소비자분쟁조정기구

공공관서(公共官署)의 소비자분쟁조정기구에 대하여 제4조 내지 제7조 제1항, 제3항 내지 제5항, 제8조, 제10조, 제11조, 제13조 내지 제22조를 준용한다. 제9조 제1항은 소비자분쟁조정기구가 (상공 또는 수공업)회의소에 설치된 경우(wenn die Verbraucherschlichtungsstelle bei einer Kammer eingerichtet ist)에 한하여 적용한다. 공공관서(公共官署)의 소비자분쟁조정기구에 대한, 다른 법규정에 기하여 생기는 요구사항은 영향을 받지 않는다.

제6장 주(州)의 보편적 소비자분쟁조정기구

제29조 보편적 소비자분쟁조정기구와 명령제정권한

① 주(州)는 보충적 소비자분쟁조정기구('주의 보편적 소비자분쟁조정기구'; Universalschlichtungsstelle des Landes)를 설치한다.

② 충분한 조정기구가 있는 경우에(wenn ein ausreichendes Schlichtungsangebot besteht) 주(州)는 보편적 소비자분쟁조정기구의 설치를 하지 않을 수 있다. 제4조 제2항 제2문에 따른 각 분쟁에 대해 그 주에 지점을 둔 사업자가, 그 절차가 자신이 참가하도록 열려 있는 소비자분쟁조정기구를 이용할 수 있는 경우에는, 소비자분쟁조정기구가 충분한 것이다(Das Schlichtungsangebot ist ausreichend).

③ 주는,

1. 직접 공공관서(公共官署)의 보편적 소비자분쟁조정기구를 설치할 수 있거나,
2. 적절(適切)하게 공인(公認)된 소비자분쟁조정기구(eine geeignete anerkannte Verbraucherschlichtungsstelle)에, 분쟁조정절차의 진행에 관한 이용료를 징수할 수 있는 권한을 포함하여 보편적 소비자분쟁조정기구의 임무를 부여할 수 있거나,

3. eine geeignete anerkannte Verbraucherschlichtungsstelle mit der Aufgabe der Universalschlichtungsstelle beauftragen.

Ist eine anerkannte Verbraucherschlichtungsstelle mit der Aufgabe der Universalschlichtungsstelle beauftragt, handelt sie als private Verbraucherschlichtungsstelle nach den Abschnitten 2 und 3. Für ihre Tätigkeit als Universalschlichtungsstelle gelten die besonderen Bestimmungen des § 30.

(4) Die Landesregierungen

1. bestimmen durch Rechtsverordnung die für die Beleihung nach Absatz 3 Satz 1 Nummer 2 und die Beauftragung nach Absatz 3 Satz 1 Nummer 3 sowie die für die Rechts- und Fachaufsicht über die Universalschlichtungsstelle des Landes zuständige Behörde und
2. können durch Rechtsverordnung Regelungen zur Beendigung der Beleihung nach Absatz 3 Satz 1 Nummer 2 oder der Beauftragung nach Absatz 3 Satz 1 Nummer 3 treffen.

Die Landesregierung kann die Ermächtigung nach Satz 1 durch Rechtsverordnung auf eine oberste Landesbehörde übertragen.

§ 30 Zuständigkeit und Verfahren der Universalschlichtungsstelle

(1) Die Universalschlichtungsstelle des Landes lehnt die Durchführung eines Streitbeilegungsverfahrens ab, wenn

1. eine andere Verbraucherschlichtungsstelle zuständig ist,
2. weder der Unternehmer in diesem Land niedergelassen ist noch der Verbraucher in diesem Land seinen Wohnsitz oder gewöhnlichen Aufenthalt hat,
3. es sich um eine Streitigkeit aus einem in § 4 Absatz 2 Satz 2 Nummer 1 genannten Vertrag handelt,
4. der Wert des Streitgegenstands weniger als 10 Euro oder mehr als 5 000 Euro beträgt,
5. der streitige Anspruch nicht zuvor gegenüber dem Unternehmer geltend gemacht worden ist oder
6. der Antrag offensichtlich ohne Aussicht auf Erfolg ist oder mutwillig erscheint, insbesondere weil
   a) der streitige Anspruch bei Antragstellung bereits verjährt war und der Unternehmer sich auf die Verjährung beruft,
   b) die Streitigkeit bereits beigelegt ist,
   c) zu der Streitigkeit ein Antrag auf Prozesskostenhilfe bereits mit der Begründung zurückgewiesen worden ist, dass die beabsichtigte Rechtsverfolgung keine hinreichende Aussicht auf Erfolg bietet oder mutwillig erscheint.

(2) Die Verfahrensordnung der Universalschlichtungsstelle des Landes kann weitere nach § 14 Absatz 2 Satz 1 Nummer 1, 2 und 4 und Satz 2 zulässige Ablehnungsgründe vorsehen.

(3) Die Universalschlichtungsstelle des Landes teilt dem Verbraucher im Fall des Absatzes 1

3. 적절하게 공인된 소비자분쟁조정기구에 보편적 소비자분쟁조정기구의 임무(mit der Aufgabe der Universalschlichtungsstelle)를 위임할 수 있다.

공인된 소비자분쟁조정기구에 보편적 소비자분쟁조정기구의 임무가 부여된 경우 그 소비자분쟁조정기구는 제2장, 제3장에 따른 민간 소비자분쟁조정기구로 활동한다. 보편적 소비자분쟁조정기구로서의 활동에 대해 제30조의 특칙을 적용한다.

④ 주정부는,

1. 법규명령으로, 제29조 제3항 제1문 제2호에 따른 임무부여, 동조 제3항 제1문 제3호에 따른 임무부여와, 주(州)의 보편적 소비자분쟁조정기구에 관한 법적·업무적 감독을 관할하는관청을 정하고,
2. 법규명령으로, 제29조 제3항 제1문 제2호에 따른 임무부여의 종료에 관한 규정(Regelungen zur Beendigung der Beleihung 또는 동조 제3항 제1문 제3호에 따른 위임의 종료에 관한 규정을 정한다.

주정부는 제1문에 따른 권한을 법규명령으로 주의 최상급행정관청(auf eine oberste Landesbehörde)에 이양할 수 있다.

제30조 소비자분쟁조정기구의 관할 및 조정절차

① 주의 보편적 소비자분쟁조정기구는 다음 각 호의 경우에 분쟁조정절차의 진행(die Durchführung eines Streitbeilegungsverfahrens)을 거부한다,

1. 다른 소비자분쟁조정기구가 관할하는 경우,
2. 사업자가 당해 주에 지점을 두지도 않고 소비자가 당해 주에 자신의 주소 또는 상거소(常居所)를 두지도 않은 경우,
3. 제4조 제2항 제2문 제1호상의 계약에 기한 분쟁에 해당하는 경우,
4. 계쟁물의 가액(der Wert des Streitgegenstands)이 10유로 미만이거나 5,000유로를 초과하는 경우,
5. 계쟁청구권(der streitige Anspruch)이 사전에 사업자에 대하여(gegenüber dem Unternehmer) 행사되지 않은 경우,
6. 특히 다음 각 목으로 인해 그 신청의 인용 가능성이 없음이 명백하거나 그 신청이 해의적(害意的)으로 보이는 경우,
   a) 신청제기 당시에 이미 계쟁(係爭)청구권의 소멸시효가 완성되었고 사업자가 소멸시효완성을 주장하는 경우,
   b) 분쟁이 이미 해결된 경우,
   c) 의도하는 권리행사가 상당한 인용가능성을 보여주지 못하거나 그 권리행사가 해의적(害意的)으로 보인다는 이유로 그 분쟁에 관한 소송비용구조신청(ein Antrag auf Prozesskostenhilfe)이 이미 기각된 경우.

② 보편적 소비자분쟁조정기구의 조정절차규정(Die Verfahrensordnung der Universalschlichtungsstelle)은 제14조 제2항 제1문 제1호, 제2호, 제4호, 제2문에 따른 추가적인 허용되는 거부사유를 규정할 수 있다.

③ 주의 소비자분쟁조정기구는 제30조 제1항 제1호의 경우에 거부결정서로 소비자에게 분쟁조정을

Nummer 1 mit der Ablehnungsentscheidung eine zuständige Verbraucherschlichtungsstelle mit, an die er sich wenden kann.

(4) Die Universalschlichtungsstelle führt Schlichtungsverfahren durch. Sie kann einen Schlichtungsvorschlag nach Aktenlage unterbreiten, wenn der Unternehmer, der zur Teilnahme am Verfahren der Universalschlichtungsstelle bereit ist oder verpflichtet ist, zu dem Antrag des Verbrauchers keine Stellungnahme abgibt.

(5) Von der Bereitschaft des Unternehmers zur Teilnahme am Streitbeilegungsverfahren ist auszugehen, wenn er gegenüber dem Verbraucher, auf seiner Webseite oder in seinen Allgemeinen Geschäftsbedingungen erklärt hat, an Streitbeilegungsverfahren vor einer Universalschlichtungsstelle teilzunehmen. Von der Bereitschaft des Unternehmers ist auch dann auszugehen, wenn er zwar keine Teilnahmebereitschaft nach Satz 1 erklärt hat, aber die Teilnahme am Verfahren nicht innerhalb von drei Wochen ablehnt, nachdem ihm der Antrag des Verbrauchers von der Universalschlichtungsstelle des Landes übermittelt worden ist. Die Universalschlichtungsstelle muss den Unternehmer zugleich mit der Übermittlung des Antrags auf die in Satz 2 geregelte Rechtsfolge hinweisen und ferner darauf hinweisen, dass für die Durchführung des Streitbeilegungsverfahrens eine Gebühr nach § 31 oder im Fall einer beauftragten Universalschlichtungsstelle ein Entgelt nach § 23 erhoben werden kann.

§ 31 Gebühr

(1) Die Universalschlichtungsstelle des Landes nach § 29 Absatz 3 Satz 1 Nummer 1 und 2 erhebt für die Durchführung des Streitbeilegungsverfahrens vom Unternehmer, der zur Teilnahme an dem Streitbeilegungsverfahren bereit ist oder verpflichtet ist, eine Gebühr, deren Höhe kostendeckend sein soll und die Höhe des Streitwerts berücksichtigt. Die Gebühr beträgt

1. 190 Euro bei Streitwerten bis einschließlich 100 Euro,
2. 250 Euro bei Streitwerten über 100 Euro bis einschließlich 500 Euro,
3. 300 Euro bei Streitwerten über 500 Euro bis einschließlich 2 000 Euro und
4. 380 Euro bei Streitwerten über 2 000 Euro.

(2) Erkennt der Unternehmer den geltend gemachten Anspruch sofort vollständig an, ermäßigt sich die Gebühr auf 75 Euro; die Gebühr entfällt im Fall der Ablehnung der weiteren Durchführung des Streitbeilegungsverfahrens nach § 14 Absatz 5 Satz 2. Die Universalschlichtungsstelle des Landes kann eine niedrigere Gebühr bestimmen oder eine Gebührenbefreiung gewähren, wenn die Erhebung der Gebühr nach Absatz 1 Satz 2 und nach Satz 1 nach den besonderen Umständen des Einzelfalls unbillig erscheint. Die Erhebung der Gebühr erscheint insbesondere dann unbillig, wenn die Universalschlichtungsstelle die Durchführung des Streitbeilegungsverfahrens nach § 30 Absatz 1 Nummer 6 ablehnt, nachdem der Unternehmer sich in der Sache geäußert hat.

(3) Von dem Verbraucher, der die Durchführung eines Streitbeilegungsverfahrens beantragt hat,

신청(申請)할 수 있는 관할(管轄) 소비자분쟁조정기구(eine zuständige Verbraucherschlichtungsstelle)를 통지한다.

④ 보편적 소비자분쟁조정기구는 조정절차를 진행한다. 보편적 소비자분쟁조정기구의 조정절차에 참가할 의향(意向)이 있거나 참가할 의무를 지는 사업자가 소비자의 신청에 대하여 아무런 입장을 밝히지 않은 경우에 그 소비자분쟁조정기구는 사건기록에 입각한 조정안(einen Schlichtungsvorschlag nach Aktenlage)을 제안한다.

⑤ 사업자가 소비자에 대하여 자신의 웹사이트에서 또는 자신의 보통거래약관에서 보편적 소비자분쟁조정기구에서의 분쟁조정절차에 참가하겠다는 의향(意向)을 밝힌 경우에(wenn er gegenüber dem Verbraucher, auf seiner Webseite oder in seinen Allgemeinen Geschäftsbedingungen erklärt hat, an Streitbeilegungsverfahren vor einer Universalschlichtungsstelle teilzunehmen), 그것은 사업자가 분쟁조정절차에 참가할 의사(意思)로 본다. 사업자가 제1문에 따른 참가의향(參加意向)을 밝히지는 않았으나, 소비자의 신청서가 주의 보편적 소비자분쟁조정기구에 의해 그에게 송달된 후 3주 이내에 그 절차에 대한 참가를 거부하지 않은 경우에도 그것은 사업자의 의향(意向)으로 본다. 보편적 소비자분쟁조정기구는 신청서의 송달과 동시에 제2문에서 규정된 법적 효과에 대해 안내해야만 하고 또한 분쟁조정절차 진행에 대한 제31조에 따른 이용료나, 임무가 위임된 보편적 소비자분쟁조정기구의 경우에 제23조에 따른 대가가 징수될 수 있다는 점(im Fall einer beauftragten Universalschlichtungsstelle ein Entgelt nach § 23 erhoben werden kann)도 안내해야만 한다.

제31조 이용료

① 제29조 제3항 제1문 제1호, 제2호에 따른, 주의 보편적 소비자분쟁조정기구는 분쟁조정절차 진행에 대하여 분쟁조정절차에 참여할 의향이 있거나 참여할 의무를 지는 사업자에게서 그 액수로 비용이 충당되어야 하고 계쟁물의 가액이 고려된(deren Höhe kostendeckend sein soll und die Höhe des Streitwerts berücksichtigt) 이용료를 징수한다. 그 이용료는 다음 각 호와 같다,

1. 계쟁물의 가액이 100유로 이하인 경우에는 190유로
2. 계쟁물의 가액이 100유로 초과하여 500유로 이하인 경우에는 250유로,
3. 계쟁물의 가액이 500유로 초과하여 2,000유로 이하인 경우에는 300유로,
4. 계쟁물의 가액이 2,000유로를 초과하는 경우에 380유로.

② 사업자가 행사된 청구권 전부에 대하여 즉시 인정하는 경우에 그 이용료는 75유로로 감액된다; 그 이용료는 제14조 제5항 제2문에 따라 분쟁조정절차의 추가적 속행을 거부하는 경우에는 면제된다. 제31조 제1항 제2문과, 제1문에 따른 이용료 징수가 개별 사안의 특별한 사정을 고려할 때 비싼 것으로 보이는 경우에(wenn die Erhebung der Gebühr nach Absatz 1 Satz 2 und nach Satz 1 nach den besonderen Umständen des Einzelfalls unbillig erscheint), 주의 보편적 소비자분쟁조정기구는 더 낮은 이용료를 결정하거나 비용면제를 할 수 있다. 특히 사업자가 그 사건에 대해 언급한 후 보편적 소비자분쟁조정기구가 제30조 제1항 제6호에 따라 분쟁조정절차의 진행을 거부한 경우에는 요구의 징수는 비싼 것으로 보이는 경우이다.

③ 제반사정을 고려했을 때 그 신청이 남용된 것으로 보는 경우(wenn der Antrag unter

kann eine Gebühr nur erhoben werden, wenn der Antrag unter Berücksichtigung der gesamten Umstände als missbräuchlich anzusehen ist. In diesem Fall beträgt die Gebühr 30 Euro.

Abschnitt 7 Zentrale Anlaufstelle für Verbraucherschlichtung, Liste der Verbraucherschlichtungsstellen und Berichtspflichten

§ 32 Zentrale Anlaufstelle für Verbraucherschlichtung und Mitteilungspflichten der zuständigen Behörden und Aufsichtsbehörden

(1) Das Bundesamt für Justiz ist zentrale Anlaufstelle für die Europäische Kommission (Zentrale Anlaufstelle für Verbraucherschlichtung).

(2) Die zuständige Behörde teilt der Zentralen Anlaufstelle für Verbraucherschlichtung mit:

1. die Anerkennung sowie den Widerruf und die Rücknahme der Anerkennung einer privaten Verbraucherschlichtungsstelle; eine private Verbraucherschlichtungsstelle nach § 4 Absatz 2 Satz 2 und 3 ist entsprechend auszuweisen;
2. die Angaben, die für die Eintragung der privaten Verbraucherschlichtungsstelle in die Liste nach § 33 Absatz 1 erforderlich sind.

(3) Die für die Aufsicht einer behördlichen Verbraucherschlichtungsstelle zuständige Behörde (Aufsichtsbehörde) teilt der Zentralen Anlaufstelle für Verbraucherschlichtung mit:

1. die Einrichtung und die Auflösung einer behördlichen Verbraucherschlichtungsstelle; eine behördliche Verbraucherschlichtungsstelle nach § 29 Absatz 3 Satz 1 Nummer 1 ist als Universalschlichtungsstelle des Landes auszuweisen;
2. die Angaben, die für die Eintragung der behördlichen Verbraucherschlichtungsstelle in die Liste nach § 33 Absatz 1 erforderlich sind.

(4) Die Beleihung oder Beauftragung einer anerkannten Verbraucherschlichtungsstelle mit der Aufgabe der Universalschlichtung nach § 29 Absatz 3 Satz 1 Nummer 2 oder 3 sowie die Beendigung einer solchen Beauftragung oder Beleihung sind der Zentralen Anlaufstelle für Verbraucherschlichtung durch die nach Maßgabe von § 29 Absatz 4 zuständige Behörde des Landes mitzuteilen.

(5) Änderungen der Angaben nach den Absätzen 2 bis 4 sind der Zentralen Anlaufstelle für Verbraucherschlichtung unverzüglich mitzuteilen.

§ 33 Liste der Verbraucherschlichtungsstellen sowie Zugang zur Liste der Europäischen Kommission und zur Europäischen Plattform zur Online-Streitbeilegung

(1) Die Zentrale Anlaufstelle für Verbraucherschlichtung führt eine Liste der Verbraucherschlichtungsstellen. Diese Liste wird der Europäischen Kommission unter Hinweis auf Artikel 20 Absatz 2 der Richtlinie 2013/11/EU übermittelt und regelmäßig aktualisiert. Die

Berücksichtigung der gesamten Umstände als missbräuchlich anzusehen ist)에 한하여 분쟁조정절차의 진행을 신청한 소비자에 대하여는 이용료가 징수될 수 있다. 이런 경우 이용료가 30유로이다.

제7장 소비자분쟁조정을 위한 중앙담당기관, 소비자분쟁조정기구 목록과 보고의무(Berichtspflichten)

제32조 소비자분쟁조정을 위한 중앙담당기관와 관할 행정관청의 통지의무와 감독행정관청(Aufsichtsbehörden)

① 연방법무청은 유럽집행위원회에 대한 중앙담당기관('소비자분쟁조정을 위한 중앙담당기관'; Zentrale Anlaufstelle für Verbraucherschlichtung)이다.

② 관할 행정관청은 소비자분쟁조정을 위한 중앙담당기관(der Zentralen Anlaufstelle für Verbraucherschlichtung)에 다음 각 호 사항을 통지한다:

1. 민간 소비자분쟁조정기구의 공인과 그 공인의 철회 또는 취소(die Anerkennung sowie den Widerruf und die Rücknahme der Anerkennung); 제4조 제2항 제2문, 제3문에 따른 민간 소비자분쟁조정기구임이 상응하여 증명되어야 한다.
2. 민간 소비자분쟁조정기구의 제33조 제1항에 따른 목록에 대한 등재에(der privaten Verbraucherschlichtungsstelle) 필요한 사항.

③ 공공관서(公共官署)의 소비자분쟁조정기구의 감독을 관할하는 행정관청('감독관청'; Aufsichtsbehörde)은 소비자분쟁조정을 위한 중앙담당기관(der Zentralen Anlaufstelle für Verbraucherschlichtung)에 다음 각 호를 통지해야 한다,

1. 공공관서(公共官署)의 소비자분쟁조정기구의 설립 및 해산(die Einrichtung und die Auflösung einer behördlichen Verbraucherschlichtungsstelle); 제29조 제3항 제1문에 따른 공공관서(公共官署)의 소비자분쟁조정기구는 주의 보편적 소비자기분쟁조정기구로서 증명되어야 한다;
2. 공공관서(公共官署)의 소비자분쟁조정기구의 제33조 제1항에 따른 목록에 대한 등재에 필요한 사항.

④ 공인된 소비자분쟁조정기구에 대한 제29조 제3항 제1문 제2호, 제3호에 따른 보편적 소비자분쟁조정기구 임무의 부여(Die Beleihung oder Beauftragung einer anerkannten Verbraucherschlichtungsstelle)와 그러한 임무부여의 종료 는 제29조 제4항의 기준에 따라 관할하는 주의 행정관청이 소비자분쟁조정을 위한 중앙담당기관에 통지해야 한다.

⑤ 제32조 제2항 내지 제4항에 따른 사항의 변경은 소비자분쟁조정을 위한 중앙담당기관에 지체없이 통지되어야 한다.

제33조 소비자분쟁조정기구의 목록과, 유럽집행위원회 목록의 이용과 온라인분쟁처리를 위한 유럽연합 플랫폼의 이용

① 소비자분쟁조정을 위한 중앙담당기관은 소비자분쟁조정기구의 목록을 관리한다. 이 목록은 2013/11/EU 지침 제20조 제2항을 참조하여(unter Hinweis auf Artikel 20 Absatz 2 der Richtlinie 2013/11/EU) 유럽연합집행위원회에 제공되어야 하고 규칙적으로 업데이트를 한다. 소비자분쟁조

Zentrale Anlaufstelle für Verbraucherschlichtung macht die jeweils aktuelle Fassung der Liste auf ihrer Webseite zugänglich und macht die Liste mit Stand 1. Januar jeden Jahres im Bundesanzeiger bekannt.

(2) Die zuständigen Behörden und die Zentrale Anlaufstelle für Verbraucherschlichtung machen die von der Europäischen Kommission erstellte Liste aller im Europäischen Wirtschaftsraum anerkannten Streitbeilegungsstellen auf ihren Webseiten zugänglich, indem sie einen Link zur Webseite der Europäischen Kommission einstellen. Auf Anfrage stellen sie diese Liste in Textform zur Verfügung.

§ 34 Berichtspflichten und Auskunftspflichten der Verbraucherschlichtungsstelle

(1) Die Verbraucherschlichtungsstelle erstellt jährlich einen Tätigkeitsbericht. Sie veröffentlicht den Tätigkeitsbericht auf ihrer Webseite und übermittelt ihn auf Anfrage in Textform. Für die Übermittlung eines Berichts auf Papier kann sie vom Empfänger Ersatz der dafür notwendigen Auslagen verlangen.

(2) Die Verbraucherschlichtungsstelle erstellt alle zwei Jahre einen Bericht mit einer umfassenden Darstellung und Bewertung ihrer Tätigkeit (Evaluationsbericht). Die private Verbraucherschlichtungsstelle übermittelt den Evaluationsbericht der zuständigen Behörde und die behördliche Verbraucherschlichtungsstelle übermittelt den Evaluationsbericht der Aufsichtsbehörde. Die Universalschlichtungsstelle des Landes übermittelt ihren Bericht der nach Maßgabe von § 29 Absatz 4 zuständigen Behörde und gibt ihn der Zentralen Anlaufstelle für Verbraucherschlichtung zur Kenntnis.

(3) Die Verbraucherschlichtungsstelle berichtet insbesondere über Geschäftspraktiken, die auffällig häufig Anlass für Anträge auf Durchführung von Streitbeilegungsverfahren waren.

(4) Die Verbraucherschlichtungsstelle gibt über Geschäftspraktiken nach Absatz 3 auch außerhalb der Berichte nach Absatz 1 oder Absatz 2 eine aktuelle Auskunft, wenn eine nach § 2 des EU-Verbraucherschutzdurchführungsgesetzes zuständige Behörde sie im Rahmen ihrer Zuständigkeit darum ersucht.

(5) (weggefallen)

§ 35 Verbraucherschlichtungsbericht

(1) Die Zentrale Anlaufstelle für Verbraucherschlichtung veröffentlicht zum 9. Juli 2018 und danach alle vier Jahre einen Bericht über die Tätigkeit der Verbraucherschlichtungsstellen im Bundesgebiet (Verbraucherschlichtungsbericht) und übermittelt diesen der Europäischen Kommission.

(2) Für den Verbraucherschlichtungsbericht übermitteln die zuständigen Behörden und die Aufsichtsbehörden sowie die nach Maßgabe von § 29 Absatz 4 zuständigen Behörden der

정을 위한 중앙담당기관은 그때그때 최신판의 목록을 자신의 웹사이트에 올려 접근할 수 있게 하고 매년 1월 1일의 현황을 기준으로 그 목록을 연방관보에 공고한다(macht die Liste mit Stand 1. Januar jeden Jahres im Bundesanzeiger bekannt).

② 관할 행정관청과 소비자분쟁조정을 위한 중앙담당기관은 유럽연합집행위원회의 웹사이트로 링크를 연결함으로써(indem sie einen Link zur Webseite der Europäischen Kommission einstellen) 유럽연합집행위원회가 작성한, 유럽경제권에서 공인된 모든 분쟁해결기관 리스트를 자신의 웹사이트에 올려 접근가능하게 한다. 요구가 있는 경우 관할 행정관청과 소비자분쟁조정을 위한 중앙담당기관은 이러한 목록을 문면형식으로 제공한다.

제34조 소비자분쟁조정기구의 보고의무 및 정보제공의무

① 소비자분쟁조정기구는 매년 활동보고(einen Tätigkeitsbericht)를 행한다. 소비자분쟁조정기구는 자신의 웹사이트에(auf ihrer Webseite) 활동보고서를 공표하고 요구가 있는 경우 문면형식으로 이를 제공한다. 보고서의 제공에 있어(Für die Übermittlung eines Berichts auf Papier) 수령자에게 그에 필요한 경비(經費)의 상환(償還)을 청구할 수 있다.

② 소비자분쟁조정기구는 2년마다(alle zwei Jahre) 자신의 활동을 포괄적으로 기술하고 평가한 보고('평가보고'; Evaluationsbericht)를 행한다. 민간 소비자분쟁조정기구(Die private Verbraucherschlichtungsstelle)는 관할 행정관청(der zuständigen Behörde)에 보고서를 제출하고, 공공관서(公共官署)의 소비자분쟁조정기구(die behördliche Verbraucherschlichtungsstelle)는 감독관청)der Aufsichtsbehörde)에 보고서(報告書)를 제출한다. 주의 보편적 소비자분쟁조정기구는 제29조 제4항에 따라 관할하는 행정관청에 자신의 보고서를 제출하고 소비자분쟁조정을 위한 중앙담당기관에 이를 알린다.

③ 소비자분쟁조정기구는 특히 분쟁조정절차 진행의 신청에 대한 주목할 만한 잦은 계기(auffällig häufig Anlass für Anträge auf Durchführung von Streitbeilegungsverfahren)가 된 거래행위에 관하여 보고한다.

④ 유럽연합소비자보호시행법에 따라 관할하는 행정관청이 자신의 관할의 범위 내에서 소비자분쟁조정기구에게 그 보고에 대하여 요구하는 경우에, 그 소비자분쟁조정기구(Die Verbraucherschlichtungsstelle)는 제34조 제1항 또는 제2항에 따른 보고 이외에도 제3항에 따른 거래행위에 관하여 최신의 정보(eine aktuelle Auskunft)를 제공(提栱)한다

⑤ 삭제

제35조 소비자분쟁조정기구보고

① 소비자분쟁조정을 위한 중앙담당기관은 2018년 7월 9일과 그 이후에는 4년마다 연방관보에 소비자분쟁조정기구(消費者紛爭調停機構)의 활동(活動)에 관한 보고서('소비자분쟁조정기구보고서'; Verbraucherschlichtungsbericht)를 공표(公表)하고 이를 유럽연합집행위원회에(der Europäischen Kommission) 제출(提出)한다.

② 관할 행정관청, 감독관청(die zuständigen Behörden und die Aufsichtsbehörden)과 제29조 제4항의 기준에 따라 관할 관청은 2018년 3월 31일에 최초로, 그 이후에는 2년마다 소비자분쟁조정기구

Zentralen Anlaufstelle für Verbraucherschlichtung erstmals zum 31. März 2018 und danach alle zwei Jahre eine Auswertung der ihnen nach § 34 Absatz 2 übermittelten Evaluationsberichte.

Abschnitt 8 Informationspflichten des Unternehmers

§ 36 Allgemeine Informationspflicht

(1) Ein Unternehmer, der eine Webseite unterhält oder Allgemeine Geschäftsbedingungen verwendet, hat den Verbraucher leicht zugänglich, klar und verständlich

1. in Kenntnis zu setzen davon, inwieweit er bereit ist oder verpflichtet ist, an Streitbeilegungsverfahren vor einer Verbraucherschlichtungsstelle teilzunehmen, und
2. auf die zuständige Verbraucherschlichtungsstelle hinzuweisen, wenn sich der Unternehmer zur Teilnahme an einem Streitbeilegungsverfahren vor einer Verbraucherschlichtungsstelle verpflichtet hat oder wenn er auf Grund von Rechtsvorschriften zur Teilnahme verpflichtet ist; der Hinweis muss Angaben zu Anschrift und Webseite der Verbraucherschlichtungsstelle sowie eine Erklärung des Unternehmers, an einem Streitbeilegungsverfahren vor dieser Verbraucherschlichtungsstelle teilzunehmen, enthalten.

(2) Die Informationen nach Absatz 1 müssen

1. auf der Webseite des Unternehmers erscheinen, wenn der Unternehmer eine Webseite unterhält,
2. zusammen mit seinen Allgemeinen Geschäftsbedingungen gegeben werden, wenn der Unternehmer Allgemeine Geschäftsbedingungen verwendet.

(3) Von der Informationspflicht nach Absatz 1 Nummer 1 ausgenommen ist ein Unternehmer, der am 31. Dezember des vorangegangenen Jahres zehn oder weniger Personen beschäftigt hat.

§ 37 Informationen nach Entstehen der Streitigkeit

(1) Der Unternehmer hat den Verbraucher auf eine für ihn zuständige Verbraucherschlichtungsstelle unter Angabe von deren Anschrift und Webseite hinzuweisen, wenn die Streitigkeit über einen Verbrauchervertrag durch den Unternehmer und den Verbraucher nicht beigelegt werden konnte. Der Unternehmer gibt zugleich an, ob er zur Teilnahme an einem Streitbeilegungsverfahren bei dieser Verbraucherschlichtungsstelle bereit ist oder verpflichtet ist. Ist der Unternehmer zur Teilnahme am Streitbeilegungsverfahren einer oder mehrerer Verbraucherschlichtungsstellen bereit oder verpflichtet, so hat er diese Stelle oder diese Stellen anzugeben.

(2) Der Hinweis muss in Textform gegeben werden.

Abschnitt 9 Grenzübergreifende Zusammenarbeit

§ 38 Zusammenarbeit mit ausländischen Streitbeilegungsstellen

보고서과 관련하여(Für den Verbraucherschlichtungsbericht) 제34조 제2항에 따라 자신에게 제출된 평가보고서에 대한 평가서를 소비자분쟁조정을 위한 중앙담당기관에 제출한다.

제8장 사업자의 정보제공의무

제36조 일반적 정보제공의무

① 웹사이트를 운영하거나 보통거래약관을 사용하는(Allgemeine Geschäftsbedingungen verwendet) 사업자는 소비자들에게 쉽게 접근하고 분명하고도 이해가 쉽게(leicht zugänglich, klar und verständlich),

1. 어느 정도로, 사업자가 소비자분쟁조정기구의 분쟁조정절차에 참여할 의향이 있는지 또한 그에 참여할 의무가 있는지에 관하여 알려야 하고,
2. 사업자가 스스로 소비자분쟁조정기구의 분쟁조정절차에 참가할 의무가 있거나 사업자가 법규정에 기하여 그에 참가할 의무가 있는 경우에는(wenn sich der Unternehmer zur Teilnahme an einem Streitbeilegungsverfahren vor einer Verbraucherschlichtungsstelle verpflichtet hat oder wenn er auf Grund von Rechtsvorschriften zur Teilnahme verpflichtet ist) 관할 소비자분쟁조정기구에 대하여 안내해야 한다; 그 인내에는 그 소비자분쟁조정기구의 주소 및 웹사이트에 관한 사항, 그 소비자분쟁조정기구의 분쟁조정절차에 참가할 사업자의 의사표시가 포함되어야만 한다.

② 제36조 제1항에 따른 그 정보는,

1. 사업자가 웹사이트를 운영(運營)하는 경우에, 사업자의 웹사이트에 표시되어야만 하고,
2. 사업자(事業者)가 보통거래약관(普通去來約款)을 사용하는 경우에 그 보통거래약관에 기재되어야만 한다.

③ 이전 해의 12월31일 기준으로(am 31. Dezember des vorangegangenen Jahres) 10명 이하의 직원(Personen)이 고용된 사업자는 제36조 제1항 제1호에 따른 정보제공의무에서 제외한다.

제37조 분쟁의 발생 후 정보제공

① 소비자계약에 관한 분쟁이 사업자와 소비자에 의하여 해결될 수 없었던 경우에(wenn die Streitigkeit über einen Verbrauchervertrag durch den Unternehmer und den Verbraucher nicht beigelegt werden konnte) 사업자는 소비자에게 자신을 관할하는 그 소비자분쟁조정기구의 주소 및 웹사이트를 진술하여(unter Angabe von deren Anschrift und Webseite) 그 소비자분쟁조정기구에 대해 언급해야 한다. 사업자는 동시에 사업자가 이러한 소비자분쟁조정기구의 분쟁조정절차에 참가할 의향이 있는지 또는 참가할 의무가 있는지에 대해 명시해야 한다. 사업자가 한 또는 여러 소비자분쟁조정기구의 분쟁조정절차에 참가하고 있거나 그 의무가 있는 경우에 사업자는 이러한 소비자분쟁조정기구(diese Stelle oder diese Stellen)에 대해서 명시해야 한다.

② 그 안내는 문면방식으로 이뤄져야만 한다.

제9장 국경을 초월하는 협력

제38조 외국의 분쟁처리기관과의 협력

Die Verbraucherschlichtungsstelle arbeitet mit Streitbeilegungsstellen zusammen, die in Umsetzung der Richtlinie 2013/11/EU in einem anderen Mitgliedstaat der Europäischen Union oder in einem sonstigen Vertragsstaat des Abkommens über den Europäischen Wirtschaftsraum für die außergerichtliche Beilegung vergleichbarer Streitigkeiten zuständig sind.

§ 39 Zusammenarbeit mit der Europäischen Plattform zur Online-Streitbeilegung

Die Verbraucherschlichtungsstelle ist Stelle für alternative Streitbeilegung im Sinne der Verordnung (EU) Nr. 524/2013 des Europäischen Parlaments und des Rates vom 21. Mai 2013 über die Online-Beilegung verbraucherrechtlicher Streitigkeiten und zur Änderung der Verordnung (EG) Nr. 2006/2004 und der Richtlinie 2009/22/EG (ABl. L 165 vom 18.6.2013, S. 1).

§ 40 Unterstützung von Verbrauchern bei grenzübergreifenden Streitigkeiten; Kontaktstelle für die Europäische Plattform zur Online-Streitbeilegung

(1) Das Bundesamt für Justiz

1. unterstützt Verbraucher bei der Ermittlung der zuständigen Streitbeilegungsstelle in einem anderen Mitgliedstaat der Europäischen Union oder in einem sonstigen Vertragsstaat des Abkommens über den Europäischen Wirtschaftsraum,
2. erfüllt die Aufgaben der Kontaktstelle für die Europäische Plattform zur Online-Streitbeilegung nach Artikel 7 Absatz 2 der Verordnung (EU) Nr. 524/2013.

(2) Das Bundesamt für Justiz wird ermächtigt, eine juristische Person des Privatrechts, eine rechtsfähige Personengesellschaft oder eine andere geeignete Stelle mit den Aufgaben nach Absatz 1 zu beleihen. Der Beliehene hat die notwendige Gewähr für die ordnungsgemäße Erfüllung der ihm übertragenen Aufgaben zu bieten. Er bietet die notwendige Gewähr, wenn

1. er über die zur Erfüllung der ihm übertragenen Aufgaben notwendige Ausstattung und Organisation verfügt, und
2. die Personen, die seine Geschäftsführung oder Vertretung wahrnehmen, zuverlässig und fachlich geeignet sind.

Der Beliehene untersteht der Rechts- und Fachaufsicht des Bundesamts für Justiz.

(3) Erfüllt der Beliehene die ihm nach Absatz 2 Satz 1 übertragenen Aufgaben nicht sachgerecht, so kann das Bundesamt für Justiz unbeschadet des § 49 des Verwaltungsverfahrensgesetzes die Beleihung ohne Entschädigung beenden.

(4) Der Beliehene kann die Beendigung der Beleihung jederzeit schriftlich verlangen. Dem Begehren ist innerhalb einer angemessenen Frist, die zur Fortführung der Aufgabenerfüllung erforderlich ist, zu entsprechen.

(5) Das Bundesamt für Justiz macht die Beleihung im Bundesanzeiger bekannt.

소비자분쟁조정기구는, 2013/11/EU 지침의 시행에 있어 독일 이외의 유럽연합회원국이나「유럽경제권에 관한 협약」의 독일 이외의 가입국(加入國)에서 유사한 분쟁의 대안적(代案的) 해결을 관할하는 외국의 분쟁처리기관과 협력한다.

제39조 온라인분쟁처리를 위한 유럽연합 플랫폼과의 협력

소비자분쟁조정기구는「소비자법상 분쟁의 온라인처리와, (EG) 2006/2004호 규칙 및 2009/22/EG 지침의 개정에 관한 2013년 5월 21일의 유럽연합 의회 및 이사회 (EU) 524/2013 규칙」(ABl. L 165 vom 18.6.2013, S. 1)상의 대안적 분쟁해결을 위한 기관이다.

제40조 국경을 초월하는 분쟁시 소비자에 대한 지원; 온라인분쟁처리를 위한 유럽연합 플래폼 연락사무소(Kontaktstelle)

① 연방법무청은,

1. 독일 이외의 유럽연합회원국이나「유럽경제권에 관한 협약」의 독일 이외의 가입국(加入國)에 있는 관할 분쟁처리기관의 조사에 있어(bei der Ermittlung der zuständigen Streitbeilegungsstelle) 소비자를 지원하고,
2. (EU) 524/2013호 규칙 제7조 제2항에 따른 온라인분쟁처리를 위한 유럽연합 플랫폼의 연락사무소의 임무를 수행한다.

② 연방법무청은 사법상의 법인, 권리능력 있는 인적회사 또는 기타 적절한 기관에 제40조 제1항에 따른 임무(mit den Aufgaben nach Absatz 1)를 부여할 권한이 있다. 임무를 부여받은 기관은 자신에게 위임된 임무의 원활한 수행을 위해 필요한 보증(die notwendige Gewähr für die ordnungsgemäße Erfüllung der ihm übertragenen Aufgaben)을 제공해야 한다. 그 기관은 다음 각 호에 대한 필요한 보증을 제공한다,

1. 그 기관이 위임된 임무수행을 위하여 필요한 시설, 조직(der ihm übertragenen Aufgaben notwendige Ausstattung und Organisation)을 보유하고 있다는 점,
2. 그 기관의 사무처리를 수행하거나 이를 대표하는 사람이 신뢰(信頼)할 수 있고 전문적(專門的) 능력을 갖추고 있다는 점.

이와 같이 임무를 부여받은 기관은 연방법무청의 법적감독 및 업무감독을 받는다.

③ 그 기관이 제40조 제2항 제1문에 따라 자신에게 위임된 임무를 적절하게 수행하지 못하는 경우에, 연방법무청은 행정절차법 제49조에도 불구하고 임무부여를 보상(補償) 없이 종료시킬 수 있다.

④ 위와 같이 임무를 부여받은 기관은 언제든지 서류로 임무부여의 종결을 청구할 수 있다. 그 청구는 임무수행의 지속에 필요한 상당한 기간 내에 임무를 부여한 기관(Dem Begehren) 행해져야 한다.

⑤ 연방법무청은 연방관보로 그 임무부여에 대해 공고한다.

Abschnitt 10 Schlussvorschriften

§ 41 Bußgeldvorschriften

(1) Ordnungswidrig handelt, wer vorsätzlich oder fahrlässig

1. entgegen § 2 Absatz 2 Satz 1 sich als Verbraucherschlichtungsstelle bezeichnet oder
2. entgegen § 2 Absatz 2 Satz 2 eine Einrichtung als Verbraucherschlichtungsstelle bezeichnet.

(2) Die Ordnungswidrigkeit kann mit einer Geldbuße bis zu fünfzigtausend Euro geahndet werden.

(3) Verwaltungsbehörde im Sinne des § 36 Absatz 1 Nummer 1 des Gesetzes über Ordnungswidrigkeiten ist das Bundesamt für Justiz.

§ 42 Verordnungsermächtigung

(1) Das Bundesministerium der Justiz und für Verbraucherschutz wird ermächtigt, im Einvernehmen mit dem Bundesministerium für Wirtschaft und Energie durch Rechtsverordnung mit Zustimmung des Bundesrates

1. die Anforderungen an Inhalt und Form des Antrags auf Anerkennung als Verbraucherschlichtungsstelle nach § 25 Absatz 1 und an die beizufügenden Unterlagen und Belege näher zu bestimmen,
2. die Angaben zu einer Verbraucherschlichtungsstelle, die die zuständige Behörde nach § 32 Absatz 2 und 5 oder die Aufsichtsbehörde nach § 32 Absatz 3 und 5 der Zentralen Anlaufstelle für Verbraucherschlichtung mitzuteilen hat, näher zu bestimmen,
3. die Inhalte der Informationen, die die Verbraucherschlichtungsstelle auf ihrer Webseite nach § 10 Absatz 1 bereitzustellen hat, näher zu bestimmen und weitere Informationen für die Webseite vorzusehen,
4. Einzelheiten zu Inhalt und Form des Tätigkeitsberichts und des Evaluationsberichts der Verbraucherschlichtungsstelle nach § 34 Absatz 1 und 2, zu Inhalt und Form des Verbraucherschlichtungsberichts der Zentralen Anlaufstelle für Verbraucherschlichtung nach § 35 Absatz 1 und der Auswertungen der zuständigen Behörden und Aufsichtsbehörden nach § 35 Absatz 2 näher zu bestimmen,
5. die Zusammenarbeit der Verbraucherschlichtungsstellen zu regeln
   a) nach § 34 Absatz 4 mit den nach § 2 des EU-Verbraucherschutzdurchführungsgesetzes zuständigen Behörden,
   b) nach § 38 mit Streitbeilegungsstellen anderer Mitgliedstaaten der Europäischen Union oder eines sonstigen Vertragsstaats des Abkommens über den Europäischen Wirtschaftsraum.

(2) Das Bundesministerium der Justiz und für Verbraucherschutz wird ermächtigt, durch Rechtsverordnung mit Zustimmung des Bundesrates die Einzelheiten des Verfahrens der Universalschlichtungsstellen nach den §§ 29 und 30 zu regeln.

제10장 종결규정

제41조 범칙금규정

① 고의로 또는 과실로 다음 각 호의 행위를 한 자는 질서위반행위를 범한 자이다,

1. 제2조 제2항 제1문에 위반(違反)하여 자신을 소비자분쟁조정기구로 표시한 행위,
2. 제2조 제2항 제2문에 위반(違反)하여 어느 기관을 소비자분쟁조정기구로 표시한 행위.

② 질서위반행위는 50,000유로에 범칙금에 처해질 수 있다.

③ 질서위반행위에 관한 법률 제36조제1항 제1호상의 행정관청은 연방법무청(das Bundesamt für Justiz)이다.

제42조 명령제정권한

① 연방법무·소비자부는 연방경제·에너지부과 협의하여(im Einvernehmen mit dem Bundesministerium für Wirtschaft und Energie) 연방참사원의 동의를 얻은 법규명령(法規命令)으로 다음 각 호의 권한을 갖는다,

1. 제25조 제1항에 따른 소비자분쟁조정기구로서의 공인의 신청의 내용 및 방식에 대한 요구사항(die Anforderungen an Inhalt und Form des Antrags auf Anerkennung)과 첨부해야 서류 및 증거에 대한 요건에 대해 상세하게 규정할 권한,
2. 제32조 제2항, 제5항에 따른 관할 행정관청 또는 제32조 제3항, 제5항에 따른 감독관청이 소비자분쟁조정을 위한 중앙담당기관(der Zentralen Anlaufstelle für Verbraucherschlichtung)에 통지해야 하는, 소비자분쟁조정기구에 관한 사항에 대해 보다 상세하게 규정할 권한,
3. 소비자분쟁조정기구가 자신의 웹사이트에 제10조 제1항에 따라 제공해야 하는 정보의 내용에 대해 보다 상세하게 규정하고 그 웹사이트에 대한 추가적 정보제공(weitere Informationen für die Webseite)을 규정할 권한,
4. 제34조 제1항, 제2항에 따른 소비자분쟁조정기구의 활동보고서 및 평가보고서의 내용 및 방식에 대하여(zu Inhalt und Form des Tätigkeitsberichts und des Evaluationsberichts der Verbraucherschlichtungsstelle), 또한 제35조 제1항에 따른 소비자분쟁조정을 위한 중앙담당기관의 소비자분쟁조정보고서의 내용 및 방식과 제35조 제2항에 따른 관할 행정관청 및 감독관청의 평가서의 내용 및 방식에 대하여 보다 상세하게 규정할 권한,
5. 소비자분쟁조정기구의 다음 각 목의 협력을 규율하는 권한,
   a) 제34조 제4항에 따라 유럽연합소비자보호시행법(EU-Verbraucherschutzdurchführungsgesetz) 제2조에 따른 관할 행정관청과의 협력,
   b) 제38조에 따른, 독일 이외의 유럽연합회원국 또는 「유럽경제권에 관한 협약」의 독일 이외의 가입국(加入國)의 분쟁처리기관과의 협력.

② 연방법무·소비자부는 연방참사원의 동의를 얻은 법규명령으로 제29조, 제30조에 따른 보편적 소비자분쟁조정기구의 절차에 대한 상세한 내용(die Einzelheiten des Verfahrens der Universalschlichtungsstellen)을 규율할 권한이 있다.

Fußnote

(+++ § 42: Tritt gem. Art 24 Abs. 1 Satz 1 G v. 19.2.2016 I 254 am 26.2.2016 in Kraft +++)

§ 43 Projektförderung, Forschungsvorhaben, Bericht

(1) Das Bundesministerium der Justiz und für Verbraucherschutz fördert bis zum 31. Dezember 2019 die Arbeit einer ausgewählten Allgemeinen Verbraucherschlichtungsstelle (§ 4 Absatz 2 Satz 2), die bundesweit tätig ist.

(2) Begleitend untersucht das Bundesministerium der Justiz und für Verbraucherschutz in einem wissenschaftlichen Forschungsvorhaben die Funktionsweise dieser Allgemeinen Verbraucherschlichtungsstelle, um Erkenntnisse in Bezug auf Inanspruchnahme, Fallzahlen, Arbeitsweise, Verfahrensdauer, Erfolgsquoten, Kosten und Entgelte zu sammeln und auszuwerten. Das Forschungsvorhaben muss bis zum 31. Dezember 2020 abgeschlossen sein.

(3) Das Bundesministerium der Justiz und für Verbraucherschutz berichtet dem Deutschen Bundestag und dem Bundesrat nach Abschluss des wissenschaftlichen Forschungsvorhabens über die Ergebnisse; ein Zwischenbericht ist bis zum 31. Dezember 2018 vorzulegen.

주석
(제42조: 2016년 2월 19일의 기본법(I 254) 제24조 제1항 제1문에 따라 2016년 2월 26일에 발효된다)

제43조 사업촉진, 연구계획, 보고

① 연방법무·소비자부는 2019년 12월 31일까지 연방전역에서 활동하는, 선택된 보편적 소비자분쟁조정기구(제4조 제2항 제2문)의 업무(die Arbeit einer ausgewählten Allgemeinen Verbraucherschlichtungsstelle)를 지원한다.

② 더불어 연방법무·소비자부는, 조정신청, 사건수, 업무방식, 조정절차기간, 성공률, 절차비용 및 이용료(Inanspruchnahme, Fallzahlen, Arbeitsweise, Verfahrensdauer, Erfolgsquoten, Kosten und Entgelte)에 관련한 정보를 수집하고 평가하기 위하여 학술적 연구계획으로 이러한 보편적 소비자분쟁조정기구의 기능(Funktionsweise)을 조사한다. 그 연구계획은 2020년 12월 31일까지 종결되어야만(bis zum 31. Dezember 2020 abgeschlossen sein) 한다.

③ 연방법무·소비자부(Das Bundesministerium der Justiz und für Verbraucherschutz)는 연방의회와 연방참사원(dem Deutschen Bundestag und dem Bundesrat)에 위 학문적 연구계획의 종료 후 그 결과에 대하여 보고한다; 중간보고서(ein Zwischenbericht)를 2018년 12월 31일까지 제출해야 한다.

유가증권거래(有價證券去來)에 관한 법률

(유가증권거래법; BGBl. I S. 543)(일부)

Gesetz über den Wertpapierhandel

(Wertpapierhandelsgesetz – WpHG)

Gesetz über den Wertpapierhandel (Wertpapierhandelsgesetz - WpHG)

https://www.gesetze-im-internet.de/wphg/BJNR174910994.html

Abschnitt 11 Verhaltenspflichten, Organisationspflichten, Transparenzpflichten

§ 63 Allgemeine Verhaltensregeln; Verordnungsermächtigung

(1) Ein Wertpapierdienstleistungsunternehmen ist verpflichtet, Wertpapierdienstleistungen und Wertpapiernebendienstleistungen ehrlich, redlich und professionell im bestmöglichen Interesse seiner Kunden zu erbringen.

(2) Ein Wertpapierdienstleistungsunternehmen hat einem Kunden, bevor es Geschäfte für ihn durchführt, die allgemeine Art und Herkunft von Interessenkonflikten und die zur Begrenzung der Risiken der Beeinträchtigung der Kundeninteressen unternommenen Schritte eindeutig darzulegen, soweit die organisatorischen Vorkehrungen nach § 80 Absatz 1 Satz 2 Nummer 2 nicht ausreichen, um nach vernünftigem Ermessen zu gewährleisten, dass das Risiko der Beeinträchtigung von Kundeninteressen vermieden wird. Die Darlegung nach Satz 1 muss

1. mittels eines dauerhaften Datenträgers erfolgen und
2. unter Berücksichtigung der Einstufung des Kunden im Sinne des § 67 so detailliert sein, dass der Kunde in die Lage versetzt wird, seine Entscheidung über die Wertpapierdienstleistung oder Wertpapiernebendienstleistung, in deren Zusammenhang der Interessenkonflikt auftritt, in Kenntnis der Sachlage zu treffen.

(3) Ein Wertpapierdienstleistungsunternehmen muss sicherstellen, dass es die Leistung seiner Mitarbeiter nicht in einer Weise vergütet oder bewertet, die mit seiner Pflicht, im bestmöglichen Interesse der Kunden zu handeln, kollidiert. Insbesondere darf es bei seinen Mitarbeitern weder durch Vergütungsvereinbarungen noch durch Verkaufsziele oder in sonstiger Weise Anreize dafür setzen, einem Privatkunden ein bestimmtes Finanzinstrument zu empfehlen, obwohl das Wertpapierdienstleistungsunternehmen dem Privatkunden ein anderes Finanzinstrument anbieten könnte, das den Bedürfnissen des Privatkunden besser entspricht.

(4) Ein Wertpapierdienstleistungsunternehmen, das Finanzinstrumente zum Verkauf an Kunden konzipiert, muss sicherstellen, dass diese Finanzinstrumente so ausgestaltet sind, dass

1. sie den Bedürfnissen eines bestimmten Zielmarktes im Sinne des § 80 Absatz 9 entsprechen und
2. die Strategie für den Vertrieb der Finanzinstrumente mit diesem Zielmarkt vereinbar ist.

유가증권거래(有價證券去來)에 관한 법률(유가증권거래법; BGBl. I S. 543)(일부)

법률공포일: 1994. 7. 26.
최근 법률개정일: 2020년 3월 27일(BGBl. I S. 543).

제11장 행위의무, 조직의무(Organisationspflichten), 투명성의무(Transparenzpflichten)

제63조 일반적 행위규정; 명령제정권한

① 유가증권투자서비스회사는 유가증권투자서비스(Wertpapierdienstleistungen)와 유가증권투자부대서비스(Wertpapiernebendienstleistungen)를 자기 고객의 최선(最善)의 이익을 위해 성실하며 정직하고 전문적으로 제공할 의무를 진다.

② 유가증권투자서비스회사는, 자신이 고객을 위해 거래를 하기 전에, 제80조 제1항 제2문 제2호에 따른 조직적 대책이, 합리적 재량에 따라 고객의 이익에 대한 침해 위험이 방지되도록 보장하는 데에 있어 충분하지 않은 범위 내에서(soweit die organisatorischen Vorkehrungen nach § 80 Absatz 1 Satz 2 Nummer 2 nicht ausreichen, um nach vernünftigem Ermessen zu gewährleisten, dass das Risiko der Beeinträchtigung von Kundeninteressen vermieden wird), 고객에게 이해상충의 일반적 특성 및 출처(出處)와 고객이익 침해의 위험을 제한하기 위해 취한 조치를 명확하게 설명해야 한다. 제1문에 따른 설명은,

1. 지속적 정보저장매체에 의해 행해져야만 하고,
2. 제67조상의 고객의 분류를 고려하여(unter Berücksichtigung der Einstufung des Kunden), 고객이 그 사정을 충분히 알고서(in Kenntnis der Sachlage), 이해상충이 발생하는 지점(地點)인 유가증권투자서비스 또는 유가증권투자부대서비스에 관한 자신의 결정을 할 수 있도록 상세하게 행해져야만 한다.

③ 유가증권투자서비스회사는, 고객의 최선의 이익을 위해 행위를 할 자신의 의무와 충돌하는 방식으로 자신의 직원의 성과에 대한 보수의 지급 또는 평가를 하지 않도록 보장해야만 한다. 특히 유가증권회사가 개인고객에게 개인고객의 필요에 보다 부합하는 다른 금융상품을 제안할 수 있을지라도(obwohl das Wertpapierdienstleistungsunternehmen dem Privatkunden ein anderes Finanzinstrument anbieten könnte, das den Bedürfnissen des Privatkunden besser entspricht), 그 유가증권투자서비스회사는, 보수약정으로도 판매목적으로도 또는 그 밖의 방식으로 자신의 직원에게 개인고객에게 특정한 금융상품을 추천하는 데에 대한 인센티브를 지급해서는 아니된다.

④ 고객에 대한 판매목적으로 금융상품을 설계하는 유가증권투자서비스회사는, 다음 각 호를 보장해야 한다,

1. 이러한 금융상품이 제80조 제9항상의 특정한 목표시장의 수요에 부합하도록 그 상품을 설계했다는 점,
2. 위 목표시장에서의 금융상품의 판매를 위한 전략에 부합하도록 그 상품을 설계했다는 점.

Das Wertpapierdienstleistungsunternehmen muss zumutbare Schritte unternehmen, um zu gewährleisten, dass das Finanzinstrument an den bestimmten Zielmarkt vertrieben wird.

(5) Ein Wertpapierdienstleistungsunternehmen muss die von ihm angebotenen oder empfohlenen Finanzinstrumente verstehen. Es muss deren Vereinbarkeit mit den Bedürfnissen der Kunden, denen gegenüber es Wertpapierdienstleistungen erbringt, beurteilen, auch unter Berücksichtigung des in § 80 Absatz 9 genannten Zielmarktes, und sicherstellen, dass es Finanzinstrumente nur anbietet oder empfiehlt, wenn dies im Interesse der Kunden liegt.(6) Alle Informationen, die Wertpapierdienstleistungsunternehmen Kunden zugänglich machen, einschließlich Marketingmitteilungen, müssen redlich und eindeutig sein und dürfen nicht irreführend sein. Marketingmitteilungen müssen eindeutig als solche erkennbar sein. § 302 des Kapitalanlagegesetzbuchs, Artikel 22 der Verordnung (EU) 2017/1129 und § 7 des Wertpapierprospektgesetzes bleiben unberührt.

(7) Wertpapierdienstleistungsunternehmen sind verpflichtet, ihren Kunden rechtzeitig und in verständlicher Form angemessene Informationen über das Wertpapierdienstleistungsunternehmen und seine Dienstleistungen, über die Finanzinstrumente und die vorgeschlagenen Anlagestrategien, über Ausführungsplätze und alle Kosten und Nebenkosten zur Verfügung zu stellen, die erforderlich sind, damit die Kunden nach vernünftigem Ermessen die Art und die Risiken der ihnen angebotenen oder von ihnen nachgefragten Arten von Finanzinstrumenten oder Wertpapierdienstleistungen verstehen und auf dieser Grundlage ihre Anlageentscheidung treffen können. Die Informationen können auch in standardisierter Form zur Verfügung gestellt werden. Die Informationen nach Satz 1 müssen folgende Angaben enthalten:

1. hinsichtlich der Arten von Finanzinstrumenten und der vorgeschlagenen Anlagestrategie unter Berücksichtigung des Zielmarktes im Sinne des Absatzes 3 oder 4:
   a) geeignete Leitlinien zur Anlage in solche Arten von Finanzinstrumenten oder zu den einzelnen Anlagestrategien,
   b) geeignete Warnhinweise zu den Risiken, die mit dieser Art von Finanzinstrumenten oder den einzelnen Anlagestrategien verbunden sind, und

c) ob die Art des Finanzinstruments für Privatkunden oder professionelle Kunden bestimmt ist;

2. hinsichtlich aller Kosten und Nebenkosten:

a) Informationen in Bezug auf Kosten und Nebenkosten sowohl der Wertpapierdienstleistungen als auch der Wertpapiernebendienstleistungen, einschließlich eventueller Beratungskosten,

유가증권투자서비스회사는, 그 상품이 특정한 목표시장에서 판매되도록 보장하기 위하여 합당(合當)한 조치(措置)를 취해야만 한다.

⑤ 유가증권투자서비스회사는 자신이 제안하거나 추천한 금융상품에 정통(精通)해야만 한다. 유가증권투자서비스회사는, 제80조 제9항상의 목표시장을 고려하더라도, 자신이 유가증권투자서비스를 제공하는 고객의 필요와 그 상품의 부합을 판단해야만 하고, 그 상품이 고객의 이익에 부합하는 경우에 한하여 금융상품을 제안하거나 추천한다는 점을 보장해야만(sicherstellen, dass es Finanzinstrumente nur anbietet oder empfiehlt, wenn dies im Interesse der Kunden liegt) 한다.

⑥ 마케팅통신을 포함하여 유가증권투자서비스회사가 고객에게 접근하게 하는 일체의 정보는 정직하고 명료해야만 하고 오인을 유발해서는 아니된다. 마케팅통신은 마케팅통신으로서 분명하게 알아 볼 수 있어야만 한다(Marketingmitteilungen müssen eindeutig als solche erkennbar sein). 자본투자법전 제302조, (EU)2017/1129호 규칙 제22조, 유가증권투자설명법 제7조는 영향을 받지 아니한다.

⑦ 유가증권투자서비스회사 자신의 고객에 적시에 또 이해가 쉬운 방식으로, 해당 유가증권투자서비스회사와 그 서비스, 금융상품 및 추천 투자전략, 처리지점과, 제반 비용 및 부가비용에 관한(über das Wertpapierdienstleistungsunternehmen und seine Dienstleistungen, über die Finanzinstrumente und die vorgeschlagenen Anlagestrategien, über Ausführungsplätze und alle Kosten und Nebenkosten) 적절한 정보로, 고객이 합리적 판단에 좇아 자신에게 제안된 금융상품 또는 유가증권투자서비스나 자신이 문의한 종류의 질문한 금융상품 또는 유가증권투자서비스의 특성 및 위험을 이해하고 이에 기초하여 투자결정을 하는 데 필요한 정보를 제공할 의무를 진다. 그 정보는 표준방식으로도 제공될 수 있다. 제1문에 따른 정보는 다음 사항을 포함해야만 한다:

1. 제3항 또는 제4항상의 목표시장을 고려하여 금융상품과 추천 투자전략(投資戰略)의 종류에 관련하여:
   a) 적절한 종류의 금융상품에 대한 적절한 투자지침(geeignete Leitlinien zur Anlage in solche Arten von Finanzinstrumenten)이나 개별 투자전략에 대한 적절한 지침,
   b) 적절한 종류의 금융상품 또는 개별 투자전략에 수반하는 위험에 대한 적절한 경고(geeignete Warnhinweise zu den Risiken),
   c) 개인고객 또는 전문가고객(Privatkunden oder professionelle Kunden)에 대한 금융상품의 종류가 정해져 있는지 여부,
2. 제반 비용 및 부가비용에 관련하여:
   a) 발생할 수 있는 상담비용을 포함하여, 유가증권투자서비스뿐만 아니라 유가증권투자부대서비스(sowohl der Wertpapierdienstleistungen als auch der Wertpapiernebendienstleistungen)의 비용 및 부가비용에 관한 정보,

b) Kosten der Finanzinstrumente, die dem Kunden empfohlen oder an ihn vermarktet werden sowie

c) Zahlungsmöglichkeiten des Kunden einschließlich etwaiger Zahlungen durch Dritte.

Informationen zu Kosten und Nebenkosten, einschließlich solchen Kosten und Nebenkosten im Zusammenhang mit der Wertpapierdienstleistung und dem Finanzinstrument, die nicht durch ein zugrunde liegendes Marktrisiko verursacht werden, muss das Wertpapierdienstleistungsunternehmen in zusammengefasster Weise darstellen, damit der Kunde sowohl die Gesamtkosten als auch die kumulative Wirkung der Kosten auf die Rendite der Anlage verstehen kann. Auf Verlangen des Kunden muss das Wertpapierdienstleistungsunternehmen eine Aufstellung, die nach den einzelnen Posten aufgegliedert ist, zur Verfügung stellen. Solche Informationen sollen dem Kunden unter den in Artikel 50 Absatz 9 der Delegierten Verordnung (EU) 2017/565 genannten Voraussetzungen regelmäßig, mindestens jedoch jährlich während der Laufzeit der Anlage zur Verfügung gestellt werden. Die §§ 293 bis 297, 303 bis 307 des Kapitalanlagegesetzbuchs bleiben unberührt. Bei zertifizierten Altersvorsorge- und Basisrentenverträgen im Sinne des Altersvorsorgeverträge-Zertifizierungsgesetzes gilt die Informationspflicht nach diesem Absatz durch Bereitstellung des individuellen Produktinformationsblattes nach § 7 des Altersvorsorgeverträge-Zertifizierungsgesetzes als erfüllt. Dem Kunden sind auf Nachfrage die nach diesem Absatz erforderlichen Informationen über Kosten und Nebenkosten zur Verfügung zu stellen. Der Kunde ist bei Bereitstellung des individuellen Produktinformationsblattes nach § 7 des Altersvorsorgeverträge-Zertifizierungsgesetzes ausdrücklich auf dieses Recht hinzuweisen. Wird einem Kunden ein standardisiertes Informationsblatt nach § 64 Absatz 2 Satz 3 zur Verfügung gestellt, sind dem Kunden die Informationen hinsichtlich aller Kosten und Nebenkosten nach den Sätzen 4 und 5 unverlangt unter Verwendung einer formalisierten Kostenaufstellung zur Verfügung zu stellen.

(8) Die Absätze 6 und 7 gelten nicht für Wertpapierdienstleistungen, die als Teil eines Finanzprodukts angeboten werden, das in Bezug auf die Informationspflichten bereits anderen Bestimmungen des Europäischen Gemeinschaftsrechts, die Kreditinstitute und Verbraucherkredite betreffen, unterliegt.

(9) Bietet ein Wertpapierdienstleistungsunternehmen Wertpapierdienstleistungen verbunden mit anderen Dienstleistungen oder anderen Produkten als Gesamtpaket oder in der Form an, dass die Erbringung der Wertpapierdienstleistungen, der anderen Dienstleistungen oder der Geschäfte über die anderen Produkte Bedingung für die Durchführung der jeweils anderen Bestandteile oder des Abschlusses der anderen Vereinbarungen ist, muss es den Kunden darüber informieren, ob die

b) 고객에게 추천되거나 고객에게 판매한(die dem Kunden empfohlen oder an ihn vermarktet werden) 금융상품의 비용,

c) 제3자에 의해 행해질 수 있는 지급을 포함하여 고객의 지급방법(Zahlungsmöglichkeiten des Kunden).

유가증권투자서비스 및 금융상품에 관련한 것으로, 기초가 된 시장위험에 의해 초래되지 않는(die nicht durch ein zugrunde liegendes Marktrisiko verursacht werden) 그러한 비용 및 부가비용을 포함하여 비용 및 부가비용에 관한 정보는, 고객이 총비용뿐만 아니라 투자수익에 대한 누진적 비용효과를 이해할 수 있도록(damit der Kunde sowohl die Gesamtkosten als auch die kumulative Wirkung der Kosten auf die Rendite der Anlage verstehen kann) 유가증권투자서비스회사가 요약적 방법으로 기술해야만 한다. 고객의 요구가 있는 경우 유가증권투자서비스회사는 개별 우편으로 배송되는 목록(eine Aufstellung, die nach den einzelnen Posten aufgegliedert ist)을 제공해야만 한다. 그러한 정보는 (EU) 2017/565호 위임규칙 제50조 제9항상의 요건하에 고객에게 정기적으로, 다만 투자기간 중에 최소한 연 1회로(mindestens jedoch jährlich während der Laufzeit der Anlage) 제공되어야 한다. 자본투자법전 제293조 내지 제297조, 제303조 내지 제307조는 영향을 받지 아니한다. 퇴직연금계약인가법상의 인가된 퇴직연금계약 및 기초연금계약의 경우에 이러한 판매에 따른 정보제공의무는, 퇴직연금계약인가법 제7조에 따른 개별 상품정보제공서(individuellen Produktinformationsblatt)의 제공에 의해 이행된 것으로 본다. 이러한 판매에 필요한, 비용 및 부가비용에 관한 정보(die nach diesem Absatz erforderlichen Informationen über Kosten und Nebenkosten)는 고객의 요구에 따라 고객에게 제공되어야 한다. 퇴직연금계약인가법 제7조에 따른 개별 상품정보제공서의 제공에 있어(bei Bereitstellung des individuellen Produktinformationsblattes nach § 7 des Altersvorsorgeverträge-Zertifizierungsgesetzes) 고객에게 이러한 권리가 구체적으로 언급되어야 한다. 제64조에 따른 표준정보제공서가 고액에게 제공된 경우에 제반 비용 및 부가비용에 대한 정보는, 공인된 비용목록의 활용하여 고객에게 그 요구가 없더라도 제공되어야 한다.

⑧ 정보제공의무와 관련하여 이미 신용기관 및 소비자신용에 관련된, 유럽공동체법의 다른 조항(條項)(anderen Bestimmungen des Europäischen Gemeinschaftsrechts)의 적용을 받는 금융상품의 일부로 제공되는(die als Teil eines Finanzprodukts angeboten werden) 유가증권투자서비스에 대하여는 제6항, 제7항을 적용하지 아니한다.

⑨ 유가증권투자서비스회사가 유가증권투자서비스를 다른 투자서비스 또는 다른 상품과 결합하여 패키지상품으로 제공하거나, 유가증권투자서비스 또는 다른 투자서비스의 제공이나 다른 상품에 관한 거래의 제공이 그때그때의 다른 약정의 구성부분 또는 체결의 수행에 대한 조건이 되는(dass die Erbringung der Wertpapierdienstleistungen, der anderen Dienstleistungen oder der Geschäfte über die anderen Produkte Bedingung für die Durchführung der jeweils anderen Bestandteile

einzelnen Bestandteile auch getrennt voneinander bezogen werden können und dem Kunden für jeden Bestandteil getrennt Kosten und Gebühren nachweisen. Besteht die Wahrscheinlichkeit, dass die mit dem Gesamtpaket oder der Gesamtvereinbarung verknüpften Risiken von den mit den einzelnen Bestandteilen verknüpften Risiken abweichen, hat es Privatkunden in angemessener Weise über die einzelnen Bestandteile, die mit ihnen verknüpften Risiken und die Art und Weise, wie ihre Wechselwirkung das Risiko beeinflusst, zu informieren.

(10) Vor der Erbringung anderer Wertpapierdienstleistungen als der Anlageberatung oder der Finanzportfolioverwaltung hat ein Wertpapierdienstleistungsunternehmen von den Kunden Informationen einzuholen über Kenntnisse und Erfahrungen der Kunden in Bezug auf Geschäfte mit bestimmten Arten von Finanzinstrumenten oder Wertpapierdienstleistungen, soweit diese Informationen erforderlich sind, um die Angemessenheit der Finanzinstrumente oder Wertpapierdienstleistungen für die Kunden beurteilen zu können. Sind verbundene Dienstleistungen oder Produkte im Sinne des Absatzes 9 Gegenstand des Kundenauftrages, muss das Wertpapierdienstleistungsunternehmen beurteilen, ob das gesamte verbundene Geschäft für den Kunden angemessen ist. Gelangt ein Wertpapierdienstleistungsunternehmen auf Grund der nach Satz 1 erhaltenen Informationen zu der Auffassung, dass das vom Kunden gewünschte Finanzinstrument oder die Wertpapierdienstleistung für den Kunden nicht angemessen ist, hat es den Kunden darauf hinzuweisen. Erlangt das Wertpapierdienstleistungsunternehmen nicht die erforderlichen Informationen, hat es den Kunden darüber zu informieren, dass eine Beurteilung der Angemessenheit im Sinne des Satzes 1 nicht möglich ist. Näheres zur Angemessenheit und zu den Pflichten, die im Zusammenhang mit der Beurteilung der Angemessenheit geltenden Pflichten regeln die Artikel 55 und 56 der Delegierten Verordnung (EU) 2017/565. Der Hinweis nach Satz 3 und die Information nach Satz 4 können in standardisierter Form erfolgen.

(11) Die Pflichten nach Absatz 10 gelten nicht, soweit das Wertpapierdienstleistungsunternehmen

1. auf Veranlassung des Kunden Finanzkommissionsgeschäft, Eigenhandel, Abschlussvermittlung oder Anlagevermittlung erbringt in Bezug auf
   a) Aktien, die zum Handel an einem organisierten Markt, an einem diesem gleichwertigen Markt eines Drittlandes oder an einem multilateralen Handelssystem zugelassen sind, mit Ausnahme von Aktien an AIF im Sinne von § 1 Absatz 3 des Kapitalanlagegesetzbuchs, und von Aktien, in die ein Derivat eingebettet ist,
   b) Schuldverschreibungen und andere verbriefte Schuldtitel, die zum Handel an einem organisierten Markt, einem diesem gleichwertigen Markt eines Drittlandes oder einem multilateralen Handelssystem zugelassen sind, mit Ausnahme solcher, in die ein Derivat eingebettet ist und solcher, die eine Struktur aufweisen, die es dem Kunden erschwert, die mit ihnen einhergehenden Risiken zu verstehen,

방식으로 제공하는 경우에, 그 유가증권서비스회사는 각 구성부분을 각각 분리해서도 받을 수 있는지에 관하여 알려야만 하고, 또 고객에게 각 구성부분에 대하여 별도의 비용 및 이용료를 알려야만 한다. 패키지상품 또는 패키지약정과 결부된 위험이 각 구성부분과 결부된 위험에서 벗어날 개연성이 있는 경우에는 유가증권투자서비스회사는 개인고객에게 각 구성부분, 그 각 구성부분과 결부된 위험과, 그 각 구성부분의 상호관계(Wechselwirkung)가 어떻게 위험에 영향을 끼치는지에 관한 특성 및 형태에 대하여 적절한 방법으로 정보를 제공해야 한다.

⑩ 투자자문 또는 금융포트포리오관리로서 다른 유가증권투자서비스를 제공하기 전에 유가증권투자서비스회사는, 이러한 정보가 금융상품 또는 유가증권투자서비스의 그 고객에 대한 적합성을 판단할 수 있는 데에 필요한 범위 내에서(soweit diese Informationen erforderlich sind, um die Angemessenheit der Finanzinstrumente oder Wertpapierdienstleistungen für die Kunden beurteilen zu können), 고객에게서 고객의 특정한 종류의 금융상품 또는 유가증권투자서비스의 거래에 관련한 지식 및 경험에 관한 정보를 얻어내야 한다. 제9항상의 결합 서비스 또는 결합 상품이 고객주문의 대상인 경우에 유가증권투자서비스회사는 결합거래 전체가 고객에게 적합한지 여부(ob das gesamte verbundene Geschäft für den Kunden angemessen ist)를 판단해야만 한다. 유가증권투자서비스회사가 제1문에 따라 얻어낸 정보에 기하여 고객이 원하는 금융상품 또는 증권서비스가 고객에게 적합하지 않다는 생각에 이른 경우에, 그 유가증권투자서비스회사는 고객에게 이에 대하여 안내해야 한다. 유가증권투자서비스회사가 필요한 정보를 얻지 못한 경우에 그 유가증권투자서비스회사는 고객에게 제1문상의 적합성 판단이 불가능하다는 점(dass eine Beurteilung der Angemessenheit im Sinne des Satzes 1 nicht möglich ist)을 알려야만 한다. 적합성과 의무에 관한 세부사항(Näheres zur Angemessenheit und zu den Pflichten)과 적합성 판단에 관하여 적용되는 의무에 대한 세부사항은 (EU) 2017/565호 위임규칙 제55조, 제56조에 의해 규율된다. 제3문에 따른 안내와 제4문에 따른 통지는 표준방식으로 행해질 수 있다.

⑪ 제10항에 따른 의무는 다음 각 호의 범위 내에서 적용되지 아니한다,

1. 고객의 요구에 따라 다음 각 목에 관하여 금융상품위탁거래(Finanzkommissionsgeschäft), 자기계산거래, 체약중개(締約仲介)(Abschlussvermittlung) 또는 투자중개(Anlagevermittlung)를 제공하는 범위,
   a) 자본투자법전 제1조 제3항상의 대안투자펀드(AIF; Alternative Investment Fund)의 주식과 파생금융상품에 연계된 주식(Aktien, in die ein Derivat eingebettet ist)을 제외하고, 조직화된 금융시장 또는 제3국의 이와 동등한 시장에서 거래되도록 허가되거나 다자간거래시스템에서 거래되도록 허가된 주식,
   b) 파생금융상품에 연계된, 채권증서 및 유동화(流動化)된 기타 채무증서와, 고객으로 하여금 채권증서 및 기타 유동화된 채무증서에 수반된 위험을 이해하는 것을 어렵게 하는 구조로 된 채권증서 및 기타 유동화된 채무증서를 제외하고, 조직화된 금융시장 조직화된 금융시장 또는 제3국의 이와 동등한 시장에 거래되도록 허가되거나 다자간거래스시템에서 거래되도록 허가된 채권증서 및 기타 유동화된 채무증서,

c) Geldmarktinstrumente, mit Ausnahme solcher, in die ein Derivat eingebettet ist, und solcher, die eine Struktur aufweisen, die es dem Kunden erschwert, die mit ihnen einhergehenden Risiken zu verstehen,

d) Anteile oder Aktien an OGAW im Sinne von § 1 Absatz 2 des Kapitalanlagegesetzbuchs, mit Ausnahme der in Artikel 36 Absatz 1 Unterabsatz 2 der Verordnung (EU) Nr. 583/2010 genannten strukturierten OGAW,

e) strukturierte Einlagen, mit Ausnahme solcher, die eine Struktur aufweisen, die es dem Kunden erschwert, das Ertragsrisiko oder die Kosten des Verkaufs des Produkts vor Fälligkeit zu verstehen oder

f) andere nicht komplexe Finanzinstrumente für Zwecke dieses Absatzes, die die in Artikel 57 der Delegierten Verordnung (EU) 2017/565 genannten Kriterien erfüllen,

2. diese Wertpapierdienstleistung nicht gemeinsam mit der Gewährung eines Darlehens als Wertpapiernebendienstleistung im Sinne des § 2 Absatz 7 Nummer 2 erbringt, außer sie besteht in der Ausnutzung einer Kreditobergrenze eines bereits bestehenden Darlehens oder eines bereits bestehenden Darlehens, das in der Weise gewährt wurde, dass der Darlehensgeber in einem Vertragsverhältnis über ein laufendes Konto dem Darlehensnehmer das Recht einräumt, sein Konto in bestimmter Höhe zu überziehen (Überziehungsmöglichkeit) oder darin, dass der Darlehensgeber im Rahmen eines Vertrages über ein laufendes Konto, ohne eingeräumte Überziehungsmöglichkeit die Überziehung des Kontos durch den Darlehensnehmer duldet und hierfür vereinbarungsgemäß ein Entgelt verlangt, und

3. den Kunden ausdrücklich darüber informiert, dass keine Angemessenheitsprüfung im Sinne des Absatzes 10 vorgenommen wird, wobei diese Information in standardisierter Form erfolgen kann.

(12) Wertpapierdienstleistungsunternehmen müssen ihren Kunden in geeigneter Weise auf einem dauerhaften Datenträger über die erbrachten Wertpapierdienstleistungen berichten; insbesondere müssen sie nach Ausführung eines Geschäftes mitteilen, wo sie den Auftrag ausgeführt haben. Die Pflicht nach Satz 1 beinhaltet einerseits nach den in den Artikeln 59 bis 63 der Delegierten Verordnung (EU) 2017/565 näher bestimmten Fällen regelmäßige Berichte an den Kunden, wobei die Art und Komplexität der jeweiligen Finanzinstrumente sowie die Art der erbrachten Wertpapierdienstleistungen zu berücksichtigen ist, und andererseits, sofern relevant, Informationen zu den angefallenen Kosten. Bei zertifizierten Altersvorsorge- und Basisrentenverträgen im Sinne des Altersvorsorgeverträge-Zertifizierungsgesetzes gilt die Informationspflicht gemäß Satz 1 bei Beachtung der jährlichen Informationspflicht nach § 7a des Altersvorsorgeverträge-Zertifizierungsgesetzes als erfüllt. Dem Kunden sind auf Nachfrage die nach diesem Absatz erforderlichen Informationen über Kosten und Nebenkosten zur Verfügung zu stellen. Der Kunde

c) 파생금융상품에 연계된 단기금융시장상품[56]과, 고객으로 하여금 채권증서 및 기타 유동화된 채무증서에 수반된 위험을 이해하는 것을 어렵게 하는 구조로 된 단기금융시장상품을 제외한, 단기금융시장상품,

d) 583/2010호 규칙 제36조 제1항 제2소항에서 언급된 조직된 유가증권집합투자사업의 자본 또는 주식을 제외하고, 자본투자법전 제1조 제2항상의 유가증권집합투자사업(Organismen für gemeinsame Anlagen in Wertpapieren; OGAW)의 지분 또는 주식,

e) 고객으로 하여금 만기 이전의 상품 판매의 투자이익위험 또는 비용의 이해를 어렵게 하는 구조로 된 구조화예금(構造化預金)를 제외하고, 구조화예금(構造化預金; strukturierte Einlagen),

f) (EU) 2017/565호 위임규칙 제57조상의 기준을 충족한 판매를 위한 그 밖의 비복잡성 금융상품(andere nicht komplexe Finanzinstrumente)

2. 이러한 유가증권투자서비스가, 대주가 당좌계정(當座計定)에 관한 계약관계에서(in einem Vertragsverhältnis über ein laufendes Konto) 차주에게 자신의 계좌에서 일정한 액수를 초과하여 인출하는 권리를 인정해 준 방식['당좌대월계약'(當座貸越契約; Überziehungsmöglichkeit]으로 시행된 이미 존재하는 소비대차, 또는 대주가 당좌계정에 관한 계약의 범위 내에서 인정된 당좌대월계약 없이(ohne eingeräumte Überziehungsmöglichkeit) 차주에 의한 당좌대월(die Überziehung des Kontos durch den Darlehensnehmer)을 용인해 주고 이에 대하여 계약에 따른 보수를 청구하는 방식으로 시행된 이미 존재하는 소비대차의 여신한도(與信限度)의 악용에 해당하는 경우를 제외하고, 이러한 유가증권투자서비스를 제2조 제7항 제2호상의 유가증권투자서비스로서 소비대차의 시행과 함께 제공하지 않는 범위,

3. 고객에게 이러한 정보(情報)가 표준방식으로 시행될 수 있는(wobei diese Information in standardisierter Form erfolgen kann), 제10항상의 적합성심사가 행해지지 않은 점을 명확하게 알린 범위(範圍).

⑫ 유가증권투자서비스회사는 자신의 고객에게 지속적 정보저장매체에 의한 적절한 방법으로 제공된 유가증권투자서비스에 관하여 보고해야만 한다; 특히 유가증권투자서비스회사는 자신이 위임을 수행한 사무처리에 대해 보고해야만 한다. 제1문에 따른 의무는, 한편으로는 (EU) 2017/565호 위임규칙 제59조 내지 제63조에서 상세하게 정해진 경우에 좇아 고객에 대한 정기적 보고로, 각각의 금융상품의 특성 및 복잡성과 제공된 유가증권투자서비스의 특성이 고려되어야 하는(wobei die Art und Komplexität der jeweiligen Finanzinstrumente sowie die Art der erbrachten Wertpapierdienstleistungen zu berücksichtigen ist) 정기적 보고를 포함하고, 다른 한편으로는 관련성이 있는 한 발생한 비용에 관한 정보(sofern relevant, Informationen zu den angefallenen Kosten)도 포함한다. 퇴직연금계약인가법상의 인가된 퇴직연금계약 및 기초연금계약(zertifizierten Altersvorsorge- und Basisrentenverträgen)의 경우에 퇴직연금계약인가법 제7조a에 따른 연례 정보제공의 준수시에(bei Beachtung der jährlichen Informationspflicht nach § 7a des Altersvorsorgeverträge-Zertifizierungsgesetzes) 제1문에 따른 정보제공의무는 이행된 것으로 본다. 본 조항에 따라 필요한, 비용 및 부대비용에 관한 정보(die nach diesem Absatz erforderlichen Informationen über Kosten ist bei Bereitstellung der jährlichen Information nach § 7a des Altersvorsorgeverträge-Zertifizierungsgesetzes ausdrücklich auf dieses Recht hinzuweisen.

(13) Nähere Bestimmungen zu den Absätzen 1 bis 3, 6, 7, 10 und 12 ergeben sich aus der Delegierten Verordnung (EU) 2017/565, insbesondere zu

1. der Verpflichtung nach Absatz 1 aus den Artikeln 58, 64, 65 und 67 bis 69,
2. Art, Umfang und Form der Offenlegung nach Absatz 2 aus den Artikeln 34 und 41 bis 43,
3. der Vergütung oder Bewertung nach Absatz 3 aus Artikel 27,
4. den Voraussetzungen, unter denen Informationen im Sinne von Absatz 6 Satz 1 als redlich, eindeutig und nicht irreführend angesehen werden aus den Artikeln 36 und 44,
5. Art, Inhalt, Gestaltung und Zeitpunkt der nach Absatz 7 notwendigen Informationen für die Kunden aus den Artikeln 38, 39, 41, 45 bis 53, 61 und 65,
6. Art, Umfang und Kriterien der nach Absatz 10 von den Kunden einzuholenden Informationen aus den Artikeln 54 bis 56,
7. Art, Inhalt und Zeitpunkt der Berichtspflichten nach Absatz 12 aus den Artikeln 59 bis 63.

(14) Das Bundesministerium der Finanzen kann im Einvernehmen mit dem Bundesministerium der Justiz und für Verbraucherschutz durch Rechtsverordnung, die nicht der Zustimmung des Bundesrates bedarf, nähere Bestimmungen zu Inhalt und Aufbau der formalisierten Kostenaufstellung nach Absatz 7 Satz 11 erlassen. Das Bundesministerium der Finanzen kann die Ermächtigung durch Rechtsverordnung auf die Bundesanstalt übertragen.

§ 64 Besondere Verhaltensregeln bei der Erbringung von Anlageberatung und Finanzportfolioverwaltung; Verordnungsermächtigung

(1) Erbringt ein Wertpapierdienstleistungsunternehmen Anlageberatung, muss es den Kunden zusätzlich zu den Informationen nach § 63 Absatz 7 rechtzeitig vor der Beratung und in verständlicher Form darüber informieren

1. ob die Anlageberatung unabhängig erbracht wird (Unabhängige Honorar-Anlageberatung) oder nicht;
2. ob sich die Anlageberatung auf eine umfangreiche oder eine eher beschränkte Analyse verschiedener Arten von Finanzinstrumenten stützt, insbesondere, ob die Palette an Finanzinstrumenten auf Finanzinstrumente beschränkt ist, die von Anbietern oder Emittenten stammen, die in einer engen Verbindung zum Wertpapierdienstleistungsunternehmen stehen oder zu denen in sonstiger Weise rechtliche oder wirtschaftliche Verbindungen bestehen, die so eng sind, dass das Risiko besteht, dass die Unabhängigkeit der Anlageberatung beeinträchtigt wird, und
3. ob das Wertpapierdienstleistungsunternehmen dem Kunden regelmäßig eine Beurteilung der Geeignetheit der empfohlenen Finanzinstrumente zur Verfügung stellt. § 63 Absatz 7 Satz 2 und bei Vorliegen der dort genannten Voraussetzungen die Ausnahme nach § 63 Absatz 8 gelten

und Nebenkosten)는 고객의 요구가 있는 경우 고객에게 제공되어야 한다. 고객은 퇴직연금계약인가법 제7조a에 따른 연례 정보제공시 이러한 권리에 관하여 명확하게 언급받아야 한다.

⑬ 제1항 내지 제3항, 제6항, 제7항, 제10항, 제12항에 관한 세부조항(Nähere Bestimmungen)은 (EU) 2017/565호 위임규칙에 따르고, 특히,

1. 제1항에 따른 의무는 동규칙 제58조, 제64조, 제65조, 제67조 내지 제69조에 따르고,
2. 제2항에 따른 설명의 종류, 범위 및 방식(Art, Umfang und Form der Offenlegung은 동규칙 제34조, 제41조 내지 제43조)에 따르고,
3. 제3항에 따른 보수 또는 평가는 동규칙 제27항에 따르며,
4. 제6조 제1항상의 정보가 정직하고 명료하며 오인을 유발해서는 안 되는 것(redlich, eindeutig und nicht irreführend)으로 간주되는 요건(要件)은 동규칙 제35조, 제44조에 따르고,
5. 제7항에 따라 필요한 고객에 대한 정보의 종류, 내용, 형태 및 시기는 동규칙 제38조, 제39조, 제41조, 제45조 내지 제53조, 제61조, 제65조에 따르며,
6. 제10항에 따라 고객에게서 얻어내야 하는 정보의 종류, 범위 및 기준은 제54조 내지 제56조에 따르고,
7. 제12항에 따른 보고의무의 종류, 내용 및 시기(Art, Inhalt und Zeitpunkt der Berichtspflichten)는 제59조 내지 제63조에 따라 규율된다.

⑭ 재무부는 연방법무소비자부와 협의하여 연방참사원의가 필요 없는 법규명령으로 제7항 제11문에 따른 공인된 비용목록의 내용 및 구성(構成)에 관한 세부조항(nähere Bestimmungen zu Inhalt und Aufbau der formalisierten Kostenaufstellung nach Absatz 7 Satz 11)을 제정할 수 있다. 연방재무부는 그 권한을 법규명령으로 연방금융서비스감독원에 이양할 수 있다.

제64조 투자자문과 포트폴리오관리에 있어 특별한 행위준칙(行爲準則); 명령제정권한(Verordnungsermächtigung)

① 유가증권투자서비스회사가 투자자문을 제공하는 경우에 그 유가증권투자서비스회사는 제63조 제7항에 따른 정보 이외에 추가적으로 자문 전(前)의 적시에 또 이해가 쉬운 방식으로 다음 각 호에 관한 정보를 제공해야만 한다,

1. 투자자문(投資諮問)이 독립적(獨立的)으로 제공(提供)되는지(‘독립적 투자자문’; Unabhängige Honorar-Anlageberatung), 그렇지 않은지 여부
2. 투자자문이 다양한 종류의 금융상품에 대한 폭넓은 분석 혹은 상대적으로 제한된 분석(eine umfangreiche oder eine eher beschränkte Analyse verschiedener Arten von Finanzinstrumenten)에 근거하는지 여부, 유가증권투자서비스회사와 밀접한 관계에 있거나, 유가증권투자서비스회사와 그 밖의 방법으로 법적 또는 경제적으로 투자자문의 독립성이 침해될 위험이 있을 정도로 밀접한 관련이 있는 제공자 또는 발행인에서 유래한 금융상품에, 다양한 금융상품이 한정되는지 여부,
3. 유가증권투자서비스회사가 고객에게 추천된 금융상품의 적합성에 대한 판단(eine Beurteilung der Geeignetheit der empfohlenen Finanzinstrumente)을 정기적으로 제공하는지 여부. 제63조 제2항 제2문 그리고 그 제2문에서 언급된 요건이 있는 경우에 제63조 제8항의 예외를 준용(準

entsprechend.

(2) Im Falle einer Anlageberatung hat das Wertpapierdienstleistungsunternehmen einem Privatkunden rechtzeitig vor dem Abschluss eines Geschäfts über Finanzinstrumente, für die kein Basisinformationsblatt nach der Verordnung (EU) Nr. 1286/2014 erstellt werden muss,

1. über jedes Finanzinstrument, auf das sich eine Kaufempfehlung bezieht, ein kurzes und leicht verständliches Informationsblatt,
2. in den Fällen des Satzes 3 ein in Nummer 1 genanntes Informationsblatt oder wahlweise ein standardisiertes Informationsblatt oder
3. in den Fällen des Satzes 4 ein dort genanntes Dokument anstelle des in Nummer 1 genannten Informationsblatts

zur Verfügung zu stellen. Die Angaben in den Informationsblättern nach Satz 1 dürfen weder unrichtig noch irreführend sein und müssen mit den Angaben des Prospekts vereinbar sein. Für Aktien, die zum Zeitpunkt der Anlageberatung an einem organisierten Markt gehandelt werden, kann anstelle des Informationsblattes nach Satz 1 Nummer 1 ein standardisiertes Informationsblatt verwendet werden. An die Stelle des Informationsblattes treten

1. bei Anteilen oder Aktien an OGAW oder an offenen Publikums-AIF die wesentlichen Anlegerinformationen nach den §§ 164 und 166 des Kapitalanlagegesetzbuchs,
2. bei Anteilen oder Aktien an geschlossenen Publikums-AIF die wesentlichen Anlegerinformationen nach den §§ 268 und 270 des Kapitalanlagegesetzbuchs,
3. bei Anteilen oder Aktien an Spezial-AIF die wesentlichen Anlegerinformationen nach § 166 oder § 270 des Kapitalanlagegesetzbuchs, sofern die AIF-Kapitalverwaltungsgesellschaft solche gemäß § 307 Absatz 5 des Kapitalanlagegesetzbuchs erstellt hat,
4. bei EU-AIF und ausländischen AIF die wesentlichen Anlegerinformationen nach § 318 Absatz 5 des Kapitalanlagegesetzbuchs,
5. bei EU-OGAW die wesentlichen Anlegerinformationen, die nach § 298 Absatz 1 Satz 2 des Kapitalanlagegesetzbuchs in deutscher Sprache veröffentlicht worden sind,
6. bei inländischen Investmentvermögen im Sinne des Investmentgesetzes in der bis zum 21. Juli 2013 geltenden Fassung, die für den in § 345 Absatz 6 Satz 1 des Kapitalanlagegesetzbuchs genannten Zeitraum noch weiter vertrieben werden dürfen, die wesentlichen Anlegerinformationen, die nach § 42 Absatz 2 des Investmentgesetzes in der bis zum 21. Juli 2013 geltenden Fassung erstellt worden sind,
7. bei ausländischen Investmentvermögen im Sinne des Investmentgesetzes in der bis zum 21. Juli 2013 geltenden Fassung, die für den in § 345 Absatz 8 Satz 2 oder § 355 Absatz 2 Satz 10 des Kapitalanlagegesetzbuchs genannten Zeitraum noch weiter vertrieben werden dürfen, die wesentlichen Anlegerinformationen, die nach § 137 Absatz 2 des Investmentgesetzes in der bis

用)한다.

② 투자자문의 경우에 유가증권투자서비스회사는, (EU) 1286/2014호 명령에 따른 기본정보제공서가 마련될 필요가 없는 금융상품에 관한 거래계약을 체결하기 전(前)의 적시에 개인고객에 다음 각 호를,

1. 상품추천과 관련된 각 금융상품에 관하여 간결하고 쉽게 이해가 되는 정보제공서(ein kurzes und leicht verständliches Informationsblatt),
2. 제3항의 경우에 제1호상의 정보제공서 또는 선택적(選擇的)으로 표준정보제공서(ein standardisiertes Informationsblatt),
3. 제4문의 경우에 제1호상의 정보제공서 대신에(anstelle des in Nummer 1 genannten Informationsblatts) 제4문상의 문서,

제공해야 한다. 제1문에 따른 정보제공서에 대한 정보는 부정확해서도 오인유발적이어서도 아니되고, 투자설명서의 정보와 일치해야만 한다. 투자자문 당시에 조직화된 금융시장에서 거래되는 주식에 대하여 제1문 제1호에 따른 정보제공서 대신에 표준정보제공서(ein standardisiertes Informationsblatt)가 활용될 수 있다. 다음 각 호가 그 정보제공서를 대신한다,

1. 유가증권집합투자사업(OGAW) 또는 대중공개대안투자펀드(offenen Publikums-AIF die wesentlichen)의 지분 또는 주식의 경우에 자본투자법전 제164조, 제166조에 따른 투자정보제공서,
2. 대중폐쇄대안펀드의 지분 또는 주식의 경우에 자본투자법전 제268조, 제270조에 따른 투자정보제공서,
3. 대안투자펀드자본관리회사(die AIF-Kapitalverwaltungsgesellschaft)가 자본투자법전 제307조 제5항에 따른 중요투자정보제공서를 마련하는 한, 특별대안투자펀드의 지분 또는 주식의 경우에 자본투자법전 제166조 또는 제270조에 따른 중요투자정보제공서,
4. 유럽연합대안투자펀드와 외국의 대안투자펀드의 경우에 자본투자법전 제318조 제5항에 따른 중요투자정보제공서,
5. 유럽연합의 유가증권집합투자사업(OGAW)의 경우 자본투자법전 제298조 제1항 제2문에 따라 독일어로(in deutscher Sprache) 발간된 중요투자정보제공서(die wesentlichen Anlegerinformationen),
6. 2013년 7월 21일까지 적용되는 법률형식의 자본투자법상의 독일 투자펀드로, 자본투자법전 제345조 제6항 제1문상의 기간 동안에도 계속적으로 판매될 수 있는(die für den in § 345 Absatz 6 Satz 1 des Kapitalanlagegesetzbuchs genannten Zeitraum noch weiter vertrieben werden dürfen) 투자펀드의 경우에, 2013년 7월 21일까지 적용된 법률형식의 자본투자법 제42조 제2항에 따라 마련된 중요투자정보제공서,
7. 2013년 7월 21일까지 적용되는 법률형식의 자본투자법상의 외국의 투자펀드로, 자본투자법전 제345조 제8항 제2문 또는 제355조 제2항 제10문상의 기간 동안에도 계속적으로 판매될 수 (die für den in § 345 Absatz 8 Satz 2 oder § 355 Absatz 2 Satz 10 des Kapitalanlagegesetzbuchs genannten Zeitraum noch weiter vertrieben werden dürfen) 투자펀드의 경우에, 2013년 7월 21

zum 21. Juli 2013 geltenden Fassung erstellt worden sind,

8. bei Vermögensanlagen im Sinne des § 1 Absatz 2 des Vermögensanlagengesetzes das Vermögensanlagen-Informationsblatt nach § 13 des Vermögensanlagengesetzes, soweit der Anbieter der Vermögensanlagen zur Erstellung eines solchen Vermögensanlagen-Informationsblatts verpflichtet ist,
9. bei zertifizierten Altersvorsorge- und Basisrentenverträgen im Sinne des Altersvorsorgeverträge-Zertifizierungsgesetzes das individuelle Produktinformationsblatt nach § 7 Absatz 1 des Altersvorsorgeverträge-Zertifizierungsgesetzes sowie zusätzlich die wesentlichen Anlegerinformationen nach Nummer 1, 3 oder Nummer 4, sofern es sich um Anteile an den in Nummer 1, 3 oder Nummer 4 genannten Organismen für gemeinsame Anlagen handelt, und
10. bei Wertpapieren im Sinne des § 2 Nummer 1 des Wertpapierprospektgesetzes das Wertpapier-Informationsblatt nach § 4 des Wertpapierprospektgesetzes, soweit der Anbieter der Wertpapiere zur Erstellung eines solchen Wertpapier-Informationsblatts verpflichtet ist.

(3) Das Wertpapierdienstleistungsunternehmen muss von einem Kunden alle Informationen

1. über Kenntnisse und Erfahrungen des Kunden in Bezug auf Geschäfte mit bestimmten Arten von Finanzinstrumenten oder Wertpapierdienstleistungen,
2. über die finanziellen Verhältnisse des Kunden, einschließlich seiner Fähigkeit, Verluste zu tragen, und
3. über seine Anlageziele, einschließlich seiner Risikotoleranz,

einholen, die erforderlich sind, um dem Kunden ein Finanzinstrument oder eine Wertpapierdienstleistung empfehlen zu können, das oder die für ihn geeignet ist und insbesondere seiner Risikotoleranz und seiner Fähigkeit, Verluste zu tragen, entspricht. Ein Wertpapierdienstleistungsunternehmen darf seinen Kunden nur Finanzinstrumente und Wertpapierdienstleistungen empfehlen oder Geschäfte im Rahmen der Finanzportfolioverwaltung tätigen, die nach den eingeholten Informationen für den Kunden geeignet sind. Näheres zur Geeignetheit und den im Zusammenhang mit der Beurteilung der Geeignetheit geltenden Pflichten regeln die Artikel 54 und 55 der Delegierten Verordnung (EU) 2017/565. Näheres zur Geeignetheit von Verbriefungen und den im Zusammenhang mit der Beurteilung der Geeignetheit geltenden Pflichten regelt Artikel 3 der Verordnung(EU) 2017/2402 des Europäischen Parlaments und des Rates vom 12. Dezember 2017 zur Festlegung eines allgemeinen Rahmens für Verbriefungen und zur Schaffung eines spezifischen Rahmens für einfache, transparente und standardisierte Verbriefung und zur Änderung der Richtlinien 2009/65/EG, 2009/138/EG, 2011/61/EU und der Verordnungen (EG) Nr. 1060/2009 und (EU)Nr. 648/2012 (ABl. L 347 vom 28.12.2017, S. 35). Erbringt ein Wertpapierdienstleistungsunternehmen eine Anlageberatung, bei der verbundene Produkte oder Dienstleistungen im Sinne des § 63 Absatz 9 empfohlen werden,

일까지 적용된 법률형식의 자본투자법 제137조 제2항에 따라 마련된 중요투자정보제공서,

8. 투자자산법(Vermögensanlagengesetz) 제1조 제2항의 경우에 투자자산제공자가 그러한 투자자산정보제공서를 마련할 의무가 있는 범위 내에서(soweit der Anbieter der Vermögensanlagen zur Erstellung eines solchen Vermögensanlagen-Informationsblatts verpflichtet ist), 동법 제13조에 따른 투자자산정보제공서,
9. 퇴직연금계약인가법상의 퇴직연금계약 및 기초연금계약의 경우에 퇴직연금계약인가법 제7조 제1항에 따른 개별적 상품정보제공서와, 위 제1호, 제3호 또는 제4호상의 집합투자사업의 지분에 해당하는 한, 위 제1호, 제3호 또는 제4호에 따른 중요투자정보제공서,
10. 유가증권투자설명법 제2조 제1호에 따른 유가증권의 경우에 유가증권의 제공자가 그러한 유가증권정보제공서를 마련할 의무가 있는 범위 내에서, 유가증권투자설명법 제4조 유가증권정보제공서(das Wertpapier-Informationsblatt nach § 4 des Wertpapierprospektgesetzes).

③ 유가증권투자서비스회사는, 고객에게 적합한, 금융상품 또는 투자서비스, 특히 고객의 투자위험감수도(投資危險甘受度) 및 손실을 부담할 능력에 부합하는(das oder die für ihn geeignet ist und insbesondere seiner Risikotoleranz und seiner Fähigkeit, Verluste zu tragen, entspricht) 금융상품 또는 유가증권투자서비스를 고객에게 추천할 수 있는데 필요한 정보로, 다음 각 호에 관한 일체의 정보를 고객에게 얻어내야만 한다,

1. 특정한 종류의 금융상품 또는 유가증권투자서비스에 관한 거래와 관련한 고객의 지식 및 경험(Kenntnisse und Erfahrungen des Kunden),
2. 손실을 부담할 고객의 능력을 포함하여(einschließlich seiner Fähigkeit, Verluste zu tragen) 고객의 금융상태,
3. 고객의 투자위험감수도(投資危險甘受度)를 포함하여 고객의 투자목표,

유가증권투자서비스회사는 자신의 고객에게 얻어 낸 정보에 의할 때 고객에게 적합한 금융상품 및 유가증권투자서비스에 한한 추천 또는 거래를 금융포트폴리오 일환으로 행해야만 한다(Geschäfte im Rahmen der Finanzportfolioverwaltung tätigen, die nach den eingeholten Informationen für den Kunden geeignet sind). 적합성과 그 적합성 판단과 관련하여 적용되는 의무에 대한 세부사항(Näheres zur Geeignetheit und den im Zusammenhang mit der Beurteilung der Geeignetheit)은 (EU) 2017/565호 위임규칙 제54조, 제55조에 의해 규율된다. 유동화의 적합성과 그 적합성 판단과 관련하여 적용되는 의무에 관한 세부사항(Näheres zur Geeignetheit von Verbriefungen und den im Zusammenhang mit der Beurteilung der Geeignetheit geltenden Pflichten)은, 「유동화(流動化)에 대한 일반적 범위의 설정과 단순하고 투명하며 표준화된 유동화에 대한 특별한 범위 설정과 2009/65/EG호, 2009/138/EG호, 2011/61/EU호 지침과 (EG) 1060/2009호 명령, (EU) 648/2012호 규칙의 개정에 관한 2017년 12월 12일 유럽연합 의회 및 이사회 (EU) 2017/2402호 규칙」(ABl. L 347 vom 28.12.2017, S. 35) 제3조에 의해 규율된다. 유가증권투자서비스회사가 제63조 제9항상의 결합상품 또는 결합서비스를 추천(推薦)하는 투자자문(eine Anlageberatung)을 제공하는 경우에 결합된 거래(去來) 전체 대하여(für das gesamte verbundene

gilt Satz 2 für das gesamte verbundene Geschäft entsprechend.

(4) Ein Wertpapierdienstleistungsunternehmen, das Anlageberatung erbringt, muss dem Privatkunden auf einem dauerhaften Datenträger vor Vertragsschluss eine Erklärung über die Geeignetheit der Empfehlung (Geeignetheitserklärung) zur Verfügung stellen. Die Geeignetheitserklärung muss die erbrachte Beratung nennen sowie erläutern, wie sie auf die Präferenzen, Anlageziele und die sonstigen Merkmale des Kunden abgestimmt wurde. Näheres regelt Artikel 54 Absatz 12 der Delegierten Verordnung (EU) 2017/565. Wird die Vereinbarung über den Kauf oder Verkauf eines Finanzinstruments mittels eines Fernkommunikationsmittels geschlossen, das die vorherige Übermittlung der Geeignetheitserklärung nicht erlaubt, darf das Wertpapierdienstleistungsunternehmen die Geeignetheitserklärung ausnahmsweise unmittelbar nach dem Vertragsschluss zur Verfügung stellen, wenn der Kunde zugestimmt hat, dass ihm die Geeignetheitserklärung unverzüglich nach Vertragsschluss zur Verfügung gestellt wird und das Wertpapierdienstleistungsunternehmen dem Kunden angeboten hat, die Ausführung des Geschäfts zu verschieben, damit der Kunde die Möglichkeit hat, die Geeignetheitserklärung zuvor zu erhalten.

(5) Ein Wertpapierdienstleistungsunternehmen, das Unabhängige Honorar-Anlageberatung erbringt,

1. muss bei der Beratung eine ausreichende Palette von auf dem Markt angebotenen Finanzinstrumenten berücksichtigen, die
   a) hinsichtlich ihrer Art und des Emittenten oder Anbieters hinreichend gestreut sind und
   b) nicht beschränkt sind auf Finanzinstrumente, die das Wertpapierdienstleistungsunternehmen selbst emittiert oder anbietet oder deren Anbieter oder Emittenten in einer engen Verbindung zum Wertpapierdienstleistungsunternehmen stehen oder in sonstiger Weise so enge rechtliche oder wirtschaftliche Verbindung zu diesem unterhalten, dass die Unabhängigkeit der Beratung dadurch gefährdet werden könnte;
2. darf sich die Unabhängige Honorar-Anlageberatung allein durch den Kunden vergüten lassen.

Es dürfen nach Satz 1 Nummer 2 im Zusammenhang mit der Unabhängigen Honorar-Anlageberatung keinerlei nichtmonetäre Zuwendungen von einem Dritten, der nicht Kunde dieser Dienstleistung ist oder von dem Kunden dazu beauftragt worden ist, angenommen werden. Monetäre Zuwendungen dürfen nur dann angenommen werden, wenn das empfohlene Finanzinstrument oder ein in gleicher Weise geeignetes Finanzinstrument ohne Zuwendung nicht erhältlich ist. In diesem Fall sind die monetären Zuwendungen so schnell wie nach vernünftigem Ermessen möglich, nach Erhalt und in vollem Umfang an den Kunden auszukehren. Vorschriften über die Entrichtung von Steuern und Abgaben bleiben davon unberührt. Das Wertpapierdienstleistungsunternehmen muss Kunden über die ausgekehrten monetären Zuwendungen unterrichten. Im Übrigen gelten die allgemeinen Anforderungen für die Anlageberatung.

Geschäft) 제2문을 준용한다.

④ 투자자문을 제공하는 유가증권투자서비스회사는 계약체결 전에 개인고객에게 지속적 정보저장매체로(auf einem dauerhaften Datenträger) 추천의 적합성에 관한 진술서('적합성진술서'; Geeignetheitserklärung)을 제공해야만 한다. 그 적합성진술에서, 제공된 자문이 언급되야만 하고 그 자문이 고객의 선호, 투자목표 및 그 밖의 구성요소에 어떻게 맞춰졌는지(wie sie auf die Präferenzen, Anlageziele und die sonstigen Merkmale des Kunden abgestimmt wurde)가 설명되어야만 한다. 세부사항은 (EU) 2017/565호 위임규칙 제54조 제12조에 의해 규율된다. 금융상품의 매매 또는 판매에 관한 약정이 적합성진술의 사전(事前) 전달이 허용되지 않는(das die vorherige Übermittlung der Geeignetheitserklärung nicht erlaubt) 원격통신수단에 의해 체결되는 경우에 유가증권투자서비스회사는, 고객이 자신에게 적합성진술서가 계약체결 후 지체 없이 제공되는 것에 동의한 때와, 유가증권투자서비스회사가 고객에게 고객이 적합성진술서를 그 거래 전(前) 수령할 가능성을 갖기 위하여 거래의 진행을 연기하는 것을 제안한(das Wertpapierdienstleistungsunternehmen dem Kunden angeboten hat, die Ausführung des Geschäfts zu verschieben, damit der Kunde die Möglichkeit hat, die Geeignetheitserklärung zuvor zu erhalten) 때에는 예외적으로 계약체결 직후에 적합성원칙을 제공할 수 있다.

⑤ 독립적 보수투자자문을 제공하는 유가증권투자서비스회사는,

1. 자문시 시장에서 제공된 충분한 양의 금융상품으로 다음 각 목의 금융상품을 고려해야만 하고,
   a) 그 금융상품의 유형과 발행인 또는 제공자에 대하여(hinsichtlich ihrer Art und des Emittenten oder Anbieters) 상당히 널리 알려진 금융상품,
   b) 유가증권투자서비스회사가 직접 발행하거나 제공한 금융상품이나, 그 금융상품의 제공자 또는 발행인이 해당 유가증권투자서비스회사와 밀접한 관계가 있거나, 그 회사와 밀접한 법적 또는 경제적 관련을 그 밖의 방법으로 유지하여 투자자문의 독립성이 이에 의하여 위태로워질 수 있는 금융상품에 국한되지 않는 금융상품;
2. 독립적 보수투자자문은 고객에 의해서만 보수가 지급되도록 할 수 있다.

유가증권투자서비스회사는, 제1문 제2호에 따라 독립된 보수투자자문에 관련하여 어떤 비통화적 출연(出捐)도 이러한 서비스의 고객이 아니거나 고객으로부터 이에 대하여 위임을 받은(der nicht Kunde dieser Dienstleistung ist oder von dem Kunden dazu beauftragt worden ist) 제3자에게서 받아서는 아니된다. 추천된 금융상품이나 이와 유사하게 적합한 금융상품을 출연(出捐) 없이 수령할 없는 경우에 한하여 통화적 출연은 받을 수 있다. 이러한 경우에 통화적(通貨的) 출연(出捐)은 합리적 판단에 좇아 그 수령시로부터 가능한 한 빨리 또 전액을 고객에게 지급해야 한다(In diesem Fall sind die monetären Zuwendungen so schnell wie nach vernünftigem Ermessen möglich, nach Erhalt und in vollem Umfang an den Kunden auszukehren). 조세 및 공과금의 지급에 관한 조문은 이에 의하여 영향을 받지 아니한다. 유가증권투자서비스기업은 고객에게 지급한 통화적 출연(出捐)에 관하여 통지해야만 한다. 그 밖의 경우에 투자자문에 대한 일반적 요구사항(die allgemeinen Anforderungen für die Anlageberatung)을 적용한다.

(6) Bei der Empfehlung von Geschäftsabschlüssen in Finanzinstrumenten, die auf einer Unabhängigen Honorar-Anlageberatung beruhen, deren Anbieter oder Emittent das Wertpapierdienstleistungsunternehmen selbst ist oder zu deren Anbieter oder Emittenten eine enge Verbindung oder sonstige wirtschaftliche Verflechtung besteht, muss das Wertpapierdienstleistungsunternehmen den Kunden rechtzeitig vor der Empfehlung und in verständlicher Form informieren über

1. die Tatsache, dass es selbst Anbieter oder Emittent der Finanzinstrumente ist,
2. das Bestehen einer engen Verbindung oder einer sonstigen wirtschaftlichen Verflechtung zum Anbieter oder Emittenten sowie
3. das Bestehen eines eigenen Gewinninteresses oder des Interesses eines mit ihm verbundenen oder wirtschaftlich verflochtenen Emittenten oder Anbieters an dem Geschäftsabschluss.

Ein Wertpapierdienstleistungsunternehmen darf einen auf seiner Unabhängigen Honorar-Anlageberatung beruhenden Geschäftsabschluss nicht als Geschäft mit dem Kunden zu einem festen oder bestimmbaren Preis für eigene Rechnung (Festpreisgeschäft) ausführen. Ausgenommen sind Festpreisgeschäfte in Finanzinstrumenten, deren Anbieter oder Emittent das Wertpapierdienstleistungsunternehmen selbst ist.

(7) Ein Wertpapierdienstleistungsunternehmen, das Finanzportfolioverwaltung erbringt, darf im Zusammenhang mit der Finanzportfolioverwaltung keine Zuwendungen von Dritten oder für Dritte handelnder Personen annehmen und behalten. Abweichend von Satz 1 dürfen nichtmonetäre Vorteile nur angenommen werden, wenn es sich um geringfügige nichtmonetäre Vorteile handelt,

1. die geeignet sind, die Qualität der für den Kunden erbrachten Wertpapierdienstleistung und Wertpapiernebendienstleistungen zu verbessern und
2. die hinsichtlich ihres Umfangs, wobei die Gesamthöhe der von einem einzelnen Unternehmen oder einer einzelnen Unternehmensgruppe gewährten Vorteile zu berücksichtigen ist, und ihrer Art vertretbar und verhältnismäßig sind und daher nicht vermuten lassen, dass sie die Pflicht des Wertpapierdienstleistungsunternehmens, im bestmöglichen Interesse ihrer Kunden zu handeln, beeinträchtigen,

wenn diese Zuwendungen dem Kunden unmissverständlich offengelegt werden, bevor die betreffende Wertpapierdienstleistung oder Wertpapiernebendienstleistung für die Kunden erbracht wird. Die Offenlegung kann in Form einer generischen Beschreibung erfolgen. Monetäre Zuwendungen, die im Zusammenhang mit der Finanzportfolioverwaltung angenommen werden, sind so schnell wie nach vernünftigem Ermessen möglich nach Erhalt und in vollem Umfang an den Kunden auszukehren. Vorschriften über die Entrichtung von Steuern und Abgaben bleiben davon unberührt. Das Wertpapierdienstleistungsunternehmen muss den Kunden über die ausgekehrten monetären Zuwendungen unterrichten.

⑥ 유가증권투자서비스회가가 직접 그 제공자 또는 발행자가 되거나 그 제공자 또는 발행인과 밀접한 관계 또는 그 밖의 경제적 연관이 있는(deren Anbieter oder Emittent das Wertpapierdienstleistungsunternehmen selbst ist oder zu deren Anbieter oder Emittenten eine enge Verbindung oder sonstige wirtschaftliche Verflechtung besteht) 독립된 보수투자자문에 기한 금융상품에 대한 거래체결의 제안에 있어, 유가증권투자서비스회사는 추천 전(前)의 적시에 또 이해가 쉬운 방식으로 다음 각 호에 관하여 고객에게 정보를 제공해야만 한다,

1. 유가증권투자서비스회사가 직접 금융상품의 제공자 또는 발행인이 된 사실,
2. 제공자 또는 발행인과의 밀접한 관계(engen Verbindung) 또는 그 밖의 경제적 연관(sonstigen wirtschaftlichen Verflechtung)의 존재.
3. 밀접한 이익이해관계의 존재나, 상거래와 이익이해관계로 결합되거나 경제적으로 연관된 발행인 또는 제공자(Emittenten oder Anbieters)의 이해관계의 존재,

유가증권투자서비스회사는 독립된 보수투자자문에 기한 상거래을 자기계산에 의한 고정된 또는 특정한 가격으로 한 고객과 거래('고정가격거래'; Festpreisgeschäft)(als Geschäft mit dem Kunden zu einem festen oder bestimmbaren Preis für eigene Rechnung)로 수행해서는 아니된다. 유가증권투자서비스회사가 직접 그 제공자 또는 발행인이 되는 금융상품(金融商品)에 대한 고정가격거래는 배제된다.

⑦ 금융포트폴리오관리를 해주는 유가증권투자서비스회사는 금융포트폴리오관리와 관련하여 제3자 또는 제3자를 위해서 행위하는 자에게서 어떤 이익도 받아 이를 보유해서는 아니된다. 제1문과 달리 사소한 비통화적 이익으로 다음 각 호의 이익에 해당하는 경우에 한하여, 이러한 출연[57]이, 해당 유가증권투자서비스 또는 유가증권투자부대서비스가 고객을 위해 제공되기 전에 고객에게 명확하게 설명되는 때에는(wenn diese Zuwendungen dem Kunden unmissverständlich offengelegt werden, bevor die betreffende Wertpapierdienstleistung oder Wertpapiernebendienstleistung für die Kunden erbracht wird), 그 비통화적 이익을 수령해도 된다,

1. 고객에게 제공된 유가증권투자서비스 및 유가증권투자부대서비스의 품질을 개선(改善)하는 데 적합(適合)하고,
2. 개별 회사 또는 개별 기업집단이 준 이익의 총액을 고려해야 하는 이익의 범위와 이익의 특성과 관련하여 수용 가능하고 적정하여(ihrer Art vertretbar und verhältnismäßig sind und daher), 그 이익이 자신의 고객의 최선의 이익을 위해 행위하는 유가증권투자서비스회사의 의무를 침해하는 것(dass sie die Pflicht des Wertpapierdienstleistungsunternehmens, im bestmöglichen Interesse ihrer Kunden zu handeln, beeinträchtigen)으로 추정되지 아니하는 이익.

그 설명은 포괄적 기술에 의한 방식으로 행해질 수 있다. 금융포트폴리오관리와 관련하여 받는 통화적 출연은, 합리적 판단에 좇아 그 수령시로부터 가능한 한 빨리 또 전액을 고객에게 지급해야 한다. 조세 및 공과금의 지급에 관한 조문은 이에 의하여 영향을 받지 아니한다. 유가증권투자서비스기업은 고객에게 지급한 통화적 출연(出捐)에 관하여 통지해야만 한다. 유가증권투자서비스회사는 고객에게 지급한 통화적 출연에 관하여 통지해야만 한다.

(8) Erbringt ein Wertpapierdienstleistungsunternehmen Finanzportfolioverwaltung oder hat es den Kunden nach Absatz 1 Satz 1 Nummer 3 darüber informiert, dass es die Geeignetheit der empfohlenen Finanzinstrumente regelmäßig beurteilt, so müssen die regelmäßigen Berichte gegenüber Privatkunden nach § 63 Absatz 12 insbesondere eine Erklärung darüber enthalten, wie die Anlage den Präferenzen, den Anlagezielen und den sonstigen Merkmalen des Kunden entspricht.

(9) Nähere Bestimmungen zu den Absätzen 1, 3, 5 und 8 ergeben sich aus der Delegierten Verordnung (EU) 2017/565, insbesondere zu

1. Art, Inhalt, Gestaltung und Zeitpunkt der nach den Absätzen 1 und 5, auch in Verbindung mit § 63 Absatz 7, notwendigen Informationen für die Kunden aus den Artikeln 52 und 53,
2. der Geeignetheit nach Absatz 3, den im Zusammenhang mit der Beurteilung der Geeignetheit geltenden Pflichten sowie zu Art, Umfang und Kriterien der nach Absatz 3 von den Kunden einzuholenden Informationen aus den Artikeln 54 und 55,
3. der Erklärung nach Absatz 4 aus Artikel 54 Absatz 12,
4. der Anlageberatung nach Absatz 5 aus Artikel 53,
5. Art, Inhalt und Zeitpunkt der Berichtspflichten nach Absatz 8, auch in Verbindung mit § 63 Absatz 12, aus den Artikeln 60 und 62.

(10) Das Bundesministerium der Finanzen kann durch Rechtsverordnung, die nicht der Zustimmung des Bundesrates bedarf, nähere Bestimmungen erlassen

1. im Einvernehmen mit dem Bundesministerium der Justiz und für Verbraucherschutz zu Inhalt und Aufbau sowie zu Art und Weise der Zurverfügungstellung der Informationsblätter im Sinne des Absatzes 2 Satz 1 und zu Inhalt und Aufbau sowie Art und Weise der Zurverfügungstellung des standardisierten Informationsblattes im Sinne des Absatzes 2 Satz 3,
2. zu Art, inhaltlicher Gestaltung, Zeitpunkt und Datenträger der nach Absatz 6 notwendigen Informationen für die Kunden,
3. zu Kriterien dazu, wann geringfügige nichtmonetäre Vorteile im Sinne des Absatzes 7 vorliegen.

Das Bundesministerium der Finanzen kann die Ermächtigung durch Rechtsverordnung auf die Bundesanstalt übertragen.

§ 65 Selbstauskunft bei der Vermittlung des Vertragsschlusses über eine Vermögensanlage im Sinne des § 2a des Vermögensanlagengesetzes

(1) Ein Wertpapierdienstleistungsunternehmen hat vor der Vermittlung des Vertragsschlusses über eine Vermögensanlage im Sinne des § 2a des Vermögensanlagengesetzes von dem Kunden insoweit eine Selbstauskunft über dessen Vermögen oder dessen Einkommen einzuholen, wie dies erforderlich ist, um prüfen zu können, ob der Gesamtbetrag der Vermögensanlagen desselben

⑧ 유가증권투자서비스회사가 금융포트폴리오관리를 해주거나 고객에게 제1항 제1문 제3호에 따라 추천한 금융상품의 적합성(適合性)을 정기적으로 판단하는 것에 관하여 보고(報告)를 하는 경우에, 제63조 제12항에 따른 개인고객에 대한 정기적 보고에 특히 해당 투자(投資)가 고객의 선호(選好), 투자목표와 그 밖의 구성요소에 어떻게 부합하는지(wie die Anlage den Präferenzen, den Anlagezielen und den sonstigen Merkmalen des Kunden entspricht)에 관한 진술(陳述)이 포함(包含)되어야만 한다.

⑨ 제1항, 제3항, 제5항, 제8항에 관한 세부조항(Nähere Bestimmungen)은 (EU) 2017/565호 위임규칙에 따르고, 특히,

1. 제63조 제7항에 연결된 경우를 포함하여 제1항, 제5항에 따라 고객을 위해 필요한 정보의 유형, 형태 및 시기(Art, Inhalt, Gestaltung und Zeitpunkt)에 관한 세부사항은 동규칙 제53조, 제53조에 따르고,
2. 제3항에 따른 적합성, 적합성 판단에 관련하여 적용되는 의무와 제3항에 따라 고객에게서 얻어내야 하는 정보의 종류, 범위 및 기준에 관한 세부사항은 동규칙 제54조, 제55조에 따르고,
3. 제4항에 따른 진술에 관한 세부사항은 동규칙 제54조 제12항에 따르며,
4. 제5항에 따른 투자자문에 관한 세부사항은 제33조에 따르고,
5. 제63조 제12항에 연결된 경우를 포함하여 제8항에 따른 보고의 종류, 내용 및 시기에 관한 세부사항은 동규칙 제60조, 제62조에 따른다.

⑩ 연방재무부는 연방참사원의 동의가 필요 없는 다음 각 호에 관한 세부조항을 법규명령으로 제정할 수 있다,

1. 연방법무소비자부와 협의하여(im Einvernehmen) 제2항 제1문상의 정보제공서의 제공의 내용·구성·종류·방식에 관한 세부사항과 제2항 제3문상의 표준정보제공서의 제공의 내용·구성·종류·방식에 관한 세부사항(zu Inhalt und Aufbau sowie Art und Weise der Zurverfügungstellung des standardisierten Informationsblattes im Sinne des Absatzes 2 Satz 3),
2. 제6항에 따라 필요한 고객을 위한 정보 종류, 내용적 형태, 시기 및 정보주체(Datenträger)에 관한 세부사항,
3. 어느 경우에 제7항상의 사소한 비통화적 이익(利益)에 해당하는지에 관한 판단기준에 대한 세부사항.

연방재무부(Das Bundesministerium der Finanzen)는 법규명령으로 연방금융서비스감독원에 그 권한을 이양할 수 있다.

제65조 투자자산법 제2조a상의 투자자산에 관한 계약체결의 중개(bei der Vermittlung des Vertragsschlusses)에 있어 자기공개정보

① 유가증권투자서비스회사는 투자자산에 관한 계약체결의 중개(仲介) 전(에, 고객이 취득한 투자자산 총액이 동일한 발행인에 대하여 다음 금액을 초과하지 않는지 여부를 심사하는 데 필요한(wie dies erforderlich ist, um prüfen zu können, ob der Gesamtbetrag der Vermögensanlagen desselben Emittenten, die von dem Kunden erworben werden, folgende Beträge nicht übersteigt)

Emittenten, die von dem Kunden erworben werden, folgende Beträge nicht übersteigt:

1. 10 000 Euro, sofern der jeweilige Anleger nach seiner Selbstauskunft über ein frei verfügbares Vermögen in Form von Bankguthaben und Finanzinstrumenten von mindestens 100 000 Euro verfügt, oder
2. den zweifachen Betrag des durchschnittlichen monatlichn Nettoeinkommens des jeweiligen Anlegers, höchstens jedoch 25 000 Euro.

Satz 1 gilt nicht, wenn der Gesamtbetrag der Vermögensanlagen desselben Emittenten, die von dem Kunden erworben werden, 1 000 Euro nicht überschreitet. Ein Wertpapierdienstleistungsunternehmen darf einen Vertragsschluss über eine Vermögensanlage im Sinne des § 2a des Vermögensanlagengesetzes nur vermitteln, wenn es geprüft hat, dass der Gesamtbetrag der Vermögensanlagen desselben Emittenten, die von dem Kunden erworben werden, 1 000 Euro oder die in Satz 1 Nummer 1 und 2 genannten Beträge nicht übersteigt. Die Sätze 1 und 3 gelten nicht, wenn der Anleger eine Kapitalgesellschaft ist oder eine GmbH & Co. KG, deren Kommanditisten gleichzeitig Gesellschafter der GmbH oder an der Entscheidungsfindung der GmbH beteiligt sind, sofern die GmbH & Co. KG kein Investmentvermögen und keine Verwaltungsgesellschaft nach dem Kapitalanlagegesetzbuch ist.

(2) Soweit die in Absatz 1 genannten Informationen auf Angaben des Kunden beruhen, hat das Wertpapierdienstleistungsunternehmen die Fehlerhaftigkeit oder Unvollständigkeit der Angaben seines Kunden nicht zu vertreten, es sei denn, die Unvollständigkeit oder Unrichtigkeit der Kundenangaben ist ihm bekannt oder infolge grober Fahrlässigkeit unbekannt.

§ 65a Selbstauskunft bei der Vermittlung des Vertragsschlusses über Wertpapiere im Sinne des § 6 des Wertpapierprospektgesetzes

(1) Ein Wertpapierdienstleistungsunternehmen hat vor der Vermittlung des Vertragsschlusses über Wertpapiere im Sinne des § 6 des Wertpapierprospektgesetzes von dem nicht qualifizierten Anleger eine Selbstauskunft über dessen Vermögen oder dessen Einkommen in dem Umfang einzuholen, wie dies erforderlich ist, um prüfen zu können, ob der Gesamtbetrag der Wertpapiere, die von dem nicht qualifizierten Anleger erworben werden, folgende Beträge nicht übersteigt:

1. 10 000 Euro, sofern der jeweilige nicht qualifizierte Anleger nach seiner Selbstauskunft über ein frei verfügbares Vermögen in Form von Bankguthaben und Finanzinstrumenten von mindestens 100 000 Euro verfügt, oder
2. den zweifachen Betrag des durchschnittlichen monatlichen Nettoeinkommens des jeweiligen nicht qualifizierten Anlegers, höchstens jedoch 25 000 Euro Euro.

Satz 1 gilt nicht, wenn der Gesamtbetrag der Wertpapiere, die von dem nicht qualifizierten Anleger erworben werden, 1 000 Euro nicht überschreitet. Ein Wertpapierdienstleistungsunternehmen darf einen Vertragsschluss über Wertpapiere im Sinne des § 6 des Wertpapierprospektgesetzes nur

범위 내에서 고객에게서 고객의 자산 또는 소득에 관한 자기공개정보를 얻어내야 한다:

1. 각 투자자가 자신의 자기공개정보 제공 후 은행자산과 금융상품 형식의(in Form von Bankguthaben und Finanzinstrumenten) 자유롭게 처분할 수 있는, 10,000유로 이상의 자산을 보유한 한, 10,000유로,
2. 각 투자자의 평균적 월세전소득의 12배로, 다만 25,000원 유로 한도 내의 금액(höchstens jedoch 25 000 Euro),

고객이 취득한 자산투자 총액이 동일한 발행인에 대하여 1,000유로를 초과하지 않은 경우에 제1문을 적용하지 아니한다. 어느 유가증권투자서비스회사(Ein Wertpapierdienstleis- tungsunternehmen)는, 고객이 취득한 자산투자 총액이 동일한 발행인에 대하여 1,000유로 또는 제1문 제1호, 제2호상의 금액을 초과하지 않은지(dass der Gesamtbetrag der Vermögensanlagen desselben Emittenten, die von dem Kunden erworben werden, 1 000 Euro oder die in Satz 1 Nummer 1 und 2 genannten Beträge nicht übersteigt)를 심사한 경우에 한하여 투자자산법 제2조a상의 투자자산에 관한 계약체결을 중개할 수 있다. 투자자가 자본회사이거나 유한회사 형식의 자본회사로, 그 유한책임사원이 동시에 유한회사의 사원에 출자하거나 유한회사의

의사결정에 대해 출자를 한 자본회사로서, 유한회사 형식의 주식회사가 투자자산이 아니고 또 자본투자법전상 관리회사가 아닌 경우에는 제1문, 제3문은 적용하지 아니한다.

② 유가증권투자서비스회사는, 제1항상의 정보가 고객의 정보에 근거하는 범위 내에서(Soweit die in Absatz 1 genannten Informationen auf Angaben des Kunden beruhen) 자기 고객의 정보의 부적확성 또는 불완전성에 대하여 책임을 지지 아니하고, 다만 그 부적확성 또는 불완전성이 자신이 알고 있거나 중과실로 알지 못하는 경우에는 그러하지 아니하다.

제65조a 유가증권투자설명법(Wertpapierprospektgesetz) 제6조상의 유가증권에 관한 계약체결 중개에 있어 자기공개정보

① 유가증권투자서비스회사는 유가증권투자설명법 제6조상의 유가증권에 관한 계약체결의 중개 전에(vor der Vermittlung des Vertragsschlusses über Wertpapiere im Sinne des § 6 des Wertpapierprospektgesetzes) 비적격(非適格) 투자자가 취득한 유가증권 총액이 다음 각 호의 금액을 초과하는지를 심사할 수 있는 데 필요한 범위 내에서 그 자산 또는 소득에 관한 자기공개정보(eine Selbstauskunft über dessen Vermögen oder dessen Einkommen)를 얻어내야 한다:

1. 각 비적격(非適格) 투자자가 자신의 자기공개정보 제공 후 은행자산과 금융상품 형식의(in Form von Bankguthaben und Finanzinstrumenten) 자유롭게 처분할 수 있는, 100,000유로 이상의 자산을 보유한 한, 100,000유로,
2. 각 비적격(非適格) 투자자의 평균적 월세전소득의 12배로, 다만 25,000원 유로 한도 내의 금액(höchstens jedoch 25 000 Euro),

비적격(非適格) 투자자가 취득한 유가증권 총액이 1,000유로를 넘지 않은 경우에 제1문을 적용하지 아니한다. 유가증권투자서비스회사는, 비적격(非適格) 투자자가 취득한 유가증권 총액이 1,000유로 또는 제1문상의 금액을 초과하지 않는지를 심사한 경우에(wenn es geprüft hat, dass der

vermitteln, wenn es geprüft hat, dass der Gesamtbetrag der Wertpapiere, die von dem nicht qualifizierten Anleger erworben werden, 1 000 Euro oder die in Satz 1 genannten Beträge nicht übersteigt.

(2) Soweit die in Absatz 1 genannten Informationen auf Angaben des nicht qualifizierten Anlegers beruhen, hat das Wertpapierdienstleistungsunternehmen die Fehlerhaftigkeit oder Unvollständigkeit der Angaben seines nicht qualifizierten Anlegers nicht zu vertreten, es sei denn, die Unvollständigkeit oder Unrichtigkeit der Angaben des nicht qualifizierten Anlegers ist ihm bekannt oder infolge grober Fahrlässigkeit unbekannt.

§ 66 Ausnahmen für Immobiliar-Verbraucherdarlehensverträge

§ 63 Absatz 10 und 12 sowie § 64 Absatz 3, 4 und 8 gelten nicht für Immobiliar-Verbraucherdarlehensverträge, die an die Vorbedingung geknüpft sind, dass dem Verbraucher eine Wertpapierdienstleistung in Bezug auf gedeckte Schuldverschreibungen, die zur Besicherung der Finanzierung des Kredits begeben worden sind und denen dieselben Konditionen wie dem Immobiliar-Verbraucherdarlehensvertrag zugrunde liegen, erbracht wird, und wenn damit das Darlehen ausgezahlt, refinanziert oder abgelöst werden kann.

§ 67 Kunden; Verordnungsermächtigung

(1) Kunden im Sinne dieses Gesetzes sind alle natürlichen oder juristischen Personen, für die Wertpapierdienstleistungsunternehmen Wertpapierdienstleistungen oder Wertpapiernebendienstleistungen erbringen oder anbahnen.

(2) Professionelle Kunden im Sinne dieses Gesetzes sind Kunden, die über ausreichende Erfahrungen, Kenntnisse und Sachverstand verfügen, um ihre Anlageentscheidungen zu treffen und die damit verbundenen Risiken angemessen beurteilen zu können. Professionelle Kunden im Sinne des Satzes 1 sind

1. Unternehmen, die als

a) Wertpapierdienstleistungsunternehmen,

b) sonstige zugelassene oder beaufsichtigte Finanzinstitute,

c) Versicherungsunternehmen,

d) Organismen für gemeinsame Anlagen und ihre Verwaltungsgesellschaften,

e) Pensionsfonds und ihre Verwaltungsgesellschaften,

f) Börsenhändler und Warenderivatehändler,

g) sonstige institutionelle Anleger, deren Haupttätigkeit nicht von den Buchstaben a bis f erfasst wird,

im Inland oder Ausland zulassungs- oder aufsichtspflichtig sind, um auf den Finanzmärkten tätig werden zu können;

2. nicht im Sinne der Nummer 1 zulassungs- oder aufsichtspflichtige Unternehmen, die mindestens

Gesamtbetrag der Wertpapiere, die von dem nicht qualifizierten Anleger erworben werden, 1 000 Euro oder die in Satz 1 genannten Beträge nicht übersteigt)에 한하여 유가증권투자설명법 제6조상의 유가증권에 관한 계약체결을 중개(仲介)할 수 있다.

② 유가증권투자서비스회사는, 제1항상의 정보가 비적격(非適格) 투자자의 정보에 근거하는 범위 내에서(Soweit die in Absatz 1 genannten Informationen auf Angaben des nicht qualifizierten Anlegers beruhen) 자신의 비적격(非適格) 투자자 정보의 부적확성 또는 불완전성(die Fehlerhaftigkeit oder Unvollständigkeit der Angaben nicht qualifizierten Anlegers)에 대하여 책임을 지지 아니하고, 다만 그 부적확성 또는 불완전성이 자신이 알고 있거나 중과실로 알지 못하는 경우에는 그러하지 아니하다.

제66조 부동산소비자소비대차계약에 대한 예외

그 소비대차에 대한 담보보증[58]을 위해 유통되고(die zur Besicherung der Finanzierung des Kredits begeben worden sind), 부동산소비자소비대차계약과 동일한 조건에 기초한 담보채권(擔保債權; gedeckte Schuldverschreibungen)에 관련하여 소비자에게 유가증권투자서비스가 제공되는 것으로 하는 사전조건과 결부된 부동산소비자소비대차계약에 대하여, 그 소비대차가 담보채권을 통하여 실행될 수 있거나 차환[59](借換)될 수 있거나 상환(償還)될 수 있는 경우에 제63조 제10항, 제12항, 제64조 제3항, 제4항, 제8항을 적용하지 아니한다.

제67조 고객; 명령제정권한

① 본 법률상의 고객(Kunden)은, 유가증권투자서비스회사가 유가증권투자서비스 또는 유가증권투자부대서비스를 제공하거나 개시하는 모든 자연인 또는 법인(alle natürlichen oder juristischen Personen)을 말한다.

② 본 법률상의 전문가고객은, 자신의 투자결정을 하기 위한 충분한 경험, 지식 및 투자전문지식을 보유하고(die über ausreichende Erfahrungen, Kenntnisse und Sachverstand verfügen, um ihre Anlageentscheidungen zu treffen) 그 투자결정에 수반된 위험을 적절하게 판단할 수 있는 고객을 말한다. 제1문상은 전문가고객은, 다음 각 호를 말한다,

1. 다음 각 목으로서,
   a) 투자서비스회사,
   b) 그 밖의 허가받거나 감독을 받는 금융기관,
   c) 보험회사,
   d) 집합투자사업(集合投資事業)와 그 관리회사,
   e) 연금기금과 그 관리회사,
   f) 주식중매인과 상품파생상품중매인,
   g) 그 주된 활동이 a목 내지 f목에 포함되지 않는 그 밖의 기관투자자,

독일 또는 외국에서 금융시장에서 활동(活動)할 수 있는 것으로 허가(許可)받거나 감독(監督)받는 기업;

2. 제1호상의 허가되거나 감독을 받는 아닌 기업으로 다음 세 가지 표지(標識) 중 2가지 이상을

zwei der drei nachfolgenden Merkmale überschreiten:

a) 20.000.000 Euro Bilanzsumme,

b) 40.000.000 Euro Umsatzerlöse,

c) 2.000.000 Euro Eigenmittel;

3. nationale und regionale Regierungen sowie Stellen der öffentlichen Schuldenverwaltung auf nationaler oder regionaler Ebene;
4. Zentralbanken, internationale und überstaatliche Einrichtungen wie die Weltbank, der Internationale Währungsfonds, die Europäische Zentralbank, die Europäische Investmentbank und andere vergleichbare internationale Organisationen;
5. andere nicht im Sinne der Nummer 1 zulassungs- oder aufsichtspflichtige institutionelle Anleger, deren Haupttätigkeit in der Investition in Finanzinstrumente besteht, und Einrichtungen, die die Verbriefung von Vermögenswerten und andere Finanzierungsgeschäfte betreiben.

Sie werden in Bezug auf alle Finanzinstrumente, Wertpapierdienstleistungen und Wertpapiernebendienstleistungen als professionelle Kunden angesehen.

(3) Privatkunden im Sinne dieses Gesetzes sind Kunden, die keine professionellen Kunden sind.

(4) Geeignete Gegenparteien sind Unternehmen im Sinne des Absatzes 2 Satz 2 Nummer 1 Buchstabe a bis e sowie Einrichtungen nach Absatz 2 Nummer 3 und 4. Den geeigneten Gegenparteien stehen gleich

1. Unternehmen im Sinne des Absatzes 2 Nummer 2 mit Sitz im In- oder Ausland,
2. Unternehmen mit Sitz in einem anderen Mitgliedstaat der Europäischen Union oder einem anderen Vertragsstaat des Abkommens über den Europäischen Wirtschaftsraum, die nach dem Recht des Herkunftsmitgliedstaates als geeignete Gegenparteien im Sinne des Artikels 30 Absatz 3 Satz 1 der Richtlinie 2014/65/EU anzusehen sind,

wenn diese zugestimmt haben, für alle oder einzelne Geschäfte als geeignete Gegenpartei behandelt zu werden.

(5) Ein professioneller Kunde kann mit dem Wertpapierdienstleistungsunternehmen eine Einstufung als Privatkunde vereinbaren. Die Vereinbarung über die Änderung der Einstufung bedarf der Schriftform. Soll die Änderung nicht alle Wertpapierdienstleistungen, Wertpapiernebendienstleistungen und Finanzinstrumente betreffen, ist dies ausdrücklich festzulegen. Ein Wertpapierdienstleistungsunternehmen muss professionelle Kunden im Sinne des Absatzes 2 Satz 2 Nummer 2 und des Absatzes 6 am Anfang einer Geschäftsbeziehung darauf hinweisen, dass sie als professionelle Kunden eingestuft sind und die Möglichkeit einer Änderung der Einstufung nach Satz 1 besteht. Hat ein Wertpapierdienstleistungsunternehmen Kunden vor dem 1. November 2007 auf der Grundlage eines Bewertungsverfahrens, das auf den Sachverstand, die Erfahrungen und Kenntnisse der Kunden abstellt, im Sinne des Absatzes 2 Satz 1 eingestuft,

초과하는 기업,

a) 20,000,000유로의 대차대조표총액(Bilanzsumme),

b) 40,000,000유로의 매출수입(Umsatzerlöse),

c) 2,000,000유로의 자본(Eigenmittel);

3. 중앙정부(中央政府) 및 지방정부(地方政府)(nationale und regionale Regierungen)와 중앙 또는 지역 차원의 공공채무관리기관;
4. 중앙은행과, 세계은행, 국제통화기금, 유럽중앙은행, 유럽투자은행과 그 밖의 이에 유사한 국제기구(andere vergleichbare internationale Organisationen)와 같은 국제기구 내지 초국가기구(internationale und überstaatliche Einrichtungen);
5. 제1호상상의 기관투자가가 아닌 허가받거나 감독받는 그 밖의 기관투자자로, 그 주된 활동이 금융상품에 대한 투자에 있는 기관투자자와, 자산유동화와 그 밖의 금융거래를 하는(die die Verbriefung von Vermögenswerten und andere Finanzierungsgeschäfte betreiben) 기관.

위 기관들은 일체의 금융상품, 유가증권투자서비스 및 유가증권투자부대서비스와 관련하여 전문가고객(professionelle Kunden)으로 본다.

③ 본 법률상의 개인고객은 전문가고객이 아닌 고객을 말한다.

④ 적격의 상대방(相對方)은 제2항 제2문 제1호 a목 내지 e목상의 기업과 제2항 제3호, 제4호에 따른 기관을 말한다. 다음 각 호의 기업은, 이러한 기업이 모든 거래 또는 개별 거래에 대하여 적격의 상대방으로 대우받는 데에 동의를 한 경우에는 적격의 상대방(Den geeigneten Gegenparteien)과 동일시된다,

1. 독일 또는 외국에 본점이 있는 제2항 제2호상의 기업,
2. 독일 이외의 어느 유럽연합회원국 또는 「유럽경제권에 관한 협약」 가입국(加入國) 중 독일 이외의 어느 가입국에 본점이 있는 기업으로, 출신회원국의 법에 따라 2014/65/EU호 지침 제30조 제3항 제1문상의 적격의 상대방으로 보는(die nach dem Recht des Herkunftsmitgliedstaates als geeignete Gegenparteien im Sinne des Artikels 30 Absatz 3 Satz 1 der Richtlinie 2014/65/EU anzusehen sind) 기업,

⑤ 전문가고객은 유가증권투자서비스회사와 개인고객으로서 분류 약정을 할 수 있다. 분류변경에 관한 약정은 서면방식이 요구된다. 그 변경이 일체의 유가증권투자서비스, 유가증권투자부대서비스 및 금융상품에 관련되지 않는 경우에 이를 명확하게 규정해야 한다. 유가증권투자서비스회사는 거래관계 초기에 제2문 제2호, 제6호상의 전문가고객에게 그는 전문가고객으로 분류되었고 제2문에 따른 등급의 변경 가능성이 있다는 점(dass sie als professionelle Kunden eingestuft sind und die Möglichkeit einer Änderung der Einstufung nach Satz 1 besteht)을 안내해야만 한다. 유가증권투자서비스회사가 2007년 11월 1일 전에 고객의 투자전문지식, 경험 및 지식에 맞춘 평가절차에 기하여 고객을 제2항 제1문상의 고객을 분류한 경우에(Hat ein Wertpapierdienstleistungsunternehmen Kunden vor dem 1. November 2007 auf der Grundlage eines Bewertungsverfahrens, das auf den Sachverstand, die Erfahrungen und Kenntnisse der Kunden abstellt, im Sinne des Absatzes 2 Satz

hat die Einstufung nach dem 1. November 2007 Bestand. Diese Kunden sind über die Voraussetzungen der Einstufung nach den Absätzen 2 und 5 und die Möglichkeit der Änderung der Einstufung nach Absatz 5 Satz 4 zu informieren.

(6) Ein Privatkunde kann auf Antrag oder durch Festlegung des Wertpapierdienstleistungsunternehmens als professioneller Kunde eingestuft werden. Der Änderung der Einstufung hat eine Bewertung durch das Wertpapierdienstleistungsunternehmen vorauszugehen, ob der Kunde aufgrund seiner Erfahrungen, Kenntnisse und seines Sachverstandes in der Lage ist, generell oder für eine bestimmte Art von Geschäften eine Anlageentscheidung zu treffen und die damit verbundenen Risiken angemessen zu beurteilen. Eine Änderung der Einstufung kommt nur in Betracht, wenn der Privatkunde mindestens zwei der drei folgenden Kriterien erfüllt:

1. der Kunde hat an dem Markt, an dem die Finanzinstrumente gehandelt werden, für die er als professioneller Kunde eingestuft werden soll, während des letzten Jahres durchschnittlich zehn Geschäfte von erheblichem Umfang im Quartal getätigt;
2. der Kunde verfügt über Bankguthaben und Finanzinstrumente im Wert von mehr als 500.000 Euro;
3. der Kunde hat mindestens für ein Jahr einen Beruf am Kapitalmarkt ausgeübt, der Kenntnisse über die in Betracht kommenden Geschäfte, Wertpapierdienstleistungen und Wertpapiernebendienstleistungen voraussetzt.

Das Wertpapierdienstleistungsunternehmen muss den Privatkunden schriftlich darauf hinweisen, dass mit der Änderung der Einstufung die Schutzvorschriften dieses Gesetzes für Privatkunden nicht mehr gelten. Der Kunde muss schriftlich bestätigen, dass er diesen Hinweis zur Kenntnis genommen hat. Informiert ein professioneller Kunde im Sinne des Satzes 1 oder des Absatzes 2 Satz 2 Nr. 2 das Wertpapierdienstleistungsunternehmen nicht über alle Änderungen, die seine Einstufung als professioneller Kunde beeinflussen können, begründet eine darauf beruhende fehlerhafte Einstufung keinen Pflichtverstoß des Wertpapierdienstleistungsunternehmens.

(7) Das Bundesministerium der Finanzen kann durch Rechtsverordnung, die nicht der Zustimmung des Bundesrates bedarf, nähere Bestimmungen erlassen zu den Vorgaben an eine Einstufung gemäß Absatz 2 Satz 2 Nummer 2 und zu den Kriterien, dem Verfahren und den organisatorischen Vorkehrungen bei einer Änderung oder Beibehaltung der Einstufung nach den Absätzen 5 und 6. Das Bundesministerium der Finanzen kann die Ermächtigung durch Rechtsverordnung auf die Bundesanstalt übertragen.

§ 68 Geschäfte mit geeigneten Gegenparteien; Verordnungsermächtigung

(1) Wertpapierdienstleistungsunternehmen, die das Finanzkommissionsgeschäft, die Anlage- und Abschlussvermittlung und den Eigenhandel sowie damit in direktem Zusammenhang stehende Wertpapiernebendienstleistungen gegenüber geeigneten Gegenparteien erbringen, sind nicht an die Vorgaben von § 63 Absatz 1, 3 bis 7, 9, 10, § 64 Absatz 3, 5 und 7, § 69 Absatz 1, der §§

1 eingestuft), 그 분류는 2007년 11월 1일 이후에도 지속된다. 이러한 고객에게 제2항, 제5항에 따른 분류요건과 제5항 제4문에 따른 분류변경의 가능성에 관하여 알려야 한다.

⑥ 개인고객은 자신의 신청 또는 유가증권투자서비스회사의 정함에 의하여(auf Antrag oder durch Festlegung des Wertpapierdienstleistungsunternehmens) 전문가고객으로 분류될 수 있다. 그 분류변경에, 고객이 자신의 경험, 지식 및 투자전문지식에 기하여 일반적으로 또는 특정한 종류의 거래에 대하여 투자결정을 할 수 있고, 그 투자결정에 수반한 위험을 적절하게 판단할 수 있는지 여부에 대한 유가증권투자서비스회사의 평가가 선행되어야 한다. 그 분류변경은 다음 세 가지 기준 중 2가지 이상을 충족한 경우(wenn der Privatkunde mindestens zwei der drei folgenden Kriterien erfüllt)에 한하여 고려된다:

1. 고객이 자신이 전문가 고객으로 분류되어야 하는 금융상품이 거래되는 시장에서 작년에 평균적으로 한 분기당 상당한 규모의 거래(去來) 10건을(während des letzten Jahres durchschnittlich zehn Geschäfte von erheblichem Umfang im Quartal) 거래했을 것,
2. 고객(顧客)이 500,000유로 이상의 은행자산(銀行資産; Bankguthaben) 및 금융상품(金融商品; Finanzinstrumente)을 보유했을 것,
3. 고객이 1년 이상 자본시장에서(mindestens für ein Jahr einen Beruf am Kapitalmarkt) 문제되는 거래, 유가증권투자서비스 및 유가증권투자부대서비스에 관한 지식(知識)을 필요로 하는 직업에 종사했을 것.

유가증권투자서비스회사는 개인고객에게 분류변경으로 개인고객에 대하여 본 법률상의 보호조문(die Schutzvorschriften dieses Gesetzes)을 더 이상 적용하지 않는다는 점(dass mit der Änderung der Einstufung die Schutzvorschriften dieses Gesetzes für Privatkunden nicht mehr gelten)을 서면으로 안내해야만 한다. 그 고객은 자신이 이러한 안내를 인지했다는 점을 서면으로 확인해야만 한다. 제1문상 또는 제2항 제2문 제2호상 전문가고객이 유가증권투자서비스에 전문가고객으로서의 자신의 분류에 영향을 끼치는 일체의 변경을 알리지 않은 경우에 그에 기한 하자 있는 분류로 인하여 유가증권투자서비스회사의 의무위반이 성립되지 아니한다.

⑦ 연방재무부는 연방참사원의 동의가 필요 없는 법규명령으로(durch Rechtsverordnung, die nicht der Zustimmung des Bundesrates bedarf) 제2항 제2문 제2호에 따른 분류에 대한 기준(基準)에 관한 세부조항과, 제5항, 제항에 따른 분류의 변경 또는 유지에 있어 기준, 절차, 조직적 준비에 관한 세부조항(zu den Kriterien, dem Verfahren und den organisatorischen Vorkehrungen bei einer Änderung oder Beibehaltung der Einstufung nach den Absätzen 5 und 6)을 제정할 수 있다. 연방재무부는 법규명령으로 그 권한을 연방금융서비스감독원에 이양할 수 있다.

제68조 적격의 상대방과의 거래; 명령제정권한

① 금융상품위탁거래, 투자중개 및 체약중개(締約仲介), 자기계산거래와 이와 직접적으로 관련된 유가증권투자서비스를 적격의 상대방에 대하여 제공하는 유가증권투자서비스회사는 제63조 제1항, 제3항 내지 제7항, 제9항, 제10항, 제64조 제3항, 제5항, 제7항, 제69조 제1항, 제70조, 제82조, 제83조 제2항, 제87조 제1항, 제2항의 기준(基準)에 구속되지 아니한다. 적격의 상대방이 유가증권

70, 82, 83 Absatz 2 und § 87 Absatz 1 und 2 gebunden. Satz 1 ist nicht anwendbar, sofern die geeignete Gegenpartei mit dem Wertpapierdienstleistungsunternehmen für alle oder für einzelne Geschäfte vereinbart hat, als professioneller Kunde oder als Privatkunde behandelt zu werden. Wertpapierdienstleistungsunternehmen müssen in ihrer Beziehung mit geeigneten Gegenparteien auf eine Art und Weise kommunizieren, die redlich, eindeutig und nicht irreführend ist und müssen dabei der Form der geeigneten Gegenpartei und deren Geschäftstätigkeit Rechnung tragen.

(2) Nähere Bestimmungen zu Absatz 1, insbesondere zu der Form und dem Inhalt einer Vereinbarung nach Absatz 1 Satz 2 und zur Art und Weise der Zustimmung nach § 67 Absatz 4 Satz 2 ergeben sich aus Artikel 71 der Delegierten Verordnung (EU) 2017/565.

§ 69 Bearbeitung von Kundenaufträgen; Verordnungsermächtigung

(1) Ein Wertpapierdienstleistungsunternehmen muss geeignete Vorkehrungen treffen, um

1. Kundenaufträge unverzüglich und redlich im Verhältnis zu anderen Kundenaufträgen und den Handelsinteressen des Wertpapierdienstleistungsunternehmens auszuführen oder an Dritte weiterzuleiten und
2. vergleichbare Kundenaufträge der Reihenfolge ihres Eingangs nach auszuführen oder an Dritte zum Zwecke der Ausführung weiterzuleiten.

(2) Können limitierte Kundenaufträge in Bezug auf Aktien, die zum Handel an einem organisierten Markt zugelassen sind oder die an einem Handelsplatz gehandelt werden, aufgrund der Marktbedingungen nicht unverzüglich ausgeführt werden, muss das Wertpapierdienstleistungsunternehmen diese Aufträge unverzüglich so bekannt machen, dass sie anderen Marktteilnehmern leicht zugänglich sind, soweit der Kunde keine andere Weisung erteilt. Die Verpflichtung nach Satz 1 gilt als erfüllt, wenn die Aufträge an einen Handelsplatz weitergeleitet worden sind oder werden, der den Vorgaben des Artikels 70 Absatz 1 der Delegierten Verordnung (EU) 2017/565 entspricht. Die Bundesanstalt kann die Pflicht nach Satz 1 in Bezug auf solche Aufträge, die den marktüblichen Geschäftsumfang erheblich überschreiten, aufheben.

(3) Nähere Bestimmungen zu den Verpflichtungen nach den Absätzen 1 und 2 ergeben sich aus den Artikeln 67 bis 70 der Delegierten Verordnung (EU) 2017/565.

(4) Das Bundesministerium der Finanzen kann durch Rechtsverordnung, die nicht der Zustimmung des Bundesrates bedarf, nähere Bestimmungen zu den Voraussetzungen erlassen, unter denen die Bundesanstalt nach Absatz 2 Satz 3 die Pflicht nach Absatz 2 Satz 1 aufheben kann. Das Bundesministerium der Finanzen kann die Ermächtigung durch Rechtsverordnung auf die Bundesanstalt übertragen.

§ 70 Zuwendungen und Gebühren; Verordnungsermächtigung

(1) Ein Wertpapierdienstleistungsunternehmen darf im Zusammenhang mit der Erbringung von

투자서비스회사와 일체의 거래나 개별 거래에 대하여 전문가고객 또는 개인고객으로 대우받기로 약정을 하는 경우에(sofern die geeignete Gegenpartei mit dem Wertpapierdienstleistungs-unternehmen für alle oder für einzelne Geschäfte vereinbart hat, als professioneller Kunde oder als Privatkunde behandelt zu werden), 제1문은 적용하지 아니한다. 유가증권투자서비스회사는 적격의 상대방과 자신의 관계에 있어 진실하고 명료하며 오인을 유발하지 않는(die redlich, eindeutig und nicht irreführend ist) 방식 및 방법으로 의사소통을 해야만 하고, 이 경우 적격의 상대방의 방식과 그의 사업활동을 고려해야만 한다.

② 제1항에 대한 세부사항(Nähere Bestimmungen zu Absatz 1)은, 특히 제1항 제1문에 따른 약정의 방식 및 내용(der Form und dem Inhalt einer Vereinbarung nach Absatz 1 Satz 2)과, 제67조 제4항 제2문에 따른 동의의 방식 및 방법에 관한 세부사항은 (EU) 2017/565호 위임규칙에 따른다.

제69조 고객주문의 처리; 명령제정권한

① 유가증권투자서비스회사는 다음 각 호를 위하여 적절한 조치(geeignete Vorkehrungen)를 취해야만 한다,

1. 유가증권투자서비스회사의 다른 고객주문과 거래이익에 관련하여 고객주문을 지체 없이 또 정직하게 처리해기 하거나 제3자에 이를 전달하기 위하여,
2. 유사한 고객주문을 그 도달 순서에 따라 처리하거나 그 처리 목적을 위하여 제3자에게 이를 전달하기 위하여.

② 조직화된 금융시장에서의 거래를 위해 허가되거나 거래플랫폼에서 거래되는(die zum Handel an einem organisierten Markt zugelassen sind oder die an einem Handelsplatz gehandelt werden) 주식에 대한 한정된 고객주문이 시장조건에 기하여 지체 없이 처리될 수 없는 경우에 유가증권투자서비스회사는, 고객들에게 다른 지시를 하지 못하는 범위 내에서(soweit der Kunde keine andere Weisung erteilt) 다른 시장참가자들이 이러한 주문에 쉽게 접근할 수 있도록(dass sie anderen Marktteilnehmern leicht zugänglich sind) 그 주문을 지체 없이 공고해야만 한다. 그 주문이 (EU) 2017/565호 위임규칙 제70조 제1항의 기준(基準)에 부합하는 거래플랫폼으로 전달되었거나 전달되는 경우에는 제1문에 따른 의무는 이행된 것으로 본다. 연방금융서비스감독원은 관행적 거래량을 현저하게 넘는 그러한 주문에 관련하여 제1문에 따른 의무를 소멸시킬 수 있다.

③ 제1항, 제2항에 따른 의무에 관한 세부조항(Nähere Bestimmungen)은 (EU) 2017/565호 위임규칙 제67조 내지 제70조에 따른다.

④ 연방재무부는 연방참사원의 동의가 필요 없는 법규명령으로, 연방금융서비스감독원이 제2조 제3문에 따라 제2항 제1문에 따른 의무를 소멸시킬 수 있는(unter denen die Bundesanstalt nach Absatz 2 Satz 3 die Pflicht nach Absatz 2 Satz 1 aufheben kann) 요건에 관한 세부사항을 제정할 수 있다. 연방재무부는 그 법규명령으로 그 권한을 연방금융서비스감독원에 이양할 수 있다.

제70조 출연 및 이용료; 명령제정권한

① 유가증권투자서비스회사는 유가증권투자서비스 또는 유가증권투자부대서비스의 제공(提供)

Wertpapierdienstleistungen oder Wertpapiernebendienstleistungen keine Zuwendungen von Dritten annehmen oder an Dritte gewähren, die nicht Kunden dieser Dienstleistung sind oder nicht im Auftrag des Kunden tätig werden, es sei denn,

1. die Zuwendung ist darauf ausgelegt, die Qualität der für den Kunden erbrachten Dienstleistung zu verbessern und steht der ordnungsgemäßen Erbringung der Dienstleistung im bestmöglichen Interesse des Kunden im Sinne des § 63 Absatz 1 nicht entgegen und
2. Existenz, Art und Umfang der Zuwendung oder, soweit sich der Umfang noch nicht bestimmen lässt, die Art und Weise seiner Berechnung, wird dem Kunden vor der Erbringung der Wertpapierdienstleistung oder Wertpapiernebendienstleistung in umfassender, zutreffender und verständlicher Weise unmissverständlich offen gelegt.

Wertpapierdienstleistungsunternehmen müssen nachweisen können, dass jegliche von ihnen erhaltenen oder gewährten Zuwendungen dazu bestimmt sind, die Qualität der jeweiligen Dienstleistung für den Kunden zu verbessern. Konnte ein Wertpapierdienstleistungsunternehmen den Umfang der Zuwendung noch nicht bestimmen und hat es dem Kunden statt dessen die Art und Weise der Berechnung offengelegt, so muss es den Kunden nachträglich auch über den genauen Betrag der Zuwendung, die es erhalten oder gewährt hat, unterrichten. Solange das Wertpapierdienstleistungsunternehmen im Zusammenhang mit den für die betreffenden Kunden erbrachten Wertpapierdienstleistungen fortlaufend Zuwendungen erhält, muss es seine Kunden mindestens einmal jährlich individuell über die tatsächliche Höhe der angenommenen oder gewährten Zuwendungen unterrichten.

(2) Zuwendungen im Sinne dieser Vorschrift sind Provisionen, Gebühren oder sonstige Geldleistungen sowie alle nichtmonetären Vorteile. Die Bereitstellung von Analysen durch Dritte an das Wertpapierdienstleistungsunternehmen stellt keine Zuwendung dar, wenn sie die Gegenleistung ist für

1. eine direkte Zahlung des Wertpapierdienstleistungsunternehmens aus seinen eigenen Mitteln oder
2. Zahlungen von einem durch das Wertpapierdienstleistungsunternehmen kontrollierten separaten Analysekonto, wenn
   a) auf diesem vom Kunden entrichtete spezielle Analysegebühren verbucht werden,
   b) das Wertpapierdienstleistungsunternehmen ein Analysebudget als Bestandteil der Einrichtung eines Analysekontos festlegt und dieses einer regelmäßigen Bewertung unterzieht,
   c) das Wertpapierdienstleistungsunternehmen für das Analysekonto haftbar ist und
   d) das Wertpapierdienstleistungsunternehmen die Analysen regelmäßig anhand belastbarer Qualitätskriterien und dahingehend bewertet, ob sie zu besseren Anlageentscheidungen beitragen können.

Hat ein Wertpapierdienstleistungsunternehmen ein Analysekonto eingerichtet, muss es den

과 관련하여 이러한 서비스의 고객이 아니거나 고객의 위임으로 활동하지 않는 제3자에게서 어떤 출연도 받거나 그러한 제3자에게 이를 지급해서는 아니되고, 다만 다음 각 호의 경우는 그러하지 아니하다,

1. 해당 출연이 고객을 위해 제공하는 서비스의 품질을 개선하기 위한 것으로 해석되고(die Zuwendung ist darauf ausgelegt, die Qualität der für den Kunden erbrachten Dienstleistung zu verbessern), 규정에 맞는 서비스제공이 제63조 제1항상의 고객의 최선의 이익과 모순되지 않는 경우,
2. 출연의 여부, 종류 및 범위 혹은 출연 범위가 아직 정해질 수 없는 범위 경우에는 출연 산정의 방식 및 방법(soweit sich der Umfang noch nicht bestimmen lässt, die Art und Weise seiner Berechnung)이 유가증권투자서비스 또는 유가증권투자부대서비스의 제공 전에 고객에게 포괄적이고 적절하며 이해가 쉬운 방법으로 명확하게 설명되는 경우.

유가증권투자서비스회사는, 자신이 수령하거나 지급한 각 출연이 고객을 위한 각각의 서비스의 품질을 개선하기 위한 목적으로 행해졌다는 점(dass jegliche von ihnen erhaltenen oder gewährten Zuwendungen dazu bestimmt sind, die Qualität der jeweiligen Dienstleistung für den Kunden zu verbessern)을 증명해야만 한다. 유가증권투자서비스회사가 출연의 범위를 아직 정할 수 없어 출연의 범위 대신에 출연의 산정 방법 및 방식을 설명한 경우에, 그 유가증권투자서비스회사는 고객에게 사후적으로 자신이 받거나 지급한 출연의 정확한 금액에 관해서도 통지해야만 한다. 유가증권투자서비스회사가 해당 고객을 위해 제공한 유가증권투자서비스와 관련하여 계속적으로 출연을 수령하는 동안에, 유가증권투자서비스회사는 자신의 고객에게 연 1회 이상 수령하거나 지급한 출연의 실제 금액(die tatsächliche Höhe der angenommenen oder gewährten Zuwendungen)에 관하여 개별적으로 통지해야만 한다.

② 본 조문상의 출연은 수수료, 이용료 또는 그 밖의 금전급부와 일체의 비통화적 이익(Provisionen, Gebühren oder sonstige Geldleistungen sowie alle nichtmonetären Vorteile)을 말한다. 제3자의 유가증권투자서비스회사에 대한 분석의 제공은, 이것이 다음 각 호에 대한 반대급부인 경우에 출연으로 보지 아니한다.

1. 유가증권투자서비스회사의 자신의 고유한 자금에 기한 직접 지급,
2. 다음 각 목의 경우에 유가증권투자서비스회사가 관리하는 별도의 분석계좌(Analysekonto)를 통한 지급,
   a) 이러한 계좌로 고객이 지급한 특별분석이용료로 기장되는 경우,
   b) 유가증권투자서비스회사가 분석예산을 분석계좌의 지급의 구성부분으로 정하고 이 분석예산에 대해 정기적인 평가를 받게 하는(dieses einer regelmäßigen Bewertung unterzieht) 경우,
   c) 유가증권투자서비스회사 분석계좌에 대해 책임을 지는 경우,
   d) 유가증권투자서비스회사가 분석계좌에 대하여 감당할 수 있는 품질기준에 의하여(anhand belastbarer Qualitätskriterien) 주기적으로 분석계좌가 보다 좋은 투자결정에 이바지할 수 있는지 여부를 평가하는 경우.

유가증권투자서비스회사가 분석계좌를 개설한 경우에 그 유가증권투자서비스회사는 유가증권투자

jeweiligen Kunden vor der Erbringung einer Wertpapierdienstleistung Informationen über die für Analysen veranschlagten Mittel und die Höhe der geschätzten Gebühren sowie jährlich Informationen über die Gesamtkosten, die auf jeden Kunden für die Analysen Dritter entfallen, übermitteln. Für die Bewertung nach Satz 2 Nummer 2 Buchstabe d müssen Wertpapierdienstleistungsunternehmen über alle erforderlichen Bestandteile schriftliche Grundsätze aufstellen und diese ihren Kunden übermitteln.

(3) Führt ein Wertpapierdienstleistungsunternehmen ein Analysekonto, ist es verpflichtet, auf Verlangen des Kunden oder der Bundesanstalt eine Zusammenstellung vorzulegen, die Folgendes beinhaltet:

1. die von einem Analysekonto im Sinne des Absatzes 2 Satz 2 Nummer 2 vergüteten Anbieter,
2. den an die Anbieter von Analysen in einem bestimmten Zeitraum gezahlten Gesamtbetrag,
3. die von dem Wertpapierdienstleistungsunternehmen erhaltenen Vorteile und Dienstleistungen und
4. eine Gegenüberstellung des von dem Analysekonto gezahlten Gesamtbetrages mit dem von dem Unternehmen für diesen Zeitraum veranschlagten Analysebudget,

wobei jede Rückerstattung oder jeder Übertrag, falls Mittel auf dem Konto verbleiben, auszuweisen ist.

(4) Die Offenlegung nach Absatz 1 Satz 1 Nummer 2 und Satz 4 kann im Falle geringfügiger nichtmonetärer Vorteile in Form einer generischen Beschreibung erfolgen. Andere nichtmonetäre Vorteile, die das Wertpapierdienstleistungsunternehmen im Zusammenhang mit der für einen Kunden erbrachten Wertpapierdienstleistung oder Wertpapiernebendienstleistung annimmt oder gewährt, sind der Höhe nach anzugeben und separat offenzulegen. Nähere Einzelheiten zu den Anforderungen nach diesem Absatz sowie nach Absatz 1 Satz 1 Nummer 2 und Satz 3 und 4 ergeben sich aus Artikel 50 der Delegierten Verordnung (EU) 2017/565; darüber hinaus haben Wertpapierdienstleistungsunternehmen den Vorgaben des § 63 Absatz 7 Satz 3 Nummer 2 Rechnung zu tragen.

(5) Ist ein Wertpapierdienstleistungsunternehmen dazu verpflichtet, Zuwendungen, die es im Zusammenhang mit der Erbringung von Wertpapierdienstleistungen oder Wertpapiernebendienstleistungen erhält, an den Kunden auszukehren, muss es ihn über die diesbezüglichen Verfahren informieren.

(6) Ein Wertpapierdienstleistungsunternehmen muss für jede Wertpapierdienstleistung, durch die Aufträge von Kunden ausgeführt werden, separate Gebühren ausweisen, die nur den Kosten für die Ausführung des Geschäfts entsprechen. Die Gewährung jedes anderen Vorteils oder die Erbringung jeder anderen Dienstleistung durch dasselbe Wertpapierdienstleistungsunternehmen für ein anderes Wertpapierdienstleistungsunternehmen, das seinen Sitz in der Europäischen Union hat, wird mit einer separat erkennbaren Gebühr ausgewiesen. Die Gewährung eines anderen Vorteils

서비스를 제공하기 전에 각각의 고객에게 분석을 위해 예상되는 경비와 평가이용료에 관한 정보와, 분석에 대한 각 고객에 배정된 총비용에 관한 연례적 정보(über die für Analysen veranschlagten Mittel und die Höhe der geschätzten Gebühren sowie jährlich Informationen über die Gesamtkosten, die auf jeden Kunden für die Analysen Dritter entfallen)를 제공해야 한다. 제2문 제2호 d목에 따른 평가에 대하여 유가증권투자서비스회사는 필요한 일체의 구성부분에 관하여 서면에 의한 원칙을 마련해서 이를 자신의 고객들에게 제공해야 한다.

③ 유가증권투자서비스회사가 분석계좌를 관리하는 경우에 유가증권투자서비스회사는 고객 또는 연방금융서비스감독원의 요구가 있는 때에는(auf Verlangen des Kunden oder der Bundesanstalt), 그 계좌에 자금이 남아 있는 경우에 그 각각의 반환 또는 이월이 증명되어야 하는 다음 각 호가 포함된 총괄보고서를 제출할 의무를 진다,

1. 제2항 제2문 제2호상의 분석계좌를 통해(von einem Analysekonto im Sinne des Absatzes 2 Satz 2 Nummer 2) 보수가 지급된 제공자,
2. 특정한 시기 동안의 분석의 제공자에 대해 지급한 총액,
3. 유가증권투자서비스회사가 수령한 이익(die von dem Wertpapierdienstleistungsunternehmen erhaltenen Vorteile)과 서비스,
4. 분석계좌를 통해 지급된 총액과 기업이 이러한 기간 동안에 대해 예상한 분석예산(veranschlagten Analysebudget)과의 비교.

④ 사소한 비통화적 이익의 경우(im Falle geringfügiger nichtmonetärer Vorteile)에 제1문 제1호, 제4호에 따른 설명은 포괄적 기술에 의한 방식으로 행해질 수 있다. 유가증권투자서비스회사가 어느 고객에게 지급한 유가증권투자서비스 또는 유가증권투자부대서비스와 관련하여 받거나 지급한(die das Wertpapierdienstleistungsunternehmen im Zusammenhang mit der für einen Kunden erbrachten Wertpapierdienstleistung oder Wertpapiernebendienstleistung annimmt oder gewährt) 그 밖의 비통화적 이익은 그 액수별로 명시되어야 하고 별도로 설명되어야 한다. 본 조항에 따른 요구사항과 제1항 제1문 제2호, 제3문, 제4문에 따른 요구사항에 대한 세부내용은 (EU) 2017/565호 위임규칙 제50조에 따른다; 게다가 유가증권투자서비스회사는 제63조 제7항 제3문 제2호의 기준을 고려해야 한다.

⑤ 유가증권투자서비스회사가 유가증권투자서비스 또는 유가증권투자부대서비스와 관련하여 받은 출연을 고객에게 지급할 의무를 지는 경우에, 그 유가증권투자서비스회사는 고객에게 이와 관련한 절차에 관하여 알려야만 한다.

⑥ 유가증권투자서비스회사는 고객의 주문을 처리하는 각 유가증권투자서비스에 대하여(für jede Wertpapierdienstleistung, durch die Aufträge von Kunden ausgeführt werden), 오직 그 거래의 수행에 대한 비용에 상응하는 별도의 이용료를 증명해야만 한다. 유럽연합회원국에 자신의 본점을 둔 동일한 유가증권투자서비스회사에 의한, 각 다른 이익의 지급 또는 각 다른 서비스의 제공(Die Gewährung jedes anderen Vorteils oder die Erbringung jeder anderen Dienstleistung durch dasselbe Wertpapierdienstleistungsunternehmen für ein anderes Wertpapierdienstleistungs-

oder die Erbringung einer anderen Dienstleistung nach Satz 2 und die dafür verlangten Gebühren dürfen nicht beeinflusst sein oder abhängig gemacht werden von der Höhe der Zahlungen für Wertpapierdienstleistungen, durch die Aufträge von Kunden ausgeführt werden.
(7) Gebühren und Entgelte, die die Erbringung von Wertpapierdienstleistungen erst ermöglichen oder dafür notwendig sind, und die ihrer Art nach nicht geeignet sind, die Erfüllung der Pflicht nach § 63 Absatz 1 zu gefährden, sind von dem Verbot nach Absatz 1 ausgenommen.
(8) Nähere Bestimmungen betreffend die Annahme von Zuwendungen nach Absatz 1 ergeben sich aus Artikel 40 der Delegierten Verordnung (EU) 2017/565.
(9) Das Bundesministerium der Finanzen kann durch Rechtsverordnung, die nicht der Zustimmung des Bundesrates bedarf, nähere Bestimmungen erlassen zu

1. Kriterien für die Art und Bestimmung einer Verbesserung der Qualität im Sinne des Absatzes 1 Satz 1 Nummer 1,
2. Art und Inhalt des Nachweises nach Absatz 1 Satz 2,
3. Art, Inhalt und Verfahren zur Erhebung einer Analysegebühr sowie der Festlegung, Verwaltung und Verwendung des Analysebudgets nach Absatz 2 Satz 2 Nummer 2 Buchstabe a und b,
4. Art, Inhalt und Verfahren betreffend die Verwaltung und Verwendung des von Wertpapierdienstleistungsunternehmen geführten Analysekontos nach Absatz 2 Nummer 2,
5. Art und Inhalt der schriftlichen Grundsätze nach Absatz 2 Satz 4.

Das Bundesministerium der Finanzen kann die Ermächtigung durch Rechtsverordnung auf die Bundesanstalt übertragen.

§ 71 Erbringung von Wertpapierdienstleistungen und Wertpapiernebendienstleistungen über ein anderes Wertpapierdienstleistungsunternehmen

Erhält ein Wertpapierdienstleistungsunternehmen über ein anderes Wertpapierdienstleistungsunternehmen einen Auftrag, Wertpapierdienstleistungen oder Wertpapiernebendienstleistungen für einen Kunden zu erbringen, ist das entgegennehmende Unternehmen mit folgenden Maßgaben verantwortlich für die Durchführung der Wertpapierdienstleistung oder Wertpapiernebendienstleistung im Einklang mit den Bestimmungen dieses Abschnitts:

1. das entgegennehmende Wertpapierdienstleistungsunternehmen ist nicht verpflichtet, Kundenangaben und Kundenanweisungen, die ihm von dem anderen Wertpapierdienstleistungs- unternehmen übermittelt werden, auf ihre Vollständigkeit und Richtigkeit zu überprüfen,
2. das entgegennehmende Wertpapierdienstleistungsunternehmen darf sich darauf verlassen, dass Empfehlungen in Bezug auf die Wertpapierdienstleistung oder Wertpapiernebendienstleistung dem Kunden von dem anderen Wertpapierdienstleistungsunternehmen im Einklang mit den gesetzlichen Vorschriften gegeben wurden.

unternehmen, das seinen Sitz in der Europäischen Union hat)은 별도의 인식할 수 있는 이용료로 증명된다. 제2문에 따른, 다른 이익의 지급 또는 다른 서비스의 지급과 이에 대하여 청구된 이용료는, 고객의 주문을 처리하는 유가증권투자서비스에 대한 지급액에 의해 영향을 받거나 이에 좌우되어서는 아니된다.

⑦ 유가증권투자서비스 제공에 의해 비로소 가능해지거나 그 제공에 대해 필요하고, 그 성질상 제63조 제1항에 따른 의무를 위태롭게 하는 데에 적합하지 않은 이용료 및 보수는 제1항에 따른 금지에서 제외된다.

⑧ 제1항에 따른 출연의 수령에 관한(betreffend die Annahme von Zuwendungen nach Absatz) 세부사항은 (EU) 2017/565호 위임규칙 제40조에 따른다.

⑨ 연방재무부는 연방참사원의 동의가 필요 없는 법규명령으로, 다음 각 호에 관한 세부조항은 제정할 수 있다,

1. 제1항 제1문 제1호상의 품질 개선의 방식과 그 정함에 대한 기준,
2. 제1항 제2문에 따른 증명의 방식과 내용,
3. 분석이용료의 징수에 관한 방식, 내용 및 절차와, 제2항 제2문 제2호 a목, b목에 따른 분석예산의 정함, 관리 및 사용(der Festlegung, Verwaltung und Verwendung des Analysebudgets),
4. 제2항 제2문에 따라 유가증권투자서비스회사가 관리하는 분석계좌의 관리 및 이용에 관한 방식, 내용 및 절차,
5. 제2항 제4문에 따른 서면에 의한 원칙의 방식과 내용,

연방재무부는 그 법규명령으로(durch Rechtsverordnung) 그 권한을 연방금융서비스감독원에 이양할 수 있다.

제71조 다른 유가증권투자서비스회사를 통한 유가증권투자서비스와 유가증권투자부대서비스(Wertpapierdienstleistungen und Wertpapiernebendienstleistungen)의 제공

어느 유가증권투자서비스회사가 다른 유가증권투자서비스회사를 통해 유가증권투자서비스 또는 유가증권투자부대서비스를 어느 고객에게 제공해달라는 주문을 받은 경우에, 그 주문수령회사(das entgegennehmende Unternehmen)는, 다음 각 호의 기준에 의하여 본 장의 규정에 따른(im Einklang mit den Bestimmungen dieses Abschnitts) 유가증권투자서비스 또는 유가증권투자부대서비스의 수행에 대하여 책임(責任)을 진다:

1. 주문수령한 유가증권투자서비스회사는, 다른 유가증권투자서비스회사가 자신에게 전달한(die ihm von dem anderen Wertpapierdienstleistungsunternehmen übermittelt werden), 고객정보 및 고객지시에 대하여 그 완전성 및 정확성을 재심사할 의무를 지지 아니하고,
2. 주문수령한 유가증권투자서비스회사는, 유가증권투자서비스 또는 유가증권투자부대서비스와 관련한 추천(Empfehlungen in Bezug auf die Wertpapierdienstleistung oder Wertpapiernebendienstleistung)이 다른 유가증권투자서비스회사에 의해 고객에게 법조문에 따라(im Einklang mit den gesetzlichen Vorschriften) 행해졌다는 점을 신뢰하면 된다(das entgegennehmende Wertpapierdienstleistungsunternehmen darf sich darauf verlassen, dass).

§ 72 Betrieb eines multilateralen Handelssystems oder eines organisierten Handelssystems

(1) Der Betreiber eines multilateralen oder organisierten Handelssystems ist dazu verpflichtet,

1. nichtdiskriminierende Regelungen für den Zugang zu dem multilateralen oder organisierten Handelssystem festzulegen, die kein Ermessen des Betreibers vorsehen;
2. Regelungen für die Einbeziehung von Finanzinstrumenten in den Handel, für die ordnungsgemäße Durchführung des Handels und der Preisermittlung, für die Verwendung von einbezogenen Referenzpreisen und für die vertragsgemäße Abwicklung der abgeschlossenen Geschäfte festzulegen;
3. über angemessene Verfahren zur Überwachung der Einhaltung der Regelungen nach Nummer 2 und der Verordnung (EU) Nr. 596/2014 zu verfügen;
4. alle Informationen zu veröffentlichen, die unter Berücksichtigung der Art der Nutzer und der gehandelten Finanzinstrumente für die Nutzung des multilateralen oder organisierten Handelssystems erforderlich und zweckdienlich sind;
5. separate Entgelte zu verlangen für die übermäßige Nutzung des multilateralen oder organisierten Handelssystems, insbesondere durch unverhältnismäßig viele Auftragseingaben, -änderungen und -löschungen; die Höhe dieser Entgelte ist so zu bemessen, dass einer übermäßigen Nutzung und den damit verbundenen negativen Auswirkungen auf die Systemstabilität oder die Marktintegrität wirksam begegnet wird;
6. geeignete Vorkehrungen zu treffen, um auch bei erheblichen Preisschwankungen eine ordnungsgemäße Preisermittlung sicherzustellen; geeignete Vorkehrungen sind insbesondere kurzfristige Änderungen des Marktmodells, kurzzeitige Volatilitätsunterbrechungen unter Berücksichtigung statischer oder dynamischer Preiskorridore und Limitsysteme der mit der Preisfeststellung betrauten Handelsteilnehmer, wobei es dem Betreiber in Ausnahmefällen möglich sein muss, jedes Geschäft aufzuheben, zu ändern oder zu berichtigen; die Parameter für solche Volatilitätsunterbrechungen müssen der Liquidität der einzelnen Kategorien und Teilkategorien der betreffenden Finanzinstrumente, der Art des Marktmodells und der Art der Nutzer Rechnung tragen und ermöglichen, dass wesentliche Störungen eines ordnungsgemäßen Handels unterbunden werden; der Betreiber hat der Bundesanstalt diese Parameter mitzuteilen;
7. sicherzustellen, dass ein angemessenes Verhältnis zwischen Auftragseingaben, -änderungen und -löschungen und den tatsächlich ausgeführten Geschäften (Order-Transaktions-Verhältnis) besteht, um Risiken für den ordnungsgemäßen Handel im multilateralen oder organisierten Handelssystem zu vermeiden; das Order-Transaktions-Verhältnis ist dabei jeweils für ein Finanzinstrument und anhand des zahlenmäßigen Volumens der Aufträge und Geschäfte innerhalb eines Tages zu bestimmen; ein Order-Transaktions-Verhältnis ist insbesondere angemessen, wenn es auf Grund der Liquidität des betroffenen Finanzinstruments, der konkreten

제72조 다자거래시스템 또는 조직화된 거래시스템의 운영

① 다자거래시스템 또는 조직화된 거래시스템의 운영자(Der Betreiber)는 다음 각 호의 의무를 진다,

1. 다자거래시스템 또는 조직화된 거래시스템의 이용에 대한 비차별적 규정으로 운영자의 재량을 정하지 않은 규정을 규율할 의무;
2. 금융상품의 거래로의 포함(die Einbeziehung von Finanzinstrumenten in den Handel), 규정에 맞는 거래와 가격조사의 수행, 포함된 기준가격의 활용(für die Verwendung von einbezogenen Referenzpreisen)과, 체결된 거래의 계약에 좇은 해소(für die vertragsgemäße Abwicklung der abgeschlossenen Geschäfte)에 대한 규정을 규율할 의무;
3. 제2호에 따른 조문과 (EU) 596/2014호 규칙의 준수에 대한 감독을 위한 적절한 절차를 둘 의무;
4. 이용자의 유형과 거래된 금융상품을 고려하여(unter Berücksichtigung der Art der Nutzer und der gehandelten Finanzinstrumente) 다자거래시스템이나 조직화된 거래시스템의 이용에 필요하고 유용한 모든 정보를 공표할 의무;
5. 다자거래시스템이나 조직화된 거래시스템의 과도한 이용, 특히 과도하게 많은, 주문발주, 주문변경 및 주문취소에 의한 그 거래시스템의의 과도한 이용에 대하여 별도의 보수를 청구할 의무; 이러한 보수액은, 과도한 이용과 이로 인하여 생긴, 시스템안정성 또는 시장건전성에 대한 부정적 영향에 효과적으로 대응하도록 산정되어야 한다;
6. 현저한 가격등락(價格騰落)이 있는 경우에도 적정한 가격책정(價格策定)을 보장하기 위하여 적절한 대책을 취할 의무; 적절한 대책은, 특히 정적(靜的)인 또는 역동적인 가격변동(Preiskorridore)과, 가격결정을 주문받은 거래참여자의 제한제도를 고려한 것으로, 예외상황에서 각 거래의 취소(取消), 변경(變更) 또는 시정(是正)이 운영자에게 반드시 가능한 시장모형의 단기 수정(修整) 또는 일시매매정지제[60](kurzfristige Änderungen des Marktmodells, kurzzeitige Volatilitätsunterbrechungen)를 말한다; 그러한 일시매매정지제의 한도는 해당 금융상품·시장모형 유형·이용자 유형에 대한 개별 범주(範疇) 및 하위범주(下位範疇)의 유동성을 고려해야만 하고(der Liquidität der einzelnen Kategorien und Teilkategorien der betreffenden Finanzinstrumente, der Art des Marktmodells und der Art der Nutzer Rechnung tragen), 적절한 거래의 현저한 교란이 저지되는 것을 가능하게 해야만 한다; 그 운영자는 연방금융서비스원에 이러한 한도를 통지해야 한다;
7. 주문발주, 주문변경 및 주문취소와 실제 수행된 거래 간의 적절한 비율('주문처리비율'; Order-Transaktions-Verhältnis)이, 다자거래시스템이나 조직화된 거래시스템에서의 적절한 거래에 대한 위험을 방지하기 위해 인정된다는 점을 보장할 의무; 이 경우 이러한 주문처리비율은 그때그때의 어느 금융상품에 대하여 또한 1일의 주문과 거래의 수량(數量)에 근거하여(anhand des zahlenmäßigen Volumens der Aufträge und Geschäfte innerhalb eines Tages) 결정해야 한다; 특히 해당 금융상품의 유동성, 객관적 시황(市況) 또는 시장참가자들의 기능에 기하여 경제적으로 주문처리비율을 납득(納得)할 수 있는 경우에는(wenn es auf Grund der Liquidität des betroffenen Finanzinstruments, der konkreten Marktlage oder der Funktion des Handelsteilnehmers

Marktlage oder der Funktion des Handelsteilnehmers wirtschaftlich nachvollziehbar ist;

8. eine angemessene Größe der kleinstmöglichen Preisänderung bei den gehandelten Aktien, Aktienzertifikaten, Exchange Traded Funds, Zertifikaten und anderen vergleichbaren Finanzinstrumenten sowie allen anderen Finanzinstrumenten, die von dem auf der Grundlage von Artikel 49 Absatz 4 der Richtlinie 2014/65/EU erlassenen delegierten Rechtsakt der Europäischen Kommission erfasst werden, festzulegen, um negative Auswirkungen auf die Marktintegrität und -liquidität zu verringern; dabei ist insbesondere zu berücksichtigen, dass diese den Preisfindungsmechanismus und das Ziel eines angemessenen Order-Transaktions-Verhältnisses nicht beeinträchtigt; wegen der einzelnen Anforderungen an die Festlegung der Mindestpreisänderungsgröße wird auf die Delegierte Verordnung (EU) 2017/588 der Kommission vom 14. Juli 2016 zur Ergänzung der Richtlinie 2014/65/EU des Europäischen Parlaments und des Rates durch technische Regulierungsstandards für das Tick-Größen-System für Aktien, Aktienzertifikate und börsengehandelte Fonds (ABl. L 87 vom 31.3.2017, S. 411), in der jeweils geltenden Fassung, verwiesen;
9. angemessene Risikokontrollen und Schwellen für den Handel über den direkten elektronischen Zugang festzulegen, insbesondere Regelungen festzulegen über
   a) die Kennzeichnung von Aufträgen, die über einen direkten elektronischen Zugang erteilt werden, und
   b) die Möglichkeit einer jederzeitigen Sperrung oder Beendigung eines direkten elektronischen Zugangs bei Verstößen des Inhabers des direkten Zugangs gegen geltende Rechtsvorschriften;
10. Regelungen festzulegen für die Kennzeichnung aller Aufträge, die durch den algorithmischen Handel im Sinne des § 80 Absatz 2 Satz 1 erzeugt werden, durch die Handelsteilnehmer und für die Offenlegung der hierfür jeweils verwendeten Handelsalgorithmen sowie der Personen, die diese Aufträge initiiert haben;
11. eine zuverlässige Verwaltung der technischen Abläufe des Handelssystems sicherzustellen, insbesondere
   a) wirksame Notfallmaßnahmen bei einem Systemausfall oder bei Störungen in seinen Handelssystemen vorzusehen, um die Kontinuität des Geschäftsbetriebs gewährleisten zu können,
   b) sicherzustellen, dass die Handelssysteme belastbar sind und über ausreichende Kapazitäten für Spitzenvolumina an Aufträgen und Mitteilungen verfügen und
   c) sicherzustellen, dass die Systeme in der Lage sind, auch unter extremen Stressbedingungen auf den Märkten einen ordnungsgemäßen Handel zu gewährleisten, und dass sie für diese Zwecke vollständig geprüft sind;

wirtschaftlich nachvollziehbar ist) 그 주문처리비율은 적절한 것이다;

8. 거래되는, 주식(株式; Aktien), 주권(株券; Aktienzertifikaten), 상장지수펀드[61](Exchange Traded Funds) 및 증권(證券; Zertifikaten)과, 이에 유사한 기타 금융상품 그리고 2014/65/EU호 지침 제49조 제4항에 기하여 제정된 유럽연합집행위원회의 위임받은 법적행위에 포함되는 그 밖의 일체의 금융상품에 있어 시장건전성과 시장유동성에 대한 부정적 영향을 최소화하기 위하여(um negative Auswirkungen auf die Marktintegrität und -liquidität zu verringern) 적절한 규모의 가능한 한 작은 가격변동(eine angemessene Größe der kleinstmöglichen Preisänderung)를 정할 의무; 이 경우 특히 이러한 것이 가격결정메커니즘(Preisfindungsmechanismus)과 적절한 주문처리비율의 목표(das Ziel eines angemessenen Order-Transaktions-Verhältnisses)를 방해하지 않도록 고려되어야 한다; 최소가격변동규모의 설정에 대한 개별적 요구사항에 대하여(wegen der einzelnen Anforderungen an die Festlegung der Mindestpreisänderungsgröße), 주식, 주권, 상장지수펀드(börsengehandelte Fonds)에 대한 신용거래규모제에 대한 기술적 규제기준에 의한 유럽연합 의회 및 이사회 2014/65/EU호 지침의 보충을 위한 2016년 7월 14일의 유럽연합집행위원회의 (EU) 2017/588호 위임규칙(ABl. L 87 vom 31.3.2017, S. 411)으로, 각각 적용되는 형식의 위임규칙이 적용된다;
9. 직접적 전자접근을 통한 거래에 대한, 적절한 위험통제와 한도를 정할 의무, 특히 다음 각 목에 관한 조문을 정할 의무,
   a) 직접적 전자접근을 통해 행해지는(die über einen direkten elektronischen Zugang erteilt werden) 주문의 식별(識別),
   b) 보유자가 직접적 접근에 대해 적용하는 법규정을 위반하는 경우에 있어 직접적 전자접근에 대하 수시(隨時) 차단 또는 수시(隨時) 종료의 가능성(die Möglichkeit einer jederzeitigen Sperrung oder Beendigung);
10. 제80조 제2항 제1문상의 알고리즘[62]이나 거래참가자에 의해 생산되는 일체의 주문의 식별에 대한 조문과, 이에 대해 설명을 위해 각각 사용된 거래알고리즘(die Offenlegung der hierfür jeweils verwendeten Handelsalgorithmen)과 이러한 주문을 개시한 자(者)에 대한 조문을 정할 의무;
11. 거래시스템의 기술적 과정에 대한 신뢰할 만한 관리를 보장할 의무, 특히 각 목의 의무를 보장할 의무,
   a) 자신의 거래시스템 내 시스템고장 또는 장애가 있는 경우 거래운영의 연속성을 확보하기 위하여(um die Kontinuität des Geschäftsbetriebs gewährleisten zu können) 효과적인 비상조치(Notfallmaßnahmen)를 정할 의무,
   b) 거래시스템이 내구성이 있고, 주문 및 통지의 최고수량(最高數量)에 대한 충분한 처리능력의 보유를 확보할 의무,
   c) 시스템이 극단적 스트레스조건하에서도 시장에서 적절한 거래를 확보해 주고 그 시스템이 이러한 목적을 충분하게 점검되었다는 점(dass sie für diese Zwecke vollständig geprüft sind)을 보장할 의무;

12. Vorkehrungen zu treffen, mit denen sich mögliche nachteilige Auswirkungen von Interessenkonflikten zwischen dem multilateralen oder organisierten Handelssystem und seinem Eigentümer oder Betreiber einerseits und dem einwandfreien Funktionieren des multilateralen oder organisierten Handelssystems andererseits auf dessen Betrieb oder auf seine Handelsteilnehmer klar erkennen und regeln lassen;
13. sicherzustellen, dass das multilaterale oder organisierte Handelssystem über mindestens drei aktive Mitglieder oder Nutzer verfügt, denen es jeweils möglich ist, mit allen übrigen Mitgliedern und Nutzern zum Zwecke der Preisbildung zu interagieren.

§ 5 Absatz 4a, die §§ 22a, 26c und 26d des Börsengesetzes gelten entsprechend.

(2) Die Gebührenstrukturen, einschließlich der Ausführungsgebühren, Nebengebühren und möglichen Rabatte, müssen transparent und diskriminierungsfrei ausgestaltet sein. Die Gebühren dürfen keine Anreize schaffen, Aufträge so zu platzieren, zu ändern oder zu stornieren oder Geschäfte so zu tätigen, dass dies zu marktstörenden Handelsbedingungen oder Marktmissbrauch beiträgt. Insbesondere dürfen Rabatte in Bezug auf einzelne Aktien oder Aktienportfolios nur als Gegenleistung für die Übernahme von Market-Making-Pflichten gewährt werden.

(3) Der Betreiber eines multilateralen oder organisierten Handelssystems hat der Bundesanstalt eine ausführliche Beschreibung der Funktionsweise des Handelssystems vorzulegen. Diese hat auch etwaige Verbindungen des Handelssystems zu Börsen, anderen multilateralen oder organisierten Handelssystemen oder systematischen Internalisierern, deren Träger oder Betreiber im Eigentum des Betreibers des Handelssystems stehen, sowie eine Liste der Mitglieder, Teilnehmer und Nutzer des Handelssystems zu umfassen. Die Bundesanstalt stellt diese Informationen auf Verlangen der Europäischen Wertpapier- und Marktaufsichtsbehörde zur Verfügung. Sie hat der Europäischen Wertpapier- und Marktaufsichtsbehörde jede Erteilung einer Erlaubnis zum Betrieb eines multilateralen oder organisierten Handelssystems mitzuteilen.

(4) Emittenten, deren Finanzinstrumente ohne ihre Zustimmung in den Handel in einem multilateralen oder organisierten Handelssystem einbezogen worden sind, können nicht dazu verpflichtet werden, Informationen in Bezug auf diese Finanzinstrumente für dieses multilaterale oder organisierte Handelssystem zu veröffentlichen.

(5) Der Betreiber eines multilateralen oder organisierten Handelssystems kann von einem Emittenten die Übermittlung von Referenzdaten in Bezug auf dessen Finanzinstrumente verlangen, soweit dies zur Erfüllung der Anforderungen aus Artikel 4 der Verordnung (EU) Nr. 596/2014 erforderlich ist.

(6) Der Betreiber eines multilateralen oder organisierten Handelssystems hat der Bundesanstalt schwerwiegende Verstöße gegen die Handelsregeln, Störungen der Marktintegrität und Anhaltspunkte für einen Verstoß gegen die Vorschriften der Verordnung (EU) Nr. 596/2014

12. 한 측에서는 다자간거래시스템 또는 조직적 거래시스템 및 그 소유자 혹은 운영자와, 다른 측에서는 다자간거래시스템 또는 조직적 거래시스템의 흠 없는 운영 간의 이해상충의, 그 시스템 운영이나 자신의 거래참가자들에 대한(auf dessen Betrieb oder auf seine Handelsteilnehmer), 발생할 수 있는 부정적 영향을 분명하게 인식하고 이를 규율할 대책을 마련할(auf dessen Betrieb oder auf seine Handelsteilnehmer klar erkennen und regeln lassen) 의무;
13. 다자거래시스템이나 조직화된 거래시스템(das multilaterale oder organisierte Handelssystem)에 나머지 회원들 또는 이용자와 함께 가격책정(Preisbildung)의 목적을 위하여 상호작용하는 것이 그때그때 가능한, 3명 이상의 활동중인 회원들 또는 이용자들이 있다는 점을 보장할 의무.

거래소법 제5조 제4항a, 제22조a, 제26조c, 제26조를 준용한다.

(2) 처리요금, 부대요금과 있을 수 있는 할인을 포함하여(einschließlich der Ausführungsgebühren, Nebengebühren und möglichen Rabatt), 이용료구조는 투명하고 차별이 없게 설계되어야만 한다. 이용료는 주문을 넣거나 변경하거나 또는 이를 취소하도록 자극해서 그 이용료가 시장교란적 거래조건 또는 시장에서의 지위남용행위를 촉진해서(dass dies zu marktstörenden Handelsbedingungen oder Marktmissbrauch beiträgt)는 아니된다. 특히 개별 주식 또는 주식투자와 관련한 할인은 유동성공급의무의 인수에 대한 반대급부로만 지급될 수 있다.

③ 다자간거래시스템 또는 조직화된 거래시스템의 운영자는 연방금융서비스감독원 거래시스템의 운용에 대한 상세한 기술서(記述書)(ausführliche Beschreibung der Funktionsweise des Handelssystems)를 제출해야 한다. 이에는 그 주체 또는 운용자가 거래시스템 운영자를 소유하는, 주식거래소, 다자간거래시스템 혹은 조직화된 거래시스템 또는 조직적 내부거래자(內部去來者)와의 있을 수 있는 거래 연결과, 거래시스템의 회원, 참가자 또는 이용자의 목록(eine Liste der Mitglieder, Teilnehmer und Nutzer des Handelssystems)도 포함되어야 한다. 연방금융서비스감독원은 이러한 정보를 유럽연합유가증권시장감독청의 요구에 따라 그 관청에 제공한다. 연방금융서비스감독원은 유럽연합유가증권시장감독청에 다자간거래시스템 또는 조직화된 거래시스템의 운영에 관한 허가의 각 부여를 통지해야 한다.

④ 그의 동의 없는 그 금융상품이 다자간거래시스템 또는 조직화된 거래시스템상의 거래에 포함된 발행인은 다자간거래시스템 또는 조직화된 거래시스템을 위해 이러한 금융상품에 대한 정보를 공표할(Informationen in Bezug auf diese Finanzinstrumente für dieses multilaterale oder organisierte Handelssystem zu veröffentlichen) 의무를 부과받을 수 있다.

⑤ 다자간거래스템 또는 조직화된 거래시스템의 운영자는, 그 참고자료가 (EU) 596/2014호 규칙 제4조의 요구사항을 충족하는 데 필요한 범위 내에서 발행인에게 발행인의 금융상품과 관련한 참고자료의 전달(die Übermittlung von Referenzdaten in Bezug auf dessen Finanzinstrumente)을 요구할 수 있다.

⑥ 다자간거래스템 또는 조직화된 거래시스템의 운영자(Der Betreiber eines multilateralen oder organisierten Handelssystems)는 연방금융서비스감독원에 거래규칙에 대한 중대한 위반, 시장건전성에 대한 교란과, (EU) 596/2014호 규칙의 조항에 대한 위반의 징후(Anhaltspunkt)를 통지해야

unverzüglich mitzuteilen und diese bei ihren Untersuchungen umfassend zu unterstützen. Die Bundesanstalt hat die Informationen nach Satz 1 der Europäischen Wertpapier- und Marktaufsichtsbehörde und den zuständigen Behörden der anderen Mitgliedstaaten und der Vertragsstaaten des Abkommens über den Europäischen Wirtschaftsraum zu übermitteln. Im Falle von Anhaltspunkten für Verstöße gegen die Vorschriften der Verordnung (EU) Nr. 596/2014 übermittelt die Bundesanstalt Informationen erst dann, wenn sie von einem Verstoß überzeugt ist.

(7) Darüber hinaus hat der Betreiber eines multilateralen oder organisierten Handelssystems der Bundesanstalt unverzüglich mitzuteilen, wenn bei einem an seinem Handelssystem gehandelten Finanzinstrument ein signifikanter Kursverfall im Sinne des Artikels 23 der Verordnung (EU) Nr. 236/2012 eintritt.

(8) Der Betreiber eines multilateralen oder organisierten Handelssystems hat die Bundesanstalt über den Eingang von Anträgen auf Zugang nach den Artikeln 7 und 8 der Verordnung (EU) Nr. 648/2012 unverzüglich schriftlich zu unterrichten. Die Bundesanstalt kann

1. unter den in Artikel 7 Absatz 4 der Verordnung (EU) Nr. 648/2012 genannten Voraussetzungen dem Betreiber eines multilateralen oder organisierten Handelssystems den Zugang zu einer zentralen Gegenpartei im Sinne der genannten Verordnung untersagen sowie
2. unter den in Artikel 8 Absatz 4 der Verordnung (EU) Nr. 648/2012 genannten Voraussetzungen dem Betreiber eines multilateralen oder organisierten Handelssystems untersagen, einer zentralen Gegenpartei im Sinne der genannten Verordnung Zugang zu gewähren.

§ 73 Aussetzung des Handels und Ausschluss von Finanzinstrumenten

(1) Der Betreiber eines multilateralen oder organisierten Handelssystems kann den Handel mit einem Finanzinstrument aussetzen oder dieses Instrument vom Handel ausschließen, wenn dies zur Sicherung eines ordnungsgemäßen Handels oder zum Schutz des Publikums geboten erscheint, insbesondere, wenn

1. das Finanzinstrument den Regeln des Handelssystems nicht mehr entspricht,
2. der Verdacht eines Marktmissbrauchs im Sinne des Artikels 1 der Verordnung (EU) Nr. 596/2014 oder einer Nichtveröffentlichung von Insiderinformationen entgegen Artikel 17 der Verordnung (EU) Nr. 596/2014 in Bezug auf das Finanzinstrument besteht oder
3. ein Übernahmeangebot in Bezug auf den Emittenten des Finanzinstruments veröffentlicht wurde.

Im Falle einer Maßnahme nach Satz 1 setzt der Betreiber auch den Handel mit Derivaten, die mit diesem Finanzinstrument verbunden sind oder sich auf dieses beziehen, aus oder stellt den Handel mit diesen Finanzinstrumenten ein, wenn dies zur Verwirklichung der Ziele der Maßnahme nach Satz 1 erforderlich ist. Eine Maßnahme nach Satz 1 oder Satz 2 unterbleibt, wenn sie die Interessen der betroffenen Anleger oder das ordnungsgemäße Funktionieren des Marktes erheblich beeinträchtigen könnte. Der Betreiber veröffentlicht Entscheidungen nach den Sätzen 1 und 2 und

하고, 연방금융서비스감독원의 조사시 연방금융서비스감독원을 지원해야 한다. 연방금융서비스감독원은 제1문에 따른 정보를 유럽연합유가증권감독청과 독일 이외의 유럽연합회원국 및 「유럽경제권에 관한 협약」의 가입국 중 독일 이외의 가입국의 관할 관청 제공해야 한다. (EU) 596/2014호 규칙의 조항에 대한 위반의 징후(Anhaltspunkt)의 경우에 있어 연방금융서비스감독원이 위반으로 확신을 가지는 경우에(wenn sie von einem Verstoß überzeugt ist) 비로소 정보(情報)를 제공(提供)한다.

⑦ 또한 다자간거래스템 또는 조직화된 거래시스템의 운영자는, 자신의 거래시스템에서 거래된 금융상품에서(bei einem an seinem Handelssystem gehandelten Finanzinstrument) (EU) 236/201호 규칙 제23조상의 현저한 가격폭락이 발생하는 경우 연방금융서비스감독원에 이를 지체 없이 알려야만 한다.

⑧ 다자간거래스템 또는 조직화된 거래시스템의 운영자는, 연방금융서비스감독원에 (EU) 648/2012호 규칙 제7조, 제8조에 따른 접근에 대한 신청의 도달을 통지해야 한다. 연방금융서비스감독원은,

1. (EU) 648/2012호 규칙 제7조 제4항상의 요건하에 다자간거래스템 또는 조직화된 거래시스템의 운영자(dem Betreiber eines multilateralen oder organisierten Handelssystems)에 대하여 그 규칙상의 중앙청산소[63]의 이용을 금지할 수 있고,
2. (EU) 648/2012호 규칙 제8조 제4항의 요건하에 다자간거래스템 또는 조직화된 거래시스템 운영자에 대하여 그 규칙상의 중앙청산소의 이용을 허락하는 것(einer zentralen Gegenpartei im Sinne der genannten Verordnung Zugang zu gewähren)을 금지할 수 있다.

제73조 거래의 정지와 금융상품에서의 제외

① 이것이 적절한 거래의 보장 또는 공중의 보호에 필요한 것으로 보이는 경우(wenn dies zur Sicherung eines ordnungsgemäßen Handels oder zum Schutz des Publikums geboten erscheint), 특히 다음 각 호의 경우에, 다자간거래스템 또는 조직화된 거래시스템의 운영자는 금융상품의 거래를 정지하거나 이러한 금융상품을 거래에서 제외할 수 있다.

1. 그 금융상품이 거래의 규칙에 더 이상 부합하지 않은 경우,
2. (EU) 596/2014호 규칙 제1조상의 시장에서의 지위남용행위의 혐의(der Verdacht eines Marktmissbrauchs im Sinne des Artikels 1 der Verordnung (EU) Nr. 596/2014)나 (EU) 596/2014호 규칙 제17조에 위반하여 내부정보의 비공개의 혐의가 있는 경우,
3. 금융상픔의 발행인과 관련하여 주식공개매수가 공표된 경우.

이것이 제1문에 따른 조치의 목표를 달성하는 데 필요한 경우에제1문에 따른 조치의 경우에 그 운영자는, 파생금융상품에 결합되거나 금융상품에 관련된 파생금융상품의 거래도 제외하거나 이러한 금융삼품의 거래를 중단한다. 제1문 또는 제2문에 따른 조치가 해당 투자자의 이익이나 시장의 적정한 운영을 현저하게 방해할 수 있는 경우에(wenn sie die Interessen der betroffenen Anleger oder das ordnungsgemäße Funktionieren des Marktes erheblich beeinträchtigen könnte) 그 조치를 취하지 않을 수 있다. 그 운영자는 제1문, 제2문에 따른 결정을 공표한 후 이를 연방금융서비스감

teilt sie unverzüglich der Bundesanstalt mit.

(2) Wird ein Finanzinstrument, das in den in Absatz 1 Satz 1 Nummer 2 oder Nummer 3 genannten Fällen Gegenstand einer Maßnahme nach Absatz 1 Satz 1 oder Satz 2 ist, oder ein Derivat, das mit einem solchen Finanzinstrument verbunden ist oder sich auf dieses bezieht, auch an einem anderen inländischen multilateralen oder organisierten Handelssystem oder durch einen systematischen Internalisierer gehandelt, so ordnet die Bundesanstalt ebenfalls Maßnahmen nach Absatz 1 Satz 1 oder Satz 2 an. Absatz 1 Satz 3 gilt entsprechend.

(3) Die Bundesanstalt veröffentlicht Maßnahmen nach den Absätzen 1 und 2 unverzüglich und übermittelt diese der Europäischen Wertpapier- und Marktaufsichtsbehörde sowie den zuständigen Behörden der anderen Mitgliedstaaten der Europäischen Union und der Vertragsstaaten des Abkommens über den Europäischen Wirtschaftsraum. Erhält die Bundesanstalt ihrerseits eine solche Mitteilung von einer zuständigen Behörde eines anderen Mitgliedstaats der Europäischen Union oder eines Vertragsstaats des Abkommens über den Europäischen Wirtschaftsraum, teilt sie dies den Geschäftsführungen der Börsen, an denen die betreffenden Finanzinstrumente gehandelt werden, und der jeweiligen Börsenaufsichtsbehörde mit. Sie ordnet gegenüber den Betreibern inländischer multilateraler und organisierter Handelssysteme sowie gegenüber systematischen Internalisierern, die die betreffenden Finanzinstrumente handeln, ebenfalls Maßnahmen nach Absatz 1 Satz 1 oder Satz 2 an. Absatz 1 Satz 3 gilt entsprechend. Die Bundesanstalt informiert die Europäische Wertpapier- und Marktaufsichtsbehörde und die zuständigen Behörden der anderen Mitgliedstaaten der Europäischen Union und der Vertragsstaaten des Abkommens über den Europäischen Wirtschaftsraum über Maßnahmen, die sie nach Satz 3 angeordnet hat, einschließlich einer Erläuterung, falls keine Handelsaussetzung oder Handelseinstellung erfolgt ist. Die Sätze 1 bis 5 gelten entsprechend für die Aufhebung einer Handelsaussetzung.

§ 74 Besondere Anforderungen an multilaterale Handelssysteme

(1) Die Regeln für den Zugang zu einem multilateralen Handelssystem müssen mindestens den Anforderungen nach § 19 Absatz 2 und 4 Satz 1 und 2 des Börsengesetzes entsprechen.

(2) Die Regeln für den Handel und die Preisermittlung dürfen dem Betreiber eines multilateralen Handelssystems keinen Ermessensspielraum einräumen; dabei müssen die Preise im multilateralen Handelssystem entsprechend den Regelungen des § 24 Absatz 2 des Börsengesetzes zustande kommen.

(3) Der Betreiber eines multilateralen Handelssystems hat Vorkehrungen zu treffen, um

1. die Risiken, denen das System ausgesetzt ist, angemessen steuern zu können, insbesondere alle für den Betrieb des Handelssystems wesentlichen Risiken ermitteln und wirksam begrenzen zu können, und

독원에 통지한다.

② 제1조 제1문 제2호 또는 제3호상의 경우에 제1항 제1문 또는 제2문에 따른 조치의 대상이 된 금융상품이나 그러한 금융상품과 결합되거나 그 금융상품에 관련된 파생금융상품(ein Derivat, das mit einem solchen Finanzinstrument verbunden ist oder sich auf dieses bezieht)이 독일의 다른 다자간거래시스템 또는 조직화된 거래시스템에서도 거래되거나 독일의 다른 조직적 내부거래자(內部去來者) 의해(durch einen systematischen Internalisierer) 거래되는 경우에, 연방금융서비스감독원 또한 제1항 제1문 또는 제2문에 따른 조치(措置)를 명령한다. 제1항 제3문을 준용한다.

③ 연방금융서비스감독원은 제1항, 제2항에 따른 조치를 지체 없이 공표하고 유럽연합유가증권시장감독청과 독일 이외의 유럽연합회원국 및 「유럽경제권에 관한 협약」 중 독일 이외의 가입국(加入國)의 관할 관청(den zuständigen Behörden der anderen Mitgliedstaaten der Europäischen Union und der Vertragsstaaten des Abkommens über den Europäischen Wirtschaftsraum)에 이를 제공한다. 연방금융서비스감독원이 자신의 경우 독일 이외의 어느 유럽연합회원국 및 「유럽경제권에 관한 협약」 중 독일 이외의 어느 가입국(加入國)의 그러한 통지를 받은 경우에 해당 금융상품을 거래한 거래소의 경영자에게 이를 통지하고 해당 거래소감독청에 통지한다. 또한 연방금융서비스감독원은, 해당 금융상품을 거래한, 독일의 다자간거래스템 또는 조직화된 거래시스템의 운영자와 독일의 조직적 거래자내부(內部去來者)에 대해서도 제1항 제1문, 제2문에 따른 조치를 명령한다. 거래정지 또는 거래중단이 행해지지 않는 경우에(falls keine Handelsaussetzung oder Handelseinstellung erfolgt ist), 연방금융서비스감독원은 유럽연합유가증권시장감독청과 독일 이외의 유럽연합회원국 및 「유럽경제권에 관한 협약」 중 독일 이외의 가입국(加入國)의 관할 관청(die Europäische Wertpapier- und Marktaufsichtsbehörde und die zuständigen Behörden der anderen Mitgliedstaaten der Europäischen Union und der Vertragsstaaten des Abkommens über den Europäischen Wirtschaftsraum)에 그 설명을 포함하여 제3문에 따라 명한 조치에 관하여 알린다. 제1문 내지 제5문을 거래정지의 취소에 대하여 준용한다.

제74조 다자간거래시스템에 대한 특별요구사항

① 다자간거래시스템 이용에 관한 규율은 최소한 거래소법 제19조 제2항, 제4항 제1문, 제2문에 따른 요구사항을 부합해야만 한다.

② 거래와 가격책정에 대한 규율은 다자간거래시스템의 운영자에게 재량의 여지를 인정해서는 아니된다; 이 경우 다자간거래시스템 내 가격(die Preise im multilateralen Handelssystem)은 거래소법 제24조 제2항의 기준(基準)에 따라(entsprechend den Regelungen des § 24 Absatz 2 des Börsengesetzes) 책정된다.

③ 다음 각 호를 위하여 다자간거래시스템의 운영자는 대책을 마련해야 한다,

1. 그 시스템 중단 위험을 적절하게 제어할 수 있기 위하여, 특히 거래시스템의 운영에 대한 일체의 중요한 위험(alle für den Betrieb des Handelssystems wesentlichen Risiken)을 조사하고 효과적으로 이를 제한하기 위한 대책,

2. einen reibungslosen und rechtzeitigen Abschluss der innerhalb seiner Systeme ausgeführten Geschäfte zu erleichtern.

(4) Der Betreiber eines multilateralen Handelssystems muss fortlaufend über ausreichende Finanzmittel verfügen, um ein ordnungsgemäßes Funktionieren des Systems sicherzustellen, wobei der Art und dem Umfang der an dem Handelssystem abgeschlossenen Geschäfte sowie der Art und der Höhe der Risiken, denen es ausgesetzt ist, Rechnung zu tragen ist.

(5) Dem Betreiber eines multilateralen Handelssystems ist es nicht gestattet, an einem multilateralen Handelssystem Kundenaufträge unter Einsatz seines eigenen Kapitals auszuführen oder auf die Zusammenführung sich deckender Kundenaufträge im Sinne von § 2 Absatz 29 zurückzugreifen.

§ 75 Besondere Anforderungen an organisierte Handelssysteme

(1) Der Betreiber eines organisierten Handelssystems hat geeignete Vorkehrungen zu treffen, durch die die Ausführung von Kundenaufträgen in dem organisierten Handelssystem unter Einsatz des eigenen Kapitals des Betreibers oder eines Mitglieds derselben Unternehmensgruppe verhindert wird.

(2) Der Betreiber eines organisierten Handelssystems darf auf die Zusammenführung sich deckender Kundenaufträge im Sinne von § 2 Absatz 29 für Schuldverschreibungen, strukturierte Finanzprodukte, Emissionszertifikate und bestimmte Derivate zurückgreifen, wenn der Kunde dem zugestimmt hat. Er darf auf die Zusammenführung sich deckender Kundenaufträge über Derivate nicht zurückgreifen, wenn diese der Verpflichtung zum Clearing nach Artikel 4 der Verordnung (EU) Nr. 648/2012 unterliegen.

(3) Der Handel für eigene Rechnung ist einem Betreiber eines organisierten Handelssystems nur gestattet, soweit es sich nicht um die Zusammenführung sich deckender Kundenaufträge im Sinne von § 2 Absatz 29 handelt und nur in Bezug auf öffentliche Schuldtitel, für die kein liquider Markt besteht.

(4) Ein organisiertes Handelssystem darf nicht innerhalb derselben rechtlichen Einheit mit einer systematischen Internalisierung betrieben werden. Ein organisiertes Handelssystem darf keine Verbindung zu einem systematischen Internalisierer oder einem anderen organisierten Handelssystem in einer Weise herstellen, die eine Interaktion von Aufträgen in dem organisierten Handelssystem mit den Aufträgen oder Angeboten des systematischen Internalisierers oder in dem organisierten Handelssystem ermöglicht.

(5) Der Betreiber eines organisierten Handelssystems kann ein anderes Wertpapierdienstleistungsunternehmen beauftragen, unabhängig von dem Betreiber an dem organisierten Handelssystem Market-Making zu betreiben. Ein unabhängiges Betreiben liegt nur dann vor, wenn keine enge Verbindung des Wertpapierdienstleistungsunternehmens zu dem

2. 자신의 시스템 내에서 처리된 거래의 원만하고도 적시의 성사(einen reibungslosen und rechtzeitigen Abschluss)을 촉진하기 위한 대책.

④ 다자간거래시스템의 운영자는 그 거래시스템에서 성사된 거래의 유형 및 범위와, 그 시스템의 중단 위험의 유형 및 정도(der Art und der Höhe der Risiken, denen es ausgesetzt ist)가 고려된 다자간거래시스템의 적절한 운영의 확보를 위해(um ein ordnungsgemäßes Funktionieren des Systems sicherzustellen) 충분한 자본을 계속적으로 보유해야만 한다.

⑤ 다자간거래시스템의 운영자에게, 자기자본을 활용하여 다자간거래시스템에서 고객주문을 처리하거나 제2조 제29항[64]상의 통정주요거래(通情主要去來)를 이용하는 것(auf die Zusammenführung sich deckender Kundenaufträge im Sinne von § 2 Absatz 29 zurückzugreifen)이 허용되지 아니한다.

제75조 조직화된 거래시스템에서의 특별요구사항

① 조직화된 거래시스템의 운영자는, 동일한 기업집단에 속한 운영자 또는 구성원의 자기자본의 활용한(unter Einsatz des eigenen Kapitals des Betreibers oder eines Mitglieds derselben Unternehmensgruppe), 조직화된 거래시스템 내 고객주문의 처리가 방지되는 적절한 대책을 마련해야 한다.

② 조직화된 거래시스템의 운영자는, 고객이 이에 동의하는 경우에, 채권증서(債券證書; Schuldverschreibungen), 구조금융상품(構造金融商品; strukturierte Finanzprodukte), 유가증권발행증서(Emissionszertifikate) 및 특정파생금융상품에 대한, 제2조 제29항상의 통정주요거래를 이용해서는 아니된다. 통정주요거래가 (EU) 648/2012호 규칙 제4조에 따른 청산에 관한 의무를 적용받는 경우에(wenn diese der Verpflichtung zum Clearing nach Artikel 4 der Verordnung (EU) Nr. 648/2012 unterliegen), 그 운영자는 파생금융상품에 관한 통정주요거래를 이용해서는 아니된다.

③ 자기계산거래는 조직화된 거래시스템의 운영자에게, 제2조 제29항상의 통정주요거래에 해당하지 않는 범위 내에서(soweit es sich nicht um die Zusammenführung sich deckender Kundenaufträge im Sinne von § 2 Absatz 29 handelt) 유동성시장이 존재하지 않는 공채(公債)에 대해서만 허용된다.

④ 조직화된 거래시스템은 동일한 법적 단위 내에서 조직적 내부거래자(內部去來者)를 운영해서는 아니된다. 조직화된 거래시스템은, 조직화된 거래시스템 내 주문과 조직적 내부거래자 주문 또는 청약과의 상호작용이나 조직화된 거래시스템 내 상호작용이 가능한 방식으로(die eine Interaktion von Aufträgen in dem organisierten Handelssystem mit den Aufträgen oder Angeboten des systematischen Internalisierers oder in dem organisierten Handelssystem ermöglicht), 어느 조직적 내부거래자(內部去來者)와의 연계나 다른 조직화된 거래시스템와의 연계를 형성해서는 아니된다.

⑤ 조직화된 거래시스템의 운영자는, 운영자에게서 독립하여 조직화된 거래시스템에 대하여 유동성공급을 하도록(unabhängig von dem Betreiber an dem organisierten Handelssystem Market-Making zu betreiben) 다른 유가증권투자서비스회사에 위임할 수 있다. 유가증권투자서비스회사의 조직화된 거래시스템 운영자와 밀접한 관계가 없는 경우에(wenn keine enge Verbindung des Wertpapierdienstleistungsunternehmens zu dem Betreiber des organisierten Handelssystems

Betreiber des organisierten Handelssystems besteht.

(6) Der Betreiber eines organisierten Handelssystems hat die Entscheidung über die Ausführung eines Auftrags in dem organisierten Handelssystem nach Ermessen zu treffen, wenn er darüber entscheidet,

1. einen Auftrag zu platzieren oder zurückzunehmen oder
2. einen bestimmten Kundenauftrag nicht mit anderen zu einem bestimmten Zeitpunkt im System vorhandenen Aufträgen zusammenzuführen.

Im Falle des Satzes 1 Nummer 2 darf eine Zusammenführung nur dann unterbleiben, wenn dies mit etwaigen Anweisungen des Kunden sowie der Verpflichtung zur bestmöglichen Ausführung von Kundenaufträgen im Sinne von § 82 vereinbar ist. Bei einem System, bei dem gegenläufige Kundenaufträge eingehen, kann der Betreiber entscheiden, ob, wann und in welchem Umfang er zwei oder mehr Aufträge innerhalb des Systems zusammenführt. Im Einklang mit den Absätzen 1, 2, 4 und 5 und unbeschadet des Absatzes 3 kann der Betreiber bei einem System, über das Geschäfte mit Nichteigenkapitalinstrumenten in die Wege geleitet werden, die Verhandlungen zwischen den Kunden erleichtern, um so zwei oder mehr möglicherweise kompatible Handelsinteressen in einem Geschäft zusammenzuführen. Diese Verpflichtung gilt unbeschadet der §§ 72 und 82 dieses Gesetzes.

(7) Die Bundesanstalt kann von dem Betreiber eines organisierten Handelssystems jederzeit, insbesondere bei Antrag auf Zulassung des Betriebs, eine ausführliche Erklärung darüber verlangen, warum das organisierte Handelssystem keinem regulierten Markt, multilateralen Handelssystem oder systematischen Internalisierer entspricht und nicht in dieser Form betrieben werden kann. Die Erklärung hat eine ausführliche Beschreibung zu enthalten, wie der Ermessensspielraum genutzt wird, insbesondere, wann ein Auftrag im organisierten Handelssystem zurückgezogen werden kann und wann und wie zwei oder mehr sich deckende Kundenaufträge innerhalb des organisierten Handelssystems zusammengeführt werden. Außerdem hat der Betreiber eines organisierten Handelssystems der Bundesanstalt Informationen zur Verfügung zu stellen, mit denen der Rückgriff auf die Zusammenführung sich deckender Kundenaufträge erklärt wird.

(8) Die Bundesanstalt überwacht den Handel durch Zusammenführung sich deckender Aufträge durch den Betreiber des organisierten Handelssystems, damit sichergestellt ist, dass dieser die hierfür geltenden Anforderungen einhält und dass der von ihm betriebene Handel durch Zusammenführung sich deckender Aufträge nicht zu Interessenkonflikten zwischen dem Betreiber und seinen Kunden führt.

(9) § 63 Absatz 1, 3 bis 7 und 9, § 64 Absatz 1 sowie die §§ 69, 70 und 82 gelten entsprechend für Geschäfte, die über ein organisiertes Handelssystem abgeschlossen wurden.

besteht) 한하여 독립적 운영은 인정된다.

⑥ 조직화된 거래시스템의 운영자는, 다음 각 호에 관하여 결정을 하는 경우에 조직화된 거래시스템 내 주문의 처리에 관하여 재량에 따라 결정을 해야 한다,

1. 주문 또는 이에 대한 취소,
2. 특정한 고객의 주문을 특정한 시기에 시스템에서 존재하는 다른 주문(anderen zu einem bestimmten Zeitpunkt im System vorhandenen Aufträgen)과 연결하는 것.

제1문 제2호의 경우에 있어 이것이 고객의 어떤 지시와 부합하거나 제82조상의, 고객주문의 최선의 처리를 할 의무와 부합하는 경우에(wenn dies mit etwaigen Anweisungen des Kunden sowie der Verpflichtung zur bestmöglichen Ausführung von Kundenaufträgen im Sinne von § 82 vereinbar ist) 한하여 연결을 하지 않는다. 고객의 역주문(逆主文)이 들어오는 시스템의 경우 그 운영자는, 자신이 시스템 내에서 두 개의 주문이나 여러 주문을 연결할지 여부, 이를 언제 그리고 어느 정도 할 것인지를 결정할 수 있다. 제1항, 제2항, 제4항, 제5항에 따라 그리고 제3장에 상관없이 그 운영자는, 무자기자본상품 거래가 고객들 간의 교섭을 촉진하는 방식으로 행해지는 시스템에 있어(bei einem System, über das Geschäfte mit Nichteigenkapitalinstrumenten in die Wege geleitet werden, die Verhandlungen zwischen den Kunden erleichtern), 2개 또는 그 이상의 양립가능할 수도 있는 거래이익을 하나의 거래로 연결시킬 수 있다. 이러한 의무는 본 법률 제72조, 제82조와 상관없이 적용한다.

⑦ 연방금융서비스감독원은 조직화된 거래시스템의 운영자에게 언제든지, 특히 운영허가의 신청시에 어떤 이유에서, 조직화된 거래시스템이 규제받는 시장, 다자간거래시스템 또는 조직적 내부거래자에 부합하지 않고 이러한 방식으로 운영될 수 없는지(warum das organisierte Handelssystem keinem regulierten Markt, multilateralen Handelssystem oder systematischen Internalisierer entspricht und nicht in dieser Form betrieben werden kann)에 관한 상세한 진술을 요구할 수 있다. 그러한 진술은 재량의 여지가 어떻게 이용되는지, 특히 조직화된 거래시스템에서 언제 주문이 취소될 수 있는지, 언제 어떻게, 2개 또는 그 이상의 통정주요거래가 조직화된 거래시스템 내에서 연결될 수 있는지에 관한 상세한 기술도 포함해야 한다. 또한 조직화된 거래시스템의 운영자는 연방금융서비스감독원에 통정주요거래로 호소되는(mit denen der Rückgriff auf die Zusammenführung sich deckender Kundenaufträge erklärt wird) 정보를 제공해야 한다.

⑧ 연방금융서비스감독원은, 조직화된 거래시스템의 운영자가 통정주요거래에 적용되는 요구사항을 준수한다는 점(damit sichergestellt ist, dass dieser die hierfür geltenden Anforderungen einhält)과, 그 운영자에 의해 처리되는, 통정주요거래에 의한 거래가 그 운영자와 그 고객 간에 이해상충을 야기하지 않는다는 점이 보장도록 그 운영자에 의한 통정주요거래에 의한 거래를 감시(監視)한다.

⑨ 조직화된 거래시스템을 통해 체결되는 거래에 대하여 제63조 제1항, 제3항 내지 제7항, 제9항, 제64항 제1항, 제69조, 제70조, 제82조를 적용한다.

§ 76 KMU-Wachstumsmärkte; Verordnungsermächtigung

(1) Der Betreiber eines multilateralen Handelssystems kann dieses bei der Bundesanstalt als Wachstumsmarkt für kleine und mittlere Unternehmen (KMU-Wachstumsmarkt) registrieren lassen, sofern folgende Anforderungen erfüllt sind:

1. bei mindestens 50 Prozent der Emittenten, deren Finanzinstrumente zum Handel auf dem multilateralen Handelssystem zugelassen sind, handelt es sich um kleine und mittlere Unternehmen;
2. der Betreiber hat geeignete Kriterien für die Zulassung der Finanzinstrumente zum Handel an dem Markt festgelegt;
3. der Betreiber macht die Zulassung von Finanzinstrumenten zum Handel an dem Markt davon abhängig, dass bei der Zulassung ausreichende Informationen veröffentlicht werden, um dem Publikum eine zutreffende Beurteilung des Emittenten und der Finanzinstrumente zu ermöglichen; bei diesen Informationen handelt es sich entweder um ein Zulassungsdokument oder einen Prospekt, falls auf Basis der Verordnung (EU) 2017/1129 festgelegte Anforderungen im Hinblick auf ein öffentliches Angebot im Zusammenhang mit der ursprünglichen Zulassung des Finanzinstruments zum Handel auf dem multilateralen Handelssystem Anwendung finden;
4. der Betreiber stellt sicher, dass eine geeignete regelmäßige Finanzberichterstattung durch den Emittenten am Markt stattfindet, dessen Finanzinstrumente zum Handel an dem multilateralen Handelssystem zugelassen sind, insbesondere durch geprüfte Jahresberichte;
5. die in Artikel 3 Absatz 1 Nummer 21 der Verordnung (EU) Nr. 596/2014 definierten Emittenten und die in Artikel 3 Absatz 1 Nummer 25 der Verordnung (EU) Nr. 596/2014 definierten Personen, die bei einem Emittenten Führungsaufgaben wahrnehmen, sowie die in Artikel 3 Absatz 1 Nummer 26 der Verordnung (EU) Nr. 596/2014 definierten Personen, die in enger Beziehung zu diesen stehen, erfüllen die jeweiligen Anforderungen, die für sie gemäß der Verordnung (EU) Nr. 596/2014 gelten;
6. der Betreiber erfasst Informationen, die von einem Emittenten auf Grund einer rechtlichen Verpflichtung veröffentlicht wurden, und stellt diese öffentlich zur Verfügung und
7. der Betreiber richtet wirksame Systeme und Kontrollen ein, die geeignet sind, einen Marktmissbrauch an dem betreffenden Markt gemäß der Verordnung (EU) Nr. 596/2014 zu erkennen und zu verhindern.

Die Möglichkeit des Betreibers, zusätzliche Anforderungen festzulegen, bleibt unberührt.

(2) Die Bundesanstalt hebt die Registrierung eines KMU-Wachstumsmarktes auf, wenn dessen Betreiber dies beantragt oder wenn die Voraussetzungen für eine Registrierung nach Absatz 1 nicht mehr vorliegen. Die Bundesanstalt unterrichtet die Europäische Wertpapier- und Marktaufsichtsbehörde unverzüglich über die Registrierung eines KMU-Wachstumsmarktes und

第76조 중소기업을 위한 성장하는 시장; 명령제정권한

① 다자간거래시스템의 운영자는, 다음 각 호의 요구사항이 충족되는 경우에 그 시스템을 연방금융서비스감독원에 중소기업을 위한 성장하는 시장(als Wachstumsmarkt für kleine und mittlere Unternehmen (KMU-Wachstumsmarkt)으로 등록할 수 있다:

1. 그 금융상품에 대해 다자간거래시스템에서 거래되도록 허가(許可)받은 발행인(發行人)의 50% 이상(bei mindestens 50 Prozent der Emittenten)이 중소기업(kleine und mittlere Unternehmen)에 해당할 것;
2. 그 운영자(運營者)가 금융상품(金融商品)의 시장에서의 거래에 대한 허가(Zulassung der Finanzinstrumente zum Handel an dem Markt)에 대한 적절한 기준을 설정했을 것;
3. 그 운영자가 금융상품의 시장에서의 거래에 대한 허가를, 그 허가시 충분한 정보가 공중(公衆)으로 하여금 해당 발행인과 해당 금융상품에 대한 적절한 판단이 가능하게 하도록 공표되는 것에 좌우되게 할 것; (EU) 2017/1129호 규칙에 기하여 정해진 요구사항으로, 해당 금융상품의 거래에 대한 원래의 허가와 관련한 공식 제안에 관한 요구사항(auf Basis der Verordnung (EU) 2017/1129 festgelegte Anforderungen im Hinblick auf ein öffentliches Angebot im Zusammenhang mit der ursprünglichen Zulassung des Finanzinstruments zum Handel)이 그 다자간거래시스템에 대하여 적용되는 경우에 허가문서 혹은 투자설명서가 그 정보에 해당한다;
4. 그 금융상품에 대하여 다자간거래시스템에서 거래되도록 허가받은 발행인(dessen Finanzinstrumente zum Handel an dem multilateralen Handelssystem zugelassen sind)에 의한 적절한 정기 금융보고, 특히 회계감사 연례보고가 시장에서 행해진다는 점을 보장할 것;
5. (EU) 596/2014호 규칙 제3조 제1항 제21호에서 정의된 발행인과, (EU) 596/2014호 규칙 제3조 제1항 제25호에서 정의된 자로 발행인 내에서 경영기능을 수행하는 자와, (EU) 596/2014호 규칙 제3조 제1항 제26호에서 정의된 자(die in Artikel 3 Absatz 1 Nummer 26 der Verordnung (EU) Nr. 596/2014 definierten Personen)로 이들과 밀접한 관계가 있는 자는 (EU) 596/2014호 규칙에 따라 자신들에 적용되는 각 요구사항을 충족할 것(erfüllen die jeweiligen Anforderungen, die für sie gemäß der Verordnung (EU) Nr. 596/2014 gelten);
6. 그 운영자가 발행인이 법적 의무에 기하여 공표한(die von einem Emittenten auf Grund einer rechtlichen Verpflichtung veröffentlicht wurden) 정보를 수집한 다음 이를 공식적으로 제공할 것;
7. 그 운영자가 (EU) 596/2014호 규칙에 따라 해당 시장에서의 시장에서의 지위남용행위를 인식(認識)하고 이를 방지하는 데 적합한 효율적인 시스템과 통제(wirksame Systeme und Kontrollen)를 구축(構築)할 것.

추가적 요구사항을 정할 운영자의 가능성은 영향을 받지 아니한다.

② 연방금융서비스감독원은 그 시장의 운영자가 이를 신청한 경우나 제1항에 다른 등록 요건이 더 이상 존재하지 않는 경우에는 중소기업을 위한 성장하는 시장의 등록을 말소한다. 연방금융서비스감독원은 유럽연합유가증권시장감독청(die Europäische Wertpapier- und Marktaufsichtsbehörde)에 지체 없이 중소기업을 위한 성장하는 시장의 등록(登錄)과 그 말소에 대

über deren Aufhebung.

(3) Ein Finanzinstrument, das zum Handel an einem KMU-Wachstumsmarkt zugelassen ist, kann nur dann in einem anderen KMU-Wachstumsmarkt gehandelt werden, wenn der Emittent des Finanzinstruments hierüber unterrichtet wurde und dem nicht widersprochen hat. In einem solchen Fall entstehen dem Emittenten im Hinblick auf diesen anderen KMU-Wachstumsmarkt keine Verpflichtungen in Bezug auf die Unternehmensführung und -kontrolle oder erstmalige, laufende oder punktuelle Veröffentlichungspflichten.

(4) Das Bundesministerium der Finanzen kann durch Rechtsverordnung, die nicht der Zustimmung des Bundesrates bedarf, nähere Bestimmungen treffen

1. zur Art der Kriterien nach Absatz 1 Nummer 2,
2. zu Inhalt, Art, Umfang und Form der bei Zulassung zu veröffentlichenden Informationen nach Absatz 1 Nummer 3 und
3. zu Inhalt, Art, Umfang und Form der Berichterstattung nach Absatz 1 Nummer 4.

Das Bundesministerium der Finanzen kann die Ermächtigung durch Rechtsverordnung auf die Bundesanstalt übertragen.

§ 77 Direkter elektronischer Zugang

(1) Ein Wertpapierdienstleistungsunternehmen, das einen direkten elektronischen Zugang zu einem Handelsplatz anbietet, muss

1. die Eignung der Kunden, die diesen Dienst nutzen, vor Gewährung des Zugangs beurteilen und regelmäßig überprüfen,
2. die im Zusammenhang mit diesem Dienst bestehenden Rechte und Pflichten des Kunden und des Wertpapierdienstleistungsunternehmens in einem schriftlichen Vertrag festlegen, wobei die Verantwortlichkeit des Wertpapierdienstleistungsunternehmens nach diesem Gesetz nicht auf den Kunden übertragen werden darf,
3. angemessene Handels- und Kreditschwellen für den Handel dieser Kunden festlegen,
4. den Handel dieser Kunden überwachen, um
   a) sicherzustellen, dass die Kunden die nach Nummer 3 festgelegten Schwellen nicht überschreiten,
   b) sicherzustellen, dass der Handel den Anforderungen der Verordnung (EU) Nr. 596/2014, dieses Gesetzes sowie der Vorschriften des Handelsplatzes entspricht,
   c) marktstörende Handelsbedingungen oder auf Marktmissbrauch hindeutende Verhaltensweisen, die an die zuständige Behörde zu melden sind, erkennen zu können und
   d) sicherzustellen, dass durch den Handel keine Risiken für das Wertpapierdienstleistungsunternehmen selbst entstehen.

하여 통지한다.

③ 중소기업을 위한 성장하는 어느 시장에서 거래되도록 허가를 받은 금융상품은, 해당 금융상품의 발행인이 이에 관하여 통지를 받고 이에 대해 이의를 제기하지 않은 경우에 한하여 중소기업을 위한 성장하는 다른 시장에서 거래될 수 있다. 이러한 경우에 기업경영 및 기업통제나 최초 공표의무, 통상적 공표의무 또는 기한을 지키는 공표의무에 관한 의무(Verpflichtungen in Bezug auf die Unternehmensführung und -kontrolle oder erstmalige, laufende oder punktuelle Veröffentlichungspflichten)는 이러한 중소기업을 위한 성장하는 다른 시장에 관련하여 그 발행인에게 발생하지 아니한다.

④ 연방재무부는 연방참사원의 동의가 필요 없는 법규명령으로 다음 각 호에 관한 세부조항을 정할 수 있다,

1. 제1항 제2호에 따른 기준의 유형,
2. 제1항 제3호에 따라 허가시 공표해야 하는 정보의 내용, 유형, 범위 및 방식,
3. 제1항 제4호에 따른 보고의 내용, 유형 범위 및 방식(Inhalt, Art, Umfang und Form der Berichterstattung),

연방재무부는 그 권한을 법규명령으로 연방금융서비스감독원에(auf die Bundesanstalt) 이양할 수 있다.

제77조 직접적 전자접근

① 거래플랫폼에 대한 직접적 전자접근을 제공하는 유가증권투자서비스회사는,

1. 이러한 서비스를 이용하는 고객의 적성을 그 접근을 허용하기 전에 판단해야만 하고 주기적으로 심사해야만 한다,
2. 이러한 서비스와 관련하여 인정되는 고객 및 유가증권투자서비스회사의 권리의무를 서면의 계약서로 정해야만 하고, 본 법률에 따른 유가증권투자서비스회사의 책임이 고객에 전가되어서는 아니된다.
3. 이러한 고객(顧客)의 거래(去來)에 대한 적절(適切)한 거래한도 및 대출한도(Handels- und Kreditschwellen)치를 정해야만 한다.
4. 다음 각 목을 위하여 이러한 고객의 거래를 감시해야만 한다,
   a) 고객이 제3호에 따라 정한 한도를 넘지 않도록(dass die Kunden die nach Nummer 3 festgelegten Schwellen nicht überschreiten) 보장하기 위하여,
   b) 해당 거래가 (EU) 596/2014호 규칙, 본 법률 및 거래플랫폼의 규정의 요구사항에 부합한다는 점을 보장하기 위하여,
   c) 관할 관청에 신고해야 하는 시장교란적 거래조건이나 그와 같이 신고해야 하는, 시장에서의 지위남용행위를 보여주는 행태(行態)(marktstörende Handelsbedingungen oder auf Marktmissbrauch hindeutende Verhaltensweisen)를 인식할 수 있기 위하여,
   d) 거래(去來)로 인하여 유가증권투자서비스에 대한 위험이 직접 발생하지 않도록 보장하기 위하여,

(2) Ein Wertpapierdienstleistungsunternehmen, das einen direkten elektronischen Zugang zu einem Handelsplatz anbietet, teilt dies der Bundesanstalt und den zuständigen Behörden des Handelsplatzes, an dem sie den direkten elektronischen Zugang anbietet, mit. Die Bundesanstalt kann dem Wertpapierdienstleistungsunternehmen vorschreiben, regelmäßig oder jederzeit auf Anforderung eine Beschreibung der in Absatz 1 genannten Systeme und Kontrollen sowie Nachweise für ihre Anwendung vorzulegen. Auf Ersuchen einer zuständigen Behörde des Handelsplatzes, zu dem ein Wertpapierdienstleistungsunternehmen direkten elektronischen Zugang bietet, leitet die Bundesanstalt diese Informationen unverzüglich an diese Behörde weiter.

(3) Das Wertpapierdienstleistungsunternehmen sorgt dafür, dass Aufzeichnungen zu den in diesem Paragrafen genannten Angelegenheiten mindestens für fünf Jahre aufbewahrt werden, und stellt sicher, dass diese ausreichend sind, um der Bundesanstalt zu ermöglichen, die Einhaltung der Anforderungen dieses Gesetzes zu überprüfen.

§ 78 Handeln als General-Clearing-Mitglied

Ein Wertpapierdienstleistungsunternehmen, das als General-Clearing-Mitglied für andere Personen handelt, muss über wirksame Systeme und Kontrollen verfügen, um sicherzustellen, dass die Clearing-Dienste nur für solche Personen erbracht werden, die dafür geeignet sind und die von dem Wertpapierdienstleistungsunternehmen vorher festgelegte eindeutige Kriterien erfüllen. Es muss diesen Personen geeignete Anforderungen auferlegen, die dafür sorgen, dass die Risiken für das Wertpapierdienstleistungsunternehmen und den Markt verringert werden. Es muss ein schriftlicher Vertrag zwischen dem Wertpapierdienstleistungsunternehmen und der jeweiligen Person bestehen, der die im Zusammenhang mit diesem Dienst bestehenden Rechte und Pflichten regelt.

§ 79 Mitteilungspflicht von systematischen Internalisierern

Wertpapierdienstleistungsunternehmen, die als systematischer Internalisierer tätig sind, haben dies der Bundesanstalt unverzüglich mitzuteilen. Die Bundesanstalt übermittelt diese Information .

§ 80 Organisationspflichten; Verordnungsermächtigung

(1) Ein Wertpapierdienstleistungsunternehmen muss die organisatorischen Pflichten nach § 25a Absatz 1 und § 25e des Kreditwesengesetzes einhalten. Darüber hinaus muss es

1. angemessene Vorkehrungen treffen, um die Kontinuität und Regelmäßigkeit der Wertpapierdienstleistungen und Wertpapiernebendienstleistungen zu gewährleisten;
2. auf Dauer wirksame Vorkehrungen für angemessene Maßnahmen treffen, um Interessenkonflikte bei der Erbringung von Wertpapierdienstleistungen und Wertpapiernebendienstleistungen oder einer Kombination davon zwischen einerseits ihm selbst einschließlich seiner Geschäftsleitung, seiner Mitarbeiter, seiner vertraglich gebundenen Vermittler und der mit ihm direkt oder

② 직접적 전자접근을 제공하는 유가증권투자서비스회사는, 이를 연방금융서비스감독원과, 그 회사가 직접적 전자접근을 제공하는 거래플랫폼을 관할하는 관청에 통지한다. 연방금융서시비스감독원은 유가증권투자서비스회사에 대하여, 정기적으로 또는 요구하면 언제든지 제1항상의 시스템과 통제에 대한 기술과 그 적용에 대한 증명을 제출할 것(regelmäßig oder jederzeit auf Anforderung eine Beschreibung der in Absatz 1 genannten Systeme und Kontrollen sowie Nachweise für ihre Anwendung vorzulegen)을 명령할 수 있다. 유가증권투자서비스회사가 직접적 전자접근을 제공하는 거래플랫폼을 관할하는 관청의 요구가 있는 경우에 연방금융서비스감독원은 이러한 정보를 지체 없이 그 관청에 제공한다.

③ 유가증권투자서비스회사는, 본조항에서 언급한 사항에 관한 문서가 최소 5년간 보관된다는 점을 보장해야 하고, 이러한 서류가 연방금융서비스감독원로 하여금 본 법률상의 요구사항에 대한 준수를 심사하게 하는 데 충분하다는 점(dass diese ausreichend sind, um der Bundesanstalt zu ermöglichen, die Einhaltung der Anforderungen dieses Gesetzes zu überprüfen)을 보장해야 한다.

제78조 일반청산회원으로서의 거래

타인을 위한 일반청산회원으로서 행위하는 유가증권투자서비스회사는, 청산사무에 대해 적임이고, 유가증권투자서비스회사가 미리 정한 명료한 기준을 충족한(die dafür geeignet sind und die von dem Wertpapierdienstleistungsunternehmen vorher festgelegte eindeutige Kriterien erfüllen) 그러한 자에 대해서만 청산사무가 제공되도록 보장하기 위한 효율적인 시스템 및 통제(wirksame Systeme und Kontrollen)를 보유해야만 한다. 그 회사는 이러한 자들에게 그 유가증권투자서비스회사와 시장에 대한 위험이 감소한다는 점을 보장하는 적절한 요구사항을 부과해야만 한다. 그 회사는 유가증권투자서비스회사와 각 그러한 자 간의 계약서로, 이러한 사무에 관하여 인정된 권리의무를 규율하는 계약서를 작성해야만 한다.

제79조 조직적 내부거래자의 통지의무

조직적(組織的) 내부거래자로서 활동(活動)하는 유가증권투자서비스회사는 그러한 점을 연방금융서비스감독원에 지체 없이 통지해야 한다. 연방금융서비스감독원은 이러한 정보를 유럽연합유가증권시장감독청(an die Europäische Wertpapier- und Marktaufsichtsbehörde)에 제공한다.

제80조 조직의무; 명령제정권한

① 유가증권투자서비스회사는 금융기관법 제25조a 제1항, 제25조e에 따른 조직의무(die organisatorischen Pflichten)를 준수해야만 한다. 또한(Darüber hinaus) 그 유가증권투자서비스회사는.

1. 유가증권투자서비스와 유가증권투자부대서비스의 연속성과 정기성(die Kontinuität und Regelmäßigkeit)을 보장하기 위하여 적절한 대책을 마련해야 한다;
2. 유가증권투자서비스와 유가증권투자부대서비스의 제공시의 이해상충이나, 자신의 경영진, 직원, 전속중개인(專屬仲介人)과, (EU) 575/2013호 규칙 제4조 제1항 제37호상의 통제에 의해 그 회사와 직접적 또는 간접적으로 연결된 자 및 기업을 포함하여 한 측에서는 유가증권투자서비스회사 자체와 다른 측에서는 고객 간의 유가증권투자서비스와 유가증권투자부대서비스의 결합시

indirekt durch Kontrolle im Sinne des Artikels 4 Absatz 1 Nummer 37 der Verordnung (EU) Nr. 575/2013 verbundenen Personen und Unternehmen und andererseits seinen Kunden oder zwischen seinen Kunden untereinander zu erkennen und zu vermeiden oder zu regeln; dies umfasst auch solche Interessenkonflikte, die durch die Annahme von Zuwendungen Dritter sowie durch die eigene Vergütungsstruktur oder sonstige Anreizstrukturen des Wertpapierdienstleistungsunternehmens verursacht werden;

3. im Rahmen der Vorkehrungen nach Nummer 2 Grundsätze oder Ziele, die den Umsatz, das Volumen oder den Ertrag der im Rahmen der Anlageberatung empfohlenen Geschäfte unmittelbar oder mittelbar betreffen (Vertriebsvorgaben), derart ausgestalten, umsetzen und überwachen, dass Kundeninteressen nicht beeinträchtigt werden;
4. über solide Sicherheitsmechanismen verfügen, die die Sicherheit und Authentifizierung der Informationsübermittlungswege gewährleisten, das Risiko der Datenverfälschung und des unberechtigten Zugriffs minimieren und verhindern, dass Informationen bekannt werden, so dass die Vertraulichkeit der Daten jederzeit gewährleistet ist.

Nähere Bestimmungen zur Organisation der Wertpapierdienstleistungsunternehmen enthalten die Artikel 21 bis 26 der Delegierten Verordnung (EU) 2017/565.

(2) Ein Wertpapierdienstleistungsunternehmen muss zusätzlich die in diesem Absatz genannten Bestimmungen einhalten, wenn es in der Weise Handel mit Finanzinstrumenten betreibt, dass ein Computeralgorithmus die einzelnen Auftragsparameter automatisch bestimmt, ohne dass es sich um ein System handelt, das nur zur Weiterleitung von Aufträgen zu einem oder mehreren Handelsplätzen, zur Bearbeitung von Aufträgen ohne die Bestimmung von Auftragsparametern, zur Bestätigung von Aufträgen oder zur Nachhandelsbearbeitung ausgeführter Aufträge verwendet wird (algorithmischer Handel). Auftragsparameter im Sinne des Satzes 1 sind insbesondere Entscheidungen, ob der Auftrag eingeleitet werden soll, über Zeitpunkt, Preis oder Quantität des Auftrags oder wie der Auftrag nach seiner Einreichung mit eingeschränkter oder überhaupt keiner menschlichen Beteiligung bearbeitet wird. Ein Wertpapierdienstleistungsunternehmen, das algorithmischen Handel betreibt, muss über Systeme und Risikokontrollen verfügen, die sicherstellen, dass

1. seine Handelssysteme belastbar sind, über ausreichende Kapazitäten verfügen und angemessenen Handelsschwellen und Handelsobergrenzen unterliegen;
2. die Übermittlung von fehlerhaften Aufträgen oder eine Funktionsweise des Systems vermieden wird, durch die Störungen auf dem Markt verursacht oder ein Beitrag zu diesen geleistet werden könnten;
3. seine Handelssysteme nicht für einen Zweck verwendet werden können, der gegen die europäischen und nationalen Vorschriften gegen Marktmissbrauch oder die Vorschriften des

의 이해상충이나, 자신의 고객들 상호간에 유가증권투자서비스와 유가증권투자부대서비스의 결합 시의 이해상충을 인식하고 이를 방지하거나 규제하기 위하여 적절한 조치에 대한 지속적이고도 효과적인 대책을 마련해야만 한다; 이는 제3자의 출연의 수령에 의해 야기되거나 유가증권투자서비스회사의 고유한 보수구조 또는 기타 인센티브구조에 의해 야기되는(die durch die Annahme von Zuwendungen Dritter sowie durch die eigene Vergütungsstruktur oder sonstige Anreizstrukturen des Wertpapierdienstleistungsunternehmens verursacht) 그러한 이해상충을 포함한다;

3. 투자자문 중에 추천된 거래(der im Rahmen der Anlageberatung empfohlenen Geschäfte)의 판매, 수량(數量) 또는 수익과 직접적으로 또는 간접적으로 관련 원칙 또는 목표('판매규정'; Vertriebsvorgaben)를, 제2호에 따른 대책의 범위 내에서 마련하고 시행하며 감시해서 고객 이익이 침해되지 않도록(dass Kundeninteressen nicht beeinträchtigt werden) 해야 한다;
4. 정보제공경로의 보안과 인증(die Sicherheit und Authentifizierung der Informationsübermittlungswege)을 보장하고 정보위조 및 무단접근의 위험(das Risiko der Datenverfälschung und des unberechtigten Zugriffs)을 최소화하고 방지하는 견고한 보안메커니즘을 보유해서 정보의 신뢰성이 언제나 보장되도록 정보가 제공되도록 해야만 한다.

유가증권투자서비스회사에 관한 상세규정은 (EU) 2017/565호 위임명령 제21조 내지 제26조에 따른다.

② 한 또는 여러 거래플랫폼으로의 주문의 전달, 주문제한의 설정 없는 주문의 처리, 주문의 확인 또는 처리된 주문의 거래후처리에만 이용되는(das nur zur Weiterleitung von Aufträgen zu einem oder mehreren Handelsplätzen, zur Bearbeitung von Aufträgen ohne die Bestimmung von Auftragsparametern, zur Bestätigung von Aufträgen oder zur Nachhandelsbearbeitung ausgeführter Aufträge verwendet wird) 시스템에 해당하는 경우를 제외하고, 유가증권투자서비스회사가 컴퓨터 알고리즘이 개별 주문한도를 자동적으로 정하는 방식으로 금융상품 거래를 하는 경우('알고리즘에 의한 거래'; algorithmischer Handel)에 본 조항에서 언급된 규율(die in diesem Absatz genannten Bestimmungen)을 추가적으로 준수해야만 한다. 제1문상의 주문제한은, 특히, 주문이 개시되어야 하는지 여부, 주문의 시기, 가격 또는 질에 관하여 하는 결정이나, 인간의 참여가 제한되거나 전혀 없는 채 주문의 전달 후 주문이 어떻게 처리되는지에 관하여 하는 결정을 말한다. 알고리즘에 의한 거래를 하는 유가증권투자서비스회사는, 다음 각 호를 보장하는 시스템을 보유하고 위험통제를 시행해야만 한다,

1. 자신의 거래시스템이 견고하고, 충분한 처리능력을 갖추며 적절한 거래한도 및 거래상한의 적용받는다는 점;
2. 하자 있는 주문 또는 시스템 기능의 전달로서, 시장에 대한 교란이 야기되거나 그 교란(攪亂)에 대한 촉진이 이뤄질 수 있는(ein Beitrag zu diesen geleistet werden könnten) 전달이 방지된다는 점;
3. 자신의 시스템을 시장에서의 지위남용행위에 대한 유럽연합 규정 또는 국가 규정이나, 그시스템이 연결된 거래플랫폼 규정(die Vorschriften des Handelsplatzes verstößt, mit dem es verbunden

Handelsplatzes verstößt, mit dem es verbunden ist.

Ein Wertpapierdienstleistungsunternehmen, das algorithmischen Handel betreibt, muss ferner über wirksame Notfallvorkehrungen verfügen, um mit unvorgesehenen Störungen in seinen Handelssystemen umzugehen, und sicherstellen, dass seine Systeme vollständig geprüft sind und ordnungsgemäß überwacht werden. Das Wertpapierdienstleistungsunternehmen zeigt der Bundesanstalt und den zuständigen Behörden des Handelsplatzes, dessen Mitglied oder Teilnehmer es ist, an, dass es algorithmischen Handel betreibt.

(3) Ein Wertpapierdienstleistungsunternehmen, das algorithmischen Handel im Sinne des Artikels 18 der Delegierten Verordnung (EU) 2017/565 betreibt, hat ausreichende Aufzeichnungen zu den in Absatz 2 genannten Angelegenheiten für mindestens fünf Jahre aufzubewahren. Nutzt das Wertpapierdienstleistungsunternehmen eine hochfrequente algorithmische Handelstechnik, müssen diese Aufzeichnungen insbesondere alle von ihm platzierten Aufträge einschließlich Auftragsstornierungen, ausgeführten Aufträge und Kursnotierungen an Handelsplätzen umfassen und chronologisch geordnet aufbewahrt werden. Auf Verlangen der Bundesanstalt sind diese Aufzeichnungen herauszugeben.

(4) Betreibt ein Wertpapierdienstleistungsunternehmen algorithmischen Handel im Sinne des Absatzes 2 unter Verfolgung einer Market-Making-Strategie, hat es unter Berücksichtigung der Liquidität, des Umfangs und der Art des konkreten Marktes und der konkreten Merkmale des gehandelten Instruments

1. dieses Market-Making während eines festgelegten Teils der Handelszeiten des Handelsplatzes kontinuierlich zu betreiben, abgesehen von außergewöhnlichen Umständen, so dass der Handelsplatz regelmäßig und verlässlich mit Liquidität versorgt wird,
2. einen schriftlichen Vertrag mit dem Handelsplatz zu schließen, in dem zumindest die Verpflichtungen nach Nummer 1 festgelegt werden, sofern es nicht den Vorschriften des § 26c des Börsengesetzes unterliegt, und
3. über wirksame Systeme und Kontrollen zu verfügen, durch die gewährleistet wird, dass es jederzeit diesen Verpflichtungen nachkommt.

(5) Ein Wertpapierdienstleistungsunternehmen, das algorithmischen Handel betreibt, verfolgt eine Market-Making-Strategie im Sinne des Absatzes 4, wenn es Mitglied oder Teilnehmer eines oder mehrerer Handelsplätze ist und seine Strategie beim Handel auf eigene Rechnung beinhaltet, dass es in Bezug auf ein oder mehrere Finanzinstrumente an einem einzelnen Handelsplatz oder an verschiedenen Handelsplätzen feste, zeitgleiche Geld- und Briefkurse vergleichbarer Höhe zu wettbewerbsfähigen Preisen stellt.

(6) Ein Wertpapierdienstleistungsunternehmen muss bei einer Auslagerung von Aktivitäten und Prozessen sowie von Finanzdienstleistungen die Anforderungen nach § 25b des

ist)에 위반하는 목적으로 사용할 수 없다는 점.
알고리즘에 의한 거래를 하는 유가증권투자서비스회사는 또한 자신의 시스템 내 불측의 교란에 대응하기 위한(um mit unvorgesehenen Störungen in seinen Handelssystemen umzugehen) 효율적인 비상대책을 마련해야만 하고, 자신이 시스템이 충분이 점검을 받았고 적절하게 감시를 받는다는 점을 보장해야만 한다. 유가증권투자서비스회사는 연방금융서비스감독원과, 그 회사가 그 회원 또는 참여자인 거래플랫폼을 관할하는 관청에 자신이 알고리즘에 의한 거래를 한다는 것을 신고해야 한다.

③ (EU) 2017/565호 위임규칙 제18조상의 알고리즘에 의한 거래를 하는 유가증권투자서비스회사는 제2항상의 사항에 관한 충분한 문서를 최소 5년간(ausreichende Aufzeichnungen zu den in Absatz 2 genannten Angelegenheiten für mindestens fünf Jahre) 보관해야만 한다. 유가증권투자서비스회사가 제44항상의 사용빈도가 높은 알고리즘 거래기술을 사용하는 경우에(Nutzt das Wertpapierdienstleistungsunternehmen eine hochfrequente algorithmische Handelstechnik) 이러한 문서에는 특히, 주문취소, 처리한 주문과 거래플랫폼에서의 시가(市價)를 포함하여 그 회사가 한 일체의 주문이 포함되어야만 하고 시기순으로 정리되어 보관되어야만 한다. 연방금융서비스감독원의 요구가 있는 경우 이러한 문서는 제출되어야 한다.

④ 유가증권투자서비스회사가 유동성공급전략의 추구하며 제2항상의 알고리즘에 의한 거래를 하는 경우에, 그 회사는 구체적 시장의 유동성, 범위 및 특성과 거래한 상품의 구체적 구성요소를 고려하여,

1. 이례적인 사정을 제외하고는, 그 거래플랫폼이 정기적이고도 신뢰할 수 있게 유동성을 공급하도록(abgesehen von außergewöhnlichen Umständen, so dass der Handelsplatz regelmäßig und verlässlich mit Liquidität versorgt wird) 거래플랫폼의 정해진 거래시간대 동안에 계속적으로 이러한 유동성공급을 행해야 한다,
2. 그 회사(會社)가 거래소법(去來所法) 제26조c의 규정(規定)을 적용받지 않는 한(sofern es nicht den Vorschriften des § 26c des Börsengesetzes unterliegt), 해당 거래플랫폼과 최소한 제1호에 따른 의무가 규정되어 있는 계약서를 작성해야 하고,
3. 그 회사 언제든지 이러한 의무를 이행한다는 점이 보장된 효율적인 시스템과 통제를 보유해야 한다.

⑤ 알고리즘에 의한 거래를 하는 유가증권투자서비스회사가 한 또는 여러 거래플랫폼의 회원 또는 참가자이고 자기계산으로 한 거래에서, 그 회사가 한 또는 여러 금융상품 관련하여 하나의 거래플랫폼 또는 여러 거래플랫폼에서 경쟁력 있는 가격과 비슷한 액수에 의한, 동시의 고정 매수호가(買收呼價) 및 고정 매도호가(賣渡呼價)(feste, zeitgleiche Geld- und Briefkurse vergleichbarer Höhe zu wettbewerbsfähigen Preisen)를 해야 하는, 그 회사의 전략을 포함하는 경우에, 그 회사는 제4항상의 유동성공급전략(eine Market-Making-Strategie im Sinne des Absatzes 4)을 추구하는 것이다.

⑥ 유가증권투자서비스회사가 활동, 과정 및 금융서비스의 외주화에 있어(bei einer Auslagerung von Aktivitäten und Prozessen sowie von Finanzdienstleistungen), 금융기관법 제25조b에 따른 요

Kreditwesengesetzes einhalten. Die Auslagerung darf nicht die Rechtsverhältnisse des Unternehmens zu seinen Kunden und seine Pflichten, die nach diesem Abschnitt gegenüber den Kunden bestehen, verändern. Die Auslagerung darf die Voraussetzungen, unter denen dem Wertpapierdienstleistungsunternehmen eine Erlaubnis nach § 32 des Kreditwesengesetzes erteilt worden ist, nicht verändern. Nähere Bestimmungen zu den Anforderungen an die Auslagerung ergeben sich aus den Artikeln 30 bis 32 der Delegierten Verordnung (EU) 2017/565.

(7) Ein Wertpapierdienstleistungsunternehmen darf die Anlageberatung nur dann als Unabhängige Honorar-Anlageberatung erbringen, wenn es ausschließlich Unabhängige Honorar-Anlageberatung erbringt oder wenn es die Unabhängige Honorar-Anlageberatung organisatorisch, funktional und personell von der übrigen Anlageberatung trennt. Wertpapierdienstleistungsunternehmen müssen Vertriebsvorgaben im Sinne des Absatzes 1 Nummer 3 für die Unabhängige Honorar-Anlageberatung so ausgestalten, dass in keinem Falle Interessenkonflikte mit Kundeninteressen entstehen können. Ein Wertpapierdienstleistungsunternehmen, das Unabhängige Honorar-Anlageberatung erbringt, muss auf seiner Internetseite angeben, ob die Unabhängige Honorar-Anlageberatung in der Hauptniederlassung und in welchen inländischen Zweigniederlassungen angeboten wird.

(8) Ein Wertpapierdienstleistungsunternehmen, das Finanzportfolioverwaltung oder Unabhängige Honorar-Anlageberatung erbringt, muss durch entsprechende Grundsätze sicherstellen, dass alle monetären Zuwendungen, die im Zusammenhang mit der Finanzportfolioverwaltung oder Unabhängigen Honorar-Anlageberatung von Dritten oder von für Dritte handelnden Personen angenommen werden, dem jeweiligen Kunden zugewiesen und an diesen weitergegeben werden.

(9) Ein Wertpapierdienstleistungsunternehmen, das Finanzinstrumente zum Verkauf konzipiert, hat ein Verfahren für die Freigabe jedes einzelnen Finanzinstruments und jeder wesentlichen Anpassung bestehender Finanzinstrumente zu unterhalten, zu betreiben und zu überprüfen, bevor das Finanzinstrument an Kunden vermarktet oder vertrieben wird (Produktfreigabeverfahren). Das Verfahren muss sicherstellen, dass für jedes Finanzinstrument für Endkunden innerhalb der jeweiligen Kundengattung ein bestimmter Zielmarkt festgelegt wird. Dabei sind alle einschlägigen Risiken für den Zielmarkt zu bewerten. Darüber hinaus ist sicherzustellen, dass die beabsichtigte Vertriebsstrategie dem nach Satz 2 bestimmten Zielmarkt entspricht.

(10) Ein Wertpapierdienstleistungsunternehmen hat von ihm angebotene oder vermarktete Finanzinstrumente regelmäßig zu überprüfen und dabei alle Ereignisse zu berücksichtigen, die wesentlichen Einfluss auf das potentielle Risiko für den bestimmten Zielmarkt haben könnten. Zumindest ist regelmäßig zu beurteilen, ob das Finanzinstrument den Bedürfnissen des nach Absatz 9 Satz 2 bestimmten Zielmarkts weiterhin entspricht und ob die beabsichtigte Vertriebsstrategie zur Erreichung dieses Zielmarkts weiterhin geeignet ist.

구사항을 준수해야만 한다. 그 외주화에 의해 그 회사와 자신의 고객 간의 법률관계와, 본 장에 따라 고객에 대하여 인정되는 자신의 의무(die Rechtsverhältnisse des Unternehmens zu seinen Kunden und seine Pflichten, die nach diesem Abschnitt gegenüber den Kunden bestehen)가 변경되지 아니한다. 그 외주화에 의해 금융기관법 제32조에 따른 허가가 그 유가증권투자서비스회사에 부여되는 요건이 변경되지 아니한다. 외주화에 대한 요구사항에 관한 세부조항은 (EU) 2017/565호 위임규칙 제30조 내지 제32조의 규정에 따른다.

⑦ 유가증권투자서비스회사가 오로지 독립 투자자문을 제공하는 경우나, 그 회사가 독립 투자자문을 조직적으로, 기능적으로 또 인력면에서 나머지 투자자문과 분리한 경우(wenn es die Unabhängige Honorar-Anlageberatung organisatorisch, funktional und personell von der übrigen Anlageberatung trennt)에 한하여 그 유가증권투자서비스회사는 투자자문을 독립 투자자문으로 제공할 수 있다. 유가증권투자서비스회사는, 어느 경우에도 고객이익과의 이해상충이 발생할 수 없도록(dass in keinem Falle Interessenkonflikte mit Kundeninteressen entstehen können) 독립 투자자문에 대한 제1항 제3호상의 투자규정을 마련해야만 한다. 독립 투자자문을 제공하는 유가증권투자서비스회사는, 자신의 인터넷사이트에 독립 투자자문이 본점과 독일의 어느 지점에서 제공되는지(ob die Unabhängige Honorar-Anlageberatung in der Hauptniederlassung und in welchen inländischen Zweigniederlassungen angeboten wird)를 명시해야만 한다.

⑧ 금융포트폴리오관리 또는 독립 투자자문을 제공하는 유가증권투자서비스회사는 관련 원칙에 의해, 제3자 또는 제3자를 위해 행위하는 자가 금융포트폴리오관리 또는 독립 투자자문과 관련하여 수령하는(die im Zusammenhang mit der Finanzportfolioverwaltung oder Unabhängigen Honorar-Anlageberatung von Dritten oder von für Dritte handelnden Personen angenommen werden) 모든 통화적 출연이 각 고객에게 분배되어 그 고객에게 제공되도록 보장해야만 한다.

⑨ 금융상품을 판매하도록 설계한 유가증권투자서비스회사는, 그 금융상품이 고객에게 판매되거나 유통되기 전에 각 개별 금융상품과 현행 금융상품의 각 중요한 조정에 대한 발행절차를 마련해야 하고, 이를 유지해야 하며 심사해야 한다('금융상품발행절차'; Produktfreigabeverfahren). 그 절차는 최종소비자에 대한 각 금융상품에 관하여 각 고객유형 내에서 특정한 목표시장이 설정되도록(dass für jedes Finanzinstrument für Endkunden innerhalb der jeweiligen Kundengattung ein bestimmter Zielmarkt festgelegt wird) 보장해야 한다. 이 경우 목표시장에 대한 관련 모든위험을 평가해야 한다. 또한 의도하는 판매전략이 제2문에 따른 특정 목표시장에 부합한다는 점이 보장되어야 한다.

⑩ 유가증권투자서비스회사는 자신이 제공하거나 판매한 금융상품을 정기적으로 점검해야 하고, 이 경우 특정 목표시장에 대한 잠재 위험에 대하여 중대한 영향(wesentlichen Einfluss auf das potentielle Risiko für den bestimmten Zielmarkt)을 미칠 수 있는 모든 결과를 고려해야 한다. 해당 금융상품이 제9조 제2문에 따른 특정 목표시장의 수요와 계속적으로 부합하는지 여부와 의도하는 판매전략이 이러한 목표시장의 달성하는 데 계속적으로 적합한지 여부를 최소한 정기적으로 판단해야 한다.

(11) Ein Wertpapierdienstleistungsunternehmen, das Finanzinstrumente konzipiert, hat allen Vertriebsunternehmen sämtliche erforderlichen und sachdienlichen Informationen zu dem Finanzinstrument und dem Produktfreigabeverfahren nach Absatz 9 Satz 1, einschließlich des nach Absatz 9 Satz 2 bestimmten Zielmarkts, zur Verfügung zu stellen. Vertreibt ein Wertpapierdienstleistungsunternehmen Finanzinstrumente oder empfiehlt es diese, ohne sie zu konzipieren, muss es über angemessene Vorkehrungen verfügen, um sich die in Satz 1 genannten Informationen vom konzipierenden Wertpapierdienstleistungsunternehmen oder vom Emittenten zu verschaffen und die Merkmale sowie den Zielmarkt des Finanzinstruments zu verstehen.
(12) Ein Wertpapierdienstleistungsunternehmen, das Finanzinstrumente anzubieten oder zu empfehlen beabsichtigt und das von einem anderen Wertpapierdienstleistungsunternehmen konzipierte Finanzinstrumente vertreibt, hat geeignete Verfahren aufrechtzuerhalten und Maßnahmen zu treffen, um sicherzustellen, dass die Anforderungen nach diesem Gesetz eingehalten werden. Dies umfasst auch solche Anforderungen, die für die Offenlegung, für die Bewertung der Eignung und der Angemessenheit, für Anreize und für den ordnungsgemäßen Umgang mit Interessenkonflikten gelten. Das Wertpapierdienstleistungsunternehmen ist zu besonderer Sorgfalt verpflichtet, wenn es als Vertriebsunternehmen ein neues Finanzprodukt anzubieten oder zu empfehlen beabsichtigt oder wenn sich die Dienstleistungen ändern, die es als Vertriebsunternehmen anzubieten oder zu empfehlen beabsichtigt.
(13) Das Wertpapierdienstleistungsunternehmen hat seine Produktfreigabevorkehrungen regelmäßig zu überprüfen, um sicherzustellen, dass diese belastbar und zweckmäßig sind und zur Umsetzung erforderlicher Änderungen geeignete Maßnahmen zu treffen. Es hat sicherzustellen, dass seine gemäß Artikel 22 Absatz 2 der Delegierten Verordnung (EU) 2017/565 eingerichtete Compliance-Funktion die Entwicklung und regelmäßige Überprüfung der Produktfreigabevorkehrungen überwacht und etwaige Risiken, dass Anforderungen an den Produktüberwachungsprozess nicht erfüllt werden, frühzeitig erkennt.
(14) Das Bundesministerium der Finanzen kann durch Rechtsverordnung, die nicht der Zustimmung des Bundesrates bedarf, nähere Bestimmungen zur Anwendung der Delegierten Verordnung (EU) 2017/565 sowie zur Umsetzung der Delegierten Richtlinie (EU) 2017/593 der Kommission vom 7. April 2016 zur Ergänzung der Richtlinie 2014/65/EU des Europäischen Parlaments und des Rates im Hinblick auf den Schutz der Finanzinstrumente und Gelder von Kunden, Produktüberwachungspflichten und Vorschriften für die Entrichtung beziehungsweise Gewährung oder Entgegennahme von Gebühren, Provisionen oder anderen monetären oder nicht-monetären Vorteilen (ABl. L 87 vom 31.3.2017, S. 500), in der jeweils geltenden Fassung, und den organisatorischen Anforderungen nach Absatz 1 Satz 2 und Absatz 7, den Anforderungen an das Produktfreigabeverfahren und den Produktvertrieb nach Absatz 9 und das

⑪ 금융상품을 설계하는 유가증권투자서비스회사는 일체의 판매회사에게, 제9항 제2문에 따른 특정 목표시장을 포함하여, 금융상품과 제9항 제2문에 따른 금융상품발행절차에 관한 필요하고 적절한 모든 정보를 제공해야 한다. 유가증권투자서비스회사가 금융상품을 설계하지 않은 채(ohne sie zu konzipieren) 금융상품을 판매하거나 이를 추천하는 경우에, 제1문상의 정보를 금융상품을 설계하는 유가증권투자서비스회사에게서 제공받아 그 금융상품의 구성요소와 목표시장을 이해하기 위한 적절한(um sich die in Satz 1 genannten Informationen vom konzipierenden Wertpapierdienstleistungsunternehmen oder vom Emittenten zu verschaffen und die Merkmale sowie den Zielmarkt des Finanzinstruments zu verstehen) 대책을 마련해야만 한다.

⑫ 금융상품을 제공하거나 계획적으로 추천하고 다른 유가증권투자서비스회사가 설계한 금융상품을 판매하는 어느 유가증권투자서비스회사는 적절한 절차를 유지해야 하고, 본 법률에 따른 요구사항이 준수된다는 점을 보장하는 조치를 취해야 한다. 이에는 설명, 적성 및 적절성의 평가, 유인과 이해상충에 대한 적절한 대응에 적용되는(die für die Offenlegung, für die Bewertung der Eignung und der Angemessenheit, für Anreize und für den ordnungsgemäßen Umgang mit Interessenkonflikten gelten) 그러한 요구사항도 포함된다. 유가증권투자서비스회사는, 판매회사로서 새로운 금융상품을 제공하거나 계획적으로 추천하는 경우나, 판매회사로서 제공하거나 계획적으로 추천하는 서비스가 변경되는 경우(wenn sich die Dienstleistungen ändern, die es als Vertriebsunternehmen anzubieten oder zu empfehlen beabsichtigt)에 특별한 주의의무를 기울일 의무를 진다.

⑬ 유가증권투자서비스회사는, 그 준비가 적절하고 합당하게 되도록 자신의 금융상품발행준비를 정기적으로 점검해야 하고, 필요한 변경을 시행하는 데 적절한 조치를 취해야 한다. 유가증권투자서비스회사는, (EU) 2017/565호 위임규칙 제22조 제2항에 따른 설치된 자신의 준법기능(遵法機能)에서 금융상품발행준비의 추이 및 정기적 점검(die Entwicklung und regelmäßige Überprüfung der Produktfreigabevorkehrungen)을 감시하고 금융상품감시과정에 대한 요구사항에 부합되지 않는 어떤 위험을 조기에 인식한다는(etwaige Risiken, dass Anforderungen an den Produktüberwachungsprozess nicht erfüllt werden, frühzeitig erkennt) 점을 보장해야 한다.

⑭ 연방재무부는 연방참사원의 동의가 필요 없는 법규명령으로, 「(EU) 2017/565호 위임규칙의 적용에 관한 세부조항 그리고, 금융상품과 고객의 재산의 보호, 금융상품감시의무와, 이용료, 수수료 또는 기타 통화적 이익 혹은 비통화적 이익의 지급 혹은 지불 또는 수령에 관한 지급에 관한 규정에 관한 유럽연합 의회 및 이사회 2014/65/EU호 지침의 보충을 위한 2106년 4월 7일의 유럽연합 집행위원회의 (EU) 2017/593호 위임지침」(ABl. L 87 vom 31.3.2017, S. 500)으로, 각각 적용되는 형식의 위임지침의 시행에 관한 세부조항을 제정할 수 있고, 제1항 제2문, 제7항에 따른 조직적 요구사항, 제9항에 따른 금융상품발행절차와 금융상품판매에 대한 요구사항, 제10항에 따른 점검절차와, 제11항에 따라 제공해야 하는 정보와 이와 관련된 유가증권투자서비스회사의 의무에 관한 세부사항(den organisatorischen Anforderungen nach Absatz 1 Satz 2 und Absatz 7, den Anforderungen an das Produktfreigabeverfahren und den Produktvertrieb nach Absatz 9 und das

Überprüfungsverfahren nach Absatz 10 sowie den nach Absatz 11 zur Verfügung zu stellenden Informationen und damit zusammenhängenden Pflichten der Wertpapierdienstleistungsunternehmen erlassen. Das Bundesministerium der Finanzen kann die Ermächtigung durch Rechtsverordnung auf die Bundesanstalt übertragen.

§ 81 Geschäftsleiter

(1) Die Geschäftsleiter eines Wertpapierdienstleistungsunternehmens haben im Rahmen der Pflichten aus § 25c Absatz 3 des Kreditwesengesetzes ihre Aufgaben in einer Art und Weise wahrzunehmen, die die Integrität des Marktes wahrt und durch die die Interessen der Kunden gefördert werden. Insbesondere müssen die Geschäftsleiter Folgendes festlegen, umsetzen und überwachen:

1. unter Berücksichtigung von Art, Umfang und Komplexität der Geschäftstätigkeit des Wertpapierdienstleistungsunternehmens sowie aller von dem Wertpapierdienstleistungsunternehmen einzuhaltenden Anforderungen
   a) die Organisation zur Erbringung von Wertpapierdienstleistungen und Wertpapiernebendienstleistungen, einschließlich der hierfür erforderlichen Mittel, und organisatorischen Regelungen sowie
   b) ob das Personal über die erforderlichen Fähigkeiten, Kenntnisse und Erfahrungen verfügt,
2. die Geschäftspolitik hinsichtlich
   a) der angebotenen oder erbrachten Wertpapierdienstleistungen und Wertpapiernebendienstleistungen und
   b) der angebotenen oder vertriebenen Produkte,

die in Einklang stehen muss mit der Risikotoleranz des Wertpapierdienstleistungsunternehmens und etwaigen Besonderheiten und Bedürfnissen seiner Kunden, wobei erforderlichenfalls geeignete Stresstests durchzuführen sind, sowie

3. die Vergütungsregelungen für Personen, die an der Erbringung von Wertpapierdienstleistungen oder Wertpapiernebendienstleistungen für Kunden beteiligt sind, und die ausgerichtet sein müssen auf
   a) eine verantwortungsvolle Unternehmensführung,
   b) die faire Behandlung der Kunden und
   c) die Vermeidung von Interessenkonflikten im Verhältnis zu den Kunden.

(2) Die Geschäftsleiter eines Wertpapierdienstleistungsunternehmens müssen regelmäßig Folgendes überwachen und überprüfen:

1. die Eignung und die Umsetzung der strategischen Ziele des Wertpapierdienstleistungsunternehmens bei der Erbringung von Wertpapierdienstleistungen und Wertpapiernebendienstleistungen,
2. die Wirksamkeit der Unternehmensführungsregelungen des Wertpapierdienstleistungs- unternehmens

Überprüfungsverfahren nach Absatz 10 sowie den nach Absatz 11 zur Verfügung zu stellenden Informationen und damit zusammenhängenden Pflichten der Wertpapierdienstleistungsunternehmen)을 제정(制定)할 수 있다. 연방재무부는 그 권한을 법규명령으로) 연방금융서비스감독원에 이양할 수 있다.

제81조 이사

① 유가증권투자서비스회사의 이사(理事; Geschäftsleiter는 금융기관법 제25조c 제3항에 기한 의무의 범위 내에서 시장 통합성을 지키고 고객의 이익이 요구하는(die die Integrität des Marktes wahrt und durch die die Interessen der Kunden gefördert werden) 방식(方式)과 방법(方法)으로 자신의 임무를 수행해야 한다. 특히 이사는 다음사항을 규정하고 시행(施行)해야 하며 감시(監視)해야만 한다:

1. 유가증권투자서비시회사의 영업활동의 유형, 범위 및 복잡성(Art, Umfang und Komplexität der Geschäftstätigkeit)을 고려하여 또 유가증권투자서비스회사가 준수해야 하는 일체의 요구사항을 고려하여,
   a) 유가증권투자서비스와 유가증권투자부대서비스의 제공을 위해 필요한 자금과 조직 규율을 포함하여(einschließlich der hierfür erforderlichen Mittel, und organisatorischen Regelungen) 이러한 서비스의 제공을 위한 조직,
   b) 그 직원이 필요한 능력, 지식과 경험을 보유했는지 여부,
2. 다음 각 목에 관한 영업정책으로, 유가증권투자서비스회사의 투자위험감수도(投資危險甘受度)(der Risikotoleranz des Wertpapierdienstleistungsunternehmens)와 자신의 고객의 어느 특성 및 필요(Bedürfnissen)와 일치하는 영업정책으로서, 필요하면 적절한 스트레스시험이 시행되어야하는(wobei erforderlichenfalls geeignete Stresstests durchzuführen sind) 영업정책,
   a) 제공되거나 이행된(der angebotenen oder erbrachten) 유가증권투자서비스 및 유가증권투자부대서비스,
   b) 제공되거나 판매된 금융상품,
3. 고객을 위한 유가증권투자서비스 또는 유가증권투자부대서비스의 제공에 대해 참여하는 자에 대한 보수규정(die Vergütungsregelungen für Personen)으로, 다음 각 목을 고려한 보수규정,
   a) 책임감 있는 기업경영,
   b) 고객에 대한 공정한 대우,
   c) 고객과 관계에서의 이해상충의 회피.

② 유가증권투자서비스회사의 이사는 다음 각 호 사항을 정기적으로 감시해야 하고 점검해야만 한다:

1. 유가증권투자서비스 및 유가증권투자부대서비스의 제공에 있어(bei der Erbringung von Wertpapierdienstleistungen und Wertpapiernebendienstleistungen) 유가증권투자서비스회사의 전략적 목표의 적합성과 그 시행,
2. 유가증권투자서비스회사의 기업경영규정(企業經營規定)의 유효성(die Wirksamkeit der

und

3. die Angemessenheit der Unternehmensstrategie hinsichtlich der Erbringung von Wertpapierdienstleistungen und Wertpapiernebendienstleistungen an die Kunden.

Bestehen Mängel, müssen die Geschäftsleiter unverzüglich die erforderlichen Schritte unternehmen, um diese zu beseitigen.

(3) Das Wertpapierdienstleistungsunternehmen hat sicherzustellen, dass die Geschäftsleiter einen angemessenen Zugang zu den Informationen und Dokumenten haben, die für die Beaufsichtigung und Überwachung erforderlich sind.

(4) Die Geschäftsleiter haben den Produktfreigabeprozess wirksam zu überwachen. Sie haben sicherzustellen, dass die Compliance-Berichte an die Geschäftsleiter systematisch Informationen über die von dem Wertpapierdienstleistungsunternehmen konzipierten und empfohlenen Finanzinstrumente enthalten, insbesondere über die jeweilige Vertriebsstrategie. Auf Verlangen sind die Compliance-Berichte der Bundesanstalt zur Verfügung zu stellen.

(5) Das Wertpapierdienstleistungsunternehmen hat einen Beauftragten zu ernennen, der die Verantwortung dafür trägt, dass das Wertpapierdienstleistungsunternehmen seine Verpflichtungen in Bezug auf den Schutz von Finanzinstrumenten und Geldern von Kunden einhält. Der Beauftragte kann daneben auch weitere Aufgaben wahrnehmen.

§ 82 Bestmögliche Ausführung von Kundenaufträgen

(1) Ein Wertpapierdienstleistungsunternehmen, das Aufträge seiner Kunden für den Kauf oder Verkauf von Finanzinstrumenten im Sinne des § 2 Absatz 8 Satz 1 Nummer 1 bis 3 ausführt, muss

1. alle hinreichenden Vorkehrungen treffen, insbesondere Grundsätze zur Auftragsausführung festlegen und regelmäßig, insbesondere unter Berücksichtigung der nach den Absätzen 9 bis 12 und § 26e des Börsengesetzes veröffentlichten Informationen, überprüfen, um das bestmögliche Ergebnis für seine Kunden zu erreichen und

2. sicherstellen, dass die Ausführung jedes einzelnen Kundenauftrags nach Maßgabe dieser Grundsätze vorgenommen wird.

(2) Das Wertpapierdienstleistungsunternehmen muss bei der Aufstellung der Ausführungsgrundsätze alle relevanten Kriterien zur Erzielung des bestmöglichen Ergebnisses, insbesondere die Preise der Finanzinstrumente, die mit der Auftragsausführung verbundenen Kosten, die Geschwindigkeit, die Wahrscheinlichkeit der Ausführung und die Abwicklung des Auftrags sowie den Umfang und die Art des Auftrags berücksichtigen und die Kriterien unter Berücksichtigung der Merkmale des Kunden, des Kundenauftrags, des Finanzinstrumentes und des Ausführungsplatzes gewichten.

(3) Führt das Wertpapierdienstleistungsunternehmen Aufträge von Privatkunden aus, müssen die Ausführungsgrundsätze Vorkehrungen dafür enthalten, dass sich das bestmögliche Ergebnis

Unternehmensführungsregelungen),

3. 고객에 대한 유가증권투자서비스 및 유가증권투자부대서비스에 관한 기업전략의 적절성(die Angemessenheit der Unternehmensstrategie).

하자가 있는 경우에(Bestehen Mängel) 이사는 지체 없이 이를 제거하기 위한 필요한 조치를 취해야만 한다.

③ 유가증권투자서비스회사는 이사가, 감독(監督)과 감시(監視)를 하는 데 필요한(die für die Beaufsichtigung und Überwachung erforderlich sind) 정보 및 서류에 적절하게 접근하도록 보장해야 한다.

④ 이사는 금융상품발행과정(den Produktfreigabeprozess)을 효과적으로 감시해야 한다. 이사는 이사에 대한 준법보고서에 유가증권투자서비스회사가 설계하고 추천한 금융상품에 관한 체계적인 정보, 특히 각각의 판매전략에 관한 정보(insbesondere über die jeweilige Vertriebsstrategie)가 포함되도록 보장한다. 준법보고서(die Compliance-Berichte)는 연방금융서비스감독원에 그 요구가 있는 경우 제공되어야 한다.

⑤ 유가증권투자서비스회사는 그 유가증권투자서비스회사가 금융상품과 고객의 재산의 보호와 관련한 자신의 의무를 준수하는(dass das Wertpapierdienstleistungsunternehmen seine Verpflichtungen in Bezug auf den Schutz von Finanzinstrumenten und Geldern von Kunden einhält) 데에 책임을 지는 수임인은 임명한다. 그 수임인은 이러한 임무 이외에 추가적인 임무를 수행할 수 있다.

제82조 고객주문의 최선의 처리

① 제2조 제8항 제1문 제1호 내지 제3호상의 금융상품의 매수 및 매도에 대한 자신의 고객의 주문(Aufträge seiner Kunden für den Kauf oder Verkauf von Finanzinstrumenten)을 처리하는 유가증권투자서비스회사는,

1. 자신의 고객에 대하여 최선의 결과를 달성하기 위해(um das bestmögliche Ergebnis für seine Kunden zu erreichen), 모든 충분한 대책을 마련해야만 하고, 특히 주문처리에 관한 원칙을 규정해야만 하고(Grundsätze zur Auftragsausführung festlegen) 또한 규칙적으로, 특히 본조항 제9항 내지 제12항과 거래소법 제26조e에 따라 공표된 정보를 고려하여 그 원칙을 심사해야만 하고,
2. 각 개별 고객주문의 처리(die Ausführung jedes einzelnen Kundenauftrags)가 이러한 원칙의 기준에 따라 이뤄졌다는 점을 보장해야만 한다.

② 유가증권투자서비스회사는 그 처리원칙의 수립에 있어, 최선의 결과를 도출하기 위한 적절한 모든 기준, 특히 금융상품의 가격, 주문처리로 발생하는 비용(die mit der Auftragsausführung verbundenen Kosten), 처리속도(Geschwindigkeit), 처리가망성(處理可望性; Wahrscheinlichkeit der Ausführung), 주문의 해소(die Abwicklung des Auftrags)와 주문의 범위 및 유형을 고려해야만 하고, 고객, 고객주문, 금융상품 및 처리지점의 특성을 고려하여 그러한 기준을 형량해야만 한다.

③ 유가증권투자서비스회사가 개인고객의 주문을 처리하는 경우에, 처리원칙에 전체보수가 최선의 결과를 인도하는(dass sich das bestmögliche Ergebnis am Gesamtentgelt orientiert) 대책이 포함

am Gesamtentgelt orientiert. Das Gesamtentgelt ergibt sich aus dem Preis für das Finanzinstrument und sämtlichen mit der Auftragsausführung verbundenen Kosten. Kann ein Auftrag über ein Finanzinstrument nach Maßgabe der Ausführungsgrundsätze des Wertpapierdienstleistungsunternehmens an mehreren konkurrierenden Plätzen ausgeführt werden, zählen zu den Kosten auch die eigenen Provisionen oder Gebühren, die das Wertpapierdienstleistungsunternehmen dem Kunden für eine Wertpapierdienstleistung in Rechnung stellt. Zu den bei der Berechnung des Gesamtentgelts zu berücksichtigenden Kosten zählen Gebühren und Entgelte des Ausführungsplatzes, an dem das Geschäft ausgeführt wird, Kosten für Clearing und Abwicklung und alle sonstigen Entgelte, die an Dritte gezahlt werden, die an der Auftragsausführung beteiligt sind.

(4) Führt das Wertpapierdienstleistungsunternehmen einen Auftrag gemäß einer ausdrücklichen Kundenweisung aus, gilt die Pflicht zur Erzielung des bestmöglichen Ergebnisses entsprechend dem Umfang der Weisung als erfüllt.

(5) Die Grundsätze zur Auftragsausführung müssen

1. Angaben zu den verschiedenen Ausführungsplätzen in Bezug auf jede Gattung von Finanzinstrumenten und die ausschlaggebenden Faktoren für die Auswahl eines Ausführungsplatzes,
2. mindestens die Ausführungsplätze, an denen das Wertpapierdienstleistungsunternehmen gleichbleibend die bestmöglichen Ergebnisse bei der Ausführung von Kundenaufträgen erzielen kann,

enthalten. Lassen die Ausführungsgrundsätze im Sinne des Absatzes 1 Nummer 1 auch eine Auftragsausführung außerhalb von Handelsplätzen im Sinne von § 2 Absatz 22 zu, muss das Wertpapierdienstleistungsunternehmen seine Kunden auf diesen Umstand gesondert hinweisen und deren ausdrückliche Einwilligung generell oder in Bezug auf jedes Geschäft einholen, bevor die Kundenaufträge an diesen Ausführungsplätzen ausgeführt werden.

(6) Das Wertpapierdienstleistungsunternehmen muss

1. seine Kunden vor der erstmaligen Erbringung von Wertpapierdienstleistungen über seine Ausführungsgrundsätze informieren und ihre Zustimmung zu diesen Grundsätzen einholen, und
2. seinen Kunden wesentliche Änderungen der Vorkehrungen nach Absatz 1 Nummer 1 unverzüglich mitteilen.

Die Informationen über die Ausführungsgrundsätze müssen klar, ausführlich und auf eine für den Kunden verständliche Weise erläutern, wie das Wertpapierdienstleistungsunternehmen die Kundenaufträge ausführt.

(7) Das Wertpapierdienstleistungsunternehmen muss in der Lage sein, einem Kunden auf Anfrage darzulegen, dass sein Auftrag entsprechend den Ausführungsgrundsätzen ausgeführt wurde.

된다. 전체보수는 금융상품에 대한 가격과 주문처리로 발생한 제비용(dem Preis für das Finanzinstrument und sämtlichen mit der Auftragsausführung verbundenen Kosten)에 따른다. 어느 금융상품에 관한 주문이 유가증권투자서비스회사의 처리원칙에 따라 경합이 이뤄지는 여러 장소에서 처리될 수 있는 경우에, 그 유가증권투자서비스회사가 고객에게 유가증권투자서비스에 대해 요구하는 고유한 수수료 또는 이용료도 그 비용에 포함된다. 거래가 처리되는 처리지점의 이용료 및 보수, 청산 및 결산의 비용과, 주문처리에 참가하는 제3자에게 지급되는 그 밖의 일체의 보수(Gebühren und Entgelte des Ausführungsplatzes, an dem das Geschäft ausgeführt wird, Kosten für Clearing und Abwicklung und alle sonstigen Entgelte, die an Dritte gezahlt werden, die an der Auftragsausführung beteiligt sind)가 전체보수의 산정시 고려되어야 하는 비용(den bei der Berechnung des Gesamtentgelts zu berücksichtigenden Kosten)에 포함된다.

④ 유가증권투자서비스회사가 고객의 구체적 지시에 좇아 주문을 처리하는 경우에 해당 지시의 범위 내에서는 최선의 결과를 도출하기 위한 의무(Pflicht zur Erzielung des bestmöglichen Ergebnisses entsprechend dem Umfang der Weisung)가 이행된 것으로 본다.

⑤ 주문처리의 원칙은,

1. 각 유형의 금융상품과 관한(in Bezug auf jede Gattung von Finanzinstrumenten) 여러 처리지점에 관한 정보와 처리지점의 선택을 정하는 요소(die ausschlaggebenden Faktoren für die Auswahl eines Ausführungsplatzes),
2. 최소한 유가증권투자서비스회사가 고객주문의 처리(處理)에 있어(bei der Ausführung von Kundenaufträgen erzielen) 지속적(持續的)으로 최선(最善)의 결과(缺課)를 달성(達成)하는 처리지점을,

포함해야 한다. 제1항 제1호상의 처리원칙이 제2조 제22항상의 거래지점 이외의 주문처리도 허용하는 경우에 유가증권투자서비스회사는 자신의 고객에게 이러한 사정에 대해 별도로 안내해야만 하고, 고객주문이 이러한 처리지점에서 처리되기 전에(bevor die Kundenaufträge an diesen Ausführungsplätzen ausgeführt werden) 그 고객의 구체적 동의를 일반적으로 받거나 각 거래와 관련하여 받아야만 한다.

⑥ 유가증권투자서비스회사는,

1. 자신의 고객에게 유가증권투자서비스를 최초로 제공하기 전에 자신의 처리원칙에 관하여 정보를 제공해야만 하고 그 원칙에 대한 고객의 동의를 얻어야만 하고,
2. 자신의 고객에게 제1항 제1호에 따른 대책의 중요한 변경(wesentliche Änderungen der Vorkehrungen)을 지체 없이 알려야만 한다.

처리원칙에 관한 정보제공은 명료하고 상세해야 하며, 유가증권투자서비회사가 고객주문을 처리하는 것과 같이(wie das Wertpapierdienstleistungsunternehmen die Kundenaufträge ausführt) 고객이 쉽게 이해하는 방법으로 설명해야만 한다.

⑦ 유가증권서비스회사는 고객의 요구가 있는 경우 고객에게 고객의 주문이 처리원칙에 따라 처리되었다는 점을 설명할 수 있어야만 한다.

(8) Ein Wertpapierdienstleistungsunternehmen darf sowohl für die Ausführung von Kundenaufträgen an einem bestimmten Handelsplatz oder Ausführungsplatz als auch für die Weiterleitung von Kundenaufträgen an einen bestimmten Handelsplatz oder Ausführungsplatz weder eine Vergütung noch einen Rabatt oder einen nichtmonetären Vorteil annehmen, wenn dies einen Verstoß gegen die Anforderungen nach § 63 Absatz 1 bis 7 und 9, § 64 Absatz 1 und 5, den §§ 70, 80 Absatz 1 Satz 2 Nummer 2, Absatz 9 bis 11 oder die Absätze 1 bis 4 darstellen würde.

(9) Das Wertpapierdienstleistungsunternehmen muss einmal jährlich für jede Gattung von Finanzinstrumenten die fünf Ausführungsplätze, die ausgehend vom Handelsvolumen am wichtigsten sind, auf denen es Kundenaufträge im Vorjahr ausgeführt hat, und Informationen über die erreichte Ausführungsqualität zusammenfassen und nach den Vorgaben der Delegierten Verordnung (EU) 2017/576 der Kommission vom 8. Juni 2016 zur Ergänzung der Richtlinie 2014/65/EU des Europäischen Parlaments und des Rates durch technische Regulierungsstandards für die jährliche Veröffentlichung von Informationen durch Wertpapierfirmen zur Identität von Handelsplätzen und zur Qualität der Ausführung (ABl. L 87 vom 31.3.2017, S. 166), in der jeweils geltenden Fassung, veröffentlichen.

(10) Vorbehaltlich des § 26e des Börsengesetzes müssen Handelsplätze und systematische Internalisierer für jedes Finanzinstrument, das der Handelspflicht nach Artikel 23 oder Artikel 28 der Verordnung (EU) Nr. 600/2014 unterliegt, mindestens einmal jährlich gebührenfrei Informationen über die Ausführungsqualität von Aufträgen veröffentlichen.

(11) Vorbehaltlich des § 26e des Börsengesetzes müssen Ausführungsplätze für jedes Finanzinstrument, das nicht von Absatz 10 erfasst wird, mindestens einmal jährlich gebührenfrei Informationen über die Ausführungsqualität von Aufträgen veröffentlichen.

(12) Die Veröffentlichungen nach den Absätzen 10 und 11 müssen ausführliche Angaben zum Preis, zu den mit einer Auftragsausführung verbundenen Kosten, der Geschwindigkeit und der Wahrscheinlichkeit der Ausführung sowie der Abwicklung eines Auftrags in den einzelnen Finanzinstrumenten enthalten. Das Nähere regelt die Delegierte Verordnung (EU) 2017/575 der Kommission vom 8. Juni 2016 zur Ergänzung der Richtlinie 2014/65/EU des Europäischen Parlaments und des Rates über Märkte für Finanzinstrumente durch technische Regulierungsstandards bezüglich der Daten, die Ausführungsplätze zur Qualität der Ausführung von Geschäften veröffentlichen müssen (ABl. L 87 vom 31.3.2017, S. 152), in der jeweils geltenden Fassung.

(13) Nähere Bestimmungen ergeben sich aus der Delegierten Verordnung (EU) 2017/565, insbesondere zu

1. der Aufstellung der Ausführungsgrundsätze nach den Absätzen 1 bis 5 aus Artikel 64,

⑧ 이것이 제63조 제1항 내지 제7항, 제9항, 제64조 제1항, 제5항, 제70조, 제80조 제1항 제2문 제2호, 제9항 내지 제11항 또는 제1항 내지 제4항에 따른 요구사항에 위반을 의미하는 경우에, 유가증권투자서비스회사는, 고객주문을 특정한 거래지점 또는 처리지점에서 처리하는 것에 대해서뿐만 아니라 고객주문을 특정한 장소 또는 처리지점으로 전달하는 것에 대해서도(sowohl für die Ausführung von Kundenaufträgen an einem bestimmten Handelsplatz oder Ausführungsplatz als auch für die Weiterleitung von Kundenaufträgen an einen bestimmten Handelsplatz oder Ausführungsplatz) 보수, 할인 또는 비통화적 이익을 받아서는 아니된다.

⑨ 유가증권투자서비스회사는 각 유형의 금융상품에 대하여, 그 회사가 직전 해에 고객주문을 처리한 거래량면에서 가장 중요한(die ausgehend vom Handelsvolumen am wichtigsten sind, auf denen es Kundenaufträge im Vorjahr ausgeführt hat) 5개의 처리지점과, 달성한 처리품질에 관한 정보를 매년 한 차례 종합해야만 하고, 「거래지점의 이름과 처리 품질에 관한 유가증권회사가 행한 연례적 정보의 공표에 대한 기술 규제기준에 의한(durch technische Regulierungsstandards für die jährliche Veröffentlichung von Informationen durch Wertpapierfirmen), 유럽연합 의회 및 이사회 2014/65/EU호 지침의 보충을 위한 2016년 6월 8일의 유럽연합집행위원회 (EU) 2017/576호 위임규칙」(ABl. L 87 vom 31.3.2017, S. 166)으로, 각각 적용되는 형식의 위임규칙의 기준에 따라 이를 공표해야만 한다.

⑩ 거래소법 제26조e(가 적용되는 경우)[65]를 제외하고(Vorbehaltlich des § 26e des Börsengesetzes), 거래지점과 조직적 내부거래자는 (EU) 600/2014호 규칙 제23조 또는 제28조에 따른 거래의무를 적용받는 각 금융상품에 대하여 주문처리 품질에 관한 정보를 매년 한 차례 이상 무료로 공표해야 한다.

⑪ 거래소법 제26조e(가 적용되는 경우)를 제외하고(Vorbehaltlich des § 26e des Börsengesetzes), 처리지점은 제10항에 포함되지 않는 각 금융상품에 대하여 주문처리 품질에 관한 정보를 매년 한 차례 이상 무료로 공표해야 한다.

⑫ 제10항, 제11항에 따른 공표에, 가격, 주문처리로 발생한 비용, 처리속도 및 처리가망성과, 개별 금융상품에 대한 주문의 해소에 관한 상세한 정보(ausführliche Angaben zum Preis, zu den mit einer Auftragsausführung verbundenen Kosten, der Geschwindigkeit und der Wahrscheinlichkeit der Ausführung sowie der Abwicklung eines Auftrags in den einzelnen Finanzinstrumenten)가 포함되어야만 한다. 「거래처리의 품질에 관한 처리지점이 공표되어야만 하는 정보에 관한 기술적 처리기준에 의한(durch technische Regulierungsstandards bezüglich der Daten), 금융상품의 시장에 관한 유럽연합 의회 및 이사회 2014/65/EU호 지침의 보충을 위한 2016년 6월 8일 유럽연합집행위원회 (EU) 2017/575호 위임규칙」(ABl. L 87 vom 31.3.2017, S. 152)으로, 각각 적용되는 형식의 위임규칙이 세부사항을 규율한다.

⑬ 세부조항, 특히 다음 각 호에 관한 세부조항(Nähere Bestimmungen)은 (EU) 2017/565호 위임규칙에 따른다,

1. 제1항 내지 제5항에 따른 처리원칙(處理原則)의 수립(樹立)은 동규칙 제64조에 따르고,

2. der Überprüfung der Vorkehrungen nach Absatz 1 aus Artikel 66,
3. Art, Umfang und Datenträger der Informationen über die Ausführungsgrundsätze nach Absatz 6 aus Artikel 66 und
4. den Pflichten von Wertpapierdienstleistungsunternehmen, die Aufträge ihrer Kunden an Dritte zur Ausführung weiterleiten oder die Finanzportfolioverwaltung betreiben, ohne die Aufträge oder Entscheidungen selbst auszuführen, im bestmöglichen Interesse ihrer Kunden zu handeln, aus Artikel 65.

§ 83 Aufzeichnungs- und Aufbewahrungspflicht

(1) Ein Wertpapierdienstleistungsunternehmen muss, unbeschadet der Aufzeichnungspflichten nach den Artikeln 74 und 75 der Delegierten Verordnung (EU) 2017/565, über die von ihm erbrachten Wertpapierdienstleistungen und Wertpapiernebendienstleistungen sowie die von ihm getätigten Geschäfte Aufzeichnungen erstellen, die es der Bundesanstalt ermöglichen, die Einhaltung der in diesem Abschnitt, in der Verordnung (EU) Nr. 600/2014 und der Verordnung (EU) Nr. 596/2014 geregelten Pflichten zu prüfen und durchzusetzen.

(2) Das Wertpapierdienstleistungsunternehmen hat Aufzeichnungen zu erstellen über Vereinbarungen mit Kunden, die die Rechte und Pflichten der Vertragsparteien sowie die sonstigen Bedingungen festlegen, zu denen das Wertpapierdienstleistungsunternehmen Wertpapierdienstleistungen oder Wertpapiernebendienstleistungen für den Kunden erbringt. In anderen Dokumenten oder Rechtstexten normierte oder vereinbarte Rechte und Pflichten können durch Verweis in die Vereinbarungen einbezogen werden. Nähere Bestimmungen zur Aufzeichnungspflicht nach Satz 1 ergeben sich aus Artikel 58 der Delegierten Verordnung (EU) 2017/565.

(2a) (weggefallen)

(2b) (weggefallen)

(3) Hinsichtlich der beim Handel für eigene Rechnung getätigten Geschäfte und der Erbringung von Dienstleistungen, die sich auf die Annahme, Übermittlung und Ausführung von Kundenaufträgen beziehen, hat das Wertpapierdienstleistungsunternehmen für Zwecke der Beweissicherung die Inhalte der Telefongespräche und der elektronischen Kommunikation aufzuzeichnen. Die Aufzeichnung hat insbesondere diejenigen Teile der Telefongespräche und der elektronischen Kommunikation zu beinhalten, in welchen die Risiken, die Ertragschancen oder die Ausgestaltung von Finanzinstrumenten oder Wertpapierdienstleistungen erörtert werden. Hierzu darf das Wertpapierdienstleistungsunternehmen personenbezogene Daten verarbeiten. Dies gilt auch, wenn das Telefongespräch oder die elektronische Kommunikation nicht zum Abschluss eines solchen Geschäftes oder zur Erbringung einer solchen Dienstleistung führt.

(4) Das Wertpapierdienstleistungsunternehmen hat alle angemessenen Maßnahmen zu ergreifen, um einschlägige Telefongespräche und elektronische Kommunikation aufzuzeichnen,

2. 제1항에 따른 대책의 심사는 동규칙 제66조에 따르고,
3. 제6항에 따른 처리원칙에 관한 정보의 유형(類型), 범위(範圍) 및 정보저장매체는 동규칙 제66조에 따르고,
4. 자신의 고객의 주문 또는 결정을 직접 처리하지 않고서(ohne die Aufträge oder Entscheidungen selbst auszuführen) 그 주문을 그 처리를 위해 제3자에 전달하거나 금융포트폴리오관리를 하는 유가증권투자서비스회사의 자신의 고객의 최선의 이익을 위해 행위를 할 의무는 동규칙 제65조에 따른다.

제83조 기록의무 및 보관의무

① 유가증권투자서비스회사는, (EU) 2017/565호 위임규칙 제74조, 제75조에 따른 기록의무에 상관없이, 자신이 제공한 유가증권투자서비스 및 유가증권투자부대서비스(die von ihm erbrachten Wertpapierdienstleistungen und Wertpapiernebendienstleistungen)와 자신이 한 거래(去來)에 관하여, 그 회사가 연방금융서비스감독원으로 하여금 본 장, (EU) 600/2014호 규칙 및 (EU) 596/2014호 규칙에서 규정된 의무의 준수를 심사하고 관철하는 것을 가능하게 하는 문서(文書)를 작성해야만 한다.

② 유가증권투자서비스회사는 계약당사자의 권리의무와, 그 회사가 유가증권투자서비스 또는 유가증권투자부대서비스를 고객에 위해 제공하는(zu denen das Wertpapierdienstleistungsunternehmen Wertpapierdienstleistungen oder Wertpapiernebendienstleistungen für den Kunden erbringt) 그 밖의 조건을 정한, 고객과의 약정에 관한 문서를 작성해야 한다. 기타 문서 또는 법문서(In anderen Dokumenten oder Rechtstexten)에서 약정되거나 일률적으로 정해진 권리의무는 언급에 의해 약정에 편입될 수 있다. 제1문에 따른 문서작성의무에 관한 세부조항은 (EU) 2017/565호 위임규칙 제58조에 따른다.

②a 삭제

②b 삭제

③ 유가증권투자서비스회사는, 자신의 계산에 의한 영업에서 행한 거래와, 고객주문의 수령, 전달 및 처리에 관련된 서비스의 제공과 관련하여(Hinsichtlich der beim Handel für eigene Rechnung getätigten Geschäfte und der Erbringung von Dienstleistungen, die sich auf die Annahme, Übermittlung und Ausführung von Kundenaufträgen beziehen), 증거보전을 위하여 전화대화와 전자통신의 내용(die Inhalte der Telefongespräche und der elektronischen Kommunikation)을 기록해야 한다. 그 기록에 특히 금융상품 또는 유가증권투자서비스의 위험, 수익전망 또는 구성(構成)(die Risiken, die Ertragschancen oder die Ausgestaltung)이 설명된, 전화대화 및 전자통신의 부분이 포함되어야 한다. 이를 위해 유가증권투자서비스회사는 개인정보를 처리할 수 있다. 전화대화 또는 전자통신이 그러한 거래(去來)의 성사(成事)나 그러한 서비스의 제공으로 이어지지 않는 경우에도 또한 같다.

④ 유가증권투자서비스회사는, 그 회사가 자신의 직원 또는 수임인에 제공하거나 그 이용에 동의하거나 승낙한(die das Wertpapierdienstleistungsunternehmen seinen Mitarbeitern oder beauftragten

Personen zur Verfügung stellt oder deren Nutzung das Wertpapierdienstleistungsunternehmen Wertpapierdienstleistungsunternehmen seinen Mitarbeitern oder beauftragten Personen zur Verfügung stellt oder deren Nutzung das Wertpapierdienstleistungsunternehmen billigt oder gestattet. Telefongespräche und elektronische Kommunikation, die nach Absatz 3 Satz 1 aufzuzeichnen sind, dürfen über private Geräte oder private elektronische Kommunikation der Mitarbeiter nur geführt werden, wenn das Wertpapierdienstleistungsunternehmen diese mit Zustimmung der Mitarbeiter aufzeichnen oder nach Abschluss des Gesprächs auf einen eigenen Datenspeicher kopieren kann.

(5) Das Wertpapierdienstleistungsunternehmen hat Neu- und Altkunden sowie seine Mitarbeiter und beauftragten Personen vorab in geeigneter Weise über die Aufzeichnung von Telefongesprächen nach Absatz 3 Satz 1 zu informieren. Hat ein Wertpapierdienstleistungsunternehmen seine Kunden nicht vorab über die Aufzeichnung der Telefongespräche oder der elektronischen Kommunikation informiert oder hat der Kunde einer Aufzeichnung widersprochen, darf das Wertpapierdienstleistungsunternehmen für den Kunden keine telefonisch oder mittels elektronischer Kommunikation veranlassten Wertpapierdienstleistungen erbringen, wenn sich diese auf die Annahme, Übermittlung und Ausführung von Kundenaufträgen beziehen. Näheres regelt Artikel 76 der Delegierten Verordnung (EU) 2017/565.

(6) Erteilt der Kunde dem Wertpapierdienstleistungsunternehmen seinen Auftrag im Rahmen eines persönlichen Gesprächs, hat das Wertpapierdienstleistungsunternehmen die Erteilung des Auftrags mittels eines dauerhaften Datenträgers zu dokumentieren. Zu diesem Zweck dürfen auch schriftliche Protokolle oder Vermerke über den Inhalt des persönlichen Gesprächs angefertigt werden. Erteilt der Kunde seinen Auftrag auf andere Art und Weise, müssen solche Mitteilungen auf einem dauerhaften Datenträger erfolgen. Näheres regelt Artikel 76 Absatz 9 der Delegierten Verordnung (EU) 2017/565.

(7) Der Kunde kann von dem Wertpapierdienstleistungsunternehmen bis zur Löschung oder Vernichtung nach Absatz 8 jederzeit verlangen, dass ihm die Aufzeichnungen nach Absatz 3 Satz 1 und der Dokumentation nach Absatz 6 Satz 1 oder eine Kopie zur Verfügung gestellt werden.

(8) Die Aufzeichnungen nach den Absätzen 3 und 6 sind für fünf Jahre aufzubewahren, soweit sie für die dort genannten Zwecke erforderlich sind. Sie sind nach Ablauf der in Satz 1 genannten Frist zu löschen oder zu vernichten. Die Löschung oder Vernichtung ist zu dokumentieren. Erhält die Bundesanstalt vor Ablauf der in Satz 1 genannten Frist Kenntnis von Umständen, die eine über die in Satz 1 genannte Höchstfrist hinausgehende Speicherung der Aufzeichnung insbesondere zur Beweissicherung erfordern, kann die Bundesanstalt die in Satz 1 genannte Höchstfrist zur Speicherung der Aufzeichnung um zwei Jahre verlängern.

(9) Die nach den Absätzen 3 und 6 erstellten Aufzeichnungen sind gegen nachträgliche

die über Geräte erstellt oder von Geräten gesendet oder empfangen werden, die das billigt oder gestattet) 장비(裝備)를 통해 이루어지거나 장비(裝備)에 의해 전송되거나 수령되는 관련 전화대화 및 전자통신을 기록하기 위해 적절한 모든 조치를 취해야만 한다. 제3항 제1문에 따라 기록되어야 하는 전화대화 및 전자통신은, 유가증권투자서비스회사가 직원의 동의를 얻어 그 전자대화 및 전자통신을 기록하거나 그 대화 후 자신의 정보기억장치(Datenspeicher)에 복사할 수 있는 경우에(wenn das Wertpapierdienstleistungsunternehmen diese mit Zustimmung der Mitarbeiter aufzeichnen oder nach Abschluss des Gesprächs auf einen eigenen Datenspeicher kopieren kann) 한하여 직원의 개인장비 또는 개인전자통신장비를 통해서 이뤄져도 된다.

⑤ 신규 고객 및 기존 고객(Neu- und Altkunden)과 자신의 직원 및 수임인에게 미리 적절한 방법으로 제3항 제1문에 따른 전화대화의 기록에 관하여 알려야 한다. 유가증권투자서비스회사가 자신의 고객에게 전화대화 또는 전자통신의 기록에 관하여 미리 알리지 않거나 그 고객이 그 기록에 대하여 반대한(Hat ein Wertpapierdienstleistungsunternehmen seine Kunden nicht vorab über die Aufzeichnung der Telefongespräche oder der elektronischen Kommunikation informiert oder hat der Kunde einer Aufzeichnung widersprochen) 경우에 유가증권투자서비스회사는, 유가증권투자서비스가 고객주문의 수령, 전달 및 처리에 관련되는 경우에 고객에게 전화 또는 전자통신으로 유인(誘因)하는 그 유가증권투자서비스를 제공해서는 아니된다. (EU) 2017/565호 위임규칙 제76조에 의해 세부사항이 규율된다.

⑥ 고객이 사적 대화 도중에 유가증권투자서비스회사에 자신의 주문을 하는 경우에(Erteilt der Kunde dem Wertpapierdienstleistungsunternehmen seinen Auftrag im Rahmen eines persönlichen Gesprächs), 유가증권투자서비스회사는 지속적 정보저장매체로 주문하는 것을 문서로 기록해야 한다. 이러한 목적을 위해 사적 대화의 내용에 관한 부수서(附隨書) 또는 서면기재(auch schriftliche Protokolle oder Vermerke über den Inhalt des persönlichen Gesprächs)도 작성한다. 고객이 다른 방식 및 방법으로 자신의 주문을 하는 경우에 그러한 주문통지는 지속적 정보저장매체로 행해야만 한다. (EU) 2017/565호 위임규칙 제76조 제9항에 의해 세부사항이 규율된다.

⑦ 고객은 제9항에 따른 삭제 또는 파쇄시까지 언제든지(bis zur Löschung oder Vernichtung nach Absatz 8 jederzeit) 유가증권투자서비스회사에 제3조 제1항에 따른 문서와 제6항 제1문에 따른 문서 또는 그 사본(eine Kopie)을 자신에게 제공(提供)되도록 요구할 수 있다.

⑧ 제3항 또는 제6항에 따른 기록은, 이것이 그 조항들상의 목적을 위해 필요한 범위 내에서 5년간 보관해야 한다. 그 기록은 제1항상의 기간이 경과한 후에 삭제되거나 파쇄되어야 한다. 그 삭제 또는 파쇄(Die Löschung oder Vernichtung)를 문서로 기록해야 한다. 연방금융서비스감독원이 제1문상의 기간 경과 전에 제1문상의 최대기간을 넘겨서 그 기록 저장, 특히 증거보전을 위한 기록의 저장이 요구되는(die eine über die in Satz 1 genannte Höchstfrist hinausgehende Speicherung der Aufzeichnung insbesondere zur Beweissicherung erfordern) 사정을 알게 된 경우에, 연방금융서비스감독원은 기록의 저장을 위해 제1문상의 최대기간을 2년 연장할 수 있다.

⑨ 제3항, 제6항에 따라 작성된 문서는 사후적 위조 및 무단이용(nachträgliche Verfälschung und

Verfälschung und unbefugte Verwendung zu sichern und dürfen nicht für andere Zwecke genutzt werden, insbesondere nicht zur Überwachung der Mitarbeiter durch das Wertpapierdienstleistungsunternehmen. Sie dürfen nur unter bestimmten Voraussetzungen, insbesondere zur Erfüllung eines Kundenauftrags, der Anforderung durch die Bundesanstalt oder eine andere Aufsichts- oder eine Strafverfolgungsbehörde und nur durch einen oder mehrere vom Wertpapierdienstleistungsunternehmen gesondert zu benennende Mitarbeiter ausgewertet werden.

(10) Das Bundesministerium der Finanzen kann durch Rechtsverordnung, die nicht der Zustimmung des Bundesrates bedarf, nähere Bestimmungen zu den Aufzeichnungspflichten und zu der Geeignetheit von Datenträgern nach den Absätzen 1 bis 7 erlassen. Das Bundesministerium der Finanzen kann die Ermächtigung durch Rechtsverordnung auf die Bundesanstalt übertragen.

(11) Die Bundesanstalt veröffentlicht auf ihrer Internetseite ein Verzeichnis der Mindestaufzeichnungen, die die Wertpapierdienstleistungsunternehmen nach diesem Gesetz in Verbindung mit einer Rechtsverordnung nach Absatz 10 vorzunehmen haben.

(12) Absatz 2 gilt nicht für Immobiliar-Verbraucherdarlehensverträge nach § 491 Absatz 3 des Bürgerlichen Gesetzbuchs, die an die Vorbedingung geknüpft sind, dass dem Verbraucher eine Wertpapierdienstleistung in Bezug auf gedeckte Schuldverschreibungen, die zur Besicherung der Finanzierung des Kredits begeben worden sind und denen dieselben Konditionen wie dem Immobiliar-Verbraucherdarlehensvertrag zugrunde liegen, erbracht wird, und wenn damit das Darlehen ausgezahlt, refinanziert oder abgelöst werden kann.

§ 84 Vermögensverwahrung und Finanzsicherheiten; Verordnungsermächtigung

(1) Ein Wertpapierdienstleistungsunternehmen, das nicht über eine Erlaubnis für das Einlagengeschäft nach § 1 Absatz 1 Satz 2 Nummer 1 des Kreditwesengesetzes verfügt und das Gelder von Kunden hält, hat geeignete Vorkehrungen zu treffen, um die Rechte der Kunden zu schützen und zu verhindern, dass die Gelder des Kunden ohne dessen ausdrückliche Zustimmung für eigene Rechnung oder für Rechnung einer anderen Person verwendet werden.

(2) Ein Wertpapierdienstleistungsunternehmen, das über keine Erlaubnis für das Einlagengeschäft im Sinne des § 1 Abs. 1 Satz 2 Nr. 1 des Kreditwesengesetzes verfügt, hat Kundengelder, die es im Zusammenhang mit einer Wertpapierdienstleistung oder einer Wertpapiernebendienstleistung entgegennimmt, unverzüglich getrennt von den Geldern des Unternehmens und von anderen Kundengeldern auf Treuhandkonten bei solchen Kreditinstituten, Unternehmen im Sinne des § 53b Abs. 1 Satz 1[66] des Kreditwesengesetzes oder vergleichbaren Instituten mit Sitz in einem Drittstaat, welche zum Betreiben des Einlagengeschäftes befugt sind, einer Zentralbank oder einem qualifizierten Geldmarktfonds zu verwahren, bis die Gelder zum vereinbarten Zweck verwendet werden.

unbefugte Verwendung)으로부터 지켜져야 하고 다른 목적을 위해 이용되어서는 아니되고, 특히 유가증권투자서비스회사에 의한 직원의 감시 목적으로 이용되어서는 아니된다. 그 문서는 특정한 요건하에서만, 특히 고객주문의 이행, 연방금융서비스감독원, 기타 감독관청 또는 형사소추관청에 의한 요구사항을 이행을 위해서만 또한 여러 유가증권투자서비스회사가 별도로 지정한 직원에 의해서만(durch die Bundesanstalt oder eine andere Aufsichts- oder eine Strafverfolgungsbehörde und nur durch einen oder mehrere vom Wertpapierdienstleistungsunternehmen) 이용될 수 있다.
⑩ 연방재무부는 연방참사원의 동의가 필요 없는 법규명령으로, 기록의무에 관한 세부사항과, 제1항 내지 제7항에 따른 정보저장매체의 적합성에 관한 세부조항(nähere Bestimmungen zu den Aufzeichnungspflichten und zu der Geeignetheit von Datenträgern nach den Absätzen 1 bis 7)을 제정할 수 있다. 연방재무부는 그 권한 법규명령으로 연방금융서비스감독원에 이양할 수 있다.
⑪ 연방금융서비스감독원은 자신의 인터넷사이트에, 유가증권투자서비스회사가 제10항에 따른 법규명령과 연결된 본 법률에 따라(nach diesem Gesetz in Verbindung mit einer Rechtsverordnung nach Absatz 10) 작성해야 하는 최소한의 문서의 목록을 공표한다.
⑫ 민법전 제491조에 따른 부동산소비자소비대차계약으로, 그 소비대차에 대한 담보보증을 위해 유통되고(die zur Besicherung der Finanzierung des Kredits begeben worden sind), 부동산소비자소비대차계약과 동일한 조건에 기초한 담보채권(擔保債權)에 관련하여 소비자에게 유가증권투자서비스가 제공되는 것으로 하는 사전조건과 결부된 부동산소비자소비대차계약에 대하여, 그 소비대차가 담보채권을 통하여 실행될 수 있거나 차환(借換)될 수 있거나 상환(償還)될 수 있는 경우에 제2항을 적용하지 아니한다.

제84조 자산보관과 금융담보; 명령제정권한

① 금융기관법 제1조 제1항 제2문 제1호에 따른 예금취급업에 대한 허가를 보유하지 않는 고객의 자산을 관리하는 유가증권투자서비스회사는, 고객의 권리를 보호하고 고객의 자산이 고객의 명시적 동의가 없이 고객 자신의 계산 또는 타인의 계산으로 이용되는 것(dass die Gelder des Kunden ohne dessen ausdrückliche Zustimmung für eigene Rechnung oder für Rechnung einer anderen Person verwendet werden)을 방지할 적절한 대책을 마련해야 한다.
② 금융기관법 제1조 제1항 제2문 제1호에 따른 예금취급업에 대한 허가를 보유하지 않고 유가증권투자서비스회사는, 그 회사가 유가증권투자서비스 또는 유가증권투자부대서비스와 관련하여 받는 고객의 자산을 지체 없이 회사의 자산 및 다른 고객자산과 분리하여, 예금취급업을 영위하도록 인가를 받은, 금융기관법 제53조b 제1항 제1문상의 금융기관 및 기업의 신탁계정이나, 제3국에 본점을 둔 금융기관으로, 예금취급업을 영위하도록 인가를 받은 이에 유사한 금융기관의 신탁계정(auf Treuhandkonten bei solchen Kreditinstituten, Unternehmen im Sinne des § 53b Abs. 1 Satz 1 des Kreditwesengesetzes oder vergleichbaren Instituten mit Sitz in einem Drittstaat, welche zum Betreiben des Einlagengeschäftes befugt sind)이나, 중앙은행의 신탁계정에 또는 자격을 부여받은 시장금리연동형 투자신탁에 그 자산이 합의된 목적을 위해 사용될 때까지 보관(保管)해야 한다.

Der Kunde kann im Wege individueller Vertragsabrede hinsichtlich der Trennung der Kundengelder voneinander anderweitige Weisung erteilen, wenn er über den mit der Trennung der Kundengelder verfolgten Schutzweck informiert wurde. Zur Verwahrung bei einem qualifizierten Geldmarktfonds hat das Wertpapierdienstleistungsunternehmen die vorherige Zustimmung des Kunden einzuholen. Die Zustimmung ist nur dann wirksam, wenn das Wertpapierdienstleistungsunternehmen den Kunden vor Erteilung der Zustimmung darüber unterrichtet hat, dass die bei dem qualifizierten Geldmarktfonds verwahrten Gelder nicht entsprechend den Schutzstandards dieses Gesetzes und nicht entsprechend der Verordnung zur Konkretisierung der Verhaltensregeln und Organisationsanforderungen für Wertpapierdienstleistungsunternehmen gehalten werden. Das Wertpapierdienstleistungsunternehmen hat dem verwahrenden Institut vor der Verwahrung offen zu legen, dass die Gelder treuhänderisch eingelegt werden. Es hat den Kunden unverzüglich darüber zu unterrichten, bei welchem Institut und auf welchem Konto die Kundengelder verwahrt werden und ob das Institut, bei dem die Kundengelder verwahrt werden, einer Einrichtung zur Sicherung der Ansprüche von Einlegern und Anlegern angehört und in welchem Umfang die Kundengelder durch diese Einrichtung gesichert sind.

(3) Werden die Kundengelder bei einem Kreditinstitut, einem vergleichbaren Institut mit Sitz in einem Drittstaat oder einem Geldmarktfonds, die zur Unternehmensgruppe des Wertpapierdienstleistungsunternehmens gehören, gehalten, dürfen die bei einem solchen Unternehmen oder einer Gemeinschaft von solchen Unternehmen verwahrten Gelder 20 Prozent aller Kundengelder des Wertpapierdienstleistungsunternehmens nicht übersteigen. Die Bundesanstalt kann dem Wertpapierdienstleistungsunternehmen auf Antrag erlauben, die Obergrenze nach Satz 1 zu überschreiten, wenn es nachweist, dass die gemäß Satz 1 geltende Anforderung angesichts der Art, des Umfangs und der Komplexität seiner Tätigkeit sowie angesichts der Sicherheit, die die Verwahrstellen nach Satz 1 bieten sowie angesichts des geringen Saldos an Kundengeldern, das das Wertpapierdienstleistungsunternehmen hält, unverhältnismäßig ist. Das Wertpapierdienstleistungsunternehmen überprüft die nach Satz 2 durchgeführte Bewertung jährlich und leitet der Bundesanstalt seine Ausgangsbewertung sowie die überprüften Bewertungen zur Prüfung zu.

(4) Ein Wertpapierdienstleistungsunternehmen, das Finanzinstrumente von Kunden hält, hat geeignete Vorkehrungen zu treffen, um die Eigentumsrechte der Kunden an diesen Finanzinstrumenten zu schützen. Dies gilt insbesondere für den Fall der Insolvenz des Wertpapierdienstleistungsunternehmens. Das Wertpapierdienstleistungsunternehmen hat durch geeignete Vorkehrungen zu verhindern, dass die Finanzinstrumente eines Kunden ohne dessen ausdrückliche Zustimmung für eigene Rechnung oder für Rechnung einer anderen Person verwendet werden.

고객은, 고객자산의 분리에 의해 추구하는 보호목적에 관하여 통지를 받은 경우에 개별 약정의 방식을 통해 고객의 자산의 분리에 대하여 그와 다른 방법의 지시를 할 수 있다. 자격을 부여받은 시장금리연동형 투자신탁(Geldmarktfonds)에 보관하기 위하여 유가증권투자서비스회사는 고객의 사전 동의를 받아야 한다. 유가증권투자서비스회사가 고객에게 그 동의를 하기 전에 자격을 부여받은 시장금리연동형 투자신탁에 보관된 자산이, 본 법률의 보호기준에 따라 또 유가증권투자서비스회사에 대한 행위준칙과 조직요구사항의 구체화를 위한 명령에 따라 관리되지 않는다는 점(dass die bei dem qualifizierten Geldmarktfonds verwahrten Gelder nicht entsprechend den Schutzstandards dieses Gesetzes und nicht entsprechend der Verordnung zur Konkretisierung der Verhaltensregeln und Organisationsanforderungen für Wertpapierdienstleistungsunternehmen gehalten werden)을 통지한 경우에 한하여 그 동의는 효력을 갖는다. 그 유가증권투자서비스회사는 보관 전에 수치기관에 그 자산이 신탁되어 입금된다는 점을 명시해야 한다. 유가증권투자서비스회사는 고객에게 지체 없이, 어느 수취기관의 어느 계좌에 고객자산이 보관되었는지, 고객자산을 수치한 기관이 예금주 또는 투자자의 청구권을 보호받기 위하여 기관에 가입되었는지 여부, 이러한 기관에 의하여 고객(顧客)의 자신이 어느 범위(範圍)에서 보호(保護)되는지에 관하여 통지(通知)해야 한다.

③ 유가증권투자서비스회사의 기업집단에 속한 고객자산이 금융기관, 이에 유사한 제3국에 본점을 둔 기관 또는 시장금리연동형 투자신탁에 보관된 경우에, 유가증권투자서비스회사 또는 그 회사의 공동회사에 보관된 자산이 해당 유가증권투자서비스회사의 모든 고객자산의 20%를 초과해서는 아니된다. 자신의 활동의 특성, 범위 및 복잡성과, 제1문에 따른 보관기관이 제공하는 담보, 또한 유가증권투자서비스회사가 보관하는, 고객자산의 아주 적은 잔고를 고려했을 때(angesichts der Art, des Umfangs und der Komplexität seiner Tätigkeit sowie angesichts der Sicherheit, die die Verwahrstellen nach Satz 1 bieten sowie angesichts des geringen Saldos an Kundengeldern, das das Wertpapierdienstleistungsunternehmen hält), 제1문에 따라 적용되는 요구사항이 지나치다는 점을 그 회사가 증명한 경우에, 연방금융서비스감독원은 그 유가증권투자서비스회사의 요구에 따라 그 회사에 제1문에 따른 한도를 넘는 것을 허가할 수 있다. 그 유가증권투자서비스회사는 제2문에 따라 수행한 평가를 매년 심사해야 하고, 연방금융서비스감독원에 자신의 평가결과서(Ausgangsbewertung)와 검증된 심사평가서(die überprüften Bewertungen zur Prüfung)를 제출(提出)한다.

④ 고객의 금융자산을 관리하는 유가증권투자서비스회사는, 이러한 금융자산에 대한 고객의 소유권을 보호하기 위한(um die Eigentumsrechte der Kunden an diesen Finanzinstrumenten zu schützen) 적절한 대책을 마련해야 한다. 특히 유가증권투자서비스회사의 파산의 경우에 이를 적용한다. 유가증권투자서비스회사는 적절한 대책으로, 고객의 금융상품의 고객의 명시적 동의 없이 고객의 계산으로 또는 다른 사람의 계산으로 이용되는 것(dass die Finanzinstrumente eines Kunden ohne dessen ausdrückliche Zustimmung für eigene Rechnung oder für Rechnung einer anderen Person verwendet werden)을 방지해야 한다.

(5) Ein Wertpapierdienstleistungsunternehmen ohne eine Erlaubnis zum Betreiben des Depotgeschäftes im Sinne des § 1 Absatz 1 Satz 2 Nummer 5 des Kreditwesengesetzes hat Wertpapiere, die es im Zusammenhang mit einer Wertpapierdienstleistung oder einer Wertpapiernebendienstleistung entgegennimmt, unverzüglich einem Kreditinstitut, das im Inland zum Betreiben des Depotgeschäftes befugt ist, oder einem Institut mit Sitz im Ausland, das zum Betreiben des Depotgeschäftes befugt ist und bei welchem dem Kunden eine Rechtsstellung eingeräumt wird, die derjenigen nach dem Depotgesetz gleichwertig ist, zur Verwahrung weiterzuleiten. Absatz 2 Satz 6 gilt entsprechend.

(6) Das Wertpapierdienstleistungsunternehmen darf die Finanzinstrumente eines Kunden nur unter genau festgelegten Bedingungen für eigene Rechnung oder für Rechnung einer anderen Person verwenden und hat geeignete Vorkehrungen zu treffen, um die unbefugte Verwendung der Finanzinstrumente des Kunden für eigene Rechnung oder für Rechnung einer anderen Person zu verhindern. Der Kunde muss den Bedingungen im Voraus ausdrücklich zugestimmt haben und seine Zustimmung muss durch seine Unterschrift oder eine gleichwertige schriftliche Bestätigung eindeutig dokumentiert sein. Werden die Finanzinstrumente auf Sammeldepots bei einem Dritten verwahrt, sind für eine Verwendung nach Satz 1 zusätzlich die ausdrückliche Zustimmung aller anderen Kunden des Sammeldepots oder Systeme und Kontrolleinrichtungen erforderlich, mit denen die Beschränkung der Verwendung auf Finanzinstrumente gewährleistet ist, für die eine Zustimmung nach Satz 2 vorliegt. In den Fällen des Satzes 3 muss das Wertpapierdienstleistungsunternehmen über Kunden, auf deren Weisung hin eine Nutzung der Finanzinstrumente erfolgt, und über die Zahl der von jedem einzelnen Kunden mit dessen Zustimmung verwendeten Finanzinstrumente Aufzeichnungen führen, die eine eindeutige und zutreffende Zuordnung der im Rahmen der Verwendung eingetretenen Verluste ermöglichen.

(7) Ein Wertpapierdienstleistungsunternehmen darf sich von Privatkunden zur Besicherung oder Deckung von Verpflichtungen der Kunden, auch soweit diese noch nicht bestehen, keine Finanzsicherheiten in Form von Vollrechtsübertragungen im Sinne des Artikels 2 Absatz 1 Buchstabe b der Richtlinie 2002/47/EG des Europäischen Parlaments und des Rates vom 6. Juni 2002 über Finanzsicherheiten (ABl. L 168 vom 27.6.2002, S. 43), die zuletzt durch die Richtlinie 2014/59/EU (ABl. L 173 vom 12.6.2014, S. 190) geändert worden ist, in der jeweils geltenden Fassung, gewähren lassen.

(8) Soweit eine Vollrechtsübertragung zulässig ist, hat das Wertpapierdienstleistungsunternehmen die Angemessenheit der Verwendung eines Finanzinstruments als Finanzsicherheit ordnungsgemäß vor dem Hintergrund der Vertragsbeziehung des Kunden mit dem Wertpapierdienstleistungsunternehmen und den Vermögensgegenständen des Kunden zu prüfen und diese Prüfung zu dokumentieren. Professionelle Kunden und geeignete Gegenparteien sind auf die Risiken und die Folgen der

⑤ 금융기관법 제1조 제1항 제2문 제5호상의 예금취급업의 영위에 관한 허가를 얻지 못한 유가증권투자서비스회사는, 자신이 유가증권투자서비스 또는 유가증권투자부대서비스와 관련하여 받은 유가증권을 지체 없이 독일에서 예금취급업을 영위하도록 인가를 받은 금융기관이나, 외국에 본점을 둔, 예금취급업을 영위하도록 인가를 받은 기관으로, 유가증권임치법에 따라 그 기관과 동등한 법적 지위가 고객에게 인정된 기관(einem Institut mit Sitz im Ausland, das zum Betreiben des Depotgeschäftes befugt ist und bei welchem dem Kunden eine Rechtsstellung eingeräumt wird, die derjenigen nach dem Depotgesetz gleichwertig ist)에 보관을 위해 제출해야 한다. 제2항 제6문을 준용한다.

⑥ 유가증권투자서비스회사는 고객의 금융상품을 정확하게 정한 조건에 부합하는 경우에만 자신의 계산 또는 타인의 계산으로 이용할 수 있고, 자신의 계산 또는 타인의 계산에 의한 고객의 금융자산의 무단이용을 방지하기 위한(um die unbefugte Verwendung der Finanzinstrumente des Kunden für eigene Rechnung oder für Rechnung einer anderen Person zu verhindern) 적절한 대책을 마련해야 한다. 고객은 그 조건에 미리 명시적으로 동의를 했어야만 하고 자신의 동의는 자신의 서명 또는 동등한 서명확인에 의해(durch seine Unterschrift oder eine gleichwertige schriftliche Bestätigung) 분명하게 문서로 기록되어야만 한다. 금융상품이 혼장임치(混藏任置)로 제3자에게 보관된 경우에(Werden die Finanzinstrumente auf Sammeldepots bei einem Dritten verwahrt) 제1문에 따른 이용에 대하여 추가적으로, 혼장임치의 다른 모든 고객의 명시적 동의나, 금융상품의 이용의 제한을 보장하는 시스템 및 통제시설로, 제2문에 따른 동의가 부여된 시스템 및 통제시설(Systeme und Kontrolleinrichtungen erforderlich, mit denen die Beschränkung der Verwendung auf Finanzinstrumente gewährleistet ist, für die eine Zustimmung nach Satz 2 vorliegt)이 요구된다. 제3문의 경우에 유가증권투자서비스회사는, 그 지시에 기하여 금융상품 이용이 행해지는 고객과, 각 개별 고객의 동의에 의해 이용되는 금융상품의 수(數)에 대하여 이용 도중에 발생한 손해의 명확하고도 적절한 귀속을 가능하게 하는 관리일지를 작성해야만 한다.

⑦ 유가증권투자서비스회사는, 고객채무의 담보보증과 상환(償還)을 위하여(zur Besicherung oder Deckung von Verpflichtungen der Kunden), 그 채무가 아직 성립하지 않은 범위 내에서도(auch soweit diese noch nicht bestehen), 「금융담보에 관한 2002년 6월 6일 유럽연합 의회 및 이사회 2002/47/EG호 지침」(ABl. L 168 vom 27.6.2002, S. 43)으로, 최근 2014/59/EU호 지침 (ABl. L 173 vom 12.6.2014, S. 190)으로 개정된, 각각 적용되는 형식의 지침 제2조 제1항 b목상의 완전한 권리이전의 방식에 의한 금융담보 제공(提供)받을 수 없다.

⑧ 유가증권투자서비스회사는, 완전한 권리이전이 허용되는 범위 내에서, 고객과 유가증권투자서비스회사 간의 계약관계와, 고객과 고객 자산목적물 간의 계약관계를 고려하여(vor dem Hintergrund der Vertragsbeziehung des Kunden mit dem Wertpapierdienstleistungsunternehmen und den Vermögensgegenständen des Kunden), 금융상품의 금융담보로 활용의 적절성을 합당하게 심사해야 하고, 이러한 심사를 문서로 기록해야 한다. 전문가고객과 적합한 상대방에게 완전한 권리이전 방식에 의한 금융담보의 제공의 위험 및 결과에 대해 언급해야(auf die Risiken und die Folgen der

Stellung einer Finanzsicherheit in Form der Vollrechtsübertragung hinzuweisen.

(9) Ein Wertpapierdienstleistungsunternehmen hat im Rahmen von Wertpapierleihgeschäften mit Dritten, die Finanzinstrumente von Kunden zum Gegenstand haben, durch entsprechende Vereinbarungen sicherzustellen, dass der Entleiher der Kundenfinanzinstrumente angemessene Sicherheiten stellt. Das Wertpapierdienstleistungsunternehmen hat die Angemessenheit der gestellten Sicherheiten durch geeignete Vorkehrungen sicherzustellen sowie fortlaufend zu überwachen und das Gleichgewicht zwischen dem Wert der Sicherheit und dem Wert des Finanzinstruments des Kunden aufrechtzuerhalten.

(10) Das Bundesministerium der Finanzen kann durch Rechtsverordnung, die nicht der Zustimmung des Bundesrates bedarf, zum Schutz der einem Wertpapierdienstleistungsunternehmen anvertrauten Gelder oder Wertpapiere der Kunden nähere Bestimmungen über den Umfang der Verpflichtungen nach den Absätzen 1 bis 9 sowie zu den Anforderungen an qualifizierte Geldmarktfonds im Sinne des Absatzes 2 erlassen. Das Bundesministerium der Finanzen kann die Ermächtigung durch Rechtsverordnung auf die Bundesanstalt übertragen.

§ 85 Anlagestrategieempfehlungen und Anlageempfehlungen; Verordnungsermächtigung

(1) Unternehmen, die Anlagestrategieempfehlungen im Sinne des Artikels 3 Absatz 1 Nummer 34 der Verordnung (EU) Nr. 596/2014 oder Anlageempfehlungen im Sinne des Artikels 3 Absatz 1 Nummer 35 der Verordnung (EU) Nr. 596/2014 erstellen oder verbreiten, müssen so organisiert sein, dass Interessenkonflikte im Sinne des Artikels 20 Absatz 1 der Verordnung (EU) Nr. 596/2014 möglichst gering sind. Sie müssen insbesondere über angemessene Kontrollverfahren verfügen, die geeignet sind, Verstößen gegen die Verpflichtungen nach Artikel 20 Absatz 1 der Verordnung (EU) Nr. 596/2014 entgegenzuwirken.

(2) Die Befugnisse der Bundesanstalt nach § 88 gelten hinsichtlich der Einhaltung der in Absatz 1 genannten Pflichten und der Pflichten, die sich aus Artikel 20 Absatz 1 der Verordnung (EU) Nr. 596/2014 in Verbindung mit einem auf der Grundlage von Artikel 20 Absatz 3 der Verordnung (EU) Nr. 596/2014 erlassenen delegierten Rechtsakt ergeben, entsprechend.

(3) Das Bundesministerium der Finanzen kann durch Rechtsverordnung, die nicht der Zustimmung des Bundesrates bedarf, nähere Bestimmungen über die angemessene Organisation nach Absatz 1 Satz 1 erlassen. Das Bundesministerium der Finanzen kann die Ermächtigung durch Rechtsverordnung auf die Bundesanstalt übertragen.

§ 86 Anzeigepflicht

(1) Andere Personen als Wertpapierdienstleistungsunternehmen, Kapitalverwaltungsgesellschaften, EU-Verwaltungsgesellschaften oder Investmentgesellschaften, die in Ausübung ihres Berufes oder im Rahmen ihrer Geschäftstätigkeit für die Erstellung von Anlagestrategieempfehlungen im Sinne

Stellung einer Finanzsicherheit in Form der Vollrechtsübertragung hinzuweisen) 한다.

⑨ 유가증권투자서비스회사는, 고객의 금융상품을 대상으로 하는, 제3자와의 유가증권사용대차의 일환으로, 관련 약정에 의해 해당 금융상품의 대주(貸主)가 적절한 담보를 제공하도록 (dass der Entleiher der Kundenfinanzinstrumente angemessene Sicherheiten stellt) 보장해야 한다. 그 유가증권투자서비스회사는, 적절한 대책으로(durch geeignete Vorkehrungen) 제공된 담보의 적합성을 보장해야 하고, 이를 계속적으로 감시해야 하며, 담보의 가치와 고객의 금융상품의 가치 간의 균형을 유지해야(das Gleichgewicht zwischen dem Wert der Sicherheit und dem Wert des Finanzinstruments des Kunden aufrechtzuerhalten) 한다.

⑩ 연방재무부는 연방참사원의 동의가 필요 없는 법규명령으로 유가증권투자서비스회사가 위탁받은, 고객의 자산 또는 유가증권의 보호를 위하여(zum Schutz der einem Wertpapierdienstleistungsunternehmen anvertrauten Gelder oder Wertpapiere der Kunden), 제1항 내지 제9항에 따른 의무의 범위에 관한 세부조항(nähere Bestimmungen über den Umfang der Verpflichtungen nach den Absätzen 1 bis 9)과, 제2항상의 시장금리연동형 투자신탁에 대한 요구사항에 관한 세부사항을 제정할 수 있다. 연방재무부는 그 권한을 법규명령으로 연방금융서비스감독원에 이양할 수 있다.

제85조 투자전략추천과 투자추천; 명령제정권한

① (EU) 596/2014호 규칙 제3조 제1항 제34호상의 투자전략추천과 (EU) 596/2014호 규칙 제2조 제1항 제35호상의 투자추천을 마련하거나 보급하는 회사는, (EU) 596/2014호 규칙 제20조 제1항상의 이해상충이 가능한 한 축소되도록(dass Interessenkonflikte im Sinne des Artikels 20 Absatz 1 der Verordnung (EU) Nr. 596/2014 möglichst gering sind) 조직되어야만 한다. 그 회사는 특히 (EU) 596/2014호 규칙 제20조 제1항에 따른 의무에 대한 위반에 대응하는 데에 적합한(die geeignet sind, Verstößen gegen die Verpflichtungen nach Artikel 20 Absatz 1 der Verordnung (EU) Nr. 596/2014 entgegenzuwirken), 적절한 통제절차를 갖춰야만 한다.

② 제88조에 따른 연방금융서비스감독원의 권한(Die Befugnisse der Bundesanstalt nach § 88)은, 제1항상의 의무에 대하여(hinsichtlich der Einhaltung der in Absatz 1 genannten Pflichten), 또한 (EU) 596/2014호 규칙 제20조 제3항에 기하여 제정된 위임된 법적행위(delegierten Rechtsakt)에 연결된, (EU) 596/2014호 규칙 제20조 제1항에 기한 의무의 준수에 대하여 준용한다.

③ 연방재무부는 연방참사원의 동의가 필요 없는 법규명령으로(durch Rechtsverordnung, die nicht der Zustimmung des Bundesrates bedarf), 제1항 제1문에 따른 적절한 조직에 관한 세부조항 (nähere Bestimmungen über die angemessene Organisation nach Absatz 1 Satz 1)을 제정할 수 있다. 연방재무부는 그 권한을 법규명령으로 연방금융서비스감독원에 이양할 수 있다.

제86조 신고의무

① 유가증권투자서비스회사, 유럽연합관리회사 또는 투자회사 이외의 자(Andere Personen als Wertpapierdienstleistungsunternehmen, Kapitalverwaltungsgesellschaften, EU-Verwaltungsgesellschaften oder Investmentgesellschaften)로, (EU) 596/2014호 규칙 제3조 제1항 제34호상의 투자전략추천의

des Artikels 3 Absatz 1 Nummer 34 der Verordnung (EU) Nr. 596/2014 oder von Anlageempfehlungen im Sinne des Artikels 3 Absatz 1 Nummer 35 der Verordnung (EU) Nr. 596/2014 oder deren Weitergabe verantwortlich sind, haben dies der Bundesanstalt vor Erstellung oder Weitergabe der Empfehlungen anzuzeigen. Die Anzeige muss folgende Angaben enthalten:

1. bei einer natürlichen Person Name, Geburtsort, Geburtsdatum, Wohn- und Geschäftsanschrift sowie telefonische und elektronische Kontaktdaten,
2. bei einer juristischen Person oder einer Personenvereinigung Firma, Name oder Bezeichnung, Rechtsform, Registernummer wenn vorhanden, Anschrift des Sitzes oder der Hauptniederlassung, Namen der Mitglieder des Vertretungsorgans oder der gesetzlichen Vertreter und telefonische und elektronische Kontaktdaten; ist ein Mitglied des Vertretungsorgans oder der gesetzliche Vertreter eine juristische Person, so sind deren Firma, Name oder Bezeichnung, Rechtsform, Registernummer wenn vorhanden und Anschrift des Sitzes oder der Hauptniederlassung ebenfalls anzugeben.

Die Angaben nach Satz 2 sind glaubhaft zu machen. Beabsichtigt der Anzeigepflichtige die Verbreitung der Empfehlungen, muss die Anzeige auch eine detaillierte Beschreibung der beabsichtigen Verbreitungswege enthalten. Der Anzeigepflichtige hat weiterhin anzuzeigen, inwiefern bei mit ihm verbundenen Unternehmen Tatsachen vorliegen, die Interessenkonflikte begründen können. Veränderungen der angezeigten Daten und Sachverhalte sowie die Einstellung der in Satz 1 genannten Tätigkeiten sind der Bundesanstalt innerhalb von vier Wochen anzuzeigen.

(2) Die Bundesanstalt veröffentlicht auf ihrer Internetseite den Namen, die Firma oder die Bezeichnung der nach Absatz 1 Satz 2 Nummer 2 ordnungsgemäß angezeigten Personen und Personenvereinigungen sowie den Ort und das Land der Wohn- und Geschäftsanschrift oder des Sitzes oder der Hauptniederlassung.

§ 87 Einsatz von Mitarbeitern in der Anlageberatung, als Vertriebsbeauftragte, in der Finanzportfolioverwaltung oder als Compliance-Beauftragte; Verordnungsermächtigung

(1) Ein Wertpapierdienstleistungsunternehmen darf einen Mitarbeiter nur dann mit der Anlageberatung betrauen, wenn dieser sachkundig ist und über die für die Tätigkeit erforderliche Zuverlässigkeit verfügt. Das Wertpapierdienstleistungsunternehmen muss der Bundesanstalt

1. den Mitarbeiter und,
2. sofern das Wertpapierdienstleistungsunternehmen über Vertriebsbeauftragte im Sinne des Absatzes 4 verfügt, den auf Grund der Organisation des Wertpapierdienstleistungsunternehmens für den Mitarbeiter unmittelbar zuständigen Vertriebsbeauftragten

anzeigen, bevor der Mitarbeiter die Tätigkeit nach Satz 1 aufnimmt. Ändern sich die von dem Wertpapierdienstleistungsunternehmen nach Satz 2 angezeigten Verhältnisse, sind die neuen Verhältnisse unverzüglich der Bundesanstalt anzuzeigen. Ferner sind der Bundesanstalt, wenn auf

마련이나 (EU) 596/2014호 규칙 제3조 제1항 제35호상의 투자추천의 마련을 위한, 자신의 직업에 종사에 또는 영리활동의 과정에 책임을 지거나, 그 추천의 제공에 책임을 지는 자는, 그 추천의 마련 또는 제공 전에 이를 연방금융서비스감독원에 신고해야 한다. 그 신고에 다음 사항이 포함되어야만 한다:

1. 자연인의 경우 이름, 출생지, 생년월일, 집주소 및 사무실주소와 전화연락처 및 전자연락처(telefonische und elektronische Kontaktdaten),
2. 법인(法人) 또는 인적결사체의 경우(bei einer juristischen Person oder einer Personenvereinigung Firma), 이름 또는 명칭, 법형식, 등기번호가 있는 경우 그 등기번호(Registernummer wenn vorhanden), 주사무소 또는 본점의 주소(Anschrift des Sitzes oder der Hauptniederlassung), 대표기관구성원 또는 법률상 대표기관구성원의 이름 그리고 전화연락처 및 전자연락처; 법인이 대표기관구성원 또는 법률상 대표기관구성원인 경우에(ist ein Mitglied des Vertretungsorgans oder der gesetzliche Vertreter eine juristische Person), 그 법인의 상호, 이름 또는 명칭, 법형식, 등기번호가 있는 경우 그 등기번호 그리고 주사무소 또는 본점의 주소도 기재되어야 한다.

제2문에 따른 사항은 소명되어야 한다. 신고의무자가 그 추천의 보급을 의도하는 경우에 그 신고에 의도하는 보급경로에 대한 상세한 기술도 포함되어야만(die Anzeige auch eine detaillierte Beschreibung der beabsichtigen Verbreitungswege enthalten) 한다. 신고의무자는, 자신과 연결된 회사에 이해상충을 성립시킬 수 있는 사실이 어느 정도로 있는지에 대해서도 추가적으로 신고해야 한다. 신고된 정보 및 사정의 변경과 제1문상의 활동의 중단(die Einstellung der in Satz 1 genannten Tätigkeiten)도 연방금융서비스감독원에 4주 이내에 신고해야 한다.

② 연방금융서비스감독원은 자신의 인터넷사이트에 제1항 제2문 제2호에 따라 적절하게 신고한 법인 및 인적결사체(der nach Absatz 1 Satz 2 Nummer 2 ordnungsgemäß angezeigten Personen und Personenvereinigungen)의 이름, 상호 또는 명칭과, 그 집주소·사무실주소나 그 주사무소 또는 본점의 위치 및 주(州)를 공표한다.

제87조 투자자문(Anlageberatung) 또는 금융포트폴리오관리에서 판매수임인(Vertriebsbeauftragte) 또는 준법수임인(Compliance-Beauftragte)으로서 직원의 배치; 명령제정권한

① 유가증권투자서비스회사는, 어느 직원이 전문지식을 갖추고 있고 활동에 필요한 신용을 보유한 경우에 한하여 그 직원에게, 투자자문을 위탁할 수 있다. 유가증권투자서비스회사는 그 직원이 제1문에 따른 활동을 개시하기 전에 연방금융서비스감독원에,

1. 그 직원,
2. 그 유가증권투자서비스회사에 제4항상의 판매수임인이 있는 경우에 그 유가증권투자서비스회사의 조직에 기하여 그 직원이 직접적으로 관할하는 판매수임인(für den Mitarbeiter unmittelbar zuständigen Vertriebsbeauftragten)에 대하여,

신고해야만 한다. 유가증권투자서비스회사가 제2문에 따라 신고한 사항이 변경된 경우에(Ändern sich die von dem Wertpapierdienstleistungsunternehmen nach Satz 2 angezeigten Verhältnisse), 새로운 사항은 지체 없이 연방금융서비스감독원에 신고해야 한다. 유가증권투자서비스회사에 대한

Grund der Tätigkeit des Mitarbeiters eine oder mehrere Beschwerden im Sinne des Artikels 26 der Delegierten Verordnung (EU) 2017/565 durch Privatkunden gegenüber dem Wertpapierdienstleistungsunternehmen erhoben werden,

1. jede Beschwerde,
2. der Name des Mitarbeiters, auf Grund dessen Tätigkeit die Beschwerde erhoben wird, sowie,
3. sofern das Wertpapierdienstleistungsunternehmen mehrere Zweigstellen, Zweigniederlassungen oder sonstige Organisationseinheiten hat, die Zweigstelle, Zweigniederlassung oder Organisationseinheit, welcher der Mitarbeiter zugeordnet ist oder für welche er überwiegend oder in der Regel die nach Satz 1 anzuzeigende Tätigkeit ausübt,

anzuzeigen.

(2) Ein Wertpapierdienstleistungsunternehmen darf einen Mitarbeiter nur dann damit betrauen, Kunden über Finanzinstrumente, strukturierte Einlagen, Wertpapierdienstleistungen oder Wertpapiernebendienstleistungen zu informieren (Vertriebsmitarbeiter), wenn dieser sachkundig ist und über die für die Tätigkeit erforderliche Zuverlässigkeit verfügt.

(3) Ein Wertpapierdienstleistungsunternehmen darf einen Mitarbeiter nur dann mit der Finanzportfolioverwaltung betrauen, wenn dieser sachkundig ist und über die für die Tätigkeit erforderliche Zuverlässigkeit verfügt.

(4) Ein Wertpapierdienstleistungsunternehmen darf einen Mitarbeiter mit der Ausgestaltung, Umsetzung oder Überwachung von Vertriebsvorgaben im Sinne des § 80 Absatz 1 Satz 2 Nummer 3 nur dann betrauen (Vertriebsbeauftragter), wenn dieser sachkundig ist und über die für die Tätigkeit erforderliche Zuverlässigkeit verfügt. Das Wertpapierdienstleistungsunternehmen muss der Bundesanstalt den Mitarbeiter anzeigen, bevor dieser die Tätigkeit nach Satz 1 aufnimmt. Ändern sich die von dem Wertpapierdienstleistungsunternehmen nach Satz 2 angezeigten Verhältnisse, sind die neuen Verhältnisse unverzüglich der Bundesanstalt anzuzeigen.

(5) Ein Wertpapierdienstleistungsunternehmen darf einen Mitarbeiter nur dann mit der Verantwortlichkeit für die Compliance-Funktion im Sinne des Artikels 22 Absatz 2 der Delegierten Verordnung (EU) 2017/565 und für die Berichte an die Geschäftsleitung nach Artikel 25 Absatz 2 der Delegierten Verordnung (EU) 2017/565 betrauen (Compliance-Beauftragter), wenn dieser sachkundig ist und über die für die Tätigkeit erforderliche Zuverlässigkeit verfügt. Das Wertpapierdienstleistungsunternehmen muss der Bundesanstalt den Mitarbeiter anzeigen, bevor der Mitarbeiter die Tätigkeit nach Satz 1 aufnimmt. Ändern sich die von dem Wertpapierdienstleistungsunternehmen nach Satz 2 angezeigten Verhältnisse, sind die neuen Verhältnisse unverzüglich der Bundesanstalt anzuzeigen.

(6) Liegen Tatsachen vor, aus denen sich ergibt, dass ein Mitarbeiter

1. nicht oder nicht mehr die Anforderungen nach Absatz 1 Satz 1, Absatz 2, 3, 4 Satz 1, jeweils

개인고객에 의한(durch Privatkunden gegenüber dem Wertpapierdienstleistungsunternehmen) 불만으로, (EU) 2017/565호 위임규칙 제26조상의 한 또는 여러 불만(eine oder mehrere Beschwerden)이 직원의 활동에 기하여 제기된 경우에, 다음 각 호도 연방금융서비스감독원에 신고해야 한다,

1. 각 불만,
2. 그 활동(活動)에 기하여 불만(不滿)이 제기되는 직원의 이름,
3. 유가증권투자서비스회사가 여러 개의 지사, 지점 또는 그 밖의 조직단위(mehrere Zweigstellen, Zweigniederlassungen oder sonstige Organisationseinheiten)를 가지고 있는 경우에, 직원이 소속되거나 직원이 주로 또는 통상적으로 제1문에 따라 신고되는 활동을 수행하는, 지사, 지점 또는 조직단위.

② 유가증권투자서비스회사는, 어느 직원이 전문지식을 갖추고 있고 활동에 필요한 신용을 보유한(wenn dieser sachkundig ist und über die für die Tätigkeit erforderliche Zuverlässigkeit verfügt) 경우에 한하여 그 직원에게, 금융상품, 구조화예금(構造化預金; strukturierte Einlagen), 유가증권투자서비스 또는 유가증권투자부대서비스에 관하여 고객에게 정보를 제공하는 것을 위탁할 수 있다('판매직원'; Vertriebsmitarbeiter).

③ 유가증권투자서비스회사는, 어느 직원이 전문지식을 갖추고 있고 활동에 필요한 신용을 보유한 경우에 한하여 그 직원에게, 금융포트폴리오관리를 위탁할 수 있다.

④ 유가증권투자서비스회사는, 어느 직원이 전문지식을 갖추고 있고 활동에 필요한 신용을 보유한(wenn dieser sachkundig ist und über die für die Tätigkeit erforderliche Zuverlässigkeit verfügt) 경우에 한하여 그 직원에게, 제80조 제1항 제2문 제3호상의 판매규정의 마련, 시행 또는 감시를 위탁할 수 있다('판매수임인'; Vertriebsbeauftragter). 유가증권투자서비스회사는 그 직원이 제1문에 따른 활동을 개시하기 전에 연방금융서비스감독원에 그 직원에 대해 신고해야 한다. 유가증권투자서비스회사가 제2문에 따라 신고한 사정이 변경된 경우에 새로운 사정을 지체 없이 연방금융서비스감독원에 신고해야 한다.

⑤ 유가증권투자서비스회사는, 어느 직원이 전문지식을 갖추고 있고 활동에 필요한 신용을 보유한(wenn dieser sachkundig ist und über die für die Tätigkeit erforderliche Zuverlässigkeit verfügt) 경우에 한하여 그 직원에게, (EU) 2017/565호 위임규칙 제22조 제2항상의 준법기능(遵法機能)에 대한 책임과, (EU) 2017/565호 위임규칙 제25조 제2항에 따른 경영진에 대한 보고(報告) 책임(責任)을 위탁(委託)할 수 있다[준법수임인(遵法受任人); Compliance-Beauftragter). 유가증권투자서비스회사는, 그 직원이 제1문에 따른 활동을 개시하기 전에(bevor der Mitarbeiter die Tätigkeit nach Satz 1 aufnimmt) 연방금융서비스감독원에 그 직원에 대해 신고해야 한다. 유가증권투자서비스회사가 제2문에 따라 신고한 사정이 변경된 경우에(Ändern sich die von dem Wertpapierdienstleistungsunternehmen nach Satz 2 angezeigten Verhältnisse), 새로운 사정을 지체 없이 연방금융서비스감독원에 신고해야 한다.

⑥ 어느 직원이,

1. 각각 제96조에 연결된 경우를 포함하여 제1항 제1문, 제2항 제3항, 제4항 제1문 또 따른 요구사

auch in Verbindung mit § 96, oder Absatz 5 Satz 1 erfüllt, kann die Bundesanstalt unbeschadet ihrer Befugnisse nach § 6 dem Wertpapierdienstleistungsunternehmen untersagen, den Mitarbeiter in der angezeigten Tätigkeit einzusetzen, solange dieser die gesetzlichen Anforderungen nicht erfüllt, oder

2. gegen Bestimmungen dieses Abschnittes verstoßen hat, deren Einhaltung bei der Durchführung seiner Tätigkeit zu beachten sind, kann die Bundesanstalt unbeschadet ihrer Befugnisse nach § 6
   a) das Wertpapierdienstleistungsunternehmen und den Mitarbeiter verwarnen oder
   b) dem Wertpapierdienstleistungsunternehmen für eine Dauer von bis zu zwei Jahren untersagen, den Mitarbeiter in der angezeigten Tätigkeit einzusetzen.

Die Bundesanstalt kann unanfechtbar gewordene Anordnungen im Sinne des Satzes 1 auf ihrer Internetseite öffentlich bekannt machen, es sei denn, diese Veröffentlichung wäre geeignet, den berechtigten Interessen des Unternehmens zu schaden. Die öffentliche Bekanntmachung nach Satz 2 hat ohne Nennung des Namens des betroffenen Mitarbeiters zu erfolgen. Widerspruch und Anfechtungsklage gegen Maßnahmen nach Satz 1 haben keine aufschiebende Wirkung.

(7) Die Bundesanstalt führt über die nach den Absätzen 1, 4 und 5 anzuzeigenden Mitarbeiter sowie die ihnen zugeordneten Beschwerdeanzeigen nach Absatz 1 und die ihre Tätigkeit betreffenden Anordnungen nach Absatz 6 eine interne Datenbank.

(8) Die Absätze 1 bis 7 sind nicht anzuwenden auf diejenigen Mitarbeiter eines Wertpapierdienstleistungsunternehmens, die ausschließlich in einer Zweigniederlassung im Sinne des § 24a des Kreditwesengesetzes oder in mehreren solcher Zweigniederlassungen tätig sind.

(9) Das Bundesministerium der Finanzen kann durch Rechtsverordnung, die nicht der Zustimmung des Bundesrates bedarf, die näheren Anforderungen an

1. den Inhalt, die Art, die Sprache, den Umfang und die Form der Anzeigen nach den Absätzen 1, 4 oder 5,
2. die Sachkunde und die Zuverlässigkeit nach Absatz 1 Satz 1, den Absätzen 2, 3, 4 Satz 1, jeweils auch in Verbindung mit § 96, sowie Absatz 5 Satz 1 sowie
3. den Inhalt der Datenbank nach Absatz 7 und die Dauer der Speicherung der Einträge

einschließlich des jeweiligen Verfahrens regeln. In der Rechtsverordnung nach Satz 1 kann insbesondere bestimmt werden, dass dem jeweiligen Wertpapierdienstleistungsunternehmen ein schreibender Zugriff auf die für das Unternehmen einzurichtenden Einträge in die Datenbank nach Absatz 7 eingeräumt und ihm die Verantwortlichkeit für die Richtigkeit und Aktualität dieser Einträge übertragen wird. Das Bundesministerium der Finanzen kann die Ermächtigung durch Rechtsverordnung ohne Zustimmung des Bundesrates auf die Bundesanstalt übertragen.

항이나 제5조 제1항에 따른 요구사항을 충족하지 않거나 더 이상 충족하지 않은 것으로 드러나는 사실이 있는 경우에 연방금융서비스감독원은 제6조에 따른 자신의 권한에 도 불구하고, 그 직원이 법률상 요건을 충족하지 못하는 동안에(solange dieser die gesetzlichen Anforderungen nicht erfüllt) 그 직원을 신고된 활동에 배치하는 것을 금지할 수 있거나,

2. 자신의 활동을 함에 있어 준수해야 하는(deren Einhaltung bei der Durchführung seiner Tätigkeit zu beachten sind) 본 장의 조항에 위반한 것으로 드러나는 사실이 있는 경우에, 연방금융서비스감독원은 제6조에 따른 자신의 권한에도 불구하고,
   a) 해당 유가증권투자서비스회사 또는 그 직원에 경고를 하거나,
   b) 해당 유가증권투자서비스회사에 대하여 2년 이내의 기간 동안에 그 직원을 신고된 활동에 배치하는 것을 금지할 수 있다.

연방금융서비스감독원은 제1문상의 취소할 수 없게 된 명령을 자신의 인터넷사이트에 공시(公示)하고, 다만 이러한 공시(公示)가 해당 회사의 정당한 이익을 해치는 데 적합한 경우에는 그러하지 아니하다(diese Veröffentlichung wäre geeignet, den berechtigten Interessen des Unternehmens zu schaden). 제2문에 따른 공시는 해당 직원의 이름의 게시 없이 행해져야 한다. 제1문에 따른 처분에 대한 이의 및 취소소송은 집행연기적 효력(aufschiebende Wirkung)을 갖지 아니한다.

⑦ 연방금융서비스감독원은 제1항, 제4항, 제5항에 따라 신고해야 하는 직원과 자신에게 제기된, 제1항에 따른 불만신고와, 직원의 활동에 관련한 제6항에 따른 명령(die ihre Tätigkeit betreffenden Anordnungen nach Absatz 6)에 관하여 내부 데이터뱅크에 관리한다.

⑧ 제1항 내지 제7항은, 유가증권투자서비스회사의 직원으로, 오로지 금융기관법 제24조a상의 한 지점(支店) 또는 그러한 여러 지점(支店)에서만 활동(活動)하는 직원(職員)에 대하여는 적용하지 아니한다.

⑨ 연방재무부는 연방참사원의 동의가 필요 없는 법규명령으로, 각각의 절차를 포함하여 다음 각 호의 세부적 요구사항을 규율할 수 있다.

1. 제1항, 제4항 또는 제5항에 따른 신고의 내용, 유형, 언어, 범위 및 방식(den Inhalt, die Art, die Sprache, den Umfang und die Form),
2. 각각 제96조에 연결된 경우를 포함하여 제1항 제1문, 제2항, 제3항, 제4조 제1문에 따른 전문지식 및 신용과, 제5조 제1문에 따른 전문지식 및 신용,
3. 제7항에 따른 데이터뱅크의 내용과 레코드[67]의 저장 기간,

제1문에 따른 법규명령으로 특히, 각 유가증권투자서비스회사가 마련해야 하는 레코드로, 제7항에 따른 데이터뱅크에 있어서의 레코드에 대한 '쓰기 접근[68]'이 그 회사에게 인정되고(그 회사에 이러한 기재의 정확성 및 최신성에 대한 책임이 이전된다는 것으로 정해질 수 있다. 연방재무부는 그 권한을 연방참사원의 동의를 요하지 않은 법규명령으로 연방금융서비스감독원에 이양할(die Ermächtigung durch Rechtsverordnung ohne Zustimmung des Bundesrates auf die Bundesanstalt übertragen) 수 있다.

(10) Die Absätze 1 bis 3 gelten nicht für Immobiliar-Verbraucherdarlehensverträge, die an die Vorbedingung geknüpft sind, dass dem Verbraucher eine Wertpapierdienstleistung in Bezug auf gedeckte Schuldverschreibungen, die zur Besicherung der Finanzierung des Kredits begeben worden sind und denen dieselben Konditionen wie dem Immobiliar-Verbraucherdarlehensvertrag zugrunde liegen, erbracht wird, und wenn damit das Darlehen ausgezahlt, refinanziert oder abgelöst werden kann.

§ 88 Überwachung der Meldepflichten und Verhaltensregeln

(1) Die Bundesanstalt kann zur Überwachung der Einhaltung

1. der Meldepflichten nach Artikel 26 der Verordnung (EU) Nr. 600/2014, auch in Verbindung mit gemäß den diesen Artikeln erlassenen technischen Regulierungsstandards,
2. der Verpflichtung zu Positionsmeldungen nach § 57 Absatz 1 bis 4,
3. der Anzeigepflichten nach § 23,
4. der in diesem Abschnitt geregelten Pflichten, auch in Verbindung mit technischen Regulierungsstandards, die gemäß Artikel 17 Absatz 7, Artikel 27 Absatz 10 und Artikel 32 Absatz 2 der Richtlinie 2014/65/EU erlassen wurden, sowie
5. der Pflichten aus
   a) den Artikeln 4, 16 und 20 der Verordnung (EU) Nr. 596/2014, auch in Verbindung mit gemäß diesen Artikeln erlassenen technischen Regulierungsstandards,
   b) den Artikeln 3 bis 15, 17, 18, 20 bis 23, 25, 27 und 31 der Verordnung (EU) Nr. 600/2014, auch in Verbindung mit gemäß diesen Artikeln erlassenen technischen Regulierungsstandards,
   c) der Delegierten Verordnung (EU) 2017/565,
   d) der Delegierten Verordnung (EU) 2017/567,
   e) § 29 Absatz 2 in Verbindung mit Artikel 4 Absatz 1 Unterabsatz 1 sowie Artikel 5a Absatz 1 der Verordnung (EG) Nr. 1060/2009

in der jeweils geltenden Fassung, auch ohne besonderen Anlass Prüfungen vornehmen bei den Wertpapierdienstleistungsunternehmen, den mit diesen verbundenen Unternehmen, den Zweigniederlassungen im Sinne des § 53b des Kreditwesengesetzes, den Unternehmen, mit denen eine Auslagerungsvereinbarung im Sinne des § 25b des Kreditwesengesetzes besteht oder bestand, und sonstigen zur Durchführung eingeschalteten dritten Personen oder Unternehmen.

(2) Die Bundesanstalt kann zur Überwachung der Einhaltung der in diesem Abschnitt geregelten Pflichten Auskünfte und die Vorlage von Unterlagen auch von Unternehmen mit Sitz in einem Drittstaat verlangen, die Wertpapierdienstleistungen gegenüber Kunden erbringen, die ihren gewöhnlichen Aufenthalt oder ihre Geschäftsleitung im Inland haben, sofern nicht die Wertpapierdienstleistung einschließlich der damit im Zusammenhang stehenden Wertpapiernebendienstleistungen ausschließlich in einem Drittstaat erbracht wird.

⑩ 그 소비대차에 대한 담보보증을 위해 유통되고(die zur Besicherung der Finanzierung des Kredits begeben worden sind), 부동산소비자소비대차계약과 동일한 조건에 기초한 담보채권(擔保債權)에 관련하여 소비자에게 유가증권투자서비스가 제공되는 것으로 하는 사전조건과 결부된 부동산소비자소비대차계약에 대하여, 그 소비대차가 담보채권을 통하여 실행될 수 있거나 차환(借換)될 수 있거나 상환(償還)될 수 있는 경우에(wenn damit das Darlehen ausgezahlt, refinanziert oder abgelöst werden kann) 제1항 내지 제3항을 적용하지 아니한다.

제88조 통지의무의 감독과 행위준칙

① 연방금융서비스감독원은,

1. 이러한 조항에 따라 제정된 기술 규제기준(technischen Regulierungsstandards)에 연결된 경우도 포함하여 (EU) 600/2014호 규칙 제26조에 따른 신고의무(der Meldepflichten nach Artikel 26 der Verordnung),
2. 제57조 제1항 내지 제4항에 따른 위치신고에 관한 의무,
3. 제23조에 따른 신고의무,
4. 2014/65/EU호 규칙(der Richtlinie 2014/65/EU) 제17조 제7항, 제27조 제10항, 제32조 제2항에 따라 제정된 기술 규제기준에 연결된 경우(auch in Verbindung mit technischen Regulierungsstandards)도 포함하여 본 장에서 규정된 의무(der in diesem Abschnitt geregelten Pflichten),
5. 다음 각 목에 기한 의무,
   a) 이러한 조항들에 따라 제정된 기술 규제기준에 연결된 경우도 포함하여 (EU) 596/2014호 규칙[der Verordnung (EU) Nr. 596/2014] 제4조, 제16조, 제20조,
   b) 이러한 조항들에 따라 제정된 기술 규제기준에 연결된 경우도 포함하여 (EU) 600/2014호 규칙 제3조 내지 제15조, 제17조, 제18조, 제20조 내지 제23조, 제25조, 제27조, 제31조,
   c) (EU) 2017/565호 위임규칙,
   d) (EU) 2017/567호 위임규칙,
   e) (EG) 1060/2009호 규칙 제4조 제1항 제1소항에 연결된 제29조 제2항과, 제5조a 제1항[Artikel 5a Absatz 1 der Verordnung (EG) Nr. 1060/2009]

각각 적용되는 형식의 규범을 포함하여 위와 같은 각 호의 규범에 의한 의무의 준수를 감독하기 위하여 특별한 계기가 없더라도, 유가증권투자서비스회사, 그 회사와 결합된 회사, 금융기관법 제53조b상의 지점, 금융기관법 제25조b상의 외주화약정이 존재하거나 존재했던 회사(den Unternehmen, mit denen eine Auslagerungsvereinbarung im Sinne des § 25b des Kreditwesengesetzes besteht oder bestand), 처리를 위해 개입한 그 밖의 제3자 또는 회사를 점검할 수 있다.

② 연방금융서비스감독원(Die Bundesanstalt)은, 유가증권투자서비스와 관련이 있는 유가증권투자부대서비스를 포함하여 유가증권투자서비스가 제3국에서 제공되지 않는 한, 본장이 규정한 의무의 준수를 감독하기 위하여 제3국에 본점을 둔 그 회사에 대해서도 자료와, 그 상(常)거소 또는 그 경영진이 독일에 있는 유가증권투자서비스회사가 고객에게 제공한 서류(書類) 제출(提出)을 요구할 수 있다.

(3) Widerspruch und Anfechtungsklage gegen Maßnahmen nach den Absätzen 1 und 2 haben keine aufschiebende Wirkung.

(4) Die Bundesanstalt kann Richtlinien aufstellen, nach denen sie nach Maßgabe der Richtlinie 2014/65/EU und der Delegierten Richtlinie (EU) 2017/593 für den Regelfall beurteilt, ob die Anforderungen dieses Abschnitts erfüllt sind. Die Deutsche Bundesbank sowie die Spitzenverbände der betroffenen Wirtschaftskreise sind vor dem Erlass der Richtlinien anzuhören. Die Richtlinien sind im Bundesanzeiger zu veröffentlichen.

§ 89 Prüfung der Meldepflichten und Verhaltensregeln; Verordnungsermächtigung

(1) Unbeschadet des § 88 ist einmal jährlich durch einen geeigneten Prüfer zu prüfen, ob die folgenden Pflichten eingehalten werden:

1. die Meldepflichten nach Artikel 26 der Verordnung (EU) Nr. 600/2014, auch in Verbindung mit den gemäß diesen Artikeln erlassenen technischen Regulierungsstandards,
2. die Verpflichtung zu Positionsmeldungen nach § 57 Absatz 1 bis 4,
3. die Anzeigepflichten nach § 23,
4. der in diesem Abschnitt geregelten Pflichten, auch in Verbindung mit technischen Regulierungsstandards, die gemäß Artikel 17 Absatz 7, Artikel 27 Absatz 10 und Artikel 32 Absatz 2 der Richtlinie 2014/65/EU erlassen wurden, sowie
5. der Pflichten aus
   a) den Artikeln 4, 16 und 20 der Verordnung (EU) Nr. 596/2014, auch in Verbindung mit gemäß diesen Artikeln erlassenen technischen Regulierungsstandards,
   b) den Artikeln 3 bis 15, 17, 18, 20 bis 23, 25, 27 und 31 der Verordnung (EU) Nr. 600/2014, auch in Verbindung mit gemäß diesen Artikeln erlassenen technischen Regulierungsstandards,
   c) der Delegierten Verordnung (EU) 2017/565,
   d) der Delegierten Verordnung (EU) 2017/567,
   e) § 29 Absatz 2 in Verbindung mit Artikel 4 Absatz 1 Unterabsatz 1 sowie Artikel 5a Absatz 1 der Verordnung (EG) Nr. 1060/2009

in der jeweils geltenden Fassung. Bei Kreditinstituten, die das Depotgeschäft im Sinne von § 1 Absatz 1 Satz 2 Nummer 5 des Kreditwesengesetzes betreiben, und bei Finanzdienstleistungsinstituten, die das eingeschränkte Verwahrgeschäft im Sinne des § 1 Absatz 1a Satz 2 Nummer 12 des Kreditwesengesetzes erbringen, hat der Prüfer auch diese Geschäfte besonders zu prüfen; diese Prüfung hat sich auch auf die Einhaltung des § 67a Absatz 3 und des § 67b, jeweils auch in Verbindung mit § 125 Absatz 1, 2 und 5 des Aktiengesetzes über Mitteilungspflichten und des § 135 des Aktiengesetzes über die Ausübung des Stimmrechts zu erstrecken. Die Bundesanstalt kann auf Antrag von der jährlichen Prüfung, mit Ausnahme der Prüfung der Einhaltung der Anforderungen nach § 84, auch in Verbindung mit einer

③ 제1항, 제2항에 따른 처분(Maßnahmen)에 대한 이의 및 취소소송은 집행연기적 효력을 가지지 아니한다.

④ 연방금융서비스감독원은, 2014/65/EU호 지침과, (EU) 2017/593호 위임지침의 기준에 따라 통상적 사안에 대해 본 장의 요구사항이 충족되었는지(ob die Anforderungen dieses Abschnitts erfüllt sind)를 판단을 하는 지침을 제정할 수 있다. 그 지침의 제정 전에 독일연방중앙은행과 해당 경제권의 정상협회(Die Deutsche Bundesbank sowie die Spitzenverbände der betroffenen Wirtschaftskreise)의 의견을 청취해야 한다. 그 지침은 연방관보에 공표된다.

제89조 신고의무의 검사와 행위준칙; 명령제정권한

① 제88조에도 불구하고, 각 적용되는 형식의 규범을 포함하여 위와 같은 각 호의 규범에 의한 의무지가 적절한 검사인에 의해 매년 한 차례 검사되어야 한다:

1. 이러한 조항에 따라 제정된 기술 규제기준(technischen Regulierungsstandards)에 연결된 경우도 포함하여 (EU) 600/2014호 규칙 제26조에 따른 신고의무,
2. 제57조 제1항 내지 제4항에 따른 위치신고에 관한 의무,
3. 제23조에 따른 신고의무,
4. 2014/65/EU호 규칙(der Richtlinie 2014/65/EU) 제17조 제7항, 제27조 제10항, 제32조 제2항에 따라 제정된 기술 규제기준에 연결된 경우(auch in Verbindung mit technischen Regulierungsstandards)도 포함하여 본 장에서 규정된 의무(der in diesem Abschnitt geregelten Pflichten),
5. 다음 각 목에 기한 의무,
   a) 이러한 조항들에 따라 제정된 기술 규제기준에 연결된 경우도 포함하여 (EU) 596/2014호 규칙[der Verordnung (EU) Nr. 596/2014] 제4조, 제16조, 제20조,
   b) 이러한 조항들에 따라 제정된 기술 규제기준에 연결된 경우도 포함하여 (EU) 600/2014호 규칙 제3조 내지 제15조, 제17조, 제18조, 제20조 내지 제23조, 제25조, 제27조, 제31조,
   c) (EU) 2017/565호 위임규칙,
   d) (EU) 2017/567호 위임규칙,
   e) EG) 1060/2009호 규칙 제4조 제1항 제1소항에 연결된 제29조 제2항과, 제5조a 제1항[Artikel 5a Absatz 1 der Verordnung (EG) Nr. 1060/2009].

금융기관법 제1조 제1항 제2문 제5호상의 예금취급업을 영위하는(die das Depotgeschäft im Sinne von § 1 Absatz 1 Satz 2 Nummer 5 des Kreditwesengesetzes betreiben) 금융기관과, 금융기관법 제1항 제1항a 제2문 제12호상의 제한적 임치업을 제공하는(die das eingeschränkte Verwahrgeschäft im Sinne des § 1 Absatz 1a Satz 2 Nummer 12 des Kreditwesengesetzes erbringen) 금융서비스기관의 경우, 검사인이 이러한 업종(業種)도 검사해야 한다; 이러한 검사는 주식법 통지의무에 관한, 제125조 제1항, 제2항, 제5항에 연결된 경우도 포함하여 제67조a 제3항, 제67조b의 준수와 지분권의 행사에 관한 주식법 제135조의 준수에도 미친다. 연방금융서비스감독원은, 제84조 제5항에 따른 법규명령에 연결된 경우를 포함하여 제84조에 따른 명령 준수에 대한 검사를 제외하고, 이것이 특별한 이유에 기하여, 특히 영위하는 업종의 특성과 범위로 인하여 신고된(insbesondere wegen

Rechtsverordnung nach § 84 Abs. 5, ganz oder teilweise absehen, soweit dies aus besonderen Gründen, insbesondere wegen der Art und des Umfangs der betriebenen Geschäfte angezeigt ist. Das Wertpapierdienstleistungsunternehmen hat den Prüfer jeweils spätestens zum Ablauf des Geschäftsjahres zu bestellen, auf das sich die Prüfung erstreckt. Bei Kreditinstituten, die einem genossenschaftlichen Prüfungsverband angehören oder durch die Prüfungsstelle eines Sparkassen- und Giroverbandes geprüft werden, wird die Prüfung durch den zuständigen Prüfungsverband oder die zuständige Prüfungsstelle, soweit hinsichtlich letzterer das Landesrecht dies vorsieht, vorgenommen. Geeignete Prüfer sind darüber hinaus Wirtschaftsprüfer, vereidigte Buchprüfer sowie Wirtschaftsprüfungs- und Buchprüfungsgesellschaften, die hinsichtlich des Prüfungsgegenstandes über ausreichende Kenntnisse verfügen.

(2) Der Prüfer oder die Prüfungsverbände oder Prüfungsstellen, soweit Prüfungen nach Absatz 1 Satz 5 von genossenschaftlichen Prüfungsverbänden oder Prüfungsstellen von Sparkassen- und Giroverbänden durchgeführt werden, haben über die Prüfung nach Absatz 1 einen Prüfungsbericht zu erstellen und auf Anforderung der Bundesanstalt oder der Deutschen Bundesbank der Bundesanstalt und der Deutschen Bundesbank einzureichen. Die wesentlichen Prüfungsergebnisse sind in einem Fragebogen zusammenzufassen, der dem Prüfungsbericht beizufügen ist. Der Fragebogen ist auch dann bei der Bundesanstalt und der zuständigen Hauptverwaltung der Deutschen Bundesbank einzureichen, wenn ein Prüfungsbericht nach Satz 1 nicht angefordert wird. Der Prüfer hat den Fragebogen unverzüglich nach Beendigung der Prüfung einzureichen.

(3) Das Wertpapierdienstleistungsunternehmen hat vor Erteilung des Prüfungsauftrags der Bundesanstalt den Prüfer anzuzeigen. Die Bundesanstalt kann innerhalb eines Monats nach Zugang der Anzeige die Bestellung eines anderen Prüfers verlangen, wenn dies zur Erreichung des Prüfungszweckes geboten ist; Widerspruch und Anfechtungsklage hiergegen haben keine aufschiebende Wirkung. Die Sätze 1 und 2 gelten nicht für Kreditinstitute, die einem genossenschaftlichen Prüfungsverband angehören oder durch die Prüfungsstelle eines Sparkassen- und Giroverbandes geprüft werden.

(4) Die Bundesanstalt kann gegenüber dem Wertpapierdienstleistungsunternehmen Bestimmungen über den Inhalt der Prüfung treffen, die vom Prüfer zu berücksichtigen sind. Sie kann insbesondere Schwerpunkte für die Prüfungen festlegen. Bei schwerwiegenden Verstößen gegen die Pflichten, deren Einhaltung nach Absatz 1 Satz 1 zu prüfen ist, hat der Prüfer die Bundesanstalt unverzüglich zu unterrichten. Die Bundesanstalt kann an den Prüfungen teilnehmen. Hierfür ist der Bundesanstalt der Beginn der Prüfung rechtzeitig mitzuteilen.

(5) Die Bundesanstalt kann die Prüfung nach Absatz 1 auch ohne besonderen Anlass anstelle des Prüfers selbst oder durch Beauftragte durchführen. Das Wertpapierdienstleistungsunternehmen ist hierüber rechtzeitig zu informieren.

der Art und des Umfangs der betriebenen Geschäfte angezeigt ist) 범위 내에서 그 신청에 따라 연례적 검사의 일부 또는 전부를 포기할 수 있다. 유가증권투자서비스회사는 늦어도 그 검사가 미치는 각 사업년도의 경과시까지 검사인을 위촉해야 한다. 협동조합형 검사협회에 속하거나 저축은행협회 및 청산기관협회의 검사기관에 의해 검사가 행해지는(die einem genossenschaftlichen Prüfungsverband angehören oder durch die Prüfungsstelle eines Sparkassen- und Giroverbandes geprüft werden) 금융기관의 경우에 검사는, 주법(州法)이 후자와 관련하여 이를 규정하는 범위 내에서, 적격 검사인, 관할 검사협회 또는 관할 검사기관에 의해 행해진다. 또한 적격 검사인은 회계감사관, 공인회계사와, 회계대상에 관하여 충분한 지식(智識)을 보유한 회계감사회사 및 공인회계회사(Wirtschaftsprüfungs- und Buchprüfungsgesellschaften, die hinsichtlich des Prüfungsgegenstandes über ausreichende Kenntnisse verfügen)를 말한다.

② 검사인, 검사협회 또는 검사기관은, 제1항 제5문에 따른 검사가 협동조합형 검사협회나 저축은행협회 및 청산기관협회의 검사기관의 검사기관에 의해 행해지는 범위 내에서(soweit Prüfungen nach Absatz 1 Satz 5 von genossenschaftlichen Prüfungsverbänden oder Prüfungsstellen von Sparkassen- und Giroverbänden durchgeführt werden), 제1항에 따른 검사에 관하여 검사보고서를 작성해야 하고, 연방금융서비스감독원 또는 독일연방중앙은행이 요구가 있는 경우 연방금융서비스감독원 또는 독일연방중앙은행에 이를 제출해야 한다. 중요한 검사결과는 검사보고서에 첨부된 조사표로 요약해야 한다. 그 조사표는, 제1문에 따른 검사보고서의 제출이 요구되지 않은 경우에(wenn ein Prüfungsbericht nach Satz 1 nicht angefordert wird) 연방금융서비스감독원과 독일연방중앙은행의 관할 본부(本部)(der zuständigen Hauptverwaltung der Deutschen Bundesbank)에도 제출해야 한다. 검사인은 검사 종료 후 지체 없이 조사표를 제출해야 한다.

③ 유가증권투자서비스회사는 연방금융서비스감독원의 검사위탁의 발주 전에 검사인을 신고해야 한다. 연방금융서비스감독원은, 이것이 검사목적의 달성에 필요한 경우에, 그 신고 도달시로부터 1개월 이내에 다른 검사인의 위촉을 요구할 수 있다; 이에 대한 이의 및 취소소송은 집행정지적 효력을 갖지 아니한다(Widerspruch und Anfechtungsklage hiergegen haben keine aufschiebende Wirkung). 제1문, 제2문은 협동조합형 검사협회에 속하거나(die einem genossenschaftlichen Prüfungsverband angehören) 저축은행협회 및 청산기관협회의 검사기관에 의해 검사되는 금융기관에 대해서는 적용하지 아니한다.

④ 연방금융서비스감독원은 유가증권투자서비스회사에 대하여 검사의 내용에 관한 규정으로, 심사인이 준수해야 하는 규정을 정할 수 있다. 연방금융서비스감독원은 특히 김사에 대한 주안점(主眼點)을 정할 수 있다. 제1항 제1문에 따라 그 준수가 검사되어야 하는 의무에 대한 중대한 위반이 있는 경우에 검사인은 연방금융서비스감독원에 지체 없이 보고해야 한다. 연방금융서비스감독원은 검사에 참가할 수 있다. 이를 위해 연방금융서비스감독원에 적시에 통지되어야 한다.

⑤ 연방금융서비스감독원은, 특별한 계기가 없더라도 제1항에 따른 검사를 검사인에 갈음하여 직접 또는 대리인에 의해 수행할 수 있다. 유가증권투자서비스회사는 이에 관하여 적시에 통지를 받아야 한다.

(6) Das Bundesministerium der Finanzen kann durch Rechtsverordnung, die nicht der Zustimmung des Bundesrates bedarf, nähere Bestimmungen über Aufbau, Inhalt und Art und Weise der Einreichung der Prüfungsberichte nach Absatz 2 sowie nähere Bestimmungen über Art, Umfang und Zeitpunkt der Prüfung nach den Absätzen 1 und 2 erlassen, soweit dies zur Erfüllung der Aufgaben der Bundesanstalt erforderlich ist, insbesondere, um Missständen im Handel mit Finanzinstrumenten entgegenzuwirken, um auf die Einhaltung der der Prüfung nach Absatz 1 Satz 1 unterliegenden Pflichten hinzuwirken und um zu diesem Zweck einheitliche Unterlagen zu erhalten. Das Bundesministerium der Finanzen kann die Ermächtigung durch Rechtsverordnung auf die Bundesanstalt übertragen.

§ 90 Unternehmen, organisierte Märkte und multilaterale Handelssysteme mit Sitz in einem anderen Mitgliedstaat der Europäischen Union oder in einem anderen Vertragsstaat des Abkommens über den Europäischen Wirtschaftsraum

(1) Die in diesem Abschnitt und den Artikeln 14 bis 26 der Verordnung (EU) Nr. 600/2014 geregelten Rechte und Pflichten sind mit Ausnahme von § 63 Absatz 2, den §§ 72 bis 78, 80 Absatz 1 bis 6 und 9 bis 13, den §§ 81, 84 bis § 87 Absatz 1 Satz 2 bis 4 und Absatz 3 bis 8 entsprechend anzuwenden auf Zweigniederlassungen und vertraglich gebundene Vermittler mit Sitz oder gewöhnlichem Aufenthalt im Inland im Sinne des § 53b des Kreditwesengesetzes, die Wertpapierdienstleistungen erbringen. Ein Unternehmen mit Sitz in einem anderen Mitgliedstaat der Europäischen Union oder in einem anderen Vertragsstaat des Abkommens über den Europäischen Wirtschaftsraum, das Wertpapierdienstleistungen allein oder zusammen mit Wertpapiernebendienstleistungen erbringt und das beabsichtigt, im Inland eine Zweigniederlassung im Sinne des § 53b des Kreditwesengesetzes zu errichten, ist von der Bundesanstalt innerhalb der in § 53b Absatz 2 Satz 1 des Kreditwesengesetzes bestimmten Frist auf die Meldepflichten nach § 22 und die nach Satz 1 für die Zweigniederlassung geltenden Rechte und Pflichten hinzuweisen.

(2) Die Bundesanstalt kann von der Zweigniederlassung Änderungen der getroffenen Vorkehrungen zur Einhaltung der für sie geltenden Pflichten verlangen, soweit die Änderungen notwendig und verhältnismäßig sind, um der Bundesanstalt die Prüfung der Einhaltung der Pflichten zu ermöglichen. Stellt die Bundesanstalt fest, dass das Unternehmen die nach Absatz 1 Satz 1 für seine Zweigniederlassung geltenden Pflichten nicht beachtet, fordert es das Unternehmen auf, seine Verpflichtungen innerhalb einer von der Bundesanstalt zu bestimmenden Frist zu erfüllen. Kommt das Unternehmen der Aufforderung nicht nach, trifft die Bundesanstalt alle geeigneten Maßnahmen, um die Erfüllung der Verpflichtungen sicherzustellen und unterrichtet die zuständigen Behörden des Herkunftsmitgliedstaates über die Art der getroffenen Maßnahmen. Falls das betroffene Unternehmen den Mangel nicht behebt, kann die Bundesanstalt nach Unterrichtung der zuständigen Behörde des Herkunftsmitgliedstaates alle Maßnahmen ergreifen,

⑥ 연방재무부는 연방참사원의 동의가 필요 없는 법규명령으로, 이것이 연방금융서비스감독원의 임무 수행에 필요하고, 특히 금융상품의 거래의 남용에 대처하기 위하여, 또 제1항 제1문에 따른 검사의 준수에 적용되는 의무의 준수에 대해 언급하고 이러한 목적을 위해 일관성 있는 서류를 수령하기 위하여(insbesondere, um Missständen im Handel mit Finanzinstrumenten entgegenzuwirken, um auf die Einhaltung der der Prüfung nach Absatz 1 Satz 1 unterliegenden Pflichten hinzuwirken und um zu diesem Zweck einheitliche Unterlagen zu erhalten), 제2항에 따른 심사보고서 제출의 구성, 내용, 방식 및 방법에 관한 세부조항과 제1항, 제2항에 따른 심사의 유형, 범위 및 시기에 관한 세부조항을 제정할 수 있다. 연방재무부는 그 권한을 법규명령으로 연방금융서비스감독원에 이양할 수 있다.

제90조 독일 이외의 어느 유럽연합회원국 또는「유럽경제권에 관한 협약」의 가입국들 중 독일 이외의 어느 가입국에 본점을 둔 기업, 조직화된 금융시장 및 다자간거래시스템(Unternehmen, organisierte Märkte und multilaterale Handelssysteme)

① 본 장과 (EU) 600/2014호 규칙 제14조 내지 제26조에서 규정한 권리의무(Die in diesem Abschnitt und den Artikeln 14 bis 26 der Verordnung (EU) Nr. 600/2014 geregelten Rechte und Pflichten)는, 제63조 제2항, 제72조 내지 제78조, 제80조 제1항 내지 제6항, 제9항 내지 제13항, 제81조, 제84조 내지 제87조 제1항 제2문 내지 제4문, 제3항 내지 제8항을 제외하고, 금융기관법 제53조b조상의 독일 내 주소 또는 상(常)거소가 있는(mit Sitz oder gewöhnlichem Aufenthalt im Inland im Sinne des § 53b des Kreditwesengesetzes), 유가증권투자서비스를 제공하는 지점 및 전속중개인에 대하여 준용한다. 독일 이외의 어느 유럽연합회원국 또는「유럽경제권에 관한 협약」의 가입국들 중 독일 이외의 어느 가입국에 본점을 둔 회사로, 유가증권투자서비스만을 제공하거나 유가증권투자부대서비스와 함께 제공하고, 독일에서 금융기관법 제53조b상의 지점을 설치하려고 하는 회사는, 금융기관법 제53조b 제2항 제1문에서 정한 기간 내에 연방금융서비스감독원에 의하여 지점에 대해 적용되는 권리의무에 관련한, 제22조과 제1문에 따른 신고의무에 관하여 언급을 받아야 한다.

② 연방금융서비스감독원은, 그 변경이 연방금융서비스감독원이 의무 준수에 대하여 검사하는 것을 가능하게 하기 위해(um der Bundesanstalt die Prüfung der Einhaltung der Pflichten zu ermöglichen) 필요하고 균형이 잡힌 범위 내에서 지점에 적용된 의무의 준수를 위해 지점에 취해진 대책의 변경을 요구할 수 있다. 연방금융서비스감독원이, 회사가 자신의 지점에 대해 제1항 제1문에 따라 적용되는 의무를 준수하지 않는 것으로 결정한 경우에 연방금융서비스감독원은 그 회사에 대해 연방금융서비스감독원이 정한 기간 내에 의무를 이행할 것(seine Verpflichtungen innerhalb einer von der Bundesanstalt zu bestimmenden Frist zu erfüllen)을 요구한다. 회사가 그 요구를 이행하지 않는 경우에(Kommt das Unternehmen der Aufforderung nicht nach) 연방금융서비스감독원은 그 의무 이행을 확보하기 위한 적절한 제반조치를 취할 수 있고 출신회원국의 관할 관청에 취한 조치의 유형에 관하여 통지를 한다. 만일 해당 회사가 하자를 제거하지 않는 경우에연방금융서비스감독원은 출신회원국의 관할 관청에 대한 통지 후 추가적 위반을 방지하고 처벌하기 위하여

um weitere Verstöße zu verhindern oder zu ahnden. Soweit erforderlich, kann die Bundesanstalt dem betroffenen Unternehmen die Durchführung neuer Geschäfte im Inland untersagen. Die Bundesanstalt unterrichtet die Europäische Kommission und die Europäische Wertpapier- und Marktaufsichtsbehörde unverzüglich von Maßnahmen nach den Sätzen 4 und 5.

(3) Stellt die Bundesanstalt fest, dass ein Unternehmen im Sinne des Absatzes 1 Satz 2, das im Inland eine Zweigniederlassung errichtet hat, gegen andere als die in Absatz 1 Satz 1 genannten Bestimmungen dieses Gesetzes oder entsprechende ausländische Vorschriften verstößt, so teilt sie dies der zuständigen Stelle des Herkunftsmitgliedstaates nach Maßgabe des § 18 Absatz 8 Satz 1 mit. Sind die daraufhin getroffenen Maßnahmen der zuständigen Behörde des Herkunftsmitgliedstaates unzureichend oder verstößt das Unternehmen aus anderen Gründen weiter gegen die sonstigen Bestimmungen dieses Abschnitts und sind dadurch Anlegerinteressen oder die ordnungsgemäße Funktion des Marktes gefährdet, ergreift die Bundesanstalt nach vorheriger Unterrichtung der zuständigen Behörde des Herkunftsmitgliedstaates alle erforderlichen Maßnahmen, um den Anlegerschutz und die ordnungsgemäße Funktion der Märkte zu gewährleisten. Absatz 2 Satz 4 bis 6 gilt entsprechend.

(4) Absatz 3 gilt entsprechend für ein Unternehmen mit Sitz in einem anderen Mitgliedstaat der Europäischen Union oder in einem anderen Vertragsstaat des Abkommens über den Europäischen Wirtschaftsraum, das Wertpapierdienstleistungen oder Wertpapiernebendienstleistungen im Wege des grenzüberschreitenden Dienstleistungsverkehrs gegenüber Kunden erbringt, die ihren gewöhnlichen Aufenthalt oder ihre Geschäftsleitung im Inland haben, wenn das Unternehmen gegen Bestimmungen dieses Abschnitts oder entsprechende ausländische Vorschriften verstößt.

(5) Absatz 3 gilt entsprechend mit der Maßgabe, dass für Maßnahmen der Bundesanstalt gegenüber einem solchen Betreiber Verstöße gegen Bestimmungen dieses Abschnitts, des Börsengesetzes oder gegen entsprechende ausländische Vorschriften vorliegen müssen und dass zu den Maßnahmen nach Absatz 3 Satz 2 insbesondere auch gehören kann, dem Betreiber des organisierten Marktes, des multilateralen Handelssystems oder des organisierten Handelssystems zu untersagen, sein System Mitgliedern im Inland zugänglich zu machen.

(6) Die Bundesanstalt unterrichtet die betroffenen Unternehmen oder Märkte von den jeweils nach den Absätzen 2 bis 5 getroffenen Maßnahmen unter Nennung der Gründe.

(7) Die Bundesanstalt kann in den Fällen des Absatzes 2 Satz 2, des Absatzes 3 Satz 1 und des Absatzes 5 die Europäische Wertpapier- und Marktaufsichtsbehörde nach Maßgabe des Artikels 19 der Verordnung (EU) Nr. 1095/2010 um Hilfe ersuchen.

§ 91 Unternehmen mit Sitz in einem Drittstaat

Vorbehaltlich der Regelungen in Titel VIII der Verordnung (EU) Nr. 600/2014 kann die Bundesanstalt im Einzelfall bestimmen, dass auf ein Unternehmen mit Sitz in einem Drittstaat, das

(um weitere Verstöße zu verhindern oder zu ahnden) 제반조치를 취할 수 있다. 필요하면 연방금융서비스감독원은 해당 회사에 대해 독일 내 새로운 거래의 수행을 금지할 수 있다. 연방금융서비스감독원은 유럽연합집행위원회와 유럽연합유가증권시장감독청에 지체 없이 제4문, 제5문에 따른 조치에 대하여 통지한다.

③ 연방금융서비스감독원이 독일에 지점을 설치하지 않은, 제1항 제2문상의 회사가 본 법의 제1항 제1문상의 규정 이외의 다른 규정 또는 상응하는 외국의 규정에 위반하는 것(dass ein Unternehmen im Sinne des Absatzes 1 Satz 2, das im Inland eine Zweigniederlassung errichtet hat, gegen andere als die in Absatz 1 Satz 1 genannten Bestimmungen dieses Gesetzes oder entsprechende ausländische Vorschriften verstößt)으로 결정한 경우에 연방금융서비스감독원은 출신회원국 관할 기관에 제18조 제8항 제1문의 기준에 따라 이를 통지한다. 그와 관련하여 출신회원국의 관할 관청의 취해진 조치가 불충하거나 그 회사가 다른 이유에서 계속적으로 본 장의 그 밖의 규정을 위반하고 이로써 투자자이익이나 시장의 적절한 기능이 위태로워지는(sind dadurch Anlegerinteressen oder die ordnungsgemäße Funktion des Marktes gefährdet) 경우에, 연방금융서비스감독원은 출신회원국 관할 관청에 대한 사전 통지 후 투자자보호와 시장의 적절한 기능을 확보하기 위하여 필요한 제반조치를 취한다. 제2항 제4문 내지 제6문을 준용한다.

④ 독일 이외의 어느 유럽연합회원국 또는 「유럽경제권에 관한 협약」의 가입국들 중 독일 이외의 어느 가입국에 본점을 둔 회사로, 유가증권투자서비스 또는 유가증권투자부대서비스를 국경을 초월하는 서비스교역(交易)의 방식으로 고객에게 제공하는 회사로서, 자신의 상(常)거소 또는 그 경영진이 독일에 있는 회사에 대하여, 그 회사가 본 장의 규정 또는 상응하는 외국의 규정에 위반하는 경우에 제3문을 준용한다.

⑤ 연방금융서비스감독원의 그러한 운영자에 대한 조치에 관련하여 본장 또는 거래소법의 규정에 대한 위반이나 상응하는 외국 규정에 대한 위반이 틀림없이 존재한다는 기준하에, 또한 조직화된 금융시장, 다자건가래시스템 또는 조직화된 거래시스템의 운영자에 대하여 독일 내 회원들이 독일에서 그 시스템에 접근하는 것을 금지하는 것도 특히 제3항 제2문에 따른 조치에 포함된다는 기준하에, 조직화된 금융시장, 다자간거래시스템 또는 조직화된 거래시스템의 운영자에 대하여(für Betreiber organisierter Märkte, multilateraler Handelssysteme und organisierter Handelssysteme) 제3항은 준용한다.

⑥ 연방금융서비스감독원은 해당 회사 또는 시장에 제2항 내지 제6항에 따라 취해진 각 조치에 대하여 이유를 기재하여 통지한다.

⑦ 금융서비스감독원은 제2항 제2문, 제3항 제2문, 제5항의 경우에 유럽연합유가증권시장감독청에 (EU) 1095/2010호 규칙 제19조의 기준에 따라[nach Maßgabe des Artikels 19 der Verordnung (EU) Nr. 1095/2010] 도움을 요청할 수 있다.

제91조 제3국에 본점을 둔 기업

(EU) 600/2014호 규칙 제7장의 조문을 제외하고, 연방금융서비스감독원은 개별사안에서, 제3국에 본점을 둔 회사로, 독일에서 국경을 초월하는 방식으로 서비스교역(交易)를 영업적으로 또는 상업

im Inland im Wege des grenzüberschreitenden Dienstleistungsverkehrs gewerbsmäßig oder in einem Umfang, der einen in kaufmännischer Weise eingerichteten Geschäftsbetrieb erfordert, Wertpapierdienstleistungen erbringen will, § 63 Absatz 2, die §§ 72 bis 78, 80 Absatz 1 bis 6 sowie 9 bis 13, die §§ 81, 84 bis 87 Absatz 1 Satz 2 bis 4 und Absatz 3 bis 8 dieses Gesetzes nicht anzuwenden sind, solange das Unternehmen im Hinblick auf seine im Inland betriebenen Wertpapierdienstleistungen wegen seiner Aufsicht durch die zuständige Herkunftsstaatsbehörde insoweit nicht zusätzlich der Aufsicht durch die Bundesanstalt bedarf. Die Befreiung kann mit Auflagen verbunden werden, insbesondere mit der Auflage, dass das Unternehmen eine Überwachung und Prüfung der Einhaltung der Vorschriften ermöglicht, die den §§ 6 bis 15, 88 und 89 gleichwertig ist.

§ 92 Werbung der Wertpapierdienstleistungsunternehmen

(1) Um Mißständen bei der Werbung für Wertpapierdienstleistungen und Wertpapiernebendienstleistungen zu begegnen, kann die Bundesanstalt den Wertpapierdienstleistungsunternehmen bestimmte Arten der Werbung untersagen. Ein Missstand liegt insbesondere vor, wenn das Wertpapierdienstleistungsunternehmen

1. nicht oder nicht ausreichend auf die mit der von ihm erbrachten Wertpapierdienstleistung verbundenen Risiken hinweist,
2. mit der Sicherheit einer Anlage wirbt, obwohl die Rückzahlung der Anlage nicht oder nicht vollständig gesichert ist,
3. die Werbung mit Angaben insbesondere zu Kosten und Ertrag sowie zur Abhängigkeit vom Verhalten Dritter versieht, durch die in irreführender Weise der Anschein eines besonders günstigen Angebots entsteht,
4. die Werbung mit irreführenden Angaben über die Befugnisse der Bundesanstalt nach diesem Gesetz oder über die Befugnisse der für die Aufsicht zuständigen Stellen in anderen Mitgliedstaaten des Europäischen Wirtschaftsraums oder Drittstaaten versieht.

(2) Vor allgemeinen Maßnahmen nach Absatz 1 sind die Spitzenverbände der betroffenen

§ 93 Register Unabhängiger Honorar-Anlageberater; Verordnungsermächtigung

(1) Die Bundesanstalt führt auf ihrer Internetseite ein öffentliches Register Unabhängiger Honorar-Anlageberater über alle Wertpapierdienstleistungsunternehmen, die die Unabhängige Anlageberatung erbringen wollen.

(2) Die Bundesanstalt hat ein Wertpapierdienstleistungsunternehmen auf Antrag in das Register Unabhängiger Honorar-Anlageberater einzutragen, wenn es

1. eine Erlaubnis nach § 32 des Kreditwesengesetzes besitzt oder Zweigniederlassung eines Unternehmens nach § 53b Absatz 1 Satz 1 und 2 oder Absatz 7 des Kreditwesengesetzes ist,

적 사업조직을 필요로 하는 범위 내에서 유가증권투자서비스를 제공하려고 하는 회사에 대하여, 그 회사가 독일에서 영위하는 유가증권투자서비스에 대하여 출신회원국의 관할 관청에 의한 그 회사에 대한 감독으로 인하여 그 범위 내에서 연방금융서비스감독원의 감독을 추가적으로 필요하지 않은 동안에(solange das Unternehmen im Hinblick auf seine im Inland betriebenen Wertpapierdienstleistungen wegen seiner Aufsicht durch die zuständige Herkunftsstaatsbehörde insoweit nicht zusätzlich der Aufsicht durch die Bundesanstalt bedarf), 본법 제63조 제2항, 제72조 내지 제78조, 제80조 제1항 내지 제6항, 제9항 내지 제13항, 제81조, 제84조 내지 제87조 제1항 제2문 내지 제4문, 제3항 내지 제8항을 적용하지 않은 것으로 결정할 수 있다. 그 적용면제에 대하여 부담이 부과될 수 있고, 특히 그 회사가 제6조 내지 제15조, 제88조, 제89조에 동등한 규정의 준수에 대한 감시 및 검사를 가능하게 하는 부담이 부과될 수 있다.

제92조 유가증권투자서비스회사의 광고

① 유가증권투자서비스와 유가증권투자부대서비스에 대한 광고에 있어 남용을 자행하는 데 대하여, 연방금융서비스감독원은 유가증권투자서비스회사에게 특정한 유형의 광고를 금지할 수 있다. 유가증권투자서비스회사가 각 호를 하는 경우에 특히 남용이 있는 것이다,

1. 그 유가증권투자서비스회사가 제공하는 유가증권투자서비스에 수반하는 위험에 대하여 언급하지 않거나 충분하게 안내하지 않은 경우,
2. 투자금의 반환이 확보되지 않거나 충분하게 확보되지 않음에도 투자금이 안전한 것으로 광고를 하는 경우,
3. 특히 비용 및 수익과, 제3자 행위의 종속성에 관한 정보에 관한 광고를 하고, 이 광고에 의한 오인유발적 방법으로 인하여 특별히 유리한 제공의 외관(der Anschein eines besonders günstigen Angebots)이 나타나는 경우,
4. 본 법률에 따른 연방금융서비스감독원의 권한에 관한 또는 「유럽경제권에 관한 협약」의 가입국 중 독일 이외의 회원국 또는 제3국의, 감독을 관할하는 기관의 권한에 관하여 광고(廣告)를 하는 경우.

② 제1항에 따른 일반적 조치를 취하기 전에 해당 경제권 정상협회(頂上協會) 및 소비자보호 정상협회(頂上協會)의 의견을 청취해야 한다.

제93조 독립적 투자자문사 등록부; 명령제정권한

① 연방금융서비스감독원은 자신의 인터넷사이트에 독립 투자자문을 제공하려고 하는(die die Unabhängige Anlageberatung erbringen wollen) 모든 유가증권투자서비스회사에 관한 독립적 투자자문사 공식등록부(ein öffentliches Register Unabhängiger Honorar-Anlageberater)를 관리한다.

② 다음 각 호의 경우에, 연방금융서비스감독원은 어느 유가증권투자서비스회사의 신청에 따라 그 회사에 대해 독립 투자자문사 공식등록부에 등재해야 한다,

1. 그 유가증권투자서비스회사가 금융기관법 제32조에 따른 허가를 보유하거나 금융기관법 제53조b 제1항 제1문, 제2문 또는 제7항에 따른 회사의 지점인 경우,

2. die Anlageberatung im Sinne des § 2 Absatz 8 Satz 1 Nummer 10 erbringen darf und
3. der Bundesanstalt durch Bescheinigung eines geeigneten Prüfers nachweist, dass es in der Lage ist, die Anforderungen nach § 80 Absatz 7 zu erfüllen.

Die Prüfung nach Absatz 2 Nummer 3 wird bei Kreditinstituten, die einem genossenschaftlichen Prüfungsverband angehören oder durch die Prüfungsstelle eines Sparkassen- und Giroverbandes geprüft werden, durch den zuständigen Prüfungsverband oder die zuständige Prüfungsstelle, soweit hinsichtlich Letzterer das Landesrecht dies vorsieht, vorgenommen. Geeignete Prüfer sind darüber hinaus Wirtschaftsprüfer, vereidigte Buchprüfer sowie Wirtschaftsprüfungs- und Buchprüfungsgesellschaften, die hinsichtlich des Prüfungsgegenstandes über ausreichende Kenntnisse verfügen.

(3) Die Bundesanstalt hat die Eintragung im Register Unabhängiger Honorar-Anlageberater zu löschen, wenn

1. das Wertpapierdienstleistungsunternehmen gegenüber der Bundesanstalt auf die Eintragung verzichtet oder
2. die Erlaubnis eines Wertpapierdienstleistungsunternehmens nach § 32 des Kreditwesengesetzes insgesamt oder die Erlaubnis zum Erbringen der Anlageberatung erlischt oder aufgehoben wird.

(4) Ein Wertpapierdienstleistungsunternehmen, das die Unabhängige Honorar-Anlageberatung nicht mehr erbringen will, muss dies der Bundesanstalt anzeigen.

(5) Das Bundesministerium der Finanzen wird ermächtigt, durch Rechtsverordnung, die nicht der Zustimmung des Bundesrates bedarf, nähere Bestimmungen zu erlassen

1. zum Inhalt des Registers Unabhängiger Honorar-Anlageberater,
2. zu den Mitwirkungspflichten der Institute bei der Führung des Registers Unabhängiger Honorar-Anlageberater und
3. zum Nachweis nach Absatz 2 Satz 1 Nummer 3.

(6) Das Bundesministerium der Finanzen kann die Ermächtigung durch Rechtsverordnung auf die Bundesanstalt übertragen.

§ 94 Bezeichnungen zur Unabhängigen Honorar-Anlageberatung

(1) Die Bezeichnungen "Unabhängiger Honorar-Anlageberater", "Unabhängige Honorar-Anlageberaterin", "Unabhängige Honorar-Anlageberatung" oder "Unabhängiger Honoraranlageberater", "Unabhängige Honoraranlageberaterin", "Unabhängige Honoraranlageberatung" auch in abweichender Schreibweise oder eine Bezeichnung, in der diese Wörter enthalten sind, dürfen, soweit durch Gesetz nichts anderes bestimmt ist, in der Firma, als Zusatz zur Firma, zur Bezeichnung des Geschäftszwecks oder zu Werbezwecken nur Wertpapierdienstleistungsunternehmen führen, die im Register Unabhängiger Anlageberater nach § 93 eingetragen sind.

(2) Absatz 1 gilt nicht für Unternehmen, die die dort genannten Bezeichnungen in einem

2. 그 유가증권투자서비스회사가 제2조 제8항 제1문 제10호상의 투자자문을 제공할 수 있는 경우,
3. 그 유가증권투자서비스회사가가 적격 검사인에 의한 증명서에 의하여 연방금융서비스감독원에 자신이 제80조 제항에 따른 요구사항을 충족할 수 있다는 점을 증명한 경우,

협동조합형 검사협회에 속하거나 저축은행협회 및 청산기관협회의 검사기관에 의해 검사가 행해지는 금융기관의 경우에, 제2항 제3호에 따른 검사는 주법이 후자와 관련하여 이를 규정하는 범위 내에서(soweit hinsichtlich Letzterer das Landesrecht dies vorsieht), 관할 검사협회 또는 관할 검사기관에 의해(durch den zuständigen Prüfungsverband oder die zuständige Prüfungsstelle) 행해진다. 또한 적격 검사인은 회계감사관, 공인회계사와, 회계대상에 관하여 충분한 지식(智識)을 보유한 회계감사회사 및 공인회계회사(Wirtschaftsprüfungs- und Buchprüfungsgesellschaften, die hinsichtlich des Prüfungsgegenstandes über ausreichende Kenntnisse verfügen)를 말한다.

③ 다음 각 호의 경우에 연방금융서비스감독원은 독립 투자자문사의 등재를 말소해야 한다,

1. 유가증권투자서비스회사가 연방금융서비스감독원에 대하여 그 등재(auf die Eintragung)를 포기하는 경우,
2. 금융기관법 제32조에 따른 유가증권투자서비스회사의 허가가 전체적으로 또는 투자자문의 제공과 관한 허가에 대하여) 소멸하거나 취소된 경우.

④ 독립 투자자문을 더 이상 제공하려고 하지 않는(das die Unabhängige Honorar-Anlageberatung nicht mehr erbringen will) 유가증권투자서비스회사는 연방금융서비스감독원에 이를 신고해야만 한다.

⑤ 연방금융재무부는 연방참사원의 동의가 필요 없는 법규명령으로(durch Rechtsverordnung, die nicht der Zustimmung des Bundesrates bedarf) 다음 각 호에 관한 세부조항을 제정할 수 있다,

1. 독립 투자자문사의 등록부의 내용,
2. 독립 투자자문사의 등록부의 관리에 있어 기관의 협력의무(den Mitwirkungspflichten der Institute),
3. 제2항 제1문 제3호에 따른 증명.

⑥ 연장재무부는 그 권한은 그 법규명령으로(durch Rechtsverordnung) 연방금융서비스감독원에 이양할 수 있다.

제94조 독립 투자자문에 관한 명칭

① 제93조에 따라 독립 투자자문사의 등록부에 등재된(die im Register Unabhängiger Anlageberater nach § 93 eingetragen sind) 유가증권투자서비스회사만이, “독립 투자자문사”, “여성 독립 투자자문사”, “독립투자자문사” (Unabhängiger Honorar-Anlageberater“, “Unabhängige Honorar-Anlageberaterin”), 여성 독립투자자문사” 또는 “독립 투자자문”이라는 명칭과, 이와 같은 단어가 포함된 이와 다른 철자 또는 명칭(auch in abweichender Schreibweise oder eine Bezeichnung, in der diese Wörter enthalten sind)을, 법률에서 달리 정하지 않는 한, 사업목적의 표시 또는 광고표시를 위하여(zur Bezeichnung des Geschäftszwecks oder zu Werbezwecken) 회사에 대해 회사의 추가기재로(als Zusatz zur Firma) 사용할 수 있다.

② 제1항상의 명칭을, 유가증권투자서비스를 제공한다는 외관을 제거한 관계에서 사용하는 기업에

Zusammenhang führen, der den Anschein ausschließt, dass sie Wertpapierdienstleistungen erbringen. Wertpapierdienstleistungsunternehmen mit Sitz im Ausland dürfen bei ihrer Tätigkeit im Inland die in Absatz 1 genannten Bezeichnungen in der Firma, als Zusatz zur Firma, zur Bezeichnung des Geschäftszwecks oder zu Werbezwecken führen, wenn sie zur Führung dieser Bezeichnung in ihrem Sitzstaat berechtigt sind und sie die Bezeichnung um einen auf ihren Sitzstaat hinweisenden Zusatz ergänzen.

(3) Die Bundesanstalt entscheidet in Zweifelsfällen, ob ein Wertpapierdienstleistungsunternehmen zur Führung der in Absatz 1 genannten Bezeichnungen befugt ist. Sie hat ihre Entscheidungen dem Registergericht mitzuteilen.

(4) Die Vorschrift des § 43 des Kreditwesengesetzes ist entsprechend anzuwenden mit der Maßgabe, dass an die Stelle der Erlaubnis nach § 32 des Kreditwesengesetzes die Eintragung in das Register Unabhängiger Honorar-Anlageberater nach § 93 tritt.

§ 95 Ausnahmen

§ 63 Absatz 1 und 3 bis 7 und 9, § 56 Absatz 1 sowie der §§ 69, 70 und 82 gelten nicht für Geschäfte, die an organisierten Märkten oder in multilateralen Handelssystemen zwischen Wertpapierdienstleistungsunternehmen oder zwischen diesen und sonstigen Mitgliedern oder Teilnehmern dieser Märkte oder Systeme geschlossen werden. Wird ein Geschäft im Sinne des Satzes 1 in Ausführung eines Kundenauftrags abgeschlossen, muss das Wertpapierdienstleistungsunternehmen jedoch den Verpflichtungen des §§ 63 Absatz 1 und 3 bis 7 und 9, § 56 Absatz 1 sowie der §§ 69, 70 und 82 gegenüber dem Kunden nachkommen.

§ 96 Strukturierte Einlagen

Die §§ 63 und 64, mit Ausnahme von § 64 Absatz 2, § 67 Absatz 4, die §§ 68 bis 71, 80 Absatz 1 Satz 2 Nummer 2 und 3 und Absatz 7 bis 13, § 81 Absatz 1 bis 4, § 83 Absatz 1 und 2, § 87 Absatz 1 Satz 1, Absatz 2, 3, 4 Satz 1 und Absatz 6 sind auf Wertpapierdienstleistungsunternehmen und Kreditinstitute entsprechend anzuwenden, wenn sie strukturierte Einlagen verkaufen oder über diese beraten.

대해서는 제1항을 적용하지 아니한다. 외국에 본점을 둔 유가증권투자서비스회사는, 그 회사가 자신의 본점소재지국에서 이러한 명칭 사용을 할 권리가 있고 이러한 명칭을 본점소재지국에서 언급된 추가기재 주변에 보충하는 경우에(wenn sie zur Führung dieser Bezeichnung in ihrem Sitzstaat berechtigt sind und sie die Bezeichnung um einen auf ihren Sitzstaat hinweisenden Zusatz ergänzen), 독일에서의 자신의 활동에 있어 제1항상의 명칭을 사업목적 또는 광고목적을 표시하기 위하여 회사에 대해 회사의 추가기재로 사용할 수 있다.

③ 연방금융서비스감독원은 의심스러운 경우에 어느 유가증권투자서비스회사가 제1항상 명칭을 사용할 자격이 있는지 여부에 결정한다. 연방금융서비스감독원의 그 결정을 등기법원에 통지해야 한다.

④ 제93조에 따른 독립 투자자문사의 등록부에 등재(die Eintragung in das Register Unabhängiger Honorar-Anlageberater nach § 93)가 금융기관법 제32조에 따른 허가를 갈음한다는 기준하에 금융기관법 제43조의 규정(Die Vorschrift des § 43 des Kreditwesengesetzes)을 준용한다.

제95조 예외

유가증권투자서비스회사들 간의 조직화된 금융시장 또는 다자간거래시스템이나, 유가증권투자서비스회사들과 이러한 시장의 그 밖의 회원 혹은 참가자 간의 조직화된 금융시장 또는 다자간거래시스템이나, 그 시스템에서 성사된 거래에 대하여는 제63조 제1항, 제3항 내지 제7항, 제9항, 제56조 제1항, 제69조, 제70조, 제82조는 적용하지 아니한다. 그럼에도 제1문상의 거래가 고객주문의 처리 중에 성사된 경우에 유가증권투자서비스회사는 고객에 대하여 제63조 제1항, 제3항 내지 제7항, 제9항, 제56조 제1항, 제69조, 제70조, 제82조의 의무를 이행해야 한다.

제96조 구조화예금(構造化預金; strukturierte Einlagen)

유가증권투자서비스회사와 금융기관이 구조화예금(構造化預金; strukturierte Einlagen)을 판매하거나 이에 관하여 자문을 하는 경우에 유가증권투자서비스회사와 금융기관에 대하여, 제64조 제2항을 제외하고 제63조, 제64조, 제67조 제4항, 제68조 내지 제71조, 재80조 제1항 제2문 제2호, 제3호, 제7항 내지 제13항, 제81조 제1항 내지 제4항, 제83조 제1항, 제2항, 제87조 제1항 제1문, 제2항, 제3항, 제4항 제1문, 제6항을 준용한다.

(8) Wertpapierdienstleistungen im Sinne dieses Gesetzes sind

1. die Anschaffung oder Veräußerung von Finanzinstrumenten im eigenen Namen für fremde Rechnung (Finanzkommissionsgeschäft),
2. das
   a) kontinuierliche Anbieten des An- und Verkaufs von Finanzinstrumenten an den Finanzmärkten zu selbst gestellten Preisen für eigene Rechnung unter Einsatz des eigenen Kapitals (Market-Making),
   b) häufige organisierte und systematische Betreiben von Handel für eigene Rechnung in erheblichem Umfang außerhalb eines organisierten Marktes oder eines multilateralen oder organisierten Handelssystems, wenn Kundenaufträge außerhalb eines geregelten Marktes oder eines multilateralen oder organisierten Handelssystems ausgeführt werden, ohne dass ein multilaterales Handelssystem betrieben wird (systematische Internalisierung),
   c) Anschaffen oder Veräußern von Finanzinstrumenten für eigene Rechnung als Dienstleistung für andere (Eigenhandel) oder
   d) Kaufen oder Verkaufen von Finanzinstrumenten für eigene Rechnung als unmittelbarer oder mittelbarer Teilnehmer eines inländischen organisierten Marktes oder eines multilateralen oder organisierten Handelssystems mittels einer hochfrequenten algorithmischen Handelstechnik im Sinne von Absatz 44, auch ohne Dienstleistung für andere (Hochfrequenzhandel),
3. die Anschaffung oder Veräußerung von Finanzinstrumenten in fremdem Namen für fremde Rechnung (Abschlussvermittlung),
4. die Vermittlung von Geschäften über die Anschaffung und die Veräußerung von Finanzinstrumenten (Anlagevermittlung),
5. die Übernahme von Finanzinstrumenten für eigenes Risiko zur Platzierung oder die Übernahme gleichwertiger Garantien (Emissionsgeschäft),
6. die Platzierung von Finanzinstrumenten ohne feste Übernahmeverpflichtung (Platzierungsgeschäft),
7. die Verwaltung einzelner oder mehrerer in Finanzinstrumenten angelegter Vermögen für andere mit Entscheidungsspielraum (Finanzportfolioverwaltung),
8. der Betrieb eines multilateralen Systems, das die Interessen einer Vielzahl von Personen am Kauf und Verkauf von Finanzinstrumenten innerhalb des Systems und nach nichtdiskretionären Bestimmungen in einer Weise zusammenbringt, die zu einem Vertrag über den Kauf dieser Finanzinstrumente führt (Betrieb eines multilateralen Handelssystems),
9. der Betrieb eines multilateralen Systems, bei dem es sich nicht um einen organisierten Markt oder ein multilaterales Handelssystem handelt und das die Interessen einer Vielzahl Dritter am Kauf und Verkauf von Schuldverschreibungen, strukturierten Finanzprodukten,

▣ 제2조 일부 조항

⑧ 본 법률상의 유가증권투자서비스는 다음 각 호를 말한다,

1. 자기이름, 타인계산(他人計算)에 의한 금융상품(金融商品)의 구매 또는 판매('금융상품위탁거래'; Finanzkommissionsgeschäft),
2. 다음 각 목에 해당하는 경우,
   a) 자기자본을 활용한 자기계산으로 하는 것으로, 스스로 제안한 가격으로 하는, 유가증권 시장에서 유가증권의 매수·매도의 계속적 공급(kontinuierliche Anbieten des An- und Verkaufs von Finanzinstrumenten)('유동성공급'; Market-Making),
   b) 고객주문이 규제를 받는 시장의 밖이나 다자간거래스시스템 또는 조직화된 거래시스템 밖에서 처리되는 경우에, 조직화된 시장, 다자간거래시스템 또는 조직적 거래시스템의 밖에서, 자기계산의 의한 상당한 거래를 조직적·체계적으로 빈번하게 하는 것(häufige organisierte und systematische Betreiben von Handel)으로, 다자간거래시스템으로 운영되는 경우를 제외한다['조직적(組織的) 내부거래(內部去來)'; systematische Internalisierung],
   c) 타인에 대하여 서비스로서 행해지는 것으로, 자기계산에 의한 금융상품의 구매 또는 판매('자기계산거래'),
   d) 독일의 조직화된 금융시장, 다자간거래시스템 또는 조직화된 거래시스템의 직접적·간접적 참가자로서 하는 계산에 의한 금융상품의 매수 또는 매도로, 타인에 대한 서비스 없이도 행해지는, 제44항상의 사용빈도가 높은 알고리즘 거래기술에 의한 매수 또는 매도(초단타거래; Hochfrequenzhandel),
3. 타인의 이름, 타인의 계산에 의한 금융상품의 구매 또는 판매['체약중개'(締約仲介); Abschlussvermittlung)]',
4. 금융상품의 구매(購買) 또는 판매(販賣)에 관한 거래의 중개('투자중개'; Anlagevermittlung),
5. 투자에 대한 고유한 위험을 감수하고서 하는 금융상품의 인수나 동등한 보증의 인수('유가증권발행'; Emissionsgeschäft),
6. 고정적(固定的) 인수의무(引受義務) 없이 하는 금융상품에 대한 투자(die Platzierung von Finanzinstrumenten)('투자거래'; Platzierungsgeschäft),
7. 금융상품에 투자된, 개인자산 또는 수인(數人)의 자산의 관리로, 판단여지가 있는 관리('금융포트폴리오관리'; Finanzportfolioverwaltung),
8. 시스템 내의 금융상품의 매수 및 매도, 그리고 비재량적 규정에 따른 금융상품의 매수 및 매도에 대한 수많은 자들의 이익을, 금융상품의 매매에 관한 계약체결에 이르는 방식(方式)으로 연결하는 다자간시스템의 운영('다자간거래시스템의 운영'; Betrieb eines multilateralen Handelssystems),
9. 조직화된 시장 또는 다자간거래시스템에 해당하지 않는시스템으로, 채권증서, 구조금융상품, 유가증권발행증서 또는 파생금융상품의 시스템 내 매수 및 매도에 대한 수많은 제3자의 이익을,

Emissionszertifikaten oder Derivaten innerhalb des Systems auf eine Weise zusammenführt, die zu einem Vertrag über den Kauf dieser Finanzinstrumente führt (Betrieb eines organisierten Handelssystems),

10. die Abgabe von persönlichen Empfehlungen im Sinne des Artikels 9 der Delegierten Verordnung (EU) 2017/565 an Kunden oder deren Vertreter, die sich auf Geschäfte mit bestimmten Finanzinstrumenten beziehen, sofern die Empfehlung auf eine Prüfung der persönlichen Umstände des Anlegers gestützt oder als für ihn geeignet dargestellt wird und nicht ausschließlich über Informationsverbreitungskanäle oder für die Öffentlichkeit bekannt gegeben wird (Anlageberatung).

Das Finanzkommissionsgeschäft, der Eigenhandel und die Abschlussvermittlung umfassen den Abschluss von Vereinbarungen über den Verkauf von Finanzinstrumenten, die von einem Wertpapierdienstleistungsunternehmen oder einem Kreditinstitut ausgegeben werden, im Zeitpunkt ihrer Emission. Ob ein häufiger systematischer Handel vorliegt, bemisst sich nach der Zahl der Geschäfte außerhalb eines Handelsplatzes (OTC-Handel) mit einem Finanzinstrument zur Ausführung von Kundenaufträgen, die von dem Wertpapierdienstleistungsunternehmen für eigene Rechnung durchgeführt werden. Ob ein Handel in erheblichem Umfang vorliegt, bemisst sich entweder nach dem Anteil des OTC-Handels an dem Gesamthandelsvolumen des Wertpapierdienstleistungsunternehmens in einem bestimmten Finanzinstrument oder nach dem Verhältnis des OTC-Handels des Wertpapierdienstleistungsunternehmens zum Gesamthandelsvolumen in einem bestimmten Finanzinstrument in der Europäischen Union; nähere Bestimmungen enthalten die Artikel 12 bis 17 der Delegierten Verordnung (EU) 2017/565. Die Voraussetzungen der systematischen Internalisierung sind erst dann erfüllt, wenn sowohl die Obergrenze für den häufigen systematischen Handel als auch die Obergrenze für den Handel in erheblichem Umfang überschritten werden oder wenn ein Unternehmen sich freiwillig den für die systematische Internalisierung geltenden Regelungen unterworfen und eine Erlaubnis zum Betreiben der systematischen Internalisierung bei der Bundesanstalt beantragt hat. Als Wertpapierdienstleistung gilt auch die Anschaffung und Veräußerung von Finanzinstrumenten für eigene Rechnung, die keine Dienstleistung für andere im Sinne des Satzes 1 Nr. 2 darstellt (Eigengeschäft). Der Finanzportfolioverwaltung gleichgestellt ist hinsichtlich der §§ 63 bis 83 und 85 bis 92 dieses Gesetzes sowie des Artikels 20 Absatz 1 der Verordnung (EU) Nr. 596/2014, des Artikels 26 der Verordnung (EU) Nr. 600/2014 und der Artikel 72 bis 76 der Delegierten Verordnung (EU) 2017/565 die erlaubnispflichtige Anlageverwaltung nach § 1 Absatz 1a Satz 2 Nummer 11 des Kreditwesengesetzes.

(9) Wertpapiernebendienstleistungen im Sinne dieses Gesetzes sind

1. die Verwahrung und die Verwaltung von Finanzinstrumenten für andere, einschließlich

이러한 금융상품의 매매에 관한 계약체결에 이르는 방식으로 연결하는 다자간시스템의 운영('조직화된 거래시스템의 운영'; Betrieb eines organisierten Handelssystems),

10. 해당 추천이 투자자의 개별적 상황에 대한 검토에 근거하거나(die Empfehlung auf eine Prüfung der persönlichen Umstände des Anlegers gestützt) 그 투자자에게 적합한 것으로 판명되고 오로지 유통경로를 통하여 알려지지 않거나 공중에게 알려지지 않는(nicht ausschließlich über Informationsverbreitungskanäle oder für die Öffentlichkeit bekannt gegeben wird) 한, (EU) 2017/565호 위임규칙 제9조상의 개별적 추천을 특정 금융상품의 거래와 관련된 고객 또는 그 대리인에게 하는 것('투자자문'; Anlageberatung).

금융상품위탁거래, 자기계산매매와 체약중개는, 유가증권투자서비스회사 또는 금융기관이 발행한(die von einem Wertpapierdienstleistungsunternehmen oder einem Kreditinstitut ausgegeben werden, im Zeitpunkt ihrer Emission) 금융상품의 판매에 관한 약정의 체결로 그 금융상품의 발행 시의 체결을 포함한다. 빈번한 체계적 거래가 있는지 여부(Ob ein häufiger systematischer Handel vorliegt)는, 유가증권투자서비스회사가 자신의 비용으로 처리한 고객주문을 처리하기 위한 금융상품에 대한 장외거래(場外去來; OTC[69])-Handel)의 수(nach der Zahl der Geschäfte außerhalb eines Handelsplatzes (OTC-Handel) mit einem Finanzinstrument zur Ausführung von Kundenaufträgen)에 따라 결정된다. 상당한 거래가 있는지 여부(Ob ein häufiger systematischer Handel vorliegt)는, 특정한 금융상품에 있어 유가증권투자서비스회사의 총거래량에 대한 장외거래의 비율이나 유럽연합 내 특정금융상품에 있어 유가증권투자서비스회사의 총거래량에 대한 장외거래 비율에 따라 결정된다; (EU) 2017/565호 위임규칙 제12조 내지 제17조가 세부조항을 포함한다. 조직적 내부거래(Die Voraussetzungen der systematischen Internalisierung)의 요건은, 빈번한 체계적 거래에 대한 한도뿐만 아니라 상당한 거래에 대한 한도를 초과한 경우(wenn sowohl die Obergrenze für den häufigen systematischen Handel als auch die Obergrenze für den Handel in erheblichem Umfang überschritten werden)나, 어느 회사가 조직적 내부거래에 대해 적용되는 규정을 자발적으로 적용받고 연방금융서비스감독원에 조직적 내부거래의 시행에 대한 허가를 신청한 경우에 비로소 충족된다. 제1문 제2호상의 타인에 대한 서비스에 해당하지 않는 자기계산에 의한 금융상품의 구매 및 판매도 유가증권투자서비스로 본다(Als Wertpapierdienstleistung gilt auch die Anschaffung und Veräußerung von Finanzinstrumenten für eigene Rechnung, die keine Dienstleistung für andere im Sinne des Satzes 1 Nr. 2 darstellt)('자기거래'; Eigengeschäft). 금융포트폴리오관리는, 본 법률 제63조 내지 제83조, 제85조 내지 제92조, (EU) 596/2014호 규칙 제20조 제1항, (EU) 600/2014호 규칙 제26조, (EU) 2017/565호 위임명령 제72조 내지 제76조에 대하여 금융기관법 제1항a 제2문 제11호에 따른, 허가를 필요로 하는 투자관리와 동일시된다.

⑨ 본 법률상의 유가증권투자부대서비스는 다음 각 호를 말한다,

1. 공탁임치와 현금관리 또는 담보 관리와 같은 결합된 서비스를 포함하고(einschließlich

Depotverwahrung und verbundener Dienstleistungen wie Cash-Management oder die Verwaltung von Sicherheiten mit Ausnahme der Bereitstellung und Führung von Wertpapierkonten auf oberster Ebene (zentrale Kontenführung) gemäß Abschnitt A Nummer 2 des Anhangs zur Verordnung (EU) Nr. 909/2014 (Depotgeschäft),

2. die Gewährung von Krediten oder Darlehen an andere für die Durchführung von Wertpapierdienstleistungen, sofern das Unternehmen, das den Kredit oder das Darlehen gewährt, an diesen Geschäften beteiligt ist,
3. die Beratung von Unternehmen über die Kapitalstruktur, die industrielle Strategie sowie die Beratung und das Angebot von Dienstleistungen bei Unternehmenskäufen und Unternehmenszusammenschlüssen,
4. Devisengeschäfte, die in Zusammenhang mit Wertpapierdienstleistungen stehen,
5. das Erstellen oder Verbreiten von Empfehlungen oder Vorschlägen von Anlagestrategien im Sinne des Artikels 3 Absatz 1 Nummer 34 der Verordnung (EU) Nr. 596/2014 (Anlagestrategieempfehlung) oder von Anlageempfehlungen im Sinne des Artikels 3 Absatz 1 Nummer 35 der Verordnung (EU) Nr. 596/2014 (Anlageempfehlung),
6. Dienstleistungen, die im Zusammenhang mit dem Emissionsgeschäft stehen,
7. Dienstleistungen, die sich auf einen Basiswert im Sinne des Absatzes 2 Nr. 2 oder Nr. 5 beziehen und im Zusammenhang mit Wertpapierdienstleistungen oder Wertpapiernebendienstleistungen stehen.

Depotverwahrung und verbundener Dienstleistungen wie Cash-Management oder die Verwaltung von Sicherheiten), (EU) 909/2014호 규칙에 관한 부록 제A장 제2호에 따른, 최상급 수준에서의 유가증권계좌의 제공 또는 관리('중앙계좌관리')를 제외한, 타인을 위한 금융상품의 임치 및 관리(die Verwahrung und die Verwaltung von Finanzinstrumenten für andere)('임치거래'; Depotgeschäft)

2. 대출 또는 소비대차를 시행한 회사가 이러한 거래에 참여하는 한, 유가증권투자서비스의 수행을 위한, 타인에 대한 대출 또는 소비대차의 시행(Gewährung von Krediten oder Darlehen an andere für die Durchführung von Wertpapierdienstleistungen),
3. 자본구조, 산업전략에 관한 기업의 자문과, 기업의 인수·합병에 있어 자문과 서비스의 제공(die Beratung und das Angebot von Dienstleistungen bei Unternehmenskäufen und Unternehmenszusammenschlüssen),
4. 유가증권투자서비스와 관련된 외환거래,
5. (EU) 596/2014호 규칙 제3조 제1항 제34호상의 투자전략의 추천 또는 제안('투자전략추천'; Anlagestrategieempfehlung)의 마련 또는 보급이나, (EU) 596/2014호 규칙 제3조 제1항 제35호 사의 투자추천('투자추천'; Anlageempfehlung)의 마련 또는 보급(das Erstellen oder Verbreiten),
6. 유가증권발행과 관련된 서비스,
7. 제2항 제2호 또는 제5호상의 기초자산에 관련되고 유가증권투자서비스 또는 유가증권투자부대서비스와 관련된(im Zusammenhang mit Wertpapierdienstleistungen oder Wertpapiernebendienstleistungen stehen) 서비스.

지급계좌보수(支給計座報酬)의 비교가능성, 자금이체(資金移替)와, 기본적 기능을 제공하는 지급계좌(支給計座)의 이용에 관한 법률

(지급계좌법; BGBl. I S. 2446)

Gesetz über die Vergleichbarkeit von Zahlungskontoentgelten, den Wechsel von Zahlungskonten sowie den Zugang zu Zahlungskonten mit grundlegenden Funktionen

(Zahlungskontengesetz - ZKG)

Gesetz über die Vergleichbarkeit von Zahlungskontoentgelten, den Wechsel von Zahlungskonten sowie den Zugang zu Zahlungskonten mit grundlegenden Funktionen (Zahlungskontengesetz - ZKG)

https://www.gesetze-im-internet.de/zkg/BJNR072010016.html

Abschnitt 1 Allgemeine Vorschriften

§ 1 Anwendungsbereich

Dieses Gesetz gilt, soweit hierin nicht ausdrücklich etwas anderes geregelt ist, für alle Verbraucher sowie für Zahlungsdienstleister, die auf dem Markt Zahlungskonten für Verbraucher anbieten.

§ 2 Begriffsbestimmungen

(1) Rechtmäßiger Aufenthalt in der Europäischen Union ist der rechtmäßige Aufenthalt natürlicher Personen, einschließlich Personen ohne festen Wohnsitz, in einem Mitgliedstaat der Europäischen Union auf Grund des Unionsrechts oder auf Grund nationalen Rechts sowie der rechtmäßige Aufenthalt Asylsuchender im Sinne des Abkommens über die Rechtsstellung der Flüchtlinge vom 28. Juli 1951 (BGBl. 1953 II S. 560), des Protokolls über die Rechtsstellung der Flüchtlinge vom 31. Januar 1967 (BGBl. 1969 II S. 1294) und anderer einschlägiger völkerrechtlicher Verträge. Als rechtmäßiger Aufenthalt in der Europäischen Union im Sinne dieses Gesetzes gilt auch der Aufenthalt im Inland Geduldeter.

(2) Ein mit einem Zahlungskonto verbundener Dienst ist jeder Dienst im Zusammenhang mit der Eröffnung, dem Führen oder dem Schließen eines Zahlungskontos einschließlich Zahlungsdiensten und Zahlungsvorgängen, die unter Artikel 3 Buchstabe g der Richtlinie 2007/64/EG des Europäischen Parlaments und des Rates vom 13. November 2007 über Zahlungsdienste im Binnenmarkt, zur Änderung der Richtlinien 97/7/EG, 2002/65/EG, 2005/60/EG und 2006/48/EG sowie zur Aufhebung der Richtlinie 97/5/EG (ABl. L 319 vom 5.12.2007, S. 1; L 187 vom 18.7.2009, S. 5), die durch die Richtlinie 2009/111/EG (ABl. L 302 vom 17.11.2009, S. 97) geändert worden ist, fallen, sowie Überziehungsmöglichkeiten und Überschreitungen.

(3) Zahlungsdienstleister ist ein Zahlungsdienstleister im Sinne des Artikels 4 Nummer 9 der Richtlinie 2007/64/EG.

(4) Europäischer Zahlungsdienstleister ist ein in einem anderen Mitgliedstaat der Europäischen Union ansässiger Zahlungsdienstleister im Sinne des Artikels 4 Nummer 9 der Richtlinie 2007/64/EG.

지급계좌보수(支給計座報酬)의 비교가능성, 자금이체(資金移替)와, 기본적 기능을 제공하는 지급계좌(支給計座)의 이용에 관한 법률(지급계좌법; Zahlungskontengesetz; BGBl. I S. 2446)

법률공포일: 2016. 4. 11.

최근 법률개정일: 2017. 7. 17(BGBl. I S. 2446).

제1장 총칙

제1조 적용범위

이 법률은 명시적으로 다른 규정이 없는 한, 모든 소비자와 시장에서 소비자에게 지급계좌를 제공하는 지급서비스제공자에 대하여 적용한다.

제2조 정의규정

① '유럽연합 내 합법적인 거소'(Rechtmäßiger Aufenthalt in der Europäischen Union)는, 고정적 주소가 없는 사람을 포함하여, 유럽연합법 또는 국가법에 근거한, 자연인의 어느 유럽연합회원국 내 합법적인 거소와, 「1951년 7월 28일의 난민의 지위에 관한 조약」(Abkommens über die Rechtsstellung der Flüchtlinge vom 28. Juli; BGBl. 1953 II S. 560), 「1967년 1월 31일의 난민의 지위에 관한 의정서」(Protokolls über die Rechtsstellung der Flüchtlinge vom 31. Januar 1967; BGBl. 1969 II S. 1294) 및 그 밖의 관련 국제조약상의 난민신청자의 합법적 거소를 말한다. 인도적체류허가자의 독일 내 거소도(auch der Aufenthalt im Inland Geduldeter) 이 법률상의 유럽연합 내 합법적 거소로 본다.

② '지급계좌와 결부된 업무'(Ein mit einem Zahlungskonto verbundener Dienst)는, 지급서비스와, 「유럽연합역내시장에서의 지급서비스와 97/7/EG, 2002/65/EG호, 2005/60/EG호, 2006/48/EG호 지침의 개정, 97/5/EG호 지침의 폐지에 관한 2007년 12월 13일의 유럽연합 의회 및 이사회(Europäischen Parlaments und des Rates)의 2007/64/EG호 지침」(ABl. L 319 vom 5.12.2007, S. 1; L 187 vom 18.7.2009, S. 5)으로, 2009/111/EG호로 개정된 지침(指針)(ABl. L 302 vom 17.11.2009, S. 97) 제3조 g목에 해당하는 지급과정을 포함하여, 지급계좌의 개설(改設), 관리(管理), 폐쇄(閉鎖)에 대한 일체의 업무(業務)와, 당좌대월계약(當座貸越契約)와 그 초과지급액[70] (Überziehungsmöglichkeiten und Überschreitungen)을 말한다.

③ '지급서비스제공자'는 2007/64/EG호 지침 제4조 제9호상의 지급서비스제공자(Zahlungsdienstleister)를 말한다.

④ '유럽연합 지급서비스제공자'(Europäischer Zahlungsdienstleister)는 2007/64/EG호 지침상의 지급서비스제공자로 독일(獨逸) 이외의 유럽연합회원국에서 있는 지급서비스제공자(Zahlungsdienstleister)를 말한다.

(5) Institut im Sinne dieses Gesetzes ist ein Kreditinstitut im Sinne des Artikels 4 Absatz 1 Nummer 1 der Verordnung (EU) Nr. 575/2013 des Europäischen Parlaments und des Rates vom 26. Juni 2013 über Aufsichtsanforderungen an Kreditinstitute und Wertpapierfirmen und zur Änderung der Verordnung (EU) Nr. 646/2012 (ABl. L 176 vom 27.6.2013, S. 1; L 208 vom 2.8.2013, S. 68; L 321 vom 30.11.2013, S. 6), die durch die Delegierte Verordnung (EU) 2015/62 (ABl. L 11 vom 17.1.2015, S. 37) geändert worden ist, eine Zweigniederlassung nach § 53b Absatz 1 Satz 1 oder 2 des Kreditwesengesetzes oder eine Zweigstelle nach § 53 des Kreditwesengesetzes.

(6) Maßgebliche Zahlungskontendienste sind die mit einem Zahlungskonto verbundenen Dienste, die in der jeweils aktuellen Liste der repräsentativsten mit einem Zahlungskonto verbundenen Dienste enthalten sind, die von der Bundesanstalt für Finanzdienstleistungsaufsicht veröffentlicht worden ist.

(7) Standardisierte Zahlungskontenterminologie ist die von der Europäischen Kommission gemäß Artikel 3 Absatz 4 der Richtlinie 2014/92/EU des Europäischen Parlaments und des Rates vom 23. Juli 2014 über die Vergleichbarkeit von Zahlungskontoentgelten, den Wechsel von Zahlungskonten und den Zugang zu Zahlungskonten mit grundlegenden Funktionen (ABl. L 257 vom 28.8.2014, S. 214) festgelegte jeweils aktuelle standardisierte Terminologie für die mit einem Zahlungskonto verbundenen Dienste.

(8) Zahlungskonto im Sinne dieses Gesetzes ist ein auf den Namen eines oder mehrerer Zahlungsdienstnutzer lautendes Konto, das für die Ausführung von Zahlungsvorgängen genutzt wird.

§ 3 Allgemeines Benachteiligungsverbot

Verbraucher mit rechtmäßigem Aufenthalt in der Europäischen Union, die innerhalb der Europäischen Union den Abschluss eines Zahlungsdiensterahmenvertrags über die Führung eines Zahlungskontos im Sinne des § 1 Absatz 17 des Zahlungsdiensteaufsichtsgesetzes beantragen, dürfen von Instituten bei der Eröffnung eines solchen Kontos weder auf Grund ihrer Staatsangehörigkeit, ihrer Sprache oder ihres Wohnsitzes noch aus anderen Gründen, die in Artikel 21 der Charta der Grundrechte der Europäischen Union genannt werden, benachteiligt werden.

§ 4 Abweichende Vereinbarungen

(1) Soweit die Vorschriften dieses Gesetzes das Verhältnis zwischen Zahlungsdienstleistern und Verbrauchern regeln, darf von ihnen nicht zum Nachteil des Verbrauchers abgewichen werden, es sei denn, es ist etwas anderes bestimmt.

(2) Die Vorschriften dieses Gesetzes gehen anderweitigen Gestaltungen vor, es sei denn, es ist etwas anderes bestimmt.

⑤ '본 법률상의 기관'(Institut im Sinne dieses Gesetzes)은, 「금융기관 및 유가증권회사에 대한 감독요구사항(Aufsichtsanforderungen an Kreditinstitute und Wertpapierfirmen)과 646/2012호 규칙의 개정에 관한 2013년 6월 26일의 유럽연합 의회 및 이사회 (EU) 575/2013호 규칙」(ABl. L 176 vom 27.6.2013, S. 1; L 208 vom 2.8.2013, S. 68; L 321 vom 30.11.2013, S. 6)으로, (EU) 2015/62호 위임규칙(ABl. L 11 vom 17.1.2015, S. 37)으로 개정된 제4조 제1항 제1호상의 '금융기관', 금융기관법 제53조b 제1항 제1문 또는 제2문에 따른 '지사(支社)'나 동법 제53조의 '지점(支店)'(eine Zweigniederlassung nach § 53b Absatz 1 Satz 1 oder 2 des Kreditwesengesetzes oder eine Zweigstelle nach § 53 des Kreditwesengesetzes)를 말한다.

⑥ '주요지급계좌업무(主要支給計座業務)'는, 어느 지급계좌와 결부된 가장 대표적 업무에 대한 그때그때의 최신 목록에 포함된 지급계좌와 결부된 업무로, 연방금융서비스감독원에서 공표한 목록에 포함된(die von der Bundesanstalt für Finanzdienstleistungsaufsicht veröffentlicht worden ist) 그 업무를 말한다.

⑦ '표준지급계좌전문용어'(Standardisierte Zahlungskontenterminologie)는, 유럽연합집행위원회(Europäischen Kommission)가 「지급계좌보수(支給計座報酬)의 비교가능성, 자금이체(資金移替)와 기본적 기능을 제공하는 지급계좌의 이용에 관한 2014년 7월 23일의 유럽연합 의회 및 이사회(Europäischen Parlaments und des Rates)의 2014/92/EU호 지침」(ABl. L 257 vom 28.8.2014, S. 214) 제3조 제4항에 따라 정한 것으로, 지급계좌와 결부된 업무에 대한 그때그때의 최신 표준전문용어를 말한다.

⑧ '본 법률의 지급계좌'는 한 또는 여러 지급서비스이용자의 이름으로 보유하는 계좌(ein auf den Namen eines oder mehrerer Zahlungsdienstnutzer lautendes Konto)로, 지급과정의 수행에 이용되는 계좌를 말한다.

제3조 보편적 불이익대우금지

유럽연합 내 합법적 거소를 가진 소비자로, 유럽연합 내에서 지급서비스감독법 제1조 제17항상의 지급계좌의 관리에 관한 지급서비스기본계약의 체결을 위임한 소비자(die innerhalb der Europäischen Union den Abschluss eines Zahlungsdiensterahmenvertrags über die Führung eines Zahlungskontos im Sinne des § 1 Absatz 17 des Zahlungsdiensteaufsichtsgesetzes beantragen)는, 그러한 계좌의 개설시 그 국적, 언어 또는 주소나 유럽연합 기본권 헌장 제21조상의 그 밖의 사유를 이유로 그 기관에 의해 불이익대우를 받아서는 아니된다.

제4조 다른 내용의 약정

① 본 법률상의 규정이 지급서비스제공자와 소비자 간의 관계에 대해 규율하는 범위 내에서 소비자의 불이익으로 그들 간에 본 법과 다르게 약정되어서는 아니되고, 다만 달리 규정된 경우에는 그러하지 아니하다.

② 본 법률상의 규정은 다른 방법(으로 회피되는 경우)(anderweitigen Gestaltungen)에 적용되고, 다만 달리 규정된 경우에는 그러하지 아니하다.

Abschnitt 2 Informationspflichten sowie Vergleichbarkeit der Entgelte für Zahlungskonten

Unterabschnitt 1 Informationspflichten

§ 5 Vorvertragliche Entgeltinformation

Der Zahlungsdienstleister hat dem Verbraucher rechtzeitig vor dessen Vertragserklärung zum Abschluss eines Zahlungsdiensterahmenvertrags über die Führung eines Zahlungskontos Informationen über Entgelte für mit einem Zahlungskonto verbundene Dienste (Entgeltinformation) nach den §§ 6 bis 9 unentgeltlich mitzuteilen.

§ 6 Inhalt der Entgeltinformation zu den maßgeblichen Zahlungskontendiensten

(1) Die Entgeltinformation muss angeben, welche der maßgeblichen Zahlungskontendienste von dem Zahlungsdienstleister angeboten werden und welches Entgelt er dafür verlangt. Soweit einer oder mehrere dieser Dienste von dem Zahlungsdienstleister nicht angeboten werden, ist auch dies anzugeben. Soweit nach dem Angebot des Zahlungsdienstleisters im Zusammenhang mit den angebotenen maßgeblichen Zahlungskontendiensten die Erstattung von Kosten durch den Verbraucher oder die Verwirkung von vom Verbraucher zu zahlenden Vertragsstrafen vorgesehen ist, sind auch diese Kosten und Vertragsstrafen anzugeben.

(2) Die Entgeltinformation muss den Hinweis enthalten, dass nur die Entgelte für die maßgeblichen Zahlungskontendienste angegeben sind und dass die vollständigen vorvertraglichen und vertraglichen Informationen zu den maßgeblichen Zahlungskontendiensten und den übrigen angebotenen Diensten anderen Dokumenten zu entnehmen sind.

§ 7 Inhalt der Entgeltinformation bei Paketen von Diensten oder von weiteren Produkten

(1) Soweit einer oder mehrere der maßgeblichen Zahlungskontendienste von dem Zahlungsdienstleister als Teil eines Dienstepakets für ein Zahlungskonto angeboten werden, muss die Entgeltinformation auch die folgenden Angaben enthalten:

1. die Dienste, die in dem Paket enthalten sind,
2. der Umfang, in dem die Dienste in dem Paket enthalten sind,
3. die Entgelte, die für das Paket zu zahlen sind, und
4. die zusätzlichen Entgelte, die für Dienste anfallen, die über den im Entgelt für das Paket enthaltenen Umfang hinausgehen.

(2) Soweit ein Zahlungskonto als Teil eines Pakets angeboten wird, das Produkte oder Dienste enthält, die über die Erbringung von Zahlungskontendiensten hinausgehen, muss die Entgeltinformation angeben, ob es auch möglich ist, einen Zahlungsdiensterahmenvertrag über die Führung eines Zahlungskontos separat abzuschließen. In diesem Fall sind auch die Entgelte anzugeben, die jeweils für die übrigen im Paket enthaltenen Produkte und Dienste anfallen, soweit

제2장 지급계좌에 대한 보수(der Entgelte für Zahlungskonten)에 대한 정보제공 및 비교가능성

제1절 정보제공의무

제5조 계약체결 전의 보수정보

지급서비스제공자(Der Zahlungsdienstleister)는, 지급서비스기본계약의 체결에 관한 자신의 계약의 사표시를 하기 전(前) 적시(適時)에 소비자(dem Verbraucher)에게 지급계좌와 결부된 업무에 대한 보수에 관한 정보((Informationen über Entgelte für mit einem Zahlungskonto verbundene Dienste)('보수정보'; Entgeltinformation)를 제6조 내지 제9조에 따라 무상으로 통지해야 한다.

제6조 주요지급계좌업무에 대한 보수정보의 내용

① 지급서비스제공자가 어떤 주요지급계좌업무를 제공할 것인지, 이에 대하여 그가 보수를 얼마나 청구할 것인지 하는 보수정보가 명시되어야만 한다. 이러한 한 또는 여러 업무가 지급서비스제공자에 의해 제공되지 않는 경우에 이것도 명시되어야만 한다. 지급서비스 제공 후 제공된 주요지급계좌업무에 대하여 소비자에 의한 비용 반환이나 소비자가 지급해야 할 위약금의 몰취가 규정된 경우에(Soweit nach dem Angebot des Zahlungsdienstleisters im Zusammenhang mit den angebotenen maßgeblichen Zahlungskontendiensten die Erstattung von Kosten durch den Verbraucher oder die Verwirkung von vom Verbraucher zu zahlenden Vertragsstrafen vorgesehen ist) 이러한 비용 및 위약금도 명시되어야 한다.

② 보수정보(Die Entgeltinformation)는, 주요지급계좌업무에 대한 보수(die Entgelte für die maßgeblichen Zahlungskontendienste)만이 명시된다는 점과, 주요지급계좌업무 및 그 밖의 제공된 업무에 관한 완전한 계약 체결 전(前) 정보 및 완전한 계약 정보를 다른 문서들에서 미루어 판단할 수 있다는 점에 관한 안내를 포함해야만 한다.

제7조 세트업무 또는 기타 세트상품에 있어서의 보수제공의 내용

① 한 또는 여러 주요지급계좌업무가 지급서비스제공자에 의해 하나의 지급계좌에 대한 하나의 세트업무 중 일부로 제공되는 범위 내에서 다음 각 호의 사항도(auch die folgenden Angaben) 정보제공에 포함되어야만 한다:

1. 해당 세트에 포함되어야 하는 업무,
2. 해당 세트로 포함되어야 하는 업무의 범위,
3. 해당 세트에 대해 지급되어야 하는 보수,
4. 해당 세트에 대해 보수에 포함된 범위를 초과하는(die über den im Entgelt für das Paket enthaltenen Umfang hinausgehen) 업무에 발생하는 추가 보수.

② 어느 지급계좌가, 지급계좌업무의 제공을 초과하는 상품 또는 업무를 포함하는 하나의 세트의 일부로 제공되는 범위 내에서, 지급계좌의 관리에 관한 지급서비스기본계약을 분리하여 체결하는 것도 가능한지 여부가 보수정보제공에 포함되어야만 한다. 이러한 경우에 세트에 포함된 나머지 상품 및 업무에 대해 각각 발생한(die jeweils für die übrigen im Paket enthaltenen Produkte und

diese separat erworben werden könnten.

(3) Im Rahmen der Angaben nach den Absätzen 1 und 2 sind auch vom Verbraucher zu erstattende Kosten und vom Verbraucher zu zahlende Vertragsstrafen zu nennen, die nach dem Angebot des Zahlungsdienstleisters in Bezug auf die angebotenen Dienste oder Pakete vorgesehen sind.

§ 8 Verwendung der standardisierten Zahlungskontenterminologie, Währungsangaben und Sprache der Entgeltinformation

(1) Für die Bezeichnung der in der Entgeltinformation genannten maßgeblichen Zahlungskontendienste ist die standardisierte Zahlungskontenterminologie zu verwenden. Andere Bezeichnungen dürfen in der Entgeltinformation nur zusätzlich zur standardisierten Zahlungskontenterminologie und als untergeordnete Bezeichnungen für die jeweiligen Dienste verwendet werden.

(2) Entgelte sind in der Währung des Zahlungskontos oder in der Währung eines Mitgliedstaates der Europäischen Union anzugeben, auf die sich Verbraucher und Zahlungsdienstleister geeinigt haben.

(3) Die Entgeltinformation muss in deutscher Sprache abgefasst sein, wenn Verbraucher und Zahlungsdienstleister nichts anderes vereinbart haben.

§ 9 Form und Gestaltung der Entgeltinformation

(1) Die Entgeltinformation bedarf der Textform.

(2) Die Entgeltinformation ist als ein kurz gehaltenes, eigenständiges Dokument abzufassen. Sie muss so gestaltet sein, dass sie klar und leicht verständlich ist. Schriftart und Schriftgröße sowie Farbgestaltung müssen so gewählt werden, dass die Entgeltinformation sowohl im Original als auch ebenso, wenn sie farbig oder schwarz-weiß kopiert oder ausgedruckt wird, gut lesbar ist.

(3) Die Entgeltinformation muss den Anforderungen des von der Europäischen Kommission gemäß Artikel 4 Absatz 6 der Richtlinie 2014/92/EU festgelegten standardisierten Präsentationsformats entsprechen. Das Dokument muss am oberen Ende der ersten Seite mit “Entgeltinformation” überschrieben sein. Neben der Überschrift ist das gemeinsame Symbol zur Unterscheidung der Entgeltinformation von anderen Unterlagen anzubringen, das von der Europäischen Kommission gemäß Artikel 4 Absatz 6 der Richtlinie 2014/92/EU festgelegt worden ist.

(4) Zahlungsdienstleister genügen den Anforderungen an die Gestaltung der Entgeltinformation nach den Absätzen 2 und 3, wenn sie das von der Bundesanstalt für Finanzdienstleistungsaufsicht nach § 47 Absatz 2 für Entgeltinformationen veröffentlichte Muster verwenden.

§ 10 Entgeltaufstellung während und bei Beendigung des Vertragsverhältnisses

Ein Zahlungsdienstleister hat einem Verbraucher bei einem Zahlungsdiensterahmenvertrag über die

Dienste anfallen) 보수가, 그 보수를 분리하여 취득할 수 있는 범위 내에서 명시되어야 한다.

③ 제1항, 제2항에 따른 사항의 일환으로, 지급서비스제공자의 제공 후 제공된 업무 또는 세트에 대해 규정된(die nach dem Angebot des Zahlungsdienstleisters in Bezug auf die angebotenen Dienste oder Pakete vorgesehen sind), 소비자가 반환해야 할 비용과 소비자가 지급해야 할 위약금도 언급되어야 한다.

제8조 표준지급계좌전문용어와 보수용어의 사용

① 보수정보제공에서 언급된 주요지급계좌업무의 명칭에 대하여 표준지급계좌전문용어를 사용해야 한다. 그 밖의 명칭은 보수정보제공에서 표준지급계좌전문용어에 대해 추가적으로만 또 각각의 업무에 대한 종속된 명칭으로만(nur zusätzlich zur standardisierten Zahlungskontenterminologie und als untergeordnete Bezeichnungen für die jeweiligen Dienste) 사용될 수 있다.

② 보수는 소비자와 지급서비스제공자가 합의한(auf die sich Verbraucher und Zahlungsdienstleister geeinigt haben), 지급계좌의 통화 또는 유럽연합회원국의 통화(Währung des Zahlungskontos oder in der Währung eines Mitgliedstaates der Europäischen Union)로 명시되어야 한다.

③ 소비자와 지급서비스제공자가 달리 합의하지 않은 한, 보수정보는 독일어로(in deutscher Sprache) 작성되어야만 한다.

제9조 보수정보의 방식과 형태

① 보수정보는 문면방식이 요구된다.

② 보수정보는 간결하게 하여 독립된 문서로 작성되어야 한다. 보수정보는 명료하고 쉽게 이해가 되는 형태로 만들어야만 한다. 서체종류와 서체크기 및 색깔형태는, 보수정보가 원본으로도 컬러나 흑백으로 복사하거나 인쇄하더라도 잘 읽을 수 있게끔(dass die Entgeltinformation sowohl im Original als auch ebenso, wenn sie farbig oder schwarz-weiß kopiert oder ausgedruckt wird, gut lesbar ist) 선택되어야만 한다.

③ 보수정보는 유럽연합집행위원회가 2014/92/EU호 지침 제4조 제6항에 따라 정한 표준기술양식(標準記述樣式)(standardisierten Präsentationsformats)의 요구사항에 부합해야만 한다. 그 문서의 첫째 면 상단 끝에 "보수정보"라는 제목을 기재해야만 한다. 그 제목과 함께(Neben der Überschrift) 보수정보를 다른 서류를 구분하기 위한 상징으로, 유럽연합집행위원회가 2014/92/EU호 지침 제4조 제6항에 따라 정한(das von der Europäischen Kommission gemäß Artikel 4 Absatz 6 der Richtlinie 2014/92/EU festgelegt worden ist) 공동의 상징을 기입(記入)해야 한다.

④ 지급서비스제공자가 연방금융서비스감독원이 제47조 제2항에 따라 보수정보에 대해 공표(公表)한 양식(das von der Bundesanstalt für Finanzdienstleistungsaufsicht nach § 47 Absatz 2 für Entgeltinformationen veröffentlichte Muster)을 사용하는 경우에 그는 제2항, 제3항에 따른 보수정보의 형태에 대한 요구사항을 충족시킨다.

제10조 계약관계 중의 또는 종료시의 보수안내표

지급서비스제공자는 지급계좌의 관리에 관한 지급서비스기본계약시 소비자에게 지급계좌와 결부

Führung eines Zahlungskontos eine Information über sämtliche Entgelte, die für mit dem Zahlungskonto verbundene Dienste angefallen sind, sowie gegebenenfalls über den Sollzinssatz bei Überziehungen und den Zinssatz für Einlagen für dieses Zahlungskonto (Entgeltaufstellung) unentgeltlich zur Verfügung zu stellen. Eine Entgeltaufstellung ist dem Verbraucher während des Vertragsverhältnisses mindestens jährlich sowie bei Beendigung des Vertragsverhältnisses zur Verfügung zu stellen.

§ 11 Inhalt der Entgeltaufstellung

(1) Die Entgeltaufstellung muss bezogen auf den Zeitraum, für den die Entgeltaufstellung erteilt wird, mindestens folgende Angaben enthalten:

1. das in Rechnung gestellte Einzelentgelt je Dienst und die Anzahl der Inanspruchnahmen der betreffenden Dienste,
2. für den Fall, dass die Dienste in einem Paket zusammengefasst sind, das für das Paket in Rechnung gestellte Entgelt, die Angabe, wie oft das Entgelt für das Paket in Rechnung gestellt wurde, sowie das für jeden Dienst, der über den im Entgelt für das Paket enthaltenen Umfang hinausgeht, in Rechnung gestellte zusätzliche Entgelt,
3. den Gesamtbetrag der angefallenen Entgelte für jeden Dienst sowie für jedes Dienstepaket und für Dienste, die über den im Entgelt für das Paket enthaltenen Umfang hinausgehen,
4. bei Inanspruchnahme einer eingeräumten Überziehungsmöglichkeit gemäß § 504 des Bürgerlichen Gesetzbuchs oder bei einer geduldeten Überziehung gemäß § 505 des Bürgerlichen Gesetzbuchs den hierfür angewandten Sollzinssatz und den Gesamtbetrag der angefallenen Zinsen,
5. bei Anfallen von Guthabenzinsen den Zinssatz für Einlagen und den Gesamtbetrag der angefallenen Zinsen sowie
6. den in Rechnung gestellten Gesamtbetrag der Entgelte für sämtliche geleistete Dienste.

(2) Im Rahmen der Angaben nach Absatz 1 sind auch Kosten und Vertragsstrafen zu nennen, die in Bezug auf die angebotenen Dienste oder Pakete angefallen sind.

§ 12 Verwendung der standardisierten Zahlungskontenterminologie, Währungsangaben und Sprache der Entgeltaufstellung

(1) Für die Bezeichnung der in der Entgeltaufstellung genannten maßgeblichen Zahlungskontendienste ist die standardisierte Zahlungskontenterminologie zu verwenden. Andere Bezeichnungen dürfen in der Entgeltaufstellung nur zusätzlich zur standardisierten Zahlungskontenterminologie und als untergeordnete Bezeichnungen für die jeweiligen Dienste verwendet werden.

(2) Entgelte sind in der Währung des Zahlungskontos oder in der Währung eines Mitgliedstaates der Europäischen Union anzugeben, auf die sich Verbraucher und Zahlungsdienstleister geeinigt

된 업무에 발생한 일체의 보수와, 필요하다면 당좌대월시 여신금리와 이러한 지급계좌상의 예금에 대한 이율(eine Information über sämtliche Entgelte, die für mit dem Zahlungskonto verbundene Dienste angefallen sind, sowie gegebenenfalls über den Sollzinssatz bei Überziehungen und den Zinssatz für Einlagen für dieses Zahlungskonto)('보수안내표'; Entgeltaufstellung)에 관한 정보를 무상으로 제공해야 한다. 보수안내표는 소비자에게 계약관계 중에 최소한 연 1회 제공되어야 하고, 계약관계 종료시에도 제공되어야 한다.

제11조 보수안내표의 내용

① 보수안내표에는 보수안내표가 제공되는 시기와 관련하여 최소 다음 사항(事項)이 포함되어야만 한다:

1. 각 업무당 청구되는 각 보수와 해당 업무에 대한 청구횟수(die Anzahl der Inanspruchnahmen der betreffenden Dienste),
2. 세트로 구성된 경우에 있어, 해당 세트에 대해 청구되는 보수, 보수가 해당 세트에 대해 얼마나 자주 청구되는지 하는 사항과, 해당 세트에 대해 보수에 포함된 범위를 초과하는 각 업무와 관련하여 청구되는 추가 보수(das für jeden Dienst, der über den im Entgelt für das Paket enthaltenen Umfang hinausgeht, in Rechnung gestellte zusätzliche Entgelt),
3. 각 업무, 각 세트업무에 대해 발생한 보수총액과, 해당 세트에 대해 보수에 포함된 범위를 초과하는 업무에 대해 발생한 보수총액,
4. 민법전 제504조에 따른 인정된 당좌대월계약(當座貸越契約)의 사용과 민법전 제505조에 따라 용인(容認)된 당좌대월의 사용에 있어, 이에 대하여 적용되는 여신금리 및 발생한 이자총액,
5. 이자수입의 발생에 있어(bei Anfallen von Guthabenzinsen) 예금에 대한 이율과 발생한 이자총액,
6. 이행(履行)된 업무(業務) 전체(全體)에 대한 청구되는 보수총액(den in Rechnung gestellten Gesamtbetrag der Entgelte).

② 제1항에 따른 사항의 일환으로 제공된 업무 또는 세트와 관련하여 발생하는 비용 및 위약금도 언급되어야 한다.

제12조 표준지급계좌전문용어의 사용, 통화(通貨)에 대한 정보와, 보수안내표의 언어(Sprache der Entgeltaufstellung)

① 보수안내표에서 언급된 주요지급계좌업무의 명칭에 대하여(Für die Bezeichnung der in der Entgeltaufstellung genannten maßgeblichen Zahlungskontendienste) 표준지급계좌전문용어를 사용해야 한다. 그 밖의 명칭은 보수안내표에서 표준지급계좌전문용어에 대해 추가적으로만 또 각각의 업무에 대한 종속된 명칭으로만(nur zusätzlich zur standardisierten Zahlungskontenterminologie und als untergeordnete Bezeichnungen für die jeweiligen Dienste) 사용될 수 있다.

② 보수는 소비자와 지급서비스제공자가 합의한(auf die sich Verbraucher und Zahlungsdienstleister geeinigt haben), 지급계좌의 통화 또는 유럽연합회원국의 통화로(in der Währung eines

haben.

(3) Die Entgeltaufstellung muss in deutscher Sprache abgefasst sein, wenn Verbraucher und Zahlungsdienstleister nichts anderes vereinbart haben.

§ 13 Form und Gestaltung der Entgeltaufstellung

(1) Die Entgeltaufstellung muss dem Verbraucher in Textform zur Verfügung gestellt werden. Der Verbraucher kann verlangen, dass ihm die Entgeltaufstellung auf Papier zur Verfügung gestellt wird.

(2) Die Entgeltaufstellung muss so gestaltet sein, dass sie klar und leicht verständlich ist. Schriftart und Schriftgröße müssen so gewählt werden, dass die Entgeltaufstellung gut lesbar ist.

(3) Die Entgeltaufstellung muss den Anforderungen des von der Europäischen Kommission gemäß Artikel 5 Absatz 4 der Richtlinie 2014/92/EU festgelegten standardisierten Präsentationsformats entsprechen. Das Dokument muss am oberen Ende der ersten Seite mit "Entgeltaufstellung" überschrieben sein. Neben der Überschrift ist das gemeinsame Symbol zur Unterscheidung der Entgeltaufstellung von anderen Unterlagen anzubringen, das gemäß Artikel 5 Absatz 4 der Richtlinie 2014/92/EU von der Europäischen Kommission festgelegt worden ist.

§ 14 Allgemeine Informationspflichten der Zahlungsdienstleister

(1) Ein Zahlungsdienstleister, der sich öffentlich zur Führung von Zahlungskonten für Verbraucher erboten hat, hat Verbrauchern ergänzend zu den in § 675a des Bürgerlichen Gesetzbuchs genannten Informationen unentgeltlich die folgenden Angaben in Textform jederzeit leicht zugänglich zur Verfügung zu stellen:

1. eine Entgeltinformation zu den angebotenen Zahlungskonten nach den §§ 6 bis 8 und 9 Absatz 2 bis 4,
2. Informationen in Bezug auf die Merkmale, Entgelte sowie Kosten und Nutzungsbedingungen der angebotenen Basiskonten nach Abschnitt 5, wobei diese Informationen auch auf besonders schutzbedürftige Verbraucher, Verbraucher ohne festen Wohnsitz, Geduldete, Asylsuchende und Verbraucher, die über kein Zahlungskonto verfügen, ausgerichtet sein müssen,
3. einen Hinweis darauf, ob der Abschluss und der Inhalt eines Basiskontovertrags sowie die tatsächliche Nutzung des hiervon umfassten Leistungsangebots von in § 32 Absatz 1 genannten Voraussetzungen abhängig gemacht werden und dass der Zugang zu einem Basiskonto von keinen zusätzlichen Voraussetzungen oder der Vereinbarung zusätzlicher Dienste abhängig gemacht werden darf,
4. Informationen zur Kontenwechselhilfe nach Abschnitt 3 unter Einschluss der Pflichten der beteiligten Zahlungsdienstleister, der hierfür geltenden Fristen, der vom Verbraucher geschuldeten Entgelte, der Kosten, der beim Verbraucher anzufordernden Informationen sowie

Mitgliedstaates der Europäischen Union) 명시되어야 한다.

③ 소비자와 지급서비스제공자가 달리 합의하지 않은 한, 보수정보는 독일어로(in deutscher Sprache) 작성되어야만 한다.

제13조 보수안내표의 방식과 형태

① 보수안내표는 소비자에게 문면방식으로 제공되어야만 한다. 소비자는 자신에게 종이로 된 보수안내표가 제공되도록 요구할 수 있다.

② 보수안내표는 명료하고 쉽게 이해할 수 있는 형태로 만들어야만 한다. 서체종류와 서체크기는 보수안내표를 잘 읽을 수 있게(dass die Entgeltaufstellung gut lesbar ist) 선택되어야만 한다.

③ 보수안내표는, 유럽연합집행위원회가 2014/92/EU호 지침 제5조 제4항에 따라 정한 표준 기술양식(記述樣式)(standardisierten Präsentationsformats)의 요구사항에 부합해야만 한다. 그 문서의 첫째 면 상단 끝부분에 “보수안내표”라는 제목을 기재(記載)해야만 한다. 그 제목 이외에(Neben der Überschrift) 보수정보를 다른 서류를 구분하기 위한 상징으로, 유럽연합집행위원회가 2014/92/EU호 지침 제5조 제4항에 따라 정한 공동의 상징이 기입되어야 한다.

④ 지급서비스제공자가 연방금융서비스감독원이 제47조 제2항에 따라 보수안내표에 대해 공표한 양식(das von der Bundesanstalt für Finanzdienstleistungsaufsicht nach § 47 Absatz 2 für Entgeltaufstellungen veröffentlichte Muster)을 사용하는 경우에 그는 제2항, 제3항에 따른 보수안내표의 형태에 대한 요구사항을 충족시킨다.

제14조 지급서비스제공자의 일반적 정보제공의무

① 소비자를 위해 지급계좌의 관리를 하겠다고 공공연하게 자청한 지급서비스제공자는 민법전 675조a상의 정보 이외에 추가적으로(ergänzend zu den in § 675a des Bürgerlichen Gesetzbuchs genannten Informationen) 다음 각 호의 사항을 문면방식으로 언제든지 쉽게 접근할 수 있도록 무상으로 제공해야 한다:

1. 제6조 내지 제8조, 제9조 제2항 내지 제4항에 따른 제공된 지급계좌에 관한 보수정보,
2. 이러한 정보가 특별히 보호필요성이 있는 소비자, 고정된 주소가 없는 소비자, 인도적체류허가자, 난민신청자 및 지급계좌를 보유하지 않은 소비자의 필요에 맞춰 제공되어야만 하는 정보로, 제5장에 따른 제공된 기본계좌의 구성요소(Merkmale), 보수(Entgelte), 비용(Kosten) 및 이용조건(Nutzungsbedingungen),
3. 기본계좌계약의 체결과 내용과 그 계약에 포함된 급부제공의 실제 이용이 제32조 제1항상의 요건에 좌우되는지 여부, 기본계좌의 이용이 추가적 요건 또는 추가적 업무 약정에 의해 좌우될 수 있는지(dass der Zugang zu einem Basiskonto von keinen zusätzlichen Voraussetzungen oder der Vereinbarung zusätzlicher Dienste abhängig gemacht werden darf)에 관한 안내,
4. 당사자인 지급서비스제공자의 의무, 이에 대해 적용되는 기간, 소비자가 지급할 의무가 있는 보수·비용, 소비자에게 요구하는 정보와, 금지소송법 제14조에 따른 소비자조정기구에서의 관련 절차(der beim Verbraucher anzufordernden Informationen sowie der einschlägigen Verfahren

der einschlägigen Verfahren vor einer Verbraucherschlichtungsstelle nach § 14 des Unterlassungsklagengesetzes sowie

5. ein klar und verständlich abgefasstes Glossar zu mit einem Zahlungskonto verbundenen Diensten, das mindestens die maßgeblichen Zahlungskontendienste sowie die Begriffsbestimmungen nennen muss, die von der Europäischen Kommission zur standardisierten Zahlungskontenterminologie zu diesen Diensten festgelegt worden sind.

(2) Absatz 1 Nummer 2 und 3 gilt nur für Institute, die Zahlungskonten auf dem Markt anbieten.

(3) Die Informationen nach Absatz 1 Nummer 1, 4 und 5 sind Verbrauchern in den Geschäftsräumen des Zahlungsdienstleisters zur Verfügung zu stellen. Verfügt der Zahlungsdienstleister über einen Internetauftritt, so sind diese Informationen auch dort zur Verfügung zu stellen.

(4) Die Informationen nach Absatz 1 Nummer 1 und 5 sind Verbrauchern auf Verlangen auch mitzuteilen.

(5) Zahlungsdienstleister genügen den Anforderungen an die Gestaltung und den Inhalt des Glossars nach Absatz 1 Nummer 5, wenn sie das von der Bundesanstalt für Finanzdienstleistungsaufsicht nach § 47 Absatz 2 für dieses Glossar veröffentlichte Muster verwenden.

§ 15 Allgemeine Verwendung der standardisierten Zahlungskontenterminologie

Ein Zahlungsdienstleister, der sich öffentlich zur Führung von Zahlungskonten für Verbraucher erboten hat, hat die standardisierte Zahlungskontenterminologie auch für die Bezeichnung der maßgeblichen Zahlungskontendienste in anderen für Verbraucher bestimmten Informationen als der Entgeltinformation und der Entgeltaufstellung zu verwenden. Andere Bezeichnungen dürfen in diesen anderen Informationen für diese Dienste des Zahlungsdienstleisters nur dann verwendet werden, wenn der Zahlungsdienstleister zusätzlich eindeutig angibt, mit welchen Begriffen aus der standardisierten Zahlungskontenterminologie die betreffenden Dienste bezeichnet werden.

Unterabschnitt 2 Vergleichswebsites

§ 16 Zertifizierung als Vergleichswebsite nach dem Zahlungskontengesetz, Berechtigung zur Führung dieser Bezeichnung sowie zur Verwendung des Zertifizierungssymbols

(1) Dem Betreiber einer Website, die die in § 17 genannten Kriterien in der in § 18 vorgeschriebenen Art und Weise für den Verbraucher entgeltfrei vergleicht (Vergleichswebsite), ist auf Antrag ein Zertifikat durch die akkreditierten Konformitätsbewertungsstellen zu erteilen.

(2) Das Zertifikat nach Absatz 1 berechtigt den Betreiber der Website zur Führung der Bezeichnung “Vergleichswebsite nach dem Zahlungskontengesetz” sowie zur Verwendung des

vor einer Verbraucherschlichtungsstelle nach § 14 des Unterlassungsklagengesetzes)를 포함하여 제3장에 따른 자금이체지원서비스에 관한 정보,

5. 명료하고도 이해가 쉽게 작성된, 지급계좌에 수반되는 업무에 관한 전문어사전(Glossar)으로, 최소한 주요지급계좌업무와, 유럽집행위원회가 이러한 업무에 대해 표준지급계좌전문용어로 정한(die von der Europäischen Kommission zur standardisierten Zahlungskontenterminologie zu diesen Diensten festgelegt worden sind) 정의조항이 언급되어야만 하는 전문어사전,

② 제1항 제2호, 제3호는 지급계좌를 시장에서 제공하는 기관에 대해서만 적용한다.

③ 제1항 제1호, 제4호, 제5호에 따른 정보는 지급서비스제공자의 영업장에서 소비자에게 제공되어야 한다. 소비자가 인터넷웹사이트를 이용할 수 있는 경우에(Verfügt der Zahlungsdienstleister über einen Internetauftritt), 이러한 정보는 인테넷으로도 제공되어야 한다.

④ 제1항 제1호, 제5호에 따른 정보는 소비자에게 그의 요구가 있는 경우(auf Verlangen) 제공되어야 한다.

⑤ 지급서비스제공자가 연방금융서비스감독원이 제47조 제2항에 따리 이러한 전문용어사전에 대해 공표한 양식을 사용한 경우에 그는 제1항 제5호에 따른 전문용어사전의 형태 및 내용에 대한 요구사항(den Anforderungen an die Gestaltung und den Inhalt des Glossars nach Absatz 1 Nummer 5)을 충족시킨다.

제15조 표준지급계좌전문용어의 일반적 사용

소비자를 위해 지급계좌의 관리를 하겠다고 공공연하게 자청한 지급서비스제공자는, 보수정보와 보수안내표 이외의 소비자를 위해 정한 다른 정보에서 주요지급계좌업무에 관한 명칭에 대해서도 표준지급계좌전문용어를 이용해야(die standardisierte Zahlungskontenterminologie auch für die Bezeichnung der maßgeblichen Zahlungskontendienste in anderen für Verbraucher bestimmten Informationen als der Entgeltinformation und der Entgeltaufstellung zu verwenden) 한다. 지급서비스제공자가 표준지급계좌전문용어에서 관련 업무를 어느 개념으로 표기했는지에 대해 추가적으로 명료하게 명시한 경우에 한하여 그 밖의 명칭은 이러한 다른 정보에서 지급서비스제공자의 이러한 업무에 대하여 사용될 수 있다.

제2절 비교사이트

제16조 지급계좌법에 따른 비교사이트로서 인증, 이러한 명칭의 사용과 인증기호 사용에 관한 권리(Berechtigung zur Führung dieser Bezeichnung sowie zur Verwendung des Zertifizierungssymbols)

① 제17조상의 기준에 의해 제18조에 규정된 종류 및 방법으로 소비자에게 무상으로 비교해주는 웹사이트('비교사이트'; Vergleichswebsite) 운영자에게 그 신청에 따라 공인된 비교평가기관에 의한 인증서를 발급해야 한다.

② 제1항에 따른 인증서에 의해 그 웹사이트 운영자는 "지급계좌법에 따른 비교사이트"(Vergleichswebsite nach dem Zahlungskontengesetz)라는 명칭을 사용할 권리와 인증기호를 사용할

Zertifizierungssymbols.

§ 17 Anforderungen an Vergleichskriterien

Der Betreiber einer Vergleichswebsite muss auf dieser Vergleichswebsite das Angebot verschiedener Zahlungsdienstleister, die Zahlungskontendienste anbieten und Zahlungskonten führen, mindestens anhand der folgenden Kriterien vergleichen:

1. die von den Zahlungsdienstleistern erhobenen Entgelte für die maßgeblichen Zahlungskontendienste sowie etwaige Kosten und Vertragsstrafen, die in Bezug auf die angebotenen Dienste oder Pakete vorgesehen sind,
2. das Filialnetz,
3. das Geldautomatennetz und
4. den Sollzinssatz für eingeräumte Überziehungsmöglichkeiten gemäß § 504 des Bürgerlichen Gesetzbuchs und für geduldete Überziehungen gemäß § 505 des Bürgerlichen Gesetzbuchs.

§ 18 Weitere Anforderungen an Vergleichswebsites

Eine Vergleichswebsite muss

1. unabhängig betrieben werden, wobei sicherzustellen ist, dass Zahlungsdienstleister bei den Vergleichsergebnissen gleichbehandelt werden;
2. ihre Betreiber nennen;
3. klare und objektive Kriterien verwenden, auf die sich der Vergleich stützt;
4. leicht verständliche und eindeutige Sprache sowie die standardisierte Zahlungskontenterminologie für die maßgeblichen Zahlungskontendienste verwenden;
5. korrekte und aktuell gehaltene Informationen bereitstellen und den Zeitpunkt der letzten Aktualisierung angeben;
6. genügend Zahlungskontenangebote enthalten, damit ein wesentlicher Teil des deutschen Marktes abgedeckt wird, und, falls die angebotenen Informationen keine vollständige Marktübersicht darstellen, eine eindeutige diesbezügliche Erklärung geben, bevor sie Ergebnisse anzeigt, und
7. ein wirksames Verfahren für die Meldung unrichtiger Informationen über Entgelte, Kosten und Vertragsstrafen vorsehen.

§ 19 Verordnungsermächtigung; Verwaltungsvorschriften

(1) Das Bundesministerium der Finanzen wird ermächtigt, im Einvernehmen mit dem Bundesministerium der Justiz und für Verbraucherschutz Rechtsverordnungen ohne Zustimmung des Bundesrates zu erlassen

1. zur Konkretisierung und Ergänzung der in den §§ 17 und 18 genannten Anforderungen,
2. zur Festlegung der an Akkreditierung und Konformitätsbewertung im Zusammenhang mit Vergleichswebsites gestellten Anforderungen,

권리를 갖는다.

제17조 비교기준에 대한 요구사항

어느 비교사이트 운영자는 이러한 웹사이트에서(auf dieser Vergleichswebsite) 최소한 다음 각 호 기준에 따라(mindestens anhand der folgenden Kriterien) 지급계좌업무를 제공하고 지급계좌를 관리하는 다양한 지급서비스제공자의 제공을 비교해야만 한다:

1. 지급서비스제공자가 징수하는 주요지급계좌업무에 대한 보수와, 제공된 업무 또는 세트에 대해 규정된 것으로 발생할 수 있는 비용 및 위약금(etwaige Kosten und Vertragsstrafen, die in Bezug auf die angebotenen Dienste oder Pakete vorgesehen sind),
2. 지점망(支店網),
3. 현금자동입출금망((現金自動入出金機網),
4. 민법전 제504조에 따른 인정된 당좌대월계약(當座貸越契約)와 민법전 제505조에 따른 용인(容認)된 당좌대월에 대한 여신금리.

제18조 웹사이트에 대한 그 밖의 요구사항

어느 비교사이트는,

1. 지급서비스제공자가 비교결과에 있어 동등하게 대우받는다는 점이 보장되도록 독립적으로 운영되어야만 한다;
2. 자신의 운영자를 언급해야만 하고;
3. 비교가 근거하는 명료하고 객관적 기준을 사용해야만 하며;
4. 쉽게 이해될 수 있고 분명한 언어와 주요지급계좌업무에 대한 표준지급계좌전문용어를 사용해야만 하고;
5. 정확하고도 최신으로 관리되는 정보가 제공되어야만 하고 최종 업데이트(den Zeitpunkt der letzten Aktualisierung) 시기를 명시해야만 하며;
6. 독일 시장의 대부분이 포함되도록 충분하게 지급정보제공을 포함해야만 하고, 제공된 정보가 시장개관 전체를 보여주지 않는다면, 그 정보가 결과를 보여주기 주기 전에 이와 관련한 분명한 설명을 제공해야만 한다.
7. 보수, 비용 및 위약금에 관한 틀린 정보의 신고에 대한 효과적인 절차(ein wirksames Verfahren)를 규정해야만 한다.

제19조 명령제정권한; 행정규칙

① 연방재무부는 연방법무소비자부와 협의하여(im Einvernehmen mit dem Bundesministerium der Justiz und für Verbraucherschutz) 연방참사원의 동의가 필요 없는, 다음 각 호에 관한 법규명령을 제정할 권한을 갖는다,

1. 제17조, 제18조상의 요구사항의 구체화(具體化) 및 보충(zur Konkretisierung und Ergänzung),
2. 비교사이트에 관한 인증(認證) 및 비교평가(Akkreditierung und Konformitätsbewertung에 대하여 설정된 요구사항의 규정,

3. zum Schutz und zur Gestaltung des Zertifizierungssymbols für Vergleichswebsites, insbesondere zu dessen Aufmachung, Zusammensetzung und Größe, und
4. zur Verwendung des Zertifizierungssymbols.

(2) Das Bundesministerium der Finanzen bestimmt im Einvernehmen mit dem Bundesministerium der Justiz und für Verbraucherschutz durch Rechtsverordnung ohne Zustimmung des Bundesrates die für die Ausführung dieses Unterabschnittes und der auf ihm beruhenden Rechtsvorschriften zuständigen Behörden und Stellen.

(3) Das Bundesministerium der Finanzen wird ermächtigt, im Einvernehmen mit dem Bundesministerium der Justiz und für Verbraucherschutz durch Rechtsverordnung ohne Zustimmung des Bundesrates zur Erfüllung der in den §§ 17 und 18 genannten Vorgaben für Vergleichswebsites

1. Zahlungsdienstleister zu verpflichten, einer Behörde oder einer anderen in der Rechtsverordnung zu benennenden Stelle die Vergleichskriterien nach § 17 bereitzustellen oder ihr diese zu übermitteln, sowie
2. nähere Bestimmungen zum Zeitpunkt sowie zur Art und Form der Bereitstellung oder Übermittlung der Vergleichskriterien nach § 17 zu erlassen.

(4) Das Bundesministerium der Finanzen kann im Einvernehmen mit dem Bundesministerium der Justiz und für Verbraucherschutz Verwaltungsvorschriften erlassen, die für die Ausführung dieses Unterabschnittes und der auf ihm beruhenden Rechtsvorschriften durch die zuständigen Behörden und Stellen erforderlich sind.

Abschnitt 3 Kontenwechselhilfe

Unterabschnitt 1 Anspruch auf Kontenwechselhilfe

§ 20 Verpflichtung zur Gewährung von Kontenwechselhilfe

(1) Im Zusammenhang mit einem Wechsel von einem beim übertragenden Zahlungsdienstleister geführten Zahlungskonto zu einem beim empfangenden Zahlungsdienstleister geführten Zahlungskonto sind die Zahlungsdienstleister verpflichtet, dem Verbraucher auf dessen Wunsch Unterstützungsleistungen zu erbringen (Kontenwechselhilfe). Die Kontenwechselhilfe erfolgt nach Maßgabe dieses und des folgenden Unterabschnittes.

(2) Die Verpflichtung gemäß Absatz 1 besteht nicht, wenn

1. der übertragende oder der empfangende Zahlungsdienstleister nicht im Geltungsbereich dieses Gesetzes ansässig ist oder
2. die betreffenden Zahlungskonten des Verbrauchers bei den beteiligten Zahlungsdienstleistern nicht in derselben Währung geführt werden.

3. 비교사이트에 대한 인증기호의 보호(保護) 및 형성(形成), 특히 인증기호의 외관, 구성 및 크기(Aufmachung, Zusammensetzung und Größe),
4. 인증기호의 사용.

② 연방재무부는 연방법무소비자부와 협의하여 연방참사원의 동의가 필요 없는 법규명령으로 본 절과 이에 근거한 법규명령의 집행을 관할하는 관청 및 기관(die für die Ausführung dieses Unterabschnittes und der auf ihm beruhenden Rechtsvorschriften zuständigen Behörden und Stellen)을 정한다.

③ 연방재무부는 연방법무소비자부와 협의하여 연방참사원의 동의가 필요 없는 법규명령으로(durch Rechtsverordnung ohne Zustimmung des Bundesrates) 비교사이트에 대한 제17조, 제18조상 기준들을 집행하기 위하여(zur Erfüllung der in den §§ 17 und 18 genannten Vorgaben für Vergleichswebsites) 다음 각 호의 권한을 갖는다,

1. 지급서비스제공자가 어느 관청 또는 법규명령으로 지정된 그 밖의 어느 기관에 제17조에 따른 비교기준(die Vergleichskriterien nach § 17)을 제공(提供)하거나 제출(提出)하도록 의무를 부과할 권한,
2. 제17조에 따른 비교기준의 제공 또는 제출의 시기, 종류 및 방법에 관한 세부규정을 제정할 권한.

④ 연방재무부는 연방법무소비자부와 협의하여(im Einvernehmen mit dem Bundesministerium der Justiz und für Verbraucherschutz), 관할하는 관청 및 기관이 본 절과 이에 근거한 법규명령의 집행하는 데에 필요한(der auf ihm beruhenden Rechtsvorschriften durch die zuständigen Behörden und Stellen erforderlich sind) 행정규칙을 제정할 수 있다.

제3장 자금이체지원서비스

제1절 자금이체지원서비스청구권

제20조 자금이체지원서비스를 제공할 의무

① 이체하는 지급서비스제공자가 관리하는 지급계좌에서 수취하는 지급서비스제공자가 관리하는 지급계좌로(zu einem beim empfangenden Zahlungsdienstleister geführten Zahlungskonto), 이체(移替)하는 것에 대하여 지급서비스제공자는 소비자에게 그 요구에 따라 이체지원급부(移替支援給付)['자금이체지원서비스'; Kontenwechselhilfe]를 제공할 의무를 진다. 자금이체지원서비스는 본 절과 다음절의 기준에 따라 행해진다.

② 제1항에 따른 의무는 다음 각 호의 경우에 발생하지 아니한다,

1. 이체(移替)하는 지급서비스제공자 또는 수취하는 지급서비스제공자가 이 법의 적용범위 내에 있지 않은 경우,
2. 소비자의 해당 지급계좌가 당사자인 지급서비스제공자들에 의해 동일한 통화로 관리되지 않은 경우.

(3) Die Kontenwechselhilfe darf nur gewährt werden, wenn der Verbraucher und gegebenenfalls jeder weitere Inhaber der betroffenen Zahlungskonten eine den Anforderungen des § 21 entsprechende Ermächtigung zur Kontenwechselhilfe erteilt hat.

§ 21 Ermächtigung des Kontoinhabers

(1) Eine Ermächtigung zur Kontenwechselhilfe bedarf der Schriftform. Sie muss in deutscher Sprache verfasst sein, es sei denn, die beteiligten Zahlungsdienstleister und der Inhaber des betroffenen Zahlungskontos haben sich auf eine andere Sprache geeinigt. Jeder der beteiligten Zahlungsdienstleister hat dem Verbraucher sowie gegebenenfalls jedem weiteren Inhaber der betroffenen Zahlungskonten auf dessen Wunsch unverzüglich ein Formular für die Ermächtigung zu übermitteln. Dem Verbraucher ist eine Kopie der erteilten Ermächtigung auszuhändigen.

(2) Das Formular für die Ermächtigung muss so gestaltet sein, dass der Inhaber des betroffenen Zahlungskontos die Möglichkeit hat, eine Ermächtigung in Schriftform zu erteilen, in der er

1. dem übertragenden Zahlungsdienstleister für die Ausführung jeder der in den §§ 22 und 23 genannten Leistungen separat seine ausdrückliche Einwilligung erteilen kann,
2. dem empfangenden Zahlungsdienstleister für die Ausführung jeder der in den §§ 22 und 24 genannten Leistungen separat seine ausdrückliche Einwilligung erteilen kann,
3. die einzelnen eingehenden Überweisungen, Daueraufträge und Lastschriftmandate bestimmen kann, die von der Kontenwechselhilfe erfasst werden sollen,
4. Daten bestimmen kann, ab denen der übertragende Zahlungsdienstleister für das bei ihm geführte Zahlungskonto Lastschriften und eingehende Überweisungen nicht mehr akzeptieren sowie Daueraufträge nicht mehr ausführen und Zahlungsauthentifizierungsinstrumente sperren soll sowie zu denen er das bei ihm geführte Zahlungskonto schließen und einen verbleibenden positiven Saldo auf das beim empfangenden Zahlungsdienstleister geführte Zahlungskonto überweisen soll, und
5. Daten bestimmen kann, ab denen Daueraufträge von dem beim empfangenden Zahlungsdienstleister geführten Zahlungskonto ausgeführt und Lastschriften akzeptiert werden sollen.

(3) Ein Zahlungsdienstleister kann sich des Musterformulars in Anlage 1 bedienen, das den Anforderungen des Absatzes 2 entspricht.

(4) Die Ermächtigung nach Absatz 1 kann abweichend von Absatz 1 Satz 1 auch im Online-Banking durch den Inhaber des betroffenen Zahlungskontos erteilt werden.

Unterabschnitt 2 Pflichten der beteiligten Zahlungsdienstleister

§ 22 Einleitung des Kontenwechsels über den empfangenden Zahlungsdienstleister

③ 자금이체지원서비스는, 소비자 그리고 필요하면 해당 계좌의 그 이외의 모든 소유주가 제21조의 요구사항에 따른 자금이체지원서비스에 관한 수권(授權)(eine den Anforderungen des § 21 entsprechende Ermächtigung zur Kontenwechselhilfe)을 한 경우에 한하여 제공될 수 있다.

제21조 계좌소유주의 수권(授權)

① 자금이체지원서비스지원에 관한 수권(授權)은 서면방식이 요구된다. 그 수권(授權)은 독일어로 작성되어야만 하고, 다만 당사자인 지급서비스제공자와 해당 지급계좌의 소유주가 다른 언어로 합의를 한 경우에는 그러하지 아니하다. 관련된 각 지급서비스제공자는 소비자에게 그리고 필요하면 해당 지급계좌의 그 밖의 각 소유주에게 그들의 요구가 있는 경우 그 수권(授權)에 대한 서식을 제공해야 한다. 소비자에게 부여받은 수권서(授權書)의 사본을 교부해야 한다.

② 수권(授權)에 대한 서식(Das Formular für die Ermächtigung)은 해당 계좌의 소유주가 다음 각 호의 수권(授權)을 할(eine Ermächtigung in Schriftform zu erteilen) 기회를 갖는 형태로 마련해야만 한다,

1. 그 소유주가, 제22조, 제23조상의 각 급부의 수행에 대하여(für die Ausführung jeder der in den §§ 22 und 23 genannten Leistungen) 이체하는 지급서비스제공자에게 별도로 명시적 자신의 동의를 부여할 수 있는 수권(授權),
2. 그 소유주가, 제22조, 제24조상의 각 급부의 수행에 대하여 수취하는 지급서비스제공자에게 별도로 명시적 자신의 동의를 부여할 수 있는 수권(授權),
3. 그 소유주가, 자금이체지원서비스에 포함되어야 할, 개별적 현금입금이체[71]·지급이체[72])(支給移替)·추심이체위탁(推尋移替委託)에 대하여 정할 수 있는 수권(授權),
4. 그 소유주가 다음의 정보, 즉 이에 기하여, 이체하는 지급서비스제공자가, 자신이 관리하는 지급계좌에서 추심이체[73](推尋移替)와 현금입금이체(Lastschriften und eingehende Überweisungen)를 더 이상 수용하지 않아야 하고, 또 지급이체(支給移替)를 더 이상 수행하지 않아야 하며 지급인증수단을 차단해야 하고, 또한 그러한 정보에 기하여, 이체하는 지급서비스제공자가 자신이 관리하는 지급계좌를 닫아야 하며, 남은 양(+) 잔액(殘額)(einen verbleibenden positiven Saldo)을 수취하는 지급서비스제공자가 관리하는 지급계좌로 이체해야 하는 정보를 정할 수 있는 수권(授權),
5. 그 소유주가, 다음의 정보, 즉 이에 기하여, 지급이체(支給移替)가 수취하는 지급서비스제공자가 관리하는 지급계좌에 의해 수행되어야 하고, 추심이체(推尋移替)를 받아야 하는(Lastschriften akzeptiert werden sollen) 정보를 정할 수 있는 수권(授權).

③ 지급서비스제공자는 부록 1의 견본으로, 제2항에 요구사항에 부합하는 견본을 이용할 수 있다.

④ 제1항에 따른 수권(授權)은 제1항 제1문과 달리 온라인뱅킹에서도(auch im Online-Banking) 해당 계좌소유주에 의해(durch den Inhaber des betroffenen Zahlungskontos) 이뤄질 수 있다.

제2절 당사자인 지급서비스제공자의 의무

제22조 수취하는 지급서비스제공자를 통한 자금이체(資金移替)의 개시

Der empfangende Zahlungsdienstleister hat auf Verlangen des Verbrauchers innerhalb von zwei Geschäftstagen nach Erhalt der Ermächtigung zur Kontenwechselhilfe den übertragenden Zahlungsdienstleister aufzufordern, folgende Leistungen zu erbringen, soweit die Ermächtigung zur Kontenwechselhilfe dies vorsieht:

1. dem empfangenden Zahlungsdienstleister und dem Verbraucher eine Liste der bestehenden Daueraufträge und die beim übertragenden Zahlungsdienstleister verfügbaren Informationen zu Lastschriftmandaten zu übermitteln, die bei dem Kontowechsel transferiert werden,
2. dem empfangenden Zahlungsdienstleister und dem Verbraucher die verfügbaren Informationen über eingehende Überweisungen und vom Zahlungsempfänger veranlasste Lastschriften auf dem Zahlungskonto des Verbrauchers in den vorangegangenen 13 Monaten zu übermitteln,
3. Lastschriften und eingehende Überweisungen mit Wirkung ab dem in der Ermächtigung hierzu bestimmten Datum gemäß § 21 Absatz 2 Nummer 4 nicht mehr zu akzeptieren, wenn der übertragende Zahlungsdienstleister keinen Mechanismus für die automatische Umleitung der Lastschriften und eingehenden Überweisungen auf das beim empfangenden Zahlungsdienstleister geführte Zahlungskonto des Verbrauchers vorsieht,
4. Daueraufträge mit Wirkung ab dem in der Ermächtigung hierzu bestimmten Datum gemäß § 21 Absatz 2 Nummer 4 nicht mehr auszuführen,
5. einen auf dem Zahlungskonto des Verbrauchers verbliebenen positiven Saldo zu dem in der Ermächtigung hierzu bestimmten Datum gemäß § 21 Absatz 2 Nummer 4 auf das beim empfangenden Zahlungsdienstleister geführte oder eröffnete Zahlungskonto zu überweisen und
6. das beim übertragenden Zahlungsdienstleister geführte Zahlungskonto des Verbrauchers zu dem in der Ermächtigung hierzu bestimmten Datum gemäß § 21 Absatz 2 Nummer 4 zu schließen.

§ 23 Pflichten des übertragenden Zahlungsdienstleisters

(1) Der übertragende Zahlungsdienstleister hat nach Erhalt einer entsprechenden Aufforderung nach § 22 folgende Leistungen zu erbringen, soweit die Ermächtigung zur Kontenwechselhilfe dies vorsieht:

1. dem empfangenden Zahlungsdienstleister und dem Verbraucher die Listen und Informationen gemäß § 22 Nummer 1 und 2 innerhalb von fünf Geschäftstagen zu senden,
2. Lastschriften und eingehende Überweisungen mit Wirkung ab dem in der Ermächtigung hierzu bestimmten Datum gemäß § 21 Absatz 2 Nummer 4 nicht mehr zu akzeptieren, wenn er keinen Mechanismus für die automatische Umleitung der Lastschriften und der eingehenden Überweisungen auf das beim empfangenden Zahlungsdienstleister geführte Zahlungskonto des Verbrauchers vorsieht, sowie Zahlungsempfänger und Zahler dieser nicht akzeptierten Zahlungsvorgänge darüber zu informieren, aus welchem Grund sie nicht akzeptiert wurden,
3. Daueraufträge mit Wirkung ab dem in der Ermächtigung hierzu bestimmten Datum gemäß §

수취하는 지급서비스제공자는 소비자의 요구가 있는 경우 자금이체지원서비스에 관한 수권(授權) 수취시로부터 2영업일 이내에(innerhalb von zwei Geschäftstagen nach Erhalt der Ermächtigung zur Kontenwechselhilfe), 자금이체지원서비스에 관한 수권(授權)이 이를 규정하는 범위 내에서 이체하는 지급서비스제공자에게 다음 각 호의 급부를 제공하도록 요구해야 한다:

1. 수취하는 지급서비스제공자와 소비자에게, 진행 중인 지급이체(支給移替)의 목록과, 이체하는 지급서비스제공자가 이용할 수 있는 정보로, 자금이체(資金移替)시 전송되는 추심이체위탁(推尋移替委託)에 관한 정보를 제공할 것,
2. 수취하는 지급서비스제공자와 소비자에게 지난 13개월간 행해진, 현금입금이체(eingehende Überweisungen)에 관한 이용할 수 있는 정보와, 수취인(受取人)이 의뢰(依賴)한, 소비자의 지급계좌상에서의 추심이체(推尋移替)에 관한 정보를 제공할 것,
3. 이체하는 지급서비스제공자가 추심이체(推尋移替)와, 수취하는 지급서비스제공자가 관리하는 소비자의 지급계좌로의 현금입금이체에 대한 자동전송(自動電送)의 메커니즘(Mechanismus für die automatische Umleitung)을 규정하지 않은 경우에, 이에 관한 수권(授權)에서 정해진 날짜부터 효력을 가지도록 하여 추심이체(推尋移替) 및 현금입금이체를 제21조 제2항 제4호에 따라 더 이상 수용하지 않을 것,
4. 이에 관한 수권(授權)에서 정해진 날짜부터 효력을 가지도록 하여 지급이체(支給移替)를 제21조 제2항 제4호에 따라 더 이상 수행하지 않을 것,
5. 이에 관한 수권(授權)에서 정해진 날짜에 소비자의 지급계좌에 남은 양(+) 잔액(殘額)을 제21조 제2항 제4호에 따라 수취하는 지급서비스제공자가 관리하거나 개설한 지급계좌로(auf das beim empfangenden Zahlungsdienstleister geführte oder eröffnete Zahlungskonto) 이체할 것,
6. 이에 관한 수권에서 정한 날짜에 이체하는 지급서비스제공자가 관리하는 소비자의 지급계좌(das beim übertragenden Zahlungsdienstleister geführte Zahlungskonto des Verbrauchers)를 닫을 것.

제23조 이체하는 지급서비스제공자의 의무

① 이체하는 지급서비스제공자는, 자금이체지원서비스에 관한 수권(授權)이 이를 규정하는 범위 내에서(soweit die Ermächtigung zur Kontenwechselhilfe dies vorsieht) 제22에 따른 요구를 받은 후 다음 각 호의 급부를 제공해야 한다:

1. 수취하는 지급서비스제공자와 소비자에게 5영업일 이내에 제22조 제1호, 제2호에 따른 목록 및 정보를 전송(電送)하는 것,
2. 이체하는 지급서비스제공자가 추심이체(推尋移替)와, 수취하는 지급서비스제공자가 관리하는 소비자의 지급계좌로의 현금입금이체에 대한 자동전송(自動電送)의 메커니즘(Mechanismus für die automatische Umleitung)을 규정하지 않은 경우에, 이에 관한 수권(授權)에서 정해진 날짜부터 효력을 가지도록 하여 추심이체(推尋移替) 및 현금입금이체를 제21조 제2항 제4호에 따라 수용하지 않을 것, 또한 수취인과 이와 같이 수용하지 않은 지급과정의 지급인이 그 지급과정이 어느 사유에 기하여 수용되지 않은지에 대해 정보를 제공하는 것,
3. 이에 관한 수권(授權)에서 정해진 날짜부터 효력을 가지도록 하여 지급이체(支給移替)을 제21조

21 Absatz 2 Nummer 4 nicht mehr auszuführen,

4. den auf dem Zahlungskonto des Verbrauchers verbliebenen positiven Saldo zu dem in der Ermächtigung hierzu bestimmten Datum gemäß § 21 Absatz 2 Nummer 4 auf das beim empfangenden Zahlungsdienstleister geführte oder eröffnete Zahlungskonto zu überweisen und
5. das beim übertragenden Zahlungsdienstleister geführte Zahlungskonto des Verbrauchers unbeschadet des § 675h Absatz 1 des Bürgerlichen Gesetzbuchs zu dem in der Ermächtigung hierzu bestimmten Datum gemäß § 21 Absatz 2 Nummer 4 zu schließen, wenn die Schritte nach den Nummern 1, 2 und 4 vollzogen wurden.

(2) Der übertragende Zahlungsdienstleister darf unbeschadet des § 675k Absatz 2 des Bürgerlichen Gesetzbuchs vom Verbraucher eingesetzte Zahlungsauthentifizierungsinstrumente nicht vor dem in der Ermächtigung hierzu bestimmten Datum gemäß § 21 Absatz 2 Nummer 4 sperren.

§ 24 Abschluss des Kontenwechsels durch den empfangenden Zahlungsdienstleister

(1) Der empfangende Zahlungsdienstleister hat innerhalb von fünf Geschäftstagen nach Erhalt der Listen und Informationen nach § 23 Absatz 1 Nummer 1 folgende Leistungen zu erbringen, soweit die Ermächtigung zur Kontenwechselhilfe dies vorsieht:

1. die vom Verbraucher gewünschten Daueraufträge einzurichten und sie mit Wirkung ab dem in der Ermächtigung hierzu bestimmten Datum gemäß § 21 Absatz 2 Nummer 5 auszuführen,
2. die notwendigen Vorkehrungen zu treffen, um Lastschriften zu akzeptieren, und sie mit Wirkung ab dem in der Ermächtigung hierzu bestimmten Datum gemäß § 21 Absatz 2 Nummer 5 zu akzeptieren,
3. den in der Ermächtigung genannten Zahlern, die Überweisungen auf das Zahlungskonto des Verbrauchers tätigen, die Angaben zur neuen Zahlungskontoverbindung des Verbrauchers beim empfangenden Zahlungsdienstleister mitzuteilen und ihnen eine Kopie der hierauf bezogenen Ermächtigung des Verbrauchers zu übermitteln,
4. soweit er nicht über alle Informationen verfügt, die er für die Mitteilung nach Nummer 3 benötigt, den Verbraucher oder den übertragenden Zahlungsdienstleister aufzufordern, ihm die fehlenden Informationen mitzuteilen,
5. den in der Ermächtigung genannten Zahlungsempfängern, die im Lastschriftverfahren Geldbeträge vom Zahlungskonto des Verbrauchers abbuchen, die Angaben zur neuen Zahlungskontoverbindung des Verbrauchers beim empfangenden Zahlungsdienstleister sowie das in der Ermächtigung hierzu bestimmte Datum gemäß § 21 Absatz 2 Nummer 5, ab dem Lastschriften von diesem Zahlungskonto abzubuchen sind, mitzuteilen und ihnen eine Kopie der hierauf bezogenen Ermächtigung des Verbrauchers zu übermitteln,
6. soweit er nicht über alle Informationen verfügt, die er für die Mitteilung nach Nummer 5 benötigt, den Verbraucher oder den übertragenden Zahlungsdienstleister aufzufordern, ihm die

제2항 제4호에 따라 더 이상 수행하지 않는 것,

4. 이에 관한 수권(授權)에서 정해진 날짜에 소비자의 지급계좌에 남은 양(+)의 잔액(殘額)을 제21조 제2항 제4호에 따라 수취하는 지급서비스제공자가 관리하거나 개설한 지급계좌로(auf das beim empfangenden Zahlungsdienstleister geführte oder eröffnete Zahlungskonto) 이체하는 것
5. 제1호, 제2호, 제4호에 따른 조치가 완료된 경우에(wenn die Schritte nach den Nummern 1, 2 und 4 vollzogen wurden), 민법전 제675조h 제1항에도 불구하고, 이에 관한 수권에서 정한 날짜에 이체하는 지급서비스제공자가 관리하는 소비자의 지급계좌를 제21조 제2항 제4호에 따라 닫는 것.

② 이체하는 지급서비스제공자는 민법전 제675조k 제2항에도 불구하고, 소비자가 사용한 지급인증수단(vom Verbraucher eingesetzte Zahlungsauthentifizierungsinstrumente)을 이에 관한 수권(授權)에서 정해진 날짜 전(前)에 제21조 제2항 제4호에 따라 차단(遮斷)해서는 아니된다.

제24조 수취하는 지급서비스제공자에 의한 자금이체(資金移替)의 종료

① 수취하는 지급서비스제공자는, 자금이체지원서비스에 관한 수권(授權)이 이를 규정하는 범위 내에서(soweit die Ermächtigung zur Kontenwechselhilfe dies vorsieht), 제23조 제1항 제1호에 따른 목록 및 정보를 수령한 때로부터 5영업일 이내에 다음 각 호의 급부를 제공해야 한다.

1. 소비자가 원하는 지급이체를 정리해서 이에 관한 수권(授權)에서 정해진 날짜부터 효력을 가지도록 하여 그 지급이체를 제21조 제2항 제5호에 따라 수행하는 것,
2. 추심이체를 수용하기 위해 필요한 준비(準備)(die notwendigen Vorkehrungen)를 하고 또 이에 관한 수권(授權)에서 정해진 날짜부터 효력을 가지도록 하여 그 준비(準備)를 제21조 제2항 제5호에 따라 수용하는 것,
3. 그 수권(授權)에서 언급된, 소비자의 지급계좌에서 자금이체를 하는 지급인에게, 수취하는 지급서비스제공자에서의 소비자의 새로운 지급계좌연결에 관한 정보(die Angaben zur neuen Zahlungskontoverbindung des Verbrauchers beim empfangenden Zahlungsdienstleister)를 제공하고, 그에게 이러한 정보와 관련된 소비자의 수권(授權)의 사본을 제공하는 것,
4. 수취하는 지급서비스제공자가 소비자 또는 이체하는 지급서비스제공자에게, 자신이 제3호에 따른 제공에 필요한 일체의 정보를 보유하지 않은 범위 내에서, 자신에게 없는 정보(die fehlenden Informationen)를 제공할 것을 요구하는 것,
5. 그 수권(授權)에서 언급된 수취인으로, 추심이체절차에서 소비자의 지급계좌에서 금액을 출금하는 수취인에게, 수취하는 지급서비스제공자에서의 소비자의 새로운 지급계좌연결에 관한 정보와, 이에 관한 수권(授權)에서 정해진, 제21조 제2항 제5호 따른 날짜로, 이러한 지급계좌에서 추심이체가 출금되어야 하는 날짜(das in der Ermächtigung hierzu bestimmte Datum gemäß § 21 Absatz 2 Nummer 5, ab dem Lastschriften von diesem Zahlungskonto abzubuchen sind)를 제공하는 것, 또한 그에게 이러한 정보 및 날짜와 관련된 소비자의 수권의 사본을 제공하는 것,
6. 수취하는 지급서비스제공자가 소비자 또는 이체하는 지급서비스제공자에게, 자신이 제5호에 따른 제공에 필요한 일체의 정보를 보유하지 않은 범위 내에서, 자신에게 없는 정보(die fehlenden

fehlenden Informationen mitzuteilen, sowie

7. den Verbraucher über seine Rechte, soweit einschlägig, zu informieren,
   a) Lastschrifteinzüge auf einen bestimmten Betrag oder eine bestimmte Periodizität oder beides zu begrenzen,
   b) den empfangenden Zahlungsdienstleister zu beauftragen, falls das Lastschriftmandat gemäß dem Zahlungsverfahren kein Erstattungsrecht vorsieht, vor Belastung seines Zahlungskontos jede Lastschrift anhand der Mandatsangaben zu überprüfen und zu kontrollieren, ob der Betrag und die Periodizität der vorgelegten Lastschrift den Vereinbarungen im Mandat entsprechen, und
   c) sämtliche auf sein Zahlungskonto bezogenen Lastschriften oder sämtliche von einem oder mehreren genannten Zahlungsempfängern veranlassten Lastschriften zu blockieren oder lediglich durch einen oder mehrere genannte Zahlungsempfänger veranlasste Lastschriften zu autorisieren.

(2) Statt der Mitteilung an die Zahler gemäß Absatz 1 Nummer 3 oder der Mitteilung an die Zahlungsempfänger gemäß Absatz 1 Nummer 5 kann der Verbraucher vom empfangenden Zahlungsdienstleister verlangen, ihm Musterschreiben zur Verfügung zu stellen, die die Angaben zur neuen Zahlungskontoverbindung sowie das in der Ermächtigung hierzu bestimmte Datum gemäß § 21 Absatz 2 Nummer 5, ab dem Lastschriften von diesem Zahlungskonto abzubuchen sind, enthalten.

(3) Liegt ein in der Ermächtigung bestimmtes Datum gemäß § 21 Absatz 2 Nummer 5 nicht mindestens sechs Geschäftstage nach dem Erhalt der Listen und Informationen nach § 23 Absatz 1 Nummer 1 durch den empfangenden Zahlungsdienstleister, so tritt an die Stelle dieses in der Ermächtigung bestimmten Datums der sechste Geschäftstag nach dem Erhalt der Listen und Informationen.

§ 25 Haftung bei Pflichtverletzungen

Der empfangende und der übertragende Zahlungsdienstleister haften dem Verbraucher für Schäden aus einer Verletzung ihrer Pflichten nach diesem und dem vorangegangenen Unterabschnitt als Gesamtschuldner nach den allgemeinen Vorschriften.

Unterabschnitt 3 Entgelte, Kosten und Verbot von Vertragsstrafen

§ 26 Entgelte, Kosten und Verbot von Vertragsstrafen

(1) Ein Zahlungsdienstleister hat für die Erfüllung seiner Pflichten nach den Unterabschnitten 1 und 2 nur dann einen Entgeltanspruch gegenüber dem Verbraucher, wenn dies zwischen dem Verbraucher und dem Zahlungsdienstleister vereinbart worden ist. Dieses Entgelt muss angemessen

Informationen)를 제공할 것을 요구하는 것,

7. 소비자에게 다음 각 목의 소비자의 권리에 관하여 관련된 범위 내에서 정보(情報)를 제공하는 것,
   a) 추심이체(Lastschrifteinzüge)를 일정한 금액(金額) 또는 주기(週期)나 그 양자에 한정하는 권리(權利),
   b) 수취하는 지급서비스제공자에게 위임하는 권리, 지급절차에 따른 추심이체위탁이 상환권(償還權)을 규정하지 않은 경우에 그 제공자의 지급계좌에 대한 출금기장 전에 그 추심이체위탁 정보에 기하여 각 추심이체를 심사하고, 정해진 추심이체의 금액 및 주기가 그 위임상의 약정과 부합하는지 여부를 검사하는 권리.
   c) 수취하는 지급서비스제공자의 지급계좌에 관련된 일체의 추심이체나 한 또는 여러 수취인에 의해 언급된 일체의 수취인인 의뢰(依賴)한 추심이체를 차단하는 권리나, 한 또는 여러 수취인에 의해 언급된 수취인에 의해 의뢰(依賴)된 추심이체(veranlasste Lastschriften)에 대해서만 수권(授權)하는 권리.

② 제1항 제3호에 따른 지급인에 대한 제공이나 제1항 제5에 따른 수취인에 대한 제공에 갈음하여 소비자는, 수취하는 지급서비스제공자에 대하여, 새로운 지급계좌연결에 관한 정보와, 이에 관한 수권에서 정해진, 제21조 제2항 제5호에 따른 날짜로, 이러한 지급계좌에서 추심이체가 출금되는 날짜가 포함된(das in der Ermächtigung hierzu bestimmte Datum gemäß § 21 Absatz 2 Nummer 5, ab dem Lastschriften von diesem Zahlungskonto abzubuchen sind) 견본을 자신에게 제공할 것을 요구할 수 있다.

③ 그 수권에서 정해진, 제21조 제1항 제5호에 따른 날짜가, 수취하는 지급서비스제공자가 제23조 제1항 제1호에 따른 목록 및 정보를 수령한 때로부터 최소 6영업일 후인 경우에, 그 목록 및 정보를 수령한 때로부터 6번째 영업일이 그 수권(授權)에서 정해진 날짜를 대신한다(so tritt an die Stelle dieses in der Ermächtigung bestimmten Datums der sechste Geschäftstag nach dem Erhalt der Listen und Informationen).

제25조 의무위반시 책임

수취하는 지급서비스제공자와 이체하는 지급서비스제공자(Der empfangende und der übertragende Zahlungsdienstleister)는 본 절(節)과 전(前) 절(節)에 따른 자신의 의무위반으로 인한 손해와 관련하여 총칙규정에 좇아 연대채무자로서(als Gesamtschuldner nach den allgemeinen Vorschriften) 소비자에 대하여 책임을 진다.

제3절 보수, 비용 그리고 위약금의 금지

제26조 보수, 비용 그리고 위약금의 금지

① 지급서비스제공자는, 소비자와 지급서비스제공자간에 이에 대해 합의된 경우에 한하여 제1절, 제2절에 따른 자신의 의무를 이행과 관련하여(für die Erfüllung seiner Pflichten nach den Unterabschnitten 1 und 2) 소비자에 대한 보수지급청구권을 갖는다. 이러한 보수는 적절해야만 하

und an den tatsächlichen Kosten des Zahlungsdienstleisters ausgerichtet sein.

(2) Absatz 1 Satz 2 gilt für Vereinbarungen über zu erstattende Kosten entsprechend.

(3) Ein Entgelt oder die Erstattung von Kosten darf mit dem Verbraucher nicht vereinbart werden für

1. den Zugang des Verbrauchers zu seinen personenbezogenen Daten im Zusammenhang mit bestehenden Daueraufträgen und Lastschriften, die beim betreffenden Zahlungsdienstleister vorhanden sind,
2. die Übersendung der Informationen und Listen nach § 23 Absatz 1 Nummer 1 sowie
3. die Schließung des beim übertragenden Zahlungsdienstleister geführten Zahlungskontos des Verbrauchers.

(4) Der übertragende Zahlungsdienstleister darf mit dem empfangenden Zahlungsdienstleister weder ein Entgelt noch die Erstattung von Kosten für die Übersendung der Informationen und Listen nach § 23 Absatz 1 Nummer 1 vereinbaren.

(5) Eine Vereinbarung, nach der der Verbraucher eine Vertragsstrafe im Zusammenhang mit der Kontenwechselhilfe nach diesem Abschnitt schuldet, ist unzulässig.

Abschnitt 4 Grenzüberschreitende Kontoeröffnung

§ 27 Verpflichtung des Zahlungsdienstleisters zur Erleichterung einer grenzüberschreitenden Kontoeröffnung

(1) Teilt der Verbraucher einem Zahlungsdienstleister, bei dem für ihn ein Zahlungskonto geführt wird, mit, dass er bei einem europäischen Zahlungsdienstleister ein Zahlungskonto eröffnen möchte, so hat der Zahlungsdienstleister die in § 29 genannten Handlungen vorzunehmen, soweit der Verbraucher ihn hierzu gemäß § 28 auffordert.

(2) Auf die Mitteilung nach Absatz 1 hat der Zahlungsdienstleister dem Verbraucher unentgeltlich das Formular nach Anlage 2 zur Datenabfrage für die grenzüberschreitende Kontoeröffnung zu übermitteln.

§ 28 Aufforderung durch den Verbraucher

(1) Die Aufforderung durch den Verbraucher zur Vornahme der in § 29 genannten Handlungen muss das Datum enthalten, zu welchem diese Handlungen vorgenommen werden sollen. Dieses Datum muss mindestens sechs Geschäftstage nach dem Eingang der Aufforderung beim Zahlungsdienstleister liegen. Dies gilt nicht, sofern der Verbraucher und der Zahlungsdienstleister ausdrücklich etwas anderes vereinbart haben. Fehlt eine Datumsangabe oder entspricht sie nicht den in Satz 2 genannten Voraussetzungen, so gilt die Aufforderung als für den siebten Geschäftstag nach ihrem Eingang beim Zahlungsdienstleister erteilt.

고 지급서비스제공자의 실제 비용에 상응해야만 한다.

② 제1항 제2문은 상환해야 하는 비용에 관한 약정에 대하여 준용한다.

③ 보수(報酬)나 비용상환은 다음 각 호와 관련하여 소비자(消費者)와 약정(約定)되어서는 아니 된다,

1. 소비자가 해당 지급이체(支給移替) 및 추심이체(推尋移替)에 관련한 자신의 개인정보로, 해당 지급서비스제공자가 가지고 있는 정보(die beim betreffenden Zahlungsdienstleister vorhanden sind)를 이용하는 것,
2. 제23조 제1항 제1호에 따른 정보 및 목록의 전송,
3. 이체(移替)하는 지급서비스제공자가 관리(管理)하는 소비자(消費者)의 지급계좌를 닫는 것 (Schließung).

④ 이체하는 지급서비스제공자(Der übertragende Zahlungsdienstleister)는 수취하는 지급서비스제공자와 보수도, 제23조 제1항 제1호에 따른 정보 및 목록의 전송(電送)에 대한 비용상환도 약정해서는 아니된다.

⑤ 소비자로 하여금 본 장의 자금이체지원서비스와 관련하여 위약금을 지급할 의무를 지게 하는 약정은 허용되지 아니한다.

제4장 국경을 초월하는 계좌개설

제27조 국경을 초월하는 계좌개설(grenzüberschreitenden Kontoeröffnung)의 촉진(促進)에 관한 지급서비스제공자의 의무

① 소비자가 자신을 위해 지급계좌를 관리해 주는 지급서비스제공자에게 자신이 유럽연합 지급서비스제공자가 관리하는 계좌를 개설하고 싶다는 점을 통지하는 경우에, 그 지급서비스제공자는, 소비자가가 그 지급서비스제공자에게 제28조에 따라 제29조상의 조치에 대하여 요구하는 범위 내에서, 그 조치를 취해야 한다.

② 제1항에 따른 통지에 대하여 지급서비스제공자는 소비자에게 국경을 초월하는 계좌개설에 대한 정보문의에 관한, 제2조에 따른 서식(das Formular nach Anlage 2 zur Datenabfrage für die grenzüberschreitende Kontoeröffnung)을 무상으로 제공해야 한다.

제28조 소비자에 의한 요구

① 제29조상의 조치를 취하도록 하는 소비자의 요구는 이러한 조치가 취해져야 하는(zu welchem diese Handlungen vorgenommen werden sollen) 날짜를 포함해야만 한다. 이러한 날짜는 지급서비스제공자에 대한 요구가 도달한 때로부터 최소 6영업일일 후이어야만 한다. 소비자와 지급서비스제공자가 달리 약정한 경우에는 그러하지 아니하다. 날짜 명시가 결여되어 있거나 날짜 명시가 제2문상의 요건에 부합하지 아니한 경우에(Fehlt eine Datumsangabe oder entspricht sie nicht den in Satz 2 genannten Voraussetzungen) 그 요구(要求)는 지급서비스제공자에게 그 요구가 도달한 때로부터 7번째 영업일에 행해지는 것으로 본다.

(2) Verlangt der Verbraucher die Übertragung eines positiven Saldos seines beim übertragenden Zahlungsdienstleister geführten Zahlungskontos auf das Zahlungskonto, das bei einem anderen europäischen Zahlungsdienstleister eröffnet oder geführt wird, so muss der Verbraucher dem übertragenden Zahlungsdienstleister die IBAN dieses Kontos oder gleichwertige Angaben nennen, die dem Zahlungsdienstleister die Identifizierung des europäischen Zahlungsdienstleisters sowie des dortigen Zahlungskontos des Verbrauchers ermöglichen.

§ 29 Handlungen des Zahlungsdienstleisters zur Erleichterung einer grenzüberschreitenden Kontoeröffnung

Der Zahlungsdienstleister hat auf Aufforderung durch den Verbraucher zu dem gemäß § 28 Absatz 1 maßgeblichen Datum

1. dem Verbraucher unentgeltlich ein Verzeichnis mit Informationen über die folgenden Positionen zu übermitteln:
   a) über vom Verbraucher erteilte laufende Daueraufträge,
   b) über vom Zahler veranlasste, dem Zahlungsdienstleister verfügbare Lastschriftmandate und
   c) über eingehende Überweisungen sowie über die vom Zahlungsempfänger veranlassten Lastschriften auf dem Zahlungskonto des Verbrauchers, bezogen auf die vorangegangenen 13 Monate;
2. einen verbleibenden positiven Saldo auf dem Zahlungskonto des Verbrauchers an den Verbraucher auszuzahlen oder auf dessen Zahlungskonto bei einem anderen europäischen Zahlungsdienstleister zu überweisen, sofern die Aufforderung des Verbrauchers die nach § 28 Absatz 2 und 3 erforderlichen Angaben enthält, und
3. das Zahlungskonto des Verbrauchers zu schließen; § 675h Absatz 1 des Bürgerlichen Gesetzbuchs bleibt unberührt.

Abschnitt 5 Zahlungskonten mit grundlegenden Funktionen

Unterabschnitt 1 Anwendungsbereich

§ 30 Anwendungsbereich

(1) Dieser Abschnitt gilt für Zahlungsdiensterahmenverträge über die Führung eines Zahlungskontos für Verbraucher mit grundlegenden Funktionen (Basiskontoverträge).

(2) Ein Zahlungskonto mit grundlegenden Funktionen (Basiskonto) ist ein bei einem Institut geführtes Zahlungskonto, das folgende Kriterien erfüllt:

1. mit ihm wird mindestens die Erbringung von Zahlungsdiensten im Sinne des § 38 Absatz 2 Nummer 1 und 2 ermöglicht und

② 소비자가 이체하는 자신의 지급서비스제공자가 관리하는 지급계좌상의 양(+)의 잔액을 다른 유럽연합 지급서비스제공자에서 개설하거나 그 지급서비스제공자가 관리하는(das bei einem anderen europäischen Zahlungsdienstleister eröffnet oder geführt wird) 지급계좌로 이체를 요구하는 경우에, 소비자는 이체하는 지급서비스제공자에게 이러한 계좌의 국제은행계좌번호(IBAN[74])나, 그 지급서비스제공자에게 유럽연합 지급서비스제공자에 대한 신원확인과 소비자의 유럽연합 지급계좌의 동일성확인을 가능하게 해주는 그 번호와 동등한 정보를 언급해 줘야만 한다.

제29조 국경을 초월하는 계좌개설의 촉진을 위한(zur Erleichterung einer grenzüberschreitenden Kontoeröffnung) 지급서비스제공자의 조치

지급서비스제공자는 소비자(消費者)의 요구(要求)가 있는 경우에 제28조 제1항에 따라 적용되는 날짜에,

1. 소비자에게 무상으로 다음 각 목의 사항에 관한 정보를 수록한 목록(ein Verzeichnis mit Informationen über die folgenden Positionen)을 제공한다:
   a) 소비자가 행한, 진행 중인 지급이체,
   b) 지급인(支給人)이 지급서비스제공자에게 의뢰(依賴)한, 이용할 수 있는 추심이체위탁,
   c) 지난 13개월간 행해진, 현금입금이체 및 수취인이 의뢰(依賴)한 소비자의 지급계좌상에서의 추심이체(die vom Zahlungsempfänger veranlassten Lastschriften auf dem Zahlungskonto des Verbrauchers);
2. 소비자의 요구가 제28조 제2항, 제3항에 따라 필요한 정보를 포함하는 한, 남은 양(+) 잔액을 소비자에 대한 소비자의 지급계좌로(auf dem Zahlungskonto des Verbrauchers an den Verbraucher) 송금해야 하거나 다른 유럽연합 지급서비스제공자에 개설된, 소비자의 지급계좌로 이체(移替)해야 하고,
3. 소비자의 지급계좌(das Zahlungskonto des Verbrauchers)를 닫아야 한다; 민법전 제675조h 제1항은 영향을 받지 아니한다.

제5장 기본적 기능을 제공하는 지급계좌

제1절 적용범위

제30조 적용범위

① 본 장은 기본적 기능을 제공하는, 소비자를 위한 어느 지급계좌의 관리에 관한 지급서비스기본계약(Zahlungsdiensterahmenverträge)('기본계좌계약'; Basiskontoverträge)에 대하여 적용한다.

② 기본적 기능을 제공하는 지급계좌('기본계좌'; Basiskonto)는, 기관에서 관리하는 지급계좌로 다음 각 호의 기준을 충족한 지급계좌를 말한다,

1. 이 지급계좌에 의해 최소한 제38조 제2항 제1호, 제2호상의 지급업무의 수행(Erbringung von Zahlungsdiensten)가 가능하고,

2. es wird auf Grund eines Basiskontovertrags geführt, der
   a) vom Kontoinhaber auf Grund der Geltendmachung eines Anspruchs auf Abschluss eines Basiskontovertrags mit dem nach § 31 Absatz 1 Satz 1 Verpflichteten geschlossen worden ist oder
   b) zwischen dem Kontoinhaber und dem kontoführenden Institut in anderer als in Buchstabe a bezeichneter Weise auf Grund eines angebotenen Zahlungsdiensterahmenvertrags über die Führung eines Basiskontos bei ausdrücklicher Bezeichnung des Zahlungskontos als Basiskonto geschlossen worden ist.

(3) Wenn es sich bei dem Institut um eine rechtlich nicht selbständige Zweigniederlassung nach § 53b Absatz 1 des Kreditwesengesetzes oder eine Zweigstelle nach § 53 des Kreditwesengesetzes handelt, so ist Träger der Rechte und Pflichten des Instituts nach diesem Abschnitt das Unternehmen mit Sitz im Ausland, das diese Zweigniederlassung oder Zweigstelle betreibt. Maßgeblich für den Umfang des Angebots des Instituts nach § 38 Absatz 4 ist der Umfang des allgemeinen Angebots des Instituts für Verbraucher in Bezug auf diese Zweigniederlassung oder Zweigstelle.

Unterabschnitt 2 Zugang zu Zahlungskonten mit grundlegenden Funktionen

§ 31 Anspruch auf Abschluss eines Basiskontovertrags

(1) Ein Institut, das Zahlungskonten für Verbraucher anbietet (Verpflichteter), hat mit einem Berechtigten einen Basiskontovertrag zu schließen, wenn dessen Antrag die Voraussetzungen des § 33 erfüllt. Berechtigter ist jeder Verbraucher mit rechtmäßigem Aufenthalt in der Europäischen Union einschließlich Personen ohne festen Wohnsitz und Asylsuchende sowie Personen ohne Aufenthaltstitel, die aber aus rechtlichen oder tatsächlichen Gründen nicht abgeschoben werden können.

(2) Der Verpflichtete hat dem Berechtigten den Abschluss des Basiskontovertrags unverzüglich, spätestens jedoch innerhalb von zehn Geschäftstagen nach Eingang des in Absatz 1 genannten Antrags, anzubieten. Der Verpflichtete hat dem Berechtigten den Eingang des Antrags unter Beifügung einer Abschrift des Antrags zu bestätigen.

§ 32 Benachteiligungsfreies Leistungsangebot und Koppelungsverbot

(1) Der Abschluss und der gesetzlich vorgegebene Inhalt eines Basiskontovertrags nach dem dritten Unterabschnitt sowie die tatsächliche Nutzung des hiervon umfassten Leistungsangebots dürfen nur von den folgenden Voraussetzungen abhängig gemacht werden:

1. von der Zugehörigkeit zu einer bestimmten Berufsgruppe nur dann, wenn sich der Verpflichtete bei der Kontoführung mit seinem Geschäftsmodell ausnahmslos an Personen dieser Berufsgruppe wendet, sowie
2. von dem Erwerb von Geschäftsanteilen eines Verpflichteten, wenn der Verpflichtete diese Anforderung an alle seine Kunden gleichermaßen stellt.

2. 다음 각 목의 기본계좌계약에 기하여 그 지급계좌가 관리되고,
   a) 계좌소유주가, 제31조 제1항 제1문에 따른 의무자와의 기본계좌계약의 체결청구권(Anspruchs auf Abschluss eines Basiskontovertrags mit dem nach § 31 Absatz 1 Satz 1 Verpflichteten)의 행사에 기하여 체결한 것,
   b) 계좌소유주와 계좌를 관리하는 기관 간에, 지급계좌를 기본계좌로 구체적으로 표시하는 어느 기본계좌의 관리에 관하여 청약된 지급서비스기본계약에 기하여 a목상의 방법 이외의 방법으로(in anderer als in Buchstabe a bezeichneter Weise auf Grund eines angebotenen Zahlungs- diensterahmenvertrags über die Führung eines Basiskontos) 체결된 것.

③ 그 기관이 금융기관법 제53조b 제1조에 따른 법적으로 독립된 지사이나 동법 제53조에 따른 지점에 해당하는 경우에, 본 장에 따른 기관의 권리의무의 주체는, 외국에 본점을 둔 기업으로, 이러한 지사 또는 지점을 운영하는 기업이 된다. 이러한 지사 또는 지점과 관련하여 소비자에 대한 기관의 일반적 제공의 범위(der Umfang des allgemeinen Angebots des Instituts für Verbraucher in Bezug auf diese Zweigniederlassung oder Zweigstelle)는 제38조 제4항에 따른 기관의 제공의 범위에 대해 적용한다.

제2절 기본적 기능을 제공하는(mit grundlegenden Funktionen) 지급계좌의 이용

제31조 기본계좌계약 체결청구권

① 소비자를 위해 지급계좌를 제공하는 기관('의무자'; Verpflichteter)은, 권리자의 신청이 제33조의 요건을 충족하는 경우에, 그 권리자와 기본계좌계약을 체결해야 한다. 권리자는, 고정된 주소가 없는 사람, 난민신청자과, 체류허가를 얻지 못한 자이지만 법적 또는 사실적 사유에 기하여 추방될 수 없는 자(Personen ohne Aufenthaltstitel, die aber aus rechtlichen oder tatsächlichen Gründen nicht abgeschoben werden können)를 포함하여, 유럽연합내 합법적 거소를 가진 모든 소비자를 말한다.

② 그 의무자는 그 권리자에게 지체 없이, 다만 늦어도 제1항상의 신청이 도달한 때로부터 10영업일 이내에(spätestens jedoch innerhalb von zehn Geschäftstagen nach Eingang des in Absatz 1 genannten Antrags) 기본계좌계약의 체결을 청약해야 한다. 그 의무자는 권리자에게 신청의 사본을 첨부하여(unter Beifügung einer Abschrift des Antrags) 신청의 그 도달을 확인해줘야 한다.

제32조 불이익대우 없는 급부제공과 결부(結付)의 금지

① 제3절에 따른 기본계좌계약의 체결과 그 계약에 대하여 법적으로 규정된 내용과 이에 포함된 급부제공의 실질적 이용은 다음 각 호의 요건에 의해서만 좌우될 뿐이다:

1. 의무자가 계좌관리에 있어 특정한 직업군에 속한 자들에 대하여 자신의 영업모델을 예외 없이 적용한 경우에 한하여 그 특정한 직업군에 속한다는 점(von der Zugehörigkeit zu einer Berufsgruppe),
2. 어느 의무자가 자신의 모든 고객에 대한 이러한 요구사항을 동등하게 적용하는 경우에는, 그 의무자의 사업지분의 취득,

(2) Alle weiteren Koppelungen mit der Nutzung oder der Vereinbarung zusätzlicher Dienstleistungen sind unzulässig.

§ 33 Antrag auf Abschluss eines Basiskontovertrags

(1) Der Antrag des Berechtigten auf Abschluss eines Basiskontovertrags muss alle Angaben enthalten, die für den Abschluss dieses Vertrags erforderlich sind. Dies schließt Angaben darüber ein, ob und gegebenenfalls bei welchem Institut für den Berechtigten bereits ein Zahlungskonto geführt wird, das die Voraussetzungen des § 35 Absatz 1 Satz 2 erfüllt. Der Berechtigte kann bereits bei Stellung des Antrags auf Abschluss eines Basiskontovertrags verlangen, dass der Verpflichtete das Basiskonto als Pfändungsschutzkonto nach § 850k der Zivilprozessordnung führt.

(2) Teilt ein Berechtigter dem Verpflichteten mit, dass er mit diesem einen Basiskontovertrag abschließen möchte, so hat der Verpflichtete dem Berechtigten das Formular nach Anlage 3 unentgeltlich zu übermitteln. Der Berechtigte soll dieses Formular zur Antragstellung nutzen. Hat er es vollständig ausgefüllt, so kann sich der Verpflichtete nicht darauf berufen, dass der Antrag unvollständig sei. Verfügt der Verpflichtete über einen Internetauftritt, so ist das Formular nach Anlage 3 auch dort zur Verfügung zu stellen.

§ 34 Ablehnung des Antrags auf Abschluss eines Basiskontovertrags

(1) Ein Verpflichteter kann den Antrag eines Berechtigten auf Abschluss eines Basiskontovertrags, der den Voraussetzungen des § 33 Absatz 1 genügt, nur aus den in den §§ 35 bis 37 genannten Gründen ablehnen.

(2) Die Ablehnung des Antrags auf Abschluss eines Basiskontovertrags hat der Verpflichtete gegenüber dem Berechtigten unverzüglich, spätestens jedoch zehn Geschäftstage nach Eingang des Antrags des Berechtigten, zu erklären.

(3) Der Verpflichtete hat den Berechtigten mit der Ablehnung des Antrags auf Abschluss eines Basiskontovertrags unentgeltlich in Textform sowie, soweit nicht anders vereinbart, in deutscher Sprache über die Gründe der Ablehnung zu unterrichten. Die Unterrichtung über die Gründe der Ablehnung unterbleibt, soweit hierdurch die öffentliche Sicherheit, insbesondere die gesetzlichen Regelungen zur Verhinderung der Nutzung des Finanzsystems zum Zweck der Geldwäsche oder der Terrorismusfinanzierung, gefährdet oder gegen ein Verbot der Informationsweitergabe verstoßen würde.

(4) Der Verpflichtete hat den Berechtigten mit der Ablehnung des Antrags auf Abschluss eines Basiskontovertrags unentgeltlich in Textform sowie, soweit nicht anders vereinbart, in deutscher Sprache auch über das Verwaltungsverfahren nach § 48 sowie über das Recht des Berechtigten zu unterrichten, sich an die nach § 14 Absatz 1 des Unterlassungsklagengesetzes zuständige Verbraucherschlichtungsstelle zu wenden. Er hat dem Berechtigten zugleich die Kontaktdaten

② 추가적 서비스의 이용 또는 약정과의 기타 일체의 결부(Alle weiteren Koppelungen)는 허용되지 아니한다.

第33조 기본계좌계약 체결의 신청

① 권리자의 기본계좌계약 체결의 신청은 이러한 계약의 체결에 필요한(die für den Abschluss dieses Vertrags erforderlich sind) 모든 정보(情報)를 포함해야만 한다. 어느 기관에서 그 권리자에 대하여 제35조 제1항 제2문의 요건을 충족한 기본계좌를 이미 관리하고 있는지 여부, 만일 그렇다면 그 기관은 어느 기관인지에 관한 정보(情報)가 이에 포함된다. 권리자는, 기본계좌계약의 체결 신청 제기시에 의무자가 기본계좌를 민사소송법 제850조k에 따른 압류금지계좌로 관리하도록 청구할 수 있다.

② 권리자가 의무자에게 자신이 의무자와 함께 기본계좌를 체결하고 싶다는 점(dass er mit diesem einen Basiskontovertrag abschließen möchte)을 통지하는 경우에, 의무자는 권리자에게 부록 3에 따른 서식을 제공해야 한다. 그 권리자는 이러한 서식을 신청제기에 활용해야 한다. 그 권리자가 그 서식을 완전히 기입한 경우에(Hat er es vollständig ausgefüllt) 의무자는 그 신청이 불완전하다는 점을 주장할 수 없다. 의무자가 인터넷웹사이트를 보유하는 경우에(Verfügt der Verpflichtete über einen Internetauftritt) 부록 3에 따른 양식은 그 웹사이트에서도 제공되어야 한다.

第34조 기본계좌계약 체결 신청의 거부

① 의무자는, 제33조 제1항상의 요건을 충족한 권리자의 기본계좌계약 체결 신청을 제35조 내지 제37조상의 사유에 기해서만(nur aus den in den §§ 35 bis 37 genannten Gründen) 거부(拒否)할 수 있다.

② 기본계좌계약의 체결 신청의 거부는 의무자가 권리자에 대하여 지체 없이, 다만 늦어도 권리자 신청이 도달한 때로부터 10영업일까지(spätestens jedoch zehn Geschäftstage nach무상 des Antrags des Berechtigten) 표시해야 한다.

③ 의무자는, 기본계좌계약의 체결 신청의 거부에 있어(mit der Ablehnung des Antrags auf Abschluss eines Basiskontovertrag), 권리자에게 문면방식으로 달리 약정하지 않은 한, 독일어로 거부사유에 관하여 무상으로 통지해야 한다. 그 통지에 의하여, 공공의 안전, 특히 자금세탁 또는 테러자금지원 목적의 금융제도 이용을 방지하기 위한 법률상 규정(die gesetzlichen Regelungen zur Verhinderung der Nutzung des Finanzsystems zum Zweck der Geldwäsche oder der Terrorismusfinanzierung)이 위태로워지거나 정보제공금지(ein Verbot der Informationsweitergabe)에 위반하는 범위 내에서 거부사유의 통지를 하지 않는다.

④ 의무자는 기본계좌계약 체결의 거부에 있어, 권리자에게 문면방식으로, 달리 약정하지 않은 한, 독일어로 제48조에 따른 행정절차와 권리자의 권리에 대해서도(auch über das Verwaltungsverfahren nach § 48 sowie über das Recht des Berechtigten) 무상으로 통지해야 하고, 금지소송법 제14조에 따른 관할 소비자분쟁조정기구에 연락을 취한다(sich an die nach § 14 Absatz 1 des Unterlassungsklagengesetzes zuständige Verbraucherschlichtungsstelle zu wenden). 의무자는 그러

dieser Stelle mitzuteilen. Der Ablehnungserklärung durch den Verpflichteten ist das Antragsformular nach Anlage 4 beizufügen.

§ 35 Ablehnung wegen eines bereits vorhandenen Zahlungskontos

(1) Ein Verpflichteter kann den Antrag auf Abschluss eines Basiskontovertrags ablehnen, wenn der Berechtigte bereits Inhaber eines Zahlungskontos bei einem im Geltungsbereich dieses Gesetzes ansässigen Institut ist und er mit diesem Konto die in § 38 Absatz 2 genannten Dienste tatsächlich nutzen kann. Eine tatsächliche Nutzungsmöglichkeit setzt insbesondere voraus, dass der Kunde mit diesen Diensten am Zahlungsverkehr teilnehmen kann. Der Verpflichtete darf den Antrag nicht ablehnen, wenn das Konto gekündigt wurde oder der Berechtigte von der Schließung dieses Zahlungskontos benachrichtigt wurde.

(2) Ein Verpflichteter ist berechtigt, vor Abschluss eines Basiskontovertrags innerhalb der Frist des § 31 Absatz 2 nachzuprüfen, ob der Berechtigte bereits Inhaber eines Zahlungskontos im Sinne des Absatzes 1 ist. Der Verpflichtete darf sich dabei auch an eine Stelle wenden, die geschäftsmäßig personenbezogene Daten, die zur Bewertung der Kreditwürdigkeit herangezogen werden dürfen, zum Zweck der Übermittlung erhebt, speichert oder ändert. Der Verpflichtete darf sich bei dieser Nachprüfung nicht auf Auskünfte dieser Stelle beschränken, wenn deren Auskünfte zu den Angaben des Verbrauchers nach § 33 Absatz 1 Satz 2 in Widerspruch stehen.

§ 36 Ablehnung wegen strafbaren Verhaltens oder wegen Verstoßes gegen ein gesetzliches Verbot

(1) Ein Verpflichteter kann den Antrag auf Abschluss eines Basiskontovertrags ablehnen, wenn

1. der Berechtigte innerhalb der letzten drei Jahre vor Antragstellung wegen einer vorsätzlichen Straftat zum Nachteil dieses Verpflichteten, dessen Mitarbeitern oder Kunden mit Bezug auf deren Stellung als Mitarbeiter oder Kunden des Verpflichteten verurteilt worden ist,
2. der Berechtigte Inhaber eines Basiskontos bei demselben Verpflichteten war und der Verpflichtete den Zahlungsdiensterahmenvertrag über die Führung dieses Basiskontos innerhalb des letzten Jahres vor Antragstellung nach § 42 Absatz 4 Nummer 1 berechtigt gekündigt hat oder
3. der Verpflichtete die Sorgfaltspflichten im Hinblick auf die Aufnahme und das Unterhalten einer Geschäftsbeziehung zu diesem Berechtigten nach § 10 Absatz 1 Nummer 1 bis 3 des Geldwäschegesetzes oder nach § 25j des Kreditwesengesetzes nicht erfüllen kann oder bei der Begründung der Ablehnung gegen das Verbot der Informationsweitergabe nach § 47 Absatz 1 des Geldwäschegesetzes verstoßen würde.

(2) In den Fällen des Absatzes 1 Nummer 3 hat der Verpflichtete die gemäß § 46 Absatz 1 zuständige Behörde über die Ablehnung und den Ablehnungsgrund zu informieren.

§ 37 Ablehnung bei früherer Kündigung wegen Zahlungsverzugs

Ein Verpflichteter kann den Antrag auf Abschluss eines Basiskontovertrags ablehnen, wenn der

면서 권리자에게 이러한 기관의 연락처(連絡處; Kontaktdaten)를 통지해야 한다. 의무자에 의한 거부의사표시에 부록 4에 따른 신청서식을 첨부해야 한다.

제35조 이미 존재하는 지급계좌로 인한 거부

① 의무자는, 권리자가 본 법률의 적용범위에 있는 기관에 개설한 지급계좌의 소유주이고, 이러한 계좌를 제38조 제2항상의 업무에 실제로 이용할 수 있는 경우에 기본계좌계약의 체결 신청을 거부할 수 있다. 실제 이용가능성은 특히 이러한 업무를 가진 고객이 지급거래에 참가할 수 있다(dass der Kunde mit diesen Diensten am Zahlungsverkehr teilnehmen kann)는 점을 전제로 한다. 그 계좌가 해지되었거나 권리자가 이러한 지급계좌의 폐쇄에 대하여 통지받은 경우에(wenn das Konto gekündigt wurde oder der Berechtigte von der Schließung dieses Zahlungskontos benachrichtigt wurde) 의무자는 그 신청(申請)을 거부할 수 없다.

② 의무자는 기본계약체결 전에 제31조 제2항에 따른 기간 내에 권리자가 제1항상의 지급계좌의 소유주에 이미 해당하는지 여부를 조사할 권리를 갖는다. 이 경우 의무자는, 신용도의 평가에 이용될 수 있는 개인정보를 상업적 제공 목적으로 수집(收集)하거나 저장(貯藏)하거나 이를 가공(加功)할 수 있는 기관에 조회(照會)할 수 있다. 이러한 기관의 정보가 제33조 제1항 제2문에 따른 소비자에 대한 정보(情報)에 관한 정보와 모순되는 경우에 의무자는 이러한 조사에 있어 그 기관의 정보에 국한하지 아니한다.

제36조 가벌적 행위 또는 법률상 금지에 저촉으로 인한(wegen Verstoßes gegen ein gesetzliches Verbot) 거부

① 의무자는 다음 각 호의 경우에 기본계좌계약의 체결 신청을 거부할 수 있다,

1. 권리자가 신청제기 전(前) 최근 3년간 이러한 의무자, 그 의무자의 직원 또는 고객에게 손해(損害)를 끼치는 고의에 의한 범죄행위(犯罪行爲)로 인하여 그 의무자의 직원(職員) 또는 고객(顧客)으로서 그 지위(地位)에 관련하여 유죄판결(有罪判決)을 선고받은 경우,
2. 권리자가 동일한 의무자에 개설된 기본계좌의 소유주였는데, 의무자가 신청제기 직전(直前) 해에(innerhalb des letzten Jahres vor Antragstellung nach § 42 Absatz 4 Nummer 1) 제42조 제4항 제1호에 따라 이러한 기본계좌의 관리에 관한 지급서비스기본계약을 정당하게 해지한 경우,
3. 의무자가, 이러한 권리자자와의 거래관계의 개시 및 유지에 관련한 주의의무(die Sorgfaltspflichten im Hinblick auf die Aufnahme und das Unterhalten einer Geschäftsbeziehung)를 자금세탁방지법 제10조 제1항 제1호 내지 제3호나 금융기관법 제25조j에 따라 이행할 수 없거나, 거부의 이유제시에 있어 자금세탁방지법 제47조 제1항에 따른 정보제공금지(gegen das Verbot der Informationsweitergabe nach § 47 Absatz 1 des Geldwäschegesetzes)에 위반한 경우.

② 제1항 제3호의 경우에(In den Fällen des Absatzes 1 Nummer 3) 의무자는 제46조 제1항에 따른 관할관청에 거부와 거부사유에 관하여 über die Ablehnung und den Ablehnungsgrund 통지해야 한다.

제37조 지급지체로 인한 조기(早期) 해지시의 거부

권리자가 동일한 의무자에 개설된 기본계좌의 소유주였는데 이러한 의무자가 신청제기 직전(直前)

Berechtigte Inhaber eines Basiskontos bei demselben Verpflichteten war und dieser Verpflichtete den Zahlungsdiensterahmenvertrag über die Führung dieses Basiskontos innerhalb des letzten Jahres vor Antragstellung nach § 42 Absatz 3 Nummer 2 berechtigt gekündigt hat.

Unterabschnitt 3 Basiskontovertrag

§ 38 Pflicht des kontoführenden Instituts zur Führung eines Basiskontos und zur Erbringung von Diensten in Bezug auf dieses Konto

(1) Durch einen Basiskontovertrag wird das kontoführende Institut verpflichtet, für den Kontoinhaber ein Basiskonto in Euro zu eröffnen und zu führen.

(2) Die Kontoführung nach Absatz 1 muss die Erbringung folgender Zahlungsdienste ohne Kreditgeschäft (Zahlungsgeschäft) ermöglichen:

1. die Dienste, mit denen Bareinzahlungen auf das Zahlungskonto oder Barauszahlungen von dem Zahlungskonto ermöglicht werden (Ein- oder Auszahlungsgeschäft), sowie alle für die Führung eines Zahlungskontos erforderlichen Vorgänge und
2. die Ausführung von Zahlungsvorgängen einschließlich der Übermittlung von Geldbeträgen auf ein Zahlungskonto beim kontoführenden Institut des Kontoinhabers oder bei einem anderen Zahlungsdienstleister durch
   a) die Ausführung von Lastschriften einschließlich einmaliger Lastschriften (Lastschriftgeschäft),
   b) die Ausführung von Überweisungen einschließlich Daueraufträgen (Überweisungsgeschäft),
   c) die Ausführung von Zahlungsvorgängen mittels einer Zahlungskarte oder eines ähnlichen Zahlungsinstruments (Zahlungskartengeschäft).

(3) Barauszahlungen nach Absatz 2 Nummer 1 sind innerhalb des Europäischen Wirtschaftsraums an Schaltern sowie unabhängig von den Geschäftszeiten an Geldautomaten des kontoführenden Instituts oder eines Geldautomatennetzes, dem das kontoführende Institut angehört, zu ermöglichen. Zahlungsdienste nach Absatz 2 Nummer 2 sind auch dann zu ermöglichen, wenn der Zahlungsdienstleister des Zahlungsdienstnutzers, an den die Zahlung des Kontoinhabers erfolgt oder von dem der Kontoinhaber eine Zahlung empfängt, seinen Sitz zwar nicht im Geltungsbereich dieses Gesetzes, aber innerhalb des Europäischen Wirtschaftsraums hat.

(4) Zahlungsdienste nach den Absätzen 2 und 3 sind dem Kontoinhaber in dem Umfang zur Verfügung zu stellen, wie sie von dem kontoführenden Institut Verbrauchern als Inhabern von Zahlungskonten allgemein angeboten werden. Die Anzahl der Zahlungsdienste darf nicht beschränkt werden. Dem Kontoinhaber ist die Erteilung von Aufträgen für die Erbringung von Zahlungsdiensten in den Geschäftsräumen des kontoführenden Instituts oder über alle weiteren vom kontoführenden Institut hierfür allgemein vorgesehenen Kommunikationsformen zu ermöglichen.

연도에(innerhalb des letzten Jahres vor Antragstellung)에 제42조 제3항 제2호에 따라 이러한 기본계좌의 관리에 관한 지급서비스기본계약(den Zahlungsdiensterahmenvertrag über die Führung dieses Basiskontos)을 정당하게 해지한 경우에 의무자는 기본계좌계약의 체결을 거부할 수 있다.

제3절 기본계좌계약

제38조 기본계좌관리와 이러한 계좌에 관련한 업무수행에 관한(zur Erbringung von Diensten in Bezug auf dieses Konto) 계좌관리기관의 의무

① 기본계좌계약에 의해 계좌관리기관은 계좌소유주를 위해 유로화에 의한 기본계좌를 개설하고 이를 관리할 의무를 진다.

② 제1항에 따른 계좌관리는 신용거래가 아닌, 다음 각 호의 지급서비스('지급거래'; Zahlungsgeschäft)를 가능하게 해야만 한다:

1. 지급계좌로의 현금입금이나 지급계좌에서의 현금출금[현금입출금거래(現金入出金去來); Ein- oder Auszahlungsgeschäft)를 가능하게 하는 업무와 지급계좌관리에 필요한 일체의 과정,
2. 계좌소유주의 계좌관리기관 또는 그 밖의 지급서비스제공자에 개설된 지급계좌로의 송금(送金)을 포함하여 다음 각 목에 의한 지급과정의 수행(die Ausführung von Zahlungsvorgängen),
   a) 1회의 추심이체를 포함하여 추심이체의 수행['추심이체거래'; Lastschriftgeschäft],
   b) 지급이체(支給移替; Daueraufträgen)을 포함하여 자금이체(資金移替)의 수행(遂行)('자금이체거래'; Überweisungsgeschäft),
   c) 지급카드 또는 이와 유사한 지급수단(支給手段)에 의한 지급과정의 수행('지급카드거래'; Zahlungskartengeschäft).

③ 제2항 제1호에 따른 현금출금은, 유럽경제권 내에서 (은행 등) 창구(窓口)에서 그리고 영업시간과 상관없이 계좌관리기관의 현금자동입출금기나 계좌관리기관이 속한 현금자동입출금기망(現金自動入出金機網)의 현금자동입출금기에서(an Schaltern sowie unabhängig von den Geschäftszeiten an Geldautomaten des kontoführenden Instituts oder eines Geldautomatennetzes, dem das kontoführende Institut angehört) 가능해야 한다. 계좌소유주의 지급을 처리하거나 계좌소유주의 지급을 받아 주는, 지급서비스이용자의 지급서비스제공자가, 본 법의 적용범위 내에 본점을 두지 않았으나 유럽경제권 내에 이를 둔 경우에도, 제2항 제2호에 따른 지급서비스는 가능해야 한다.

④ 제2항, 제3항에 따른 지급서비스는 계좌소유주에게, 그 서비스가 계좌관리기관에 의해 지급계좌의 소유주(所有主)로서 소비자(消費者)에게 통상적(通常的)으로 제공되는 것과 같은 정도로(wie sie von dem kontoführenden Institut Verbrauchern als Inhabern von Zahlungskonten allgemein angeboten werden) 제공되어야 한다. 지급서비스 횟수는 제한되어서는 아니된다. 지급서비스 수행를 위한 수권(授權)는, 계좌관리기관의 영업장에서 또는 계좌관리기관이 이를 위해 통상적으로 정한 그 밖의 일체의 통신형태(通信形態)를 통해(für die Erbringung von Zahlungsdiensten in den Geschäftsräumen des kontoführenden Instituts oder über alle weiteren vom kontoführenden Institut hierfür allgemein vorgesehenen Kommunikationsformen) 계좌소유주에게 가능해야 한다.

§ 39 Vereinbarung weiterer Dienstleistungen

Unbeschadet des § 32 dürfen das kontoführende Institut und der Kontoinhaber zusätzlich Dienstleistungen vereinbaren, die sich auf das Basiskonto beziehen und nicht von § 38 erfasst sind. Dies schließt auch die Vereinbarung einer eingeräumten Überziehungsmöglichkeit gemäß § 504 des Bürgerlichen Gesetzbuchs oder eines Entgelts für eine geduldete Überziehung gemäß § 505 des Bürgerlichen Gesetzbuchs ein.

§ 40 Benachteiligungsverbot bei der Führung eines Basiskontos

Das kontoführende Institut darf das Basiskonto für den Kontoinhaber im Übrigen nicht zu Bedingungen führen, die benachteiligend sind im Vergleich zu den Bedingungen für Zahlungskonten, die für Verbraucher angeboten werden, die keine Inhaber eines Basiskontos sind.

§ 41 Entgelte, Kosten und Verbot von Vertragsstrafen

(1) Der Kontoinhaber ist verpflichtet, an das kontoführende Institut für die Erbringung von Diensten auf Grund des Basiskontovertrags das vereinbarte Entgelt zu entrichten.

(2) Das Entgelt für die von § 38 erfassten Dienste muss angemessen sein. Für die Beurteilung der Angemessenheit sind insbesondere die marktüblichen Entgelte sowie das Nutzerverhalten zu berücksichtigen. Die Sätze 1 und 2 gelten für Vereinbarungen über vom Kontoinhaber zu erstattende Kosten entsprechend.

(3) Eine Vereinbarung, nach der der Kontoinhaber eine Vertragsstrafe im Zusammenhang mit dem Basiskontovertrag schuldet, ist unzulässig.

(4) Die Unwirksamkeit der Vereinbarung eines Entgelts, eines Kostenerstattungsanspruchs oder einer Vertragsstrafe lässt die Wirksamkeit des Basiskontovertrags im Übrigen unberührt.

§ 42 Kündigung durch das kontoführende Institut

(1) Das kontoführende Institut kann den Basiskontovertrag nur unter den Voraussetzungen der nachfolgenden Absätze kündigen.

(2) Sofern ein entsprechendes Kündigungsrecht vereinbart wurde, kann das kontoführende Institut den Basiskontovertrag unter Einhaltung einer Kündigungsfrist von mindestens zwei Monaten kündigen, wenn

1. über das Basiskonto in mehr als 24 aufeinanderfolgenden Monaten kein vom Kontoinhaber in Auftrag gegebener Zahlungsvorgang ausgeführt wurde,
2. der Kontoinhaber die Voraussetzungen des § 31 Absatz 1 Satz 2 nicht mehr erfüllt,
3. der Kontoinhaber ein weiteres Zahlungskonto, das von ihm nach Maßgabe des § 35 Absatz 1 Satz 1 und 2 genutzt werden kann, im Geltungsbereich dieses Gesetzes eröffnet hat oder
4. der Kontoinhaber eine angekündigte Änderung des Basiskontovertrags nach § 675g des Bürgerlichen Gesetzbuchs abgelehnt hat, die das kontoführende Institut allen Inhabern von bei

제39조 추가적 서비스의 약정

제32조에도 불구하고, 계좌관리기관과 계좌소유주는 기본계좌에 관련되나 제38조에 포함되지 않는 서비스에 대해 추가적으로 약정할 수 있다. 제504조에 따른 인정된 당좌대월계약(eingeräumten Überziehungsmöglichkeit gemäß § 504 des Bürgerlichen Gesetzbuchs)의 약정이나, 제505조에 따른 용인(容認)된 당좌대월에 대한 보수(Entgelts für eine geduldete Überziehung gemäß § 505 des Bürgerlichen Gesetzbuchs)의 약정도 이에 포함된다.

제40조 기본계좌의 관리시 불이익대우금지

그 밖에 계좌관리기관은, 기본계좌의 소유주(所有主)가 아닌 소비자(消費者)에게 제공된 지급계좌에 대한 조건(條件)과 비교해서 불리한 조건으로 계좌소유주를 위한 기본계좌를 관리해서는 아니된다.

제41조 보수, 비용 그리고 위약금의 금지

① 계좌소유주는 계좌관리기관에 기본계좌계약에 기한 업무수행에 대하여 약정한 보수를 지급할 의무를 진다.

② 제38조에 포함되지 않는 업무에 대한 보수는 적절해야만 한다. 이러한 적절성의 판단에 대하여 특히 현행(現行) 시장(市場)의 보수와 이용자의 행위를 고래해야 한다. 제1문, 제2문은 계좌소유주가 상환해야 할 비용에 관한 약정에 대하여(für Vereinbarungen über vom Kontoinhaber zu erstattende Kosten) 준용한다.

③ 계좌소유주로 하여금 기본계좌와 관련하여 위약금을 지급할 의무를 지게 하는 약정은 허용되지 아니한다.

④ 그 밖에 보수 및 비용상환청구권 약정의 무효나 위약금 약정의 무효는 기본계좌계약의 유효성(Wirksamkeit)에 영향을 미치지 아니한다.

제42조 계좌관리기관에 의한 해지

① 계좌관리기관은 기본계좌계약을 다음 조항들의 요건하에서만(nur unter den Voraussetzungen der nachfolgenden Absätze) 해지할 수 있다.

② 관련 해지권이 약정된 때에 다음 각 호의 경우에 계좌관리기관은, 최소한 2개월의 해지기간을 두고서(unter Einhaltung einer Kündigungsfrist von mindestens zwei Monaten) 기본계좌계약을 해지할 수 있다,

1. 계좌소유주가 연속한 24개월을 초과한 기간 동안, 행해진 지급과정의 위임을 기본계좌를 통하여 수행하지 않은 경우,
2. 계좌소유주가 제31조 제1항 제2문상의 요건을 더 이상 충족하지 못한 경우,
3. 계좌소유주가 제35조 제1항 제2문, 제2문의 기준에 따라 이용할 수 있는 추가적 지급계좌를 그 계좌소유주가 본 법률의 적용범위 내에서(im Geltungsbereich dieses Gesetzes) 개설한 경우,
4. 계좌소유주(計座所有主)가, 민법전(民法典) 제675조g에 따라 행한, 기본계좌계약의 변경으로, 계좌관리기관이 자신이 관리하는 관련 기본계좌의 모든 소유주들(allen Inhabern von bei ihm

ihm geführten entsprechenden Basiskonten wirksam angeboten hat.

(3) Auch ohne Vereinbarung eines entsprechenden Kündigungsrechts kann das kontoführende Institut den Basiskontovertrag unter Einhaltung einer Kündigungsfrist von mindestens zwei Monaten kündigen, wenn der Kontoinhaber

1. eine vorsätzliche Straftat zum Nachteil des kontoführenden Instituts oder dessen Mitarbeitern oder Kunden mit Bezug auf deren Stellung als Mitarbeiter oder Kunden des Instituts begangen oder durch sonstiges vorsätzliches strafbares Verhalten die Interessen des Instituts schwerwiegend verletzt hat und deshalb dem kontoführenden Institut unter Berücksichtigung aller Umstände des Einzelfalls und unter Abwägung der Interessen beider Vertragsteile die Fortsetzung des Vertragsverhältnisses nicht zugemutet werden kann oder
2. mit der Entrichtung eines nicht unerheblichen Teils der dem kontoführenden Institut geschuldeten Entgelte oder Kosten über einen Zeitraum von mehr als drei Monaten in Verzug ist und dieser Betrag 100 Euro übersteigt, und zu besorgen ist, dass aus der Führung des Basiskontos weitere Forderungen entstehen werden, deren Erfüllung nicht gesichert ist.

(4) Das kontoführende Institut kann den Basiskontovertrag ohne Einhaltung einer Kündigungsfrist kündigen, wenn der Kontoinhaber

1. das Zahlungskonto vorsätzlich für Zwecke nutzt, die gegen ein gesetzliches Verbot verstoßen, oder
2. unzutreffende Angaben gemacht hat, um den Basiskontovertrag abschließen zu können, und bei Vorlage der zutreffenden Angaben kein solcher Vertrag mit ihm abgeschlossen worden wäre.

(5) Für eine Kündigung nach Absatz 3 oder Absatz 4 gilt § 314 Absatz 3 und 4 des Bürgerlichen Gesetzbuchs. Für eine Kündigung nach Absatz 3 ist auch § 314 Absatz 2 des Bürgerlichen Gesetzbuchs entsprechend anzuwenden. In diesem Fall unterbleiben die Bestimmung einer Frist zur Abhilfe und eine Abmahnung auch dann, wenn hierdurch die öffentliche Sicherheit, insbesondere die gesetzlichen Regelungen zur Verhinderung der Nutzung des Finanzsystems zum Zweck der Geldwäsche oder der Terrorismusfinanzierung, gefährdet oder gegen ein Verbot der Informationsweitergabe verstoßen würde.

§ 43 Kündigungserklärung des kontoführenden Instituts

(1) Die Kündigung durch das kontoführende Institut ist in Textform zu erklären. Die Kündigung muss klar und verständlich sein. Sie muss, wenn der Verbraucher und das kontoführende Institut nichts anderes vereinbart haben, in deutscher Sprache abgefasst sein.

(2) In der Kündigung ist der Kündigungsgrund anzugeben. Die Angabe des Kündigungsgrundes unterbleibt, soweit hierdurch die öffentliche Sicherheit, insbesondere die gesetzlichen Regelungen zur Verhinderung der Nutzung des Finanzsystems zum Zwecke der Geldwäsche oder der Terrorismusfinanzierung, gefährdet oder gegen ein Verbot der Informationsweitergabe verstoßen

geführten entsprechenden Basiskonten)에게 유효하게 제안한 변경의 통지를 거부한 경우.

③ 다음 각 호의 경우에는 관련 해지권의 약정이 없더라도 계좌관리기관은 최소한 2개월의 해지기간을 두고서 기본계좌계약을 해지할 수 있다,

1. 계좌소유주가, 계좌관리기관, 그 직원 또는 고객에게 손해(損害)를 끼치는 고의에 의한 범죄행위를 그 계좌관리기관의 직원 또는 고객으로서 그 지위와 관련하여 자행하거나(eine vorsätzliche Straftat zum Nachteil des kontoführenden Instituts oder dessen Mitarbeitern oder Kunden mit Bezug auf deren Stellung als Mitarbeiter oder Kunden des Instituts begangen), 그 밖의 고의에 의한 가벌적 행위로 그 기관의 이익을 중대하게 침해함으로써 개별사안의 제반사정을 고려하고 양 계약앙사자의 이익을 형량했을 때 그 계좌관리기관에게서 계약관계의 지속을 더 이상 기대할 수 없는 경우,
2. 계좌소유주가 계좌관리기관에 지급해야 할 보수 또는 비용의 상당 부분에 대하여 3개월을 초과한 기간 동안에 지체에 빠져 있고, 이러한 금액이 100유로를 초과하며, 해당 기본계좌의 관리로 인하여 그 이행이 확보(確保)되지 아니하는 추가적(追加的) 채권(債權)이 발생할 우려(憂慮)가 있는 경우.

④ 다음 각 호의 경우에 계좌관리기관은 기본계좌계약을 해지기간(解止期間)을 두지 않고서 해지할 수 있다,

1. 계좌소유주가 법률상 금지에 위반하는(die gegen ein gesetzliches Verbot verstoßen) 목적을 위해 고의로 지급계좌를 이용하는 경우,
2. 계좌소유주가 기본계좌계약을 체결하기 위하여 부정확한 정보를 제공했는데, 그 정확한 정보의 제공이 있었더라면 그와의 그러한 계약이 체결되지 않았을 경우.

⑤ 제3항, 제4항에 따른 해지에 대하여 민법전 제314조 제3항, 제4항을 적용한다. 제3항에 따른 해지에 대하여 민법전 제314조 제2항을 준용한다. 이러한 경우에 있어 이에 의하여, 공공의 안전, 특히 공공의 안전, 특히 자금세탁 또는 테러자금지원 목적의 금융제도 이용을 방지하기 위한 법률상 규정(die gesetzlichen Regelungen zur Verhinderung der Nutzung des Finanzsystems zum Zweck der Geldwäsche oder der Terrorismusfinanzierung)이 위태로워지거나 정보제공금지(ein Verbot der Informationsweitergabe)에 위반하는 경우에는 시정(是正)과 계고(戒告)를 위한 기간 규정(die Bestimmung einer Frist zur Abhilfe und eine Abmahnung)은 적용되지 아니한다.

제43조 계좌관리기관의 해지의 의사표시

① 계좌관리기관에 의한 해지는 문면방식으로 표시되어야 한다. 해지는 명료하고도 이해가 쉬워야만 한다. 해지는 소비자와 계좌관리기관이 달리 약정하지 않은 한(wenn der Verbraucher und das kontoführende Institut nichts anderes vereinbart haben), 독일어로 작성되어야 한다.

② 해지하는 경우에 해지사유가 명시되어야 한다. 그 명시에 의하여, 공공의 안전, 특히 자금세탁 또는 테러자금지원 목적의 금융제도 이용을 방지하기 위한 법률상 규정(die gesetzlichen Regelungen zur Verhinderung der Nutzung des Finanzsystems zum Zweck der Geldwäsche oder der Terrorismusfinanzierung)이 위태로워지거나 정보제공금지에 위반하는 범위 내에서 해지사유의

würde.

(3) In der Kündigung ist der Kontoinhaber darüber zu informieren, dass er berechtigt ist, sich an die zuständige Behörde gemäß § 46 Absatz 1 und an die nach § 14 Absatz 1 des Unterlassungsklagengesetzes zuständige Verbraucherschlichtungsstelle zu wenden. Dabei sind dem Kontoinhaber die einschlägigen Kontaktdaten mitzuteilen.

(4) Sieht das kontoführende Institut ein Verfahren zum Einlegen einer Beschwerde gegen die Kündigung vor, gilt Absatz 3 entsprechend.

(5) Gibt das kontoführende Institut den Kündigungsgrund wegen Gefährdung der öffentlichen Sicherheit oder wegen eines Verbots der Informationsweitergabe nicht an, so hat das Institut die gemäß § 46 Absatz 1 zuständige Behörde über die Kündigung und den Kündigungsgrund zu informieren.

§ 44 Ordentliche Kündigung durch den Kontoinhaber

Für die ordentliche Kündigung des Basiskontovertrags durch den Kontoinhaber gilt § 675h Absatz 1 des Bürgerlichen Gesetzbuchs. Das kontoführende Institut ist verpflichtet, das Konto nach Wirksamwerden der Kündigung zu schließen.

§ 45 Unterstützungsleistungen zu Basiskonten

Institute, die Zahlungskonten auf dem Markt für Verbraucher anbieten, haben Verbrauchern jederzeit unentgeltlich Unterstützung in Bezug auf die spezifischen Merkmale, Entgelte und Kosten sowie auf die Nutzungsbedingungen der angebotenen Basiskonten zur Verfügung zu stellen.

Abschnitt 6 Organisationspflichten der Zahlungsdienstleister; zuständige Behörde; Verwaltungsverfahren und Rechtsschutz

§ 46 Organisationspflichten der Zahlungsdienstleister; zuständige Behörde; Aufsicht

(1) Ein Zahlungsdienstleister muss über eine ordnungsgemäße Geschäftsorganisation, über interne Verfahren und über Kontrollsysteme verfügen, die die Erfüllung der Pflichten dieses Gesetzes gewährleisten.

(2) Die Bundesanstalt für Finanzdienstleistungsaufsicht (Bundesanstalt) überwacht die Einhaltung der Pflichten der Zahlungsdienstleister nach diesem Gesetz. Sie ist Kontaktstelle im Sinne des Artikels 22 Absatz 1 Unterabsatz 3 Satz 1 der Richtlinie 2014/92/EU.

(3) Die Bundesanstalt kann gegenüber einem Zahlungsdienstleister oder seinen Geschäftsleitern Anordnungen treffen, die geeignet und erforderlich sind, um Verstöße gegen Pflichten des Zahlungsdienstleisters nach diesem Gesetz zu verhindern oder zu unterbinden. Widerspruch und Anfechtungsklage gegen diese Anordnungen haben keine aufschiebende Wirkung. Für die Durchsetzung der Anordnungen mit Zwangsmitteln ist § 17 des Finanzdienstleistungsaufsichtsgesetzes

명시는 생략될 수 있다.

③ 해지하는 경우에, 계좌소유주가 제46조 제1항에 따라 관할 관청과 금지소송법 제14조 제1항에 따른 관할 소비자분쟁조정기구(die nach § 14 Absatz 1 des Unterlassungsklagengesetzes zuständige Verbraucherschlichtungsstelle)에 구제신청을 할 권리를 갖는다는 점에 관하여 계좌소유주에게 통지해야 한다. 이 경우 계좌소유주에게 관련 연락처가 통지되어야 한다.

④ 계좌관리기관이 해지에 대한 불만의 제기(zum Einlegen einer Beschwerde gegen die Kündigung)에 관한 절차를 규정한 경우에 제3항을 준용한다.

⑤ 계좌관리기관이 공공의 안전에 대한 위해나 정보제공금지를 이유로(wegen Gefährdung der öffentlichen Sicherheit oder wegen eines Verbots der Informationsweitergabe) 해지사유를 명시하지 아니하는 경우에 그 기관은 제46조 제1항에 따른 관할 관청에(die gemäß § 46 Absatz 1 zuständige Behörde) 해지와 해지사유(die Kündigung und den Kündigungsgrund)를 통지해야 한다.

제44조 계좌소유주에 의한 통상해지

계좌소유주에 의한 기본계좌계약의 통상해지에 대하여 민법전 제675조h 제1항을 적용한다. 계좌관리기관은 해지의 효력발생 후에 계좌를 폐쇄할(das Konto nach Wirksamwerden der Kündigung zu schließen) 의무를 진다.

제45조 기본계좌에 관한 지원급부

소비자를 위하여 시장에서 지급계좌를 제공하는 기관은 소비자에게 언제든지 무상으로, 특별한 구성요소, 보수 및 비용(die spezifischen Merkmale, Entgelte und Kosten)에 관련하여 지원을 제공해야 하고 제공된 기본계좌에 대한 이용조건에 관련하여 지원을 제공해야 한다.

제6장 지급서비스제공자의 조직의무(Organisationspflichten); 관할 관청, 행정절차와 법적 보호(Verwaltungsverfahren und Rechtsschutz)

제46조 지급서비스제공자의 조직의무; 관할 관청; 감독

① 지급서비스제공자는 본 법률상의 자신의 의무 이행을 보장하는(die die Erfüllung der Pflichten dieses Gesetzes gewährleisten), 규정에 맞는 사업조직, 내부절차 및 통제시스템(Kontrollsysteme)을 갖춰야만 한다.

② 연방금융서비스감독원(연방금융원; Bundesanstalt)은 본 법률에 따른, 지급서비스제공자의 의무의 준수를 감독한다. 연방금융원은 2014/92/EU호 지침 제22조 제1항 제3소항 제1문상(im Sinne des Artikels 22 Absatz 1 Unterabsatz 3 Satz 1 der Richtlinie 2014/92/EU)의 연락사무소다.

③ 연방금융원은 지급서비스제공자 또는 그 이사들에게, 본 법률에 따른 지급서비스제공자 의무의 위반을 방지하거나 저지하는 데에 적절하고도 필요한(die geeignet und erforderlich sind, um Verstöße gegen Pflichten des Zahlungsdienstleisters nach diesem Gesetz zu verhindern oder zu unterbinden) 명령을 발령할 수 있다. 이러한 명령에 대한 행정심판과 취소소송은 집행정지적 효력(aufschiebende Wirkung)을 갖지 아니한다. 강제수단(强制手段)에 의한 명령의 관철에 대하여 금융

anzuwenden.

(4) Die Bundesanstalt kann unanfechtbar gewordene Anordnungen, die sie wegen Verstößen gegen dieses Gesetz getroffen hat, auf ihren Internetseiten nach Maßgabe des § 60b des Kreditwesengesetzes öffentlich bekannt machen. Die Bekanntmachung soll mindestens für fünf Jahre ab Bestandskraft der Maßnahme oder ab Unanfechtbarkeit der Bußgeldentscheidung auf den Internetseiten der Bundesanstalt veröffentlicht bleiben. Sie ist zu löschen, sobald sie nicht mehr zu Warn- und Informationszwecken erforderlich ist.

(5) Die Bundesanstalt stellt die Erfüllung der Anforderungen des Artikels 3 Absatz 6 der Richtlinie 2014/92/EU sicher.

(6) § 4 Absatz 1a und 4 des Finanzdienstleistungsaufsichtsgesetzes bleibt unberührt.

§ 47 Öffentliche Informationen der Bundesanstalt

(1) Die Bundesanstalt veröffentlicht die Liste der repräsentativsten mit einem Zahlungskonto verbundenen Dienste nach Artikel 3 Absatz 5 der Richtlinie 2014/92/EU.

(2) Die Bundesanstalt veröffentlicht und aktualisiert die nach § 9 Absatz 4, § 13 Absatz 4 und § 14 Absatz 5 vorgegebenen Muster auf ihren Internetseiten. Nicht mehr aktuelle Fassungen sind zu archivieren und zum Abruf bereitzuhalten.

§ 48 Verwaltungsverfahren

(1) Der Berechtigte kann gegenüber der Bundesanstalt die Durchführung eines Verwaltungsverfahrens nach dieser Vorschrift gegen den Verpflichteten beantragen, wenn dieser

1. den Antrag des Berechtigten auf Abschluss eines Basiskontovertrags ablehnt,
2. über den Antrag nach Nummer 1 nicht innerhalb von zehn Geschäftstagen nach dessen Eingang entscheidet oder
3. ein Basiskonto nicht innerhalb von zehn Geschäftstagen nach Abschluss eines Basiskontovertrags eröffnet.

Die Frist nach Satz 1 Nummer 3 verringert sich um den Zeitraum, der zwischen dem Eingang des Antrags auf Abschluss eines Basiskontovertrags beim Verpflichteten und dem Zugang des Angebots des Abschlusses des Basiskontovertrags durch den Verpflichteten beim Berechtigten verstrichen ist. Die Frist nach Satz 1 Nummer 3 verlängert sich um den Zeitraum, der zwischen dem Zugang des Angebots auf Abschluss des Basiskontovertrags beim Berechtigten und dem Zugang der Annahme dieses Angebots durch den Berechtigten beim Verpflichteten liegt.

(2) Die Beantragung eines Verwaltungsverfahrens nach Absatz 1 ist unzulässig, wenn

1. der Berechtigte wegen der in Absatz 1 Satz 1 Nummer 1 bis 3 genannten Gründe bereits eine Klage gegen den Verpflichteten vor den ordentlichen Gerichten erhoben hat und diese Klage noch anhängig ist oder rechtskräftig über sie entschieden wurde oder

서비스감독법 제17조를 적용한다.

④ 연방금융원은 취소할 수 없게 된 명령으로 본 법률 위반을 이유로 발령된 명령을 금융기관법 제60조b의 기준에 따라 자신의 인터넷사이트에 공시(公示)할 수 있다. 그 공시는 최소한 그 명령에 대한 존속력 발생시로부터 최소 5년간 또는 범칙금결정에 대한 불가쟁력(不可爭力) 발생시로부터 최소 5년간(mindestens für fünf Jahre ab Bestandskraft der Maßnahme oder ab Unanfechtbarkeit der Bußgeldentscheidung) 연방금융원의 인터넷사이트에 공표될 수 있다. 그 공시는, 이것이 경고 목적 및 정보제공목적을 위하여 더 이상 필요하지 않은 때에는 삭제해야 한다.

⑤ 연방금융원은 2014/92/EU호 지침 제3조 제6항상의 요구사항의 이행(die Erfüllung der Anforderungen)을 보장한다.

⑥ 금융서비스감독법 제4조 제1항a, 제4항은 영향을 받지 아니한다.

제47조의 연방금융원의 공식 정보

① 연방금융원은 2014/92/EU호 지침 제3조 제5항에 따른, 지급계좌와 결부된 가장 대표적 업무에 대한 목록을 공표한다.

② 연방금융원은 자신의 인터넷사이트에 제9조 제4항, 제13조 제4항, 제14조 제5항에 따라 규정된 견본(見本)을 공표하고 이를 업데이트를 한다. 더 이상 업데이트되지 않은 형식의 견본을 보존하고 불러오기를 위해 제공되어야 한다.

제48조 행정절차

① 다음 각 호의 경우에 권리자는 연방금융원에 대하여, 의무자에 대한 본 규정에 따른 행정절차의 진행을 신청할 수 있다,

1. 의무자가 권리자의 기본계좌계약의 체결의 신청을 거부하는 경우,
2. 의무자가 그 신청 도달한 때로부터 10영업일 이내에 제1호에 따른 신청에 대하여 결정하지 않은 경우,
3. 의무자가 기본계좌계약을 체결한 때로부터 10영업일 이내에 기본계좌를 개설(開設)하지 아니한 경우.

제1문 제3호에 따른 기간은, 기본계좌계약의 체결 신청의 의무자에 대한 도달과 의무자에 의한 기본계좌계약의 체결 청약의 권리자에 대한 도달 사이에(zwischen dem Eingang des Antrags auf Abschluss eines Basiskontovertrags beim Verpflichteten und dem Zugang des Angebots des Abschlusses des Basiskontovertrags durch den Verpflichteten beim Berechtigten) 경과한 기간만큼 단축된다. 제1문 제3호에 따른 기간은, 기본계좌계약의 체결 청약의 권리자에 대한 도달시부터 권리자에 의한 이러한 청약에 대한 승낙의 의무자에 의한 도달시까지의 기간만큼 연장된다.

② 제1항에 따른 행정절차의 신청은 다음 각 호의 경우에 허용되지 아니한다,

1. 권리자가 제1항 제1문 제1호 내지 제3호상의 사유로 인하여 의무자에 대한 소송을 일반법원(一般法院)에 이미 제기했는데, 이러한 소송의 소송계속중이거나 그 소송에 대하여 기판력 있게 재판이 이뤄지지 않은 경우,

2. wegen der in Absatz 1 Satz 1 Nummer 1 bis 3 genannten Gründe ein Verfahren vor der nach § 14 Absatz 1 des Unterlassungsklagengesetzes zuständigen Verbraucherschlichtungsstelle anhängig ist.

(3) Die Bundesanstalt bestätigt dem Berechtigten schriftlich den Eingang des Antrags auf Durchführung des Verwaltungsverfahrens. Den Abschluss des Verwaltungsverfahrens bestätigt sie gleichermaßen.

§ 49 Anordnung bei unrechtmäßiger Ablehnung des Antrags auf Abschluss eines Basiskontovertrags, Untätigkeit und Fristversäumnis

(1) Verweigert ein Verpflichteter dem Berechtigten den Abschluss eines Basiskontovertrags oder die Eröffnung eines Basiskontos, ordnet die Bundesanstalt gegenüber dem Verpflichteten den Abschluss eines Basiskontovertrags oder die Eröffnung eines Basiskontos zugunsten des Berechtigten an. Dies gilt nicht, wenn der Verpflichtete die Voraussetzungen einer Ablehnung des Antrags nach den §§ 34 bis 37 oder das Nichtvorliegen nach § 32 Absatz 1 zulässiger Voraussetzungen gegenüber der Bundesanstalt glaubhaft machen kann. In diesem Fall ist der nach § 48 Absatz 1 gestellte Antrag abzulehnen.

(2) Die Anordnung des Abschlusses eines Basiskontovertrags nach Absatz 1 verpflichtet den Verpflichteten, dem Berechtigten ein Angebot auf Abschluss eines Basiskontovertrags zu machen und nach Abschluss des Basiskontovertrags ein Basiskonto zu eröffnen.

(3) Die Bundesanstalt kann von dem Verpflichteten für die Anordnung eine Gebühr nach Maßgabe des § 14 Absatz 1 und 2 des Finanzdienstleistungsaufsichtsgesetzes sowie der auf dieser Grundlage erlassenen Rechtsverordnung erheben.

§ 50 Klage gegen die Bundesanstalt; Verordnungsermächtigung

(1) Gegen Anordnungen der Bundesanstalt gegenüber dem Verpflichteten gemäß § 49 Absatz 1 Satz 1 oder gegen Ablehnungen des Antrags des Berechtigten gemäß § 49 Absatz 1 Satz 3 ist die Klage des Verpflichteten oder des Berechtigten zulässig. Die Klage des Berechtigten ist auch gegen die Unterlassung einer beantragten Anordnung der Bundesanstalt zulässig, auf deren Vornahme der Berechtigte ein Recht zu haben behauptet, wenn die Bundesanstalt den Antrag ohne zureichenden Grund nicht binnen eines Monats nach Eingang eines vollständigen und zulässigen Antrags nach § 48 Absatz 1 entschieden hat. Für die Klage ist das Landgericht zuständig, in dessen Bezirk der Verpflichtete seinen Sitz hat. An dem Rechtsstreit sind der Berechtigte, der Verpflichtete und die Bundesanstalt beteiligt.

(2) Vor Erhebung der Klage sind von der Bundesanstalt Rechtmäßigkeit und Zweckmäßigkeit der Anordnung gemäß § 49 Absatz 1 Satz 1 oder 3 in einem Widerspruchsverfahren nachzuprüfen. Die §§ 69 bis 72 sowie § 73 Absatz 1 und 3 der Verwaltungsgerichtsordnung sind entsprechend

2. 제1항 제1문 제1호 내지 제3호상의 사유로 인하여(wegen der in Absatz 1 Satz 1 Nummer 1 bis 3 genannten Gründe) 절차가 금지소송법 제14조 제1항에 따른 관할 소비자분쟁조정기구에 계류 중인 경우.

③ 연방금융원은 행정절차 처리의 신청의 도달(den Eingang des Antrags auf Durchführung des Verwaltungsverfahrens)을 서면으로 확인해 준다. 연방금융원은 행정절차의 종료도 같은 방법으로 확인해 준다.

제49조 기본계좌계약 체결 신청의 부당한 거부시의 명령과, 부작위 및 기일해태(Untätigkeit und Fristversäumnis)시의 명령,

① 의무자가 권리자에게 기본계좌계약의 체결 또는 기본계좌의 개설을 거부하는 경우에, 연방금융원은 그 의무자에 대하여 권리자(權利者)를 위한, 기본계좌계약의 체결 또는 기본계좌의 개설을 명령한다. 의무자가 연방금융원에 대하여 제34조 내지 제37조에 따른 그 신청의 거부 요건을 소명하거나 제32조 제1항에 따른 허용 요건의 부존재를 소명할 수 있는 경우에는(das Nichtvorliegen nach § 32 Absatz 1 zulässiger Voraussetzungen gegenüber der Bundesanstalt glaubhaft machen kann) 그러하지 아니한다. 이러한 경우에 제48조 제1항에 따라 제기된 신청(申請)은 거부(拒否)되어야 한다.

② 제1항에 따른 기본계좌계약의 체결에 대한 명령에 의해 의무자는 권리자에게 기본계좌계약의 체결에 대한 청약을 할(dem Berechtigten ein Angebot auf Abschluss eines Basiskontovertrags zu machen) 의무를 지고, 기본계좌계약의 체결 후에는 기본계좌를 개설할 의무를 진다.

③ 연방금융원은 금융서비스감독법 제14조 제1항, 제2항의 기준과 이에 기하여 제정된 법규명령에 따른 이용료를 해당 명령에 대한 의무자에게서(von dem Verpflichteten für die Anordnung) 징수할 수 있다.

제50조 연방금융원에 대한 소송; 명령제정권한

① 제49조 제1항 제1문에 따른, 연방금융원의 의무자에 대한 명령에 대하여, 또는 제49조 제1항 제3문에 따른, 권리자의 신청에 대한 부작위에 대하여, 의무자 또는 권리자의 소(訴)가 허용된다. 연방금융원이 제48조 제1항에 따른 완전하고 허용되는 신청이 도달한 때로부터 1개월 이내에 상당한 사유 없이 그 신청에 대하여 결정을 하지 않은 경우에(wenn die Bundesanstalt den Antrag ohne zureichenden Grund nicht binnen eines Monats nach Eingang eines vollständigen und zulässigen Antrags nach § 48 Absatz 1 entschieden hat), 권리자의 소(訴)는 연방금융원의 신청된 명령에 대한 부작위로, 권리자가 그 명령의 실행에 대해 권리를 가진 것으로 주장하는 부작위에 대해서도 허용된다. 의무자가 자신의 주소지를 둔 지역을 관할하는 주일반지방법원(州一般地方法院)이 그 소(訴)를 관할한다. 권리자, 의무자 및 연방금융원은 그 소송에 당사자로서 참가해야 한다.

② 제소(提訴)에 전(Vor Erhebung der Klage)에 연방금융원은 제49조 제1항 제1문, 제3문에 따라 행정심판절차에서 그 명령의 적법성(適法性; Rechtmäßigkeit) 및 타당성(妥當性; Zweckmäßigkeit)을 재심사(再審査)해야 한다. 행정법원법(行政法院法; Verwaltungsgerichtsordnung) 제69조 내지 제

anzuwenden. Widerspruch und Klage gegen eine Anordnung gemäß § 49 Absatz 1 Satz 1 oder 3 haben keine aufschiebende Wirkung.

(3) Die Klage muss innerhalb eines Monats nach Zustellung des Widerspruchsbescheids schriftlich bei dem zuständigen Gericht erhoben werden. Ergeht ohne zureichenden Grund in angemessener Frist auf einen Antrag keine Anordnung oder auf einen Widerspruch kein Widerspruchsbescheid, so ist die Klage abweichend von Absatz 2 Satz 1 zulässig und nicht an eine Frist gebunden.

(4) Auch wenn einer oder mehrere Beteiligte in einem Verhandlungstermin trotz ordnungsgemäßer Ladung nicht erschienen sind, kann gleichwohl in der Sache verhandelt und entschieden werden. Hält das Gericht die Anordnung der Bundesanstalt für rechtswidrig, hebt es sie auf. Hält es die Ablehnung oder Unterlassung der Anordnung für rechtswidrig, so spricht es die Verpflichtung der Bundesanstalt aus, die beantragte Anordnung zu erlassen.

(5) Das Gericht kann anordnen, dass die Kosten, die zur zweckentsprechenden Erledigung der Angelegenheit notwendig waren, von einem Beteiligten ganz oder teilweise zu erstatten sind, wenn dies der Billigkeit entspricht.

(6) Abweichend von § 78 der Zivilprozessordnung kann sich die Bundesanstalt durch ein Mitglied der Behörde vertreten lassen.

(7) Für das Verfahren gelten die Vorschriften der Zivilprozessordnung entsprechend, soweit sich nicht aus den Vorschriften dieses Gesetzes etwas Abweichendes ergibt.

(8) Die Landesregierungen werden ermächtigt, die Zuständigkeit für Klagen gemäß Absatz 1 sowie für Klagen nach § 51 durch Rechtsverordnung einem Landgericht für die Bezirke mehrerer Landgerichte zuzuweisen. Die Landesregierungen können diese Ermächtigung durch Rechtsverordnung auf die Landesjustizverwaltungen übertragen.

§ 51 Klage gegen den Verpflichteten

(1) Die Vorschriften dieses Abschnitts lassen die Zulässigkeit einer Klage des Berechtigten gegen den Verpflichteten auf Abschluss eines Basiskontovertrags oder auf Eröffnung eines Basiskontos unberührt, soweit Absatz 2 nichts anderes bestimmt.

(2) Die Klage des Berechtigten gegen den Verpflichteten auf Abschluss eines Basiskontovertrags oder auf Eröffnung eines Basiskontos ist unzulässig während der Anhängigkeit eines Verwaltungsverfahrens gemäß den §§ 48 bis 50 zur Durchsetzung des Anspruchs oder bei Vorliegen einer in einem solchen Verfahren ergangenen Entscheidung der Bundesanstalt, die unanfechtbar ist.

(3) Für die Klage ist das Landgericht zuständig, in dessen Bezirk der Verpflichtete seinen Sitz hat.

§ 52 Mitteilung an die Bundesanstalt in Zivilverfahren

72조, 제73조 제1항, 제3항을 준용한다. 제4조 제1항 제1문, 제3문에 따른 명령에 대한 행정심판 및 소송은 집행정지적 효력(aufschiebende Wirkung)을 지니지 아니한다.

③ 소송은 행정심판결정서의 송달시로부터 1개월 이내에(innerhalb eines Monats nach Zustellung des Widerspruchsbescheids) 서면으로 관할 법원에 제기되어야만 한다. 상당한 이유 없이, 신청에 대한 상당한 기간 내에 명령이 발령되지 않거나 행정심판에 대한 상당한 기간 내에 행정심판결정이 발령되지 않은 경우에 소송은 제2항 제1문과 달리 허용되고 그 기간에 구속되지 아니한다.

④ 한 또는 여러 당사자가 변론기일에 적법한 소환에도 불구하고 불출석할지라도, 그 사건에 대해 심리할 수 있고 재판이 행해질 수 있다. 법원이 연방금융원의 명령이 위법한 것으로 판단하는 경우에 그 법원은 명령을 취소한다. 법원이 그 명령의 거부나 그 명령에 대한 부작위가 위법한 것으로 판단하는 경우에(Hält es die Ablehnung oder Unterlassung der Anordnung für rechtswidrig), 법원은 신청한 명령을 발령(發令)하는 연방금융원 의무를 선고를 한다.

⑤ 법원은, 이것이 공평(公平)에 부합하는 한(wenn dies der Billigkeit entspricht), 어느 당사자가 목적에 부합하는 사무처리에 필요한 비용의 전부(全部) 또는 일부(一部)를 상환(償還)하도록 명령할 수 있다.

⑥ 민사소송법 제78조와 달리 연방금융원은 해당 기관(durch ein Mitglied der Behörde)의 구성원에 의해 대표될 수 있다.

⑦ 본 법률의 규정에서 달리 정하지 않은 범위 내에서(soweit sich nicht aus den Vorschriften dieses Gesetzes etwas Abweichendes ergibt), 그 소송절차에 대하여 민사소송법 규정을 적용한다.

⑧ 주정부는, 법규명령으로 하나의 주일반지방법원(Landgericht)이 여러 주일반지방법원(州一般地方法院)들을 관할하는 것으로 하여 그 한 주일반지방법원(Landgericht)에 제1항에 따른 소(訴)와 제51조에 따른 소(訴)에 대한 관할권을 지정할 권한을 갖는다. 주정부는 이러한 권한을 법규명령으로(durch Rechtsverordnung) 주법무부(Landesjustizverwaltungen)에 이양(移讓)할 수 있다.

제51조 의무자에 대한 소(訴)

① 본 장의 규정은, 제2항에서 달리 정하지 않은 범위 내에서(soweit Absatz 2 nichts anderes bestimmt), 권리자의 의무자를 상대로 한 기본계좌계약의 체결(締結) 또는 기본계좌의 개설(開設)의 소(訴)의 적법요건(die Zulässigkeit einer Klage)에 영향(影向)을 미치지 아니한다.

② 권리자의 의무자를 상대로 한 기본계좌계약의 체결(締結) 또는 기본계좌의 개설(開設)의 소(訴)는, 제48조 내지 제50조에 따른, 청구권 관철을 위한 행정절차 계류 중에 허용되지 아니하고 또 그러한 절차에서 내려진 연방금융원의 결정(bei Vorliegen einer in einem solchen Verfahren ergangenen Entscheidung der Bundesanstalt, die unanfechtbar ist)으로 취소할 수 없는 결정이 존재하는 경우에는 허용되지 아니한다.

③ 의무자가 자신의 주소지를 둔 관할구역을 관할하는(in dessen Bezirk der Verpflichtete seinen Sitz hat) 주일반지방법원이 그 소송을 관할한다.

제52조 만사소송절차에 의한 연방금융원에 대한 통지

In Streitigkeiten vor den Zivilgerichten um die Rechte und Pflichten des Berechtigten und des Verpflichteten auf Grund der Vorschriften dieses Gesetzes, soweit nicht ein Fall des § 50 vorliegt, hat das Gericht der Bundesanstalt eine Abschrift des Schriftsatzes zu übersenden, in dem erstmals in dem betreffenden Verfahren eine Bezugnahme auf die Bestimmungen dieses Gesetzes erfolgt.

Abschnitt 7 Sanktionen

§ 53 Bußgeldvorschriften

(1) Ordnungswidrig handelt, wer vorsätzlich oder fahrlässig

1. entgegen § 10 Satz 2 eine Entgeltaufstellung nicht, nicht richtig, nicht vollständig oder nicht rechtzeitig zur Verfügung stellt,
2. entgegen § 14 Absatz 1 Nummer 1, 3 oder 5 eine Angabe nicht, nicht richtig oder nicht vollständig zur Verfügung stellt,
3. entgegen § 14 Absatz 4 eine Mitteilung nicht, nicht richtig, nicht vollständig oder nicht rechtzeitig macht,
4. entgegen § 15 Satz 1 die standardisierte Zahlungskontenterminologie nicht verwendet,
5. entgegen § 15 Satz 2 eine andere Bezeichnung verwendet,
6. entgegen § 20 Absatz 1 Satz 1 Kontenwechselhilfe nicht oder nicht rechtzeitig erbringt,
7. entgegen § 21 Absatz 1 Satz 3 oder § 27 Absatz 2 ein Formular nicht, nicht richtig oder nicht rechtzeitig übermittelt,
8. entgegen § 22 den übertragenden Zahlungsdienstleister nicht, nicht richtig, nicht vollständig oder nicht rechtzeitig auffordert,
9. entgegen § 23 Absatz 1 oder § 24 Absatz 1 eine Leistung nicht oder nicht rechtzeitig erbringt,
10. entgegen § 23 Absatz 2 ein Zahlungsauthentifizierungsinstrument sperrt,
11. entgegen § 26 Absatz 3, 4 oder 5 ein Entgelt, eine Erstattung von Kosten oder eine Vertragsstrafe vereinbart,
12. entgegen § 29 Nummer 1 ein Verzeichnis nicht, nicht richtig, nicht vollständig oder nicht rechtzeitig übermittelt,
13. entgegen § 29 Nummer 2 einen Saldo nicht, nicht vollständig oder nicht rechtzeitig auszahlt und nicht, nicht vollständig oder nicht rechtzeitig überweist,
14. entgegen § 29 Nummer 3 das Zahlungskonto nicht oder nicht rechtzeitig schließt,
15. entgegen § 31 Absatz 2 Satz 1 den Abschluss eines Basiskontovertrags nicht oder nicht rechtzeitig anbietet,
16. entgegen § 32 Absatz 1, auch in Verbindung mit Absatz 2, den Abschluss eines Basiskontovertrags von einer dort genannten Voraussetzung oder Koppelung abhängig macht oder
17. entgegen § 38 Absatz 1 ein Basiskonto nicht führt.

본 법률의 규정에 기한, 권리자와 의무자의 권리의무를 둘러싼 민사법원에서의 소송에서, 제50조의 경우에 해당하지 않은 한, 그 법원은 연방금융원에, 해당 절차에서 최초로 본 법률의 규정에 대한 언급이 행해지는 준비서면(準備書面)의 사본을 송달(送達)해야 한다.

제7장 제재

제53조 범칙금규정

① 고의 또는 과실로 다음 각 호를 행한 자는 질서위반행위를 범한 자이다,

1. 제10조 제2항에 위반하여 보수안내표를 제공하지 않거나 올바르게 제공하지 않거나, 완전하게 제공하지 않거나 또는 적시에 제공하지 않은 자,
2. 제14조 제1항 제1호, 제3호, 제5호에 위반하여 그 사항을 제공하지 않거나 올바르게 제공하지 않거나 또는 완전하게 제공하지 않은 자,
3. 제14조 제4항에 위반하여 그 제공을 하지 않거나 올바르게 하지 않거나 완전하게 하지 않거나 또는 적시에 하지 않은 자,
4. 제15조 제1문에 위반(違反)하여 표준지급계좌전문용어를 사용하지 않은 자,
5. 제15조 제2문에 위반하여 그 밖의 명칭을 사용한 자,
6. 제20조 제1항 제1문에 위반하여 자금이체지원서비스를 제공하지 않거나 적시에 제공하지 않은 자,
7. 제21조 제1항 제3문 또는 제27조 제2항에 위반하여 서식을 제공하지 않거나 올바르게 제공하지 않거나 또는 적시에 제공하지 않은 자,
8. 제22조에 위반하여 이체하는 지급서비스제공자에 요구하지 않거나, 올바르게 요구하지 않거나 완전하게 요구하지 않거나 또는 적시에 요구하지 않은 자,
9. 제23조 제1항 또는 제24조 제1항에 위반하여 급부를 제공하지 않거나 적시에 제공하지 않은 자,
10. 제23조 제2항에 위반하여 지급인증수단을 차단한 한 자,
11. 제26조 제3항, 제4항 또는 제5항에 위반하여 보수, 비용상환 또는 위약금을 약정한 자,
12. 제29조 제1호에 위반하여 목록을 제공하지 않거나, 올바르게 제공하지 않거나 완전하게 제공하지 않거나 또는 적시에 제공하지 않은 자,
13. 제29조 제2호 위반하여 잔액(殘額)을 송금하지 않거나 잔액 전액(全額)을 송금하지 않거나 적시에 송금하지 않은 자 또는 잔액(殘額)을 이체하지 않거나, 잔액(殘額) 전액(全額)을 이체하지 않거나 적시에 이체하지 않은 자,
14. 제29조 제3호에 위반하여 지급계좌를 닫지 않거나 적시에 닫지 않은 자,
15. 제31조 제2항 제1문에 위반하여 기본계좌계약 체결에 대하여 청약하지 않거나 적시에 청약하지 않은 자,
16. 제32조 제2항에 연결된 경우를 포함하여, 제32조 제1항에 위반하여 기본계좌 체결을 그 조항들에서 언급된 요건 또는 결부에 좌우되게 하는 자,
17. 제38조 제1항에 위반하여 기본계좌를 관리하지 않은 자.

(2) Die Ordnungswidrigkeit kann in den Fällen des Absatzes 1 Nummer 1 bis 8 und 10 mit einer Geldbuße bis zu fünfzigtausend Euro und in den übrigen Fällen mit einer Geldbuße bis zu dreihunderttausend Euro geahndet werden.

(3) Verwaltungsbehörde im Sinne des § 36 Absatz 1 Nummer 1 des Gesetzes über Ordnungswidrigkeiten ist die Bundesanstalt

② 제1항 제1호 내지 제8호, 제10호의 경우에 질서위반행위에 대하여는 50,000유로 이하의 범칙금에, 그 밖의 경우에는 300,000유로의 이하의 범칙금에 처할 수 있다(in den übrigen Fällen mit einer Geldbuße bis zu dreihunderttausend Euro geahndet werden).

③ 질서위반행위에 관한 법률 제36조 제1항 제1호상의 행정관청(Verwaltungsbehörde)은 연방금융원이다.

의료분야광고(dem Gebiete des Heilwesens)에 관한 법률

(의료광고법, BGBl. I S. 960)

Gesetz über die Werbung auf dem Gebiete des Heilwesens

(Heilmittelwerbegesetz - HWG)

Gesetz über die Werbung auf dem Gebiete des Heilwesens (Heilmittelwerbegesetz - HWG)

http://www.gesetze-im-internet.de/heilmwerbg/BJNR006049965.html

§ 1

(1) Dieses Gesetz findet Anwendung auf die Werbung für

1. Arzneimittel im Sinne des § 2 des Arzneimittelgesetzes,

1a. Medizinprodukte im Sinne von Artikel 2 Nummer 1 der Verordnung (EU) 2017/745 des Europäischen Parlaments und des Rates vom 5. April 2017 über Medizinprodukte, zur Änderung der Richtlinie 2001/83/EG, der Verordnung (EG) Nr. 178/2002 und der Verordnung (EG) Nr. 1223/2009 und zur Aufhebung der Richtlinien 90/385/EWG und 93/42/EWG des Rates (ABl. L 117 vom5.5.2017, S. 1; L 117 vom 3.5.2019, S. 9) und im Sinne von Artikel 2 Nummer 2 der Verordnung (EU) 2017/746 des Europäischen Parlaments und des Rates vom 5. April 2017 über In-vitro-Diagnostika und zur Aufhebung der Richtlinie 98/79/EG und des Beschlusses 2010/227/EU der Kommission (ABl. L 117 vom 5.5.2017, S. 176;L 117 vom 3.5.2019, S. 11),

2. andere Mittel, Verfahren, Behandlungen und Gegenstände, soweit sich die Werbeaussage auf die Erkennung, Beseitigung oder Linderung von Krankheiten, Leiden, Körperschäden oder krankhaften Beschwerden bei Mensch oder Tier bezieht, sowie operative plastisch-chirurgische Eingriffe, soweit sich die Werbeaussage auf die Veränderung des menschlichen Körpers ohne medizinische Notwendigkeit bezieht.

(2) Andere Mittel im Sinne des Absatzes 1 Nr. 2 sind kosmetische Mittel im Sinne des Artikels 2 Absatz 1 Buchstabe a der Verordnung (EG) Nr. 1223/2009 des Europäischen Parlaments und des Rates vom 30. November 2009 über kosmetische Mittel (ABl. L 342 vom 22.12.2009, S. 59), die zuletzt durch die Verordnung (EU) 2015/1298 (ABl. L 199 vom 29.7.2015, S. 22) geändert worden ist. Gegenstände im Sinne des Absatzes 1 Nr. 2 sind auch Gegenstände zur Körperpflege im Sinne des

§ 2 Absatz 6 Nummer 4 des Lebensmittel- und Futtermittelgesetzbuches.

(3) Eine Werbung im Sinne dieses Gesetzes ist auch das Ankündigen oder Anbieten von Werbeaussagen, auf die dieses Gesetz Anwendung findet.

(3a) Teleshopping im Sinne dieses Gesetzes ist die Sendung direkter Angebote an die Öffentlichkeit für den Absatz von Arzneimitteln gegen Entgelt oder die Erbringung von ärztlichen, zahnärztlichen und tierärztlichen Behandlungen und Verfahren gegen Entgelt.

의료분야광고(dem Gebiete des Heilwesens)에 관한 법률(의료광고법, BGBl. I S. 960)

법률공포일: 1965년 7월 11일
최근법률개정일: 2020년 4월 28일(BGBl. I S. 960).

제1조

① 이 법은 다음 각 호의 광고에 적용한다,

1. 의약품법 제2조상의 의약품에 대한 광고,

1a. 「의약품, 2001/83/EG호 지침, (EG) 178/2002호 규칙 및 (EG) 1223/2009호 규칙 개정, 유럽연합이사회 90/385/EWG호 및 93/42/EWG호 지침의 폐지에 관한 2017년 4월 5일 유럽연합 의회 및 이사회 (EU) 2017/745호 규칙」(ABl. L 117 vom5.5.2017, S. 1; L 117 vom 3.5.2019, S. 9) 제2조 제1호상의 의료기기와, 2020년5월 25일까지 포함하여 적용된 형식의 의료기기법 제3조 제4호상의 의료기기와, 「체외진단(體外診斷)과, 98/79/EG호 지침 및 유럽연합집행위원회 2010/227/EU 결정의 폐지에 관한(über In-vitro-Diagnostika und zur Aufhebung der Richtlinie 98/79/EG und des Beschlusses 2010/227/EU der Kommission) 2017년 4월 5일의 유럽연합 의회 및 이사회 (EU) 2017/746호 규칙」(ABl. L 117 vom 5.5.2017, S. 176;L 117 vom 3.5.2019, S. 11) 제2조 제2호상의 의료기기에 대한 광고,

2. 광고표현(廣告表現; Werbeaussage)이 인간 또는 동물의 질병(疾病), 만성질환(慢性疾患), 신체부상(Körperschäden) 또는 질병호소(krankhaften Beschwerden)의 진단, 제거, 완화에 관련된 범위 내에서 행해지는, 그 밖의 약제(藥劑; Mittel), 처치(處置)(Verfahren), 진료(診療; Behandlungen) 및 물품(Gegenstände)에 대한 광고와, 광고표현(廣告表現)이 의료적 필요성이 없이 행하는 신체의 변경에 관련된 범위 내에서 행해지는, 성형외과적 침습행위에 대한 광고.

② 제1항 제2호상의 그 밖의 약제(藥劑; Mittel)는, 「화장품(kosmetische Mittel)에 관한 2009년 11월 30일 유럽연합 의회 및 이사회(Europäischen Parlaments und des Rates) (EG) 1223/2009호 규칙(Verordnung)」[75](ABl. L 342 vom 22.12.2009, S. 59)으로, 최근에 (EU) 2015/1298호 규칙(ABl. L 199 vom 29.7.2015, S. 22)으로 개정된 규칙 제2조 제1항 a목상의 화장품(化粧品)을 말한다. 식료품(食料品)·사료(飼料)법전 (Lebensmittel- und Futtermittelgesetzbuch) 제2조 제6항 제4호상의 개인위생(Körperpflege)를 위한 물품(Gegenstände)도 제1항 제2호상의 물품(物品)에 포함된다.

③ 본 법이 적용되는 광고표현(廣告表現; Werbeaussage)의 통지 또는 제안(Ankündigen oder Anbieten)도 이 법상의 광고에 포함된다.

③a 이 법상의 텔레쇼핑(Teleshopping)은, 대가를 받을 목적으로 하는 의약품의 판매나 대가를 받을 목적으로 하는 의사, 치과의사 및 수의사의 진료 또는 처치(ärztlichen, zahnärztlichen und tierärztlichen Behandlungen und Verfahren)의 수행에 관한 공중에 대한 직접적 공급(Angebote)의 방송을 말한다.

(4) Dieses Gesetz findet keine Anwendung auf die Werbung für Gegenstände zur Verhütung von Unfallschäden.

(5) Das Gesetz findet keine Anwendung auf 3den Schriftwechsel und die Unterlagen, die nicht Werbezwecken dienen und die zur Beantwortung einer konkreten Anfrage zu einem bestimmten Arzneimittel erforderlich sind.

(6) Das Gesetz findet ferner keine Anwendung beim elektronischen Handel mit Arzneimitteln auf das Bestellformular und die dort aufgeführten Angaben, soweit diese für eine ordnungsgemäße Bestellung notwendig sind.

(7) Das Gesetz findet ferner keine Anwendung auf Verkaufskataloge und Preislisten für Arzneimittel, wenn die Verkaufskataloge und Preislisten keine Angaben enthalten, die über die zur Bestimmung des jeweiligen Arzneimittels notwendigen Angaben hinausgehen.

(8) Das Gesetz findet ferner keine Anwendung auf die auf Anforderung einer Person erfolgende Übermittlung der nach den §§ 10 bis 11a des Arzneimittelgesetzes für Arzneimittel vorgeschriebenen vollständigen Informationen, des genehmigten und veröffentlichten Schulungsmaterials für Arzneimittel nach § 34 Absatz 1f des Arzneimittelgesetzes und des öffentlichen Beurteilungsberichts für Arzneimittel nach § 34 Absatz 1a Satz 1 Nummer 2 des Arzneimittelgesetzes und auf die Bereitstellung dieser Informationen im Internet.

§ 2

Fachkreise im Sinne dieses Gesetzes sind Angehörige der Heilberufe oder des Heilgewerbes, Einrichtungen, die der Gesundheit von Mensch oder Tier dienen, oder sonstige Personen, soweit sie mit Arzneimitteln, Medizinprodukten, Verfahren, Behandlungen, Gegenständen oder anderen Mitteln erlaubterweise Handel treiben oder sie in Ausübung ihres Berufes anwenden.

§ 3

Unzulässig ist eine irreführende Werbung. Eine Irreführung liegt insbesondere dann vor,

1. wenn Arzneimitteln, Verfahren, Behandlungen, Gegenständen oder anderen Mitteln eine therapeutische Wirksamkeit oder Wirkungen beigelegt werden, die sie nicht haben,

2. wenn fälschlich der Eindruck erweckt wird, daß

a) ein Erfolg mit Sicherheit erwartet werden kann,

b) bei bestimmungsgemäßem oder längerem Gebrauch keine schädlichen Wirkungen eintreten,

c) die Werbung nicht zu Zwecken des Wettbewerbs veranstaltet wird,

3. wenn unwahre oder zur Täuschung geeignete Angaben

④ 이 법은 사고로 인한 손해의 방지(Verhütung von Unfallschäden)를 위한 물품에 대한 광고에는 적용하지 아니한다.

⑤ 이 법은, 광고목적으로 행하지 않거나 특정의 의약품(醫藥品)에 관한 구체적 질문(質問)에 대해 대답하는 데 필요하지 않은 서신(書信; Schriftwechsel) 및 서류(書類; Unterlagen)에는 적용하지 아니한다.

⑥ 또한 이 법은, 적절한 주문을 위해 필요한 것으로, 의약품에 관한 전자상거래에서의 주문서식 및 주문서식에 기재된 진술(Bestellformular und die dort aufgeführten Angaben)에 적용하지 아니한다.

⑦ 그 판매카탈로그와 가격표가 각각의 의약품(醫藥品)을 규정하는 데 필요한 진술(陳述; Angaben)을 넘어서는 진술(陳述)을 포함하지 않는 경우에, 이 법은 의약품의 판매카달로그 및 가격표(Verkaufskataloge und Preislisten für Arzneimittel)에 대하여 적용하지 아니한다.

⑧ 또한 이 법은, 의약품법 제10조 내지 제11조a에 따라 의약품에 규정된 완전한 정보(vollständigen Informationen), 의약품법 제34조 제1항f에 따른 의약품에 대해 허가되고 공표된 임상물질(Schulungsmaterials)과, 의약품법 제43조 제1항a 제1문 제2호에 따른 의약품에 대한 공식판단보고서(öffentlichen Beurteilungsberichts für Arzneimittel)에 대하여 어느 사람의 요구에 응하여 행해지는 제공(die auf Anforderung einer Person erfolgende Übermittlung)과 이러한 정보들의 인터넷상에서의 게시(Bereitstellung dieser Informationen im Internet)에 대하여는 적용하지 아니한다.

제2조

이 법상의 전문가집단(Fachkreise)은, 의약품(Arzneimitteln), 의료기기(醫療機器; Medizinprodukte), 처치, 진료, 물품 또는 그 밖의 약제(藥劑)를 합법적으로 취급(取扱)하거나 이를 그 직업수행(職業遂行)에 사용하는, 의료계(Heilberufe)종사자들 또는 의료업계(Heilgewerbes)종사자들 또는 인간이나 동물의 건강을 위해 일하는 기관(Einrichtungen)에 속하는 사람들이나 그 밖의 사람들을 말한다.

제3조

오인유발적 광고는 허용되지 아니한다. 특히 다음 각 호의 광고는 오인유발행위(誤認誘發行爲)가 행해진 것이다,

1. 의약품(醫藥品), 처치(處置), 진료(診療), 물품(物品) 또는 그 밖의 약제(藥劑)가, 존재하지 아니한 치료효험(效治療驗) 또는 치료효능(治療効能)을 지니는 것으로 의미가 부여된 광고,
2. 다음 각 목의 잘못된 인상을 불러일으키는 광고,
   a) 그 성공(Erfolg)이 확실히 기대될 수 있다는 인상,
   b) 계획적 사용시나 장기적 사용시에 부작용(副作用; schädlichen Wirkungen)가 나타나지 않는다는 인상,
   c) 광고가 상업적으로(zu Zwecken des Wettbewerbs) 행해지지 않는다는 인상,
3. 다음 각 목에 관한 허위(虛僞)의 진술 또는 속이는 데 적합한 진술(zur Täuschung geeignete Angaben)이 행해지는 광고,

a) über die Zusammensetzung oder Beschaffenheit von Arzneimitteln, Gegenständen oder anderen Mitteln oder über die Art und Weise der Verfahren oder Behandlungen oder

b) über die Person, Vorbildung, Befähigung oder Erfolge des Herstellers, Erfinders oder der für sie tätigen oder tätig gewesenen Personen gemacht werden.

§ 3a

Unzulässig ist eine Werbung für Arzneimittel, die der Pflicht zur Zulassung unterliegen und die nicht nach den arzneimittelrechtlichen Vorschriften zugelassen sind oder als zugelassen gelten. Satz 1 findet auch Anwendung, wenn sich die Werbung auf Anwendungsgebiete oder Darreichungsformen bezieht, die nicht von der Zulassung erfasst sind.

§ 4

(1) Jede Werbung für Arzneimittel im Sinne des § 2 Abs. 1 oder Abs. 2 Nr. 1 des Arzneimittelgesetzes muß folgende Angaben enthalten:

1. den Namen oder die Firma und den Sitz des pharmazeutischen Unternehmers,
2. die Bezeichnung des Arzneimittels,
3. die Zusammensetzung des Arzneimittels gemäß § 11 Abs. 1 Satz 1 Nr. 6 Buchstabe d des Arzneimittelgesetzes,
4. die Anwendungsgebiete,
5. die Gegenanzeigen,
6. die Nebenwirkungen,
7. Warnhinweise, soweit sie für die Kennzeichnung der Behältnisse und äußeren Umhüllungen vorgeschrieben sind,

7a. bei Arzneimitteln, die nur auf ärztliche, zahnärztliche oder tierärztliche Verschreibung abgegeben werden dürfen, der Hinweis “Verschreibungspflichtig”,

8. die Wartezeit bei Arzneimitteln, die zur Anwendung bei Tieren bestimmt sind, die der Gewinnung von Lebensmitteln dienen.

Eine Werbung für traditionelle pflanzliche Arzneimittel, die nach dem Arzneimittelgesetz registriert sind, muss folgenden Hinweis enthalten: Traditionelles pflanzliches Arzneimittel zur Anwendung bei ... (spezifiziertes Anwendungsgebiet/spezifizierte Anwendungsgebiete) ausschließlich auf Grund langjähriger Anwendung.

(1a) Bei Arzneimitteln, die nur einen Wirkstoff enthalten, muß der Angabe nach Absatz 1 Nr. 2 die Bezeichnung dieses Bestandteils mit dem Hinweis: “Wirkstoff:” folgen; dies gilt nicht, wenn

a) 의료품, 물품 또는 그 밖의 약제(藥劑)의 구성성분(構成成分; Zusammensetzung) 또는 성상(性狀; Beschaffenheit)이나 처치(處置; Verfahren) 또는 진료(Behandlungen)의 종류 및 방식,
b) 제조자, 발명자 또는 이들을 위해 활동하고 있거나 활동한 자의 신원(身元; Person), 학력(學力; Vorbildung), 자격(資格; Befähigung) 또는 업적(業績; Erfolge).

제3조a

허가를 받을 의무가 있음에도(die der Pflicht zur Zulassung unterliegen) 의약품법 규정에 따른 허가를 받지 않았거나 허가를 받은 것으로 볼 수 없는 의약품에 대한 광고는 허용되지 아니한다. 그 광고가 해당 허가에 포함되지 않은(die nicht von der Zulassung erfasst sind) 사용영역(Anwendungsgebiete) 또는 제형[76](劑形; Darreichungsformen)에 관련된 경우에도 제1문을 적용한다.

제4조

① 의약품법 제2조 제1항 또는 제2항 제1호상의 의약품에 대한 각각의 광고에 다음 사항이 포함되어야만 한다:
1. 제약사의 명칭 또는 상호 및 본점소재지,
2. 의약품의 명칭,
3. 의약품법 제11조 제1항 제1문 제6호 d목에 따른 의약품(醫藥品)의 구성성분(構成成分; Zusammensetzung)
4. 사용분야,
5. 사용금지사유(Gegenanzeigen),
6. 부작용(Nebenwirkungen),
7. 용기의 표시(Kennzeichnung der Behältnisse)과 외부포장(包裝)에서 명기(明記)된 경고표시(Warnhinweise),
7a. 의사, 치과의사 또는 수의사의 처방전(Verschreibung)에 의해서만 투약되는 의약품의 경우에는 "처방전에 의해서만 구입할 수 있다"(Verschreibungspflichtig)는 안내,
8. 식료품의 제조에 쓰이는(die der Gewinnung von Lebensmitteln dienen) 동물에 사용하도록 정해진 의약품의 경우 그 휴약기간[77](休藥期間; Wartezeit),

의약품법에 따라 등록된 한약제제(韓藥製劑)에 대한 광고는 다음의 안내를 포함해야만 한다: "오로지 장기간 사용에 기한 (특정한 사용분야) ... 사용을 위한 한약제제(韓藥製劑)"["Traditionelles pflanzliches Arzneimittel zur Anwendung bei ... (spezifiziertes Anwendungsgebiet/spezifizierte Anwendungsgebiete) ausschließlich auf Grund langjähriger Anwendung]"

(1a) 오로지 한 가지 작용물질만을 포함하는 의약품의 경우 "작용물질: "이라고 표시된 그러한 성분 명칭(Bezeichnung dieses Bestandteils mit dem Hinweis: "Wirkstoff:")이 제1항 제2호에 따른

in der Angabe nach Absatz 1 Nr. 2 die Bezeichnung des Wirkstoffs enthalten ist.

(2) Die Angaben nach den Absätzen 1 und 1a müssen mit denjenigen übereinstimmen, die nach § 11 oder § 12 des Arzneimittelgesetzes für die Packungsbeilage vorgeschrieben sind. Können die in § 11 Abs. 1 Satz 1 Nr. 3 Buchstabe a und Nr. 5 des Arzneimittelgesetzes vorgeschriebenen Angaben nicht gemacht werden, so können sie entfallen.

(3) Bei einer Werbung außerhalb der Fachkreise ist der Text "Zu Risiken und Nebenwirkungen lesen Sie die Packungsbeilage und fragen Sie Ihren Arzt oder Apotheker" gut lesbar und von den übrigen Werbeaussagen deutlich abgesetzt und abgegrenzt anzugeben. Bei einer Werbung für Heilwässer tritt an die Stelle der Angabe "die Packungsbeilage" die Angabe "das Etikett" und bei einer Werbung für Tierarzneimittel an die Stelle "Ihren Arzt" die Angabe "den Tierarzt". Die Angaben nach Absatz 1 Nr. 1, 3, 5 und 6 können entfallen. Satz 1 findet keine Anwendung auf Arzneimittel, die für den Verkehr außerhalb der Apotheken freigegeben sind, es sei denn, daß in der Packungsbeilage oder auf dem Behältnis Nebenwirkungen oder sonstige Risiken angegeben sind.

(4) Die nach Absatz 1 vorgeschriebenen Angaben müssen von den übrigen Werbeaussagen deutlich abgesetzt, abgegrenzt und gut lesbar sein.

(5) Nach einer Werbung in audiovisuellen Medien ist der nach Absatz 3 Satz 1 oder 2 vorgeschriebene Text einzublenden, der im Fernsehen vor neutralem Hintergrund gut lesbar wiederzugeben und gleichzeitig zu sprechen ist, sofern nicht die Angabe dieses Textes nach Absatz 3 Satz 4 entfällt. Die Angaben nach Absatz 1 können entfallen.

(6) Die Absätze 1, 1a, 3 und 5 gelten nicht für eine Erinnerungswerbung. Eine Erinnerungswerbung liegt vor, wenn ausschließlich mit der Bezeichnung eines Arzneimittels oder zusätzlich mit dem Namen, der Firma, der Marke des pharmazeutischen Unternehmers oder dem Hinweis: "Wirkstoff:" geworben wird.

§ 4a

(1) Unzulässig ist es, in der Packungsbeilage eines Arzneimittels für andere Arzneimittel oder andere Mittel zu werben.

(2) Unzulässig ist es auch, außerhalb der Fachkreise für die im Rahmen der vertragsärztlichen Versorgung bestehende Verordnungsfähigkeit eines Arzneimittels zu werben.

사항에 포함되야만 한다; 제1항 제2호에 따른 사항에서 작용물질의 명칭이 포함된 경우에는 그러하지 아니하다.

② 제1항과 제1항a에 따른 사항(Die Angaben nach den Absätzen 1 und 1a)은 의약품법(Arzneimittelgesetz) 제11조 또는 제12조에 따라 사용설명서(使用說明書; Packungsbeilage)에 대해 규정된 사항에 부합(符合)해야만 한다. 의약품법(Arzneimittelgesetz) 제11조 제1항 제1문 제3호 a목[78], 제5호[79]에서 규정된 사항이 포함(包含)할 수 없는 경우에 그 사항(事項)을 생략(省略)할 수 있다.

③ 전문가집단 이외의 자들에 대한 광고의 경우 "당신들은 위험(危險)과 부작용(副作用)에 대해 사용설명서에서 읽을 수 있고 당신들의 주치의(主治醫) 또는 약사(藥師)에게 그에 대해 문의할 수 있습니다"이라는 문구가 잘 읽을 수 있도록 해서, 그 밖의 광고표현(廣告表現)과 명확하게 구획하고 구분하여 명시되어야 한다. '치료 효험이 있는 물'에 대한 광고의 경우 "레테르[80]"라는 문구(die Angabe "das Etikett")가 "사용설명서"라는 문구("die Packungsbeilage")를 대신하고, '동물용의약품'에 대한 광고의 경우 "수의사"라는 문구(die Angabe "den Tierarzt")가 "당신의 주치의"라는 문구("Ihren Arzt")를 대신한다. 제1항 제1호, 제3호, 제5호와 제6호에 따른 사항은 생략할 수 있다. 제1문은 약국 이외의 거래계에서 유통되는 의약품에 대해여는 적용하지 않되, 사용설명서 또는 용기에서 부작용 또는 그 밖의 위험이 적시된 경우는 그러하지 아니하다.

④ 제1항에 따라 규정된 사항은 그 밖의 광고표현(廣告表現; Werbeaussage)과 분명하게 구획되고 구분되어 잘 읽을 수 있어야만 한다.

⑤ 시청각매체에 의한 광고에 경우 제3항 제4문에 따른 이러한 문장이 생략되지 않는 한, 제3항 제1문 또는 제2문에 따라 규정된 문장이 삽입되어 표기되어야 하고, 그 문장은 텔레비전에서 색깔이 흐린 배경을 뒤로 하여(vor neutralem Hintergrund) 잘 읽을 수 있게 방영되어야 하며, 동시에 말로도 방영되어야 한다. 제1항에 따른 사항은 생략될 수 있다.

⑥ 제1항, 제1항a, 제3항, 제5항은 연상광고[81](聯想廣告; Erinnerungswerbung)에 대하여는 적용하지 아니한다. 오로지 의약품의 명칭만으로 광고하거나 이에 추가하여 제약사의 명칭, 상호, 상표 또는 "작용물질: " 라는 안내를 광고한 경우에는 연상광고를 행한 것이다.

제4조a

① 어느 의약품의 사용설명서에 그 이외의 의약품 또는 약제(藥劑)에 대한 광고를 하는 것은 허용되지 아니한다.

② 보건서비스(vertragsärztlichen Versorgung)의 범위 내에서 행해지는, 어느 의약품의 이용 가능한 처방성(bestehende Verordnungsfähigkeit eines Arzneimittels)에 대해 전문가집단 이외의 자들에게 광고하는 것도 허용되지 아니한다.

§ 5

Für homöopathische Arzneimittel, die nach dem Arzneimittelgesetz registriert oder von der Registrierung freigestellt sind, darf mit der Angabe von Anwendungsgebieten nicht geworben werden.

§ 6

Unzulässig ist eine Werbung, wenn

1. Gutachten oder Zeugnisse veröffentlicht oder erwähnt werden, die nicht von wissenschaftlich oder fachlich hierzu berufenen Personen erstattet worden sind und nicht die Angabe des Namens, Berufes und Wohnortes der Person, die das Gutachten erstellt oder das Zeugnis ausgestellt hat, sowie den Zeitpunkt der Ausstellung des Gutachtens oder Zeugnisses enthalten,
2. auf wissenschaftliche, fachliche oder sonstige Veröffentlichungen Bezug genommen wird, ohne daß aus der Werbung hervorgeht, ob die Veröffentlichung das Arzneimittel, das Verfahren, die Behandlung, den Gegenstand oder ein anderes Mittel selbst betrifft, für die geworben wird, und ohne daß der Name des Verfassers, der Zeitpunkt der Veröffentlichung und die Fundstelle genannt werden,
3. aus der Fachliteratur entnommene Zitate, Tabellen oder sonstige Darstellungen nicht wortgetreu übernommen werden.

§ 7

(1) Es ist unzulässig, Zuwendungen und sonstige Werbegaben (Waren oder Leistungen) anzubieten, anzukündigen oder zu gewähren oder als Angehöriger der Fachkreise anzunehmen, es sei denn, dass

1. es sich bei den Zuwendungen oder Werbegaben um Gegenstände von geringem Wert, die durch eine dauerhafte und deutlich sichtbare Bezeichnung des Werbenden oder des beworbenen Produktes oder beider gekennzeichnet sind, oder um geringwertige Kleinigkeiten handelt; Zuwendungen oder Werbegaben sind für Arzneimittel unzulässig, soweit sie entgegen den Preisvorschriften gewährt werden, die auf Grund des Arzneimittelgesetzes gelten;
2. die Zuwendungen oder Werbegaben in
   a) einem bestimmten oder auf bestimmte Art zu berechnenden Geldbetrag oder
   b) einer bestimmten oder auf bestimmte Art zu berechnenden Menge gleicher Ware gewährt werden;

Zuwendungen oder Werbegaben nach Buchstabe a sind für Arzneimittel unzulässig, soweit sie entgegen den Preisvorschriften gewährt werden, die aufgrund des Arzneimittelgesetzes gelten; Buchstabe b gilt nicht für Arzneimittel, deren Abgabe den Apotheken vorbehalten ist;

3. die Zuwendungen oder Werbegaben nur in handelsüblichem Zubehör zur Ware oder in handelsüblichen Nebenleistungen bestehen; als handelsüblich gilt insbesondere eine im Hinblick

제5조
의약품법에 따라 등록되거나 등록의무가 면제된 동종요법(療法)[82]의 의약품(homöopathische Arzneimittel)에 대하여 사용분야가 진술되어(mit der Angabe von Anwendungsgebieten) 광고되어서는 아니된다.

제6조 다음 각 호의 광고는 허용되지 아니한다,

1. 이에 관하여 학문적 또는 전문가적인 자격(資格)을 갖춘 사람에 의해 행해지지 않는 감정서 또는 증명서나, 감정서를 작성하거나 증명서를 발급한 사람의 성명, 직업 및 주소와, 감정서 또는 증명서의 작성시기(Zeitpunkt der Ausstellung des Gutachtens oder Zeugnisses)가 기재(記載)되지 않은 감정서 또는 증명서(Gutachten oder Zeugnisse)가 공표되거나 언급되는 광고,
2. 그 간행물(刊行物; Veröffentlichungen)이, 광고되는(für die geworben wird), 의약품, 처치, 진료, 물품 또는 그 밖의 약제(藥劑)에 직접 관련되었는지 여부가 광고에서 드러나지 않은 채 행해지거나, 작성자의 성명, 간행시기(Zeitpunkt der Veröffentlichung), 출처(出處; Fundstelle)가 언급되지 않은 채 행해지는, 학문적, 전문적 또는 그 밖의 간행물(刊行物)이 참조되는 광고,
3. 인용구(Zitate), 도표(Tabellen) 또는 그 밖의 표현(Darstellungen)이 전문문헌에서 문자 그대로 인용되지 않는 광고.

제7조
증여품과 그 밖의 부정공여물(不正供與物)(물품 또는 용역)를 제공하거나 알리거나 공여(供與)하거나 또는 전문가집단의 일원으로 받는 것은 허용되지 아니하되, 다음 각 호의 경우는 그러하지 아니하다,

1. 증여품 또는 부정공여물(不正供與物)(Zuwendungen oder Werbegaben)이 지속적이고 분명하게 보이는 명칭(名稱)으로, 광고(廣告)하는 것 또는 광고(光顧)된 제품의 명칭(Bezeichnung des Werbenden oder des beworbenen Produktes)으로 표시(表示)되거나 그 양자에 의해 표시(表示)되는, 소액의 물품에 해당하거나 보잘것없는 사소한 것에 해당하는 경우(es sich bei den Zuwendungen oder Werbegaben um Gegenstände von geringem Wert),
2. 다음과 같이,
   a) 특정한 금액 또는 특정한 방식으로 산정되는 금액의 증여품 또는 부정공여물이나,
   b) 특정한 양의 동일 물품으로 되거나 특정한 방식으로 산정되는 양의 동일 물품으로 된 증여품 또는 부정공여물이 제공된 경우;

   a목에 따른 증여품 또는 부정공여물(不正供與物)은, 그것이 의약품법에 기하여 적용되는 가격규정에 반하여 제공되는 한, 의약품에 대하여 허용되지 아니한다; 그 판매가 약국에서 허용되는 의약품에 대하여는 b목을 적용하지 아니한다.
3. 증여품 또는 부정공여물(不正供與物)이 단지 해당 물품에 대한 관례적 부가물(Zubehör)이나 관례적(慣例的) 부가급부에 해당하는 경우; 특히 영업소 또는 용역제공지(用役提供地)의 방문에 관련

auf den Wert der Ware oder Leistung angemessene teilweise oder vollständige Erstattung oder Übernahme von Fahrtkosten für Verkehrsmittel des öffentlichen Personennahverkehrs, die im Zusammenhang mit dem Besuch des Geschäftslokals oder des Orts der Erbringung der Leistung aufgewendet werden darf;

4. die Zuwendungen oder Werbegaben in der Erteilung von Auskünften oder Ratschlägen bestehen oder
5. es sich um unentgeltlich an Verbraucherinnen und Verbraucher abzugebende Zeitschriften handelt, die nach ihrer Aufmachung und Ausgestaltung der Kundenwerbung und den Interessen der verteilenden Person dienen, durch einen entsprechenden Aufdruck auf der Titelseite diesen Zweck erkennbar machen und in ihren Herstellungskosten geringwertig sind (Kundenzeitschriften).

Werbegaben für Angehörige der Heilberufe sind unbeschadet des Satzes 1 nur dann zulässig, wenn sie zur Verwendung in der ärztlichen, tierärztlichen oder pharmazeutischen Praxis bestimmt sind. § 47 Abs. 3 des Arzneimittelgesetzes bleibt unberührt.

(2) Absatz 1 gilt nicht für Zuwendungen im Rahmen ausschließlich berufsbezogener wissenschaftlicher Veranstaltungen, sofern diese einen vertretbaren Rahmen nicht überschreiten, insbesondere in bezug auf den wissenschaftlichen Zweck der Veranstaltung von untergeordneter Bedeutung sind und sich nicht auf andere als im Gesundheitswesen tätige Personen erstrecken.

(3) Es ist unzulässig, für die Entnahme oder sonstige Beschaffung von Blut-, Plasma- oder Gewebespenden zur Herstellung von Blut- und Gewebeprodukten und anderen Produkten zur Anwendung bei Menschen mit der Zahlung einer finanziellen Zuwendung oder Aufwandsentschädigung zu werben.

§ 8

Das Teleshopping im Sinne des § 1 Absatz 3a sowie die Werbung für das Teleshopping sind unzulässig. Die Werbung für das Beziehen bestimmter Arzneimittel im Wege der Einzeleinfuhr nach § 73 Absatz 2 Nummer 6a oder Absatz 3 des Arzneimittelgesetzes ist unzulässig. Die Übersendung von Listen nicht zugelassener oder nicht registrierter Arzneimittel, deren Einfuhr aus einem anderen Mitgliedstaat oder aus einem anderen Vertragsstaat des Abkommens über den Europäischen Wirtschaftsraum nur ausnahmsweise zulässig ist, an Apotheker oder Betreiber einer tierärztlichen Hausapotheke ist zulässig, soweit die Listen nur Informationen über die Bezeichnung, die Packungsgrößen, die Wirkstärke und den Preis dieses Arzneimittels enthalten.

§ 9

Unzulässig ist eine Werbung für die Erkennung oder Behandlung von Krankheiten, Leiden,

하여 들어간, 지역대중교통수단 운임에 대하여 물품 또는 용역의 가액을 고려한, 일부 또는 전부의 적정한 상환 또는 인수(eine im Hinblick auf den Wert der Ware oder Leistung angemessene teilweise oder vollständige Erstattung oder Übernahme von Fahrtkosten für Verkehrsmittel des öffentlichen Personennahverkehrs)는 관례적(慣例的)인 것으로 본다.

4. 증여품 또는 부정공여물(不正供與物)이 정보 또는 자문의 제공(Erteilung von Auskünften oder Ratschlägen)에 해당하는 경우,
5. 소비자에 대하여 무상(無償)으로 배달하는 것으로, 그 표제(標題) 또는 형태(形態)에 따라 고객의 유치(Kundenwerbung) 및 배포하는 자의 이익(Interessen der verteilenden Person)을 위한 잡지로, 표지에 찍힌 관련 판인(判印; Aufdruck)에 의하여 이러한 목적(目的)을 알 수 있고 그 제작비가 소액인 잡지['무가지잡지'(無價紙雜誌; Kundenzeitschriften)]에 해당하는 경우.

의료계 종사자에 대한 광고(Werbegaben für Angehörige der Heilberufe)는, 제1문에도 불구하고 그것이 의사, 치과의사 또는 약사의 활동범위에서 사용되기 위하여 행해지는 경우에 한하여 허용된다. 의약품법 제47조 제3항은 영향을 받지 아니한다.

② 그 증여품이 합리적 범위(vertretbaren Rahmen)를 벗어나지 않는 한, 특히 그 증여품이 학술적 목적의 행사와 관련하여 부차적 의미(untergeordneter Bedeutung)를 지니고 의료계 종사자 이외의 사람들에게(andere als im Gesundheitswesen tätige Personen) 배포(配布)되지 않는 한, 오로지 직업 관련 학술적 행사의 일환으로 지급되는 증여품에 대하여는 제1항을 적용하지 아니한다.

③ 금전상의 지원을 행하거나 비용보상을 처리함으로써(mit der Zahlung einer finanziellen Zuwendung oder Aufwandsentschädigung), 인간에 대해 사용하려는 혈액(血液)·세포제제(細胞製劑) 및 그 밖의 제품의 생산을 위한, 혈액(血液)·혈장(血漿)·조직기증(組織寄贈)의 구입(Entnahme) 또는 그 밖의 취득(Beschaffung)에 대하여 광고하는 것은 허용되지 아니한다.

제8조

제1조 제3항a상의 텔레쇼핑(Teleshopping)과 그 텔레쇼핑(Werbung für das Teleshopping) 에 대한 광고는 허용되지 아니한다. 의약품법 제73조 제2항 제6호a 또는 제3항에 따른 개별수입의 방식에 의한(im Wege der Einzeleinfuhr) 특정 의약품의 취득(Beziehen)에 대해 광고하는 것은 허용되지 아니한다. 독일 이외의 유럽연합회원국(anderen Mitgliedstaat)이나 「유럽경제권에 관한 협약」의 독일 이외의 가입국(加入國)으로부터의 그 의약품의 수입이 예외적으로 허가된, (독일에서) 허가되지 않거나 등록되지 아니한 의약품 목록의 송부(送付; Übersendung)는, 그 목록이 이러한 의약품의 명칭, 포장크기, 효능(效能; Wirkstärke) 및 가격에 관한 정보만을 포함하는 한, 약사 또는 수의사약국 운영자에 대해서만(an Apotheker oder Betreiber einer tierärztlichen Hausapotheke) 허용된다.

제9조

환자 또는 치료하는 동물(dem zu behandelnden Menschen oder Tier)에 대한 고유한 인식(eigener

Körperschäden oder krankhaften Beschwerden, die nicht auf eigener Wahrnehmung an dem zu behandelnden Menschen oder Tier beruht (Fernbehandlung). Satz 1 ist nicht anzuwenden auf die Werbung für Fernbehandlungen, die unter Verwendung von Kommunikationsmedien erfolgen, wenn nach allgemein anerkannten fachlichen Standards ein persönlicher ärztlicher Kontakt mit dem zu behandelnden Menschen nicht erforderlich ist.

§ 10

(1) Für verschreibungspflichtige Arzneimittel darf nur bei Ärzten, Zahnärzten, Tierärzten, Apothekern und Personen, die mit diesen Arzneimitteln erlaubterweise Handel treiben, geworben werden.

(2) Für Arzneimittel, die psychotrope Wirkstoffe mit der Gefahr der Abhängigkeit enthalten und die dazu bestimmt sind, bei Menschen die Schlaflosigkeit oder psychische Störungen zu beseitigen oder die Stimmungslage zu beeinflussen, darf außerhalb der Fachkreise nicht geworben werden. Dies gilt auch für Arzneimittel, die zur Notfallkontrazeption zugelassen sind.

§ 11

(1) Außerhalb der Fachkreise darf für Arzneimittel, Verfahren, Behandlungen, Gegenstände oder andere Mittel nicht geworben werden

1. (weggefallen)
2. mit Angaben oder Darstellungen, die sich auf eine Empfehlung von Wissenschaftlern, von im Gesundheitswesen tätigen Personen, von im Bereich der Tiergesundheit tätigen Personen oder anderen Personen, die auf Grund ihrer Bekanntheit zum Arzneimittelverbrauch anregen können, beziehen,
3. mit der Wiedergabe von Krankengeschichten sowie mit Hinweisen darauf, wenn diese in missbräuchlicher, abstoßender oder irreführender Weise erfolgt oder durch eine ausführliche Beschreibung oder Darstellung zu einer falschen Selbstdiagnose verleiten kann,
4. (weggefallen)
5. mit einer bildlichen Darstellung, die in missbräuchlicher, abstoßender oder irreführender Weise Veränderungen des menschlichen Körpers auf Grund von Krankheiten oder Schädigungen oder die Wirkung eines Arzneimittels im menschlichen Körper oder in Körperteilen verwendet,
6. (weggefallen)
7. mit Werbeaussagen, die nahelegen, dass die Gesundheit durch die Nichtverwendung des Arzneimittels beeinträchtigt oder durch die Verwendung verbessert werden könnte,

Wahrnehmung)에 기하지 않은, 질병(疾病), 만성질환(慢性疾患), 신체부상(身體負傷; Körperschäden) 또는 질병호소(krankhaften Beschwerden)의 진단 또는 진료(원격진료; Fernbehandlung)에 대하여 광고(廣告)하는 것은 허용되지 아니한다. 일반적으로 승인된 전문기준에 따라 환자와 의사 간의 직접 접촉이 필요 없는 경우에 제1문은 통신수단(通信手段)을 사용하여 이뤄지는 원격진료(遠隔診療)에 대한 광고에 적용하지 아니한다.

제10조

① 처방전에 의해서만 구입할 수 있는 의약품(verschreibungspflichtige Arzneimittel)은 의사, 치과의사, 수의사, 약사와 이러한 의약품에 대하여 허가를 받아 취급하는 사람에 대해서만 광고가 허용된다.

② 중독위험이 있는 향정신성(向精神性)의 작용물질을 포함하거나, 인간에게서 불면증(Schlaflosigkeit) 또는 정신장애(精神障碍; psychische Störungen)을 제거하고 기분상태(Stimmungslage)에 영향을 미치기 위한 의약품(醫藥品)은, 전문가집단 이외의 자들에게는 광고(廣告)가 허용되지 아니한다. 긴급피임약(Notfallkontrazeption)으로 허가된 의약품에 대해서도 또한 같다.

제11조

① 다음 각 호와 같이, 의약품, 처지, 진료, 물품 또는 기타 악제(藥劑)에 관련하여 전문가집단 이외의 자들에게 광고하는 하는 것은 허용되지 아니한다,

1. 삭제
2. 학자, 의료계종사자들(im Gesundheitswesen tätigen Personen), 수의사계종사자들(im Bereich der Tiergesundheit tätigen Personen) 또는 그 지식(知識)에 기하여 의약품(醫藥品)의 사용을 촉진(促進)할 수 있는 그 밖의 자의 추천에 관련된 진술 또는 표현(Angaben oder Darstellungen)으로,
3. 남용적(濫用的) 방식, 혐오스러운 방식 또는 오인유발적 방식으로 이뤄지는, 병력(病歷)의 재현(Wiedergabe von Krankengeschichten) 또는 병력에 대한 언급이나, 상세한 기술(Beschreibung) 또는 묘사(Darstellung)에 의하여 잘못된 자가진단(Selbstdiagnose)을 유발할 수 있는, 병력(病歷)의 재현 또는 병력에 대한 언급으로,
4. 삭제,
5. 남용적(濫用的) 방식, 혐오스러운 방식 또는 오인유발적 방식에 의하여, 질병이나 신체부상에 기한 신체(身體)의 변화(Veränderungen des menschlichen Körpers)를 이용하거나 신체 전부 또는 일부에 대한 의약품의 효능을 이용하는 상징적 표현으로,
6. 삭제,
7. 마치, 해당 의약품을 사용하지 않아서 건강이 침해된 것으로 암시하거나 그 사용에 의하여 건강이 개선될 수 있는 것으로 암시하는 광고표현(廣告表現; Werbeaussagen)으로,

8. durch Werbevorträge, mit denen ein Feilbieten oder eine Entgegennahme von Anschriften verbunden ist,
9. mit Veröffentlichungen, deren Werbezweck mißverständlich oder nicht deutlich erkennbar ist,
10. (weggefallen)
11. mit Äußerungen Dritter, insbesondere mit Dank-, Anerkennungs- oder Empfehlungsschreiben, oder mit Hinweisen auf solche Äußerungen, wenn diese in missbräuchlicher, abstoßender oder irreführender Weise erfolgen,
12. mit Werbemaßnahmen, die sich ausschließlich oder überwiegend an Kinder unter 14 Jahren richten,
13. mit Preisausschreiben, Verlosungen oder anderen Verfahren, deren Ergebnis vom Zufall abhängig ist, sofern diese Maßnahmen oder Verfahren einer unzweckmäßigen oder übermäßigen Verwendung von Arzneimitteln Vorschub leisten,
14. durch die Abgabe von Arzneimitteln, deren Muster oder Proben oder durch Gutscheine dafür,
15. durch die nicht verlangte Abgabe von Mustern oder Proben von anderen Mitteln oder Gegenständen oder durch Gutscheine dafür.

Für Medizinprodukte gilt Satz 1 Nr. 7 bis 9, 11 und 12 entsprechend. Ferner darf für die in § 1 Nummer 2 genannten operativen plastisch-chirurgischen Eingriffe nicht mit der Wirkung einer solchen Behandlung durch vergleichende Darstellung des Körperzustandes oder des Aussehens vor und nach dem Eingriff geworben werden.

(2) Außerhalb der Fachkreise darf für Arzneimittel zur Anwendung bei Menschen nicht mit Angaben geworben werden, die nahe legen, dass die Wirkung des Arzneimittels einem anderen Arzneimittel oder einer anderen Behandlung entspricht oder überlegen ist.

§ 12

(1) Außerhalb der Fachkreise darf sich

1. die Werbung für Arzneimittel nicht beziehen auf die Erkennung, Verhütung, Beseitigung oder Linderung der
   a) in Abschnitt A der Anlage aufgeführten Krankheiten oder Leiden bei Menschen,
   b) in Abschnitt B der Anlage aufgeführten Krankheiten oder Leiden bei Tieren,
2. die Werbung für Medizinprodukte nicht beziehen auf die Erkennung, Verhütung, Beseitigung oder Linderung der in Abschnitt A Nummer 1, 3 und 4 der Anlage aufgeführten Krankheiten oder Leiden bei Menschen.

Satz 1 Nummer 2 gilt nicht für die Werbung für In-vitro-Diagnostika gemäß Anlage 3 zu § 3 Absatz 4 der Medizinprodukte-Abgabeverordnung, die sich auf die Erkennung der in Abschnitt A

8. 주소를 매물(賣物)로 내놓게 하거나 주소의 수령(Feilbieten oder eine Entgegennahme von Anschriften)을 초래하는 하는 광고강연(廣告講演; Werbevorträge)으로,
9. 그 광고목적을 모호하게(mißverständlich) 알아볼 수 있거나 명확하게 인식할 수 없는 간행물로,
10. 삭제,
11. 남용적(濫用的) 방식, 혐오스러운 방식 또는 오인유발적 방식에 의하여 행해지는, 제3자의 진술, 특히 감사장(感謝狀), 추천장(推薦狀) 또는 추천서(推薦書)(Dank-, Anerkennungs- oder Empfehlungsschreiben)나 그러한 진술에 대한 언급으로,
12. 오로지 또는 주로 14세 미만의 아동에 대하여 행해지는 광고(廣告)로,
13. 그 결과가 우연(偶然)에 좌우되는 것으로(deren Ergebnis vom Zufall abhängig ist), 의약품의 부(적절(不適切)한 또는 과도(過渡)한 사용(使用)을 조장(助長)하는 판촉행사, 복권(福劵) 또는 그 밖의 방식(方式)(Preisausschreiben, Verlosungen oder anderen Verfahren)으로,
14. 의약품, 그 견본(見本) 또는 표본(標本)의 교부에 의하거나, 의약품에 대한 쿠폰지급으로,
15. 그 밖의 약제(藥劑) 또는 물품의 견본(見本) 또는 표본(標本)의 교부에 의하거나 그 약제 또는 물품 대한 쿠폰지급으로,

의료기기(醫療機器)에 대하여 제1문 제7호 내지 제9호, 제11호, 제12호를 준용한다. 또한 제1조 제2호에서 언급한 성형외과적 침습행위(operative plastisch-chirurgische Eingriffe)는, 그러한 치료의 효과(Wirkung)에 의하여 또는 침습 전후의 신체상태 또는 외양의 비교 묘사에 의하여 광고가 허용되지 아니한다.

② 사람에 사용하는 의약품은, 해당 의약품의 효능(die Wirkung des Arzneimittels)이 다른 의약품(Arzneimittel) 또는 진료(Behandlung)에 상응하거나 우월하다는 것으로 암시하는 진술에 의하여 전문가집단 이외의 자들에게(Außerhalb der Fachkreise) 광고(廣告)가 허용되지 아니한다.

제12조

① 전문가집단 이외의 자들에게 하는,

1. 의약품에 대한 광고는, 다음 각 목의 질병 또는 만성질환(慢性疾患)의 진단, 예방, 제거 또는 완화에 관련하여 허용되지 아니한다,
   a) 부록 A장에서 기재된 인간의 질병 또는 만성질환(慢性疾患),
   b) 부록 B장에서 기재된 동물의 질병 또는 만성질환(慢性疾患),
2. 의료기기(醫療機器)의 광고는 부록 A장 제1호, 제3호, 제4호에서 기재된, 인간의 질병 또는 만성질환(慢性疾患)의 진단, 예방, 제거 또는 완화(Erkennung, Verhütung, Beseitigung oder Linderung)에 관련하여 허용되지 아니한다.

제1문 제2호는, 부록 A장 제1호에서 기재된 인간의 질병(疾病) 또는 만성질환(慢性疾患)의 진단(診斷)에 관련된 광고로, 의료기기법(Medizinprodukte-Abgabeverordnung) 제3조 제4항에 대한 부록

Nummer 1 der Anlage aufgeführten Krankheiten oder Leiden bei Menschen beziehen.

(2) Die Werbung für andere Mittel, Verfahren, Behandlungen oder Gegenstände außerhalb der Fachkreise darf sich nicht auf die Erkennung, Beseitigung oder Linderung in der Anlage aufgeführten Krankheiten oder Leiden beziehen. Dies gilt nicht für die Werbung für Verfahren oder Behandlungen in Heilbädern, Kurorten und Kuranstalten.

§ 13

Die Werbung eines Unternehmens mit Sitz außerhalb des Geltungsbereichs dieses Gesetzes ist unzulässig, wenn nicht ein Unternehmen mit Sitz oder eine natürliche Person mit gewöhnlichem Aufenthalt im Geltungsbereich dieses Gesetzes oder in einem anderen Mitgliedstaat der Europäischen Union oder in einem anderen Vertragsstaat des Abkommens über den Europäischen Wirtschaftsraum, die nach diesem Gesetz unbeschränkt strafrechtlich verfolgt werden kann, ausdrücklich damit betraut ist, die sich aus diesem Gesetz ergebenden Pflichten zu übernehmen.

§ 14

Wer dem Verbot der irreführenden Werbung (§ 3) zuwiderhandelt, wird mit Freiheitsstrafe bis zu einem Jahr oder mit Geldstrafe bestraft.

§ 15

(1) Ordnungswidrig handelt, wer vorsätzlich oder fahrlässig

1. entgegen § 3a eine Werbung für ein Arzneimittel betreibt, das der Pflicht zur Zulassung unterliegt und das nicht nach den arzneimittelrechtlichen Vorschriften zugelassen ist oder als zugelassen gilt,
2. eine Werbung betreibt, die die nach § 4 vorgeschriebenen Angaben nicht enthält oder entgegen § 5 mit der Angabe von Anwendungsgebieten wirbt,
3. in einer nach § 6 unzulässigen Weise mit Gutachten, Zeugnissen oder Bezugnahmen auf Veröffentlichungen wirbt,
4. entgegen § 7 Abs. 1 und 3 eine mit Zuwendungen oder sonstigen Werbegaben verbundene Werbung betreibt,

4a. entgegen § 7 Abs. 1 als Angehöriger der Fachkreise eine Zuwendung oder sonstige Werbegabe annimmt,

5. entgegen § 8 Satz 1 oder Satz 2 Teleshopping oder eine dort genannte Werbung betreibt,
6. entgegen § 9 für eine Fernbehandlung wirbt,
7. entgegen § 10 für die dort bezeichneten Arzneimittel wirbt,

3[83])에 따른 체외진단에 대한 광고(Werbung für In-vitro-Diagnostika)에 대하여는 적용하지 않는다.
② 전문가집단 이외의 자들에게 하는, 그 밖의 약제(藥劑), 처치, 진료 또는 의료용기에 대한 광고는, 부록에 기재된 질병 또는 만성질환(慢性疾患)의 진단, 예방, 제거 또는 완화에 관련하여 허용되지 아니한다. 건강관리시설, 온천 또는 요양소(Heilbädern, Kurorten und Kuranstalten)에서의 처치 또는 진료에 대한 광고에 대하여는 그러하지 아니하다.

제13조

이 법의 적용지역이나, 이 법에 따라 제한 없이 형사적으로 소추될 수 있는, 독일 이외의 유럽연합 회원국 또는 「유럽경제권에 관한 협약」의 독일 이외의 가입국(加入國)에, 본점소재지(Sitz)를 둔 기업 또는 상거소(常居所; gewöhnlichem Aufenthalt)를 둔 자연인이 이 법에 따라 생긴 의무를 명시적으로 위탁받지 않은(ausdrücklich damit betraut ist, die sich aus diesem Gesetz ergebenden Pflichten zu übernehmen) 경우에는, 이 법의 적용지역 이외의 지역에서 본점소재지를 둔 기업의 광고는 허용되지 아니한다.

제14조

오인유발적 광고금지규정(Verbot der irreführenden Werbung)(제3조)에 반하여 행위하는 자는 1년 이하의 징역 또는 벌금에 처한다.

제15조

① 고의 또는 과실로 다음 각 호의 자는 질서위반행위를 범한 것이다,

1. 제3조a에 반하여 허가를 받을 의무가 있음에도 의약품법 규정에 따라 허가(許可)를 받지 않았거나 허가된 것으로 볼 수 없는 의약품에 대한 광고(廣告)를 행한 자,
2. 제4조에 따라 규정된 사항을 포함하지 않은 광고를 행하거나 제5조에 반하여 사용분야를 진술하여 광고를 한 자,
3. 제6조에 따라 감정서, 증명서 또는 간행물(刊行物)에 의하여 허용되지 않은 방식으로 광고(廣告)를 한 자,
4. 제7호 제1항, 제3항에 반하여 증여품 또는 그 밖의 부정공여물(不正供與物)에 의하여 광고를 한 자,

4a. 제7조 제1항에 반하여 전문가집단의 일원으로서 증여품 또는 그 밖의 부정공여물(不正供與物)을 받은 자,

5. 제8조 제1문 또는 제2문에 반하여 텔레쇼핑(Teleshopping) 또는 그 규정에서 언급된 광고를 한 자,
6. 제9조에 반하여 원격진료에 대하여 광고한 자,
7. 제10조에 반하여 그 조항에서 언급된 의약품을 광고한 자,

8. auf eine durch § 11 verbotene Weise außerhalb der Fachkreise wirbt,
9. entgegen § 12 eine Werbung betreibt, die sich auf die in der Anlage zu § 12 aufgeführten Krankheiten oder Leiden bezieht,
10. eine nach § 13 unzulässige Werbung betreibt.

(2) Ordnungswidrig handelt ferner, wer fahrlässig dem Verbot der irreführenden Werbung (§ 3) zuwiderhandelt.

(3) Die Ordnungswidrigkeit nach Absatz 1 kann mit einer Geldbuße bis zu fünfzigtausend Euro, die Ordnungswidrigkeit nach Absatz 2 mit einer Geldbuße bis zu zwanzigtausend Euro geahndet werden.

§ 16

Werbematerial und sonstige Gegenstände, auf die sich eine Straftat nach § 14 oder eine Ordnungswidrigkeit nach § 15 bezieht, können eingezogen werden. § 74a des Strafgesetzbuches und § 23 des Gesetzes über Ordnungswidrigkeiten sind anzuwenden.

§ 17

Das Gesetz gegen den unlauteren Wettbewerb bleibt unberührt.

§ 18 (weggefallen)

Anlage (zu § 12)

Krankheiten und Leiden, auf die sich die Werbung gemäß § 12 nicht beziehen darf

Fundstelle des Originaltextes: BGBl. I 2005, 2599

A. Krankheiten und Leiden beim Menschen

1. Nach dem Infektionsschutzgesetz vom 20. Juli 2000 (BGBl. I S. 1045) meldepflichtige Krankheiten oder durch meldepflichtige Krankheitserreger verursachte Infektionen,
2. bösartige Neubildungen,
3. Suchtkrankheiten, ausgenommen Nikotinabhängigkeit,
4. krankhafte Komplikationen der Schwangerschaft, der Entbindung und des Wochenbetts.

B. Krankheiten und Leiden beim Tier

1. Nach der Verordnung über anzeigepflichtige Tierseuchen und der Verordnung über meldepflichtige Tierkrankheiten in ihrer jeweils geltenden Fassung anzeige- oder meldepflichtige Seuchen oder Krankheiten,
2. bösartige Neubildungen,
3. bakterielle Eutererkrankungen bei Kühen, Ziegen und Schafen,
4. Kolik bei Pferden und Rindern.

8. 제11조에 의하여 금지된 방식으로 전문가집단 이외의 자들에게 광고를 한 자,
9. 제12조에 반하여 제12조에 대한 부록에서 기재된 질병(Krankheiten) 또는 만성질환(慢性疾患; Leiden)에 관련된 광고를 한 자,
10. 제13조에 따라 허용되지 아니하는 광고를 한 자.

② 고의 또는 과실로 오인유발적 광고금지규정(제3조)에 반하여 행위를 한 자도 질서위반행위를 범한 자이다.

③ 제1항에 따른 질서위반행위(Die Ordnungswidrigkeit nach Absatz 1)는 50,000유로 이하의 범칙금에(mit einer Geldbuße), 제2항에 따른 질서위반행위는 20,000유로 이하의 범칙금에 처해질 수 있다.

제16조

제14조에 따른 범죄행위 또는 제15조에 따른 질서위반행위에 관련된 광고물 또는 그 밖의 물품(Werbematerial und sonstige Gegenstände)은 몰수할 수 있다. 형법전(Strafgesetzbuch) 제74조a와 질서위반행위에 관한 법률(Gesetz über Ordnungswidrigkeiten) 제23조를 준용한다.

제17조

부정경쟁방지법은 영향을 받지 않는다.

제18조 삭제

제12조에 대한 부록
제12조에 따라 관련하여 광고가 허용되지 아니하는 질병 및 만성질환(慢性疾患)

원본출처: 2005년 연방법령관보 제1편 2599면

A. 다음 각 호의 인간의 질병과 만성질환(慢性疾患)
1. 2000년 7월 20일의 감염병보호법(BGBl. I S. 1045)에 따라 신고의무가 있는 질병 또는 신고의무가 있는 병원균(病原菌)에 의해 야기된 감염병(durch meldepflichtige Krankheitserreger verursachte Infektionen),
2. 악성 종양(bösartige Neubildungen),
3. 니코틴중독을 제외한 중독,
4. 임신합병증(krankhafte Komplikationen der Schwangerschaft), 출산합병증, 산욕(産褥)합병증.

B. 다음 각 호의 동물의 질병과 만성질환(慢性疾患)
1. 각각 적용되는 형식의, 신고의무가 있는 동물전염병에 관한 명령과 신고의무가 있는 동물질병에 관한 명령에 따른 신고의무가 있는 전염병 또는 질병(anzeige- oder meldepflichtige Seuchen oder Krankheiten),
2. 악성 종양,
3. 암소, 암염소 및 암양의 세균성 젖통부위질병,
4. 말과 소의 위와 장부분의 질병.

자본투자법전(일부)

(BGBl. I S. 529)

Kapitalanlagegesetzbuch (KAGB)

Kapitalanlagegesetzbuch (KAGB)

https://www.gesetze-im-internet.de/kagb/BJNR198110013.html

§ 305 Widerrufsrecht

(1) Ist der Käufer von Anteilen oder Aktien eines offenen Investmentvermögens durch mündliche Verhandlungen außerhalb der ständigen Geschäftsräume desjenigen, der die Anteile oder Aktien verkauft oder den Verkauf vermittelt hat, dazu bestimmt worden, eine auf den Kauf gerichtete Willenserklärung abzugeben, so ist er an diese Erklärung nur gebunden, wenn er sie nicht innerhalb einer Frist von zwei Wochen bei der Verwaltungsgesellschaft oder einem Repräsentanten im Sinne des § 319 in Textform widerruft; dies gilt auch dann, wenn derjenige, der die Anteile oder Aktien verkauft oder den Verkauf vermittelt, keine ständigen Geschäftsräume hat. Bei Fernabsatzgeschäften gilt § 312g Absatz 2 Nummer 8 des Bürgerlichen Gesetzbuchs entsprechend.

(2) Zur Wahrung der Frist genügt die rechtzeitige Absendung der Widerrufserklärung. Die Widerrufsfrist beginnt erst zu laufen, wenn dem Käufer die Durchschrift des Antrags auf Vertragsabschluss ausgehändigt oder eine Kaufabrechnung übersandt worden ist und in der Durchschrift oder der Kaufabrechnung eine Belehrung über das Widerrufsrecht enthalten ist, die den Anforderungen des Artikels 246 Absatz 3 Satz 2 und 3 des Einführungsgesetzes zum Bürgerlichen Gesetzbuche genügt. Ist der Fristbeginn nach Satz 2 streitig, trifft die Beweislast den Verkäufer.

(3) Das Recht zum Widerruf besteht nicht, wenn der Verkäufer nachweist, dass

1. der Käufer kein Verbraucher im Sinne des § 13 des Bürgerlichen Gesetzbuchs ist oder
2. er den Käufer zu den Verhandlungen, die zum Verkauf der Anteile oder Aktien geführt haben, auf Grund vorhergehender Bestellung gemäß § 55 Absatz 1 der Gewerbeordnung aufgesucht hat.

(4) Ist der Widerruf erfolgt und hat der Käufer bereits Zahlungen geleistet, so ist die Kapitalverwaltungsgesellschaft, die EU-Verwaltungsgesellschaft oder die ausländische AIF-Verwaltungsgesellschaft verpflichtet, dem Käufer, gegebenenfalls Zug um Zug gegen Rückübertragung der erworbenen Anteile oder Aktien, die bezahlten Kosten und einen Betrag auszuzahlen, der dem Wert der bezahlten Anteile oder Aktien am Tag nach dem Eingang der Widerrufserklärung entspricht.

(5) Auf das Recht zum Widerruf kann nicht verzichtet werden.

(6) Die Vorschrift ist auf den Verkauf von Anteilen oder Aktien durch den Anleger entsprechend anwendbar.

(7) Das Widerrufsrecht in Bezug auf Anteile und Aktien eines geschlossenen Investmentvermögens

자본투자법전(일부; BGBl. I S. 529)

법률공포일: 2013년 7월 4일
최근법률개정일: 2020년 3월 19일(BGBl. I S. 529).

제305조 철회권

① 공개투자자산에 대한 지분의 매수인이 지분 또는 주식을 매도하거나 그 매도를 중개한 자의 상설 영업장 이외의 곳에서 구술교섭으로 매수(買收)에 대한 의사표시를 하기로 결정한(dazu bestimmt worden, eine auf den Kauf gerichtete Willenserklärung abzugeben) 경우에, 그 매수인은, 그 관리회사나 제319조상의 어느 대표자에게(bei der Verwaltungsgesellschaft oder einem Repräsentanten im Sinne des § 319) 2주 이내에 문면방식으로 철회하지 않는 한 이러한 의사표시에 구속된다; 지분 또는 주식을 매도하거나 그 매도를 중개하는 자가 상설 영업장(ständigen Geschäftsräume)을 보유하지 않는 경우에도 또한 같다. 통신판매의 경우 민법전 제312조g 제2항 제8호를 준용한다.

② 기간을 준수하는 데에 철회의사표시의 적시의 발송(die rechtzeitige Absendung der Widerrufserklärung)으로 족하다. 철회기간은, 계약체결의 청약서 사본(die Durchschrift des Antrags auf Vertragsabschluss)이 매수인에게 교부되거나 매매의향서(eine Kaufabrechnung)가 제공되고, 또한 그 사본 또는 매매의향서에 철회권에 관한 안내로, 민법전시행법 제246항목 제3항 제1문, 제3문상의 요구사항을 충족한 안내가 포함된 경우에 비로소 기산하기 시작한다. 제2문에 따른 기간개시에 관하여 다툼이 있는 경우에 매도인이 증명책임(die Beweislast)을 부담한다.

③ 위 철회권은 매도인이 다음 각 호를 증명한 경우에는 인정되지 아니한다,

1. 매수인 민법전 제13조상의 소비자(消費者)가 아니라는 점, 또는
2. 매도인이 매수인에게 영업법 제55조 제1항에 따른, 사전에 행해진 주문에 기하여(auf Grund vorhergehender Bestellung gemäß § 55 Absatz 1 der Gewerbeordnung) 지분 또는 주식의 판매에 이른 교섭을 요구한 경우.

④ 철회가 행해지고 매수인이 이미 그 지급을 한 경우에 자본관리회사(Kapitalverwaltungsgesellschaft), 유럽관리회사(EU-Verwaltungsgesellschaft) 또는 외국대안투자펀드자본관리회사(ausländische AIF-Verwaltungsgesellschaft)는 매수인에게, 필요하면 취득한 지분 또는 주식의 반환과 동시이행으로, 지급한 비용과, 철회의사표시 도달한 다음날을 기준으로 하여 지불한 지분 또는 주식의 가액에 상응하는(der dem Wert der bezahlten Anteile oder Aktien am Tag nach dem Eingang der Widerrufserklärung entspricht) 금원을 지급할 의무를 진다.

⑤ 철회권에 관한 권리는 포기할 수 없다.

⑥ 위 규정들은 투자자의 지분 또는 주식의 매도(賣渡)에 대하여 준용한다.

⑦ 폐쇄형 투자자산(geschlossenen Investmentvermögen)의 지분 또는 주식에 관한 철회권은 민법

richtet sich nach dem Bürgerlichen Gesetzbuch.

(8) Anleger, die vor der Veröffentlichung eines Nachtrags zum Verkaufsprospekt eine auf den Erwerb eines Anteils oder einer Aktie eines geschlossenen Publikums-AIF gerichtete Willenserklärung abgegeben haben, können diese innerhalb einer Frist von zwei Werktagen nach Veröffentlichung des Nachtrags widerrufen, sofern noch keine Erfüllung eingetreten ist. Der Widerruf muss keine Begründung enthalten und ist in Textform gegenüber der im Nachtrag als Empfänger des Widerrufs bezeichneten Verwaltungsgesellschaft oder Person zu erklären; zur Fristwahrung reicht die rechtzeitige Absendung. Auf die Rechtsfolgen des Widerrufs ist § 357a des Bürgerlichen Gesetzbuchs entsprechend anzuwenden.

Fußnote

(+++ § 305: Zur Anwendung vgl. § 51 Abs. 4 Satz 1 u. 3, § 52 Abs. 5, § 54 Abs. 4 Satz 1 u. 3, § 296 Abs. 3 Satz 1 +++)

전에 따른다.
⑧ 판매안내책자에 관한 부록서의 발간 전에 폐쇄형 공중대안투자펀드의 지분 또는 주식의 취득(Erwerb eines Anteils oder einer Aktie eines geschlossenen Publikums-AI)에 대한 의사표시를 한 투자자는, 이행에 착수하지 않는 한 부록서 발간시로부터 2주 2영업일 기간 내에 이를 철회할 수 있다. 그 철회는 근거를 포함할 필요가 없고, 철회의 수령자로 부록서에 기재된 관리회사 또는 자에 대하여(gegenüber der im Nachtrag als Empfänger des Widerrufs bezeichneten Verwaltungsgesellschaft oder Person) 문면방식으로 그 의사표시를 해야 한다; 기간을 준수하는 데에 철회의사표시의 적시의 발송(die rechtzeitige Absendung der Widerrufserklärung)으로 족하다. 그 철회의 효과에 대하여 민법전 제357조a를 준용한다.

각주

(제305조: 그 적용에 관하여 제51조 제4항 제1문, 제3문, 제52조 제5항, 제54조 제4항 제1문, 제3문, 제296조 제3항 제1문을 참조하라)

「유럽연합역내시장 내의, 정보사회서비스 특히 전자상거래에 대한 특정한 법적 관점 (bestimmte rechtliche Aspekte der Dienste der Informationsgesellschaft)에 관한 2000년 6월 8일 유럽연합 의회 및 이사회 2000/31/EG호 지침」

("전자상거래에 관한 지침"; Richtlinie über den elektronischen Geschäftsverkehr)

Richtlinie 2000/31/EG des Europäischen Parlaments und des Rates vom 8. Juni 2000 über bestimmte rechtliche Aspekte der Dienste der Informationsgesellschaft, insbesondere des elektronischen Geschäftsverkehrs, im Binnenmarkt

("Richtlinie über den elektronischen Geschäftsverkehr")

Richtlinie 2000/31/EG des Europäischen Parlaments und des Rates vom 8. Juni 2000 über bestimmte rechtliche Aspekte der Dienste der Informationsgesellschaft, insbesondere des elektronischen Geschäftsverkehrs, im Binnenmarkt ("Richtlinie über den elektronischen Geschäftsverkehr")

https://eur-lex.europa.eu/legal-content/DE/ALL/?uri=celex%3A32000L0031

Date of document: 08/06/2000

Date of effect: 17/07/2000

KAPITEL I ALLGEMEINE BESTIMMUNGEN

Artikel 1 Zielsetzung und Anwendungsbereich

(1) Diese Richtlinie soll einen Beitrag zum einwandfreien Funktionieren des Binnenmarktes leisten, indem sie den freien Verkehr von Diensten der Informationsgesellschaft zwischen den Mitgliedstaaten sicherstellt.

(2) Diese Richtlinie sorgt, soweit dies für die Erreichung des in Absatz 1 genannten Ziels erforderlich ist, für eine Angleichung bestimmter für die Dienste der Informationsgesellschaft geltender innerstaatlicher Regelungen, die den Binnenmarkt, die Niederlassung der Diensteanbieter, kommerzielle Kommunikationen, elektronische Verträge, die Verantwortlichkeit von Vermittlern, Verhaltenskodizes, Systeme zur außergerichtlichen Beilegung von Streitigkeiten, Klagemöglichkeiten sowie die Zusammenarbeit zwischen den Mitgliedstaaten betreffen.

(3) Diese Richtlinie ergänzt das auf die Dienste der Informationsgesellschaft anwendbare Gemeinschaftsrecht und läßt dabei das Schutzniveau insbesondere für die öffentliche Gesundheit und den Verbraucherschutz, wie es sich aus Gemeinschaftsrechtsakten und einzelstaatlichen Rechtsvorschriften zu deren Umsetzung ergibt, unberührt, soweit die Freiheit, Dienste der Informationsgesellschaft anzubieten, dadurch nicht eingeschränkt wird.

(4) Diese Richtlinie schafft weder zusätzliche Regeln im Bereich des internationalen Privatrechts, noch befaßt sie sich mit der Zuständigkeit der Gerichte.

(5) Diese Richtlinie findet keine Anwendung auf

a) den Bereich der Besteuerung,

b) Fragen betreffend die Dienste der Informationsgesellschaft, die von den Richtlinien 95/46/EG und 97/66/EG erfaßt werden,

「유럽연합역내시장 내의, 정보사회서비스 특히 전자상거래에 대한 특정한 법적 관점 (bestimmte rechtliche Aspekte der Dienste der Informationsgesellschaft)에 관한 2000년 6월 8일 유럽연합 의회 및 이사회 2000/31/EG호 지침」 ("전자상거래에 관한 지침"; Richtlinie über den elektronischen Geschäftsverkehr)

지침제정일: 2000년 6월 8일
지침시행일: 2000년 7월 17일

제1장 총칙

제1조 법의 목적과 적용범위

① 본 지침은, 회원국들 간의 정보사회서비스의 자유로운 교역(交易)을 촉진함으로써 유럽연합역내시장의 적절한 기능에 기여해야(soll einen Beitrag zum einwandfreien Funktionieren des Binnenmarktes leisten) 한다.

② 이 지침은, 이것이 제1항상의 목적 달성을 위해 필요한 범위 내에서, 유럽연합역내시장, 서비스 제공자의 영업소가 있는 회원국, 상업적 통신, 전자계약, 중개인의 책임, 행위수칙, 대안적 분쟁해결을 위한 제도, 법적 구제와 회원국 간의 협력(die Verantwortlichkeit von Vermittlern, Verhaltenskodizes, Systeme zur außergerichtlichen Beilegung von Streitigkeiten, Klagemöglichkeiten sowie die Zusammenarbeit zwischen den Mitgliedstaaten)에 관련된 규정으로, 정보사회서비스에 대해 적용되는 특정한 각 국내법 규정의 통일적 규율(Angleichung)에 기여한다.

③ 이 지침은, 정보사회서비스를 제공할 자유가 이를 통해 제한되지 않는 범위 내에서(soweit die Freiheit, Dienste der Informationsgesellschaft anzubieten, dadurch nicht eingeschränkt wird), 정보사회서비스에 적용되는 유럽연합법을 보충하고, 이 경우 그 시행에 관한 유럽연합법적행위와 개별 국가의 법규정에서 규정된 바와 같은, 보호수준, 특히 공중보건과 소비자보호에 관한 보호수준에 영향을 미치지 아니한다.

④ 본 지침은 국가들 간 사법의 영역에서 추가적 규율로 기능하지도 않고, 법원의 관할권을 다루지도 아니한다.

⑤ 본 지침은 다음 각 목에 적용하지 아니한다,

a) 과세 영역,

b) 95/46/EG호 및 97/66/EG호 지침에 포함된(die von den Richtlinien 95/46/EG und 97/66/EG erfaßt werden) 정보사회서비스에 관한 문제;

c) Fragen betreffend Vereinbarungen oder Verhaltensweisen, die dem Kartellrecht unterliegen,

d) die folgenden Tätigkeiten der Dienste der Informationsgesellschaft:

- Tätigkeiten von Notaren oder Angehörigen gleichwertiger Berufe, soweit diese eine unmittelbare und besondere Verbindung zur Ausübung öffentlicher Befugnisse aufweisen;
- Vertretung eines Mandanten und Verteidigung seiner Interessen vor Gericht;
- Gewinnspiele mit einem einen Geldwert darstellenden Einsatz bei Glücksspielen, einschließlich Lotterien und Wetten.

(6) Maßnahmen auf gemeinschaftlicher oder einzelstaatlicher Ebene, die unter Wahrung des Gemeinschaftsrechts der Förderung der kulturellen und sprachlichen Vielfalt und dem Schutz des Pluralismus dienen, bleiben von dieser Richtlinie unberührt.

Artikel 2 Begriffsbestimmungen

Im Sinne dieser Richtlinie bezeichnet der Ausdruck

a) "Dienste der Informationsgesellschaft" Dienste im Sinne von Artikel 1 Nummer 2 der Richtlinie 98/34/EG in der Fassung der Richtlinie 98/48/EG;

b) "Diensteanbieter" jede natürliche oder juristische Person, die einen Dienst der Informationsgesellschaft anbietet;

c) "niedergelassener Diensteanbieter" ein Anbieter, der mittels einer festen Einrichtung auf unbestimmte Zeit eine Wirtschaftstätigkeit tatsächlich ausübt; Vorhandensein und Nutzung technischer Mittel und Technologien, die zum Anbieten des Dienstes erforderlich sind, begründen allein keine Niederlassung des Anbieters;

d) "Nutzer" jede natürliche oder juristische Person, die zu beruflichen oder sonstigen Zwecken einen Dienst der Informationsgesellschaft in Anspruch nimmt, insbesondere um Informationen zu erlangen oder zugänglich zu machen;

e) "Verbraucher" jede natürliche Person, die zu Zwecken handelt, die nicht zu ihren gewerblichen, geschäftlichen oder beruflichen Tätigkeiten gehören;

f) "kommerzielle Kommunikation" alle Formen der Kommunikation, die der unmittelbaren oder mittelbaren Förderung des Absatzes von Waren und Dienstleistungen oder des Erscheinungsbilds eines Unternehmens, einer Organisation oder einer natürlichen Person dienen, die eine Tätigkeit in Handel, Gewerbe oder Handwerk oder einen reglementierten Beruf ausübt; die folgenden Angaben stellen als solche keine Form der kommerziellen Kommunikation dar:

- Angaben, die direkten Zugang zur Tätigkeit des Unternehmens bzw. der Organisation oder Person ermöglichen, wie insbesondere ein Domain-Name oder eine Adresse der elektronischen Post;
- Angaben in bezug auf Waren und Dienstleistungen oder das Erscheinungsbild eines Unternehmens, einer Organisation oder Person, die unabhängig und insbesondere ohne finanzielle

c) 반독점법의 적용을 받은 약정 또는 행태에 관한 문제;

d) 정보사회서비스의 다음 활동;

- 공증인이나 이와 동등한 직업에 속하는 자의 활동으로, 공적 권한의 행사와 직접적이고도 특별한 관련성(eine unmittelbare und besondere Verbindung zur Ausübung öffentlicher Befugnisse)을 보이는 활동;
- 복권 및 내기를 포함하여 운에 좌우되는 게임에서 금전을 가치는 나타내는 것을 걸고 하는 시합.

⑥ 유럽연합 수준 또는 개별국가 수준의 조치로, 유럽연합법을 존중하며 문화적 또는 언어적 다양성의 촉진와 다양성 보호에 기여하는 조치는 본 지침에 의해 영향을 받지 아니한다.

제2조 정의조항

본 지침을 위해 다음 용어는 다음과 같다,

a) "정보사회서비스"는 98/48/EG호 형식의 지침[84]에 의해 개정된, 98/34/EG호 지침[85] 제1조 제1호[86]상의 서비스를 말한다.

b) "서비스제공자"는 어느 정보사회(情報社會)서비스를 제공(提供)하는(die einen Dienst der Informationsgesellschaft anbietet) 자연인 또는 법인을 말한다;

c) "서비스제공자의 영업소"는 고정된 시설에 의하여 불특정 기간 동안에 경제활동을 실질적으로 수행하는 제공자를 말한다; 서비스 제공에 필요한 기술 수단 및 과학기술의 존재 및 이용(Vorhandensein und Nutzung technischer Mittel und Technologien)만으로는 서비스제공자의 영업소가 되지 아니한다.

d) "이용자"는 직업적 목적이나 그 밖의 목적을 위하여, 특히 정보를 얻거나 이에 접근하기 위하여(insbesondere um Informationen zu erlangen oder zugänglich zu machen) 정보사회서비스를 이용하는 일체의 법인 또는 자연인을 말한다.

e) "소비자"는, 자신의 영업활동, 영리활동 또는 직업활동에 포함되지 않는 목적을 위하여 행위하는 일체의 자연인을 말한다.

f) "상업적 통신"은, 물품 혹은 용역의 판매의 직접적 또는 간접적 촉진이나, 회사의 이미지의 직접적 또는 간접적 제고(提高)를 위하거나, 상업, 공업 또는 수공업의 활동에 종사하거나 규제받는 직업에 종사하는 조직(組織) 또는 자연인(自然人)을 위한 모든 형태의 통신(通信)을 말한다; 다음 정보(情報)는 본래 상업적(商業的) 통신(通信)의 형태(形態)에 해당하지 아니한다:

- 기업, 조직 또는 사람의 활동에 대한 직접적 접근을 가능하게 하는 정보, 특히 도메인 또는 전자우편주소와 같은(wie insbesondere ein Domain-Name oder eine Adresse der elektronischen Post) 정보,
- 기업, 조직, 또는 사람의 물품, 용역 또는 이미지와 관련한 정보로, 독립적으로 또 특히 금전적 반대급부 없이 수집된(die unabhängig und insbesondere ohne finanzielle Gegenleistung gemacht

Gegenleistung gemacht werden;

g) “reglementierter Beruf” alle Berufe im Sinne von Artikel 1 Buchstabe d) der Richtlinie 89/48/EWG des Rates vom 21. Dezember 1988 über eine allgemeine Regelung zur Anerkennung der Hochschuldiplome, die eine mindestens dreijährige Berufsausbildung abschließen(26), oder im Sinne von Artikel 1 Buchstabe f) der Richtlinie 92/51/EWG des Rates vom 18. Juni 1992 über eine zweite allgemeine Regelung zur Anerkennung beruflicher Befähigungsnachweise in Ergänzung zur Richtlinie 89/48/EWG(27);

h) “koordinierter Bereich” die für die Anbieter von Diensten der Informationsgesellschaft und die Dienste der Informationsgesellschaft in den Rechtssystemen der Mitgliedstaaten festgelegten Anforderungen, ungeachtet der Frage, ob sie allgemeiner Art oder speziell für sie bestimmt sind.

i) Der koordinierte Bereich betrifft vom Diensteanbieter zu erfuellende Anforderungen in bezug auf

- die Aufnahme der Tätigkeit eines Dienstes der Informationsgesellschaft, beispielsweise Anforderungen betreffend Qualifikationen, Genehmigung oder Anmeldung;
- die Ausübung der Tätigkeit eines Dienstes der Informationsgesellschaft, beispielsweise Anforderungen betreffend das Verhalten des Diensteanbieters, Anforderungen betreffend Qualität oder Inhalt des Dienstes, einschließlich der auf Werbung und Verträge anwendbaren Anforderungen, sowie Anforderungen betreffend die Verantwortlichkeit des Diensteanbieters.

ii) Der koordinierte Bereich umfaßt keine Anforderungen wie

- Anforderungen betreffend die Waren als solche;
- Anforderungen betreffend die Lieferung von Waren;
- Anforderungen betreffend Dienste, die nicht auf elektronischem Wege erbracht werden.

Artikel 3 Binnenmarkt

(1) Jeder Mitgliedstaat trägt dafür Sorge, daß die Dienste der Informationsgesellschaft, die von einem in seinem Hoheitsgebiet niedergelassenen Diensteanbieter erbracht werden, den in diesem Mitgliedstaat geltenden innerstaatlichen Vorschriften entsprechen, die in den koordinierten Bereich fallen.

(2) Die Mitgliedstaaten dürfen den freien Verkehr von Diensten der Informationsgesellschaft aus einem anderen Mitgliedstaat nicht aus Gründen einschränken, die in den koordinierten Bereich fallen.

(3) Die Absätze 1 und 2 finden keine Anwendung auf die im Anhang genannten Bereiche.

(4) Die Mitgliedstaaten können Maßnahmen ergreifen, die im Hinblick auf einen bestimmten Dienst der Informationsgesellschaft von Absatz 2 abweichen, wenn die folgenden Bedingungen erfuellt sind:

werden) 정보;

g) "규제받는 직업"은, 「단과대학학위의 공인(Anerkennung der Hochschuldiplome)에 관한 일반적 규율에 관한 1988년 12월 21일의 이사회 89/48/EWG호 지침」 제1조 d목상의 모든 직업으로, 최소 3년간의 직업교육을 이수한 직업이나(26[87]), 「89/48/EWG지침의 보충을 위한 직업자격증명의 공인에 관한 2차 일반 규율(eine zweite allgemeine Regelung zur Anerkennung beruflicher Befähigungsnachweise in Ergänzung zur Richtlinie 89/48/EWG)에 관한 1992년 6월 18일 유럽경제공동체이사회 92/51/EWG호 지침」 제1조 f목상의 모든 직업(27[88]))을 말한다;

h) "규율된 부문"는, 회원국의 법제도에서 정보사회서비스 제공자와 정보사회서비스에 대하여 정해진 요구사항을 말하고, 그 요구사항이 정보사회서비스 제공자와 정보사회서비스에 대하여 일반적으로 또는 특별히 정해졌는지 여부를 불문한다(ungeachtet der Frage, ob sie allgemeiner Art oder speziell für sie bestimmt sind).

i) 규율된 부문은 서비스제공자가 충족해야 할 다음의 요구사항(vom Diensteanbieter zu erfuellende Anforderungen)에 관련된다.

- 예컨대 자격, 허가 또는 신고에 관한 요구사항과 같은 정보화서비스의 활동의 개시(die Aufnahme der Tätigkeit eines Dienstes der Informationsgesellschaft)에 대한 요구사항,
- 예컨대 광고와 계약에 적용하는 요구사항을 포함하여, 서비스제공자의 행위에 관한 요구사항, 서비의 품질과 내용에 관한 요구사항(Anforderungen betreffend Qualität oder Inhalt des Dienstes, einschließlich der auf Werbung und Verträge anwendbaren Anforderungen)과, 서비스제공자의 책임에 관한 사항과 같은 정보화사회서비의 활동의 수행에 관한 요구사항,

ii) 규율된 부문은 다음과 같은 요구사항은 포함하지 아니한다,

- 물품 그 자체에 관한 요구사항
- 물품의 인도에 관한 요구사항;
- 전자수단으로 제공되지 않는 서비스에 관한 요구사항.

제3조 유럽연합역내시장(域內市場)

① 각 회원국은, 자신의 영토 내에 있는 서비스제공자의 영업소에 의해 제공되는(die von einem in seinem Hoheitsgebiet niedergelassenen Diensteanbieter erbracht werden) 정보사회서비스가 이러한 회원국에서 적용되는, 규율된 부문에 포함된 국가법 규정에 부합한다는 점을 보장해야 한다.

② 회원국은, 규율된 부문에 포함된 이유에 기하여 다른 회원국에서 나오는 정보사회서비스의 자유로운 교역(den freien Verkehr von Diensten der Informationsgesellschaft)을 제한해서는 아니된다.

③ 제1항, 제2항은 부록에서 언급된 분야(die im Anhang genannten Bereiche)에 대해서는 적용하지 아니한다.

④ 회원국은, 다음 각 목의 조건이 충족된 경우에 특정한 정보사회서비스와 관련하여 제2항과 다른(die im Hinblick auf einen bestimmten Dienst der Informationsgesellschaft von Absatz 2 abweichen) 조치를 취할 수 있다.

a) Die Maßnahmen

i) sind aus einem der folgenden Gründe erforderlich:

- Schutz der öffentlichen Ordnung, insbesondere Verhütung, Ermittlung, Aufklärung und Verfolgung von Straftaten, einschließlich des Jugendschutzes und der Bekämpfung der Hetze aus Gründen der Rasse, des Geschlechts, des Glaubens oder der Nationalität, sowie von Verletzungen der Menschenwürde einzelner Personen,
- Schutz der öffentlichen Gesundheit,
- Schutz der öffentlichen Sicherheit, einschließlich der Wahrung nationaler Sicherheits- und Verteidigungsinteressen,
- Schutz der Verbraucher, einschließlich des Schutzes von Anlegern;

ii) betreffen einen bestimmten Dienst der Informationsgesellschaft, der die unter Ziffer i) genannten Schutzziele beeinträchtigt oder eine ernsthafte und schwerwiegende Gefahr einer Beeinträchtigung dieser Ziele darstellt;

iii) stehen in einem angemessenen Verhältnis zu diesen Schutzzielen.

b) Der Mitgliedstaat hat vor Ergreifen der betreffenden Maßnahmen unbeschadet etwaiger Gerichtsverfahren, einschließlich Vorverfahren und Schritten im Rahmen einer strafrechtlichen Ermittlung,

- den in Absatz 1 genannten Mitgliedstaat aufgefordert, Maßnahmen zu ergreifen, und dieser hat dem nicht Folge geleistet oder die von ihm getroffenen Maßnahmen sind unzulänglich;
- die Kommission und den in Absatz 1 genannten Mitgliedstaat über seine Absicht, derartige Maßnahmen zu ergreifen, unterrichtet.

(5) Die Mitgliedstaaten können in dringlichen Fällen von den in Absatz 4 Buchstabe b) genannten Bedingungen abweichen. In diesem Fall müssen die Maßnahmen so bald wie möglich und unter Angabe der Gründe, aus denen der Mitgliedstaat der Auffassung ist; daß es sich um einen dringlichen Fall handelt, der Kommission und dem in Absatz 1 genannten Mitgliedstaat mitgeteilt werden.

(6) Unbeschadet der Möglichkeit des Mitgliedstaates, die betreffenden Maßnahmen durchzuführen, muß die Kommission innerhalb kürzestmöglicher Zeit prüfen, ob die mitgeteilten Maßnahmen mit dem Gemeinschaftsrecht vereinbar sind; gelangt sie zu dem Schluß, daß die Maßnahme nicht mit dem Gemeinschaftsrecht vereinbar ist, so fordert sie den betreffenden Mitgliedstaat auf, davon Abstand zu nehmen, die geplanten Maßnahmen zu ergreifen, bzw. bereits ergriffene Maßnahmen unverzüglich einzustellen.

a) 그 조치가,

i) 다음 이유 중 어느 한 이유에서 필요할 것:

- 공공질서의 보호, 특히 청소년보호와, 인종, 성, 신앙 또는 국적에 기한 혐오에 대한 대처를 포함하여 범죄의 예방(豫防), 조사(照查), 수사(搜查) 및 소추(訴追)와, 개인에 대한 인간존엄성 침해에 대한 예방, 조사, 수사 및 소추(Verhütung, Ermittlung, Aufklärung und Verfolgung von Straftaten),
- 공중보건의 보호,
- 국가안보이익(國家安保利益)과 국방이익(國防利益)의 수호(Wahrung nationaler Sicherheits- und Verteidigungsinteressen)를 포함하여 공공안전의 보호,
- 투자자 보호를 포함하여 소비자 보호;

ii) i) 소목(小目)에서 언급된 보호목적을 방해하거나, 이러한 목적에 대한 심각하고도 중대한 위험을 발생시키는(eine ernsthafte und schwerwiegende Gefahr einer Beeinträchtigung dieser Ziele darstellt) 특정한 정보사회서비스에 관련될 것;

iii) 이러한 보호목적과 적절한 관계에 있을 것.

b) 해당 회원국은 관련 조치를 취하기 전에 범죄수사의 일환으로서의 사전절차 및 조처를 포함하여 어떤 사법절차에 상관없이,

- 제1항상의 회원국에 조치를 취할 것을 요구해야 하고, 제1항상의 회원국이 이에 따르지 않거나, 그 회원국이 취한 조치가 부적절한 할 것;
- 유럽연합집행위원회와 제1항상의 회원국에 그러한 조치를 취하려는 자신의 의도에 관하여 통지해야 할 것.

⑤ 해당 회원국(會員國)은 급박(急迫)한 경우 제4항 b목의 조건(條件)과 다르게 행할 수 있다. 이러한 경우 해당 조치는 가능한 한 신속하게(so bald wie möglich) 또 해당 회원국(會員國)의 의견이 담긴 이유, 즉 급박한 사정에 해당하는 이유(理由)를 기재(記載)하여 유럽연합집행위원회와 제1항상의 회원국(der Kommission und dem in Absatz 1 genannten Mitgliedstaat)에 통지(通知)되어야만 한다.

⑥ 회원국이 관련 조치를 실행할 가능성에도 불구하고 유럽연합집행위원회는 통지된 조치가 유럽연합법에 합치하는지 여부(ob die mitgeteilten Maßnahmen mit dem Gemeinschaftsrecht vereinbar sind)를 가능한 빠른 시간 내에 검증해야 한다; 유럽연합집행위원회는 그 조치가 유럽연합법에 합치하지 않는다는 결론에 이른 경우에 유럽연합집행위원회는, 해당 회원국에 계획 중인 조치를 취하는 것을 삼가거나, 이미 취한 조치를 지체 없이 중단할 것(davon Abstand zu nehmen, die geplanten Maßnahmen zu ergreifen, bzw. bereits ergriffene Maßnahmen unverzüglich einzustellen)을 요구한다.

KAPITEL II GRUNDSÄTZE

Abschnitt 1 - Niederlassung und Informationspflichten

Artikel 4 Grundsatz der Zulassungsfreiheit

(1) Die Mitgliedstaaten stellen sicher, daß die Aufnahme und die Ausübung der Tätigkeit eines Anbieters von Diensten der Informationsgesellschaft nicht zulassungspflichtig ist und keiner sonstigen Anforderung gleicher Wirkung unterliegt.

(2) Absatz 1 gilt unbeschadet der Zulassungsverfahren, die nicht speziell und ausschließlich Dienste der Informationsgesellschaft betreffen oder die in den Anwendungsbereich der Richtlinie 97/13/EG des Europäischen Parlaments und des Rates vom 10. April 1997 über einen gemeinsamen Rahmen für Allgemein- und Einzelgenehmigungen für Telekommuni- kationsdienste(28) fallen.

Artikel 5 Allgemeine Informationspflichten

(1) Zusätzlich zu den sonstigen Informationsanforderungen nach dem Gemeinschaftsrecht stellen die Mitgliedstaaten sicher, daß der Diensteanbieter den Nutzern des Dienstes und den zuständigen Behörden zumindest die nachstehend aufgeführten Informationen leicht, unmittelbar und ständig verfügbar macht:

a) den Namen des Diensteanbieters;

b) die geographische Anschrift, unter der der Diensteanbieter niedergelassen ist;

c) Angaben, die es ermöglichen, schnell mit dem Diensteanbieter Kontakt aufzunehmen und unmittelbar und effizient mit ihm zu kommunizieren, einschließlich seiner Adresse der elektronischen Post;

d) wenn der Diensteanbieter in ein Handelsregister oder ein vergleichbares öffentliches Register eingetragen ist, das Handelsregister, in das der Diensteanbieter eingetragen ist, und seine Handelsregisternummer oder eine gleichwertige in diesem Register verwendete Kennung;

e) soweit für die Tätigkeit eine Zulassung erforderlich ist, die Angaben zur zuständigen Aufsichtsbehörde;

f) hinsichtlich reglementierter Berufe:

- gegebenenfalls der Berufsverband, die Kammer oder eine ähnliche Einrichtung, dem oder der der Diensteanbieter angehört,
- die Berufsbezeichnung und der Mitgliedstaat, in der sie verliehen worden ist;
- eine Verweisung auf die im Mitgliedstaat der Niederlassung anwendbaren berufsrechtlichen Regeln und Angaben dazu, wie sie zugänglich sind;

g) in Fällen, in denen der Diensteanbieter Tätigkeiten ausübt, die der Mehrwertsteuer unterliegen,

제2장 원칙

제1절 영업소와 정보제공의무

제4조 허가자유의 원칙

① 회원국은 정보사회서비스 제공자의 활동의 개시 및 수행(die Aufnahme und die Ausübung der Tätigkeit eines Anbieters von Diensten der Informationsgesellschaft)은 허가를 필요로 하지 아니하고 또 허가와 동등한 효력을 지닌 그 밖의 요구사항을 적용받지 않는다는(keiner sonstigen Anforderung gleicher Wirkung unterliegt) 점을 보장한다.

② 오로지 정보사회서비스에만 특별하게 관련되지 않거나, 「원격통신서비스(28[89])에 대한 일반허가 및 특별허가에 대한 공동의 틀(einen gemeinsamen Rahmen für Allgemein- und Einzelgenehmigungen für Telekommunikationsdienste)에 관한 1997년 4월 10일 유럽연합 의회 및 이사회 97/13/EG호 지침」의 적용범위에 있지 않은 허가절차와 상관없이 제1항을 적용한다.

제5조 일반적 정보제공의무

① 회원국은 유럽연합법에 따른 기타 정보요구사항에 추가적으로, 서비스제공자가 서비스이용자와 관할 관청에 최소한 다음 각 목과 같은 정보를 쉽게, 직접적으로 또 지속적으로 이용할 수 있도록 보장해야 한다,

a) 서비스제공자의 이름;

b) 서비스제공자의 영업소가 있는 지역주소;

c) 그 전자우편주소를 포함하여(einschließlich seiner Adresse der elektronischen Post), 서비스제공자와 신속한 접촉 개시를 가능하게 하여 그와 직접적이고도 효율적으로 연락을 가능하게 하는 정보;

d) 서비스제공자가 상업등기부 또는 이와 유사한 공식등기부에 등재된 경우에 서비스제공자가 등재된 상업등기부와, 서비스제공자의 등기번호나 이러한 등기부에서 사용된 이와 동등한 식별표시(seine Handelsregisternummer oder eine gleichwertige in diesem Register verwendete Kennung);

e) 그 활동에 대해 허가에 필요한 범위 내에서, 관할 감독관청에 정보(die Angaben zur zuständigen Aufsichtsbehörde);

f) 규제받는 직업:

- 필요하면 서비스제공자가 가입한(dem oder der der Diensteanbieter angehört), 직업협회, 회의소 또는 이와 유사한 기관,
- 직업명과 직업명이 부여된(in der sie verliehen worden ist) 회원국;
- 영업소가 있는 회원국에서 적용될 수 있는 직업법 규율의 언급과 그 규율에 어떻게 접근하는지에 대한 정보;

g) 서비스제공자가 부가가치세 적용을 받는 활동을 수행하는 경우에(in Fällen, in denen der

die Identifikationsnummer gemäß Artikel 22 Absatz 1 der Sechsten Richtlinie 77/388/EWG des Rates vom 17. Mai 1977 zur Harmonisierung der Rechtsvorschriften der Mitgliedstaaten über die Umsatzsteuer - Gemeinsames Mehrwertsteuersystem: einheitliche steuerpflichtige Bemessungsgrundlage(29).

(2) Zusätzlich zu den sonstigen Informationsanforderungen nach dem Gemeinschaftsrecht tragen die Mitgliedstaaten zumindest dafür Sorge, daß, soweit Dienste der Informationsgesellschaft auf Preise Bezug nehmen, diese klar und unzweideutig ausgewiesen werden und insbesondere angegeben wird, ob Steuern und Versandkosten in den Preisen enthalten sind.

Abschnitt 2 - Kommerzielle Kommunikationen

Artikel 6 Informationspflichten

Zusätzlich zu den sonstigen Informationsanforderungen nach dem Gemeinschaftsrecht stellen die Mitgliedstaaten sicher, daß kommerzielle Kommunikationen, die Bestandteil eines Dienstes der Informationsgesellschaft sind oder einen solchen Dienst darstellen, zumindest folgende Bedingungen erfuellen:

a) Kommerzielle Kommunikationen müssen klar als solche zu erkennen sein;

b) die natürliche oder juristische Person, in deren Auftrag kommerzielle Kommunikationen erfolgen, muß klar identifizierbar sein;

c) soweit Angebote zur Verkaufsförderung wie Preisnachlässe, Zugaben und Geschenke im Mitgliedstaat der Niederlassung des Diensteanbieters zulässig sind, müssen sie klar als solche erkennbar sein, und die Bedingungen für ihre Inanspruchnahme müssen leicht zugänglich sein sowie klar und unzweideutig angegeben werden

d) soweit Preisausschreiben oder Gewinnspiele im Mitgliedstaat der Niederlassung des Diensteanbieters zulässig sind, müssen sie klar als solche erkennbar sein, und die Teilnahmebedingungen müssen leicht zugänglich sein sowie klar und unzweideutig angegeben werden.

Artikel 7 Nicht angeforderte kommerzielle Kommunikationen

(1) Zusätzlich zu den sonstigen Anforderungen des Gemeinschaftsrechts stellen Mitgliedstaaten, die nicht angeforderte kommerzielle Kommunikation mittels elektronischer Post zulassen, sicher, daß solche kommerziellen Kommunikationen eines in ihrem Hoheitsgebiet niedergelassenen Diensteanbieters bei Eingang beim Nutzer klar und unzweideutig als solche erkennbar sind.

(2) Unbeschadet der Richtlinien 97/7/EG und 97/66/EG ergreifen die Mitgliedstaaten Maßnahmen um sicherzustellen, daß Diensteanbieter, die nicht angeforderte kommerzielle Kommunikation durch elektronische Post übermitteln, regelmäßig sog. Robinson-Listen konsultieren, in die sich

Diensteanbieter Tätigkeiten ausübt, die der Mehrwertsteuer unterliegen), 「판매세- 공동의 부가가치 세제에 관한 회원국의 법규정의 일치(Harmonisierung der Rechtsvorschriften der Mitgliedstaaten)를 위한 1977년 5월 17일 유럽경제공동체이사회의 77/388/EWG호 제6차 지침」 제22조 제1항에 따른 식별번호: 일률적 과세산정의 기초(einheitliche steuerpflichtige Bemessungsgrundlage)(29[90]).

② 회원국은 유럽연합법에 따른 기타 정보요구사항에 추가적으로, 최소한, 정보사회서비스에서 가격을 언급되는 범위 내에서 이러한 가격이 명료하고 분명하게 명시되고, 특히 조세 및 배송비가 가격에 포함되어 있는지가 명시되도록(diese klar und unzweideutig ausgewiesen werden und insbesondere angegeben wird, ob Steuern und Versandkosten in den Preisen enthalten sind) 보장한다.

제2절 상업적 통신

제6조 정보제공의무

회원국은 유럽연합법에 따른 기타 정보요구사항에 추가적으로, 정보사회서비스의 구성부분이거나 이러한 서비스를 구성하는 상업적 통신이 최소한 다음 각 목의 조건을 충족한다는 점을 보장한다:

a) 상업적 통신이 상업통신임이 분명하게 인식되어야만 한다;

b) 상업적 통신이 행해지도록 의뢰하는 자연이 또는 법인 분명하게 인식(認識)될 수 있어야만 한다;

c) 가격할인, 경품, 사은품과 같은 판매촉진을 위한 제공이 서비스제공자의 영업소가 있는 회원국에서 허용되는 범위 내에서, 그것으로서 분명하게 인식되어야만 하고, 그 행사의 조건에 쉽게 접근할 수 있어야만 하고 명료하고 분명하게 명시되어야만 한다(die Bedingungen für ihre Inanspruchnahme müssen leicht zugänglich sein sowie klar und unzweideutig angegeben werden);.

d) 판촉행사 또는 판촉경기(Preisausschreiben oder Gewinnspiele)가 서비스제공자 영업소가 있는 회원국에서 허용되는 범위 내에서 그것은 판촉행사 또는 판촉경기임이 분명하게 인식될 수 있어야만 하고, 참가조건에 쉽게 접근할 수 있어야만 하고 또 명료하고 분명하게 명시(明示)되어야만 한다.

제7조 주문하지 않은 상업적 통신

① 전자우편에 의한 요구되지 않은 상업적 통신을 허용하는(die nicht angeforderte kommerzielle Kommunikation mittels elektronischer Post zulassen) 회원국은 유럽연합법에 따른 기타 정보요구사항에 추가적으로, 자신의 영토 내에 영업소를 둔 서비스제공자의 그러한 상업적 통신이 이용자(利用者)에게 도달시 명료하고도 분명하게 상업적 통신(通信)임을 인식되도록 보장한다.

② 97/7/EG 및 97/66/EG 지침에 상관없이 회원국은, 전자우편에 의해 주문하지 않은 상업적 통신을 전송한 서비스제공자 규칙적으로, 그러한 상업적 통신을 수령하기를 원치 않는 자연인이 등재될 수 있는 이른바 '수신거부목록'(受信拒否目錄)을 찾아보고(regelmäßig sog. Robinson-Listen konsultieren, in die sich natürliche Personen eintragen können, die keine derartigen kommerziellen

natürliche Personen eintragen können, die keine derartigen kommerziellen Kommunikationen zu erhalten wünschen, und daß die Diensteanbieter diese Listen beachten.

Artikel 8 Reglementierte Berufe

(1) Die Mitgliedstaaten stellen sicher, daß die Verwendung kommerzieller Kommunikationen, die Bestandteil eines von einem Angehörigen eines reglementierten Berufs angebotenen Dienstes der Informationsgesellschaft sind oder einen solchen Dienst darstellen, gestattet ist, soweit die berufsrechtlichen Regeln, insbesondere zur Wahrung von Unabhängigkeit, Würde und Ehre des Berufs, des Berufsgeheimnisses und eines lauteren Verhaltens gegenüber Kunden und Berufskollegen, eingehalten werden.

(2) Unbeschadet der Autonomie von Berufsvereinigungen und -organisationen ermutigen die Mitgliedstaaten und die Kommission die Berufsvereinigungen und -organisationen dazu, Verhaltenskodizes auf Gemeinschaftsebene aufzustellen, um zu bestimmen, welche Arten von Informationen im Einklang mit den in Absatz 1 genannten Regeln zum Zwecke der kommerziellen Kommunikation erteilt werden können.

(3) Bei der Ausarbeitung von Vorschlägen für Gemeinschaftsinitiativen, die erforderlich werden könnten, um das Funktionieren des Binnenmarktes im Hinblick auf die in Absatz 2 genannten Informationen zu gewährleisten, trägt die Kommission den auf Gemeinschaftsebene geltenden Verhaltenskodizes gebührend Rechnung und handelt in enger Zusammenarbeit mit den einschlägigen Berufsvereinigungen und -organisationen.

(4) Diese Richtlinie findet zusätzlich zu den Gemeinschaftsrichtlinien betreffend den Zugang zu und die Ausübung von Tätigkeiten im Rahmen der reglementierten Berufe Anwendung.

Abschnitt 3 - Abschluß von Verträgen auf elektronischem Weg

Artikel 9 Behandlung von Verträgen

(1) Die Mitgliedstaaten stellen sicher, daß ihr Rechtssystem den Abschluß von Verträgen auf elektronischem Wege ermöglicht. Die Mitgliedstaaten stellen insbesondere sicher, daß ihre für den Vertragsabschluß geltenden Rechtsvorschriften weder Hindernisse für die Verwendung elektronischer Verträge bilden noch dazu führen, daß diese Verträge aufgrund des Umstandes, daß sie auf elektronischem Wege zustande gekommen sind, keine rechtliche Wirksamkeit oder Gültigkeit haben.

Kommunikationen zu erhalten wünschen) 그 서비스제공자가 이러한 목록을 준수하도록 보장하기 위하여 조치를 취한다.

제8조 규제받는 직업

① 회원국은, 규제받는 직업에 속한 자가 제공한 정보사회서비스의 구성부분(die Bestandteil eines von einem Angehörigen eines reglementierten Berufs angebotenen Dienstes der Informationsgesellschaft)이거나 그러한 서비스를 구성하는 상업적 통신의 이용은, 특히 독립성, 직업의 위엄 및 명예, 직업비밀과 고객 및 직업동료의 공정한 행위의 보호(insbesondere zur Wahrung von Unabhängigkeit, Würde und Ehre des Berufs, des Berufsgeheimnisses und eines lauteren Verhaltens gegenüber Kunden und Berufskollegen)에 관한 직업법 규율이 지켜지는 범위 내에서 허용된다는 점을 보장한다.

② 직업협회 또는 직업단체의 자율성에 상관없이(Unbeschadet der Autonomie von Berufsvereinigungen und -organisationen), 회원국과 유럽연합집행위원회는 직업협회 또는 직업단체가 어떤 유형의 정보가 제1항상의 규율에 따라 상업적 목적으로 제공될 수 있는지(welche Arten von Informationen im Einklang mit den in Absatz 1 genannten Regeln zum Zwecke der kommerziellen Kommunikation erteilt werden können)를 정하는, 유럽연합 수준의 행위수칙을 제정하도록 촉진한다.

③ 제2항상의 정보와 관련한 유럽연합역내시장의 기능을 보장하는 데에 필요할 수 있는 공동 프로젝트에 관한 제안의 입안에 있어(Bei der Ausarbeitung von Vorschlägen für Gemeinschaftsinitiativen) 유럽연합집행위원회는 유럽연합 수준에서 적용되는 행위수칙(den auf Gemeinschaftsebene geltenden Verhaltenskodizes)을 적절하게 고려하고 관련 직업협회 및 직업단체와 긴밀하게 협력한다(handelt in enger Zusammenarbeit mit den einschlägigen Berufsvereinigungen und -organisationen).

④ 이러한 지침은, 규제받는 직업의 범위 내의 활동(Tätigkeiten im Rahmen der reglementierten Berufe)에 대한 접근과 그 활동의 수행에 관한 유럽연합지침 이외에 추가적으로 적용한다.

제3절 전자수단에 의한 계약 체결

제9조 계약의 취급

① 회원국은 회원국의 법제도가 전자수단에 의한 계약 체결을 가능하도록 보장한다. 회원국은 특히 계약체결을 위해 적용되는 회원국의 법규정이 전자수단에 의한 계약의 이용에 대한 장애(Hindernisse für die Verwendung elektronischer Verträge)가 조성되지도 않고, 또 이러한 계약이 전자수단에 의해 계약이 체결된 사정에 기하여 법적 효력 또는 유효성을 가지지 않는다는 점이 초래되지 않도록(noch dazu führen, daß diese Verträge aufgrund des Umstandes, daß sie auf elektronischem Wege zustande gekommen sind, keine rechtliche Wirksamkeit oder Gültigkeit haben) 보장한다.

(2) Die Mitgliedstaaten können vorsehen, daß Absatz 1 auf alle oder bestimmte Verträge einer der folgenden Kategorien keine Anwendung findet:

a) Verträge, die Rechte an Immobilien mit Ausnahme von Mietrechten begründen oder übertragen;

b) Verträge, bei denen die Mitwirkung von Gerichten, Behörden oder öffentliche Befugnisse ausübenden Berufen gesetzlich vorgeschrieben ist;

c) Bürgschaftsverträge und Verträge über Sicherheiten, die von Personen außerhalb ihrer gewerblichen, geschäftlichen oder beruflichen Tätigkeit eingegangen werden;

d) Verträge im Bereich des Familienrechts oder des Erbrechts.

(3) Die Mitgliedstaaten teilen der Kommission mit, für welche der in Absatz 2 genannten Kategorien sie Absatz 1 nicht anwenden. Die Mitgliedstaaten übermitteln der Kommission alle fünf Jahre einen Bericht über die Anwendung des Absatzes 2, aus dem hervorgeht, aus welchen Gründen es ihres Erachtens weiterhin gerechtfertigt ist, auf die unter Absatz 2 Buchstabe b) fallende Kategorie Absatz 1 nicht anzuwenden.

Artikel 10 Informationspflichten

(1) Zusätzlich zu den sonstigen Informationspflichten aufgrund des Gemeinschaftsrechts stellen die Mitgliedstaaten sicher, daß - außer im Fall abweichender Vereinbarungen zwischen Parteien, die nicht Verbraucher sind - vom Diensteanbieter zumindest folgende Informationen klar, verständlich und unzweideutig erteilt werden, bevor des Nutzer des Dienstes die Bestellung abgibt:

a) die einzelnen technischen Schritte, die zu einem Vertragsabschluß führen;

b) Angaben dazu, ob der Vertragstext nach Vertragsabschluß vom Diensteanbieter gespeichert wird und ob er zugänglich sein wird;

c) die technischen Mittel zur Erkennung und Korrektur von Eingabefehlern vor Abgabe der Bestellung;

d) die für den Vertragsabschluß zur Verfügung stehenden Sprachen.

(2) Die Mitgliedstaaten stellen sicher, daß - außer im Fall abweichender Vereinbarungen zwischen Parteien, die nicht Verbraucher sind - der Diensteanbieter alle einschlägigen Verhaltenskodizes angibt, denen er sich unterwirft, einschließlich Informationen darüber, wie diese Kodizes auf elektronischem Wege zugänglich sind.

(3) Die Vertragsbestimmungen und die allgemeinen Geschäftsbedingungen müssen dem Nutzer so zur Verfügung gestellt werden, daß er sie speichern und reproduzieren kann.

② 회원국은, 제1항이 다음 각 목의 범주의 모든 또는 특정 계약에 적용되지 않도록 규정할 수 있다,

a) 임차권을 제외하고 부동산에 대한 권리(Rechte an Immobilien mit Ausnahme von Mietrechten)를 설정하거나 이전하는 계약;

b) 법에 의한, 법원, 관청, 공적 권한을 행사하는 직업(Gerichten, Behörden oder öffentliche Befugnisse ausübenden Berufen)의 협력이 규정된 계약;

c) 그 영업활동, 영리활동 또는 직업활동 이외의 자(von Personen außerhalb ihrer gewerblichen, geschäftlichen oder beruflichen Tätigkeit eingegangen)에 의해 체결된, 보증계약 및 담보에 관한 계약;

d) 가족법 또는 상속법의 영역에서의 계약.

③ 회원국은, 유럽연합집행위원회에 자신이 제2항상의 범주의 어느 범주에 대해 제1항을 적용하지 않는지를 유럽연회원국이 통지한다. 회원국은 유럽연합집행위원회에 제2항의 적용에 관한 보고서로, 자신의 판단에 의할 때 어떤 이유에서 제2항 b목에 포함되는 범주에 제1항을 적용하지 않는 것이 계속적으로 정당화되는지(aus welchen Gründen es ihres Erachtens weiterhin gerechtfertigt ist, auf die unter Absatz 2 Buchstabe b) fallende Kategorie Absatz 1 nicht anzuwenden)가 나타나는 보고서를 5년간 제출한다.

제10조 정보제공의무

① 유럽연합법에 기한 기타 정보제공의무에 추가적으로, 회원국은, 소비자가 아닌 당사자들 간에 이와 다른 내용으로 체결된 약정의 경우를 제외하고(außer im Fall abweichender Vereinbarungen zwischen Parteien, die nicht Verbraucher sind), 서비스제공자가 서비스이용자가 주문을 하기 전에 최소한 다음 각 목의 정보를 명료하고 이해가 쉬우며 분명하게(klar, verständlich und unzweideutig) 제공하도록 보장한다:

a) 계약체결을 가져온 개별 기술적 조처;

b) 계약 체결 후 계약원문(Vertragstext)이 저장되는지 여부와 그 계약원문에 접근할 수 있는지 여부에 관한 정보;

c) 주문 전의 입력오류의 인식 및 정정(訂正)(Erkennung und Korrektur von Eingabefehlern vor Abgabe der Bestellung)을 위한 기술적 수단;

d) 계약체결에 사용되는 언어.

② 회원국은, 소비자가 아닌 당사자들 간에 이와 다른 내용으로 체결된 약정의 경우를 제외하고 (außer im Fall abweichender Vereinbarungen zwischen Parteien, die nicht Verbraucher sind), 서비스제공자가 어떻게 이러한 행위수칙에 전자수단으로 접근할 수 있는지(wie diese Kodizes auf elektronischem Wege zugänglich sind)에 관한 정보를 포함하여 자신이 준수하는 관련 일체의 행위수칙을 명시하도록 보장한다.

③ 계약조항과 보통거래약관(Die Vertragsbestimmungen und die allgemeinen Geschäftsbedingungen)은 그 이용자가 이를 저장하고 재현할 수 있도록(daß er sie speichern und reproduzieren kann) 제공되어야만 한다.

(4) Die Absätze 1 und 2 gelten nicht für Verträge, die ausschließlich durch den Austausch von elektronischer Post oder durch damit vergleichbare individuelle Kommunikation geschlossen werden.

Artikel 11 Abgabe einer Bestellung

(1) Die Mitgliedstaaten stellen sicher, daß - außer im Fall abweichender Vereinbarungen zwischen Parteien, die nicht Verbraucher sind - im Fall einer Bestellung durch einen Nutzer auf elektronischem Wege folgende Grundsätze gelten:

- Der Diensteanbieter hat den Eingang der Bestellung des Nutzers unverzüglich auf elektronischem Wege zu bestätigen;
- Bestellung und Empfangsbestätigung gelten als eingegangen, wenn die Parteien, für die sie bestimmt sind, sie abrufen können.

(2) Die Mitgliedstaaten stellen sicher, daß - außer im Fall abweichender Vereinbarungen zwischen Parteien, die nicht Verbraucher sind - der Diensteanbieter dem Nutzer angemessene, wirksame und zugängliche technische Mittel zur Verfügung stellt, mit denen er Eingabefehler vor Abgabe der Bestellung erkennen und korrigieren kann.

(3) Absatz 1 erster Gedankenstrich und Absatz 2 gelten nicht für Verträge, die ausschließlich durch den Austausch von elektronischer Post oder durch vergleichbare individuelle Kommunikation geschlossen werden.

Abschnitt 4 - Verantwortlichkeit der Vermittler

Artikel 12 Reine Durchleitung

(1) Die Mitgliedstaaten stellen sicher, daß im Fall eines Dienstes der Informationsgesellschaft, der darin besteht, von einem Nutzer eingegebene Informationen in einem Kommunikationsnetz zu übermitteln oder Zugang zu einem Kommunikationsnetz zu vermitteln, der Diensteanbieter nicht für die übermittelten Informationen verantwortlich ist, sofern er

a) die Übermittlung nicht veranlaßt,

b) den Adressaten der übermittelten Informationen nicht auswählt und

c) die übermittelten Informationen nicht auswählt oder verändert.

(2) Die Übermittlung von Informationen und die Vermittlung des Zugangs im Sinne von Absatz 1 umfassen auch die automatische kurzzeitige Zwischenspeicherung der übermittelten Informationen, soweit dies nur zur Durchführung der Übermittlung im Kommunikationsnetz geschieht und die Information nicht länger gespeichert wird, als es für die Übermittlung üblicherweise erforderlich ist.

(3) Dieser Artikel läßt die Möglichkeit unberührt, daß ein Gericht oder eine Verwaltungsbehörde

④ 제1항, 제2항은 오로지 전자우편의 교환 또는 이와 유사한 개인통신으로만(ausschließlich durch den Austausch von elektronischer Post oder durch damit vergleichbare individuelle Kommunikation) 체결된 계약에 대해서는 적용하지 아니한다.

제11조 주문하기

① 회원국은, 소비자가 아닌 당사자들 간에 이와 다른 내용으로 체결된 약정의 경우를 제외하고(außer im Fall abweichender Vereinbarungen zwischen Parteien, die nicht Verbraucher sind), 전자수단에 의한 이용자의 주문의 경우에 다음의 원칙이 적용되도록 보장한다:

- 서비스제공자가 이용자의 주문 도달(den Eingang der Bestellung des Nutzers)을 지체 없이 전자수단으로 확인해야 한다;
- 주문과 주문확인은, 이를 전송받은 당사자들이 이를 불러올 수 있을 때에 도달한 것으로 본다.

② 회원국은, 소비자가 아닌 당사자들 간에 이와 다른 내용으로 체결된 약정의 경우를 제외하고(außer im Fall abweichender Vereinbarungen zwischen Parteien, die nicht Verbraucher sind), 서비스제공자가 이용자에게 적절하고도 효과적이며 접근 가능한 기술적 수단으로, 그가 입력 오류가 주문 표시 전에 인식하고 이를 성정할 수 있는 기술적 수단을 제공하도록 보장한다.

③ 제2항 첫째 들여쓰기항(erster Gedankenstrich)과 제2항은 오로지 전자우편의 교환 또는 이와 유사한 개인통신으로(durch den Austausch von elektronischer Post oder durch vergleichbare individuelle Kommunikation)만 체결된계약에 대해 적용하지 아니한다.

제4절 중개인의 책임

제12조

① 회원국은, 정보사회서비스가 어느 이용자가 제공한 정보를 통신망을 통해 전송하거나 통신망의 이용을 중개하는 것(Dienstes der Informationsgesellschaft, der darin besteht, von einem Nutzer eingegebene Informationen in einem Kommunikationsnetz zu übermitteln oder Zugang zu einem Kommunikationsnetz zu vermitteln)인 경우에 서비스제공자는 다음 각 목의 때에 전송된 정보에 대하여 책임을 지지 아니한다는 점을 보장한다,

a) 그가 그 전송을 의뢰하지 않은 경우,

b) 그가 전송된 정보의 수신인을 선택하지 않은 경우,

c) 그가 전송된 정보를 선택하거나 수정하지 않은 경우.

② 제1항에 의한 정보의 전송과 접근 중개(Die Übermittlung von Informationen und die Vermittlung des Zugangs im Sinne von Absatz 1)에는, 이것이 통신망 내에서의 전송의 처리를 위해 발생하고 정보가 그 전송에 통상적으로 필요한 기간보다(als es für die Übermittlung üblicherweise erforderlich ist) 더 장기간 저장되지 않는 범위 내에서 전송된 정보의 단기의 자동임시저장도 포함된다.

③ 법원 또는 행정관청이 회원국의 법제도에 따라 서비스제공자에게 법위반을 시정하거나 방지하

nach den Rechtssystemen der Mitgliedstaaten vom Diensteanbieter verlangt, die Rechtsverletzung abzustellen oder zu verhindern.

Artikel 13 Caching

(1) Die Mitgliedstaaten stellen sicher, daß im Fall eines Dienstes der Informationsgesellschaft, der darin besteht, von einem Nutzer eingegebene Informationen in einem Kommunikationsnetz zu übermitteln, der Diensteanbieter nicht für die automatische, zeitlich begrenzte Zwischenspeicherung verantwortlich ist, die dem alleinigen Zweck dient, die Übermittlung der Information an andere Nutzer auf deren Anfrage effizienter zu gestalten, sofern folgende Voraussetzungen erfuellt sind:

a) Der Diensteanbieter verändert die Information nicht;

b) der Diensteanbieter beachtet die Bedingungen für den Zugang zu der Information;

c) der Diensteanbieter beachtet die Regeln für die Aktualisierung der Information, die in weithin anerkannten und verwendeten Industriestandards festgelegt sind;

d) der Diensteanbieter beeinträchtigt nicht die erlaubte Anwendung von Technologien zur Sammlung von Daten über die Nutzung der Information, die in weithin anerkannten und verwendeten Industriestandards festgelegt sind;

e) der Diensteanbieter handelt zügig, um eine von ihm gespeicherte Information zu entfernen oder den Zugang zu ihr zu sperren, sobald er tatsächliche Kenntnis davon erhält, daß die Information am ursprünglichen Ausgangsort der Übertragung aus dem Netz entfernt wurde oder der Zugang zu ihr gesperrt wurde oder ein Gericht oder eine Verwaltungsbehörde die Entfernung oder Sperrung angeordnet hat.

(2) Dieser Artikel läßt die Möglichkeit unberührt, daß ein Gericht oder eine Verwaltungsbehörde nach den Rechtssystemen der Mitgliedstaaten vom Diensteanbieter verlangt, die Rechtsverletzung abzustellen oder zu verhindern.

Artikel 14 Hosting

(1) Die Mitgliedstaaten stellen sicher, daß im Fall eines Dienstes der Informationsgesellschaft, der in der Speicherung von durch einen Nutzer eingegebenen Informationen besteht, der Diensteanbieter nicht für die im Auftrag eines Nutzers gespeicherten Informationen verantwortlich ist, sofern folgende Voraussetzungen erfuellt sind:

a) Der Anbieter hat keine tatsächliche Kenntnis von der rechtswidrigen Tätigkeit oder Information, und, in bezug auf Schadenersatzansprüche, ist er sich auch keiner Tatsachen oder Umstände bewußt, aus denen die rechtswidrige Tätigkeit oder Information offensichtlich wird, oder

b) der Anbieter wird, sobald er diese Kenntnis oder dieses Bewußtsein erlangt, unverzüglich tätig,

도록(die Rechtsverletzung abzustellen oder zu verhindern) 요청하는 가능성은 위와 같은 조항에 의해 영향을 받지 아니한다.

제13조 캐싱[91)]

① 회원국은, 정보사회서비스가 어느 이용자가 제공한 정보의 통신망을 통해 전송하거나 통신망에 대한 접근을 중개하는 것(Dienstes der Informationsgesellschaft, der darin besteht, von einem Nutzer eingegebene Informationen in einem Kommunikationsnetz zu übermitteln oder Zugang zu einem Kommunikationsnetz zu vermitteln)인 경우에, 시간적으로 제한된 임시자동저장으로, 그 이용자의 요구에 의한 다른 이용자에 대한 정보의 전송을 보다 효율적으로 하는 유일한 목적에 기여하는 임시자동저장에 대해해 책임을 지지 않는 서비스제공자는, 다음 각 목의 요건이 충족되는 한, 다음 각 목을 보장한다,

a) 서비스제공자가 정보를 변경하지 못한다는 점;
b) 서비스제공자가 정보의 이용에 대한 조건(die Bedingungen für den Zugang zu der Information)을 준수한다는 점;
c) 서비스제공자가 정보의 업데이트(die Aktualisierung)에 대한 규칙으로, 널리 인정되고 사용된 산업표준으로 정해진 규칙을 준수한다는 점;
d) 서비스제공자가 널리 인정되고 사용된 산업표준으로 정해진(die in weithin anerkannten und verwendeten Industriestandards festgelegt sind) 정보의 이용에 관한 자료의 수집을 위한 기술의 이용을 방해하지 않는다는 점;
e) 서비스제공자가, 원래의 전송의 출발지에 있는 그 정보가 통신망에서 삭제되었거나(er tatsächliche Kenntnis davon erhält, daß die Information am ursprünglichen Ausgangsort der Übertragung aus dem Netz entfernt wurde), 그 정보에 대한 접근이 차단되었거나 법원 또는 행정관청이 삭제 또는 차단을 명령했다는 점을 알게 되자마자, 그 서비스제공자는 자신이 저장한 정보를 삭제하거나 그 정보에 대한 접근을 차단하기 위하여 신속하게 행동한다는 점.

② 어느 법원 또는 행정관청이 회원국의 법제도에 따라 서비스제공자에게 법위반을 시정하거나 방지하도록(die Rechtsverletzung abzustellen oder zu verhindern) 요구하는 가능성은 위와 같은 조항으로 영향받지 아니한다.

제14조 호스팅[92)]

① 회원국은, 정보사회서비스가 이용자에 의해 제공된 정보의 저장인 경우에, 다음 각 목의 요건이 충족되는 때에는 그 서비스제공자가 이용자의 주문으로 저장한 정보에 대하여 책임을 지지 아니한다:

a) 서비스제공자가 법위반 활동 또는 정보에 대해 실제로 알지 못한 때, 손해배상청구권과 관련해서는 서비스제공자가 법위반 활동 또는 정보임이 명백해진(aus denen die rechtswidrige Tätigkeit oder Information offensichtlich wird) 사실 또는 사정을 알지 못한 때
b) 제공자가 이러한 지(知) 또는 인식을 갖자마자 지체 없이 그 정보를 삭제하거나 그 정보에 대한 접근을 차단하기 위해(um die Information zu entfernen oder den Zugang zu ihr zu sperren)

um die Information zu entfernen oder den Zugang zu ihr zu sperren.

(2) Absatz 1 findet keine Anwendung, wenn der Nutzer dem Diensteanbieter untersteht oder von ihm beaufsichtigt wird.

(3) Dieser Artikel läßt die Möglichkeit unberührt, daß ein Gericht oder eine Verwaltungsbehörde nach den Rechtssystemen der Mitgliedstaaten vom Diensteanbieter verlangt, die Rechtsverletzung abzustellen oder zu verhindern, oder daß die Mitgliedstaaten Verfahren für die Entfernung einer Information oder die Sperrung des Zugangs zu ihr festlegen.

Artikel 15 Keine allgemeine Überwachungspflicht

(1) Die Mitgliedstaaten erlegen Anbietern von Diensten im Sinne der Artikel 12, 13 und 14 keine allgemeine Verpflichtung auf, die von ihnen übermittelten oder gespeicherten Informationen zu überwachen oder aktiv nach Umständen zu forschen, die auf eine rechtswidrige Tätigkeit hinweisen.

(2) Die Mitgliedstaaten können Anbieter von Diensten der Informationsgesellschaft dazu verpflichten, die zuständigen Behörden unverzüglich über mutmaßliche rechtswidrige Tätigkeiten oder Informationen der Nutzer ihres Dienstes zu unterrichten, oder dazu verpflichten, den zuständigen Behörden auf Verlangen Informationen zu übermitteln, anhand deren die Nutzer ihres Dienstes, mit denen sie Vereinbarungen über die Speicherung geschlossen haben, ermittelt werden können.

KAPITEL III UMSETZUNG

Artikel 16 Verhaltenskodizes

(1) Die Mitgliedstaaten und die Kommission ermutigen

a) die Handels-, Berufs- und Verbraucherverbände und -organisationen, auf Gemeinschaftsebene Verhaltenkodizes aufzustellen, die zur sachgemäßen Anwendung der Artikel 5 bis 15 beitragen;

b) zur freiwilligen Übermittlung der Entwürfe für Verhaltenskodizes auf der Ebene der Mitgliedstaaten oder der Gemeinschaft an die Kommission;

c) zur elektronischen Abrufbarkeit der Verhaltenskodizes in den Sprachen der Gemeinschaft;

d) die Handels-, Berufs- und Verbraucherverbände und -organisationen, die Mitgliedstaaten und die Kommission darüber zu unterrichten, zu welchen Ergebnissen sie bei der Bewertung der Anwendung ihrer Verhaltenskodizes und von deren Auswirkungen auf die Praktiken und Gepflogenheiten des elektronischen Geschäftsverkehrs gelangen;

활동한 때.

② 이용자가 서비스제공자에 종속되어 있거나 서비스제공자에 의해 감독을 받은 때에는 제1항을 적용하지 아니한다.

③ 법원 또는 행정관청이 회원국의 법제도에 따라 서비스제공자에게 법위반을 시정하거나 방지하하는 점(die Rechtsverletzung abzustellen oder zu verhindern)이나, 회원국의 정보 삭제 절차나 정보에 접근에 대한 차단 절차를 규정하는 점(daß die Mitgliedstaaten Verfahren für die Entfernung einer Information oder die Sperrung des Zugangs zu ihr festlegen)이 이러한 조항에 의해 영향을 받지 아니한다.

제15조 일반적 감시의무의 불인정

① 회원국은, 제12조, 제13조 및 제12조상의 서비스제공자에게 그 서비스제공자가 전송하거나 저장한 정보(die von ihnen übermittelten oder gespeicherten Informationen)를 감시하거나, 적극적으로 법위반을 드러내는(die auf eine rechtswidrige Tätigkeit hinweisen) 사정에 대해 연구하는 보편적 의무를 부과하지 못한다.

② 회원국은 정보사회서비스 제공자에 관할 관청에 자신의 서비스의 이용자의 고의적 법위반 또는 정보(mutmaßliche rechtswidrige Tätigkeiten oder Informationen der Nutzer ihres Dienstes)에 관하여 지체 없이 통지할 의무나, 관할 관청의 요구의 요구에 따라 그 관청에, 그 서비스의 이용자로, 서비스제공자가 저장에 관한 약정을 체결한 이용자가 조사를 받을 수 있는(anhand deren die Nutzer ihres Dienstes, mit denen sie Vereinbarungen über die Speicherung geschlossen haben, ermittelt werden können) 근거가 되는 정보를 제공할 의무를 부과할 수 있다.

제3장 시행

제16조 행위수칙

① 회원국과 유럽연합회원국은 다음 각 목을 촉진한다.

a) 상업협회, 직업협회 또는 소비자협회나 상업단체, 직업단체 또는 소비자단체(die Handels-, Berufs- und Verbraucherverbände und -organisationen)가 제5조 내지 제15조의 적절한 적용에 기여하는 행위수칙을 유럽연합 수준으로 제정하는 것:

b) 회원국 수준 또는 유럽연합 수준의 행위수칙안을 유럽연합집행위원회에 자유롭게 전달하는 것;

c) 유럽연합 각국(各國)의 언어(言語)에 의한 행위(行爲)수칙(守則)의 전자적인 불러오기(elektronischen Abrufbarkeit der Verhaltenskodizes);

d) 회원국과 유럽연합집행위원회에 통지하는 상업협회, 직업협회 또는 소비자협회나 상업단체, 직업단체 또는 소비자단체가 그 행위수칙의 적용 평가와 그 행위수칙의 전자상거래의 실무 및 관행에 대한 영향(von deren Auswirkungen auf die Praktiken und Gepflogenheiten des elektronischen Geschäftsverkehrs) 평가에 있어 어떤 결론을 얻었는지에 관하여 통지하는 것;

e) zur Aufstellung von Verhaltenskodizes zum Zwecke des Jugendschutzes und des Schutzes der Menschenwürde.

(2) Die Mitgliedstaaten und die Kommission ermutigen dazu, die Verbraucherverbände und -organisationen bei der Ausarbeitung und Anwendung von ihre Interessen berührenden Verhaltenskodizes im Sinne von Absatz 1 Buchstabe a) zu beteiligen. Gegebenenfalls sind Vereinigungen zur Vertretung von Sehbehinderten und allgemein von Behinderten zu hören, um deren besonderen Bedürfnissen Rechnung zu tragen.

Artikel 17 Außergerichtliche Beilegung von Streitigkeiten

(1) Die Mitgliedstaaten stellen sicher, daß ihre Rechtsvorschriften bei Streitigkeiten zwischen einem Anbieter eines Dienstes der Informationsgesellschaft und einem Nutzer des Dienstes die Inanspruchnahme der nach innerstaatlichem Recht verfügbaren Verfahren zur außergerichtlichen Beilegung, auch auf geeignetem elektronischem Wege, nicht erschweren.

(2) Die Mitgliedstaaten ermutigen Einrichtungen zur außergerichtlichen Beilegung von Streitigkeiten, insbesondere in Fragen des Verbraucherrechts, so vorzugehen, daß angemessene Verfahrensgarantien für die Beteiligten gegeben sind.

(3) Die Mitgliedstaaten ermutigen Einrichtungen zur außergerichtlichen Beilegung von Streitigkeiten, die Kommission über signifikante Entscheidungen, die sie hinsichtlich der Dienste der Informationsgesellschaft erlassen, zu unterrichten und ihr alle sonstigen Informationen über Praktiken und Gepflogenheiten des elektronischen Geschäftsverkehrs zu übermitteln.

Artikel 18 Klagemöglichkeiten

(1) Die Mitgliedstaaten stellen sicher, daß die nach innerstaatlichem Recht verfügbaren Klagemöglichkeiten im Zusammenhang mit Diensten der Informationsgesellschaft es ermöglichen, daß rasch Maßnahmen, einschließlich vorläufiger Maßnahmen, getroffen werden können, um eine mutmaßliche Rechtsverletzung abzustellen und zu verhindern, daß den Betroffenen weiterer Schaden entsteht.

(2) Der Anhang der Richtlinie 98/27/EG wird durch folgende Nummer ergänzt:

"11. Richtlinie 2000/31/EG des Europäischen Parlaments und des Rates vom 8. Juni 2000 über bestimmte rechtliche Aspekte der Dienste der Informationsgesellschaft, insbesondere des elektronischen Geschäftsverkehrs, im Binnenmarkt ('Richtlinie über den elektronischen Geschäftsverkehr') (ABl. L 178 vom 17.7.2000, S. 1)."

Artikel 19 Zusammenarbeit

(1) Die Mitgliedstaaten müssen geeignete Aufsichts- und Untersuchungsinstrumente für die wirksame Umsetzung dieser Richtlinie besitzen und stellen sicher, daß die Diensteanbieter ihnen die erforderlichen Informationen zur Verfügung stellen.

e) 청소년 보호와 인간존엄성 보호 목적에 관한 행위수칙의 제정(Aufstellung von Verhaltenskodizes).

② 회원국과 유럽연합집행위원회는 소비자협회 및 소비자단체가 자신의 이익에 기한 행위수칙으로, 제1항 a목상의 행위수칙의 입안과 이용(der Ausarbeitung und Anwendung)에 참여하도록 촉진한다. 필요하면 그 시각장애인과 일반장애인 대표를 위한 사단의 특별한 필요를 고려하기 위하여 그 사단의 의견을 청취해야(sind Vereinigungen zur Vertretung von Sehbehinderten und allgemein von Behinderten zu hören, um deren besonderen Bedürfnissen Rechnung zu tragen) 한다.

제17조 대안적 분쟁해결

① 회원국은, 정보사회서비스 제공자와 그 서비스 이용자 간의 분쟁에 있어 자국의 법규정에 의해, 적절한 전자수단에 의해 이용을 포함하여, 국내법에 따라 이용 가능한 대안적 분쟁해결 절차의 이용(die Inanspruchnahme der nach innerstaatlichem Recht verfügbaren Verfahren zur außergerichtlichen Beilegung, auch auf geeignetem elektronischem Wege)이 어려움이 가중되지 않도록 보장한다.

② 회원국은 대안적 분쟁해결에 관한 기구, 특히 소비자법에 관한 대안적 분쟁해결 기구가 당사자를 위한 적절한 절차보장이 이뤄지게끔 운영하도록(so vorzugehen, daß angemessene Verfahrensgarantien für die Beteiligten gegeben sind) 촉진한다.

③ 회원국은, 대안적 분쟁해결 기구가 그 기구가 정보사회서비스에 관련하여 내린 중요한 결정(signifikante Entscheidungen)에 관하여 유럽연합집행위원회에 통지하고 전자상거래의 실무 및 관행에 관한 그 밖의 일체의 그 기구의 정보를 제공하도록(ihr alle sonstigen Informationen über Praktiken und Gepflogenheiten des elektronischen Geschäftsverkehrs zu übermitteln) 촉진한다.

제18조 법적 구제

① 회원국은, 국내법에 따라 이용 가능한 법적 구제에 의해서, 정보사사회서비스와 관련하여, 고의적 법위반을 시정하고 또 피해자에게 추가적인 손해가 발생하는 것을 방지하기 위한, 가처분을 포함하여 신속한 처분이 단행(daß rasch Maßnahmen, einschließlich vorläufiger Maßnahmen, getroffen werden können, um eine mutmaßliche Rechtsverletzung abzustellen und zu verhindern, daß den Betroffenen weiterer Schaden entsteht) 될 수 있는 것이 가능해지도록 보장한다.

② 98/27/EG호 지침 부록은 다음 제11호가 보충된다:

11. "「유럽연합역내시장 내의, 정보사회서비스 특히 전자상거래에 대한 특정한 법적 관점(bestimmte rechtliche Aspekte der Dienste der Informationsgesellschaft)에 관한 2000년 6월 8일 유럽연합 의회 및 이사회 2000/31/EG호 지침」(ABl. L 178 vom 17.7.2000, S. 1)."

제19조 협력

① 회원국에 이 지침의 효과적인 시행을 위한 감독기구 및 조사기구가 설치되어야만 하며, 서비스 제공자가 그 기구에 필요한 정보를 제공하도록(daß die Diensteanbieter ihnen die erforderlichen Informationen zur Verfügung stellen) 보장한다.

(2) Die Mitgliedstaaten arbeiten mit den anderen Mitgliedstaaten zusammen; hierzu benennen sie eine oder mehrere Verbindungsstellen, deren Anschrift sie den anderen Mitgliedstaaten und der Kommission mitteilen.

(3) Die Mitgliedstaaten kommen Amtshilfe- und Auskunftsbegehren anderer Mitgliedstaaten oder der Kommission im Einklang mit ihren innerstaatlichen Rechtsvorschriften so rasch wie möglich nach, auch auf geeignetem elektronischem Wege.

(4) Die Mitgliedstaaten richten Verbindungsstellen ein, die zumindest auf elektronischem Wege zugänglich sind und bei denen Nutzer von Diensten und Diensteanbieter

a) allgemeine Informationen über ihre vertraglichen Rechte und Pflichten sowie über die bei Streitfällen zur Verfügung stehenden Beschwerde- und Rechtsbehelfsmechanismen, einschließlich der praktischen Aspekte der Inanspruchnahme dieser Mechanismen, erhalten können;

b) Anschriften von Behörden, Vereinigungen und Organisationen erhalten können, von denen sie weitere Informationen oder praktische Unterstützung bekommen können.

(5) Die Mitgliedstaaten ermutigen dazu, die Kommission über alle signifikanten behördlichen und gerichtlichen Entscheidungen, die in ihrem Hoheitsgebiet über Streitigkeiten im Zusammenhang mit Diensten der Informationsgesellschaft ergehen, sowie über die Praktiken und Gepflogenheiten des elektronischen Geschäftsverkehrs zu unterrichten. Die Kommission teilt derartige Entscheidungen den anderen Mitgliedstaaten mit.

Artikel 20 Sanktionen

Die Mitgliedstaaten legen die Sanktionen fest, die bei Verstößen gegen die einzelstaatlichen Vorschriften zur Umsetzung dieser Richtlinie anzuwenden sind, und treffen alle geeigneten Maßnahmen, um ihre Durchsetzung sicherzustellen. Die Sanktionen müssen wirksam, verhältnismäßig und abschreckend sein.

KAPITEL IV SCHLUSSBESTIMMUNGEN

Artikel 21 Überprüfung

(1) Die Kommission legt dem Europäischen Parlament, dem Rat und dem Wirtschfts- und Sozialausschuß vor dem 17. juli 2003 und danach alle zwei Jahre einen Bericht über die Anwendung dieser Richtlinie vor und unterbreitet gegebenenfalls Vorschläge für die Anpassung dieser Richtlinie an die rechtlichen, technischen und wirtschaftlichen Entwicklungen im Bereich der Dienste der Informationsgesellschaft, insbesondere in bezug auf die Verbrechensverhütung, den Jugendschutz, den Verbraucherschutz und das einwandfreie Funktionieren des Binnenmarktes.

(2) Im Hinblick auf das etwaige Erfordernis einer Anpassung dieser Richtlinie wird in dem Bericht

② 해당 회원국은 다른 회원국과 협력한다; 해당 회원국은 이를 위해 한 또는 여러 연락담당자를 두고, 해당 회원국이 다른 회원국과 유럽연합집행위원회에 그 주소(deren Anschrift sie den anderen Mitgliedstaaten und der Kommission mitteilen)를 통지한다.

③ 해당 회원국은, 다른 회원국 또는 유럽연합집행위원회의 행정지원요구 및 정보제공요구(Amtshilfe- und Auskunftsbegehren anderer Mitgliedstaaten oder der Kommission)를 해당 회원국의 국내법규정에 따라 가능한 빨리, 적절한 전자수단에 의한 이행을 포함하여 이행한다.

④ 해당 회원국은, 최소한 전자수단으로 접근할 수 있는 연락담당자를 두고, 서비스 이용자와 서비스제공자가 그 연락담당자에게서,

a) 그 계약상 권리의무와, 분쟁시 이용할 수 있는 불만처리메커니즘 및 법적구제메거니즘(die bei Streitfällen zur Verfügung stehenden Beschwerde- und Rechtsbehelfsmechanismen)의 이용에 관한 실무적 관점을 포함하여 이러한 메커니즘에 관한 일반적 정보를 얻을 수 있고;

b) 서비스 이용자와 서비스제공자가 추가적 정보 또는 실무적 지원을 받을 수 있는 관청, 사단, 단체의 주소(Anschriften von Behörden, Vereinigungen und Organisationen)를 얻을 수 있다.

⑤ 해당 회원국은, 유럽연합집행위원회에 중요한 관청 및 법원의 일체의 결정(alle signifikanten behördlichen und gerichtlichen Entscheidungen)으로, 자신의 영토 내에서 정보사회서비스와 관련한 분쟁에 관하여 내려진(die in ihrem Hoheitsgebiet über Streitigkeiten im Zusammenhang mit Diensten der Informationsgesellschaft ergehen) 결정과, 전자상거래의 실무 및 관행에 관하여 통지한다. 유럽연합집행위원회는 그러한 결정을 다른 회원국에 통지한다.

第20조 재제

회원국은 본 지침의 시행에 관한, 개별 회원국의 규정의 위반시 적용되어야 하는 제재를 결정하고 그 지침의 시행을 확보하기 위한(um ihre Durchsetzung sicherzustellen) 적절한 제반조치를 취한다. 제재는 효과적이고, 비례적이며 위하효(威嚇效)를 지녀야만(wirksam, verhältnismäßig und abschreckend sein) 한다.

제4장 종결규정

第21조 재심사

① 유럽연합의회, 유럽연합이사회 및 유럽연합경제사회위원회[93](dem Europäischen Parlament, dem Rat und dem Wirtschfts- und Sozialausschuß)에 2003년 7월 17알 전에 또한 그 이후에는 매 2년 마다, 본 지침의 적용에 관한 보고서를 제출하고 필요하면 정보사회서비스 분야 내의 법적, 기술적 및 경제적 추이, 특히 범죄예방, 청소년보호, 소비자보호, 유럽연합역내시장의 적절한 기능과 관련한(insbesondere in bezug auf die Verbrechensverhütung, den Jugendschutz, den Verbraucherschutz und das einwandfreie Funktionieren des Binnenmarktes) 법적, 기술적 및 경제적 추이에 대한 본 지침의 조정에 관한 제안을 제출한다.

② 본 지침의 조정에 대한 어떤 요구와 관련하여, 특히 하이퍼링크[94]와 정보, 절차의 지역화를 위

insbesondere untersucht, ob Vorschläge in bezug auf die Haftung der Anbieter von Hyperlinks und von Instrumenten zur Lokalisierung von Informationen, Verfahren zur Meldung und Entfernung rechtswideriger Inhalte ("notice and take down"-Verfahren) und eine Haftbarmachung im Anschluß an die Entfernung von Inhalten erforderlich sind. In dem Bericht ist auch zu untersuchen, ob angesichts der technischen Entwicklungen zusätzliche Bedingungen für die in den Artikeln 12 und 13 vorgesehene Haftungsfreistellung erforderlich sind und ob die Grundsätze des Binnenmarkts auf nicht angeforderte kommerziellen Kommunikationen mittels elektronischer Post angewendet werden können.

Artikel 22 Umsetzung

(1) Die Mitgliedstaaten setzen die erforderlichen Rechts- und Verwaltungsvorschriften in Kraft, um dieser Richtlinie vor dem 17. januar 2002 nachzukommen. Sie setzen die Kommission unverzüglich davon in Kenntnis.

(2) Wenn die Mitgliedstaaten die in Absatz 1 genannten Vorschriften erlassen, nehmen sie in den Vorschriften selbst oder durch einen Hinweis bei der amtlichen Veröffentlichung auf diese Richtlinie Bezug. Die Mitgliedstaaten regeln die Einzelheiten der Bezugnahme.

Artikel 23 Inkrafttreten

Diese Richtlinie tritt am Tag ihrer Veröffentlichung im Amtsblatt der Europäischen Gemeinschaften in Kraft.

Artikel 24 Adressaten

Diese Richtlinie ist an die Mitgliedstaaten gerichtet.

Geschehen zu Luxemburg am 8. Juni 2000.

Im Namen des Europäischen Parlaments

Die Präsidentin

N. Fontaine

Im Namen des Rates

Der Präsident

G. d'Oliveira Martins

한 수단의 제공자의 책임, 법위반 내용의 통지 및 삭제 절차(통지 및 삭제 절차)와 내용의 삭제 후의 책임과 관련하여 제안이 필요한지 여부가 보고서로 조사된다. 기술적 발전에 직면하여 추가적 조건이 제12조, 제13조에서 규정된 책임면제에 대하여 필요한지 여부, 유럽연합역내시장의 원칙이 전자우편에 의한 주문하지 않은 상업적 통신에 적용될 수 있는지 여부(ob angesichts der technischen Entwicklungen zusätzliche Bedingungen für die in den Artikeln 12 und 13 vorgesehene Haftungsfreistellung erforderlich sind und ob die Grundsätze des Binnenmarkts auf nicht angeforderte kommerziellen Kommunikationen mittels elektronischer Post angewendet werden können)가 그 보고서로 조사되어야 한다.

제22조 시행

① 회원국은 2002년 7월 17일 전에 본 지침을 시행하는 데 필요한 법규정 및 행정규칙(die erforderlichen Rechts- und Verwaltungsvorschriften)을 시행한다. 회원국은 지체 없이 유럽연합집행위원회에 그에 관하여 알린다.

② 회원국이 제1항상의 법규정 및 행정규칙을 제정하는 경우에(Wenn die Mitgliedstaaten die in Absatz 1 genannten Vorschriften erlassen), 회원국은 규정으로 직접 본 지침을 적용하거나, 행정관청의 공표에 의한 원용(援用)으로 본 지침을 적용한다. 회원국은 그 적용에 관한 세부사항을 규율한다.

제23조 시행

본 지침은 유럽공동체 관보에서 그 지침 공표가 된 날(am Tag ihrer Veröffentlichung im Amtsblatt der Europäischen Gemeinschaften)에 시행된다.

제24조 규범수신인

본 지침은 회원국을 대해 발령된 것이다.

2000. 6월 8일에 룩셈부르크에서 제정되다.
유럽연합의회를 대표하여 의장 Fontaine
유럽연합이사회를 대표하여 위원장 G. d'Oliveira Martins

ANHANG AUSNAHMEN IM RAHMEN VON ARTIKEL 3

Bereiche gemäß Artikel 3 Absatz 3, auf die Artikel 3 Absätze 1 und 2 keine Anwendung findet:

- Urheberrecht, verwandte Schutzrechte, Rechte im Sinne der Richtlinie 87/54/EWG(1) und der Richtlinie 96/9/EG(2) sowie gewerbliche Schutzrechte;
- Ausgabe elektronischen Geldes durch Institute, auf die die Mitgliedstaaten eine der in Artikel 8 Absatz 1 der Richtlinie 2000/46/EG(3) vorgesehenen Ausnahmen angewendet haben;
- Artikel 44 Absatz 2 der Richtlinie 85/611/EWG(4);
- Artikel 30 und Titel IV der Richtlinie 92/49/EWG(5), Titel IV der Richtlinie 92/96/EWG(6) sowie die Artikel 7 und 8 der Richtlinie 88/357/EWG(7) und Artikel 4 der Richtlinie 90/619/EWG(8);
- Freiheit der Rechtswahl für Vertragsparteien;
- vertragliche Schuldverhältnisse in bezug auf Verbraucherverträge;
- formale Gültigkeit von Verträgen, die Rechte an Immobilien begründen oder übertragen, sofern diese Verträge nach dem Recht des Mitgliedstaates, in dem sich die Immobilie befindet, zwingenden Formvorschriften unterliegen;
- Zulässigkeit nicht angeforderter kommerzieller Kommunikation mittels elektronischer Post.

(1) ABl. L 24 vom 27.1.1987, S. 36.

(2) ABl. L 77 vom 27.3.1996, S. 20.

(3) Noch nicht im Amtsblatt veröffentlicht.

(4) ABl. L 375 vom 31.12.1985, S. 3. Richtlinie zuletzt geändert durch die Richtlinie 95/26/EG (ABl. L 168 vom 18.7.1995, S. 7).

(5) ABl. L 228 vom 11.8.1992, S. 1. Richtlinie zuletzt geändert durch die Richtlinie 95/26/EG.

(6) ABl. L 360 vom 9.12.1992, S. 1. Richtlinie zuletzt geändert durch die Richtlinie 95/26/EG.

(7) ABl. L 172 vom 4.7.1988, S. 1. Richtlinie zuletzt geändert durch die Richtlinie 92/49/EG.

(8) ABl. L 330 vom 29.11.1990, S. 50. Richtlinie zuletzt geändert durch die Richtlinie 92/96/EG.

부록 제3조의 범위 내의 예외

제3조 제1항, 제2항에 적용되지 않는, 제3조 제3항에 따른 영역은 다음과 같다:

- 저작권, 저작권관련권, 87/54/EWG호 지침(1), 96/9/EG호 지침(2) 및 영업보호법상의 권리;
- 회원국이 2000/46/EG호 지침(3) 제8조 제1항에서 규정된 예외를(eine der in Artikel 8 Absatz 1 der Richtlinie 2000/46/EG(3) vorgesehenen Ausnahmen) 적용한 기관에 의한 전자화폐의 발행;
- 85/611/EWG호 지침(4) 제44조 제2항,
- 92/49/EWG호 지침(5) 제30조, 제4장, 92/96/EWG호 지침 제4장(6) 88/357/EWG호 지침(7) 제7조, 제8조와, 90/619/EWG호 지침(8) 제4조;
- 계약당사자들의 준거법(準據法)선택의 자유;
- 소비자계약에 관련 계약상 채권관계;
- 이러한 계약이 부동산이 존재하는 회원국의 법에 따라 강행적 방식규정을 적용받는 한, 부동산에 대한 권리를 설정하거나 이전하는(die Rechte an Immobilien begründen oder übertragen) 계약의 공식적 효력;
- 전자우편에 의한 주문하지 않는 상업적 통신(angeforderter kommerzieller Kommunikation)의 허용.

(1) ABl. L 24 vom 27.1.1987, S. 36.

(2) ABl. L 77 vom 27.3.1996, S. 20.

(3) 유럽연합법령관보로 아직 공표되지 않음.

(4) ABl. L 375 vom 31.12.1985, S. 3, 지침은 최근에 95/26/EG호 지침(ABl. L 168 vom 18.7.1995, S. 7)에 의해 개정되었다.

(5) ABl. L 228 vom 11.8.1992, S. 1, 지침은 최근에 95/26/EG호 지침에 의해(durch die Richtlinie) 개정되었다.

(6) ABl. L 360 vom 9.12.1992, S. 1, 지침은 최근에 95/26/EG호 지침에 의해(durch die Richtlinie) 개정되었다.

(7) ABl. L 172 vom 4.7.1988, S. 1. 지침은 최근에 95/26/EG호 지침에 의해(durch die Richtlinie) 개정되었다.

(8) ABl. L 330 vom 29.11.1990, S. 50, 지침은 최근에 95/26/EG호 지침에 의해(durch die Richtlinie) 개정되었다.

소비자분쟁의 온라인처리와 (EG) 2006/2004호 규칙과 2009/22/EG호 지침의 개정에 관한 2013년 5월 21일의 유럽연합 의회 및 이사회 (EU) 524/2013호 규칙」

[소비자사건에서의 온라인분쟁처리에 관한 규칙
(Verordnung über Online-Streitbeilegung in Verbraucherangelegenheiten)]

Verordnung (EU) Nr. 524/2013 des Europäischen Parlaments und des Rates vom 21. Mai 2013 über die Online-Beilegung rbraucherrechtlicher Streitigkeiten und zur Änderung der Verordnung (EG) Nr. 2006/2004 und der Richtlinie 2009/22/EG

(Verordnung über Online-Streitbeilegung in Verbraucherangelegenheiten)

Verordnung (EU) Nr. 524/2013 des Europäischen Parlaments und des Rates vom 21. Mai 2013 über die Online-Beilegung verbraucherrechtlicher Streitigkeiten und zur Änderung der Verordnung (EG) Nr. 2006/2004 und der Richtlinie 2009/22/EG (Verordnung über Online-Streitbeilegung in Verbraucherangelegenheiten)

https://eur-lex.europa.eu/legal-content/DE/ALL/?uri=CELEX%3A32013R0524

Date of document: 21/05/2013
Date of effect: 08/07/2013

KAPITEL I ALLGEMEINE BESTIMMUNGEN

Artikel 1 Gegenstand

Der Zweck dieser Verordnung ist es, durch Erreichen eines hohen Verbraucherschutzniveaus zum reibungslosen Funktionieren des Binnenmarktes, insbesondere seiner digitalen Dimension, beizutragen, indem eine Europäische OS-Plattform (im Folgenden "OS-Plattform") eingerichtet wird, die eine unabhängige, unparteiische, transparente, effektive, schnelle und faire außergerichtliche Online-Beilegung von Streitigkeiten zwischen Verbrauchern und Unternehmern ermöglicht.

Artikel 2 Geltungsbereich

(1) Diese Verordnung gilt für die außergerichtliche Beilegung von Streitigkeiten über vertragliche Verpflichtungen aus Online-Kaufverträgen oder Online-Dienstleistungsverträgen zwischen einem in der Union wohnhaften Verbraucher und einem in der Union niedergelassenen Unternehmer, die durch Einschalten einer in einer Liste gemäß Artikel 20 Absatz 2 der Richtlinie 2013/11/EU geführten AS-Stelle und unter Nutzung der OS-Plattform erfolgt.

(2) Diese Verordnung gilt für die außergerichtliche Beilegung von Streitigkeiten im Sinne des Absatzes 1 dieses Artikels, bei denen ein Unternehmer gegen einen Verbraucher vorgeht, sofern die Beilegung von Streitigkeiten durch Einschalten einer AS-Stelle nach den Rechtsvorschriften des Mitgliedstaats, in dem der Verbraucher seinen gewöhnlichen Aufenthalt hat, zulässig ist.

(3) Die Mitgliedstaaten teilen der Kommission mit, ob die Beilegung von Streitigkeiten im Sinne des Absatzes 1, bei denen ein Unternehmer gegen einen Verbraucher vorgeht, durch Einschalten einer AS-Stelle nach ihren Rechtsvorschriften zulässig ist oder nicht. Bei Übermittlung der Liste

「소비자분쟁의 온라인처리와 (EG) 2006/2004호 규칙과 2009/22/EG호 지침의 개정에 관한 2013년 5월 21일의 유럽연합 의회 및 이사회 (EU) 524/2013호 규칙」 [소비자사건에서의 온라인분쟁처리에 관한 규칙(Verordnung über Online-Streitbeilegung in Verbraucherangelegenheiten)]

규칙제정일: 2013년 5월 21일
규칙시행일: 2013년 7월 8일

제1장 총칙

제1조 목적

본 규칙의 목적(Der Zweck dieser Verordnung)은, 소비자와 사업자 간의 분쟁의 독립적이고 중립적이며 투명하고 효율적이며 신속하고 공정한 온라인처리를 가능하게 하는(die eine unabhängige, unparteiische, transparente, effektive, schnelle und faire außergerichtliche Online-Beilegung von Streitigkeiten zwischen Verbrauchern und Unternehmern ermöglicht) '유럽연합 온라인 대안적분쟁해결플랫폼'(이하 '온라인대안분쟁해결플랫폼')의 설립을 통해 높은 소비자보호수준의 달성에 의한 유럽연합역내시장의 원활한 운영, 특히 그 디지털 차원에 기여하는 데 있다.

제2조 적용범위

① 본 규칙은, 유럽연합에 거주하는 소비자와 유럽연합에 영업소를 둔 사업자 간의 온라인매매계약 또는 온라인용역제공계약에서 기한 계약상 의무에 관한 분쟁의 대안적 처리(die außergerichtliche Beilegung von Streitigkeiten über vertragliche Verpflichtungen aus Online-Kaufverträgen oder Online-Dienstleistungsverträgen)로, 2013/11/EU호 지침 제20조 제2항에 따라 작성된 대안적 분쟁해결기구의 목록에 등재되어 있는 어느 대안적 분쟁해결기구의 개입에 의하고 또 온라인대안분쟁해결플랫폼의 이용하에 행해지는 처리에 대하여 적용한다.

② 본 규칙은, 소비자가 상(常)거소를 둔 회원국의 법규정에 따른 대안적 분쟁해결기구의 개입에 의한 분쟁의 해결이 허용되는 한, 제2조 제1항상의 분쟁의 대안적 해결로, 어느 사업자가 어느 소비자에 대하여 대응하는 대안적 해결에 대해(für die außergerichtliche Beilegung von Streitigkeiten im Sinne des Absatzes 1 dieses Artikels, bei denen ein Unternehmer gegen einen Verbraucher vorgeht) 적용한다.

③ 회원국은 유럽연합집행위원회에, 제1항상의 분쟁해결로, 어느 사업자가 어느 소비자에 대하여 대응하는 분쟁해결이 자국의 법규정에 따른 대안적 분쟁해결기구의 개입(Einschalten einer AS-Stelle)에 의해 허용되는지, 아니면 허용되지 않는지에 관하여 통지한다. 2013/11/EU호 지침 제

gemäß Artikel 20 Absatz 2 der Richtlinie 2013/11/EU teilen die zuständigen Behörden der Kommission mit, welche AS-Stellen solche Streitigkeiten bearbeiten.

(4) Die Anwendung dieser Verordnung auf Streitigkeiten im Sinne des Absatzes 1, bei denen ein Unternehmer gegen einen Verbraucher vorgeht, verpflichtet die Mitgliedstaaten in keiner Weise dazu sicherzustellen, dass die AS-Stellen Verfahren für die außergerichtliche Beilegung solcher Streitigkeiten anbieten.

Artikel 3 Verhältnis zu anderen Rechtsakten der Europäischen Union

Die Richtlinie 2008/52/EG wird durch diese Verordnung nicht berührt.

Artikel 4 Begriffsbestimmungen

(1) Für die Zwecke dieser Verordnung bezeichnet der Ausdruck

a) "Verbraucher" einen Verbraucher im Sinne des Artikels 4 Absatz 1 Buchstabe a der Richtlinie 2013/11/EU;

b) "Unternehmer" einen Unternehmer im Sinne des Artikels 4 Absatz 1 Buchstabe b der Richtlinie 2013/11/EU;

c) "Kaufvertrag" einen Kaufvertrag im Sinne des Artikels 4 Absatz 1 Buchstabe c der Richtlinie 2013/11/EU;

d) "Dienstleistungsvertrag" einen Dienstleistungsvertrag im Sinne des Artikels 4 Absatz 1 Buchstabe d der Richtlinie 2013/11/EU;

e) "Online-Kaufvertrag oder Online-Dienstleistungsvertrag" einen Kauf- oder Dienstleistungsvertrag, bei dem der Unternehmer oder der Vermittler des Unternehmers Waren oder Dienstleistungen über eine Website oder auf anderem elektronischen Wege angeboten hat und der Verbraucher diese Waren oder Dienstleistungen auf dieser Website oder auf anderem elektronischen Wege bestellt hat;

f) "Online-Marktplatz" einen Diensteanbieter im Sinne des Artikels 2 Buchstabe b der Richtlinie 2000/31/EG des Europäischen Parlaments und des Rates vom 8. Juni 2000 über bestimmte rechtliche Aspekte der Dienste der Informationsgesellschaft, insbesondere des elektronischen Geschäftsverkehrs, im Binnenmarkt ("Richtlinie über den elektronischen Geschäftsverkehr") (11), der es Verbrauchern und Unternehmern ermöglicht, auf der Website des Online-Marktplatzes Online-Kaufverträge und Online-Dienstleistungsverträge abzuschließen;

g) "auf elektronischem Wege" elektronische Verfahren zur Verarbeitung (einschließlich digitaler Kompression) und Speicherung von Daten, die vollständig über Kabel, Funk oder auf optischem oder anderem elektromagnetischem Wege gesendet, übermittelt und empfangen werden;

h) "Verfahren zur alternativen Streitbeilegung" (im Folgenden "AS-Verfahren") ein Verfahren zur außergerichtlichen Beilegung von Streitigkeiten im Sinne des Artikels 2 dieser Verordnung;

20조 제2항에 따른 목록의 제공시 관할 관청은 유럽연합집행위원회에 어느 대안적 분쟁해결기구가 그러한 분쟁을 처리하는지(welche AS-Stellen solche Streitigkeiten bearbeiten)에 대하여 통지한다.

④ 어느 사업자가 어느 소비자에 대하여 대응하는 제1항상의 분쟁에 대한 본 규칙의 적용으로 인하여 회원국은 대안적 분쟁해결기구가 그러한 분쟁의 대안적 해결 절차를 제공하도록(dass die AS-Stellen Verfahren für die außergerichtliche Beilegung solcher Streitigkeiten anbieten) 보장할 의무를 전혀 부담하지 아니한다.

제3조 유럽연합의 다른 법적행위에 대한 관계

본 규칙으로 2008/52/EG호 지침은 영향을 받지 아니한다.

제4조 정의조항

a) "소비자"는, Richtlinie 2013/11/EU 제4조 제1항 a목상의 소비자(einen Verbraucher) 를 말한다;
b) "사업자"는, Richtlinie 2013/11/EU 제4조 제1항 b목상의 사업자(einen Unternehmer)를 말한다;
c) "매매계약"은, Richtlinie 2013/11/EU 제4조 제1항 c목상의 매매계약(einen Kaufvertrag)을 말한다;
d) "용역제공계약"은, Richtlinie 2013/11/EU 제4조 제1항 d목상의 용역제공계약을 말한다[95];
e) "온라인매매계약 또는 온라인용역제공계약"(Online-Kaufvertrag oder Online- Dienstleistungsvertrag)은, 사업자 또는 사업자의 중개인이 물품 또는 용역을 웹사이트 또는 그 밖의 전자적 방법을 통해 제공하고 소비자는 이러한 물품 또는 용역을 웹사이트 또는 그 밖의 전자적 방법으로 주문한(der Verbraucher diese Waren oder Dienstleistungen auf dieser Website oder auf anderem elektronischen Wege bestellt hat) 매매계약 또는 용역제공계약을 말한다;
f) "온라인서비스사업자"는, 「유럽연합역내시장 내의, 정보사회서비스 특히 전자상거래에 대한 특정한 법적 관점(bestimmte rechtliche Aspekte der Dienste der Informationsgesellschaft, insbesondere des elektronischen Geschäftsverkehrs, im Binnenmarkt)에 관한 2000년 6월 8일 유럽연합 의회 및 이사회 2000/31/EG호 지침」("전자상거래에 관한 지침"(11[96]) 제2항 b목상의 서비스제공자로, 소비자와 사업자에게 온라인서비스사업자 웹사이트에서 온라인매매계약 또는 온라인용역제공계약을 체결하는 것을 가능하게 하는 서비스제공자를 말한다;
g) "전자적 방법"은 완전히, 유선 또는 무선을 통하거나 광학적 또는 그 밖의 전자기(氣)방법에 의해 전송되고 전달되며 수령되는 그 밖의 정보의 처리(디지털압축을 포함)와 보관을 위한 전자적 절차[elektronische Verfahren zur Verarbeitung (einschließlich digitaler Kompression) und Speicherung von Daten]를 말한다;
h) 대안적 분쟁해결에 관한 절차(이하 '대안적 분쟁해결절차')는, 본 규칙 제2조상의 분쟁의 대안적 해결을 위한 절차(ein Verfahren zur außergerichtlichen Beilegung von Streitigkeiten)를 말한다;

i) "Stelle für alternative Streitbeilegung" (im Folgenden "AS-Stelle") eine AS-Stelle im Sinne des Artikels 4 Absatz 1 Buchstabe h der Richtlinie 2013/11/EU;

j) "Beschwerdeführer" den Verbraucher oder Unternehmer, der über die OS-Plattform eine Beschwerde eingereicht hat;

k) "Beschwerdegegner" den Verbraucher oder Unternehmer, gegen den über die OS-Plattform eine Beschwerde eingereicht wurde;

l) "zuständige Behörde" eine Behörde im Sinne des Artikels 4 Absatz 1 Buchstabe i der Richtlinie 2013/11/EU;

m) "personenbezogene Daten" alle Informationen über eine bestimmte oder bestimmbare natürliche Person (im Folgenden "betroffene Person"); als bestimmbar wird eine Person angesehen, die direkt oder indirekt identifiziert werden kann, insbesondere durch Zuordnung zu einer Kennnummer oder zu einem oder mehreren spezifischen Elementen, die Ausdruck ihrer physischen, physiologischen, psychischen, wirtschaftlichen, kulturellen oder sozialen Identität sind.

(2) Der Niederlassungsort des Unternehmers und der AS-Stelle werden gemäß Artikel 4 Absätze 2 und 3 der Richtlinie 2013/11/EU bestimmt.

KAPITEL II OS-PLATTFORM

Artikel 5 Einrichtung der OS-Plattform

(1) Die Kommission entwickelt die OS-Plattform und ist für den Betrieb, einschließlich sämtlicher für die Zwecke dieser Verordnung erforderlichen Übersetzungsfunktionen, die Pflege, die Finanzierung und die Datensicherheit dieser Plattform zuständig. Die OS-Plattform ist benutzerfreundlich. Im Hinblick auf Entwicklung, Betrieb und Pflege der OS-Plattform wird darauf geachtet, dass der Schutz der Privatsphäre der Nutzer bereits bei der Planung berücksichtigt wird ("eingebauter Datenschutz"), und dass sie möglichst für alle zugänglich ist und von allen genutzt werden kann, auch von schutzbedürftigen Personen ("Design für alle").

(2) Die OS-Plattform stellt eine zentrale Anlaufstelle für Verbraucher und Unternehmer dar, die Streitigkeiten, die in den Anwendungsbereich dieser Verordnung fallen, außergerichtlich beilegen möchten. Sie ist eine interaktive Website, auf die in allen Amtssprachen der Organe der Europäischen Union elektronisch zugegriffen werden kann; ihre Nutzung ist kostenfrei.

(3) Die Kommission macht die OS-Plattform gegebenenfalls über ihre Websites, auf denen sie Informationen für die Bürger und Unternehmen der Union veröffentlicht, und insbesondere über das Portal "Ihr Europa", das sie gemäß dem Beschluss 2004/387/EG eingerichtet hat, zugänglich.

(4) Der OS-Plattform kommen folgende Funktionen zu:

i) “대안적 분쟁해결을 위한 기구(이하 ‘대안적 분쟁해결기구’)”는 2013/11/EU호 지침 제4조 제1항 h목상의 대안적 분쟁해결기구를 말한다;

j) “신청인”는 온라인대안분쟁해결플랫폼을 통해 신청을 제기한 소비자(消費者) 또는 사업자(事業者)를 말한다;

k) “피신청인”은 온라인대안분쟁해결플랫폼을 통해 신청을 제기당한 상대방이 되는 소비자 또는 사업자를 말한다;

l) “관할 관청”(zuständige Behörde)은 2013/11/EU호상 제4조 제1항 i목상의 관청을 말한다;

m) “개인정보”는, 특정되었거나 특정할 수 있는 자연인(이하 ‘해당 자연인’)에 관한 일체의 정보를 말한다; 직접적 또는 간접적으로 식별될 수 있는 자, 특히 식별번호나, 물리적, 생리적, 정신적, 경제적, 문화적 또는 사회적 정체성에 해당하는 한 또는 여러 특정 요소의 고려에 의해(durch Zuordnung zu einer Kennnummer oder zu einem oder mehreren spezifischen Elementen) 식별(識別)될 수 있는 자는 특정(特定)할 수 있는 것으로 본다.

② 사업자와 대안적 분쟁해결기구의 영업소 소재지는 2013/11/EU호 제4조 제2항, 제3항에 따라 정해진다.

제2장 온라인대안분쟁해결플랫폼

제5조 온라인대안분쟁해결플랫폼의 구축(構築)

① 유럽연합집행위원회는 온라인대안분쟁해결플랫폼을 개발하고 본 규칙의 목적에 필요한 일체의 번역기능을 포함하여 본 플랫폼의 운영, 관리, 자금지원 및 정보보안(die Pflege, die Finanzierung und die Datensicherheit dieser Plattform)을 관할한다. 온라인대안분쟁해결플랫폼은 이용자친화적이여야 한다. 온라인대안분쟁해결플랫폼의 개발, 운영 및 관리와 관련하여(Im Hinblick auf Entwicklung, Betrieb und Pflege der OS-Plattform) 이용자의 사생활의 보호가 그 계획에서 이미 참작되는 점과(‘개인정보보호 적용설계’; eingebauter Datenschutz), 또 그 플랫폼에 가능한 한 누구든지 접근하고, 또 보호필요성(保護必要性)이 있는 자도 포함하여 누구든지 이용할 수 있다는 점(만인을 위한 설계; Design für alle)이 보장된다.

② 온라인대안분쟁해결플랫폼은, 본 규칙의 적용범위에 있는(die in den Anwendungsbereich dieser Verordnung fallen) 분쟁을 대안적으로 해결하고자 하는 소비자와 사용자를 위한 중앙담당기관(eine zentrale Anlaufstelle für Verbraucher und Unternehmer)을 의미한다. 온라인대안분쟁해결플랫폼은, 유럽연합의 기관의 일체의 공용어로 접근할 수 있는 상호작용적 웹사이트이다; 그 이용은 무료이다.

③ 유럽연합집행위원회는, 그 위원회가 유럽연합의 시민 및 기업을 위해 정보를 공표하는 자신의 웹사이트를 통하여, 특히 그 위원회가 2004/387/EG호 결정에 따라 구축한(das sie gemäß dem Beschluss 2004/387/EG eingerichtet hat) “여러분의 유럽”이라는 포털사이트를 통해 온라인대안분쟁해결플랫폼에 적절하게 접근하게 한다.

④ 온라인대안분쟁해결플랫폼은 다음 각 목의 기능을 수행할 권리가 있다:

a) Bereitstellung eines elektronischen Beschwerdeformulars, das vom Beschwerdeführer gemäß Artikel 8 ausgefüllt werden kann;
b) Unterrichtung des Beschwerdegegners über die Beschwerde;
c) Ermittlung der zuständigen AS-Stelle oder der zuständigen AS-Stellen und Übermittlung der Beschwerde an die AS-Stelle, auf die sich die Parteien gemäß Artikel 9 geeinigt haben;
d) kostenlose Bereitstellung eines elektronischen Fallbearbeitungsinstruments, das es den Parteien und der AS-Stelle ermöglicht, das Streitbeilegungsverfahren online über die OS-Plattform durchzuführen;
e) Versorgung der Parteien und der AS-Stelle mit Übersetzungen der Informationen, die für die Streitbeilegung erforderlich sind und über die OS-Plattform ausgetauscht werden;
f) Bereitstellung eines elektronischen Formulars, mithilfe dessen die AS-Stellen die in Artikel 10 Buchstabe c genannten Informationen übermitteln;
g) Bereitstellung eines Feedback-Systems, über das sich die Parteien zur Funktionsweise der OS-Plattform und der AS-Stelle, die ihre Streitigkeit bearbeitet hat, äußern können;
h) öffentlich zugänglich Machen
  i) allgemeiner Information über AS als eine Möglichkeit zur außergerichtlichen Beilegung von Streitigkeiten;
  ii) von Informationen zu den gemäß Artikel 20 Absatz 2 der Richtlinie 2013/11/EU in einer Liste geführten AS-Stellen, die für die Bearbeitung der von dieser Verordnung erfassten Streitigkeiten zuständig sind;
  iii) eines Online-Leitfadens für die Einreichung von Beschwerden über die OS-Plattform;
  iv) von Informationen, einschließlich Kontaktangaben, über die von den Mitgliedstaaten gemäß Artikel 7 Absatz 1 dieser Verordnung benannten OS-Kontaktstellen;
  v) statistischer Daten über den Ausgang der Streitigkeiten, die über die OS-Plattform an die AS-Stellen weitergeleitet wurden.

(5) Die Kommission stellt sicher, dass die in Absatz 4 Buchstabe h genannten Informationen richtig, aktuell, eindeutig, verständlich und leicht zugänglich sind.

(6) AS-Stellen, die gemäß Artikel 20 Absatz 2 der Richtlinie 2013/11/EU in einer Liste geführt werden und für die Bearbeitung der von dieser Verordnung erfassten Streitigkeiten zuständig sind, werden elektronisch bei der OS-Plattform angemeldet.

(7) Die Kommission erlässt im Wege von Durchführungsrechtsakten Maßnahmen in Bezug auf die Modalitäten der Ausübung der in Absatz 4 dieses Artikels genannten Aufgaben. Die Annahme

a) 신청인이 제8조에 따라 기입할 수 있는 전자신청서식의 제공(Bereitstellung eines elektronischen Beschwerdeformulars);
b) 신청에 관한 피신청인에 대한 통지;
c) 관할하는 대안적 분쟁해결기구에 대한 조사(Ermittlung)와, 제9조에 따라 당사자들이 합의한 대안적 분쟁해결기구로의 이첩(移牒)(Übermittlung der Beschwerde an die AS-Stelle);
d) 당사자들과 대안적 분쟁해결기구가 온라인대안분쟁해결플랫폼을 통한 분쟁해결절차를 온라인으로 수행하는 것을 가능하게 하는 전자사건처리도구의 무료 제공(kostenlose Bereitstellung eines elektronischen Fallbearbeitungsinstruments);
e) 당사자들과 대안적 분쟁해결기구에게 분쟁해결에 필요하고 온라인대안분쟁해결플랫폼을 통해 교환되는 정보의 번역의 제공(Versorgung der Parteien und der AS-Stelle mit Übersetzungen der Informationen);
f) 온라인대안분쟁해결기구가 제10조 c목상의 정보를 전송하는 데에 필요한 전자서식의 제공(Bereitstellung eines elektronischen Formulars);
g) 당사자들이, 자신의 분쟁을 처리한 온라인대안분쟁해결플랫폼과 대안적 분쟁해결기구의 기능에 관하여 진술할 수 있는 환류(還流)시스템의 제공(Bereitstellung eines Feedback-Systems);
h) 다음의 공시(公示),
  ⅰ) 대안적 분쟁해결의 기회로서의(als eine Möglichkeit zur außergerichtlichen Beilegung von Streitigkeiten) 대안적 분쟁해결에 관한 일반적 정보;
  ⅱ) 2013/11/EU호 지침 제20조 제2항에 따라 목록에 등재되어 있는 것으로, 본 규칙에 포함된 분쟁의 해결을 담당하는(die für die Bearbeitung der von dieser Verordnung erfassten Streitigkeiten zuständig sind) 대안적 분쟁해결기구에 관한 정보;
  ⅲ) 온라인대안분쟁해결플랫폼을 통한 신청의 접수(接受)에 관한 온라인 지침(eines Online-Leitfadens);
  ⅳ) 본 규칙 제7조 제1항에 따라 회원국이 지정한 온라인대안분쟁해결 연락담당자(OS-Kontaktstellen)를 통한, 연락정보를 포함한 정보(von Informationen, einschließlich Kontaktangaben);
  ⅴ) 온라인대안분쟁해결플랫폼을 통해 대안적 분쟁해결기구에 접수된 분쟁에 관한 결론에 대한 통계자료.

⑤ 유럽연합집행위원회는, 제4항 h목상의 정보에 정확하게, 최신으로, 명료하게, 이해할 수 있고 또 쉽게 접근할 수 있도록 보장한다.

⑥ 2013/11/EU호 제20조 제2항에 따라 목록에 등재되어 있고 본 규칙에 포함된 분쟁의 해결을 담당하는 대안적분쟁기구에 대해 온라인대안분쟁해결플랫폼에서 전자적으로 등록한다(werden elektronisch bei der OS-Plattform angemeldet).

⑦ 유럽연합집행위원회는, 제5조 제4항상의 임무 수행의 방식에 관련하여(in Bezug auf die Modalitäten der Ausübung der in Absatz 4 dieses Artikels genannten Aufgaben) 집행행위의 방식

dieser Durchführungsrechtsakte erfolgt gemäß dem Prüfverfahren nach Artikel 16 Absatz 3 dieser Verordnung.

Artikel 6 Test der OS-Plattform

(1) Die Kommission testet bis zum 9. Januar 2015 die technische Funktionalität und die Benutzerfreundlichkeit der OS-Plattform und des Beschwerdeformulars, auch im Hinblick auf die Übersetzung. Der Test wird in Zusammenarbeit mit Sachverständigen der Mitgliedstaaten für OS sowie mit Vertretern der Verbraucher und Unternehmer durchgeführt und bewertet. Die Kommission unterbreitet dem Europäischen Parlament und dem Rat einen Bericht über die Ergebnisse des Tests und ergreift gegebenenfalls geeignete Maßnahmen zur Behebung von Problemen, um das effektive Funktionieren der OS-Plattform sicherzustellen.

(2) In dem Bericht nach Absatz 1 dieses Artikels legt die Kommission zudem dar, welche technischen und organisatorischen Maßnahmen sie zu ergreifen gedenkt, um sicherzustellen, dass die OS-Plattform die Datenschutzbestimmungen der Verordnung (EG) Nr. 45/2001 erfüllt.

Artikel 7 Netz der Kontaktstellen für die OS

(1) Jeder Mitgliedstaat benennt eine OS-Kontaktstelle und teilt der Kommission deren Bezeichnung und Kontaktangaben mit. Die Mitgliedstaaten können die Zuständigkeit für die OS-Kontaktstellen ihren Zentren des Europäischen Netzes der Verbraucherzentren, Verbraucherverbänden oder jeder anderen Einrichtung übertragen. In jeder OS-Kontaktstelle sind mindestens zwei Online-Streitbeilegungsberater tätig.

(2) Die OS-Kontaktstellen unterstützen die Beilegung der Streitigkeiten im Zusammenhang mit Beschwerden, die über die OS-Plattform eingereicht werden, indem sie

a) auf Verlangen die Kommunikation zwischen den Parteien und der zuständigen AS-Stelle erleichtern, wozu insbesondere Folgendes gehören kann:

i) Hilfe bei der Einreichung der Beschwerde und gegebenenfalls der einschlägigen Unterlagen;

ii) Versorgung der Parteien und AS-Stellen mit allgemeinen Informationen über die Rechte der Verbraucher in Bezug auf die Kauf- und Dienstleistungsverträge, die in dem Mitgliedstaat der OS-Kontaktstelle, bei der der betreffende OS-Berater tätig ist, gelten;

iii) Bereitstellung von Informationen zur Funktionsweise der OS-Plattform;

iv) Erläuterungen für die Parteien zu den von den ermittelten AS-Stellen angewandten Verfahrensregeln;

으로 조치를 발령한다. 이러한 집행행위의 수용은 본 규칙 제16조 제3항의 심사절차에 따라 행해진다.

제6조 온라인대안분쟁해결플랫폼의 시험

① 유럽연합집행위원회는 2015년 1월 9일까지, 번역에 관한 것을 포함하여 온라인대안분쟁해결플랫폼 및 신청서식의 기술적 운용과 이용자친화성(die technische Funktionalität und die Benutzerfreundlichkeit der OS-Plattform und des Beschwerdeformulars)을 시험한다. 그 시험은 온라인분쟁해결을 위한 회원국의 전문가와, 소비자들 및 사업자들의 대표자와 협력하여 실시되고 또 평가된다. 유럽연합집행위원회는 유럽연합의회 및 유럽연합이사회에 시험결과에 관한 보고서를 제출하고, 필요하면 온라인대안분쟁해결플랫폼의 효율적인 운영을 확보하기 위하여 문제의 해결을 위한(um das effektive Funktionieren der OS-Plattform sicherzustellen) 적절한 조치를 취한다.

② 또한 제6조 제1항에 따른 보고서에서 유럽연합집행위원회는, 자신이 온라인대안분쟁해결플랫폼이 (EG) 45/2001호 규칙의 정보보호규정을 충족하도록 보장하기 위하여 어떤 기술적 및 조직적 조치를 취하려고 예정했는지(welche technischen und organisatorischen Maßnahmen sie zu ergreifen gedenkt, um sicherzustellen)에 대하여 기술한다.

제7조 대안적 분쟁해결을 위한 연락사무소네트워크

① 각 회원국은 '온라인대안분쟁해결 연락사무소'를 지정하고 유럽연합집행위원에 그 명칭, 연락정보를 통지한다. 회원국은, 온라인대안분쟁해결 연락사무소의 권한을 유럽소비자센터네트워크의 국내센터, 소비자단체 또는 그 밖의 각 기관(ihren Zentren des Europäischen Netzes der Verbraucherzentren, Verbraucherverbänden oder jeder anderen Einrichtung)에 이양할 수 있다. 각 온라인대안분쟁해결 연락사무소에서 최소한 온라인분쟁해결상담사(Online-Streitbeilegungsberater) 2명이 활동해야 한다.

② 온라인대안분쟁해결 연락사무소는, 다음 각 목을 함으로써 온라인대안분쟁해결플랫폼을 통해 접수된 신청에 관련된 분쟁해결(分爭解決)을 지원한다,

a) 온라인대안분쟁해결 연락사무소가 그 요구가 있는 경우 당사자들과 관할 대안적 분쟁해결기구 간의, 특히 다음에 속할 수 있는 의사연락을 용이하게 하는 것:

i) 신청의 접수시의 지원과 필요하면 관련 서류의 지원;

ii) 당자자들과 온라인대안분쟁해결 연락사무소에 대하여, 해당 온라인분쟁해결상담사가 활동하고 있는 온라인대안분쟁해결 연락사무소이 있는 회원국에서 적용되는 매매계약 및 용역제공계약에 관련된 소비자의 권리에 관한 일반적 정보를 제공하는 것;

iii) 온라인대안분쟁해결플랫폼의 기능에 관한 정보의 제공;

iv) (관할권이 있는 것으로) 확정된 대안적 분쟁해결기구가 적용하는 절차규칙에 관하여 당사자들에게 설명하는 것;

v) Information des Beschwerdeführers über andere Möglichkeiten des Rechtschutzes, wenn eine Streitbeilegung über die OS-Plattform nicht möglich ist;

b) alle zwei Jahre Übermittlung eines auf Grundlage der in Ausübung ihrer Aufgaben erworbenen praktischen Erfahrungen erstellten Tätigkeitsberichts an die Kommission und die Mitgliedstaaten;

(3) Die OS-Kontaktstelle ist nicht verpflichtet, die in Absatz 2 aufgeführten Aufgaben auszuführen, wenn die Parteien ihren gewöhnlichen Aufenthalt im selben Mitgliedstaat haben.

(4) Unbeschadet des Absatzes 3 können die Mitgliedstaaten in Anbetracht der nationalen Gegebenheiten beschließen, dass die OS-Kontaktstelle auch dann eine oder mehrere der in Absatz 2 aufgeführten Aufgaben ausführt, wenn die Parteien ihren gewöhnlichen Aufenthalt im selben Mitgliedstaat haben.

(5) Die Kommission richtet ein Netz von Kontaktstellen (im Folgenden "OS-Kontaktstellennetz") ein, das eine Zusammenarbeit der Kontaktstellen ermöglicht und zur Erfüllung der in Absatz 2 aufgeführten Aufgaben beiträgt.

(6) Mindestens zweimal im Jahr beruft die Kommission eine Versammlung der Mitglieder des OS-Kontaktstellennetzes ein, um einen Austausch bewährter Verfahren und eine Erörterung wiederkehrender Probleme beim Betrieb der OS-Plattform zu ermöglichen.

(7) Die Kommission legt im Wege von Durchführungsrechtsakten Regeln in Bezug auf die Modalitäten der Zusammenarbeit der OS-Kontaktstellen untereinander fest. Die Annahme dieser Durchführungsrechtsakte erfolgt gemäß dem Prüfverfahren nach Artikel 16 Absatz 3.

Artikel 8 Einreichen einer Beschwerde

(1) Um eine Beschwerde auf der OS-Plattform einzureichen, füllt der Beschwerdeführer das elektronische Beschwerdeformular aus. Das Beschwerdeformular ist benutzerfreundlich und über die OS-Plattform leicht zugänglich.

(2) Die Angaben des Beschwerdeführers müssen zur Ermittlung der zuständigen AS-Stelle ausreichen. Diese Angaben sind im Anhang dieser Verordnung aufgelistet. Der Beschwerdeführer kann Dokumente beifügen, die seine Beschwerde unterstützen.

(3) Um den Kriterien Rechnung zu tragen, nach denen AS-Stellen, die gemäß Artikel 20 Absatz 2 der Richtlinie 2013/11/EU in einer Liste geführt sind und die für die Bearbeitung der von dieser Verordnung erfassten Streitigkeiten zuständig sind, ihren jeweiligen Zuständigkeitsbereich definieren, wird die Kommission ermächtigt, delegierte Rechtsakte gemäß Artikel 17 dieser Verordnung zu erlassen, um die im Anhang dieser Verordnung aufgeführten Informationen anzupassen.

(4) Die Kommission legt die Regeln bezüglich der Einzelheiten des elektronischen

v) 분쟁해결이 온라인대안분쟁해결플랫폼을 통해 불가능한 경우에 법적 보호의 다른 가능성에 관한 신청인에 대한 정보제공;

b) 온라인대안분쟁해결 연락사무소가 자신의 임무수행 중에 취득한 실무적 경험에 기반하여 작성한 활동보고서를 매 2년마다 유럽연합집행위원회와 해당 회원국(die Kommission und die Mitgliedstaaten)에 제공하는 것;

③ 온라인대안분쟁해결 연락사무소는, 당사자들이 자신의 상(常)거소를 동일한 회원국에 둔 경우에(wenn die Parteien ihren gewöhnlichen Aufenthalt im selben Mitgliedstaat haben) 제2항에 기재된 임무를 수행할 의무를 지지 아니한다.

④ 제3항에도 불구하고 회원국은, 국내 관행을 고려하여(in Anbetracht der nationalen Gegebenheiten), 각 당사자들이 자신의 상(常)거소를 동일한 회원국에 두었다 하더라도 온라인대안분쟁해결 연락사무소가 제2항에 기재된 한 또는 여러 임무를 수행하는 것으로 결정(決定)할 수 있다.

⑤ 유럽연합집행위원회는, 온라인대안분쟁해결 연락사무소의 협력을 가능하게 하고 제2항에 기재된 임무의 수행에 기여하는 온라인대안분쟁해결 연락사무소네트워크(이하 '온라인연락사무소네트워크')를 설립한다.

⑥ 유럽연합집행위원회는, 온라인대안분쟁해결플랫폼의 운영에 있어 최우수 업무수행방식을 교환(einen Austausch bewährter Verfahren)을 하고 반복되는 문제의 논의(eine Erörterung wiederkehrender Probleme)를 하기 위해 최소 매년 1회 온라인연락사무소네트워크의 구성원들의 총회를 소집한다.

⑦ 유럽연합집행위원회는, 온라인대안분쟁해결 연락사무소의 상호협력 방법에 관련하여(in Bezug auf die Modalitäten der Zusammenarbeit der OS-Kontaktstellen untereinander) 집행행위의 방식으로 규칙을 정한다. 이러한 집행행위의 수용은 제16조 제3항에 따른 심사절차에 따라 행해진다.

제8조 신청의 접수

① 신청인이 온라인대안분쟁해결플랫폼에 신청을 접수하기 위하여(um eine Beschwerde auf der OS-Plattform einzureichen) 전자신청서식(das elektronische Beschwerdeformular)을 작성한다. 그 신청서식은 이용자친화적이고 온라인대안분쟁해결플랫폼을 통해 쉽게 이용할 수 있어야 한다.

② 신청인의 정보는 관할 대안적 분쟁해결기구를 조사하는 데(zur Ermittlung der zuständigen AS-Stelle) 충분해야만 한다. 이러한 정보는 본 규칙의 부록에 기재되어 있다. 신청인은 자신의 신청을 뒷받침하는(die seine Beschwerde unterstützen) 서류를 첨부(添附)할 수 있다.

③ 2013/11/EU호 제20조 제2항에 따라 목록에 등재되어 있고 본 규칙에 포함된 분쟁의 처리를 관할하는 대안적 분쟁해결기구가 각각의 자신의 관할범위를 한정하는 기준을 고려하기 위하여 유럽연합집행위원회는 본 규칙에 따라 본 규칙의 부록에 기재되어 있는 정보에 맞춘 위임받은 법적 행위를 제정할(delegierte Rechtsakte gemäß Artikel 17 dieser Verordnung zu erlassen, um die im Anhang dieser Verordnung aufgeführten Informationen anzupassen) 권한이 있다.

④ 유럽연합집행위원회는 집행 법적행위에 기하여(mittels Durchführungsrechtsakten) 전자신청서

Beschwerdeformulars mittels Durchführungsrechtsakten fest. Die Annahme dieser Durchführungsrechtsakte erfolgt gemäß dem Beratungsverfahren nach Artikel 16 Absatz 2.

(5) Über das elektronische Beschwerdeformular und seine Anlagen werden nur Daten verarbeitet, die richtig und zweckdienlich sind und nicht über den Zweck hinausgehen, für den sie erhoben werden.

Artikel 9 Bearbeitung und Übermittlung einer Beschwerde

(1) Eine über die OS-Plattform eingereichte Beschwerde wird bearbeitet, wenn alle notwendigen Felder des Beschwerdeformulars vollständig ausgefüllt wurden.

(2) Wurde das Beschwerdeformular nicht vollständig ausgefüllt, so wird dem Beschwerdeführer mitgeteilt, dass seine Beschwerde erst dann weiterbearbeitet werden kann, wenn er die fehlenden Informationen nachgereicht hat.

(3) Nach Eingang eines vollständig ausgefüllten Beschwerdeformulars übermittelt die OS-Plattform in leicht zugänglicher Weise und unverzüglich dem Beschwerdegegner in der von ihm gewählten Amtssprache der Organe der Union die Beschwerde sowie Folgendes:

a) die Information, dass sich die Parteien auf eine zuständige AS-Stelle einigen müssen, damit die Beschwerde an diese weitergeleitet werden kann, und dass die Beschwerde nicht weiter bearbeitet wird, falls sich die Parteien nicht einigen oder keine zuständige AS-Stelle ermittelt werden kann;

b) Informationen über die AS-Stelle oder AS-Stellen, die für die Beschwerde zuständig ist oder sind, falls AS-Stellen im elektronischen Beschwerdeformular angegeben sind oder von der OS-Plattform auf Grundlage der darin enthaltenen Informationen ermittelt wurden;

c) falls es sich beim Beschwerdegegner um einen Unternehmer handelt, eine Aufforderung, innerhalb von zehn Kalendertagen anzugeben,
   - ob der Unternehmer sich verpflichtet hat oder verpflichtet ist, eine bestimmte AS-Stelle für die Beilegung von Streitigkeiten mit Verbrauchern zu nutzen, und
   - ob der Unternehmer bereit ist, eine AS-Stelle aus den unter Buchstabe b aufgeführten AS-Stellen zu nutzen, es sei denn, er ist verpflichtet, eine bestimmte AS-Stelle nutzen;

d) falls es sich bei dem Beschwerdegegner um einen Verbraucher handelt und der Unternehmer verpflichtet ist, eine bestimmte AS-Stelle zu nutzen, eine Aufforderung, sich innerhalb von zehn Kalendertagen mit dieser AS-Stelle einverstanden zu erklären, oder falls der Unternehmer nicht verpflichtet ist, eine bestimmte AS-Stelle zu nutzen, eine Aufforderung, eine oder mehrere AS-Stellen aus den unter Buchstabe b aufgeführten auszuwählen;

e) Name und Kontaktangaben der OS-Kontaktstelle in dem Mitgliedstaat, in dem der Beschwerdegegner seine Niederlassung oder seinen Wohnsitz hat, sowie eine kurze Beschreibung

식의 세부사항에 관한 규칙(die Regeln bezüglich der Einzelheiten des elektronischen Beschwerdeformulars)을 정한다. 이러한 집행 법적행위의 수용은 제16조 제2항에 따른 협의절차에 따라 행해진다.

⑤ 전자신청서식과 그 첨부서류에 관하여(Über das elektronische Beschwerdeformular und seine Anlagen) 정확하고 적절하며 그 수집(收集) 목적에서 벗어나지 않는 정보만이 처리된다.

제9조 신청의 처리 및 송달

① 온라인대안분쟁해결플랫폼을 통해 접수된 신청(Eine über die OS-Plattform eingereichte Beschwerde)은, 신청서식의 필요한 제반 부분이 완전히 기입(記入)된 경우에 처리된다.

② 신청서식이 완전히 기입되지 않은 경우에(Wurde das Beschwerdeformular nicht vollständig ausgefüllt), 그 신청은 그 신청인이 불완전한 정보를 추가로 제출한 경우에 비로소 속행(續行)될 수 있다는 점이 신청인에게 통지된다.

③ 완전히 기입된 신청서식의 접수 후에(Nach Eingang eines vollständig ausgefüllten Beschwerdeformulars) 온라인대안분쟁해결플랫폼은 쉽게 접근할 수 있는 방식으로 지체 없이 피신청인에게 그가 선택한, 유럽연합기관의 공용어로(in der von ihm gewählten Amtssprache der Organe der Union) 그 신청과 다음 각 목을 송달한다:

a) 당사자들이 신청이 관할 대안적 분쟁해결기구에 이첩(移牒)될 수 있도록 하기 위하여 관할 대안적 분쟁해결기구에 대하여 합의해야만 하고, 또 당사자들이 합의하지 않거나 관할 대안적분행해결기구가 조사될 수 없는 경우에 신청인 속행(續行)되지 않는다는 정보(die Information);

b) 대안적 분쟁해결기구가 그 전자신청서식에서 명시되거나 그 서식에 포함된 정보에 기하여 대안적 분쟁해결기구가 조사되는(von der OS-Plattform auf Grundlage der darin enthaltenen Informationen ermittelt wurden) 경우에 그 신청을 관할하는 대안적 분쟁해결기구(들)을 관한 정보;

c) 만일 피신청인(皮申請人)이 사업자(事業者)인 경우에 10일의 역일(曆日) 내에(innerhalb von zehn Kalendertagen) 다음의 요구가 명시되어야만 한다,

- 사업자가 소비자와의 분쟁해결을 위하여 특정한 대안적 분쟁해결기구를 이용할 의무를 졌거나 지고 있는지 여부,
- 사업자가 특정한 대안적 분쟁해결기구를 이용할 의무를 지는 경우는 제외하고, 사업자가 b목에 기재된 대안적 분쟁해결기구들 중 한 대안적 분쟁해결기구를 이용할 의향(意向)이 있는지 여부;

d) 만일 피신청인이 소비자이고 사업자가 특정한 대안적 분쟁해결기구를 이용할 의무를 지는 경우에, 10일의 역일(曆日) 이내에 이러한 대안적 분쟁해결기구 이용에 동의할 것인지 의사를 표시해달라는 요구나, 만일 사업자가 특정한 대안적 분쟁해결기구를 이용할 의무를지지 아니한 경우에는 b목에 기재된 대안적 분쟁해결기구들 중 한 또는 여러 대안적 분쟁해결기구를 선택하라는 요구(eine Aufforderung, eine oder mehrere AS-Stellen aus den unter Buchstabe b aufgeführten auszuwählen);

e) 피신청인이 자신의 영업소 또는 주소를 둔 회원국에 있는 온라인대안분쟁해결 연락사무소의 이름 및 연락정보(Name und Kontaktangaben der OS-Kontaktstelle)와, 제7조 제2항 a목상의 임무

der in Artikel 7 Absatz 2 Buchstabe a genannten Aufgaben.

(4) Nach Eingang der in Absatz 3 Buchstabe c oder d genannten Informationen des Beschwerdegegners teilt die OS-Plattform dem Beschwerdeführer in der von ihm gewählten Amtssprache der Organe der Union leicht verständlich und unverzüglich Folgendes mit:

a) die in Absatz 3 Buchstabe a genannten Informationen,

b) falls es sich bei dem Beschwerdeführer um einen Verbraucher handelt, Informationen über die AS-Stelle oder die AS-Stellen, die der Unternehmer gemäß Absatz 3 Buchstabe c angegeben hat, und eine Aufforderung, sich innerhalb von zehn Kalendertagen mit einer AS-Stelle einverstanden zu erklären;

c) falls es sich bei dem Beschwerdeführer um einen Unternehmer handelt und der Unternehmer nicht verpflichtet ist, eine bestimmte AS-Stelle zu nutzen, Informationen über die AS-Stelle oder die AS-Stellen, die der Verbraucher gemäß Absatz 3 Buchstabe d angegeben hat, und eine Aufforderung, sich innerhalb von zehn Kalendertagen mit einer AS-Stelle einverstanden zu erklären;

d) Name und Kontaktangaben der OS-Kontaktstelle in dem Mitgliedstaat, in dem der Beschwerdeführer seine Niederlassung oder seinen Wohnsitz hat, sowie eine kurze Beschreibung der in Artikel 7 Absatz 2 Buchstabe a genannten Aufgaben.

(5) Die in Absatz 3 Buchstabe b und Absatz 4 Buchstaben b und c genannten Informationen enthalten folgende Angaben zu jeder AS-Stelle:

a) Name, Kontaktangaben und Website-Adresse der AS-Stelle;

b) die gegebenenfalls für das AS-Verfahren anfallenden Gebühren;

c) Sprache oder Sprachen, in der/denen das AS-Verfahren durchgeführt werden kann;

d) die durchschnittliche Dauer des AS-Verfahrens;

e) die Verbindlichkeit oder Unverbindlichkeit des Ergebnisses des AS-Verfahrens;

f) die Gründe, aus denen die AS-Stelle die Bearbeitung einer bestimmten Streitigkeit gemäß Artikel 5 Absatz 4 der Richtlinie 2013/11/EU ablehnen kann.

(6) Die OS-Plattform leitet die Beschwerde automatisch und unverzüglich an die AS-Stelle weiter, auf die sich die Parteien gemäß den Absätzen 3 und 4 geeinigt haben.

(7) Die AS-Stelle, an die die Beschwerde weitergeleitet wurde, teilt den Parteien unverzüglich mit, ob sie die Bearbeitung der Streitigkeit nach Artikel 5 Absatz 4 der Richtlinie 2013/11/EU übernimmt oder ablehnt. Die AS-Stelle, die die Bearbeitung der Streitigkeit übernommen hat, unterrichtet die Parteien zudem über ihre Verfahrensregeln und gegebenenfalls über die Kosten des

의 간결한 기술.

④ 제3항 c목 또는 d목상의 피신청인의 정보의 도달 후에 온라인대안분쟁해결플랫폼은 신청인에게(die OS-Plattform dem Beschwerdeführer) 신청인이 선택한 유럽연합기관의 공용어로(in der von ihm gewählten Amtssprache der Organe der Union) 쉽게 이해되게 지체 없이 다음 각 목을 통지한다:

a) 제3항 a목상의 정보,

b) 만일 피신청인이 소비자인 경우에 사업자가 제3항 c목에 따라 명시한 대안적 분쟁해결기구(들)에 관한 정보와, 10일의 역일(曆日) 이내에 대안적 분쟁해결기구 이용에 동의할 것인지 의사를 표시해달라는 요구(eine Aufforderung, sich innerhalb von zehn Kalendertagen mit einer AS-Stelle einverstanden zu erklären);

c) 만일 피신청인이 사업자이고 그 사업자가 특정한 대안적 분쟁해결기구를 이용할 의무를 지지 않는 경우에, 소비자가 제3항 d목에 따라 명시한 대안적 분쟁해결기구(들)에 관한 정보와, 10일의 역일(曆日) 이내에 대안적 분쟁해결기구 이용에 동의할 것인지 의사를 표시해달라는 요구(eine Aufforderung, sich innerhalb von zehn Kalendertagen mit einer AS-Stelle einverstanden zu erklären);

d) 피신청인이 자신의 영업소 또는 주수를 둔 회원국에 있는 온라인대안분쟁해결 연락사무소의 이름 및 연락정보(Name und Kontaktangaben der OS-Kontaktstelle)와, 제7조 제2항 a목상의 임무의 간결한 기술.

⑤ 제3항 b목, 제4항 b목, c목상의 정보는 각 대안적 분쟁해결기구에 관한 다음 각 목의 정보를 포함한다:

a) 대안적 분쟁해결기구의 이름, 연락정보 및 웹사이트주소;

b) 필요하면 그 대안적 분쟁해결기구에서 발생하는 이용료;

c) 대안적 분쟁해결절차(das AS-Verfahren)에서 사용될 수 있는 언어(들)(Sprache oder Sprachen);

d) 대안적 분쟁해결절차의 평균적 기간;

e) 대안적 분쟁해결절차의 결론에 대한 구속성 또는 비구속성;

f) 대안적 분쟁해결기구가 2013/11/EU호 지침 제5조 제4항에 따라 특정한 분쟁의 처리를 거부할 수 있는 이유.

⑥ 온라인대안분쟁해결플랫폼은 신청을 자동적으로 지체 없이 당사자들이 제3항, 제4항에 따라 합의한 대안적 분쟁해결기구에 이첩한다.

⑦ 신청을 이첩받은 대안적 분쟁해결기구(Die AS-Stelle, an die die Beschwerde weitergeleitet wurde)는 당사자들에게 지체 없이 자신이 2013/11/EU호 지침 제5조 제4항에 따라 분쟁의 처리를 맡을 것인지 아니면 거부할 것인지를 통지한다. 그 분쟁의 처리를 맡은 대안적 분쟁해결기구는 또한 당사자들에게 자신의 절차규칙과 필요하면 해당 분쟁해결절차의 비용에 관하여(über ihre Verfahrensregeln und gegebenenfalls über die Kosten des betreffenden Streitbeilegungsverfahrens)

betreffenden Streitbeilegungsverfahrens.

(8) Können sich die Parteien nicht innerhalb von 30 Kalendertagen nach Einreichung des Beschwerdeformulars auf eine AS-Stelle einigen oder lehnt die AS-Stelle die Bearbeitung der Streitigkeit ab, so wird die Beschwerde nicht weiter bearbeitet. Der Beschwerdeführer wird darüber informiert, dass er sich an einen OS-Berater wenden kann, um allgemeine Informationen über andere Möglichkeiten des Rechtsschutzes zu erhalten.

Artikel 10 Beilegung der Streitigkeit

Eine AS-Stelle, die die Bearbeitung einer Streitigkeit gemäß Artikel 9 dieser Verordnung übernommen hat,

a) schließt das AS-Verfahren innerhalb der in Artikel 8 Buchstabe e der Richtlinie 2013/11/EU genannten Frist ab;

b) verlangt nicht die persönliche Anwesenheit der Parteien oder ihrer Vertreter, es sei denn, ihre Verfahrensregeln sehen diese Möglichkeit vor und die Parteien stimmen zu;

c) übermittelt unverzüglich folgende Angaben an die OS-Plattform:

i) das Datum des Eingangs der Beschwerdeakte,

ii) den Streitgegenstand,

iii) das Datum des Abschlusses des AS-Verfahrens,

iv) das Ergebnis des AS-Verfahrens;

d) ist nicht verpflichtet, das AS-Verfahren über die OS-Plattform durchzuführen.

Artikel 11 Datenbank

Die Kommission trifft die erforderlichen Maßnahmen zur Einrichtung und Pflege einer elektronischen Datenbank, in der die gemäß Artikel 5 Absatz 4 und Artikel 10 Buchstabe c verarbeiteten Daten gespeichert werden, wobei sie Artikel 13 Absatz 2 gebührend Rechnung trägt.

Artikel 12 Verarbeitung personenbezogener Daten

(1) Zugang zu den erforderlichen Informationen im Zusammenhang mit einer Streitigkeit, einschließlich personenbezogener Daten, die in der in Artikel 11 genannten Datenbank gespeichert sind, wird ausschließlich der AS-Stelle gewährt, an die die Streitigkeit gemäß Artikel 9 weitergeleitet wurde, und zwar zu den in Artikel 10 genannten Zwecken. Den OS-Kontaktstellen wird ebenfalls soweit erforderlich Zugang zu diesen Informationen gewährt, und zwar zu den in Artikel 7 Absätze 2 und 4 genannten Zwecken.

(2) Die Kommission hat zum Zweck der Überwachung der Verwendung und der Funktionsweise der OS-Plattform sowie der Erstellung der in Artikel 21 genannten Berichte Zugang zu den gemäß Artikel 10 verarbeiteten Daten. Sie verarbeitet die personenbezogenen Daten der Nutzer der OS-Plattform nur, soweit dies für den Betrieb und die Pflege der OS-Plattform — einschließlich

통지한다.

⑧ 당사자들이 신청서식 접수 후 30일의 역일 이내에 대안적 분쟁해결기구에 관하여 합의할 수 없거나, 대안적 분쟁해결기구가 분쟁의 처리를 거부한 경우에, 그 신청은 속행(續行)되지 아니한다. 신청인은, 법적 보호의 다른 가능성에 관한 일반적 정보를 얻기 위해 온라인분쟁해결상담사에 문의할 수 있다는 점에 대하여(dass er sich an einen OS-Berater wenden kann, um allgemeine Informationen über andere Möglichkeiten des Rechtsschutzes zu erhalten) 통지받는다.

제10조 분쟁의 처리

본 규칙 제9조에 따라 분쟁의 처리를 맡은 대안적 분쟁해결기구는,

a) 2013/11/EU호 지침 제8조 e목상의 기간 내에 대안적 분쟁해결절차(das AS-Verfahren)를 종료한다;

b) 당사자들 또는 그 대리인의 직접 출석이 요구되지 아니하고, 다만 그 절차규칙이 그 가능성을 규정하고 당사들이 그에 동의한 경우에는 그러하지 아니하다;

c) 온라인대안분쟁해결플랫폼에 다음 정보를 지체 없이 제공한다,

 i) 신청의 접수일,

 ii) 분쟁의 목적,

 iii) 대안적 분쟁해결절차의 종결일,

 iv) 대안적 분쟁해결절차의 결론;

d) 온라인대안분쟁플랫폼을 통한 대안적 분쟁해결절차를 수행할 의무를 지지 아니한다.

제11조 데이터뱅크

유럽연합집행위원회는, 제13조 제2항에 따라 적절하게 고려하여 제5조 제4항, 제10조 c목에 따라 처리된 정보(die gemäß Artikel 5 Absatz 4 und Artikel 10 Buchstabe c verarbeiteten Daten)가 저장되는 전자적 데이터뱅크를 구축하고 유지하는 데 필요한 조치(措置)를 취한다.

제12조 개인정보의 처리

① 제11조상의 데이터뱅크에 저장(貯藏)된 개인정보(個人情報)를 포함하여(einschließlich personenbezogener Daten, die in der in Artikel 11 genannten Datenbank gespeichert sind) 분쟁에 관련한 필수적 정보의 이용에 대하여 오로지 그 분쟁을 제9조에 따라 이첩받은 대안적 분쟁해결기구가 허용하되, 제10조상의 목적으로 이를 허용한다. 온라인대안분쟁해결 연락사무소도 필요한 범위 내에서(soweit erforderlich) 이러한 정보의 이용을 허용하되, 제7조 제2항, 제4항상의 목적으로 이를 허용한다(und zwar zu den in Artikel 7 Absätze 2 und 4 genannten Zwecken).

② 유럽연합집행위원회는 온라인대안분쟁해결플랫폼의 사용 및 기능의 감시와, 제21조상의 보고서의 작성을 위하여 제10조에 따라 처리된 정보를 이용한다. 유럽연합집행위원회는 대안적 분쟁해결기구와 온라인대안분쟁해결 연락사무소의 이용에 대한 감시를 포함하여 온라인대안분쟁해결플랫폼의 운영 및 관리에 필요한 범위 내에서(soweit dies für den Betrieb und die Pflege der OS-Plattform — einschließlich der Überwachung der Nutzung der OS-Plattform durch die

der Überwachung der Nutzung der OS-Plattform durch die AS-Stellen und die OS-Kontaktstellen — erforderlich ist.

(3) Personenbezogene Daten im Zusammenhang mit einer Streitigkeit werden in der in Absatz 1 dieses Artikels genannten Datenbank nur so lange gespeichert, wie dies erforderlich ist, um die Zwecke, zu denen sie erhoben wurden, zu erreichen und um sicherzustellen, dass die betreffenden Personen Zugang zu den Daten haben und ihre diesbezüglichen Rechte ausüben können; danach werden die Daten automatisch gelöscht, und zwar spätestens sechs Monate nach Abschluss der Streitigkeit, dessen Datum der OS-Plattform gemäß Artikel 10 Buchstabe c Ziffer iii mitgeteilt wurde. Diese Speicherfrist gilt auch für personenbezogene Daten, die in den nationalen Akten der AS-Stelle oder der OS-Kontaktstelle, die die Streitigkeit bearbeitet hat, erfasst wurden, es sei denn, in den von der AS-Stelle angewendeten Verfahrensregeln oder in besonderen nationalen Rechtsvorschriften ist eine längere Speicherfrist vorgesehen.

(4) Jeder OS-Berater gilt hinsichtlich der eigenen Datenverarbeitungstätigkeit im Rahmen dieser Verordnung als für die Verarbeitung Verantwortlicher im Sinne des Artikels 2 Buchstabe d der Richtlinie 95/46/EG und stellt sicher, dass diese Tätigkeit unter Beachtung der nationalen Rechtsvorschriften stattfindet, die in dem Mitgliedstaat der OS-Kontaktstelle, bei der der betreffende OS-Berater tätig ist, gemäß der Richtlinie 95/46/EG erlassen wurden.

(5) Jede AS-Stelle gilt hinsichtlich der eigenen Datenverarbeitungstätigkeit im Rahmen dieser Verordnung als für die Verarbeitung Verantwortliche im Sinne des Artikels 2 Buchstabe d der Richtlinie 95/46/EG und stellt sicher, dass diese Tätigkeit unter Beachtung der nationalen Rechtsvorschriften stattfindet, die in dem Mitgliedstaat, in dem sie eingerichtet ist, gemäß der Richtlinie 95/46/EG erlassen wurden.

(6) Die Kommission gilt hinsichtlich ihrer Pflichten im Rahmen dieser Verordnung und der damit verbundenen Verarbeitung personenbezogener Daten als für die Verarbeitung Verantwortliche im Sinne von Artikel 2 Buchstabe d der Verordnung (EG) Nr. 45/2001.

Artikel 13 Vertraulichkeit und Sicherheit der Daten

(1) Die OS-Kontaktstellen unterliegen der beruflichen Geheimhaltungspflicht oder gleichwertigen Verpflichtungen zur Vertraulichkeit gemäß den Rechtsvorschriften des betreffenden Mitgliedstaats.

(2) Die Kommission trifft technische und organisatorische Maßnahmen gemäß Artikel 22 der Verordnung (EG) Nr. 45/2001, die geeignet sind, die Sicherheit der im Rahmen dieser Verordnung verarbeiteten Daten sicherzustellen, einschließlich einer geeigneten Überwachung des

AS-Stellen und die OS-Kontaktstellen — erforderlich ist)만 온라인대안분쟁해결플랫폼의 이용자의 개인정보를 처리한다.

③ 분쟁에 관련된 개인정보는, 이것이 그 정보가 수집된 목적을 달성하는 데 필요하고, 관련된 개인이 그 정보의 이용권을 갖고 이에 관한 그 개인의 권리를 행사할 수 있도록 보장하는 데 필요한 기간만큼만 제12조 제1항상의 데이터뱅크에 저장된다; 그 기간 이후에는 자동적으로 정보가 삭제되되, 늦어도 온라인대안분쟁해결플랫폼에 제10조 c목 iii소목(小目)에 통지된 분쟁 종료일로부터 12개월 후에 삭제된다. 이러한 삭제기간은 그 분쟁을 다루는, 대안적 분쟁해결기구 또는 온라인대안분쟁해결 연락사무소의 국내적 서류에 포함된 개인정보에 대해서(für personenbezogene Daten, die in den nationalen Akten der AS-Stelle oder der OS-Kontaktstelle, die die Streitigkeit bearbeitet hat, erfasst wurden)도 적용하고, 다만 대안적 분쟁해결기구에서 적용되는 절차규칙이나 국내 특별법규정에서는 보다 장기의 저장기간을 규정한다(es sei denn, in den von der AS-Stelle angewendeten Verfahrensregeln oder in besonderen nationalen Rechtsvorschriften ist eine längere Speicherfrist vorgesehen).

④ 모든 온라인분쟁해결상담사는, 본 규칙의 범위 내의 자신의 정보처리활동에 관련하여 그 처리에 대한 95/46/EG호 제2조 d목상의 책임자로(als für die Verarbeitung Verantwortlicher im Sinne des Artikels 2 Buchstabe d der Richtlinie 95/46/EG) 간주되고, 이러한 활동이 해당 온라인분쟁해결상담사가 활동하는, 온라인대안분쟁해결 연락사무소의 회원국에서 95/46/EG호 지침에 따라 제정된 국내법규정의 준수하에(unter Beachtung der nationalen Rechtsvorschriften) 실시된다는 점을 보장한다.

⑤ 각 대안적 분쟁해결기구 본 규칙의 범위 내의 자신의 정보처리활동에 관련하여 그 처리에 대한 95/46/EG호 제2조 d목상의 책임자로(als für die Verarbeitung Verantwortlicher im Sinne des Artikels 2 Buchstabe d der Richtlinie 95/46/EG) 간주되고, 이러한 활동이 그 기구가 설치된, 온라인대안분쟁해결 연락사무소의 회원국에서 95/46/EG호 지침에 따라 제정된 국내법규정의 준수하에(unter Beachtung der nationalen Rechtsvorschriften) 실시된다는 점을 보장한다.

⑥ 유럽연합집행위원회는, 본 규칙의 범위 내의 자신의 의무와 이에 수반된 개인정보의 처리에 관련하여(hinsichtlich ihrer Pflichten im Rahmen dieser Verordnung und der damit verbundenen Verarbeitung personenbezogener Daten) 그 처리에 대한 (EG) 45/2001호 규칙 제2조 d목상의 책임자로 간주된다.

제13조 정보의 기밀유지와 보안

① 온라인분쟁해결 연락사무소는 해당 회원국의 법규정에 따른 기밀유지에 관련하여(zur Vertraulichkeit gemäß den Rechtsvorschriften des betreffenden Mitgliedstaats) 직업적 비밀엄수의무 또는 이와 동등한 의무를 적용받는다.

② 유럽연합집행위원회는, (EG) 45/2001호 규칙 제22조에 따른 기술적·조직적 조치로, 정보에 대한 접근, 보안방안(保安方案)의 적절한 감시와 보안사고의 처리를 포함하여(einschließlich einer geeigneten Überwachung des Datenzugangs, eines Sicherheitsplans und der Behandlung von

Datenzugangs, eines Sicherheitsplans und der Behandlung von Sicherheitsvorfällen.

Artikel 14 Information der Verbraucher

(1) In der Union niedergelassene Unternehmer, die Online-Kaufverträge oder Online-Dienstleistungsverträge eingehen, und in der Union niedergelassene Online-Marktplätze stellen auf ihren Websites einen Link zur OS-Plattform ein. Dieser Link muss für Verbraucher leicht zugänglich sein. In der Union niedergelassene Unternehmer, die Online-Kaufverträge oder Online-Dienstleistungsverträge eingehen, geben zudem ihre E-Mail-Adressen an.

(2) In der Union niedergelassene Unternehmer, die Online-Kaufverträge oder Online-Dienstleistungsverträge eingehen und sich verpflichtet haben oder verpflichtet sind, eine oder mehrere AS-Stellen für die Beilegung von Streitigkeiten mit Verbrauchern zu nutzen, informieren die Verbraucher über die Existenz der OS-Plattform und die Möglichkeit, diese für die Beilegung ihrer Streitigkeiten zu nutzen. Sie stellen auf ihren Websites sowie, falls das Angebot über E-Mail erfolgt, in dieser E-Mail einen Link zu der OS-Plattform ein. Diese Informationen sind gegebenenfalls auch in die allgemeinen Geschäftsbedingungen für Online-Kaufverträge oder Online-Dienstleistungsverträge aufzunehmen.

(3) Absätze 1 und 2 dieses Artikels gelten unbeschadet des Artikels 13 der Richtlinie 2013/11/EU und der in anderen Rechtsakten der Union enthaltenen Bestimmungen über die Information der Verbraucher über außergerichtliche Rechtsbehelfsverfahren, die zusätzlich zu diesem Artikel gelten.

(4) Die in Artikel 20 Absatz 5 der Richtlinie 2013/11/EU genannte Liste der AS-Stellen und ihre aktualisierten Fassungen werden auf der OS-Plattform veröffentlicht.

(5) Die Mitgliedstaaten sorgen dafür, dass AS-Stellen, die Zentren des Europäischen Netzes der Verbraucherzentren, die zuständigen Behörden im Sinne des Artikels 18 Absatz 1 der Richtlinie 2013/11/EU und gegebenenfalls die gemäß Artikel 14 Absatz 2 der Richtlinie 2013/11/EU bezeichneten Einrichtungen auf ihren Websites einen Link zu der OS-Plattform einstellen.

(6) Die Mitgliedstaaten empfehlen den einschlägigen Verbraucher- und Wirtschaftsverbänden, auf ihren Websites einen Link zu der OS-Plattform einzustellen.

(7) Unternehmer, die verpflichtet sind, Informationen gemäß den Absätzen 1 und 2 und den in Absatz 3 genannten Bestimmungen zu veröffentlichen, veröffentlichen diese Informationen möglichst gebündelt.

Artikel 15 Rolle der zuständigen Behörden

Die zuständige Behörde des jeweiligen Mitgliedstaats beurteilt, ob die in diesem Mitgliedstaat eingerichteten AS-Stellen die in dieser Verordnung festgelegten Verpflichtungen erfüllen.

Sicherheitsvorfällen) 본 규칙에 따라 처리된 정보의 보안을 확보하기 위한 적절한 조치를 취한다.

제14조 소비자에 대한 정보제공

① 유럽연합에 영업소를 둔 사업자로, 온라인매매계약 또는 온라인용역제공계약을 체결한 사업자와 유럽연합에 영업소를 둔 온라인서비스사업자는 자신의 웹사이트에 온라인대안분쟁해결플랫폼의 링크를 제공한다. 이러한 링크는 소비자들이 쉽게 접근할 수 있어야만 한다. 유럽연합에 영업소를 둔 사업자로, 온라인매매계약 또는 온라인용역제공계약을 체결한 사업자는 또한 자신의 이메일 주소를 명시한다.

② 유럽연합에 영업소를 둔 사업자로, 온라인매매계약 또는 온라인용역제공계약을 체결하고 소비자와의 분쟁의 처리에 있어 한 또는 여러 대안적 분쟁해결기구를 이용할 의무를 지우거나 지고 있는 사업자(In der Union niedergelassene Unternehmer, die Online-Kaufverträge oder Online-Dienstleistungsverträge eingehen und sich verpflichtet haben oder verpflichtet sind)는, 소비자에게 온라인대안분쟁해결플랫폼의 존재와, 자신의 분쟁처리에 온라인대안분쟁해결플랫폼을 이용할 가능성에 관하여 알린다. 그 사업자는 자신의 웹사이트에, 만일 이메일을 통하여 제공을 하는 경우에는 그 이메일에서 온라인대안분쟁해결플랫폼에 관한 링크를 제공한다. 이러한 정보는 필요하면 온라인매매계약 또는 온라인용역제공계약에 대한 보통거래약관에서도 기재되어야 한다.

③ 제14조 제1항, 제2항(Absätze 1 und 2 dieses Artikels)은 2013/11/EU호 지침 제13조와, 기타 유럽연합법적행위에 포함된, 대안적 법적구제절차에 관한 소비자에 대한 정보에 대한 규정으로, 그 제13조에 추가적으로 적용되는(die zusätzlich zu diesem Artikel gelten) 규정에도 불구하고 적용한다.

④ 2013/11/EU호 지침 제20조 제5항상의 대안적 분쟁해결기구 목록과 업데이트가 된 형식의 목록(ihre aktualisierten Fassungen)은 온라인대안분쟁해결플랫폼(auf der OS-Plattform)에 공표된다.

⑤ 회원국은, 대안적 분쟁해결기구, 유럽소비자센터네트워크, 2013/11/EU 지침 제18조 제1항상의 관할 관청과, 필요하면 2013/11/EU 지침 제14조 제2항에 따라 표시된 기관 (gegebenenfalls die gemäß Artikel 14 Absatz 2 der Richtlinie 2013/11/EU bezeichneten Einrichtungen)이 자신의 웹사이트에 온라인대안분쟁해결플랫폼에 대한 링크를 제공하도록(ihren Websites einen Link zu der OS-Plattform einstellen) 보장한다.

⑥ 회원국은 관련 소비자협회와 경제단체협회에 온라인대안분쟁해결플랫폼에 관한 링크를 그 협회 사이트에서 제공하도록(auf ihren Websites einen Link zu der OS-Plattform einzustellen) 권장한다.

⑦ 제1항, 제2항에 따른 정보(情報)와, 제3항상의 규정(den in Absatz 3 genannten Bestimmungen)을 공표할 의무를 지고 있는 사업자는 가능한 한 일괄적으로 이러한 정보를 공표한다.

제15조 관할 관청의 역할

각 회원국의 관할 관청은 그 회원국에 설치된 대안적 분쟁해결기구가 본 규칙에서 정해진 의무(die in dieser Verordnung festgelegten Verpflichtungen)를 이행(履行)하고 있는지를 판단한다.

KAPITEL III SCHLUSSBESTIMMUNGEN

Artikel 16 Ausschussverfahren

(1) Die Kommission wird von einem Ausschuss unterstützt. Dabei handelt es sich um einen Ausschuss im Sinne der Verordnung (EU) Nr. 182/2011.

(2) Wird auf diesen Absatz Bezug genommen, so gilt Artikel 4 der Verordnung (EU) Nr. 182/2011.

(3) Wird auf diesen Absatz Bezug genommen, so gilt Artikel 5 der Verordnung (EU) Nr. 182/2011.

(4) Wird die Stellungnahme des Ausschusses gemäß den Absätzen 2 und 3 im schriftlichen Verfahren eingeholt, so wird das Verfahren ohne Ergebnis abgeschlossen, wenn der Vorsitz des Ausschusses dies innerhalb der Frist für die Abgabe der Stellungnahme beschließt oder eine einfache Mehrheit der Ausschussmitglieder dies verlangt.

Artikel 17 Ausübung der Befugnisübertragung

(1) Die Befugnis zum Erlass delegierter Rechtsakte wird der Kommission unter den in diesem Artikel festgelegten Bedingungen übertragen.

(2) Die Befugnis zum Erlass delegierter Rechtsakte gemäß Artikel 8 Absatz 3 wird der Kommission auf unbestimmte Zeit ab dem 8. Juli 2013 übertragen.

(3) Die Befugnisübertragung gemäß Artikel 8 Absatz 3 kann vom Europäischen Parlament oder vom Rat jederzeit widerrufen werden. Der Beschluss über den Widerruf beendet die Übertragung der in diesem Beschluss angegebenen Befugnis. Er wird am Tag nach seiner Veröffentlichung im Amtsblatt der Europäischen Union oder zu einem darin angegebenen späteren Zeitpunkt wirksam. Die Gültigkeit von delegierten Rechtsakten, die bereits in Kraft sind, wird von dem Beschluss über den Widerruf nicht berührt.

(4) Sobald die Kommission einen delegierten Rechtsakt erlässt, übermittelt sie ihn gleichzeitig dem Europäischen Parlament und dem Rat.

(5) Ein gemäß Artikel 8 Absatz 3 erlassener delegierter Rechtsakt tritt nur in Kraft, wenn weder das Europäische Parlament noch der Rat innerhalb einer Frist von zwei Monaten ab dem Tag der Übermittlung des Rechtsakts an das Europäische Parlament und den Rat Einwände erhoben haben oder wenn sowohl das Europäische Parlament als auch der Rat vor Ablauf dieser Frist der Kommission mitgeteilt haben, dass sie keine Einwände erheben werden. Auf Initiative des Europäischen Parlaments oder des Rates wird diese Frist um zwei Monate verlängert.

제3장 종결규정

제16조 연락위원회절차

① 유럽연합집행위원회는 연락위원회의 지원을 받는다. 여기서 연락위원회는 (EU) 182/2011호 규칙상의 연락위원회를 말한다.

② 제1항을 적용하는 경우에(Wird auf diesen Absatz Bezug genommen), (EU) 182/2011호 규칙 제4조를 적용한다.

③ 제1항을 적용하는 경우에(Wird auf diesen Absatz Bezug genommen), (EU) 182/2011호 규칙 제5조를 적용한다.

④ 제2항, 제3항에 따라 서면절차에 의해 연락위원회의 의견제시를 얻어야 하는 경우에(Wird die Stellungnahme des Ausschusses gemäß den Absätzen 2 und 3 im schriftlichen Verfahren eingeholt), 그 연락위원회 의장이 의견제시의 기간 이내에 이를 결정하거나 그 위원회의 구성원들의 단순과반수가 이를 요구하는(eine einfache Mehrheit der Ausschussmitglieder dies verlangt) 경우에는 그 절차는 결론 없이 종료된다.

제17조 권한이양의 행사

① 위임받은 법적행위의 제정에 관한 권한은 유럽연합집행위원회가 제17조에 규정된 조건하에서 이양받는다.

② 제8조 제3항에 따른 위임받은 법적 행위의 제정에 관한 권한은, 2013년 7월 8일부터 기간의 정함이 없이 유럽연합집행위원회가 이양받는다.

③ 제8조 제1항에 따른 권한이양은 유럽연합의회와 유럽연합이사회에 의해 언제든지 철회될 수 있다. 그 철회에 관한 결정으로 인해 이러한 결정에 명시된 권한의 이양이 종료된다. 그 결정은 유럽연합관보에 그 결정의 공표시의 다음날 또는 그 결정에 명시된 그 날보다 후의 시기에 효력을 발생한다(Er wird am Tag nach seiner Veröffentlichung im Amtsblatt der Europäischen Union oder zu einem darin angegebenen späteren Zeitpunkt wirksam). 이미 발효된 위임받은 법적행위의 효력은 그 철회 결정에 의하여 영향을 받지 아니한다.

④ 유럽연합위원회가 위임받은 법적행위를 제정하자마자 유럽연합집행위원회는 이를 동시에 유럽연합의회 및 이사회에 제공한다.

⑤ 제8조 제3항에 따라 제정된 위임받은 법적행위는, 유럽연합의회뿐만 아니라 유럽연합이사회가, 자신들에 대해 법적 행위를 제공받은 때로부터 2개월 이내에 이의를 제기하지 않거나, 유럽연합의회뿐만 아니라 유럽연합이사회도 이러한 기간 경과 전에 유럽연합집행위원회에 자신들은 이의를 제기하지 않겠다고 통지를 한(wenn sowohl das Europäische Parlament als auch der Rat vor Ablauf dieser Frist der Kommission mitgeteilt haben, dass sie keine Einwände erheben werden) 경우에 한하여 발효된다. 유럽연합이사회 또는 유럽연합이사회의 발의로(Auf Initiative des Europäischen Parlaments oder des Rates) 이러한 기간은 2개월이 추가로 연장된다.

Artikel 18 Sanktionen

Die Mitgliedstaaten legen fest, welche Sanktionen bei einem Verstoß gegen diese Verordnung zu verhängen sind, und treffen die zu deren Durchsetzung erforderlichen Maßnahmen. Die vorgesehenen Sanktionen müssen wirksam, verhältnismäßig und abschreckend sein.

Artikel 19 Änderung der Verordnung (EG) Nr. 2006/2004

Im Anhang der Verordnung (EG) Nr. 2006/2004 des Europäischen Parlaments und des Rates (12) wird die folgende Nummer angefügt:

"21. Verordnung (EG) Nr. 524/2013 des Europäischen Parlaments und des Rates vom 21. Mai 2013 über die Online-Beilegung verbraucherrechtlicher Streitigkeiten (Verordnung über Online-Streitbeilegung in Verbraucherangelegenheiten) (ABl. L 165 vom 18.6.2013, S. 1): Artikel 14."

Artikel 20 Änderung der Richtlinie 2009/22/EG

Die Richtlinie 2009/22/EG des Europäischen Parlaments und des Rates (13) wird wie folgt geändert:

1. In Artikel 1 Absätze 1 und 2 und in Artikel 6 Absatz 2 Buchstabe b werden die Worte "in Anhang I aufgeführten Richtlinien" durch die Worte "in Anhang I aufgeführten Rechtsakte der Union" ersetzt.
2. In der Überschrift des Anhangs I werden die Worte "LISTE DER RICHTLINIEN" durch die Worte "LISTE DER RECHTSAKTE DER UNION" ersetzt.
3. Im Anhang I wird die folgende Nummer angefügt:

   "15. Verordnung (EG) Nr. 524/2013 des Europäischen Parlaments und des Rates vom 21. Mai 2013 über die Online-Beilegung verbraucherrechtlicher Streitigkeiten (Verordnung über Online-Streitbeilegung in Verbraucherangelegenheiten) (ABl. L 165 vom 18.6.2013, S. 1): Artikel 14."

Artikel 21 Berichte

(1) Die Kommission erstattet dem Europäischen Parlament und dem Rat jährlich und erstmals ein Jahr nach Inbetriebnahme der OS-Plattform über die Funktionsweise dieser Plattform Bericht.

(2) Bis zum 9. Juli 2018 und alle drei Jahre danach legt die Kommission dem Europäischen Parlament und dem Rat einen Bericht über die Anwendung dieser Verordnung vor, in dem sie insbesondere auch auf die Benutzerfreundlichkeit des Beschwerdeformulars und die eventuell erforderliche Anpassung der im Anhang aufgeführten Informationen eingeht. Diesem Bericht sind gegebenenfalls Vorschläge zur Anpassung der Verordnung beizufügen.

(3) Fallen die in den Absätzen 1 und 2 genannten Berichte im selben Jahr an, so wird nur ein einziger gemeinsamer Bericht vorgelegt.

제18조 제재

회원국은, 본 규칙 위반시 어떤 재재가 가해져야 할지(welche Sanktionen bei einem Verstoß gegen diese Verordnung zu verhängen sind)에 관하여 결정하고, 본 규칙의 집행에 필요한 조치를 취한다. 규정된 제재는 효과적이어야만 하고 비례적이어야만 하고 위하효(威嚇效)를 지녀야만 한다.

제19조 (EG) 2006/2004호 규칙의 개정

유럽연합의회 및 이사회의 (EG) 2006/2004호 규칙(12[97]))의 부록에(Im Anhang der Verordnung) 다음과 같이 추가된다.

"21. 「소비자법상 분쟁의 온라인처리에 관한 2013년 5월 21일 유럽연합 의회 및 이사회의 (EG) 524/2013호 규칙」(「소비자분쟁사안의 온라인처리에 관한 규칙」; Verordnung über Online-Streitbeilegung in Verbraucherangelegenheiten)(ABl. L 165 vom 18.6.2013, S. 1): 제14조"

제20조 2009/22/EG호 지침의 개정

유럽연합 의회 및 이사회 2009/22/EG호 지침(13[98]))은 다음과 같이 개정된다(wird wie folgt geändert):

1. 제1조 제1항, 제2항, 제6조 제2항 b목에서 "부록 Ⅰ에 기재된 지침"라는 문구는 "부록 Ⅰ에 기재된 유럽연합 법적행위"라는 문구로 대체된다.
2. 부록 Ⅰ의 상단에 "지침 목록"이라는 문구는 "유럽연합 법적행위 목록"라는 문구(die Worte "LISTE DER RECHTSAKTE DER UNION")로 대체된다.
3. 부록 Ⅰ에 다음과 같이 추가된다:

   "15. 「소비자법상 분쟁의 온라인처리에 관한 2013년 5월 21일 유럽연합 의회 및 이사회의 (EG) 524/2013호 규칙」(「소비자분쟁사안의 온라인처리에 관한 규칙」; Verordnung über Online-Streitbeilegung in Verbraucherangelegenheiten)(ABl. L 165 vom 18.6.2013, S. 1): 제14조"

제21조 보고서

① 유럽연합집행위원회는 유럽연합의회 및 이사회에 온라인대안분쟁해결플랫폼의 운영개시시로부터 1년 후에 또 연례적으로 최초로 온라인대안분쟁해결플랫폼에 관한 기능에 관하여 보고서를 제출한다.

② 2018년 7월 9일까지 또 그 이후에는 매 3년마다 유럽연합집행위원회는 유럽연합 의회 및 이사회에 본 규칙의 적용에 관한 보고서로, 특히 유럽연합집행위원회가 신청서식의 이용자친화성과 부록에 기재된 정보의 실제 필요한 조정에 관하여 기술한(in dem sie insbesondere auch auf die Benutzerfreundlichkeit des Beschwerdeformulars und die eventuell erforderliche Anpassung der im Anhang aufgeführten Informationen eingeht) 보고서를 제출한다. 이러한 보고서는 필요하면 본 규칙의 조정을 위해 제안도 첨부되어야 한다.

③ 제1항, 제2항상의 보고서가 같은 해에 제출되는 경우 공동의 단일보고서(ein einziger gemeinsamer Bericht)만을 제출하면 된다.

Artikel 22 Inkrafttreten

(1) Diese Verordnung tritt am zwanzigsten Tag nach ihrer Veröffentlichung im Amtsblatt der Europäischen Union in Kraft.

(2) gilt ab dem 9. Januar 2016; ausgenommen sind die folgenden Bestimmungen:

- Artikel 2 Absatz 3 und Artikel 7 Absätze 1 und 5, die ab 9. Juli 2015 gelten;
- Artikel 5 Absätze 1 und 7, Artikel 6, Artikel 7 Absatz 7, Artikel 8 Absätze 3 und 4 und Artikel 11, 16 und 17, die ab 8. Juli 2013 gelten.

Diese Verordnung ist in allen ihren Teilen verbindlich und gilt unmittelbar in jedem Mitgliedstaat.

Geschehen zu Straßburg am 21. Mai 2013.

Im Namen des Europäischen Parlaments Der Präsident M. SCHULZ

Im Namen des Rates Die Präsidentin L. CREIGHTON

ANHANG Beim Einreichen einer Beschwerde anzugebende Informationen

1. Angabe, ob es sich bei dem Beschwerdeführer um einen Verbraucher oder einen Unternehmer handelt;
2. Name, E-Mail-Adresse und Anschrift des Verbrauchers;
3. Name, E-Mail-Adresse und Website-Adresse sowie Anschrift des Unternehmers;
4. gegebenenfalls Name, E-Mail-Adresse und Anschrift des Vertreters des Beschwerdeführers;
5. Sprache(n) des Beschwerdeführers oder gegebenenfalls seines Vertreters;
6. Sprache des Beschwerdegegners, sofern bekannt;
7. die Art der Waren oder Dienstleistungen, auf die sich die Beschwerde bezieht;
8. Angabe, ob das Angebot der Waren oder Dienstleistungen durch den Unternehmer und die Bestellung durch den Verbraucher über eine Website oder auf anderem elektronischen Wege erfolgt sind;
9. Preis der erworbenen Ware oder Dienstleistung;
10. Datum, an dem der Verbraucher die Ware oder die Dienstleistung erworben hat;
11. Angabe, ob der Verbraucher direkt Kontakt mit dem Unternehmer aufgenommen hat;
12. Angabe, ob die Streitigkeit zur Zeit von einer AS-Stelle oder einem Gericht behandelt wird oder bereits von einer AS-Stelle oder einem Gericht behandelt worden ist;
13. Art der Beschwerde;
14. Beschreibung der Beschwerde;

제22조 시행

① 본 규칙은 유럽연합관보에 그 규칙 공표시로부터 20일째 되는 날(am zwanzigsten Tag nach ihrer Veröffentlichung)에 시행된다.

② 본 규칙(Diese Verordnung)은 2016년 1월 9일부터 적용한다; 다음 규정(die folgenden Bestimmungen)은 예외로 한다.

- 제2조 제3항, 제7조 제1항, 제5항은 2015년 7월 9일부터 적용한다;
- 제5조 제1항, 제7항, 제6조, 제7조 제7항, 제8조 제3항, 제4항, 제11조, 제16조, 제17조는 제13년 7월 8일부터 적용한다.

본 규칙은 그 전부가 각 회원국에서 구속력을 갖고 직접적으로 적용된다.

2013년 5월 21일 Straßburg에서 제정되다.
유럽연합의회를 대표하여 의장 M. SCHULZ
유럽연합이사회를 대표하여 의장 L. CREIGHTON

신청서 제출시 명시되어야 할 정보

1. 신청인이 소비자 또는 사업자(einen Verbraucher oder einen Unternehmer)에 해당하는지 여부에 관한 진술;
2. 소비자의 이름, 이메일주소 및 주소;
3. 사업자의 이름, 이메일주소, 웹사이트주소 및 주소;
4. 필요하면 신청인 대리인(Vertreters des Beschwerdeführers)의 이름, 이메일주소 및 주소(住所);
5. 신청인의 언어, 필요한 경우 신청인 대리인의 언어;
6. 피신청인의 언어(알고 있는 경우에 한함);
7. 불만에 관련된 물품 또는 서비스의 유형;
8. 사업자에 의한 물품 또는 서비스의 제공과 소비자의 주문이 웹사이트 또는 그 밖의 전자적 방법을 통해(über eine Website oder auf anderem elektronischen Wege) 이뤄졌는지에 관한 진술;
9. 물품 또는 서비스의 가격;
10. 소비자(der Verbraucher)가 물품 또는 서비스(die Ware oder die Dienstleistung)를 수령한 날짜;
11, 소비자(消費者)가 사업자(事業者)와 직접 연락했는지(direkt Kontakt mit dem Unternehmer aufgenommen hat) 여부에 관한 진술;
12. 해당 분쟁이, 현재 어느 대안적 분쟁해결기구 또는 어느 법원에 의해 처리되고 있는지 또는 이미 어느 대안적 분쟁해결기구 또는 어느 법원에 의해 처리되었는지(bereits von einer AS-Stelle oder einem Gericht behandelt worden ist) 여부에 관한 진술;
13. 신청의 유형;
14. 신청 내용의 기술;

15. falls es sich bei dem Beschwerdeführer um einen Verbraucher handelt, Angabe der AS-Stellen, zu deren Einschaltung der Unternehmer gemäß Artikel 13 Absatz 1 der Richtlinie 2013/11/EU verpflichtet ist oder sich verpflichtet hat, sofern bekannt;
16. falls es sich bei dem Beschwerdeführer um einen Unternehmer handelt, Angabe der AS-Stellen, zu deren Einschaltung der Unternehmer sich verpflichtet hat oder verpflichtet ist.

15. 만일 신청인이 소비자에 해당하는 경우에, 사업자가 2013/11/EU호 지침 제13조 제1항에 따라 그에 참가를 할 의무를 지우거나 지고 있는 대안적 분쟁해결기구에 관한 진술(알고 있는 경우에 한함);
16. 신청인이 사업자에 해당하는 경우에(falls es sich bei dem Beschwerdeführer um einen Unternehmer handelt) 사업자가 그에 참가를 할 의무를 지우거나 지고 있는 대안적 분쟁해결기구에 관한 진술.

「시청각미디어서비스의 제공(die Bereitstellung audiovisueller Mediendienste)에 관한 회원국의 특정 법규명령 및 행정규칙의 규율(Koordinierung)에 관한 2010년 3월 10일의 유럽연합 의회 및 이사회 2010/13/EU호 지침」

(「시청각미디어서비스에 관한 지침」)

RICHTLINIE 2010/13/EU DES EUROPÄISCHEN PARLAMENTS UND DES RATES vom 10. März 2010 zur Koordinierung bestimmter Rechts- und Verwaltungsvorschriften der Mitgliedstaaten über die Bereitstellung audiovisueller Mediendienste

(Richtlinie über audiovisuelle Mediendienste)

RICHTLINIE 2010/13/EU DES EUROPÄISCHEN PARLAMENTS UND DES RATES vom 10. März 2010 zur Koordinierung bestimmter Rechts- und Verwaltungsvorschriften der Mitgliedstaaten über die Bereitstellung audiovisueller Mediendienste (Richtlinie über audiovisuelle Mediendienste)

https://eur-lex.europa.eu/legal-content/DE/ALL/?uri=CELEX%3A32010L0013

Date of document: 10/03/2010

Date of effect: 05/05/2010

KAPITEL I BEGRIFFSBESTIMMUNGEN

Artikel 1

(1) Für die Zwecke dieser Richtlinie bezeichnet der Ausdruck

a) "audiovisueller Mediendienst"

i) eine Dienstleistung im Sinne der Artikel 56 und 57 des Vertrags über die Arbeitsweise der Europäischen Union, für die ein Mediendiensteanbieter die redaktionelle Verantwortung trägt und deren Hauptzweck die Bereitstellung von Sendungen zur Information, Unterhaltung oder Bildung der allgemeinen Öffentlichkeit über elektronische Kommunikationsnetze im Sinne des Artikels 2 Buchstabe a der Richtlinie 2002/21/EG ist. Bei diesen audiovisuellen Mediendiensten handelt es sich entweder um Fernsehprogramme gemäß der Definition unter Buchstabe e des vorliegenden Absatzes oder um audiovisuelle Mediendienste auf Abruf gemäß der Definition unter Buchstabe g des vorliegenden Absatzes,

ii) die audiovisuelle kommerzielle Kommunikation;

b) "Sendung" eine Abfolge von bewegten Bildern mit oder ohne Ton, die Einzelbestandteil eines von einem Mediendiensteanbieter erstellten Sendeplans oder Katalogs ist und deren Form und Inhalt mit der Form und dem Inhalt von Fernsehprogrammen vergleichbar sind. Beispiele für Sendungen sind unter anderem Spielfilme, Sportberichte, Fernsehkomödien, Dokumentarfilme, Kindersendungen und Originalfernsehspiele;

c) "redaktionelle Verantwortung" die Ausübung einer wirksamen Kontrolle sowohl hinsichtlich der Zusammenstellung der Sendungen als auch hinsichtlich ihrer Bereitstellung entweder anhand eines chronologischen Sendeplans im Falle von Fernsehsendungen oder mittels eines Katalogs im Falle von audiovisuellen Mediendiensten auf Abruf. Die redaktionelle Verantwortung begründet nicht zwangsläufig eine rechtliche Haftung nach innerstaatlichem Recht für die bereitgestellten Inhalte oder Dienste;

「시청각미디어서비스의 제공(die Bereitstellung audiovisueller Mediendienste)에 관한 회원국의 특정 법규명령 및 행정규칙의 규율(Koordinierung)에 관한 2010년 3월 10일의 유럽연합 의회 및 이사회 2010/13/EU호 지침」(「시청각미디어서비스에 관한 지침; Richtlinie über audiovisuelle Mediendienste」)

지침제정일: 2010년 3월 10일
지침시행일: 2010년 5월 5일

제1장 정의규정(定義規程)

제1조

① 본 지침을 위해 다음 용어는 다음과 같다,

a) "시청각미디어서비스"는,

i) 「유럽연합의 기능에 관한 조약」 제56조, 제57조상의 서비스로, 미디어서비스제공자가 편집책임을 지고 그 주목적이 2002/21/EG호 지침 제2조 a목상의 전자통신망을 통한 공중에 대한 정보, 유지 또는 형성을 위한 방송프로그램의 제공(deren Hauptzweck die Bereitstellung von Sendungen zur Information, Unterhaltung oder Bildung der allgemeinen Öffentlichkeit über elektronische Kommunikationsnetze im Sinne des Artikels 2 Buchstabe a der Richtlinie 2002/21/EG ist)인 서비스를 말한다. 이러한 시청각미디어서비스(Bei diesen audiovisuellen Mediendiensten)는, 위 조항 g목상의 정의에 따른 텔레비전프로그램 혹은 위와 같은 조항 g목상의 정의에 따른 주문에 의한 미디어서비스에 해당한다,

ii) 상업적 시청각통신을 말한다;

b) "방송프로그램"은, 음성이 있거나 없는 연속된 동영상으로, 미디어서비스제공자가 마련한 방송스케줄 또는 방송표(放送表)의 개별구성부분을 이루고, 그 방식과 내용이 텔레비전프로그램의 형식 및 내용과 유사한 연속된 동영상을 말한다. 장편영화, 스포츠보도, 시트콤, 기록영화, 아동프로그램, 원작드라마가 방송프로그램의 예에 포함된다(Beispiele für Sendungen sind unter anderem Spielfilme, Sportberichte, Fernsehkomödien, Dokumentarfilme, Kindersendungen und Originalfernsehspiele);

c) "편집책임"은 방송프로그램의 편성(編成)에 대해서뿐만 아니라, 텔레비전방송의 경우 연대기적 방송스케줄에 기한, 혹은 주문에 의한 시청각미디어서비스의 경우에는 방송표에 기한 방송프로그램의 제공에 대해서도(als auch hinsichtlich ihrer Bereitstellung entweder anhand eines chronologischen Sendeplans im Falle von Fernsehsendungen oder mittels eines Katalogs im Falle von audiovisuellen Mediendiensten auf Abruf) 효과적인 통제를 행사하는 것을 말한다. 편집책임에 의해 제공된 내용 또는 서비스에 대하여 국내법에 따른 법적 책임이 반드시 성립되는 것은 아니다;

d) "Mediendiensteanbieter" die natürliche oder juristische Person, die die redaktionelle Verantwortung für die Auswahl der audiovisuellen Inhalte des audiovisuellen Mediendienstes trägt und bestimmt, wie diese gestaltet werden;

e) "Fernsehprogramm" (d. h. ein linearer audiovisueller Mediendienst) einen audiovisuellen Mediendienst, der von einem Mediendiensteanbieter für den zeitgleichen Empfang von Sendungen auf der Grundlage eines Sendeplans bereitgestellt wird;

f) "Fernsehveranstalter" einen Mediendiensteanbieter, der Fernsehprogramme bereitstellt;

g) "audiovisueller Mediendienst auf Abruf" (d. h. ein nichtlinearer audiovisueller Mediendienst) einen audiovisuellen Mediendienst, der von einem Mediendiensteanbieter für den Empfang zu dem vom Nutzer gewählten Zeitpunkt und auf dessen individuellen Abruf hin aus einem vom Mediendiensteanbieter festgelegten Programmkatalog bereitgestellt wird;

h) "audiovisuelle kommerzielle Kommunikation" Bilder mit oder ohne Ton, die der unmittelbaren oder mittelbaren Förderung des Absatzes von Waren und Dienstleistungen oder des Erscheinungsbilds natürlicher oder juristischer Personen, die einer wirtschaftlichen Tätigkeit nachgehen, dienen. Diese Bilder sind einer Sendung gegen Entgelt oder eine ähnliche Gegenleistung oder als Eigenwerbung beigefügt oder darin enthalten. Zur audiovisuellen kommerziellen Kommunikation zählen unter anderem Fernsehwerbung, Sponsoring, Teleshopping und Produktplatzierung;

i) "Fernsehwerbung" jede Äußerung bei der Ausübung eines Handels, Gewerbes, Handwerks oder freien Berufs, die im Fernsehen von einem öffentlich-rechtlichen oder privaten Veranstalter oder einer natürlichen Person entweder gegen Entgelt oder eine ähnliche Gegenleistung oder als Eigenwerbung gesendet wird mit dem Ziel, den Absatz von Waren oder die Erbringung von Dienstleistungen, einschließlich unbeweglicher Sachen, Rechte und Verpflichtungen, gegen Entgelt zu fördern;

j) "Schleichwerbung in der audiovisuellen kommerziellen Kommunikation" die Erwähnung oder Darstellung von Waren, Dienstleistungen, dem Namen, der Marke oder den Tätigkeiten eines Herstellers von Waren oder eines Erbringers von Dienstleistungen in Sendungen, wenn sie vom Mediendiensteanbieter absichtlich zu Werbezwecken vorgesehen ist und die Allgemeinheit über ihren eigentlichen Zweck irreführen kann. Eine Erwähnung oder Darstellung gilt insbesondere dann als beabsichtigt, wenn sie gegen Entgelt oder eine ähnliche Gegenleistung erfolgt;

k) "Sponsoring" jeden Beitrag von nicht im Bereich der Bereitstellung von audiovisuellen Mediendiensten oder in der Produktion von audiovisuellen Werken tätigen öffentlichen oder privaten Unternehmen oder natürlichen Personen zur Finanzierung von audiovisuellen

d) “미디어서비스제공자”는, 시청각미디어서비스의 시청각 내용의 선택(die Auswahl der audiovisuellen Inhalte des audiovisuellen Mediendienstes)에 대해 편집책임을 지고 이것이 어떻게 형성되는지를 결정하는 자연인 또는 법인을 말한다;

e) “텔레비전프로그램”(즉 ‘연속적 시청각서비스’)은, 어느 방송서비스제공자가 방송스케줄에 기한 동시의 방송프로그램의 시청을 위하여(für den zeitgleichen Empfang von Sendungen auf der Grundlage eines Sendeplans) 제공하는 시청각서비스를 말한다.

f) “방송사업자”은 텔레비전프로그램을 제공하는(der Fernsehprogramme bereitstellt) 미디어서비스제공자를 말한다;

g) “주문에 의한 시청각서비스”(즉 비연속적 시청각서비스)는, 어느 시청각서비스제공자가 이용자가 선택한 시간의 시청을 위해 이용자의 개별 주문에 기하여(für den Empfang zu dem vom Nutzer gewählten Zeitpunkt und auf dessen individuellen Abruf hin) 방송서비스제공자가 정한 프로그램목록에서 선택(選擇)하여 제공하는 시청각미디어서비스를 말한다;

h) “상업적 시청각통신”는, 경제적 활동을 추구하는(die einer wirtschaftlichen Tätigkeit nachgehen) 자연인 또는 법인의, 물품 또는 서비스의 판매의 직접적 또는 간접적 촉진 또는 이미지의 직접적 또는 간접적 제고를 위한 음성이 있거나 없는 영상(Bilder mit oder ohne Ton)을 말한다. 이러한 영상은, 대금 또는 이와 유사한 반대급부와 상환으로 방송프로그램에 부가되거나 혹은 자기광고로서 부가되거나 또는 방송그램에 포함된다. 텔레비전광고, 협찬, 텔레쇼핑 및 간접광고가 상업적 시청각통신에 포함된다(Zur audiovisuellen kommerziellen Kommunikation zählen unter anderem Fernsehwerbung, Sponsoring, Teleshopping und Produktplatzierung);

i) “텔레비전광고”는, 상업, 공업, 수공업 또는 자유업의 행사에 있어 일체의 표현으로, 대금과 상환으로 부동산, 권리, 채무를 포함하여 물품의 판매나 서비스의 제공을 촉진하는 목적으로(mit dem Ziel, den Absatz von Waren oder die Erbringung von Dienstleistungen, einschließlich unbeweglicher Sachen, Rechte und Verpflichtungen, gegen Entgelt zu fördern), 공법상 방송사 또는 민간 방송사의 텔레비전이나 자연인의 텔레비전에서 대금 또는 이와 유사한 반대급부와 상환으로 방송되거나 혹은 자기광고로 방송되는 일체의 표현(表現)을 말한다;

j) “상업적 시청각서비스 내 은밀한 광고”는, 그 간접광고가 미디어서비스제공자가 의도적인 광고목적을 위하여 행해지고 일반공중이 그 고유한 목적에 관하여 오인할 수 있는 경우에(wenn sie vom Mediendiensteanbieter absichtlich zu Werbezwecken vorgesehen ist und die Allgemeinheit über ihren eigentlichen Zweck irreführen kann), 물품, 서비스나 물품 제조자 또는 용역제공자의 이름, 상표 또는 활동에 대한, 방송프로그램 내의 진술 또는 표현을 말한다. 특히 어느 진술 또는 표현이 대금 또는 이와 유사한 반대급부와 상환으로 행해지는 경우에 그 진술 또는 표현은 의도적인 것으로 본다;

k) “협찬”은, 시청각서비스의 제공 영역에서 또는 시청각 저작물의 제작에서 활동하지 않는 공공기업 또는 민간기업이나 자연인이 하는 기여로, 그 이름, 상품, 이미지, 활동 또는 성과를 촉진하기 위한 목적으로 하는(mit dem Ziel, ihren Namen, ihre Marke, ihr Erscheinungsbild, ihre Tätigkeiten

Mediendiensten oder Sendungen mit dem Ziel, ihren Namen, ihre Marke, ihr Erscheinungsbild, ihre Tätigkeiten oder ihre Leistungen zu fördern;

l) "Teleshopping" Sendungen direkter Angebote an die Öffentlichkeit für den Absatz von Waren oder die Erbringung von Dienstleistungen, einschließlich unbeweglicher Sachen, Rechte und Verpflichtungen, gegen Entgelt;

m) "Produktplatzierung" jede Form audiovisueller kommerzieller Kommunikation, die darin besteht, gegen Entgelt oder eine ähnliche Gegenleistung ein Produkt, eine Dienstleistung oder die entsprechende Marke einzubeziehen bzw. darauf Bezug zu nehmen, so dass diese innerhalb einer Sendung erscheinen;

n) "europäische Werke"

i) Werke aus den Mitgliedstaaten,

ii) Werke aus europäischen Drittländern, die Vertragsparteien des Europäischen Übereinkommens über grenzüberschreitendes Fernsehen des Europarates sind, sofern diese Werke die Voraussetzungen nach Absatz 3 erfüllen,

iii) Werke, die im Rahmen der zwischen der Union und Drittländern im audiovisuellen Bereich geschlossenen Abkommen in Koproduktion hergestellt werden und die den in den einzelnen Abkommen jeweils festgelegten Voraussetzungen entsprechen.

(2) Die Anwendung des Absatzes 1 Buchstabe n Ziffern ii und iii setzt voraus, dass in dem betreffenden Drittland keine diskriminierenden Maßnahmen gegen Werke aus den Mitgliedstaaten bestehen.

(3) Werke im Sinne von Absatz 1 Buchstabe n Ziffern i und ii sind Werke, die im Wesentlichen in Zusammenarbeit mit in einem oder mehreren der in den genannten Bestimmungen genannten Staaten ansässigen Autoren und Arbeitnehmern geschaffen wurden und eine der drei folgenden Voraussetzungen erfüllen:

i) sie sind von einem oder mehreren in einem bzw. mehreren dieser Staaten ansässigen Hersteller(n) geschaffen worden;

ii) ihre Herstellung wird von einem oder mehreren in einem bzw. mehreren dieser Staaten ansässigen Hersteller(n) überwacht und tatsächlich kontrolliert;

iii) der Beitrag von Koproduzenten aus diesen Staaten zu den Gesamtproduktionskosten beträgt mehr als die Hälfte, und die Koproduktion wird nicht von einem bzw. mehreren außerhalb dieser Staaten niedergelassenen Hersteller(n) kontrolliert.

(4) Werke, die keine europäischen Werke im Sinne des Absatzes 1 Buchstabe n sind, jedoch im Rahmen von bilateralen Koproduktionsabkommen zwischen Mitgliedstaaten und Drittländern hergestellt werden, werden als europäische Werke betrachtet, sofern die Koproduzenten aus der

oder ihre Leistungen zu fördern) 시청각서비스 또는 시청각방송프로그램에 대한 재정지원 (Finanzierung von audiovisuellen Mediendiensten oder Sendungen)을 위한 기여를 말한다;

l) “텔레쇼핑”은, 부동산, 권리, 채권을 포함하여(einschließlich unbeweglicher Sachen, Rechte und Verpflichtungen) 물품의 판매나 서비스의 제공을 위하여 대금과 상환으로 하는, 공중(公衆)에 대한 직접적인 제공을 말한다;

m) “간접광고”는 일체의 형식의 상업적 시청각통신으로, 대금 또는 이와 유사한 반대급부와 상환으로 상품, 서비스, 또는 관련 상표를 포함시키거나 이것들이 방송프로그램 내에서 나타나도록 언급하는 것(darauf Bezug zu nehmen, so dass diese innerhalb einer Sendung erscheinen)에 그 목적이 있는 시청각통신을 말한다;

n) 유럽저작물은,

i) 회원국에서 제작된 저작물,

ii) 이러한 저작물이 제3항에 따른 요건을 충족하는 한(sofern diese Werke die Voraussetzungen nach Absatz 3 erfüllen), 유럽연합이사회의 국경을 초월한 텔레비전에 관한 유럽연합협약의 당사자인 유럽의 제3국에서 제작된 저작물,

iii) 유럽연합과 제3국 간에(wischen der Union und Drittländern) 시청각 영역에서 체결된 협약의 범위 내에서 공동제작을 위해 제작되고 개별 협약에서 각각 정해진 요건에 부합한(die den in den einzelnen Abkommen jeweils festgelegten Voraussetzungen entsprechen) 저작물.

② 제1항 n항 ii목(小目), iii소목(小目)의 적용(Die Anwendung des Absatzes 1 Buchstabe n Ziffern ii und iii)은 해당 제3국에서 유럽연합회원국에서 제작된 저작물에 대한 차별적 조치가 없다는 점을 전제로 한다.

③ 제1항 n목 ii소목(小目), iii소목(小目)상의 저작물(Werke im Sinne von Absatz 1 Buchstabe n Ziffern i und ii sind Werke)은, 그 조항에서 언급된 한 또는 여러 국가에서 정주하는 저작자 또는 근로자(einem oder mehreren der in den genannten Bestimmungen genannten Staaten ansässigen Autoren und Arbeitnehmern)와 통상적으로 협력하여 제작되었고 다음 세 가지 요건 중 한 요건을 충족한 저작물을 말한다:

i) 그 저작물이 이러한 한 또는 여러 국가에 정주(定住)하는 한 또는 여러 제작자(들)에 의해 제작되었을 것;

ii) 저작물의 제작이 이러한 한 또는 여러 국가에 정주(定住)하는 한 또는 여러 제작자(들)에 의해 감독되거나 실제로 관리될 것

iii) 이러한 국가 출신의 공동제작자의 기여 총제작비에 절반을 초과하여 기여하고 또 공동제작이 이러한 국가의 밖에서 정주하는, 한 또는 여러 제작자(einem bzw. mehreren außerhalb dieser Staaten niedergelassenen Hersteller)에 의해 관리되지 않을 것.

④ 제1항 n목상의 유럽저작물이 아니지만, 회원국과 제3국간의 양자간 공동제작약정의 범위 내에서 제작된 저작물(Werke, die keine europäischen Werke im Sinne des Absatzes 1 Buchstabe n sind, jedoch im Rahmen von bilateralen Koproduktionsabkommen zwischen Mitgliedstaaten und

Union einen mehrheitlichen Anteil der Gesamtproduktionskosten tragen und die Herstellung nicht von einem oder mehreren außerhalb des Hoheitsgebiets der Mitgliedstaaten niedergelassenen Hersteller(n) kontrolliert wird.

KAPITEL II ALLGEMEINE BESTIMMUNGEN

Artikel 2

(1) Jeder Mitgliedstaat sorgt dafür, dass alle audiovisuellen Mediendienste, die von seiner Rechtshoheit unterworfenen Mediendiensteanbietern übertragen werden, den Vorschriften des Rechtssystems entsprechen, die auf für die Allgemeinheit bestimmte audiovisuelle Mediendienste in diesem Mitgliedstaat anwendbar sind.

(2) Für die Zwecke dieser Richtlinie unterliegen diejenigen Mediendiensteanbieter der Rechtshoheit eines Mitgliedstaats,

a) die gemäß Absatz 3 in diesem Mitgliedstaat niedergelassen sind oder

b) auf die Absatz 4 anwendbar ist.

(3) Für die Zwecke dieser Richtlinie gilt ein Mediendiensteanbieter in folgenden Fällen als in einem Mitgliedstaat niedergelassen:

a) der Mediendiensteanbieter hat seine Hauptverwaltung in diesem Mitgliedstaat, und die redaktionellen Entscheidungen über den audiovisuellen Mediendienst werden in diesem Mitgliedstaat getroffen;

b) wenn ein Mediendiensteanbieter seine Hauptverwaltung in einem Mitgliedstaat hat, die Entscheidungen über den audiovisuellen Mediendienst jedoch in einem anderen Mitgliedstaat getroffen werden, gilt er als in dem Mitgliedstaat niedergelassen, in dem ein wesentlicher Teil des mit der Bereitstellung des audiovisuellen Mediendienstes betrauten Personals tätig ist. Ist ein wesentlicher Teil des mit der Bereitstellung des audiovisuellen Mediendienstes betrauten Personals in jedem dieser Mitgliedstaaten tätig, so gilt der Mediendiensteanbieter als in dem Mitgliedstaat niedergelassen, in dem er seine Hauptverwaltung hat. Ist ein wesentlicher Teil des erforderlichen mit der Bereitstellung des audiovisuellen Mediendienstes betrauten Personals in keinem dieser Mitgliedstaaten tätig, so gilt der Mediendiensteanbieter als in dem Mitgliedstaat niedergelassen, in dem er zuerst mit seiner Tätigkeit nach Maßgabe des Rechts dieses Mitgliedstaats begonnen hat, sofern eine dauerhafte und tatsächliche Verbindung mit der Wirtschaft dieses Mitgliedstaats weiter besteht;

c) wenn ein Mediendiensteanbieter seine Hauptverwaltung in einem Mitgliedstaat hat, die Entscheidungen über den audiovisuellen Mediendienst jedoch in einem Drittland getroffen werden, oder wenn der umgekehrte Fall vorliegt, gilt er als in dem betreffenden Mitgliedstaat niedergelassen, wenn ein wesentlicher Teil des mit der Bereitstellung des audiovisuellen

Drittländern hergestellt werden)은, 유럽연합 내에 있는 공동제작자가 총제작비의 절반 이상을 초과한 몫(einen mehrheitlichen Anteil der Gesamtproduktionskosten)을 부담하고 회원국의 영토 밖에서 정주(定住)하는 한 또는 여러 제작자(n)에 의해 관리되지 않은 한, 유럽저작물로 본다.

제2장 총칙

제2조

모든 회원국은, 회원국의 관할권을 적용받는 미디어서비스제공자에 의해 이전된 일체의 시청각미디어서비스가, 이러한 회원국에서 공중(公衆)에 제공된 특정한 시청각미디어서비스에 대해 적용될 수 있는(die auf für die Allgemeinheit bestimmte audiovisuelle Mediendienste in diesem Mitgliedstaat anwendbar sind) 법제도상의 규정에 부합한다는 점을 보장한다.

② 본 지침의 목적을 위해 다음 각 목의 미디어서비스제공자는 어느 회원국의 관할권을 적용받는다,

a) 제3항에 따라 이러한 회원국에서 정주(定住)하는 미디어서비스제공자,

b) 제4항을 적용할 수 있는 미디어서비스제공자,

③ 본 지침의 목적을 위해 다음 각 목의 경우에서 어느 미디어서비스제공자는 어느 회원국에 정주한 것으로 본다.

a) 그 미디어서비스제공자가 그 회원국에 본사(本社)를 두고 시청각미디어서비스에 관한 편집상의 결정(die redaktionellen Entscheidungen über den audiovisuellen Mediendienst)이 그 회원국에서 이뤄지는 경우;

b) 어느 미디어서비스제공자가 자신의 본사를 어느 회원국에 두었지만, 시청각서비스에 관한 결정이 다른 회원국에서 이뤄지는 경우에(wenn ein Mediendiensteanbieter seine Hauptverwaltung in einem Mitgliedstaat hat, die Entscheidungen über den audiovisuellen Mediendienst jedoch in einem anderen Mitgliedstaat getroffen werden), 그 미디어서비스제공자는 시청각미디어서비스의 제공을 맡은 인력의 대부분이 활동하는(in dem ein wesentlicher Teil des mit der Bereitstellung des audiovisuellen Mediendienstes betrauten Personals tätig ist) 회원국에 정주한 것으로 본다. 시청각미디어서비스의 제공을 맡은 인력의 대부분이 각 그 회원국에서 활동하는 경우에, 그 미디어서비스제공자는 자신의 본사를 둔 회원국에 정주한 것으로 본다. 시청각서비스제공을 맡은 필수 인력의 대부분이 그 회원국에서 활동하지 않는 경우에 그 미디어서비스제공자는, 그 회원국과의 지속적이고도 실질적인 경제적 관계가 계속적으로 있는 한(sofern eine dauerhafte und tatsächliche Verbindung mit der Wirtschaft dieses Mitgliedstaats weiter besteht), 그 회원국의 법의 기준에 따라 자신의 활동을 최초로 개시한 회원국에 정주한 것으로 본다.

c) 어느 미디어서비스가 자신의 본사를 어느 회원국에 두었지만, 제3국에서 시청각미디어서비스에 관한 결정이 이뤄는 경우나, 그 반대의 경우에, 그 미디어서비스제공자는 시청각미디어서비스 제공을 맡은 인력의 대부분이 그 회원국에서 활동하는 때에는(wenn ein wesentlicher Teil des mit der Bereitstellung des audiovisuellen Mediendienstes betrauten Personals in

Mediendienstes betrauten Personals in diesem Mitgliedstaat tätig ist.

(4) Mediendiensteanbieter, auf die Absatz 3 nicht anwendbar ist, gelten in folgenden Fällen als Anbieter, die der Rechtshoheit eines Mitgliedstaats unterliegen:

a) sie nutzen eine in diesem Mitgliedstaat gelegene Satelliten-Bodenstation für die Aufwärtsstrecke;

b) sie nutzen zwar keine in diesem Mitgliedstaat gelegene Satelliten-Bodenstation für die Aufwärtsstrecke, aber eine diesem Mitgliedstaat gehörende Übertragungskapazität eines Satelliten.

(5) Kann die Frage, welcher Mitgliedstaat die Rechtshoheit ausübt, nicht nach den Absätzen 3 und 4 entschieden werden, so liegt die Zuständigkeit bei dem Mitgliedstaat, in dem der Mediendiensteanbieter gemäß den Artikeln 49 bis 55 des Vertrags über die Arbeitsweise der Europäischen Union niedergelassen ist.

(6) Diese Richtlinie gilt nicht für audiovisuelle Mediendienste, die ausschließlich zum Empfang in Drittländern bestimmt sind und die nicht unmittelbar oder mittelbar von der Allgemeinheit mit handelsüblichen Verbraucherendgeräten in einem oder mehreren Mitgliedstaaten empfangen werden.

Artikel 3

(1) Die Mitgliedstaaten gewährleisten den freien Empfang und behindern nicht die Weiterverbreitung von audiovisuellen Mediendiensten aus anderen Mitgliedstaaten in ihrem Hoheitsgebiet aus Gründen, die Bereiche betreffen, die durch diese Richtlinie koordiniert sind.

(2) Bei Fernsehprogrammen können die Mitgliedstaaten vorübergehend von Absatz 1 abweichen, wenn die folgenden Bedingungen erfüllt sind:

a) mit einem Fernsehprogramm aus einem anderen Mitgliedstaat wird in offensichtlicher, ernster und schwerwiegender Weise gegen Artikel 27 Absatz 1 oder Absatz 2 und/oder Artikel 6 verstoßen;

b) der Fernsehveranstalter hat während der vorangegangen zwölf Monate bereits mindestens zweimal gegen die in Buchstabe a genannten Vorschriften verstoßen;

c) der betreffende Mitgliedstaat hat dem Fernsehveranstalter und der Kommission schriftlich die behaupteten Verstöße sowie die für den Fall erneuter Verstöße beabsichtigten Maßnahmen mitgeteilt;

d) die Konsultationen mit dem Mitgliedstaat, der die Sendung verbreitet, und der Kommission haben innerhalb von 15 Tagen ab der unter Buchstabe c genannten Mitteilung zu keiner gütlichen Regelung geführt, und es kommt zu einem erneuten Verstoß.

Die Kommission trifft innerhalb einer Frist von zwei Monaten ab dem Zeitpunkt der Mitteilung der Maßnahmen durch den Mitgliedstaat eine Entscheidung über die Vereinbarkeit der Maßnahmen mit dem Unionsrecht. Im Fall einer negativen Entscheidung muss der betreffende Mitgliedstaat die beanstandeten Maßnahmen unverzüglich beenden.

diesem Mitgliedstaat tätig ist) 해당 회원국에 정주(定住)한 것으로 본다.

④ 제3항을 적용할 수 없는 미디어서비스제공자는 다음 각 목의 경우에 어느 회원국의 관할권을 적용받는 미디어서비스제공자로 본다:

a) 그 미디어서비스제공자가 그 회원국에 둔 업링크[99]를 위한 인공위성지상관제소(人工衛星地上管制所)를 이용하는 경우;

b) 그 미디어서비스제공자가 그 회원국에 둔 업링크를 위한 인공위성지상관제소(人工衛星地上管制所)를 이용하지는 않지만, 그 회원국에 속하는 어느 인공위성의 전송능력을 이용하는 경우.

⑤ 어느 회원국이 관할권을 행사하는 문제가 제3항, 제4항에 따라 결정될 수 없는 경우에, 그 관할권은 미디어서비스제공자가 「유럽연합의 기능에 관한 조약」(Vertrags über die Arbeitsweise der Europäischen Union niedergelassen) 제49조 내지 제55조에 따라 정주한 회원국에 속한다.

⑥ 오로지 제3국에서의 시청을 위해 제공되고(die ausschließlich zum Empfang in Drittländern bestimmt sind) 공중(公衆)이 일반 소비자용 장비(裝備)에 의해 한 또는 여러 회원국에서 직접적 또는 간접적으로 시청하지 않는 시청각미디어서비스에 대하여는 본 지침을 적용하지 아니한다.

제3조

해당 회원국은, 시청각미디어서비스의 자유로운 시청을 보장해야 하고 다른 회원국에서 자국 영토로의 시청각미디어 서비스 재전송(再電送)을 본 지침으로 규율된 영역에 관련된(die Bereiche betreffen, die durch diese Richtlinie koordiniert sind) 이유에 기하여 제한해서는 아니된다.

② 텔레비전프로그램의 경우 회원국은, 다음 각 목의 조건이 모두 충족된 때에는 임시로 제1항과 달리 행할 수 있다:

a) 다른 회원국에서 제작된 프로그램에 의해 제27조 제1항 또는 제2항 및(또는) 제6조에 대하여 명백하고, 중대하며 심각한 방법으로(in offensichtlicher, ernster und schwerwiegender Weise) 위반할 것;

b) 방송사업자가 작년 12개월 동안 이미 2차례 이상(bereits mindestens zweimal) a목상의 규정을 위반했을 것;

c) 해당 회원국이 방송사업자와 유럽연합집행위원회에 서면으로 주장하는 법위반과 재위반(再違反)에 있어서는 의도하는 조치(die für den Fall erneuter Verstöße beabsichtigten Maßnahmen)를 통지할 것;

d) 방송프로그램을 전송하는 회원국과 유럽연합집행위원회 간의 협의가 c목상의 통지하에 15일 이내에 원만할 해결에 이르지 못하고(innerhalb von 15 Tagen ab der unter Buchstabe c genannten Mitteilung zu keiner gütlichen Regelung geführt), 재위반에 이를 것.

유럽연합집행위원회는 그 회원국에 의한 조치의 통지시로부터 2개월 이내에 그 조치의 유럽연합법과의 합치에 관한(eine Entscheidung über die Vereinbarkeit der Maßnahmen mit dem Unionsrecht) 결정을 한다. 위반하는 것으로 결정하는 경우(Im Fall einer negativen Entscheidung) 해당 회원국은 이의가 제기된 조치(die beanstandeten Maßnahmen)를 지체 없이 종료해야만 한다.

(3) Absatz 2 lässt die Anwendung entsprechender Verfahren, rechtlicher Abhilfemaßnahmen oder Sanktionen bezüglich der betreffenden Verstöße in dem Mitgliedstaat, dessen Rechtshoheit der Fernsehveranstalter unterworfen ist, unberührt.

(4) Bei audiovisuellen Mediendiensten auf Abruf können die Mitgliedstaaten Maßnahmen ergreifen, um bezüglich eines bestimmten Dienstes von Absatz 1 abzuweichen, wenn die folgenden Bedingungen erfüllt sind:

a) Die Maßnahmen

i) sind aus einem der folgenden Gründe erforderlich:

- Schutz der öffentlichen Ordnung, insbesondere Verhütung, Ermittlung, Aufklärung und Verfolgung von Straftaten, einschließlich des Jugendschutzes und der Bekämpfung der Hetze aus Gründen der Rasse, des Geschlechts, des Glaubens oder der Nationalität, sowie von Verletzungen der Menschenwürde einzelner Personen,
- Schutz der öffentlichen Gesundheit,
- Schutz der öffentlichen Sicherheit, einschließlich der Wahrung nationaler Sicherheits- und Verteidigungsinteressen,
- Schutz der Verbraucher, einschließlich des Schutzes von Anlegern;

ii) betreffen einen bestimmten audiovisuellen Mediendienst auf Abruf, der die unter Ziffer i genannten Schutzziele beeinträchtigt oder eine ernsthafte und schwerwiegende Gefahr einer Beeinträchtigung dieser Ziele darstellt;

iii) stehen in einem angemessenen Verhältnis zu diesen Schutzzielen;

b) der Mitgliedstaat hat vor Ergreifen der betreffenden Maßnahmen unbeschadet etwaiger Gerichtsverfahren, einschließlich Vorverfahren und Schritten im Rahmen einer strafrechtlichen Ermittlung

i) den Mitgliedstaat, dessen Rechtshoheit der Mediendiensteanbieter unterworfen ist, aufgefordert, Maßnahmen zu ergreifen, und dieser hat keine derartigen Maßnahmen ergriffen oder die von ihm getroffenen Maßnahmen sind unzulänglich,

ii) die Kommission und den Mitgliedstaat, dessen Rechtshoheit der Mediendiensteanbieter unterworfen ist, über seine Absicht, derartige Maßnahmen zu ergreifen, unterrichtet.

(5) Die Mitgliedstaaten können in dringenden Fällen von den in Absatz 4 Buchstabe b festgelegten Bedingungen abweichen. In diesem Fall müssen die Maßnahmen unverzüglich und unter Angabe der Gründe, aus denen der Mitgliedstaat der Auffassung ist, dass es sich um einen dringenden Fall handelt, der Kommission und dem Mitgliedstaat, dessen Rechtshoheit der Mediendiensteanbieter unterworfen ist, mitgeteilt werden.

(6) Unbeschadet der Möglichkeit des Mitgliedstaats, die betreffenden Maßnahmen durchzuführen, prüft die Kommission innerhalb kürzestmöglicher Zeit, ob die in den Absätzen 4 und 5 genannten

③ 제2항은, 방송사업자 관할권의 적용을 받는 회원국에서 해당 위반에 관련한 해당 절차, 법적 구제조치 또는 제재의 적용(die Anwendung entsprechender Verfahren, rechtlicher Abhilfemaßnahmen oder Sanktionen bezüglich der betreffenden Verstöße)에 대해 영향을 미치지 아니한다.

④ 주문에 의한 시청각미디어서비스의 경우에 회원국은, 다음 각 목의 조건이 충족되는 때에(wenn die folgenden Bedingungen erfüllt sind) 특정한 그 서비스와 관련하여 제1항과 다른 조치를 취할 수 있다:

a) 조치가,

i) 다음 이유 중 한 이유에서 필요할 것:

- 공공질서의 보호, 특히 청소년보호와, 인종, 성, 신앙 또는 국적에 기한 혐오에 대한 대처를 포함하여 범죄의 예방, 조사, 수사 및 소추와, 개인에 대한 인간존엄성 침해에 대한 예방, 조사, 수사 및 소추(Verhütung, Ermittlung, Aufklärung und Verfolgung von Straftaten),
- 공중보건의 보호,
- 국가안보이익(國家安保利益)과 국방이익(國防利益)의 수호(Wahrung nationaler Sicherheits- und Verteidigungsinteressen)를 포함하여 공공안전의 보호,
- 투자자 보호를 포함하여 소비자 보호;

ii) i) 소목(小目)에서 언급된 보호목적을 방해하거나, 이러한 목적에 대한 중대하고도 심각한 위험을 발생시키는 주문에 의한 특정한 시청각미디어서비스(einen bestimmten audiovisuellen Mediendienst auf Abruf)에 관련될 것;

iii) 이러한 보호목적과 적절한 관계에 있을 것.

b) 해당 회원국은 관련 조치를 취하기 전에(vor Ergreifen der betreffenden Maßnahmen) 범죄수사의 일환으로서의 사전절차 및 조치를 포함하여 어떤 사법절차에 상관없이(unbeschadet etwaiger Gerichtsverfahren),

- 미디어서비스가 관할권을 적용받는 회원국에 조치를 취할 것을 요구해야 하고, 그 회원국이 그러한 조치를 취하지 않거나, 그 회원국이 취한 조치가 부적절한(die von ihm getroffenen Maßnahmen sind unzulänglich) 경우에는,
- 유럽연합집행위원회와, 미디어서비스가 관할권을 적용받는 회원국에 그러한 조치를 취하려는 자신의 의도에 관하여(über seine Absicht, derartige Maßnahmen zu ergreifen) 통지해야 할 것.

⑤ 회원국은 급박한 경우 제4항 b목에서 규정된 조건과 다르게 행할 수 있다. 이러한 경우 해당 조치는 가능한 한 신속하게(so bald wie möglich) 또 해당 회원국의 의견이 담긴 이유, 즉 급박한 사정에 해당하는 이유(理由)를 기재(記載)하여 유럽연합집행위원회와, 그 미디어서비스제공자가 관할권을 적용받는 회원국(der Kommission und dem in Absatz 1 genannten Mitgliedstaat)에 통지(通知)되어야만 한다.

⑥ 회원국이 관련 조치를 실행할 가능성에도 불구하고 유럽연합집행위원회는 통지된 조치가 유럽연합법에 합치하는지 여부(ob die mitgeteilten Maßnahmen mit dem Gemeinschaftsrecht vereinbar

Maßnahmen mit dem Unionsrecht vereinbar sind. Gelangt sie zu dem Schluss, dass die Maßnahmen nicht mit dem Unionsrecht vereinbar sind, so fordert sie den betreffenden Mitgliedstaat auf, davon Abstand zu nehmen, die geplanten Maßnahmen zu ergreifen, bzw. bereits ergriffene Maßnahmen unverzüglich einzustellen.

Artikel 4

(1) Die Mitgliedstaaten können Mediendiensteanbieter, die ihrer Rechtshoheit unterworfen sind, verpflichten, strengeren oder ausführlicheren Bestimmungen in den von dieser Richtlinie koordinierten Bereichen nachzukommen, sofern diese Vorschriften im Einklang mit dem Unionsrecht stehen.

(2) In Fällen, in denen ein Mitgliedstaat

a) sein Recht nach Absatz 1 in Anspruch genommen hat, um im Allgemeininteresse liegende ausführlichere oder strengere Bestimmungen zu erlassen, und

b) zu dem Schluss gelangt, dass ein der Rechtshoheit eines anderen Mitgliedstaats unterworfener Fernsehveranstalter Fernsehprogramme erbringt, die ganz oder vorwiegend auf sein Gebiet ausgerichtet sind,

kann er sich mit dem Mitgliedstaat, dessen Rechtshoheit der Fernsehveranstalter unterworfen ist, in Verbindung setzen, um für auftretende Schwierigkeiten eine beiderseits zufrieden stellende Lösung zu finden. Auf begründetes Ersuchen des erstgenannten Mitgliedstaats fordert der Mitgliedstaat, dessen Rechtshoheit der Fernsehveranstalter unterworfen ist, diesen auf, die betreffenden im Allgemeininteresse liegenden Bestimmungen einzuhalten. Der Mitgliedstaat, dessen Rechtshoheit der Fernsehveranstalter unterworfen ist, unterrichtet den erstgenannten Mitgliedstaat binnen zwei Monaten über die im Anschluss an das Ersuchen erzielten Ergebnisse. Jeder der beiden Mitgliedstaaten kann den gemäß Artikel 29 eingesetzten Kontaktausschuss um Prüfung des Falles ersuchen.

(3) Der erstgenannte Mitgliedstaat kann gegen den betreffenden Fernsehveranstalter angemessene Maßnahmen ergreifen, wenn er zu dem Schluss gelangt, dass

a) die aufgrund der Anwendung des Absatzes 2 erzielten Ergebnisse nicht zufrieden stellend sind und

b) der betreffende Fernsehveranstalter sich in dem Mitgliedstaat, dessen Rechtshoheit er unterworfen ist, niedergelassen hat, um die strengeren Bestimmungen in den von dieser Richtlinie erfassten Bereichen, denen er unterliegen würde, wenn er im erstgenannten Mitgliedstaat niedergelassen wäre, zu umgehen.

Diese Maßnahmen müssen objektiv erforderlich sein, auf nichtdiskriminierende Weise angewandt werden sowie verhältnismäßig zur Erreichung der damit verfolgten Ziele sein.

sind)를 가능한 빠른 시간 내에 검증해야 한다; 유럽연합집행위원회는 그 조치가 유럽연합법에 합치하지 않는다는 결론에 이른 경우에 유럽연합집행위원회는, 해당 회원국에 계획 중인 조치를 취하는 것을 삼가거나, 이미 취한 조치를 지체 없이 중단할 것(davon Abstand zu nehmen, die geplanten Maßnahmen zu ergreifen, bzw. bereits ergriffene Maßnahmen unverzüglich einzustellen)을 요구한다.

제4조 회원국은 자국의 관할권을 적용받는 미디어서비스제공자에 대하여, 본 지침에 의해 규율된 영역에서 보다 엄격하고도 보다 상세한 규정(strengeren oder ausführlicheren Bestimmungen in den von dieser Richtlinie koordinierten Bereichen)으로, 유럽연합법에 일치하는 규정을 준수하도록 의무를 부과할 수 있다.

② 해당 회원국이,

a) 공중(公衆)의 이익을 충족시키는 보다 상세하고 보다 엄격한 규정을 제정하기 위하여 제1항에 따른 자신의 권리를 행사할 수 있고,

b) 다른 회원국의 관할권을 적용받는 방송사업자가, 전부 또는 주로 자국의 영토에서 제작된(die ganz oder vorwiegend auf sein Gebiet ausgerichtet sind) 텔레비전프로그램을 제공하는 경우에 해당 회원국은, 현안이 된 어려움에 대한 양측이 만족할 만한 해법을 찾기 위하여 방송사업자가 관할권을 적용받는 회원국에 연락할 수 있다. 제1항의 해당 회원국의 정당한 요구가 있는 경우에 그 방송사업자가 관할권을 적용받은 회원국은 해당 회원국에 공중(公衆)의 이익을 충족시키는 관련 조항을 준수하도록 요구할 수 있다(fordert der Mitgliedstaat, dessen Rechtshoheit der Fernsehveranstalter unterworfen ist, diesen auf, die betreffenden im Allgemeininteresse liegenden Bestimmungen einzuhalten). 그 방송사업자가 관할권을 적용받은 회원국은, 요구에 후에 달성한 결과에 관하여(über die im Anschluss an das Ersuchen erzielten Ergebnisse) 2주 이내에 제1항상의 해당 회원국에 통지한다. 양 회원국 중 어느 회원국은 제29조에 따라 설치된 연락위원회에 그 사안을 검증하도록 요구할(den gemäß Artikel 29 eingesetzten Kontaktausschuss um Prüfung des Falles ersuchen) 수 있다.

③ 제1항상의 해당 회원국은, 다음 각 목의 결론에 이른 경우에 관련 방송사업자에 대하여 적절한 조치를 취할 수 있다,

a) 제2항의 적용에 기하여 달성한 결과(aufgrund der Anwendung des Absatzes 2 erzielten Ergebnisse)가 만족스럽지 않고,

b) 관련 방송사업자(der betreffende Fernsehveranstalter)가, 본 지침에 포함된 영역에서 보다 엄격한 규정으로, 그 방송사가 제1항의 회원국에 영업소를 두었더라면 적용받았을 규정(denen er unterliegen würde, wenn er im erstgenannten Mitgliedstaat niedergelassen wäre)을 회피하기 위하여 관할권을 적용받은 회원국에 영업소를 둔 것이라는 결론.

이러한 조치는 비차별적 방법이 적용되는 데에 객관적으로 필요해야만 하고, 이로써 추구하는 목표의 달성하는 데에 비례적이어야만(verhältnismäßig zur Erreichung der damit verfolgten Ziele sein) 한다.

(4) Ein Mitgliedstaat darf Maßnahmen gemäß Absatz 3 nur ergreifen, wenn die folgenden Voraussetzungen erfüllt sind:

a) der betreffende Mitgliedstaat hat der Kommission und dem Mitgliedstaat, in dem der Fernsehveranstalter niedergelassen ist, seine Absicht mitgeteilt, derartige Maßnahmen zu ergreifen, und die Gründe dargelegt, auf die er seine Beurteilung stützt;

b) die Kommission hat entschieden, dass die Maßnahmen mit dem Unionsrecht vereinbar sind und dass insbesondere die Beurteilungen des Mitgliedstaats, der die Maßnahmen nach den Absätzen 2 und 3 trifft, zutreffend begründet sind.

(5) Die Kommission trifft ihre Entscheidung innerhalb von drei Monaten nach der Mitteilung gemäß Absatz 4 Buchstabe a. Entscheidet die Kommission, dass die Maßnahmen mit dem Unionsrecht nicht vereinbar sind, so darf der betreffende Mitgliedstaat die geplanten Maßnahmen nicht ergreifen.

(6) Die Mitgliedstaaten sorgen mit geeigneten Mitteln im Rahmen ihrer Rechtsvorschriften dafür, dass die jeweils ihrer Rechtshoheit unterworfenen Mediendiensteanbieter die Bestimmungen dieser Richtlinie tatsächlich einhalten.

(7) Die Mitgliedstaaten fördern Regelungen zur Koregulierung und/oder Selbstregulierung auf nationaler Ebene in den durch diese Richtlinie koordinierten Bereichen in dem nach ihrem jeweiligen Rechtssystem zulässigen Maße. Diese Regelungen müssen derart gestaltet sein, dass sie von den Hauptbeteiligten in den betreffenden Mitgliedstaaten allgemein anerkannt werden und dass eine wirksame Durchsetzung gewährleistet ist.

(8) Die Richtlinie 2000/31/EG findet Anwendung, soweit in der vorliegenden Richtlinie nichts anderes vorgesehen ist. Im Falle einer Kollision zwischen einer Bestimmung der Richtlinie 2000/31/EG und einer Bestimmung der vorliegenden Richtlinie sind die Bestimmungen der vorliegenden Richtlinie maßgeblich, sofern in der vorliegenden Richtlinie nichts anderes vorgesehen ist.

KAPITEL III BESTIMMUNGEN FÜR ALLE AUDIOVISUELLEN MEDIENDIENSTE

Artikel 5

Die Mitgliedstaaten stellen sicher, dass die ihrer Rechtshoheit unterworfenen Anbieter audiovisueller Mediendienste den Empfängern eines Dienstes mindestens die nachstehend aufgeführten Informationen leicht, unmittelbar und ständig zugänglich machen:

a) den Namen des Mediendiensteanbieters;

b) die geografische Anschrift, unter der der Mediendiensteanbieter niedergelassen ist;

c) Angaben, die es ermöglichen, mit dem Mediendiensteanbieter schnell Kontakt aufzunehmen und

④ 회원국은 다음 각 목의 요건이 충족된 경우에 한하여 제3항에 따른 조치(Maßnahmen gemäß Absatz 3)를 취할 수 있다:

a) 해당 회원국이 유럽연합집행위원회와 텔러비전방송사가 영업소를 둔 회원국(dem Mitgliedstaat, in dem der Fernsehveranstalter niedergelassen ist)에 그러한 조치를 취하려는 자신의 의도를 통지했었고 또 그 회원국 자신의 판단이 기반한 이유를 명시했었을 것;

b) 유럽연합집행위원회가 그 조치가 유럽연합법에 합치하고 또 특히 제2항, 제3항에 따라 조치를 취한(der die Maßnahmen nach den Absätzen 2 und 3 trifft) 회원국의 판단의 이유가 적절하게 제시된 것으로 결정했을 것;

⑤ 유럽연합집행위원회는 제4항 a목에 따른 통지를 받은 때로부터 3개월 이내에 결정을 한다. 유럽집행위원회가 그 조치가 유럽연합법에 합치하지 않은 것으로 결정하는 경우에(Entscheidet die Kommission, dass die Maßnahmen mit dem Unionsrecht nicht vereinbar sind), 해당 회원국은 계획한 조치를 취해서는 아니된다.

⑥ 회원국은, 자국의 법규정의 범위 내의 적절한 조처로 자국의 관할권을 적용받는 각 미디어서비스제공자(jeweils ihrer Rechtshoheit unterworfenen Mediendiensteanbieter)가 본 지침의 규정을 실질적으로 준수하도록 보장한다.

⑦ 회원국은, 본 지침에 의해 규율된 영역에서 자국의 각 법제도에 따라 허용된 범위 내에서 국가 수준의 핵심규제와(또는) 자기규제에 관한 규정(Regelungen zur Koregulierung und/oder Selbstregulierung)을 장려한다. 이러한 규제는, 해당 회원국의 주요당사자들에 의해 일반적으로 승인되고 또 효과적인 관철이 보장되도록(dass sie von den Hauptbeteiligten in den betreffenden Mitgliedstaaten allgemein anerkannt werden und dass eine wirksame Durchsetzung gewährleistet ist) 형성되어야만 한다.

⑧ 2000/31/EG호 지침은, 현행 지침이 달리 규정하지 않은 범위 내에서 적용한다. 2000/31/EG호 조항과 현행 지침의 조항 간의 충돌이 있는 경우에 현행 지침이 달리 정하지 않은 범위 내에서(sofern in der vorliegenden Richtlinie nichts anderes vorgesehen ist) 위 지침 조항을 적용한다(sind die Bestimmungen der vorliegenden Richtlinie maßgeblich).

제3장 일체의 시청각미디어서비스에 대한 규정

제5조

회원국은 자국의 관할권을 적용받은 시청각미디어서비스제공자가 그 서비스 수령자에게 최소한 다음 각 목의 정보(mindestens die nachstehend aufgeführten Informationen)를 직접적이고도 지속적으로 쉽게 이용하도록 보장한다:

a) 미디어서비스제공자의 이름;

b) 미디어서비스제공자가 영업소(營業所)를 둔(unter der der Mediendiensteanbieter niedergelassen ist) 지역주소;

c) 미디어서비스제공자의 이메일주소 또는 인터넷사이트를 포함하여 미디어서비스제공자가 신속

unmittelbar und wirksam mit ihm zu kommunizieren, einschließlich seiner E-Mail-Adresse oder seiner Internetseite;

d) gegebenenfalls die zuständigen Regulierungs- oder Aufsichtsstellen.

Artikel 6

Die Mitgliedstaaten sorgen mit angemessenen Mitteln dafür, dass die audiovisuellen Mediendienste, die von den ihrer Rechtshoheit unterworfenen Mediendiensteanbietern bereitgestellt werden, nicht zu Hass aufgrund von Rasse, Geschlecht, Religion oder Staatsangehörigkeit aufstacheln.

Artikel 7

Die Mitgliedstaaten bestärken die ihrer Rechtshoheit unterliegenden Mediendiensteanbieter darin, ihre Dienste schrittweise für Hörgeschädigte und Sehbehinderte zugänglich zu machen.

Artikel 8

Die Mitgliedstaaten sorgen dafür, dass die ihrer Rechtshoheit unterworfenen Mediendiensteanbieter Kinospielfilme nicht zu anderen als den mit den Rechteinhabern vereinbarten Zeiten übertragen.

Artikel 9

(1) Die Mitgliedstaaten sorgen dafür, dass die audiovisuelle kommerzielle Kommunikation, die von den ihrer Rechtshoheit unterworfenen Mediendiensteanbietern bereitgestellt wird, folgenden Anforderungen genügt:

a) audiovisuelle kommerzielle Kommunikation muss leicht als solche zu erkennen sein. Schleichwerbung in der audiovisuellen kommerziellen Kommunikation ist verboten;

b) in der audiovisuellen kommerziellen Kommunikation dürfen keine Techniken der unterschwelligen Beeinflussung eingesetzt werden;

c) audiovisuelle kommerzielle Kommunikation darf nicht

i) die Menschenwürde verletzen;

ii) Diskriminierungen aufgrund von Geschlecht, Rasse oder ethnischer Herkunft, Staatsangehörigkeit, Religion oder Glauben, Behinderung, Alter oder sexueller Ausrichtung beinhalten oder fördern;

iii) Verhaltensweisen fördern, die die Gesundheit oder Sicherheit gefährden;

iv) Verhaltensweisen fördern, die den Schutz der Umwelt in hohem Maße gefährden;

d) jede Form der audiovisuellen kommerziellen Kommunikation für Zigaretten und andere Tabakerzeugnisse ist untersagt;

하게 접촉을 받아들이고 직접적으로 또 효과적으로 그 미디어서비스제공자와 통신을 가능하게 하는 정보;

d) 필요하면 관할 규제기관 및 감독기관.

제6조

회원국은, 자국의 관할권을 적용받는 미디서서비스제공자가 제공한(die von den ihrer Rechtshoheit unterworfenen Mediendiensteanbietern bereitgestellt werden) 시청각미디어서비스가 인종, 성, 종교 또는 국적에 기한 혐오(Hass aufgrund von Rasse, Geschlecht, Religion oder Staatsangehörigkeit)를 조장(助長)하지 않도록 보장한다.

제7조

회원국은, 자국의 관할권을 적용받는 미디어서비스제공자가 청각장애인 및 시각장애인으로 하여금 그의 미디어서비스를 이용할 수 있게 하도록(ihre Dienste schrittweise für Hörgeschädigte und Sehbehinderte zugänglich zu machen) 촉진한다.

제8조

회원국은, 자국의 관할권을 적용받는 미디어서비스제공자가 영화를 권리보유자와 합의한 시간 이외의 다른 시간(zu anderen als den mit den Rechteinhabern vereinbarten Zeiten)에 방송하지 않도록 보장한다.

제9조

① 회원국은, 자국의 관할권을 적용받는 미디서서비스제공자가 제공한(die von den ihrer Rechtshoheit unterworfenen Mediendiensteanbietern bereitgestellt wird) 상업적 시청각통신이 다음 각 목의 요구사항을 충족하도록 보장한다:

a) 상업적 시청각통신이 상업적 시청각통신임이 쉽게 알아볼 수 있어야만 한다. 상업적 시청각통신 내 은밀한 광고(Schleichwerbung in der audiovisuellen kommerziellen Kommunikation)는 금지된다;

b) 상업적 시청각통신에서 잠재의식(潛在意識)에 영향(影響)을 미치는 기술(Techniken der unterschwelligen Beeinflussung)이 사용되어서는 아니된다.

c) 상업적 시청각통신은,

ⅰ) 인간존엄성을 침해해서는 아니되고,

ⅱ) 성, 인종 혹은 인종적 출신(Rasse oder ethnischer Herkunft), 국적, 종교, 신앙, 장애, 연령, 성적지향(sexueller Ausrichtung)에 기하여 차별은 포함(包含)하거나 조장(助長)해서는 아니되며,

ⅲ) 건강이나 안전을 위태롭게 하는 행태를 조장해서는 아니되고;

ⅳ) 환경보호(den Schutz der Umwelt)를 매우(in hohem Maße) 위태롭게 하는 행태를 조장해서는 아니된다;

d) 담배 또는 그 밖의 담배류제품(Zigaretten und andere Tabakerzeugnisse)에 대한 모든 형태의 상업적 시청각통신은 금지된다;

e) audiovisuelle kommerzielle Kommunikation für alkoholische Getränke darf nicht speziell an Minderjährige gerichtet sein und darf nicht den übermäßigen Genuss solcher Getränke fördern;

f) audiovisuelle kommerzielle Kommunikation für Arzneimittel und medizinische Behandlungen, die in dem Mitgliedstaat, dessen Rechtshoheit der Mediendiensteanbieter unterworfen ist, nur auf ärztliche Verordnung erhältlich sind, ist untersagt;

g) audiovisuelle Kommunikation darf nicht zur körperlichen oder seelischen Beeinträchtigung Minderjähriger führen. Daher darf sie keine direkten Aufrufe zum Kaufen oder Mieten von Waren oder Dienstleistungen an Minderjährige richten, die deren Unerfahrenheit und Leichtgläubigkeit ausnutzen, Minderjährige nicht unmittelbar dazu auffordern, ihre Eltern oder Dritte zum Kauf der beworbenen Ware oder Dienstleistung zu bewegen, nicht das besondere Vertrauen ausnutzen, das Minderjährige zu Eltern, Lehrern und anderen Vertrauenspersonen haben, und Minderjährige nicht ohne berechtigten Grund in gefährlichen Situationen zeigen.

(2) Die Mitgliedstaaten und die Kommission bestärken die Anbieter von Mediendiensten darin, Verhaltenskodizes für unangebrachte audiovisuelle kommerzielle Kommunikation zu entwickeln, die Kindersendungen begleitet oder darin enthalten ist und Lebensmittel und Getränke betrifft, die Nährstoffe oder Substanzen mit ernährungsbezogener oder physiologischer Wirkung enthalten, insbesondere solche wie Fett, Transfettsäuren, Salz/Natrium und Zucker, deren übermäßige Aufnahme im Rahmen der Gesamternährung nicht empfohlen wird.

Artikel 10

(1) Gesponserte audiovisuelle Mediendienste oder Sendungen müssen folgenden Anforderungen genügen:

a) ihr Inhalt und — bei Fernsehsendungen — ihr Programmplatz dürfen keinesfalls so beeinflusst werden, dass die redaktionelle Verantwortung und Unabhängigkeit des Mediendiensteanbieters beeinträchtigt wird;

b) sie dürfen nicht unmittelbar zu Kauf, Miete oder Pacht von Waren oder Dienstleistungen anregen, insbesondere nicht durch spezielle verkaufsfördernde Hinweise auf diese Waren oder Dienstleistungen;

c) die Zuschauer müssen eindeutig auf das Bestehen einer Sponsoring-Vereinbarung hingewiesen werden. Gesponserte Sendungen sind — beispielsweise durch den Namen, das Firmenemblem und/oder ein anderes Symbol des Sponsors, etwa einen Hinweis auf seine Produkte oder Dienstleistungen oder ein entsprechendes unterscheidungskräftiges Zeichen — in angemessener Weise zum Beginn, während und/oder zum Ende der Sendung eindeutig

e) 알콜 음료에 대한 상업적 시청각 통신(audiovisuelle kommerzielle Kommunikation für alkoholische Getränke)은 미성년자를 특별히 겨냥해서는 아니되고, 알콜음료의 과도한 섭취를 조장해서도 아니된다.

f) 미디어서비스제공자가 관할권을 적용받는 회원국에서 의사의 처방에 기해서만(nur auf ärztliche Verordnung) 받을 수 있는 의약품 및 의료적 처치에 대한 상업적 시청각통신(audiovisuelle kommerzielle Kommunikation für Arzneimittel und medizinische Behandlungen)은 금지된다.

g) 시청각통신은 미성년자의 신체침해 또는 정신침해를 유발해서는(zur körperlichen oder seelischen Beeinträchtigung Minderjähriger führen) 아니된다. 그러므로 시청각통신은, 미성년자에 대하여 상품 또는 용역의 판매 또는 임대를 위한 직접적인 호소로, 미성년자의 무경험(無經驗), 경신(輕信)을 이용하는 호소를 해서는 아니되고, 미성년자에 대하여, 직접적으로 자신의 부모 또는 제3자로 하여금 광고한 물품 또는 용역의 구매하게끔 자극하도록 요구할 수 없고 부모, 교사 또는 그 밖의 신뢰할 수 있는 자와 갖는 특별한 신뢰를 이용하도록 요구해서는 아니되고(nicht das besondere Vertrauen ausnutzen, das Minderjährige zu Eltern, Lehrern und anderen Vertrauenspersonen haben), 또한 미성년자를 정당한 이유 없이 위험한 상황에 노출되게 해서는 아니된다.

② 회원국화 유럽연합집행위원회는, 서비스제공자가 아동방송프로그램에 수반되거나 그에 포함되고, 영양상의 효능이나 생리학적 효능이 있는 영양소 또는 물질을 포함하는 식료품 및 음료가 관련된, 특히 과도한 섭취가 전체 영향의 범위 내에서 권장되지 않는, 지방, 트랜스지방, 염분/나트륨 및 설탕과 같은 식료품 및 음료가 관련된(insbesondere solche wie Fett, Transfettsäuren, Salz/Natrium und Zucker, deren übermäßige Aufnahme im Rahmen der Gesamternährung nicht empfohlen wird) 부적절한 상업적 시청각통신에 대한 행위수칙을 발전시키도록 촉진한다.

제10조

① 협찬을 받은 시청각미디어서비스 또는 방송프로그램 다음 각 목의 요구사항을 충족해야만 한다:

a) 그 내용과, 텔러비전방송 경우 방송스케줄이, 미디어서비스제공자의 편집책임 및 독립성(die redaktionelle Verantwortung und Unabhängigkeit des Mediendiensteanbieters)이 방해되도록 영향을 받아서는 아니된다;

b) 그것이 특히 그 물품 또는 용역의 판매를 촉진하는 특별한 언급으로(durch spezielle verkaufsfördernde Hinweise auf diese Waren oder Dienstleistungen) 물품 또는 용역의 판매, 임대, 용익(用益)을 직접적으로 조장(助長)해서는 아니된다;

c) 시청자는 협약약정의 존재에 대해서 명확하게 언급을 받아야만 한다. 협찬을 받은 방송프로그램에서, 가령, 협찬자의 이름, 회사상징과(또는) 기타 상징, 협찬자의 물품 또는 용역의 언급이나 식별력(識別力)이 있는 관련 표시에 대한 언급(etwa einen Hinweis auf seine Produkte oder Dienstleistungen oder ein entsprechendes unterscheidungskräftiges Zeichen)을 적절한

zu kennzeichnen.

(2) Audiovisuelle Mediendienste oder Sendungen dürfen nicht von Unternehmen gesponsert werden, deren Haupttätigkeit die Herstellung oder der Verkauf von Zigaretten und anderen Tabakerzeugnissen ist.

(3) Beim Sponsoring von audiovisuellen Mediendiensten oder Sendungen durch Unternehmen, deren Tätigkeit die Herstellung oder den Verkauf von Arzneimitteln und medizinischen Behandlungen umfasst, darf für den Namen oder das Erscheinungsbild des Unternehmens geworben werden, nicht jedoch für bestimmte Arzneimittel oder medizinische Behandlungen, die in dem Mitgliedstaat, dessen Rechtshoheit der Mediendiensteanbieter unterworfen ist, nur auf ärztliche Verordnung erhältlich sind.

(4) Nachrichtensendungen und Sendungen zur politischen Information dürfen nicht gesponsert werden. Die Mitgliedstaaten können sich dafür entscheiden, das Zeigen von Sponsorenlogos in Kindersendungen, Dokumentarfilmen und Sendungen religiösen Inhalts zu untersagen.

Artikel 11

(1) Die Absätze 2, 3 und 4 gelten nur für Sendungen, die nach dem 19. Dezember 2009 produziert werden.

(2) Produktplatzierung ist untersagt.

(3) Sofern die Mitgliedstaaten nichts anderes beschließen, ist Produktplatzierung abweichend von Absatz 2 in folgenden Fällen zulässig:

a) in Kinofilmen, Filmen und Serien für audiovisuelle Mediendienste, Sportsendungen und Sendungen der leichten Unterhaltung;

b) wenn kein Entgelt geleistet wird, sondern lediglich bestimmte Waren oder Dienstleistungen wie Produktionshilfen und Preise im Hinblick auf ihre Einbeziehung in eine Sendung kostenlos bereitgestellt werden.

Die Abweichung nach Buchstabe a gilt nicht für Kindersendungen.

Sendungen, die Produktplatzierung enthalten, müssen mindestens alle folgenden Anforderungen erfüllen:

a) ihr Inhalt und — bei Fernsehsendungen — ihr Programmplatz dürfen keinesfalls so beeinflusst werden, dass die redaktionelle Verantwortung und Unabhängigkeit des Mediendiensteanbieters beeinträchtigt wird;

b) sie dürfen nicht unmittelbar zu Kauf, Miete bzw. Pacht von Waren oder Dienstleistungen auffordern, insbesondere nicht durch spezielle verkaufsfördernde Hinweise auf diese Waren oder Dienstleistungen;

c) sie dürfen das betreffende Produkt nicht zu stark herausstellen;

d) die Zuschauer müssen eindeutig auf das Bestehen einer Produktplatzierung hingewiesen werden.

방법으로 방송프로그램의 개시시, 도중 및(또는) 종료시에 명확하게 표시해야 한다.
② 시청각미디어서비스 또는 방송프로그램은 그 주요활동이 담배 또는 기타 담배류제품의 제조 또는 판매(die Herstellung oder der Verkauf von Zigaretten und anderen Tabakerzeugnissen)인 기업의 협찬을 받아서는 아니된다.
③ 그 주요활동이 의약품 또는 의료적 처치의 제조 또는 판매를 포함하는 기업의 시청각미디어서비스 또는 방송프로그램의 협찬에 있어(Beim Sponsoring von audiovisuellen Mediendiensten oder Sendungen durch Unternehmen), 그 기업의 이름 또는 이미지가 광고될 수 있지만, 미디어서비스제공자가 권할권을 적용받는 회원국에서 의사의 처방이 있어야만 얻을 수 있는(die in dem Mitgliedstaat, dessen Rechtshoheit der Mediendiensteanbieter unterworfen ist, nur auf ärztliche Verordnung erhältlich sind) 특정한 의약품 또는 의료적 처치는 광고되어서는 아니된다.
④ 뉴스프로그램 및 정치적 정보에 관한 프로그램은 협찬을 받아서는 아니된다. 회원국은, 아동방송프로그램, 기록영화 및 종교적 내용의 방송프로그램에서(in Kindersendungen, Dokumentarfilmen und Sendungen religiösen Inhalts) 협찬로고의 표시를 금지하는 결정을 할 수 있다.

제11조
① 제2항, 제3항, 제4항과 2009년 12월 19일 후에 제작(製作)된 방송프로그램에 대하여만 적용한다.
② 간접광고는 금지된다.
③ 회원국이 달리 정하지 않는 한, 간접광고(Produktplatzierung)는 다음 각 호의 경우에 제2항과 달리 허용된다:
a) 시청각서비스를 위해 제작된 극장용영화, 영화 및 시리즈물과, 스포츠프로그램, 가벼운 오락방송프로그램(Sendungen der leichten Unterhaltung)의 경우;
b) 그 대금(代金)이 지급되는 것이 아니라, 제작소품과 경품과 같은(wie Produktionshilfen und Preise), 특정한 물품 또는 용역이 어느 방송프로그램으로의 그 편입을 위하여(im Hinblick auf ihre Einbeziehung in eine Sendung) 무료로 제공되는 경우;
a목에 따른 다른 규율은 아동방송프로그램에 대해서는 적용하지 아니한다.
간접광고를 포함하는 방송프로그램은 최소한 다음 각 목의 요구사항 모두(alle folgenden Anforderungen)를 충족해야만 한다:
a) 그 내용과, 텔러비전방송 경우 방송스케줄이, 미디어서비스제공자의 편집책임 및 독립성(die redaktionelle Verantwortung und Unabhängigkeit des Mediendiensteanbieters)이 방해되도록 영향을 받아서는 아니된다;
b) 그것이 특히 그 물품 또는 용역의 판매를 촉진하는 특별한 언급으로(durch spezielle verkaufsfördernde Hinweise auf diese Waren oder Dienstleistungen) 물품 또는 용역의 판매, 임대, 용익(用益)을 직접적으로 조장(助長)해서는 아니된다;
c) 그 방송프로그램이 관련 제품을 너무 강하게 강조해서는 아닌된다.
d) 시청자는 협약약정의 존재에 대해서 명확하게 언급을 받아야만 한다. 협찬을 받은 방송프로

Sendungen mit Produktplatzierung sind zu Sendungsbeginn und -ende sowie bei Fortsetzung einer Sendung nach einer Werbeunterbrechung angemessen zu kennzeichnen, um jede Irreführung des Zuschauers zu verhindern.

In Ausnahmefällen können die Mitgliedstaaten von den Anforderungen des Buchstabens d absehen, sofern die betreffende Sendung weder vom Mediendiensteanbieter selbst noch von einem mit dem Mediendiensteanbieter verbundenen Unternehmen produziert oder in Auftrag gegeben wurde.

(4) Sendungen dürfen unter keinen Umständen die folgenden Produktplatzierungen enthalten:

a) Produktplatzierung zugunsten von Zigaretten oder Tabakerzeugnissen oder zugunsten von Unternehmen, deren Haupttätigkeit die Herstellung oder der Verkauf von Zigaretten und anderen Tabakerzeugnissen ist;

b) Produktplatzierung zugunsten bestimmter Arzneimittel oder medizinischer Behandlungen, die in dem Mitgliedstaat, dessen Rechtshoheit der Mediendiensteanbieter unterworfen ist, nur auf ärztliche Verordnung erhältlich sind.

KAPITEL IV SONDERBESTIMMUNGEN FÜR AUDIOVISUELLE MEDIENDIENSTE AUF ABRUF

Artikel 12

Die Mitgliedstaaten ergreifen angemessene Maßnahmen, um zu gewährleisten, dass audiovisuelle Mediendienste auf Abruf, die von ihrer Rechtshoheit unterworfenen Mediendiensteanbietern bereitgestellt werden und die die körperliche, geistige oder sittliche Entwicklung von Minderjährigen ernsthaft beeinträchtigen könnten, nur so bereitgestellt werden, dass sichergestellt ist, dass sie von Minderjährigen üblicherweise nicht gehört oder gesehen werden können.

Artikel 13

(1) Die Mitgliedstaaten sorgen im Rahmen des praktisch Durchführbaren und mit angemessenen Mitteln dafür, dass audiovisuelle Mediendienste auf Abruf, die von ihrer Rechtshoheit unterworfenen Mediendiensteanbietern bereitgestellt werden, die Produktion europäischer Werke und den Zugang hierzu fördern. Diese Förderung könnte sich unter anderem auf den finanziellen Beitrag solcher Dienste zu der Produktion europäischer Werke und zum Erwerb von Rechten an europäischen Werken oder auf den Anteil und/oder die Herausstellung europäischer Werke in dem von diesem audiovisuellen Mediendienst auf Abruf angebotenen Programmkatalog beziehen.

(2) Die Mitgliedstaaten berichten der Kommission spätestens am 19. Dezember 2011 und anschließend alle vier Jahre über die Durchführung des Absatzes 1.

그램은, 시청자의 일체의 오인유발을 방지하기 위하여 방송프로그램의 개시 및 종료시 또 중간광고시간 후 방송프로그램 도중에 적절하게 표시되어야만 한다. 예외의 경우에 해당 방송이 미디어서비스제공자가 직접 제작 또는 주문도 하지 않고 또 그 미디어서비스제공자와 연계된 기업도 제작 또는 주문도 하지 않은 때에는(sofern die betreffende Sendung weder vom Mediendiensteanbieter selbst noch von einem mit dem Mediendiensteanbieter verbundenen Unternehmen produziert oder in Auftrag gegeben wurde) 회원국은 d목의 요구사항을 고려하지 않을 수 있다.

④ 방송프로그램은 어떤 경우에도 다음 각 목의 간접광고(間接廣告)(die folgenden Produktplatzierungen)를 포함해서는 아니된다:

a) 담배 또는 기타 담배류제품을 위한 간접광고나, 그 주요활동이 담배 또는 기타 담배류제품의 제조 또는 판매(die Herstellung oder der Verkauf von Zigaretten und anderen Tabakerzeugnissen)인 기업을 위한 간접광고;

b) 미디어서비스제공자가 관할권을 적용받는 회원국에서 의사의 처방에 기해서만(nur auf ärztliche Verordnung) 받을 수 있는 특정 의약품 또는 의료적 처치를 위한 간접광고(Produktplatzierung zugunsten bestimmter Arzneimittel oder medizinischer Behandlungen).

제4장 주문에 의한 시청각미디어서비스(AUDIOVISUELLE MEDIENDIENSTE AUF ABRUF)에 대한 특칙

제12조

회원국은, 자국의 관할권을 적용받는 미디어서비스제공자가 제공하고 미성년자들의 신체적, 정신적, 도덕적 성장을 중대하게 방해할 수도 있는(die die körperliche, geistige oder sittliche Entwicklung von Minderjährigen ernsthaft beeinträchtigen könnten), 주문에 의한 시청각미디어서비스가, 이러한 주문에 의한 시청각미디어서비스를 미성년자들이 통상적으로 청취하거나 볼 수 없다는 점이 확보되게끔 제공되도록 보장하기 위한 적절한 조치를 취할 수 있다

제13조

① 회원국은, 실제로 실행 가능한 것의 범위 내에서 또 적절한 조치(im Rahmen des praktisch Durchführbaren und mit angemessenen Mitteln)로, 자국의 관할권을 적용받는 미디어서비스제공자가 제공하는 주문에 의한 시청각미디어서비스가 유럽저작물의 제작과 이에 대한 이용을 촉진하도록 보장한다. 이러한 촉진은, 특히 그러한 서비스의, 유럽저작물의 제작에 대한 재정적 기여 및 유럽저작물에 대한 권리 취득에 대한 재정적 기여에 적용될 수 있거나, 이러한 주문에 의한 시청각미디어서비스가 제공하는 프로그램목록에 있는 유럽저작물의 몫 및(또는) 제작에 적용될(auf den Anteil und/oder die Herausstellung europäischer Werke in dem von diesem audiovisuellen Mediendienst auf Abruf angebotenen Programmkatalog beziehen) 수 있다.

② 회원국은 제1항의 집행에 관하여 늦어도 2011년 12월 19일에 유럽연합집행위원회에 보고하고 그 후에는 매 4년마다 보고한다.

(3) Auf der Grundlage der von den Mitgliedstaaten übermittelten Informationen und einer unabhängigen Studie erstattet die Kommission dem Europäischen Parlament und dem Rat über die Anwendung des Absatzes 1 Bericht und trägt dabei der Marktlage und den technischen Entwicklungen sowie dem Ziel der kulturellen Vielfalt Rechnung.

KAPITEL V BESTIMMUNGEN ÜBER AUSSCHLIESSLICHE RECHTE AN UND KURZBERICHTERSTATTUNG IN FERNSEHSENDUNGEN

Artikel 14

(1) Jeder Mitgliedstaat kann im Einklang mit dem Unionsrecht Maßnahmen ergreifen, mit denen sichergestellt werden soll, dass die seiner Rechtshoheit unterworfenen Fernsehveranstalter nicht Ereignisse, denen der betreffende Mitgliedstaat eine erhebliche gesellschaftliche Bedeutung beimisst, auf Ausschließlichkeitsbasis in der Weise übertragen, dass einem bedeutenden Teil der Öffentlichkeit in dem Mitgliedstaat die Möglichkeit vorenthalten wird, das Ereignis im Wege direkter oder zeitversetzter Berichterstattung in einer frei zugänglichen Fernsehsendung zu verfolgen. Falls ein Mitgliedstaat entsprechende Maßnahmen ergreift, so erstellt er dabei eine Liste der nationalen und nichtnationalen Ereignisse, denen er eine erhebliche gesellschaftliche Bedeutung beimisst. Er trägt dafür auf eindeutige und transparente Weise rechtzeitig Sorge. Dabei legt der betreffende Mitgliedstaat auch fest, ob diese Ereignisse im Wege direkter Gesamt- oder Teilberichterstattung oder, sofern im öffentlichen Interesse aus objektiven Gründen erforderlich oder angemessen, im Wege zeitversetzter Gesamt- oder Teilberichterstattung verfügbar sein sollen.
(2) Die Mitgliedstaaten teilen der Kommission unverzüglich alle Maßnahmen mit, die sie gemäß Absatz 1 getroffen haben oder in Zukunft treffen werden. Die Kommission prüft binnen drei Monaten nach der Mitteilung, ob die Maßnahmen mit dem Unionsrecht vereinbar sind, und teilt sie den anderen Mitgliedstaaten mit. Sie holt die Stellungnahme des mit Artikel 29 eingesetzten Kontaktausschusses ein. Sie veröffentlicht die getroffenen Maßnahmen unverzüglich im Amtsblatt der Europäischen Union; mindestens einmal jährlich veröffentlicht sie eine konsolidierte Liste der von den Mitgliedstaaten getroffenen Maßnahmen.
(3) Die Mitgliedstaaten stellen im Rahmen des innerstaatlichen Rechts durch geeignete Maßnahmen sicher, dass die ihrer Rechtshoheit unterworfenen Fernsehveranstalter die von ihnen nach dem 18. Dezember 2007 erworbenen ausschließlichen Rechte nicht in der Weise ausüben, dass einem bedeutenden Teil der Öffentlichkeit in einem anderen Mitgliedstaat die Möglichkeit vorenthalten wird, die von diesem anderen Mitgliedstaat gemäß den Absätzen 1 und 2

③ 회원국이 전달한 정보에 기하여 또 독립적 연구에 기하여(Auf der Grundlage der von den Mitgliedstaaten übermittelten Informationen und einer unabhängigen Studie) 유럽연합집행위원회는 유럽의회와 유럽이사회에 제1항의 적용에 관하여 보고하고 이 경우 시장상황, 기술적 발전과 문화적 다양성 목표(der Marktlage und den technischen Entwicklungen sowie dem Ziel der kulturellen Vielfalt)를 고려한다.

제5장 텔레비전방송프로그램에 있어서의 독점권과 단신보도(短信報道)(AUSSCHLIESSLICHE RECHTE AN UND KURZBERICHTERSTATTUNG)에 관한 규정

제14조

① 각 회원국은, 자국의 관할권을 적용받은 방송사업자가 해당 회원국에서 중대한 사회적 의미를 갖는 사건을, 무료로 접근할 수 있는 텔레비전방송에서 생중계 또는 녹화중계로 그러한 사건을 지켜볼 기회를 회원국 내의 상당한 수의 공중(公衆)에게서 박탈하는 방식으로(dass einem bedeutenden Teil der Öffentlichkeit in dem Mitgliedstaat die Möglichkeit vorenthalten wird, das Ereignis im Wege direkter oder zeitversetzter Berichterstattung in einer frei zugänglichen Fernsehsendung zu verfolgen) 독점적으로 방송하지 않도록 보장하는 조치를 유럽연합법에 일치되게 취할 수 있다. 만일 어느 회원국이 관련 조치를 취한 경우에 이때 회원국은, 그 회원국에서 중요한 의미를 갖는 국가적 사건 및 비국가적 사건의 목록을 만든다. 그 회원국은 명백하고 투명한 방식으로 이를 처리한다. 이 경우 해당 해원국은 이러한 사건에 대해, 전체 또는 부분 생방송으로 접근할 수 있는지 또는 객관적 이유에 기한 공공의 이익을 위하여 필요하거나 적절한 경우에 전체 또는 부분 녹화방송으로 접근해야 하는지 여부(ob diese Ereignisse im Wege direkter Gesamt- oder Teilberichterstattung oder, sofern im öffentlichen Interesse aus objektiven Gründen erforderlich oder angemessen, im Wege zeitversetzter Gesamt- oder Teilberichterstattung verfügbar sein sollen)에 관하여도 결정한다.

② 회원국은, 제1항에 따라 취했거나 장차 취할(in Zukunft treffen werden) 제반조치를 유럽연합집행위원회에 지체 없이 통지한다. 유럽연합집행위원회는 이러한 통지를 받은 후 3개월 이 내에 그 조치가 유럽연합법에 합치하는지 여부(ob die Maßnahmen mit dem Unionsrecht vereinbar sind, und teilt sie den anderen Mitgliedstaaten mit)에 대하여 심사하고 이를 다른 회원국에 통지한다. 회원국은 제29조에 따라 설치된 연락위원회의 입장을 청취한다(Sie holt die Stellungnahme des mit Artikel 29 eingesetzten Kontaktausschusses ein). 회원국은 유럽연합관보에 지체 없이 취해진 조치를 공표한다; 회원국은 최소한 매년 1차례 회원국이 취한 조치에 대한 정리된 목록을 공표한다.

③ 해당 회원국은 국내법의 범위 내에서 적절한 조치로, 자국의 관할권을 적용받는 방송사업자가 2007년 12월 18일후에 취득한 독점권을, 다른 회원국이 제1항, 제2항에 따라 표시한 사건을, 이것이 다른 회원국에 의해 제1항에 따라 결정된 것처럼, 전체 또는 부분 생방송으로, 또는 공공의 이익을 위하여 필요하거나 적절한 경우에 전체 혹은 부분 녹화방송으로 무료로 접근할 수 있는 텔레비전방송에서 지켜볼(die von diesem anderen Mitgliedstaat gemäß den Absätzen 1 und 2 bezeichneten Ereignisse als direkte Gesamt- oder Teilberichterstattung oder, sofern im öffentlichen Interesse aus objektiven Gründen erforderlich oder angemessen, als zeitversetzte Gesamt- oder Teilberichterstattung in einer frei zugänglichen Fernsehsendung zu verfolgen, wie dies von dem anderen Mitgliedstaat gemäß Absatz 1 festgelegt worden ist.

Artikel 15

(1) Die Mitgliedstaaten sorgen dafür, dass jeder Fernsehveranstalter, der in der Union niedergelassen ist, zum Zwecke der Kurzberichterstattung einen fairen, angemessenen und diskriminierungsfreien Zugang zu Ereignissen hat, die von großem öffentlichen Interesse sind und die von einem der Rechtshoheit der Mitgliedstaaten unterworfenen Fernsehveranstalter exklusiv übertragen werden.

(2) Wenn ein anderer Fernsehveranstalter, der in demselben Mitgliedstaat niedergelassen ist wie der um Zugang ersuchende Fernsehveranstalter, ausschließliche Rechte für das Ereignis von großem Interesse für die Öffentlichkeit erworben hat, muss der Zugang bei diesem Fernsehveranstalter beantragt werden.

(3) Die Mitgliedstaaten sorgen dafür, dass dieser Zugang garantiert ist, indem sie es den Fernsehveranstaltern erlauben, frei kurze Ausschnitte aus dem Sendesignal des übertragenden Fernsehveranstalters auszuwählen, wobei die Fernsehveranstalter dabei aber zumindest ihre Quelle angeben müssen, sofern dies nicht aus praktischen Gründen unmöglich ist.

(4) Als Alternative zu Absatz 3 kann ein Mitgliedstaat ein gleichwertiges System einrichten, das den Zugang mit anderen Mitteln unter fairen, angemessenen und diskriminierungsfreien Bedingungen ermöglicht.

(5) Kurze Ausschnitte werden ausschließlich für allgemeine Nachrichtensendungen verwendet und dürfen in audiovisuellen Mediendiensten auf Abruf nur verwendet werden, wenn die gleiche Sendung von demselben Mediendiensteanbieter zeitversetzt angeboten wird.

(6) Unbeschadet der Absätze 1 bis 5 sorgen die Mitgliedstaaten nach Maßgabe ihres Rechtssystems und im Einklang mit ihren Gepflogenheiten dafür, dass die Modalitäten und Bedingungen für die Bereitstellung solcher kurzen Ausschnitte näher festgelegt werden, insbesondere hinsichtlich etwaiger Kostenerstattungsregelungen, der Höchstlänge der kurzen Ausschnitte und der Fristen für ihre Übertragung. Wird eine Kostenerstattung vorgesehen, so darf sie die unmittelbar mit der Gewährung des Zugangs verbundenen zusätzlichen Kosten nicht übersteigen.

bezeichneten Ereignisse als direkte Gesamt- oder Teilberichterstattung oder, sofern im öffentlichen Interesse aus objektiven Gründen erforderlich oder angemessen, als zeitversetzte Gesamt- oder Teilberichterstattung in einer frei zugänglichen Fernsehsendung zu verfolgen, wie dies von dem anderen Mitgliedstaat gemäß Absatz 1 festgelegt worden ist) 기회를 다른 회원국 내 상당한 수의 공중(公衆)에게서 박탈하는 방식으로 행사하지 않도록 보장한다.

제15조

① 회원국은 유럽연합에 영업소를 둔 각 방송사업자가 매우 큰 공공의 이익에 관련되고 또 회원국의 관할권을 적용받는 방송사업자들 중 어느 방송사가 독점적으로 방송하는(die von einem der Rechtshoheit der Mitgliedstaaten unterworfenen Fernsehveranstalter exklusiv übertragen werden) 사건에 대하여, 단신보도(短信報道)을 위하여 공정하고 적절하며 차별받지 않고서 이용하도록 보장한다.

② 이를 이용하고자 하는 해당 방송사업자처럼 동일한 회원국에 영업소를 둔(der in demselben Mitgliedstaat niedergelassen ist wie der um Zugang ersuchende Fernsehveranstalter) 다른 방송사업자가 매우 큰 공공의 이익이 있는 사건 보도에 대한 독점권을 취득한 경우에 이러한 다른 방송사업자에 이용권이 신청되어야만 한다.

③ 회원국은, 해당 방송사에게, 방송하는 방송사업자의 방송신호의 단신(短信) 추출물로, 그 출처 명시가 실무적 이유에서 불가능하지 않는 한 그 추출물을 자유롭게 선택하는 것(frei kurze Ausschnitte aus dem Sendesignal des übertragenden Fernsehveranstalters auszuwählen)을 허용함으로써 위와 같은 이용권이 보장되도록 보장, 해당 방송사업자가 최소한 그 출처를 명시해야만 한다.

④ 제3항의 대안으로서 회원국은, 다른 수단을 통해 공정하고도 적절하며 차별받지 않는 조건으로(unter fairen, angemessenen und diskriminierungsfreien Bedingungen) 이용을 가능하게 하는 동등한 시스템을 마련할 수 있다.

⑤ 단신(短信) 추출물은 오로지 일반적 뉴스프로그램에만 사용되고, 동일한 미디어서비스제공자에 의해 같은 방송프로그램이 녹화되어 제공된 경우에(wenn die gleiche Sendung von demselben Mediendiensteanbieter zeitversetzt angeboten wird) 한하여 주문에 의한 시청각서비스에서도 사용될 수 있다.

⑥ 제1항 내지 제5항에도 불구하고, 회원국은 자국의 법제도상의 기준에 따라 또 자국의 관행에 일치하게, 그러한 단신의 추출물의 제공에 대한 방식 및 조건, 특히 어떤 비용지급규정, 단신 추출물의 최대분량, 단신 추출물의 방송 기간(insbesondere hinsichtlich etwaiger Kostenerstattungsregelungen, der Höchstlänge der kurzen Ausschnitte und der Fristen für ihre Übertragung)이 세부적으로 정해지도록 보장한다. 비용지급이 규정된 경우에 그 비용지급은 이용(利用)하게 함으로써 발생하는 직접적 추가비용(die unmittelbar mit der Gewährung des Zugangs verbundenen zusätzlichen Kosten)을 초과(超過)해서는 아니된다.

KAPITEL VI FÖRDERUNG DER VERBREITUNG UND HERSTELLUNG VON FERNSEHPROGRAMMEN

Artikel 16

(1) Die Mitgliedstaaten tragen im Rahmen des praktisch Durchführbaren und mit angemessenen Mitteln dafür Sorge, dass die Fernsehveranstalter den Hauptanteil ihrer Sendezeit, die nicht auf Nachrichten, Sportberichten, Spielshows, Werbeleistungen, Videotextleistungen und Teleshopping entfallen, der Sendung von europäischen Werken vorbehalten. Dieser Anteil soll unter Berücksichtigung der Verantwortung der Rundfunkveranstalter gegenüber ihrem Publikum in den Bereichen Information, Bildung, Kultur und Unterhaltung schrittweise anhand geeigneter Kriterien erreicht werden.

(2) Kann der Anteil gemäß Absatz 1 nicht erreicht werden, so darf dieser nicht niedriger als der Anteil sein, der 1988 in dem betreffenden Mitgliedstaat im Durchschnitt festgestellt wurde.

Im Falle Griechenlands und Portugals wird das Jahr 1988 jedoch durch das Jahr 1990 ersetzt.

(3) Die Mitgliedstaaten übermitteln der Kommission alle zwei Jahre ab 3. Oktober 1991 einen Bericht über die Durchführung des vorliegenden Artikels und des Artikels 17.

Dieser Bericht enthält insbesondere eine statistische Übersicht, aus der hervorgeht, inwieweit jedes der Rechtshoheit des betreffenden Mitgliedstaats unterworfene Fernsehprogramm den im vorliegenden Artikel und in Artikel 17 genannten Anteil erreicht hat, aus welchen Gründen dieser Anteil in jedem einzelnen Fall nicht erzielt werden konnte und welche Maßnahmen zur Erreichung dieses Anteils getroffen oder vorgesehen sind.

Die Kommission bringt diese Berichte — gegebenenfalls zusammen mit einer Stellungnahme — den übrigen Mitgliedstaaten und dem Europäischen Parlament zur Kenntnis. Sie trägt dafür Sorge, dass der vorliegende Artikel und Artikel 17 gemäß den Bestimmungen des Vertrags über die Arbeitsweise der Europäischen Union durchgeführt werden. In ihrer Stellungnahme kann die Kommission insbesondere den gegenüber den Vorjahren erzielten Fortschritten, dem Anteil von Erstausstrahlungen bei der Programmgestaltung, den besonderen Gegebenheiten bei den neuen Fernsehveranstaltern sowie der besonderen Lage der Länder mit niedriger audiovisueller Produktionskapazität oder begrenztem Sprachraum Rechnung tragen.

Artikel 17

Die Mitgliedstaaten tragen im Rahmen des praktisch Durchführbaren und mit angemessenen Mitteln dafür Sorge, dass Fernsehveranstalter mindestens 10 % ihrer Sendezeit, die nicht auf

제6장 텔레비전방송프로그램의 보급과 제작(VERBREITUNG UND HERSTELLUNG VON FERNSEHPROGRAMMEN)의 촉진

제16조

① 회원국은, 실제로 실행 가능한 것의 범위 내에서 또 적절한 조치(im Rahmen des praktisch Durchführbaren und mit angemessenen Mitteln)로, 방송사업자가 뉴스, 스포츠보도, 게임프로, 광고서비스, 문자다중방송[100](文字多重放送) 및 텔레쇼핑에 배정된(die nicht auf Nachrichten, Sportberichten, Spielshows, Werbeleistungen, Videotextleistungen und Teleshopping entfallen) 그 방송편성시간의 주요비율을 유럽저작물의 방송에 할애(割愛)하도록 보장한다. 이러한 비율은 방송사업자의 자신의 시청자에 대한 책임을 고려하여(unter Berücksichtigung der Verantwortung der Rundfunkveranstalter gegenüber ihrem Publikum) 정보, 교육, 문화 오락 영역에서 단계적으로 적절한 기준에 따라 달성된다.

② 제1항에 따른 비율이 달성되지 않는 경우에(Kann der Anteil gemäß Absatz 1 nicht erreicht werden) 이러한 비율은 1988년 해당 회원국에서 평균적으로 정해진 비율보다 더 낮아서는 아니된다. 다만 그리스와 포르투갈의 경우(Im Falle Griechenlands und Portugals) 1990년이 1988년을 대체한다.

③ 회원국은 1991년 10월 3일부터 매 2년마다 유럽연합집행위원회에 위 조항 및 제17조의 집행에 관한(über die Durchführung des vorliegenden Artikels und des Artikels 17) 보고서를 제출한다. 이러한 보고서에 특히 해당 회원국의 관할권을 적용받은 일체의 텔레비전프로그램이 어느 정도로 본조항과 제17조상의 비율을 달성했는지, 어떤 이유에서 이러한 비율이 각각의 개별 사안에서 달성될 수 없고 이러 비율을 달성하기 위해 어떤 조치가 취해졌고 규정되었는지(aus welchen Gründen dieser Anteil in jedem einzelnen Fall nicht erzielt werden konnte und welche Maßnahmen zur Erreichung dieses Anteils getroffen oder vorgesehen sind)가 나타나는 통계적 개관이 포함된다.

유럽연합집행위원회는 이러한 보고서를, 필요하면 의견과 함께 나머지 회원국과 유럽연합의회에 제출한다. 유럽연합집행위원회는 본조항과 제17조가「유럽연합 기능에 관한 조약」의 규정에 따라 집행되도록 보장한다. 유럽연합집행위원회는 자신의 의견에서 특히 이전 해에 달성한 진척, 프로그램편성에서의 첫 방송작품의 비율, 새로운 방송사업자의 특별한 상황과, 낮은 시청각 프로그램제작 능력 또는 제한된 언어영역을 가진 국가의 특별한 사정(sbesondere den gegenüber den Vorjahren erzielten Fortschritten, dem Anteil von Erstausstrahlungen bei der Programmgestaltung, den besonderen Gegebenheiten bei den neuen Fernsehveranstaltern sowie der besonderen Lage der Länder mit niedriger audiovisueller Produktionskapazität oder begrenztem Sprachraum)을 고려할 수 있다.

제17조

회원국은, 실제로 실행 가능한 것의 범위 내에서 또 적절한 조치(im Rahmen des praktisch Durchführbaren und mit angemessenen Mitteln)로, 방송사업자가 뉴스, 스포츠보도, 게임프로, 광고

Nachrichten, Sportberichten, Spielshows oder Werbeleistungen, Videotextleistungen und Teleshopping entfallen, oder alternativ nach Wahl des Mitgliedstaats mindestens 10 % ihrer Haushaltsmittel für die Programmgestaltung der Sendung europäischer Werke von Herstellern vorbehalten, die von den Fernsehveranstaltern unabhängig sind. Dieser Anteil ist unter Berücksichtigung der Verantwortung der Fernsehveranstalter gegenüber ihrem Publikum in den Bereichen Information, Bildung, Kultur und Unterhaltung schrittweise anhand geeigneter Kriterien zu erreichen. Dazu muss ein angemessener Anteil neueren Werken vorbehalten bleiben, d. h. Werken, die innerhalb eines Zeitraums von fünf Jahren nach ihrer Herstellung ausgestrahlt werden.

Artikel 18

Dieses Kapitel gilt nicht für Fernsehsendungen, die sich an ein lokales Publikum richten und die nicht an ein nationales Fernsehnetz angeschlossen sind.

KAPITEL VII FERNSEHWERBUNG UND TELESHOPPING

Artikel 19

(1) Fernsehwerbung und Teleshopping müssen als solche leicht erkennbar und vom redaktionellen Inhalt unterscheidbar sein. Unbeschadet des Einsatzes neuer Werbetechniken müssen Fernsehwerbung und Teleshopping durch optische und/oder akustische und/oder räumliche Mittel eindeutig von anderen Sendungsteilen abgesetzt sein.

(2) Einzeln gesendete Werbespots und Teleshopping-Spots müssen, außer bei der Übertragung von Sportveranstaltungen, die Ausnahme bilden.

Artikel 20

(1) Die Mitgliedstaaten sorgen dafür, dass durch in laufende Sendungen eingefügte Fernsehwerbung oder Teleshopping-Spots der Zusammenhang der Sendungen unter Berücksichtigung der natürlichen Sendungsunterbrechungen sowie der Dauer und Art der betreffenden Sendung nicht beeinträchtigt wird und die Rechte von Rechteinhabern nicht verletzt werden.

(2) Die Übertragung von Fernsehfilmen (mit Ausnahme von Serien, Reihen und Dokumentarfilmen), Kinospielfilmen und Nachrichtensendungen darf für jeden programmierten Zeitraum von mindestens 30 Minuten einmal für Fernsehwerbung und/oder Teleshopping unterbrochen werden. Die Übertragung von Kindersendungen darf für jeden programmierten Zeitraum von mindestens 30 Minuten höchstens einmal für Fernsehwerbung und/oder

서비스, 문자다중방송(文字多重放送) 및 텔레쇼핑에 배정된(die nicht auf Nachrichten, Sportberichten, Spielshows, Werbeleistungen, Videotextleistungen und Teleshopping entfallen) 자신의 방송편성시간 중 10% 이상이나, 프로그램편성에 대한 자신의 예산 중 10% 이상(mindestens 10 % ihrer Haushaltsmittel für die Programmgestaltung)을 회원국의 선택에 따라 번갈아 가며 제작자의 유럽 저작물의 방송에 할애하도록 보장한다. 이러한 비율은, 방송사업자의 자신의 시청자에 대한 책임을 고려하여(unter Berücksichtigung der Verantwortung der Rundfunkveranstalter gegenüber ihrem Publikum) 정보, 교육, 문화 오락 영역에서 단계적으로 적절한 기준에 따라 달성된다. 이를 위해 적절한 비율이, 새로운 작품에, 즉 그 제작시로부터 5년의 기간 이내에 방송되는 작품(Werken, die innerhalb eines Zeitraums von fünf Jahren nach ihrer Herstellung ausgestrahlt werden)에 할애되어야만 한다.

제18조

본장은 지역 시청자들 그 대상으로 하고 국가적 텔레비전망에 연결되지 않은 텔레비전방송에 대하여는 적용하지 아니한다.

제7장 텔레비전광고와 텔레쇼핑

제19조

① 텔레비전광고와 텔레쇼핑에서 텔레비전광고와 텔레쇼핑임이 쉽게 알아볼 수 있어야만 하고 그것들과 편집 내용과 구분될 수 있어야만 한다. 새로운 광고기술의 사용에 상관없이 시각적, 청각적 및(또는) 공간적 수단(durch optische und/oder akustische und/oder räumliche Mittel eindeutig)에 의한 텔레비전광고와 텔레쇼핑은 다른 방송프로그램부분과 분명하게 구분되어야만 한다.

② 개별적으로 방송된 짧은 광고와 텔레쇼핑스팟광고[101]는, 스포츠행사 방송시 이외에는(außer bei der Übertragung von Sportveranstaltungen) 예외로 한다.

제20조

① 회원국은, 방송국명을 알리기 위한 짧은 시간과 해당 방송프로그램의 시간 및 유형을 고려했을 때 방송프로그램 중간에 삽입된 텔레비전광고 또는 텔레쇼핑스팟광고에 의해(durch in laufende Sendungen eingefügte Fernsehwerbung oder Teleshopping-Spots) 방송프로그램의 일체성(der Zusammenhang der Sendungen)이 방해되지 않고 권리보유자의 권리(die Rechte von Rechteinhabern)가 침해되지 않도록 보장한다.

② 텔레비전용영화(시리즈, 연속극, 기록영화를 제외), 극장용영화 및 뉴스프로그램의 방송(Die Übertragung von Fernsehfilmen (mit Ausnahme von Serien, Reihen und Dokumentarfilmen), Kinospielfilmen und Nachrichtensendungen)은, 30분 이상의 각 예정된 시간당 1회 텔레비전광고 및(또는) 텔레쇼핑 광고를 위해 중단될 수 있다. 그럼에도 아동방송프로그램의 방송은, 방송스케줄에 따른 그 방송의 총시간이 30분을 초과하는 경우에 (wenn die Gesamtdauer der Sendung nach

Teleshopping unterbrochen werden, jedoch nur, wenn die Gesamtdauer der Sendung nach dem Sendeplan mehr als 30 Minuten beträgt. Die Übertragung von Gottesdiensten darf nicht durch Fernsehwerbung oder Teleshopping unterbrochen werden.

Artikel 21

Teleshopping für Arzneimittel, die einer Genehmigung für das Inverkehrbringen im Sinne der Richtlinie 2001/83/EG unterliegen, sowie Teleshopping für ärztliche Behandlungen ist untersagt.

Artikel 22

Fernsehwerbung und Teleshopping für alkoholische Getränke müssen folgenden Kriterien entsprechen:

a) sie dürfen nicht speziell an Minderjährige gerichtet sein und insbesondere nicht Minderjährige beim Alkoholgenuss darstellen;

b) es darf keinerlei Verbindung zwischen einer Verbesserung der physischen Leistung und Alkoholgenuss oder dem Führen von Kraftfahrzeugen und Alkoholgenuss hergestellt werden;

c) es darf nicht der Eindruck erweckt werden, Alkoholgenuss fördere sozialen oder sexuellen Erfolg;

d) sie dürfen nicht eine therapeutische, stimulierende, beruhigende oder konfliktlösende Wirkung von Alkohol suggerieren;

e) Unmäßigkeit im Genuss alkoholischer Getränke darf nicht gefördert oder Enthaltsamkeit oder Mäßigung nicht negativ dargestellt werden;

f) die Höhe des Alkoholgehalts von Getränken darf nicht als positive Eigenschaft hervorgehoben werden.

Artikel 23

(1) Der Anteil von Fernsehwerbespots und Teleshopping-Spots an der Sendezeit darf innerhalb einer vollen stunde 20 % nicht überschreiten.

(2) Absatz 1 gilt nicht für Hinweise des Fernsehveranstalters auf eigene Sendungen und auf Begleitmaterialien, die direkt von diesen Sendungen abgeleitet sind, Sponsorenhinweise und die Produktplatzierung.

Artikel 24

Teleshopping-Fenster müssen optisch und akustisch klar als solche gekennzeichnet sein und eine Mindestdauer von 15 Minuten ohne Unterbrechung haben.

dem Sendeplan mehr als 30 Minuten beträgt) 한하여 30분 이상의 각 예정된 시간당 최대 1회 텔레비전광고 및(또는) 텔레쇼핑 광고를 위해 중단될 수 있다. 종교방송(Die Übertragung von Gottesdiensten)은 텔레비전광고 또는 텔레쇼핑으로 중단되지 아니한다.

제21조

2001/83/EG호 지침상의 유통 허가(Genehmigung für das Inverkehrbringen)를 적용받는 의약품 판매를 위한 텔레쇼핑과 의료적 처치에 대한 텔레쇼핑(Teleshopping für ärztliche Behandlungen)은 금지된다.

제22조

알콜음료에 대한 텔레비전광고와 텔레쇼핑(Fernsehwerbung und Teleshopping für alkoholische Getränke)은 다음 기준을 충족해야만 한다:

a) 텔레비전광고와 텔레쇼핑은 특별히 미성년자를 겨냥해서는 아니되고, 특히 알콜섭취를 하는 미성년자를 묘사해서는 아니된다;

b) 신체기능의 향상과 알콜섭취(zwischen einer Verbesserung der physischen Leistung und Alkoholgenuss)나 차량의 운전과 알콜섭취(Führen von Kraftfahrzeugen und Alkoholgenuss)를 관련지어서는 아니된다;

c) 알콜이 사회적(社會的) 또는 성적(性的) 성공(sozialen oder sexuellen Erfolg)을 촉진하는 것으로 인상을 불러일으켜서는 아니된다;

d) 텔레비전광고와 텔레쇼핑이 알콜의 치료효능, 자극효능, 진정효능 또는 갈등해소기능을 암시해서는 아니된다;

e) 알콜 음료의 과도한 섭취가 조장되거나 그 금주(禁酒; Enthaltsamkeit) 또는 절주(節酒; Mäßigung)가 부정적으로 묘사되어서는 아니된다;

f) 음료의 알콜함유량(die Höhe des Alkoholgehalts von Getränken)이 긍정적 속성(屬性)으로 강조되어서는 아니된다.

제23조

① 텔레비전광고와 텔레쇼핑스팟광고의 방송편성시간에서의 비중은 1시간당 20%를 초과해서는 아니된다.

② 제1항은 방송사의 자체 프로그램에 대한 언급과, 이러한 프로그램에 직접적으로 파생된 부대프로그램에 대한 언급과 협찬언급 및 간접광고(Sponsorenhinweise und die Produktplatzierung)에 대해서는 적용하지 아니한다.

제24조

텔레쇼핑 화면은 시각적, 청각적으로 텔레쇼핑임이 명확하게 표시되어야만 하고 중단 없이 15분 동안 진행되어야만 한다.

Artikel 25

Die Bestimmungen dieser Richtlinie gelten entsprechend für reine Werbe- und Teleshopping-Fernsehkanäle sowie für Fernsehkanäle, die ausschließlich der Eigenwerbung dienen.
Kapitel IV sowie die Artikel 20 und 23 gelten jedoch nicht für solche Kanäle.

Artikel 26

Unbeschadet des Artikels 4 können die Mitgliedstaaten für Fernsehprogramme, die ausschließlich für ihr eigenes Hoheitsgebiet bestimmt sind und weder unmittelbar noch mittelbar in einem oder mehreren anderen Mitgliedstaaten öffentlich empfangen werden können, unter Einhaltung des Unionsrechts andere als die in Artikel 20 Absatz 2 und in Artikel 23 festgelegten Bedingungen vorsehen.

KAPITEL VIII SCHUTZ MINDERJÄHRIGER BEI FERNSEHPROGRAMMEN

Artikel 27

(1) Die Mitgliedstaaten ergreifen angemessene Maßnahmen, um zu gewährleisten, dass Sendungen von Fernsehveranstaltern, die ihrer Rechtshoheit unterworfen sind, keinerlei Programme enthalten, die die körperliche, geistige und sittliche Entwicklung von Minderjährigen ernsthaft beeinträchtigen können, insbesondere solche, die Pornographie oder grundlose Gewalttätigkeiten zeigen.
(2) Die Maßnahmen gemäß Absatz 1 gelten auch für andere Programme, die die körperliche, geistige und sittliche Entwicklung von Minderjährigen beeinträchtigen können, es sei denn, es wird durch die Wahl der Sendezeit oder durch sonstige technische Maßnahmen dafür gesorgt, dass diese Sendungen von Minderjährigen im Sendebereich üblicherweise nicht gesehen oder gehört werden.
(3) Werden derartige Programme in unverschlüsselter Form gesendet, so sorgen die Mitgliedstaaten dafür, dass ihre Ausstrahlung durch akustische Zeichen angekündigt oder durch optische Mittel während der gesamten Sendung kenntlich gemacht wird.

KAPITEL IX RECHT AUF GEGENDARSTELLUNG BEI FERNSEHPROGRAMMEN

Artikel 28

(1) Unbeschadet der übrigen von den Mitgliedstaaten erlassenen zivil-, verwaltungs- oder strafrechtlichen Bestimmungen muss jede natürliche oder juristische Person, deren berechtigte Interessen — insbesondere Ehre und Ansehen — aufgrund der Behauptung falscher Tatsachen in einem Fernsehprogramm beeinträchtigt worden sind, unabhängig von ihrer Nationalität ein Recht auf Gegendarstellung oder gleichwertige Maßnahmen beanspruchen können. Die Mitgliedstaaten sorgen dafür, dass die tatsächliche Ausübung des Rechts auf Gegendarstellung oder gleichwertige

제25조 본 지침의 규정은 순수한 광고텔레비전채널 및 텔레쇼핑텔레비전채널(reine Werbe- und Teleshopping-Fernsehkanäle)과 오로지 자체광고(Eigenwerbung)를 위한 텔레비전채널에 대하여 준용한다.

그럼에도 제6장과 제20조, 제23조는 그러한 채널에 적용하지 아니한다.

제26조

제4조에 상관없이 회원국은, 오로지 자국 영토에서만 공급되고 직접적뿐만 아니라 간접적으로도 한 또는 여러 다른 회원국에서 공식적으로 시청할 수 없는 텔레비전프로그램에 대하여, 유럽연합법 준수하며 제20조 제2항, 제23조에 규정된 조건 이외의 조건을 규정할(unter Einhaltung des Unionsrechts andere als die in Artikel 20 Absatz 2 und in Artikel 23 festgelegten Bedingungen vorsehen) 수 있다.

제8장 텔레비전프로그램에서의 미성년자의 보호

제27조

① 회원국은, 자국의 관할권을 적용받는 방송사의 방송프로그램이 미성년자의 신체적, 정신적 및 도덕적 성장을 중대하게 방해할 수 있는(die die körperliche, geistige und sittliche Entwicklung von Minderjährigen ernsthaft beeinträchtigen können) 프로그램, 특히 음란물이나 근거 없는 폭력활동을 보여주는(die Pornographie oder grundlose Gewalttätigkeiten zeigen) 방송프로그램을 포함하지 않도록 적절한 조치를 취한다.

② 제1항에 따른 조치는, 미성년자의 신체적, 정신적 및 도덕적 성장을 방해할 수 있는 그 밖의 프로그램에 대해서는 적용하고, 다만 판송편성시간의 선택이나 그 밖의 기술적 조치에 의하여 미성년자가 이러한 방송프로그램을 방송영역에서 통상적으로 볼 수 없거나 청취할 수 없다는 점(dass diese Sendungen von Minderjährigen im Sendebereich üblicherweise nicht gesehen oder gehört werden)이 보장(保障)된 경우에는 그러하지 아니하다.

③ 그러한 프로그램이 암호화되지 않은 방식으로 방송되는 경우에(Werden derartige Programme in unverschlüsselter Form gesendet) 회원국은, 이러한 방송이 청각적 표시에 의해서 고지되거나 시각적 수단에 의해서 전체 방송프로그램 중에 인식될 수 있도록 보장해야 한다.

제9장 텔레비전프로그램에서의 반대신호에 대한 권리

제28조

① 회원국이 제정한 기타 민법규정, 행정법규정 또는 형법규정에 상관없이(Unbeschadet der übrigen von den Mitgliedstaaten erlassenen zivil-, verwaltungs- oder strafrechtlichen Bestimmungen), 정당한 이익, 특히 명예 및 명성(insbesondere Ehre und Ansehen)이, 어느 텔러비전프로그램 내 허위 사실의 주장으로 인하여 침해된 각 자연인 또는 법인은, 그 국적을 불문하고 반론권(反論權) 또는 이와 동등한 조치권을 청구할 수 있다. 회원국은 반론권 또는 이와 동등한 조치권의 실질적인

Maßnahmen nicht durch Auferlegung unbilliger Bestimmungen oder Bedingungen behindert wird. Die Gegendarstellung muss innerhalb einer angemessenen Frist nach Eingang des begründeten Antrags zu einer Zeit und in einer Weise gesendet werden, die der Sendung, auf die sich der Antrag bezieht, angemessen sind.

(2) Das Recht auf Gegendarstellung oder gleichwertige Maßnahmen gelten in Bezug auf alle Fernsehveranstalter, die der Rechtshoheit eines Mitgliedstaats unterworfen sind.

(3) Die Mitgliedstaaten treffen die erforderlichen Maßnahmen zur Ausgestaltung dieses Rechts oder dieser Maßnahmen und legen das Verfahren zu deren Wahrnehmung fest. Sie sorgen insbesondere dafür, dass die Frist für die Wahrnehmung des Rechts auf Gegendarstellung oder gleichwertiger Maßnahmen ausreicht und dass die Vorschriften so festgelegt werden, dass dieses Recht oder diese Maßnahmen von den natürlichen oder juristischen Personen, deren Wohnsitz oder Niederlassung sich in einem anderen Mitgliedstaat befindet, in angemessener Weise wahrgenommen werden können.

(4) Der Antrag auf Gegendarstellung oder gleichwertige Maßnahmen kann abgelehnt werden, wenn die in Absatz 1 genannten Voraussetzungen für eine solche Gegendarstellung nicht vorliegen, die Gegendarstellung eine strafbare Handlung beinhaltet, ihre Sendung den Fernsehveranstalter zivilrechtlich haftbar machen würde oder wenn sie gegen die guten Sitten verstößt.

(5) Bei Streitigkeiten über die Wahrnehmung des Rechts auf Gegendarstellung oder gleichwertiger Maßnahmen ist eine gerichtliche Nachprüfung zu ermöglichen.

KAPITEL X KONTAKTAUSSCHUSS

Artikel 29

(1) Es wird ein Kontaktausschuss bei der Kommission eingesetzt. Dieser Ausschuss setzt sich aus Vertretern der zuständigen Behörden der Mitgliedstaaten zusammen. Den Vorsitz führt ein Vertreter der Kommission; der Ausschuss tagt auf Initiative des Vorsitzenden oder auf Antrag der Delegation eines Mitgliedstaats.

(2) Der Kontaktausschuss hat folgende Aufgaben:

a) er erleichtert die tatsächliche Umsetzung dieser Richtlinie durch regelmäßige Konsultationen über praktische Probleme im Zusammenhang mit der Anwendung der Richtlinie, insbesondere von deren Artikel 2, sowie über alle anderen Fragen, die einen Gedankenaustausch zweckdienlich erscheinen lassen;

b) er gibt von sich aus oder auf Antrag der Kommission Stellungnahmen zur Anwendung dieser Richtlinie durch die Mitgliedstaaten ab;

c) er ist das Forum für einen Gedankenaustausch über die Themen, die in den von den

행사(tatsächliche Ausübung des Rechts auf Gegendarstellung oder gleichwertige Maßnahmen)가 부당한 규정의 설정이나 그러한 조건의 부과(durch Auferlegung unbilliger Bestimmungen oder Bedingungen)에 의하여 방해받지 않도록 보장한다. 반론은 이유가 기재된 신청서가 도달한 때로부터 적절한 기간 내에 그 신청서에서 언급된 방송프로그램에 적절한(die der Sendung, auf die sich der Antrag bezieht, angemessen sind) 시간 및 방법으로 방송된다.

② 반론권과 이와 동등한 조치권(Das Recht auf Gegendarstellung oder gleichwertige Maßnahmen)은, 회원국의 관할권(管轄權)을 적용(適用)받는 모든 텔레비전방송사에 대하여 적용한다.

③ 회원국은 이러한 권리 및 조치를 구체적으로 형성하는 데 필요한 조치(die erforderlichen Maßnahmen zur Ausgestaltung dieses Rechts oder dieser Maßnahmen)를 취하고, 그 행사에 관한 절차를 규정한다. 회원국은 특히 반론권 또는 이와 동등한 조치권에 대한 기한을 설정하도록 보장하고, 또 이러한 권리 또는 조치를 그 주소 또는 영업소를 다른 회원국에 둔 자연인 또는 법인이 적절한 방법으로 행사하게끔 규정이 정해지도록(dass dieses Recht oder diese Maßnahmen von den natürlichen oder juristischen Personen, deren Wohnsitz oder Niederlassung sich in einem anderen Mitgliedstaat befindet, in angemessener Weise wahrgenommen werden können) 보장한다.

④ 범죄행위(犯罪行爲)가 포함되거나 그 방송으로 인해 텔레비전방송사가 민사적 책임을 질 수 있는(die Gegendarstellung eine strafbare Handlung beinhaltet, ihre Sendung den Fernsehveranstalter zivilrechtlich haftbar machen würde) 반론에 대하여 제1항상의 요건이 존재하지 않거나 경우 또는 그 반론이 선량에 풍속에 반하는 경우에 반론권 또는 이와 동등한 조치권은 거부될 수 있다.

⑤ 반론권 또는 이와 동등한 조치권의 행사에 관한 분쟁에 있어 법원의 재심사를 가능하게 해야 한다.

제10장 연락위원회

제29조

① 유럽연합집행위원회에 연락위원회가 설치된다. 이 연락위원회는 회원국의 관할 관청의 대표자(Vertretern der zuständigen Behörden der Mitgliedstaaten)로 구성된다. 유럽연합집행위원회 대표자가 의장은 맡는다; 그 위원회는 의장의 발의 또는 어느 회원국의 대표자의 신청에 의해 개의된다.

② 연락위원회는 다음 각 목의 임무를 갖는다:

a) 연락위원회는, 본 지침의 적용에 관한, 특히 제2조의 적용에 관한 실제 문제에 관한 정례적 논의와 의견교환이 유용한 것으로 보이는 기타 제반문제에 관한(über alle anderen Fragen, die einen Gedankenaustausch zweckdienlich erscheinen lassen) 정례적 논의에 의해 본 지침의 실제 집행을 용이하게 한다;

b) 연락위원회는, 자체적으로 또는 유럽연합집행위원회의 신청에 기하여 회원국의 본 지침의 적용에 관한 의견을 개진한다;

c) 연락위원회는, 회원국이 제15조 제3항에 따라 제출한 보고서에서 다뤄져야 하는 보고서와

Mitgliedstaaten gemäß Artikel 16 Absatz 3 vorzulegenden Berichten behandelt werden sollen und über die Methodologie dieser Berichte;

d) er erörtert das Ergebnis der regelmäßigen Konsultationen, die zwischen der Kommission und Vertretern der Fernsehveranstalter, der Produzenten, der Verbraucher, der Hersteller, der Diensteanbieter, der Gewerkschaften und der Kunstschaffenden stattfinden;

e) er erleichtert den Informationsaustausch zwischen den Mitgliedstaaten und der Kommission über die Lage und die Entwicklung bei den Ordnungstätigkeiten in Bezug auf die audiovisuellen Mediendienste, wobei die Politik der Union im audiovisuellen Bereich sowie relevante Entwicklungen im technischen Bereich berücksichtigt werden;

f) er prüft die Entwicklungen auf dem betreffenden Sektor, die einen Gedankenaustausch zweckdienlich erscheinen lassen.

KAPITEL XI ZUSAMMENARBEIT ZWISCHEN DEN REGULIERUNGSSTELLEN DER MITGLIEDSTAATEN

Artikel 30

Die Mitgliedstaaten ergreifen geeignete Maßnahmen, um sich gegenseitig und der Kommission, insbesondere über ihre zuständigen unabhängigen Regulierungsstellen, die Informationen zu übermitteln, die für die Anwendung dieser Richtlinie und insbesondere der Artikel 2, 3 und 4 notwendig sind.

KAPITEL XII SCHLUSSBESTIMMUNGEN

Artikel 31

In Bereichen, die nicht durch diese Richtlinie koordiniert werden, bleiben die Rechte und Verpflichtungen der Mitgliedstaaten, die sich aus den in den Bereichen Telekommunikation und Fernsehen bestehenden Übereinkommen ergeben, von dieser Richtlinie unberührt.

Artikel 32

Die Mitgliedstaaten teilen der Kommission den Wortlaut der wichtigsten innerstaatlichen Rechtsvorschriften mit, die sie auf dem unter diese Richtlinie fallenden Gebiet erlassen.

Artikel 33

Spätestens am 19. Dezember 2011 und anschließend alle drei Jahre übermittelt die Kommission dem Europäischen Parlament, dem Rat und dem Europäischen Wirtschafts- und Sozialausschuss einen Bericht über die Anwendung dieser Richtlinie und macht erforderlichenfalls Vorschläge zu ihrer Anpassung an die Entwicklungen im Bereich der audiovisuellen Mediendienste, und zwar

보고서의 방법론에 관한 의견교환을 위한 포럼이 된다(er ist das Forum für einen Gedankenaustausch über die Themen);

d) 연락위원회는 유럽연합집행위원회와 텔레비전방송사, 제작자, 소비자, 생산자, 서비스제공자, 노동조합 및 창작공동체(Fernsehveranstalter, der Produzenten, der Verbraucher, der Hersteller, der Diensteanbieter, der Gewerkschaften und der Kunstschaffenden)의 대표자들간에 개최된 정례적 논의의 결과에 대해 논의한다;

e) 회원국과 유럽연합집행위원회 간의 시청각서비스와 관련한 법집행활동에서의 상황 및 발전에 관한 의견교환으로, 시청각 분야에서의 유럽연합의 정책과 기술 분야에서의 관련 발전이 고려된(wobei die Politik der Union im audiovisuellen Bereich sowie relevante Entwicklungen im technischen Bereich berücksichtigt werden) 의견교환을 용이하게 한다;

f) 연락위원회(連絡委員會)는 의견교환(意見交換)이 유용(有用)하게 보이는 관련 부문에서의 발전을 심사한다.

제11장 회원국들의 규제기간 간의 협력

제30조

회원국은 회원국 상호간에 또 유럽연합집행위원회에, 특히 자국의 관할 독립적 규제기구에 본 지침의 적용, 특히 제2조, 제3조, 제4조의 적용에 필요한(die für die Anwendung dieser Richtlinie und insbesondere der Artikel 2, 3 und 4 notwendig sind) 정보를 제공하기 위한 적절한 조치를 취한다.

제12장 종결규정

제31조

본 지침에 의해 규율되지 않는 영역에서 원격통신과 텔레비전방송 영역에서 존재하는 조약에서 파생된(die sich aus den in den Bereichen Telekommunikation und Fernsehen bestehenden Übereinkommen ergeben), 회원국의 권리와 책임은 본 지침에 의해 영향을 받지 아니한다.

제32조

회원국은, 본 지침에 포함된 부문에 대해 제정한(die sie auf dem unter diese Richtlinie fallenden Gebiet erlassen) 가장 중요한 국내법 법규정의 원문(原文)을 유럽연합집행위원회에 통지한다.

제33조

늦어도 2011년 12월 19일에, 그후에는 매 3년마다 유럽연합집행위원회는 유럽연합의회, 유럽연합이사회, 유럽연합경제사회위원회에 본 지침의 제공에 관한 보고서를 제출하고 필요하면 시청각미디어서비스 부문 내 발전에 대한 유럽연합집행위원회의 조정에 관한 제안, 특히 새로운 기술의 발전, 이러한 부문의 경쟁력과 일체의 회원국 내 미디어정보해독력[102)]수준을 고려한 그러한 제안(zwar insbesondere im Lichte neuerer technologischer Entwicklungen, der Wettbewerbsfähigkeit

insbesondere im Lichte neuerer technologischer Entwicklungen, der Wettbewerbsfähigkeit dieses Sektors und des Niveaus der Medienkompetenz in allen Mitgliedstaaten.

In diesem Bericht ist ferner die Frage der Fernsehwerbung bei oder in Kindersendungen zu untersuchen und insbesondere daraufhin zu bewerten, ob die quantitativen und qualitativen Bestimmungen dieser Richtlinie das geforderte Maß an Schutz gewährleistet haben.

Artikel 34

Die Richtlinie 89/552/EWG, in der Fassung der in Anhang I Teil A aufgeführten Richtlinien, wird unbeschadet der Verpflichtungen der Mitgliedstaaten hinsichtlich der in Anhang I Teil B genannten Fristen für die Umsetzung der dort genannten Richtlinien in innerstaatliches Recht aufgehoben.

Verweisungen auf die aufgehobene Richtlinie gelten als Verweisungen auf die vorliegende Richtlinie und sind nach Maßgabe der Entsprechungstabelle in Anhang II zu lesen.

Artikel 35

Diese Richtlinie tritt am zwanzigsten Tag nach ihrer Veröffentlichung im Amtsblatt der Europäischen Union in Kraft.

Artikel 36

Diese Richtlinie ist an die Mitgliedstaaten gerichtet.

Geschehen zu Straßburg am 10. März 2010.

Im Namen des Europäischen Parlaments Der Präsident J. BUZEK

Im Namen des Rates Der Präsident D. LÓPEZ GARRIDO

dieses Sektors und des Niveaus der Medienkompetenz in allen Mitgliedstaaten)을 한다.
또한 이러한 보고서에서 아동방송프로그램에 있어 텔레비전광고의 문제나 아동방송프로그램 내나 텔레비전광고의 문제가 조사되어야 하고, 특히 그 보고서에서 본 지침의 질적 및 양적 규정(die quantitativen und qualitativen Bestimmungen dieser Richtlinie)이 요구된 보호 수준을 보장했는지 여부를 평가해야 한다.

제34조

부록 Ⅰ의 A편에서 기재된 지침 형식 89/552/EWG호 지침은, 부록 Ⅰ의 B편에 규정된 기간[103)]으로, 거기서 언급된 지침의 시행을 위한 기간에 관한(hinsichtlich der in Anhang I Teil B genannten Fristen für die Umsetzung der dort genannten Richtlinien) 회원국의 의무에 상관없이 국내법에서 소멸한다.
폐지된 지침에 대한 적용(Verweisungen auf die aufgehobene Richtlinie)은 위 지침에 대한 적용으로 간주하고 부록 Ⅱ의 대응표의 기준(nach Maßgabe der Entsprechungstabelle in Anhang II)에 따라 읽어야 한다.

제35조

본 지침은 유럽연합관보에서 그 지침의 공표시로부터 20일째 되는 날(am zwanzigsten Tag nach ihrer Veröffentlichung)에 시행된다.

제36조

본 지침은 회원국에 대해 발령된 것이다.
본 지침은 2010년 3월 10일 Straßburg에서 제정되다.

유럽연합의회를 대표하여 의장 J. BUZEK
유럽연합이사회를 대표하여 의장 LÓPEZ GARRIDO

제2부 소비자 관련법
Zweite Abteilung : Verbraucherrechte

결함 있는 제조물의 책임에 관한 법률

(제조물책임법; BGBl. I S. 2421)

Gesetz über die Haftung für fehlerhafte Produkte

(Produkthaftungsgesetz - ProdHaftG)

Gesetz über die Haftung für fehlerhafte Produkte (Produkthaftungsgesetz - ProdHaftG)

http://www.gesetze-im-internet.de/prodhaftg/BJNR021980989.html

§ 1 Haftung

(1) Wird durch den Fehler eines Produkts jemand getötet, sein Körper oder seine Gesundheit verletzt oder eine Sache beschädigt, so ist der Hersteller des Produkts verpflichtet, dem Geschädigten den daraus entstehenden Schaden zu ersetzen. Im Falle der Sachbeschädigung gilt dies nur, wenn eine andere Sache als das fehlerhafte Produkt beschädigt wird und diese andere Sache ihrer Art nach gewöhnlich für den privaten Ge- oder Verbrauch bestimmt und hierzu von dem Geschädigten hauptsächlich verwendet worden ist.

(2) Die Ersatzpflicht des Herstellers ist ausgeschlossen, wenn

1. er das Produkt nicht in den Verkehr gebracht hat,
2. nach den Umständen davon auszugehen ist, daß das Produkt den Fehler, der den Schaden verursacht hat, noch nicht hatte, als der Hersteller es in den Verkehr brachte,
3. er das Produkt weder für den Verkauf oder eine andere Form des Vertriebs mit wirtschaftlichem Zweck hergestellt noch im Rahmen seiner beruflichen Tätigkeit hergestellt oder vertrieben hat,
4. der Fehler darauf beruht, daß das Produkt in dem Zeitpunkt, in dem der Hersteller es in den Verkehr brachte, dazu zwingenden Rechtsvorschriften entsprochen hat, oder
5. der Fehler nach dem Stand der Wissenschaft und Technik in dem Zeitpunkt, in dem der Hersteller das Produkt in den Verkehr brachte, nicht erkannt werden konnte.

(3) Die Ersatzpflicht des Herstellers eines Teilprodukts ist ferner ausgeschlossen, wenn der Fehler durch die Konstruktion des Produkts, in welches das Teilprodukt eingearbeitet wurde, oder durch die Anleitungen des Herstellers des Produkts verursacht worden ist. Satz 1 ist auf den Hersteller eines Grundstoffs entsprechend anzuwenden.

(4) Für den Fehler, den Schaden und den ursächlichen Zusammenhang zwischen Fehler und Schaden trägt der Geschädigte die Beweislast. Ist streitig, ob die Ersatzpflicht gemäß Absatz 2 oder 3 ausgeschlossen ist, so trägt der Hersteller die Beweislast.

§ 2 Produkt

Produkt im Sinne dieses Gesetzes ist jede bewegliche Sache, auch wenn sie einen Teil einer anderen beweglichen Sache oder einer unbeweglichen Sache bildet, sowie Elektrizität.

§ 3 Fehler

결함 있는 제조물의 책임에 관한 법률(제조물책임법; BGBl. I S. 2421)

법률공포일: 1989. 12. 15.
최근 법률개정일 : 2017. 7. 17(BGBl. I S. 2421).

제1조 책임(責任)

① 어느 제조물의 결함에 의하여, 누군가 사망하거나 그의 신체 또는 건강이 침해되거나, 어느 물건이 훼손된 경우에 그 제조물의 제조자는 그 피해자에게(dem Geschädigten) 이로 인하여 발생한 손해를 배상할 의무를 진다. 물건손상의 경우에 있어 결함 있는 제조물 이외의 다른 물건(eine andere Sache als das fehlerhafte Produkt)이 훼손되고 이러한 다른 물건이 그 물건의 성질에 좇아 통상적으로 사적인 사용 또는 소비에 제공되고(diese andere Sache ihrer Art nach gewöhnlich für den privaten Ge- oder Verbrauch bestimmt) 피해자가 이를 주로 사용한 때에 한하여 이를 적용한다.

② 다음 각 호의 경우에는 제조자의 배상책임은 배제된다,

1. 그 제조자가 해당 제조물을 유통시키지 않은 경우,
2. 제반사정에 의할 때(nach den Umständen) 제조자가 해당 제조물을 유통시켰을 당시에 손해를 발생시킨 결함이 그 제조물에 없는 것으로 인정되는 경우,
3. 제조자가 판매나 경제적 목적이 있는 그 밖의 유통방식을 위해 해당 제조물을 제조하지도 않고 자신의 직업적 활동의 일환으로 제조하거나 유통시키지도 않은 경우,
4. 제조자가 해당 제조물을 유통시켰을 당시에 그 제조물이 그에 대한 강행법규를 준수함으로써 결함이 발생한(der Fehler darauf beruht, daß) 경우,
5. 제조자가 해당 제조물을 유통시켰을 당시의 과학 및 기술 수준으로는(nach dem Stand der Wissenschaft und Technik) 결함을 알 수 없었던 경우.

③ 또한 부품의 제조자의 배상의무는, 결함이 부품(部品)이 사용된 제조물의 조립(組立)으로 인하여(durch die Konstruktion des Produkts) 발생하거나 해당 제조물 제조자의 사용설명(使用說明)(durch die Anleitungen des Herstellers des Produkts)으로 인하여 발생한 경우에는 배제된다. 제1문은 원료의 제조자에 대하여(auf den Hersteller eines Grundstoffs) 준용한다.

④ 피해자가 결함, 손해, 결함과 손해 간의 인과관계에 대하여 증명책임을 부담한다. 제2항 또는 제3항에 따른 배상의무가 배제되는지에 다툼이 있는 경우에는 이에 대하여 제조자가 증명책임을 부담한다.

제2조 제조물

본 법상의 제조물은, 그 동산이 다른 동산 또는 부동산의 일부를 이룰지라도(auch wenn sie einen Teil einer anderen beweglichen Sache oder einer unbeweglichen Sache bildet) 모든 동산, 그리고 전기를 말한다.

제3조 결함

(1) Ein Produkt hat einen Fehler, wenn es nicht die Sicherheit bietet, die unter Berücksichtigung aller Umstände, insbesondere

a) seiner Darbietung,

b) des Gebrauchs, mit dem billigerweise gerechnet werden kann,

c) des Zeitpunkts, in dem es in den Verkehr gebracht wurde,

berechtigterweise erwartet werden kann.

(2) Ein Produkt hat nicht allein deshalb einen Fehler, weil später ein verbessertes Produkt in den Verkehr gebracht wurde.

§ 4 Hersteller

(1) Hersteller im Sinne dieses Gesetzes ist, wer das Endprodukt, einen Grundstoff oder ein Teilprodukt hergestellt hat. Als Hersteller gilt auch jeder, der sich durch das Anbringen seines Namens, seiner Marke oder eines anderen unterscheidungskräftigen Kennzeichens als Hersteller ausgibt.

(2) Als Hersteller gilt ferner, wer ein Produkt zum Zweck des Verkaufs, der Vermietung, des Mietkaufs oder einer anderen Form des Vertriebs mit wirtschaftlichem Zweck im Rahmen seiner geschäftlichen Tätigkeit in den Geltungsbereich des Abkommens über den Europäischen Wirtschaftsraum einführt oder verbringt.

(3) Kann der Hersteller des Produkts nicht festgestellt werden, so gilt jeder Lieferant als dessen Hersteller, es sei denn, daß er dem Geschädigten innerhalb eines Monats, nachdem ihm dessen diesbezügliche Aufforderung zugegangen ist, den Hersteller oder diejenige Person benennt, die ihm das Produkt geliefert hat. Dies gilt auch für ein eingeführtes Produkt, wenn sich bei diesem die in Absatz 2 genannte Person nicht feststellen läßt, selbst wenn der Name des Herstellers bekannt ist.

§ 5 Mehrere Ersatzpflichtige

Sind für denselben Schaden mehrere Hersteller nebeneinander zum Schadensersatz verpflichtet, so haften sie als Gesamtschuldner. Im Verhältnis der Ersatzpflichtigen zueinander hängt, soweit nichts anderes bestimmt ist, die Verpflichtung zum Ersatz sowie der Umfang des zu leistenden Ersatzes von den Umständen, insbesondere davon ab, inwieweit der Schaden vorwiegend von dem einen oder dem anderen Teil verursacht worden ist; im übrigen gelten die §§ 421 bis 425 sowie § 426 Abs. 1 Satz 2 und Abs. 2 des Bürgerlichen Gesetzbuchs.

§ 6 Haftungsminderung

(1) Hat bei der Entstehung des Schadens ein Verschulden des Geschädigten mitgewirkt, so gilt § 254 des Bürgerlichen Gesetzbuchs; im Falle der Sachbeschädigung steht das Verschulden desjenigen, der die tatsächliche Gewalt über die Sache ausübt, dem Verschulden des Geschädigten

① 어느 제조물이 제반사정, 특히 다음 각 목을 고려하여 정당하게 기대될 수 있는 안전성을 갖추지 못한 경우(wenn es nicht die Sicherheit bietet)에는 그 제조물(Ein Produkt)에 어떤 결함이 있는 것이다,

a) 제조물에 대한 표시(標示; Darbietung),

b) 합리적으로 예상되는 용법(用法; Gebrauch)

c) 해당 제조물이 유통에 놓인 시기.

② 나중에 개선된 제조물이 유통된다는 이유만으로(weil später ein verbessertes Produkt in den Verkehr gebracht wurde) 어느 제조물에 결함이 있는 것이 아니다.

제4조 제조자

① 본 법상의 제조자는 완제품(完製品), 원료(原料) 또는 부품(部品)을 생산하는 자(wer das Endprodukt, einen Grundstoff oder ein Teilprodukt hergestellt hat)를 말한다. 자신의 상호(Namen), 상표(Marke) 또는 기타 식별력이 있는 표지(unterscheidungskräftigen Kennzeichens)를 부착함으로써 제조자로 오인되게 표시한 모든 자도 제조자로 본다.

② 또한 판매, 임대, 사용임대차매매(Mietkauf) 또는 경제적 목적이 있는 그 밖의 유통방식(anderen Form des Vertriebs mit wirtschaftlichem Zweck)의 목적으로 어느 제조물을 자신의 영리활동의 위해 「유럽경제권에 관한 협약」의 적용지역으로(im Rahmen seiner geschäftlichen Tätigkeit in den Geltungsbereich des Abkommens über den Europäischen Wirtschaftsraum) 수입하거나 반입한 자도 제조자로 본다.

③ 제조물의 제조자를 확인할 수 없는 경우에(Kann der Hersteller des Produkts nicht festgestellt werden) 각 공급자를 그 제조물의 제조자로 보고, 다만 그 공급자가 피해자에게 해당 제조물에 대한 피해자의 요구가 자신에게 도달한 때로부터 1개월 이내에 제조자나 해당 제조물을 자신에게 공급한 자를 알린 경우에는 그러하지 아니하다. 그 제조자의 상호를 알 수 있을지라도(selbst wenn der Name des Herstellers bekannt ist) 수입된 제조물에 있어 제2항에 언급된 자가 확인되지 않은 경우에는 그 수입된 제조물에 대해서도(auch für ein eingeführtes Produkt) 또한 같다.

제5조 수인(數人)의 배상의무자

수인(數人)의 제조자가 동일한 피해에 대하여 병렬적으로 손해배상을 할 의무를 지는 경우에 그들은 연대채무자로서 책임을 부담한다. 다른 정함이 없는 한, 배상의무자의 상호간의 관계에 있어 배상의무와 배상범위(die Verpflichtung zum Ersatz sowie der Umfang des zu leistenden Ersatzes)는제반사정, 특히 주로 어느 당사자 또는 다른 당사자에 의해 손해가 어느 정도 발생했는지에 의해 좌우된다; 그 밖에 민법전 제421조 내지 제425조, 제226조 제1항 제2문, 제2항을 적용한다.

제6조 책임경감

① 피해자의 과책이 손해의 발생에 기여하는 경우에는(Hat bei der Entstehung des Schadens ein Verschulden des Geschädigten mitgewirkt) 민법전 제254조를 적용한다; 물건훼손의 경우에 그 물건에 대해 실질적인 지배력(die tatsächliche Gewalt)을 행사하는 자의 과책은 피해자의 과책과 동

gleich.

(2) Die Haftung des Herstellers wird nicht gemindert, wenn der Schaden durch einen Fehler des Produkts und zugleich durch die Handlung eines Dritten verursacht worden ist. § 5 Satz 2 gilt entsprechend.

§ 7 Umfang der Ersatzpflicht bei Tötung

(1) Im Falle der Tötung ist Ersatz der Kosten einer versuchten Heilung sowie des Vermögensnachteils zu leisten, den der Getötete dadurch erlitten hat, daß während der Krankheit seine Erwerbsfähigkeit aufgehoben oder gemindert war oder seine Bedürfnisse vermehrt waren. Der Ersatzpflichtige hat außerdem die Kosten der Beerdigung demjenigen zu ersetzen, der diese Kosten zu tragen hat.

(2) Stand der Getötete zur Zeit der Verletzung zu einem Dritten in einem Verhältnis, aus dem er diesem gegenüber kraft Gesetzes unterhaltspflichtig war oder unterhaltspflichtig werden konnte, und ist dem Dritten infolge der Tötung das Recht auf Unterhalt entzogen, so hat der Ersatzpflichtige dem Dritten insoweit Schadensersatz zu leisten, als der Getötete während der mutmaßlichen Dauer seines Lebens zur Gewährung des Unterhalts verpflichtet gewesen wäre. Die Ersatzpflicht tritt auch ein, wenn der Dritte zur Zeit der Verletzung gezeugt, aber noch nicht geboren war.

(3) Der Ersatzpflichtige hat dem Hinterbliebenen, der zur Zeit der Verletzung zu dem Getöteten in einem besonderen persönlichen Näheverhältnis stand, für das dem Hinterbliebenen zugefügte seelische Leid eine angemessene Entschädigung in Geld zu leisten. Ein besonderes persönliches Näheverhältnis wird vermutet, wenn der Hinterbliebene der Ehegatte, der Lebenspartner, ein Elternteil oder ein Kind des Getöteten war.

§ 8 Umfang der Ersatzpflicht bei Körperverletzung

Im Falle der Verletzung des Körpers oder der Gesundheit ist Ersatz der Kosten der Heilung sowie des Vermögensnachteils zu leisten, den der Verletzte dadurch erleidet, daß infolge der Verletzung zeitweise oder dauernd seine Erwerbsfähigkeit aufgehoben oder gemindert ist oder seine Bedürfnisse vermehrt sind. Wegen des Schadens, der nicht Vermögensschaden ist, kann auch eine billige Entschädigung in Geld gefordert werden.

§ 9 Schadensersatz durch Geldrente

(1) Der Schadensersatz wegen Aufhebung oder Minderung der Erwerbsfähigkeit und wegen vermehrter Bedürfnisse des Verletzten sowie der nach § 7 Abs. 2 einem Dritten zu gewährende Schadensersatz ist für die Zukunft durch eine Geldrente zu leisten.

(2) § 843 Abs. 2 bis 4 des Bürgerlichen Gesetzbuchs ist entsprechend anzuwenden.

일시된다.

② 손해가 제조물의 결함과 동시에 제3자의 행위에 의하여(durch die Handlung eines Dritten) 발생하더라도 해당 제조자의 책임(Die Haftung des Herstellers)은 감경될 수 없다. 제5조 제2문을 준용한다.

제7조 사망시 배상의무의 범위

① 사망의 경우에 있어 치료(治療)를 시도(試圖)한 데에 들인 비용(der Kosten einer versuchten Heilung)과, 상병(傷病) 도중에 자신의 소득능력이 상실 또는 감소되거나 자신의 필요(必要)가 증가(seine Bedürfnisse vermehrt waren)함으로써 입은 재산상 손해를 배상해야 한다. 또한 배상의무자는 장례비(葬禮費)(die Kosten der Beerdigung)를 부담해야 하는 자에게 그 비용을 배상해야 한다.

② 그 침해 당시 사망자가 법률에 기하여 제3자에 대하여 부양의무가 있거나 있을 수 있었던 관계가 사망자와 제3자 간에 있었고 그 사망으로 인하여 그 부양권(扶養權)이 상실된 경우에는 배상의무자는 그 제3자에게, 사망자가 자신의 기대여명 동안에 부양이행을 할 의무가 있었던 것처럼(als der Getötete während der mutmaßlichen Dauer seines Lebens zur Gewährung des Unterhalts verpflichtet gewesen wäre) 그 범위 내에서 손해를 배상해야 한다. 제3자가 그 침해 당시에 포태(胞胎)되었으나 아직 출생하지 않은 경우에도(wenn der Dritte zur Zeit der Verletzung gezeugt, aber noch nicht geboren war) 배상의무가 발생한다.

③ 배상의무자는 그 침해 당시에 사망자와 특별한 인적 근친관계(近親關係)에 있었던(der zur Zeit der Verletzung zu dem Getöteten in einem besonderen persönlichen Näheverhältnis stand) 유족에게, 그 유족이 받은 정신적 고통에 대하여(für das dem Hinterbliebenen zugefügte seelische Leid) 상당한 금전배상을 해야 한다. 유족이 사망자의 배우자, 동성혼배우자(Lebenspartner), 부(父) 혹은 모(母) 또는 자(子) 경우에는 특별한 인적 근친관계(Ein besonderes persönliches Näheverhältnis)가 추정된다.

제8조 신체침해시(bei Körperverletzung)의 배상의무

신체침해 또는 건강침해의 경우에 있어 치료비와, 그 침해로 인하여 한시적(限時的)으로 또는 영구적으로 피해자의 노동능력이 상실되거나 감소되거나 또는 피해자의 필요(必要)가 증가(daß infolge der Verletzung zeitweise oder dauernd seine Erwerbsfähigkeit aufgehoben oder gemindert ist oder seine Bedürfnisse vermehrt sind)함으로써 그 피해자가 입은 재산상 손해를 배상해야 한다. 비재산적 손해에 대하여(Wegen des Schadens, der nicht Vermögensschaden ist) 상당한 금전배상(金錢賠償)이 청구될 수 있다.

제9조 정기금(定期金)에 의한 손해배상

① 피해자의 노동능력의 상실(喪失) 또는 감소(減少)로, 피해자의 필요가 증가함으로 인한(wegen vermehrter Bedürfnisse des Verletzten) 손해배상과 제7조 제2항에 따라 제3자에게 귀속되는 손해배상은 장래 이행기 도래분(到來分)에 대해(für die Zukunft) 정기금(定期金)으로 행해져야 한다.

② 민법전 제843조 제2항 내지 제4항을 준용한다.

§ 10 Haftungshöchstbetrag

(1) Sind Personenschäden durch ein Produkt oder gleiche Produkte mit demselben Fehler verursacht worden, so haftet der Ersatzpflichtige nur bis zu einem Höchstbetrag von 85 Millionen Euro.

(2) Übersteigen die den mehreren Geschädigten zu leistenden Entschädigungen den in Absatz 1 vorgesehenen Höchstbetrag, so verringern sich die einzelnen Entschädigungen in dem Verhältnis, in dem ihr Gesamtbetrag zu dem Höchstbetrag steht.

§ 11 Selbstbeteiligung bei Sachbeschädigung

Im Falle der Sachbeschädigung hat der Geschädigte einen Schaden bis zu einer Höhe von 500 Euro selbst zu tragen.

§ 12 Verjährung

(1) Der Anspruch nach § 1 verjährt in drei Jahren von dem Zeitpunkt an, in dem der Ersatzberechtigte von dem Schaden, dem Fehler und von der Person des Ersatzpflichtigen Kenntnis erlangt hat oder hätte erlangen müssen.

(2) Schweben zwischen dem Ersatzpflichtigen und dem Ersatzberechtigten Verhandlungen über den zu leistenden Schadensersatz, so ist die Verjährung gehemmt, bis die Fortsetzung der Verhandlungen verweigert wird.

(3) Im übrigen sind die Vorschriften des Bürgerlichen Gesetzbuchs über die Verjährung anzuwenden.

§ 13 Erlöschen von Ansprüchen

(1) Der Anspruch nach § 1 erlischt zehn Jahre nach dem Zeitpunkt, in dem der Hersteller das Produkt, das den Schaden verursacht hat, in den Verkehr gebracht hat. Dies gilt nicht, wenn über den Anspruch ein Rechtsstreit oder ein Mahnverfahren anhängig ist.

(2) Auf den rechtskräftig festgestellten Anspruch oder auf den Anspruch aus einem anderen Vollstreckungstitel ist Absatz 1 Satz 1 nicht anzuwenden. Gleiches gilt für den Anspruch, der Gegenstand eines außergerichtlichen Vergleichs ist oder der durch rechtsgeschäftliche Erklärung anerkannt wurde.

§ 14 Unabdingbarkeit

Die Ersatzpflicht des Herstellers nach diesem Gesetz darf im voraus weder ausgeschlossen noch beschränkt werden. Entgegenstehende Vereinbarungen sind nichtig.

§ 15 Arzneimittelhaftung, Haftung nach anderen Rechtsvorschriften

(1) Wird infolge der Anwendung eines zum Gebrauch bei Menschen bestimmten Arzneimittels, das im Geltungsbereich des Arzneimittelgesetzes an den Verbraucher abgegeben wurde und der

제10조 책임한도액

① 인적손해(Personenschäden)가 하나의 제조물 또는 동일한 결함이 있는 동종의 제조물들로 인하여(durch ein Produkt oder gleiche Produkte mit demselben Fehler) 발생한 경우에 배상의무자는 8천 5백만 유로의 한도액 이내에서만 책임을 부담한다.

② 여러 피해자에게 배상해야 할 손해배상액이 제1항상의 한도액을 초과하는 경우에 각각의 손해배상액은 그 한도액에 대한 그 총액의 비율로(in dem Verhältnis, in dem ihr Gesamtbetrag zu dem Höchstbetrag steht) 감축된다.

제11조 물건훼손의 경우에 있어 자기부담금

물건훼손에 있어(Im Falle der Sachbeschädigung) 피해자는 500유로의 한도 내에서 스스로 손해를 부담해야 한다.

제12조 소멸시효

① 제1조에 따른 청구권은 배상의무자가 손해, 결함, 배상의무자의 신원(身元)을 알게 되거나(von dem Schaden, dem Fehler und von der Person des Ersatzpflichtigen Kenntnis erlangt hat) 알아야만 했던 때로부터 3년의 소멸시효에 걸린다.

② 배상의무자와 배상청구권자 간에 배상해야 할 손해배상에 관한 교섭이 진행 중에 있는 경우에는 그 교섭의 지속이 거절될 때까지(bis die Fortsetzung der Verhandlungen verweigert wird) 소멸시효는 정지된다.

③ 그 밖의 경우에 소멸시효에 관한 민법전의 규정들(die Vorschriften des Bürgerlichen Gesetzbuchs)을 적용한다.

제13조 청구권의 소멸

① 제1조에 따른 청구권은 제조자가 손해를 발생시킨 제조물을 유통시킨 때로부터 10년이 경과함으로써 소멸한다. 그 청구권에 관하여 소송계속중이거나 독촉절차계속중인 경우에는(wenn über den Anspruch ein Rechtsstreit oder ein Mahnverfahren anhängig ist) 그러하지 아니하다.

② 기판력에 의해 확정된 청구권 또는 그 밖의 집행권원에 기한 청구권에 대하여는 제1항 제1문을 적용하지 아니한다. 재판외 화해의 대상이 되거나 법률행위에 의한 의사표시에 의해 승인된(der Gegenstand eines außergerichtlichen Vergleichs ist oder der durch rechtsgeschäftliche Erklärung anerkannt wurde) 청구권에 대해서도 또한 같다.

제14조 강행규정성

본 법에 따른 제조자의 배상의무는 사전(事前)에(im voraus) 배제되지도 제한되지도 아니한다. 이에 반하는 합의(Entgegenstehende Vereinbarungen)는 무효이다.

제15조 의약품책임, 다른 법규에 따른 책임

① 인간의 사용을 위해 공급된 의약품으로(infolge der Anwendung eines zum Gebrauch bei Menschen bestimmten Arzneimittels) 의약품법의 적용 범위 내에서 소비자에게 판매되고 허가의무

Pflicht zur Zulassung unterliegt oder durch Rechtsverordnung von der Zulassung befreit worden ist, jemand getötet, sein Körper oder seine Gesundheit verletzt, so sind die Vorschriften des Produkthaftungsgesetzes nicht anzuwenden.

(2) Eine Haftung aufgrund anderer Vorschriften bleibt unberührt.

§ 16 Übergangsvorschrift

Dieses Gesetz ist nicht auf Produkte anwendbar, die vor seinem Inkrafttreten in den Verkehr gebracht worden sind.

§ 17 Erlaß von Rechtsverordnungen

Das Bundesministerium der Justiz und für Verbraucherschutz wird ermächtigt, durch Rechtsverordnung die Beträge der §§ 10 und 11 zu ändern oder das Außerkrafttreten des § 10 anzuordnen, wenn und soweit dies zur Umsetzung einer Richtlinie des Rates der Europäischen Gemeinschaften auf der Grundlage der Artikel 16 Abs. 2 und 18 Abs. 2 der Richtlinie des Rates vom 25. Juli 1985 zur Angleichung der Rechts- und Verwaltungsvorschriften der Mitgliedstaaten über die Haftung für fehlerhafte Produkte erforderlich ist.

§ 18 Berlin-Klausel

Dieses Gesetz gilt nach Maßgabe des § 13 Abs. 1 des Dritten Überleitungsgesetzes auch im Land Berlin. Rechtsverordnungen, die aufgrund dieses Gesetzes erlassen werden, gelten nach Maßgabe des § 14 des Dritten Überleitungsgesetzes auch im Land Berlin.

§ 19 Inkrafttreten

Dieses Gesetz tritt am 1. Januar 1990 in Kraft.

의 적용을 받거나 법규명령에 의해 허가가 면제되는(der Pflicht zur Zulassung unterliegt oder durch Rechtsverordnung von der Zulassung befreit worden ist) 의약품의 사용으로 인하여 누군가 사망하거나 그 신체 또는 건강이 침해된 경우에 제조물책임법의 규정은 적용되지 아니한다.
② 그 밖의 규정에 기한 책임은 영향을 받지 아니한다.

제16조 경과규정
본 법은 그 법의 시행 전에 유통된(die vor seinem Inkrafttreten in den Verkehr gebracht worden sind) 제조물에 대하여 적용되지 아니한다.

제17조 법규명령 발령
이것이 「결함이 있는 제조물의 책임에 관한 회원국의 법규명령 또는 행정규칙의 통일적 규율을 위한 1985년 7월 25일의 유럽공동체이사회의 지침 제16항목 제2항, 제18항목 제2항에 기한 유럽연합이사회의 지침」의 시행에 필요한 경우에는 그 범위 내에서 연방법무소비자부는 법규명령으로, 제10조, 제11조상의 금액을 변경하거나 제10조의 실효(失效)를 명령할 수 있는 권한을 갖는다.

제18조 베를린 조항
본 법은 제3차 과도기법 제13조 제1항의 기준에 따라 베를린주에 대해서도 적용한다. 본 법에 기하여 발령된 법규명령은 제3차 과도기법 제14조의 기준에 따라(nach Maßgabe des § 14 des Dritten Überleitungsgesetzes) 베를린주에 대해서도 적용한다.

제19조 시행
본 법은 1990년 1월 1일에 시행된다.

가격명시법

(PAngV; BGBl. I S. 2394)

Preisangabenverordnung

(PAngV)

Preisangabenverordnung(PAngV)

https://www.gesetze-im-internet.de/pangv/BJNR105800985.html

§ 1 Grundvorschriften

(1) Wer Verbrauchern gemäß § 13 des Bürgerlichen Gesetzbuchs gewerbs- oder geschäftsmäßig oder wer ihnen regelmäßig in sonstiger Weise Waren oder Leistungen anbietet oder als Anbieter von Waren oder Leistungen gegenüber Verbrauchern unter Angabe von Preisen wirbt, hat die Preise anzugeben, die einschließlich der Umsatzsteuer und sonstiger Preisbestandteile zu zahlen sind (Gesamtpreise). Soweit es der allgemeinen Verkehrsauffassung entspricht, sind auch die Verkaufs- oder Leistungseinheit und die Gütebezeichnung anzugeben, auf die sich die Preise beziehen. Auf die Bereitschaft, über den angegebenen Preis zu verhandeln, kann hingewiesen werden, soweit es der allgemeinen Verkehrsauffassung entspricht und Rechtsvorschriften nicht entgegenstehen.

(2) Wer Verbrauchern gewerbs- oder geschäftsmäßig oder wer ihnen regelmäßig in sonstiger Weise Waren oder Leistungen zum Abschluss eines Fernabsatzvertrages anbietet, hat zusätzlich zu Absatz 1 und § 2 Absatz 2 anzugeben,

1. dass die für Waren oder Leistungen geforderten Preise die Umsatzsteuer und sonstige Preisbestandteile enthalten und
2. ob zusätzlich Fracht-, Liefer- oder Versandkosten oder sonstige Kosten anfallen.

Fallen zusätzliche Fracht-, Liefer- oder Versandkosten oder sonstige Kosten an, so ist deren Höhe anzugeben, soweit diese Kosten vernünftigerweise im Voraus berechnet werden können.

(3) Bei Leistungen können, soweit es üblich ist, abweichend von Absatz 1 Satz 1 Stundensätze, Kilometersätze und andere Verrechnungssätze angegeben werden, die alle Leistungselemente einschließlich der anteiligen Umsatzsteuer enthalten. Die Materialkosten können in die Verrechnungssätze einbezogen werden.

(4) Wird außer dem Entgelt für eine Ware oder Leistung eine rückerstattbare Sicherheit gefordert, so ist deren Höhe neben dem Preis für die Ware oder Leistung anzugeben und kein Gesamtbetrag zu bilden.

(5) Die Angabe von Preisen mit einem Änderungsvorbehalt ist abweichend von Absatz 1 Satz 1 nur zulässig

1. bei Waren oder Leistungen, für die Liefer- oder Leistungsfristen von mehr als vier Monaten bestehen, soweit zugleich die voraussichtlichen Liefer- und Leistungsfristen angegeben werden, oder
2. bei Waren oder Leistungen, die im Rahmen von Dauerschuldverhältnissen erbracht werden.

가격명시법(PAngV; BGBl. I S. 2394)

법률공포일: 1985년 3월 14일
최근 법률개정일: 2017년 7월 17일

제1조 기본원칙(Grundvorschriften)

① 민법전 제13조에 따른 소비자들에게, 영리적 내지 영업적으로(gewerbs- oder geschäftsmäßig) 또는 그 밖의 방식에 의해 정기적으로 물품 또는 용역을 공급하거나, 물품 또는 용역의 공급자로서(als Anbieter von Waren oder Leistungen) 소비자들에게 가격을 진술하여 광고를 행한 자는, 부가가치세(Umsatzsteuer)와 그 밖의 가격구성부분(Preisbestandteile)을 포함하여 지불되어야 하는 가격('전체가격'; 'Gesamtpreise')을 명시해야 한다. 판매단위 내지 급부단위(Verkaufs- oder Leistungseinheit)와 품질표시(Gütebezeichnung)를 명시하는 것이 일반적 거래관념에(der allgemeinen Verkehrsauffassung) 부합하는 범위 내에서 그 가격에 그 판매단위 내지 급부단위도 명시되어야 한다. 그것이 일반적인 거래관념에 부합하고 법규정에 위반되지 범위 내에서 명시된 가격에 관하여 협상할 의향(意向)에 대하여(Auf die Bereitschaft) 언급할 수 있다.

② 통신판매계약 체결하기 위하여 그 소비자들에게 영리적 내지 영업적으로 또는 그 밖의 방식에 의해 정기적으로 물품 또는 용역을 공급하는 자는, 제1항, 제2조 제2항뿐만 아니라 다음 각 호도 명시해야 한다,

1. 물품(物品) 또는 용역(用役)에 대해 매겨진 가격에 부가가치세 및 그 밖의 가격구성부분이 포함되는지 여부,
2. 운송비, 배송비 내지 발송비 또는 그 밖의 비용이 추가적으로 발생하는지 여부.

운송비, 배송비 내지 발송비(Fracht-, Liefer- oder Versandkosten) 또는 그 밖의 비용이 추가적으로 발생하는 경우에, 이러한 가격들이 사전에 합리적으로 산정될 수 있는 범위 내에서 그 금액이 명시되어야 한다.

③ 용역의 경우에 그것이 관례적인 한, 제1항 제1문과 달리, 비율적인 부가가치세를 포함하여 전체 용역구성요소에 포함된, 시간당요금(Stundensätze), 거리당요금(Kilometersätze) 또는 그 밖의 계산단위당요금(Verrechnungssätze)이 명시될 수 있다. 재료비(Materialkosten)는 그 계산단위당요금에 산입될 수 있다.

④ 물품 또는 용역에 대한 대가 이외에 반환(返還) 청구할 수 있는 담보(eine rückerstattbare Sicherheit)가 요구되는 경우에 그 담보액수는 물품 또는 용역의 가격과 함께 명시되어야 하되 전체가격에는 포함되지 아니한다.

⑤ 변경권을 유보한(mit einem Änderungsvorbehalt) 가격에 대한 명시는 제1조 제1항과 달리, 다음 각 호의 경우에 한하여 허용된다,

1. 예상 가능한 인도기 내지 이행기(die voraussichtlichen Liefer- und Leistungsfristen)가 함께 명시된 한, 4개월을 초과하는 인도기 내지 이행기가 정해진 물품 또는 공급의 경우,
2. 계속적 채권관계 범위 내에서 공급되는 물품 또는 용역의 경우.

(6) Der in der Werbung, auf der Webseite oder in Prospekten eines Reiseveranstalters angegebene Reisepreis kann abweichend von Absatz 1 Satz 1 nach Maßgabe des § 651d Absatz 3 Satz 1 des Bürgerlichen Gesetzbuchs und des Artikels 250 § 1 Absatz 2 des Einführungsgesetzes zum Bürgerlichen Gesetzbuche geändert werden.
(7) Die Angaben nach dieser Verordnung müssen der allgemeinen Verkehrsauffassung und den Grundsätzen von Preisklarheit und Preiswahrheit entsprechen. Wer zu Angaben nach dieser Verordnung verpflichtet ist, hat diese dem Angebot oder der Werbung eindeutig zuzuordnen sowie leicht erkennbar und deutlich lesbar oder sonst gut wahrnehmbar zu machen. Bei der Aufgliederung von Preisen sind die Gesamtpreise hervorzuheben.

§ 2 Grundpreis

(1) Wer Verbrauchern gewerbs- oder geschäftsmäßig oder wer ihnen regelmäßig in sonstiger Weise Waren in Fertigpackungen, offenen Packungen oder als Verkaufseinheiten ohne Umhüllung nach Gewicht, Volumen, Länge oder Fläche anbietet, hat neben dem Gesamtpreis auch den Preis je Mengeneinheit einschließlich der Umsatzsteuer und sonstiger Preisbestandteile (Grundpreis) in unmittelbarer Nähe des Gesamtpreises gemäß Absatz 3 Satz 1, 2, 4 oder 5 anzugeben. Dies gilt auch für denjenigen, der als Anbieter dieser Waren gegenüber Verbrauchern unter Angabe von Preisen wirbt. Auf die Angabe des Grundpreises kann verzichtet werden, wenn dieser mit dem Gesamtpreis identisch ist.
(2) Wer Verbrauchern gewerbs- oder geschäftsmäßig oder wer ihnen regelmäßig in sonstiger Weise unverpackte Waren, die in deren Anwesenheit oder auf deren Veranlassung abgemessen werden (lose Ware), nach Gewicht, Volumen, Länge oder Fläche anbietet oder als Anbieter dieser Waren gegenüber Verbrauchern unter Angabe von Preisen wirbt, hat lediglich den Grundpreis gemäß Absatz 3 anzugeben.
(3) Die Mengeneinheit für den Grundpreis ist jeweils 1 Kilogramm, 1 Liter, 1 Kubikmeter, 1 Meter oder 1 Quadratmeter der Ware. Bei Waren, deren Nenngewicht oder Nennvolumen üblicherweise 250 Gramm oder Milliliter nicht übersteigt, dürfen als Mengeneinheit für den Grundpreis 100 Gramm oder Milliliter verwendet werden. Bei nach Gewicht oder nach Volumen angebotener loser Ware ist als Mengeneinheit für den Grundpreis entsprechend der allgemeinen Verkehrsauffassung entweder 1 Kilogramm oder 100 Gramm oder 1 Liter oder 100 Milliliter zu verwenden. Bei Waren, die üblicherweise in Mengen von 100 Liter und mehr, 50 Kilogramm und mehr oder 100 Meter und mehr abgegeben werden, ist für den Grundpreis die Mengeneinheit zu verwenden, die der allgemeinen Verkehrsauffassung entspricht. Bei Waren, bei denen das Abtropfgewicht anzugeben ist, ist der Grundpreis auf das angegebene Abtropfgewicht zu beziehen.
(4) Bei Haushaltswaschmitteln kann als Mengeneinheit für den Grundpreis eine übliche Anwendung verwendet werden. Dies gilt auch für Wasch- und Reinigungsmittel, sofern sie einzeln

⑥ 어느 여행주최자의 광고 또는 웹사이트에서 명시되거나 상품설명서에 명시된 여행대금(Der in der Werbung, auf der Webseite oder in Prospekten eines Reiseveranstalters angegebene Reisepreis)은 제1항 제1문과 달리, 민법전(Bürgerlichen Gesetzbuch) 제651조d 제3항 제1문과 민법전시행법 제250항목 제1조 제2항의 기준에 따라 변경될 수 있다.

⑦ 위와 같은 규정에 따른 가격명시(價格明示)는 일반적 거래관념(der allgemeinen Verkehrsauffassung)과 가격명료성(Preisklarheit) 및 가격진실성(Preiswahrheit)의 원칙에 부합(符合)해야만 한다. 이러한 규정들에 따라 명시를 할 의무가 있는 자는, 이러한 명시를 해당 공급[104] 또는 해당 광고에서 명료하게 밝혀야 하고, 쉽게 알아보고 명확하게 읽을 수 있거나 잘 인식할 수 있게 해야 한다. 가격표의 작성시(作成時)(Bei der Aufgliederung von Preisen) 전체가격이 눈에 띄어야 한다.

제2조 단위가격

① 소비자들에게 영리적(營利的) 내지 영업적(營業的)으로 또는 그 밖의 방식에 의해 정기적으로, 판매전의 포장이 되거나 개봉 포장으로 되거나 판매단위로 포장이 없는 물품을, 중량, 용적, 길이 또는 면적으로(nach Gewicht, Volumen, Länge oder Fläche) 공급하는 자는, 제3항 제1문, 제2문, 제4문 또는 제5문에 따른 전체가격 바로 근처에 전체 가격과 함께 부가가치세 및 그 밖의 가격구성부분을 포함하여 공급량단위당(供給量單位當) 가격(den Preis je Mengeneinheit einschließlich der Umsatzsteuer und sonstiger Preisbestandteile)('단위가격'; Grundpreis)도 명시해야 한다. 이러한 물품의 공급자로서 소비자들에 대하여 가격을 진술하여 광고를 한 자에 대하여도 또한 같다. 단위가격이 전체가격이 똑같은 경우에는 단위가격의 명시가 생략될 수 있다.

② 소비자들에게 영리적 내지 영업적으로 또는 그 밖의 방식에 의해 정기적으로, 포장하지 않은 물품으로, 소비자의 면전(面前)에서 또는 그의 요구로(in deren Anwesenheit oder auf deren Veranlassung) 측정되는 물품('포장하지 않은 물품'; 'lose Ware')을 중량, 용적, 길이 또는 면적으로 공급하거나, 이러한 물품의 공급자로서 소비자들에 대하여 가격을 진술하여 광고를 한 자는, 제3항에 따른 단위가격만을 명시해야 한다.

③ 단위가격에 대한 공급량단위(供給量單位)(Die Mengeneinheit für den Grundpreis)는, 각각의 물품에 대한 1킬로그램, 1리터, 1입방미터, 1미터 또는 1평방미터이다. 그 순중량[105](純重量) 또는 순용적[106](純容積)(Nenngewicht oder Nennvolumen)이 보통 250그램이나 20미리리터(ml)를 초과하지 않는 물품의 경우에 단위가격에 대한 공급량단위로 100그램이나 100미리리터(ml)가 사용될 수 있다. 무게 또는 용량에 따라 공급되는 포장하지 않은 물품의 경우 단위가격에 대한 공급량단위로 일반적 거래관념에 따라(entsprechend der allgemeinen Verkehrsauffassung) 1킬로그램, 100그램, 1리터 또는 100미리리터(ml) 중 하나가 사용되어야 한다. 보통 100리터를 초과하거나, 50그램을 초과하거나, 100미터를 초과하는 양으로 판매되는 물품의 경우 단위가격에 대하여 일반적으로 거래관념에 부합하는 해당 공급량이 사용되어야 한다. 고형량[107](固形量; Abtropfgewicht)이 명시되어야 하는 물품의 경우 단위가격은 명시된 고형량을 적용해야 한다.

④ 가정용세제의 경우(Bei Haushaltswaschmitteln) 통상적인 사용량(eine übliche Anwendung)이 단위가격에 대한 공급량으로 사용될 수 있다. 각각 개별적으로 나눈 다음 그 비율의 수가 전체량에

portioniert sind und die Zahl der Portionen zusätzlich zur Gesamtfüllmenge angegeben ist.

§ 3 Elektrizität, Gas, Fernwärme und Wasser

Wer Verbrauchern gewerbs- oder geschäftsmäßig oder wer ihnen regelmäßig in sonstiger Weise Elektrizität, Gas, Fernwärme oder Wasser leitungsgebunden anbietet oder als Anbieter dieser Waren gegenüber Verbrauchern unter Angabe von Preisen wirbt, hat den verbrauchsabhängigen Preis je Mengeneinheit einschließlich der Umsatzsteuer und aller spezifischen Verbrauchssteuern (Arbeits- oder Mengenpreis) gemäß Satz 2 im Angebot oder in der Werbung anzugeben. Als Mengeneinheit für den Arbeitspreis bei Elektrizität, Gas und Fernwärme ist 1 Kilowattstunde und für den Mengenpreis bei Wasser 1 Kubikmeter zu verwenden. Wer neben dem Arbeits- oder Mengenpreis leistungsabhängige Preise fordert, hat diese vollständig in unmittelbarer Nähe des Arbeits- oder Mengenpreises anzugeben. Satz 3 gilt entsprechend für die Forderungen nicht verbrauchsabhängiger Preise.

§ 4 Handel

(1) Waren, die in Schaufenstern, Schaukästen, innerhalb oder außerhalb des Verkaufsraumes auf Verkaufsständen oder in sonstiger Weise sichtbar ausgestellt werden, und Waren, die vom Verbraucher unmittelbar entnommen werden können, sind durch Preisschilder oder Beschriftung der Ware auszuzeichnen.

(2) Waren, die nicht unter den Voraussetzungen des Absatzes 1 im Verkaufsraum zum Verkauf bereitgehalten werden, sind entweder nach Absatz 1 auszuzeichnen oder dadurch, dass die Behältnisse oder Regale, in denen sich die Waren befinden, beschriftet werden oder dass Preisverzeichnisse angebracht oder zur Einsichtnahme aufgelegt werden.

(3) Waren, die nach Musterbüchern angeboten werden, sind dadurch auszuzeichnen, dass die Preise für die Verkaufseinheit auf den Mustern oder damit verbundenen Preisschildern oder Preisverzeichnissen angegeben werden.

(4) Waren, die nach Katalogen oder Warenlisten oder auf Bildschirmen angeboten werden, sind dadurch auszuzeichnen, dass die Preise unmittelbar bei den Abbildungen oder Beschreibungen der Waren oder in mit den Katalogen oder Warenlisten im Zusammenhang stehenden Preisverzeichnissen angegeben werden.

(5) Auf Angebote von Waren, deren Preise üblicherweise auf Grund von Tarifen oder Gebührenregelungen bemessen werden, ist § 5 Abs. 1 und 2 entsprechend anzuwenden.

§ 5 Leistungen

(1) Wer Leistungen anbietet, hat ein Preisverzeichnis mit den Preisen für seine wesentlichen Leistungen oder in den Fällen des § 1 Abs. 3 mit seinen Verrechnungssätzen aufzustellen. Dieses ist im Geschäftslokal oder am sonstigen Ort des Leistungsangebots und, sofern vorhanden,

대해 추가적으로 언급되는 세제·세정제에도 또한 같다.

제3조 전기, 가스, 난방 또는 물

소비자들에게 영리적 내지 영업적으로 또는 그 밖의 방식에 의해 정기적으로, 전기, 가스, 난방 또는 물을 공급망(供給網)으로 공급하거나, 이러한 물품의 공급자로서 소비자들에게 가격을 진술하여 광고를 한 자는, 부가가치세와 제2문에 따른 일체의 특별소비자세를 포함하여 공급량단위당 사용량가격(den verbrauchsabhängigen Preis je Mengeneinheit)(제공량가격 내지 공급량가격; Arbeits- oder Mengenpreis)을 해당 공급에서 또는 그 광고에서 명시해야 한다. 전기, 가스 및 난방의 경우 제공량가격(提供量價格; Arbeitspreis)에 대한 공급량으로 1킬로와트시(時)(Kilowattstunde)이고, 물의 경우에는 공급량가격(Mengenpreis)에 대한 공급량으로 1입방미터(Kubikmeter)를 사용해야 한다. 제공량가격 내지 공급량가격과 함께 사용량가격을 청구하는 자는, 제공량가격 내지 공급량가격 바로 옆에(in unmittelbarer Nähe) 사용량가격 전부를 명시해야 한다. 사용량에 따라 가격이 매겨지지 않는 가격의 청구에 대하여 제3문을 준용한다.

제4조 물품판매(Handel)

① 진열창(陳列窓; Schaufenstern)이나 진열장(陳列欌; Schaukästen)에, 키오스크[108]에 있는 매장의 내외부에(innerhalb oder außerhalb des Verkaufsraumes auf Verkaufsständen) 또는 그 밖의 방식으로 눈에 띄게 진열을 한 물품과, 소비자가 직접 꺼내 갈 수 있는 물품에 대하여는, 물품에 대한 정가표 또는 라벨[109](Beschriftung)로 가격이 표시되어야 한다.

② 제1항의 요건에 상관없이 판매용으로 매장에 준비해 놓은 물품에 대하여는, 제1항에 따라 가격표시를 하거나 혹은, 그 물품이 있는 용기 또는 상품진열대(die Behältnisse oder Regale)에 가격표시를 하거나, 가격표를 부착하거나 이를 볼 수 있도록 올려놓음(dass Preisverzeichnisse angebracht oder zur Einsichtnahme aufgelegt werden)으로써 가격표시를 해야 한다.

③ 견본책자(見本册子)에 따라 공급되는 물품에 대하여는, 견본별(見本別)로 판매단위당 가격(Preise für die Verkaufseinheit auf den Mustern)이 명시되거나 이에 관련된 정가표 또는 가격표(Preisschildern oder Preisverzeichnissen)가 명시됨으로써 가격을 표시해야 한다.

④ 카탈로그나 상품목록에 따라 공급되거나 화면상으로 공급되는 물품에 대하여는, 해당 물품에 대한 삽화 또는 묘사(bei den Abbildungen oder Beschreibungen)에서 가격을 직접적으로 명시하거나, 카탈로그 또는 상품목록에 관련된(mit den Katalogen oder Warenlisten im Zusammenhang stehenden) 가격표에 명시함으로써 가격을 표시해야 한다.

⑤ 그 가격이 통상적으로 요율(料率) 또는 요금규정에 기하여 산정되는 물품의 공급에 대하여(Auf Angebote von Waren) 제5조 제1항, 제2항을 준용한다.

제5조 용역

① 용역을 공급하는 자(Wer Leistungen anbietet)는, 자신의 중요한 용역에 대한 가격이 기재된 가격표나, 제2조 제3항의 경우에는 자신의 계산단위당요금(Verrechnungssätze)이 기재된 가격표(Preisverzeichnis)를 작성해야 한다. 이 가격표는, 사업장 또는 그 밖의 용역공급장소에 부착해야

zusätzlich im Schaufenster oder Schaukasten anzubringen. Ort des Leistungsangebots ist auch die Bildschirmanzeige. Wird eine Leistung über Bildschirmanzeige erbracht und nach Einheiten berechnet, ist eine gesonderte Anzeige über den Preis der fortlaufenden Nutzung unentgeltlich anzubieten.

(2) Werden entsprechend der allgemeinen Verkehrsauffassung die Preise und Verrechnungssätze für sämtliche angebotenen Leistungen in Preisverzeichnisse aufgenommen, so sind diese zur Einsichtnahme am Ort des Leistungsangebots bereitzuhalten, wenn das Anbringen der Preisverzeichnisse wegen ihres Umfangs nicht zumutbar ist.

(3) Werden die Leistungen in Fachabteilungen von Handelsbetrieben angeboten, so genügt das Anbringen der Preisverzeichnisse in den Fachabteilungen.

§ 6 Verbraucherdarlehen

(1) Wer Verbrauchern gewerbs- oder geschäftsmäßig oder wer ihnen regelmäßig in sonstiger Weise den Abschluss von Verbraucherdarlehen im Sinne des § 491 des Bürgerlichen Gesetzbuchs anbietet, hat als Preis die nach den Absätzen 2 bis 6 und 8 berechneten Gesamtkosten des Verbraucherdarlehens für den Verbraucher, ausgedrückt als jährlicher Prozentsatz des Nettodarlehensbetrags, soweit zutreffend, einschließlich der Kosten gemäß Absatz 3 Satz 2 Nummer 1, anzugeben und als effektiven Jahreszins zu bezeichnen.

(2) Der anzugebende effektive Jahreszins gemäß Absatz 1 ist mit der in der Anlage angegebenen mathematischen Formel und nach den in der Anlage zugrunde gelegten Vorgehensweisen zu berechnen. Bei der Berechnung des effektiven Jahreszinses wird von der Annahme ausgegangen, dass der Verbraucherdarlehensvertrag für den vereinbarten Zeitraum gilt und dass Darlehensgeber und Verbraucher ihren Verpflichtungen zu den im Verbraucherdarlehensvertrag niedergelegten Bedingungen und Terminen nachkommen.

(3) In die Berechnung des anzugebenden effektiven Jahreszinses sind als Gesamtkosten die vom Verbraucher zu entrichtenden Zinsen und alle sonstigen Kosten einschließlich etwaiger Vermittlungskosten einzubeziehen, die der Verbraucher im Zusammenhang mit dem Verbraucherdarlehensvertrag zu entrichten hat und die dem Darlehensgeber bekannt sind. Zu den sonstigen Kosten gehören:

1. Kosten für die Eröffnung und Führung eines spezifischen Kontos, Kosten für die Verwendung eines Zahlungsmittels, mit dem sowohl Geschäfte auf diesem Konto getätigt als auch Verbraucherdarlehensbeträge in Anspruch genommen werden können, sowie sonstige Kosten für Zahlungsgeschäfte, wenn die Eröffnung oder Führung eines Kontos Voraussetzung dafür ist, dass das Verbraucherdarlehen überhaupt oder nach den vorgesehenen Vertragsbedingungen gewährt wird;

2. Kosten für die Immobilienbewertung, sofern eine solche Bewertung für die Gewährung des

하고, 이에 해당할 경우(sofern vorhanden), 진열창 또는 진열장에서 추가적으로 부착해야 한다. 표시화면[110](表示畵面)도 용역공급장소이다. 표시화면(表示畵面)을 통해 용역이 제공되고 (화면)단위로 요금이 산정되는 경우에 연속된 이용에 대한 가격에 관한 별도의 화면표시(eine gesonderte Anzeige über den Preis der fortlaufenden Nutzung)는 무료로 공급되어야 한다.

② 공급된 용역 전체에 대한(für sämtliche angebotenen Leistungen) 가격과 계산단위당요금(Verrechnungssätze)이 일반적 거래관념에 따라 가격표에 기재된 경우에 가격표의 부착(das Anbringen der Preisverzeichnisse)이 그 가격표의 분량으로 인하여(wegen ihres Umfangs) 어려운 때에는, 그 가격표를 볼 수 있도록 용역공급장소에 준비해 놓아야 한다.

③ 용역이 업체(業體)의 부서에서(in Fachabteilungen von Handelsbetrieben) 공급되는 경우에 가격표의 부착은 그 부서에 하는 것으로 족하다.

제6조 소비자소비대차

① 소비자들에게 영리적 내지 영업적으로 또는 그 밖의 방식에 의해 정기적으로 민법전 제491조상의 소비자소비대차계약의 체결을 제안하는 자는, 이에 해당할 경우(soweit zutreffend) 제3항 제2문 제1호에 따른 비용을 포함하여, 제2항 내지 제6항, 제8항에 따라 산정된 소비자소비대차 총비용으로(die nach den Absätzen 2 bis 6 und 8 berechneten Gesamtkosten des Verbraucherdarlehens), 소비자에게 순수소비대차금액(Nettodarlehensbetrags)에 대한 매년 백분율로 표시된 총비용을 가격으로 명시해야 하고, 연이율(effektiven Jahreszins)로 표시해야 한다.

② 제1항에 따라 명시해야 하는 연이율은, 제안서에 명시한 수학공식(mathematischen Formel)과 그 제안서에서 기초가 된 방식(nach den in der Anlage zugrunde gelegten Vorgehensweisen)에 따라 산정되어야 한다. 소비자소비대차계약이 약정한 기간 동안 유효하고 대주(Darlehensgeber)와 소비자가 소비자소비대차계약(Verbraucherdarlehensvertrag)에서 정한 조건 및 기일에 관한 자신들의 의무(ihren Verpflichtungen zu den im Verbraucherdarlehensvertrag niedergelegten Bedingungen und Terminen)를 지킨다는 가정(假定)을 그 연이율의 산정시 전제(前提)한다.

③ 명시된 연이율의 산정에 있어(In die Berechnung des anzugebenden effektiven Jahreszinses) 소비자가 지급해야 하는 이자(die vom Verbraucher zu entrichtenden Zinsen)와, 발생할 수 있는 중개비용(Vermittlungskosten)으로 소비자가 소비자소비대차계약에 관련하여 지급해야 하고 대주에게 알려진(die dem Darlehensgeber bekannt sind) 중개비용을 포함하여 그 밖의 일체의 비용이 총비용에 산입되어야 한다. 그 밖에 비용에 다음 각 호가 포함된다:

1. 어느 계좌의 개설 또는 운용이, 소비자소비대차(Verbraucherdarlehen)가 일반적으로 또는 규정된 계약조건에 따라 행해지는 점에 대한 요건이 되는 경우에, 특정한 계좌의 개설 및 운용에 대한 비용(Kosten für die Eröffnung und Führung eines spezifischen Kontos), 이러한 계좌상의 거래가 이뤄질 뿐만 아니라 소비자소비대차금액도(auch Verbraucherdarlehensbeträge) 이용될 수 있는 지급수단(支給手段; Zahlungsmittel)의 이용에 관한 비용, 그 밖의 지급과정에 대한 비용(費用),
2. 그러한 평가가 소비자소비대차의 시행(die Gewährung des Verbraucherdarlehens)을 위해 필요한

Verbraucherdarlehens erforderlich ist.

(4) Nicht in die Berechnung der Gesamtkosten einzubeziehen sind, soweit zutreffend:

1. Kosten, die vom Verbraucher bei Nichterfüllung seiner Verpflichtungen aus dem Verbraucherdarlehensvertrag zu tragen sind;
2. Kosten für solche Versicherungen und für solche anderen Zusatzleistungen, die keine Voraussetzung für die Verbraucherdarlehensvergabe oder für die Verbraucherdarlehensvergabe zu den vorgesehenen Vertragsbedingungen sind;
3. Kosten mit Ausnahme des Kaufpreises, die vom Verbraucher beim Erwerb von Waren oder Dienstleistungen unabhängig davon zu tragen sind, ob es sich um ein Bar- oder Verbraucherdarlehensgeschäft handelt;
4. Gebühren für die Eintragung der Eigentumsübertragung oder der Übertragung eines grundstücksgleichen Rechts in das Grundbuch;
5. Notarkosten.

(5) Ist eine Änderung des Zinssatzes oder sonstiger in die Berechnung des anzugebenden effektiven Jahreszinses einzubeziehender Kosten vorbehalten und ist ihre zahlenmäßige Bestimmung im Zeitpunkt der Berechnung des anzugebenden effektiven Jahreszinses nicht möglich, so wird bei der Berechnung von der Annahme ausgegangen, dass der Sollzinssatz und die sonstigen Kosten gemessen an der ursprünglichen Höhe fest bleiben und bis zum Ende des Verbraucherdarlehensvertrags gelten.

(6) Erforderlichenfalls ist bei der Berechnung des anzugebenden effektiven Jahreszinses von den in der Anlage niedergelegten Annahmen auszugehen.

(7) Ist der Abschluss eines Vertrags über die Inanspruchnahme einer Nebenleistung, insbesondere eines Versicherungsvertrags oder allgemein einer Mitgliedschaft, zwingende Voraussetzung dafür, dass das Verbraucherdarlehen überhaupt oder nach den vorgesehenen Vertragsbedingungen gewährt wird, und können die Kosten der Nebenleistung nicht im Voraus bestimmt werden, so ist in klarer, eindeutiger und auffallender Art und Weise darauf hinzuweisen,

1. dass eine Verpflichtung zum Abschluss des Vertrages über die Nebenleistung besteht und
2. wie hoch der effektive Jahreszins des Verbraucherdarlehens ist.

(8) Bei Bauspardarlehen ist bei der Berechnung des anzugebenden effektiven Jahreszinses davon auszugehen, dass im Zeitpunkt der Verbraucherdarlehensauszahlung das vertragliche Mindestsparguthaben angespart ist. Von der Abschlussgebühr ist im Zweifel lediglich der Teil zu berücksichtigen, der auf den Verbraucherdarlehensanteil der Bausparvertragssumme entfällt. Bei Verbraucherdarlehen, die der Vor- oder Zwischenfinanzierung von Leistungen einer Bausparkasse aus Bausparverträgen dienen und deren preisbestimmende Faktoren bis zur Zuteilung unveränderbar sind, ist als Laufzeit von den Zuteilungsfristen auszugehen, die sich aus der

경우에 있어, 부동산평가(Immobilienbewertung)에 대한 비용.

④ 다음 각 호의 비용은, 이에 해당할지라도 총비용의 산정에 산입되지 아니한다,

1. 소비자가 자신의 의무의 불이행시(bei Nichterfüllung seiner Verpflichtungen) 소비자소비대차계약에 기하여 부담해야 하는 비용;
2. 소비자소비대차금의 지급(支給)에 대한 요건(Voraussetzung für die Verbraucherdarlehensvergabe)이나, 정해진 계약조건에 관련한 소비자소비대차의 지급에 대한 요건에 해당하지 않는, 보험가입비와 그 밖의 추가급부(追加給付)에 대한 비용;
3. 현금거래 또는 소비자소비대차거래(Bar- oder Verbraucherdarlehensgeschäft)에 해당하는지에 상관없이, 소비자가 물품(物品) 또는 용역(用役)의 취득시 부담하는 비용, 다만, 구입대금(Kaufpreis)은 제외함.
4. 소유권이전 또는 토지와 동등한 권리의 이전시 토지등기부에 대한 등기수수료(Gebühren für die Eintragung),
5. 공증비용(Notarkosten).

⑤ 이율에 대한 변경권이나 명시된 연이율의 산정시 산입된 그 밖의 비용(sonstiger in die Berechnung des anzugebenden effektiven Jahreszinses einzubeziehender Kosten)에 대한 변경권이 유보되었는데 명시된 연이율의 산정시에 그 수치(數値)의 결정(ihre zahlenmäßige Bestimmung)이 불가능한 경우에, 여신금리(Sollzinssatz)와 당초 금액에 대해 산정된 그 밖의 비용(die sonstigen Kosten gemessen an der ursprünglichen Höhe)이 변동하지 않고 소비자소비대차계약의 종료시까지 적용된다는 가정(假定)을 그 산정시 전제한다.

⑥ 필요한 경우에 제안서에 기재된 가정(den in der Anlage niedergelegten Annahmen)을 명시된 연이율의 산정시 전제한다.

⑦ 부가급부의 이용, 특히 보험계약의 이용 또는 일반적으로 회원관계(Mitgliedschaft)의 이용에 관한 계약의 체결이, 소비자소비대차가 일반적으로 또는 정해진 계약조건에 따라(überhaupt oder nach den vorgesehenen Vertragsbedingungen) 행해진다는 점에 대한 강제적 요건(zwingende Voraussetzung)이 되고 부가급부에 대한 비용이 미리 정해질 수 없는 경우에 명확하고 오해의 소지가 없으며 눈에 띄는 방법 및 방식으로 다음 각 호가 언급되어야 한다,

1. 부가급부에 관한 계약체결 의무(eine Verpflichtung zum Abschluss des Vertrages)가 존재한다는 점,
2. 소비자소비대차계약의 연이율이 얼마나 되는지.

⑧ 주택금융조합소비대차의 경우에 있어, 명시된 연이율의 산정시 소비자소비대차금의 실행시에 계약상의 최소보통예금(vertragliche Mindestsparguthaben)이 저축되어 있는 것으로 본다. 계약체결비용과 관련하여 의심스러울 때에는 주택금융조합소비대차계약의 대출총액에 대한 해당 소비자소비대차금의 비율(Verbraucherdarlehensanteil der Bausparvertragssumme)에 배정된 부분만을 고려해야 한다. 주택금융조합소비대차계약에 기한 주택금융조합의 급부[111]에 대한 사전금융지원 또는 중간금융지원에 기여하고 그 가격결정 요소가 그 분배시까지 변경되지 않는 소비자소비대차의 경우에, 동종의 주택금융조합소비대차계약에 대한 목표평가지수(目標評價指數; Zielbewertungszahl)

Zielbewertungszahl für Bausparverträge gleicher Art ergeben. Bei vor- oder zwischenfinanzierten Bausparverträgen gemäß Satz 3 ist für das Gesamtprodukt aus Vor- oder Zwischenfinanzierungsdarlehen und Bausparvertrag der effektive Jahreszins für die Gesamtlaufzeit anzugeben.

§ 6a Werbung für Verbraucherdarlehen

(1) Jegliche Kommunikation für Werbe- und Marketingzwecke, die Verbraucherdarlehen betrifft, hat den Kriterien der Redlichkeit und Eindeutigkeit zu genügen und darf nicht irreführend sein. Insbesondere sind Formulierungen unzulässig, die beim Verbraucher falsche Erwartungen in Bezug auf die Möglichkeit, ein Verbraucherdarlehen zu erhalten oder in Bezug auf die Kosten eines Verbraucherdarlehens wecken.

(2) Wer gegenüber Verbrauchern für den Abschluss eines Verbraucherdarlehensvertrags mit Zinssätzen oder sonstigen Zahlen, die die Kosten betreffen, wirbt, hat in klarer, eindeutiger und auffallender Art und Weise anzugeben:

1. die Identität und Anschrift des Darlehensgebers oder gegebenenfalls des Darlehensvermittlers,
2. den Nettodarlehensbetrag,
3. den Sollzinssatz und die Auskunft, ob es sich um einen festen oder einen variablen Zinssatz oder um eine Kombination aus beiden handelt, sowie Einzelheiten aller für den Verbraucher anfallenden, in die Gesamtkosten einbezogenen Kosten,
4. den effektiven Jahreszins.

In der Werbung ist der effektive Jahreszins mindestens genauso hervorzuheben wie jeder andere Zinssatz.

(3) In der Werbung gemäß Absatz 2 sind zusätzlich, soweit zutreffend, folgende Angaben zu machen:

1. der vom Verbraucher zu zahlende Gesamtbetrag,
2. die Laufzeit des Verbraucherdarlehensvertrags,
3. die Höhe der Raten,
4. die Anzahl der Raten,
5. bei Immobiliar-Verbraucherdarlehen der Hinweis, dass der Verbraucherdarlehensvertrag durch ein Grundpfandrecht oder eine Reallast besichert wird,
6. bei Immobiliar-Verbraucherdarlehen in Fremdwährung ein Warnhinweis, dass sich mögliche Wechselkursschwankungen auf die Höhe des vom Verbraucher zu zahlenden Gesamtbetrags auswirken könnten.

(4) Die in den Absätzen 2 und 3 genannten Angaben sind mit Ausnahme der Angaben nach Absatz 2 Satz 1 Nummer 1 und Absatz 3 Nummer 5 und 6 mit einem Beispiel zu versehen. Bei der Auswahl des Beispiels muss der Werbende von einem effektiven Jahreszins ausgehen, von

에서 생긴 것은 분배기간의 유효기간으로 본다. 사전금융지원 또는 중간금융지원이 행해진 제3문에 따른 주택금융조합소비대차계약의 경우에 사전금융지원소비대차 또는 중간금융지원소비대차 및 주택금융조합소비대차계약(Vor- oder Zwischenfinanzierungsdarlehen und Bausparvertrag)에 기한 상품 전체(Gesamtprodukt)에 대하여 전체유효기간에 대한 연이율이 명시되어야 한다.

제6조a 소비자소비대차계약에 대한 광고

① 소비자소비대차계약에 관련된 광고목적 또는 마케팅목적을 위한 일체의 통신(Jegliche Kommunikation)은 정직성(Redlichkeit)과 명료함(Eindeutigkeit)이라는 기준을 충족해야 하고, 오인유발적이어서는 아니된다. 특히 소비자소비대차를 실행받을 수 있을 것이라는 가능성(Möglichkeit)에 관련하거나 소비자소비대차계약의 비용과 관련하여 소비자에게 잘못된 기대(die beim Verbraucher falsche Erwartungen)를 심어주는 표현(Formulierungen)은 허용되지 아니한다.

② 이자부(利子附) 소비자소비대차계약이나 비용에 관련된 기타 지급이 있는 소비자소비대차계약의 체결을 소비자에게 광고하는 자는, 명확하고 오해의 소지가 없으며 눈에 띄는 방법 및 방식으로 다음 각 호를 명시해야 한다:

1. 대주의 신원(身元) 및 주소나 필요하면(gegebenenfalls) 소비대차중개인의 신원(新元) 또는 주소,
2. 순수소비대차금액(Nettodarlehensbetrag),
3. 여신금리(Sollzinssatz), 고정여신금리 내지 변동여신금리 또는 양자의 결합에 해당하는지에 관한 정보와, 소비자(消費者)에게 발생하는 비용(費用)으로, 총비용(總費用)에 산입되는(in die Gesamtkosten einbezogenen Kosten) 일체의 비용에 대한 명세(明細),
4. 연이율.

광고에서 연이율(der effektive Jahreszins)은 그 밖의 모든 이율만큼 눈에 띄어야 한다(mindestens genauso hervorzuheben wie jeder andere Zinssatz).

③ 다음 각 호 사항은, 이에 해당할 경우(soweit zutreffend), 제2항에 따른 광고에서 추가적으로 언급되어야 한다:

1. 소비자가 지불해야 하는 총액,
2. 소비자소비대차계약의 유효기간,
3. 할부금액,
4. 할부수(割賦數; Anzahl der Raten)
5. 부동산소비자소비대차(Immobiliar-Verbraucherdarlehen)의 경우 해당 소비자소비대차계약이 부동산담보권 또는 물적담보권에 의해 담보된다는 언급,
6. 외국통화에 의한 부동산소비자소비대차(Immobiliar-Verbraucherdarlehen)에서 '환율등락(換率騰落)이 있는 경우 그것이'(mögliche Wechselkursschwankungen) 소비자가 지급해야 하는 총액수에 영향을 미친다는 경고표시.

④ 제2항, 제3항에서 언급된 사항은, 제2항 제1문 제1호, 제3항 제5호, 제6호를 제외하고 5 und 6) 하나의 예시가 구비되어야 한다. 예시를 선택함에 있어서, 광고자(der Werbende)는 자신이 기대하는 연이율과 관련하여, 그가 해당 광고에 기하여 성립되는 계약의 2/3 이상을 명시된 연이율 또

dem er erwarten darf, dass er mindestens zwei Drittel der auf Grund der Werbung zustande kommenden Verträge zu dem angegebenen oder einem niedrigeren effektiven Jahreszins abschließen wird.

(5) Verlangt der Werbende den Abschluss eines Versicherungsvertrags oder eines Vertrags über andere Zusatzleistungen und können die Kosten für diesen Vertrag nicht im Voraus bestimmt werden, ist auf die Verpflichtung zum Abschluss dieses Vertrags klar und verständlich an gestalterisch hervorgehobener Stelle zusammen mit dem effektiven Jahreszins hinzuweisen.

(6) Die Informationen nach den Absätzen 2, 3 und 5 müssen in Abhängigkeit vom Medium, das für die Werbung gewählt wird, akustisch gut verständlich oder deutlich lesbar sein.

(7) Auf Immobiliar-Verbraucherdarlehensverträge gemäß § 491 Absatz 2 Satz 2 Nummer 5 des Bürgerlichen Gesetzbuchs ist nur Absatz 1 anwendbar.

Fußnote

(+++ § 6a: Zur Anwendung vgl. § 6c +++)

§ 6b Überziehungsmöglichkeiten

Bei Überziehungsmöglichkeiten im Sinne des § 504 Abs. 2 des Bürgerlichen Gesetzbuchs hat der Darlehensgeber statt des effektiven Jahreszinses den Sollzinssatz pro Jahr und die Zinsbelastungsperiode anzugeben, wenn diese nicht kürzer als drei Monate ist und der Darlehensgeber außer den Sollzinsen keine weiteren Kosten verlangt.

Fußnote

(+++ § 6b: Zur Anwendung vgl. § 6c +++)

§ 6c Entgeltliche Finanzierungshilfen

Die §§ 6 und 6a sind auf Verträge entsprechend anzuwenden, durch die ein Unternehmer einem Verbraucher einen entgeltlichen Zahlungsaufschub oder eine sonstige entgeltliche Finanzierungshilfe im Sinne des § 506 des Bürgerlichen Gesetzbuchs gewährt.

§ 7 Gaststätten, Beherbergungsbetriebe

(1) In Gaststätten und ähnlichen Betrieben, in denen Speisen oder Getränke angeboten werden, sind die Preise in Preisverzeichnissen anzugeben. Die Preisverzeichnisse sind entweder auf Tischen aufzulegen oder jedem Gast vor Entgegennahme von Bestellungen und auf Verlangen bei Abrechnung vorzulegen oder gut lesbar anzubringen. Werden Speisen und Getränke gemäß § 4 Abs. 1 angeboten, so muss die Preisangabe dieser Vorschrift entsprechen.

(2) Neben dem Eingang der Gaststätte ist ein Preisverzeichnis anzubringen, aus dem die Preise für die wesentlichen angebotenen Speisen und Getränke ersichtlich sind. Ist der Gaststättenbetrieb Teil eines Handelsbetriebes, so genügt das Anbringen des Preisverzeichnisses am Eingang des Gaststättenteils.

는 낮은 연이율로 체결할 것(dass er mindestens zwei Drittel der auf Grund der Werbung zustande kommenden Verträge zu dem angegebenen oder einem niedrigeren effektiven Jahreszins abschließen wird)으로 가정해야만 한다.

⑤ 광고자가 보험계약 또는 그 밖의 추가급부에 관한 계약체결을 요구하고, 이러한 계약에 대한 비용은 미리 정해질 수 없는 경우에, 이러한 계약의 체결에 관한 의무는, 눈에 띄게 만든 곳에(an gestalterisch hervorgehobener Stelle) 분명하게 이해할 수 있도록 연이율과 함께(zusammen mit dem effektiven Jahreszins) 언급되어야 한다.

⑥ 제2항, 제3항에 따른 정보제공은, 공고를 위해 선택한 매체에 상관없이, 청각적(聽覺的) 측면에서 잘 이해하도록 이뤄져야만 하거나 분명하게 읽을 수 있도록 이뤄져야만 한다.

⑦ 민법전 제491조 제2항 제2문 제5호에 따른 부동산소비자소비대차계약(Immobiliar-Verbraucherdarlehensverträge)에 대하여는 제1항만을 적용할 수 있다.

각주

(제6a조: 그 적용에 관하여 제6조c를 참조하라.)

제6조b 당좌대월계약(當座貸越契約)

그 이자설정기간(die Zinsbelastungsperiode)이 3개월을 초과하는 기간이고 대주(Darlehensgeber)가 그 이자 이외에 추가적 경비를 요구하지 않는, 민법전 제504조 제2항[112]상의 당좌대월계약(當座貸越契約)의 경우에(Bei Überziehungsmöglichkeiten) 대주는 연이율에 갈음하여 연이율대출(年貸出利率) 및 이자설정기간(den Sollzinssatz pro Jahr und die Zinsbelastungsperiode) 명시해야 한다.

각주

(제6b조: 그 적용에 관하여 제6조c를 참조하라)

제6조c 유상의 신용부여

제6조, 제6조a는 사업자(事業者)가 소비자(消費者)에게 유상의 지급연기(支給延期; Zahlungsaufschub) 또는 민법 제506조상의 그 밖의 유상의 신용부여(entgeltliche Finanzierungshilf eim Sinne des § 506 des Bürgerlichen Gesetzbuchs)을 행하는 계약(契約)에 대하여 준용(準用)한다.

제7조 음식점, 숙박업소

① 음식점(飮食店)과, 음식 또는 음료가 공급되는 이와 유사한 업소(業所; Betrieben)에서 가격은 가격표로(in Preisverzeichnissen) 명시되어야 한다. 그 가격표는 식탁 위에 비치하거나 주문을 받기 전에 모든 손님들에게 제시되어야 하고 그 요구가 있는 경우 계산서에(bei Abrechnung) 기재되거나, 혹은 잘 읽을 수 있게 부착되어야 한다. 제4조 제1항에 따라 음식과 음료(Speisen und Getränke)가 공급되는 경우에 이러한 규정의 가격명시(Preisangabe)를 준용(準用)한다.

② 공급되는 주요 음식 및 음료에 대한 가격(die Preise für die wesentlichen angebotenen Speisen und Getränke)을 볼 수 있는 가격표가 음식점 입구 이외의 다른 곳에도 부착되어야 한다. 음식점업소가 어느 업소(業所)의 일부(Teil eines Handelsbetriebes)에 있는 경우에는 그 가격표의 부착은 음식점 해당부분의 입구에 하는 것으로 족하다.

(3) In Beherbergungsbetrieben ist beim Eingang oder bei der Anmeldestelle des Betriebes an gut sichtbarer Stelle ein Verzeichnis anzubringen oder auszulegen, aus dem die Preise der im Wesentlichen angebotenen Zimmer und gegebenenfalls der Frühstückspreis ersichtlich sind.

(4) Kann in Gaststätten- und Beherbergungsbetrieben eine Telekommunikationsanlage benutzt werden, so ist der bei Benutzung geforderte Preis je Minute oder je Benutzung in der Nähe der Telekommunikationsanlage anzugeben.

(5) Die in den Preisverzeichnissen aufgeführten Preise müssen das Bedienungsgeld und sonstige Zuschläge einschließen.

§ 8 Tankstellen, Parkplätze

(1) An Tankstellen sind die Kraftstoffpreise so auszuzeichnen, dass sie

1. für den auf der Straße heranfahrenden Kraftfahrer,
2. auf Bundesautobahnen für den in den Tankstellenbereich einfahrenden Kraftfahrer

deutlich lesbar sind. Dies gilt nicht für Kraftstoffmischungen, die erst in der Tankstelle hergestellt werden.

(2) Wer für weniger als einen Monat Garagen, Einstellplätze oder Parkplätze vermietet oder bewacht oder Kraftfahrzeuge verwahrt, hat am Anfang der Zufahrt ein Preisverzeichnis anzubringen, aus dem die von ihm geforderten Preise ersichtlich sind.

§ 9 Ausnahmen

(1) Die Vorschriften dieser Verordnung sind nicht anzuwenden

1. auf Angebote oder Werbung gegenüber Verbrauchern, die die Ware oder Leistung in ihrer selbständigen beruflichen oder gewerblichen oder in ihrer behördlichen oder dienstlichen Tätigkeit verwenden; für Handelsbetriebe gilt dies nur, wenn sie sicherstellen, dass als Verbraucher ausschließlich die in Halbsatz 1 genannten Personen Zutritt haben, und wenn sie durch geeignete Maßnahmen dafür Sorge tragen, dass diese Personen nur die in ihrer jeweiligen Tätigkeit verwendbaren Waren kaufen;
2. auf Leistungen von Gebietskörperschaften des öffentlichen Rechts, soweit es sich nicht um Leistungen handelt, für die Benutzungsgebühren oder privat-rechtliche Entgelte zu entrichten sind;
3. auf Waren und Leistungen, soweit für sie auf Grund von Rechtsvorschriften eine Werbung untersagt ist;
4. auf mündliche Angebote, die ohne Angabe von Preisen abgegeben werden;
5. auf Warenangebote bei Versteigerungen.

(2) § 1 Abs. 1 und § 2 Abs. 1 sind nicht anzuwenden auf individuelle Preisnachlässe sowie auf nach Kalendertagen zeitlich begrenzte und durch Werbung bekannt gemachte generelle

③ 숙박업소에서는 해당 업소의 입구 또는 프론트(Anmeldestelle)의 잘 보이는 장소에 통상적으로 공급하는 숙박료(宿泊料)과 필요하면(gegebenenfalls) 조식가격(朝食價格; Frühstückspreis)이 잘 보이는 가격표를 부착하거나 게시(揭示)해야 한다.
④ 통신설비(Telekommunikationsanlage)가 음식점과 숙박업소에서(in Gaststätten- und Beherbergungsbetrieben) 이용될 수 있는 경우에 분당(分當) 또는 이용횟수당 이용요금이 그 통신설비 바로 근처(近處)에 명시되어야 한다.
⑤ 가격표에 기재된 가격에는 봉사료와 그 밖의 추가요금(das Bedienungsgeld und sonstige Zuschläge)이 포함되어야만 한다.

제8조 주유소, 주차장
① 주유소에 연료가격이,
1. 도로를 주행하는 운전자와,
2. 연방고속국도에서(auf Bundesautobahnen) 주유소가 있는 지역으로 운전하는 운전자(für den in den Tankstellenbereich einfahrenden Kraftfahrer)가,

명확하게 읽을 수 있도록 주유소에 표시되어야 한다. 주유소에서 비로소 제조되는 혼합연료(混合燃料; Kraftstoffmischungen)에 대하여는 그러하지 아니하다.
② 1개월 미만 동안 주차소(駐車所) 또는 주차장(駐車場)(Garagen, Einstellplätze oder Parkplätze)을 임대하거나 세를 주거나 또는 그곳에 차량을 보관하게 하는 자는, 출구에 자신이 청구하는 요금을 읽을 수 있는(aus dem die von ihm geforderten Preise ersichtlich sind) 가격표를 부착해야 한다.

제9조 예외규정
① 이 법의 규정은 다음 각 호에 적용하지 아니한다,
1. 물품 또는 용역을 그 독립적 직업활동 또는 영업활동에서 또는 그 행정관청 활동이나 직무상 활동에서(in ihrer selbständigen beruflichen oder gewerblichen oder in ihrer behördlichen oder dienstlichen Tätigkeit) 이용하는 소비자에 대한 공급(혹은 제안) 또는 광고의 경우; 그 업체가 이러한 자들(die in Halbsatz 1 genannten Personen)이 오로지 소비자로서 (해당업체에) 출입한다는 점을 보장하거나, 이러한 자들이 각각의 자신의 (개인) 활동에 사용할 수 있는 물품(物品)만을 구입한다는 점을 적절한 조치로 보장하는 경우 경우에는 그 해당 업체에 대하여는 그러하지 아니하다;
2. 공법(公法)상의 지역당국의 급부로(auf Leistungen von Gebietskörperschaften des öffentlichen Rechts), 이용료 또는 사법(私法)상 대가로 지급되는 급부에 해당하지 않는 급부의 경우;
3. 법규정에 기하여 광고가 금지된(soweit für sie auf Grund von Rechtsvorschriften eine Werbung untersagt ist) 물품 또는 용역의 경우;
4. 가격에 대한 진술 없이 판매되는 구두에 의한 공급(mündliche Angebote)의 경우;
5. 경매에서의 물품공급(Warenangebote)의 경우.

② 제1조 제1항, 제2조 제1항은, 개별적 가격할인과 역일(曆日)에 따라 기간적으로 제한되고 광고로 공지(公知)된 일반적 가격할인(durch Werbung bekannt gemachte generelle Preisnachlässe)에 대

Preisnachlässe.

(3) § 1 Abs. 2 ist nicht anzuwenden auf die in § 312 Absatz 2 Nummer 2, 3, 6, 9 und 10 und Absatz 6 des Bürgerlichen Gesetzbuchs genannten Verträge.

(4) § 2 Abs. 1 ist nicht anzuwenden auf Waren, die

1. über ein Nenngewicht oder Nennvolumen von weniger als 10 Gramm oder Milliliter verfügen;
2. verschiedenartige Erzeugnisse enthalten, die nicht miteinander vermischt oder vermengt sind;
3. von kleinen Direktvermarktern sowie kleinen Einzelhandelsgeschäften angeboten werden, bei denen die Warenausgabe überwiegend im Wege der Bedienung erfolgt, es sei denn, dass das Warensortiment im Rahmen eines Vertriebssystems bezogen wird;
4. im Rahmen einer Dienstleistung angeboten werden;
5. in Getränke- und Verpflegungsautomaten angeboten werden.

(5) § 2 Abs. 1 ist ferner nicht anzuwenden bei

1. Kau- und Schnupftabak mit einem Nenngewicht bis 25 Gramm;
2. kosmetischen Mitteln, die ausschließlich der Färbung oder Verschönerung der Haut, des Haares oder der Nägel dienen;
3. Parfüms und parfümierten Duftwässern, die mindestens 3 Volumenprozent Duftöl und mindestens 70 Volumenprozent reinen Äthylalkohol enthalten.

(6) Die Angabe eines neuen Grundpreises nach § 2 Abs. 1 ist nicht erforderlich bei

1. Waren ungleichen Nenngewichts oder -volumens oder ungleicher Nennlänge oder -fläche mit gleichem Grundpreis, wenn der geforderte Gesamtpreis um einen einheitlichen Betrag herabgesetzt wird;
2. leicht verderblichen Lebensmitteln, wenn der geforderte Gesamtpreis wegen einer drohenden Gefahr des Verderbs herabgesetzt wird.

(7) § 4 ist nicht anzuwenden

1. auf Kunstgegenstände, Sammlungsstücke und Antiquitäten im Sinne des Kapitels 97 des Gemeinsamen Zolltarifs;
2. auf Waren, die in Werbevorführungen angeboten werden, sofern der Preis der jeweiligen Ware bei deren Vorführung und unmittelbar vor Abschluss des Kaufvertrags genannt wird;
3. auf Blumen und Pflanzen, die unmittelbar vom Freiland, Treibbeet oder Treibhaus verkauft werden.

(8) § 5 ist nicht anzuwenden

1. auf Leistungen, die üblicherweise aufgrund von schriftlichen Angeboten oder schriftlichen Voranschlägen erbracht werden, die auf den Einzelfall abgestellt sind;
2. auf künstlerische, wissenschaftliche und pädagogische Leistungen; dies gilt nicht, wenn die Leistungen in Konzertsälen, Theatern, Filmtheatern, Schulen, Instituten oder dergleichen

하여는 적용하지 아니한다.

③ 제1조 제2항은 민법전 제312조 제2항 제2호, 제3호, 제6호, 제9호, 제10호, 제6항상의 계약에 대하여는 적용하지 아니한다.

④ 제2조 제1항은 다음 각 호의 물품에 대하여 적용하지 아니한다,

1. 순중량(純重量) 또는 순용적(純容積)이 10그램 또는10미리리터 미만인 물품;
2. 서로 혼합되지 않거나 섞이지 않는 다양한 종류의 생산물이 포함된 물품;
3. 물품교부가 주로 서비스방식으로 행해지는 소규모 직접판매상 및 소매점(kleinen Direktvermarktern sowie kleinen Einzelhandelsgeschäften)에 의하여 공급되는 물품, 다만, 공급된 물품이 유통시스템 구조와 관련된 경우는 그러하지 아니하다;
4. 용역의 일환으로 공급되는 물품;
5. 음료자동판매기 또는 음식자동판매기로(Verpflegungsautomaten) 공급되는 물품.

⑤ 또한 제2조 제1항은 다음 각 호의 경우에 적용하지 아니한다,

1. 순중량(純重量)이 25그램 이하인 씹는 담배 또는 코담배;
2. 오로지 피부(皮膚), 머리, 손(발)톱의 염색(染色; Verschönerung) 또는 미용(美容)에 도움이 되는 화장품(化粧品);
3. 3용적백분율 이상(Volumenprozent)의 방향성유지(芳香性油脂; Duftöl)과 70용적백분율 이상의 순수(純粹) 에틸알코올(Äthylalkohol)이 포함된 향수(鄕愁) 및 방향성화장수(芳香性化粧水);

⑥ 제2조 제1항 따른 단위가격의 명시는 다음의 경우에 요구되지 아니한다,

1. 매겨진 전체가격(der geforderte Gesamtpreis)이 균일가(均一價; einheitlichen Betrag)로 할인되는 한, 그 동일한 단위가격이 있는, 상이한 순중량(純重量; Nenngewicht) 또는 순용적(純容積 Nennvolumen)의 물품이나 호칭(呼稱)길이[113] 또는 순면적(純面積)의 물품;
2. 매겨진 단위가격이 임박한 부패위험으로 인하여(wegen einer drohenden Gefahr des Verderbs) 할인된, 쉽게 부패하는 식료품.

⑦ 다음 각 호에 대하여 제4조는 적용하지 아니한다,

1. 공동 관세표 규정 제97항상의 공예품(工藝品), 수집품(收集品; Sammlungsstücke) 및 골동품(骨董品; Antiquitäten);
2. 각각의 물품 가격이 그 전시시에 매겨지거나 매매계약의 체결 직전에 매겨지는, 광고성전시물로 공급되는 물품;
3. 노지(露地; Freiland), 온상(溫床; Treibbeet 또는 온실(溫室; Treibhaus)에서 직접 판매되는 꽃 또는 식물.

⑧ 다음 각 호에 대하여 제5조는 적용하지 아니한다,

1. 통상적으로 개별 사안별로 맞춰 작성된, 제안서(提案書) 또는 견적서(見積書)에 기하여 공급되는 급부;
2. 예술급부, 학문급부 또는 교육급부(künstlerische, wissenschaftliche und pädagogische Leistungen); 그 급부들이 콘서트장, 극장, 영화관(Filmtheatern), 학교, 연구소(Instituten) 또는 이

erbracht werden;

3. auf Leistungen, bei denen in Gesetzen oder Rechtsverordnungen die Angabe von Preisen besonders geregelt ist.

§ 10 Ordnungswidrigkeiten

(1) Ordnungswidrig im Sinne des § 3 Abs. 1 Nr. 2 des Wirtschaftsstrafgesetzes 1954 handelt, wer vorsätzlich oder fahrlässig

1. entgegen § 1 Abs. 1 Satz 1 Preise nicht, nicht richtig oder nicht vollständig angibt,
2. entgegen § 1 Abs. 1 Satz 2 die Verkaufs- oder Leistungseinheit oder Gütebezeichnung nicht oder nicht richtig angibt, auf die sich die Preise beziehen,
3. entgegen § 1 Abs. 2 Satz 1 Nr. 1 eine Angabe nicht, nicht richtig oder nicht vollständig macht,
4. entgegen § 1 Abs. 3 Satz 1 Stundensätze, Kilometersätze oder andere Verrechnungssätze nicht richtig angibt,
5. entgegen § 1 Abs. 4 oder 7 Satz 2 Angaben nicht in der dort vorgeschriebenen Form macht,
6. entgegen § 1 Absatz 7 Satz 3 den Gesamtpreis nicht hervorhebt oder
7. entgegen § 2 Abs. 1 Satz 1, auch in Verbindung mit Satz 2, oder § 2 Abs. 2 oder § 3 Satz 1 oder 3, auch in Verbindung mit Satz 4, eine Angabe nicht, nicht richtig oder nicht vollständig macht.

(2) Ordnungswidrig im Sinne des § 3 Abs. 1 Nr. 2 des Wirtschaftsstrafgesetzes 1954 handelt auch, wer vorsätzlich oder fahrlässig einer Vorschrift

1. des § 4 Abs. 1 bis 4 über das Auszeichnen von Waren,
2. des § 5 Abs. 1 Satz 1, 2 oder 4 oder Abs. 2, jeweils auch in Verbindung mit § 4 Abs. 5, über das Aufstellen, das Anbringen oder das Bereithalten von Preisverzeichnissen oder über das Anbieten einer Anzeige des Preises,
3. des § 6 Absatz 1 über die Angabe oder die Bezeichnung des Preises bei Verbraucherdarlehen,
4. des § 6 Absatz 7 oder § 6b über die Angabe von Voraussetzungen für die Verbraucherdarlehensgewährung oder des Zinssatzes oder der Zinsbelastungsperiode,
5. des § 6a Absatz 2 Satz 1 oder Absatz 3 über die Pflichtangaben in der Werbung,
6. des § 7 Abs. 1 Satz 1 oder 2, Abs. 2 Satz 1, Abs. 3 oder 4 über die Angabe von Preisen oder über das Auflegen, das Vorlegen, das Anbringen oder das Auslegen eines dort genannten Verzeichnisses,
7. des § 8 Abs. 1 Satz 1 über das Auszeichnen von Kraftstoffpreisen oder
8. des § 8 Abs. 2 über das Anbringen eines Preisverzeichnisses

zuwiderhandelt.

와 유사한 곳(dergleichen)에서 제공되는 경우에는 그러하지 아니하다;

3. 그 가격명시가 법률(法律) 또는 법규정에서(in Gesetzen oder Rechtsverordnungen) 특별히 규정된 급부.

제10조 질서위반행위

① 고의 또는 과실에 기하여 다음 각 호를 한 자 제3조 제1항 제2호상의 질서위반행위를 범한 자이다,

1. 제1조 제1항 제1호에 위반하여 가격을 명시하지 않거나, 올바르게 명시하지 않거나 불완전하게 명시한 자,
2. 제1조 제1항 제2호에 위반하여 그 가격에 적용된, 판매단위 또는 급부단위 내지 품질표시를 명시하지 않거나 올바르게 명시하지 않은 자,
3. 제1조 제2항 제1문 제1호에 위반하여 명시를 하지 않거나 올바르게 명시하지 않거나 불완전하게 명시를 한 자,
4. 제1조 제3항 제1문에 위반하여 시간당요금, 거리당요금 또는 그 밖의 계산단위당요금을 올바르게 명시하지 않은 자,
5. 제1조 제4항 또는 제7항 제2문에 위반하여 그 조항에서 규정된 방식으로 명시를 하지 않은 자,
6. 제1조 제7항 제3문에 위반하여 단위가격을 눈에 띄게 하지 않은 자,
7. 제2조 제2문과 연결된 경우를 포함하여 제2조 제1항 제1문이나, 제2조 제2항 또는 제3조 제4문과 연결된 경우를 포함하여 제3조 제1문 또는 제3문에 위반하여 명시를 하지 않거나, 적절하게 명시하지 않거나 불완전하게 명시한 자,

② 고의 또는 과실에 기하여 다음 각 호의 규정에 위반한 한 자(wer vorsätzlich oder fahrlässig einer Vorschrift)는, 1954년의 경제형법법(Wirtschaftsstrafgesetz)도, 1954년의 경제형법법(Wirtschaftsstrafgesetz) 제3조 제1항 제2호상의 질서위반행위(秩序違反行爲)를 범한 자이다,

1. 물품에 대한 가격표시에 관한 제4조 제1항 내지 제4항의 규정,
2. 각각 제4조 제5항과 연결된 경우를 포함하여, 가격표의 작성, 부착 또는 준비이나 가격 표시에 관한 제안(das Anbieten einer Anzeige des Preises)에 관한 제5조 제1항 제1문, 제2문, 제4문 또는 제2항의 규정,
3. 소비자소비대차에서 가격의 명시 또는 기재에 관한 제6조 제1항의 규정,
4. 소비자소비대차시행에 대한 요건의 명시(die Angabe von Voraussetzungen für die Verbraucherdarlehensgewährung)에 관한 제6조 제7항 또는 제6조b의 규정이나 이율 또는 이자설정기간의(des Zinssatzes oder der Zinsbelastungsperiode) 규정,
5. 광고에서의 의무적 정보제공에 관한 제6조a 제2항 제1문 또는 제3항의 규정,
6. 가격 명시나 그 조항에서 언급된 가격표의 비치(備置; Auflegen), 제시(提示; Vorlegen), 부착(附着; Anbringen) 또는 게시(揭示; Auslegen)에 관한 제7조 제1항 제1문 또는 제2문, 제2항 제1문, 제3항 또는 제4항의 규정,
7. 자동차원료의 가격표시에 관한 제8조 제1항 제1문,
8. 가격표의 부착에 관한 제8조 제2항

(3) Ordnungswidrig im Sinne des § 3 Abs. 1 Satz 1 Nr. 3 des Wirtschaftsstrafgesetzes 1954 handelt, wer vorsätzlich oder fahrlässig entgegen § 1 Abs. 2 Satz 1 Nr. 2 oder Satz 2 eine Angabe nicht, nicht richtig oder nicht vollständig macht.

§ 11 (weggefallen)

③ 고의 또는 과실에 기하여 제1조 제2항 제1문 제2호 또는 제2문에 위반하여 명시를 하지 않거나, 올바르게 명시하지 않거나, 불완전하게 한 제3조 제1항 제3호상의 질서위반행위를 범한 자이다.

제11조 삭제

항공교통법

(BGBl. I S. 1655)(일부)

Luftverkehrsgesetz

(LuftVG)

Luftverkehrsgesetz(LuftVG)

https://www.gesetze-im-internet.de/luftvg/BJNR006810922.html

Erster Abschnitt Luftverkehr

1. Unterabschnitt Luftfahrzeuge und Luftfahrtpersonal

§ 1

(1) Die Benutzung des Luftraums durch Luftfahrzeuge ist frei, soweit sie nicht durch dieses Gesetz, durch die zu seiner Durchführung erlassenen Rechtsvorschriften, durch im Inland anwendbares internationales Recht, durch Rechtsakte der Europäischen Union und die zu deren Durchführung erlassenen Rechtsvorschriften beschränkt wird.

(2) Luftfahrzeuge sind

1. Flugzeuge
2. Drehflügler
3. Luftschiffe
4. Segelflugzeuge
5. Motorsegler
6. Frei- und Fesselballone
7. (weggefallen)
8. Rettungsfallschirme
9. Flugmodelle
10. Luftsportgeräte
11. sonstige für die Benutzung des Luftraums bestimmte Geräte, sofern sie in Höhen von mehr als dreißig Metern über Grund oder Wasser betrieben werden können.

Raumfahrzeuge, Raketen und ähnliche Flugkörper gelten als Luftfahrzeuge, solange sie sich im Luftraum befinden. Ebenfalls als Luftfahrzeuge gelten unbemannte Fluggeräte einschließlich ihrer Kontrollstation, die nicht zu Zwecken des Sports oder der Freizeitgestaltung betrieben werden (unbemannte Luftfahrtsysteme).

§ 1a

(1) Die Vorschriften dieses Gesetzes und die zur Durchführung dieses Gesetzes erlassenen Rechtsvorschriften sind beim Betrieb

1. eines in der deutschen Luftfahrzeugrolle eingetragenen Luftfahrzeugs oder

항공교통법(BGBl. I S. 1655)(일부)

법률공포일: 1922년 8월 1일
최근 법률개정일: 2020년 7월 10일(BGBl. I S. 1655).

제1장 항공교통

제1절 항공기와 항공종사자

제1조

① 그 이용이 이 법, 이 법의 시행을 위해 제정된 법규명령, 독일 내에서 적용되는 국제법, 유럽연합법적행위와 그 시행을 위해 제정된 법규명령에 의해(durch Rechtsakte der Europäischen Union und die zu deren Durchführung erlassenen Rechtsvorschriften) 제한되지 않는 한, 항공기(航空機)의 영공(領空)의 이용(利用)(Die Benutzung des Luftraums durch Luftfahrzeuge)은 자유롭다.

② 항공기는 다음 각 호를 말한다,

1. 비행기,
2. 회전익항공기(回轉翼航空機),
3. 비행선,
4. 활공기(滑空機),
5. 동력활공기(動力滑空機),
6. 자유기구(自由氣球)·계류식기구(繫留式氣球),
7. 삭제,
8. 비상낙하산,
9. 모형비형기,
10. 스포츠항공기,
11. 그것이 지표면 또는 수면에서 3미터를 초과하는 높이로(in Höhen von mehr als dreißig Metern über Grund oder Wasser) 운행될 수 있는 한, 영공 이용 목적을 위한 기타 장치(sonstige für die Benutzung des Luftraums bestimmte Geräte).

우주선, 로켓과 이에 유사한 비행물체(Raumfahrzeuge, Raketen und ähnliche Flugkörper)는 영공에 있는 동안에는 이를 항공기로 본다. 마찬가지로 그 관제소를 포함하여 스포츠 또는 레저활동 목적으로 운행되지 않는 무인비행장치('무인항공시스템'; unbemannte Luftfahrtsysteme)를 항공기(航空機)로 본다.

제1조a

① 그 실질적 내용이 이 법에 명백하게 배치되지 않거나 외국의 법규명령의 준수가 국제법원칙에 따라 우선하는 범위 내에서, 이 법의 규정과 이 법의 시행을 위해 제정한 법규명령은 다음 각 호의 항공기의 운항 중에,

2. eines anderen Luftfahrzeugs, für das die Bundesrepublik Deutschland die Verantwortung des Eintragungsstaats übernommen hat, oder
3. eines Luftfahrzeugs, welches in einem anderen Land registriert ist, aber unter einer deutschen Genehmigung nach § 20 oder nach Maßgabe des Rechts der Europäischen Union eingesetzt wird,

auch außerhalb des Hoheitsgebietes der Bundesrepublik Deutschland anzuwenden, soweit ihr materieller Inhalt dem nicht erkennbar entgegensteht oder nach völkerrechtlichen Grundsätzen die Befolgung ausländischer Rechtsvorschriften vorgeht.

(2) Soweit ausländisches Recht in Übereinstimmung mit völkerrechtlichen Grundsätzen extraterritoriale Wirkung beansprucht und sich auf Gegenstände bezieht, die von den Vorschriften nach § 1 Abs. 1 geregelt sind oder in einer sonstigen Beziehung zur Luftfahrt stehen, findet es im Hoheitsgebiet der Bundesrepublik Deutschland nur insoweit Anwendung, als es deutschem Recht nicht entgegensteht.

§ 1b

(1) Wird ein Luftfahrzeug im Sinne des § 1a Abs. 1 außerhalb des Geltungsbereichs dieses Gesetzes betrieben, so sind international verbindliche Luftverkehrsregeln und Betriebsvorschriften im Sinne des Artikels 37 Abs. 2 Buchstabe c und des Artikels 38 des Abkommens vom 7. Dezember 1944 über die Internationale Zivilluftfahrt (BGBl. 1956 II S. 411) zu beachten und zu befolgen, soweit sie dort gelten.

(2) Bekannt gewordene und im Ausland nicht geahndete Verstöße werden von den zuständigen Behörden in der Bundesrepublik Deutschland verfolgt und geahndet, als ob sie im Inland begangen worden wären. Die Ahndung erfolgt entsprechend der Umsetzung der in Absatz 1 genannten Regeln und Vorschriften durch deutsches Recht.

§ 1c

Die Berechtigung zum Verkehr im Luftraum der Bundesrepublik Deutschland haben nach Maßgabe des § 1 Abs. 1

1. Luftfahrzeuge, die in der deutschen Luftfahrzeugrolle oder im Luftsportgeräteverzeichnis eingetragen sind, sowie Luftfahrzeuge der Polizeien des Bundes und der Länder;
2. Luftfahrzeuge mit Eintragungszeichen der Bundeswehr;
3. Luftfahrzeuge, die einer Verkehrszulassung in der Bundesrepublik Deutschland nicht bedürfen;
4. Luftfahrzeuge, die in Mitgliedstaaten der Europäischen Union oder in anderen Vertragsstaaten des Abkommens über den Europäischen Wirtschaftsraum in einem Register eingetragen sind, auf Grund des Rechts der Europäischen Union oder des Abkommens über den Europäischen Wirtschaftsraum;
5. Luftfahrzeuge, die außerhalb der Mitgliedstaaten der Europäischen Union oder der anderen

1. 독일 항공기등록원부에 등록된 항공기,
2. 독일연방공화국이 등록국(登錄國)의 책임(die Verantwortung des Eintragungsstaats)을 인수한 그 밖의 항공기,
3. 다른 나라에 등록된 항공기로(eines Luftfahrzeugs, welches in einem anderen Land registriert ist), 제20조에 따른 독일의 승인하에 사용되거나 유럽연합법의 기준에 따라 사용되는 항공기(航空機),

독일연방공화국의 영토 밖에서도 적용된다.

② 외국법에서 국제법원칙에 부합하는 국외적(國外的) 효력(效力)(extraterritoriale Wirkung) 이 주장되고, 그 외국법이 제1조 제1항에 따른 규정에 의해 규율되는 대상 또는 항공운항과 그 밖의 관련성이 있는 대상에 적용되는 범위 내에서, 그 외국법은 독일법에 배치되지 않은 범위 내에서만 독일연방공화국의 영토 내에서 적용된다(findet es im Hoheitsgebiet der Bundesrepublik Deutschland nur insoweit Anwendung, als es deutschem Recht nicht entgegensteht).

제1조b

① 제1조a 제1항상의 항공기가 이 법의 적용범위 밖에서 운행되는 경우에, 국제적으로 구속력 있는 항공교통규칙(international verbindliche Luftverkehrsregeln)과 제37조 제2항 c)목 및 국제민항기운항에 관한 1944년 12월 7일의 협약(BGBl. 1956 II S. 411) 제37조상의 운항규정은, 그것이 거기에서 적용되는 범위 내에서(soweit sie dort gelten), 준수되어야 하고 이를 따라야 한다.

② 알려졌으나 외국에서 처벌되지 않은 법위반(Bekannt gewordene und im Ausland nicht geahndete Verstöße)은, 그 법위반이 독일 내에서 자행된 것처럼 독일연방공화국의 관할 행정관청에 의해 기소되고 처벌된다. 그 처벌은 제1항상의 규칙 및 규정에 대한 독일법에 의한 시행에 따라(entsprechend der Umsetzung der in Absatz 1 genannten Regeln und Vorschriften durch deutsches Recht) 이뤄진다.

제1조c

다음 각 호의 항공기는 제1조 제1항의 기준에 따라 독일연방공화국의 영공에서 운항(運航)할 권리를 갖는다,

1. 독일 항공기등록원부 또는 스포츠항공기등록부에 등록된 항공기(Luftfahrzeuge, die in der deutschen Luftfahrzeugrolle oder im Luftsportgeräteverzeichnis eingetragen sind)와 연방정부 및 주정부의 경찰항공기;
2. 연방군의 등록표지가 있는 항공기;
3. 독일연방공화국 내의 운항허가가 요구되지 아니하는 항공기;
4. 유럽연합법 또는 「유럽경제권에 관한 협약」에 근거하여(auf Grund des Rechts der Europäischen Union oder des Abkommens über den Europäischen Wirtschaftsraum), 유럽연합회원국이나 「유럽경제권에 관한 협약」의 그 회원국 이외의 가입국(加入國)에 등록된 항공기;
5. 국가 간의 조약에 근거하여(auf Grund zwischenstaatlicher Vereinbarung), 유럽연합 회원국(der

Vertragsstaaten des Abkommens über den Europäischen Wirtschaftsraum in einem Register eingetragen sind, auf Grund zwischenstaatlicher Vereinbarung;

6. Luftfahrzeuge, denen durch ausdrückliche Einflugerlaubnis nach § 2 Abs. 7 die Benutzung des deutschen Luftraums gestattet ist.

§ 2

(1) Deutsche Luftfahrzeuge dürfen nur verkehren, wenn sie zum Luftverkehr zugelassen (Verkehrszulassung) und - soweit es durch Rechtsverordnung vorgeschrieben ist - in das Verzeichnis der deutschen Luftfahrzeuge (Luftfahrzeugrolle) eingetragen sind. Ein Luftfahrzeug wird zum Verkehr nur zugelassen, wenn

1. das Muster des Luftfahrzeugs zugelassen ist (Musterzulassung),
2. der Nachweis der Verkehrssicherheit nach der Prüfordnung für Luftfahrtgerät geführt ist,
3. der Halter des Luftfahrzeugs eine Haftpflichtversicherung zur Deckung der Haftung auf Schadensersatz wegen der Tötung, der Körperverletzung oder der Gesundheitsbeschädigung einer nicht im Luftfahrzeug beförderten Person und der Zerstörung oder der Beschädigung einer nicht im Luftfahrzeug beförderten Sache beim Betrieb eines Luftfahrzeugs nach den Vorschriften dieses Gesetzes und von Verordnungen der Europäischen Union unterhält und
4. die technische Ausrüstung des Luftfahrzeugs so gestaltet ist, dass das durch seinen Betrieb entstehende Geräusch das nach dem jeweiligen Stand der Technik unvermeidbare Maß nicht übersteigt.

(2) Der Musterzulassung nach Absatz 1 Nr. 1 bedarf auch das sonstige Luftfahrtgerät.

(3) Auf Startgeräte, ausgenommen Startwinden für Segelflugzeuge, sind die Vorschriften des Absatzes 1 über die Verkehrszulassung sinngemäß anzuwenden.

(4) Die Zulassung ist zu widerrufen, wenn die Voraussetzungen nach Absatz 1 nicht mehr vorliegen.

(5) Deutsche Luftfahrzeuge haben das Staatszugehörigkeitszeichen und eine besondere Kennzeichnung zu führen.

(6) Deutsche Luftfahrzeuge dürfen den Geltungsbereich dieses Gesetzes nur mit Erlaubnis verlassen.

(7) Luftfahrzeuge, die nicht im Geltungsbereich dieses Gesetzes eingetragen und zugelassen sind, dürfen nur mit Erlaubnis in den Geltungsbereich dieses Gesetzes einfliegen oder auf andere Weise dorthin verbracht werden, um dort zu verkehren. Dieser Erlaubnis bedarf es nicht, soweit

1. die Luftfahrzeuge in einem Luftfahrtunternehmen eingesetzt werden, das eine Betriebsgenehmigung nach der Verordnung (EG) Nr. 1008/2008 besitzt,

Mitgliedstaaten der Europäischen)이나 「유럽경제권에 관한 협약」(Abkommens über den Europäischen)의 독일 이외의 가입국(加入國)의 이외에서 등록된 항공기;

6. 제2조 제8항에 따른 명시적인 영공진입허가에 의하여 독일의 영공 이용(die Benutzung des deutschen Luftraums)이 허용된 항공기.

제2조

① 독일 항공기는, 그것이 운항에 관한 허가('운항허가'; Verkehrszulassung)를 받고- 그것이 법규명령에 규정되어 있는 한- 독일 항공기등록장부(das Verzeichnis der deutschen Luftfahrzeuge)('항공기등록원부'; Luftfahrzeugrolle)에 등록되어 있는 경우에 한하여 운항할 수 있다. 어느 항공기(Ein Luftfahrzeug)는 다음 각 호를 모두 갖춘 경우에 한하여 운항에 관하여 허가된다,

1. 항공기모델에 대한 허가('모델허가'; Musterzulassung)가 있을 것,
2. 「항공기(航空機) 검사(檢査)에 관한 명령」에 따른 운항안전의 증명서(der Nachweis der Verkehrssicherheit)가 발급될 것,
3. 항공기보유자가 이 법의 규정과 유럽연합 명령에 좇아, 항공기 운항 중에 발생한, 항공기로 운송하지 않은 사람의 사망, 신체침해 또는 건강침해(wegen der Tötung, der Körperverletzung oder der Gesundheitsbeschädigung einer nicht im Luftfahrzeug beförderten Person) 또는 항공기로 운송하지 않은 물건의 멸실 또는 훼손으로 인한 손해배상에 대한 책임을 전보(塡補)하기 위하여 (zur Deckung der Haftung auf Schadensersatz) 책임보험에 가입할 것,
4. 항공기의 기술적 장치들(die technische Ausrüstung des Luftfahrzeugs)은 항공기의 운항으로 인해 발생하는 소음이 각각의 기술적 수준에 따른 불가피한 정도를 초과하지 않도록 제작될 것.

② 그 밖의 항공기(auch das sonstige Luftfahrtgerät)도 제1조 제1호에 따른 모델허가를 받아야 한다.

③ 활공기(滑空機)에 대해 권양기이륙(捲揚機離陸)이 배제된 이륙장치에 대하여(Auf Startgeräte, ausgenommen Startwinden für Segelflugzeuge) 운항허가에 관한 제1항의 규정이 준용된다.

④ 제1항에 따른 요건(die Voraussetzungen nach Absatz 1)이 더 이상 갖춰지지 않은 때에는 허가는 취소되어야 한다.

⑤ 독일 항공기는 국적표시(das Staatszugehörigkeitszeichen)를 하고 특별한 표지(標識)를 갖춰야 한다.

⑥ 독일 항공기(Deutsche Luftfahrzeuge)는 이륙허가를 얻어야만 이 법의 적용지역에서 떠날 수 있다.

⑦ 이 법의 적용지역 내에서 등록 및 허가가 이뤄지지 않은 항공기는 허가를 받아야만, 이 법의 적용지역 내로 진입하거나 그 지역에서 운항하기 위하여 다른 방식으로 그 지역에서 체류할(auf andere Weise dorthin verbracht werden, um dort zu verkehren) 수 있다. 다음 각 호의 경우는 이러한 허가는 요구되지 아니한다.

1. 항공기가 1008/2008호(EG) 명령에 따른 운항허가를 보유한 항공사에서(in einem Luftfahrtunternehmen) 사용되는 경우,

2. die Luftfahrzeuge in einem Mitgliedstaat der Europäischen Union eingetragen und zum Verkehr zugelassen sind und über ein Lufttüchtigkeitszeugnis nach Artikel 5 der Verordnung (EG) Nr. 216/2008 des Europäischen Parlaments und des Rates vom 20. Februar 2008 zur Festlegung gemeinsamer Vorschriften für die Zivilluftfahrt und zur Errichtung einer Europäischen Agentur für Flugsicherheit, zur Aufhebung der Richtlinie 91/670/EWG des Rates, der Verordnung (EG) Nr. 1592/2002 und der Richtlinie 2004/36/EG (ABl. L 79 vom 19.3.2008, S. 1) in der jeweils geltenden Fassung verfügen,
3. die Luftfahrzeuge in einem Staat registriert sind, in dem das Luftverkehrsrecht der Europäischen Union Anwendung findet, wenn diese Luftfahrzeuge die Voraussetzungen der Nummer 1 oder 2 erfüllen, oder
4. ein Abkommen zwischen dem Heimatstaat und der Bundesrepublik Deutschland oder ein für beide Staaten verbindliches Übereinkommen etwas anderes bestimmt.

(8) Die Erlaubnis nach den Absätzen 6 und 7 kann allgemein oder für den Einzelfall erteilt, mit Auflagen verbunden und befristet werden.

(9) Soweit eine von der Kommission der Europäischen Gemeinschaften auf Grund der Verordnung (EG) Nr. 2111/2005 des Europäischen Parlaments und des Rates vom 14. Dezember 2005 über die Erstellung einer gemeinschaftlichen Liste der Luftfahrtunternehmen, gegen die in der Gemeinschaft eine Betriebsuntersagung ergangen ist, sowie über die Unterrichtung von Fluggästen über die Identität des ausführenden Luftfahrtunternehmens und zur Aufhebung des Artikels 9 der Richtlinie 2004/36/EG (ABl. EU Nr. L 344 S. 15) erlassene und in der im Amtsblatt der Europäischen Union veröffentlichten gemeinschaftlichen Liste aufgeführte Betriebsuntersagung dem entgegensteht, ist die Erlaubnis nach Absatz 7 Satz 1 unwirksam und gilt Absatz 7 Satz 2 nicht.

§ 3

(1) Luftfahrzeuge werden vorbehaltlich abweichender Verordnungen des Rates der Europäischen Union in die deutsche Luftfahrzeugrolle nur eingetragen, wenn

1. sie in einem ausländischen staatlichen Luftfahrzeugregister nicht eingetragen sind und im ausschließlichen Eigentum deutscher Staatsangehöriger stehen; juristische Personen und Gesellschaften des Handelsrechts mit Sitz im Inland werden deutschen Staatsangehörigen gleichgestellt, wenn der überwiegende Teil ihres Vermögens oder Kapitals sowie die tatsächliche Kontrolle darüber deutschen Staatsangehörigen zusteht und die Mehrheit der Vertretungsberechtigten oder persönlich haftenden Personen deutsche Staatsangehörige sind;
2. ein Recht eines deutschen Staatsangehörigen, an einem Luftfahrzeug Eigentum durch Kauf zu erwerben, oder ein Recht zum Besitz auf Grund eines für einen Zeitraum von mindestens sechs Monaten abgeschlossenen Mietvertrages oder eines dem Mietvertrag ähnlichen Rechtsverhältnisses besteht.

2. 항공기가 유럽연합 회원국에서 등록되고 운항을 위해 허가를 받았으며(die Luftfahrzeuge in einem Mitgliedstaat der Europäischen Union eingetragen und zum Verkehr zugelassen sind und), 「민항기운항에 대한 공동규정 설정과 유럽 항공기 안전기구의 설립(Errichtung einer Europäischen Agentur für Flugsicherheit)과, 유럽연합이사회의 91/670/EWG호의 지침, 1592/2002호(EG) 명령과 2004/36/EG호 폐지를 위한 2008년 2월 20일의 유럽연합 의회 및 이사회의 216/2008호(EG) 명령」(ABl. L 79 vom 19.3.2008, S. 1)으로, 각각의 적용형식의(in der jeweils geltenden Fassung) 명령 제5조에 따른 내항증명서(耐航證明書)를 보유한 경우,
3. 유럽연합의 항공교통법이 적용되는 국가에서 제1호 내지 제2호의 요건을 충족하는(wenn diese Luftfahrzeuge die Voraussetzungen der Nummer 1 oder 2 erfüllen) 항공기로 등록된 경우,
4. 항공기원등록국(航空機原登錄國)과 독일연방공화국 간의 조약 또는 양국 간에 구속력 있는 협약이 달리 정한 경우,

⑧ 제6항, 제7항에 따른 허가는 일반적으로 또는 개별적으로 이뤄질 수 있고, 또 부담이 부가(附加)되고 기한이 정해져 이뤄질 수 있다.

⑨ 유럽공동체집행위원회가, 「유럽연합 내에서 운항금지목록에 등재된 항공사에 대한 공동목록 작성(die Erstellung einer gemeinschaftlichen Liste der Luftfahrtunternehmen, gegen die in der Gemeinschaft eine Betriebsuntersagung ergangen ist), 실행항공사의 정체성(die Identität des ausführenden Luftfahrtunternehmens)에 관한 여객에 대한 통지와 2004/36/EG 지침 제9조의 폐지에 관한 유럽연합 의회 및 이사회의 2005년 12월 14일의 2111/2005호(EG) 명령」(ABl. EU Nr. L 344 S. 15)에 근거하여 제정된 운항금지로, 유럽연합 관보에 공표된 공동목록에 등재된 운항금지(in der im Amtsblatt der Europäischen Union veröffentlichten gemeinschaftlichen Liste aufgeführte Betriebsuntersagung)가 그 허가에 배치되는 범위 내에서, 제7조 제1문에 따른 허가는 무효이고 제7항 제2문이 적용되지 아니한다.

제3조

① 항공기는, 유럽연합 이사회의 명령과 다른 내용으로 정해진 경우를 제외하고, 다음 각 호의 경우에 한하여 독일 항공기등록원부에 등록된다,

1. 항공기가 외국(外國)의 항공기등록원부에 등록되지 않고 독일 국적자(國籍者)의 배타적인 소유하에 있는 경우; 독일 내에 본점소재지를 가진 상법상의 법인 및 회사는, 그의 재산(財産) 또는 자본(資本)의 주된 부분과 그에 대한 실질적인 통제권(統制權)이 독일 국적자(國籍者)에게 귀속되고 대표권을 가진 자 또는 무한책임(無限責任)을 지는 자의 과반수(過半數)(die Mehrheit der Vertretungsberechtigten oder persönlich haftenden Personen deutsche Staatsangehörige)가 독일 국적자(國籍者)인 경우에는 독일 국적자(國籍者)와 동일시된다.
2. 매매(賣買)에 의해 항공기에 대한 소유권을 취득할, 독일 국적자의 권리나, 최소 6개월 기간 동안에 체결된 임차계약 또는 임차계약에 유사한 법률관계(Mietvertrages oder eines dem Mietvertrag ähnlichen Rechtsverhältnisses)에 근거하여 그에 대한 보유권이 인정되는 경우.

Staatsangehörige der Mitgliedstaaten der Europäischen Union stehen deutschen Staatsangehörigen gleich. Das Gleiche gilt für Angehörige aus anderen Staaten, in denen das Luftverkehrsrecht der Europäischen Union Anwendung findet.

(2) Die für die Verkehrszulassung zuständige Stelle kann im Einzelfall Ausnahmen zulassen, wenn besondere Umstände vorliegen.

§ 3a

(1) Mit der Eintragung in die Luftfahrzeugrolle wird die Pflicht nach § 2 Abs. 5 begründet.

(2) Das Bundesministerium für Verkehr und digitale Infrastruktur oder eine von ihm bestimmte Behörde kann durch Verwaltungsabkommen mit der zuständigen Behörde eines ausländischen Staates zur Umsetzung von Artikel 83 (hoch) bis des Abkommens über die Internationale Zivilluftfahrt vom 7. Dezember 1944 (BGBl. 1956 II S. 412, 1997 II S. 1777) die völkerrechtliche Verantwortung und die damit verbundene Zuständigkeit für ein nach § 3 eingetragenes Luftfahrzeug auf die zuständige Stelle des anderen Staates übertragen.

(3) Desgleichen kann die Bundesrepublik Deutschland durch Verwaltungsabkommen nach Absatz 2 die Zuständigkeit für ein in einem ausländischen Register eingetragenes Luftfahrzeug übernehmen. Ein derartiges Luftfahrzeug unterliegt den Anforderungen dieses Gesetzes und den auf seiner Grundlage erlassenen Rechtsvorschriften.

§ 4

(1) Wer ein Luftfahrzeug führt oder bedient (Luftfahrer) bedarf der Erlaubnis. Die Erlaubnis wird nur erteilt, wenn

1. der Bewerber das vorgeschriebene Mindestalter besitzt,
2. der Bewerber seine Tauglichkeit nachgewiesen hat,
3. keine Tatsachen vorliegen, die den Bewerber als unzuverlässig erscheinen lassen, ein Luftfahrzeug zu führen oder zu bedienen,
4. der Bewerber eine Prüfung nach der Verordnung über Luftfahrtpersonal oder nach der Verordnung (EU) Nr. 1178/2011 der Kommission vom 3. November 2011 zur Festlegung technischer Vorschriften und von Verwaltungsverfahren in Bezug auf das fliegende Personal in der Zivilluftfahrt gemäß der Verordnung (EG) Nr. 216/2008 des Europäischen Parlaments und des Rates (ABl. L 311 vom 25.11.2011, S 1), die durch die Verordnung (EU) Nr. 290/2012 (ABl. L 100 vom 5.4.2012, S. 1) geändert worden ist, bestanden hat und
5. dem Bewerber nicht bereits eine Erlaubnis gleicher Art und gleichen Umfangs nach Maßgabe dieser Vorschrift erteilt worden ist.

유럽연합의 국적자(國籍者)(Staatsangehörige der Mitgliedstaaten der Europäischen)는 독일 국적자와 동일시된다. 유럽연합의 항공교통법이 적용되는 다른 나라의 국적을 가진 자에 대해서도 또한 같다.

② 특별한 사정이 있는 경우에(wenn besondere Umstände vorliegen) 운항허가를 관할하는 기관은 개별사안에서 예외를 둘 수 있다.

제3조a

① 항공기등록원부에 대한 등록으로서 제2조 제5항에 따른 의무(die Pflicht nach § 2 Abs. 5)가 성립한다.

② 연방교통·디지털기반시설부와 이에 의해 정해진 행정관청(Das Bundesministerium für Verkehr und digitale Infrastruktur oder eine von ihm bestimmte Behörde)은, 「1944년 12월 7일의 국제민항기운항에 관한 협약」(BGBl. 1956 II S. 412, 1997 II S. 1777)의 제83조까지의 시행을 위한 외국의 관할 행정관청과의 행정협정(行政協定)에 의하여, 국제법상 책임(die völkerrechtliche Verantwortung)과 이에 수반된, 제3조에 따라 등록된 항공기에 대한 관할권을 다른 나라의 관할 기관(die zuständige Stelle des anderen Staates)으로 이양할 수 있다.

③ 마찬가지로, 독일연방공화국은 제2항에 따른 행정협정(行政協定)에 의하여 외국의 항공기등록원부에 등록된 항공기에 대한 관할권(die Zuständigkeit für ein in einem ausländischen Register eingetragenes Luftfahrzeug)을 이양받을 수 있다. 이러한 항공기(Ein derartiges Luftfahrzeug)는 이 법과 이 법에 기하여 제정된 법규명령의 요구사항의 적용을 받는다.

제4조

① 항공기를 운전하거나 조작하는 자('조종사'; Luftfahrer)는 면허(免許)를 필요로 한다. 그 면허(免許)는 다음 각 호를 모두 갖춘 자에 한하여 부여된다,

1. 응시자가 규정된 최소연령에 달할 것,
2. 응시자가 자신의 적성(適性)을 증명했을 것,
3. 응시자가 항공기를 운전하거나 이를 조작하는 데 있어 신뢰할 수 없는 것으로 보이는 사실이 없을 것,
4. 응시자가 항공종사자에 관한 명령에 따른 시험에 합격하거나, 「기술적 규정 설정(Festlegung technischer Vorschriften)과, 유럽연합 의회 및 이사회 216/2008호(EG) 명령」(ABl. L 311 vom 25.11.2011, S 1)으로, 290/2012호(EU) 명령에 의해 개정된 명령(ABl. L 100 vom 5.4.2012, S. 1)에 따른 민항기운항의 조종사에 관련된 행절절차(Verwaltungsverfahren in Bezug auf das fliegende Personal in der Zivilluftfahrt)에 관한 2011년 11월 3일의 유럽연합집행위원회 1178/2011호(EU) 명령에 따른 시험(eine Prüfung nach der Verordnung über Luftfahrtpersonal)에 합격했을 것,
5. 응시자(應試者)에게 동종과 동일한 범위의 면허(eine Erlaubnis gleicher Art und gleichen Umfangs)가 이 규정의 기준에 따라 이미 부여되었을 것.

(2) Die Vorschriften des Absatzes 1 sind auf sonstiges Luftfahrtpersonal sinngemäß anzuwenden, soweit seine Tätigkeit auf Grund einer Rechtsverordnung nach § 32 Abs. 1 Nr. 4 erlaubnispflichtig ist.

(3) Die Erlaubnis ist zu widerrufen, wenn die Voraussetzungen nach Absatz 1 nicht mehr vorliegen oder Zweifel an der Zuverlässigkeit nach § 7 des Luftsicherheitsgesetzes bestehen.

(4) Bei Übungs- und Prüfungsflügen in Begleitung von Fluglehrern (§ 5 Abs. 3) gelten die Fluglehrer als diejenigen, die das Luftfahrzeug führen oder bedienen. Das Gleiche gilt auch für Prüfer bei Prüfungsflügen und für Luftfahrer, die andere Luftfahrer in ein Luftfahrzeugmuster einweisen oder mit diesem vertraut machen, es sei denn, dass ein anderer als verantwortlicher Luftfahrzeugführer bestimmt ist. Bei Übungs- und Prüfungsflügen ohne Begleitung von Fluglehrern oder Prüfern bedürfen Luftfahrer keiner Erlaubnis, wenn es sich um Flüge handelt, die von Fluglehrern oder Prüfern angeordnet und beaufsichtigt werden.

(5) Auf das Personal für die Flugsicherung

a) in der Flugverkehrskontrolle (Fluglotsen),

b) in den Verwendungsbereichen Flugdatenbearbeitung in der Flugverkehrskontrolle, Fluginformationsdienst und Flugberatung,

c) bei Betrieb, Instandhaltung und Überwachung der betrieblich genutzten flugsicherungstechnischen Einrichtungen

sind Absatz 1 Satz 1, 2 Nummer 1 bis 3 und Absatz 3 entsprechend anzuwenden. Voraussetzung ist ferner der Nachweis der Befähigung und Eignung gemäß einer Rechtsverordnung nach § 32 Absatz 4 Nummer 4 und 4a.

§ 4a

(1) Luftfahrzeugführern ist das Führen oder Bedienen eines Luftfahrzeuges unter dem Einfluss von Alkohol oder anderen psychoaktiven Substanzen untersagt. Satz 1 gilt für Medikamente nur so weit, als auf Grund ihrer betäubenden, bewusstseinsverändernden oder aufputschenden Wirkung davon auszugehen ist, dass sie die Dienstfähigkeit von Luftfahrzeugführern beeinträchtigen oder ausschließen, es sei denn, durch eine ärztliche Bescheinigung eines flugmedizinischen Sachverständigen oder eines flugmedizinischen Zentrums kann nachgewiesen werden, dass eine solche Wirkung nicht zu befürchten ist.

(2) Luftfahrtunternehmen nach § 20 Absatz 1, die ihren Hauptsitz in Deutschland haben oder über eine durch das Luftfahrt-Bundesamt anerkannte Niederlassung in Deutschland verfügen, haben dafür Sorge zu tragen, dass nur Luftfahrzeugführer eingesetzt werden, die befähigt und geeignet sind, eine sichere und ordnungsgemäße Beförderung zu gewährleisten. Dazu sind von ihnen bei den Luftfahrzeugführern vor Dienstbeginn auch verdachtsunabhängige Kontrollen in Form von Stichproben durchzuführen, in denen geprüft wird, ob die kontrollierte Person unter dem Einfluss

② 제1항의 규정(Die Vorschriften des Absatzes 1)은, 그의 활동이 제32조 제1항 제4호에 따른 법규명령에 기하여 면허를 필요로 범위 내에서, 그 밖의 항공종사자(sonstiges Luftfahrtpersonal)에 대하여 적용한다.
③ 제1항에 따른 요건이 더 이상 갖춰지지 않은 경우나, 항공안전법 제7조에 따른 응시자의 신뢰에 대한 의문(Zweifel an der Zuverlässigkeit des Bewerbers nach § 7 des Luftsicherheitsgesetzes)이 있는 때에는 그 면허는 취소되어야 한다.[114)]
④ 비행교관(제5조 제3항)이 동반한 연습비행 및 시험비행의 경우에(Bei Übungs- und Prüfungsflügen in Begleitung von Fluglehrern) 비행교관은 비행기를 운전하거나 작동시키는 사람으로 본다. 시험비행의 경우에 시험관(試驗官)과, 다른 조종사에게 항공운항연습을 지도하거나 이를 가르치는 조종사에 대해서도 또한 같고, 다만 다른 사람이 책임을 지는 조종사로 지정된 경우(dass ein anderer als verantwortlicher Luftfahrzeugführer bestimmt ist)에는 그러하지 아니하다. 비행교관 또는 시험관이 동승하지 않는 연습비행 및 시험비행의 경우에 있어, 비행교관 또는 시험관이 명령하거나 감독하는 비행에 해당하는 경우에는 조종사는 면허를 필요로 하지 않는다.
⑤ 다음 각 목 부문의 항공안전인력에 대하여,
a) 항공관제소('항공교통관제사'; Fluglotsen),
b) 항공관제소(航空管制所), 비행정보제공업무(飛行艇提供業務) 및 비행상담에서의 비행정보처리의 사용영역(den Verwendungsbereichen Flugdatenbearbeitung),
c) 사업적(事業的)으로 이용(利用)되는 항공안전기술설비의 운용(運用), 유지(維持) 및 감독(監督)(Betrieb, Instandhaltung und Überwachung),
제1항 제1문, 제2문 제2호 내지 3호, 제3항을 준용한다.

제4조a

① 알콜 또는 그 밖의 향정신성물질의 영향하에 행해지는 항공기의 조정 또는 조작이 조종사에 대하여 금지된다. 그 약품의 마취 효과, 정신에 변화를 주는 효과나 각성 효과로 인하여 약품이 항공운전사의 근무능력을 침해하거나 상실시키는 것으로 인정되는 범위 내의 약품에 대하여도 제1문을 적용하고, 다만 항공의학전문의 또는 항공의학센터의 의학적 증명에 의하여 그러한 효과가 우려할 만한 것이 아닌 것으로 증명된 경우(durch eine ärztliche Bescheinigung eines flugmedizinischen Sachverständigen oder eines flugmedizinischen Zentrums kann nachgewiesen werden, dass eine solche Wirkung nicht zu befürchten ist)에는 그러하지 아니하다.
② 제20조 제1항에 따른 항공사로, 독일 내에 자신의 본점소재지를 두거나 연방항공운항청에 의하여 승인된 지점을 독일 내에 가지고 있는 항공사는, 자격을 갖추고 안전하고 규정에 맞는 운송을 보장하는 데 적합한 항공조종사만이 사용된다는 점을 보장해야 한다(haben dafür Sorge zu tragen, dass nur Luftfahrzeugführer eingesetzt werden, die befähigt und geeignet sind, eine sichere und ordnungsgemäße Beförderung zu gewährleisten). 이를 위해 그 항공사는 항공조종사의 경우 업무 시작 전에 표본조사 방식의 확실한 검사로 피검자(被檢者)가 이 제1항에 따른 물질의 영향을 받는지 여부(ob die kontrollierte Person unter dem Einfluss von Stoffen nach Absatz 1 steht)가 검사되

von Stoffen nach Absatz 1 steht. Die Kontrollen dürfen nur unter ärztlicher Aufsicht durchgeführt werden. Die Einzelheiten der Durchführung der Kontrollen sind durch Tarifvertrag oder wenn ein solcher nicht besteht durch Betriebsvereinbarung zu regeln.

§ 5

(1) Wer es unternimmt, Luftfahrer oder Personal für die Flugsicherung auszubilden, bedarf unbeschadet der Vorschrift des Absatzes 3 der Erlaubnis. Die Erlaubnis kann mit Auflagen verbunden und befristet werden.

(2) Die Erlaubnis ist zu versagen, wenn Tatsachen die Annahme rechtfertigen, dass die öffentliche Sicherheit oder Ordnung gefährdet werden kann oder der Bewerber oder seine Ausbilder persönlich ungeeignet sind; ergeben sich später solche Tatsachen, so ist die Erlaubnis zu widerrufen. Die Erlaubnis kann außerdem widerrufen werden, wenn sie länger als ein Jahr nicht ausgenutzt worden ist.

(3) Die praktische Ausbildung der Luftfahrer darf nur von Personen vorgenommen werden, die eine Lehrberechtigung nach der Verordnung (EU) Nr. 1178/2011 oder nach der Verordnung über Luftfahrtpersonal besitzen (Fluglehrer).

Zweiter Abschnitt Haftpflicht und Schlichtung

1. Unterabschnitt Haftung für Personen und Sachen, die nicht im Luftfahrzeug befördert werden

§ 33

(1) Wird beim Betrieb eines Luftfahrzeugs durch Unfall jemand getötet, sein Körper oder seine Gesundheit verletzt oder eine Sache beschädigt, so ist der Halter des Luftfahrzeugs verpflichtet, den Schaden zu ersetzen. Für die Haftung aus dem Beförderungsvertrag gegenüber einem Fluggast sowie für die Haftung des Halters militärischer Luftfahrzeuge gelten die besonderen Vorschriften der §§ 44 bis 54. Wer Personen zu Luftfahrern ausbildet, haftet diesen Personen gegenüber nur nach den allgemeinen gesetzlichen Vorschriften.

(2) Benutzt jemand das Luftfahrzeug ohne Wissen und Willen des Halters, so ist er an Stelle des Halters zum Ersatz des Schadens verpflichtet. Daneben bleibt der Halter zum Ersatz des Schadens verpflichtet, wenn die Benutzung des Luftfahrzeugs durch sein Verschulden ermöglicht worden ist. Ist jedoch der Benutzer vom Halter für den Betrieb des Luftfahrzeugs angestellt oder ist ihm das Luftfahrzeug vom Halter überlassen worden, so ist der Halter zum Ersatz des Schadens verpflichtet; die Haftung des Benutzers nach den allgemeinen gesetzlichen Vorschriften bleibt unberührt.

는 검사를 시행해야 한다. 그 검사는 의사의 감독하에만 시행된다. 그 검사 시행에 대한 세부사항은 단체협약이나, 단체협약이 없는 경우에 사업협정으로(durch Tarifvertrag oder wenn ein solcher nicht besteht durch Betriebsvereinbarung) 규율된다.

제5조

① 항공조종사 또는 항공안전인력의 양성(養成)(Luftfahrer oder Personal für die Flugsicherung auszubilden)에 대해 책임을 지는 자는 제3항에도 불구하고 면허를 필요로 한다. 그 면허에 부담(負擔)이 부가되고 기간이 설정될 수 있다.
② 공공의 안녕 또는 질서를 위태로워질 수 있거나 응시자 또는 그 교육생의 신체(身體)상 부적임(不適任)이라는 가정이 사실에 의해 정당화되는 경우에는 그 면허는 금지된다; 나중에 그러한 사실이 생기는 경우에 그 면허는 취소되어야 한다. 또한 면허가 1년을 초과하는 기간 동안에 이용되지 않는 경우에(wenn sie länger als ein Jahr nicht ausgenutzt worden ist) 그 면허는 철회될 수 있다.
③ 조종사의 실무교육(Die praktische Ausbildung der Luftfahrer)은 1178/2011호(EU) 명령 또는 항공종사자에 관한 명령에 좇은 교습자격(教習資格)을 보유한 사람('비행교관'; Fluglehrer)에 의해서만 수행될 수 있다.

제2장 책임과 조정

제1절 항공기로 운송하지 않은 사람 및 물건에 대한 책임

제33조

① 어느 항공기의 운항(運航) 중 사고로 인하여 누군가 사망하거나 그 신체 또는 건강이 침해되거나 또는 물건이 훼손된 경우에(Wird beim Betrieb eines Luftfahrzeugs durch Unfall jemand getötet, sein Körper oder seine Gesundheit verletzt oder eine Sache beschädigt), 그 항공기보유자는 그 손해를 배상할 의무를 진다. 승객에 대한 운송계약에 기인한 책임과 군용기(軍用機) 보유자의 책임에 대하여 제44조 내지 제54조의 특칙(die besonderen Vorschriften)을 적용한다. 사람을 조종사로 양성하는 자는 이러한 사람에 대하여 일반 법률 규정에 따른 책임만을 진다.
② 어느 자가 항공기보유자의 의사에 반하여 그가 모르게 항공기를 사용하는 경우에(Benutzt jemand das Luftfahrzeug ohne Wissen und Willen des Halters), 그 자는 항공기보유자에 갈음하여 그 손해를 배상할 의무를 진다. 항공기의 사용이 그 보유자의 과책으로 인하여 가능해진 경우에는(wenn die Benutzung des Luftfahrzeugs durch sein Verschulden ermöglicht worden ist) 그 보유자는 이러한 배상의무를 지는 자와 함께 그 손해를 배상할 의무를 진다. 그럼에도 사용자(Benutzer)가 항공기 운항을 위해 항공기보유자가 고용하거나 항공기보유자가 항공기를 그 사용자에게 인도한 경우에는 항공기보유자는 그 손해를 배상할 의무를 진다; 일반 법률 규정에 따른 그 사용자의 책임은 영향을 받지 아니한다.

§ 34

Hat bei der Entstehung des Schadens ein Verschulden des Verletzten mitgewirkt, so gilt § 254 des Bürgerlichen Gesetzbuchs; bei Beschädigung einer Sache steht das Verschulden desjenigen, der die tatsächliche Gewalt darüber ausübt, dem Verschulden des Verletzten gleich.

§ 35

(1) Bei Tötung umfasst der Schadensersatz die Kosten versuchter Heilung sowie den Vermögensnachteil, den der Getötete dadurch erlitten hat, dass während der Krankheit seine Erwerbsfähigkeit aufgehoben oder gemindert oder sein Fortkommen erschwert oder seine Bedürfnisse vermehrt waren. Außerdem sind die Kosten der Bestattung dem zu ersetzen, der sie zu tragen verpflichtet ist.

(2) Stand der Getötete zur Zeit des Unfalls zu einem Dritten in einem Verhältnis, vermöge dessen er diesem gegenüber kraft Gesetzes unterhaltspflichtig war oder werden konnte, und ist dem Dritten infolge der Tötung das Recht auf Unterhalt entzogen, so hat der Ersatzpflichtige ihm so weit Schadensersatz zu leisten, wie der Getötete während der mutmaßlichen Dauer seines Lebens zur Gewährung des Unterhalts verpflichtet gewesen sein würde. Die Ersatzpflicht tritt auch dann ein, wenn der Dritte zur Zeit des Unfalls gezeugt, aber noch nicht geboren war.

(3) Der Ersatzpflichtige hat dem Hinterbliebenen, der zur Zeit der Verletzung zu dem Getöteten in einem besonderen persönlichen Näheverhältnis stand, für das dem Hinterbliebenen zugefügte seelische Leid eine angemessene Entschädigung in Geld zu leisten. Ein besonderes persönliches Näheverhältnis wird vermutet, wenn der Hinterbliebene der Ehegatte, der Lebenspartner, ein Elternteil oder ein Kind des Getöteten war.

§ 36

Bei Verletzung des Körpers oder der Gesundheit umfasst der Schadensersatz die Heilungskosten sowie den Vermögensnachteil, den der Verletzte dadurch erleidet, dass infolge der Verletzung zeitweise oder dauernd seine Erwerbsfähigkeit aufgehoben oder gemindert oder sein Fortkommen erschwert ist oder seine Bedürfnisse vermehrt sind. Wegen des Schadens, der nicht Vermögensschaden ist, kann auch eine billige Entschädigung in Geld gefordert werden.

§ 37

(1) Der Ersatzpflichtige haftet für die Schäden aus einem Unfall

a) bei Luftfahrzeugen unter 500 Kilogramm Höchstabflugmasse nur bis zu einem Kapitalbetrag von 750.000 Rechnungseinheiten,

b) bei Luftfahrzeugen unter 1.000 Kilogramm Höchstabflugmasse nur bis zu einem Kapitalbetrag von 1,5 Millionen Rechnungseinheiten,

c) bei Luftfahrzeugen unter 2.700 Kilogramm Höchstabflugmasse nur bis zu einem Kapitalbetrag

제34조

피해자(被害者)의 과책(過責)(ein Verschulden des Verletzten)이 손해배상의 발생에 기여한 경우에 민법전 제254조를 적용한다; 물건의 훼손의 경우(bei Beschädigung einer Sache)에 그 물건에 대해 실질적(實質的) 지배력(支配力)을 행사하는 자의 과책(過責)은 피해자의 과책(過責)과 동일시된다.

제35조

① 사망의 경우 치료를 시도한 데 들인 비용과 사망자가 상병(傷病) 도중에 자신의 소득능력이 상실 또는 감소되거나 자신의 생계가 곤란해지거나 또는 자신의 필요(必要)가 증가함(seine Erwerbsfähigkeit aufgehoben oder gemindert oder sein Fortkommen erschwert oder seine Bedürfnisse vermehrt waren)으로써 입은 재산상 손해가 그 손해배상에 포함된다. 또한 장례비도 이를 부담해야 할 의무를 진 자에게 배상되어야 한다.

② 그 사고 당시 사망자가 법률에 기하여 제3자에 대하여 부양의무가 있거나 있을 수 있었던 관계가 사망자와 제3자 간에 있었고 그 사망으로 인하여 그 부양권(扶養權)이 상실된 경우(ist dem Dritten infolge der Tötung das Recht auf Unterhalt entzogen)에는 배상의무자는 그 제3자에게, 사망자가 자신의 기대여명 동안에 부양이행을 할 의무가 있었던 것처럼 그 범위 내에서 손해를 배상해야 한다. 제3자가 그 사고 당시에 포태(胞胎)되었으나 아직 출생하지 않은 경우에도(wenn der Dritte zur Zeit des Unfalls gezeugt, aber noch nicht geboren war) 배상의무가 발생한다.

③ 배상의무자는 그 침해 당시에 사망자와 특별한 인적 근친관계(近親關係)에 있었던(der zur Zeit der Verletzung zu dem Getöteten in einem besonderen persönlichen Näheverhältnis stand) 유족에게 그 유족에게 가해진 정신적 고통에 대해 상당한 금전배상을 해야 한다. 유족(der Hinterbliebene)이 사망자(死亡者)의 배우자(配偶者), 생활동반자, 부(父)나 모(母) 또는 자(子)인 경우에는 특별한 인적 근친관계(Ein besonderes persönliches Näheverhältnis)가 추정된다.

제36조

신체 또는 건강 침해의 경우에 치료비와, 그 침해로 인하여 한시적(限時的)으로 또는 영구적으로 상병자(傷病者)의 노동능력(勞動能力)이 상실(喪失)되거나 감소(減少)되거나 또는 그의 생계(生計)가 곤란해지거나 그의 필요(必要)가 증가함으로써 그 상병자(傷病者)가 입은 재산상 손해가 손해배상에 포함된다. 비재산적 손해로 인하여(Wegen des Schadens, der nicht Vermögensschaden ist) 상당한 금전배상(auch eine billige Entschädigung in Geld)이 청구될 수 있다.

제37조

① 배상의무자는 어느 사고에 기한 손해에 대해 다음과 같이, 책임을 부담한다,

a) 최대이륙중량이 500킬로그램 미만인 항공기의 경우 750,000 계산단위[115)]의 일시금 한도 내에서,

b) 최대이륙중량이 1,000킬로그램 미만인 항공기의 경우 1,500,000 계산단위의 일시금 한도 내에서,

c) 최대이륙중량이 2,700킬로그램 미만인 항공기의 경우 3,000,000 계산단위의 일시금 한도 내

von 3 Millionen Rechnungseinheiten,

d) bei Luftfahrzeugen unter 6.000 Kilogramm Höchstabflugmasse nur bis zu einem Kapitalbetrag von 7 Millionen Rechnungseinheiten,

e) bei Luftfahrzeugen unter 12.000 Kilogramm Höchstabflugmasse nur bis zu einem Kapitalbetrag von 18 Millionen Rechnungseinheiten,

f) bei Luftfahrzeugen unter 25.000 Kilogramm Höchstabflugmasse nur bis zu einem Kapitalbetrag von 80 Millionen Rechnungseinheiten,

g) bei Luftfahrzeugen unter 50.000 Kilogramm Höchstabflugmasse nur bis zu einem Kapitalbetrag von 150 Millionen Rechnungseinheiten,

h) bei Luftfahrzeugen unter 200.000 Kilogramm Höchstabflugmasse nur bis zu einem Kapitalbetrag von 300 Millionen Rechnungseinheiten,

I) bei Luftfahrzeugen unter 500.000 Kilogramm Höchstabflugmasse nur bis zu einem Kapitalbetrag von 500 Millionen Rechnungseinheiten,

j) bei Luftfahrzeugen ab 500.000 Kilogramm Höchstabflugmasse nur bis zu einem Kapitalbetrag von 700 Millionen Rechnungseinheiten.

Höchstabflugmasse ist das für den Abflug zugelassene Höchstgewicht des Luftfahrzeugs. Für die Umrechnung der Rechnungseinheit nach Satz 1 gilt § 49b entsprechend.

(2) Im Falle der Tötung oder Verletzung einer Person haftet der Ersatzpflichtige für jede Person bis zu einem Kapitalbetrag von 600.000 Euro oder bis zu einem Rentenbetrag von jährlich 36.000 Euro.

(3) Übersteigen die Entschädigungen, die mehreren auf Grund desselben Ereignisses zustehen, die Höchstbeträge nach Absatz 1, so verringern sich die einzelnen Entschädigungen vorbehaltlich des Absatzes 4 in dem Verhältnis, in dem ihr Gesamtbetrag zum Höchstbetrag steht.

(4) Beruhen die Schadensersatzansprüche sowohl auf Sachschäden als auch auf Personenschäden, so dienen zwei Drittel des nach Absatz 1 Satz 1 errechneten Betrages vorzugsweise für den Ersatz von Personenschäden. Reicht dieser Betrag nicht aus, so ist er anteilmäßig auf die Ansprüche zu verteilen. Der übrige Teil des nach Absatz 1 Satz 1 errechneten Betrages ist anteilmäßig für den Ersatz von Sachschäden und für die noch ungedeckten Ansprüche aus Personenschäden zu verwenden.

§ 38

(1) Der Schadensersatz für Aufhebung oder Minderung der Erwerbsfähigkeit, für Erschwerung des Fortkommens oder für Vermehrung der Bedürfnisse des Verletzten und der nach § 35 Abs. 2 einem Dritten zu gewährende Schadensersatz ist für die Zukunft durch Geldrente zu leisten.

에서,

d) 최대이륙중량이 6,000킬로그램 미만인 항공기의 경우 7,000,000 계산단위의 일시금 한도 내에서,

e) 최대이륙중량이 12,000킬로그램 미만인 항공기의 경우 18,000,000 계산단위의 일시금 한도 내에서,

f) 최대이륙중량이 25,000킬로그램 미만인 항공기의 경우 80,000,000 계산단위의 일시금 한도 내에서,

g) 최대이륙중량이 50,000킬로그램 미만인 항공기의 경우 150,000,000 계산단위의 일시금 한도 내에서,

h) 최대이륙중량이 200,000킬로그램 미만인 항공기의 경우 300,000,000 계산단위의 일시금 한도 내에서,

I) 최대이륙중량이 500,000킬로그램 미만인 항공기의 경우 500,000,000 계산단위의 일시금 한도 내에서,

j) 최대이륙중량이 500,000킬로그램 이상인 항공기의 경우 700,000,000 계산단위의 일시금 한도 내에서,

최대이륙중량(Höchstabflugmasse)은 항공기의 이륙을 위해 허용된 최대중량을 말한다. 제1문에 따른 계산단위의 환산(換算)에 대하여(Für die Umrechnung der Rechnungseinheit) 제49조b를 준용한다.

② 어느 사람의 사망 또는 신체침해의 경우에(Im Falle der Tötung oder Verletzung einer Person) 배상의무자는 각 사람에 대하여 600,000유로의 일시금 한도 내에서 또는 매년 36,000유로 연금액 한도 내에서 책임을 부담한다.

③ 동일한 사고에 기하여 수인에게 귀속되는 배상액이 제1항에 따른 상한액(上限額)을 초과하는 경우에(Übersteigen die Entschädigungen, die mehreren auf Grund desselben Ereignisses zustehen) 각 배상액은, 제4항을 제외하고, 상한액에 대한 그 배상총액의 비율로 감축된다.

④ 손해배상청구권이 물적손해뿐만 아니라 인적손해에서 기인하는 경우에(Beruhen die Schadensersatzansprüche sowohl auf Sachschäden als auch auf Personenschäden) 제1항 제1문에 좇아 산정된 액수의 2/3가 우선적으로 인적손해에 대한 배상으로 충당된다. 이러한 액수가 충분하지 않은 경우에 그 액수는 그 청구권에 대한 비율로 각 청구권에 충당되어야 한다. 제1항 제1문에 좇아 산정된 금액의 나머지 액수는 물적손해에 대한 배상과 인적손해에서 기인한 미전보청구권(未塡補請求權)에(für den Ersatz von Sachschäden und für die noch ungedeckten Ansprüche aus Personenschäden) 비율적으로 충당되어야 한다.

제38조

① 상병자의 소득능력 상실 또는 감소, 생계 곤란, 필요 증가에 대한 손해배상과, 제35조 제2항에 다른 제3자에게 행해야 할 손해배상은 장래 이행기 도래분(到來分)에 대해(für die Zukunft) 연금으로 지급되어야 한다.

(2) Die Vorschriften des § 843 Abs. 2 bis 4 des Bürgerlichen Gesetzbuchs finden entsprechende Anwendung.
(3) Bei Verurteilung zu einer Geldrente kann der Berechtigte noch nachträglich Sicherheitsleistung oder Erhöhung einer solchen verlangen, wenn sich die Vermögensverhältnisse des Verpflichteten erheblich verschlechtert haben. Diese Bestimmung gilt bei Schuldtiteln des § 794 Abs. 1 Nr. 1 und 5 der Zivilprozessordnung entsprechend.

§ 39
Auf die Verjährung finden die für unerlaubte Handlungen geltenden Verjährungsvorschriften des Bürgerlichen Gesetzbuchs entsprechende Anwendung.

§ 40
Der Ersatzberechtigte verliert die Rechte, die ihm nach diesem Gesetz zustehen, wenn er nicht spätestens drei Monate, nachdem er von dem Schaden und der Person des Ersatzpflichtigen Kenntnis erhalten hat, diesem den Unfall anzeigt. Der Rechtsverlust tritt nicht ein, wenn die Anzeige infolge eines Umstandes unterblieben ist, den der Ersatzberechtigte nicht zu vertreten hat, oder wenn der Ersatzpflichtige innerhalb der Frist auf andere Weise von dem Unfall Kenntnis erhalten hat.

§ 41
(1) Wird ein Schaden durch mehrere Luftfahrzeuge verursacht und sind die Luftfahrzeughalter einem Dritten kraft Gesetzes zum Schadensersatz verpflichtet, so hängt im Verhältnis der Halter untereinander Pflicht und Umfang des Ersatzes von den Umständen, insbesondere davon ab, wie weit der Schaden überwiegend von dem einen oder dem anderen verursacht worden ist. Dasselbe gilt, wenn der Schaden einem der Halter entstanden ist, bei der Haftpflicht, die einen anderen von ihnen trifft.
(2) Absatz 1 gilt entsprechend, wenn neben dem Halter ein anderer für den Schaden verantwortlich ist.

§ 42
Unberührt bleiben die bundesrechtlichen Vorschriften, wonach für den beim Betrieb eines Luftfahrzeugs entstehenden Schaden der Halter oder Benutzer (§ 33 Abs. 2) in weiterem Umfang oder der Führer oder ein anderer haftet.

§ 43
(1) Für die Versicherung zur Deckung der Haftung des Halters eines Luftfahrzeugs nach diesem Unterabschnitt gelten die Vorschriften der nachfolgenden Absätze, soweit die Verordnung (EG) Nr. 785/2004 des Europäischen Parlaments und des Rates vom 21. April 2004 über

② 민법전 제843조 제2항 내지 제4항의 규정을 준용한다(finden entsprechende Anwendung).

③ 연금배상 결정의 경우에 있어, 의무자의 재산상태에 현저한 악화가 발생하는 때에는(wenn sich die Vermögensverhältnisse des Verpflichteten erheblich verschlechtert haben) 권리자는 사후적으로 담보제공 또는 담보의 증액(增額)(Sicherheitsleistung oder Erhöhung einer solchen)을 청구할 수 있다. 민사소송법 제794조 제1항 제1호, 제5호의 집행권원의 경우에 이러한 규정을 준용한다.

제39조

민법전상 불법행위(不法行爲)에 적용되는 소멸시효(消滅時效) 규정(die für unerlaubte Handlungen geltenden Verjährungsvorschriften)은 그 소멸시효에 대하여 준용한다.

제40조

배상권리자가 손해와 배상의무자의 신원에 대해 알게 된 후 3개월 이내에 배상의무자(賠償義務者)에게 그 사고에 대해 통지하지 않은 때에는, 그는 본 법에 따라 자신에게 귀속된 권리(權利)를 상실한다. 이러한 권리상실은, 배상권리자(賠償權利者)에게 책임이 없는 사정(事情)으로 인하여 그 통지가 이뤄지지 않은 경우(wenn die Anzeige infolge eines Umstandes unterblieben ist, den der Ersatzberechtigte nicht zu vertreten hat), 또는 배상의무자(賠償義務者)가 그 기간 내에 사고에 대해 다른 방법으로(auf andere Weise) 알게 된 경우에는 이뤄지지 아니한다.

제41조

① 여러 대의 항공기로 인하여 손해가 발생하고 항공기보유자들이 법률에 기하여 제3자에게 손해배상을 할 의무를 지는 경우에(Wird ein Schaden durch mehrere Luftfahrzeuge verursacht und sind die Luftfahrzeughalter einem Dritten kraft Gesetzes zum Schadensersatz verpflichtet), 그 항공기보유자들 상호 간의 배상 의무 및 범위는 제사정(諸事情), 특히 손해가 주로 어느 항공기보유자 또는 다른 항공기보유자에 의하여 얼마나 발생했는지에 의해 좌우된다. 손해가 항공기보유자들 중 1명에게 발생한 경우에도 그 항공기보유자들 중에서 다른 항공기보유자들이 그에 대해 부담하는 책임에 있어 또한 같다.

② 항공기보유자와 함께 다른 자가 손해에 대해 책임을 지는 경우에도 제1항을 준용한다.

제42조

항공기 운항 중 발생한 손해에 대하여(für den beim Betrieb eines Luftfahrzeugs entstehenden Schaden) 항공기보유자 또는 추가적 범위의 사용자(제33조 제2항)나 조종사 또는 제3자가가 책임을 부담하는 연방법의 규정은 영향을 받지 아니한다.

제43조

① 「항공사 및 항공기운송사업자에 대한 보험청구권에 관한 2004년 4월 21일의 유럽연합 의회 및 이사회 785/2004호 명령」(EG)(ABl. EU Nr. L 138 S. 1)으로, 각각 적용되는 법률형식의 명령이 적용될 수 없거나, 그 명령에 그에 대한 규율이 없는 범위 내에서, 본 절에 좇은, 항공기보유

Versicherungsanforderungen an Luftfahrtunternehmen und Luftfahrzeugbetreiber (ABl. EU Nr. L 138 S. 1), in der jeweils geltenden Fassung, nicht anwendbar ist oder keine Regelung enthält.
(2) Der Halter eines Luftfahrzeugs ist verpflichtet, zur Deckung seiner Haftung auf Schadensersatz nach diesem Unterabschnitt eine Haftpflichtversicherung in einer durch Rechtsverordnung zu bestimmenden Höhe zu unterhalten. Satz 1 gilt nicht, wenn der Bund oder ein Land Halter des Luftfahrzeugs ist.
(3) Für die Haftpflichtversicherung gelten die Vorschriften für die Pflichtversicherung des Versicherungsvertragsgesetzes. § 114 des Versicherungsvertragsgesetzes gilt nicht.

2. Unterabschnitt Haftung für Personen und Gepäck, die im Luftfahrzeug befördert werden; Haftung für verspätete Beförderung

§ 44 Anwendungsbereich
Für die Haftung auf Schadensersatz wegen der Tötung, der Körperverletzung oder der Gesundheitsbeschädigung eines Fluggastes durch einen Unfall, wegen der verspäteten Beförderung eines Fluggastes oder wegen der Zerstörung, der Beschädigung, des Verlustes oder der verspäteten Beförderung seines Reisegepäcks bei einer aus Vertrag geschuldeten Luftbeförderung sowie für die Versicherung zur Deckung dieser Haftung gelten die Vorschriften dieses Unterabschnitts, soweit

1. das Abkommen vom 12. Oktober 1929 zur Vereinheitlichung von Regeln über die Beförderung im internationalen Luftverkehr (Erstes Abkommen zur Vereinheitlichung des Luftprivatrechts) (RGBl. 1933 II S. 1039) (Warschauer Abkommen) und das Gesetz zur Durchführung des Ersten Abkommens zur Vereinheitlichung des Luftprivatrechts in der im Bundesgesetzblatt Teil III, Gliederungsnummer 96-2, veröffentlichten bereinigten Fassung,
2. das Protokoll vom 28. September 1955 zur Änderung des Abkommens zur Vereinheitlichung von Regeln über die Beförderung im internationalen Luftverkehr (BGBl. 1958 II S. 292),
3. das Zusatzabkommen vom 18. September 1961 zum Warschauer Abkommen zur Vereinheitlichung von Regeln über die von einem anderen als dem vertraglichen Luftfrachtführer ausgeführte Beförderung im internationalen Luftverkehr (BGBl. 1963 II S. 1160),
4. das Übereinkommen vom 28. Mai 1999 zur Vereinheitlichung bestimmter Vorschriften über die Beförderung im internationalen Luftverkehr (BGBl. 2004 II S. 458) (Montrealer Übereinkommen) und das Montrealer-Übereinkommen-Durchführungsgesetz vom 6. April 2004 (BGBl. I S. 550, 1027),
5. die Verordnung (EG) Nr. 2027/97 des Rates vom 9. Oktober 1997 über die Haftung von Luftfahrtunternehmen bei Unfällen (ABl. EG Nr. L 285 S. 1), geändert durch die Verordnung

자의 책임을 전보(塡補)하기 위한 보험에 대하여(Für die Versicherung zur Deckung der Haftung des Halters eines Luftfahrzeugs nach diesem Unterabschnitt 제2항의 규정을 적용한다.

② 항공기보유자는 이 절에 따른 자신의 손해배상책임을 이행하기 위하여 법규명령으로 정해진 금액의 책임보험(Haftpflichtversicherung)에 가입해야 한다. 연방정부 또는 주정부가 항공기보유자인 경우(wenn der Bund oder ein Land Halter des Luftfahrzeugs ist)에는 제1문을 적용하지 아니한다.

③ 책임보험에 대하여 보험계약법의 의무보험규정(die Vorschriften für die Pflichtversicherung des Versicherungsvertragsgesetzes)을 적용한다. 보험계약법 제114조는 적용하지 아니한다.

제2절 항공기로 운송한 여객(旅客) 및 수화물(手貨物)에 대한 책임; 지연운송(遲延運送)에 대한 책임(Haftung für verspätete Beförderung)

제44조 적용범위

계약에 기하여 약정된 항공운송의 경우에 있어 어느 사고로 인한 어떤 승객의 사망, 신체침해 또는 건강침해(der Tötung, der Körperverletzung oder der Gesundheitsbeschädigung eines Fluggastes), 어느 승객에 대한 지연운송(der verspäteten Beförderung eines Fluggastes)이나 수화물의 멸실(滅失), 훼손(毁損), 분실(紛失) 또는 지연운송으로 인한 손해배상책임에 대하여, 또 이러한 책임을 전보(塡補)하기 위한 보험에 대하여, 다음 각 호의 법령이 적용될 수 없거나 그 법령에 그에 대한 규율이 없는 범위 내에서, 이 절의 규정을 적용한다,

1. 「국제항공운송에 관한 규정의 통일에 관한 1929년 10월 12일의 협약」(「항공사법의 통일을 위한 제1차 협약」(Erstes Abkommen zur Vereinheitlichung des Luftprivatrechts; RGBl. 1933 II S. 1039)('바르사뱌협약'; Warschauer Abkommen)과, 연방관보 Ⅲ편 편제번호 96-2로 공표된 개정된, 「항공사법의 통일을 위한 제1차 협약의 이행을 위한 법률」(das Gesetz zur Durchführung des Ersten Abkommens zur Vereinheitlichung des Luftprivatrechts),
2. 「국제항공운송에 관한 규정의 통일에 관한(über die Beförderung im internationalen Luftverkehr) 협약(協約)의 개정을 위한 1955년 9월 28일의 의정서(議定書)」(BGBl. 1958 II S. 292),
3. 국제항공운송에서 계약상 항공운송인 이외의 항공운송인에 의해 수행된 운송에 관한(die von einem anderen als dem vertraglichen Luftfrachtführer ausgeführte Beförderung im internationalen Luftverkehr) 규정의 통일을 위한 바르사뱌협약에 대한 1961년 9월 18일의 추가협약(BGBl. 1963 II S. 1160),
4. 국제항공운송(國際航空運送)(die Beförderung im internationalen Luftverkehr)에 관한 특정(特定) 규정(規定)의 통일(統一)에 관한 1999년 5월 28일의 협약(協約)(BGBl. 2004 II S. 458)('몬트리올협약'; Montrealer Übereinkommen)과 2004년 4월 6일의 몬트리올협약이행법(das Montrealer-Übereinkommen-Durchführungsgesetz; BGBl. I S. 550, 1027),
5. 「사고시 항공사의 책임에 관한(über die Haftung von Luftfahrtunternehmen) 1997년 10월 9일의 유럽연합이사회의 2027/97호(EG) 명령」(ABl. EG Nr. L 285 S. 1), 「2002년 5월 13일

(EG) Nr. 889/2002 des Europäischen Parlaments und des Rates vom 13. Mai 2002 (ABl. EG Nr. L 140 S. 2), in der jeweils geltenden Fassung, und

6. die Verordnung (EG) Nr. 785/2004 des Europäischen Parlaments und des Rates vom 21. April 2004 über Versicherungsanforderungen an Luftfahrtunternehmen und Luftfahrzeugbetreiber (ABl. EU Nr. L 138 S. 1), in der jeweils geltenden Fassung,

nicht anwendbar sind oder keine Regelung enthalten.

§ 45 Haftung für Personenschäden

(1) Wird ein Fluggast durch einen Unfall an Bord eines Luftfahrzeugs oder beim Ein- oder Aussteigen getötet, körperlich verletzt oder gesundheitlich geschädigt, ist der Luftfrachtführer verpflichtet, den daraus entstehenden Schaden zu ersetzen.

(2) In den Fällen des Absatzes 1 haftet der Luftfrachtführer für jeden Fluggast nur bis zu einem Betrag von 128 821 Rechnungseinheiten, wenn

1. der Schaden nicht durch sein rechtswidriges und schuldhaftes Handeln oder Unterlassen oder das rechtswidrige und schuldhafte Handeln oder Unterlassen seiner Leute verursacht wurde oder
2. der Schaden ausschließlich durch das rechtswidrige und schuldhafte Handeln oder Unterlassen eines Dritten verursacht wurde.

Der Höchstbetrag nach Satz 1 gilt auch für den Kapitalwert einer als Schadensersatz zu leistenden Rente.

(3) Übersteigen in den Fällen des Absatzes 1 die Entschädigungen, die mehreren Ersatzberechtigten wegen der Tötung, Körperverletzung oder Gesundheitsbeschädigung eines Fluggastes zu leisten sind, insgesamt den Betrag von 113 100 Rechnungseinheiten Rechnungseinheiten und ist eine weitergehende Haftung des Luftfrachtführers nach Absatz 2 ausgeschlossen, so verringern sich die einzelnen Entschädigungen in dem Verhältnis, in welchem ihr Gesamtbetrag zu diesem Betrag steht.

§ 46 Haftung bei verspäteter Personenbeförderung

(1) Wird ein Fluggast verspätet befördert, ist der Luftfrachtführer verpflichtet, den daraus entstehenden Schaden zu ersetzen. Die Haftung ist ausgeschlossen, wenn der Luftfrachtführer und seine Leute alle zumutbaren Maßnahmen zur Vermeidung des Schadens getroffen haben oder solche Maßnahmen nicht treffen konnten.

(2) Im Falle des Absatzes 1 Satz 1 haftet der Luftfrachtführer für jeden Fluggast nur bis zu einem Betrag von 5 346 Rechnungseinheiten. Dies gilt nicht, wenn der Schaden vom Luftfrachtführer oder seinen Leuten in Ausführung ihrer Verrichtungen vorsätzlich oder grob fahrlässig verursacht wurde.

§ 47 Haftung für Gepäckschäden

(1) Wird aufgegebenes Reisegepäck, das sich an Bord eines Luftfahrzeugs oder sonst in der Obhut

의 유럽연합 의회 및 이사회 889/2002호(EG) 명령에 의해 개정된 명령」(ABl. EG Nr. L 140 S. 2)으로, 각각 적용되는 형식의 그 명령(in der jeweils geltenden Fassung),

6. 「항공사와 항공기운송사업자에 대한 보험청구권(Versicherungsanforderungen an Luftfahrtunternehmen und Luftfahrzeugbetreiber)에 관한 2004년 4월 21일 유럽연합 의회 및 이사회 785/2004호(EG) 명령」(ABl. EU Nr. L 138 S. 1)으로, 각각 적용되는 형식의 명령(in der jeweils geltenden Fassung),

제45조 인적손해(Personenschäden)에 대한 책임

① 항공기 탑승(搭乘) 중의 사고나 탑승(搭乘)시 또는 하승(下乘)시(beim Ein- oder Aussteigen)의 사고로 인하여 승객이 사망하거나, 상해를 입거나 또는 건강 침해를 입은 경우에 항공운송인은 이로 인하여 생긴 손해를 배상할 의무를 진다.

② 제1항의 경우에서 다음 각 호의 경우에 항공운송인은 각 승객에 대하여 128,821[116] 계산단위 내의 금액 한도 내에서만 책임을 진다,

1. 손해가 자신의 위법(違法)하고 유책(有責)한 작위(作爲) 또는 부작위(不作爲)나 자신의 고용인(雇傭人)의 위법하고 유책(有責)한 작위(作爲) 또는 부작위(不作爲)로 인하여 발생하지 않은 경우,
2. 손해가 오로지 제3자의 위법(違法)하고 유책(有責)한 작위(作爲) 또는 부작위(不作爲)로 인하여 야기된 경우.

제1문에 따른 상한액은 손해배상으로 이행해야 할 연금의 일시금액(den Kapitalwert einer als Schadensersatz zu leistenden Rente)에 대해서도 적용한다.

③ 제1항의 경우에 여러 배상권리자가 승객의 사망, 신체침해 또는 건강침해로 인하여 배상을 받아야 하는(die mehreren Ersatzberechtigten wegen der Tötung, Körperverletzung oder Gesundheitsbeschädigung eines Fluggastes zu leisten sind) 손해배상 총액이 113,100 계산단위의 금액을 초과하고 제2항에 따른 항공운송인의 추가적 책임이 배제되는 경우에 각각의 배상액은 113,100 계산단위의 금액에 대한 각 배상총액의 비율로 감축된다(so verringern sich die einzelnen Entschädigungen in dem Verhältnis, in welchem ihr Gesamtbetrag zu diesem Betrag steht)

제46조 지연여객운송 책임

① 승객이 지연되어 운송된 경우에 항공운송인은 이로 인하여 생긴 손해를 배상할 의무를 진다. 항공운송인과 그 고용인(雇傭人)(der Luftfrachtführer und seine Leute)이 손해를 방지하기 위한 기대 가능한 모든 조치를 취했거나 그러한 조치를 취할 수 없었던 때에는 그 책임은 배제된다.

② 제1항 제1문의 경우에 항공운송인은 각 승객에 대하여 5,346 계산단위의 금액 한도 내에서만 책임을 진다. 그 손해가 그 업무 수행에 있어 항공운송인과 그 고용인(雇傭人)(Luftfrachtführer oder seinen Leuten)의 고의 또는 중과실로 생긴 경우에는 그러하지 아니하다.

제47조 수화물손해에 대한 책임

① 항공기 내에 실려 있거나 그렇지 않으면 항공운송인의 보관하에 있는(aufgegebenes Reisegepäck, das sich an Bord eines Luftfahrzeugs oder sonst in der Obhut des Luftfrachtführers des Luftfrachtführers befindet, zerstört oder beschädigt oder geht es verloren, ist der Luftfrachtführer verpflichtet, den daraus entstehenden Schaden zu ersetzen. Die Haftung ist ausgeschlossen, wenn der Schaden durch die Eigenart des Reisegepäcks oder einen ihm innewohnenden Mangel verursacht wurde.

(2) Wird aufgegebenes Reisegepäck, das sich an Bord eines Luftfahrzeugs oder sonst in der Obhut des Luftfrachtführers befindet, verspätet befördert, ist der Luftfrachtführer verpflichtet, den daraus entstehenden Schaden zu ersetzen. Die Haftung ist ausgeschlossen, wenn der Luftfrachtführer und seine Leute alle zumutbaren Maßnahmen zur Vermeidung des Schadens getroffen haben oder solche Maßnahmen nicht treffen konnten.

(3) Werden nicht aufgegebenes Reisegepäck oder andere Sachen, die der Fluggast an sich trägt oder mit sich führt, zerstört oder beschädigt oder gehen sie verloren, ist der Luftfrachtführer verpflichtet, den daraus entstehenden Schaden zu ersetzen, wenn der Schaden von dem Luftfrachtführer oder seinen Leuten schuldhaft verursacht wurde. Werden sie verspätet befördert, gilt Absatz 2 entsprechend.

(4) In den Fällen der Absätze 1 bis 3 haftet der Luftfrachtführer für jeden Fluggast nur bis zu einem Betrag von 1 131 Rechnungseinheiten. Satz 1 gilt für aufgegebenes Reisegepäck nicht, wenn der Fluggast bei der Übergabe an den Luftfrachtführer den Betrag des Interesses an der Ablieferung am Bestimmungsort angegeben und das für die Haftung für dieses Interesse verlangte Entgelt gezahlt hat. In diesem Fall haftet der Luftfrachtführer bis zur Höhe des angegebenen Betrages, es sei denn, dass dieser höher als das tatsächliche Interesse ist.

(5) Absatz 4 gilt nicht, wenn der Schaden vom Luftfrachtführer oder seinen Leuten in Ausführung ihrer Verrichtungen vorsätzlich oder grob fahrlässig verursacht wurde.

(6) Ist aufgegebenes Reisegepäck beschädigt oder verspätet befördert worden, können Ansprüche nach Absatz 1 oder 2 nur geltend gemacht werden, wenn der Fluggast dem Luftfrachtführer den Schaden unverzüglich nach seiner Entdeckung, bei der Beschädigung von Reisegepäck spätestens binnen sieben Tagen nach der Annahme, bei der verspäteten Beförderung von Reisegepäck spätestens binnen 21 Tagen, nachdem das Reisegepäck dem Fluggast zur Verfügung gestellt worden ist, schriftlich anzeigt. Dies gilt nicht, wenn der Luftfrachtführer arglistig gehandelt hat. Für die Einhaltung der Frist ist die Übergabe der Anzeige oder ihre Absendung maßgeblich. Nimmt der Fluggast aufgegebenes Reisegepäck vorbehaltlos an, so begründet dies die Vermutung, dass es unbeschädigt abgeliefert worden ist.

(7) Ist aufgegebenes Reisegepäck verloren gegangen, können Ansprüche nach Absatz 1 nur geltend

befindet) 위탁수화물(委託手貨物)이 멸실(滅失)되거나 훼손(毁損)되거나 또는 분실(紛失)된 경우에는 항공운송인은 이로 인하여 생긴 손해를 배상해야 한다. 손해가 그 수화물의 성질로 발생하거나 수화물에 내재(內在)하는 하자(einen ihm innewohnenden Mangel)로 인하여 생긴 경우에는 그 책임은 배제된다.

② 항공기 내에 실려 있거나 그렇지 않으면 항공운송인의 보관하에 있는 위탁수화물(aufgegebenes Reisegepäck, das sich an Bord eines Luftfahrzeugs oder sonst in der Obhut des Luftfrachtführers befindet)이 지연되어 운송된 경우에 항공운송인은 이로 인한 손해를 배상할 의무를 진다. 항공운송인과 그 고용인(雇傭人)이 손해를 방지하기 위한 기대 가능한 모든 조치(alle zumutbaren Maßnahmen zur Vermeidung des Schadens)를 취했거나 그러한 조치를 취할 수 없었던 때에는 그 책임은 배제된다.

③ 위탁되지 않은 수화물 또는 승객이 직접 운반하거나 휴대하는 그 밖의 물건이 멸실(滅失)되거나 훼손(毁損)되거나 분실(紛失)된 경우에, 손해가 항공운송인 또는 그 고용인(雇傭人)의 귀책사유로 생긴 때에는(wenn der Schaden von dem Luftfrachtführer oder seinen Leuten schuldhaft verursacht wurde) 항공운송인은 이로 인하여 생긴 손해(den daraus entstehenden Schaden)를 배상할 의무를 진다. 그것들이 지연되어 운송된 경우에는 제2항을 준용한다.

④ 제1항 내지 제3항의 경우에 항공운송인은 각 승객에 대하여 1,131 계산단위의 금액 한도 내에서만 책임을 진다. 승객이 항공운송인에게 이를 인도하면서 도착지에서의 인도에 대한 이익액을 기재하고(wenn der Fluggast bei der Übergabe an den Luftfrachtführer den Betrag des Interesses an der Ablieferung am Bestimmungsort angegeben) 이러한 이익액에 대한 운송책임에 관한 청구된 보수를 지급한 경우에 위탁된 수화물에 제1문을 적용하지 아니한다. 이러한 경우 항공운송인은 기재된 이익액 한도 내에서 책임을 지되, 이러한 이익액이 실제이익액을 초과하는 경우에는 그러하지 아니하다.

⑤ 손해가 항공운송인 또는 그 고용인(雇傭人)의 업무수행에 있어(in Ausführung ihrer Verrichtungen) 그들의 고의 또는 중과실로(vorsätzlich oder grob fahrlässig) 인해 발생한 경우에는 제4항을 적용하지 아니한다.

⑥ 위탁된 수화물이 훼손되거나 지연되어 운송된 경우에(Ist aufgegebenes Reisegepäck beschädigt oder verspätet befördert worden), 제1항 내지 제2항에 따른 청구권은, 승객이 항공운송인에게 그 손해를 알게 된 후 지체 없이, 그 수화물의 훼손의 경우에 늦어도 수령한 때로부터 7일 이내에, 지연운송의 경우 늦어도 그 수화물이 승객에게 인도된 후로부터 21일 이내에(spätestens binnen 21 Tagen, nachdem das Reisegepäck dem Fluggast zur Verfügung gestellt worden ist) 손해를 통지한 경우에 한하여 행사될 수 있다. 항공운송인이 악의적으로 행위를 한 경우에는 그러하지 아니하다. 그 통지의 제출 또는 그 발송(die Übergabe der Anzeige oder ihre Absendung)이 그 기간 준수의 기준이 된다. 승객이 위탁수화물을 유보 없이 수령한 경우에 이로 인하여 그것이 훼손되지 않고서 운송된 것으로 추정된다.

⑦ 위탁수화물이 분실된 경우에(Ist aufgegebenes Reisegepäck verloren gegangen) 제1항에 따른

gemacht werden, wenn der Luftfrachtführer den Verlust anerkannt hat oder 21 Tage seit dem Tag vergangen sind, an dem das Reisegepäck hätte eintreffen sollen.

§ 48 Haftung auf Grund sonstigen Rechts

(1) Ein Anspruch auf Schadensersatz, auf welchem Rechtsgrund er auch beruht, kann gegen den Luftfrachtführer nur unter den Voraussetzungen und Beschränkungen geltend gemacht werden, die in diesem Unterabschnitt vorgesehen sind.

(2) Die gesetzlichen Vorschriften, nach denen andere Personen für den Schaden haften, bleiben unberührt. Haben die Leute des Luftfrachtführers in Ausführung ihrer Verrichtungen gehandelt, können sie sich jedoch auf die Voraussetzungen und Beschränkungen dieses Unterabschnitts berufen.

(3) Soweit die in diesem Unterabschnitt bestimmten Beträge die Haftung des Luftfrachtführers und seiner Leute begrenzen, darf der Gesamtbetrag, der von ihnen als Schadensersatz zu leisten ist, diese Beträge nicht überschreiten.

§ 48a Luftbeförderung durch mehrere Luftfrachtführer

(1) Wird die Luftbeförderung nacheinander durch mehrere Luftfrachtführer ausgeführt und wird dabei ein Fluggast getötet, körperlich verletzt, gesundheitlich geschädigt oder verspätet befördert, ist nur der Luftfrachtführer zum Schadensersatz verpflichtet, der die Luftbeförderung ausgeführt hat, in deren Verlauf der Unfall oder die Verspätung eingetreten ist. Dies gilt nicht, wenn der erste Luftfrachtführer die Haftung für die gesamte Luftbeförderung übernommen hat.

(2) Wird bei einer Luftbeförderung nach Absatz 1 Reisegepäck zerstört oder beschädigt, geht es verloren oder wird es verspätet befördert, sind der erste, der letzte und derjenige Luftfrachtführer zum Schadensersatz verpflichtet, der die Luftbeförderung ausgeführt hat, in deren Verlauf die Zerstörung, die Beschädigung, der Verlust erfolgt oder die Verspätung eingetreten ist. Diese Luftfrachtführer haften als Gesamtschuldner.

§ 48b Haftung des vertraglichen und des ausführenden Luftfrachtführers

(1) Wer eine Luftbeförderung, zu der sich ein anderer verpflichtet hat, mit dessen Einverständnis ausführt (ausführender Luftfrachtführer), haftet neben dem anderen (vertraglicher Luftfrachtführer) nach den Vorschriften dieses Unterabschnitts. Das Vorliegen des Einverständnisses wird vermutet. Der vertragliche und der ausführende Luftfrachtführer haften als Gesamtschuldner.

(2) Führt der ausführende Luftfrachtführer die Luftbeförderung nur auf einer Teilstrecke aus, haftet er nur für Schäden, die auf dieser Teilstrecke entstehen.

(3) Die Handlungen und Unterlassungen des ausführenden Luftfrachtführers und seiner in Ausführung ihrer Verrichtungen handelnden Leute gelten als solche des vertraglichen

청구권은, 항공운송인이 그 분실을 인정했거나(wenn der Luftfrachtführer den Verlust anerkannt), 수화물이 도착했어야 하는 날로부터 21일이 경과한 경우에 한하여 행사될 수 있다.

제48조 그 밖의 권리에 기한 책임

① 어느 권원(權原; Rechtsgrund)에 기한 손해배상청구권도 본 절에서 규정된 요건 및 제한 하에서만(nur unter den Voraussetzungen und Beschränkungen) 항공운송인에 대하여 행사될 수 있다.

② 그 밖의 자가 손해를 책임지는 근거가 되는 법률상의 규정은 영향을 받지 아니한다. 그럼에도 항공운송인의 고용인(雇傭人)이 자신의 업무를 수행하는 경우에(Haben die Leute des Luftfrachtführers in Ausführung ihrer Verrichtungen gehandelt) 그들은 본 절의 요건 및 제한을 원용할 수 있다.

③ 본 절에서 규정되지 않은 금액이 항공운송인 및 그 고용인(雇傭人)의 책임을 제한하는 경우에 그들이 손해배상으로 이행해야 하는 총액(der Gesamtbetrag, der von ihnen als Schadensersatz zu leisten ist)은 이러한 금액을 초과해서는 아니된다.

제48조a 수인(數人)의 항공운송인의 항공운송

① 수인(數人)의 항공운송인이 순차로 항공운송을 수행함에 있어 승객이 사망하거나, 상해를 입거나 건강침해를 당하거나 지연되어 운송된 경우에(Wird die Luftbeförderung nacheinander durch mehrere Luftfrachtführer ausgeführt und wird dabei ein Fluggast getötet, körperlich verletzt, gesundheitlich geschädigt oder verspätet befördert), 그 운송 도중에 사고 또는 연착이 발생한 항공운송을 실행한 항공운송인만이 손해를 배상할 의무를 부담한다. 최초 항공운송인이 항공운송 전체에 대한 책임을 인수한 경우에는 그러하지 아니하다.

② 항공운송에 있어 제1항에 따른 수화물이 멸실되거나 훼손되거나 분실되거나 또는 지연되어 운송된 경우에(Wird bei einer Luftbeförderung nach Absatz 1 Reisegepäck zerstört oder beschädigt, geht es verloren oder wird es verspätet befördert) 최초 및 최종 항공운송인과 그 운송 도중에 멸실, 훼손, 분실이 발생하거나 연착이 생긴 항공운송을 실행한 항공운송인이 손해를 배상할 의무를 부담한다. 이러한 항공운송인들은 연대채무자로서(als Gesamtschuldner) 책임을 진다.

제48조b 계약항공운송인과 실행항공운송인의 책임

① 타인(他人)이 의무를 지는 항공운송을 그 타인과 계약을 체결하고 실행하는 자('실행항공운송인'; ausführender Luftfrachtführer)은 그 타인(他人)('계약항공운송인'; vertraglicher Luftfrachtführer)과 함께 본 절상의 규정에 따라 책임을 진다. 계약의 존재는 추정된다. 계약항공운송인과 실행항공운송인(Der vertragliche und der ausführende Luftfrachtführer)은 연대채무자로서 책임을 진다.

② 실행항공운송인이 일부구간에 한하여 운송을 행하는 경우에 이러한 구간에서 생긴 손해에 한하여 책임을 진다.

③ 실행항공운송인의 작위 및 부작위와, 이 작위 및 부작위의 업무 수행에 종사하는, 실행항공운송인의 고용인의 작위 및 부작위는 계약항공운송인의 작위 및 부작위로 본다. 계약항공운송인의 작

Luftfrachtführers. Die Handlungen und Unterlassungen des vertraglichen Luftfrachtführers und seiner in Ausführung ihrer Verrichtungen handelnden Leute gelten als solche des ausführenden Luftfrachtführers, soweit sie sich auf die von ihm ausgeführte Luftbeförderung beziehen. Er haftet für diese Handlungen und Unterlassungen in jedem Fall nur bis zu den Beträgen der §§ 45 bis 47. Eine Vereinbarung über die Übernahme von Verpflichtungen, die in den Vorschriften dieses Unterabschnitts nicht vorgesehen sind, ein Verzicht auf die in diesen Vorschriften begründeten Rechte sowie Erklärungen eines Interesses nach § 47 Abs. 4 Satz 2 wirken nicht gegen den ausführenden Luftfrachtführer, es sei denn, dass er zugestimmt hat.

(4) Die Schadensanzeige nach § 47 Abs. 6 kann sowohl gegenüber dem vertraglichen als auch gegenüber dem ausführenden Luftfrachtführer mit Wirkung gegen den jeweils anderen erklärt werden.

(5) Soweit der ausführende Luftfrachtführer die Luftbeförderung vorgenommen hat, gilt wegen der Haftung der Leute des vertraglichen und des ausführenden Luftfrachtführers § 48 Abs. 2 entsprechend; maßgeblich sind dabei die Voraussetzungen und Beschränkungen, die für den Luftfrachtführer gelten, zu dessen Leuten sie gehören.

(6) Für die Beträge, die der vertragliche Luftfrachtführer und seine Leute sowie der ausführende Luftfrachtführer und seine Leute als Schadensersatz zu leisten haben, gilt § 48 Abs. 3 entsprechend. Der Gesamtbetrag, der von ihnen als Schadensersatz zu leisten ist, darf den höchsten Betrag nicht überschreiten, den einer von ihnen zu leisten verpflichtet ist. Jeder von ihnen haftet jedoch nur bis zu dem für ihn geltenden Höchstbetrag.

§ 49 Anzuwendende Vorschriften

Für die Haftung nach diesem Unterabschnitt sind im Übrigen die Vorschriften der §§ 34 bis 36 und 38 anzuwenden.

§ 49a Ausschlussfrist

Die Klage auf Schadensersatz kann nur binnen einer Ausschlussfrist von zwei Jahren erhoben werden. Die Frist beginnt mit dem Tag, an dem das Luftfahrzeug am Bestimmungsort angekommen ist, an dem es hätte ankommen sollen oder an dem die Luftbeförderung abgebrochen worden ist.

§ 49b Umrechnung von Rechnungseinheiten

Die in den §§ 45 bis 47 genannte Rechnungseinheit ist das Sonderziehungsrecht des Internationalen Währungsfonds. Der Betrag wird in Euro nach dem Wert des Euro gegenüber dem

위 및 부작위와, 이 작위 및 부작위의 업무 수행에 종사하는, 계약항공운송인의 고용인의 작위 및 부작위(Die Handlungen und Unterlassungen des vertraglichen Luftfrachtführers und seiner in Ausführung ihrer Verrichtungen handelnden Leute)는, 그것이 실행항공운송인이 실행하는 항공운송에 관련되어 있는 범위 내에서(soweit sie sich auf die von ihm ausgeführte Luftbeförderung beziehen) 실행항공운송인의 그것으로 본다. 계약항공운송인은 이러한 작위 및 부작위에 대하여 어느 경우라도 제45조 내지 제47조상의 금액 한도 내에서만(nur bis zu den Beträgen der §§ 45 bis 47) 책임을 진다. 본 절의 규정에서 정해지지 않은 채무의 인수에 관한 합의, 본 절의 규정에서 성립한 권리에 대한 포기와 제47조 제4항 제2문에 따른 이익에 대한 표시는 실행항공운송인에 대하여 영향을 미치지 아니하고, 다만 실행항공운송인이 동의한 경우에는 그러하지 아니하다.

④ 제47조 제6항에 따른 손해의 통지는, (통지가 행해지는 항공운송인 이외의) 다른 항공운송인에게도 효력을 갖게 하여(mit Wirkung gegen den jeweils anderen) 계약항공운송인뿐만 아니라 실행항공운송인에 대하여도 표시[117]될 수 있다.

⑤ 실행항공운송인이 항공운송을 실행한 범위 내에서, 계약항공운송인 및 실행항공운송인의 고용인(雇傭人)의 책임에 대하여 제48조 제2항을 준용한다; 이 경우 항공운송인에 대해 적용되는 요건 및 제한은, 그 항공운송인에게 속하는 고용인(雇傭人)에 대하여도 적용한다(maßgeblich sind dabei die Voraussetzungen und Beschränkungen, die für den Luftfrachtführer gelten, zu dessen Leuten sie gehören).

⑥ 계약항공운송인과 그 고용인(雇傭人), 실행항공운송인과 그 고용인(雇傭人)이 손해배상으로 이행해야 하는 금액에 대해 제48조 제3항을 준용한다. 이들이 손해배상으로 이행할 총액은 그들 중 어느 자가 이행할 책임을 지는 상한액을 초과해서는 아니된다. 그럼에도 그들 중 각인(各人)은 자신에게 적용되는 상한액의 한도 내에서 한하여 책임을 부담한다.

제49조 적용규정

그 밖의 경우에 있어 본 절에 따른 책임(責任)에 대하여(Für die Haftung nach diesem Unterabschnitt) 제34조 내지 제36조, 제38조의 규정을 적용한다.

제49조a 제척기간

손해배상의 소(訴)는 2년의 제척기간 이내에만(nur binnen einer Ausschlussfrist von zwei Jahren) 제기될 수 있다. 그 기간은 항공기가 목적지에 도착한 날, 도착해야 하는 날(dem Tag, an dem das Luftfahrzeug am Bestimmungsort angekommen ist, an dem es hätte ankommen sollen) 또는 항공운송이 중지(中止)된 날로부터 기산한다.

제49조b 계산단위의 환산(換算)

제45조 내지 제47조상의 계산단위는 국제통화기금의 특별인출권(das Sonderziehungsrecht des Internationalen Währungsfonds)을 말한다. 그 금액은 지급시를 기준으로 또는 청구권이 재판절차

Sonderziehungsrecht zum Zeitpunkt der Zahlung oder, wenn der Anspruch Gegenstand eines gerichtlichen Verfahrens ist, zum Zeitpunkt der die Tatsacheninstanz abschließenden Entscheidung umgerechnet. Der Wert des Euro gegenüber dem Sonderziehungsrecht wird nach der Berechnungsmethode ermittelt, die der Internationale Währungsfonds an dem betreffenden Tag für seine Operationen und Transaktionen anwendet.

§ 49c Unabdingbarkeit

(1) Im Falle einer entgeltlichen oder geschäftsmäßigen Luftbeförderung darf die Haftung des Luftfrachtführers nach den Vorschriften dieses Unterabschnitts im Voraus durch Vereinbarung weder ausgeschlossen noch beschränkt werden.

(2) Eine Vereinbarung, die der Vorschrift des Absatzes 1 zuwider getroffen wird, ist nichtig. Ihre Nichtigkeit hat nicht die Nichtigkeit des gesamten Vertrages zur Folge.

§ 50 Obligatorische Haftpflichtversicherung

(1) Der Luftfrachtführer ist verpflichtet, zur Deckung seiner Haftung auf Schadensersatz wegen der in § 44 genannten Schäden während der von ihm geschuldeten oder der von ihm für den vertraglichen Luftfrachtführer ausgeführten Luftbeförderung eine Haftpflichtversicherung in einer durch Rechtsverordnung zu bestimmenden Höhe zu unterhalten. Satz 1 gilt nicht, wenn die Bundesrepublik Deutschland Luftfrachtführer ist. Ist ein Land Luftfrachtführer, gilt Satz 1 nur für Luftbeförderungen, auf die das Montrealer Übereinkommen anwendbar ist.

(2) Für die Haftpflichtversicherung gelten die Vorschriften für die Pflichtversicherung des Versicherungsvertragsgesetzes. § 114 des Versicherungsvertragsgesetzes gilt nicht.

§ 51 Subsidiarität der Versicherung des vertraglichen Luftfrachtführers

Führt ein ausführender Luftfrachtführer eine Luftbeförderung für einen vertraglichen Luftfrachtführer aus, besteht eine Pflicht zur Unterhaltung einer Haftpflichtversicherung für den vertraglichen Luftfrachtführer nur, soweit

1. der ausführende Luftfrachtführer keine Haftpflichtversicherung bei einem in Deutschland zum Geschäftsbetrieb befugten Versicherer unterhält, die den Anforderungen der jeweils anwendbaren Vorschriften des § 50 oder des Artikels 4 Abs. 1 in Verbindung mit Artikel 6 Abs. 1 und 2 der Verordnung (EG) Nr. 785/2004 entspricht, oder
2. seine Haftung über die Haftung des ausführenden Luftfrachtführers hinausgeht.

§ 52 (weggefallen)

의 대상이 된 경우에는 사실심을 종결하는 재판시를 기준으로 하여(zum Zeitpunkt der die Tatsacheninstanz abschließenden Entscheidung) 특별인출권에 대한 유로화의 가치에 따라 유로화로로 환산된다. 그 특별인출권에 대한 유로화의 가치는 국제통화기금이 해당 날에 그 운영 및 거래에 적용한(die der Internationale Währungsfonds an dem betreffenden Tag für seine Operationen und Transaktionen anwendet) 산정방법에 따라 산정된다.

제49조c 강행규정성

① 유상항공운송 또는 영업적 항공운송의 경우에(Im Falle einer entgeltlichen oder geschäftsmäßigen Luftbeförderung) 본 절의 규정에 따른 항공운송인의 책임은 사전에 합의로 배제되거나 제한되어서는 아니된다.

② 제1항의 규정에 반하여 이뤄진 합의는 무효이다. 그 합의의 무효로 인해 계약 전체가 무효가 되지 아니한다.

제50조 의무적 책임보험

① 항공운송인은, 자신이 약정한 항공운송 또는 계약항공운송인을 위해 그가 실행한 항공운송 도중에 발생한 제44조상의 손해로 인한 손해배상책임을 전보(塡補)하기 위하여(zur Deckung seiner Haftung auf Schadensersatz wegen der in § 44 genannten Schäden) 법규명령으로 정해지는 금액의 책임보험에 가입할 의무를 진다. 독일연방공화국이 항공운송인인 경우에는 제1문을 적용하지 아니한다. 주정부가 항공운송인 경우에는 몬트리올협약이 적용되는 항공운송에 대해서만 제1문을 적용한다.

② 책임보험에 대하여 보험계약법상의 의무보험에 대한 규을 적용한다. 동법 제114조는 적용하지 아니한다.

제51조 계약항공운송인의 보험의 부종성(附從性)

실행항공운송인이 계약항공운송인을 위해 항공운송을 실행한 경우에 책임보험에 가입할 의무(eine Pflicht zur Unterhaltung einer Haftpflichtversicherung)는 다음 각 호의 경우의 범위 내에서 계약항공운송인에 대해서만 발생한다,

1. 실행항공운송인이 독일 내에서 영업을 하도록 인가된 보험자(bei einem in Deutschland zum Geschäftsbetrieb befugten Versicherer)로, 위 제50조에 따른 각각의 적용규정상의 요건 또는 785/2004호(EG) 명령 제6조 제1항, 제2항과 연결된 제4조 제1항에 따른 각각의 적용규정상의 요건에 부합하는 보험자의 책임보험(Haftpflichtversicherung)에 가입하지 않은 범위,
2. 계약항공운송인의 책임이 실행항공운송인의 책임을 초과하는 범위.

제52조 삭제

3. Unterabschnitt Haftung für militärische Luftfahrzeuge

§ 53 Haftung für Schäden außerhalb eines militärischen Luftfahrzeugs

(1) Für Schäden der in § 33 genannten Art, die durch militärische Luftfahrzeuge verursacht werden, haftet der Halter nach den Vorschriften des ersten Unterabschnitts dieses Abschnitts; jedoch ist § 37 nicht anzuwenden.

(2) War der Getötete oder Verletzte kraft Gesetzes einem Dritten zur Leistung von Diensten in dessen Hauswesen oder Gewerbe verpflichtet, so hat der Halter des militärischen Luftfahrzeugs dem Dritten auch für die entgehenden Dienste durch Entrichtung einer Geldrente Ersatz zu leisten.

(3) (weggefallen)

§ 54 Haftung für Schäden bei Beförderung in einem militärischen Luftfahrzeug

(1) Wird bei der Beförderung in einem militärischen Luftfahrzeug durch einen Unfall jemand getötet, sein Körper verletzt oder seine Gesundheit geschädigt, ist der Halter des Luftfahrzeugs verpflichtet, den daraus entstehenden Schaden zu ersetzen. Er haftet für jede beförderte Person nur bis zu einem Betrag von 600.000 Euro, wenn

1. der Schaden nicht durch sein rechtswidriges und schuldhaftes Handeln oder Unterlassen oder das rechtswidrige und schuldhafte Handeln oder Unterlassen seiner Leute verursacht wurde oder
2. der Schaden ausschließlich durch das rechtswidrige und schuldhafte Handeln oder Unterlassen eines Dritten verursacht wurde.

(2) Werden bei der Beförderung in einem militärischen Luftfahrzeug Reisegepäck oder andere Sachen, die der Beförderte an sich trägt oder mit sich führt, durch einen Unfall zerstört oder beschädigt, ist der Halter des Luftfahrzeugs verpflichtet, den daraus entstehenden Schaden zu ersetzen. Die Haftung ist für jeden Beförderten auf einen Höchstbetrag von 1.700 Euro beschränkt, es sei denn, der Schaden ist von dem Halter oder seinen Leuten in Ausführung ihrer Verrichtungen vorsätzlich oder grob fahrlässig verursacht worden.

(3) Die §§ 40 und 45 Abs. 3 sowie die §§ 48 und 49 sind entsprechend anzuwenden.

(4) Die Haftung darf im Voraus durch Vereinbarung weder ausgeschlossen noch beschränkt werden.

4. Unterabschnitt Gemeinsame Vorschriften für die Haftpflicht

§ 55 Verhältnis zu sozial- und versorgungsrechtlichen Vorschriften

Unberührt bleiben die Vorschriften des Siebten Buches Sozialgesetzbuch über die Unfallversicherung von Personen, die im Betrieb des Luftfahrzeughalters beschäftigt sind. Das Gleiche gilt für die sonstigen Vorschriften über Unfallschäden nach den beamtenrechtlichen Vorschriften des Bundes und der Länder und den versorgungsrechtlichen Vorschriften für die

제3절 군용기(軍用機)의 책임

제53조 군용기 이외의 손해에 대한 책임

① 제33조에서 언급된 종류의 손해로, 군용기로 인해 발생한 손해에 대해 본 장 제1절의 규정에 따른 항공기보유자(der Halter nach den Vorschriften des ersten Unterabschnitts dieses Abschnitts)는 책임을 부담한다; 그럼에도 제37조는 적용하지 아니한다.

② 사망자 또는 상병자(傷病者)가 법률에 기하여 제3자에게 제3자의 가정 또는 영업에서 노무급부(勞務給付)를 제공할 의무를 부담(zur Leistung von Diensten in dessen Hauswesen oder Gewerbe verpflichtet)한 경우에, 군용기 보유자는, 그와 같이 부담하는 노무(勞務)에 대해서도 연금의 지급에 의하여 그 제3자에게 배상해야 한다.

제54조 군용기에 의한 운송시의 손해에 대한 책임

① 군용기에 의한 운송시에 사고로 인해 어느 자가 사망하거나 그가 상해를 입거나 건강침해를 당한 경우에(Wird bei der Beförderung in einem militärischen Luftfahrzeug durch einen Unfall jemand getötet), 항공기보유자는 이로 인하여 발생한 손해를 배상할 의무를 진다. 다음 각 호의 경우에 그 항공기보유자는 각 승객(乘客)에 대하여 600,000유로 금액의 한도 내에서만 책임을 진다,

1. 그 손해가 자신의 위법하고 유책한 작위(作爲) 또는 부작위(不作爲)와 자신의 고용인(雇傭人)의 위법하고 유책한 작위(作爲) 또는 부작위(不作爲)(schuldhafte Handeln oder Unterlassen)로 인하여 발생하지 않은 경우,
2. 손해가 오로지 제3자의 위법하고 유책한 작위 또는 부작위(das rechtswidrige und schuldhafte Handeln oder Unterlassen)로 인하여 발생한 경우,

② 군용기에 의한 운송에 있어 수화물이나 탑승자(搭乘者)가 운반하거나 휴대한 기타 물건이 사고로 인하여 멸실되거나 훼손된 경우에 항공기보유자는 이로 인하여 발생한 손해를 배상할 의무를 진다. 그 책임은 각 탑승자(搭乘者)에 대하여 1,700유로의 한도액으로 제한되나, 손해가 항공기보유자 또는 그 고용인(雇傭人)의 업무를 수행함에 있어 그들의 고의 또는 중과실에 의해 발생한 경우에는 그러하지 아니하다.

③ 제40조, 제45조 제3항, 제48조, 제49조를 준용한다.

④ 그 책임은 사전에(im Voraus) 합의로(durch Vereinbarung) 배제되거나 제한되어서는 아니된다.

제4절 책임에 대한 공통규정

제55조 사회보장법 및 사회보상법의 규정과의 관계

항공기보유자의 사업에서 고용된 재해보험에 관한 사회법전 제7권의 규정은 영향을 받지 아니한다. 연방정부 및 주정부의 공무원법상의 규정과 연방군에 대한 사회급부법에 따른 재해로 인한 손

Bundeswehr.

§ 56 Gerichtsstand

(1) Für Klagen, die auf Grund dieses Abschnitts erhoben werden, ist auch das Gericht zuständig, in dessen Bezirk der Unfall eingetreten ist.

(2) Für Klagen, die auf Grund der §§ 45 bis 47 erhoben werden, ist außerdem das Gericht des Bestimmungsorts zuständig. Im Falle des § 48b kann die Klage gegen den ausführenden Luftfrachtführer auch in dem Gerichtsstand des vertraglichen Luftfrachtführers und die Klage gegen den vertraglichen Luftfrachtführer auch in dem Gerichtsstand des ausführenden Luftfrachtführers erhoben werden.

(3) Ist auf die Luftbeförderung eine der in § 44 Nr. 1 bis 4 genannten Übereinkünfte anzuwenden, bestimmt sich der Gerichtsstand nach dieser Übereinkunft. Sind deutsche Gerichte nach Artikel 33 Abs. 2 des Montrealer Übereinkommens zuständig, ist für Klagen auf Ersatz des Schadens, der durch Tod oder Körperverletzung eines Reisenden entstanden ist, das Gericht örtlich zuständig, in dessen Bezirk der Reisende zum Zeitpunkt des Unfalls seinen Wohnsitz hatte.

5. Unterabschnitt Schlichtung

§ 57 Privatrechtlich organisierte Schlichtung

(1) Das Bundesministerium der Justiz und für Verbraucherschutz kann im Einvernehmen mit dem Bundesministerium für Verkehr und digitale Infrastruktur und dem Bundesministerium für Wirtschaft und Energie privatrechtlich organisierte Einrichtungen als Schlichtungsstellen zur außergerichtlichen Beilegung von Streitigkeiten über Ansprüche von Fluggästen gegen Luftfahrtunternehmen nach § 57b Absatz 1 anerkennen. Anerkannt werden kann auch eine verkehrsträgerübergreifende Schlichtungsstelle. Die Anerkennung und der Widerruf oder die Rücknahme der Anerkennung sind im Bundesanzeiger bekannt zu machen.

(2) Privatrechtlich organisierte Einrichtungen können als Schlichtungsstellen anerkannt werden, wenn die Schlichtungsstellen und die Durchführung des Schlichtungsverfahrens den Anforderungen dieses Gesetzes, des Verbraucherstreitbeilegungsgesetzes vom 19. Februar 2016 (BGBl. I S. 254) und der nach diesen Gesetzen erlassenen Rechtsverordnungen entsprechen.

(3) Fluggäste können eine Schlichtungsstelle anrufen, wenn das beteiligte Luftfahrtunternehmen an der Schlichtung durch diese Schlichtungsstelle teilnimmt. Die Schlichtungsstellen sind verpflichtet, eine Liste der teilnehmenden Luftfahrtunternehmen zu führen und in geeigneter Weise Interessierten zugänglich zu machen.

해에 관한 기타 규정에 대해서도 또한 같다.

제56조 재판적(裁判籍)

① 이 장에 기하여 제기된 소(訴)에 대하여 사고가 발생한 지역을 관할하는 법원도(auch das Gericht zuständig, in dessen Bezirk der Unfall eingetreten ist) 관할권을 갖는다.

② 제45조 내지 제47조에 기하여 제기된 소(訴)에 대하여 도착지의 법원(das Gericht des Bestimmungsorts)도 또한 관할권을 갖는다. 제48b의 경우에 실행항공운송인에 대한 소(訴)는 계약항공운송인의 재판적(裁判籍)에서도(auch in dem Gerichtsstand des vertraglichen Luftfrachtführers) 제기될 수 있고, 계약항공운송인에 대한 소(訴)는 실행항공운송인의 재판적(裁判籍)에서도 제기될 수 있다.

③ 제44조 제1호 내지 제4호의상의 조약 중 하나가 그 항공운송에 대해 적용되는 경우에 그 재판적도 이러한 조약에 좇아 결정된다. 독일 법원이 몬트리올협약 제33조 제2항에 따라 재판적을 갖는 경우에 사고 당시 여객이 자신의 주소지를 둔 지역을 관할하는 지역의 법원(das Gericht örtlich zuständig, in dessen Bezirk der Reisende zum Zeitpunkt des Unfalls seinen Wohnsitz hatte)이 여객의 사망 또는 상해로 인해 발생한(der durch Tod oder Körperverletzung eines Reisenden entstanden ist) 손해의 배상소송에 대하여 관할권을 갖는다.

제5절 조정

제57조 사법(私法)에 따라 조직된 조정

① 연방법무소비자부(Das Bundesministerium der Justiz und für Verbraucherschutz)는 연방교통·디지털기반시설부와 연방경제·에너지부(dem Bundesministerium für Verkehr und digitale Infrastruktur und dem Bundesministerium für Wirtschaft und Energie)와 협의하여 사법(私法)에 따라 설립된 기관을 제57조b 제1항에 따른 항공사에 대한 승객의 청구권에 관한 분쟁에 대한 대안적 처리를 위한 조정기구(Schlichtungsstellen zur außergerichtlichen Beilegung von Streitigkeiten über Ansprüche von Fluggästen gegen Luftfahrtunternehmen)로 공인(公認)할 수 있다. 일반교통담당조정기구로도 공인될 수 있다. 그 공인 또는 이의 철회 또는 취소(Die Anerkennung und der Widerruf oder die Rücknahme der Anerkennung)는 연방관보에 공고되어야 한다.

② 사법에 따라 설립된 기관은, 조정기구와 조정절차의 진행(die Schlichtungsstellen und die Durchführung des Schlichtungsverfahrens)이 이 법, 2016년 2월 19일의 소비자분쟁해결법(BGBl. I S. 254)과, 이 법에 따라 제정된 법규명령의 요구사항(der nach diesen Gesetzen erlassenen Rechtsverordnungen)에 부합(符合)하는 경우에는 조정기구로 공인될 수 있다.

③ 당사자인 항공사가 어느 조정기구에 의한 조정에 참가하는 경우에는 승객은 그 조정기구에 조정을 신청할 수 있다. 조정기구는 참가하는 항공사의 목록을 작성하고 이해관계인(利害關係人)이 적절한 방법으로 이에 접근할 수 있도록 할 의무(eine Liste der teilnehmenden Luftfahrtunternehmen zu führen und in geeigneter Weise Interessierten zugänglich zu machen)를 부담한다.

(4) Die Schlichtungsstellen können für das Schlichtungsverfahren mit dem Eingang des Schlichtungsbegehrens von dem beteiligten Luftfahrtunternehmen ein angemessenes Entgelt verlangen. Von dem Fluggast kann ein Entgelt von bis zu 30 Euro verlangt werden, wenn die Geltendmachung des Anspruchs im Schlichtungsverfahren missbräuchlich ist. Wenn das Entgelt den Anforderungen des Satzes 1 oder 2 nicht entspricht, kann die Einrichtung als Schlichtungsstelle nicht anerkannt werden.
(5) Weist eine Schlichtungsstelle nach, dass innerhalb von zwei Jahren nach der Anerkennung und der Aufnahme der Schlichtung in der überwiegenden Zahl der Fälle bei ihr Ansprüche geltend gemacht wurden, die nicht bestanden, kann diese Schlichtungsstelle vor Einleitung eines Schlichtungsverfahrens von dem Fluggast ein Entgelt verlangen. Der Nachweis ist gegenüber dem Bundesamt für Justiz zu erbringen. Das Bundesamt für Justiz teilt der Schlichtungsstelle und dem Bundesministerium der Justiz und für Verbraucherschutz mit, ob der Nachweis erbracht ist. Das Entgelt nach Satz 1 darf 20 Euro nicht überschreiten. Es kann nur verlangt werden, wenn der Vertrag, aus dem die Luftbeförderung geschuldet wird, nach Einführung des Entgelts geschlossen wurde. Das Entgelt ist dem Fluggast von dem beteiligten Luftfahrtunternehmen zu erstatten, wenn der Anspruch im Schlichtungsverfahren für begründet erachtet wird. Es ist auf das Entgelt nach Absatz 4 Satz 2 anzurechnen, wenn die Geltendmachung des Anspruchs im Schlichtungsverfahren missbräuchlich war. Wird ein Entgelt nach Satz 1 verlangt, obwohl der Nachweis nicht erbracht ist, ist die Anerkennung nach Absatz 1 zu widerrufen. Dies gilt auch, wenn ein Entgelt von mehr als 20 Euro verlangt wird. Wird ein Entgelt nach Satz 1 von einer Schlichtungsstelle verlangt, gilt für diese Schlichtungsstelle § 57b Absatz 2 Satz 1 Nummer 6 nicht.
(6) Die Regelung der Entgelte nach den Absätzen 4 und 5 haben die Schlichtungsstellen Interessierten zugänglich zu machen.
(7) Eine anerkannte Einrichtung ist Verbraucherschlichtungsstelle nach dem Verbraucherstreitbeilegungsgesetz. Das Bundesministerium der Justiz und für Verbraucherschutz übermittelt der Zentralen Anlaufstelle für Verbraucherschlichtung die Angaben nach § 32 Absatz 2 und 5 des Verbraucherstreitbeilegungsgesetzes. Die Schlichtungsstelle hat den Evaluationsbericht nach § 34 Absatz 2 des Verbraucherstreitbeilegungsgesetzes an das Bundesministerium der Justiz und für Verbraucherschutz zu übermitteln. Dieses leitet den Evaluationsbericht an die Zentrale Anlaufstelle für Verbraucherschlichtung weiter; § 35 Absatz 2 des Verbraucherstreitbeilegungsgesetzes ist nicht anzuwenden.

④ 조정기구는 조정신청서의 접수에 의한 조정절차에 관련하여 당사자인 항공사에 대하여 적절한 이용료(angemessenes Entgelt)를 청구할 수 있다. 조정절차에서 청구권 행사가 남용된 것으로 인정된 경우에는(wenn die Geltendmachung des Anspruchs im Schlichtungsverfahren missbräuchlich ist) 이용료가 30유로 이내에서 승객에 대하여 청구될 수 있다. 이용료가 제1문 내지 제2문의 요구사항에 부합하지 않은 경우에(Wenn das Entgelt den Anforderungen des Satzes 1 oder 2 nicht entspricht) 그 기관은 조정기구로 공인될 수 없다.

⑤ 조정기구가 공인 및 조정의 개시 후 2년 이내에 자신에게 접수된 사안들 중 대부분의 사안에서 성립하지 않은 청구권이 주장된 점을 증명한 경우에(dass innerhalb von zwei Jahren nach der Anerkennung und der Aufnahme der Schlichtung in der überwiegenden Zahl der Fälle bei ihr Ansprüche geltend gemacht wurden, die nicht bestanden), 이러한 조정기구는 조정절차의 개시에 앞서 승객에게 이용료를 청구할 수 있다. 그 증명은 연방법무청에 대해 이뤄져야 한다. 연방법무청은 그 조정기구와 연방법무소비자부에 대하여 증명이 이뤄졌는지 여부에 대해 통지한다. 제1문에 따른 이용료는 20유로를 넘어서는 아니된다. 이용료 도입 후 항공운송이 약정된 계약이 체결된 경우에 한하여 이용료가 청구될 수 있다. 이용료는, 청구권이 조정절차에서 성립된 것으로 인정된 때에는(wenn der Anspruch im Schlichtungsverfahren für begründet erachtet wird) 당사자인 항공사의 승객에게 반환되어야 한다. 청구권의 주장이 조정절차에서 남용으로 인정된 때에는(wenn die Geltendmachung des Anspruchs im Schlichtungsverfahren missbräuchlich war) 제4항 제2문에 따른 이용료가 청구되어야 한다. 그 증명이 이뤄지지 않았음에도 제1문에 따른 이용료가 청구되는 경우에, 제1항에 따른 공인은 취소되어야 한다. 20유로를 넘는 이용료가 청구되는 경우에도 또한 같다. 제1문에 따른 보수가 어느 조정기구에 청구는 경우에, 이러한 기구에 대하여는 제57조b 제2항 제1문 제6호를 적용하지 아니한다.

⑥ 조정기구는 이해관계인(利害關係人)이 제4항, 제5항에 따른 이용료 규정에 대하여 접근할 수 있도록 해야 한다.

⑦ 공인된 기관은 소비자분쟁해결법에 따른 소비자분쟁조정기구에 해당한다(Eine anerkannte Einrichtung ist Verbraucherschlichtungsstelle nach dem Verbraucherstreitbeilegungsgesetz). 연방법무소비자부(Das Bundesministerium der Justiz und für Verbraucherschutz)는 소비자조정을 위한 중앙담당기관[118](der Zentralen Anlaufstelle für Verbraucherschlichtung)에 소비자분쟁해결법 제32조 제2항, 제5항에 따른 사항을 통지한다. 조정기구는 소비자분쟁해결법 제34조 제2항에 따른 평가보고서(den Evaluationsbericht nach § 34 Absatz 2 des Verbraucherstreitbeilegungsgesetzes)를 연방법무소비자부에 제출해야 한다. 연방법무소비자부는 그 보고서를 소비자조정을 위한 중앙담당기관에 이를 전달(傳達)한다; 동법(同法) 제35조 제2항은 적용하지 아니한다.

§ 57a Behördliche Schlichtung

(1) Zur außergerichtlichen Beilegung von Streitigkeiten über Ansprüche von Fluggästen nach § 57b Absatz 1 gegen Luftfahrtunternehmen, die nicht an einem Schlichtungsverfahren einer anerkannten privatrechtlich organisierten Schlichtungsstelle nach § 57 teilnehmen, können Fluggäste die Schlichtungsstelle anrufen, die bei dem Bundesamt für Justiz einzurichten ist. Dies gilt auch, wenn keine privatrechtlich organisierte Einrichtung als Schlichtungsstelle anerkannt ist.

(2) Die Schlichtungsstelle und die Durchführung des Schlichtungsverfahrens müssen den Anforderungen dieses Gesetzes, des Verbraucherstreitbeilegungsgesetzes und der auf Grund dieser Gesetze erlassenen Rechtsverordnungen entsprechen.

(3) Das Bundesamt für Justiz kann dem Fluggast die Gebühr 1224 der Anlage (Kostenverzeichnis) zum Justizverwaltungskostengesetz auferlegen, wenn die Geltendmachung des Anspruchs im Schlichtungsverfahren missbräuchlich ist.

(4) Sind innerhalb von zwei Jahren nach Aufnahme der Schlichtung in der überwiegenden Zahl der Fälle Ansprüche geltend gemacht worden, die nicht bestanden, kann das Bundesministerium der Justiz und für Verbraucherschutz im Einvernehmen mit dem Bundesministerium für Verkehr und digitale Infrastruktur und dem Bundesministerium für Wirtschaft und Energie durch Rechtsverordnung, die nicht der Zustimmung des Bundesrates bedarf, bestimmen, dass die Schlichtungsstelle vor Einleitung eines Schlichtungsverfahrens von dem Fluggast eine Gebühr erhebt. Die Gebühr darf 20 Euro nicht überschreiten. Sie kann nur verlangt werden, wenn der Vertrag, aus dem die Luftbeförderung geschuldet wird, nach Einführung der Gebühr geschlossen wurde. Die Gebühr ist dem Fluggast von dem beteiligten Luftfahrtunternehmen zu erstatten, wenn der Anspruch im Schlichtungsverfahren für begründet erachtet wird. Sie ist auf die Gebühr nach Absatz 3 anzurechnen, wenn die Geltendmachung des Anspruchs im Schlichtungsverfahren missbräuchlich war. Wird eine Gebühr nach Satz 1 erhoben, gilt § 57b Absatz 2 Satz 1 Nummer 6 nicht.

(5) Das Bundesamt für Justiz kann für Beitreibungsmaßnahmen anordnen, dass das Luftfahrtunternehmen innerhalb einer angemessenen Frist einen Zustellungsbevollmächtigten benennt, der im Inland wohnt oder dort einen Geschäftsraum hat.

(6) Die Schlichtungsstelle nach Absatz 1 ist 소비자분쟁조정기구 nach dem Verbraucherstreitbeilegungsgesetz und von der Zentralen Anlaufstelle für Verbraucherschlichtung in die Liste nach § 33 Absatz 1 des Verbraucherstreitbeilegungsgesetzes einzutragen; § 32 Absatz 3 und 5 sowie § 35 Absatz 2 des Verbraucherstreitbeilegungsgesetzes sind nicht anzuwenden.

§ 57b Gemeinsame Vorschriften

(1) Die Streitigkeiten nach den §§ 57 und 57a betreffen Zahlungsansprüche bis zu 5 000 Euro aus einer Luftbeförderung, die einem Verbraucher (§ 13 des Bürgerlichen Gesetzbuchs) geschuldet wird, und die geltend gemacht werden wegen

제57조a 행정관청의 조정

① 제57조b 제1항에 따른 제57조에 따라 사법(私法)에 좇아 설립된 공인된 조정기구의 조정절차에 참가하지 않는(die nicht an einem Schlichtungsverfahren einer anerkannten privatrechtlich organisierten Schlichtungsstelle nach § 57 teilnehmen) 승객의 항공사에 대한 청구권에 관한 분쟁의 대안적 해결을 위하여 승객은 연방법무청에 설치된 조정기구에 조정을 신청할 수 있다. 사법(私法)에 따라 설립된 기관이 조정기구로 공인되지 못한 경우에도 또한 같다.

② 조정기구와 조정절차의 진행(Die Schlichtungsstelle und die Durchführung des Schlichtungsverfahrens)은 이 법, 소비자분쟁해결법과 이러한 법률들에 기하여 제정된 법규명령(der auf Grund dieser Gesetze erlassenen Rechtsverordnungen)의 요구사항에 부합해야만 한다.

③ 청구권 주장이 조정절차에서 남용된 것으로 보는 경우에는 연방법무청은 승객에게 사법행정비용법(司法行政費用法)의 부록(附錄)[비용조견표(費用早見表)]상의 1224상의 이용료[119)]을 부과(賦課)할 수 있다.

④ 조정의 개시 후 2년 이내에 사안들 중 대부분의 사안에서 인정되지 아니하는 청구권이 주장된 경우에(Sind innerhalb von zwei Jahren nach Aufnahme der Schlichtung in der überwiegenden Zahl der Fälle Ansprüche geltend gemacht worden, die nicht bestanden), 연방법무소비자부는 연방교통·디지털기반시설부와 연방경제·에너지부와 협의하여(im Einvernehmen mit dem Bundesministerium für Verkehr und digitale Infrastruktur und dem Bundesministerium für Wirtschaft und Energie) 연방참사원의 동의가 요구되지 않는 법규명령으로 조정기구가 조정절차 개시 전에 승객에게 이용료를 징수하는 것으로 정할 수 있다. 그 이용료는 20유로를 넘어서는 아니 된다. 이용료는, 이용료 도입 후에 항공운송이 약정된 계약이 체결된 경우(wenn der Vertrag, aus dem die Luftbeförderung geschuldet wird)에 한하여 청구될 수 있다. 그 청구권이 조정절차에서 성립된 것으로 인정된 때에는(wenn der Anspruch im Schlichtungsverfahren für begründet erachtet wird) 그 이용료는 해당 항공사가 승객에게 반환해야 한다. 청구권의 주장이 조정절차에서 남용된 것으로 인정된 때에는 제3항에 따른 이용료가 청구되어야 한다. 제1문에 따른 이용료가 징수된 경우에 제57조b 제2항 제1문 제6호를 적용하지 아니한다.

⑤ 연방법무청(Das Bundesamt für Justiz)은 항공사가 적절한 기간 내에 독일 내에 거주하거나 독일 내에 영업소(營業所)를 둔(der im Inland wohnt oder dort einen Geschäftsraum hat) 송달대리인을 지정하도록 경영조치(für Beitreibungsmaßnahmen)를 명령(命令)할 수 있다.

⑥ 제1항에 따른 조정기구는 소비자분쟁해결법에 따른 소비자분쟁조정기구에 해당하고 소비자조정을 위한 중앙담당기관에 의해 동법 제33조 제1항에 따른 목록에 등재되어야 한다; 소비자분쟁해결법 제32조 제3항, 제5항, 제35조 제2항은 적용하지 아니한다(§ 32 Absatz 3 und 5 sowie § 35 Absatz 2 des Verbraucherstreitbeilegungsgesetzes sind nicht anzuwenden).

제57조b 공동규정

① 제57조, 제57조a에 따른 분쟁에 관련된 지급청구권은, 소비자(민법전 제13조)에 대하여 약정된 항공운송에서 기하여 5,000유로 한도로 각 호를 이유로 행사된다,

1. der Nichtbeförderung, der verspäteten Beförderung oder der Herabstufung von Fluggästen in eine niedrigere Klasse sowie der Annullierung von Flügen,
2. der Zerstörung, der Beschädigung, des Verlustes oder der verspäteten Beförderung von Reisegepäck,
3. der Zerstörung, der Beschädigung oder des Verlustes von Sachen, die der Fluggast an sich trägt oder mit sich führt, oder
4. Pflichtverletzungen bei der Beförderung von behinderten Fluggästen und Fluggästen mit eingeschränkter Mobilität.

Streitigkeiten über Zahlungsansprüche nach Satz 1 von mehr als 5 000 Euro können Gegenstand der Schlichtung nach § 57 sein, wenn die Verfahrensordnung dies vorsieht.

(2) Die Schlichtungsstellen nach den §§ 57 und 57a können nicht angerufen werden, wenn

1. keine Zuständigkeit deutscher Gerichte gegeben ist,
2. der Anspruch bereits bei einem Gericht anhängig ist oder anhängig war,
3. der Anspruch bereits bei einer Schlichtungsstelle nach § 57 oder § 57a geltend gemacht worden ist, die zur Schlichtung des Anspruchs angerufen werden konnte und deren Anrufung nicht nach Nummer 5 ausgeschlossen war,
4. das Schlichtungsbegehren missbräuchlich ist, insbesondere wenn die Streitigkeit durch außergerichtlichen Vergleich bereits beigelegt ist,
5. der Anspruch nicht unmittelbar gegenüber dem Luftfahrtunternehmen geltend gemacht worden ist, wenn das Luftfahrtunternehmen den geltend gemachten Anspruch nicht abgelehnt hat oder wenn das Luftfahrtunternehmen den geltend gemachten Anspruch weder anerkannt noch abgelehnt hat und seit der Geltendmachung nicht mehr als 2 Monate vergangen sind oder
6. die Höhe des Anspruchs 10 Euro nicht überschreitet.

Die Schlichtung nach den §§ 57 und 57a wird unzulässig, wenn während des Schlichtungsverfahrens der Anspruch bei einem Gericht anhängig gemacht wird.

(3) Die Schlichtungsstellen können die Schlichtung ablehnen, wenn eine grundsätzliche Rechtsfrage, die für die Bewertung der Streitigkeit erheblich ist, nicht geklärt ist.

(4) Das Recht, die Gerichte anzurufen, bleibt unberührt.

§ 57c Verordnungsermächtigungen

(1) Das Bundesministerium der Justiz und für Verbraucherschutz regelt im Einvernehmen mit dem Bundesministerium für Verkehr und digitale Infrastruktur und dem Bundesministerium für Wirtschaft und Energie durch Rechtsverordnung, die nicht der Zustimmung des Bundesrates bedarf, weitere Anforderungen an die Schlichtungsstellen nach § 57 und das von den Schlichtungsstellen nach den §§ 57 und 57a zu gewährleistende Schlichtungsverfahren.

1. 운송불이행(der Nichtbeförderung), 지연운송 또는 승객의 낮은 등급으로의 강등, 결항(缺航; der Annullierung von Flügen),
2. 수화물의 멸실(滅失; Zerstörung), 훼손(毁損; Beschädigung), 분실(紛失; Verlust) 또는 지연운송 (verspätete Beförderung).
3. 승객이 운반하거나 휴대한(die der Fluggast an sich trägt oder mit sich führt) 물건의 멸실, 훼손 또는 분실,
4. 이동성(移動性)이 제한(制限)된 장애인(障碍人) 승객(乘客)의 운송의 경우에 있어서(bei der Beförderung von behinderten Fluggästen und Fluggästen mit eingeschränkter Mobilität)의 의무위반.

절차규정에서 이를 규정하는 한, 5,000유로를 초과하는 제1문에 따른 지급청구권에 관한 분쟁(Streitigkeiten über Zahlungsansprüche)은 제57조의 따른 조정의 대상이 될 수 있다.

② 다음 각 호의 경우에 제57조, 제57조a에 따른 조정기구에 조정신청이 될 수 없다,

1. 독일 법원의 재판권(Zuständigkeit deutscher Gerichte)이 없는 경우,
2. 그 청구권이 법원에 이미 소송계속중이거나 소송계속중이었던 경우,
3. 그 청구권(der Anspruch)이 제57조 내지 제57조a에 따른 조정기구로, 그 청구권의 조정을 위하여 조정신청을 처리할 수 있고 그 조정신청이 제5호에 따라 배제되지 않은 조정기구에 이미 행사된 경우,
4. 조정신청이 남용된 것으로 인정된 경우, 특히 분쟁이 '재판외 화해'(außergerichtlichen Vergleich)에 의해 이미 해결된 경우,
5. 청구권이 항공사에 대하여 직접적으로 주장되지 않은 경우(der Anspruch nicht unmittelbar gegenüber dem Luftfahrtunternehmen geltend gemacht worden ist), 다만 항공사가 주장된 청구권을 거부하지 않은 경우, 또는 항공사가 주장된 청구권을 인정도 거부도 하지 않고 그 주장이 있은 때로부터 2개월이 넘게 경과하지 않은 경우는 그러하지 아니하다,
6. 청구액이 10유로를 넘지 않은 경우.

조정절차 도중에 그 청구권이 법원에 소송계속중인 때에는 제57조, 제57조a에 따른 조정은 허용되지 아니한다.

③ 조정기구는, 분쟁 평가에서 중요한(die für die Bewertung der Streitigkeit erheblich ist) 근본적 법률문제(eine grundsätzliche Rechtsfrage)가 규명(糾明)될 수 없는 때에는 조정을 거부할 수 있다.

④ 법원에 신청할 수 있는 권리는 영향을 받지 아니한다.

제57조c 명령제정권한

① 연방법무소비자부는 연방교통·디지털기반시설부와 연방경제·에너지부와 협의하여(im Einvernehmen mit dem Bundesministerium für Verkehr und digitale Infrastruktur und dem Bundesministerium für Wirtschaft und Energie) 연방참사원의 동의가 요구되지 않는 법규명령으로 제57조에 따른 조정기구와, 제57조, 제57조a에 따라 조정기구가 확보해야 하는 조정절차에 대한 추가적 요구사항(weitere Anforderungen an die Schlichtungsstellen)에 대하여 규율한다.

(2) Die Rechtsverordnung nach Absatz 1 kann auch die Einzelheiten des Verfahrens nach § 57 Absatz 5 regeln.

(3) Das Bundesministerium der Justiz und für Verbraucherschutz kann im Einvernehmen mit dem Bundesministerium für Verkehr und digitale Infrastruktur und dem Bundesministerium für Wirtschaft und Energie durch Rechtsverordnung, die nicht der Zustimmung des Bundesrates bedarf, die Beträge nach § 57b Absatz 1 und 2 Satz 1 Nummer 6 an die allgemeine Preissteigerung anpassen, wenn diese seit dem 1. November 2013 oder seit der letzten Anpassung mehr als 10 Prozent beträgt.

§ 57d Verhältnis zum Verbraucherstreitbeilegungsgesetz

Soweit die Vorschriften dieses Unterabschnitts und der nach § 57c erlassenen Rechtsverordnung keine Regelung enthalten, gelten für die Schlichtung von Streitigkeiten über Ansprüche nach § 57b Absatz 1 das Verbraucherstreitbeilegungsgesetz und die auf Grund des § 42 Absatz 1 des Verbraucherstreitbeilegungsgesetzes erlassenen Rechtsverordnungen. Dies gilt auch für die Schlichtung von Streitigkeiten über Ansprüche des Fluggastes nach § 57b Absatz 1, der mit dem Luftfahrtunternehmen nicht vertraglich verbunden ist.

② 제1항에 따른 법규명령은 제57조 제5항에 따른 절차의 세부사항도(auch die Einzelheiten des Verfahrens) 규율할 수 있다.

③ 그 물가상승이 2013년 11월 1일이래 또는 최근 조정한 이래 10% 이상 오른 경우에 연방법무소비자부(Das Bundesministerium der Justiz und für Verbraucherschutz)는 연방교통·디지털기반시설부와 연방경제·에너지부와 협의하여(im Einvernehmen mit dem Bundesministerium für Verkehr und digitale Infrastruktur und dem Bundesministerium für Wirtschaft und Energie) 연방참사원의 동의가 요구되지 않는 법규명령으로 제57조b 제1항, 제2항 제1문에 따른 이용료를 보통의 물가상승(die allgemeine Preissteigerung)에 따라 조정할 수 있다.

제57조d 소비자분쟁해결법과의 관계

본 장의 규정과 제57조c에 따라 공포된 법규명령에 그 규율이 없는 범위 내에서(Soweit die Vorschriften dieses Unterabschnitts und der nach § 57c erlassenen Rechtsverordnung keine Regelung enthalten), 제57조b 제1항에 따른 청구권에 관한 분쟁에 대한 조정에 대하여도 소비자분쟁해결법과 동법 제42조에 기하여 공포된 법규명령을 적용한다. 제57조b에 따른 승객의 청구권으로, 항공사와의 계약에 기하지 않은 청구권에 관한 분쟁에 대한 조정(auch für die Schlichtung von Streitigkeiten über Ansprüche des Fluggastes)에도 또한 같다.

건강관련 소비자정보공개 향상을 위한 법률

(소비자정보공개법, BGBl. I S. 3154)

Gesetz zur Verbesserung der gesundheitsbezogenen Verbraucherinformation

(Verbraucherinformationsgesetz - VIG)

Gesetz zur Verbesserung der gesundheitsbezogenen Verbraucherinformation (Verbraucherinformationsgesetz - VIG)

http://www.gesetze-im-internet.de/vig/BJNR255810007.html

§ 1 Anwendungsbereich

Durch dieses Gesetz erhalten Verbraucherinnen und Verbraucher freien Zugang zu den bei informationspflichtigen Stellen vorliegenden Informationen über

1. Erzeugnisse im Sinne des Lebensmittel- und Futtermittelgesetzbuches (Erzeugnisse) sowie
2. Verbraucherprodukte, die dem § 2 Nummer 26 des Produktsicherheitsgesetzes unterfallen (Verbraucherprodukte),

damit der Markt transparenter gestaltet und hierdurch der Schutz der Verbraucherinnen und Verbraucher vor gesundheitsschädlichen oder sonst unsicheren Erzeugnissen und Verbraucherprodukten sowie vor Täuschung beim Verkehr mit Erzeugnissen und Verbraucherprodukten verbessert wird.

§ 2 Anspruch auf Zugang zu Informationen

(1) Jeder hat nach Maßgabe dieses Gesetzes Anspruch auf freien Zugang zu allen Daten über

1. von den nach Bundes- oder Landesrecht zuständigen Stellen festgestellte nicht zulässige Abweichungen von Anforderungen
   a) des Lebensmittel- und Futtermittelgesetzbuches und des Produktsicherheitsgesetzes,
   b) der auf Grund dieser Gesetze erlassenen Rechtsverordnungen,
   c) unmittelbar geltender Rechtsakte der Europäischen Gemeinschaft oder der Europäischen Union im Anwendungsbereich der genannten Gesetze

sowie Maßnahmen und Entscheidungen, die im Zusammenhang mit den in den Buchstaben a bis c genannten Abweichungen getroffen worden sind,

2. von einem Erzeugnis oder einem Verbraucherprodukt ausgehende Gefahren oder Risiken für Gesundheit und Sicherheit von Verbraucherinnen und Verbrauchern,
3. die Zusammensetzung von Erzeugnissen und Verbraucherprodukten, ihre Beschaffenheit, die physikalischen, chemischen und biologischen Eigenschaften einschließlich ihres Zusammenwirkens und ihrer Einwirkung auf den Körper, auch unter Berücksichtigung der bestimmungsgemäßen Verwendung oder vorhersehbaren Fehlanwendung,
4. die Kennzeichnung, die Herkunft, die Verwendung, das Herstellen und das Behandeln von Erzeugnissen und Verbraucherprodukten,

건강관련 소비자정보공개 향상을 위한 법률(소비자정보공개법, BGBl. I S. 3154)

법률공포일: 2007년 11월 5일
최근 법률개정일: 2013년 8월 7일(BGBl. I S. 3154)

제1조 적용범위

이 법에 의하여 소비자는, 시장이 투명하게 조성(造成)되고 이로써 건강에 해롭거나 그 밖의 불안한 그 제품(製品) 및 소비재로부터의(vor gesundheitsschädlichen oder sonst unsicheren Erzeugnissen und Verbraucherprodukten) 소비자 보호와 그 생산품 및 소비재의 거래시의 기만으로부터(vor Täuschung beim Verkehr mit Erzeugnissen und Verbraucherprodukten) 소비자 보호가 향상되도록 하기 위하여, 다음 각 호에 관한 현존하는 정보접근을 허용할 의무를 진 기관에 있는 정보에 대하여 자유롭게 접근할 수 있다.

1. 식료품·사료법전(Lebensmittel- und Futtermittelgesetzbuch)상의 '제품'(製品; Erzeugnisse),
2. 제품안전법(Produktsicherheitsgesetz) 제2조 제26호[120]에 속하는 소비재('消費財'; Verbraucherprodukte).

제2조 정보접근청구권

① 누구든지 이 법의 기준에 좇아 다음 각 호에 관한 일체의 정보에 관한 자유로운 접근청구권을 갖는다,

1. 연방법 또는 주법에 따른 관할 기관(zuständigen Stellen)이 확인한, 허용되지 않는 다음 각 목의 위반,
   a) 「식료품·사료법전」(Lebensmittel- und Futtermittelgesetzbuch[121]) 또는 「제품안전법」(Produktsicherheitsgesetz[122])상의 요구사항,
   b) 위 법들에 기하여 제정된 법규정상의 요구사항,
   c) 위 법률들의 적용범위에서 직접적으로 적용되는 유럽공동체(Europäischen Gemeinschaft) 또는 유럽연합법적행위(Rechtsakte)상의 요건,

   그리고 위 a목 내지 c목에 언급된 위반과 관련되어 취해진 조치 및 결정,
2. 그 제품(製品) 또는 소비재에서 생겨난, 소비자의 건강 또는 안전에 대한 위해(危害; Gefahren) 또는 위험(危險; Risiken)
3. 위 제품(製品) 또는 소비재의 구성성분(構成成分), 그 제품(製品) 또는 소비재 성상, 그 제품(製品) 또는 소비재의 신체에 대한 상호작용 및 영향, 또한 규정에 맞는 사용 또는 예상할 수 있는 오용(auch unter Berücksichtigung der bestimmungsgemäßen Verwendung oder vorhersehbaren Fehlanwendung)을 고려한 그 상승효과 및 영향을 포함하여 물리적·화화학적·생물학적 특성,
4. 위 제품(製品) 또는 소비재의 표시(Kennzeichnung), 출처(Herkunft), 사용(Verwendung), 제조 또는 취급,

5. zugelassene Abweichungen von den in Nummer 1 genannten Rechtsvorschriften über die in den Nummern 3 und 4 genannten Merkmale oder Tätigkeiten,
6. die Ausgangsstoffe und die bei der Gewinnung der Ausgangsstoffe angewendeten Verfahren,
7. Überwachungsmaßnahmen oder andere behördliche Tätigkeiten oder Maßnahmen zum Schutz von Verbraucherinnen und Verbrauchern, einschließlich der Auswertung dieser Tätigkeiten und Maßnahmen, sowie Statistiken über Verstöße gegen in § 39 Absatz 1 Satz 1 des Lebensmittel- und Futtermittelgesetzbuches und § 26 Absatz 1 Satz 1 des Produktsicherheitsgesetzes genannte Rechtsvorschriften, soweit sich die Verstöße auf Erzeugnisse oder Verbraucherprodukte beziehen, (Informationen), die bei einer Stelle im Sinne des Absatzes 2 unabhängig von der Art ihrer Speicherung vorhanden sind. Der Anspruch nach Satz 1 besteht insoweit, als kein Ausschluss- oder Beschränkungsgrund nach § 3 vorliegt.

(2) Stelle im Sinne des Absatzes 1 Satz 1 ist
1. jede Behörde im Sinne des § 1 Absatz 4 des Verwaltungsverfahrensgesetzes, die auf Grund
   a) anderer bundesrechtlicher oder
   b) landesrechtlicher

Vorschriften öffentlich-rechtliche Aufgaben oder Tätigkeiten wahrnimmt, die der Erfüllung der in § 1 des Lebensmittel- und Futtermittelgesetzbuches genannten Zwecke oder bei Verbraucherprodukten der Gewährleistung von Sicherheit und Gesundheit nach den Vorschriften des Produktsicherheitsgesetzes sowie der auf Grund des Produktsicherheitsgesetzes erlassenen Rechtsverordnungen dienen,

2. jede natürliche oder juristische Person des Privatrechts, die auf Grund
a) anderer bundesrechtlicher oder
b) landesrechtlicher

Vorschriften öffentlich-rechtliche Aufgaben oder Tätigkeiten wahrnimmt, die der Erfüllung der in § 1 des Lebensmittel- und Futtermittelgesetzbuches genannten Zwecke oder bei Verbraucherprodukten der Gewährleistung von Sicherheit und Gesundheit nach den Vorschriften des Produktsicherheitsgesetzes sowie der auf Grund des Produktsicherheitsgesetzes erlassenen Rechtsverordnungen dienen und der Aufsicht einer Behörde unterstellt ist. Satz 1 gilt im Fall einer Gemeinde oder eines Gemeindeverbandes nur, wenn der Gemeinde oder dem Gemeindeverband die Aufgaben nach diesem Gesetz durch Landesrecht übertragen worden sind.

(3) Zu den Stellen im Sinne des Absatzes 2 Satz 1 gehören nicht die obersten Bundes- und Landesbehörden, soweit sie im Rahmen der Gesetzgebung oder beim Erlass von Rechtsverordnungen tätig werden, unabhängige Organe der Finanzkontrolle sowie Gerichte, Justizvollzugsbehörden, Strafverfolgungs- und Disziplinarbehörden und diesen vorgesetzte Dienststellen.

5. 제3호 및 제4호상의 표지(標識) 또는 활동(Merkmale oder Tätigkeiten)에 관한 제1호상의 법규정에 대한 허용된 위반,
6. 원료와 원료의 취득시 사용된 절차(die bei der Gewinnung der Ausgangsstoffe angewendeten Verfahren),
7. 소비자 보호를 위한(zum Schutz von Verbraucherinnen und Verbrauchern) 활동 및 조치의 평가를 포함하여 그러한 감시조치 또는 그 밖의 관청의 활동 또는 조치, 「식료품·사료법전」 제39조 제1항 제1문 또는 「제품안전법」의 제26조 제1항 제1문상의 법규정 위반으로, 위 제품(製品) 또는 소비재에 관련된 위반에 관한 통계(이하 이러한 것들을 통칭하여 정보라 함)로, 그 저장종류를 불문하고 제2항상의 기관에서 현존하는(die bei einer Stelle im Sinne des Absatzes 2 unabhängig von der Art ihrer Speicherung vorhanden sind) 통계. 제1문에 따른 청구권은, 제3조에 따른 배제사유 또는 제한사유(Ausschluss- oder Beschränkungsgrund nach § 3)가 없는 범위 내에서 인정된다.

② 제1항 제1호상의 기관은 다음 각 호를 말한다,

1. 다음 각 목에 기하여, 「식료품·사료법전」 제1조상의 목적의 이행에(der Erfüllung der in § 1 des Lebensmittel- und Futtermittelgesetzbuches genannten Zwecke) 기여하거나, 「제품안전법」 규정에 따르거나 「제품안전법」에 따라 제정된 법규정에 따른 소비재에서의 안전 및 건강의 확보(bei Verbraucherprodukten der Gewährleistung von Sicherheit und Gesundheit)에 기여하는, 공법적 임무 또는 활동(öffentlich-rechtliche Aufgaben oder Tätigkeiten)을 수행하는, 연방행정절차법(Verwaltungsverfahrensgesetz) 제1조 제4항[123]상의 일체의 관청,
   a) 그 밖의 연방법상의 규정,
   b) 주법(州法)상의 규정,
2. 다음 각 목에 기하여, 「식료품·사료법전」 제1조상의 목적의 이행에(der Erfüllung der in § 1 des Lebensmittel- und Futtermittelgesetzbuches genannten Zwecke) 기여하거나, 「제품안전법」 규정에 따르거나 「제품안전법」에 따라 제정된 법규정에 따른 소비재에서의 안전 및 건강의 확보(bei Verbraucherprodukten der Gewährleistung von Sicherheit und Gesundheit)에 기여하는 공법적 임무 또는 활동을 수행하고 또한 관청의 감독을 받는, 사법(私法)상의 모든 자연인 또는 법인,
   a) 그 밖의 연방법상의 규정,
   b) 주법(州法)상의 규정.

어느 게마인데 또는 게마인데연합의 경우에(im Fall einer Gemeinde oder eines Gemeindeverbandes) 제1문은, 그 게마인데 또는 게마인데연합이 법에 따른 임무를 주법에 의하여 이양받은 경우에 한하여 적용한다.

③ 입법(立法)의 범위 내에서 또는 법규정의 제정시 활동하는 연방(聯邦) 및 주(州)의 최상급관청(die obersten Bundes- und Landesbehörden)과, 독립된 재정통제 기관, 법원, 교정청(矯正廳; Justizvollzugsbehörden), 검찰청 및 징계관청(Strafverfolgungs- und Disziplinarbehörden) 및 이러한 기관들의 상급 관청은 제2조 제1문상의 기관에 속하지 아니한다.

(4) Die Vorschriften dieses Gesetzes gelten nicht, soweit in anderen Rechtsvorschriften entsprechende oder weitergehende Vorschriften vorgesehen sind.

§ 3 Ausschluss- und Beschränkungsgründe

Der Anspruch nach § 2 besteht wegen

1. entgegenstehender öffentlicher Belange nicht,
   a) soweit das Bekanntwerden der Informationen
      aa) nachteilige Auswirkungen haben kann auf internationale Beziehungen oder militärische und sonstige sicherheitsempfindliche Belange der Bundeswehr oder
      bb) die Vertraulichkeit der Beratung von Behörden berührt oder eine erhebliche Gefahr für die öffentliche Sicherheit verursachen kann;
   b) während der Dauer eines Verwaltungsverfahrens, eines Gerichtsverfahrens, eines strafrechtlichen Ermittlungsverfahrens, eines Disziplinarverfahrens, eines Gnadenverfahrens oder eines ordnungswidrigkeitsrechtlichen Verfahrens hinsichtlich der Informationen, die Gegenstand des Verfahrens sind, es sei denn, es handelt sich um Informationen nach § 2 Absatz 1 Satz 1 Nummer 1 oder 2 oder das öffentliche Interesse an der Bekanntgabe überwiegt;
   c) soweit das Bekanntwerden der Information geeignet ist, fiskalische Interessen der um Auskunft ersuchten Stelle im Wirtschaftsverkehr zu beeinträchtigen, oder Dienstgeheimnisse verletzt werden könnten;
   d) soweit Informationen betroffen sind, die im Rahmen einer Dienstleistung entstanden sind, die die Stelle auf Grund einer privatrechtlichen Vereinbarung außerhalb des ihr gesetzlich zugewiesenen Aufgabenbereichs des Verbraucherschutzes erbracht hat;
   e) in der Regel bei Informationen nach § 2 Absatz 1 Satz 1 Nummer 1, die vor mehr als fünf Jahren seit der Antragstellung entstanden sind;
2. entgegenstehender privater Belange nicht, soweit
   a) Zugang zu personenbezogenen Daten beantragt wird,
   b) der Schutz des geistigen Eigentums, insbesondere Urheberrechte, dem Informationsanspruch entgegensteht,
   c) durch die begehrten Informationen Betriebs- oder Geschäftsgeheimnisse, insbesondere Rezepturen, Konstruktions- oder Produktionsunterlagen, Informationen über Fertigungsverfahren, Forschungs- und Entwicklungsvorhaben sowie sonstiges geheimnisgeschütztes technisches oder kaufmännisches Wissen, offenbart würden oder
   d) Zugang zu Informationen beantragt wird, die einer Stelle auf Grund einer durch Rechtsvorschrift angeordneten Pflicht zur Meldung oder Unterrichtung mitgeteilt worden sind; dies gilt auch, wenn das meldende oder unterrichtende Unternehmen irrig angenommen hat, zur

④ 다른 법규정에서 준용되는 규정 또는 추가로 적용되는 규정(entsprechende oder weitergehende Vorschriften)에서 언급된 이 법의 규정은 적용하지 아니한다.

제3조 배제사유 및 제한사유

제2조에 따른 청구권은, 다음 각 호에 의해 인정되지 않는다,

1. 다음 각 목의 공공의 이익에 반하는 경우,
   a) 정보가 공개되는 것이,
      aa) 국제관계 또는 연방군의 군사이익 또는 그 밖의 안보이익에(militärische und sonstige sicherheitsempfindliche Belange) 악영향을 미칠 수 있거나,
      bb) 관청의 지도(指導; Beratung)에 대한 신뢰에 영향을 미치거나 공공의 안전에 대한 중대한 위험을 초래할 수 있는 경우;
   b) 행정절차, 재판절차(Gerichtsverfahren), 범죄수사절차(strafrechtlichen Ermittlungsverfahren), 징계절차(Disziplinarverfahren), 사면절차(Gnadenverfahren) 또는 질서위반행위법절차(ordnungswidrigkeitsrechtlichen Verfahren)의 기간 도중에 그 절차를 대상으로 하는 정보에 관한 경우, 제2조 제1항 제1문 제1호 또는 제2호에 해당하거나 공개의 공공이익(das öffentliche Interesse an der Bekanntgabe)이 우월(優越)한 경우에는 그러하지 아니하다;
   c) 정보가 공개되는 것이, 정보접근을 요구받은 기관의 경제계에서의 재정상 이익 (fiskalische Interessen der um Auskunft ersuchten Stelle im Wirtschaftsverkehr)을 침해하거나 직무상 비밀을 침해하는 데 적합한 경우;
   d) 기관이 민사적 합의에 기하여(auf Grund einer privatrechtlichen Vereinbarung) 자신에게 법률에 의해 배정된 소비자보호 임무 이외의 분야에서(außerhalb des ihr gesetzlich zugewiesenen Aufgabenbereichs des Verbraucherschutzes) 수행하는 서비스의 범위 내에서 생겨난 정보에 관련된 경우;
   e) 통상적으로 신청접수를 한 때로부터 5년 초과하는 기간 이전에 생긴, 제2조 제1항 제1문 제1호에 따른 정보의 경우,
2. 다음 각 목의 사적 이익에 반하는 경우,
   a) 개인정보에 관한 접근 신청이 이뤄진 경우,
   b) 그 정보접근청구(Informationsanspruch)가 지식재산권(geistigen Eigentums), 특히 저작권의 보호에 반하는 경우,
   c) 요구된 정보에 의해 기업비밀 또는 사업비밀(Betriebs- oder Geschäftsgeheimnisse), 특히 비법(Rezepturen), 제조서류 내지 생산서류(Konstruktions- oder Produktionsunterlagen), 공정(工程; Fertigungsverfahren), 연구계획·개발계획(Forschungs- und Entwicklungsvorhaben)과 그 밖의 비밀로 보호를 요하는 기술지식 또는 거래지식에 관한 정보가 공개되는 경우,
   d) 어느 기관이 법규정에 의해 부과된 통보의무 내지 통지의무(Pflicht zur Meldung oder Unterrichtung)에 기하여 알게 된 정보에 대한 접근 신청이 이뤄진 경우; 통보하거나 통지하는 기업(das meldende oder unterrichtende Unternehmen)이 잘못하여 통보 또는 통지의무가 있는

Meldung oder Unterrichtung verpflichtet zu sein.

Satz 1 Nummer 2 Buchstabe a bis c gilt nicht, wenn die Betroffenen dem Informationszugang zugestimmt haben oder das öffentliche Interesse an der Bekanntgabe überwiegt. Im Fall des Satzes 1 Nummer 1 Buchstabe b zweiter Halbsatz dürfen Informationen nach § 2 Absatz 1 Satz 1 Nummer 1 während eines laufenden strafrechtlichen Ermittlungsverfahrens oder eines Verfahrens vor einem Strafgericht nur

1. soweit und solange hierdurch der mit dem Verfahren verfolgte Untersuchungszweck nicht gefährdet wird und
2. im Benehmen mit der zuständigen Staatsanwaltschaft oder dem zuständigen Gericht

herausgegeben werden. Im Fall des Satzes 1 Nummer 2 Buchstabe a gilt § 5 Absatz 1 Satz 2 und Absatz 3 und 4 des Informationsfreiheitsgesetzes entsprechend. Der Zugang zu folgenden Informationen kann nicht unter Berufung auf das Betriebs- und Geschäftsgeheimnis abgelehnt werden:

1. Informationen nach § 2 Absatz 1 Satz 1 Nummer 1 und 2,
2. Informationen nach § 2 Absatz 1 Satz 1 Nummer 3 und 4, soweit im Einzelfall hinreichende Anhaltspunkte dafür vorliegen, dass von dem jeweiligen Erzeugnis oder Verbraucherprodukt eine Gefährdung oder ein Risiko für Sicherheit und Gesundheit ausgeht und auf Grund unzureichender wissenschaftlicher Erkenntnis oder aus sonstigen Gründen die Ungewissheit nicht innerhalb der gebotenen Zeit behoben werden kann, und
3. Informationen nach § 2 Absatz 1 Satz 1 Nummer 3 bis 6, soweit sie im Rahmen der amtlichen Überwachungstätigkeit nach den in § 2 Absatz 1 Satz 1 Nummer 1 genannten Vorschriften gewonnen wurden und die Einhaltung der Grenzwerte, Höchstgehalte oder Höchstmengen betreffen, die in den in § 2 Absatz 1 Satz 1 Nummer 1 genannten Vorschriften enthalten sind.

Gleiches gilt für den Namen des Händlers, der das Erzeugnis oder Verbraucherprodukt an Verbraucher abgibt, sowie für die Handelsbezeichnung, eine aussagekräftige Beschreibung und bildliche Darstellung des Erzeugnisses oder Verbraucherproduktes und in den Fällen des § 2 Absatz 1 Satz 1 Nummer 1 zusätzlich für den Namen und die Anschrift des Herstellers, Bevollmächtigten, Einführers, Händlers sowie jedes Gliedes der Liefer- und Vertriebskette; Satz 1 Nummer 2 Buchstabe a ist nicht anzuwenden.

§ 4 Antrag

(1) Die Information wird auf Antrag erteilt. Der Antrag muss hinreichend bestimmt sein und insbesondere erkennen lassen, auf welche Informationen er gerichtet ist. Ferner soll der Antrag den Namen und die Anschrift des Antragstellers enthalten. Zuständig ist

1. soweit Zugang zu Informationen bei einer Stelle des Bundes beantragt wird, diese Stelle,

것으로 받아들인 경우에도 또한 같다.

관계인(die Betroffenen)이 정보접근(Informationszugang)에 동의하거나 공개에 대한 공공이익(das öffentliche Interesse an der Bekanntgabe)이 우월한 경우에는 제1문 제2호 a목 내지 c목은 적용하지 아니한다. 제1문 제1호 a목 둘째 소문(小文)의 경우에 제2조 제1항 제1문 제1호에 따른 정보접근은 범죄수사절차 진행도중 또는 형사법원의 절차 도중에는(während eines laufenden strafrechtlichen Ermittlungsverfahrens oder eines Verfahrens vor einem Strafgericht),

1. 그 정보공개로 인해 그 절차에 의해 추구되는 수사목적이 위태롭게 되지 않는 그러한 동안 한하여,
2. 관할 검찰청 또는 관할 법원의 동의가 있는(im Benehmen mit) 경우에 한하여,

허용된다.

제1문 제2호 a목의 경우에 정보자유법(Informationsfreiheitsgesetz) 제5조 제1항 제2문, 제3항, 제4항을 준용한다. 다음 각 호의 정보에 대한 접근(Der Zugang zu folgenden Informationen)은 기업비밀 또는 사업비밀을 이유로 하여(unter Berufung auf das Betriebs- und Geschäftsgeheimnis) 거부(拒否)될 수 없다:

1. 제2조 제1항 제1문 제1호, 제2호에 따른 정보,
2. 제2조 제1항 제1문 제3호, 제3호에 따른 정보(情報)로, 개별사안별로 각각의 제품(製品) 또는 소비재에 의해 안전 또는 건강에 대한 위해(危害) 또는 위험(危險)이 생겨나거나, 빈약한 학문적 지식에 기하거나(unzureichender wissenschaftlicher Erkenntnis) 그 밖의 사유에 기하여 불확실(die Ungewissheit)성이 요구된 기간 내에(innerhalb der gebotenen Zeit) 제거되지 않을 수 있다는 상당한 판단근거가(hinreichende Anhaltspunkte) 있는 정보(情報),
3. 제2조 제1항 제1문 제3호 내지 제6호에 따른 정보로, 제2조 제1항 제1문 제1호상의 규정에 따른 관청의 감시활동의 과정 중에(im Rahmen der amtlichen Überwachungstätigkeit) 얻어진 것으로, 제2조 제1항 제1문 제1호상의 규정에 포함된 최대치(最大値), 최대농도(最大濃度) 또는 최대량(最大量)의 준수(die Einhaltung der Grenzwerte, Höchstgehalte oder Höchstmengen)에 관련된 정보.

그 제품(製品) 또는 소비재를 소비자에 대해 판매하는 유통업자의 상호에 대해서도 또한 같다. 그 제품(製品) 또는 소비재의 상품명, 정보를 주는 기술과 삽화(揷畵)(die Handelsbezeichnung, eine aussagekräftige Beschreibung und bildliche Darstellung)에 대해서도 또한 같고, 제2조 제1항 제1문 제1호의 경우에 추가적으로 제조업자, 그 대리인(Bevollmächtigten), 수입업자, 유통업자(Händler)의 상호 및 주소와 공급망·판매망의 각 구성원(jedes Gliedes der Liefer- und Vertriebskette)의 상호 및 주소에 대한 또한 같다.

제4조

① 정보접근은 신청에 따라 이뤄진다. 그 신청(申請)은 상당하게 특정되어야만 하고, 특히 그 신청이 어떤 정보에 대한 것인지를(auf welche Informationen er gerichtet ist) 알 수 있어야만 한다. 또한 그 신청서에 신청권자의 성명(姓名)과 주소(住所)가 포함되어야 한다. 다음과 같이 관할한다,

1. 연방 기관에 대한 정보접근 신청이 이뤄진 경우에는 그 연방 기관이,

2. im Übrigen die nach Landesrecht zuständige Stelle.

Abweichend von Satz 4 Nummer 1 ist im Fall einer natürlichen oder juristischen Person des Privatrechts für die Bescheidung des Antrags die Aufsicht führende Behörde zuständig.

(2) Informationspflichtig ist jeweils die nach Maßgabe des Absatzes 1 Satz 4 auch in Verbindung mit Satz 5 zuständige Stelle. Diese ist nicht dazu verpflichtet, Informationen, die bei ihr nicht vorhanden sind oder auf Grund von Rechtsvorschriften nicht verfügbar gehalten werden müssen, zu beschaffen.

(3) Der Antrag soll abgelehnt werden,

1. soweit er sich auf Entwürfe zu Entscheidungen sowie Arbeiten und Beschlüsse zu ihrer unmittelbaren Vorbereitung bezieht, es sei denn, es handelt sich um die Ergebnisse einer Beweiserhebung, ein Gutachten oder eine Stellungnahme von Dritten,
2. bei vertraulich übermittelten oder erhobenen Informationen oder
3. wenn durch das vorzeitige Bekanntwerden der Erfolg bevorstehender behördlicher Maßnahmen gefährdet würde,
4. soweit durch die Bearbeitung des Antrags die ordnungsgemäße Erfüllung der Aufgaben der Behörde beeinträchtigt würde,
5. bei wissenschaftlichen Forschungsvorhaben einschließlich der im Rahmen eines Forschungsvorhabens erhobenen und noch nicht abschließend ausgewerteten Daten, bis diese Vorhaben wissenschaftlich publiziert werden.

(4) Ein missbräuchlich gestellter Antrag ist abzulehnen. Dies ist insbesondere der Fall, wenn der Antragsteller über die begehrten Informationen bereits verfügt.

(5) Wenn der Antragsteller sich die begehrten Informationen in zumutbarer Weise aus allgemein zugänglichen Quellen beschaffen kann, kann der Antrag abgelehnt und der Antragsteller auf diese Quellen hingewiesen werden. Die Voraussetzungen nach Satz 1 sind insbesondere dann erfüllt, wenn die Stelle den Informationszugang bereits nach § 6 Absatz 1 Satz 3 gewährt. Satz 1 gilt entsprechend, soweit sich in den Fällen des § 2 Absatz 1 Satz 1 Nummer 2 bis 6 eine der in § 3 Satz 6 genannten Personen im Rahmen einer nach den Vorschriften des Verwaltungsverfahrensgesetzes oder den entsprechenden Vorschriften der Verwaltungsverfahrensgesetze der Länder durchgeführten Anhörung verpflichtet, die begehrte Information selbst zu erteilen, es sei denn, der Antragsteller hat nach § 6 Absatz 1 Satz 2 ausdrücklich um eine behördliche Auskunftserteilung gebeten oder es bestehen Anhaltspunkte dafür, dass die Information durch die Person nicht, nicht rechtzeitig oder nicht vollständig erfolgen wird.

§ 5 Entscheidung über den Antrag

(1) Das Verfahren einschließlich der Beteiligung Dritter, deren rechtliche Interessen durch den Ausgang des Verfahrens berührt werden können, richtet sich nach dem Verwaltungsverfahrensgesetz

2. 그 밖에 경우에는(im Übrigen) 주법에 따른 관할 기관.

제4문 제1호와 달리, 사법상의 자연인 또는 법인의 경우에 감독을 행하는 관청(die Aufsicht führende Behörde)이 그 신청에 대한 결정에 대하여(für die Bescheidung des Antrags) 관할한다.

② 제1항 제4문의 기준에 따른 각각의 관할 기관이 정보접근을 허용할 의무를 부담하고, 제5문에 관련된 경우에도 그러한 관할 기관이 그러한 의무를 부담한다. 이러한 기관은, 관할 기관에 없는 정보 또는 법규정에 기하여 이용되도록 제공할 의무가 없는(nicht verfügbar gehalten werden müssen, zu beschaffen) 정보에 대하여는 그러한 의무를 부담하지 아니한다.

③ 다음 각 호의 경우에 그 신청은 거부되어야 한다,

1. 그 신청이 결정서 초안, 문서 초안(Entwürfe zu Entscheidungen sowie Arbeiten)과 그에 대한 직접적인 준비에 관한 결정 관련된 경우, 증거조사서(證據調査書; die Ergebnisse einer Beweiserhebung), 감정서 또는 제3자의 의견서에 해당하는 경우에는 그러하지 아니하다,
2. 비밀로 전달되거나 수집된 정보,
3. 사전적으로 공개되는 것에 의해 계류중인 관청의 처분의 성공(der Erfolg bevorstehender behördlicher Maßnahmen)을 위태롭게 될 수 있는 경우,
4. 신청의 처리에 의하여 관청의 적절한 임무 수행(die ordnungsgemäße Erfüllung der Aufgaben der Behörde)이 침해될 수 있는 경우,
5. 연구계획의 일환으로 수집되었으나 아직 최종적으로 분석되지 아니한 정보를 포함하여 학술적 연구계획의 경우에는(bei wissenschaftlichen Forschungsvorhaben) 이러한 계획이 학술적으로 발간될 때까지,

④ 제기된 신청이 남용된 경우에는 거절되어야 한다. 특히 신청권자가 요구된 정보를 이미 보유하는 경우에 이러한 경우에 해당한다.

⑤ 신청권자가 요구된 정보를 합리적 방식으로 일반적으로 접근할 수 있는 정보원(情報源)(allgemein zugänglichen Quellen)에서 얻을 수 있는 경우에 그 신청은 거절될 수 있고 신청권자에 이러한 정보원(情報源)에 대해 언급된다. 해당 기관이 제6조 제1항 제3문에 따라 이미 정보접근(den Informationszugang)을 허락한 경우에는 특히 제1문에 따른 요건이 충족된 것이다. 제2조 제1항 제1문 제2호 내지 제6호의 경우에 제3조 제6문상의 자 중 어느 자가 연방행정절차법의 규정 또는 행정절차법의 준용규정에 따라 주가 수행한 청문(nach den Vorschriften des Verwaltungsverfahrensgesetzes oder den entsprechenden Vorschriften der Verwaltungsverfahrensgesetze der Länder durchgeführten Anhörung)의 과정에서 요구된 정보를 직접 (신청권자에게) 제공할 의무가 있는 경우에 제1문을 준용하되, 신청권자가 제6조제1항 제2문에 따라 명시적으로 관청의 정보제공을 요구하거나 그러한 자에 의한 정보제공이 이뤄지지 않거나 적시에 이뤄지지 않거나 불완전하게 이뤄질 것이라는 판단근거(Anhaltspunkte)가 있는 경우에는 그러하지 아니하다.

제5조 신청에 대한 결정

① 신청처리절차의 결론에 의하여 자신의 법률상 이해관계가 영향을 받을 수 있는 제3자의 참가(der Beteiligung Dritter)를 포함하여 신청처리절차는 연방(聯邦)행정절차법 또는 주(州)행정절차법

oder den Verwaltungsverfahrensgesetzen der Länder. Für die Anhörung gelten § 28 des Verwaltungsverfahrensgesetzes oder die entsprechenden Vorschriften der Verwaltungsverfahrensgesetze der Länder mit der Maßgabe, dass von einer Anhörung auch abgesehen werden kann

1. bei der Weitergabe von Informationen im Sinne des § 2 Absatz 1 Satz 1 Nummer 1,
2. in Fällen, in denen dem oder der Dritten die Erhebung der Information durch die Stelle bekannt ist und er oder sie in der Vergangenheit bereits Gelegenheit hatte, zur Weitergabe derselben Information Stellung zu nehmen, insbesondere wenn bei gleichartigen Anträgen auf Informationszugang eine Anhörung zu derselben Information bereits durchgeführt worden ist.

Bei gleichförmigen Anträgen von mehr als 20 Personen gelten die §§ 17 und 19 des Verwaltungsverfahrensgesetzes entsprechend.

(2) Der Antrag ist in der Regel innerhalb von einem Monat zu bescheiden. Im Fall einer Beteiligung Dritter verlängert sich die Frist auf zwei Monate; der Antragsteller ist hierüber zu unterrichten. Die Entscheidung über den Antrag ist auch der oder dem Dritten bekannt zu geben. Auf Nachfrage des Dritten legt die Stelle diesem Namen und Anschrift des Antragstellers offen.

(3) Wird dem Antrag stattgegeben, sind Ort, Zeit und Art des Informationszugangs mitzuteilen. Wird der Antrag vollständig oder teilweise abgelehnt, ist mitzuteilen, ob und gegebenenfalls wann die Informationen ganz oder teilweise zu einem späteren Zeitpunkt zugänglich sind.

(4) Widerspruch und Anfechtungsklage haben in den in § 2 Absatz 1 Satz 1 Nummer 1 genannten Fällen keine aufschiebende Wirkung. Auch wenn von der Anhörung Dritter nach Absatz 1 abgesehen wird, darf der Informationszugang erst erfolgen, wenn die Entscheidung dem oder der Dritten bekannt gegeben worden ist und diesem ein ausreichender Zeitraum zur Einlegung von Rechtsbehelfen eingeräumt worden ist. Der Zeitraum nach Satz 2 soll 14 Tage nicht überschreiten.

(5) Ein Vorverfahren findet abweichend von § 68 der Verwaltungsgerichtsordnung auch dann statt, wenn die Entscheidung von einer obersten Bundesbehörde erlassen worden ist. Widerspruchsbehörde ist die oberste Bundesbehörde.

§ 6 Informationsgewährung

(1) Die informationspflichtige Stelle kann den Informationszugang durch Auskunftserteilung, Gewährung von Akteneinsicht oder in sonstiger Weise eröffnen. Wird eine bestimmte Art des Informationszugangs begehrt, so darf dieser nur aus wichtigem Grund auf andere Art gewährt werden. Die informationspflichtige Stelle kann Informationen, zu denen Zugang zu gewähren ist, auch unabhängig von einem Antrag nach § 4 Absatz 1 über das Internet oder in sonstiger öffentlich zugänglicher Weise zugänglich machen; § 5 Absatz 1 gilt entsprechend. Die Informationen sollen für die Verbraucherinnen und Verbraucher verständlich dargestellt werden.

(2) Soweit der informationspflichtigen Stelle keine Erkenntnisse über im Antrag nach § 4 Absatz

(den Verwaltungsverfahrensgesetzen der Länder)에 따라 진행된다. 다음 각 호의 경우에 그 청문이 실시되지 않을 수 있다는 기준에 따라, 청문에 대하여 연방(聯邦)행정절차법 제28조나 주(州)행정절차법의 해당 규정을 적용한다,

1. 제2조 제1항 제1문 제1호상의 정보의 교부의 경우(bei der Weitergabe von Informationen),
2. 정보가 그 기관에 의해 제3자에게 공개되고 제3자가 과거에 이미 동일한 정보의 교부에 관하여 의견을 표명할 기회를 가졌던 경우, 특히 정보접근에 대한 유사한 신청시(bei gleichartigen Anträgen auf Informationszugang) 동일한 정보에 관한 청문이 이미 실시된 경우.

20명을 초과하는 동일한 신청(gleichförmigen Anträgen)의 경우에 연방행정절자법 제17조 내지 제19조를 준용한다.

② 신청은 통상적으로 1개월 이내에 결정되어야 한다. 제3자의 참가가 있는 경우에 그 기간은 2개월로 연장된다; 신청권자는 이에 관하여 통지를 받아야 한다. 신청에 대한 결정(Die Entscheidung über den Antrag)은 제3자에게도(auch der oder dem Dritten) 통지되어야 한다. 제3자의 요구에 따라(Auf Nachfrage des Dritten) 해당 기관은 제3자에게 신청권자의 성명 또는 주소를 공개한다.

③ 신청이 인용된 경우에 정보접근의 장소, 시간 및 방식(Ort, Zeit und Art des Informationszugangs)이 통지되어야 한다. 그 신청인 전부 또는 일부가 기각된 경우에 그 정보에 대해 전부 또는 부분적으로 추후 시점에(zu einem späteren Zeitpunkt) 접근할 수 있는지 여부와 필요하면 그 시기가 통지되어야 한다.

④ 제3조 제1항 제1문 제1호의 경우에 철회와 취소소송은 집행정지적 효력(aufschiebende Wirkung)를 갖지 아니한다. 제3자에 대한 청문(Anhörung Dritter)이 제1항에 따라 실시되지 않을지라도 정보접근은, 그 결정이 제3자에게 통지되고 법적 구제를 강구할 충분한 기간(ein ausreichender Zeitraum zur Einlegung von Rechtsbehelfen)이 그 제3자에게 부여된 후에 비로소 허용된다. 제2문에 따른 기간(Der Zeitraum nach Satz 2)은 14일을 초과해서는 아니된다.

⑤ 전심절차(前審節次; Vorverfahren)는, 행정법원법 제68조와 달리 어느 연방최상급관청에 의해(einer obersten Bundesbehörde) 결정이 이뤄진 경우에도 실시된다. 그 연방최상급관청이 재결청행정심판청(行政審判廳)(Widerspruchsbehörde)이 된다.

제6조 정보접근의 허용

① 정보접근을 허용할 의무가 있는 기관은 정보제공, 서류 열람의 허용 또는 그 밖의 방법에 의한(durch Auskunftserteilung, Gewährung von Akteneinsicht oder in sonstiger Weise) 정보접근을 개시(開始)할 수 있다. 특정한 방법의 정보접근(eine bestimmte Art des Informationszugangs)이 요구된 경우에 정보접근은 중대한 사유에 기하여만(nur aus wichtigem Grund) 다른 방식에 기하여 허용된다. 정보접근을 허용할 의무가 있는 기관은 접근이 허용되어야 하는 정보에 대하여 제4조 제1항에 따른 신청에도 불문하고 인터넷을 통하거나 공중(公衆)이 접근할 수 있는 기타 방식에 의하여 접근을 허용한다; 제5조 제1항을 준용한다. 정보는 소비자가 이해할 수 있게(für die Verbraucherinnen und Verbraucher verständlich) 설명되어야 한다.

② 정보접근을 허용할 의무가 있는 기관은 제4조 제1항에 따라 요구된 정보에 관하여 아는 바가

1 begehrte Informationen vorliegen, leitet sie den Antrag, soweit ihr dies bekannt und möglich ist, von Amts wegen an die Stelle weiter, der die Informationen vorliegen, und unterrichtet den Antragsteller über die Weiterleitung.

(3) Die informationspflichtige Stelle ist nicht verpflichtet, die inhaltliche Richtigkeit der Informationen zu überprüfen, soweit es sich nicht um personenbezogene Daten handelt. Der informationspflichtigen Stelle bekannte Hinweise auf Zweifel an der Richtigkeit sind mitzuteilen.

(4) Stellen sich die von der informationspflichtigen Stelle zugänglich gemachten Informationen im Nachhinein als falsch oder die zugrunde liegenden Umstände als unrichtig wiedergegeben heraus, so ist dies unverzüglich richtig zu stellen, sofern der oder die Dritte dies beantragt oder dies zur Wahrung erheblicher Belange des Gemeinwohls erforderlich ist. Die Richtigstellung soll in derselben Weise erfolgen, in der die Information zugänglich gemacht wurde.

§ 7 Gebühren und Auslagen

(1) Für individuell zurechenbare öffentliche Leistungen der Behörden nach diesem Gesetz werden vorbehaltlich des Satzes 2 kostendeckende Gebühren und Auslagen erhoben. Der Zugang zu Informationen nach § 2 Absatz 1 Satz 1 Nummer 1 ist bis zu einem Verwaltungsaufwand von 1 000 Euro gebühren- und auslagenfrei, der Zugang zu sonstigen Informationen bis zu einem Verwaltungsaufwand von 250 Euro. Sofern der Antrag nicht gebühren- und auslagenfrei bearbeitet wird, ist der Antragsteller über die voraussichtliche Höhe der Gebühren und Auslagen vorab zu informieren. Er ist auf die Möglichkeit hinzuweisen, seinen Antrag zurücknehmen oder einschränken zu können.

(2) Die Bundesregierung wird ermächtigt, durch Rechtsverordnung ohne Zustimmung des Bundesrates die gebührenpflichtigen Tatbestände und die Gebührenhöhe zu bestimmen, soweit dieses Gesetz durch Stellen des Bundes ausgeführt wird. § 15 Absatz 2 des Verwaltungskostengesetzes vom 23. Juni 1970 (BGBl. I S. 821) in der am 14. August 2013 geltenden Fassung findet keine Anwendung.

없는 경우에 그 기관은, 이것이 그 기관에게 알려지고 가능한 때에는, 직권으로(von Amts wegen) 그 신청을 정보가 있는 기관에 대하여 이첩(移牒)한 다음, 신청권자에게 그 이첩에 대해 통지한다.

③ 정보접근을 허용할 의무가 있는 기관은, 그것이 개인정보(personenbezogene Daten)에 해당하지 않는 한, 정보의 내용상 타당성(inhaltliche Richtigkeit der Informationen)을 심사할 의무를 부담하지 아니한다. 정보접근을 허용할 의무가 있는 기관에 알려진 사항(bekannte Hinweise)은 그 타당성에 의문이 있더라도 통지해야 한다.

④ 정보접근을 허용할 의무가 있는 기관에 의해 접근이 허용된 정보가 추후 허위로 드러나거나 그 기초가 되는 사정(die zugrunde liegenden Umstände)의 복제가 잘못된 드러난 경우에 제3자가 이를 신청하거나 이것이 공공의 중대한 이익을 지키는 데 필요한(dies zur Wahrung erheblicher Belange des Gemeinwohls erforderlich ist) 때에는 이는 지체 없이 정정되어야 한다. 이러한 정정(Die Richtigstellung)은 정보에 대해 접근이 이뤄진 동일한 방식으로 행해진다.

제7조 이용료와 경비

① 개별적으로 산정될 수 있는(individuell zurechenbare) 이 법에 의한 관청의 공공급부에 대하여 제2문을 제외하고 비용을 포함한 이용료 및 경비(kostendeckende Gebühren und Auslagen)가 징수된다. 제2조 제1항 제1문 제1호에 따른 정보접근은 1,000유로 이하의 행정비용까지는(bis zu einem Verwaltungsaufwand von 1 000), 그 밖의 정보에 대한 접근은 250유로 이하의 행정비용까지는(bis zu einem Verwaltungsaufwand von 250 Euro) 각각 이용료와 경비가 징수되지 아니한다(gebühren- und auslagenfrei). 그 신청이 이용료 및 경비 없이 처리되지 아니한 경우에 신청권자에게 이용료 및 경비에 관한 예상액이 사전에 통지되어야 한다. 그에게 자신의 신청을 철회하거나 제한할 수 있는 가능성(可能性)도 안내되어야 한다.

② 이 법이 연방기관에 의해 집행되는 경우에는 연방정부는 연방참사원의 동의를 얻지 않은 법규명령으로 이용료지급의무가 있는 요건과 그 이용료상한액(die gebührenpflichtigen Tatbestände und die Gebührenhöhe)에 관하여 규정할 수 있는 권한을 갖는다. 2013년 8월 14일부터 적용된 법률형식의(in der am 14. August 2013 geltenden Fassung) 1970년 6월 23일의 행정비용법(Verwaltungskostengesetz)(BGBl. I S. 821) 제15조 제2항은 적용하지 아니한다.

부정경쟁방지법
(UWG; BGBl. I S. 466)

Gesetz gegen den unlauteren Wettbewerb
(UWG)

Gesetz gegen den unlauteren Wettbewerb(UWG)

http://www.gesetze-im-internet.de/uwg_2004/BJNR141400004.html

Kapitel 1 Allgemeine Bestimmungen

§ 1 Zweck des Gesetzes

Dieses Gesetz dient dem Schutz der Mitbewerber, der Verbraucherinnen und Verbraucher sowie der sonstigen Marktteilnehmer vor unlauteren geschäftlichen Handlungen. Es schützt zugleich das Interesse der Allgemeinheit an einem unverfälschten Wettbewerb.

§ 2 Definitionen

(1) Im Sinne dieses Gesetzes bedeutet

1. "geschäftliche Handlung" jedes Verhalten einer Person zugunsten des eigenen oder eines fremden Unternehmens vor, bei oder nach einem Geschäftsabschluss, das mit der Förderung des Absatzes oder des Bezugs von Waren oder Dienstleistungen oder mit dem Abschluss oder der Durchführung eines Vertrags über Waren oder Dienstleistungen objektiv zusammenhängt; als Waren gelten auch Grundstücke, als Dienstleistungen auch Rechte und Verpflichtungen;
2. "Marktteilnehmer" neben Mitbewerbern und Verbrauchern alle Personen, die als Anbieter oder Nachfrager von Waren oder Dienstleistungen tätig sind;
3. "Mitbewerber" jeder Unternehmer, der mit einem oder mehreren Unternehmern als Anbieter oder Nachfrager von Waren oder Dienstleistungen in einem konkreten Wettbewerbsverhältnis steht;
4. "Nachricht" jede Information, die zwischen einer endlichen Zahl von Beteiligten über einen öffentlich zugänglichen elektronischen Kommunikationsdienst ausgetauscht oder weitergeleitet wird; dies schließt nicht Informationen ein, die als Teil eines Rundfunkdienstes über ein elektronisches Kommunikationsnetz an die Öffentlichkeit weitergeleitet werden, soweit die Informationen nicht mit dem identifizierbaren Teilnehmer oder Nutzer, der sie erhält, in Verbindung gebracht werden können;
5. "Verhaltenskodex" Vereinbarungen oder Vorschriften über das Verhalten von Unternehmern, zu welchem diese sich in Bezug auf Wirtschaftszweige oder einzelne geschäftliche Handlungen verpflichtet haben, ohne dass sich solche Verpflichtungen aus Gesetzes- oder Verwaltungsvorschriften ergeben;
6. "Unternehmer" jede natürliche oder juristische Person, die geschäftliche Handlungen im Rahmen ihrer gewerblichen, handwerklichen oder beruflichen Tätigkeit vornimmt, und jede

부정경쟁방지법(UWG; BGBl. I S. 466)

법률공포일: 2004. 7. 3.

최근 법률개정일: 2019년 4월 18일(BGBl. I S. 466).

제1장 총칙

제1조 법의 목적

이 법은 부정거래행위로부터 경쟁사업자(競爭事業者), 소비자(消費者)와 그 밖의 시장참여자(市場參與者)의 보호를 목적으로 한다. 이 법은 동시에 왜곡되지 않은 경쟁(競爭)에 대한 공공이익(公共利益)(das Interesse der Allgemeinheit an einem unverfälschten Wettbewerb)을 보호(保護)한다.

제2조 정의규정

① 이 법상의 다음 각 호의 의미는 아래와 같다,

1. "거래행위"는, 물품(物品) 또는 용역(用役)의 판매(販賣) 또는 구매(購買)의 촉진(促進)이나 물품 또는 용역에 관한 계약의 체결(締結) 또는 이행(履行)에 객관적으로 관련되는 거래체결(去來締結)의 전(前)·시(時)·후(後)에 자기 또는 타인의 사업을 위한 어느 자의 일체의 행위(jedes Verhalten einer Person zugunsten des eigenen oder eines fremden Unternehmens vor, bei oder nach einem Geschäftsabschluss)를 말한다; 부동산도 물품으로 간주하고, 권리의무도 용역으로 간주한다;
2. "시장참여자"는, 물품 또는 용역의 공급자(供給者) 또는 수요자(需要者)로서 활동하는, 경쟁사업자 및 소비자 이외의 모든 자를 말한다.
3. "경쟁사업자"는, 물품(物品) 또는 용역(用役)의 공급자(供給者) 또는 수요자(需要者)로서 한 또는 여러 사업자(事業者)와 구체적(具體的) 경쟁관계(競爭關係)에 있는 일체의 사업자(事業者)를 말한다.
4. "통신"은, 공중(公衆)이 접근 가능한 통신서비스를 통하여(über einen öffentlich zugänglichen elektronischen Kommunikationsdienst) 제한된 수의 당사자들 간에 교환(交換)되거나 전달(傳達)되는 일체의 정보를 말한다; 라디오방송서비스의 일부로서 전자통신망을 통하여 공중(公衆)에게 전달되는 정보는, 그 정보가 이를 수령하는 신원을 확인할 수 있는 참여자 또는 이용자에게 전달될 수 없는 내에서(soweit die Informationen nicht mit dem identifizierbaren Teilnehmer oder Nutzer, der sie erhält, in Verbindung gebracht werden können) 그 통신에 포함되지 아니한다;
5. "행동규준(行動規準)"은, 기업들이 거래부문 또는 개별 거래행위에 관련하여(in Bezug auf Wirtschaftszweige oder einzelne geschäftliche Handlungen) 의무를 부담한 기업 행동에 관한 약정(約定) 또는 규칙(規則)을 말하고, 그러한 의무가 법률상 규정 또는 행정규칙에 기하여 생기는 것은 제외한다.
6. "사업자"는, 자신의 영업활동(營業活動)이나 수공업활동(手工業活動) 또는 직업활동(職業活動)의 일환으로(im Rahmen ihrer gewerblichen, handwerklichen oder beruflichen Tätigkeit) 거래행위를

Person, die im Namen oder Auftrag einer solchen Person handelt;

7. "unternehmerische Sorgfalt" der Standard an Fachkenntnissen und Sorgfalt, von dem billigerweise angenommen werden kann, dass ein Unternehmer ihn in seinem Tätigkeitsbereich gegenüber Verbrauchern nach Treu und Glauben unter Berücksichtigung der anständigen Marktgepflogenheiten einhält;
8. "wesentliche Beeinflussung des wirtschaftlichen Verhaltens des Verbrauchers" die Vornahme einer geschäftlichen Handlung, um die Fähigkeit des Verbrauchers, eine informierte Entscheidung zu treffen, spürbar zu beeinträchtigen und damit den Verbraucher zu einer geschäftlichen Entscheidung zu veranlassen, die er andernfalls nicht getroffen hätte;
9. "geschäftliche Entscheidung" jede Entscheidung eines Verbrauchers oder sonstigen Marktteilnehmers darüber, ob, wie und unter welchen Bedingungen er ein Geschäft abschließen, eine Zahlung leisten, eine Ware oder Dienstleistung behalten oder abgeben oder ein vertragliches Recht im Zusammenhang mit einer Ware oder Dienstleistung ausüben will, unabhängig davon, ob der Verbraucher oder sonstige Marktteilnehmer sich entschließt, tätig zu werden.

(2) Für den Verbraucherbegriff gilt § 13 des Bürgerlichen Gesetzbuchs entsprechend.

§ 3 Verbot unlauterer geschäftlicher Handlungen

(1) Unlautere geschäftliche Handlungen sind unzulässig.

(2) Geschäftliche Handlungen, die sich an Verbraucher richten oder diese erreichen, sind unlauter, wenn sie nicht der unternehmerischen Sorgfalt entsprechen und dazu geeignet sind, das wirtschaftliche Verhalten des Verbrauchers wesentlich zu beeinflussen.

(3) Die im Anhang dieses Gesetzes aufgeführten geschäftlichen Handlungen gegenüber Verbrauchern sind stets unzulässig.

(4) Bei der Beurteilung von geschäftlichen Handlungen gegenüber Verbrauchern ist auf den durchschnittlichen Verbraucher oder, wenn sich die geschäftliche Handlung an eine bestimmte Gruppe von Verbrauchern wendet, auf ein durchschnittliches Mitglied dieser Gruppe abzustellen. Geschäftliche Handlungen, die für den Unternehmer vorhersehbar das wirtschaftliche Verhalten nur einer eindeutig identifizierbaren Gruppe von Verbrauchern wesentlich beeinflussen, die auf Grund von geistigen oder körperlichen Beeinträchtigungen, Alter oder Leichtgläubigkeit im Hinblick auf diese geschäftlichen Handlungen oder die diesen zugrunde liegenden Waren oder Dienstleistungen besonders schutzbedürftig sind, sind aus der Sicht eines durchschnittlichen Mitglieds dieser Gruppe zu beurteilen.

§ 3a Rechtsbruch

Unlauter handelt, wer einer gesetzlichen Vorschrift zuwiderhandelt, die auch dazu bestimmt ist, im Interesse der Marktteilnehmer das Marktverhalten zu regeln, und der Verstoß geeignet ist, die

하는 법인 또는 자연인과, 그러한 자의 이름으로 또는 위임을 받아(im Namen oder Auftrag einer solchen Person) 행위를 하는 모든 자를 말한다;

7. "영업상 주의의무"는, 전문지식과 주의의무에 대한 기준으로, 어느 사업자가 신의성실에 좇아 공정한 시장관행을 고려하여(nach Treu und Glauben unter Berücksichtigung der anständigen Marktgepflogenheiten) 자신의 활동영역에서 소비자에 대하여 이를 지키는 것이 정당하게 받아들여질 수 있는지를 판단하는 데에 쓰이는 기준을 말한다;

8. "소비자의 경제적 행위에 대한 현저한 영향"은, 합리적 결정을 하는 소비자의 능력을 뚜렷하게 저하(低下)시키고 이를 통하여, 만일 그렇지 않았더라면[124] 소비자가 그와 같이 하지 않았을 거래상 결정을 하도록 소비자를 유인(誘引)하는 거래행위를 하는 것을 말한다.

9. "거래상 결정"이라 함은 소비자 또는 그 밖의 시장참여자가 하는 것으로, 소비자 그 밖의 시장참여자가 그 행위를 하기로 결정하는지 여부에 상관없이, 거래체결, 대금지급, 물품이나 용역의 보유 또는 판매, 또는 물품이나 용역에 관한 계약상 권리의 행사에 관련하여, 이를 할 것인지, 어떻게 할 것인지 그리고 이를 어느 조건하에서 할 것인지에 관한 일체의 결정을 말한다.

② 소비자 개념에 대하여는(Für den Verbraucherbegriff) 민법전(民法典) 제13조를 준용(準用)한다.

제3조 부정거래행위의 금지

① 부정거래행위(不正去來行爲)는 허용되지 아니한다.

② 소비자를 향하거나 소비자에 도달하는 거래행위는, 그것이 영업상 주의의무에 부합하지 않고 소비자의 경제적 행위에 대해 현저하게 영향을 미치는 데 적합한(dazu geeignet sind, das wirtschaftliche Verhalten des Verbrauchers wesentlich zu beeinflussen) 경우에는, 부정거래행위이다.

③ 이 법의 부록에 명시된(im Anhang dieses Gesetzes aufgeführten) 소비자에 대한 거래행위는 언제나 허용되지 아니한다.

④ 소비자에 대한 거래행위를 판단함에 있어 평균적 소비자를, 만일 그 거래행위가 특정한 집단의 소비자들에게 행해진 경우에는 이러한 집단에 속한 평균적 구성원들(wenn sich die geschäftliche Handlung an eine bestimmte Gruppe von Verbrauchern wendet, auf ein durchschnittliches Mitglied dieser Gruppe)을 고려해야 한다. 분명하게 알아볼 수 있는 소비자집단으로, 정신적 또는 신체적 장애, 연령 또는 경신(輕信)으로 인하여(auf Grund von geistigen oder körperlichen Beeinträchtigungen, Alter oder Leichtgläubigkeit) 이러한 거래행위에 대하여 또는 그 거래행위의 대상이 되는 물품 또는 용역에 대하여 특별한 보호필요성(保護必要性)이 있는 소비자집단에 한정된 경제적 행위에 현저하게 영향을 미치는 거래행위로, 이것이 사업자에게 예상될 수 있는 거래행위는 이러한 집단에 속한 평균적 구성원의 관점에서(aus der Sicht eines durchschnittlichen Mitglieds dieser Gruppe) 판단해야 한다.

제3조a 법위반

어느 자가 시장참여자의 이익을 위해 시장행위를 규율하려는 목적을 가진(die auch dazu bestimmt ist, im Interesse der Marktteilnehmer das Marktverhalten zu regeln) 법률상 규정에 위반하고, 그

Interessen von Verbrauchern, sonstigen Marktteilnehmern oder Mitbewerbern spürbar zu beeinträchtigen.

§ 4 Mitbewerberschutz

Unlauter handelt, wer

1. die Kennzeichen, Waren, Dienstleistungen, Tätigkeiten oder persönlichen oder geschäftlichen Verhältnisse eines Mitbewerbers herabsetzt oder verunglimpft;
2. über die Waren, Dienstleistungen oder das Unternehmen eines Mitbewerbers oder über den Unternehmer oder ein Mitglied der Unternehmensleitung Tatsachen behauptet oder verbreitet, die geeignet sind, den Betrieb des Unternehmens oder den Kredit des Unternehmers zu schädigen, sofern die Tatsachen nicht erweislich wahr sind; handelt es sich um vertrauliche Mitteilungen und hat der Mitteilende oder der Empfänger der Mitteilung an ihr ein berechtigtes Interesse, so ist die Handlung nur dann unlauter, wenn die Tatsachen der Wahrheit zuwider behauptet oder verbreitet wurden;
3. Waren oder Dienstleistungen anbietet, die eine Nachahmung der Waren oder Dienstleistungen eines Mitbewerbers sind, wenn er
   a) eine vermeidbare Täuschung der Abnehmer über die betriebliche Herkunft herbeiführt,
   b) die Wertschätzung der nachgeahmten Ware oder Dienstleistung unangemessen ausnutzt oder beeinträchtigt oder
   c) die für die Nachahmung erforderlichen Kenntnisse oder Unterlagen unredlich erlangt hat;
4. Mitbewerber gezielt behindert.

§ 4a Aggressive geschäftliche Handlungen

(1) Unlauter handelt, wer eine aggressive geschäftliche Handlung vornimmt, die geeignet ist, den Verbraucher oder sonstigen Marktteilnehmer zu einer geschäftlichen Entscheidung zu veranlassen, die dieser andernfalls nicht getroffen hätte. Eine geschäftliche Handlung ist aggressiv, wenn sie im konkreten Fall unter Berücksichtigung aller Umstände geeignet ist, die Entscheidungsfreiheit des Verbrauchers oder sonstigen Marktteilnehmers erheblich zu beeinträchtigen durch

1. Belästigung,
2. Nötigung einschließlich der Anwendung körperlicher Gewalt oder
3. unzulässige Beeinflussung.

Eine unzulässige Beeinflussung liegt vor, wenn der Unternehmer eine Machtposition gegenüber dem Verbraucher oder sonstigen Marktteilnehmer zur Ausübung von Druck, auch ohne Anwendung oder Androhung von körperlicher Gewalt, in einer Weise ausnutzt, die die Fähigkeit des Verbrauchers oder sonstigen Marktteilnehmers zu einer informierten Entscheidung wesentlich einschränkt.

위반이 소비자, 그 밖의 시장참여자(市場參與者) 또는 경쟁사업자의 이익을 뚜렷하게 침해하는 데 적합한 경우에는 그 자는 부정거래행위를 한 것이다.

제4조 경쟁사업자보호

다음 각 호의 자는 부정거래행위를 한 것이다,

1. 어느 경쟁사업자의 식별표지, 물품, 용역, 활동, 인적관계 또는 거래관계를 폄하(貶下)하거나 비방(誹謗)하는 자;
2. 그 사실이 진실한 것으로 증명되지 않는 경우로, 어느 경쟁사업자의 물품, 용역 또는 사업(에 관하여 또는 그 사업자(den Unternehmer) 또는 경영진의 구성원(ein Mitglied der Unternehmensleitung에 관하여 사업의 운영 또는 사업자의 신용을 훼손하는 데 적합한 사실을 주장 또는 유포하는 자; 비밀통신(vertrauliche Mitteilungen)에 해당하고 발신인 또는 수령인(der Mitteilende oder der Empfänger)이 그 통신에 정당한 이익을 가지는 경우에 진실에 반하는 사실이 주장되거나 유포된 때에 한하여 그 행위는 부정한 행위이다;
3. 다음 각 목의 경우에 어느 경쟁사업자의 물품 또는 용역의 모방품(eine Nachahmung der Waren oder Dienstleistungen eines Mitbewerbers)인 물품 또는 용역을 제공한 자,
   a) 물품의 출처(die betriebliche Herkunft)에 관한 구매자의 피할 수 있는 속임수를 유발하는 경우,
   b) 모방의 대상이 된 물품 또는 용역에 대한 평가(die Wertschätzung der nachgeahmten Ware oder Dienstleistung)를 부당하게 악용 또는 침해하는 경우,
   c) 모방에 필요한 지식 또는 서류를 부정직하게 얻은 경우;
4. 경쟁사업자를 고의로 방해하는 경우

제4조a 공격적(攻擊的) 거래행위

① 만일 그렇지 않았더라면[125] 소비자 또는 그 밖의 시장참여자가 그와 같이 하지 않았을(die dieser andernfalls nicht getroffen hätte) 거래상 결정을 하도록 이들을 유인하는 데에 적합한 공격적(攻擊的) 거래행위(eine aggressive geschäftliche Handlung)를 하는 자는 부정거래행위를 한 것이다. 어느 거래행위가 구체적 사안에 있어 제반사정을 고려했을 때 다음 각 호의 행위에 의하여, 소비자 또는 그 밖의 시장참여자의 결정의 자유를 현저하게 침해하는 데에 적합한 행위인 경우에는 그 거래행위를 공격적(攻擊的) 거래행위이다,

1. 성가시게 굼,
2. 물리적(物理的) 힘의 사용을 포함하여 강요,
3. 허용되지 않은 영향.

사업자가 압력을 행사하기 위하여 소비자 또는 그 밖의 시장참여자의 합리적 결정에 관한 능력을 현저하게 제한하는(die die Fähigkeit des Verbrauchers oder sonstigen Marktteilnehmers zu einer informierten Entscheidung wesentlich einschränkt) 방식으로, 소비자 또는 그 밖의 시장참여자에 대한 어떤 지배적 지위를 남용하는 때에는, 물리적 힘의 행사 또는 위협이 없다고 하더라도 허용되지 않은 영향이 있는 것이다.

(2) Bei der Feststellung, ob eine geschäftliche Handlung aggressiv im Sinne des Absatzes 1 Satz 2 ist, ist abzustellen auf

1. Zeitpunkt, Ort, Art oder Dauer der Handlung;
2. die Verwendung drohender oder beleidigender Formulierungen oder Verhaltensweisen;
3. die bewusste Ausnutzung von konkreten Unglückssituationen oder Umständen von solcher Schwere, dass sie das Urteilsvermögen des Verbrauchers oder sonstigen Marktteilnehmers beeinträchtigen, um dessen Entscheidung zu beeinflussen;
4. belastende oder unverhältnismäßige Hindernisse nichtvertraglicher Art, mit denen der Unternehmer den Verbraucher oder sonstigen Marktteilnehmer an der Ausübung seiner vertraglichen Rechte zu hindern versucht, wozu auch das Recht gehört, den Vertrag zu kündigen oder zu einer anderen Ware oder Dienstleistung oder einem anderen Unternehmer zu wechseln;
5. Drohungen mit rechtlich unzulässigen Handlungen.

Zu den Umständen, die nach Nummer 3 zu berücksichtigen sind, zählen insbesondere geistige und körperliche Beeinträchtigungen, das Alter, die geschäftliche Unerfahrenheit, die Leichtgläubigkeit, die Angst und die Zwangslage von Verbrauchern.

§ 5 Irreführende geschäftliche Handlungen

(1) Unlauter handelt, wer eine irreführende geschäftliche Handlung vornimmt, die geeignet ist, den Verbraucher oder sonstigen Marktteilnehmer zu einer geschäftlichen Entscheidung zu veranlassen, die er andernfalls nicht getroffen hätte. Eine geschäftliche Handlung ist irreführend, wenn sie unwahre Angaben enthält oder sonstige zur Täuschung geeignete Angaben über folgende Umstände enthält:

1. die wesentlichen Merkmale der Ware oder Dienstleistung wie Verfügbarkeit, Art, Ausführung, Vorteile, Risiken, Zusammensetzung, Zubehör, Verfahren oder Zeitpunkt der Herstellung, Lieferung oder Erbringung, Zwecktauglichkeit, Verwendungsmöglichkeit, Menge, Beschaffenheit, Kundendienst und Beschwerdeverfahren, geographische oder betriebliche Herkunft, von der Verwendung zu erwartende Ergebnisse oder die Ergebnisse oder wesentlichen Bestandteile von Tests der Waren oder Dienstleistungen;
2. den Anlass des Verkaufs wie das Vorhandensein eines besonderen Preisvorteils, den Preis oder die Art und Weise, in der er berechnet wird, oder die Bedingungen, unter denen die Ware geliefert oder die Dienstleistung erbracht wird;
3. die Person, Eigenschaften oder Rechte des Unternehmers wie Identität, Vermögen einschließlich der Rechte des geistigen Eigentums, den Umfang von Verpflichtungen, Befähigung, Status, Zulassung, Mitgliedschaften oder Beziehungen, Auszeichnungen oder Ehrungen, Beweggründe für die geschäftliche Handlung oder die Art des Vertriebs;

② 어느 행위가 제1항 제2문상의 공격적 행위에 해당하는지 여부를 확정함에 있어 다음 각 호가 고려되어야 한다,

1. 행위의 시기, 장소, 태양 또는 기간;
2. 위협적 또는 모욕적 표현 또는 행동(drohender oder beleidigender Formulierungen oder Verhaltensweisen)을 하는 것;
3. 구체적 불행한 상황(konkreten Unglückssituationen) 또는 소비자 또는 그 밖의 시장참여자의 판단력을 저하시킬 정도의 곤궁한 상황(Umständen von solcher Schwere)의 의도적 악용행위(bewusste Ausnutzung)으로, 그들의 결정(決定)에 대해 영향(影響)을 미치기 위한 악용행위(惡用行爲);
4. 과중(過重)하거나 과도(過度)한, 비계약적(非契約的) 종류의 방해(妨害)(Hindernisse nichtvertraglicher Art)로, 사업자가 소비자(消費者) 또는 그 밖의 시장참여자가, 계약을 해지(解止)하거나 다른 물품 또는 용역으로 교환(交換)하거나 다른 사업자(事業者)로 교체(交替)하는 권리(權利)를 포함하여 자신의 계약상(契約上) 권리(權利)의 행사(行使)하는 것을 저지(沮止)하려고 하는 방해행위;
5. 위법한(rechtlich unzulässigen) 행위에 의한 위협,

특히 소비자의 정신적 또는 신체적 장애, 연령, 무경험(無經驗), 경신(輕信), 분노 또는 궁박(窮迫)(geistige und körperliche Beeinträchtigungen, das Alter, die geschäftliche Unerfahrenheit, die Leichtgläubigkeit, die Angst und die Zwangslage)이 제3호에 따라 고려되어야 하는 제반사정에 포함된다.

제5조 오인유발적 거래행위

① 소비자 또는 그 밖의 시장참여자가 만일 그렇지 않았더라면[126] 그와 같이 하지 않았을(die er andernfalls nicht getroffen hätte) 거래상 결정을 하도록 이들을 유인(誘引)하는 데 적합한 오인유발적 거래행위를 한 자는 부정거래행위를 한 것이다. 거래행위에 다음 각 호의 사정에 대한 허위진술이나 속이는 데에 적합한 그 밖의 진술이 포함된 경우에도 오인유발적이다:

1. 효용(效用; Verfügbarkeit), 성질(性質; Art), 품질(品質; Ausführung), 편익(便益; Vorteile), 위험, 구성(構成; Zusammensetzung), 부가물(附加物; Zubehör), 생산공정 혹은 생산시기(Verfahren oder Zeitpunkt der Herstellung), 공급 혹은 제공, 목적적합성(目的適合性; Zwecktauglichkeit), 용도(用途; Verwendungsmöglichkeit), 양, 성상, 애프터서비스(Kundendienst), 고객불만처리절차(Beschwerdeverfahren), 원산지 또는 사업자의 명칭(geographische oder betriebliche Herkunft), 사용으로 기대되는 결과, 물품 또는 용역에 대한 시험 결과 또는 핵심적 요지와 같은 물품 또는 용역의 중요한 구성요소;
2. 특별한 가격상 이점의 존재와 같은 판매유인(販賣誘引), 가격 혹은 가격이 산정되는 종류 및 방식, 또는 물품 제공되거나 용역이 제공되는 조건;
3. 지적소유권상 권리(Rechte des geistigen Eigentums), 의무범위(Umfang von Verpflichtungen), 자격(Befähigung), 지위(Status), 허가(Zulassung), 제휴(提携; Mitgliedschaften) 또는 관계, 상(賞) 혹은 수훈(殊勳)(Auszeichnungen oder Ehrungen), 거래 동기(Beweggründe für die geschäftliche Handlung) 또는 판매방식(Art des Vertriebs)을 포함하여 명칭, 자산과 같은 사업자의 신원, 특성 또는 권리;

4. Aussagen oder Symbole, die im Zusammenhang mit direktem oder indirektem Sponsoring stehen oder sich auf eine Zulassung des Unternehmers oder der Waren oder Dienstleistungen beziehen;
5. die Notwendigkeit einer Leistung, eines Ersatzteils, eines Austauschs oder einer Reparatur;
6. die Einhaltung eines Verhaltenskodexes, auf den sich der Unternehmer verbindlich verpflichtet hat, wenn er auf diese Bindung hinweist, oder
7. Rechte des Verbrauchers, insbesondere solche auf Grund von Garantieversprechen oder Gewährleistungsrechte bei Leistungsstörungen.

(2) Eine geschäftliche Handlung ist auch irreführend, wenn sie im Zusammenhang mit der Vermarktung von Waren oder Dienstleistungen einschließlich vergleichender Werbung eine Verwechslungsgefahr mit einer anderen Ware oder Dienstleistung oder mit der Marke oder einem anderen Kennzeichen eines Mitbewerbers hervorruft.

(3) Angaben im Sinne von Absatz 1 Satz 2 sind auch Angaben im Rahmen vergleichender Werbung sowie bildliche Darstellungen und sonstige Veranstaltungen, die darauf zielen und geeignet sind, solche Angaben zu ersetzen.

(4) Es wird vermutet, dass es irreführend ist, mit der Herabsetzung eines Preises zu werben, sofern der Preis nur für eine unangemessen kurze Zeit gefordert worden ist. Ist streitig, ob und in welchem Zeitraum der Preis gefordert worden ist, so trifft die Beweislast denjenigen, der mit der Preisherabsetzung geworben hat.

§ 5a Irreführung durch Unterlassen

(1) Bei der Beurteilung, ob das Verschweigen einer Tatsache irreführend ist, sind insbesondere deren Bedeutung für die geschäftliche Entscheidung nach der Verkehrsauffassung sowie die Eignung des Verschweigens zur Beeinflussung der Entscheidung zu berücksichtigen.

(2) Unlauter handelt, wer im konkreten Fall unter Berücksichtigung aller Umstände dem Verbraucher eine wesentliche Information vorenthält,

1. die der Verbraucher je nach den Umständen benötigt, um eine informierte geschäftliche Entscheidung zu treffen, und
2. deren Vorenthalten geeignet ist, den Verbraucher zu einer geschäftlichen Entscheidung zu veranlassen, die er andernfalls nicht getroffen hätte.

Als Vorenthalten gilt auch

1. das Verheimlichen wesentlicher Informationen,
2. die Bereitstellung wesentlicher Informationen in unklarer, unverständlicher oder zweideutiger Weise,
3. die nicht rechtzeitige Bereitstellung wesentlicher Informationen.

(3) Werden Waren oder Dienstleistungen unter Hinweis auf deren Merkmale und Preis in einer

4. 직접적 또는 간접적 후원에 관련된 진술 또는 상징(Aussagen oder Symbole, die im Zusammenhang mit direktem oder indirektem Sponsoring stehen)이나 사업자, 물품 또는 용역에 대한 허가와 관련된 진술 또는 상징;
5. 급부, 부품, 교환 또는 수리(Leistung, eines Ersatzteils, eines Austauschs oder einer Reparatur)의 필요성;
6. 사업자가 그 구속을 언급하는 경우에 있어 그가 구속적 의무를 부담하는(auf den sich der Unternehmer verbindlich verpflichtet hat) 행동규준(行動規準)의 준수;
7. 소비자의 권리, 특히 급부장애에 있어(bei Leistungsstörungen) 보증약정 또는 담보책임법(Gewährleistungsrechte)에 기한 권리.

② 비교광고를 포함하여 상품 또는 용역의 판매에 관련하여 다른 물품 또는 용역과 혼동할 우려나 경쟁사업자의 상표 또는 그 밖의 식별표지와 혼동할 우려(eine Verwechslungsgefahr mit einer anderen Ware oder Dienstleistung oder mit der Marke oder einem anderen Kennzeichen eines Mitbewerbers)를 초래하는 거래행위도 오인유발적이다.

③ 비교광고 또는 상징적 표현의 일환으로 행해지는 사항과, 그러한 사항을 대체하는 것을 목적으로 하고 또 그와 같이 대체하는 데에 적합한 그 밖의 행사의 일환으로 행해지는 사항도 제1항 제2문상의 사항에 포함된다.

④ 어느 가격이 불합리하게 짧은 시간 동안에만 매겨진 한, 그 가격의 인하에 의해 광고하는 것은 오인유발적으로 추정한다. 그 가격이 매겨졌는지 여부, 어느 시간 동안에 매겨졌는지에 다툼이 있는 경우 가격 인하에 의해 광고한 자가 증명책임을 부담한다.

제5조a 부작위에 의한 오인유발

① 어느 사실에 대한 침묵이 오인유발적인지를 판단함에 있어, 특히 거래관념(Verkehrsauffassung)에 좇은 거래상 결정에 있어 그 침묵의 의미와, 그 결정에 대해 영향을 끼치는 데에 침묵의 적합성(die Eignung des Verschweigens)을 고려해야 한다.

② 구체적 사안에서(im konkreten Fall) 제반사정을 고려하여 소비자에게 다음의 중요한 정보를 제공하지 않은 자는 부정거래행위를 한 것이다,

1. 소비자가 제반사정에 좇아 합리적 결정을 내리기 위하여(um eine informierte geschäftliche Entscheidung zu treffen) 필요하고,
2. 그 미제공이 소비자가 만일 그렇지 않았더라면[127] 그와 같이 하지 않았을 거래상 결정을 하도록 그 소비자를 유인(誘引)하는 데에 적합한 정보.

다음 각 호도 미제공으로 본다,

1. 중요한 정보의 은폐(das Verheimlichen),
2. 중요한 정보를 모호하거나 이해하기 어렵거나 또는 다의적인 방법(in unklarer, unverständlicher oder zweideutiger Weise)으로 제공하는 것,
3. 중요한 정보를 적시에 제공하지 않는 행위.

③ 물품 또는 용역이, 그 구성요소 및 가격의 언급하에 평균적 소비자가 거래를 체결할 수 있을

dem verwendeten Kommunikationsmittel angemessenen Weise so angeboten, dass ein durchschnittlicher Verbraucher das Geschäft abschließen kann, gelten folgende Informationen als wesentlich im Sinne des Absatzes 2, sofern sie sich nicht unmittelbar aus den Umständen ergeben:

1. alle wesentlichen Merkmale der Ware oder Dienstleistung in dem dieser und dem verwendeten Kommunikationsmittel angemessenen Umfang;
2. die Identität und Anschrift des Unternehmers, gegebenenfalls die Identität und Anschrift des Unternehmers, für den er handelt;
3. der Gesamtpreis oder in Fällen, in denen ein solcher Preis auf Grund der Beschaffenheit der Ware oder Dienstleistung nicht im Voraus berechnet werden kann, die Art der Preisberechnung sowie gegebenenfalls alle zusätzlichen Fracht-, Liefer- und Zustellkosten oder in Fällen, in denen diese Kosten nicht im Voraus berechnet werden können, die Tatsache, dass solche zusätzlichen Kosten anfallen können;
4. Zahlungs-, Liefer- und Leistungsbedingungen sowie Verfahren zum Umgang mit Beschwerden, soweit sie von Erfordernissen der unternehmerischen Sorgfalt abweichen, und
5. das Bestehen eines Rechts zum Rücktritt oder Widerruf.

(4) Als wesentlich im Sinne des Absatzes 2 gelten auch Informationen, die dem Verbraucher auf Grund unionsrechtlicher Verordnungen oder nach Rechtsvorschriften zur Umsetzung unionsrechtlicher Richtlinien für kommerzielle Kommunikation einschließlich Werbung und Marketing nicht vorenthalten werden dürfen.

(5) Bei der Beurteilung, ob Informationen vorenthalten wurden, sind zu berücksichtigen:

1. räumliche oder zeitliche Beschränkungen durch das für die geschäftliche Handlung gewählte Kommunikationsmittel sowie
2. alle Maßnahmen des Unternehmers, um dem Verbraucher die Informationen auf andere Weise als durch das Kommunikationsmittel nach Nummer 1 zur Verfügung zu stellen.

(6) Unlauter handelt auch, wer den kommerziellen Zweck einer geschäftlichen Handlung nicht kenntlich macht, sofern sich dieser nicht unmittelbar aus den Umständen ergibt, und das Nichtkenntlichmachen geeignet ist, den Verbraucher zu einer geschäftlichen Entscheidung zu veranlassen, die er andernfalls nicht getroffen hätte.

§ 6 Vergleichende Werbung

(1) Vergleichende Werbung ist jede Werbung, die unmittelbar oder mittelbar einen Mitbewerber oder die von einem Mitbewerber angebotenen Waren oder Dienstleistungen erkennbar macht.

(2) Unlauter handelt, wer vergleichend wirbt, wenn der Vergleich

1. sich nicht auf Waren oder Dienstleistungen für den gleichen Bedarf oder dieselbe Zweckbestimmung bezieht,
2. nicht objektiv auf eine oder mehrere wesentliche, relevante, nachprüfbare und typische

정도 이용된 통신수단에 의해 적절한 방법으로 제공된 경우에 다음 각 호의 정보는, 그것이 제반사정으로 직접적으로 나타나지 않는 한(sofern sie sich nicht unmittelbar aus den Umständen ergeben), 제2항상의 중요한 정보로 본다,

1. 그 물품 또는 용역의 적절한 범위 내의 또한 이용된 통신수단에 대해 적절한 범위 내의 특징으로, 물품 또는 용역의 중요한 일체의 구성요소;
2. 사업자의 명칭 또는 주소, 필요하면 그 사업자가 거래하는 다른 사업자의 명칭 또는 주소(die Identität und Anschrift des Unternehmers, für den er handelt);
3. 총가격 혹은 그 총가격이 물품 또는 용역의 특성으로 말미암아 미리 산정될 수 없는 경우에 가격산정의 방식(die Art der Preisberechnung), 그리고 필요하면 일체의 추가적 운송비, 공급비 및 송달비(alle zusätzlichen Fracht-, Liefer- und Zustellkosten) 혹은 이러한 비용들이 미리 산정될 수 없는 경우에는 그와 같은 추가적 비용이 발생할 수 있다는 사실;
4. 그것들이 영업상 주의의무의 요건과 부합하지 아니하는 내에서의 지급조건, 공급조건 및 급부조건과 불만을 처리하는 절차,
5. 해제권 또는 철회권의 존재.

④ 유럽연합법상의 명령(命令)에 기하거나, 광고 또는 마케팅을 포함하여 상업적 통신에 대한 유럽연합법상의 지침(指針) 시행을 위한 법규정에 따라(nach Rechtsvorschriften zur Umsetzung unionsrechtlicher Richtlinien für kommerzielle Kommunikation einschließlich Werbung und Marketing) 소비자에게 제공되어야 하는 정보도 제2문상의 중요한 것으로 본다.

⑤ 정보가 제공되지 않은 것인지 여부를 판단함에 있어 다음 각 호가 고려되어야 한다:

1. 그 거래행위에 대해 선택된 통신수단에 의한 공간적 또는 시간적 제약(räumliche oder zeitliche Beschränkungen),
2. 제1호에 따른 통신수단에 이외의 방법에 의하여(auf andere Weise als durch das Kommunikationsmittel nach Nummer 1) 소비자에게 정보를 제공하기 위한 사업자의 모든 조치.

⑥ 그 거래행위의 상업적 목적을 표시하지 않는 자는, 그 상업적 목적이 제반사정에 기하여 직접적으로 드러나지 않고, 또한 그와 같이 표시하지 않은 것(das Nichtkenntlichmachen)이 소비자가 만일 그렇지 않았더라면 그와 같이 하지 않았을(die er andernfalls nicht getroffen hätte) 거래상 결정을 하도록 그 소비자를 유인(誘引)하는 데 적합한 한, 부정거래행위를 한 것이다.

제6조 비교광고

① 비교광고는, 경쟁사업자나 경쟁사업자가 공급한 물품 또는 용역을 직접적으로 또는 간접적으로 쉽게 분간(分揀)할 수 있게 하는 일체의 광고를 말한다.

② 비교하여 광고한 자는, 다음 각 호에 해당하는 경우에는 부정거래행위를 한 것이다,

1. 그 비교가 동일한 수요 또는 목적을 위해 공급되는(für den gleichen Bedarf oder dieselbe Zweckbestimmung) 물품 또는 용역에 대해 적용되지 않은 경우
2. 그 비교가 중요한, 관련된 검증가능하고도 전형적인 특성이나 이러한 물품 또는 용역의 가격에 대해 객관적으로 적용되지 않은 경우,

Eigenschaften oder den Preis dieser Waren oder Dienstleistungen bezogen ist,

3. im geschäftlichen Verkehr zu einer Gefahr von Verwechslungen zwischen dem Werbenden und einem Mitbewerber oder zwischen den von diesen angebotenen Waren oder Dienstleistungen oder den von ihnen verwendeten Kennzeichen führt,
4. den Ruf des von einem Mitbewerber verwendeten Kennzeichens in unlauterer Weise ausnutzt oder beeinträchtigt,
5. die Waren, Dienstleistungen, Tätigkeiten oder persönlichen oder geschäftlichen Verhältnisse eines Mitbewerbers herabsetzt oder verunglimpft oder
6. eine Ware oder Dienstleistung als Imitation oder Nachahmung einer unter einem geschützten Kennzeichen vertriebenen Ware oder Dienstleistung darstellt.

§ 7 Unzumutbare Belästigungen

(1) Eine geschäftliche Handlung, durch die ein Marktteilnehmer in unzumutbarer Weise belästigt wird, ist unzulässig. Dies gilt insbesondere für Werbung, obwohl erkennbar ist, dass der angesprochene Marktteilnehmer diese Werbung nicht wünscht.

(2) Eine unzumutbare Belästigung ist stets anzunehmen

1. bei Werbung unter Verwendung eines in den Nummern 2 und 3 nicht aufgeführten, für den Fernabsatz geeigneten Mittels der kommerziellen Kommunikation, durch die ein Verbraucher hartnäckig angesprochen wird, obwohl er dies erkennbar nicht wünscht;
2. bei Werbung mit einem Telefonanruf gegenüber einem Verbraucher ohne dessen vorherige ausdrückliche Einwilligung oder gegenüber einem sonstigen Marktteilnehmer ohne dessen zumindest mutmaßliche Einwilligung,
3. bei Werbung unter Verwendung einer automatischen Anrufmaschine, eines Faxgerätes oder elektronischer Post, ohne dass eine vorherige ausdrückliche Einwilligung des Adressaten vorliegt, oder
4. bei Werbung mit einer Nachricht,
   a) bei der die Identität des Absenders, in dessen Auftrag die Nachricht übermittelt wird, verschleiert oder verheimlicht wird oder
   b) bei der gegen § 6 Absatz 1 des Telemediengesetzes verstoßen wird oder in der der Empfänger aufgefordert wird, eine Website aufzurufen, die gegen diese Vorschrift verstößt, oder
   c) bei der keine gültige Adresse vorhanden ist, an die der Empfänger eine Aufforderung zur Einstellung solcher Nachrichten richten kann, ohne dass hierfür andere als die Übermittlungskosten nach den Basistarifen entstehen.

(3) Abweichend von Absatz 2 Nummer 3 ist eine unzumutbare Belästigung bei einer Werbung unter Verwendung elektronischer Post nicht anzunehmen, wenn

1. ein Unternehmer im Zusammenhang mit dem Verkauf einer Ware oder Dienstleistung von dem

3. 그 비교가 상거래에서 광고하는 자와 경쟁사업자 간의 혼동이나 이들이 공급하는 물품들 또는 용역들 간의 혼동 또는 이들이 사용하는 식별표지들 간의 혼동을 할 우려(einer Gefahr von Verwechslungen)를 초래(招來)하는 경우,
4. 그 비교가 경쟁사업자가 사용하는 식별표지(Kennzeichens)의 평판(評判; Ruf)을 부정한 방법으로 악용 또는 침해하는 경우,
5. 그 비교가 경쟁사업자의 물품, 용역, 활동, 개인적 관계 또는 사업적 관계를 폄하(貶下)하거나 비방(誹謗)하는 경우,
6. 그 비교가 어느 물품 또는 용역에 대하여 보호를 받는 식별표지(識別標識)가 붙어 유통되는 물품 또는 용역의 모조품(模造品) 또는 모방품(模倣品)으로 표시하는 경우.

제7조 부당하게 성가시게 하는 것

① 어느 시장참여자를 부당한 방법으로 성가시게 하는 거래행위(durch die ein Marktteilnehmer in unzumutbarer Weise belästigt wird)는 허용되지 아니한다. 특히 언급된 시장참여자가 이러한 광고를 원하지 않는 것으로 인식할 수 있음에도 행하는 광고에 대해서도 또한 같다.

② 다음 각 호의 광고는 항상 부당하게 성가시게 구는 것으로 본다.

1. 소비자기 이를 원하지 않는다는 것을 인식할 수 있음에도 소비자에게 집요하게 그 의사를 전달하게 하는, 통신판매에 적합한 상업적 통신수단으로, 제2호, 제3호에서 명시되지 않은unter Verwendung eines in den Nummern 2 und 3 nicht aufgeführten) 통신수단을 사용하는 광고,
2. 소비자의 명시적인 사전동의를 얻지 않고서 소비자에 대하여 전화를 거는 행위에 의한 광고나, 소비자 최소한의 추정적(推定的) 동의를 얻지 않고서 그 밖의 시장참여자에 대하여 전화를 거는 행위에 의한 광고,
3. 수신인의 명시적인 사전동의가 없음에도 자동전화기, 팩스기, 전자우편(unter Verwendung einer automatischen Anrufmaschine, eines Faxgerätes oder elektronischer Post)을 사용하는 광고(廣告).
4. 다음 각 목의 통신에 의한 광고,
   a) 그 통신의 전송을 요구하는 발신인의 신원(身元))der die Identität des Absenders)을 숨기거나 은폐하는 통신,
   b) 원격미디어법(Telemediengesetz) 제6조 제1항에 위반되거나 수신인에게 이러한 규정을 위반하는 웹사이트에 접속하도록 요구하는(eine Website aufzurufen, die gegen diese Vorschrift verstößt) 통신,
   c) 수신인이 그러한 통신의 중단 요구를 보낼 수 있는 유효한 주소가 없는 통신, 이에 대하여 기본요율표에 따른 전송비 이외의 전송비가 발생하는 경우는 제외한다(ohne dass hierfür andere als die Übermittlungskosten nach den Basistarifen entstehen).

③ 제2항 제3호와 달리, 전자우편을 사용한 광고에서 다음 각 호의 경우에는 부당하게 성가시게 하는 것으로 보지 않는다,

1. 어느 사업자가 물품 또는 용역의 판매와 관련하여 고객에게서 고객의 전자우편주소(dessen

Kunden dessen elektronische Postadresse erhalten hat,

2. der Unternehmer die Adresse zur Direktwerbung für eigene ähnliche Waren oder Dienstleistungen verwendet,
3. der Kunde der Verwendung nicht widersprochen hat und
4. der Kunde bei Erhebung der Adresse und bei jeder Verwendung klar und deutlich darauf hingewiesen wird, dass er der Verwendung jederzeit widersprechen kann, ohne dass hierfür andere als die Übermittlungskosten nach den Basistarifen entstehen.

Kapitel 2 Rechtsfolgen

§ 8 Beseitigung und Unterlassung

(1) Wer eine nach § 3 oder § 7 unzulässige geschäftliche Handlung vornimmt, kann auf Beseitigung und bei Wiederholungsgefahr auf Unterlassung in Anspruch genommen werden. Der Anspruch auf Unterlassung besteht bereits dann, wenn eine derartige Zuwiderhandlung gegen § 3 oder § 7 droht.

(2) Werden die Zuwiderhandlungen in einem Unternehmen von einem Mitarbeiter oder Beauftragten begangen, so sind der Unterlassungsanspruch und der Beseitigungsanspruch auch gegen den Inhaber des Unternehmens begründet.

(3) Die Ansprüche aus Absatz 1 stehen zu:

1. jedem Mitbewerber;
2. rechtsfähigen Verbänden zur Förderung gewerblicher oder selbständiger beruflicher Interessen, soweit ihnen eine erhebliche Zahl von Unternehmern angehört, die Waren oder Dienstleistungen gleicher oder verwandter Art auf demselben Markt vertreiben, wenn sie insbesondere nach ihrer personellen, sachlichen und finanziellen Ausstattung imstande sind, ihre satzungsmäßigen Aufgaben der Verfolgung gewerblicher oder selbständiger beruflicher Interessen tatsächlich wahrzunehmen und soweit die Zuwiderhandlung die Interessen ihrer Mitglieder berührt;
3. qualifizierten Einrichtungen, die nachweisen, dass sie in der Liste der qualifizierten Einrichtungen nach § 4 des Unterlassungsklagengesetzes oder in dem Verzeichnis der Europäischen Kommission nach Artikel 4 Absatz 3 der Richtlinie 2009/22/EG des Europäischen Parlaments und des Rates vom 23. April 2009 über Unterlassungsklagen zum Schutz der Verbraucherinteressen (ABl. L 110 vom 1.5.2009, S. 30) eingetragen sind;
4. den Industrie- und Handelskammern oder den Handwerkskammern.

(4) Die Geltendmachung der in Absatz 1 bezeichneten Ansprüche ist unzulässig, wenn sie unter Berücksichtigung der gesamten Umstände missbräuchlich ist, insbesondere wenn sie vorwiegend dazu dient, gegen den Zuwiderhandelnden einen Anspruch auf Ersatz von Aufwendungen oder Kosten der Rechtsverfolgung entstehen zu lassen. In diesen Fällen kann der Anspruchsgegner

elektronische Postadresse)를 받은 경우,

2. 사업자가 자신의 유사한 물품 또는 용역(eigene ähnliche Waren oder Dienstleistungen)에 대한 직접광고를 하기 위해 그 주소를 사용하는 경우,
3. 고객이 그 사용에 대하여 이의를 제기하지 않은 경우,
4. 주소 수집시 및 그 주소 사용시마다 분명하고 이해하기 쉽게 고객이 그 사용에 대해 언제든지 이의를 제기할 수 있다는 점이 고객에게 언급된 경우, 이에 대해 기본요율에 따른 전송비 이외의 전송비가 발생하는 경우는 제외한다.

제2장 법률효과

제8조 제거와 금지

① 제3조 또는 제7조에 따라 허용되지 않는 거래행위를 한 자에 대하여 결과제거청구권(結果除去請求權)과 반복우려가 있는 경우에는 금지청구권이 행사될 수 있다. 제3조 또는 제7조에 대한 그러한 위반행위가 임박(臨迫)한 경우에(wenn eine derartige Zuwiderhandlung gegen § 3 oder § 7 droht)도 금지청구권이 이미 성립한 것이다.

② 어느 기업에서 직원 또는 대리인에 의해 위반행위가 자행된 경우에 금지청구권과 결과제거청구권(結果除去請求權)은 사업의 보유주에 대해서도 성립한다.

③ 제1항에 기한 청구권은 다음 각 호의 자에게 귀속된다:

1. 각 경쟁사업자;
2. 그 위반행위에 의해 그 회원의 이익이 영향을 받는 범위 내에서, 영업이익 또는 독립적 직업이익을 증진하기 위한 권리능력이 있는 사단, 다만, 그 사단은 특히 자신의 인적·물질적·재정적 여건에 좇아 영업이익 또는 독립적 직업이익의 추구라는 자신의 정관상의 임무를 실제로 수행할 수 있어야 하고(wenn sie insbesondere nach ihrer personellen, sachlichen und finanziellen Ausstattung imstande sind, ihre satzungsmäßigen Aufgaben der Verfolgung gewerblicher oder selbständiger beruflicher Interessen tatsächlich wahrzunehmen), 동종 또는 유사한 종류의 물품 또는 서비스를 동일(同一) 시장(市場)에서 판매(販賣)하는, 상당한 수의 기업을 회원으로 두고 있는 있어야 한다.
3. 자신이, 금지소송법 제4조에 따른 자격을 갖춘 단체들에 대한 명부(名簿) 또는 「소비자(消費者) 권익(權益) 보호를 위한 금지소송에 관한(über Unterlassungsklagen zum Schutz der Verbraucherinteressen) 2009년 4월 23일 유럽연합 의회 및 이사회의 2009/22/EG호 지침」(ABl. L 110 vom 1.5.2009, S. 30) 제4조 제3항에 따른 유럽연합집행위원회의 명부에(in dem Verzeichnis der Europäischen Kommission) 등재된 것을 증명한 자격을 갖춘 단체,
4. 상공회의소(商工會議所) 또는 수공업회의소(手工業會議所).

④ 제1항상의 청구권의 행사가 제반사정을 고려했을 때 남용으로 인정된 경우에(wenn sie unter Berücksichtigung der gesamten Umstände missbräuchlich ist), 특히 그 행사가 주로, 위반행위자에 대하여 권리행사의 비용 또는 경비에 대한 배상청구권을 발생하게(gegen den Zuwiderhandelnden einen Anspruch auf Ersatz von Aufwendungen oder Kosten der Rechtsverfolgung entstehen zu

Ersatz der für seine Rechtsverteidigung erforderlichen Aufwendungen verlangen. Weiter gehende Ersatzansprüche bleiben unberührt.

(5) § 13 des Unterlassungsklagengesetzes ist entsprechend anzuwenden; in § 13 Absatz 1 und 3 Satz 2 des Unterlassungsklagengesetzes treten an die Stelle der dort aufgeführten Ansprüche nach dem Unterlassungsklagengesetz die Ansprüche nach dieser Vorschrift. Im Übrigen findet das Unterlassungsklagengesetz keine Anwendung, es sei denn, es liegt ein Fall des § 4a des Unterlassungsklagengesetzes vor.

§ 9 Schadensersatz

Wer vorsätzlich oder fahrlässig eine nach § 3 oder § 7 unzulässige geschäftliche Handlung vornimmt, ist den Mitbewerbern zum Ersatz des daraus entstehenden Schadens verpflichtet. Gegen verantwortliche Personen von periodischen Druckschriften kann der Anspruch auf Schadensersatz nur bei einer vorsätzlichen Zuwiderhandlung geltend gemacht werden.

§ 10 Gewinnabschöpfung

(1) Wer vorsätzlich eine nach § 3 oder § 7 unzulässige geschäftliche Handlung vornimmt und hierdurch zu Lasten einer Vielzahl von Abnehmern einen Gewinn erzielt, kann von den gemäß § 8 Absatz 3 Nummer 2 bis 4 zur Geltendmachung eines Unterlassungsanspruchs Berechtigten auf Herausgabe dieses Gewinns an den Bundeshaushalt in Anspruch genommen werden.

(2) Auf den Gewinn sind die Leistungen anzurechnen, die der Schuldner auf Grund der Zuwiderhandlung an Dritte oder an den Staat erbracht hat. Soweit der Schuldner solche Leistungen erst nach Erfüllung des Anspruchs nach Absatz 1 erbracht hat, erstattet die zuständige Stelle des Bundes dem Schuldner den abgeführten Gewinn in Höhe der nachgewiesenen Zahlungen zurück.

(3) Beanspruchen mehrere Gläubiger den Gewinn, so gelten die §§ 428 bis 430 des Bürgerlichen Gesetzbuchs entsprechend.

(4) Die Gläubiger haben der zuständigen Stelle des Bundes über die Geltendmachung von Ansprüchen nach Absatz 1 Auskunft zu erteilen. Sie können von der zuständigen Stelle des Bundes Erstattung der für die Geltendmachung des Anspruchs erforderlichen Aufwendungen verlangen, soweit sie vom Schuldner keinen Ausgleich erlangen können. Der Erstattungsanspruch ist auf die Höhe des an den Bundeshaushalt abgeführten Gewinns beschränkt.

(5) Zuständige Stelle im Sinn der Absätze 2 und 4 ist das Bundesamt für Justiz.

§ 11 Verjährung

(1) Die Ansprüche aus den §§ 8, 9 und 12 Absatz 1 Satz 2 verjähren in sechs Monaten.

(2) Die Verjährungsfrist beginnt, wenn

1. der Anspruch entstanden ist und
2. der Gläubiger von den den Anspruch begründenden Umständen und der Person des Schuldners

lassen) 할 목적인 경우에는 그 행사는 허용되지 아니한다. 이러한 경우에 그 위반행위자는 자신의 권리방어에 필요한 비용의 상환(償還)을 청구할 수 있다. 추가적 배상청구권은 영향을 받지 아니한다.
⑤ 금지소송법(Unterlassungsklagengesetz) 제13조를 준용한다; 금지소송법 제13조 제1항, 제3항 제2문과 관련하여 이러한 규정에 따른 청구권(die Ansprüche nach dieser Vorschrift)이 그 조항에서 적시된 금지소송법에 따른 청구권에 갈음한다. 그 밖에 금지소송법은 적용하지 아니하되, 금지소송법 제4조a상의 사안인 경우에는(es liegt ein Fall des § 4a des Unterlassungsklagengesetzes vor) 그러하지 아니하다.

제9조 손해배상

제3조 또는 제7조에 따라 허용되지 않는 거래행위를 고의 또는 과실로 하는 자는 이로 인하여 발생한 손해를 경쟁사업자에게 배상할 의무를 진다. 고의에 의한 위반행위에 한하여(nur bei einer vorsätzlichen Zuwiderhandlung) 정기간행물 책임자에 대하여(Gegen verantwortliche Personen von periodischen Druckschriften) 손해배상청구권(der Anspruch auf Schadensersatz)을 행사할 수 있다.

제10조 이익환수(利益還收)

① 고의로 제3조 또는 제7조에 따라 허용되지 않는 거래행위를 하고 이에 의하여 많은 수의 구매자의 부담으로 이익을 얻으려고 한 자에 대하여, 제8조 제3항 제2호 내지 제4호에 따라 금지청구권 행사를 할 수 있는 권리자는 이러한 이익에 대해 연방예산(Bundeshaushalt)으로의 반환청구권을 행사(dieses Gewinns an den Bundeshaushalt in Anspruch genommen werden)할 수 있다.
② 반환채무자가 위반행위에 기하여 제3자에 또는 국가에 대하여 제공한 급부는 그 이익에 산입되어야 한다. 반환채무자가 그러한 급부를 제1항에 따른 청구권 이행 후에 비로소 이행한 범위 내에서(Soweit der Schuldner solche Leistungen erst nach Erfüllung des Anspruchs nach Absatz 1 erbracht hat), 연방정부의 관할 기관이 반환채무자에게 증명된 지급액 내의 지급된 이익을 상환한다.
③ 여러 청구권자가 이익을 청구하는 경우(Beanspruchen mehrere Gläubiger den Gewinn)에 민법전 제428조 내지 제430조를 준용한다.
④ 반환채권자가 연방정부의 관할 기관에 제1항에 따른 청구권의 행사에 관하여 통지해야 한다. 반환채권자는, 자신이 반환채무자에게서 보상을 받을 수 없는 범위 내에서(soweit sie vom Schuldner keinen Ausgleich erlangen können) 연방정부의 관할 기관에 그 청구권 행사에 필요한 비용의 상환(Erstattung der für die Geltendmachung des Anspruchs erforderlichen Aufwendungen)을 청구할 수 있다. 반환청구권(Der Erstattungsanspruch)은 국고에 지급된 이익액에 국한된다.
⑤ 제2항과 제4항상의 관할 기관은 연방법무청이다.

제11조 소멸시효

① 제8조, 제9조, 제12조 제1항 제2문에 기한 청구권은 6개월의 소멸시효(消滅時效)에 걸린다.
② 그 소멸시효기간은 다음의 때로부터 기산(起算)한다,
1. 청구권이 발생하고,
2. 반환채권자가 청구권을 성립하게 한 사정과 반환채무자의 신원(身元)을 알게 되거나 중과실 없

Kenntnis erlangt oder ohne grobe Fahrlässigkeit erlangen müsste.

(3) Schadensersatzansprüche verjähren ohne Rücksicht auf die Kenntnis oder grob fahrlässige Unkenntnis in zehn Jahren von ihrer Entstehung, spätestens in 30 Jahren von der den Schaden auslösenden Handlung an.

(4) Andere Ansprüche verjähren ohne Rücksicht auf die Kenntnis oder grob fahrlässige Unkenntnis in drei Jahren von der Entstehung an.

Kapitel 3 Verfahrensvorschriften

§ 12 Anspruchsdurchsetzung, Veröffentlichungsbefugnis, Streitwertminderung

(1) Die zur Geltendmachung eines Unterlassungsanspruchs Berechtigten sollen den Schuldner vor der Einleitung eines gerichtlichen Verfahrens abmahnen und ihm Gelegenheit geben, den Streit durch Abgabe einer mit einer angemessenen Vertragsstrafe bewehrten Unterlassungsverpflichtung beizulegen. Soweit die Abmahnung berechtigt ist, kann der Ersatz der erforderlichen Aufwendungen verlangt werden.

(2) Zur Sicherung der in diesem Gesetz bezeichneten Ansprüche auf Unterlassung können einstweilige Verfügungen auch ohne die Darlegung und Glaubhaftmachung der in den §§ 935 und 940 der Zivilprozessordnung bezeichneten Voraussetzungen erlassen werden.

(3) Ist auf Grund dieses Gesetzes Klage auf Unterlassung erhoben worden, so kann das Gericht der obsiegenden Partei die Befugnis zusprechen, das Urteil auf Kosten der unterliegenden Partei öffentlich bekannt zu machen, wenn sie ein berechtigtes Interesse dartut. Art und Umfang der Bekanntmachung werden im Urteil bestimmt. Die Befugnis erlischt, wenn von ihr nicht innerhalb von drei Monaten nach Eintritt der Rechtskraft Gebrauch gemacht worden ist. Der Ausspruch nach Satz 1 ist nicht vorläufig vollstreckbar.

(4) Macht eine Partei in Rechtsstreitigkeiten, in denen durch Klage ein Anspruch aus einem der in diesem Gesetz geregelten Rechtsverhältnisse geltend gemacht wird, glaubhaft, dass die Belastung mit den Prozesskosten nach dem vollen Streitwert ihre wirtschaftliche Lage erheblich gefährden würde, so kann das Gericht auf ihren Antrag anordnen, dass die Verpflichtung dieser Partei zur Zahlung von Gerichtskosten sich nach einem ihrer Wirtschaftslage angepassten Teil des Streitwerts bemisst. Die Anordnung hat zur Folge, dass

1. die begünstigte Partei die Gebühren ihres Rechtsanwalts ebenfalls nur nach diesem Teil des Streitwerts zu entrichten hat,
2. die begünstigte Partei, soweit ihr Kosten des Rechtsstreits auferlegt werden oder soweit sie diese übernimmt, die von dem Gegner entrichteten Gerichtsgebühren und die Gebühren seines Rechtsanwalts nur nach dem Teil des Streitwerts zu erstatten hat und
3. der Rechtsanwalt der begünstigten Partei, soweit die außergerichtlichen Kosten dem Gegner

이 알지 못했던 때.

③ 손해배상청구권은 지(知) 또는 중과실에 의한 부지(不知)를 불문하고 그 발생시로부터 10년, 늦어도 손해를 발생시킨 행위시로부터 30년(spätestens in 30 Jahren von der den Schaden auslösenden Handlung an)의 소멸시효에 걸린다.

④ 그 밖의 청구권은 지(知) 또는 중과실에 기한 부지(不知)를 불문하고 발생시로부터 3년의 소멸시효에 걸린다.

제3장 절차규정

제12조 청구권 실현, 공표권, 소가의 감액

① 금지청구권을 행사할 수 있는 권리자(Die zur Geltendmachung eines Unterlassungsanspruchs Berechtigten)는 반환채무자에게 재판절차의 개시 전에 계고(戒告) 해야 하고, 그에게 상당한 위약금의 부과로 담보되는 금지의무의 통지에 의하여 분쟁을 해결할(den Streit durch Abgabe einer mit einer angemessenen Vertragsstrafe bewehrten Unterlassungsverpflichtung beizulegen) 기회를 부여해야 한다. 그 계고가 정당한 경우 필요한 비용의 배상이 청구될 수 있다.

② 민사소송법 제935조, 제940조상의 요건에 대한 주장(主張; Darlegung)과 소명(疏明; Glaubhaftmachung)이 없더라도 이 법상의 금지청구권을 보전하기 위하여(Zur Sicherung der in diesem Gesetz bezeichneten Ansprüche auf Unterlassung) 가처분(假處分)이 발령될 수 있다.

③ 이 법에 기하여 금지소송이 제기되는 경우에(Ist auf Grund dieses Gesetzes Klage auf Unterlassung erhoben worden) 법원은 승소(勝訴)한 당사자에게 그가 정당한 이익이 있는 소명한 때에는, 판결을 패소한 당사자의 비용으로 판결을 공시할 수 있는 권리를 부여할 수 있다. 확정력이 발생한 때로부터 3개월 이내에 그러한 권한이 행사되지 않은 때에는(wenn von ihr nicht innerhalb von drei Monaten nach Eintritt der Rechtskraft Gebrauch gemacht worden ist) 그 권리는 소멸한다. 제1문에 따른 청구권은 가집행할 수 없다.

④ 어느 당사자가 이 법에서 규율되는 법률관계에서 기한 청구권이 소로써 주장되는 민사소송사건에서 전체 소가에 따른 소송비용에 의한 그 부담으로 인해 그 경제적 상태가 현저하게 위태로워질 수 있다는 점을 소명(疏明)한 경우에 법원은 그 당사자의 신청에 따라 소송비용의 지급에 관한 그 당사자의 의무가 그의 경제적 상태에 따라 조정된 일부 소가에 좇아(nach einem ihrer Wirtschaftslage angepassten Teil des Streitwerts) 산정되도록 명령할 수 있다. 이러한 명령으로 인해,

1. 그와 같이 혜택을 받은 당사자(die begünstigte Partei)는 그 변호사보수도 이러한 일부 소가에 따라 산정해서만 지급해야 한다,
2. 그와 같이 혜택을 받은 당사자는, 자신의 소송비용을 부과받거나 그러한 비용을 책임지는 범위 내에서(soweit ihr Kosten des Rechtsstreits auferlegt werden oder soweit sie diese übernimmt), 상대방에 의해 지급될 소송비용과 그의 변호사보수를 이러한 일부 소가에 따라서만 상환해야 한다.
3. 그와 같이 혜택을 받은 당사자의 변호사는, 법정비용 이외의 비용이 상대방에게 부과되거나 상

auferlegt oder von ihm übernommen werden, seine Gebühren von dem Gegner nach dem für diesen geltenden Streitwert beitreiben kann.

(5) Der Antrag nach Absatz 4 kann vor der Geschäftsstelle des Gerichts zur Niederschrift erklärt werden. Er ist vor der Verhandlung zur Hauptsache anzubringen. Danach ist er nur zulässig, wenn der angenommene oder festgesetzte Streitwert später durch das Gericht heraufgesetzt wird. Vor der Entscheidung über den Antrag ist der Gegner zu hören.

§ 13 Sachliche Zuständigkeit

(1) Für alle bürgerlichen Rechtsstreitigkeiten, mit denen ein Anspruch auf Grund dieses Gesetzes geltend gemacht wird, sind die Landgerichte ausschließlich zuständig. Es gilt § 95 Absatz 1 Nummer 5 des Gerichtsverfassungsgesetzes.

(2) Die Landesregierungen werden ermächtigt, durch Rechtsverordnung für die Bezirke mehrerer Landgerichte eines von ihnen als Gericht für Wettbewerbsstreitsachen zu bestimmen, wenn dies der Rechtspflege in Wettbewerbsstreitsachen, insbesondere der Sicherung einer einheitlichen Rechtsprechung, dienlich ist. Die Landesregierungen können die Ermächtigung auf die Landesjustizverwaltungen übertragen.

§ 14 Örtliche Zuständigkeit

(1) Für Klagen auf Grund dieses Gesetzes ist das Gericht zuständig, in dessen Bezirk der Beklagte seine gewerbliche oder selbständige berufliche Niederlassung oder in Ermangelung einer solchen seinen Wohnsitz hat. Hat der Beklagte auch keinen Wohnsitz, so ist sein inländischer Aufenthaltsort maßgeblich.

(2) Für Klagen auf Grund dieses Gesetzes ist außerdem nur das Gericht zuständig, in dessen Bezirk die Handlung begangen ist. Satz 1 gilt für Klagen, die von den nach § 8 Absatz 3 Nummer 2 bis 4 zur Geltendmachung eines Unterlassungsanspruchs Berechtigten erhoben werden, nur dann, wenn der Beklagte im Inland weder eine gewerbliche oder selbständige berufliche Niederlassung noch einen Wohnsitz hat.

§ 15 Einigungsstellen

(1) Die Landesregierungen errichten bei Industrie- und Handelskammern Einigungsstellen zur Beilegung von bürgerlichen Rechtsstreitigkeiten, in denen ein Anspruch auf Grund dieses Gesetzes geltend gemacht wird (Einigungsstellen).

(2) Die Einigungsstellen sind mit einer vorsitzenden Person, die die Befähigung zum Richteramt nach dem Deutschen Richtergesetz hat, und beisitzenden Personen zu besetzen. Als beisitzende Personen werden im Falle einer Anrufung durch eine nach § 8 Absatz 3 Nummer 3 zur Geltendmachung eines Unterlassungsanspruchs berechtigte qualifizierte Einrichtung Unternehmer und Verbraucher in gleicher Anzahl tätig, sonst mindestens zwei sachverständige Unternehmer.

대방이 이를 책임지는 범위 내에서 이와 같이 적용되는 소가에 좇아 그 상대방에게서 자신의 보수를 받아낼 수 있다.

⑤ 제4항에 따른 신청은 법원 등기소의 조서에 진술될 수 있다(vor der Geschäftsstelle des Gerichts zur Niederschrift erklärt werden). 그 신청은 본안에 관한 심리에서 추가로 진술해야 한다. 이에 따라 그 신청은 추정되거나 정해진 소가가 법원에 의해 추후 인하된 경우에 한하여 적법하다. 그 신청에 대해 재판을 하기 전에 상대방에 대해 심문(審問)해야 한다(ist der Gegner zu hören).

제13조 사물관할

① 이 법에 기하여 청구권이 주장되는 모든 민사소송사건에 대하여(Für alle bürgerlichen Rechtsstreitigkeiten) 주일반지방법원(州一般地方法院)이 전속적으로 관할한다. 법원조직법 제95조 제1항 제1호를 적용한다.

② 주정부(州政府)는, 이것이 경쟁법분쟁사건에서의 사법기능에, 특히 재판의 통일에 기여(insbesondere der Sicherung einer einheitlichen Rechtsprechung, dienlich)하는 경우에, 법규명령으로 여러 주일반지방법원(州一般地方法院; Landgerichte)들 중 하나의 주일반지방법원이 여러 주일반지방법원(州一般地方法院; Landgerichte)들을 관할하는 것으로 하여 그 한 주일반지방법원을 경쟁법분쟁사건을 담당하는 법원으로 지정할 권한을 갖는다. 주정부는 이러한 권한을 법규명령으로 주법무부(Landesjustizverwaltungen)에 이양할 수 있다.

제14조 토지관할

① 피고의 영업소 또는 독립적 사업소(seine gewerbliche oder selbständige berufliche Niederlassung)나, 이러한 것들이 없는 경우에 피고의 주소를 관할하는 법원이 이 법에 기한 소송을 관할한다. 피고의 주소도 없는 경우에 독일 내 그의 거소(sein inländischer Aufenthaltsort)를 기준으로 한다.

② 그 행위가 있었던 지역을 관할하는(in dessen Bezirk die Handlung begangen ist) 법원도 이 법에 기한 소송을 관할한다. 피고가 독일 내에서 영업소 또는 독립적 사업소도 주소도 두지 않은 경우에, 제8조 제3항 제2호 내지 제4호에 따라 금지청구권을 주장할 수 있는 권리자가 제기한 소송에 대하여 제1문을 적용한다.

제15조 조정위원회

① 주정부는 상공회의소(bei Industrie- und Handelskammern Einigungsstellen)에 이 법에 기하여 청구권이 주장되는 민사분쟁사건의 해결을 위한 조정위원회('조정위원회'; Einigungsstellen)를 설치한다.

② 조정위원회는 독일법관법에 따른 법관직 자격을 갖춘(die die Befähigung zum Richteramt nach dem Deutschen Richtergesetz hat) 1명의 의장과, 조정위원들 (beisitzenden Personen)로 구성된다. 제8조 제3항 제3호에 따라 금지청구권을 주장할 수 있는 권리자인 자격을 갖춘 단체에 의해 신청이 있는 경우(im Falle einer Anrufung durch eine nach § 8 Absatz 3 Nummer 3 zur Geltendmachung eines Unterlassungsanspruchs berechtigte qualifizierte Einrichtung)에 사업자 및 소비자가 동수로 선임(選任)되어, 그렇지 않은 경우에 최소한 2명의 전문가인 사업자가 선임되어

Die vorsitzende Person soll auf dem Gebiet des Wettbewerbsrechts erfahren sein. Die beisitzenden Personen werden von der vorsitzenden Person für den jeweiligen Streitfall aus einer alljährlich für das Kalenderjahr aufzustellenden Liste berufen. Die Berufung soll im Einvernehmen mit den Parteien erfolgen. Für die Ausschließung und Ablehnung von Mitgliedern der Einigungsstelle sind die §§ 41 bis 43 und § 44 Absatz 2 bis 4 der Zivilprozessordnung entsprechend anzuwenden. Über das Ablehnungsgesuch entscheidet das für den Sitz der Einigungsstelle zuständige Landgericht (Kammer für Handelssachen oder, falls es an einer solchen fehlt, Zivilkammer).

(3) Die Einigungsstellen können bei bürgerlichen Rechtsstreitigkeiten, in denen ein Anspruch auf Grund dieses Gesetzes geltend gemacht wird, angerufen werden, wenn der Gegner zustimmt. Soweit die Wettbewerbshandlungen Verbraucher betreffen, können die Einigungsstellen von jeder Partei zu einer Aussprache mit dem Gegner über den Streitfall angerufen werden; einer Zustimmung des Gegners bedarf es nicht.

(4) Für die Zuständigkeit der Einigungsstellen ist § 14 entsprechend anzuwenden.

(5) Die der Einigungsstelle vorsitzende Person kann das persönliche Erscheinen der Parteien anordnen. Gegen eine unentschuldigt ausbleibende Partei kann die Einigungsstelle ein Ordnungsgeld festsetzen. Gegen die Anordnung des persönlichen Erscheinens und gegen die Festsetzung des Ordnungsgeldes findet die sofortige Beschwerde nach den Vorschriften der Zivilprozessordnung an das für den Sitz der Einigungsstelle zuständige Landgericht (Kammer für Handelssachen oder, falls es an einer solchen fehlt, Zivilkammer) statt.

(6) Die Einigungsstelle hat einen gütlichen Ausgleich anzustreben. Sie kann den Parteien einen schriftlichen, mit Gründen versehenen Einigungsvorschlag machen. Der Einigungsvorschlag und seine Begründung dürfen nur mit Zustimmung der Parteien veröffentlicht werden.

(7) Kommt ein Vergleich zustande, so muss er in einem besonderen Schriftstück niedergelegt und unter Angabe des Tages seines Zustandekommens von den Mitgliedern der Einigungsstelle, welche in der Verhandlung mitgewirkt haben, sowie von den Parteien unterschrieben werden. Aus einem vor der Einigungsstelle geschlossenen Vergleich findet die Zwangsvollstreckung statt; § 797a der Zivilprozessordnung ist entsprechend anzuwenden.

(8) Die Einigungsstelle kann, wenn sie den geltend gemachten Anspruch von vornherein für unbegründet oder sich selbst für unzuständig erachtet, die Einleitung von Einigungsverhandlungen ablehnen.

(9) Durch die Anrufung der Einigungsstelle wird die Verjährung in gleicher Weise wie durch Klageerhebung gehemmt. Kommt ein Vergleich nicht zustande, so ist der Zeitpunkt, zu dem das Verfahren beendet ist, von der Einigungsstelle festzustellen. Die vorsitzende Person hat dies den Parteien mitzuteilen.

(10) Ist ein Rechtsstreit der in Absatz 3 Satz 2 bezeichneten Art ohne vorherige Anrufung der

조정위원으로 활동할 수 있다. 의장은 경쟁법분야에 경험이 있어야 한다. 조정위원은, 의장에 의해 그때그때의 분쟁에 대하여 매년 역년(歷年) 동안에 작성되는 목록에 기하여(aus einer alljährlich für das Kalenderjahr aufzustellenden Liste) 지명된다. 그 지명은 당사들과 합의하에 이뤄진다. 조정위원회의 위원의 제척 및 기피에 대하여(Für die Ausschließung und Ablehnung von Mitgliedern der Einigungsstelle) 민사소송법 제41조 내지 제43조, 제44조 제2항 내지 제4항을 준용한다. 기피신청에 대하여(Über das Ablehnungsgesuch) 조정위원회의 주소를 관할하는 주일반지방법원[상사재판부(Kammer für Handelssachen) 또는 그것이 없는 경우에 민사재판부(Zivilkammer)]이 결정한다.

③ 조정위원회는, 피신청인이 동의하는 경우에(wenn der Gegner zustimmt) 이 법에 기하여 청구권이 주장되는 민사분쟁사건에 대하여(bei bürgerlichen Rechtsstreitigkeiten) 조정을 할 수 있다. 그 경쟁행위가 소비자에 관련되는 범위 내에서(Soweit die Wettbewerbshandlungen Verbraucher betreffen), 각 당사자가 분쟁에 관하여 상대방과의 협상(Aussprache)을 조정위원회에 신청을 할 수 있다; 상대방의 동의(einer Zustimmung des Gegners)는 요구되지 아니한다.

④ 조정위원회 관할에 대하여 제14조를 준용한다.

⑤ 조정위원회의 의장은 당사자들의 직접 출석을 명할 수 있다. 무단(無斷)으로 불출석한 당사자에 대하여(Gegen eine unentschuldigt ausbleibende Partei) 조정위원회를 과태료(ein Ordnungsgeld)를 부과할 수 있다. 직접 출석명령과 과태료 부과에 대하여(Gegen die Anordnung des persönlichen Erscheinens und gegen die Festsetzung des Ordnungsgeldes) 민사소송법 규정에 따라 조정위원회를 관할하는 법원[상사재판부(Kammer für Handelssachen)나 그것이 없는 경우에 민사재판부(Zivilkammer)]에 즉시항고(die sofortige Beschwerde)를 제기할 수 있다.

⑥ 조정위원회는 원만한 화해(和解; Ausgleich)를 위해 노력해야 한다. 조정위원회는 당사자들에게 이유를 적은 서면에 의한 조정안(einen schriftlichen, mit Gründen versehenen Einigungsvorschlag)을 제안할 수 있다. 그 조정안과 그 이유는 당사자들의 동의를 얻어야만 공표될 수 있다.

⑦ 화해가 성사된 경우에(Kommt ein Vergleich zustande) 그 화해는 특별한 서류로 작성되어야만 하고 그 심리에 참여한 조정위원회의 위원들(den Mitgliedern der Einigungsstelle, welche in der Verhandlung mitgewirkt haben)과 당사자들이 그 성사일(成事日)을 기재하여(unter Angabe des Tages seines Zustandekommens) 서명해야만 한다. 조정위원회에서 이뤄진 화해에 기하여(Aus einem vor der Einigungsstelle geschlossenen Vergleich) 강제집행이 실시될 수 있다; 민사소송법 제797조a를 준용한다.

⑧ 조정위원회는 주장된 청구권에 대하여 처음부터 이유 없거나 자신의 관할권이 없는 것으로 보는 경우(von vornherein für unbegründet oder sich selbst für unzuständig erachtet)에는 조정위원회 심리의 개시를 거부할 수 있다.

⑨ 조정위원회에 대한 신청에 의해 소제기처럼(wie durch Klageerhebung) 소멸시효가 정지된다. 화해가 성사되지 않은 경우에 그 절차가 종료된 시점(der Zeitpunkt, zu dem das Verfahren beendet ist)은 조정위원회에 의해 정해져야 한다. 의장은 당사자(當事者)들에게 이를 통지한다.

⑩ 제3조 제2항상의 종류의 분쟁이 조정위원회에 대한 사전적(事前的) 신청을 거지치 않고서 소송

Einigungsstelle anhängig gemacht worden, so kann das Gericht auf Antrag den Parteien unter Anberaumung eines neuen Termins aufgeben, vor diesem Termin die Einigungsstelle zur Herbeiführung eines gütlichen Ausgleichs anzurufen. In dem Verfahren über den Antrag auf Erlass einer einstweiligen Verfügung ist diese Anordnung nur zulässig, wenn der Gegner zustimmt. Absatz 8 ist nicht anzuwenden. Ist ein Verfahren vor der Einigungsstelle anhängig, so ist eine erst nach Anrufung der Einigungsstelle erhobene Klage des Antragsgegners auf Feststellung, dass der geltend gemachte Anspruch nicht bestehe, nicht zulässig.

(11) Die Landesregierungen werden ermächtigt, durch Rechtsverordnung die zur Durchführung der vorstehenden Bestimmungen und zur Regelung des Verfahrens vor den Einigungsstellen erforderlichen Vorschriften zu erlassen, insbesondere über die Aufsicht über die Einigungsstellen, über ihre Besetzung unter angemessener Beteiligung der nicht den Industrie- und Handelskammern angehörenden Unternehmern (§ 2 Absatz 2 bis 6 des Gesetzes zur vorläufigen Regelung des Rechts der Industrie- und Handelskammern in der im Bundesgesetzblatt Teil III, Gliederungsnummer 701-1, veröffentlichten bereinigten Fassung) und über die Vollstreckung von Ordnungsgeldern sowie Bestimmungen über die Erhebung von Auslagen durch die Einigungsstelle zu treffen. Bei der Besetzung der Einigungsstellen sind die Vorschläge der für ein Bundesland errichteten, mit öffentlichen Mitteln geförderten Verbraucherzentralen zur Bestimmung der in Absatz 2 Satz 2 genannten Verbraucher zu berücksichtigen.

(12) Abweichend von Absatz 2 Satz 1 kann in den Ländern Brandenburg, Mecklenburg-Vorpommern, Sachsen, Sachsen-Anhalt und Thüringen die Einigungsstelle auch mit einem Rechtskundigen als Vorsitzendem besetzt werden, der die Befähigung zum Berufsrichter nach dem Recht der Deutschen Demokratischen Republik erworben hat.

Kapitel 4 Straf- und Bußgeldvorschriften

§ 16 Strafbare Werbung

(1) Wer in der Absicht, den Anschein eines besonders günstigen Angebots hervorzurufen, in öffentlichen Bekanntmachungen oder in Mitteilungen, die für einen größeren Kreis von Personen bestimmt sind, durch unwahre Angaben irreführend wirbt, wird mit Freiheitsstrafe bis zu zwei Jahren oder mit Geldstrafe bestraft.

(2) Wer es im geschäftlichen Verkehr unternimmt, Verbraucher zur Abnahme von Waren, Dienstleistungen oder Rechten durch das Versprechen zu veranlassen, sie würden entweder vom Veranstalter selbst oder von einem Dritten besondere Vorteile erlangen, wenn sie andere zum Abschluss gleichartiger Geschäfte veranlassen, die ihrerseits nach der Art dieser Werbung derartige Vorteile für eine entsprechende Werbung weiterer Abnehmer erlangen sollen, wird mit Freiheitsstrafe bis zu zwei Jahren oder mit Geldstrafe bestraft.

계속중인 경우에(Ist ein Rechtsstreit der in Absatz 3 Satz 2 bezeichneten Art ohne vorherige Anrufung der Einigungsstelle anhängig gemacht worden), 법원은 당사자들에게 그 신청에 따라 새로운 기일을 잡아서 그 기일에 원만한 화해의 도출(導出)을 위한 조정위원회를 소집할 수 있다. 가처분의 발령 신청에 관한 절차에서 이러한 명령은 상대방이 동의한 경우(wenn der Gegner zustimmt)에 한하여 허용된다. 제8항은 적용하지 아니한다. 절차가 조정위원회에 계류 중인 경우에 조정위원회에 신청 후에 비로소 제기된 상대방에 대한 소송은, 주장된 청구권이 인정되지 않은 것으로 (조정위원회에서) 확정한 때에는 부적법하다.

⑪ 주정부는 법규명령으로 전술한 규정의 시행 및 조정위원회의 절차에 대한 규율을 위해 필요한 규정(die zur Durchführung der vorstehenden Bestimmungen und zur Regelung des Verfahrens vor den Einigungsstellen erforderlichen Vorschriften), 특히 조정위원회에 대한 감독, 상공회의소에 속하지 않은 사업자의 적절한 참여가 이뤄지는 조정위원회의 구성(insbesondere über die Aufsicht über die Einigungsstellen, über ihre Besetzung unter angemessener Beteiligung der nicht den Industrie- und Handelskammern angehörenden Unternehmern)(연방법령관보 제3편 편제번호 701-1의 「상공회의소의 권리에 대한 잠정적 규율에 관한 법률」으로, 개정되고 공포된 법률형식의 동법 제2조 제2항 내지 제6항), 과태료의 집행, 조정위원회에 의한 경비(經費)의 징수에 관한 규정을 제정할 수 있는 권한을 가진다. 조정위원회의 구성시 연방의 어느 주가 설립하고 공공자산의 후원을 받은 주소비자센터로, 제2항 제2문상의 소비자에 대한 사명을 위한 주소비자센터의 제안아 고려되어야 한다.

⑫ 제2조 제1문과 달리 Brandenburg주, Mecklenburg-Vorpommern주, Sachsen주, Sachsen-Anhalt주 및 Thüringen주에서는 독일법관법에 따라 직업법관의 자격을 취득한(der die Befähigung zum Berufsrichter nach dem Recht der Deutschen Demokratischen Republik erworben hat) 법관시보(法官試補; Rechtskundigen)도 조정위원회의 의장으로 선임될 수 있다.

제4장 형벌규정 및 범칙금규정

제16조 처벌받는 광고

① 특별히 유리한 공급의 외관을 형성할 목적으로 많은 무리의 사람들에 대해 행해진(die für einen größeren Kreis von Personen bestimmt sind) 공공연한 공고 또는 통지에서(in öffentlichen Bekanntmachungen oder in Mitteilungen) 허위진술로(durch unwahre Angaben) 오인유발적인 광고(廣告)를 한 자는 2년 이하의 자유형(自由刑) 또는 벌금형(罰金刑)에 처한다.

② 상업적 거래에서 소비자들이 자기 자신 또는 제3자로부터 특별한 이익을 얻을 것이라는 약속으로 물품, 용역 또는 권리를 구입하도록 소비자들에 대한 유인을 시도한 자는, 그 소비자들이, 타인으로 하여금 이러한 종류의 광고에 따라 그 타인 입장에서 추가적 구매자들에 대한 관련 광고상의 이러한 이익을 얻는 유사한(die ihrerseits nach der Art dieser Werbung derartige Vorteile für eine entsprechende Werbung weiterer Abnehmer erlangen sollen) 거래를 체결하도록 유인한 때에는, 2년 이하의 징역 또는 벌금형에 처한다.

§§ 17 bis 19 (weggefallen)

§ 20 Bußgeldvorschriften

(1) Ordnungswidrig handelt, wer vorsätzlich oder fahrlässig entgegen § 7 Absatz 1

1. in Verbindung mit § 7 Absatz 2 Nummer 2 mit einem Telefonanruf oder
2. in Verbindung mit § 7 Absatz 2 Nummer 3 unter Verwendung einer automatischen Anrufmaschine gegenüber einem Verbraucher ohne dessen vorherige ausdrückliche Einwilligung wirbt.

(2) Die Ordnungswidrigkeit kann mit einer Geldbuße bis zu dreihunderttausend Euro geahndet werden.

(3) Verwaltungsbehörde im Sinne des § 36 Absatz 1 Nummer 1 des Gesetzes über Ordnungswidrigkeiten ist die Bundesnetzagentur für Elektrizität, Gas, Telekommunikation, Post und Eisenbahnen.

제17조 내지 제19조 삭제

제20조 범칙금규정

① 고의 또는 과실(vorsätzlich oder fahrlässig)로, 소비자에 대하여 그의 명시적인 사전동의를 얻지 아니하고(ohne dessen vorherige ausdrückliche Einwilligung) 다음 각 호의 행위를 한 자는 질서벌에 반하여 행위를 한 자이다,

1. 제7조 제2항 제2호 연결된 제7조 제1항에 위반하여 전화를 거는 자,
2. 제7조 제2항 제3호 연결된 제7조 제1항에 위반하여 자동전화기를 사용한(unter Verwendung einer automatischen Anrufmaschine) 자.

② 질서벌위반행위는 300,000유로 이하(bis zu dreihunderttausend Euro)의 범칙금(犯則金)에 처한다.

③ 질서벌위반행위에 관한 법률 제36조 제1항 제1호상의 행정관청은 전기, 가스, 원격통신, 우편, 철도(Elektrizität, Gas, Telekommunikation, Post und Eisenbahnen)에 대한 연방망관리국(聯邦網管理局)이다.

Anhang (zu § 3 Absatz 3)

(Fundstelle: BGBl. I 2010, 262 - 263)

Unzulässige geschäftliche Handlungen im Sinne des § 3 Absatz 3 sind

1. die unwahre Angabe eines Unternehmers, zu den Unterzeichnern eines Verhaltenskodexes zu gehören;
2. die Verwendung von Gütezeichen, Qualitätskennzeichen oder Ähnlichem ohne die erforderliche Genehmigung;
3. die unwahre Angabe, ein Verhaltenskodex sei von einer öffentlichen oder anderen Stelle gebilligt;
4. die unwahre Angabe, ein Unternehmer, eine von ihm vorgenommene geschäftliche Handlung oder eine Ware oder Dienstleistung sei von einer öffentlichen oder privaten Stelle bestätigt, gebilligt oder genehmigt worden, oder die unwahre Angabe, den Bedingungen für die Bestätigung, Billigung oder Genehmigung werde entsprochen;
5. Waren- oder Dienstleistungsangebote im Sinne des § 5a Absatz 3 zu einem bestimmten Preis, wenn der Unternehmer nicht darüber aufklärt, dass er hinreichende Gründe für die Annahme hat, er werde nicht in der Lage sein, diese oder gleichartige Waren oder Dienstleistungen für einen angemessenen Zeitraum in angemessener Menge zum genannten Preis bereitzustellen oder bereitstellen zu lassen (Lockangebote). Ist die Bevorratung kürzer als zwei Tage, obliegt es dem Unternehmer, die Angemessenheit nachzuweisen;
6. Waren- oder Dienstleistungsangebote im Sinne des § 5a Absatz 3 zu einem bestimmten Preis, wenn der Unternehmer sodann in der Absicht, stattdessen eine andere Ware oder Dienstleistung abzusetzen, eine fehlerhafte Ausführung der Ware oder Dienstleistung vorführt oder sich weigert zu zeigen, was er beworben hat, oder sich weigert, Bestellungen dafür anzunehmen oder die beworbene Leistung innerhalb einer vertretbaren Zeit zu erbringen;
7. die unwahre Angabe, bestimmte Waren oder Dienstleistungen seien allgemein oder zu bestimmten Bedingungen nur für einen sehr begrenzten Zeitraum verfügbar, um den Verbraucher zu einer sofortigen geschäftlichen Entscheidung zu veranlassen, ohne dass dieser Zeit und Gelegenheit hat, sich auf Grund von Informationen zu entscheiden;
8. Kundendienstleistungen in einer anderen Sprache als derjenigen, in der die Verhandlungen vor dem Abschluss des Geschäfts geführt worden sind, wenn die ursprünglich verwendete Sprache nicht Amtssprache des Mitgliedstaats ist, in dem der Unternehmer niedergelassen ist; dies gilt nicht, soweit Verbraucher vor dem Abschluss des Geschäfts darüber aufgeklärt werden, dass diese Leistungen in einer anderen als der ursprünglich verwendeten Sprache erbracht werden;

제3조 제3항에 대한 부록

자료출처: 2010년 연방법령관보 Ⅰ권 , 262 - 263면)

제3조 제3항상의 허용되지 않는 거래행위는 다음 각 호의 행위를 말한다,

1. 어느 행동규준(行動規準)에 자신도 서명했다는 어느 사업자의 허위진술;
2. 필요한 인증(認證)을 얻지 않은 채 신용표시(信用標示; Gütezeichen), 품질표시(品質標示; Qualitätskennzeichen) 또는 이와 유사한 것을 사용하는 것;
3. 어느 행동규준(行動規準; Verhaltenskodex)이 공공기관 또는 그 밖의 기관의 인가(認可)를 받았다는 허위진술;
4. 어느 사업자, 그 사업자 한 거래행위나 그에 의해 공급된 물품 또는 용역이 공공기관 또는 민간기관의 인증(認證), 인가(認可) 또는 허가(許可)를 받았다는 허위진술이나 그러한 인증(認證), 인가(認可) 또는 허가(許可)상의 조건(條件)을 따랐다는 허위진술(die unwahre Angabe, den Bedingungen für die Bestätigung, Billigung oder Genehmigung werde entsprochen);
5. 사업자가, 자신이 해당(該當) 물품(物品) 또는 용역(用役)이나 유사(類似)한 물품 또는 용역을 적절한 기간(其間) 동안에 적절한 양(量)으로 특정한 가격(價格)에 공급(供給)하거나 공급하게 할 수 없을 것으로 생각하는 데에 대한 상당한 근거(根據; Gründe)를 가지고 있다는 점을 밝히지 않는 채 행하는 공급으로, 특정한 가격(價格)에 의한 제5조a 제3항상의 물품공급(物品供給) 또는 용역공급(用役供給)('미끼공급'; Lockangebote). 그 재고(在庫)가 2일 미만으로 있는 경우에는 사업자는 공급의 적절성(適切性; Angemessenheit)을 증명(證明)할 책임이 있다;
6. 사업자가 해당 물품 또는 용역 대신에 다른 물품 또는 용역을 판매할 목적을 가지고서, 해당 물품 또는 용역의 하자 있는 견본을 제시하거나, 사업자가 광고한 것을 보여주는 것을 거절하거나 해당 물품 또는 용역에 대한 주문의 수령을 거절하거나 또는 광고한 급부를 합리적 기간 내에 제공하는 것을 거절하는 경우로, 특정한 가격에 의한 제5조a 제3항상의 해당 물품공급 또는 용역공급 (Waren- oder Dienstleistungsangebote im Sinne des § 5a Absatz 3 zu einem bestimmten Preis);
7. 소비자가 정보에 기하여 결정할 수 있는 시간 및 기회를 갖지 못한 채(ohne dass dieser Zeit und Gelegenheit hat, sich auf Grund von Informationen zu entscheiden) 소비자가 즉각적인 거래상 결정을 하도록(zu einer sofortigen geschäftlichen Entscheidung) 유인하기 위하여, 특정한 물품 또는 용역이, 일반적으로 또는 특정한 조건으로 매우 한정된 시간 동안에만 이용될 수 있을 뿐이라는 허위의 진술;
8. 당초 사용된 언어가 사업자가 지점을 둔 유럽연합회원국의 공용어가 아닌 경우로, 거래체결 전의 협상에서 사용된 언어 이외의 다른 언어에 의한 애프터서비스의 제공; 소비자가 거래체결 전에 이러한 애프터서비스가 당초 사용된 언어 이외의 언어로 제공될 것이라는 점에 대해 설명을 받은 경우에는(soweit Verbraucher vor dem Abschluss des Geschäfts darüber aufgeklärt werden, dass diese Leistungen in einer anderen als der ursprünglich verwendeten Sprache

9. die unwahre Angabe oder das Erwecken des unzutreffenden Eindrucks, eine Ware oder Dienstleistung sei verkehrsfähig;
10. die unwahre Angabe oder das Erwecken des unzutreffenden Eindrucks, gesetzlich bestehende Rechte stellten eine Besonderheit des Angebots dar;
11. der vom Unternehmer finanzierte Einsatz redaktioneller Inhalte zu Zwecken der Verkaufsförderung, ohne dass sich dieser Zusammenhang aus dem Inhalt oder aus der Art der optischen oder akustischen Darstellung eindeutig ergibt (als Information getarnte Werbung);
12. unwahre Angaben über Art und Ausmaß einer Gefahr für die persönliche Sicherheit des Verbrauchers oder seiner Familie für den Fall, dass er die angebotene Ware nicht erwirbt oder die angebotene Dienstleistung nicht in Anspruch nimmt;
13. Werbung für eine Ware oder Dienstleistung, die der Ware oder Dienstleistung eines bestimmten Herstellers ähnlich ist, wenn dies in der Absicht geschieht, über die betriebliche Herkunft der beworbenen Ware oder Dienstleistung zu täuschen;
14. die Einführung, der Betrieb oder die Förderung eines Systems zur Verkaufsförderung, bei dem vom Verbraucher ein finanzieller Beitrag für die Möglichkeit verlangt wird, allein oder hauptsächlich durch die Einführung weiterer Teilnehmer in das System eine Vergütung zu erlangen (Schneeball- oder Pyramidensystem);
15. die unwahre Angabe, der Unternehmer werde demnächst sein Geschäft aufgeben oder seine Geschäftsräume verlegen;
16. die Angabe, durch eine bestimmte Ware oder Dienstleistung ließen sich die Gewinnchancen bei einem Glücksspiel erhöhen;
17. die unwahre Angabe oder das Erwecken des unzutreffenden Eindrucks, der Verbraucher habe bereits einen Preis gewonnen oder werde ihn gewinnen oder werde durch eine bestimmte Handlung einen Preis gewinnen oder einen sonstigen Vorteil erlangen, wenn es einen solchen Preis oder Vorteil tatsächlich nicht gibt, oder wenn jedenfalls die Möglichkeit, einen Preis oder sonstigen Vorteil zu erlangen, von der Zahlung eines Geldbetrags oder der Übernahme von Kosten abhängig gemacht wird;
18. die unwahre Angabe, eine Ware oder Dienstleistung könne Krankheiten, Funktionsstörungen oder Missbildungen heilen;
19. eine unwahre Angabe über die Marktbedingungen oder Bezugsquellen, um den Verbraucher dazu zu bewegen, eine Ware oder Dienstleistung zu weniger günstigen Bedingungen als den allgemeinen Marktbedingungen abzunehmen oder in Anspruch zu nehmen;
20. das Angebot eines Wettbewerbs oder Preisausschreibens, wenn weder die in Aussicht gestellten Preise noch ein angemessenes Äquivalent vergeben werden;
21. das Angebot einer Ware oder Dienstleistung als “gratis”, “umsonst”, “kostenfrei” oder

erbracht werden) 그러하지 아니하다;

9. 물품(物品) 또는 용역(用役)이 시장성(市場性)이 좋다는 허위의 진술이나 그러한 인상을 부당하게 심어주는 것;
10. 법률상(法律上) 인정(認定)되는 권리에 대해 해당 공급(供給)의 특성(特性)으로 표현(表現)하는 허위의 진술이나 그러한 인상(印象)을 부당하게 심어주는 것;
11. 사업자의 돈을 받아서 판매촉진(販賣促進) 목적으로 하는 편집한 내용(內容)의 활용(活用)('위장된 광고로서의 정보제공'; als Information getarnte Werbung), 이러한 관련성이 그 내용이나 시각적(視覺的) 또는 청각적(聽覺的) 종류의 표현(表現)에서 분명하게 드러나지 않는 경우는 제외함;
12. 소비자가 제공된 물품(物品) 또는 용역(用役)을 구매하지 않을 경우에 대비하여 하는 진술로, 소비자 또는 그의 가족에 대한 신체적(身體的) 안전(安全)에 대한 위험(危險)의 특성(特性)과 정도(程度)에 관한 허위진술(unwahre Angaben über Art und Ausmaß einer Gefahr);
13. 그 광고가 광고된 물품(物品) 또는 용역(用役)의 출처(出處)를 속일 목적으로 행해진 광고로, 특정한 제조업자의 물품(物品) 또는 용역(用役)과 유사(類似)한 어느 물품 또는 용역에 대한 광고;
14. 가적 참여자를 그 판매방식에 가입시키는 것을 통해 전적으로 또는 주로 보수를 얻는 기회(機會)에 대하여 재정적 회비(會費)가 소비자에게 청구되는, 판매촉진을 위한 판매방식('피라미드 판매방식'; Schneeball- oder Pyramidensystem)의 도입(導入), 운영(運營) 또는 장려(奬勵)(die Einführung, der Betrieb oder die Förderung eines Systems zur Verkaufsförderung);
15. 사업자가 장차 자신의 사업을 포기(抛棄)하거나 영업소를 이전(移轉)할 것이라는 허위진술허위(虛僞陳述);
16. 기술보다 운에 좌우되는 게임에서 특정한 물품(物品) 또는 용역(用役)에 의해 승률(勝率)이 높아질 것이라는 진술;
17. 그러한 수상(受賞) 또는 이익(利益)이 실제로 없거나, 그 수상(受賞) 또는 그 밖의 이익(利益)을 얻을 가능성이 금액의 지급 또는 비용의 인수에 의해 좌우됨에도 불구하고(wenn jedenfalls die Möglichkeit, einen Preis oder sonstigen Vorteil zu erlangen, von der Zahlung eines Geldbetrags oder der Übernahme von Kosten abhängig gemacht wird), 소비자가 이미 수상(受賞)했다거나, 수상(受賞)할 것이라는 또는 특정한 행위에 의해 수상(受賞)할 것이라거나 그 밖의 이익(利益)을 얻을 것이라는 허위진술 또는 그러한 인상(印象)을 부당하게 심어주는 것;
18. 물품 또는 용역이 질병(疾病), 기능부전(機能不全) 또는 기형(奇形)을 치료할 수 있다는 허위진술;
19. 소비자가 보통의 시장조건(市場條件)보다 덜 유리한 조건(條件)으로 물품(物品) 또는 용역(用役)을 구매(購買) 또는 이용(利用)하도록 하게 위한, 시장조건(市場條件) 또는 공급원(供給源)에 관한 허위진술(eine unwahre Angabe über die Marktbedingungen oder Bezugsquellen);
20. 예상할 수 있는 가격도, 상당한 등가물(等價物)도 제공되지 않는 독점내기[128] 또는 판촉행사(販促行事)의 제공(提供);
21. 이에 대하여 동일한 비용(費用)을 부담해야 함에도 불구하고, '무료로', '공짜로', '무비용으로'

dergleichen, wenn hierfür gleichwohl Kosten zu tragen sind; dies gilt nicht für Kosten, die im Zusammenhang mit dem Eingehen auf das Waren- oder Dienstleistungsangebot oder für die Abholung oder Lieferung der Ware oder die Inanspruchnahme der Dienstleistung unvermeidbar sind;

22. die Übermittlung von Werbematerial unter Beifügung einer Zahlungsaufforderung, wenn damit der unzutreffende Eindruck vermittelt wird, die beworbene Ware oder Dienstleistung sei bereits bestellt;
23. die unwahre Angabe oder das Erwecken des unzutreffenden Eindrucks, der Unternehmer sei Verbraucher oder nicht für Zwecke seines Geschäfts, Handels, Gewerbes oder Berufs tätig;
24. die unwahre Angabe oder das Erwecken des unzutreffenden Eindrucks, es sei im Zusammenhang mit Waren oder Dienstleistungen in einem anderen Mitgliedstaat der Europäischen Union als dem des Warenverkaufs oder der Dienstleistung ein Kundendienst verfügbar;
25. das Erwecken des Eindrucks, der Verbraucher könne bestimmte Räumlichkeiten nicht ohne vorherigen Vertragsabschluss verlassen;
26. bei persönlichem Aufsuchen in der Wohnung die Nichtbeachtung einer Aufforderung des Besuchten, diese zu verlassen oder nicht zu ihr zurückzukehren, es sein denn, der Besuch ist zur rechtmäßigen Durchsetzung einer vertraglichen Verpflichtung gerechtfertigt;
27. Maßnahmen, durch die der Verbraucher von der Durchsetzung seiner vertraglichen Rechte aus einem Versicherungsverhältnis dadurch abgehalten werden soll, dass von ihm bei der Geltendmachung seines Anspruchs die Vorlage von Unterlagen verlangt wird, die zum Nachweis dieses Anspruchs nicht erforderlich sind, oder dass Schreiben zur Geltendmachung eines solchen Anspruchs systematisch nicht beantwortet werden;
28. die in eine Werbung einbezogene unmittelbare Aufforderung an Kinder, selbst die beworbene Ware zu erwerben oder die beworbene Dienstleistung in Anspruch zu nehmen oder ihre Eltern oder andere Erwachsene dazu zu veranlassen;
29. die Aufforderung zur Bezahlung nicht bestellter, aber gelieferter Waren oder erbrachter Dienstleistungen oder eine Aufforderung zur Rücksendung oder Aufbewahrung nicht bestellter Sachen und
30. die ausdrückliche Angabe, dass der Arbeitsplatz oder Lebensunterhalt des Unternehmers gefährdet sei, wenn der Verbraucher die Ware oder Dienstleistung nicht abnehme.

또는 이와 유사하게 표기한(“gratis”, “umsonst”, “kostenfrei” oder dergleichen) 물품 또는 용역의 제공; 다만, 물품의 수집(收集) 또는 공급(供給)이나 용역의 이용에 대한 대처(für die Abholung oder Lieferung der Ware oder die Inanspruchnahme der Dienstleistung)와 관련한 불가피한 비용에 대해서는 그러하지 아니하다;

22. 이를 통하여 광고된 물품(物品) 또는 용역(用役)이 이미 주문(注文)되었다는 부당한 인상(印象)이 전달되는, 지급청구서가 첨부된 광고물을 보내는 것(die Übermittlung von Werbematerial unter Beifügung einer Zahlungsaufforderung);
23. ‘사업자가 소비자이다’거나, ‘거래, 판매, 영업 또는 직업의 목적으로(für Zwecke seines Geschäfts, Handels, Gewerbes oder Berufs) 활동하는 것이 아니다’는 허위진술 또는 그러한 인상(印象)을 부당하게 심어주는 것
24. 물품(物品) 또는 용역(用役)이 공급된 가입국 이외의 유럽연합 다른 가입국에서 물품 되는 용역에 관한 애프터서비스가 이용(利用)될 수 있다는 허위진술 또는 그러한 인상(印象)을 부당하게 심어주는 것(die unwahre Angabe oder das Erwecken des unzutreffenden Eindrucks);
25. 소비자가 계약체결(契約締結)을 한 후에 비로소 특정한 장소(場所)를 떠날 수 있다는 인상을 심어주는 것;
26. 주거에 대한 개인적(個人的) 방문시 그 주거를 떠나거나 그곳으로 되돌아오지 말라는 피방문자(皮訪問者)의 요구를 준수하지 않는 것, 그 방문(訪問)이 계약상(契約上) 의무(義務)를 합법적으로 실현(實現)하기 위해 정당화되는(zur rechtmäßigen Durchsetzung einer vertraglichen Verpflichtung gerechtfertigt) 경우는 그러하지 아니하다;
27. 소비자에게 자신의 청구권(請求權) 행사(行事)시 그 청구권의 행사에 필요하지 않는 서류의 제시(提示)를 요구하거나, 그러한 청구권의 행사에 필요한 서류(書類)에 대해 계획적(計劃的)으로 응답하지 않음(dass von ihm bei der Geltendmachung seines Anspruchs die Vorlage von Unterlagen verlangt wird)으로써 소비자가 자신의 보험관계에 기한 계약상 권리의 실현을 하지 못하도록 조치를 취하는 것;
28. 광고에 포함된, 아동(兒童)에 대한 직접적 요구로, 아동(兒童)이 직접, 광고된 물품을 구매하거나 광고된 용역을 이용하거나 또는 그 부모 또는 다른 성인(成人)에게 이를 하도록 유인(誘引)하는 요구;
29. 주문(注文)하지 않았음에도 공급된 물품(物品) 또는 제공된 용역(用役)에 대한 대금지급(代金支給) 요구 또는 주문하지 않은 물건의 반송(返送) 또는 보관(保管)의 요구(eine Aufforderung zur Rücksendung oder Aufbewahrung nicht bestellter Sachen);
30. 소비자가 물품 또는 용역을 구매하지 않으면사업자의 생업(生業) 또는 생계(生計)가 위태로워진다는 노골적(露骨的)인 진술.

<독일 소비자권리법전 미주>

1) 이를 '유지청구권(留止請求權)', '부작위청구권(不作爲請求權)'으로 해석하기도 하나, 유지라는 말은 다소 어려운 일본식 한자이고, 'Unterlassung'은 '부작위'로 번역되기도 하지만 본 법에서 'Unterlassung'은 '적극적으로' 행위하는 것에 대하여 '소극적으로' 하지 말라는 의미이므로 부작위보다는 '어떤 행위를 못하게 한다'는 의미인 '금지(禁止)'가 보다 적절한 의미라고 본다. 또한 금지로 해석해야 본 법 제9조 제3호의 'unterlassen'이 '금지한다'로 해석('부작위한다'는 어색함)되어 수미일관하게 된다.

2) 유럽연합의회는, 각 회원국의 선거법에 따라 선거권을 가지는 시민들에 의해 5년마다 보통·직접·무기명·자유선거(최근 선거로 2019년 선거)에 의해 선출되는 의원들로 구성되는 유럽연합의 조직으로서, 유럽연합기관들 중 유일하게 직접 선출되는 기관으로, 단일정치체제(국가)의 입법부에 해당한다. 유럽연합의회는 유럽연합이사회와 공동으로 입법안을 수정하거나 거부할 수 있는 공동결정권을 보유하고, 유럽연합집행위원회 위원장의 선출, 집행위원단 전체에 대한 임명에 대한 승인권 및 불신임권을 가지고 있으며, 유럽연합의 예산확정에 대한 동의권을 가지고 있다. 이상의 내용에 대하여 https://de.wikipedia.org/wiki/Europ%C3%A4isches_Parlament, https://terms.naver.com/list.nhn?cid=43162&categoryId=43162 각 참조.

3) 유럽연합이사회(Der Rat der Europäischen Union; 공식적인 약어로는 'Rat'. 비공식적으로는 'EU-Ministerrat'나 'Ministerrat'로 불리고, 영어로는 'Council of the European Union'라고 함)는 유럽연합의 조직으로서, 유럽연합의회와 함께 유럽연합집행위원회의 제안을 심의·의결하는 최고 의사결정기구이다. 분야별로 각 회원국의 담당 각료(閣僚)가 참여하는 부문각료이사회(Ratsformationen)가 조직되어 있고, 이에는 총무각료이사회(總務閣僚理事會)(Rat für Allgemeine Angelegenheiten), 고용·사회정책·보건·소비자보호각료이사회(Rat für Beschäftigung, Sozialpolitik, Gesundheit und Verbraucherschutz) 법무·내무각료이사회(Rat für Justiz und Inneres), 외무각료이사회(Rat für Auswärtige Angelegenheiten), 환경각료이사회(Rat für Umwelt), 경제·재무각료이사회(Rat für Wirtschaft und Finanzen), 교통·통신·에너지각료이사회(Rat für Verkehr, Telekommunikation und Energie), 교육·청소년·문화·스포츠각료이사회(Rat für Bildung, Jugend, Kultur und Sport), 농업·수산업각료이사회(Rat für Landwirtschaft und Fischerei), 경쟁각료이사회(Rat für Wettbewerbsfähigkeit) 등 총 10개의 부문각료이사회가 있다. 유럽연합이사회의 의장국은 회원국 사이에서 6개월마다 순번제로 돌아가면서 맡고 있고, 2020년 1월부터 6월까지의 의장국은 크로아티아이다.

이러한 유럽이사회와 구별한 것이, 각국의 국가수반들 및 정부수반들(Staats- und Regierungschefs), 유럽집행위원회의장, 유럽평의회의장으로 구성되는 유럽정상회의(공식적인 약어로는 'ER', 비공식적인 약어로는 'EUCO'가 사용되고, 영어로는 'European Council'로 표기됨, 역자에 따라서는 '유럽연합위원회', '유럽연합평의회'라고 번역되기도 함)가 있다. 유럽정상회의는 유럽연합의 일상적인 입법에 참여하는 것이 아니라 최고기관으로 일하며 특히, 중대한 정치적 주제에서 회원국 간의 타협을 이루고 유럽연합의 지속적 발전에 대한 중요한 자극을 가하는 데 참여한다. 이상의 내용에 대해 https://de.wikipedia.org/wiki/Rat_der_Europ%C3%A4ischen_Union https://de.wikipedia.org/wiki/Europ%C3%A4ischer_Rat, https://terms.naver.com/list.nhn?cid=43162&categoryId=43162 각 참조.

4) 2010년 4월 15일의 유럽연합법령관보 제178권 1면. 동일자에 공표된 유럽연합법령관보 제175권 1면부터 위 지침이 게재되어 있다는 의미로, 이하에서 특별히 번역하지 않음.

5) 2010년 4월 15일의 (유럽연합)법령관보 제95권 1면. 동일자에 공표된 (유럽연합)법령관보 제95권 1면부터 위 지침이 게재되어 있다는 의미로, 이하에서 특별히 번역하지 않음.

6) 2013년 7월 4일 「대체투자펀드 관리자에 관한 2011/61/EU호 입법지침 시행을 위한 법률」(Gesetz

zur Umsetzung der Richtlinie 2011/61/EU über die Verwalter alternativer Investmentfonds)의 의해 폐지된 Kapitalanlagegesetzbuchs 의 이전 법률이다(https://www.bgbl.de/xaver/bgbl/start.xav?startbk=Bundesanzeiger_BGBl&jumpTo=bgbl113s1981.pdf#__bgbl__%2F%2F*%5B%40attr_id%3D%27bgbl113s1981.pdf%27%5D__1570610310480).

7) 사업자가 이용자의 소비성향과 이용성향을 분석하고 그 자료를 수집하는 활동.

8) 유럽집행위원회는 유럽연합의 조직으로 단일정치체제(국가)의 '집행부'에 해당하는 역할을 수행하는데, 각종 정책과 입법을 주도적으로 입안한다. 또한 조약의 수호자(Hüterin der Verträge)로서 각 회원국의 조약 준수 여부를 감독하며, 필요한 경우 유럽사법재판소에 제소를 담당한다. 집행위원회는 '1회원국 1집행위원 원칙'에 따라 구성되는데, 유럽연합집행위원(die EU-Kommissare)은 각 회원국 정부가 지명을 하고 유럽연합의회에서 인사청문회를 거쳐 이중다수결로 최종 임명된다. 현재 독일 출신의 'Ursula von der Leyen'가 그 위원장으로 재직하고 있다. 이상의 내용에 대하여 https://de.wikipedia.org/wiki/Europ%C3%A4ische_Kommission, https://terms.naver.com/list.nhn?cid=43162&categoryId=43162 각 참조.

9) 연방법무소비자부(최상위행정기관) 산하의 차상위행정기관으로 국제적 법률교류 내의 임무와 등록 업무 등을 담당한다[https://de.wikipedia.org/wiki/Bundesamt_f%C3%BCr_Justiz_(Deutschland)].

10) 「소비자권익 보호를 위한 금지소송(Unterlassungsklagen zum Schutz der Verbraucherinteressen)에 관한 2009년 4월 23일 유럽연합 의회 및 이사회의 2009/22/EG호 지침」을 말함. 제2조 제2항 제12호 참조.

11) ② 유럽공동체 내의 국경을 초월하는 위반에 관련하여 그리고 각국의 법규정에 따라 다른 기관에 귀속된 권리에 상관없이, 회원국은 회원국 내의 자격을 갖춘 단체의 신청이 있는 경우 유럽연합집행위원회에 이러한 단체가 제2조에 규정된 소(금지소송을 말함)를 제기할 수 있는 권리를 갖는다는 통지를 한다. 회원국은 이러한 자격을 갖춘 단체의 이름 및 목적을 유럽연합집행위원회에 통지한다[(2) Im Hinblick auf grenzüberschreitende Verstöße innerhalb der Gemeinschaft und unbeschadet der Rechte, die anderen Stellen gemäß den einzelstaatlichen Rechtsvorschriften zustehen, teilen die Mitgliedstaaten auf Antrag ihrer qualifizierten Einrichtungen der Kommission mit, dass diese Einrichtungen berechtigt sind, eine in Artikel 2 vorgesehene Klage zu erheben. Die Mitgliedstaaten teilen der Kommission Namen und Zweck dieser qualifizierten Einrichtungen mit].

12) 보험, 은행, 증권 등 금융제도 전반에 대해 감독권을 행사하는, 권리능력 있는 공법상 연방영조물(eine rechtsfähige deutsche Anstalt des öffentlichen Rechts des Bundes)로서, 연방재무부(Bundesministerium der Finanzen)의 감독을 받은 기관으로 우리나라의 금융감독원에 해당하는 조직이다(https://de.wikipedia.org/wiki/Bundesanstalt_f%C3%BCr_Finanzdienstleistungsaufsicht).

13) 연방일반대법원(Bundesgerichtshof), 연방행정대법원(Bundesverwaltungsgericht), 연방재정대법원(Bundesfinanzhof), 연방노동대법원(Bundesarbeitsgericht) 및 연방사회대법원(Bundessozialgericht)이 재판의 통일을 위해 공동으로 참여하는 공동재판부를 말함(독일연방공화국기본법 제95조 제1항, 제3항).

14) 청구이의(請求異議)의 소(訴)를 말함.

15) 위 서비스제공자가 현재 그 서비스를 제공하고 있는 경우에 그 서비스를 제공받은 자의 정보를 말함.

16) 2020년 6월 12일에 민법전이 개정되어 '주거공간 및 단독주택에 관한 매매계약 중개 관련 규정'이 중개계약 부분에 추가되었는데(2020년 12월 23일 시행), 이 부분은 특별히 번역하지 않았다.

17) 아래 내용은 https://de.wikipedia.org/wiki/Personengesellschaft 참조.

Eine Personengesellschaft entsteht, wenn sich mindestens zwei Rechtsträger (natürliche und/oder juristische Personen sowie Personengesellschaften) zur Erreichung eines gemeinsamen Zweckes zusammenschließen. Eine Personengesellschaft kann Träger von Rechten und Pflichten sein, dies ist je nach Land und Gesellschaftsform verschieden. Die Besteuerung der Gewinne einer Personengesellschaft erfolgt nach dem Transparenzprinzip. Siehe auch Mitunternehmerschaft.
인적회사는, 둘 이상의 법적 주체[자연인과(또는) 법인 그리고 인적회사]가 공동의 목적 달성을 위해 결합하는 경우에 생겨난다. 인적회사는 권리·의무의 주체가 될 수 있고 이는 각 나라별로 또 그 결사체형태별로 다양하다. 인적회사의 수익에 대한 과세는 투명성의 원칙에 따라 행해진다.

18) 0시를 말함.

19) 흔히 유전자 검사라고 한다. 우리 민법상 용어로는 유전인자 검사제(854조의2)이다.

20) '그 부지(不知)에 중과실이 없었던'을 의미함.

21) Single Euro Payment Area.

22) 그와 같이 인가된 운송조건 및 요금조항임.

23) 직역하자면 '신체의 동시적 존재하에서'임.

24) 원격통신 서비스의 일종으로서 설정된 프로토콜에 따라 사용자 사이의 통신을 위한 단말장치를 포함하는 통합서비스를 제공함(https://terms.naver.com/entry.nhn?docId=2072162&cid=42345&categoryId=42345).

25) 다음과 같은 유럽연합 의회 및 이사회의 지침을 입법화한 것임.
소자권리지침(유럽연합지침)
14. "gewerbliche Garantie" jede dem Verbraucher gegenüber zusätzlich zur gesetzlichen Gewährleistung eingegangene Verpflichtung des Unternehmers oder eines Herstellers (Garantiegebers), den Kaufpreis zu erstatten oder die Waren auszutauschen oder nachzubessern oder Dienstleistungen für sie zu erbringen, falls sie nicht diejenigen Eigenschaften aufweisen oder andere als die Mängelfreiheit betreffende Anforderungen nicht erfüllen, die in der Garantieerklärung oder der einschlägigen Werbung, wie sie bei oder vor dem Abschluss des Vertrags verfügbar war, beschrieben sind;
제2조 제14호
영업적 보증은, 보증의 의사표시나 계약의 체결 전이나 계약 체결시에 접할 수 있었던 관련 광고에서 기술된 성질을 갖추지 못하거나 무하자에 관련된 요구사항 이외의 요구사항을 충족하지 못한 경우에 소비자에게 법정 보증에 추가적으로 부담하는 사업자 또는 제조자(보증제공자)의 일체의 의무로, 대금을 환급하거나 물품을 교환 또는 수선하거나, 물품에 관련한 용역급부를 제공하는 의무이다.

26) 우리의 품질보증에 해당하고, 이를 '품질보증(品質保證)' 또는 '보장(保障)'으로 번역하기도 함.

27) (2) Gesamtbetrag ist die Summe aus Nettodarlehensbetrag und Gesamtkosten. Nettodarlehensbetrag ist der Höchstbetrag, auf den der Darlehensnehmer aufgrund des Darlehensvertrags Anspruch hat. Die Gesamtkosten und der effektive Jahreszins sind nach § 6 der Preisangabenverordnung zu berechnen.
총액은 순수소비대차금액, 비용총액의 합계액이다. 순수소비대차금액은 차주가 소비대차계약에 기하여 청구권을 갖는 상한액(上限額)이다. 비용총액과 연이율은 가격명시법 제6조에 따라 산정된다.

28) 대주 주도로 정해진 소비대차금 상환을 정해 놓은 계획서.

29) 이른바 채무조정(채무이행 곤란에 빠진 채무자에게 상환기간의 연장이나 여신금리 감면 조건완화 등 조치를 취해주는 것임)을 말함(민법전시행법 제247항목 제11조 표제 참조).

30) 유효에너지로 변환되기 위해 소비자에게 제공되는 에너지.

31) 자연 그대로 가공하지 않은 에너지로, 나무, 석탄, 석유, 천연가스, 우라늄을 비롯하여 수력, 태양열, 풍력, 바이오매스, 지열, 조력 등이 이에 속함.

32) 2019년 12월 21일(BGBl. I S. 2911) 개정된 법률에 따라 4년에서 6년으로 변경되었음.

33) 5년 미만의 경우에는 3개월, 5년 이상 8년 미만의 경우 6개월, 8년 초과한 경우 9개월이라는 의미임.

34) § 1901a Patientenverfügung

(1) Hat ein einwilligungsfähiger Volljähriger für den Fall seiner Einwilligungsunfähigkeit schriftlich festgelegt, ob er in bestimmte, zum Zeitpunkt der Festlegung noch nicht unmittelbar bevorstehende Untersuchungen seines Gesundheitszustands, Heilbehandlungen oder ärztliche Eingriffe einwilligt oder sie untersagt (Patientenverfügung), prüft der Betreuer, ob diese Festlegungen auf die aktuelle Lebens- und Behandlungssituation zutreffen.

第1901조a

동의능력이 있는 성인이 자신의 동의무능력상태(同意無能力狀態)에 대비하기 위하여, 그 결정 당시에 아직 직접적으로 임박하지 않은, 자신의 건강상태에 대한, 특정한 진찰, 치료 또는 의료적 침습행위에 대해 동의하는지 아니면 이를 금지하는지 여부를 문서로 결정한 경우('존엄사사전의향서'; Patientenverfügung)에, 후견인은 이러한 결정이 실제의 생명·진료상황에 적합한지를 점검한다.

'존엄사사전의향서'는 본인이 직접 결정을 내릴 수 없을 정도로 위독한 상태가 되었을 때 존엄사를 할 수 있게 해 달라는 뜻을 밝힌 일종의 '유언서'로, 우리나라의 호스피스·완화의료 및 임종과정에 있는 환자의 연명의료결정에 관한 법률 제2조 제9호상의 '사전연명의료의향서'에 상응하는 문서이다. 동법 제2조 제4호는 임종과정에 있는 환자에게 하는 심폐소생술, 혈액 투석, 항암제 투여, 인공호흡기 착용 및 그 밖에 대통령령으로 정하는 의학적 시술로서 치료효과 없이 임종과정의 기간만을 연장하는 것을 '연명의료'로, 제2조 제5호는 임종과정에 있는 환자에 대한 연명의료를 시행하지 아니하거나 중단하기로 하는 결정을 '연명의의료중단결정'으로 각각 정의하고 있다.

35) 연명의료를 위한 처치를 말함.

36) Zahlungsauslösungsdienst ist ein Dienst, bei dem auf Veranlassung des Zahlungsdienstnutzers ein Zahlungsauftrag in Bezug auf ein bei einem anderen Zahlungsdienstleister geführtes Zahlungskonto ausgelöst wird. Zahlungsauslösedienst wird mit der Überarbeitung der Zahlungsdiensterichtlinie als Zahlungsdienst definiert. Ein Zahlungsauslösedienst ermöglicht den Zugang zu einem online geführten Zahlungskonto, das bei einem anderen Zahlungsdienstleister geführt wird. Der Zahlungsauslösedienstleister kann sich auf die Authentifizierungsverfahren des kontoführenden Zahlungsdienstleisters stützen. Ein Vertrag zwischen dem Zahlungsauslösedienstleister und dem kontoführenden Zahlungsdienstleister ist dazu nicht erforderlich.

지급중개서비스는 지급서비스이용자의 요청에 따라 다른 지급서비스제공자에 의해 관리되는 지급계좌에 관한 지급지시가 개시되는 서비스이다. 지급중개서비스는 수정된 지급서비스지침에 의해 지급과정으로 정의된다. 지급중개서비스로 인해 온라인에 의해 관리되는 지급계좌로, 다른 지급서비스제공자가 관리하는 지급계좌에 대한 접근이 가능하게 된다. 지급서비스중개자는 계좌를 관리하는 지급서비스제공자의 인증절차에 의존할 수 있다. 지급서비스중개자와 계좌를 관리하는 지급서비스제공자 간의 계약은 이러한 인증절차를 위해 요구되지 아니한다.

37) '식별자(識別子)'는 데이터의 항목을 식별하고 데이터의 성질을 표시하기 위해 사용하는 문자의 집합을 말함.

38) 외국통화를 자국의 통화로 환산하는 것.

39) Single Euro Payment Area.

40) '중대한 사유가 있는 때'를 말함.

41) 직역을 하자면 '책임을 인식하는 데에 필요한 통찰력'임.

42) 정식 이름은 '파산절차 외에서의 채무자의 법률행위의 취소에 관한 법률'(Gesetz über die Anfechtung von Rechtshandlungen eines Schuldners außerhalb des Insolvenzverfahrens)이다.

43) 정식 이름은 '동성혼관계 등록에 관한 법률'(Gesetz über die Eingetragene Lebenspartnerschaft)이다.

44) 제3편 내지 제6편은 생략함.

45) 2020년 4월 1일에 발효되어 2022년 9년 30일에 실효된다[민사법, 파산법 및 형사소송법에 있어 코로나19 대유행전염병의 영향 완화를 위한 법률(Gesetz zur Abmilderung der Folgen der COVID-19-Pandemie im Zivil-, Insolvenz- und Strafverfahrensrecht) 제6항목].

46) 수도, 전기, 가스, 난방, 통신 등이 이에 포함된다.

47) Artikel 2 Mitarbeiterzahlen und finanzielle Schwellenwerte zur Definition der Unternehmensklassen
 (1) Die Größenklasse der Kleinstunternehmen sowie der kleinen und mittleren Unternehmen (KMU) setzt sich aus Unternehmen zusammen, die weniger als 250 Personen beschäftigen und die entweder einen Jahresumsatz von höchstens 50 Mio. EUR erzielen oder deren Jahresbilanzsumme sich auf höchstens 43 Mio. EUR beläuft.
 (2) Innerhalb der Kategorie der KMU wird ein kleines Unternehmen als ein Unternehmen definiert, das weniger als 50 Personen beschäftigt und dessen Jahresumsatz bzw. Jahresbilanz 10 Mio. EUR nicht übersteigt.
 (3) Innerhalb der Kategorie der KMU wird ein Kleinstunternehmen als ein Unternehmen definiert, das weniger als 10 Personen beschäftigt und dessen Jahresumsatz bzw. Jahresbilanz 2 Mio. EUR nicht überschreitet.
 제2조 기업분류의 정의를 위한 직원수 및 재정 상한선
 ① 소기업 및 중소기업(KMU)의 범주는 250명 미만을 고용하고 최대 5,000만 유로의 연간매출을 달성하거나 그 연간대차대조표총액이 최대 4,300만 유로에 달하는 기업들로 구성된다.
 ② 소기업 및 중소기업의 범주 내에서 소규모기업(小規模企業)은, 50명 미만을 고용하고 그 연간매출 또는 연간대차대조표상금액이 1,000만 유로를 초과하지 않는 기업으로 정의된다.
 ③ 소기업 및 중소기업의 범주 내에서 소기업(小企業)은, 10명 미만을 고용하고 그 연간매출 또는 연간대차대조표상금액이 200만 유로(한화 약 26억 8천 9백만 원)를 초과하지 않는 기업으로 정의된다.

48) 수도, 전기, 가스, 난방, 통신뿐만 아니라 사업상 필요한 원료·재료를 공급받거나 중요 서비스를 제공받는 것이 포함된다고 본다.

49) 채무이행 곤란에 빠진 채무자에게 상환기간의 연장이나 이자 감면 등 조건완화를 해주는 것 (https://en.dict.naver.com/#/entry/enko/87f110ffd06341ed834f0a909f187d90).

50) 인적결사체는, 공동의 목적을 추구하는 2이상의 자연인과(또는) 법인의 결합이다. 이에는 '완전한 권리능력이 있는 인적결사체'(공법상 사단법인, 사법상 사단법인), '부분적 권리능력이 있는 인적결사체', '권리능력이 없는 인적결사체'가 있다(https://de.wikipedia.org/wiki/Personenvereinigung).

51) 적용 여신금리 및 그 밖의 비용을 말함.

52) 유리보(EURIBOR)는 유럽 연합(EU) 내 15개국이 1999년 1월 1일부터 유로화를 단일통화로 사용하

기로 하면서 리보(LIBOR)를 대신하기 위해 만든 기준 여신금리이다(https://ko.wikipedia.org/wiki/%EC%9C%A0%EB%A6%AC%EB%B3%B4).

53) 1년 이상의 자유형이 정해진 위법행위를 말함(독일 형법 제12조).

54) 1년 미만의 자유형이나 벌금형이 정해진 위법행위를 말함.

55) 공무원조직인 행정관청과 비공무원조직인 공공기관을 아우르는 용어임.

56) 양도성 예금 증서(CD), 기업어음(CP) 등의 단기 자금 취급 상품.

57) 앞의 이익을 지칭함.

58) 담보보증은 소비대차에 대하여 담보하기 위해 채권이 발행되어 유통되는 것을 말함.

59) 신규증권(新規證券)의 발행으로 얻은 돈으로 이미 발행되어 있는 기발증권(旣發證券)을 상환하는 것을 말함.

60) 시장에서 가격 변동 폭이 확대되어 지수가 크게 급락하는 경우, 시장 참여자에게 투자에 대해 냉정하게 판단할 수 있는 시간을 제공하기 위하여 거래를 일시 중단시키는 제도로, '서킷브레이커'라 한다(https://ko.dict.naver.com/#/entry/koko/a3bd507b7ca144afad82f421168a1bd4).

61) 주가지수에 따라 수익률이 결정되는 인덱스펀드를 주식처럼 사고팔 수 있게 증권 시장에 상장한 펀드(https://ko.dict.naver.com/#/entry/koko/21357592d4b84dd2b0b733492bde84d6).

62) 어떤 문제의 해결을 위하여, 입력된 자료를 토대로 하여 원하는 출력을 유도하여 내는 규칙의 집합. 여러 단계의 유한 집합으로 구성되는데, 각 단계는 하나 또는 그 이상의 연산을 필요로 한다(https://ko.dict.naver.com/#/entry/koko/b925552564c544f4bb5b3db6970b2e29).

63) 본래 거래소 장내시장에서 거래된 상품에 제공되는 중앙청산결제서비스를 장외파생상품까지 확대한 시스템 또는 기관(https://en.dict.naver.com/#/entry/enko/3f36f0fa78e74d31b9e32404ce8698fb).

64) (29) Zusammenführung sich deckender Kundenaufträge (Matched Principal Trading) im Sinne dieses Gesetzes ist ein Geschäft, bei dem

1. zwischen Käufer und Verkäufer ein Vermittler zwischengeschaltet ist, der während der gesamten Ausführung des Geschäfts zu keiner Zeit einem Marktrisiko ausgesetzt ist,
2. Kauf- und Verkaufsgeschäfte gleichzeitig ausgeführt werden und
3. das zu Preisen abgeschlossen wird, durch die der Vermittler abgesehen von einer vorab offengelegten Provision, Gebühr oder sonstigen Vergütung weder Gewinn noch Verlust macht.

제29항 본 법률상의 통정(通情)주요거래는 다음의 거래를 말한다,

1. 전체 거래 처리 동안에 시장위험에 결코 노출되지 않은 중개인이 매도인과 매수인 사이에 개입하고,
2. 매수거래 및 매도거래가 동시에 처리되며,
3. 중개인이 미리 공개한 수수료, 이용료 또는 그 밖의 보수 이외에는 이익도 얻지 않고 손해도 보지 않은 가격으로 체결되는 거래.

65) § 26e Informationen über die Ausführungsqualität

Börsen müssen für jedes Finanzinstrument, das an ihnen gehandelt wird, mindestens einmal jährlich gebührenfrei Informationen über die Qualität der Ausführung von Aufträgen veröffentlichen. Die Veröffentlichungen müssen ausführliche Angaben zum Preis, den mit einer Auftragsausführung verbundenen Kosten, der Geschwindigkeit und der Wahrscheinlichkeit der Ausführung enthalten. Wegen der einzelnen Anforderungen an Inhalt und Form der Veröffentlichungen nach den Sätzen 1 und 2 wird auf die Delegierte Verordnung (EU) 2017/575 der Kommission vom 8. Juni 2016 zur Ergänzung der Richtlinie 2014/65/EU des Europäischen Parlaments und des Rates über Märkte für Finanzinstrumente durch technische Regulierungsstandards bezüglich der Daten, die Ausführungsplätze zur Qualität der Ausführung von Geschäften veröffentlichen müssen (ABl. L 87 vom 31.3.2017, S. 152), in der jeweils geltenden Fassung, verwiesen.

제26조e 처리품질에 관한 정보

거래소는 자신이 거래하는 각 금융상품에 대하여 주문의 처리품질에 관한 정보를 매년 한 차례 이상 무효로 공표해야만 한다. 그 공표는 가격, 처리주문으로 발생한 비용, 처리속도와 처리가망성에 관한 상세한 정보를 포함해야만 한다. 제1문, 제2문에 따른 공표의 내용 및 방식에 대한 개별적 요구사항에 대하여, 거래처리의 품질에 관한 처리지점이 공표되어야만 하는 정보에 관한 기술적 처리기준에 의한 금융상품의 시장에 관한 유럽연합 의회 및 이사회 2014/65/EU호 지침의 보충을 위한 2016년 6월 8일 유럽연합집행위원회 (EU) 2017/575호 위임규칙(ABl. L 87 vom 31.3.2017, S. 152)으로, 각각 적용되는 형식의 위임규칙이 적용된다.

66) Ein CRR-Kreditinstitut oder ein Wertpapierhandelsunternehmen mit Sitz in einem anderen Staat des Europäischen Wirtschaftsraums darf ohne Erlaubnis durch die Aufsichtsbehörde über eine Zweigniederlassung oder über gemäß § 2 Absatz 10 angezeigte vertraglich gebundene Vermittler, die ihren Sitz oder gewöhnlichen Aufenthalt im Inland haben, sowie im Wege des grenzüberschreitenden Dienstleistungsverkehrs, auch durch vertraglich gebundene Vermittler, die ihren Sitz oder gewöhnlichen Aufenthalt im Herkunftsmitgliedstaat haben, im Inland Bankgeschäfte betreiben oder Finanzdienstleistungen erbringen, wenn das Unternehmen von den zuständigen Stellen seines Herkunftsmitgliedstaates zugelassen worden ist, die Geschäfte von der Zulassung abgedeckt sind und das Unternehmen von den zuständigen Stellen nach Maßgabe der Richtlinien und Verordnungen der Europäischen Union beaufsichtigt wird.

「유럽경제권에 관한 협약」의 가입국 중 독일 이외의 어느 가입국에 본점(本店)을 둔, 자기자본규제(CRR; Capital Requirements Regulation) 금융기관 또는 유가증권투자서비스회사는, 이러한 기업이 자신의 출신회원국의 관할 기관에 의해 허가를 받고 그 사업에 대해 허가를 받으며, 그 기업이 유럽연합의 지침 및 규칙의 기준에 따른 관할 기관의 감독을 받는 경우에, (독일의) 감독관청의 허가 없이도 지점(支店) 또는 제2조 제10항에 따라 신고한 전속중개인으로 독일에 자신의 주소 또는 상(常)거소를 둔 전속중개인을 통하여, 또한 국경을 초월한 서비스교역(交易)의 방식으로, 출신회원국에 주소 또는 상(常)거소를 둔 전속중개인에 통해서도, 독일에서 은행업을 영위하거나 금융서비스를 제공할 수 있다.

67) 여러 개의 값이 들어 있는 것으로 구성되는 데이터로, 그것의 구성 요소는 필드(field)이며, 레코드의 집합 단위가 파일(file)이다(https://ko.dict.naver.com/#/entry/koko/50d25fb25a9245eea603b1da0140d1d2).

68) 컴퓨터 시스템에 접근하여 보조 기억 장치에 정보를 기록하거나 저장되어 있는 정보를 갱신하거나 삭제하는 일(https://ko.dict.naver.com/#/entry/koko/e94bfb17028a4ff1a81dc703400357d0).

69) over-the-counter

70) 당좌예금의 거래자가 일정한 '기간과 금액 한도 내'에서 예치된 당좌예금 잔액 이상의 금액으로 수표 또는 어음을 발행했을 때에도 은행이 그 금액에 대하여 결제를 해주는 것을 당좌대월이고, 이러한 계약을 체결하는 것을 당좌대월계약이라 한다. 여기서 '초과지급액'은 예치된 당좌예금 이상으로 발행된 수표에 대해 결제해 준 금액을 말한다. 이러한 '당좌대월계약'은 당좌대월 한도 내에서 은행에 지급을 위탁하는 '위임계약'과 그 초과지급액에 대해 이자를 가산하여 지급하기로 하는 '소비대차계약'이 혼합된 계약이다.

71) 채권자가 이체될 금액을 이체를 실행할 은행 등에서 채권자의 지급계좌에 현금으로 입금하는 것

을 말하고, 이를 'Barüberweisung'이라고도 한다.

72) 이를 '대변이체(貸邊移替)'라고도 하며, 독일어로 'Dauerauftrag'(영어로는 'standing order')라고 함. 이 '지급이체'에는 '계좌송금'(이용자가 현금자동입출금기를 통하여 자기 또는 타인의 계좌에 자금을 입금하는 것, 전자금융거래 기본약관 제2조 제10호 참조)과, '계좌이체'(지급인의 전자적 장치를 통한 지급지시에 따라 은행이 지급인의 출금계좌에서 자금을 출금하여 같은 은행 또는 다른 은행의 계좌에 입금하는 것, 전자금융거래 기본약관 제2조 제11호 참조)가 포함된다.

73) 이를 '차변이체(借邊移替)'라고도 하며, 독일어로 'Lastschrift'(영어로는 'direct debit')라고 함.

74) International Bank Account Number

75) https://eur-lex.europa.eu/legal-content/DE/TXT/?uri=CELEX:32009R1223

76) 약품을 사용목적 또는 그 용도에 맞는 형태로 만든 것으로, 정제, 산제, 연고제, 주사제 따위가 있음.

77) 사육하는 가축을 식용으로 쓰기 전에 동물용 의약품의 사용을 제한하는 기간.

78) 사용 금지 사유이다.

79) 제5호는 해당 의약품 사용으로 나타날 수 있는 부작용에 관한 사항이다.

80) 경제 사업자가 자신의 상품을 다른 상품과 구별하거나 그 고유성을 나타내기 위해서 드러내는 기호나 문자, 도형 따위의 표지.

81) 소비자들에게 어떤 브랜드제품의 용도, 특징, 혜택 등에 대해 상기시켜주기 위해 사용되는 광고

82) 동일 병을 유발하는 약제를 최소량 사용하여 치료하는 요법.

83) HIV 감염의 증명하기 위한, 자가사용을 위한 체외진단(In-vitro-Diagnostika für die Eigenanwendung, die für den Nachweis einer HIV-Infektion bestimmt sind).

84) Richtlinie 98/48/EG des Europäischen Parlaments und DES Rates vom 20. Juli 1998 zur Änderung der Richtlinie 98/34/EG über ein Informationsverfahren auf dem Gebiet der Normen und technischen Vorschriften(「규범 및 기술 규정의 영역에서의 정보처리절차에 관한 1998년 6월 22일의 유럽연합 의회 및 이사회의 98/34/EG 지침의 개정을 위한 1998년 7월 20일 유럽연합 의회 및 의회 98/48/EG호 지침」).

85) Richtlinie 98/34/EG des Europäischen Parlaments und des Rates vom 22. Juni 1998 über ein Informationsverfahren auf dem Gebiet der Normen und technischen Vorschriften(「규범 및 기술 규정의 영역에서의 정보처리절차에 관한 1998년 6월 22일의 유럽연합 의회 및 이사회의 98/34/EG 지침」).

86) 1) 2. 'Dienst': eine Dienstleistung der Informationsgesellschaft, d. h. jede in der Regel gegen Entgelt elektronisch im Fernabsatz und auf individuellen Abruf eines Empfängers erbrachte Dienstleistung.

Im Sinne dieser Definition bezeichnet der Ausdruck

- 'im Fernabsatz erbrachte Dienstleistung' eine Dienstleistung, die ohne gleichzeitige physische Anwesenheit der Vertragsparteien erbracht wird;
- 'elektronisch erbrachte Dienstleistung' eine Dienstleistung, die mittels Geräten für die elektronische Verarbeitung (einschließlich digitaler Kompression) und Speicherung von Daten am Ausgangspunkt gesendet und am Endpunkt empfangen wird und die vollständig über Draht, über Funk, auf optischem oder anderem elektromagnetischem Wege gesendet, weitergeleitet und empfangen wird;
- 'auf individuellen Abruf eines Empfängers erbrachte Dienstleistung' eine Dienstleistung, die durch die Übertragung von Daten auf individuelle Anforderung erbracht wird.

Eine Beispielliste der nicht unter diese Definition fallenden Dienste findet sich in Anhang V.

Diese Richtlinie findet keine Anwendung auf:
- Hörfunkdienste;
- Fernsehdienste gemäß Artikel 1 Buchstabe a) der Richtlinie 89/552/EWG (*).
(*) ABl. L 298 vom 17. 10. 1989, S. 23. Richtlinie geändert durch die Richtlinie 97/36/EG (ABl. L 202 vom 30. 7. 1997, S. 1).
2. '서비스'는 정보사회의 서비스, 즉 통상적으로 보수와 상환으로 전자적으로 제공되거나 통신판매에서 제공되거나 급부수령인의 개별 호출로 제공되는 일체의 서비스를 말한다.
본 지침을 위해 다음 용어는 다음과 같다,
- '통신판매에서 제공된 서비스'는 계약당사자의 직접 대면(對面)'하지 않고 제공되는 서비스를 말한다;
- '전자적으로 제공된 서비스'는 전자적 처리(디지털 압축 포함)와 정보의 저장을 위한 장비에 의해 출발점에서 전송되어 종착점에서 수령되며 유선 또는 무선을 통하거나, 광학적 또는 그 밖의 전자기(氣)방법에 의해 전송되고, 전달되며 수령되는 서비스를 말한다.
- '급부수령인의 개별적 호출로 제공되는 서비스'는 개별 요구에 의한 정보의 전달에 의해 제공되는 서비스를 말한다.
이러한 정의에 포함되지 아니하는 서비스의 예시목록은 부록 V에서 찾을 수 있다.
이러한 지침은 다음에는 적용하지 아니한다.
- 라디오서비스;
- Richtlinie 89/552/EWG(*) 제조 a목에 따른 텔레비젼서비스
(*) ABl. L 298 vom 17. 10. 1989, S. 23, 지침은 97/36/EG호 지침 (ABl. L 202 vom 30. 7. 1997, S. 1)으로 개정되었다.

87) (26) ABl. L 19 vom 24.1.1989, S. 16.

88) (27) ABl. L 209 vom 24.7.1992, S. 25. Richtlinie zuletzt geändert durch die Richtlinie 97/38/EWG der Kommission (ABl. L 184 vom 12.7.1997, S. 31).
(27) ABl. L 209 vom 24.7.1992, S. 25, 지침은 유럽연합집행위원회 97/38/EWG호(ABl. L 184 vom 12.7.1997, S. 31)에 의해 개정되었다.

89) ABl. L 117 vom 7.5.1997, S. 15.

90) (29) ABl. L 145 vom 13.6.1977, S. 1. Richtlinie zuletzt geändert durch die Richtlinie 1999/85/EG (ABl. L 277 vom 28.10.1999, S. 34).
(29) ABl. L 145 vom 13.6.1977, S. 1, 지침은 1999/85/EG호 지침(ABl. L 277 vom 28.10.1999, S. 34)에 의해 개정되었다.

91) 데이터를 더 빨리 읽어 올 수 있도록 캐시 기억 장치에 저장하는 일(https://ko.dict.naver.com/#/entry/koko/22c9ddf470ec4086b484e4f57ebba3fb)

92) 제공자 등의 사업자가 주로 개인 홈페이지의 서버 기능을 대행하는 것(https://en.dict.naver.com/#/entry/enko/bc127d8052204e09a237fec668c89d98).

93) Der Europäische Wirtschafts- und Sozialausschuss (EWSA) ist ein seit 1957 existierendes Organ. Er soll (nach dem Vorbild des französischen Wirtschafts- und Sozialrats) die "organisierte Bürgerschaft" repräsentieren; seine 344 Mitglieder setzen sich zu je einem Drittel aus Arbeitgeber- und Gewerkschaftsvertretern sowie Repräsentanten sonstiger Interessen (etwa Landwirtschaft, Umweltschutz etc.) zusammen. Sie werden von den Regierungen der Mitgliedstaaten ernannt, sind ihnen aber nicht rechenschaftspflichtig. Der EWSA wird wie der AdR nur beratend tätig, muss aber in allen Fragen der

Wirtschafts- und Sozialpolitik gehört werden.
유럽연합경제사회위원회(EWSA)는 1957년부터 조직된 기구이다. 그 위원회는 "조직화된 시민사회"를 대표하는데, 프랑스의 경제사회위원회의 원형으로 하여 조직되었다. 344명의 구성원 중 각 1/3은, 사용자 및 노조 대표자로, 나머지는 농업, 환경보호 등 이익단체 대표자들로 구성된다. 그 구성원들은 회원국의 정부가 임명하지만 그 정부에 대해 책임을 지지 아니한다. 그 위원회는 업저버로 활동하지만 경제사회정책의 제반문제에 대하여 그 위원호의 의견을 청취해야만 한다 (https://de.wikipedia.org/wiki/Europ%C3%A4ische_Union).

94) 데이터 파일을 서로 연결시키는 것(https://en.dict.naver.com/#/entry/enko/4ae8fc70606b4966b788caa3a2248b21).

95) a) "Verbraucher" jede natürliche Person, die zu Zwecken handelt, die nicht ihrer gewerblichen, geschäftlichen, handwerklichen oder beruflichen Tätigkeit zugerechnet werden können;
b) "Unternehmer" jede natürliche oder juristische Person — unabhängig davon, ob sie in privatem oder öffentlichem Eigentum steht —, die zu Zwecken handelt, die ihrer gewerblichen, geschäftlichen, handwerklichen oder beruflichen Tätigkeit zugerechnet werden können, wobei sie dies auch durch eine in ihrem Namen oder Auftrag handelnde Person tun kann;
c) "Kaufvertrag" jeden Vertrag, durch den der Unternehmer das Eigentum an Waren an den Verbraucher überträgt oder deren Übertragung zusagt und der Verbraucher hierfür den Preis zahlt oder dessen Zahlung zusagt, einschließlich Verträgen, die sowohl Waren als auch Dienstleistungen zum Gegenstand haben;
d) "Dienstleistungsvertrag" jeden Vertrag, der kein Kaufvertrag ist und nach dem der Unternehmer eine Dienstleistung für den Verbraucher erbringt oder deren Erbringung zusagt und der Verbraucher hierfür den Preis zahlt oder dessen Zahlung zusagt;
a) "소비자"는, 자신의 영업활동, 영리활동, 수공업활동 또는 직업활동(gewerblichen, geschäftlichen, handwerklichen oder beruflichen Tätigkeit)에 해당할 수 없는 목적을 위해 행위하는 모든 자연인을 말한다;
b) "사업자"는, 사법적으로 또는 공법적으로 소유하는지 불문하고, 영업활동, 영리활동, 수공업활동 또는 직업활동(gewerblichen, geschäftlichen, handwerklichen oder beruflichen Tätigkeit)에 해당할 수 있는 목적을 위해 행위하는 모든 자연인 또는 법인을 말하고, 사업자가 자신의 이름으로 또는 위임으로도 행위하는 자에 의해서도 이러한 활동을 할 수 있다;
c) "매매계약"은, 물품뿐만 아니라 서비스를 목적으로 하는 계약을 포함하여(einschließlich Verträgen, die sowohl Waren als auch Dienstleistungen zum Gegenstand haben), 사업자가 소비자에게 물품의 소유권을 이전하거나 그 소유권 이전을 약속하고 소비자는 이에 대하여 대금을 지급하거나 그 대금지급을 약속하는 일체의 계약을 말한다;
d) "용역제공계약"은, 매매계약에 해당하지 아니하고 사업자가 소비자에게 용역을 제공하거나 용역의 제공을 약속하고 소비자는 이에 대하여 대금을 지급하거나 대금지급을 약속한 일체의 계약을 말한다.

96) ABl. L 178 vom 17.7.2000, S. 1.

97) ABl. L 364 vom 9.12.2004, S. 1

98) ABl. L 110 vom 1.5.2009, S. 30.

99) 지상에서 우주선·위성으로의 정보 송신(https://en.dict.naver.com/#/entry/enko/e591575deb6449fca822429d3595d356).

100) 텔레비전 전파의 틈에 있는 3~4개의 주사선(走査線)을 이용하여 자막(字幕) 서비스나 뉴스, 일기 예보, 교통 정보 등을 문자나 도형(圖形) 정보로 비쳐 주는 방송 서비스(https://ko.dict.naver.com/#/entry/

koko/d9e10a468dbc49ae891e052054b17b44).

101) 스팟광고는 라디오나 텔레비전 방송에서, 프로그램 사이 또는 프로그램 진행 중에 하는 짧은 광고를 말한다(https://ko.dict.naver.com/#/entry/koko/81b046db34114fc5ad1a69c14214887e\).

102) 각종 미디어 정보를 주체성을 갖고 해독할 수 있는 능력(https://en.dict.naver.com/#/entry/enko/a88a8477c2544fcfa1d5ce1343f19fd2).

103) 1991년 10월 3일임.

104) '계약 체결의 제안'도 포함한다.

105) 포장 용기의 무게를 제외한, 상품의 순수한 무게.

106) 포장 용기의 무게를 제외한, 상품의 순수한 용적(부피).

107) 수분·기름의 중량을 뺀 중량.

108) 신문, 음료 등을 파는 매점.

109) 제품에 대한 표시사항을 만들어 넣는 서식.

110) 화상이 표시되는 비디오 장치의 부분.

111) 대출을 의미함.

112) ② 일반소비자소비대차계약의 형식의 당좌대월계약(當座貸越契約)(in einer Überziehungsmöglichkeit in Form des Allgemein-Verbraucherdarlehensvertrags)에서 그 지급 후에 그 기간이 최대 3개월에 달하거나 대주가 해지기간을 두지 않고서 해지할 수 있는 것으로 약정된 경우에, 제491조a 제3항, 제495조, 제499조 제2항, 제500조 제1항 제2문을 적용하지 아니한다. 이율 이외에 추가적인 경상비(經常費; laufende Kosten)가 약정되지 아니하고, 3개월 미만의 기간에는 그 이율상 이자(die Sollzinsen)의 이행기가 도래하지 아니하며, 대주가 차주에게 늦어도 계약내용을 계약체결 후 지체없이 지속적 정보저장매체로 통지한 경우에는 제492조 제1항은 적용하지 아니한다.

113) 여분으로 더 잡는 길이를 제외한 원목의 길이.

114) 2020년 4월 22일 개정된 부분으로(BGBl. I S. 840), '항공안전법 제7조에 따른 응시자의 신뢰에 대한 의문이 있는 때'는 기존에 제4조 제1항 제3호에 포함되어 있었으나, 그 부분에서 삭제되면서 위와 같이 개정되었다.

115) 이른바 'IMF 특별인출권(SDR)'을 말하고, '1SDR'은 2020년 3월 14일 현재 미화(美貨)로 '1.378160 달러'이다(https://www.imf.org/external/np/fin/data/rms_sdrv.aspx).

116) 2020년 7월 15일 현재 약 215,827,721원[= 128,821*1.39038(해당일의 1 계산단위에 대한 미화환산액)*1,205(해당일 환율)]이다.

117) 실행항공운송인에게 하는 통지가 계약항공운송인에게 효력을 갖게 하는 방식으로, 또는 계약항공운송인에게 하는 통지가 실행항공운송인에게 효력을 갖게 하는 방식으로 표시될 수 있다는 의미임.

118) 연방법무청(Das Bundesamt für Justiz)을 말한다(소비자분쟁해결법 제32조 제1항).

119) 30유로이다.

120) 26. sind Verbraucherprodukte neue, gebrauchte oder wiederaufgearbeitete Produkte, die für Verbraucher bestimmt sind oder unter Bedingungen, die nach vernünftigem Ermessen vorhersehbar sind, von Verbrauchern benutzt werden könnten, selbst wenn sie nicht für diese bestimmt sind; als Verbraucherprodukte gelten auch Produkte, die dem Verbraucher im Rahmen einer Dienstleistung

zur Verfügung gestellt werden,

26. 소비재는, 소비자를 위해 제조되거나, 그것이 소비자를 위해 제조된 것이 아닐지라도 합리적 재량에 따라 예측할 수 있는 조건하에 소비자가 사용할 수 있는 신제품, 중고제품 또는 재생(再生) 제품을 말한다. 소비자에게 용역 제공 과정에서 이용되도록 제공되는 제품도 소비재로 본다.

121) 정식 법명은 「식료품·생필품·사료법전」(Lebensmittel-, Bedarfsgegenstände- und Futtermittelgesetzbuch)이다.

122) 정식 법명은 「제품의 시장에로의 출시(出市)에 관한 법률」(Gesetz über die Bereitstellung von Produkten auf dem Markt)이다.

123) 이 법상의 관청은 공공 행정의 임무를 수행하는 일체의 기관을 말한다(Behörde im Sinne dieses Gesetzes ist jede Stelle, die Aufgaben der öffentlichen Verwaltung wahrnimmt).

124) '소비자를 유인하는 거래행위가 없었더라면'을 의미함.

125) '소비자를 유인하는 거래행위가 없었더라면'을 의미함.

126) '오인유발적 행위가 없었더라면'을 의미함.

127) '오인유발적 행위가 없었더라면'을 의미함.

128) 건 돈을 이긴 한 사람이 다 차지하는 내기(https://en.dict.naver.com/#/entry/enko/83b21e8742d84566b182711f973adce2).

[저자 약력]

오 윤 식

한양대학교 법학과 졸업
고려대학교 노동대학원 졸업(노사관계학 석사)
제44회 사법시험 합격
대법원 산하 사법연수원 제34기 수료
현 변호사
한국소비자원 산하 소비자분쟁조정위원회 상임위원
서울교통공사 비상임이사(전)
서울지방변호사회 인권위원회 인권위원(전)
민주사회를 위한 변호사모임 대의원(전)
법무법인 공간 파트너변호사(전)
법률사무소 로정 대표변호사(전)

주요 저서 및 논문
2019. 9. '독일경영참가법전'(피앤씨미디어, 단독 편역서)
2016. 1. '후보자와 정당을 위한 공직선거법 해설'(피앤씨미디어, 단독 저서)
2009. 12. '쫄지마 형사절차'(분담 집필)
2018. 9. '근로자개념에 대한 새로운 접근', 사법(학술진흥재단 등재후보지)
2017. 3. '쟁의행위 개념에 대한 체계적 이해', 사법(학술진흥재단 등재지)
2016. 9. '독일 연방선거법상 비례대표의석배분의 실무적 이해와 그 수용방안의 모색', 사법(학술진흥재단 등재지)
2014. 3. '노동조합의 사용자에 대한 비재산적 손해배상청구권', 사법(학술진흥재단 등재지)
2014. 2. '업무상 재해 요건과 증명책임', 저스티스(학술진흥재단 등재후보지)
그 이외 '학술진흥재단 등재지' 4편, 등재후보지 2편, 기타 3편 등 총 14편 논문 발표

독일소비자권리법전

초판인쇄 2020년 11월 20일
초판발행 2020년 11월 30일

옮긴이 오윤식
펴낸이 박노일

총괄기획 김중용 · 최준규
편 집 심성보 · 김인숙

펴낸곳 피앤씨미디어
경기도 고양시 일산동구 강송로 153 310-1501
등록 제396-2012-000203호
전 화 070)7550-3758 팩 스 02)718-8554
홈페이지 www.pncmedia.co.kr 이메일 pnc@pncmedia.co.kr
ISBN 979-11-5730-748-7 93360

정 가 80,000원